宋孝宗部

綜述

《宋史》卷三三《孝宗本紀一》 孝宗紹統同道冠德昭功哲文神武明聖成孝皇帝，諱昚，字元永，太祖七世孫也。初，太祖少子秦王德芳生英國公惟憲，惟憲生新興侯從郁，從郁生華陰侯世將，世將生慶國公令譮，令譮生子偁，是爲秀王。王夫人張氏夢人擁一羊遺之曰：「以此爲識。」已而有娠，以建炎元年十月戊寅生帝于秀州青杉牐之官舍，紅光滿室，如日正中。少長，命名伯琮。

及元懿太子薨，高宗未有後，而昭慈聖獻皇后亦自江西還行在，后嘗感異夢，密爲高宗言之，高宗大寤。會右僕射范宗尹亦造膝以請，高宗曰：「太祖以神武定天下，子孫不得享之，遭時多艱，零落可憫。朕若不法仁宗，爲天下計，何以慰在天之靈。」於是詔選太祖之後。同知樞密院事李回曰：「藝祖不以大位私其子，發於至誠。陛下爲天下遠慮，合於藝祖，可以昭格天命。」參知政事張守曰：「藝祖諸子，不聞失德，而傳位太宗，過堯、舜遠甚。」高宗曰：「此事不難行，朕於『伯』字行中選擇，庶幾昭穆順序。」而上虞丞婁寅亮亦上書言：「昌陵之後，寂寥無聞，僅同民庶。藝祖在上，莫肯顧歆，此金人所以未悔禍也。望陛下於『伯』字行内選太祖諸孫有賢德者。」高宗讀之，大感歎。

紹興二年五月，選帝育于禁中。三年二月，除和州防禦使，賜名瑗。壬寅，改貴州。五年五月，用左僕射趙鼎議，立書院宫中教之，既成，遂以爲資善堂。帝讀書彊記，天資特異。己亥，制授保慶軍節度使，封建國公。六月己酉，聽讀資善堂，以徽猷閣待制范沖兼翊善，起居郎朱震兼贊讀，高宗命帝見沖、震皆拜。十二年正月丁酉，加檢校少保，封普安郡王。

三月壬寅，出閤就外第。十三年九月，秀王殁于秀州。十四年正月庚辰，用廷臣議，聽解官行服。十六年四月乙巳，免喪還舊官。十七年六月戊午，改常德軍節度使。

二十四年，衢州盜起，秦檜遣殿前司將官辛立將千人捕之，不以聞。帝入侍言之，高宗大驚。明日以問檜，檜謂不足煩聖慮，故不敢聞，俟朝夕盜平則奏矣。檜退，知爲帝言，忌之。及檜疾篤，其家祕不以聞，謀以子熺代相，帝又密啓高宗破其奸。

三十年二月癸酉，立爲皇子，更名瑋。甲戌，詔下。丙子，制授寧國軍節度使、開府儀同三司，進封建王。制出，中外大悦。四月，賜字元瓌。

三十一年十月壬子，以明堂恩，改鎮南軍節度使。先是，金人犯邊，高宗下詔親征，而兩淮失守，朝臣多陳退避之計，帝不勝其憤，請率師爲前驅。直講史浩以疾在告，聞之，亟入爲帝言，太子不宜將兵，乃爲草奏，因中宫以進，請衛從以共子職。高宗因亦欲帝徧識諸將，十二月遂扈蹕如金陵。

三十二年五月甲子，立爲皇太子，改名昚。初，高宗久有禪位之意，嘗以諭帝，帝流涕固辭，會有邊事不果。及歸自金陵，陳康伯求去，高宗復以倦勤諭之。中書舍人唐文若聞而請對，言不宜急遽，故先下建儲之詔，賜名煒。監察御史周必大密與康伯言，與唐昭宗名同音，不可。詔别擬進，乃定今名。既又命學士承旨洪遵爲太子擇字，遵擬四字以進，皆不稱旨。六月甲戌，御筆賜字元永。

乙亥，内降御札：「皇太子可即皇帝位。朕稱太上皇帝，退處德壽宫，皇后稱太上皇后。」丙子，遣中使召帝入禁中面諭之，帝又推遜不受，即趨側殿門，欲還東宫，高宗勉諭再三，乃止。於是高宗出御紫宸殿，輔臣奏事畢，高宗還宫。百官移班殿門外，拜詔畢，復入班殿庭。頃之，内侍掖帝至御榻前，側立不坐，内侍扶掖至七八，乃略就坐。宰相率百僚稱賀，帝遽興。輔臣升殿固請，帝愀然曰：「君父之命，出於獨斷。然此大位，懼不克當。」班退，太上皇帝即駕之德壽宫，帝服袍履，步出祥曦殿門，冒雨掖輦以行，及宫門弗止。上皇麾謝再三，且令左右扶掖以還，顧曰：「吾付託得人，吾無憾矣。」左右皆呼萬歲。是日，詔有司議太上皇帝、太上皇后尊號以聞，在内諸司日輪官吏應奉德壽宫，增置德壽宫提點、幹辦等官，德壽宫宿衛依皇城及宫門法。

丁丑，朝德壽宫。戊寅，大赦。詔宰相率百官月兩朝德壽宫。己卯，以即位告于天地、宗廟、社稷。庚辰，詔五日一朝德壽宫。以左武大夫龍大淵爲樞密副都承旨，武翼郎曾覿帶御器械。癸未，始御後殿。甲申，詔中外士庶陳時政闕失。丙戌，詔進宰執官二等。丁亥，詔以太上皇不許五日一朝，自今月四朝。復除名勒停人胡銓官，知饒州。己丑，詔有司月奉德壽宫緡錢十萬。辛卯，詔罷四川市馬。壬辰，詔百官日一人入對。癸巳，蝗。甲午，上太上皇帝尊號曰光堯壽

聖太上皇帝，太上皇后曰壽聖太上皇后。乙未晦，金人屠原州。

秋七月戊戌，興州中軍統制吴挺復鞏州。庚子，判建康府張浚入見。以雨水、飛蝗，令侍從、臺諫條上民間利害。壬寅，詔戒飭諸郡守臣。癸卯，以張浚爲少傅、江淮宣撫使，封魏國公。甲辰，以參知政事汪澈視師湖北、京西。遣劉珙等使金告即位。戊申，以四川宣撫使吴璘兼陝西河東路宣撫、招討使。追復岳飛元官，以禮改葬。是夜，地震，大風拔木。己酉，有事于太廟、别廟。癸丑，馬軍司中軍統制趙撙、忠義軍統領皇甫倜復光州。甲寅，朝獻景靈宫。詔淮南諸州存恤淮北來歸之民，權免税役。丙辰，以少保、保康軍節度使吴益爲少傅，太尉、寧武軍節度使吴蓋爲開府儀同三司。丁巳，罷李寶措置海道。戊午，恩平郡王璩入見。庚申，以御前軍器所仍隸工部。辛酉，詔後省看詳中外上書，有可采者以聞。壬戌，以黄祖舜兼權參知政事。罷諸路聖節進奉。詔李顯忠軍馬聽張浚節制。癸亥，增將士戰傷死者推恩格。詔蠲四川積年逋負。

八月乙丑朔，四川馬軍統制高師中與金人戰于摧沙，敗死。丙寅，吴璘與金人戰于德順軍。己巳，以翰林學士史浩爲參知政事。戊寅，率羣臣詣德壽宫，奉上太上皇帝、太上皇后尊號册寶。丁亥，班寬恤事十八條。起居舍人洪邁、知閤門事張掄坐奉使辱命罷。甲申，吴璘敗金人于北山。戊子，追復李光資政殿學士，趙鼎、范沖並還合得恩數。庚寅，以生日爲會慶節。追册故妃郭氏爲皇后。

九月甲午，以子愭爲少保、永興軍節度使，進封鄧王；愷爲雄武軍節度使、開府儀同三司，進封慶王；惇爲鎮洮軍節度使、開府儀同三司，進封恭王。甲午，金人攻德順軍東山堡，中軍將李庠戰死。丁酉，詔開講日召輔臣觀講。川、陝宣諭使虞允文以論邊事不合罷。己亥，詔侍從、臺諫舉知四川利害可爲都轉運使者。庚子，以金人來索舊禮，詔宰執、侍從、臺諫各陳應敵定論以聞。辛丑，詔吴璘審度措置，保全川蜀。乙巳，詔纂録勳臣名次。丙午，轉補朱震、范沖子孫官。庚戌，謚皇后郭氏曰恭懷。辛亥，振淮東義兵及歸正人。以總領四川財賦軍馬錢糧王之望爲户部侍郎、川陝宣諭使，仍命將調兵同防守興州川口。乙卯，詔虞允文赴吴璘軍議事。辛酉，以吴璘爲少師。

冬十月丙寅，詔朝臣舉堪監司、郡守者。戊辰，以岳陽軍節度使居廣開府儀同三司，史浩兼權知樞密院事。己巳，葉義問罷。詔登聞鼓院毋沮抑進狀。庚午，以恩平郡王璩爲少保。詔會慶節權免上壽。戊寅，詔張浚、陳俊卿覆實諸將所陳功賞。改謚皇后郭氏曰安穆。壬午，官岳飛孫六人。甲申，契丹招討蕭鷓巴來奔。金人攻德順城，吴璘擊走之，復遣兵追襲，遂爲所敗。乙酉，升建州爲建寧府。戊子，以資政殿學士張燾同知樞密院事。己丑，安南都護南平王李天祚、闍婆國王悉里地茶蘭固野、占城國王鄒時巴蘭並加食邑實封。

十一月庚子，以蕭鷓巴爲忠州團練使。乙巳，金人攻水洛城。丙午，賜忠義軍統制皇甫倜軍帛五千匹、綿萬兩。戊申，詔改明年爲隆興元年。辛亥，免楊存中所獻酒坊逋負錢四十萬緡。甲寅，定内侍官額。辛酉，史浩免權知樞密院事。裁定文武臣宫觀、嶽廟員數。立措置京西營田司。

十二月乙丑，詔宰臣復兼樞密使。金人攻隴城縣，官軍拒卻之，丙寅，詔帥臣、監司具部内知州治行臧否以聞。詔棄德順城，徙兵民于秦州以裏屯住。丁卯，以陳康伯兼樞密使。令江、淮宣撫司增招武勇效用軍。戊辰，詔侍從、臺諫集議當今弊事，仍命盡率其屬，使極言無隱。辛未，劉珙、張説還自盱眙。戊寅，蠲四川登極赦前帶自契税錢。丙戌，詔觀察使已上各舉所知三人，三省、樞密院詳議立格以聞。庚寅，罷建康、鎮江營田官兵。辛卯，廣西賊王宣破藤州，守臣廖顒棄城遁。

是歲，諸路斷大辟四十一人。

隆興元年春正月壬辰朔，羣臣朝于文德殿。帝朝德壽宫。立武臣薦舉格。甲午，四川宣撫司奉詔班師。庚子，以史浩爲尚書右僕射、同中書門下平章事兼樞密使，張浚進樞密使、都督江淮東西路軍馬。丙午，誅殿前司後軍謀變者。戊申，詔禮部貢院試額增一百人。丁巳，詔吴璘軍進退可從便宜。璘已棄德順，道爲金人所邀，將士死者數萬計。

二月壬戌朔，用史浩策，以布衣李信甫爲兵部員外郎，齎蠟書間道往中原，招豪傑之據有州郡者，許以封王世襲。安慶軍節度使士錢乞減奉賜之半，以助軍用。自是，諸宗室有請，悉從之。戊辰，宰執陳康伯等乞再減奉，止存舊格之半，許之。己卯，振兩淮流民及山東歸正忠義軍。癸未，黄祖舜罷。庚寅，逐秦檜黨人，仍禁輒至行在。

三月壬辰朔，金左副元帥紇石烈志寧以書取侵地。癸巳，以張燾爲參知政事，御史中丞辛次膺同知樞密院事，葉義問落端明殿學士，饒州居住。丙申，雨雹。丁酉，詔户部置局，議節浮費。己亥，楊存中等乞減半奉如宰執例，許之。庚子，以龍大淵知閤門事，曾覿同知閤門事。壬寅，陳康伯上欽宗陵名曰永獻。乙巳，詔求遺逸。丁未，詔修《太上皇帝聖政》。罷龍大淵，别與差遣。曾覿復帶

御器械。召張浚。己酉，張燾罷。立選人減舉主法。甲寅，復以龍大淵知閤門事。曾覿同知閤門事，給事中、中書舍人留黄不行。乙卯，詔飭郡縣吏。庚申，以久雨，命有司振災傷，察刑禁。

夏四月乙丑，定選人改官歲額。戊辰，張浚入見，議出師渡淮，三省、樞密院不預聞。壬申，賜禮部進士木待問以下五百三十八人及第、出身。乙亥，王之望罷。壬午，詔户部、臺諫議節浮費。癸未，詔以白金二十五萬兩給江、淮都督府軍費。戊子，張浚命邵宏淵帥師次盱眙。己丑，又命李顯忠帥師次定遠。是月，金人拔環州，守臣强霓及其弟震死之。

五月壬辰，申嚴鋪翠銷金及神祠僭擬之禁。丁酉，李顯忠復靈壁縣。邵宏淵次虹縣，金人拒之。戊戌，顯忠東趨虹縣。庚子，復虹縣，金知泗州蒲察徒穆及同知泗州大周仁降。辛丑，命左右史日再立前殿。壬寅，張浚渡江視師。癸卯，金右翼軍都統蕭琦降于李顯忠。甲辰，顯忠及宏淵敗金人于宿州。乙巳，史浩罷。追復司馬康右諫議大夫。丙午，復宿州，戮金兵數千人。建康前軍統領官王珙巷戰，死之。丁未，以辛次膺爲參知政事，翰林學士承旨洪遵同知樞密院事。督諸路開營田。辛亥，詣德壽宫賀天申節。金紇石烈志寧自睢陽引兵至宿州，李顯忠擊卻之。壬子，欽宗大祥，帝服衰服詣几筵，易祥服行祥祭禮。顯忠與金人戰于宿州，邵宏淵不援，顯忠失利。是夜，建康中軍統制周宏及邵宏淵之子世雄，殿前司統制官左士淵逃歸。癸丑，進李顯忠開府儀同三司、淮南京畿京東河北招討使，邵宏淵檢校少保、寧遠軍節度使、招討副使。金人攻宿州城，顯忠大敗之。殿前司統制官張訓通等七人、統領官十二人，以二將不叶而遁。甲寅，李顯忠、邵宏淵軍大潰于符離。乙卯，下詔親征。丙辰，召汪澈。以張浚兼都督荆、襄軍馬。李顯忠、邵宏淵至濠州。張浚以劉寶爲鎮江諸軍都統制。丁巳，以蒲察徒穆、大周仁、蕭琦並爲節度使，徒穆大同軍，周仁彰國軍，琦威塞軍。遣御前忠勇軍赴都督府。是月，成都地震三。

六月庚申朔，日有食之。遣内侍趣上淮東將士功賞。癸亥，汪澈罷。張浚乞致仕，且請通好，皆不許。丁卯，以觀文殿大學士湯思退爲醴泉觀使兼侍讀。戊辰，召虞允文。以兵部侍郎周葵爲參知政事。汪澈落資政殿學士，台州居住。庚午，張浚自盱眙還揚州。辛未，李顯忠罷軍職。壬申，以太傅、同安郡王楊存中爲御營使，節制殿前司軍馬。癸酉，下詔罪己。張浚降授特進，仍前樞密使、江淮東西路宣撫使，官屬各奪二官。邵宏淵降武義大夫，職仍舊。詔楊存中先詣建康措置營砦，檢視沿江守備。戊寅，詔展巡幸之期。辛次膺罷。己卯，李顯忠責授清遠軍節度副使，筠州安置。辛巳，命浙西副都總管李寶兼御營統制官，措置浙西海道。甲申，右諫議大夫王大寶入封，論移蹕。以敷文閣學士虞允文爲兵部尚書兼湖北、京西宣諭使。戊子，放宫人三十人。以蕭琦爲檢校少保、河北招撫使。

秋七月庚寅朔，以虞允文爲湖北、京西制置使。癸巳，以湯思退爲尚書右僕射，同中書門下平章事兼樞密使。李顯忠再責授果州團練副使，潭州安置。乙未，詔宿州棄軍將佐奪官貶竄有差。丙申，罷江、淮宣撫司便宜行事。乙巳，以旱蝗、星變，詔侍從、臺諫、兩省官條上時政闕失。丁未，詔徵李顯忠侵欺官錢金銀，免籍其家。乙卯，裁減省、部、寺、監官吏。戊午，給還岳飛田宅。

八月丙寅，張浚復都督江、淮軍馬。庚午，以劉寶兼淮東招撫使。丙子，以飛蝗、風水爲災，避殿減膳。罷借諸路職田之令。戊寅，金紇石烈志寧又以書求海、泗、唐、鄧四州地及歲幣。癸未，復以龍大淵知閤門事，曾覿同知閤門事。丙戌，遣淮西安撫司幹辦公事盧仲賢等齎書至金帥府，戒勿許四州，差減歲幣。仍命諸將毋遣兵人出境。

九月己酉，楊存中罷。

冬十月戊午朔，大臣奏金帥書言四事，帝曰：「四州地、歲幣可與，名分、歸正人不可從。」辛酉，御殿復膳。己巳，遣護聖軍戍江南。丙子，詔太上皇后教旨改稱聖旨。立賢妃夏氏爲皇后。丁丑，地震。辛巳，升洪州爲隆興府。詔：「江、淮軍馬調發應援，從都督府取旨，餘事悉以聞。」

十一月己丑，盧仲賢自宿州以金都元帥僕散忠義遺三省、樞密院書來。庚子，遣王子望等爲金國通問使。辛丑，詔侍從、臺諫於後省集議講和、遣使、禮數、土貢四事，仍各薦可備小使者。丙午，盧仲賢擅許四州，下大理寺，奪三官。召張浚。癸丑，以胡昉、楊由義爲使金通問國信所審議官。

十二月己未，陳康伯罷。乙丑，張浚入見。丁丑，以湯思退爲尚書左僕射，張浚爲右僕射，並同中書門下平章事兼樞密使。浚仍都督江、淮東西路軍馬。

是歲，以兩浙大水、旱蝗，江東大水，悉蠲其租。

二年春正月辛卯，詔增德壽宫車輦儀衛。壬辰，御文德殿，册皇后。癸巳，修三省法。乙未，及皇后朝德壽宫。丙申，命虞允文調兵討廣西諸盜。庚子，罷諸州招軍。丙午，金僕散忠義復以書來。庚戌，申嚴卿監、郎官更出迭入之制。

壬子，振歸正人。是月，福建諸州地震。

二月辛未，蠲秀州貧民逋租。壬申，容州妖賊李雲作亂。癸酉，復王權武義大夫，命權廣西路都鈐轄，專一措置盜賊。丙子，詔飭將帥減文武官及百司吏郊賜之半。罷兩浙、福建、江西、湖南、夔州路參議官。丁丑，雨雹及雪。獲李雲，其黨悉平。乙酉，胡昉自宿州還。初，金帥以昉等不許四郡，械繫之，昉等不屈，金主命歸之。

三月丙戌朔，詔張浚視師于淮。又詔王之望等以幣還。丁亥，詔荆襄、川陝帥臣嚴邊備，毋先事妄舉。盧仲賢除名，械送郴州編管。壬寅。詔知光州皇甫倜毋招納歸正人。丙午，王宣等降。詔三衙戍兵歸司，建康、鎮江大軍更番歸砦。庚戌，以户部侍郎錢端禮爲淮東宣諭使，吏部侍郎王之望爲淮西宣諭使。詔撫諭兩淮軍民。壬子，以廣西賊平，詔減高、藤、雷、容四州雜犯死罪囚，釋杖以下，蠲夏秋税賦。以忠勇軍隸步軍司，神勁右軍隸鎮江都統司。癸丑，以王彦爲建康諸軍都統制兼淮西招撫使。

夏四月庚申，召張浚還朝。甲子，以李顯忠侵欺官錢給還諸軍。丁卯，以建康歸正人爲忠毅軍，鎮江爲忠順軍，命蕭琦、蕭鷓巴分領之。戊辰，罷江、淮都督府。高麗入貢。丁丑，張浚罷。癸未，言者論宰相、執政徇欺之弊，命書置政事堂。

五月壬辰，復置環衛官。丙申，詔吴璘毋招納歸正人。辛丑，詔劉寶量度泗州輕重取舍事宜以聞。江西總管邵宏淵責授靖州團練副使，南安軍安置，仍徵其盜用庫錢。乙巳，率羣臣詣德壽宫賀天申節，始用樂。丁未，蝗。詔内外贓私不法官吏，尚書省置籍檢勘。庚戌，罷招神勁效用軍。辛亥，蠲兩淮所招户馬。

六月甲寅朔，日有食之。辛酉，以淫雨，詔州縣理滯囚。壬申，命虞允文棄唐、鄧，允文不奉詔。丁丑，振江東、兩淮被水貧民。

秋七月乙酉，召虞允文。以户部尚書韓仲通爲湖北、京西制置使。丁亥，洪遵罷。己丑，以周葵兼權知樞密院事。遣主管馬軍司公事張守忠以兵詣淮西，措置邊備。庚子，詔内外文武官年七十不請致仕者，遇郊毋得蔭補。乙巳，命海、泗州徹戍。丁未，雨雹。戊申，蠲淮東内庫坊場錢一年。庚戌，洪遵落端明殿學士。癸丑，以江東、浙西大水，詔侍從、臺諫、卿監、郎官、館職陳闕失及當今急務。是月，罷内侍押班梁珂爲在外宫觀。移廣西提刑司于容州。

八月甲寅朔，以災異，避殿減膳。戊午，南丹州莫延廩爲諸蠻所逐來歸，詔補脩武郎。命江東、浙西守臣措置開決圍田。甲子，秦國大長公主薨。以久雨決繫囚。庚辰，以資政殿大學士賀允中爲知樞密院事兼參知政事。辛巳，詔振淮東被水州縣。張浚薨。壬午，遣魏杞等爲金國通問使。

九月甲申。罷内侍李珂賜謚。甲午，詔江東浙西監司、守臣講明措置田事。乙未，交阯入貢。丁酉，嚴贓吏法。辛丑，以王之望爲參知政事，權刑部侍郎，吴芾爲給事中兼淮西宣諭使。金人犯邊。以久雨，出内庫白金四十萬兩，糴米賑貧民。壬寅，王彦帥師濟江，軍昭關。癸卯。命湯思退都督江、淮東西路軍馬，辭不行。乙巳，復命楊存中爲同都督，錢端禮、吴芾並爲都督府參贊軍事。罷宣諭司。仍易國書以付魏杞。少保、崇信軍節度使趙密落致仕，權領殿前司職事。

冬十月甲寅，魏杞至盱眙，金帥以國書未如式弗受，欲得商、秦地及俘獲人，且邀歲幣三十萬，杞未得進。丁卯，賀允中罷爲資政殿大學士，致仕。己巳，以周葵兼權知樞密院事，王之望兼同知樞密院事。庚午，詔輔臣夕對便殿。丙子，大風。庚辰，蠲京西、湖北運糧所經州縣秋税之半。以靖海軍節度使李寶爲沿海駐劄御前水軍都統制。辛巳，金人分道渡淮，劉寶棄楚州遁。

十一月乙酉，知楚州魏勝與金人戰，死之，州遂陷，濠州亦陷。王彦棄昭關遁，滁州又陷，丙戌，詔諭沿邊將士。丁亥，詔魏杞等以所賫禮幣犒軍。杞弗從命，留鎮江俟旨。復命王之望督視江、淮軍馬。戊子，以金人侵擾，詔郊祀改用明年。又詔諭歸正官民軍士。命王之望同都督江、淮軍馬。湯思退罷都督。召陳康伯。己丑，王之望罷同都督。庚寅，命楊存中都督江、淮軍馬。辛卯，湯思退罷，尋以尹穡、晁公武論之，落觀文殿大學士，永州居住，未至而卒。甲午，以黄榜禁太學生伏闕。是日，太學生張觀等七十二人上書，請斬湯思退、王之望、尹穡，竄其黨洪适、晁公武，而用陳康伯、胡銓等，以濟大計。丙申，遣國信所大通事王抃持周葵書如金帥府，請正皇帝號，爲叔姪之國；易歲貢爲歲幣，減十萬；割商、秦地；歸被俘人，惟叛亡者不與；誓目大略與紹興同。以金人犯淮南，詔避殿減膳。丁酉，詔擇日視師。戊戌，以少保、觀文殿大學士陳康伯爲尚書左僕射、同中書門下平章事兼樞密使。庚子，遣兵部侍郎胡銓、右諫議大夫尹穡分詣兩浙措置海道。贈魏勝寧國軍節度使，謚忠壯。辛丑，兵部尚書錢端禮賜出身，簽書樞密院事兼提領德壽宫。壬寅，詔侍從、兩省官日一至都堂議事，有關臺諫者亦聽會議。以顯謨閣學士虞允文同簽書樞密院事。癸卯，遣王之望勞師江上。甲辰，金人犯六合縣，步軍司統制崔皋擊卻之。乙巳，以錢端禮兼權

參知政事。丁未，以顯謨閣直學士沈介爲沿江制置使。命沿江諸州調保甲分守渡口。己酉，劉寶落節鉞，爲武泰軍承宣使；王彦落龍、神衛四廂都指揮使。

閏月甲寅，陳康伯入見，詔康伯間日一朝，肩輿至殿門，給扶升殿。丙辰，周葵罷。王抃見金二帥，皆得其報書以歸。戊午，蕭琦卒。壬戌，詔罷胡銓、尹穡。丙寅，召韓仲通。以沈介爲兵部尚書，湖北京西制置使。戊辰，以金人且退，詔督府擇利擊之，王之望執不可。乙亥，之望罷。丙子，以王抃爲奉使金國通問國信所參議官，持陳康伯報書以行。丁丑，金遣張恭愈來迓使者。詔臺諫、侍從、兩省官舉楚、廬、滁、濠四州守臣。

十二月甲申，罷陝西路轉運司。戊子，魏杞始渡淮。詔郊祀大禮遵至道典故，改用來年正月一日上辛。辛卯，以錢端禮爲參知政事兼知樞密院事，虞允文同知樞密院事兼權參知政事，禮部尚書王剛中簽書樞密院事。丙申，制曰：「比遣王抃，遠抵潁濱，得其要約。尋澶淵盟誓之信，倣大遼書題之儀，正皇帝之稱，爲叔姪之國，歲幣減十萬之數，地界如紹興之時。憐彼此之無辜，約叛亡之不遣，可使歸正之士咸起寧居之心。重念數州之民，罹此一時之難，老穉有蕩析之哉，丁壯有係累之苦，宜推蕩滌之宥，少慰彫殘之情。應沿邊被兵州軍，除逃遁官吏不赦外，雜犯死罪情輕者減一等，餘並放遣。」遣洪适等賀金主生辰。詔吴挺市馬赴行在。己亥，雨雹。壬寅，罷三衙、江上、荆襄諸軍招軍。甲辰，遣沿海水軍還屯。己酉，朝獻景靈宫。庚戌，朝饗太廟。

乾道元年春正月辛亥朔，合祀天地于圜丘，大赦，改元。丁巳，淮西安撫韓琟勒停，賀州編管。庚申，以錢端禮兼德壽宫使。辛酉，召楊存中。通問使魏杞至燕山。丁卯，以王抃使金有勞，進五官。庚午，詔館職更迭補外。辛未，立兩淮守令勸民種桑賞。壬申，詔兩浙振流民。以紹興流民多死，罷守臣徐嘉及兩縣令。癸酉，蠲沿邊殘破州軍官賦一年。甲戌，劉寶責果州團練副使，瓊州安置。乙亥，罷兩淮招撫司及陝西河東宣撫、招討司。丙子，淮西守將孔福以遇敵棄城伏誅；頓遇奪官，刺面配吉陽軍牢城。

二月庚辰朔，朝德壽宫，從太上皇、太上皇后幸四聖觀。乙酉，罷江、淮都督府。遣官檢察兩淮州縣，振濟飢民。庚寅，雨雹。癸巳，移濠州戍兵于藕塘。庚子，以楊存中爲寧遠、昭慶軍節度使。甲辰，以久雨避殿減膳，蠲兩淮災傷州縣身丁錢絹，決繫囚。丁未，陳康伯薨，謚文恭。

三月己未，御殿復膳。庚申，以虞允文爲參知政事兼同知樞密院事，王剛中同知樞密院事。命淮西、湖北、荆襄帥臣措置屯田，復置榷場。癸亥，黄祖舜薨。己巳，罷諸軍額外制領將佐。是春，湖南盜起，入廣東焚掠州縣，官軍討平之。

夏四月庚子，金報問使完顔仲等入見。乙巳，吴璘入見。

五月庚戌，以璘爲太傅，封新安郡王。丙辰，詔有司治皇后家廟。壬戌，詔監司、帥守講究弊事以聞。合廣南東、西路監事爲一司。癸亥，詔總領、帥漕臣、諸軍都統制並兼提領措置屯田，沿邊守臣兼管屯田事。丁卯，詔吴璘措置馬綱、水路。壬申，蠲四川州縣虚額錢。吴璘改判興元府。乙亥，詔未銓試人毋得堂除。丙子，遣李若川等使金賀上尊號。增置諸路鈐轄、都監。郴州盜李金等復作亂，遣兵討捕之。

六月癸未，王剛中薨。乙酉，詔恭王府直講王淮傾邪不正，有違禮經，可與外任。丙戌，以翰林學士洪适簽書樞密院事。戊子，步軍司統制官崔皋坐奏功冒濫，奪所遷觀察使，止進横行三官，令本軍自效。辛卯，以武經郎令德爲安定郡王。壬辰，以淮南轉運判官姚岳言境内飛蝗自死，奪一官罷之。丙申，以兩淮守令勞徠安集無效，下詔戒飭之，仍以詔置守令治所。壬寅，蠲廣東殘破郡縣税賦。甲辰，罷湖北、京西制置司。

秋七月辛亥，詔知州年七十以上者與宫觀。癸丑，輔臣晚對選德殿，御坐後有大屏，記注諸道監司、郡守姓名，因命都堂視此書之。甲寅，借職田租二年，以裨經費。己未，鑄當二錢。己巳，蠲關外四州民今年租税及湖南賊蹂郡縣夏税。

八月己卯，以永豐圩田賜建康都統司。癸未，獲李金。乙酉，詔立子愭爲皇太子。丁亥，虞允文罷。戊子，大赦。己丑，以洪适爲參知政事兼權知樞密院事，吏部侍郎葉顒簽書樞密院事兼權參知政事。庚寅，立知州軍、諸路總管鈐轄都監辭見法。癸巳，錢端禮以避東宫親嫌，罷爲資政殿大學士、提舉萬壽觀。戊戌，吏部侍郎章服以論虞允文阿附罷，謫居汀州。

九月乙卯，立廣國夫人錢氏爲皇太子妃。丁巳，申嚴百司官出入局之制。丁卯，升鼎州爲常德府。甲戌，以端明殿學士汪澈知樞密院事，洪适兼同知樞密院事。乙亥，置沿淮諸州都巡檢。

冬十月己卯，遣方滋等使金賀正旦。戊子，增頭子錢。歸正人右通直郎劉藴古坐以軍器法式送北境，伏誅。壬辰，御大慶殿，册皇太子。癸巳，詣德壽宫稱謝。乙未，詔侍從各舉所知宗室一二人。丁酉，金遣高衎等來賀會慶節。乙

巳，淮北紅巾賊踰淮劫掠，立賞討捕之，已而知楚州胡明遣巡尉擊殺其首蕭榮。

十一月辛亥，招收兩淮流散忠義人。辛未，遣龍大淵撫諭兩淮，措置屯田，督捕盜賊。

十二月戊寅，以洪适爲尚書右僕射、同中書門下平章事兼樞密使，汪澈爲樞密使。命廣東提刑司招安李金餘黨。癸未，遣王曮等賀金主生辰。庚寅，以葉顒爲參知政事兼同知樞密院事。辛卯，詔侍從、臺諫、兩省舉堪監司、郡守者各一人，三衙、知閤舉材武可守邊者一人。庚子，罷兩淮諸州權攝官。壬寅，金遣烏古論忠弼等來賀明年正旦。癸卯，詔樞密院文書依三省式，經中書門下晝黄書讀。

二年春正月辛酉，省六合戍兵，以所墾田給還復業之民。辛未，命湖南監司存恤寇盜殘破郡縣。

二月丁丑，罷盱眙屯田，振兩浙、江東饑。戊寅，幸玉津園宴射，遂幸龍井。

三月乙巳，禁京西、利州路科役保勝義士。壬子，詔戒飭刑獄官。戊午，殿中侍御史王伯庠請裁定奏薦，詔三省、臺諫集議，具條式以聞。詔：「縣令非兩任，毋除監察御史；非任守臣，毋除郎官。著爲令。」丁卯，賜禮部進士蕭國梁以下四百九十有三人及第、出身。戊辰，再增諸州軍離軍添差員闕。辛未，罷洪适右僕射。癸酉，以給事中、權吏部尚書魏杞同知樞密院事兼權參知政事。丁丑，罷和糴。

夏四月戊寅，以久雨，命侍從、臺諫議刑政所宜以聞。減大理、三衙、臨安府及浙西州縣雜犯死罪以下囚一等，釋杖以下。庚辰，詔兩浙漕臣王炎開平江、湖、秀圍田。辛巳，避殿減膳。癸巳，御殿復膳。乙未，汪澈罷。丁酉，以知荆南府李道憑恃戚里妄作，罷之。

五月戊申，張燾薨。己酉，罷權借職田。庚戌，葉顒罷。以魏杞爲參知政事，右諫議大夫林安宅同知樞密院事兼權參知政事，中書舍人蔣芾簽書樞密院事。癸丑，禁浙西修築圍田。罷修建康行宫。丁卯，命監司、守臣預備水旱。

六月甲戌，罷兩浙路提舉市舶司。詔諸路監司、帥臣各察守令臧否以聞。丙子，刑部上《乾道新編特旨斷例》。戊寅，詔制科權罷注疏出題，守臣、監司亦許解送。庚辰，封孫挺爲福州觀察使、榮國公，挺爲左千牛衛大將軍。癸未，詔使相毋奏補文資，七色補官人毋任子，堂吏遷朝議大夫以五員爲額。乙酉，申嚴内外牒式法，裁其額。丙戌，廢永豐圩。戊戌，詔：「改官人實歷知縣一任，方許關升。著爲定式。」

秋七月己酉，調泉州左翼軍二千人屯許浦鎮。甲寅，以鎮江都統制戚方爲武當軍節度使。

八月辛未朔，詔兩淮行鐵錢，銅錢毋過江北。癸酉，以武鋒軍隸步軍司。甲戌，罷任子年三十得免試參選之令。丁丑，蠲淮南放歸萬弩手差役二年。壬午，詔諸州守臣兼訓練禁軍。癸未，降會子、交子于鎮江、建康務場，令江、淮之人對换。丙戌，林安宅劾葉顒之子受金失實，罷之。丁亥，詔安宅筠州居住。温州大水。戊子，以魏杞兼同知樞密院事，蔣芾權參知政事。召葉顒。庚寅，少保、新興郡王吴蓋薨。甲午，立中興以來十三處戰功格目。乙未，詔吴璘復判興州。丙申，升宣州爲寧國府。罷户部諸路歲糴一年。

九月甲辰，知上元縣李允升犯贓貸死，杖脊刺面，配惠州牢城，籍其貲。丙午，建康守臣王佐坐縱允升去官，奪三官勒停，建昌軍居住。餘失按官吏及薦舉官奪官有差。辛亥，遣官按視温州水災，振貧民，決繫囚。乙卯，詔改造大曆。辛酉，追封子愭爲邵王，謚曰悼肅。甲子，詔監司各舉部内知縣、縣令二三人，守臣各舉屬縣一二人。己巳，魏杞等上神宗、哲宗、徽宗《三朝帝紀》、《太上皇聖政》。是月，詔舉將帥，置章奏簿。

冬十月癸酉，上《太上皇聖政》于德壽宫。乙亥，遣薛良朋等使金賀正旦。己卯，減饒州歲貢金三之一，蠲諸路酒坊逋賦。戊子，知峽州吕令問坐縱贓吏知夷陵縣韓贇青去官，奪二官，鄂州居住。辛卯，雨雹。金遣魏子平等來賀會慶節。

十一月丙午，楊存中薨。己酉，盡出内藏及南庫銀以易會子，官司並以錢銀支遣，民間從便。兩淮總領所許自造會子。蠲諸路營田。壬子，詔修祥曦殿記注。乙卯，密詔四川制置使汪應辰，如吴璘不起，收其宣撫使牌印，權行主管職事。甲子，大閱。戊辰，築郢州城。是月，詔汰冗兵。

十二月癸酉，詔三省、侍從、臺諫、兩淮漕臣、郡守，條具兩淮鐵錢、交子利害以聞。乙亥，遣梁克家等賀金主生辰。己卯，以資政殿學士葉顒知樞密院事。辛巳，詔免進呈《欽宗日曆》，送國史院修纂實録。壬午，追封楊存中爲和王。甲申，以葉顒爲尚書左僕射，魏杞右僕射，並同中書門下平章事兼樞密使。蔣芾參知政事，吏部尚書陳俊卿同知樞密院事兼權參知政事。庚寅，詔宰相領兼制國用使，參知政事同知國用事。癸巳，詔監司、守臣舉廉吏。丙申，金遣烏古論元

忠等來賀明年正旦。以江東兵馬鈐轄王扑爲帶御器械。

是歲，裁定内外軍額。

《宋史》卷三四《孝宗本紀二》 三年春正月甲辰，詔廷尉大理官毋以獄情白宰執，探刺旨意爲輕重。庚戌，置三省户房國用司。初，以國用匱乏，罷江州屯駐軍馬，至是復留之。癸亥，罷銅錢過江之禁。裁定利州西路諸軍額。

二月壬申，詔國用司月上宫禁及百司官吏、三衙將士請給之數。癸酉，出龍大淵爲江東總管，曾覿爲淮西總管。甲戌，大淵改浙東，覿改福建。乙亥。罷成都、潼川路轉運司輪年銓試，以其事付制置司。辛巳，以端明殿學士虞允文知樞密院事。癸未，雨雹。甲申，爲知陳州陳亨祖立廟于光州，賜名愍忠。丙戌，以《武經龜鑑》、《孫子》賜鎮江都統戚方、建康都統劉源。癸巳，措置淮東山水砦。丙申，從太上皇、太上皇后幸玉津園。戊戌，直秘閣前廣東提刑石敦義犯贓，刺面配柳州，籍其家。

三月甲辰，從太上皇、太上皇后幸聚景園。辛亥，詔德壽宫恭請裁定醫官員額。丁巳，詔四川宣撫司創招千人，置司所在屯駐。壬戌，伯母秀王夫人張氏薨。

夏四月辛未，蠲諸路州軍逋負。癸酉，爲秀王王夫人成服于後苑，百官進名奉慰。丁丑，合利州東、西路爲一。戊寅，以吴璘知興元府，充利州路安撫使、四川宣撫使。

五月癸卯，葉顒等上《三祖下仙源積慶圖》及《太宗真宗玉牒》、《哲宗寶訓》。甲寅，吴璘薨。庚申，命四川制置使汪應辰主管宣撫司事，移司利州。修揚州城。壬戌，大減三衙官屬。

六月己巳，命汪應辰權節制利州路屯駐御前軍馬。辛未，復分利州東、西路爲二。甲戌，以虞允文爲資政殿大學士、四川宣撫使。乙亥，金遣使來取被俘人。詔實俘在民間者還之，軍中人及叛亡者不預。戊寅，復以虞允文爲知樞密院事，充宣撫使，帝親書九事戒之。罷淮西、江東總領所營田，募人耕佃，壯丁各還本屯，癃老存留，減半請給。甲申，詔鎮江都統制戚方、武鋒軍都統制陳敏各上清河口戰守之策。追封吴璘爲信王。丁亥，詔後省參攷理檢院典故。辛卯，皇后夏氏崩。振泉州水災。

秋七月己亥，立薦舉改官額。壬寅，以皇太子疾，減雜犯死罪囚，釋流以下。乙巳，皇太子薨，謚曰莊文。己酉，東宫醫官杜楫除名，昭州編管，尋改瓊州。

閏月辛未，詔：「諸軍復置副都統制，文字與都統制連書，軍馬調發從都統制，違者奏劾。」戚方罷。癸酉，權欑安恭皇后于臨安修吉寺。丁亥，戚方落節鉞，信州居住。

八月丁酉，内侍陳瑜、李宗回坐交結戚方受賂：瑜除名，決杖，黥面配循州；宗回除名，筠州編管；方責授果州團練副使，潭州安置，籍所盜庫金以犒軍。甲寅，以久雨，命臨安府決繫囚。丁巳，葉顒等請罷，不許。蠲光濠廬三州、壽春府賦一年。戊午，遣官分決滯獄。壬戌，以知建康府史正志兼沿江水軍制置使，自鹽官至鄂州沿江南北及沿海十五州水軍悉隸之。癸亥，詔給、舍討論考課舊法。四川旱，賜制置司度牒四百，備振濟。

冬十月乙未朔，占城入貢。丁酉，遣唐瑑等使金賀正旦。戊戌，修真州城。以嗣濮王士輵爲開府儀同三司。庚子，定内外薦舉改官人歲額。癸卯，詔歸正借補官資人充樞密院效士，於指定州軍以官庫酒息贍之者，毋罷其給。乙卯，金遣蒲察莎魯窩等來賀會慶節。

十一月丙寅，合祀天地于圜丘，大赦。戊辰，雷。己巳，詔戒飭武臣及百官。癸酉，以郊祀雷，葉顒、魏杞並罷，命陳俊卿爲參知政事，翰林學士劉珙同知樞密院事。甲戌，蔣芾、陳俊卿請罷，不許。丁丑，以雷發非時，詔臺諫、侍從、兩省官指陳闕失。辛巳，詔侍從、兩省、臺諫、卿監、郎官，舉堪郎官、寺監丞、監司、郡守者。癸巳，罷川路馬船。

十二月丙申，增修六合城。己亥，遣王瀹賀金主生辰。乙巳，置豐儲倉。增印會子。辛亥，以吴益爲太傅。庚申，金遣徒單忠衛等來賀明年正旦。

是歲，兩浙水，四川旱，江東西、湖南北路蝗，振之。

四年春正月戊辰，籍荆南義勇民兵，增給衣甲，遇農隙日番教。壬午，奪秦塤、秦堪郊恩蔭補。癸未，雨雹。甲申，幸天竺寺，遂幸玉津園。辛卯，罷吴益郊恩蔭補。壬辰，葉顒薨。

二月甲午朔，罷福建路賣鈔鹽，蠲轉運司歲發鈔鹽錢十五萬緡。詔四川宣撫使虞允文集四路漕臣，會計財賦所入，對立兵額。丁酉，命湖北安撫司給田募辰、沅、靖三州刀弩手。戊戌，置和州鑄錢監。己亥，以蔣芾爲尚書右僕射、同中書門下平章事兼樞密使兼制國用使，觀文殿大學士史浩爲四川制置使，浩辭不行。庚子，詔蔣芾常朝，贊拜不名。芾辭，許之。乙巳，賜王炎出身，簽書樞密院事。癸丑，五星皆見。乙卯，雪，雨雹。

三月庚午，以敷文閣待制晁公武爲四川安撫制置使。戊寅，詔贈果州團練使韓崇岳立廟，賜名忠勇；宣州觀察使朱勇立廟，賜名忠節。己丑，四方霧下若塵。庚寅，蠲楚州壯丁、社民税役。謚陳亨伯曰愍節。

夏四月乙未，置漢陽軍收發馬監。詔公吏非犯公罪，毋得引用併計案問法。己亥，置郢州轉般倉。癸卯，遣使撫邛、蜀二州饑民爲亂者。己酉，追封韓世忠爲蘄王。甲寅，蔣芾等上《欽宗帝紀》、《實録》。内辰，禮部員外郎李燾上所著《續通鑑長編》，自建隆至治平一百八卷。丁巳，詔太史局參用新舊曆。戊午，詔販牛過淮者，論如興販軍須之罪。是月，振綿、漢等州饑。

五月癸亥，出度牒千道，續減四川科調。乙丑，以邛州安仁縣荒旱，失于蠲放，致饑民擾亂，守貳、縣令降罷追停有差。甲申，謚趙鼎曰忠簡。丙戌，行《乾道新曆》。丁亥，以饒信二州、建寧府饑民嘯聚，遣官措置振濟。是月，西夏任敬德遣使至四川宣撫司，約發兵攻西番。

六月甲午，詔罷廣西鈔鹽，復官般官賣法，歲減轉運司鈔錢十九萬緡，其秋苗毋得科折。戊戌，蠲諸路逋負乾道元年二月和市、折帛、雜色錢。辛丑，龍大淵卒，詔以爲寧武軍節度使致仕。癸卯，詔四川宣撫司增印錢引一百萬，對償民間預借錢。蠲邛、蜀二州夏税。丁巳，召興化軍布衣林彖赴行在。戊午，蔣芾以母喪去位。

秋七月壬戌，以劉珙兼參知政事。召建寧府布衣魏掞之赴行在。申禁異服異樂。癸亥，徽州大水。己巳，罷沿江水軍制置司。辛未，衢州大水。戊寅，知衢州王悦以盛暑禱雨，蔬食減膳，憂勤致疾而死，贈直龍圖閣。丁亥，以經、總制餘剩錢二十一萬緡樁留邛、蜀州，以備振濟。己丑，以久雨，御延和殿慮囚，減臨安府、三衙死罪以下囚，釋杖以下。是月，西夏遣間使來。

八月乙未，班祈雨雪之法于諸路。丁未，主管殿前司公事王琪傳旨不實，擅興工役，降三官放罷。庚戌，劉珙罷。辛亥，陳俊卿請罷政，不許。

九月庚申，立内外將佐升差審察法。庚午，從太上皇幸天竺寺。限品官子孫名田。是秋，罷關外四州營田官兵，募民耕佃。

冬十月壬辰，遣鄭聞等使金賀正旦。甲午，禁歸正人藏匿金人者。乙未，臣僚言：「天下之事，必歷而後知，試而後見。爲縣令者必爲丞簿，爲郡守者必爲通判，爲監司者必爲郡守，皆有等差。自今職事官及局務官，必任滿方許求外，未歷親民任使，即未得擬州郡，且授通判。」詔從之。庚子，蔣芾起復尚書左僕射，陳俊卿右僕射，並同中書門下平章事兼樞密使兼制國用使。甲辰，大閲。己酉，金遣移剌神獨斡等來賀會慶節。庚戌，大風。

十一月壬戌，遣知無爲軍徐子寅措置楚州官田，招集歸正忠義人以耕。甲戌，嚴盜賊法。乙亥，詔峽州布衣郭雍赴行在。壬申，兩淮歸正忠義有田産者，蠲役五年。癸未，岳陽軍節度使居廣封永陽郡王。

十二月丙申，遣胡元質等賀金主生辰。甲辰，賜魏掞之同進士出身，爲太學録。蔣芾辭起復，許之。減兩浙、江東西路明年夏税、和市之半。甲寅，金遣完顔仲仁等來賀明年正旦。

五年春正月甲戌，措置兩淮屯田。

二月己丑，申嚴太廟季點法。乙未，命楚州兵馬鈐轄羊滋專一措置沿淮、海盜賊。先是，海州人時旺聚衆數千來請命，旺尋爲金人所獲，其徒渡淮而南者甚衆，故命滋彈壓之。戊戌，贈張浚太師，謚忠獻。壬寅，以給事中梁克家簽書樞密院事。癸卯，大風。甲辰，以王炎參知政事兼同知樞密院事。丙午，雨雹。辛亥，詔：「自今詔令未經兩省書讀者毋輒行，給、舍駁正毋連銜同奏。」

三月丁巳朔，詔趣修廬、和二州城。己巳，蠲成都府路民户歲輸對糴米脚錢三十五萬緡。乙亥，以王炎爲四川宣撫使，仍參知政事。召虞允文赴行在。丙子，賜禮部進士鄭僑以下三百九十有二人及第、出身。壬午，賜郭雍號沖晦處士。癸未，罷利州路諸州營田官兵，募民耕佃。詔侍從、監司、帥臣、管軍薦武舉出身人可將佐者。

夏四月己丑，復置將作軍器少監。壬辰，以梁克家兼參知政事。辛丑，詔：福建路貧民生子官給錢米。庚戌，修襄陽府城。辛亥，振恤衢、婺、饒、信四州流民。

五月己巳，帝以射弩弦斷傷目，不視朝。金牒取俘獲人，王抃議盡遣時旺餘黨，陳俊卿持不可，帝然之。

六月戊戌，始視朝。己酉，以虞允文爲樞密使。

秋七月乙丑，召曾覿入見，陳俊卿及虞允文請罷之，不許。覿至行在，俊卿、允文復言其不可留，詔以覿爲浙東總管。

八月甲申朔，日有食之。己丑，以陳俊卿爲尚書左僕射，虞允文爲尚書右僕射，並同中書門下平章事、兼樞密使兼制國用使。辛亥，命淮西路鑄小鐵錢。

九月己未，罷淮東屯田官兵，募民耕佃。辛酉，詔淮東諸州，農隙教閲民丁。

甲子，詔侍從、臺諫集議欽宗配饗功臣。壬申，大風。命淮西安撫司參議官許子中措置淮西山水砦，招集歸正忠義人耕墾官田。

冬十月乙酉，遣汪大猷等使金賀正旦。戊子，振温、台二州被水貧民，以守臣、監司失職，降責有差。戊戌，大風。己亥，命饒、信二州歲各留上供米三萬石，以備振糶。癸卯，金遣高德基等來賀會慶節。

十一月癸丑朔，復置淮東萬弩手，名神勁軍。庚申，增置廣東水軍。乙丑，以孫擴爲右千牛衛大將軍。以明州定海縣水軍爲御前水軍。丙寅，爲岳飛立廟于鄂州。辛未，詔侍從、臺諫、兩省官，各舉京朝官以上才堪監司、郡守者三人。壬申，復成閔慶遠軍節度使、鎮江諸軍都統制。

十二月己丑，遣司馬伋等賀金主生辰。辛卯，大風。丁酉，置應城縣馬監。復李顯忠威武軍節度使。乙巳，復置成都府廣惠倉。戊申，金遣完顔毅等來賀明年正旦。

六年春正月癸丑，雅州沙平蠻寇邊，焚碉門砦。四川制置使晁公武調兵討之，失利。乙卯，修楚州城。丁巳，復強盜舊法，其四年十一月指揮勿行。癸亥，初降金字牌下四川宣撫司，備邊奏。乙丑，增築豐儲倉。庚午，以奉國軍承宣使、知廬州郭振爲武泰軍節度使。

二月乙酉，詔户部侍郎二人分領諸路財賦。丁亥，復置舒州同安監，鑄鐵錢。辛卯，王炎遣人約沙平蠻歸部，稍捐邊税與之。丙申，廣西路復行鈔鹽法，仍增收通貨錢四十萬緡，以備漕計。壬寅，詔諭大臣：均役法，嚴限田，抑游手，務農桑。己酉，置應城縣孳生監。庚戌，以曾覿爲福州觀察使。遣司農寺丞許子中詣淮西，措置鐵錢。

三月癸丑，用三省言，兩淮守帥宜久其任，二年後察其能否，以行賞罰。乙卯，裁減樞密院吏額一百十有四人。丁巳，詔步軍司權以三萬五千人爲額。起復王抃知閤門事，專一措置三衙揀選官兵。贈彰國軍節度使大周仁爲太尉。庚申，從太上皇、太上皇后幸聚景園。乙丑，以晁公武、王炎不協，罷四川制置司歸宣撫司。辛未，從太上皇、太上皇后幸聚景園。甲戌，裁減三省吏額七十人。戊寅，以知紹興府史浩爲檢校少傅、保寧軍節度使。己卯，詔兩淮州縣官以繁簡易其任。復置江、浙、京湖、淮、廣、福建等路都大發運使，以新知成都府史正志爲之。

夏四月辛巳朔，罷鑄錢司歸發運司。併淮東總領所歸淮西總領所。以敷文閣直學士張震知成都府，充本路安撫使。乙未，賜發運使史正志緡錢二百萬爲均輸、和糴之用。吏部尚書汪應辰三上疏論發運司。戊戌，以應辰知平江府。

五月甲寅，裁減六部吏額百五十人，其餘百司、三衙以是爲差。己未，陳俊卿、虞允文等上神宗哲宗徽宗欽宗《四朝會要》、《太上皇玉牒》。己巳，陳俊卿以議遣使不合，罷爲觀文殿大學士、知福州。罷行在至鎮江征税所比近者十有三。甲戌，詔戒飭百官。丁丑，知潮州曾造犯贓，貸命，南雄州編管，籍其家。戊寅，詔給舍、臺諫言事。

閏月壬午，詔監司、帥臣舉守令臧否失實，依舉清要官法定罪。甲申，印給諸州上供綱目，季申而歲校之，以爲殿最。戊子，遣范成大等使金求陵寢地，且請更定受書禮。辛卯，吏部侍郎陳良祐論祈請使不當遣，恐生邊釁。詔以良祐妄興異論，不忠不孝，放罷，送筠州居住。癸巳，增環衛官奉。以梁克家爲參知政事兼同知樞密院事。壬寅，以江東漕臣黄石不親按行水災州郡，降二官。甲辰，辛次膺薨。戊申，復置武臣提刑。

六月壬子，申嚴卿監、郎官更迭補外之制。壬申，增武學生爲百人。癸酉，置蘄州蘄春監、黄州齊安監，鑄鐵錢。是月，榮國公挺自東宫出居外第。

秋七月癸未，詔以沙田、蘆場歲收租税六十餘萬緡入左藏南庫。丙戌，詔川廣監司、郡守任滿奏事訖方調。己丑，置興國軍興國監。甲午，詔除郎官並引對畢供職。辛丑，復置御前弓馬子弟所，命吳挺兼提舉。賜岳飛廟曰忠烈。

八月庚戌，虞允文請蚤建太子。癸丑，復置詳定一司敕令所。丙寅，置閤門舍人十員。是月，虞允文上《乾道敕令格式》。

九月壬辰，賜蘇軾謚曰文忠。辛丑，沅州猺人相讐殺，守臣孫叔傑出兵擊之，失利。猺人進迫州城，安撫司諭解之，叔傑尋抵罪。是月，范成大至自金，金許以遷奉及歸欽廟梓宫而不易受書禮。

冬十月己酉，以孫攄爲左千牛衛大將軍。丙辰，詔發運使置司行在。謚司馬朴曰忠潔。辛酉，遣吕正己等使金賀正旦。丁卯，金遣耶律子敬等來賀會慶節。甲戌，起居舍人趙雄請置局議恢復，詔以雄爲中書舍人。

十一月丁丑朔，復置軍器監一員。壬午，合祀天地于圜丘，大赦。乙未，復置神武中軍，以吳挺爲都統制。召曾覿提舉佑神觀。丁酉，加上光堯壽聖太上皇帝尊號曰光堯壽聖憲天體道太上皇帝，壽聖太上皇后尊號曰壽聖明慈太上皇后。是月，遣趙雄等賀金主生辰，別函書請更受書之禮。置左藏南上庫。

十二月戊申，大閲。甲子，置江州廣寧監、臨江軍豐餘監、撫州裕國監，鑄鐵錢。壬申，金遣蒲察愿等來賀明年正旦。癸酉，罷發運司。以史正志奏課不實，責爲楚州團練副使，永州安置。

是歲，兩浙、江東西、福建水旱。

七年春正月丙子，率羣臣奉上太上皇、太上皇后册寶于德壽宮。庚辰，虞允文復請建太子，帝命允文擬詔以進。壬寅，命三省旬録宣諭聖語及時政記同進。是月，復鑄錢司。

二月癸丑，詔立子惇爲皇太子，大赦。以慶王愷爲雄武、保寧軍節度使，判寧國府，進封魏王。丁巳，增置皇太子宮講讀官。庚申，罷會子庫，仍賜户部內藏南庫緡錢二百萬、銀九十萬兩以增給官兵之奉。甲子，詔寺觀毋免税役。丁卯，太傅大寧郡王吳益薨。壬申，大風。

三月乙亥朔，趙雄至金，金拒其請。詔訓習水軍。丙子，立恭王夫人李氏爲皇太子妃。戊寅，徙侍衛馬軍司戍建康。己卯，起復劉珙同知樞密院事。以明州觀察使、知閤門事兼樞密都承旨張説簽書樞密院事。左司員外郎兼侍講張栻言説不宜執政。乙酉，立沿海州軍私齎銅錢下海船法。丙戌，復置將作監。殿中侍御史李處全乞遣張説按行邊戍，以息衆論，中書舍人范成大乞不草詞。戊子，説罷爲安慶軍節度使、提舉萬壽觀。庚寅，遣使覈兩淮種麥。丙申，御大慶殿册皇太子。禮部侍郎鄭聞、工部侍郎胡銓、樞密院檢詳文字李衡、祕書丞潘慈明並罷。虞允文乞留銓，乃以爲寶文閣待制兼侍講。己亥，皇太子謝于紫宸殿，宰相率百官赴東宮賀。

夏四月戊申，以曾覿爲安德軍承宣使。庚申，詔諸路增收無額錢物，並輸南上庫。壬戌，從太上皇、太上皇后幸聚景園。甲子，詔皇太子判臨安府。己巳，詔侍從、臺諫、兩省官舉任刑獄、錢穀及有智略吏能者各二人。辛未，詔皇太子領臨安尹。

五月戊寅，復置淮東總領所。丁亥，劉珙起復同知樞密院事，爲荆、襄宣撫使，珙辭不拜。庚寅，金人葬欽宗于鞏原。丁酉，詔廣西帥臣措置南丹州市馬。是月，遣知閤門事王抃點閲荆、襄軍馬。

六月丙午，復主管馬軍司公事李顯忠爲太尉。己巳，賜吳璘謚曰武順。壬申，詔兩淮墾田毋創增税賦。

秋七月庚子，以王炎爲樞密使、四川宣撫使。

八月丙辰，詔兩淮民丁充民兵者，本名丁錢勿輸。辛酉，復修襄陽城。

九月壬申朔，以江西、湖南旱，命募民爲兵。甲申，從太上皇、太上皇后幸東園。戊子，安定郡王令德薨。

冬十月丁未，罷紹興宗正行司，改恩平郡王璩判西外宗正。己酉，遣莫濛等使金賀正旦。壬戌，金遣烏林答天錫等來賀會慶節，天錫要帝降榻問金主起居，虞允文請帝還內，命知閤門事王抃諭天錫以明日見，天錫沮退。癸亥，會慶節，金使隨班入見。

十一月甲戌，御集英殿策試應賢良方正能直言極諫科李垕。戊寅，錫垕制科出身。

十二月丁未，遣翟紱等賀金主生辰。庚申，詔閤門舍人依文臣館閣以次輪對。癸亥，罷太醫局。丙寅，金遣完顔宗寧等來賀明年正旦。

是歲，湖南、江東西路旱，振之。

八年春正月庚午朔，班《乾道敕令格式》。丁酉，朝獻景靈宮，遂幸天竺寺、玉津園。

二月乙巳，詔改尚書左右僕射、同中書門下平章事爲左右丞相。丙午，詔六察分隸，事有違戾，許監察御史隨事具實狀糾劾以聞。戊申，遣姚憲等使金賀上尊號，附請受書之事。辛亥，以虞允文爲左丞相，梁克家爲右丞相，並兼樞密使。癸丑，以安慶軍節度使張説、吏部侍郎王之奇並簽書樞密院事。侍御史李衡、右正言王希吕交章論説不可爲執政，不報。禮部侍郎兼直學士院周必大不草答詔，權給事中莫濟封還録黄，詔並與在外宮觀。丙辰，詔罷王希吕與遠小監當，尋詔與宮觀。丁巳，李衡罷爲起居郎。丙寅，户部尚書曾懷賜出身，參知政事。

三月戊子，詔省侍中、中書尚書令員，以左右丞相充其位。

夏四月庚子，賜禮部進士黄定以下三百八十有九人及第、出身。己酉，殿中侍御史蕭之敏劾虞允文擅權不公，允文請罷政，許之；翼日復留，出之敏提點江東刑獄。甲子，措置兩淮官田徐子寅等坐授田歸正人逃亡，奪官有差。乙丑，詔再蠲兩淮二税一年。

五月戊子，福建鹽行鈔法。丙申，立宗室銓試法。

六月庚子，以武德郎令擡爲金州觀察使，封安定郡王。壬寅，蠲兩淮歸正人撮收課子。淮東巡尉有縱逸歸正户口過淮者，奪官有差。壬子，省監司薦舉員。

秋七月辛巳，罷淮西屯田官兵，募歸正人耕佃。姚憲、曾覿至自金，金人拒

其請。癸未，以覿爲武泰軍節度使。壬辰，雨雹。

九月戊辰，定江西四監鐵錢額。乙亥，詔王炎赴都堂治事。戊寅，以虞允文爲少保、武安軍節度使、四川宣撫使，封雍國公。己丑，賜允文家廟祭器。壬辰，允文入辭，帝諭以決策親征，令允文治兵俟報。

冬十月丁未，遣馮樽等使金賀正旦。丙辰，金遣夾谷清臣等來賀會慶節。罷借諸路職田。

十一月辛未，遣官鬻江、浙、福建、二廣、湖南八路官田。辛巳，復四川諸州教授員。庚寅，進檢校少傅、知福州史浩開府儀同三司。

十二月戊戌，蠲兩淮明年租賦。甲辰，詔京西招集歸正人，授田如兩淮。甲寅，命四川試武舉。丙辰，追封劉光世爲安成郡王。丁巳，遣韓元吉等賀金主生辰。庚申，復置鑄錢司提點官二員。辛酉，金遣曹望之等來賀明年正旦。

是歲，隆興府、江筠州、臨江興國軍大旱，四川水。

九年春正月辛未，王之奇罷爲淮南安撫使，王炎罷爲觀文殿大學士、提舉洞霄宫。乙亥，以張説同知樞密院事，户部侍郎沈夏簽書樞密院事。戊寅，遣官鬻兩浙營田及没官田，次及江東、西，四川如之。以刑部尚書鄭聞簽書樞密院事。乙酉，福建鹽復官賣法。是月，以措置兩淮、荆襄十六事敕安撫、轉運使督諸州守臣，月具所行事奏，仍審擇臧否，以議黜陟。

閏月戊申，以久雨，命大理、三衙、臨安府及兩浙州縣決繫囚，減雜犯死罪以下一等，釋杖以下。乙卯，修廬州城。辛酉，大風。幸天竺寺、玉津園。

二月壬申，蠲江西旱傷五州逋負米。乙亥，青羌奴兒結寇安静砦，黎州推官黎商老戰死。乙酉，孫榮國公挺薨，追封豫國公。丁亥，特贈蘇軾爲太師。

三月甲午，禁北界博易銀絹。戊申，從太上皇、太上皇后幸聚景園。癸丑，復以進奏院隸門下後省。丙辰，復分淮南安撫司爲東西路。

夏四月丁丑，裁定武鋒軍軍額。己丑，皇太子解臨安尹事。

五月壬辰朔，日有食之。己未，以迪功郎朱熹屢詔不起，特改宣教郎，主管台州崇道觀。

六月甲戌，禁兩淮、荆襄、四川諸州籍民户馬。己丑，戒飭監司、守令勸農。

秋七月壬寅，青羌奴兒結降。辛亥，吐蕃彌羌畜列陷安静砦，引兵深入，黎州守臣誘邛部川蠻擊卻之。

八月丙子，詔興修水利。癸未，合荆、鄂二軍爲一，以吴挺充都統制。

九月丙申，梁克家等上《中興會要》、太上皇及皇帝《玉牒》。庚子，命盱眙軍以受書禮移牒泗州，示金生辰使，金使不從。

冬十月甲子，遣留正等使金賀正旦。右丞相梁克家與同知樞密院張説議使事不合，乃求去。辛未，克家罷爲觀文殿大學士、知建寧府。甲戌，以曾懷爲右丞相，張説知樞密院事，鄭聞參知政事，沈夏同知樞密院事。庚辰，金遣完顔襄等來賀會慶節。丁亥，襄等入辭，别函申議受書之禮，仍示虞允文速爲邊備。

十一月辛卯，詔樞密院，除授及財賦事關中書、門下省，其邊機軍政更不録送。戊戌，合祀天地于圜丘，大赦，改明年爲淳熙元年。

十二月己未朔，戒敕沿邊諸軍，毋輒遣間探、招納叛亡。甲子，沈夏罷。乙丑，以御史中丞姚憲簽書樞密院事，遣韓彦直等賀金主生辰。辛未，交阯入貢。癸酉，罷廣西客鈔鹽，復官般官賣法。甲戌，遣使措置宜州市馬。乙亥，以嗣濮王士輵、永陽郡王居廣並爲少保。乙酉，金遣完顔璋等來賀明年正旦，以議受書禮不合，詔俟改日。以太上皇有旨，姑聽仍舊。丁亥，璋等入見。

是歲，浙東、江東西、湖北旱。

淳熙元年春正月乙未，禁淮西諸關採伐林木。戊戌，罷坐倉糴米賞。庚子，罷兩淮將帥權攝官。丙午，禁兩淮耕牛出境。以交阯入貢，詔賜國名安南，封南平王李天祚爲安南國王。

二月癸酉，虞允文薨。辛巳，爲郭浩立廟于金州。

三月戊子朔，詔寄禄官及選人並去左右字。丙申，以鄭聞爲資政殿大學士、四川宣撫使。戊申，幸玉津園。癸丑，金遣梁肅等來計事。

夏四月戊辰，從太上皇幸聚景園。壬申，許桂陽軍谿洞子弟入州學聽讀。乙亥，詔四川宣撫司教閱諸州將兵。戊寅，遣張子顔等使金報聘。己卯，以姚憲參知政事，户部尚書葉衡簽書樞密院事。

五月壬寅，班鄭興裔所創《檢驗格目》。

六月丙辰朔，詔禮官討論别建四祖廟，正太祖東嚮位。戊午，以興州都統制吴挺爲定江軍節度使。癸酉，改江陵府爲荆南府。戊寅，曾懷罷。癸未，姚憲罷。甲申，落憲端明殿學士，罷宫觀。以葉衡參知政事。

秋七月丁亥，以鄭聞參知政事。罷四川宣撫司。以成都府路安撫使薛良朋爲四川安撫制置使。戊子，詔舉廉吏。壬辰，以曾懷爲右丞相。己酉，姚憲南康軍居住。

八月己未，張説罷爲太尉，提舉隆興府玉隆觀。以徽猷閣學士楊倓爲昭慶軍節度使，簽書樞密院事。

九月乙酉朔，以曾覿開府儀同三司。壬寅，幸玉津園宴射。乙巳，罷宜州市馬。

冬十月辛酉，立金銀出界罪賞。壬戌，遣蔡洸使金賀正旦。癸亥，以積雨，命中外決繫囚。丙寅，鄭聞薨。乙亥，金遣完顏讓等來賀會慶節。戊寅，占城入貢。辛巳，再蠲臨安府民身丁錢三年。壬午，以魏王愷判明州。蠲郴州、桂陽軍借貸常平米。

十一月甲申朔，日有食之。戊戌，以禮部侍郎龔茂良參知政事。楊倓罷，以葉衡兼權知樞密院事。丙午，曾懷罷。戊申，以葉衡爲右丞相兼樞密使。

十二月丁巳，以吏部尚書李彥穎簽書樞密院事。壬戌，遣吳琚等賀金主生辰。丙寅，罷鐵錢，改鑄銅錢。庚午，詔禮官論復魏悼王襲封。壬申，葉衡等上《真宗玉牒》。金遣劉仲誨等來賀明年正旦。以資政殿學士、知江陵府沈夏升大學士，爲四川宣撫使，仍命升差從主帥，埸務還軍中。新四川制置使范成大改管內制置使。

二年春正月癸巳，前宰相梁克家、曾懷坐擅改堂除，克家落觀文殿學士，懷降爲觀文殿學士。甲午，廢同安蘄春監。丁未，以兩淮諸莊歸正人安業，徐子寅等行賞有差。庚戌，詔籍諸軍子弟爲背嵬軍。

三月丙申，以太上皇壽七十，詔禮官討論慶壽典禮。乙巳，詔武舉第一人補秉義郎，堂除諸軍計議官。

夏四月乙卯，賜禮部進士詹騤以下四百二十有六人及第、出身。己巳，幸玉津園。是月，茶寇賴文政起湖北，轉入湖南、江西，官軍數爲所敗，命江州都統皇甫倜招之。

五月辛卯，諭宰相以朝政闕失，士民皆得獻言。庚子，命鄂州都統李川調兵捕茶寇。乙巳，詔知縣三年爲任。

六月庚戌朔，詔自今宰執、侍從以下除外任，非有功績者不除職名，外任人非有勞效亦不除職。以沈夏同知樞密院事。辛酉，罷四川宣撫司。以倉部郎中辛棄疾爲江西提刑，節制諸軍，討捕茶寇。丁卯，用左司諫湯邦彥言，落蔣芾、王炎觀文殿大學士，張説落節度使，芾建昌軍、炎袁州、説撫州並居住。戊辰，振濟湖南、江西被寇州縣。是月，茶寇自湖南犯廣東。

八月丙辰，江西總管賈和仲以捕茶寇失律除名，賀州編管。甲子，賜安南國王印。丁卯，蠲湖南、江西被寇州縣租稅。丁丑，遣左司諫湯邦彥等使金申議。

九月乙卯朔，湯邦彥請分揚廬州、荆南襄陽府、金州、興元府、興州爲七路，每路文臣一人，充安撫使以治民，武臣一人，充都總管以治兵，三載視其成以議誅賞。從之。乙酉，振恤淮南水旱州縣。乙未，葉衡罷。丁未，沈夏罷。贈趙鼎爲太傅，還其爵邑，追封豐國公。

閏月丁巳，以李彥穎參知政事，翰林學士王淮簽書樞密院事。甲子，詔武臣從軍毋帶内職。是月，辛棄疾誘賴文政殺之，茶寇平。

冬十月戊寅朔，賞平茶寇功，湖南、江西、廣東監帥黜陟有差。庚辰，大風。壬午，詣德壽宫，加上光堯壽聖憲天體道太上皇帝尊號曰光堯壽聖憲天體道性仁誠德經武緯文太上皇帝，壽聖明慈太上皇后尊號曰壽聖齊明廣慈太上皇后。乙酉，遣謝廓然等使金賀正旦。戊戌，金遣完顏禧等來賀會慶節。

十一月戊申朔，奉上太上皇、太上皇后册寶于德壽宫。庚戌，麗正門内火。癸丑，大風。戊午，提點坑冶王揖進羨餘十萬緡，詔却之。

十二月辛巳，班《淳熙吏部七司法》。遣張宗元等賀金主生辰。甲午，朝德壽宫，行慶壽禮，大赦，文武官封父母，賞諸軍。議放天下苗税三之一，大臣言國用不足，迺止。丙申，更定强盜贓法。甲辰，金遣完顏迨等來賀明年正旦。

三年春正月甲寅，以常州旱，寬其逋負之半。刪犯贓蔭補法。振淮東饑，仍命貸貧民種。乙丑，振恤歸正人。

二月壬午，蠲兩淮教閲民兵夏税。癸未，以伯圭爲安德軍節度使。甲申，詔四川監司、帥守，聞命之官毋候告敕。賜韓世忠謚曰忠武。是月，罷諸路鬻没官田。

三月丙午朔，日有食之，霧雲不見。辛亥，上《太上皇日曆》于德壽宫。己未，置六部編敕司。癸亥，幸報恩寺，遂幸聚景園。己巳，併左藏四庫爲二。辛未，詔四川制置司歲擇梁、洋義士材武者二人，遣赴樞密院。壬申，立任子參選覆試法。

夏四月戊寅，詔侍從、臺諫、兩省官歲舉監司、郡守各五人。辛巳，靖州猺人寇邊，遣兵討捕之。丁亥，雨雹。己丑，責授葉衡安德軍節度副使，郴州安置。丁酉，湯邦彥、陳雷奉使無狀，除名，邦彥新州、雷永州編管。己亥，詔諸路提刑歲五月理囚。

五月癸丑，合利州東、西路爲一。安南國王李天祚卒。戊午，遣使弔祭。

六月乙酉，減四川酒課四十七萬餘緡。甲午，以朱熹屢詔不起，特命爲秘書郎，熹不就。

秋七月乙丑，禁浙西圍田。

八月乙亥，以王淮同知樞密院事，禮部尚書趙雄簽書樞密院事。詔六察官糾察庶務，臺綱益振，各進二官。庚辰，太上皇詔立貴妃謝氏爲皇后。壬午，以久雨，命中外決繫囚。戊戌，靖州猺寇平。

九月癸亥，詔：「自今犯公罪至死者，其蔭補與所犯奏裁，著爲令。」

冬十月甲戌，以久雨，命中外決繫囚。丙子，御文德殿，册皇后。丁丑，命臨安守臣嚴禁踰侈。庚辰，詔自今非歉歲不許鬻爵。癸未，遣閻蒼舒等使金賀正旦。壬辰，金遣蒲察通等來賀會慶節。

十一月癸丑，合祀天地于圜丘，大赦。庚午，遣張子正等賀金主生辰。

十二月己丑，黎州蠻寇邊，官軍失利，蠻亦遁去。甲午，詔職事官補外者，復除職如故事。追封吴玠爲涪王。丁酉，定鑄錢司歲鑄額爲十五萬緡。戊戌，金遣劉琉等來賀明年正旦。

是歲，京西湖北諸州、興元府、金洋州旱，紹興府、台婺州水，並振之。

四年春正月戊申，詔自今内外諸軍歲一閱試。庚申，詔沿江諸軍歲再習水戰。丙寅，雨雹。丁卯，班《淳熙曆》。

二月乙亥，幸太學，祗謁先聖，退御敦化堂，命國子祭酒林光朝講《中庸》。遂幸武學，謁武成王廟。監、學官進秩一等，諸生推恩賜帛有差。己卯，下詔。詔諸軍毋以未補官人任軍職。戊子，立邊人逃入溪洞及告捕法。癸巳，立武臣授環衛官法。戊戌，以新知荆南府胡元質爲四川安撫制置使兼知成都府。

三月乙巳，以史浩爲少保、觀文殿大學士、醴泉觀使兼侍讀，進封永國公。己酉，龔茂良等上《仁宗玉牒》、《徽宗實録》、《皇帝玉牒》。庚戌，幸玉津園宴射。壬子，貸隨、郢二州饑民米。詔李龍翰襲封安南國王。甲寅，修韶州城。丙寅，幸聚景園。

夏四月甲戌，以魏王愷爲荆南、集慶軍節度使，行江陵尹，判明州如故。乙亥，參知政事龔茂良以曾覿從騎不避道，杖之。戊寅，上奏乞罷政，不許。甲午，給歸正官子孫田屋。

五月庚子朔，幸佑聖觀。罷四川和糴。

六月丁丑，龔茂良罷。己卯，以王淮參知政事。辛巳，班《幸學詔》。癸未，升蜀州爲崇慶府。甲申，詔自今宰執朝殿得旨，事須覆奏乃行。

秋七月辛丑，禁江上諸軍盜易戰馬。振襄陽饑民。壬寅，立待補太學試法。戊申，班御史臺彈奏格。乙酉，罷臨川伯王雱從祀。癸丑，龔茂良責授寧遠軍節度副使，英州安置。甲寅，申嚴四川入蕃茶禁。甲子，班《淳熙重修敕令格式》。

八月辛巳，禁耕牛過淮。

九月丁酉朔，日有食之。己亥，命修築海潮所壞塘岸。辛丑，免宰執以下會慶節進奉。庚戌，命禮官定開寶、政和祀禮。戊午，閱蹴踘于選德殿。

冬十月丙子，以久陰，命中外決繫囚。遣錢良臣等使金賀正旦。丁丑，詔監司、守臣歲舉武臣堪知縣者各二人。己卯，詔將士智勇傑出者，躐等升差。丁亥，金遣完顔忠等來賀會慶節。

十一月丁酉，詔兩淮歸正人爲强勇軍。庚子，以趙雄同知樞密院事。癸亥，遣趙思等賀金主生辰。

十二月丁卯，試四川所上義士二人，官而遣之。己巳，詔行薦舉事實格法。乙亥，大閱。辛巳，蠲太平州民貸常平錢米。壬辰，金遣完顔炳等來賀明年正旦。

是歲，福州、建寧府、南劍州水，並振之。

《宋史》卷三五《孝宗本紀三》 五年春正月辛丑，侍御史謝廓然乞戒有司，毋以程頤、王安石之説取士。從之。癸卯，罷特旨免臣僚及寺觀科徭。庚戌，大風。己未，詔侍從、臺諫、兩省官集議考課法。

二月己巳，置州縣丁税司。辛未，申嚴武臣呈試法。詔二廣毋以攝官人治獄。丁丑，禁解鹽入京西界。甲申，雨土。庚寅，威州蠻寇邊，討降之。

三月丁未，李彦穎罷。給辰、沅、澧、靖四州刀弩手田。壬子，以史浩爲右丞相。丁巳，幸玉津園。己未，以王淮知樞密院事，趙雄參知政事。是春，黎州蠻出降。

夏四月乙丑朔，詔葉衡任便居住。丙寅，以禮部尚書范成大參知政事。辛未，知紹興府張津進羡餘四十萬緡，詔以代民輸和買、身丁之半。賜禮部進士姚穎以下四百十有七人及第、出身。丁丑，雨土。己卯，以趙思奉使不如禮，罷起居舍人，仍降二官。丁亥，命後省擇中外所言利病不戾成法者以聞。

五月庚子，置武學國子員。丁未，修臨安府城。禁諸路州軍責屬縣進羨餘。六月庚午，飭百官及諸監司毋得請托。乙亥，范成大罷。癸未，詔京西、湖北商人以牛馬負茶出境者罪死。甲申，詔翰林學士、諫議大夫、給事中、中書舍人、侍御史各舉堪御史者二人。以給事中錢良臣簽書樞密院事。己丑，罷諸州私置稅場。減四川茶課十五萬餘緡。庚寅，蠲大理寺贓錢三萬九千餘緡。

閏月丙申，贈强霓、强震官，立廟西和州，賜名旌忠。丁酉，限四川總領會子額。戊戌，罷興州都統司營田官兵，募民耕佃。己亥，復分利州東、西路爲二。壬寅，置鎮江、建康府轉般倉。乙巳，以魏王愷爲永興、成德軍節度使、雍州牧，判明州如故。庚戌，蠲秀州民折帛錢。

秋七月甲子，太尉、提舉萬壽觀李顯忠薨。癸未，禁砂毛錢。丁亥，以歲豐，命沿江糴米百六十萬石，以廣邊儲。

八月甲午，詔諸路監司戒所部，民稅毋以重價强折輸錢。復制科舊法。丁酉，詔關外四州增募民兵爲忠勇軍。戊午，增銓試爲五場，呈試爲四場。

九月甲子，定廣西賣鹽賞罰。壬申，幸秘書省。戊寅，賜岳飛謚曰武穆。

冬十月戊戌，史浩等上《三祖下第六世仙源類譜》、《仁宗玉牒》。庚子，遣宇文价等使金賀正旦。辛亥，金遣張九思等來賀會慶節。乙卯，奉國軍節度使、殿前都指揮使王友直以募兵擾民，降爲武寧軍承宣使，罷軍職，統制以下奪官有差。軍民讙呶者，執送大理寺鞫之。戊午，以孫右千牛衛大將軍擴爲明州觀察使，封英國公。

十一月丙寅，詔：軍民喧閧者，並從軍法。史浩言民不宜律以軍法，不聽。王友直再降爲宜州觀察使，信州居住。浩請罷政。甲戌，浩罷爲少傅，還舊節，充醴泉觀使兼侍讀。乙亥，以錢良臣參知政事。丁丑，以趙雄爲右丞相，王淮爲樞密使。戊寅，以兩川禁卒千人爲成都府雄邊軍。庚辰，復監司互察法。

十二月庚寅朔，班新定薦舉式。辛卯，遣錢沖之等賀金主生辰。丁酉，罷興元都統司營田官兵，募民耕佃。辛丑，復同安、蘄春監。丙午，禁兩淮銅錢，復行鐵錢。丙辰，金遣烏延察等來賀明年正旦。

是歲，階、福建興化軍水，通泰楚州、高郵軍田鼠傷禾。三佛齊國入貢。

六年春正月戊辰，振淮東饑民。庚午，復置內侍省合同憑由司。壬申，蠲夔州路上供金銀。丁丑，雨雹。辛巳，復置光州中渡榷場。

二月己丑朔，幸佑聖觀，召史浩、曾覿賜酒。壬辰，錢良臣以失舉贓吏，奪三官。丙申，詔前宰執、侍從有已見利便，聽不時以聞。辛丑，立武臣關升蔭補法。丙午，詔逃軍犯强盜者毋擬貸。癸丑，命州縣毋撓義役。乙卯，詔自今歸正官親赴部授官，以革冒濫。丁巳，裁特奏名試法。

三月庚申，幸聚景園。丙寅，録趙鼎、岳飛子孫，賜以京秩。己巳，郴州賊陳峒等破連道州、桂陽軍諸縣，命湖南帥臣討捕之。置廣西義倉。辛未，再振淮東饑民。壬申，雨雹。丁丑，詔戒勵諸道轉運使。庚辰，幸玉津園。

夏五月壬戌，裁宗室換官法。庚午，蠲四川鹽課十萬緡。乙亥，郴寇平。癸未，給襄陽歸正忠義人田。

六月甲午，建豐儲倉。丙申，詔特奏名毋授知縣、縣令。戊戌，蠲郴州運糧丁夫今年役錢之半。辛亥，廣西妖賊李接破鬱林州，守臣李端卿棄城遁，遂圍化州。命經略司討捕之。端卿除名勒停，梅州編管。

秋七月癸亥，籍郴州降寇，隸荆、鄂軍。戊辰，班《隆興以來寬恤詔令》于諸路。趙雄等上《會要》。乙亥，詔諸軍五口以上增給緡錢。

八月庚寅，罷諸路監司、帥守便宜行事。壬寅，以知楚州翟畋過淮生事，奪五官，筠州居住。

九月辛未，合祭天地于明堂，大赦。癸未，詔福建、二廣賣鹽毋擅增舊額。

冬十月乙酉朔，蠲連州被寇民租稅。辛卯，遣陳峴等使金賀正旦。丙申，詔太學兩優釋褐，與殿試第二人恩例。庚子，四川行「當三」大錢。再蠲四川鹽課十七萬餘緡。辛丑，除紹興府民逋賦五萬餘緡。乙巳，金遣蒲察鼎壽等來賀會慶節。戊申，廣西妖賊平。

十一月乙卯朔，帝著論數百言，深原用人之弊，因及誅賞之法，命宰執示從臣于都堂。辛酉，裁宗子試法。戊寅，罷金州管內安撫司。壬午，詔宗室有出身人得考試及注教授官。癸未，遣傅淇等賀金主生辰。

十二月丙戌，班《重修淳熙敕令格式》。丙申，修百司省記法。己亥，詔：自今鞫贓吏，後雖原貸者，毋以失入坐獄官。庚戌，金遣耶律慥等來賀明年正旦。辛亥，蠲臨安府征稅一年。

是歲，温、台州水，和州旱。

七年春正月甲子，減廣西諸州歲賣鹽數。乙丑，劉焞以平李接功，擢集英殿修撰，將佐幕屬吏士進官、減磨勘年有差。己卯，詔京西州軍並用鐵錢及會子；民户銅錢，以鐵錢或會子償之，滿二月不輸官，許告賞。庚辰，蠲淮東民貸常平

錢米。

二月癸未朔，初置廣南煙瘴諸州醫官。丙戌，復置皇太子宮小學教授。辛卯，魏王愷薨。乙未，詔撥廣西兵校五百人隸提刑司。戊戌，罷瓜洲孳生馬監。己亥，出湖南椿積米十萬石，振糶永、邵、郴三州。甲辰，命利州路守貳、縣令兼領營田。乙巳，限改官員歲毋過八十人。封子棟爲宜州觀察使、安定郡王。

三月壬戌，詔舉賢良方正能直言極諫者。庚午，迎太上皇、太上皇后宴翠寒堂。乙亥，減内外官薦舉員。丁丑，再蠲臨安府民身丁錢三年。詔諸州招補軍籍之闕，自今歲以爲常。

夏四月甲申，幸聚景園。丙戌，趙雄等上仁宗哲宗玉牒。戊子，除明州積欠諸司錢十五萬緡。辛卯，再免沿邊歸正人請占官田賦役三年。甲辰，黎州五部落犯盤佗砦，兵馬都監高晃以綿、潼大軍三千人與戰敗走，蠻人深入，大掠而去。己酉，命蔭補、武舉、宗室、小使臣行三年喪。

五月戊辰，以吏部尚書周必大參知政事，刑部尚書謝廓然簽書樞密院事。袁州分宜縣大水，捐其税。戊寅，詔舒、蘄二州鑄錢歲以四十五萬貫爲額。己卯，申飭書坊擅刻書籍之禁。庚辰，詔特奏名年六十人毋注縣尉。

六月丙戌，以特進、觀文殿大學士、判建康府陳俊卿爲少保。壬辰，五部落再犯黎州，制置司鈐轄成光延戰敗，官軍死者甚衆，提點刑獄、權州事折知常棄城遁。甲午，制置司益兵，遣都大提舉茶馬吴總往平之。壬寅，詔試刑法官增試經義。

秋七月癸丑，詔二廣帥臣、監司察所部守臣臧否以聞。丁卯，以旱決繫囚，分命羣臣禱雨于山川。壬申，移廣西提刑司于鬱林州。

八月癸未，禁黎州官吏市蕃商物。甲申，以禱雨未應，諭輔臣欲令職事官以上各實封言事。是夕雨。丁酉，置湖南飛虎軍。戊戌，雨。甲辰，五部落犯黎州塞，興州左軍統領王去惡拒却之，折知常重賂蠻，使之納款。

九月癸亥，詔自今常朝毋稱丞相名。甲子，命樞密使亦如之。乙丑，詔宰執、使相給使，減年恩數，身後三年者毋收使。丙寅，詔知縣成資始聽監司薦舉。壬申，禁諸路遏糴。癸酉，名省記法爲《淳熙重修百司法》。

冬十月丙戌，詔：「限田太寬，民役煩重，其令臺諫、給舍同户部長貳詳議以聞。」戊子，遣葉宏等使金賀正旦。乙未，黎州五部落進馬乞降，詔却獻馬，許其互市。庚子，金遣李佾等來賀會慶節。

十一月癸丑，詔邊吏存恤江西過淮饑民。丁巳，禁淮南諸司、州郡抑配民酒。辛酉，蠲兩淮州軍二税一年。癸亥，黎州戍軍伍進等作亂，折知常遁去，王去惡誘進等誅之。壬申，南康軍旱，詔出檢放所餘苗米萬石充軍糧。癸酉，遣蓋經等賀金主生辰。

十二月庚寅，趙雄等上神宗、哲宗、徽宗、欽宗《四朝國史志》。壬辰，以四川制置使胡元質不備蕃部，致其猖獗，奪兩官罷之。丙申，嗣濮王士輵薨。戊戌，以新除成都府路提點刑獄禄東之權四川制置司，應黎州邊事，隨宜措置。癸卯，詔臨安府承宣旨審奏如故事。甲辰，金遣徒單守素等來賀明年正旦。是月，詔以太上皇明年七十有五，議行慶壽禮，太上皇不允，帝進黃金二千兩爲壽。

是歲，江、浙、淮西、湖北旱，蠲租，發廩貸給，趣州縣決獄，募富民振濟補官。故歲雖凶，民無流殍。安南入貢。

八年春正月甲寅，停折知常官，汀州居住。丙辰，詔：内侍見帶兵官並與在京宮觀，著爲令。乙亥，詔福建歲撥鹽于邵武軍，市軍糧。

二月壬午，詔去歲旱傷郡縣，以義倉米日給貧民，至閏三月半止。黎州土丁張百祥等不堪科役爲亂，統領官劉大年引兵逆擊之，土丁潰去，大年坐誅。戊子，禁浙西民因旱置圍田者。裁童子試法。己丑，禁廣西諸州科賣亭户食鹽。庚寅，詔三省、樞密、六部置籍，稽考興利除害等事。戊戌，以保康軍節度使士歆爲嗣濮王。

三月丁未朔，幸佑聖觀。戊午，以潮州賊沈師爲亂，趣帥、憲捕之。辛未，幸聚景園。

閏月辛巳，命諸路帥臣、監司分州郡臧否爲三等，歲終來上。戊子，賜禮部進士黄由以下三百七十有九人及第、出身。庚寅，修揚州城。甲午，幸玉津園。壬寅，減在京及諸路房廊錢什之三，德壽宮所減，月以南庫錢貼進。禁潭、道等州官賣鹽。甲辰，立宗室命繼法。

夏四月癸丑，修湖南諸州城。丙辰，以臨安疫，分命醫官診視軍民。庚申，復以强盗配隸諸軍重役。丁卯，安定郡王子棟薨。癸酉，立郴州宜章、桂陽軍臨武縣學，以教養峒民子弟。

五月戊寅，詔監司、守令勸課農桑，以奉行勤怠爲賞罰。壬午，詔諸路轉運司趣民間補葺經界簿籍。辛卯，以久雨，減京畿及兩浙囚罪一等，釋杖以下，貸貧民稻種錢。壬寅，以史浩爲少師。

六月己酉，詔放殿前司平江府牧馬草蕩二萬畝，聽民漁採。戊午，除淳熙七年諸路旱傷檢放米一百三十七萬石、錢二十六萬緡。辛酉，罷諸路坊場監官，聽民承買。戊辰，史浩薦薛叔似、楊簡、陸九淵、陳謙、葉適、袁燮、趙善譽等十六人，詔並赴都堂審察。

七月癸未，復以許浦水軍隸殿前司。永陽郡王居廣薨，追封永王。辛未，賞監司、守臣修舉荒政者十六人。以不雨決繫囚。壬辰，紹興大水，出秀婺州、平江府米振糶。丁酉，嚴州水，詔被災之家蠲其和買，三等以上户減半。辛丑，録范質後。

八月丙午，以旱罷招軍。庚戌，趙雄罷。壬子，詔紹興府諸縣夏税、和市、折帛、身丁錢絹之類，不以名色，截日並令住催。癸丑，以王淮爲右丞相兼樞密使。甲寅，以謝廓然同知樞密院事。丙辰，更後殿幄次爲延和殿。己未，以觀文殿大學士、新四川制置使趙雄知瀘州。戊辰，言者請自今歉歲蠲減，經費有虧，令户部據實以聞，毋得督趣已蠲閣之數。從之。罷諸路補葺經界簿籍。

九月庚辰，命諸路提舉司貸民麥種。辛巳，錢良臣罷。庚寅，以謝廓然兼權參知政事。

冬十月己酉，遣施師點等使金賀正旦。辛酉，録黎州戰殁將士四百三人。甲子，金遣完顏寔等來賀會慶節。詔災傷州縣諭民振糶。

十一月甲戌，以旱傷罷喜雪宴。戊寅，蠲富陽、新城、錢塘夏税。庚寅，前池州守趙粹中誤斬遞卒汪青，落職，仍詔給青家衣糧十五年。辛卯，詔兩省、侍從、臺諫各舉所知。浚行在至鎮江府運河。丁酉，遣燕世良賀金主生辰。己亥，振臨安府及嚴州饑民。庚子，再詔臨安府爲粥食饑民。辛丑，以淳熙元年減半推賞法募民振糶。

十二月癸卯朔，以徽、饒二州民流者衆，罷守臣。官出南庫錢三十萬緡，付新浙東提舉常平朱熹振糶。丁未，禁諸州營造。戊申，謚劉安世曰忠定。辛亥，蠲諸路旱傷州軍明年身丁錢物。甲寅，雨雹。以度僧牒募閩、廣民入米。丙辰，詔縣令有能舉荒政者，監司、郡守以名聞。甲子，下朱熹社倉法于諸路。戊辰，金遣魏貞吉等來賀明年正旦。以争執進書儀，帝還内，遣王抃往諭旨。己巳，貞吉奉書入見。是月，廣東安撫鞏湘誘潮賊沈師出降，誅之。

是歲，江、浙、兩淮、京西、湖北、潼川、夔州等路水旱相繼，發廪蠲租，遣使按視，民有流入江北者，命所在振業之。

九年春正月甲戌，詔四孟朝獻，分用三日，如在京故事。丁丑，命兩淮戍兵歲一更。癸未，罷樞密都承旨王抃爲在外宫觀，因罷諸軍承受，復密院文書關録兩省舊法，以文臣爲都承旨。戊子，糴廣南米赴行在。庚寅，詔江、浙、兩淮旱傷州縣貸民稻種，計度不足者貸以樁積錢。

二月庚戌，遣使訪問二廣鹽法利害。戊辰，四川制置司言獲敘州賊大波浪。

三月辛未朔，幸佑聖觀。詔振濟忠、萬、恭、涪四州。癸未，振濟鎮江。壬辰，遣使按視淮南、江、浙振濟。甲午，罷諸路寄招軍兵三年，就揀軍子弟補其闕。

夏四月甲辰，詔自今盜發所在，親臨帥守、監司論罰，平定有勞者議賞。乙卯，詔諸路提刑，文武臣通置一員。癸亥，帝覽陸贄《奏議》，諭講讀官曰：「今日之政，恐有如德宗之弊者，卿等條陳來上，無有所隱。」

五月癸酉，以孫抦爲右千牛衛大將軍。丙子，詔輔臣擇監司、郡守，必先才行。

六月壬寅，詔侍從、臺諫各舉操修端亮、風力彊明，可充監司者一二人。甲寅，蠲犒賞庫酒課二十二萬餘緡。汀、漳二州民爲沈師蹂踐者除其賦。丁巳，給臨安府貧民棺瘞錢。戊午，謝廓然薨。庚申，臨安府蝗，詔守臣亟加焚瘞。

秋七月甲戌，以江西常平、義倉及樁管米四十萬石付諸司，預備振糶。辛巳，出南庫錢三十萬緡付浙東提舉朱熹，以備振糶。壬辰，以資政殿學士李彦穎參知政事。詔發所儲和糴米百四十萬石，補淳熙八年振濟之數，于沿江屯駐諸州樁管。

八月己亥朔，詔紹興民户去歲已納夏税應減者三十萬緡，理爲今年之數。庚子，減皇后内命婦蔭補數，立文武臣遇郊奏薦員，限致仕、遺表恩澤，視舊法捐三之一。淮東、浙西蝗。壬子，定諸州官捕蝗之罰。乙卯，復賞修舉荒政監司、守臣。

九月己巳朔，罷諸路科買軍器物料三年。庚午，以王淮爲左丞相，梁克家爲右丞相。丙子，以子彤爲容州觀察使，封安定郡王。辛巳，大享明堂，大赦。乙酉，以錢引十萬緡賜瀘州，備振糶。辛卯，封伯圭爲滎陽郡王。以旱減恭、合、渠、昌州今年酒課。乙未，禁蕃舶販易金銀，著爲令。

十月戊戌朔，遣王藺等使金賀正旦。丙午，罷軍器所招軍。辛亥，塞四川沿邊支徑。戊午。金遣完顏宗回等來賀會慶節。甲子，蠲諸路旱傷州軍淳熙七年

八年逋賦，出縣官緡錢以償户部。

十一月戊辰朔，禁臣庶之家婦飾僭擬。庚午，振夔路飢。乙酉，進奏院火。丙戌，遣賈選等賀金主生辰。戊子，大風。

十二月己亥，更二廣官賣鹽法，復行客鈔，仍出緡錢四十萬以備漕計之闕。癸亥，金遣孛朮魯正等來賀明年正旦。

十年春正月丁丑，以給事中施師點簽書樞密院事。命州縣掘蝗。甲申，李彦穎罷。乙酉，命二廣提舉鹽事官互措置鹽事。丙戌，以施師點兼權參知政事。丁亥，詔終身任宫觀人毋得奏子。己丑，詔罷廣南官鬻鹽法。壬辰，罷江東、浙西寄招鎮江諸軍三年。

二月癸卯，提舉德壽宫陳源有罪，竄建寧府，尋移郴州，仍籍其家貲，進納德壽宫。

三月戊辰，李燾上《續資治通鑑長編》六百八十七卷。辛未，有司請造第七界會子。辛巳，免四川和糴三年。癸未，幸玉津園。戊子，詔四川類試，自今十六人取一人。己丑，除詐稱災傷籍産法。癸巳，復銓試舊法，罷試雜文。

夏四月丙申，再蠲臨安府民丁身錢三年。己亥，命湖南、廣西堙塞溪洞徑路。

五月丙寅，增皇太子宫小學教授一員。甲戌，以潭州飛虎軍隸江陵都統司。戊寅，幸聚景園。辛卯，詔疏襄陽水渠，以渠傍地爲屯田，尋詔民間侵耕者就給之。廢舒州宿松監。

六月戊戌，監察御史陳賈請禁僞學。乙巳，罷昭州歲貢金。己未，詔諸路監司、帥臣歲舉廉吏。庚申，嚴贓吏禁。

秋七月乙丑，以不雨決繫囚。丙寅，幸明慶寺禱雨。甲戌，以夏秋旱暵，避殿減膳，令侍從、臺諫、兩省、卿監、郎官、館職各陳朝政闕失，分命羣臣禱雨于天地、宗廟、社稷、山川。左丞相王淮等以旱乞罷，不許。丁丑，詔除災傷州縣淳熙八年欠税。甲申，雨。己丑，御殿復膳。

八月戊申，以施師點參知政事兼同知樞密院事，御史中丞黄洽參知政事。庚戌，以史浩爲太保、魏國公，致仕。庚申，以左藏南庫隸户部。

九月乙丑，長溪、寧德縣大水。丙寅，嚴盗販解監法。丁丑，幸佑聖觀。壬午，蠲諸州逋負内藏庫錢六十萬緡。乙酉，遣余端禮等使金賀正旦。丁亥，禁内郡行鐵錢。

冬十月乙未，詔兩浙義役從民便。壬子，金遣完顔方等來賀會慶節。

十一月壬戌朔，日有食之。乙丑，降會子，收兩淮銅錢。甲戌，幸龍山大閱，遂幸玉津園。

閏月壬寅，詔却安南獻象。丁巳，遣陳居仁等賀金主生辰。

十二月丙子，朝德壽宫，行太上皇后慶壽禮，推恩如太上皇故事。丁亥，金遣完顔婆盧火等來賀明年正旦。

是歲，福、漳、台、信、吉州水，京西、金、澧州、南平、荆門、興國、廣德軍、江陵、建康、鎮江、紹興、寧國府旱。

十一年春正月辛卯朔，雨土。辛丑，安化蠻蒙光漸等犯宜州思立砦，廣西兵馬鈐轄沙世堅出兵討之，獲光漸。丙午，詔江東、西路諸監司，義役、差役從民便。甲寅，雨土。

二月甲申，詔：兩淮、京西、湖北萬弩手令在家閲習，每州許歲上材武者一二人，試授以官，如四川義士之制。

三月辛卯，詔刑部、御史臺每季以仲月録囚徒。癸巳，命利路三都統吴挺、郭鈞、彭杲密陳出師進取利害，以備金人。復金州管内安撫司。甲午，以上津、洵陽旱，蠲其税。辛丑，罷秀州御馬院莊，歸其侵地于民。丁未，禁淮民招温、處州户口。除職田、官田八年逋租。庚戌，詔御試策有及軍民利害者，考官哀類以聞。辛亥，史浩入謝，賜宴于内殿。

夏四月甲子，以興元義勝軍移戍襄陽。戊辰，賜禮部進士衛涇以下三百九十四人及第、出身。癸未，重班《紹興申明刑統》。

五月戊子朔，蠲崇德等十六縣小民淳熙十年欠税十四萬緡。癸卯，命刑部、大理寺議減刺配法。甲寅，出緡錢三十萬犒給四川久戍將士。

六月戊午朔，詔諸道總領舉偏裨可將帥者。庚申，以周必大爲樞密使。壬戌，詔在内尚書、侍郎、兩省諫議大夫以上，御史中丞、學士、待制，在外守臣、監司，不限科舉年分，各舉賢良方正能直言極諫一人。己卯，詔諸州歲買稻種，備農民之闕。

秋七月癸卯，蠲減浙東敗闕坊場酒課。癸丑，以浙西、江東水，禁諸州遏糴。甲寅，築黎州要衝城。

八月庚申，遣章森使金賀正旦。

九月丁亥，詔諸路添差官自今毋創置。乙巳，詔殿前軍子弟許權收刺一次。

甲寅，再減四川酒課六十八萬餘緡。

冬十月甲子，初命舉改官人犯贓者，舉主降二官。乙丑，遣王信等賀金主生辰。庚午，禁諸州增收稅錢。丙子，金遣張大節等來賀會慶節。盱眙軍言得金人牒，以上京地寒，來歲正旦、生辰人使權止一年。壬午，詔諸以忠義立廟者，兩淮漕臣繕治之。

十一月壬寅，禁福建民私有兵器。癸卯，助廣西諸州歲計十萬緡。甲寅，令峽州歲時存問處士郭雍。

十二月丁巳，修湖南府城。己卯，詔戒監司、州縣毋得於常賦外追取於民。是歲，江東、浙西諸州水，福建、廣東、吉贛州、建昌軍、興元府、金洋西和州旱。

十二年春正月己丑，禁交阯鹽入省地。壬辰，四川制置使留正遣人誘青羌奴兒結殺之。戊申，賜任伯雨謚曰忠敏。庚戌，日中復有黑子。

二月辛酉，雨雹。乙亥，罷諸軍額外制領將佐。庚辰，置黎州防邊義勇。

三月乙酉，進孫擴爲安慶軍節度使，封平陽郡王。辛卯，禁習渤海樂。辛亥，命侍從、臺諫、兩省、總領、管軍官各舉堪都副統制者一二人。癸丑，除稅場高等累賞法。

夏四月甲子，幸聚景園。戊辰，班《淳熙寬恤詔令》。丙子，諜言故遼大石林牙假道夏人以伐金，密詔吳挺與留正議之。己卯，幸玉津園。

五月庚寅，地震。辛卯，福州地震。詔帥臣趙汝愚察守令，擇兵官，防盜賊。

六月乙卯，立淮東彊勇軍效用效士法。壬戌，除諸軍逋欠營運錢。丁丑，詔浙東帥臣、監司不以時上諸州臧否，奪一官。

秋七月壬寅，詔二廣試攝官如銓試例，取其半。甲辰，以淮西屯田鹵莽，總領、軍帥、漕臣、守臣奪官有差。

八月癸亥，詔太上皇壽八十，令有司議慶壽禮。乙丑，詔户部、給舍、臺諫詳議官民户役法以聞。

九月甲申，復二廣監司以下到罷酬賞法。丙戌，詔恤潮州、台州被水之家。庚寅，遣王信等使金賀正旦。丁丑，詔諸路總領、軍帥、漕臣、守臣歲上屯田所收之數。

冬十月辛亥，加上太上皇尊號曰光堯壽聖憲天體道性仁誠德經武緯文紹業興統明謨盛烈太上皇帝、太上皇后曰聖壽齊明廣慈備德太上皇后。甲寅，蠲施、黔州經制無額錢。命侍從各舉宗室一二人。癸亥，詔諸路臧否以三月終、四川二廣以五月終來上。

十一月丁亥，鄂州大火。戊子，雷。壬辰，遣章森等賀金主生辰。辛丑，合祀天地于圜丘，大赦。

十二月庚戌朔，帥羣臣奉上太上皇、太上皇后册寶于德壽宮，推恩如紹興三十二年故事。甲子，以知福州趙汝愚爲四川制置使。丙子，金遣僕散守忠等來賀明年正旦。

十三年春正月庚辰朔，率羣臣詣德壽宮行慶壽禮。大赦，文武臣僚並理三年磨勘，免貧民丁身錢之半爲一百一十餘萬緡，内外諸軍犒賜共一百六十萬緡。癸巳，以史浩爲太傅，陳俊卿爲少師，嗣濮王士歆爲少保。庚子，以昭慶軍節度使士岏爲開府儀同三司。

二月甲寅，詔强盜兩次以上，雖爲從，論死。庚申，詔舉歸正、添差、任滿人才藝堪從軍者。

三月丁酉，詔職事官改官，許在歲額八十員之外。合提舉廣南東、西鹽事司爲一。甲辰，幸玉津園。

夏四月辛亥，詔吳挺結約夏人。戊辰，再蠲四川和糴軍糧三年。辛未，幸聚景園。

五月甲申，詔非泛補官及七色補官人、非曾任在朝侍從者，品秩雖高，毋得免役。丙申，賜沖晦處士郭雍號曰頤正先生，仍遣官就問雍所欲言，備録來上。

秋七月壬辰，詔内外諸軍主帥各舉堪統制者二三人。壬寅，謚胡銓曰忠簡。

閏月丙午朔，雨雹。戊申，以敷文閣學士留正簽書樞密院事。己酉，施師點乞免兼同知樞密院事，許之。

八月丙子，以故相曾懷濫奏補恩，追落觀文殿大學士。壬午，新築江陵城成。

九月乙巳，詔僞造會子凡經行用，並處死。是月，遣李巘等使金賀正旦。

冬十月甲戌朔，福州火。甲午，金遣完顏老等來賀會慶節。

十一月戊午，詔四川制置司通知馬政，量收木渠民包占荒田租。庚申，遣張叔椿等賀金主生辰。甲子，王淮等上《仁宗英宗玉牒》、神宗哲宗徽宗欽宗《四朝國史列傳》、《皇帝會要》。丙寅，梁克家罷爲觀文殿大學士、醴泉觀使兼侍讀。辛未，裁定百司吏額。

十二月丙子，思州田氏獻納所買黔州民省地，詔償其直。辛巳，減汀州鹽價歲萬緡。甲午，陳俊卿薨。乙未，振臨安府城內外貧乏老疾之民。戊戌，大理寺獄空。己亥，金遣耶律子元等來賀明年正旦。辛丑，再賜軍士雪寒錢。

是歲，利州路饑，江西諸州旱。

十四年春正月癸亥，出四川樁積米貸濟金、洋州及關外四州饑民。

二月丁亥，以周必大爲右丞相。戊子，以施師點知樞密院事。

三月甲子，幸玉津園。

夏四月己卯，置籍考諸路上供殿最，以爲賞罰。戊子，賜禮部進士王容以下四百三十五人及第、出身。

五月乙巳，成都火。己酉，遣官措置汀州經界。

六月戊寅，以久旱，班畫龍祈雨法。甲申，幸太一宮、明慶寺禱雨。丁亥，梁克家薨。庚寅，臨安府火。癸巳，王淮等以旱求罷，不許。詔衡州葺炎帝陵廟。己亥，減兩浙路囚罪一等，釋杖以下。

秋七月辛丑，罷户部上供殿最。丙午，詔羣臣陳時政闕失及當今急務。丁未，以旱罷汀州經界。己酉，詔監司條上州縣弊事、民間疾苦。辛亥，避殿減膳徹樂。癸丑，命檢正都司看詳羣臣封事，有可行者以聞。詔省部、漕臣催理已蠲逋欠者，令臺諫覺察。權減秀州經、總制糴本錢半年。丙辰，命臨安府捕蝗，募民輸米振濟。除紹興新科下户今年和市布帛二萬八千匹。辛酉，江西、湖南饑，給度僧牒，鬻以糴米備振糶。戊辰，雨。命給、舍看詳監司所條弊事。

八月辛未，賜度牒一百道、米四萬五千石，備振紹興府饑。甲戌，御殿復膳。癸未，以留正參知政事兼同知樞密院事。丙戌，復夔路酬賞法。

九月癸卯，太上皇不豫。乙巳，詣德壽宫問疾。丙午，遣萬鍾等使金賀正旦。己未，詣德壽宫問疾。乙丑，罷增收木渠民田租。丙寅，除官軍私負。

冬十月辛未，以太上皇不豫，赦。壬申，詣德壽宫問疾。癸酉，分遣羣臣禱于天地、宗廟、社稷。甲戌，以太上皇未御常膳，自來日不視朝，宰執奏事内殿。乙亥，詣德壽宫侍疾，太上皇崩于德壽殿，遺誥太上皇后改稱皇太后。奉皇太后旨，以奉國軍承宣使甘昇主管太上皇喪事。丙子，以韋璞等爲金告哀使。戊寅，以滎陽郡王伯圭爲欑宫總護使。翰林學士洪邁言大行皇帝廟號當稱「祖」，詔有司集議以聞。己卯，詔尊皇太后。辛巳，詔曰：「大行太上皇帝奄棄至養，朕當衰服三年，羣臣自遵易月之令，可令有司討論儀制以聞。」甲申，用禮官顔師魯等言，大行太上皇帝上繼徽宗正統，廟號稱「宗」。乙酉，百官五上表請帝還内聽政。丙戌，詔俟過小祥，勉從所請。戊子，帝衰絰御素輦還内。以顔師魯等充金國遺留國信使。己丑，金遣田彦皋等來賀會慶節，詔免入見，却其書幣。甲午，詣德壽宫，自是七日皆如之。

十一月戊戌朔，詣德壽宫，自是朔望皆如之。己亥，大行太上皇帝大祥，自是帝以白布巾袍御延和殿。詣德壽宫，衰絰而杖如初。詔皇太子惇參決庶務。庚子，皇太子三辭參決庶務，不許。辛丑，詣德壽宫禫祭，百官釋服。甲辰，羣臣三上表請御殿聽政，詔俟過祔廟。戊申，遣胡晉臣等賀金主生辰。辛亥，冬至，詣德壽宫。乙卯，雷。戊午，詔皇太子參決庶務于議事堂，在内寺監、在外守臣以下，與宰執同除授訖乃奏。己未，詔五日一朝德壽宫。

十二月庚午，大理寺獄空。癸巳，金遣完顔崇安等來賀明年正旦，見于垂拱殿之東楹素幄，詔禮物毋入殿，付之有司。

是歲，兩浙、江西、淮西、福建旱，振之。

十五年春正月丁酉朔，詣德壽宫几筵行禮。戊戌，皇太子初決庶務于議事堂。辛丑，復置左右補闕、拾遺。乙巳，詔免諸州軍會慶節進奉二年。詔自今御内殿，令皇太子侍立。庚申，施師點罷。甲子，以黄洽知樞密院事，吏部尚書蕭燧參知政事。

二月丁亥，金遣蒲察克忠等來吊祭，行禮于德壽殿，次見帝于東楹之素幄。癸巳，遣京鏜等使金報謝。

三月庚子，王淮等上大行太上皇謚曰聖神武文憲孝皇帝，廟號高宗。乙巳，上高宗謚册寶于德壽殿，又上懿節皇后改謚憲節册寶于别廟本室。丁未，右丞相周必大攝太傅，持節導梓宫。癸丑，用洪邁議，以吕頤浩、趙鼎、韓世忠、張俊配饗高宗廟庭，吏部侍郎章森乞用張浚，岳飛，祕書少監楊萬里乞用浚，皆不報。丙寅，權欑高宗于永思陵。

夏四月壬申，帝親行奉迎虞主之禮，自是七虞、八虞、九虞、卒哭、奉辭皆如之。乙亥，詔洪邁、楊萬里並予郡。甲申，用禮官尤袤請，詔羣臣再集議配享臣僚。丙戌，祔高宗神主于太廟，詔曰：「朕比下令欲衰絰三年，羣臣屢請御殿易服，故以布素視事内殿。雖詔俟過祔廟，勉從所請，然稽諸典禮，心實未安，行之終制，乃爲近古。宜體至意，勿復有請。」己丑，詔減臨安、紹興府囚罪一等，釋杖以下；民緣欑宫役者蠲其賦。庚寅，用御史冷世光言，罷再議配享。皇太后有

旨，車駕一月四詣德壽宮，如舊禮。

五月己亥，王淮罷。乙巳，帝既用薛叔似言，罷王淮，詔諭叔似等曰：「卿等官以拾遺、補闕爲名，不任糾劾。今所奏乃類彈擊，甚非設官命名之意，宜思自警。」丁巳，詔修《高宗實録》。己未，祁門縣大水。壬戌，始御後殿。詔歲出錢五萬六千餘緡，減廣東十二州折納米價錢。

六月丁卯，雨雹。戊辰，罷敕令所。己巳，以伯圭爲少傅，帶御器械夏執中爲奉國軍節度使。癸酉，以新江西提點刑獄朱熹爲兵部郎官，熹以疾未就職。侍郎林栗劾熹慢命，熹乞奉祠。太常博士葉適論栗襲王淮、鄭丙、陳賈之説，爲「道學」之目，妄廢正人。詔熹仍赴江西，熹力辭不赴。

秋七月戊戌，上高宗廟樂曰《大勳》，舞曰《大德》。己未，出兵部侍郎林栗。壬戌，恩平郡王璩薨，追封信王。

八月甲子朔，日有食之。

九月辛丑，大饗明堂，以太祖、太宗配，大赦。癸卯，更試補醫官法。己酉，遣鄭僑等使金賀正旦。

冬十月癸未，金遣王克温等來賀會慶節，見于垂拱殿東楹。甲申，會慶節，詔北使、百官詣東上閤門拜表起居，免入賀。己丑，再罷諸州科買軍器物料三年。

十一月庚子，建焕章閣，藏《高宗御集》。遣何澹賀金主生辰。甲辰，詔百官輪對，毋過三奏。

十二月丙寅，追復龔茂良資政殿學士。壬午，命朱熹主管西太一宮兼崇政殿説書，辭不至。戊子，金遣田彦皋等來賀明年正旦。

是歲，江西、湖北、兩淮、建寧府、徽州水。

十六年春正月癸巳，金主雍殂，孫璟立。甲午，封孫抦爲嘉國公。丙申，黄洽罷。己亥，以周必大爲左丞相，留正爲右丞相，蕭燧兼權知樞密院事，禮部尚書王藺參知政事，刑部尚書葛邲同知樞密院事。乙巳，蕭燧罷。丙午，皇太后移御慈福宫。戊申，以昭慶軍承宣使郭師禹爲保大軍節度使。辛亥，罷淮西屯田。是日，帝始諭二府，以旬日當内禪，命周必大留身呈詔草。丙辰，罷拘催錢物所。復二廣官般官賣鹽法。己未，更德壽宮爲重華宫。謚李綱曰忠定。

二月辛酉朔，日有食之。壬戌，下詔傳位皇太子。是日，皇太子即皇帝位。帝素服駕之重華宮。辛未，上尊號曰至尊壽皇聖帝，皇后曰壽成皇后。

紹熙五年五月壬戌，壽皇聖帝不豫。六月戊戌，崩于重華殿，年六十有八。十月丙辰，謚曰哲文神武成孝皇帝，廟號孝宗。十一月乙卯，權欑于永阜陵。十二月甲戌，祔于太廟。慶元三年十一月辛丑，加謚紹統同道冠德昭功哲文神武明聖成孝皇帝。

雜録

備録

袁褧《楓窗小牘》卷下　思陵神輿就祖道祭，陳設窮極工巧，百官奠哭，紙錢差小，官家不喜。諫官以爲俗用紙錢，乃釋氏使人以過度其親者，恐非聖主所宜以奉賓天也。今上抵於地曰：「邵堯夫何如人？而祭先亦用紙錢。豈生人處世如汝，能日不用一錢否乎？」

張端義《貴耳集》卷上　壽皇未嘗忘中興之圖，有《新秋雨霽》詩云：「平生雄武心，覽鏡朱顔在。豈惜嘗憂勤，規恢須廣大。」曾作《春賦》有曰：「予將觀登臺之熙熙，包八荒之爲家。穆然若東風之振槁，洒然若膏雨之萌芽。生生之德，無時不佳，又何羨乎炫目之芳華？」示徐本中，命其校訂。曾覿因譖徐云：「上《春賦》，本中在外言，曾爲潤色。」壽皇頗不悦。本中自知閤換集英殿修撰，江東漕。後許國用此典故換文階。端平間試詞科，出《壽皇〈春賦〉頌》，試者皆不知之。此無五十年間事，士大夫罔聞之矣。

孝宗幸天竺及靈隱，有輝僧相隨，見飛來峰，問輝曰：「既是飛來，如何不飛去？」對曰：「一動不如一靜。」又有觀音像，手持數珠，問曰：「何用？」曰：「要念觀音菩薩。」問：「自念則甚？」曰：「求人不如求己。」因進《圓覺經》二句：「使虚妄心若無，六塵則不能有。」經本四字一句，以三句合而爲二句。孝宗大喜，有奎翰入石。

漢初黜申、韓，崇黄、老。蓋公有曰：「治道貴清静。」仲舒三策本于黄、老，不失爲儒者。積至五七百年，東晉清談之士，酷嗜莊、老，以曠達超詣爲第一等人物。

德壽中興之後，壽皇嗣服之時，《莊》、《老》二書，未嘗不在几格間。或得一二緇黄之講説，息兵愛民，不事紛華，深得簡淡之道。外庭儒者多以此箴規。惟吕東萊言之甚切，「嘗讀《中庸》、《大學》之書，不當流異端之學」。殊不知聖心自與此理圓明，雖曰異端，自有理到處。尊經之意，不得不嚴。

張端義《貴耳集》卷下 高宗、孝宗在御，每三年大比下詔。先一日，奉詔露天默禱曰：「朝廷用人，别無他路，止有科舉，願天生幾箇好人來輔助國家。」及進殿試策題，臨軒唱名，必三日前精禱于天。所以紹興、淳熙文人才士彬彬在朝，此二祖祈天之效如此。

孝皇聖明，亦爲左右者所惑。有一川官得郡陛辭，有宦者奏知：「來日有川知州上殿，官家莫要笑。」壽皇問：「如何不要笑？」「外面有一語云：裹上幞頭西字臉，恐官家見了笑，只得先奏。」所謂知州者，面大而横闊，故有此語。來日上殿，壽皇一見，憶得先語，便笑：「卿所奏不必宣讀，容朕宫中自看。」愈笑不已。其人在外曰：「早來天顔甚悦，以某奏劄稱旨。」殊不知西字臉先入之言，所以動壽皇之笑也。

壽皇使御前畫工寫曾海野喜容，帶牡丹一枝。壽皇命徐本中作贊，云：「一枝國艷，兩鬢東風。」壽皇大喜。

孝皇朝不許宰相進擬鄉人。王丞相在相位八年，林子中亦鄉人，八年不得除命。

壽皇賜宰執宴，御前雜劇妝秀才三人，首問曰：「第一秀才仙鄉何處？」曰：「上黨人。」次問：「第二秀才仙鄉何處？」曰：「澤州人。」又問：「第三秀才仙鄉何處？」曰：「湖州人。」又問上黨秀才：「汝鄉出甚生藥？」「某鄉出人參。」次問澤州秀才：「汝鄉出甚生藥？」「某鄉出甘草。」次問湖州：「出甚生藥？」「出黄蘗。」「如何湖州出黄蘗？」「最是黄蘗苦人。」當時皇伯秀王在湖州，故有此語。壽皇即日召入，賜第奉朝請。

何自然中丞上疏，乞朝廷併庫，壽皇從之。方且講究未定，御前有燕，雜劇伶人妝一賣故衣者，持褌一腰，只有一隻褌口，買者得之，問如何着？賣者云：「兩脚併做一褌口。」買者云：「褌卻併了，只恐行不得。」壽皇即寢此議。

王明清《揮麈録・三録》卷一 佛宇掛鍾之閣，多虚其中，蓋欲聲之秀徹也。孝宗潛躍，在幼歲時，偶至秀州郡城外真如寺，登鍾樓游戲，而僧徒先以蘧蒢覆空處，上悞履其上，遂并墜焉。旁觀之人失色無措，亟往視之，乃屹然立于席上，略無驚怖之狀。此與夫《國史》所載太祖皇帝少年日人馬俱墮于汴都城樓者，若合一契焉。

王明清《揮麈録・餘話》卷一 秀州外醫張浩自云：「少隸軍籍，嘗爲杉青閘官虞候。一日晚出郊，過嘉興縣，忽覩丞廳赤光照天，疑爲回禄，亟入視之，云趙縣丞之室適免身得雄，是誕育孝宗也。」浩之子樸，今爲醫官，家於縣橋之西，可質焉。

紹興壬子，詔知大宗正事、安定郡王令畤訪求宗室伯字號七歲以下者十人，入宫備選。十人中又擇二人焉，一肥一癯，迺留肥而遣癯，賜銀三百兩以謝之。未及出，思陵忽云：「更子細觀。」迺令二人叉手並立，忽一猫走前，肥者以足蹴之。上曰：「此猫偶爾而過，何爲遽踢之？輕易如此，安能任重耶？」遂留癯而逐肥者，癯者乃阜陵也。肥者名伯浩，後終於温州都監。

佚名《朝野遺記》 光廟逾年不朝東内，壽皇怏怏一日登朝堂露臺，聞委巷小兒爭鬭呼「趙官家」者，壽皇曰：「朕呼之，尚不至，爾枉自叫！」悽然不樂，自此浸不豫。

李心傳《建炎以來朝野雜記》甲集卷一《孝宗聖孝二事》 辛巳歲，上視師建康，建王實從，每早晚二頓，必具上起居食飲狀，及羣臣進對、中外關奏之事，以達中宫。逮還都，隆慈出示，其書盈篋，上見之大喜。

孝宗天資純孝，初受禪，高宗駕之德壽宫，上步出祥曦殿門，掖輦以行，及宫門乃止。翊日，過宫，屬天新雨，泥淖被路，上皇命邀乘輿至殿門，上亟駐輦門外，趨立庭下。上皇嘉歎久之，曰：「每見吾兒，則喜不自勝。」隆興初，上以兵連不解，未克盡兩宫之奉。乾道元年二月朔，始從兩宫謁四聖觀。上親扶上皇上馬，都人讙呼，以爲所未嘗見，此可謂以天下養矣。

李心傳《建炎以來朝野雜記》甲集卷一《孝宗恭儉》 淳熙中，上作翠寒堂於禁中，以日本國松木爲之，不施丹雘，其白如象齒。嘗召趙丞相雄、王樞使淮奏事堂下，古松數十，清風徐來。上曰：「松聲甚清，遠勝絲竹，子瞻以風月爲無盡藏，信哉！」上雅敬蘇文忠，居常止稱子瞻，或稱東坡。上又指殿東橋曰：「此去禁園無數十步，朕遇花時亦未常往，閑遣人折數枝來觀爾。苑中臺殿皆太上時所爲，朕居常以竹沓覆設，太上來則撤之。」太上至宫，徘徊周覽，每興依然之歎，頗訝其不雅飾也。上恭儉勤政蓋如此。

岳珂《桯史》卷二《隆興按鞠》 隆興初，孝宗鋭志復古，戒燕安之鴆，躬御鞍

馬，以習勞事，倣陶侃運甓之意。時召諸將擊鞠殿中，雖風雨亦張油帟，布沙除地。群臣以宗廟之重，不宜乘危，交章進諫，弗聽。一日，上親按鞠，折旋稍久，馬不勝勩，逸入廡間，簷甚低，觸於楣。俠陛驚嘑失色，亟奔湊，馬已馳而過。上手擁楣，垂立，扶而下，神彩不動，顧指馬所往，使逐之。殿下皆稱萬歲。蓋與藝祖抵城挽鬃事若合符節，英武天縱，固宜有神助也。

岳珂《桯史》卷五《宸奎堅忍字》 光堯既與子孝愛日隆，每問安北宫，間及治道。時孝宗鋭志大功，新進逢意，務爲可喜，效每落落。淳熙中，上益明習國家事，老成鄉用矣。一日，躬朝德壽，從容醼，玉音曰：「天下事不必乘快，要在堅忍，終於有成而已。」上再拜，請書紳，歸而大字揭于選德殿壁。辛丑歲，將廷策多士貢名者，或請時事于朝路間，聞其語而不敢形於大對，且慮於程文不妥帖，僅即其近侶爲主意，或曰持守，或曰要終。既而御集英臚唱，宰執進讀，獨有一卷子首曰：「天下未嘗有難成之事，人主不可無堅忍之心。」上覽而是之，遂爲第一，蓋親擢也。周伯兄常誦此事，謂凡文字，明白痛快當如此，余聞於其客劉達夫。

岳珂《桯史》卷八《袁孚論事》 孝宗初政，袁孚爲右正言。一日，亟請對，論北内有私酤，言頗切直，光堯聞之震怒。上嚴於養志，御批放罷，中使持璽封至堂。時陳文正當國，史文惠爲參預，未知其倪，啓封相顧罔測。文惠曰：「上新即位而首逐一諫官，未得其名，此決不可，請俟審奏。」翌日，遂朝，方扣榻以請，玉音峻厲，遽曰：「謂已行下矣，尚何留？」文惠奏曰：「陳康伯固欲速行，而臣不欲也。臣有千慮之一，願留身以陳。」班退，文惠問孚何罪也，上諭以疏意曰：「是非所宜言，不逐何待？」曰：「陛下亦知德壽宫中無士人乎？」曰：「何謂也？」曰：「北内給事，無非閹人，是惡知大體？若非幾箇村措大在言路，時以正論折其萌芽，此曹馮依自恣，何所不至？」上竦而悟，天顔少霽。文惠進曰：「不特此事，争臣無故賜罷，天下咸以爲疑，而欲知其故。若以此爲罪，則兩宫之間且生，四方聞之，必謂陛下方以天下養，而使北内至於有此，非供億不足而何？必不得已而去，當因其自請而聽之可耳。」上釋然霽威曰：「善。」將退，復前曰：「後之日，復當五日之朝，願陛下試以意白去孚，儻可以上皇意留之，尤盛德事。」上許諾，既歸自北宫，亟召文惠而諭之曰：「太上怒袁孚甚，朕所以亟欲去之。昨日方燕，太上賜酒一壺，親書『德壽私酒』四字於上，使朕踼躇無所。」文惠曰：「此陛下之孝也，雖然，終不可暴其事。」居數日，孚請祠，得守永嘉郡。既而文惠又奏，諫官以直言去，非邦家之美，請以職名華其行。遂除直秘閣，外朝竟不及知。自是繖人知譖之不行，亦無復投隙者。一言回天，體正誼得，兩宫慈孝，終始無間，此舉實足以權輿之云。

倪思《經鉏堂雜誌》卷一《孝廟聖德》 趙八觀察師禹，嗣秀王伯圭第五子見訪，語次孝廟聖德數事。微臣頃荷孝廟親擢，所見者外廷事耳，若宫中之事不能盡知。既有所聞，敢不登載？以備史官之闕。

高宗初過德壽宫，凡供奉人各撥一半，謂如御服所十人撥五人，絛鞋所八人撥四人之類。既撥往，内侍奏乞人補填。孝廟云：「更不須得，朕無所用此。國家賦財有限，若諸處收補填闕，須頓添數百人請受，國用何以支吾？」竟不復補。

高宗絛鞋兩日一易，御服三日一易。孝宗絛鞋兩月一易，御服弊則易之，或時浣濯補紉。

孝廟既過重華宫，有一淨齋，終日宴坐其間。止有一卓，案上沓書籍一部，圓硯一隻，筆兩管，墨一錠，紙兩軸，四旁無他物。近璫嘗奏：「高宗留下寶器圖書，不可數計。陛下當時取觀玩，略享之。」孝廟云：「不然。高廟渡江，成中興之業，功德盛大，故合享此。朕無功德，豈可享用？」璫云：「留在庫藏，久必朽蠹。取而觀玩，何損也？」孝廟云：「此皆是直錢之物，高廟所寶。萬一將出，或至損壞，便是不能守也。」至後皆鎖閉不啓。

慈福慶壽，壽皇新作一袍，刺繡甚華。慈福見之云：「哥哥尋常不曾着此衣服，今何故如此？」壽皇對云：「政爲媽媽萬壽獻杯之故。」慈福云：「哥哥可謂孝順。」喜形天顔。壽皇親捧壽杯，慈福不舉手，就以口飲，感動之極，至於涕下。翌日取此御袍貫藏之，云：「此我兒子孝順，爲我獻壽，特爲此服也。」

元夕後三日，宣嗣秀王及其諸子宴集。坐間，壽皇云：「聞得外間鼓吹喧闐，想是民間歡樂。」嗣秀王對云：「此不可强。」壽皇云：「此如何强得？」嗣秀王云：「緣連年豐稔，民間稍康，所以致此。」壽皇云：「是，是。」嗣秀王因問：「元夕，壽皇聖帝對此良辰美景，亦領略之否？」壽皇云：「十四日，嗣帝過此排當，十五日不飲。」嗣秀王云：「是夕如何度？」壽皇云：「是夜鼓琴兩曲，人報月色甚佳，遂出，巡簷賞月。已而飲湯一盃，至二鼓就寢。大凡飲酒不可連日，令人神思不清。」又云：「人主没人道得，若不自制禁，任意恣縱，何所不可？非獨酒一事也。」

每宣秀邸及諸子宴。食味極薄，壽皇語之云：「莫不嫌太簡薄否。人飲食盤案，雖極豐腆，所食不過一兩箸，其餘皆作踐了。何如分作一兩次，既不作踐，

又可頻相會也。」

壽皇極簡嚴，不甚發語。雖宴集，拱手於席。對諸璫不呼其名，止呼其官而已。

壽皇坐側有一牙籤筒，牙籤凡二十，半白半緑。酒樽至，出白籤，斟止半盃；出緑籤，則滿泛。一席之間，用緑籤止二三而已。

近璫奏：當脩重華宫，舊例須闕朝廷出錢，下臨安轉運司應副。壽皇云：「我在南内，豈不知朝廷無錢，臨安轉運司亦窘？向來高宗緣德壽宫闕錢，所以朝廷極力應副。今我與嗣君是一家事，此間並無用錢處，所積甚多。只用宫中錢脩，不必關聞南内。」遂以重華庫錢計料翻蓋，更不官差一匠及一夫。

此九事聞之趙觀察，因記。小臣淳熙末備數翰林權直，宣至選德旁一小殿，忘記名。是時壽皇方持高廟之喪，裹白處布巾，服白處布背子。殿側一間有小大櫃，只是麤黑漆，上設青紬坐褥三條、虎皮兩片而已。以趙觀察所言驗之，則孝廟恭儉之德，表裏如一，過漢文帝遠矣。

葉紹翁《四朝聞見録》甲集《天竺觀音》 孝宗即位之初，出内府寶玉三品寘于天竺寺觀音道場。明年，御製贊曰：「猗歟大士，本自圓通。示有言説，爲世之宗。明照無二，等觀以慈。隨感即應，妙不可思。」上之博通内典如此。

葉紹翁《四朝聞見録》乙集《烏髭藥》 光皇春秋已富，又自東宫尹天府入侍重華，從容啓上曰：「有贈臣以烏髭藥者，臣未敢用。」上語光皇曰：「正欲示老成于天下，何以此爲？」蓋重華方奉德壽，重惜兩宫之費，故至德壽登假而後，即授光皇以大位。其脱屣萬乘，蓋有待也。

葉紹翁《四朝聞見録》乙集《光拙菴》 孝宗晚慕達摩學，嘗召問住静慈僧光曰：「佛入山脩道六年，所成何事？」光對曰：「臣將謂陛下忘卻。」頗稱旨。光意蓋以孝宗即佛，又焉用問。禪門葛藤亦有可笑者。東坡嘗謂「其徒善設坑穽以陷人，當其欲設，即先與他塞了」。此語最得其要。陸象山兄弟早亦與光老遊，故考亭先生謂象山滿肚皮是禪。陸將以删定面對，爲王信所一誤作「聽」。格而去，使遇孝宗，必起見晚之歎。

葉紹翁《四朝聞見録》乙集《萬年國清》 孝宗喜占對。宋之瑞面對，上問以所居，之瑞對曰：「臣家于天台。」上又曰：「聞彼多名山勝刹，孰爲之冠？」之瑞對曰：「唯是萬年、國清。」上大加賞歎，之瑞遂陟兩制云。

葉紹翁《四朝聞見録》乙集《孝宗召周益公》 孝宗聖性簡儉，雖古帝王未有也。周必大時直宿禁林，夜召周以入，謂必大曰：「多時不與卿説話。」賜必大坐。上耳語黄門，黄門出，則奉金缶貯酒，瀉入金屈卮，玉小楪貯棗，用金緑青窑器承以玳瑁托子，中浸羊絃線，清可鑒。酒僅一再行。上曰：「未及款曲。」必大歸語其家，歎上之簡儉。翌日遂拜政地云。

葉紹翁《四朝聞見録》丙集《高士》 孝宗聖性超詣，靡所弗究厥旨，尤精内景。時詔山林修養者入都，寘之高士寮，人因稱之曰「某高士」。皇甫高士，予既載其出入矣。又有謝高士，以從臣薦，講《易》於宫中，孝宗問以老、莊之學，謝對以「人主當以君國子民爲心，若老、莊之學，其竢之者歟」？易如剛最後灑掃高士堂，亦稱高士，去其徒無甚異，唯善於趨謁，以故史越王、尤錫山、楊誠齋、陸三山頗與之游。陸公嘗以齋宿竹宫，因叩其廬。有二蒼童對弈，微聞松風間有琴絲棊弈聲。陸公心羡，以爲是何異神仙之居。叩二蒼童，願見高士，童答以高士已出，去某御藥處。原注：中貴人也。陸公因歎息曰：「高士亦見御藥耶？」笑而出。宫本中貴人提舉，易所見者提舉也，陸公未之知爾。然高士見本宫提舉，亦非所以爲高士矣，宜發陸公之笑也。

羅大經《鶴林玉露》甲編卷一《鐵拄杖》 壽皇在宫中，常攜一漆拄杖，宦官宫妾莫得睨視。嘗游後苑，偶忘攜焉，特命小黄門取之。二人竭力曳以來，蓋精鐵也。上方有意中原，故陰自習勞苦如此。

羅大經《鶴林玉露》丙編卷四《中興講和》 紹興辛巳，金主亮南侵，高宗下詔親征。其詞云：「惟天惟祖宗，既共扶於基運；有民有社稷，敢自逸於燕安！」又云：「歲星臨於吴分，定成淝水之勳；鬬士倍於晉師，可決韓原之勝。」洪容齋筆也。車駕次平江，亮授首，遂班師。次年壬午内禪，孝宗即位。鋭意規恢，起張魏公督師。南軒以内機入奏，引見德壽宫，時盧仲賢使金，高宗問曾見仲賢否。對曰：「臣已見之。」又問卿父謂如何，莫便議和否。對曰：「臣嘗謂金人必衰敗，國家必隆興。」上曰：「何如？」對曰：「太上皇帝仁孝之德，上格于天，又傳位聖子，雖古唐虞無以過，而金人不道，篡奪相仍，無復君臣父子，不知天心祐國家乎？祐金人乎？臣有以知其然也。」上曰：「極是，今日金人誠衰乎？」對曰：「自亮送死之後，士馬物故甚衆，諸國背叛，人心怨離，金誠衰矣。」上曰：「自亮死，非特金人衰弱，吾國亦未免力弱。但仲賢等既回，何以應之？」對曰：「臣父職在邊陲，戰守是謹，此事看廟堂如何議，但願審處而徐應之，無貽後悔。」上曰：「只是説與卿父，今日國家須更量度民力國力，早收拾取。聞契丹

與金相攻，若契丹事成，他日自可收卞莊子刺虎之功。若金未有亂，且務恤民治軍，待時而動可也。」高宗懲於變故，意不欲戰，且聞金人議欲尊我爲兄，故頗喜之。孝宗初年，規恢之志甚鋭，而卒不得逞者，非特當時謀臣猛將凋喪略盡，財屈兵弱未可展布，亦以德壽聖志主於安静，不思違也。厥後蓄積稍羨，又嘗有意用兵，祭酒芮國器奏曰：「陛下只是被數文腥錢使作，何不試打算了得幾番犒賞。」上曰：「朕未知計也，待打算報卿。」後打算只了得十三番犒賞，於是用兵之意又寢。乃知南北分合，自有定數，雖英明之主，不能强也。

周密《齊東野語》卷一《孝宗聖政》 淳熙中，張説頗用事，爲都承旨。一日，奏欲置酒延衆侍從。上許之，且曰：「當致酒餚爲汝助。」説拜謝。退而約客，客至期畢集，獨兵部侍郎陳良祐不至，説殊不平。已而，中使以上樽珍膳至，説爲表謝，因附奏：「臣嘗奉旨而後敢集客，陳良祐獨不至，是違聖意也。」既奏，上忽顧小黄門言：「張説會未散否？」對曰：「彼既取旨召客，當必卜夜。」乃命再賜。説大喜，復附奏：「臣再三速良祐，迄不肯來。」夜漏將止，忽報中批陳良祐除諫議大夫。坐客方盡歡，聞之，憮然而罷。其用人也又如此。

上聖孝出於天性。居高宗喪，百日後，尚食進素饍，毁瘠特甚。吴夫人者，潛邸舊人也，屢以過損爲言，上堅不從。一日，密諭尚食內侍云：「官家食素多時，甚覺清瘦，汝輩可自作商量。」於是密令苑中以雞汁等雜之素饌中以進。上食之覺爽，詢所以然，內侍恐甚，以實告。上大怒，即欲見之施行。皇太后聞之，亟過宫力解之。乃出吴差户於外，內侍等罷職有差。

周密《齊東野語》卷二《符離之師》 〔張〕浚時在盱眙，去宿尚四百里。傳言金且至，遂亟渡淮入泗州，已而復退維揚。窘懼無策，遂解所佩魚，假添差太平州通判張蕴古爲朝議大夫，令使金求和。僚吏力止之，以爲不可。乃奏乞致仕，又乞遣使求和。孝宗怒曰：「方敗而求和，是何舉錯！」於是下詔罪己，有云：「朕明不足以見萬里之情，智不足以擇三軍之帥，號令既乖，進退失律。」又云：「素服而哭殽陵之師，敢廢穆公之誓；嘗膽而雪會稽之恥，當懷勾踐之圖。」張浚降特進江淮東西路宣撫使，官屬各奪二官。

周密《齊東野語》卷四《用事切當》 淳熙中，孝宗及皇太子朝上皇於德壽宫，置酒賦詩爲樂，從臣皆和。周益公詩云：「一丁扶火德，三合鞏皇基。」蓋高宗生於大觀丁亥，孝宗生於建炎丁未，光宗生於紹興丁卯故也。陰陽家以亥、卯、未爲三合，一時用事，可謂切當。

其後楊誠齋爲光宗宫僚，時寧宗已在平陽邸，其《賀壽詩》云：「祖堯父舜真千載，禹子湯孫更一家。」又云：「天意分明昌火德，誕辰三世總丁年。」蓋祖益公語也。

嘉熙己亥四月，誕皇子，告廟祀文，學士李、劉功府當筆，內用四柱作一聯云：「亥年巳月，無長蛇封豕之虞；午日丑時，有歸馬牧牛之喜。」蓋時方有蜀擾。其用事可謂中的，然或者則謂失之俳耳。

周密《齊東野語》卷一〇《高宗立儲》 孝宗與恩平郡王璩同養於宫中。孝宗英睿夙成，秦檜憚之，憲聖后亦主璩。高宗聖意雖有所向，猶未決。嘗各賜宫女十人。史丞相浩時爲普安府教授，即爲王言：「上以試王，當謹奉之。」王亦以爲然。閱數日，果皆召入。恩平十人皆犯之矣，普安者，完璧也。已而皆竟賜焉。上意遂定。

周密《齊東野語》卷一一《黄德潤先見》 黄洽德潤事阜陵爲臺諫，執政未嘗有大建明，或議其循默。淳熙末，上將內禪。一日，朝退，留二府賜坐，從容諭及倦勤之意，諸公交贊，公獨無語。上顧曰：「卿以爲何如？」對曰：「皇太子聖德，誠克負荷。顧李氏不足母天下，宜留聖慮。」上愕然色變。公徐奏：「陛下問臣，臣不敢自默。然臣既出此語，自今不得復覲清光，陛下異日思臣之言，欲復見臣，亦不可得矣。」退即求去甚力，以大資政知潭州。

後壽皇在重華宫，每撫几嘆曰：「悔不用黄洽之言。」或至淚下。

周密《武林舊事》卷七 乾道三年三月初十日，南內遣閣長至德壽宫奏知：「連日天氣甚好，欲一二日間恭邀車駕幸聚景園看花，取自聖意選定一日。」太上云：「傳語官家，備見聖孝，但頻頻出去，不惟費用，又且勞動多少人。本宫後園亦有幾株好花，不若來日請官家過來閒看。」遂遣提舉官同到南內，奏過遵依訖。次日進早膳後，車駕與皇后太子過宫起居二殿訖，先到燦錦亭進茶，宣召吴郡王、曾兩府已下六員侍宴，同至後苑看花。兩廊並是小內侍及幕士，效學西湖鋪放珠翠花朵玩具匹帛及花籃鬧竿市食等，許從內人關撲，次至毬場看小內侍抛綵毬、蹴秋千，又至射廳看百戲，依例宣賜。

回至清妍亭看荼蘼，就登御舟，繞堤閒游。亦有小舟數十隻，供應雜藝、嘌唱、鼓板、蔬果，與湖中一般。太上倚闌閒看，適有雙燕掠水飛過，得旨令曾覿賦之，遂進《阮郎歸》云：「柳陰庭院占風光。呢喃春晝長。碧波新漲小池塘，雙雙蹴水忙。 萍散漫，絮飛揚。輕盈體態狂。爲憐流水落花香，銜將歸畫梁。」

既登舟，知閤張掄進《柳梢青》云：「柳色初濃，餘寒似水，纖雨如塵。一陣東風，縠紋微皺，碧沼鱗鱗。　仙娥花月精神，奏鳳管、鸞弦鬭新。萬歲聲中，九霞杯内，長醉芳春。」曾覿和進云：「桃靨紅勻，梨腮粉薄，鴛徑無塵。鳳閣凌虚，龍池澄碧，芳意鱗鱗。　清時酒聖花神，看内苑、風光又新。一部仙韶，九重鸞仗，天上長春。」各有宣賜。

淳熙六年三月十五日，車駕過宮，恭請太上、太后幸聚景園。次日，皇后先到宮起居，入幕次换頭面，候車駕至，供泛索訖，從太上、太后至聚景園。太上、太后至會芳殿降輦，上及皇后至翠光降輦，並入幄次小歇。上邀兩殿至瑶津少坐，進泛索。太上、太后並乘步輦，官裏乘馬，遍游園中。再至瑶津西軒，入御筵，至第三盞，都管使臣劉景長供進新制《泛蘭舟》曲破，吴興祐舞，各賜銀絹。上親捧玉酒船上壽酒，酒滿玉船，船中人物多能舉動如活。太上喜見顔色，散兩宮内官酒食，並承應人目子錢。遂至錦壁，賞大花，三面漫坡牡丹約千餘叢，各有牙牌金字，上張大樣碧油絹幕。又别剪好花樣一千朵，安頓花架，並是水晶、玻璃、天青汝窑、金瓶，就中間沉香卓兒一隻，安頓白玉碾花商尊，約高二尺，徑二尺三寸，獨插照殿紅十五枝。進酒三杯，供應隨駕官人、内官，並賜兩面翠葉滴金牡丹一枝、翠葉牡丹沉香柄金絲御書扇各一把。是日知閤張掄進《壺中天慢》云：「洞天深處，賞嬌紅輕玉，高張雲幕。國艷天香相競秀，瓊蕊清光如昨。露洗妖妍，風傳馥郁，雲雨巫山約。春濃如酒，五雲臺榭樓閣。　聖代道洽功成，一塵不動，四境無鳴柝。屢有豐年天助順，基業增隆山岳。兩世明君，千秋萬歲，永享昇平樂。東皇呈瑞，更無一片花落。」賜金杯盤、法錦等物，又進酒兩盞。至清輝少歇。至翠光登御舟，入裏湖，出斷橋，又至真珠園。太上命盡買湖中龜魚放生，並宣喚在湖賣買等人。内侍用小綵旗招引，各有支賜。時有賣魚羹人宋五嫂對御自稱東京人氏，隨駕到此。太上特宣上船起居，念其年老，賜金錢十文、銀錢一百文、絹十匹，仍令後苑供應泛索。

時從駕官丞相趙雄、樞密使王淮、參政錢良臣並在顯應觀西齋堂侍班，各賜酒食、翠花、扇子。至申時，御舟稍泊花光亭，至會芳少歇。時太上已醉，官裏親扶上船，並乘轎兒還内。都人盡出觀瞻，贊嘆聖孝。

（淳熙六年）九月十五日，明堂大禮。十三日，值雨，未時奏請宿齋。北内送天花摩菇、蜜煎山藥、棗兒乳糖、巧炊火燒角兒等。十四日早，車駕詣景靈宮，回太廟宿齋。雨終日不止，午後太上遣提舉至太廟傳語：「官家連日祀事不易，所有十六日詣宮飲福，以陰雨泥濘勞頓，可免到宮行禮。天氣陰寒，請官家善進御膳，頻添御服。」聖旨遣閤長回奏：「上感聖恩，至日若登樓肆赦時，依舊詣宮行禮。若值雨不登門時，續當奏聞。」至晚，雨不止，宣諭大禮使趙雄：「來早更不乘輅，止用逍遥輦詣文德殿致齋，一應儀仗排立並行放免，從駕官並常服以從。」併遣御藥奏聞北内。「來日爲值雨，更不乘輅，謹遵聖旨，更不過宮行飲福禮。」太上令傳語：「官家既不乘輅，此間也不出去看也。」大禮使趙雄雖已得旨，猶不許放散。上聞之曰：「來早若不晴時，有何面目？」雄聞之曰：「縱使不晴得罪，不過罷相耳。」堅執不肯放散。至黄昏後，雨止月明，上大喜，遣内侍李思恭宣諭大禮使，仍舊乘輅，再遣御藥奏聞北内，以天晴仍舊乘輅，候登門肆赦訖，詣宮行飲福禮。【略】上就遣知省回奏：上感聖恩，天氣轉晴，皆太上皇帝聖心感格，容肆赦訖詣宮行禮，併謝聖恩。十六日，登門肆赦畢，車駕詣宮小次降輦，提舉傳太上皇聖旨，特減八拜，仍免至壽聖處飲福。行禮畢，略至絳華堂進乏索。知閤張掄進《臨江仙》詞云：「聞道彤庭森寶仗，霜風逐雨驅雲。六龍扶輦下青冥。香隨鸞扇遠，日映赭袍明。　簾捲天街人頂戴，滿城喜氣氤氳，等閑散作八荒春。欲知天意好，昨夜月華新。」

（淳熙八年正月）初二日，進早膳訖，遣皇太子到宮恭請兩殿，並祇用轎兒禁衛簇擁入内，官家親至殿門恭迎，親扶太上降輦，至損齋進茶，次至清燕殿閒看書畫玩器。約午時初，後苑恭進酥酒，上色熬煮。午正二刻，就凌虚排當三盞，至萼緑華堂看梅。上進銀三萬兩、會子十萬貫，太上云：「宮中無用錢處，不須得。」上再三奏請，止受三分之一。未初，雪大下，正是臘前，太上甚喜，官家云：「今年正欠些雪，可謂及時。」太上云：「雪却甚好，但恐長安有貧者。」上奏云：「已令有司比去年倍數支散矣。」太上亦命提舉官於本宮支撥官會，照朝廷數目發下臨安府，支散貧民一次。又移至明遠樓，張燈進酒，節使吴琚進《喜雪水龍吟》詞云：「紫皇高宴蕭臺，雙成戲擊瓊包碎。何人爲把，銀河水翦，甲兵都洗。玉樣乾坤，八荒同色，了無塵翳。喜冰消太液，暖融鳷鵲，端門曉，班初退。　聖主憂民深意，轉鴻鈞、滿天和氣。太平有象，三宮二聖，萬年千歲。雙玉杯深，五雲樓迥，不妨頻醉。細看來、不是飛花，片片是、豐年瑞。」上大喜，賜鍍金酒器二百兩，細色段匹，復古殿香羔兒酒等。太后命本宮歌板色歌此曲進酒，太上盡醉。至更後，宣轎兒入便門，上親扶太上上輦還宮。

淳熙九年八月十五日，駕過德壽宮起居，太上留坐至樂堂進早膳畢，命小内

侍進綵竿垂釣。上皇曰：「今日中秋，天氣甚清，夜間必有好月色，可少留看月了去。」上恭領聖旨。【略】晚宴香遠堂，堂東有萬歲橋，長六丈餘，並用吴璘進到玉石甃成，四畔雕鏤闌檻，瑩徹可愛。橋中心作四面亭，用新羅白羅木蓋造，極爲雅潔。大池十餘畝，皆是千葉白蓮。凡御榻、御屏、酒器、香奩、器用，並用水晶。南岸列女童五十人奏清樂，北岸芙蓉岡一帶，並是教坊工，近二百人。待月初上，簫韶齊舉，縹緲相應，如在霄漢。既入座，樂少止。太上召小劉貴妃獨吹白玉笙《霓裳中序》，上自起執玉杯，奉兩殿酒，并以壘金嵌寶注椀杯盤等賜貴妃。侍宴官開府曾覿恭上《壺中天慢》一首，云：「素飈颺碧，看天衢穩送，一輪明月。翠水瀛壺人不到，比似世間秋別。玉手瑶笙，一時同色，小按霓裳疊。天津橋上，有人偷記新闋。當日誰幻銀橋，阿瞞兒戲，一笑成癡絶。肯信群仙高宴處，移下水晶宫闕。雲海塵清，山河影滿，桂冷吹香雪。何勞玉斧，金甌千古無缺。」上皇曰：「從來月詞不曾用金甌事，可謂新奇。」賜金束帶、紫番羅水晶注椀一副。上亦賜寶盞古香。至一更五點還内。是夜隔江西興，亦聞天樂之聲。

淳熙十年八月十八日，上詣德壽宫，恭請兩殿往浙江亭觀潮。進早膳訖，御輦檐兒及内人車馬並出候潮門，先命脩内司於浙江亭兩旁抓縛席屋五十間，至是並用綵纈幕帘。得旨，從駕百官各賜酒食，並免侍班，從便觀看。先是澉浦金山都統司水軍五千人抵江下，至是又命殿司新刺防江水軍、臨安府水軍並行閲試軍船，擺布西興、龍山兩岸，近千隻。管軍官於江面分布五陣，乘騎弄旗，標槍舞刀，如履平地，點放五色煙炮，滿江及煙，收炮息，則諸船盡藏，不見一隻。奉聖旨，自管軍官以下，並行支犒一次。自龍山已下，貴邸豪民，綵幕凡二十餘里，車馬駢闐，幾無行路。西興一帶，亦皆抓縛幕次，綵繡照江，有如鋪錦。市井弄水人，有如僧兒、留住等凡百餘人，皆手持十幅綵旗，踏浪争雄，直至海門迎潮。又有踏混木、水傀儡、水百戲、撮弄等，各呈伎藝，並有支賜。太上喜見顔色，曰：「錢塘形勝，東南所無。」上起奏曰：「錢塘江潮，亦天下所無有也。」太上宣諭侍宴官，令各賦《酹江月》一曲。至晚進呈，太上以吴琚爲第一，其詞云：「玉虹遥挂，望青山隱隱，一眉如抹。忽覺天風吹海立，好似春霆初發。白馬淩空，瓊鼇駕水，日夜朝天闕。飛龍舞鳳，鬱葱環拱吴越。此景天下應無，東南形勝，偉觀真奇絶。好似吴兒飛綵幟，蹴起一江秋雪。黄屋天臨，水犀雲擁，看擊中流楫。晚年波静，海門飛上明月。」兩宫並有宣賜。至月上還内。

黎靖德《朱子語類》卷一二七 孝宗小年極鈍。高宗一日出對廷臣云：「夜來不得睡。」或問：「何故？」云：「看小兒子讀書，凡二三百遍，更念不得，甚以爲憂。」某人進云：「帝王之學，只要知興亡治亂，初不在記誦。」上意方少解。後來却恁聰明，試文字有不如法者，舉官必被責。邵武某人作省元，「五母雞」用「畝」字，孝宗大怒，欲駁放了。後又不行。

上初恢復之志甚鋭，及符離之敗，上方大慟，曰：「將謂番人易殺。」遂用湯思退。再和之後，又敗盟。

問：「或言孝宗於内殿置御屏，書天下監司帥臣郡守姓名，作揭貼於其上，果否？」曰：「有之。孝宗是甚次第英武！劉共甫奏事便殿，嘗見一馬在殿廷間，不動，疑之。一日問王公明。公明曰：『此刻木爲之者。上萬幾之暇，即御之以習據鞍騎射故也。』」又曰：「某嘗以浙東常平事入見，奏及賑荒。上曰：『其弊只在後時失實。』此四字極切荒政之病。」

孝宗居高宗喪，常朝時裹白幞頭，著布袍。當時臣下却依舊著紫衫。周洪道要著涼衫，王季海不肯，止於紫衫上繫皂帶。今上登極，常時著白綾背子，臣下却著涼衫，頗不失禮，而君之服遂失其舊。廣録云：「今上居孝宗喪，臣下都著涼衫，方正得臣爲君服。人主之服却有未盡。頃在潭州，聞孝宗訃三日後易服，心下殊不穩。不免使人傳語官員，且著涼衫。後來朝廷行下文字來，方始敢出榜曉示。」

佚名《東南紀聞》卷二 淳熙己酉，孝宗倦勤，光宗登極，群臣奉表請以誕聖日爲重明節，如故事。時有術者以拆字自名，言世人吉凶事跡，無不奇中。因語人曰：「近得邸報乎？節號重明，非佳名也。其文爲二千日，兆在是矣。」聞者掩耳而走，既而甲寅之事果如其言。此與太平興國一人六十之讖無異，豈天道徵應，固有數乎？

佚名《湖海新聞夷堅續志》前集卷一《遇貴陞遷》 宋孝宗時，蜀士許志仁在臨安袁家湯店止泊，覓差遣，淹某年餘，囊篋殆盡。每見士大夫則鞠躬相揖，人皆憫其窮困，或予以三券五券，惟藉此自給。一夕，孝宗與曾參政從龍微行，入袁店喫湯，志仁揖之甚恭。孝宗心念此人何敬我如此，故遺下一扇與之，志仁即以扇趕逐奉還，又如法一揖。孝宗問：「公何處人？在此何爲？」志仁言：「某蜀人，在此待差遣，不覺日久，困窮甚矣。」孝宗又問年月日時，又適與上合。孝宗曰：「曾參政欠閬州太守黄金二十兩，明日以書薦汝去彼處受差辟，汝可移此金作果囊歸。」志仁大感。孝宗復以志仁命在瓦子裏與人算，星翁云：「此是主

上命。」孝宗曰：「此蜀中一許文命。」星翁曰：「若果然，則目下亦遇大貴超昇。」孝宗歸，明日御筆批令志仁交閬州知州事，前任官改除利州西路提刑，并以金二十兩予之，令曾參政密封與之。志仁不之知，攜歸見閬州守拆，守拆開，方知是主上御筆而謝恩。因知遇貴有命。

佚名《湖海新聞夷堅續志》前集卷二《白玉觀音》　宋孝宗喜毬馬，偶傷一目，金人遣使來慶壽，以千手千眼白玉觀音爲壽，蓋寓相譏之意。上命迎入徑山，邀使者同往，及寺門，住持僧説偈云：「一手動時千手動，一眼觀時千眼觀。幸自太平無一事，何須做得許多般。」使者聞之大慚。太史公所謂談言微中亦足以解紛，信矣！

田汝成《西湖遊覽志餘》卷二《帝王都會》　德壽在北内，屬意玩好，孝宗時時網羅人間，以供怡顔。將舉慶典，市賈攜通天犀帶因左璫以進，帶十三銙，銙皆正透，有一壽星扶杖立。上得之喜，不復問價，將以爲元日壽卮之侑。賈索十萬緡，既成矣，有他璫從賈求金，不得，則撻之曰：「凡壽星之扶杖者，杖過於人，且詰曲有奇相，今杖直而短，僅至身之半，不祥物也。」亟宣視之，如言，遂卻之。此語既聞，遍國中無復售者。

孝宗，秀王子，太祖七世孫也。高宗育以爲子，改元隆興、乾道、淳熙，在位二十六年，禪于光宗，退居重華宫，上尊號曰「至尊壽皇聖帝」。又五年崩，壽六十二，陵曰「永阜」。

孝宗初與恩平郡王璩同養于宫中。孝宗英睿夙成，秦檜憚之。憲聖后亦主璩，高宗聖意雖有所向，而未決。嘗各賜宫女十人，史丞相浩，時爲普安府教授，即爲王言曰：「上以試王耳，當謹奉之。」王亦以爲然。閲數日，果皆召入。恩平十人，皆犯之矣。普安者，完璧也。已而，皆竟賜焉。上意遂定。

高宗、孝宗在御，每三年大比，下詔前一日，捧詔露香默禱曰：「朝廷用人，別無他路，止有科舉，願天生幾箇好人，來輔國家。」及進殿試策題，臨軒唱名，必三日前精禱于天。所以兩朝人才，彬彬有聞，二帝祈天之效也。

木應之，名待問，孝宗問之曰：「木姓起於何時？」罔知所對。上曰：「端木，本子貢之姓，其後有木虛元者，豈去複字之苗裔乎？」他日，謂洪邁曰：「木待問乃卿壻乎？以明經擢高第，而不知祖姓所出，卿宜勸之讀書。」邁拜謝而出，歎曰：「聖主萬機，廣覽如此，爲士可不研博古今耶？」

孝宗時，有王過者，蜀人，著雋聲，猶在選調。宰相薦之，上殿，孝宗率爾問之曰：「李融字若川，何謂？」過即對曰：「天地之氣，融而爲川，結而爲山，李融之字若川，如元結之字次山也。」上大喜，詔除翰林院編修。

永嘉甄龍友，滑稽辯捷，名冠一時。嘗遊天竺寺，集詩句贊大士，大書於壁云：「巧笑倩兮，美目盼兮，彼美人兮，西方之人兮。」孝廟臨幸，一見賞之，詔侍臣物色其人。或以甄姓名聞，且曰：「是温州狂生，用之恐敗俗。」上曰：「朕自識拔，卿等勿阻也。」趣召入見，上問曰：「卿名龍友，何義云然？」龍友倉猝不知所對，上遂不懌。龍友退，乃思得之曰：「陛下爲堯舜之君，故臣得與夔龍爲友。」龍友之給捷，而一時懵懂，豈非榮進有數乎？

程泰之以天官兼經筵進講，《禹貢》闕文疑義，疏説甚詳，且多引外國幽奧地理。上頗厭之，宣諭宰執云：「六經斷簡，闕疑可也，何必强爲之説？且地理既非親歷，雖聖賢有所不知，朕殊不曉其説，想其治銓曹亦如此也。」既而補外。

孝宗居高宗喪，百日後，尚進素膳，毁瘠特甚。吴夫人者，潛邸舊人也，屢以過損爲言，上堅不從。夫人一日密諭尚食内侍云：「官家食素多時，甚覺清瘦，汝輩可自作商量。」於是潛以雞汁等雜素饌中以進，上食之，覺爽口，詢所以然，内侍恐甚，以實告，上大怒。皇太后聞之，過宫力解，乃出吴夫人於外，内侍等罷職有差。

淳熙己酉，孝宗退居重華宫，有淨室，終日宴坐其間，几上惟書籍一部，及筆硯楮墨而已。近璫嘗奏高宗皇帝留下寶器圖書，陛下盍時取觀。壽皇云：「先帝中興，功德盛大，故宜享此，朕豈敢自比先帝？」皆鐍閉不開。

孝宗既退重華宫，羣臣請以聖誕爲重明節，有術者以折字名，歎曰：「重華、重明，非佳名也，其文皆二千日。」至甲寅而孝宗上升，正合其數。時有獃道僧者，狀不慧而巧發奇中。甲寅春，召見重華，道僧曰：「今日六月也，好大雪。」侍璫咸笑爲狂，道僧顧曰：「爾滿身皆雪，而笑我狂耶？」罔測其指，至季夏八日，而至尊厭代，宫中皆縞素焉。

沈嘉轍等《南宋雜事詩》卷一　孝宗嘗患痢，衆醫不效，德壽憂之，過宫偶見小藥局，遣中使詢之曰：「汝能治痢否？」曰：「專對科。」遂宣之至。請問得病之由，語以食湖蟹多，故致此疾，遂令胗脉。醫曰：「此冷痢也，其法用新米、藕節，細研以熱酒調服。」如其法，杵細酒調，數服而愈。德壽乃大喜，就以金杵臼賜之，乃命以官。至今呼爲金杵臼嚴防禦家，可謂不世之遇。

備論

《宋史》卷三五《孝宗本紀三》 贊曰：高宗以公天下之心，擇太祖之後而立之，乃得孝宗之賢，聰明英毅，卓然爲南渡諸帝之稱首，可謂難矣哉。

即位之初，鋭志恢復，符離邂逅失利，重違高宗之命，不輕出師，又值金世宗之立，金國平治，無釁可乘，然易表稱書，改臣稱姪，減去歲幣，以定鄰好，金人易宋之心，至是亦寖異於前日矣。故世宗每戒羣臣積錢穀，謹邊備，必曰：「吾恐宋人之和，終不可恃。」蓋亦忌帝之將有爲也。天厭南北之兵，欲休民生，故帝用兵之意弗遂而終焉。

然自古人君起自外藩，入繼大統，而能盡宫庭之孝，未有若帝；其間父子怡愉，同享高壽，亦無有及之者。終喪三年，又能却羣臣之請而力行之。宋之廟號，若仁宗之爲「仁」，孝宗之爲「孝」，其無愧焉，其無愧焉！

《方孝孺集》卷四《讀陳同甫上宋孝宗四書》 予始讀同甫論史諸文，見其馳騁爲驚人可喜之談，以爲同甫特尚氣狂生耳，未必足用也。及觀其上孝宗四書，不覺慨然而嘆，毛髮森然上竪。嗚呼！同甫豈狂者哉？蓋俊傑丈夫也。宋之不興，天實棄之。使孝宗之志不伸者，史浩沮之於前，湯思退敗之於後。及同甫上書之時，孝宗之初志已衰矣。當隆興間，孝宗苟聞此言，將不逾時而召用之，寧使同甫至四上而不報，死於布衣而不用哉！設用同甫，聽其言，從其設施，則未必無成功，而卒不用者，天也。

宋之不復興者，亦孝宗也。興亡天命，非予所知，予所憾者以同甫之才，而不得一展以死，又豈非天哉？展弗展不足以論同甫，予所深悲者，世愈下而俗愈變，士大夫厭厭無氣，有言責者不敢叱一辭，況若同甫一布衣乎！人不以爲狂，則以爲妄，得全身進退，以死於牖下，若同甫亦幸矣，尚何不用之足怪乎？世之相遠二百年而相下如此，使同甫而見之，當何如耶？

藝文

曹勛《松隱文集》卷二八《乾道聖德頌并序》 臣恭惟皇帝陛下膺上聖之期，繼中興之統。紹登四載，恭勤百爲。廼乾道改元，政事具舉，營戍罷屯，黎民於變時雍，廷臣小大率職。致淮北之蝗，入境自斃；秋成之積，歲登大有。是皆陛下聖德昭著，雖黄童白叟，所不待言而知。臣以草芥之賤，迫桑榆之年，際遇四朝，叨塵二府。豈不知清明之時，方深貪戀？大懼榮禄浮實，莫允清議。故控露忱悃，仰瀆天聰，特蒙賜俞，以幸晚境，安處閒退，日聽康衢熙熙之謡。顧老臣不當以翰墨輒塵宸扆，然抃蹈之餘，有不能自已者。謹擬元和之作，極思選言，撰成《乾道聖德頌》，昧死上進。雖未能形容聖德之萬一，庶少伸臣子歸美之誠。其辭曰：

維聖有作，紹隆興運。天經地義，宗堯越舜。風俗惇厚，日星清潤。冰天桂海，咸祗成訓。皇矣藝祖，肇開宗祊。用集大命，再造群生。卜世卜年，周室與京。德懋聖孫，區宇載寧。龍潛出震，握符御極。恭儉慈仁，已隆燕冀。勵精治具，群工惟辟。斯皇聖德，以受方國。躬秉要道，化成斯民。問寢侍膳，克勤日新。刑于四海，率土興仁。至矣聖孝，悦安嚴親。猾夏餘種，久失我重。稍恢雄略，盡還尊奉。復修絳樂，亟續騫貢。布昭聖武，式皇鉅宋。洪宣景命，爰振皇綱。詔令諭旨，粉澤八荒。宸奎逸彩，龍鳳騫翔。焕乎聖文，彬彬日彰。誕敷武節，克柔强鷙。風静邊柝，煙沉晚燧。穡夫力田，塞馬垂轡。巍巍聖功，允格康濟。光啓元良，鶴禁建儲。遴擇端方，贊翊詩書。濬哲文思，日親睿謨。於赫聖明，有開令圖。當天執籙，了無玩好。貴異獻輸，蕩然一掃。力敦嘉靖，詢謀政要。丕鑠聖斷，坐臻是奥。從容總攬，用體乾剛。文武一道，督以經常。王化溥博，景風丕祥。格天聖治，時雍時康。咫尺威顔，豁達方寸。日角珠庭，金聲玉振。穆穆皇皇，天儀明潤。洪惟聖表，萬寓朝覲。乃武乃文，止戈好生。華夏蠻貊，底于丕平。罔或反汗，克斷惟明。長策遠馭，奕奕天聲。寶緒重光，密答純祐。既協皇極，昭報方茂。堯父舜子，撫封增舊。行復九有，亘萬萬壽。大哉乾元，萬物資之。赫赫明世，吾君繼之。熾昌隆祚，惟皇造之。億萬斯年，惟皇保之。

曹勛《松隱文集》卷三一《恭題今上皇帝賜御書和韻》 臣草茅一介，備位掌武。獲於清閒之燕，得奉咫尺之顔。仰見英睿聖武，深仁厚澤，問安視膳，孝通神明；戡難守成，信貫金石。同堯仁而遐覆，廓舜德以比隆。蓋學究天人，性鄙珍異，機暇惟親翰墨，製述寶章。至屈俯同之尊，成賡載之美。辭備雅正，則金聲玉振之文也；書具真草，則龍翔鳳翥之勢也。焜燿今昔，砥礪臣工。臣内惟

非才，曷副錫與？兼得之渥，身榮心愧。詎敢私藏，恭勒丁石，用訓子子孫孫，俾永膺龍光，不忘忠赤。

曹勛《松隱文集》卷三二《恭題今上皇帝賜和韻鷓鴣天詞》 恭惟今上皇帝以舜之孝纘禹之功，撫寰宇以同文，馭佳兵以戢武。溥率既若，翰墨惟新。每觀妙於古先，即凝神於物表。聿符元覽，哀對衆真。小臣陪班，蕪詞輒貢。荷上聖不間於草芥，賁宸章亟就於笑談，屈體俯同，垂精龍答，辭擴一時之勝特，字兼八法之邃嚴。惟是隆恩，遂忘疵賤。謹刊諸石，用永于家。庶彰厚下之天心，少伸報上之臣節。

曹勛《松隱文集》卷三二《代張太尉跋御書萬卷堂》 恭惟皇帝陛下躬神武之姿，嗣膺曆服；廓覆燾之度，撫寧夷夏。問寢侍膳，誠孝格天；慈儉樂易，聖德及物。圖回萬務，博綜群經，筆不停揮，備該衆體。臣么麽之賤，際遇睿明。偶圭華之陋，藏少文籍，門目雖廣，殊闕古文，以萬卷名其室。仰蒙天造，不間疏遠，每按目宣取，經御覽者率再矣。仰見聖學高深，夐出百代。復追鍾王之妙，特紆宸翰，賜「萬卷堂」三字，下賁蔀屋。鸞龍飛動，雲漢昭回；寶畫尊嚴，日華明潤。小臣何補，得奉璿題。謹拜手稽首，勒諸堅石，用侈逢時際遇之榮，以罄拱極朝宗之志。

樓鑰《攻媿集》卷四九《孝宗皇帝謚議奉敕撰》 臣聞帝王之出治，豐功茂烈，生則著見于天下，而其流傳于後世者，則待節惠之名，要皆取其盛者而傳之。文王一怒而安天下，非無武也。武王告武成而作《洪範》，非無文也，取其盛者而傳之，則備道全美，可以一言定也。甚哉，孝之大也！虞舜之大，武王之達，自漢歷唐，無不謚帝爲孝。本朝累聖相承，皆用舊典。若夫集孝道之大成，則未有如大行之盛者也。恭惟大行至尊壽皇聖帝繩藝祖之武，重光堯之華，以天縱之能，日新之德，臨御天下，二十有八載。巍巍煌煌，不可備述。若形容天地，繪畫日月，則不容無辭。方在初潛，龍德而隱，學聚問辨，師教不煩。日就月將，君德昭著。虔鞏勞謙，共爲子職，日趨朝謁，威儀雝肅。雖莫窺其涯涘，而中外屬心，天人協應。光堯内禪，高視唐虞。嗣位以來，勵精庶政，召收故老，尊禮元臣，臨朝若神，待物如春。崇節儉，以革奢汰之風；振紀綱，以起偷惰之習。事無小而不察，人無微而不記。機務雖繁，酬酢無壅。立法定制，動爲後則。以科舉爲未盡，則立待補之法以蒐遺才；以武舉爲未盛，則優入仕之級以收智勇。年勞並用，以裁濫賞而不致于累遷；銓闈加嚴，以抑任子而又爲之限節。改秩必使之作邑，謂舉以親民而使之治民。御史必取之賢宰，謂受人之察而後可察人。以周行速化，必使試郡而後爲郎。以延閣清華，必俟有功而後除職。監司守將，必延見而臨遣，癃老昏繆之人，不得而隱藏；姦贓之吏，必窮治而斥逐；清介潔廉之士，則從而拔用。朝士闕官乃除，遂無待次之淹；要郡留闕選才，遂無輕授之冗。黜贓吏之世賞，進軍功于流内。長慮却顧，守之至堅。故雖日不暇給，而四方靡然向化矣。于時疆場未寧，戎車方駕，激厲將士，嚴備邊陲，張皇六師，明見萬里。中原起來蘇之望，殊鄰多歸附之民。撫而有之，還以爲用。天威既振，戎虜畏讋。雖犂庭掃閭，未快初志，而信使復通，減幣殺禮，至今無煙火之警。苟非雄斷遠略，何以臻此？臨政既久，治道愈明。物來能名，事至輒斷。精神之運，上際下蟠于天地之間；智慮所關，六通四闢于帝王之德。行公道以銷黨偏之蔽，推平心而絶喜怒之私。間有水旱之變，應天以實而禮文尤備，州縣之奏，恐其不速，蠲復之數，恐其不多，傾困倒廩，以濟其急。賞勤罰惰，以勵其餘。民不知其有凶，歲亦隨以登熟。幸太學，幸秘省，廷策貢士，布文教以振士風；御鞍馬，親弓矢，申嚴軍法，立武事以張國威。内外大小之臣，無不列之屏，以待黜陟。山川險要之地，無不指諸掌，以立防閑。治具畢張，風化已成，方且玩意希夷而無奉道之過，游心寂寞而無佞佛之迹，作敬天之圖，兢懼愈深；闢延和之殿，諷訪愈切。躬講讀之勤，設遺補之官。其于保治，有始有卒。至于脱屣萬乘，燕居重華，授受之際，尤爲雍容。嗚呼！身退而道彌高，尊極而用彌儉，是宜萬有千歲，永處慈宸。而厭代登遐，歸于帝鄉，此羣臣萬姓所以攀號擗踊，泣盡而繼之以血也。遠日有期，恭定尊謚，請之南郊，以詔萬世。謹按《謚法》曰：「能官賢才曰哲。」「帝德廣運曰文。」「應變無方曰神。」「保大定功曰武。」「持盈守滿曰成。」「兹惠愛親曰孝。」迹夫知人而善任，使文武各得其用，非所謂能官賢才乎？修德以來遠人，矢文以洽四國，非所謂帝德廣運乎？酬酢以周萬幾，圖回以盡衆智，非應變無方乎？妙韜略而不用，極聰明而不殺，非保大定功乎？守基圖之廣大，延國祚于綿遠，非持盈守滿乎？若孝道之盛，非惟臣子所不能稱贊，雖考之《謚法》，求之六家，語其甚盛者曰「慈惠愛親」而已。是則未足以彰大行之孝也。報本反始而奉郊禋，尊祖敬宗而事廟饗，惟高宗爲天下而得人。太皇盡母道以愛子，而大行天賦至性不可解于心，備四海九州之養，謹五日一朝之儀，委曲周盡，猶恐不及，兩宮九閏，終無間言，固已風動四方，震服夷虜。高宗屬疾，則衣不解帶，躬自嘗藥。及棄天下，則勺水不入于口，倚廬有過于哀。鄙漢

文之短喪，陋晉武之無斷，身服苴麻，禮盡苦塊。行有匹夫之所難，哭則哀動于左右。鄰使來弔，止許朝于喪次。顏色之戚，哭泣之哀，鄰使退而嘆曰：「皇帝聖孝乃如此。」大臣或進諭解之言，則流涕被面曰：「大恩難報。」羣臣感泣，莫敢仰視。易月之制既終，因山之役既畢，孺慕無已，追遠弗勝，遂舉大寶以畀聖子，不曰倦勤，不曰求逸，惟曰不得日奉先帝之几筵，躬行聖母之定省，又曰俾予一人獲遂事親之心，永膺天下之養。于是御素服于乘輿，尊几筵于内殿。退處巠室，以終三年之喪。哀疚不忘，齋潔自若。欽事慈福，温凊無違。嗚呼！兹豈非集孝道之大成，又豈慈惠愛親之所能盡也？大行至尊壽皇聖帝，宜天錫之曰「哲文神武成孝皇帝」，廟號「孝宗」。謹議。

樓鑰《攻媿集》卷八三《孝宗皇帝靈駕發引祭文》 維紹熙五年歲次甲寅，十有一月戊子朔十五日壬寅，具位臣某等伏覩哲文神武成孝皇帝靈駕發引，臣某等謹于道左恭陳薄奠，攀慕龍輴。臣等謹泣血頓首，死罪言曰：恭惟尊號皇帝道全德備，仁熟義豐。列聖儲休，承藝祖神明之胄；中興垂統，紹高宗揖遜之傳。亶超今冠古之資，妙旋乾轉坤之略。高出百王之表，規恢億載之圖。若孝德之大成，蓋聖人之未有。永惟四海之養，仰奉兩宫之歡。以萬乘之尊，躬行舜慕；以三年之久，親執堯喪。釋神器以不疑，事慈闈而盡禮。方且凝神泰極，介壽無疆，乘飈馭以上賓，攀龍髯而何及？千官號慟，兆姓悲摧。兹當同軌之期，既庀因山之役。臣等叨塵班列，夙荷生成。痛靈駕之莫回，俯濤江而欲濟。同傾丹悃，敢薦芹誠。臣等無任號天摧絶，哀慕感切之至。臣等泣血頓首，死罪謹言。

周必大《文忠集》卷一四《紹興淳熙兩朝内禪詔跋》 淳熙十四年，臣某誤尸宰事，恭奉至尊壽聖皇帝手詔，命今上皇帝參決庶務。越明年正月，開議事堂，傳授之意昭然。會故相陳康伯家繳進紹興内禪御札，默契聖心，密遣中使特以賜臣。自是日聞遜位之訓。又明年春，遂奉親筆移御重華。於是兩朝宸翰、東宫謝章皆萃私室。後四年，臣假守長沙，漕臣何異願得摹本刻石盱江之麻姑山，俾臣記大略於下。臣竊惟孔子大聖人，抱帝王之學而無其時，定《書》百篇，以堯、舜二《典》爲之首。意猶未足，常以「堯曰咨爾舜」、「舜亦以命禹」之數語者諷道之於口。諸弟子因記善言，遂以爲《論語》末章之冠。凡二十篇所載，「惟精惟一，允執厥中」之旨無大於此者。向使夫子遭堯、舜之時，居禹、皋之位，奮庸熙載，自應見諸行事，豈特載之空言而已！臣獨何人，夤緣宰輔，乃萬世一遇，非大幸與！夫奉奎畫於寶儲，雖學士大夫有不容見；閟宸文於金匱，職在太史乃得窺焉。至於藏之人臣之家，不過榮光溢河，寶氣騰霄；孰若傳之副墨，刻諸名山，如日麗天，萬目咸睹，如嶽鎮地，永世無窮！彼周石鼓，秦嶧山，漢燕然，唐浯溪，尚何足算！他日聖人復起，比宋德於唐、虞，配斯文於二《典》，其由此也夫！先是高宗以壬午五月甲子降旨立儲，丞相陳康伯折簡，禮部侍郎呂廣問密議典禮。時上正祀黄帝，廣問爲初獻官，臣以御史監察，因語臣皇太子改名從火從華。臣謂：「與唐昭宗曄字同音，可乎？」廣問亟告丞相，取旨別擬定，乃用今名宣布，而初札不復改矣。當時朝士尚未及知，況於後世疑以傳疑，將何所取正？敢併列之，備他日史官之采，亦以見臣今得寶藏是書者非偶然也。紹熙四年十一月朔旦，少保、觀文殿大學士、判潭州軍事兼管内勸農營田使、充荆湖南路安撫使、馬步軍都總管、益國公、食邑一萬六百户、實封三千八百户臣某謹題。

周必大《文忠集》卷一四《御筆千字文跋》 臣以紹興丁丑中詞科，今上皇帝在普安邸，數對宫僚稱其試程。逮庚辰九月召試館職，太上皇帝喜所對策，諭宰相陳康伯、參政朱倬，欲除校書郎。宰執奏選人只當爲正字，偶不記前朝李邴等例耳。上又宣諭：他日當令掌制。康伯親爲臣言如此。未幾，自依格改秩，而校書丞郎、著作員缺，進擬皆不及。上雖簡記，然非侍從臺諫未嘗親批。壬午夏，察官陳良祐引執政汪澈薦舉之嫌出臺爲郎。五月，御筆除臣監察御史。尋缺諫官，同僚謂臣必選。臣測聖意不在此，果就下用袁孚爲正言。今上受禪累月，遂擢左史兼外制。此則兩宫本指也。後十七年，叨貳大政，表謝太上云：「鑾坡召試，金口褒揚。許以能文，欲其掌制。乏援助廟堂之上，甘滯留館閣之中。會臺察之虚員，簡宸衷而親擢。」皆紀實也。暨入謝德壽殿，太上盡記本末，面賜御書《千文》一軸，前者執政罕嘗得此。退而伏讀太上御製《翰墨志》云：「智永禪師，逸少七代孫。克嗣家法，居永興寺閣三十年，臨逸少真草《千文》，擇八百本散在浙東。後并《禊帖》傳弟子辨才。唐太宗三召，恩賜甚厚，求《禊帖》終不與。善保家傳，抑可重也。余得其《千文》藏之。」今觀宸奎所臨，疑是此本。然淵、民、旦之外又缺「才」字。按米芾云：吳郡滕元發家藏辨才弟子所書，併缺「永」字，以尊智永。兹拜賜書，却有「永」字而無「才」字，豈非辨才門人別本與？謹刻於石，歷叙遭遇之由以示後世。淳熙七年七月日，通議大夫、參知政事、滎陽郡侯臣周某恭題。

周必大《文忠集》卷一四《孝宗皇帝撰國書御筆跋》 乾道六年冬，詔趙雄、

趙伯驌充金國賀生辰使。十二月二十四日夜直玉堂，内侍霍汝弼持御筆來，令例外撰國書，二鼓進入。二十七日，得旨來晉對。二十八日早，自東華門行。脩廊屈曲，過小閣兩重，皆垂畫簾。復轉一小閣，前臨清池，中有假山。上坐杌子，再拜起居訖，蒙獎諭云：「前日，朕未曾宣諭卿以國書之意，而卿能道朕心中事，可謂大才。」袖出范成大所攜虜主回書云：「九月日，叔大金皇帝致書於姪宋皇帝：和約再成，界河山而如舊；緘音遽至，指鞏、洛以爲言。援襄時無用之文，瀆今日既盟之好。既云廢祀，欲伸追遠之懷；止可奉遷，即候刻期之報。至若未歸之旅櫬，亦當並發於行塗。抑聞附請之辭，欲變受書之禮。出於率易，要以必從，於尊卑之分何如，顧信誓之堅安在？事當審慮，邦可孚休。方屆霜嚴，善綏福履。今因資政殿大學士范成大等回，專附書奉答。不宣。」捧讀數過，奏云：「臣初不知彼專説陵寢，刻期候報，今止及受書，竊恐未安。」上曰：「難爲辭。」奏云：「以太上皇高年未敢遷奉答之，如何？」上不以爲然。又奏：「容臣別作意度，來日擬進。」退詣都堂，上已批降前稿付二府矣。於是改書曰：「比致祈懇，旋勤誨緘。欲重遣於軺車，恐復煩於舍館。惟列聖久安之陵寢，既難一旦而輒遷，則靖康未返之衣冠，詎敢先期而獨請？載披諄諭之旨，詳及受書之儀。蓋今叔姪之情親，與昔尊卑之體異，敢因慶禮，薦布忱詞，尚冀允從，式符企望。今賀生辰國信使副翰林學士趙雄、泉州觀察使趙伯驌行，謹再拜奉書，不宣。」二十九日録進，三十日宿衛，加上德壽宫尊號册寶於麗正門待漏院，宰執在皇城司，招往諭旨，令削去陵寢衣冠一聯，雖具言其不可，弗聽也。七年正月十二日，雄等出門。十七日，丞相忽召至都堂云：「虜果移文問二事曷爲無答，甚悔不用前説。」答云：「幸彼問差蚤，度雄尚可及，宜亟易書馳遣，而檄對境云，所問已有書附賀生辰使者矣。仍當録本附雄，毋如慶曆中不使富弼知書意也。」二府大以爲然，奏行之，追及雄等於盱眙。虜自此亦無辭。秘書少監兼權直學士院臣周某謹記。

劉宰《漫塘集》卷二四《跋三朝賜齊齋倪尚書宸翰》《孝宗宸翰》　臣於此卷見孝宗皇帝聖德三焉：宰臣同時進擬學士七人而六人在朝，儲才之盛也；於七人之中擢任倪公，而文章氣節皆可與日月争光，用才之審也；郭師禹，光宗皇帝之舅，以才受封，非將内禪，不授節鉞，抑近戚，重名器也。《詩》曰：「豐水有芑，武王豈不仕，詒厥孫謀，以燕翼子。」我孝宗皇帝有焉。嗚呼，聖矣哉！

真德秀《西山文集》卷三六《跋孝宗皇帝卹刑御筆》　臣案《王制》：「大司寇以獄之成告于王，王命三公參聽之。三公以獄之成告于王，王三又，然後制刑。」然則聽獄議刑者，真宰相事也。古之論刑者，曰「惟克天德，自作元命，配享在下」。君相之所以祈天永命，正在於此，宜孝宗皇帝以屬之二府大臣與！洪文惠公時以宰相承詔命，當是時，龐恩厚澤，滲漉海寓，和氣融液，如歲方春，此孝宗之德，而公與其僚奉行之功也。嗚呼盛哉！

《劉克莊集》卷一〇三《跋孝宗宸翰十五》　臣恭惟孝宗皇帝神聖英睿卓冠百王。于時朝廷清明，海宇乂安，猶用建武故事，時出細札以賜郡國，昭回之光下燭人間，所至吏民皆聳動驚喜，以爲天子明見萬里之外。故參知政事龔公茂良守洪都日，盡似所被宸翰摹刻於石。臣初筮，白事府下，常摩挲瞻玩不忍去。晚見奎畫真蹟四：一，閔雨降香；二，種麥；三、四，砂毛錢。深居九重而精神心術之運如此！聖訓嘗云：「朕胸中每日走天下一遭。」大哉言乎！萬世誦此言，傳此心，則天下常乾道矣。賜隆興府守臣龔茂良手詔四

臣聞之故老，孝宗留意人材，當時小大之臣多出親擢，罕由廟堂進擬者。臣於故相葉公顒家，見臣大父、臣夙除著作佐郎，又於故參知政事龔莊敏公茂良家見蓋鈞改舍人官二詔，皆宸翰，館職京秩不輕畀如此，況等而上乎！近歲惟侍從、給舍、臺諫、講讀官乃細札除授，庶僚皆由啓擬矣。龔公以首參行相事，故其家藏當時除目甚多：一，史浩除少保、内祠、侍讀；二，李彦穎、王淮執政；三，蜀帥范成大進敷學；四，林光朝除中舍；五，趙粹中、周必大除侍郎；六，蓋鈞改官。

臣按朱文公熹自紹興末至隆、乾初聘召不起，除官不至，天下高之。龔公當國，啓擬旌以職名，宸翰與公商榷，若以爲恐長虚名之士者。皋陵於朱公豈靳一直秘閣哉？有所譽必有所試，古之道也。其後起朱公，歷麾節，南康郡最，浙東荒政聞於天下，上不復有此言矣。晚歲擢公經筵，則以待伊川之禮待公矣。若夫不練時務，不考事功，特緣虚譽躐處高位，漢之荀爽、晉之王衍、殷浩之流是也，所就何事哉？烏虖！皋陵之詔可謂得用人之法矣。朱文公熹直秘閣

光堯時舊將帥加恩，察官以稱職轉兩秩，契勘南上、下庫一年收支，令薛元鼎往秀州檢點財賦，皆當時大政事，竊意龔公回奏必有條畫，可與宸翰互相發明，而公太祝之廳雖存，善和之書漸散，不可得而訪尋焉。此數詔皆在外孫方君采家。

袁甫《蒙齋集》卷一五《跋孝宗皇帝賜洪丞相卹刑御書》　洪丞相當軸，孝宗

皇帝賜以卹刑聖訓，臣于其孫僩獲觀雲章，斂容興敬而言曰：天地之大德曰生，刑非以殺人也，而生人之德存。我朝欽卹之仁，追配三代，聖子神孫，世世勿墜，天地同德矣。國祚延洪，維天相之。某職在司臬，每閱獄案，如天鑑臨。茲又佩服寶訓，以自警勵。一本至公，無毫髮私，庶不欺于天，不負于孝廟，且不愧于此心云。

高斯得《耻堂存稿》卷五《跋黄給事鈞所藏孝宗皇帝御製》 臣嘗伏讀《國史》，乾道四年二月庚子，孝宗皇帝出御製《春賦》以示大臣，言農事方興，要使無失其時，蓋與《七月》之詩相爲表裏。今觀賜臣鈞等《苑中即事詩》，感念春和，有「與民同樂」之句，其月庚戌也，上距《春賦》之出十日而近。是時講解初定，域中晏然，時和歲豐，百姓安樂，而孝皇留意民事如此，其後乾、淳二十年間，阜康之美比迹成康，猗歟盛哉！後七十有九年，歲在壬子十有二月，前史官臣高斯得拜手謹書。

虞集《道園學古録》卷一〇《題宋孝宗書貞觀遺事》 昔宋裕陵，嘗以唐太宗問其臣王安石，安石對曰：「陛下當法堯舜。」既南渡，國勢削弱，阜陵慨然有志於當世，其手書貞觀數事，蓋有所奮發也。患盜而推本廉耻，憂國而防乎欲盛，論政而謹於擇臣，其堯舜之事也。本之以堯舜之心，不其盛乎？此阜陵之意也。傳曰：「君子多識前言往行，以畜其德，有天下國家者，所宜鑒哉！」至順史臣虞集謹書。

宋濂《宋學士全集》卷一三《題孝宗付史丞相内批》 阜陵鋭意於恢復中原，張魏公浚贊之頗力，而史衛公浩多從中沮之，上嚮浚方篤。隆興元年正月，浩拜右僕射同平章事，浚即有樞密使、都督江淮軍馬之命，今内批所謂「肅清舊壤」者，蓋指恢復也。又云「卿勉與樞密議之」，樞使正指浚也。當是時，二府議不合，故上戒飭之也。建炎五月親征之詔下，浩以不預出師之謀，遂力丐辭，罷知紹興府，奉祠而歸。此批之頒，當在未罷相前數日間爾。予道出歙上，朱徵君持此卷至驛舍，迫之使題，故走筆識之如右。張史之得失，出師之成敗，未暇悉也。凡有旨從内出者曰内批，又謂之御筆，皆内夫人代書，而所謂御寶批者，或上批，或内夫人批，皆識之以御寶，唯親筆則上親書押字，而不用寶。此批不用寶而有押字，正所謂親筆者也。聊并及之，以見當時故事云。

方孝孺《方孝孺集》卷一八《題宋孝宗題橙花詩後》 人之文辭翰墨非極精妙，不能傳乎後世。惟帝王及有道之士雖未盡美，人亦好而傳之。然爲天下所尊仰而不敢褻玩者，恒在乎德，而不在乎位。陳叔寶、隋煬帝之詩、宋徽宗之書與畫，蓋有見而嗤笑其所爲者矣。其美而可傳也且若此，況其不工者乎？故欲圖來世之傳者，雖人主之尊，亦觀其德而已。予嘗論宋之諸帝，仁宗法不足，而厚有餘；孝宗才不逮，而志甚鋭。昔見仁宗飛白數大字，慨然想見其時。此詩乃孝宗題馬璘畫橙花之作，其書法方之祖父不及多矣。然使人望而敬之，忘其爲區區小詩，豈非以其志烈之足慕哉。

孫承恩《文簡集》卷四一《宋孝宗像贊》 性資英明，治行勤勵，恢復拳拳，可質天地。治民振武，敬天仁民，事機屢乖，志卒弗伸。

虞允文部

綜述

《宋史》卷三八三《虞允文傳》　虞允文字彬甫，隆州仁壽人。父祺，登政和進士第，仕至太常博士、潼川路轉運判官。允文六歲誦《九經》，七歲能屬文。以父任入官。丁母憂，哀毁骨立。既葬，朝夕哭墓側，墓有枯桑，兩烏來巢。念父之鰥且疾，七年不調，跬步不忍離左右。父死，紹興二十三年始登進士第，通判彭州，權知黎州、渠州。

秦檜當國，蜀士多屏棄。檜死，高宗欲收用之，中書舍人趙逵首薦允文，召對，謂人君必畏天，必安民，必法祖宗。又論士風之弊，以文章進必抑其輕浮，以言語進必黜其巧僞，以政事進必去其苛刻，庶可仕重致遠。且極論四川財賦科納之弊。上嘉納之。

除祕書丞，累遷禮部郎官。金主亮修汴，已有南侵意。王綸還，言敵恭順和好。湯思退再拜賀，置邊備不問。及金使施宜生頗泄敵情，張燾密奏之。亮又隱畫工圖臨安湖山以歸。亮賦詩，情益露。允文上疏言：「金必敗盟，兵出有五道，願詔大臣豫思備禦。」時三十年正月也。十月，借工部尚書充賀正使，與館伴賓射，一發破的，衆驚異之。允文見運糧造舟者多，辭歸，亮曰：「我將看花洛陽。」允文還，奏所見及亮語，申言淮、海之備。

除中書舍人、直學士院。三衙管軍以宦寺充承受，允文言：「自古人主大權，不移於姦臣，則落於近倖。秦檜盗權十有八年，檜死，權歸陛下。邇來三衙交結中官，宣和、明受厥鑒未遠。」上大悟，立罷之。

金使王全、高景山來賀生辰，口傳亮悖慢語，欲得淮南地，索將相大臣議事。於是召三衙大將趙密等議舉兵，侍從、臺諫集議。宰臣陳康伯傳上旨：「今日更不問和與守，直問戰當如何。」遣成閔爲京、湖制置使，將禁衛五萬御襄、漢上流。允文曰：「兵來不除道，敵爲虚聲以分我兵，成其出淮姦謀爾。」不聽，卒遣閔。七月，金主亮徙汴，允文復語康伯：「閔軍約程在江、池，宜令到池者駐池，到江者駐江。若敵兵出上流，則荆湖之軍捍於前，江、池之軍援於後；若出淮西，則池之軍出巢縣，江州軍出無爲，可爲淮西援，是一軍而兩用之。」康伯然其說，而閔軍竟屯武昌。

九月，金主命李通爲大都督，造浮梁于淮水上。金主自將，兵號百萬，氊帳相望，鉦鼓之聲不絕。十月，自渦口渡淮。先是，劉錡措置淮東，王權措置淮西。至是，權首棄廬州，錡亦回揚州，中外震恐。上欲航海，陳康伯力贊親征。是月戊午，樞臣葉義問督江、淮軍，允文參謀軍事。權又自和州遁歸，錡回鎮江，盡失兩淮矣。

十一月壬申，金主率大軍臨采石，而別以兵争瓜洲。朝命成閔代錡、李顯忠代權，錡、權皆召。義問被旨，命允文往蕪湖趣顯忠交權軍，且犒師采石，時權軍猶在采石。丙子，允文至采石，權已去，顯忠未來，敵騎充斥。我師三五星散，解鞍束甲坐道旁，皆權敗兵也。允文謂坐待顯忠則誤國事，遂立招諸將，勉以忠義，曰：「金帛、告命皆在此，待有功。」衆曰：「今既有主，請死戰。」或曰：「公受命犒師，不受命督戰，他人壞之，公任其咎乎？」允文叱之曰：「危及社稷，吾將安避？」

至江濱，見江北已築高臺，對植絳旗二、繡旗二，中建黄屋，亮踞坐其下。諜者言，前一日刑白黑馬祭天，與衆盟，以明日濟江，晨炊玉麟堂，先濟者予黄金一兩。時敵兵實四十萬，馬倍之，宋軍纔一萬八千。允文乃命諸將列大陣不動，分戈船爲五，其二並東西岸而行，其一駐中流，藏精兵待戰，其二藏小港，備不測。部分甫畢，敵已大呼，亮操小紅旗麾數百艘絶江而來，瞬息，抵南岸者七十艘，直薄宋軍，軍小卻。允文入陣中，撫時俊之背曰：「汝膽略聞四方，立陣後則兒女子爾。」俊即揮雙刀出，士殊死戰。中流官軍亦以海鰌船衝敵，舟皆平沉，敵半死半戰，日暮未退。會有潰軍自光州至，允文授以旗鼓，從山後轉出，敵疑援兵至，始遁。又命勁弓尾擊追射，大敗之，僵尸凡四千餘，殺萬户二人，俘千户五人及生女真五百餘人。敵兵不死于江者，亮悉敲殺之，怒其不出江也。以捷聞，犒將士，謂之曰：「敵今敗，明必復來。」夜半，部分諸將，分海舟縋上流，別遣兵截楊林口。丁丑，敵果至，因夾擊之，復大戰，焚其舟三百，始遁去，再以捷聞。既而敵遣僞詔來諭王權，似有宿約。允文曰：「此反間也。」仍復書言：「權已寘典憲，新將李世輔也，願一戰以決雌雄。」亮得書大怒，遂焚龍鳳車，斬梁漢臣及造舟者二人，乃趨瓜洲。漢臣，教亮濟江者也。

顯忠至自蕪湖，允文語之曰：「敵入揚州，必與瓜洲兵合，京口無備，我當往，公能分兵相助乎？」顯忠分李捧軍萬六千往京口，葉義問亦命楊存中將所部來會。允文還建康，即上疏言：「敵敗於采石，將徼幸於瓜洲。今我精兵聚京口，持重待之，可一戰而勝。乞少緩六飛之發。」

甲申，至京口。敵屯重兵滁河，造三牐儲水，深數尺，塞瓜洲口。時楊存中、成閔、邵宏淵諸軍皆聚京口，不下二十萬，惟海鰌船不滿百，戈船半之。允文謂遇風則使戰船，無風則使戰艦，數少恐不足用。遂聚材治鐵，改修馬船爲戰艦，且借之平江，命張深守滁河口，扼大江之衝，以苗定駐下蜀爲援。庚寅，亮至瓜洲，允文與存中臨江按試，命戰士踏車船中流上下，三周金山，回轉如飛，敵持滿以待，相顧駭愕。亮笑曰：「紙船耳。」一將跪奏：南軍有備，未可輕，願駐揚州，徐圖進取。亮怒，欲斬之，哀謝良久，杖之五十。乙未，亮爲其下所殺。

初，亮在瓜洲，聞李寶由海道入膠西，成閔諸軍方順流而下，亮愈怒。還揚州，召諸將約三日濟江，否則盡殺之。諸將謀曰：「進有渰殺之禍，退有敲殺之憂，奈何？」有萬戴者曰：「殺郎主，與南宋通和歸鄉則生矣。」衆曰：「諾。」亮有紫茸細軍，不臨陣，恒以自衛，衆患之，有蕭遮巴者紿之曰：「淮東子女玉帛皆聚海陵。」且嗾使往，細軍去而亮死。

丙申，敵人退屯三十里，遣使議和。己亥，奏聞。召入對，上慰藉嘉歎，謂陳俊卿曰：「虞允文公忠出天性，朕之裴度也。」詔免扈從，往兩淮措置。允文至鎮江，奏收兩淮三策，不報。

明年正月，上至建康。尋議回鑾，詔以楊存中充江淮、荆襄路宣撫使，允文副之。給、舍繳存中除命，於是允文充川陝宣諭使。陛辭，言：「金亮既誅，新主初立，彼國方亂，天相我恢復也。和則海內氣沮，戰則海內氣伸。」上以爲然。允文至蜀，與大將吴璘議經略中原，璘進取鳳翔，復鞏州。金治兵爭陝西新復州郡，蜀士欲棄之，允文持不可。

孝宗受禪，朝臣有言西事者，謂官軍進討，東不可過寶鷄，北不可過德順，且欲用忠義人守新復州郡，官軍退守蜀口。允文爭之不得，吴璘遂歸河池，蓋用參知政事史浩議，欲盡棄陝西，臺諫袁季、任古附和其說。允文再上疏，大略言：「恢復莫先於陝西，陝西五路新復州縣又係於德順之存亡，一旦棄之，則窺蜀之路愈多，西和、階、成，利害至重。」前後凡十五疏，且移書陳康伯，康伯牽於同列，不能回也。上將召允文問陝西事，執政忌其來，以顯謨閣直學士知夔州，尋又命奏事。

隆興元年入對，史浩既素主棄地，及拜相，亟行之，且親爲詔，有曰：「棄鷄肋之無多，免狼心之未已。」允文入對言：「今日有八可戰。」上問及棄地，允文以笏畫地，陳其利害。上曰：「此史浩誤朕。」以敷文閣待制知太平州，尋除兵部尚書、湖北京西宣撫使，改制置使。

時朝廷遣盧仲賢使金議和，湯思退又欲棄唐、鄧、海、泗，手詔謂唐、鄧非險要，可寘度外，允文五上疏力爭。思退怒，即奏曰：「此皆以利害不切於己，大言誤國，以邀美名。宗社大事，豈同戲劇。」上意遂定。思退陽請召允文，實欲去之也。允文上印，猶以四州不可棄爲請，乞致仕。詔以顯謨閣學士知平江府。思退竟決和議，割唐、鄧。

二年，金兵復至，思退貶，上悔不用允文言。陳俊卿亦薦允文堪大用，除端明殿學士、同簽書樞密院事。

乾道元年，拜參知政事兼知樞密院事。是秋，金遣完顏仲有所議，偃蹇不敬，允文請斬之，廷有異論，不果。會錢端禮受李宏玉帶，事連允文，爲御史章服所論，罷政，奉祠西歸。

三年二月，召至闕，除知樞密院事兼參知政事。吴璘卒，議擇代，上諭允文曰：「吴璘既卒，汪應辰恐不習軍事，無以易卿。凡事不宜効張浚迂闊，軍前事，卿一一親臨之。」即拜資政殿大學士、四川宣撫使，尋詔依舊知樞密院事。歸蜀一月，召至闕，不數月復使蜀。太上賜御書《聖主得賢臣頌》，上又爲之製跋，陛辭，復以所御雙履及甲胄賜焉。

過郢，奏築黄鷹山城。過襄陽，奏修府城。八月至漢中，又往沔陽。九月，至益昌。先被手詔戒九事，洎至蜀，悉奉而行，尤以軍政爲急。又奏閲實諸軍，第其壯怯爲三，上備戰，中下備輜重，老者少者不預。汰兵凡萬人，減緡錢四百萬。汰去兵有勞績者，置員闕處之。興、洋義士，民兵也，紹興初以七萬計，大散之戰，將不授甲，驅之先官軍，死亡略盡。命利帥晁公武覈實，得二萬三千九百餘人。又得陝西弓箭手法，參紹興制爲一書，俾將吏守之。以馬政付張松，奏依舊制分茶馬爲川、秦司。

初在樞府，蕭遮巴以刷軍中人爲言，允文嘗奏諭三衙撫存之。至是，金、洋、興元歸正人二萬，遮道訴繫縲之苦，允文分給官田，俾咸振業。欲結敵將姜挺、自沂，遵御札募鞏人王嗣祖結外蕃以圖金人，又得蕃僧六彪者偕往，竟無成說。

時邛、蜀十四郡告饑，荒政凡六十五事，劍倅獻羨錢五萬，卻之。

五年八月，拜右僕射、同中書門下平章事兼樞密使。允文多薦知名士，如洪适、汪應辰。及爲相，籍人才爲三等，有所見聞即記之，號《材館録》。凡所舉，上皆收用，如胡銓、周必大、王十朋、趙汝愚、晁公武、李燾其尤章明者也。上以兵冗財匱爲憂，允文與陳俊卿議革三衙雜役，汰冗籍，三軍無怨言。

六年，陳俊卿以奏留龔茂良忤上意，上震怒甚，俊卿待命浙江亭，兩日不報。允文請對，極論體貌之道，叠拜榻前，遂命判福州。

詔以范成大爲祈請使，爲陵寢故。金不從，且諜報欲以三十萬騎奉遷陵寢來歸，中外洶洶，荆、襄將帥皆請增戍。允文謂：「金方懲亮，決不輕動，不過以虚聲撼我耳。」遂奏止之。朝論紛然，允文屹不動，敵卒無他。

自莊文太子薨，儲位未定。允文上疏，且屢懇陳。七年正月，上兩宫尊號，議始定，下詔皇第三子恭王惇立爲皇太子，皇子愷以雄武、保寧軍節度使判寧國府。皇太子尋尹臨安。侍衛馬軍司牧地舊在臨安，允文謂地狹不利芻牧，請令就牧鎮江，緩急用騎過江便。三軍有怨語，其後言者以此爲言。

胡銓以臺評去，允文奏留之經筵。銓薦朱熹，上問允文識熹否？允文謂熹不在程頤下，遂召熹，熹不至。檢鼓院以六條抑上書人，允文力言不可，從之。

會慶節，金使烏林答天錫入見，金主壻也，驕倨甚，固請上降榻問金主起居，上不許，天錫跪不起，侍臣錯愕失措。允文請大駕還禁中，且諭之曰：「大駕既興，難再御殿，使人來日隨班上壽。」金使慚而退。

上以僕射名不正，改爲左、右丞相。八年二月，授允文特進、左丞相兼樞密使，梁克家爲右丞相。允文嘗舉克家自代，上不許。是月，以病乞解機政，又薦克家靖重有宰相器，至是始同相，手詔付允文曰：「朕方欲武臣爲樞密，曹勛如何？」允文謂勛人品卑凡，不可用。既而以張説簽書樞密院事，右正言王希呂與臺官交劾之。上怒希呂甚，手詔「與遠惡監當」。允文繳回，上益怒。梁克家曰：「希呂論張説，臺綱也，左相救希呂，國體也。」上怒稍解，卒薄希呂之罰。

四月，御史蕭之敏劾允文，允文上章待罪。上過德壽宫，太上曰：「采石之功，之敏在何許？毋聽其去。」上爲出之敏，且書扇製詩以留之。允文言之敏端方，請召歸以闢言路。上謂其言寬厚，命曾懷書之《時政記》。

上命選諫官，允文以李彦頴、林光朝、王質對，三人皆鯁亮，又以文學推重於時，故薦之，久不報。曾覿薦一人，賜第，擢諫議大夫。允文、克家争之，不從。允文力求去，授少保、武安軍節度使、四川宣撫使，進封雍國公。陛辭，上諭以進取之方，期以某日會河南。允文言：「異時戒内外不相應。」上曰：「若西師出而朕遲回，即朕負卿；若朕已動而卿遲回，即卿負朕。」上御正衙，酌酒賦詩以遺之，且賜家廟祭器。

九年至蜀。大軍月給米一石五斗，不足贍其家，允文捐宣司錢三十萬易米，計口增給。立户馬七條，括民馬，奏選良家子以儲戰用。初，北界有寇鄰者，擁衆數萬在商、虢間，允文秉政日納款，迨至蜀，復遣人致書允文，不報，羈縻之而已。既而鄰謀覺，金密遣人捕之。葉衡奏聞，允文上疏自辨，因請納禄，不報。

上嘗謂允文曰：「丙午之恥，當與丞相共雪之。」又曰：「朕惟功業不如唐太宗，富庶不如漢文、景。」故允文許上以恢復。使蜀一歲，無進兵期，上賜密詔趣之，允文言軍需未備，上不樂。

淳熙元年薨。後四年，上幸白石大閲，見軍皆少壯，謂輔臣曰：「虞允文行沙汰之効也。」尋詔贈太傅，賜謚忠肅。

允文姿雄偉，長六尺四寸，慷慨磊落有大志，而言動有則度，人望而知爲任重之器。早以文學致身臺閣，晚際時艱，出入將相垂二十年，孜孜忠勤無二焉。嘗注《唐書》、《五代史》，藏于家。有詩文十卷、《經筵春秋講義》三卷、《奏議》二十二卷、《内外志》十五卷，行于世。

子三人：公亮、公著、杭孫。孫八人，皆好修，唯剛簡最知名，嘉定中，召不至，終利路提點刑獄。

楊萬里《誠齋集》卷一二〇《宋故左丞相節度使雍國公贈太師謚忠肅虞公神道碑》 自昔立國者，不幸當强虎狼之敵，非得天下之大勢，國未易立也。大勢一得，則萬億年之基可定於一日，不然百戰萬舉，何益於成敗之數？是故吴以赤壁，晋以淝水，吾宋以牛渚，皆以一日之大勢定基而立國者。然赤壁、淝水之役乘其方鋭之初，君子以爲易，牛渚之役振於婁敗之後，君子以爲難。客有問者曰：「事難而功反易，何也？」曰：「我高宗皇帝知人如堯，善任使如漢高祖而已。」其人受任使者爲誰？曰丞相虞公。公有勇力乎？曰否，公儒者也。公非賁育，公焉得力？公有機數乎？曰否，公德人也。公非孫吴，公焉得數？然則曷濟登兹？曰忠誠而已。方諸將皆遁，而我師大潰，公身先冒死以激怯懦，不以忠乎？方虜酋遺吾元帥書，以行恚間，公昌言其詐，以安危疑，不以誠乎？夫大忠可以貫日月，何人不感？至誠可以動金石，何人不懷？感一而萬從，懷一而萬

順，惟吾所嚮，何敵不克，何難不濟，何功不成哉！故曰公之成功忠誠而已。客曰是矣，然君子以謂堯之知人，猶失之鯀；漢祖之善任使，猶失之綰與濞。今我高宗一舉而得公，公一戰而定國，故公之功難於周公瑾、謝幼度，而高宗之聖賢於堯與漢祖遠矣。嗚呼盛哉！嗚呼盛哉！公諱允文，字彬父，隆州人也。系出周虞仲，在六國曰卿，在唐曰世南。世南七世曰殷，守仁壽郡，即隆州也，因家焉。曾祖昭白，祖軒，父祺，皆贈太師，周、魏、秦國公。秦公仕至左中奉大夫，德陽縣男，潼川府路轉運判官。

初，秦公未有子，禱于梓潼神，是夕夢入一官府，見一大官衮冕迎秦公，執客主禮甚敬。主人忽指其側一人介冑而立者，曰：「此爲而子。」秦國夫人娠，公將生，户外有異光云。六歲暗誦六經，十歲賦詩，有驚人語，諸老知其遠器。未冠屬文，有能名。初不欲以門子進，秦公曰：「汝薄吾澤耶？」公乃拜命。鎖廳試凡四薦名，至紹興二十四年第進士，竟如志。初仕監成都府榷茶司賣引所，又監雅州名山縣茶場，權四川都大提舉茶馬司幹辦公事，四川總領所辟差幹辦，行在分差户部糧料院。既登第，轉左奉議郎，通判彭州。未赴，制置司檄權黎州，改知渠州。召除秘書丞，兼兵部員外郎，兼實録院檢討官，兼國史院編修官，除吏部員外郎，兼權樞密院檢詳，又兼檢正，又兼右司員外郎，除起居舍人，兼權中書舍人。假工部尚書使虜，歸除中書舍人兼直學士院，兼侍講。爲江淮督視府參謀軍事，拜兵部尚書，川陝宣諭使。孝宗即位，徙知夔州。未上，召除敷文閣學士、知太平州，改兵部尚書兼湖北京西宣諭使。就陞制置使，改顯謨閣學士、知平江府。徙知潼川府，未上，再知平江府。召拜端明殿學士、同簽書樞密院事，改參知政事，兼同知樞密院事。未幾，以端明殿學士提舉江州太平興國宫。召拜知樞密院事，又以知樞密院事爲四川宣撫使。召拜樞密使，進尚書右僕射、同中書門下平章事，兼樞密使，兼制國用使、濟國公，遷左丞相兼樞密使，華國公。終少保、武安軍節度使、四川宣撫使、雍國公，以少傅致仕。薨，贈少師，又贈太傅，謚忠肅。今上慶元元年，贈太師。

公在茶馬司，使長賈思誠議增茗課，公力諫不從，謁告引去。公在渠州，地墝民窶，而常賦之外又行加斂，流江一邑尤甚。公亟除之，然後上聞。歲減緡錢六萬五千有奇，遠民呼舞。考試類省，所得多知名士。宰臣沈該薦公於高宗，召見，公獻言謂君道有三：曰畏天，曰安民，曰法祖宗，時論韙之。顯仁后崩，百官入臨皆吉服，公獨變服。有非之者，公不改，俄詔百官易服。公在西掖，秦檜妻王贈希妙先生，富民金鼒以奴事檜而累官至閤門宣贊舍人，給使元君實以結宦官而超除樞密副承旨，公皆封還詔書。吏部侍郎汪應辰出知衢州，公請留之。時諸軍帥皆以宦官充承受，公奏罷之。

紹興季年，和戎既久，虜情叵測，而朝廷翫愒，晏然無虞。公因見上，力陳虜必渝盟。寇來之道有三：曰川陝，曰荆襄，曰淮東。彼必不出於此，必以正兵出淮西，奇兵出海道，宜爲之備。時二方在顯仁諒闇，太息，深以爲然。未幾公使虜，館公者與公實射，公一發破的，君臣驚異。公見虜中倅倅輓芻粟，肄舟師，歸見上，再申前言，請備之。上繼使徐度使虜，還言虜無變意。三十一年五月，虜使來賀天申聖節，因索將相大臣，割兩淮地。上始悟公前言，乃以劉錡爲淮東制置使，京畿河北等路招討使，軍于建康，王權與錡姪汜副之。九月，虜以重兵出淮東，劉錡禦之。完顔亮自將大軍自壽春渡淮入寇，衆號百萬，王權禦之。既而二將望風遁還，而權以僞退誘虜爲辭。公料權必渡江南奔，白執政未信。

十月丁巳，諜報權果渡江，中外大震。上避殿減膳，面諭宰臣，議散百官海避狄，宰臣陳康伯曰不可。於是上始聞公料權必敗語，謂公知兵，心倚重焉。急召李顯忠爲淮西大將，命知樞密院葉義問督視江淮諸軍事，以公爲參謀，洪邁、馮方俱入幕府。庚申，公辭行，上曰：「卿詞臣，不當遣。以卿洞達軍事，姑爲朕行。」公泣謝曰：「主憂臣辱，臣願盡死力。」辛酉，公出脩門，聞王權盡失淮西，劉錡盡失淮東，錡亦託疾過江。戊辰，公至京口見錡，問兵敗狀，錡抵讕曰：「兵凶器，聖人不得已而用。」公曰：「虜席卷兩淮，直窺江表，今日用兵爲得已乎？」屬建康告急，公與義問倍道而進。十一月壬申，劉汜又大敗于瓜洲。逆亮以兵向來石，即牛渚也。甲戌，公與義問至建康。是夜有詔，罷劉錡，以成閔代；召王權，以李顯忠代。於是義問檄公如池州，招顯忠領西師，且犒師來石。乙亥，公行。是日逆亮已次來石，刑白黑馬祭天，期以詰朝渡江。丙子，公未至來石十五里所，已聞江北鼓聲震天。公見官軍十十五五坐道旁，蓋王權敗軍也。公念權已去，顯忠未來，若坐待顯忠，國事去矣。呼而問之曰：「逆亮在江北，汝等何乃在此？」從者皆勸公還建康，曰：「事勢至此，皆他人壞之。且督府直委公犒師耳，非委督戰也。彼自有將帥，公奈何代人任責以速辜？」公曰：「吾位從臣，使虜濟江則國危，吾亦安避？今日之事，有進無退，不敵則死之。等死耳，退而死不若進而死，死吾節也。」策馬至來石，趨水濱，望見江北虜兵連營三十餘里，不見其後，號七十萬，馬倍之，而王權潰兵止一萬八千人，馬數百而已，諸將

已爲遁計。公召其將時俊、張振、戴皐、盛新、王琪勞問之，曰：「虜萬一過江，汝輩走亦何之？今前控大江，地利在我，孰若死中求生乎？且朝廷養汝輩三十年，乃不得一戰報國乎？」衆皆曰：「豈不欲戰，誰主張者？」公覺其可以義動，因誦言曰：「汝輩止坐王權之謬至此，今朝廷已別選將將此軍矣。」衆愕立曰：「誰也？」曰：「李顯忠。」衆皆曰：「得人矣。」公曰：「今顯忠未至，而虜以來日過江，我當身先進死，與諸公勠力決一戰，何如？且天子出内帑金帛九百萬，給節度、承宣、觀察使告身，今皆在此，有功即發帑賞之，書告授之。若有遁者，我亦歸報某用命，某不用命。」衆皆曰：「如此則我輩效命有所付矣，請爲舍人一戰。」公即與時俊等謀，整步騎爲陣，分戈船爲五，其二上下東西兩涯爲遊軍，其一載精兵於中流以待戰，其二伏内港以備不測。號令甫畢，公復上馬至水濱，見北岸有一高臺，其上立大朱繡旗，左右各二，環立侍者。中張一大黄蓋，有一人被黄金鎧，據胡床坐其下者，逆亮也。忽虜衆大呼，聲動天地，亮親秉一小朱旗，麾舟數百艘絶江而來。一瞬間七十餘舟已達南岸，其登岸者與官軍戰，我師小却。公乘馬往來陣間，顧見時俊，撫其背曰：「汝膽略聞四方，今可作氣否？若立陣後，則兒女子耳。」俊回顧曰：「舍人在此邪？」即手揮雙長刀，出陣奮擊，士皆殊死戰，無不一當百，俘斬略盡。其中流者，船小而卒衆，又自争舟，兵刃隔塞，運掉不俊，而我之蒙衝往來如飛，横突亂刺，虜舟破，溺死者數萬，頃刻江水爲丹。虜引餘舟遁去，公命强弓勁弩追射之，虜兵多傷。至夜師還，數尸四千有七百，殺萬户二人，生得千户五人，女真五百人。是夕公具捷奏以聞，椎牛釃酒，大饗將士。公謂虜明日必復來，乃與諸將再往水濱，整列步騎戈船，出海鰌船五之二，以其半直北岸上流楊林河口，以遏虜舟之所自出。丁丑，虜衆如墻而進，我師射之，應弦而倒，死者萬計。舟來未已，海鰌逆擊，虜舟大敗。顧見我師扼其歸路，即縱火自焚。我師舉火盡焚其餘二百艘，逆亮遁去。入揚州，留遺一騎移書招王權，其辭若與權有宿約者。公觀其書，權之將佐變色。公慮生變，即顧諸將曰：「此反間也，欲以攜我衆耳。」諸將拜曰：「賴公之明，當效死以報。」是日李顯忠至，公諭之曰：「京口無備，我今欲往，公能分兵見助否？」顯忠曰：「惟命。」即分李捧軍一萬六千人及戈船百艘會京口。

庚辰，公至京口，謁劉錡問疾。錡執公手曰：「疾何必問？朝廷養兵三十年，我輩一技不施，今日大功乃出於一儒者，我輩愧死矣。」時京口止有戰艦二十四艘，會李顯忠戈船亦至。公與楊存中、成閔謀曰：「虜棄來石來此，欲出我不意，我宜反出其不意。」庚寅，大閲舟師，大而蒙衝，小而海鰌，皆外堊板城，中運機輪，但見舟行，不見有人。三周金山，沂洄往來，矯如白龍，怒飛水上，風濤掀天，江水盡沸。北岸諸酋憑壘縱觀駭愕，皆以爲神。亟遣人報亮，亮至見之，笑曰：「此紙船也，欺我哉！」因列坐，諸酋前跪曰：「南軍有備，未可輕進。」亮震怒，拔劍數其罪，命斬之。哀謝久之，亮曰：「姑赦汝，宜率諸將，五日必絶江，違命先斬。」諸酋退曰：「南涯必不可往，往即死。亮不可諫，諫亦死。盍先諸？」亮居龜山寺，乙未夜，諸酋僞效南軍劫砦，直至亮幄前，閽曰：「何爲者？」曰：「欲奏事。」既入，即亂射幄中，亮被箭呼曰：「汝南人乎？吾人乎？」皆應曰：「吾人。」遂連射殪亮。十二月己亥，公與楊存中等具奏以聞，公尋詣闕奏事。甲辰，公至，上見公，慰籍甚渥。公謝曰：「此廟社之靈，陛下之英斷，臣何力之有？」公因奏曰：「來石之役，張振等以偏裨勝逆亮，今止賞以三官，臣願貤臣官以賞扼等。」上曰：「曩者江上事勢，此何等危事？如此宣力，功其可忘？」即除扼等正任承宣觀察等使，於是劉錡致仕，王權、劉汜削籍流嶺表。上命公往經理兩淮，公請以兵斷虜歸路，徐發京口之師襲之，爲進取計。比至淮上，諸軍先已過江，盡復兩淮矣。戊申，東駕幸建康，於是有宣諭川陝之命。

三十二年春，公自襄漢而西，開幕府于興元。初與大將吴拱、李道會于襄陽，既又與吴璘會于河池，又與璘會于秦州，前後博議經略中原之策。令董庠守淮東，郭扼守淮西，趙撙次信陽，李道進新野，吴拱與王彦合軍於商州，吴璘、姚仲以大軍出關輔，因長安之糧以取河南，因河南之糧而會諸軍以取汴，則兵力全而饟道省，至如兩河，可傳檄而定。初以此策聞于高宗，又以聞于孝宗。經理有緒，關河響應，旌旟所指，軍民歸附日以萬計，且争出芻粟牛酒以迎王師。遂復涇、原、熙、鞏等十六州。

而蜀士楊民望者媢公，沮撓於中，謂宜棄新復州郡，而退守蜀之故封。言者信之，大臣史浩主之。公要争不能得，乃請入見而陳便宜，詔許焉。既見，孝宗問棄地得失何如，公以笏畫地，具陳形勢險要，如是而固吾蜀，如是而基進取。上慨然曰：「史浩誤朕。」公既忤時宰，於是有當塗之命，時隆興元年春也。明年春，襄陽有警，召歸，於是有宣諭湖北京西之命。未幾，進制置使。公開幕府於襄陽，與大將王宣、趙撙等會議攻守之策，以爲荆襄藩籬實在唐、鄧，然勝勢在唐州，方城，其次樊城，其次光化軍，而唐、都無城，難以據守，乃先城新野，次城鄧州，次城唐州，又開泌河以通漕運。藩籬既固，則襄漢久安，此守策也。王師進

取之路，出蔡以睨陳，出襄郟以襄許，出汝以逼洛，出嵩、虢以震河東，出商以圖陝西，此攻策也。部分已定，累奏以聞，而宰臣湯思退欲速和戎，議棄唐、鄧。既而二州之民虜皆孥戮，上亦悔之，召公詣闕。未至而有姑蘇、潼川之命，旋又有召歸之命，公參辭不獲。參知政事王之望忌公，請少須政成，召用未晚，上可之而召公益急。既至見上，即除簽書樞密院事，而之望未之知也。命下，之望失色。初，虜議和，其約曰：「俘虜兩還，叛亡則否。」至是併求所否，公執不與。未幾，有參知同知之命。適議母后戚畹恩澤，公請視舊差增，視今損半。蜀軍請謀帥，或薦王權，公執不可。虜使來聘，故事，大臣躬與除館，公獨不行；虎賁給其斯役，公請易以材官；使者騎惰，公請斬之，不果。識者韙之。湖寇李金頗熾，潭帥珙請濟師，公曰鄂將可用而與某州將不相下，即遣鄂將，而以某州將繼之。鄂將聞之，力戰禽賊。時久不置相，有兩參預，會蜀人李宏求中書除官，同列欲與之。公曰：「是富者子，吾曹可不避謗？」同列不悅，言於上曰：「虞某納李宏玉帶，將除以某職。」御史章服附其說以彈公，請付廷尉。丐罷政，於是有太平興國宮之命。獄成，有司懷二奏以候伺上意。上迎問曰：「帶自虞某家出否？」對曰：「否。」於是同列亦罷政，李宏流新州，章服貶秩絀，中外讋服。即召公，於是有知樞密院之命。未幾，蜀帥吴璘卒，於是有四川宣撫之命，上輟所御履及黄金甲冑賜焉。公開幕府於利州，時軍政久蠹，民力愈凋，公曰敝之攸興，興於大將之貪與私也，於是首劾大將任天錫剥其下以爲苞苴，又劾幕掾王槐孫以戰功官其親族，又劾守令劉洪、宋深等十一人之病民瘝官者。首薦員琦爲西帥，吴珙爲東帥，又薦可將材者三人，又薦其次者五人，又進退偏裨二百餘人。大將得人，後進獲伸，諸軍驩呼，四蜀交賀。於是開公正，絶請謁，繕營壘，修器械，明勸沮，甄窳良，拔智勇，絀姦貪，戢哀克，禁子本，杜私役，訓技擊，汰老癃，刊竅籍，核贋名，一日罷浮食者一萬有七千餘人。乃闢蒐庭，乃試射侯，今之挽弓一石有五者，昔之減於一石者也。今之蹷弩五石有五者，昔之三石者也。至是軍政修矣。請擇使者，厚賈胡，簡權奇，却罷駑，設監牧，廣騋牝，至是馬政修矣。又請捐公錢一百萬緡，代民補輸，自是一歲軍須減錢穀九百萬有奇，四路郡縣除逋負緡錢三百四十三萬有奇。又禁兩税之豫索者，又禁鹺酒之豫輸者，又減常賦之虚額者。適邛蜀等十四郡告饑，則發帑廩，除年租，活流民數十萬口，至是民力裕矣。法行之初，謗讟盈路，或謂召變，公不爲動。既而下無異論，蜀民頓蘇，軍政一新，實自公始。公引疾丐祠，一再愈力，上優詔召公，降詔者一，錫宸翰者二，遣

中使迎勞趣行者五，公固辭者八。特命北門草麻，除樞密使。未幾，有右輔辨章兼官樞廷，國用之命，時乾道五年八月戊子也。右相陳公俊卿薦龔茂良宜在本朝，有詔補外，陳公見上，上愠。見上震怒，陳公退，丐罷政。上不留行，恩禮頓衰。公泣入見上，爲陳公摧謝，且言願全所以進退大臣之禮。上怒未怠，公百拜于前，始授陳公觀文殿學士、知福州。汪應辰曰：「虞公所謂范堯夫佛地位中人也。」聞者一辭。上自即位，再郊見上帝，皆以兩望祀于齋居之宫。六年卜郊，及期又雨。公憂形于色。是夕公雨立霑衣，焫薌籲天，引咎責己。丙辰開霽，上登壇成禮。公感上不世之遇，深思所報，每曰：「宰相無職事，旁招俊乂列于庶位而已。」懷袖有一小方策，自曰《材館録》，聞人一善必書。一再論蜀，首薦汪應辰、趙雄、黄鈞、梁介、范仲芑、章森。前後居中及爲相，首用胡銓、張震、洪适、梁克家、留正、鄭聞、周執羔、王希吕、韓元吉、林光朝、林枅、丘崈、晁公武、吕祖謙、張玳、楊甲、辛棄疾、湯邦彦、王之奇、尤袤、王佐、王公衮。又用吕原明、司馬康故事，薦張栻入經筵，又薦布衣李垕制科，一時得人之盛，庶庶有慶曆、元祐之風。先是，浙民歲輸身丁錢絹，細民生子即棄之，稍長即殺之，公聞之惻然。訪知江渚有荻場，其利甚厚，而爲勢家及浮屠所私。公令有司籍其數以聞，請以代輸民之身丁錢絹，以緡計者至一十三萬七千有奇，絹以疋計者一十六萬三千有奇。免符下，九州之民呼舞，始知有父子生聚之樂。會慶聖節，燕群臣及虜使。酒半，上起更衣，使者密諏儐曰：「侍坐孰爲虞丞相？」觀者以聞，上命儐與之見公于幕次，歎曰：「真漢相也。」上大喜，召公見曰：「卿能重中國如此！」七年春，建儲，公言於上曰：「皇太子宜日聞正言，日見正行，以養成其德，必與正人處。」乃薦王十朋、陳良翰爲詹事，劉淳、李彦穎爲侍講、侍讀。會慶節，虜使烏林答天錫來賀，見紫宸殿，既跪進其主遺上書，因跪不起，要我以故事所無之禮。左右失色。公請駕興，上入内，天錫色沮。公遣閤門官傳宰相之令，云：「使人好禮，有詔放仗。」使介還館，更相譙責，乃因儐者懇祈，詰朝朝見上壽，遂極恭順，朝論稱快。公下其事于邊郡，令檄虜中。天錫歸，果獲罪。上遣使使虜請陵寢地，虜不可，而荆襄羽書報云，虜以三十萬騎奉遷陵寢以來，中外恟恟。於是荆、襄大將韓彦直、帥臣張棟請發兵禦寇。公料虜決不敢動，戒邊臣勿妄動，已而寂然，中外大服。其後書贊稱公「鎮物如嵩岱，決事如蓍龜」者以此。一日，有報國門外海舶數百艘，將及岸者，中外恍駭。上召問公，公對當是外夷賈舟風飄至此，果高麗賈胡也。上志克復，嘗手筆付公曰：「朕必欲用武臣爲樞密，曹勛

如何？」公執奏不可，上勉從之。未幾，復用張説爲簽書樞密院，廷臣極諫，上怒甚。公力救解，皆授以郡。上蒐講官制，欲正左右丞相之名，於是有左丞相之命。八年，公引疾求去，不許。御史蕭之敏彈公移帝城騎兵一軍於建康，非是。上曰：「丞相有大功，勿移彈文之副。」公伸前請，祈致其仕。三請不許，强起視事。之敏外補，公上疏留之，不報，朝論歸重。尋力祈解政納禄，其詞危苦。上察公意不可奪，於是有少保、節度使、宣撫四川之命。錫宴禁中，上賦詩餞行，有云：「歸來尚想終霖雨，未許鄉人衣錦看。」又詔奉常賜公家廟五室祭器，其後大臣不復有此矣。公開幕府於漢中，建請蜀軍山衆者微增其廩，於是諸軍大悦。又請關外四州之民，凡養馬者復其賦役，於是馬數歲滋。又大將秦琪以邊頭六軍兵將散漫，地勢回遠，公請隨地易置左右前後中軍之部分，以便緩急。於是軍勢首尾相應。商、虢之間有寇鄰者擁衆數萬，嘗輸款於我，公不輕納。虜中捕之，或請增兵，公不爲增，虜卒自退。契丹之使曰六彪者，潛請合力於我，俟命於西和州上，久不遣。會其屬疾，公請遣還，無致後悔。青羌犯邊，制司請發兵，公止調綿州兵三百留屯成都，聲言擊羌而實不進，羌自散。上鋭意大舉，密詔趣迫，公不奉詔，復於上曰：「機不可爲，但令機至勿失耳。植根本，圖富强，待時而動可也，安敢趣師，期爲亂階乎？」公注意將才，偏裨行伍寸長必録，延見慰薦，人人得其驩心。幕府再招人士如韓曉、王元、李昌圖、韓炳、陳季習、陳損之、李舜臣，後朝廷皆賴其用云。公念屬任至重，益務修軍政，裕民力，儲財用，戴星秉馬，冰滿鬢髯，人不堪其勞，公不顧也。竟以此得疾而薨，實淳熙元年二月癸酉也。享年六十有五。是日大風揚沙，前兩夕大星霣于軍前，太史奏將星墜云。訃聞，上大慟，輟視朝，於是有贈少師、太傅之命。公娶王氏，成都甲族，累封蜀國夫人。三子：公亮，奉議郎，直秘閣，前四川制置司參議官；公著，朝散郎，知開州；杭孫，奉議郎、餘杭縣丞。女樞娘，適從事郎、黎州軍事推官張熠。孫八人：易簡，承議郎，前棗陽軍使；剛簡，通直郎、知成都府華陽縣；方簡，宣教郎、知瀘州江安縣；秋，宣教郎、知眉州青神縣；夷簡，宣教郎、知成都府郫縣丞；普，承奉郎；曾、泰，未奏官。公事秦公、秦國夫人至孝，宅夫人憂，哀毁柴立。既葬，伏哭墓前，僵仆不能起。阡中有枯桑，是夕兩烏巢焉，里人賦詩頌其孝感。秦公嘗疾篤，公驚懼，書章默禱於天云：「願移父之疾加臣之身，减臣之年，爲父之壽。」秦公即瘳。後一星終，乃薨。公在紹興、隆興間以忠孝文武勳名德望與魏國張公浚相頡頏，孝宗嘗稱公曰：「今閫外能類魏公者，獨有卿耳。」然二公以身徇國，皆不免於讒口。賴上聖明，其言不行。魏公嘗遺公書曰：「自昔任事於外，鮮獲安全；優游不爲，率有後福。」公嘗以聞，且言於上曰：「一天下興圖易，一朝廷議論難。」然公天資寬厚，每以德報怨。故王之望公所薦，馮方公所厚，而每排公，章服與公無怨而附他執政彈公。及公爲相，念之望以罪廢，請授以資政殿學士；方以水死而禄不及嗣，請官其一子；服久遠竄，請貼職授郡。或問公曰：「聖人謂『何以報德』，何如？」公曰：「聖人不曰『以德報怨，寬身之仁』乎？」有以明哲保身規公者，公曰：「仲山甫之明哲，不曰『柔亦不茹，剛亦不吐』乎？」公之經學絶人如此。公性廉介，雖君賜亦固辭。初除簽書樞密，賜白金及縑疋兩各一千，力辭得請乃已。最後諭蜀辭行，賜錢一萬緡，至蜀以市國馬。大將有獻附子，發之金也。有獻家釀，珠也。公笑曰：「是宜一劾，劾之近名。」却之而已。公頎而長，山立玉色，望之如神仙中人。其音如鐘，傑魁俊偉，慷慨磊落，内無城府，外無邊幅，好士如好色，視軍士如視其子，待内外族親如待其家人。家居雍容，無疾言厲色，不訾飲食，不詈臧獲。謁鄉郡太守，出入不由戟門。自秉政至諭蜀，退食必觀書。爲文立成，不琱而工。嘗注《唐書》、《五代史》，有詩文、奏議若干卷。諸孤以某年月日葬公于某所，後二十八年，不遠八千里，遣一个行李來廬陵請銘。萬里嘗待罪太史，於職宜書。銘曰：

維古南國，以江爲壁。維宋中興，以人爲城。孰爲其人？虞姓雍公。玉立長身，巖巖岱嵩。諒我高宗，殪彼羯戎。匪公則賢，高宗叡聰。擢而將之，萬英之中。紹興辛巳，彼羯暴至。其來衝風，其速如鬼。我師既潰，彼鋒益鋭。公奮孤忠，轉敗爲功。羯酋射天，岱嵩壓之。羯騃飲江，岱嵩跆之。跆之則斃，壓之則殪。赫吾天聲，濯吾王靈。風鶴弗鳴，彼自震驚。草木弗兵，彼自割烹。在昔典午，有道有安。曷嘗帥師，與敵周旋。武哉雍公，儒衣據鞍。矢石紛前，對之夷然。弗色弗聲，弗麾弗擅。笑談之間，一清腥羶。乾坤再安，神人重驩。赤子晏眠，今四十年。公事高宗，盡節盡瘁。萬事不理，維理一事。公相孝宗，端委廟堂。旁招俊乂，寘彼周行。維宋中興，兩社稷臣。前張後虞，皆蜀之人。相望有偉，與宋靡已。作頌以紀，太史萬里。

杜大珪《名臣碑傳琬琰集》下卷二五任熒《書虞雍公守唐鄧事》 紹興初，秦檜議和，割唐、鄧遺虜，以襄陽三十里前爲境。三十二年，逆亮敗盟，自率大兵渡淮窺江，遣劉蕚一軍由光化順流徑薄襄陽城下。亮意不在襄漢，但分兵使相牽。亮敗死，蕚亟撤去，唐、鄧民開門納官軍。明年春，高宗視師建康，命中書舍人虞

公宣諭川陝。然陝西之師非京西合勢，莫可進討；非京師屯守，莫可牽制。故陝西之勢，其重乃在京西。爲今日最急之策，宜速以重兵據確山一帶之險，以保唐、鄧。時王彦取陝西數郡兵，止六千人，屯商州。公奏乞駐兵唐、鄧，令吴拱分精兵二萬人從鄧州路與王彦會商州，以萬人守潼關，使河南虜兵不得援長安；以萬人與王彦合力取長安，吴璘、姚仲徐擁大兵震關輔，使陝西虜兵無援，可不戰遁去。會吴璘破大散關，進兵向西北，與虜相持德順，而吴拱乃被旨屯郢州。公又奏郢去唐、鄧數百里，緩急難以相應。且唐、鄧無屯兵，恐京西虜兵無所顧忌，引兵向陝以助合喜，則吴璘未必成功，使或成功，用兵力亦倍。乞且令吴拱、李道於襄陽歇泊，仍更兵戍唐、鄧。若京西之虜分兵向陝，則令引兵擣其虚。未報。是歲六月，壽皇受禪，和戰議未決。論者多欲棄陝西新復州郡，公亦奏乞歸班。而吴璘在德順事急，約公會議。公至秦州，又具劄子與汪澈同申前議，乞以重兵據唐、鄧，分兵二三萬人，由内鄉出商於，守潼關，焚大慶橋，與王彦合勢取長安。因長安之糧，可取河南，因河南之糧，會諸軍可取汴。兵力既全，饋運亦省。至於兩河，因民之心，可傳檄而定。無何，省符以公知夔州，繼被旨留吴璘軍前議事。又起赴行在，遂詔吴璘班師，盡棄陝西新復州郡。公還，奏事殿上，以笏畫地，爲陝西形勢，論辨甚悉。上憮然有悔意，以公知太平州。襄陽有警，再召公，除兵部尚書、河北京西制置使，節制趙撙、王宣軍馬。公陛辭，即於上前論今新復州郡，雖陝西已棄，而唐、鄧、海、泗尚存。唐、鄧爲荆襄藩籬，且平原廣袤，實爲恢復勝勢所在，決不可棄。既至襄陽，即與諸將議城唐。時虜已遣使議和，必欲求割唐、鄧、海、泗四郡。朝廷遣胡昉還聘，虜留之，聲言沙河造橋，襄葉置烽燧，必欲取唐、鄧。公知虜恐我得唐、鄧勝勢，則中原人心自歸，其憂大矣，故絶欲市和以得唐、鄧。於是章凡十餘上，乞不棄唐、鄧，其後竟城唐。公之城唐也，或言虜重兵壓境。公料虜自逆亮之殞，兵散馬多死，契丹渤海益張，兩河民日起，必無能爲。公乃行，以數百騎出唐城，欲至赭陽陂，以安衆心。遣人伺虜，還言虜將蕭定遠聞官軍在唐，以四千騎走汴矣。公遂還唐、鄧間，士民争持酒來獻，羅拜馬前，乞朝廷勿棄二城。公皆勞勉之，歡悦而去。會和議成，將割地。初，公上章剴切，有云：「朝廷必欲割唐、鄧，臣即挂冠而去。」至是，遂上丐老之章，有旨赴闕，以户部尚書韓仲通制置荆襄，割唐、鄧、海、泗以和。燮嘗論諸葛孔明草廬中與昭烈論取天下，先取荆益，待天下有變，則一軍出隴右，一軍出荆襄，亦欲犄角取雍耳。其後關羽已失襄陽，則孔明右臂已斷，天下形勢非復草廬中所料。是故魏延嘗欲以奇兵取長安，孔明不之從，蓋無以爲之犄角故也。天若祚漢，關羽尚在襄陽，孔明以大軍出隴右，而許、洛之間又有徙都之警，則孔明可以安坐而得長安，何至乘危徼倖，用魏延之策哉。自頃中原有事，忠肅虞公既成采石之功，朝廷付以襄漢上流重任。公知唐、鄧勝勢可以牽制虜兵，則隴右之師可以平取長安，乃專意保唐、鄧。虜亦覺之，請和以求割地益堅。惜乎！和則堅矣，而天下勝勢，孔明之所欲而不之得者，一旦在我而未獲收其功也。因具著之，以明天下形勢之所在，俾後有考焉。紹熙二年上元，眉山任燮述。

岳珂《桯史》卷九《鼈渡橋》　虞雍公允文以西掖賛督議，既却逆亮于采石，還至金陵，謁葉樞密義問于玉帳，留鑰，張忠定燾及幕屬馮校書方、洪檢詳邁在焉，相與勞問江上戰拒之詳。天風欲雪，因留卯飲，酒方行，流星警報沓至，蓋亮已徽前衂，將改圖瓜洲。坐上皆恐，謂其必致怨於我也。時劉武忠錡屯京口，病且亟，度未必可倚，議遣幕府合謀支敵。衆以雍公新立功，咸屬目，葉四顧久之，酌巵酹以前曰：「馮洪二君雖參帷幄，實未履行陣，舍人威名方新，士卒想望，勉爲國家，卒此勳業，義問與有賴焉。」雍公受巵起立曰：「某去則不妨，然記得一小話，敢爲都督誦之。昔有人得一鼈，欲烹而食之，不忍當殺生之名，乃熾火使釜水百沸，横篠爲橋，與鼈約曰：『能渡此則活汝。』鼈知主人以計取之，勉力爬沙，僅能一渡。主人曰：『汝能渡橋甚善，更爲渡一遭，我欲觀之。』僕之此行，無乃類是乎！」席上皆笑。已而雍公竟如鎮江，亮不克渡而弑，自此簡上知，馴致魁柄。鼈渡，本諺語，以爲蟹，其義則同。

王明清《揮麈録·三録》卷三　逆亮築臺江岸，刑白馬祭天，自執紅旗，麾諸軍渡江。行至中流，爲采石戰艦迎敵。時俊在舟中，令軍士以寸札弩射，虜人赴水者多，盡皆退走。亮知江岸有備，遂全軍過揚州。軍士奏凱，未及登岸，虞丞相允文以參賛軍事偶至采石，遂與王琪報捷于朝。

員興宗《采石戰勝録》　完顔亮竭其國兵，前來南牧，其身先出汝州，京西道。示欲出襄漢上流。朝廷果從三司發精兵五萬人，合荆鄂之兵凡三十二萬。先是虜侯作天官屬上殿，先論：「虜欲南牧之計，必爲五道，出蜀口，欲出荆襄，止以兵相持。淮東之地沮洳，非用騎之地，他日正兵必出淮西，奇兵必出海道耳。」

庚辰，是年冬奉使，又明年三月回，具言：「虜必南牧，蓋已授甲造舡，必爲南渡之計。」申言前論疏之語。上曰：「記得卿此言，極是！」是年五月十九日，虜使上殿有奏，言：「欲得兩淮之地，欲得將相大臣。」朝廷駭愕，議所以發兵。

是時，虜主以兵駐汝陽、汝州，以避暑爲名，詐示渡漢江，從上流以窺吳會。朝廷發成閔領禁衛五萬人來戍襄漢。上出虜使悖語，令宰相就都堂，命侍從台諫論所以備虜之策。時宰相宣上語云：「今日更不論和與守，直問戰當如何？」廟論欲遣成閔往，遣禁衛兵禦襄漢上流。虞侯云：「不須得發兵如此之多，虜必不從上流下。恐發禁衛，樞兵益少，朝廷内虚，異時無兵可爲兩淮之用。」兵行未几旬日，得報虜主回汴。虞侯堂白宰相：「虜主已去，乞留五千人殿後，兵五萬，申約止江池之間，欲留此爲用。若上流兵盛，自江鄂間應援；若淮西兵盛，便出大江口池州采石，近可以援淮西。」是時，無人爲虞侯之助，其説卒不用。

至九月間，虜以五萬衆，兵出淮東，劉錡拒之於楚州清江口。虜主自提重兵號五十萬精甲，自壽春壽川渡淮。王權拒之，一將不敢戰，望風奔遁。虜才與南兵相接，王權退自安豐。至合淝，又退至柘皋，而中軍已退向濡需。虞侯見事急，知二將必退回，遂率四五侍從，又同白宰相説：「王權退師已臨江口，必敗國事。」諸公云：「權非敢退，所以導虜深入，身當其衝，令邵宏淵出其右，李顯忠出其左，夾攻之。」虞侯率四五侍從辨其不然，此權必爲走計，時朱、楊猶不以爲然。明日，得報權果渡江，朝廷震駭。十七日，白宰相。十八日，得王權申。十九日，上命葉樞密義問督視江淮軍馬，同命虞侯參謀軍事。二十一日，陛辭，上慰勞甚渥，云：「卿本詞臣，不當遣，以卿諳軍事故也。」二十二日，出臨安。是日，得報劉錡兵走至瓜洲，盡棄淮東之地。虜追馳至皂莢林、瓜洲之前。錡之副將員錡小捷，錡乃託病過江。

十一月初四日，錡兵大敗於瓜洲。江淮之間民皆奔走。是時，虜主以重兵臨采石已數日，知建康張燾屢遣官來催督府措置。虞侯與葉樞密初六日到建康。是夜被旨罷王權，以李顯忠代之。督府詐以檄召權來府議事，夜遣虞侯持檄池州，喚李顯忠分付人馬，令會于采石，蓋權兵在采石未走。初七日，發建康。初八日早，去采石，於路十五里，聞鼓聲振野，問道傍人云：「是虜主臨江。昨刑白、黑馬各一祭天，取今日過江。」虞侯見道傍茶房酒店，官軍閑坐。虞侯呼之，其説與道傍人言合。虞侯又問云：「既是虜主過江，因甚卻只在這里？」衆軍皆言：「王權在淮西，每日只打鑼，未嘗得接戰。我輩皆是馬軍，卻使我棄馬步走過江。如今已無馬，我輩不會步走廝殺。」隨行官吏多欲回，虞侯云：「須要去江上看兵勢，蓋上遣我來，當進不當退。」有進言者云：「事敗至此，舍人與一擔擔，何也？」虞侯不聽。虞侯至采石，諸將皆無戰意。公方會合諸將士，詰之曰：「我聞王權使淮西，每日打鑼不打鼓。」衆云：「果如此。」虞侯慰勞曰：「權不戰，教汝輩不成事，今汝輩半死半活，至此不易。」衆皆唯唯。「然王權已罷兵權，管你輩不得。我是朝廷官，官家差我擔銀犒賞你們，今自節度、觀察至副校尉官誥皆擔來。你輩食官禄，官養汝輩三十年，不知能戮力一戰否？」衆曰：「我濾也要戰，但無人主此事。」虞侯與説：「我今日只辦兩眼隨你濾，成得功大，與你填大底官誥，立得功小，填小底官誥；若死於此，則當同死於此；若你濾走，我亦隨你去，你濾道去甚處，我便去見官家，説某人統制以下某人肯殺，某人不肯殺。」諸將大懽曰：「今日有分付，大家去廝殺。」於是，方布陣，擺戈船。

是時，江北虜兵甚厚，極目望上下流二三十里不絶，鼓聲振地。虞侯即馳馬至岸口，見北岸一高臺，臺上有大紅繡旗、黄旗各二，左右立，中有大紅蓋，有一人服金甲，據胡床，坐其上。衆云：「此胡酋也。兵號四十萬，馬數倍之。」虞侯隨與諸將議，與統制官張振、王琪、戴皋，時俊，盛新列馬軍、步軍爲陣，静以待之。分戈船爲五：以其二傍東西岸行，東護岸，西裹賊船；其一駐中流，載精兵待戰；其二藏小港中，以待不測。擺布僅畢，忽聞虜中發喊。虜酋親執小紅旗麾，數百舟絶江而來，頃刻間，有數十舟近南岸，渡虜登岸與官軍戰。公往來行間，公令時俊先登，軍皆死鬭，斬虜過半，岸上之虜皆投拜，戰於江中，死以萬數。天色晦，亮猶未退。會官軍在淮西有潰散三百人自光州路轉江而至，虞侯拊勞之，授以旗鼓，設爲疑兵。虜果以爲援兵至，鼓聲乃已，卻打梆子聲，虜引餘舟遁去。或欲引水軍掩其前，斷其歸路。虞侯以爲不可，所謂歸師勿遏是也。恐或官軍一傷，我軍少，何以待之？虜萬里入寇，如此之勢，不止今日一戰，若官軍少，則明日何以爲敵？但以强弩襲其後，追射之，虜兵多傷。至夜，師旋，計岸上之死三千七百餘人，射死萬户一人，生獲千户五人，女真三百餘人，餘皆正軍健者。虜星夜遁去。即夜具奏：「舊將去，新將未至，決不敢引去。」是日，椎牛張燕以勞軍。有説舍人乃閤門宣贊者，及見樞密院人吏在虞侯前甚恭，問之，云：「乃中書舍人，非武官舍人也。」軍將乃盡禮致恭。至夜半，仍令布陣，再與將士待敵，敗兵已稍希。虜至辰以來，凡再鼓，公奉旗，揮出海船五分之二，其半向北岸上流，直渡楊林河口。諸將或問公何故？遂説與諸將：「當時只合將船守楊林口，不合放賊令出。」命統制盛新引船直下楊林河口，只於江心下，泊船虜箭所不到處，戒之曰：「若虜船至楊林河出，即齊向射之，必争於死，無令一船行出岸；如河口未有船出，即以克敵神臂弓射北岸。」於是盛新受令，於江心駐船，齊

力射虜，應弦而倒者萬數。虜見船無歸路，即從下流放火自焚，官軍亦於河口上流以火焚其餘舟，凡一百八十餘隻。

亮遵陸遁去。至午間，遣一小舟令張千持書至，書意似與王權有約，其策似於用間。亟以已發遣王權之事報之，以絶其意。遣探馬渡江，至暮歸，説：「虜主焚龍鳳車，斬船作頭二人，鞭梁大使一百，連夜往瓜洲。」與虜主書意合。

虞侯謂顯忠曰：「賊懲采石之敗，控大兵往合瓜洲之兵，鎮江無戰備，我當往措畫之，患兵少。今采石虜既吃手脚，必不敢窺伺，又兼長江邊岸分屯防禦甚多，其實緊要不過數處。都統能任其責，輟一處兵馬應付如何？又須得百餘戰艦，方可集事。」顯忠略無難色，欣然一一應副。

至建康，見葉樞，知府尚書張燾聞虞侯至，步行來問，勞若甚勤，曰：「某真謂賴公之庇，昨完顏亮要初十日來此會飯，不知今燾卻去那裏？」諸公會議，遣官往鎮江措置，張目虞公曰：「馮、洪二公參帷幄之謀，不可行；虞丈已建大功，可任此責。」虞侯笑曰：「去不妨，然記得一笑話：人得一鱉，欲以計殺而食之。熾火使釜水百沸，横竹稍於其上，與鱉誓曰：『能渡此活汝。』鱉知主人計以殺之，勉力爬稍，竟渡。主人曰：『汝能如此渡河甚好，更爲我渡一遭，我欲觀之。』僕之此行無乃類是。」諸公大笑。是日，泰州以急告，虞侯至鎮江，謁劉信叔。劉病已革，虞侯問疾。劉執虞侯手曰：「朝廷養兵三十年，我輩一技無所施，今日成大功乃出於朝廷一中書舍人，我輩愧當死矣。」先遣一將救泰州，連日大風，未能行。侯與楊存中、成閔謀曰：「賊已瞰江，經畫守禦之備不可緩，今舟船久繫岸，萬一臨時或有不堪駕用，誤事奈何？」相率臨江按試。是時，江船既止有戰艦二十四隻，相繼李顯忠所遣船亦至。先是，虞侯與李顯忠商量，令移時俊軍於馬家渡，輟李捧全軍一萬六千人，又分戈船百艘來會京口。

十一月二十五日，習水戰耀兵，命戰士踏戈船，上下中流如飛。北岸酋長皆憑壘縱觀駭愕，皆曰：「南軍有備。」急遣人楊州報亮。亮跨馬即至，列坐諸酋長會議，爲必遣渡之舉。有酋長前曰：「南軍有備，未可輕舉，向覩所乘舟楫迅駛如飛，此寧能當之？且采石江面方此爲狹甚，而我軍猶不利。不如徐爲之謀，以俟其隙。」亮震怒，拔劍數之曰：「汝罪當死者數矣！我即不誅汝，今沮吾軍事，尚可恕乎？」酋伏地，涕泣交流，哀告久之。亮曰：「我且赦汝，汝與諸酋議，來旦各要船百隻，即渡江，違令者斬之！」諸酋退曰：「南軍如此，豈宜輕舉？輕則送死。亮凶狠，不容吾等説，明日必殺我，不如先下手爲强也。」遂定謀殺亮。夜即其所居帳中，連發三箭，射中亮。亮引弓欲射，已而問曰：「你是江南人，是自家人？」萬户答曰：「自家人。」虜主曰：「我是去年煞是無道理事。今日饒我也由你輩，殺我也由你輩，不若早早下手。」萬户一人直入，即其帳中殺之，并及其帳中妃侍五人，併殺梁大使、郭副留、藥師之子。馬韓哥、馬欽。李參正通四人，皆爲謀來南者，盡焚其屍。

是月初二日，虢州簽軍雷政來告，虞侯即日同楊存中、成閔渡江至瓜洲措置。後日，虜之大將以檄來請和。公是日往行在奏事，兩淮之民自鎮江至平江見公船過，焚香拜投，鳴指贊嘆。初六日，奏事畢。初十日，車駕幸建康。明年二月十八日，還臨安。

蹇駒《采石瓜洲斃亮記》 紹興辛巳，逆亮渝盟。先是遣使賀天中節，登對出悖語，要將相大臣乞割兩淮、襄漢之地。朝廷駭愕，上命宰相就都堂宣虜悖語，侍從臺諫備虜之策。宰相又宣聖語：「今日更不問和與守，只問戰當如何？」亮已提兵駐汝州之温湯，示渡江漢，從上流以窺吴會。朝論欲遣成閔提禁衛萬兵守襄漢，中書舍人虞允文言：「今虜爲疑形形我，上流不足慮。直恐盡撤禁衛之兵，萬一虜出兩淮，異日何以應之？」不從，遂除成閔湖北京西路制置使以行。未幾，亮還汴京。

九月，亮以重兵五萬號五十萬，出淮東。時劉錡爲淮南浙西江東西路制置使、京畿淮北京東河北東路招討使，拒之於楚州清河口。虜又以精鋭從壽春渡淮，清遠軍節度使、龍神衛四廂都指揮使、建康府駐劄御前諸軍統制王權拒之。自淮退走，次合肥，次柘皋，而中軍以次濡須口，事勢益危急。

十月丙辰，允文率四五侍從白宰相，謂：「權奔走退師，已臨大江口和州，必敗國事，而權猶詠朝廷退師。蓋欲致虜深入，自當其衝，使李顯忠出其左，邵宏淵出其右，夾攻之。」允文具疏其謬，朝論猶幸權一戰，不主允文語。」

丁巳，報權渡江，朝廷震駭。

戊午，遣樞臣葉義問督視江淮，允文爲參贊，洪邁、馮方等俱在幕府。

庚申，允文陛辭，上勞曰：「卿詞臣，不當遣，然以卿洞熟兵事，姑爲朕行。」又曰：「朕固知和議之不足恃，二十餘年宫中錢物，不敢輕用，毫積寸累，以爲今日之備。適義問亦以錢帛爲請，朕已從内藏支付九百萬矣。卿須錢，奏來，朕所不敢惜，但患事不立耳！」

辛酉，錡兵敗，自楚州盡棄淮東之地，虜騎躡錡至皂角林瓜洲之前。錡將員

琦拒之，小捷，錡以病過江。允文次鎮江，見錡，問病。因問：「今日事勢如此，相公何以爲教？」錡謾言曰：「兵，凶器；戰，危事，聖人不得已方用之。」允文曰：「今逆虜席卷兩淮，瞰長江，我有腹心之憂。今日用兵，莫當得一个『不得已』否乎？」錡又曰：「錡直是不愛作他官職，待告廟堂，將制置、招討兩印納了。」允文笑曰：「相公不愛作他官職，大是高節。但今國事如此，自權敗事，朝廷恟懼，九重方有蒙塵之憂，相公欲攜此印何處繳納？」錡語塞。

十一月己巳，亮兵次采石。

壬申，錡將劉汜敗於瓜洲，知建康張燾益告急。

甲戌，督府次建康，夜被旨罷權，促赴都堂議事。命允文持書招池州駐劄御前都統制李顯忠會采石，以權兵授之。

乙亥，允文徑趨采石，中路王權敗兵絡繹於道。允文採聽其言，皆曰：「昨王權淮上只聲金，不聲鼓，蓋權惟事走爾！吾屬隸殿司馬，今王權敗事，棄馬奔軼，我輩徒走，雖有技無所施。」相與哭於路旁。

丙子，允文遂宵征，未到采石十五里間，已聞北虜鼓聲震地。行道之人曰：「虜人以今日過江。」從者相視震恐，皆曰：「事已至此，舍人欲何之？」允文顧謂侍者曰：「吾此行繫廟社安危，事之濟否，當以死報君父。」鞭馬疾行。午後至采石，即走岸口望北岸。賊硬寨彌望，逾數十里，賊瞰江築高臺，植黄繡旗各二，中張黄蓋。亮躬擐甲，據胡牀，手執紅旗指揮逆旅，又酌金盞，飲諸酋以酒。

先一日，亮刑白馬牛羊豕各一祀天，與諸酋歃血爲盟，決意以是日渡江，而我軍星散無紀律。允文急遣人招一二統制官勞問次，因訪問權所以致敗之由。皆曰：「權驕不恤士卒，非虜之善勝，權望敵奔走，未嘗履行陣耳！」允文曰：「汝輩今可一戰乎？」衆人笑指北岸曰：「那邊軆面，怎抵當？」公徐曉之曰：「虜萬一過江，江南席卷，無措足之地，汝輩雖走，欲何之，今控大江，地利在我，不如死中求活耳！且朝廷養汝輩三十年，乃不能一戰以報國乎？」衆皆曰：「顧未嘗不欲戰，奈無當頭者。」允文覺其言可動，唱言：「汝輩止緣王權謬妄抵此，今朝廷別差官管此軍矣。」衆愕立曰：「差甚人？」允文諭之曰：「我亦朝廷官，朝廷差我來喚池州李顯忠，交此軍事。顯忠如何？」衆合辭曰：「如用顯忠，得人矣。」允文曰：「我本來視顯忠交領軍事，權既去，顯忠未到，適虜今日謀渡江，當與諸公戮力一戰。官家發内藏金銀盡在此，并給官誥，如節度、承宣使已次，某帶來，看有功，即書填賞不踰時。」衆皆曰：「如此，卻有分付，當效命。」諸統制趨出，遞相告語。須臾，合軍皆曰：「有分付，好廝殺。」稍聞諸將如張振、王琪、戴皋，時俊、盛新等復來，即指畫列馬步軍成陣，分戈船爲五，以其二傍東西岸行；其一駐中流，載精甲以待戰；其二藏小港，以備不測。擺布僅畢，北岸麾衆渡江，呼聲動地。有頃，七舟泊南岸，虜遵陸與官軍步戰，我師少卻。允文時跨馬往來陣間督戰，見統制時俊，撫其背曰：「汝素以勇聞，平生果決，今顧怯懾耶？」俊回顧曰：「舍人在此。」即挾兩刃入陣鏖擊。我軍鏖戰，虜不能支，又疾麾戈船併進，斷賊後，岸上虜衆即投戈降。先是，虜意直恃衆欲逕跨江而渡，故所用多小舟，士卒滿載迫窄，雖有器械，無所施設。而我之戈船，檣壁樓櫓甚壯，士卒用命，遇敵船則衝撞劈斫，所向全舟沈没，水爲之不流。天色向晦，虜猶未退。會淮西潰散官軍有從光州轉江而至者三百餘人，允文撫勞，授以旗鼓，自山後轉出。虜以爲援兵至，遂引餘兵遁去。或欲益進水軍掩前，令虜兵不得去。允文以爲歸師勿遏，況虜懸師入寇，多寡之數與我相懸，若我軍小衄技窮，明日遂無兵相支。吾止命强弓弩襲其後，追射之，虜兵多傷。至夜師旋，計其岸上之屍，凡二千七百餘人，殺死萬户一人，生獲千户五人，女真三百餘人，死於中流者不勝計。允文撫勞將士，具捷聞朝廷。諸將環坐見允文旁側樞府吏趨走甚恭，方愕眙，往往間起問吏：「舍人甚官職？」對：「此虞中書，朝廷侍從也。」諸將趨下拜曰：「曩意舍人是閤門宣贊爾，豈有文臣騎馬往來行陣乎？」允文執其手曰：「諸公何言？相與共安危，死生同之，期於破賊，以報國家。」允文因諭曰：「虜今雖敗，然逆黨尚衆，明日必復來。」乃謀，令士卒夜渡江，近北虜箭力之所不及，即以矴石縋船爲陣；又遣統制盛新以兵遏楊林河口。先是虜得和州，即自巢湖造船，自楊林河出大江。允文又意虜必以奇兵出此，間我之不意，故先遣新專兵遏之。

丁丑，北岸虜衆壁立，我師以神臂勍敵弓射之，賊衆披靡，繼遣火船燒賊戰艦，煙焰漲天。少頃，逆亮忽麾軍下臺，從陸遁走。是日，逆亮命僞參政李通跪臺上，口占辭爲僞詔，遣張千校尉駕小舟來諭王權，謂亮提兵往瓜洲，又似與權有先約。允文以其策雖出於用間，然不可不以朝廷已行遣王權之事報之，絶其覬望。偶顯忠至，即與顯忠議，以書報之，曰：「昨王權望風退舍，使汝梟張至此，今朝廷已將權重寘典刑。今統兵官李世輔曩嘗捉二子，今易名顯忠是也；參謀前日奉使，以一箭破的，虞舍人是也。汝欲瓜洲江渡江，固有以相待，無多詞見訹。」遣所獲女真奴婢二人賫往，繼遣探騎五十過江，知虜果退走揚州，與瓜

洲兵合矣。允文謂顯忠曰：「賊懲采石之敗，提大兵往瓜洲，京口無戰備，我欲行，患兵少。今采石虜既喫脚手，不敢復此窺伺。又長江邊面分屯防禦雖多，其實緊要不過數處，都統能任責，輟一兩處兵馬應副如何？」顯忠曰：「惟舍人之命。」允文即移時俊兵馬於馬家渡，令顯忠兼守之；輟李捧全軍一萬六千人，又分戈船百艘來會京口。

庚辰，允文次建康，見義問。知府尚書張燾聞允文至，步行來，問勞甚懃，曰：「燾所謂賴公之庇，昨完顏亮要初十來此會飰，不知置燾何地？」諸公議遣官往京口，燾曰：「虞侯采石之勝，虜已破膽，是行無以易公。」允文笑曰：「允文固當行，然憶俚語云：主人得鱉於江，欲計殺而食之。烈火使釜水百沸，橫竹稍其上，與鱉誓曰『能渡此，活汝。』鱉知主人以計殺之，勉力爬沙渡竟。主人扣鱉曰：『汝能此，甚善，更爲我渡一遭，我欲觀之。』僕行得無類是乎！」諸公大笑。是日，泰州已告急，允文入劄子論江上事宜曰：

臣伏惟陛下孝德仁恩，遠追堯、舜，天心人意無不助順。避位之詔初下，將士無不感激思奮。況臣孤跡，實叨希世非常之遇，欲報之心，神實臨之。方江介多憂，陛下宵旰，未復常膳。臣仰首霄漢之上，豈勝憤惋，此身如葉，恨不捐糜。比者采石之戰，臣與統制官大破虜軍，俘斬既衆，遂走完顏亮，而盡焚其舟，皆宗社之休，陛下威令神算之所及。臣不勝幸甚，嘗兩具其本末奏知，必已仰塵睿覽。及臣還建康，沿江之北百餘里，無復一人一騎，虜之氣索矣。臣至采石，探知逆亮引兵會於淮東，見開河於第二港，艾陵之水通，出船筏以窺京口。李顯忠到軍，即與之商量，分移時俊軍於馬家渡，而顯忠兼守之，輟李捧一全軍。又分采石戈船百艘來援京口，督府又留楊存忠、邵宏淵同力防扼，庶保萬全。蓋臣以諸處探報，知虜兵不多於官軍，但彼合而我分，故强弱之勢若相異。自虜得兩淮，其力漸分，糧草乏絶，人馬多病死，故意急急。於采石之戰大敗，又將僥幸於瓜洲。今我之精兵聚於京口，持重以待之，一戰而勝，逆亮歸遁無疑矣。臣再聞士夫之論，謂采江、渡綱、沙夾、馬家渡、大城皆以爲可憂。臣因親行江上，知其説謂爲不然。蓋虜自和州可以出舟於大江者，止有一楊林河而已，與采石相對，餘皆下流，無河道與大江相通。近李顯忠探得楊林河中見今别無虜船，又官軍戰艦皆守河口，下流諸渡，非所憂也。方逆亮往和州，窮日夜之力造船，意爲必有過人者，故采石之戰，官軍所用船才五之一，以其三寘上流。及天色垂暮，虜敗而走，又不敢大段追襲，防其戰艦出於不測也。今乃止百十小船，無襲蓋遮掩，和州渡口所用者，便欲以當戈船。臣知其伎倆已盡，無能爲矣。初虜涉淮，不旬日直抵大江之北。臣詢之將士，質之道路之言，皆云：劉錡、王權未嘗敢與接戰，遂巡引避，有一日走數百里者，非戰而不勝之罪也。以此月八日之戰，當諸軍扶傷奪氣之餘，而舊將已去，新將未至，正人情危疑中，尚能大破賊軍，擊走虜酋，使建康、蕪湖間民皆奠安者，士卒倚王人之重，得以肆力於一戰也。自顯忠到軍，臣與之款，知其忠義敢前，無彼我心。往日見士大夫，憂其反覆，於臣觀之，能立大功以報陛下者，必此人也，臣願以身任之。今淮西之城猶云不守，而廬、濠等州山水寨民兵多存，近又漸復；無爲軍巢縣一帶，已令池州官軍分屯守之，則裕溪大信口無虜船入，池、黄之境可固，而采石上下必保無虞。臣切料之，只得京口一捷，則江介之憂可去，而兩淮之復，度不甚費兵力矣。臣聞千金之子，坐不垂堂，況於萬乘之君，而可履險？臣嘗兩次口奏，乞車駕且駐臨安，亦蒙聖慈采録其説。今願陛下特審宸慮，少緩六飛之發，以須逆亮之奔北，而徐圖之。天下幸甚！臣不勝惓惓憂君之誠，惟陛下裁察。

癸未，允文至鎮江謁劉錡，病已革。允文問：「疾勢如何？」錡執允文手曰：「休問疾如何，朝廷養兵三十年，我輩一技無所施。今日成大功，乃出於一中書舍人，我輩愧爾當死矣！」先遣一介報泰州，連日大風，未能行。允文與楊存忠、成閔謀曰：「賊已瞰江，當日嚴守禦之備，今舟船方繫岸，萬一不堪駕用誤事，宜令戰士登舟按試。且采石之敗，虜氣已索，欲間我不意，是以來此。今我反出其不意，示以有備。」

辛卯，次州漑。是時，止有戰船二十四隻，相繼李顯忠所遣戈船亦至，戰士踏船繞金山上下洄泝如飛。北岸諸酋皆憑壘縱觀，曰：「南軍爲備，張設如此。」時亮已次揚州，急遣人報亮。亮跨馬即至，列坐諸酋會議。一酋前跪曰：「南軍有備，未可輕舉，向觀所用舟楫迅駛如飛，此寧能當之？且采石江面視此爲甚狹，而我軍尚且不利，不如徐爲謀，以間其隙。」亮震怒，拔劍數之曰：「汝罪當死數矣，我不即誅汝。今沮吾軍事，詎可恕？」酋哀懇久之，亮曰：「赦汝，汝率諸酋且日各將戰船百艘，約五日必絶江，違令先斬汝！」諸酋退曰：「南軍有備，豈宜輕舉？輕即送死。今亮以險狠拒諫，吾等有言不從，必殺我，不如先下手爲强也。」遂定謀殺亮。

乙未夜，作南軍劫寨，直至亮寢帳，前後皆亮親兵，問：「誰何？」諸酋諭之曰：「我欲帳中幹事。」親兵縱諸酋入，引弓射帳中。亮被箭躍起，猶挽弓欲射，

已而問曰：「你是江南人，自家人？」應曰：「自家人。」即卑辭祈懇曰：「汝殺我，今日之命懸汝等。必殺我，速得死爲幸。然我自去年十月至今日，作無道理事，宜汝等之殺我也。」諸酋連以數箭斃亮，兼殺侍寢妃花不如等五人，併殺梁大使、郭副留、馬韓欽哥、季康政四人者，皆爲虜謀南犯者。花不如，長安貧家女，慧麗專寵，凡打毬縱獵，出入無不從之。明日，諸酋遂麾軍退屯三十里。是日，北人田政以亮死報我師，繼遣探騎偵虜虛實，知虜果移屯。

十二月己亥，以亮殺聞朝廷。北虜亦懼亮之死，欲按甲保境，移文關報。事聞朝廷，遂議發允文見行在所稟事宜。是時，虜雖移，屯兵尚駐東淮。

甲辰，允文至行在所，上慰勞有加。允文奏曰：「此廟社之靈，陛下之英斷，將士用命，臣何力之有？臣是行惟知以一死報國，死職亦臣子之常事。」上嘉賞再三，有旨：「第采石之功，統制官張振、時俊、王琪、盛新、戴皋以功績顯者已推賞，特與階官上更各轉三官，其餘將士，令李顯忠等保明取旨推恩。」允文奏曰：「昨采石事勢，可謂危急，臣識振等行伍間，許以重賞。振等効死力戰，致虜酋沮索，弑死。今三官不足以酬勞，乞回臣在身官職以賞振等。」上曰：「朕曉得向江上甚風色，得他輩宣力，其功豈可忘？」尋有旨，張振等就已轉三官落階官，除正任承宣并觀察等使。允文繼入文字論列：「今車駕進發，而虜延蔓在淮東西，而鎮江方對賊壘。今當督淮上之兵，斷虜之歸路。」除發鎮江等處兵馬，爲掩襲之舉，可無噍類。」上深以爲然，仍命允文至淮上措畫，而諸軍先已過江矣。上至建康，朝議欲用張浚爲淮西宣撫使，楊存中暨允文爲副，浚懇辭。朝廷又欲除楊正使，而以允文副之。全安節、劉珙舍人等繳駁，以爲用存中不當，事寢。而允文遂有宣陝之除。舍人虞侯，平日雍容，退然儒者，臨國家大安危，乃奮然以忠義殉國，建振古不可及之功。駒以門下士獲侍燕間，并從幕府諸公間獲聞此事甚詳，退録之以報里中親友云。

李心傳《建炎以來朝野雜記》甲集卷八《虞并甫長者》 虞并甫丞相仕未達，嘗調官臨安，携所注《新唐書》以干秦丞相。書未上，會其同舟者竊得本以獻秦，并甫知之，乃更以它書爲贄。已而竊書者先去，疑并甫必怨己，遇士大夫輒詆之。并甫還知渠州，過夔，沈守約丞相爲帥，問并甫以同舟之爲人。并甫稱其美。守約屢詰之，并甫不變。守約曰：「是人毁君不容口，君毋爲過情。」并甫曰：「渠所長甚多，但差好罵耳！」守約太息，稱其長者。未幾，守約入參大政，白召并甫爲祕書丞，以至大用云。

李心傳《建炎以來朝野雜記》乙集卷一二《虞丞相去國恩數之盛》 虞丞相再撫蜀，壽皇以詩送之曰：「一德如公豈合閒，聊分西面欲憂寬。不辭論道虚台席，暫假宣威築將壇。風教已興三蜀静，干戈載戢萬方安。歸來尚想終霖雨，未許鄉人衣錦看。」其恩數之盛，自渡江以來，宰相去國所未有也。又用故事，賜家廟五室祭器，除其子公亮直祕閣，而給使費俊者，亦除閤門祇候，蓋非常典云。

李壁《中興戰功録・虞允文采石磯》 紹興三十一年十月，逆亮駐和州。甲戌，罷王權赴行在，以李顯忠代之，命中書舍人參謀軍事虞允文往蕪湖，趣顯忠交權軍，且犒師采石。時知建康府張燾至府纔十餘日，夜漏下一鼓，燾就寢，允文扣府門求見曰：「此何時，而公欲安寢乎？」燾曰：「日來人情洶洶，太守不鎮之以静，必不安。雖然，舍人何以見教？」允文曰：「諜者言：『虜以明日渡江，約晨炊玉麟堂。』公何以策之？」曰：「燾以死守留鑰，遑卹其它。舍人平日以名節自任，正當建奇功以安社稷。」允文曰：「此允文之素志，特決公一言耳。」允文遂馳去。未至采石十餘里，聞鼓聲振野，允文見官軍十十五五坐路旁者，問之，衆曰：「王節使在淮西，聲鼓令棄馬渡江。我曹皆騎士，今無馬，我曹不解步戰也。」從者皆勸允文還建康，曰：「事勢至此，皆爲它人壞之，且督府直委公犒師耳，非委督戰也。奈何代人任責？」允文不聽，策馬至采石。趨水濱，望江北虜營，不見其後，而權餘兵才萬八千人，馬數百而已。逆亮遣武平軍都總管阿鄰、武捷軍副總管阿撒率舟師先濟，宿直將軍温都奥剌、國子司業梁欽等皆從戰。亮登高臺，張黄蓋，被金甲，以觀戰。允文召其統制張振、王琪、時俊、戴皋、盛新等與語，謂之曰：「虜萬一得濟，汝輩走亦何之？今前控大江，地利在我，孰若死中求生？且朝廷養汝輩三十年，顧不能一戰報國？」衆曰：「豈不欲戰，誰主張者？」允文曰：「汝輩止坐王權之謬至此，今朝廷已別選將將此軍矣。」衆愕立曰：「誰也？」允文曰：「李顯忠。」衆皆曰：「得人矣。」允文曰：「今顯忠未至，而虜以來日過江，我當身先進死，與諸軍努力決一戰。且朝廷出内帑金帛九百萬緡，給節度、承宣、觀察使告身，皆在此，有功即發帑賞之，書告授之。」衆皆曰：「今既有主，請爲舍人一戰。」允文即與俊等謀，整步騎陳於江岸，而以海鰍及戰船載兵駐中流擊之。時水軍將蔡、韓二人各一艦，皆唯唯不動，乃急命當塗民兵登海鰍船蹋車。軍人説諭民兵曰：「此是必死之地，若齊心求生，萬一有得歸之理。」民兵皆然之。布陳始畢，風大作，亮自執小紅旗，麾舟自楊林口尾尾相銜而出，所用舟皆撤和州民屋板以造，及掠江濱渡舟。虜始謂采石無兵，且諸將

盡伏山崦，未之覺也。一見大驚，欲退不可。舟將及岸，南軍小卻。允文往來行間，顧見時俊，撫其背曰：「汝膽略聞四方，今立陣後，則兒女子耳。」俊回顧曰：「舍人在此。」即手揮雙長刀出陣，江風忽止，南軍以海鰍船衝虜舟，舟分爲二，南軍呼曰：「王師勝矣。」遂併擊虜人。虜人所用舟底闊如箱，行動不穩，且不諳江道，皆不能動。其能施弓箭者，每舟十數人而已，遂盡死於江中。有一舟漂流至薛家灣，薛家灣者，采石之下數里，有王琪軍在焉。以勁弓齊射，舟不得著岸，舟中之人綴屍於板而死。是役也，二戰艦終不出，允文追蔡、韓二將各鞭之百。虜士卒不死於江者，亮悉敲殺之，怒其舟不能出江也。初，亮問：「頃年梁王何以得渡江？」或答曰：「梁王自馬家渡過江，江之南雖有兵，望見我軍即奔走。船既著岸，已無一人一騎。」亮曰：「吾渡江亦猶是矣。」及楊林口出舟，當塗之民在采石上下登山以觀者十數里不斷，亮望之曰：「吾放舟出江，而山上人皆不動，何也？」方虜舟未退，會淮西潰卒三百人自蔣州轉江而至，允文授以旗鼓，使爲疑兵。虜既敗去，允文即具捷以聞，且椎牛酒以勞軍，夜復布陣待虜。琪德子新，亳州人，張俊下亳州，新挈家來歸，俊奏授正使兼閤職，漸升爲正將，隸中軍，至是爲水軍統制。丁丑，虞允文、盛新引舟師直抵楊林河口，戒曰：「若虜船自河出，即齊力射之，必與爭死，毋令一舟得出。如河口無虜船，則以剋敵神臂弓射北岸。」新即駐舟江心，齊力射虜。虜騎望見舟師遽卻，其上岸者，悉陷泥中斃。官軍復於上流，以火焚其餘舟。允文再具捷奏，且言：「虜軍鼎來，臣不當便引去，且留此與統制官同謀戰守，須俟一大將至，乃敢還建康。」亮既不得濟，乃口占詔書，命參知政事李通書之以貽王權，曰：「朕提兵南渡，汝昨望風不敢相敵，已見汝具嚴天威。朕今至江上，見南岸兵亦不多，但朕所創舟，與南岸大小不侔，兼汝舟師進退有度，朕甚賞愛。若盡陪臣之禮，舉軍來降，高爵厚禄，朕所不吝。如執迷不返，朕今瓜洲渡江，必不汝赦。」遣瓜洲所掠鎮江軍校尉張千挐舟持書至軍前，將士皆變色。允文亟曰：「此反間也，欲攜我衆耳。」時新除都統制李顯忠亦自蕪湖至，謂允文曰：「雖如此，亦當以朝廷罪王權之事答之，庶絶其冀望。」允文以爲然，遂作檄曰：「昨王權望風退舍，使汝鴟張至此。朝廷已將權重寘典憲，今統兵乃李世輔也，汝豈不知其名？若往瓜洲渡江，我固有以相待，無虛言見怵，但備一戰，以決雌雄可也。」遣所獲女真二人齎往。亮得書大怒，遂焚宮人所乘龍鳳車，斬梁漢臣及造舟者二人，而全軍趨瓜洲。

羅大經《鶴林玉露》乙編卷四《雍公薦士》 虞雍公初除樞密，偶至陳丞相應求閣子内，見楊誠齋《千慮策》，讀一篇，歎曰：「東南乃有此人物！某初除合薦兩人，當以此人爲首。」應求導誠齋謁雍公，一見握手如舊。誠齋曰：「相公且仔細，秀才子口頭言語，豈可便信？」雍公大笑，卒援之登朝。誠齋嘗言，士大夫窮達，初不必容心。某平生不能開口求薦。然薦之改秩者，張魏公也。薦之立朝者，虞雍公也。二公皆蜀人，皆非有平生雅故。雍公有《翹館録》，載當世人物甚詳。

雜録

備論

《宋史》卷三八三《虞允文傳》 論曰：允文許國之忠，炳如丹青。金庶人亮之南侵，其鋒甚鋭，中外倚劉錡爲長城，錡以病不克進師。允文儒臣，奮勇督戰，一舉而挫之，亮乃自斃。昔赤壁一勝而三國勢成，淮淝一勝而南北勢定。允文采石之功，宋事轉危爲安，實係乎此。及其罷相鎮蜀，受命興復，尅期而往，志雖未就，其能慷慨任重，豈易得哉？

藝文

楊萬里《誠齋集》卷一〇一《祭虞丞相文》 具位某謹以清酌之奠，西望再拜致祭于近故宣撫、少保、左丞相先生之靈。嗚呼！獷彼完顏，猘于淮壖。氣無長江，不日投鞭。錡也既退，權也亦潰。孰宣王靈，式遏狂悖？公以書生，雍容請行。澹乎無營，安乎無驚。矢而石而，公則身之。有殞我躬，無復我師。三軍一人，萬人一心。彼自送死，無勞我擒。長蛇噬矣，公其殪矣。有昊圮矣，公其起矣。宗祏殆矣，公其妥矣。黔黎泯矣，公其拯矣。其後十年，乃相吾君。進退速遲，盍詢國人。人曰公來，四方庶平。公曰吾歸，西鄙匪輕。俾民知兵，俾兵知耕。雜渭之濱，前無孔明。大功垂成，大星夜墮。我師相泣，彼虜交賀。公宅于

撰，人或公咎。今皆公思，公豈復有；維彼之人，於公曷畏，曷存而忌，曷亡而喜？維此之人，於公曷疑，曷生而譏，曷没而思？在昔聖賢，疇免乎是？苟無天日，我心則媿。維公平生，憂國如酲。賫志下泉，目其能瞑？昔公在位，如富范韓。古風蕭蕭，公欲追還。率籲衆俊，載飛載集。而我何爲，亦寘百執。我思其人，玉立長身。凛然目中，御風駕雲。思之彌近，忽然彌遠。西望岷峨，有淚如綫。嗚呼哀哉，尚饗！

王質《雪山集》卷五《樞密宣撫相公樂府序》 維大觀四年十一月戊子二日丙寅，實生仁壽虞公于蜀。乾道四年戊子是日己未，門人汶陽王質依倣古樂府歌詞以爲公之生日之獻。其辭所倚托皆異代宰相故事，于是公且相矣。初，公再入，遂長西府。太上皇帝親書漢中人夫褒所著《聖主得賢臣頌》以賜公，皇帝又親述于其後。維頌所論譔，自堯舜禹湯文武之君六，稷契皐陶伊吕之臣五，餘皆闕而弗著，其證取諸《易》利見之爻、《詩·思皇》之章，天下咸知公當相也。已而丞相莆田公葉、壽春公魏去，晉陵公將又去，公方視師未復命，天子虚其位弗實，將有待焉。蓋皇天后土、太祖太宗與太上皇帝、皇帝，相與不言而同謀。某知其如此，而不知其所以然。意者有期運曆數而莫之或知也。維公當相者五：采石却敵，宗社山河克安弗傾，一當相；凉雍將命，民圖來歸，國紀用章，二當相；荆襄總師，上流乂安，自漢達于淮海，迺始克壯，三當相；西府初命，敵蹙江漢者即日解去，載盟用成，至于今允懷，四當相；今功日茂，望日隆，天時人事極矣，天下咸知公且相也。其辭凡四事，章六十言。君子大其意而不否其辭，其將有傳，俾世得以觀焉。門人汶陽王質謹序。

王質《雪山集》卷一一《祭虞丞相文》 采石之危，危于淝水，淝距長江，尚隔千里。岐亮之鋭，鋭于苻堅，秉幟登壇，刑馬告天。維公之功，功于安石，彼乃處中，公切憑敵。采石之急，急于澶淵，澶當其衝，敵頓莫前。岐亮之才，才于宗真，華夷悉俱，百萬是羣。維公之難，難于萊國，潛，超猶全，錡、權皆北。自古强敵，三寇江淮，瓜步徐歸，國無人哉。燾至平城，命殲宗愛，厥軀雖夷，厥師弗敗。惟堅與亮，宗覆身殞，天耶人耶，鑑此其督。堅還長安，餘年而斃；亮殂維揚，期月而已。靖康、建炎，嗟公生遲，早三十年，强敵奚爲？國有丕烈，天與英傑，鈞渭築巖，如印鑰符節。將定淮蔡，遺元和度；將復河湟，遺會昌德裕。克西雍東洛，至德維郭；下兩淮三關，顯德維朴。在辛巳紹興，豈天無心，弗有斯厄，弗有斯人。維宋無極，維功無斁，乘雲空飛，矯首何及？貌在凌烟，功在太常，名在四方，以暨八荒。哀摧我肝，液漲我睫，欲報無從，一念千劫。

周必大《文忠集》卷一四《虞允文梁克家拜相御筆跋》 乾道八年二月庚戌，從駕過德壽宫。既歸，得旨申時赴東華門，祗候宣引。至則聞有内宴，或云恐改日，然不敢退。西後忽引入選德殿，起居畢，上出親札一幅，諭以拜二相。奏云：「命相轉官，前例固不一，今並命而或三或四，更取聖裁。」上曰：「大臣同心輔政，革苟且之弊，故褒進之。然特進一官即少保，所以允文只三官。」又請訓戒大指，上再三曰：「褒之而已。」前設小案，伸紙其上，壓以牙尺，漆匣盛小歙硯，玉格置筆兩枝，墨一笏，疑便坐所御者。遂鞠躬書除目前呈，奏問：「兼樞密使否？」上曰：「今樞密亦非古，先改丞相稱呼，將來别理會，且帶可也。」又奏所領書局，上曰：「卿自契勘。」又及左右相序位，上曰：「欲升在三少之上，三公之下。」賜坐。奏問：「賀正使回，虜中無他否？」上曰：「無事，但聞築黄河隄耳。」逮閣請起，宣坐賜茶，飲訖再拜而退。御藥李彦直同自複道入學士院，已秉燭矣。舊例草后妃、宰相制皆有錫賚，紹興以來就賜御前所用金硯匣、筆格、鎮紙、糊筒、粘板等；後既不設此，乃謂打造不及，金百兩代之，殆減半也。凡鎖院若中書進熟，則隨事云鎖某房。日欲晡，快行數十輩絡繹宣當直官。遇大除拜，臨時特旨宣召，上帽帶御别殿面命之，俗呼鎖小殿子。今日上特秘其事，不用宣鎖之制，院吏侵夜闢閤門，閤門移御史臺報百官聽麻。雖虞允文亦謂用新制改官名爾。明日雙制出，始大駭，且疑學士多轉梁克家一官，爲有所抑揚云。權尚書禮部侍郎，兼權直學士院、兼侍講、兼同修國史、兼實録院修撰臣周某謹記。

周必大《文忠集》卷一六《跋虞丞相尺牘》 陳孟公口占私書數百封，親疏各有意，河南大驚。韋郇公命侍史答牋記，惟書名，若五朶雲，時人慕之。翰墨之貴，古今一也。

張栻《南軒集》卷四三《祭虞雍公》 惟公起自遠服，進登王朝。適逢禦敵之辰，曾靡辭難之色。攘袂獨奮，力折凶渠之鋒；驅車四馳，徧當邊圉之寄。式符眷意，遂正鈞衡。堂堂漢相之容，赫赫周民之望。方三年之坐閲，指萬里以言歸。顧寵光之至隆，在近世而莫比。豈期疾遇，遽以計聞。帝所咨嗟，士增歎息。某之愚戇，嘗勤推轂之懷；論有與同，正惟公議之報。輒遣薄奠，用將鄙誠。公之英靈，實所臨鑑。嗚呼哀哉，尚享。

魏了翁《重校鶴山先生大全文集》卷五二《達賢録序》 天統元氣而始萬物，地統元形而生萬物，人則稟氣受形而爲萬物之靈，所以爲天地立心也。然非一

人所能自爲也，君牧之，師教之，而賢者又爲之更相汲引，布列天位，以司禮典命討之柄。堯之未得舜，舜之未得禹，聖人有憂之。憂之如何？凡欲爲天下得人焉耳。顓、嚳之子，天下之民謂之元、凱也，舜舉之；四族之子，天下之民謂之四凶也，舜去之。是天下之民舉之去之，民心之所同則天理也，舜無所私於此也。九官之命，彼皆何等材分？而敷教者不以播穀，典樂者不以制禮，分職而理，僅迺有濟。而後之受任者往往兼總衆職，自謂人莫己若，豈其才果足以加諸稷、契、夷、夔諸人也！堯舜之治天下，能使治化休明，美祥臻集，微之山川遂，草木茂，大之三光全，寒暑平，蓋非一人爲之也。而後世獨不能庶幾乎此，非風氣澆漓，天之降才爾殊也。人以一心成位乎兩間，明通而公溥，與天地並立而爲三才，是不惟聖賢有是心也，自有生民，降于叔世，莫不皆然。而自謂人莫己若者，非不哆然大也，迺至吝驕以自封，媢疾以成性，祇以自薄其身，自絶于天云耳。甚則倚勢作威，脅權相，滅真賢碩能，於是蓋有自好獨善，不見知不悔者矣，又孰忍以其身輕輒自獻？天下而皆自好獨善之人也，脱有緩急，則罔所依，臨事迺求，亦鮮克濟。夫如是，豈惟不足以庶幾乎治古也，雖天地失位，陰陽乖剌，民物胥劉，亦其致耳。曾不思中天地而立，定海宇之民，皆吾職分之所當爲，胡自待之凉一至此極也！國朝之盛與治同道，其間非無媢疾之臣，而推士報國者項背相望，至爲簡編以記其所知。有若文穆吕公之夾袋小册、忠獻韓公之甲乙丙丁集、正獻吕公之《章藁》、宣靖曾公之《雌黄公議》、文正司馬公之《薦士編》、密學陳公之《長掌記》、太史范公之《手記》，蓋文武兼收，罔有細大。其或偶坐挂累，亦力見稱引。前輩盛心雖其天資絶人，亦由其講學之素。以吾所以爲天地之心本若是其休休，未立未達則欲立欲達者之推也，未覺未知則先覺先知者之責也。殆將使天下人材無所佚遺，皆得自靖。不惟集思廣益，共濟時須，而近足以擬一旦之用，遠足以詒數世之託，其明效大驗蓋若此，此惡可以無述？其次如李邦直《舉官手記》，亦多一時之選。於是録是數書，名《達賢録》，用廣其傳。惟文穆公及韓、曾所記訪尋未獲，其後乾道丞相雍國虞公亦有《翹材館録》，視昔云備。將繼訪南渡以來諸賢有薦引私記者，始以併附于後。士大夫有志天下者，必將慨然有發於斯。

魏了翁《重校鶴山先生大全文集》卷五二《虞忠肅公奏議序》 古之人決大疑，定大事，惟義之比焉，他無所問也，其次則比利害得喪而言之，其次則取必於知謀之末以求成于功利之下者耳。咸無焉，而惟身是謀，此鄙夫壬人，又所弗論也。齊壬不君，陳氏篡執，沐浴而請討，此義之正也；傅以魯衆齊半之説，則以衆寡言矣。滕地褊小，楚、齊馮陵，效死而弗去，此義之正也；貿於事齊事楚之決，則以彊弱言矣。衆寡彊弱，何可不計，然本諸義理之是非，則事功之利害從之。本諸事功而不必皆義理之正者有矣，是故仁不以勇，誼不以力，正誼不謀利，明道不計功。自秦、漢以來，惟兩董公能識此意，後此則如諸葛孔明者，蓋亦無幾耳。自吾有狄難，其是非利害果孰在邪？讎恥所當雪，分義所當明，此萬世之正理，以是非斷也。持此説者固不爲無人，惟宗忠簡、李文定、張忠獻、胡忠簡，實首立正論之幟而能始終不渝者也。謂宴安可翫，謂屈辱無傷，謂畫江可以自全，謂得地不足以守，此一時之私意，以利害言者也。群而和之者固不爲無人，惟耿南仲、秦檜、湯思退、史浩實倡爲邪説之祖而劫以必行者也。然而百年之間，正論數詘，邪説常勝。蓋所謂邪説者，不惟奪於一時之利害，又有患失之私焉。虞忠肅公奮乎諸老垂盡之餘，獨能奮不顧身，以壽正論之脉。始謂虜必渝成，又策其道所從出，建益兵備。明年則虜果以重兵壓淮西，我師既衄，虜乘勝薄牛渚而陣。金煬侯刑馬誓師，金鎧朱旄以麾，此何等氣勢！而大將劉錡、王權既罷，李顯忠遠在池陽，成閔亦未至，我師無所附麗，各鳥獸散。於斯時也，顧欲收合餘燼，以決一戰。如以利害言，則衆寡彊弱不敵，非素拊循，士大夫與越國遠鬬者亦不俾。如自爲謀，則公不過受督府記犒師，且趣大將建旗鼓耳，戰守何與己事？公非是之問也，公知有義焉耳。破虜之明日，諸校效首虜，休而顯忠至，公若可以自脱矣，乃又以所不足慮者付顯忠，而身先將士，馳至京口，則虜騎果已薄瓜洲，知我有備，勢不得入，卒走死。向使公外顧利害，内怵得喪，則虜之濟江久矣。由是受任，遂欲長驅，以信大議，出蔡以睨陳，出襄、郟以襲許，出汝以逼洛，出嵩、號以震河東，出商於以圖陝西，規摹分畫，具有顛末，聲氣所撼，關河響應。不幸而棄地事讎之論自大官唱聲，和者莫敢不一。然公與張忠獻公不謀同心，猶以區區筆舌力嬰群議而奪之氣。唐、鄧、海、泗與陝西新復諸郡，在廷公卿皆曰可棄，公曰必不可棄；忠義歸正之人、俘虜流亡之人，在廷公卿皆曰可遺，公曰必不可遺。凡事體所關，苟不吾以，則連章累牘，多者不下十有八九，少者亦六七疏，不得其言不已也。公非以必勝爲諒也，大義之不可泯，雖小小利害得喪之私，舉不足以易之也。抑又有甚難者，使公當軸處中，而孤立寡與，猶懼弗濟；今所謂棄地、遺俘等事，不過以孤子之蹤，邈在外服，乃肯與在廷公卿得君行政、合黨締交者争辯弗置，蓋朝誶而夕替，所不皇恤。吁，其果難能矣哉！

天未悔禍，封寇崇姦，正論覆違，大幾屢失。公亦自知時不我與，而其精忠篤諒，惟知有天下之正理而不恤乎他，則所以維持綱常，開警頑懦，庶幾爲將來之補者，蓋與張忠獻公後先一揆，爲功未可以淺近計也。某生也不早，不獲趣拜下風，而嘗竊從薦紳大夫習聞公之言德，且與公之孫剛簡辱在親友，既不度其不佞，爲公輒作家傳，剛簡適刊公奏篇，自叙梗概，以屬起居劉公冠其篇首，又俾某申述其義。竊以自幸，迺不果辭。嗚乎，宇宙大物也，豈計功求獲於知謀之末者所能用之！是書若行，將有發於其言而見諸行事者，公未爲不盡用云。

魏了翁《重校鶴山先生大全文集》卷六〇《跋虞雍公折虜使奏劄》　開禧元年，虜遣使趙之傑賀來年正旦，以十二月二十有七日見于紫宸殿，容止倨慢，持國書逡巡立，若將要上爲起者。閤門覺其意，奪書以進，之傑益怫不平，贊拜復端立不動，公卿以下倉皇未知所出。先是了翁仕成都日，於忠肅公之孫某獲閱公乾道折虜使奏劄，竊所嘆異，每以墨本自隨。至是以館職班裏見，退至殿廡，偶聞慢使頗類前事，迺以誦言于朝，而在列之士亦冀速達，轉相口語。少選則聞平章軍國事韓侂胄忽遂前奏，請駕還內，殆如乾道故事。繼有旨更以正旦朝見。故事，越二日使介三節人俱遊天竺寺，謂之出山，尋命寢罷。鄧友龍時以夕郎館客，尚慮之傑反覆，牒議正旦朝見儀。凡一再往，僅報云來日權行折身，又所賜蘂茶不受。某聞其詞意尚涉驕蹇，遂以公奏劄墨本達諸春官侍郎李公壁，將轉致于宰輔，由是諸公始曉然知其事。然聞侂胄猶謂此謝開之之爲，不知開之秉政尚後此十餘年也。越翼日，某因從三館取《會要》《實録》《國史》《聖政》《日曆》諸書，徧加披閱，於忠肅公折天錫事或無所載，或略及之，幸與趙文定公所書抵牾。而《實録》則又削去問起居事，仍書垂拱殿賜茶酒，茶酒未嘗設也。又書知閤門事王抃上言云云，詔明日引使人朝見，乃以事美於抃，而抃詞止議受書之儀，復與此不合。於是不覺憮然嘆曰：夷夏之分，此非小故也，而史之闕顧若此。況自吾有狄難，爲所憑陵，厥非一日。東都之儀，北使進書跪於殿下，内侍啓書，宰執受讀，而後使人升殿長跪，傳道虜酋之語，問主人起居，事體蓋若此。迨紹興速於和戎，乃始過自貶損，至廷論固争，僅侔秦檜攝冢宰受書，雖謂善於權宜，而慢書悖使，名稱不正，屈辱已甚，今不堪復言矣。至采石之役，虜氣甚索，首遣信使于我，昉用鈞敵之禮，然後威令復振，朝廷以尊。公所遣王抃諭使人之詞，謂「問起居事行之又將十年」，正指采石以後也，然則采石之功於國家所補豈淺淺者！在廷之臣，和戰異議，既未能乘機以復境土，而所幸通使自彼，則操縱抑揚惟我實制，由是將盡還東都之舊亦無難者。而高忠建之來責臣禮，請土疆，迓使之論乃謂土疆實利不可與，禮際虚名不足惜，二三時賢争之不勝，故其所裁損僅十有四事耳。視南渡之初固已差强人意，較東都之舊則尚多餘憾。且忠建之登進國書也，猶不肯用新儀，陳文恭公康伯雖能折之以誼，然猶是館伴掣其書乃得進呈，誠未有若乾道七年之最爲得體者也。太史氏所當大書以詔來世，而於此俄空焉。況自乾道辛卯距開禧乙丑不過三十有五年，使某所得公之墨本偶不在篋笥間，則諸公但謂前有陳長卿而後有謝開之，曾不知虜用敵禮于我昉于采石折北之餘，此繫誰之功？而因變制宜，使虜氣撓折、國威用信，如趙文定公前後所云，其事亦未有以加於公之右者，徒以文獻不足，無所考證，其有能言之者，或僅出於區區蟣虱之小臣，可嘆也。王抃嘗爲公傳諭虜使，然則抃蓋周旋其間而身復目擊者也。淳熙八年去此未爲遠也，而北使魏正吉、蕭梅來賀正旦，要人主起受書如舊儀，人主難之，方改日引見。抃於前事豈遽忘之邪，乃徑許使人明日以舊儀見，此獨何哉！雖然，彼武夫小人，自有肺腸，不足道也，而當時惟趙忠定公以從臣争，宰輔之臣、授館之使，此何等職分，獨未聞一言及之，而委之於一閤門。雖卒於出抃以救其失，而損威辱國固已無及，此又何也！攷其當時所謂宰輔者，則謝開之乃執政之一也，不知韓侂胄何所據而尚云爾邪！《詩》曰「雖無老成人，尚有典刑」，敢附益其説於奏札之末，以備太史之闕文云。

鄭元祐《僑吴集》卷七《虞雍公誅蚊賦刻石疏》　宋丞相雍國虞忠肅公嘗作《誅蚊賦》，内傳後公之六世孫翰林侍講學士以文儒顯，既告老還江右，而白雲閑上人與之有舊，自吴訪之於臨川。蓋雍公文集舊嘗刻於蜀而版逌毁，學士後雖貴而雍公集求之不得，竟不復刊。學士之父參政公，大德庚子歲亦嘗至浙物色雍公集，竟不可得，而僅於道士侯頤軒處得《誅蚊賦》稿，然竟藏於家。上人以賦稿爲請，學士爲發篋取讀。上人曰：「丞相真蹟，不敢，望得學士手書一通，東還吴則幸矣。」學士遂爲草草謄録，而仍記顛末於賦後。上人念學士詩文好事者已悉爲刊版，若雍公之功業雖不繫於文字有無，而《誅蚊賦》僅存耳，兼聞江右近經寇亂，百不一存，於是上人欲以學士所書賦勒之金石，庶經久弗墜。而上人老矣，力弗逮，迺以此賦歸於公之八世孫戡字勝伯者，俾刻之。勝伯□績學，克世其家，以世故棘籬，益貧困，固宜寶而藏諸，而猶慮□泯而不傳，抑亦負上人之意。敢以是干諸好事君子見助焉，則賦刻諸石無難者矣，敢請。至正十七年秋八月朏書。

周必大部

綜述

《宋史》卷三九一《周必大傳》 周必大字子充，一字洪道，其先鄭州管城人。祖詵，宣和中倅廬陵，因家焉。父利建，太學博士。必大少英特，父死，鞠於母家，母親督課之。

紹興二十年，第進士，授徽州户曹。中博學宏詞科，教授建康府。除太學録，召試館職，高宗讀其策，曰：「掌制手也。」守秘書省正字。館職復召試自此始。兼國史院編修官，除監察御史。

孝宗踐祚，除起居郎。直前奏事，上曰：「朕舊見卿文，其以近作進。」上初御經筵，必大奏：「經筵非爲分章析句，欲從容訪問，裨聖德，究治體。」先是，左右史久不除，並記注壅積，必大請言動必書，兼修月進。乃命必大兼編類聖政所詳定官，又兼權中書舍人。侍經筵，嘗論邊事，上以蜀爲憂，對曰：「蜀民久困，願詔撫諭，事定宜寬其賦。」應詔上十事，皆切時弊。

權給事中，繳駁不辟權倖。翟婉容位官吏轉行礙止法，爭之力，上曰：「意卿止能文，不謂剛正如此。」金索講和時舊禮，必大條奏，請正敵國之名，金爲之屈。

曾覿、龍大淵得幸，臺諫交彈之，並遷知閤門事，必大與金安節不書黄，且奏曰：「陛下於政府侍從，欲罷則罷，欲貶則貶，獨於二人委曲遷就，恐人言紛紛未止也。」明日宣手詔，謂：「給舍爲人鼓扇，太上時小事，安敢爾！」必大入謝曰：「審爾，則是臣不以事太上者事陛下。」退待罪，上曰：「朕知卿舉職，但欲破朋黨，明紀綱耳。」旬日，申前命，必大格不行，遂請祠去。

久之，差知南劍州，改提點福建刑獄。入對，願詔中外舉文武之才，區別所長爲一籍，藏禁中，備緩急之用。除秘書少監、兼直學士院，兼領史職。鄭聞草必大制，上改竄其末，引漢宣帝事。必大因奏曰：「陛下取漢宣帝之言，親制贊書，明示好惡。臣觀西漢所謂社稷臣，乃鄙朴之周勃，少文之汲黯，不學之霍光。至於公孫弘、蔡義、韋賢，號曰儒者，而持禄保位，故宣帝謂俗儒不達時宜。使宣帝知真儒，何至雜伯哉？願平心察之，不可有輕儒名。」上喜其精洽，欲與之日夕論文。

德壽加尊號，必大曰：「太上萬壽，而紹興末議文及近上表用嗣皇帝爲未安。按建炎遥拜徽宗表，及唐憲宗上順宗尊號册文，皆稱皇帝。」議遂定。趙雄使金，賫國書，議受書禮。必大立具草，略謂：「尊卑分定，或較等威；叔姪親情，豈嫌坐起！」上褒之曰：「未嘗諭國書之意，而卿能道朕心中事，此大才也。」兼權兵部侍郎。奏請重侍從以儲將相，增臺諫以廣耳目，擇監司、郡守以補郎官。尋權禮部侍郎、兼直學士院，同修國史、實録院同修撰。

一日，詔同王之奇、陳良翰對選德殿，袖出手詔，舉唐太宗、魏徵問對，以在位久，功未有成，治效優劣，苦不自覺，命必大等極陳當否。退而條陳：「陛下練兵以圖恢復而將數易，是用將之道未至；擇人以守郡國而守數易，是責實之方未盡。諸州長吏，倏來忽去，婺州四年易守者五，平江四年易守者四，甚至秀州一年而四易守，吏姦何由可察，民瘼何由可蘇！」上善其言，爲革二弊。江、湖旱，請捐南庫錢二十萬代民輸，上嘉之。

兼侍講，兼中書舍人。未幾，辭直學士院，從之。張説再除簽書樞密院，給事中莫濟封還録黄，必大奏曰：「昨舉朝以爲不可，陛下亦自知其誤而止之矣。曾未周歲，此命復出。貴戚預政，公私兩失，臣不敢具草。」上批：「王曮疾速譔入。濟、必大予宫觀，日下出國門。」説露章薦濟、必大，於是濟除温州，必大除建寧府。濟被命即出，必大至豐城稱疾而歸，濟聞之大悔。必大三請祠，以此名益重。

久之，除敷文閣待制兼侍讀、兼權兵部侍郎、兼直學士院。上勞之曰：「卿不迎合，無附麗，朕所倚重。」除兵部侍郎，尋兼太子詹事。奏言：「太宗儲才爲真宗、仁宗之用，仁宗儲才爲治平、元祐之用。自章、蔡沮士氣，卒致裔夷之禍。秦檜忌刻，逐人才，流弊至今。願陛下儲才於閑暇之日。」

上日御毬場，必大曰：「固知陛下不忘閲武，然太祖二百年天下，屬在聖躬，願自愛。」上改容曰：「卿言甚忠，得非虞銜橛之變乎？正以雠耻未雪，不欲自逸爾。」升兼侍讀，改吏部侍郎，除翰林學士。

久雨，奏請減後宫給使，寬浙郡積逋，命省部議優恤。內直宣引，論：「金星近前星，武士擊毬，太子亦與，臣甚危之。」上俾語太子，必大曰：「太子人子也，

陛下命以驅馳，臣安敢勸以違命，陛下勿命之可也。」

乞歸，弗許。上欲召人與之分職，因問：「呂祖謙能文否？」對曰：「祖謙涵養久，知典故，不但文字之工。」除禮部尚書兼翰林學士，進吏部兼承旨。詔禮官議明堂典禮，必大定圜丘合宮互舉之議。被旨撰《選德殿記》及《皇朝文鑑序》。必大在翰苑幾六年，制命温雅，周盡事情，爲一時詞臣之冠。或言其再入也，實曾覿所薦，而必大不知。

除參知政事，上曰：「執政於宰相，固當和而不同。前此宰相議事，執政更無語，何也？」必大曰：「大臣自應互相可否。自秦檜當國，執政不敢措一辭，後遂以爲當然。陛下虚心無我，大臣乃欲自是乎？惟小事不敢有隱，則大事何由蔽欺。」上深然之。久旱，手詔求言。宰相謂此詔一下，州郡皆乞振濟，何以應之，約必大同奏。必大曰：「上欲通下情，而吾儕阻隔之，何以塞公論。」

有介椒房之援求爲郎者，上俾諭給舍繳駁，必大曰：「臺諫、給舍與三省相維持，豈可諭意？不從失體，從則壞法。命下之日，臣等自當執奏。」上喜曰：「肯如此任怨耶？」必大曰：「當予而不予則有怨，不當予而不予，何怨之有！」上曰：「此任責，非任怨也。」除知樞密院。上曰：「每見宰相不能處之事，卿以數語決之，三省本末可輟卿也。」

山陽舊屯軍八千，雷世方乞止差鎮江一軍五千，必大曰：「山陽控扼清河口，若今減而後增，必致敵疑。揚州武鋒軍本屯山陽者，不若歲撥三千，與鎮江五千同戍。」郭杲請移荆南軍萬二千永屯襄陽，必大言：「襄陽固要地，江陵亦江北喉襟。」於是留二千人。上諭以「金既還上京，且分諸子出鎮，將若何？」必大言：「敵恫疑虚喝，正恐我先動。當鎮之以静，惟邊將不可不精擇。」

拜樞密使。上曰：「若有邊事，宣撫使惟卿可，他人不能也。」上諸軍升差籍，時點召一二察能否，主帥悚激，無敢容私。創諸軍點試法，其在外解發而親閱之。池州李忠孝自言正將二人不能開弓，乞罷軍。上曰：「此樞使措置之效也。」金州謀帥，必大曰：「與其私舉，不若明揚。」令侍從、管軍薦舉。或傳大石林牙將加兵於金，忽魯大王分據上京，邊臣結約夏國。必大皆屏不省，勸上持重，勿輕動。既而所傳果妄。上曰：「卿真有先見之明。」

淳熙十四年二月，拜右丞相。首奏：「今内外晏然，殆將二紀，此正可懼之時，當思經遠之計，不可紛更欲速。」秀州乞減大軍總制錢二萬，吏請勘當，必大曰：「此豈勘當時耶？」立蠲之。封事多言大臣同異，必大曰：「各盡所見，歸於一是，豈可尚同？陛下復祖宗舊制，命三省覆奏而後行，正欲上下相維，非止奉行文書也。」

高宗升遐，議用顯仁例，遣三使詣金。必大謂：「今昔事殊，不當畏敵曲徇。」止之。賀正使至，或請權易淡黄袍御殿受書，必大執不可，遂爲縞素服，就帷幄引見。十五年，思陵發引，援熙陵吕端故事，請行，乃攝太傅，爲山陵使。明堂加恩，封濟國公。

十一月，留身乞去，上獎勞再三。忽宣諭：「比年病倦，欲傳位太子，須卿且留。」必大言：「聖體康寧，止因孝思稍過，何遽至倦勤。」上曰：「禮莫大於事宗廟，而孟饗多以病分詣，孝莫重於執喪，而不得自至德壽宫。欲不退休，得乎？朕方以此委卿。」必大泣而退。十二月壬申，密賜紹興傳位親札。辛卯，命留身議定。二月壬戌，又命預草詔，專以奉几筵、侍東朝爲意。拜左丞相、許國公。參政留正拜右丞相。壬子，上始以内禪意諭二府。二月辛酉朔，降傳位詔。翼日，上吉服御紫宸殿。必大奏：「陛下巽位與子，盛典再見，度越千古。顧自今不得日侍天顔。」因哽噎不能言，上亦泫然曰：「正賴卿等協贊新君。」

光宗問當世急務，奏用人、求言二事。三月，拜少保、益國公。李巘草二相制，抑揚不同，上召巘令帖麻改定，既而斥巘予郡。必大求去。

何澹爲司業，久不遷，留正奏遷之。澹憾必大而德正，至是爲諫長，遂首劾必大。詔以觀文殿大學士判潭州。澹論不已，遂以少保充醴泉觀使。判隆興府，不赴，復除觀文殿學士、判潭州，復大觀文。坐所舉官以贓敗，降滎陽郡公。復益國公，改判隆興，辭，除醴泉觀使。

寧宗即位，求直言，奏四事：曰聖孝，曰敬天，曰崇儉，曰久任。慶元元年，三上表引年，遂以少傅致仕。

先是，布衣吕祖泰上書請誅韓侂胄，逐陳自强，以必大代之。嘉泰元年，御史施康年劾必大首唱僞徒，私植黨與，詔降爲少保。自慶元以後，侂胄之黨立僞學之名，以禁錮君子，而必大與趙汝愚、留正實指爲罪首。

二年，復少傅。四年，薨，年七十有九。贈太師，謚文忠。寧宗題篆其墓碑曰「忠文耆德之碑」。

自號平園老叟，著書八十一種，有《平園集》二百卷。嘗建三忠堂於鄉，謂歐陽文忠修、楊忠襄邦乂、胡忠簡銓皆廬陵人，必大平生所敬慕，爲文記之，蓋絶筆也。一子，綸。

周必大《文忠集》附録卷二李壁《周文忠公行狀》　公諱必大，字子充，初字洪道，世爲鄭州管城人。宣和中朝散公通判吉州，因家焉。曾祖衎，故任朝奉郎，累贈太師秦國公，妣潘氏、李氏、張氏俱累贈秦國夫人。考利建，早游成均，冠釋褐選，終左宣教郎、太學博士，累贈太師秦國公；妣王氏，贈秦國夫人，給事中覿之女；母衛國夫人宋氏，元憲公之孫、龐莊敏公之甥也。靖康丙午，外祖給事守平江，公以是年七月十五日生於郡治。公幼孤，母夫人課公讀書，每至夜分，聞汴人陳持之賢，使公從之。公敏慧夙成，刻苦自礪，出語綴文，見者驚異。登紹興二十一年進士第，授徽州司户參軍，改差監行在和劑局門。與運屬王其姓者共席屋數椽，王不戒於火，延燒及公家。官知火自王氏，以其連姻臺察不敢問，執公蒼頭，抑使伏辜，公坐是免去。朝士勸公直之，公不校也。二十七年，中博學宏詞科，授建康府府學教授。三十年，除太學録，召試館職，奏篇上，高宗稱其文，諭丞相云：「他日可令掌制。」除秘書省正字。明年，兼國史院編修官。三十二年五月，除監察御史。六月，孝宗即位。八月除起居郎，直前奏事。上曰：「朕數年前見卿文，有近作可多進來。」屬初御經筵，公奏：「祖宗置經筵非爲分章析句，正欲人主從容訪問，以裨聖德，究治體，惟陛下留意。」兼編類聖政，以正得失。時暫權給事中，兼權中書舍人，講筵留身，論邊事，上曰：「淮南不足憂，所憂者蜀耳。」公奏：「蜀民久困征求，願降詔撫諭，許以事定寬其力。」先是，左右史不常置，而記注多闕書，公奏：「乞斷自今年六月十一日以後，先次修纂，每月投進，其積壓未修者依舊疾速帶修，庶幾陛下始初清明，言動必書，足以示後。」婉容翟氏位官吏轉行有礙正法者，公言：「上皇扈從之賞，陛下登極之恩，事體至重，然法當回授者未嘗轉行，豈容掖廷奉事之人獨越此例？」上曰：「朕初以卿止能文，不謂剛正如此。」公奏：「近日前報政侍從，並依赦復職名，其間亦有不合人望當繳者。」上曰：「固然，卿論事但令適中，朕無不從也。」崇國正夫人位手分罷去，差錢塘縣貼書填其闕，公奏四方聞知，謂勅差貼書，無乃傷國體乎？蔡仍復官，公具奏蔡卞陰賊險狠，遠出京右，使其子得以赦原，亟箎郎選，則宿姦巨蠹之後，皆可並緣以進，失政刑矣。有詔求言，公奏：「名器輕假，無甚此時。陛下試命有司，取畢仲衍中書備對，以熙寧官吏之數板今日之籍，遂項比類，修寫圖則，多寡蓋可見矣。」又云：「祖宗朝甚重諸路總管、鈐轄、將、副將差遣，或待有功之士，或儲將帥之才。乞下樞密院，自今進擬，先取本人脚色聯粘於敕黄之前，照祖宗舊法，毋使背戾。雖有内降，亦須依此。」又云：「朝廷知外虞之當先，而忘諸道之無備，願於湖南、二廣、福建量屯軍馬數百，控扼要害。遴諸州都監之選，而稍重其權，使禁軍漸知階級。」時金人來索舊禮，上命從臣條對，公奏：「太上皇向以祐陵未卜、慈寧未返，一旦以講好之故，寧親寧神，兩遂所欲，禮雖屈而志則伸矣。今彼以數寸之檄邀我厚禮，而遽聽之，安知不謂我怯而繼以難從之請乎？今使之行，臣願再以敵國之禮嘗之。彼納吾使，吾又何求？如必俟舊而後受，則告之曰：『太上皇帝前日之屈爲親也，今通好於用兵之後，主上欲以何名而屈，北朝欲以何名而受？願以爲請。』彼雖貪利無厭，亦將思所處矣。」論者韙之。隆興元年，有旨押行門張宏特與支破遥郡請給，公奏：「臣檢照事因，既非御筆，又非寶批，止用一白劄子，臣不知此命何自而出？幸付三省，尚可進呈。設若指授百司亦用方寸之紙，奉行則難辨真僞，不行則輕損命令。況宏一班直之長耳，去秋已嘗特支全分請給，户部執奏而止。今才數月，乃復紊煩天聽，不可以無懲。」經筵取三月十一日開講，公奏：「國朝之制，春以二月上旬，今乃遠用三月。陛下收召英髦，並直經幄，彼皆日夜望賜清閒之燕，致緝熙之助，若緩其所當急，而使講藝論道之風稍闕於初政，甚未可。」又奏：「邵宏淵能還軍中冒濫之恩，併録戰功，而除正任觀察使，此信賞也。郭振僅一對内殿，既無舊勞，又無新功，亦以觀察使與之則重矣。陸廉以貪黷配流，此必罰也；張耘賊殺士卒，盜没軍資，有司當以殊死，而亦與廉同辠，則輕矣。臣願陛下大明賞罰，賞罰明則名實辨，名實辨則政事修，而夷狄可攘矣。」樞密副都承旨龍大淵、帶御器械曾覿除知閤門事，公與給事中金安節繳奏曰：「臣等於大淵、覿功過能否，初不詳知。近聞皆以臺諫論列，故有此除。陛下自即位以來，凡臺諫有所彈奏，雖兩府大將、侍從要官，欲罷則罷，欲貶則貶，一付公論。獨於二人，乃爲遷就，殆非帝堯舍己從人之義也。臣等若奉明詔，則臣等負中外之謗；大臣若不開陳，則大臣來中外之責；陛下若不俯從，則深恐中外紛紛未止也。」依奏，龍大淵别與差遣，曾覿仍舊帶御器械。翌日，公又奏入云：「適蒙宰相宣示御札，謂臣等爲人扇動，議論羣起，且以在太上時小事不敢如此，則是臣等不以事太上皇帝者事陛下，專徇流俗，輕瀆聖明，死有餘責。臣等見歸家待辠。」有旨無罪可待。上從容語公曰：「朕察卿務舉職，但朕欲破朋黨振紀綱耳。」未幾二相道上意，再除兩知閤，公曰：「命令反復尤不可。」遂留除命不下，上章乞祠，差台州崇道觀。乾道四年，除權發遣南劍州，未赴。六年，改福建提點刑獄。入對，論：「人才平居選擇則易，緩急求之實難，願深詔執事雜舉中外文武之才，區

別所能，總爲一籍，藏之禁中，副在二府，無事之日預加審覈，或有任使，按圖而取」。上然之。除秘書少監、直學士院、兼國史院編修官，公奏：「陛下取漢宣帝之言，親制贊書，明示好惡，使臣下知所趨向。臣觀西漢所謂社稷臣者，乃在乎周勃之鄙樸、汲黯之少文、霍光之不學，至於服儒衣冠，持禄保位，則公孫弘、蔡義、韋賢輩實爲之，故宣帝謂俗儒不達時宜，好是古非今，使人眩於名實，不知所守。然使宣帝知求真儒而用之，何至雜霸哉？臣願陛下平心而察之，不可有輕儒生之名。」兼實録院檢討官。加上德壽徽號，公以高宗萬壽而册文稱嗣皇帝爲嫌，因閱建炎以後遇節朔遥拜徽宗表本止稱皇帝，按唐憲宗上順宗尊號册文亦止稱皇帝，議遂定。七年，兼權兵部侍郎，奏四事：曰重侍從以儲將相，曰增臺諫以廣耳目，曰擇監司郡守以補員郎之闕，曰久任監司郡守。上曰：「皆今日要務也。」上問：「越謀吴甚難，何也？」奏曰：「越已爲吴所殘，勾踐男爲吴臣，女爲吴妾，以小復大，以弱報强，此其所以甚難。然觀其與范蠡謀吴，固有先後之序，非如後世規模不定，僥倖戰勝。」上曰：「卿議論甚當朕心，朝夕除卿侍從。」退即有旨，除權禮部侍郎，仍兼直學士院，陞同修國史、實録院同修撰。公奏：「陛下練兵以圖恢復，而用將之道或未盡，擇人以守郡國，而責實之方或未至。且如江州一軍，自陛下即位始付苗定，其後戚方繼之，甫一年而定復至，又數年王明繼之，纔半年而皇甫倜又繼之。池州一軍，始付時俊，其後王琪繼之，甫半年而秦琪繼之，纔十月而吴總繼之。數易如此，平居猶慮其乏事，何暇議進取哉？諸州長吏倏來忽去，且以二浙言之，婺州四年之間易守者五，平江四年之間易守者四，又其甚則秀州一年而四易守。用度何爲而不窘，吏姦何爲而不滋，民瘼何由而可蘇？」上旋召公謂曰：「卿近所論甚善。朕方力革二者之弊。」公奏：「人主無職事，惟在察臣下邪正，凡輕於任事速於求售，他日必誤國。願陛下察之。」公又言：「江湖大旱，嗣歲尚遠，而諸州賑濟之策已盡，須朝廷於南庫支撥一二十萬緡代民租。臣非不知大農匱闕，然艱食則盜起，盜起則調兵，當是時能惜費乎？」上曰：「聞所未聞。」公再拜謝曰：「臣惟以不欺事陛下。」上曰：「正賴卿裨補不逮耳。」兼侍講，公奏臺端繩糾中外，一日不可闕官，今乃五十日不除，上曰：「未有人故也。」公曰：「御史臺令殿中闕具察官姓名，取旨差權。」上驚曰：「朕不知此，宰執亦不言，蓋避嫌耳。」公曰：「臣嘗爲察官，是以知之，宰執未必知也。」上謂都承旨葉衡：「周某奏御史臺舊法，卿可諭宰相具來。」八年，兼中書舍人，公奏：「中興以來，駐蹕兩浙踰四十年，蓋今日根本之地，而賦税供億反重於他路。如近日越、婺諸郡以隱落爲名，增無實之税是也。」上曰：「此胡堅常之謬。」奏曰：「陛下既知，何不改正？」上曰：「當令理會。」公屢請免兼西掖，有旨從之。張説再除簽書樞密院事，與王之奇賜出身並命，公時在翰苑，適當答詔，入奏云：「昨除張説簽樞，舉朝皆曰不可，陛下旋即改命。曾未周歲，復有此除。若謂西府當間以武臣，則願於大將中擇有威望者畀之。去年羣臣争論之際，傳聞聖論玆事誠誤。以此觀之，用説非陛下意明矣。所有二人辭免不允詔書，未敢具草。」草上，批王曮疾速撰入，公與在外宫觀，日下出門。九年，除知建寧府，三請祠，提舉江州太平興國宫。淳熙元年，除右文殿修撰，未幾召赴行在。二年，除敷文閣待制，兼侍講，兼直學士院，上曰：「朕知卿文學固久，今卿不迎合，無附麗，朕所倚重。」除兵部侍郎，仍兼侍講。公言：「儲材當於閒暇，太祖、太宗搜覽豪傑，恢張四維，凡作成之方，無所不用其至。及真宗、仁宗之世，名卿大夫磊落相望，是其效也。仁宗尤以涵養士類爲急，故自治平至元祐，悉獲其用。厥後章、蔡相繼，沮士氣以壞風俗，奬諛悪以植黨與，卒致裔夷之禍。紹興初將相卿士得人爲多，既而秦檜以患失之心濟忌刻之性，同己者用，異己者逐，人才衰落，貽患至今。」上皆嘉納。上諭公：「卿所進太上尊號詔草，温純典雅，更無一字可議。」公奏：「向者庚寅之詔，亦臣所草，流落累年，再塵翰苑。」上愕然曰：「前詔亦卿草耶？」公曰：「臣幸甚，方紹興末太上初上尊號，臣已爲察官，預此議。當時不以表請，私切非之，其後適在翰苑，遂援古誼改正此禮。」兼太子詹事。三年，公奏：「前年冬江西地震，贛州天狗星墜，既而茶寇入境。今聞十二月及正月福州地再震，亦有天狗之變，其事不可不慮。」上曰：「防微杜漸固然。」公曰：「天人相去甚邇，願陛下毋忽。」又奏：「昨聞殿前司進羨餘二十萬貫，此何從得哉？」上曰：「朕已不受，聞軍中有百餘萬矣。」公曰：「雖不受，當思其所自來。」上曰：「軍中財賦自有源流，蓋統制官不治財賦，統領却治財賦，可以相關防，更無滲漏。歲月既久，蓄積浸多。」公奏：「主將須令得統制懽心，統制須令得統領懽心，今因小利却使互爲猜嫌，戚戚然相伺察，情何由通，緩急何由得其死力？」他日公奏：「臣聞陛下日御毬場，固知不忘閱武。然太祖二百年之天下，屬在聖躬，願爲社稷自愛。」上作色曰：「卿言甚忠，得非憂銜橛之變乎？朕每次須再三審視前後，兼南方無好馬，非西北比。正緣讎恥未雪，不欲自逸耳。」陞兼侍讀，除吏部侍郎。四年，除翰林學士，依舊兼職。公奏：「臣觀自唐至本朝，優待詞臣，異乎他官，謂其居近侍之職，無簿書之冗，可以朝夕論

思，日月獻納，或有補於治道也。臣所慕者陸贄、歐陽修而已。」十月久雨，公上言：「陰雨已踰兩旬，甚妨收刈。伏聞太祖朝以久雨謂左右曰：『後宮止三百餘人，當更放數十人。』今禁中給使雖少，不知可用太祖故事否。浙中諸郡積欠頗多，不知可降旨少寬期限否。」內直宣引，公奏：「臣在翰苑，無有司之職，所以久不敢請對。」上曰：「學士宴見無時，最爲親近。」公因論時事，遂及「陛下當委任大臣，而使臺諫給舍各舉其職，自無過舉。今風俗委靡，士大夫以簿書期會爲能，不思其職，久而不已，其害將不可勝言。願陛下早正其偏。」又奏：「九月間天文不順，且聞金星近前星。」上曰：「止是略近，已戒太子勿近外人。」奏曰：「天道高遠，當論人事。武士擊毬，太子亦與，臣甚危之。」上曰：「卿可語太子。」奏曰：「太子人子也，陛下命使馳驅，臣安敢勸以違命？陛下勿命之可也。」上曰：「近日察官甚舉職。」奏曰：「人臣肯不避怨謗論事，陛下當聽而主張之。且六察止有二員，若更除一員，則每員可分兩察，亦所以示開廣言路之意。」他日，公問上：「太上何所苦？前日陛下不及整輿衛而出，人情疑懼。」上曰：「太上於飲食小失節，當日朕甚倉皇。」因奏德壽宮相去太遠非便，上曰：「前日已曾及此，太上堅不肯遷，如殿前司卻多地步，待更力請。」又奏：「人主外寄耳目於監司，臣願明詔部刺史，或月或季，各以部內所當罷行之事，倣成周小行人，所謂萬民之利害，政事教治刑政之逆順，與夫作慝犯令、豐凶和樂之書，條具以聞，毋得用薄物細故塞責。如此，則不惟陛下坐而周知天下之故，亦可於是稽其人之才否，而詔黜陟矣。」公屢乞去，上勿許，且奏：「陛下用臣太過，位序浸高，未免招致人言。且蘇軾在此官，猶請郡至八九，臣實何人，敢不知懼？」上曰：「待召人令與卿分力。」因問呂祖謙能文，公奏祖謙不但能文，極知典故，翰苑須常用有學問之人，乃爲有補。五年十二月，除禮部尚書，兼翰林學士，公奏：「臣竊見本朝昭憲皇后誕生太祖、太宗，聖子神孫，垂裕萬世。宜擇其子孫愿愨有才能者一二人，加之以一命之寵，畀以祠廟之禄，世世勿絶。仍就行在賜屋，使聚族以居，與國無窮，庶幾慰在天之靈，報垂裕之德。」六年，詔禮官詳議明堂典禮，公奏：「祀帝祀天以祖宗配，此本朝已行之制。但世俗誦《孝經》之語，未嘗深考其義，致以今日爲疑。故前郊李燾申請，雖經羣臣集議，尋爲異説所奪。今既明降旨揮，即與臣下啓請不同。若或中輟，理爲未安。」由是圜丘、合宮始互舉云。講筵留身，論本朝立國專以仁，兵非不用也，而以禁暴安人爲本，上曰：「本朝兵勢大抵似弱。」公奏：「仁故似弱，其實非弱，社稷靈長，職此之由。」上曰：「所以並無禍亂。」公曰：「本朝似周，彼秦雖强，秖以自蹙。」上論前代人物，公奏：「陛下萬幾之暇，潛心聖賢，不爲嗜好所惑。」上曰：「自昔人君，不知道只爲不學。」公奏：「堯、舜、禹之稽古，高宗之監成憲，故措諸事業，後世莫及。今陛下留意於學，真積力久，此心清明如止水明鑑，物之過者，妍醜真僞，灼然可見。以此應天下之務，安有一事失其當哉！」十一月，除吏部尚書，兼翰林承旨。公奏近日裁減宗室恩數事，上曰：「太濫。」公曰：「若擇服屬疏者許其一依士人應舉取放，既可密減入流，又待之厚，彼自無怨。」上稱善。又奏：「自昔治少亂多，未有數十年常晏然者，今中外幸小康，豈可不防患於未亂？」上曰：「無怠無荒，四夷來王。」公奏云：「明王謹德，四夷咸賓，皆是道也。」又云：「虞舜無爲，非皆無爲也，但不爲簿書期會之屑屑耳。」七年五月，除參知政事，上曰：「朕近見卿理會一二事，殊不依違，執政之於宰相，事任非遠，貴在和而不同，有所見言之，勿以爲嫌。」公對願盡力。上嘗密遣人往昌化覘視箭穀，回云六十年前有此，上以示丞相趙公雄，雄言：「上再三及此，恐合宣示外廷。」公曰：「宣和間有此，豈是休證？」乃不果言。上謂公曰：「只爲養兵，不免皆取之民。」公因極陳民困之由，上問：「各有名色，何故困民？」公曰：「且以平江府論之，紹興以前歸正添差等官歲用五萬緡，後來乃用二十餘萬緡，則是歲添三倍以上。既無所從出，遂於支移折變中暗增錢數，如苗米一石其耗三斗，州府受納，則令折科，增三斗爲五斗，增五斗爲七斗。如此則有田之家無不被害，安得不困？此特一端耳，他皆類此。」上爲之悵然。八年八月，以久旱降親筆付三省求直言，丞相回奏謂熟多旱少，今此詔一下，所在皆有賑濟之請，何以應之，約公通簽進入，公言：「上明目達聰，欲通下情，而吾儕阻隔不行，萬一上自行之，且以此奏示人，豈不獲罪？」公論相亟從之。上嘗以樞密非古官，欲罷之，公奏：「樞密本唐傳導之官，五代始置崇政院，分宰相之權。慶曆間張方平固嘗以爲非，而神宗亦有廢併之意。今聖諭可謂盡善，但二百年官制，一旦驟改，良亦未易。不若且令二府互領。」又及求直言事，公奏：「陛下聖德日躋，而星變旱災如此，殆由臣等所致。」上曰：「若封事言及大臣，朕須留中。」公曰：「付出何害？欲人不知，莫若勿爲。未聞有過而人不知也。」有介宮闈之援而求爲郎者，上令公論給舍繳駁，公奏：「臺諫給舍與三省相維持，豈可諭意？不從失體，從則壞法。命下之日，臣等自當執奏。」上喜曰：「卿等肯如此任怨，甚善。」公奏：「不與其所當與，謂之任怨；不與其所不當與，何怨之有？」

上曰：「此所謂任責，非任怨也。」公嘗言用人之道，因及著作郎、佐各二人，紹興以來未嘗官備，蓋以職任清高，實爲左右史之儲。近歲習俗奔競，遷進太速，今在館多非久次，望姑養其器業，以厚士風。九年九月，除知樞密院事，上謂公曰：「每見宰相所不能處之事，卿以數語決之，二省本未可輟卿也。」他日，上謂公：「如統制官之類，當時與之接以觀其才。」公奏：「昨雷世賢相見，説淮南地形緩急，欲守滁。臣謂不然，滁有山林之阻，可守而不可禦敵。若廬、和嬰敵衝，此則當備禦。」山陽舊屯軍八千，雷世賢方請止差鎮江一軍五千人，上欲許之，公奏：「山陽控扼清河口，紹興初韓世忠嘗屯重兵於彼，若無故減戍，他時旋增，必致敵疑。今揚州武鋒軍有衆八千，本屯山陽，若歲撥三千人同鎮江一全軍往戍，似爲兩便。」十年御帶林憶年丁憂，中官除此闕者數人，公奏：「閹官徒借是以希升轉，近用王實，今又用王毅，雖是德壽宮人，給告不知，多來問臣。臣雖具以陛下奉親之意曉之，終非美事。」上曰：「也是，都要轉遥郡。」公奏：「不得已，且令給據亦可。」公又言：「近者白氣自西南亘天，宜爲兵備。」上曰：「日脚之氣，冬常有之。」公言：「此太史局相寬之詞，抑天道固不可知，有備乃無患。」吴挺申交州蕃部劫漢人二名及牛畜而去，挺以事細，止乞照會，公奏：「今欲降旨揮，督其根治，庶幾知朝廷每事留意，不敢忽略。國家日有萬幾，若不察之於微，其弊將有不可勝救者。」上曰：「幾者動之微，自古多緣不能防微杜漸，馴致禍亂。」温州軍士因教閲喧悖，郡守汪義端將爲首者決配，憲臣張詔欲先定義端減尅衣糧之罪，然後將軍士明正紀律，公奏：「此風不可長，若稍行遣義端，則今後驕兵茍有所求，必爲劫持計矣。」郭果請移江陵兵萬二千人并家屬永屯襄陽，公言：「江陵兵一萬八千人，自來半戍襄陽，今果謂襄陽極邊，爲門户之要，殊不知江陵亦在江北，爲吴楚喉衿。或金以數萬人綴襄陽之師，自隨、郢直走荊南，則奈何？」上曰：「正爲軍士家屬在荊南，恐或擣虛，牽連士卒心。」公奏：「如此，則江陵遂棄之乎？」争甚力，上乃許果萬人而留八千於江陵。盱眙報金酋今歲避暑壽安宫，所徙器用倍常時，且分諸子出鎮，上謂公此必有避位意，公奏：「當預爲之備，如淮上萬弩手近密令州郡置籍，而諸路民兵闕於教閲，内外諸軍亦久無陞進，欲併擬一指揮，令擇精習武藝者解發赴行在。宰執三衙親行閲試，高者補一兩資，餘第支賞給，亦所以示不忘武備之意。」上曰：「便是，恐人謂放下。」公嘗奏：「祖宗時大臣奏事榻前，互相可否。今陛下虚心無我，有所未至，惟恐臣下不言，豈容人臣却護短自是？夫惟小事不敢於榻前有隱，則大事無由欺蔽矣。」上深以爲然。公言：「近探報敵酋却欲至東京，秋冬議過上京，乞密下諸將究實，且降親劄付蜀中三大帥，令條具攻守之策以聞。」公奏事次，上獨命留身，宣諭云：「金酋既過上京，秋間或傳位興兵，卿留心軍政，甚副朕擢用之意。」公奏：「臣本以文墨荷聖知，戎務本非所習，誤蒙任使，不敢辭耳。今彼恫疑虛喝，正恐我或先動，所當鎮之以静。惟邊將不可不精擇，山陽最爲重地，正當金糧道。今正與尋常州郡一等用人，緩急竊恐誤事。」淮西延璽申，泗州歸正朱現已補承信郎，不曾與告，上曰：「何不與之？」公曰：「元來誓書不得招納叛亡，恐却過北界，引惹邊事。今欲令王希吕更加優恤。」上獎諭再三，曰：「卿處事甚當。」十一年六月，除樞密使，上曰：「卿在西府，備殫忠勞，若有邊事，宣撫使惟卿可，他人不能也。」公奏：「諸軍陞差置籍，今已一季，合行點召，雖不專以此取人，亦因以察其能否，使之不測，則主帥自不敢行私。」詔令赴密院審察。王希吕乞增兵守廬，上欲令郭鈞、雷世賢共分數千人與之，又云：「萬弩手、民兵自可爲用，若添得一藩籬，甚好。」公曰：「希吕欲二萬人，少猶半之，蓋須以正軍爲主，則帥司可立。帥司既立，則沿淮歸正山水寨、民兵、萬弩手等皆爲我用矣。」十二年，留正申西兵已免起二年，今次取聽朝廷指揮，上令發來，公奏：「襄陽兵少，閻世雄欲得此項人。」上曰：「三衙不可闕。」公言：「頃金不得志於四川，又嘗送死於兩淮，深恐睥睨荊襄，向來猶調他處官軍，不比三衙在近，臨時可以措置。」上悟曰：「與應付一年。」金州闕帥，公奏欲令侍從管軍薦舉，上云：「大帥自合朝廷除授，卿等且更求人。」公曰：「舜用九官，並咨四岳。用否在上，何嫌之有？與其暗薦，不若明揚。仁宗用臺臣，至於列所薦人姓名，已乃考實，誰敢妄舉？」上言：「王藺論事頗偏。」公奏：「藺議論雖時有過當，然人主左右豈可無數人盡言不顧身者？若上下相蒙，合而爲一，殆非國家之福。」盱眙奏報達實林牙領兵犯金國，金下宿、泗等州堤備，御筆賜公等曰：「達實契丹欲興兵，不如所傳則已，有之則在我豈得漠然？他日我徑舉兵則違誓約，若因釁則將何以爲辭？」公奏：「敵中多詐，彼一方小警，何至移文近邊？若果有釁，臨時不患無辭，所急在於間探精審耳。」明年，上又論公以吴挺約結夏國事，公奏：「陛下念世讎之未報，思境土之未復，規摹宏遠，夙夜不忘。臣備位於兹，無以少副使令，每切慚負。但夏人自來翻覆，乾道中王炎嘗因任令公用帛書通好，隨即密送金人，范成大奉使日雍遂出以示之。其難保如此，結約似未可輕。若雍易世，親離衆叛，天相聖明，決有機會。」廣東帥潘時以擅斬犯法軍士自劾待辠，上批「無罪可待」，公奏：「帥無便

宜之文，不經録問詳覆而斬四人，雖意在除惡，然人命至重，若如此施行，恐開妄殺。只如洪邁誅婺州唱亂六兵，亦止是放罪，後不妨旌賞。」池州李思學自陳本軍正將二人不能開弓，竊恐被點唤，乞與罷任，上曰：「此法甚好，皆樞密使措置之效。」楚州報金中呼魯大王占據上京，上批問公曰：「金若中分其國，宜預畫計策。」公奏：「兹事體大，譬如奕棋，須隨着應之，若遂先舉，恐貽後憂。」他日上諭公：「近北使到闕，詢問其三節人，皆云呼魯年已六十餘，因於僧舍，前所報達實林牙亦是妄傳，樞使可謂先見之明。」十四年二月，拜右丞相，公奏：「臣不才備位，初無設施，惟奉行成算。今陛下勤政，内外寧謐，二十餘年，此正可懼之時，當思經遠之計。臣欲具要務，取自聖裁，若其可行，當與王淮等協濟，亦不敢紛更欲速。」上曰：「鋭則易怠，國家無事時，正宜修明政理。」公奏：「大臣朝夕納誨，非如臺諫給舍救之已然。」上曰：「朕有過失，卿宜盡言。」上欲下吏部將知縣有薦舉人先與通判闕，公奏：「莫若籍記與堂除通判，免滋攙奪之風，且壞銓法。」公以旱求退，不允，因奏及民實惠惟寬減夏税，而施德自近始。如會稽和買詭避極多，今乞權免一年，後當差官釐正。秀州申，乞權減大軍總制錢二萬餘緡，吏擬勘當，公曰：「此豈勘當時耶？」奏蠲之。高宗上僊，朝廷欲用顯仁例，遣三使如敵中，公固執不可，謂今昔事體不同，不當畏人而曲狥。金國賀生辰使人到闕，上在喪次，議欲宣諭俾歸。公奏賀禮固不可行，但彼遠來，止是館伴發遣，朝廷更無一辭，於理未安。遂口占數語，令使者歸，附奏，中外咸謂得體。十一月，手詔討論皇太子參決庶務典禮以聞，上欲從天禧舊制，止就資善堂，公奏：「其時太子尚幼，初見輔臣，恐難尊用。昔晉有宣猷堂，今作議事堂，亦可。」十五年，太上山陵，公奏當如祖宗舊法，置使五人。首相意不欲，禮官又引紹興顯仁例。公言：「今陛下既用七月之制，又行三年之喪，山陵豈可不用大臣？永熙陵差吕端攝太傅，是時一相尚且親往。昭慈在會稽，倉卒間猶命樞臣爲總護使，又差執政張守監掩攢宫。舊章著明，昭然可証。臣備位宰司，當行。」乃以公攝太傅，如端故事。明堂加恩，進封濟國公，公奏：「久塵政路，自思陵歸即欲求去，緣京鏜使北，争執禮文，屢蒙宣諭，恐彼中因賀生辰却求報復，令臣任責，是以遷延少待。今人使已行，求去無嫌，願乞骸骨歸山林。」上獎勞再三，曰：「朕比年殊覺病倦，欲傳位太子，卿須且留數年。」公奏：「陛下聖體方康彊，只緣哀毁太過，何遽及此？」上曰：「禮莫大於事宗廟，而病不能自力，每直孟享，往往分詣；孝莫大於寧親，而德壽宮隔遠，不得日至，欲不退休，得乎？朕方以此委卿。」公泣而退。十二月壬申，上密付紹興三十二年太上傳位親札，公奏：「陛下躬行舜禹之事，臣願釋政，以内祠事陛下於别宫。」上曰：「丞相得無欲用錢端禮例邪？」上命公草詔，宜以侍几筵奉東朝爲意。十六年正月，拜特進、左丞相，進封許國公。二月壬戌内禪，公奏：「陛下聖壽康寧，巽位與子，古今盛典，再見本朝，中外同慶。臣等輔政無狀，自此不得日侍天顔，無任依戀之至。」哽噎幾不能言，上亦泫然曰：「正賴卿等協贊新君。」光宗即位，公奏：「陛下初政，用人求言爲急，如前宰執侍從首合咨訪。」後三日御筆批出降詔，從公請也。三月，陞少保、益國公。累奏乞回授，上不許，降詔面諭至三四。公在位稍久，士之有求而不獲者多望公，公爲是懼，求去甚力，上不許。既而諫官有言，公請益堅，詔以觀文殿大學士判潭州。言者不已，遂以少保奉祠而歸。孝宗遣中使賜公金器，勞問有加。紹熙改元，判隆興府，辭不赴。除觀文殿學士，判潭州。郡有倍税牙契錢，歲約二十萬緡，公亟罷之。明年六月，復大觀文。七月坐舉官不實，降授榮陽郡公。又明年八月，復益國公，改判隆興。復再入奏祈免，除醴泉觀使。今上即位，詔求直言，公奏陳四事：曰聖孝，曰敬天，曰崇儉，曰久任。且欲倣靖康時譚世勣主管龍德宫，壽皇時命錢端禮爲德壽宫使故事，遴選太上舊臣一二人，使侍燕閒、從遊幸，以廣陛下之孝。本朝提舉司天監，皆委近臣，如神宗初年用司馬光，元豐間用王安禮，今莫若擇侍從之忠直者提舉太史局。此誠格天之一端。上特遣使賜公少傅告，公一再辭，尋許回授。慶元元年三上表告老，詔以少傅致仕。嘉泰元年，有以布衣上書及公姓名者，言者論公，降一官，次年復少傅。四年十月一日薨，年七十有九。訃聞，上輟朝兩日，贈太師，賻銀千兩、絹千疋。公娶王氏，益國夫人，監察御史葆之女，先公一年薨，葬於廬陵縣斗岡之原。十二月八日，奉公柩合焉。子綸，朝請大夫、行大理司直；孫顥，宣議郎、新監饒州浮梁縣景德鎮，兼煙火公事。孫女五人：長適承事郎、監嘉興府糴納倉蕭彖，餘未行。公英亮宏達，得於天資，研精覃思，博極書傳，少有大志，常以古人自期。登進士第，繼擢詞科，當官涖事，慮周而識敏，内秉剛方而外和易，人不見其圭角。高宗一見其文，奇之，由臺閣登侍從，標望屹然，凡所獻替，前代之典章、國朝之故實，援引考證，辭婉意切，悉中事宜。在兩制，除拜有非其人者，據正争執，前後兩以祠去，士大夫莫不高其風，而孝宗於是益敬公矣。暨再還朝，旋踐二府，政事之外，尤究心武備，選將練兵，常如敵至，慨然以規恢大義爲不可已，而務存審重。孝宗亦自謂往時以文章知公爲不盡，而始有大用之意矣。既正宰席，以

身任天下之重，進盡忠益，退省闕遺，輔贊彌縫，靡不用其極。每與同列奏事上前，有甚公者，公一不顧，反覆辯論，歸於是而已。公於人才務合異同，不主一偏，惟賢是用，尤不樂矯激近名者。其規模建置，大抵本於仁厚，每以愛養民力、久任牧守爲急，於祖宗故事遵守不敢輕易。孝宗將内禪，討論典禮，草定詔册，一出公手，他人莫與。光宗以公甘盤舊學，眷禮尤篤，於是側目者衆。公竟以論去，閒居十五年，自號平園老叟，築堂名曰「玉和」，公自序云：「四氣和謂之玉燭，方今賢和於朝，物和於野，遂使皤然一叟，得俠老於和氣之内。」則知公雖從容緑野，坐遠世氛，而其心未嘗一日不在朝廷也。顧常謂《易》六十四卦，惟《謙》六爻皆吉，又誦「一言可以終身行之者，其恕矣乎」，故平生處己以謙，待物以恕，出於自然，無所矯飾。公之爲文温純雅正，不厲聲色，自足如意，近代建言得體，無出公右。晚筆力益遒，四方碑板多以屬公。公自奉甚約，義所當予，略無所靳。親舊貧不能自給者，廪之終身。事從兄甚嚴，視其顔色以爲戚欣，撫族姻曲有恩意，官同姓者六、異姓者五。公雖貴，遇朋友如貧賤時，澹於聲色，獨嗜書如饑渴。已老，手校《文苑英華》一千卷，又與同志取歐陽公集反復是正之，遂爲善本。公有《省齋文藁》四十卷、《平園續藁》四十卷、《省齋别藁》十卷、《詞科舊稿》三卷、《掖垣叢稿》七卷、《玉堂類藁》二十卷、《政府應制稿》一卷、《歷官表奏》十二卷、《奏議》十二卷、《奉詔録》七卷、《承明集》一卷、《辛巳親征録》一卷、《壬午龍飛録》一卷、《癸未日記》一卷、《閒居録》一卷、《丁亥游山録》三卷、《庚寅奏事録》一卷、《壬辰南歸録》一卷、《思陵録》二卷、《玉堂雜記》三卷、《二老堂詩話》二卷、《二老堂雜誌》五卷、《玉蘂辨證》一卷、《樂府》一卷，書稿十五卷。壁之先君文簡辱交於公，同德比誼，獨相知心。仲兄著作、季兄賢良皆從公游，蒙待以國士，而壁自幼亦荷公期予甚過。追惟三十年間死生離合，感慨增係，自顧駑下，學不加進，有負獎知。今公既葬矣，綸以行述來請，用不敢辭，序始終大略如右，以俟誌公之墓者，且以備奉常太史氏之采擇云。開禧元年十二月辛未，朝議大夫、試尚書禮部侍郎、兼同修國史、兼實録院同修撰、兼直學士院、兼樞密都承旨李壁謹狀。

樓鑰《攻媿集》卷九三《忠文耆德之碑》 嘉泰四年十月庚寅朔，故左丞相、少傅、觀文殿大學士益國周公年七十有九，薨于吉州之里第。十二月丙申，葬于廬陵縣斗岡之原。至嘉定元年，公之子綸告于朝曰：「先臣備位首相，既葬而隧，碑未立，敢泣以請。」天子曰：「嘻，此四朝之宗臣也。」謚以「文忠」，御書「忠文耆德之碑」以賜，且詔臣鑰爲之文。臣鑰不佞，荷文忠公知獎之深，屏居四明，先已撰公隧道之碑矣。聖恩起于告老之餘，待罪翰苑，欲引前碑以辭。綸又曰：「昔歐陽公修已銘程文簡公琳之墓，復以敕命爲之碑。故事甚切，願毋辭。」臣既共二史館，敢不敬承明旨，以答孝子之請，以揚公之休光，用詔後世？公諱必大，字子充，一字洪道，世家鄭州之管城。曾祖衎，朝奉郎，妣郭氏。祖詵，左朝散大夫，妣潘氏、李氏、張氏。父利建，左宣教郎、太學博士，妣王氏。公既貴，三世俱累贈太師、秦國公，妣俱贈秦國夫人。宣和中，祖通判吉州，因家焉。公幼而孤，十三又遭内艱。天資高亮，記問絶人。紹興二十一年擢進士第，授左迪功郎、徽州司户參軍，改監行在和劑局門。二十七年，中博學宏詞科，建康府府學教授。三十年，除太學録，召試館職。高宗見奏篇，曰：「他日可掌制。」除秘書省正字，次年改左宣教郎、兼權國史院編修官。明年五月，除監察御史。六月，孝宗即位。八月，除起居郎，直前奏事，上曰：「朕舊見卿文，可進近作。」兼編類聖政所詳定官，暫權給事中，兼權中書舍人。嘗論翟婉容位官吏轉行礙止法事，上曰：「初止謂卿能文，不謂剛正如此。」此其被眷注之始也。應詔條上十事，皆切時病。其一嚴銓試之法，又奏羣臣六參，除朔望過宫外，勿改舊制，至今行之。事有未便者不憚極論，上亟獎歎。公亦曰：「陛下有納諫之資，故臣輩各思自竭。」龍大淵、曾覿除知閤門事，公與給事中金公安節同奏：「大淵罷副都承旨，覿罷帶御器械，俱爲知閤。若以攀附舊恩，尚有可諉。正以搢紳指目，臺諫有言，外議方喧，而除命遽加，非舍己從人之義。」有旨：「罷劇就閒，已允公論，尚兹回繳，可特依奏。」既而再除，公曰：「前已反汗，今復申命，豈復但已！」格除目不下。越三日，不獲命，以還奉請祠，兩任主管台州崇道觀。乾道四年，權發遣南劍州，未赴。六年，改福建路提點刑獄公事。陛對，留爲秘書少監，兼直學士院，兼國史院編修官。上改告詞首尾，公奏：「陛下取漢宣帝之意，親制贊書。臣觀漢社稷臣乃在周勃、汲黯、霍光之徒，儒者公孫弘輩皆持禄保位，故宣帝以爲俗儒不達時宜。使宣帝求真儒用之，何至雜霸哉！」上曰：「卿學術精深，記問該博，所藴可以自見。當日夕與卿論文。」兼實録院檢討官。加上德壽尊號，公謂太上萬壽，而紹興末議文及近上表用「嗣皇帝」爲未安。按建炎以後遥拜徽宗表及唐憲宗上順宗尊號册文，皆稱「皇帝」，議遂定。七年奏四事：重侍從以儲將相，增臺諫以廣耳目，郎官專以旌外庸，監司郡守皆當久任，上稱以爲要務。兼權兵部侍郎，上云：「學士院湫隘。」公奏：「宫城不容增廣。陛下欲

卑宫室，臣等居此亦過矣。若遴選名儒而信任之，不在棟宇之麗也。」除權禮部侍郎，仍兼直學士院。陞同修國史實録院修撰，有旨公與吏部侍郎王之奇、太子詹事陳良翰對選德殿，出御札引唐太宗魏徵問對，以在位之久，功未有成，治效優劣，苦不自知，使各極陳其當否。公退而條陳練兵以圖恢復，而用將之道未盡；擇人以守郡國，而責實之方未至，又指陳大將郡守數易之弊。且言《貞觀政要》四十篇，既先之以魏徵論爲君之道，又著不克終之戒于篇末，蓋是時惟徵爲善諫。願思太宗廣諫諍之德，使嘉言日聞，治道日興。上嘉納。又奏：「諫官虚位，願蚤擇正人。先朝參用古制，卑其品而厚其禮，責其盡言，使姦邪望風畏戢，銷患未形。如近歲張松、韓玉等，使臺諫無所顧忌，蚤爲力言，豈至勞民費財，始勤英斷？」上曰：「朕自此知戒矣。」又奏曰：「人主無職事，惟在察臣下邪正。凡輕于任事，速于求售者，必至敗事。若疑儒者不足用，而專用才臣，今既累年，其效可睹。唐太宗之臣即隋之臣，藝祖之臣即五代之臣，非前愚而後智，顧人主用之如何耳。」又論：「臣寮務爲新説，欲徼奇功。王安石以堯舜之道告君，實行管商之術，指司馬光、蘇軾輩爲流俗，尤當察之。」江湖亢旱，上稱龔茂良措置有理。公請出緡錢二十萬代民租，乃不乏事。非不知縣官急闕，然艱食則盜起，盜起則調兵，費可省乎？上曰：「卿議論殊善，使朕聞所未聞。」兼侍講，又奏：「近奉詔，以僕射名官非古，欲更其名。周之太宰，卿也。小宰，中大夫也。中間所改非是。」上曰：「止欲爲左、右丞相，如『同中書門下平章事』皆可削。」公遂奏前古沿革而退。八年，兼中書舍人，固辭，且言：「外制之設，正欲謹于出令。凡有未當，欲其繳奏，非專貴以詞翰也。」卒因繳奏而遂免兼。張説再除簽書樞密院，公當草，不允詔，奏謂：「昨者舉朝以爲不可，陛下欣然聽納，曾未周歲，復有此除。貴戚預政，公私兩失。臣未敢具草。」時權給事中莫濟亦封還御筆，遂俱與外祠。九年，除知建寧府，再辭，不許。中道引疾，提舉江州太平興國宫，天下愈高之。淳熙元年，除右文殿修撰。説罷，召爲敷文閣待制兼侍講。六月，兼權兵部侍郎。八月，兼直學士院。上嘗稱公持重，不迎合，無附麗。除兵部侍郎兼侍講。進太上尊號詔草，上曰：「此文難于言，而温純典雅，無一字可議。」公奏：「初上光堯之號，臣已預議。庚寅之詔，亦出臣手。」上愕然曰：「前詔亦卿所草耶？」兼太子詹事。嘗論：「用人惟上智與下愚不移，中人惟上所御。爲官擇人，則引中人爲君子，爲人擇官，則引中才爲小人。」又奏：「聞陛下日御毬場，固知不忘閲武。然太祖二百餘年之天下，屬在聖躬，可不自愛？」上作色曰：「卿言甚忠，正以雠恥未雪，不欲自逸耳。」嘗奏：「聞金星近前星，武士擊毬，太子亦預，臣甚危之。」上曰：「卿可語太子。」公曰：「太子，人子也。陛下命以馳驅，臣安敢勸以違命？陛下勿命之可也。」陞兼侍讀，郊祀禋禮，執綏備顧問，除吏部侍郎。奏：「朝廷守至公之道，有司持一定之法，行以無私，孰不心服？」四年，除翰林學士，奏：「自唐至本朝，優待詞臣，以其無簿書之冗，可以朝夕論思，或有補于治道。得人固多，最可慕者，陸贄、歐陽修也。」五年，爲御試詳定官，得旨撰《選德殿記》及《皇朝文鑑序》，上尤稱之，賜御書白居易《七德舞》，墨猶濕也。除禮部尚書兼翰林學士，嘗論：「本朝專以仁立國，而又以禁暴安人爲本。」上曰：「兵勢似弱。」公曰：「仁故似弱，實非弱也。社稷靈長，職此之由。」上曰：「所以並無禍亂耳。」公曰：「本朝似周，秦兵雖强，興衰竟如何。」六年，詔禮官詳議明堂典禮，公定圜丘合宫互舉之議，再執綏草赦，明著古禮，以示來世。禮成，獻詩，又進動天之戒。上曰：「動天誠當以德，惟知道乃可語此。」公曰：「皇天親有德，饗有道，此豈聰明作爲所能爲哉！」除吏部尚書兼翰林學士承旨，論六部長貳判「依」字改爲「從」。上謂公視草勞甚，公奏：「臣素無汗馬之勞，致此爵位，宣力文字之間，未爲勞也。」上曰：「翰墨之功，豈小補哉！若大述作，固當煩卿。」七年五月，除參知政事。上曰：「卿遇事殊不依違，宰執自當和而不同。」公曰：「韓琦、歐陽修殿上日有所争，退則歡然，最爲可法。大臣自應互相可否。秦檜用事，執政至不敢措一辭，後遂以爲當然。陛下惟恐臣下不言，人臣乃欲自是乎？」嘗極陳民困之由，上問其故，公曰：「且以平江府論之，二十年前歸正、添差等官，歲用五萬緡。今已數倍，民安得不困？此特其一耳。」上爲之悵然。進呈湖北月樁錢數，公曰：「固出于不得已，亦須平時有以存卹。去歲荒旱，若非先事賑救，禁戢苛暴，何以免流殍之苦？舒州汪革始謀不善，若如前代失軍民之心，則乘災唱亂，必致蠭起，亦安肯束身自歸于司敗？所貴得民，正爲是耳。此非倉猝所能成也。」上深以爲然。有侍長樂之援，求爲郎者。上俾諭給舍繳奏，公謂：「不可，諭意不從則失禮，從之則壞法，命下，臣等自當執奏。」上曰：「卿等肯任怨如此。」公曰：「所謂任責，非任怨也。」九月，知樞密院事，上曰：「當與而不與則有怨，不當與而不與，何怨之云？」上歎曰：「三省本未可輟，卿每見難處之事，卿以數語決之，可謂敏矣。」上嘗歎養兵費邦賦之八，公奏：「自古未有五十年屯兵不解。古者講和則罷兵，今既有歲幣，而兵不敢撤，所以倍費。」上眷公益深，嘗奏事退，御筆：「卿臨事明敏而有決，朕每嘉之。」又稱公「通練軍

政，深副擢用之意。」公謝曰：「臣本以文墨受知，豈曉武事？誤蒙任使，不敢不勉。」十一年，御筆欲移興元義勝軍于襄陽，此軍皆契丹、渤海漢兒慕義來歸者。上以金、商山險，非用騎之地，聞其營砦遺火，因遷之。公奏：「路經金、洋，當先計人馬之數，使郭杲于襄陽豫辦。更令彭杲具以此意深察衆情。」六月，拜樞密使。上曰：「卿在西府光前絶後，若有邊事，宣撫使惟卿可爲也。」先是，金主避暑壽安，過上京，北牒以道遠，權止賀正生辰使一年。宣諭：「卿嘗料未必遣使，今果不來，可謂廟謨矣。」十二年，金州謀帥，公欲合侍從管軍薦舉。上曰：「軍帥當自上除授。」公曰：「舜用九官，皆咨四岳。與其私薦，不若明揚。若能攷實，孰敢妄舉？」因論邊報異同，上獎諭云：「事無巨細，卿皆究心。昨密問一事，條上數端，深謀遠慮，朕所不及也。」上謂王藺論事頗偏，公奏：「藺雖稍過，然汲黯在朝，淮南寢謀，盡言而不顧身，帝之左右豈可無此等人？況以獻納爲職，若上下相蒙，非國之福也。」御筆嘗謂大石契丹欲加兵于金，又諭結約夏國，又有忽魯竊據上京之報。公奏：「但當嚴備，隨機應之。」未幾，上諭公所傳皆妄，真有先見之明矣。十四年二月乙亥，面諭：「卿在樞筦，事皆經心，更旬日拜相，後人難繼也。」丁亥，拜右丞相，尋兼提舉國史院會要所、敕令所。上諭以委任之意，公奏：「自古鮮有無事時，今賴陛下勤政，内外晏然，殆將二紀。此正可懼之時，當思經遠之計。」又奏：「舜、禹君臣相戒，唐太宗不存形迹，臣等過失，望隨事戒敕，免積罪戾。臣有所見，不敢廢弼直之義。日有論奏，動繫天下休戚。比至給舍繳駁，臺諫論列，已爲後時。不若致審于初。」又奏：「人才不失之虛夸，則失之緘默凡冗。宜求篤實爲國者。」因旱，求退甚力。請依慶曆中例降秩，皆不許。遂奏實惠及民，莫若寬減夏税，施德當自近始。上方篤意救荒，其所以贊寬仁之政，不可勝紀。封事多言宰執同異，公奏：「要當各盡所見，豈可尚同？既是協心體國，苟有未然，雖面詰何害？若人才邪正，政事得失，安危所繫，自應反覆論難，止欲歸于是耳。陛下復祖宗密白之制，使三省覆奏而後行，正欲上下相維，非止奉行文書也。」高宗升遐，始末稽攷制度，奏置山陵五使，贊成聖孝，哀禮兩備。會賀生辰使至，上在喪次，議令館伴使諭遣。公奏：「賀禮固不可行，但彼行人遠來，而朝無一辭，于理未安。」遂口占數語，使歸報焉。正旦使將至，或請易淡黄袍御殿受書，然後素幄見使者。公力陳不可，止以縞素引見，使者果心服。手詔討論皇太子參決典禮，初欲開資善堂，公奏：「天禧故實，恐不宜于今。不若取西晉宣猷堂爲議事堂。」十五年正月戊戌，公請上特御延和殿，令宰執奏事畢，始過議事堂。思陵發引，公奏：「永熙故典，吕端一相猶攝太傅親往，而欲用顯仁舊例，非是。」遂再拜請行，乃以公攝太傅。上慮使人堅欲上壽，公奏：「必無争執。」上欲先令侍從、臺諫集議，公曰：「國之重事謀之帷幄，有不必詢衆者。」上尤稱獎：「卿能如此，國之幸也。」仲冬之初，奏乞骸骨，忽宣諭：「以病倦欲傳位太子，卿須少留。」公奏：「聖體康寧，止是孝思稍過，豈應倦勤？」上曰：「禮莫嚴于事宗廟，而孟饗多以病而分詣；孝莫重于執喪，而不得日至德壽，欲不退休，得乎？朕以此委卿。」公泣而退。十二月壬申，密賜紹興傳位親札。辛卯，留身，議定二月壬戌之吉。又命公草詔，專以奉几筵，侍東朝爲意。十六年正月己亥，拜左丞相。壬子，因奏事，始諭二府旬日當内禪，又令公獨呈詔，兼提舉玉牒及監修日曆。二月辛酉朔，降傳位詔。翼日，上吉服御紫宸殿，公奏：「陛下巽位與子，古今盛典，再見聖朝，中外同慶。臣等輔政無狀，自此無由日侍天顔，無任依戀之至。」哽噎幾不能言。上亦泫然曰：「正賴卿等協贊新君。」光宗首問當世急務，公奏用人求言二事。尋即降詔，公積階至特進，爵自管城縣開國男至滎陽郡公。歷封濟、許二國公。三月，拜少保，益國公。公以三孤之官不應以覃霈而得，力辭不可。又乞回授至于四五，不得已而始受之。奏以朔望之次日朝重華宫。五月，求去方力，而諫省有言，請益切。除觀文殿大學士、判潭州。言者不已，殿中助之，遂以少保充醴泉觀使而歸。孝宗賜金器勞問。紹熙改元，判隆興府，辭不赴。二年，除觀文殿學士、判潭州。罷倍税牙契錢二十萬緡，郡事皆親理之。三年四月，復元職。七月，坐所舉官以賄敗，降滎陽郡公。四年八月，復舊封。冬，易鎮隆興，力求奉祠。主上登極，求言于舊弼。公奏聖孝、敬天、崇儉、久任四事，皆切于世用。遣閤門官賜少傅告，控免至再，始許祗恩。慶元元年，于是公年七十矣，三表引年，遂以少傅致仕。嘉泰元年，布衣上書及公姓名，臺評降一官。明年乃復。遺奏既聞，上爲震悼，輟朝二日，贈太師，賻銀絹各千，累食邑一萬五千六百户，食實封五千八百户。【略】嗚呼！天之生公，固授之以間氣。公之出仕，亦可謂千載之遇矣。自決科以至考終，五十有三年，始以文字受知高宗、孝宗，以至位極人臣。晚輔光宗之初政，退被主上之休寵。孝宗在位二十有八年，公實相爲終始。其中以十年出入翰苑，時方承平，極鋪張揚厲之美。以十年輔政，秉鈞盡輔，贊彌縫之妙。兩以逆折姦鋒，深忤上意。事定言驗，得眷愈隆。致身元宰，出處爲時重輕，幾無纖瑕微纇之可指。文章則追配作者，論議則究極古今。風度如張九齡，謀謨如崔祐甫。宋廣

平之守文，杜如晦之善斷，公幾兼之。乃所願則尤切切于陸宣公、歐陽文忠，此非臣之私言也。平日著述，爲書十餘種，總爲二百卷，行于世。校之前碑，撮取其名節國事而略其餘，謹再拜特書，以對揚休命。銘曰：

巍巍孝宗，天錫勇智。二十八年，是爲盛際。猗歟益公，善始以終。始進以文，終察其忠。再折姦萌，逆鱗以批。事定言驗，表表忠規。獻納論思，知無不爲。彌縫輔贊，百工惟熙。三聖相授，同守一道。公實佐之，家有宸藻。憂邊思職，具存宏模。臨機輒斷，華夷謐如。告老既休，著書自若。拳拳斯文，以惠後學。天不慭遺，殄瘁興悲。既銘公墓，又勒豐碑。生榮死哀，身美君顯。是爲宗臣，後慶其衍。

樓鑰《攻媿集》卷九四《少傅觀文殿大學士致仕益國公贈太師謚文忠周公神道碑》 孝宗皇帝在位二十八年，厲精求治，久而不倦，聖德日新，光紹祖宗。宰相凡十有五人，明良會遇，可謂盛矣。求其相爲終始，全德備福，亦未有如益國周文忠公者。始，公親見龍飛，御名之立，已嘗預議。中間再以力排權倖，沮其枋用，忤旨去國，略不少貶。士大夫之過計者，謂公不復用矣。聖明洞照，愈加褒擢，遂至元宰，任天下之重，周旋密勿，終贊與子之決。以孝宗之實睿實聰，公之明敏肅給，真千載之遇。而又事光宗于春宫，夾輔初政，功成身退。既掛衣冠，猶被主上寵光者十年。嗚呼，其可謂聖朝之宗臣矣。公薨之二年，嗣子綸以書抵四明樓鑰曰：「先公既葬而隧碑未立。」謂鑰荷公之知，晚而益深，又嘗待罪太史氏，俾爲之辭，且示以今參知政事李公壁所作行狀。鑰不佞，謹摭其大槩，洎平日見聞之實而書之。公諱必大，字子充，一字洪道，世爲鄭州管城縣人。曾祖衎，朝奉郎。祖詵，左朝散大夫。父利建，以上舍魁登第，終左宣教郎、太學博士。以公貴，三世俱贈太師、秦國公。曾祖妣郭氏，祖妣潘氏、李氏、張氏，妣王氏，俱贈秦國夫人。宣和中，祖爲吉州通判，因家焉。外祖給事中靚知平江府。靖康元年，公生于郡治。幼孤，歸信州外家，從汲人陳持學。太夫人躬督誦書，率至夜分。十三而太夫人卒。公記誦絶人，徒手入舉場，有問者應如響。文又工緻，遂名薦書。紹興二十一年擢進士第，授左迪功郎、徽州司户參軍，改監行在和劑局門，以鄰火罷。二十七年，中博學宏詞科，循左修職郎、建康府府學教授。三十年，除太學録，召試館職。高宗稱奏篇，謂他日可掌制。除秘書省正字，循左文林郎。三十一年，改左宣教郎，兼權國史院編修官。三十二年五月，除監察御史。六月，孝宗即位。八月，除起居郎，直前奏事。上曰：「朕舊見卿文，有近作進來。」此眷注之始也。侍立講筵，奏：「勸講非爲分章析句，正欲從容訪問，以裨聖聰，究治體。」兼編類聖政所詳定官，暫權給事中，兼權中書舍人。嘗論邊事，上以蜀爲憂，對曰：「蜀民久困征求，願降詔撫諭。」許以事定寬其力。又奏比歲史官不備，故記注多闕。欲先自六月十一日修纂，前未備者併修之。論翟婉容位官吏轉行礙止法事，上曰：「初謂卿止能文，不謂剛正如此。」公奏：「前宰執、侍從依赦復職，亦有不合人望，當繳奏者。」上曰：「固然。卿論事但令適中，朕無不從也。」應詔條上十事，皆切中時病。其一嚴銓試之法。又奏羣臣六參，除朔望過宫外，勿改舊制，至今行之。安穆皇后追册祔饗，公奏神主謁諸室前殿，則不以欽宗服而廢祖宗之樂；别廟奉安，則乞備而不作。金人來邀舊禮，詔從臣指陳定論。公率同列奏：「向者祐陵未卜，慈寧未返，以講好之故，寧親寧神，兩遂所欲，禮雖屈而志則伸。今而遽許之，必謂我怯，將有難塞之請。使者之行，當再用鄰國之禮。彼或有辭，則告以通好于用兵之後，以何名而屈，以何名而受耶？」事有當駁者，皆極論其不可。上亟加獎歎，公亦言：「陛下有納諫之資，故臣輩各思自竭。」龍大淵、曾覿除知閤門事，公同給事中金安節奏：「大淵罷副都承旨，覿罷帶御器械，俱以閤門處之，實遷也。若以攀附舊恩，尚有可諉，正以搢紳指目，臺諫有言，外議方喧而除命遽加，陛下于將相要官或罷或貶，一付公論，略無適莫，獨此二人乃爲之遷就諱避，殆非舍己從人之義也。」有旨：「罷劇就閒，已允公論，尚兹回繳，可特依奏。」已而二相宣示御札，謂：「給舍爲人鼓惑，議論羣起，小事豈應如此？」公等奏言：「昧于事體，專徇流俗，輕瀆天威，居家俟罪，再乞重賜竄責。」俱不允。入謝，上曰：「朕察卿務舉職，但朕欲破朋黨，振紀綱耳。」旬日，二相又道上意，已再除兩知閤，且云：「後省想亦無他。」公曰：「前已反汗，今復申命，豈敢但已！」格除目不下。右揆以聞，越三日不獲命，以信州還奉請祠，兩任主管台州崇道觀。乾道四年，權發遣南劍州，未赴。六年，改福建路提點刑獄公事。陛對，論帥臣有名而無其實，將副具官而非其人。又論雜舉中外文武之才，以備選用。益縣令之俸，而責其廉。及捕盜官候六攷行賞。執政奏擬秘書少監，上可之，仍令兼直學士院。會草晁公武知揚州不允詔，御筆改定，公引故事乞罷，不許。兼國史院編修官。初，鄭聞草公制，上改首尾詞，公奏：「陛下取漢宣帝之言，親制贊書，明示好惡，敢因訓詞推廣聖意。」臣觀漢社稷臣乃在乎周勃之鄙樸，汲黯之少文，霍光之不學。至于儒者持禄保位，則公孫弘輩實爲之，故宣帝嫉之，以爲俗儒不達時宜，蓋有激而云爾。

使宣帝求真儒用之，何至雜霸哉！陛下以漢爲監，則士風趨向歸于正矣。」上曰：「卿學術精深，記問該博。」又嘗曰：「平昔所蘊，可以自見矣。自此當日夕與卿論文。」兼實録院檢討官。加上德壽尊號，公謂：「太上萬壽，而紹興末議文及近上表例用『嗣皇帝』爲未安。按建炎以後遥拜徽宗表及唐憲宗上順宗尊號册文，皆稱『皇帝』。」議遂定。趙丞相雄以中書舍人奉使，賀金主生日，宗室伯驌爲介。御札生辰使兼齎國書一封，理會受書。公立具草，有云：「尊卑分定，或校等威；叔姪情親，豈嫌坐起？」後四日對秘殿，上曰：「朕未嘗諭國書之意，而卿能道朕心中事，可謂大才。」賜坐久之，欲退而不記來路。上指示之，命内侍導而出。七年，奏四事：重侍從以儲將相；增臺諫以廣耳目；郎官專以旌外庸；監司、郡守皆當久任。上稱其爲要務。皇太子領臨安尹，公既草制，因奏恐别無被受，欲依詔書體式降付東宫。兼權兵部侍郎。上云：「學士院湫隘。」公奏：「宫城不容增廣，陛下欲卑宫室，臣等居此亦過矣。若遴選名儒而信任之，不在棟宇之麗也。」除權禮部侍郎，仍兼直學士院，陞同修國史、實録院修撰。有旨，公與吏部侍郎王之奇、太子詹事陳良翰對選德殿。袖出御札，引唐太宗、魏徵問對，以在位之久，功未有成，治效優劣，苦不自知，各極陳其當否。公退而條陳：「練兵以圖恢復，而用將之道未盡；擇人以守郡國，而責實之方未至。」又指陳大將郡守數易之弊，且言：「《貞觀政要》四十篇，既先之以魏徵論爲君之道，又著不克終之戒于編末，蓋是時惟徵爲善諫。願思太宗廣諫諍之德，使嘉言日聞，治道日興。」上嘉納，且曰：「方圖力革二弊。」又奏：「諫官虚位，願早擇正人。先朝參用古制，卑其品而厚其禮，責其盡言，使姦邪望風畏戢，消患未形。如近歲張松、韓玉等，使臺諫無所顧忌，早爲力言，豈至蠹民費財，始勤英斷？雖天縱濬哲，安能盡見？」上曰：「如人奕碁，當局多誤，惟旁觀乃見之。朕自此知戒矣。」又奏：「人主無職事，惟在察臣下邪正。凡輕于仟事而速于求售者，他日必至敗事，不可不察。若疑儒者不足用，而專謂才臣能趣辨，今既累年，其效可睹。唐太宗之臣即隋之臣，藝祖之臣即五代之臣，非前愚而後智，顧人主用之如何耳。」又論：「臣寮務爲新説，欲徼奇功。王安石以堯、舜之道告人主，實行管、商之術。指司馬光、蘇軾輩爲流俗，尤當深察之。」上曰：「蘇軾却是流俗，可謂顛倒。」嘗奏江湖大旱，上稱龔茂良措置有理，公請：「出南庫緡錢二十萬代民租，乃不乏事。非不知大農急闕，然艱食則盗起，盗起則調兵，費可省乎？」上曰：「卿議論殊善，使朕聞所未聞。」謝曰：「臣惟以不欺事陛下。」兼侍講，上以雨雪愆亢，欲加精禱。公奏：「《洪範》『肅時雨若』，此殆言路曠官之證。臺端一日不可闕，今乃五旬不除。」上言未有人，公奏：「百執事何至乏才？兼御史臺令，殿中闕，具察官姓名取旨差權。苟未欲輕用人，亦可舉行此制。」上驚曰：「朕不知此。」遂宣諭宰相具上。又奏：「近奉詔，以僕射名官非古，欲更其名。周之太宰，卿也；小宰，中大夫也。中間所改，亦未可用。」上曰：「太宰今吏部尚書爾。止欲爲左、右丞相，如『同中書門下平章事』皆可削。」公遂歷奏前古沿革而退。八年，權中書舍人。公奏：「西浙爲今日根本之地，而賦税供億反重于他路。且户部既理財，朝廷又理財，争肆漁取，致以隱漏爲名，增無實之税。」上曰：「此漕臣之繆。」公曰：「陛下既知，何不改正？」因辭西掖，且言：「外制之設，正欲謹于出令，凡有未當，欲其繳奏，非專責以詞翰也。」上曰：「正有望于卿。」因奏：「閩漕陳峴議變鹽法，恐擾民難行。」又奏曹耜除府推事，上曰：「知其人才，欲與寺丞。」公曰：「臣即有文字。」上意不悦，退而繳詞頭：「願别擇俊寮，協贊元良。」耜知嚴州，公亦免兼矣。張説再除簽書樞密院，王之奇賜出身，並命公當草，不允詔，奏謂：「昨者舉朝以爲不可，陛下欣然聽納。嘗云『兹事誠誤』，旋即改命。曾未周歲，復有此除，貴戚預政，公私兩失。若謂西府間以武臣，願擇大將有威望者畀之。臣非欲專任文吏也。且當是時，之奇亦曾論奏，今乃與説同陞，恐亦未當遽受也。臣未敢具草。」時權給事中莫濟再封還御筆，遂俱與外祠。又趣公出門，匹馬便面，翩然徑行。九年，除知建寧府，再辭，不允。中道引疾，提舉江州太平興國宫，天下愈高之。淳熙元年，除右文殿修撰。説罷，召還，除敷文閣待制兼侍講。六月，兼權兵部侍郎。嘗論改官舉削到部放散之制，後雖潤色，然自公發之。八月，兼直學士院。上稱公持重，不迎合，無附麗。除兵部侍郎，仍兼侍講。進太上尊號詔草，上曰：「此文難于言，而温純典雅，無一字可議。」公奏：「向者初上光堯之號，臣已預議。庚寅之詔，亦出臣手。」上愕然曰：「前詔亦卿所草耶？」兼太子詹事，上論史事，公奏：「李燾于史學如嗜飲食，《長編》攷證異同，罕見其比。」嘗論：「用人惟上智與下愚不移，中人惟上所御。爲官擇人，則引中人爲君子；若爲人擇官，則引中才爲小人。今不及數月，已望遷擢，後將無官可遷。願力革此風，愛惜名器。」又奏兵將官刻削等事，上曰：「今不如此。」且言：「王友直極廉，安有刻下？」公曰：「昨聞殿司進羡餘二十萬緡，此何從而得？」上曰：「朕已不受。」公曰：「雖則不受，當思其所自來。」上曰：「統制官不治財賦，統領却治之，可相關防，不致妄費。」公則曰：「此尤非也。主

將而下須令各得懽心，今因小利更相猜察，情既不通，緩急何由得其死力？」又奏：「聞陛下日御毬場，固知不忘閱武。然太祖二百餘年之天下屬在聖躬，可不自愛？」上作色曰：「卿言甚忠，得非憂銜橜之虞乎？正以讎恥未雪，不欲自逸耳。」又奏：「聞金星近前星。」上曰：「止是略近。」公曰：「天道高遠，當論人事。武士擊毬，太子亦預，臣甚危之。」上曰：「卿可語太子。」公曰：「太子，人子也。陛下命以驅馳，臣安敢勸以違命？陛下勿命之可也。」陞兼侍讀。大禮執綏，備顧問，除吏部侍郎。奏：「朝廷守至公之道，有司持一定之法，行以無私，孰不心服？近乃有任怨之説。法行以公，人自無怨。」上曰：「朕每諭大臣彌縫人情，無以朝夕論思，或有補于治道。得人固多，最可慕者，陸贄、歐陽修而已。若乃進則有隱，退則不密，擠人而利己，揚己以取名，安能逃日月之照哉！」上曰：「學士宴見無時，至爲親近。」五年，爲御試詳定官，屢乞去。上問文士可代者。聞呂祖謙能文，公謂翰苑須用有學問者。祖謙涵養既久，習知典故，史院甚得其力，不但文字之工也。得旨撰《選德殿記》，又命書之。後内直宣對，别令中使引至碑下。傳旨：「記文詞采瞻蔚，召卿觀覽。」既見，上又有博美之稱。歸至玉堂，御書白居易《七德舞》賜之，墨猶濕也。後進呈《皇朝文鑑序》，上曰：「卿之文在廷莫及，真匠手也。」除禮部尚書兼翰林學士。嘗論本朝專以仁立國，兵非不用，而以禁暴安人爲本。上曰：「兵勢似弱。」公曰：「仁故似弱，實非弱也。社稷靈長，職此之由。」上曰：「所以並無禍亂。」公曰：「本朝以周，彼秦兵雖彊，興衰竟如何？」六年，詔禮官詳議明堂典禮。公奏：「祀帝祀天，以祖宗配，此前朝已行之制。世俗止誦《孝經》之語，未嘗深攷其義，致以今日爲疑。」由是定圜丘合宫互舉之議。公再執綏草赦，引周漢故事，有曰：「俶經路寢，有皇祐之彝儀；偏秩羣神，有紹興之近制。蓋明著古禮，以示來世也。」禮成獻詩，又進動天之誡。上曰：「動天誠當以德，惟知道，乃可語此。」公曰：「皇天親有德，饗有道，此豈聰明作爲所能爲哉！」除吏部尚書兼翰林學士承旨。論六部長貳判「依」字，遂改爲「從」。嘗奏：「祖宗涵養善類，名卿才大夫相望。自章、蔡沮士氣以壞風俗，獎讒諂以植黨與，卒致播遷之禍。中興一洗前弊，得人爲多。秦檜以患失之心，濟忌刻之資，引庸人以充侍從，對畢輒納副封。既出其門，無所不有。人才衰落，貽患至今。論思之職，上規人主，次及大臣，下及四方，安可納副封耶？願博求文武之英，布列中外。」上曰：「如曾開輩，今豈易得？」又及：「舜之無爲，非皆無所爲也，特不爲期會之屑屑耳。」又言：「自古上自人君，下至士庶，鮮有不爲左右前後之人所牽制者。」上謂公視草勞甚，公奏：「臣素無汗馬之勞，致此爵位，正使宣力文字之間，未爲勞也。」上曰：「翰墨之功，豈小補哉！若大述作，固當煩卿。」七年五月，除參知政事。上曰：「近見卿遇事殊不依違，執政之于宰相事任非遠，自當和而不同。」公曰：「韓琦、歐陽修殿上日有所争，退則懽然無間，最爲可法。」後又嘗曰：「前此宰相議事，執政更無語，今乃肯各述所見。」公奏：「大臣自應互相可否，秦檜用事，執政至不敢措一辭，後遂以爲當然。臣嘗以紹興初聖語示同列，勉其協濟。況陛下虚心無我，惟恐臣下不言，人臣乃欲自是乎？惟小事不敢有隱，則大事何緣蔽欺？」八月，以久旱，御筆付三省求直言。初，回奏慮所在因是皆有賑濟之請，公言：「上明目達聰，而吾儕不能將順，獨不愧于心乎？萬一上自行之，或以此奏示外，豈不獲罪公議？」相亟從之。又奏：「聖明在上，星變旱災殆繇臣等所致。」上曰：「若封事及大臣，朕須留中。」公曰：「付出何害？未聞有過而人不知也。」昌化有箭穀得米，相以上再三。及此議宣示外廷，公曰：「天若爲瑞，必無水旱。乾道間有以九華山竹米爲瑞而得罪者。且宣和有此，豈是休徵？」遂已。有乞改常平不以赦原之法，公奏：「紹興中因孔括申請，遂與謀叛等同科。乞令削去，祇從海行法，遇兩赦或非次赦聽原。」公嘗極陳民困之由，上問其故，公曰：「且以平江府論之，二十年前歸正添差等官歲用五萬緡，今乃數倍，支移折變之數日有所增，齊民安得不困？此特其一爾。」上爲之悵然。進呈湖北月樁錢數，公曰：「固出于不得已，亦須平時有以存卹。去歲旱荒，若非陛下先事賑救，禁戢苛暴，何以免流殍之苦？舒州汪革始謀不善，若如前代失軍民之心，則乘災唱亂，必致蠭起，彼亦安肯束身自歸于司敗？所貴得民，正爲是耳。此非倉猝所能成，其來有漸矣。」上大以爲然。上嘗謂樞密非古官，公奏：「在唐止司傳導，五代始置崇政院，分宰相之權。神宗亦有意廢併，聖諭可謂盡善。但二百年官制難以驟改，不若且令二府互領，更加熟慮。」有恃長樂之援求爲郎者，上俾諭給舍。公奏：「臺諫給舍與三省相維持，豈可諭意？不從則失體，從之則壞法。命下之日，臣等自當執奏。」上曰：「卿等肯如此任怨。」公曰：「當與而不與，則有怨，不當與而不與，何怨之云？」上歎曰：「此所謂任責非任怨也。」上嘗言《唐鑑》一書興衰治亂之理甚明，公奏：「祖禹著書，皆可備乙夜之覽，篇篇即是諫疏。」九月，除知樞密院事。上曰：「卿才堪其任，三省本未可輟。卿每見難處之事，卿以數語決之，可謂敏矣。」上謂公如統制

官之類，可時與之接，以觀其才。公因奏：「雷世賢説淮南地形緩急，欲守滁。臣謂不然。廬、和則當其衝，滁沮山林，可自守而不可以禦敵。」楚州舊屯軍八千，雷世方乞止差鎮江軍五千人。公奏：「山陽控扼清河口，韓世忠實屯重兵。今無故減戍，他時或增，必致敵疑。揚州武鋒軍有衆八千，本屯山陽，若歲撥三千同戍，誠爲兩便。」十年，奏：「白氣自西南亘天，宜爲兵備。」上曰：「日脚之氣，冬常有之。」公言：「此日官相寬之詞，然有備乃能無患。」上嘗歎養兵費邦賦之八，公奏：「自古未有五十年屯兵不解。古者講和則罷兵，今既有歲幣而兵不敢徹，所以倍費。」文州蕃部劫殺二漢人，吴挺止申照會。公請：「督其根治，使知朝廷事必留意，不敢忽略。日有萬幾，不察于微，弊不勝救。」上曰：「自昔多因不防其微，馴致禍敗。」温州軍士喧悖憲司，欲先定汪義端刻削之罪，仍正紀律。公奏：「此風不可長，恐兵愈驕。」郭杲請移江陵萬二千人，與其孥永屯襄陽，公言：「止當以兵之半分戍。」杲謂襄陽爲要地，而江陵亦在江北，爲吴楚喉衿，争辯甚力，乃許萬人，且令騎兵盡行。上眷公益深，嘗奏事退，特命中使賜御筆：「卿臨事明敏而有決，朕每嘉之。」宣諭：「金主避暑壽安，所徙器用倍多，且分諸子出鎮。或謂欲至東都，秋間議過上京。」公奏當豫爲之備甚詳。上稱公：「通練軍政，深副朕擢用之意。」公謝曰：「臣本以文墨受知，豈能曉暢武事？誤蒙任使，不敢不勉。彼方恫疑虚喝，正恐我或先動。所當精擇邊將，鎮之以静。」上曰：「朕嘗戒臣下以公心，人自無説。」公曰：「所以私者，欲收人情，其來無窮。得者寡，不得者衆。若不裁以公道，恐譽者不若毁者之多。以陛下聖明，臣等智慮所不及則有之，何敢有所欺也。」十一年，奏：「廣中鹽法既更，州縣空乏，事勢可憂。詹儀之、胡庭直皆賢而才短，故鋭于革弊而不能計其後。」已而果然。公言：「趙汝愚在福州百廢具舉，孜孜國事，殆不多得。王希吕緩急可當一面，彼小廉曲謹，雖無瑕可指，却恐誤事。」上曰：「如趙雄、汝愚、希吕，皆帥才也。」義勝軍皆契丹、渤海漢兒慕義來歸，屯于興元，御筆以金、商山險，欲移襄陽用騎之地。聞其營砦遭火，因以遷之。公奏：「路經金、洋，當先計人馬之數，使郭杲于襄陽豫辦，方可議遷。更令彭杲具以此意深察衆情。」御批：「卿謀慮深遠，良用嘉賞。」六月，拜樞密使。上曰：「卿在西府光前絶後，若有邊事，宣撫使惟卿可，他人不能也。」呈諸軍陞差籍，公奏：「已及一季，欲問召一二。雖不專用此取人，亦因以察其能否，使主將不敢容私。」上令赴樞密院審察。後池州李思孝自言正將二人不能開弓，乞與罷軍。上曰：「此皆樞使措置之效。」北牒以上京道遠，權止賀正生辰使一年。宣諭：「卿等料未必遣使，今果不來，可謂廟謨矣。」王希吕乞增兵戍廬州，上以萬弩手民兵已多，止可分數千人。公奏：「須與萬人。蓋當以正軍爲主，則帥司可立。帥司既立，則沿淮歸正山水寨民兵皆爲我用矣。」十二年，留正申西兵已免起二年，今年取旨。上以三衙不可闕，欲令發來。公奏：「襄陽兵少，閻世雄欲得此人，敵不得志于四川，又嘗送死淮南，深恐睥睨荆襄。」遂與一年。金州謀帥，公欲令侍從、管軍薦舉。上曰：「大帥當自上除授。」公曰：「舜用九官，皆咨四岳，與其私薦，不若明揚。若能攷實，孰敢妄舉？」因論邊報異同，上獎諭云：「事無大小，卿皆究心。」公又曰：「天下安有不可措置之事？」上曰：「昨密問一事，卿便條上數端，深謀遠慮，朕所不及也。」上謂王藺論事頗偏，公奏：「藺雖稍過，然汲黯在朝，淮南寢謀。盡言而不顧身者，陛下左右豈可無此等人？況以獻納爲職，若上下相蒙，非國家之福也。」先是，御筆：「大石契丹欲加兵于金，果有之，在我豈得漠然？固不可違誓，或有釁端，何以爲詞？」公奏：「彼一方小警，何至移文宿、泗？若果有釁，何患無詞？急在間探精審耳。」至是又諭結約夏國事，公奏：「頃嘗因任令公帛書通信，金以示范成大，夏國難保如此，似未可也。」後又報忽魯大王據上京，上問公，公奏：「茲事體大，當隨機應之。」未幾上諭公：「所傳皆妄，樞使真有先見之明矣。」廣東帥潘時以擅斬逃兵自劾，上批無罪，公奏：「帥無便宜之文，不經録問詳覆而斬四人，雖鋭于除惡，然人命至重，不可輕許。洪邁守婺，誅首亂六人，止是放罪，後不妨旌賞。」十四年二月乙亥，宣諭：「卿在樞筦，凡事無不經心，更旬日拜相，後人難繼。」丁亥，拜右丞相，尋兼提舉國史院會要所、敕令所。上諭以擢用人才及委任之意，公奏：「東府事繁，非西樞比，自古鮮有無事時。今賴陛下勤政，内外晏然，殆將二紀。此正可懼之時，當思經遠之計。」又奏：「舜、禹君臣相戒，唐太宗不存形迹，臣等過失，望陛下隨事戒勑，免積罪戾。臣有所見，不敢廢弼直之義。日有論奏，動係天下休戚。比至給舍繳較，臺諫論列，已爲後時，不若致審于初。」又奏：「人才不失之虚夸，則失之緘默凡冗。宜求篤實爲國者。」大旱，求退甚力。上曰：「方賴卿等協贊，若捨朕而去，誰與共此？」又請依慶曆中例，降秩一等，亦不許。偏禱羣望，下詔求言，遂奏：「實惠及民，莫若寬減夏税。施德當自近始。會稽和買詭避至多，請權免一年，徐議釐正。」秀州乞權減大軍總制錢二萬餘緡，吏擬勘當。公曰：「此豈勘當時耶？」奏蠲之。上方篤意救荒，其所以贊寬仁之政，不可勝紀。封事多言大臣同異，公奏：「豈可尚同？要當各盡所

見。臣每謂同心體國，苟有未然，雖面相詰責，何害？止欲歸于是耳。若人才邪正，政事得失，安危治忽所繫，自當反覆論難。陛下復祖宗密白之制，使三省官覆奏而後行，正欲斟量可否，上下相維，非止奉行文書也。」高宗上仙，始末稽攷制度，奏置山陵五使，贊成聖孝，哀禮兩備。初欲用顯仁例遣三使，公固謂事體不同，不當曲徇。會賀生辰使至，上在喪次，議令館伴使發遣。公奏：「賀禮固不可行，但彼遠來，朝無一辭，于理未安。」遂口占數語，使歸報。後正旦使將至，或請權易淡黄袍御殿受書，然後素幄見使者。公力陳不可，止以縞素引見，使者果心服。手詔討論皇太子參決庶務典禮，初欲開資善堂，公奏：「天禧時仁廟尚幼，始見輔臣，恐不可用。西晉有宣猷堂，今作議事堂可也。」十五年正月戊戌，公請上特御延和殿，令宰執奏事畢，然後過議事堂。思陵發引，公奏：「陛下既行三年之喪，又用七月之制，永熙故典，呂端一相，猶攝太傅親往，而有司欲用顯仁舊例，非是。」遂再拜請行，乃以公攝太傅。上慮使人堅欲上壽，公奏：「引見受書，即是成禮。上壽時，不過隨班拜舞。若奉觴致詞，皆無所預，臣等保無爭執。」上欲先令侍從、臺諫集議，公曰：「國家大事，謀之帷幄中，有不必詢衆者。況事理曉然，不必徒爲紛紛。」上尤稱奬：「卿能任責如此，國之幸也。」仲冬之初，留身，奏：「臣歸自陵下，即欲求外。緣京鏜使回，聖慮來賀者求報，復令臣少待。人使已行，願乞骸骨。」上奬勞再三，忽宣諭：「比年病倦，欲傳位太子，卿須且留。」公奏：「聖體康寧，止因孝思稍過，豈應遽爾勸勤？」上曰：「禮莫大于事宗廟，而孟饗多以病而分詣；孝莫大于執喪，而不得日至德壽。欲不退休，得乎？朕方以此委卿。」公泣而退。十二月壬申，密賜紹興傳位親札。辛卯，留身，議定二月壬戌之吉，又命公草詔，專以奉几筵侍東朝爲意。十六年正月己亥，拜左丞相。壬子，始因奏事宣諭二府：「旬日當内禪。」又令公留身呈詔草，兼提舉玉牒及監修日曆。二月辛酉朔，降傳位詔。翌日，上吉服御紫宸殿，公奏：「陛下巽位與子，古今盛典，再見聖朝，中外同慶。臣等輔政無狀，自此無由日侍天顔，無任依戀之至。」哽噎幾不能言，上亦泫然曰：「正賴卿等協贊新君。」光宗問當世急務，公奏用人求言二事，尋即降詔，公積階至特進，爵自管城縣開國男至滎陽郡公，歷封濟、許二國。三月，拜少保、益國公。公以三孤之官不應以霈恩而得，力辭不可。又乞回授至于四五，不得已而後受焉。奏以朔望之次日朝重華宫。五月，求去甚力。既而諫省有言，請益切。除觀文殿大學士，判潭州。言者不已，副端助之，遂以少保充醴泉觀使而歸，孝宗賜金器勞問。紹熙改元，判隆興府，辭不赴。二年，除觀文殿學士判潭州，親理郡政，不以簡貴自居。罷倍税牙契錢二十萬緡。三年四月，復元職。七月，坐所舉官以賄敗，降滎陽郡公。四年八月，復舊封。冬，易鎮隆興。五年，力求奉祠。主上踐阼，詔求言于舊弼。公奏四事，曰聖孝，曰敬天，曰崇儉，曰久任，皆訏謨也。遣閤門官賜少傅告，一再辭免，始許祗恩。慶元元年，公于是年七十矣，三上表引年，遂以少傅致仕。嘉泰元年，布衣上書及公姓名，臺評降一官。明年，乃復。四年十月庚寅朔，薨，年七十有九。累食邑一萬五千六百户，食實封五千八百户。遺奏聞，上爲震悼，輟朝兩日。贈太師，賻銀絹各千。仍命弟之子綰添差江南西路轉運司主管帳司，以護襄奉。尋賜謚文忠。娶王氏，監察御史葆之女，封益國夫人，先一年薨。一子，即綸也，朝請大夫，行大理司直。孫顥，宣義郎、新監饒州浮梁縣景德鎮兼烟火公事。孫女五人：長適承事郎、監嘉興府糴納倉蕭彖，餘尚幼。初，益國夫人葬廬陵縣斗岡之原。十二月丙申，奉公之喪合焉。公在高宗朝已擢臺察，事孝宗最久。始皆以詞章受知，可以平揖美官，而秉心不欺，遇事輒發，不復顧身，屢跲復奮，上久而深察其精忠。北門之官有四，公徧爲之，前後十年，兩宫極孝治之盛。講慶壽，加尊號，親祠，赦宥，立后，陞儲，過宫，出郊，無非盛事大典，公皆在屬車間，鋪張揚厲，實有以佐宋之光明。若水旱災異，夷狄寇盜之辭，咸無焉。自參預樞筦，以歷二揆，又涉十年，榻前論事，出入經史，練習典章，動有援據，不爲空言，故天子聳聽嘉奬，而同列自以爲不及。以國事爲己任，進退人才，一本公道，養民擇守，憂邊訓兵，仰贊睿謨，慮周而敏，被遇日隆，數當大事典禮，論議裁處曲當。内禪尤爲至重，吉日徽稱，宫名母后，孝宗獨與公素定于數旬之前。近將浹旬，始諭宰執，注意委任，可謂不膠漆而固矣。天資超穎，非凡材可及。而體夫子忠恕之道，大《易》勞謙之義，孝友淳篤，事從兄如諸父。自奉甚約，絶聲色之娱。周卹族姻，具有恩意。官同姓者六，異姓者五。少自號「省齋居士」，中年曰「青原野夫」，既貴而閒，曰「平園老叟」。孝宗生于丁未，一時輔相多在丙午丁未間。公及丞相王公淮、參政錢公良臣同爲參樞，人謂三府，爲丙午坊。公嘗作詩，用文潞公同生丙午之韻。告老之後，猶引故等夷之齊年者，遇生朝同會，用韻賦詩者數年。方其端委廟堂，一介之善，收拾如恐不及。退而均逸，汲引無虚日，士類莫不歸心焉。以《文苑英華》及《六一居士集》訛舛太甚，率同志者朱黄手校，如老書生，鋟板家塾，以惠學者。卜築貢院故基，公實預薦此地，故以「充賦」名堂。作唐虞二典閣，藏兩朝内禪詔書治崇陵宸翰。又爲「玉

和」、「蜀錦」二堂，皆自爲之記。晚歲康强，神明不衰，天下猶望公之再起，不謂天之不憖遺也。嗚呼！殄瘁之痛，四海所同。有如鑰之不肖，素辱知遇。假守東嘉，屢有收用之意，未滿秩而公已歸，比忝代言，公之除少傅暨加恩，兩預草制，又四作不允詔書，嘗蒙摘句稱賞。投閒以來，書函詩筒倍加獎予。當世銘記多求于公，間使鑰書之。公已書丹，或徑以賤姓名題蓋，此意甚厚，皆非所敢當也。嘗竊謂公初入禁林，自謂所慕者惟陸宣公、歐陽文忠公。公之始卒，絶似二公者。無事不言，無言不盡，而卒至大用。上不負天子，下不負所學，既不媿于宣公，而得時遇主，無追仇盡言之患。文忠晚居于潁，望瀧岡而不得歸。公乃優游平園，使里人矜式，是兼二公之美，而又無遺恨者也。若克勤小物，誘掖後進，皆公之細，不勝書。【略】其行于世者已多，屬文之士傳誦以爲模楷。公之文不待贊揚，微至題跋之語，考古證今，歲月先後，通徹明白，讀者歎服。末爲《三忠堂記》，謂歐陽文忠、楊忠襄、胡忠簡，皆郡人也，精確簡嚴，幾于絶筆。嗚呼！一代風流，于焉盡矣，鑰何足以銘公！銘曰：

世非乏才，何謂才難？有君無臣，自古所歎。吝驕平凡，動則爲己。不合是憂，安得奇偉。直道而行，無患失心。一有遇合，奚翅斷金。於皇孝宗，才選于衆。誕謾畏縮，慨不足用。堂堂益公，負王佐才。始以文名，芸省蘭臺。高文大册，追配古作。獨步禁林，不負所學。二十八年，相爲始終。屢給而奮，致身上公。堯既授舜，舜亦命禹。首贊大議，龍飛再覩。功成身退，樂哉平園。晚陳四事，不已于言。既挂衣冠，無與世道。胡不百年，遺此一老！星隕于堂，人之云亡。不亡者存，文章光芒。惟子是似，觀行取則。後其有興，視此銘刻。

雜録

備録

羅大經《鶴林玉露》甲編卷一《文鑑》 孝宗命呂成公詮擇國朝文章，成公盡繙三館之儲，踰年成編，賜名《文鑑》。周益公承制譔序云：「建隆、雍熙之際，其文偉；咸平、景德之際，其文博；天聖、明道之詞古；熙寧、元祐之詞達。雖體制互興，源流間出，而氣全理正，其歸則同。」成公爲此書，朱文公、張宣公殊不以爲然，謂伯恭無意思承當，此事便好截下，因以發明人主之學。昔温公作《資治通鑑》，可謂有補治道，識者尚惜其枉費一生精力，況《文鑑》乎？

羅大經《鶴林玉露》甲編卷二《大承氣湯》 周益公參大政，朱文公與劉子澄書云：「如今是大承氣證，渠却下四君子湯，雖不爲害，恐無益於病爾。」嗚呼！以乾淳之盛，文公猶恨當國者不用大承氣湯，況下於乾淳者乎！然歷考往聖，如孔子相魯，而下大承氣湯，固是對證。大舜繼堯，亦不免下大承氣湯。信矣，文公之爲名言也。益公初在後省，龍大淵、曾覿除閤門，格其制不下，奉祠而去，十年不用，天下高之。後入直翰林，覿以使事還，除節鉞，人謂公必不草制，而公竟草之。其詞云：「八統馭民，敬故在尊賢之上。」宜其不敢用大承氣湯也。

羅大經《鶴林玉露》甲編卷五《扈載》 近時周益公長身瘦面，狀若野鶴，在翰苑多年。壽皇一日燕居，歎曰：「好一箇宰相，但恐福薄耳。」蓋疑其相也。一老璫在傍徐奏曰：「官家所嘆豈非周必大乎？」上曰：「爾何知？」曰：「臣見所畫司馬光像，亦如必大清癯。」上爲之一笑。未幾，遂登庸，爲太平宰相，與聞揖遜之盛。出鎮長沙，退休享清閑之福十有餘年。

羅大經《鶴林玉露》乙編卷五《肴核對答》 楊東山嘗爲余言：「昔周益公、洪容齋嘗侍壽皇宴。因談肴核，上問容齋：『卿鄉里何所産？』容齋，番易人也，對曰：『沙地馬蹄鼈，雪天牛尾狸。』又問益公。公廬陵人也，對曰：『金柑玉版筍，銀杏水晶葱。』上吟賞。又問一侍從，忘其名，浙人也，對曰：『螺頭新婦臂，龜脚老婆牙。』四者皆海鮮也，上爲之一笑。」

羅大經《鶴林玉露》丙編卷三《謝肉牒》 周益公家藏歐陽公家書一幅，紙斜封，乃冷壽光牒。其詞云：「具位某。猪肉一斤，右伏蒙頒賜，領外無任感激，謹具牒謝。謹牒。年月日。具位某牒。」蓋改牒爲狀，自元豐始，日趨於諛矣。且前輩交際，其饋止於如此，未嘗過於豐侈也。

羅大經《鶴林玉露》丙編卷五《周文陸詩》 朱文公於當世之文，獨取周益公，於當世之詩，獨取陸放翁。蓋二公詩文，氣質渾厚故也。

周密《齊東野語》卷一五《周陸小詞》 周平園嘗出使，過池陽，太守趙富文彦博召飲。籍中有曹聘者，潔白純静，或病其訥而不頎，公爲賦梅以見意云：

「踏白江梅，大都玉軟酥凝就。雨肥霜逗，癡騃閨房秀。　莫待冬深，雪壓風欺後。君知否？却嫌伊瘦，又怕伊僝僽。」酒酣，又出家姬小瓊舞以侑歡，公又賦一闋云：「秋夜乘槎，客星容到天孫渚。眼波微注，將謂牽牛渡。　見了還非，重理霓裳舞。雖無悮，幾年一遇，莫訝周郎顧。」范石湖嘗云：「朝士中姝麗有三傑。」謂韓無咎、晁伯如家姬及小瓊也。禁中亦聞之。異時有以此事中傷公者，阜陵亦爲一笑。

陳鵠《耆舊續聞》卷五　淳熙間，周益公子充久在禁苑，及除右揆，李巘子山當制，詞中有「三母之戒」，公力辭不拜命，壽皇宣諭令改之。

葉紹翁《四朝聞見録》乙集《孝宗召周益公》　孝宗聖性簡儉，雖古帝王未有也。周必大時直宿禁林，夜召周以入，謂必大曰：「多時不與卿説話。」賜必大坐。上耳語黄門，黄門出，則奉金缶貯酒，瀉入金屈卮，玉小楪貯棗，用金緑青窑器承以玳瑁托子，中浸羊絃線，清可鑒。酒僅一再行，上曰：「未及款曲。」必大歸語其家，歎上之簡儉。翌日遂拜政地云。

葉紹翁《四朝聞見録》乙集《又》　攻媿嘗問文忠：「近看誰四六以益？」公對攻媿曰：「渠只會説大話，如『奄有萬方，君臨兆姓』爾。」蓋王言只當作「多方庶姓」，與臣下表語不同。

田汝成《西湖遊覽志餘》卷二五《委巷叢談》　紹興丙子六月，臨安火。先是，周必大任和劑局門官，適乳媪姚病甚，占之，其繇云：『藥不蠲疴，財傷官磨，困於六月，盍祈安和。』未幾，姚果卒。必大深以六月爲憂，迨晦日，以爲無恙矣，同僚舉酒相慶。宴畢，而火隨作，所居在漾沙坑，與運屬王氏者連棟，王夜醉登圊，其婢插燈於壁首，焚必大之居，僅以身免。時臨安帥韓仲通知火自王氏，而王之妻弟馬舜韶方爲御史，畏不敢問，執必大及鄰比五十餘人皆下獄，奏行三省勘會。必大問獄吏曰：『失火延燒，在律云何？』吏曰：『當徒。』必大曰：『我以一身承之，以貸鄰比，罪居何等？』吏曰：『法止除籍爲民耳。』必大嘆曰：『人果可救，吾何吝一官？且財傷官磨，占繇定矣。』遂自誣服，竟落職，依其婦翁王彦光於廣德。彦光前夕夢里人掃雪，云：『迎丞相。』明日，必大至，彦光嘆曰：『失職子，寧應夢耶？』頃之，彦光强必大赴宏詞科，必大以未嘗經意辭，彦光激曰：『君懷安耳。』必大不得已，怏怏入行都，值秦檜死，高宗更化，湯鵬舉知貢舉，試法甚嚴，而必大首捷，馴登台輔，人謂救人陰德所致云。

藝文

楊萬里《誠齋集》卷一〇二《祭周益公丞相文》　維皇宋嘉泰四年歲次甲子，十月庚寅朔，越十一日庚子，具位楊某謹以清酌之奠，致祭于近故致政、少傅、大觀文、左丞相國公之靈。嗚呼！六七月間，聞公屬疾。欲往問安，我疾方棘。曾未幾何，聞公有瘳。尚擒鴻文，以應人求。云胡一夕，而遽不起？萎此哲人，騎彼箕尾。乾折天柱，坤隤岱嵩。國虧股肱，道喪師宗。天乎痛哉，一老不憖！自家徂邦，聞者涕隕。公自紹興，奮繇諸生。獨提一筆，萬人莫攖。遂收雙科，遂入三館，遂掌絲綸，遂首輔贊。中興以還，孰冕詞臣？維汪龍溪，學士曰真。公出其後，而出其上。發帝之令，有一無兩。高皇倦勤，遜于孝宗。託子者誰？維陳魯公。孝遜于光，疇纘陳者？公扶日轂，以照天下。昔漢董、賈，玉映文事。彼豈不文，文而不位。昔唐房、杜，星垂相勳。彼豈不位，位而不文。維文維位，公俱其尤。其詞典謨，其勳伊周。齡甫七十，健若霜鶻。而挂其冠，而還其笏。歸于午橋，爭席漁樵。岫邀川嬉，風哦月謡。酒船淋漓，詩陳跌宕。九老非高，七賢未放。赤松之從，公其前而。皤溪之耋，公其肩而。汾陽之祉，公其全而。神清之蜕，公其仙而。公一無憾，我心孔悲。殄瘁之傷，豈我之私！嗚呼哀哉，尚饗！

曾豐《緣督集》卷二〇《跋丘軍判上周益公平園二十四詠》　唐劉禹錫爲裴晉公賦詩二十一篇，大抵公居官時也。閒居時，僅《緑野堂》、《涼風亭》、《傍水》、《竹間行》五六篇耳，未必非視公用否爲多寡。猶可諉曰偶然遊洛之陪。禹錫謝公曰：「終期大冶再鎔鍊，願托扶摇翔碧虚。」此何爲者耶？當是時，公退養成趣矣，豈復屑鎔鍊？禹錫進取得路矣，何必資扶摇？一興言間，兩墮理外。古詩自學問出者，似不如此。吾友丘虞卿百苦而得一命，視禹錫未爲得路。益公退養雖與裴等，其餘力猶足以吹送虞卿也。而二十四詠，莫非閒居設，曾無嫌跡。使其中有「鎔鍊」、「扶摇」等語，誰不情恕？今考其始末，又無毫髮相資意，余竊難之。益公答以詞意俱美，知虞卿深矣。未暇取禹錫詩校其孰爲近理，校則知虞卿當加深也。

陸游《渭南文集》卷一五《周益公文集序》　天之降才固已不同，而文人之才

尤異。將使之發册作命，陳謨奉議，則必畀之以閎富淹貫溫厚爾雅之才，而處之以帷幄密勿之地。故其位與才常相稱，然後其文足以紀非常之事，明難喻之指，藻飾治具，風動天下，書黄麻之詔，鏤白玉之牒，藏之金匱石室，可謂盛矣。若夫將使之闡道德之原，發天地之秘，放而及于鳥獸蟲魚草木之情，則畀之才亦必雄渾卓犖，窮幽極微，又畀以遠游窮處，排擯斥疏，使之磨礱齟齬，瀕于寒餓，以大發其藏，故其所賦之才，與所居之地，亦若造物有意于其間者。雖不用于時，而自足以傳後世。此二者，造物豈真有意哉？亦理之自然，古今一揆也。大丞相太師益公，自少壯時，以進士、博學宏詞疊二科起家。不數年，歷太學三館。予實定交于是時。時固多豪雋不群之士，然落筆立論，傾動一座，無敢嬰其鋒者，惟公一人。中雖暫斥，而玉煙劍氣三秀之芝，非窮山腐壤所能埋没，復出于時，極文章禮樂之用。絶世獨立，遂登相輔，雖去視草之地，而大詔令典册，孝宗皇帝猶特以屬公。嗚呼！聖主之心，亦如造物，非私公以富貴。蓋大官重任，不極不久，則無以盡公之才也。公既薨逾年，公之子綸以公遺文號《省齋文稿》者，屬予爲之序。公在位久，崇論宏議，豐功偉績，見于朝廷、傳之夷狄者，何可勝數，予獨論其文者。墓有碑，史有傳，非集序所當及也。開禧元年十二月甲子，太中大夫、寶謨閣待制致仕、山陰縣開國子、食邑五百户、賜紫金魚袋陸某謹序。

陸游《渭南文集》卷三〇《跋周益公詩卷》 紹興辛巳，予與益公相從于錢塘，去題此詩時十一年，予年三十七，益公少予一歲。後二年，相繼去國，自是用捨分矣。今益公捨我去，所不知者，相距幾何時耳？開禧丙寅九月二十五日，山陰陸某謹識。

陸游《渭南文集》卷四一《祭周益公文》 某紹興庚辰，始至行在。見公于途，欣然傾蓋。得居連墻，日接嘉話。每一相從，脱帽褫帶。從容笑語，輸寫肝肺。鄰家借酒，小圃鋤菜。熒熒青燈，瘦影相對。西湖吊古，并轡共載。賦詩屬文，頗極奇怪。淡交如水，久而不壞。各謂知心，絶出流輩。别二十年，公位鼎鼒。我方西游，荷戈窮塞，歸得臺郎，旋又坐廢。公亦策免，久處于外。見不可期，使我形瘵。斯文日卑，公則崧岱。士昏于智，公則蓍蔡。公老不衰，雷霆百代。每得手書，字細如芥。痴兒騃女，問及瑣碎。孰爲一病，良醫莫差。赴告鼎來，震動海内。奔赴不遑，涕泗澎湃。豈無蒓鱠，致此薄酹。辭則匪工，聊寄悲慨。

王柏《魯齋集》卷一三《跋西樓姪孫三帖・周平園字》 益公之字，端重謹密，如其爲人。此猶中年之作也。每觀《退傳帖》，無異往昔，此其常德尤可歎服。於此又識前輩後進愛敬兩盡其道，足爲世之法矣。

歐陽守道《巽齋文集》卷二〇《跋張南軒回周益公書》 垂喻近世學者狗名忘實之病，此實區區之所憂者，但因學者狗名亡實，而遂謂此學不必講，大似因噎廢食耳。後世盜儒之名，爲害者多矣。因夫盜儒之多，遂謂儒之不可爲，可乎？熙寧以來，人材頓衰於前，正以王介甫作壞之故。介甫之學，乃是祖虚無、害實用者，伊洛諸君子蓋欲深究所弊也。所謂聖人誨人有先後，學者進德有次第，此言誠是。然所謂先後次第，須要講明，辟如適遠，豈可不知路之所從出，不然，只是冥行而已。至如所謂不可以聖賢自期者，則非所聞。大抵學者當以聖賢爲準，而所進則當循其序耳。亦如致遠者以漸而致也，若志不先立，即爲自棄，尚何所進哉！

右此書，南軒先生答益公也，其説大切於今。學者有講貫，有體認。講貫貴融會，體認貴親切。學不可以作此身分上事，則雖矻矻終身何爲乎？李君嘗同余學時文技耳，先學奥學，余不能知，固無以發李君也。君示余以此書，予何言之有。然余却喜此書平實簡切，而今之談理學者兹昧昧也。子路有聞未之能行，惟恐有聞。子夏曰：「日知其所亡，月無忘其所能，可謂好學也已矣。」知此一語，行此一語，是之謂實不自欺，則進於誠。静時默思，我所知者幾何？而能行者幾何？今之士人接物差少，且從家庭推之，從父母兄弟夫婦長幼上件件默對，以及於宗族朋友鄉黨，凡吾平日所行處，能與所知者不畔否？如未也，則兢兢翼翼，必求於如所知而後已，是之謂不自欺。不然，雖親見孔、孟，日接程、周，不能爲我益也。益公蓋爲此慮，南軒又不可謂此學不必講而發明之。蓋當時狗名之士已起人厭矣。所謂王介甫壞熙寧以來人才，原於祖虚無，害實用，此是指他本原之差。介甫居家時事親孝，與諸弟睦，清修博學，自非今世狗名之比，但究本原之病，終在與人主便説堯、舜，與公卿便説周、孔，少間所爲，件件變了，所與親者却是虚浮淺躁之士，同時司馬溫公却件件是實，與他竟是相反。左丞相蒲宗孟嘗對裕陵以今朝廷人才大半爲司馬公壞，裕陵正色視之，曰：「卿乃不喜司馬某邪？不論他事，只如辭樞密一節，他人則不肯矣。」溫公實行，裕陵深知之，人才之壞原於介甫，而宗孟以爲壞於溫公。又蘇東坡《議學校科舉狀》，亦言西晉與大曆之事，至謂性命，以爲中人之性安於放而樂誕，其病在學老、莊之書。坡公上數語亦有過當，然此病乃正是南軒論介甫意也。此書謂伊洛諸君子欲深

究此弊，請看諸君子所以救弊者何在？諸君子即不教人作一場話説。君收此書，且併以愚語更就有道而問焉，若欲從事玆學，只恐在不自欺上看。

王義山《稼村類稿》卷一〇《周益公宏詞程文集後跋》　博學宏詞一科，自唐始。宋紹聖間，復設是科，所得皆雄偉鴻碩之才。然嘗恠唐人置此科於藍縷科之下，何耶？晦翁於此科深致不滿之意，且謂有誇張而無規戒，欲於諸題中各命意。又謂有中此科而全不讀書者，及入塲所謂博學，盡在飯囊中。楊誠齋尤鄙之。余嘗讀益公程文，殊有可議。如《繡衣鹵簿》記蔡邕謂鹵，大楯也。以大楯領一簿之衆，故請之鹵簿。此益公記中所欠，謂之博學可乎？又如《代安南國進馴象表》一聯，「名應周郊之五輅，耳聞舜樂之八音」，上句有「象輅」字，下句無。又一聯云：「昔虞因齒以焚身，今獲逢辰而効伎」。上句是有出處，下句無。如此謂之宏詞可乎？宋時廷試，嘗問科舉八事。姚勉爲大魁，所答宏詞一科，全不知置科之由，率爾而對。雖然，此科得人，不皆大人物也。宋靖康間，有賣國牙郎者，亦自此科出。晦翁鄙之，誠齋又鄙之，宜也。此余所以習焉而不及於試也。因讀益公程文，遂書其後，不覺其贅云。

文天祥《文山全集》卷一〇《跋呂逢德所收平園文字》　此石刻，司馬文正、呂正獻爲翰苑時贊書，跋藁則鄉袞平園周公爲直院時手筆也。平園此跋，屬意於文正之曾孫。淳熙距今幾年，善本存否未可知，而其删改塗注，初藁爛然，則呂氏得之。逢德以示余。噫，其謹藏諸！

吕祖謙部

綜述

《宋史》卷四三四《吕祖謙傳》 吕祖謙字伯恭，尚書右丞好問之孫也。自其祖始居婺州。祖謙之學本之家庭，有中原文獻之傳。長從林之奇、汪應辰、胡憲游，既又友張栻、朱熹，講索益精。

初，蔭補入官，後舉進士，復中博學宏詞科，調南外宗教。丁内艱，居明招山，四方之士争趨之。除太學博士，時中都官待次者例補外，添差教授嚴州，尋復召爲博士兼國史院編修官、實録院檢討官。輪對，勉孝宗留意聖學。且言：「恢復大事也，規模當定，方略當審。陛下方廣攬豪傑，共集事功，臣願精加考察，使之確指經畫之實，孰爲先後，使嘗試僥倖之説不敢陳於前，然後與一二大臣定成算而次第行之，則大義可伸，大業可復矣。」

召試館職。先是，召試者率前期從學士院求問目，獨祖謙不然，而其文特典美。嘗讀陸九淵文喜之，而未識其人。考試禮部，得一卷，曰：「此必江西小陸之文也。」揭示，果九淵，人服其精鑑。父憂免喪，主管台州崇道觀。

越三年，除祕書郎、國史院編修官、實録院檢討官。以修撰李燾薦，重修《徽宗實録》。書成進秩。面對，言曰：「夫治道體統，上下内外不相侵奪而後安。郷者，陛下以大臣不勝任而兼行其事，大臣亦皆親細務而行有司之事，外至監司、守令職任，率爲其上所侵而不能令其下。故豪猾玩官府，郡縣忽省部，掾屬凌長吏，賤人輕柄臣。平居未見其患，一旦有急，誰與指麾而伸縮之邪？如曰臣下權任太重，懼其不能無私，則有給、舍以出納焉，有臺諫以救正焉，有侍從以詢訪焉。儻得端方不倚之人分處之，自無專恣之慮，何必屈至尊以代其勞哉？人之關鬲脉絡少有壅滯，久則生疾。陛下於左右雖不勞操制，苟玩而弗慮，則聲勢浸長，趨附浸多，過咎浸積，内則懼爲陛下所遣而益思壅蔽，外則懼爲公議所疾而益肆詆排。願陛下虚心以求天下之士，執要以總萬事之機。勿以圖任或誤而謂人多可疑，勿以聰明獨高而謂智足偏察，勿詳於小而忘遠大之計，勿忽於近而忘壅蔽之萌。」

又言：「國朝治體，有遠過前代者，有視前代爲未備者。夫以寬大忠厚建立規模，以禮遜節義成就風俗，此所謂遠過前代者也。故於俶擾艱危之後，駐蹕東南逾五十年，無纖毫之虞，則根本之深可知矣。然文治可觀而武績未振，名勝相望而幹略未優，故雖昌熾盛大之時，此病已見。是以元昊之難，范、韓皆極一時之選，而莫能平殄，則事功之不競從可知矣。臣謂今日治體視前代未備者，固當激厲而振起；遠過前代者，尤當愛護而扶持。」

遷著作郎，以末疾請祠歸。先是，書肆有書曰《聖宋文海》，孝宗命臨安府校正刊行。學士周必大言《文海》去取差謬，恐難傳後，盍委館職銓擇，以成一代之書。孝宗以命祖謙。遂斷自中興以前，崇雅黜浮，類爲百五十卷，上之，賜名《皇朝文鑑》。

詔除直祕閣。時方重職名，非有功不除，中書舍人陳騤駁之。孝宗批旨云：「館閣之職，文史爲先。祖謙所進，採取精詳，有益治道，故以寵之，可即命詞。」騤不得已草制。尋主管沖祐觀。明年，除著作郎兼國史院編修官。卒，年四十五。謚曰成。

祖謙學以關、洛爲宗，而旁稽載籍，不見涯涘。心平氣和，不立崖異，一時英偉卓犖之士皆歸心焉。少卞急，一日，誦孔子言「躬自厚而薄責於人」，忽覺平時忿懥涣然冰釋。朱熹嘗言：「學如伯恭方是能變化氣質。」其所講畫，將以開物成務，既卧病，而任重道遠之意不衰。居家之政，皆可爲後世法。修《讀詩記》、《大事記》，皆未成書。考定《古周易》、《書説》、《閫範》、《官箴》、《辨志録》、《歐陽公本末》，皆行于世。晚年會友之地曰麗澤書院，在金華城中；既殁，郡人即而祠之。子延年。

雜録

備録

李幼武《宋朝道學名臣言行外録》卷一三《吕祖謙》 公之文學術業，本於天

資，習於家庭，稽諸中原文獻之所傳，博諸四方師友之所講，融液無所偏滯。晚雖臥疾，其任重道遠之意，達於家政，纖悉委曲，皆可爲後法。

《史説》曰：「史有二體，編年之體始於左氏，紀傳之體始於司馬遷。其後如班、范、陳壽之徒，紀傳之體常不絶。至於編年之體無有能續之者。温公作《通鑑》，正欲續左氏。左氏之《傳》終云『智伯貪而愎，故韓、魏起而亡之』，左氏終於此，故《通鑑》始於此。然編年與紀傳互有得失，論一時之事，紀傳不如編年；論一人之終始，編年不如紀傳。要之，二者皆不可廢。韓、魏之事，温公論之詳矣，今當論看《通鑑》之法。昔陳瑩中嘗謂《通鑑》如藥山，隨取隨得。然雖有是藥山，又須會採，若不能採，則不過博聞强記而已。壺邱子問於列子曰：『子好遊乎？』列子曰：『人之所遊，觀其所見；我之所遊，觀其所愛。』此可取以爲看史之法。大抵看史見治則以爲治，見亂則以爲亂，見一事則止知一事，何取？觀史如身在其中，見事之利害，時之禍患，必掩卷自思，使我遇此等事，當作何處之。如此觀史，學問亦可以進，智識亦可以高，方爲有益。」

讀史先看統體，合一代綱紀、風俗、消長、治亂觀之。如秦之暴虐，漢之寬大，皆其統體也。其偏勝及流弊處皆當考復須識一君之統體，如文帝之寬，宣帝之嚴之類。統體，蓋爲大綱。如一代統體在寬，雖有一兩君稍嚴，不害其爲寬。一君統體在嚴，雖有一兩事稍寬，不害其爲嚴。讀史自以意會之可也。至於戰國、三分之時，既有天下之統體，復有一國之統體，觀之亦如前例。大要先識一代統體，然後就其中看一國之統體，二者常相關也。既識統體，須看機括，國之所以盛衰，事之所以成敗，人之所以邪正，於幾微萌芽，察其所以然，是謂機括。

讀史既不可隨其成敗以爲是非，又不可輕立意見易出議論，須揆之以理，體之以身，平心熟看，參會積累，經歷諳練，然後時勢事情漸可識别。

《與張敬夫書》略曰：「從前病痛，良以嗜慾粗薄，故却欠克治經歷之功；思慮稍少，故却欠操存澄定之力。積蓄未厚，而發用太遽；涵泳不足，而談説有餘。」

《與晦翁書》曰：「學者須是專心致志，絶慮一源，凝聚停滀，方始收拾得上。」

晦翁致書曰：「承喻整頓收斂，則入於着力；從容游泳，又墮於悠悠，此正學者之通患。然程子嘗曰：『亦須且自此去到德盛後，自然左右逢其原。』今亦當且就整頓收斂處着力，但不可用意安排等候，即成病耳。」

又曰：「承喻所疑别紙求教，然其病在於略知道體之渾然無所不具，而不知渾然無所不具之中，精粗本末、賓主内外，蓋有不可以毫髮差者。是以其言常喜合而惡離，却不知雖文理密察縷析毫分而不害乎本體之渾然也。」先生荅曰：「所喻誠爲至論。」

《文鑑》編康節詩，不知怎生地那「天向一中分造化，人從心上起經綸」底詩，却不編入。

讀《文鑑》曰：「詩好底都不在上面。把作好句法，又無好句法；把作好意思，又無好意思；把作勸戒，又無勸戒。」

向見説《左氏》之書，極爲詳博。然遣詞命意，亦頗傷巧矣。

博雜極害事。伯恭日前只向雜博處用功，却於要約處不曾子細研究。如《閫範》之作，旨意極佳。

伯恭天姿温厚，故其論平恕，委曲之意多。

伯恭之學，大槩尊《史記》。不然，則與陳同父説不合。同父之學止是如此。其學合陳君舉、陳同父二人之學問而一之。

永嘉之學，理會制度，偏考究其小小者。惟君舉爲有所長，若正則則涣無統紀，同父則談論古今，説王説霸，伯恭則兼君舉、同父之所長。

黎靖德《朱子語類》卷一二二《吕伯恭》 因説南軒東萊，或云：「二先生若是班乎？」壽昌曰：「不然。」先生適聞之，遂問如何。曰：「南軒非壽昌所敢知，東萊亦不相識。但以文字觀之，東萊博學多識則有之矣，守約恐未也。」先生然之。

其嘗謂，人之讀書，寧失之拙，不可失之巧；寧失之低，不可失之高。伯恭之弊，盡在於巧。

伯恭説義理，太多傷巧，未免杜撰。子静使氣，好爲人師，要人悟。

或問東萊象山之學。曰：「伯恭失之多，子静失之寡。」

或問：「東萊謂變化氣質，方可言學。」曰：「此意甚善。但如鄙意，則以爲學乃能變化氣質耳。若不讀書窮理，主敬存心，而徒切切計較於昨非今是之間，恐亦勞而無補也。」

伯恭更不教人讀《論語》。

伯恭教人看文字也粗。有以《論語》是非問者。伯恭曰：「公不會看文字，管他是與非做甚？但有益於我者，切於我者，看之足矣。」且天下須有一箇是與

序》云：「古之帝王，其必爲善，如火之必熱，水之必寒；其不爲不善，如騶虞之不殺，竊脂之不穀。」此語最好。某嘗問伯恭：「此豈馬遷所能及？」然子由此語雖好，又自有病處，如云「帝王之道以無爲宗」之類。他只説得箇頭勢大，下面工夫又皆疏空。亦猶馬遷《禮書》云：「大哉禮樂之道！洋洋乎鼓舞萬物，役使羣動。」説得頭勢甚大，然下面亦空疏，却引荀子諸説以足之。又如《諸侯年表》盛言形勢之利，有國者不可無；末却云：「形勢雖强，要以仁義爲本。」他上文本意主張形勢，而其末却如此説者，蓋他也知仁義是箇好底物事，不得不説，且説教好看。如《禮書》所云，亦此意也。伯恭極喜渠此等説，以爲遷知「行夏之時，乘殷之輅，服周之冕」，爲得聖人爲邦之法，非漢儒所及。此亦衆所共知，何必馬遷？然遷嘗從董仲舒遊，《史記》中有「余聞之董生云」，此等語言，亦有所自來也。遷之學，也説仁義，也説詐力，也用權謀，也用功利，然其本意却只在於權謀功利。孔子説伯夷「求仁得仁，又何怨」！他一傳中首尾皆是怨辭，盡説壞了伯夷！子由《古史》皆删去之，盡用孔子之語作傳，豈可以子由爲非，馬遷爲是？可惜子約死了，此論至死不曾明！聖賢以《六經》垂訓，炳若丹青，無非仁義道德之説。今求義理不於《六經》，而反取疏略淺陋之子長，亦惑之甚矣！

問：「東萊《大事記》有續《春秋》之意，中間多主《史記》。」曰：「公鄉里主張《史記》甚盛，其間有不可説處，都與他出脱得好。如《貨殖傳》，便説他有諷諫意之類，不知何苦要如此？世間事是還是，非還非，黑還黑，白還白，通天通地，貫古貫今，決不可易。若使孔子之言有未是處，也只還他未是，如何硬穿鑿説！」木之又問：「《左氏傳》合如何看？」曰：「且看他記載事迹處。至如説道理，全不似《公穀》。要知左氏是箇曉了識利害底人，趨炎附勢。如載劉子『天地之中』一段，此是極精粹底。至説『能者養之以福，不能者敗以取禍』，便只説向禍福去了。大率《左傳》只道得禍福利害底説話，於義理上全然理會不得。」又問：「所載之事實否？」曰：「也未必一一實。」子升問：「如載卜妻敬仲與季氏生之類，是如何？」曰：「看此等處，便見得是六卿分晉、田氏篡齊以後之書。」又問：「此還是當時特故撰出此等言語否？」曰：「有此理。其間做得成者，如斬蛇之事；做不成者，如丹書狐鳴之事。看此等書，機關熟了，少間都壞了心術。莊子云：『有機械者必有機事，有機事必有機心，則純白不備。純白不備者，道之所不載也。』今浙中於此二書，極其推尊，是理會不得。」因言：「自孟子後，聖學不傳，所謂『軻之死不得其傳』。如荀卿説得頭緒多了，都不純一。至揚雄所説底話，又不是，是處便是理，不是處便是咈理，如何不理會得？

「躬自厚而薄責於人，則遠怨矣。」吕丈舊時性極褊急，因病中讀《論語》，於此有省，後遂如此好。

伯恭要無不包羅，只是撲過，都不精。《詩小序》是他看不破。薛常州《周禮制度》都不能言。邵數亦教季通説過一徧，又休了。

東萊聰明，看文理却不子細。向嘗與較程《易》，到《噬嗑卦》「和而且治」，一本「治」作「洽」。據「治」字於理爲是，他硬執要做「洽」字。「和」已有洽意，更下「洽」字不得。緣他先讀史多，淳録作「讀史來多而」。所以看粗著眼。讀書須是以經爲本，而後讀史。

李德之問：「《繫辭精義》編得如何？」曰：「編得亦雜，只是前輩説話有一二句與《繫辭》相雜者皆載。只如『觸類而長之』，前輩曾説此便載入，更不暇問是與不是。」

或問《繫辭精義》。曰：「這文字雖然是裒集得做一處，其實於本文經旨多有難通者。如伊川説話與横渠説話，都有一時意見如此，故如此説。若用本經文一二句看得亦自通，只要成片看，便上不接得前，下不帶得後。如程先生説《孟子》『勿忘，勿助長』，只把幾句來説敬。後人便將來説此一章，都前後不相通，接前不得，接後不得。若知得這般處是假借來説敬，只恁地看，也自見得程先生所以説之意，自與孟子不相背馳。若此等處，最不可不知。」

人言何休爲公羊忠臣，某嘗戲伯恭爲毛鄭之佞臣。

問東萊之學。曰：「伯恭於史分外子細，於經却不甚理會。有人問他『忠恕』，楊氏侯氏之説孰是？他却説：『公如何恁地不會看文字？這箇都好。』不知是如何看來。他要説爲人謀而不盡心爲忠，傷人害物爲恕，恁地時他方説不是。」義剛曰：「他也是相承那江浙間一種史學，故恁地。」曰：「史甚麽學？只是見得淺。」

先生問：「向見伯恭，有何説？」曰：「吕丈勸令看史。」曰：「他此意便是不可曉。某尋常非特不敢勸學者看史，亦不敢勸學者看經。只《語》《孟》亦不敢便教他看，且令看《大學》。伯恭動勸人看《左傳》遷《史》，令子約諸人擡得司馬遷不知大小，恰比孔子相似！」

伯恭子約宗太史公之學，以爲非漢儒所及，某嘗痛與之辨。子由《古史》言馬遷「淺陋而不學，疏略而輕信」。此二句最中馬遷之失，伯恭極惡之。《古史

多是莊老之說。至韓退之喚做要說道理，又一向主於文詞。至柳子厚却反助釋氏之說。因言異端之教，漢魏以後，只是老莊之說。至晉時肇法師，釋氏之教始興。其初只是說，未曾身爲。至達磨面壁九年，其說遂熾。」

看《大事記》，云：「其書甚妙，考訂得子細，大勝《詩記》。此書得自由，《詩》被古說壓了。」

「伯恭解說文字太尖巧。渠曾被人說不曉事，故作此等文字出來，極傷事。」

敬之問：「《大事記》所論如何？」曰：「如論公孫弘等處，亦傷太巧。」

伯恭《大事記》辨司馬遷班固異同處最好。渠一日記一年。渠大抵謙退，不敢任作書之意，故《通鑑》《左傳》已載者，皆不載；其載者皆《左傳》《通鑑》所無者耳。有太纖巧處，如指出公孫弘張湯姦狡處，皆說得羞愧人，伯恭少時被人說他不曉事，故其論事多指出人之情僞，云：「我亦知得此。」有此意思不好。

東萊自不合做這《大事記》。他那時自感疾了，一日要做一年。若不死，自漢武至五代，只千來年，他三年自可了此文字。人多云，其解題煞有工夫。其實他當初作題目，却煞有工夫，只一句要包括一段意。解題只見成，檢令諸生寫。伯恭病後，既免人事應接，免出做官，若不死，大段做得文字。

因說伯恭《少儀外傳》多瑣碎處，曰：「人之所見不同。某只愛看人之大體大節，磊磊落落處，這般瑣碎便懶看。伯恭又愛理會這處，其間多引忍恥之說，最害義。緣他資質弱，與此意有合，遂就其中推廣得大。想其於忠臣義士死節底事，都不愛。他亦有詩，說張巡許遠那時不應出來。」

伯恭是箇寬厚底人，不知如何做得文字却似箇輕儇底人？如省試義大段鬧裝，說得堯舜大段脅肩諂笑，反不若黃德潤辭雖窘，却質實尊重。《館職策》亦說得慢，不分曉，後面又全無緊要。伯恭尋常議論，亦緣讀書多，肚裏有義理多。恰似念得條貫多底人，要主張一箇做好時，便自有許多道理，升之九天之上；要主張做不好時，亦然。

或言：「東萊《館職策》、君舉《治道策》，頗涉清談，不如便指其事說，自包治道大原意。」曰：「伯恭策止緣裏面說大原不分明，只自恁地依傍說，更不直截指出。」

伯恭《文鑑》，有正編其文理之佳者；有其文且如此，而衆人以爲佳者；有其文雖不甚佳，而其人賢名微，恐其泯没，亦編其一二篇者；有文雖不佳，而理可取者，凡五例。先生云：「已亡一例，後來爲人所譖，令崔大雅敦詩删定，奏議多删改之。如蜀人吕陶有一文論制師服，此意甚佳，吕止收此一篇。崔云：『陶多少好文，何獨收此？』遂去之，更參入他文。」

先生方讀《文鑑》，而學者至。坐定，語學者曰：「伯恭《文鑑》去取之文，若某平時看不熟者，也不敢斷他。有數般皆某熟讀底，今揀得也無巴鼻。如詩，好底都不在上面，却載那衰颯底。把作好句法，又無好句法；把作好意思，又無好意思；把作勸戒，又無勸戒。」林擇之云：「他平生不會作詩。」曰：「此等有甚難見處？」

東萊《文鑑》編得泛，然亦見得近代之文。如沈存中《律歷》一篇，說渾天亦好。

伯恭所編奏議，皆優柔和緩者，亦未爲全是。今丘宗卿作序者是舊所編。後修《文鑑》，不止乎此，更添入。

嘗語吕文編奏議，爲臺諫懷挾。

伯恭《祭南軒文》，都就小狹處說來，其文弱。

吕伯恭《文集》中如《答項平父書》，是傅夢泉子淵者；如罵曹立之書，是陸子静者。其他僞者想又多在。

伯恭亦嘗看《藏經》來。然甚深，不見於言語文字間。有些伯術，却忍不住放得出來，今害人之甚！

「可憐子約一生辛苦讀書，只是竟與之說不合！今日方接得他三月間所寄書，猶是論『寂然不動』，依舊主他舊說。時子約已死。它硬說『寂然不動』是耳無聞，目無見，心無思慮，至此方是工夫極至處。伊川云：『要有此理，除是死也！』幾多分曉！其嘗答之云：『《洪範》五事：貌曰僵，言曰啞，視曰盲，聽曰聾，思曰塞，方得！還有此理否？』渠至死不曉，不知人如何如此不通？」用之云：「釋氏之坐禪入定，便是無聞無見，無思無慮。」曰：「然。它是務使神輕去其體，其理又不同。神仙則使形神相守，釋氏則使形神相離。佛家有『白骨觀』，初想其形，從一點精氣始，漸漸胞胎孕育，生產稚乳，長大壯實，衰老病死，以致屍骸胖脹枯僵，久之化爲白骨。既想爲白骨，則視其身常如白骨，所以厭棄脫離而無留戀之念也，此又釋氏之最下者。」

「今日得子約書，有『見未用之體』一句，此話却好。」問：「未用，是喜怒哀樂未發時，那時自覺有箇體段則是。如著意要見他，則是已發？」曰：「只是識認他。」

《答子約書》云：「目下放過了合做底親切工夫，虚度了難得少壯底時日！」

觀呂子約書，有論讀《詩》及劉壯輿字畫一段。曰：「某之語《詩》，與子約異。《詩序》多附會，須當觀《詩經》。渠平日寫書來，字畫難曉。昔日劉元城戒劉壯輿，謂此人字畫不正，必是心術不明，故寫此一段與之。」子約書又云：「昨讀《左傳》劉康公説『民受天地之中以生』，下云『君子勤禮，小人盡力』，見得古人説道理平實，不張皇，而著實下手，隨貴賤高卑皆有地位。非如後世此之爲可，而此之爲不可，人有所不可爲，道有所不可行也。」先生曰：「此一段議論却好。」

呂子約死，先生曰：「子約竟齎著許多鶻突道理去矣！」

先生問：「呂子約近況如何？」曰：「呂丈在鄉里，方取其家來，骨肉得團聚，不至落寞。」曰：「得渠書，多説仙郡士友日夕過從，以問學爲樂。罪大責輕，遷客得如此，過分矣。亦是仙郡士友好學樂善，豈非衡州流風餘韻所及乎！」嗟歎久之。又問曰：「識章茂獻否？」曰：「嘗見之，亦蒙教誨。」曰：「江西士大夫如藏獻亦難得。」又言：「吴伯豐有見識，力學不倦。」祖道因言伯豐自植立事。曰：「此某知之有未盡，不意伯豐能如此。」

伯恭門徒氣宇厭厭，四分五裂，各自爲説，久之必至銷歇。子靜則不然，精神緊峭，其説分明，能變化人，使人旦異而晡不同，其流害未艾也。

婺州士友只流從祖宗故事與史傳一邊去。其馳外之失，不知病在不曾於《論語》上加工。

浙間學者推尊《史記》，以爲先黄老，後《六經》，此自是太史談之學。若遷則皆宗孔氏，如於《夏紀贊》用行夏時事，於《商紀贊》用乘商輅事，《高祖紀贊》則曰「朝以十月，車服黄屋左纛」，蓋譏其不用夏時商輅也。遷之意脈恐誠如是，考得甚好。然但以此遂謂遷能學孔子，則亦徒能得其皮殼而已。假使漢高祖能行夏時，乘商輅，亦只是漢高祖，終不可謂之禹湯。此等議論，恰與欲削《鄉黨》者相反。

先生出示《答孫自修書》，因言：「陸氏之學雖是偏，尚是要去做箇人。若永嘉永康之説，大不成學問，不知何故如此。他日用動静間，全是這箇本子，卒乍改换不得。如呂氏言漢高祖當用夏之忠，却不合黄屋左纛。不知縱使高祖能用夏時，乘商輅，亦只是這漢高祖也，骨子不曾改變。蓋本原處不在此。」

伊川發明道理之後，到得今日，浙中士君子有一般議論，又費力，只是云不要矯激。遂至於凡事回互，揀一般偎風躲箭處立地，却笑人慷慨奮發，以爲必陷矯激之禍，此風更不可長。如嚴子陵是矯激分明，呂伯恭作《祠記》，須要辨其非矯激。想見子陵聞之，亦自一笑。子陵之高節，自前漢之末，如龔勝諸公不屈於王莽者甚多，《漢書》末後有傳可見。光武是一箇讀書識道理底人，便去尊敬嚴子陵。子陵既高蹈遠舉，又誰恤是矯激不是矯激在！胡文定父子平生不服人，只服范文正公《嚴子陵祠記》云：「先生之心，出乎日月之上；光武之量，包乎天地之外。微先生不能成光武之大，微光武豈能遂先生之高？」直是説得好！其議論什麽正大！往時李太伯作《袁州學記》説崇《詩》《書》，尚節義，文字雖粗，其説振厲，使人讀之森然，可以激懦夫之氣。近日浙中文字雖細膩，只是一般回互，無奮發底意思，此風漸不好。其意本是要懲艾昔人矯激之過，其弊至此。孔子在陳，思魯之狂士，蓋狂士雖不得中，猶以奮發，可與有爲。若一向委靡，濟甚事！又説：「固是矯激者非。只是不做矯激底心，亦是私意。大凡只看道理合做與不合耳，如合做，豈可避矯激之名而不爲！」

鄭子上問：「昨日所説浙中士君子多要回互以避矯激之名，莫學顔子之渾厚否？」曰：「渾厚自是渾厚。今浙中人只學一般回互底心意，不是渾厚。渾厚是可做便做，不計利害之謂。今浙中人却是計利害太甚，做成回互耳，其弊至於可以得利者無不爲。如陳仲弓送宦者葬，所謂有仲弓之志則可，無仲弓之志則不可。」因説，東漢事勢，士君子欲全身遠害，則有不仕而已。若出仕遇宦官縱横，如何畏禍不與他理會得！若未免仕，只得辭尊居卑，辭富居貧。若既要爲大官，又要避禍，無此理。

問：「前蒙賜書中，有『近日浙中學者多靠一邊』，如何？」曰：「往往泥文義者只守文義，淪虚静者更不讀書。又有陳同父一輩説又必求異者。某近到浙中，學者却别，滯文義者亦少。只沈晦叔一等，皆問著不言不語，説著文義又却作怪。」

近日浙中一項議論，盡是自空撰出，覺全捉摸不著。恰如自家不曾有基地，却要起甚樓臺，就上面添一層，又添一層，只是道新奇好看，其實全不濟事。又云：「空撰出許多説話，如挽眼生花。」

叔度與伯恭爲同年進士，年又長，自視其學非伯恭比，即俯首執子弟禮而師事之，略無難色，亦今世之所無耳。

叔度應童子進士詞科，然竟以不能隨世俛仰，不肯一日置其身於仕路也。

自叔度以正率其家，而子弟無一人敢爲非義者。

葉紹翁《四朝聞見録》乙集《呂氏公編文鑑》 東萊呂成公祖謙，集《皇朝文鑑》既成，孝宗錫名《文鑑》，除公直祕閣，暨賜御府金帛。成公謝表云：「既叨中祕清切之除，復拜御府便蕃之賜。」陳騤時爲中書舍人，執奏以爲此特編類之勞，恐賞太厚，上不悦陳。成公遂力辭帖職，上不從。《文鑑》之成，考亭先生見之，謂公去取未善。如得潘某人詩數篇已寘選中，後有語公以潘佳處甚多，恐不止如所選，公遂併去之。

呂祖儉《宋人年譜叢刊・東萊呂太史年譜》 高宗紹興七年丁巳

是歲，公外王父曾文清公幾爲廣西轉運使。公皇考倉部，時在桂林甥館。三月十七日亥時公生。

紹興八年戊午

紹興九年己未

紹興十年庚申

紹興十一年辛酉

紹興十二年壬戌

紹興十三年癸亥

紹興十四年甲子

紹興十五年乙丑

紹興十六年丙寅

是歲，年十歲。倉部爲江東提舉司幹官，公隨侍于池陽。十二月八日，公祖駕部終于婺州。

紹興十七年丁卯

隨侍在婺州。

紹興十八年戊辰

四月，以祖駕部致仕，恩補將仕郎。

紹興十九年己巳

紹興二十年庚午

紹興二十一年辛未

是歲，倉部爲浙東提刑司幹官，公隨侍於越。

紹興二十二年壬申

紹興二十三年癸酉

有賦《真覺僧房蘆詩》。

紹興二十四年甲戌

紹興二十五年乙亥

是年春，倉部爲福建提刑司幹官，公隨侍於福唐。三月，從三山林先生少穎之奇游。先生時待次汀州長汀尉。

紹興二十六年丙子

是年，年二十歲，應福建轉運司進士舉，爲首選。十一月九日，如臨安。於是林先生入爲祕書省正字。是歲，有《許由》、《清曉出郊》、《城樓》、《夏日詩》諸詩。

紹興二十七年丁丑

是春，試禮部不中。赴銓試，下等第三人。四月七日，授迪功郎，監潭州南嶽廟，因如天台省外祖。六月二日，自天台歸福州。十月，倉部任滿，公隨侍歸婺州。十二月十六日，如信州。二十九日，親迎于韓氏，新知建州建安縣元吉之女。

紹興二十八年戊寅

四月二日，公歸自信州，以韓夫人廟見。

紹興二十九年己卯

十一月初四日，女華年生。

紹興三十年庚辰

四月，嶽祠滿。六日，赴銓。上等第二人。倉部亦以祠滿赴闕，授岳州通判，館于伯舅糧料院曾公原伯逢寓舍。於是籍溪胡先生原仲憲爲祕書省正字，汪公聖錫應辰爲祕書少監，公皆嘗從遊。八月，歸婺州。

紹興三十一年辛巳

正月十三日，授嚴州桐廬縣尉。二十三日，子岳孫生，兩旬而夭。是歲五月，王公十朋爲大宗正丞。十二月，林先生少穎出爲提舉福建市舶。皆過婺來訪。

紹興三十二年壬午

正月八日，公如信州。於是韓公元吉爲司農寺主簿，公以夫人歸寧。三月二十八日，歸自臨安。四月，倉部用從臣薦差知黄州。六月初七日，子齊孫生。是月十二日，倉部之官黄州，公侍母夫人如越中外家，時伯舅通判紹興府事。六

月二十三日，韓夫人卒于臨安。是日，公自越如臨安。八月，以韓夫人之喪歸婺。九月二十六日，葬韓氏于武義縣明招山。所生男亦夭。冬如越。是歲，發兩浙轉運司解。第二人。

孝宗隆興元年癸未

春，試禮部。奏名第六人。四月十二日，賜進士及第，改左迪功郎。又中博學宏詞科。六月七日，特授左從政郎，改差南外敦宗院宗學教授。《制詞》：「勑左迪功郎、新差南外敦宗院宗學教授吕某，唐之科目雖多而輕，故有食餌小魚之譏。然連中者亦寡矣，此青銅錢所繇取譽於當世也。爾兩科皆優選，宜有以旌其能，資叙超升，是亦常典。可特授左從政郎差遣如故。中書舍人錢周材行。」

隆興二年甲申

四月，公如黄州。八月，侍倉部赴闕奏事。九月，如越。十一月，如浙西。閏月，歸婺州。

乾道元年乙酉

八月，倉部之官池州。公侍母夫人，以十二月至郡。

乾道二年丙戌

是年，年三十歲。十月，倉部自池州召歸爲郎，先如臨安。公侍母夫人歸至建康。十一月一日，夫人以疾終于舟中，公護喪歸婺。

乾道三年丁亥

正月二十二日，葬夫人曾氏于明招山，倉部謁告歸會葬。四月，如臨安省侍。五月，復歸明招。冬，在明招，學子有來講習者。

乾道四年戊子

秋，自明招歸城。於是倉部出知江州，待次，尋改知吉州。冬，授業曹家巷，始有《規約》及《左氏博議》。是歲，修《東萊公家傳》。

乾道五年己丑

二月，從吉。二日，如宣城，省外氏。三月四日，還白宣城。五月，如德清，因遊靈洞，有《戴衍字序》。二十日，親迎于韓氏，實元妃之女弟。六月初六日，除太學博士，待闕。制詞：「勑左從政郎吕某，首善自京師，而教化原於太學博士員，又所以駕其説以誨諸生也。惟選既重，宜擇其人。以爾讀書業文，無它者好，由門蔭得官，而二日連中兩科，聲華籍甚，士論稱之。兹用擢爾重席上庠，爲之誦説，使夫博古通經之士輩見於時，則爲稱職。可特授依前左從政郎、太學博士，替王信年滿闕。中書舍人胡沂行。」八月十一日，歸自德清，以韓夫人廟見。二十五日，改添差嚴州州學教授，以近旨中都官待次者補外故也。二十七日，如三衢，見汪公聖錫。十月七日，歸自三衢。十八日，之官嚴州。二十一日，交事。是歲有《己丑規約》及《謝遣初學約束》。五月九日。又有《己丑課程》，己丑所編，至嚴有《春秋講義》。

乾道六年庚寅

廣漢張公栻爲守，公有爲張公作《乞免丁錢奏狀》及《謝表》。又編次《閫範》，張公爲之《序》。五月初七日，除太學博士。制詞：勑左從政郎吕某，朕追懷故老，慨想遺風，惟累葉之相門，有一時之才子。爾學優多士，名擢兩科。準《易》草經，獨守楊雄之志；下帷授業，共尊董相之風。兹召自於泮宫，俾入躋於學省，以慰諸儒之望，庶幾師道之明。尚副予知，益推所學。可特授依前左從政郎、太學博士。權中書舍人王秬行。閏五月四日，公自嚴陵歸婺。八日，會諸生于麗澤，有《規矩》七事。九日，復還嚴陵，遂如臨安。是月，倉部之官吉州。十二月十九日，兼國史院編修官、實録院檢討官。公之召也，張公亦自嚴陵召歸爲郎，兼講官，與公同巷居。吴興芮公燁爲國子司業，與公共修學政。明年春，芮公爲祭酒，劉公焞爲司業。是歲，有《輪對劄子》及《太學策問》，及爲門人定《喪葬禮》。

乾道七年辛卯

四月二十二日，螺女生。五月十三日，韓夫人卒。六月，請告歸婺。十七日，葬韓氏于明招。是月倉部自吉州奉祠。七月六日，公如龍游，迓倉部。八日，侍倉部歸婺，與宰相書請祠侍親，不許。是月二十四日，以通歷任四考，改左宣教郎，召試館職。九月十六日，除祕書省正字，兼職如故。制詞：「勑左宣教郎吕某等，册府地秘職清，英俊之林，卿相之儲也。博采時名，復試焉而後授，選任如此，不已精乎！爾某連中儒科，有窺古之學；爾戡世濟名德，有康時之心。其往觀未見之書，沈浸涵泳，以就遠器，朕將收其用焉。可依前件。中書舍人趙雄行。」是歲，祭酒芮公、太史劉公夙、詹事王公十朋皆卒。公有《祭芮祭酒文》、《王詹事挽章》及《爲宰臣虞允文恭書御書崔寔政論下方》，又有《李粹伯侍御母挽章》。

乾道八年壬辰

春，爲省試考官。在試院，聞倉部屬疾，請告歸婺。二月四日，丁憂，復修《喪葬禮》，定《祭禮》。十一月三日，葬倉部于明招山。是歲，螺女亦夭。

乾道九年癸巳

是歲，諸生復集，講《尚書》，有《癸巳手筆》。七月，薛常州季宣卒。八月，劉

子澄及陸子壽來。十月，陸子壽復來，公與同觀《實録》，有《實録節》。

淳熙元年甲午

正月以韓尚書元吉守婺，散遣諸生，始編《讀詩記》。閲《春秋左氏傳》，有摽抹本。劉子澄來。三月，如明招。四月，從吉。五月十三日，如三衢。二十六日，陸子静自臨安來。六月一日，歸自三衢。是月二十三日，主管台州崇道觀。八月二十八日，如越，潘叔度偕行。九月二十七日，歸自越，有《入越録》。十二月，過烏石。是歲，魏元履卒，有挽章。又有《哭芮祭酒十詩》、《薛常州墓誌》、《喬德瞻墓誌》及《左氏手記》。

淳熙二年乙未

春，在明招。四月二十一日，如武夷，訪朱編修元晦，潘叔昌從。留月餘，同觀關、洛書，輯《近思録》。朱編修送公于信州鵝湖，陸子壽、子静，劉子澄及江、浙諸友皆會，留止旬日。歸至三衢，又留旬日，迺歸。有《入閩録》。七月，自明招如武義之上棋會葬，因遊劉氏山園，有《緑映亭》諸詩。八月一日，復歸明招，閲《通鑑》，有摽抹本。學子多來講習者。閏九月五日，還城。是歲，有《乙未手筆》。十二月十九日，端明汪公卒。

淳熙三年丙申

是年，年四十歲。正月十二日，如三衢，哭汪公，有祭文。十八日，歸自三衢。是月二十五日，磨勘轉奉議郎。三月二十三日，女華年歸于潘景良。二十八日，往會朱編修于三衢。四月十日，歸自三衢。七月十日，遷塾于右司宅，復編《讀詩記》。八月十七日，遊靈洞。九月十九日，遊赤松。十月一日，如越。二十六日，由明招歸。是日，除祕書省祕書郎、兼國史院編修官、實録院檢討官。以重修《徽宗皇帝實録》，用禮部侍郎、兼同修國史實録院同修撰李燾之薦也。制詞：「勑奉議郎吕某，士君子之所履，觀《易》之《履》盡矣。安素分而守正，館閣儲才，所期在此。以爾守有宫庭，學有渠矱，醇静樸茂，亦聞于時。爲郎司編，仍贊筆削，必有可觀，更思履道，當知制行之爲難，養名之不易也。可特授依前奉議郎、祕書省祕書郎、兼國史院編修官、實録院檢討官。權中書舍人陳騤行。」十月二十九日，如臨安。十一月五日，供職。是歲，有林安之、邢邦用《墓誌》。

淳熙四年丁酉

三月九日，實録院進《徽宗皇帝實録》二百卷。四月二十九日，以與修《實録》有勞，轉承議郎，罷檢討，仍兼史職。制詞：「奉議郎、祕書省祕書郎、兼國史院編修官，實録院檢討官吕某，右可特授承議郎、試祕書省祕書郎、兼國史院編修官。勑奉議郎、守祕書省著作郎、兼國史院編修官、實録院檢討官、兼權司封郎官傅伯壽等：昔唐《開元實録》厄於興慶，殆無存者。其後搜得一二，雖相繼有以家藏來上，亦豈無遺事邪！惟我徽祖臨御寓内二十有六載，禮樂庶事罔不備具。記注所載，中更散逸，故紹興閒裒集成書，尚多闕略。朕下明詔，復加纂修。爾等皆以奥學良才，博聞强識，緒業其間，豈特文直事核，而比舊增多百卷，斯亦勤矣。恭閲奏篇，爲之歎嘉，咸進文階，以示褒勸。可依前件。權中書舍人劉孝韙行。」十一月二日，娶芮氏，故國子祭酒燁之季女。九日，被旨校正《聖宋文海》。公請一就删次，斷自中興以前。十六日，有旨從之。是歲，有《輪對劄子》二首。林先生少穎卒，有祭文。作文在明年夏。

淳熙五年戊戌

春爲殿試考官。三月十三日，磨勘轉朝奉郎。四月二十三日除著作佐郎、兼史職。制詞：「朝奉郎行祕書省祕書郎、兼國史院編修官吕某，右可特授，依前朝奉郎、行祕書省著作佐郎，兼國史院編修官。勑承事郎、試祕書省著作佐郎、兼國史院編修官、兼權太子侍講鄭鑑等：中祕圖書之府，承明著作之廷，爲郎其間，厥選惟重。以爾鑑有志於世，持論不阿。爾某積學於身，信道甚篤。静重而敏於事，若晉臣西蜀之英；諒直而濟以文，若郯者三吳之秀。或褒序於在位，或簡擢於它官，持載筆之三長，典異書之四部。惟兹成命，既叶於公言；副我虚懷，更恢於遠業。可依前件。權中書舍人劉孝韙行。」六月十三日，兼權禮部郎官，以與修《中興館閣書目》。書成，進御，減二年磨勘。九月十二日，車駕幸秘書省，觀書賜宴。翌日，内出近體詩一首，賜羣臣。比以秋日臨幸秘書省，因成近體詩一首，賜丞相史浩以下：「玉軸牙籤焕寶章，簪紳列侍映秋光。宴開芸閣儒風盛，坐對蓬山逸興長。稽古右文慙菲德，禮賢下士法前王。欲臻至治觀熙洽，更磬嘉猷爲贊襄。」丞相以下皆進詩，公進和篇一首及代宰臣恭書御制下方，又代宰臣作謝表。二十七日，以幸省恩轉朝散郎。制詞：「朝奉郎、行祕書省著作佐郎、兼國史院編修官、兼權禮部郎官吕某，右可特授朝散郎，依前行秘書省著作佐郎，兼國史院編修官，兼權禮部郎官；勑承議郎、秘書丞、兼權吏部郎官黄洽等。列職圖書之府，參聯史氏之官，皆極一時之選，儲爲異日之用也。朕仰遵太上皇帝之睿謨，舉行紹興甲子之縟典，載臨秘閣，欽閲寶儲，延見羣士，賜宴賦詩，以侈榮寵。居官其間，進秩一等，稽之彝章，允爲異數。朕之所以稽古右文，禮賢下士之意于此見矣。爾其精白一心，圖厥報稱，以永有辭，可依前件。權中書舍人鄭丙行。」十月十七日，除著作郎，兼職如故。制詞：「朝散郎、行秘書省著作佐郎、兼國史院編修官、兼權禮部郎官吕某，右可特授，依前朝散秘書省著作郎、兼國史院編修官、兼權禮部郎官。勑具官吕某等：朕聞隆興以來著記，近稱整齊，尚慮未盡直筆。建炎以後秘藏，近成輯録，尚慮不無逸編。士之相語于朝，咸謂爾某、爾郯、爾价者，粹美有藴，淵源有學，正而不

矯，通而不流，有用之器也。朕聞之亦喜焉，或以次遷，或以它擢，各修乃職，尚何慮哉！朕一朝而除館閣之士三，其在《大雅》曰『藹藹王多吉士』，乃今見之。咸副所望，可依前件。中書舍人陳騤行。」十二月十四夜，感末疾，給假半月，將治。是歲，朱秘書元晦起知南康軍。

淳熙六年己亥

公自歲前感疾，請祠。正月十一日，詔與州郡差遣。十六日，又詔與添差參議官差遣，免謝辭。二十四日，樞密使王淮宣旨，問所編《文海》次第。公遂以其書繳申三省以進。二月三日，得旨：「吕某編類《文海》，採摭精詳，與除直秘閣。」四日，又遣中使李裕文宣賜銀絹三百疋兩。公具表謝，且辭免除職。時中書舍人陳騤繳公直閣之命，以爲推賞太優。尋奉聖旨：「館閣之職，文史爲先，今所編次，採取精詳，觀其用意，有益治道，故以寵之，可即命詞。」制詞：「敕朝散郎吕某，館閣之職，文史爲先，以爾編類《文海》，用意甚深，採摭精詳，有益治道。寓直中秘，酬寵良多，爾當知思之有自，省行之不誣，用竭報焉。人斯無議，可特授，依前。朝散郎、直秘閣中書舍人陳騤行。」騤既繳駁不行，故假王言以寓誣詆云。公辭免職名，至再，竟不允，乃拜命。所進《文海》，賜名《皇朝文鑑》，命翰林學士周必大爲之《序》。三月二十四日，出修門。公末疾，至是始可扶持就輿。四月七日，買舟東歸。十三日，至婺。公之祖駕部自南渡，轉徙終於婺州，家遂寓婺。佃廢地爲居，公始以屋歸官，買宅城西北隅，及是遷焉。六月七日，主管建寧府武夷山沖佑觀。七月二十八日，夫人芮氏卒。九月十五日，葬芮氏于明招。十月，陸子壽來。是歲，復修《讀詩記》，及有《尚書講義》、《白鹿洞書院記》。

淳熙七年庚子

始有《日記》，初作《大事記》，建家廟，修《宗法》及《祭禮》。四月，陸子壽來。十七日，磨勘轉朝請郎。九月二十五日，除著作郎、兼國史院編修官，公辭。十月十二日，添差兩浙東路安撫司參議官，又辭。十一月二十二日，主管亳州明道宮。是歲，張荆州、陸子壽皆卒。公有《祭張公文》及《陸先生墓誌》。周子充爲參知政事，公有《與周子充諸書》。

淳熙八年辛丑

定《古周易》十二篇，編《歐公本末》，閲《熙寧奏對》。又有《坐右録》、《卧遊録》。七月二十九日，終于正寢，享年四十有五。十一月三日，葬明招。

備論

《黄震全集・黄氏日抄》卷四〇《讀本朝諸儒理學書八》 先生以理學辨朱、張，鼎立爲世師，其精辭奥義，豈後學所能窺其萬分一！然嘗觀之，晦翁與先生同心者，先生辨詰之不少恕；象山與晦翁異論者，先生容下之不少忤。鵝湖之會，先生謂元晦英邁剛明，而工夫就實入細，殊未易量；謂子静亦堅實有力，但欠開闊。其後象山祭先生文，亦自悔鵝湖之會集麄心浮氣。然則先生忠厚之至，一時調娱其間，有功於斯道何如耶！若其講學之要，尤有切於今日者，學者不可不亟自思也。蓋理雖歷萬世而無變，講之者每隨世變而輒易，要當常以孔子爲準的耳。

黄溍《金華黄先生文集》卷一六續稿一三《送曹順甫序》 蓋婺之學，陳氏先事功，唐氏尚經制，吕氏善性理。三家者，唯吕氏爲得其宗而獨傳，至於人自爲書，角立競起，吕氏終莫能契而合之也。

藝文

朱熹《晦庵先生朱文公文集》卷七六《吕氏家塾讀詩記後序》 《詩》自齊、魯、韓氏之説不得傳，而天下之學者盡宗毛氏。毛氏之學，傳者亦衆，而王述之類，今皆不存，則推衍毛説者，又獨鄭氏之箋而已。唐初，諸儒爲作疏義，因訛踵陋，百千萬言而不能有以出乎二氏之區域。至於本朝劉侍讀、歐陽公、王丞相、蘇黄門、河南程氏、横渠張氏，始用己意，有所發明，雖其淺深得失有不能同，然自是之後，三百五篇之微詞奥義，乃可得而尋繹，蓋不待講於齊、魯、韓氏之傳，而學者已知《詩》之不專於毛、鄭矣。及其既久，求者益衆，説者愈多，同異紛紜，争立門户，無復推讓祖述之意，則學者無所適從，而或反以爲病。今觀吕氏《家塾》之書，兼總衆説，巨細不遺，挈領提綱，首尾該貫，既足以息夫同異之争，而其述作之體，則雖融會通徹，渾然若出於一家之言。而一字之訓，一事之義，亦未嘗不謹其説之所自。及其斷以己意，雖或超然出於前人意慮之表，而謙讓退

託，未嘗敢有輕議前人之心也。

嗚呼！如伯恭父者，真可謂有意乎溫柔敦厚之教矣。學者以是讀之，則於可羣可怨之旨其庶幾乎。雖然，此書所謂朱氏者，實熹少時淺陋之説，而伯恭父誤有取焉。其後歷時既久，自知其説有所未安，如《雅》、《鄭》邪正之云者，或不免有所更定，則伯恭父反不能不置疑於其間，熹竊惑之。方將相與反復其説，以求真是之歸，而伯恭父已下世矣。嗚呼，伯恭父已矣！若熹之衰頽汩没，其勢又安能復有所進，以獨決此論之是非乎？伯恭父之弟子約既以是書授其兄之友丘侯宗卿，而宗卿將爲板本，以傳永久，且以書來屬熹序之。熹不得辭也，乃略爲之説，因并附其所疑者，以與四方同志之士共之，而又以識予之悲恨云爾。淳熙壬寅九月己卯新安朱熹序。

朱熹《晦庵先生朱文公文集》卷八二《跋吕伯恭日記》　觀吕伯恭病中日記，其繙閲論著固不以一日懈。至於氣候之暄涼、草木之榮悴，亦必謹焉，則其察物内省，蓋有非血氣所能移者矣。此來不得復見伯恭父，固爲深恨。然於此得窺其學力之所至以自警省，則吾伯恭之不亡者，其誨我亦諄諄矣。三復流涕，敬書其後。淳熙壬寅，新安朱熹書。

朱熹《晦庵先生朱文公文集》卷八二《題伯恭所抹荆公目録》　伯恭病中讀書，漏刻不去手。既定《詩説》，記古今大事，而其餘力又及此。然皆未及終篇而卒，讀者恨之。此書經楊、陳二公掊擊，不遺餘力，而其肺腑之際，猶有未盡白者。今觀伯恭於書首四卷乃不加一詞，而其幾微毛髮之間皆不得有所遁。學者於此，不唯可以究觀前事而極夫治亂之源，抑亦可以反求諸心而審其得失之端矣。淳熙壬寅正月十七日，來哭伯恭之墓，而叔度出此編視予，感歎之餘，爲書其左。朱熹仲晦父。

朱熹《晦庵先生朱文公文集》卷八三《跋吕伯恭書説》　予往年送伯恭父於鵝湖，知其有此書而未及見也。因問其間得無亦有闕文疑義者乎，而伯恭父曰無有，予心固竊怪之。後數年，再會於衢州，伯恭父始謂予曰：「《書》之文誠有不可解者，甚悔前日之不能闕所疑也。」予乃歎伯恭父之學已精而其進猶未已，然其後竟未及有所刊訂而遽不起疾，則其微詞奥義無所更索，而此書不可廢矣。今伯恭父之内弟曾侯致虚鋟木南康，而屬予記其後。予惟伯恭父所以告予者，雖其徒或未必知，因具論其本末如此，使讀者知求伯恭父晚所欲闕者而闕之，則庶幾乎得其所以書矣。紹熙壬子歲除日，新安朱熹書。

朱熹《晦庵先生朱文公文集》卷八五《吕伯恭畫象贊》　括蒼潘君叔度畫其先師東萊吕氏伯恭父之象于可菴退老堂之上，曰：「使西河之民毋疑我於夫子也。」屬其友朱熹贊之。爲作詞曰：

以一身而備四氣之和，以一心而涵千古之秘。推其有，足以尊主而芘民；出其餘，足以範俗而垂世。然而狀貌不踰於中人，衣冠不詭於流俗。迎之而不見其來，隨之而莫睹其躅。矧是丹青，孰形心曲？惟嘗見之者於此而復見之焉，則不但遺編之可續而已也。

朱熹《晦庵先生朱文公文集》卷八七《祭吕伯恭著作文》　維淳熙八年歲次辛丑九月甲戌朔九日壬午，友人具位朱某謹以香茶雞酒奠于亡友伯恭吕兄直閣大著郎中之靈曰：嗚呼哀哉！天降割于斯文，何其酷耶！往歲已奪吾敬夫，今者伯恭胡爲又至於不淑耶？道學將誰使之振，君德將誰使之復？後生將誰使之誨，斯民將誰使之福耶？經説將誰使之繼，事記將誰使之續耶？若我之愚，則病將孰爲之箴而過將誰爲之督耶？然則伯恭之亡，曷爲而不使我失聲而驚呼，號天而慟哭耶！嗚呼伯恭！有蓍龜之智而處之若愚，有河漢之辯而守之若訥。胸有雲夢之富而不以自多，詞有黼黻之華而不易其出。此固今之所難，而未足以議兄之彷彿也。若乃孝友絶人而勉勵如弗及，恬淡寡欲而持守不少懈，盡言以納忠而羞爲訐，秉義以飭躬而耻爲介，是則古之君子尚或難之，而吾伯恭猶欿然而未肯以自大也。蓋其德宇寬洪，識量閎廓，既海納而川停，豈澄清而撓濁？矧涵濡於先訓，紹文獻於厥家。又隆師而親友，極探討之幽遐。所以稟之既厚而養之深，取之既博而成之粹，宜所立之甚高，亦無求而不備。故其講道於家，則時雨之化；進位于朝，則鴻羽之儀。造辟陳謨，則宣公獨御之對；承詔奏篇，則右尹《祈招》之詩。上方虚心而聽納，衆亦注目其夷施，何遭時之不遂，遽縈疾而言歸？慨一卧以三年，尚左圖而右書。間逍遥以曳杖，恍沂上之風雩。衆咸喜其有瘳，冀卒攄其素藴。不惟傳道以著書，抑亦後來之程準。何此望之難必，奄一夕而長終？增有邦之殄瘁，極吾黨之哀恫。嗚呼哀哉！我實無似，兄辱與遊。講摩深切，情義綢繆。粤前日之枉書，尚粲然其手筆。始言沉痼之難除，猶幸死期之未即。中語簡編之次第，卒誇草樹之深幽。謂昔騰牋而有約，盍今命駕以來遊。欣此旨之可懷，懔訃車而偕至。考日月之幾何，不旦暮之三四。嗚呼伯恭，而遽死耶！吾道之衰，乃至此耶？既爲位以泄哀，復緘辭以寓奠。冀嗣歲之有間，尚前言之可踐。嗚呼哀哉！尚饗。

韓元吉《南澗甲乙稿》卷一八《吕伯恭真贊》 噫嘻伯恭，不可見矣。尚懷師生，彷像于此。澹然其容，淵乎其止。有風扶摇，可九萬里。

樓鑰《攻媿集》卷五三《辨志録序》 《學記》曰：「一年視離經辨志。」此書之所以立名也。學者則先辨志，志不辨則不知所守矣。東萊吕伯恭甫與鑰爲同年生，而又齊年，聞道甚蚤，心實師之。博學篤志，深造自得，規模宏大，而克勤小物。其所著書如《大事記》、《近思録》、《閫範》之類，不一而足。又雜取子史傳記，下逮醫書，精要而切于日用者，以爲此編。易知易行，中人皆可企及。擴而充之，則可以入聖人之道。用雖委曲，而體則正大，事若淺易，而理實精微。凡處己待人，臨事之方，詳盡縝密，而大要以忠信篤敬爲本。將令學者循循然如履平地，步步就實，其用意切矣。章貢李君和卿得而玩味，法其可法，戒其可戒，又將刻而廣之，此真東萊之本旨也。俾鑰爲之序。孟子曰：「可欲之謂善，有諸己之謂信。」天下之事，凡可欲者皆善，其不可欲者非善也。可欲而不能有諸己，則猶天下之善也。譬之五穀，無非嘉種，然必藝于土而後有苗有葉，以至于實。善必有諸己而後有所謂美，所謂大以至于聖神。此書誠善矣，然君子多識前言往行，蓋將以蓄其德，非以資口耳之習也。學者讀之，必以有諸己而力行之，則東萊之意庶其無負矣。此書初以《帥初》名，後又改爲《少儀外傳》云。

樓鑰《攻媿集》卷五五《東萊吕太史祠堂記》 乾道、淳熙間，儒風日盛。晦庵朱公在閩，南軒張公在楚，而東萊吕公講道婺女。是時以學問著述爲人師表者相望，惟三先生天下共尊仰之。而婺人被東萊之教尤深，至今名士班班，其傳蓋未艾也。先生爲文靖公之七世孫，自正獻公而下，名德繼起。又爲文清曾公之外孫，淵源固已甚遠。而天資絶人，讀書五行俱下。少從三山林公之奇游，學徒百數，卓然出其上。博極羣書，究通千古興亡治亂之變，而耽嗜經學，至忘寢食。年二十有七，禮闈既擢前列，又中博學宏詞科，聲名震于都城。鑰既忝同登，復媿齊年，意其爲豪俊之士。一日相遇，則頹然似不能言者，殊不稱其名。與之坐而敬焉，不惟使人意消，欽嘆聲服。雖定交于是日，終不敢以友友也。公入館學，鑰在敕局，又鄰居于百官宅，聽教爲多。亦嘗造婺之寓居，留連夜話，幾至達旦。又六年而再造焉，則公已病矣。嘗爲之歎息曰：「少爲國器，長爲人師，使居大位，則必稱物平施，庶幾直道之行也。」而公已矣。世間萬物自書之外，無一可動其心者。推明道德性命之説，而不流于迂；盡排佛老異端之論，而不至于甚；愛惜士友，如待子姓，而持論不阿；别白是否，如持水鏡，而不事于察。著書立言粹然一出于正，而克勤小物，雖使之仕于州縣，亦甘心焉。蓋其造詣精深，本末具舉，用志不分，必欲至于聖賢閫域，沛乎不見其止也。其教人則以孝弟忠信爲先，以窮經躬行爲務，故登其門者隨其性質，咸有得焉。自建炎南渡，父祖始寓于婺，假官屋以居，其地在光孝觀之側。入仕雖久，而在官之日僅四年，故在婺之日最多。四方學者幾于雲集，横經受業，皆在于此。晚始買屋于城之北隅，以舊居歸之官。公之亡既二十有七載，是爲開禧之三年，邦之士夫及其門人請于郡，欲以舊居之半爲堂，以祀先生。郡侯諫議李公大異慨然從之，又出錢五十萬，屬掌書記宣君繒經理其事。前增城主簿潘君頤孫實董斯役，郡寮及其門人合力以佐費。庀工之初，相率持牛酒以犒焉。嘉定改元之秋，爲屋纔十餘楹，外門五間，祠室及前軒各三間，又欲前爲一堂，扁以「麗澤書院」，以存公之舊，且爲後來講習之地。後爲遺書閣，以庋平日所著如《大事記》、《讀詩記》、《閫範》、《近思録》、《春秋》、《尚書》講義、《家法》、《祭禮》及他書之未成者，皆可以傳遠垂後，而工費猶未備。國子司業王公介與其同門友生謁記于鑰，感念疇昔，自以宦游不得日陪函丈，亦不謂公之蚤殁也。老矣，公之墓木拱矣，雖欲一拜祠下而不可得，遂不復辭，而書其始末。將使吾黨之士自今瞻先生之像，如在左右，毋忘先生之淑諸人者以自勉，且思有以稱賢使君所以風厲振起之意，則先生之傳，寧有既乎？先生諱祖謙，字伯恭。其季曰祖儉，字子約，確守素業，能世其家，頃以忠憤上書，貶死江右。主上更化，念其困于權倖之手，贈直秘閣，澤一子，學術操行亞于先生。恐久而泯没，敢牽聯書之。

樓鑰《攻媿集》卷八三《祭吕太史祖謙文》 嗚呼！才難之歎，豈謂凡才？治不如古，亦云久哉！思得一人，庶幾于此。才非不多，未知孰是。必也學窮本源，行有根柢，古今貫穿而守之以約，規模宏大而不遺其細，議論正平而得事機之要，人物兼取而無愛憎之累，表裏如一，俯仰無愧若人者，夫然後退可以爲後學之師表，進可以居朝廷之大位。覬斯民之小康，抑吾道之不墜。惟公其人歟，胡爲抱道而不得試也？嗚呼！天之生公，其亦甚難而不易。賦之德而嗇其壽，誘其衷而不使伸其志。蓋天子欲用而公已病，病不可以有爲矣。卧家優游，尚足以矜式于一世。何疾困之，宿昔而逝？嗟此數年，凋喪善類。天乎天乎！又奪吾大賢，是真可爲痛哭流涕者矣！某等登公之門，嘗聞餘論之一二。顧平時

師仰之不暇，尚何敢知公之所至？《詩》不云乎：「人之云亡，邦國殄瘁。」抑公其人也。相與設奠而哭以斯文，是豈曰吾徒之私意也耶？

《呂祖謙全集·東萊呂太史文集》附録卷一呂祖儉《壙記》 宋故朝請郎、直秘閣、主管亳州明道宫呂公諱祖謙，字伯恭。其先河東人，後徙壽春。六世祖申國文靖公自壽春徙開封，遂爲開封人。曾祖諱好問，資政殿學士、太中大夫，贈太師；妣王氏，贈秦國夫人。祖諱弸中，右朝請郎，贈右正議大夫；妣章氏、文氏皆贈碩人。考諱大器，右朝散郎，贈朝請大夫；妣曾氏，贈宜人。

公紹興七年三月十七日生，以祖致仕恩補將仕郎，監潭州南嶽廟、嚴州桐廬縣尉，未上。登隆興元年進士第，又中博學宏詞科，改南外敦宗院宗學教授。丁先妣憂，免喪，除太學博士。有旨中都官待次者，補外添差嚴州州學教授。踰年，復除太學博士，兼國史院編修官、實録院檢討官，召試館職，除秘書省正字。丁先考憂，免喪，主管台州崇道觀，召爲秘書郎，兼國史院編修官、實録院檢討官，遷著作佐郎、著作郎，兼權禮部郎官。淳熙五年冬，得疾，請去職。先是奉詔編類《皇朝文鑑》，至是書成，除直秘閣、主管建寧府武夷山沖佑觀。病少間，除著作郎、兼國史院編修官，不就。添差兩浙東路安撫司參議官，亦不就。主管亳州明道宫。八年七月二十九日，以疾終于家，享年四十有五。兩娶韓氏，今龍圖閣學士元吉之女。又娶芮氏，故國子祭酒燁之女。皆先卒。子男三人：岳孫、齊孫早殀，延年甫三歲。女二人：華年，適進士潘景良，螺女亦早天。呂氏世葬鄭州新鄭縣懷忠鄉。建炎南渡，太師而下，皆葬婺州武義縣明招山。遂以是年十一月三日葬於祖塋之右麓。

公之問學術業，本於天資，習於家庭，稽諸中原文獻之所傳，博諸四方師友之所講。參貫融液，無所偏滯。晚雖卧疾，共任重道遠之意，達於家政。纖悉委曲，皆可爲後法。葬日薄，未能深考公之言行，求正於有言之君子，以詔來世。姑舉其可得而形容者，以志悲思焉。

公所爲書，有《呂氏家塾讀詩記》三十卷，參取毛、鄭衆氏之説，而間出己意。其後更加刊定，迄於《公劉》之首章。《大事記》起春秋，後終於五季，書法視太史公所録，不盡用策書凡例。其條綱端緒，概見於《通釋》、《解題》之二書，雖絶筆於征和之三年，亦未脱稟。其它遺文及所纂輯者尚衆，以未倫次，皆藏於家。弟祖儉泣記。

呂喬年《呂祖謙全集東萊呂太史文集跋》 右《太史文集》十五卷，先君太府寺丞所次輯也。喬年聞之先君曰：「太史之於文也，有不得已而作，故今所傳，詩多挽章，文多銘、志，餘皆因事涉筆，未嘗有意於立言也。是以平生之作，率無文稿。若其學問之致、教人之方，與其處己接物、齊家事君之大略，則既行乎宫庭，關乎國論，傳諸庠序，不待文字之摹刻而可見矣。」而自太史之没，不知何人刻所謂《東萊先生集》者，真贋錯糅，殆不可讀。而又假託門人名氏，以實其傳，流布日廣，疑信相半。先君病之，乃始與一二友收拾整比，將付之鋟木者，以易舊本之失。會言事貶，不果就。喬年追惟先緒之不可墜，因遂刊補是正，以定此本。凡家範、尺牘、讀書雜記之類，皆總之《别集》。策問、宏辭之類爲世所傳者，皆總之《外集》。年譜、遺事，與凡可參考者，皆總之《附録》。大凡四十卷。其他成書已傳、草具之未定者，皆不著。著其目於附録之末，雖或年月之失次，訪求之未備，未可謂無遺恨。至於絶舊傳之繆，以終先君之志，則不敢緩，且不敢隱焉。既以質諸先友，因輒記於《目録》之後。太史諱祖謙，字伯恭，天下稱東萊先生云。嘉泰四年秋，從子喬年謹記。

陳傅良《止齋先生文集》卷四五《祭呂大著文》 嗚呼！理固難言，事堪永嘆！尚斯文其未熄，儻千載而一旦。自夫孔門之徒盡，經術闕；馬遷而下，史法亂。微言卒墮於佛老，多識不離乎箋傳。惟公紹絶學之遺統，細潛心於一貫。立六藝之要津，涉九流而弗畔。既超乘於先得，亦加鞭於後倦。可謂明古人之大體，而能通當世之變。汎觀人物，粤自秦漢。勳臣擅其器略，儒雅隆於詞翰。通人爲草草，法士焉斷斷。以余觀公，與夫專善偏長之士，豈可同日而論哉！若乃推本皇家，講明文獻。以爲藝祖造邦，上規周室，而仁皇繼體之際，庶幾於差道管、晏。痛《小雅》之未復，先群疑而獨辨。推公之志，歐、富、韓、范。緝熙寧之墜緒，振元祐之餘算。又將會同錯綜，招携集散。回萬牛於絶軔，手六轡以徐按。合當代之玉石，出中原於塗炭。蓋自渡江諸老，皆有遺恨者也。嗚呼！憶學者之初識，怪伏焰之方煽。及脩門之晚别，幸後會之猶健。相此意之攸屬，若一體而中判。年偶同而智遲，名近似而實遠。溘騏驥之先徂，望孤征於款段。參移兮斗没，長夜兮漫漫。耿余懷其何極？訴之人而有恨。望新阡而長號，冀精爽之一盼。

陸九淵《陸九淵集》卷二六《祭呂伯恭文》 玉在山輝，珠存川媚，邦家之光，

緊人是寄。惟公之生，度越流輩，前作見之，靡不異待。外朴如愚，中敏鮮儷。晦嘗致侮，彰或招忌。纖芥不懷，惟以自治。侮者終敬，忌者終愧。遠識宏量，英才偉器，孤騫無朋，獨立誰配？屬思紆徐，擒辭綺麗，少日文章，固其餘事。顔、曾其學，伊、呂其志，久而益專，窮而益厲。約偏持平，棄疵養粹。玩心黄中，處身白賁，停澄衍溢，不見涯涘。豈伊人豪，無乃國瑞。往年之疾，人已愕眙，逮其向痊，全安是冀。《詩傳》之集，大事之記，先儒是裨，麟經是嗣。杜門養痾，素業不廢。訃音一馳，聞者隕涕。主盟斯文，在數君子，纍纍奪之，天乎何意？荆州云亡，吾兄既逝，曾未期年，公又棄世。死者何限，人有鉅細，斯人之亡，匪躬之瘁。嗚呼天乎，胡不是計！竭川夷陵，忍不少俟。辛卯之冬，行都幸會，僅一往復，揖讓而退。既而以公，將與考試，不獲朝夕，以吐肝肺。公素與我，不交一字，糊名謄書，幾千萬紙。一見吾文，知非他士，公之藻鏡，斯已奇矣。公遭大故，余忝末第，迫歸覲親，徒以書慰。甲午之夏，公尚居里，余自錢塘，遡江以詣。值公適衢，浹日至止，一見懽然，如獲大利。我坐狂愚，幅尺殊侈，言不知權，或以取戾。雖訟其非，每不自制，公賜良箴，始痛懲艾。問我如傾，告我如秘，教之以身，抑又有此。惟其不肖，往往失墜，竟勤公憂，抱以没地。鵝湖之集，已後一歲，輒復妄發，宛爾故態。公雖未言，意已獨至，方將優游，以受砭劑。潢池之兵，警及郡界，亟還親庭，志不克遂。先兄復齋，比一二歲，兩獲從欵，言符心契。冉疾顔夭，古有是比，嗚呼天乎，胡嗇於是！復齋之葬，不可無紀，幽鐫之重，豈敢他委？道同志合，惟公不二，拜書乞銘，公即揮賜。琅琅之音，河奔岳峙，嗚呼斯文，何千萬祀。我固罷駑，重以奔踶，惟不自休，强勉希驥。比年以來，日覺少異，更嘗差多，觀省加細。追惟曩昔，粗心浮氣，徒致參辰，豈足酬義？期此秋冬，以親講肄，庶幾十駕，可以近理。有疑未決，有懷未既，訃音東來，心裂神碎。與二三子，慟哭蕭寺，即拜一書，以慰令弟。惟足窀穸，祈厠末肂，繼聞其期，不後日至。躡履擔簦，宵不能寐。所痛其來，棺藏幃蔽。誰謂及門，紼翣已邁，足趼塗泥，追之不逮。矯首蒼茫，涕零如霈，不敏不武，將以誰罪？及其既虞，几筵進拜，觴酒豆肉，哀辭以載。聞乎不聞，神其如在！

葉適《水心文集》卷二八《祭呂太史文》　維淳熙八年十月二十九日，門人文林郎、新差武昌軍節度推官葉適謹以清酌庶羞之奠，敬祭於近故主管直閣大著郎中一丈先生之靈。嗚呼！語何必深，論不欲極，使人心而有止，則雖言而寧默。細道術其難知，超聖賢之獨得，雖經籍之具存，蓋不存之莫測。昔余之於公也，年有長少之序，輩有先後之隔，每將言而輒止，意遲遲而太息。今余之於公也，喪前路之鄉導，廢旁觀之軌則，縱欲言而誰聞，恨冥冥而不白。人材兮離合，世道兮開塞。彼蒼蒼之吉凶，竟無所考兮，余亦安能至此而不惑也！紹興以來，聞卑見陋，士失常心，顛錯昏書。非無豪傑，力止自救。公以生禀之知，世家之舊，備義理於一身，講源流於遍扣。既徹牖以並納，亦隨方而獨誘。由是東南之士，拔起林岫，爲英爲哲，繼公之後。如雷雨之先物，咸穎發而苕秀；流蘋藻以芼揖，潔黍稷而饋餾。嗚呼！公之施於世者，止此而已。至於不以記爲博，不以文爲富；器不止於一能，學不期於偏就；事欲析而愈精，德欲充而兼冒。暢羣儒之異旨，續先民之遺胄。周、孔之業，散而不述；禹、湯之功，息而不奏。若千載之有待，又一朝而永謬。疑古人之皆然，儻今人而何咎。恃哭泣之可忍，徒薦哀於此酎！

張栻《南軒集》卷一四《閫範序》　天地奠位，而人生乎其中，其所以爲人之道者，以其有父子之親，長幼之序，夫婦之别，而又有君臣之義，朋友之交也。是五者，天下所命，而非人之所能爲。有是性則具是道，初不爲聖愚而損益也。聖人能盡其性，故爲人倫之至，衆人則有所蔽奪而淪失之耳。雖然，亦豈不可反哉？聖人有教焉，所以化其慾而反其初也。舜之命契曰：「敬敷五教，在寬。」寬云者，漸濡涵養之，使其所素有者自發也。而咎繇亦曰：「天叙有典，敕我五典五敦哉！」曰敕云者，所以正其綱，而敦云者，所以厚其性也。降及三代，庠序之教尤詳。故孟子曰：「學則三代共之，皆所以明人倫也。」明云者，講明之而使之識其理之所以然也。惟先王道行於家，而化浹乎天下，萬事以正，萬物以遂，氣志交孚，而無不應焉。至於世衰道微之時，而流澤之在人心，不可以壅遏。故《詩》三百篇，發乎情，止乎禮義者，聖人猶有取云爾。然則人之所以爲聖賢，與夫聖賢之教人，捨是五者，其何以哉！東萊呂祖謙伯恭父爲嚴陵教官，與其友取《易》、《春秋》、《書》、《詩》、《禮傳》、《魯論》、《孟子》，聖賢所以發明人倫之道見於父子兄弟夫婦之際者，悉筆之於編。又泛攷子史諸書，上下二千餘載間，凡可以示訓者皆輯之。惟其事之可法而已，載者之失實有所不計也；惟其長之可取而已，它爲之未善有不暇問也。間日携所編以示某而講訂焉。未幾而成，名以《閫範》。某謂此書行於世，家當藏之，而人當學之也。家庭閨闥之內，鄉里族黨之

間，隨其見之深淺、味之短長，篤敬力行，皆足以有補。然在學者則當由是而講明之，以求識其理之所以然者。誠知是書所載，莫非吾分內事，而古之君子皆非有所爲而爲之，則其精微親切，必有隱然自得於中者，雖欲捨是而不由，亦不可得矣。書所登載未盡，伯恭尚繼編云。

陳亮《龍川集》卷二四《祭呂東萊文》 維淳熙八年歲次辛丑秋七月二十九日癸卯，東萊先生以疾卒於家。越四日丙午，從表弟永康陳亮奔哭其柩。越九月申戌朔，始西向陳薄幣於庭，再拜遺香燭茶酒之酹。

嗚呼！孔氏之家法，儒者世守之，得其粗而遺其精，則流而爲度數刑名；聖人之妙用，英豪竊聞之，徇其流而忘其源，則變而爲權譎縱横。故孝悌忠信常不足以趨天下之變，而材術辯智常不足以定天下之經。在人道無一事之可少，而人心有萬變之難明。雖高明之獨見，猶小智之自營；雖篤厚而守正，猶孤壘之易傾。蓋嘗欲整兩漢而下，庶幾及見三代之英。豈曰自我，成之在兄。方半夜之劇論，嘆古來之未曾。講觀象之妙理，得應時之成能。謂人物之間出，非天意之徒生。兄獨疑其未通，我引數而力争。豈其於無事之時，而已懷厭世之情？俄遂罹於末疾，喜未替於儀刑。何所遭之太慘，曾不假於餘齡！將博學多識，使人無自立之地；而本末具舉，雖天亦有所未平耶！

兄嘗誦子皮之言曰：「虎帥以聽，孰敢違子！」人之云亡，舉者莫勝。假設有聖人之宏才，又將待幾年而後成；孰知夫一觴之慟，徒以拂千古之膺！伯牙之琴已分其不可復鼓，而洞山之燈忍使其遂無所承耶？眇方來之難恃，尚既往之有靈。嗚呼哀哉，尚饗！

陳亮《龍川集》卷二四《又祭呂東萊文》 惟兄天資之高，地望之最，學力之深，心事之偉，無一不具，其來未已。羣賢凋謝，屹然山峙。兄又棄去，我存曷以！一代人物，風流盡矣。生也何爲？莫解此理。彼豈無人，懼非書耳。

昔兄之存，衆墓如蟻。我獨從横，無所統紀：如彼扁舟，亂流而濟，觀者聳然，我行如砥。事固多變，中江乃爾。三日新婦，請從今始。念此哽咽，淚落如洗。卮酒豆肉，非以爲禮。

程珌《洺水集》卷一三《書皇朝文鑑後》 文以鑑爲言，非苟云爾也，上焉者取其可以明道，次則取其可以致治，又次則取其可以解經評史，又次則取其辭高義密而可以追古作者，以模楷後學。至若教坊樂語之俳諧，風雲露月之綺組，悉當削去，乃成全書。蓋草創於前者精擇未遑，而討論於後者所當加審。胡不觀揚子雲好深湛之思，韓昌黎手不停披，百家之編，必有餘暇乃可評攷。不然，浩浩千古之作，豈易去取哉？而呂太史得年僅四十，學者所以爲深惜之。洙泗聖人也，而曰：「加我數年，五十以學《易》，可以無大過矣。」聖賢雖殊，而老壯之候一也。

魏了翁《鶴山先生大全文集》卷五一《呂氏讀詩記後序》 余昔東遊，聞諸友朋曰，東萊呂公嘗讀書至「躬自厚而薄責於人」，若凝然以思，由是雖於僮僕間亦未嘗有厲聲疾呼。是知前輩講學大要，惟在切己省察以克其偏，非以資口耳也。蓋不寧惟是，今觀其所編《讀詩記》，於其處人道之常者，固有以得其性情之正。其言天下之事，美盛德之形容，則又不待言而知。至於處乎人之不幸者，其言發於憂思怨哀之中，則必有以考其情性。參總衆説，凡以厚於美化者尤切切致意焉。姑以一義言之。《考槃》、《小宛》，臣之不得於其君者也，曰「獨寐寤言，永矢弗諼」，曰「明發不寐，有懷二人」。《小弁》、《凱風》，子之不得於其親也，曰「何辜于天，我罪伊何」，曰「母氏聖善，我無令人」。《燕燕》、《谷風》，婦之不得於其夫也，曰「先君之思，以勗寡人」，曰「不念昔者，伊余來塈」。《終風》之子，「謔浪笑傲」，而母曰「莫往莫來，悠悠我思」。《柏舟》之兄弟「不可以據」，而不遇者則曰「静言思之，不能奮飛」。《何人斯》之友「其心孔艱」，而遭讒者則曰「及爾如貫，諒不我知」。嗚呼！其忠厚和平、優柔肫切，怨而不怒也，其待人輕約、責己重周、仁而不忮也。蓋不曰是亦不可以已也，是不殆於棄言也，凡以天理民彝自有不可者，吾知盡吾分焉耳矣。使其由此悔悟，幡然惟善道之歸，則固我所欲也。不我以也，我固若是，小丈夫哉，悻悻然忿忮鄙悋發於詞色，去之惟恐不亟也。雖然，是特《詩》中一義耳，而是義也，觸類而長之，又不止是。今東萊於此皆已反覆究圖，所以爲學者求端用力之要深切著明已矣。誠能味其所以言而有以反求諸己，如荀卿氏所謂「爲其人以思之，除其害以持養之」者，殆將怡然泮然，以盡得於興觀羣怨之旨，而歆動鼓舞有不能自已者矣。某非能之，方將願學，因眉山賀春卿欲刊此書以廣其傳，而屬余叙之，姑以所聞見識諸末。自今或有進焉，則斯序也，猶在所削。

徐元傑《楳埜集》卷一一《呂伯恭贊》 先生博極羣書，悉爲訓釋。學識言議，爲世宗師。婿于南澗韓公之門，嘗與晦庵諸公講明斯道於鵝峰精舍。雖天

不假之年，而令名可垂千古。立祠繪像，迄今儼然。贊曰：

蒐經微妙，發聖精華。文脉兩漢，氣蓋百家。東萊擷英，南澗供藻。玉映冰清，千古不老。

方回《桐江集》卷一《東萊集鈔序》 東萊先生吕公，諱祖謙，字伯恭。其先河東人，徙壽春。始相太宗、真宗者，曰蒙正，謚文穆公。其父龜圖，嘗爲起居郎，知泗州。龜圖之弟龜祥，嘗爲殿中侍御史，知壽州。子蒙亨，大理寺丞，生夷簡，三相仁宗，封申國，謚文靖公，始家開封，先生六世祖也。夷簡五子，二至相輔，公弼樞密使，謚惠穆公；公著爲平章，亦封申國，謚正獻公。公著三子，長希哲，封滎陽子。生好問，亦長子，尚書右丞，封東萊郡侯，先生曾祖也。好問五子，長子本中，爲中書舍人，擅詩聲，號大東萊先生。第三子綳中，嘗爲駕部郎官，先生祖也。先生父大器，從兄弟九人，居長，嘗爲倉部郎官，知黄州、池州、吉州。先生從兄弟十六人，而先生居長。紹興七年丁巳，倉部婦翁曾文清幾爲廣西漕，從在甥館，以三月十七日生於静江府，以祖駕部致仕恩補官。紹興二十五年乙亥，倉部爲福建憲幹，先生年十九，始從待次長汀尉三山林公之奇游，初銓注南岳祠，再銓授嚴州桐陵簿。孝宗隆興元年癸未，禮部奏名第六人，殿試科甲第九人，又中博學宏詞科，改南外宗教。乾道元年乙酉，侍倉部之池州州治，左序讀書堂猶存。二年丙戌，丁内憂。四年戊子，《左氏博議》成。五年己丑，除大學博士，待次改差嚴州州學教授，南軒張公來爲守。六年庚寅，再徐大學博士，兼國史實録，南軒亦召爲郎，寓居同巷，此二先生相與講學之始末也。七年辛卯，改官召試，除正字。八年壬辰，丁倉部憂。九年癸巳，陸九齡子壽來會於婺。淳熙元年甲午，始編《讀詩記》，陸子静九淵來，除崇道祠，知紹興府，有《入越録》。二年乙未夏，知建寧府之武夷，訪晦庵先生朱公，同編《近思録》，晦庵送先生至信州，鵝湖二陸、劉清之子澄皆來會，有《入閩録》，而鵝湖辨難語，世不傳。三年丙申，如衢州，哭汪公應辰，又往會晦庵於衢，冬除秘書郎，與修《徽宗實録》。四年丁酉，被旨校正《文海》，後名《皇朝文鑑》。五年夏，除小著，兼權禮部郎官，冬除大著，十二月感末疾。是年，晦庵起知南康軍。六年正月，詔與添差參議官，以《文鑑》除直秘閣，始定家於婺，六月奉武夷祠。七年庚子，作《大事記》。秋，再除大著，辭。添差浙東帥參，尋奉明道祠。是年，南軒、陸子壽卒。八年辛丑七月二十九日卒，年四十五。嗚呼，天之生賢如先生者，數百年一二人耳，而壽止此。予讀先生前後别外集，摘抄要語，如晦庵、南軒，蓋謂親筆所著，勝於語録，而先生無語録傳世，晦庵《楚辭注》、南軒後集奏議，亦未暇抄，而先生《大事記》可摘者，亦不在此。惟儒學之盛，莫盛於乾淳，而象山之學曰覺，晦庵以其務在頓悟而規之。陳亮同甫談王伯，崇漢唐，晦庵以浙學爲事功，不取也。先生處其間，亦不明闢其非，身與晦庵、南軒，鼎立爲三，以淑海内學者。而異趣之徒，自然和諧，無所容其排擊，此宰相善用人之宏度密謨也。而天不假年，悲夫！晦庵老壽，不究其用，乃有僞黨之禍，乃三大儒皆淪謝，侂、遠、清、嵩、全道，相繼柄國，濁亂天下，嫉是者，擯斥之如仇讎，借美於是者，以虚文示褒而實不與，假道於是者，以剽竊嘩世取寵而行不至。微言絶、大義乖，孰有能振斯文而起之者乎！晦庵謚文公，南軒謚宣公，先生謚成公，皆從祀於大成殿，此則百世不可易者也。

張栻部

綜述

《宋史》卷四二九《張栻傳》 張栻字敬夫，丞相浚子也。穎悟夙成，浚愛之，自幼學，所教莫非仁義忠孝之實。長師胡宏，宏一見，即以孔門論仁親切之旨告之。栻退而思，若有得焉，宏稱之曰：「聖門有人矣。」栻益自奮厲，以古聖賢自期，作《希顔録》。

以蔭補官，辟宣撫司都督府書寫機宜文字，除直祕閣，時孝宗新即位，浚起謫籍，開府治戎，參佐皆極一時之選。栻時以少年，内贊密謀，外參庶務，其所綜畫，幕府諸人皆自以爲不及也。間以軍事入奏，因進言曰：「陛下上念宗社之讎恥，下閔中原之塗炭，惕然於中，而思有以振之。臣謂此心之發，即天理之所存也。願益加省察，而稽古親賢以自輔，無使其或少息，則今日之功可以必成，而因循之弊可革矣。」孝宗異其言，於是遂定君臣之契。

浚去位，湯思退用事，遂罷兵講和。金人乘間縱兵入淮甸，中外大震，廟堂猶主和議，至敕諸將無得輒稱兵。時浚已没，栻營葬甫畢，即拜疏言：「吾與金人有不共戴天之讎，異時朝廷雖嘗興縞素之師，然旋遣玉帛之使，是以講和之念未忘於胸中，而至忱惻怛之心無以感格于天人之際，此所以事屢敗而功不成也。今雖重爲羣邪所誤，以蹙國而召寇，然亦安知非天欲以是開聖心哉。謂宜深察此理，使吾胸中了然無纖芥之惑，然後明詔中外，公行賞罰，以快軍民之憤，則人心悦，士氣充，而敵不難却矣。繼今以往，益堅此志，誓不言和，專務自强，雖折不撓，使此心純一，貫徹上下，則遲以歲月，亦何功之不濟哉？」疏入，不報。

久之，劉珙薦於上，除知撫州，未上，改嚴州。時宰相虞允文以恢復自任，然所以求者類非其道，意栻素論當與己合，數遣人致殷勤，栻不答。入奏，首言：「先王所以建事立功無不如志者，以其胸中之誠有以感格天人之心，而與之無間也。今規畫雖勞，而事功不立，陛下誠深察之日用之間，念慮云爲之際，亦有私意之發以害吾之誠者乎？有則克而去之，使吾中扃洞然無所間雜，則見義必精，守義必固，而天人之應將不待求而得矣。夫欲復中原之地，先有以得中原之心，欲得中原之心，先有以得吾民之心。求所以得吾民之心者，豈有他哉？不盡其力，不傷其財而已矣。今日之事，固當以明大義、正人心爲本。然其所施有先後，則其緩急不可以不詳；所務有名實，則其取舍不可以不審，此又明主所宜深察也。」

明年，召爲吏部侍郎，兼權起居郎侍立官。時宰方謂敵勢衰弱可圖，建議遣泛使往責陵寢之故，士大夫有憂其無備而召兵者，輒斥去之。栻見上，上曰：「卿知敵國事乎？」栻對曰：「不知也。」上曰：「金國饑饉連年，盜賊四起。」栻曰：「金人之事，臣雖不知，境中之事，則知之矣。」上曰：「何也？」栻曰：「臣切見比年諸道多水旱，民貧日甚，而國家兵弱財匱，官吏誕謾，不足倚賴。正使彼實可圖，臣懼我之未足以圖彼也。」上爲默然久之。栻因出所奏疏讀之曰：「臣竊謂陵寢隔絶，誠臣子不忍言之至痛，然今未能奉辭以討之，又不能正名以絶之，乃欲卑詞厚禮以求於彼，則於大義已爲未盡。而異論者猶以爲憂，則其淺陋畏怯，固益甚矣。然臣竊揆其心意，或者亦有以見我未有必勝之形，而不能不憂也歟。蓋必勝之形，當在於早正素定之時，而不在於兩陣决機之日。」上爲竦聽改容。栻復讀曰：「今日但當下哀痛之詔，明復讎之義，顯絶金人，不與通使。然後修德立政，用賢養民，選將帥，練甲兵，通内修外攘、進戰退守以爲一事，且必治其實而不爲虚文，則必勝之形隱然可見，雖有淺陋畏怯之人，亦且奮躍而争先矣。」上爲歎息褒諭，以爲前始未聞此論也。其後因賜對反復前説，上益嘉歎，面諭：「當以卿爲講官，冀時得晤語也。」

會史正志爲發運使，名爲均輸，實盡奪州縣財賦，遠近騷然，士大夫争言其害，栻亦以爲言。上曰：「正志謂但取之諸郡，非取之於民也。」栻曰：「今日州郡財賦大抵無餘，若取之不已，而經用有闕，不過巧爲名色以取之於民耳。」上矍然曰：「如卿之言，是朕假手於發運使以病吾民也。」旋閲其實，果如栻言，即詔罷之。

兼侍講，除左司員外郎。講《詩葛覃》，進説：「治生於敬畏，亂起於驕淫。使爲國者每念稼穡之勞，而其后妃不忘織紝之事，則心不存者寡矣。」因上陳祖宗自家刑國之懿，下斥今日興利擾民之害。上歎曰：「此王安石所謂『人言不足恤』者，所以爲誤國也。」

知閤門事張説除簽書樞密院事，栻夜草疏極諫其不可，旦詣朝堂，質責宰相

虞允文曰：「宦官執政，自京、黼始，近習執政，自相公始。」允文慙憤不堪。栻復奏：「文武誠不可偏，然今欲右武以均二柄，而所用乃得如此之人，非惟不足以服文吏之心，正恐反激武臣之怒。」孝宗感悟，命得中寢。然宰相實陰附説，明年出栻知袁州，申説前命，中外誼譁，説竟以謫死。

栻在朝未期歲，而召對至六七，所言大抵皆修身務學，畏天恤民，抑僥倖，屏讒諛，於是宰相益憚之，而近習尤不悦。退而家居累年，孝宗念之，詔除舊職，知静江府，經略安撫廣南西路。所部荒殘多盗，栻至，簡州兵，汰冗補闕，籍諸州黥卒伉健者爲效用，日習月按，申嚴保伍法。諭溪峒酋豪弭怨睦鄰，毋相殺掠，於是羣蠻帖服。朝廷買馬横山，歲久弊滋，邊氓告病，而馬不時至。栻究其利病六十餘條，奏革之，諸蠻感悦，争以善馬至。

孝宗聞栻治行，詔特進秩，直寶文閣，因任。尋除祕閣修撰、荆湖北路轉運副使。改知江陵府，安撫本路。一日去貪吏十四人。湖北多盗，府縣往往縱釋以病良民，栻首劾大吏之縱賊者，捕斬姦民之舍賊者，令其黨得相捕告以除罪，羣盗皆遁去。郡瀕邊屯，主將與帥守每不相下，栻以禮遇諸將，得其驩心，又加恤士伍，勉以忠義，隊長有功輒補官，士咸感奮。並淮姦民出塞爲盗者，捕得數人，有北方亡奴亦在盗中。栻曰：「朝廷未能正名討敵，無使疆埸之事其曲在我。」命斬之以徇於境，而縛其亡奴歸之。北人歎曰：「南朝有人。」

信陽守劉大辯怙勢希賞，廣招流民，而奪見戶熟田以與之。栻劾大辯詐諼，所招流民不滿百，而虚增其數十倍，請論其罪，不報。章累上，大辯易他郡，栻自以不得其職求去，詔以右文殿修撰提舉武夷山沖佑觀。病且死，猶手疏勸上親君子遠小人，信任防一己之偏，好惡公天下之理。天下傳誦之。栻有公輔之望，卒時年四十有八。孝宗聞之，深爲嗟悼，四方賢士大夫往往出涕相弔，而江陵、静江之民尤哭之哀。嘉定間，賜謚曰宣。淳祐初，詔從祀孔子廟。

栻爲人表裏洞然，勇於從義，無毫髮滯吝。每進對，必自盟於心，不可以人主意悦輒有所隨順。孝宗嘗言伏節死義之臣難得，栻對：「當於犯顔敢諫中求之。若平時不能犯顔敢諫，他日何望其伏節死義？」孝宗又言難得辦事之臣，栻對：「陛下當求曉事之臣，不當求辦事之臣。若但求辦事之臣，則他日敗陛下事者，未必非此人也。」栻自言：前後奏對忤上旨雖多，而上每念之，未嘗加怒者，所謂可以理奪云爾。

其遠小人尤嚴。爲都司日，肩輿出，遇曾覿，覿舉手欲揖，栻急掩其窗櫺，覿慙，手不得下。所至郡，暇日召諸生告語。民以事至庭，必隨事開曉。具爲條教，大抵以正禮俗、明倫紀爲先。斥異端，毁淫祠，而崇社稷山川古先聖賢之祀，舊典所遺，亦以義起也。

栻聞道甚早，朱熹嘗言：「己之學乃銖積寸累而成，如敬夫，則於大本卓然先有見者也。」所著《論語孟子説》、《太極圖説》、《洙泗言仁》、《諸葛忠武侯傳》、《經世紀年》，皆行於世。栻之言曰：「學莫先於義利之辨。義者，本心之當爲，非有爲而爲也。有爲而爲，則皆人欲，非天理。」此栻講學之要也。

子焯。

朱熹《晦庵先生朱文公文集》卷八九《右文殿修撰張公神道碑》 淳熙七年春二月甲申，祕閣修撰、荆湖北路安撫廣漢張公卒于江陵之府舍。其弟衡州使君杓護其柩以歸葬于潭州衡陽縣楓林鄉龍塘之原，按令式立碑墓道，而以書來謂熹曰：「知吾兄者多矣，然最其深者莫如子，今不可以不銘。」熹嘗竊病聖門之學不傳，而道術遂爲天下裂。士之醇慤者拘於記誦，其敏秀者衒於詞章，既皆不足以發明天理而見諸人事，於是言理者歸於老佛，而論事者騖於管商，則於理事之正反皆有以病焉，而去道益遠矣。中間河洛之間先生君子得其不傳之緒而推明之，然今不能百年，而學者又失其指。近歲乃幸得吾友敬夫焉，而天下之士，乃有以知理之未始不該於事，而事之未始不根於理也。然又不得盡其所爲，而中道以没，不有考焉以垂於世，吾恐後之君子，將有憾於吾徒也。熹之愚固不足以及此，然於共學輩流偶獨後死，矧定叟之所以見屬者又如此，其何以辭！顧以疾病之不間，後五六年，乃得考其事而叙之曰：

公諱某，字敬夫，故丞相魏國忠獻公之嗣子也。生有異質，穎悟夙成，忠獻公愛之。自其幼學而所以教者，莫非忠孝仁義之實。既長，又命往從南嶽胡公仁仲先生問河南程氏學。先生一見，知其大器，即以所聞孔門論仁親切之指告之。公退而思，若有得也，以書質焉，而先生報之曰：「聖門有人，吾道幸矣。」公以是益自奮厲，直以古之聖賢自期，作《希顔録》一篇，蚤夜觀省，以自警策。所造既深遠矣，而猶未敢自以爲足，則又取友四方，益務求其學之所未至。蓋玩索講評，踐行體驗，反覆不置者十有餘年，然後昔之所造，深者益深，遠者益遠，而反以得乎簡易平實之地。其於天下之理，蓋皆瞭然心目之間，而實有以見其不能已者，是以決之勇，行之力，而守之固，其所以篤於君親，一於道義而没世不忘者，初非有所勉慕而强爲也。

少以蔭補右承務郎，辟宣撫司都督府書寫機宜文字、除直祕閣。是時天子新即位，慨然以奮伐仇虜、克復神州爲己任。忠獻公亦起謫籍，受重寄，開府治戎，參佐皆極一時之選。而公以藐然少年，周旋其間，內贊密謀，外參庶務。其所綜畫，幕府諸人皆自以爲不及也。間以軍事入奏，始得見上，即進言曰：「陛下上念宗社之讎耻，下閔中原之塗炭，惕然於中，而思有以振之，臣謂此心之發，即天理之所存也。誠願益加省察，而稽古親賢以自輔焉，無使其或少息也，則不惟今日之功可以必成，而千古因循之弊，亦庶乎其可革矣。」上異其言，蓋於是始定君臣之契。

已而忠獻公辭位去，用事者遂罷兵與虜和。虜乘其隙，反縱兵入淮甸，中外大震。然廟堂猶主和議，至敕諸將毋得以兵向虜。時忠獻公已即世，公不勝君親之念，甫畢藏事，即拜疏言：「吾與虜人乃不共戴天之讎，向來朝廷雖亦嘗興縞素之師，然玉帛之使未嘗不行乎其間，是以講和之念，未忘於胸中，而至誠惻怛之心，無以感格乎天人之際，此所以事屢敗而功不成也。今雖重爲羣邪所誤，以蹙國而召寇，然亦安知非天欲以是開聖心哉？謂宜深察此理，使吾胸中了然無纖芥之惑，然後明詔中外，公行賞罰，以快軍民之憤，則人心悅，士氣充，而虜不難却矣。繼今以往，益堅此志，誓不言和，專務自强，雖折不撓，使此心純一，貫徹上下，則遲以歲月，亦何功之不成哉！」疏入，不報。

後六年，始以補郡。臨遣，得復見上。時宰相雖以恢復之説自任，然所以求者，類非其道，且妄意公素論當與己合，數遣人致慇懃，公不答。見上，首言：「先王之治，所以建事立功，無不如志，以其胸中之誠，足以感格天人之心，而與之無間也。今規畫雖勞，而事功不立，陛下誠深察之，日用之間，念慮云爲之際，亦有私意之發，以害吾之誠者乎？有則克而去之，使吾中扃洞然無所間雜，則見義必精，守義必固，而天人之應，將不待求而得矣。夫欲復中原之地，當先有以得其百姓之心，欲得中原之心，當先有以得吾百姓之心。而求所以得吾民之心者，豈有它哉，不盡其力，不傷其財而已矣。今日之事，固當以明大義、正人心爲本，然其所施有先後，則其緩急不可以不詳；所務有名實，則其取舍不可以不審，此又明主所宜深察也。」

明年，召還。宰相又方謂虜勢衰弱可圖，建遣泛使往責陵寢之故，士大夫有憂其無備而召兵者，皆斥去之。於是公見上，上曰：「卿知虜中事乎？」公對曰：「不知也。」上曰：「虜中饑饉連年，盜賊四起。」公又對曰：「虜中之事臣雖不知，然境中之事則知之詳矣。」上曰：「何事？」公遂言曰：「臣竊見比年諸道亦多水旱，民貧日甚。而國家兵弱財匱，官吏誕謾，不足倚仗。正使彼實可圖，臣懼我之未足以圖彼也。」上爲默然久之。公因出所奏書，讀之曰：「臣竊謂陵寢隔絶，誠臣子不忍言之至痛。然今未能奉詞以討之，又不能正名以絶之，乃欲卑詞厚禮以求於彼，其於大義已爲未盡，而異論者猶以爲憂，則其昧陋畏怯，又益甚矣。然臣竊揆其心，意其或者亦有以見我未有必勝之形，而不能不憂也歟？蓋必勝之形，當在於蚤正素定之時，而不在兩陳決機之日。」上爲竦聽，改容稱善，至于再三。公復讀曰：「今日但當下哀痛之詔，明復讎之義，顯絶虜人，不與通使。然後脩德立政，用賢養民，選將帥，練甲兵，通内脩外攘、進戰退守以爲一事，且必治其實而不爲虛文，則必勝之形，隱然可見。雖有淺陋畏怯之人，亦且奮躍而爭先矣。」上爲歎息褒諭，以爲前未始聞此論也。其後又因賜對，反復前説，上益嘉歎，面諭：「當以卿爲講官，冀時得晤語也。」

時還朝未期歲，而召對至六七，公感上非常之遇，知無不言，大抵皆脩身務學、畏天恤民、抑權倖、屏讒諛之意。至論復讎之義，則反復推明所以爲名實之辨者益詳。於是宰相益憚公，而近倖尤不悅，遂合中外之力以排之，而公去國矣。蓋公自是退居三年，更歷兩鎮，雖不復得聞國論，而蚤夜孜孜，反身修德，愛民計軍，以俟國家扶義正名之舉，尤極懇至。於是天子益知公可用，嘗賜手書，褒其忠實，蓋將復大用之，而公已病矣。病亟且死，猶手疏勸上以親君子、遠小人，信任防一己之偏，好惡公天下之理，以清四海，克固不圖，若眷眷不能忘者。寫畢，緘付府僚，使驛上之，有頃而絶。

嗚呼！靖康之變，國家之禍亂極矣。小大之臣，奮不顧身以任其責者，蓋無幾人。而其承家之孝，許國之忠，判決之明，計慮之審，又未有如公者。雖降命不長，不克卒就其業，然其志義偉然，死而後已，則質諸鬼神而不可誣也。

始，公出幕府，即罹外艱。屏居舊廬，不交人事。會盜起郴、桂間，聲搖數路。湖南帥守劉公珙雅善公，時從訪問籌策，卒用以破賊。還朝，爲上極言公學行志業非常人比，上亦記公議論本末。除知撫州，未上，改嚴州。到任，問民疾苦，首以丁鹽錢絹太重爲請，得蠲是歲半輸。召爲尚書吏部員外郎、兼權左右司侍立官。時廟堂方用史正志爲發運使，名爲均輸，而實但盡奪州郡財賦，以惑上聽，遠近騷然，人不自安。賢士大夫爭言其不可，而少得其要領者。公亦爲上言之，上曰：「正志以爲今但取之諸郡，非取之於民也，何傷？」公對曰：「今日州

郡財賦大抵劫劫無餘，若取之不已，而經用有闕，則不過巧爲名色，而取之於民耳。」上聞之，矍然顧謂公曰：「論此事者多矣，未有能及此者。如卿之言，是朕假手於發運使以病吾民也。」旋閲其實，果如公言，即詔罷之。

兼侍講，除左司員外郎。經筵開，以《詩》入侍，因《葛覃》之篇以進説曰：「治常生於敬畏，亂常起於驕淫。使爲國者每念稼穡之勞，而其后妃不忘織紝之事，則心之不存者寡矣。周之先后勤儉如此，而其後世猶有以休蠶織而爲厲階者，興亡之效，於此見矣。」既又推廣其言，上陳祖宗自家刑國之懿，下斥當時興利擾民之害詳焉。上亦歎曰：「此王安石所謂『人言不足恤者』所以誤國事也。」

俄而詔以知閤門事張説簽書樞密院事，公夜草手疏，極言其不可，且詣宰相質責之，語甚切。宰相慚憤不堪，而上獨不以爲忤，親札疏尾付宰相，使諭指。公復奏曰：「文武之勢誠不可以太偏，然今欲左文右武以均二柄，而所用乃得如此之人，非惟不足以服文吏之心，正恐反激武臣之怒也。」於是上意感悟，命得中寢。然宰相實陰附説，明年，乃出公知袁州，而申説前命，於是中外讙譁，而説後竟謫死云。

淳熙改元，公家居累年矣，上復念公，詔除舊職，知静江府，經略安撫廣南西路。廣西去朝廷絶遠，諸州土曠民貧，常賦入不支出，故往時立法，諸州以漕司錢運鹽鬻之，而以其息什四爲州用。以是州得粗給，而民無加賦。其後或乃奪取其息之半，則州不能盡運，而漕司又以歲額責其虚息，則高價抑賣之弊生，而公私兩病矣。公始至，未及有爲，專務以訪求一道之利病爲事。既得其所以然者，則爲奏以鹽息什三予諸郡。又因兼攝漕臺，出其所積緡錢四十萬而中分之，一以爲諸倉買鹽之本，一以爲諸州運鹽之費。奏請立法，自今漕司復有多取諸州，輒行抑賣，悉以違制議罪；其敢以資燕飲、供饋餉者，仍坐臟論。詔皆從之。

所統州二十有五，邊夐荒殘，故多盜賊。徼外蠻夷俗尚讎殺，喜侵掠，間亦入塞爲暴。而州兵皆脆弱慵惰，又乏糧賜，死亡輒不復補，鄉落保伍亦名存而實廢。邕管斗入群蠻中，最爲重地，而戍兵不能千人，獨恃左、右江洞丁十餘萬爲藩蔽，而部選提舉巡檢官初不擇人。公知其弊，則又爲之簡閲州兵，汰冗補闕，籍諸州黥卒伉健者以爲效用，合親兵摧鋒等軍，日習而月按之。悉禁它役，視諸州猶有不足，於糧賜若凡戈甲之費者，更斥漕司鹽本羨錢以佐之，申嚴保伍之令而信其賞罰。知流人沙世堅才勇，喻以討賊自效，所捕斬前後以十百數。又奏乞選辟邕州提舉巡檢官，以撫洞丁。傳令溪洞酋豪，喻以弭怨睦鄰，愛惜人命，爲子孫長久安寧之計，毋得輒相虜掠，讎殺生事。而它所以立恩信、謹關防、示形制者，亦無不備。於是境内正清，方外柔服，幕府無南鄉之慮矣。

朝廷買馬横山，歲久弊積，邊氓告病，而馬不時至，至者多道死。公究其利病，得凡六十餘條。如邕守上邊，則瀕江有買船之擾；綱馬在道，則緣道有執牽之勞；其或道死，則抑賣其肉，重爲鄰伍之患。是皆無益於馬而有害於人，首奏革之。其他如給納等量支券之姦，以至官校參司名次之弊，皆有以究其根穴而事爲之防。由是諸蠻感悦，争以其善馬來，歲額率常先期以辦，而馬無滯留，人知愛惜，遂無復死道路者。

上聞公治行，且未嘗叙年勞，乃詔特轉承事郎、進直寶文閣再任。五年，除祕閣修撰、荆湖北路轉運副使，改知江陵府，安撫本路。湖北尤多盜，州縣不以爲意，更共縱釋，以病良民。公入境，首劾大吏之縱賊者罷之，捕姦民之舍賊者斬之，群盜破膽，相率遁去。公又益爲條教，喻以利害，俾知革心，開其黨與，得相捕告以除罪。其餘禁令方略，大率如廣西時。於是一路肅清，善良始有安居之樂。郡去北邊不遠，雖頗有分屯大軍，而主兵官率常與帥守不相中。帥守所將獨神勁親兵及義勇民兵若干人，比年亦廢簡閲，不足恃。公既以禮遇諸將，得其歡心，而所以恤其士伍之私者，亦無不至，於是將士感悦，相戒無輒犯公令。每按親兵，必使與大軍雜試，以相激厲。均犒賞，修義勇法，使從縣道階級。喻以農隙閲習武事，以俟不時按驗而加賞罰焉。其後團教，則又面加慰諭，勉以忠義而教以敦睦。首領有捕盜者，爲奏補官。由是戎政日修，而士心亦益感奮。會有獻言於朝，請盡籍客户爲義勇者，公慮惑民聽，且致流亡，亟取丁籍閲之，命一户而三丁者乃籍其一，以爲義勇副軍。别置總首，人給一弩，俾家習之，三歲一遣官就按，它悉無有所與。且爲奏言所以不可盡取之故，闔境賴焉。

辰、沅諸州，自政和間奪民田募游惰，號刀弩手，蓋欲以控制諸蠻，而實不可用。中廢復修，議者多不以爲便，詔與諸司平處列上。公爲奏去其病民罔上者數條，詔皆施行，人亦便之。並淮姦民出塞爲盜，法皆處死。異時官吏多蔽匿弗治，至是捕得數人，仍有胡奴在黨中。公曰：「朝廷未能正名討賊，則疆埸之事，不宜使數負吾曲。」命斬之以徇於境，而縛其亡奴歸之。北人歎其理直，且曰南朝於是爲有人矣。

信陽守劉大辯者，婺州人也，怙勢希賞，誘致流民，而奪見户熟田以與之，一郡洶洶。公爲遣吏平章，乃定。及是聞北人逐盜有近淮者，則又虚驚，夜棄城

郭，盡室南走數十里，軍民復大擾。公方劾奏之，而朝廷用大辯請，以見户荒田授流民。事下本道，施行如章。公復奏曰：「陛下幸哀邊民，前詔占田已墾者，不復通檢；其未墾者，二年不墾，乃收爲營田，德至渥也。今未及期，而大辯不務奉承宣布，反設詐諼，虧國大信，以濟凶虐。且所招流民不滿百數，而虚奏且十倍。請并下前奏，論罪如法。」章累上，大辯猶得易它郡以去。

蓋方是時，上所以知公者愈深，而惡公者忌之亦愈力。公自以不得其職，數求去不得，尋以病請，乃得之。然比詔下，以公爲右文殿修撰提舉武夷山冲佑觀，則已不及拜矣。卒時年四十有八。柩出，江陵老稚挽車號慟，數十里不絶。訃聞，上亦深爲嗟悼。四方賢士大夫往往出涕相弔，而静江之人哭之尤哀。蓋公爲人坦蕩明白，表裏洞然，詣理既精，信道又篤，其樂於聞過而勇於徙義，則又奮厲明決，無豪髮滯吝意。以至疾病垂死，而口不絶吟於天理人欲之間，則平日可知也。故其德日新，業日廣，而所以見於論説行事之間者，上下信之至於如此，雖小人以其好惡之私，或能壅害於一時，然至於公論之久長，蓋亦莫得而揜之也。

公之教人，必使之先有以察乎義利之間，而後明理居敬，以造其極。其剖析開明，傾倒切至，必竭兩端而後已。所爲郡必葺其學，於静江又特盛。暇日召諸生，告語不倦。民以事至廷中者，亦必隨事教戒，而於孝弟忠信、睦婣任恤之意，尤孜孜焉。猶慮其未徧也，則又刻文以開曉之，至於喪葬嫁娶之法，風土習俗之弊，亦列其事以爲戒命。閭井各推耆宿，使爲鄉老，授之夏楚，使以所下條教訓厲其子弟，不變，然後言之有司而加法刑焉。在廣西，刑獄使者陸濟之子棄家爲浮屠，聞父死不奔喪，爲移諸路，俾執拘以付其家。官吏有犯名教者，皆斥遣之，甚或奏劾抵罪。尤惡世俗鬼神老佛之説，所至必屏絶之。蓋所毁淫祠前後以百數，而獨於社稷山川、古先聖賢之奉爲兢兢，雖法令所無，亦以義起。其水旱禱祠，無不應也。

平生所著書，唯《論語説》最後出，而《洙泗言仁》、《諸葛忠武侯傳》爲成書。其它如《書》、《詩》、《孟子》、《太極圖説》、《經世編年》之屬，則猶欲稍更定焉而未及也。然其提綱挈領，所以開悟後學，使不迷於所鄉，其功則已多矣。蓋其常言有曰：「學莫先於義利之辨，而義也者，本心之所當爲而不能自已，非有所爲而爲之者也。一有所爲而後爲之，則皆人欲之私，而非天理之所存矣。」嗚呼，至哉言也！其亦可謂擴前聖之所未發，而同於性善養氣之功者歟！

公之州里世系已見於忠獻公之碑，此不著。其配曰宇文氏，朝散大夫師中之女，事舅姑以孝聞，佐君子無違德，封安人，前卒。子焯，承奉郎，亦蚤世。二女，長適五峯先生之子胡大時，次未行而卒。孫某某，尚幼。後數年，胡氏女與某亦皆夭。嗚呼，敬夫已矣！吾尚忍銘吾友也哉！銘曰：

闕尹之忠，文子之清。匪欲之徇，而仁弗稱。孰的孰張，以詔後學？公乘厥機，如寐斯覺。自時厥後，動罔弗欽。孝承考志，忠格天心。唯孝唯忠，惟一其義。惟命有嚴，豈曰爲利。群邪肆誕，公避而歸。兩鎮餘功，以德爲威。帝曰懷哉，汝忠而實。姑訖外庸，來輔來拂。上天甚神，曷監而遺？彼頑弗夭，此哲而萎。往昔茫茫，來今不盡。求仁得仁，公則奚恨。

楊萬里《誠齋集》卷一一五《張左司傳》 張栻字敬夫。父浚，故右僕射、魏國忠獻公也。生有異質，穎悟夙成，浚愛之，自幼常令在旁，教以忠孝仁義之實。既長，又命往從南嶽胡宏講求程顥及頤之學。宏告以孔門論仁之指，栻默然若有得者，宏稱之曰：「聖門有人矣。」栻益自奮厲，取友四方。初造深遠，卒歸乎平易篤實。少以蔭補右承務郎，辟宣撫司都督府書寫機宜文字，除直秘閣。是時上新即位，慨然以奮伐仇虜、克復神州爲己任。浚起謫籍，受重寄，開府治戎，參佐皆極一時之選。而栻以藐然少年，内贊密謀，外參庶務，莫府諸人皆自以爲不及。間以軍事入奏，始得見上，即進言曰：「陛下上念宗社之讎恥，下閔中原之塗炭，惕然於中，而思有以振之，臣謂此心之發即天理也。願益加省察，而稽古親賢以自輔，無使其少息，則今日之功可以必成。」上異其言，於是始定君臣之契。已而浚辭位去，湯思退用事，遂罷兵與虜和。虜乘隙縱兵入淮甸，中外大震。然廟堂猶主和議，至敕諸將無得以兵向虜。時浚已没，栻不勝君親之念，甫襄事，即拜疏言：「吾與虜乃不共戴天之讎，異時朝廷雖嘗興縞素之師，然旋遣玉帛之使，講和之念未忘於胸中。故至誠惻怛之心，無以感格乎天人之際，此所以事屢敗也。今雖重爲群邪所誤，以蹙國而召寇，然亦安知非天以是開聖心哉？謂宜深察此理，使吾胸中了然，無纖芥之惑，然後明詔中外，公行賞罰，以快軍民之憤，則人心悦，士氣充，而虜不難却矣。繼今以往，益堅此志，誓不言和，專務自彊，雖折不撓，使此心純一，貫徹上下，則遲以歲月，亦何功之不成哉！」疏入不報。服除，久之，劉珙薦於上，上亦記其前日議論，除知撫州。未上，改嚴州。入奏，時宰相自任以恢復之説，且謂栻素論當與己合，數遣人致意，栻不答。見上，首言：「先王所以建事立功無不如志者，以其胸中之誠足以感格天人之心

也。今規畫雖勢，而事功不立。陛下試深察之日用之間，念慮云爲之際，亦有私意之發以害吾胸中之誠者乎？有則克而去之，使吾中扃洞然無所間雜，則見義必精，守義必固，天人之應將不待求而得矣。且欲復中原之地，當先有以得中原之心，欲得中原之心，當先有以得吾民之心。求所以得吾民之心者無他，不盡其力，不傷其財而已。」至郡，問民疾苦，首以丁鹽絹錢太重爲請，得蠲是歲之半。明年，召爲吏部員外郎，兼權起居郎。時宰相謂虜衰可圖，建遣泛使往請陵寢，士大夫有憂其無備而召敵者，皆斥去之。於是栻見上，上曰：「卿知虜中事乎？」栻對曰：「不知也。」上曰：「虜中饑饉，連年盜賊四起。」栻又對曰：「虜中之事，臣雖不知，然境内之事則知之詳矣。」上曰：「何事？」栻遂言曰：「臣竊見比年諸道亦多水旱，民貧日甚，而國家兵弱財匱，官吏誕謾不足賴，正使彼實可圖，臣懼我之未足以圖彼也。」上爲默然。栻因出所奏疏曰：「臣竊謂陵寢隔絶，言之至痛。然今未能奉辭以討之，又不能正名以絶之，乃欲卑詞厚禮以求於彼，則於大義爲已乖，而度之事勢，我亦未有必勝之形。夫必勝之形當在於早正素定之時，而不在於兩陳决機之日。今日但當下哀痛之詔，明復讎之義，顯絶虜人，不與通使。然後修德立政，用賢養民，選將帥，練甲兵，以内修外攘、進戰退守之事通而爲一，且必治其實而不爲虛文，則必勝之形隱然可見矣。」上爲改容歎息，以爲前未始聞此論也。上面諭：「當以爲講官，冀時得晤語。」廟堂用史正志爲發運使，名爲均輸，實盡奪州縣財賦，遠近騷然。栻爲上言之，上曰：「正志以爲今但取之諸郡，非取之於民。」對曰：「今日川郡財賦大抵無餘，若取之不已而經用有闕，則不過巧爲之名以取之於民耳。」上聞之矍然。顧栻曰：「論此事者多矣，未有能及此者。如卿之言，是朕假手於發運使以病吾民也。」旋閱其實，果如栻言，即詔罷之。兼侍講，除左司員外郎。因講《詩》至《葛覃》，進説：「治生於敬畏，亂起於驕淫。使爲國者每念稼穡之勞，而其后妃不忘織紝之事，則心之不存者寡矣。周之先后勤儉如此，而其後世猶有休蠶織而爲厲階者，興亡之效於此可見。」因推廣其言，上陳祖宗自家刑國之懿，下斥今日興利擾民之害。上歎曰：「此王安石所謂人言不足卹者，所以誤國。」知閤門事張説除僉書樞密院事，栻夜草手疏，極言其不可，且詣宰相質責之，語甚切。宰相慚憤不堪，而上獨不以爲忤，親札疏尾付宰相，使諭指。栻復奏曰：「文武誠不可偏，然今欲右武以均二柄，而所用乃得如此之人，非惟不足以服文吏之心，正恐反激武臣之怒。」於是上意感悟，命得中寢。明年乃出栻知袁州，而申說前命，於是中外諠譁，而說後竟謫死云。栻在朝未期歲而召對六七，栻感上非常之遇，知無不言，大抵皆修身務學，畏天恤民，抑僥倖，屏讒諛之意。宰相益憚之，從臣有忌之者，而近倖尤不悅，遂合中外之力以排去之。栻退居長沙，待次三年。淳熙改元，上復念栻，詔除舊職，改知静江府，經略安撫廣南西路。廣西去朝廷絶遠，土曠民貧，常賦不支，異時諸州以漕司錢運鹽鬻之，而以其息什四爲州用，故州粗給，而民無加賦。其後漕司又取其半，州既不能盡運，而漕司又以歲之常責其虛息，於是官高其估，抑賣於民，而公私兩病矣。栻奏以鹽息什三予諸郡。又因兼攝漕事，出其所積緡錢四十萬而中分之，一爲諸倉煮鹽之本，一爲諸州運鹽之費。請立法，自今漕司敢有多取、諸州輒行抑賣者，論以違制；敢以資宴飲、供問遺者，論以贓。詔從之。所統州二十有五，荒殘多盜，徼外群蠻尚讎殺，喜侵掠，間亦入塞爲暴。而州兵皆脆惰，又乏廩給，死亡不補，鄉有保伍，名存實亡。邕管斗入蠻中，最爲重地，而戍兵不能千人，獨恃左右江洞丁十餘萬爲藩蔽，而吏部以資格注提舉、巡檢官，初不擇人。栻乃簡閱州兵，汰冗補闕，籍諸州黥卒伉健者爲效用，令親兵、摧鋒等軍日習月按，悉禁他役。視諸州有兵食不足，軍實不治者，更斥漕司鹽本羡錢以佐之。申嚴保伍之令，而信其賞罰。知流人沙世堅才勇，喻以討賊自效，所捕斬前後以十百數。又奏乞選辟邕州提舉巡檢官以撫洞丁。傳令溪洞酋豪，喻以弭怨睦鄰，毋相殺掠，立之恩信，謹其禁防，示以形制，於是内寧外服，莫府無南鄉之慮。朝廷買馬橫山，歲久弊滋，邊氓告病，而馬不時至，至者多道死。栻究其利病，得六十餘條，如邕守上邊則瀕江有買船之擾，綱馬在道則所過有執牽之勞，其或道死則抑賣其肉，首奏革之。其他姦弊細碎，皆究其根穴，事爲之防。諸蠻感悅，爭以其善馬來，歲額先辦，馬無滯留，亦無道死。上聞栻治行，且未嘗叙年勞，乃詔特轉承事郎、直寶文閣再任。五年，除秘閣修撰，荊湖北路轉運副使，改知江陵府，安撫本路。湖北尤多盜，而府縣往往縱釋以病良民。栻入境，首劾大吏之縱賊者罷之，捕姦民之舍賊者斬之，群盜遁去。栻又益爲教條，喻以利害，俾知革心。開其黨與，得相捕告以除罪。於是一路肅清。郡瀕邊屯軍，主將每與帥守不相下，帥守所將獨神勁親兵、親勇民兵。栻既以禮遇諸將，得其驩心，而又加卹士伍，於是將士感悦。每按親兵，必使與大軍雜試均犒，以相激厲。修義勇法，使從縣道階級。農隙肄武，大閲於府，面加慰諭，勉以忠義，隊長有功，奏之補官。戎政日修，士心感奮。有言於朝，請盡籍客户爲義勇者，栻慮其擾，亟閲民籍，家三人者乃籍其一爲義勇副軍。別置總

首，人給一弩，俾家習之，三歲一遣官就按，他悉無有所與。辰、沅諸州自政和間奪民田以募游惰，號刀弩手，栻爲奏去其病民罔上者數條，并準姦民出塞爲盜法，皆抵死。異時置而弗治，至是捕得數人，仍有胡奴在黨中。栻曰：「朝廷未能正名討賊，疆埸之事，毋曲在我。」命斬之以徇於境，而縛其亡奴歸之。北人歎其理直，且曰南朝有人。信陽守劉大辯怙勢希賞，廣招流民而奪見户熟田以與之，請於朝以熟爲荒，乞授流民，事下本道施行如章。栻劾大辯詐諼凶虐，所招流民不滿百數，而虚奏十倍，請論其罪，不報。章累上，大辯易他郡，蓋宰相忌栻者沮之云。栻自以不得其職，數求去不得。尋以病請，詔以栻爲右文殿修撰，提舉武夷山沖佑觀，未拜命而卒。病且死，手疏勸上親君子，遠小人，信任防一己之偏，好惡公天下之理，以清四海，以固丕圖。天下誦之。年四十有八。上深悼之，四方賢士大夫往往出涕相弔，而江陵、静江之民皆哭之哀。栻爲人坦蕩明白，表裏洞然，詣理精，信道篤，樂於聞過，勇於徙義，奮厲明決，無毫髮滯吝意。所至郡必葺其學校，暇日召諸生，與之講學不倦。民以事至廷中者，必隨事教以孝弟忠信。至於昏喪之法，風俗之弊，具爲條教，擇耆艾爲鄉老，授之夏楚，使以條教訓其子弟，不變然後言之有司。廣西刑獄使者陸濟之子棄家爲浮屠，父死不奔喪，爲移諸路，俾執以付其家。官吏有犯名教者，皆斥遣，甚者或奏劾抵罪。尤惡世俗鬼神老佛之説，所至必屏絶之，毁淫祠前後百數。至社稷山川古先聖賢之奉，則兢兢焉。其水旱禱祠，無不應者。【略】栻之言曰：「學莫先於義利之辨，義者本心之所當爲而爲也。有爲而爲，則皆人欲，非天理。」此栻講學所得之要也。子焯，承奉郎，蚤卒。

雜録

備録

李幼武《皇朝道學名臣言行外録》卷一三《張栻南軒先生宣公》 公生有異質，穎悟夙成，忠獻愛之。自其幼學而所以教者，莫非忠孝仁義之實。既長，命往從胡仁仲之門問程氏學，先生一見，知其大器，即以所聞孔門論仁親切之指告之。公退而思，若有得也，以書質焉，而先生報之曰：「聖門有人，吾道幸矣！」公以是益自奮勵，直以古之聖賢自期，作《希顔録》一篇，蚤夜觀省，以自警策。所造既深遠矣，猶未敢自以爲足，則又取友四方，益務求其所未至。蓋玩索講評，踐行體驗反覆不置者十有餘年，然後昔之所造愈深遠，而反以得乎簡易平實之地。其於天下之理，蓋皆瞭然心目之間，而實有以見其不能已者，是以決之勇，行之力，而守之固，其所以篤於君親一於道義而没世不忘者，初非有所勉慕而强爲之也。

孝宗即位，慨然以奮伐仇虜克復神州爲己任，起忠獻公都督諸軍事，忠獻奏以公書寫機宜文字。公時年甫三十，内贊密謀，外參機務，夙夜懔懔，直以君父之責爲己憂，有人所不得而聞者矣。間以軍事入見上，即進曰：「陛下上念宗社之讎恥，下閔中原之塗炭，惕然於中而思有以振之，此心之發即天理之所存也。願陛下勿怠此心，而親賢稽古以擴充之，則不惟今日之功可以必成，而千古因循之弊亦庶乎其可革矣。」上異其言。

忠獻入行相事，上時時獨召公入問方略，上皇亦召對勞問賜金帶以寵焉。忠獻辭位去，公亦罷歸，用事者遂罷兵與虜和，虜反乘隙縱兵入淮甸，中外大震，然朝筭猶未決，至敕諸將無得以兵向虜。時忠獻已辭世，即草上拜疏言：「吾與金虜義不同天日者，雖嘗詔以縞素出師，而玉帛之使未嘗不躡其後，是以和戰之念雜於胷中，而至誠惻怛之心無以感格乎天人之際，此所以事屢敗而功不成也。今雖悉爲群邪所誤，以至於此，然能以是爲監而深察之，使吾胸中了然無纖芥之惑，然後明詔中外，公行賞罰，以快軍民之憤，則是乃所以爲破虜之一奇也。然破虜之後，益堅此心，誓不言和，專務自强，雖折不撓，使此心純一，貫徹上下，則遲以歲月，亦何功之不成哉！」

知嚴州，陛辭時，宰相方藉恢復之説爲身謀，而其所以爲術皆不出於正，妄意公素論當與己合，數遣人致慇懃，公不荅。見上即言：「先王之治，所以建事立功無不如志，以其胸中之誠足以感格天人之心，而與之無間也。今規畫雖勞而事功不立，豈吾日用之間、念慮云爲之際亦有私意之發，以害吾之誠者乎？誠能克而去之，使吾中扃洞然無所間雜，則見義必精，守義必固，天人之應將不旋踵矣。然欲復中原之地，當先有以得吾民之心，而所以得吾民之心者，豈有他哉，不盡其力，不傷其財而已矣。」

宰相方大言虜勢衰弱可圖，往責陵寢之故，以爲兵端，士大夫有憂其無備而

召兵者，皆斥去之。於是公見上，上曰：「卿知虜中事乎？」公對曰：「不知也。」上曰：「虜中饑饉連年，盜賊四起。」公曰：「虜中之事臣雖不知，然境内之事則知之詳矣。」上曰：「何事？」公曰：「比年諸道歲饑民貧，而國家兵弱財匱，小大之臣又皆誕謾，不足倚仗正使，彼實可圖，臣懼我之未足以圖彼也。」上爲默然久之。

公遂言曰：「陵寢隔絶，誠臣子不忍言之至痛，今不能正名仗義以將天討，而欲以卑詞厚禮求之，其屈甚矣。而異論者猶以爲憂，雖其不知大義之所存，無足深責，然意其亦有以見我之未有必勝之形，而不能不憂也。夫必勝之形，常在於早正素定之時，而不在於兩陣决機之日。爲今之計，但當下哀痛之詔，明復讎之義，顯絶虜人，不與通使，然後修德立政，用賢養民，選將帥，練甲兵，通内修外攘進戰退守爲一事。又且必治其實而不爲虚文，使必勝之形隱然在目，則雖三尺童子亦且奮躍而争先矣，尚何異論爲過計之憂哉？」上爲歎息褒諭，以爲前未始聞此論也。

一日奏事，上問天公，進對曰：「不可以蒼蒼者便爲天，當求諸視聽言動之間，一念纔是，便是上帝監觀，上帝臨女簡，在帝心一念，纔不是，便是上帝震怒。」

公寢疾，微吟云：「舍瑟而作，敢亡事上之忠；鼓缶而歌，當盡順終之理。」疾革，定叟求教，公曰：「朝廷官爵莫愛他底。」一朋友求教，力疾謂之曰：「蟬蜕，人欲之；私春，融天理之妙。」

將死，自作遺表曰：「再世蒙恩，一心報國，大命至此，厥路無由。猶有微誠不能自已，伏望陛下親君子遠小人，信任絶一己之偏，好惡公天下之見，永清四海，克鞏丕圖，臣死之日猶生之年。」表來，上邸吏以庶僚不得上遺表却之，卒四日，上乃聞之。

公爲人坦蕩明白，表裏洞然，詣理既精，信道又篤，其樂於聞過而勇於徙義，則又奮厲明決，無毫髮滯吝意，以至病疾垂死，而口不絶吟於天理人欲之間，則平日可知也。故其德日新，業日廣，而所以見於論說行事之間者，上下信之至於如此，雖小人以其好惡之私，或能壅塞於一時，然至於公論之久長，蓋亦莫得而揜之也。

公之教人，必使之先有以察乎義利之間，而後明理居敬，以造其極，其剖析精明，傾倒切至，必竭兩端而後已。所爲郡必葺其學，於静江又特盛，暇日召諸生，告語不倦，民以事至庭中者，亦必隨事教戒。而於孝悌忠信睦姻任恤之意，尤孜孜焉，世俗鬼神佛老之説必屏絶之，獨於社稷、山川、古先聖賢之奉，爲之兢兢，雖法令所無，亦以義起，其水旱禱祠，無不應也。

平生所著書，唯《論語説》最後出，而《洙泗言仁》、《諸葛忠武侯傳》爲成書，其他如《書》、《詩》、《孟子》、《太極圖説》經世編年之屬，則猶欲稍更定焉，而未及也。然其提綱挈領所以開悟後學，使不迷於所鄉，其功則已多矣。蓋其常言有曰：「學莫先於義利之辨，而義也者，本心之所當爲，而不能自已，非有所爲而爲之者也。一有所爲而爲之，則皆人欲之私，而非天理之所存矣。」烏乎！至哉言也。其亦可謂廣前聖之所未發，而同於性善養氣之功者歟！

靖康之變，國家之禍極矣，小大之臣奮不顧身以任其責者，蓋無幾人，而其承家之孝，許國之忠，判決之明，計慮之審，又未有如公者。雖降命不長，不克卒就其業，然其志義偉然，死而後已，則質諸鬼神而不可誣也。（朱子述行狀後。）

公嘗曰：「廷對須是直言。蓋士人初見君父，此是第一步，此時可欺，則是無往而非欺，須是立得脚交是當。」

曰：「天下之事，莫大於賢者不肯爲，則必有小人乘間攘臂而爲之，此天下之禍所從起也。如本朝熙豐之初，役法當革也，科舉當變也，冗官當去也，神宗皇帝慨然欲更張之，而當時諸老大臣皆以爲不可，神宗不快於心。一旦王介甫以爲可以必更，於是小人乘間用事，而天下之禍從此起矣。」

人言東漢之亡，黨錮促之也，曾不知東漢若無數君子，其亡也尤速。譬如羸病之服丹，一旦死則歸罪於丹，不知其所以能延數日之命者，丹之力也，使其不服丹，則其死必速矣。

答鄭自明書云：「天理難窮，資質難恃。工於論人者，察己常踈，闊狃於訐直者，所發多弊病。」

讀經書須平心易氣，涵泳其間，若意思稍過當，亦自礙却正理，要切處乃在持敬，若專一工夫，積累多自然體察有力，只靠言語上苦思，未是也。

晦翁致書略曰：「某竊覸所存，大抵莊重沉密，氣象有所未足，以故所發多暴露而少含蓄，此殆涵養本原之功未至而然。以此慮事，吾恐視聽之不能審，而思慮之不能詳也。近年見所爲文多無節奏，條理又多，語學者以所未到之理，此皆是病。理無大小，小者如此，則大者可知矣。願深察此言，朝夕點檢，絶其萌芽，勿使能立，則志定慮精，上下信服，其於有爲，事半而功倍矣。事之有失，人

以爲言，固當即改，然亦更須子細審其本末，然後從之爲善。向見舉措之間，多有以一人言而爲之，復以一人言而罷之者，亦大輕矣。從之輕，則守之不固，必矣。」

贊其畫像曰：「擴仁義之端，至於可以彌六合；謹義利之判，至於可以析秋毫。拳拳乎其致主之功，汲汲乎其幹父之勞，仡仡乎其任道之勇，卓卓乎其立心之高。知之者，識其春風沂水之樂；不知者，以爲湖海一世之豪。彼其揚休山立之姿，既與其不可傳者死矣，觀於此者，尚有以卜其見伊吕而失蕭曹也耶！」

哭之曰：「惟公家傳忠孝，學造精微，外爲軍民之所屬望，内爲學者之所依歸，治民以寬，事君以敬，正大光明，表裏輝映。自我觀之，非惟十駕之弗及，蓋未必終日言而可盡也。顧聞公之臨絶，首以納忠，召賓佐而與訣，委符節而告終。蓋所謂得正而斃者，又凛乎其有史魚之風，此尤足以爲吾道而增氣，抑又可以上悟於宸聰。」

又曰：「嗟惟我之與兄，膠志同而心契，或面講而未窮，又書傳而不置，蓋有我之所是，而兄以爲非，亦有兄之所然，而我之所議又有始所共向，而終悟其偏，亦有蚤所同擠，而晚得其味。蓋繳紛往反者幾十餘年，末乃同歸而一致。」兄喬木之故家，我衡茅之賤士，兄高明而宏博，我狷狹而迂滯，故我常謂兄宜以是而行之，當時兄亦謂我盍以是而傳之來裔。蓋雖隱顯之或殊，實則交須而共濟，不惟相知之甚審，抑亦自靖而無愧。」

吕東萊哭之曰：「某昔以郡文學事公於嚴陵，聲同氣合，莫逆無間。自是以來，一紀之間，面講書請，區區一得之慮，有時自以爲過公矣，及聞公之論，綱舉領挈，明白嚴正，無繳繞回互激發偏倚之病，然後釋然心悦，爽然自失，邈然，始知其不可及。此某所以願終身事公而不去者也。某天姿澁訥，交際醻酢，心所欲言，口或不能發明，獨與公合堂同席之際，傾倒肝肺，無所留藏，意所未安，辭氣勁切，反類世之强直者，亦不自知。其所以然，夫豈士爲知己盡自應爾歟？我行天下愛而忘其愚，亦有不減公者矣。内反諸心，豈敢負之，乃獨勇於此而怯於彼，抑有由也。蓋公孳孳求益，敦篤懇惻，有以發其冥頑，勇於改過，奮厲明決，有以起其緩縱，而不立己，不黨同，胸懷坦然，無復隔閡，雖平生退縮固滯之態，亦不掃而自除也。使我常得從公，豈無分寸之進。使公以愛我之心充而廣之，馴致於以虛受人之地，公天下之身，受天下之善行，爲社稷生民，福孰可限量耶？嗚呼！公今其死矣！亦無所復望，雖然，有一于此，公在三之義：上通于天，養其志，承其業，油油翼翼，左右彌縫，不以存殁爲二者，公之事親也。念大恩之莫報，咎誠意之未孚，雖身在外，心靡不在王室，鞠躬盡瘁，唯力是視，不以遠近爲間者，公之事君也。義理之大，一識所歸，永矢靡他，至於參觀偏考，公而且博，未嘗如世俗學一先生之言行，暖暖姝姝，不復廣求其進學之力，不以存亡爲勤惰者，公之事師也。公之此心，蓋未嘗死，我雖病廢，猶有尊足者存，亦安知不能追申徒而謝子産耶！

晦翁序其文曰：「公自幼壯不出家庭，而固已得夫忠孝之傳，既又講於五峯之門，以會其歸，則其所以嘿契於心者，人有所不得而知也，獨其見於論說，則義利之間，毫釐之辨，蓋有出於前哲之所欲言而未及究者。措諸事業，則凡宏綱大用，巨細顯微，莫不洞然於胸次，而無一毫功利之雜。是以論道於家，而四方學者争鄉往之，入侍經帷，出臨藩屏，則天子亦味其言嘉其績，且將倚以大用，而敬夫不幸死矣！敬夫天姿甚高，聞道甚蚤，其學之所就，既足以名於一世，然察其心，蓋未嘗一日以是而自足也。比年以來，方且窮經會友，日反諸心，而驗諸行事之實，蓋有所謂不知年數之不足者，是以其學日新而無窮，其見於言語文字之間，始皆極於高遠，而卒反就於平實。此其淺深踈密之際，後之君子其必有以處之矣。」

欽夫見處卓然不可及，從游之久，反復開益爲多。但其天姿明敏，從初不歷階級而得之，故今日語人亦多失之太高。

欽夫高明，他將謂人都似它才一說時，便更不問人曉會與否，且要說盡它個。某則性鈍，讀書極辛苦，故尋常與人言，多不敢過爲高遠之論。

欽夫大聰明，看道理不子細。

欽夫最不可得，聽人說話便肯改。

欽夫見識高却不耐事，伯恭耐事却有病。

欽夫見識純粹，踐行純實，使人望而敬之。

欽夫學問愈高，所見卓然，議論出人意表。近讀其語說，不覺胸中洒然，誠可歎服！（並晦翁語。）

李心傳《建炎以來朝野雜記》甲集卷八《張敬夫遺表》 張敬夫帥荆州，庚子春疾甚，數丐免，不許。將死，自作遺表來上。邸吏以庶寮不得上遺表，却之。上迄不見也。其表曰：「再世蒙恩，一心報國。大命至此，厥路無由。猶有微誠，不能自已。伏望陛下親君子，遠小人，信任絶一己之偏，好惡公天下之見。

永清四海，克鞏不圖。臣死之日，猶生之年。」敬夫了然不亂如此，所謂古之遺忠矣。敬夫卒之四日，上聞知其疾病，乃拜右文殿修撰奉祠。敬夫始以父任爲右承務郎，平生未嘗乞磨勘。上知之。其在廣西，特進二秩爲承事郎，故職雖高，終不得任子云。

張端義《貴耳集》卷上　南軒自桂帥入朝，以平日所著之書并奏議、講解百餘册，裝潢以進。方鋪陳殿陛間，有小黄門忽問：「左司甚文字許多？」張南軒斥之曰：「教官家治國平天下。」小黄門答云：「孔夫子道『一言可以興邦』。」孝宗聞此言亦笑。東萊修《文鑑》成，獨進一本于上前，滿朝皆未得見。惟大璫甘昺有之，公論頗不與。得旨除直秘閣，爲中書陳騤所繳。載于陳之行狀。

羅大經《鶴林玉露》甲編卷四《舉劉郡守》　張宣公帥江陵，道經澧，澧之士子十數輩，執文書郊迎。公喜見鬚眉，就馬上長揖，索其文觀之，乃舉劉郡守政績。公擲其文于地曰：「諸公之來，某意其相與講切義理之是非，啓告閭閻之利病，有以見教。今乃不然，是特被十隻冷饅頭使耳！」躍馬徑去，澧守上謁，亦不請見。

羅大經《鶴林玉露》甲編卷六《南軒諫虞丞相》　南軒質責虞丞相并甫不當用張説，至以京、黼面斥并甫，并甫曰：「先丞相亦有隱忍就功名處，何相非之深也。」南軒曰：「先公固有隱忍處，何嘗用此等狎邪小人？」并甫拱手曰：「某服矣，某服矣。」《語録》中載諫并甫事，無此數語。南軒親與誠齋言之。

備論

黄宗羲《宋元學案》卷五〇《宣公張南軒先生栻》　宗羲案：湖南一派，在當時爲最盛，然大端發露，無從容不迫氣象。自南軒出，而與考亭相講究，去短集長，其言語之過者裁之歸于平正。「有子，考無咎」，其南軒之謂與！

藝文

朱熹《晦庵先生朱文公文集》卷七六《張南軒文集序》　孟子没而義利之説不明於天下，中間董相仲舒、諸葛武侯、兩程先生屢發明之，而世之學者莫之能信。是以其所以自爲者，鮮不溺於人欲之私；而其所以謀人之國家，則亦曰功利焉而已爾。爰自國家南渡以來，乃有丞相魏國張忠獻公唱明大義，以斷國論，侍讀南陽胡文定公誦説遺經，以開聖學，其託於空言，見於行事，雖若不同，而於孟子之言，董、葛、程氏之意，則皆有所謂千載而一轍者。若近故荆州牧張侯敬夫者，則又忠獻公之嗣子，而胡公季子五峯先生之門人也。自其幼壯，不出家庭，而固已得夫忠孝之傳。既又講於五峯之門，以會其歸，則其所以默契於心者，人有所不得而知也。獨其見於論説，則義利之間，毫釐之辨，蓋有出於前哲之所欲言而未及究者。措諸事業，則凡宏綱大用，巨細顯微，莫不洞然於胸次，而無一毫功利之雜。是以論道於家，而四方學者争鄉往之；入侍經帷，出臨藩屏，則天子亦味其言，嘉其績，且將倚以大用，而敬夫不幸死矣。敬夫既没，其弟定叟哀其故藁，得四巨編，以授予曰：「先兄不幸蚤世，而其同志之友亦少存者。今欲次其文以行於世，非子之屬而誰可？」予受書愀然，開卷亟讀，不能盡數篇，爲之廢書太息流涕而言曰：「世復有斯人也耶！無是人而有是書，猶或可以少見其志，然吾友平生之言，蓋不止此也。」因復益爲求訪，得諸四方學者所傳，凡數十篇。又發吾篋，出其往還書疏，讀之亦多有可傳者。方將爲之定著繕寫，歸之張氏，則或者已用别本摹印，而流傳廣矣。遽取觀之，蓋多嚮所講焉而未定之論，而凡近歲以來談經論事、發明道要之精語，反不與焉。予因慨念敬夫天資甚高，聞道甚蚤，其學之所就，既足以名於一世，然察其心，蓋未嘗一日以是而自足也。比年以來，方且窮經會友，日反諸心，而驗諸行事之實，蓋有所謂不知年數之不足者，是以其學日新而無窮，其見於言語文字之間，始皆極於高遠，而卒反就於平實。此其淺深疏密之際，後之君子，其必有以處之矣。顧以序次之不時，使其説之出於前而棄於後者，猶得以雜乎篇帙之間，而讀者或不能無疑信異同之惑，是則予之罪也已夫。於是乃復亟取前所蒐輯，參伍相校，斷以敬夫晚歲之意，定其書爲四十四卷。

嗚呼！使敬夫而不死，則其學之所至，言之所及，又豈予之所得而知哉！敬夫所爲諸經訓義，唯《論語説》晚嘗更定，今已别行。其他往往未脱藁時，學者私所傳録，敬夫蓋不善也，以故皆不著。其立朝論事，及在州郡條奏民間利病，則上意多鄉納之，亦有頗施行者，以故亦不著。獨取其《經筵口義》一章，附于表奏之後，使敬夫所以堯舜吾君，而不愧其父師之傳者，讀者有以識其端云。淳熙甲辰十有二月辛酉新安朱熹序。

朱熹《晦庵先生朱文公文集》卷八一《跋張敬夫所書城南書院詩》　久聞敬夫城南景物之勝，常恨未得往遊其間。今讀此詩，便覺風篁水月，去人不遠。然敬夫道學之懿，爲世醇儒，今乃欲以筆札之工，追蹤前作，豈其戲耶？不然，則敬夫之豪放奔逸，與西臺之温厚靓深，其得失之算，必有能辨之者。朱仲晦父云。

朱熹《晦庵先生朱文公文集》卷八一《跋張敬夫爲石子重作傳心閣銘》　熹既爲尤溪大夫石子重記其脩學之事，又爲作此五銘焉。時子重方爲藏書之閣於講堂之東，中置周程三君子像，旁列書史之櫃，而使問名於熹。請以「專心」榜之，而子重遂并以其銘見屬。熹愚不敏，不敢專也。且惟子重之爲是閣，蓋非學校經常之則，非得知道而健於文者，不能有所發明也。則轉以屬諸廣漢張君敬夫，而私記其説如此云。

朱熹《晦庵先生朱文公文集》卷八三《跋三家禮範》　嗚呼，禮廢久矣！士大夫幼而未嘗習於身，是以長而無以行於家。長而無以行於家，是以進而無以議於朝廷，施於郡縣；退而無以教於閭里，傳之子孫，而莫或知其職之不脩也。長沙郡博士邵君囦得吾亡友敬夫所次《三家禮範》之書，而刻之學宮，蓋欲吾黨之士相與深考而力行之，以厚彝倫而新陋俗，其意美矣。然程、張之言，猶頗未具，獨司馬氏爲成書，而讀者見其節文度數之詳，有若未易究者，往往未見習行，而已有望風退怯之意。又或見其堂室之廣，給使之多，儀物之盛，而竊自病其力之不足，是以其書雖布，而傳者徒爲篋笥之藏，未有能舉而行之者也。殊不知禮書之文雖多，而身親試之，或不過於頃刻；其物雖博，而亦有所謂不若禮不足而敬有餘者。今乃以安於驕佚，而逆憚其難，以小不備之故，而反就於大不備，豈不誤哉？故熹嘗欲因司馬氏之書，參考諸家之説，裁訂增損，舉綱張目，以附其後，使覽之者得提其要，以及其詳，而不憚其難行之者。雖貧且賤，亦得以具其大節，略其繁文，而不失其本意也。顧以病衰，不能及已，今感邵君之意，輒復書以識焉。嗚呼，後之君子，其尚有以成吾之志也夫！紹熙甲寅八月己丑朔新安朱熹書。

朱熹《晦庵先生朱文公文集》卷八七《祭張敬夫殿撰文》　嗚呼敬夫！遽棄予而死也耶！我昔求道，未獲其友。蔽莫予開，吝莫予剖。蓋自從公，而觀於大業之規模，察彼群言之紛糾，於是相與切磋以究之，而又相厲以死守也。丙戌之冬，風雪南山。解袂櫧州，今十五年。公試畿輔，公翔禁省。公牧于南，我遯巖嶺。顯晦殊迹，心莫與同。書疏懇惻，鬼神可通。公尹江陵，我官廬獄。驛騎相望，音問逾數。去臘之窮，有來自西。告我公疾，手書在攜。我觀于時，神理或僭。是疾雖微，已足深念。亟遣問訊，閲月而歸。叩函發書，歎吒歔欷。時友曾子，實同我憂。揮涕請行，誼不忍留。曾行未幾，公訃果至。張侯適來，相向反袂。嗚呼敬夫！竟棄予而死也耶！

惟公家傳忠孝，學造精微。外爲軍民之所屬望，内爲學者之所依歸。治民以寬，事君以敬。正大光明，表裏輝映。自我觀之，非惟十駕之弗及，蓋未必終日言而可盡也。矧聞公喪，痛徹心膂。緘詞寄哀，不遑他語。顧聞公之臨絶，手遺疏以納忠。召賓佐而與訣，委符節而告終。蓋所謂得正而斃者，又凛乎其有史魚之風，此猶足以爲吾道而增氣，抑又可以上悟於宸聰。又聞公於此時，屬其弟以語予，用斯文以爲寄，意懇懇而無餘。顧何德以堪之，然敢不竭其庸虚，并矢詞以爲報。尚精爽其鑒兹。嗚呼哀哉！

朱熹《晦庵先生朱文公文集》卷八七《又祭張敬夫殿撰文》　維淳熙七年歲次庚子六月癸未朔六日丁亥，具位朱熹竊聞故友敬夫張兄右文修撰大葬有期，謹遣清酌時羞，奠于柩前，南望拜哭，起而言曰：

嗚呼！自孔孟之云遠，聖學絶而莫繼。得周翁與程子，道乃抗而不墜。然微言之輟響，今未及乎百歲。士各私其所聞，已不勝其乖異。嗟惟我之與兄，吻志同而心契。或面講而未窮，又書傳而不置。蓋有我之所是，而兄以爲非；亦有兄之所然，而我之所議。又有始所共鄉，而終悟其偏；亦有蚤所同擠，而晚得其味。蓋繳紛往反者幾十餘年，末乃同歸而一致。由是上而天道之微，遠而聖言之祕，近則進脩之方，大則行藏之義，以兄之明固已洞照而無遺，若我之愚，亦幸竊窺其一二。然兄喬木之故家，而我衡茅之賤士；兄高明而宏博，我狷狹而迂滯。故我嘗謂兄宜以是而行之當時，兄亦謂我盍以是而傳之來裔。蓋雖隱顯之或殊，實則交須而共濟。不惟相知之甚審，抑亦自靖而無愧。嗚呼！孰謂乃使兄終在外，以違其心，予亦見麾於斯，而所願將不遂也。政使得間以就其書，是亦任左肱而失右臂也。傷哉！

吾道之窮，予復何心於此世也。惟脩身補過，以畢餘年，庶有以見兄於下地也。聞兄之葬，而不得臨，獨南望長號，以寄此酹也。惟兄憐而鑒之，尚陰有以輔予之志也。嗚呼哀哉！

朱熹《晦庵先生朱文公文集》卷八七《祭張敬夫城南祠文》　年月日，具位朱熹敬以一觴酹于亡友敬夫侍講左司張公尊兄城南之祠。昔從公遊，登高望遠。

指顧茲土，水竹之間。謂予肯來，相與卒歲。予以懷土，顧謝不能。其後聞公，開鑿亭沼。帶經倚杖，日遊其間。寫景哦詩，辱以寄我。寂寥短韻，幾篇在吟。於今幾何，歲月奔逝。我復來此，白髮蒼顔。追懷舊遊，顧步涕落。未奠宿草，姑即遺祠。玉色金聲，怳如對接。草木魚鳥，莫知我哀。

朱熹《晦庵先生朱文公文集》卷八七《祭南軒墓文》 惟公閎達之資，聞道最早。發揮事業，達于家邦。中歲閒居，益求其志。鶴鳴子和，朋簪四來。我時自閩，亦云戾止。更互切磨，群疑乃亡。厥今幾何，俯仰一世。公逝既久，我老益衰。何意重來，獨撫陳迹。塵筵髣髴，拱木荒凉。録牒散亡，音徽莫紹。世道之感，平生之懷。交切于中，有涕横落。欲推公志，據舊圖新。衆允未孚，唯以自愧。一觴往酹，并寄此情。公乎不忘，起聽我語！

朱熹《晦庵先生朱文公文集》卷八五《張敬夫畫象贊》 亡友荆州牧張侯敬夫畫象，新安朱熹爲之贊曰：

擴仁義之端，至於可以彌六合；謹善利之判，至於可以析秋豪。拳拳乎其致主之切，汲汲乎其幹父之勞。仡仡乎其任道之勇，卓卓乎其立心之高。知之者，識其春風沂水之樂；不知者，以爲湖海一世之豪。彼其揚休山立之姿，既與其不可傳者死矣，觀於此者，尚有以卜其見伊吕而失蕭曹也耶？

楊萬里《誠齋集》卷七二《宜州新豫章先生祠堂記》 予去年十月致書桂林伯侍講張公，今乃得報，且誘予曰：「宜州太守韓侯璧，直諒士也。初抵官下，他皆未遑，首新山谷先生祠堂。蓋山谷之貶宜州，崇寧甲申也，館于城之戍樓曰小南門者，明年卒焉。後人哀之，即其地廟祀之。于湖張安國大書『豫章先生』四字以揭之。然居句湫隘，屋廬壞隤，俎不成列，拜靡厝躬。今侯戾止，顧瞻而矉，爰出其閾，距城不遐，得地洵盱，湖光前陳，曠野洞開，諸峰崛奇，駿奔來庭。立屋六楹，以妥神居，刻木肖象，是祀是享，俯湖爲閣，于登于臨。湖山清空，雲煙高寒，神則降集，人士奮豫。既成，來求閣名若記。栻既以『清風』名閣矣，子學詩山谷者，微子莫宜記之。」予執書歎曰：予聞山谷之始至宜州也，有甿某氏館之，太守抵之罪；有浮屠某氏館之，又抵之罪；有逆旅某氏館之，又抵之罪。館于戍樓，蓋圄之也。卒于所館，蓋飢之寒之也。先生之貶，得罪於時宰也，亦得罪於太守乎？鹿之肉，人之食，君子之殘，小人之資也。孰使先生之所挾足以授小人之資也哉，夫豈不得罪於太守也！先生得罪於太守，則太守不得罪於時宰矣。豈惟不得罪也，又將取榮焉。由今視之，其取榮於當時者幾何？而先生飢寒窮死之地今乃爲騷人文士佇瞻鑚仰之場，來者思，去者懷，而所謂太守者猶有臭焉。則君子之於小人，患不得罪爾，得罪奚患哉！今韓侯之賢，乃能社先生而稷之。惜也，先生之前乎韓侯也。先生之没，侯猶敬之如此，使其生也，遇侯而燠休之，則主賓之賢牽聯俱傳也。惜也，韓侯之後乎先生也。然士或同室而睽，或異世而逢，苟逢矣，前後足校哉！先生之祠要自韓侯始，則侯之傳决也。而又得侍講張公名其閣，其傳益决也。因書其説，寄侍講以遺韓侯云。淳熙五年三月二十四日，廬陵楊某記。

楊萬里《誠齋集》卷九七《張欽夫畫像贊》 唐德明示亡友南軒先生畫像，敬爲之贊：名世之學，王佐之才。一瞻一慟，非爲公哀。

楊萬里《誠齋集》卷九八《跋張欽夫介軒銘》 欽夫之文清於氣而味永，吾見之多矣，而猶恨其少，讀此銘詩，欣然殊慰人也。君子之於水木竹石，愛之與衆人豈異也！衆人之愛水木竹石也，愛水木竹石而已矣；欽夫愛唐氏之石而得乎介，又以其得而施及於唐氏，則其愛也水木竹石而已乎？有來觀者，其愛與欽夫同不同，未可知也。一笑而書其後。所以一笑者，予欲書而忘其書也。紹興壬午，廬陵楊萬里跋。

楊萬里《誠齋集》卷九八《跋南軒先生永州雙鳳亭記》 先生是時年二十有二，此記今不在集中，豈以爲少作而削之邪？然其言曰：「古之所謂文者，將以治其身，使合於禮，在内者粹然而在外彬彬焉。其本不出於修身，其極可施之天下，此之謂至文。」嗚呼！斯言也，其可以少作目之哉？

楊萬里《誠齋集》卷九八《跋南軒先生周氏寓齋詩》 蒙莊氏以軒冕爲寄，以形骸爲逆旅，可謂達矣。然其弊也，舉天下人倫物理一以虚假目之，如此則善不必勉，惡不必戒，此害道之尤者也。周氏以寓名齋，而宣公詩之如此，學者所當佩服。

楊萬里《誠齋集》卷一〇一《祭張欽夫文》 具位某謹以清酌之奠，致祭于近故欽夫安撫左司之靈。嗚呼！孰航斯世，不挾斯器。舍失即雉，孰玉厥躬？不瑩厥蒙，宵征不烽。古我潛聖，天實鐸之。洌彼淵泉，飲者酌之。學外曰政，人外曰天。茲不曰欺，天其厭旃。孟聞諸伋，程聞諸孟。伋聞諸參，參聞諸聖。聖也析薪，疇荷其重。程也執柯，實胄其冢。孰冢乎程，紫巖先生。紫巖有子，紫

巖有似。紫巖南軒，胥爲後前。聖域有疆，南軒拓之。聖門有鑰，南軒廓之。聖田有秋，南軒穫之。我稼在圃，其穀士女。其饗有昊，其烝皇祖。云胡不淑，上天雨霜。嘉穀既零，我心孔傷。孰琢我璞，孰斤我堊？孰疢我藥？九京不作。豈我之私，毗失母慈。士失宗師，邦失倚毘。已乎南軒，不耇其年。不遐其騫，天胡云然？延顔之光，揭孟之芒。昭回彼蒼，公未或亡。歲在辛卯，脩門語離。相從濠梁，白首爲期。誰謂此別，是曰永訣。淚盡眼枯，續之以血。嗚呼哀哉，尚饗！

陸游《渭南文集》卷三一《跋張敬夫書後》 隆興甲申，某佐郡京口，張忠獻公以右丞相督軍過焉。先君會稽公嘗識忠獻于掾南鄭時，事載《高皇帝實録》，以故某辱忠獻顧遇甚厚。是時敬父從行，而陳應求參贊軍事，馮圜仲、查元章館于予廨中，蓋無日不相從。迨今讀敬父遺墨，追記在京口相與論議時，真隔世事也。開禧丁卯十二月乙巳，山陰陸某書。

李心傳《道命録》卷八《南軒先生張宣公謚議》 議曰：公蓋代儒宗，爲國世臣，起千載絶學，負四海重名，功業未遂，中道以没，于今三紀矣。易名之典，久未克請，維時帥臣列其事于朝，上即報可，所以尊道崇化也。天光下臨，雷厲風動，豈容拘常襲故，實慊名浮者所可同日道哉！公丞相魏國忠獻之嗣子，五峯先生胡公之門人也。鍾美萃靈，英特邁往，親承忠孝之傳。講切義理之學，概念孔孟既没，正論淪鬱，言道德者溺虚無，尚功利者急變詐，而儒者功用，泯然無見於世，去古愈遠，流靡日激。宋興百年，河南二程始唱明道學，開迪人心，由是聖賢不傳之緒，賴公復續。然俗之久安者難變，理之僅明者易微。公爲此懼，毅然以斯文爲己任，采摭遺書，尋繹精義，居敬窮理以立本，開物成務以致用。其學極於廣大高遠，究其歸則不離於簡易篤實，故凡見之言語文字之間，職守事功之會，無非爽闓明白，務實求是。謂克己復禮，顔子所以爲百世師也，作《希顔録》早夜以自警。謂仗義履正，諸葛忠武所以爲三代佐也，作《武侯傳》，又爲之記，爲之贊。先漢人物，獨許董相，以知學若趙營平之爲國遠慮，尤拳拳焉。則其講學之精微，趨向之純一，識者有以知其心矣。孝廟初元，鋭意規恢，建置督府，公參贊機幙，間以軍事入奏，爲上開陳，正名復仇，大義慷慨激切。及爲郎賜對，申演前議，乃在實於修德，實於立政，實於備禦，而無取乎徒假其名。經筵勸講，援古證今，願上以三代之治自期，其論高矣。至條舉治要，不過曰宅心爲萬事之綱，修身爲天下之本，上稽天理，下從人欲，見於行事者，皆至公務實而已。三復至言，其視帝王盛時元臣碩輔，所以識達國體啟沃君心者，異世一轍。公自以蒙被殊知，圖維補報，奮不顧身，盡言無隱，如指切發運苛斂之病民力，排樞筦除授之非據，英詞勁氣，至今凜凜。直道難行，毁言日至，公不得久留内矣。越數歲，天子深思其賢，俾臨藩屏。公誼存報主，不以内外爲間，隨其所至先立成規。其經略廣西也，所以復于上者，必欲以撫存安静爲本。及制置荆南也，首以凡事務實，不但空言，見義則爲，不敢顧避，諄諄爲上言之。公惟誠於爲民，若保赤子，誠心求之，不墜聖賢之訓。故洊更三鎮，凡民事利害休戚，博采周咨，惟恐不及，如鹽莢，如馬政、義勇，如弓弩手，究見本末，立奏罷行，曾無留滯，必使封圻之遠，閭閻之細，悉徹黈聰。上亦嘉其忠實，璽書勉勞。有志大用，而公已屬疾矣。病亟，手疏勸上親君子遠小人，信任防一己之偏，好惡公天下之理，其愛君憂國，至公血誠，雖死不忘。其讀公遺編至此，廢卷永嘆。竊謂公平生大節，所以蔽天地而不慚，質鬼神而無疑者。其學自不欺始，蓋理之實然者，謂之不欺，公能存此心，充此理，任重道遠，無彊自然。講於己者爲實學，復於君者爲實德，建於利者爲實利，篤志明善以知之，鞠躬盡力以行之。夫是以天下無不可爲之事，臨事無不可成之功，而儒者有益於人之國，信矣！夫唐人有言曰：「上不負天子下不負所學」，其斯之謂歟？謹按謚法，體和居中善聞周達曰「宣」，沈涵道真，見理昭徹，秉德制行，渾然天成，非體和居中乎？人宗其學，家藏其書，君信其言，民孚其惠，非善聞周達乎？節行壹惠，請謚曰「宣」。(太常博士孔煒上。)

先是，嘉定七年八月，資政殿學士知潭州衛涇奏，爲南軒先生請謚，得旨從之。

李心傳《道命録》卷八《南軒先生張宣公覆謚議》 議曰：公以堯舜君民之心，振一世沈溺，以孔孟性理之學，起一世膏肓。君臣都俞，師友講習，載在方策，莫不家藏其書，人慕其學，昧者識所趨嚮，識者得其指歸，習與性成，天理昭晰，豈小補哉！汝明生晚居僻，每想其人，恨不得執鞭爲御，聽謦咳以開茅塞。今清朝特采公論，以易公名，申貢後學，適兹承乏考績。竊以爲公之應謚所不待議，將盡南山之竹，不足以發幽潛，尚何所措詞？惟公之學，根原於《中庸》、《大學》之奥旨，參訂於濂溪、二程之微言，漸漬於忠獻之純忠，發揮於五峯之師説。豁此心於天地，充其仁於萬物，辨之明毫釐必計，行之力食息弗違，故其在講筵、

在宰屬猶是心也，在州郡、在藩鎮猶是心也，今觀其所言，悉可槩見。知上有尅復神州之志，則力稽古親賢爲請。知廟堂有和戎之謀，則以悦人心充士氣爲言。在補外臨遣，則請先克己私，以明大義正人心。其召還奏對，則請先務實，以修德立政、用賢養民，論史正志。爲發運使，則斥其病民之實。論張説僉書樞密，則懼其激武臣之怒。在静江，則變漕司抑賣州鹽之法，申諸州按習效用之令，息洞酋之譁，革綱馬之弊。在江陵，則嚴盜賊之禁，結諸將之歡，正淮民出塞之罪，行義勇量取之法。考致要歸，無不自所學流出。經曰：「天不愛其道。」董仲舒曰：「道之大原出於天，道固天之道，天不輕以授人。」自周公、孔子以至孟子，厥後罕傳，雖間有經生文士，性理是談，體用未明，或相矛盾。宋興百年，濂溪、二程發明於前，吕、謝、游、楊扶持於後，義理貫徹，敻出前儒。公與晦庵朱氏出而嗣之，相爲師友，於是演迤溥博，不闡於世，得其大者足以名當世，得其小者亦足善一身，考論淵源所自，公力居多。今晦庵朱氏已謚曰「文」，公没三十六年，始議其謚，時則後矣。謚之曰「宣」，尚與朱氏相參，用見羽翼孔門之意。謚法：「體和居中善聞周達曰『宣』」，公之明理謹獨，學精行成，是謂體和居中，公之德言俱立，君信民孚，是謂善聞周達，迹古以驗今，博士議是，請從。謹議。嘉定八年×月，軍器少監兼權侍左郎官兼權考功郎官楊汝明上。奉聖旨依。

歐陽守道《巽齋文集》卷二〇《跋張南軒回周益公書》　垂喻近世學者狥名忘實之病，此實區區之所憂者，但因學者狥名亡實，而遂謂此學不必講，大似因噎廢食耳。後世盜儒之名，爲害者多矣。因夫盜儒之多，遂謂儒之不可爲，可乎？熙寧以來，人材頓衰於前，正以王介甫作壞之故。介甫之學，乃是祖虚無、害實用者，伊洛諸君子蓋欲深究所弊也。所謂聖人誨人有先後，學者進德有次第，此言誠是。然所謂先後次第，須要講明，辟如適遠，豈可不知路之所從出，不然，只是冥行而已。至如所謂不可以聖賢自期者，則非所聞。大抵學者當以聖賢爲準，而所進則當循其序耳。亦如致遠者以漸而致也，若志不先立，即爲自棄，尚何所進哉！

右此書，南軒先生答益公也，其説大切於今。學者有講貫，有體認。講貫貴融會，體認貴親切。學不可以作此身分上事，則雖矻矻終身何爲乎？李君嘗同余學時文技耳，先學奥學，余不能知，固無以發李君也。君示余以此書，予何言之有。然余却喜此書平實簡切，而今之談理學者茲味味也。子路有聞未之能行，惟恐有聞。子夏曰：「日知其所亡，月無忘其所能，可謂好學也已矣。」知此一語，行此一語，是之謂實不自欺，則進於誠。静時默思，我所知者幾何？而能行者幾何？今之士人接物差少，且從家庭推之，從父母兄弟夫婦長幼上件件默對，以及於宗族朋友鄉黨，凡吾平日所行處，能與所知者不畔否？如未也，則兢兢翼翼，必求於如所知而後已，是之謂不自欺。不然，雖親見孔、孟，日接程、周，不能爲我益也。益公蓋爲此慮，南軒又不可謂此學不必講而發明之。蓋當時狥名之士已起人厭矣。所謂王介甫壞熙寧以來人才，原於祖虚無、害實用，此是指他本原之差。介甫居家時事親孝，與諸弟睦，清修博學，自非今世狥名之比，但究本原之病，終在與人主便説堯、舜，與公卿便説周、孔，少間所爲，件件變了，所與親者却是虚浮淺躁之士，同時司馬温公却件件是實，與他竟是相反。左丞相蒲宗孟嘗對裕陵以今朝廷人才大半爲司馬公壞，裕陵正色視之，曰：「卿乃不喜司馬某邪？不論他事，只如辭樞密一節，他人則不肯矣。」温公實行，裕陵深知之，人才之壞原於介甫，而宗孟以爲壞於温公。又蘇東坡《議學校科舉狀》，亦言西晉與大曆之事，至謂性命，以爲中人之性安於放而樂誕，其病在學老、莊之書。坡公上數語亦有過當，然此病乃正是南軒論介甫意也。此書謂伊洛諸君子欲深究此弊，請看諸君子所以救弊者何在？諸君子即不教人作一場話説。君收此書，且併以愚語更就有道而問焉，若欲從事茲學，只恐在不自欺上看。

朱熹部

綜述

《宋史》卷四二九《朱熹傳》 朱熹字元晦，一字仲晦，徽州婺源人。父松字喬年，中進士第。胡世將、謝克家薦之，除祕書省正字。趙鼎都督川陝、荆、襄軍馬，招松爲屬，辭。鼎再相，除校書郎，遷著作郎。以御史中丞常同薦，除度支員外郎，兼史館校勘，歷司勳、吏部郎。秦檜決策議和，松與同列上章，極言其不可。檜怒，風御史論松懷異自賢，出知饒州，未上，卒。

熹幼穎悟，甫能言，父指天示之曰：「天也。」熹問曰：「天之上何物？」松異之。就傅，授以《孝經》，一閱，題其上曰：「不若是，非人也。」嘗從羣兒戲沙上，獨端坐以指畫沙，視之，八卦也。年十八貢於鄉，中紹興十八年進士第。主泉州同安簿，選邑秀民充弟子員，日與講説聖賢修己治人之道，禁女婦之爲僧道者。罷歸請祠，監潭州南嶽廟。明年，以輔臣薦，與徐度、吕廣問、韓元吉同召，以疾辭。

孝宗即位，詔求直言，熹上封事言：「聖躬雖未有過失，而帝王之學不可以不熟講。朝政雖未有闕遺，而修攘之計不可以不早定。利害休戚雖不可偏舉，而本原之地不可以不加意。陛下毓德之初，親御簡策，不過風誦文辭，吟詠情性，又頗留意於老子、釋氏之書。夫記誦詞藻，非所以探淵源而出治道；虚無寂滅，非所以貫本末而立大中。帝王之學，必先格物致知，以極夫事物之變，使義理所存，纖悉畢照，則自然意誠心正，而可以應天下之務。」次言：「修攘之計不時定者，講和之説誤之也。夫金人於我有不共戴天之讎，則不可和也明矣。願斷以義理之公，閉關絶約，任賢使能，立紀綱，厲風俗。數年之後，國富兵强，視吾力之强弱，觀彼釁之淺深，徐起而圖之。」次言：「四海利病，係斯民之休戚，斯民休戚，係守令之賢否。監司者守令之綱，朝廷者監司之本也。欲斯民之得其所，本原之地亦在朝廷而已。今之監司，姦贓狼籍、肆虐以病民者，莫非宰執、臺諫之親舊賓客。其已失勢者，既按見其交私之狀而斥去之；尚在勢者，豈無其人，顧陛下無自而知之耳。」

隆興元年，復召。入對，其一言：「大學之道在乎格物以致其知。陛下雖有生知之性，高世之行，而未嘗隨事以觀理，即理以應事。是以舉措之間動涉疑貳，聽納之際未免蔽欺，平治之效所以未著。」其二言：「君父之讎不與共戴天。今日所當爲者，非戰無以復讎，非守無以制勝。」且陳古先聖王所以强本折衝、威制遠人之道。時相湯思退方倡和議，除熹武學博士，待次。乾道元年，促就職，既至而洪适爲相，復主和，論不合，歸。

三年，陳俊卿、劉珙薦爲樞密院編修官，待次。五年，丁内艱。六年，工部侍郎胡銓以詩人薦，與王庭珪同召，以未終喪辭。七年，既免喪，復召，以禄不及養辭。九年，梁克家相，申前命，又辭。克家奏熹屢召不起，宜蒙褒録，執政俱稱之，上曰：「熹安貧守道，廉退可嘉。」特改合入官，主管台州崇道觀。熹以求退得進，於義未安，再辭。淳熙元年，始拜命。二年，上欲獎用廉退，以勵風俗，龔茂良行丞相事，以熹名進，除祕書郎，力辭，且以手書遺茂良，言一時權倖。羣小乘間讒毁，乃因熹再辭，即從其請，主管武夷山冲佑觀。

五年，史浩再相，除知南康軍，降旨便道之官，熹再辭，不許。至郡，興利除害，值歲不雨，講求荒政，多所全活。訖事，奏乞依格推賞納粟人。間詣郡學，引進士子與之講論。訪白鹿洞書院遺址，奏復其舊，爲《學規》俾守之。明年夏，大旱，詔監司、郡守條其民間利病，遂上疏言：

天下之務莫大於恤民，而恤民之本，在人君正心術以立紀綱。蓋天下之紀綱不能以自立，必人主之心術公平正大，無偏黨反側之私，然後有所繫而立。君心不能以自正，必親賢臣，遠小人，講明義理之歸，閉塞私邪之路，然後乃可得而正。

今宰相、臺省、師傅、賓友、諫諍之臣皆失其職，而陛下所與親密謀議者，不過一二近習之臣。上以蠱惑陛下之心志，使陛下不信先王之大道，而説於功利之卑説，不樂莊士之讜言，而安於私暬之鄙態。下則招集天下士大夫之嗜利無恥者，文武彙分，各入其門。所喜則陰爲引援，擢置清顯。所惡則密行訾毁，公肆擠排。交通貨賂，所盗者皆陛下之財。命卿置將，所竊者皆陛下之柄。陛下所謂宰相、師傅、賓友、諫諍之臣，或反出入其門牆，承望其風旨；其幸能自立者，亦不過齗齗自守，而未嘗敢一言以斥之；其甚畏公論者，乃能略警逐其徒黨之一二，既不能深有所傷，而終亦不敢正言以擣其囊橐窟穴之所在。勢成威立，

中外靡然向之，使陛下之號令黜陟不復出於朝廷，而出於一二人之門，名爲陛下獨斷，而實此一二人者陰執其柄。且云：「莫大之禍，必至之憂，近在朝夕，而陛下獨未之知。」上讀之，大怒曰：「是以我爲亡也。」熹以疾請祠，不報。

陳俊卿以舊相守金陵，過闕入見，薦熹甚力。宰相趙雄言於上曰：「士之好名，陛下疾之愈甚，則人之譽之愈衆，無乃適所以高之。不若因其長而用之，彼漸當事任，能否自見矣。」上以爲然，乃除熹提舉江西常平茶鹽公事。旋録救荒之勞，除直祕閣，以前所奏納粟人未推賞，辭。

會浙東大饑，宰相王淮奏改熹提舉浙東常平茶鹽公事，即日單車就道，復以納粟人未推賞，辭職名。納粟賞行，遂受職名。入對，首陳災異之由與修德任人之説，次言：「陛下即政之初，蓋嘗選建英豪，任以政事，不幸其間不能盡得其人，是以不復廣求賢哲，而姑取軟熟易制之人以充其位。於是左右私褻使令之賤，始得以奉燕閒，備驅使，而宰相之權日輕。又慮其勢有所偏，而因重以壅己也，則時聽外廷之論，將以陰察此輩之負犯而操切之。陛下既未能循天理、公聖心，以正朝廷之大體，則固已失其本矣，而又欲兼聽士大夫之言，以爲駕馭之術，則士大夫之進見有時，而近習之從容無間。士大夫之禮貌既莊而難親，其議論又苦而難入，近習便辟側媚之態既足以蠱心志，其胥史狡獪之術又足以眩聰明。是以雖欲微抑此輩，而此輩之勢日重，雖欲兼采公論，而士大夫之勢日輕。重者既挾其重，以竊陛下之權，輕者又借力於所重，以爲竊位固寵之計。日往月來，浸淫耗蝕，使陛下之德業日隳，綱紀日壞，邪佞充塞，貨賂公行，兵愁民怨，盜賊間作，災異數見，饑饉薦臻。羣小相挻，人人皆得滿其所欲，惟有陛下了無所得，而顧乃獨受其弊。」上爲動容。所奏凡七事，其一二事手書以防宣洩。

熹始拜命，即移書他郡，募米商，蠲其征，及至，則客舟之米已輻湊。熹日鈎訪民隱，按行境内，單車屏徒從，所至人不及知。郡縣官吏憚其風采，至自引去，所部肅然。凡丁錢、和買、役法、榷酤之政，有不便於民者，悉釐而革之。於救荒之餘，隨事處畫，必爲經久之計。有短熹者，謂其疏於爲政，上謂王淮曰：「朱熹政事却有可觀。」

熹以前後奏請多所見抑，幸而從者，率稽緩後時，蝗旱相仍，不勝憂憤，復奏言：「爲今之計，獨有斷自聖心，沛然發號，責躬求言，然後君臣相戒，痛自省改。其次惟有盡出内庫之錢，以供大禮之費爲收糴之本，詔户部免徵舊負，詔漕臣依條檢放租税，詔宰臣沙汰被災路分州軍監司、守臣之無狀者，遴選賢能，責以荒政，庶幾猶足下結人心，消其乘時作亂之意。不然，臣恐所憂者不止於飢殍，而將在於盜賊；蒙其害者不止於官吏，而上及於國家也。」

知台州唐仲友與王淮同里爲姻家，吏部尚書鄭丙、侍御史張大經交薦之，遷江西提刑，未行。熹行部至台，訟仲友者紛然，按得其實，章三上，淮匿不以聞。熹論愈力，仲友亦自辯，淮乃以熹章進呈，上令宰屬看詳，都司陳庸等乞令浙西提刑委清强官究實，仍令熹速往旱傷州郡相視。熹時留台未行，既奉詔，益上章論，前後六上，淮不得已，奪仲友江西新命以授熹，辭不拜，遂歸，且乞奉祠。

時鄭丙上疏詆程氏之學以沮熹，淮又擢太府寺丞陳賈爲監察御史。賈面對，首論近日搢紳有所謂「道學」者，大率假名以濟僞，願考察其人，擯棄勿用。蓋指熹也。十年，詔以熹累乞奉祠，可差主管台州崇道觀，既而連奉雲臺、鴻慶之祠者五年。十四年，周必大相，除熹提點江西刑獄公事，以疾辭，不許，遂行。

十五年，淮罷相，遂入奏，首言近年刑獄失當，獄官當擇其人。次言經總制錢之病民，及江西諸州科罰之弊。而其末言：「陛下即位二十七年，因循荏苒，無尺寸之效可以仰酬聖志。嘗反覆思之，無乃燕閒蠖濩之中，虚明應物之地，天理有所未純，人欲有所未盡，是以爲善不能充其量，除惡不能去其根，一念之頃，公私邪正、是非得失之機，交戰於其中。故體貌大臣非不厚，而便嬖側媚得以深被腹心之寄；寤寐英豪非不切，而柔邪庸繆得以久竊廊廟之權。非不樂聞公議正論，而有時不容；非不堲讒説殄行，而未免誤聽；非不欲報復陵廟讎恥，而未免畏怯苟安；非不愛養生靈財力，而未免歎息愁怨。願陛下自今以往，一念之頃必謹而察之：此爲天理耶，人欲耶？果天理也，則敬以充之，而不使其少有壅閼；果人欲也，則敬以克之，而不使其少有凝滯。推而至於言語動作之間，用人處事之際，無不以是裁之，則聖心洞然，中外融澈，無一毫之私欲得以介乎其間，而天下之事將惟陛下所欲爲，無不如志矣。」是行也，有要之於路，以爲「正心誠意」之論上所厭聞，戒勿以爲言。熹曰：「吾平生所學，惟此四字，豈可隱默以欺吾君乎？」及奏，上曰：「久不見卿，浙東之事，朕自知之，今當處卿清要，不復以州縣爲煩也。」

時曾覿已死，王抃亦逐，獨内侍甘昪尚在，熹力以爲言。上曰：「昪乃德壽所薦，謂其有才耳。」熹曰：「小人無才，安能動人主。」翌日，除兵部郎官，以足疾丐祠。本部侍郎林栗嘗與熹論《易》、《西銘》不合，劾熹：「本無學術，徒竊張載、

程頤緒餘，謂之『道學』。所至輒攜門生數十人，妄希孔、孟歷聘之風，邀索高價，不肯供職，其僞不可掩。」上曰：「林栗言似過。」周必大言熹上殿之日，足疾未瘳，勉强登對。上曰：「朕亦見其跛曳。」左補闕薛叔似亦奏援熹，乃令依舊職江西提刑。太常博士葉適上疏與栗辨，謂其言無一實者，「謂之道學」一語，無實尤甚，往日王淮表裏臺諫，陰廢正人，蓋用此術。詔：「熹昨入對，所論皆新任職事，朕諒其誠，復從所請，可疾速之任。」會胡晉臣除侍御史，首論栗執拗不通，喜同惡異，無事而指學者爲黨，乃黜栗知泉州。熹再辭免，除直寶文閣，主管西京嵩山崇福宫。未踰月再召，熹又辭。

始，熹嘗以爲口陳之説有所未盡，乞具封事以聞，至是投匭進封事曰：

今天下大勢，如人有重病，内自心腹，外達四支，無一毛一髮不受病者。且以天下之大本與今日之急務，爲陛下言之：大本者，陛下之心；急務則輔翼太子，選任大臣，振舉綱紀，變化風俗，愛養民力，修明軍政，六者是也。

古先聖王兢兢業業，持守此心，是以建師保之官，列諫諍之職，凡飲食、酒漿、衣服、次舍、器用、財賄與夫宦官、宫妾之政，無一不領於冢宰。使其左右前後，一動一静，無不制以有司之法，而無纖芥之隙、瞬息之頃，得以隱其毫髮之私。陛下所以精一克復而持守其心，果有如此之功乎？所以修身齊家而正其左右，果有如此之效乎？宫省事禁，臣固不得而知，然爵賞之濫，貨賂之流，閭巷竊言，久已不勝其籍籍，則陛下所以修之家者，恐其未有以及古之聖王也。

至於左右便嬖之私，恩遇過當，往者淵、覿、説、抃之徒勢焰熏灼，傾動一時，今已無可言矣。獨有前日臣所面陳者，雖蒙聖慈委曲開譬，然臣之愚，竊以爲此輩但當使之守門傳命，供掃除之役，不當假借崇長，使得逞邪媚、作淫巧於内，以蕩上心，立門庭，招權勢於外，以累聖政。臣聞之道路，自王抃既逐之後，諸將差除，多出此人之手。陛下竭生靈膏血以奉軍旅，顧乃未嘗得一温飽，是皆將帥巧爲名色，奪取其糧，肆行貨賂於近習，以圖進用，出入禁闥腹心之臣，外交將帥，共爲欺蔽，以至於此。而陛下不悟，反寵暱之，以是爲我之私人，至使宰相不得議其制置之得失，給諫不得論其除授之是非，則陛下所以正其左右者，未能及古之聖王又明矣。

至於輔翼太子，則自王十朋、陳良翰之後，宫僚之選號爲得人，而能稱其職者，蓋已鮮矣。而又時使邪佞儇薄、闒冗庸妄之輩，或得參錯於其間，所謂講讀，亦姑以應文備數，而未聞其有箴規之效。至於從容朝夕、陪侍遊燕者，又不過使臣宦者數輩而已。師傅、賓客既不復置，而詹事、庶子有名無實，其左右春坊遂直以使臣掌之，既無以發其隆師親友、尊德樂義之心，又無以防其戲慢媟狎、奇衺雜進之害。宜討論前典，置師傅、賓客之官，罷去春坊使臣，而使詹事、庶子各復其職。

至於選任大臣，則以陛下之聰明，豈不知天下之事，必得剛明公正之人而後可任哉？其所以常不得如此之人，而反容鄙夫之竊位者，直以一念之間，未能徹其私邪之蔽，而燕私之好，便嬖之流，不能盡由於法度，若用剛明公正之人以爲輔相，則恐其有以妨吾之事，害吾之人，而不得肆。是以選擇之際，常先排擯此等，而後取凡疲懦軟熟、平日不敢直言正色之人而揣摩之，又於其中得其至庸極陋、决可保其不至於有所妨者，然後舉而加之於位。是以除書未出，而物色先定，姓名未顯，而中外已逆知其决非天下第一流矣。

至於振肅紀綱，變化風俗，則今日宫省之間，禁密之地，而天下不公之道，不正之人，顧乃得以窟穴盤據於其間。而陛下目見耳聞，無非不公不正之事，則其所以熏烝銷鑠，使陛下好善之心不著，疾惡之意不深，其害已有不可勝言者矣。及其作姦犯法，則陛下又未能深割私愛，而付諸外廷之議，論以有司之法，是以紀綱不正於上，風俗頽弊於下，其爲患之日久矣。而浙中爲尤甚。大率習爲軟美之態，依阿之言，以不分是非、不辨曲直爲得計，甚者以金珠爲脯醢，以契券爲詩文，宰相可啗則啗宰相，近習可通則通近習，惟得之求，無復廉耻。一有剛毅正直、守道循理之士出乎其間，則羣譏衆排，指爲「道學」，而加以矯激之罪。十數年來，以此二字禁錮天下之賢人君子，復如昔時所謂元祐學術者，排擯詆辱，必使無所容其身而後已，此豈治世之事哉？

至於愛養民力，修明軍政，則自虞允文之爲相也，盡取版曹歲入窠名之必可指擬者，號爲歲終羡餘之數，而輸之内帑。顧以其有名無實、積累掛欠、空載簿籍、不可催理者，撥還版曹，以爲内帑之積，將以備他日用兵進取不時之須。然自是以來二十餘年，内帑歲入不知幾何，而認爲私貯，典以私人，宰相不得以式貢均節其出入，版曹不得以簿書勾考其在亡，日銷月耗，以奉燕私之費者，蓋不知其幾何矣，而曷嘗聞其能用此錢以易敵人之首，如太祖之言哉。徒使版曹經費闕乏日甚，督促日峻，以至廢去祖宗以來破分良法，而必以十分登足爲限；以爲未足，則又造爲比較監司、郡守殿最之法，以誘脅之。於是中外承風，競爲苛急，此民力之所以重困也。

諸將之求進也，必先掊克士卒，以殖私利，然後以此自結於陛下之私人，而薦以姓名達於陛下之貴將。貴將得其姓名，即以付之軍中，使自什伍以上節次保明，稱其材武堪任將帥，然後具奏牘而言之陛下之前。陛下但見等級推先，案牘具備，則誠以爲公薦而可以得人矣，而豈知其諧價輸錢，已若晚唐之債帥哉？夫將者，三軍之司命，而其選置之方乖剌如此，則彼智勇材略之人，孰肯抑心下首於宦官、宮妾之門，而陛下之所得以爲將帥者，皆庸夫走卒，而猶望其修明軍政，激勸士卒，以彊國勢，豈不誤哉！

凡此六事，皆不可緩，而本在於陛下之一心。一心正則六事無不正，一有人心私欲以介乎其間，則雖欲憊精勞力，以求正夫六事者，亦將徒爲文具，而天下之事愈至於不可爲矣。

疏入，夜漏下七刻，上已就寢，亟起秉燭，讀之終篇。明日，除主管太一宮，兼崇政殿說書。熹力辭，除祕閣修撰，奉外祠。

光宗即位，再辭職名，仍舊直寶文閣，降詔獎諭。居數月，除江東轉運副使，以疾辭，改知漳州。奏除屬縣無名之賦七百萬，減經總制錢四百萬。以習俗未知禮，采古喪葬嫁娶之儀，揭以示之，命父老解說，以教子弟。土俗崇信釋氏，男女聚僧廬爲傳經會，女不嫁者爲庵舍以居，熹悉禁之。常病經界不行之害，會朝論欲行泉、汀、漳三州經界，熹乃訪事宜，擇人物及方量之法上之。而土居豪右侵漁貧弱者以爲不便，沮之。宰相留正，泉人也，其里黨亦多以爲不可行。布衣吳禹圭上書訟其擾人，詔且需後，有旨先行漳州經界。明年，以子喪請祠。

時史浩入見，請收天下人望，乃除熹祕閣修撰，主管南京鴻慶宮。熹再辭，詔：「論撰之職，以寵名儒。」乃拜命。除荊湖南路轉運副使，辭。漳州經界竟報罷，以言不用自劾。除知静江府，辭，主管南京鴻慶宮。未幾，差知潭州，力辭。黄裳爲嘉王府翊善，自以學不及熹，乞召爲宮僚，王府直講彭龜年亦爲大臣言之。留正曰：「正非不知熹，但其性剛，恐到此不合，反爲累耳。」熹方再辭，有旨：「長沙巨屏，得賢爲重。」遂拜命。會洞獠擾屬郡，熹遣人諭以禍福，皆降之。申敕令，嚴武備，戢姦吏，抑豪民。所至興學校，明教化，四方學者畢至。

寧宗即位，趙汝愚首薦熹及陳傅良，有旨赴行在奏事。熹行且辭，除煥章閣待制、侍講，辭，不許。入對，首言：「乃者，太皇太后躬定大策，陛下寅紹丕圖，可謂處之以權，而庶幾不失其正。自頃至今三月矣，或反不能無疑於逆順名實之際，竊爲陛下憂之。猶有可諉者，亦曰陛下之心，前日未嘗有求位之計，今日未嘗忘思親之懷，此則所以行權而不失其正之根本也。充未嘗求位之心，以盡負罪引慝之誠，充未嘗忘親之心，以致温清定省之禮，而大倫正，大本立矣。」復面辭待制、侍講，上手劄：「卿經術淵源，正資勸講，次對之職，勿復勞辭，以副朕崇儒重道之意。」遂拜命。

會趙彦逾按視孝宗山陵，以爲土肉淺薄，下有水石。孫逢吉覆按，乞别求吉兆。有旨集議，臺史憚之，議中輟。熹竟上議狀言：「壽皇聖德，衣冠之藏，當博訪名山，不宜偏信臺史，委之水泉沙礫之中。」不報。時論者以爲上未還大内，則名體不正而疑議生；金使且來，或有窺伺。有旨修葺舊東宮，爲屋三數百間，欲徙居之。熹奏疏言：

此必左右近習倡爲此説以誤陛下，而欲因以遂其姦心。臣恐不惟上帝震怒，災異數出，正當恐懼修省之時，不當興此大役，以咈譴告警動之意；亦恐畿甸百姓饑餓流離、阽於死亡之際，或能怨望忿切，以生他變。不惟無以感格太上皇帝之心，以致未有進見之期，亦恐壽皇在殯，因山未卜，几筵之奉不容少弛，太皇太后、皇太后皆以尊老之年，煢然在憂苦之中，晨昏之養尤不可闕。而四方之人，但見陛下亟欲大治宮室，速得成就，一旦翩然委而去之，以就安便，六軍萬民之心將有扼腕不平者矣。前鑑未遠，甚可懼也。

又聞太上皇后懼忤太上皇帝聖意，不欲其聞太上之稱，又不欲其聞内禪之説，此又慮之過者。殊不知若但如此，而不爲宛轉方便，則父子之間，上怨怒而下憂恐，將何時而已。父子大倫，三綱所繫，久而不圖，亦將有借其名以造謗生事者，此又臣之所大懼也。願陛下明詔大臣，首罷修葺東宮之役，而以其工料回就慈福、重華之間，草創寢殿一二十間，使粗可居。若夫過宮之計，則臣又願陛下下詔自責，減省輿衛，入宮之後，暫變服色，如唐肅宗之改服紫袍、執控馬前者，以伸負罪引慝之誠，則太上皇帝雖有忿怒之情，亦且霍然消散，而歡意浹洽矣。

至若朝廷之紀綱，則臣又願陛下深詔左右，勿預朝政。其實有勳庸而所得褒賞未愜衆論者，亦詔大臣公議其事，稽考令典，厚報其勞。而凡號令之弛張，人才之進退，則一委之二三大臣，使之反覆較量，勿徇己見，酌取公論，奏而行之。有不當者，繳駁論難，擇其善者稱制臨決，則不惟近習不得干預朝權，大臣不得專任己私，而陛下亦得以益明習天下之事，而無所疑於得失之算矣。

若夫山陵之卜，則願黜臺史之説，别求草澤，以營新宮，使壽皇之遺體得安

於內，而宗社生靈皆蒙福於外矣。

疏入不報，然上亦未有怒熹意也。每以所講編次成帙以進，上亦開懷容納。熹又奏勉上進德云：「願陛下日用之間，以求放心爲之本，而於玩經觀史，親近儒學，益用力焉。數召大臣，切劘治道，羣臣進對，亦賜溫顏，反覆詢訪，以求政事之得失，民情之休戚，而又因以察其人才之邪正短長，庶於天下之事各得其理。」熹奏：「禮經敕令，子爲父，嫡孫承重爲祖父，皆斬衰三年；嫡子當爲其父後，不能襲位執喪，則嫡孫繼統而代之執喪。自漢文短喪，歷代因之，天子遂無三年之喪。爲父且然，則嫡孫承重可知。人紀廢壞，三綱不明，千有餘年，莫能釐正。壽皇聖帝至性自天，易月之外，猶執通喪，朝衣朝冠皆用大布，所宜著在方册，爲萬世法程。間者，遺誥初頒，太上皇帝偶違康豫，不能躬就喪次。陛下以世嫡承大統，則承重之服著在禮律，所宜遵壽皇已行之法。一時倉卒，不及詳議，遂用漆紗淺黄之服，不惟上違禮律，且使壽皇已行之禮舉而復墜，臣竊痛之。然既往之失不及追改，唯有將來啓殯發引，禮當復用初喪之服。」

會孝宗祔廟，議宗廟迭毀之制，孫逢吉、曾三復首請併祧僖、宣二祖，奉太祖居第一室，祫祭則正東向之位。有旨集議：僖、順、翼、宣四祖祧主，宜有所歸。自太祖皇帝首尊四祖之廟，治平間，議者以世數寖遠，請遷僖祖於夾室。後王安石等奏，僖祖有廟，與稷、契無異，請復其舊。時相趙汝愚雅不以復祀僖祖爲然，侍從多從其說。吏部尚書鄭僑欲且祧宣祖而祔孝宗。熹以爲藏之夾室，則是以祖宗之主下藏於子孫之夾室，神宗復奉以爲始祖，已爲得禮之正，而合於人心，所謂有舉之而莫敢廢者乎。又擬爲《廟制》以辨，以爲物豈有無本而生者。廟堂不以聞，即毀撤僖、宣廟室，更創別廟以奉四祖。

始，寧宗之立，韓侂胄自謂有定策功，居中用事。熹憂其害政，數以爲言，且約吏部侍郎彭龜年共論之。會龜年出護使客，熹乃上疏斥言左右竊柄之失，在講筵復申言之。御批云：「憫卿耆艾，恐難立講，已除卿宫觀。」汝愚袖御筆還上，且諫且拜。內侍王德謙徑以御筆付熹，臺諫爭留，不可。樓鑰、陳傅良旋封還録黄，修注官劉光祖、鄧馹封章交上。熹行，被命除寶文閣待制，與州郡差遣，辭。尋除知江陵府，辭，仍乞追還新舊職名，詔依舊焕章閣待制，提舉南京鴻慶宫。慶元元年初，趙汝愚既相，收召四方知名之士，中外引領望治，熹獨惕然以侂胄用事爲慮。既屢爲上言，又數以手書啓汝愚，當用厚賞酬其勞，勿使得預朝政，有「防微杜漸，謹不可忽」之語。汝愚方謂其易制，不以爲意。及是，汝愚亦以誣逐，而朝廷大權悉歸侂胄矣。

熹始以廟議自劾，不許，以疾再乞休致，詔：「辭職謝事，非朕優賢之意，依舊祕閣修撰。」二年，沈繼祖爲監察御史，誣熹十罪，詔落職罷祠，門人蔡元定亦送道州編管。四年，熹以年近七十，申乞致仕，五年，依所請。明年卒，年七十一。疾且革，手書屬其子在及門人范念德、黄榦，拳拳以勉學及修正遺書爲言。翌日，正坐整衣冠，就枕而逝。

熹登第五十年，仕於外者僅九考，立朝纔四十日。家故貧，少依父友劉子羽，寓建之崇安，後徙建陽之考亭，簞瓢屢空，晏如也。諸生之自遠而至者，豆飯藜羹，率與之共。往往稱貸於人以給用，而非其道義則一介不取也。

自熹去國，侂胄勢益張。何澹爲中司，首論專門之學，文詐沽名，乞辨真僞。劉德秀仕長沙，不爲張栻之徒所禮，及爲諫官，首論留正引僞學之罪。「僞學」之稱，蓋自此始。太常少卿胡紘言：「比年僞學猖獗，圖爲不軌，望宣諭大臣，權住進擬。」遂召陳賈爲兵部侍郎。未幾，熹有奪職之命。劉三傑以前御史論熹、汝愚、劉光祖、徐誼之徒，前日之僞黨，至此又變而爲逆黨。即日除三傑右正言。右諫議大夫姚愈論道學權臣結爲死黨，窺伺神器。乃命直學士院高文虎草詔諭天下，於是攻僞日急，選人余嘉至上書乞斬熹。

方是時，士之繩趨尺步，稍以儒名者，無所容其身。從游之士，特立不顧者，屏伏丘壑；依阿巽懦者，更名他師，過門不入，甚至變易衣冠，狎遊市肆，以自別其非黨。而熹日與諸生講學不休，或勸以謝遣生徒者，笑而不答。有籍田令陳景思者，故相康伯之孫也，與侂胄有姻連，勸侂胄勿爲已甚，侂胄意亦漸悔。熹既没，將葬，言者謂：四方僞徒期會，送僞師之葬，會聚之間，非妄談時人短長，則繆議時政得失，望令守臣約束。從之。

嘉泰初，學禁稍弛。二年，詔：「朱熹已致仕，除華文閣待制，與致仕恩澤。」後侂胄死，詔賜熹遺表恩澤，謚曰文。尋贈中大夫，特贈寶謨閣直學士。理宗寶慶三年，贈太師，追封信國公，改徽國。

始，熹少時，慨然有求道之志。父松病亟，嘗屬熹曰：「籍溪胡原仲、白水劉致中、屏山劉彦冲三人，學有淵源，吾所敬畏，吾即死，汝往事之，而惟其言之聽。」三人，謂胡憲、劉勉之、劉子翬也。故熹之學既博求之經傳，復徧交當世有識之士。延平李侗老矣，嘗學於羅從彦，熹歸自同安，不遠數百里，徒步往從之。其爲學，大抵窮理以致其知，反躬以踐其實，而以居敬爲主。嘗謂聖賢道統

之傳散在方册，聖經之旨不明，而道統之傳始晦。於是竭其精力，以研窮聖賢之經訓。所著書有：《易本義》、《啓蒙》、《蓍卦考誤》、《詩集傳》、《大學》、《中庸》、《章句》、《或問》、《論語》、《孟子集註》、《太極圖》、《通書》、《西銘解》、《楚辭集註》、《辨證》、《韓文考異》；所編次有：《論孟集議》、《孟子指要》、《中庸輯略》、《孝經刊誤》、《小學書》、《通鑑綱目》、《宋名臣言行録》、《家禮》、《近思録》、《河南程氏遺書》、《伊洛淵源録》，皆行於世。熹没，朝廷以其《大學》、《語》、《孟》、《中庸》訓説立於學官。又有《儀禮經傳通解》未脱稿，亦在學官。平生爲文凡一百卷，生徒問答凡八十卷，别録十卷。

理宗紹定末，祕書郎李心傳乞以司馬光、周敦頤、邵雍、張載、程顥、程頤、朱熹七人列於從祀，不報。淳祐元年正月，上視學，手詔以周、張、二程及熹從祀孔子廟。

黄榦曰：「道之正統待人而後傳，自周以來，任傳道之責者不過數人，而能使斯道章章較著者，一二人而止耳。由孔子而後，曾子、子思繼其微，至孟子而始著。由孟子而後，周、程、張子繼其絶，至熹而始著。」識者以爲知言。

熹子在，紹定中爲吏部侍郎。

黄榦《勉齋先生黄文肅公文集》卷三四《勉齋集朝奉大夫華文閣待制贈寶謨閣直學士通議大夫謚文朱先生行狀》 曾祖絢，故，不仕。妣汪氏。祖森，故，贈承事郎。妣程氏，贈孺人。父松，故，任左承議郎、守尚書吏部員外郎兼史館校勘，累贈通議大夫。妣孺人祝氏，贈碩人。

本貫徽州婺源縣萬年鄉松巖里。

先生姓朱氏，諱熹，字仲晦甫。朱氏爲婺源著姓，以儒名家，世有偉人。吏部公甫冠，擢進士第，入館爲尚書郎，兼史事，以不附和議去國。文章行義爲學者師，號韋齋先生，有文集行於世。吏部公因仕入閩，至先生始寓建之崇安五夫里，今居建陽之考亭。先生以建炎四年九月十五日午時生南劍尤溪之寓舍。幼穎悟莊重，能言。韋齋指示曰：「此天也。」問曰：「天之上何物？」韋齋異之。就傅，授以《孝經》，一閲通之，題其上曰：「不若是，非人也。」嘗從羣兒戲沙上，獨端坐，以指畫沙。視之，八卦也。少長，厲志聖賢之學，於舉子業初不經意。年十八，貢于鄉。登紹興十八年進士第，以左迪功郎主泉州同安簿。涖職勤敏，纖悉必親。郡縣長吏，事倚以決。苟利於民，雖勞無憚。職兼學事，選邑之秀民充弟子員，訪求名士以爲表率，日與講説聖賢脩己治人之道。年方踰冠，聞其風者，已知學之有師而尊慕之。歷四考，罷歸，以奉親講學爲急。二十八年，請奉祠，監潭州南嶽廟。明年，召赴行在。言路有託抑奔競以沮之者，遂以疾辭。三十二年，祠秩滿，再請。孝宗即位，復因其任。

會有詔求直言，因上封事。其略言：「聖躬雖未有闕失，而帝王之學不可以不熟講；朝政雖未有闕遺，而脩攘之計不可以不早定；利害休戚雖不可徧以疏舉，然本原之地不可以不加意。陛下毓德之初，親御簡策，不過諷誦文辭，吟詠情性。比年以來，欲求大道之要，又頗留意於老子、釋氏之書。記誦詞藻，非所以探淵源而出治道；虚無寂滅，非所以貫本末而立大中。帝王之學，必先格物致知，以極夫事物之變，使義理所存，纖悉畢照，則自然意誠心正，而可以應天下之務。」次言：「今日之計，不過脩政事、攘夷狄。然計不時定者，講和之説疑之也。金虜於我有不共戴天之讎，則不可和也，義理明矣。知義理之不可爲而猶爲之，以有利而無害也。以臣策之，所謂和者，有百害而無一利，何苦而必爲之？願疇咨大臣，總攬羣策，鑒失之之由，求應之之術，斷以義理之公，參以利害之實，閉關絶約，任賢使能，立紀綱，厲風俗，使吾脩政攘夷之外，了然無一毫可恃爲遷延中已之資，而不敢懷頃刻自安之意，然後將相軍民無不曉然知陛下之志，更相激厲，以圖事功。數年之外，志定氣飽，國富兵强，視吾力之强弱，觀彼釁之淺深，徐起而圖之。中原故地，不爲吾有而將焉往？」次言：「四海利病，係斯民之休戚；斯民休戚，係守令之賢否。監司者，守令之綱；朝廷者，監司之本。欲斯民之得其所，本原之地亦在朝廷而已。今之監司，姦贓狼藉，肆虐以病民者，莫非宰執、臺諫之親舊賓客。其已失勢者，既按見其交私之狀而斥去之，尚在勢者，豈無其人？顧陛下無自而知之耳。」

明年，改元隆興。復召，辭，不許，即入對。其一言：「大學之道，在乎格物以致其知。蓋有是物，必有是理，然理無形而難知，物有迹而易覩。故因是物以求之，使是理瞭然於心目之間，而無毫髪之差，則應乎事者，自無毫髪之繆。陛下雖有生知之性、高世之行，而未嘗隨事以觀理，故天下之理多所未察；未嘗即理以應事，故天下之事多所未明。是以舉措之間，動涉疑貳；聽納之際，未免蔽欺。平治之效所以未著，由不講乎大學之道，而溺心於淺近虚無之過。」其二言：「君父之讎，不與共戴天，乃天之所覆、地之所載，凡有君臣父子之性者，發於至痛不能自已之同情，而非專出於一己之私。然則今日所當爲者，非戰無以復讎，非守無以制勝。是皆天理之同然，非人欲之私忿也。」末言：「古先聖王制

御夷狄之道，其本不在乎威强，而在乎德業；其任不在乎邊境，而在乎朝廷；其具不在乎兵食，而在乎紀綱。今日諫諍之塗尚壅，佞幸之勢方張，爵賞易致，而威罰不行；民力已殫，而國用未節，則德業未可謂脩，朝廷未可謂正，紀綱未可謂立。凡古聖先王所以强本折衝，威制夷狄之道，皆未可謂備。」三劄所陳，不出封事之意，而加剴切焉。先生以爲制治之原，莫急於講學；經世之務，莫大於復讎。至於德業成敗，則決於君子小人之用舍，故於奏對復申言之。蓋學有定見，事有定理，而措之於言者如此。除武學博士，待次。乾道改元，促就職。既至，以時相方主和議，請監南嶽廟以歸。

三年，差充樞密院編脩官，待次。五年，三促就職。會魏掞之以布衣召爲國子録，因論曾覿而去，遂力辭。先生嘗兩進絶和議，抑佞幸之戒，言既不行，雖擢用狎至，不敢就。出處之義，凛然有不可易者。尋丁内艱。六年，復召，以未終喪辭。七年，既免喪，復召，以禄不及養辭。四年之間，辭者六。九年，有旨：「安貧守道，廉退可嘉。」特改合入官，主管台州崇道觀。先生以改秩畀祠，皆進賢賞功、優老報勤之典，今無故驟得之，求退得進，於義未安，再辭。淳熙元年，又再辭。上意愈堅，始拜命。改宣教郎，奉祠。二年，除祕書郎。先生以改官之命，正以嘉其廉退，今乃冒進擢之寵，是左右望而罔市利，力辭。時上諭大臣欲奬用廉退，執政以先生爲言，故有是命。會有言虚名之士不可用者，以故再辭，即從其請，主管武夷山冲佑觀。五年，差權發遣南康軍事，辭者四，始之任。

先生自同安歸，奉祠家居幾二十年，間關貧困，不以屬心。涵養充積，理明義精，見之行事者益霈然矣。至郡，懇惻愛民，如己隱憂，興利除害，惟恐不及。屬邑星子，土瘠税重，乞從蠲減，章凡五六上。歲值不雨，講求荒政，凡請於朝，言無不盡。官物之檢放、倚閣、蠲減、除豁、帶納，如秋苗夏税、木炭月樁、經總制錢之屬，各視其色目爲之條奏，或至三四，不得請不已。并奏請截留綱運，乞轉運、常平兩司撥錢米充軍糧，備賑濟。申嚴鄰路斷港遏糴之禁，選官吏授以方略，俾視境内，具知荒歉分數，户口多寡，蓄積虚實，通商勸分，多所全活。其施設次第，人争傳録以爲法。訖事，奏乞依格推賞納粟人者凡數四。郡濱大江，舟艤岸者遇大風輒淪溺。因募飢民築堤捍舟，民脱於飢，舟患亦息。先生視民如傷。至姦豪侵擾細民、撓法害政者，懲之不少貸。由是豪强斂戢，里閭安靖。數詣郡學，引進士子，與之講論。訪白鹿洞書院遺址，奏復其舊。又奏乞賜書院敕額及高宗御書石經板本《九經注疏》等書者至再。每休沐，輒一至，諸生質疑問難，誨誘不倦。退則相與徜徉泉石間，竟日乃反。又求栗里陶靖節之居，西澗劉屯田之墓，孝子熊仁贍之閭旌顯之，猶以不得悉行其志爲恨。明年，詔監司、郡守條具民間利病。遂上疏言：「天下之大務，莫大於恤民。恤民之本，又在人君正心術以立紀綱。今日民間特以税重爲苦，正緣二税之入，朝廷盡取以供軍。而州縣無復贏餘，則不免於二税之外別作名色，巧取於民。今民貧賦重，若不計理軍實，去其浮冗，則民力決不可寬。惟有選將吏，覈兵籍，可以節軍貲；開廣屯田，可以益軍儲；練習兵民，可以益邊備。今日將帥之選，率皆膏粱子弟、廝役凡流，所得差遣，爲費已是不貲。到軍之日，惟望掊斂刻剥以償債負。總餽餉之任者，亦皆倚附幽陰，交通貨賂。其所驅催東南數十州之脂膏骨髓，名爲供軍，而輦載以輸權倖之門者，不可以數計。然則欲討軍實以紓民力，必盡反前之所爲，然後乃可革也。授將印、委利權，一出於朝廷之公議，則可以絶苞苴請託之私，而刻剥之風可革。務求忠勇沉毅、實經行陣之人，則可以革輕授非才之弊，而軍士畏愛，蒐閲以時，竄名冗食者不得容於其間。又擇老成忠實、通曉兵農之務者，使領屯田之事，付以重權，責其久任，則可以漸省列屯坐食之兵，稍損州郡供軍之數。軍籍既覈，屯田既成，兵民既練，州縣事力既紓，然後可以禁其苛斂，責其寬恤，庶幾窮困之民得保生業，無復流移漂蕩之患矣。所謂端其本在於正心術以立紀綱者，蓋天下之紀綱不能以自立，必人主之心術公平正大，無偏黨反側之私，然後紀綱有所繫而立。君心不能以自正，必親賢臣，遠小人，講明義理之歸，閉塞私邪之路，然後乃可得而正。今宰相、臺省、師傅、賓友、諫諍之臣皆失其職，而陛下所與親密謀議者，不過一二近習之臣。此一二小人者，上則蠱惑陛下之心志，使陛下不信先王之大道，而説於功利之卑説；不樂莊士之讜言，而安於私暬之鄙態。下則招集士大夫之嗜利無恥者，文武彙分，各入其門。所喜則陰爲引援，擢置清顯；所惡則密行訾毁，公肆擠排。交通貨賂，則所盜者皆陛下之財；命卿置將，則所竊者皆陛下之柄。陛下所謂宰相、師傅、賓友、諫諍之臣，或反出入其門牆，承望其風旨。其幸能自立者，亦不過齪齪自守，而未嘗敢一言以斥之；其甚畏公論者，乃略能驚逐其徒黨之一二，既不能深有所傷，而終亦不敢明言以擣其囊槖窟穴之所在。勢成威立，中外靡然向之，使陛下之號令黜陟不復出於朝廷，而出於此一二人之門，名爲陛下之獨斷，而實此一二人者陰執其柄。蓋其所壞非獨壞陛下之紀綱，乃併與陛下所以立紀綱者而壞之，則民又安可得而恤？財又安可得而理？軍政何自而脩？土宇何自而復？宗廟

之雠耻又何時而可雪耶？」

先生在任，嘗用劄子奏事，後因臺諫言用劄子非舊制，遂奏乞罷黜。又以致人户逃移自劾者再，以疾請奉祠者五。將滿，除江西提舉常平茶鹽事，待次。初，廟堂議遣先生使蜀，上意不欲其遠去，故有是命。詔以脩舉荒政，民無流殍，除直祕閣，凡三辭，皆以前所奏納粟人未推賞，難以先被恩命。會浙東大饑，易提舉浙東常平茶鹽事。時民已艱食，即日單車就道。復以南康納粟人未推賞辭職名，且乞奏事之任。納粟賞行，遂受職名。入對，其一言：「陛下臨御二十年間，水旱盜賊略無寧歲。意者德之崇未至於天與？業之廣未及於地與？政之大者有未舉而小者無所繫與？刑之遠者或不當而近者或幸免與？君子有未用而小人有未去與？大臣失其職而賤者竊其柄與？直諒之言罕聞而謟諛者衆與？德義之風未著而汙賤者騁與？貨賂或上流而恩澤不下究與？責人或已詳而反躬有未至與？夫必有是數者，然後足以召災而致異。」其二言：「陛下即政之初，蓋嘗選建英豪，任以政事。不幸其間不能盡得其人，是以不復廣求賢哲，而姑取軟熟易制之人以充其位。於是左右私褻使令之賤始得以奉燕閑、備驅使，而宰相之權日輕。又慮其勢有所偏，而因重以壅己也，則時聽外廷之論，將以陰察此輩之負犯而操切之。陛下既未能循天理、公聖心，以正朝廷之大體，則固已失其本矣。而又欲兼聽士大夫之公言，以爲駕馭之術，則士大夫之進見有時，而近習之從容無間。士大夫之禮貌既莊而難親，其議論又苦而難入。近習便嬖側媚之態，既足以蠱心志，其胥吏狡獪之術又足以眩聰明。此其生熟甘苦既有所分，恐陛下未及施其駕馭之術，而先墮其數中矣。是以雖欲微抑此輩，而此輩之勢日重；雖欲兼采公論，而士大夫之勢日輕。重者既挾其重以竊陛下之權，輕者又借力於所重以爲竊位固寵之計。中外相應，更濟其私，日往月來，浸淫耗蝕。使陛下之德業日隳，綱紀日壞，邪佞充塞，貨賂公行，兵愁民怨，盜賊間作，災異數見，饑饉薦臻。羣小相挺，人人皆得滿其所欲，惟有陛下了無所得，而國家顧乃獨受其弊。」其三言救荒利害，如州縣旱傷早行檢放，從實蠲減。勸諭人户賑糶，務得其平。納粟之人，早行推賞，所納米數，仍減其半。乞撥豐儲倉米三十餘萬石以備濟糶。州縣新舊官物並且住催，紹興丁身等錢預行蠲放，及免米商力勝税錢。量立賞格，官吏違慢者奏劾，昏病者别與差遣。仍差選得替、待闕、宫廟、持服官員，時暫管幹。其四言水旱三分以上，第五等户免檢並放；五分以上，第四等户依此施行，乞行著令。及請頒行社倉條約於諸路。其五言紹興和買，乞議革其弊。其六言南康嘗乞蠲減星子租税，有司拒以對補，吝細鄙狹，不達大體。其七言白鹿書院請賜書額。先生所對奏劄凡七，其一二皆自書以防宣洩。又以南康所上封事繕寫成册，用袋重封，於閤門投進。後五劄亦有非一時救荒之急者，當倥偬不暇給之際，而憂深慮遠，從容整暇，蓋急於救民，罄竭忠悃，不敢有所隱也。

先生所居之鄉，每歲春夏之交，豪户閉糶牟利，細民發廩强奪，動相賊殺，幾至挺變。先生嘗帥鄉人置社倉以賑貸之，米價不登，人得安業。至是，乞推行之。白鹿書院事本不暇及，前期執政使人諭以「且宜勿言」。先生因念主上未必有鄙薄儒生之意，而大臣先爲此言，不可。及對，卒言之。上委曲訪問，悉從其請。

先生初拜命，即移書他郡，募米商，蠲其征。及至，客舟之米已輻輳。復以入奏荒政數事推廣條上，情詞懇惻，條目詳密。日與僚屬、寓公鈎訪民隱，至廢寢食。分畫既定，按行所部，窮山長谷，靡所不到，拊問存恤，所活不可勝計。每出皆乘單車，屏徒從，所歷雖廣而人不知。郡縣官吏憚其風采，蒼黄驚懼，常若使者壓其境，至有自引去者，由是所部肅然。而尤以戢盜、捕蝗、興水利爲急，大抵措畫悉如南康時，而用心尤苦。初，奏紹興和買之弊，至是乞先與痛減歲額，然後用貫頭科敷，惟恐真下户受其弊，則請參用高下等第均敷，及減免下户丁錢以優之。又乞免台州丁錢。至於差役利害，亦嘗條具數千言申省。義役之法，則乞令均出義田，罷去役首，免排役次，官差保正副長輪收義田，仍令上户兼充户長。又乞取會福建下四州見行産鹽法，行於本路沿海四州。又乞依處州見行之法，改諸郡酒坊爲萬户。於救荒之餘，猶悉及他事，以爲經久之計。

先生猶以徒費大農數十萬緡，無以全活一道饑民自劾。又以前後奏請多見抑却，幸而從者，又率稽緩後時，無益於事，蝗旱相仍，不勝憂憤。復奏言：「爲今之計，獨有斷自聖心，沛然發號，責躬求言，然後君臣相戒，痛自省改。其次，惟有盡出内庫之錢，以供大禮之費爲收糴之本。詔户部無得催理舊欠，詔諸路漕臣遵依條限檢放税租，詔宰臣沙汰被災路分州軍監司、守臣之無狀者，遴選賢能，責以荒政，庶幾猶足以下結人心，消其乘時作亂之意。不然，臣恐所憂者不止於餓殍，而在於盜賊。蒙其害者不止於官吏，而上及於國家也。」復上時宰書云：「朝廷愛民之心，不如惜費之甚，是以不肯爲極力救民之事；明公憂國之念，不如愛身之切，是以但務爲阿諛順旨之計。然民之與財，孰輕孰重？身之與

國，孰大孰小？財散猶可復聚，民心一失，則不可復收。身危猶可復安，國勢一傾，則不可復正。至於民散國危，而措身無所，則其所聚，有不爲大盜積者耶？」

九年，以賑濟有勞，進直徽猷閣，辭。台守唐仲友與時相王淮同里，爲姻家，遷江西憲，未行。先生行部，訟者紛然，得其姦贓，僞造楮幣等事，劾之，時久旱而雨。奏上，淮匿不以聞，仲友亦自辯，且言弟婦王氏驚悸病篤，論愈力，章至十上。事下紹興府鞫之，獄具情得，乃奪其新命授先生。先生以爲是蹊田而奪之牛，辭不拜，遂歸。尋令兩易江東，辭，及辭職名。具言唐仲友雖寢新命，已具之獄，竟釋不治，則是所按不實，難以復沾恩賞。並不許。受職名，再辭新任，且乞奉祠。言：「所劾贓吏，黨與衆多，並當要路，大者宰制斡旋於上，小者馳騖經營於下。若其加害於臣，不遺餘力，則遠至師友淵源之所自，亦復無故横肆觝排。爲臣之計，惟有乞身就閑，或可少紓患害。」時從臣有奉時相意上疏毁程氏之學以陰詆先生者，故有是言。

十年，差主管台州崇道觀。先生守南康，使浙東，始得行其所學，已試之效卓然，而卒不果用。退而奉崇道、雲臺、鴻慶之祠者五年，自是海内學者尊信益衆。十四年，除提點江西刑獄公事，待次，以疾辭，不許，遂拜命。十五年，促奏事，又以疾辭，不許，遂行。又以疾請奉祠者再。淮罷相，遂力疾入奏。首言：「近年以來，刑獄不當，輕重失宜，甚至涉於人倫風化之重者。有司議刑，亦從流宥之法，則天理民彝，幾何不至於泯滅？」又言：「州郡獄官乞注，有舉主關陞，及任滿銓試第二等以上人，常調關陞，及省部胥吏，並不得注擬。若縣獄則專委之令，或不得人，則無所不至，亦望令縣丞或主簿同行推訊。」又言：「提刑司管催經總制錢，起於宣和末年，倉卒用兵，權宜措畫。其始亦但計其出納之實數而隨以取之，及紹興經界，民間投印違限，契約所入倍於常歲，自後遂以是年爲額，而立爲比較之説。甚至災傷檢放，倚閣錢米已無所入，而經總制錢獨不豁除。州縣之煎熬何日而少紓，斯民之愁嘆何時而少息。」又言江西諸州科罰之弊。至其末篇乃言：「陛下即位二十有七年，而因循荏苒，無尺寸之效可以仰酬聖志。嘗反覆而思之，無及燕閑起居之中、虚明應物之地，天理有未純、人欲有未盡歟？天理未純，是以爲善不能充其量；人欲未盡，是以除惡不能去其根。一念之頃，公私邪正、是非得失之機，朋分角立，交戰於其中。故體貌大臣非不厚，而便嬖側媚得以深被腹心之寄；寤寐英豪非不切，而柔邪庸繆得以久竊廊廟之權；非不樂聞公議正論，而有時不容；非不堲讒説殄行，而未免誤聽；非不欲報復陵廟讎耻，而不免畏怯苟安；非不欲愛養生靈財力，而未免歎息愁怨。凡若此類，不一而足。顧陛下自今以往，一念之頃，則必謹而察之：此爲天理耶，爲人欲耶？果天理也，則敬以充之，而不使其少有壅閼；果人欲也，則敬以克之，而不使其少有凝滯。推而至於言語動作之間、用人處事之際，無不以是裁之，則聖心洞然，中外融澈，無一毫之私欲得以介乎其間。而天下之事，將惟陛下之所欲爲，無不如志矣。」是行也，有要之於路，以「正心誠意」爲上所厭聞，戒以勿言者。先生曰：「吾平生所學，只有此四字，豈可回互而欺吾君乎？」及奏，上未嘗不稱善，曰：「久不見卿，浙東之事，朕自知之。今當處卿清要，不復勞卿州縣。」除兵部郎，以足疾丐祠未供職。本部侍郎林栗，前數日與先生論《易》、《西銘》不合，至是遣部吏抱印，迫以供職。先生以疾在告，遂疏先生欺慢。時上意方嚮先生，欲易以他部郎，時相竟請授以前江西之命，仍舊職名，又令吏部給還改官以後不曾陳乞磨勘。蓋先生改秩，既出特恩，其後累任祠官，無績可考，以故不曾陳乞磨勘者十有四年。先生行且辭曰：「論者謂臣事君無禮。爲人臣子有此名，罪當誅戮，豈可復任外臺耳目之寄？」章再上，除直寶文閣，主管西京嵩山崇福宫。栗亦罷。辭磨勘及職名，不許，轉朝奉郎，未踰月，再召。時廟堂知上眷厚，憚先生復入，故爲兩罷之策。上悟，復召先生受職名。辭召命，以爲遷官進職，皆爲許其閑退，方竊難進易退之褒，復爲彈冠結綬之計，則其爲世觀笑，不但往來屑屑之譏。又況朝廷舉措之重，亦有不宜數爲天下有識所窺者。促召。初，先生入奏事，迫於疾作，嘗面奏，以爲口陳之説，有所未盡，乞具封事以聞。至是再辭，遂併具封事投匭以進，其略曰：「今天下大勢，如人有重病，内自心腹，外達四支，無一毫一髮不受病者，臣不暇言，且以天下之大本與今日之急務爲陛下言之。蓋大本者，陛下之心；急務則輔翼太子、選任大臣、振舉綱維、變化風俗、愛養民力、脩明軍政六者是也。古先聖王兢兢業業，持守此心，雖在紛華波動之中、幽獨得肆之地，而所以精之一之、克之復之，如對神明，如臨淵谷。猶恐隱微之間，或有差失而不自知。是以建師保之官，列諫諍之職。凡飲食、酒漿、衣服、次舍、器用、財賄，與夫宦官宫妾之政，無一不領於冢宰。使其左右前後，一動一静，無不制以有司之法，而無纖芥之隙、瞬息之頃，得以隱其毫髮之私。陛下之所以精一克復而持守其心，果有如此之功乎？所以脩身齊家而正其左右，果有如此之效乎？宫省事禁，臣固不得而知，然爵賞之濫，貨賂之流，閭巷竊言，久已不勝其籍籍，則陛下所以脩之家者，恐其未有以及古之聖王也。至

於左右便嬖之私，恩遇過當，往者淵、覿、説、抃之徒，勢焰熏灼，傾動一時，今已無可言矣。獨有前日臣所面陳者，雖蒙聖慈委曲開譬，然臣之愚，竊以爲此輩但當使之守門傳命，供掃除之役，不當假借崇長，使得逞邪媚，作淫巧於内，以蕩上心，立門庭，招權勢於外，以累聖政。臣竊聞之道路，自王抃既逐之後，諸將差除，多出此人之手。陛下竭生靈膏血以奉軍旅，而軍士顧乃未嘗得一温飽，是皆將帥巧爲名色，奪取其糧，肆行貨賂於近習以圖進用。出入禁闥腹心之臣，外交將帥，共爲欺蔽，以至於此。而陛下不悟，反寵暱之，以是爲我之私人，至使宰相不得議其制置之得失，給諫不得論其除授之是非。則陛下所以正其左右者，未能及古之聖王又明矣。至於輔翼太子，則自王十朋、陳良翰之後，宫寮之選，號爲得人，而能稱其職者，蓋已鮮矣。而又時使邪佞儇薄、闒冗庸妄之輩，或得參錯於其間，所謂講讀，亦姑以應文備數，而未聞其有箴規之效。至於從容朝夕、陪侍遊燕者，又不過使臣宦者數輩而已。唐之《六典》，東宫之官，師傅、賓客既職輔導，而詹事府、兩春坊實擬天子之三省，故以詹事、庶子領之。今則師傅、賓客既不復置，而詹事、庶子有名無實，其左右春坊遂直以使臣掌之，何其輕且褻之甚耶？夫立太子而不置師傅、賓客，則無以發其隆師親友、尊德樂義之心。獨使春坊使臣得侍左右，則無以防其戲慢媟狎、奇邪雜進之害。宜討論前典，置師傅、賓客之官，罷去春坊使臣，而使詹事、庶子各復其職。至於選任大臣，則以陛下之聰明，豈不知天下之事，必得剛明公正之人而後可任哉？其所以常不得如此之人，而反容鄙夫之竊位者，直以一念之間，未能撤其私邪之蔽，而燕私之好、便嬖之流，不能盡由於法度。若用剛明公正之人以爲輔相，則恐有以妨吾之事、害吾之人，而不得肆。是以選掄之際，常先排擯此等，置之度外，而後取凡疲懦軟熟，平日不敢直言正色之人而揣摩之。又於其中得其至庸極陋，決可保其不至於有所妨者，然後舉而加之於位。是以除書未出，而物色先定，姓名未顯，而中外已逆知其決非天下之第一流矣。至於振肅紀綱、變化風俗，則今日宫省之間，禁密之地，而天下不公之道、不正之人，顧乃得以窟穴盤據於其間。而陛下目見耳聞，無非不公不正之事，則其所以熏蒸銷鑠，使陛下好善之心不著、疾惡之意不深，其害已有不可勝言者矣。及其作姦犯法，則陛下又未能深割私愛而付諸外廷之議，論以有司之法，是以紀綱不能無所撓敗。紀綱不正於上，是以風俗頽弊於下，蓋其爲患之日久矣，而浙中爲尤甚。大率習爲軟美之態、依阿之言，以不分是非、不辨曲直爲得計。下之事上，固不敢少忤其意；上之御下，亦不敢稍拂其情。惟其私意之所在，則千塗萬轍，經營計較，必得而後已。甚者以金珠爲脯醢，以契券爲詩文，宰相可啗則啗宰相，近習可通則通近習，惟得之求，無復廉耻。一有剛毅正直、守道循理之士出乎其間，則羣譏衆排，指爲『道學』，而加以矯激之罪。十數年來，以此二字禁錮天下之賢人君子，復如崇、宣之間所謂元祐學術者，排擯詆辱，必使無所容其身而後已。嗚呼！此豈治世之事，而尚復忍言之哉？至於愛養民力，脩明軍政，則自虞允文之爲相也，盡取版曹歲入窠名之必可指擬者，號爲歲終羨餘之數，而輸之内帑。顧以其有名無實、積累掛欠，空載簿籍，不可催理者，撥還版曹，以爲内帑之積，將以備他日用兵進取不時之須。然自是以來二十餘年，内帑歲入不知幾何，而認爲私貯，典以私人。宰相不得以式貢均節其出入，版曹不得以簿書勾考其在亡，其日銷月耗以奉燕私之費者，蓋不知其幾何矣，而曷嘗聞其能用此錢以易胡人之首，如太祖皇帝之言哉？徒使版曹經費闕乏日甚，督趣日峻，以至廢去祖宗以來破分良法，而必以十分登足爲限。以爲未足，則又造爲比較監司郡守殿最之法，以誘脅之。於是中外承風，競爲苛急，此民力之所以重困也。諸將之求進也，必先掊尅士卒以殖私財，然後以此自結於陛下之私人，而祈以姓名達於陛下之貴將。貴將得其姓名，即以付之軍中，使自什伍以上，節次保明，稱其材武堪任將帥，然後具奏爲牘，而言之陛下之前。陛下但見其等級推選，案牘具備，則誠以爲公薦而可以得人矣，而豈知其諧價輸錢，已若晚唐之『債帥』哉？夫將者，三軍之司命，而其選置之方乖剌如此，則彼智勇材略之人，孰肯抑心下首於宦官宫妾之門？而陛下之所得以爲將帥者，皆庸夫走卒，而猶望其脩明軍政，激勸士卒以强國勢，豈不誤哉！凡此六事，皆不可緩，而本在於陛下之一心。一心正則六事無不正，一有人心私欲以介乎其間，則雖欲僶俛精勞力，以求正夫六事者，亦將徒爲文具，而天下之事愈至於不可爲矣。」疏入，夜漏下七刻，上已就寢，亟起秉燭，讀之終篇。明日除主管太乙宫兼崇政殿説書。時上已有倦勤之意，蓋將以爲燕翼之謀。先生嘗草奏疏，言講學以正心，脩身以齊家，遠便嬖以近忠直，抑私恩以抗公道，明義理以絶神姦，擇師傅以輔皇儲，精選任以明體統，振綱紀以厲風俗，節財用以固邦本，脩政事以攘夷狄。凡十事，欲以爲新政之助。會執政有指道學爲邪氣者，力辭新命，除祕閣脩撰，仍奉外祠，遂不果上。先生當孝宗朝，陛對者三，上封事者三。其初固以講學窮理爲出治之大原，其後則直指天理人欲之分、精一克復之義。其初固以當世急務一二爲言，其後封事之上，則心術、宫禁、時政、風俗，披

肝瀝膽，極其忠鯁。蓋所望於君父愈深，而其言愈切，故於封事之末有曰：「日月逾邁，如川之流，一往而不復。不唯臣之蒼顔白髮，已迫遲暮，而竊仰天顔，亦覺非昔時矣。」忠誠懇惻，至今讀者猶爲之涕下。先生進疏雖切，孝宗亦開懷容納，武博編摩，祕省郎曹之除，蓋將引以自近。守南康，持浙東、江西之節，又知其不可强留而授之。至是復有經帷之命。先生之盡忠，孝宗之受盡言，亦未爲不遇也。然先生進言，皆痛詆大臣近習，孝宗之眷愈厚，而嫉者愈深，是以不能一日安其身於朝廷之上，而孝宗内禪矣。光宗即位，再辭職名，仍舊直寶文閣，降詔奬諭，除江東轉運副使，以疾辭者再。覃恩轉朝散郎，賜緋衣銀魚，改知漳州。又再以疾辭，不許。時光宗初政，再被除命，遂以紹熙元年之任。奏除屬縣無名之賦七百萬，歲減經總制錢四百萬。加意學校，教誘諸生，如南康時。又以習俗未知禮，採古喪葬嫁娶之儀，揭以示之，命父老解説以教子弟。釋氏之教，南方爲盛，男女聚僧廬爲傳經會，女不嫁者，私爲庵舍以居，悉爲之禁，俗大變。郡有故迪功郎高登，忤秦檜，貶死，爲奏請昭雪，褒其直。會朝論欲行泉、漳、汀三州經界，先生初仕同安，已知經界不行之害，至是訪事宜、擇人物，以至方量之法，洞見本末，遂疏其事上之。且言必可行之説三，將必至於不能行之説一。蓋爲經界法行，息争止訟，大爲民利，而占田隱税、侵漁貧弱者所不便。及具宣德意，榜之通衢，則邦民鼓舞，而寓公豪右果爲異議以沮之，遂因地震及足疾不赴錫宴自劾。其冬，有旨先行漳州經界，南方春旱，事已無及。明年，屬有嗣子之喪，再請奉祠，除祕閣脩撰，主管南京鴻慶宫。先生以當上初政，嘗辭前件職名，已降褒詔從其請，難以復受，辭者再。詔：「論撰之職，以寵名儒。」乃拜命。除荆湖南路轉運副使，再辭。漳州經界竟報罷，遂以前言經界可行自劾。三年，再以病辭，乞補滿宫觀，從之。又數月，差知静江府、廣南西路經略安撫，辭。四年，又辭，主管南京鴻慶宫。未幾，差知潭州荆湖南路安撫，以辭遠就近，不爲無嫌，力辭。五年，再辭。有旨：「長沙巨屏，得賢爲重。」會洞獠擾屬郡，遂拜命赴鎮。至則遣人諭以禍福，皆降之。申教令，嚴武備，戢姦吏，抑豪民。先生所至必興學校，明教化，湖湘士子素知學，日伺公退，則請質所疑。先生爲之講説不倦，四方之學者畢至。又以南康、漳州所申改正釋奠儀式爲請，録故死節五人，爲之立廟。孝宗升遐，先生哀慟不能自勝。又聞上以疾不能執喪，中外洶洶，益憂懼。遂申省，乞歸田里，言：「天下國家所以長久安寧，惟賴朝廷三綱五常之教，建立脩明於上，然後守藩述職之臣有以稟承宣布於下。所以内外相維，小大順序，雖有强猾姦宄，無所逞志。不然，以一介書生，置諸數千里軍民之上，亦何所憑恃而能服其衆哉？」又草封事，極言父子天性，不應以小嫌廢彝倫，言頗切直。會今上即位，不果上。上在潛邸，聞先生名，每恨不得先生爲本宫講官，至是，首召奏事。先生行且辭，除焕章閣待制、侍講，辭，不許。又再辭，且言：「陛下嗣位之初，方將一新庶政，所宜愛惜名器，若使倖門一開，其弊豈可復塞。至於博延儒臣，專意講學，將求所以深得親懽者，爲建極導民之本；思所以大振朝綱者，爲防微慮遠之圖。顧問之臣，實資輔養，用人或繆，所繫非輕。」蓋先生在道聞南内朝禮尚闕，近習已有用事者，故預有是言。又不許，遂奏乞且依元降指揮帶元官職奏事者再。及入對，首言：「乃者天運艱難，國有大咎，所謂天下之大變而不可以常理處者。太皇太后躬定大策，陛下寅紹丕圖，可謂處之以權，而庶幾不失其正矣。然自頃至今，亦既三月，或反不能無疑於逆順名實之際，禍亂之本，又已伏於冥冥之中，竊爲陛下憂之。尚猶有可諉者，亦曰陛下之心，前日未嘗有求位之計，今日未嘗忘思親之懷。此則道心微妙之全體、天理發用之本然，所以行權而不失其正之根本也。誠即是心而充之，所謂『求仁得仁而無怨』，『終身訢然，樂而忘天下』者，臣有以知陛下之不難矣。借曰天命神器不可無傳、宗廟社稷不可無奉，則轉禍爲福，易危爲安，亦豈可舍此而他求哉。充吾未嘗求位之心，則可以盡吾負罪引慝之誠；充吾未嘗忘親之心，則可以致吾温清定省之禮。始終不越乎此，而大倫正、大本立矣。」次言：「爲學莫先於窮理，窮理必在於讀書。讀書之法，莫貴於循序而致精。致精之本，又在於居敬而持志。」又三劄言：「湖南歲計入少出多，不可支吾，乞裁減差到諸班换授歸正雜色補官員數。邵州邊防全無措畫，以致猺人侵犯，乞移置寨栅，增撥戍兵。潭州城壁，乞行計度脩築。」既對，面辭待制、侍講，不許。翌日，又辭待制職名，乞改作説書差遣，以爲「未得進説而先受厚恩，萬一異時未效涓埃而疾病不支，遂竊侍從職名而去，則臣死有餘罪」。上手札：「卿經術淵源，正資勸講，次對之職，勿復牢辭，以副朕崇儒重道之意。」遂拜命。會趙彦逾按視孝宗山陵，以爲土肉淺薄，掘深五尺，下有水石，旋改新穴，比舊僅高尺餘。孫逢吉覆按，亦乞少寬月日，别求吉兆。有旨集議，臺史憚之，議遂中寢。先生竟上議狀言：「壽皇聖德神功，宜得吉土以奉衣冠之藏。當廣求術士，博訪名山，不宜偏信臺史罔上誤國之言，固執紹興坐南向北之説，委之水泉砂礫之中、殘破浮淺之地。」不報。覃恩轉朝請郎，賜紫章服兼實録院同脩撰，再辭，不許。拜命受詔，進講《大學》。先生以平日論

著敷陳開析，務積誠意以感上心。遂奏乞除朔望旬休及過宫日分，不以寒暑雙隻月日諸假故，並令早晚進講。又乞置局看詳四方封事，瑞慶節免稱賀。皆從之。復因有旨脩葺舊東宫，爲屋三數百間，遂具四事奏言：「當上帝震怒，災異數出，畿甸百姓，飢餓流離。太上皇帝未獲進見，壽皇山陵未卜，太皇太后、皇太后皆以尊老之年煢然憂苦，不宜大興土木以就安便。壽康定省之禮，所宜下詔自責，頻日繼往，顧乃透迤舒緩，無異尋常。太上皇帝必以爲此特備禮而來，其深閉固拒而不得見亦宜矣。朝廷綱紀尤所當嚴，上自人主，下至百執，各有職業，不可相侵。今進退宰執、移易臺諫，皆出陛下之獨斷。大臣不與謀，給舍不及議，正使其事悉當於理，亦非爲治之體。況中外傳聞，皆謂左右或竊其柄，而其所行又未能盡允於公議乎？此弊不革，臣恐名爲獨斷，而主威未免於下移，欲以求治而返不免於致亂。」末復申言：「殯宫之卜，不宜偏聽臺史膠固繆妄之言，墮其交結眩惑之計。」皆不報。先生進講，每及數次，復以前所講者編次成帙以進。上亦開懷容納。且面諭以「求放心之説甚善，所進册子宫中常讀之，今後更爲點來」。先生知上有意於學，遂以劄子勉上進德。其略言：「顧陛下日用之間，語默動静必求放心以爲之本，而於玩經觀史、親近儒學已用力處益用力焉。數召大臣，切劘治道，俾陳今日要務，略如仁祖開天章閣故事。至於羣臣進對，亦賜温顔，反覆詢訪，以求政事之得失、民情之休戚，而又因以察其人才之邪正短長，庶於天下之事各得其理。」又奏：「禮經敕令：子爲父，嫡孫承重爲祖父，皆斬衰三年。嫡子當爲父後，不能襲位執喪，則嫡孫繼統而代之執喪。自漢文短喪，歷代因之，天子遂無三年之喪。爲父且然，則嫡孫承重可知。人紀廢壞，三綱不明，千有餘年，莫能釐正。壽皇聖帝至性自天，孝誠内發，易月之外，猶執通喪，朝衣朝冠，皆以大布，所宜著在方册，爲世法程。間者遺詔初頒，太上皇帝偶違康豫，不能躬就喪次，陛下以世嫡承大統，則承重之服，著在禮律，所宜遵壽皇已行之法。一時倉卒，不及詳議，遂用漆紗淺黄之服，不惟上違禮律，且使壽皇已行之禮舉而復墜，臣竊痛之。然既往之失不及追改，唯有將來啓殯發引，禮當復用初喪之服，則其變除之節，尚有可議。欲望明詔禮官，稽考禮律，預行指定。」會孝宗祔廟，議宗廟迭毁之次。有請併祧僖、宣二祖，奉太祖居第一室，祫祭則正東向之位者。有旨集議，僖、順、翼、宣四祖祧主，宜有所歸。自太祖皇帝首尊四祖之廟，以僖祖爲四廟之首。治平間，議者以世數寖遠，請遷僖祖於夾室。未及數年，王安石等奏，僖祖有廟，與稷契無異，請復其舊。詔從之。時相雅不以熙寧復祀僖祖爲是，先生度難以口舌争，遂移疾，上議狀，條其不可者四。以爲：「藏之夾室，則是以祖宗之主下藏於子孫之夾室。至於祫祭，設幄於夾室之前，則亦不得謂之祫。欲別立一廟，則喪事即遠，有毁無立。欲藏之天興殿，則宗廟、原廟不可相雜。議者皆知其不安，特以其心急欲尊奉太祖，三年一祫時暫東向之故，不知其實無益於太祖之尊，而徒使僖祖、太祖兩廟威靈，相與争校强弱於冥冥之中，并使四祖之神疑於受擯，徬徨躑躅，不知所歸，令人傷痛不能自已。今但以太祖當日追尊帝號之心而默推之，則知太祖今日在天之靈於此必有所不忍。又況僖祖祧主遷於治平，不過數年，神宗皇帝復奉以爲始祖，已爲得禮之正而合於人心，所謂有其舉之而莫敢廢者乎！」又擬爲《廟制》以辯議者一旦併遷僖、宣二祖，析太祖、太宗爲二之失，復引元祐大儒程頤之説，以爲：「物豈有無本而生者？今日天下基本，蓋出僖祖，安得爲無功業？」議狀既上，廟堂持之不以聞，即毁撤僖、宣廟室，更創别廟以奉四祖。宰相既有所偏主，樓鑰、陳傅良又復牽合裝綴以附其説。先生所議，頗達上聽。忽有旨召赴内殿奏事，因節略狀文，及爲劄子，畫圖以進。上然之，且曰：「僖祖國家始祖，高宗、孝宗、太上皇帝不曾遷，今日豈敢輕議？」欲令先生於榻前撰數語，以御批直罷其事。先生方懲内批之弊，因言乞降出劄子，再令臣寮集議。既退，復以上意喻廟堂，而事竟不行。經生學士知禮者皆是先生，一時異議之徒，忌其軋己，權姦遂從而乘之。上之立也，丞相趙汝愚密與知閤門事韓侂胄謀之，侂胄於太皇太后爲親屬，因得通中外之言，侂胄自謂有定策功，居中用事。先生自長沙辭免待制、侍講，已微寓其意。及進對，復嘗再三面言，又約吏部侍郎彭龜年共攻之。龜年出護使客，侂胄益得志。先生又於所奏四事疏中，斥言左右竊柄之失，後因講筵留身，復申言前疏，乞賜施行。既退，即降御批云：「憫卿耆艾，方此隆冬，恐難立講，已除卿宫觀。」宰相執奏不行。明日，徑以御批付下，臺諫給舍亦争留，不可。除寶文閣待制，與州郡差遣，力辭。尋除知江陵府，又力辭。仍乞追還新舊職名，詔依舊焕章閣待制、提舉南京鴻慶宫。慶元元年，又乞追還舊職，不許。趙丞相亦罷，誣以不軌，謫永州。丞相既當大任，收召四方知名之士，中外引領以觀新政，先生獨惕然以侂胄用事爲慮。既屢爲上言，又數以手書遺生徒密白丞相，當以厚賞酬其勞，勿使得預朝政。且有分界限、立紀綱、防微杜漸、謹不可忽之意。丞相方謂其易制，所倚以爲腹心謀事之人，又皆持禄苟安，無復遠慮。丞相既逐，而朝廷大權悉歸侂胄。先生自念身雖閑退，尚帶侍從職名，不敢自嘿，

遂草書萬言，極言姦邪蔽主之禍，因以明其冤，詞旨痛切。諸生更諫，以筮決之，遇遯之同人，先生默然，退取諫藁焚之，自號遯翁。以廟議不合，乞收還職名，又以疾乞休致，不許。先是，吏部取會磨勘，至是轉朝奉大夫，又辭職名，乞休致。又以嘗妄議山陵自劾，又言已罷講官，不敢復帶侍從職名，詔依舊祕閣脩撰。二年，又言：「昨來疏封錫服、封贈蔭補、磨勘轉官，皆爲已受從官恩數，乞改正。」沈繼祖爲監察御史，上章誣詆，落職罷祠。四年十二月，以來歲年及七十，申乞致仕。五年，依所請。六年三月甲子，終于正寢。十一月壬申，葬建陽縣唐石里之大林谷。嘉泰二年，除華文閣待制，與致仕恩澤。傅伯壽故家子，嘗執弟子禮，恨不薦己。先生辭次對，除脩撰也，伯壽行詞有「慢」、「僞」等語。及先生没，伯壽守建寧，又不以聞，故復職之命猶生存也。

自先生去國，侂胄勢益張。鄙夫憸人迎合其意，以學爲僞，謂貪黷放肆乃人真情，潔廉好禮者皆僞也。科舉取士稍涉經訓者，悉見排黜；文章議論根於理義者，並行除毁。《六經》、《語》、《孟》悉爲世之大禁。猾胥賤隸，頑鈍無恥之徒，往往引用以至卿相。繩趨尺步，稍以儒名者，無所容其身。從遊之士，特立不顧者，屏伏丘壑；依阿巽懦者，更名他師，過門不入，甚至變易衣冠，狎遊市肆，以自别其非黨。先生日與諸生講學竹林精舍。有勸以謝遣生徒者，笑而不答。先生既没，善類悉已排擯，羣小之勢已成。侂胄志氣驕溢，遂至擅開邊釁，幾危宗社，而生靈塗炭矣。開禧三年，侂胄伏誅，凶徒憸黨根株斥戳「戮」。嘉定元年，詔賜謚與遺表恩澤。明年，賜謚曰文。又明年，贈中大夫，特贈寶謨閣直學士。後以明堂恩，累贈通議大夫。

先生平居惓惓，無一念不在於國。聞時政之闕失，則戚然有不豫之色；語及國勢之未振，則感慨以至泣下。然謹難進之禮，則一官之拜，必抗章而力辭；厲易退之節，則一理不合，必奉身而亟去。其事君也，不貶道以求售；其愛民也，不徇俗以苟安。故其與世動輒齟齬，自筮仕以至屬纊，五十年間，歷事四朝，仕於外者，僅九考，立於朝者，四十日，道之難行也如此。然紹道統、立人極，爲萬世宗師，則不以用舍爲加損也。

自韋齋先生得中原文獻之傳，聞河洛之學，推明聖賢遺意，日誦《大學》、《中庸》，以用力於致知誠意之地，先生蚤歲已知其說，而心好之。韋齋病且亟，囑曰：「籍溪胡原仲、白水劉致中、屏山劉彦冲三人，吾友也，學有淵源，吾所敬畏。吾即死，汝往事之，而惟其言之聽，則吾死不恨矣。」先生既孤，則奉以告三君子而稟學焉。時年十有四，慨然有求道之志，博求之經傳，徧交當世有識之士，雖釋老之學，亦必究其歸趣，訂其是非。延平李先生學於豫章羅先生，羅先生學於龜山楊先生，延平於韋齋爲同門友。先生歸自同安，不遠數百里，徒步往從之。延平稱之曰：「樂善好義，鮮與倫比。」又曰：「穎悟絶人，力行可畏。」其所論難，體認切至。自是從遊累年，精思實體，而學之所造者益深矣。其爲學也，窮理以致其知，反躬以踐其實，居敬者，所以成始成終也。謂致知不以敬，則昏惑紛擾，無以察義理之歸；躬行不以敬，則怠惰放肆，無以致義理之實。持敬之方，莫先主一。既爲之箴以自警，又筆之書，以爲小學大學，皆本於此。終日儼然，端坐一室，討論典訓，未嘗少輟。自吾一心一身，以至萬事萬物，莫不有理，存此心於齊莊静一之中，窮此理於學問思辨之際，皆有以見其所當然而不容已，與其所以然而不可易，然充其知而見於行者，未嘗不反之於身也。不睹不聞之前，所以戒懼者愈嚴愈敬；隱微幽獨之際，所以省察者愈精愈密。思慮未萌，而知覺不昧；事物既接，而品節不差。無所容乎人欲之私，而有以全乎天理之正。不安於偏見，不急於小成，而道之正統在是矣。其爲道也，有太極而陰陽分，有陰陽而五行具，稟陰陽五行之氣以生，則太極之理各具於其中。天所賦爲命，人所受爲性，感於物爲情，統性情爲心。根於性，則爲仁義禮智之德；發於情，則爲惻隱羞惡辭遜是非之端；形於身，則爲手足耳目口鼻之用；見於事，則爲君臣父子夫婦兄弟朋友之常；求諸人，則人之理不異於己；參諸物，則物之理不異於人。貫徹古今，充塞宇宙，無一息之間斷，無一毫之空闕，莫不析之極其精而不亂，然後合之盡其大而無餘。先生之於道，可謂建諸天地而不悖，質諸聖賢而無疑矣。故其得於己而爲德也，以一心而窮造化之原，盡情性之妙，達聖賢之藴，以一身而體天地之運、備事物之理、任綱常之責。明足以察其微，剛足以任其重，弘足以致其廣，毅足以極其常。其存之也，虚而静；其發之也，果而確；其用之也，應事接物而不窮；其守之也，歷變履險而不易。本末精粗，不見其或遺；表裏初終，不見其或異。至其養深積厚，矜持者純熟，嚴厲者和平，心不待操而存，義不待索而精，猶以爲義理無窮，歲月有限，常慊然有不足之意。蓋有日新又新不能自已者，而非後學之所可擬議也。其可見之行，則脩諸身者，其色莊，其言厲，其行舒而恭，其坐端而直。其閒居也，未明而起，深衣幅巾方履，拜於家廟以及先聖。退坐書室，几案必正，書籍器用必整。其飲食也，羹食行列有定位，匕箸舉措有定所。倦而休也，瞑目端坐；休而起也，整步徐行。中夜而

寢，既寢而寤，則擁衾而坐，或至達旦。威儀容止之則，自少至老，祁寒盛暑，造次顛沛，未嘗有須臾之離也。行於家者，奉親極其孝，撫下極其慈，閨庭之間，内外斬斬，恩義之篤，怡怡如也。其祭祀也，事無纖鉅，必誠必敬，小不如儀，則終日不樂，已祭無違禮，則油然而喜。死喪之儀，哀戚備至，飲食衰絰，各稱其情。賓客往來，無不延遇，稱家有無，常盡其歡。於親故雖疏遠必致其愛，於鄉閭雖微賤必致其恭。吉凶慶弔，禮無所遺；賙卹問遺，恩無所闕。其自奉則衣取蔽體，食取充腹，居止取足以障風雨，人不能堪而處之裕如也。若其措諸事業，則州縣之設施，立朝之言論，經綸規畫，正大宏偉，亦可概見。雖達而行道，不能施之一時；然退而明道，足以傳之萬代。謂聖賢道統之傳，散在方册，聖經之旨不明，則道統之傳始晦。於是竭其精力，以研窮聖賢之經訓。於《大學》、《中庸》，則補其闕遺，别其次第，綱領條目，粲然復明。於《論語》、《孟子》，則深原當時答問之意，使讀而味之者，如親見聖賢而面命之。於《易》與《詩》，則求其本義，攻其末失，深得古人遺意於數千載之上。凡數經者，見之傳注，其關於天命之微、人心之奥、入德之門、造道之閫者，既已極深研幾、探賾索隱，發其旨趣而無所遺矣。至於一字未安、一詞未備，亦必沉潛反覆，或達旦不寐，或累日不倦，必求至當而後已。故章旨字義，至微至細，莫不理明詞順，易知易行。於《書》，則疑今文之艱澀，反不若古文之平易。於《春秋》，則疑聖心之正大，決不類傳注之穿鑿。於《禮》，則病王安石廢罷《儀禮》而傳記獨存。於樂，則憫後世律尺既亡，而清濁無據。是數經者，亦嘗討論本末，雖未能著爲成書，然其大旨固已獨得之矣。若歷代史記，則又考論西周以來至於五代，取司馬公編年之書，繩以《春秋》紀事之法，綱舉而不繁，目張而不紊。國家之理亂，君臣之得失，如指諸掌。周、程、張、邵之書，所以繼孔孟道統之傳，歷時未久，微言大義，鬱而不彰，先生爲之裒集發明，而後得以盛行於世。《太極》、《先天》二圖，精微廣博，不可涯涘，爲之解剥條畫，而後天地本原、聖賢藴奥不至於泯没。程、張門人，祖述其學，所得有深淺，所見有疏密，先生既爲之區别，以悉取其所長。至或識見小偏，流於異端者，亦必研窮剖析，而不没其所短。南軒張公、東萊吕公同出其時，先生以其志同道合，樂與之友。至或識見少異，亦必講磨辨難，以一其歸。至若求道而過者，病傳注誦習之煩，以爲不立文字，可以識心見性；不假脩爲，可以造道入德，守虛靈之識而昧天理之真，借儒者之言以文老佛之説。學者利其簡便，詆訾聖賢，捐棄經典，猖狂叫呶，側僻固陋，自以爲悟。立論愈下者，則又崇奬漢、唐，比附三代，以便其計功謀利之私。二説並立，高者陷於空無，下者溺於卑陋，其害豈淺淺哉！先生力排之，俾不至亂吾道以惑天下，於是學者靡然向之。先生教人以《大學》、《語》、《孟》、《中庸》爲入道之序，而後及諸經。以爲不先乎《大學》，則無以提綱挈領，而盡《語》、《孟》之精微。不參之以《論》、《孟》，則無以融會貫通而極《中庸》之旨趣。然不會其極於《中庸》，則又何以建立大本、經論大經，而讀天下之書，論天下之事哉？其於讀書也，又必使之辨其音釋，正其章句，玩其辭，求其義，研精覃思以究其所難知，平心易氣以聽其所自得。然爲己務實，辨别義利，毋自欺、謹其獨之戒，未嘗不三致意焉，蓋亦欲學者窮理反身而持之以敬也。從遊之士，迭誦所習，以質其疑。意有未諭，則委曲告之而未嘗倦；問有未切，則反復戒之而未嘗隱。務學篤則喜見於言，進道難則憂形于色。講論經典，商略古今，率至夜半。雖疾病支離，至諸生問辨，則脱然沉痾之去體。一日不講學，則惕然常以爲憂。摳衣而來，遠自川蜀；文詞之傳，流及海外。至於夷虜亦知慕其道，竊問其起居。窮鄉晚出，家蓄其書，私淑諸人者不可勝數。先生既没，學者傳其書，信其道者益衆，亦足以見義理之感於人者深也。繼往聖將微之緒，啓前賢未發之機，辨諸儒之得失，闢異端之訛謬，明天理，正人心，事業之大，又孰有加於此者？至若天文、地志、律曆、兵機，亦皆洞究淵微。文詞字畫，騷人才士，疲精竭神，常病其難，至先生未嘗用意而亦皆動中規繩，可爲世法。是非資禀之異、學行之篤，安能事事物物各當其理、各造其極哉！學脩而道立，德成而行尊，見之事業者又如此。秦漢以來，迂儒曲學，既皆不足以望其藩牆，而近代諸儒有志乎孔孟周程之學者，亦豈能以造其閫域哉？嗚呼！是殆天所以相斯文，篤生哲人，以大斯道之傳也。

先生疾且革，手爲書囑其子在，與門人范念德、黄榦，尤拳拳以勉學及脩正遺書爲言。翌旦，門人侍疾者請教，先生曰：「堅苦。」問温公《喪禮》，曰：「疏略。」問《儀禮》，頷之。已而正坐整冠衣，就枕而逝。門人治喪者既一以《儀禮》從事，而訃告所至，從遊之士，與夫聞風慕義者，莫不相與爲位而聚哭焉，禁錮雖嚴，有所不避也。嗚呼！天又胡不慭遺，以永斯道之傳，而遽使後學失所依歸哉！先生所著書，有《易本義》、《啓蒙》、《蓍卦考誤》、《詩集傳》、《大學》《中庸章句》、《或問》、《論語》《孟子集註》、《太極圖》、《通書》、《西銘解》、《楚詞集註》、《辨證》、《韓文考異》；所編次，有《語孟集義》、《孟子指要》、《中庸集略》、《孝經刊誤》、《小學》書、《通鑑綱目》、《本朝名臣言行録》、《古今家祭禮》、《近思録》、《河

南程氏遺書》、《伊洛淵源録》，皆行於世。先生著述雖多，於《語》、《孟》、《中庸》、《大學》尤所加意。若《大學》、《論語》，則更定數四，以至垂没。《大學》「誠意」一章，乃其絶筆也，其明道垂教，拳拳深切如此。《楚詞集註》亦晚年所作，其愛君憂國，雖老不忘。《通鑑綱目》僅能成編，每以未及脩補爲恨。又嘗編次《禮書》，用工尤苦，竟亦未能脱藁。所輯《家禮》，世多用之，然其後亦多損益，未暇更定。平生爲文，則季子在彙次之矣。生徒問答，則後學李道傳嘗裒輯鋟版，未備也。

娶劉氏，追封碩人，白水草堂先生之女。草堂，即韋齋所囑以從學者也。其卒也，以淳熙丙申，其葬以祔穴。子三人：長塾，先十年卒。次埜，迪功郎，監湖州德清縣户部新市犒賞酒庫，後十年亦卒。季在，承議郎，提舉兩浙西路常平茶鹽公事。女五人，婿儒林郎、静江府臨桂縣令劉學古，奉議郎、主管亳州明道宫黄榦，進士范元裕。仲、季二人亦早卒。孫男七人：鑑、鉅、銓、鐸、銍、鉉、鑄。鉅，從政郎、新差監行在雜買務雜賣場門。銓，從事郎、融州司法參軍。鑑，迪功郎、新辟差充廣西經略安撫司準備差遣。餘業進士。女九人，婿：承議郎、主管華州雲臺觀趙師夏，進士葉韶甫、周巽亨、鄭宗亮、黄輅，從政郎、紹興府會稽縣丞趙師若，黄慶臣，李公玉。曾孫男六人：淵、洽、潛、濟、濬、澄，女七人。

先生没有年矣，狀其行者，未有所屬筆。在以榦從學日久，俾任其責。先生既不假是而著，榦之識見淺陋，言語卑弱，又不足模倣萬一。追思平日步趍謦欬，則悲愴哽咽，不忍書，亦不忍忘也。竊聞道之正統，待人而後傳。自周以來，任傳道之責，得統之正者，不過數人，而能使斯道章章較著者，一二人而止耳。由孔子而後，曾子、子思繼其微，至孟子而始著。由孟子而後，周、程、張子繼其絶，至先生而始著。蓋千有餘年之間，孔孟之徒所以推明是道者，既已煨燼殘闕，離析穿鑿，而微言幾絶矣。周、程、張子崛起於斯文湮塞之餘，人心蠱壞之後，扶持植立，厥功偉然。未及百年，踳駁尤甚。先生出，而自周以來聖賢相傳之道一旦豁然，如大明中天，昭晰呈露，則摭其言行，又可略歟？輒採同志之議，敬述世系、爵里、出處、言論，與夫學問、道德、行業，人之所共知者，而又私竊以道統之著者終之，以俟知德者考焉。謹狀。嘉定十四年正月日門人奉議郎主管亳州明道宫黄榦狀。

《行狀》之作，非得已也，懼先生之道不明，而後世傳者之訛也。追思平日之聞見，參以叙述薨誄之文，定爲草稿，以諗同志。反復詰難，一言之善，不敢不從，然亦有參之鄙意而不敢盡從者，不可以無辨也。有謂言貴含蓄，不可太露；文貴簡古，不可太繁者。夫工於爲文者，固能使之隱而顯、簡而明，是非愚陋所能及也。顧恐名曰含蓄，而未免於晦昧；名曰簡古，而未免於艱澀，反不若詳書其事之爲明白也。又有謂年月不必盡記，辭受不必盡書者。先生之用舍去就，實關世道之隆替、後學之楷式。年月必記，所以著世變；辭受必書，所以明世教。狀先生之行，又豈可以常人比、常體論哉！又有謂告上之語，失之太直；記人之過，失之太訐者。責難陳善，事君之大義，人主能容於前，而臣子反欲隱於後，先生敢陳於當世，而學者反欲諱於將來乎？人之有過，或具之獄案，或見之章奏，天下後世所共知，而欲没之，可乎？又有謂奏疏之文，紀述太繁，申請之事，細微必録，似非行狀之體者。古人得君行道，有事實可紀，則奏疏可以不述。先生進不得用於世，其所可見者，特其言論之間，乃其規模之素，則言與行，豈有異耶？事雖微細，處得其道，則人受其利，一失其道，則人受其害。先生理明義精，故雖細故，區處條畫，無不當於人心者，則鉅與細，亦豈有異耶？其可辨者如此，則其尤淺陋者不必辨也。至於流俗之論，則又以爲前輩不必深抑，異學不必力排，稱述之辭似失之過者。孔門諸賢，至謂孔子賢於堯舜，豈以抑堯舜爲嫌乎？孟子闢楊、墨，而比之禽獸，衛道豈可以不嚴乎？夫子嘗曰：「莫我知也夫。」又曰：「知德者鮮矣。」甚矣聖賢之難知也。知不知，不足爲先生損益，然使聖賢之道不明，異端之説滋熾，是則愚之所懼，而不容於不辨也。故嘗太息而爲之言曰：「是未易以口舌争，百年論定，然後知愚言之爲可信。」遂書其語，以俟後之君子。榦謹書。

陳淳《北溪大全集》卷一七《侍講待制朱先生叙述》 自孟子没，聖人之道不傳，更千四百餘年，得濂溪周子、河南二程子者出，然後不傳之緒始續。然濂溪方開其原，甚簡質而未易喻，明道又不及爲書，伊川雖稍著書，大概方提綱發微，未暇及乎詳密，而斯文之未整者，猶爲多矣。故百年之内，見知聞知，亦不乏人，而斯道復傳之緒，若顯若晦，聖人殘編斷簡，竟未有真能正訂以爲後學之定凖，而百氏争衡於世者，亦紛乎未決。求其詣之極而得之粹，體之全而養之熟，真可以嗣周程之志而接孟子以承先聖者，惟吾先生一人，超然獨與心契。凡向之精義已確而不易者，今表而出之；宏綱方舉而未張者，今闡而大之；旨有隱而未瑩者，光明而灑落之；辭有樸而未澤者，磨刮而潤色之。訛者正之，闕者補之，偏者救之，繁者約之，上以達於羣聖之心，而下以貫穿乎百氏之説。寸長片得，兼蒐並輯，著定爲成書，以扶翼聖訓。其爲言大中至正，精粗具舉而本末不遺，

命理切盡而達意周到。金精而玉潤，日光而月潔，渾圓而至粲。疏暢而甚縝，豐不餘一言，約不欠一字，合百家而一統，總衆論而同歸。集諸儒之大醇，洗千載之積誤，使聖人精藴瞭然在目，而異端曲學，無復容喙。高明有志者，得以省研索之半功，而雍容於聖門之入；蒙稚新學者，亦有識趨向之正途，而不迷於文義之歸。故周、程所以得先聖不傳之傳者，至是始彰信於天下；而先聖所以爲萬世法程者，至是又益定而且尊。其於斯文之功，可謂大矣！蓋先生秉氣純陽，清明剛健，卓絶世表，聞道甚早，而力行有成。其爲學大綱一主程氏，而節目加詳，所以獨知自得而契乎先聖者尤多，其功力之到又無所不盡。自「志學」至於「不踰矩」，其等級無不有以致其極；自「明德」至於「平天下」，其規模無不有以備其全。其文之博也，天下之書，無一之不讀，而邪正純駁，必有以究極其歸趣；天下事物，無一之不格，而幽明巨細，必有以洞灼其表裏。千古人才，論而友之，賢愚淑慝，亦無一不探索其衷曲。其知之至也，擧萬理於胸中，炳千古於目前，是極其所真是而不可移，非極其所真非而不容易，嘗極其本之所由來而無不徹，亟極其幾之所從起而無少遁。其大經大法，亭當平上下者，固昭如大明之中天，而其至纖至悉，自本而之末，自末而緣本，或出或入，或分或合，至於千變萬化，紛綸錯綜，縱横顛倒，亦無不燦然有條，如衡別鑑照，無星毫之紊。其自信之篤也，雖前哲之所已言，而吾心不安，則不敢輒爲之徇；雖前哲之所未言，而吾心所安，則卓然特立而不顧。其自守之確也，終始屹然，不以衆論而摇，不以利害死生而動。好善如好好色，而咨賞采訪，不以微而廢；惡惡如惡惡臭，而無或少爲之隱忍回互。果於徙義，如洪瀾赴壑而不可禦；嚴於克己，如一劍斷蛇而不復續。至其體道爲一，身即書，心即理，無一言之不實踐，無一行之不素充。粹然規矩準繩之内，貌莊而體胖，神全而志定。視聽坐立，不拘拘於持敬，而自有成法；擧動周旋，不勉勉於中禮，而悉有常度。望之儼然而可畏，即之温然而可親。其接人也，終日怡悦，薰然如春風之和而可挹。事有所不可，則其斷之也雷霆之威，又厲然而不可犯。胸懷磊落明快，而所以主于中，則縝密而無滲漏；節操壁立萬仞，而所以處于中則坦夷而無峻迫。智之圓足以周流不窮，而制行則直方；膽之大足以勇爲不懼，而小心則兢畏。視其表則泰山巖巖而不可動，測其藴則滄溟浩浩而不可竭。剛大之氣，有以配義與道而無餒；弘毅之質，可以任重致遠而無虞。處義無決裂之病，行恕無姑息之蔽。道愈高而心愈下，德愈盛而禮愈恭。公天下之見而不自是，大天下之量而不自足。其見於著述，凡片文隻字以往，不過即其身心之所素者而寫之爾；其見於講論，亦不過自大源中流出，如取物諸囊，直探而示之。叩者辭未竟，而答之已縷縷。不待思慮而從容以出，無非妙道至義，曲當人情，而深盡物理，令人涣然有省於言下，欣懌不能止也。先生明睿上達，日新而不已，所著之書，每有温則有改，每改益覺超越，又所未前聞者。先生行健不息，終日乾乾，篤於好學，雖老病後，觀書不怠。切於育人材，晝夜無倦色，雖抱病支離，必引至卧内，力坐而共講。日用酬酢，與事周流，雖病困亦未嘗厭斁。而於繁劇之中，常優閒而有餘。交錯之地，常泰定而不亂。先生教人，循循有序，其始必從事於小學洒掃應對之節，以立其本，然後馴進於《大學》「明德」「新民」之道，以成其功。《大學》然後《論》、《孟》，《論》、《孟》然後《中庸》，《中庸》然後反六經諸書。而其所以爲教之目，則父子、君臣、夫婦、長幼、朋友；其所以爲學之法，則博學、審問、謹思、明辨、篤行。而行之自修身至于處事接物，又各有其要。其終始涵養，必以主敬爲務。而致知之功，視力行爲加多。必極根原之洞徹，毋徒影象之髣髴，真能知則真能行矣。去冬某侍教，又謂當大作下學之功，毋遽求上達之見。當如曾子專從事於所貫，毋遽求曾子之所一；當如顔子專從事於博約，毋遽求顔子之卓爾。凡所講道，一本乎實。盡性至命，不越乎人心日用之近；窮神知化，不出乎人倫事物之常。嘗論天命之性，無極之真，其所自來雖極微妙，而其實即人心之中所當爲者而已。但推其本則出於人心，而非人力之所能爲，故曰天命。雖萬事萬化，皆自此中流出，而實無形象之可指，故曰無極。非謂日用之間，别有一物光輝流轉，而其所以爲此事，則惟在擇善固執中正仁義而已，又非别有一段根原之功在講學應事之外者。是乃學問徹上、徹下緊密之處也。其開端示人，大要類此。故當四方英雋來往之會，隨所至之深淺而引接之。如羣飲於河，莫不各充其量而歸。當天下言論交湊之衝，隨所執之是非而爲之剖决，不出數語而定。其或自植一家，不肯回心向道者，彼固不得其門而入，不見宗廟之美爲可慕，然至誦其書，談其行，則亦未有不爲之仰服而陰自怯縮也。先生盛德充實輝光，見之者起敬，事之者革心，過其門者無不肅，親其謦欬者放心邪氣不復萌於中。其極盛，至於威名四達，充塞海内遐陬，行旅賤隸皆能稱道之。守臨漳，未至之始，闔郡吏民得於所素，竦然望之如神明，俗之淫蕩於優戲者，在在悉屏戢奔遁。及下車涖政，寬嚴合宜，不事小惠，一行正大之公情，絶無苟且之私意，而人心肅然以定，官曹厲節志而不敢縱所欲，官族循法度而不敢干以私，胥徒易慮而不敢行姦，豪猾斂蹤而不敢冒

法。郡中訟牒，日常不下二三百，自先生至，民訟不敢飾虛詞，其無情者畏憚而不復出，細故者率相解而自止。惟理□事重不容於私決者，不得已而後進。故訟庭清簡，每所聽不過二三十而已。且又爲曆以誌其事目，旬一校其畢否，故吏無復容其稽滯以賕邀於民，而民亦無復患其稽滯以賕囑於吏，事早白而人甚便之。郡俗于春則諸寺爲傳經之集，諸坊爲朝嶽之會，於秋則諸鄉爲禮塔之社，先生聞之，一禁而盡息。諸廟附鬼爲妖者，亦相視斂戢，不敢復爲迎神之舉。郡俗，良家子女多學佛老，别創精廬，錯居市廛，峰冠緇裘，出入爲羣，至有以敗度至訟庭者。先生憫然，爲文以喻其父兄，而家閉精廬，無復肆出。平時姦民多鼠竊，自先生至，未嘗有峻懲者，而皆望風屏迹。終先生去，徧四境民皆安寢，無有夜警者。後三年，歲在甲寅，有友人自漳浦來，謂某曰：南邑内外，盜竊公行，比屋無寧居，人人今始思先生昔日之化，外户不閉，真爲太平民而不可得矣。又後三年，都市有行劫者，民於是益思先生治下，安得而有此也？尤篤意於學校，牒延郡士黄樵仲、施允壽、石洪慶、李唐咨、林易簡、楊士訓，永嘉徐寓及淳八人，入學表率。旬之二日，又領官屬下州學，視諸生，講小學，爲正其義。六日，下縣學，亦如之。又創受成齋，教養武生員，新射圃，時督之射。其於民，亦務在教化。嘗榜釋《孝經》庶人章，及古靈先生教民之文，散諭百姓。正月維新，又條布孝悌之訓，與民更始。訟庭所斷，則必以人倫爲重。期年，人正安習先生之化，而先生又行矣。又嘗講求民間利病，以經界之大爲民利，力奏行之。以鬻鹽之深爲民病，先罷其瀕海之鋪十有一，欲俟經界之正，賦既定，然後闔郡而悉除之。此志皆不克遂，然所以罷者，累政奉承，不敢變，至今民被其惠也。他如罷上元放燈以除慝禮，立風雷雨師壇以正常祀，省燕約饋，寬賦簡役，邵農厲兵，善政在民，未可悉記。或有譊譊不靖者，特出於訟庭，不得志之强禦，亦不過以慘酷爲言，而實亦無可指者。今或問諸鄉民府吏，未有不咨嗟稱贊，心仰而誠服，亦可以見公論之所在。此某鄉邦所親睹者，其他歷仕，則有不及知也。先生進退行藏以道而不輕，辭受取予以義而不苟，不枉尺而直尋，寧範我馳驅，而終日不獲一。有經世濟物之圖，不見是而無悶；有制禮作樂之具，不見知而不悔。雖當毁怒咆哮，人所危慄之際，而綽然不以爲憂；雖當禁令岢急，人所拘忌之中，而泰然不以爲病。方且玫遺經，述舊典，徜徉於林泉之下，悠然不知身世之不足也。嗚呼，若先生者，真王佐之全材，亞聖人而具體。質之曾子所謂托孤寄命臨大節而不可奪之君子，孟子所謂居廣居、立正位、行大道、富貴不能淫、貧賤不能移、威武不能屈之大丈夫，在先生素爲有餘。而子思子所謂學知利行，造於知之一、成功之一，則在先生已全盡無愧，而進乎純熟矣。其正《詩》之「允矣君子，展也大成」歟？夫以如是之才，豈易再得？而進焉不獲大施所藴，以覺斯民，同吾道之歸；退焉又不及大備斯文，以惠來學，爲無窮之用。今其已矣，蓋天下所同痛悼，豈但諸生而已哉！先生道德昭昭，在人心耳目者，固不容諸生之私談，而其口無擇言，身無擇行，則又未易以形容盡。至於仰之彌高，鑽之彌堅，抑又有不可得而形容者。況其從游未久，又非密邇，莫能深詳，姑據所見，以伸其哀慕之情云爾。不自知其爲贅且僭也，又約而爲之贊云。慶元六年十月朔，門人臨漳陳某泣書。

雜録

備録

葉紹翁《四朝聞見録》甲集《考亭解中庸》 考亭解《中庸》「天命之謂性，率性之謂道，脩道之謂教」，曰：「命猶令也，性即理也。天以陰陽五行化生萬物，氣以成形，而理亦賦焉，猶命令也。於是人物之生，因各得其所賦之理，以爲健順五常之德，所謂性也。率，循也。道，猶路也。人物各循其性之自然，則其日用事物之間，莫不各有當行之路，是則所謂道也。修，品節之也。性道雖同，而氣稟或異，故不能無過不及之差。聖人因人物之當行者而品節之，以爲法於天下，則謂之教，若禮樂刑政之屬是也。蓋人之所以爲人，道之所以爲道，聖人之所以爲教，原其所自，無一不本於天而備載於我矣。」真文忠公原注：德秀。觀考亭之解，以爲：「生我者太極也，成我者先生也，原注：謂考亭。吾其敢忘先生乎！」考亭之門人劉黻，字季文，號静春，與文忠爲友而輩行過之，乃大不取其師之説。其自爲論，則曰：「維天之命，於穆不已，惟人受天地之中以生，故謂之性，而貴于物焉。《湯誥》曰：『惟皇上帝，降衷于下民，若有常性。』吾夫子曰：『天地之性，人爲貴。』是則人之性，豈物之所得而儗哉？或疑萬物通謂之性，奚獨人？愚曰：是固然矣。然此既曰性，則有氣質矣，又安可合人物而言，以自

汨亂其本原也！凡混人物而爲一者，必非識性者也。今皆不取。至如孟子道性善，亦只謂人而已。」文忠公與靜春辨，各主其說。或當燕飲旅酬之頃，靜春必與公辨極而爭起，公引觴命靜春曰：「某竊笑漢儒聚訟，吾儕豈可又爲後世所笑？姑各行所學而已。」劉猶力持其說不已，著爲《就正録》，云：「昔子思作《中庸》篇端有曰：『天命之謂性，率性之謂道。』是專言乎人，而不雜乎物也，其發明性命，開悟天下後世至矣。而或者必曰此兩句兼人物而言，嗟夫，言之似是而差也！嘗考古先聖賢，凡言性命，有兼人物而言者，有專以人言而不雜乎物者。《易》之《乾》彖曰『各正性命』，《樂記》亦曰『則性命不同矣』，是乃兼人物而言。然既曰各有不同，則人物之分亦自昭昭。假如『天命之謂性，率性之謂道』，或兼人物而言，則犬之性猶牛之性，牛之性猶人之性，當如告子之見。告子，孟子之高弟，彼其杞柳、湍水之喻，食色無善無不善之說，縱横繆戾，固無足取。至於生之謂性，孟子辨焉而未詳，得無近是而猶有可取者耶？」善乎朱文公闢之曰：「告子徒知知覺運動之蠢然者，人與物同；而不知仁義禮智之粹然者，人與物異。」此其一言破千古之惑，我文公真有大功於性善如此。文忠已不及登文公之門，聞而知之者也，其讀《中庸》，默與文公合。靜春見而知之者，乃終不以先生之說《中庸》爲是，何歟？予嘗聞陸象山門人彭原注：不記名。謂予曰：「告子不是孟子弟子，弟子俱姓名之。告子獨稱子者，亦是與孟子同時著書之人。」象山于告子之說，亦未嘗深非之，而或有省處。象山之學雜乎禪，考亭謂陸子靜滿腔子都是禪，蓋以此。然告子決非孟子門人，嘗風靜春去「高弟」二字。

葉紹翁《四朝聞見録》甲集《考亭》　考亭先生賦《武夷大隱屏》詩云：「甕牖前頭大隱屏，晚來相對靜儀形。浮雲一任閒舒卷，萬古青山只麽青。」五峯胡氏得其詩而誦之，謂南軒張敬夫曰：「佳則佳矣，惜其有體而無用。」遂自爲詩以遺考亭先生，曰：「幽人偏愛青山好，爲是青山青不老。山中出雲雨太虛，一洗塵埃青更好。」胡公銓以詩薦先生于孝宗，召除武學博士，先生不拜。蓋先生之意，以爲胡公特知其詩而已。門人以「考亭」號先生，世少知其然者。亭爲陳氏所造，本以寘其父之櫬，葬畢，因以爲祀塋之所，故曰「考亭」。其後亭歸于先生，以「考亭」於己無所預，遂因陳姓易名曰「聚星」，參取《漢史》、《世説》陳元方事，事爲一段，段爲一圖，揭之於亭。而門人稱「考亭」之號已久，終不能遽易。故今稱先生皆以晦菴、晦翁，而考亭之稱亦並行云。先是，先生本字元晦，後自以爲元者乾，四德之首也，懼不足當，自易爲仲晦。然天下稱元晦已久，至今未有稱仲晦者。文忠真公字景元，攻媿從容叩公曰：「何以謂之景元？」公對以「慕元德秀，故曰景元」。攻媿曰：「誤矣。」取《毛詩》「高山仰止，景行行止」注文以示公，曰：「景明也。詩人以明行對高山，則景不可以訓慕。」遂爲公易曰「希元」，然天下稱「景元」已久，至今亦未有稱爲「希元」者。文中子弟績字無功，子曰：「神人無功，非爾所及也。」終身名之。考亭先生不敢以「元」爲字，蓋本于此。

葉紹翁《四朝聞見録》丁集《文公謚議》　初謚文疑脱「忠」字。公，太常博士章徠議曰：「三才定位，非道無與立也。儒者之學，所以講明是一作「大」。道，正人事之綱常，而參天地之化育。故世之治亂，常視道之隆污。若飢者之食必以穀粟，寒者之衣必資桑麻，不可易也。自周衰，正學不明，道術分裂，急功利者昧本原，其流爲申、韓；尚清虛者忘實用，其弊爲莊、老。孔、孟生乎其時，躬履是道，既與其徒辨問講究，又著而爲書，使後世有傳焉。然轍環天下，詆毁困阨，至老而不用，身死而後其道始明。是何不能取信于當時，而乃獲伸于後世耶？蓋真僞之相奪，固不容以口舌勝，而枉己直人者，又聖賢之所不爲也。百年之後，愛憎泯而是非定，則謗毁熄而公議行矣。至漢之揚雄，隋之王通，唐之韓愈，學孔、孟者也。其出處通塞，大抵皆然。故待制侍講朱公，自少有志斯道，既仕而志愈篤，累辭召請祠，益得以涵養所學。其後辭不獲命，亦屢嘗列位于朝，分符持節于外，而類多齟齬不合。主上龍飛，擢侍經筵，未幾力排權臣而逐去，尋以論者詆爲僞學奪職，而公亦繼以下世矣。權臣既誅，聖化日新，乃還舊職，特命賜謚。以公之學，曾不究用于平生，而僅昭白于身後。豈非儒者之道，固不能以苟合，而亦不可以終泯？蓋異世而同符也。謹按謚法，道德博聞曰『文』，廉方公正曰『忠』。惟公躬履純誠，潛心問學，近承伊洛，遠接洙泗。自格物致知，閑邪存誠，以爲踐履之實，用功于不覩不聞之際，加省于日用常行之間。及行著而習察，德新而理明，然後發聖賢蘊奥之旨，救一作「斥」。清談功利之偏。訓釋諸經，平實坦明，使後學有所依據。居鄉則信于朋友，而以講習爲功；居官則信于吏民，而以教化爲務。非『道德博聞』之謂乎？惟公以艱進易退之節，存憂國愛君之誠。爲郡太守，則勤恤民隱，如恐傷之，奏減横賦，修舉荒政，爲民有請，不避煩瀆，必使實惠下究。任部使者，一無「者」字。則糾發吏姦，不撓權勢，雖忤時相，必得其職乃止。一作「已」。至于立朝，則從容奏對，極言無隱，剴切論疏，發于至誠。方權臣初得志，竊弄威福，知其漸不可長，禍且及天下，抗章極論，繼于講筵密奏，雖知取禍弗顧也。非『廉方公正』之謂乎？彼詞章製作兼備衆體，雄深雅健，追

并古作，亦可以爲文矣，而未足爲『道德博聞』之文也。彼盡心獻納，隨事規諫，或抗直以揚名，或削稿而歸美，亦可以爲忠矣，而未必皆『廉方公正』之忠也。曰文與忠，惟公足以當之而無愧。合是二者以定公行，傳之天下與來世，庶乎久而益信。謹議。」

羅大經《鶴林玉露》甲編卷三《慶元侍講》 慶元初，趙子直當國，召朱文公爲侍講。文公欣然而至，積誠感悟，且編次講義以進。寧宗喜，令點句以來。他日文公請問，上曰：「宮中常讀之，大要在求放心耳。」公因益推明其説曰：「陛下既知學問之要，願勉彊而力行之。」退謂其徒曰：「上可與爲善，若常得賢者輔導，天下有望矣。」然是時，韓侂胄自謂有夾日之功，已居中用事。公因進對面諫，又約吏部侍郎彭子壽請對，面發其姦。且以書白趙丞相，云當以厚賞酬其勞，勿使干預朝政。侂胄於是謀逐公。忽一日御批云：「朕閔卿耆老，當此隆冬，難立講，已除卿宮觀。」内侍王德謙徑遣付下，宰相執奏，臺諫給舍争留，皆不從。時子壽出護使客，回則公已去矣，即上章攻侂胄云：「昔元符間，向宗良兄弟止緣交通賓客，漏泄機密，陳瓘抗章劾之。謂自古戚里侵權，便爲衰世之象，外家干政，即是亡國之本。亦如州縣之政，只要權出守令，若子弟親戚交通關節，則姦人鼓舞，良民怨咨。如瓘此言，不可不察。今侂胄所爲，不止如宗良，而朝無陳瓘，莫能出力排之。在太上皇朝，始用姜特立，大臣尚能逐之使去。後用袁佐，諫官尚能論之使懼。不謂陛下初政清明，有臣如此，乃無一人敢出一語，則其聲執可知矣。」上甚嘉納，謂宰相曰：「侂胄是朕親戚，龜年是朕舊學，極是難處。」宰相進兩留之説，且謂龜年性剛，乞宣諭留之。上曰：「此人質直，兼是隨龍舊僚，四人兩人罷，一人憂去，只有龜年，有事肯來説，如此區處甚好。」其晚忽降省劄，直批彭龜年予郡，宰相亦不知也，自是衆君子皆逐矣。上始初雖爲侂胄所誤，然三十一年敬仁勤儉如一日。天文示變，齋心露禱。禁中酒器，以錫代銀。上元夜嘗熒燭清坐，小黄門奏曰：「官家何不開燕？」上愀然曰：「爾何知，外間百姓無飯喫，朕飲酒何安？」嘗幸聚景園，晚歸，都人觀者争入門，蹂踐有死者。上聞之深悔，自是不復出。文公格心之效，終不可泯。陳正甫草保安赦文云：「朕寅畏以保邦，嚴恭而事帝。雖不明不敏，有慚四海望治之心。然無怠無荒，未始縱一毫從己之欲。」真能寫出寧宗心事，天下誦之。

羅大經《鶴林玉露》丙編卷一《真正英雄》 朱文公告陳同父曰：「真正大英雄人，却從戰戰兢兢、臨深履薄處做將出來，若是氣血麄豪，却一點使不着也。」此論於同父，可謂頂門上一針矣。余觀大禹不矜不伐，愚夫愚婦皆謂一能勝予，而鑿龍門，排伊闕，明德美功，被于萬世。周公不驕不吝，勞謙下士，而東征三年，赤舄几几，履讒歷變，卒安周室。孔子恂恂於鄉黨，在宗廟朝廷，似不能言者，而却萊夷、墮三都，誅少正卯，便有一變至道氣象。此皆所謂真正大英雄也。後世之士，殘忍刻核、能聚斂、能殺戮者，則謂之有才。鬧隣罵坐、無忌憚、無顧藉者，則謂之有氣。計利就便、善捭闔、善傾覆者，則謂之有智。一旦臨利害得喪、死生禍福之際，鮮有不顛沛錯亂、震懼隕越而失其守者，況望其立大節，弭大變，撑住乾坤，昭洗日月乎！此無他，任其氣禀之偏，安其識見之陋，驕恣傲誕，不知有所謂戰戰兢兢、臨深履薄之工夫故也。

羅大經《鶴林玉露》甲編卷四《朱文公詞》 世傳《滿江紅》詞云：「膠擾勞生，待足後何時是足？據見定隨家豐儉，便堪龜縮。得意濃時休進步，須知世事多翻覆。漫教人白了少年頭，徒碌碌。誰不愛，黄金屋；誰不羡，千鍾禄。奈五行不是，這般題目。枉費心神空計較，兒孫自有兒孫福。也不須採藥訪神仙，惟寡欲。」以爲朱文公所作。余讀而疑之，以爲此特安分無求者之詞耳，決非文公口中語。後官于容南，節推翁謂爲余言，其所居與文公鄰，嘗舉此詞問公。公曰，非某作也，乃一僧作，其僧亦自號「晦庵」云。又《水調歌頭》云：「富貴有餘樂，貧賤不堪憂。那知天路幽險，倚伏互相酬。請看東門黄犬，更聽華亭清唳，千古恨難收。何似鴟夷子，散髮弄扁舟。鴟夷子，成霸業，有餘謀。收身千乘卿相，歸把釣魚鈎。春晝五湖煙浪，秋夜一天雲月，此外儘悠悠。永棄人間事，吾道付滄洲。」此詞乃文公作，然特敷衍櫽括李杜之詩耳。

羅大經《鶴林玉露》甲編卷四《誠齋退休》 楊誠齋自祕書監將漕江東，年未七十，退休南溪之上。老屋一區，僅庇風雨。長鬚赤脚，纔三四人。徐靈暉贈公詩云：「清得門如水，貧唯帶有金。」蓋紀實也。聰明强健，享清閒之福十有六年。寧皇初元，與朱文公同召。文公出，公獨不出。文公與公書云：「更能不以樂天知命之樂，而忘與人同憂之憂，毋過於優游，毋決於遁思，則區區者，猶有望於斯世也。」然公高蹈之志，已不可回矣。嘗自贊云：「江風索我吟，山月唤我飲，醉倒落花前，天地爲衾枕。」又云：「青白不形眼底，雌黄不出口中。只有一罪不赦，唐突明月清風。」

羅大經《鶴林玉露》甲編卷六《朱文公論詩》 胡澹庵上章，薦詩人十人，朱文公與焉。文公不樂，誓不復作詩，迄不能不作也。嘗同張宣公遊南嶽，唱酬至

百餘篇。忽瞿然曰：「吾二人得無荒於詩乎？」楊宋卿以詩集求品題，公答之曰：「詩者，志之所之，豈有工拙哉！亦觀其志之高下如何耳。是以古之君子，德足以求其志，必出於高明純一之地，其於詩固不學而能之。至於格律之精粗，用韻屬對比事遣詞之善否，今以魏晉以來諸賢之作考之，蓋未有用意於其間者，而況於古詩之流乎！近世作者，乃始留情於此，故詩有工拙之論，葩藻之詞勝，言志之功隱矣。」又曰：「古今之詩凡三變。蓋自《書傳》所載，虞夏以來，及漢魏，自爲一等。自晉宋間顔謝以後，下及唐初，自爲一等。自沈宋以後，定著律詩，下及今日，又爲一等。然自唐初以前，其爲詩者，固有高下，而法猶未變。至律詩出，而後詩之與法始皆大變，以至今日，益巧益密，而無復古人之風矣。故嘗妄欲抄取經史諸書所載韻語，下及《文選》漢魏古詞，以盡乎郭景純、陶淵明之所作，自爲一編，而附於《三百篇》《楚辭》之後，以爲詩之根本準則。又於其下二等之中，擇其近於古者，各爲一編，以爲之羽翼輿衛。其不合者，則悉去之，不使其接於吾之耳目，而入於吾之胸次。要使方寸之中，無一字世俗言語意態，則其詩不期於高遠而自高遠矣。」又曰：「來喻欲漱六藝之芳潤，以求真澹，此誠極至之論。然亦須先識得古今體製，雅俗鄉背，仍更洗滌得盡腸胃間夙生葷血脂膏，然後此語方有所措。如其未然，竊恐穢濁爲主，芳潤入不得也。近世詩人，只緣不曾透得此關，而規規於近局，故其所就，皆不滿人意，無足深論。」又曰：「作詩須從陶、柳門庭中來乃佳，不如是，無以發蕭散沖澹之趣，無由到古人佳處。」又曰：「作詩不學六朝，又不學李杜，只學那嶢嵠底，便學得十分好後，把作什麽用！」公之論詩，可謂本末兼該矣。公嘗題廣成子像云：「陳光澤見示此像，偶記李太白詩云：『世道日交喪，澆風變淳源，不求桂樹枝，反棲惡木根，所以桃李樹，吐花竟不言。大運有興没，羣動若飛奔，歸來廣成子，去入無窮門。』因寫以示之。今人捨命作詩，開口便説李、杜，以此觀之，何曾夢見他脚板耶？」又言：「余平生愛王摩詰詩云：『漆園非傲吏，自缺經世具，偶寄一微官，婆娑數株樹。』以爲不可及，而舉以語人，領解者少。」觀此，則公之所取，槩可見矣。公嘗舉似所作絶句示學者云：「半畝方塘一鑑開，天光雲影共徘徊。問渠那得清如許，爲有源頭活水來。」蓋借物以明道也。又嘗誦其詩示學者云：「孤燈耿寒燄，照此一窗幽。卧聽簷前雨，浪浪殊未休。」曰：「此雖眼前語，然非心源澄静者不能道。」觀此，則公之所作，又可概見矣。

羅大經《鶴林玉露》乙編卷三《朱文公帖》　廬陵士友藏朱文公一小簡真跡云：「便中承書，知比日侍奉安佳。吾子讀書，比復如何，只是專一勤苦，無不成就。第一更切檢束操守，不可放逸。親近師友，莫與不勝己者往來，熏染習熟，壞了人也。景陽想已赴省，季章當只在家，凡百必能盡心苦口，切須承稟，不可有違。諺云：成人不自在，自在不成人。此言雖淺，然實切至之論，千萬勉之。《大學説》漫納試讀之，不曉處可問季章也。未即相見，千萬爲門户自愛。」此簡蓋與其親戚卑行也，《大全集》所不載。後生晚進，能寫一通，置之座側，朝夕觀省，何患不做好人！景陽姓許，名子春，季章姓劉，名黼，皆廬陵醇儒，從文公學。季章後爲特奏第一人。

羅大經《鶴林玉露》丙編卷三《聖賢豪傑》　朱文公云：「豪傑而不聖賢者有矣，未有聖賢而不豪傑者也。」陸象山深以其言爲確論。如周公兼夷狄，驅猛獸，滅國者五十，孔子却萊人，墮三都，誅少正卯，是甚手段，非大豪傑乎！其次如諸葛孔明，議論見識，力量規模，亦真豪傑。惟房次律聲譽隆洽，一出便敗事，然至今儒者之論，皆稱其賢。如此，則是天下有不豪傑之聖賢矣。端平間，真西山參大政，未及有所建置而薨。魏鶴山督師，亦未及有設施而罷。臨安優人，裝一儒生，手持一鶴，別一儒生與之邂逅。問其姓名，曰：「姓鍾名庸。」問所持何物，曰：「大鶴也。」因傾蓋歡然，呼酒對飲。其人大嚼洪吸，酒肉靡有孑遺，忽顛仆于地，羣數人曳之不動。一人乃批其頰大駡曰：「説甚《中庸》《大學》，喫了許多酒食，一動也動不得！」遂一笑而罷。或謂有使其爲此以姍侮君子者，京尹乃悉黥其人。余謂優人之姍侮君子，誠可罪也。西山、鶴山之抱負，誠未可厚誣也。然吾儒於此，亦不可以不戒。劉平國嘗言：「若將真景元與余景瞻並用，必有可觀。」余嘗疑其説，西山負一世之望，豈必待余景瞻而後可以有爲乎？世傳洪舜俞在蜀，嘗謂崔菊坡曰：「先生豐於德而嗇於才，他日不宜獨當重任。」菊坡深然之，故晚年力辭宰輔。此説余尤疑之，若分才德爲兩事，則是天下果有不豪傑之聖賢矣。

周密《癸辛雜識》後集《綱目用武后年號》　余向聞林竹溪先生云：「歐公脩《唐書》，作《武后紀》，依前漢例也。天授以後，唐雖改號爲周，而史不以周新之，蓋黜之也。晦翁病其唐經亂周，史遂有嗣聖二十四年之號，年之首書曰：『帝在某。』『帝在某』，蓋以《春秋》之法正名也。每年之下又細書武氏所改年號，垂拱則曰武氏垂拱，天授則曰周武氏天授，此意甚嚴。但武氏既革唐命，國號爲周，既有帝而又有周，有周則無唐矣，無唐則無帝矣。同一疆域也，而帝與周同書，則民有二王、天

有二日矣，豈無窒礙？若《春秋》『公在乾侯』，則魯國未嘗有他號。」

周密《齊東野語》卷一七《朱唐交奏本末》 朱晦庵按唐仲友事，或云吕伯恭嘗與仲友同書會，有隙，朱主吕故抑唐，是不然也。蓋唐平時恃才輕晦庵，而陳同父頗爲朱所進，與唐每不相下。同父遊台，嘗狎籍妓，囑唐爲脱籍，許之。偶郡集，唐語妓云：「汝果欲從陳官人邪？」妓謝，唐云：「汝須能忍飢受凍乃可。」妓聞，大恚。自是陳至妓家，無復前之奉承矣。

陳知爲唐所賣，亟往見朱。朱問：「近日小唐云何？」答曰：「唐謂公尚不識字，如何作監司？」朱銜之，遂以部内有冤獄，乞再巡按。既至台，適唐出迎少稽，朱益以陳言爲信，立索郡印，付以次官，乃摭唐罪具奏，而唐亦作奏馳上。時唐鄉相王淮當軸，既進呈，上問王，王奏：「此秀才争閑氣耳。」遂兩平其事，詳見周平園、王季海日記。而朱門諸賢所著《年譜》、《道統録》乃以季海右唐而并斥之，非公論也。其説聞之陳伯玉式卿，蓋親得之婺之諸吕云。

《宋人年譜叢刊》第九册李方子《朱子年譜》 宋高宗建炎四年庚戌

九月甲寅，朱子生。

朱子本歙州人，世居婺源之永平鄉松巖里。宣和末，厥考吏部韋齋先生松爲政和尉，遭父承事府君喪，以方臘亂睦不能歸，遂葬其親於其邑護國寺之側。身嘗僑寓建、劍二州。是歲館於尤溪之鄭氏，而朱子生焉。

紹興元年辛亥

二年壬子

三年癸丑

按《行狀》云：先生能言，韋齋指天示之曰：「天也。」問曰：「天之上何物？」韋齋異之。

四年甲寅

始入小學。

韋齋《與内弟程復亨書》云：「息婦生男，名五二，今五歲上學矣。」

按：朱子小名沈郎，小字季延，此云五二，以行稱。

五年乙卯

六年丙辰

七年丁巳

通《孝經》大義，書其上曰：「若不如此，便不成人。」間從羣兒嬉遊，獨以沙列八卦，端坐默視。

八年戊午

九年己未

自知力學，聞長者言，輒不忘。

按《語録》云：十數歲時，讀《孟子》至「聖人與我同類」者，喜不可言，以爲聖人亦易做。

十年庚申

受學於家庭。

時韋齋爲吏部郎，以不附和議出知饒州，請祠，居於家。初，韋齋師羅豫章，與李延平爲同門友，聞楊龜山所傳河洛之學，獨得古先聖賢不傳之遺意，於是益自刻厲，痛刮浮華，以趨本實。日誦《大學》、《中庸》之書，以用力於致知誠意之地。自謂卞急害道，因取古人佩韋之義名其齋以自警。

是歲朱子年十一。

十一年辛酉

十二年壬戌

十三年癸亥

三月，丁父韋齋先生憂。初，稟學於胡籍溪、劉草堂、劉屏山三君子之門。

韋齋卒於建之水南，享年四十七。當疾革時，手自爲書，以家事屬少傅劉公子羽，而訣於籍溪胡憲原仲、白水劉勉之致中、屏山劉子翬彦冲，且顧謂朱子曰：「此三人者，吾友也。其學皆有淵源，吾所敬畏。吾即死，汝往父事之，而惟其言之聽。」韋齋殁，少傅爲築室於其里第之傍，朱子遂奉母夫人遷而居焉。乃遵遺訓，稟學於三君子之門。三君子撫教如子姪。白水劉公因以其女妻之。二劉尋下世，獨事籍溪最久。

按：朱子所作《草堂墓表》與《籍溪行狀》，俱稱二公受學涪陵譙天授，盡聞伊洛之學。其淵源大略本此。至於師門誼篤，則屏山爲最，其作《屏山墓表》有云：先生病時，熹以童子侍疾。一日，請問平昔入道次第，先生欣然告曰：「吾於《易》得入德之門焉。所謂不遠復者，乃吾之三字符也。汝尚勉之。」又命字祝詞有云：「木晦於根，春容曄敷；人晦於身，神明内腴。」又云：「子德不日新，則時予之恥；言而思毖，動而思躓，凜乎惴惴，惟顔曾是畏。」其期望之意如此。朱子晚歲猶書門符曰「佩韋遵考訓，晦木謹師傳」，蓋識之也。

十四年甲子

葬韋齋先生。

墓在崇安縣五夫里之西塔山。

十五年乙丑

按《語録》云：熹年十五六時，見呂與叔「雖愚必明，雖柔必强」一段解得痛快，讀之未嘗不竦然警厲奮發。

十六年丙寅

按《語録》云：熹年十六七時，喫了多少辛苦讀書。

十七年丁卯

秋，舉建州鄉貢。

考官蔡茲謂人曰：「吾取中一後生，三篇策皆欲爲朝廷措置大事，他日必非常人。」

十八年戊辰

春，登王佐榜進士。

中第五甲第九十人，準勑賜同進士出身。

十九年己巳

按《語録》云：從十七八歲讀《孟子》，至二十歲，只逐句理會，更不通透。二十歲後，方知只恁地熟讀，自見得意思。又云：自十五六至二十歲，史書都不要看，但覺得没要緊，不難理會。

又云：二十歲前，得上蔡《語録》觀之，初用朱筆畫出合處，再觀用粉筆，三觀用墨筆。數過之後，全與元看時不同矣。

又云：二十歲前，已看得書大意如此。

又《跋曾南豐帖》云：「熹年二十許時，便喜讀南豐先生之文，竊慕效之。」

二十年庚午

春，如婺源展墓。

時鄉會，酒酣，坐客以次歌誦，朱子獨歌《離騷》經一章，音吐洪暢，坐客竦然。有帖與内弟程洵論詩，且曰：「學者所急，亦不在此。學者之要務，反求諸己而已。《語》、《孟》二書，宜加精熟，求見聖賢用意處，佩服而力持之可也。」

按：虞學士集作《復田記》略云：韋齋之仕於閩，嘗質其先田百畝以爲資，同邑張敦頤教授於劍，請爲贖之。韋齋殁，敦頤以書慰朱子，於喪次而歸田焉。至是朱子省墓婺源，遂以其租入充祭掃費。

是歲朱子年二十一。

二十一年辛未

春，銓試中等，授左迪功郎、泉州同安縣主簿。

二十二年壬申

二十三年癸酉

夏，始受學於延平李先生之門。

初，龜山先生倡道東南，從遊甚衆，語其潛思力行、任重詣極者，羅公仲素一人而已。李先生愿中受學羅公，實得其傳，同門皆以爲不及。然樂道不仕，人罕知之。沙縣鄧迪天啓嘗曰：「愿中如冰壺秋月，瑩徹無瑕。」韋齋深以爲知言。朱子少耳熟焉。至是將赴同安，特往見之。

朱子嘗言：始見李先生，告之學禪。李先生但曰「不是」，再三質問，則曰「且看聖賢言語」。熹遂將所謂禪權倚閣起，取聖賢書讀之，讀來讀去，日復一日，覺得聖賢言語漸漸有味。卻回頭看釋氏之説，漸漸破綻，罅漏百出。

又言：初見李先生，説得無限道理。李先生曰：「公恁地懸空理會得許多道理，而面前事卻理會不下？道亦無他，玄妙只在日用間着實做工夫處，便自見得。」熹後來方曉得他説，故今日不至於無理會耳。

又云：李先生令去聖經中求義理，熹後刻意經學，推見實理，始信前日諸人之誤。

又延平與其友羅博文宗禮書曰：「元晦進學甚力，樂善畏義，吾黨鮮有。」又云：「此人極穎悟，力行可畏，講學極造其微處。渠所論難處，皆是操戈入室。」又云：「此子别無他事，一味潛心於此。初講學時，頗爲道理所縛。今漸能融釋，於日用處一意下工夫，若於此漸熟，則體用合矣。」

秋七月，至同安。

涖職勤敏，纖悉必親，郡縣長吏，事倚以決。苟利於民，雖勞無憚。廨有燕坐之室，更名曰高士軒，而以令甲凡簿所當爲者，大書揭之楣間。又職兼學事，乃選邑之秀民充弟子員，身加督勵，并數爲文以諭之。有柯君翰者家居教授，常百餘人，行峻不爲苟合，遂請爲學職，衆益有所嚴憚，不敢爲非。先生又以爲：區區防之於法制之末，而禮義不足以悦其心，則亦無以使之知所趣而興於行。乃增脩講問之法，使職事、諸生相與漸摩，禮義有以博其内，規矩有以約其外。

學者翕然從之，以至學殿、講坐、齋舍悉加整葺云。

是歲長子塾生。

二十四年甲戌

是歲仲子埜生。

二十五年乙亥

建經史閣。

請於帥府，盡模府中所有書，歸置閣中。又料簡故貴治平中所藏書，得尚可讀者二百餘卷，悉上於閣，學者得以覽觀焉。初，縣學釋奠，舊例止以人吏行事。朱子至，求《政和五禮新儀》印本於縣，無之，乃取《周禮》、《儀禮》、《唐開元禮》、《紹興祀令》更相參考，畫成禮圖，訓釋辨明，纖悉畢備。執事、學生得以日夕觀覽，臨事無舛。

立故相蘇公祠於學宫。

公名頌，同安人，相元祐間，學術風節，爲世所稱。

二十六年丙子

七月，秩滿。冬，奉檄走旁郡。

時代者不至，因送老幼以歸。

按《語録》云：同安簿滿，到泉州候批書。客邸借得《孟子》一册，仔細讀，方尋得本意。

二十七年丁丑

春，還同安，候代不至，罷歸。

館於陳北溪畏壘庵者數月，命友生之嗜學者與居，作《畏壘庵記》。冬十月，代者卒不至，以四考滿罷歸。其去也，士思其教，民懷其惠，相與立祠於學。

二十八年戊寅

以養親請祠。十二月，差監潭州南嶽廟。

二十九年己卯

作《謝上蔡語録後序》。

八月，召赴行在，辭。

用執政陳康伯薦也。朱子方控辭，會言路有託抑奔競以沮之者，以故不就。是歲，籍溪胡公由司直改正字，將就職，朱子送行，有詩曰：「執我仇仇詎我知，謾將行止驗天機。猿驚鶴怨渾閑事，只恐先生袖手歸。」其後又寄詩曰：「先生去上芸香閣，閣老新峨豸角冠。留取幽人卧空谷，一川風月要人看。」甕牖前頭翠作屏，晚來相對静儀刑。浮雲一任閑舒卷，萬古青山只麽青。」五峰胡宏曰：此詩有體而無用，因賡之曰：「幽人偏愛青山好，爲是青山青不老。山中雲出雨大虚，一洗塵埃山更好。」似爲籍溪解嘲云。

三十年庚辰

冬，再見李先生於延平。

退寓舍旁西林院，閲月而後去。

三十一年辛巳

是歲朱子年三十一。

三十二年壬午

貽書黄樞密，論恢復。

春，迎謁李先生於建安，遂與俱歸。

復寓西林者數月。汪端明應辰嘗稱：朱子師事延平，久益不懈，每一去而復來，則所聞必益超絶。

六月，應詔上封事。是月，復予祠。

是歲五月，祠秩滿，復以爲請。會孝宗即位，詔求直言，遂上封事，略曰：「帝王之學，必格物致知，以極夫事物之變。使夫事物之過乎前者，義理所存，纖微畢照，則自然意誠心正，而所以應天下之務者得矣。至於記誦華藻，非所以探淵源而出治道；虚無寂滅，非所以貫本末而立大中也。」又曰：「今日之計，要在修政事、攘夷狄而已。然其計所以不時定者，講和之説疑之也。」又曰：「陛下前日所號召者，皆天下所謂忠臣賢士也。誠與之共圖天下之事，使疎而賢者雖遠不遺，親而否者雖邇必棄，毋主先入以致偏聽獨任之譏，毋篤私恩以犯示人不廣之戒，進退取舍，惟公論是從，則朝廷正而内外遠近莫不一於正矣。」不報。

作《論語纂訓序》。

孝宗隆興元年癸未

三月，再召，辭，有旨趣行。十月，至行在。辛巳，入對垂拱殿。

其略曰：「大學之道本於格物，格物者，窮理之謂也。必因物求理，使瞭然無毫髪之差，則應事自然無毫髪之謬。是以意誠心正而身修，家齊國治而天下平。勸講之臣所以聞於陛下者，不過記誦詞章之習，而陛下又不過求之老子、釋氏之書，是以雖有生知之性，高世之行，而未嘗隨事以觀理，即理以應事。舉措

之間，動涉疑貳；聽納之際，未免蔽欺。由不講乎《大學》之道，而溺心於淺近虛無之過也。」上爲之動容。

次論：「今之論國計者三：曰戰，曰守，曰和。國家之與北虜，其不可與共戴天明矣。今日所當爲者，非戰無以復讎，非守無以制勝，此皆天理之自然，非人欲之私忿也。」

三論：「先生制御夷狄之道，其本不在威强，而在乎德業；其備不在邊境，而在乎朝廷；其具不在兵食，而在乎紀綱。願開納諫諍，黜遠邪佞，杜塞倖門，安固邦本。四者爲急先之務，庶幾形勢自强，而恢復可冀矣。」時朝廷遣王之望使虜約和未還，宰臣湯思退等皆主和議，而近習曾覿、龍大淵招權，故奏及之。三劄所陳，不出封事之意，而加剴切焉。先是朱子將趨召命，問李先生所宜言。李先生以爲：今日三綱不立，義利不分，故中國之道衰，而夷狄盛，人皆趨利而不顧義，而主勢孤。朱子首用其説以對。

按：朱子《與魏元履帖》云：初讀第一奏，論致知格物之道，天顔温粹，酬酢如響。次讀第二奏論復讎之義，第三奏論言路壅塞、佞幸鴟張，則不復聞聖語矣。

十一月，除武學博士，拜命遂歸。

替成資闕也。按：是歲有《答陳漕書》論鹽法，及《與汪尚書書》論龜山語録。

是歲，《論語要義》、《論語訓蒙口義》成。

既序次《論語要義》，又以其訓詁略而義理詳，殆非啓蒙之要，因而删録，以成此編。

歸劉氏田。

按乾道中《田券跋》云：初，屏山與朱子講習武夷，去家頗遠，特於中途建歇馬莊，買田二百餘畝，以供諸費。實與朱子共之。屏山既没，忠定公珙盡以畀朱，資其養母。後朱子同安秩滿歸，以田還屏山子玶。玶不受，謀於忠定，轉畀南峰寺，至今猶存。

二年甲申

正月，之延平，哭李先生。

比葬，又往會。

是歲，《困學恐聞》成。

朱子嘗以困學名其燕坐之室，因目其雜記之編曰《困學恐聞》，至是書成。

乾道元年乙酉

四月，請祠。五月，復差監南嶽廟。

先是省劄趣就職，既至，而執政錢端禮等復主和議，不合，請祠以歸。是歲，讀魏元履所作《戊午讜議》，爲之流涕，因序之，略曰：「戊午之議，發言盈庭，其曰虜世讎不可和者，尚書張公闡、左史胡公銓而止耳。自餘亦有謂不可和者，而其説不出於利害之間。又其餘則忘其疇昔之言。厥或告之，則曰處士之大言耳。」

二年丙戌

三年丁亥

八月，訪南軒張公敬夫於潭州。

按朱子《與曹晉叔》云：「此月八日，抵長沙，今半月矣。荷敬夫愛予甚篤，相與講明其所未聞，日有問學之益。敬夫學問愈高，所見卓然，議論出人意表。近讀其《語説》，不覺胸中灑然，誠可歎服。」

是時范念德侍行，常言二先生論《中庸》之義，三日夜而不能合。留長沙再閲月，與南軒偕登衡嶽，至衡州而别，有《南嶽倡酬集》。南軒贈詩云：「遺經得紬繹，心事兩綢繆。超然會太極，眼底無全牛。」朱子答詩曰：「昔我抱冰炭，從君識乾坤。始知太極藴，要妙難名論。謂有寧有迹，謂無復何存。惟兹酬酢處，特達見本根。萬化從此流，千聖同兹源。曠然遠莫禦，惕若初不煩。」是行道經邵武，遂謁黄端明中於其家。端明端莊静重，德容粹然，朱子請納再拜之禮而見之。

十二月，至自長沙。

與南軒别後，遂偕范伯崇、林擇之東歸，掇拾道中所作詩，得二百餘篇，名《東歸亂藁》。

除樞密院編脩。

用執政陳俊卿、劉珙薦也。

四年戊子

四月，崇安饑，貸粟於府以賑之。

時盗發浦城，崇安人情大震，乃請貸於府，得粟六百斛，籍户口散給之，民以不饑。是冬，有年民願輦粟還官，知府事王淮俾留里中，而上其籍於官。社倉之

法始此。

《程氏遺書》成。

初，二程門人各有所録，雜出並行間，頗爲後人竄易。至是序次有倫，去取精審，學者始有定從，而程子之道復明於世。

七月，大水，奉府檄行視水災。

省劄屢趣就職，固辭。

時國子學録魏掞之以論曾覿去國，遂力辭。

五年己丑

是歲子在生。作《太極通書後序》。

九月戊午，丁母孺人祝氏憂。

八月，省劄復趣行，會丁祝孺人憂。孺人，歙處士確之女，後贈碩人，追封粵國夫人。

六年庚寅

正月，葬祝孺人。

墓在建陽縣崇泰里後山天湖之陽，名曰寒泉塢。自作《壙記》。

是歲朱子年四十一。

《家禮》成。

朱子居喪盡禮。既葬日，居墓側，旦望則歸奠几筵。自始死至祥禫，參酌古今，咸盡其變，因成《喪祭禮》。又推之於冠婚，共爲一編，命曰《家禮》。

按：是書晚年多所損益，未暇更定。

七月，遷韋齋先生墓。

按：《遷墓記》云：「乾道六年七月，遷於里之白水鵝子峰下。」及考《行狀》，又云：「慶元某年某月，遷於寂歷山。」即今墓是也，豈韋齋之墓嘗再遷歟？

十二月，召赴行在，以喪制未終辭。

侍郎胡銓以詩人薦，與王庭珪同召。

七年辛卯

創立社倉於所居之里。

朱子所居之鄉曰五夫，每歲春夏之交，豪户閉糴牟利，細民發廩强奪，動相賊殺，易至挺變。遂因前所貸郡米創立社倉一區，以備出貸。每石量收息米二斗，逐年依此斂散。或遇小歉，即蠲其息之半，大饑即盡蠲之。故一鄉四五十里之間，雖遇凶年，人不缺食。

八年壬辰

《論孟精義》成。

是書初名《要義》，後改今名，序略曰：「《論語》之書無所不包，而所以示人者，莫非操存涵養之要。七篇無所不究，而所以示人者，類多體驗充廣之端云。」其後又改名《集義》。

四月，有旨疾速起發，再辭。

以禄不及養故也。

是歲，《資治通鑑綱目》成。

初，司馬公作《通鑑》，朱子因取其書，創爲義例，表歲以首年，因年以著統，大書爲綱，分註爲目，蓋倣《春秋左氏》以爲此書。

《八朝名臣言行録》成。

《西銘解義》成。

自二程推《西銘》，爲擴前聖所未發，遊其門者，必令看《大學》、《西銘》，而未有發明其義者，朱子首爲之解。

九年癸巳

省劄再趣行，又辭，就乞差監南嶽廟。

《太極圖傳通書解》成。

其序略曰：周子之學，其妙具於《太極》一圖，《通書》之言，皆發此圖之藴。而程子兄弟語及性命之際，亦未嘗不因其説。然周子既手以授二程，而程本因附書後，傳者見其如此，遂誤以圖爲書之卒章，不復釐正，使立象盡意之微旨暗而不明，而驟讀《通書》者，亦不復知有所統攝矣。

作《尹和靖言行録序》。

五月，有旨特與改秩宫觀，辭。

朱子既累辭召命，宰相梁克家因奏：「朱熹累召不起，宜蒙褒録。」上曰：「朱熹安貧守道，廉退可嘉，特與改合入官，主管台州崇道觀，任便居住。」

《程氏外書》成。

既編《遺書》，復取諸集録，參伍相除，得十有二篇，名曰《外書》，而二程子之遺言備矣。

作《中和集解序》。

淳熙元年甲午

六月，始拜改秩之命。

省劄凡三下，趣依已降指揮。朱子以爲改官賦禄，蓋朝廷進賢賞功、優老報勤之典，乃使小臣終年安坐，一日無故而驟得之，求退得進，義所不安，故三具辭免，逐避逾年。上意愈堅，至是始拜命。

二年乙未

五月，東萊呂公伯恭來訪。《近思録》成。

吕公自東陽來訪，留寒泉精舍者旬日，相與掇周子、程子、張子書關大體而切日用者，彙次成十四篇，號《近思録》。朱子嘗語學者曰：「四子，六經之階梯；《近思録》，四子之階梯。」蓋言爲學當自此而入也。

偕東萊及復齋陸公子壽、象山陸公子静會於鵝湖。

東萊歸，朱子送至信州之鵝湖寺，江西陸九齡子壽、弟九淵子静及清江劉清之子澄皆來會，相與講其所聞。子壽詩云：「孩提知愛長知欽，古聖相傳只此心。大抵有基方築室，未聞無址忽成岑。留情傳註翻榛塞，着意精微轉陸沉。珍重友朋勤琢切，須知至樂在於今。」子静和云：「墟墓興哀宗廟欽，斯人千古不磨心。涓流積至滄溟水，拳石崇成泰華岑。易簡工夫終久大，支離事業竟浮沉。欲知自下升高處，真僞先須辨只今。」諸公各持所見，不合而罷。後三年，朱子寄和云：「德義風流夙所欽，别離三載更關心。偶扶藜杖出寒谷，又枉藍輿度遠岑。舊學商量加邃密，新知培養轉深沉。卻愁説到無言處，不信人間有古今。」

七月，作晦庵。

庵在蘆峰之雲谷，自爲記。

三年丙申

二月，如婺源。

蔡元定從。既至，邑宰張漢率諸生請講書於學，辭，復請撰書閣記，許之，而以《程氏遺書》、《外書》、《文集》，經説，司馬氏《書儀》、高氏《送終禮》、吕氏《鄉約》、《鄉儀》等書留學中，日與鄉人子弟講學於汪氏之敬齋，隨其資稟，誨誘不倦。又作《茶院朱氏譜序》。

至六月初旬乃歸。

六月，除秘書省秘書郎，辭。

時上諭大臣，欲奬用廉退之士。參政龔茂良以朱子操行耿介、屢召不起爲言，遂有此除。朱子以改官之命正以嘉其廉退之節，今乃冒進擢之寵，是左右望而罔市利，乃辭。七月，答汪尚書書云：「熹狷介之性，矯揉萬方，而終不能回；迂疎之學，用力既深，而自信愈篤。以此自知，決不能與時俯仰，以就功名，故二十年來，甘自退藏，以求己志。所願欲者，不過脩身守道，以終餘年。因其暇日，諷誦遺經，參考舊聞，以求聖賢立言本意之所在，既以自樂，間亦筆之於書，以與學者共之，且以待後世之君子而已，此外實無毫髮餘念也。」

八月，再辭，許之，遂復與祠。

會有言虚名之士不可用者，遂再辭，仍差主管武夷山冲(祐)[佑]觀。

十一月，令人劉氏卒。

次年二月，葬於建陽縣之唐石大林谷，名其亭曰寧如，而規壽藏於其側，名其庵曰順寧。

四年丁酉

六月，《論孟集註》、《或問》成。

朱子既編次《論孟集義》，又作《訓蒙口義》，既而約其精粹妙得本旨者爲《集註》，又疏其所以去取之意爲《或問》。然恐學者轉而趍薄，故《或問》之書未嘗出以示人。其後《集註》删改日益精密，而《或問》則不復釐正矣。

十月，《周易本義》、《詩傳》成。

《詩》自毛、鄭以來，皆以《小序》爲主，其與經文舛戾，則穿鑿爲説以通之。朱子獨以經文爲主，而訂其《序》之是非，復爲一編，附寘經後，以還其舊。

又《答東萊論易書》云：「讀《易》之法，竊疑卦爻之詞本爲卜筮者斷吉凶而因以訓戒；至彖象文言之作，始因其吉凶訓戒之意而推説其義理以明之。後人但見孔子所説之義理，而不復推本文王、周公之本意，因鄙卜筮爲不足言，而其所以言《易》者，遂遠於日用之實，類皆牽合委曲，偏主一事，無復包含該貫曲暢旁通之妙。若但如此，則聖人當時自可别作一書，明言義理，以詔後世，何用假托卦象爲此艱深隱晦之辭乎？」

五年戊戌

八月，差知南康軍，辭不允，仍令疾速之任。

宰相史浩必欲起之，或言宜處以外郡，於是差權發遣南康軍事，兼管内勸農事，仍借緋。

六年己亥

正月，再請祠，不報，俟命於鉛山。

東萊屢書勉行，南軒亦謂：須一出爲善，雖去就出處素有定論，然更須斟酌消息，勿至已甚。苟一向固拒，則上之人謂賢者不肯爲用，於大體卻有害也。至是再請祠，不報，朱子始有出意。正月行至信州鉛山俟命，寓止崇壽僧舍。陸梭山來訪。

三月，省劄再趣行。是月晦，赴上。

到郡，首下教三條，其一延訪利病，其二令父老教戒子弟，其三勸民遣子弟入學。每五日一詣學宮，爲諸生講説，亹亹不倦。郡之有賢德者，禮之以爲學職，士風翕然丕變。

立三先生祠及五賢堂。

先是，移文教授、司户，以爲蒙恩假守，畀付民社，固將使之宣明教化，篤厲風俗，非徒責以簿書期會之最而已。乃立濂溪周先生祠於學宮，以二程先生配，其陶靖節、劉西澗父子、李公擇、陳了翁，則别爲堂祀之。

六月，奏乞蠲減星子縣税錢。

事下户部，户部下漕司，責以對補。會有言庶僚不當用劄子奏事者，因引以自劾。

十月，重建白鹿洞書院。

時白鹿洞書院故址榛廢已久，朱子詢得之，乃令星子令復建書院於其地，且言於朝，得賜勅額及賜御書石經監本九經，又捐俸買書以益之，并置田以贍學者。數月告成，率郡僚寓公過客學徒釋菜於先聖先師以落之。每暇輒一至，諸生從而質疑問難，因約聖賢教人爲學之大端以示學者，尤致意於明誠敬義數語。又與時宰書，乞復洞主廢官，使得備員，與學徒講道。其間假之稍廪，略如祠官之入。不報。

七年庚子

正月，請祠，不報。

二月，張南軒訃至，罷宴哭之。

時南軒卒於江陵府治，朱子爲文祭之，略曰：「蓋有我之所是，而兄以爲非；亦有兄之所然，而我之所議。又有始所共向，而終悟其偏；亦有早所同嚌，而晚得其味。蓋繳紛往反者，幾十有餘年，末乃同歸而一致。」

南軒常言：學莫先於義利之辨，而義也者，本心之所當爲，而不能自已，非有所爲而爲之者也。一有所爲，則皆人欲而非天理矣。朱子以爲擴前聖之所未發，與性善養氣之論同功。

是歲朱子年五十一。

三月，復請祠，不允。

四月，申減屬縣科紐木炭錢歲二千緡。

應詔上封事。

時詔監司、郡守條具民間利病，遂上疏言：「天下之大務，莫大於恤民，恤民之本，又在人君正心術以立紀綱。今日民貧賦重，若不討理軍實，去其浮冗，則民力決不可寬。今日將帥之選，率皆膏（梁）〔粱〕子弟、廝役凡流，到軍之日，惟望裒斂剋剥，以償債負，總餽餉之任者，亦皆倚負幽陰，交通貨賂。其所驅催東南數十州之脂膏骨髓，名爲供軍，而輦載以輸權倖之門者，不可以數計。是以生民日益困苦，無復聊賴。今欲計軍實以紓民力，則必盡反前之所爲，然後乃可冀也。所謂其本在於正心術以立紀綱者，蓋君心不能以自正，必親賢臣，遠小人，講明義理之歸，閉塞私邪之路，然後乃可得而正。今宰相、臺省、師傅、賓友、諫諍之臣，皆失其職，而陛下所與親密謀議者，不過一二近習之臣。此一二小人者，上則蠱惑陛下之心志，下則招集天下士大夫之嗜利無恥者，盡入其門，所喜則陰爲引援，擢寘清顯；所惡則密行訾毁，公肆擠排。所盜者皆陛下之財，所竊者皆陛下之柄。陛下所謂宰相、師傅、賓友、諫諍之臣，或反出入其門牆，承望其風旨，勢成威立，中外靡然向之，使陛下之號令黜陟，不復出於朝廷，而出於此一二人之門。蓋非獨壞陛下之紀綱，乃併與陛下所以立紀綱者而壞之，則民又安可得而恤？財又安可得而理？軍政何自而脩？土宇何自而復？宗廟之讎恥又何自而可雪耶？」疏入，上讀之大怒，命其分析。宰相趙雄詭辭救解乃已。

大脩荒政。

時值大旱，至秋，約苗失收什八已上，乃竭力措置，爲救荒備。會詔江東帥守恤民隱，決滯獄，以銷旱災，且頒勸分賞格。因即二事推廣爲奏，乞降特旨，減前所申星子縣税，及三年赦文已蠲官租，禁州郡勿得催理。若囚繫淹延，則在特詔大臣一員專督理官，嚴立程限，排日結絶乃可因以賞格諭富室，得米二萬石，使椿留以待。復奏請截留綱運，乞轉運、常平兩司錢米充軍糧，備賑濟。郡濱大江，舟艤岸者，遇大風輒淪溺，至是募民築堤捍舟，冀稍振業飢者，舟患亦息。預戒三縣，每邑市鄉村四十里則置一場，以待賑糶，合爲三十五場。其闕食甚者，

先加賙給。比冬，遂以旱傷分數告於朝，乞蠲閣税租。本軍苗米四萬六千五百餘石，檢放三萬七千四百餘石。奉旨：三等以下人户夏税畸零，並與倚閣。放數既寬，民以故無流徙。

十一月，作卧龍庵。

祀諸葛武侯也。庵在廬山之陽五老峰下，并向龍潭作起亭，爲民禱賽之所。皆捐俸爲之，而屬西源隱者崔嘉彦董其役，官民咸無預焉。

八年辛丑

正月，開場濟糶。

初既分場，選見任、寄居、指使、添差、監押、酒税、監廟等大小使臣三十五員，各莅一場，以轄糶事，而分委縣官巡察之，以取減尅乞覓之弊。至是人户悉令赴場就糶，鰥寡孤獨之人，則用常平米依令賑濟。又慮農事將起，民間乏錢，凡合糶者，皆濟半月。都昌無米，自郡運而往，千里之内，莫不周浹。凡三月結局，所活饑民老幼二十一萬七千餘口。其施設次第，人争傳録以爲法。時孝宗臨御日久，垂意恤民，凡所奏請，無不報可，以故得行其志，民無流離捐瘠之患。

二月，陸象山來訪。

象山請書其兄教授墓誌銘。朱子率僚友諸生，與俱至白鹿洞書院，請升講席。象山以《君子小人喻義利》章發論，大略謂：「科舉之士，日從事聖賢之書，而志之所向，專在乎利，必於利欲之習怛然爲之，痛心疾首，專志乎義而日勉焉，博學審問，慎思明辨而篤行之，斯謂之君子。」朱子以爲切中學者隱微深錮之病，請書於簡，以諗同志。

三月，差提舉江西常平茶鹽，待次。

初到南康，有任滿奏事之旨。將滿，廟堂議遣使蜀，上意不欲其遠去，遂有此命，然猶待次。因奏本職四事，一，請勿拘對補之説，特旨蠲減星子縣税。二，請照賞格，補授諸出粟人，使民間早獲爲善之利。三，請凡被災之郡，盡今年毋得理積年舊欠，而去年倚閣夏税，悉與蠲放。上二等户亦有出粟減價賑糶而不及賞格者，亦請許其多作料數，帶補去年夏税殘欠。如此，則無一夫一婦不被堯舜之澤矣。其四，則申請白鹿賜額及監本九經。多見施行。

閏三月，去郡東歸。

朱子治郡，視民如傷，至姦豪侵暴細民，撓法害政者，亦必繩治不少貸。尤以厚人倫、美教化爲急務，風俗丕變，文學行義之士彬彬出焉。四月，過九江，拜濂溪先生書堂遺像。劉子澄來謁，請爲諸生説《太極圖》義，遂以是月十九日至家。

七月，除直秘閣，辭。

以荒政脩備，民無流殍，故有此除。朱子以前所勸出粟人未推恩，不拜，復辭不允。

吕東萊訃至，爲位哭之。

吕公定《周易》爲十二篇，以復古經之舊。朱子深喜而從之。又謂《大事記》一書，自成一家之言，有補學者。又《與吕公帖》云：「昨叩比日講授次第，聞只令諸生讀《左氏》及諸賢奏疏，至於諸經、《論》、《孟》，則恐學者徒務空言而不以告也，此恐未安。蓋爲學之序，爲己而後可以及人，達理而後可以制事，故程子教人先讀《論》、《孟》，次及諸經，然後看史。其序不可亂也。若恐其徒務空言，但當就《論》、《孟》經書中教以躬行之意，庶不相遠。至於《左氏》奏疏之言，則皆時事利害，而非學者切身之急務也。其爲空言，亦益甚矣。而欲使之從事其間，而得躬行之實，不亦背馳之甚乎。」其切磨之意如此。

八月，差提舉浙東常平茶鹽。

時浙東薦饑，上軫宸慮，遂拜命，不敢辭，即日單車上道。辭前所授職名，仍乞奏事。十月，堂帖報南康出粟人已推恩，乃受職名。

十一月己亥，奏事延和殿。

朱子去國二十年，既得見上，極陳災異之由，與夫脩德任人之説。上爲動容竦聽。因條陳救荒之策，畫爲七事上之。

十二月，視事於西興。

初受命，即印榜招海商販廣米至浙東，許以不收力勝及雜税錢，到則依價出糶，更不裁減，至是海商米舟已輻輳矣。日與僚屬寓公鈎訪民隱，規畫纖悉，晝夜不倦，至廢寢食。分畫既定，則親出按歷，始於會稽諸縣，次及七郡，窮山長谷，靡所不到，拊問存恤，不遺餘力。然每出皆乘輕車，屏徒御，一身所需，皆自齎以行，秋毫不及州縣，以故所歷雖廣，而部内不知。官吏憚其風采，夙夜戒飭，常若使者壓其境，至有自引去者。婺有朱縣尉，不伏賑糶，及紹、衢屬吏賈祐之等，不恤荒政，皆按劾其罪。大抵措畫類南康時，而用心尤苦，所活不可勝計。有短先生者，謂其疎於爲政，上謂宰相王淮曰：「朱熹政事卻有可觀。」

九年壬寅

正月，條奏救荒事宜。

并乞借撥官會，給降度牒，推賞獻助人。

又請將山陰等縣下户夏税、秋苗丁錢並行住催。

有詔捕蝗，復上疏言事。

略云：「爲今之計，獨有斷自聖心，沛然發號，責躬求言，然後君臣相戒，痛自省改。其次惟有盡出内庫之錢，以供大禮之費爲收糴之本。詔户部無得催理舊欠，諸路漕臣遵依條限檢放税租，宰臣沙汰被災路分州軍監司、守臣之無狀者，遴選賢能，責以荒政，庶幾猶足以下結人心，消其乘時作亂之意。不然，臣恐所憂者不止於餓殍，而在於盜賊；蒙其害者不止於官吏，而上及於國家也。」復上時宰書，略云：「朝廷愛民之心，不如惜費之甚，是以不肯爲極力愛民之事。明公憂國之念，不如愛身之切，是以但務爲阿諛順旨之計。然民之與財孰輕孰重，身之與國孰大孰小，財散猶可聚，民心一失，則不可復收；身危猶可以安，國勢一傾，則不可復正。至於民散國危而措身無所，則其所聚，有不爲大盜積者邪？」

詔行社倉法於諸郡。

初條陳荒政，請推行崇安社倉法於天下，至是得請，首頒行之台、婺，有應時爲之者。

條奏諸州利病。

首言：「紹興和買之弊，欲乞痛減歲額，然後用貫頭均紐，仍用高下等第均敷，而免下户出錢，使得相乘除以優之。」及言台州丁絹錢有抑納陪輸之患，奏乞每丁納半錢、半絹。其諸郡義役之法，請令民均出義田，罷去役首，免排役次，官差保正、副長輪收義田，仍令上户兼充户長。沿海四州鹽法，乞倣福建下四州産鹽法行之。諸郡酒坊，亦乞改照處州萬户酒法。救荒之餘，凡可以便民者，莫不規爲經久之計焉。

劾奏前知台州唐仲友不法。

七月行部，將由台趍温，既入台境，民有訴太守、新除江西提刑唐仲友不法者。及趍台城，則訴者益衆。因盡得其促限催税、違法擾民、貪汙淫虐、蓄養亡命、偷盜官錢、僞造官會等事，具劾之，仍送紹興鞫實。丞相王淮以姻舊，匿不爲奏。仲友亦自辨，且乞送浙西無礙官體究。已而紹興獄具，按章至十上，宰相不得已，取首章語未甚深者，及仲友(名)[自]辯疏同上，曲説開陳，故他無鐫削，止罷江西新任。台州久旱，雨遂大注，是歲穀重熟。

毁秦檜祠。

永嘉學有秦檜祠，移文毁之。

八月，除直徽猷閣，辭。

奬賑濟之勞也。朱子以爲：徒費大農數十萬緡之積，而無以全活一道饑饉流殍之民，躐等踐榮，懼非所以示勸懲。況近按唐仲友，反爲所訴，雖已罷其新任，而根究指揮，尚未結絶。方藉藁以俟斧誅，豈敢遽竊恩榮，以紊賞刑之典？不允。

差江西提點刑獄，辭。詔與江東提刑梁總兩易其任，再辭。

初，聞江西之命，即日解職東還，亟具辭免，大略以爲：所除官乃填唐仲友闕，蹊田奪牛之誚，雖三尺童子，知其不可，臣愚何敢自安？願得歸耕故壟，畢志舊聞。詔與江東梁總兩易之，又辭，且言：祖鄉隸江東，墳墓田産，合該迴避。詔特免迴避，復辭，以爲今來所除，仍司按察，若復奉公守法，則恐如前所爲，或至重傷朝廷事體。若但觀勢狥私，又恐下負夙心，上孤眷使，乞特與祠，使得卒其舊業，退避仇怨。時辭職名不允之命同下，則又辭，以爲：前按唐仲友，既不差官體究，恐臣所按有不公不實之罪，難以例沾恩賞。詔並不許。

十一月，始受職名，仍力辭新任，請祠。

極言：「昨來所按贓吏黨與衆多，棋布星羅，並當要路。自其事發以來，大者宰制斡旋於上，小者馳騖經營於下，所以蔽日月之明，而損雷霆之威者，臣不敢論。若其加害於臣不遺餘力，則遠至於師友淵源之所自，亦復無故横肆觝排，向非聖明洞見底藴，則不惟不肖之身，反爲魚肉，而其變亂白黑，詿誤聖朝，又有不可勝言者。」時吏部尚書鄭丙、監察御史陳賈奉時相意上疏，毁程氏之學以陰詆朱子，故奏及之。

十年癸卯

正月，差主管台州崇道觀。

上覽奏，知不可强起，故有是命。初，朱子起守南康，使浙東，始有以身狥國之意。及是知道之難行，退而奉祠，杜門不出。海内學者尊信益衆，作《感春賦》以見志。

四月，武夷精舍成。

正月經始，至是落成，徙居之。四方士友來者甚衆，有《精舍雜詠并序》。

十一年甲辰

力辨浙學之非。

朱子還自浙東，見其士習馳騖於外，每語學者，且觀《孟子》「道性善」及「求放心」兩章，務收斂凝定，以致克己求仁之功，而深斥其所學之誤。以爲舍六經、《語》、《孟》而尊史遷，舍窮理盡性而談世變，舍治心修身而喜事功，大爲學者心術之害。極力爲吕祖儉、潘景愈、孫應時輩言之。《答吕祖儉書》云：「大抵此學以尊德性、求放心爲本，而講以聖賢親切之訓以開明之。若通古今、考事變，則亦隨力所至，推廣增益，以爲補助耳。不當以彼爲重，而反輕凝定收斂之實，少聖賢親切之訓也。若如此説，則是學問之道不在於己，而在於書，不在於經，而在於史，爲子思、孟子則孤陋狹劣而不足觀，必爲司馬遷、班固、范曄、陳壽之徒，然後可以造於高明正大、簡易明白之域也。」《與劉子澄書》云：「伯恭無恙時，愛説史學，身後爲後生輩糊塗説出一般議論，賤王尊霸，謀利計功，更不可聽。」

十二年乙巳

二月，崇道秩滿，復請祠，差主管華州雲臺觀。

十三年丙午

三月，《易學啓蒙》成。

六經遭秦煨燼，惟《易》以卜筮得全，迄於漢魏，流爲讖緯之學。王弼始刊落象數，釋以清談，諸儒因之。至伊川程子，始發明孔氏之微言，而卦爻之本則未及焉。康節邵子傳伏羲《先天圖》，蓋得其本，而亦未及於卜筮也。朱子既推羲、文之意，作《周易本義》，又懼學者未明厥旨，乃作《啓蒙》四篇，以爲言《易》不本象數，既支離散漫，而無所根著。其本象數者，又不知法象之自然，未免牽合附會。故其篇目以《本圖書》、《原卦畫》、《明蓍策》、《考變占》爲次，凡掛揲及變爻，又皆盡破古今諸儒之失，而《易經》始還其舊。

八月，《孝經刊誤》成。

十四年丁未

正月，如莆，吊陳福公。

以三紀遊從，晚歲知己，且爲中興賢輔，故千里赴吊，并爲文祭之。是歲，作《律吕新書序》。

三月，《小學》成。

朱子既發揮《大學》以開悟學者，又懼其失序無本，而不足以有進也，乃輯此書，以訓蒙士，使培其根，以達其枝。內篇四，曰《立教》，曰《明倫》，曰《敬身》，曰《稽古》；外篇二，曰《嘉言》，曰《善行》。脩身之事，此略備焉。

差主管南京鴻慶宫。

七月，差江西提點刑獄，辭。

時上諭宰執：「朱熹久閒，可與監司。」周必大議除轉運副使，或謂金穀非其所長，故有是命。誥詞云：「勑宣教郎、直徽，先德後刑，民從其化。而救荒之政，所全活者尤衆。久從家食，念之不忘，江右持平，往哉惟允。行爾盡心之學，廣我好生之仁。可依前官，差提點江南西路刑獄公事。」淳熙十四年七月日，陳居仁行詞。

十五年戊申

正月，趣奏事之任，復以疾再辭，不允，且趣入對。

六月壬申，奏事延和殿。

會宰臣王淮罷政，乃以其月入國門。丞相周必大令人諭意，云：「上問，朱熹到已數日，何不請對？」遂詣閤門進榜子。有旨：初七日後殿班引。及對，上迎謂之曰：「久不見卿，卿亦老矣。」自陳：「昨任浙東提舉，曲荷聖恩保全。」上曰：「浙東救荒煞究心。」又言：「蒙除江西提刑，衰朽多疾，不任使令。」上曰：「知卿剛正，今留在此，待與清要差遣，不復勞卿州縣。」獎諭甚渥，再三辭謝，方出奏劄，上曰：「正所願聞。」其一言刑獄失當，上曰：「似此有傷風教，不可不理會。」其二言獄官當擇其人，三言經總制錢，四言諸州科罰，上曰：「聞多是羅織富民。」其五乃言：「陛下即位二十有七年，因循荏苒，無尺寸之效可以仰酬聖志。」因反復以天理人欲爲言，規諷切至。又言：「置將之權旁出閹寺。」上曰：「這箇事卻不然，盡是採之公論，如何由他？」對曰：「彼雖不敢公薦，然皆託於士大夫之公論，而實出於此曹之私意，獨陛下未之知耳。」又指甘昇問上曰：「陛下知此人否？」上曰：「固是。但漏洩文書，乃是他子弟之罪。」對曰：「豈有子弟有過，而父兄無罪？然此特一事耳。此人挾勢爲奸，所以爲盛德之累者多矣。」上曰：「高宗以其才薦過來。」對曰：「小人無才尚可，有才鮮不爲惡。」至論言官緘默，奏曰：「陛下以曾任知縣人爲六院，察官闕則取以充之。雖曰親擢，然其途轍一定，宰相得以先布私恩於合入之人，及當言責，往往懷其私恩，豈肯言其過失？」上曰：「然，近日之事可見矣。」至論軍政不備，士卒愁怨，曰：「主將刻剥士卒，以爲苞苴，陞轉階級，皆有成價。」上曰：「卻不聞此。果有時，

豈可不理會？卿可子細採探來説。」末後辭云：「照對江西，係是盜賊刑獄浩繁去處，久闕正官。臣今逅邇前去之任，不知有何處分。」上曰：「卿自詳練，不在多囑。」是行也，有要之於路，以「正心誠意，上所厭聞」戒以勿言者，朱子曰：「吾平生所學惟此四字，豈可回互而欺吾君。」及奏，上未嘗不稱善。

除兵部郎官，以足疾請祠，詔依舊職名，提刑江西

前數日，兵部侍郎林栗與朱子論《易》及《西銘》不合，栗怒，至是遣吏抱印來，迫以供職。時朱子以足疾甚在告申部，乞候疾愈，不聽。翌日，栗疏其欺慢，請行罷逐。故事，無以侍郎劾本部郎者，滿朝皆駭笑之。於是朱子請祠，上曰：「林栗似過當。」丞相周必大奏：「熹上殿之日，足疾未瘳，勉强登對。」上曰：「朕亦見其跛曳。」時上意方向朱子，欲易他部，丞相請仍授提刑，從之。

七月，除直寶文閣，主管西京崇福宮。

朱子既行，且辭曰：「論者謂臣事君無禮，爲人臣子有此名，罪當誅戮，豈可復任外臺耳目之寄？」上覽之，諭宰執曰：「林栗章初未降出，何得外廷喧播？」或對以栗在漏舍宣言章疏，人人知之，上不悦。太常博士葉適上疏，極言栗以私意劾熹，所言不實。侍御史胡晉臣論栗狠愎自用，無事而指學者爲黨，最人之所惡聞。栗遂罷去，詔朱熹可疾速之任。因固辭足疾不任起發，復丐祠，遂除直寶文閣，主管西京嵩山崇福宮。告詞云：「朕惟廉節不立，風俗未淳，思得難進易退之士，表而用之，庶幾曠然變其舊習。爾之學術，遠有淵源，其爲操行，養之久矣。志在憂時，曾未得一日立於朝。比以部刺史入奏便殿，朕嘉其讜論，留寘郎曹，蓋將進諸清要之地，遽以疾諗，祈反初服。既勉從於素志，復更請於真祠。夫招麾何意於去來，仕止不形於喜愠，此古之清達之士也。朕察爾誠，是用陞職二等，聽食優閑之禄。身雖在外，亦有補於風化。」淳熙十五年八月日，中書舍人鄭僑行詞。時廟堂知上眷厚，憚朱子復入，故爲兩罷之策焉。

九月，復召，辭。

初朱子之去，上悟其故，至是復召之，朱子以爲遷官進職皆爲許其閑退，方竊難進易退之褒，復爲彈冠結綬之計，則其爲世觀笑，不但往來屑屑之譏。

十一月，趣入對，再辭，遂上封事。

初朱子入奏事，迫於疾作，嘗面奏，以爲口陳之説有所未盡，乞具封事以聞。至是再辭，遂併具封事，投匭以進。其略曰：「今天下大勢，如人有重病，內自心腹，外達四肢，無一毫一髮不受病者。臣敢以天下之大本與今日之急務爲陛下言之。蓋大本者，陛下之心；急務則輔翼太子，選任大臣，振舉綱維，變化風俗，愛養民力，脩明軍政六者是也。凡此六事，皆不可緩，而本在於陛下之一心。一心正則六事無不正，一有人心私欲介乎其間，則雖欲憊精勞力以求正乎六事，亦將徒爲文具，而天下之事愈至於不可爲矣。」疏入，夜漏下七刻，上已就寢，亟起秉燭，讀之終篇。

除主管西太一宮，兼崇政殿説書，辭。

於是上感其忠鯁，故有經帷之命，蓋將爲燕翼謀也。朱子因密草疏奏，言講學以正心，脩身以齊家，遠便嬖以近忠直，抑私恩以抗公道，明義理以絶神姦，擇師傅以輔皇儲，精選任以明體統，振綱紀以厲風俗，節財用以固邦本，修政事以攘夷狄，凡十事，欲以爲新政之助。會執政有指道學爲邪氣者，力辭新命，遂不果上。

始出《太極通書》、《西銘解義》以授學者。初，陸象山之兄九韶嘗有書與朱子，言《太極圖説》非正，曲加扶掖，終爲病根，意謂不當於太極上更加無極二字。朱子答書云：「不言無極，則太極同於一物，而不足以爲萬化根本。不言太極，則無極淪於虛寂，而不能以爲萬化根本。」又曰「無極只是無形，太極只是有理」，子美不以爲然。是夏，象山爲之申辨《第一書》有曰：「《易》之《大傳》曰，形而上者謂之道，又曰一陰一陽之謂道。一陰一陽，已是形而上者，况太極乎。極者，中也。言無極則是言無中也，豈宜以無極字加於太極之上？無極二字，出於《老子》，聖人之書，所無有也。」朱子答書有云：「《大傳》既曰形而上者謂之道矣，而又曰一陰一陽之謂道，此豈真以陰陽爲形而上者哉？正所以見一陰一陽雖屬形器，然其所以一陰而一陽者，是乃道體之所爲也。故語道體之至極，則謂之太極；語太極之流行，則謂之道。雖名二物，實無兩體。周子所以謂之無極者，正以其無方所，無形狀，以爲在無物之前，而未嘗不立於有物之後；以爲在陰陽之外，而未嘗不行乎陰陽之中，以爲通貫全體，無乎不在，則又初無聲臭形響之可言也。今乃深詆無極之不然，則是直以太極爲有形狀，有方所矣。且以陰陽爲形而上者，則既昧於道器之分矣，又於『形而上者』之上復有『况太極乎』之語，則是又以道上別有一物爲太極矣。如《老子》復歸於無極，無極乃無窮之義，非若周子所言之意也。」象山《第二書》有曰：「老氏以無爲天地之始，以有爲萬物之母，以常無觀妙，以常有觀竅，直將無字搭在上面，正是老氏之學，豈可諱也。」朱子答書有曰：「詳老氏之言有無，以有無爲二；周子之言有無，以有無爲一。正

如南北，水火之相反。更請子細着眼，未可容易譏評也。如曰未然，則我日斯邁，而月斯征，各尊所聞，各行所知，無復可望於必同也。」

十六年己酉

正月，除秘閣脩撰，辭。

時孝宗内禪，光宗即位。

是歲，序《大學》、《中庸》章句。

二書定著已久，猶時加竄改，至是以穩愜於心而始序之。又各著《或問》及《中庸輯略》。

四月，再辭職名，許之，仍舊直寶文閣，降詔奬諭。

詔詞云：「以爲寵卿以爵秩，不若全卿名節之爲尤美也。」乃上表謝。

閏五月，更化覃恩，轉朝散郎，賜緋魚。

八月，除江東轉運副使，又辭。

詔疾速之任，任滿前來奏事。朱子以祖鄉田産隸部内辭，詔免迴避。

十一月，改知漳州，再辭不允，始拜命。

以光宗初政，再被除命，遂不敢辭。

光宗紹熙元年庚戌

四月，到郡，首頒禮教。

臨漳風俗薄陋，民不知禮，至有居父母喪而不服衰絰者。朱子首下教述古今禮律以開喻之，又採古喪葬、嫁娶之儀，揭以示之，命父老解説，以訓子弟。其俗尤崇尚釋氏，男女至聚僧廬爲傳經會，女不嫁者，私爲庵舍以居，悉禁之。俗爲大變。時詣學校，訓誘諸生，如南康時。其至郡齋請業問難者，接之不倦。又擇士之有行義、知廉耻者，使列學職，爲諸生倡。按《語録》云：先生初到時，教習諸軍弓射，分作三番，每(月)〔日〕輪番入教場挽弓，及等者有賞，不及者留射，及等則止，終不及者，罷之。兩月之間，皆成精伎。又熟聞知録趙師虙之爲人，試之政事，尤得其實，遂首舉之。聞者無不心服。是歲朱子年六十一。

奏除屬邑上供，罷科茶錢，及蠲減本州無額經總制錢，凡萬餘緡。

奉行經界法。

初，朱子爲同安簿，已知經界不行之害，至是即加訪問講求，纖悉畢究，以至弓量、筭造之法，盡得其説，乃具陳利害，疏於朝，及與執政書究論之，然貧民下户，莫不深喜，而寓公豪右兼併侵漁者，輒以爲不便。會州人有居要路者，幸其有是奏，亟啓從之。久之有旨，本州先行經界，後竟有阻之者，事遂以寢。

十月，以地震及足疾不能赴錫宴，自劾，仍請祠，不允。

刻五經四書於郡。

各著爲説，繫於諸經書後，以曉學者。

按《語録》云：熹如今方見得聖人一言一字不吾欺，只今六十一歲，方理會得恁地。又曰：熹覺得今年方無疑。又曰：熹當初講學也，豈意到這裏，幸而天假之年，許多道理在這裏，今年頗覺勝似去年，勝似前年。

二年辛亥

春，與永嘉陳君舉論學。

朱子往歲聞陳傅良君舉嘗著《詩説》，以書問之，至是，書來報云：「來徵《詩説》，年來或與士友言之，未嘗落筆。愚見願以《雅》、《頌》之音，薦勺群慝，訓(詁)〔詁〕章句，付之諸生。」又謂：「二十年間聞見異同，無從就正，間欲以書叩之，念長者前有長樂之争，後有臨川之辯，他如永康往還，動數千言，更相切磋，未見其益，而學者轉相夸毗，浸失本旨。蓋刻畫太精，頗傷簡易，矜持已甚，反涉吝驕，以此益覺書不能宣，要須請見，究此衷曲耳。」朱子答書云：「嘗謂人之爲學，若從平實地上循序加功，則其目前雖未見日計之益，而積累工夫漸見端緒，自然不假用意裝點，不待用力支撐，而聖賢之心，義理之實，必皆有以見其確然而不可易者。至於講論之際，心即是口，口即是心，豈容別生較計，依違遷就，以爲諧俗自便之計耶。今人爲學，既已過高而傷巧，是以其説常至於依違遷就而無所分別，蓋其胸中未能無纖芥之疑，有以致然，非獨以避咎之故，而後詭於辭也。若熹之愚，自信已篤，向來之辯，雖至於遭譏取辱，然至於今日，此心耿耿，猶恨其言之未盡，不足以暢彼此之懷，合異同之趣，而不敢以爲悔也。老病幽憂，死亡無日，念此大事，非一人私説，一朝淺計，而終無面寫之期，是以冒致愚悃。鄉風引領，不勝馳情。」後無聞焉。

二月，《與趙師書》，論招州軍募江戌。

三月，復除秘閣修撰、主管南京鴻慶宫，任便居住。

正月，長子塾卒於婺州。報至，即以繼體服斬衰丐祠，歸治喪葬。遂有是除。

四月，去郡，再辭職名。

上初政，嘗除秘撰，時已力辭，奉詔褒許，難以復受，故再辭焉。《與留丞相

書》論黨禍，且以黨正黜邪爲諷。其治漳也，一以崇教化、正風俗爲先務，期年化成而去，漳民莫不思之。

五月，歸次建陽，寓同繇橋。

七月，再辭職名，不允。

九月，除湖南轉運副使，辭。

十二月，仍以漳州經界不行，自劾。

三年壬子

二月，復請補祠職，從之。

詔：漳州經界議行已久，湖南使節事不相關，可疾速之任。朱子猶以補祠職爲請，遂許之。

始築室於建陽之考亭。

先是，韋齋嘗過考亭而愛之，書日記曰：「考亭溪山清邃，可居。」至是卒成韋齋之意。

永康陳同甫來訪。

同甫名亮，永康人，以文雄浙中，自負王霸之略，而任俠豪舉。朱子往歲嘗與書，箴其義利雙行，王霸並用，且謂漢、唐行事，非三綱五常之正，以風切之。同甫有書辨難，朱子累答書，極力開諭。同甫雖不能改，未嘗不心服，每遇朱子生辰，雖居千里外，必遣人問遺，歲以爲常。至是來訪，朱子嘗曰：「海内學術之弊，不過兩説，江西頓悟，永康事功，若不極力争辨，此道無由得明。」

十二月，除知静江府、廣西經略，辭。

四年癸丑

正月，再辭。

十二月，除知潭州、湖南安撫，辭，不允。或傳是冬使人自虜中回，虜問南朝朱先生安在，答以見擢用。歸白廟堂，遂有是除。誥詞云：「十國爲連，師師是寄。矧長沙據湖湘上游，賜履甚廣，視邦選侯，尤難其人。以爾學古粹深，風節峻特，可以爲世之師；仁心仁聞，威惠孚洽，可以爲時之帥。兼是二者，往臨藩方，聲望所加，列城聳服。儒先相望，士氣方振，爾其爲朕教之；楚俗雖安，尚有凋瘵，爾其爲朕撫之。典刑所存，奚事多訓。可。」紹熙四年十二月日，中書舍人樓鑰行詞。朱子以辭遠就近，不爲無嫌，力辭。

五年甲寅

正月，再辭，詔疾速之任。

詔：「長沙巨屏，得賢爲重。往祇成命，毋執謙辭。可依已降指揮，疾速之任。」

會洞獠侵擾屬郡，恐其滋熾，遂拜命。

五月，至鎮。

在途所次，老稚攜扶來觀，夾道填擁，幾不可行。長沙士子夙知向學，及鄰郡數百里間學子雲集，朱子誨誘不倦，坐席至不能容。士俗懽動。

洞獠侵擾郡境，遣使諭降之。

猺人蒲來矢出省地作過，或薦軍校田昇可用，召問之，以爲可招，期以某日不俘以來，將斬汝。昇即以數十輩馳往，取文書相若告身者數通自隨，諭以禍福。來矢喜，聽命，遂并其妻子俘以至，官給衣冠，引赦不誅。

改建嶽麓書院。

書院本樞密劉公、南軒先生之舊，久而廢墜，乃更擇爽塏之地而新之，别置員額，以待不由課試而入者，其廩給與郡庠等。朱子常窮日之力治郡事，夜則與諸生講論問答，略無倦色，每訓以切己務實之學，懇惻至到，聞者感動。

奏請飛虎軍隸本路節制，從之。

以本路别無軍馬，唯賴飛虎軍以壯聲勢，而乃遥隸襄陽，不便，故以爲請。

六月，申乞歸田，不允。

時孝宗陞遐，朱子哀慟不能自勝。又聞光宗以疾不能執喪，中外洶洶憂懼，遂有此陳。

七月，寧宗即位，召赴行在奏事，辭。

先是蜀人黄裳爲嘉邸翊善，善講説開導，上學頓進。一日，光宗宣諭曰：「嘉王進學，皆卿之功。」裳謝，因進曰：「若欲進德修業，追蹤古先哲王，則須尋天下第一等人乃可。」光宗問爲誰，對曰朱熹。或言長沙之命亦頗由此。彭龜年繼爲宫寮，因講魯莊公不能制其母，云：「母不可制，當制其侍御、僕從。」上問：「此誰之説？」對曰：「朱熹之説。」自後每講，必問朱熹之説云何。蓋傾心已久，故履位之初，首加召用。

考正釋奠禮儀，行於郡。

先是漳州任内，嘗列上釋奠禮儀，得請施行。既去官，復格不下，至是下之。時召還奏事，又苦目眚，乃力疾(窮)〔躬〕爲鈎校，删剔猥穰，定爲數條，頒行巡内

州邑，僅畢而行。

立忠節廟。

東晉王敦之亂，湘州刺史、譙閔王司馬承起兵討賊，不克而死。紹興初，金賊犯順，通判潭州事孟彦卿、趙民彦督兵迎戰，臨陣遇害。城陷之日，將軍劉玠、兵官趙聿之巷戰，罵賊不屈而死。五人皆以忠節歿於王事，而從前未有廟貌，乃於城隍廟内創立祠堂，肖象祀之。又請於朝，賜廟額曰忠節。

八月，除煥章閣待制，兼侍講，再辭不允，仍趣令疾速供職。

誥詞云：「朕初承大統，未暇他圖，首闢經帷，詳延學士。眷儒宗之在外，頒召節以趣歸，徑登從班，以重吾道。具位朱熹，發六經之藴，窮百氏之源。其在兩朝，未爲不用，至今四海，猶謂多奇。擢之次對之班，處以邇英之列，若程頤之在元祐，若尹焞之於紹興。副吾尊德樂義之誠，究爾正心誠意之説，豈惟慰滿於士論，且將增益於朕躬。非不知政化方行，師垣有賴。試望之於馮翊，不如寘之本朝；召賈傅於長沙，自當接以前席。慰茲渴想，望爾遄驅。可。」紹熙五年八月日，黄由行詞。朱子初辭奏事之命，兼旬不報，遂東歸。道中忽被除命，以爲超躐不次之除，不免冒昧之譏，乞仍舊奉祠，辭至再，且云：「陛下嗣位之初，方將一新庶政，所宜愛惜名器，若使倖門一開，其弊豈可復塞？至於博延儒臣，專意講學，蓋將求所以深得親懽者，爲建極導民之本；思所以大振朝綱者，爲防微慮遠之圖。顧問之臣，實資輔養，用人或謬，所繫非輕。」蓋朱子在道，聞南内朝禮尚闕，近習已有用事者，故預有是言。

九月晦日，至自長沙，次於郭外。

先是，朱子行至上饒，聞以内批逐首相，有憂色。學者問其故，曰：「大臣進退，亦當存其體貌，豈宜如此！」或謂此蓋廟堂之意，曰：「何不風其請去而後許之。上新立，豈可(道)〔導〕之使輕逐大臣耶？」及至六和塔，永嘉諸賢俱集，各陳所欲施行之策，紛紜不決。朱子曰：「彼方爲几，我方爲肉，何暇議及此哉！」蓋是時近習用事，御筆指揮皆已有端，故朱子憂之。

十月朔，乞且帶舊職奏事。次日，入國門，越日，奏事行宫便殿。

其略曰：天運艱難，國有大咎，所謂天下之大變，而不可以常理處也。太皇太后躬定大策，皇帝陛下寅紹丕圖，所謂處之以權，而庶幾不失其正者。亦曰陛下之心，前日未嘗有求位之計，今日未嘗忘思親之懷耳。充吾未嘗求位之心，則可以盡吾負罪引慝之誠；充吾未嘗忘新之心，則可以致吾温清定省之禮。如此而大倫可正，大本可立矣。」次言爲學之道，莫先於窮理，而窮理之要，必在於讀書；讀書之法，莫貴於循序而致精，而致精之本，則又在於居敬而持志。此不易之理也。其三劄皆言湖南事宜。初朱子行至宜春，門人廬陵劉黻遮見，請曰：「先生是行，上虚心以待，敢問其道何先？」曰：「今日之事，非大改更不足以悦天意，服人心。然天下無不可爲之時，人主無不可進之善，吾知竭吾誠，盡吾力耳，外此，非吾所能預計也。」

辭新除職名，不允。

奏事後，面納劄子，辭職名，有旨依已降指揮，不允。又申省，以爲未得進説，而先受厚恩，萬一異時未效涓埃，而疾病不支，遂竊侍從職名而去，則臣死有餘罪。上手劄：「卿經術淵源，正資勸講，次對之職，勿復牢辭，以副朕崇儒重道之意。」乃拜命。

上《孝宗山陵議狀》。

趙彦逾按視山陵，謂土肉淺薄，掘深五尺，下有水石，旋改新穴，視舊僅高尺餘。孫逢吉覆按，亦乞少寬日月，别求吉兆。有旨集議，臺史憚之，議遂中寢。朱子乃上《議狀》，言壽皇聖德神功，宜得吉土，以奉衣冠之藏。當廣求術士，博訪名山，不宜偏信臺史罔上誤國之言，固執紹興坐南向北之説，委之水泉砂礫之中，殘破浮淺之地。不報。

辛丑，受詔進講《大學》。

故事，講筵每遇隻日，早晚進講，及至當日或值假故，即行權罷。又大寒大暑，亦繫罷講月分。乃奏乞除朔、望、旬休及過宫日外，不以寒暑、雙隻月日諸色假故，並令逐日早晚進講，從之。朱子每講，務積誠意，以感悟上心。以平日所論著者敷陳開析，坦然明白，可舉而行。講畢，有可以開益聖德者，罄竭無隱，上亦虚心嘉納。

差兼實録院同脩撰，再辭，不允。

更化覃恩，授朝請郎，賜紫金魚袋。

誥詞云：「學先王之道，而明於當世之務，三仕三已，義不苟合，天下高之，蓋累朝之所嘉嘆而不忘也。長沙謀帥，强爲時起，肆予初政，式遄其歸，於以勸講，朕將虚己聽焉。爰因大賚，序進闕秩，雖曰舊章，亦冀樂告。可。」紹熙五年十月，中書舍人陳傅良行詞。

乙巳，晚講，乞令後省看詳封事。

時以雷雨之異，下詔求言。因奏：登極之初，獻言者衆，乞令後省官看詳，擇其善者，條上取旨施行，庶聞者知勸，直言日聞。詔差沈有開、劉光祖看詳，限十日奏聞。

奏乞三年内賀禮並免。

（端）〔瑞〕慶聖節前一日晚，閤報來日百官稱賀。朱子欲不出，不可，乃草劄子，明日立班投進。有旨卻賀表不受。末復請：三年内賀禮並免，節序進名奉慰。

庚戌，講筵留身，奏四事。

時有旨修葺東宫三數百間，而諫臣黄度將論近習，遽以特批逐之。朱子不勝憂慮，乃具奏四事，其略曰：「上帝震怒，災異數出，畿甸百姓，饑餓流離，太上皇帝未有進見之期，而壽皇在殯，因山未卜，几筵之奉，不容少弛。太皇太后、皇太后皆以尊老之年，煢然憂苦，晨昏之養，尤不可闕。不宜大興土木，以適安便。又壽康定省之禮，所宜下詔自責，頻日繼往。至於朝廷紀綱，尤所當嚴。今進退宰執，移易臺諫，皆出於陛下之獨斷。中外傳聞，皆謂左右或竊其柄，而其所行，又未能盡允於公議。至於攢宫之卜，偏聽臺史謬妄之言，但欲於祐思諸陵之旁，趲那遷就，苟且了當。既不爲壽皇體魄安寧之慮，又不爲宗社血食久遠之圖。臣願陛下首罷修葺東宫之役，而以其工料回就慈福、重華之間，草創寢殿一二十間，使粗可居。及過宫之日，願暫變服色，望見太上皇帝，即當流涕伏地，抱膝吮乳，以伸負罪引慝之誠。及深詔左右，勿預朝政。而凡號令之弛張，人材之進退，則一委之二三大臣，使之較量，勿狥己見。若夫山陵之卜，亦望先寬七月之期，次黜臺史之説，别求草澤，以營新宫，使壽皇之遺體得安於内，則宗社生靈皆蒙福於外矣。此四事，皆今日最急之務，切乞留神，反復思慮，斷而行之。」上爲之感動，然卒無所施行。

閏月朔，編次講章以進。

朱子進講，數論及《盤銘》、《丹書》，復編次成帙以進。上（書）〔喜〕，且令點句來聞。他日請問，上曰：「宫中常讀之，其要在求放心耳。」朱子頓首謝，因復奏疏勉上進德，其言：願陛下日用之間，語默動静，必求放心以爲之本，而於玩經觀史已用力處，益用力焉。數召大臣切劘治道，即陳今日要務，略如仁祖開天章閣故事。至於群臣進對，亦賜温顔，反復詢訪，以求政事之得失，民情之休戚，而又因以察其人材之邪正短長，庶於天下之事各得其理。所以推廣上意焉。」朱子退，謂門人曰：「上可與爲善，顧常得賢者輔導，天下有望矣。」

請修嫡孫承重之服。

略曰：「禮經勑令，子爲父，嫡孫承重爲祖父，皆斬衰三年。蓋嫡子當爲父後，以承大宗之重，而不能襲位以執喪，則嫡孫繼統以代之，義當然也。漢文短喪之後，千有餘年，莫能釐正，及我壽皇聖帝至性孝誠，易月之外，猶執通喪，超越千古拘攣牽制之弊，甚盛德也。間者遺詔初頒，太上皇帝偶違康豫，不能躬就喪次。陛下實以世嫡之重，仰承大統，則所謂承重之服，著在禮律，所宜一遵壽皇已行之法，易月之外，日以布衣布冠視朝聽政，以代太上皇帝躬執三年之喪。而一時倉卒，不及詳議，遂用漆紗淺黄之服，不惟上違禮律，無以風示天下，且將使壽皇已行之禮，舉而復墜，臣竊痛之。然既往之失，不及追改，惟有將來啓殯發引，禮當復用初喪之服。欲望陛下仰體壽皇聖孝成法，明詔禮官稽攷禮律，預行指定。」詔禮官討論。後不果行。按：書奏藁後云：「嫡孫爲祖，禮經無文，但《傳》云：父殁而爲祖後者服斬。本條下疏中，有諸侯父有廢疾不任國政不任喪事之問，而鄭荅以天子諸侯之服皆斬之文，方見父在而承國於祖之服。向來入此文字時，無文字可撿，歸來稽攷，始見此説，方得無疑，乃知學之不講，其害如此。」

上《廟祧議》。

孝宗將祔廟，禮官初請祧宣祖而祔孝宗，繼復有請并祧僖、宣二祖，而正太祖東向之位者。宰相趙汝愚素主此説，給舍樓鑰、陳傅良皆附和之。癸亥，當集議，朱子度難以口舌争，乃辭疾不赴，而入《議狀》條其不可者四，復引大儒程頤之説，以爲物豈無本而生者？今日天下基本蓋出僖祖，豈可謂無功德？併其説上之，宰相不聽，復奏疏論之，臺諫因乞且依禮官初議，樓鑰獨乞主併祧之説。丙寅，得旨：來日内引。丁卯，入對，賜食，上問外事人才畢，請宣引之旨，上於榻後取文書一卷，曰：「此卿所奏廟議也，可細陳其説。」初，朱子既被旨，恐上必問及，乃取所論畫爲圖本，貼説詳盡。至是，出以陳奏，久之，上再三稱善，且曰：「僖祖乃國家始祖，高宗、孝宗、太上皇帝俱不曾祧，今日豈可容易？可於榻前撰數語，俟徑批出施行。」朱子方懲内批之弊，因乞降出劄子，再令臣僚集議，上亦然之。既退，即以上意喻廟堂，則聞已毁僖、宣廟，而更創别廟，以祀四祖矣。時相既以王安石之論爲非，異議之徒，忌其軋己，藉以求勝，事竟不行，天下恨之。

准告，封婺源縣開國男，食邑三百户。

戊辰，入史院。

朱子以實録院略無統紀，脩撰官三員，檢討官四員，各欲著撰，不相統攝，所脩前後往往不相應。嘗與衆議，欲以事目分之，屬之六部，吏部專編差除，禮部專編典禮，刑部專編刑法，須依次序編排，各具首末，然後類聚爲書，方有條理。又如一事而紀載不同者，須置簿抄出，與衆會議，然後去取，庶幾存得案底在。時檢討官不從。

丙戌，詔除寶文閣待制、知江陵府、湖北安撫，辭。

是日，晚講留身，申言前疏，乞賜施行。既退，即降御批：「朕憫卿耆艾，方此隆冬，恐難立講，已除卿宫觀，可知悉。」宰相趙汝愚留御劄固諫，内侍王德謙徑遣付下，因即附奏以謝。樓鑰、鄧驛、劉光祖、陳傅良皆争留之，不可。有旨除寶文閣待制，與州郡差遣。遂行，道除知江陵府，辭，不允。他日，工部侍郎黄艾因對問所以逐朱熹之驟，上曰：「始除熹經筵爾，今乃事事欲與聞。」吏侍孫逢吉亦因講《權輿》之詩，反復以諷，上曰：「朱熹所言，多不可用。」初，韓侂胄自謂有定策功，且依托肺腑，出入宫掖，居中用事。朱子聞之，惕然以爲憂，因辭免職名，已微寓其意。及進對，再三面陳之，又約吏部侍郎彭龜年請對，白發其奸。龜年出護使客，侂胄益得志。朱子又數以手書遺生徒密白丞相，當以厚賞酬其勞，勿使得預朝政。丞相方謂其易制，所倚以爲腹心謀事之人，又皆持禄苟安，無復遠慮。朱子獨懷忠憤，因講畢奏疏極言之，侂胄大怒，陰與其黨謀去之，而一時争名之流，亦潛有巷間之意，由是侂胄之計遂行。朱子既去國，彭龜年遂攻侂胄，因奏曰：「正緣陛下近日逐得朱熹太暴，故亦欲陛下亟去此小人。」既而省劄直批龜年與郡。侂胄由此聲勢益張，群憸附和，并疑及丞相，視正士如深仇。衣冠之禍，蓋始此云。

十一月，還考亭，復辭前命，仍乞追還新舊職名。

初還，過玉山，邑宰司馬邁請爲諸生講説，辭不獲，乃就縣庠賓位，因學者所請問而發明道要，聞者興起。邁刻講義一篇以傳於世。及抵家，遂力辭新命。

十二月，詔依舊煥章閣待制、提舉南京鴻慶宫。

誥詞云：「從欲者，聖人之仁；尚謙者，君子之行。眷我執經之老，辭夫次對之榮。既諒忱誠，其頒茂命。以爾心耽墳典，性樂丘樊，被累朝之特招，稱疾屢矣；於十連而趣召，肯起翻然。既陪東學之遊，兼侍西清之邃。見卿幾晚，方善桓榮之説書；高論未聞，遽若貢生之懷土。仍夫華職，秩以真祠，蓋彰優老之風，且示隆儒之意。逮兹累歲，始復有陳，前受之是，今受之非，誰能無惑？大遜如慢，小遜如僞，夫豈其然！顧而務徇於名高，在我詎輕於爵馭，俾解禁嚴之直，復居論著之聯。雖雅志之勉從，在至懷而良咈。噫！厭承明勞侍從，既違持槖之班；歸鄉里授生徒，往究專門之業。其祗予訓，用蹈於中。可依舊秘閣脩撰，宫觀差遣。」慶元元年十一月日，中書舍人傅伯壽行詞。

竹林精舍成。

朱子既歸，學者甚衆。至是精舍成，率諸生行釋菜禮於先聖，其文略曰：「恭惟道統，遠自羲、軒。集厥大成，允屬元聖。維顔曾氏，傳得其宗。逮思及孟，益以光大。自時厥後，口耳失真。千有餘年，乃曰有繼。周、程授受，萬理一原。曰邵曰張，爰及司馬。學雖殊轍，道則同歸。俾我後人，如夜復旦。熹以凡陋，少蒙義方。中靡常師，晚親有道。載鑽載仰，雖未有聞。賴天之靈，幸無失墜。逮兹退老，同好鼎來。落此一丘，群居伊始。探原推本，敢昧厥初。」精舍規約整肅，置堂長以司之，且書其門符云：「道迷前聖統，朋誤遠方來。」後精舍更名曰滄州。

寧宗慶元元年乙卯

正月，辭舊職名，三月，又辭，並不允。

以議僖祖祧不合自劾，并累申省。有旨：「次對之職，除受已久，與廟議初不相關，依已降指揮，不得再有陳請。」轉朝奉大夫。

誥詞云：「勑：登崇俊良，固欲符於衆望；丕視功載，自難廢於彝章。雖予法從之英，亦用叙遷之典。具位受才宏遠，造道精醇。舉明主於三代之隆，夙懷此志；以六經爲諸儒之倡，務淑斯人。爵每見於辭榮，節素高於難進。載稽吏考，爰陟文階。積久以致官，恐未免如昔人之議；舉賢不待次，當有以徇天下之公。其體朕心，勿忘猷告。可。」慶元元年三月日，中書舍人鄧驛行辭。

五月，復辭職名，并乞致仕，不允。

初，侂胄即欲併逐趙相而難其辭。及是，誣以不軌，竄永州，中外震駭。大權一歸侂胄矣。侂胄本武人，志在招權納賄，士大夫嗜利無耻，或素爲清議所擯者，乃教以除去異己者，然後可以肆志。陰疏姓名授之，於是群小附和，以攻僞學。太府寺丞吕祖儉以論救丞相，貶韶州。先生自以蒙累朝知遇之恩，且尚帶從臣職名，義不容默，乃草封事數萬言，極陳姦邪蔽主之禍，因以明丞相之冤。

子弟諸生更進迭諫，以爲必自賈禍，先生不聽。蔡元定入諫，請以著決之，遇《遯》之《同人》，先生默然退，取奏藁焚之，更號遯翁，遂以疾丐休致云。

十二月，以屢辭職名，詔依舊充秘閣脩撰，宫祠如故。

先是辭職名，不允。又以嘗妄議山陵，自劾待罪，乞鐫職名，詔無罪可待。又言已罷講官，不敢復帶侍從職銜，詔從之。

是歲，《楚辭集註》成。

時朝廷治黨人方急，丞相趙公謫死於永。先生憂時之意，屢形於色，因註《楚辭》以見志。其書又有《辯證》及《後語》。

二年丙辰

二月，申省乞改正恩數。

大意言：昨來疏封錫服、封贈蔭補、磨勘轉官，皆爲已受從官恩數，請乞改正。不許。

十二月，褫職罷祠。

先是臺臣擊僞學，既榜朝堂。未幾，張貴模指論《太極圖説》之非，省闈知之。是科取士稍涉義理者，悉見黜落，士子咸避時忌，文氣日卑。門人楊道夫聞鄉曲射利者多撰造事跡，以投合言者之意，亟以書告朱子，報曰：「死生禍福，久已置之度外，不煩過慮。」久之，奸人相顧不敢發，獨胡紘草疏將上，會遷去不果。沈繼祖以追論伊川先生，得爲察官，紘因以藁授之。繼祖鋭於進取，意謂立可致富貴，遂奏乞褫職罷祠，從之。蔡元定隱居不仕，亦特編置道州。善類重足以立。是歲，作《皇極辨後記》。

是歲，始脩禮書。

名曰《儀禮經傳通解》。其書大要以《儀禮》爲本，分章附疏，而以小戴諸義各綴其後，其見於他篇及他書可相發明者，或附於經，或附於義。其外如《弟子職》、《保傅傳》之屬，又自別爲篇，以附其類。其目有《家禮》、《鄉禮》、《學禮》、《邦國禮》、《王朝禮》、《喪禮》、《祭禮》、《大傳》、《外傳》，其大體已具者蓋十七八。先是，草奏欲乞脩《三禮》，曰：「遭秦滅學，禮樂先壞，漢、晉以來，諸儒補輯竟無全書，其頗存者《三禮》而已。《周官》一書，固爲禮之綱領，至其儀法度數，則《儀禮》乃其本經，而《禮記·郊特牲》、《冠義》等篇，乃其義説耳。前此猶有《三禮》、《通禮》、學究諸科，禮雖不行，而士猶得以通習，而知其説。熙寧以來，王安石變亂舊制，廢罷《儀禮》，而獨存《禮記》之科，棄經任傳，遺本宗末，其失已甚。而博士諸生又不過採其虚文以供應舉，至於其間亦有因儀法度數之實而立文者，則咸幽冥而莫知其源，一有大議，率用耳學臆斷而已。若乃樂之爲教，則又絶無師授，律尺短長，聲音清濁，學士大夫莫有知其説者，而不知其爲闕也。臣頃在山林，嘗與一二學者考訂其説，欲以《儀禮》爲經，而取《禮記》及諸經史、雜書所載有及於禮者，皆以附於本經之下，具列註疏，諸儒之説，略有端緒。而私家無書檢閲，無人抄寫，久之未成。會蒙除用，學徒分散，遂不能就。而鐘律之制，則士友(問)〔間〕亦有得其遺意者。竊欲更加參考，别爲一書，以補六藝之闕，而亦未能具也。欲望聖明特詔有司，許臣就秘書省關借禮樂諸書，自行招致舊日學徒十餘人，踏逐空閑官屋數間，與之居處，令其編類。可以興起廢墜，垂之永久，使士知實學，異時可爲聖朝制作之助，則斯文幸甚。」會去國，不及上。

三年丁巳

别蔡元定於寒泉精舍。

前數日，朱子方與諸生講論，有以褫職之命來報者，略起視之，復坐講論如初。翼旦，諸生乃知有指揮。尋具表謝，略云：「雖補過以脩身，無及桑榆之暮景；然在家而憂國，未忘葵藿之初心。」時郡縣逮捕元定甚急，元定色不爲動。既行，朱子與嘗所游百餘人會别浄安寺，坐方丈寒暄外，無嗟勞語，坐客感嘆有泣下者。朱子微視元定不異平時，因曰：「朋友相愛之情，季通不挫之志，可謂兩得之矣。」明日，獨與元定會宿寒泉，相與訂正《參同契》，終夕不寐。次年，元定卒於舂陵，朱子爲之哀慟。元定從游最久，精識博聞，同輩皆不能及。時黨禁益譁，稍稱善類，斥逐無遺，至薦舉考校，皆爲厲禁。朱子方與同志講道於竹林精舍，不爲輟。或勸以謝絶生徒，儉德避禍者，朱子曰：「禍福之來，命也。」或又微諷先生有天生德於予底意思，卻無微服過宋之意，曰：「熹不曾上書自辨，又不曾作詩謗訕，只與朋友講習古書，説道理，更不教做卻何事。」《韓文考異》成。

四年戊午

作《書傳》。

按《大全集》止載《二典》、《禹謨》、《金縢》、《召誥》、《洛誥》、《武成》諸説數篇，及親藁百餘段具在，其他大義悉口授蔡沉，俾足成之。

十二月，引年乞休。

朱子以明年年及七十，尚帶階官，義當納禄，具申建寧府，乞保明申奏致仕。

是歲，《答李季章書》云：「親舊凋零，如蔡季通、吕子約皆死貶所，令人痛心，益無生意。所以惜此餘日，正爲所編禮傳已略見端緒而未能就，若更得年餘間未死日與了卻，亦可瞑目矣。」

五年己未

四月，有旨令守朝奉大夫致仕。

始用野服見客。

《坐位榜》略云：「滎陽吕公嘗言，京、洛致仕官與人相接，皆以閑居野服爲禮，而嘆外郡或不能然，其指深矣。又謂上衣下裳，大帶方履，比之涼衫，自不爲簡。其所便者，但取束帶足以爲禮，解帶足以燕居而已。且使窮鄉下邑，得見祖宗盛時京都舊俗其美如此，亦補助風教之一端也。」

六年庚申

三月辛酉，改《大學・誠意章》。

戊午歲，嘗與廖德明帖云：「《大學》又脩得一番，簡易平實，次第可以絶筆。」是日，改《誠意章》，午刻疾甚，不能興。先是己未夜，爲諸生説《太極圖》，庚申夜，復説《西銘》甚詳。且言：「爲學之要，惟事事審求其是，決去其非，積累久之，心與理一，自然所發皆無私曲。聖人應萬事，天地生萬物，直而已矣。」

甲子，朱子卒。

前夕癸亥，精舍諸生入問疾，告之曰：「誤諸君遠來，然道理亦止是如此，但相倡率，下堅苦工夫，牢固着足，方有進步處。」諸生退，乃作三書，一與子在，令早歸收拾遺文。一與黄榦，令更加勉力，且云：「吾道之託在此，吾無憾矣。」及令收禮書底本，踵而成之。其書界行開具逐項合脩條目，且封一卷往爲之式。一與范念德，托寫禮書。甲子，即命移寢中堂。黎明，諸生復入問疾，因請曰：「先生之疾革矣，萬一不諱，當用《書儀》乎？」朱子搖首。「然則當用《儀禮》乎？」亦摇首。「然則以《儀禮》、《書儀》參用之乎？」乃頷之。就枕，誤觸巾，目門人使正之，揮婦人無得近。諸生揖而退，良久，恬然而逝，午初刻也，享年七十有一。送終諸禮，皆遵遺訓焉。

十一月壬申，葬於建陽縣唐石里之大林谷。

會葬者幾千人。

備論

《黄震全集・黄氏日抄》卷三六《讀本朝諸儒理學書四》 至晦庵先生表章《四書》，開示後學，復作《易本義》，作《詩傳》，面授作《書傳》，分授作《禮經疏義》，且謂《春秋》本魯史舊文，於是明聖人正大本心，以破後世穿鑿《凡例》。謂《周禮》周公未必盡行，於是教學者非所宜先，於身事一句無預。提挈綱維，疏别緩急，無一不使復還古初，《六經》之道賴之而昭昭乎如揭中天之日月。其爲文也，孰大於是？宜不必復以《文集》爲矣！然其天才卓絶，學力宏肆，落筆成章，殆於天造。其剖析性理之精微，則日精月明；其窮詰邪説之隱遁，則神搜霆擊；其感慨忠義，發明《離騷》，則苦雨凄風之變態；其泛應人事，遊戲翰墨，則行雲流水之自然。究而言之，皆此道之流行，猶化工之妙造也。程夫子有言：「觀萬物而後盡化工之妙。」愚故一一伏讀之，而抄記如右。孔子，元氣也；孟子，泰山巖巖氣象也。故孟子於議論排闢之間，亦有隨時而異者，而晦庵先生似之。如荆公誤國，東坡忠讜，先生平日蓋所屢言。及汪玉山主張蘇學太過，先生則寧又以荆公爲賢？故讀先生之書者，其别有三：如《語類》，則門人之所記也；如書翰，則一時之所發也；如論著，則平生之所審定也。《語類》之所記，或遺其本旨，則有書翰之詳説在；書翰之所説，或異於平日，則有著述之定説在。然議論固至著述而定，若其欲復肉刑，恐亦不可不審。蓋天下之義理無窮，先生未嘗自足，學者所當參考而謹思。

藝文

李方子《紫陽年譜後論》 李方子曰：先生之道之至，原其所以臻斯域者，無他焉，亦曰主敬以立其本，窮理以致其知，反躬以踐其實，而敬者又貫通乎三者之間，所以成始而成終也。故其主敬也，一其内以制乎外，齊其外以養其内。内則無二無適，寂然不動，以爲酬酢萬變之主；外則儼然肅然，終日若對神明，而有以保固其中心之所存。及其久也，静虚動直，中一外融，而人不見其持守之

力，則篤敬之驗也。其窮理也，虛其心，平其氣，字求其訓，句索其旨。未得乎前，則不敢求乎後；未通乎此，則不敢志乎彼。使之意定理明，而無躁易淩躐之患；心專慮一，而無貪多欲速之蔽。始以熟讀，使其言皆若出於吾之口；繼以精思，使其意皆若出於吾之心。自表而究裏，自流而遡源，索其精微，若別黑白，辯其節目，若數一二。而又反復以涵泳之，切己以體察之。必若先儒所謂沛然若河海之浸、膏澤之潤，涣然冰釋，怡然理順，而後爲有得焉。若乃立論以驅率聖言，鑿說以妄求新意，或援引以相糾紛，或假借以相溷惑，麤心浮氣，意象匆匆，常若有所迫逐，而未嘗徘徊顧戀，如不忍去，以待其浹洽貫通之功，深以爲學者之大病。不痛絶乎此，則終無入德之期。蓋自孔孟以降，千五百年之間，讀書者衆矣，未有窮理若此其精者也。其反躬也，不覩不聞之前，所以戒懼者，愈嚴愈敬；隱微幽獨之際，所以省察者，愈精愈密。思慮未萌而知覺不昧，事物既接而品節不差。視聽言動，非禮不爲，意必固我，與迹俱泯，無所容乎人欲之私，而有以全乎天理之正。蓋語默云爲之際，周旋出入之頃，無往而非斯道之流行矣。合是三者而一以貫之，其惟敬乎？先生天姿英邁，視世之所屑者，不啻如草芥。脩然獨與道俱，卓然獨與道立，固已迥出庶物之表。及夫理明義精，養深積盛，充而爲德行，發而爲事業。人之視之，但見其渾灝磅礴不可涯涘而莫知爲之者，雖門人弟子，親炙之久，固亦莫得而形容也。姑以蠡測管窺者言之，則修諸身者，其色莊，其言厲，其行舒而恭，其坐端而直。其閒居也，未明而起，幅巾深衣，大帶方履，拜於家廟，以及先聖。退而書室，几席必正，書籍器用必整。其飲食也，羹食行列有定位，匕箸舉措有定所。倦而休也，瞑目端坐；休而起也，整步徐行。中夜而寢，既寢而寤，則擁衾而坐，或至達旦。威儀容止之則，自少至老，祁寒盛暑，造次顛沛，未嘗有須臾之離也。行於家者，奉親極其孝，撫下極其慈，閨庭之間，内外斬斬，恩義之篤，怡怡如也。其祭祀也，事無纖鉅，必誠必敬，小不如儀，則終日不樂，已祭無違禮，則油然而安。死喪之祭，哀戚備至，飲食縗絰，各稱其情。賓客往來，無不延遇，稱家有無，常盡其歡。於親故，雖疏遠必致其愛；於鄉閭，雖微賤必致其恭。吉凶慶吊，禮無所遺；賙恤問遺，恩無所闕。其自奉則衣取蔽體，食取充腹，居止取足以障風雨，人不能堪，而處之裕如也。至於入以事君，則必思堯舜其君；出以治民，則必欲堯舜其民。言論風旨之所傳，政教條令之所布，固皆可爲世法。而其考諸先聖而不繆，建諸天地而不悖，百世以俟聖人而不惑者，則以訂正羣書，立爲準則。使學者有所據依循守，以入於堯舜之道。此其勳烈之尤彰明盛大者。《語》、《孟》二書，世所誦習，爲之說者亦多，而析理未精，釋言未備。《大學》、《中庸》，至程子始表章之。然《大學》次序不倫，闕遺未補，《中庸》雖爲完篇，而章句渾淪，讀者亦莫知其條理之粲然也。先生蒐輯先儒之說而斷以己意，彙別區分，文從字順，妙得聖人之本旨，昭示斯道之標的。又使學者先讀《大學》以立其規模，次及《語》、《孟》以盡其藴奥，而後會其歸於《中庸》。尺度權衡之既定，由是以窮諸經、訂羣史以及百氏之書，則無理之不可精、無事之不可處矣。又嘗集《小學》書，使學者得以先正其操履。集《近思録》，使學者得以先識其門庭，羽翼《四子》，以相左右。蓋此六書者，學者之飲食裘葛、準繩規矩，不可以須臾離也。聖人復起，不易斯言矣。其於《易》也，推卦畫之本體，辨三聖之旨歸，專主筮占，而實該萬變，以還潔静精微之舊。其於《詩》也，深玩辭氣，而得詩人之本意；盡削《小序》，以破後儒之臆說；妄言美刺，悉就芟夷，以復温柔敦厚之教。其於《禮》也，則以《儀禮》爲經，而取《禮記》及諸經史書所載有及於禮者，皆以附於本經之下，具列注疏諸儒之說，補其闕遺，而析其疑晦，雖不克就，而宏綱大要固已舉矣。謂《書》之出於口授者多艱澀，得於壁藏者反平易，學者當沉潛反復於其易，而不必穿鑿附會於其難。謂《春秋》，正義明道，尊王賤霸，尊君抑臣，内夏外夷，乃其大義。而以爵氏名字、日月土地爲襃貶之例，若法家之深刻，乃傳者之鑿說。謂《周官》，徧布周密，周公運用天理熟爛之書。學者既通《四子》，又讀一經而遂學焉，則所以治國平天下者，思過半矣。謂《通鑑》，編年之體近古，因就繩以策牘之法，以綱提其要，以目紀其詳。綱倣《春秋》，而兼採羣史之長；目倣《左氏》，而稽合諸儒之粹。襃貶大義，凛乎烈日秋霜，而繁簡相發，又足爲史家之矩範。謂諸子百家，其言多詭於聖人，獨韓子論性，專指五常，最爲得之，因爲之考訂其集之同異，以傳于世。而屈原忠憤，千古莫白，亦頗爲發明其旨。樂律久亡，清濁無據，亦嘗討論本末，探測幽眇，雖未及著爲成書，而其大旨固已獨得之矣。若夫析世學之繆，辯異教之非，擣其巢穴，砭其隱微，使學者由於大中至正之則，而不躓於荆棘擭穽之塗，摧陷肅清之功，固非近世諸儒所能髣髴其萬一也。自夫子設教洙泗，以博文約禮授學者，顔子、曾子、子思、孟子相與守之，未嘗失墜。其後正學失傳，士各以意爲學。其騖於該洽者，既以聞見積累自矜，而流於泛濫駁雜之歸；其溺於徑約也，又謂不立文字，可以識心見性，而陷於曠蕩空虛之域。學者則知所傳矣，亦或悦於持敬之約，而憚於觀理之煩。先生身任道統，而廣覽載籍，先秦

古書，既加考索，歷代史記、國朝典章，以及古今儒生學士之作，靡不偏觀。取其所同，而削其不合；稽其實用，而翦其煩蕪。參伍辨證，以扶經訓，而詰其舛差，秋毫不得遁焉。數千年間，世道學術、議論文詞之變，皆若身親歷於其間而耳接目覩焉者。大本大根固已上達直遂，柯葉散殊亦皆隨其所至。究其所窮，條分派別，經緯萬端，本末巨細，包羅囊括，無所遺漏。故所釋諸書，悉有依據，不爲臆度料想之説。外至天文地志、律曆兵機、邊鄙中防、戰守經畫，至纖至悉，靡不洞究。下至文章字畫，亦皆高絶一世。蓋其包涵停蓄，溥博淵泉，故其出之者，自若是其無窮也。學者據經辨疑，隨問隨析，固皆極其精要。暇而辨難古今，其應如響，愈扣愈深，亹亹不絶。及詳味而細察之，則亦融貫於一理而已矣。嘗有言曰：「學者聖道未見，固必即書以窮理。苟有見焉，亦當考諸書，有所證驗而後實，有所裨助而後安。不然，則德孤而與枯槁寂滅者無以異矣，潛心大業何有哉？矧自周衰教失，禮樂養德之具，一切盡廢，而所以維持此心者，惟有書耳。詎可轥轢經傳，遽指爲糟粕而不覩乎？要在以心體之，以身踐之，而勿以空言視之而已矣。以是存心，心是克己，仁豈遠乎哉？」至於晚歲，德尊言立，猶以義理無窮，歲月有限，慊然有不足之意。洙泗以還，博文約禮，兩極其至者，先生一人而已。先生教人，規模廣大，而科級甚嚴，循循有序，不容躐等淩節而進。至於切己務實，辨別義利，毋自欺，謹其獨之戒，未嘗不丁寧懇到，提耳而極言之。每誦南軒張公「無所爲而然」之語，必三歎焉。學者即其所誦而質其疑，意有未喻，則委曲告之，而未嘗倦；問有未切，則反覆戒之，而未嘗隱。務學篤，則喜見于言；進道難，則憂形于色。講論商略，率至夜半，雖疾病支離，至諸生問辨，則脱然沉痾之去體，一日不講學，則惕然常以爲憂。晚見諸生繳繞於文義之間，深慮斯道之無傳，始頗指示本體，使深思而自得之，其望於學者益切矣。嗚呼！道之在天下未嘗亡也，而統之相傳，苟非其人，則不得而與。自孟子没千有餘年，而後周、程、張子出焉。歷時未久，浸失其真。及先生出，而後合濂溪之正傳，紹鄒魯之墜緒，前聖後賢之道，該徧全備，其亦可謂盛矣。蓋昔者《易》更三古，而溷於《八索》，《詩》《書》煩亂，《禮》《樂》散亡，而莫克正也。夫子從而贊之定之，删之正之，又作《春秋》，《六經》始備，以爲萬世道德之宗主。秦火之餘，《六經》既已爛脱，諸儒各以己見妄穿鑿爲説，未嘗有知道者也。周、程、張子，其道明矣，然於經言未暇釐正。一時從遊之士，或昧其旨，遁而入於異端者有矣。先生於是考訂訛謬，探索深微，總裁大典，勒成一家之言，仰包粹古之載籍，下採近世之文獻，集其大成，以定萬古之法。然後斯道大明，如日中天，有目者皆可睹也。夫子之經，得先生而正；夫子之道，得先生而明。起斯文於將墜，覺來裔於無窮，雖與天壤俱弊可也。

蔡模《書朱文公年譜大略》 先生諱熹，字仲晦，姓朱氏，世居歙之黄墩。公九世祖茶院，唐天祐中，以歙州刺史陶雅之命，領卒三千戍婺源，邑民以安，因家焉。四世祖惟甫生振，振生絢，皆不仕。絢生森，少務學，不事進取，戒飭諸子淳淳以忠孝和友爲本。且曰：「吾家業儒，積德五世矣，後必有顯者。當勉勵謹飭，無墮先業。」卒贈承事郎。承事生三子，長曰松，字喬年，甫冠擢進士第，入館爲尚書郎兼史事，以不附和議去國。少以詩聞名，從豫章羅公從彦仲素遊，則聞龜山楊氏所傳河洛之學，得古先賢不傳之遺意，於是益自刻勵，痛刮浮華，以趨本實。日誦《大學》《中庸》之書，以用力於致知誠意之地。自謂卞急害道，因取古人佩韋之義名其齋以自警，世號韋齋先生。次檉。季槔，負軼不肯俯仰於世，有詩高遠近道，號《玉瀾集》。韋齋娶同郡祝氏，封孺人，贈碩人，慈順孝謹。生三子，伯仲皆夭，季則先生。其淵源有自來矣。謹以家世本末具著右方，而表年系事序次如左。

張洪《朱子讀書法序》 聖賢之書，聖賢之言也；聖賢之言，聖賢之意也。學者學爲聖賢而已，既爲聖賢之學，必將因其言以求其意。得其言而未得其意者有矣，未有不得其言而得其意者也。傳説之告高宗曰：「學於古訓乃有獲。」吾夫子亦曰：「好古敏以求之。」「何必讀書然後爲學」，見哂於聖門也宜哉！「皐夔所讀何書？」世率以斯言藉口，豈知帝王盛時化行俗美，凡塗歌里詠之所接、聲音采色樂舞之所形、灑掃應對冠昏喪祭之所施，莫非修道之教，固不專在書也。三代而下，古人養德之具一切盡廢，所恃以植立人極者，唯有書耳。此書之不可不讀也。然讀聖賢之書者爲不少矣，鮮能至於聖賢者，讀之無其法也。漢唐説義理如説夢，其閒大儒，言正心而不及誠意，言誠意而不及致和格物。法之未立，學者將安適從乎？故以了悟爲高者，直謂格言大訓爲胸中之障礙，書且無取，何取於法？以記覽爲工者，又不過誇多鬭靡，務以榮華其言，希世取寵而已，法於何有？有過有不及，等之爲無得於道也。不有先覺，何以淑其後？紫陽夫子生於建炎庚戌，上符洙泗之運，遠紹濂洛之傳，吐辭爲經，家藏人誦，言滿天下，皆法言也。然門人輔公所編讀書之法，所以呼迷塗而飭稚昧者，尤爲深切著明。甲寅便殿奏疏，拳拳以爲食芹之獻，直謂：「此愚臣平生艱難辛苦已試之

效，雖帝王之學，無以易之。」豈苟云乎哉？洪嘗與親長德勝齊君增多而臚列之，鄉友王君復盡索紫陽諸書，倣爲後編，輒又同爲之編定。於是首尾具備，條貫秩然。學者儻慨然知俗學之可厭、聖學之可傳，於文公之法信之篤、行之果，使精神之胥契，如師友之相逢。以此而讀書，其亦異乎人之讀書矣。聖賢之意如日杲杲，豈待單傳密付而後有得於道哉！咸淳乙丑，洪分教四明，齊君適遊東浙，益相與商榷是正，其書乃成。嘗謂此書之行，可使人人知道、人人爲聖賢。而受用之淺深，則在夫人信向之分數耳。洪一日袖呈師帥大參西澗先生。先生捧誦驚喜，謂足爲後學指南，不負儒先真切誨人之意，助費召匠，亟命鋟梓，與學者共之。吁！聖人復起，不易文公之言；文公可作，所以誨人者不過如此。此義之存，上帝臨汝，是又非學者爲聖賢之一助乎？盍相與懋敬之哉！雖然，文公嘗謂學不是讀書，不讀書又不知所以爲學之道，此語殆有深意。昔潘氏《磨鏡帖》云：「僕自喻爲昏鏡，喻書爲磨鏡藥。」當用此藥揩磨塵垢，使通明瑩徹而後已。若積藥鏡上而不施揩磨之功，反爲鏡累，豈非道理合下皆具，用力之久，一旦豁然貫通焉，反身而誠，萬物皆備，豈拘拘尋行數墨間哉！因取晦庵《觀書有感》二詩附於編首，以發言外之意云。丙寅孟春後學鄱陽張洪拜手書於鄞泮。

蔡模《文公朱先生感興詩注跋》 古今之書，惟《詩》入人最易、感人最深，《三百篇》之後，非無能詩者，不過詠物陶情，舒其蕭散閑雅之趣而已。獨朱子奮然千有餘載之後，不徒以詩爲詩，而以理爲詩，齋居之《感興》是也。蓋以理義之奧難明，詩章之言易曉，難明者難入而難感，易曉者易入而易感也。朱子切於教人，故特因人之易入易感者，以發其所難入難感者耳。今誦其詩，包羅衆理，總括萬變，排闢異端，又皆正其本而探其原。模之不敏，總角常侍先君讀之。優游諷詠之久，不覺手舞足蹈之意，然亦懵然未曉其爲何説也。先君間因其憤悱而啓發之，似有所見。近因弟杭試邑樵川，寄示瓜山潘丈箋本，積日吟誦。猶或恨其箋注之間若有未盡者，隨筆抄記，不覺成帙，用以求正於有道，正温公所謂揚子作《玄》，本以明《易》，非敢別爲一書，以與《易》競之意也。同志之士，其亦有以識予之心者乎哉？嘉熙丁酉仲春望日模書。

魏了翁《鶴山先生大全文集》卷五四《朱文公年譜序》 天生斯民，必有出乎其類者爲之君師，以任先覺之責。然而非一人所能自爲也，必並生錯出，交修互發，然後道章而化成。是故有堯、舜則有禹、皋陶，有湯、文則有伊尹、萊朱、大公望、散宜生，各當其世。觀其會通以盡其所當爲之分，然後天衷以位，人極以立，萬世之標準以定。雖氣數詘信之不齊，而天之愛人，閱千古如一日也。自比閭節授之法壞，射飲讀法之禮無所於行，君師之枋移於孔子，則又有冉、閔、顔、曾羣弟子左右羽翼之，微言大義，天開日揭，萬物咸睹。自孔子没，則諸子已有不能盡得其傳者，於是子思、孟子又爲之闡幽明微，著嫌辨似，而後孔氏之道歷萬世而亡敝。嗚呼，是不曰天之所命而誰實爲之！秦、漢以來，諸儒生於籍去書焚、師異指殊之後，不惟孔道晦蝕，孟氏之説亦鮮知之。千數百年間，何可謂無人，則往往孤立寡儔，倡焉莫之和也，絶焉弗之續也。乃至國朝之盛，南自湖湘，北至河洛，西極關輔，地之相去何翅千有餘里，而大儒輩出，聲應氣求，若合符節。曰極曰誠，曰仁曰道，曰中曰恕，曰性命，曰氣質，曰天理人欲，曰陰陽鬼神，若此等類，凡皆聖門講學之樞要，而千數百年習浮踵陋，莫知其説者，至是脱然如沈痾之間、大寐之醒。至于吕、謝、游、楊、尹、張、侯、胡諸儒切磋究之，分別白之，亦幾無餘藴矣。然而絶之久而復之難，傳者寡而咻者衆也。朱文公先生始以强志博見，凌高厲空，自受學延平李子，退然如將弗勝，於是斂豪就實，反博歸約。迨其蓄久而思渾，資深而行熟，則貫精粗，合外内，羣獻之精緼，百家之異指，毫分縷析，如眡諸掌。張宣公、吕成公同心協力，以閑先聖之道，而僅及中身，論述靡竟。惟先生巋然獨存，中更學禁，自信益篤。蓋自《易》《詩》《中庸》《大學》《論語》《孟子》，悉爲之推明演繹，以至三《禮》《孝經》，下迨屈、韓之文，周、程、邵、張之書，司馬氏之史，先正之言行，亦各爲之論著，然後帝王經世之規，聖賢新民之學，粲然中興。學者習其讀，惟其義，則知三才一本，道器一致。幽探乎無極太極之妙，而實不離乎匹夫匹婦之所知；大至於位天地、育萬物，而實不外乎暗室屋漏之無愧。蓋至近而遠，至顯而微，非若棄倫絶學者之慕乎高而諱衆取寵者之安於卑也，猗其盛與！吾友李公晦方子嘗輯先生之年行，令高安洪史君友成爲之鋟木以壽其傳，高安之弟天成屬予識其卷首。嗚呼，帝王不作而洙泗之教興，微孟子，吾不知大道之與異端果孰爲勝負也。聖賢既熄而關洛之學興，微朱子，亦未知聖傳之與俗學果孰爲顯晦也。韓子謂孟子之功不在禹下，予謂朱子之功不在孟子下。予生也後，雖不及事先生，而與公晦及輔漢卿廣昔者嘗共學焉，故不敢以固陋辭。

黄榦《朱子全書・勉齋先生黄文肅公文集》卷三六《晦庵朱先生行狀成告家廟文》 榦竊惟先生之道高明廣大，非後學所可摹寫；榦之鄙陋愚暗，尤不足以仰窺萬一。固不當冒昧執筆，以爲先生之玷。伏念先生資禀學問、道德行業，學

焉而知之者蓋少，知而能盡其蘊者又加少。老成前輩凋零殆盡，既無所考訂，而歲月浸久，傳訛襲舛，則上無以明先生之道，下反以啓後學之疑，此其獲罪，又豈但不揣分量而已哉！於是追思平日聞見，定爲草稿，以求正於四方之朋友，如是者十有餘年。一言之善則必從，一字之非則必改。遷就曲從者間或有之，褊愎自任者則不敢也。蓋合朋友之見止於如此，則亦稍足以自信。至其甚不可從者，隱之於心而不安，質之於理而或悖，則尤足以見知德者鮮，而《行狀》之作不容以自已也。《行狀》成於丁丑之夏，然猶藏之篋笥，以爲未死之前，或有可以更定者，如是者又四年。今氣血愈衰，疾病愈甚，度不能有所增損矣。謹繕寫一通，遣男輅白之家廟，而併布其僭妄不得已之愚。撫卷興悲，涕淚如雨。

黄榦《朱子全書・勉齋先生黄文肅公文集》卷三六《辭晦庵先生墓文》 榦至愚極陋之人，先生不鄙而收教之，涵淹卵育於困窮惸獨之餘，父兄之於子弟不是過也。先生不以是爲有德於榦，榦亦不敢以是而歸德焉。理義之淵微，問學之精密，顔曾之於洙泗，尹謝之於伊洛，皆一世大賢也，而後有聞焉，榦獨何人，而在摳趨之列耶！公平正大者先生之心，剛毅勇決者先生之氣，嚴威儼恪者先生之容，精深廣博者先生之學，耳濡目染、朝薫夕炙者三十年，榦獨何人，而獲親道德之粹耶！既示之以精微，復開之以博大，既廣之以聞見，復約之以踐行。扶而掖之，惟恐不進；培而植之，惟恐不立，榦獨何人，而受此生成之賜耶！空谷春遊，虚堂夜坐，一行之孚，一言之契，未嘗不欣然以喜。至於末年之咐囑，將殁之叮嚀，則戚戚然大義之乖、微言之絶也，榦獨何人，而當此期望之厚耶！先生棄諸生二十有一年，榦也不能安貧自守，而仰禄於州縣，黽勉王事，固不敢違先生之訓，然講習之功廢於朱墨，持守之志奪於應酬，歲月蹉跎，而老及之矣。朝廷憫其衰病，畀之祠廩而予之歸。杜門省過，翻閲舊學，而神識昏眊，疾病支離，追念初心，涕零如雨。何先生愛遇之厚，而榦之負先生乃至此耶！師儒難於並世，歲月不可再得，惟有抱終身心恨而已矣。自今未死之日，尚當勉策疲駑，不敢自怠，居敬集義，致知力行，體之於身，以勉同志，庶幾收桑榆涓埃之益，尚可見先生於九泉之下耳。榦深願一拜先生之墓，然後退而待盡。數月以來，痰作於上，氣痞於下，恐一旦遂溘先朝露，謹遣男輅告於墓下，惟先生其鑒之。

黄榦《勉齋先生黄文肅公文集》卷三六《祭晦庵朱先生文》 吁嗟斯文，有廢有興。其廢也，三綱淪而九法斁；其興也，大經正而大誼明。是其所關，豈不甚重，而夫子胡乃一疾而隕其生？若昔孔孟，迄於周程，異世相望，各以道鳴。迨去古之益遠，當異説之縱横，其精微之藴，既不可得而見，幸而託諸文字之閒者，亦且踵訛承舛，而莫見其全經。自夫子之繼作，集累聖之大成。其知生知，其行安行。其襟懷灑然，光風而霽月；其言動肅然，左矩而右繩。望之者雖憚其貌莊而言厲，即之者常樂其心和而氣平。資本高明，而志道益遠；性實通敏，而索理益精。主敬以立本，而動静無閒；格物以致知，而毫釐畢呈。大而察諸天地陰陽之變，遠而驗諸古今事物之情。仁義禮智，不離五性之所賦；灑掃應對，洞見一理之所形。其精義入神，既有自然之權度；則窮經考古，莫不炳然如日星。謂《中庸》爲造道之閫奥，謂《大學》爲入道之門庭。究本義以言《易》，而深得卜筮之旨；黜《小序》以《正詩》，而力辨雅鄭之聲。探《語》《孟》之編，而如對鄒魯之問答；述周程之書，而一新濂洛之典型。至於星曆地志、曲藝小數，不可以悉究；騷人墨客，窮年卒歲，僅見其可稱。莫不折之以理，而各造其極。蓋亦得之於天命，而非學可能。信本深而形鉅，故末茂而聲宏。其立朝也，危言正色，屢形於感慨；其臨政也，仁民利物，一本於哀矜。立綱陳紀，而不爲苟簡之計；摧奸摘伏，而不求姑息之名。當就而就，不事乎矯激；可止而止，力辭夫寵榮。積者厚而施自退，身雖否而道則亨。婆娑丘園，湛若無營。上以尋墮緒之茫茫，下以警聵俗之冥冥。諸老先生，咸資於質正；後學小子，幸得於師承。肆逃禪之論者，莫能以惑世；騁雜伯之説者，不容於抗衡。傳聖統以繼絶學，正人心而息邪説，夫子之功大矣！則一存一亡，豈不有繫於斯世之重輕？嗚呼蒼天，曾是莫聽！曷不百年，大命以傾？榦丙申之春，師門始登。誨語諄諄，情猶父兄。春山朝榮，秋堂夜清。或執經於坐隅，或散策於林坰。或談笑而春容，或切至而叮嚀。始受室於潭溪，復問舍於星亭。庶依歸以終老，指河山以爲盟。胡睽離之未幾，忽夢奠乎兩楹？奉疾革之貽書，對使者而涕零。亟奔走以來歸，乃獨睹乎丹旐。悵此生之疇依，魂欲絶而復醒。念屬託之至重，豈綿力之能勝？想音容而奉遺書，敢不蚤夜以服膺！惟力策乎駑鈍，庶無愧於英靈。奠卮酒以陳辭，尚有鑒於微誠。

黄榦《勉齋先生黄文肅公文集》卷三六《又祭晦庵朱先生文》 嗚呼先生，百世之師。天啓我人，篤生於兹。海内之士，聞風以馳，垂橐而來，稛載而歸。榦於朋儕，質劣志卑。憫其鈍頑，誨誘孜孜。既養其端，復發其知。既揉其偏，復克其私。燕申則侍，步趨則隨。適來則喜，已去則悲。别不踰年，書不越時。父生師教，天覆地持。二十五年，恩絶等夷。嗚呼曷辜，而不慭遺？日月推遷，窀

穸有期。夜臺冥冥，藏棺菽帷。海内之士，齎咨涕洟。使幹之愚，倀倀何之？孰策其慵，孰指其迷？孰顧孰瞻，孰叩孰咨？維今之春，升堂摳衣。笑語温温，神完氣微。鄉人見招，意不忍違。命曰汝行，我志未衰。閩山荔枝，其實離離。我以扁舟，訪汝以嬉。自春徂冬，如慕如疑。誰知此言，終天永辭！前有書堂，燕居怡怡。後有精廬，諸生焉依。有園有池，清溪之湄。履迹雖存，音容莫追。獨有遺書，千古具垂。句索字尋，口誦心維。亦有良朋，攝以威儀。有善相聞，有過相規。毋誘於利，毋蹈於非。毋溺於安，毋憚於危。庶幾師門，涓埃是裨。靈輀啓行，清酒一巵。撫棺長號，天乎痛哉！

蔡沈《朱文公夢奠記》 慶元庚申三月初二日，先生簡附葉味道來約沈下考亭，當晚即與味道至先生侍下。是夜先生看沈《書集傳》，説書數十條及時事甚悉。精舍諸生皆在，四更方退，止沈宿樓下書院且三日，先生在樓下改《書傳》兩章，又貼脩《稽古録》一段，是夜説書數十條。四日，先生在樓下商量起小亭於門前洲上。先生自至溪岸相視，陳履道載酒食於新築亭基。時溪東山間有獸聲甚異，里人在坐者云：「前後如此，鄉里輒有喪禍，然聲未常有此雄也。」是夜説書至《太極圖》。五日，先生在樓下，臟腑微利。邑宰張揆來見，有餽，先生却之，謂：「知縣若寬一分，百姓得一分之惠。」揆籍時相之勢，兇焰可畏，百姓甚苦之。是夜説《西銘》。又言：「爲學之要，惟事事審求其是，決去其非，積累日久，心與理一。」初六日，改《大學》「誠意」一章，令詹淳謄寫，又改數字，又修《楚辭》一段。午後大下，隨入宅堂，自是不能復出樓下書院矣。七日，先生臟腑甚脱，文之自五夫歸。八日，精舍諸生來問病，先生起坐，曰：「誤諸生遠來，然道理只是恁地。但大家倡率做些堅苦工夫，須牢固著脚力，方有進步處。」時在坐者，林子武、陳器之、葉味道、徐居甫、方伯起、劉成道、趙唯夫及沈與范益之，先生顧沈曰：「某與先丈病勢一般，決不能起。」沈答曰：「先人病兩月餘，先生方苦臟腑，然老人體氣易虚，不可不急治之。」蓋先生之病實與先人相似，上極熱，揮扇不輟；下極冷，泄瀉不止。先人初亦因痞結服神功丸，致動臟腑，春陵病革時常作先生書及此故也。諸生退，先生作范丈伯崇書，托寫《禮書》，且爲家孫擇配。又作直卿丈書，命收《禮書》底本，補葺成之。又作敬之書，又批與敬之早歸，收拾文字，且嘆息言：「許多年父子乃不及相見也。」夜分，命沈檢《巢氏病源》。劉擇之云：「待制脈絶已三日矣，只是精神定，把得如此分曉。」九日五更，命沈至卧内，先生坐床上，沈侍立，先生以手挽沈衣命坐，若有所欲言而不言者久之。醫士諸葛德裕來，命無語所用治，命移寢中堂。平明，精舍諸生復來問病。味道云：「先生萬一不諱，禮數用《書儀》如何？」先生摇首。益之云：「用《儀禮》如何？」先生復摇首。沈曰：「《儀禮》、《禮書》參用如何？」先生首肯之，然不能言，意欲筆寫，示左右以手板托紙進，先生執筆如平時，然力不復能運。少頃，置筆就枕，手誤觸巾，目沈正之。諸生退，沈坐首邊，益之坐足邊，先生上下其視，瞳猶炯然，徐徐開合，氣息漸微而逝，午初刻也。

是日大風破屋，左右梧桐等大木皆拔。未幾洪水，山皆崩陷，其所謂山頹木壞者歟？嗚呼痛哉！先生平年脚氣，自入春尤甚，以足溺氣痞，步履既艱，刺痛間作，服藥不效。先生謂沈曰：「脚氣發作，異於常年，精神頓衰，自覺不能長久。」閏二月，俞倅聞中自邵武赴延平，過考亭，薦醫士張修之，張至，云：「須略攻治，去其壅滯，方得氣脈流通。」先生初難之，以問劉擇之，擇之蓋素生不可攻治者。叩其用藥，擇之曰：「治粗人病爾，此豈所宜？」張執甚力，擇之不能屈。先生亦念此病，恐前後醫者止養得在，遂用其藥。初製黄芪、罌粟殻等，服之小效。繼用巴豆、三稜、莪朮等藥，覺氣快足輕，向時遇食多不下膈之病皆去。而大腑又秘結，先生再服温白丸數粒，臟腑通而泄瀉不止矣。黄芽、歲丹作一劑投之，皆不效，遂至大故。嗚呼痛哉！先君歿春陵時謂沈曰：「先生老矣，汝歸終事之。」未逾年而先生亦歿。數奇命薄，學未有聞而父師俱往，抱無涯之悲，飲終天之恨，幾何不窘苦而遂死也。嗚呼痛哉！

趙汝騰《晦庵畫像贊》 理明義精，德盛仁熟。折衷群言，如射中鵠。絶學梯航，斯文菽粟。在慶元初，中行獨復。

吴澄《吴文正公文集》卷一〇〇《晦庵畫像贊》 義理密微，蠶絲牛毛。心胸恢廓，海闊天高。豪傑之才，聖賢之學。景星卿雲，泰山喬嶽。

葉適《水心文集》卷一〇《同安縣學朱先生祠堂記》 初，新安先生朱公爲同安縣主簿，今知縣事毛君當時祀公學宫。昔孔子既修述堯、舜、三代紀法垂後世，而黄、老、申、韓之流亦各自爲書，學者蕩析畔離，苟私所受，未有博探詳考，務合本統也。及董仲舒稍推明之，與人主意合，則雜家異學始絀，而歸壹於孔氏矣。姑設禄利敺縻使從，豈道德果盡信哉！故經師句生無有知者，徒爲短狹，蔽大義而已。獨司馬遷采《論語》，發明孟子不言利，爲傳世家；孔安國解古文《論語》；揚雄數稱顔淵，篤好孟軻；小戴集記《大學》、《中庸》，鄭玄併注之；《孟子》有趙岐，《論語》又有何晏；韓愈、李翱，文人也，愈本曾參，翱尊子思矣。

噫！二千年間，萌蘖汎濫，若存若亡，而大義之難明如此！則其博採詳考，知本統所由，而後能標顔、曾、孟子爲之傳，揭《大學》、《中庸》爲之教，語學者必曰：「不如是，不足達孔子之道也。」然後序次不差而道德幾盡信矣，非程、張暨朱、吕數君子之力歟！今夫箋傳衰歇，而士之聰明亦益以放恣，夷夏同指，科舉冒沒，淺識而深守，正説而僞受，交背於一室之内，而不以是心爲殘賊無幾矣。余每見朱公極辨於毫釐之微，尤激切而殷勤，未嘗不爲之歎息也。夫學莫熟於好，道莫成於樂，顔、曾、孟子所以潛其心也；行莫如誠，止莫如善，《大學》、《中庸》所以致其義也。夷佛，疾疢也；科舉，瘰癘也；公所甚懼也。毛君嘗與余學，去而宰同安，有惠政。夫政之得民速，不如教之及民遠也。

黄榦《勉齋先生黄文肅公文集》卷一七《徽州朱文公祠堂記》 道原於天，具於人心，著於事物，載於方策，明而行之，存乎其人。聖賢迭興，體道經世，三綱既正，九疇既叙，則安且治。聖賢不作，道術分裂，邪説誣民，充塞仁義，則危且亂。世之有聖賢，其所關繫者甚大，生而榮，死而哀，秉彝好德之良心所不能自已也。堯、舜、禹、湯、文、武、周公生而道始行，孔子孟子生而道始明。孔孟之道，周、程、張子繼之；周、程、張子之道，文公朱先生又繼之。此道統之傳，歷萬世而可考也。文公徽人也，其殁也，徽之士相與言曰：「公之係兹土，吾郡之盛事也。」即郡之學繪而祠焉。太守趙君師端至，視其祠褊且狹，不足以稱邦人思慕之意，改創於講堂之北，且屬榦記之。竊惟自昔聖賢之生，率五百餘年而一遇。孟子既殁，千有五百餘年無聞焉。考其世系，則又皆中士之所生，而南方則又無聞焉。歷世之久，輿地之廣，其間豈無閎博俊偉之士，而不足以與聞斯道之傳。至我本朝，周、程、張子既相望於一時，而文公復興於未及百年之後。周子既生於春陵，而文公復生於新安，豈非治教休明，文風周浹，天運之所開，地靈之所萃，曠古之創見，而一代之極盛者歟。秦漢以來，斯道晦蝕，天理不明，人心不正，事物當然之則昧没而不彰，方策不刊之訓殘闕而將墜。周、程、張子既推明其大端，而傳訛襲舛，浸失本真。迨我文公，稟高明之資，厲强毅之志，潛心密察，篤信力行，精粗不遺，豪釐必辨。至其德盛仁熟，理明義精，歷代相傳之道粲然昭著。故雖窮鄉晚出，亦皆知有聖賢教人之旨。然則公之生於世，有功於斯道大矣。至公之殁，海内之士莫不齎咨涕洟，失所依歸，而況生長於公之故里者乎？宜其思慕不能自已。趙君大其祠宇，以慰其心也，亦宜矣哉！雖然，思其人不若尊其道，慕其迹不若師其心。今公之書既家藏而人誦之矣，惟不爲習俗之所遷，不爲利欲之所誘，居敬以立其本，窮理以致其知，躬行以踐其實，則雖越宇宙，如親見之，道之明且行，世之安且治，可冀也。此當世之所宜共勉，徽之士其可無以勉之哉！師端與其兄弟皆從遊於文公先生之門，故其爲政知所先務如此。堂成於嘉定七年八月，董其役者歙令孫某。十月朔，門人黄榦謹記。

陸九淵部

綜述

《宋史》卷四三四《陸九淵傳》 陸九淵字子靜。生三四歲，問其父天地何所窮際，父笑而不答。遂深思，至忘寢食。及總角，舉止異凡兒，見者敬之。謂人曰：「聞人誦伊川語，自覺若傷我者。」又曰：「伊川之言，奚爲與孔子、孟子之言不類？近見其間多有不是處。」初讀《論語》，即疑有子之言支離。他日讀古書，至「宇宙」二字，解者曰「四方上下曰宇，往古來今曰宙」，忽大省曰：「宇宙内事乃己分内事，己分内事乃宇宙内事。」又嘗曰：「東海有聖人出焉，此心同也，此理同也。至西海、南海、北海有聖人出，亦莫不然。千百世之上有聖人出焉，此心同也，此理同也。至於千百世之下有聖人出，此心此理，亦無不同也。」

後登乾道八年進士第。至行在，士爭從之游。言論感發，聞而興起者甚衆。教人不用學規，有小過，言中其情，或至流汗。有懷於中而不能自曉者，爲之條析其故，悉如其心。亦有相去千里，聞其大概而得其爲人。嘗曰：「念慮之不正者，頃刻而知之，即可以正。念慮之正者，頃刻而失之，即爲不正。有可以形迹觀者，有不可。以形迹觀人，則不足以知人。必以形迹繩人，則不足以救之。」初調隆興靖安縣主簿。丁母憂。服闋，改建寧崇安縣。以少師史浩薦，召審察，不赴。侍從復薦，除國子正，教諸生無異在家時。除敕令所删定官。

九淵少聞靖康間事，慨然有感於復讎之義。至是，訪知勇士，與議恢復大略。因輪對，遂陳五論：一論讎恥未復，願博求天下之俊傑，相與舉論道經邦之職；二論願致尊德樂道之誠；三論知人之難；四論事當馴致而不可驟；五論人主不當親細事。帝稱善。未幾，除將作監丞，爲給事中王信所駁，詔主管台州道崇觀。還鄉，學者輻湊，每開講席，户外屨滿，耆老扶杖觀聽。自號象山翁，學者稱象山先生。嘗謂學者曰：「汝耳自聰，目自明，事父自能孝，事兄自能弟，本無欠闕，不必它求，在乎自立而已。」又曰：「此道與溺於利欲之人言猶易，與溺於意見之人言却難。」或勸九淵著書，曰：「《六經》注我，我注《六經》。」又曰：「學苟知道，《六經》皆我注脚。」

光宗即位，差知荆門軍。民有訴者，無早暮皆得造于庭，復令其自持狀以追，爲立期，皆如約而至，即爲酌情決之，而多所勸釋。其有涉人倫者，使自毁其狀，以厚風俗。唯不可訓者，始置之法。其境内官吏之貪廉，民俗之習尚善惡，皆素知之。有訴人殺其子者，九淵曰：「不至是。」及追究，其子果無恙。有訴竊取而不知其人，九淵出二人姓名，使捕至，訊之伏辜，盡得所竊物還訴者，且宥其罪使自新。因語吏以某所某人爲暴，翌日有訴遇奪掠者，即其人也，乃加追治，吏大驚，郡人以爲神。申嚴保伍之法，盜賊或發，擒之不逸一人，羣盜屏息。

荆門爲次邊而無城。九淵以爲：「郡居江、漢之間，爲四集之地，南捍江陵，北援襄陽，東護隨、郢之脇，西當光化、夷陵之衝，荆門固則四鄰有所恃，否則有背脇腹心之虞。由唐之湖陽以趨山，則其涉漢之處已在荆門之脇；由鄧之鄧城以涉漢，則其趨山之處已在荆門之腹。自此之外，間道之可馳，漢津之可涉，坡陀不能以限馬，灘瀨不能以濡軌者，所在尚多。自我出奇制勝，徼敵兵之腹脇者，亦正在此。雖四山環合，易於備禦，而城池闕然，將誰與守？」乃請於朝而城之，自是民無邊憂。罷關市吏譏察而減民税，商賈畢集，税入日增。舊用銅錢，以其近邊，以鐵錢易之，而銅有禁，復令貼納。九淵曰：「既禁之矣，又使之輸邪？」盡蠲之。故事，平時教軍伍射，郡民得與，中者均賞，薦其屬不限流品。嘗曰：「古者無流品之分，而賢不肖之辨嚴；後世有流品之分，而賢不肖之辨略。」每旱，禱即雨，郡人異之。逾年，政行令修，民俗爲變，諸司交薦。丞相周必大嘗稱荆門之政，以爲躬行之效。

一日，語所親曰：「先教授兄有志天下，竟不得施以没。」又謂家人曰：「吾將死矣。」又告僚屬曰：「某將告終。」會禱雪，明日，雪。乃沐浴更衣端坐，後二日日中而卒。會葬者以千數，謚文安。

初，九淵嘗與朱熹會鵝湖，論辨所學多不合。及熹守南康，九淵訪之，熹與至白鹿洞，九淵爲講君子小人喻義利一章，聽者至有泣下。熹以爲切中學者隱微深痼之病。至於無極而太極之辨，則貽書往來論難不置焉。門人楊簡、袁燮、舒璘、沈焕能傳其學云。

楊簡《慈湖先生遺書》卷五《象山先生行狀》 先生姓陸，諱九淵，字子静。其先嬀姓，至齊宣王少子元侯諱通，始封平原般縣陸鄉，因以爲氏。曾孫諱烈，爲吴令，子孫遂爲吴郡吴縣人。自吴公四十世爲唐宰相文公，諱希聲，是爲先生

八世祖。七世祖諱崇，六世祖諱德遷，五代末，避地于撫州金谿。高祖諱有程，曾祖諱演，並以學行重於鄉里。祖諱戬。父贈宣教郎諱賀，生有異禀，端重不伐，究心典籍，見於躬行，酌先儒冠昏喪祭之禮，行之家，家道之整，著聞州里。母孺人饒氏，生六子，先生其季也。

先生幼不戲弄，静重如成人。三四歲時，常侍宣教公行，遇事物必致問。一日，忽問天地何所窮際，宣教公笑而不答，遂深思至忘寢食。角總經夕不脱衣，履有弊而無壞，韈至三接，手甲甚修，足跡未嘗至庖厨。常自掃灑林下，宴坐終日。立于門，過者駐望稱歎，以其端莊雍容異常兒也。五歲讀書，紙隅無捲摺。六歲侍親會嘉禮，衣以華好，却不受。季兄復齋，年十三，舉《禮經》以告，先生迺受。與人粹然樂易，然惡無禮者。讀書不苟簡，外視雖若閒暇，而實勤於考索。伯兄總家務，常夜分起，必見先生秉燭檢書。伊川近世大儒，言垂于後，至今學者尊敬講習之不替。先生獨謂簡曰：「丱角時，聞人誦伊川語，自覺若傷我者。亦嘗謂人曰：『伊川之言，奚爲與孔子孟子之言不類。』初讀《論語》，即疑有子之言支離。」先生生而清明，不可企及，有如此者。他日讀古書，至宇宙二字，解者曰「四方上下曰宇，往古來今曰宙」，忽大省曰「宇宙内事乃己分内事，己分内事乃宇宙内事」。又嘗曰：「東海有聖人出焉，此心同也，此理同也。西海有聖人出焉，此心同也，此理同也。南海北海有聖人出焉，此心同也，此理同也。千百世之上有聖人出焉，此心同也，此理同也。千百世之下有聖人出焉，此心同也，此理同也。」

乾道八年，登進士第。時考官吕祖謙能識先生之文於數千人之中，他日謂先生曰：「未嘗欵承足下之教，僅得之傳聞，一見高文，心開目明，知其爲江西陸子静也。」

其始至行都，一時俊傑咸從之游。先生朝夕應酬答問，學者踵至，至不得寐者餘四十日。所以自奉甚薄，而精神益强，聽其言，興起者甚衆。還里，遠邇聞風而至，求親炙問道者益盛。先生既受徒，即去今世所謂學規者，而諸生善心自興，容體自莊，雍雍于于，後至者相觀而化。猗歟盛哉！真三代時學校也。有一生飯次微交足，飯既，先生從容問之曰：「汝適有過，知之乎？」生略思曰：「已省。」先生曰：「何過？」對曰：「中食覺交足，雖即改正，即放逸也。」其嚴如此。先生深知學者心術之微，言中其情，或至汗下。有懷於中而不能自曉者，爲之條析其故，悉如其心。亦有相去千里，素無雅故，聞其大概而盡得其爲人。嘗有言曰：「念慮之不正者，頃刻而知之，即可以正。念慮之正者，頃刻而失之，即爲不正。有可以形迹觀者，有不可以形迹觀者。必以形迹觀人，則不足以知人。必以形迹繩人，則不足以救人。」又曰：「今天下學者，唯有兩途：一途朴實，一途議論。」嗚呼至哉！足以明人心之邪正，破學者之窟宅矣。嘗攻切問者之疵，問者不領，惡聲輒至，旁觀不能堪，而先生悠然從容，乃及他事。

淳熙元年，授迪功郎，隆興府靖安縣主簿。未上，丁繼母太孺人鄧氏憂。服闋，調延寧府崇安縣主簿。八年，少師史公浩薦先生之辭曰：「淵源之學，沉粹之行，輩行推之，而心悟理融，出於自得。」得旨都堂審察陞擢，不赴。九年，侍從復上薦，除國子正。諸生叩請，孳孳啓諭，如家居教授，感發良多。十年冬，遷勑令所删定官。同志之士相從講切不替。僚友多賢，相與問辯，大信服。先生自少時聞長上道靖康間事，慨然有感於復讐之義。至是遂訪求智勇之士與之商確，益知武事利病，形勢要害，人物短長。十一年當輪對，期迫甚，猶未入思慮，所親累請，久乃下筆，繕寫甫就，厥明即對，上屢俞所奏。修寬恤詔令，書成，有旨改承奉郎。十三年，轉宣義郎。親朋謂先生久次，宜求去。先生曰：「往時面對，粗陳大義，明主不以爲非。然條貫靡竟，統紀未終，思欲再望清光，少自竭盡，以致臣子之義。」距對五日，除將作監丞。後省疏駁，得旨主管台州崇道觀。

先生既歸，學者輻輳愈盛，雖鄉曲老長亦俯首聽誨，言稱先生。先生悼時俗之通病，啓人心之固有，咸惕然以懲，躍然以興。每詣城邑，環坐率一二百人，至不能容，徙觀寺。縣大夫爲設講坐於學宫，聽者貴賤老少，溢塞塗巷，從遊之盛未見有此。貴溪有山，實龍虎之本岡。先生登而樂之，結茆其上。山高五里，其形如象，遂名之曰象山，自號象山翁。四方學徒復大集，至數百人，從容講道，詠歌怡愉，有終焉之意。於是人號象山先生。

十六年，祠秩滿，今上登極，除知荆門軍。是年，轉宣教郎，又轉奉議郎。紹熙二年九月，初領郡事。吏以故例白：「内諸局務，外諸縣，必有揭示約束，接賓受詞分日。」先生曰：「安用是。」延見僚屬如朋友，推心豁然，論事惟理是從。先生家書有云：「每日同官稟事，衆有所見，皆得展其所懷，辯争利害於前，太守唯默聽，候其是非既明，乃從贊歎，以養其徇公之意。太守所判，僚屬却回者常有之。」先生教民如子弟，雖賤隸走卒，亦諭以理義。接賓受詞無早暮，下情盡達無壅。故郡境之内，官吏之貪廉，民俗之習尚，忠良材武與猾吏暴强，先生皆得之於無事之日。

往時郡有追逮，皆特遣人。先生唯令訴者自執狀以追，以地近遠立限，皆如期，即日處決。輕罪多酌人情，曉令解釋。至人倫之訟既明，多使領元詞自毀之，以厚其俗。唯怙終不可誨化，乃始斷治，詳其文狀，以防後日反覆。久之，民情益孚，兩造有不持狀，唯對辯求決。亦有證者，不召自至，問其故，曰：「事久不白，共約求明。」或既伏，俾各持其狀去，不復留案。嘗夜與僚屬坐，吏白有老者訴甚急，呼問之，體戰，言不可解。俾吏狀之，謂其子爲羣卒所殺。先生判翌日呈，僚屬難之，先生曰：「子安知，不至是。」凌晨追究，其子蓋無恙也，人益服先生之明。有訴遭竊，脱而不知其人，先生自出二人姓名，使捕至，訊之伏辜，盡得所竊物還訴者，且宥其罪，使自新。因語吏曰「某所某人尤暴」，吏亦莫知。翌日有訴遭奪掠者，即其人也。乃加追治，吏大驚，郡人以爲神。初保伍之制，州縣以非急務，多不檢覈，盜賊得匿藏其間，近邊尤以爲患。先生首申嚴之，姦無所蔽。有劫僧廬，鄰伍遽集，擒獲不逸一人，至是羣盜屏息。

荆門素無城壁，先生以爲此自古戰争之場，今爲次邊，在江漢之間，爲四集之地，南捍江陵，北援襄陽，東護隨郢之脅，西當光化夷陵之衝。荆門固則四鄰有所恃，否則有背脅腹心之虞。由唐之湖陽以趨山，則其涉漢之徑，已在荆門之脅。由鄧之鄧城以涉漢，則其趨山之道，已在荆門之腹。餘有間途淺津，陂陁不能以限馬，灘瀨不能以濡軌者，所在尚多。自我出奇制勝，徼敵兵之腹脅者，亦正在此。雖四山環合，易於備禦，義勇四千，疆壯可用，而倉廩藏庫之間麋鹿可至。累議欲修築子城，憚重費不敢輕舉。先生審度決計，召集義勇，優給庸直，躬自勸督，役者樂趨，竭力工倍，二旬訖築。初計者擬費緡錢二十萬，至是僅費緡錢五千而土工畢。後復議成砌三重，置角臺，增二小門，上置敵樓，衝天渠、荷葉渠，護險墻之制畢備，總費緡錢三萬。又郡學、貢院、客舘、官舍，衆役並興。初俗習惰，人以執役爲耻，吏惟好衣閒觀。至是此風一變，督役官吏，布衣雜役夫佐力，相勉以義，不專以威。盛役如此，而人情晏然，郡中恬若無事。

荆門兩縣置壘，事力綿薄，連歲困於送迎，藏庫空竭，調度倚辦商税。先是日差使臣暨小吏伺商人于門，檢貨給引，然後至務，務唯據引入税，出門又覆視。官收無幾，而出入其費已多。初謂以嚴禁榷，杜奸弊，而門吏取賄，多所藏覆，禁物亦或通行。商苦重費，多由僻途，務入日縮。先生罷去之，或曰：「門譏所以防奸，列郡行之以爲常，一旦罷廢，商冒利，必有不至務者。」先生曰：「是非爾所知。」即日揭示，俾徑至務，復減正税援例，是日税入立增。有一巨商，已遵僻途，忽聞新令，復出正路。巡尉卒於岐捕之。先生詰得其實，勞而釋之，巨商感涕。行旅聞者莫不以手加額，誓以毋欺，私相轉告，必由荆門。旁觀者詰其故，商曰：「罷三門引，減援例，去我輩大害，不可不報德。」税收增倍，酒課亦如之。

荆門故用銅錢，後以近邊，以鐵錢易之。銅錢有禁，而民之輸於公者尚容貼納。先生曰：「既禁之矣，又使之輸，不可。」即蠲之。又減鈔錢，罷比較，不遣人詣縣，給吏札，置醫院官，吏民咸悦，而郡吏亦貧而樂。獄卒無以自給，多告罷，先生以僚屬訪察得其實，遂廩給之。

朔望及暇日，詣學講誨諸生。郡有故事，上元設齋醮黄堂，其説曰爲民祈福。先生於是會吏民，講《洪範》斂福錫民一章，以代醮事，發明人心之善，所以自求多福者，莫不曉然有感於中，或爲之泣。

湖北諸郡軍士多逃徙，視官府如傳舍，不可禁止，緩急無可使者。先生病之，乃信捕獲之賞，重奔竄之刑，又數閱射，中者受賞，役之加庸直，無饑寒之憂，相與悉心弓矢，逸者絶少。他日兵官按閱，獨荆門整習，他郡所無。先生平時按射，不止於兵伍，郡民皆得而與，中亦同賞。

薦舉其屬，不限流品。嘗曰：「古者無流品之分，而賢不肖之辨嚴；後世有流品之分，而賢不肖之辨略。」

先生之家居也，鄉人苦旱，羣禱莫應。有請於先生，乃除壇山巔，陰雲已久，及致禱，大雨隨至。荆門亦旱，先生每有祈，必疏雨隨車，郡民異之。治化孚洽，久而益著。既踰年，笞箠不施，至於無訟。相保相愛，閭里熙熙，人心敬向，日以加厚。吏卒亦能相勉以義，視官事如其家事。識者知其爲郡，有出於政刑號令之表者矣。諸司交章論薦，丞相周公必大嘗遺人書，有曰：「荆門之政，于以驗躬行之效。」

三年冬十一月，語女兄曰：「先教授兄有志天下，竟不得施以没。」女兄盡然。又嘗謂家人曰：「吾將死矣。」或曰：「安得此不祥語，骨肉將奈何？」先生曰：「亦自然。」又告僚屬曰：「某將告終。」先生素有血疾，居旬日大作，實十二月丙午，越三日，疾良已，接見屬僚，與論政理如平時。宴息静室，命掃灑焚香，家事一不掛齒。庚戌禱雪，辛亥雪驟降。命具浴，浴罷，盡易新衣，幅巾端坐。家人進藥，先生却之，自是不復言。癸丑日中，奄然而卒。郡屬棺斂竭誠，哭哀甚。吏民哭奠，充塞衢道，各有辭以敍陳痛戀之情。柩歸，門人奔哭會葬以千數。郡縣於其講學之地爲立祠。先生遺文，諸生已次第編紀。先生生於紹興九

年二月乙亥，享年五十有四。娶吴氏，封孺人。二子持之循之，女一。明年十有一月壬申，葬于鄉之永興寺，山距姚饒氏孺人墓爲近。

先生之道，至矣大矣，簡安得而知之？惟簡主富陽簿時，攝事臨安府中，始承教於先生。及反富陽，又獲從容侍誨。偶一夕，簡發本心之問，先生舉是日扇訟是非以答，簡忽省此心之清明，忽省此心之無始末，忽省此心之無所不通。簡雖凡下，不足以識先生，而於是亦知先生之心，非口説所能贊述。所略可得而言者：日月之明，先生之明也；四時之變化，先生之變化也；天地之廣大，先生之廣大也；鬼神之不可測，先生之不可測也。欲盡言之，雖窮萬古，不可得而盡也。雖然，先生之心與萬古之人心一貫無二致，學者不可自棄。謹狀。

紹熙五年二月十有六日，門人奉議郎知饒州樂平縣主管勸農公事楊簡狀

雜録

備録

黎靖德《朱子語類》卷一二四《陸氏》 叔器問象山師承。曰：「它們天資也高，不知師誰。然也不問師傳。學者多是就氣稟上做，便解偏了。」義剛。

符舜功問陸子静《君子喻於義口義》。曰：「子静只是拗。伊川云：『惟其深喻，是以篤好。』子静必要云：『好後方喻。』看來人之於義利，喻而好也多。若全不曉，又安能好？然好之則喻矣。畢竟伊川説占得多。」璘。

因説：「陸先生每對人説，有子非後學急務，以其説不合有多節目，不直截。某因謂是比聖人言語較緊。且如孝弟之人，豈解犯上，又更作亂？」曰：「人之品不同，亦自有孝弟之人解犯上者，自古亦有作亂者。聖賢言語寬平，不消如此急迫看。」振。

問：「象山言：『「本立而道生」，多却「而」字。』」曰：「聖賢言語一步是一步。近來一種議論，只是跳躑。初則兩三步做一步，甚則一數步作一步，又甚則千百步作一步，所以學之者皆顛狂。」方子。

先生問賀孫：「再看《論語》前面，見得意思如何？」曰：「初看有未通處，今看得通。如『孝弟爲仁之本』一章，初看未甚透，今却看得分曉。」先生曰：「如此等説話，陸象山都不看。凡是諸弟子之言，便以爲不是而不足看，其無細心看聖賢文字如此。凡説未得處，便將箇硬説闘倒了，不消看。後生纔入其門，便學得許多不好處，便悖慢無禮，便説亂道，更無禮律，只學得那許多凶暴，可畏！可畏！不知如何學他許多不好，恁地快？」賀孫又問：「『孝弟爲仁之本』，《集注》云：『學者務此，則仁道自此而生。』『此』字亦只指孝悌？」先生曰：「覺此句亦欠『本立』字。」賀孫云：「上文已説孝弟乃是行仁之本。」先生曰：「此段若無程先生説，終無人理會得透。看楊謝諸説，如何是理會得？謝説更乖：『孝弟非仁，乃近仁也。』不知孝弟非仁，孝弟是甚麼物事？孝弟便是仁，非孝弟外別有仁，非仁外別有孝弟。如諸公説，將體用一齊都没理會了！」賀孫。

有自象山來者。先生問：「子静多説甚話？」曰：「却如時文相似，只連片滚將去。」曰：「所説者何？」曰：「他只説『天地之性人爲貴』，人爲萬物之靈。人所以貴與靈者，只是這心。其説雖詳多，只恁滚去。」先生曰：「信如斯言，雖聖賢復生與人説，也只得恁地。自是諸公以時文之心觀之，故見得它箇是時文也。便若時文中説得恁地，便是聖賢之言也。公也須自反，豈可放過！」道夫。

陸子静説「良知良能」、「四端」等處，且成片舉似經語，不可謂不是。但説人便能如此，不假修爲存養，此却不得。譬如旅寓之人，自家不能送他回鄉，但與説云：「你自有田有屋，大段快樂，何不便回去？」那人既無資送，如何便回去得？又如脾胃傷弱，不能飲食之人，却硬要將飯將肉塞入他口，不問他喫得與喫不得。若是一頓便理會得，亦豈不好？然非生知安行者，豈有此理？便是生知安行，也須用學。大抵子思説「率性」，孟子説「存心養性」，大段説破。夫子更不曾説，只説「孝弟」、「忠信篤敬」。蓋能如此，則道理便在其中矣。人傑。

至之問告子「不得於言，勿求於心」。先生云：「陸子静不著言語，其學正似告子，故常諱這些子。」至之云：「陸常云，人不惟不知孟子高處，也不知告子高處。先生語陸云，試説看。陸只鶻突説過。」先生因語諸生云：「陸子静説告子也高，也是他尚不及告子。告子將心硬制得不動，陸遇事未必皆能不動。」植。

子静常言顔子悟道後於仲弓。又曰：「《易繫》決非夫子作。」又曰：「孟子無柰告子何。」陳正己録以示人。先生申言曰：「正己也乖。」道夫。

江西士風好爲奇論，恥與人同，每立異以求勝。如陸子静説告子論性强孟子，又説荀子「性惡」之論甚好，使人警發，有縝密之功。昔荆公參政日，作《兵

論》藁，壓之硯下。劉貢父謁見，值客，徑坐於書院，竊取視之。可學録云：「皆記得，又頓放元處。」既而以未相見而坐書院爲非，遂出就客次。及相見，荆公問近作，貢父遂以作《兵論》對，乃竊荆公之意，而易其文以誦之。可學録云：「荆公出論兵。貢父依荆公《兵論》説曰：『某策如此』。」荆公退，碎其硯下之藁，以爲所論同於人也。可學録作：「焚之。好異惡同如此。」皆是江西之風如此。淳。可學録略。

金溪説「充塞仁義」，其意之所指，似別有一般仁義，非若尋常他人所言者也。必大。

陸子静學者欲執喜怒哀樂未發之中，不知如何執得？那事來面前，只得應他，當喜便喜，當怒便怒，如何執得！文蔚。

陸子静説，只是一心，一邊屬人心，一邊屬道心，那時尚説得好在。節。

先生謂祖道曰：「陸子静答賢書，説箇『簡易』字，却説錯了。『乾以易知，坤以簡能』，是甚意思？如何只容易説過了！乾之體健而不息，行而不難，故易；坤則順其理而不爲，故簡。不是容易苟簡也。」祖道。

某向與子静説話，子静以爲意見。某曰：「邪意見不可有，正意見不可無。」子静説：「此是閑議論。」某曰：「閑議論不可議論，合議論則不可不議論。」先生又曰：「《大學》不曾説『無意』，而説『誠意』。若無意見，將何物去擇乎中庸？將何物去察邇言？《論語》『無意』，只是要無私意。若是正意，則不可無。」先生又曰：「他之無意見，則是不理會理，只是胡撞將去。若無意見，成甚麼人在這裏！」節。

或問：「陸子静每見學者才有説話，不曰『此只是議論』，即曰『此只是意見』。果如是，則議論意見皆可廢乎？」曰：「既不尚議論，則是默然無言而已；既不貴意見，則是寂然無思而已。聖門問學，不應如此。若曰偏議論、私意見，則可去，不當概以議論意見爲可去也。」柄。

有一學者云：「學者須是除意見。陸子静説顔子克己之學，非如常人克去一切忿欲利害之私，蓋欲於意念所起處，將來克去。」先生痛加誚責，以爲：「此三字誤天下學者！自堯舜相傳至歷代聖賢書册上並無此三字。某謂除去不好底意見則可，若好底意見，須是存留。如飢之思食，渴之思飲，合做底事思量去做，皆意見也。聖賢之學，如一條大路，甚次第分明。緣有『除意見』橫在心裏，便更不在做。如日間所行之事，想見只是不得已去做；才做，便要忘了，生怕有意見。所以目視霄漢，悠悠過日，下梢只成得箇狂妄！今只理會除意見，安知除意見之心，又非所謂意見乎？」人傑。

陸子静説「克己復禮」，云，不是克去己私利欲之類，別自有箇克處，又却不肯説破。某嘗代之下語云：「不過是要『言語道斷，心行路絶』耳。」因言：「此是陷溺人之深坑，學者切不可不戒！」廣。

因看金溪與胡季隨書中説顔子克己處，曰：「看此兩行議論，其宗旨是禪，尤分曉。此乃捉著真贜正賊，惜方見之，不及與之痛辯。其説以忿欲等皆未是己私，而思索講習却是大病，乃所當克治者。如禪家『乾屎橛』等語，其上更無意義，又不得別思義理。將此心都禁遏定，久久忽自有明快處，方謂之得。『此之謂失其本心』，故下梢忿欲紛起，恣意猖獗，如劉淳叟輩所爲，皆彼自謂不妨者也。杲老在徑山，僧徒苦其使性氣，没頭腦，甚惡之，又戀著他禪。嘗有一僧云：『好捉倒剥去衣服，尋看他禪是在左脅下，是在右脅下？待尋得見了，好與奪下，却趕將出門去！』杲老所喜，皆是粗疏底人，如張子韶唐立夫諸公是也。汪聖錫吕居仁輩稍謹愿，痛被他薄賤。汪丈爲人淳厚，趕張子韶輩不得，又有許多記問經史典故，又自有許多鶻突學問義理，又戀著鶻突底禪。羣疑塞胸，都没分曉，不自反躬窮究，只管上求下告，問他討禪，被他恣意相薄。汪丈嘗謂某云：『杲老禪學實自有好處。』某問之曰：『侍郎曾究見其好處否？』又却云『不曾』。今金溪學問真正是禪，欽夫伯恭緣不曾看佛書，所以看他不破，只某便識得他。試將《楞嚴》《圓覺》之類一觀，亦可粗見大意。釋氏之學，大抵謂若識得透，應千罪惡，即都無了。然則此一種學，在世上乃亂臣賊子之三窟耳！王履道做盡無限過惡，遷謫廣中，剗地在彼説禪非細。此正謂其所爲過惡，皆不礙其禪學爾。」必大。

舜功云：「陸子静不喜人説性。」曰：「怕只是自理會不曾分曉，怕人問難。又長大了，不肯與人商量做，一截截斷了。然學而不論性，不知所學何事？」璘。

聖賢教人有定本，如「博學、審問、慎思、明辨、篤行」是也。其人資質剛柔敏鈍，不可一概論，其教則不易。禪家教更無定，今日説有定，明日又説無定，陸子静似之。聖賢之教無内外本末上下，今子静却要理會内，不管外面，却無此理。硬要轉聖賢之説爲他説，寧若爾説，且作爾説，不可誣罔聖賢亦如此。泳。周公謹記。

陸子静云：「涵養是主人翁，省察是奴婢。」陳正己力排其説。曰：「子静之説無定常，要云今日之説自如此，明日之説自不如此。大抵他只要拗：才見人

說省察，他便反而言之，謂須是涵養；若有人向他說涵養，他又言須是省察以勝之。自渠好爲訶佛罵祖之說，致令其門人『以夫子之道反害夫子』！」璘。

吾儒頭項多，思量著得人頭痺。似陸子静樣不立文字，也是省事。只是那書也不是分外底物事，都是說我這道理，從頭理會過，更好。僩。

汪長孺說：「江西所說『主静』，看其語是要不消主這静，只我這裏動也静，静也静。」先生曰：「若如其言，天自春了夏，夏了秋，秋了冬，自然如此，也不須要『輔相、裁成』始得。」賀孫。

江西之學，無了惻隱辭遜之心，但有羞惡之心；然不羞其所當羞，不惡其所當惡。有是非之心，然是其所非，非其所是。方子。

潘恭叔說：「象山說得如此，待應事，都應不是。」曰：「可知是他所學所說盡是杜撰，都不依見成格法。他應事也只是杜撰，如何得合道理！」賀孫。

陸氏會說，其精神亦能感發人，一時被它聳動底，亦便清明。只是虚，更無底簟。「思而不學則殆」，正謂無底簟便危殆也。「山上有木，《漸》；君子以居賢德善俗。」有堦梯而進，不患不到。今其徒往往進時甚鋭，然其退亦速。纔到退時，便如墜千仞之淵！㽦。

頃有一朋友作書與陸子静，言立之學蕩而無所執。陸復書言，蕩本是好語。「君子坦蕩蕩」，堯「蕩蕩無能名」，《詩》云「蕩蕩上帝」，《書》云「王道蕩蕩」，皆以蕩爲善，豈可以爲不善邪？其怪如此！僩。

向見陸子静與王順伯論儒釋，某嘗竊笑之。儒釋之分，只争虚、實而已。如老氏亦謂：「恍兮惚兮，其中有物；窈兮冥兮，其中有精。」所謂「物、精」，亦是虚。吾道雖有「寂然不動」，然其中粲然者存，事事有。節。

先生問人傑：「别後見陸象山如何？」曰：「在都下相處一月，議論間多不合。」因舉戊戌春所聞於象山者，多是分别「集義所生，非義襲而取之」兩句。曰：「彼之病處正在此，其說『集義』，却是『義襲』。彼之意，蓋謂學者須是自得於己，不爲文義牽制，方是集義。若以此爲義，從而行之，乃是求之於外，是義襲而取之也。故其弊自以爲是，自以爲高，而視先儒之說皆與己不合。至如《與王順伯書》論釋氏義利公私，皆說不著。蓋釋氏之言見性，只是虚見；儒者之言性，止是仁義禮智，皆是實事。今專以義利公私斷之，宜順伯不以爲然也。」人傑。㽦録詳。

問正淳：「陸氏之說如何？」曰：「癸卯相見，某於其言不無疑信相半。」曰：「信是信甚處？疑是疑甚處？」曰：「信其論學，疑其訶詆古人。」曰：「須是當面與它隨其說上討箇分曉。若一時不曾分疏得，乃欲續後於書問間議論，只是說得皮外；它亦只是皮外答來，越不分曉。若是它論學處是，則其它說話皆是，便攻訶古人今人，亦無有不是處；若是它訶詆得古人不是，便是它說得學亦不是。向來見子静與王順伯論佛云，釋氏與吾儒所見亦同，只是義利、公私之間不同。此說不然。如此，却是吾儒與釋氏同一箇道理。若是同時，何緣得有義利不同？只被源頭便不同：吾儒萬理皆實，釋氏萬理皆空。」又曰：「它尋常要說『集義所生者』，其徒包敏道至說成『襲義而取』，却不說『義襲而取之』。它說如何？」正淳曰：「它說須是實得。如義襲，只是强探力取。」曰：「謂如人心知此義理，行之得宜，固自内發。人性質有不同，或有魯鈍，一時見未到得；别人說出來，反之於心，見得爲是而行之，是亦内也。人心所見不同，聖人方見得盡。今陸氏只是要自渠心裏見得底，方謂之内；若别人說底，一句也不是。才自别人說出，便指爲義外。如此，乃是告子之說。如『生而知之』，與『學而知之，困而知之』；『安而行之』，與『利而行之，勉强而行之』；及其知之行之，則一也。豈可一一須待自我心而出，方謂之内？所以指文義而求之者，皆不爲内？故自家才見得如此，便一向執著，將聖賢言語便亦不信，更不去講貫，只是我底是，其病痛只在此。只是專主『生知、安行』，而『學知』以下，一切皆廢。又只管理會『一貫』，理會『一』。且如一貫，只是萬理一貫，無内外本末，隱顯精粗，皆一以貫之。此政『同歸殊塗，百慮一致』，無所不備。今却不教人恁地理會，却只尋箇『一』，不知去那裏討頭處？」㽦。必大録云：「先生看正淳與金溪往復書云云，『釋氏皆空』之下有曰：『學所以貴於講書，是要入細理會。今陸氏只管說「一貫」。夫「一貫」云者，是舉萬殊而一貫之，小大、精粗、隱顯、本末，皆在其中。若都廢置不講，却一貫箇甚麽？學要大綱涵養，子細講論。嘗與金溪辨「義外」之說。某謂事之合如此者，雖是在外，然於吾心以爲合如此而行，便是内也。且如人有性質魯鈍，或一時見不到，因他人說出來，見得爲是，從而行之，亦内也。金溪以謂，此乃告子之見，直須自得於己者方是。若以他人之說爲義而行之，是求之於外也。遂於事當如此處，亦不如此。不知此乃告子之見耳。』必大因言：『金溪有云：「不是教人不要讀書，讀書自是講學中一事。纔說讀書，已是剩此一句。」』曰：『此語却是。』必大又言其學在踐履之說。曰：『此言雖是，然他意只是要踐履他之說耳。』」

禪學熾則佛氏之說大壞。緣他本來是大段著工夫收拾這心性，今禪說只恁地容易做去。佛法固是本不見大底道理，只就他本法中是大段細密，今禪說只一向粗暴。陸子静之學，看他千般萬般病，只在不知有氣禀之雜，把許多粗惡底

氣都把做心之妙理，合當恁地自然做將去。向在鉛山得他書云，看是佛之所以與儒異者，止是他底全是利，吾儒止是全在義。某答他云，公亦只見得第二著。看他意，只説儒者絶斷得許多利欲，便是千了百當，一向任意做出都不妨。不知初自受得這氣稟不好，今才任意發出，許多不好底，也只都做好商量了。只道這是胸中流出，自然天理；不知氣有不好底夾雜在裏，一齊衮將去，道害事不害事？看子静書，只見他許多粗暴底意思可畏。其徒都是這樣，才説得幾句，便無大無小，無父無兄，只我胸中流出底是天理，全不著得些工夫。看來這錯處，只在不知有氣稟之性。又曰：『論性不論氣，不備。』孟子不説到氣一截，所以説萬千與告子幾箇，然終不得他分曉。告子以後，如荀揚之徒，皆是把氣做性説了。」賀孫。

迎而距之。謂陸氏不窮理。方子。

子静「應無所住以生其心」。閎祖。

子静尋常與吾人説話，會避得箇「禪」字。及與其徒，却只説禪。自修。

吳仁父説及陸氏之學。曰：「只是禪。初間猶自以吾儒之説蓋覆，如今一向説得熾，不復遮護了。渠自説有見於理，到得做處，一向任私意做去，全不睹是。人同之則喜，異之則怒。至任喜怒，胡亂便打人罵人。後生纔登其門，便學得不遜無禮，出來極可畏。世道衰微，千變百怪如此，可畏！可畏！」木之。

陸子静之學，自是胸中無奈許多禪何。看是甚文字，不過假借以説其胸中所見者耳。據其所見，本不須聖人文字得。他却須要以聖人文字説者，此正如販鹽者，上面須得數片鯗魚遮蓋，方過得關津，不被人捉了耳。廣。

先生嘗説：「陸子静楊敬仲自是十分好人，只似患淨潔病底。又論説道理，恰似閩中販私鹽底，下面是私鹽，上面以鯗魚蓋之，使人不覺。」蓋謂其本是禪學，却以吾儒説話遮掩。過。

為學若不靠實，便如釋老談空，又却不如他説得索性。又曰：「近來諸處學者談空浩瀚，可畏！可畏！引得一輩江西士人都顛了。」浩。

陸子静好令人讀介甫萬言書，以為渠此時未有異説，不曉子静之意。璘。

因言讀書之法，曰：「一句有一句道理，窮得一句，便是這一句道理。讀書須是曉得文義了，便思量聖賢意指是如何？要將作何用？」因坐中有江西士人問為學，曰：「公們都被陸子静誤，教莫要讀書，誤公一生！使公到今已老，此心倀倀然，如村愚目盲無知之人，撞牆撞壁，無所知識。使得這心飛揚跳躑，渺渺茫茫，都無所主，若涉大水，浩無津涯，少間便會失心去。何故？下此一等，只會失心，别無合殺也。傅子淵便是如此。子淵後以喪心死。豈有學聖人之道，臨了却反有失心者！是甚道理？吁，誤人誤人！可悲可痛！分明是被他塗其耳目，至今猶不覺悟。今教公之法：只討聖賢之書，逐日逐段，分明理會。且降伏其心，遜志以求之，理會得一句，便一句理明；理會得一段，便一段義明；積累久之，漸漸曉得。近地有朋友，便與近地朋友商量；近地無朋友，便遠求師友商量。莫要閑過日子，在此住得旬日，便做旬日工夫。公看此間諸公每日做工夫，都是逐段逐句理會。如此久之，須漸見些道理。公今只是道聽塗説，只要説得。待若聖賢之道，只是説得贏，何消做工夫？只半日便説盡了。『博學、審問、慎思、明辨』，是理會甚事？公今莫問陸删定如何，只認問取自己便了。陸删定還替得公麽？陸删定他也須讀書來。只是公那時見他不讀書，便説他不讀書。他若不讀書，如何做得許多人先生？吁，誤人！誤人！」又曰：「從陸子静者，不問如何，箇箇學得不遜。只纔從他們前過，便學得悖慢無禮，無長少之節，可畏！可畏！」僩。

象山死，先生率門人往寺中哭之。既罷，良久，曰：「可惜死了告子！」此説得之文卿。泳。

因論南軒欲曾節夫往見陸先生，作書令去看陸如何，有何説備寄來。先生曰：「只須直説。如此，則便謂教我去看如何，便不能有益了。」揚。

因問陸子静，云：「這箇只争些子，才差了便如此。他只是差過去了，更有一項，却是不及。若使過底，拗轉來却好；不及底，趲向上去却好。只緣他纔高了，便不肯下；纔不及了，便不肯向上。過底，便道只是就過裏面求箇中；不及底，也道只就不及裏面求箇中。初間只差了些子，所謂『差之毫釐，繆以千里』！」又曰：「如伯夷之清，柳下惠之和，孟子便説道『隘與不恭，君子不由』。如孔子説『逸民：伯夷叔齊』，這已是甚好了；孔子自便道：『我則異於是，無可無不可。』」又曰：「某看近日學問，高者便説做天地之外去，卑者便只管陷溺；高者必入於佛老，卑者必入於管商。定是如此！定是如此！」賀孫。

曹叔遠問：「陸子静教人，合下便是，如何？」曰：「如何便是？公看經書中還有此樣語否？若云便是，夫子當初引帶三千弟子，日日説來説去則甚？何不云你都是了，各自去休？也須是做工夫，始得。」又問：「或有性識明底，合下便是，後如何？」曰：「須是有那地位，方得。如『舜與木石居，與鹿豕游；及聞一

善言，見一善行，沛然若決江河，莫之能禦」！須是有此地位，方得。如『堯舜之道孝悌』，不成説才孝悌，便是堯舜！須是誦堯言，行堯行，真箇能『徐行後長』，方是。」下二條詳。

問：「陸象山道，當下便是。」曰：「看聖賢教人，曾有此等語無？聖人教人，皆從平實地上做去。所謂『克己復禮，天下歸仁』，須是先克去己私方得。孟子雖云『人皆可以爲堯舜』，也須是『服堯之服，誦堯之言，行堯之行』，方得。聖人告顔子以『克己復禮』，告仲弓以『出門如見大賓，使民如承大祭』，告樊遲以『居處恭，執事敬，與人忠』，告子張以『言忠信，行篤敬』，這箇是説甚底話？又平時告弟子，也須道是『學而時習』，『行有餘力，則以學文』，又豈曾説箇當下便是底語？大抵今之爲學者有二病，一種只當下便是底，一種便是如公平日所習底。却是這中間一條路，不曾有人行得。而今人既不能知，但有聖賢之言可以引路。聖賢之言，分分曉曉，八字打開，無些子回互隱伏説話。」卓。

或問：「陸象山大要説當下便是，與聖人不同處是那裏？」曰：「聖人有這般説話否？聖人不曾恁地説。聖人只説『克己復禮。一日克己復禮，天下歸仁』。而今截斷『克己復禮』一段，便道只恁地便了。不知聖人當年領三千來人，積年累歲，是理會甚麽？何故不説道，才見得，便教他歸去自理會便了？子静如今也有許多人來從學，亦自長久相聚，還理會甚麽？何故不教他自歸去理會？只消恁地便了？且如説『堯舜之道，孝悌而已矣』，似易。須是做得堯許多工夫，方到得堯；須是做得舜許多工夫，方到得舜。」又曰：「某看來，如今説話只有兩樣。自淮以北，不可得而知。自淮以南，不出此兩者，如説高底，便如『當下便是』之説，世間事事都不管。這箇本是專要成己，而不要去成物；少間只見得上面許多道理切身要緊去處不曾理會，而終亦不足以成己。如那一項，却去許多零零碎碎上理會，事事要曉得。這箇本是要成物，而不及於成己；少間只見得下面許多羅羅嗹嗹，自家自無箇本領，自無箇頭腦了，後去更不知得那箇直是是，那箇直是非，都恁地鶻鶻突突，終於亦不足以成物。這是兩項如此，真正一條大路，却都無人識，這箇只逐一次第行將去。那一箇只是過，那一箇只是不及。到得聖人大道，只是箇中。然如今人説那中，也都説錯了；只説道恁地含含胡胡，同流合汙，便喚做中。這箇中本無他，只是平日應事接物之間，每事理會教盡，教恰好，無一毫過不及之意。」賀孫。

陸子静之學，只管説一箇心本來是好底物事，上面著不得一箇字，只是人被私欲遮了。若識得一箇心了，萬法流出，更都無許多事。他却是實見得箇道理恁地，所以不怕天，不怕地，一向胡叫胡喊。又曰：「如東萊便是如何云云，不似他見得恁地直拔俊偉。下梢東萊學者一人自執一説，更無一人守其師説，亦不知其師緊要處是在那裏，都只恁地衰塌不起了，其害小。他學者是見得箇物事，便都恁底胡叫胡説，實是卒動他不得，一齊恁地無大無小，便是『天上天下，惟我獨尊』。若我見得，我父不見得，便是父不似我；兄不見得，便是兄不似我。更無大小，其害甚大！不待至後世，即今便是。」又曰：「南軒初年説，却有些似他。如《嶽麓書院記》，却只恁地説。如愛牛，如赤子入井，這箇便是真心。若理會得這箇心了，都無事。後來説却不如此。子静却雜些禪，又有術數，或説或不説。南軒却平直恁地説，却逢人便説。」又曰：「浙中之學，一種只説道理底，又不似他實見得。若不識，又不肯道我不識，便含胡鶻突遮蓋在這裏。」又因説：「人之喜怒憂懼，皆是人所不能無者，只是差些便不正。所以學者便要於此處理會，去其惡而全其善。今他只説一箇心，便都道是了，如何得！雖曾子顔子是著多少氣力，方始庶幾其萬一！」又曰：「孟子更説甚『性善』與『浩然之氣』，孔子便全不説，便是怕人有走作，只教人『克己復禮』。到克盡己私，復還天理處，自是實見得這箇道理，便是貼實底聖賢。他只是恁地了，便是聖賢，然無這般顛狂底聖賢！聖人説『克己復禮』，便是真實下工夫。『一日克己復禮』，施之於一家，則一家歸其仁；施之一鄉，則一鄉歸其仁；施之天下，則天下歸其仁。是真實從手頭過，如飲酒必醉，食飯必飽。他們便説一日悟得『克己復禮』，想見天下歸其仁；便是想像飲酒便能醉人，恰似説『如飲醇酎』意思。」又曰：「他是會説得動人，使人都恁地快活，便會使得人都恁地發顛發狂。某也會恁地説，使人便快活，只是不敢，怕壞了人。他之説，却是使人先見得這一箇物事了，方下來做工夫，却是上達而下學，與聖人『下學上達』都不相似。然他才見了，便發顛狂，豈肯下來做？若有這箇直截道理，聖人那裏教人恁地步步做上去？」賀孫。

許行父謂：「陸子静只要頓悟，更無工夫。」曰：「如此説不得。不曾見他病處，説他不倒。大抵今人多是望風便罵將去，都不曾根究到底。見他不是，須子細推原怎生不是，始得，此便是窮理。既知他不是處，須知是處在那裏；他既錯了，自家合當如何，方始有進。子静固有病，而今人却不曾似他用功，如何便説得他！所謂『五穀不熟，不如稊稗』，恐反爲子静之笑也。且如看史傳，其間有多少不是處。見得他不是，便有箇是底在這裏，所以無往非學。」閎祖。

先生問：「曾見陸子静否？」可學對以向在臨安欲往見。或云：「吾友方學，不可見，見歸必學參禪。」先生曰：「此人言極有理。吾友不去見，亦是。然更有一説：須修身立命，自有道理，則自不走往他。若自家無所守，安知一旦立脚得牢！正如人有屋可居，見他人有屋宇，必不起健羡。若是自家自無住處，忽見人有屋欲借自家，自家雖欲不入，安得不入？切宜自作工夫！」可學。

守約問：「吾徒有往從陸子静者，多是舉得這下些小細碎文義，致得子静謂先生教人只是章句之學，都無箇脱洒道理。其實先生教人，豈曾如此？又有行不掩其言者，愈招他言語。」先生曰：「不消得如此説。是他行不掩言，自家又柰何得他？只是自點檢教行掩其言，便得。看自家平日是合當恁地，不當恁地。不是因他説自家行不掩言，方始去行掩其言。而今不欲窮理則已，若欲窮理，如何不在讀書講論？今學者有幾箇理會得章句？也只是渾淪吞棗，終不成又學他，於章句外別撰一箇物事，與他鬭。」又曰：「某也難説他，有多多少少，某都不敢説他。只是因諸公問，不得不説。他是向一邊去拗不轉了，又不信人言語，又怎柰何他？自家只是理會自家是合當做。聖人説『言忠信，行篤敬』，『居處恭，執事敬，與人忠』等語，都是實説鐵定是恁地，無一句虚説。只是教人就這上做工夫，做得到，便是道理。」賀孫。

學者須是培養。今不做培養工夫，如何窮得理？程子言：「動容貌，整思慮，則自生敬。敬只是主一也。存此，則自然天理明。」又曰：「整齊嚴肅，則心便一；一，則自是無非僻之干。此意但涵養久之，則天理自然明。」今不曾做得此工夫，胸中膠擾駁雜，如何窮得理？如它人不讀書，是不肯去窮理。今要窮理，又無持敬工夫。從陸子静學，如楊敬仲輩，持守得亦好，若肯去窮理，須窮得分明。然它不肯讀書，只任一己私見，有似箇稊稗。今若不做培養工夫，便是五穀不熟，又不如稊稗也。次日又言：「陸子静楊敬仲有爲己工夫，若肯窮理，當甚有可觀，惜其不改也！」德明。

論子由《古史》言，帝王以無爲宗。因言：「佛氏學，只是恁它意所爲，於事無有是處。」德明云：「楊敬仲之學是如此。」先生曰：「佛者言：『但願空諸所有，謹勿實諸所無。』事必欲忘却，故曰『但願空諸所有』；心必欲其空，故曰『謹勿實諸所無』。楊敬仲學於陸氏，更不讀書，是要不『實諸所無』；已讀之書，皆欲忘却，是要『空諸所有』。」德明。

至之舉似楊敬仲詩云：「『有時父召急趨前，不覺不知造淵奥。』此意如何」？曰：「如此却二了：有箇父召急趨底心，又有箇造淵奥底心。纔二，便生出無限病痛。蓋這箇物事，知得是恁地便行將去，豈可更帖著一箇意思在那上！某舊見張子韶有箇文字論仁義之實云：『當其事親之時，有以見其温然如春之意，便是仁；當其從兄之際，有以見其肅然如秋之意，便是義。』某嘗對其説，古人固有習而不察，如今却是略略地習，却加意去察；古人固有由之而不知，如今却是略略地由，却加意去知。」因笑云：「李先生見某説，忽然曰：『公適間説得好，可更説一徧看。』」道夫。

楊敬仲《己易》説雷霆事，身上又安得有！且要著實。可學。

「楊敬仲説，陽爻一畫者在己，陰爻一畫者應物底是。」先生云：「正是倒説了！應物者却是陽。」泳。

「楊敬仲言，天下無掣肘底事。沈叔晦言，天下無不可教底人。」先生云：「此皆好立偏論者。」振。

楊敬仲有《易論》。林黄中有《易解》，《春秋解》專主左氏。或曰：「林黄中文字可毁。」先生曰：「却是楊敬仲文字可毁。」泳。

撫學有首無尾，婺學有尾無首。禪學首尾皆無，只是與人説。泳。

有説悟者，有説端倪者。若説可欲是善，不可欲是惡，而必自尋一箇道理以爲善，根脚虚矣，非鄉人皆可爲堯舜之意。說悟者指金溪，説端倪者指湖南。人傑。

因論今之言學問者，人自爲説，説出無限差異。胡文定曰首有一二句記不詳。「諸子百家人肆其説，誑惑衆生」者，是也。謝上蔡曰：「諸子百家，人人自生出一般見解，欺誑衆生。」必大。

彭世昌守象山書院，盛言山上有田可耕，有圃可蔬，池塘碓磑，色色皆備。先生曰：「既是如此，下山來則甚？」世昌曰：「陸先生既有書院，却不曾藏得書，某此來爲欲求書。」曰：「緊要書能消得幾卷？某向來亦愛如此。後來思之，這般物事聚者必散，何必役於物？」世昌臨別，贈之詩曰：「象山聞説是君開，雲木參天爆響雷。好去山頭且堅坐，等閑莫要下山來！」文蔚。

羅大經《鶴林玉露》丙編卷一《象山棋》 陸象山少年時，常坐臨安市肆觀棊，如是者累日。棋工曰：「官人日日來看，必是高手，願求教一局。」象山曰：「未也。」三日後却來，乃買棊局一副，歸而懸之室中。卧而仰視之者兩日，忽悟曰：「此《河圖》數也。」遂往與棋工對，棋工連負二局。乃起謝曰：「某是臨安第一手棋，凡來著者，皆饒一先。今官人之棊，反饒得某一先，天下無敵手矣。」象

山笑而去。其聰明過人如此。其子弟每喜令其蓍棊，嘗與包敏道書云：「制子初時與春弟頗不能及，今年反出春弟之下，近旬日棊又甚進，春弟又少不逮矣。凡此，皆在其精神之盛衰耳。」

羅大經《鶴林玉露》乙編卷三《祝壽》 陸象山在荆門，上元不設醮，但合士民於公廳前，聽講《洪範》「皇極斂時五福」一段，謂此即爲民祈福也。今世聖節，令僧陞座説法祝聖壽，而郡守以下，環坐而聽之，殊無義理。程大昌、鄭丙在建寧，並不許僧陞堂説法。朱文公在臨漳，且令隨例祝香，不許人問話。余謂若祖象山之法，但請教官陞郡庠講席，講《詩》《天保》篇，以見歸美報上之意，亦自雅馴。

羅大經《鶴林玉露》丙編卷五《陸氏義門》 陸象山家于撫州金谿，累世義居。一人最長者爲家長，一家之事聽命焉。逐年選差子弟分任家事。或主田疇，或主租税，或主出納，或主厨爨，或主賓客。公堂之田，僅足給一歲之食。家人計口打飯，自辦蔬肉，不合食。私房婢僕，各自供給，許以米附炊。每清曉，附炊之米交至掌厨爨者，置曆交收。飯熟，按曆給散。賓至，則掌賓者先見之，然後白家長出見。款以五酌，但隨堂飯食，夜則卮酒杯羹，雖久留不厭。每晨興，家長率衆子弟致恭于祖禰祠堂，聚揖于廳，婦女道萬福于堂。暮，安置亦如之。子弟有過，家長會衆子弟，責而訓之。不改，則撻之。終不改，度不可容，則告于官，屏之遠方。晨揖，擊皷三疊，子弟一人唱云：「聽聽聽聽聽聽聽，勞我以生天理定。若還惰懶必飢寒，莫到飢寒方恐命。虚空自有神明聽。」又唱云：「聽聽聽聽聽聽聽，衣食生身天付定。酒肉貪多折人壽，經營太甚違天命。定定定定定定定。」又唱云：「聽聽聽聽聽聽聽，好將孝弟酬身命。更將勤儉答天心，莫把妄思損真性，定定定定定定定，早猛省。」食後會茶，擊磬三聲，子弟一人唱云：「凡聞聲，須有省，照自心，察前境，若方馳鶩速回光，悟得昨非由一頃，昔人五觀一時領。」乃梭山之詞也。近年朝廷始旌表其門閭。其詞曰：「張公忍字，睦九世於唐朝；陳氏義居，專一門於江左。若稽前美，允謂鮮能。撫州青田陸氏，代有名儒，德在謚典。聚其族逾三千指，合而爨將二百年。異時流别籍之私，存學者齊家之道。詢於州里，既云十世可知；登之簡書，奚止一鄉稱善。視昔爲盛，於今爲難。部使轉以上聞，儀曹請爲褒别。事關風教，須議指揮。」

周密《癸辛雜識》後集《奉倩象山》 荀奉倩以《六籍》爲聖人糟粕，據子貢言性與天道也。此與象山與學者言六經幾箇不分不曉底，子曰「賢，信得及否」數語相似，玄言與頓悟本相近也。

《宋人年譜叢刊》第十册袁燮等《象山先生年譜》卷上 先生諱九淵，字子静，姓陸氏。陸出嬀姓，周武王封嬀滿於陳。春秋時，陳公子敬仲適劉，别其氏曰田。從田氏有齊，至宣王時，封其少子通於平原陸鄉，又别其氏爲陸。通曾孫烈爲吴令，子孫遂爲吴郡吴縣人。烈王十九世至希聲，論著甚多，晚歲相唐昭宗，卒謚文公，生六子。次子崇生德遷，五代末避地於撫州金谿，解囊中資裝，置田治生，貲高閭里，爲金谿陸氏之祖，居延福鄉之青田。第四子諱有程，先生高祖也，博學，於書無所不觀。曾祖諱演，能世其業，寬厚有容。祖戬爲第四子，趣尚清高，不治生業，考諱賀，字道卿，生有異稟，端重不伐，究心典籍，見於躬行。酌先儒冠、昏、喪、祭之禮行於家，不用異教，家道整肅，著聞於海内。贈宣教郎。生六子：長九思，字子彊，與鄉舉，封從政郎。弟梭山撰行狀。有《家問》，朱子爲叙。

叙略云：《家問》所以訓飭其子孫者，不以不得科第爲病，而深以不識禮義爲憂。其殷懃懇切，反覆曉譬，説盡事理，無一毫勉强緣飾之意，而慈祥篤實之氣藹然。諷味數四，不能釋手云。今按，此叙朱子集中未載。

次九叙，字子儀。公正通敏，時賢稱曰處士。善治生，總藥肆以足其家。先生撰墓誌。

誌略云：公生於宣和五年七月乙卯，卒於淳熙十四年五月癸亥，享年六十有五。以卒之年十月壬辰，葬於臨川縣長壽鄉羅首峰下。公氣稟恢廓，公正不事形迹。羣居族談，公在其間初若無與，至有疑議，或正色而斷之以一言，或談笑而解之以一説，往往爲之涣然。家素貧，無田業，自先世爲藥肆以養生。兄弟六人，公居次。伯叔氏皆從事場屋，公總藥肆事，一家之衣食百用，盡出於此。子弟僕役分役其間者甚衆，公未嘗屑屑於稽檢伺察，而人莫有欺之者。商旅往來，咸得其懽心。不任權譎計數，而人各獻其便利以相裨益，故能以此足其家而無匱乏。後雖稍有田畝，至今計所收，僅能供數月之糧。食指日衆，其仰給藥肆者日益重。公周旋其間，如一日也。公娶余氏，先公十一年卒。余氏孝順出於天性，娣姒皆以爲莫及。當窮約時，公之子女，衣服敝敗特甚，余氏時或及之，公即正色呵止。伯叔氏爲之處，乃始得衣。雖公之衣服器用，亦往往如此。及伯季有四方游，雖至窘急，裹囊無不立具。自公云亡，遠方士友聞訃，慰唁諸孤與公之伯季，稱公德美，悼痛傷惋無異辭。子男四人，望之、麟之、立之、尚之。女

六人：長適鄉貢進士張商佐；次適黃叔豐；次適危三畏，先公十七年卒；次適徐翔龍、周清叟、熊鑑。孫男三人，女五人，皆幼。弟宣義郎、主管台州崇道觀某謹誌。

按：許魯齋謂「學以治生爲急」，公治家以成諸弟之學，故不可不録。

次九皋，字子韶。少力學，文行俱優，與鄉舉。晚得官，終修職郎，監潭州南嶽廟。名齋曰庸，學者號庸齋先生。有文集。先生撰墓表。

表略云：陸氏徙金谿，年餘二百，嗣見九世。公居五世，諱九皋，字子韶。同胞六人，公爲叔氏。少力於學，日課經子文集，必成誦，夜閱史册，不盡帙不止。嘗夜過分，先君子見公猶觀書，勉使寢息。公後不能自已，爲之障燈屏息，懼先君之復知之也。及長，補郡學子弟員，一試即居上游。郡博士徐君視公文行俱優，擢爲齋長。公與二季嘗正衣冠講誦不懈，徐君每所咨賞。月試必聯名占前列，徐君嘗語於衆曰：「此其學皆有淵源，非私之也。」然公年過三十，始獲薦名，又復不第，投老乃得一官，茲非命耶？公持論根據經理，恥穿鑿之習，雖蹭蹬場屋，而人所推尊不在利達者後。授經之士，或以獨步膠庠，或以擅場南省，而公之與否曾不以是，一視其言行何如耳。今其徒有忠信自將，退然里巷庠序之間，若將終焉，而進修不替者，公之教也。先君子居約時，門户艱難之事，公所當，每以條理精密，躋登平易。吾家素無田，蔬圃不盈十畝，而食指以千數，仰藥寮以生。伯兄總家務，仲兄治藥寮，公授徒家塾，以束脩之饋補其不足。先君晚歲，用是得與族黨賓客優游觴詠，從容琴弈，裕然無窮匱之憂。當是時，公於妻子裘葛，未嘗問也。先君子之喪既除，公不復御講席，家塾教授，屬其諸季。過從之隙，時時杖策倘徉畦壟阡陌間，檢校種刈，若無意斯世者，豈各以其時耶？番陽許氏爲書院桐嶺，延師其間，以處鄉之學者，又自稟若干人，然其季子往往從學於外，亦嘗來從余遊，因得侍公函丈之末。從先生遊者，有許昌朝。見《翠雲題壁》。公之餘論遺風，或者竊有所聞矣。一日，父子協謀，闢廬舍，儲器用，廣會集之堂，增自稟之員，介其鄉之賢者，致禮以延公。公卻之再三，請益固，公爲一出。桐嶺學者於是變而樂義理之言，厭場屋之陋。士大夫聞風，莫不願與參席，自遠至者踵繫不絶，興起甚衆。然公年益高，頗倦酬應，未幾謝去。越數歲，安仁宰曾君，文清孫也，至則葺縣學，增士廩，修禮儀，尊師道，願公主之，公不復出矣。淳熙丁未，江西歲旱，撫爲甚，撫五邑，金谿爲甚。倉臺、郡守留意賑恤，别駕廖君實主之。廖知其說莫善於鄉得其人，莫不善於吏與其事，造廬問公計策，且屈公爲鄉官。於是鄉之所得多忠信之士，而吏不得製其權以牟利。明年，賑糶行，出粟受粟，舉無異時之弊。里閭熙熙，不知爲歉，而俗更以善，公力爲多。公平居混然無異於人者，而知識濬深，遇事始見。又其晦明之變，人所不解。當其晦時，童子所了，隸人所知，公或不辯，然特間見於燕閒、視聽、使令之間，未始害事。至事理之盤錯，情僞之隱伏，賢識趦趄，或用蹉跌，惟公之明，如辨蒼素。客有以名聞者，公探衣將見之矣，户間偶目其貌，退而卻衣，曰：「吾不欲見斯人也。」已而果非佳士。此非獨人所不解，公亦有不能自知者。不以學自命，而就證者類有愜志；不以智自多，而就謀者類有瘳心。公得之於天者，如玉在山，如珠在淵，其可量哉！逆遜溺心，形似蔽實，微者過當，甚者易位，今之賢者未易免此。惟公之明，好惡不能亂，形似不能蔽。《大學》曰：「好而知其惡，惡而知其美者，天下鮮矣。」故諺有之曰：「人莫知其子之惡，莫知其苗之碩。」公疇昔亟誦斯言，而屢歎其難，公之所以自致其力者深矣。是書之流行，近世特盛，然其靈足以造此者，求諸其傑，未見如公者焉。公壯年以吕氏次序《大學》章句猶有未安，於是自爲次序。今遠方學者傳録浸廣，吾家獨亡其稾。公之子，長者年將四十，乃不知父嘗有是書，蓋自其省事，惟見公正文講授故也。公見善未嘗不喜，而稱道不浮其實；見惡未嘗不惡，而指摘不加其罪。兩益之辭無所和，一切之論無所取，疑似之跡不輕實，流傳之事不輕據。故人之所稱，有所未許；人之所擯，有所不絶。衆人所決，發言盈庭，公每低回以致裁抑。憂世之士，或病公首鼠，不足以植風聲，示懲勸，而公隱然持之自若。近年以文祭舊生徒劉堯夫，頌其平日之美，責其晚節之過，謂「改之冥冥，猶足爲貴」，其辭深切著明，讀者無不感動。理之所存，何間幽顯！當疑而決，當決而疑，均爲不明也，孰謂公首鼠哉？公嘗名所居齋曰庸，學者因號庸齋先生，然公未嘗言其義，學者亦未嘗有所請。公著述頗多，皆未編次。生於宣和乙巳十有二月十有四日辛亥，卒於紹熙辛亥十月十日乙酉，享年六十有七。卒之前一夕，起旋小跌，自是倦乏，然就枕即熟睡。覺時，醫者視脈，家人進藥，雖飲之，必曰：「吾不起矣。」十日之朝，侍疾者忽不聞鼻息，察公則已逝矣。娶吴氏。子四人：損之、益之、賁之、升之。女二人：長先公二年卒，未及許嫁；次許嫁貴溪張氏。孫男一人，女三人。卜以紹熙壬子七月十有二日，葬於鄉之長慶寺側。公以淳熙甲辰壽聖慶恩，授迪功郎、監潭州南嶽廟。十六年己酉，上登極，覃恩進修職郎。某效官重湖，疾不視藥，斂不撫棺，葬不臨穴，嗚呼痛哉！敬次序公平生以表墓。某聞命之日，嘗

迎侍，公曰：「子行矣，吾往時，當自訪子。」計前數日，從公於夢，自是節朔必夢見公，嗚呼痛哉！東望隕涕，爲之銘曰：如珠潛光，可以照夜，公之明也。如玉儲潤，可以賁山，公之德也。表公之墳，與斯銘其長存。

次九韶，字子美。不事場屋，兄弟共講古學。與朱元晦友善。首言《太極圖説》非正，又因其奏立社倉之制，行於鄉，民甚德之。與學者講學於近地，名梭山，梭山在金谿陸氏義門之東是也。號曰梭山居士。諸司列薦，以居士應詔，舉遺逸。臨終自撰《終禮》，戒不得銘墓。有文集曰《梭山日記》，中有《居家正本》及《制用》各二篇。

《宋史》本傳云：九韶字子美，其學淵粹。隱居山中，書之言行，夜必書之。其家累世義居，一人最長者爲家長，一家之事聽命焉。歲選子弟分任家事，凡田疇租税、出入、庖爨、賓客之事，各有主者。九韶以訓戒之辭爲韻語，晨興，家長率衆子弟謁先祠畢，擊鼓誦其辭，使列聽之。子弟有過，家長會衆子弟責而訓之，不改則撻之，終不改，度不可容，則言之官府，屏之遠方焉。九韶所著有《梭山文集》、《家制》、《州郡圖》。

次九齡，字子壽。生而穎悟，能步移則容止有法。少有大志，浩博無涯涘。嘗與鄉舉，補入太學，已負重名，知名士無不師尊之。登進士第，授桂陽教授，以不便迎侍，陳乞不赴。改興國教授，未滿，丁艱。服除，授全州教授，未上而卒。爲時儒宗，道德繫天下重望。特贈朝奉郎、直秘閣，賜謚文達。名齋曰復，學者稱復齋先生。有文集行於世。

嘉定間，撫州守高商老刊文集於郡治，自爲序。

先生狀其行，吕成公銘其墓，朱文公書其碑。

先生作《全州教授陸先生行狀》略云：先生名九齡，字子壽。先考居士君賀六子，先生爲第五子。生而穎悟，能步趨則容止有法。五歲入學，同學年辰踰倍者所爲，盡能爲之。讀書因析義趣。十歲丁母憂，居喪哀毁如成人。十三應進士舉，爲文優贍有理致，老成歎異。年十六，遊郡庠，每課試必居上游。時方擯程氏學，先生獨尊其説。郡博士徐君嘉言高年好修，留意學校，間日獨行訪諸齋。先生侍諸兄衣冠講論，未嘗懈弛，由是徐君雅相禮敬。明年，徐君物故。又明年，新博士將至。先生聞其嗜黄老言，脱略儀檢，慨歎不樂，賦詩見志。歸葺茅齋，從父兄讀書講古，間出見故老先達，所咨叩皆不苟。時居士君欲悉傳家政，平日紀綱儀節，更加檃括，使後可久，先生多與裁評。弱冠造吏部員外郎許公忻，許公居閒久，故知少，見先生如舊相識。明年，許公守邵陽，欲先生來，居士君亦啓其四方之志，先生於是游湖湘，抵邵陽。久之，東至臨江，郡守鄧君延先生於學，臨江士人皆樂親之。居半歲，乃歸。越數年，郡博士苗君昌言復延先生於學，從遊者益衆。苗自謂平生所尊賞者不苟。至其所以禮先生者特異，人亦以是信之。其與先生啓有云：「文辭近古，有退之、子厚之風；道學追微，得子思、孟軻之旨。」推尊蓋如此。先生覽書無滯礙，繙閲百家，晝夜無倦，於陰陽、星曆、五行、卜筮靡不通曉。性周謹，不肯苟簡涉獵，所習必極精詳。歲在己卯，始與舉送。同郡官中都者適有二人，皆先進知名士，閱貢籍見先生姓名，相顧喜曰：「吾州今乃可謂得人。」庚辰，春官試不利。辛巳，補入大學，故端明汪公實爲司業，月試輒居上游。場屋之文，大抵追時好，拘程度，不復求至當。惟先生之文據經明理，未嘗屈其意。嘗有先進以是病之，先生曰：「是不可改。」先生寬裕平直，人皆樂親，久愈敬愛，學校知名士無不師尊之。明年，丁居士君憂。乙酉，升補内舍。丙戌，爲學録。學校綱紀日肅，弊無巨細，皆次第革之，人不駭異。嘗有小戾規矩者，先生以正繩之無假借。後或以先生問，其人顧稱先生之德，不以爲怨。丁亥，補升上舍。戊子，館於婺女之張氏。先生授其子以《中庸》、《大學》。其父老矣，每隅坐，拱手與聽講授，且曰：「不意晚得聞此。」張君之死，其子喪以古禮，不用浮屠氏。己丑，登進士第，授迪功郎、桂陽軍軍學教授。壬辰當赴，逆吏且至，時太孺人閒親藥餌，先生以桂陽道遠，風物不類江鄉，難於迎侍，陳乞不赴。甲午，授興國軍軍學教授。明年夏，湖之南有寇侵軼，將及郡境。先是建炎虜寇之至，先生族子謂嘗起義應募。是後寇攘相次犯州境，謂皆被檄保聚捍禦，往往能卻敵，州里賴焉。至是謂已死，舊部伍願先生主之，以請於郡。先生適在信之鉛山，聞警報亟歸。抵家，請者已盈門，卻之不去，日益衆。先生與兄弟門人論所以宜從之義甚悉。會郡符已下，先生將許之，或者不悦，謂先生曰：「先生海内儒宗，蹈履規矩，講授經術，一旦乃欲爲武夫所爲。衛靈公問陳於孔子，孔子不答，今先生欲身爲之乎？」先生曰：「男子生以弧矢，長不能射，則辭以疾。文事武備，初不可析。古者有征討，公卿即爲將帥，比閭之長，則伍兩之長也。衛靈公家國無道，三綱將淪。既見夫子，非哲人是尊，社稷是計，而猥至問陣，其顛荒甚矣，故夫子答以俎豆而遂行。夾谷之會，三都之墮，討齊之請，夫子豈不知兵者？其爲委吏、桑田，則會計當，牛羊茁壯長。使靈公捨戰陣而問會計、牧養之事，則將遂言之乎？執此而謂夫子誠不知軍旅之事，

則亦難與言理矣。」或者又曰：「禮別嫌疑，事有宜稱。使先生當方面，受邊寄，誰復敢議？此閭里猥事，何足以累先生！今鄉黨自好者不願尸此，尸此者必豪俠武斷者也。今先生尸之，人其謂何？」先生曰：「子之心殆未廣也。使自好者不尸此，而豪俠武斷者卒尸此，是時之不幸也。子亦將願之乎！事之宜稱，當觀其實。假令寇終不至，郡縣防虞之計亦不可已。是社之初，倉卒應募，非有成法。今備禦文移，類以軍興，從事郡縣，欲事之集，勢必假借，主者或非其人，乘時取必於閭里，何所不至？是其爲慘，蓋不必寇之來也。有如寇至，是等皆不可用，無補守禦，因爲剽劫，仁者忍視之哉？彼之所以必諉我者，爲其有以易此也。吾固以許之爲宜。」或者又曰：「曾子之在魯，寇至則先去，寇退則曰：『修我牆屋，我將反。』爲其爲師也。今先生居於鄉有師儒之素，命於朝爲師儒之官，而又欲尸此，無乃與曾子異乎？」先生曰：「吾居鄉講授，自窮約之分。吾求仕，爲祿養。今之官，乃吏按銓格而與之耳，異乎曾子之爲師也。今又遲次居鄉，老母年且八十，家累過百人。寇未至先去，固今郡縣所禁。比至而去，必不達，剽劫踐蹂，狼狽流離之禍，往往不可免。去固不可，藉令可去，扶八九十老者，從以千餘指，去將焉之？子欲使吾自附於分位不同之曾子，而甘家之禍，忍鄉之毒，縮手於所可得爲之事，此奚啻嫂溺不援者哉？」或者乃謝不及。先生於是始報郡符許之。已而調度有方，備禦有實，寇雖不至，而郡縣依倚爲重。丙申夏四月，到任。先生於事無大小，處之未嘗不盡其誠；於人無衆寡，待之未嘗不盡其敬。富川單僻，絃誦希闊，士人在學校者無幾。先生涖職，舉錯謹重，規模雅正，誠意孚達，士人莫不感動興起。先生方將收拾茂異，而遠近願來親依者且衆。富川學廩素薄，又負逋不輸，歲入僅六百石，而比年不輸者乃七八百石。民未必盡負，姦吏黠徒乾没其間，簿書緣絶，莫可稽證。先生爲覈實催理受輸之法，甚簡而便，白郡行之。於是無文移之繁，無追督之擾，簿書以正，負者樂輸，儲廩充裕，士人至者日衆。不滿歲，丁太孺人憂去職，在富川者莫不惋惜。己亥四月，服闋，冬末到選。庚子春，授全州州學教授。夏中得寒熱之疾，繼以脾泄，屢止屢作，竟不可療，九月二十有九日卒，享年四十有九。先生雖卧病，見賓客必衣冠，舉動纖悉皆有節法。卒之日，晨興坐於床，問疾者必留與語，幼者人人有所訓誨，談笑歡如也。先生未嘗不以天下學術人才爲念，病中言論，每每在此，是日言之尤詳。夜稍久，則正卧，整衣衾，理鬚髯，疊手腹間，不復言笑，又數刻而逝。先生道德之粹，繫天下之望，曾未及施，一疾不起，識與不識，莫不痛惜。先生少有大志，而深純浩博，無涯涘可見。親之者無智愚賢否，皆不覺敬愛慰釋。稱其善者，往往各以所見，未嘗同也。不區區撫摩，而藹然慈祥愷悌之風，有以消爭融隙；不斷斷刻畫，而昭然脩潔清白之實，足以澄汙律慢。趣尚高古而能處俗，辨析精微而能容愚。一行之善，一言之得，雖在巫醫卜祝，農圃臧獲，亦加重敬珍愛。自少以聖賢爲師，其於釋、老之學辯之嚴矣，然其徒苟有一善，亦所不廢。故先生無棄人，而人於先生亦鮮有不獲自盡者。與人言，未嘗迫遽，從容敷析，本末洞徹，質疑請益者，莫不得所欲而去。於人言行之失，度未可與言，則不發。或者疑之，先生曰：「人之惑固有難以口舌爭者，言之激，適以固其意，少需之，未必不自悟也。扞格忤狠之氣，當消之，不當起之。責善固朋友之道，聖人猶曰不可則止，況泛然之交者乎？又況有親愛之情者乎？雖朋友商確，至不可必通處，非大害義理，與其求伸而傷交道，不若姑待以全交道。且事有輕重小大，吾懼所益者小，所傷者大，所爭者輕，所喪者重也。然有時而遽言之，盡言之，力言之者，蓋權之以其事，權之以其人，權之以其時也。」母饒氏，繼母鄧氏，淳熙三年，以慶壽恩封太孺人。娶王氏，魏公曾孫通州使君珹之長女也。通州君亦以是年八月卒，先生卧病聞訃，制服成禮，逮遣祭，纖悉皆自經畫。子艮之，年十三。女□人，皆幼。先生未及著書，若場屋之文與朋友往來論學之書，則傳録者頗衆。其餘雜著、古律、墓誌，書啓、序跋等，門人方且編次。將以十二月乙酉，葬於鄉萬石塘。謹書其行實之大槩，以求誌於當世之君子。淳熙七年十一月既望。弟某狀。

《宋史》本傳大概俱本《行狀》，其微不同者云：九齡幼穎悟端重，吏部員外郎許忻有名中朝，退居臨川，少年賓接，一見九齡，與語大說，盡以當代文獻告之，自是益大肆力於學。暇則與鄉之子弟習射，曰：「是固男子之事也。」歲惡，有剽劫者過其門，必相戒曰：「是家射命中，無自取死。」及至興國，地濱大江，俗儉嗇而鮮知學。九齡不以職閑自佚，益嚴規矩，肅衣冠，如臨大衆，勸綏引翼，士類興起。卒年四十九。寶慶二年特贈朝奉郎、直秘閣，賜謚文達。九齡嘗繼其父志，益修禮學，治家有法。闔門百口男女以班各供其職，閨門之内嚴若朝廷。而忠敬樂易，鄉人化之，皆遜弟焉。與弟九淵相爲師友，和而不同，學者號「二陸」。有來問學者，九齡從容啓告，人人自得。廣漢張栻與九齡不相識，晚歲以書講學，期以世道之重。吕祖謙常稱之曰：「所志者大，所據者實。有肯綮之阻，雖積九仞之功不敢遂；有毫釐之偏，雖立萬夫之表不敢安。公聽并觀，卻立

四顧。弗造於至平至粹之地，弗措也。」

《宋名臣言行録》云：先生兄弟皆志古嗜學，燕居從容講論道義，誾誾侃侃，和而不同。伯仲之間，自爲師友。雖先生所以成德，其取資者非一端，然家庭追琢封植之功與爲多焉。休暇則與弟子適場圃習射，曰：「是固男子之事也。」自是里中士始不敢鄙弓矢爲武夫末藝。又云：先生和順不違物，而非意自不能干；簡直不徇人，而與居久益有味。四方學者踵門請益，羣疑塞胸，糾纏膠轕，雖善辯者不能解，先生從容啓告，莫不涣然釋其疑而退。非唯動悟孚格固有所本，亦其用力於自治者既專且久。人之疾疢，皆嘗折肱。浮湛滑濇，適中其病，聽之者於心有戚戚焉。至於扞格不入，必寬耆以俟其可，未嘗無益而雜施之也。天下之治方術者多矣，囿以異端小道者，既不足與議，晚進新學間有聞君子之餘論者，又多既其文而不既其實，摹規而畫員，擬矩而作方，雖或似之，而卒非也。《朱子文集》有祭先生文云：學匪私説，惟道是求。苟誠心而擇善，雖異序以同流。如我與兄，少不并遊。蓋一生而再見，遂傾倒以綢繆。念昔鵝湖之下，實云識面之初。兄命駕而鼎來，載季氏而與俱。出新篇以示我，意懇懇而無餘。厭世學之支離，新易簡之規模。顧予聞之淺陋，中獨疑而未安。始聽瑩於胸次，卒紛繳乎談端。徐度兄之不可遽以辯屈，又知兄必將反而深觀。遂逡巡而旋及，悵猶豫而盤旋。别未幾時，兄以書來，審前説之未定，曰予言之可懷。逮予辭官而未獲，停驂道左之僧齋，兄乃枉車而來教，相與極論而無猜。自是以還，道合志同。何風流而雲散，乃一西而一東。蓋曠歲以索居，僅尺書之兩通。期杖屨之枉顧，或慰滿乎子衷。屬者乃聞，兄病在牀。亟函書而問訊，併藥裹而攜將。曾往使之未返，何來音之不祥，驚失聲而隕涕，沾予袂以淋浪。嗚呼！今茲之歲，非龍非蛇。何獨賢人之不淑，屢興吾黨之深嗟。惟兄德之尤粹，儼中正而無邪。至其降心以從善，又豈有一毫驕吝之私耶！哀哉！兄則已矣，此心實存。炯然參倚，可覺惰昏。孰泄予衷，一慟寢門。緘辭千里，侑此一尊。

先生與復齋齊名，稱爲「江西二陸」，以比「河南二程」。謹序次家世本末大略，而先生之道德事功，則表年以繫之於後云。

高宗紹興九年己未二月乙亥辰時，先生始生。

紹興十年庚申，先生二歲。

紹興十一年辛酉，先生三歲。

冬十一月十五日，母饒氏孺人卒，葬鄉之楊美嶺。《家譜》。

紹興十二年壬戌，先生四歲。

先生幼不喜弄，静重如成人。三四歲時，常侍宣教公行，遇事物必致問。一日，忽問天地何所窮際，宣教公笑而不答，遂深思至忘寢食。角總經夕不脱，衣履有敝而無壞，襪至二接，手甲甚修，足跡未嘗至庖廚。常自掃灑林下，宴坐終日。立於門，過者駐望稱歎，以其端莊雍容異常兒也。《行狀》。

紹興十三年癸亥，先生五歲。

入學讀書，紙隅無捲摺。《行狀》。

紹興十四年甲子，先生六歲。

侍親會嘉禮，衣以華好，卻不受。季兄復齋先生年十三歲，舉《禮經》以告，乃受。與人樂易，然惡無禮者。《行狀》。

紹興十五年乙丑，先生七歲。

得鄉譽。

嘗云：「某七八歲時，常得鄉譽。只是莊敬自持，心不愛戲。」《語録》。

紹興十六年丙寅，先生八歲。

初讀《論語》，即疑《有子》三章。及看《孟子》曾子不肯師事有子，至「江漢以濯之，秋陽以暴之」等語，因歎曾子見得聖人高明潔白如此。又丱角時，聞人誦伊川語，自覺若傷我者，嘗謂人云：「伊川之言，奚爲與孔子、孟子之言不類？」蓋生而清明，不可企及，有如此者。梭山嘗云：「子静弟高明，自幼已不同，遇事逐物皆有省發。嘗聞鼓聲振動窗欞，亦豁然有覺。其進學每如此。」《行狀》兼《語録》。

紹興十七年丁卯，先生九歲。

能屬文。

包敏道祭文云：九歲屬文能自達。

紹興十八年戊辰，先生十歲。

入郡學，侍諸兄講誦。

時復齋在郡學，先生往侍學焉。文雅雍容，衣冠未嘗懈弛，衆咸驚異。有老儒謂前廊吴茂榮曰：「君有愛女，欲佳婿無踰此郎。」因以爲媚。

紹興十九年己巳，先生十一歲。

讀書有覺。

從幼讀書無苟簡，外視雖閒暇，實勤於考索。伯兄總家務，嘗夜分起，見先

生秉燭檢書最會，一見便有疑，一疑便有覺。後嘗語學者曰：「小疑則小進，大疑則大進。」嘗云：「向與復齋家兄讀書疎山寺，止是一部《論語》，更無他書。」或問：「曾見先生將聖人與門人語分門，各自録作一處看。」先生曰：「此是幼小時事。」《行狀》兼《語録》。

紹興二十年庚午，先生十二歲。

紹興二十一年辛未，先生十三歲。

因宇宙字義，篤志聖學。

與李侍郎及權郡書皆云：「十三志古人之學。」先生自三四歲時，思天地何所窮際不得，至於不食。宣教公呵之，遂姑置，而胸中之疑終在。後十餘歲，因讀古書至宇宙二字，解者曰：「四方上下曰宇，往古來今曰宙。」忽大省曰：「元來無窮，人與天地萬物，皆在無窮之中者也。」乃援筆書曰：「宇宙内事乃己分内事，己分内事乃宇宙内事。」又曰：「宇宙便是吾心，吾心即是宇宙。東海有聖人出焉，此心同也，此理同也；西海有聖人出焉，此心同也，此理同也；南海、北海有聖人出焉，此心同也，此理同也；千百世之上有聖人出焉，此心同也，此理同也；千百世之下有聖人出焉，此心同也，此理同也。」其啓悟學者，多及宇宙二字。如曰：「道塞宇宙，非有所隱遁。在天曰陰陽，在地曰剛柔，在人曰仁義。仁義者，人之本心也。」又曰：「是理充塞宇宙。天地順此而動，故日月不過而四時不忒；聖人順此而動，故刑罰清而民服。」又曰：「此理塞宇宙，誰能逃之？順之則吉，逆之則凶。」又曰：「宇宙不曾限隔人，人自限隔宇宙。」是年復齋因讀《論語》，命先生近前，問曰：「看《有子》一章如何？」先生曰：「此有子之言，非夫子之言。」復齋曰：「孔門除卻曾子，便到有子，未可輕議。」先生曰：「夫子之言簡易，有子之言支離。」復齋嘗於窗下讀程《易》至「艮其背」四句，反復誦讀不已。先生偶過其前，復齋問曰：「汝看程正叔此段如何？」先生曰：「終是不直截明白。『艮其背，不獲其身』，無我。『行其庭，不見其人』，無物。」復齋大喜。《語録》。

紹興二十二年壬申，先生十四歲。

《與涂任伯書》曰：「某氣質素弱，年十四五，手足未嘗温暖。後以稍知所向。體力亦隨壯也。」

先生嘗云：「吾於踐履未能純一，然才自警策，便與天地相似。」《語録》。

紹興二十三年癸酉，先生十五歲。

初夏，侍長上郊行，分韻得「偕」字，詩云：「講習豈無樂，鑽磨未有涯。書非貴口誦，學必到心齋。酒可陶吾性，詩堪述所懷。誰言曾點志，吾得與之偕。」按，此詩《文集》未載，蓋佚者多矣。

紹興二十四年甲戌，先生十六歲。

先生十五六歲時，聞長上道靖康年事，乃剪去指爪，學弓馬。然胸中與人異，未嘗失了。嘗云：「做得工夫實，則所説即實事，所指人病即實病。」又云：「吾人讀《春秋》，二聖之讎，豈可不復？所欲有甚於生，所惡有甚於死。今吾人高居優游，亦可爲恥。乃懷安，非懷義也。」此皆是實理實説。《語録》。

紹興二十五年乙亥，先生十七歲

作《大人》詩。見文集卷二十五。

紹興二十六年丙子，先生十八歲。

紹興二十七年丁丑，先生十九歲。

紹興二十八年戊寅，先生二十歲。

紹興二十九年己卯，先生二十一歲。

紹興三十年庚辰，先生二十二歲。

紹興三十一年辛巳，先生二十三歲。

紹興三十二年壬午，先生二十四歲。

秋試以《周禮》鄉舉。

初，先生未肯赴舉。復齋素善臨川李侍郎浩，每爲公言之。是年春，俾姪焕之侍先生同訪公。公觀其贄見之書，大奇之。留數日，力勉其赴舉。歸則題秋試家狀者在門，閲其籍，則諸家經賦咸在，惟無《周禮》，先生即以此注籍。蒲節後，始精考《周禮》，求程文觀之。及期，三日之試，寫其所學無凝滯。考官王景文質批曰：「毫髮無遺恨，波瀾獨老成。」拆號日，先生偶過梭山，方鼓琴，捷吏至，曲終而後問之，再鼓一曲乃歸。先生第四名，外舅吴漸第九名。見《舉送官啓》末云：「某少而慕古，長欲窮源，不與世俗背馳而非，必將與聖賢同歸而止。忘己意之弗及，引重任以自强。謂先哲同是人，而往訓豈欺我？窮則與山林之士約六經之旨，使孔、孟之言復聞於學者；達則與廟堂羣公還五服之境，使堯、舜之化純被於斯民」云云。

先生嘗云：「吾自應舉，未嘗以得失爲念。場屋之文，只是直寫胸襟。」故作《貴溪縣學記》云：「不徇流俗，而正學以言者，豈皆有司之所棄，天命之所遺？」

又嘗云：「復齋家兄一日問曰：『吾弟今在何處做工夫？』某答曰：『在人情、事勢、物理上做工夫。』復齋應之而已。若知物價之低昂，與夫辯物之美惡真僞，則吾不可謂之不能。然吾之所謂做工夫者，非此之謂也。」又云：「吾家合族而食，每輪差子弟掌庫二年。某適當其職，所學大進，這方是執事敬。」《文集》、《語録》。

冬十月二十七日，丁父宣教公憂，葬饒州安仁縣崇德鄉之毛源。

孝宗隆興元年癸未，先生二十五歲。

隆興二年甲申，先生二十六歲。

乾道元年乙酉，先生二十七歲。

有《與童伯虞書》。見《文集》三卷首。

乾道二年丙戌，先生二十八歲。

乾道三年丁亥，先生二十九歲。

冬，成嘉禮，孺人吴氏始大歸也。

乾道四年戊子，先生三十歲。

乾道五年己丑，先生三十一歲。

季兄復齋先生成進士。

乾道六年庚寅，先生三十二歲。

乾道七年辛卯，先生三十三歲。

秋試，以《易經》再鄉舉。考官批《易經》卷云：「如端人正士，衣冠佩玉。」論策，批：「如其義。」

得解見提舉書。見《文集》卷四。

八月十七日，子持之生。

乾道八年壬辰，先生三十四歲。

春試南宫。

奏名時，尤延之袤知舉，吕伯恭祖謙爲考官，讀先生《易》卷，至「狎海上之鷗，遊吕梁之水，可以謂之無心，不可以謂之道心。以是而洗心退藏，吾見其過焉而溺矣。濟溱洧之車，移河内之粟，可以謂之仁術，不可以謂之仁道，以是而同乎民，交乎物，吾見其淺焉而膠矣。」擊節歎賞。又讀《天地之性人爲貴論》，至「嗚呼！循頂至踵，皆父母之遺體，俯仰乎天地之間，惕然朝夕，求寡乎愧怍而懼弗能，儻可以庶幾於孟子之『塞乎天地』，而與聞夫子『人爲貴』之説乎」，愈加歎賞。至策，文意俱高。伯恭遽以内艱出院，乃囑尤公曰：「此卷超絶有學問者，必是江西陸子静之文，此人斷不可失也。」又囑考官趙汝愚子直。二公亦嘉其文，遂中選。他日，伯恭謂先生曰：「未嘗款承足下之教，僅得之傳聞。一見高文，心開目明，知其爲江西陸子静也。」《行狀》。

徐誼子宜侍學。

子宜侍先生，每有省。同赴南宫試，論出《天地之性人爲貴》。試後，先生曰：「某欲説底，卻被子宜道盡。但某所以自得受用底，子宜卻無。」曰：『雖欲自異於天地，不可得也。』此乃某平日得力處。」《語録》。

夏五月，廷對，賜同進士出身。

先生既奏名，聲震行都。廷對，考官意其必慷慨極言天下事，欲取寘首列。及唱第，乃在末甲。或問之，先生曰：「見君之初，豈敢過直。」識者稱其得事君之體云。《語録》。

先生始至行都，一時俊傑咸從之遊。先生朝夕應酬問答，學者踵至，至不得寢者餘四十日。所以自奉甚薄，而精神益强，聽其言興起者甚衆。時蔡幼學行之爲省元，連日無所問難，似不能言者。先生從容問其所志，乃答曰：「幼學之志，在於爲善而已。」先生嘉歎而勉勵焉。

四明楊敬仲時主富陽簿，攝事臨安府中，始承教於先生。及反富陽，三月二十一日，先生過之，問：「如何是本心？」先生曰：「惻隱，仁之端也；羞惡，義之端也；辭讓，禮之端也；是非，智之端也。此即是本心。」對曰：「簡兒時已曉得，畢竟如何是本心？」凡數問，先生終不易其説，敬仲亦未省。偶有鬻扇者訟至於庭，敬仲斷其曲直訖，又問如初，先生曰：「聞適來斷扇訟，是者知其爲是，非者知其爲非，此即敬仲之本心。」敬仲忽大覺，始北面納弟子禮。故敬仲每云：「簡發本心之問，先生舉是日扇訟是非答，簡忽省此心之無始末，忽省此心之無所不通。」先生嘗語人曰：「敬仲可謂一日千里。」

復齋與學者書云：「子静入浙，則有楊敬仲、石崇昭應之、諸葛誠之、胡拱達才、高宗商應朝、孫應時季和從之遊，其餘不能悉數，皆亹亹鄉學，尊信吾道，甚可喜也。」

六月二十九日，復如富陽。七月初九日，舟離富陽。秋七月十六日，至家。

讀書存齋，遠近聞風而至，求親炙問道者日盛。

先生與曾宅之書云：「某舊亦嘗以『存』名讀書之齋。」家之東扁曰槐堂，槐堂前有古槐木，至今猶存，乃學徒講學之地。又堂東有陋室，西有高軒，北窗南

窗，東有隱室，又曰留軒，西有玉淵，又近家之西有茅堂。與包顯道書云：「貴溪桂店一族甚盛，其子弟有德輝者，今夏來處茅屋，西南有八石寺。」與顏子堅書云：「向者在八石寺，嘗納區區之忠。」《語録》、《文集》。

先生既授徒，即去今世所謂學規者，而諸生善心自興，容禮自莊，雍雍于于，後至者相觀而化。猗歟盛哉！真三代時學校也。有一生飯次微交足，飯既，先生從容問之曰：「汝適有過，知之乎？」生略思曰：「已省。」先生曰：「何過？」對曰：「中食覺交足，雖改正，亦放逸也。」其嚴如此。先生深知學者心術之微，言中其情，或至汗下。有懷於中而不能自曉者，爲之條析其故，悉如其心。亦有相去千里，素無雅故，聞其大概而盡得其爲人。嘗有言曰：「念慮之不正者，頃刻而知之，即可以正；念慮之正者，頃刻而失之，即爲不正。有可以形跡觀者，有不可以形跡觀者。必以形跡觀人，則不足以知人；必以形跡繩人，則不足以救人。」又曰：「今天下學者唯有兩途，一途樸實，一途議論。」

嘗攻切問者之疵，問者不領，惡聲輒至，旁觀不能堪，而先生悠然從容，乃及他事。《行狀》。

同里朱桴濟道，弟泰卿亨道，長於先生，皆來問道。與人書云：「近到陸宅，先生所以誨人者，深切著明，大槩是令人求放心。其有志於學者，數人相與講切，無非此事，不復以言語文字爲意，令人歎仰無已。其有意作文者，令收拾精神，涵養德性，根本既正，不患不能作文。」

陳正己、劉伯文皆不爲文字也。盱江傅子淵云：「夢泉向來只知有畢業，觀書不過資意見耳，後因困志知反。時陳正己自槐堂歸，問先生所以教人者。正己曰：『首尾一月，先生諄諄只言辨志。又言古人入學一年，早知離經辨志。今人有終其身而不知自辨者，是可哀也。』夢泉當時雖未領略，終念念不置。一日，讀《孟子·公孫丑》章，忽然心與相應，胸中豁然蘇醒，歎曰：『平生多少志念精力，卻一切著在功利上，自是始辨其志。』雖然如此，猶未知下手處。及親見先生，方得箇入頭處。」先生嘗云：「傅子淵自此歸其家，陳正己問之曰：『陸先生教人何先？』對曰：『辨志。』復問曰：『何辨？』對曰：『義利之辨。』若子淵之對，可謂切要。」

周伯熊來學，先生問：「學何經？」對曰：「讀《禮記》。」「曾用工於九容乎？」曰：「未也。」「且用工於此。」後往問學於晦菴，晦菴曰：「仙里近陸先生，曾見之否？」曰：「亦嘗請教。」具述所言，晦菴曰：「公來問某，某亦不過如此說。」

答諸葛受之書。見《文集》卷三。

答舒西美書。見《文集》卷五。

乾道九年癸巳，先生三十五歲。

春閏二月十四[日]，答陳正己書。見《文集》卷十二。

三月十七日，和王弱翁《銓闈中》詩。冬十一月，又送毛原善序。見《文集》卷二十。

《宋人年譜叢刊》第十册袁燮等《象山先生年譜》卷中

淳熙元年甲午，先生三十六歲。

三月，赴部調官，過四明，遊會稽，浹兩旬，復至都下，授迪功郎、隆興府靖安縣主簿。

五月二十六日，訪吕伯恭於衢。

伯恭《與汪聖錫書》云：「陸君相聚五六日，淳篤敬直，流輩中少見其比。」又《與陳同甫書》云：「自三衢歸，陸子静相待累日，又留七八日，昨日始行。篤實純直，朋遊間未易多得。渠云：『雖未相識，每見尊兄文字開豁軒翥，甚欲得相聚。』覺其意甚勤，非論文者也。」

與徐子宜書。見《文集》卷五。

秋八月十二日，子循之生。

淳熙二年乙未，先生三十七歲。

吕伯恭約先生與季兄復齋，會朱元晦諸公於信之鵝湖寺。

嚴松録先生語云：「吕伯恭爲鵝湖之集，先兄復齋謂某曰：『伯恭約元晦爲此集，正謂學術異同。某兄弟先自不同，何以望鵝湖之同？』先兄遂與某議論致辯，又令某自說。至晚罷，先兄云：『子静之說是。』次早，某請先兄說，先兄云：『某無說。夜來思之，子静之說極是。方得一詩云：「孩提知愛長知欽，古聖相傳只此心。大抵有基方築室，未聞無址忽成岑。留情傳註翻榛塞，着意精微轉陸沉。珍重友朋相切琢，須知至樂在於今。」』某云：『詩甚佳，但第二句微有未安。』先兄云：『說得恁地，又道未安，更要如何？』某云：『不妨一面起行，某沿途卻和此詩。』及至鵝湖，伯恭首問先兄別後新功。先兄舉詩，纔四句，元晦顧伯恭曰：『子壽早已上子静船了也。』舉詩罷，遂致辨於先兄。某云：『途中和得家兄此詩云：「墟墓興哀宗廟欽，斯人千古不磨心。涓流滴到本集作「積至」。滄溟

水，拳石崇成泰華岑。簡易功夫終久大，支離事業竟浮沉。』」舉詩至此，元晦失色。至『欲知自下升高處，真僞先須辨只今』，元晦大不懌，於是各休息。翌日，二公商量數十折議論來，莫不悉破其説。繼日凡致辨，其説隨屈。伯恭甚有虛心相聽之意，竟爲元晦所尼。元晦歸後三年，乃和前詩云：『德業流風夙所欽，別離三載更關心。偶攜藜杖出寒谷，又枉籃輿度遠岑。舊學商量加邃密，新知培養轉深沉。只愁説到無言處，不信人間有古今。』」

後信州守楊汝礪建四先生祠堂於鵝湖寺，勒陸子詩於石。

復齋《與張欽夫書》云：「某春末會元晦於鉛山，語三日，然皆未能無疑。」

按《吕成公譜》：乙未四月，訪朱文公於信之鵝湖寺，陸子静、子壽、劉子澄及江浙諸友皆會，留止旬日。

鄒斌俊父録云：「朱、吕二公話及八卦之序，先生因亹亹言之。大略謂：『《復》是本心復處，如何列在第三卦，而先之以《履》與《謙》？蓋《履》之爲卦，上天下澤，人生斯世，須先辨得俯仰乎天地而有此一身，以達於所履。其所履有得有失，又繫於謙與不謙之分。謙則精神渾收聚於內，不謙則精神渾流散於外。惟能辨得吾一身所以在天地間舉錯動作之由，而斂藏其精神，使之在內而不在外，則此心斯可得而復矣。次之以《常》、《固》，又次之以《損》、《益》，又次之以《困》。蓋本心既復，謹始克終，曾不少廢，以得其常，而至於堅固。私欲日以消磨而爲損，天理日以澄瑩而爲益，雖涉危蹈險，所遭多至於困，而此心卓然不動。然後於道有得，左右逢其原，如鑿井取泉，處處皆足。蓋至於此則順理而行，無纖毫透漏，如巽風之散，無往不入，雖密房奧室，有一縫一罅，即能入之矣。』二公大服。」

朱亨道書云：「鵝湖講道切，誠當今盛事。伯恭蓋慮陸與朱議論猶有異同，欲會歸於一而定其所適從，其意甚善。伯恭蓋有志於此，語自得則未也。臨川趙守景明邀劉子澄、趙景昭。景昭在臨安與先生相款，亦有意於學。」又云：「鵝湖之會，論及教人。元晦之意，欲令人泛觀博覽，而後歸之約；二陸之意，欲先發明人之本心，而後使之博覽。朱以陸之教人爲太簡，陸以朱之教人爲支離，此頗不合。先生更欲與元晦辯，以爲堯舜之前何書可讀？復齋止之。劉、趙諸公拱聽而已。先發明之説，未可厚誣。元晦見二詩不平，似不能無我。」元晦書云：「某未聞道學之懿，玆幸獲奉餘論，所恨匆匆別去，彼此之懷皆若有未既者。然警切之誨，佩服不敢忘也。還家無便，寫此少見拳拳。」

冬十一月十五日，作《敬齋記》。見《文集》卷十九。

淳熙三年丙申，先生三十八歲。

與王順伯書，再書。見《文集》卷十九。

淳熙四年丁酉，先生三十九歲。

春正月十四日，丁繼母太孺人鄧氏憂，葬鄉之官山。

先生事繼母，與諸兄曲盡孝道。嘗聞孝宗皇帝聖語：「陸九淵滿門孝弟者也。」

淳熙五年戊戌，先生四十歲。

淳熙六年己亥，先生四十一歲。

服除，授建寧府崇安縣主簿。

淳熙七年庚子，先生四十二歲。

在滋瀾。

先生因居之南五里有園林屋宇，扁是名。《與包顯道書》云：「今歲與朋友讀書在滋瀾。」

春，聞張欽夫卒。

與包顯道書。見《文集》卷六。

秋九月二十九日，季兄復齋先生卒。

復齋臨終云：「比來見得子静之學甚明，恨不更相與切磋，見此道之大明耳。」先生嘗曰：「復齋先生涵養深密，躬行篤實。」

朱元晦《與林擇之書》云：「陸子静兄弟，其門人有相訪者，氣象皆好。此間學者卻與渠相反。初謂只在此講道，漸涵自能入德。不謂末流之弊，只成説話，至人倫日用最切近處，都不得毫末氣力，不可不深懲而痛警之也。」

冬十一月望日，作《復齋行狀》。

十二月己酉，葬於鄉之萬石塘。

淳熙八年辛丑，先生四十三歲。

春二月，訪朱元晦於南康。

時元晦爲南康守，與先生泛舟樂，曰：「自有宇宙以來，已有此溪山，還有此佳客否？」乃請先生登白鹿洞書院講席，先生講「君子喻於義，小人喻於利」一章畢，乃離講席言曰：「熹當與諸生共守，以無忘陸先生之訓。」再三云：「熹在此不曾説到這裏，負愧何言。」乃復請先生書其説，先生書講義云：「某雖少服父兄

師友之訓，不敢自棄。而頑鈍疎拙，學不加進，每懷愧惕，恐負其初心。方將求鍼砭鐫磨於四方師友，冀獲開發，以免罪戾。比來得從郡侯秘書至白鹿書堂，羣賢畢集，瞻睹盛觀，竊自慶幸。秘書先生教授先生不察其愚，令登講席，以吐所聞。顧惟庸虚，何敢當此？辭避再三，不得所請。取《論語》中一章，陳平日所感，以應嘉命，亦幸有以教之。子曰：『君子喻於義，小人喻於利。』此章以義利判君子小人，辭旨曉白，然讀之者苟不切己觀省，亦恐未能有益也。某平日不無所感，竊謂學者於此當辨其志。人之所喻由其所習，所習由其所志。志乎義，則所習者必在於義，所習在義，斯喻於義矣；志乎利，則所習者必在於利，所習在利，斯喻於利矣。故學者之志不可不辨也。科舉取士久矣，名儒鉅公皆由此出。今爲士者固不能免此，然場屋之得失，顧其技與有司好惡如何耳，非所以爲君子小人之辨也。而今世以此相尚，使汩没於此而不能自拔，則終日從事者，雖曰聖賢之書，而要其志之所向，則有與聖賢背而馳者矣。推而上之，則又惟官資崇卑，禄廪厚薄是計，豈能悉心力於國事民隱，以無負於任使之者哉？從事其間，更歷之多，講習之熟，安得不有所喻？顧恐不在於義耳。誠能深思是身，不可使之爲小人之歸，其於利欲之習，怛焉爲之痛心疾首。專志乎義而日勉焉，博學審問，慎思明辨而篤行之。由是而進於場屋，其文必皆道其平日之學，胸中之藴，而不詭於聖人；由是而仕，必皆供其職，勤其事，心乎國，心乎民，而不爲身計。其得不謂之君子乎？秘書先生起廢以新斯堂，其意篤矣。凡至斯堂者，必不殊志。願與諸君勉之，以毋負其志。」《語録》。

朱子《跋講義後》云：淳熙辛丑春二月，陸兄子静來自金谿，其徒朱克家、陸麟之、周清叟、熊鑑、路謙亨、胥訓實從。十日丁亥，熹率寮友諸生，與俱至於白鹿書院，請得一言以警學者。子静既不鄙而惠許之，至其所以發明敷暢，則又懇到明白，而皆有以切中學者隱微深痼之病，蓋聽者莫不悚然動心焉。熹猶懼其久而或忘之也，復請子静筆之於簡，而受藏之。凡我同志，於此反身而深察之，則庶乎其可不迷於入德之方矣。新安朱熹識。朱子集。

後以《講義》刻於石，先生云：「講義述於當時，發明精神不盡。當時説得來痛快，至有流涕者。元晦深感動，天氣微冷，而汗出揮扇。」元晦又語楊道夫云：「曾見陸先生義利之説否？」曰：「未也。」曰：「這是子静來南康，熹請説書，卻説義利分明，是説得好。如云：『今人只讀書便是利，如取解後又要得官，得官後又要改官，自少至老，自頂所踵，無非爲利。』説得來痛快，至有流涕者。」《語録》。

秋，作《祭吕伯恭文》。見《文集》卷二十六。

丞相少師史浩薦先生，六月二十三日得旨，都堂審察陞擢，先生不赴。

史丞相薦語云：陸某淵源之學，沈粹之行，輩行推之，而心悟理融，出於自得。《行狀》。

淳熙九年壬寅，先生四十四歲。

項平甫來書，略云：安世聞陸先生之名，言者不一。往得交於傅子淵，警發柔惰，自此歸向取師之意始定。奉親之官越土，多見高第及門弟子，愈覺不能自已。雖未得親承於謦欬，然受沾渥亦已多矣。獨念心師之久，不可不以尺紙布萬一，伏乞加察。一二年來，數鉅公相繼淪落，任是事者，獨先生與朱先生耳。

侍從復上薦，得旨與職事官，薦辭未詳。除國子正。秋初，先生赴國學。

與陳倅書。見《文集》卷七。

始講書，八月十七日，講《春秋》六章。

九月，享明堂，爲分獻官。

淳熙十年癸卯，先生四十五歲。

在國學。二月七日，講《春秋》九章。

七月十五日，講《春秋》五章。

十一月十三日，講《春秋》四章。諸生叩請，孳孳啓諭，如家居教授，感發良多。《春秋講義》俱見《文集》。

朱元晦來書略云：「比約諸葛誠之在齋中相聚，極有益。浙中士人賢者皆歸席下，比來所得爲多，幸甚。」再書云：「歸來臂痛，病中絶學捐書，卻覺得身心收管，似有少進處。向來汎濫，真是不濟事。恨未得款曲承教，盡布此懷也。」項平甫再書略云：「某自幼便欲爲善士，今年二十一矣，欲望尊慈，特賜指教。」云云。答書不傳。按，朱元晦答平甫書云：「所語陸國正語，三復爽然，所以警於昏惰爲厚矣。大抵子思以來教人之法，尊德性，道問學兩事爲用力之要。今子静所説全是尊德性，而某平日所聞卻是道問學上過多。所以爲彼學者，多持守可觀，而看道理全不仔細。而熹自覺於義理上不敢亂説，卻於緊要事上多不得力。今當反身用力，去短集長，庶不墮於一偏耳。」先生聞之，曰：「朱元晦欲去兩短，合兩長，然吾以爲不可。既不知尊德性，焉有所謂道問學。」

冬，還敕令所删定官。先生在敕局，同志之士相從講切不替，僚友多賢，相

與問辯，大信服。

與漕使尤延之書，略云：「朱元晦在南康，已得太嚴之聲。元晦之政，亦誠有病，然恐不能泛然以嚴非之。使罰當其罪，刑故無小，遽可以嚴而非之乎？某嘗謂不論理之是非，事之當否，而泛然爲寬嚴之論者，乃後世學術議論無根之弊。道之不明，政之不理，由此其故也。元晦浙東救旱之政，比者屢得浙中親舊書及道途所傳，頗知梗概，浙人殊賴。自劾一節，尤爲適宜。其誕慢以僥寵禄者，當少阻矣。至如其間言事處，誠如來諭所言者云。」

嚴陵詹子南侍學。

阜民初見先生，不能盡記所言，大指云：「凡欲學者，當先識義利公私之辨。今所學果爲何事？人生天地間爲人，自當盡人道，學者所以爲學，學爲人而已，非有爲也。」又云：「孔門弟子如子游、子夏、宰我、子貢，雖不遇聖人，亦足以號名學者，爲萬世師。然卒得聖人之傳者，回之愚，參之魯。」蓋病後世學者溺於文義，知見繳繞，蔽惑愈甚，不可入道耳。阜民既還邸，遂屏棄諸書。及後來疑其不可，又問先生，則曰：「某何嘗不許人讀書，不知此後有事在。」又曰：「讀書不必窮索，平易讀之，識其可識者，久將自明，毋恥不知。」先生舉《孟子》「鈞是人也」一章云：「須先使心官不曠其職。」子南因是便收此心，如此半月，一日下樓，忽覺此心已復澄瑩中立。遂見先生，先生目逆而視之，曰：「此理已顯也。」《語録》。

淳熙十一年甲辰，先生四十六歲。

在敕局。春，祀祚德廟，爲分獻官。記事始末書於祠下。

朱元晦書略云：「敕局時與諸公相見，亦有可告語者否？於律令中極有不合道理、不近人情處，隨事改正得一二亦佳。中蕙程可久於法令甚精，可以入局中。然此猶是第二義，不知輪對班在何時？果得一見明主，就要緊處下得數句爲佳，其餘屑屑不足言也。謙仲甚不易得，今日尚有此公，差强人意。元善爽快，極難得，更加琢磨沉浸之功乃佳。機仲既得同官，乃其幸會，當能得日夕親炙也。浙東諸朋友想時通問，亦有過來相聚者否？立之墓表今作一通，顯道甚不以爲然，不知尊意以爲如何？」

三月十三日，答朱元晦書。見《文集》卷七。

編朱元晦奏立社倉事。

戊申歲，先生兄梭山居士欲立社倉於青田。

先生與趙監書。見《文集》卷首。

上殿輪對五劄。

時對期甚迫，猶未入思慮，所親累請，久乃下筆。繕寫甫就，厥明即對。

第一劄子云：臣讀典謨大訓，見君臣之間，都俞吁咈，相與論辯，各極其意，了無忌諱嫌疑。於是知事君之意，當無所不用其情。唐太宗即位之初，魏徵爲尚書右丞，或毀徵以阿黨親戚者，太宗使温彦博按訊，非是。彦博言：「徵爲人臣，不能著形迹，遠嫌疑，心雖無私，亦有可責。」太宗使彦博責徵，且曰：「自今宜存形迹。」徵入見曰：「臣聞君臣同德，是謂一體，宜相與盡誠。若上下但存形迹，則邦之興衰，未可知也。」太宗瞿然曰：「吾已悔之。」數年之後，蠻夷君長，帶刀宿衛，外户不閉，商旅野宿，非偶然也。唐太宗固未足爲陛下道，然其君臣之間，一能如此，即著成效。陛下天錫智勇，隆寬盡下，遠追堯舜，誠不爲難。而臨御二十餘年，未有太宗數年之效。版圖未歸，讎恥未復，生聚教誨之實，可爲寒心。執事者方雍雍于于，以文書期會之隙，與造請乞憐之人俯仰酬酢而不倦，道雨暘時若，有詠誦太平之意，臣竊惑之。臣誠恐因循頑習之久，薰蒸浸漬之深，雖陛下之剛健，亦不能不消蝕也。鸞鳳之所以能高飛者，在六翮。臣願陛下毋以今日所進爲如是足矣，而博求天下之俊傑，相與舉論道經邦之職，將見無愧於唐虞之朝，而唐之太宗，誠不足爲陛下道矣。取進止。

二云：臣讀漢武帝《策賢良詔》，至所謂「任大而守重」，嘗竊歎曰：「漢武亦安知所謂任大而守重者。自秦而降，言治者稱漢、唐。漢、唐之治，雖其賢君，亦不過因陋就簡，無卓然志於道者。因陋就簡，何大何重之有？今陛下獨卓然有志於道，真所謂任大而守重。道在天下，固不可磨滅，然人弘道，非道弘人。今陛下羽翼未成，則臣恐陛下此志亦不能自遂。陛下此志不遂，則宜其治功之不立，日月逾邁，而駸駸然反出漢、唐賢君之下也。神龍棄滄海，釋風雲，而與鯢鰍校技於尺澤，理必不如。臣願陛下益致尊德樂道之誠，以遂初志，則豈惟今天下之幸，千古有光矣。取進止。三云：臣嘗謂事之至難，莫如知人，事之至大，亦莫如知人。人主誠能知人，則天下無餘事矣。管仲嘗三戰三北，三見逐於君，鮑叔何所見，而遽使小白置彎弓之怨，釋拘囚而相之？韓信家貧無行，不得推擇爲吏，不能自業，見厭於人，寄食於漂母，受辱於胯下，蕭相國何所見，而必使漢王拔於亡卒之中，齋戒設壇而拜之？陸遜，吳中年少書生耳，呂蒙何所見，而使孫仲謀越諸老將而用之？諸葛孔明，南陽耕夫偃蹇爲大者耳，徐庶何所見，而必

欲屈蜀先主枉駕顧之？此四人者，自其已成之效觀之，童子知其非常士也。當其困窮未遇之時，臣謂常人之識，必無能知之理。人之知識若登梯然，進一級則所見愈廣，上者能兼下之所見，下者必不能如上之所見。陛下誠能坐進此道，使古今人品瞭然放心目，則四子之事，又豈足爲陛下道哉！若猶屈鳳翼於雞鶩之羣，日與瑣瑣者共事，信其俗耳庸目，以是非古今，臧否人物，則非臣之所敢知也。取進止。四云：臣嘗謂天下之事，有可立至者，有當馴至者。旨趣之差，議論之失，是惟不悟，悟則可以立改。故定趨向，立規模，不待悠久，此則所謂可立至者。如救宿弊之風俗，正久隳之法度，雖大舜、周公復生，亦不能一旦盡如其意。惟其趨嚮既定，規模既立，徐圖漸治，磨以歲月，乃可望其丕變，此則所謂當馴至者。日至之時，陽氣即應，此立至之驗也。大冬不能一日而爲大夏，此馴至之驗也。凡事不合天理，不當人心者，心害天下，效見之著，無愚智皆知其非。然或智不燭理，量不容物，一旦不勝其忿，驟爲變更，其禍敗往往甚於前日。後人懲之，乃謂無可變更之理，真所謂懲羹吹虀，因噎廢食者也。自秦、漢以來，治道龐雜，而甘心懷愧於前古者，病正坐此。歲在壬辰，臣省試對策，首篇大抵言古事是非，初不難論，但論於今日，多類空言，事體遼絶，形勢隔塞，無可施行。未章有云：「三代之政，其終不復矣乎？合抱之木，萌蘖之生長也。大夏之暑，大冬之推移也。三代之政，豈終不可復哉？顧當爲之以漸，而不可驟耳。有包荒之量，有馮河之勇，有不遐遺之明，有朋亡之公，於復三代乎何有？臣乃今日復請爲陛下誦。取進止。

五云：臣聞人主不親細事，故皋陶賡歌，致叢脞之戒；周公作《立政》，稱文王罔攸兼於庶言、庶事、庶獄。唐德宗親擇吏宰畿邑，柳渾曰：「陛下當擇臣輩以輔聖德，臣當選京兆尹以承大化，尹當求令長以親細事。代尹擇令，非陛下所宜。」此言誠得皋陶、周公之旨。今天下米鹽靡密之務，往往皆上累宸聽。臣謂陛下雖得皋陶、周公，亦何暇與之論道經邦哉？荀卿子曰：「主好要則百事詳，主好詳則百事荒。」臣觀今日之事，有宜責之令者，令則曰我不得自行其事；有宜責之守者，守亦曰我不得自行其事。推而上之，莫不皆然。文移回復，互相牽制，其説曰所以防私，而私者方藉口以藏姦伏慝，使人不可致詰。惟盡忠竭力之人欲舉其職，則苦於隔絶而不得以遂志。以陛下之英明，焦勞於上，而事實之在天下者，皆不能如陛下之志，則豈非好詳之過耶？此臣所謂旨趣之差，議論之失，而可以立變者也。臣謂必深懲此失，然後能遂求道之志，致知人之明，陛下雖垂拱無爲，而百事詳矣。臣不勝拳拳。取進止。已上俱《文集》。

包揚録先生語云：輪對第一劄讀太宗起頭處，上曰：「君臣之間，須得如此。」對曰：「陛下云云，天下幸甚。」讀「不存形迹」處，上曰：「賴得有所悔。」連説：「不患無過，貴改過之意甚多。」對曰：「此爲堯、爲舜、爲禹湯、爲文武血脈骨髓，仰見聖學。」讀入本日處，先乞奏云：「臣愚蠢如此。」便讀「疆土未復」「生聚教訓」處，上曰：「此有時。」辭色甚壯。對曰：「如十年生聚，十年教訓，此有甚時？今日天下貧甚，州貧、縣貧、民貧。」其説甚詳，上無説。讀二劄論道，上曰：「自秦、漢而下，無人主知道。」甚有自負之意，其説甚多説禪。對曰：「臣不敢奉詔。臣之道不如此，生聚教訓處便是道。」讀第三劄論知人，上曰：「人才用後見。」對以要見之於前意思。忘其辭。上又曰：「人才用後見。」又説「此中有人」云云，對曰：「天下未知云云，天下無人才，執政大臣未稱陛下使令。」上默然。讀第四劄，上贊歎甚多。第五劄所陳甚多。下殿五六步，上曰：「朕不在詳處做工夫，只在要處秉笏立聽。」不容更轉對。後王謙仲云：「渠每常轉對，恐小官不比渠侍從也。」《語録》。

講究武略。

先生少時聞靖康間事，慨然有感於復讎之義。至是訪求智勇之士，與之商確，益知武事利病、形勢、要害。李將使雲，將家子也，興國人，有勇力，先生奇而教之，後獲用太尉畢再遇帳下。其家祠事先生，或問何爲？曰：「雲少時嘗欲率五百人打劫起事，一日往見先生，蒙誨，翻然而改。不然，此身不得爲人矣。」先生平日獎激人才類如此。後守荆門，獎拔奇才亦多。

論醫國。

或問：「先生見用，以何醫國？」先生曰：「吾有四物湯。」問：「如何？」曰：「任賢、使能、賞功、罰罪。」

論駁中外奏對不可行者。

答蘇宰書。見《文集》卷八。

答朱元晦書。

時有言奏劄差異者，元晦索之，先生納去一本。元晦貽書云：「奏篇垂示，得聞至論，慰沃良深。其規模宏大，源流深遠，豈腐儒鄙生所可窺測？然區區私憂，未免有萬牛回首之歎，然於我何病耶？語圓意活，混浩流轉，益見所養之深，所蓄之厚。但向上一路，未曾撥着。」先生答書略云：「奏劄獨蒙長者褒揚獎譽

之厚，俱無以當之。深慚疎愚，不能回互藏匿，肺肝悉以書寫，而兄尚有向上一路未曾撥着之疑，豈待之太重，望之太過，未免金注之昏耶？」

按：朱子所貽書「向上一路未曾撥着」句下，尚有「未免使人疑着，恐是葱嶺帶來」之語，而此譜所引無之。陸子所答亦未辨此，豈作譜者不欲啓争端，故并删之耶？陸子所答書，集中未載，有無辯語，亦無可考。奏篇所論皆平治大道，與禪語絲毫無涉。此而疑其爲禪，則天下無不可疑者矣。朱子疑陸子爲禪，大率如此。今增奏篇五首於前，是否「葱嶺帶來」，學者平心觀之，無庸置辨。

改授承奉郎，以修《寬恤詔令》書成也。

與樞密使王謙仲語及《孟子》闢土地充府庫一段，因云：「方今正在求此輩而不可得。」謙仲爲之色變。又舉柳子厚：「捧土揭木而致之廟堂之上，蒙以紱冕，翼之徒隸，而趨走其左右，豈有補於萬事之勞苦哉？聖人之道無益於世，凡以此也。」謙仲爲之默然。先生嘗云：「當時諸公見上下相安，内外無事，便爲太平氣象。獨鄭溥之有一語極好：『而今只要爲虜人借路登泰山耳。』」《語録》。

秋九月既望，作《外舅吴公行狀》。

末云：「某在童稺時，爲公所知，後妻以其女。」尤延之作《吴公墓誌》云：「陸君子静數爲予道其婦翁吴公之賢，居亡何，有墨服踵門而求見者，則吴公之子顒若也，袖子静之狀，且告曰：『敢因子静以請誌。』予不識吴公，然子静信人也，其言有證，乃叙而誌之。夫識子静於童稺之中，而能以子妻之，其賢可知矣。」然敬仲作《孺人吴氏墓誌》云：「孺人諱愛卿，吴公茂榮諱漸之長女也。幼有異質，女工不學而能，詩書過目不忘，公大奇之。一見先生，謂可妻，歸焉。先生爲國子正，删定敕局，居中五年，四方之賓滿門，旁無虚宇，併假於館，中饋百需，先生不一啓齒，孺人調度有方，舉無缺事。既先生奉祠歸，囊蕭然，同僚共贐之。還里之明年，經理象山，孺人捐奩中物助之」云云。尤、楊文集。

作《本齋記》，爲成都郭醇仁作。

淳熙十二年乙巳，先生四十七歲。

在敕局。

與尤延之書，略云：此間不可爲久居之計。吾終日區區，豈不願少自效？至不容着手脚處，亦只得且退而俟之。職事間又無可修舉，睹見弊病，又皆須自上面理會下來方得。在此但望輪對，可以少展胸臆。對班尚在後年，鬱鬱度日而已。」或勸以小人闖伺，宜乞退。先生曰：「吾之未去，以君也。不遇則去，豈可以彼爲去就耶？」《文集》、《語録》。

詹子南問學。

子南問：「先生之學，亦有所受乎？」曰：「因讀《孟子》而自得之於心也。」《語録》。

淳熙十三年丙午，先生四十八歲。

在敕局。

夏五月，作《格矯齋記》。爲三衢徐載作。

朱元晦通書略云：傅子淵去冬相見，氣質剛毅，極不易得，但其偏處亦甚害事。雖嘗苦口，恐未以爲然。近覺當時説得亦未的，宜其不以爲然也。今想到部，必已相見，亦嘗痛與砭劑否？道理極精微，然初不在耳目聞見之外。是非黑白只在面前，此而不察，乃欲别求玄妙於意慮之表，亦已誤矣。熹衰病日侵，所幸邇來日用工夫，頗覺有力。無復向來支離之病。甚恨未得從容面論，未知異時尚復有異同否耳。《朱子全集》。

轉宣義郎，除將作監丞，給事王信疏駁。十一月二十九日得旨，主管台州崇道觀。初，親朋謂先生久次，宜求退。先生曰：「往時面對，粗陳大義，明主不以爲非。然條貫靡竟，統紀未終，思欲再望清光，少自竭盡，以致臣子之義。」《語録》。

時有傳先生將因輪對之便，有所糾劾者。執政聞之，故於距對班五日前，即除監丞。王信爲執政私人，故加疏駁。

與李成之書。見《文集》卷十。

和楊萬里廷秀送行詩。見《文集》卷二十五。

既歸，學者輻輳。時鄉曲長老亦俯首聽誨，言稱先生。先生悼時俗之通病，啓人心之固有，咸惕然以懲，躍然以興，每詣城邑，環坐率一二百人，至不能容，徙居寺觀。縣官爲設講席於學宫，聽者貴賤老少，溢塞途巷，從遊之盛，未見有此。《行狀》。

與朱子淵書。見《文集》卷十三。

淳熙十四年丁未，先生四十九歲。

春，如臨川。

先生訪倉使湯公思謙，公因言風俗不美，先生曰：「乍歸，方欲與諸後生説些好話。此事亦由天，亦由人。」公曰：「如何由天？」曰：「且如三年一科舉，中

者篤厚之人多，浮薄之人少，則風俗自此而厚。不幸篤厚無幾，或全是浮薄，則後生從而視效，風俗日以敗壞。」公曰：「如何亦由人？」曰：「監司守令是風俗之宗主，只如判院在此，無只爲位高爵重，旗旄導前，驅卒擁後者，是崇是敬。陋室茅茨之間，有篤敬忠信好學之士，不以其微賤而知崇敬之，則風俗庶幾可回矣。」公再三稱善。次日，謂幕僚友曰：「陸丈至誠，何不去聽説話。」幕僚曰：「恐陸丈門户高峻，議論非某輩所能喻。」公曰：「陸丈説話甚平正，試往聽看。某於張、呂諸公皆相識，然如陸丈説話，自是不同。」《語録》。

作《朱元瑜名字説》。見《文集》卷二十。

始登貴溪應天山講學。

初，門人彭興宗世昌訪舊於貴溪應天山麓張氏，因登山遊覽，則陵高而谷邃，林茂而泉清，乃與諸張議結廬以迎先生講學。先生登而樂之，乃建精室居焉。《與楊敬仲書》云：「精舍二字，出《後漢·包咸傳》，其事在建武前。儒者講習之地用此名，甚無歉也。」

答江西程帥叔達惠新刊江西詩派劄子。

答沈宰書。見《文集》卷十七。

包敏道《跋江泰之所收劄子墨蹟》云：象山先生論詩，又出告往知來以意逆志者之外。蓋其精鑑如權度，舉天下之輕重長短，毫髮絲粟，不可得而加損也，豈特於詩爲然哉？當程君劄送詩至時，僕在席下，先生顧諸生曰：「誰能代答？」須臾呈藁者數人，先生歎曰：「將紙來。」一筆寫就云云。

夏五月，答馮傳之書。見《文集》卷十三。

初冬，答朱元晦書。見《文集》卷十三。

元晦答書，略云：「所論與令兄書，辭費而理不明。今亦不記當時作何語，恐或實有此病。承許條析見教，何幸如之！虚心以俟，幸因早便見示。如有未安，卻得細論，未可便似居士兄遽斷來章也。」辯無極、太極始此。

作《無營齋説》。贈吴叔有。

冬十月庚辰，葬仲兄子儀於臨川之羅首峰下。

作《子儀墓誌》。

十一月，作《宜章學記》。

十二月，與漕使宋若水書，言金谿月樁之重，及臺郡督積欠困民之弊。見《文集》卷八。

淳熙十五年戊申，先生五十歲。

在山間精舍，易應天山名爲象山。

春正月，作《荆國王文公祠記》。

與薛象先書。見《文集》卷十二。先生嘗云：「讀介甫書。」見《文集》卷三十五。

答倉使趙汝謙書。見《文集》首卷。

應天山實龍虎山之本，岡高五里，其形如象，遂名之曰象山。先生既居精舍，又得勝處爲方丈，及部勒羣山閣，又作圓菴。學徒各來結廬，相與講習，於得稱先生爲象山先生。先生有《與姪孫濬書》云「山間近來結廬者甚衆，諸生始聚糧相迎，今方丈前又成一閣，部勒羣山，氣象亦偉」云云。

居仁齋、由義齋、養正齋、張伯强。明德、張行己。志道、周孚先。儲雲、伯强、行己。佩玉、張少石、俞高、倪伯珍。規齋、祝才叔。蕙林、周元忠。達誠、朱幹叔。瓊芳、傅季魯學徒馮泰卿，初名梅卤，以季魯家諱，先生爲改今名。濯纓池、浸月池、吴子嗣創齋。先生與之書云：「草廬在二池之間。」今欲名以濯纓，當爲書之。」封庵、少石。批荆。先生書於世昌之堂。各因山勢之高，原塢之佳處爲之。

三月，與江西帥王謙仲書。見《文集》卷九。

五月，與錢守伯同書。見《文集》卷九。

郡縣禮樂之士，時相謁訪，喜聞其化，四方學徒大集，至數百人。先生從容講道，歌詠愉愉，有終焉之意。

馮元質云：「先生常居方丈。每旦精舍鳴鼓，則乘山簥至，會揖陞講坐，容色粹然，精神炯然。學者又以一小牌書姓名年甲，以序揭之，觀此以坐，少亦不下數十百，齊肅無譁。首誨以收斂精神，涵養德性，虚心聽講。諸生皆俛首拱聽，非徒講經，每啓發人之本心也。間舉經語爲證，音吐清響，聽者無不感動興起。初見者或欲質疑，或欲致辯，或以學自負，或有立崖岸自高者，聞誨之後，多自屈服，不敢復發。其有欲言而不能自達者，則代爲之説，宛如其所欲言，乃從而開發之。至有片言半辭可取，必奬進之，故人皆感激奮礪。平居或觀書，或撫琴。佳天氣，則徐步觀瀑，至高誦經訓，歌《楚詞》及古詩文，雍容自適。雖盛暑，衣冠必整肅，望之如神。諸生登方丈請誨，和氣可掬，隨其人有所開發，或教以涵養，或曉以讀書之方，未嘗及閑話，亦未嘗令看先儒語録。每講説痛快，則顧傅季魯曰：『豈不快哉！』季魯齒最少，坐必末。嘗掛一坐於側，間令代説。時有少之者，先生曰：『季魯英才也。』先生大率二月登山，九月末始歸，中間亦往

來無定。居山五年，閱其簿，來見者踰數千人。」《舉陳宰書》云：「同志之士，方此盍簪，紬繹簡編，商略終古，粗有可樂。雖品質不齊，昏明異趣，未能純一，而開發之驗，變化之證，亦不可謂無其涯也。倘得久於是山，以既厥事，是所願幸。」季魯云：「先生居山，多告學者云：『汝耳自聰，汝目自明，事父自能孝，事兄自能弟，本無少缺，不必他求，在乎自立而已。』學者於此多有興起。有立議論者，先生云：『此自是虚說，此是時文之見。』常曰：『今天下學者有兩途，惟樸實與議論耳。』」

毛剛伯必强云：「先生之講學也，先欲復本心以爲主宰，既得其本心，從此涵養，使日充月明。讀書考古，不過欲明此理，盡此心耳。其教人爲學，端緒在此，故聞者感動。當時先生與晦菴，門徒俱盛，亦各往來問學，晦菴門人乍見先生，教門不同，不與解説無益之文義，無定本可説，卒然莫知所適從。無何辭去，歸語師友，往往又失其本旨，遂起晦菴之疑，良可慨歎。或問：『先生之學自何處入？』先生曰：『不過切己自反，改過遷善。』又曰：『吾之學問與諸生異者，只是在我全無杜撰，雖千言萬語，只是覺得他底，在我不曾添一些。』且又曰：『吾之與人言，多就血脈上感動他，故人之聽之者易。』」

章仲至云：「先生講論，終日不倦，夜亦不困，若法令者之爲也。動是三鼓，學者連日應酬，勞而蚤起，精神愈覺炯然。問曰：『先生何以能然？』先生曰：『家有壬癸神，能供千斛水。』」嚴松年問：「今學者爲誰？」先生屈指數之，以傅子淵居其首，鄧文範、傅季魯、黄元吉居其次。且云：「浙間煞有人，有得之深者，有得之淺者，有一見而得者，有久而後得之者。廣中一陳去華，省發偉特，惜乎此人亡矣。」

朱元晦《語録》云：「今浙東學者多子静門人，類能超然自立，相見之次，便毅然有不可犯之色。自家一輩朋友，又卻覺不振。」又云：「子静之門，如楊簡輩，躬行皆有可觀。」

又《與詹侍郎書》云：「高教授能留意學校，甚善。渠從子静學，有意爲己，必能開導其人也。」

又《與劉仲復書》云：「陸丈回書，其言明當，且就此持守，自見功效，不須多疑多問，卻轉迷惑。」

南豐劉敬夫學《周禮》，見晦菴，晦菴令其精細考索。復見先生，問：「見朱先生何得？」敬夫述所教，先生曰：「不可作聰明，亂舊章。如鄭康成注書，枘鑿最多。讀經只如此讀去，便自心解。注不可信，或是諱語，或是莽制。傅季魯保社中議此甚明，可一往見之。」於是往問於季魯。

又嘗曰：「解書只是明他大義，不入己見於其間，傷其本旨，乃爲善解書。後人多入己意，其言每有意味，而失其真實。以此徒支離蔓衍，而轉爲藻繪也。」又嘗曰：「河圖屬象，洛書屬數，《先天圖》非聖人作《易》之本旨。有據之以説《易》者，陋矣。」又嘗曰：「後世之論《春秋》者，多如法令，非聖人之旨也。觀《春秋》、《詩》、《書》、《易》，經聖人手削，知編《論語》者亦有病，顧記《禮》之言，多原老氏之意。」

先生與姪孫濬書論道云：「學者至本朝而始盛，自周茂叔發之。」又云：「韓退之言軻之死不得其傳，固不敢誣後世無賢者，然直是至伊洛諸公，得千載不傳之學，但草創未爲光明。今日若不令大段光明，更幹當甚事。」又云：「二程見茂叔後，吟風弄月而歸，有『吾與點也』之意。後來明道此意卻存，伊川已失此意。」又云：「元晦似伊川，欽夫似明道。伊川蔽錮深，明道卻疏通。」又云：「道譬則水。人之於道，譬則蹄涔汙沱、百川江海也。海至大矣，而四海之廣狹淺深，不必齊也。至其爲水，則蹄涔亦水也。」又嘗以手指心曰：「某有積學在此，惜未有承當者。」

夏四月望日，與朱元晦辯《太極圖説》。見《文集》卷二。

與提刑應仲實書。見《文集》卷十。與趙詠道書。見《文集》卷十一。

秋八月，遊仙巖，題新興寺壁。見《文集》卷十二。

訪江西帥王謙仲。

時帥幕邵叔誼在坐，聽談命者，曰：「吾之談命異於是。伯夷、叔齊餓死於首陽之下，民到於今稱之，此命極好。齊景公有馬千駟，死之日，民無德而稱焉，此命極不好。」

先生與叔誼書。見《文集》首卷。

作南豐黄世成及慈谿楊承奉二墓銘。

先生每謂：「銘墓非古，而銘多溢辭，故不苟作。余銘南豐、慈谿二君之墓，海内名識謂無愧辭。」

十二月十四日，答朱元晦論無極書。見《文集》卷二。

按，原譜節存答書，未能檃括，今不載。是時朱元晦作《喜晴》詩云：「川原紅緑一時新，暮雨朝晴更可人。書册埋頭何日了，不如抛卻去尋春。」先生聞之

色喜，曰：「元晦至此有覺矣，是可喜也。」

淳熙十六年己酉，先生五十一歲。

祠秩滿，在山間方丈。

春正月，朱元晦來書辨無極。

題達本菴詩。

梁光結廬其親塋，名曰達本，求言於先生，因賦是詩，以助孝德。

是歲壽皇内禪，光宗皇帝即位，詔先生知荆門軍。

先生始欲著書，常言諸儒説《春秋》之謬尤甚於諸經，將先作傳，值得守荆之命而不果。

覃恩轉宣教郎。

夏六月，與黄循中書。見《文集》卷十二。

磨勘轉奉議郎。答趙然道書。見《文集》卷十二。

秋七月四日，與朱元晦書。見《文集》卷二。

七日，贈疎山益侍者帖。見《文集》卷二十。

八月六日，元晦答書云：「荆門之命，少慰人意。今日之計，惟僻且遠，猶或可行志，想不以是爲厭。三年有半之間，消長之勢，又未可以預料，流行坎止，亦非人力所能爲也。聞象山開闢架鑿之功蓋有緒，來學者亦益甚，恨不得一至其間，觀奇覽勝。某春首之書，詞氣粗率，既發即知悔之，然已不及矣。」今按，此書朱子集未載。

與陶贊仲論私立門户之非。見《文集》卷十五。

朱元晦論學徒競辨之非，答諸葛誠之書云：「示諭競辨之論，三復悵然。愚深欲勸同志者兼取兩家之長，不輕相詆毁。就有未合，亦且置勿論，而力勉於吾之所急。吾人所學喫緊着力處，正天理人欲相去之間。如今之論，則彼之因而起者，於二者之間果何處乎？子静平日自任，正欲身率學者，一於天理，不以一毫人欲雜於其間，恐決不至如賢者之所疑也。」包顯道侍晦菴，有學者因無極之辯貽書詆先生者，晦菴復其書云：「南渡以來，八字着腳，理會着實工夫者，惟某與陸子静二人而已。某實敬其爲人，老兄未可以輕議之也。」

秋八月十一日，答趙詠道書。見《文集》卷十二。答曾宅之書。見《文集》首卷。

與姪孫濬書。見《文集》卷十四。

冬十月朔，作《外姑黄夫人墓銘》。先生自云：「先丈母《誌銘》，叙次頗復明暢」云。

與王順伯書。見《文集》卷十一。

冬至前五日，跋曾裘甫《答屈待舉》詩。後三日，遊翠雲寺，題名於壁。先生《遊翠雲寺帖》。見《文集》卷二十。

《宋人年譜叢刊》第十册袁燮等《象山先生年譜》卷下

光宗紹熙元年庚戌，先生五十二歲。

在山間方丈。

春正月，與姪孫濬書。見《文集》卷十四。

三月二十六日，與包敏道書。見《文集》卷十四。

夏五月，作《經德堂記》。堂名取諸《孟子》「經德不回」。

六月旱。十三日，石灣禱雨。十六日，謝雨。文俱見《文集》卷二十六。

秋八月二十六日，作《貴溪縣重修學記》。見《文集》卷十九。

與饒壽翁書。見《文集》卷十二。與郭邦逸書。見《文集》卷十三。作《玉芝歌》。見《文集》卷十五。

與路彦彬書，略云：竊不自揆，區區之學，自謂孟子之後至是而始一明也。

紹熙二年辛亥，先生五十三歲。

在山間方丈。

春二月，與劉伯協書。見《文集》卷十二。

三月三日，與林叔虎書。見《文集》卷九。跋資國寺《雄石鎮帖》。雄石鎮寺在象山西址隔溪之山間，先生往來必憩焉。

六月，作《武陵縣學記》。見《文集》卷十九。

中澣，作《臨川簿廳壁記》。是月得旨，疾速之任。

將之荆門，屬傅子雲居山講學。

先生謂季魯曰：「是山緊子是賴，其爲我率諸友，日切磋之。」又顧衆門人曰：「吾遠守小障，不得爲諸友埽静氛穢。幸有季魯在，願相與親近。」

秋七月四日，啓行。

十一日，書贈陳晉卿。名縮，時爲撫州學官。書見《文集》卷二十。

九月三日，至荆門軍。

舟車所經，見豐城王允文祭文云：「南浦維舟，徑浮彭蠡。覽奇康廬，濯纓瀑水。潯陽晚薄，齊安晝艤。臨皋雪堂，周覽遺趾。長淮以西，野岸曠平。撰杖

西風，或憩柴荆。桑棗蔭塗，葭葦連汀。笑談之間，造微詣精。黄鶴入雲，芳洲在目。憑高訪古，北轅西輻。溥於開落，霜莩破菊」云。

即日視事，上謝表。表見《文集》卷十八。

初領郡事，吏以故例白：「内諸局務，外諸縣，必有揭示約束，接賓受詞分日。」先生曰：「安用是。」延見僚屬如朋友，推心豁然，論事惟理是從。先生家書有云：「每日同官稟事，衆有所見，皆得展其所懷，辯争利害於前。太守唯默聽，俟其是非既明，乃從贊歎，以養其徇公之意。太守所判，僚屬卻回者常有之。」先生教民如子弟，雖賤隸徒卒，亦諭以理義。接賓受詞無早暮，下情盡達無壅。故郡境之内，官吏之廉貪，民俗之習尚，忠良材武與猾吏之暴强，先生皆得之於無事之日。往時郡有追逮，皆特遣人。先生唯令訴者自執狀以追，以地遠近立限，皆如期，即日處決。輕重多酌人情，曉令解釋。至人倫之訟既明，多使領原詞自毁之，以厚其俗。唯怙終不可誨化，乃始斷治，詳其文狀，以防後日。反覆久之，民情益孚。兩造有不持狀，唯對辯求決。亦有證者，不召自至，問其故，曰：「事久不白，共約求明。」或既伏，俾各持其狀去，不復留案。嘗夜與僚屬坐，吏白有老者訴甚急，呼問之，體戰，言不可解。俾吏狀之，謂其子爲群卒所殺。先生判翌日呈，僚屬難之，先生曰：「子安知不至是？」淩晨追究，其子蓋無恙也，人益服先生之明。有訴遭竊，脱而不知其人，先生自出二人姓名，使捕至，訊之伏辜，盡得所竊物還訴者，且宥其罪，使自新。因語吏曰某所某人尤暴，吏亦莫知。翌日有訴遭奪掠者，即其人也。乃加追治，吏大驚，郡人以爲神。初，保伍之制，州縣以爲非急務，多不檢覈，盗賊多藏匿其間，近邊尤以爲患。先生首申嚴之，姦無所蔽。有劫僧廬者，鄰伍遽集，擒獲不逸一人，至是羣盗屏息。《行狀》。

與羅點春伯書。見《文集》卷十五。與漕使薛象先叔似書，與漕使論民間疾苦。俱見《文集》卷十五。

新築城，修州學、貢院及客館、客舍。

荆門素無城壁，先生以爲此自古戰争之場，今爲次邊。在江、漢之間，爲四集之地，南捍江陵，北援襄陽，東護隨、郢之脇，西當光化、夷陵之衝。荆門固則四鄰有所恃，否則有背脇腹心之虞。由唐之湖陽以趨山，則其涉漢之徑，已在荆門之脇。由鄧之鄧城以涉漢，則其趨山之道，已在荆門之腹。餘有間途淺津，坡陁不能以限馬，灘瀨不能以濡軌者，所在尚多。自我出奇制勝，徼敵兵之腹脇者，亦正在此。雖四山環合，易於備禦，義勇四千，强壯可用，而倉廩藏庫之間，麋鹿可至。累政欲脩築子城，憚重費不敢輕舉。先生審度決計，召集義勇，優給傭直，躬自勸督，役者樂趍，竭力工倍，二旬訖築。初計者擬費緡錢二十萬，至是僅費緡錢五千而土工畢。復議成砌三重，置角臺，增二小門，上置敵樓，衝天渠、荷葉渠、護險牆之製畢備，纔費緡錢三萬。又郡學、貢院、客館、客舍，衆役并興。初俗習惰，人以執役爲恥，吏惟好衣閒觀，至是風一變，督役官吏布衣，雜役夫佐力，相勉以義，不專以威。盛役如此，而人情晏然，郡治恬若無事。《行狀》。

革税務之弊及諸弊政，朔望及暇日，詣學訓誨諸生。

荆門兩縣置壘，事力綿薄，連歲困於送迎，藏庫空竭，調度倚辨酒税。先是，日差使臣暨小吏伺商人於門，檢貨給引，然後至務，務唯據引入税，出門又覆視。官收無幾，而出入其費已多。初謂以嚴禁榷，杜姦弊，而門吏取賄，多所藏覆，禁物亦或通行。商苦重費，多由僻途，務入日縮。先生罷去之，或白：「關譏所以防姦，列郡行之以爲常。一旦罷廢，商冒利，必有不至務者。」先生曰：「是非爾所知。」即日揭示，俾徑至務，復減正税援例，是日税入立增。有一巨商，已遵僻途，忽聞新命，復出正路。巡尉卒於岐路捕之，先生詰得其實，勞而釋之，巨商感涕。行旅聞者，莫不以手加額，誓以毋欺，私相轉告，必由荆門。旁觀者詰其故，商曰：「罷三門引，減援例，去我輩大害，不可不報德。」税收增倍，酒税亦如之。荆門故用銅錢，後以近邊，以鐵錢易之。銅錢有禁，而民之輸於公者，尚容貼納。先生曰：「既禁之矣，又使之輸，不可。」即蠲之。又減鈔錢，罷比較，不遣人詣縣，給吏札，置醫院官，吏民咸悦，而郡吏亦貧而樂。獄卒無以自給，多告罷。先生以僚屬訪察得其實，遂廩給之。朔望及暇日，詣學講誨諸生。《行狀》。

紹熙三年壬子，先生五十四歲。

在荆門。

春正月十三日，會吏民，講《洪範》「五皇極」一章。

郡有故事，上元設醮黄堂，其説曰爲民祈福。先生於是會吏民，講《洪範》「斂福錫民」一章，以代醮事。發明人心之善，所以自求多福者，莫不曉然有感於中，或爲之泣。有《講義》。仍書《河圖》八卦之象，《洛書》九疇之數於後，以曉後學。更定《圖》、《書》，與今世所傳者不同，所以復古《圖》、《書》之舊也。先生未及著書發明，後傳季魯作《釋義》以明之。《行狀》、《語録》。

【附】《荆門軍上元設廳講義》：「五皇極，皇建其有極。斂時五福，用敷錫厥庶民，惟時厥庶民于汝極。錫汝保極。」皇，大也；極，中也。《洪範》九疇，五

居其中，故謂之極。是極之大，充塞宇宙，天地以此而位，萬物以此而育。古先聖王皇建其極，故能參天地，贊化育。當此之時，凡厥庶民，皆能保極。比屋可封，人人有士君子之行，葉氣嘉生，薰爲太平，嚮用五福，此之謂也。皇建其有極，即是斂此五福，以錫庶民。捨極而言福，是虚言也，是妄言也，是不明理也。惟皇上帝降衷於下民，衷即極也。凡民之生，均有是極，但其氣稟有清濁，知識有開塞。天之生斯民也，使先知覺後知，使先覺覺後覺。古先聖賢與民同類，所謂天民之先覺者也。以斯道覺斯民者，即皇建其有極也，即斂時五福，用敷錫厥庶民也。今聖天子重明於上，代天理物，承天從事，皇建其極，是彝是訓，于帝其訓，無非斂此五福，以錫爾庶民。郡守、縣令承流宣化，即是承宣此福，爲聖天子以錫爾庶民也。凡爾庶民知愛其親，知敬其兄者，即惟皇上帝所降之衷，今聖天子所錫之福也。若能保有是心，即爲保極，宜得其壽，宜得其福，宜得康寧，是謂攸好德，是謂考終命。凡爾庶民，知有君臣，知有上下，知有善惡，知有是非，父知慈，子知孝，兄知友，弟知恭，夫義婦順，朋友有信，即維皇上帝所降之衷，今聖天子所降之福也。身或不壽，此心實壽；家或不富，此心實富。縱有患難，心實康寧。或爲國死事，殺身成仁，亦爲考終命。實論五福，但當論人一心。此心若正，無不是福；此心若邪，無不是禍。世俗不曉，只將目前富貴爲福，目前患難爲禍。不知富貴之人，若其心邪，其事惡，是逆天地，逆鬼神，悖聖賢之訓，畔君師之教。天地鬼神所不宥，聖賢君師所不與。忝辱父祖，自害其身。静時回思，亦有不可自欺自瞞者。若於此時更復自欺自瞞，是直欲自絶滅其本心也。縱是目前富貴，正人觀之，無異在囹圄糞穢之中也。患難之人，其心若正，其事若善，是不逆天地，不逆鬼神，不悖聖賢之訓，不畔君師之教，天地鬼神所當佑，聖賢君師所當與，不辱父祖，不負其身，仰無所愧，俯無所怍，雖在貧賤患難中，心自亨通。正人達者觀之，即是福德。作善降之百祥，作不善降之百殃，積善之家必有餘慶，積不善之家必有餘殃。但自考其心，則知福祥殃咎之至，如影隨形，如響應聲，必然之理也。愚人不能遷善遠罪，但貪求富貴，卻祈神佛以求福，不知神佛在何處，何緣得福以與不善之人也。皇極在《洪範》九疇之中，乃《洪範》根本。經曰：「天乃錫禹《洪範》九疇。」聖天子建用皇極，亦是受天所錫，斂時五福，錫爾庶民者。即是以此心敷於教化政事，以發明爾庶民天降之衷，不令溺陷。爾庶民能保全此心，不陷邪惡，即爲保極，可以報聖天子教育之恩，長享五福，更不必别求神佛也。《洪範》一篇，著在《尚書》，今人多讀，未必能曉大義。若其心正，其事善，雖不曾識字，亦自有讀書之功。其心不正，其事不善，雖多讀書，有何所用？用之不善，反增罪惡耳。常歲以是日建醮於設廳，爲民祈福。竊惟聖天子建用皇極以臨天下，郡縣之吏所宜與爾庶民惟皇之極，以近天子之光。謹發明《洪範》「斂福錫民」一章，以代醮事，亦庶幾承流宣化之萬一。略書九疇次叙，圖其象數於後，恐不曾讀書者，欲知大槩，亦助爲善求福之心。《詩》曰「自求多福」，正謂此也。

二十四日，與姪涣之書略云：正月十三日，以講義代醮事，除官員、士人、吏卒之外，百姓不過五六百人，以不曾告戒也。然人皆感動，其所以相孚信者，又在言語之外也。此間不復掛放狀牌，人有訴事，不拘早晚接受，雖入夜未閉門時，亦有來訴者。多立遣之，厭服而去。見客亦無時。

二月九日之夜，郡火災。

與鄧文範書。見《文集》卷二七。與吴仲時書。見《文集》卷六。

閱武。

湖北諸郡軍士多逃徙，不可禁止，緩急無可使者。先生病之，乃信捕獲之賞，重奔竄之刑。又數閱射，中者受賞，役之加傭直，無饑寒之憂，相與悉力弓矢，逸者絶少。他日兵官按閱，獨荆門整習，他郡所無。先生平日按射，不止於兵伍，郡民皆與，中亦同賞。《行狀》。

上廟堂劄子，乞撥常平銀助城費。

略云：荆門素無城壁，某去冬妄意聞於帥府，請就此役。尋得帥檄，令委官置局，徑自修築。已於十二月初四日發手，亦幸天氣晴霽，人心齊一。小壘綿薄，會計用磚包砌，猶當用緡錢三萬。本軍有買名銀一萬七千餘兩，在常平，稽之專條，不可擅用。欲乞鈞慈特爲敷奏，於數内撥支銀五千兩應付支用。使城壁一新，形勢益壯，姦宄沮謀，民心有賴，實爲無窮之利。

與章茂獻論築城。

書略云：有當控告廟堂者，敢不布本末，庶幾一言之助。去冬修築子城，適值天氣晴霽，民心悦懌。此邦士女未嘗識城，遠村僻塢，攜持來觀，自臘至今，踵係不絶。

答羅田宰吴斗南書，論《太玄》。見《文集》卷十五。作《監嶽兄庸齋墓表》。

夏四月十九日，朱元晦來書云：去歲辱惠書慰問，尋即付狀致謝。其後聞千騎西去，相望益遠，無從致問。近辛幼安經由，及得湖南朋友書，乃知政教并

流，士民化服，甚慰。某憂勞之餘，疾病益侵，形神俱瘁，非復昔時。歸來建陽，失於計度，作一小屋，期年不成，勞苦百端，欲罷不可。李大來此，備見本末，必能具言也。渠欲爲從戎之計，因走門下，撥冗附此，未暇他及。正遠，切祈爲道自重，以幸學者。彼中頗有好學者否？峽州郭文著書頗多，悉見之否？其論《易》數頗詳，不知尊意以爲如何也。近者幸示一二，有委併及。按，此書朱子集未載。

與總卿張體仁元善書。見《文集》卷十六。

答倉使書，末云：比來訟牒益寡，終月計之，不過二三紙。此間平時多盜，今乃絶無。

荆南府帥章德茂以先生政績上薦。先生與書。見《文集》卷十六。答章茂獻書。見《文集》卷十五。周益公判湖南帥府，復傳子淵書，末云：「曾通象山書否？荆門之政，如古循吏，躬行之效至矣。」

禱雨。文見《文集》卷二十六。

與章帥二書。見《文集》卷十六。

秋七月，上薦屬縣二宰併自劾狀。

時姦民楊彦翼、萬九成素號論官社，楊景春尤甚。先生以其世惡，奏乞施行，因以自劾。

贈劉季蒙序。見《文集》卷二十。與伯兄敢政書。見《文集》卷十七。

冬十二月六日，與姪麟之書，末云：「此間風俗，旬月浸覺變易，形見大槩，是非善惡處明，人無貴賤皆向善，氣質不美者亦革面，政所謂脈不病，雖瘠不害。近來吏卒多貧，而有窮快活之説。」

七日丙午，先生疾。十一日庚戌，禱雪。郡僚問疾，因言：「冬暖，盍祈雪？」乃命倪巨川濟甫書《乾卦》揭之黄堂，設香花。翌早，往迎蒙泉取水，歸安奉，而風雨遽興。辛亥日，雪驟降。

初，先生之家居也，鄉人苦旱，羣禱莫應。有請於先生，乃除壇山巔，除已雲交，及至禱，大雨隨至。荆門亦旱，先生每有祈，必甘雨隨車，郡民異之。治化孚洽，久而益著。既逾年，笞箠不施，至於無訟，相保相愛，閭里熙熙，人心敬向，日以加厚。吏卒亦能相勉以義，視官事如其家。識者知其爲郡，有出於政刑號令之表者矣。先是十一月，語女兄曰：「先教授兄有志天下，竟不得施。」女兄盡然。又語家人曰：「吾將死矣。」或曰：「安得此不祥語，骨肉將奈何？」先生曰：「亦自然。」又告僚屬曰：「某將告終。」先生素有血疾，居旬日大作，實十二月丙午。越三日，疾良已。接見僚屬，與論政理如平時。宴息静室，命掃灑焚香，家事不一掛齒。庚戌，禱雪。辛亥，雪驟降。命具浴，浴罷，易新衣，幅巾端坐。家人進藥，卻之，自是不復言。《行狀》

十四日癸丑日中，先生卒。郡屬棺斂，哭泣哀甚。吏民哭奠，充塞衢道。

僉判洪伋率僚屬祭文略云：斯道厖洪，充塞兩儀。孔、孟既没，日以湮微。賴我先生，主盟正學，開悟聾聵，惟時先覺云云。

學録黄嶽祭文略云：先生之學，正大純粹。先生之教，明白簡易。其御民也，至誠之外無餘術；其使人也，寸長片善未始或棄。若夫憂國忘家，愛人利物，所謂造次於是，顛沛於是。是以先生之亡，雖小夫賤隸，婦人女子，莫不咨嗟歎息，至於流涕。

父老李斂等祭文云：刺史以詩書爲政，待邦人如子弟，百姓安之，何遽驚哲人之萎也。蓋刺史之賢，周、孔之學，方將公是道於天下，慰四海蒼生之望，非我民得以私之也。然斂此大惠，施於一邦，近者服其教，遠者化其德。豈期天下憖遺，而奪我父師之速也。古之君子，所居民愛，所去民思，而况賢刺史之亡，其遺愛在人，真有不可解於心者。我民且子子孫孫，尸而祝之，社而稷之，以至於無窮也。

湖北帥張森祭文略云：惟公學本之經，行通於天，淵源之漸，伊、孟之傳。自根自本，即聞即見。見之躬行，死守不變。德業培深，我皐我夔。用之斯世，舍公其誰。張森字德茂。

湖廣總領張體仁祭文略云：古者之學，入孝出悌。人言江西，陸氏兄弟。儒者之仕，信道行志。人言荆門，如古循吏。有修其綆，汲深未既。有恢其規，游刃餘地。詞流滔滔，壽考日遂。豈伊斯人，而俾憔悴云云。張體仁字元善，名列僞學籍。

江淮總領鄭湜祭文略云：聖去千載，所傳者書。獨公深造，忘其緒餘。謂心至靈，可通百聖。謂物雖繁，在我能鏡。欲世知師，欲人知味。未之能行，慨其將發。

湖南漕使豐誼祭文略云：公稟正氣，早以道鳴。叱呵非聖，奔走諸生云云。

朱元晦聞訃，帥門人往寺中爲位哭。

紹熙四年癸丑

春正月，二孤護先生柩歸，沿途弔哭致祭者甚衆。三月至家。

鄂州教授許中應祭文略云：是理流行，宇宙之彌。卑不聞於樵牧，皆可得而與知。自倐理之科不續，一何名世之稀？蓋所以見吾夫子者，未至如曾參之皜皜，而詖淫邪遁，不能如孟子之無疑。則皆未免隨揣摩之形似，困聞見之支離。雖勉强以力行，徒爾增附益之私。公以間氣而自得師，燭乎大，天淵之無際；洞乎微，芒芴之無遺。混混乎由源而達委，鼎鼎乎自幹而敷枝。故言動無一之不實，而表裏不至乎相違。豈非合彼己於一源，貫幽顯而同歸者乎？乃若此理之公，共謂先覺者爲後覺之資。彼絶物者不仁，雖狂鄙皆在於扶持。開晁耀於蒙昧，出荆棘於平夷。的然顛末之無舛，二三子亦有立於斯時。即所應之有證，尚安得以佛老之空談而病之哉？

金谿宰王有大建復齋、象山二先生祠。六月癸丑，楊簡爲記。

記略云：道心大同，人自區別。人心自善，人心自靈，人心自明，人心即神，人心即道，安睹乖殊？聖賢非有餘，愚鄙非不足，何以證其然？人皆有惻隱之心，皆有羞惡之心，皆有恭敬之心，皆有是非之心。惻隱，仁；羞惡，義；恭敬，禮；是非，智。仁義禮智，愚夫愚婦咸有之，豈特聖賢有之。人人皆與堯舜禹湯文武周公孔子同，人人皆與天地同，又何以證其然？人心非血氣，非形體，廣大無際，變通無方，倐焉而視，又倐焉而聽，倐焉而言，倐焉而動，倐焉而至千里之外，又倐焉而窮九霄之上，不疾而速，不行而至，非神乎，不與天地同乎？學者當知舉天下萬古之心皆如此也。孔子之心如此，七十子之心如此，子思、孟子之心如此，復齋之心如此，象山之心如此，金谿王令君之心如此，舉金谿一邑之心如此。學者當自信，無自棄。意慮微起，天地懸隔，不識不知，匪合匪離。直心而往，自備萬善，自絶百非，雖無私爲，昭明弗遺。二陸先生，撫州金谿人。復齋諱九齡，字子壽，篤志斯道，窮深究微，兢兢孜孜，學者宗之。象山先生其弟，諱九淵，字子静，天性清明，不染雜説。簡嘗親聞先生之言，自謂其童幼時，聞人誦伊川先生語，自覺若傷我者，性質素明如此。故長而益明，破學者於窟宅，開聖道之夷途，其言甚平。而或者填萬説於胸中，持萬説於胸中，以聽先生之言，故或疑其深，疑其峻。然而海内之士聞其風而趨之，如百川之東矣。簡積疑二十年，先生一語觸其機，簡始自信其心之即道，而非有二物，始信天下之人心，皆與堯舜禹湯文武周公孔子同，皆與天地日月鬼神同。王令君有大因邑人崇敬二君子，以俸資設祠於學，且將行禮焉。屬簡爲記，且曰：「欲以昭明二君子之道。」簡雖無所似，灼知二君子之心無以異於天下之人心，不容穿鑿其説以惑來者，乃起敬起恭而書其略云。

冬十一月，王有大帥邑僚來祭。

輓詩云：篤學光前哲，知言衆所迷。學同顔氏好，功與孟軻齊。獻替心彌切，藩維政可稽。儒宫儼遺像，垂範自江西。

九日壬申，奉先生之柩葬於延福鄉朱陂之下，距妣饒氏孺人墓爲近。一云葬於鄉之永興寺山。門人奔哭會葬者以千數。

詹阜民祭文略云：天縱夫子，以淑其徒。爰暨子思，須臾不離。孟軻親受，厥緒是承，卓哉先生，能自得師。玩其遺編，獨識其微。探原自天，立其大者，操而存之，造次弗舍。日溉月培，充實光輝。奔走學徒，四方如歸。先生設教，固亦多術。其要使人，反躬務實，一洗世習，詞説支離，達其本心，使自得之。善端既著，日用不窮，夫然後知先生之功云。

楊簡祭文略云：先生之教，亦既昭昭然矣，何俟乎知。仰觀乎上，先生確然示人易矣；俯察乎下，先生隤然示人簡矣。垂象著明者，先生之著明；寒暑變化者，先生之變化。《書》者，先生之政事；《詩》者，先生之咏歌；《禮》者，先生之節文；《春秋》，先生之是非；《易》，先生之變易。學者之所日誦，百姓之所日用，何俟乎復知，何俟乎復思？不可復思，矧可斁思？

袁燮祭文略云：嗟維先生，任道以躬。方其未得，憤悱自攻。一日洞然，萬理俱融。如天清明，如日正中。毫髮無差，涵養日充。乃號於世，曰天降衷。至大至精，至公至明。茲焉良心，萬變不窮。學者初來，膠擾塞胸。先生教之，如橐鼓風。弟子化之，如金在鎔。有蔽斯決，有窒斯通。手舉足履，視明聽聰。式全其大，不淪虚空。此於斯世，允矣有功云云。

傅子雲祭文略云：道塞宇宙，而人至靈。不蔽於物，易知易行。維天憂民，篤生斯聖，乃徹厥蔽，俾安正性。周衰文弊，孟没學絶，功利横流，道術分裂。所見益鑿，所言益支，易知易行，誰其覺斯？千七百載，乃有先生。先生之德，濬哲粹英。道喪既久，無所取證，深研力索，俯仰參訂。或啓於家訓，或得於羣籍，或由省察之深，或資辯白之力。惟至當之不磨，卒會歸於有極。始信夫良知良能，降於上帝，可久可大，道實簡易。倘正僞之不辨，而先後之舛施，則已私之是憑，豈天德之在茲？遠紹孟氏之旨，極陳異説之非。世之學者，標末是求；而吾

先生，自源徂流。世論一切，如鞭之刑；而吾先生，允稽其情。世之於人，多察鮮容；而吾先生，善與人同。世之於善，迹似情非；而吾先生，情實自持。世排異端，惟名是泥；而吾先生，即同辯異。世讀古書，立論紛然；而吾先生，先實後言。嗚呼先生，視古如反諸掌，視民如納諸溝，斯學斯志，曾不一施，今則已矣。弧矢不去手，關河不忘懷，搜求忠勇，義欲一伸，曾不一遂，今則息矣。莫大於曆，夜觀星象。莫神於《易》，畫索蓍卦。考禮問樂，遠稽古制。曾不畢究，今則墜矣。間世之英，拔萃之議，作於斯世，亦如此而止矣云云。

周清叟祭文略云：天爲斯文，乃生先生。指學者之膏肓，示入聖之門庭。不繳繞而支離，誠坦然而可行。暴之以秋陽之白，濯之以江漢之清。繼孟子之絶學，舍先生其誰能云云。

包遜祭文曰：維吾先生，天稟絶異，洞萬古心，徹先聖秘。先立其大，須臾不離，日累月積，仁熟功熙。無偏無黨，不識不知，一順斯理，終日怡怡。雖和非惠，雖清非夷，豈尹之任，幾聖之時。

包揚作先生贊云：辭蔓蝕真，會當一止。剗百家僞，藥千古病。發人本心，全人性命。一洗佛老，的傳鄒孟。

紹熙五年甲寅

春二月十六日，楊簡狀先生行。《行狀》見《慈湖遺書》。

寧宗慶元二年丙辰

貴溪宰劉啓晦建翁立先生祠於象山方丈之址。自立祠後，春秋致祭惟謹。臨江章茂獻爲記。劉宰，朱文公門人也。先生門人約以歲正月九日，登山會祭。

開禧元年乙丑

夏六月，先生長子持之伯微編遺文爲十八卷、外集六卷。乙卯，楊簡序。

略云：《易》曰：「百姓日用而不知。」孔子云：「二三子以我爲隱乎，吾無隱乎爾，吾無行而不與二三子者。」大戴記孔子之言，謂忠信爲大道。忠者忠實，信者誠信不詐僞。而先儒求之過，求之幽深，故反不知道。孔子又名大道曰中庸，庸者常也，日用平常也。孟子亦謂徐行後長，即堯舜之道。又謂以羊易牛之心，足以王。先生諄諄爲學者剖白斯旨，深切著明，而學子領會者寡。簡不自揆度，敢少致輔翼之力，專叙如右。

開禧三年丁卯

秋九月庚子，撫州守括蒼高商老刊先生文集於郡庠。

跋云：洙泗之教，憤悱啓發；鄒魯之書，困衡作喻。此學久矣無傳，獨象山先生得之千載之下，最爲切要，是以聽其言者類多感發。《書》曰：「惟文王之敬忌。」先生之書，如黄鐘大吕，發達九地，直啓洙泗鄒魯之秘，其可以不傳耶？商老嘗從先生遊，頗自奮勵。今老矣，學不加進，爲州鄭鄉，愧於簿領之外，效如捕風，因刻之郡庠，以幸後學。倘有志之士，伏讀其書，如見其人，知敬其所當敬，而不忌其所必忌，其爲有補於風化，較然不誣也。然而默識心通，豈欺我哉？

嘉定五年壬申

秋八月，張衎季悦編遺文成，傅子雲序。

略云：先生生於孟子没千有七百餘年之後，當浮僞雜揉，朱紫淆亂之時，乃能獨信實理而不奪於浮僞，精别古書而不惑於近似，深窮力踐，天德著明，推以覺人，不加毫末。故一時趨隅以聽者，莫不油然悟良知良能，至明至近之實，灼然知自下升高、積小以大之端，躍然興堯舜可爲、不自棄自暴之志。回視曩之蔽於支離浮僞之説者，又不啻若夷猶於九軌之路，而灼見夫在荆棘泥淖者之爲陷溺也。蓋先生長於啓迪，使人蔽解疑亡，明所止於片言之下，有得於天而非偶然者。先生亦自以孟子既没，斯道之任在己，病浮僞之害正淪實，捄焚拯溺，如己隱憂，撲啖障流，厥功彌大。故民彝帝則之實，孔子、孟子之傳，賴以復闡於世云云。

九月戊申，江西提舉袁燮刊先生文集，自爲序。

略云：天有北辰而衆星拱焉，地有泰嶽而衆山宗焉，人有師表而後學歸焉。象山先生，其後學者之北辰、泰嶽歟？自始知學，講求大道，不得弗措，久而寖明，又久而大明。此心此理，貫徹融會，美在其中，不勞外索。揭諸當世曰：「學問之要，得其本心而已。」心之本真未嘗不善，有不善者，非其初然也。孟子嘗言之矣：「鄉爲身死而不受，今爲宫室之美，妻妾之奉，所識窮乏者，得我而爲之，此之謂失其本心。」其心昭晰如是，而學者不能深信，謂道爲隱而不知其著，謂道爲邈而不知其近，求之愈過而愈湮鬱。至先生始大發之，如指迷途，如藥久病，迷者悟，病者愈，不越於日用之間，而本心在是矣。學者親承師訓，向也跂望聖賢如千萬里之隔，今乃知與我同本，培之溉之，皆足以敷榮茂遂，豈不深可慶哉？嗚呼！先生之惠後學弘矣。先生之言悉由中出，上而啓沃君心，下而切磨同志，又下而開曉黎庶。及其他雜然著述，皆此心也。儒、釋之所以分，義、理之

所由别，剖析至精，如辨白黑，遏俗學之横流，援天下於既溺。吾道之統盟，不在兹乎？燮識先生於行都，親博約者屢矣。或竟日以至夜分，未嘗見其少有昏怠之色，表裏清明，神采照映。得諸觀感，鄙吝已消，矧復警策之言，字字切己歟？臨汝嘗刊行矣，尚多闕略。先生之子持之佰微裒而益之，合三十二卷，今爲刊於倉司。流布寖廣，書滿天下，而精神亦無不遍，言近而指遠，雖使聖人復生，莫之能易。嗚呼！兹其所以爲後學之師表也歟？

東澗湯文清主象山書院。湯公名漢，饒州人，後仕至尚書。

嘉定八年乙亥

冬十月二十九日，奉旨賜謚。

初，嚴滋等請謚列狀云：「故荆門知軍、監丞陸公，以身任道，爲世儒宗。一時名流，踵門問道，常不下千百輩。今其遺文流布海内，人無智愚，珍藏而傳誦之。蓋其爲學者大公以滅私，昭信以息僞，揭諸當世曰：『學問之要，得其本心而已。』學者與聞師訓，向者視聖賢若千萬里之隔，今乃知與我同本，培之溉之，皆足以敷榮茂遂，如指迷途，如藥久病，先生之功宏矣。縣庠郡學，所至立祠，雖足以致門人弟子之私敬，而謚號未加，識者歉焉」云。本州備録申聞，乞指揮施行。至是奉旨賜謚。

嘉定九年丙子

春三月十七日，宣教郎、太常博士孔煒撰謚議。

議曰：學道以聖賢爲師，聖賢遺書，萬世標的也。孟軻氏有言曰：「君子深造之以道，欲其自得之也。自得之則居之安，居之安則資之深，資之深則取之左右逢其原，故君子欲其自得之也。」甚矣！古人之講學，其端緒源委，誠未易言。學而未至於安。難與議聖賢之閫域矣。傳記所載，如曰「安而行」、「安則久」、「恭而安」，皆取諸此也。自軻既没，逮今千有五百餘年，學者徇口耳之末，昧性天之真，凡軻之所以詔來世者，卒符於空言。有能尊信其書，修明其學，反求諸己，私淑諸人，如監丞陸公者，其能自拔於流俗，而有功於名教者歟？公生而穎悟，器識絶人，與季兄復齋講貫理學，號江西二陸。其學務窮本原，不爲章句訓詁，其持論雄傑卓立，不苟隨聲趨和，唯孟軻氏書是崇是信。蓋謂此心之良，人所均有，天所與我，非由外鑠。先立乎其大者，則其小者莫能奪。信能知此，則宇宙無非至理，聖賢與我同類。大端既立，趨嚮既定，明善充類以求之，强力勇敢以行之，如木有根，如水有源。逮其久也，此心之靈，此理之明，將涣然釋，怡然順，真有見夫居廣居，立正位，行大道，皆吾分内事。所謂操存求得，盛行不加，窮居不損者，端不我誣也。公惟見理昭徹，加以涵養踐履之功，故能自得於心，有餘於身，即其成己，用以成物。四方才俊之士，風動雲集，至無館舍以容。公渠矱端嚴，對之者非心邪念自然消沮；論説爽邁，聽之者如指迷途，如出荆棘，質諸遺編，義利之分，王霸之别，天理人欲，凡介於毫茫疑似之間者，辨之弗措，叩之弗竭。自非學本正大充乎自然，安能如是之周流貫通，動與理會也哉？由是推其學以爲文，則辭達而不事乎雕鎸，理勝而無用乎繚繞，無意於文而文自工。施是學於有政，則視吾民如子弟，遇僚屬如朋友，誠心所孚，自有不言之教。當時元臣碩輔，或薦進其心悟理融，出於自得。或稱美其治郡善政，可驗躬行。夫理而造於自得，政而本於躬行，則君子之所養可知矣。使天假之年，上之得君行道，次之立言明道，俾獲盡宣其用，則以利生民，以惠後學，可勝既哉！謹按謚法：「敏而好古曰文，貌肅辭定曰安。」公天稟純明，學無凝滯，服膺先哲，發揮憲言，非敏而好古乎？抗志洪毅，師道尊嚴，記久傳遠，言皆可復，非貌肅辭定乎？謚曰文安，於義爲稱。謹議。

冬十二月十三日，朝請大夫、行尚書考功員外郎丁端祖撰覆議。

議曰：儒者之盛，自三代以來，未有如我本朝者也。夫六經厄於秦，而士以權謀相傾。漢尚申、韓，晉尚莊、老，唐惟辭章是誇，先王之道陵遲甚矣。至我本朝，伊洛諸公未出之時，《易》之一書猶晦蝕於虚無之談，《書》之「皇極」，《詩》之《二南》，《記禮》、《中庸》、《大學》之旨，《春秋》尊王之義，皆未有能發明其指歸者也。自濂溪、明道、伊川義理之學爲諸儒倡，而窮理盡性之説，致知格物之要，凡堯舜禹湯文武周公孔子相傳之大原，始暴白於天下。其後又得南軒張氏、晦庵朱氏、東萊吕氏續濂溪、明道、伊川幾絶之緒而振起之，六經之道晦而復明。是三君子，奉常既已命謚矣。又有象山陸氏者，自丱角時，聞誦伊川語，嘗曰：「伊川之言，奚爲與孔子、孟子之言不類？」初讀《論語》，即疑有子之言支離。及長而與朋友講學，因論及《太極圖》，斷然以太極之上不復更有無極。其他特立之見，超絶之論，不一而足，要皆本於自得。天分既高，學力亦到，蓋自三四歲時，請問於親庭，其立論已不凡，真所謂少成若天性者。惜乎不能盡以所學見之事業。立朝僅丞匠監，旋即奉祠以歸。惠政所加，止荆門小壘而已。世固有能言而不能行，內若明了而外實迂闊，不中事情者。公言行相符，表裏一致。吐辭

發論，既卓立乎古今之見；至於臨政處事，實平易而不迂，詳審而不躁，當乎人情而循乎至理，無一毫蹈常襲故之迹。若公者，在吾儒中真千百人一人而已。奉常謚以文安，誠未爲過。博士議是。謹議。

嘉定十年丁丑

春三月二十八日，賜謚文安。

撫州州學教授林恢告謚文云：先生振絶學於千載之後，躬行著論，碩大光明，播於四方，所謂百世以俟聖人而不惑者。屬者諸生請謚，郡聞於朝，訂議太常，謚以文安，聖天子俞之。嗚呼！不俟百世，斯又已有見矣。

金谿宰何處久告謚文云：惟公志道精專，禀資超卓，大揚厥旨，以覺後覺。其覺維何？天降之衷。父慈子孝，君仁臣忠。列聖相傳，明若斗極，自軻之亡，異端蓁塞。公實任道，手開東明，排斥浮僞，吾道砥平。進而告后，志在經邦；退而牧民，時稱循良。天不憖遺，山頽木壞，惟有文辭，方册是載。幸公門人，佩訓不忘，請謚易名，達於太常。公論與賢，聖朝輔德，爰賜嘉名，世世烜赫。象山之學，萬古洋洋，匪公之榮，吾道之光。

秋九月甲子，金谿邑庠作止善堂祀先生。

袁燮作記。

略云：乾道、淳熙間，象山先生以深造自得之學，師表後進。其道甚粹而明，其言甚平而切，凡所以啓告學者，皆日用常行之理，而毫髪無差，昭晰無疑。故天下翕然推尊，其教尤著於所居之金谿。今邑之善士趨向不迷，有志斯道，而恥世俗之學，蓋其源遠矣。

理宗紹定二年己丑

夏四月，江東提刑趙彦悈重修象山精舍，自爲記。

其略云：道在篤行，不在空言；道在反求，不在外騖。彦悈壯歲從慈湖遊，慈湖實師象山陸先生。嘗聞或謂陸先生云：「胡不註六經？」先生云：「六經當註我，我何註六經？」又觀先生與學子帖，有反思自得，反而求之之訓，有「樸實一途」之説。人見其易直，或疑以禪學，是未之思也。誠意、正心以至治國平天下，原於致知二字，果禪學矣乎？象山蓋學者講肄之地，先生没。山空屋傾，將遂湮没，載新以存先生之故蹟，使人因故蹟以思先生之學，思先生之教，孜孜日思，以至不勉不思，從容中道，是謂大成。若大山林之峻秀，景物之幽深，棟宇之多寡，廢興之源流，非學者志，不暇盡記之耳。

紹定四年辛卯

夏六月己亥，江東提刑袁甫廣微奏建象山書院於貴溪之徐巖祀先生，侑以楊景仲、袁和叔。

初，先生本欲創書院於山間，拜命守荆門不果。至袁甫奏建書院，以山間不近通道，乃命洪季陽相地，得徐巖，近邑而境勝，坐巳向亥。傅季魯聞而譏之曰：「書院爲講古習禮之所，而先聖先師北面，學者南面而拜之，非禮也。宜擇南面之地。」季陽悚然，然已申聞，不復更卜。是日祝文云：「先生之精神，其在金谿之故廬優游而容與耶？其在象山之精舍言言而語語耶？抑周流於上下四方，與天地遊，與四時序耶？甫將指江東，聿興正學，山之旁近，爰諮爰度，得勝景於徐巖，離象山而非邈，山峰環峙兮高可仰，大溪横陳兮清可濯，殆天造而地設，匪人謀之攸作。是可宅，先生之精神，無在無不在也。先生之道，精一匪二，揭本心以示人，此學門之大致。嗣先生之遺響，警一世之聾瞶，平易切近，明白光粹，至今讀其遺書，人人識我良貴。由仁義行，與行仁義者，昭昭乎易判也。集義所生，與義襲而取之者，截截乎不可辭也。宇宙内事，己分内事，渾渾乎一貫也。議論一途，樸實一途，極天下之能言者，斯言不可贊也。嗚呼！先生之學如此，先生之精神如此，然則在金谿之故廬者如此，在象山之精舍者如此，周流乎上下四方者亦如此，孰謂徐巖而獨非如此耶？工役俶興，禮宣虔告。先生精神，淵淵浩浩。」又作上梁文云：「盡其心，知其性，見先生存養之皆天；在則人，忘則書，豈後學講明之無地」云云。是冬書院落成，買田養士。

冬十月己未，袁甫刊先生文集，自爲序。

序文略云：先生文集，先君子嘗刊於江右。甫將指江左，新建象山書院，復摹舊本，以惠後學。先生發明本心，上接古聖，下垂萬世，偉矣哉！此心神明，無體無方，日用平夷，莫非大道。是謂精一，是謂彝倫，是謂乾健坤順，是謂日月星辰、風雨霜露、山川草木之變化，是謂鬼神之情狀。先生嘗言：「千百世之上有聖人出焉，此心同也，此理同也；千百世之下有聖人出焉，此心同也，此理同也。」學者之心，即先生之心。甫藐焉晚出，景慕先生，戰兢自勉，寡過未能。先生之道大矣，奚庸贊述？姑誦所聞，附於卷末。

十一月朔，袁甫遣州屬官韓祥至書院祭告先聖。

告文云：仰惟先聖之道，昭揭萬世。後學昏蒙，不知吾心即道。有宋知荆門軍陸某，獨能奮乎百世之下，指示道心，明白的切。闡教象山，學者師尊之。

而歲久祠圮，有司弗葺。被命來兹，惕然大懼。遂卜地於貴溪之徐巖，鼎建書院，招延山長。俾承學之士相與嚴事先聖，朝夕兢惕，道心融明，所以愸昭象山之教，而上繼先聖之統緒也。甫職守攸縻，弗皇躬詣祠下，心以告矣。

紹定五年壬辰

春三月，袁甫至書院釋菜。

告文云：先生之學，得諸孟子，我之本心，光明如此。未識本心，如雲翳日，既識本心，元無一物。先生立言，本末具備，不墮一偏，萬世無弊。書院肇建，躬致一奠。可聞非聞，可見非見。

禮畢，乃講書，貴賤咸集，溢塞堂廡以聽。講畢，續説曰：「象山先生家學有原，一門少長協力同心。所以敬養其親者，既已恪供子職，而伯叔之間，自爲師友。梭山、復齋皆爲一時聞人，而先生又傑出其中。陋三代以下人物，而奮然必以古聖人爲師。發明本心，嗣續遺響，以大警後學之聾聵，天下以爲真孟子復出也。言儒、釋之異趣，謂釋氏爲私，吾儒爲公，釋氏出世，吾儒經世，故於綱常所關，尤爲之反覆致意。洎班朝列，直道而行，不阿世好，格心事業，斯世深望焉。而媢嫉者沮之，雖一斥不復，浩如也。」乃禮慈湖門人錢時爲堂長主教，遠近學者聞風雲集，至無齋以容之，則又修書院之外左方廢寺之法堂以處之也。

秋閏九月八日，賜象山書院額。以尚書劄壽諸石。

浙帥陳塤和仲跋云：象山文安先生明本心之旨，啓千古之秘，開警羣迷，迓續道統，如日月之昭揭，太嶽之表鎮也。于是四方儒彦從者如雲，其尤碩大光明者，則又慈湖文元楊先生、絜齋正獻袁先生。淵澄峻發，木鐸鏗鍧，於以昌我宋文明之治云云。

紹定六年癸巳

春，清明日，袁甫作《象山書院記》。

略曰：寧宗皇帝更化之末年，興崇正學，尊禮老臣。慨念先朝碩儒，咸賜嘉謚，風厲四方。謂象山先生發明本心之學，有大功於世教，易名文安，庸示褒美。於時慈湖楊先生，我先人絜齋先生，有位於朝，直道不阿，文進讜論，寧考動容，天下學士想聞風采。推考學問淵源所自，而象山先生之道益大光明。甫承學小子，將指江東，築室百楹，既壯且安，士遐邇咸集。齋曰志道、明德、居仁、由義，精舍曰儲雲、佩玉，又皆象山先生之心畫也。

秋七月辛未日，金谿宰天台陳詠之建象山書院於邑治之西，傅子雲記。

初，二陸先生祠堂既立，宰以祠右有隙地高爽，乃連甍建書院，買田養士，申臺郡，禮請傅季魯主教，以發明先生之學。始至講道，聽者甚衆，士風翕然向善。

記略云：象山先生稟特異之資，篤信孟子之傳，虚見僞説不得以殺其真，奪其正。故推而訓迪後學，大抵簡易明白，開其固有，無支離繞繳之失，而有中微起錮之妙。士民會聽，沉迷利慾者惕然改圖，蔽惑浮末者翻然就説，膠溺意見者凝然反正，莫不知足自知，仁足自守，勇足自立。猶出珠璧於泥淖而濯之清泉，脱鴻鵠於密網而游之天衢，抉浮雲之翳日以開東明，而有目者快幽隱纖微之睹也。豈天以啓悟斯人之徒，俾先生微覺其天與之善，非有識知之私加其間，則感速之效，固若是耶？惜乎天嗇之年，志既不遂，而遺文垂世，又特見於往來論學之書，與夫奏對、記序、贈説等作，然於著誠息僞，興起人心，亦可謂有光於孟氏矣。

理宗嘉熙元年丁酉

秋七月既望，泉使陳塤刊先生《語録》，自爲序。

其略云：孟子殁千五百餘年，宋有象山文安陸先生挺然而興，卓然而立，昭然而知，毅然而行。指本心之清明，斯道之簡易，以啓羣心，詔後學。其教不務繁而本末備，其辭不務多而論要明，洗章句之塵，破意見之窟，使聞者涣如躍如，知心之即道，而不疑其所行。兹非晦冥之日月，崖險之津塗，邱阜之嵩華歟？塤生晚，不逮事先生，而登慈湖之門，固嘗服膺遺文矣。蒙恩司治，道由書院，瞻謁祠像，如獲執經升堂。見同門所録訓語，編未入梓，咸以爲請。再拜三復，乃授工鋟勒焉。或謂塤曰：「近世儒生闡説，其徒競出紀録，後來者搜拾摹傳，雖汗牛充棟，且未厭止也。子之所得，不甚鮮約乎？」塤語之曰：「先生之道如青天白日，何庸語？先生之語如震雷驚霆，何庸録？録而刊，猶以爲贅也。而今而後，有誦斯録，能於數千言中見一言焉，又於其中見無言焉，則先生之道明矣。敢拱以俟來者。」

淳祐元年辛丑

冬十月，金谿進《義居表》。

青田陸氏，來自邯鄲。其四世諱賀，字道卿，酌先儒冠昏喪祭之禮行於家，家道整肅，著聞州里。生六子，以子貴贈宣教郎。素無田産，蔬畦不盈十畝，而食指千餘。長九思，總理家務。次九叙，治藥寮。次九皋，授徒於家塾，以束脩之具補不足。率其弟九韶、九齡、九淵，相與講論聖道。九淵以其道聚徒，講於貴溪之應天山，山形類象，故學者號稱象山先生。彬彬乎儒門，州縣以其義聚，

謹具表進。

淳祐二年壬寅

秋九月，敕旌陸氏義門。

皇帝制曰：青田陸氏，代有名儒，載在謚典。聚食踰千指，合爨二百年，一門翕然，十世敬讓。惟爾睦族之道，副朕理國之懷。宜特褒異，敕旌爾門，光於閭里，以勵風化。欽哉！

青田義門家長陸冲進《謝恩表》云：十世義居，旌表已頒於廊廟；九天申命，敕書復畀於門閭。乾坤之露澤新承，里宅之風聲益振。叨塵過分，榮耀下懷。臣誠惶誠恐，稽首頓首。臣聞修身齊家，乃《大學》之根本，化民成俗，實聖治之權輿。自唐有張公藝以來，至我宋彭氏程而下，懷終始羣居之義。乃荷蒙聖典之褒，眷念儒門，尤加篤愛。疇茲二老，乃先知先覺之民；政奉兩朝，賜文達、文安之謚。既以千餘指宗枝之衆，聚於二百年古屋之間，《詩》、《禮》相傳，饔飧合爨，祇謂閭閻之共處，詎期綸綍之昭垂。郡邑爭先而快睹，室家相慶以騰歡。自愧深恩，孰茲報稱。茲蓋恭遇皇帝陛下，化民長久，沛澤豐隆，中三極以作君，奄四海以光宅。人處唐虞之治，比屋可封；士遵洙泗之傳，里仁爲美。遂令瑣末，亦被寵榮。臣敢不仰體聖恩，俯綮族類。聖益聖，明益明，長藉照臨之德；老吾老，幼吾幼，盡叨孝弟之誠。臣無任瞻天激切屏營之至云。

淳祐六年丙午

春正月二日，奉旨旌表門閭。

初，淳祐五年九月，漕使江萬里奏：「撫州金谿青田陸氏，義居十世，閨門雍肅，著於江右，是爲淳熙名儒文達、文安之家。揆之令典，盍表宅里，以厲風化。」里士合詞以請於郡，郡下之邑，耆老子弟，具以實對。越三歲未報。後漕使曾穎茂再剡上事，下有司考狀諏律，僉謂宜俞所請。於是丞相白上可其奏。是日命始下，撫州守趙時煥大書曰：「道義里」，曰「旌表名儒之家」，令刻石於門。

淳祐八年戊申

夏五月朔，包恢撰《旌表門閭記》。

略云：門閭之高，不惟其人，此古今所尤難者。惟陸氏五世而有文達、文安二大儒，以人品之高，道術之明，特起東南，上續道統，實以師表四海，非僅以師表一家。《大學》致知、誠意、正心、修身、齊家、治國、平天下之全體大用，具在是矣。陸氏之所以名家，由二先生之名世也。

淳祐十年庚戌

夏五月，撫州守葉夢得命金谿王宰更創祠堂，增葺書院。

初，二先生祠與槐堂異處。乃命王宰以七月六日鼎創新祠於槐堂之前，翼以四齋，環以門廡，自是規制悉出於郡焉。

記略云：山川炳靈，儒英并出，美適鍾於一門，教可垂於百世。若金谿三陸先生之祠於學宫者，其風化之所繫歟？三先生學問宏深，智識超卓，以斯道而任諸身，以先知而覺乎後。其生也，海宇仰而宗之；其没也，郡邑尸而祝之，朝廷又從而褒之，非偶然也。

秋九月，葉夢得建梭山、復齋、象山三先生祠堂於郡學之東，以袁燮和叔、傅子雲季魯侑。

淳祐十一年辛亥

春三月望日，包恢撰《三陸先生祠堂記》。

其略云：以正學名天下，而有三先生焉，萃在一郡一家，若臨川陸氏昆弟者，可謂絶無而僅有歟。梭山寬和凝重，復齋深沉周謹，象山光明俊偉，此其資也，固皆近道矣。若其學之淺深，則自有能辨之者。梭山篤信聖經，見之言行，推之家法，具有典刑。雖服先儒之訓，而於理有不可於心者，決不苟徇。惜其終於獨善，而不及見諸行事之著明爾。復齋少有大志，浩博無涯涘，觀書無滯礙，翻閲百家，晝夜不倦。自爲士時，已有稱其得子思、孟子之旨者。其後入太學，一時知名士咸師尊之，則其學可知矣。又惜其在家在鄉，僅可見者，輔成家道之修整，備禦湖寇之侵軼，紀綱肅而蠹弊悉革，誠意孚而人心興起，卓然爲海内儒宗，繫天下之望，而恨未得施其一二耳。若夫象山先生之言論風旨，發揮施設則有多於二兄者。蓋其自幼時已如成人，淵乎似道，有定能静，實自天出，不待勉强。故其知若生知，其行若安行，粹然純如也。蓋學之正而非他，以其實而非虚也。故先生嘗曰：「宇宙間自有實理，此理苟明，則自有實行，有實事。實行之人，所謂不言而信。」又自謂：「生平學問惟有一實，一實則萬虚皆碎。」嗚呼！彼世之以虚見識，虚議論，習成風化，而未嘗一反己就實，以課日進月新之功者，觀此亦嘗有所警而悟其非乎？夫道不虚行，若大路然。苟得實地而履之，則起自足下之近，可達千里之遠。故自仁之實，推而至於樂之實，自有樂生惡可已之妙。其實可欲者，善也；實有諸己者，信也。由善、信而充實有光輝焉，則其實將益美而大，是誠之者人之道也。由大而化則爲聖，而入於不可知之謂神，是誠

者天之道也。此乃孟子之實學，可漸進而馴至者。然而無有乎爾，則亦久矣。

先生嘗論學者之知至，必其智識能超出千五百年間名世之士，而自以未嘗少避爲善之任者，非敢奮一旦之決，信不敏之意，而徒爲無忌憚大言也。蓋其初實因深切自反，灼見善非外鑠，徒以交物有蔽，淪胥以亡，自此不敢自棄，是以深造自得，實自孟子。故曰孟子之後，至是始一明，其誰曰不然？四方聞其風來學者輻輳。先生明於知人，凡所剖決必洞見其肺肝，所箴砭必的中其膏肓，各有感動，覺其良心而知其正性者爲多。然則其學真可質鬼神而無疑，俟聖人而不惑者矣。昭昭如是，豈其間有所疑惑焉，殆若不可曉者，是又烏得不因以致其辯歟？且道義之門，自開闢以來一也，豈容私立門户乎？故其說曰：「宇宙即是吾心，吾心即是宇宙。」又曰：「學者惟理是從，理乃天下之公理，心乃天下之同心。顔、曾傳夫子之道，不私夫子之門户。夫子亦無私門户與人爲私商也。」又曰：「此理在宇宙間，未嘗有所隱遁。天地所以爲天地者，順此理而已。人與天地竝立爲三極，安得自私而不順此理哉？」是先生之學，乃宇宙之達道明矣。而或者乃斥以别爲一門户，何耶？釋氏之說，自開闢以來無有也，豈非横出異端乎故其說曰：「取釋氏之聖賢而繩以《春秋》之法，童子知其不免。今若徒自形迹詞語間辨之，乃彼所謂職業，要其爲不守正道，無復有毫髮之近是者矣。」又曰：「方士禪伯，真爲太祟。無此迷惑，則無偏無黨，王道蕩蕩，其樂可量哉？」是先生之學，非釋氏之邪說亦明矣。而或者指以爲禪學，何耶？其窮理也，則曰：「積日累月，考究磨練。」嘗終日不食，而欲究天地之窮際，終夜不寢，而灼見極樞之不動，由積候以考曆數，因笛聲以知律吕。復齋問其用功之處，則對以在人情、物理、事勢之間。嘗曰：「吾今一日所明之理凡七十餘條。」曰：「天下之理無窮，以吾所歷經者言之，真所謂伐南山之竹，不足以受我辭，然其會歸，總在於此。」則與徒研究于方册文字之中者不同。何不知者反謂其不以窮理爲學哉？其讀書也，則曰：「古人爲學，即是讀書。」而以何必讀書然後爲學之反說爲證，以束書不觀游談無根之虚說爲病。平昔精勤，人所不知，惟伯兄每夜必見觀覽檢閲之不輟，常明燭至四更而不寐。欲沉涵熟復而切己致思，欲平淡玩味而冰釋理順，此則與徒乾没於訓詁章句之末者大異。何不知者反妄議其不以讀書爲教哉？或謂其惟務超悟，而不加涵養，不求精進也。曾不知其言有曰：「惟精惟一，涵養須如是。學之正而得所養，如木日茂，泉日達，孰得而禦之？」又曰：「雖如顔子，未見其止。易知易從者，實有親有功，可久可大，豈若守株坐井者然。」則彼或者之所謂者，誤矣。又或者謂其惟尚捷徑，而若無次第，若太高也。曾不知其言有曰：「學有本末先後，其進有序，不容躐等。吾所發明端緒，乃第一步，所謂升高自下也。」又曰：「天所與我，至平至直，此道本日用常行，近乃張大虚聲。當無尚虚見，無貪高務遠。」至有一二問學者，惟指其常主持何人詞訟，開通何人賄賂，以折之曰：「即此是實學。」如或者之所謂者，又誤矣。獨所大恨者，道明而未盛行耳。故上而致君之志，僅略見於奏對。惟其直欲進於唐虞，復乎三代，超越乎漢唐，此乃朱文公稱其規模宏大，源流深遠，非腐儒鄙生之所能窺測。而語意圓活，渾浩流轉，見其所造深而所養厚也。下而澤民之意，亦粗見於荆門。惟其以正人心爲本，而能使治化孚洽，人相保愛，至於無訟，笞箠不施。雖如吏卒，亦勉以義。此識者知其有出於政刑號令之表，而周文忠以爲荆門之政可驗躬行之效者也。然其所用者有限，而其所未用者無窮。先生以道之廣大悉備，悠久不息，而人之得於道者，或多寡久暫之殊，是極其所志，非多且久未已也。故自志學而至從心，常言之志所期也。嗚呼！假之以年，聖域固其優入，而過化存神，上下天地同流之功用，非曰小補者，亦其所優爲也。孰謂其年僅踰中而止知命哉？遡其旨，與梭山未同者，自不嫌於二三子之不同而有同。若復齋，則初已是其說於鵝湖之會，終又指言其學之明於易簀之時，則已無間然矣。逮論其文，則嘗語學者以窮理，理實則文皆實，又以凡文之不進者，由學之不進。先生之文，即理與學也。故精明透徹，且多發前人之所未發，炳蔚如也。梭山諱九韶，字子美。復齋諱九齡，字子壽，謚文達。象山諱九淵，字子静，謚文安。郡國舊有祠，未稱也。今郡守國之秘書葉公夢得，下車之初，友士請易而新之，公即慨然曰：「果非所以嚴事也。」乃命郡博士趙與輈相與謀之，旋得隙地於學之西，遂肇造祠廟三間，翼以兩廡，前爲一堂，外爲四直舍。又外爲書樓，下列四齋，横開方地。地外有竹，竹間結亭。内外畢備，祠貌甚設，皆前所未有也，庶幾嚴事之禮歟？左侑以袁公燮，以其爲先生之學，而嘗司庾於是邦，且教行於一道。次侑以傅公子雲，以其爲先生之所與，而嘗掌正於是學，且師表於後進。葉公得傅公之傳，而自象山者也。祠實經始於淳祐庚戌之季秋，至仲冬而落成云。

文安陸先生没，門人高弟日遠，而年譜猶缺。友人李子愿恭伯始裒彙歷年，相與討繹稍備，然未敢定。浮湘至衡，得劉君應之嘗從傅曾潭學者柏純父遊，聞象山語，恨莫得詳見，是欣然悦，亟請傳於來世。愚謂：「時多尚談説，而文安教人，務在樸實自求，故希專門者，或且隨聲是非，盍徐待其定？」應之對曰：「人

心大同若此，及睹是編，可百世俟聖人而不惑。」遂題其論，反復參訂，質諸先覺遺老以成其美志。豪傑之士聞而興者，殆將有考於斯文。應之名林，其先代陽朔人，今居南嶽，趣尚古雅，併識其後。寶祐四年丙辰孟冬朔，後學南城黃應龍拜手敬跋。

備論

《黃震全集·黃氏日抄》卷四二《讀本朝諸儒書十》　蓋其爲學，謂此心自靈，此理自明，耳自聰，目自明，自能孝，自能弟，但收拾精神，自爲主宰，則上是天，下是地，中間還我堂堂做人，更不必他求，一有他求，皆爲陷溺。故於自昔聖賢經書所載，自然皆見其非，其勢則然，非待有心於詆斥也。然猶一則曰孔子，二則曰孔子，譬之江東孫氏，名雖戴漢，自立宗廟社稷矣。

藝文

袁燮《絜齋集》卷八《象山先生文集序》　天有北辰而衆星拱焉，地有泰嶽而衆山宗焉，人有師表而後學歸焉，象山先生其學者之北辰泰嶽與？自始知學，講求大道，弗得弗措，久而寖明，又久而大明，此心此理，貫通融會，美在其中，不勞外索。揭諸當世曰：「學問之要，得其本心而已。心之本真，未嘗不善，有不善者，非其初然也。」孟子嘗言之矣：「鄉爲身死而不受，今爲宮室之美、妻妾之奉、所識窮乏得我而爲之，此之謂失其本心。」其言昭晰如是，而學者不能深信，謂道爲隱而不知其著，謂道爲遠而不知其近，求之愈過而愈湮鬱。至先生始大發之，如指迷塗，如藥久病，迷者悟，病者愈，不越於日用之間，而本心在是矣。學者親承師訓，向也跂望聖賢若千萬里之隔，今乃知與我同本，培之溉之，皆足以敷榮茂遂，豈不深可慶哉？嗚呼！先生之惠後學弘矣。

先生之言悉由此出，上而啓沃君心，下而切磨同志，又下而開曉黎庶，及其他雜然著述，皆此心也。儒釋之所以分，義利之所由別，剖析至精，如辨白黑。遏俗學之横流，援天下於既溺，吾道之統盟，不在兹乎？燮識先生於行都，親博約者屢矣，或竟日以至夜分，未嘗見其少有昏怠之色，表裏清明，神采照映，得諸觀感，鄙吝已消，矧復警策之言字字切已與。

先生之殁，餘二十年，遺言炳炳，精神猶在，敬而觀之，心形俱肅，若親炙然。臨汝嘗刊行矣，尚多缺略，先生之子持之伯微裒而益之，合三十二卷，今爲刊于倉司。流布寖廣，書滿天下，而精神亦無不徧。言近而指遠，雖使古人復生，莫之能易。嗚呼！兹其所以爲後學之師表也與。

先生諱九淵，字子静，撫州金谿人，嘗講學於貴溪象山，學者尊爲象山先生云。

嘉定五年九月戊申門人四明袁燮書

袁燮《袁正獻公遺文鈔》卷上《祭象山陸先生文》　嗟惟先生，任道以躬。方其未得，憤悱自攻。一日洞然，萬理俱融。如天清明，如日正中。毫髮無差，涵養日充。乃號于世，曰天降衷。至大至精，至明至公。兹焉良心，萬變不窮。學者初來，膠擾塞胸。先生教之，如槖鼓風。弟子化之，如金在鎔。有蔽斯決，有窒斯通。手舉足履，視明聽聰。式全其大，不淪虚空。此于斯世，允矣有功。

朱熹《晦庵先生朱文公文集》卷八一《跋金谿陸主簿白鹿洞書堂講義後》　淳熙辛丑春二月，陸兄子静來自金陵，其徒朱克家、陸麟之、周清叟、熊鑑、路謙亨、胥訓實從。十日丁亥，熹率寮友諸生與俱至于白鹿書堂，請得一言以警學者。子静既不鄙而惠許之，至其所以發明敷暢，則又懇到明白，而皆有以切中學者隱微深錮之病，蓋聽者莫不竦然動心焉。熹猶懼其久而或忘之也，復請子静筆之于簡而受藏之。凡我同志於此反身而深察之，則庶乎其可以不迷於入德之方矣。新安朱熹識。

楊簡《慈湖先生遺書》卷四《祖象山先生辭》　某所以獲執弟子之禮於先生門下，四方莫不聞矣。某所以獲執弟子之禮於先生門下，四方實未之知。豈惟四方之士未之知，雖前乎此千萬世之已往，後乎此千萬世之未來，盈天地兩間皆高識深知之士，竭意悉慮，窮日夜之力，亦將莫知。又豈惟盡古今與後世高識深知之士莫能知，雖某亦不能自知。壬辰之歲，富春之簿廨雙明閣之下，某問本心，先生舉淩晨之扇訟是非之答實觸某機，此四方之所知；至於即扇訟之是非，乃有澄然之清，瑩然之明，匪思匪爲，某實有之。無今昔之間，無須臾之離，簡易和平，變化云爲，不疾而速，不行而至，莫知其鄉，莫窮其涯。此豈惟某獨有之舉，天下之人皆有之。爲惻隱，爲羞惡，爲恭敬，爲是非，可以事親，可以事君，可

以事長，可以與朋友交，可以行於妻子，可以與上，可以臨民。天以是覆而高，地以是厚而卑，日月以是臨照，四時以是變通，鬼神以是靈，萬物以是生。是雖可言而不可議，可省而不可思。孔子曰：「吾有知乎哉？無知也。」文王順帝之則，亦自不識不知，況於某乎？況於四方之士乎？故聖人遏絶學者之意，以有意則有知。遏絶學者之必，以有必則有知。遏絶學者之固，以有固則有知。遏絶學者之我，以有我則有知。愈知愈離，愈思愈遠。道不遠人，人之知道而遠。人不可以知道，不知猶遠，而況於知乎？故夫先生平日之論，非學者之所知，非某之所知。雖然，先生之道亦既昭昭矣，何俟乎知？仰觀乎上，先生確然示人易矣；俯察乎下，先生隤然示人簡矣。垂象著明者先生之著明，寒暑變化者先生之變化。《書》者，先生之政事。《詩》者，先生之詠歌。《禮》者，先生之節文。《春秋》者，先生之是非。《易》者，先生之變化。學者之所日誦，百姓之所日用，何俟乎學者之所知？某聞先生之訃，慟哭既絶而復續，續而又絶，絶而又復續。不敢傷生，微聲竟哭。亟欲奔赴，病質岌岌，度不可支。循循歷時，荒政方殷。今也略定，氣血微強。矧聞襄大事之有期，求檄以來，庸暢中腸之悲，一奠祖行，薦以此辭。先生之道不可思，此哀亦不可思。

楊簡《慈湖先生遺書》卷四《代李伯誠祭象山先生文》　某於象山先生文安公受罔極之恩，片言頓覺，如脱桎梏，清明光大。到於今，日用云爲變化。夫人之喪，承訃後時。今既襄奉，既祥禫矣，兹敢敬致三獻之禮於文安公暨夫人几筵之前。日月遷流，斯覺未嘗流。死生雖異，斯覺未嘗異。言辭有極，斯覺無極。欲報之德，昊天罔極！

楊簡《慈湖遺書》卷二《二陸先生祠記》　道心大同，人自區別。人心自善，人心自靈，人心自明，人心即神，人心即道，安睹乖殊？聖賢非有餘，愚鄙非不足。何以證其然？人皆有惻隱之心，皆有羞惡之心，皆有恭敬之心，皆有是非之心。惻隱，仁；羞惡，義；恭敬，禮；是非，知。仁義禮知，愚夫愚婦咸有之，奚獨聖賢有之？人人皆與堯、舜、禹、湯、文、武、周公、孔子同，人人皆與天地同。又何以證其然？人心非氣血，非形體，廣大無際，變化無方，倏焉而視，又倏焉而聽，倏焉而言，又倏焉而動，倏焉而至千里之外，又倏焉而窮九霄之上，不疾而速，不行而至，非神乎？不與天地同乎？學者當知，舉天下萬古之人心皆如此也。孔子之心如此，七十子之心如此，子思、孟子之心如此，復齋之心如此，象山先生之心如此，金谿王令君之心如此，舉金谿一邑之心如此。學者當自信，毋自棄，毋自疑。意慮倏起，天地懸隔。不識不知，匪合匪離。直心而往，自備萬善，自絶百非，雖無思爲，昭明弗遺。二陸先生，撫州金谿人。復齋諱九齡，字子壽。篤志斯道，窮深究微，兢兢孜孜，學者宗之。象山先生其弟也，諱九淵，字子靜。天性清明，不染物欲。某嘗親聞先生之言，自謂其爲童幼時，聞人誦伊川語，自覺若傷我者，性資素明如此。故長而益明，愈久而愈明，破學者於窟宅，開聖道之夷塗。其言甚平，而或者填萬説於胸中，持萬説於胸中以聽先生之言，故或疑其深，疑其峻。然而海內之士聞其風而趨之，如百川之東矣。某積疑二十年，先生一語觸其機，某始自信其心之即道，而非有二物。始信天下之人心皆與堯、舜、禹、湯、文、武、周公、孔子同，皆與天地日月四時鬼神同。王令君名有大，因邑人崇敬二君子，以俸資設祠於學，且將行禮焉，屬某爲記，且曰：「欲以昭明二君子之道。」某雖無所似，灼知二君子之心無以異於天下之心，不容穿鑿其説，以滋惑來者，乃起敬起恭，而書其略。紹熙四年六月九日，門人具位楊某記。

楊簡《慈湖先生遺書·補編》之《象山先生集序》　有宋撫州金谿陸先生字子靜，嘗居貴溪之象山，四方學者畢至，尊稱之曰象山先生。先生冢嗣持之字伯微，集先生遺言爲二十八卷，又外集六卷，命某爲之序。某自主富陽簿時已受教於先生，因言忽覺澄然清明，應用無方，動静一體，乃知此心本靈、本神、本明、本廣大、本變化無方。奚獨某心如此，舉天下萬世人心皆如此。《易》曰：「百姓日用而不知。」孔子曰：「二三子以我爲隱乎？吾無隱乎爾，吾無行而不與二三子者。」《大戴》記孔子之言，謂忠信爲大道。忠者忠實，信者誠信不詐僞。而先儒求之過，求諸幽深，故反不知道。孔子又名大道曰中庸。庸者，常也，日用平常也。孟子亦謂徐行後長即堯舜之道，又謂以羊易牛之心足以王。先生諄諄爲學者剖白斯旨，深切著明。而學子領會者寡。某不自揆度，敢少致輔翼之力，專叙如右。開禧元年夏六月乙卯，門人四明楊某書。

陸九淵《陸九淵集》卷三三孔煒《文安謚議》　議曰：學道以聖賢爲師，聖賢遺書，萬世標的也。孟軻氏有言曰：「君子深造之以道，欲其自得之也。自得之，則居之安；居之安，則資之深；資之深，則取之左右逢其原；故君子欲其自得之也。」甚矣！古人之講學，其端緒源委，誠未易言。學而未至於安，難與議聖賢之閫域矣。傳記所載，如曰：「安而行」，「安則久」，「恭而安」，皆取諸此也。自軻既没，逮今千有五百餘年。學者徇口耳之末，昧性天之真，凡軻之所以詔來

世者，卒付於空言。有能尊信其書，修明其學，反求諸己，私淑諸人，如監丞陸公者，其能自拔於流俗，而有功於名教者歟。

公生而穎悟，器識絶人。與季兄復齋講貫理學，號江西二陸。其學務窮本原，不爲章句訓詁，其持論雄傑卓立，不苟隨聲趨和，唯孟軻氏書是崇是信。蓋謂此心之良人所均有，天所予我，非由外鑠，先立乎其大者，則其小者莫能奪。信能知此，則宇宙無非至理，聖賢與我同類。大端既立，趨嚮既定，明善充類以求之，强力勇敢以行之，如木有根，如水有源。逮其久也，此心之靈，此理之明，將涣然釋，怡然順，真有見夫居廣居，立正位，行大道，皆吾分内事。所謂操存求得，盛行不加，窮居不損者，端不我誣也。公惟見理昭徹，加以涵養踐履之功，故能自得於心，有餘於身，即其成己，用以成物。四方才俊之士，風動雲集，至無館舍以容。公渠蘉端嚴，對之者非心邪念自然消汩；論説爽厲，聽之者如指迷塗，如出荆棘。質諸遺編，義利之分，王霸之别，天理人欲，凡介於毫芒疑似之間者，辨之弗措，叩之弗竭。自非學本正大，充乎自然，安能如是之周流貫通，動與理會也哉？由其推是學以爲文，則辭達而不争乎雕鎸，理勝而無用乎繚繞，無意於文，而文自爾工。施是學於有政，則視吾民如子弟，遇僚屬如朋友，誠心所孚，自有不言之教。當時元臣碩輔，或薦進其心悟理融，出於自得；或稱美其治郡善政，可驗躬行。夫理而造於自得，政而本於躬行，則君子之所養可知矣。使天假之年，上之得君行道，次之立言明道，俾獲盡宣其用，則以利生民以惠後學，可勝既哉！

謹按謚法：「敏而好古曰文，貌肅辭定曰安。」公天稟純明，學無凝滯，服膺先哲，發揮憲言，非敏而好古乎？抗志洪毅，師道尊嚴，記久傳遠，言皆可復，非貌肅辭定乎？謚曰文安，於義爲稱。謹議。

孫應時《燭湖集》卷一三《祭象山陸先生文》 嗚呼！先生之姿，英亮卓越；先生之志，奮迅堅決；先生之學，簡易昭晰；先生之論，敷暢條達。先生用心，貞實惻怛；先生教人，感動激切。先生德行，平正高潔；先生文章，嚴健超絶。嗚呼！斯所謂名世之才，振古之傑。信乎天實付之以斯道之重！宜若開之以格君之烈。名鼎成於天下，進益孚於朝列。一造膝以極論，喟皇心其有發。騫將行兮或尼，闖不見兮采葛。優游兮山林，詠歌兮風月。獨私淑兮其徒，蜕塵埃兮玉雪。出緒餘兮一邦，楚之人兮大悦。忽巷哭以過喪，竟何爲乎造物。嗚呼哀哉！昔道統之承承，百聖儼其合節。昉洙泗之無師，已參差而異説。矧千載之墜緒，親左提而右挈，賫衆車而並駕，羌實難兮一轍。迺先生之仁勇，無力争於毫髮。般紛紛其奚怪，淺或疑於相軋。加數年其可冀，會皇極以昭揭。愴此事之今已渺，方來而孰察。憶趨隅於逆旅，心專專兮藴結。踴申旦而不寐，實冥蒙之一豁。曰深恨其自兹，戒斧斤之斬伐。邈東西以有年，耿微衷兮如渴。日行役以過楚，期欲往而道輟。曾報書之幾何，痛終天之永訣。寫此哀其已晚，望眼眩而心折。尚不辱於師門，儻歆誠兮一歠。

袁甫《蒙齋集》卷一五《跋象山先生集》 《象山先生文集》，先君子曩嘗刊于江右庾臺矣。某將指江左，新建先生書院，復摹舊本，以惠後學。先生發明本心，上接古聖，下垂萬世，偉矣哉！此心神明，無體無方，日用平常，莫匪大道。是謂極，是謂精一，是謂彝倫，是謂乾健坤順，是謂日月、星辰、山川、風雨、霜露、鳥獸、草木之變化，是謂鬼神之情狀。先生嘗言：千百世之上，有聖人出焉，此心同也，此理同也；千百世之下，有聖人出焉，此心同也，此理同也。學者之心，即先生之心。某藐焉晚出，景慕先生，戰兢自勉，寡過未能。先生之道大矣，奚庸贊述，姑誦所聞，附于卷末。

袁甫《蒙齋集》卷一七《祭陸象山先生文》 先生之學，得諸孟子。我之本心，光明如此。未識本心，如雲翳日。既識本心，元無一物。先生立言，本末具備。不墮一偏，萬物無蔽。書院肇建，躬致一奠。可見可聞，非聞非見。

包恢《敝帚稿略》卷三《象山先生年譜序》 文安陸先生之學，偉然立卓，其遺文大略可觀矣。而未有年譜可以參考其始終之條理，非缺典乎？金谿李君子愿溯其淵源，緝而成編，龐若明備，恨久而未有鋟木以傳者。今年秋，方得臨川謝使君奕懋刻之於郡，以與文集并行。及冬，又知衡山黄令君應龍得邑士劉君林，已刻行矣。其間稍有增損，似去取詳略之尤宜。夫缺之數十年，而補之於一旦，且彼此不約而成，殆山川之靈協相斯文也。使學者得而觀之，猶彷佛如見其平生而親炙之，豈曰小補之哉！恢例承嘉命，俾爲之志其本末於後，懼僭越不敢。然前既辭臨川不獲而冒昧爲之矣，今此同一譜，亦何異辭，敢以復臨川者，還以復衡山可乎。蓋孟氏之後千五百年，能自得師，大明此學，而因其歷年之先後，以計其始終之條理，與世之所謂譜者異。先生生於紹興己未，乾、淳之年，時則上有高宗、孝宗爲明君師，而當年國家治道之所以興隆，人心之所以興起者，

正由此學之明耳。孰主張是，孰綱維是？先生殆若特爲此學而生者，發揮啓迪，開闔充拓之功大矣。試觀其譜，其爲人品器識之高也，則天鍾之而清明在躬，人尊之而志氣如神。自其兒時，已如成人。三四歲能思天地窮際，至忘寢食。十三歲因解宇宙二字，忽大有省。凡遇事物，動有感悟。嘗聞鼓聲，豁然以寬。十七歲作《大人》詩以見志。昔人以千人爲英，以其年考之，若先生者，超越世表，其英傑之尤者乎！其自課己之學之進也，則謂：「執事之敬，嘗大進于掌家之時；日用之功，實有在於人情物理事勢之間。深思力考，究極精詳，必造於昭然而不可昧，確然而不可移。或於踐履未能純一無間，稍加警策，即與天地相似。」以其年考之，可謂學不厭矣。其開發學者之盛也，在家則遠近聞風來學，而中情者或至汗下；在白鹿則剖判義利著明，而動心者或至流涕；在浙則從游多俊傑，咸聽言而感發；在象山則學徒益大集，皆聞教而屈服。至若以書講明，則又無處無時無之。各隨其資而切琢之，不拘於一方；各因其病以箴砭之，不拘於一藥。莫不明白洞達，深切痛快，如鋒直破的，如刃解中節，使人心開目明，猶醉之醒、寐之寤者，其感應神速，以其年考之，可謂教不倦矣。其略陳於觀君之際也，《輪對》五篇，自幸稍盡所懷。天語甚詳，問答不敢不盡。至於遇合，付之天命。使得盡行所言，則所謂無愧於唐虞之朝，於復三代也何有？其言當酬矣，國家治道之興隆，豈特如乾、淳而已哉！其小施於牧民之日也，昭示皇極，衆心曉白，治化所洽，久而益淳，農賈安恬，吏卒抑畏，盗賊衰息，訟牒稀少，將及期年，已至無訟。使得大其所施，則所謂躬行之效在政刑號令之表者，將得之天下矣，豈特如荆門而已哉！以其年考之，惜乎天命不假之壽，天子未大其用，遂不得盡行其所學，可爲發千古之嘅嘆。惟其言論風旨，學者求之，則自有餘師也。然恢嘗妄有隱憂遺慮焉，言先生之學者雖多，究先生之學者似少。夫學者，路也，門也。知所從入之門，則必知内有堂室之深；知所從入之路，則必知前有千萬里之遠。先生以學者茫茫，如在門外，如在路傍，而莫知所從入。其誤認以爲門，以爲路，而誤入者尤多。故其教多先指其所入以示之，乃發足第一步也。由是而之焉，方將循循以道其進於深遠之地。誨言具在，皆可觀也。如自志學入，凡五進而極於從心；自欲善入，凡五進而極於聖神。弘深則有宗廟百官之美富，悠遠則有博厚高明之配合，此先生之深遠處也。苟或升而未至於室，畫而遂廢於中猶不可，況今僅有於入路一步之初，遽止而不復進步，豈先生之學哉！抑嘗記先生之詩乎：「涓流積至滄溟水，卷石崇成泰華岑。」先生，滄溟、泰華也。學者或止涓流、卷石而未知有積至、崇成之功。用是致有以徑捷超入法妄加横議，而莫有能破其横議之説者，非先生之負學者，實學者之負先生也。是其可不謹思而明辨哉？《年譜》雖明備，又在善學者志其深者遠者，而自强不息以終之，庶乎不負於所學，不忝於先生。是區區竊有望於同門云。寶祐丙辰仲冬朔，後學包恢拜手敬書。

包恢《敝帚稿略》卷五《陸象山先生贊》　高明英特，所立之卓；沈潛縝密，所守之約。彼之所學者，告子之外；此之所學者，孟子之内。外者皆虚，説誣而徒塞乎仁義；内則皆實，光大而可入乎聖智。不差毫釐而一是之歸同，無過不及而一中之渾融。嗚呼！若先生者，真可以進乎夫子皜皜莫尚之明；而世之妄肆瑕疵者，亦何足以傷玉氣貫虹之精哉！

劉黻《蒙川遺稿》卷四《象山陸文安公》　卓學邁倫，居超徑詣。觀我靈龜，以燭來世。展矣君子，克廣厥居。澄然自得，春風詠歸。

楊萬里部

綜述

《宋史》卷四三三《楊萬里傳》 楊萬里字廷秀，吉州吉水人。中紹興二十四年進士第，爲贛州司户，調永州零陵丞。時張浚謫永，杜門謝客，萬里三往不得見，以書力請始見之。浚勉以正心誠意之學，萬里服其教終身，乃名讀書之室曰誠齋。

浚入相，薦之朝。除臨安府教授，未赴，丁父憂。改知隆興府奉新縣，戢追胥不入鄉，民逋賦者揭其名市中，民讙趨之，賦不擾而足，縣以大治。會陳俊卿、虞允文爲相，交薦之，召爲國子博士。侍講張栻以論張説出守袁，萬里抗疏留栻，又遺允文書，以和同之説規之，栻雖不果留，而公論偉之。遷太常博士，尋升丞兼吏部侍右郎官，轉將作少監，出知漳州，改常州，尋提舉廣東常平茶鹽。盜沈師犯南粤，帥師往平之。孝宗稱之曰「仁者之勇」，遂有大用意，就除提點刑獄。請於潮、惠二州築外砦，潮以鎮賊之巢，惠以扼賊之路。俄以憂去。免喪，召爲尚左郎官。

淳熙十二年五月，以地震應詔上書曰：

臣聞言有事於無事之時，不害其爲忠；言無事於有事之時，其爲姦也大矣。南北和好踰二十年，一旦絶使，敵情不測。而或者曰彼有五單于争立之禍，又曰彼有匈奴困於東胡之禍，既而皆不驗。道塗相傳，繕汴京城池，開海州漕渠，又於河南、北簽民兵，增驛騎，製馬歷，籍井泉，而吾之間諜不得以入，此何爲者耶？臣所謂言有事於無事之時者一也。

或謂金主北歸，可爲中國之賀。臣以中國之憂，正在乎此。此人北歸，蓋懲創於逆亮之空國而南侵也。將欲南之，必固北之；或者以身填撫其北，而以其子與壻經營其南也。臣所謂言有事於無事之時者二也。

臣竊聞論者或謂緩急淮不可守，則棄淮而守江，是大不然。昔者吴與魏力争而得合肥，然後吴始安；李煜失滁、揚二州，自此南唐始蹙。今曰棄淮而保江，既無淮矣，江可得而保乎？臣所謂言有事於無事之時者三也。

今淮東、西凡十五郡，所謂守帥，不知陛下使宰相擇之乎，使樞廷擇之乎？使宰相擇之，宰相未必爲樞廷慮也；使樞廷擇之，則除授不自己出也。一則不爲之慮，一則不自己出，緩急敗事，則皆曰非我也。陛下將責之誰乎？臣所謂言有事於無事之時者四也。

且南北各有長技，若騎若射，北之長技也；若舟若步，南之長技也。今爲北之計者，日繕治其海舟，而南之海舟則不聞繕治焉。或曰吾舟素具也，或曰舟雖未具而憚於擾也。紹興辛巳之戰，山東、采石之功，不以騎也，不以射也，不以步也，舟焉而已。當時之舟，今可復用乎？且夫斯民一日之擾，與社稷百世之安危，孰輕孰重？事固有大於擾者也。臣所謂言有事於無事之時者五也。

陛下以今日爲何等時耶？金人日逼，疆埸日擾，而未聞防金人者何策，保疆埸者何道；但聞某日修某禮文也，某日進某書史也，是以鄉飲理軍，以干羽解圍也。臣所謂言有事於無事之時者六也。

臣聞古者人君，人不能悟之，則天地能悟之。今也國家之事，敵情不測如此，而君臣上下處之如太平無事之時，是人不能悟之矣。故上天見災異，異時熒惑犯南斗，邇日鎮星犯端門，熒惑守羽林。臣書生，不曉天文，未敢以爲必然也。至於春正月日青無光，若有兩日相摩者，兹不曰大異乎？然天猶恐陛下不信也，至於春日載陽，復有雨雪殺物，兹不曰大異乎？然天猶恐陛下又不信也，乃五月庚寅，又有地震，兹又不曰大異乎？且夫天變在遠，臣子不敢奏也，不信可也；地震在外，州郡不敢聞也，不信可也。今也天變頻仍，地震輦轂，而君臣不聞警懼，朝廷不聞咨訪，人不能悟之，則天地能悟之。臣不知陛下於此悟乎，否乎？臣所謂言有事於無事之時者七也。

自頻年以來，兩浙最近則先旱，江淮則又旱，湖廣則又旱，流徙者相續，道殣相枕。而常平之積，名存而實亡；入粟之令，上行而下慢。静而無事，未知所以振救之；動而有事，將何以仰以爲資耶？臣所謂言有事於無事之時者八也。

古者足國裕民，惟食與貨。今之所謂錢者，富商、巨賈、閹宦、權貴皆盈室以藏之，至於百姓三軍之用，惟破楮券爾。萬一如唐涇原之師，因怒糲食，蹴而覆之，出不遜語，遂起朱泚之亂，可不爲寒心哉！臣所謂言有事於無事之時者九也。

古者立國必有可畏，非畏其國也，畏其人也。故苻堅欲圖晉，而王猛以爲不可，謂謝安、桓冲江左之望，是存晉者二人而已。異時名相如趙鼎、張浚，名將如

岳飛、韓世忠，此金人所憚也。近時劉珙可用則早死，張栻可用則沮死，萬一有緩急，不知可以督諸軍者何人，可以當一面者何人，而金人之所素憚者又何人？而或者謂人之有才，用而後見。臣聞之《記》曰：「苟有車必見其式，苟有言必聞其聲。」今曰有其人而未聞其可將可相，是有車而無式，有言而無聲也。且夫用而後見，非臨之以大安危，試之以大勝負，則莫見其用也。平居無以知其人，必待大安危、大勝負而後見焉。成事幸矣，萬一敗事，悔何及耶？昔者謝玄之北禦苻堅，而郗超知其必勝；桓溫之西伐李勢，而劉惔知其必取。蓋玄於履屐之間無不當其任，溫於蒱博不必得則不爲，二子於平居無事之日，蓋必有以察其小而後信其大也，豈必大用而後見哉？臣所謂言有事於無事之時者十也。

願陛下超然遠覽，昭然遠寤。勿矜聖德之崇高，而增其所未能；勿恃中國之生聚，而嚴其所未備。勿以天地之變異爲適然，而法宣王之懼災；勿以臣下之苦言爲逆耳，而體太宗之導諫。勿以女謁近習之害政爲細故，而監漢、唐季世致亂之由；勿以仇讎之包藏爲無他，而懲宣、政晚年受禍之酷。責大臣以通知邊事軍務如富弼之請，勿以東西二府異其心；委大臣以薦進謀臣良將如蕭何所奇，勿以文武兩途而殊其轍。勿使賂宦者而得旄節如唐大曆之弊，勿使貨近幸而得招討如梁段凝之敗。以重蜀之心而重荆、襄，使東西形勢之相接；以保江之心而保兩淮，使表裏脣齒之相依。勿以海道爲無虞，勿以大江爲可恃。增屯聚糧，治艦扼險。君臣之所咨訪，朝夕之所講求，姑置不急之務，精專備敵之策。庶幾上可消於天變，下不墮於敵姦。

然天下之事有本根，有枝葉。臣前所陳，枝葉而已。所謂本根，則人主不可以自用。人主自用，則人臣不任責，然猶未害也。至於軍事，而猶曰「誰當憂此，吾當自憂」。今日之事，將無類此？《傳》曰：「木水有本原。」聖學高明，願益思其所以本原者。

東宫講官闕，帝親擢萬里爲侍讀。宫僚以得端人相賀。他日讀《陸宣公奏議》等書，皆隨事規警，太子深敬之。王淮爲相，一日問曰：「宰相先務者何事？」曰：「人才。」又問：「孰爲才？」即疏朱熹、袁樞以下六十人以獻，淮次第擢用之。歷樞密院檢詳，守右司郎中，遷左司郎中。

十四年夏旱，萬里復應詔，言：「旱及兩月，然後求言，不曰遲乎？上自侍從，下止館職，不曰隘乎？今之所以旱者，以上澤不下流，下情不上達，故天地之氣隔絶而不通。」因疏四事以獻，言皆懇切。遷祕書少監。會高宗崩，孝宗欲行三年喪，創議事堂，命皇太子參決庶務。萬里上疏力諫，且上太子書，言：「天無二日，民無二王。一履危機，悔之何及？與其悔之而無及，孰若辭之而不居。願殿下三辭五辭，而必不居也。」太子悚然。高宗未葬，翰林學士洪邁不俟集議，配饗獨以呂頤浩等姓名上。萬里上疏詆之，力言張浚當預，且謂邁無異指鹿爲馬。孝宗覽疏不悦，曰：「萬里以朕爲何如主！」由是以直祕閣出知筠州。

光宗即位，召爲祕書監。入對，言：「天下有無形之禍，僭非權臣而僭於權臣，擾非盜賊而擾於盜賊，其惟朋黨之論乎！蓋欲激人主之怒莫如朋黨，空天下人才莫如朋黨。黨論一興，其端發於士大夫，其禍及於天下。前事已然，願陛下建皇極於聖心，公聽並觀，壞植散羣，曰君子從而用之，曰小人從而廢之，皆勿問其某黨某黨也。」又論：「古之帝王，固有以知一己攬其權，不知臣下竊其權。大臣竊之則權在大臣，大將竊之則權在大將，外戚竊之則權在外戚，近習竊之則權在近習。竊權之最難防者，其惟近習乎！非敢公竊也，私竊之也。始於私竊，其終必至於公竊而後已。可不懼哉！」

紹熙元年，借焕章閣學士爲接伴金國賀正旦使兼實録院檢討官。會《孝宗日曆》成，參知政事王藺以故事俾萬里序之，而宰臣屬之禮部郎官傅伯壽。萬里以失職力丐去，帝宣諭勉留。會進《孝宗聖政》，萬里當奉進，孝宗猶不悦，遂出爲江東轉運副使，權總領淮西、江東軍馬錢糧。朝議欲行鐵錢於江南諸郡，萬里疏其不便，不奉詔，忤宰相意，改知贛州，不赴。乞祠，除祕閣修撰，提舉萬壽宫，自是不復出矣。

寧宗嗣位，召赴行在，辭。升焕章閣待制，提舉興國宫。引年乞休致，進寶文閣待制，致仕。嘉泰三年，詔進寶謨閣直學士，給賜衣帶。開禧元年召，復辭。明年，升寶謨閣學士。卒，年八十三，贈光禄大夫。

萬里爲人剛而褊。孝宗始愛其才，以問周必大，必大無善語，由此不見用。韓侂冑用事，欲網羅四方知名士相羽翼，嘗築南園，屬萬里爲之記，許以掖垣。萬里曰：「官可棄，記不可作也。」侂冑恚，改命他人。卧家十五年，皆其柄國之日也。侂冑專僭日益甚，萬里憂憤，怏怏成疾。家人知其憂國也，凡邸吏之報時政者皆不以告。忽族子自外至，遽言侂冑用兵事。萬里慟哭失聲，亟呼紙書曰：「韓侂冑姦臣，專權無上，動兵殘民，謀危社稷，吾頭顱如許，報國無路，惟有孤憤！」又書十四言別妻子，筆落而逝。

萬里精於詩，嘗著《易傳》行於世。光宗嘗爲書「誠齋」二字，學者稱誠齋先

生，賜謚文節。子長孺。

《楊萬里集箋校》附録楊長孺《宋故寶謨閣學士通奉大夫廬陵郡開國侯贈光禄大夫誠齋楊公墓志》 先君諱萬里，字廷秀，姓楊氏，吉州吉水縣同水鄉新嘉里人也，居湴塘。

曾祖諱希開；祖諱格非，贈承務郎；考諱芾，累贈通奉大夫。母毛氏、羅氏，皆贈碩人。

先君於建炎元年丁未歲九月二十二子時生。七歲喪母，終身追慕，忌日必痛。事繼母盡孝，禄養三十年，人不知羅之爲繼母也。

紹興二十四年甲戌歲擢進士第丙科，爲贛州司户參軍、永州零陵丞。改秩，除臨安教授。未赴，居父憂。免喪，知隆興府奉新縣。故相虞允文薦於孝宗皇帝，召爲國子博士，上疏乞留左司員外郎張栻，黜軍器少監韓玉，栻雖去而玉亦罷，由是名重朝廷。遷太常丞，兼權吏部右侍郎官，除將作少監。

出知漳州，改知常州。提舉廣南路常平茶鹽公事，就除提點本路刑獄。閩盜沈師犯南粤，警報至，即躬帥師往平之。孝宗大喜，天語褒稱曰：「仁者有勇。」又曰：「書生知兵。」除直秘閣。居繼母憂去官，却諸郡賻布，爲錢四百萬。免喪，召爲吏部郎中、左司郎。天災地震，詔求直言，上封事，極陳時政闕失，孝宗嘉之，擢兼太子侍讀。遷樞密院檢詳諸房文字、尚書左司郎中、秘書少監。會高宗皇帝升遐，孝宗欲行三年之喪，將釋萬幾，開議事堂，命皇太子參決庶務。先君上書力諫，謂天無二日，國無二君。孝宗皇太子皆從之。有詔議配饗功臣，上疏乞以忠獻公張浚配，與翰林學士洪邁議不合，爲所譖，出知筠州。補闕薛收，拾遺許及之上疏乞留，先君竟去國。

光宗登極，召爲秘書監。借焕章閣學士爲接伴金國賀正旦使，兼實録院檢討。《孝宗日曆》書成進御，提舉史官參知政事王藺以故事俾先君爲序，藺尋拜樞密，改命左相留正提舉史事。正不用先君序篇，而俾禮部郎官傅伯壽爲之。先君以失職，因力求去。光宗封還奏狀，御筆批云：「所請不允，依舊供職。」蓋殊禮也。尋欲擢爲工部侍郎，先君竟不肯留。

頃之，以直龍圖閣出爲江南東路轉運副使。凡行部之常禮一切不納，至於折俎交饋，秋毫弗以自入，悉歸之官，爲錢一百六十萬。權總管淮西江東軍馬錢糧。時朝廷下總領所，欲於江南用鐵錢楮券，先君不奉詔，上奏争之。既忤丞相留正及吏部尚書趙汝愚意，即以疾力辭請祠官。除知贛州，不赴，除直秘閣修撰，提舉隆興府玉隆萬壽宫。

今上即位，召赴行在所，抗章力辭，除焕章閣待制。屢奏請挂冠衣，上勉從之，進寶文閣待制致仕。未幾，又進寶謨閣直學士，給賜衣帶鞍馬。再召赴行在所，復以淋疾力辭，除寶謨閣學士，賜衣帶鞍馬。

開禧二年丙寅五月八日無疾薨，享年八十。有遺奏八十四字上聞，詔贈四官。

先君計諧自迪功郎十六轉至通奉大夫，賜爵益封，自吉水縣男至廬陵郡侯，食邑自三百户至二千户。

丞零陵時，張忠獻公謫居寓焉，勉先君以正心誠意之學，先君佩服其言，遂以誠名其齋。厥後侍讀東宫，光宗皇帝嘗書「誠齋」二大字，用金裝以賜，海内咸稱先君爲誠齋先生云。

先君工於詩，作詩二千二百首，其他著述甚富，有《誠齋集》一百三十卷。經學尤邃，有《易傳》二十卷。

娶羅氏，封碩人。子男三人：長孺，承議郎通判道州軍事；次公，承事郎新知潭州湘陰縣事；幼輿，承奉郎寧國府涇縣丞。女五人：長季蘩，嫁進士劉價，皆先卒。次季蕴、季藻、季蘋、季菽，嫁進士王徽、劉億、從仕郎新荆門州司法參軍陳經、進士王潛。孫男七人：泰伯，登仕郎；賓言、羲仲，將仕郎；儀伯，將仕郎；賓秩，文林郎；賓王，迪功郎；濂伯，幼。女孫二人，子瑜，許嫁進士羅如春；安娘，幼。

是歲十一月七日甲申，諸孤奉先君柩葬於本鄉烏泥塘，距家八百步，從先君之志也。

孤子長孺泣血謹志而納諸壙，婿陳經填諱。

雜録

備録

陸游《老學庵筆記》卷一 楊廷秀在高安，有小詩云：「近紅暮看失燕支，遠

白宵明雪色奇。花不見桃惟見李，一生不曉退之詩。」予語之曰：「此意古已道，但不如公之詳耳。」廷秀愕然問：「古人難曾道？」予曰：「荆公所謂『積李兮縞夜，崇桃兮炫晝』是也。」廷秀大喜曰：「便當增入小序中。」

羅大經《鶴林玉露》甲編卷一《誠齋謁紫巖》 楊誠齋爲零陵丞，以弟子禮謁張魏公。時公以遷謫故，杜門謝客。南軒爲之介紹，數月乃得見。因跪請教，公曰：「元符貴人，腰金紆紫者何限，惟鄒至完、陳瑩中姓名與日月争光。」誠齋得此語，終身厲清直之操。晚年退休，悵然曰：「吾平生志在批鱗請劍，以忠鯁南遷，幸遇時平主聖。老矣，不獲遂所願矣！」立朝時，論議挺挺。如乞用張浚配享，言朱熹不當與唐仲友同罷，論儲君監國，皆天下大事。孝宗嘗曰：「楊萬里直不中律。」光宗亦曰：「楊萬里也有性氣。」故其自贊云：「禹曰也有性氣，舜云直不中律。自有二聖玉音，不用千秋史筆。」

羅大經《鶴林玉露》甲編卷三《德行科》 楊誠齋初欲習宏詞科，南軒曰：「此何足習，盍相與趨聖門德行科乎？」誠齋大悟，不復習，作《千慮策》，論詞科可罷曰：「孟獻子有友五人，孟子已忘其三。周室去班爵之籍，孟子已不能道其詳，孟子亦安能中今之詞科哉！」晚年作詩示兒云：「素王開國道無臣，一牓春風放十人。莫羡牓頭年十八，舊春過了有新春。」

羅大經《鶴林玉露》甲編卷三《于寶》 楊誠齋在館中，與同舍談及晉于寶，一吏進曰：「乃干寶，非于也。」問何以知之，吏取韻書以呈，「干」字下注云：「晉有干寶。」誠齋大喜曰：「汝乃吾一字之師。」

羅大經《鶴林玉露》甲編卷四《誠齋退休》 楊誠齋自祕書監將漕江東，年未七十，退休南溪之上。老屋一區，僅庇風雨。長鬚赤脚，纔三四人。徐靈暉贈公詩云：「清得門如水，貧唯帶有金。」蓋紀實也。聰明强健，享清閒之福十有六年。寧皇初元，與朱文公同召。文公出，公獨不出。文公與公書云：「更能不以樂天知命之樂，而忘與人同憂之憂，毋過於優游，毋決於遁思，則區區者，猶有望於斯世也。」然公高蹈之志，已不可回矣。嘗自贊云：「江風索我吟，山月唤我飲，醉倒落花前，天地爲衾枕。」又云：「青白不形眼底，雌黄不出口中。只有一罪不赦，唐突明月清風。」

羅大經《鶴林玉露》乙編卷一《住山僧》 楊誠齋立朝時，計料自京還家之裹費，貯以一篋，鑰而置之卧所。戒家人不許市一物，恐累歸擔，日日若促裝者。

羅大經《鶴林玉露》乙編卷一《高宗配享》 高廟配享，洪容齋在翰苑，以吕頤浩、趙鼎、韓世忠、張俊四人爲請。蓋文武各用兩人，出於孝宗聖意也，遂令侍從議。時宇文子英等十二人以爲宜如明詔，而識者多謂吕元直不厭人望，張魏公不應獨遺。楊誠齋時爲祕書少監，上書争之，以欺、專、私三罪斥容齋，且言魏公有社稷大功五：建復辟之勳，一也。發儲嗣之議，二也。誅范瓊以正朝綱，三也。用吴玠以保全蜀，四也。却劉麟以定江左，五也。於是有旨再令詳議。越數日，上忽諭大臣曰：「吕頤浩等配享，正合公論，更不須議。洪邁固是輕率，楊萬里亦未免浮薄。」於是二人皆求去，容齋守南徐，誠齋守高安，而魏公迄不得配食。誠齋詩云：「出却金宫入梵宫，翠微緑霧染衣濃。三年不識西湖月，一夜初聞南澗鐘。藏室蓬山真昨戲，園翁溪友得今從。若非朝士追相送，何處冥鴻更有蹤。」又云：「新晴在在野花香，過雨迢迢沙路長。兩度立朝今結局，一生行客老還鄉。猶嫌數騎傳書札，賸喜千峰入肺腸。到得前頭上船處，莫將白髮照滄浪。」此去國時詩也，可謂無幾微見於顔面矣。其冢嗣東山先生伯子跋其《論配享書藁》云：「覆羹真得皂囊書，錦水元來勝石渠。但實銀鈎并鐵畫，何須玉帶與金魚。」蓋苗劉作亂時，矯隆祐詔貶竄魏公，高宗在昇暘宫方啜羹，左右來告，驚懼，羹覆于手，手爲之傷。既復辟，見魏公，泣數行下，舉手示公，痕跡猶存。左次魏和伯子詩云：「鑾坡蓬監兩封書，道院東西各付渠。乾道聖人無固必，是非付與直哉魚。」詞意亦佳，但當塗乃江東道院，容齋守南徐，非當塗也。

羅大經《鶴林玉露》乙編卷四《雍公薦士》 虞雍公初除樞密，偶至陳丞相應求閣子内，見楊誠齋《千慮策》，讀一篇，歎曰：「東南乃有此人物！某初除合薦兩人，當以此人爲首。」應求導誠齋謁雍公，一見握手如舊。誠齋曰：「相公且仔細，秀才子口頭言語，豈可便信？」雍公大笑，卒援之登朝。誠齋嘗言，士大夫窮達，初不必容心。某平生不能開口求薦。然薦之改秩者，張魏公也。薦之立朝者，虞雍公也。二公皆蜀人，皆非有平生雅故。雍公有《翹館録》，載當世人物甚詳。

羅大經《鶴林玉露》乙編卷五《識字》 西漢諸儒，揚子雲獨稱識字。韓文公云：「凡爲文者，宜略識字。」則識字豈易乎哉？晁景廷晚年日課識十五字。楊誠齋云：「無事好看韻書。」

羅大經《鶴林玉露》丙編卷四《酒有和勁》 楊誠齋退休，名酒之和者曰「金盤露」，勁者曰「椒花雨」，嘗曰：「余愛椒花雨，甚於金盤露」，心蓋有爲也。

羅大經《鶴林玉露》丙編卷四《誠齋夫人》 楊誠齋夫人羅氏，年七十餘，每

寒月黎明即起，詣廚躬作粥一釜，遍享奴婢，然後使之服役。其子東山先生啓曰：「天寒何自苦如此？」夫人曰：「奴婢亦人子也。清晨寒冷，須使其腹中略有火氣，乃堪服役耳。」東山曰：「夫人老，且賤事，何倒行而逆施乎？」夫人怒曰：「我自樂此，不知寒也。汝爲此言，必不能如吾矣！」東山守吴興，夫人嘗於郡圃種紵，躬紡緝以爲衣，時年蓋八十餘矣。東山月俸，分以奉母。夫人忽小疾，既愈，出所積券，曰：「此長物也，自吾積此，意不樂，果致疾。今宜悉以謝醫，則吾無事矣。」平居首飾止於銀，衣止於紬絹。生四子三女，悉自乳，曰：「飢人之子，以哺吾子，是誠何心哉？」【略】誠齋、東山清介絶俗，固皆得之天資，而婦道母儀所助亦已多矣。

誠齋父子，視金玉如糞土。誠齋將漕江東，有俸給僅萬緡，留庫中，棄之而歸。東山帥五羊，以俸錢七千緡，代下户輸租。其家采椽土階，如田舍翁，三世無增飾。東山病且死，無衣衾，適廣西帥趙季仁餽纈絹數端。東山曰：「此賢者之賜也，衾材無憂矣。」史良叔守廬陵，官滿來訪。入其門，升其堂，目之所見，無非可敬可仰、可師可法者，所得多矣，因命畫工圖之而去。

羅大經《鶴林玉露》丙編卷六《尤楊雅謔》 尤梁溪延之，博洽工文，與楊誠齋爲金石交。淳熙中，誠齋爲祕書監，延之爲太常卿，又同爲青宫寮寀，無日不相從。二公皆善謔，延之嘗曰：「有一經句，請祕監對。」曰：「『楊氏爲我。』」誠齋應曰：「尤物移人。」衆皆歎其敏確。誠齋戲呼延之爲「蝤蛑」，延之戲呼誠齋爲「羊」。一日，食羊白腸。延之曰：「祕監錦心繡腸，亦爲人所食乎？」誠齋笑吟曰：「有腸可食何須恨，猶勝無腸可食人。」蓋蝤蛑無腸也。一坐大笑。厥後閒居，書問往來，延之則曰：「羔兒無恙？」誠齋則曰：「彭越安佳？」誠齋寄詩曰：「文戈却日玉無價，寶氣蟠胷金欲流。」亦以蝤蛑戲之也。延之先卒，誠齋祭文云：「齊歌楚些，萬象爲挫。瓌偉詭譎，我倡公和。放浪諧謔，尚友方朔。巧發捷出，公嘲我酢。」

張端義《貴耳集》卷下 楊誠齋帥某處，有教授狎一官妓。誠齋怒，黥妓之面，押往謝辭教授，是欲愧之。教授延入，酌酒爲别，賦《眼兒媚》：「鬢邊一點似飛鴉，莫把翠鈿遮。三年兩載，千撋百就，今日天涯。楊花又逐東風去，隨分落誰家？若還忘得，除非睡起，不照菱花。」楊誠齋得詞，方知教官是文士，即舉妓送之。

德壽丁亥降聖，遇丙午慶八十，壽皇講行慶禮上尊號。周益公當國，差官撰册文，讀册書。册擬楊誠齋、尤延之，各撰一本，預先進呈。益公與誠齋鄉人，借此欲除誠齋一侍從爲潤筆。册文壽皇披閲至再，即宣諭益公：「楊之文太聱牙，在御前讀時生受，不若用尤之文温潤。」益公又思所以處誠齋，奏爲讀册官。壽皇云：「楊江西人，聲音不清，不若移作奉册。」壽皇過内，奏册寶儀節及行禮官，讀至楊某，德壽作色曰：「楊某尚在這裏，如何不去？」壽皇奏云：「不曉聖意。」德壽曰：「楊某殿册内比朕作晉元帝，甚道理？」楊即日除江東漕，誠齋由是薄憾益公。

周密《齊東野語》卷九 昔傳江西一士，求見楊誠齋，頗以該洽自負。越數日，誠齋簡之云：「聞公自江西來配鹽幽菽，欲求少許。」士人茫然莫曉，亟往謝曰：「某讀書不多，實不知爲何物？」誠齋徐檢《禮部韻略》豉字示之，注云：「配鹽幽菽也。」然其義亦未可深曉。《楚辭》曰：「大苦鹹酸辛甘行。」説者曰：「大苦，豉也。言取豉汁調以鹹酢椒薑飴蜜，則辛甘之味皆發而行。」然古無豆豉。史《急就篇》乃有「蕪荑鹽豉」。《史記貨殖傳》有「蘖麴鹽豉千荅」。《三輔決録》曰：「前對大夫范仲公，鹽豉蒜果共一筩。」蓋秦、漢以來始有之。

周密《癸辛雜識》前集 紹興庚戌十月，倪文節公思爲中書舍人，楊文節萬里自大蓬除直龍圖閣，將漕江東，朝論惜其去，公留録黄欲繳奏。或以語楊，楊亟作簡止之，倪公答云：「賢者去國，公論以爲不然，既辱寵喻，不敢復繳，却當别作商量也。」楊公即以所答簡餘紙復止之，云：「死無良醫，幸公哀我，得併别作商量之説免之。尤荷公孫黑辭職，既而又使子爲卿，子産惡之。至懇至叩，不勝激切。」至以恩府呼之，其欲去之意可見也。然倪公竟入劄留之，云：「臣聞孔子曰：『吾未見剛者。』又曰：『不得中行而與之，必也狂狷乎。』剛與狂狷，皆非中道，然孔子有取焉。爲其挺特之操，可與有爲，賢於柔懦委靡，患得患失者遠矣。若朝廷之上得如此三數輩，可以逆折奸萌，矯厲具臣，爲益非淺。竊見祕書監楊萬里，學問文采，固已絶人，乃若剛毅狷介之守，尤爲難得。夫其遇事輒發，無所顧忌，雖未盡合中道，原其初心，思有補於國家，至惓惓也。向來勸講東宫，已蒙陛下嘉獎，陛下踐祚，首賜收召晉登册府，士類咸以爲當。今甫踰年，遽爾丐外，朝廷以職名漕節處之，不爲不優。然而公論以爲如萬里者不宜遂使去國。録黄之下，臣始欲繳論，爲又念朝廷此命本是優賢，雖已書行，而於臣愚見，猶欲陛下改命留之。蓋萬里再入修門，未爲甚久，儻朝廷以貪賢爲意，喻之小留，萬里感荷君恩，豈能復以私計爲辭云云。」蓋二公相知極深也。後二十年，楊公已

亡，倪公得其當時手簡，不忍棄之，遂自録所上之劄，及往來之書，裝潢成卷，親叙其事於後。攻媿樓公嘗跋之云：「東坡賦屈原廟，云『雖不適中，要以爲賢兮。』誠齋有焉。昌黎留孔戣，事雖不行，陳義甚高，誠齋有焉。」尤爲確論。亦可槩想前輩去就之道，交情之誼也。

魏慶之《詩人玉屑》卷十九　晦庵先生與誠齋吟詠甚多，然頗好戲謔。劉約之丞廬陵，過誠齋，語及晦庵足疾，誠齋因贈約之詩云：「忠顯聞孫定不虚，西樞猶子固應殊。鸞停梧上遺風在，鶩進松間得句無。賸有老農歌賛府，未多薦墨送清都。晦庵若問誠齋叟，上下千峯不用扶。」晦翁後視詩笑云：我疾猶在足，誠齋疾在口耳。柳溪吕炎近録

藝文

《楊萬里集箋校》附録胡銓《誠齋記》　丞賛令爲邑，於民最親。令職劇事叢，民病痛疴癢，或不暇盡省。丞職簡，得以究知民隱，凡所不便，及所願欲而不得者必聞，聞必以告令罷行之。然必賢且仁者乃能耳，彼婉孌者，惟頭會箕斂、米鹽煩碎爲急，視民休戚猶鄰人肥瘠，漫不關意。問其官則曰「親民人」，失職則曰「非我也，令也」，是其心得爲不欺乎哉？丞之設，蓋不若是恝。廬陵楊侯廷秀，清白世其家，學問操履，有角立傑出之譽。戰其藝場屋，中丙科，則喟曰：「時方味諂言，吾乃得志，得毋以諂求合乎？」則羞前之爲，更肄宏博之學，以息劓補黥。於是呻其呫嗶，上窺姚姒，下逮羽陵、群玉之府，至於周柱、魯壁、汲冢、泰山、漢渠、唐館之藏，奥篇隱衷，抉摘殆盡。沈浸醲郁，擷葩咀英，詞藻粲發。往往鈎章棘句，怪怪奇奇，可喜可愕。業既成，則又喟曰：「是得毋類韓子所謂俳優者之辭耶？」又盡棄其學，而爲子思《中庸》之學。紹興戊寅，丞零陵，乞言於大丞相和國公以鍵其志，公報以正心誠意之説，則又喟曰：「夫與天地相似者，非誠矣乎？公以是期吾，吾其敢不力！」乃揭其藏修之齋而屬予記之。夫名生於實不足，昔有以堯名其門者，又有以堯名其堂者，堯豈可幾及也哉，爲是名者實不足也。兹齋之名，毋乃浮於實乎？曰：不然。古者盤銘以德，不忘德也；鼎銘以勤，不忘勤也。今將朝夕於是，以無忘公之忠誨，而惟誠之思。夫誠可能也，至爲難。誠而不至，便與天地不相似，名何有哉！故予畏名如畏虎，非畏名也，畏竊其名而實不至焉者也。然則侯之志篤矣，由是而充焉，豈止行一邑乎！吾知其去是邑而翱翔於承明也必矣，遂刻之石。

周必大《文忠集》卷一九《題楊廷秀浩齋記》　友人楊廷秀學問文章獨步斯世，至於立朝諤諤，知無不言，言無不盡，要當求之古人。真所謂浩然之氣至剛至大，以直養而無害，塞於天地之間者。師友淵源，厥有自來，今讀《浩齋記》，乃知嘗受教於劉公，公之賢可知矣。其載河南夫子之問，與昔范淳夫以程伯醇語陳瑩中殆一律耶！廷秀此記不愧《責沈》矣。紹熙辛亥四月既望。

周必大《文忠集》卷四八《跋楊廷秀所作胡氏霜節堂記》　清風嚴霜本不相爲謀，兼二美者竹也。友人楊公廷秀平居温厚慈仁，真可解愠，臨事則勁節凛然，凌大寒而不改。名堂作記，曲盡竹之情狀，蓋身之非假之也。今胡氏既知一日不可無此君，其可三日不讀此記乎？慶元丁巳。

《楊萬里集箋校》附録劉煒叔《誠齋集跋》　天以誠而覆，地以誠而載，日月以誠而久照，江河以誠而晝夜混混不息。誠之一字，非聖人疇克盡此？文節楊公以誠名齋，要以自明而誠茍有爲，皆若是也。人皆知先生之孤標勁節，可以薄秋霜，可以沮金石，而始終不撓，不知先生之所以不撓，先生之誠也。人皆知先生之文，如黼黻繅絲，璀璨奪目，取而不竭，不知文以氣爲主，充浩然之氣，見諸文而老益壯者，先生之誠也。負天下之望如誠齋，真所謂一代不數人。而復有東山爲之子，是子是父，前後一轍，非學以誠，其能是乎？東山先生曩帥東廣，煒叔貳令南海，辱寘門墻，益深敬慕。迺令假守通德之鄉，誠齋文集獨闕未傳。尊先生之道義，以倡儒學；表先生之志節，以激士習；發先生之詞藻，以振文氣。冒兹承乏，政敦先此？東山首從所請，且獲手爲是正。以卷計一百三十有三，以字計八十萬七千一百有八。鋟木於端平初元六月一日，畢工於次年乙未六月之既望。

《楊萬里集箋校》附録薛璆《宋朝散大夫權知吉州軍州事兼管内勸農營田事薛璆奉敕祭楊誠齋先生文》　嗚呼，越我國家，比年有妖孽不祥，播弄陰陽，撼摇乾坤，妄挑邊釁，兵氛四起。時公耋老家居，乃心社稷。聞事之因，憤惋不食。深惟江河潰決，一簣莫障，而忠義激烈，誓不與之俱生。臨絶遺言，真可痛哭。今天開日月，陰翳屏除，孤忠大節，遂得上聞。冕旒歎奬，優加褒恤。而廷紳敷奏，欲遣所屬長吏躬祭於墓，玉音俞允，頒札行下。璆叨郡守，肅恭承命，敬陳牲幣，灑肴拜祀墓下。惟公精爽不泯，尚其歆享。

聖天子之惠賜，追惟有漢太尉，實公之祖，奮世嫉邪，不愛其死。奸儉既誅，漢帝始感動咨嗟，乃命太守丞賜以中牢。千載之間，祖孫節義，凛凛相望。朝廷恩禮，焜耀如一。楊氏世有異人，嗚呼盛哉！尚享。

《楊萬里集箋校》附録《謚文節公告議》　太常博士陳貴誼，考功郎官李道傳。

敕：中書門下省：尚書省送到吏部狀，準禮部關準都省，付下楊長孺、楊次公、楊幼輿狀奏，乞故父楊萬里賜謚事。今具下項：

一、準嘉定六年二月十九日，禮部關據太常寺申準，嘉定元年四月十九日敕：尚書省送到故寶謨閣學士贈光禄大夫楊萬里男草土臣楊長孺、楊次公、楊幼輿狀奏：

伏念臣先父、故寶謨閣學士、通奉大夫致仕、廬陵郡開國侯、食邑一千户、贈光禄大夫臣萬里，寒遠書生，蒙高宗皇帝賜進士及第，以忠義剛正，直言敢諫受知孝宗皇帝。淳熙間妙簡東宫官僚，御筆親擢先臣萬里爲太子侍讀。凡先臣萬里有所奏陳，孝宗皇帝嘉納如流。先臣萬里，感激主知，未嘗不喜極而繼之以泣也。

又以忠義剛正，直言敢諫受知光宗皇帝。初登寶位，首召先臣萬里爲秘書監。屢欲擢侍從官，大臣有不樂者。先臣萬里，不肯少屈。出爲江東轉運副使，因抗章論事，忤宰相從臣，改知贛州。不赴，力請祠禄，尋乞致仕。

恭遇皇帝陛下飛龍御天，以先臣萬里，爲光宗皇帝潛邸舊人，念其閑退，一再收召。先臣萬里，多病不能造朝。叠蒙聖恩，即家除授爲直學士。先臣萬里，歷事四朝，遭逢若此，每思報國，念念不忘。

自奸臣韓侂胄竊弄陛下威福之柄，專恣狂悖，有無君之心。先臣萬里，常憤怒不平。既而侂胄平章軍國事，先臣萬里，驚歎憂懼，以至得疾。開禧元年，歲在乙丑，孟秋之月，慨然上奏，極陳侂胄之奸。竟以壅閼，不得自達而止。

開禧二年，歲在丙寅，侂胄矯詔生事，開邊釁，啓兵端。臣等家人，知先臣萬里憂國愛君，忠誠深切，而又老病，恐傷其心。凡聞時事，皆不敢告。忽有族侄楊士元者，端午節自吉州郡城書會所，歸省其親。五月七日，來訪先臣萬里。方坐未定，遽言及邸報中所報侂胄用兵事。先臣萬里，失聲慟哭。謂奸臣妄作，一至於此。流涕長太息者久之。是夕不寐，次朝不食。兀坐齋房，取春膏紙一幅，手書八十有四言。其詞曰：

吾年八秩，吾官三品，吾爵通侯。子孫滿前，吾復何憾？老而不死，惡況難堪。韓侂胄奸臣，專權無上，動兵殘民。狼子野心，謀危社稷。吾頭顱如許，報國無路。惟有孤憤，不免逃移。今日遂行，書此爲别。汝等好將息，萬古萬萬古。

其後又書十又四言，其辭曰：

右辭長孺母子兄弟姊妹，五月八日押。

又自緘封題云：

遺囑付長孺母子兄弟姊妹，吾押。

既書題畢，擲筆隱几而没。實五月八日午時也。臣長孺、臣次公、臣幼輿，得先臣萬里遺囑，泣血收藏。是時，侂胄氣焰薰灼，生殺自肆。鉗制中外，道路以目。臣長孺、臣次公、臣幼輿，上則恐貽老母之憂，下則懼爲家門之禍。深思熟慮，塞口吞聲。抱恨茹哀，不敢赴訴。自謂先臣萬里，齎志九泉，銜冤千載。忘身殉國，此意莫明。不肖諸孤，甘受不孝之罪，已矣，無可言者矣！

誠不自料，先臣萬里亡没之後，未及兩年，天日清明，奸臣竄殛。英斷奮發，薄海歡忻。天憫神恫，賜此幸會。先臣萬里之志，於是時而可明；先臣萬里之冤，於是時而可白。闔門老幼，哀號躃踴。遥瞻天闕，仰籲天聰。謹以先臣亡没之由，具狀奏聞。仍以先臣萬里遺囑，刻石碑本，連黏在前，隨狀上進。欲乞聖慈特賜睿覽，將上件事迹，宣付史館。使先臣萬里遺忠大節，暴白於天下後世。臣長孺、臣次公、臣幼輿志願畢矣。孤苦餘生，死不恨矣！

臣無任叫呼控告，痛苦悲摧，祈天俟命，激切屏營之至。所有先臣萬里遺囑親筆，見係臣家收管，乞賜宣取施行。伏候敕旨。

四月十九日，三省同奉聖旨，令宣付史館，仍與賜謚。

今檢準淳熙三年四月十五日敕：「三省同奉聖旨，今後王公及職事三品以上，法應得謚，并勛德節義，聲實彰著，不以官品，特命謚者，并先經有司議定，申中書門下省具奏取旨，依舊制更不命詞，止備坐所議給告，吏部牒本家，照會本寺。」今準宣教郎、太常博士陳貴誼公文，擬撰到謚議一本，頭連在前。伏乞省部備關吏部，照應淳熙三年已降聖旨指揮施行申部。所有謚議，隨關前去。今關請照旨一面施行。

一、於當月十九日，禮部送到太常博士陳貴誼撰到謚文。議曰：

昔孟子嘗稱：「我知言，我善養吾浩然之氣。」又曰：「其爲氣也，至大至剛，以直養而無害，則塞乎天地之間。」嗟乎，人之門得於天者，始豈有六善哉！所養

一乖，外物一汩，臨利害革若毫髮，則將東馳西騖之不足，寧復知有所謂剛大直養者？如寶謨閣學士楊公，其能以直養者歟？故推以事君，則國爾以忘家；見之出處，則尚義而賤利；作爲文章，則陋今而追古。

公奮由疏遠，獨束上知。外則薦膺分符乘傳之行，内則長蓬山、位儲寀、寖歷休顯。然而宏謨劘上，孤立直前。即有弗合，則極人情之所難，而不容挽。初，公嘗抗疏留右司張栻，而請罷少監韓玉。又嘗援天無二日之説，請緩開議事堂，孝廟悉嘉納之。逮侑食之議一與衆異，進書序文既出公手，而一時他有更革，則連章決退。至煩宸指諭勉，而訖弗少留也。將漕江左，值詔書令部内兼用鐵錢楮券，則又上疏力争，言不便狀，竟坐易職。於是杜門高卧，凡十有五年。恩詔數起之而輒辭。其學日益宏，其詩文日益峻，古深奥衍，自成一家。蓋根柢乎《六經》仁義，而淩踔乎百家諸子。《易傳》二十卷，多先賢未發之藴。真所謂有德必有言者也。垂絶數語，痛憤時事，遂忘其生，公朝固已褒顯之矣。嗚呼，賢哉！夫士之所以長自見者，勉於暫則必變於後。風采見於立朝者，其身在外則已矣。至於臨死生之際，而忠不忘君者，幾何人哉？其有若公之剛大不撓，終始一節者乎？雖弗至大用，不得雍容獻替於内，然即其言論出處而觀之，與夫攬轡澄清之時，斥遠權利，人不敢有私請。高風義概，到於今凛然。則公之所以能全是節者，豈一日之積邪？

按謚法：道德博聞曰文，能固所守曰節。公實兼有斯美，敢以爲公謚。公舊自號誠齋，光廟嘗大書以寵嘉之。而海内人士，舉稱公爲誠齋先生而無異詞。惟誠與節，同出而異名者也。其爲擇善而固執之義均焉。公生則以誠稱，没則以節稱。君子謂尊名之典，於是爲得其實。謹議。

一、本部請官覆謚去後，於當年四月十三日，承承議郎、秘書省著作郎兼魏惠憲王府小學教授兼權考功郎官李道傳，撰得謚文議曰：

切觀國朝文章之士，特盛於江西。如歐陽文忠公、王文公、集賢學士劉公兄弟、中書舍人曾公兄弟、李公泰伯、劉公恕、黄公庭堅。其大者，古文經術，足以名世。其餘則博學多識，見於議論，溢於詞章者，亦皆各自名家。求之他方，未有若是其衆者。然嘗論之：此八九公所以光明雋偉，著於時而垂於後者，非以其文，以其節也。蓋文不高則不傳，文高矣而節不能與之俱高，則雖傳而不久，是故君子惟其節之爲貴也。此八九公者，出處不同，用舍各異，而皆挺然自立，不肯少貶以求合。有如王公學術政事，雖負天下之責，而高風特操，固有一時諸賢所不敢望以及者。以如是之節，有如是之文，此其所以著於時而垂於後也。

南渡以來，世不乏人。求之近歲，若寶謨閣學士楊公者，其真所謂有是文而有是節者乎？公之文，辯博雄放，自其少日，已盛行於世。晚年所著，益復洪深。其爲詩，始而清新，中而奇逸，終而平淡。如長江漫流，物無不載。遇風觸石，噴薄駭人，蓋不復可以詩人繩尺拘之者。天下之士，固莫不知有楊公之文矣。其平生出處，則初見知於孝宗，未久即去。終見知於光宗，又未久即去。今天子一再收召，竟以老不復出。始終四五十年間，非特不悦於流俗而已。雖一時名卿賢大夫彙征之際，苟惟論議少異，則亦未嘗少屈以狥之。公之節爲何如哉？昔人論蘇文忠公在元豐，不容於元豐；在元祐，不容於元祐。以爲非隨時上下人，公其有焉。

公没後二年，其子長孺，自言於朝：謂公雖已老，不忘天下之憂。及聞韓侂胄首開兵端，爲之流涕歎息。夕不寐，朝不食，手書八十四言以示子孫，皆孤憤訣絶之詞。書畢，自緘題之，擲筆隱几而没。長孺乞以其事宣付史館，天子從之，且詔有司定謚。太常博士謚公文節。道傳曰：他人之文以詞勝，公之文以氣勝。惟其有是節，故能有是氣。惟其有是氣，故能有是文也。此公所以特立於近歲以來，而無媿於江西先賢之盛也。博士按道德博聞、能固所守之法，易公名當矣，道傳尚何詞！謹議。

今來本官合行賜謚，候敕命指揮下日，出給謚告，付本家。仍牒照會，伏候指揮。

十二月八日，三省同奉聖旨，依吏部所申，奏敕如右，牒到奉行。

嘉定六年十二月八日，尚書吏部：故寶謨閣學士、通奉大夫致仕、廬陵郡開國侯、食邑一千户、贈光禄大夫楊萬里，牒奉敕，宜賜謚曰文節。牒至準敕，故牒。

范成大部

綜述

《宋史》卷三八六《范成大傳》 范成大字致能，吴郡人。紹興二十四年，擢進士第。授户曹，監和劑局。隆興元年，遷正字。累遷著作佐郎，除吏部郎官。言者論其超躐，罷，奉祠。

起知處州。陛對，論力之所及者三，曰日力，曰國力，曰人力，今盡以虚文耗之，上嘉納。處民以争役囂訟，成大爲創義役，隨家貧富輸金買田，助當役者，甲乙輪第至二十年，民便之。其後入奏，言及此，詔頒其法於諸路。處多山田，梁天監中，詹、南二司馬作通濟堰在松陽、遂昌之間，激溪水四十里，溉田二十萬畝。堰歲久壞，成大訪故迹，叠石築防，置堤閘四十九所，立水則，上中下溉灌有序，民食其利。

除禮部員外郎兼崇政殿説書。乾道《令》以絹計贓，估價輕而論罪重，成大奏：「承平時絹匹不及千錢，而估價過倍。紹興初年遞增五分，爲錢三千足。今絹實貴，當倍時直。」上驚曰：「是陷民深文。」遂增爲四千，而刑輕矣。

隆興再講和，失定受書之禮，上嘗悔之。遷成大起居郎，假資政殿大學士，充金祈請國信使。國書專求陵寢，蓋泛使也。上面諭受書事，成大乞并載書中，不從。金迎使者慕成大名，至求巾幘効之。至燕山，密草奏，具言受書式，懷之入。初進國書，詞氣慷慨，金君臣方傾聽，成大忽奏曰：「兩朝既爲叔姪，而受書禮未稱，臣有疏。」搢笏出之。金主大駭，曰：「此豈獻書處耶？」左右以笏標起之，成大屹不動，必欲書達。既而歸館所，金主遣伴使宣旨取奏。成大之未起也，金庭紛然，太子欲殺成大，越王止之，竟得全節而歸。

除中書舍人。初，上書崔寔《政論》賜輔臣，成大奏曰：「御書《政論》，意在飭綱紀，振積敝。而近日大理議刑，遞加一等，此非以嚴致平，乃酷也。」上稱爲知言。張説除簽書樞密院事，成大當制，留詞頭七日不下，又上疏言之，説命竟寢。

知静江府。廣西窘匱，專藉鹽利，漕臣盡取之，於是屬邑有增價抑配之敝，詔復行鈔鹽，漕司拘鈔錢均給所部，而錢不時至。成大入境，曰：「利害有大於此乎？」奏疏謂：「能裁抑漕司强取之數，以寬郡縣，則科抑可禁。」上從之。數年，廣州鹽商上書，乞復令客販，宰相可其説，大出銀錢助之。人多以爲非，下有司議，卒不易成大説。舊法馬以四尺三寸爲限，詔加至四寸以上，成大謂互市四十年，不宜驟改。

除敷文閣待制、四川制置使，疏言：「吐蕃、青羌兩犯黎州，而奴兒結、蕃列等尤桀黠，輕視中國。臣當教閲將兵，外修堡砦，仍講明教閲團結之法，使人自爲戰，三者非財不可。」上賜度牒錢四十萬緡。成大謂西南諸邊，黎爲要地，增戰兵五千，奏置路分都監。吐蕃入寇之路十有八，悉築栅分戍。奴兒結擾安静砦，發飛山軍千人赴之，料其三日必遁，已而果然。白水砦將王文才私娶蠻女，常導之寇邊，成大重賞檄羣蠻使相疑貳，俄禽文才以獻，即斬之。蜀北邊舊有義士三萬，本民兵也，監司、郡守雜役之，都統司又俾與大軍更戍，成大力言其不可，詔遵舊法。蜀知名士孫松壽年六十餘，樊漢廣五十九，皆挂冠不仕，表其節，詔召之，皆不起，蜀士由是歸心。凡人才可用者，悉致幕下，用所長，不拘小節，其傑然者露章薦之，往往顯于朝，位至二府。

召對，除權吏部尚書，拜參知政事。兩月，爲言者所論，奉祠。起知明州，奏罷海物之獻。除端明殿學士，尋帥金陵。會歲旱，奏移軍儲米二十萬振飢民，減租米五萬。水賊徐五竊發，號「静江大將軍」，捕而戮之。以病請閑，進資政殿學士，再領洞霄宫。紹熙三年，加大學士。四年薨。

成大素有文名，尤工於詩。上嘗命陳俊卿擇文士掌内制，俊卿以成大及張震對。自號石湖，有《石湖集》、《攬轡録》、《桂海虞衡集》行于世。

周必大《文忠集》卷六一《資政殿大學士贈銀青光禄大夫范公成大神道碑》 吴郡范氏自文正公起孤童，事仁宗皇帝，當慶曆癸未入參大政，後百三十有六年，公復參孝宗皇帝政事。雖譜牒不通，俱望高平，派南陽之順陽，蓋鴟夷子苗裔也，今爲郡之吴縣人。公諱成大，字至能。曾祖澤，贈太子少保，妣昌元郡夫人夏氏。祖師尹，贈太子少傅，妣咸安郡夫人陸氏、咸寧郡夫人蔣氏。考雩，終左奉議郎、秘書郎，贈少師。母秦國夫人蔡氏，莆陽忠惠公之孫，而潞忠烈公外孫也。公在懷抱，已識屏間字，少師力教之。年十二，徧讀經史，十四能文詞。是歲秦國薨，明年少師薨，公煢然哀慕，十年不出，竭力嫁二妹，無科舉意。欲買山無貲，取唐人「只在此山中」之語，自號此山居士。又慕元魯山爲人，一字幼

元。友生御史王公彦光勉之曰：「子之先君期爾禄仕，志可違乎？」因課以舉業，遂中紹興二十四年進士第，調徽州司户參軍。歷三守：李植、潘荦、洪文惠公。李御下嚴，獨霽威待公，會遷提點坑冶，辟公幹辦公事，不就。潘格郊赦不弛諸軍糧欠，衆言紛紛，將校告急於公，公徑爲免符自守行之，乃定。洪公博洽精明，每以訟牒付公，必問一牒幾人，姓名云何。公由此究心，熟吏事。洪公喜，日與公商榷古今。常曰：「吾視君齒必致兩府地，其自愛。」用舉主陞從仕郎。三十二年，入監行在太平惠民和劑局。堂吏勾藥不獲，以朝旨下所隸大府，蒐細故杖吏逞憾。公白户部侍郎汪公應辰，杖大府吏，已能大其官矣。壽皇受禪，命宰臣編類高宗聖政。隆興元年四月，以公爲檢討官，又兼敕令所，近世局務無修書者，人以公爲宜。詔百官條時弊，公舉十事，極論文具非所以爲國，執政奇其才。二年四月，除樞密院編修官。居數月，自以銓格改左宣教郎。時館職定員，有詔公與王衜候闕召試。十二月，鄭升之不試先除，牽聯併除公秘書省正字。公不可，必試策而後就。乾道元年三月升校書郎，六月兼國史院編修官，十一月遷著作佐郎，二年二月除尚書吏部員外郎。言者以不先攝爲超遷，宰相曰：「著廷間擢左右史，顧不可爲郎耶？」九月言者罷，乃主管台州崇道觀。三年十二月起知處州，陛對論力之所及有三：一曰日力，寸陰是也；二曰國力，資用是也；三曰人力，思慮知術所及者是也。三者有限，今盡以虚文耗之。公前應詔上封事及試策反復論此，至是方見上，力以爲言。上曰：「卿能激昂如此，朕當行之。」四年八月至郡，松陽民争役，公曉之曰：「吾聞東陽縣有率錢助役者，前婺守吴侯義之，爲易鄉名，揭碑褒勸。爾與之鄰，獨無愧乎？」民既感謝，則推廣其制，諭鄉人視貧富輸金買田，擇信義之家掌其事，儲歲入助當役者，命曰義役，許自第名次，有司勿預。數月間，人皆樂從，一縣二十五都悉以辦告，甲乙相推，遠至二十年，諸邑争效之。處多山田，梁天監中詹、南二司馬作通濟堰於松陽、遂昌之間，激溪水四十里外，溉田二十萬畝。溪遠田高，堰壞已五十年。公尋故迹，議伐大木横壅溪流，度水與田平，即循溪疊石岸，引水行其中，置四十九閘以節啓閉，上源用足乃及其中，次及其下而堰可復。議定，官爲傭工運石，命其傍食利户各發丁壯，分畫界至。以五年正月同日興工，四月而成，水大至如初議。適公被召，躬往勞之。父老懽呼曰：「堰成，公忍去我邪？」公曰：「吾能經始，安能保其無壞？」爲立詹南廟，作堰規刻石廟中，盡給左右山林爲修堰備，至今蒙其利。公入對，因及義役。上大喜，頒其法諸路。公曰：「此可助法，非以爲法，顧守令行之何如耳。」初，上命宰相陳正獻公擇文士掌内制，正獻薦知遂寧府張震及公，至是上曰：「卿文學詞翰宜直禁林。」公懲前遷郎致謗，懇辭，退復告執政。會上目疾，不御朝久之。内殿奏事，上首及公除目，正獻道公意。上曰：「不專在内制，正要士人宿直備顧問。」乃除禮部員外郎，兼崇政殿説書，上令更加清職，遂兼國史院編修官。會從兄成象爲工部郎官，公援故事乞班其下，從之。内直數宣對，嘗諭公：「朕治心養性，以求知道。」公曰：「知道莫如堯、舜、禹、湯、文、武、周、孔。其静而聖，存心養性是也；動而王，治天下國家是也。漢、唐之君功業固有之，道統則無傳焉。」上嘉奬數四。十二月，擢起居舍人兼侍講，直前謝，上曰：「卿宏深博約，因有此除。」又兼實録院檢討官。公奏：「獄案淹延，當貸者多瘐死，乞嚴程限。」於是自三省至大理皆定經由之日。公先嘗論二浙丁錢，至是詔遞減之。乾道令以絹計贜，估價頗輕，論罪過重。公奏：「承平時絹匹不及千錢，而估價過倍。紹興三年遞增五分，爲錢三千足。今絹益貴，當倍時值。」上驚曰：「是陷民深文也。」遂增爲四千，而刑輕矣。後又奏：「勤政而不省其成否，治具雖多，何益？古者君臣相戒，既曰率作興事，又曰屢省乃成，二《典》之治，如斯而已。」上喜曰：「卿言切治道。」已退，復招公曰：「爲朕尋繹經傳與此論協者條上。」公即摘取《書》、《易》、《左傳》、《國語》、《孟》、《荀》等書上之。初，大臣與上謀移侍衛馬軍屯金陵，示將進取，先遣使請祖宗陵寢河南故地；又隆興再講和，名體雖正，失定受書之禮，上常悔之。六年五月，遷公起居郎，假資政殿大學士、左太中大夫、醴泉觀使、兼侍講、丹陽郡開國公，充金國祈請國信使，爲二事也。上語公曰：「朕以卿氣宇不羣，親加選擇，聞外議洶洶，官屬皆憚行，有諸？」公曰：「無故遣泛使近於求釁，不戮則執，臣已立後，仍區處家事爲不還計，心甚安之。」上曰：「朕不敗盟發兵，何至害卿？嚙雪餐氈，理或有之，不欲明言，恐負卿耳。」國書專求陵寢，而命公自及受書事。公乞并載書中，朝廷不從，公遂行。虜遣吏部郎中田彦皋、侍御史完顔德温迓客。彦皋文儒，深敬慕公，至求巾幘效之。抵燕山，公知虜法嚴，附請不可達，密草奏，具言他日北使至，欲令親王受書，其詞云云，懷之入覲。初跪進國書，陳誼慷慨，虜君臣方傾聽，公隨奏曰：「兩朝既爲叔姪，而受書之禮未稱，昨嘗附完顔仲、李若川等口陳，久未得報，臣有奏劄在此。」搢笏出而執之。金主大駭，厲聲謂其宣徽副使韓鋼曰：「有請當語館伴，此豈獻書啓處耶？自來使者未嘗敢爾。」連呼綽起，鋼惶恐，以笏來綽公。公不爲動，再奏云：「奏不達，歸必死，寧死於此。」金主欲

起，左右掖之坐，又厲聲云：「教拜了去。」鋼復以笏抑公拜，公跪如故。金主曰：「何不拜？」公曰：「此奏得達，當下殿百拜以謝。」金主乃令納館伴處，公即袖下殿，望殿上臣僚往來紛然。後聞太子欲殺公，其兄越王不可而止。頃之，引見如常儀。既歸，館伴果宣旨取奏去。是日，鋼押宴，謂公早來殿上甚忠勤，皇帝嘉歎，云可以激勵兩國臣子。後數日朝辭，金主令其臣傳諭云：「盟好已固，汝國乃以帛書密與夏國任德敬結約，此何理也？」公答以界外奸細僞爲之。俄館伴持蜀中蠟書來，指印文示公。公曰：「御寶可僞，况印乎？」德敬者，夏王外祖，號任令公，再世用事，欲篡其國，事敗族誅，而四川宣撫司嘗與通問，爲夏人所獲，致之虜廷云。十月公還，金主答書有曰：「抑聞附請之辭，欲變受書之禮，出於率易，要以必從。」上於是知公竭節盡忠，將勞之餘，有「終始保全」語，除中書舍人、同修國史及實録院同修撰，賜紫章服。副使以下皆遷兩官，惟公不預，蓋大臣不樂公嘗言其輕信西夏也。上勵精政事，患風俗委靡，書崔宴《政論》賜輔臣。公講《禮記》「天子不合圍，諸侯不掩羣」，上曰：「此成湯祝網意也。」公遂奏：「德莫大於好生，陛下得之矣。乃者御書《政論》，意在飭紀綱，振積弊，而近日大理議刑遞加一等，此非以嚴致平，乃酷也。」上大喜，曰：「卿知言，聞臨安已觀望行事矣。」講退，侍講張君栻謂公深得納約自牖之義，右史莫君濟曰：「當書之記注。」後數日，公進故事，復申其説。自公使北，狂生上書迎合恢復事，補官十餘人。公奏：「倖門不可開，繼此臣必繳奏。」上曰：「誠然。書已滿屋，朕皆弗省。」公每事正救，大率類此。七年，以知閤門事、兼樞密都承旨張説簽書院事，公當制，知空言不可回，明日袖詞頭納上前，且曰：「閤門官日日引班，一旦驟寘二府，正如州郡以典謁吏爲倅貳，觀聽謂何？」明日説罷。後月餘，公求去。上曰：「卿言引班事甚當，朕方聽言納諫，乃欲去耶？」公自是數有繳奏。會召宋貺，公又論之，章不下，尋除集英殿修撰、知静江府、廣西經略安撫使。明年春，説竟拜簽樞。九年，公始赴鎮。廣西荒遠窘匱，承平時仰湖南北及封樁錢七十餘萬緡裨歲計，此外惟恃鹽貨，其法屢變，大要官般爲便。建炎後，中原士族富家避地輻輳，嘗一行客販。其後客皆北歸，鄰道歲給亦停，稍許折苗招糴，旋以病民而罷。諸郡專藉運鹽之利，漕司取十六，以其四充郡計，已復盡取之，於是屬州有增價抑配之弊。詔復行鈔鹽，漕司拘鈔錢均給所部，而錢不時至，守令束手無措，極邊如邕州至經年無吏俸，禁軍逃亡不補。公入境曰：「利害有大於此乎？」日夜討論，連奏疏數千言，大略謂法久或弊，救之在人。誠能裁漕司强取之數以寬郡縣，則科抑可禁，不在改法。上亟從之。後二年，廣州一鹽商上書，乞復客販。吏部侍郎詹君儀之以爲然，宰相入其説，請下詔示必行，大出朝廷錢銀助之。人多以爲非，屢下有司議，皆謂公前疏不可易，久之卒如其舊。交趾間進馴象，紹興二十六年有大僚爲帥，自詣驛禮其使。至是遣尹子思來，公曰：「吾經略諸蠻，陪臣安得亢禮。」受其庭參而犒之，遂爲定制。舊法馬以四尺三寸爲限，詔加至四寸以上。公謂互市四十年，不宜驟改，論奏再三，仍條馬政革弊事，皆報可。有沿邊巡檢常恭者誘南丹酋莫延葚開路市馬，直達帥司，自以爲功。張説猶在樞庭，引恭見上，詔委李宗彦措置馬事。公奏：「南丹越宜州已非法，今併捨帥司，邊防壞矣。」疏恭罪惡，密遣人擒歸。會説去位，流恭江州。公以溪洞猺人出没不時，請選官團結省民毋得外交，寇至勿俟官兵，徑禦之。次及熟猺在省地者亦爲保伍，明開博易之路，毋得私易。又遣人深入蠻境，諭以約束，自是無敢犯法。興安縣界盜傷人，公密設方略掩捕。適中秋，同諸司泛舟賞月，命取大巵酌酒置案間。提刑鄭丙問故，公笑曰：「欲飲至爾。」俄岸上讙譟，乃將官沙世堅執賊首來，即以巵酒飲之，諸司駭服。瘴鄉多旅櫬，公擇城北坑冶故墟爲冢瘞之，揭名氏於傍，微者别爲二大塚。凡仕族落南，使自言給歸資，至今以爲法。淳熙元年十月，除敷文閣待制、四川制置使、知成都府，稍鑿夔峽山路以避湍險，人以爲便。會復置宣撫使，以命樞臣，改公成都路制置使。未幾，廢宣撫司，公復專四路之寄。初及境，言：「吐蕃、南詔昔爲唐患，今幸瓜分，西南無警二百年。近者，雅州碉門蠻入寇，敗官軍。乾道九年，吐蕃、青羌兩犯黎州，而奴兒結蕃列等尤桀黠，輕視中國。臣當内教將兵，外修堡寨，仍講明寨丁、教閲團結之法，使人自爲戰，三者非財不可。」上手札獎勵，賜度牒錢四十萬緡。公日夜閲士，製器甲，督邊郡，次第行之。時摘兵赴帥司，按其精粗。以黎爲要地，奏置路分都監，增五寨，籍少壯五千爲戰兵。經理歲餘，凡吐蕃擾邊徑路十有八，悉築堡置戍。奴兒結借諸部兵二千扣安静寨，公發飛山軍千人赴之，料其三日必遁，戒勿與争，已而果然。有白水寨將王文才私娶蠻女，常導之寇邊。公重賞檄羣蠻，使相疑貳。俄蕃牙擒文才以獻，公命即黎州教場斬之，兵威大振，於是專意恤民矣。初，蜀之財用止以贍蜀，自屯大兵，始竭民力，公私俱困。公略計成都在城建炎三年酒税歲纔四萬緡有奇，後增十倍，縣鎮酒税、場店民户買撲課利總十五萬有奇，後累至四十萬，他郡可知，即具以聞。詔歲減四十八萬緡。公隨額重輕，躬爲裁定，蜀人呼舞，即寺觀爲感恩祝聖道場。公復言和糴之

害。凡西兵十萬，歲用米一百四十七萬斛，兑買省計及營田之外闕五十二萬斛，括興元、階、成、西和、鳳、文、龍等州民户家業而均科之，每石予錢引四道有半，其二分折茶，實給三引，耗費斛面不與焉。詔與總領李蘩議。蘩密計本所饋遺乾没歲約百萬，隱而不言，獨奏乞朝廷降本招糴。執政怒，詔公劾蘩違制不同議。公遣人語蘩，蘩感懼，始出羨數。是歲遂以此錢所在招糴。其後上疑歲歉或防闕，公謂：「脱不得已，權科一年，歲豐如故，不猶愈於常擾民乎？」上曰：「善。」令每歲降旨揮，而科糴遂止。文州蕃部間擾邊，公奏：「乞預爲文告，崛强者討擊之，善良者撫摩之，使知畏慕，不可專示弱啓侮。」上以公深知事體，即日施行。蜀用陝西舊法，料簡强壯民丁三萬寓之於農，號曰義士，以待緩急。歲久，監司郡守多雜役之，都統司又令守關隘烽燧，且乞與大軍更戍。公力言其不可，詔遵舊法。諸路提刑歲候朝命疏决，詔到率以秋，公請五月舉行。解試取士以四月五日，鎖院後十日引試，公請避盛暑遞先一月。皆著爲令。高宗慶壽，赦舉引年致仕而才力不衰者。公奏名士樊漢廣年五十九，孫松壽六十六，先已納禄，尤宜旌異。詔令赴闕，二人俱不至，進職賜服，蜀士歸心焉。凡人才可用者，公悉羅致幕下，用其所長，不以小節拘之。其傑然者則露章以薦，往往光顯於朝，或至二府。三年春，公大病求歸。上令先進敷文閣直學士，明日乃下詔命。公列上兵民十五事，上曰：「范某已病，尚爲國遠慮，可趣其來。」公疾愈而行，送客數百里不忍别。後公謝病吴門，往來者伺候謁舍或經月，必一見乃去，其得士心如此。十一月入對，除權禮部尚書，賜上方珍劑。五年正月知貢舉，開院，侍御史奉詔啓封，吏承例牒拆號官而不云何官，御史疑薄己，有後言。公尋兼直學士院。四月以中大夫參知政事，又權監修國史、日曆。纔兩月，前御史亟論公，公即出門。明日宣押奏事，引咎而已。上曰：「朕不忘卿，數月訊至卿家矣。」除資政殿學士、知婺州。公請以本官奉祠，詔如所乞，提舉臨安府洞霄宫。九月，果有使來傳詔撫問，密賜累珠、金鼎、金合，實香其中。六年二月，魏王薨於明州，起公代之，兼沿海制置使。公未復職，遇闕，依前執政例，中使郊勞，賜銀合茶藥，仍許服毬文帶，特御後殿引見，賜茶。上曰：「蜀人思卿如慈親，故付卿以海道。」公奏：「張津、伯圭、魏王皆國懿親，時節奉海物於兩宫。臣外朝臣也，不敢效尤。」上命停貢而罷進奉局。又乞權閣魏王移用諸司錢數萬緡，寬民力。詔除之。七年二月，除端明殿學士。三月改帥江東，兼行宫留守，奏事畢，陛辭，詔明日辭選德殿。近例賜宰執酒止傳觴，至是特設几開宴，酒三行，命侍行過西小軒，曰：「此朕清坐處也。」再坐，上曰：「勸卿一盃，且有以爲侑。」公飲訖，二内侍奉縑素來，上有「石湖」二大字，御墨尚溼。公拜賜，奉觴進酒謝。上滿飲，復袖御書蘇軾詩一軸以賜，自未至酉乃罷。石湖在平江盤門西南十里，蓋太湖之派，范蠡所從入五湖者。始吴夫差築姑蘇前後臺，相距半里，爲城三重，宴遊忘歸。其前有溪，今號越來溪，勾踐由此攻吴。瀕溪築城，與吴人夾水相持，遺址儼然。公隨高下爲亭觀。植花竹蓮芰，湖山勝絶，繪圖以傳，至是携宸奎過家刻之。四月開府金陵，適歲旱，公招徠商賈，損閣夏税，請於上，得軍儲二十萬石賑饑民。苗額二十萬斛，是年蠲三之二，而五邑受粟總四萬五千四百餘户，無流徙者。盗發柴溝，去城二十里，又劫江賊徐五稱静江大將軍，公皆設策捕獲。在鎮二年，以餘財代輸下户秋苗及丁錢一年。九年，公以積勤寖苦頭眩，自夏徂秋五上章求閒。上不得已，進資政殿學士，再領洞霄，里居七年。十六年十一月起知福州，引疾固辭。詔令奏事，又辭。上先遣醫官張廣卿傳旨灼艾，既對，勞公曰：「卿南至桂廣，北使幽燕，西入巴蜀，東薄鄞海，可謂賢勞，宜其多疾。」袖丹砂以賜。時皇太子參决庶務，公得見東宫，坐論治道移時，太子諭公：「不敢暇逸，日惟讀書作字。」公曰：「石湖已拜宸翰，有壽櫟堂，願得寶書。」太子欣然曰：「是莊子櫟社事耶？」公既出闕，上復賜藥甚厚，至家，又遣使賜御書蘇軾詩二首，太子亦送「壽櫟堂」三大字。俄壽皇内禪，公行至婺州，以腹疾力請奉祠，從之。壽康皇帝初政，特詔求言。公疏乞述重華以廣孝治，執仁術以守家法，堅國本以定規模，節經費以蘇民力，精覘諜以應事機，審選任以求將材，修堡障以固西南，議鹽筴以安二廣，嚴錢禁以榷官會，廣屯田以實邊儲，皆當世要務。紹熙三年，加資政殿大學士、知太平州，公辭數四，優詔不允。下車踰月，幼女將有行而逝，公追悼切至，遂請納禄，復得洞霄而歸。先以石湖稍遠不能日涉，即城居之南别營一圃，閲杜光庭《神仙傳》記胡六子自崑山風海至范老村遇陶朱公事，大喜曰：「此吾里吾宗故事，不可失也。」題曰「范村」。刻兩朝賜書於堂上，榜曰「重奎」。其北又葺古桃花塢，往來其間。四年九月，公疾病，語門人曰：「吾本不待年告老，今不濟矣，亟爲我剡奏。」詔下，而公以是月五日薨。積官至通議大夫，爵自吴縣開國男，累封吴郡公，食邑三千二百户，實封一百户。享年六十有八。遺奏聞，贈銀青光禄大夫。自公曾祖葬吴縣至德鄉上沙之赤山，少師嘗戒子姪：「他日葬我毋遠先塋。」後葬稍南小丘。公嘗營壽藏百步間，以十二月十三日歸窆。妻和義郡夫人魏氏，前公幾月薨，至是祔焉。夫人承直郎信

臣女，紹興參知政事敏肅公之猶子。敏肅知公深，一見以遠大期之。二子：華，承務郎；玆，承奉郎。女：長適從事郎、新監行在車輅院張蒙；次封孺人，即没於當塗者。公天性孝友，事少師、工部如嚴師，愛二弟，教而撫之，待成績尤至，今爲朝請郎、通判建康府，成已前卒。郊恩官羣從弟姪五人。歷典名藩，所至禮賢下士，仁民愛物，凡可興利除害，不顧難易必爲之。樂善不厭，於同僚舊交喜道其所長，不欲聞人過。去思遺愛，所在歌舞之。公天資俊明，輔以博學，文章贍麗清逸，自成一家。尤工詩，大篇短章傳播四方。初傚王筠一官一集，後自裒次爲《石湖集》一百三十六卷，別著《吴郡志》五十卷，使北有《攬轡録》，入粤有《驂鸞録》、《桂海虞衡志》，出蜀有《吴船録》，各一卷。公蔡氏所自出，故書法兼真行草之妙，人爭藏之。壽皇尤愛賞，相與極論古今翰墨，數被賜予。因虜使爲館伴王侍郎秬詳言公奉使時事，益簡上心，以公羸疾，賜藥無虚歲，至口授導引修養秘訣，親厚非羣臣比。輔政既日淺，每出鎮輒以病免，故雖大用而未盡，議者惜焉。某與公齊年，御史王公予外舅也，以是與公善。壬辰春，自春官去朝，過平江遊城西諸山。公訪余靈巖，同泊石湖，望夜小舟共載湖心，風露浩然，嘗有六十掛冠之約。其後或同朝，或相遇於外，每以未踐言爲恨。今公云亡，二子以主管吏部架閣文字龔頤正行狀來請銘，其敢以老誖辭？銘曰：

應龍將翔，滃以雲霧。聖君勃興，實以丞輔。伊昔重華，治謹厥與。洵美范公，心期致主。皇初好文，公筆燕許。皇念典學，公業馬褚。皇資專對，公節騫武。皇命征鎮，公猶方虎。他人偏長，公力交舉。經營四方，不遑啓處。袞職有闕，帝命公補。纔六浹旬，誰實公沮？豈無藩維，每以疾阻。時非不逢，施迄未普。刻銘幽墟，尚詔終古。

雜録

備録

岳珂《桯史》卷四 紹興要盟之日，虜先約毋得擅易大臣。秦檜既挾以無恐，益思媚虜，務極其至。禮文之際，多可議者，而受書之儀特甚。逆亮渝平，孝皇以奉親之故，與雍繼定和好，雖易稱叔侄爲與國，而此儀尚因循未改，上常悔之。乾道五年，陳正獻俊卿爲相，上一日顧問，欲遣泛使直之，且移騎兵于建康，以示北向。會歸正人侍旺未遣，虜屢以爲言，正獻恐召釁，執不可，亟奏曰：「臣早來蒙聖慈宣問遣使事，臣已略奏一二，此事臣子素所憤切，便當理會。屬今者有疑似之迹，彼必以本朝意在用兵，多方爲備。萬一先動，吾事力未辦，淮西城壁未集，今不若少遲。若專遣使，則中外疑惑，使者既行，只宜便相聽許，猶爲有名，苟或未從，殊失國體，天下之人以爲陛下捨其大而圖其小也。適蒙中使降下王弗前此宣旨本末，今遣使不爲無辭。臣之愚見，欲姑俟侍旺事少定，或冬間因賀正使，遣王卞偕行，先與北館伴議論，言朝廷將遣泛使之意。或令殿上口奏，彼若許遣，則有必從之理；若其不許，犬羊豈可責以禮度，則臣願陛下深謀遠慮，磨厲以須，忍其小而圖其大。他時翦除醜類，恢復故疆，名分自正，國勢自强，在於今日，誠未宜計虚名而受實害也。臣淺陋愚暗，念慮及此，更乞宸衷少賜詳酌，天下幸甚。」上爲少止，而終以爲病。其秋，偕虞雍公允文爰立左右，上密求顓對。時范石湖自南宫郎崇政説書，爲右史侍講，天意攸屬。明年，亟欲遂前事，且將先以陵寢爲詞，而使使者自及受書，以御札問正獻曰：「朕痛念祖宗陵寢，淪於腥羶四十餘年，今欲特差泛使，往彼祈請，依巫伋、鄭藻例施行，卿意以爲何如？可密具奏來。」正獻復奏曰：「臣伏蒙中使宣降到御札，下咨臣以遣北朝泛使本末。顧臣淺陋，豈足上當天問，恭讀聖訓，不勝感泣。仰惟陛下焦勞萬機，日不暇給，規恢遠略，志將有爲。痛祖宗之陵寢未還，念中原之版圖未復，精誠所感，上通於天，天祐聖德，何功不成？此固微臣素所激昂憤切，思以仰贊廟謨，爲國雪耻，恨不即日掛天山之旆，勒燕然之銘。然而性質頑滯，於國家大事，每欲計其萬全，不敢爲嘗試之舉。是以前者留班面奏，亦以爲使者當遣，但目前未可，恐洩吾事機，以實諜者之言，彼得謹爲備。若鎮之以静，遲一二年，彼不復疑，俟吾之財力稍充，士卒素飽，乃遣一介行李，往請所難；往反之間，又一二年，彼必怒而以師臨我，然後徐起應之，以逸待勞，此古人所謂應兵，其勝十可六七。夫天下之事，爲之有機，動惟厥時，孔子曰：『好謀而成。』使好謀而不成，不如無謀。臣之愚暗，安知時變，不過如向所陳，不敢改辭以迎合意指，不敢依違以規免罪戾，不敢僥倖以上誤國事。疎狂直突，罪當萬死，惟陛下憐其愚而録其忠，不勝幸甚。」上不聽，正獻遂去國。范遷起居郎、假資政殿大學士、左太中大夫、醴泉觀使兼侍讀、丹陽郡開國公，爲祈請使以行。上臨遣之曰：「朕以卿氣

宇不羣，親加選擇，聞外議洶洶，官屬皆憚行，有諸？」范對曰：「無故遣泛使，近於求釁，不執則戮，臣已立後，乃區處家事，爲不還計，心甚安之。」玉色愀然曰：「朕不敢盟發兵，何至害卿？嚙雪餐氊或有之，不欲明言，恐負卿耳。」范奏乞國書，併載受書一節，弗許，遂行。虜遣吏部郎中田彥皐、侍御史元顏温迓焉。范知虜法嚴，附請決不可達，一不泄語，二使不復疑。至燕，乃夜蔽帷秉燭，密草奏，具言他日北使至，欲令親王受書，其辭云云。大昕而朝，遂懷以入，初跪進國書，隨伏奏曰：「兩朝既爲叔侄，而受書禮未稱。昨嘗附元顏仲、李若川等口陳，久未得報，臣有奏劄在此。」搢笏出而執之，雍酋大駭，顧謂其宣徽副使韓鋼曰：「有請當語館伴，此豈獻書啓處耶？自來使者未嘗敢爾。」厲聲令綽起者再三，范不爲動，再奏曰：「奏不達，歸必死，寧死於此。」雍酋怒，拂袖欲起，左右掖之坐。又厲聲曰：「教拜了去！」鋼復以笏抑范拜，范跪如初。雍酋曰：「何不拜？」范曰：「此奏得達，當下殿百拜以謝。」乃宣詔令納館伴處。范不得已，始袖以下，望殿上臣僚往來紛然。既而，虜太子謂必戮之以示威，其兄越王不可而止。頃之，引見如常儀，歸，館伴果宣旨取奏去。是日鋼押宴，謂范曰：「公早來殿上甚忠勤，皇帝嘉嘆，云可以激厲兩朝臣子。」范唯唯謝，廷議才殷。會夏國有任德敬者，乃夏酋外祖，號任令公，再世用事，謀簒其國，事敗而族。蜀宣司故嘗以蠟書通問，爲夏人所獲，致之虜庭，雍酋益怒。范朝辭，遂令其臣傳諭詰之，范答以姦細之僞不可測。退朝而館伴持真書來，印文皦然可識。范笑曰：「御寶可僞，況印文乎！」虜直其詞，遂不竟。十月，范還，虜之報章有曰：「抑聞附請之辭，欲變受書之禮，出于率易，要以必從。」上於是知其忠勤，有大用意。後八年，迄參大政云。受書乃隆興以後盟書大節目，故備記其事特詳，當時尚他有廷臣謀議可參見，日月尚邇，惜乎其未盡聞也。

石湖立朝多奇節，其爲西掖時，上用知閤門事、樞密都承旨張説爲僉書，滿朝譁然起争，上皆弗聽。范既當制，朝士或過問當視草與否，笑不應，獨微聲曰：「是不可以空言較。」問者不愜，又譁然謂范黨近習取顯位，范亦不顧。既而廷臣不得其言，有去者，范詞猶未下。忽請對，上意其弗繳，知其非以説事，接納甚温。范對久將退，乃出詞頭納榻前，玉色遽厲。范徐奏曰：「臣有引諭，願得以聞。今朝廷尊嚴，雖不可以下擬州郡，然分之有别，則略同也。閤門官日日引班，乃今郡典謁吏耳。執政大臣，倅貳比也。陛下作福之柄，固無容議，但聖意以謂有一州郡，一旦驟拔客將吏爲通判職曹官，顧謂何耶。官屬縱俛首，吏民觀聽，又謂何耶！」上霽威沉吟曰：「朕將思之。」明日，説罷。後月餘，范匄去，上曰：「卿言引班事甚當，朕方聽言納諫，乃欲去耶！」既而范竟不安于位，以集撰帥静江。明年春，説遂申命，實乾道八年也。悟主以一言之頃，理明辭正，雖不能終格，猶足爲公議立赤幟云。

陸游《老學庵筆記》卷五 范至能在成都，嘗求亭子名，予曰「思鱸」，至能大以爲佳。時方作墨，即以銘墨背。然不果築亭也。

張端義《貴耳集》卷上 壽皇欲除知閤張説簽書樞密院，在朝諸公力争，獨石湖不答，或者皆疑之。忽一日，壽皇語及張説，石湖奏云：「知閤如州郡典客，不應使典客便與知閤通判同列，何以令衆庶見？」壽皇感悟，遂寢此除。《易》曰：「納約自牖。」此之謂也。

羅大經《鶴林玉露》甲編卷一《范石湖使北》 淳熙中，范至能使北，孝宗令口奏金主，謂河南乃宋朝陵寢所在，願反侵地。至能奏曰：「兹事至重，合與宰相商量，臣乞以聖意諭之，議定乃行。」上首肯，既而宰相力以爲未可，而聖意堅不回。至能遂自爲一書，述聖語。至虜庭，納之袖中。既跪進國書，伏地不起。時金主乃葛王也，性寬慈，傳宣問使人何故不起。至能徐出袖中書，奏曰：「臣來時，大宋皇帝别有聖旨，難載國書，令臣口奏。臣今謹以書述，乞賜聖覽。」書既上，殿上觀者皆失色。至能猶伏地。再傳宣曰：「書詞已見，使人可就館。」至能再拜而退。虜中羣臣咸不平，議羈留使人，而虜主不可。至能將回，又奏曰：「口奏之事，乞於國書中明報，仍先宣示，庶使臣不墮欺罔之罪。」虜主許之。報書云：「口奏之説，殊駭觀聽，事須審處，邦乃孚休。」既還，上甚嘉其不辱命。由是超擢，以至大用。至能在燕京會同館，守吏微言有羈留之議，乃賦詩曰：「萬里孤臣致命秋，此身何止一漚浮。提攜漢節同生死，休問羝羊解乳不。」

周密《齊東野語》卷一〇 文穆范公成大，晚歲卜築於吴江盤門外十里。蓋因闔閭所築越來溪故城之基，隨地勢高下而爲亭榭。所植多名花，而梅尤多。别築農圃堂對楞伽山，臨石湖，蓋太湖之一派，范蠡所從入五湖者也，所謂姑蘇前後臺，相距亦止半里耳。壽皇嘗御書石湖二大字以賜之。公作《上梁文》，所謂「吴波萬頃，偶維風雨之舟；越戍千年，因築湖山之歡」者是也。又有北山堂、千巖觀、天鏡閣、壽櫟堂，他亭宇尤多。一時名人勝士，篇章賦咏，莫不極鋪張之美。

乾道壬辰三月上巳，周益公以春官去國，過吴，范公招飲園中。夜分，題名壁間云：「吴臺、越壘，距門纔十里，而陸沉於荒烟野草者千七百年。紫薇舍人，

始創別墅，登臨得要，甲於東南。豈鴟夷子成功於此，扁舟去之，天閟絶景，須苗裔之賢者，然後享其樂邪？」爲擊節，而前後所題盡廢焉。

周密《澄懷録》卷下　范石湖云：淳熙己亥重九，與客自閶門泛舟，經横塘，宿霧一白，垂垂欲雨。至彩雲橋，氛翳豁然，晴日滿空，風景閑美，無不與人意會。四郊刈熟，露積如繚垣，田家婦子着新衣，略有節物。挂帆溯越來溪，源牧淵澄，如行玻璃地上。菱華雖瘦，尚可采。艤棹石湖，扣紫荆，坐千岩觀下，菊之叢中，大金錢一種已爛熳穠香，正午，薰入酒杯，不待轟飲，已有醉意。其傍丹桂二畒，皆盛開，多欒枝，芳氣尤不可耐。攜壺度石梁，登姑蘇後臺，躋攀勇往，謝去巾輿筇杖，石稜草滑，皆若飛步。山頂正平，有坳堂，蘇石可列坐，相傳爲吴故宫閒臺別館所在。其前湖光接松陵，獨見孤塔之尖。少北，點墨一螺爲崑山，其後西山競秀，紫青叢碧，與洞庭、林屋相賓。大約目力逾百里，具登高臨遠之勝。始余使虜，是日過燕山館，嘗賦《水調》，首句云「萬里漢家使」，後每自和，桂林云「萬里漢都護」，成都云「萬里橋邊客」。明年徘徊藥市中，頗歎倦游，不復再賦，但有詩云：「年來厭把三邊酒，此去休哦萬里詩。」今者幸甚，獲歸故園，偕鄰曲二三子，醻酢佳節于鄉山之上，乃復用舊韻。首句云：「萬里吴船泊，歸訪菊籬秋。」

張仲文《白獺髓》　石湖范參政初官到任，參州在客位，其同參者聞爲吴郡人，即云：「獃子。」石湖先生聞之，在懷，後因醵會，目子「請獃子石湖先生書」。口號曰：「我是蘇州監本獃，與爺上壽獻棺材。宗室元來是皇族，雨下水從屋上來。」石湖入參大政，其人尚在選，囑老參軍，其人來，不呼召，參政接見，顔温，講同官之好，謙和「某老獃無用」。

魏慶之《詩人玉屑》卷二一　范石湖過萍鄉，道中乍晴，臥輿中困甚，小憩柳塘側，嘗賦眼兒媚云：「酣酣日脚紫煙浮，妍暖破輕裘。困人天色，醉人花氣，午夢扶頭。春慵恰似春塘水，一片縠紋愁。溶溶曳曳，東風無力，欲皺還休。」詞意清婉，詠味之如在畫圖中；然後段之意，蓋本於嚴維「柳塘春水慢」之句云。

備論

《宋史》卷三八六《范成大傳》　當金兵犯大散關，剛中單騎星馳，夜起吴璘，一戰却敵。成大致書北庭，幾於見殺，卒不辱命。俱有古大臣風烈，孔子所謂「歲寒然後知松柏之後凋」者歟？

藝文

楊萬里《誠齋集》卷八二《石湖先生大資參政范公文集序》　予疇昔之晨，與客坐堂上，遥見一健步黄衣負一笈至庭下，呼而諏其奚自，曰：「自參政公范氏也。」發其笈，公之文集在焉。索其書讀之，則公之子莘叩頭請曰：「莘不天，不自賈越，而先公一夕奄忽棄其孤。莘欲死而不敢者，有先公付託之重任在。方先公之疾而未病也，日夜手編其詩文，數年成集，凡若干卷。逮將易簀，執莘手而授之，且曰：『吾集不可無序篇。有序篇，非序篇，寧無序篇也。今四海文字之友，惟江西楊誠齋與吾好且我知，微斯人，疇可以囑斯事？小子識之！』若莘則何敢請，而先公之治命不敢墜，惟先生哀而諾之！」予執書，抱遺編而泣曰：萬里與公同年進士也。公先進，至爲朝廷大臣，與天子論道發政，坐廟堂進退百官，而萬里環堵荒寒之士也，何敢與公友！公不我薄陋而辱友之，萬里不敢拒公，亦不敢以執政侯公也。今忍死丁寧之託，其敢辭？初，公以文學材氣受知壽皇，自致大用。至杖漢節使强虜，即其庭，伏穹廬不肯起，袖出私書切責之，君臣大驚。有自階闥之嬖竊位樞臣者，其勢方震赫，公沮之，竟不奉詔而去。其所立又有不凡者矣。若夫劇心於山水風月之場，彫龍於言語文章之囿，此我輩羈窮酸寒，無聊不平之音也，公何必能此哉！古語曰「争名者必於朝，争利者必於市」，是二人者，使之以此易彼，二人者其肯乎哉？非不肯也，不願也。非不願也，亦各樂其樂也。詩人文士，挾其所樂足以敵王公大人之所樂不啻也，猶將愈之。故王公大人無以傲夫士，而士亦無所折於王公大人。今日乃自屏其所可樂，而復力争夫士之所甚樂，所謂不虞君之涉吾地者，其不多取乎？然公之詩文，非能工也，不能不工耳。公風神英邁，意氣傾倒，拔新領異之談，登峰造極之理，蕭然如晉、宋間人物。他人戛戛吃吃而不能出諸口者，公矉呻噫欠之間，猝然談笑而道之，則其詩文之工，豈十日一水、五日一石之謂也哉！甚矣，文之難也！長於臺閣之體者，或短於山林之味，諧於時世之嗜者，或漓於古雅之風。陵奏與記序異曲，五七與百千不同調，非文之難，兼之者難也。至於公，訓詁具西

漢之爾雅，賦篇有杜牧之之刻深，騷詞得楚人之幽婉，序山水則柳子厚，傳任俠則太史遷。至於大篇決流，短章斂芒，縟而不釀，縮而不僒，清新嫵麗奄有鮑謝，奔逸雋偉窮追太白，求其隻字之陳陳，一倡之嗚嗚而不可得也。今四海之內，詩人不過三四，而公皆過之，無不及者。予於詩豈敢以千里畏人者，而於公獨斂衽焉。於是文士詩人之難者易，偏者兼矣，其不盛矣乎？嘻！人琴今俱亡矣，《廣陵散》今此聲遂絶矣。惠子不生，莊子不死，復何道哉！復何道哉！公之別墅曰石湖，山水之勝，東南絶境也。壽皇嘗爲書兩大字以揭之，故號石湖居士云。公諱成大，字至能，世爲姑蘇人。其世次、言行、職官，則有少保、大觀文、大丞相益國周公之銘詩在。紹熙五年六月十一日，誠齋野客廬陵楊萬里謹序。

陸游《渭南文集》卷一四《范待制詩集序》　石湖居士范公待制敷文閣來帥成都，兼制置成都、潼川、利、夔四道。成都地大人衆，事已十倍他鎮，而四道大抵皆帶蠻夷，且北控秦隴，所以臨制捍防，一失其宜，皆足致變故于呼吸顧盼之間。以是幕府率窮日夜力，理文書，應期會，而故時巨公大人，亦或不得少休。及公之至也，定規模，信命令，弛利惠農，選將治兵。未數月，聲震四境，歲復大登。幕府益無事，公時從其屬及四方之賓客飲酒賦詩。公素以詩名一代，故落紙墨未及燥，士女萬人，已更傳誦，被之樂府弦歌，或題寫素屏團扇，更相贈遺，蓋自蜀置帥守以來未有也。或曰：「公之自桂林入蜀也，舟車鞍馬之間，有詩百餘篇，號《西征小集》，尤雋偉，蜀人未有見者，盍請于公以傳？」屢請而公不可，彌年乃僅得之。于是相與刻之，而屬某爲序。淳熙三年上巳日，朝奉郎、成都府路安撫司參議官、兼四川制置使司參議官山陰陸某序。

陳造《江湖長翁集》卷三〇《祭石湖先生文》　於偉先生，斯道宗主，斯文楷模。外庸内勳，傲睨龔、黄，臯步益趨。士蟻附之，小大迄成，如金在爐。文振哀玉，筆奔狂螭，乃其緒餘。一昨龍荒，雍容口伐，氣懾大胡。公推上仁，天怒爲霽，南北免魚。活億萬人，壽當永延，顧止此歟？德人去來，寔天所尸，偶聖誕賢。孝宗睿明，公起作輔，數庸非天。歲將流虹，公則遊世，實先期年。及乘白雲，復期歲差，帝後公先。昔重堯華，今參羣帝，惟公周旋。生榮死哀，實孚名白，顧何歉然？我歸自東，恍隔顯幽，情有弗宣。念昔杖屨，日親色笑，心銘話言。薦旨此觴，師資如在，有淚穎川。

陸游部

綜述

《宋史》卷三九五《陸游傳》 陸游字務觀，越州山陰人。年十二能詩文，蔭補登仕郎。鎖廳薦送第一，秦檜孫塤適居其次，檜怒，至罪主司。明年，試禮部，主司復置游前列，檜顯黜之，由是爲所嫉。檜死，始赴福州寧德簿，以薦者除敕令所删定官。

時楊存中久掌禁旅，游力陳非便，上嘉其言，遂罷存中。中貴人有市北方珍玩以進者，游奏：「陛下以『損』名齋，自經籍翰墨外，屏而不御。小臣不體聖意，輒私買珍玩，虧損聖德，乞嚴行禁絶。」

應詔言：「非宗室外家，雖實有勳勞，毋得輒加王爵。頃者有以師傅而領殿前都指揮使，復有以太尉而領閤門事，瀆亂名器，乞加訂正。」遷大理寺司直兼宗正簿。

孝宗即位，遷樞密院編修官兼編類聖政所檢討官。史浩、黄祖舜薦游善詞章，諳典故，召見，上曰：「游力學有聞，言論剴切。」遂賜進士出身。入對，言：「陛下初即位，乃信詔令以示人之時，而官吏將帥一切玩習，宜取其尤沮格者，與衆棄之。」

和議將成，游又以書白二府曰：「江左自吴以來，未有捨建康他都者。駐蹕臨安出於權宜，形勢不固，饋餉不便，海道逼近，凛然意外之憂。一和之後，盟誓已立，動有拘礙。今當與之約，建康、臨安皆係駐蹕之地，北使朝聘，或就建康，或就臨安，如此則我得以暇時建都立國，彼不我疑。」

時龍大淵、曾覿用事，游爲樞臣張燾言：「覿、大淵招權植黨，熒惑聖聽，公及今不言，異日將不可去。」燾遽以聞，上詰語所自來，燾以游對。上怒，出通判建康府，尋易隆興府。言者論游交結臺諫，鼓唱是非，力説張浚用兵，免歸。久之，通判夔州。

王炎宣撫川、陝，辟爲幹辦公事。游爲炎陳進取之策，以爲經略中原必自長安始，取長安必自隴右始。當積粟練兵，有釁則攻，無則守。吴璘子挺代掌兵，頗驕恣，傾財結士，屢以過誤殺人，炎莫誰何。游請以玠子拱代挺。炎曰：「拱怯而寡謀，遇敵必敗。」游曰：「使挺遇敵，安保其不敗。就令有功，愈不可駕馭。」及挺子曦僭叛，游言始驗。

范成大帥蜀，游爲參議官，以文字交，不拘禮法，人譏其頹放，因自號放翁。後累遷江西常平提舉。江西水災，奏：「撥義倉振濟，檄諸郡發粟以予民。」召還，給事中趙汝愚駁之，遂與祠。起知嚴州，過闕，陛辭，上諭曰：「嚴陵山水勝處，職事之暇，可以賦詠自適。」再召入見，上曰：「卿筆力回斡甚善，非他人可及。」除軍器少監。

紹熙元年，遷禮部郎中兼實録院檢討官。嘉泰二年，以孝宗、光宗《兩朝實録》及《三朝史》未就，詔游權同修國史、實録院同修撰，免奉朝請，尋兼祕書監。三年，書成，遂升寶章閣待制，致仕。

游才氣超逸，尤長於詩。晚年再出，爲韓侂胄撰《南園閲古泉記》，見譏清議。朱熹嘗言：「其能太高，迹太近，恐爲有力者所牽挽，不得全其晚節。」蓋有先見之明焉。嘉定二年卒，年八十五。

雜録

備録

黎靖德《朱子語類》卷一四〇《論文下》 詩須是平易不費力，句法混成，如唐人玉川子輩，句法雖險怪，意思亦自有混成氣象。因舉陸務觀詩：「春寒催喚客嘗酒，夜静臥聽兒讀書。」不費力，好。

葉紹翁《四朝聞見録》乙集《陸放翁》 陸游，字務觀，山陰人。名游，字當從觀，至今謂觀。蓋母氏夢秦少游而生公，故以秦名爲字，而字其名。或曰公慕少游者也。其祖名佃，字農師。新學行，有《詩説》傳于世，太率祖半山，後以新法浸異。公紹興間已爲浙漕鎖廳第一，有司竟首秦熺，寘公于末。及南宫一人，又以秦檜所諷見黜，蓋疾其喜論恢復。紹興末，始賜第。學詩于茶山曾文清公，其後冰寒于水云。嘗從紫巖張公遊，具知西北事。天資慷慨，喜任俠，常以踞鞍草

檄自任，且好結中原豪傑以滅敵。自商賈、仙釋、詩人、劍客，無不偏交遊。宦劍南，作爲歌詩，皆寄意恢復。書肆流傳，或得之以御孝宗。上乙其處而踐之，旋除删定官。或疑其交遊非類，爲論者所斥。上憐其才，旋即復用。未内禪，一日上手批以出，陸游除禮部郎。上之除目，自公而止，其得上眷如此。公早求退，往來若耶、雲門，留賓款洽，以觴詠自娱。官已階中大夫，遂致其仕，誓不復出。韓侂胄固欲其出，落致仕，除次對，公勉爲之出。韓喜陸附己，至出所愛四夫人擘阮琴起舞，索公爲詞，有「飛上錦裀紅縐」之語。又命公勺青衣泉，旁有唐開成道士題名。韓求陸記，記極精古，且以坐客皆不能盡一瓢，惟游盡勺。且謂挂冠復出，不惟有愧于斯泉，且有愧于開成道士云。先是，慈福賜韓以南園，韓求記于公，公記云：「天下知公之功，而不知公之志；知上之倚公，而不知公之自處。公之自處與上之倚公，本自不侔。」蓋寓微詞也。又云：「游老謝事山陰澤中，公以手書來，曰『子爲我作《南園記》』，豈取其無諛言，無侈辭，足以導公之志歟！」公已賜丙第，人謂公探孝宗恢復之志，故作爲歌詩，以恢復自期。至公之終，猶留詩以示其家，云：「王師剋復中原日，家祭毋忘告乃翁。」則公之心，方暴白于易簀之時矣。又有鄭棫者，嘗第進士，自作《南園記》併礱石以獻，韓以陸《記》爲重，仆鄭石瘞之地。後韓敗，鄭竟免。莆陽陳讜，文人也，輸靈壁以壽韓，至刻金字于石，稱之曰「我王」。又有某人，以錫字分題，如錫福、錫爵之類，爲詩以獻。韓敗，有爲陳瘞石于地者，會搜地窖，鏗然有聲，則陳石也，遂爲言者所彈。陳《留題吳山三茅觀梅亭》詩，有「竹密不知雲欲雨，山高盡見水朝宗」之句，繼是未有能和者。翰墨本於顔、蔡，世以不得其字爲憾，獨附韓一節爲可恨。宦職自有定命，特諸人自信不過耳。

羅大經《鶴林玉露》甲編卷四《陸放翁》 陸務觀，農師之孫，有詩名。壽皇嘗謂周益公曰：「今世詩人亦有如李太白者乎？」益公因薦務觀，由是擢用，賜出身爲南宫舍人。嘗從范石湖辟入蜀，故其詩號《劍南集》，多豪麗語，言征伐恢復事。其《題俠客圖》云：「趙魏胡塵十丈黄，遺民膏血飽豺狼。功名不遣斯人了，無奈和戎白面郎。」壽皇讀之，爲之太息。臺評劾其恃酒頹放，因自號「放翁」。作詞云：「橋如虹，水如空，一葉飄然煙雨中，天教稱放翁。」晚年爲韓平原作《南園記》，除從官。楊誠齋寄詩云：「君居東浙我江西，鏡裏新添幾縷絲。花落六回疎信息，月明千里兩相思。不應李杜翻鯨海，更羡夔龍集鳳池。道是樊川輕薄殺，猶將萬户比千詩。」蓋切磋之也。然《南園記》唯勉以忠獻之事業，無諛辭。晚年詩和平粹美，有中原承平時氣象，朱文公喜稱之。

魏慶之《詩人玉屑》卷七《反其意而用之》 放翁仕於蜀，海棠詩最多，其間一絶尤精妙，云：「蜀地名花擅古今，一枝氣可壓千林。譏評更到無香處，當恨人言太刻深。」此前輩所謂翻案法，蓋反其意而用之也。昇案：黄白石作雪詩云：「説道羞明却不羞，日光玉潔共飛浮。天人胸次明如洗，肯似人間只暗投。」蓋世謂雪之夜落爲羞明，此反其語而用之，與用海棠無香事如出一律，尤覺清新。

魏慶之《詩人玉屑》卷一九《陸放翁》 嘉泰壬戌九月，陸放翁夢一故人相語曰：「我爲蓮花博士，鏡湖新置官也。我且去矣，君能暫爲之乎？月得酒千壺，亦不惡也。」遂以詩記之曰：「白首歸修汗簡書，每因囊粟歎侏儒。不知月給千壺酒，得似蓮花博士無？」又夢到萬頃荷花中，有詩云：「天風無際路茫茫，老作花王風露郎。只把千樽爲月俸，爲嫌銅臭雜花香。」此事甚新奇，可入詩料。

吳自牧《夢粱録》卷一九 聚景園，孝、光、寧三帝嘗幸此，歲久蕪圮，迨今僅存一堂兩亭耳。堂扁曰「鑑遠」，亭曰「花光」，一亭無扁，植紅梅。有兩橋，曰「柳浪」，曰「學士」，皆粗見大概。惟夾徑老松益婆娑。每盛夏秋首，芙蕖繞堤如錦，遊人艤舫賞之。頃有侍從陸游舟過，作詩詠曰：「聖主憂民罷露臺，春風側苑晝常開，盡除曼衍魚龍戲，不禁芻蕘雉兎來。水鳥避人横翠靄，宫花經雨委蒼苔。殘年自喜身强健，又作清都夢一回。」「水殿西頭起砌臺，緑楊鬧處杏花開。簫韶本與人同樂，羽衛纔聞歲一來。鵁首波生涵藻荇，金鋪雨後上莓苔。遠臣侍宴應無日，日望堯雲到晚回。」

周密《齊東野語》卷一《放翁鍾情前室》 陸務觀初娶唐氏，閎之女也，於其母夫人爲姑姪。伉儷相得，而弗獲於其姑。既出，而未忍絶之，則爲別館，時時往焉。姑知而掩之，雖先知挈去，然事不得隱，竟絶之，亦人倫之變也。

唐後改適同郡宗子士程。嘗以春日出游，相遇於禹跡寺南之沈氏園。唐以語趙，遣致酒餚，翁悵然久之，爲賦《釵頭鳳》一詞，題園壁間云：「紅酥手，黄縢酒，滿城春色宫牆柳。東風惡，歡情薄，一懷愁緒，幾年離索。錯！錯！錯！春如舊，人空瘦，淚痕紅浥鮫綃透。桃花落，閑池閣，山盟雖在，錦書難託。莫！莫！莫！」實紹興乙亥歲也。

翁居鑑湖之三山，晚歲每入城，必登寺眺望，不能勝情。嘗賦二絶云：「夢斷香銷四十年，沈園柳老不飛綿。此身行作稽山土，猶吊遺蹤一悵然。」又云：

「城上斜陽畫角哀，沈園無復舊池臺。傷心橋下春波緑，曾是驚鴻照影來。」蓋慶元己未歲也。

未久，唐氏死。至紹熙壬子歲，復有詩。序云：「禹跡寺南，有沈氏小園。四十年前，嘗題小詞一闋壁間。偶復一到，而園已三易主，讀之悵然。」詩云：「楓葉初丹槲葉黄，河陽愁鬢怯新霜。林亭感舊空回首，泉路憑誰説斷腸。壞壁醉題塵漠漠，斷雲幽夢事茫茫。年來妄念消除盡，回向蒲龕一炷香。」

又至開禧乙丑歲暮，夜夢遊沈氏園，又兩絶句云：「路近城南已怕行，沈家園裏更傷情。香穿客袖梅花在，緑蘸寺橋春水生。」「城南小陌又逢春，只見梅花不見人。玉骨久成泉下土，墨痕猶鎖壁間塵。」

沈園後屬許氏，又爲汪之道宅云。

周密《齊東野語》卷八《一府三守》 放翁《筆記》言：「慶曆初，夏竦判永興軍，陳執中、范雍，並爲知軍。」一府三守，不知職守如何分？既非長貳，文移書牒之類必有程式。官屬胥吏，何所禀承？國史不載，莫可考也。然諫官御史不以爲非，三公亦不辭，豈在當時，亦便於事邪？

今按竦先以都部署兼經略招討使，判永興軍。既而執中爲同都部署經略使知軍，而詔竦判如故。未幾，竦屯鄜州，執中屯涇州。蓋兩人議邊事不合，故分任之。未幾，又以范雍知軍。竦、執中既分出按邊，而領府事猶故。於是一府三守，公吏奔趨往來想不勝其擾，自昔未嘗有也。然則史未嘗不載，而於事安得爲便乎？

周密《齊東野語》卷一一《陸務觀得罪》 陸務觀以史師垣薦，賜第。孝宗一日內宴，史與曾覿皆預焉。酒酣，一內人以帕子從曾乞詞。時德壽宫有內人與掌果子者交涉，方付有司治之。覿因謝不敢曰：「獨不聞德壽宫有公事乎？」遂已。

它日，史偶爲務觀道之，務觀以告張燾子宫。張時在政府，異日奏：「陛下新嗣服，豈宜與臣下燕狎如此。」上愧問曰：「卿得之誰？」曰：「臣得之陸游，游得之史浩。」上由是惡游，未幾去國。

周密《齊東野語》卷一九《陳用賓夢放翁詩》 陳觀國字用賓，永嘉勝士也。丙戌之夏，寓越，夢訪余於杭。壁間有古畫數幅，巖壑聳峭，竹樹茂密，瀑飛絶巘，匯爲大池。池中菡萏方盛開，一翁曳杖坐巨石上，仰瞻飛鶴翔舞。烟雲空濛中，髣髴有字數行，體雜章草。其詞曰：「水聲兮激激，雲容兮茸茸，千松拱緑，萬荷奏紅。爰宅兹巖，以逸放翁。屹萬仞與世隔，峻一極而天通。予乃控野鶴，追冥鴻，往來乎蓬萊之宫。披海氛而一笑，以觀九州之同。」旁一人指云：「此放翁詩也。」用賓驚悟，亟書以見寄。詩語清古，非思想之所及，異哉！

周密《浩然齋雅談》卷中 陸放翁有《心太平菴》詩云：「天下本無事，庸人擾之耳，胸中故湛然，忿欲定誰使。」又云：「少年妄起功名念，豈信身閒心太平。」樂天有云：「閒傾三數酌，醉吟十餘聲，便是羲皇代，先從心太平。」蓋出《黄庭經》云：「觀志流神寄奇靈，閒暇無事修太平。」又《外景經》云：「觀志遊神三奇靈，行閒無事心太平。」

放翁在朝日，嘗與館閣諸人會飲於張功父南湖園。酒酣，主人出小姬新桃者歌自製曲以侑尊，以手中團扇求詩於翁。翁書一絶云：「寒食清明數日中，西園春事又怱怱，梅花自避新桃李，不爲高樓一笛風。」蓋戲寓小姬名於句中，以爲一笑。當路有恚之者，遽指以爲所譏，竟以此去。

放翁有「南酒應憐未歸客」及「更就高僧學白羹」。蓋嘉州用南中法釀酒，及僧用糝加菜，不施鹽酪，故名白羹。

放翁詩云：「故人自作宣明面，老子曾聞正始音。」宋劉璵與顔峻書云：「朱修之五代叛者，一朝居青油幕下，作謝宣明面向人。」謝鯤重衛玠，言論彌日。王敦謂鯤曰：「微言之緒，絶而復續，不意永嘉之末，復聞正始之音。」正始乃魏齊王芳年號；宣明，謝晦字也。

俗以油餳綴糝作餌，名之曰蓼花，取其形似也。放翁詩云：「新蝶餳枝綴紅糝。」「餳枝」二字甚新。

放翁詩多用新語，如「厚味無人設佞湯，微芬時自炷廉香。」自注：「以松子、胡桃、蜜作湯，謂之佞湯；以炭末、乳香、蜜作濕香，謂之廉香。」

放翁詠長安富庶有云：「紅桑琵琶金鏤花，百六十弦彈法曲。」蓋四十面琵琶也。

放翁詩云：「一錢不直程衛尉，萬事稱好司馬公。白髮永無懷橘日，三年惆悵荔枝紅。」張巨山詩云：「故園墳樹想青葱，寒食風光淚眼中。自痛不如傖父子，紙錢猶掛樹頭風。」予以永感之人，久離墳墓，每讀爲之潸然。

韋居安《梅磵詩話》卷中 陸放翁名游，字務觀，觀字係去聲。或云其母夢秦少游至而寤，遂生放翁，因以其字命名，而名爲字。《後村詩話》載史相力薦放翁賜第，其去國自是臺評。王景文乃云：「直翁未了平生事，不了山陰陸務觀。」放翁見詩笑云：「我字務觀乃去聲，如何作平聲押了？」近時方蒙仲有《奉題劉後村文稿》數首，內一絶云：「昔聞秦七與黄九，後有幼安與務觀。」觀字亦作平

聲，想後村見之，亦發一笑。

韋居安《梅磵詩話》卷下 南渡後，朱文公追和坡韻，世多誦之。近世陸放翁《雪後尋梅》詩云：「幽香淡淡影疎疎，雪虐風饕亦自如，自是花中巢許輩，人間富貴不關渠。」意高語爽，真不苟作。

劉壎《隱居通議》卷二一《陸放翁諸作》 陸放翁名游，字務觀，文士也。高宗紹興末已爲樞密院編修官。孝宗初立，召對，與尹穡同時賜進士出身，恩遇甚渥。俄以不謹交游罷，通判鎮江府。上不樂，由是屢薦不官。久之，乃從范至能成大入蜀。既而補郡，稍遷部使者，又以言廢。淳熙末，起守嚴陵，入見，上勞勉之。既到官，以表謝曰：「明主恩深，書生命薄。唐帝之知李白，一官不及于生前；漢皇之慕相如，遺稿徒求于身後。」上頗憐之，内禪前十日，命以軍器少監權禮部郎中。孝皇愛惜人才不終棄如此。晚年高臥笠澤，學士大夫尊慕之。會韓侂胄顓政，方修南園，欲得務觀爲之記，峻擢史職，趣召赴闕。務觀恥于附韓，初不欲出。一日，有妾抱其子來前，曰：「獨不爲此小官人地邪？」務觀爲之動，竟爲侂胄作記。由是失節，清議非之。有四六前、後、續三集。其文初不累疊全句，專尚風骨，雄渾沈着，自成一家，真駢儷之標準也。因摘其妙語，以訓諸幼。……以上皆放翁集中語。凡此皆以議論爲文章，以學識發議論。非胸中有千百卷書，筆下能挽萬鈞重者不能及。後來惟劉潛夫尚書極力追摹，得其旨趣，壯年所作絶似之，晚年稍變槎牙蒼鬱之態，然覺枯槁矣。

備論

《宋史》卷三九五《陸游傳》 陸游學廣而望隆，晚爲韓侂胄著堂記，君子惜之，抑《春秋》責賢者備也。

藝文

楊萬里《誠齋集》卷二〇《跋陸務觀劍南詩稿二首》 今代詩人後陸雲，天將詩本借詩人。重尋子美行程舊，盡拾靈均怨句新。鬼嘯狨啼巴峽雨，花紅玉白劍南春。錦囊繙罷清風起，吹仄西窗月半輪。

劍外歸乘使者車，浙東新得左魚符。可憐霜鬢何人問，焉用詩名絶世無！彫得心肝百雜碎，依前塗轍九盤紆。少陵生在窮如虱，千載詩人拜蹇驢。

劉應時《頤庵居士集》卷上《讀放翁劍南集》 少陵先生赴奉天，烏帽麻鞋見天子。乾坤瘡痍塞日慘，人煙蕭瑟胡塵起。八月之吉風淒然，北征徒步走三川，夜經戰場霜月冷，纍纍白骨生蒼煙。五載棲棲客蜀郡，騎驢日候平安信，喜聞諸將收山東，拭淚一望長安近。瞿塘想見放船時，回首夔府多愁思。蜀人至今亦好事，翠珉盛刻草堂詩。放翁前身少陵老，胸中如覺天地小，平生一飯不忘君，危言曾把姦雄掃。公以刪定官輪對，論楊和王事。周流斯世轍已環，一笑又入劍南山。酒杯吸盡錦屏秀，孤劍聲鏘峽水寒，萬丈虹霓蟠肺腑，射虎膾鯨時一吐。我雖老眼向昏花，夜窗吟哦雜風雨。少陵間關兵亂中，放翁遭時樂且豐。飽參要具正法眼，切忌錯下將毋同。茶山夜半傳機要，斷非口耳得其妙。君不見塔主不識古雲門，異時衣鉢還渠紹。

樓鑰《攻媿集》卷九《題陸放翁詩卷》 妙畫初驚渴驥奔，新詩熟讀歎微言。四明知我豈相屬，一水思君誰與論。茶竈筆牀懷甫里，青鞋布襪想雲門。何當一棹訪深雪，夜語同傾老瓦盆。

陸游《劍南詩稿》卷首鄭師尹《劍南詩稿序》 前輩有欲補詩史一字之闕，終莫適其當者。夫發言寓意，未必惟一字之工；或者窮思畢慮之弗逮。人才相去，乃爾遠耶？太守山陰陸先生劍南之作傳天下，眉山蘇君林收拾尤富，適官屬邑，欲鋟本，爲此邦盛事，迺以纂次屬師尹。亦既斂衽肅觀，則浩渺閎肆，莫測津涯，掩卷太息者久之。獨念吾儕日從事先生之門，間有疑闕，自公餘可以從容質正，幸來者見斯文大全，用是不敢辭。《劍南詩稿》六百九十四首，續稿三百七十七首，蘇君於集外得一千四百五十三首，凡二千五百二十四首，又□七首，釐爲□十卷，總曰《劍南》，因其舊也。文字傳襲失真，類不滿人意，其如此書得之所見，有以傳信而無疑。若夫發乎情性，充乎天地，見乎事業，忠憤感激，憂思深遠，一念不忘君，先生之志，且有當世巨公爲之發揮，非師尹敢任。淳熙十有四年臘月幾望，門人迪功郎監嚴州在城都稅務括蒼鄭師尹謹書。

陸游《劍南詩稿》卷末陸子虡《劍南詩稿跋》 先君太史，晚自號曰放翁。紹興辛巳間，及事高宗皇帝，纍遷樞密院編修官。孝宗皇帝嗣位之初，召對便殿，賜進士第。時始置編類太上皇帝聖政所，妙柬時髦，先君首預其選，擢檢討官。

久之，以忤貴倖自免去。五爲州别駕。西泝僰道，樂其風土，有終焉之志。蜀之名卿巨儒，皆傾心下之，争共挽留。晁公子止侍郎欲捐其别墅以舍之。先君諾焉，而未之决也。嘗爲子虡等言：「蜀風俗厚，古今類多名人，苟居之，後世子孫宜有興者。」宿留殆十載。戊戌春正月，孝宗念其久外，趣召東下。然心固未嘗一日忘蜀也，其形於歌詩，蓋可考矣。是以題其平生所爲詩卷曰《劍南詩稿》，以見其志焉，蓋不獨謂蜀道所賦詩也。後守新定，門人請以鋟梓，遂行於世。其戊申、己酉後詩，先君自大蓬謝事歸山陰故廬，命子虡編次爲四十卷，復題其籤曰《劍南詩續稿》，而親加校定，朱黄塗攛，手澤存焉。自此至捐館舍，通前稿，凡爲詩八十五卷。子虡假守九江，刊之郡齋，遂名曰《劍南詩稿》，所以述先志也。其他雜文論著，季弟子遹亦已刊之溧陽。會子虡上乞骸之請，旦暮且去，故有所未暇。初先君在新定時，所編前稿，於舊詩多所去取，其所遺詩，存者尚七卷。念先君之遺之也，意或有在；且前稿行已久，不敢復雜之卷前，故别其名曰遺稿云。嘉定十三年十二月之望，男朝請大夫知江州軍州事借紫子虡謹書。

陸游《渭南文集》卷末陸子遹《渭南文集跋》　先太史之文，於古則《詩》、《書》、《左氏》、《莊》、《騷》、《史》、《漢》；於唐則韓昌黎；於本朝則曾南豐：是所取法。然稟賦宏大，造詣深遠，故落筆成文，則卓然自爲一家，人莫測其涯涘。蓋今學者，皆熟誦《劍南》之詩。續稿雖家藏，世亦多傳寫。惟遺文自先太史未病時，故已編輯，而名以《渭南》矣；第學者多未之見。今别爲五十卷。凡命名及次第之旨，皆出遺意，今不敢紊，乃鋟梓溧陽學宫，以廣其傳。渭南者，晚封渭南伯，乃自號爲陸渭南。嘗謂子遹曰：「劍南乃詩家事，不可施於文，故别名渭南。如《入蜀記》、《牡丹譜》、樂府詞本當别行，而異時或至散失，宜用廬陵所刊歐陽公集例，附於集後。」此皆子遹嘗有疑而請問者，故備著於此。嘉定十有三年十一月壬寅，幼子承事郎知建康府溧陽縣主管勸農事子遹謹書。

戴復古《石屏詩集》卷六《讀放翁先生劍南詩草》　茶山衣鉢放翁詩，南渡百年無此奇。入妙文章本平澹，等閑言語變瑰奇。三春花柳天裁剪，歷代興衰世轉移。李杜陳黄題不盡，先生摹寫一無遺。

史彌寧《友林乙稿》《陸放翁畫像》　詩酒江南劍外身，眼驚幻墨逼天真。是誰不道君無對，世上元來更有人。

劉克莊《後村先生大全集》卷三六《題放翁像二首》　《三百篇》寂寂久，九千首句句新。譬宗門中初祖，自過江後一人。

詩倍太白子美，年高輳固伏生。卻鶴膝枝身健，讀蠅頭書眼明。

趙與時《賓退録》卷一　陸放翁《感事》詩云：「陋巷何須歎一瓢，朱門能守亦寥寥。衲衣先世曾調鼎，野褐家聲本珥貂。若悟死生均露電，未應富貴勝漁樵。千年回首俱陳迹，不向杯中何處消？」自注云：「沈義倫丞相裔孫爲僧，劉仁瞻侍中裔孫爲道人，皆孤身死紹興中，二公之後遂絶。」殊不知沈公之後有一派，靖康末自京師流落新淦者，居于村疃，耕人之田矣，又不止于爲僧也。然其先世告身及相君神道碑摹本故在。周文忠序《槐庭濟美總集》有云：「粤自周衰，賢者之類棄，功臣之世絶。故孟子告齊宣王以『故國非喬木』，『王無親臣矣』。蓋諷其上也。雖然，有位于朝，不守其業，而忘其所；甚至公侯之家，降在阜隸，則華門圭竇得以陵之，此豈獨上之人之罪也哉？」最爲確論。

方回《桐江集》卷四《跋所抄陸放翁詩後》　《吕東萊集·與周子充書》有云：「子直庶幾善道，而於事物自未盡諳悉。如陸務觀疏放封駁，豈爲過當！方人才難得之時，其詞翰儁發，多識典故，又趨向實不害正。推棄瑕使過之義，闊略亦何妨。公與子直素厚如此，胡不素語之乎？」予聞諸前輩，放翁入蜀，從范石湖；後出蜀，攜成都妓剃爲尼而與歸。趙汝愚嘗帥蜀，必爲此事駁放翁也。翁四十六入，五十四而出，江西倉被召至婺州，而遽臥家，久乃起爲嚴州，必於是被駁。東萊死之前一日，子充過府，翁出蜀之四年辛丑，東萊死，其己亥、庚子間歟？高宗嘗修《孝宗實録》，此等事當詳著。予書諸此，以表汝愚不用放翁之故。後來韓侂胄力起放翁修史，殆以其嘗爲汝愚所駁故耳。又《劉後村詩話》云放翁少時，調官臨安，得句云：「小樓一夜聽春雨，深巷明朝賣杏花。」傳入禁中，思陵稱賞，由是知名。予考之此詩在《劍南稿》十七卷，翁六十二歲，將守嚴州，朝辭奏事，至臨安府時詩也。翁子子遹寶慶三年來爲守，明年予生之年之月，新安郡之宅堂及樓名書上棟，今毁矣。又始創釣臺書院，子遹即所生。郡學有世美祠，蓋翁之父佃至子遹，凡三世守是郡云。

方回《桐江續集》卷九《讀放翁詩作》　放翁六十二，起家守嚴陵。三稔即秖召，禮闈直青綾。虛翁四十九，外補當兵興。七稔始受代，萬死脱怨憎。放翁真英豪，決起天池鵬。短章異大篇，往往蛟龍騰。虛翁亦嗜詩，瘦骨枯崚嶒。欲和郡中作，百冗嗟弗能。曩讀劍南集，幾夜挑孤燈。今兹一再讀，憤氣填我膺。公昔承平日，從容泥軾憑。嘯詠遍泉石，醉樂多賓朋。而我值變故，禍患來相仍。撚鬚意少暇，曉夕惟戰兢。拙稿千取百，秋暮號蟬蠅。仰望子陸子，絶意天階

升。忽夢一老仙，電哞齒如冰，手執玉如意，坐控琴高鯪。指麾若講授，揖我謂我膺：「大道有壇陛，所願拾級登。汝年故未耄，亢健牟霜鷹。乞汝九萬牋，但勤攻剡籐。異日大羅天，後車許汝乘。」西風蕭蕭涼，桐江碧澄澄。祕訣隱丹崖，古刻刓蒼稜。萬里雲霧間，往問南山僧。

林景熙《霽山文集》卷三《書陸放翁詩卷後》 天寶詩人詩有史，杜鵑再拜淚如水。龜堂一老旗鼓雄，勁氣往往摩其壘。輕裘駿馬成都花，冰甌雪椀建溪茶。承平麾節半海宇，歸來鏡曲盟鷗沙。詩墨淋漓不負酒，但恨未飲月氏首。牀頭孤劍空有聲，坐看中原落人手。青山一髮愁濛濛，干戈況滿天南東。來孫却見九州同，家祭如何告迺翁！

戴表元《剡源集》卷一三《題陸渭南遺文鈔後》 右陸渭南遺文一帙，用王理得本傳鈔，帙後有庚饒州繫譜。饒州端士，惜放翁所作《韓氏南園記》，無甚諛語，而子孫諱之，不載於家集。其論厚矣。自饒州以下，又詆其《閲古泉記》及《賀平原二子除祕閣》等啓，以爲不當作。余蚤聞好事者説，謂放翁晚歲食貧，牽於幼子之累，賴以文字取妍韓氏，遂得近臣恩數，遍官數子。此説既行，而凡異時不樂於放翁之進、與忌其文辭者，同爲一舌以排之。至於死且百年，同時争名角進之人亦已俱盡，宜有定論，而猶未止。蓋其事可傷悲者焉。渡江以來，如放翁可謂問學行義人矣。諗其放阨而不傷，困窶而能肆，不可謂無君子之守。就令但如常人之見，欲爲身謀，爲子孫謀，當盛年時，知已如麻，何待七八十歲之後，始媚一戚里權幸而爲之邪？雖血氣既衰，聖人不免於戒，不可謂世之君子，必當然也。謂世之君子必當然者，其自待亦不厚矣。然放翁固有不得辭者，窮不能忘仕，爲文不能不徇人之求。厖眉皓髮，屑屑道途之間，而曰：「我意非有它也。」人誰能諒之哉！此編取饒州之意，於《南園》、《閲古》二記，存而不去，使世人知放翁不絶於韓氏者，其語止此。其《賀除祕閣》等啓，絶不類本作，余於文不敢謂知之，若俗雅四六、人望而能辨其爲放翁與否也，併告理得，使刪去云。

李日華《六研齋筆記》卷一陳深《陸放翁詞稿跋》 南宋放翁詞稿真蹟，凡一百一十七字。至正改元，獲於山陰王英孫家。細窮詳玩，備見句法清真，筆勢圓熟，信一代之名跡也。按：放翁爲陸游務觀別號，工詞翰，累官華文閣待制，封渭南縣伯，有集百卷行世，斯其人，風流文雅可知矣。此詞雖係草稿，妙在不經意中，天真爛發，姿態橫生，種種可爲師法，雜之楊凝式、大小米間，又曷愧耶？是歲十月之望，吳郡陳深敬題。

宋寧宗部

綜述

《宋史》卷三七《寧宗本紀一》　寧宗法天備道純德茂功仁文哲武聖睿恭孝皇帝，諱擴，光宗第二子也，母曰慈懿皇后李氏。光宗爲恭王，慈懿夢日墜于庭，以手承之，已而有娠。乾道四年十月丙午，生于王邸，五年五月，賜今名。十一月乙丑，授右千牛衛大將軍。七年，光宗爲皇太子。淳熙五年十月戊午，遷明州觀察使，封英國公。七年二月，初就傅。

九年正月，始冠。十年九月己巳，始預朝參。十一年，當出閤，兩宮愛之，不欲令居外，乃建第東宮之側，以十月甲戌遷焉。

十二年三月乙酉，遷安慶軍節度使，封平陽郡王。八月辛酉，納夫人韓氏。十六年二月壬戌，光宗受禪。三月己亥，拜少保、武寧軍節度使，進封嘉王。帝自弱齡，尊師重傅，至是，始置翊善，以沈清臣爲之。

紹熙元年春，宰相留正請立帝爲儲嗣。

五年六月戊戌，孝宗崩，光宗以疾不能出。壬寅，宰臣請太皇太后垂簾聽政，不許；請代行祭奠之禮，從之。丁未，宰臣奏云：「皇子嘉王，仁孝夙成。宜正儲位，以安人心。」越六日，奏三上，從之。明日，遂擬旨以進。是夕，御批付丞相云：「歷事歲久，念欲退閑。」

七月辛酉，留正以疾辭去。知樞密院事趙汝愚見正去，乃遣韓侂胄因內侍張宗尹以禪位嘉王之意請于太皇太后，不獲。遇提舉重華宮關禮，侂胄因其問，告之。禮繼入內，泣請于太皇太后，太皇太后乃悟，令諭侂胄曰：「好爲之！」侂胄出，告汝愚，命殿帥郭杲夜分兵衛南北內。

翌日禫祭，汝愚率百官詣大行柩前，太皇太后垂簾，汝愚率同列再拜，奏：「皇帝疾，不能執喪，臣等乞立皇子嘉王爲太子，以安人心。」乃奉御批八字以奏。太皇太后曰：「既有御筆，卿當奉行。」汝愚曰：「內禪事重，須議一指揮。」太皇太后允諾。汝愚袖出所擬以進，云：「皇帝以疾，未能執喪，曾有御筆，欲自退閑，皇子嘉王擴可即皇帝位。尊皇帝爲太上皇，皇后爲太上皇后。」太皇太后覽畢，曰：「甚善。」

汝愚出，以旨諭帝，帝固辭曰：「恐負不孝名。」汝愚曰：「天子當以安社稷、定國家爲孝，今中外憂亂，萬一變生，置太上皇何地。」衆扶入素幄，披黃袍，方却立未坐，汝愚率同列再拜。帝詣几筵殿，哭盡哀。須臾立仗訖，催百官班，帝衰服出，就重華殿東廡素幄立，內侍扶掖，乃坐。百官起居訖，乃入行禫祭禮。詔建泰安宮，以奉太上皇、太上皇后。汝愚即喪次請召還留正。乙丑，太皇太后命立崇國夫人韓氏爲皇后。丙寅，大赦。百官進秩一級，賞諸軍。詔車駕五日一朝泰安宮，百官月兩朝。以即位告于天地、宗廟、社稷。

丁卯，侍御史張叔椿劾留正擅去相位，詔以叔椿爲吏部侍郎。戊辰，詔求直言。遣鄭湜使金告禪位。己巳，以趙汝愚兼參知政事。庚午，召祕閣修撰、知潭州朱熹詣行在。壬申，建泰安宮。乙亥，以趙汝愚爲右丞相，參知政事陳騤知樞密院事，余端禮參知政事，仍兼同知樞密院事。汝愚辭不拜。賜前宰執、侍從詔，訪以得失。丙子，大風。戊寅，詔：秋暑，太上皇帝未須移御，即以寢殿爲泰安宮。以殿前都指揮使郭杲爲武康軍節度使。庚辰，率羣臣拜表于泰安宮。辛巳，以趙汝愚爲樞密使，保大軍節度使郭師禹爲攢宮總護使。壬午，侍御史章穎等劾內侍林億年、陳源、楊舜卿，詔億年、源與在外宮觀，舜卿在京宮觀。韓侂胄落階官，爲汝州防禦使。癸未，余端禮辭兼同知樞密院事。甲申，以兵部尚書羅點簽書樞密院事。詔兩省官詳定應詔封事，具要切者以聞。戊子，詔百官輪對。罷楊舜卿在京宮觀，林億年常州居住，陳源撫州居住。

八月己丑朔，安定郡王子濤薨。辛卯，初御行宮便殿聽政。癸巳，以朱熹爲煥章閣待制兼侍講。甲午，增置講讀官，以給事中黃裳、中書舍人陳傅良彭龜年等爲之。丁酉，以生日爲天祐節。己亥，率羣臣朝泰安宮。辛丑，詔諸道舉廉吏，糾污吏。壬寅，詔經筵官開陳經旨，救正闕失。進封弟許國公抦爲徐國公。癸卯，加嗣濮王士歆少師，郭師禹少傅，夏執中少保。乙巳，詔晚講官坐講。丁未，復罷經筵坐講。命三省議振恤諸路郡縣水旱。乙卯，加安南國王李龍翰思忠功臣。詔歲減廣西鹽額十萬緡。丙辰，留正罷，以觀文殿大學士判建康府。以趙汝愚爲右丞相。丁巳，詔侍從、兩省、臺諫各舉通亮公清、不植黨與、曾任知縣者二人。

九月己巳，命趙汝愚朝獻景靈宮。庚子，命嗣秀王伯圭朝饗太廟。是日，羅

點堯。辛未，合祭天地于明堂，大赦。壬申，以刑部尚書京鏜簽書樞密院事。甲戌，下詔撫諭諸將。改天祐節爲瑞慶節。

冬十月己丑，右諫議大夫張叔椿再劾留正擅去相位，詔落正觀文殿大學士。庚寅，更泰安宫爲壽康宫。辛卯，命四川制置司銓量諸州守臣。癸巳，雷。乙未，詔以陰陽謬盭，雷電非時，令臺諫、侍從、各疏朝政闕失以聞。戊戌，復許武舉人試换文資。庚子，以久雨命大理、三衙、臨安府、兩浙州縣決繫囚，釋杖以下。辛丑，減兩浙、江東西路和市折帛錢，蠲兩浙路丁鹽、身丁錢一年。雅州蠻寇邊，土丁拒退之，尋出降。甲辰，以朱熹言，趣後省看詳應詔封事。乙巳，上大行至尊壽皇聖帝謚曰哲文神武成孝皇帝，廟號孝宗。丙午，復以朱熹奏請，卻瑞慶節賀表。庚戌，改上安穆皇后謚曰成穆皇后，安恭皇后謚曰成恭皇后。壬子，遣曾三復使金賀正旦。丙辰，上孝宗皇帝册寶于重華殿，成穆皇后、成恭皇后册寶于本室。是月，建福寧殿。

閏月庚申，以吏部尚書鄭僑等奏請祧僖、宣二祖，正太祖東嚮之位，尋立僖祖別廟，以藏順、翼、宣三祖之主。乙丑，遣林季友使金報謝。戊辰，金遣使來弔祭。戊寅，侍講朱熹以上疏忤韓侂胄罷，趙汝愚力諫，不聽；臺諫、給舍交章請留朱熹，亦不聽。詔兩省、臺諫、侍從各舉宗室有文學器識者二人。壬午，詔改明年爲慶元元年。

十一月甲午，復加安南國王李龍幹濟美功臣。丙午，帝自重華宫還大内。庚戌，以宜州觀察使韓侂胄兼樞密都承旨。辛亥，雨木冰。詔行孝宗三年喪制，命禮官條具典禮以聞。升明州爲慶元府。乙卯，權欑孝宗皇帝于永阜陵。

十二月丁巳朔，禁民間妄言宫禁事。乙丑，吏部侍郎彭龜年上疏，言韓侂胄假託聲勢，竊弄威福，乞黜之以解天下之疑。詔罷龜年；進侂胄一官，與在京宫觀。趙汝愚請留龜年，不聽。御史中丞謝深甫劾陳傅良，罷之。戊辰，以陳康伯配饗孝宗廟庭。己巳，陳騤罷。庚午，以余端禮知樞密院事，京鏜參知政事，鄭僑同知樞密院事。辛未，監察御史劉德秀劾起居舍人劉光祖，罷之。癸酉，金遣使來賀登位。上孝宗廟樂曰《大倫之舞》。甲戌，祔孝宗神主于太廟。丁丑，減臨安、紹興二府死罪以下囚，釋杖以下。蠲民緣欑宫役者賦。戊寅，加郭師禹少師，進封永寧郡王。癸未，金遣使來賀明年正旦。

是歲，兩浙、淮南、江東西路水旱，振之，仍蠲其賦。

慶元元年春正月丁巳朔，蠲兩淮租税。壬寅，黎州蠻寇邊，官軍戰卻之。乙巳，蠲台、嚴、湖三州貧民身丁、折帛錢一年。詔兩浙、淮南、江東路荒歉諸州收養遺棄小兒。辛亥，以久雨，振給臨安貧民。

二月丁巳朔，詔兩淮諸州勸民墾闢荒田。壬戌，詔嗣秀王伯圭贊拜不名。癸亥，以久雨釋大理、三衙、臨安府、兩浙路杖以下囚。丁卯，詔帥臣、監司歲終考察郡守臧否以聞。戊寅，以右正言李沐言，罷趙汝愚爲觀文殿大學士、知福州。己卯，雨土。以余端禮兼參知政事。庚辰，兵部侍郎章穎以黨趙汝愚罷。甲申，謝深甫等再劾汝愚，詔與宫觀。

三月丙戌朔，日有食之。辛亥，詔四川歲發西兵詣行在，如舊制。癸丑，命侍從、臺諫、兩省集議江南沿江諸州行鐵錢利害。甲寅，國子祭酒李祥、博士楊簡以黨趙汝愚罷。

夏四月丁巳，太府寺丞吕祖儉坐上疏留趙汝愚及論不當黜朱熹、彭龜年等，忤韓侂胄，送韶州安置。己未，以余端禮爲右丞相，京鏜知樞密院事，鄭僑參知政事，謝深甫簽書樞密院事。庚申，太學生楊宏中等六人以上書留趙汝愚、章穎、李祥、楊簡，請黜李沐，詔宏中等各送五百里外編管。中書舍人鄧馹上疏救之，不聽。戊辰，臨安大疫，出内帑錢爲貧民醫藥、棺斂費及賜諸軍疫死者家。

五月戊子，吕祖儉改送吉州安置。戊戌，詔戒百官朋比。丙午，詔諸路提舉司置廣惠倉，修胎養令。辛亥，減大理、三衙、臨安府雜犯死罪以下囚，釋杖以下。

六月丁巳，復留正觀文殿大學士，充醴泉觀使。右正言劉德秀請考核真僞，以辨邪正。己未，遣汪義端賀金主生辰。庚午，詔三衙、江上諸軍主帥、將佐，初除舉自代一人，歲薦所知二人。癸酉，以韓侂胄爲保寧軍節度使，提舉萬壽觀。

秋七月壬辰，加周必大少傅。丁酉，落趙汝愚觀文殿大學士，罷宫觀。

八月己巳，詔内外諸軍主帥條奏武備邊防之策以聞。

九月壬午朔，蠲臨安府水災貧民賦。乙酉，以久雨決繫囚。甲辰，遣黄艾使金賀正旦。己酉，蠲台、嚴、湖三州被災民丁絹。

冬十月己卯，詔三省、樞密院條上合教諸軍例。乙丑，升秀州爲嘉興府，舒州爲安慶府，嘉州爲嘉定府，英州爲英德府。戊辰，金遣吴鼎樞來賀瑞慶節。壬申，封子恭爲安定郡王。

十一月己丑，雨土。庚寅，以弟徐國公柄爲昭慶軍節度使。戊戌，加上壽聖隆慈備福太皇太后尊號曰壽聖隆慈備福光佑太皇太后，壽成皇太后曰壽成惠慈

皇太后，太上皇曰聖安壽仁太上皇，太上皇后曰壽仁太上皇后。丙午，以監察御史胡紘言，責授趙汝愚寧遠軍節度副使、永州安置。丁未，命宰執大閱。

十二月癸亥，置楚州弩手效用軍。丙子，命朱熹爲焕章閣待制，辭。丁丑，金遣紇石烈正來賀明年正旦。

二年春正月庚寅，以余端禮爲左丞相，京鏜爲右丞相，鄭僑知樞密院事，謝深甫參知政事，御史中丞何澹同知樞密院事。庚子，趙汝愚卒于永州。甲辰，右諫議大夫劉德秀劾留正引用僞學之黨，詔落正觀文殿大學士，罷宮觀。

二月辛酉，詔追復趙汝愚官，許歸葬，以中書舍人吴宗旦言，罷之。辛未，再蠲臨安府民身丁錢三年。

三月丙申，命諸軍射鐵簾。己亥，進封弟抦爲吴興郡王。丙午，有司上《慶元會計録》。

夏四月甲子，余端禮罷。壬申，以何澹參知政事，吏部尚書葉翥簽書樞密院事。乙亥，增置監察御史一員。

五月辛巳，以旱禱于天地、宗廟、社稷。詔大理、三衙、臨安府、兩浙州縣決繫囚。乙酉，申嚴獄囚瘐死之罰。辛卯，賜禮部進士鄒應龍以下四百九十有九人及第、出身。甲午，減諸路和市折帛錢三年。建華文閣，以藏《孝宗御集》。甲辰，更慈福宫爲壽慈宫。

六月庚戌，遣吴宗旦賀金主生辰。乙丑，命監司、帥守臧否縣令，分三等。丙子，子埈生。

秋七月癸未，饗于太廟。丙戌，減諸路死罪囚，釋流以下。戊子，量徙流人吕祖儉等于内郡。詔檢正、都司考覈諸路守臣便民五事以聞。戊戌，以韓侂胄爲開府儀同三司、萬壽觀使。

八月癸丑，奉安孝宗皇帝、成穆皇后、成恭皇后神御于景靈宫。丙辰，以太常少卿胡紘請，權住進擬僞學之黨。壬戌，子埈薨，追封兗王，謚沖惠。

九月丁亥，復分利州爲東西路。癸巳，嗣濮王士歆薨，追封韶王。丁酉，遣張貴謨使金賀正旦。

冬十月戊申，率羣臣奉上壽聖隆慈備福光祐太皇太后、壽成惠慈皇太后、聖安壽仁太上皇、壽仁太上皇后册寶于慈福、壽康宫。辛亥，册皇后。壬戌，金遣張嗣來賀瑞慶節。甲戌，大閱。

十一月庚寅，詣壽康宫，上《太上皇帝寬恤詔令》。壬辰，京鏜等上《孝宗皇帝寬恤詔令》。癸卯，賞宜州捕降峒寇功。

十二月辛未，金遣完顔崇道來賀明年正旦。是月，監察御史沈繼祖劾朱熹，詔落熹祕閣修撰，罷宮觀。竄處士蔡元定于道州。

三年春正月壬寅，鄭僑罷。癸卯，以謝深甫兼知樞密院事。

二月己酉，京鏜等上《神宗玉牒》、《高宗實録》。丁巳，以大理司直邵褒然請詔大臣自今權臣、僞學之黨，勿除在内差遣，詔下其章。

三月乙未，建東華門。庚子，禁浙西州軍圍田。壬寅，詔：「自今有司奏讞死罪不當者，論如律。」

夏四月丙午，雨土。命不秙爲嗣濮王。壬子，以旱禱于天地、宗廟、社稷。乙丑，雨雹。

六月戊辰，頒《淳熙寬恤詔令》。

閏月甲戌，内出銅器付尚書省毁之，命申嚴私鑄銅器之禁。乙亥，遣衛涇賀金主生辰。甲午，詔留正分司西京，邵州居住。是夏，廣東提舉茶鹽徐安國遣人捕私鹽于大奚山，島民遂作亂。

秋七月庚午，監察御史沈繼祖録淹囚四百餘條來上，詔進二官。

八月戊子，復置嚴州神泉監。辛卯，知廣州錢之望遣兵入大奚山，盡殺島民。甲午，均諸路職田。

九月壬寅，以四川旱詔蠲民賦。辛酉，遣曾炎使金賀正旦。乙丑，申嚴帥臣、監司臧否郡守之制。是月，詔監司、帥守薦舉改官，勿用僞學之人。

冬十月癸酉，雷。丙戌，金遣完顔愈來賀瑞慶節。丙申，以太皇太后違豫，赦。

十一月辛丑，加孝宗皇帝謚曰紹統同道冠德昭功哲文神武明聖成孝皇帝。太皇太后吴氏崩。壬寅，朝獻于景靈宫。癸卯，朝饗于太廟。甲辰，祀天地于圜丘，大赦。乙巳，詔爲大行太皇太后服期。丁未，遣趙介使金告哀。

十二月丙子，始御正殿。丁丑，以大行太皇太后櫕宫，蠲紹興府貧民明年身丁、折帛綿絹。庚辰，罷文武官納官告綾紙錢。甲申，雷，雨土。乙未，金遣奥屯忠孝來賀明年正旦。丁酉，以知綿州王沇請，詔省部籍僞學姓名。

四年春正月己卯，上欽宗皇后謚曰仁懷皇后。丙寅，以葉翥同知樞密院事。丁卯，詔有司寬恤兩浙、江淮、荆湖、四川流民。

二月辛未，詔兩省、侍從、臺諫各舉所知一二人，毋薦宰執親黨。丙子，上大

行太皇太后謚曰憲聖慈烈皇后。

三月甲子，權欑憲聖慈烈皇后于永思陵。乙丑，金遣烏林荅天益來弔祭。

夏四月丙戌，祔仁懷皇后、憲聖慈烈皇后神主于太廟。己丑，蠲臨安、紹興二府租稅有差。丙申，始御正殿。是月，右諫議大夫張釜請下詔禁僞學。遣湯碩使金報謝。

五月己亥，加韓侂胄少傅，賜玉帶。己酉，詔禁僞學。

六月己巳，遣楊王休賀金主生辰。癸酉，以弟吴興郡王抦爲開府儀同三司。

秋七月辛酉，葉翥罷。

八月丁卯朔，以久雨決繫囚。丙子，以謝深甫知樞密院事兼參知政事，吏部尚書許及之同知樞密院事。丙戌，詔以太上皇聖躬清復，率羣臣上壽。尋不克行。

丁未，頒《慶元重修敕令格式》。庚申，遣馬覺使金賀正旦。是月，詔造新曆。

冬十月戊子，金遣孫鐸來賀瑞慶節。

十二月丙戌，再蠲臨安府民身丁錢三年。己丑，金遣楊庭筠來賀明年正旦。

五年春正月庚子，樞密院直省官蔡璉訴趙汝愚定策時有異謀，詔下大理捕鞫彭龜年、曾三聘等以實其事。中書舍人范仲藝力争之于韓侂胄，事遂寢。張釜等復請窮治，詔停龜年、三聘官。壬戌，建玉堂。

乙酉，張釜劾劉光祖附和僞學，詔房州居住。

三月甲午，罷監司臧否郡守之制。

夏五月壬辰朔，新曆成，賜名曰《統天》。戊戌，賜禮部進士曾從龍以下四百十有二人及第、出身。戊申，以久雨，民多疫，命臨安府振恤之。壬子，詔諸路州學置武士齋，選官按其武藝。

六月癸亥，遣李大性賀金主生辰。

秋七月甲寅，禁高麗、日本商人博易銅錢。

辛巳，太祖廟楹生芝，率羣臣詣壽康宫上壽，始見太上皇，成禮而還。甲申，以過宫上壽禮成，中外奉表稱賀。丙戌，詔減諸路流囚，釋杖以下，推恩如慶壽故事。丁亥，進京鏜等官一級。戊子，立沿邊諸州武舉取士法。

九月庚寅朔，加韓侂胄少師，封平原郡王。丙辰，遣朱致知使金賀正旦。

冬十月庚申朔，封郭師禹爲廣陵郡王。丙子，金遣僕散琦來賀瑞慶節。

十一月己丑朔，詔復右司一員。

十二月辛酉，嗣濮王不秠薨。庚午，命廣東水土惡弱諸州建安仁宅、惠濟倉庫，給士大夫死不能歸者。乙亥，奉安仁懷皇后、憲聖慈烈皇后神御于景靈宫。甲申，金遣范楫來賀明年正旦。

是歲，饒信江撫嚴衢台七州、建昌興國軍、廣東諸州皆水，振之。

六年春正月己亥，子坦生。

二月戊辰，減諸路雜犯死罪囚，釋徒以下。己巳，雨土。己卯，率羣臣奉上《聖安壽仁太上皇玉牒》、《聖政》、《日曆》、《會要》于壽康宫。甲申，封婕妤楊氏爲貴妃。

閏月庚寅，以京鏜爲左丞相，謝深甫爲右丞相，何澹知樞密院事兼參知政事。乙巳，復留正少保、觀文殿大學士致仕。丁未，雨土。辛亥，以殿前副都指揮使吴曦爲昭信軍節度使。

三月甲子，朱熹卒。辛未，從壽成惠慈皇太后幸聚景園。己卯，安定郡王子恭薨。

夏四月己酉，命不壘爲嗣濮王。

五月丙辰，以旱決中外繫囚。除茶鹽賞錢。有司上《慶元寬恤詔令》、《役法撮要》。癸亥，避正殿，減膳。丙寅，詔大理、三衙、臨安府及諸路闕雨州縣釋杖以下囚。戊辰，詔侍從、臺諫、兩省、卿監、郎官、館職疏陳闕失及當今急務。辛未，以久不雨詔中外陳朝廷過失及時政利害。壬申，雨。丁丑，詔三省、樞密院擇臣僚封事可行者以聞。

六月乙酉朔，日有食之。丁亥，以太上皇后違豫，赦。戊子，太上皇后李氏崩。壬辰，遣趙善義賀金主生辰，吴盱使金告哀。戊申，許及之以母憂去位。

秋七月己未，初御後殿。丁卯，以御史中丞陳自强簽書樞密院事。

八月庚寅，以太上皇違豫，赦。辛卯，太上皇崩。甲午，遣李寅仲使金告哀。丙申，上大行太上皇后謚曰慈懿皇后。丁酉，京鏜薨。壬寅，子坦薨，追封邠王，謚沖温。癸卯，權攢慈懿皇后于臨安府南山之修吉寺。

九月乙卯，祔慈懿皇后神主于太廟。甲子，婺州布衣吕祖泰上書，請誅韓侂胄、蘇師旦，逐陳自强等，以周必大代之。詔杖祖泰，配欽州牢城。己巳，命謝深甫朝獻景靈宫。庚午，命嗣濮王不壘朝饗太廟。辛未，合祭天地于明堂。大赦。丙子，遣丁常任爲金國遺留國信使。

冬十月丙戌，加韓侂胄太傅。戊子，遣林桷使金賀正旦。庚子，復加安南國王李龍翰保節功臣。辛丑，雨土。

十一月癸丑朔，詔宗子與愿更名曮，爲福州觀察使。己未，皇后韓氏崩。癸亥，子增生。丙寅，東北地震。上大行太上皇謚曰憲仁聖哲慈孝皇帝，廟號光宗。乙亥，上大行皇后謚曰恭淑皇后。

十二月癸未朔，子增薨，追封郢王，謚沖英。辛卯，雨土。權攢憲仁聖哲慈孝皇帝于永崇陵。己亥，金遣烏古論誼來弔祭。壬寅，權攢恭淑皇后于臨安府南山之廣教寺。癸卯，祔光宗皇帝神主于太廟。遣虞儔使金報謝。詔改明年爲嘉泰元年。蠲臨安、紹興二府民緣攢宮役者賦。戊申，金遣紇石烈忠定來賀明年正旦。己酉，加吴曦太尉。庚戌，祔恭淑皇后神主于太廟。詔罷四川總領所所增闕外四州營田租。

是歲，建寧府、徽嚴衢婺饒信南劍七州水，建康府、常潤楊楚通泰和七州、江陰軍旱，振之。

《宋史》卷三八《寧宗本紀二》 嘉泰元年春正月戊午，申嚴福建科鹽之禁。壬戌，謝深甫等薦士三十有五人，詔籍名中書，以待選擢。丁卯，命路鈐按閲諸州兵士，毋受饋遺及擅招軍，違者置諸法。庚午，以葛邲配饗光宗廟庭。丙子，金遣完顔充來弔祭。

二月戊子，詔求明曆之士。壬辰，開資善堂。遣俞烈使金報謝。癸巳，監察御史施康年劾少傅、觀文殿大學士致仕周必大首倡僞學，私植黨與，詔降爲少保。修《光宗實録》。乙未，續修《吏部七司法》。己亥，初置教官試于四川。辛丑，雨土。

三月丙寅，雨雹。戊辰，復雨雹。頒《慶元寬恤詔令》、《役法撮要》。己巳，雨雹。戊寅，臨安大火，四日乃滅。

夏四月辛巳，詔有司振恤被災居民，死者給錢瘞之。壬午，下詔自責。詔樞密院覈禁衛班直及諸軍營柵焚燬之數。癸未，避正殿，減膳。甲申，命臨安府察姦民縱火者，治以軍法。內降錢十六萬緡，米六萬五千餘石，振被災死亡之家。辛卯，龍州蕃部寇邊，遣官軍討之。詔以風俗侈靡，災後官軍營造，務遵法制。內出銷金鋪翠，焚之通衢，禁民無或服用。丁酉，御正殿，復膳。戊戌，以潛邸爲開元宮。丙午，詔文武臣無寓居州任釐務官，著爲令。

五月戊午，以旱禱于天地、宗廟、社稷，詔大理、三衙、臨安府、兩浙州縣決繫囚。癸亥，釋諸路杖以下囚。除茶鹽賞錢。丁卯，命有司舉行寬恤之政十有六條。乙亥，監太平惠民局夏允中請用文彦博故事，以韓侂胄平章軍國重事。韓侂胄上疏請致仕，不許。免允中官。丙子，雨。丁丑，雨雹。

六月辛巳，遣陳宗召賀金主生辰。

秋七月乙卯，何澹罷。丁巳，以旱復禱于天地、宗廟、社稷。壬戌，釋大理、三衙、臨安府及諸路闕雨州縣杖以下囚。癸亥，雨雹。甲子，以陳自强參知政事兼同知樞密院事，張釜簽書樞密院事。丁卯，復振被火貧民。己巳，以吴曦爲興州都統制兼知興州。

八月己卯，減奏薦恩。甲申，張釜罷，以陳自强兼知樞密院事，給事中張巖參知政事，右諫議大夫程松同知樞密院事。丙戌，復詔侍從、臺諫、兩省集議沿江八州行鐵錢利害。

九月辛亥，遣朝臣二人決浙西圍田。己未，雨土。辛未，遣李景和使金賀正旦。甲戌，令禮官纂集孝宗一朝典禮。

冬十月甲申，詔免瑞慶節諸道入貢。丙戌，起居郎王容請以韓侂胄定策事迹付史館，從之。甲午，金遣徒單懷忠來賀瑞慶節。甲辰，編《光宗御集》。

十一月庚申，蠲潭州民舊輸黄河鐵纜錢。

庚寅，復免臨安府民身丁錢三年。辛丑，雨土。癸卯，金遣紇石烈真來賀明年正旦。

是歲，浙西、江東、兩淮、利州路旱，振之，仍蠲其賦。真里富國獻馴象二。

二年春正月癸亥，以知閤門事蘇師旦兼樞密都承旨。丁卯，陳自强等上《高宗實録》。

二月甲申，追復趙汝愚資政殿學士。丁亥，修《高宗正史》、《寶訓》。戊子，頒《治縣十二事》以風厲縣令。癸巳，禁行私史。

三月辛亥，詔宰執各舉可守邊郡者二三人。己未，初命諸路提刑以五月按部理囚。己巳，詔諸路帥臣、總領、監司舉任將帥者與本軍主帥列上之。

夏四月庚寅，雨雹。

五月甲辰朔，日有食之。己巳，賜禮部進士傅行簡以下四百九十有七人及第、出身。

六月丙子，遣趙不艱賀金主生辰。己卯，臨安火。壬午，濬浙西運河。辛卯，禁都民以火説相驚者。庚子，大雨雹。

秋七月辛亥，封子覯爲安定郡王。癸亥，以旱釋諸路杖以下囚。己巳，命有司舉行寬恤之政七條。庚午，禱于天地、宗廟、社稷。復行寬恤四事。

八月丙子，以吏部尚書袁説友同知樞密院事。癸未，建寶謨閣以藏《光宗御集》。己丑，詔作壽慈宫，請太皇太后還内。甲午，謝深甫等上《慶元條法事類》。

九月己酉，朝壽慈宫。甲寅，修《皇帝會要》。壬戌，奉安光宗皇帝、慈懿皇后神御于景靈宫、萬壽觀。丙寅，嗣秀王伯圭薨，追封崇王，謚曰憲靖。庚午，臨安府野蠶成繭。

冬十月乙亥，上壽成惠慈太皇太后尊號曰壽成惠聖慈祐太皇太后。戊子，金遣完顔瑭來賀瑞慶節。乙未，遣魯誼使金賀正旦。是月，追復朱熹焕章閣待制致仕。

十一月甲辰，始御正殿。乙巳，重修《吏部七司法》。庚戌，以陳自强知樞密院事，前同知樞密院事許及之參知政事。丁巳，右文殿楹生芝。

十二月甲戌率羣臣奉上壽成惠聖慈祐太皇太后册、寶于壽慈宫。甲申，立貴妃楊氏爲皇后。加韓侂冑太師。庚寅，大閲。

閏月丁未，詔講官有當開釋者，隨事開陳。乙卯，以福州觀察使曮爲威武軍節度使，封衛國公。丁卯，金遣徒單公弼來賀明年正旦。是月，復周必大少傅、觀文殿大學士。是冬，子坰生，未踰月薨，追封華王，謚沖穆。

是歲，建寧府、福汀南劍瀘四州水，邵州旱，振之。

三年春正月庚辰，謝深甫罷。壬午，置湖南谿洞總首。戊子，龍州蕃部復寇邊，遣官軍討之。甲午，張巖罷。丙申，以陳自强兼參知政事。戊戌，幸太學，謁大成殿，御化原堂，命國子祭酒李寅仲講《尚書周官篇》。遂幸武學，謁武成殿。監學官進秩一級，諸生推恩賜帛有差。以袁説友參知政事，權翰林學士、知制誥傅伯壽簽書樞密院事，伯壽辭不拜。

二月乙巳，御文德殿册皇后。以吏部尚書費士寅簽書樞密院事。

三月丁丑，以久雨詔大理、三衙、臨安府決繫囚。乙酉，幸聚景園。

夏四月己亥朔，日有食之。壬寅，福州瑞麥生。丙午，出封樁庫兩淮交子一百萬，命轉運司收民間鐵錢。乙卯，陳自强等上《徽宗玉牒》、《孝宗光宗實録》。辛酉，詔宰執、臺諫子孫毋就試。

五月戊寅，以陳自强爲右丞相，許及之知樞密院事，仍兼參知政事。庚辰，以旱詔大理、三衙、臨安府釋杖以下囚。癸未，命有司搜訪舊聞，修三朝正史，以書來上者賞之。是月，以蘇師旦爲定江軍承宣使。

六月壬寅，遣劉甲賀金主生辰。己酉，減大理、三衙、臨安府囚罪一等，釋杖以下。

秋七月辛未，頒《慶元條法事類》。命殿前司造戰艦。壬午，權罷同安、漢陽、蘄春三監鑄錢。癸未，禁江、浙州縣抑納逃賦。乙未，加光宗皇帝謚曰循道憲仁明功茂德温文順武聖哲慈孝皇帝。

八月壬寅，增置襄陽騎軍。戊申，置四川提舉茶馬二員，分治茶馬事。丙辰，陳自强等上《皇帝會要》。甲子，詔刑部歲終比較諸路瘐死之數，以爲殿最。

九月庚午，袁説友罷。壬申，以宗子希瑊爲莊文太子嗣，更名搢，授右千牛衛將軍。癸酉，命阬冶鐵冶司毋得毁私錢改鑄。己丑，詔南郊加祀感生帝，太子、庶子星，宋星。遣張孝曾使金賀正旦。

冬十月庚子，詔宥呂祖泰。癸卯，以費士寅參知政事，華文閣學士、知鎮江府張孝伯同知樞密院事。丙午，命兩淮諸州以仲冬教閲民兵萬弩手。丁未，大風。戊申，龍州蕃部出降。壬子，金遣完顔奕來賀瑞慶節。

十一月壬申，上光宗册、寶于太廟。癸酉，朝獻于景靈宫。甲戌，朝饗于太廟。乙亥，祀天地于圜丘，大赦。癸未，大風。己丑，安定郡王子覯薨。更定選人薦舉改官法。庚寅，復置福田、居養院，命諸路提舉常平司主之。

十二月丙辰，命四川提舉茶馬通治茶馬事。辛酉，下詔戒敕將帥掊克。金遣獨吉思忠來賀明年正旦。是冬，金國多難，懼朝廷乘其隙，沿邊聚糧增戍，且禁襄陽榷場。邊釁之開，蓋自此始。

四年春正月乙亥，大風。濬天長縣濠。壬辰，雨雹。瓊州西浮洞逃軍作亂，寇掠文昌縣，遣兵討平之。

二月丁酉，置莊文太子府小學教授。辛亥，命内外諸軍射鐵帖轉資。壬子，蠲臨安府逋負酒税。己未，立《試刑法避親格》。

三月丁卯，臨安大火，迫太廟，權奉神主于景靈宫。己巳，避正殿。庚午，命臨安府振焚室。辛未，詔修太廟。甲戌，下詔罪己。乙亥，詔百官疏陳時政闕失。庚寅，復御正殿。

夏四月甲午朔，立韓世忠廟于鎮江府。命内外諸軍詳度純隊法。甲辰，許及之罷。振恤江西水旱州縣。乙巳，以費士寅兼知樞密院事，張孝伯參知政事，吏部尚書錢象祖賜出身，同知樞密院事。丙辰，詔革選舉之弊。

五月乙亥，詔諸軍主帥各舉部内將材三人，不如所舉者坐之。癸未，追封岳飛爲鄂王。

六月癸巳，遣張嗣古賀金主生辰。丙申，置諸軍帳前雄効，以軍官子孫補之。壬寅，詔侍從、臺諫、兩省集議裁抑濫賞。壬子，詔諸路監司覈實諸州樁積錢米，沿江、四川軍帥簡練軍實。丁巳，增廬州强勇軍爲千人。

秋七月甲子，以旱詔大理、三衙、臨安府、兩浙及諸路決繫囚。戊辰，禱于天地、宗廟、社稷。己巳，命諸路提刑從宜斷疑獄。蠲内外諸軍逋負營運息錢。辛未，蠲兩浙闕雨州縣逋租。戊子，命諸路提刑、提舉司措置保伍法。

八月己亥，陳自强等上《皇帝玉牒》。癸丑，詔自今以恩賞進秩，歲毋過二官。蠲紹興府攢宫所在民身丁錢絹綿鹽。丙辰，除静江府、昭州折布錢。戊午，張孝伯罷。

九月乙丑，得四圭，有邸玉一，詔藏于太常。壬午，遣鄧友龍使金賀正旦。丙戌，戒飭兩淮州縣遵守寬恤舊法。

冬十月庚子，以資政殿大學士、淮東安撫使張巖參知政事。壬寅，金遣完顔昌來賀瑞慶節。

十一月乙未朔，詔兩淮、荆襄諸州值荒歉奏請不及者，聽先發廪以聞。庚午，封伯栩爲安定郡王。庚辰，修六合縣城。

十二月癸巳，詔總覈内外財賦，以陳自强兼國用使，費士寅、張巖同知國用事。己亥，詔改明年爲開禧元年。壬寅，禁州縣挾私籍没民産。甲辰，再蠲臨安府民身丁錢三年。乙卯，金遣烏林答毅來賀明年正旦。

開禧元年春正月癸酉，初置澉浦水軍。壬午，雨雹。

二月癸巳，奪徐安國三官。癸卯，詔國用司立考覈財賦之法。丙午，蠲臨安府逋負酒税。

三月辛未，申嚴民間生子棄殺之禁，仍令有司月給錢米收養。辛巳，以淮西安撫司所招軍爲强勇軍。癸未，費士寅罷。

夏四月戊子朔，以錢象祖參知政事兼同知樞密院事，吏部尚書劉德秀簽書樞密院事。辛卯，以江陵副都統李奕爲鎮江都統，皇甫斌爲江陵副都統兼知襄陽府。戊戌，修《憲聖慈烈皇后聖德事迹》。甲寅，武學生華岳上書，諫朝廷不宜用兵，恐啓邊釁。以忤韓侂胄，送建寧府編管。乙卯，大風。

五月己巳，賜禮部進士毛自知以下四百三十有三人及第、出身。復淳熙薦舉改官法。乙亥，詔以衛國公曮爲皇子，進封榮王。甲申，鎮江都統戚拱遣忠義人朱裕結弓手李全焚漣水縣。是月，金國以邊民侵掠及增邊戍來責渝盟。

六月戊子，罷廣東税場八十一墟。辛卯，詔内外諸軍密爲行軍之計。戊戌，命諸路安撫司教閲禁軍。己亥，遣李壁賀金主生辰。庚子，進程松資政殿大學士，爲四川制置使。辛丑，淮東安撫鄭挺坐擅納北人牛真及劫漣水軍事敗，奪二官罷。壬寅，復同安、漢陽、蘄春三監。己巳，陳自强等上《新修淳熙以後吏部七司法》。壬子，陳自强及侍御史鄧友龍等請用本朝故事，以韓侂胄平章軍國事。減大理、三衙、臨安府囚罪一等，釋杖以下。

秋七月庚申，詔韓侂胄平章軍國事，立班丞相上，三日一朝，赴都堂治事。命興元都統司增招戰兵。丙寅，以蘇師旦爲安遠軍節度使領閤門事。丁卯，詔侍從、兩省、臺諫、在外待制學士已上及内外文武官，各舉將帥邊守一二人。戊辰，贈趙汝愚少保。己卯，韓侂胄等上《高宗御集》。壬午，詔諸路提刑、提舉司措置保甲。癸未，以韓侂胄兼國用使。以旱詔大理、三衙、臨安府、兩浙州縣及諸路決繫囚。

八月丙戌朔，蠲兩浙闕雨州縣贓賞錢。丁亥，命湖北安撫司增招神勁軍。癸巳，雨。乙巳，以殿前副都指揮使郭倪爲鎮江都統兼知揚州。是月，贈宇文虚中少保，追封劉光世爲鄜王。

閏月戊寅，韓侂胄等上《欽宗玉牒》、《憲聖慈烈皇后聖德事迹》。

九月丁亥，劉德秀罷。庚子，詔官吏犯贓追還所受，如舊法。丁未，遣陳景俊使金賀正旦。庚戌，大風。

冬十月甲子，江州守臣陳鑄以歲旱圖獻瑞禾，詔奪一官。丙寅，升嘉定府爲嘉慶軍。庚午，金遣紇石烈子仁來賀瑞慶節。復置和州馬監。

十一月乙酉，置殿前司神武軍五千人屯揚州。乙未，申嚴告訐之禁。

十二月癸丑朔，修《孝宗》、《光宗御集》。庚午，詔兩淮京西監司、帥守講行寬恤之政。增刺馬軍司弩手。癸酉，詔永除兩浙身丁錢絹。戊寅，金遣趙之傑來賀明年正旦，入見，禮甚倨。韓侂胄請帝還内，詔使人更以正旦朝見。著作郎朱質上書請斬金使，不報。

是歲，真里富國獻瑞象。江浙、福建、二廣諸州旱，兩淮、京西、湖北諸州水，振之。

二年春正月癸未朔，蠲兩浙路身丁紬綿。癸巳，再給軍士雪寒錢。發米振

給貧民。以金使悖慢，館伴使、副以下奪官有差。乙未，增太學内舍生爲百二十人。辛丑，更名國用司曰國用參計所。己酉，雷，雨雹。辛亥，詔坑户毁錢爲銅者不赦，仍籍其家，著爲令。是月，雅州蠻高吟師寇邊，遣官軍討之。

二月癸丑，壽慈宫火。甲寅，太皇太后移居大内，車駕月四朝。乙卯，以火災避正殿，徹樂。丁巳，以久雨詔大理、三衙、臨安府及諸路決繫囚。己卯，復御正殿。

三月癸巳，以程松爲四川宣撫使，吴曦爲宣撫副使。甲午，頒《開禧重修七司法》。丁酉，詔諸路監司歲十一月按部理囚，如五月之制。己亥，從太皇太后幸聚景園。乙巳，錢象祖罷，以張巖兼知樞密院事。丙午，以錢象祖懷姦避事，奪二官，信州居住。己酉，知處州徐邦憲入見，請立太子，因以肆赦弭兵，侍御史徐柟劾罷之。

夏四月己未，雅州蠻作亂，焚碉門砦，官軍失利；庚申，四川宣撫司復調御前大軍往討之。甲子，以薛叔似爲兵部尚書、湖北京西宣撫使，鄧友龍爲御史中丞、兩淮宣撫使。下納粟補官之令。戊辰，以吴曦兼陝西、河東路招撫使。己巳，調三衙兵增戍淮東。庚午，追奪秦檜王爵，命禮官改謚。乙亥，以郭倪兼山東、京東路招撫使，鄂州都統趙淳兼京西北路招撫使，皇甫斌兼京西北路招撫副使。丁丑，吴曦遣其客姚淮源獻關外四州于金，求封蜀王。鎮江都統制陳孝慶復泗州，江州統制許進復新息縣。戊寅，光州忠義人孫成復褒信縣。

五月辛巳朔，陳孝慶復虹縣。吴興郡王抦薨，追封沂王，謚曰靖惠。癸未，禁邊郡官吏擅離職守。丙戌，江州都統王大節引兵攻蔡州不克，軍大潰。丁亥，下詔伐金。癸巳，以伐金告于天地、宗廟、社稷。皇甫斌引兵攻唐州，敗績。興元都統秦世輔出師至城固縣，軍大亂。甲午，賜宗室希瞿子名均，命爲沂王抦後，補千牛衛將軍。以池州副都統郭倬、主管馬軍行司公事李汝翼會兵攻宿州，敗績。壬寅【略】簡荆襄、兩淮田卒以備戰兵。癸卯，郭倬等還至蘄縣，金人追而圍之，倬執馬軍司統制田俊邁以與金人，乃得免。

六月壬子，王大節除名，袁州安置，尋徙封州。癸丑，建康都統李爽攻壽州，敗績。甲寅，鄧友龍罷。以江南東路安撫使丘崈爲刑部尚書、兩淮宣撫使。乙卯，雅州蠻高吟師出降，官軍殺之。丁巳，減大理、三衙、臨安府囚罪一等，釋杖以下。奪郭倬、李汝翼三官。辛酉，奪皇甫斌三官。甲子，李爽罷。丁卯，曲赦泗州，減雜犯死罪囚，餘皆除之，蠲其租税三年。建康副都統田琳復壽春府。戊辰，雅州蠻復寇邊。甲戌，奪李爽三官、汀州居住。再奪皇甫斌五官、南安軍安置。丙子，奪鄧友龍三官、興化軍居住。戊寅，蘇師旦罷。是月，命丘崈至揚州部署諸將，悉三衙江上軍分守江、淮要害。金人封吴曦爲蜀王。

秋七月辛巳，復紹興邊郡賞。奪蘇師旦三官，衡州居住，仍籍其家。罷旱傷州軍比較租賦一年。詔侍從、臺諫、兩省、卿監、郎官、監司、郡守、前宰執侍從，各舉人材二三人。壬午，雅州蠻出降。庚子，蘇師旦除名，韶州安置。癸卯，以張巖知樞密院事，禮部尚書李壁參知政事。乙巳，置沂王府小學教授。

八月丙寅，有司上《開禧刑名斷例》。斬郭倬于鎮江。戊辰，再奪李爽三官、南雄州安置。辛未，詔諸州無證有佐之獄毋奏裁。壬申，以淮東安撫司所招軍爲御前强勇軍。

九月壬午，金兵攻奪和尚原。己丑，朝獻于景靈宫。庚寅，朝饗于太廟。辛卯，合祭天地于明堂，大赦。乙巳，賞復泗州功。

冬十月戊申朔，詔内外軍帥各舉智勇可將帥者二人。辛酉，以將士暴露，罷瑞慶節宴。丙子，金人自清河口渡淮，遂圍楚州。

十一月庚辰，命主管殿前司公事郭杲領兵駐真州以援兩淮。辛巳，金人破棗陽軍。甲申，以丘崈簽書樞密院事，督視江、淮軍馬。金人犯神馬坡，江陵副都統魏友諒突圍趨襄陽。乙酉，趙淳焚樊城。戊子，金人犯廬州，田琳拒退之。癸巳，以金人犯淮告于天地、宗廟、社稷。乙未，避正殿，減膳。以湖廣總領陳謙爲湖北、京西宣撫副使。丙申，金人去廬州。丁酉，金人犯舊岷州，守將王喜遁去。戊戌，金人圍和州，守將周虎拒之。金人破信陽軍。辛丑，金人圍襄陽。壬寅，金人破隨州。癸丑，太皇太后賜錢一百萬緡犒賞軍士。詔諸路招填禁軍以待調遣。甲辰，金人犯真州。乙巳，金人破西和州。是月，濠州、安豐軍及邊屯皆爲金人所破。

十二月戊申，金人圍德安府，守將李師尹拒之。庚戌，金人破成州，守臣辛槱之遁去。吴曦焚河池縣，退屯青野原。辛亥，釋大理、三衙、臨安府杖以下囚。癸丑，金人去和州。甲寅，金人攻六合縣，郭倪遣前軍統制郭僎救之，遇于胥浦橋，大敗，倪棄揚州走。丁巳，金人破大散關。癸亥，魏友諒軍潰于花泉，走江陵。丁卯，金人犯七方關，興州中軍正將李好義拒卻之。戊辰，吴曦還興州。金人自淮南退師，留一軍據濠州。己巳，罷郭倪，奪三官，責授果州團練副使，南康軍安置。庚午，薛叔似、陳謙罷。以荆湖北路安撫使吴獵爲湖北、京西宣撫使。

復兩浙圍田，募兩淮流民耕種。癸酉，吴曦始自稱蜀王。甲戌，以鎮江副都統畢再遇爲鎮江都統、權山東京東路招撫司公事。乙亥，四川宣撫使程松遁。

三年春正月丁丑朔，丘崈罷。己卯，命知樞密院事張巖督視江、淮軍馬。庚辰，以陳自强兼樞密使。癸未，金人破階州。丁亥，子圻生。庚寅，詔建康府給淮民裝錢，遣歸業。辛卯，吴曦招通判興元府、權大安軍事楊震仲，震仲不屈，死之。癸巳，命兩淮帥守、監司招集流民。甲午，吴曦僭位于興州。甲辰，奪池州都統陳孝慶三官罷。

二月壬子，以金師退，御正殿，復膳。甲寅，削奪福建路總管兼延祥水軍統制商榮官爵，柳州安置。己未，罷程松四川宣撫使，以成都府路安撫使楊輔爲四川制置使，沿江制置使葉適兼江、淮制置使。庚申，以旱詔大理、三衙、臨安府決繫囚。癸亥，子圻薨，追封順王，謚沖懷。甲子，振給旱傷州縣貧民。命諸路提刑司從宜斷疑獄。丁卯，罷江、浙、荆湖、福建招軍。戊辰，子埛生。庚午，金人去襄陽。辛未，以旱禱于天地、宗廟、社稷。命有司舉行寬恤之政八條，蠲兩淮被兵諸州今年租賦。乙亥，釋兩浙路杖以下囚。四川宣撫副使司隨軍轉運安丙及興州中軍正將李好義、監四川總領所興州合江倉楊巨源等共誅吴曦，傳首詣行在，獻于廟社，梟三日，四川平。併誅曦妻子，家屬徙嶺南，奪其父挺官。還吴璘子孫出蜀，存其廟祀，玠子孫免連坐。

三月丙子朔，蠲兩淮被兵州郡役錢。丁丑，斬僞四川都轉運使徐景望于利州。壬辰，興州將劉昌國引兵至階州，金人退去。癸巳，李好義復西和州。丁酉，金人去成州。庚子，詔以楊輔爲四川宣撫使，安丙爲端明殿學士、四川宣撫副使，起居舍人許奕爲四川宣諭使。落程松資政殿大學士，奪六官，筠州安置。忠義統領張翼復鳳州。辛丑，曲赦四川，減雜犯死罪囚，釋杖以下。壬寅，責授程松順昌軍節度副使，澧州安置。

夏四月戊申，以吴獵兼四川宣諭使。子埛薨，追封申王，謚沖懿。癸丑，赦兩淮、湖北、京西被兵諸州，減雜犯死罪囚，釋流以下。蠲湖北、京西諸郡今年租賦。四川忠義人復大散關。己未，奉使金國通謝、國信所參議官方信孺發行在。庚申，以兵部尚書宇文紹節知江陵府，權湖北、京西宣撫使。壬戌，詔吴獵與宣撫司議，分興州都統司軍之半屯利州。丁卯，召楊輔詣行在，以吴獵爲四川制置使。戊辰，以資政殿學士錢象祖參知政事。己巳，改興州爲沔州。庚午，贈楊震仲官，仍官其子一人。癸酉，金人復破大散關。甲戌，赦西和、階、成、鳳四州。

五月丁丑，賞誅吴曦功。戊寅，用四川宣撫司奏，吴曦黨人張仲之等一十六人除名，編配兩廣及湖南諸州。己丑，以旱禱于天地、宗廟、社稷。辛卯，以太皇太后謝氏有疾，赦，是日崩。四川宣撫副使司參贊軍事楊巨源與金人戰于長橋，敗績。戊戌，詔四川宣撫、制置司分治兵民。庚子，復置沔州副都統制，以李好義爲之。辛丑，李好義襲秦州，敗還。

六月甲寅，賞守襄陽功。己未，李好義遇毒死。癸亥，以林拱辰爲金國通謝使，遣富琯使金告哀，劉彌正賀金主生辰。癸酉，安丙殺其參議官楊巨源。

秋七月己卯，命不儔爲嗣濮王。乙酉，以災傷下詔罪己。

八月己巳，上大行太皇太后謚曰成肅皇后。

九月丁丑，詔諸路帥臣申儆邊備。辛巳，召張巖詣行在。壬午，方信孺以忤韓侂胄，坐用私覿物擅作大臣饋遺金將，奪三官，臨江軍居住。甲申，減極邊官吏舉主員。乙酉，權欑成肅皇后于永阜陵。丙戌，命淮西轉運司措置雄淮軍。辛卯，以趙淳爲殿前副都指揮使兼江、淮制置使。乙未，張巖罷。辛丑，遣王柟持書赴金國都副元帥府。壬寅，祔成肅皇后神主于太廟。

冬十月乙巳，減臨安、紹興二府囚罪一等，蠲民緣欑宮役者賦。丙午，更殿前司純隊法。乙卯，復珍州遵義軍。丙辰，詔以邊事諭軍民。

十一月甲戌，詔：「韓侂胄輕啓兵端，罷平章軍國事；陳自强阿附充位，罷右丞相。」乙亥，禮部侍郎史彌遠等以密旨命權主管殿前司公事夏震誅韓侂胄于玉津園。以錢象祖兼知樞密院事，李壁兼同知樞密院事。以誅韓侂胄詔天下。丁丑，以夏震爲福州觀察使、主管殿前司公事，將士行賞有差。奪陳自强三官，永州居住。戊寅，責授蘇師旦武泰軍節度副使、韶州安置；己卯，斬之。詔：「姦臣竄殛，當首開言路，以來忠讜。中外臣僚，各具所見以聞。」辛巳，再奪鄧友龍五官，南雄州安置，尋除名徙循州。乙酉，置御前忠鋭軍。丙戌，以御史中丞衛涇簽書樞密院事兼參知政事。丁亥，詔立皇子榮王曮爲皇太子，更名㬂。戊子，郭倪除名，梅州安置；郭僎除名，連州安置；仍籍其家。奪李壁三官，撫州居住。癸巳，奪張巖二官，徽州居住。己亥，以立皇太子大赦。

十二月癸卯，以丘崈爲江、淮制置大使。罷山東、京東招撫司。以許奕爲金國通問使。丁未，罷京西北路招撫司。己酉，落葉適寶文閣待制。蠲兩淮州軍税一年。庚戌，奪許及之二官，泉州居住。奪薛叔似二官，福州居住。再奪皇甫斌五官，英德府安置。癸丑，金人復破隨州。辛酉，以錢象祖爲右丞相兼樞密

使，衛涇及給事中雷孝友並參知政事，吏部尚書林大中簽書樞密院事。乙丑，以禮部尚書史彌遠同知樞密院事。丙寅，贈呂祖儉朝奉郎、直祕閣，官其子一人。丁卯，詔改明年爲嘉定元年。

是歲，浙西旱蝗，沿江諸州水。

《宋史》卷三九《寧宗本紀三》　嘉定元年春正月戊寅，右諫議大夫葉時等請梟韓侂胄首于兩淮以謝天下，不報。辛巳，下詔求言。壬午，王柟還自河南，持金人牒，求韓侂胄首。丙戌，葉時等復請梟侂胄首于兩淮。戊子，安定郡王伯栩薨。壬辰，以史彌遠知樞密院事，以許奕爲金國通謝使。

二月戊申，追復趙汝愚觀文殿大學士，謚忠定。詔史官改紹熙以來韓侂胄事迹。壬子，詔臨安府振給流民。戊午，責授程松果州團練副使，賓州安置。是月，郴州黑風峒寇羅世傳作亂，招降之。

三月癸酉，以毛自知首論用兵，奪進士第一人恩例。戊子，下詔戒飭內外羣臣。復秦檜王爵、贈謚。己丑，王柟自軍前再還行在，議以韓侂胄函首易淮、陝侵地。辛卯，詔梟侂胄首于兩淮。是春，子坦生。

夏四月丙辰，詔後省科別羣臣奏疏可行者以聞。贈彭龜年寶謨閣直學士，落李沐寶文閣學士。戊午，再責授陳自强復州團練副使，雷州安置，仍籍其家。

閏月辛未，置拘榷安邊錢物所。壬申，雨雹。癸未，子垍薨，追封肅王，謚沖靖。詔大理、三衙、臨安府及諸路闕雨州縣決繫囚，釋杖以下。甲申，詔自今視事令皇太子侍立。乙酉，以錢象祖兼太子少傅，衛涇、雷孝友、林大中並兼太子賓客。辛卯，以旱禱于天地、宗廟、社稷。癸巳，減常膳。乙未，蠲兩浙闕雨州縣貧民逋賦。命大理、三衙、臨安府、兩浙州縣決繫囚。丙申，幸太乙宮、明慶寺禱雨。丁酉，以旱詔求言。

五月辛酉，賜禮部進士鄭自成以下四百二十有六人及第、出身。乙丑，以飛蝗爲災，減常膳。丁卯，詔侍從、臺諫疏奏闕政，監司、守令條上民間利害。

六月庚午，金人歸大散關。辛未，金人歸濠州。乙亥，衛涇罷。丙子，遣鄒應龍賀金主生辰。甲申，林大中薨。乙酉，以蝗禱于天地、社稷。丙戌，詔侍從、兩省、臺諫舉沿邊守臣。辛卯，以史彌遠兼參知政事。

秋七月辛丑，詔呂祖泰特補上州文學。癸丑，以丘崈同知樞密院事。壬戌，以飛蝗爲災，詔三省疏奏寬恤未盡之事。

八月戊辰朔，發米振貧民。辛未，丘崈卒。甲戌，命侍從、臺諫、兩省詳議會子折閱利害。辛巳，以禮部尚書婁機同知樞密院事，吏部尚書樓鑰簽書樞密院事。丙戌，詔禮部侍郎許奕、起居舍人曾從龍攷訂監司、守令所陳民間利害，擇可行者以聞，其未上者趣之。甲午，發米二十萬，振糶江、淮流民。

九月辛丑，金使完顏侃、喬宇入見。壬子，出安邊所錢一百萬緡，命江、淮制置大使司糴米振饑民。己未，詔以和議成諭天下。甲子，遣曾從龍使金賀正旦。乙丑，大風。赦沿邊諸州。

冬十月丙子，以錢象祖爲左丞相，史彌遠爲右丞相。雷孝友知樞密院事仍兼參知政事，婁機參知政事，樓鑰同知樞密院事。己卯，褒録慶元上書楊宏中等六人。庚辰，封伯柷爲安定郡王。辛巳，蔡璉除名，配贛州牢城。癸未，金遣使來賀瑞慶節。

十一月丙辰，金主璟殂。戊午，史彌遠以母憂去位。

十二月戊辰，錢象祖罷。庚午，四川初行當五大錢。升嘉興府爲嘉興軍。再奪李沐三官，信州居住。戊寅，改命曾從龍使金弔祭。己卯，黎州蠻畜卜寇邊。己丑，遣宇文紹彭使金賀即位。辛卯，蠲兩淮州軍二稅一年。

是歲，江、淮制置司汰雄淮軍歸農，淮東揀刺八千餘人以補鎮江大軍及武鋒軍之闕，淮西揀刺二萬六千餘人以爲御前定武軍。

二年春正月庚子，詔內外有司疏陳節用之事。辛丑，金遣裴滿正來告哀。丁巳，以樓鑰參知政事，御史中丞章良能同知樞密院事，吏部尚書宇文紹節簽書樞密院事。庚申，金遣蒲察知剛來獻遺留物。詔侍從、兩省、臺諫各舉監司、郡守治行尤異者二三人。

二月己巳，金遣使來告即位。庚午，黎州蠻寇邊。壬午，以會子折閱日甚，詔侍從、兩省以下各疏奏所見。丁亥，罷法科試經義，復六場舊法。戊子，大風。

三月丙申，雨雹。己酉，詔：民以減會子之直籍没家財者，有司立還之。戊午，禁兩淮官吏私買民田。庚申，命浙西及沿江諸州給流民病者藥。辛酉，罷漳泉福三州、興化軍賣廢寺田。壬戌，出內庫錢十萬緡爲臨安貧民棺櫝費。

夏四月乙丑，詔諸路監司督州縣捕蝗。戊辰，江、淮制置司言，放廬、濠二州忠義軍歸農。甲申，賜臨安諸軍死者棺錢。戊子，賜楊震仲謚曰節毅。

五月丙申，史彌遠起復。丁酉，以旱詔諸路監司決繫囚，劾守令之貪殘者。戊戌，借補訓武郎羅日愿謀爲變，伏誅。庚子，詔侍從、兩省、臺諫各舉監司、郡守有政績才望者二人，以補郎官之闕。辛丑，申命州縣捕蝗。癸卯，詔兩淮、荆

襄守令以户口多寡爲殿最。乙卯，釋大理、三衙、臨安府、兩浙州縣杖以下囚。除茶鹽賞錢。己未，以旱詔羣臣上封事。庚申，禱于天地、宗廟、社稷。

六月癸亥朔，命浙西諸州諭民種麻豆，毋督其租。詔臺省及諸路監司速決滯獄。戊辰，奉安成肅皇后神御于景靈宫。己巳，遣俞應符賀金主生辰。乙酉，復禱雨于天地、宗廟、社稷。己丑，命江西、福建、二廣豐稔諸州糴運以給臨安，仍償其費。辛卯，京湖制置司言，放諸州新軍及忠義人歸農。

秋七月癸巳，命有司舉行寬恤之政五條。乙未，詔荒歉州縣七歲以下男女聽異姓收養，著爲令。己亥，蠲信陽、荆門、漢陽軍民賦。壬寅，命兩淮轉運司給諸州民麥種。癸卯，募民以振饑免役。

八月甲子，聽兩淮諸州民行鐵錢于沿江八州。乙丑，以安丙爲四川制置大使，罷宣撫司。甲戌，冊皇太子。丁丑，皇太子謁于太廟。戊寅，詔皇太子更名詢。己卯，黎州蠻復寇邊。丙戌，發米十萬石振兩淮飢民。

九月己亥，朝獻于景靈宫。庚子，朝饗于太廟。辛丑，合祭天地于明堂，大赦。丙午，增太學内舍生十員。癸丑，命吏部郎官劉爚等審定中外所陳會子利害，上于朝。己未，遣費培使金賀正旦。

冬十月丁卯，命京湖制置司募逃卒及放散忠義以補廂、禁軍闕。丁丑，金遣使來賀瑞慶節。己丑，命兩淮轉運司給諸州民稻種。減公私房廊白地錢什之三。

十一月辛卯朔，沔州統制張林等謀作亂，事覺，貸死除名，廣南羈管。甲午，詔浙西監司募飢民修水利。乙未，以歲饑罷雪宴。是月，郴州黑風峒寇李元礪作亂，衆數萬，連破吉、郴諸縣，詔遣荆、鄂、江、池四州軍討之。

十二月甲子，四川制置大使司調官軍討黎州蠻，敗績。己巳，賜朱熹謚曰文。乙亥，詔諸州毋糴職田租。丙戌，金遣使來賀明年正旦。

是歲，諸路旱蝗，揚楚衡郴吉五州、南安軍盜起。

三年春正月甲辰，下詔招諭羣盜。又詔戒飭監司、郡守。丙午，雨土。

二月辛酉，黎州蠻復寇邊。庚午，詔楚州武鋒軍歲給累重錢，如大軍例。壬午，以工部侍郎王居安知隆興府，督捕峒寇。

三月丁酉，蠲都城及荒歉諸州民間逋負。己亥，以湖南轉運判官曹彦約知潭州，督捕峒寇。庚子，賜彭龜年謚曰忠肅。甲寅，誅楚州渠賊胡海。丙辰，以久雨釋兩浙州縣繫囚。

夏四月癸亥，李元礪犯南雄州，官軍大敗。乙丑，決臨安繫囚，釋杖以下。丙寅，詔監司、守臣安集泰、吉二州民經賊蹂踐者。戊辰，出内庫錢二十三萬緡賜臨安軍民。己巳，詔臨安府給細民病死者棺櫬。

五月乙未，淮東賊悉平，詔寬恤殘破州縣。甲辰，以去歲旱蝗百官應詔封事，命兩省擇可行者以聞。乙巳，命沿海諸州督捕海寇。戊申，經理兩淮屯田。庚戌，以江陵忠勇軍爲御前忠勇軍。癸丑，以久雨發米振貧民。

六月丁巳朔，日有食之。壬戌，命有司舉行寬恤之政十有九條。癸亥，遣黄中賀金主生辰。己卯，加楊次山少保，封永陽郡王。詔三衙、江上、四川諸軍主帥核實軍籍，欺冒者以贓論。是月，池州副都統許俊、江州副都統劉元鼎與李元礪戰于江西，皆不利；知潭州曹彦約又與賊戰，亦爲所敗，賊勢愈熾。

秋七月辛卯，申嚴圍田增廣之禁。癸卯，定南班爲三十員。

八月乙亥，大風拔木。是月，臨安府蝗。

九月丙戌朔，詔三衙、江上諸軍，升差將校必以材藝年勞，其徇私者，臺諫及制置、總領劾之。癸丑，遣錢仲彪使金賀正旦。

冬十月壬申，雷。金遣使來賀瑞慶節。丁丑，推南雄州戰歿將士恩。

十一月癸巳，賞楚州平賊功。乙巳，遣朝臣二人往兩浙路與提舉官議收浮鹽。是月，李元礪迫贛州、南安軍，詔以重賞募人討之。

十二月丙辰，詔江、淮諸司嚴飭守令安集流民。戊午，婁機罷。丙寅，湖南賊羅世傳縛李元礪以降，峒寇悉平。辛巳，金遣使來賀明年正旦。黎州蠻請降。

是歲，臨安紹興二府、嚴衢二州大水，振之，仍蠲其賦。

四年春正月己丑，敍州蠻攻嘉定府利店砦，陷之。甲辰，以四川鹽擔錢對減激賞絹一年。丙午，詔：湖南、江西諸州經賊蹂踐者，監司、守臣考縣令安集之實，第其能否以聞。

二月乙卯，李元礪伏誅。壬戌，羅世傳補官，尋復叛。辛巳，罷廣西諸州牛税。

閏月丁未，大風。辛亥，詔：諸路帥臣、監司、守令格朝廷振恤之令及盗發不即捕者，重罪之。

三月己未，臨安府振給病民，死者賜棺錢。丙子，沔州將劉世雄等謀據仙人原作亂，伏誅。

夏四月甲申，禁兩浙、福建州縣科折鹽酒。己丑，以吴曦没官田租代輸關外

四州旱傷秋税。丙午，賜黑風峒名曰效忠。戊申，出内庫錢瘞疫死者貧民。是月，四川制置大使司置安邊司以經制蠻事，命成都路提刑李㮚、潼川路安撫許奕共領之。

五月乙亥，賜禮部進士趙建大以下四百六十有五人及第、出身。

六月丁亥，遣余嶸賀金主生辰，會金國有難，不至而還。減京畿囚罪一等，釋杖以下。辛丑，更定四川諸軍軍額。

秋七月丙寅，詔四川官吏嘗受僞命者自今毋得叙用。丁丑，詔：軍興以來爵賞冒濫者聽自陳，除其罪。

九月辛酉，敘州蠻寇邊。乙亥，羅世傳爲其黨所殺。丁丑，遣程卓使金賀正旦。詔：附會開邊得罪之人，自今毋得叙用。

冬十月甲辰，以金國有難，命江淮、京湖、四川制置司謹邊備。

十一月己酉朔，日有食之。癸丑，賞平峒寇功。甲戌，申嚴諸軍升差之制。

十二月辛巳，奉議郎張鎡坐扇搖國本除名，象州羈管。癸未，以會子折閱不行，遣官體訪江、浙諸州。乙巳，金遣使來賀明年正旦。

是歲，金國有難，賀生辰使不至。

五年春正月己巳，詔諸路通行兩浙倍役法，著爲令。壬申，賜李好義謚曰忠壯。

二月壬午，罷兩淮軍興以來借補官。

三月庚戌，四川制置司遣兵分道討敘州蠻，其酋米在請降。戊辰，以久雨詔大理、三衙、臨安府、兩浙州縣決繫囚。甲戌，以廣東、湖南、京西盜平，監司、帥臣進職有差。

夏五月癸酉，安南國王李龍翰卒，以其子昊旵爲安南國王。詔：州縣見役人毋納免役錢，役滿復輸。

六月癸未，遣傅誠賀金主生辰。乙酉，禁銅錢過江。

秋七月庚申，賞降敘州蠻功。戊辰，以雷雨毁太廟屋，避正殿減膳。

八月甲戌朔，御後殿，復膳。

九月己酉，有司上《續編中興禮書》。庚戌，遵義砦夷楊焕來獻馬。辛未，罷沿海諸州海船錢。遣應武使金賀正旦。

冬十月辛巳，詔諸路總領官歲舉堪將帥者二三人，安撫、提刑舉可備將材者各二人。戊子，金遣使來賀瑞慶節。戊戌，雷。遣使弔祭安南。

十一月庚申，朝獻于景靈宫。辛酉，朝饗于太廟。壬戌，祀天地于圜丘，大赦。

十二月丁丑，再蠲濠州租税一年。壬午，詔蠲州縣横增税額。己亥，金遣使來賀明年正旦。

六年春正月庚申，宇文紹節卒。詔侍從、臺諫、兩省官、帥守、監司各舉實才二三人。

二月丙戌，有司上《嘉定編修吏部條法總類》。乙未，詔宗室毋與胥吏通姻，著爲令。

三月癸亥，樓鑰罷。

夏四月丙子，以章良能參知政事。甲午，復法科試經義法，雜流進納人不預。

五月丁卯，以旱命大理、三衙、臨安府決繫囚。戊辰，修慶元六年以來寬恤詔令。

六月乙亥，詔刑部歲終上諸州未決之獄于尚書省，擇其最久者罪之。丁丑，遣董居誼賀金主生辰，會金國亂，不至而還。丁亥，復監司臧否守令及監司、郡守舉廉吏所知法。丙申，詔三衙、江上諸軍主帥各舉堪將帥者二三人。

八月己巳朔，詔諸路監司、帥臣舉所部官吏之才行卓絶、績用章著者。庚午，知思州田宗範謀作亂，夔州路安撫司遣兵討平之。是月，金人弒其主允濟。

九月甲辰，蠲京、湖諸州逋負二十八萬餘緡。

閏月戊辰朔，詔御史臺置考課監司簿。丙戌，以金主新立，命四川謹邊備。己丑，詔湖北監司、守令振恤旱傷。癸巳，雷。甲午，史彌遠等上《三祖下七世仙源類譜》、《高宗寶訓》、《皇帝玉牒》、《會要》。乙未，大雷。丙申，以雷發非時，下罪己詔。

冬十月丁酉朔，申嚴互送之禁。戊申，遣真德秀賀金主即位，會金國亂，不至而還。庚戌，遣李㮚使金賀正旦，亦不至而還。甲子，金遣使來告即位。

十一月癸未，虚恨蠻寇嘉定府之中鎮砦。

十二月壬寅，蠲瓊州丁鹽錢。癸亥，金遣使來賀明年正旦。

是歲，兩浙諸州大水，振之。

七年春正月丁卯朔，四川制置司遣提舉皂郊博馬務何九齡率諸將及金人戰于秦州城下，敗還。丁丑，章良能薨。壬午，沔州都統王大才斬何九齡，梟首境

上，以其事聞。

三月丁卯，以安丙同知樞密院事，成都府路安撫使董居誼爲四川制置使。庚辰，金國來督二年歲幣。戊子，金人來止賀正旦使。

夏四月癸卯，蠲福建沿海諸州貧民納鹽。

五月乙酉，賜禮部進士袁甫以下五百四人及第、出身。

六月辛丑，以旱命諸路州軍禱雨。甲辰，詔諸路監司、守臣速決滯訟。丙午，蠲兩浙路諸州贓賞錢。壬子，釋大理、三衙及兩浙路杖以下囚。丁巳，置嘉定府邊丁二千人以備蠻。

秋七月甲子朔，以左諫議大夫鄭昭先簽書樞密院事兼權參知政事。戊辰，詔省吏毋授參議官。乙亥，金人來告遷于南京。庚寅，以起居舍人真德秀奏，罷金國歲幣。是月，夏人以書來四川，議夾攻金人，不報。

八月癸巳朔，罷關外四州所增方田稅。乙未，罷四川宣制司所補官。癸卯，復建宗學，置博士、諭各一人，弟子員百人。金國復來督歲幣。乙巳，禁州縣沮壞義役。戊申，詔以安丙爲觀文殿學士、知潭州。

九月壬戌朔，日有食之。乙丑，史彌遠等上《高宗中興經武要略》。戊寅，調殿前司兵增戍天長縣。丙戌，以久雨釋大理、三衙、臨安府杖以下囚。庚寅，釋兩浙路杖以下囚。除茶鹽賞錢。

冬十月壬辰朔，出内帑錢振臨安府貧民。

十一月辛酉朔，遣聶子述使金賀正旦。刑部侍郎劉爚等及太學諸生上章言其不可，不報。丙戌，命浙東監司發常平米振災傷州縣。罷四川制置大使司所開鹽井。

十二月甲午，復罷同安監鑄錢。丁巳，金遣使來賀明年正旦。

是歲，黎州蠻畜卜始降。

八年春正月辛未，命師禹嗣秀王。詔侍從、兩省、臺諫各舉將材三人。己卯，遣丁焴賀金主生辰。戊子，申嚴銷金鋪翠之禁。

二月丙午，雷孝友罷。壬子，蠲平江等五郡逋負米，釋其繫囚。己未，雨土。

三月辛酉，詔大郡歲舉廉吏二人，小郡一人。乙亥，以旱命諸路州縣禱雨。丙子，蠲臨安府茶鹽賞錢。釋兩浙諸州繫囚。辛巳，應賢良方正能直言極諫科何致，坐妄造事端，營惑衆聽，配廣州牢城。癸未，安定郡王伯栿薨。丙戌，釋江、淮闕雨州郡杖以下囚。

夏四月乙未，幸太一宫、明慶寺禱雨。辛丑，避正殿，減膳。壬寅，禱雨于天地、宗廟、社稷。癸卯，詔中外臣民直言時政得失。乙巳，減臨安及諸路雜犯死罪以下囚，釋杖以下。

五月辛未，雨。己卯，命利州路安撫司招刺忠義人。辛巳，御正殿，復膳。癸未，復命有司禱雨。甲申，詔贓吏毋得減年參選，著爲令。乙酉，發米振糶臨安府貧民。

六月丙辰，詔兩浙、江、淮路諭民雜種粟麥麻豆，有司毋收其賦，田主毋責其租。

秋七月辛酉，以鄭昭先參知政事，禮部尚書曾從龍簽書樞密院事。壬戌，詔四川立楊巨源廟，名曰褒忠。戊辰，蠲兩淮諸州今年秋税併極邊五州明年夏税。癸酉，蠲臨安、紹興二府貧民夏税。丙子，發米三十萬石振糶江東飢民。庚辰，詔弟揩更名思正，姪均更名貴和。甲申，詔職田蠲放如民田，違者坐之。

八月己丑，賜張栻謚曰宣。庚子，申嚴宗子訓名法。丁未，權罷旱傷州縣比較賞罰。己酉，禁州縣遏糴。是月，蘭州盜程彦暉求内附，四川制置使董居誼卻之。

九月己巳，朝獻于景靈宫。庚午，朝饗于太廟。辛未，合祭天地于明堂，大赦。乙亥，申嚴兩浙圍田之禁。甲申，罷四川法科試。

冬十月乙未，命六部各類赦書寬恤事，下諸路監司推行。壬寅，金遣使來賀瑞慶節。

十一月丙辰朔，封伯澤爲安定郡王。癸亥，遣施累使金賀正旦。

十二月己丑，詔楊巨源、李好義子孫各進一官。辛亥，金遣使來賀明年正旦。

是歲，兩浙、江東西路旱蝗。

九年春正月乙丑，賜呂祖謙謚曰成。置馬軍司水軍。乙亥，遣留筠賀金主生辰。丙子，命諸州招填軍籍。辛巳，罷諸路旱蝗州縣和糴及四川關外科糴。

二月甲申朔，日有食之。辛亥，東西兩川地大震。

三月乙卯，又震。甲子，又震，馬湖夷界山崩八十里，江水不通。丁卯，又震。壬申，又震。丁丑，詔侍從、臺諫、兩省舉堪監司者各二人。

夏四月戊戌，秦州人唐進與其徒何進等引衆十萬來歸，四川制置使董居誼拒卻之。

六月辛卯，西川地震。壬辰，又震。乙未，又震，黎州山崩。戊申，振恤浙西被水州縣，寬其租稅。

秋七月戊辰，詔邊縣擇才不拘常法，其餘並遵三年之制。

九月甲申，詔兩浙、江東監司覈州縣被水最甚者，蠲其租。

冬十月癸亥，西川地震。甲子，又震。丙寅，金遣使來賀瑞慶節。

十一月庚寅，遣陳伯震使金賀正旦。癸卯，以程彥暉攻圍鞏州，迫及川界，命利州副都統劉昌祖移駐西和州以備之。

十二月丁巳，再給諸軍雪寒錢。乙亥，金遣使來賀明年正旦。

《宋史》卷四〇《寧宗本紀四》　十年春正月癸巳，雨土。乙未，大風。庚子，遣錢撫賀金主生辰。

二月庚申，地震。

夏四月丁未朔，金人犯光州中渡鎮，執榷場官盛允升殺之，遂分兵犯樊城。戊申，鄂州、江陵府副都統王守中引兵拒之，金人遂分兵圍棗陽、光化軍。丙辰，詔江淮制置使李珏、京湖制置使趙方措置調遣，仍聽便宜行事。丁巳，命四川制置使董居誼酌量緩急，便宜行事。辛酉，廬州鈐轄王辛敗金人于光山縣之安昌砦，殺其統軍完顏掩。壬戌，金兵遁去，隨州、光化皆以捷聞。丁卯，詔出戍官兵全給其家。

五月辛巳，以久雨釋大理、三衙、臨安府杖以下囚，蠲茶鹽賞錢。甲申，賜禮部進士吳潛以下五百二十有三人及第、出身。癸卯，趙方請下詔伐金，遂傳檄招諭中原官吏軍民。

六月戊午，詔厲將士，募京西忠義人進討。辛未，東川大水。

秋七月丙子朔，日有食之。戊寅，以旱釋諸路杖以下囚。甲申，雅州蠻寇邊，焚碉門砦，遣兵討之。丁亥，嗣濮王不儔薨。庚子，詔諸軍將佐有罪者送屯駐州鞫之，罷軍士涅刑。

八月乙丑，詔監司、郡守各舉威勇才略可將帥者二人。

冬十月乙巳朔，以久雨釋大理、三衙、臨安府及兩浙諸州杖以下囚。癸酉，蠲三衙、江上諸軍公私逋負錢。

十一月丁丑，大風。甲申，詔浙東提舉司發米十萬石振給貧民。戊戌，太白經天。

十二月戊申，以軍興募民納粟補官。乙卯，詔武舉人毋復應文舉。癸亥，金鳳翔副統軍完顏贇以步騎萬人犯四川。戊辰，迫湫池堡。己巳，破天水軍，守臣黃炎孫遁。金人攻白環堡，破之。庚午，迫黃牛堡，統制劉雄棄大散關遁，金人據之。

十一年春正月壬午，京東路忠義李全率衆來歸，詔以全爲京東路總管。戊子，金人圍皂郊堡。壬辰，利州將麻仲率忠義人焚秦州永寧砦。乙未，以度僧牒千給四川軍費。丁酉，詔四川忠義人立功，賞視官軍。金人犯隔芽關，興元都統李貴遁，官軍大潰。

二月甲辰，金人焚大散關而去。乙巳，沔州都統王大才馬蹶，死于河池。丙午，金人破皂郊，死者五萬人。丁未，金人破湫池堡。戊申，金人圍隨州、棗陽軍，游騎至漢上，均州守臣應謙之棄城走。丙辰，楚州鈐轄梁昭祖焚金人糧舟于大清河，京東忠義副都統沈鐸遣兵助之。

三月丁丑，金人焚湫池堡而去。戊子，利州統制王逸等率忠義人復皂郊，金副統軍完顏贇、包長壽遁去，沔州軍士郭雄追斬贇首，長壽僅以身免。己丑，沔州都統劉昌祖至皂郊。辛卯，忠義人十萬餘出攻秦州，官軍繼進，至赤谷口，王逸傳昌祖之命退師，且放散忠義人，軍大潰。癸巳，包長壽合長安、鳳翔之衆，復攻皂郊，遂趨西和州。是日，鎮江忠義統制彭惟誠等敗于泗州。丙申，劉昌祖焚西和州遁，守臣楊克家棄城去。戊戌，金人破西和州。

夏四月甲辰，劉昌祖焚成州遁，守臣羅仲甲棄城去。是日，金人去西和州。戊申，命四川增印錢引五百萬以給軍費。階州守臣侯頤棄城去。是日，金人去成州。戊午，金人復犯大散關，守將王立遁。己未，金人犯黃牛堡，興元都統吳政拒退之。癸亥，政至大散關，執王立斬之。

五月乙亥，命四川制置司招集忠義人。癸未，蚩尤旗見，其長竟天。丁亥，詔侍從、臺諫、兩省官集議平戎、禦戎、和戎三策。壬辰，申嚴試法官七等之制。

六月辛酉，詔湖州振恤被水貧民。

秋七月癸酉，奪知天水軍黃炎孫三官，辰州居住。乙酉，修《孝宗寶訓》。辛卯，蠲四川關外諸州稅役。甲午，蠲光州民兵戰死之家稅役。

九月己卯，朝獻于景靈宮。庚辰，朝饗于太廟。辛巳，合祭天地于明堂，大赦。辛卯，安定郡王伯澤薨。丙申，興元都統吳政、利州副都統張威各進三官。劉昌祖奪五官，韶州安置。

冬十月丙午，羅仲甲、楊克家、侯頤並奪三官，仲甲常德府、克家道州、頤撫

州居住。戊午，大風。壬戌，修盱眙軍城。

十一月壬申，金人攻安豐軍之黄口灘。是月，陝西人張羽來歸。

十二年春正月戊辰朔，召董居誼詣行在。以新利州路安撫使聶子述爲四川制置使。庚辰，金人犯湫池堡，守將石宣拒退之。甲申，金人攻白環堡，守將董炤拒退之。戊子，金人犯成州，沔州都統張威自西和州退守仙人原。庚寅，金人犯隨州、棗陽軍，又破信陽軍之二砦，京西諸將引兵拒之。辛卯，金人犯西和州，守臣趙彦呐設伏以待之，殲其衆乃還。金人犯安豐軍，建康都統許俊遣將御之。金人焚成州，犯河池，守將張斌遁去。癸巳，金人圍安豐軍及光州，攻光化軍，破鄖山縣，進逼均州。甲午，破鳳州，守臣曲雲棄城去，金人夷其城。乙未，興元都統吴政及金人戰于黄牛堡，死之。金人乘勝攻武休關。

二月戊戌朔，金人破光山縣。壬寅，金人圍棗陽軍，京湖制置使趙方遣統制扈再興救之，不克進而還。癸卯，金人破武休關，興元都統李貴遁還，利州路提刑、權興元府事趙希昔棄城去。丁未，金人破興元府。戊申，金人攻棗陽軍。己酉，遣殿前司軍八千人防捍江面。庚戌，以曾從龍同知樞密院事兼江、淮宣撫使，權吏部尚書任希夷簽書樞密院事。辛亥，金人破大安軍，守臣李文子棄城去。金人犯洋州，守臣蔡晉卿遣兵拒之，不克，洋州破。壬子，四川制置使董居誼自利州遁。沔州都統張威遣統制石宣等邀擊金人于大安軍，大破之，獲其將巴土魯安，金人遂去興元府。丙辰，金人去洋州。丁巳，京湖制置使趙方遣統制扈再興等引兵三萬餘人出攻唐、鄧二州，隨州忠義統領劉世興等引兵攻唐州。甲子，金人去棗陽軍。乙丑，夏人復以書來四川，議夾攻金人，利州路安撫丁焴許之。

三月己巳，以鄭昭先知樞密院事，曾從龍參知政事。癸酉，金人復入洋州，焚其城而去。乙亥，興元軍士權興等作亂，犯巴州，守臣秦季棆棄城去。鄂州統制劉世榮會兵攻唐州。丁亥，權興等降。癸巳，雨土。甲午，金人自盱眙退師。

閏月己未，追雷雲三官，梅州安置。辛酉，贈吴政爲右武大夫、忠州刺史。壬戌，詔撫諭四川官軍、忠義人。癸亥，興元軍士張福、莫簡等作亂，以紅巾爲號。是春，金人圍安豐軍、滁濠光三州。江、淮制置使李珏命池州都統武師道、忠義軍統制陳孝忠救之，皆不克進。金人遂分兵自光州犯黄州之麻城，自濠州犯和州之石磧，自盱眙軍犯滁州之全椒、來安及揚州之天長、真州之六合。淮南流民渡江避亂，諸城悉閉。金人游騎數百至東采石、楊林渡，建康大震。京東總管李全自楚州、忠義總轄季先自漣水軍各引兵來援，金人乃解去。全追擊，敗之于曹家莊，獲其貴將。

夏四月庚午，張福入利州，四川制置使聶子述遁，殺總領財賦楊九鼎。丁丑，張福掠閬州，丁亥，掠果州。癸巳，曾從龍罷。以鄭昭先兼參知政事，崇信軍節度使、開府儀同三司、萬壽觀使安丙爲四川宣撫使。董居誼落職，奪三官。

五月乙未朔，召聶子述詣行在。張福薄遂寧府，潼川府路轉運判官、權府事程遇孫棄城遁。丁酉，減兩淮、荆襄、湖北、利州路沿邊諸州雜犯死罪囚，釋流以下，仍蠲今年租税。己亥，太學生何處恬等伏闕上書，以工部尚書胡榘欲和金人，請誅之以謝天下。張福入遂寧府，焚其城。甲寅，四川宣撫司命沔州都統張威引兵捕福。戊午，福入普州，守臣張已之棄城遁。癸亥，詔侍從、兩省、臺諫各舉文武可用之才二三人。

六月戊辰，張福屯普州之茗山。庚午，張威引兵至。辛巳，西川地震。癸未，張福請降，乙酉，張威執之，歸于宣撫司。丁亥，嗣濮王不嫖薨。金國招諭李全等，不聽。癸巳，丁焴復以書約夏國攻金人。

秋七月丙申，張福伏誅。復奪董居誼二官，永州居住。庚子，張威捕賊衆一千三百餘人誅之，莫簡自殺，紅巾賊悉平。癸亥，李全引兵至齊州，知州王贇以城降。

八月戊辰，復合利州東、西路爲一。

九月丙午，罷江、淮制置司，置沿江、淮東西制置司。以寶文閣待制李大東爲沿江制置使，淮南轉運判官趙善湘爲主管淮西制置司公事，淮東提刑賈涉爲主管淮東制置司公事兼節制京東、河北路軍馬。

十一月辛亥，進封楊次山爲會稽郡王。

十二月壬申，京東節制司言復京東、河北二府九州四十縣。乙亥，築興元府城。丁丑，雅州蠻入盧山縣。己卯，四川宣撫司遣兵取洮州，召諸將議出師，招諭中原豪傑。辛巳，蠻焚碉門砦，邊丁大敗。乙酉，金人犯鳳州之長橋。丁亥，四川宣撫司命罷洮州之師。己丑，京湖制置司遣統制扈再興等引兵六萬人，分三道出境。庚寅，賞茗山捕賊功。

十三年春正月丁酉，扈再興引兵攻鄧州，鄂州都統許國攻唐州，不克而還。金人追之，遂攻樊城，趙方督諸將拒退之。己亥，雅州蠻復掠盧山縣，遣兵討之。己酉，命不淩爲嗣濮王。戊午，夏人復以書來四川，議夾攻金人。

三月辛卯朔，雨土。丁巳，黎州土丁叛，遣兵討之。

夏四月庚申朔，淮東制置賈涉招諭山東、兩河豪傑。

五月庚寅朔，雅州蠻降。戊戌，史彌遠等上《玉牒》及《三祖下第七世宗藩慶系録》。

六月癸酉，賜禮部進士劉渭以下四百七十有五人及第、出身。加安丙少保。丙子，以李全爲左武衛大將軍。壬午，以季先爲果州團練使、漣水軍忠義副都統，命赴樞密院議事，未至，殺之。

秋七月戊戌，以京東、河北諸州守臣空名官告付京東、河北節制司，以待豪傑之來歸者。丙午，以任希夷兼參知政事。丙辰，四川宣撫司招黎人土丁，降之。

八月癸亥，皇太子詢薨，謚曰景獻。壬申，安丙遺夏人書，定議夾攻金人。癸未，四川宣撫司命利州統制王仕信引兵赴熙、鞏州會夏人，遂傳檄招諭陝西五路官吏軍民。甲申，復海州，以將作監丞徐晞稷知州事。盱眙將石珪叛入漣水軍，詔以珪爲漣水忠義軍統轄。

九月辛卯，夏人引兵圍鞏州，且來趣師。甲午，王仕信引兵發宕昌。乙未，四川宣撫司統制質俊、李寔引兵發下城。戊戌，四川宣撫司命諸將分道進兵：沔州都統張威出天水，利州副都統程信出長道，興元副都統陳立出大散關，興元統制田冒爲宣撫司帳前都統出子午谷，金州副都統陳昱出上津。己亥，張威下令所部諸將毋得擅進兵。庚子，質俊等克來遠鎮。辛丑，王仕信克鹽川鎮。壬寅，質俊等自來遠鎮進攻定邊城，金人來救，俊等擊破之。乙巳，程信、王仕信引兵與夏人會于鞏州城下。丁未，攻城不克。庚戌，金人犯皂郊堡，沔州統制董炤等與戰大敗。壬子，程信及夏人攻鞏州不克，信引兵趨秦州。丙辰，夏人自安遠砦退師。

冬十月丁巳朔，程信邀夏人共攻秦州，夏人不從，信遂自伏羌城引軍還，諸將皆罷兵。戊寅，程信以四川宣撫司之命，斬王仕信于西和州。四川宣撫司以張威不進兵，罷其軍職。

十一月庚戌，大風。壬子，臨安府火。

十二月戊午，大風。壬申，漣水忠義軍統轄石珪叛。癸未，鎮江副都統翟朝宗以「皇帝恭膺天命之寶」來獻。

十四年春正月丙戌朔，以雪寒釋大理、三衙、臨安、兩浙諸州杖以下囚。乙未，地震。以李全還自山東，賜緡錢六萬。庚子，立四川運米賞格。

二月戊辰，金人圍光州。己巳，金人犯五關。壬申，金人治舟于團風，弗克濟，遂圍黄州，分兵破諸縣，又遣別將犯漢陽軍。丁丑，李全棄泗州遁還。甲申，詔淮東、京湖諸路應援淮西，沿江制置司防守江面，權殿前司職事馮榯將兵駐鄂州，京東忠義都統李全將兵救蘄、黄，榯不果行。

三月丙戌朔，鄂州副都統扈再興引兵攻唐州。丁亥，金人破黄州，淮西提刑、知州事何大節棄城遁死。庚寅，長星見。李全自楚州引兵援淮西。癸巳，扈再興引所部趨蘄州。乙未，詔京湖制置司趣援蘄、黄。己亥，金人陷蘄州，知州事李誠之及其家人、官屬皆死之。癸丑，金人退師，扈再興邀擊，敗之于天長鎮，甲寅晦，又敗之。

夏四月乙卯，復置諸王宫大小學教授。乙丑，命任子廉試于御史臺。戊辰，金人渡淮而北，李全遣兵追擊，敗之。

五月甲申朔，日有食之。壬辰，史彌遠等上《孝宗寶訓》、《皇帝會要》。丙申，西川地震。乙巳，頒《慶元寛恤詔令》。

六月甲寅朔，初置沿江制置副使司于鄂州。丙寅，詔以姪福州觀察使貴和爲皇子，更名竑，進封祁國公。丁卯，以立皇子告于天地、宗廟、社稷。乙亥，以太祖十世孫與莒補秉義郎。丙子，減京畿囚罪一等，釋杖以下。辛巳，大風。

秋七月辛丑，以趙方爲京湖制置大使，賈涉爲淮東制置使兼京東、河北路節制使。丁未，修《光宗寶訓》。

八月乙卯，賜史彌遠家廟。任希夷罷。壬戌，以兵部尚書宣繒同知樞密院事，給事中俞應符簽書樞密院事。甲子，以秉義郎與莒爲右監門衛大將軍，賜名貴誠。乙丑，追封史浩爲越王，改謚忠定，配享孝宗廟庭。戊寅，以姪右監門衛大將軍貴誠爲果州團練使。

九月癸未，立貴誠爲沂靖惠王後。己丑，朝獻于景靈宫。庚寅，朝饗于太廟。辛卯，合祭天地于明堂，大赦。

冬十月癸丑，京東、河北節制司言復滄州，詔以趙澤爲河北東路鈐轄、知州事。甲寅，復以齊州爲濟南府，兗州爲襲慶府。丙寅，夏人復以書來四川趣會兵。庚午，雷。

十一月己亥，安丙薨。是月，京東安撫張林叛。

十二月庚申，鄭昭先罷。

閏月辛巳朔，以宣繒兼參知政事，俞應符兼權參知政事。戊申，以殿前司同

正將華岳等謀爲變，殺之。

是歲，浙東、江西、福建諸路旱，沔、成、階、利四州水，振之。

十五年春正月庚戌朔，御大慶殿，受恭膺天命之寶。癸丑，立李誠之廟于蘄州。甲寅，褒贈蘄州死事官吏，録其子孫有差。丁巳，詔撫諭山東河北軍民、將帥、官吏。己未，以受寶大赦，文武官各進秩一級，大犒諸軍。

二月庚子，罷御史臺簾試任子法。

三月丁巳，詔江西提舉司振恤旱傷州縣。

夏四月壬午，詔蠲蘄州今年租賦。

五月甲寅，詔監司慮囚，察州縣匿囚者劾之。丁巳，進封子祁國公竑爲濟國公。己未，以姪果州團練使貴誠爲邵州防禦使。壬戌，知濟南府种贇等攻張林于青州，林遁去。己巳，修《孝宗經武要略》。

六月辛卯，俞應符薨。

秋七月甲子，詔江淮、荆襄、四川制置監司條畫營田來上。

八月己卯，命户部詳議義役。辛卯，詔文武官毋得歸宗，著爲令。甲午，有彗星出于氐。

九月辛亥，以宣繒參知政事，給事中程卓同知樞密院事，吏部尚書薛極賜出身，簽書樞密院事。癸丑，雷，大雨雹。丁巳，復以隨州三關隸德安府，置關使。壬戌，彗星没。

冬十月丙子，以收復京東州軍，犒賞忠義有差。

十一月戊午，赦京東、河北路。

十二月乙亥朔，發米振給臨安府貧民。丙子，以雪寒釋京畿及兩浙諸州杖以下囚。丁亥，以李全爲保寧軍節度使、右金吾衛上將軍、京東路鎮撫副使。

十六年春正月戊申，詔命官犯贓毋免約法。己酉，子坻生。辛酉，命淮東制置司振給山東流民。

二月戊子，雨土。己丑，嗣秀王師禹薨，追封和王。戊戌，子坻薨，追封邳王，謚沖美。

三月戊申，張林所部邢德來歸，詔進二官，復以爲京東東路副總管。丁卯，以道州民饑，詔發米振之。

夏五月甲辰，詔右選試注官如左選之制。戊申，賜禮部進士蔣重珍以下五百四十有九人及第、出身。戊辰，詔復潭州税酒法。

六月丁酉，程卓薨。

秋八月辛巳，詔州縣經界毋增紹興税額。癸未，申嚴舶船銅錢之禁。

九月庚子朔，日有食之。乙巳，詔江、淮諸司振恤被水貧民。乙卯，雷。

冬十一月辛亥，以太平州大水，詔振恤之。

十二月辛巳，命淮東、西總領及沿江被水州募江西、湖南民入米補官。癸未，嗣濮王不凌薨。壬辰，雷。

十七年春正月戊戌朔，詔補先聖裔孔元用爲通直郎，録程頤後。癸亥，命淮東西、湖北路轉運司提督營屯田。

二月癸巳，蠲台州逋賦十萬餘緡。甲午，命臨安府振糶貧民。

三月癸丑，雪。是月，金人迫西和州，尋引兵還。

夏四月辛卯，詔廬州振糶饑民。乙未，賜李全、彭義斌錢三十萬緡爲犒賞戰士費。

五月戊戌，詔覈實兩淮、京湖、四川、江上諸軍之數。

六月癸酉，知西和州尚震午坐金兵至謀遁，奪三官，岳州居住。壬辰，大名府蘇椿等舉城來歸，詔悉補官，即以其州授之。

秋七月丁酉朔，命福建路監司振恤被水貧民。辛亥，命師嵒嗣秀王。

八月乙亥，罷通州天賜鹽場。丙戌，帝不豫。

閏八月乙未朔，申嚴兩浙諸州輸苗過取之禁。丁酉，皇帝崩于福寧殿，年五十七。史彌遠傳遺詔，立姪貴誠爲皇子，更名昀，即皇帝位。尊皇后爲皇太后，垂簾聽政。進封皇子竑爲濟陽郡王，出居湖州。

寶慶元年正月己丑，謚曰仁文哲武恭孝皇帝，廟號寧宗。三月癸酉，葬于會稽之永茂陵。三年九月，加謚法天備道純德茂功仁文哲武聖睿恭孝皇帝。

雜録

備録

葉紹翁《四朝聞見録》甲集　憲聖既擁立光皇，光皇以疾不能喪，憲聖至自

爲臨奠。攻媿樓公草立嘉王詔云：「雖喪紀自行于宮中，然禮文難示于天下。」蓋攻媿之詞，憲聖之意也，天下稱之。先是吴琚奏東朝云：「某人傳道聖語『敢不控竭』。竊觀今日事體，莫如早決大策，以安人心。垂簾之事，止可行之旬浹，久則不可。願聖意察之。」憲聖曰：「是吾心也。」翌日，並召嘉王暨吴興入。憲聖大慟不能聲，先諭吴興曰：「外議皆曰立爾，我思量萬事當從長。嘉王長也，且教他做。他做了你却做，自有祖宗例。」吴興色變，拜而出。嘉王聞命，驚惶欲走，憲聖已令知閤門事韓侂胄掖持，使不得出。嘉王連稱「告大媽媽，原注：憲聖。臣做不得，做不得」。憲聖命侂胄：「取黃袍來，我自與他著。」王遂掣侂胄肘環殿柱。憲聖叱王立侍，因責王以「我見你公公，又見你大爹爹，見你爺，今又却見你」。言訖，泣數行下。侂胄從旁力以天命爲勸。王知憲聖聖意堅且怒，遂衣黃袍，亟拜不知數，口中猶微道「做不得」。侂胄遂掖王出宮，喚百官班，宣諭宿內前諸軍以嘉王嗣皇帝已即位，且草賀。驩聲如雷，人心始安。先是，皇太子即位於內，則市人排舊邸以入，爭持所遺，謂之「掃閤」，故必先爲之備。時吴興爲備，獨嘉王已治任判福州，絕不爲備，故市人席捲而去。王既即位，翌日，侂胄侍上詣光皇問起居。光皇疾有間，問：「是誰？」侂胄對曰：「嗣皇帝。」光宗瞪目視之，曰：「吾兒耶？」又問侂胄曰：「爾爲誰？」侂胄對：「知閤門事臣韓侂胄。」光宗遂轉聖躬面內。時惟傳國璽猶在上側，堅不可取。侂胄以白慈懿，慈懿曰：「既是我兒子做了，我自取付之。」即光宗臥內拏璽。寧皇之立，憲聖之大造也。

葉紹翁《四朝聞見録》乙集　〔寧皇〕宮中動卻呵衛，黃衣至不之避。自以補革舄，浣紬衣爲便。左右至以語激上，則應以「毋作聰明亂舊章」，蓋舊學于永嘉陳氏傅良，嘗導上以此，故終身不忘。大臣進擬，不過畫可，謂之「請批依」。龍顏隆準，相者謂「真老龍形」云。《四朝聞見録》乙集

寧皇用二小黃門，常背二小屏前導，隨其所至，即面之。屏書戒曰：「少飲酒，怕吐。少食生冷，怕痛。」析二事爲二屏，以白楮糊，緣以青楮。所幸後苑，有苦進上以酒及勸上以生冷者，指二屏以示之，故每飲不過三爵。宮中動却呵衛，黃衣至不之避。

葉紹翁《四朝聞見録》丙集　張巨濟，字宏圖，福清人。嘉泰間上書寧宗，以「慈懿攢陵今在湖曲，若陛下游幸，則未免張樂。此豈履霜露之義」？寧皇感悟其言，旋轉一秩，由此湖山遂無清蹕之聲，非特儉德云，此句上似有脫文。御鷁至沈於波臣。黃洪詩云：「龍舟太半没西湖，便是先皇節儉圖。三十二年安静裏，櫂歌一曲在康衢。」按寧宗於紹熙五年甲寅即位，崩於嘉定十七年甲申，凡在位三十一年，此云三十二年，疑傳寫之誤。

寧皇每命尚醫止進一藥，戒以不用分作三四帖。蓋醫家初無的見，以衆藥嘗試人之疾，寧皇知其然。王大受之父克明，號名醫，遇病雖數證，亦只下一藥，曰：「此病之本也，本除而餘病去矣。」原注：王克明事，出水心先生爲墓銘。

寧皇患痢，召曾醫原注：不記名。入視。曾診御畢，方奏病證，未有所處。慈明立御榻後，有旨呼：「曾防禦，官家喫得感應丸否？」曾連稱「喫得，喫得」。慈明又諭：「須是多把與官家喫。」曾承教旨，對以須進二百丸。寧皇進藥如數，瀉旋定，又進二百丸，遂止。曾時坐韓黨被譴，上遂於其元降秩上更增三秩。寧皇不豫滋久，謂左右曰：「惟曾某知我性。」急召入，診訖，嗚咽不勝。上曰：「想是脈兒不好也？」曾出，自診其脈，謂家曰：「我脈亦不好。」先寧皇一夕而逝。

羅大經《鶴林玉露》甲編卷三《慶元侍講》　上始初雖爲侂胄所誤，然三十一年敬仁勤儉如一日。天文示變，齋心露禱。禁中酒器，以錫代銀。上元夜嘗獨燭清坐，小黃門奏曰：「官家何不開燕？」上愀然曰：「爾何知，外間百姓無飯喫，朕飲酒何安？」嘗幸聚景園，晚歸，都人觀者爭入門，蹂踐有死者。上聞之深悔，自是不復出。

周密《癸辛雜識》續集下　或謂寧宗不慧而訥於言，每北使入見，或陰以宦者代答。

備論

《宋史》卷四〇《寧宗本紀四》　贊曰：宋世内禪者四，寧宗之禪，獨當事勢之難，能不失禮節焉，斯可謂善處矣。初年以舊學輔導之功，召用宿儒，引拔善類，一時守文繼體之政，煒然可觀。中更侂胄用事，内蓄羣姦，至指正人爲邪，正學爲僞，外挑强鄰，流毒淮甸。頻歲兵敗，乃函侂胄之首，行成于金，國體虧矣。既而彌遠擅權，幸帝耄荒，竊弄威福。至於皇儲國統，乘機伺間，亦得遂其廢立之私，他可知也。雖然，宋東都至于仁宗，四傳而享國百年，邵雍稱爲前代所無，

南渡至寧宗，亦四傳而享國九十有八年，是亦豈偶然哉。惜乎神器授受之際，寧、理之視仁、英，其跡雖同，其情相去遠矣。

藝文

程珌《洺水集》卷四《仁文哲武恭孝皇帝謚議》 議曰：臣聞皇墳帝典，咸述於徽謨；玉鐀金函，悉儲於美號。然史記五帝之壽，於古獨高；而商稱三后之年，曆書有永。蓋履位既久，則膏潤之被也必深；而享國既長，則治功之凝也必盛。唯功德之兼茂，宜名號之益章。恭以熙朝上承堯運，仁皇御曆四十二年，高宗中興三十六載。偉淳熙之繼體，亦四七以承休。逮我先皇，垂及三紀。羲昊而上，莫可訂詳；詩書所編，於斯爲盛。昭德作謚，宜鑑在兹。恭惟大行皇帝夢日開祥，神光闡瑞，萬善衆美，天授神鍾。迹其登賢聘逸，消庸斥回，放勛之明也；歡奉兩宫，善述前志，重華之孝也；食不御珍，衣常屢澣，大禹之儉也；陰燠小愆，露禱清禁，文王之畏天也；未昕眎朝，苦寒不變，宣王之勤也。眎民若傷，念兵若己，敬大臣，恤小民，察邇言而莫惑，聖讒説而不行。郊廟迭舉，以隆報本之心；親幸儒宫，以示右文之化。日惟一禱，肇始再臨，録宣聖之後，賜諸儒之謚。奥學上窺於軒昊，飛毫俯爛於雲章，既書《説命》以賜輔臣，復翰《無逸》以置座右。蠲兩浙丁錢之困，减江東折帛之重。建學以厚宗枝，錫廟以表忠節。苑囿不脩，游幸絶跡。禁令特嚴於金翠，仁心下逮於肖翹。聞民食之稍艱，即發豐儲之廪；念民生之不易，數捐内帑之金。凡帝軌王塗，聖言哲行，若脩身之三德，暨爲治之九經，無不躬蹈而力行，積久而不懈。用是純德上格，宴意下孚。五雨十風，羣生茂豫；冰天桂海，愛戴同心。重譯鞮鞬，連歲輸忱，四世金讐，絶幣不與。粤自南渡，塊土未還，今也名若魏梁，大若齊魯，略河以北，循山而東，奉圖職方，請印少府。而又中土人心，影從風動，豪士則挈州送欵，黔民則襁褓歸仁。列處邊亭，凡數百里，萬艘餘粟，沾及傖荒。矧其傳國古璽，元祐寶章，與夫薦天之璧，祀廟之器，爵尊璟珂，鐘律鏗鏘，列玉大圭，盡歸廣内。邊吏不絶受，史館不絶書。履德於踐阼之始，收功於真積之餘。巍巍煌煌，光洗六合，如清風戒曉而白日昇，如蟄雷起春而應龍奮。良由德盛於身，故功顯於世，本末有第，非倖而致。仰惟玩志穆清，觀道昭曠，宜千億歲，比算三皇。顧以求衣中宵，忘食過旰，焦勤聖體，寖爽天和。既徑豫於逾旬，尚臨朝於一日。若與臣子永訣仙凡，自是廣庭不再清蹕，三靈爲之色變，萬宇爲之心摧。初玉几甫憑，亟命聖子，丕承大統，盛德日新。謀惟先帝之詒，孝極慈幃之奉，而又首遵母后之訓，必行三年之喪。付託得人，海邦胥慰。體天議謚，亟命末臣。臣是用循列聖之規，刺六經之制，闡章天之藻德，酌希代之雋功，合爲徽稱，用昭億世。謹按謚法：功施於人曰仁，聖德廣運曰文，知人能官曰哲，闢土斥疆曰武，接下不驕曰恭，繼志成事曰孝。大澤流方夏，餘被北方，非功施於人乎？道統既明，邪説自殄，非聖德廣運乎？信賢逐佞，至明不惑，非知人能官乎？北方輿版，日衍月增，非闢土斥疆乎？羣臣謁奏，竦躬危坐，非接下不驕乎？憤解百年，功光列廟，非繼志成事乎？夫賢起有堯之野，萬國咸安；舜躬天德之全，出寧四海。或遺大龜之寶，亦取安邦；或惟武功之圖，亦貴能敉。然則寧之爲義大矣哉！夫植顯號，建鴻名，必也稽之事業，考之僉輿，關諸百聖而不疑，質諸鬼神而無媿，故薦於天而天心受，陳於廟而帝意愉。韋昭曰：王者無上，故於南郊稱天以謚。大行皇帝尊謚宜天錫之，曰仁文哲武恭孝皇帝，廟號寧宗。

趙汝愚部

綜述

《宋史》卷三九二《趙汝愚傳》 趙汝愚字子直，漢恭憲王元佐七世孫，居饒之餘干縣。

父善應，字彥遠，官終修武郎、江西兵馬都監。性純孝，親病，嘗刺血和藥以進。母畏雷，每聞雷則披衣走其所。嘗寒夜遠歸，從者將扣門，遽止之曰：「無恐吾母。」露坐達明，門啓而後入。家貧，諸弟未製衣不敢製，已製未服不敢服，一瓜果之微必相待共嘗之。母喪，哭泣嘔血，毀瘠骨立，終日俯首柩傍，聞雷猶起，側立垂涕。既終喪，言及其親，未嘗不揮涕，生朝必哭于廟。父終肺疾，每膳不忍以諸肺爲羞。母生歲值卯，謂卯兔神也，終其身不食兔。聞四方水旱，輒憂形于色。江、淮警報至，爲之流涕，不食累日；同僚會宴，善應悵然曰：「此寧諸君樂飲時耶！」衆爲失色而罷。故人之孤女，貧無所歸，善應聘以爲己子婦。有嘗同僚者死不克葬，子傭食他所，善應馳往哭之，歸其子而予之貲，使葬焉。道見病者必收恤之，躬爲粥藥。歲饑，旦夕率其家人輟食之半，以飼飢者。夏不去草，冬不破壞，懼百蟲之游且蟄者失其所也。晉陵尤袤稱之曰：「古君子也。」既卒，丞相陳俊卿題其墓碣曰：「宋篤行趙公彥遠之墓。」

汝愚早有大志，每曰：「丈夫得汗青一幅紙，始不負此生。」擢進士第一，簽書寧國軍節度判官，召試館職，除祕書省正字。孝宗方鋭意恢復，始見，即陳自治之策，孝宗稱善，遷校書郎。知閤門張説擢簽書樞密院事，汝愚不往見，率同列請祠，未報。會祖母訃至，即日歸，因自劾，上不加罪。

遷著作郎、知信州，易台州，除江西轉運判官，入爲吏部郎兼太子侍講。遷祕書少監兼權給事中。內侍陳源有寵於德壽宮，添差浙西副總管。汝愚言：「祖宗以童貫典兵，卒開邊釁，源不宜使居總戎之任。」孝宗喜，詔自今內侍不得兼兵職。舊制，密院文書皆經門下省，張説在西府，託言邊機不宜泄。汝愚謂：「東西二府朝廷治亂所關，中書庶政無一不由東省，何密院不然？」孝宗命如舊制。

權吏部侍郎兼太子右庶子，論知閤王抃招權預政，出抃外祠。以集英殿修撰帥福建，陛辭，言國事之大者四，其一謂：「吳氏四世專蜀兵，非國家之利，請及今以漸抑之。」進直學士、制置四川兼知成都府。諸羌蠻相挺爲邊患，汝愚至，悉以計分其勢。孝宗謂其有文武威風，召還。光宗受禪，趣召未至，殿中侍御史范處義論其稽命，除知潭州，辭，改太平州。進敷文閣學士、知福州。

紹熙二年，召爲吏部尚書。先是，高宗以宮人黃氏侍光宗於東宮，及即位爲貴妃，后李氏意不能平。是年冬十一月郊，有司已戒而風雨暴至，光宗震懼，及齋宿青城，貴妃暴薨，駕還，聞之恚，是夕疾作。內侍馳白孝宗，孝宗倉卒至南內，問所以致疾之由，不免有所戒責。及光宗疾稍平，汝愚入對。上常以五日一朝孝宗於重華宮，至是往往以傳旨免，至會慶節上壽，駕不出，冬至朝賀又不出，都人以爲憂。汝愚往復規諫，上意乃悟。汝愚又屬嗣秀王伯圭調護，於是兩宮之情通。光宗及后俱詣北內，從容竟日。

四年，汝愚知貢舉，與監察御史汪義端有違言。汝愚除同知樞密院事，義端言祖宗之法，宗室不爲執政，詆汝愚植黨沽名，疏上，不納。又論臺諫、給舍陰附汝愚，一切緘默，不報。論汝愚發策譏訕祖宗，又不報。汝愚力辭，上爲徙義端軍器監。給事中黃裳言：「汝愚事親孝，事君忠，居官廉，憂國愛民，出於天性。義端實忌賢，不可以不黜。」上乃黜義端補郡，汝愚不獲已拜命。未幾，遷知樞密院事，辭不拜，有旨趣受告。汝愚對曰：「臣非敢久辭。臣嘗論朝廷數事，其言未見用，今陛下過重華，留正復相，天下幸甚。惟武興未除帥，臣心不敢安。」上遂以張詔代領武興軍，汝愚乃受命。

光宗之疾生於疑畏，其未過宮也，汝愚數從容進諫，光宗出聞其語輒悟，入輒復疑。五年春，孝宗不豫，夏五月，疾日臻。光宗御後殿，丞相率同列入，請上詣重華宮侍疾，從臣、臺諫繼入，閤門吏以故事止之，不退。光宗益疑，起入內。越二日，宰相又請對，光宗令知閤門事韓侂胄傳旨云：「宰執並出。」於是俱至浙江亭俟命。孝宗聞之憂甚，嗣秀王簡丞相傳孝宗意，令宰執復入。侂胄奏曰：「昨傳旨令宰執出殿門，今乃出都門。」請自往宣押，汝愚等乃還第。

六月丁酉，夜五鼓，重華大閹扣宰執私第，報孝宗崩，中書以聞，汝愚恐上

疑，或不出視朝，持其笏不上。次日，上視朝，汝愚以提舉重華宮關禮狀進，上乃許過北内，至日昃不出，宰相率百官詣重華宮發喪。壬寅，將成服，留正與汝愚議，介少傅吴琚請憲聖太后垂簾暫主喪事，憲聖不許。正等附奏曰：「臣等連日造南内請對，不獲。累上疏，不得報。今當率百官恭請，若皇帝不出，百官相與慟哭于宮門，恐人情騷動，爲社稷憂。乞太皇太后降旨，以皇帝有疾，暫就宮中成服。然喪不可無主，祝文稱『孝子嗣皇帝』，宰臣不敢代行。太皇太后，壽皇之母也，請攝行祭禮。」蓋是時正、汝愚之請垂簾也，以國本係乎嘉王，欲因簾前奏陳宗社之計，使命出簾幃之間，事行廟堂之上，則體正言順，可無後艱。而吴琚素畏慎，且以后戚不欲與聞大計，此議竟格。

丁未，宰臣已下，待對和寧門，不報，乃入奏云：「皇子嘉王仁孝夙成，宜早正儲位以安人心。」又不報。越六日再請，御批云：「甚好。」明日，同擬旨以進，乞上親批付學士院降詔。是夕，御批付丞相云：「歷事歲久，念欲退閑。」留正見之懼，因朝臨佯仆于庭，密爲去計。汝愚自度不得辭其責，念故事須坐甲以戒不虞，而殿帥郭杲莫有以腹心語者。

會工部尚書趙彦逾至私第，語及國事，汝愚泣，彦逾亦泣，汝愚因微及與子意，彦逾喜。汝愚知彦逾善杲，因繆曰：「郭杲儻不同，奈何？」彦逾曰：「某當任之。」約明乃復命。汝愚曰：「此大事已出諸口，豈容有所俟乎？」汝愚不敢入私室，退坐屏後，以待彦逾之至。有頃，彦逾至，議遂定。明日，正以五更肩輿出城去，人心益摇，汝愚處之恬然。自吴琚之議不諧，汝愚與徐誼、葉適謀可以白意於慈福宮者，乃遣韓侂胄以内禪之意請于憲聖。侂胄因所善内侍張宗尹以奏，不獲命，明日往，又不獲命。侂胄逡巡將退，重華宮提舉關禮見而問之，侂胄具述汝愚意。禮令少俟，入見憲聖而泣。憲聖問故，禮曰：「聖人讀書萬卷，亦嘗見有如此時而保無亂者乎？」憲聖曰：「此非汝所知。」禮曰：「此事人人知之，今丞相已去，所賴者趙知院，且夕亦去矣。」言與淚俱。憲聖驚曰：「知院同姓，事體與他人異，乃亦去乎？」禮曰：「知院未去，非但以同姓故，以太皇太后爲可恃耳。今定大計而不獲命，勢不得不去。去，將如天下何？願聖人三思。」憲聖問侂胄安在，禮曰：「臣已留其俟命。」憲聖曰：「事順則可，令諭好爲之。」禮報侂胄，且云：「來早太皇太后於壽皇梓宮前垂簾引執政。」侂胄復命，汝愚始以其事語陳騤、余端禮，使郭杲及步帥閻仲夜以兵衛南北内，禮使其姻黨宣贊舍人傅昌朝密製黄袍。

是日，嘉王謁告不入臨，汝愚曰：「禫祭重事，王不可不出。」翌日，禫祭，羣臣入，王亦入。汝愚率百官詣大行前，憲聖垂簾，汝愚率同列再拜，奏：「皇帝疾，未能執喪，臣等乞立皇子嘉王爲太子，以繫人心。皇帝批出有『甚好』二字，繼有『念欲退閑』之語，取太皇太后處分。」憲聖曰：「既有御筆，相公當奉行。」汝愚曰：「兹事重大，播之天下，書之史册，須議一指揮。」憲聖允諾。汝愚袖出所擬太皇太后指揮以進，云：「皇帝以疾至今未能執喪，曾有御筆，欲自退閑。皇子嘉王擴可即皇帝位，尊皇帝爲太上皇帝，皇后爲太上皇后。」憲聖覽畢曰：「甚善。」汝愚奏：「自今臣等有合奏事，當取嗣君處分。然恐兩宮父子間有難處者，須煩太皇太后主張。」又奏：「上皇疾未平，驟聞此事，不無驚疑，乞令都知楊舜卿提舉本宮，任其責。」遂召舜卿至簾前，面喻之。憲聖乃命皇子即位，皇子固辭曰：「恐負不孝名。」汝愚奏：「天子當以安社稷、定國家爲孝。今中外人人憂亂，萬一變生，置太上皇何地？」衆扶入素幄，披黄袍，方却立未坐，汝愚率同列再拜。寧宗詣几筵殿，哭盡哀。須臾，立仗訖，催百官班。帝衰服出就重華殿東廡素幄立，内侍扶掖乃坐。百官起居訖，行禫祭禮。汝愚即喪次，召還留正長百僚，命朱熹待制經筵，悉收召士君子之在外者。侍御史張叔椿請議正棄國之罰，汝愚爲遷叔椿官。

是月，上命汝愚兼權參知政事。留正至，汝愚乞免兼職，乃除特進、右丞相。汝愚辭不拜，曰：「同姓之卿，不幸處君臣之變，敢言功乎？」乃命以特進爲樞密使，汝愚又辭特進。孝宗將欑，汝愚議欑宮非永制，欲改卜山陵，與留正議不合。侂胄因而間之，出正判建康，命汝愚爲光禄大夫、右丞相。汝愚力辭至再三，不許。汝愚本倚正共事，怒侂胄不以告，及來謁，故不見，侂胄慚忿。簽書樞密羅點曰：「公誤矣。」汝愚亦悟，復見之。侂胄終不懌，自以有定策功，且依託肺腑，出入宮掖，居中用事。朱熹進對，以爲言，又約吏部侍郎彭龜年同劾之，未果。熹白汝愚，當以厚賞酬勞，勿使預政，而汝愚謂其易制不爲慮。

右正言黄度欲論侂胄，謀泄，以内批斥去。熹因講畢，奏疏極言：「陛下即位未能旬月，而進退宰執，移易臺諫，皆出陛下之獨斷，大臣不與謀，給舍不及議。此弊不革，臣恐名爲獨斷，而主威不免於下移。」疏入，遽出内批，除熹宫觀。汝愚袖批還上，且諫且拜，侂胄必欲出之，汝愚退求去，不許。吏部侍郎彭龜年力陳侂胄竊弄威福，爲中外所附，不去必貽患。又奏：「近日逐朱熹太暴，故欲

陛下亦亟去此小人。」既而内批竄年與郡，侂胄勢益張。

侂胄恃功，爲汝愚所抑，日夜謀引其黨爲臺諫，以擯汝愚。汝愚爲人疎，不虞其姦。趙彦逾以嘗達意於郭杲，事定，冀汝愚引與同列，至是除四川制置，意不愿，與侂胄合謀。陛辭日，盡疏當時賢者姓名，指爲汝愚之黨，上意不能無疑。汝愚請令近臣舉御史，侂胄密諭中司，令薦所厚大理寺簿劉德秀，内批擢德秀爲察官，其黨牽聯以進，言路遂皆侂胄之人。會黄裳、羅點卒，侂胄又擢其黨京鏜代點，汝愚始孤，天子益無所倚信。於是中書舍人陳傅良、監察御史吴獵、起居郎劉光祖各先後斥去，羣憸和附，視正士如仇讎，而衣冠之禍始矣。

侂胄欲逐汝愚而難其名，或教之曰：「彼宗姓，誣以謀危社稷，則一網無遺。」侂胄然之，擢其黨將作監李沐爲正言。沐，彦穎之子也，嘗求節度使於汝愚不得，奏：「汝愚以同姓居相位，將不利於社稷，乞罷其政。」汝愚出浙江亭待罪，遂罷右相，除觀文殿學士、知福州。臺臣合詞乞寢出守之命，遂以大學士提舉洞霄宫。

國子祭酒李祥言：「去歲國遭大戚，中外洶洶，留正棄相位而去，官僚幾欲解散，軍民皆將爲亂，兩宫隔絶，國喪無主。汝愚以樞臣獨不避殞身滅族之禍，奉太皇太后命，翊陛下以登九五，勳勞著於社稷，精忠貫於天地，乃卒受黯黜而去，天下後世其謂何？」博士楊簡亦以爲言。李沐劾祥、簡，罷之。太府丞吕祖儉亦上書訴汝愚之忠，詔祖儉朋比罔上，送韶州安置。太學生楊宏中、周端朝、張衜、林仲麟、蔣傅、徐範等伏闕言：「去歲人情驚疑，變在朝夕。當時假非汝愚出死力，定大議，雖百李沐，罔知攸濟。當國家多難，汝愚位樞府，本兵柄，指揮操縱，何向不可，不以此時爲利，今上下安恬，乃獨有異志乎？」書上，悉送五百里外羈管。

侂胄忌汝愚益深，謂不重貶，人言不已。以中丞何澹疏，落大觀文。監察御史胡紘疏汝愚唱引僞徒，謀爲不軌，乘龍授鼎，假夢爲符。責寧遠軍節度副使，永州安置。初，汝愚嘗夢孝宗授以湯鼎，背負白龍升天，後翼寧宗以素服登大寶，蓋其驗也，而讒者以爲言。時汪義端行詞，用漢誅劉屈氂、唐戮李林甫事，示欲殺之意。迪功郎趙師召亦上書乞斬汝愚。汝愚怡然就道，謂諸子曰：「觀侂胄之意，必欲殺我，我死，汝曹尚可免也。」至衡州病作，爲守臣錢鍪所窘，暴薨，天下聞而冤之，時慶元二年正月壬午也。

汝愚學務有用，常以司馬光、富弼、韓琦、范仲淹自期。凡平昔所聞於師友，如張栻、朱熹、吕祖謙、汪應辰、王十朋、胡銓、李燾、林光朝之言，欲次第行之，未果。所著詩文十五卷、《太祖實録舉要》若干卷、《類宋朝諸臣奏議》三百卷。汝愚聚族而居，門内三千指，所得廩給悉分與之，菜羹疏食，恩意均洽，人無間言。自奉養甚薄，爲夕郎時，大冬衣布裘，至爲相亦然。

汝愚既歿，黨禁寖解，旋復資政殿學士、太中大夫，已而贈少保。侂胄誅，盡復元官，賜謚忠定，贈太師，追封沂國公。理宗詔配享寧宗廟庭，追封福王，其後進封周王。子九人，崇憲其長子也。

清同治《余干縣志》卷一八劉光祖《宋丞相忠定趙公墓誌銘》 自古有大勳勞於天下，如周之周公，而管、蔡親也，謂公將不利於孺子，誅管、蔡而周室始定。當是時，成王幼沖，周公居可疑之地，故不免四國之流言。蓋未有遭時不幸，大臣以同姓定大策，受命文母，舉神器而授之於春秋既富之君，而自引退，不敢居其功，力辭相位不得去，而小人讒之，謂將不利於社稷，使以貶死，如故相贈太師忠定趙公之事，爲可哀也。宋興二百有二載，孝宗皇帝踐祚越四年矣，始臨軒策進士，公策忠切，擢爲第一，蓋祖宗二百年所無有。由是入三館，司封駁，鎮全蜀，侍經幄，典貢舉，悉不用宗室故事。公方陛辭入蜀，孝宗面許歸日大用，故中外薦試之。及將内禪，亟召公。光宗嗣位，頒趣旨至於再四，而小人交忌公，御史范處義以暫違詔命劾公，不果入。紹熙二年秋九月，乃召爲吏部尚書。公至，會聖躬服藥，凡三月不得對。先是，光宗素無疾，旦旦視朝，天容穆如也。冬十有一月始郊，有司已戒，而大風暴至，上殊虚懼，望祭禮成，還内，罷稱賀，肆赦不御樓。是晚疾作，内侍馳告壽皇，壽皇偕壽成皇后倉卒御小輿至南内視疾。上見壽皇來，大驚，壽皇深慰撫之，因問左右上所以致疾之由，頗有所戒責。光宗疾稍平。三年三月朔，公始獲對。是時，上五日一朝之禮，率多官至重華宫傳旨而免。至會慶節上壽，車駕不出；冬至朝賀，又不出，都人始憂。十一月十六日，公對便殿，謹復規諫切深，上意開悟。慮壽皇或不樂，曰：「卿宜以此意奏稟重華。」公對從官無詣重華故事，上曰：「亦何嫌？卿可寓文字封入。」公承命退，白大臣，大臣難之。公與嗣秀王伯圭雅厚，力請伯圭調護兩宫門，因曰：「聞宫中婦姑之分素嚴，盍請諸壽成，少加附接。」兩宫之情既通，後六日，光宗及中宫俱詣北内，從容竟日，都人大悦。上疾生於疑懼，公每曰，處常人父子之際尚有不易言，故凡進對，所以開導彌縫之不遺餘力。四年正月，光宗宣引賜酒，款甚。

明日，命知貢舉。未幾，同知樞密院事。公辭以高宗嘗有聖訓，宗室用至侍從止，不敢當二府。時監察御史汪義端與公貢院議不合，奏疏詆公曰：故事，宗室無位二府者。上徙御史爲他官。給事中黄裳封還詔旨，曰：「御史實忌賢，不可不黜。青天白日，人皆知其清明，御史獨不之知邪？」上又爲出御史。公愈不自安，辭不拜者凡十有二疏，最後上請之壽皇，乃召學士答詔，諭以紹興聖訓用折秦檜陰謀，蓋有爲而言也，此除盡壽皇意。積二十有六日始拜。秋七月，遷知院事。時光宗疾雖平，疑未盡釋，辭曰：「陛下久不詣北内，臣安敢遷官？且武興主帥吴挺死，陛下每疑其不死，而久不除。人臣職當言，不得其職，臣安敢拜？」自七月至於十有一月，不拜。會將以至日上太皇太后册寶，左丞相留正因知閤姜特立復用，請辭機政，俟命於郊，久之不召，右丞相葛邲方被論亟去，上面命公爲禮儀使。公奏曰：「太皇册禮，故事當以宰臣爲使，陛下有左右相，不以命，而命臣，非所以嚴大典。」上乃許差留正。公即乞降旨遣中使宣押正，且令宰屬往諭旨。於是左丞相復入。上於奉册前五日詣重華宫，都人大悦。册禮成，有旨趣公受告，公謝曰：「臣久不奉詔，徒以朝廷數事，臣不敢安。今陛下已過重華，留正復相，獨餘一事。若武興朝除帥臣，夕拜命，不敢復辭。」上欣然許再過北内與壽皇議之，公乃受命。公惟不欲吴氏繼世掌兵權，以張詔代領武興之軍。公於大事以身任之，類此。然中心所甚憂者，上父子間事也。光宗出門，於語輒悟，入輒復疑，群臣人人言，言或無不至，上悉容受，而疑終不釋。五年春，孝宗始不豫。夏五月，疾寖深。二府一日詣殿閤問疾，孝宗數目丞相及公，若欲有言，而不果發。翊日，光宗御後殿，丞相率同列請上詣重華侍疾，從臣隨入，諫臣、臺臣繼入。閤門吏以非故事止之，不聽，丞相以下請之益激，上益疑。丞相退詣仙林寺待罪，節官共邀止之，乃齋宿都堂。明日致禱天地宗廟，壽皇疾未瘳故也。越二日，宰執俱請對，先以待罪劄子進入。上令知閤門事韓侂胄傳旨云「宰執並出」，於是俱出於浙江亭俟命，丞相獨遠。孝宗聞之，憂甚。嗣秀王簡丞相傳孝宗意，令宰執復入，有「始終扶持」之語。或以誤傳旨交責侂胄，侂胄乃奏曰：「昨日傳旨，令宰執出殿門，乃出都門，乞遣中使宣押。」光宗不許，侂胄請自往，許之。公等乃復歸第。自是孝宗疾彌留。六月八日夜五鼓，重華大閹扣公私第曰：「壽皇已升遐。」有頃，中書以劄奏聞，公持不上，恐上疑，或不出視朝。九日，上視朝，首以提舉重華宫關禮狀進，計即過北内矣。日下昃不出，憲聖御札令宰執邀請車駕，繳進久之，封出無處。宰執不得已，遂率百官詣重華宫發喪，内外不勝哀。十三日，將成服，公與中書議請憲聖垂簾，暫主喪事。密諭朝臣詹體仁、徐誼達意於少保吴琚，俾從中請之。憲聖素簡嚴，令中人傳旨云：「太皇十歲入宫，今已八十，未嘗與宰執相見。所議喪禮須請皇帝主之。」公等附奏曰：「連日在南内請對，不蒙宣引，累入文字不報。今率百官赴南内恭請，若皇帝不出，百官必相與慟於宫門不退，人情騷動，恐爲社稷憂。今請太皇太后降一指揮，以皇帝有疾，權就宫中成服。然喪不可以無主，祝文稱『孝子嗣皇帝』，宰臣不敢代行。太皇太后，壽皇之母也，請代行祭奠之禮。」良久質諸典故，議始定，乃成服。是日公請垂簾之意，蓋以國本繫嘉王，萬一不得已，該有宗社大計，即可於簾前奏稟。命出簾幃之閒，事行廟堂之上，體正言順，則無後艱。而吴琚素審謹，或曰太皇不欲令后家大議，此議竟格，他人不知公意也。十八日，公與宰臣及參知政事陳騤、同知樞密院事余端禮待對於和寧門外，不報。退，同入奏云：「皇子嘉王仁孝夙成，宜蚤正儲位，以安人心。」不報。時中外阻絶，都人洶洶，有言二十四日再以建儲請，批出但有「甚好」二字。明日同擬指揮以進，乞上親批，付學士院降詔。是日晚，御批乃云：「歷事歲久，念欲退閒。」封題「付丞相」，丞相色懼。連二日，大臣乞奏，不報，復以所擬指揮進，批出云：「可只令施行。」又不送學士院。二十九日，再乞面奏，不報。晚，付出封題獨異，丞相不啓封，付吏掌之。七月旦，公問丞相前奏如何，啓封，見牘尾御批十六字，丞相色憂。明日朝臨，仆於庭，因不出，密爲去計。方孝宗疾彌留，外言訩訩，無有不至，云：京口三軍謂壽皇已崩，朝廷密不發喪，欲相率縞素向闕。都人駭動，公因殿前指揮使郭杲來謁，問曰：「京口事亦聞之乎？」杲曰：「聞之。」公曰：「萬一有此，太尉何以處之？」公知所傳妄，特欲觀杲之對，以察其心。杲拱手曰：「兵家以直爲壯，使杲將若何？」公察杲可與共商國事。至是宗社之計益迫，丞相去之，公自度不得辭其責，而内禪之義决矣，獨患未有可使以腹心語杲者。會工部尚書趙彦逾按行山陵，别公私第。公與彦逾皆宗姓，是日語及國事，公泣，彦逾亦泣。公因微及與子意，彦逾乃喜。公知杲德彦逾深，因謬曰：「郭杲倘不同謀，若何？」彦逾曰：「某當任之。」公曰：「正持棋不敢先發，此非尚書不可也。」彦逾約明日復命，公曰：「此大事，已發諸口，豈容俟來日乎？某不敢入私室，退坐屏後，以待尚書之至。」頃之，彦逾再至，議遂定。公折簡丞相，勉令少留。明日，孝宗大祥，丞相以五更入奏致仕，易肩輿出城去。公率同列兩入奏，乞宣押留正，不報，人心益摇，公處之如平日。自吴琚之議不諧，於是與徐誼、葉

適謀可白事於慈福宮者，而侂胄進矣。侂胄者，忠獻魏公之後，戚里也，素善慈福宮内侍張宗尹，宗尹知憲聖深以宗社爲憂，閒以語之。侂胄與蔡必勝同在閤門，必勝與誼等同里，侂胄因必勝以見誼等，誼等以白公。公乃遣侂胄以内禪之議請於憲聖，侂胄不敢前，第附宗尹以奏。宗尹不獲命，止令勞公而已。明日，公再遣侂胄，辭不往，公曰：「可且謝太皇宣諭。」因致前，請强侂胄，侂胄乃往，復於宗尹附奏，竟不得太皇意。侂胄逡巡退。關禮者事壽皇久，邀問侂胄之來何爲，不以實告。禮怒曰：「自是一家，何必隱？」指天誓不泄。侂胄乃具述公意，禮曰：「知閤少俟。」關禮入見憲聖而泣，憲聖曰：「汝有何苦？」禮對曰：「小人無事，天下可憂。」憲聖蹙額不言。禮曰：「聖人讀書萬卷，洞曉古今，亦見有如此時節，而可保其無亂否？」憲聖曰：「此豈汝所知？」禮曰：「此事人人知之，今獨大臣鎮壓耳。丞相已去，聖人知否？」憲聖曰：「丞相無謂。」禮曰：「丞相誠無謂，今所賴者趙知院，知院旦夕亦去，中外誰賴乎？」言與淚俱。憲聖驚曰：「趙知院如何去？」禮曰：「趙知院於官職何有，慮禫祭後亦去。」憲聖曰：「此非汝所知，同姓事體與他人異。」禮曰：「趙知院之未去，非但同姓，以有太皇太后可恃耳。今欲定國家大計，不得太皇太后旨，策無所出，亦不過去。趙知院去，天下將如何，願聖人三思。」憲聖曰：「所遣來韓侂胄安在？」禮曰：「臣已留之，今俟命。」憲聖曰：「可令諭知院，好爲之。」關禮報侂胄。來早，太皇太后於壽皇梓宫前垂簾，引執政、侂胄復命。日已過午，公始以其事語駁、端禮及殿帥杲。關禮使其媚黨宣贊舍人傅昌朝密製黄袍。時兵部尚書羅點以光宗未執喪，群臣不當釋服，猶以衰服朝臨。是日，皇子嘉王謁告入臨，公簡宫僚彭龜年曰：「王無他否？來日禫祭，重事也，不可不出。」甲子，禫祭，羣臣入，王亦入。公率百官詣大行素筵如常儀，因入劄子，請憲聖垂簾，令關禮以憲聖之命請王入。頃之，垂簾，公與同列再拜詣簾前奏曰：「皇帝以已疾，至今未能執喪。臣等六月十八日以後累入劄子，乞立皇子嘉王爲皇太子，以繫人心，皇帝批出有『甚好』二字。繼乞送學士院降詔，又批出有『念欲退閑』之語。乞太皇太后處分。」憲聖曰：「皇帝既有御筆，相公當奉行。」公奏曰：「兹事重大，播之天下，書之史册，須議一指揮。」憲聖曰：「好。」公袖出所擬太皇太后指揮以進，曰：「皇帝以疾，至今未能執喪，曾有御筆，自欲退閑。皇子嘉王可即皇帝位，尊皇帝爲太上皇帝，皇后爲太上皇后。」憲聖覽訖，曰：「甚好。」公同奏，曰：「新皇帝仁孝，必能敬事兩宫。自此太皇太后可以安享四海之奉，受萬年之福，臣等不勝慶幸。」同再拜，又奏曰：「自今臣等有合奏事，當取嗣君處分。獨恐兩宫父子閒或有難處者，却用臣等商量封入，須煩太皇太后主張。如無事，亦不敢上瀆天聽。」憲聖許之。又奏曰：「上皇疾未平，乞令都知楊舜卿提舉本官任其責。」内侍奏曰：「楊舜卿在此。」公召至簾前，面付之，舜卿垂泣祈免，憲聖不許。於是憲聖勸上即位，上固辭，令關禮等扶掖出簾。上顧公曰：「某無罪，恐負不孝之名。」公奏曰：「天子當以安社稷、定國家爲孝。今中外人人憂亂，萬一變生，置太上於何地，尚得爲孝乎？」衆扶上入素幄，披黄袍，猶立而未坐。公率同列再拜稱賀，又降，再拜，始引殿帥杲、步帥閻仲入賀。杲、仲先退，如祖宗故事，分兵宿衛南北内。上詣几筵殿，哭盡哀。公等退，須臾立仗訖，催百官班。上衰服出就重華殿東廡素幄立，公等升幄，内侍扶掖上，親行禫祭禮，羣臣始得拜哭於几筵殿下如舊儀，内外俱慟。都人聞上即位，始奠枕矣。方公之未定大計也，樂禍者切切耦語。襄陽鄰敵境，有歸正人陳應祥者誘聚亡命□黨連裔，號檄，辭指辟六可聞，謀以七月望爲亂。先一夕登極赦至，其徒去之而散。嗚呼，公之功大矣！古所謂社稷臣者，公足以當之矣。或謂上新即位，如韓侂胄者公宜度時之宜，與郭杲並建節鉞，以收其用，公不聽，反裁抑之，釁由是生。侂胄既陰竊主權，凡不得志於公者潛相附和。公在相位甫六月，諫官以危語撼公，指大忠爲大逆。公既去位，臺臣相繼誣公不已，竟責授寧遠軍節度副使、永州安置，道薨，天下冤之。侂胄用事久，欲稍釋中外意，復公資政殿學士、大中大夫，後又贈少保，而公之大功大謗卒未白於天下。上察侂胄誤國，竟以伏誅。嘉定元年二月，始盡復公元官職，謚曰「忠定」，且用其長子崇憲監進奏院。崇憲奏，乞檢照先朝陳瓘論司馬光復官故事，以先臣心迹下百官廷議之，大罪大冤宜使明白，則朝廷之大誅大賞乃可信於萬世。於是吏部尚書樓鑰等奏：「凡前姦言誣史，悉宜删正。」詔曰可。十有二月，内出親札，特贈太師，追封沂國公，而後四海之心始慰。公諱汝愚，字子直，太宗皇帝之元子，漢恭憲王元佐八世孫也。皇曾祖諱士虜，東頭供奉官。皇祖諱不求，成忠郎。皇考諱善應，修武郎。公既貴，累贈皇曾祖太師，妣龔氏陳國夫人；皇祖太師、申國公，妣晁氏吴國夫人；皇考太師、慶國公，妣李氏冀國夫人。慶公之葬數年，正獻福國陳公題其墓曰「皇宋篤行趙君之墓」。其後侍講朱公熹爲之銘，又謂：「漢恭憲王至德高行，爲宋太伯，心融迹泯，世莫予知，益期其後之必大也。至慶國復有至行，是實生公，爲國賢輔，拯時艱危，迓續我國家之永命。」紹興十年二月丙申，公生於嘉興之崇德縣。申公晚監饒州餘干酒

税，卒於官，慶公葬申公於縣東郭，因家焉。家甚窶，而德則豐。公蚤有大志，每曰：「大丈夫得汗青一幅紙，始爲不負此生。」初以取應中選，益杜門讀書，年二十七遂冠多士。改左宣義郎、僉書寧國軍節度判官廳公事，未赴。遭冀國憂，免喪，召試館職。孝宗方鋭意恢復，公始見上，即面奏曰：「臣懼有大言無妄之人竊窺陛下意，迎合取寵，争言違戰之利。願陛下含忿忍耻，力爲自治之計。虚懷納諫，以輔其德；任賢使能，以治其政。開布大信，以繫中原固結之心；務農訓兵，以隆本根不拔之勢。」孝宗稱「卿言甚是」者再。公又曰：「歸正人皆祖宗涵養之餘，不堪胡虜之暴，今如脱寇盗得慈母，宜求所以慰安之。」因陳三説，大略謂：不當以倉荒待之，當選用其豪傑，勤恤其有無。孝宗復大嗟賞。是時上病士大夫苟媮虚誕，下詔戒百官，將必行賞罰。公適輪對，奏曰：「省刑重賞，人主執此以御天下，顧亦何施而不可？然陛下深居九重，人臣功罪豈一人智力所能盡，願益選公正敢言之士，俾任耳目出納之寄，陛下虚懷而聽察之，則是非明而賞罰行矣。」朝廷方議遣汎使，有挑敵意，公曰：「陛下鋭於圖事，苟有道可以豐財，則利害未暇究也；苟得人出而任事，則賢否未暇擇也。願建宏遠之規，不以小利動其心，不以速成敗厥事。求賢爲上，立政次之。」上察公盡忠。張説簽書樞密院，公時爲著作佐郎，不往見，率同列並請祠去，不報。會吴國夫人訃至，公不俟報，即日歸省，慶公因自劾，上不加罪。以公知信州，陛辭，爲上論漢初多循吏，至武帝好大喜功，而俗凋弊，吏治始無以德化稱者矣。人主苟清心省事，節用愛人，使民俗富厚，而政化可行，然後久任以責其成，雖使郡邑皆龔、黄、卓、魯可也。公至上饒，會安南貢馴象十六，所過騷然，公乞留之廣西，闕則取，不報。乃預爲條約，凡廣舍薪芻供給之物悉有式程，比過郡境，民不知。其返也，具舟出諸境，無一毫擾。上饒諸邑輸秋苗，取贏無藝，公請立爲定制，下二等悉罷之。城郭民每歲推較物産厚薄，吏弄其間，數日不能決，公下令使自以義相均，一日而軍民大感悦，於是興廟僧舍祠公。祠成，公故觴客其間，書「一杯亭」三字，謂身後千載名，何如生前一杯酒，卒不使設像。公薨，迺像而祠之。天台守以嫌，留公兩易。方入境□鹽之禁，公雖數月當代，不以暫而苟。台城多頹圮，山水數冒郭郛，且城門寬而大，其潮一夕抵其下，民不獨憂水，而憂盗。公亟命板築，城堅而諸門樓高聳，雖有水大至，城不没者三板。郡歲輸上供銀米之物，務在所納錢楮半，皆公力行，以見錢市銀米貢歲者調矣，數年人無愁嘆。公之爲政大體如此。□□西過闕奏事曰：「陛下即位之初，天下皆以英才不世出，無不延頸以望太平。今將五年，而治不加進，豈所由而不得其道？」詞語益深切。東南病月椿錢，爲民害，江西七十萬，率横斂而創之名，公奏乞視其最甚者蠲之，朝廷重於施行。公察宜春□□諸邑爲尤甚，除其力所可除者，公意殊不愜。是時有旨籍黥流卒之健者爲軍，名曰敢勇，江西、湖南各屯千人。公奏曰：「今日聚之甚易，他日散之甚難。且江西帥司舊有親兵千人，今生一軍，必相疑忌結隙，有意外慮，非但徒費資糧而已。」不果行。公每輕車，携主案吏二、候兵一，馳原隰訪民疾苦，自帥閫而下悉嚴憚之，而不敢肆。踰年，上思公，召赴行在。會慶公卒，公執喪如慶公之所以葬申公、吴國，而於祭葬又酌司馬氏以行之。既祥，衛丞相□□公，奏以吏部節東宫講官召。未幾，遷秘書少監，兼給事中，封駁無所避。内侍陳源有寵於德壽，添差浙西副總管，公因書其續增秩黄，上疏論之，謂「建炎詔書初數内侍與軍官交通，如僭役禁兵具不可，今乃假以一路總戎之任，恐非太上意。王中正、李憲所以基童貫開邊禍，如陳源者，望令解去總管，以爲萬世子孫無窮之法。」孝宗大喜，進呈德壽，高宗亦喜。明日，上諭宰臣趙雄等，凡内侍宣職，悉改内祠。祖宗之制，密院文書，細大皆經門下省，至張説往西府，託言邊機軍政不宜泄於外，由是密院事闕送銀臺司者百無一二。公上疏論：「東西二府皆朝廷治亂所關，今中書庶務無一事不過東省，何獨密院而不然與？」凡四上疏論之，西府大臣不悦。公徙天官，猶面諫之不已，孝宗感悟，遂如舊。於稍攝瑣闥僅五閲月，所論駁甚多，如韓彦質□□陳勸講陸游召爲定遠總戎，皆以公封還而寢，中外浸不以爲吏利。遷權吏部侍郎、太子庶子。公曰「論忠，職也」，首奏疏及上左右，其略曰：「陛下以兼聽爲美，而或來膚受之言；以分任爲功，而適啓多門之弊。潛窺聖意，密預政機。大臣依遵聽命，事有不可而莫敢與争，否則締合往交。上雖不言，而實行其意。」蓋指知閤門事、樞密都承旨王抃用事也。他日又奏曰：「今夏六月，有客星出傳舍，守之三月。傳舍九星在華蓋之上，賓客之館，即今掖門之外閤門、客省是其處也。臣聞閤門中有用事者，陛下委之招接北東人事，蹤蹟秘甚。又聞委以將帥之權，付之帷幄之任。上天垂象，端不虚發。」公所言皆人臣所難言者，上意稍動。會北使魏正吉、蕭梅來賀正旦，要人主起受書如舊儀，孝宗難之，朝見改别日。亟具奏曰：「使人奉書不虔，萬一處之稍失事宜，誠恐黠虜益驕，更貽後患。今莫若且令館伴臣僚委曲開諭，援之以公例，曉之以至誠。我直彼曲，彼將何辭？然後□□封進國書，徐降旨攔朝見。若彼堅執倔强，則當致饋有司，稍如常禮，移文對境，告以事因。但當曲折其辭，

不至遽生邊釁。若姑務曲從，別加厚賜，非惟有傷國體，亦恐更啓戎心。」奏入，抃已先許使人明日用舊儀見矣。明日，公侍殿上，孝宗數目公，意極悔之。北使去，公亟請對，遂出抃外，朝野稱慶。公因入奏，請罷諸軍承受，復還將帥之權，如祖宗故事，用文臣爲樞密都承旨，曰：「今日之弊，其最大者無如諸軍寘承受。蓋將帥禍福輕重之權陰制於其人，而貨賂之風，掊尅之政行矣。將帥者，三軍之司命，其賞罰進退在人主，蒐選考察則宜責之大臣。昔漢之高、光，唐之太宗，聰明英武過羣臣何啻百倍，至於任使諸將，以來人物，亦必訪之蕭何、鄧禹、房玄齡數公。今大臣平居，恬然不以人材爲意，一旦邊陲有警，陛下誰與謀者乎？至若承旨一事，權任尤重，改弦易轍，實在此時。」孝宗悉如公請，盡罷諸軍承受，始以吏部侍郎蕭燧爲樞密都承旨。公又謂：「古者命將率皆王之卿士，本朝不逮前古，正由選任之際，文武太分。今十萬之衆付一武將，不使一二士大夫參制其間，平居無事，莫可誰何，一旦多事，或恐爲腹心之憂也。」於是奏乞於鎮江、建康、鄂渚、武興每軍置參謀官一員，江、池等處未有主管機宜文字者增置。且言曰「不稍優其禮，則士不屑爲，雖精選其人，亦無益於事。」孝宗曰：「朕久有此意。春秋晉六軍皆卿士也，欲倣古制行之。」公對曰：「裴度淮西之役，判官、書記皆朝廷之選。晉亦有兵曹、騎曹之類。」孝宗曰：「記室亦古官名也。」翼日以諭大臣，而兩府惡侵官，託宜以使東西二府掾屬議資序而退。他日又奏及之，孝宗與公反復論其事，會公補外，議竟不行。公言：「方今州郡，兵冗不精，徒困民力。捕盗改官，非祖宗法，滋長姦僞，賊害無辜。」上悉推行之。於閫謀帥，公以集賢殿修撰出鎮，念當去國，孳孳以數千言進戒，惟恐人主始勤終怠；且及國事之大者凡四，而裁抑吳氏其一也。謂：「自古天下之患常生於所忽，患生於所忽，則必有出於人意之所不料者。及其出於意所不料，雖有謀臣勇士，將無所用其力。今吳氏專蜀兵已久，一方之人皆習熟其姓字。及時無事，宜漸裁抑之，不然或爲後患。」孝宗爲之動。公之精忠遠慮多此類也。閩俗生子往往不舉，公創舉子倉，凡貧不能舉其子者，以書其孕之月而籍之，及期，官給之米，而使舉其子，所全活甚衆。州有二湖，附郭田數萬畝，旱則湖可溉，澇則可泄，故無凶歲。或租其潴水之澤，各封域之，官利其入，不之禁，湖以塞。公奏罷之。浚西湖，使與南湖通，築長堤，植杉柳，創六閘堰，以時潴泄，遂爲一方永久之利。公薨，閩人即湖上祠公，以無忘公之德。臨汀之民喜兵好鬪，官又調民運鹽，而强鬻之民不堪，則起爲盗，與官敵。公請行鈔法，而禁官鬻。格於異議，乃力求其疾苦以寬之，民始稀爲盗。然公於治盗甚有方，嚴兵絶其抄掠之路，而約其許以自新，如約者僨之，不用命者執而戮之，既平而厚撫之。嘗有海盗，遣舟師討捕，賞罰明信，悉禽之，盗不敢犯。公於大事如此，於細事亦委曲用意。郡治之幽處得小室，公榜曰「不欺心」，令二老卒守之，以待訟之無左驗者，與骨肉之訟而不致其相傷者，使處其中，率感悔去，閩人至今訟其美。居閩三年，加雜學士帥蜀。臨遣，勞勉諄悉。公首辟劉光祖、楊方入其幕，上命中使以香盒、象笏、金帶、酒器爲賜，公囊無所有，密於市肆鬻金一十兩贈中使。中使奏聞，孝宗戒曰：「趙學士素清貧，謹勿受。」中使宣上旨，納金而去。公感上深知，第薄勞其騶御，中使亦不敢受。公之清節素著，入四川境，關外三大將不敢以常帥待之。吴挺遣使於公所，賫持酒十罇，梨三百顆而已。青羌奴兒結擾黎邊餘十年不去，公以計禽而戮之。其餘黨有以「殺降必益啓邊患」爲言者，公不摇於浮言，使嚴備以待之。奴兒結有弟曰三開，聲言入寇，公察其妄也，戒勿動。明年，三開三犯邊，邊有備，悉敗退。公恐羣蠻與之合，因聞之黎，三開勢益孤，竟以憂死。方公開藩甫浹日，馬湖蠻犯嘉州籠鳩堡。公榜郡縣毋襲故例輒招徠，許之賞犒，第謹邊備，絶歲賜，禁互市以困之。蠻悔過，盡歸所虜，具所當償以請命，乃許如故，餘蠻俱怗服。虚恨蠻族最强善鬪，破小路蠻，併其地。地與黎接，每以朝廷不許其互市，數犯邊。至是將許之，公奏曰：「黎州三面抵邊，西南有五部落，正南有彌羌、青羌，東南有邛部川，若更開此一放與之互市，必大爲憂患。與其許之而重貽他日之深憂，不若拒之而寧受目前之害擾。」上謂公有文武威風而知大體，益無西顧憂。公創招西上五百人省屯，咸近歲出死力冒白刃以扞雅邊者，猶公所招鬪士也。公治蜀，事細大悉究心焉。每與蜀士大夫以文藝相尚，而爲職業文法，爲疏勉之，事以成法要其歸。愛士卹民若饑渴，節用度，有餘以寬民賦。其於蜀物，一毫不買於市。民當輸倉，使自概量，各挈羡米去。道路之説尹者如出一口。成都大火，晝焚室千八百有奇，不遺其一，則已俟罪，撫暴露，給食貸緡有差，大門衢巷，經理比屋，民忘其災。先是府東千金堰溉民田十七萬畝，歲調民錢以畝計，役夫十一萬六千有奇，編氓籠利，爲之歲輒一易。公規欲易以石，使水不可齧，官預貸民五年爲之，歲使償之，五歲之後無復科斂矣。而掌執堰事者與郡縣吏歲利其後□人，使騰説於輦下。前茶馬使王渥時爲大理卿，惡公嘗奏其以老弱馬希賞，鼓以火事，奏不以實；又星變，來言或指爲成都之火焚萬家，或有謂石堤勞民不可爲，以應詔。臺臣陳賈因投隙摇公，請下部刺史核實。孝

宗曰：「焚萬室，此必王渥之言也。」朝廷乃下公同監司條具，公不敢預，悉付漕、憲。漕、憲躬閱火所，不可誣，獨謂石堰役大難成而已。公因力請祠，孝宗以金字牌遺批奏牘還之，曰：「朕已察其浮言，卿可安職。」然忌公者衆矣。公猶不爲少貶，如二部刺史，怨益多。孝宗召公入，光宗趣召，不果入，除長沙，因改太平州。公量其無事，表謝曰：「閒問讀書，還視於千古廢興之際，益復有憂國之意存焉。」太平爲州，歲入秋苗以斛計者十五萬七千有奇，而上供凡十四萬斛，留州者一萬七千斛耳，漕司歲又盡取之。郡計歲五萬斛，例悉贏於輸入之際，公與漕議，不復取留州米，於是概量減十七，且□用以代民賦之偏重者。甫半歲，復鎮七閩。時光祖以御史論事去國，謁公當塗之境，公酌之酒，酬公位下，慨然有死宗社意，蓋公之中抱未嘗一日而忘吾君也。□山卒從都下聞公當再往三山，歸，未入城，語傳，驩趨而隨以問者無數。公既至，益務崇教化，愛民如子，民益孚信，而治不勞。會諸邑與爲約，除舊逋，定常賦，戒曰：「瀕海之民非鹽無以生，每一切繩以法，使人每爲盜。」三山民衆而食寡，公每期招米商，民食常足，而人不知也。損五代因時之制，悉有深意。公三麾帥，入爲天官長，是羣臣爭言安便和平，足以爲治。公見光宗，即奏曰：「臣歷數郡，首尾十年。自蜀至閩，身行萬里，所見閭閻之内，民實困窮，郡縣之間，吏多貪濁，風俗婾玩，邊備空虛，將帥掊克，士卒嗟怨。願陛下慨然發憤，志於有爲。」光宗寬仁盡下，公又慮邪説入之，曰：「君子今日論某人，明日論某事，積違忤以取人主之厭，不可不察。」凡所定必其有益於主德，以誠心感悟。其掌銓曹，每柄勿守資格，無所進退，奏乞別賢不肖，擇其可薦進者以聞。俄擢貳西府，責益重，憂益深矣。踰年，會國哀多故，既身歷大策，而宰席虛，即從其次奏召留正長百僚，遣兩中使趣之。又以朱熹有重名，俾以待制侍經幄。於是無日不收召士君子之在外者，以光初政，慰海内望。初公之亟留公也，欲與之同心輔政，布賢者於要路，一二月間，事可略定，公乃引去。侍御史張叔椿奏彈留正棄國去，不當召，公遷御史爲吏部侍郎。上以東省虛員，命公兼參知政事，公奏留正至，乞免兼。公解省事甫三日，除特進、右丞相。公懼，曰：「同姓之卿，不幸處君臣之變，敢言功乎？」力辭不拜，以特進爲樞密使，而知院事已命騤矣。公拜樞密，而辭特進。公平生善論事，所帥福唐，遇地震之變，上疏於孝宗，宜罪己求言，以答天戒。朱熹聞之，嘆曰：「是得藩臣告君之義矣。」及鎮蜀，奉高宗遺誥對家人除吏大慟，退具手札慰孝宗，且爲三説以獻，其一謂：會稽殯宮規制淺薄，舜都蒲坂，葬蒼梧，禹都平陽，葬會稽，當復祖宗山陵之制。其二以皇太后春秋高，太上既葬，請皇太后不南内，以便侍養。其三，修奉山陵，宜遵遺誥儉約之訓。至是孝宗大行，公反覆論殯宮非是，日往歲深，阜陵其深不盈九尺，聞者寒心，欲改卜山陵，與宰臣議不合。趙彦逾爲按行使，迎宰臣意，爲之屬者和而助之，與覆按使悉不主公説，而黨始分矣。小人因二公之議山陵不合也而間之。會留公裁抑經筵，更易臺察，士寖不悦。韓侂胄欲自用事，得其便，從中出留公於建康，復命公右丞相。公本倚留公共政，怒侂胄不以告，侂胄謁公，公故不見，侂胄慚而忿。簽書樞密院羅公點曰：「公誤矣。」召侂胄與語，力釋之，公亦悟，復見侂胄，侂胄意終不懌。公辭不拜右相，至於再三，不許。覆按使時爲中司，與彦逾等謀共挽其黨爲察官，而言路始與公敵矣。會羅點、黄裳卒，公益孤，對客輒泣下。羅點死，侂胄拔其素所與，亟用之。黄裳死，上益無所倚信。彦逾覬欲與同升，恨公使之帥對，疏廷臣姓名於其上，皆指爲公黨，傾公，且曰：「老奴今去，不惜爲陛下言之。」而上始疑矣。時諫官黄度欲深論侂胄而謀泄，出之於外，公歷言之，不聽。朱熹從經筵進説，權倖益側目，中批與外祠。公獨袖御筆還上，且諫且拜，無慮十數。上愠，必欲出之。公退求去，不許。於是吏部侍郎彭龜年力抗侂胄竊弄威福，爲中外所附，不去必招患。上難之，公白上，乞留龜年，龜年竟出。又力求去，不從。連數日，中書舍人陳傅良、監察御史吴獵、起居郎劉光祖各先後而去，公之勢危矣。時正旦使將至，公不果去。慶元元年正月八日，北使朝辭，小人知公必去，亟命學士草麻，去祔廟賞。趣家人治裝，曰：「朝廷自宣麻，吾自以私義求退。」而公之客或曰：「大臣進退，不宜匆匆如此。」公翻然顧國家大體，復不忍遽去，力免特進之命，凡十有三日，始聽還一官。公念居大位，志不得盡展；於議典禮，僅能正太祖東向之位，而山陵奪於羣言，於士風奔競未能革，於民力凋瘵未能蘇，軍制未復祖宗之舊，邊臣未得久任之人，江淮未盡經理之宜。經術造士，十科薦人，欲如元祐司馬公；重惜名器，甄別流品，選擇監司，欲如慶曆富、韓、范。凡公著所聞於師友，如汪公應辰、李公燾、王公十朋、胡公銓、林公光朝、張公栻、尤公袤、朱公熹、呂公祖謙，皆欲力行，以見於事業，而未能也。且時事雜出而多端，人才暫聚而復散，公自知孤立，不可以久，猶汲汲勉主以大有爲。是月二十有五日，率二府大臣面奏曰：「陛下但欲爲尋常之主，今臣等朝夕進呈尋常之事，亦或可以偷安目前。陛下欲建子孫萬世之計，必先自立志始。若聖志先定，臣等亦深願爲陛下條當今弊政，次第施行。」公不知小人之計已成。是日用李沐爲右正

言，沐與侂胄合謀，首論公將危社稷。公罷相，朝臣連日奏疏，謂公不應以忠得罪，悉斥逐之。太學之士坐理公竄者五六輩。公名益高，小人益忌，謂不重貶公，人言不已。八月，以御史中丞何澹疏，落大觀文；十二月，又以監察御史胡紘疏，責授寧遠軍節度副使，永州安置。公怡然就道。舊病渴，醫以爲熱也，投寒劑。舟行瀟湘間，雪大作，愛而玩之，外寒内侵。抵衡陽，寢疾，甫四日，正月壬午，乘舟，薨，年五十有七。薨之夕，天晦陰，公問子婿：「今夕星象何爛然也？且一大星胡爲獨照我舟？」將逝，微笑曰：「一無可報，一無可恨。」公學務有用，侍講□□□《太祖實録舉要》上之；其後又取本朝諸臣奏議類成三百卷，擇其尤切治道者爲百五十卷以進。孝宗謂可與《資治通鑑》並行。其他平居格言善行，有不可勝書者。及其薨也，雖遐鄉僻聚，稚兒寡婦，莫不憤嘆泣下，道路望見其喪舟，焚香而遥哭者，皆是公德及之。公娶徐氏，先公十九年卒，累贈秦國夫人。公凡七男子：長曰崇憲，今爲朝議郎、秘書監；崇範，宣義郎、監隆興府苗米倉，蚤世；崇楷，奉義郎、通判郴州；崇模，從政郎、荆湖北路提點刑獄幹辦公事；崇度，宣義郎、權發遣桂陽軍事；崇實，承事郎、監建康府糧料院；崇斌，承事郎、監隆興府苗米倉，悉有家法。女子六人，嫁承奉郎、監泉州市舶務汪德輔，承務郎、監興化軍莆田縣涵頭鹽倉汪光，宣教郎、知南劍州將樂縣劉填，承務郎劉廣，其二未適人而死。男子孫十五人，一人已仕，二人未名。女子孫十有三人，一人已嫁，一人許嫁。曾孫一人，曾孫女二人。嗚呼盛矣！天之所以報公者其在斯乎。聚族三千，皆無閒言。藏書五萬卷，終身不失儒素。公在相位，客有聞公言，欲以吴曦爲文臣帥，問之故，則曰：「武帥他日又嗣掌蜀兵，非國之利。」客嘆而退。是時，曦已深交於侂胄，議弗果成。公罷相，侂胄專國十年，曦益得其欲，竟與侂胄表裏興師，而曦首叛，如公素憂。嗟夫，使公而尚在，國家之所恃何如也！公薨之年五月壬午，葬餘干之雕峰。百歲之後，墓道之碑傳信，或有補於太史氏。其銘曰：

烈烈趙公，社稷之臣。維天篤生，維國之珍。扶國於傾，拯時於屯。天既成之，乃敗於人。曷忍敗之，彼賢且親。天造則艱，人胡不仁？匪敗我公，實戚我民。在民既戚，公功以伸。公雖伸矣，孰救瀕呻。已喪孰補，未補孰陳？嗟公志遠，任重以身。帝鑑其忠，其語諄諄。人忌其正，其讒狺狺。後不我知，猶有鬼神。公没不恨，光燦斗辰。公即幽宮，今幾秋春。卓矣偉績，勒之堅珉。百世之下，以告縉紳。豈必百世，懷公如新。

雜録

備録

葉紹翁《四朝聞見録》甲集　趙忠定横遭遷謫，去國之日，天爲雨血。京城人以盆盎貯之，殷殷然。

忠定季子崇實，間因與予商推駢儷，以爲：「此最不可忽，先公居政地，間以此觀人，至尺牘小簡亦然，蓋不特駢儷。或謂先公曰：『或出于他人之手，則難于知人矣。』先公曰：『不然，彼能倩人做好文字，其人亦不碌碌矣。』此先公掄才報國之一端也。」崇實爲相家賢胄，遊京幕爲元僚，有雋聲，而誠實出于天性，真稱其名。惜乎天不假年云。

葉紹翁《四朝聞見録》乙集　貶趙制詞，乃傅伯壽所草，韓亦先啗之以美官。詞曰：「屈鶩與廣利妄議，武帝戮之于事聞之初；林甫輔明皇不忠，肅宗誅之于論定之後。是皆宗室之爲相，卒蹈譴呵而寘刑。」蓋竊東坡懼吕惠卿之故智也。趙聽制，手持象簡不知輕重云。制中又有「謀動干戈而未已」，與「外欲生事强隣而開邊境」。

葉紹翁《四朝聞見録》丁集　慶元黨論之興，中書舍人陳傅良追削家居。嘉泰會赦，復官予祠。制詞曰：「日者宗相當國，凶愎自用，論者指爲大姦似矣。盍亦考其所以然，蓋一妄庸人耳。何物小子，敢名元惡？而一時士大夫，逐臭附炎，幾有二王、劉、李之號。朕甚憫之。」其詞蓋皆順時好，指趙忠定汝愚也。

嘉定初，趙忠定賜謚曰「忠愍」。大臣死非其罪，故以「愍」易名。其家上疏自列，以爲子孫所不忍聞，改「愍」爲「定」，然没其實矣。家集欲以「慶元丞相」爲名，又以慶元亦有他相，故但曰《趙忠定集》。

洪邁《容齋三筆》卷九　趙汝愚初拜相，陳騤自參知政事除知樞密院。趙辭不受相印，乃改樞密使，而陳已供職累日。朝論謂兩樞長，又名稱不同，爲無典故。案，熙寧元年觀文殿學士、新知大名府陳升之過闕，留知樞密院。故事，樞密使與知院事不並置。時文彦博、吕公弼既爲使，神宗以升之三輔政，欲稍異其

禮，且王安石意在抑彦博，故特命之。然則自有故事也。

王明清《玉照新志》卷四　隆興三年，趙丞相汝愚廷試第一。時外舅爲刑部侍郎，臚傳既歸，明清啓云：「適曾稱賀否？宗室魁天下，今日創見，可謂熙朝盛事，禮宜爲慶。」外舅擊節云：「班列中適無一人舉此，今無及矣！」太息久之。

羅大經《鶴林玉露》丙編卷六《韓平原》　寧宗既受禪，韓平原所望不過節鉞。知閤劉弼嘗從容告趙忠定曰：「此事侂胄不能無功，亦須分些官職與他。」忠定不答。由是漸有邪謀，迄逐衆君子。宗友趙從道有詩云：「慶元宰相事紛紛，説着令人暗斷魂。好聽當時劉弼語，分些官職乞平原。」余亦作一篇云：「齋壇一鉞底須慳，坐見諸賢散似煙。不使慶元爲慶歷，也由人事也由天。」

周密《齊東野語》卷三　先是，汝愚嘗云：「夢孝宗授以湯鼎，背負白龍陞天。」又沈有開嘗在汝愚坐曰：「外間傳嘉王出判福州，許國公判明州，三軍士庶，已推戴相公矣。」又徐誼語人曰：「但得趙家一塊肉足矣。」蓋指魏王之子，徐國公柄也。樓鑰行辭免批答，有「親爲伯父，固非同姓之卿」之語。太學上書，乞尊汝愚爲伯父。周成子言「郎君不令」。田澹謂「寧宗非光宗子」。其説非一端。於是右正言李沐首疏其事，劾汝愚以「同姓居相位，非祖宗典故，方太上聖體不康之時，欲行周公故事。倚虚聲，植私黨，以定策自居，專功自恣」等事。遂罷汝愚相位，出知福州。既而臺臣合奏，罷郡與祠。於是祭酒李祥、博士楊簡，府丞吕祖儉等有疏，

周密《齊東野語》卷八　趙忠定汝愚初登第，謁趙彦端德莊。德莊故餘干令，因家焉，故與忠定父兄游，語之曰：「謹毋以一魁寘胸中。」又曰：「士大夫多爲富貴誘壞。」又曰：「今日於上前得一二語奬諭，明日於宰相處得一二語褒拂，往往喪其所守者多矣。」忠定拱手曰：「謹受教。」前輩於後進如此。

張淏《雲谷雜記》卷三　祖宗時，宗子無預科舉，神宗始詔有官者許鎖應，未命者從其應舉。自是宗子始得預進士第。自元祐三年戊辰，至嘉定元年戊辰，一百二十年間，已一千三百四十四人，而嘉王汝愚皆爲廷對第一，彦中以博學宏詞中選，亦可謂盛矣。初，汝愚唱名時，洪文惠公適爲右相，侍立上側，奏言：「近歲宗子甚好學，前舉伯攄擢甲科，儒林以爲創見；今汝愚遂魁天下，可謂瞻前無鄰。」本朝故事，科舉先寒畯，有官人退居第二，乞只依臚傳次序，勿令後來居上，以見麟趾之盛。天顔有喜，良久曰：「姑循故事。」此事，予得之于文惠所作《趙氏家録》跋語，因併記之。

備論

《宋史》卷三九二《趙汝愚傳》　論曰：自昔大臣處危疑之地，而能免於禍難者蓋鮮矣。昔者周成王立而幼冲，周公以王室懿親爲宰輔，四國流言，而周公不免於居東之憂，非天降風雷之變，以彰周公之德而啓成王之衷，則所謂《金縢》之書，固無因而關於王之耳目，公之心果能以自明乎？公之心能自明，則天意之所以屬於周而綿八百載之丕祚者，實係于兹。不然，周其殆哉！

趙汝愚，宋之宗臣也，其賢固不及周公，其位與戚又非若周公之尊且昵也。方孝宗崩，光宗疾，大喪無主，中外洶洶，一時大臣有畏難而去者矣。汝愚獨能奮不慮身，定大計於頃刻，收召明德之士，以輔寧宗之新政，天下翕然望治，其功可謂盛矣。然不幾時，卒爲韓侂胄所構，一斥而遂不復返，天下聞而冤之。於此見天之所以眷宋者不如周，而宋之陵夷馴至于不可爲，信非人力之所能也。

藝文

朱熹《晦庵先生朱文公文集》卷八七《祭趙丞相文》　嗚呼！惟公天賦中和，家傳忠孝。愛君憂國，懇懇不忘。進秉樞機，適逢變故。禀承慈訓，援立聖明。計定一時，功垂萬世。夫何不幸，乃困煩言？適此退閑，忽聞遠役。衝風冒雪，千里于征。行未及休，病遽不起。赴車所暨，痛憤惟均。白叟黄童，興言出涕。矧予衰鄙，素辱知憐。推挽彌縫，期於國定。何悟反覆，接踵言歸。我罪未論，公行先邁。臨風一慟，雞絮是將。精爽如存，尚識兹意。嗚呼哀哉！尚饗。

樓鑰《攻媿集》卷七六《跋趙忠定公家書》　丞相忠定公魁多士，登館殿，侍經帷，帥全蜀，知貢舉，皆本朝天族之所未有。受知孝宗，擢登從列，又留以遺光宗。兩朝眷渥，特寘樞府，引故實力辭，至于五六。重以御史之有言，又列高宗聖訓以爲據，而詔旨弗俞，尋知樞密院事。紹熙五年七月甲子，既成翊戴之功，拜右丞相。翰林學士李公巘所草麻制已行，三命而僂，終遂牢辭，改樞密使。至八月二十八日，鑰時以西掖直學士院，主上猶在北內，忽蒙宣押御筆：「留某以

少師、觀文殿大學士判建康府；趙某宗姓之賢，偉然忠實，太上體壽皇圖任之意，擢貳機衡。肆朕繼承，厥功爲大。俾居宰路，控避莫回。殊咈眷懷，尤辜輿望。朕惟不膠者卓，維時之宜。今政令未孚，水旱間作，得一賢佐，度越拘攣，萬幾實繁，其遂我相，可除右丞相。」詞臣茍得君上一言，敢不具載？況承宸翰詳密如此，何敢不以屢書并草兩麻？丞相制有云：「壽皇咨其切直，屢敷心腹之言；太上察其篤誠，徑委股肱之寄。擢居宥府，密贊籌帷。逮予有興，厥功尤大。」又云：「亟頒詔綍，俾踐台符。何循墻之過勤，致反汗而中止。既辜輿望，殊咈眷懷。」又云：「矧今政令之未孚，復多水旱之間作。是圖賢佐，以贊繁機。越彼拘攣，不膠者卓矣；置于左右，亦職有利哉。非爲朕私，其遂我相。」蓋具載上語也。比歲不知者以鑰爲褒稱太過，謹不敢辯。雲漢之章，至今寶藏。然則丞相之進用本末大略可攷矣。公之長子太府寺丞以家問示鑰，敢詳書之。若其戒從子初仕數端，真可以爲世範云。

韓侂胄部

綜述

《宋史》卷四七四《韓侂胄傳》　韓侂胄字節夫，魏忠獻王琦曾孫也。父誠，娶高宗憲聖慈烈皇后女弟，仕至寶寧軍承宣使。侂胄以父任入官，歷閤門祗候、宣贊舍人、帶御器械。淳熙末，以汝州防禦使知閤門事。

孝宗崩，光宗以疾不能執喪，中外洶洶，趙汝愚議定策立皇子嘉王。時憲聖太后居慈福宮，而侂胄雅善慈福內侍張宗尹，汝愚乃使侂胄介宗尹以其議密啓太后。侂胄兩至宮門，不獲命，彷徨欲退，遇重華宮提舉關禮問故，入白憲聖，言甚懇切，憲聖可其議。禮以告侂胄，侂胄馳白汝愚。日已向夕，汝愚亟命殿帥郭杲以所部兵夜分衛南北內。翌日，憲聖太后即喪次垂簾，宰臣傳旨，命嘉王即皇帝位。

寧宗既立，侂胄欲推定策恩，汝愚曰：「吾宗臣也，汝外戚也，何可以言功？惟爪牙之臣，則當推賞。」乃加郭杲節鉞，而侂胄但遷宜州觀察使兼樞密都承旨。侂胄始觖望，然以傳導詔旨，浸見親幸，時時乘間竊弄威福。朱熹白汝愚當用厚賞酬其勞而疏遠之，汝愚不以爲意。右正言黃度欲劾侂胄，謀泄，斥去。朱熹奏其姦，侂胄怒，使優人峨冠闊袖象大儒，戲於上前，熹遂去。彭龜年請留熹而逐侂胄。未幾，龜年與郡；侂胄進保寧軍承宣使，提舉佑神觀。自是，侂胄益用事，而以抑賞故，怨汝愚日深。

雪川劉弢者，曩與侂胄同知閤門事，頗以知書自負。方議內禪時，汝愚獨與侂胄計議，弢弗得與聞，內懷不平，至是，謂侂胄曰：「趙相欲專大功，君豈惟不得節度，將恐不免嶺海之行矣。」侂胄愕然，因問計，弢曰：「惟有用臺諫爾。」侂胄問：「若何而可？」弢曰：「御筆批出是也。」侂胄悟，即以內批除所知劉德秀爲監察御史，楊大法爲殿中侍御史；罷吴獵監察御史，而用劉三傑代之。於是言路皆侂胄之黨，汝愚之迹始危。

侂胄欲逐汝愚而難其名，謀於京鏜，鏜曰：「彼宗姓，誣以謀危社稷可也。」慶元元年，侂胄引李沐爲右正言。沐嘗有求於汝愚不獲，即奏汝愚以同姓居相位，將不利於社稷。汝愚罷相。始，侂胄之見汝愚，徐誼實薦之，汝愚既斥，遂併逐誼。朱熹、彭龜年、黄度、李祥、楊簡、吕祖儉等以攻侂胄得罪，太學生楊宏中、張衜、徐範、蔣傅、林仲麟、周端朝等又以上書論侂胄編置，朝士以言侂胄遭責者數十人。

已而侂胄拜保寧軍節度使、提舉佑神觀。又設僞學之目，以網括汝愚、朱熹門下知名之士。用何澹、胡紘爲言官。澹言僞學宜加風厲，或指汝愚爲僞學罪首；紘條奏汝愚有十不遜，且及徐誼。汝愚謫永州，誼謫南安軍。慮他日汝愚復用，密諭衡守錢鍪圖之，汝愚抵衡暴薨。留正舊在都堂衆辱侂胄，至是，劉德秀論正引用僞黨，正坐罷斥。吏部尚書葉翥要侍郎倪思列疏論僞學，思不從，侂胄乃擢翥執政而免思官。侂胄加開府儀同三司。時臺諫迎合侂胄意，以攻僞學爲言，然憚清議，不欲顯斥熹。侂胄意未快，以陳賈嘗攻熹，召除賈兵部侍郎。未至，亟除沈繼祖臺察。繼祖誣熹十罪，落職罷祠。三年，劉三傑入對，言前日僞黨，今變而爲逆黨。侂胄大喜，即日除三傑爲右正言，而坐僞學逆黨得罪者五十有九人。王沇獻言令省部籍記僞學姓名，姚愈請降詔嚴僞學之禁，二人皆得遷官。施康年、陳讜、鄧友龍、林采皆以攻僞學久居言路，而張釜、張巖、程松率由此秉政。

四年，侂胄拜少傅，封豫國公。有蔡璉者嘗得罪，汝愚執而黥之。五年，侂胄使璉告汝愚定策時有異謀，具其賓客所言七十紙。侂胄欲逮彭龜年、曾三聘、徐誼、沈有開下大理鞫之，范仲藝力爭乃止。其年遷少師，封平原郡王。六年，進太傅。婺州布衣吕祖泰上書言道學不可禁，請誅侂胄，以周必大爲相。侂胄大怒，決杖流欽州。言者希侂胄意，劾必大首植僞黨，降爲少保。一時善類悉罹黨禍，雖本侂胄意，而謀實始京鏜。逮鏜死，侂胄亦稍厭前事，張孝伯以爲不弛黨禁，後恐不免報復之禍。侂胄以爲然，追復汝愚、朱熹職名，留正、周必大亦復秩還政，徐誼等皆先後復官。僞黨之禁寖解。

三年，拜太師。監惠民局夏允中上書，請侂胄平章國政，侂胄繆爲辭謝，乞致其仕，詔不許，允中放罷。時侂胄以勢利蠱士大夫之心，薛叔似、辛棄疾、陳謙皆起廢顯用，當時固有困於久斥，損晚節以規榮進者矣。若陳自强則以侂胄童子師，自選人不數年致位宰相，而蘇師旦、周筠又侂胄廝役也，亦皆預聞國政，超取顯仕。羣小阿附，勢焰熏灼。侂胄凡所欲爲，宰執惕息不敢爲異，自强至印空

名敕劄授之，惟所欲用，三省不預知也。言路阨塞，每月舉論一二常事而已，謂之月課。

或勸侂胄立蓋世功名以自固者，於是恢復之議興。以殿前都指揮使吴曦爲興州都統，識者多言曦不可，主西師必叛，侂胄不省。安豐守厲仲方言淮北流民願歸附，會辛棄疾入見，言敵國必亂必亡，願屬元老大臣預爲應變計，鄭挺、鄧友龍等又附和其言。開禧改元，進士毛自知廷對，言當乘機以定中原，侂胄大悦。詔中外諸將密爲行軍之計。先是，楊輔、傅伯成言兵不可動，抵罪；至是，武學生華岳叩閽乞斬侂胄、蘇師旦、周筠以謝天下，諫議大夫李大異亦論止開邊。岳下大理劾罪編置，大異斥去。

陳自强援故事乞命侂胄兼領平章，臺諫鄧友龍等繼以爲請，侂胄除平章軍國事。蕭逵、李壁時在太常，論定典禮，三日一朝，因至都堂，序班丞相之上，三省印並納其第。侂胄昵蘇師旦爲腹心，除師旦安遠軍節度使。自置機速房於私第，甚者假作御筆，升黜將帥，事關機要，未嘗奏稟，人莫敢言。

二年，以薛叔似爲京湖宣諭使；鄧友龍爲兩淮宣諭使；程松爲四川宣撫使，吴曦副之。徐邦憲自處州召見，以弭兵爲言，忤侂胄意，削二秩。於是左司諫易祓、大理少卿陳景俊、太學博士錢廷玉皆起而言恢復之計矣。詔侂胄日一朝。友龍、叔似並升宣撫使。吴曦兼陝西、河東招撫使，皇甫斌副之。時鎮江武鋒軍統制陳孝慶復泗州及虹縣，江州統制許進復新息縣，光州孫成復褒信縣。捷書聞，侂胄乃議降詔趣諸將進兵。

未幾，皇甫斌兵敗於唐州；秦世輔至城固軍潰；郭倬、李汝翼敗於宿州，敵追圍倬，倬執統制田俊邁以遺敵，乃獲免。事聞，鄧友龍罷，以丘崈代爲宣撫使。侂胄既喪師，始覺爲師旦所誤。侂胄招李壁飲酒，酒酣，語及師旦，壁微摘其過，侂胄以爲然。壁乃悉數其罪，贊侂胄斥去之。翌日，師旦謫韶州，斬郭倬於京口，流李汝翼、王大節、李爽于嶺南。

已而金人渡淮，攻廬、和、真、揚，取安豐、濠，又攻襄陽，至棗陽，乃以丘崈僉書樞密院事，督視江、淮軍馬。侂胄輸家財二十萬以助軍，而諭丘崈募人持書幣赴敵營，謂用兵乃蘇師旦、鄧友龍、皇甫斌所爲，非朝廷意。金人答書辭甚倨，且多所要索，謂侂胄無意用兵，師旦等安得專。崈又遣書許還淮北流民及今年歲幣，金人乃有許意。

會招撫使郭倪與金人戰，敗於六合；金人攻蜀，吴曦叛，受金命稱蜀王。崈乞移書敵營仲前議，且謂金人指太師平章爲首謀，宜免繫銜。侂胄怒，崈坐罷。曦反狀聞，舉朝震駭。侂胄亟遺曦書，許以茅土之封，書未達而安丙、楊巨源已率義士誅曦矣。侂胄連遣方信孺使北請和，以林拱辰爲通謝使。金人欲責正隆以前禮略，以侵疆爲界，且索犒軍銀凡數千萬，而縛送首議用兵之臣。信孺歸，白事朝堂，不敢斥言，侂胄窮其説，乃微及之。侂胄大怒，和議遂輟。起辛棄疾爲樞密都承旨。會棄疾死，乃以殿前副都指揮使趙淳爲江、淮制置使，復鋭意用兵。

自兵興以來，蜀口、漢、淮之民死於兵戈者，不可勝計，公私之力大屈，而侂胄意猶未已，中外憂懼。禮部侍郎史彌遠，時兼資善堂翊善，謀誅侂胄，議甚祕，皇子榮王入奏，楊皇后亦從中力請，乃得密旨。彌遠以告參知政事錢象祖、李壁。御筆云：「韓侂胄久任國柄，輕啓兵端，使南北生靈枉罹凶害，可罷平章軍國事，與在外宫觀。陳自强阿附充位，不恤國事，可罷右丞相。日下出國門。」仍令權主管殿前司公事夏震以兵三百防護。象祖欲奏審，壁謂事留恐泄，不可。翌日，侂胄入朝，震呵止於途，擁至玉津園側殛殺之。

先一日，周筠謂侂胄，事將不善，侂胄與自强謀用林行可爲諫議大夫，盡擊謀侂胄者。是日，行可方請對，自强坐待漏院，語同列曰：「今日大坡上殿。」俄侂胄先驅至，象祖色變。尋報侂胄已押出，象祖乃入奏。有詔斬蘇師旦於廣東。嘉定元年，金人求函侂胄首，乃命臨安府斲侂胄棺，取其首遺之。

侂胄用事十四年，威行宫省，權震寓內。嘗鑿山爲園，下瞰宗廟。出入宫闈無度。孝宗疇昔思政之所，偃然居之，老宫人見之往往垂涕。顔棫草制，言其得聖之清。易祓撰答詔，以元聖褒之。四方投書獻頌者，謂伊、霍、旦、奭不足以擬其勳，有稱爲「我王」者。余嘉請加九錫，趙師睪乞置平原郡王府官屬。侂胄皆當之不辭。所嬖妾張、譚、王、陳皆封郡國夫人，號「四夫人」，每内宴，與妃嬪雜坐，恃勢驕倨，掖庭皆惡之；其下，受封者尤衆。至是，論四夫人罪，或杖或徒，餘數十人縱遣之。有司籍其家，多乘輿服御之飾，其僭紊極矣。

始，侂胄以導達中外之言，遂見寵任。朱熹、彭龜年既以論侂胄去，貴戚吴琚語人曰：「帝初無固留侂胄意，使有一人繼言之，去之易爾。」而一時臺諫及執政大臣多其黨與，故稔其惡以底大僇。開禧用兵，帝意弗善也。侂胄死，寧宗諭大臣曰：「恢復豈非美事，但不量力爾。」

侂胄娶憲聖吴皇后姪女，無子，取魯館子爲後，名珍，既誅侂胄，削籍流沙門島云。

雜録

備録

岳珂《桯史》卷五《大小寒》 韓平原在慶元初，其弟仰胄爲知閤門事，頗與密議，時人謂之大小韓。求捷徑者争趨之。一日内燕，優人有爲衣冠到選者，自敍履歷材藝，應得美官，而留滯銓曹，自春徂冬，未有所擬，方徘徊浩歎。又爲日者弊帽持扇過其旁，遂邀使談庚甲，問以得禄之期，日者厲聲曰：「君命甚高，但於五星局中，財帛宫若有所礙。目下若欲亨達，先見小寒，更望成事，必見大寒可也。」優蓋以寒爲韓，侍燕者皆縮頸匿笑。余憶慶元己未歲，如中都，道徽之祁門，夜憩客邸，見壁間一詩，漫味語意，乃天族之試南宫者所作，其辭曰「蹇衛衝風怯曉寒，也隨舉子到長安。路人莫作親王看，姓趙如今不似韓。」旁有何人細書八字，墨蹟尚新，但云「霍氏之禍，萌於驂乘」而已。

岳珂《桯史》卷九《魯公拜後》 慶元間，有宿儒，以文名入鼇掖爲承旨，朝議謂且大用。會韓平原有歸子曰葎，先鈐吴門兵時，出妾方娠，鬻當湖巨室魯氏，得男焉，葎也。既貴，無他子，遂以重幣請于魯而歸之。始至，而平原適有恩制當降麻，偶不詳知，遂於廷綸中，用魯公拜後事，意蓋指忠獻耳。有欲進者忌之，摘其語，謂含譏刺。平原讀之，見其姓之偶符，大怒，不踰月，遂去國，終其身不復用。

張端義《貴耳集》卷下 開禧議和，迺薦王都廂柟代爲行人。王往返至四，虜有一伴使顔元者，問韓侂胄是甚麽人？答云：「魏公之孫，吴太后之肺腑，有擁佑之勳。」又問云：「官裏如何信任他，不知去得他否？」王答云：「大臣去留，出自聖斷。」伴使就懷中取出本朝省劄，韓侂胄軍怒，已擊死。王爲之驚駭。

函首纔至虜界，虜中臺諫交章言：「韓侂胄忠于其國，繆于其身，封爲忠繆侯。將函首祔葬于魏公韓某墓下，仍劄報南朝。」

葉紹翁《四朝聞見録》乙集 侂胄知上之信用王德謙也，陽與之爲義兄弟，相得懽甚。一日謂德謙曰：「哥哥有大勳勞，宜建節鉞。」王曰：「我閹官也，有此例乎？弟弟毋誤我。」侂胄曰：「已奏之上，行且宣麻矣。」王唯唯，以爲疑。何澹時爲中丞，侂胄密諭之曰：「德謙苦要節鉞，上重違之，已草制。中丞宜卷班以出。」翌日廷播，何悉如所教，繼即合臺疏德謙罪，乞行竄殛。德謙猶持侂胄袖以泣，曰：「弟弟誤我。」侂胄徐謂曰：「哥哥放心，略出北關數里，便有詔追，只俟罷了何中丞耳。」德謙猶信其説，拜而囑之，竟死貶所。何遂遷政府，侂胄蓋嘗許之也。德謙既逐，自此内批皆侂胄自爲之矣。

葉紹翁《四朝聞見録》乙集《函韓首》 金遣諭成使來。先是，有旨百官詣朝堂集議韓首事，樞密章良能建議，以爲姦凶已斃之首，又何足惜。時王忠簡公介抗議，以韓首固不足惜，而國體爲可惜。章以語侵公，公奮起曰：「今日敵要韓首，固不足惜。明日敵要吾輩首，亦不足惜耶？」會文節倪公思亦謂：「一侂胄梟頭顱，何必諸公爭？」王議遂不勝。章竟呼省吏伸黄紙，揭于象魏曰：「今據禮部侍郎倪思議到，姦凶已斃之首，又何足惜。」遂竟函韓首送金。議者謂金既受韓首，謚之曰「忠繆侯」。

葉紹翁《四朝聞見録》丙集《葉洪斥侂胄》 洪字子大，爲紹翁鄉人，且年少負才不羈。慶元間，疾侂胄而未有間，洪舘於韓氏，即侂胄族子，蓋駭兒也。以后戚預内宴，洪代爲之書，徑入御寧宗。其最切至處云：「侂胄弄權不已，必至弄兵。」寧宗以示侂胄，侂胄跡所爲書則洪也，除名仕籍，編置邕管者十六年。嘉定初，盡復其官，并理編置年以爲實歷僉書邕管事。洪旋終於任。

葉紹翁《四朝聞見録》戊集《韓墩梨》 姑蘇地名韓墩，産梨爲天下冠。比之諸梨，其香異焉，中都謂之「韓墩梨」。後因光皇御諱，改爲「韓村梨」。至侂胄專國，餽之者不敢謂「韓村」，直曰「韓梨」。因此皆謂「韓梨」矣。

葉紹翁《四朝聞見録》戊集 南園，乃慈福所賜韓〔侂胄〕者，穿幽極深，凡三日而後徧。而掌園者金其姓，皆武爵之近上者。聽其滿口皆稱曰「師」、「王」。師謂太師，王謂郡王。韓居太室，三茅之旁，掃石壇以煅大丹，命余道人候火，人不得而見之，外疑其爲仙。

〔韓侂胄南園〕中有亭曰「晚節香」，植菊二百種，亦取其祖詩句。

開禧兵端既啓，國用浸虧。侂胄上表，自請以家藏先朝錫予金器六千兩上之。寧皇優詔獎諭，仍允其請。天下皆笑韓之欺君。

韓侂胄用兵既敗，爲之鬚鬢俱白，困悶莫知所爲。優伶因上賜侂胄宴，設樊遲、樊噲，旁有一人曰樊惱。又設一人揖問：「遲，誰與你取名？」對以「夫子所取」。則拜曰：「是聖門之高弟也。」又揖問噲曰：「爾誰名汝？」對曰：「漢高

祖所命。」則拜曰：「真漢家之名將也。」又揖惱云：「誰名汝？」對以「樊惱自取。」又因郭倪，郭果敗，因賜宴以生菱進于桌。上命二人移桌，忽生菱墮地盡碎。其一人云：「苦苦苦，壞了許多生菱，只因移果卓。」

韓以春日宴族于西湖，用土爲偶，名曰黄胖，以線繫其首，累至數十人。游人以爲土宜。韓售之以悦諸婢，令族黨仙胄賦之云云，「一朝線斷他人手，骨肉皆爲陌上塵。」侂胄大不悦。仙胄家于會稽，以侂胄故，有官不仕。韓敗，竟保其族云。

群婢放逐之時，韓門眷至有三數輩皆稱爲某妾某人父母者，蓋其宛轉而入皆爲父母。官中遂命願認爲父母者，聽除首飾衣服之外，不許以奩載出，金釵至滿頭，衣服至著數襲。市人利其物，而因可以轉貿其身，故相競相逐，願爲之父母。至有引群妾之裾、必欲其同歸者，亦足笑也。

韓〔侂胄〕敗，籍其家，卧内青紬帳後如用兵，用羅木自圍其寢，防刺也。

羅大經《鶴林玉露》乙編卷二《韓平原客》 韓平原嘗爲南海尉，延一士人作館客，甚賢而文。既別，音問杳不通。平原當國，常思其人。一日，忽來上謁，蓋已改名登第數年矣。一見歡甚，館遇極厚。嘗夜闌酒罷，平原屏左右，促膝問曰：「某謬當國秉，外間議論若何？」其人太息曰：「平章家族危如纍卵矣，尚復何言？」平原愕然問故。對曰：「是不難知也，椒殿之立，非出於平章，則椒殿怨矣。皇子之立，非出於平章，則皇子怨矣。賢人君子，自朱熹、彭龜年、趙汝愚而下，斥逐貶死，不可勝數，則士大夫怨矣。邊釁既開，三軍暴骨，孤兒寡婦之哭聲相聞，則三軍怨矣。並邊之民死於殺掠，内地之民死於科需，則四海萬姓皆怨矣。叢是衆怨，平章何以當之？」平原默然久之曰：「何以教我？」其人辭謝再三。固問，乃曰：「僅有一策，主上非心黄屋，若急建青宫，開陳三聖家法，爲揖遜之舉，則皇子之怨可變而爲恩，而椒殿退居德壽，雖怨無能爲矣。於是輔佐新君，涣然與海内更始，曩時諸賢，死者贈恤，生者召擢。遣使聘虜，釋怨請和，以安邊境。優犒諸軍，厚恤死士，除苛解嬈，盡去軍興無名之賦，使百姓有更生之意。然後選擇名儒，遜以相位，乞身告老，爲緑野之游，則易危爲安，轉禍爲福，或者其庶幾乎！」平原猶豫不能決，欲留其人，處以掌故。其人力辭，竟去。

羅大經《鶴林玉露》乙編卷二《函首詩》 開禧之舉，韓侂胄無謀浪戰，固可罪矣。然乃至函其首以乞和，何也？當時太學諸生之詩曰：「晁錯既誅終叛漢，於期已入竟亡燕。」

周密《齊東野語》卷三《誅韓本末》 楊次山與皇后謀，俾王子榮王曮入奏，言「侂胄再啟兵端，謀危社稷」，上不答。皇后從旁力請再三，欲從罷黜，上亦不答。后懼事泄，於是令次山於朝行中擇能任事者。時史彌遠爲禮部侍郎、資善堂翊善，遂欣然承命。錢參政象祖，嘗以諫用兵貶信州，乃先以禮召之。禮部尚書衛涇，著作郎王居安，前右司郎官張鎡，皆預其謀。議既定，始以告參政李壁。

前一日，彌遠夜易服，持文書往來二參第。時外間籍籍有言其事者。一日，侂胄在都堂，忽謂李參曰：「聞有人欲變局面，相公知否？」李疑事泄，面發赤，徐答曰：「恐無此事。」而王居安在館中，與同舍大言曰：「數日之後，耳目當一新矣。」其不密如此。彌遠聞之大懼，然未有殺之之意，遂謀之張鎡。鎡曰：「勢不兩立，不如殺之。」彌遠撫几曰：「君真將種也，吾計決矣。」

時開禧三年十一月二日，侂胄愛姬三夫人號「滿頭花」者生辰。張鎡素與之通家，至是，移庖侂胄府，酣飲至五鼓。其夕，周筠聞其事，遂以覆帖告變。時侂胄已被酒，視之曰：「這漢又來胡説。」於燭上焚之。初三日，將早朝，筠復白其事，侂胄叱之曰：「誰敢？誰敢？」遂升車而去。甫至六部橋，忽有聲諾於道旁者，問爲何人，曰：「夏震。」時震以中軍統制權殿司公事，選兵三百俟於此。復問：「何故？」曰：「有旨，太師罷平章事，日下出國門。」曰：「有旨，吾何爲不知？必僞也。」語未竟，夏挺、鄭發、王斌等，以健卒百餘人，擁其轎以出，至玉津園夾牆内，撾殺之。

是夕之事，彌遠稱有密旨。錢參政欲奏審，史不許曰：「事留，恐泄。」遂行之。是夕，史彷徨立候門首，至曉猶寂然，至欲易衣逃去。而宰執皆在漏舍以俟。既而侂胄前驅至，傳呼太師來。錢、李二公疑事泄，皆戰栗無人色。俄而寂不聞聲，久之，夏震乃至，白二公曰：「已了事矣。」錢參政乃探懷中堂帖授陳自强曰：「有旨，太師及丞相皆罷。」陳曰：「何罪？」錢不答，於是揖二公，遂登車去。是夕，使侂胄不出，則事必泄矣。

二參繼赴延和殿奏事，遂以竄殛侂胄聞，上愕然不信。及臺諫交章論列，三日後，猶未悟其死。蓋此夕之謀，悉出於中宫及次山等，宫省事祕，不能詳也。遂下詔暴侂胄首開兵端等罪，官籍其家。而夫人張氏、王氏聞變，盡取寶貨碎之。其後二人皆坐徙斷。

時王柟以出使在金虜帳。一日，金人呼柟問韓太師何如人？柟因盛稱其忠賢威略。虜徐以邊報示之曰：「如汝之言，南朝何故誅之？」柟窘懼不能對。於

是無厭之求，難塞之請，皆不敢與較，一切許之，以爲脱身之計。及歸，乃以金人欲求侂胄函首爲辭，而葉時復有梟首之請，於是詔侍從兩省臺諫集議。先是諸公間亦有此請，上重於施行。至是，林樞密大中、樓吏書鑰、倪兵書思，皆以爲和議重事，待此而決，姦凶已斃之首，又何足惜？與其亡國，寧若辱國，而倪公主之尤力；且謂在朝有受其恩，欲爲之地者。蓋朝堂集議之時，獨章文莊良能於衆中以事關國體，抗詞力爭。所謂欲爲之地者，指章也。於是遣臨安府副將尹明，斲侂胄棺，取其首，送江淮制置大使司；且以咨目諭諸路宣撫制置等以函首事。遂命許奕爲通謝使。王柟竟函首以往，且增歲幣之數。

當時識者，殊不謂然。且當時金虜實已衰弱，初非阿骨打、吴乞買之比。丙寅之冬，淮、襄皆受兵，凡守城者，皆不能下。次年，遂不復能出師，其弱可知矣。儻能稍自堅忍，不患不和，且禮秩歲幣，皆可以殺。而當路者畏懦，惟恐稍失其意，乃聽其恐喝，一切從之。且吾自誅權姦耳，而函首以遺之，則是虜之縣鄙也，何國之爲？惜哉！且柟，侂胄所遣，今欲議和，當别遣使，亦不當復遣柟也。至有題詩於侍從宅曰：「平生只説樓攻媿，此媿終身不可攻。」又詩曰：「自古和戎有大權，未聞函首可安邊。生靈肝腦空塗地，祖父冤讎共戴天。鼂錯已誅終叛漢，於期未遺尚存燕。廟堂自謂萬全策，却恐防胡未必然。」又云：「歲幣頓增三百萬，和戎又送一於期。無人説與王柟道，莫遣當年寇準知。」此亦可見一時公論也。明年，閤門舍人周登出使過趙州，觀所謂石橋者，已具述其事。紀功勒銘，大書深刻橋柱矣。金主嘗令引南使觀忠繆侯墓，且釋云：「忠於爲國，繆於爲身。」詢之，乃韓也。

周密《齊東野語》卷一一《道學》　韓侂胄用事，遂逐趙忠定。凡不附己者，指爲道學盡逐之。已而自知道學二字，本非不美，於是更目之爲僞學。臣僚之薦舉，進士之結保，皆有「如是僞學者，甘伏朝典」之辭。一時嗜利無恥之徒，雖嘗附於道學之名者，往往旋易衣冠，强習歌鼓，欲以自别。

周密《齊東野語》卷一八《近世名醫》　紹熙間，有醫邢氏，精藝絶異。時韓平原知閤門事，將出使，俾之診脈，曰：「和平無可言，所可憂者，夫人耳。知閤回軺日，恐未必可相見也。」韓妻本無疾，怪其妄誕不倫，然私憂之。洎出疆甫數月，而其妻果殂。

周密《癸辛雜識》前集　或云韓信爲吕氏所殺，韓通爲杜后所殺，韓侂胄爲楊后所殺，韓震爲謝后所殺，四人皆將相，皆死於婦人之手，亦異矣。

周密《癸辛雜識》後集　《朝野雜記》所載韓平原送壽禮物，各列之天慶觀廊間，觀者爲之駭然。

周密《癸辛雜識》續集下　王宣子嘗爲太學博士，適一婢有孕而不容於内，出之女儈之家。韓平原之父同鄉，與之同朝，無子，聞王氏有孕婢在外，遂明告而納之。未幾得男，即平原也。

龐元英《談藪》　韓侂胄暮年，以冬月攜游西湖，畫船花輿，遍覽南北二山之勝，末乃置宴于南園，族子判院與焉。席間有獻牽絲傀儡爲土偶負小兒者，名爲迎春黄胖。韓顧族子：「汝名能詩，可咏此。」即承命一絶云：「脚踏虚空手弄春，一人頭上要安身。忽然線斷兒童手，骨肉都爲陌上塵。」韓大不樂，不終宴而歸，未幾禍作。

田汝成《西湖游覽志餘》卷四　韓侂胄封平原郡王，而官至太師，一時獻佞過稱「師王」，晚年伏誅。錢伯通在政府，奉御筆施行。都下撰爲文言曰：「釋迦佛，中間坐。胡漢神，立兩旁。文殊普賢自鬭，象祖打殺師王。」象祖，乃伯通名也。

備論

周密《齊東野語》卷三　（侂胄）身隕之後，衆惡歸焉；然其間是非，亦未盡然。若《雜記》所載，趙師睪犬吠，乃鄭斗所造以報撻武學生之憤。至如許及之屈膝，費士寅狗竇，亦皆不得志抱私讎者撰造醜詆，所謂僭逆之類，悉無其實。李心傳蜀人，去天萬里，輕信紀載，疎舛固宜。而一朝信史，乃不擇是否而盡取之，何哉？

藝文

彭龜年《止堂集》卷五《論韓侂胄干預政事疏》　臣聞侍從爲論思獻納之臣，于天下事無不得言。故歐陽修爲翰林學士，論狄青不當爲樞密府，包拯不當爲三司使，而不爲侵越；彭汝礪爲吏部侍郎，論曾肇不當黜降，韓維爲知制誥，論范鎮不當補郡，而不爲朋比。蓋知無不言，事無不論，侍從之體當然也。反是則

阿容苟合，沈默自全，不足爲天子近臣矣。臣素無所長，荷陛下擢之庶僚之中，寘之侍從之列，三數月間，恩寵狎至，諸臣進用，未有若臣之驟者也。使臣止貪榮遇，則箝口結舌，最爲上策；使臣粗求補報，則犯顔觸諱，必蹈危機。然嘗已忘君，臣實不忍，輒敢冒昧陳獻其愚，惟陛下裁擇。臣伏見祖宗待外戚之法，遠監前轍，最爲周密，不令務政，不令管軍，不許通宫禁，不許接賓客。不惟防禁之，使不害吾治，亦所以保全之，使全吾之恩也。近者交通内外之禁固已隳矣，然預政管軍之制猶未改也。已隳者固未敢望復之，而未改者其可壞之乎！臣伏見知閤門事韓侂胄乃太皇太后之懿親，而中宫視之亦尊行也。其人本是世家，慨慷喜事。陛下入踐大寶，侂胄嘗效微勞，士大夫以此頗多之。然日來藉藉，皆云數入禁近，干預政事。臣固知陛下英睿明斷，于天下事無不習練，何資此徒？然陛下進退大臣，更易言路，皆初政最關大體者。其所以進退之由，更易之故，大臣或不能知，而侂胄能知之；大臣或不能言，而侂胄能言之，不知侂胄何以得此？彼其假託聲勢，竊弄威福，顧其術則然。然而天下治亂，君子小人之消長，止在人材進退之間，人君所以審擇而自執之者。一旦外戚乃得陰乘其機，簧鼓于外，則陛下總攬之權，恐爲此人所盜矣。臣聞元符間，向宗良兄弟止緣交通賓客，漏泄機密，陳瓘抗章劾之，謂：「自古戚里侵權，便爲衰世之象；外家干政，即是亡國之本。亦如州縣之政，止要權出于一，若使守令之家子弟親戚交通賓客，關節無禁，則奸人鼓舞，良民嗟怨。」如瓘此言，陛下安可不察！臣觀侂胄近日所爲，不特如向宗良而已，竊惜朝無陳瓘，不能爲陛下出力排之。在太上皇朝，始用姜特立，大臣尚能逐之使去；後用袁佐，諫官尚能論之使懼。不謂陛下始初清明，有臣如此，而乃無一人出一語及之，則其聲勢可知矣。臣官爲侍從，職侍講讀，目擊此人累陛下初政，乃緘默不言，則臣負陛下。昔范祖禹嘗告哲宗曰：「臣侍經筵八年，日望一日，歲望一歲，期陛下爲令德之主，惟恐有纖毫之失。」臣之事君，實慕斯義。況辨邪正，明是非，乃講讀官之職，臣欲于此定陛下取捨之意，決君子小人消長之機，故不敢不爲陛下一言。若陛下以臣言爲是，則乞黜侂胄，以解天下之疑；若以臣言爲非，則臣與侂胄不能兩立，退當屏處，以俟威命。取進止。

〔附日記〕其日因論韓侂胄奸狀甚悉，上諭云：「只爲是朕親戚用之，不知如此。」奏云：「政恐陛下不知，所以言之。」遂進劄子。時上亦無怒容，讀劄子訖，因奏云：「臣欲論此人久矣，到今方發，政緣陛下近日逐得朱熹太暴，故欲得陛下亦亟去此小人，毋使天下人謂陛下去君子如此之易，去小人如此之難。所謂用賢如轉石，去佞如拔山。乃劉向論漢元帝語，陛下豈可效之哉！」因極論君子小人不可不辨，其言甚悉。奏事訖，復奏云：「臣既論侂胄，仰犯威嚴，自此當居家以俟威命。」上諭云：「不須如此。」欲退間，上賜之坐，又款曲問及飢民、虜使。從容久之，乃賜茶而退。到家，申三省，及以劄子白廟堂。次日聞早上宰執開陳之略，上云：「韓侂胄是朕親戚，彭龜年是朕舊學，誠是難處。」集賢進兩留之説，欲以韓侂胄奉内祠，彭龜年依舊供職。上云：「甚好。」丞相繼請云：「彭龜年性剛，若陛下留之，不如宣引一番，面諭曲折。」上云：「此人質直，兼是隨龍舊僚五人，一人死，一人丁憂，兩人論罷，只有彭龜年在，有事肯來説。只如此區處甚好。」

陳邦瞻《宋史紀事本末》卷八三史彌遠《請誅韓侂胄奏》 自兵興以來，蜀口、漢、淮之民死於兵戈者，不可勝計，公私之力大屈，而韓侂胄意猶未已，中外憂懼。

辛棄疾部

綜述

《宋史》卷四〇一《辛棄疾傳》 辛棄疾字幼安，齊之歷城人。少師蔡伯堅，與党懷英同學，號辛、党。始筮仕，決以著，懷英遇《坎》，因留事金，棄疾得《離》，遂決意南歸。

金主亮死，中原豪傑並起。耿京聚兵山東，稱天平節度使，節制山東、河北忠義軍馬，棄疾爲掌書記，即勸京決策南向。僧義端者，喜談兵，棄疾間與之遊。及在京軍中，義端亦聚衆千餘，說下之，使隸京。義端一夕竊印以逃，京大怒，欲殺棄疾。棄疾曰：「匄我三日期，不獲，就死未晚。」揣僧必以虛實奔告金帥，急追獲之。義端曰：「我識君真相，乃青兕也，力能殺人，幸勿殺我。」棄疾斬其首歸報，京益壯之。

紹興三十二年，京令棄疾奉表歸宋，高宗勞師建康，召見，嘉納之，授承務郎、天平節度掌書記，並以節使印告召京。會張安國、邵進已殺京降金，棄疾還至海州，與衆謀曰：「我緣主帥來歸朝，不期事變，何以復命？」乃約統制王世隆及忠義人馬全福等徑趨金營，安國方與金將酣飲，即衆中縛之以歸，金將追之不及。獻俘行在，斬安國於市。仍授前官，改差江陰僉判。棄疾時年二十三。

乾道四年，通判建康府。六年，孝宗召對延和殿。時虞允文當國，帝銳意恢復，棄疾因論南北形勢及三國、晉、漢人才，持論勁直，不爲迎合。作《九議》并《應問》三篇、《美芹十論》獻于朝，言逆順之理，消長之勢，技之長短，地之要害，甚備。以講和方定，議不行。遷司農寺主簿，出知滁州。州罹兵燼，井邑凋殘，棄疾寬征薄賦，招流散，教民兵，議屯田，乃創奠枕樓、繁雄館。辟江東安撫司參議官，留守葉衡雅重之，衡入相，力薦棄疾慷慨有大略。召見，遷倉部郎官、提點江西刑獄。平劇盜賴文政有功，加祕閣修撰。調京西轉運判官，差知江陵府兼湖北安撫。

遷知隆興府兼江西安撫，以大理少卿召，出爲湖北轉運副使，改湖南，尋知潭州兼湖南安撫。盜連起湖湘，棄疾悉討平之。遂奏疏曰：「今朝廷清明，比年李金、賴文政、陳子明、陳峒相繼竊發，皆能一呼嘯聚千百，殺掠吏民，死且不顧，至煩大兵翦滅。良由州以趣辦財賦爲急，吏有殘民害物之政，而州不敢問，縣以並緣科斂爲急，吏有殘民害物之狀，而縣不敢問。田野之民，郡以聚斂害之，縣以科率害之，吏以乞取害之，豪民以兼并害之，盜賊以剽奪害之，民不爲盜，去將安之？夫民爲國本，而貪吏迫使爲盜，今年剿除，明年剗盪，譬之木焉，日刻月削，不損則折。欲望陛下深思致盜之由，講求弭盜之術，無徒恃平盜之兵。申飭州縣，以惠養元元爲意，有違法貪冒者，使諸司各揚其職，無徒按舉小吏以應故事，自爲文過之地。」詔獎諭之。

又以湖南控帶二廣，與溪峒蠻獠接連，草竊間作，豈惟風俗頑悍，抑武備空虛所致。乃復奏疏曰：「軍政之敝，統率不一，差出占破，略無已時。軍人則利於優閑窠坐，奔走公門，苟圖衣食，以故教閱廢弛，逃亡者不追，冒名者不舉。平居則姦民無所忌憚，緩急則卒伍不堪征行。至調大軍，千里討捕，勝負未決，傷威損重，爲害非細。乞依廣東摧鋒、荆南神勁、福建左翼例，別創一軍，以湖南飛虎爲名，止撥屬三牙、密院，專聽帥臣節制調度，庶使夷獠知有軍威，望風懾服。」

詔委以規畫，乃度馬殷營壘故基，起蓋砦柵，招步軍二千人，馬軍五百人，傔人在外，戰馬鐵甲皆備。先以緡錢五萬於廣西買馬五百匹，詔廣西安撫司歲帶買三十匹。時樞府有不樂之者，數沮撓之，棄疾行愈力，卒不能奪。經度費鉅萬計，棄疾善斡旋，事皆立辦。議者以聚斂聞，降御前金字牌，俾日下住罷。棄疾受而藏之，出責監辦者，期一月飛虎營柵成，違坐軍制。如期落成，開陳本末，繪圖繳進，上遂釋然。時秋霖幾月，所司言造瓦不易，問：「須瓦幾何？」曰：「二十萬。」棄疾曰：「勿憂。」令廂官自官舍、神祠外，應居民家取溝匽瓦二，不二日皆具，僚屬歎伏。軍成，雄鎮一方，爲江上諸軍之冠。

加右文殿修撰，差知隆興府兼江西安撫。時江右大饑，詔任責荒政。始至，榜通衢曰：「閉糶者配，彊糴者斬。」次令盡出公家官錢、銀器，召官吏、儒生、商賈、市民各舉有幹實者，量借錢物，逮其責領運糴，不取子錢，期終月至城下發糶，於是連檣而至，其直自減，民賴以濟。時信守謝源明乞米救助，幕屬不從，棄疾曰：「均爲赤子，皆王民也。」即以米舟十之三予信。帝嘉之，進一秩，以言者落職，久之，主管冲佑觀。

紹熙二年，起福建提點刑獄。召見，遷大理少卿，加集英殿修撰、知福州兼

福建安撫使。棄疾爲憲時，嘗攝帥，每歎曰：「福州前枕大海，爲賊之淵，上四郡民頑獷易亂，帥臣空竭，急緩奈何！」至是務爲鎮静，未期歲，積鏹至五十萬緡，牓曰「備安庫」。謂閩中土狹民稠，歲儉則糴於廣，今幸連稔，宗室及軍人入倉請米，出即糶之，候秋賈賤，以備安錢糴二萬石，則有備無患矣。又欲造萬鎧，招强壯補軍額，嚴訓練，則盗賊可以無虞。事未行，臺臣王藺劾其用錢如泥沙，殺人如草芥，旦夕望端坐「閩王殿」。遂丐祠歸。

慶元元年落職，四年，復主管冲佑觀。久之，起知紹興府兼浙東安撫使。四年，寧宗召見，言鹽法，加寶謨閣待制，提舉佑神觀，奉朝請。尋差知鎮江府，賜金帶。坐繆舉，降朝散大夫、提舉冲佑觀，差知紹興府、兩浙東路安撫使，辭免。進寶文閣待制，又進龍圖閣、知江陵府。令赴行在奏事，試兵部侍郎，辭免。進樞密都承旨，未受命而卒。賜對衣、金帶，守龍圖閣待制致仕，特贈四官。

棄疾豪爽尚氣節，識拔英俊，所交多海内知名士。嘗跋紹興間詔書曰：「使此詔出於紹興之前，可以無事讎之大恥；使此詔行於隆興之後，可以卒不世之大功。今此詔與讎敵俱存也，悲夫！」人服其警切。帥長沙時，士人或愬考試官濫取第十七名《春秋》卷，棄疾察之信然，索亞牓《春秋》卷兩易之，啓名則趙鼎也。棄疾怒曰：「佐國元勳，忠簡一人，胡爲又一趙鼎！」擲之地。次閲《禮記》卷，棄疾曰：「觀其議論，必豪傑士也，此不可失。」啓之，乃趙方也。嘗謂：「人生在勤，當以力田爲先。北方之人，養生之具不求於人，是以無甚富甚貧之家。南方多末作以病農，而兼并之患興，貧富斯不侔矣。」故以「稼」名軒。爲大理卿時，同僚吴交如死，無棺斂，棄疾歎曰：「身爲列卿而貧若此，是廉介之士也！」既厚賻之，復言于執政，詔賜銀絹。

棄疾嘗同朱熹遊武夷山，賦《九曲櫂歌》，熹書「克己復禮」「夙興夜寐」，題其二齋室。熹殁，僞學禁方嚴，門生故舊至無送葬者。棄疾爲文往哭之曰：「所不朽者，垂萬世名。孰謂公死，凛凛猶生！」棄疾雅善長短句，悲壯激烈，有《稼軒集》行世。紹定六年，贈光禄大夫。咸淳間，史館校勘謝枋得過棄疾墓旁僧舍，有疾聲大呼于堂上，若鳴其不平，自昏暮至三鼓不絶聲。枋得秉燭作文，且祭之，文成而聲始息。德祐初，枋得請于朝，加贈少師，謚忠敏。

王惲《玉堂嘉話》卷二《辛殿撰小傳》　棄疾字幼安，濟南人。姿英偉，尚氣節。少與泰安党懷英友善。肅慎氏既有中夏，誓不爲金臣子。一日，與懷英登一大丘，置酒曰：「吾友安此，余將從此逝矣。」遂酌別而去。既歸宋，宋士夫非科舉莫進。公笑曰：「此何有？消青銅三百，易一部時文足矣。」已而果擢第。孝宗曰：「是以三百青蚨，博吾爵者耶？其爲授觀文殿修撰。」及議邊事，主和者衆。公曰：「昔齊桓公雪九世之恥，《春秋》韙之。况我與金人不同戴天讎邪？今日之計，有戰伐而已。」時丞相侂胄當軸，與公議合。自是敗盟開邊，用兵於江、淮間者數年，公力爲居多。開禧二年，除知紹興府，至陛辭，復以金人危亂，宜亟攻爲言。辭情慷慨，義形於色。繼侂胄再議恢復，乃以樞密都承旨召公於越，中道以疾卒。道號稼軒居士，今文集中壽南澗翁者，蓋侂胄也。初公在北方時，與竹溪嘗遊泰山之靈巖，題名曰「六十一上人」，破辛字也。至元二十年，予按部來游，其石刻宛在。

雜録

備録

羅大經《鶴林玉露》甲編卷一《辛幼安詞》　辛幼安晚春詞云：「更能消幾番風雨？匆匆春又歸去。惜花長恨花開早，何况亂紅無數！春且住，見説道，天涯芳草迷歸路。怨春不語，算只有殷勤，畫簷蛛網，盡日惹飛絮。長門事，準擬佳期又誤。娥眉曾有人妒，千金縱買相如賦，脈脈此情誰訴？君莫舞，君不見、玉環飛燕皆塵土？閑愁最苦，休去倚危闌，斜陽正在，煙柳斷腸處。」詞意殊怨，「斜陽煙柳」之句，其與「未須愁日暮，天際乍輕陰」者異矣。使在漢唐時，寧不賈種豆種桃之禍哉？愚聞壽皇見此詞，頗不悦，然終不加罪，可謂盛德也已。其題江西造口詞云：「鬱孤臺下清江水，中間多少行人淚。西北是長安，可憐無數山。青山遮不住，畢竟東流去。江晚正愁予，山深聞鷓鴣。」蓋南渡之初，金人追隆祐太后御舟至造口，不及而還。幼安自此起興。「聞鷓鴣」之句，謂恢復之事，行不得也。又寄丘宗卿詞云：「千古江山，英雄無覓孫仲謀處。舞榭歌臺，風流總被雨打風吹去。斜陽草樹，尋常巷陌，人道寄奴曾住。想當年鐵馬，氣吞萬里如虎。元嘉草草，封狼居胥，贏得倉皇北顧。四十三年，望中燈火，猶記揚州路。可堪回首，佛貍祠下，一片神鴉社鼓。憑誰問，廉頗老矣，尚能飯不？」此詞集中

不載，尤雋壯可喜。朱文公云：「辛幼安陳同甫，若朝廷賞罰明，此等人皆可用。」

岳珂《桯史》卷三《稼軒論詞》　辛稼軒守南徐，已多病謝客，予來筮仕委吏，實隸總所，例於州家殊參辰，旦望贄謁刺而已。余時以乙丑南宫試，歲前浛事僅兩旬，即謁告去。稼軒偶讀余《通名啓》而喜，又頗階父兄舊，特與其潔。余試既不利，歸官下，時一招去。稼軒以詞名，每燕必命侍妓歌其所作。特好歌《賀新郎》一詞，自誦其警句曰：「我見青山多嫵媚，料青山見我應如是。」又曰：「不恨古人吾不見，恨古人不見吾狂耳。」每至此，輒拊髀自笑，顧問坐客何如，皆歎譽如出一口。既而又作一永遇樂，序北府事，首章曰：「千古江山，英雄無覓孫仲謀處。」又曰：「尋常巷陌，人道寄奴曾住。」其寓感槩者，則曰：「不堪回首，佛狸祠下，一片神鴉社鼓。憑誰問：廉頗老矣，尚能飯否？」特置酒召數客，使妓迭歌，益自擊節，徧問客，必使摘其疵，孫謝不可。客或措一二辭，不契其意，又弗答，然揮羽四視不止。余時年少，勇於言，偶坐于席側，稼軒因誦啓語，顧問再四。余率然對曰：「待制詞句，脱去今古軫轍，每見集中有『解道此句，真宰上訴，天應嗔耳』之序，嘗以爲其言不誣。童子何知，而敢有議？然必欲如范文正以千金求《嚴陵祠記》一字之易，則晚進尚竊有疑也。」稼軒喜，促膝亟使畢其說。余曰：「前篇豪視一世，獨首尾兩腔，警語差相似；新作微覺用事多耳。」於是大喜，酌酒而謂坐中曰：「夫君寔中予痼。」乃味改其語，日數十易，累月猶未竟，其刻意如此。余既以一語之合，益加厚，頗取視其骩骳，欲以家世薦之朝，會其去，未果。是時，潤有貢士姜君玉瑩中，嘗與余游，偶及此，次日攜康伯可《順庵樂府》一袠相示。中有《滿江紅》作於婺女潘子賤席上者，如：「歎詩書萬卷，致君人、番沉陸。且置請纓封萬户，徑須賣劍酬黄犢。慟當年、寂寞賈長沙，傷時哭」之句，與稼軒集中詞全無異。伯可蓋先四五十年，君玉亦疑之，然余讀其全篇，則它語却不甚稱，似不及稼軒出一格律。所攜乃板行，又故本，殆不可曉也。《順庵詞》今麻沙尚有之，但少讀者，與世傳俚語不同。

備論

《宋史》卷四〇一《辛棄疾傳》　論曰：古之君子，出處不齊，同歸于是而已。辛棄疾知大義而歸宋。何異篤實君子，而切諫光宗朝重華宮。柴中行寧不校臨川之試，終不肯自言非程頤僞學。劉爚表章朱熹《四書》以備勸講，衛道之功莫大焉。李孟傳所立不愧其父。至於劉宰飄然遠引，屢徵不起，所謂鴻飛冥冥者耶。

藝文

辛棄疾《稼軒詞》卷首范開《稼軒詞序》　器大者聲必閎，志高者意必遠。知夫聲與意之本原，則知歌詞之所自出。是蓋不容有意於作爲，而其發越著見於聲音言意之表者，則亦隨其所蓄之淺深，有不能不爾者存焉耳。世言稼軒居士辛公之詞似東坡，非有意於學坡也。自其發於所蓄者言之，則不能不坡若也。坡公嘗自言與其弟子由爲文□多，而未嘗敢有作文之意，且以爲得於談笑之間而非勉强之所爲。公之於詞亦然：苟不得之於嬉笑，則得之於行樂；不得之於行樂，則得之於醉墨淋漓之際。揮毫未竟，而客爭藏去。或閑中書石，興來寫地，亦或微吟而不録，漫録而焚稿，以故多散佚。是亦未嘗有作之之意，其於坡也，是以似之。雖然，公一世之豪，以氣節自負，以功業自許。方將斂藏其用以事清曠，果何意於歌詞哉？直陶寫之具耳。故其詞之爲體，如張樂洞庭之野，無首無尾，不主故常。又如春雲浮空，卷舒起滅，隨所變態，無非可觀。無他，意不在於作詞，而其氣之所充，蓄之所發，詞自不能不爾也。其間固有清而麗、婉而嫵媚，此又坡公之所無，而公詞之所獨也。昔宋復古、張乖崖方嚴勁方，而其詞乃復有穠纖婉麗之語，豈鐵石心腸者類皆如是耶？開久從公遊，其殘膏賸馥，得所霑焉爲多。因暇日裒集冥搜，纔逾百首，皆親得於公者。以近時流布於海内者率多贋本，吾爲此懼，故不敢獨閟，將以祛傳者之惑焉。淳熙戊申正月元日門人范開序。

汪莘《方壺先生集》卷三《詩餘序》　唐宋以來，詞人多矣，其詞主乎淫，謂不淫非詞也。余謂詞何必淫，顧所寓何如耳。余於詞所愛喜者三人焉。蓋至東坡而一變，其豪妙之氣隱隱然流出言外，天然絶世，不假振作。二變而爲朱希真，多塵外之想，雖雜以微塵，而其清氣自不可没。三變而爲辛稼軒，乃寫其胸中事，尤好稱淵明。此詞之三變也。余平昔好作詩，未嘗作詞。今五十四歲，自中

秋之日至孟冬之月，隨所寓賦之，得三十篇，乃知作詞之樂過於作詩，豈亦昔人中年絲竹之意耶！每水閣閑吟，山亭静唱，甚自適也，則念與吴中諸友共之，欲各寄一本，而窮鄉無人傭書，乃刊木而模之，蓋以寄吾友爾，匪敢播諸衆口也。嘉定元年仲冬朔日，柳塘汪莘叔耕書。

陳亮《龍川集》卷一〇《辛稼軒畫像贊》 眼光有稜，足以照映一世之豪；背胛有負，足以荷載四國之重。出其毫末，翻然震動。不知鬚鬢之既斑，庶幾膽力之無恐。呼而來，麾而去，無所逃天地之間；撓弗濁，澄弗清，豈自爲將相之種！故曰：真鼠枉用，真虎可以不用。而用也者，所以爲天寵也。

劉克莊《後村先生大全集》卷九八《辛稼軒集序》 自昔南北分裂之際，中原豪傑率陷没殊域，與草木俱腐。雖以王景略之才，不免有失身苻氏之愧。建炎省方，畫淮而守者百三十餘年矣，其間北方驍勇自拔而歸如李侯顯忠、魏侯勝，士大夫如王公仲衡、辛公幼安，皆著節本朝，爲名卿將。辛公文墨議論尤英偉磊落，乾道、紹熙奏篇及所進《美芹十論》、《上虞雍公九議》，筆勢浩蕩，智略輻湊，有《權書》、《衡論》之風。其策完顔氏之禍，請絶歲幣，皆驗於數十年之後。符離之役，舉一世以咎任事將相，公獨謂張公雖未捷，亦非大敗，不宜罪去。又欲使顯忠將精鋭三萬出山東，使王任開、趙賈瑞輩領西北忠義爲前鋒，其論與尹少稷、王瞻叔諸人絶異。烏虖！以孝皇之神武，及公盛壯之時，行其説而盡其才，縱未封狼居胥，豈遂置中原于度外哉！機會一差，至于開禧，則向之文武名臣欲盡而公亦老矣。余讀其書而深悲焉。世之知公者，誦其詩詞而已。前輩謂有井水處皆倡柳詞，余謂耆卿直留連光景、歌詠太平爾，公所作大聲鞺鞳，小聲鏗鍧，横絶六合，掃空萬古，自有蒼生以來所無。其穠纖綿密者，亦不在小晏、秦郎之下，余幼皆成誦。公嗣子故京西憲梴欲以序見屬，未遣書而卒，其子肅具言先志。恨余衰憊，不能發斯文之光焰，而姑述其梗概如此。

徐元傑《楳埜集》卷一一《稼軒辛公贊》 公名棄疾，字幼安，其先濟南人，徙于邑之期思。靖康之難，朝請公累族衆不克南渡，常誨先生無忘國讎。紹興末，敵渝盟，乃與郡豪耿京糾合義兵二十五萬，以圖克復。高宗勞師建康，亟入，條奏大計。大偉其忠，驟用之。會羣盜攻剽江右，先生毅然請行，衣繡節制軍馬，期以一月盪平，果如其言。晚登禁從，所居有瓢泉、秋水。諫藁、詞集行於世。贊曰：

摩空節氣，貫日忠誠。紳綏動色，草木知名。陽春白雪，世所共珍。秋水瓢泉，清哉斯人！

謝枋得《疊山集》卷七《宋辛稼軒先生墓記》 稼軒字幼安，名棄疾。列侍清班，久歷中外，五十年間身事四朝，僅得老從官號名。稼軒垂殁，乃謂樞府曰：「侂胄豈能用稼軒以立功名者乎，稼軒豈肯依侂胄以求富貴者乎？」自甲子至丁卯，而立朝署四年，官不爲邊閫，手不掌兵權，耳不聞邊議，後之誣公以片言隻字之文致其罪，孰非天乎？嘉定名臣無一人，議公者非腐儒則詞臣也。公論不明，則人極不立，人極不立，則天之心無所寄，世道如之何？枋得先伯父嘗登公之門，生五歲，聞公之遺盛風烈而嘉焉。年十六歲，先人以稼軒奏請教之，曰：「乃西漢人物也。」讀其書，知其人，欣然有執節之想。乃今始與同志升公之堂，瞻公之像，見公之曾孫多英傑不凡，固知天於忠義有報矣。爲信陵置平冢者，慕其能其人也；祭田掃墓而厥者，感其進高能得士也；謂武侯祠至不可忘，思其有志定中原而願不遂也。有疾聲大呼于祠堂者，如人鳴其不平，自昏莫至三更不絶，聲近吾寢室愈悲，一寺數十人驚以爲神。公有英雄之才、忠義之心、剛大之氣，所學皆聖賢之事，朱文公所敬愛，每以股肱王室、經綸天下奇之。自負欲作何如人？昔公遇仙，以公真祠，乃青兕也。公以詞名天下。公初卜得《離》卦，乃南方丙丁火以鎮南也。後之誣公者欺天亦甚哉！二聖不歸，八陵不祀，中原子民不行王化，大讎不復，大耻不雪，平生志願百無一酬，公有鬼神，豈能無抑鬱哉！六十年來，世無特立異行之士爲天下明公論，公之疾聲大呼於祠堂者，其意有所托乎？枋得倘見君父，當披肝歷膽以雪公之冤，復官還職，卹典易名録後，改正文傳，立墓道碑，皆仁厚之朝所易行者。然後録公言行于書史，昭明萬世，以爲忠臣義士有大節者之勸。此枋得敬公本心親國之事，亦所以爲天下明公論，扶人極也。言至此，門外聲寂然，枋得之心必有契於公之心也。以隻雞斗酒酬於祠下，文曰：嗚乎！天地間不可一日無公論，公論不明則人極不立；人極不立，天地之心無所寄。本朝以仁爲國，以義待士。夫南渡後，宰相無奇才遠略，以苟且心術，用架漏規模，紀綱法度、治兵理財無可恃，所恃扶持社稷者，惟士大夫一念之忠義耳。以此比來忠義第一人，生不得行其志，没無一人明其心，全軀保妻子之臣，乘時抵瞞之輩，乃苟富貴者，□天下之疑。此朝廷一大過，天地間一大冤，志士仁人所深悲至痛也。公精忠大義，不在張忠獻、岳武穆下。一少年書生，不忘本朝，痛二聖之不歸，閔八陵之不祀，哀中原子民之不行王化。結豪傑，志斬虜馘，挈中原，還君父，公之志亦大矣！耿京孔公家比者無位，尤能擒張安國歸

之京師。有人心天理者，聞此事莫不流涕。使公生於藝祖太宗時，必旬日取宰相。入仕五十年，在朝不過老從官，在外不過江南一連帥。公没，西北忠義始絶望。大讎必不復，大耻必不雪，國勢遠在東晉下。五十年爲宰相者，皆不明君臣之大義，無責焉耳。

謝枋得《疊山集》卷七《同會辛稼軒先生祠堂記》 唐虞五臣皆有帝王之才，三國英雄僅了將相之事。器不大不能以運天下。余談稼軒久，知其人。與同志會於金相寺，過其菴，可以想見夫器之大。夜宿祠堂前，公平日爲官但以隻雞斗酒爲膳，明日奠以隻雞斗酒。唐人謂「武侯祠堂不可忘」者，悲其定中原、興漢室，有志而不遂也。天地間好功名必待真男子，盡多器大者得之。吾黨必有成稼軒之志者，毋忘此會。同志闞大猷子速、應君實伯誠、虞公著壽翁、南方應得人、王濟仲、胡子敬雲晃、藍國舉、張海潛、顔子宗、吴志道、袁太初、林道安、周人傑淑貞、吴仁壽、李仁權、趙平民。外有稼軒之孫辛徽慶美如會。咸淳七年十月二十三日。

劉辰翁《須溪集》卷三《辛稼軒詞序》 詞至東坡，傾蕩磊落，如詩如文，如天地奇觀，豈與羣兒雌聲學語較工拙。然猶未至用經用史，牽雅頌入鄭衛也。自辛稼軒前，用一語如此者必且掩口，及稼軒横竪爛漫，乃如禪宗棒喝，頭頭皆是；又如悲笳萬鼓，平生不平事并盡巵酒，但覺賓主酣暢，誤不暇顧。詞至此亦足矣！然陳同父效之，則與左太冲入羣媢相似，亦無面而返。嗟乎！以稼軒爲坡公少子，豈不痛快靈傑可愛哉！而愁髩齲齒，作折腰步者闞然笑之。《敕勒》之歌拙矣，「風吹草低」之句與「大風起」語高下相應，知音者少。顧稼軒胸中今古止用資爲詞，非不能詩，不事此耳。斯人北來，喑嗚鷙悍，欲何爲者？而讒擯銷沮，白髮横生，亦如劉越石陷絶失望，花時中酒，託之陶寫，淋漓慷慨。此意何可復道，而或者以流連光景，志業不終恨之，豈可向癡人説夢哉！「爲我楚舞，吾爲若楚歌」，英雄感愴有在常情之外，其難言者未必區區婦人孺子間也。世儒不知哀樂善刺人，及其自爲，乃與陳后山等，嗟哉！偉然二大夫無異。吾懷此久矣，因宜春張清則取稼軒詞刻之，復用吾請。清則少遊杭浙，有奇志逸氣，必能彷佛爲此詞者。

袁桷《清容居士集》卷一七《辛稼軒畫像贊》 妖雛殂江，八方沸騰。手提糢糊，仗義南興。闖越荆湘，是鎮是繩。智名勇功，蔑如浮雲。讒屢尼之，耳若不聞。聲裂金石，湛厥心君。運有南北，孰言一之？時有未完，矢詞窒之。卒全其歸，莫能躓之。帶湖維居，喬木鬱新。目光背甲，佩兮振振。審像式瞻，宛其不泯。

王惲《秋澗集》卷三《過稼軒先生墓》 青銅三百了時文，大節知公在致君。朝野不應傳樂語，六宫春動鬱金裙。

相秦審勢不明理，坐使炎興失遠圖。力主備邊伸大義，先生真是孔明徒。

遺編三復美芹辭，睿眷曾蒙孝廟知。黄壤不埋忠義氣，至今煙草見蟠螭。

老徽北狩七陵空，奉命南來見匪躬。誰遣廟謀空坐老，一椽精舍帶湖東。

招提遺像見英材，喬木秋風過客哀。通曆縱令追削盡，疊山文是漢雲臺。

陳傅良部

綜述

《宋史》卷四三四《陳傅良傳》 陳傅良字君舉，温州瑞安人。初患科舉程文之弊，思出其説爲文章，自成一家，人争傳誦，從者雲合，由是其文擅當世。當是時，永嘉鄭伯熊、薛季宣皆以學行聞，而伯熊於古人經制治法，討論尤精，傅良皆師事之，而得季宣之學爲多。及入太學，與廣漢張栻、東萊吕祖謙友善。祖謙爲言本朝文獻相承條序，而主敬集義之功得於栻爲多。自是四方受業者愈衆。

登進士甲科，教授泰州。參知政事龔茂良才之，薦于朝，改太學録。出通判福州。丞相梁克家領帥事，委成于傅良，傅良平一府曲直，壹以義。强禦者不得售其私，陰結言官論罷之。

後五年，起知桂陽軍。光宗立，稍遷提舉常平茶鹽、轉運判官。湖湘民無後，以異姓以嗣者，官利其貲，輒没入之。傅良曰：「絶人嗣，非政也。」復之幾二千家。轉浙西提點刑獄。除吏部員外郎，去朝十四年，至是而歸，鬚鬢無黑者，都人聚觀嗟嘆，號「老陳郎中」。

傅良爲學，自三代、秦、漢以下靡不研究，一事一物必稽於極而後已。而於太祖開創本原，尤爲潛心。及是，因輪對，言曰：「太祖皇帝垂裕後人，以愛惜民力爲本。熙寧以來，用事者始取太祖約束，一切紛更之。諸路上供歲額，增於祥符一倍；崇寧重修上供格，頒之天下，率增至十數倍。其它雜斂，則熙寧以常平寬剩、禁軍闕額之類别項封樁，而無額上供起於元豐，經制起於宣和，總制、月樁起於紹興，皆迄今爲額，折帛、和買之類又不與焉。茶引盡歸於都茶場，鹽鈔盡歸於榷貨務，秋苗斗斛十八九歸於綱運，皆不在州縣。州縣無以供，則豪奪於民，於是取之斛面、折變、科敷、抑配、贓罰，而民困極矣。方今之患，何但四夷？蓋天命之永不永，在民力之寬不寬耳，豈不甚可畏哉？陛下宜以救民窮爲己任，推行太祖未泯之澤，以爲萬世無疆之休。」

且言：「今天下之力竭於養兵，而莫甚於江上之軍。都統司謂之御前軍馬，雖朝廷不得知；總領所謂之大軍錢糧，雖版曹不得與。於是中外之勢分，而事權不一，施行不專，雖欲寬民，其道無由。誠使都統司之兵與向者在制置司時無異，總領所之財與向者在轉運司時無異，則内外爲一體。内外一體，則寬民力可得而議矣。」帝從容嘉納，且勞之曰：「卿昔安在？朕不見久矣。其以所著書示朕。」退以《周禮説》十三篇上之，遷祕書少監兼實録院檢討官、嘉王府贊讀。

紹熙三年，除起居舍人。明年，兼權中書舍人。初，光宗之妃黄氏有寵，李皇后妬而殺之。光宗既聞之，而復因郊祀大風雨，遂震懼得心疾，自是視章疏不時。於是傅良奏曰：「一國之勢猶身也，壅底則致疾。今日遷延某事，明日阻節某人，即有姦險乘時爲利，則内外之情不接，威福之柄下移，其極至于天變不告，邊警不聞，禍且不測矣！」帝悟，會疾亦稍平，過重華宫。而明年重明節，復以疾不往，丞相以下至于太學諸生皆力諫，不聽；而方召内侍陳源爲内侍省押班，傅良不草詞，且上疏曰：「陛下之不過宫者，特誤有所疑而積憂成疾，以至此爾。臣嘗即陛下之心反覆論之，竊自謂深切，陛下亦既許之矣。未幾中變，以誤爲實，而開無端之釁；以疑爲真，而成不療之疾。是陛下自貽禍也。」書奏，帝將從之。百官班立，以俟帝出。至御屏，皇后挽帝回，傅良遂趨上引裾，后叱之。傅良哭于庭，后益怒，傅良下殿徑行。詔改秘閣修撰仍兼贊讀，不受。

寧宗即位，召爲中書舍人兼侍讀、直學士院、同實録院修撰。會詔朱熹與在外宫觀，傅良言：「熹難進易退，内批之下，舉朝驚愕，臣不敢書行。」熹於是進寶文閣待制，與郡。御史中丞謝深甫論傅良言不顧行，出提舉興國宫。明年，察官交疏，削秩罷。嘉泰二年復官。起知泉州，辭。授集英殿修撰，進寶謨閣待制，終于家，年六十七。謚文節。

傅良著述有《詩解詁》、《周禮説》、《春秋後傳》、《左氏章指》行于世。

陳傅良《止齋先生文集》卷五二附録蔡幼學《宋故寶謨閣待制致仕贈通議大夫陳公行狀》 公諱傅良，字君舉，姓陳氏。其先自閩徙温州瑞安縣之帆遊鄉，至公八世矣。曾祖靖，祖邦，皆有隱德。考彬，深於易學，潔行自晦，鄉里稱爲長者，以公貴累贈朝請大夫，妣徐氏，贈令人。公英邁不羣，彊學篤志。其爲文出人意表，自成一家，人相與傳誦，歲從游者常數百人。宗正少卿鄭公伯熊、大理正薛公季宣皆以經學行義聞于天下，八每見二公，必孜孜求益，脩弟子之禮。一日，與薛公語，怳然若有所失，乃獨潛心《易》、《論語》二書，求古聖賢所以窮理盡性之要，近思深探，弗造其極致弗措也。既而薛公客晉陵，公往從之。薛公與公

語合，喜甚，益相與考論三代秦漢以還興亡否泰之故，與禮樂刑政損益同異之際。蓋於書無所不觀，亦無所不講，經年而後別去。還過都城，始識侍講張公栻、著作郎吕公祖謙，數請間扣以爲學大指，互相發明。二公亦喜得友，恨見公之晚。是歲乾道六年也。其秋入太學，國子祭酒芮公曅雅聞公名，親訪公于所隸齋，見其二子，且即以公爲學諭，俾爲諸生講説經義。公以非故事固辭，芮公不可，公遂謁告去，從容天台、雁蕩間，益究其學。越二年，禮部以名聞，孝宗方鋭志治功，慨然慕唐太宗之爲人，於是臨軒，以太宗事策新進士。公對言：「陛下有無我之量，而累於自喜；有知人之明，而累於自恃。是以十有一年于兹，而治績未進於古，下情猶鬱，公論猶沮，士大夫猶有懷不敢盡。」且以太宗求諫崇儒等事，反復規諷，其言深婉切至。有司奇之，將請寘第一，或議不合，猶在甲科。當是時，公名震天下，其文流入夷貊。授迪功郎、泰州州學教授，未赴。參知政事龔公茂良爲孝宗稱公之材，持除太學録。車駕幸學，改承奉郎。居歲餘，力求外補。吕公方在三館，謂公曰：「盍少留？」公曰：「出處之義，不敢不謹其始也。」添差通判福建。丞相梁公克家領帥事，委成于公，公爲之畫，凡一路若郡所當興廢，及訟獄之曲直，一裁以義，無所回屈。疆禦者不得售其私，始忌且怨。州人有方在諫省者，論公，罷之。居二年，主管台州崇道觀。又二年，差知桂陽軍。又三年，乃之官。居閒既久，日覃思於六經，將有所述，以開後學。一室蕭然，與士友終日澹如也。治桂陽，首爲教條，戒其吏以徙善遠罪，諭其民以孝弟姻睦。人感公德意，不嚴而化。蠲民宿負及縣月輸之未入者，凡廩藏受輸以例取贏者悉裁之。明條目，簡文移，縣得達情於郡，而吏無所容姦，郡計自裕。歲小旱，預出錢糴于旁郡，置數場以糶，糶已復糴，循環不乏。又聽民以薪易官粟，或就役于官食其力，民無飢者。連帥潘公畤以緡錢五千助糴，公益以郡錢，立式貸之，約歲登償，及期不復索。光宗受禪，除提舉湖南常平茶鹽。去郡，老稚遮送不絶。明年，就除轉運判官。湖湘民無子孫者，率以異姓爲後，吏利其貲，輒没入之。公曰：「使人絶祀，非政也，況黄遺棄固有法。」存其後者幾二千家。潭州常平粟且四十萬，而全、永、道等州數絶少，無以備歉歲。公曰：「移多益寡，使者職也。」既掌漕，猶攝庾事，乃令諸州各留歲運粟以益常平，以潭之常平代其輸。郡告乏者，減其送漕司之錢。民輸折苗錢重，爲損其直。潭州槠州市酒課，歲嘗至緡錢二十萬，遂以配于民爲額。公攝州事，按舊籍頓減之，民得少紓。改提點浙西刑獄，過闕，留爲吏部員外郎。論對奏言：「藝祖皇帝垂裕後人，專以愛惜民力爲本。熙寧以來，用事者始取藝祖約束一切紛更之，諸路上供歲額增於祥符一倍。崇寧重修上供格，頒之天下，率增至十數倍。其他雜斂，則熙寧以常平寬剩、禁軍闕額之類，今項封樁而無額。上供起於元豐，經制起於宣和，總制、月樁起於紹興，皆迄今爲額，折帛和買之類又不與焉。茶引盡歸於都茶場，鹽鈔盡歸於榷貨務，秋苗斛斗十八九歸於綱運。州縣無以供，則豪奪於民，民困極矣。方今之患，何但夷狄，蓋天命之永不永，在民力之寬不寬耳，豈不甚可畏哉！陛下宜以救民窮爲己任，推行藝祖未泯之澤，以爲萬世無疆之休。」且言：「今天下之力竭於養兵，而莫甚於江上之軍。都統司謂之御前軍馬，雖朝廷不得知；總領所謂之大軍錢糧，雖版曹不得與。於是中外之勢分，而事權不一，施行不專，雖欲寬民，其道無繇。誠使都統司之兵與向者在制置司無異，總領所之財與向者在轉運司無異，則中外爲一體；中外一體，則寬民力可得而議矣。」上從容嘉納，謂公曰：「朕思見卿久矣，卿學問深醇，著書必多，可悉以進也。」遂遷秘書少監。公進《周禮説》，以《格君心》、《正朝綱》、《均國勢》爲目，目各四篇。兼實録院檢討官，選兼皇子嘉王府贊讀。公以爲王者之學，經世爲重，祖宗成憲，尤當先知，乃纂次建隆以來行事之要，爲王講誦大指。每至立國規摹，必歷叙累朝因革利害，附見其下，本末粲然，如示諸掌。紹熙三年十二月，擢起居舍人。四年正月，兼權中書舍人。先是上少不豫，群臣奏請，或弗時決，公言：「一國之勢譬如一身，少有壅底，便生疾恙。若今日遷延某事，明日阻節某人，人心益玩，主勢益輕，設有姦憸，乘時爲利，則中外之情不接，威福之柄可移。雖是擅傳旨揮，將亦無從覺察。陛下何不務自寬大，以怡精神，出則從順動之宜，居則享燕閒之福，而乃徒速無故之謗，且貽萬一之憂哉！」又言：「人主不自彊，則讒間迎合之計得以乘之。因其厭省覽也，則有以好名之説中傷忠讜；因其憚改作也，則有以生事之説沮壞事功。凡若此，皆讒間也。因其近聲色也，則有以勿問外人之説固結宫禁；因其樂燕飲也，則有以勿親小事之説竊弄威福。凡若此，皆迎合也。讒間之計中，則君子日疏；迎合之計中，則小人日親。而其極至於天變不告，邊警不聞，如是而天下不多事者，未之有也。」給事中兼嘉王府翊善黄公裳以封還除目改兵部侍郎，公言：「給舍封駁，是謂官守，若以爲是，則當聽從；若以爲非，則當罷黜。今陰廢其言而陽遷其官，是非不明，賞罰倒置，不謂清時，有此過舉。乞令裳依舊供職，以釋在廷之疑。」池州副都統制率逢原就除都統制，公言：「逢原專横掊尅，士伍咸怨。淮西總領鄭湜姑按其偏將以警之，逢原

懼而自劾，方詔放罪，不應信宿之間，遽有遷擢。」詔依已降旨揮，公復繳論之。陳源除入內侍省押班，給事中駁之，不可以書讀矣，公言：「源僭侈專横，得罪高宗，投竄遠方，籍入家產。及許逐便以來，間有恩命，則臣僚相繼論奏，悉蒙開納。今瑣闥迫於天威，黽俛書讀，臣必不敢奉詔草詞。」內批張子仁除節度使，公言：「留正輔相初政，于今五年，待罪郊外，而去留未決。趙雄以前宰相起帥江西，抱病告終，而恤典不及。西陲擁兵十萬，吴挺物故，擇代不可不謹，恤終不可不至，而屏去申奏，以爲失實。當此時也，乃遽獨加恩於勳舊之家，輕重不倫，先後失序，臣深爲聖明惜之。」詔子仁係勳臣子，可與書行，公又言：「報答舊勞，孰與輔初政者之爲親？矜憐後裔，孰與專帥閫者之爲重？陛下儻下察末議，少霽威嚴，天意豁然，群疑冰釋。事關廊廟，則立賜施行，憂在疆埸，則亟須處置，庶幾國家尊榮，朝野欣豫。」奏雖不報，然陳源竟不命詞，張子仁亦不果授。越是歲十二月，遷起居郎。公言：「陛下覆護臣子，容忍不棄，而不務明其去就之誼。比有以臺官察宰屬者矣，陛下皆出之，俄而並召，並用爲卿將，孰是孰非耶？有以後省駁從班者矣，陛下爲罷給事中，已而並除職名，一去爲郡，一爲王府官，然則是俱有罪耳。有以諫官疏大臣者矣，陛下欲並用之，大臣乞去不得請，諫官乞去又不得請，然則是俱賢耳。至如臣不度疏賤，論奏內侍不當爲知省官，陛下雖納臣之章，不行詞，不賦禄，而其人至今出入禁闥，與見任無異，則是中書後省與黄門相持不決，尤所未喻。願陛下明人臣去就之誼，自不肖臣始。」時上疾猶未平，重華之朝稍闕，大臣而下，交進更諫。公自以受知最深，每入對，必以父子天性及古今禍福安危之際委曲開陳，期以感悟上心，上亦爲之動。及孝宗有疾，公踰旬三請對，以爲：「兩年以來，以不過宫諫者多矣，陛下間或聽之，亦無過勉彊一出。臣獨私念，陛下特誤有所疑，積憂成疾，以至于此。每於陛下心事之間，反覆開明，至於深入切中，陛下爲臣傾倒，一無隱情。然而今日確許，明日中變。以誤爲實，而開無端之釁；以疑爲信，而成不療之疾。是陛下自貽禍也。」公敷奏剴切，上未能聽，因面乞納禄，不許，最後復言：「今天下本無事，而陛下以憂疑失人心。若聖意釋然，則群情自解，轉禍爲福，不過反掌之間。臣言不足聽，當永辭闕庭，是以復論人心可畏之説，願陛下亟圖之。」是日公論諫益切，度上意弗回，乃上致仕之奏。上曰：「甚好甚好。」公退，則申尚書省，自免而歸。改秘閣修撰，復兼嘉王府贊讀，公辭不拜。今上受內禪三日，詔公歸班。又四日，除中書舍人，公三辭而後受。未至，命兼侍講。時方博延名德之士進諸朝廷，知潭州朱公熹召爲焕章閣待制，侍經筵，與公同日造朝，班行相慶。公入見，首言：「陛下嗣守丕圖，宜上稽孝宗明斷總攬之政，兼體上皇隆寬不自用之美，參酌兩朝治體，擇其爲天下後世便者兼行之。」詔知閤門事謝淵係皇太后親弟，特給全俸，今同知樞密院事樓公鑰時爲給事中，封還録黄。公言：「樓鑰所駁允當，望追寢前命。臣失於論奏，乞正鹵莽之罪。」因言：「陛下臨御未久，每事當遵守法度。近因臣下妄有陳乞，往往直降內批，或與差遣，或添請給、人從。深恐自此，浸開倖門。願陛下念付託之重，加兢懼之誠，凡宫禁請求，斷勿垂聽。」兼直學士院。會有詔，朱熹與在外宫觀，公請對，將陳其不可，詔俟別日宣引。公連疏言：「朱熹三朝故老，難進易退，欣慕聖明，幡然一出，天下相賀，以爲得人。則進退之間，豈宜容易？內批之下，舉朝失色，臣不敢書行。」後四日，詔朱熹進寶文閣待制，與郡。未幾，以公兼實録院同修撰。公以史事宜有專官，再辭不許。阜陵復土，上始自重華宫入居大內。公首請增置諫員，收用恬退之士，詔問民間疾苦。上雅敬公，每對必虚己以聽。始，上在潛邸，寮寀因誕日以詩爲壽，公與翊善黄公詩皆以開導德性，冀有所規益。上感二公意，各親書其詩謝之。於是，上屢趣公爲跋語刊石，同進者以上眷公厚，始多忌之。知閤門事韓侂冑浸竊威福，倚言路以排斥忠正，有上章詆公者，詔提舉江州太平興國宫。慶元二年夏，言者復交章詆公，詔降三官，罷宫觀。公屏居杜門，一意韜晦，榜所居室曰「止齋」，日徜徉其間。賓至，則相與講論經史，亹亹不厭。故舊之在朝者，或因人問公起居，公皇恐遜謝而已。嘉泰二年正月，詔復元官，提舉江州太平興國宫。三年，起知泉州。公以疾力辭，許之，授集英殿修撰。疾益侵，請謝事，授寶謨閣待制。以其年十有一月丙子卒于家。屬纊，酌酒與兄訣，凝然而逝，年止六十有七。積階至朝議大夫，爵永嘉縣男。訃聞，贈通議大夫。娶張氏，主管禮兵部架閣文字孝愷之女，封令人，以婦德稱，先公八年卒。子男二人，師轍，承務郎、新監臨安府鹽官縣買納鹽場；師朴，承務郎。女七人：長適迪功郎、新光化軍司理參軍潘子順，先卒；次適從政郎、福州連江縣丞薛師雍；次適迪功郎、新處州儒學教授林子熙；次適迪功郎、新福州連江縣尉徐冲；次適進士張紹；次適進士張疇；次未行。孫女一人。開禧元年三月庚寅，師轍等奉公之喪，合葬于所居前山令人之兆。公剛毅洞達，寬博樂易。其爲學先於致知，充以涵養，默識自得，不可企及。而篤於躬行，周於人情事物，兼博約，貫精粗，不倚于一偏。與同志論學，必以兢業爲先，蓋其所自用功處也。事兄恭謹，終老不懈。自奉清約，

閫門肅然。其接人委曲周盡，人人得其歡心。汲引後進，如恐不及；小善曲藝，奬予無倦。士多不遠數千里，樂從公遊，公隨其所長，誘掖磨琢，以成其材。在湘中，奉詔薦湖廣之士，以今四川安撫制置使吴公獵爲稱首。其他如宋文仲、楊炤、蔣礪，皆一時之選。及在後省，丞相留公正、知樞密院事胡公晉臣數訪人物，公爲言某人有德，某人有材，宜兼收而器使之，毋有所偏廢。二公以公言，多所引用，公未嘗以語人也。公早有重名，媢疾者衆，往往爲謗語以中傷公。故當孝宗有爲之時，主上願治之始，而不得少安於朝，退而家食者前後且二十年。比上念公，起鎮名藩，天下期以復用，而公已病篤矣。卒之日，室無餘貲，田不過二頃，其葬也，資友朋之賻以集事，然後誘沮公者始皆愧服。公在三山，閲故府所藏累朝詔條，凡財賦源流，國史所不盡載者，考之悉得其要領。常以爲祖宗德澤深厚，而後來有司乘時易令，取民之數乃過於前代，宜有以變而通之。故一見光宗，首陳其要；及轉對，則乞議免役錢；進故事，則乞除身丁錢；至上初親政，則又乞出内帑助版曹經費，少寬催理，以紓民力。然皆言之而未及用，天下不少被其澤也。公既没之四年，上誅韓侂胄，盡黜其黨，一時故老爲侂胄所排斥者收用略盡。使公尚在，得復見上，以素所考論次第條奏，見於施行，其所補豈有淺淺哉。公有《毛氏詩解詁》二十卷，《周禮説》三卷，《春秋後傳》十五卷，《左氏章指》三十卷，《讀書譜》一卷，《建隆編》一卷，《制誥集》五卷，《文集》三十卷。公深於《春秋》，其於王霸尊卑、華夷消長之際，及亂臣賊子之所由來，發明獨至。又以爲左氏最有功於經，能存其所不書，以實其所書，故作《章指》以明筆削之義。樓鑰爲之序曰：「自有《春秋》以來，蓋未有此書也。」平生篤於學《易》，嘗爲之説，而未及就。幼學未冠從公遊，朝夕侍側者且十年，公愛而教之，勉以前輩學業。幼學雖不敏，然佩公之訓，不敢自棄，每視公以爲出處。知公獨詳，敢狀其言行之大略，以上於太史氏。謹狀。嘉定元年十一月日，學生朝議大夫、試尚書吏部侍郎、兼侍講、兼直學士院蔡幼學狀。

葉適《水心文集》卷一六《寶謨閣待制中書舍人陳公墓誌銘》 公姓陳氏，諱傅良，字君舉，温州瑞安人。初講城南茶院時，諸老先生傳科舉舊學，摩蕩鼓舞，受教者無異辭。公未三十，心思挺出，陳編宿説，披剥潰敗，奇意芽甲，新語懋長。士蘇醒起立，駭未曾有，皆相號召，雷動從之，雖縻他師，亦藉名陳氏。由是其文擅於當世。公不自喜，悉謝去，獨崇敬鄭景望、薛士隆，師友事之。入太學，則張欽夫、吕伯恭相視遇兄弟也。四方受業愈衆。乾道八年，策進士殿廬，定公第一，奏入，不果用。教授泰州。朝廷難以銓法持之，遂授太學録。將召試館職，復不果，使告公，將以爲編修官，公辭焉。通判福州，右正言黄洽引王安石事劾公罷。主管崇道觀，知桂陽軍。或言知名士廢不用凡三十三人，公爲其首，執政病之，稍遷提舉湖南常平茶鹽，轉運判官，浙西提刑，吏部員外郎。去朝十四年，至是而歸，鬢鬚無黑者，都人聚觀嗟嘆，號老陳郎中。光宗逆勞曰：「卿昔安在？朕思見久矣，其以所著書示朕！」遷秘書少監兼實録院編修官，皇子贊讀，歷起居郎舍人，皆兼中書舍人。會上疾，不能觀重華，公陰諷顯諫，危論婉説，因乞致仕，下殿徑行。改秘閣修撰，復兼贊讀，不至。今上即位，除中書舍人、侍講、同實録院修撰。御史中丞謝深甫論公言不顧行，提舉興國宫。居三年，察官交疏，削秩罷，時慶元二年也。嘉泰二年，始復官，再爲興國宫，知泉州，辭。授集英殿修撰，待制寶謨閣。三年十一月丙子卒。開禧元年三月庚寅，葬于帆遊鄉湗村前山，距家巷語可達也。夫人張氏，封令人。子師朴，承務郎；師轍，新監鹽官買納場。潘子順，薛師雍，林子燕，徐沖，皆壻也，既仕；未仕者張紹，張疇。未嫁者一女。孫女一人。公之從鄭、薛也，以克己兢畏爲主，敬德集義，於張公盡心焉。至古人經制，三代治法，又與薛公反復論之。而吕公爲言：「本朝文獻相承，所以垂世立國者，然後學之内外本末備矣。」公猶不已，年經月緯，晝驗夜索，詢世舊，繙吏牘，蒐斷簡，采異聞，一事一物，必稽於極而後止。千載之上，珠貫而絲組之，若目見而身折旋其間，吕公以爲其長不獨在文字也。公既實究治體，故常本原祖宗德意，欲減重征，捐末利，還之於民，省兵薄刑，期於富厚。而稍修取士法，養其理義廉恥爲人材地，以待上用。其於君德内治，則欲内朝外庭爲人主一體，羣臣庶民並詢迭諫，而無壅塞不通之情。凡成周之所以爲盛，皆可以行於今世，視昔人之致其君，非止以氣力荷負之，華藻潤色之而已也。嗚呼！其操術精而致用遠，彌綸之義弘矣。蓋魯有臧文仲，鄭有子産，齊有晏嬰，晉有叔向，四人者當周之末造，能新美舊學而和齊用之，尊奉前聞而斟酌行之，不嗇於古，不狃於今，是能輔當時而傳後世，此春秋名世之士，孔子之所賢者也。今公亦考元祐、慶曆，上極建隆，以達乎紹興之後，將櫛理絃續，起廢疾解倒懸而燠休之。使公而得盡其用，則未知於四人者孰先後也。始，公以盛名，天下歸重，意其將有爲矣。其録大學也，議科舉敝法，頗櫽括之而已，然而拘於常而習於故者以爲異矣；其倅福州也，平一府曲直使不得隱而已，然而畏其明而苦其決者以爲專矣；流言轉易，應和喧然，而公之道不得行矣。孝宗嘗於禁中，從容

讀公所論著，光宗嘗因直前獨對，許公且大用，及今上御極，有講堂之舊；招徠初載，有咨謀之美。然而奪其眷者使反爲怒，蔽其知者使不復思，而公之身，竟以斥矣。以彼四人，使其君臣之際上下之交不遂，靡然爲時所向，而謗譽雜於朝市，疑信異其始終，則夫功烈之成就曾不能萬一，而況其有大於四人者乎！此余於公所以歎其開物之易而周身之難，成名之厚而收功之薄也。悲夫！公葬四年，吏部侍郎蔡公行之始狀其行於太史。行之從公蚤，載之詳。余亦陪公游四十年，教余勤矣，故摭其平生大指，刻於墓上，以記余之哀思，而行之已載者，不復述也。銘曰：

嗚呼陳公，未壯而興；羣士驚奔，來師來承。三代統紀，漢、唐制度；百世雖遠，一二以數。事研於終，德復於初；發爲詞華，乃學之餘。內聖外王，本末洪纖；春秋四人，孔子所嚴。建隆之元，實維《下武》；斟酌損益，可繼堯、禹。天欲平治，必待其材；生之實難，莫我肯培。名胡忌高！實奚惡富！裂棄文錦，縫彼敗素。寄印如累，其讒云云；擁書如林，其樂欣欣。有橘之萉，有菡之芬；有挈其舟，音遠不聞。我瞻澍村，泚矣南塘！二物則存，公乎在亡！

樓鑰《攻媿集》卷九五《寶謨閣待制贈通議大夫陳公神道碑》 嘉泰三年，集英殿修撰陳公告老于朝。天子歎曰：「此吾舊學，且書命之臣也。」除寶謨閣待制。遺奏聞，贈四官，録其後，所以飾其終者如故典。門弟子哭之失聲，里人聚而相弔，四方士夫聞之，無不盡傷者。蓋非他人云亡之比也。公諱傅良，字君舉。其先自閩徙溫州瑞安縣帆遊鄉澍村里，至公八世矣。曾祖靖，祖邦，父彬，皆不仕。父以公貴，累贈朝請大夫，妣徐氏贈令人。朝請邃于《易》，教授鄉里，以篤行稱。公天分高勝，其于學問心悟神解，而苦志自勉，精力亦絶人。隆師親友，有不可解于心者。興化劉復之朔以南省第一人來爲司户參軍，攝教官，得公程文，以爲絶出。公之年甚少也，而名已高，開門受徒于仙巖僧舍，士子莫不歸敬。薛寺正士龍見公問所安，公曰：「毋不敬。」士龍曰：「比參倚如何？」公釋然增進，歸心薛氏。後又相從于滆上，讀書一日千里。其爲薛氏祭文云：「我昔自喜，壁立倚天。見兄梅潭，忽若墜淵。」梅潭即仙巖也。伊洛之學，東南之士自龜山楊公時、建安游公酢之外，惟永嘉許公景衡、周公行己數公，親見伊川先生，得其傳以歸。中興以來，言理性之學者宗永嘉，惟薛氏後出，加以考訂千載，自井田、王制、司馬法、八陣圖之屬，該通委曲，真可施之實用。凡今名士得其説者，小之則擅場屋之名，大可以行于臨民治軍之際。公游從最久，造詣最深，以之研精經史，貫穿百氏，以斯文爲己任，綜理當世之務，攷覈舊聞，于治道可以興滯補敝，復古至道，條畫本末，粲如也。本朝名公鉅卿，不可縷數，自韋布而名動宇內者，不過數人。公自爲舉子業，其所論著如《六經論》等文，所在流播，幾于家有其書。蜀中文學最盛，讀之者無不動色，文體爲公一變。至傳入夷貊，視前賢爲尤盛。乾道六年始入太學，士無賢不肖斂衽下風。八年，公之高弟蔡公幼學爲省元，公次之，徐公誼又次之。薛公叔似、鮑君潚、劉君春、胡君時等，皆鄉郡人，非公之友，則其徒也，尤爲一時盛事。既登甲科，朝野想望風采，授泰州教授以歸。參政龔公茂良帥江西，以書幣招之，願與定交。公曰：「此古人羔雁之禮，不行于世有年矣。」善辭之，未赴。會太學録闕，求之者衆。龔公實行宰相事，奏孝宗曰：「待次不改闕，初官不堂除，陛下良法也。太學録一闕，而睥睨者衆，臣欲擇取名儒，爲士林所推者，越拘攣而用之，則人自服矣。」上問爲誰，以公對，上曰：「是朕所素知者。」除命一下，果無異辭。就職幾月，車駕幸學，改承奉郎。龔公既罷政，亦寖有相嫉者，添差通判福州。帥相梁公克家得公，喜甚，以政委之。公悉心裨贊，不事形跡，卒以專擅論罷，時淳熙七年也。尋主管台州崇道觀，起知桂陽軍。閒居八年，始赴郡。提舉荆湖南路常平茶鹽事，就遷轉運判官，改兩浙西路提點刑獄。公在桂陽，蠲除宿負，罷弛斜科，倉司則補糴諸郡米至十萬斛，漕司亦蠲錢數萬緡。力講荒政，所及者廣。進登極銀三千兩，屬方救荒，力不能辦，申請減額，損三之二，實惠遂及一方。以服勤使事，嘗感寒疾，至是以奏事再入脩門，鬚鬢如雪。丞相留公正一見，歎曰：「幾年陳君舉，尚可使外補耶？」奏留爲吏部員外郎。初對，上曰：「卿去國幾何時？朕欲見卿久矣。知卿學問深醇，有所著書進來。」時上臨朝淵默，罕有聖語。公敬謝而退，以《周禮説》進。擢秘書少監，訓詞曰：「朕日御便朝，延見郎吏。有郎白首，色夷而氣溫，儐者贊其名，則汝傅良也。」朝列傳誦，實黄公裳之詞也。兼實録院檢討官。皇子嘉王府妙選官寮，以公兼贊讀。未幾，除起居舍人兼權中書舍人。期年，始遷起居郎。紹熙末年，龍樓問寢不以時。自大臣而下更進讜言，從班多連名騰奏，或同班叩請。公自以受不世之遇，必欲身任其責，請對直前，幾無虛月，剴切痛憤，指陳利害，無所不用其至。蓋嘗贊嘉邸爲中宮言之。又嘗奏疏謂：「臣等在王邸，于古今父子君臣之際，人之大倫，天地之正義，以開導賢王，而會慶闕上觴之禮，長至虧稱賀之儀，區區口耳之感，必不能勝躬行之化，紙上之習必不如家傳之法。今既上失三宮之歡，則臣等講讀皆爲空言矣。」其餘骨鯁之言，有敵

已以下所不能堪者。上終不加譴，而言亦不用。一日奏云：「陛下屢許臣以出，又令傳旨于廟堂，而復不然。臣貪戀厚恩，不忍决去。容臣遂思補過，更圖入奏。若不垂聽，則有致爲臣而去耳。」又從而草奏，曲盡事節，犯顔極論，度上意不回，遂上挂冠之奏。上雖不受，玉音賜可。公即申省乞致仕，宰輔留之不可。既行，授秘閣修撰、嘉王府贊讀。皇上御極，以中書舍人召還。兼侍講、兼直學士院、實録院同修撰，謂可行素藴矣，而言者指其學術不正，罷爲提舉江州太平興國宫。慶元二年，復劾其在太上朝奏對狂率，降三官，罷祠。嘉泰二年，叙復元官，再畀祠禄，遂除泉州。以病力辭，除集英殿修撰。病革謝事，遂有次對之命。十一月十有二日，終于里第，享年六十有七，積官至朝議大夫，爵永嘉縣開國男，食邑三百户。娶張氏，名幼昭，字景惠，主管禮兵部架閣文字孝愷之女。以婦德著聞，先公九年卒。子男二人：師轍，迪功郎、安豐軍壽春縣主簿；師朴，承務郎。女七人：長適迪功郎、監鎮江府凌口酒庫潘子順，次適從政郎、新福州連江縣丞薛師雍，次適迪功郎、處州州學教授林子燕，次適迪功郎、新福州連江縣尉徐沖，次適進士張紹，次適進士張疇。一尚幼。令人葬于前山，開禧元年三月庚申，二子奉公之喪合焉。嗚呼！以公之抱負偉傑，學博而精，觀書別有高識，作文自出機杼，類非今人所可企及，求之古人，亦未易多得也。受知三朝，掌内外制，經帷史館，不爲不遇，而名高多忌，卒不得究其經世之學，爲可痛也。公行誼著于鄉曲，述作擅于當世，不待屢書。敢摭其論奏之大者列之，然後知其非諛墓之詞也。公之赴郡，免奏事而去。歸覲光宗，以舊欲奏之孝宗者陳之。蓋公憂國之心，澤民之具，其説不易。謂：「藝祖創業垂統，無非可傳之法，而深仁厚澤裕我後人，則專以愛惜民力爲本。攷之故牘，自建隆至景德四十五年間，南征北伐，未嘗無事，而金銀錢帛、糧草雜物七千一百四十八萬計，在州縣不會，古所謂富藏天下者也。諸道上供，隨所輸送，初無定額。留州錢物，雖盡曰係省，而不盡取。大中祥符元年，三司始奏立上供税額。熙寧用事者始取藝祖之約束，一切紛更之。新法既行，增上供之額一倍，至崇寧遂增數倍。此特上供耳，其他雜物，熙寧則有令項封樁，元豐則有無額上供，宣和之經制，紹興之總制，月樁，皆至今爲額，而折帛和買之類不預焉。茶引盡歸都茶場，鹽鈔盡歸榷貨務。秋苗以十之八九爲綱運，是皆不在州縣。于是取之斛面，取之折變，取之科敷，抑配臟罰，而民之困極矣。方今之患何但夷狄？蓋天命之永不永，在民力之寬不寬。豈不甚可畏哉！」上曰：「莫急于此，但以處置爲難。」公奏第三劄子，乃是處置之説。既奏，褒美再三。其大略曰：「嗣位之初，詔爲寬民，置局講究，而民窮如故。蓋以裁抑細微，或鐲空張之數，未有以稱明詔，慰民望也。國家財力竭于養兵，又莫甚于江上之軍。故每欲省賦，朝廷以爲可則版曹不可，版曹可則總領不可，總領可則都統司不可。以謂之御前軍馬，雖朝廷不得知，謂之大軍錢糧，雖版曹不得預，中外勢分，職掌不同，事權不一，施行不專，雖欲寬民，得乎？使都統司之兵與向者在制置司時無異，總領所與向者在轉運司時無異，事出一體，而後可議寬民力矣。」轉對，又論：「藝祖治大而不治細，以上書人文字令知制誥看詳，升降以聞，次對章奏下尚書省參詳。人主所自擇，不過臺省長官，豈不甚易行哉！」又嘗論役法，謂：「免役錢者本以恤民，使出錢雇役而逸其力也。自罷募户長壯丁而取其錢，今隸總制之類，于是役者白著而法不得不壞。保正長催科，是以保甲法亂役法而行之也。熙寧自有役法，五等簿是也。自有保甲法，魚鱗簿是也。五等則通縣計之，魚鱗以比屋計之。保甲但以稽察盜賊，與免役初不相關。熙寧七年始以保丁充甲頭催税，而耆户長、壯丁之屬以次罷募，利其雇錢而封樁之法起矣。元豐遂著爲令，以甲頭同大保長催科。元祐匆匆復舊，隨即紛更。至紹聖二年，催科悉用大保長，役法轉而爲保甲。嘉祐以前，固無此法，至此又非王安石之舊，特章惇爲之。今士夫恥言安石之爲人，指章惇爲罪魁，而方世守其變亂之餘，以爲成憲，萬古設法，一安石能改之，章惇能力行之，此斯民最大之害，乃若出于三代之舊而莫敢議。有議之者，則付之有司，不過檢坐見行條法，申嚴行下。此臣尤所未喻也。誠能不以保甲法亂役法，雖未足以盡寬民力，亦可謂至恩矣。」進故事，以真宗詔兩浙、福建、荆湖身丁錢並特除放，其論尤詳。以爲減折帛不如身丁切于窮民，此皆公平時攷古驗今，可舉而行，非若泛然美觀之言，卒不得見于用。若其封還詞頭，遇事輒發，未易悉數。如請還黄裳給事中，則引唐吕元膺、紹興程瑀以爲比。論張子仁之建節，則請先處分留正之去，留吴挺之除代。而其甚難者，莫如陳源與宰逢原二者。源之貫盈，幸不及誅，忽除内侍省押班，瑣闥攝事者繳章五上，人皆傳誦。大臣力請，觸雷霆之怒，幾不自全。一爲書行，公議沸騰，黨與凶焰不可嚮邇，而公獨當之。逢原粗暴，恃有奥援，所至兇横。其在池陽，幾至軍變，爲總領鄭湜所發，按其偏裨。上命樞臣鐫戒，方待罪間，自副統制陞都統，公又論之。源供職自如，而詞命不行，終不得俸。逢原先被宣劄，已自書銜，而公于二者執奏再三，終不奉詔，以至乞身而去。公去未幾而内禪，子仁訖不得節鉞，源亦罷去，逢原以病

廢。惟此三事，無敢嬰其鋒者。公神色不動，來則繳奏，旁觀者爲之寒心，而外間罕知之者。鑰與公同生于丁巳，少我九日。自分教東嘉，爲布衣交，義兼師友。後雖一同朝蹟，而情義日篤。一旦同在西掖，同攝北門，相與如弟昆然，至于同寅協恭，尤非他人之比。藝祖東嚮宗廟大典集議至再，始正百年之禮。而臺諫有異論，鑰極論之。丞相趙公宣旨，鑰又執不可。公從旁力贊其決，而事遂定。謝知閤淵以太母之弟有旨，請給等依禄格全支。公已書行，而鑰駁之。再命特與書行，公上奏，先具鑰之駁章，且曰：「樓鑰委是允當，始知臣失于點檢，不及論奏。若更書行，臣有三罪：一則迎合聖意，不敢執奏。二則衝改旨揮，使有司無所憑守。三則恥過遂非，無見善則遷之義。欲望追寢御筆，仍正臣鹵莽之罪。」其事遂已。嗚呼，孰有負重名于時，致身至此，而服義引慝，同濟公議如公者乎！汲引人才，如恐不及。在湖南，應詔薦宋文仲、吴獵、蔣礪、楊炤，在朝則薦朱熹、葉適、吴仁傑、王明清修史，苟知其賢，不復以私嫌爲忌。其他成就延譽，使就聲名者，不知其幾也。博極羣書，而于《春秋左氏》尤究極聖人制作之本意，左氏翼經之深旨，著《春秋後傳》、《左氏章旨》二書。蓋經止獲麟，孔子卒，傳止韓魏反而喪之之後，殆未有此書也。願見不可得，則曰：「此吾身後之書。」近既得之，誦讀不已，不揣而爲之序。其門人遂以銘爲請。鑰欲述公行事，或恐有觸忌之嫌。自以投閒十有三年，已掛衣冠，視蔭幾何？知公爲最詳，若畏避而没其實，豈不負吾亡友！會稡未集而病，深恐溘先朝露，不究此志。小愈，遂扶憊而畢之。公風度高遠，動輒過人。詩律之精深，字畫之遒媚，登覽高致，吟諷低昂，親之則使人意消，王謝韻度，尚可想也。方主上在宫邸時，寮寀以詩爲壽，惟翊善黄公與公之詩皆有諷諫。上爲置酒，各親書所上詩謝之。公後嘗奏知，以御札登諸石而跋其下。以其藁示鑰，未及刻而公歸。訪求此藁不可復得，猶記其略云：「季札觀樂歌頌，而曰哀而不愁；太史公讀《虞書》，至于君臣相勑，維是幾安，未嘗不流涕也。成王作頌，推己懲艾，可不謂戰戰恐懼，善守善終哉！蓋頌者不專于美盛德之形容，皆敕戒之義。秦斯以來，此義殆絶。」鑰讀之，爲之感咽。嗚呼，此又先儒之所未發也！銘曰：

温居瀛壖，儒學之淵。間氣所鍾，挺生斯賢。舒向金玉，游夏淵源。群書博極，本末貫穿。退然布衣，名震八埏。晚登周行，帝席爲前。典刑具存，訓詞是專。王邸螭陛，史館經筵。獨當雷霆，刀欲回天。經世澤民，齎志終焉。天之生才，夫豈偶然？儲神毓秀，其必有年。宦匪不達，受才則全。道之不行，賴有遺編。後有百載，復見儒先。哀哉止齋，見此銘鐫！

雜録

備録

黎靖德《朱子語類》卷一二三《陳君舉》 先生問德粹：「去年何處作考官？」對以永嘉。問：「曾見君舉否？」曰：「見之。」曰：「説甚話？」曰：「説《洪範》及《左傳》。」曰：「《洪範》如何説？」曰：「君舉以爲讀《洪範》，方知孟子之『道性善』。如前言五行、五事，則各言其德性，而未言其失。及過於皇極，則方辨其失。」曰：「不然。且各還他題目：一則五行，二則五事，三則八政，四則五紀，五則皇極；至其後庶徵、五福、六極，乃權衡聖道而著其驗耳。」又問：「《春秋》如何説？」滕云：「君舉云：『世人疑左丘明好惡不舉聖人同，謂其所載事多與經異，此則有説。且如晉先蔑奔，人但謂先蔑奔秦耳。此乃先蔑立嗣不定，故書『奔』以示貶。』」曰：「是何言語！先蔑實是奔秦，如何不書『奔』？且書『奔秦』，謂之『示貶』；不書奔，則此事自不見，何以爲褒？昨説與吾友，所謂專於博上求之，不反於約，乃謂此耳。是乃於穿鑿上益加穿鑿，疑誤後學。」可學因問：「左氏識見如何？」曰：「左氏乃一箇趨利避害之人，要置身於穩地，而不識道理，於大倫處皆錯。觀其議論，往往皆如此。且《大學》論所止，便只説君臣父子五件，左氏豈知此？如云『周鄭交質』，而曰『信不由中，質無益也』。正如田客論主，而責其不請喫茶！使孔子論此，肯如此否？尚可謂其好惡同聖人哉！又如論宋宣公事，曰：『宋宣公可謂知人矣。立穆公，其子饗之，命以義夫！』是何等言談！」可學曰：「此一事，公羊議論却好。」曰：「公羊乃儒者之言。」可學又問：「林黄中亦主張左氏，如何？」曰：「林黄中却會占便宜。左氏疏脱多在『君子曰』，渠却把此殃苦劉歆。昔吕伯恭亦多勸學者讀《左傳》，嘗語之云：『《論》《孟》聖賢之言不使學者讀，反使讀《左傳》！』伯恭曰：『讀《論》《孟》，使學者易向外走。』因語之云：『《論》《孟》却向外走，《左氏》却不向外走！讀《論》《孟》，且先正人之見識，以參他書，無所不可。此書自傳惠公元妃孟子起，便没理會。』大

抵《春秋》自是難看。今人說《春秋》，有九分九釐不是，何以知聖人之意是如此？平日學者問《春秋》，且以胡文定《傳》語之。」

陳君舉得書云：「更望以《雅》《頌》之音消鑠羣慝，章句訓詁付之諸生。」問他如何是《雅》《頌》之音？今只有《雅》《頌》之辭在，更没理會，又去那裏討《雅》《頌》之音？便都只是瞞人！又謂某前番不合與林黄中陸子静諸人辨，以爲「相與詰難，竟無深益。蓋刻畫太精，頗傷易簡；矜持已甚，反涉客驕」。不知更何如方是深益？若孟子之闢楊墨，也只得恁地闢。他說「刻畫太精」，便只是某不合說得太分曉，不似他只恁地含糊。他是理會不得，被衆人擁從，又不肯道我不識，又不得不說，說又不識，所以不肯索性開口道這箇是甚物事，又只恁鶻突了。子静雖占姦不說，然他見得成箇物事，說話間便自然有箇痕跡可見。只是人理會他底不得，故見不得，然亦易見。子静只是人未從，他便不說；及鈎致得來，便直是說，方始與你理會。至如君舉胸中有一部《周禮》，都撑腸拄肚，頓著不得。如《遊古山詩》又何消說著他？只是他稍理會得，便自要說，又說得不著。如東坡子由見得箇道理，更不成道理，又却使開心見膽，說教人理會得。又曰：「他那得似子静！子静却是見得箇道理，却成一部禪，他和禪識不得。」

金溪之學雖偏，然其初猶是自說其私路上事，不曾侵過官路來。後來於不知底亦要彊說，便說出無限亂道。前輩如歐公諸人爲文，皆善用其所長；凡所短處，更不拈出來說，所以不見疏脱。今永嘉又自說一種學問，更没頭没尾，又不及金溪。大抵只說一截話，終不說破是箇甚麽，然皆以道義先覺自處，以此傳授。君舉到湘中一收，收盡南軒門人，胡季隨亦從之問學。某向見季隨，固知其不能自立，其胸中自空空無主人，所以纔聞他人之說，便動。季隨在湖南頗自尊大，諸人亦多宗之。凡有議論，季隨便爲之判斷孰是孰非。此正猶張天師，不問長少賢否，只是世襲做大。正淳曰：「湖南之從南軒者甚衆且久，何故都無一箇得其學？」曰：「欽夫言自有弊。諸公只去學他說話，凡說道理，先大拍下。然欽夫後面却自有說，諸公却只學得那大拍頭。」

因說鄉里諸賢文字，以爲「皆不免有藏頭亢腦底意思。有學者來問，便當直說與之，在我不可不說。若其人半間不界，與其人本無求益之意，故意來磨難，則不宜說。外此，說儘無害。我畢竟說從古聖賢已行底道理，不是爲姦爲盜，怕說與人。不知我說出便有甚罪過？諸賢所見皆如此。祇緣怕人譏笑，遂以此爲戒，便藏頭不說。某與林黄中争辨一事，至今亦只是說，不以爲悔。『夫道若大路然』，何掩蔽之有」？打空說及某人，鄉里皆推其有所見。其與朋友書，言學不至於「不識不知，順帝之則」處，則學爲無用。先生曰：「近來人自要向高說一等話。要知初學及此，是爲躐等。詩人這句自是形容文王聖德不可及處。聖人教人，何嘗不由識入來！」

或曰：「永嘉諸公多喜文中子。」曰：「然，只是小。它自知定學做孔子不得了，才見箇小家活子，便悦而趨之。譬如泰山之高，它不敢登；是箇小土堆子，便上去，只是小。」

因說永嘉之學，曰：「張子韶學問雖不是，然他却做得來高，不似今人卑污。」又曰：「上蔡多說知覺，自上蔡一變而爲張子韶。」

「古人紀綱天下，凡措置許多事，都是心法從這裏流出，是多少正大！今若去逐些子搜抉出來評議，恐不得。凡看文字，也須待自有忽然湊合見得異同處。若先去逐些安排比並，便不是。」因問：「君舉說漢唐好處與三代暗合，是如何？」曹曰：「亦只是事上看，如漢初待羣臣不專執其權，略堂陛之嚴，不恁地操切；如財散於天下之類。」曰：「這也自是事勢到這裏，見得秦時君臣之勢如此間隔，故漢初待宰相如此。然而蕭何是多少功勞！幾年宰相，一旦繫獄，這喚做操切不操切？又如周勃終身有功，後來也下獄對問。又如賈誼書中所說是如何？財用那時自寬饒，不得不散在郡縣。且如而今要散在郡縣，得也不得？上面又不儲蓄財賦閑在那裏，只是每年合天下之所入，不足以供一年之用；一月之入，不足以供一月之用，逐時挨展將去。將漢初來看，要散之郡縣得否？這只是閑說。第一項最是養許多坐食之兵，其費最廣。州郡自是州郡底，如許多大軍，見如何區處？無祖宗天下之半，而有祖宗所無之兵。如州郡兵還養在，何用！若留心太守，又會教他去攀些弓，射些弩，教他做許多模樣，也只是不忍將許多錢糧白與他。到有厮殺時，你道他與你去厮殺否？只是徒然！」問：「君舉曾要如何措置？」曰：「常常憂此，但措置亦未曾說出。」問：「看唐事如何？」曰：「聞之陳先生說，唐初好處，也是將三省推出在外。這却從魏晉時自有裏面一項，唐初却盡屬之外，要成一體。如唐經禍變後，便都有諸王出來克復，如肅宗事。及代宗後來，雖是郭子儀，也有箇主出來。」曰：「三省在外，怕自隋時已如此，只唐時併屬之宰相。諸王克復，代宗事，只是郭子儀，怕别無諸王。唐官看他《六典》，將前代許多官一齊盡置得偏官，如何不冗？今只看漢初時官如何，到得元成間如何，又看東漢初如何，到東漢末時如何，到三國魏晉以後如何：

只管添，只管雜。」

器遠言：「鄉間諸先生所以要教人就事上理會教著實，緣是向時諸公多是清談，終於敗事。」曰：「便是而今自恁地說，某尚及見前輩都不曾有這話。是三十年前如此，不曾將這箇分作兩事。如所謂『推倒牆，撞倒壁』，如此粗話，那時都恁地粗，却有好處。南渡時，有許多人出來做得事。經變故後，將許多人都推折了。到而今却是氣卑弱了，凡事都無些子正大，只是細巧。」曰：「陳先生要人就事上理會教實之意，蓋怕下梢用處不足。如司馬公居洛六任，只理會得箇《通鑑》，到元祐出來做事，却有未盡處，所以激後來之禍。如今須先要較量教儘。」曰：「便是如今都要恁地說話。如温公所做，今只論是與不是，合當做與不合當做，如何説他激得後禍！這是全把利害去說。温公固是有從初講究未盡處，也是些小事。如役法變得未盡，只是東南不便，他西北自便之。那時節已自極了，只得如此做。若不得温公如此做，更自有一場出醜。今只將紙上語去看，便道温公做得過當。子細看那時節，若非温公，如何做？温公是甚氣勢！天下人心甚麼樣感動！温公直有旋乾轉坤之功。温公此心可以質天地，通幽明，豈容易及！後來吕微仲范堯夫用調停之説，兼用小人，更無分別，所以成後日之禍。今人却不歸咎於調停，反歸咎於元祐之政。若真是見得君子小人不可雜處，如何要委曲遮護得！蔡確也是卒急難去，也是猾。他置獄傾一從官，得從官；置獄傾一參政，得參政；置獄傾一宰相，得宰相。看温公那時，已自失委曲了。如王安石罪既已明白，後既加罪於蔡確之徒，論來安石是罪之魁，却於其死，又加太傅及贈禮皆備，想當時也道要委曲周旋他。如今看來，這般却煞不好。要好，便合當顯白其罪，使人知得是非邪正，所謂『明其爲賊，敵乃可服』。須是明顯其不是之狀。若更加旌賞，却惹得後來許多羣小不服。今又都没理會，怕道要做朋黨，那邊用幾人，這邊用幾人，不問是非，不别邪正，下梢還要如何？某看來，天下事須先論其大處，如分別是非邪正，君子小人，端的是如何了，方好於中間酌量輕重淺深施用。」

器遠言「陳丈大意說，格君，且令於事上轉移他心下歸於正。如蕭何事漢，令散財於外，可以去其侈心，成其愛心之心。說北齊宣帝」云云。曰：「欲事君者，豈可以此爲法？自元魏以下至北齊，最爲無綱紀法度，自家却以爲事君法！」

永嘉看文字，文字平白處都不看，偏要去注疏小字中，尋節目以爲博。只如韋玄成《傳廟議》，渠自不理會得，却引《周禮》「守祧掌守先王先公之廟祧」注云：「先公之遷主藏於后稷之廟，先王之遷主藏於文武之廟。」遂謂周后稷别廟。殊不知太祖與三昭三穆皆各自爲廟，豈獨后稷别廟！又云：「后稷不爲太祖，甚可怪也！」

季通及敬之皆云：「永嘉貌敬甚至。及與宫祠，乃繳之，云：『朱某素來迂闊，臣所不敢。但陛下進退人才，不當如此。』」以問先生，先生云：「不曾見此文字。怎見得？」

德粹問陳君舉福州事，曰：「如此，只是過當。作一添倅，而一州之事皆欲爲之。《益》之初九曰：『利用爲大作，元吉，無咎。』《象》曰：『下不厚事也。』初九欲爲九四作事，在下本不當處厚事。以爲上之所任，故爲之而致元吉，乃爲之。又不然，不惟己不安，而亦累於上。向編《近思録》，説與伯恭：『此一段非常有，不必入。』伯恭云：『既云非常有，則有時而有，豈可不書以爲戒？』及後思之，果然。」

葉紹翁《四朝聞見録》甲集《止齋陳氏》 止齋陳氏傅良，字君舉，永嘉人。早以《春秋》應舉，俱門人蔡幼學行之遊太學，以蔡治《春秋》浸出己右，遂用詞賦取科第。詞賦與進士詩爲中興冠，然工巧特甚，稍失《三元衡鑒》正體，故今舉子詞賦之失自陳始也。奏疏洞達其衷，經義敷暢厥旨，尤長于《春秋》、《周禮》。考亭視爲畏友，嘗謂門人曰：「以伯恭、君舉、陳同父合做一個，方纔是好。」猶不及水心先生，蓋水心輩行不侔，而學業未能如晚年之大成。故考亭先生特謂其强記博聞，未見其便止。考亭先生見其止也，當與三子並稱，而且有所優劣矣。考亭先生晚注《毛詩》，盡去序文，以彤管爲淫奔之具，以城闕爲偷期之所。止齋得其說而病之，謂「以千七百年女史之彤管，與三代之學校，以爲淫奔之具、偷期之所，私竊有所未安」。獨藏其說，不與考亭先生辨。考亭微知其然，嘗移書求其《詩說》。止齋答以「公近與陸子静鬬辨無極，又與陳同父爭論王霸矣。且某未嘗注《詩》，所以説《詩》者不過與門人學子講義，一云「與門人爲舉子講義」。今皆毁棄之矣」。蓋不欲佐陸、陳之辨也。今止齋《詩傳》方行於世云。建安袁氏申儒爲公門人，序其《傳》末：「止齋實爲寧王舊學，上嘗思之，語韓侂胄曰：『陳某今何在？却是好人。』侂胄對上曰：『臺諫曾論其心術不正，恐不是好人。』上曰：『心術不正，便不是好人耶！』遂不復召用。」止齋立朝，大節俱無愧于師友，至光皇以疾缺北宫禮，其諫諍有古風烈。嘉王之立，止齋以舊學亦有贊策功。阨於

韓氏，遂不果大拜云。

備論

黎靖德《朱子語類》卷一二三《陳君舉》 全如君舉胸中有一部《周禮》，都撐腸拄肚，頓着不得。如《游古山詩》又何消說着？只是他稍理會得，便自要說，又說得不着。

永嘉看文字，大字平白處都不看，偏要去注疏小字中尋節目以爲博。

黄溍《文獻集》卷五《送曹順甫序》 陳君舉本薛士龍，上下古今而和齊斟酌之，以綜世變爲説，不皆與唐氏合。其廑存者，亦莫之傳也。

藝文

樓鑰《攻媿集》卷五一《止齋春秋後傳左氏章指序》 《春秋後傳》、《左氏章指》二書，故中書舍人止齋陳公傅良之所著也。《春秋》之學不明久矣，啖、趙之後，至本朝而後有泰山孫先生復，尊王之説彌顯，公是劉先生敞《權衡》、《意林》等書，訂證尤詳。伊川程先生頤雖無全書，而一序所該，聖人之大法備矣。自王荆公安石之説盛行，此道幾廢。建炎紹興之初，高宗皇帝復振斯文，胡文定公安國承伊洛之餘，推明斯道，勸講經筵，然後其學復傳，學者以爲標準，可謂大全矣。東萊吕公祖謙又有集解行于世，《春秋》之義殆無遺藴。止齋生于東嘉，天資絶人，誦書屬文，一日迥出諸老先生上，斂然布衣，聲名四出。六經之説，流行萬里之外，而其學尤深于《春秋》。鑰非深于此者，嘗涉獵諸公之書，非不明白，然亦不過隨文辯釋，間有前後相爲發明者，亦不見體統所在。鑰自客授之初，即從止齋游，雖不得執經其門，嘗深叩之。同在西掖時，始以《隱公後傳》數篇相示，因爲道《春秋》之所以作，左氏之所以有功于經者，其説卓然。且曰：「自余有得于此而欲著書，于諸生中擇其能熟誦三傳者，首得蔡君幼學。蔡既仕，又得二人焉，曰胡宗，曰周勉。游宦必以一人自隨，遇有所問，其應如響。」而此書未易成也，未幾去國，而鑰亦歸，雖若相忘于江湖，而友朋之來，必以此書爲問。雖親炙之者跪以請，則曰：「此某身後之書也。」迨卒于嘉泰三年，而此書始出。其壻林子燕最得其傳。又四年，而後長子師轍與其徒汪龍友以二書來。鑰老矣，如獲希世之珍，屏去他書，窮晝夜讀之，始盡得其大意。嗚呼，盛哉！蓋未有此書也。先儒以例言《春秋》者切切然以爲一言不差，有不同者，則以爲變例，竊以爲未安。公之書不然，深究經旨，詳閲世變，蓋有所謂隱、桓、莊、閔之《春秋》，有所謂僖、文、宣、成之《春秋》，有所謂襄、昭、定、哀之《春秋》。始焉猶知有天子之命，王室猶甚威重，自霸者之令行，諸侯不復知有王矣。桓公之後，齊不競而晉霸；文公既亡，晉不競而楚霸。悼公再霸而又衰，楚興而復微，吴出而盟諸夏，於越入吴，而《春秋》終矣。自杜征南以來，謂平王東周之始王，隱公遜國之賢君，其説甚詳。而公以爲不爲平王，亦不爲隱公，而爲桓王，其説爲有據依。又其大節目如諸侯改元，前所未有。齊魯諸大國比數世間，有世而無年。至記厲王奔彘，始有紀年。古者諸侯無私史，《乘》與《檮杌》、《春秋》皆東遷之史也。書齊鄭盟于石門，以志諸侯之合，書盟于鹹，以志諸侯之散，是《春秋》之終始也。隱、桓、莊之際，惟鄭多特筆；襄、昭、定、哀之際，惟齊多特筆。諸侯專征而後千乘之國有弑其君者矣，大夫專將而後百乘之家有弑其君者矣。宋、魯、衛、陳、蔡爲一黨，齊、鄭爲一黨。公會齊、鄭于中丘而後諸侯之師衡行于天下，罪莫甚于鄭莊，宋、魯、齊、衛次之。而父子兄弟之禍，亦莫甚于五國，是可爲不臣者之戒矣。齊桓公卒，鄭遂朝楚；夏之變夷，鄭爲亂階。侵蔡遂伐楚，以志齊桓之霸；侵陳遂侵宋，以志楚莊之霸，足以見夷夏之盛衰矣。書公孫兹帥師，書公孫敖帥師，書公子季友卒，皆見三家之所從始。首止之盟，鄭伯逃歸，不盟則書，以其背夏盟也。厲之役，鄭伯逃歸，不書，蓋逃楚也。夷夏之辨嚴矣。自隱而下，《春秋》治在諸侯；自文而下，治在大夫。有天下之辭，有一國之辭，有一人之辭。于干戈無所不貶，于玉帛之使則從其爵，勸懲著矣。文十年而狄秦，又三十年而狄鄭，又五十餘年而狄晉。狄鄭猶可也，狄晉甚矣。貶不于其甚，則于事端，餘實録而已矣。此皆先儒所未發。至僖之三十一年，四卜郊不從，乃免牲，猶三望，極言魯之用天子禮樂，以明堂位之言爲不然。惠公始乞郊而不常用，僖公始作頌而以郊爲夸，引祝鮀之言爲證，此尤爲前所未聞也。若左氏或以爲非爲經而作，惟公以爲著其不書，以見《春秋》之所書者，皆左氏之力。《章指》一書首尾專發此意。昔人以杜征南爲丘明忠臣，然多曲從其説，非忠也。公之《章指》謂「君子曰」者，蓋博采善言，「禮也」者，蓋據史舊文，非必皆合于《春秋》。或曰後

人增益之，或曰後人依倣之，或以凡例義淺而不取，或以例非左氏之意。蓋愛而知其惡者，乃所以爲忠也。又言莊公元年至七年及十九年以後，訖終篇多無傳，疑有佚墜，公之求于傳者詳矣。嗚呼！與止齋遊，前後三十年，不得卒業于其門，既興殄瘁之悲，而後得二書，其間尚有欲質疑而不可得，此所以撫卷三歎而不能自已也。

葉適《水心文集》卷二九《題陳中書孝廟聖政序稿》 公壻子師崇，言公親以二稿授之，使謹藏勿墜，意殆有託云。時李翰林巘已具草，光宗更自命公。蓋公之文得用於大典册如此，可謂儒者之盛矣！余觀公一生苦心窮力，稽事驗物，發言成章，其可以緝熙國經，扶補民病者甚衆，顧偶未用也。君幸益求他稿，亦謹藏勿墜，會當有用時，如晉修范武子之法，漢條賈誼、董仲舒之論，然後爲盛爾。

陳亮部

綜述

《宋史》卷四三六《陳亮傳》　陳亮字同父,婺州永康人。生而目光有芒,爲人才氣超邁,喜談兵,論議風生,下筆數千言立就。嘗考古人用兵成敗之跡,著《酌古論》。郡守周葵得之,相與論難,奇之,曰:『他日國士也。』請爲上客。及葵爲執政,朝士白事,必指令揖亮,因得交一時豪俊,盡其議論。因授以《中庸》、《大學》,曰:『讀此可精性命之説。』遂受而盡心焉。

隆興初,與金人約和,天下忻然幸得蘇息,獨亮持不可。婺州方以解頭薦,因上《中興五論》,奏入不報。已而退修于家,學者多歸之,益力學著書者十年。

先是,亮嘗圜視錢塘,喟然歎曰:『城可灌爾!』蓋以地下於西湖也。至是,當淳熙五年,孝宗即位蓋十七年矣。亮更名同,詣闕上書曰:

臣惟中國天地之正氣也,天命所鍾也,人心所會也,衣冠禮樂所萃也,百代帝王之所相承也。挈中國衣冠禮樂而寓之偏方,雖天命人心猶有所係,然豈以是爲可久安而無事也!天地之正氣鬱遏而久不得騁,必將有所發泄,而天命人心固非偏方所可久係也。

國家二百年太平之基,三代之所無也;二聖北狩之痛,漢、唐之所未有也。方南渡之初,君臣上下痛心疾首,誓不與之俱生,卒能以奔敗之餘,而勝百戰之敵。及秦檜倡邪議以沮之,忠臣義士斥死南方,而天下之氣惰矣。三十年之餘,雖西北流寓皆抱孫長息於東南,而君父之大讎一切不復關念,自非海陵送死淮南,亦不知兵戈爲何事也。況望其憤故國之耻,而相率以發一矢哉!

丙午、丁未之變,距今尚以爲遠,而海陵之禍蓋陛下即位之前一年也。獨陛下奮不自顧,志於殄滅,而天下之人安然如無事。時方口議腹非,以陛下爲喜功名而不恤後患,雖陛下亦不能以崇高之勢而獨勝之,隱忍以至于今,又十有七年矣。

昔春秋時,君臣父子相戕殺之禍,舉一世皆安之。而孔子獨以爲三綱既絶,則人道遂爲禽獸,皇皇奔走,義不能以一朝安。然卒於無所遇,而發其志於《春秋》之書,猶能以懼亂臣賊子。今舉一世而忘君父之大讎,此豈人道所可安乎?使學者知學孔子之道,當道陛下以有爲,決不沮陛下以苟安也。南師之不出,於今幾年矣,豈無一豪傑之能自奮哉?其勢必有時而發泄矣。苟國家不能起而承之,必將有承之者矣。不可恃衣冠禮樂之舊,祖宗積累之深,以爲天命人心可以安坐而久係也。「皇天無親,惟德是輔;民心無常,惟惠之懷」。自三代聖人皆知其爲甚可畏也。

春秋之末,齊、晉、秦、楚皆衰,吴、越起於小邦,遂伯諸侯。黄池之會,孔子所甚痛也,可以明中國之無人矣。此今世儒者之所未講也。今金源之植根既久,不可以一舉而遂滅;國家之大勢未張,不可以一朝而大舉。而人情皆便於通和者,勸陛下積財養兵,以待時也。臣以爲通和者,所以成上下之苟安,而爲妄庸兩售之地,宜其爲人情之所甚便也。自和好之成十有餘年,凡今日之指畫方略者,他日將用之以坐籌也;今日之擊毬射鵰者,他日將用之以決勝也。府庫充滿,無非財也;介胄鮮明,無非兵也。使兵端一開,則其跡敗矣。何者?人才以用而見其能否,安坐而能者不足恃也。兵食以用而見其盈虚,安坐而盈者不足恃也。而朝廷方幸一旦之無事,庸愚齷齪之人皆得以守格令、行文書,以奉陛下之使令,而陛下亦幸其易制而無他也。徒使度外之士擯棄而不得騁,日月蹉跎而老將至矣。臣故曰,通和者所以成上下之苟安,而爲妄庸兩售之地也。

東晉百年之間,南北未嘗通和也,故其臣東西馳騁,多可用之才。今和好一不通,朝野之論常如敵兵之在境,惟恐其不得和也,雖陛下亦不得而不和矣。昔者金人草居野處,往來無常,能使人不知所備,而兵無日不可出也。今也城郭宫室,政教號令,一切不異於中國,點兵聚糧,文移往反,動涉歲月,一方有警,三邊騷動,此豈能歲出師以擾我乎?然使朝野常如敵兵之在境,乃國家之福,而英雄所用以爭天下之機也,執事者胡爲速和以惰其心乎?

晉、楚之戰於邲也,欒書以爲:「楚自克庸以來,其君無日不討國人而訓之:『于!民生之不易,禍至之無日,戒懼之不可以怠。』在軍,無日不討軍實而申儆之:『于!勝之不可保,紂之百克而卒無後。』」晉、楚之弭兵於宋也,子罕以爲:「兵所以威不軌而昭文德也,聖人以興,亂人以廢,廢興存亡昏明之術,皆兵之由也。而求去之,是以誣道蔽諸侯也。」夫人心之不可惰,兵威之不可廢,故雖成、康太平,猶有所謂四征不庭、張皇六師者,此李沆所以深不顧真宗皇帝之與

遼和親也。況南北角立之時，而廢兵以惰人心，使之安於忘君父之大讎，而置中國於度外，徒以便妄庸之人，則執事者之失策亦甚矣。陛下何不明大義而慨然與金絶也？

貶損乘輿，卻御正殿，痛自克責，誓必復讎，以勵羣臣，以振天下之氣，以動中原之心，雖未出兵，而人心不敢惰矣。東西馳騁，而人才出矣。盈虚相補，而兵食見矣。狂妄之辭不攻而自息，懦庸之夫不卻而自退縮矣。當有度外之士起，而惟陛下之所欲用矣。是雲合響應之勢，而非可安坐所致也。臣請爲陛下陳國家立國之本末，而開今日大有爲之略；論天下形勢之消長，而決今日大有爲之機，惟陛下幸聽之。

唐自肅、代以後，上失其柄，藩鎮自相雄長，擅其土地人民，用其甲兵財賦，官爵惟其所命，而人才亦各盡心於其所事，卒以成君弱臣彊、正統數易之禍。藝祖皇帝一興，而四方次第平定，藩鎮拱手以趨約束，使列郡各得自達於京師。以京官權知，三年一易，財歸於漕司，而兵各歸於郡。朝廷以一紙下郡國，如臂之使指，無有留難。自筦庫微職，必命於朝廷，而天下之勢一矣。故京師嘗宿重兵以爲固，而郡國亦各有禁軍，無非天子所以自守其地也。兵皆天子之兵，財皆天子之財，官皆天子之官，民皆天子之民，紀綱總攝，法令明備，郡縣不得以一事自專也。士以尺度而取，官以資格而進，不求度外之奇才，不慕絶世之雋功。天子蚤夜憂勤於其上，以義理廉恥嬰士大夫之心，以仁義公恕厚斯民之生，舉天下皆由於規矩準繩之中，而二百年太平之基從此而立。

然契丹遂得以猖狂恣睢，與中國抗衡，儼然爲南北兩朝，而頭目手足渾然無別。微澶淵一戰，則中國之勢浸微，根本雖厚而不可立矣。故慶曆增幣之事，富弼以爲朝廷之大恥，而終身不敢自論其勞。蓋契丹征令，是主上之操也；天子供貢，是臣下之禮也。契丹之所以卒勝中國者，其積有漸也。立國之初，其勢固必至此。故我祖宗常嚴廟堂而尊大臣，寬郡縣而重守令。於文法之內，未嘗折困天下之富商巨室；於格律之外，有以容獎天下之英偉奇傑，皆所以助立國之勢，而爲不虞之備也。

慶曆諸臣亦嘗憤中國之勢不振矣，而其大要，則使羣臣爭進其説，更法易令，而廟堂輕矣；嚴按察之權，邀功生事，而郡縣又輕矣。豈惟於立國之勢無所助，又從而朘削之，雖微章得象、陳執中以排沮其事，亦安得而不自沮哉！獨其破去舊例，以不次用人，而勸農桑，務寬大，爲有合於因革之宜，而其大要已非矣。此所以不能洗契丹平視中國之恥，而卒發神宗皇帝之大憤也。

王安石以正法度之説，首合聖意，而其實則欲籍天下之兵盡歸於朝廷，別行教閲以爲彊也；括郡縣之利盡入於朝廷，別行封樁以爲富也。青苗之政，惟恐富民之不困也；均輸之法，惟恐商賈之不折也。罪無大小，動輒興獄，而士大夫緘口畏罪矣。西北兩邊至使內臣經畫，而豪傑恥於爲役矣。徒使神宗皇帝見兵財之數既多，鋭然南北征伐，卒乖聖意，而天下之勢實未嘗振也。彼蓋不知朝廷立國之勢，正患文爲之太密，事權之太分，郡縣太輕於下而委瑣不足恃，兵財太關於上而重遲不易舉。祖宗惟用前四者以助其勢，而安石竭之不遺餘力，不知立國之本末者，真不足以謀國也。元祐、紹聖一反一復，而卒爲金人侵侮之資，尚何望其振中國以威四裔哉？

南渡以來，大抵遵祖宗之舊，雖微有因革增損，不足爲輕重有無。如趙鼎諸臣固已不究變通之理，況秦檜盡取而沮毁之，忍恥事讎，飾太平於一隅以爲欺，其罪可勝誅哉！陛下憤王業之屈於一隅，勵志復讎，不免籍天下之兵以爲彊，括郡縣之利以爲富。加惠百姓，而富人無五年之積；不重征税，而大商無巨萬之藏，國勢日以困竭。臣恐尺籍之兵、府庫之財，不足以支一旦之用也。陛下蚤朝晏罷，冀中興日月之功，而以繩墨取人，以文法涖事；聖斷裁制中外，而大臣充位；胥吏坐行條令，而百司逃責，人才日以闒茸。臣恐程文之士、資格之官，不足當度外之用也。藝祖經畫天下之大略，太宗已不能盡用，今其遺意，豈無望於陛下也！陛下苟推原其意而行之，可以開社稷數百年之基，而況於復故物乎！不然，維持之具既窮，臣恐祖宗之積累亦不足恃也。陛下試令臣畢陳於前，則今日大有爲之略必知所處矣。

夫吴、蜀天地之偏氣，錢塘又吴之一隅。當唐之衰，錢鏐以閭巷之雄，起王其地，自以不能獨立，常朝事中國以爲重。及我宋受命，俶以其家入京師，而自獻其土。故錢塘終始五代，被兵最少，而二百年之間，人物日以繁盛，遂甲於東南。及建炎、紹興之間，爲六飛所駐之地，當時論者，固已疑其不足以張形勢而事恢復矣。秦檜又從而備百司庶府，以講禮樂於其中，其風俗固已華靡，士大夫又從而治園囿臺榭，以樂其生於干戈之餘，上下晏安，而錢塘爲樂國矣。一隙之地本不足以容萬乘，而鎮壓且五十年，山川之氣蓋亦發泄而無餘矣。故穀粟、桑麻、絲枲之利，歲耗於一歲，禽獸、魚鼈、草木之生，日微於一日，而上下不以爲異也。公卿將相大抵多江、浙、閩、蜀之人，而人才亦日以凡下，場屋之士以十萬

數，而文墨小異，已足以稱雄於其間矣。陛下據錢塘已耗之氣，用閩、浙日衰之士，而欲鼓東南習安脆弱之衆，北向以争中原，臣是以知其難也。

荆、襄之地，在春秋時，楚用以虎視齊、晉，而齊、晉不能屈也。及戰國之際，獨能與秦争帝。其後三百餘年，而光武起於南陽，同時共事，往往多南陽故人。又二百餘年，遂爲三國交據之地，諸葛亮由此起輔先主，荆楚之士從之如雲，而漢氏賴以復存於蜀；周瑜、魯肅、吕蒙、陸遜、陸抗、鄧艾、羊祜皆以其地顯名。又百餘年，而晉氏南渡，荆、雍常雄於東南，而東南往往倚以爲彊，梁竟以此代齊。及其氣發泄無餘，而隋、唐以來遂爲偏方下州。五代之際，高氏獨常臣事諸國。本朝二百年之間，降爲荒落之邦，北連許、汝，民居稀少，土産卑薄，人才之能通姓名於上國者，如晨星之相望；況至于建炎、紹興之際，羣盜出没於其間，而被禍尤極，以迄于今。雖南北分畫交據，往往又置於不足用，民食無所從出，而兵不可由此而進。議者或以爲憂，而不知其勢之足用也。其地雖要爲偏方，然未有偏方之氣五六百年而不發泄者，況其東通吴會，西連巴蜀，南極湖湘，北控關洛，左右伸縮，皆足以爲進取之機。今誠能開墾其地，洗濯其人，以發泄其氣而用之，使足以接關洛之氣，則可以争衡於中國矣，是亦形勢消長之常數也。

陛下慨然移都建業，百司庶府皆從草創，軍國之儀皆從簡略，又作行宫於武昌，以示不敢寧居之意；常以江、淮之師爲金人侵軼之備，而精擇一人之沈鷙有謀，開豁無他者，委以荆、襄之任，寬其文法，聽其廢置，撫摩振厲於三數年之間，則國家之勢成矣。

石晉失盧龍一道，以成開運之禍，蓋丙午、丁未歲也。明年藝祖皇帝始從郭太祖征伐，卒以平定天下。其後契丹以甲辰敗于澶淵，而丁未、戊申之間，真宗皇帝東封西祀，以告太平，蓋本朝極盛之時也。又六十年，而神宗皇帝實以丁未歲即位，國家之事於此一變矣。又六十年丙午、丁未，遂爲靖康之禍。天獨啓陛下於是年，而又啓陛下以北向復讎之志。今者去丙午、丁未，近在十年間矣。天道六十年一變，陛下可不有以應其變乎？此誠今日大有爲之機，不可苟安以玩歲月也。

臣不佞，自少有驅馳四方之志，嘗數至行都，人物如林，其論皆不足以起人意，臣是以知陛下大有爲之志孤矣。辛卯、壬辰之間，始退而窮天地造化之初，攷古今沿革之變，以推極皇帝王伯之道，而得漢、魏、晉、唐長短之由，天人之際昭昭然可攷而知也。始悟今世之儒士自以爲得正心誠意之學者，皆風痹不知痛癢之人也。舉一世安於君父之讎，而方低頭拱手以談性命，不知何者謂之性命乎？陛下接之而不任以事，臣於是服陛下之仁。又悟今世之才臣自以爲得富國彊兵之術者，皆狂惑以肆叫呼之人也。不以暇時講究立國之本末，而方揚眉伸氣以論富彊，不知何者謂之富彊乎？陛下察之而不敢盡用，臣於是服陛下之明。陛下厲志復讎足以對天命，篤於仁愛足以結民心，而又仁明足以照臨羣臣一偏之論，此百代之英主也。今乃委任庸人，籠絡小儒，以遷延大有爲之歲月，臣不勝憤悱，是以忘其賤而獻其愚。陛下誠令臣畢陳於前，豈惟臣區區之願，將天地之神、祖宗之靈，實與聞之。

書奏，孝宗赫然震動，欲牓朝堂以勵羣臣，用种放故事，召令上殿，將擢用之。左右大臣莫知所爲，惟曾覿知之，將見亮，亮恥之，踰垣而逃。覿以其不詣己，不悦。大臣尤惡其直言無諱，交沮之，乃有都堂審察之命。宰相臨以上旨，問所欲言，皆落落不少貶，又不合。

待命十日，再詣闕上書曰：

恭惟皇帝陛下厲志復讎，不肯即安於一隅，是有大功於社稷也。然坐錢塘浮侈之隅以圖中原，則非其地；用東南習安之衆以行進取，則非其人。財止於府庫，則不足以通天下之有無；兵止於尺籍，則不足以兼天下之勇怯。是以遷延之計遂行，而陛下大有爲之志乖矣。此臣所以不勝忠憤，齋沐裁書，獻之闕下，願得望見顔色，陳國家立國之本末，而開大有爲之略；論天下形勢之消長，而決大有爲之機，務合於藝祖經畫天下之本旨。然待命八日，未有聞焉。臣恐天下豪傑有以測陛下之意向，而雲合響應之勢不得而成矣。

又上書曰：

臣妄意國家維持之具，至今日而窮，而藝祖皇帝經畫天下之大指，猶可恃以長久，苟推原其意而變通之，則恢復不足爲矣。然而變通之道有三：有可以遷延數十年之策，有可以爲百五六十年之計，有可以復開數百年之基。事勢昭然而效見殊絶，非陛下聰明度越百代，決不能一二以聽之。臣不敢泄之大臣之前，而大臣拱手稱旨以問，臣亦姑取其大體之可言者三事以答之。

其一曰：二聖北狩之痛，蓋國家之大恥，而天下之公憤也。五十年之餘，雖天下之氣銷鑠頽墮，不復知讎恥之當念，正在主上與二三大臣振作其氣，以泄其憤，使人人如報私讎，此《春秋》書衛人殺州吁之意也。

其二曰：國家之規模，使天下奉規矩準繩以從事，羣臣救過之不給，而何暇

展布四體以求濟度外之功哉！

其三曰：藝祖皇帝用天下之士人，以易武臣之任事者，故本朝以儒立國，而儒道之振，獨優於前代。今天下之士熟爛委靡，誠可厭惡，正在主上與二三大臣反其道以教之，作其氣而養之，使臨事不至乏才，隨才皆足有用，則立國之規模不至戾藝祖之本旨，而東西馳騁以定禍亂，不必專在武臣也。

臣所以爲大臣論者，其略如此。

書既上，帝欲官之，亮笑曰：「吾欲爲社稷開數百年之基，寧用以博一官乎！」亟渡江而歸。日落魄醉酒，與邑之狂士飲，醉中戲爲大言，言涉犯上。一士欲中亮，以其事首刑部。侍郎何澹嘗爲考試官，黜亮，亮不平，語數侵澹，澹聞而嗛之，即繳狀以聞。事下大理，笞掠亮無完膚，誣服爲不軌。事聞，孝宗知爲亮，嘗陰遣左右廉知其事。及奏入取旨，帝曰：「秀才醉後妄言，何罪之有！」劃其牘于地，亮遂得免。

居無何，亮家僮殺人于境，適被殺者嘗辱亮父次尹，其家疑事由亮。聞于官，笞榜僮，死而復蘇者數，不服。又囚亮父于州獄。而屬臺官論亮情重，下大理。時丞相淮知帝欲生亮，而辛棄疾、羅點素高亮才，援之尤力，復得不死。

亮自以豪俠屢遭大獄，歸家益厲志讀書，所學益博。其學自孟子後惟推王通，嘗曰：「研窮義理之精微，辨析古今之同異，原心於秒忽，較禮於分寸，以積累爲工，以涵養爲正，睟面盎背，則於諸儒誠有愧焉。至於堂堂之陣，正正之旗，風雨雲雷交發而並至，龍蛇虎豹變現而出没，推倒一世之智勇，開拓萬古之心胸，自謂差有一日之長。」亮意蓋指朱熹、吕祖謙等云。

高宗崩，金遣使來弔，簡慢。而光宗由潛邸判臨安府，亮感孝宗之知，至金陵視形勢，復上疏曰：

有非常之人，然後可以建非常之功。求非常之功，而用常才、出常計、舉常事以應之者，不待知者而後知其不濟也。秦檜以和誤國二十餘年，而天下之氣索然無餘矣。陛下慨然有削平宇内之志，又二十餘年，天下之士始知所向，其有功於宗廟社稷者，非臣區區所能誦説其萬一也。高宗皇帝春秋既高，陛下不欲大舉，驚動慈顔，抑心俯首，以致色養，聖孝之盛，書册之所未有也。今者高宗既已祔廟，天下之英雄豪傑皆仰首以觀陛下之舉動，陛下其忍使二十年間所以作天下之氣者，一旦而復索然乎？

天下不可以坐取也，兵不可以常勝也，驅馳運動又非年高德尊者之所宜也。東宫居曰監國，行曰撫軍，陛下何以不於此時而命東宫爲撫軍大將軍，歲巡建業，使之兼統諸司，盡護諸將，置長史司馬以專其勞；而陛下於宅憂之餘，運用人才，均調天下，以應無窮之變？此肅宗所以命廣平王之故事也。

高宗與金有父兄之讎，生不能以報之，則死必有望於子孫，何忍以升遐之哀告諸讎哉！遺留、報謝，三使繼遣，金帛寶貨，千兩連發。而金人僅以一使，如臨小邦，哀祭之辭寂寥簡慢，義士仁人痛切心骨，豈以陛下之聖明智勇而能忍之乎！

陛下倘以大義爲當正，撫軍之言爲可行，則當先經理建業而後使臨之。縱今歲未爲北舉之謀，而爲經理建康之計，以振動天下而與金絶，陛下之初志亦庶幾於少伸矣！陛下試一聽臣，用其喜怒哀樂之權鼓動天下。

大略欲激孝宗恢復，而是時孝宗將内禪，不報。由是在廷交怒，以爲狂怪。

先是，鄉人會宴，末胡椒特置亮羹胾中，蓋村俚敬待異禮也。同坐者歸而暴死，疑食異味有毒，已入大理。會吕興、何念四毆吕天濟且死，恨曰：「陳上舍使殺我。」縣令王恬實其事，臺官諭監司選酷吏訊問，無所得，取入大理，衆意必死。少卿鄭汝諧閲其單辭，大異曰：「此天下奇材也。國家若無罪而殺士，上干天和，下傷國脈矣。」力言於光宗，遂得免。

未幾，光宗策進士，問以禮樂刑政之要，亮以君道師道對，且曰：「臣竊歎陛下之於壽皇莅政二十有八年之間，寧有一政一事之不在聖懷？而問安視寢之餘，所以察辭而觀色，因此而得彼者其端甚衆，亦既得其機要而見諸施行矣。豈徒一月四朝而以爲京邑之美觀也哉！」時光宗不朝重華宫，羣臣更進迭諫，皆不聽，得亮策乃大喜，以爲善處父子之間。奏名第三，御筆擢第一。既知爲亮，則大喜曰：「朕擢果不謬。」孝宗在南内，寧宗在東宫，聞知皆喜，故賜第告詞曰：「爾蚤以藝文首賢能之書，旋以論奏動慈宸之聽。親閲大對，嘉其淵源，擢置舉首，殆天留以遺朕也。」授僉書建康府判官廳公事。未至官，一夕卒。

亮之既第而歸也，弟充迎拜于境，相對感泣。亮曰：「使吾他日而貴，澤首逮汝，死之日各以命服見先人于地下足矣。」聞者悲傷其意。然志存經濟，重許可，人人見其肺肝。與人言必本於君臣父子之義，雖爲布衣，薦士恐弗及。家僅中産，畸人寒士衣食之，久不衰。卒之後，吏部侍郎葉適請于朝，命補一子官，非故典也。端平初，謚文毅，更與一子官。

葉適《水心文集》卷二四《陳同甫王道甫墓誌銘》 志復君之讎，大義也；欲

挈諸夏合南北，大慮也；必行其所知，不以得喪壯老二其守，大節也。春秋戰國之材無是也。吾得二人焉：永康陳亮，平陽王自中。

亮字同甫。童幼時，周參政葵請爲上客。朝士白事，參政必指令揖同甫，因得交一時豪俊，盡其論議。隆興再約和，天下欣然幸復蘇息，獨同甫持不可。婺州方以解頭薦，著《中興五論》，奏入不報。後十年，同甫在太學，睨場屋士餘十萬，用文墨少異雄其間，非人傑也，棄去之。更名同，復上書至再。天子始欲召見，倖臣恥不詣己，執政尤不樂，復不報。又十年，親至金陵視形勢，復上書：「陛下試一聽臣，用其喜怒哀樂之權鼓動天下。」上顧内禪決矣，終不報。由是在庭交怒，以爲怪狂。前此鄉人爲讌會，末胡椒，特置同甫羹胾中，蓋村俚敬待異禮也。同坐者歸而暴死，疑食異味有毒，已入大理獄矣。民吕興、何廿四毆吕天濟，且死，恨曰：「陳上舍使殺我。」縣令王恬實其事，臺官諭監司選酷吏訊問，數歲無所得，復取入大理。衆意必死。少卿鄭汝諧直其冤，得免。未幾，光宗策進士，擢第一，既知爲同甫，則大喜曰：「朕親覽，果不謬。」授建康軍簽判。同甫雖據高第，憂患困折，精澤内耗，形體外離，未至官，病，一夕卒。哀哉！葬家側龍窟馬鋪山。世所謂陳龍川也。【略】

是其人之於二公，非有睚眦激發之憤，膚腠嚼齧之苦也，相傳以嫉，望風而忌爾。然二公自料，苟其人志不復君之讎，慮不足挈諸夏、合南北，固不與並立矣，則進退離合之不相容，亦其勢也。然黨偏而方隅亂，説勝而白黑混，至使旁觀不敢平論，後世不能分别，又足悲夫！

道甫既罷興化而死。始道甫樂仙壇山北之原，即其葬焉。

外戚擅事累世，必其危漢者，劉向耳。宦官擅事累世，必其亡唐者，劉蕡耳。以窮鄉素士任百年復讎之責，余固謂止於二公而已。彼舅犯先軫識略猶不到，公子勝新垣衍奚繇知之！余固謂春秋戰國之材無是也。雖然，上，求而用之者也；我，待求而後用者也。不我用，則韜藏景匿而人不能窺；必我用，則智運術展而衆不能間。若夫疾呼而後求，納説而後用者，固常多逆而少順，易忤而難合也。二公之自處，余則有憾矣！

同甫稱信州韓筋柳骨，筆硯當獨步，自謂不能及；又歎今日人材衆多，求如道甫髣髴，邈不可得。蓋亦指文墨少異者言之，猶前意也。今同甫書具在，芒彩爛然，透出紙外，學士争誦惟恐後，則既傳而信矣；道甫乃獨無有，是信而不傳也。鮑叔管仲，友也。鮑卑而管貴，美在叔也。王猛薛强，友也，王顯而薛晦，過在强也。同甫得無以死後餘力引而齊之，使道甫亦傳而信乎？是以併誌二公，使兩家子弟刻於墓。若世出，則碑陰敍焉。銘曰：

哦彼《黍離》，孰知我憂！竭命殫力，其爲宗周。

雜録

備録

李幼武《宋名臣言行録・皇朝名臣言行外録》卷一六 陳亮字同父，婺州永康人。壯歲首賢能之書，尋頂璧水之選。孝宗朝，六達帝庭上書，論恢復大計。又伏闕論宰相非才，無以係天下望。垂拱殿成，進賦以頌德；又進《郊祀慶成賦》；皆不報。光宗即位，伏闕上《鑒成箴》，又不報。紹熙四年舉進士，上親擢之第一，授建康軍節度判官。次年卒，享年五十有五。

公天資異常，俯視一世，常以經綸天下自任。壯歲應鄉舉，推爲褒然之選；繼而補太學博士弟子員。其生平議論，以虜仇未雪爲國大恥。六詣天闕上書，皆主於恢復。故及第後《謝恩詩》有「復讎自是平生志，勿謂儒臣鬢髮蒼」之句。其禀性忠誼，至老彌篤云。

淳熙戊戌正月丁巳，守闕上書，其略曰：「中國，天地之正氣也，天命之所鍾也，人心之所會也，衣冠禮樂之所萃也，百代帝王之所以相承也，豈天地之外夷狄邪氣之所可奸哉？不幸而能奸之，至於挈中國衣冠禮樂而寓之偏方，雖天命人心猶有所係，然豈所以久安而無事也！天地之正氣鬱遏於腥羶而久不得騁，必將有所發洩，而天命人心固非偏方之所可係也。方南渡之初，君臣誓不與虜俱生，卒能以奔敗之餘而勝百戰之虜；及秦檜倡邪議以沮之，忠臣義士斥死南方，天下之氣墮矣！自非逆亮送死淮南，亦不復知兵戈之爲何事也。今醜虜之植根既久，不可以一舉而遂滅；國家之大勢未張，不可以一朝而大舉；人情皆便於通和者，所以成上下苟安而爲妥庸者兩售之地也。」書奏不報。

再上書，略曰：「陛下厲志復讎，不肯即安於一隅，是有大功於社稷也。然坐錢塘浮靡之隅以圖中原，則非其地；用東南習安之衆以行進取，則非其人；

財止於府庫，則不足以通天下之有無；兵止於民籍，則不足以兼天下之智勇。是以遷延之計遂行，而陛下有爲之志乖矣。此臣所以不勝忠憤，而願得望見顔色，陳國家立國之本末，而開大有爲之略，論天下形勢之消長，而決大有爲之機，務合於藝祖皇帝經畫天下之本旨。然八日待命未有聞焉，臣恐天下豪傑得以測陛下之意嚮，而雲合響應之勢不得而成矣！」

又曰：「臣妄意國家維持之具，至今日而窮，然變通之道有三：有可以爲遷延數十年之策，有可以爲五六十年之計，有可以爲復開數百年之基。事勢昭然而效見殊絶，非陛下聰明度越百代，決不能一一聽之。臣不泄之大臣，而大臣拱手稱旨以問，臣亦姑取其大體可言三事以答之。一曰：二聖北狩之禍，蓋國家之大恥，天下之公憤也。五十年之餘，雖天下之氣銷鑠頽墮，不復知讎恥之當念，正在主上與二三大臣振作其氣以泄其憤，使人人如報私讎。此《春秋》書『衛人殺州吁』之意也。其二曰：國家之規模，使天下奉規矩準繩以從事，羣臣救過之不給，又何暇展布四體以求濟度外之功哉！其三曰：藝祖用天下之士人以易武臣之任事者，故本朝以儒立國，而儒道之振獨優於前代。今天下之士熟爛委靡，誠可厭惡，正在主上與二三大臣反其道而用之，作其氣而養之，使臨事不至於乏材，隨材皆有足用，則立國之規模不至戾藝祖之本旨，而東西馳騁以定禍亂，不必專在武臣也。臣所與大臣論者，大略如此，二三大臣已相顧駭然。疎遠草茅，寧復有路以望清光乎！」

戊申歲再上書，略曰：「本朝以儒道治天下，以格律守天下，而天下之人知經義之爲常程，科舉之爲正路，法不得以自用其凡，人不得以自用其智，二百年之太平由此出矣。至於艱難變故之際，書生知議論之當正而不知事功之爲何物，知節義之當守而不知形勢之爲何用，宛轉文法之中，無人能自拔者。陛下雖欲得非常之人以共斯世，而天下其誰肯信乎！陛下用其喜怒哀樂之權以鼓動天下，使如臣者，得借方寸之地終前書之所言，而附寸名於竹帛之間，不使鄧禹笑人寂寂，而陛下得以發其雄心英略，與四海才臣智士共之。天生英雄，殆不偶然，而帝王自有真，非區區小臣所能附會也。」

紹熙初，上皇帝《鑒成箴》一首，其辭曰：五閏失馭，僞主僭竊，綱常絲棼，宇縣瓜裂。干戈日尋，湯沸火熱，元元憔悴，無所存活。藝祖勃興，天爲民設。受命之日，兵刃不血。痛兹版圖，尚爾割截，丙夜不安，往就普説。獨立門外，衝冒風雪。謀定戈指，莫我敢遏。首征揚州，重進誅亟；旋征澤潞，李筠就殺。復掩湖南，保權力屈；爰取荆南，繼沖悚慴。一鼓孟昶，蜀城斯拔；徂征嶺南，劉鋹面縛。馳使江南，李煜蹶踣；傳檄吴越，錢俶納國。十餘年間，憂慮危慄，頭若蓬葆，雨沐風櫛。東征西伐，天下始一。解兵脩貢，降王在列。(施)〔絁〕袴麻鞵，緣布衣褐。訓練六軍，法度陛級。太宗繼之，乾乾夕惕。親征河東，督勵士卒，人百其勇，城無全堞。下詔寬赦，繼元乃伏。收復漳泉，洪進屏息。真宗嗣之，二祖是法。契丹來寇，人心業業。決意親征，俯從準策。親御鞍馬，躬秉黄鉞。白旄一麾，王師奮發。我氣既盈，虜氣斯竭。稽首請和，干戈載戢。譬以禍福，實賴臣弼。於皇仁祖，善繼善述。未幾元昊，在西復悖。謀臣勇將，連年討伐。邊民既困，國用亦乏。厥後智高，忽爾猖獗。南嶺東西，擾擾數月。以時討平，狄青之力。靖康之難，言之汗浹。二帝北巡，狼窼熊窟。沙漠萬里，風霜冽冽，胡塵撲面，驚弦慘骨。國祚若旒，孰任其責？賴有高宗，克紹前烈。匆遽渡江，心膽欲折。皇天降監，風濤安帖。所至成市，暫都于淛。顔亮凶燄，震撼六合。投筆采石，意謂無越。幸而倒戈，自取夷滅。壽皇履位，求賢如渴。崇事高宗，孝心尤切。二十八載，始終無缺。高宗上仙，哀號哽咽。四方來觀，其容慘怛。王業艱難，坦然明白。今王嗣位，祖宗是則。無湎于酒，無沈于色：色能荒人之心，酒能敗人之德。以宰相爲腹心，以臺諫爲耳目，以將帥爲爪牙，以尚書爲喉舌。登崇俊良，斥退奸枅。勿謂天高，常若對越；勿謂民弱，實關治忽；勿俾禍起於蕭牆，勿使患生於倉卒；勿私賞以格公議，勿私刑以虧國律；勿侮老成之人，勿貴無益之物；勿妄費生靈之財，勿妄興土木之役；勿謂嚬笑之微而莫我知，勿謂號令之嚴而莫我逆。盡孝乃明主之治，論相乃人主之職，聖言不可侮，人心不可咈。傾耳乎公卿之言，游心乎帝王之術。勿謂和議已成而不慮乎遠圖，勿謂大位已得而不恤乎小失。當效夏王，寸陰是惜；當效文王，日昃不食。勿效夏王，瑶臺瓊室；勿效商王，斮涉剖直。如履薄冰，深虞没溺；如馭六馬，切虞奔軼。勿謂微過，當絶芽孽；勿謂小患，當窒孔穴。左右前後，當用賢哲。王惟戒兹，民罔不悦。草茅作箴，敢告司闕。

與晦翁書曰：「伊洛諸公謂三代以道治天下，漢唐以智力把持天下，其説固已不能使人心服；而近世諸儒遂謂三代專以天理行，漢唐只是人欲。信斯言也，千五百年之間，天地不過架漏過時，人心亦是牽補度日，萬物何以阜蕃，而道何以常存乎？諸儒之論，爲曹孟德以下諸人設，可也；以斷漢唐，豈不寃哉！」

又曰：「高祖太宗，本君子之射也，惟御者不純乎正，故其射一出一入，而卒

歸於禁暴戢亂、愛人利物而不可掩者，其本領宏大開廣故也。故厶嘗有言：三章之約，非蕭曹之所能教；而定天下之亂，又豈劉文靖之所能發哉。此儒者之所謂見赤子入井之心也。其本領宏大開廣，故其發處便可以震動一世，不止如見赤子時微眇不易推廣耳。天下大物也，不是本領宏大，如何擔當得去？惟其事變萬狀，而真心易以汨没，到得失枝落節處，其皎然者終不可誣耳。高祖太宗蓋天地賴以常運而不息，人紀賴以接續而不墜，而謂『道之存亡非人之所預』則過矣。漢唐之君果無一毫氣力，則所謂卓然者果何物耶？使二程若在，猶當正色而辨明之。厶之不肖，其不足論甚矣，然亦要做箇人，非專爲漢唐分疏也。正欲明天地常運而人爲常不息，要不可以架漏牽補度時日耳。願祕書平心以聽，惟理之從，盡洗天下之橫竪高下、清濁黑白，一歸之正道，無使天地有棄物，四時有剩運，人心或可欺而千五百年之君子皆可蓋也。」

又曰：「厶大槩以爲三代做得盡者也，漢唐做不到盡者也。若謂其假仁詐義以行之，竊恐待漢唐之君太淺狹，而世之君子有不厭于心者矣。康章通國皆稱其不孝，而孟氏獨禮貌之，眼目既高，於駁雜之中有以得其心，故當波流奔迸，利欲百端，宛轉於其中而能察其真心之所在，此君子之道所以爲可貴耳。若萬慮不作，全體潔白，而曰真心在焉者，此始學之事耳。一生辛勤於堯舜相傳之心法，不能點鐵成金，而不免以銀爲鐵，使千五百年之間成一大空缺，人道泯息而不害乎天地之常運，而我獨卓然而有見，無乃甚高而孤乎？宜厶之不心服也。」

晦翁答曰：「以兄之高明俊傑，世間榮悴得失，本無足爲動心者，而細讀來書，似未免有不平之氣。區區竊獨妄意，此殆平日才太高，氣太鋭，論太險，迹太露之過，是以困於所長，忽於所短，雖復更歷變故，顛沛至此，而猶未知所以反求之端也。」

又曰：「若高帝，則私意分數未甚熾，然已不可謂之無，太宗之心，則吾恐其無一念之不出於人欲也。直以其能假仁借義以行其私，而當時與之爭者，才能智術既出其下，又不知有仁義之可借，是以彼善於此而得以成其功耳。若以其能建立國家，傳世久遠，便謂其得天理之正，此正是以成敗論是非，但取其獲禽之多，而不羞其詭遇之不出於正也。千五百年之間，正坐如此，所以只是架漏牽補，過了時日。其間雖或不無小康，而堯、舜、三王、周、孔所傳之道，未嘗一日得行於天地之間也。若論道之常存，却又初非人所能預，只是此箇自是亘古亘今常在不滅之物，雖千五百年被人作壞，終殄滅它不得耳。漢唐所謂賢君，何嘗有一分氣力扶助得他耶！

「兄人物奇偉英特，恐不但今日所未見，向來得失短長，正自不得更挂齒牙、向人分説。但鄙意更欲賢者百尺竿頭進取一步，將來不作三代以下人物，省得氣力爲漢唐分疏，即更脱洒磊落耳。

「夫人只是這箇人，道只是這箇道，豈有三代、漢唐之別，但以儒者之學不傳，而堯、舜、禹、湯、文、武轉相授受之心不明於天下，故漢唐之君雖或不能無暗合之時，而其全體却只在利欲上，此其所以堯、舜、三代自堯、舜、三代，漢祖唐宗自漢祖唐宗，終不能合而爲一也。今若必欲撤去限隔，無古無今，則莫若深考堯舜相傳之心法，湯武反之之功夫，以爲準則而求諸身，却就漢祖唐宗心術微處痛加繩削，取其偶合而察其所自來，黜其悖戾而究其所從起，庶幾天地之常經，古今之通誼，有以得之於我。云云。

「且如約法三章固善矣，而卒不能除三族之令，一時功臣無不夷滅；除亂之志固善矣，而不免竊取宫人私侍其父；其他亂倫逆理之事，往往皆身犯之。舉其終始而言，其合於義理者常小而少，不合於義理者常大而多。後之觀者，於此根本工夫自有欠闕，故不知其非而以爲無害於理，抑或以爲雖害於理而不害其獲禽之多也。

「若夫點鐵成金之譬，施之有教無類、遷善改過之事則可，至於古人已往之迹，則其爲金爲鐵固有定形，而非後人口舌議論所能改易矣。今乃欲追點功利之鐵以成道義之金，不惟費却閑心力、無補於既往，正恐礙却正知見、有害於方來也。

「聖人者，金中之金也；學聖人而不至者，金中猶有鐵也。漢祖唐宗用心行事之合理者，鐵中之金也；曹操劉裕之徒，則鐵而已矣。金中之金，乃天命之固然，非由外鑠，淘擇不淨，猶有可憾。今乃無故必欲棄舍自家光明寶藏，而奔走道路，向鐵爐邊查礦中撥取零金，不亦悮乎。

「大風吹倒亭子，却似天公會事發，彼洛陽亭館又何足深羨也。嘗論孟子説大人則藐之，孟子固未嘗不畏大人，但藐其巍巍然者耳。辦得此心，即便掀却卧房，亦且露地睡，似此方是真正大英雄人。然此一種英雄，却從戰戰兢兢、臨深履薄處做將出來，若是血氣麄豪，却一點使不着也。老兄志大宇宙，勇邁終古，伯恭之論無復改評。今日始於後生叢中出一口氣，蓋未足爲深賀；然出身事主，由此權輿，便不碌碌，則異時事業亦可卜矣。

「兄高明剛決，非吝於改過者，願以愚言思之，絀去『義利雙行、王伯並用』之說，而從事於懲忿窒慾、遷善改過之事，粹然以醇儒之道自律，則豈獨免於人道之禍，而其所以培壅本根、澄原正本、爲異時發揮事業之地者，益光大而高明矣。」並晦翁書。

晦翁以道學爲一世師表，而公與之反覆議論，略不少假借，至謂「研窮理義之精微，辨析古今之同異。原心於杪忽，較禮於分寸，以積累爲工，以涵養爲主，晬面盎背，則厶於諸儒誠有媿焉；至於堂堂之陣，正正之旗，風雨雲雷交發而並至，龍蛇虎豹變現而出没，推倒一世之智勇，開拓萬古之心胸，世俗所謂麤塊大臠，飽有餘而文不足者，自謂差有一日之長」。

紹熙，天子廷策多士，擢公第一。誥詞云：「某官：三歲大比，人徒知爲布衣進身之途；藝祖皇帝有言曰：『設科取士，本欲得賢以共治天下。』大哉王言，朕所當法也。廷策者再，乃始得汝。爾蚤以藝文首賢能之書，旋以論奏動慈宸之聽。親閱大對，嘉其淵源，擢置舉首，殆天留以遺朕也。尚循故事，往佐帥幕，益茂遠業，以須登用。」

公少以文名于天下，至老方第。嘗抱不平之恨，故及第後謝宰執有啟云：「數十年窮居畎畝，未諳豹變之懷；五千言上徹冕旒，誤中龍頭之選。」又云：「如厶者材不逮於中人，學未臻於上達，十年璧水，一几明窗。六達帝廷，上恢復中原之策；兩譏宰相，無輔佐上聖之能。荷壽皇之兼容，恢漢光之大度，留張齊賢以貽主上，俾宋廣平而冠羣儒。静言叨冒之多，知自吹噓之力。」又云：「厶敢不益勵初心，重温舊業，以片言而悟明主，尚愧古人；設三表以繫單于，請從今日。」

公才氣超邁，下筆立就，數千言，略無凝滯。議論風生，亹亹不倦。其視當世苟禄竊位之士，蔑如也。嘗自贊其畫像云：「其服甚野，其貌亦古。倚天而號，提劍而舞。惟禀性之至愚，故與人而多忤。歎朱紫之未服，謾丹青而描取。遠觀之一似陳亮，近眡之一似同甫。未論似與不似，且說當今之世，孰是人中之龍，文中之虎！」

稼軒辛幼安祭之曰：「嗚呼！同父之才，落筆千言，俊麗雄偉，珠明玉堅。人方窘步，我則沛然。莊周李白，庸敢先鞭。同父之志，平蓋萬夫，横渠少日，慷慨是須，擬將十萬，登封狼胥。彼臧馬輩，殆其庸奴。天於同父，既豐厥禀，智略横生，議論風凜。使之早遇，豈愧衡伊。行年五十，猶一布衣。間以才豪，跌宕四出，要其所厭，千人一律。不然少貶，動顧規檢，夫人能之，同父非短。至今海内，能誦三書。世無楊意，孰主相如？中更險困，如履冰崖，人皆欲殺，我獨憐才。脱廷尉繫，先多士鳴，耿耿未阻，厥聲浸宏。蓋至是而世未知同父者，益信其爲天下之偉人矣。嗚呼！人才之難，自古而然。匪難其人，抑難其天。使乖崖公而不遇，安得征吳入蜀之休績？太原決勝，即異時落魄之齊賢。方同父之約處，孰不望夫上之人，謂握瑜而不宣？今同父發策大廷，天子親寘之第一，是不憂其不用；以同父之才與志，天下之事孰不可爲，所不能自爲者，天靳之年！閩浙相望，信問未絕，子胡一病，遽與我訣！嗚呼同父，而止是耶？而今而後，欲與同父憩鵝湖之清陰，酌瓢泉而共飲，長歌相答，極論世事，可復得耶！千里寓辭，知悲之無益，而涕不能已。嗚呼同父，尚或臨監之否？」

備論

黎靖德《朱子語類》卷一二三《陳君舉》 同父才高氣粗，故文字不明瑩。要之，自是心地不清和也。

看史只如看人相打，相打有甚好看處？陳同父一生被史壞了。

陳同父讀書，譬如人看劫盗公案，看了，須要斷得他罪，及防備禁制他，教做不得。它却不要斷他罪，及防備禁制它，只要理會得許多做劫盗底道理，待學他做。

黄宗羲等《宋元學案》卷五六《龍川學案》 百家謹案：永嘉之學，薛、鄭俱出自程子。是時陳同甫亮又崛興于永康，無所承接。然其爲學，俱以讀書經濟爲事，嗤黜空疏、隨人牙後談性命者，以爲灰埃。亦遂爲世所忌，以爲此近于功利，俱目之爲浙學。

張采謹案：龍川于王霸二字，未究端委，故于諸儒之論，不肯降服。且如三代而下，漢文、宋仁最近仁義，然謂其能治人欲否？龍川必欲以曹操一輩爲人欲，則其說人欲淺矣。

藝文

葉適《水心文集》卷一二《龍川文集序》 同甫文字行於世者，《酌古論》、《陳

子課藁》、《上皇帝四書》最著者也。子沆聚他作爲四十卷，以授予。

初，天子得同甫所上書，驚異累日，以爲絶出，使執政召問：「當從何處下手？」將由布衣徑唯諾殿上，以定大事，何其盛也！然而詆訕交起，竟用空言羅織成罪，再入大理獄，幾死，又何酷也！使同甫晚不登進士第，則世終以爲狼疾人矣。嗚呼，悲夫！同甫其果有罪於世乎？天乎！予知其無罪也。同甫其果無罪於世乎？世之好惡未有不以情者，彼於同甫何獨異哉？雖然，同甫爲德不爲怨，自厚而薄責人，則疑若以爲有罪焉可矣。

同甫既修皇帝王霸之學，上下二千餘年，考其合散，發其秘藏，見聖賢之精微常流行於事物，儒者失其指，故不足以開物成務。其説皆今人所未講，朱公元晦意有不與而不能奪也。吕公伯恭退居金華，同甫閒往視之，極論至夜分，吕公歎曰：「未可以世爲不能用。虎帥以聽，誰敢犯子！」同甫亦頗慰意焉。予最鄙且鈍，同甫微言，十不能解一二，猶以爲可教者。病眊十年，耗忘盡矣。今其遺文，大抵斑斑具焉，覽者詳之而已。

葉適《水心文集》卷二九《書龍川集後》　余既爲同甫序《龍川文》，而太守丘侯真長刻於州學，教授侯君敞、推官趙君崇嵒，皆佐其役費。同甫雖以上一人賜第，不及至官而卒，於是二十年矣，遺藁未輯，愈久將墜。真長不惟收卹舊故，存其家聲，可以託生死，厲薄俗；至於躍然以其文字廢興任爲己事，僚友一時志同義合，相與扶立俊豪魁特之緒，使流風餘論猶能表見於後人，蓋知古太守職業者也。

同甫集有《春秋屬辭》三卷，倣今世經義破題，乃昔人連珠急就之比，而寄意尤深遠。又有長短句四卷，每一章就，輒自歎曰：「平生經濟之懷，略已陳矣！」余所謂微言，多此類也。若其他文，海涵澤聚，天霽風止，無狂浪暴流，而回漩起洑，縈映妙巧，極天下之奇險，固人所共知，不待余言也。

方回《桐江集》卷二《讀陳同甫文集一跋》　陳同甫所與晦翁八書，淳熙壬寅書二：其一謂天下大物也，須是自家氣力，可以幹得動、挾得轉。若只欲安坐而感動之，向來諸君子固以失之偏。今欲飽飣而發施之，後來諸君子無乃又失之碎，論理論事若箍桶然，亮所不解。其二録所謂雜論五篇者，以呈晦翁，今不見於集。晦翁時爲浙東倉，多言救旱，不及講學。癸卯書一，論晦翁按唐仲友事，亦不及講學。甲辰書一，深諱晦翁義利雙行、王伯並用之譏，以漢唐暗合天理之説爲非，且不然架漏牽補之説，堅謂漢唐之君本領非不洪大，惟時有轉移，不無滲漏，其後乃有人儒之辨。乙巳書三：其一力爲漢高祖、唐太宗雪冤，以爲皆君子之射，惟御者之不正，欲攪金銀銅鐵爲一鍋，謂天地常運，人爲常不息，以闢架漏牽補之説。其二大諱晦翁推尊漢唐、貶抑三代之譏，謂心之用有不盡而無常泯，法之文有不備而無常廢。心有時而泯，不可謂千五百年常泯；法有時而廢，不可謂千五百年常廢。然同甫自悔金銀銅鐵熔作一器，爲措辭之失矣。其三立開眼閉眼之譬，謂天地之間何物非道？赫日當空，處處光明。後世英傑閉眼胡做，遂爲聖門之罪人，開眼運用，即是赫日之光明。不可以閉眼爲盲，不可以開眼爲盲者，摸索暗合，其説甚爲支離，且詆晦翁因吾眼之偶開，便以爲得不傳之絶學，三三兩兩附耳而語，有同告密，畫界而立，有似結壇。似乎理不能勝，繼以怒駡矣。丙午書一爲第八書，大然後有云：秘書之學，至公而時行之學也；秘書之爲人，掃盡情僞而一於至公者也。亮所以縷縷者，所以開拓大中、張皇幽眇，而助秘書之正學也。然則必久至於是，而後心服也。當其辨論之殷，録往復書以質之陳君舉，君舉答之書曰：「往復諸書，熟復數過，不知更幾年間，更有一番議論，甚盛甚盛。然朱丈占得地段平正，有以逸待勞之勢。老兄跳踉號呼、擁戈直上，而無修辭之功，較是輸他一着也。」予謂此言切中同甫之病，然君舉雙立判斷於後，以功到成處便是有德，事到濟處便是有理，爲同甫之説。以功有適成何必有德，事有偶濟何必有理，爲晦翁之説。由同甫之説，則是三代聖賢枉作功夫，人力可以獨運，而上無兢畏之君。由晦翁之説，則是漢祖、唐太宗賢於盜賊不遠，天命可以苟得，而下有覬覦之臣。以同甫之奇偉，適不如《樂毅論》之迂闊；以晦翁之正大，適不如《王命論》之淺近。嗟乎！君舉所評如此，其亦陰右浙學者非歟。

方回《桐江集》卷二《讀陳同甫文集二跋》　或問陳同甫之文何如？予曰：時文之雄也。酌古論縱横上下，取古人成敗之迹，斷以己見，拾《戰國策》、《史記》之遺語，而傳以蘇文之體，乾淳間場屋之所尚也。上孝宗皇帝三書，氣太盛、意太迫，以布衣之士而欲限以十日三日，得對清光，何其躁哉！且歷詆當時公卿，皆不足以望上之萬一，是亦召禍之道。與晦翁論辨，不平心定氣，而肆其俠客辨士之風，兼有禪衲棒喝之意。年二十六薦於鄉，又二十二年廷對首選，老矣。乃祖故有狀元童汝能之夢，故幼名「汝能」，而字同甫，後改名亮，此何足詫，而以形諸告墓之文。《送韓子師序》，足以見其狎侮邦君，而無含蓄涵融之象。《送吴恭甫序》，足以見其所交所喜在乎跌蕩，而以發其借彼喻己之私。凡策問，

騁粗迹而略精義；凡書簡，肆俗語而少雅言。葉水心爲其文序，而曰：「使同甫晚不登進士第，則世終以爲狼疾人矣。」真西山非之，予亦非之，謂同甫得一狀元，足以蓋其平世之非，何所見之陋耶！同甫幸脱囹圄，卒不令終，殆器識虧欠爲之，惜其遇朱、吕二公而不能有所化也。

方回《桐江集》卷二《讀陳同甫文集三跋》 陳同甫兩下大理，其一，鄉人讌會，末胡椒置同甫羹中，同坐者歸而暴死，疑有毒，連坐及同甫。其一，民吕興、何甘四毆吕天濟且死，恨曰：「陳上舍使殺我。」縣令王恬實其事，臺官諭監司選酷吏訊問，復入大理。此葉水心所書墓銘也。然予聞婺之富人子，携妓游某寺，登講堂，妓歌《絳黄龍》勸酒。富人子，騃子也，容令如即尊位狀。后妓而相同甫，以此遂興大獄。孝宗抹獄卷置不問，水心不書。又同甫魁天下而歸，虐使桶匠，欲取其女，俾爲方桶，桶可圓不可方，同甫百端怒詈，匠恨甚，以桶刀殺之。水心亦諱不書，曰：「病一夕卒。」非也。侂胄得志慶元，黨五十九人，有起廢爲盡力者，葉水心且不免，使同甫無恙，其出處向背，蓋未可知云。

葉適《水心文集》卷二八《祭陳同甫文》 嗚呼同甫！氣足蓋物，力足首事；天所畀也，孰可抑制！以智開物，以機動事；學而得之，又相比佽。載書以來，糾結披籍；解剥闔闢，遇其殊特。著於詞章，無後無前；啓蟄滌酲，獨爲時先。補空續高，扶英植豪；探海取鼇，惟己所操。回視世人，磨細研精；俯墨仰繩，用影律形；視人而行，服勞終身。□□□□，俎豆僅列。我漫一奏，《韶》壞《雅》闕。

嗚呼同甫！絶代之寶，衆豈同美。抵擲棄捐，亦其常理。子重受禍，嘻又已甚！寓矢以攻，殺者無禁。脱廷尉械，爲進士頭；天子第之，始莫我尤。謂天弗省，天乃終定；謂天既定，而弗永命。

嗚呼同甫！心事難平，寵光易滿；萬世之長，一朝之短。

余蚤從子，今也變衰；子有微言，余何遽知。畏子高明，痛子憔悴；鐫嗟無勇，和、隨有罪。子不余謬，懸俾余銘；且曰必信，視我如生。疇昔之言，余不敢苟。哀哉此酒，能復飲否？

《陳亮集》附録喬行簡《奏請謚陳龍川劄子》 臣聞褒崇既往，所以激勸方來。乾道淳熙之間，名儒輩出，其所植立，雖有不同，要皆有以垂於後。如朱熹、張栻、吕祖謙、陸九淵，既蒙國家錫以美謚，或録其子孫。而並時奮興，其才學逈出前古，而乃有未經褒邮者焉。

臣伏見承事郎簽書建康軍節度判官廳公事陳亮，以特出之才，卓絶之識，而究皇帝王霸之略，期於開物成務，酌古理今，其説蓋近世儒者之所未講。平生所交，如熹、栻、祖謙、九淵皆稱之曰：「是實有經濟之學。」所爲文號《龍川集》，行於世。當淳熙之戊戌，三上書，極論社稷大計。孝宗皇帝覽之感涕，召赴都堂審察，將以种放故事不次擢用。左右用事亟來謁亮，欲掠美市恩，而亮不出見之，故爲所譏沮而止。晚際光宗皇帝，親擢進士第一，曾未及小用而不禄。其遺文爲世所珍重。其淵微英特之論，雄邁超脱之氣，由晉、宋、隋、唐以後自成一家，惜不究其所藴，而僅見諸空言也。

臣竊謂亮之學，有遺文具存，學者尚知所宗。至若當渡江積安之後，首勸孝宗以修藝祖法度，爲恢復中原之本，將以伸大義而雪仇恥，其忠與漢諸葛亮、本朝張浚相望於後先，尤不可磨滅。當今國家多事，所少者忠義之士，苟褒其人，亦足以激昂人心。其人生長於婺，臣少壯接聞，取爲模範。今獨後死，遭時竊位，倘不引義一陳於上，使表見於明時，非惟有媿於前賢，抑亦無以垂示於後學。況如亮者，非所謂一鄉一國之士，乃天下之士，臣故敢冒昧以言。

臣竊照《謚法》：「聲問顯著者，雖無官爵，特聽令謚。」又淳熙《敕》：「勳德節義，聲實彰著者，不以官品，特與命謚。」若亮識足以明義，氣足以折奸，可謂節義彰著矣；學足以名家，文足以傳後，可謂聲聞顯著矣。迹其所立，實應得謚。臣愚欲望聖慈憫其不遇，特頒睿旨，下有司定謚。庶幾天下之士，知朝廷風勸之意，翕然有所興起。臣無任拳拳之至。

葉適部

綜述

《宋史》卷四三四《葉適傳》　葉適字正則，温州永嘉人。爲文藻思英發。擢淳熙五年進士第二人，授平江節度推官。丁母憂。改武昌軍節度判官。少保史浩薦於朝，召之不至，改浙西提刑司幹辦公事，士多從之游。參知政事龔茂良復薦之，召爲太學正。

遷博士，因輪對，奏曰：「人臣之義，當爲陛下建明者，一大事而已。二陵之讎未報，故疆之半未復，而言者以爲當乘其機，當待其時。然機自我發，何彼之乘？時自我爲，何彼之待？非真難真不可也，正以我自爲難，自爲不可耳。於是力屈氣索，甘爲退伏者於此二十六年。積今之所謂難者陰沮之，所謂不可者默制之也。蓋其難有四，其不可有五。置不共戴天之讎而廣兼愛之義，自爲虛弱。此國是之難一也。國之所是既然，士大夫之論亦然。爲奇謀祕畫者止於乘機待時，忠義決策者止於親征遷都，深沉慮遠者止於固本自治。此議論之難二也。環視諸臣，迭進迭退，其知此事本而可以反覆論議者誰乎？抱此志意而可以策勵期望者誰乎？此人才之難三也。論者徒鑒五代之致亂，而不思靖康之得禍。今循守舊模，而欲驅一世之人以報君仇，則形勢乖阻，誠無展足之地。若順時增損，則其所更張動搖，關係至重。此法度之難四也。又有甚不可者，兵以多而至於弱，財以多而至於乏，不信官而信吏，不任人而任法，不用賢能而用資格：此五者舉天下以爲不可動，豈非今之實患歟！沿習牽制，非一時矣。講利害，明虛實，斷是非，決廢置，在陛下所爲耳。」讀未竟，帝蹙額曰：「朕比苦目疾，此志已泯，誰克任此，惟與卿言之耳。」及再讀，帝慘然久之。

除太常博士兼實録院檢討官。嘗薦陳傅良等三十四人於丞相，後皆召用，時稱得人。會朱熹除兵部郎官，未就職，爲侍郎林栗所劾。適上疏争曰：「栗劾熹罪無一實者，特發其私意而遂忘其欺矣！至於其中『謂之道學』一語，利害所係不獨熹。蓋自昔小人殘害忠良，率有指名，或以爲好名，或以爲立異，或以爲植黨。近創爲『道學』之目，鄭丙倡之，陳賈和之，居要津者密相付授，見士大夫有稍慕潔修者，輒以道學之名歸之，以爲善爲玷闕，以好學爲己愆，相與指目，使不得進。於是賢士惴慄，中材解體，銷聲滅影，穢德垢行，以避此名。栗爲侍從，無以達陛下之德意志慮，而更襲用鄭丙、陳賈密相付授之説，以道學爲大罪，文致語言，逐去一熹，自此善良受禍，何所不有！伏望摧折暴横，以扶善類。」疏入不報。

光宗嗣位，由祕書郎出知蘄州。入爲尚書左選郎官。是時，帝以疾不朝重華宫者七月，事無鉅細皆廢不行。適見上力言：「父子親愛出於自然。浮疑私畏，似是而非，豈有事實？若因是而定省廢於上，號令愆於下，人情離阻，其能久乎！」既而帝兩詣重華宫，都人懽悦。適復奏：「自今宜於過宫之日，令宰執、侍從先詣起居。異時兩宫聖意有難言者，自可因此傳致，則責任有歸。不可復使近習小人增損語言，以生疑惑。」不報。而事復浸異，中外洶洶。

及孝宗不豫，群臣至號泣攀裾以請，帝竟不往。適責宰相留正曰：「上有疾明甚。父子相見，當俟疾瘳。公不播告，使臣下輕議君父可乎？」未幾，孝宗崩，光宗不能執喪。軍士籍籍有語，變且不測。適又告正曰：「上疾而不執喪，將何辭以謝天下？今嘉王長，若預建參決，則疑謗釋矣。」宰執用其言，同入奏立嘉王爲皇太子，帝許之。俄得御批，有「歷事歲久，念欲退閑」之語，正懼而去，人心愈摇。知樞密院趙汝愚憂危不知所出，適告知閤門事蔡必勝曰：「國事至此，子爲近臣，庸坐視乎？」蔡許諾，與宣贊舍人傅昌朝、知内侍省關禮、知閤門事韓侂胄三人定計。侂胄，太皇太后甥也。會慈福宫提點張宗尹過侂胄，侂胄覘其意以告必勝。適得之，即亟白汝愚。汝愚請必勝議事，遂遣侂胄因張宗尹、關禮以内禪議奏太皇太后，且請垂簾，許之，計遂定。翌日禫祭，太皇太后臨朝，嘉王即皇帝位，親行祭禮，百官班賀，中外晏然。凡表奏皆汝愚與適裁定，臨期取以授儀曹郎，人始知其預議焉。遷國子司業。

汝愚既相，賞功將及適，適曰：「國危效忠，職也。適何功之有？」而侂胄恃功，以遷秩不滿望怨汝愚。適以告汝愚曰：「侂胄所望不過節鉞，宜與之。」汝愚不從。適嘆曰：「禍自此始矣！」遂力求補外。除太府卿、總領淮東軍馬錢糧。及汝愚貶衡陽，而適亦爲御史胡紘所劾，降兩官罷，主管冲佑觀，差知衢州，辭。

起爲湖南轉運判官，遷知泉州。召入對，言於寧宗曰：「陛下初嗣大寶，臣嘗申繹《卷阿》之義爲獻。天啓聖明，銷磨黨偏，人才庶幾復合。然治國以和爲

體，處事以平爲極。臣欲人臣忘己體國，息心既往，圖報方來可也。」帝嘉納之。初，韓侂胄用事，患人不附，一時小人在言路者，創爲「僞學」之名，舉海内知名士貶竄殆盡。其後侂胄亦悔，故適奏及之，且薦樓鑰、丘崈、黄度三人，悉與郡。自是禁網漸解矣。

除權兵部侍郎，以父憂去。服除，召至。時有勸侂胄立蓋世功以固位者，侂胄然之，將啓兵端。適因奏曰：「甘弱而幸安者衰，改弱而就彊者興。陛下申命大臣，先慮預算，思報積恥，規恢祖業，蓋欲改弱以就彊矣。竊謂必先審知彊弱之勢而定其論，論定然後修實政，行實德，弱可變而爲彊，非有難也。今欲改弱以就彊，爲問罪驟興之舉，此至大至重事也。故必備成而後動，守定而後戰。今或謂金已衰弱，姑開先釁，不懼後艱，求宣和之所不能，爲紹興之所不敢，此至險至危事也。且所謂實政者，當經營瀕淮沿漢諸郡，各爲處所，牢實自守。敵兵至則阻於堅城，彼此策應，而後進取之計可言。至於四處御前大軍，練之使足以制敵，小大之臣，試之使足以立事，皆實政也。所謂實德者，當今賦税雖重而國愈貧，如和買、折帛之類，民間至有用田租一半以上輸納者。況欲規恢，宜有恩澤。乞詔有司，審度何名之賦害民最甚，何等横費裁節宜先。減所入之額，定所出之費。既修實政於上，又行實德於下。此其所以能屢戰而不屈，必勝而無敗也。」

除權工部侍郎。侂胄欲藉其草詔以動中外，改權吏部侍郎兼直學士院，以疾力辭兼職。會詔諸將四路出師，適又告侂胄宜先防江，不聽。未幾，諸軍皆敗，侂胄懼，以丘崈爲江、淮宣撫使；除適寶謨閣待制、知建康府兼沿江制置使。適謂三國孫氏嘗以江北守江，自南唐以來始失之，建炎、紹興未暇尋繹。乃請于朝，乞節制江北諸州。

及金兵大入，一日，有二騎舉旗若將渡者，淮民倉皇争斫舟纜，覆溺者衆，建康震動。適謂人心一摇，不可復制，惟劫砦南人所長，乃募市井悍少并帳下願行者，得二百人，使采石將徐緯統以往。夜過半，遇金人，蔽茅葦中射之，應弦而倒，矢盡，揮刀以前，金人皆錯愕不進。黎明，知我軍寡來追，則已在舟中矣。復命石跋、定山之人劫敵營，得其俘馘以歸。金解和州圍，退屯瓜步，城中始安。又遣石斌賢渡宣化，夏侯成等分道而往，所向皆捷。金自滁州遁去。時羽檄旁午，而適治事如平時，軍須皆從官給，民以不擾。淮民渡江有舟，次止有寺，給錢餉米，其來如歸。兵退，進寶文閣待制，兼江、淮制置使，措置屯田，遂上堡塢之議。

初，淮民被兵驚散，日不自保。適遂於墟落數十里内，依山水險要爲堡塢，使復業以守，春夏散耕，秋冬入堡，凡四十七處。又度沿江地創三大堡：石跋則屏蔽采石，定山則屏蔽靖安，瓜步則屏蔽東陽、下蜀。西護歷陽，東連儀真，緩急應援，首尾聯絡，東西三百里，南北三四十里。每堡以二千家爲率，教之習射。無事則戍，以五百人一將；有警則增募新兵及抽摘諸州禁軍二千人，并堡塢内居民，通爲四千五百人，共相守戍。而制司於每歲防秋，别募死士千人，以爲劫砦焚糧之用。因言堡塢之成有四利，大要謂：「敵在北岸，共長江之險，而我有堡塢以爲聲援，則敵不敢窺江，而士氣自倍，戰艦亦可以策動。和、滁、真、六合等城或有退遁，我以堡塢全力助其襲逐，或邀其前，或尾其後，制勝必矣。此所謂用力寡而收功博也。」三堡就，流民漸歸。而侂胄適誅，中丞雷孝友劾適附侂胄用兵，遂奪職。自後奉祠者凡十三年，至寶文閣學士、通議大夫。嘉定十六年，卒，年七十四，贈光禄大夫，謚文定。

適志意慷慨，雅以經濟自負。方侂胄之欲開兵端也，以適每有大讎未復之言重之，而適自召還，每奏疏必言當審而後發，且力辭草詔。第出師之時，適能極力諫止，曉以利害禍福，則侂胄必不妄爲，可免南北生靈之禍。議者不能不爲之歎息焉。

雜録

備録

黎靖德《朱子語類》卷一二三《陳君舉》　陸子静分明是禪，但却成一箇行戶，尚有箇據處。如葉正則説，則只是要教人都曉不得。嘗得一書來，言世間有一般魁偉底道理，自不亂於三綱五常。既説不亂三綱五常，又説别是箇魁偉底道理，却是箇甚麽物事？也是亂道！他不説破，只是籠統恁地説以謾人。及人理會得來都無效驗時，他又説你是未曉到這裏。他自也曉不得。他之説最誤人，世間獃人都被他瞞，不自知。

葉正則説話，只是杜撰。看他進卷，可見大略。

葉進卷《待遇集》毀板，亦毀得是。

葉正則作文論事，全不知些著實利害，只虛論。因及許多云云。又見一文論社倉事。戴肖望尚有些實説，然不是如此。葉則都是閑説。

羅大經《鶴林玉露》丙編卷二《論事任事》 葉水心曰：「國初宰相權重，臺諫侍從，莫敢議己。至韓琦、范仲淹，始空賢者而争之，天下議論相因而起，朝廷不能主令而勢始輕。雖賢否邪正不同，要爲以下攻上，爲名節地可也，而未知爲國家計也。然韓、范既以此取勝，及其自得用，臺諫侍從方襲其迹，朝廷每立一事，則是非蜂起，譁然不安。昔鄭子孔爲載書，諸司門子弗順，將殺之，子産止之。人請爲之焚書，子孔不可。子産以爲衆怒難犯，專欲難成，迄焚而後定。然及子産自爲相，却不知此，直云禮義不愆，何恤人言。蓋韓、范之所以攻人者，卒其所以受攻而無以處此，是以雖有志而無成也。至如歐陽脩，先爲諫官，後爲侍從，尤好立論。士之有言者，皆依以爲重，遂以成俗。及濮園議起，未知是非所在，而傾國之人，回戈向之。平日盛美，一朝隳損，善人君子，化爲仇敵。然則歐陽氏之所以攻之者，亦其所以受攻而不自知也。」水心之論如此。余謂國初相權之重，自藝祖鼎鐺有耳之説始。趙韓王定混一之謀於風雪凌厲之中，銷跋扈之謀於杯觴流行之際，真社稷臣矣。雷德驤何人，乃敢議之，宜藝祖之震怒也。乃若持盈守成之時，則權不可以不重，亦不可以過重。東坡所謂姦臣之始，以臺諫折之而有餘，及其既成，以干戈取之而不足，則臺諫侍從之敢言，乃國勢之所恃以重也，豈反因此而勢輕哉？水心之説，乃張方平之遺論也。方平之論，前輩固已深闢之矣。范公當國不久，韓公當國時，最被司馬温公激惱，然韓公包容聽受，無幾微見於顔面。常朝一不押班，王陶至便指爲跋扈，而公亦無愠色。蓋己爲侍從臺諫，則能攻宰相之失；己爲宰相，則能受侍從臺諫之攻。此正無意無我，人己一視之道，實賢人君子之盛德，亦國家之美事也。豈有己則能攻人，而人則不欲其攻己哉！諺云：「喫拳何似打拳時。」此言雖鄙，實爲至論。惟歐陽公爲諫官侍從時，最號敢言。及爲執政，主濮園稱親之議，諸君子譁然起而攻之，而歐陽公乃不能受人之攻，執之愈堅，辯之愈激，此則歐公之過也。公自著《濮議》兩篇，其間有曰：「一時臺諫謂因言得罪，猶足取美名，是時聖德恭儉，舉動無差。兩府大臣，亦各無大過，未有事可以去者，惟濮議未定，乃曰，此好題目，所謂奇貨不可失也，於是相與力言。」歐公此論，却欠反思。若如此，則前此己爲諫官侍從時，每事争辯，豈亦是貪美名、求奇貨，尋好題目耶！余嘗作《濮議》詩云：「濮園議起沸烏臺，傳語歐公莫怨猜。須記上坡持橐日，也曾尋探好題來。」

備論

《黄震全集·黄氏日抄》卷六八《讀文集十》 乾、淳間，正國家一昌明之會，諸儒彬彬輩出而説各不同。晦翁本《大學》「致知格物」以極於治國平天下，工夫細密，而象山斥其支離，直謂即心是道。陳同甫修皇帝王霸之學，欲前承後續，力拄乾坤成事業，而不問純駁。至陳傅良，則又精史學，欲專修漢唐制度、吏治之功。其餘亦各紛紛，而大要不出此四者，不歸朱則歸陸，不陸則又二陳之歸。雖精粗高下，難一律齊，而皆能自白其説，皆足以使人易知。獨水心混然於四者之間，總言統緒，病學者之言心而不及性，則似不滿於陸；又以功利之説爲卑，則似不滿於二陳。至於朱，則忘言焉。水心豈欲集諸儒之大成者乎？然未嘗明言統緒果爲何物，令人曉然易知如諸儒者。嘗略窺其所指爲統緒者，似以禮爲主，故其言曰：「學必始於復禮，禮復而敬立矣！」「安上治民莫善於禮」，若然，則又似專言推行於文物制度之禮，以防民之非者也，非吾夫子所指，根本於吾内心之禮，使克去己私而復之者也。禮不先於克己，禮將何自而復？學不先於敬己，私又何自而克？己且未知所以復禮，又何以使民俗之復禮？而公之言統緒，又將何所從始耶！且功利之學不必問也，義理之學不容不辯也。公於義理，獨不滿於陸而不及朱，似於朱無忤者。

水心能力排老、莊，正矣！乃併譏程伊川，則異論也。能力主恢復，正矣！乃反斥張魏公，則大言也。能力詆本朝兵財靡弊，天下而至於弱，正矣！乃欲割兩淮、江南、荆湖，棄諸人，以免養兵，獨以兩浙爲守，又欲抑三等户代兵，茲又靡弊削弱之尤者也。

黄溍《文獻集》卷五《送曹順甫序》 葉正則推鄭景望、周恭叔，以達于程氏，若與吕氏同所自出。至其根柢六經，折衷諸子，剖析秦漢，訖于五季，凡所論述，無一合於吕氏。其傳之久且不廢者，直文而已，學固弗與焉。

藝文

葉適《水心文集》卷首趙汝讜《水心文集序》 備衆文名一家言者，在唐始著，前不多見也。先生之作，從壯至老，由今並古，日邁月超，神心窮天地，偉烈動海嶽，翼然如登明堂，入清廟，黼冕崇麗，金奏而玉應。其光耀變化，如驪龍翔而慶雲隨也。盛矣哉，其於文乎！粹矣哉，其於道乎！蓋周典、孔籍之奥不傳，左册、馬書之妙不續，詩迄韋、張，騷降景、宋，華與質始判，正與奇始分，道失其統緒久矣。世遂以文爲可玩之物，争慕趨之，馳騁以其力，雕鏤以其巧，彰施以其色，暢達以其才，無不自托於文，而道益離矣，豈能言易知言難歟？或者反之，則曰：「吾亦有道焉爾，文奚爲哉？」夫子不云乎：「言之不文，行之不遠。」六藝非萬世之文乎？以詞爲經，以藻爲緯，文人之文也；以事爲經，以法爲緯，史氏之文也；以理爲經，以言爲緯，聖哲之文也。本之聖哲而參之史，先生之文也，乃所謂大成也。欲植傑木，必豐其根；欲瀦巨澤，必濬其源。文，其澤、木也；學，其根、源也。學與文相爲無窮也，是果專在筆墨間乎？集起淳熙壬寅，更三朝四十餘年中，期運通塞，人物散聚，政化隆替，策慮安危，往往發之於文，讀之者可以感慨矣。故一用編年，庶有考也。昔歐陽公獨擅碑銘，其于世道消長進退，與其當時賢卿大夫功行，以及閭巷山巖樸儒幽士隱晦未光者，皆述焉，輔史而行，其意深矣。此先生之志也。門人大梁趙汝讜序。

吕皓《雲谿稿》之《水心葉先生哀辭》 某自絶爲舉子文，懼兩失之，始旁求世之老師儒而問道焉。蓋自國朝儒風大振，百餘年間，講究道德之藴奥，性命之精微，宜莫過於洛。考論古今之因革，政治之得失，宜莫過於蜀。及其徒之繁也，吹颸煽餤，而二黨遂成，迭爲勝負。既而上之人咸厭之，而有他尚焉，斯二者始浸息矣。南渡以來，一二遺老尋墜緒而揚之，於是道學之風獨熾。世之争趨利達而冒嫉之者，遂又蟻附而蜂起。某猶及接東萊、晦庵二老之流風焉。公時方盛年，乃渺然若無所睹，夷然若無以異，泊然若無所與，爰積二十年絶學之功，操一已絶識之見，大放乎振古絶世之文，崛起於東南多士淵藪，世雖披靡而人猶少向。邇也某嘗暇日取龍川陳公與晦庵朱公往復辨説王霸之淳駁，與夫漢唐之要略，推析而錙銖之，疏其目爲書幾萬言，而求正於公焉。而公復書，謂討論精確如此，某豈不能贊一語之決？要是面前人各持論未定，不欲更注脚，徒自取煩聒，嘉定甲戌之春也。先生既戒以置前話，遂以其所素學，假《老子》著《通儒説》以自見，往復五十餘條。其末也爲之序文曰：「子之言，近道之言也。雖不解《老子》，自足以發身，自足以進於道。」嗚呼哀哉！生平知心，惟後谿劉公與水心二公耳。劉公許至，始遣哀辭，將與東州之士共哀之也。涕未乾，亟遣人問公疾，乃得凶問。兩月之頃，再失知心，餘生真已矣。繼自今蒙頭結舌，待盡故山而已。嗟乎痛哉！吾自哀之不暇，尚何暇爲東州之士哀乎？其詞曰：

惟公目閲四瀆之亂流兮，不激西東；手理千載之棼絲兮，任彼錯綜。絶學無憂兮，靡間窮通。絶識難追兮，洞徹始終。接諸儒之統緒兮，不徇人而苟同。擅一世之文衡兮，養以道而益充。淵、軻已上兮，猶足折衷。荀、楊而降兮，未愜乎中。帝制屢褒兮，已極其隆。時論未厭兮，庶登顯庸。墻數仞兮，門則闢之。堂數尺兮，室則甚夷。我且直之兮，一動於微言而深知。若二老之論截不通兮，使得以撤其籬。《通儒》八十一章兮，聲叩而響隨。示余以四十七條兮，多是而寡非。謂言老去而學不倦兮，未有如吾子陽。出處之大節兮，吾謹識之衷腸。將與子之書俱上兮，俾爾死而不亡。時疾已革兮，尚緘寄以二章。吁嗟乎！人生知已真難遇，少年角立氣未降。出門同人不我同，偶得一二又參商。昔賢四十便抱蜀，誰能需血鬢毛蒼？高山流水長自在，伯牙死後琴虚張。聯篇累牘宛在目，寧忍視之中心藏。從今未死竟何爲？秃筆如束口如囊。惟時登密浦之上，矯首東甌涕泗滂。吾自寫吾哀而已，那知地厚與天長。

程珌《洺水集》卷一六《祭葉水心文》 曠寓宙以奚歸兮，唯道爲依。逢論訟之方興兮，聊解安於翠微。觀肖翹之喙息兮，與夫草木之參差。驗斯人之耕鑿兮，信裘葛之惟時。方渾沌之初剖兮，詎止見其象滋。如天玄地黄之形色兮，寧事乎龍馬之神奇。上徹崑崙之巔兮，下周渤澥之湄。仰窺盤古之初兮，俯占來代之期。感羲黄之啓鑰兮，居然萬世之師。馳帝塗、驟王軌兮，洋洋易之流輝。暨炎劉而訖五季兮，亦未始不啜其糟醨。彼風后、力牧之倫兮，迨夫皐、卨之疇咨。築巖耕野之徒兮，接于周召之倚毗。由漢唐之良輔兮，以至于我宋之元龜。雖治體之分兮，有醇駁古今之異，而功業之見兮，有崇卑義利之睽。然皆本於躬行兮，非空言而可致。亦必依道有立兮，非一切而背馳。蓋粒非五穀兮何以爲食，而嘉肴不食兮亦奚療饑？蓋是理也，嘗發揮於洙泗之語，又辨證於七篇之辭。舍而弗講，紛紛奚爲？一仁義兮涉歲，一敬一兮靡時。焦唇敝舌，

更請迭疑。審思力行，必也兼之。矯矯我公，長鳴盛時。告之吾君，不激不卑。内達國家之體，外明當世之宜。使卒行之，庶幾雍熙。胡午軸之已停，乃結轍於崦嵫。不能者時，天寔爲之。思疇昔之秦淮，獲從容乎歲期。每接函間之席，常嗟行道之遲。公曰不然，唯人在兹。自爾契闊，緘書亦希。先丘雙蓮，惠然賦詩。曾報牘之未馳，乃凶問之東來。傷非我私，爲斯人悲。香烈茶清，公其格斯。

魏了翁《鶴山先生大全文集》卷九一《吳閣學葉侍郎適文》 嗚呼！合散消息，陰陽之分，奚獨於公，感深涕霣。匪偏吾私，我憂孔殷。舟流莫届，行邁靡臻。匪學弗濟，匪才弗乂，苟尚有存，毋間中外。如珠在淵，如玉在山，木石何知，枯潤所關。公居海濱，奚與人事，海内同氣，視爲榮顇。門墻孤峻，基宇邃深，披剥傳注，貫融古今。東南諸老，收聲戢影，軒裳所忻，公力未憖。前年爲詩，寄我鶴山，去年貽書，喜我東還。精神風采，英晤踔軼，言論風指，間見層出。迨我造朝，公詩未賡，公書未報，公體不平。然猶私謂，人畸天耦，天如有意，則俾單厚。胡然藐藐，不吊我師，三朝舊人，所存幾誰！年開八秩，不爲夭閼，天隲斯文，寧有絶續。獨嗟人物，如千丈松，封植培養，匪一旦功。日零月替，世道攸繫，公知不知，我未有届。

《黄震全集·黄氏日抄》卷六八《讀文集十》 水心之見稱於世者，獨其銘誌序跋筆力横肆爾。近世自號得水心文法者，乃以陰寓譏罵爲能。愚觀水心文，雖間譏罵，實皆顯白。如曰：「旁縣田一頃，蛙鳴聒他姓。」此顯斥翁靈舒廢家業而工晚唐詩，直以爲世戒，非陰寓也。如曰：「蛛絲妄架詩書帽，鷺羽空陂菡萏愁。」此明言陳益謙不讀書而冒儒衣冠，不得已爲作詩，非陰寓也。如曰：「丁村未嘗有此，其村民不學而崛起，未可知。」「惟數花鬚，嗅松葉。」世傳狀飽清卿爲猴精，此爲譏諷。然他日誌其妻劉氏，直舉飽蕴夫婦棄家學佛，至賣漉籬。此其偏好，自有取輕者。終篇述其治行，甚褒，瑕瑜不相揜也。借曰水心時一以文爲戲，可盡以例其餘耶？學之者不于其横肆而獨于其戲者耶？嗚呼！水心之傳世者僅此，而學之者又辱之，且關學者心術，故爲之辯。

《水心别集》水心論治之書也。《别集·後總》又其救世之策也。極論本朝兵以多而弱，財以多而乏，任法而不任人，一事以上盡出專制，而天下之勢至攣縮而不可爲。爲之激烈憤痛，開闔數萬言，蓋能言之士莫不能尚也。然論治猶醫然，論已壞之證易，而求必效之方難。水心始論歷詆本朝先正大臣無一知治體，而要其究極，乃謂不能如秦之强；始論必欲取幽、燕，守關塞，然後可以立國，而要其究極，乃欲於東南一隅，更裂兩淮、江南、荆湖而授之人；始論欲盡省養兵之費以寬民，而要其究極，乃欲買官田，召民租佃如私家，以贍兵食。夫其欲取幽、燕者，欲强其國如秦也；欲省養兵以寬民者，欲厚其力取幽、燕也；欲買官田者，欲省以民養兵之擾也。千條萬緒，宛轉鋪張，而卒歸宿於買官田。買官田，果必效之方否耶？世降俗漓，法密文弊，民之不可一日與官接，猶羊之不可與虎羣也。且豈獨官於民爲然，衣食稍裕之家，以其田使鄰之人佃之，所經由不過一二顔情稔熟之奴隸，而鄰之人已不勝其田主之苛取，奴隸之姦欺矣。又稍稍積而至於富貴之家，以其田使鄉之人佃之，其苛取，其奸欺，甚至虐不可支，有舉室而逃，或捐性命以相嚮者矣，顧欲官買田而民佃之耶？今觀水心，先以水心温州一郡爲準，欲繞城三十里内買其田一半，計穀九萬八千一百二十五扛，以養兵二千七百二十二人，官吏卒掌之者七十六人，鄉官及保甲頭催之者七十人，作米者百二十人，出納期會，下至坌箕、苫幕之費，無不會計曲盡。水心自謂可以永免擾民矣，然必爲監官，爲鄉官，爲吏卒，甲頭者，人人水心也，世世水心其人也，則量租可無斛面，納租可無費錢，催租可無椎剥。其或我水心而人不水心也，此一時之人水心而後之人不水心也，則今世官取斛面，往往倍正斛，是温州盡三十里所出，不足以供租入之半也，其柰何？今世納官租之費，石不下三數貫，是既盡三十里所出，又須别營錢以資納也，其柰何？今世吏卒催租，雞犬爲盡，徒虧官額，以飽私囊，是三十里倍錢納租之外，又將不勝其横擾，且虧官也，其柰何？且其立法之細，亦多難久者。如監官廳子月支錢二貫，二貫果足以贍其養者乎？催租甲頭歲支穀一扛，一扛果足以償其勞者乎？脚子三十名無請給，無請給而有家食，官作者乎？大抵人情之於剥民，如蚊蝨吮血，苟有其隙，不約胥會。所謂監官一員，必且增監門，必且增斛面，必且以機察提督，江湖乞丐之靡，必且干勢要挾，闖書求爲司門，求爲敖口，求爲催租官，況於吏卒何可預防？數之一者，必且增而十；數之十者，必且增而百，況其私取何可預限？官租之羸既倍，而吏卒之擾又煩，正恐佃户逃而追業主，業主逃而追親丁，不特繞城三十里地荒民散，四境亦蕭然矣！水心乃曰所行止傅城，而數百千里不預聞焉，豈但思其利而不暇思其害者乎？且水心偏舉本朝法度，凡其爲利，無一非害。祖宗之思慮亦深於水心矣，久且不能無害，豈水心之官田獨能保其無害者乎？嗚呼！必水心之言用也，天下之擾久矣。景定三年甲子春，後學黄震謹書。

吳曦部

綜述

《宋史》卷四七五《吳曦傳》 吳曦，信王璘之孫，節度挺之中子。以祖任補右承奉郎。淳熙五年，換武德郎，除中郎將，後省言其太驟，改武翼郎。累遷高州刺史。紹熙四年，挺卒，起復濠州團練使。慶元元年冬，由建康軍馬都統制除知興州兼利西路安撫使。四年，憲聖園陵成，以勞遷武寧軍承宣使。六年，光宗攢陵成，遷太尉。

會韓侂胄謀開邊，曦潛畜異志，因附侂胄求還蜀。樞密何澹覺其意，力沮之。陳自强納曦厚賂，陰贊侂胄，遂命曦興州駐劄御前諸軍都統制，兼知興州、利州西路安撫使。從政郎朱不棄上侂胄書，謂曦不可主西師，侂胄不報。曦至鎮，譖副都統制王大節，罷之，更不除副帥，而兵權悉歸於曦。開禧二年，朝廷議出師，詔曦爲四川宣撫副使，仍知興州，聽便宜行事。自紹興末，王人出總蜀賦，移牒宣司，勢均禮敵。而侂胄以總計隸宣司，副使得節制按劾，而財賦之權又歸於曦。未幾，兼陝西、河東招撫使。

曦與從弟晛及徐景望、趙富、米脩之、董鎮共爲反謀，陰遣客姚淮源獻關外階、成、和、鳳四州于金，求封爲蜀王。侂胄日夜望曦進兵，曦陽爲持重，按兵河池不進，潛爲金人地以困王師，侂胄不之覺。會正使程松至，曦不庭參，松不敢詰；曦復多摘取松衛兵，松亦不悟。

金人犯西和，王喜、魯翼拒之。戰方急，曦傳令退保黑谷，軍遂潰。乃焚河池，退壁青野原。曦時已布腹心于金，將士未之知，猶力戰，敵人竊咲之。曦退壁魚關，招集忠義，厚賜以收衆心。興元都統制毋思以重兵守大散關，曦因撤鬵關之戍，敵由版閘谷遶出思後，思遁。金遂陷大散關，曦退屯置口。舉人陳國飾投匭上書，言曦必叛，侂胄不省。

十二月，興州見兩日相摩。金遣吳端持詔書、金印至置口，封曦蜀王，曦密受之。李好義敗金人於七方關，曦不上其捷，還興州。是夜，天赤如血，光燭地如晝。翌日，曦召幕屬諭意，謂東南失守，車駕幸四明，今宜從權濟事，衆失色。王翼、楊騤之抗言曰：「如此，則相公八十年忠孝門户，一朝掃地矣！」曦曰：「吾意已決。」即詣甲仗庫，集兵將官語故，禄禧、褚青、王喜、王大中等皆稱賀聽命。曦北向受印。遣徐景望爲四川都轉運使，褚青爲左右軍統制，趨益昌，奪總領所倉庫。程松聞變，棄興元去。

三年正月，曦遣將利吉引金兵入鳳州，以四郡付之，表鐵山爲界。曦乘黄屋左纛，僭王位于興州，即治所爲行宫，稱是月爲元年。使人告其伯母趙氏，趙怒絶之。叔母劉晝夜號泣，駡不絶口，曦扶出之。族子僎爲興元統制，見僞檄，色甚不平。

曦既僭位，議行削髮左衽之令。遣董鎮至成都治宫殿，將徙居之。曦所統軍七萬併程松軍三萬，分隸十統帥。遣禄祁、房大勛戍萬州，泛舟下嘉陵江，聲言約金人夾攻襄陽。祁尋至夔，遣兵扼巫山得勝、羅護等砦，以遏王師。侂胄聞曦反，不知所爲，或勸不如因而封之，侂胄納其説。吳晛爲曦謀，宜收用蜀名士以係民心。於是陳咸自髡其髪，史次秦塗其目，楊震仲飲藥卒，王翊、家拱辰皆不受僞命，楊脩年、詹久中、家大酉、李道傳、鄧性善、楊泰之悉棄官去。薛九齡謀舉義兵。

興州合江倉官楊巨源倡義討逆，未有以發，遂與隨軍轉運安丙共謀誅曦。會李好義與兄好古、李貴等皆有謀，交相結納。二月甲戌夜，漏盡，巨源、好義首率勇敢七十人斧門以入。李貴即曦室斬其首，裂其尸。丙分遣將士收其二子及叔父柄、弟暐、從弟晛、賊黨姚淮源、李珪、郭仲、米脩之、郭澄等皆誅之。時吳端猶卧後閣，亦伏誅。徐景望、趙富、吳曉、董鎮、郭榮、禄禧等皆在外，遣人就誅之。函曦首獻于朝。

詔曦妻子處死，親昆弟除名勒停，吳璘子孫並徙出蜀，吳玠子孫免連坐，通主璘祀。曦敗時年四十六。

雜録

備録

岳珂《桯史》卷三《梓潼神應》 逆曦將叛前事之數月，神思昏擾，夜數躍起，

寢中叱咤四顧，或終夕不得寢，意頗悔，欲但已。其弟晛力慫慂之，曰：「是謂騎虎，顧可中道下耶？」曦家素事梓潼，自玠、璘以來，事必禱，有驗。乃齋而請。是夕，夢神坐堂上，已被赭玉謁焉。因告以逆，且祈卜年之脩永，神不答，第曰：「蜀土已悉付安丙矣。」既寐大喜，謂事必遂。時安以隨軍漕在魚關驛，召以歸，命以爰立。安顧逆謀堅決，觸之且俱靡，惟徐圖可以得志，不得已諾之。猶辭相印，遂以丞相長史權知都省事授之。居踰月而成獲嘉之績，梓潼在蜀，著應特異。

岳珂《桯史》卷八《月中人妖》 逆曦未叛時，嘗歲校獵塞上。一日夜歸，笳鼓競奏，轔轔雜襲。曦方垂鞭四視，時盛秋，天宇澄霽，卬見月中有一人焉，騎而垂鞭，與己惟肖。問左右，所見皆符，殊以爲駭，默自念曰：「我當貴，月中人其我也。」揚鞭而揖之，其人亦揚鞭，乃大喜，異謀繇是益決。德夫兄至蜀，安大資丙與之醼，親言之。夫妄心一萌，舉目形似，此正與投楮天池者均耳，月妖何尤。

岳珂《桯史》卷一二《金鯽魚》 今中都有豢魚者，能變魚以金色，鯽爲上，鯉次之。【略】又別有雪質而黑章，的皪若漆，曰玳瑁魚，文采尤可觀。逆曦之歸蜀，汲湖水浮載，凡三巨艘以從，詭狀瑰麗，不止二種。惟杭人能餌蓄之，亦挾以自隨。

羅大經《鶴林玉露》乙編卷一《誅曦詔》 安子文與楊巨源、李好義合謀誅逆曦，矯詔之詞曰：「惟干戈省厥躬，朕既昧聖賢之戒；雖犬馬識其主，爾乃甘夷虜之臣！邦有常刑，罪在不赦。」詞旨明白，乃好義姊夫楊君玉之詞也。曦年十許歲時，其父挺嘗問其志，曦有不臣之語，其父怒，蹴之爐火中，灼其面，號「吳巴子」云。

葉紹翁《四朝聞見録》丙集《逆曦僞服印》 開禧逆曦既誅，僞內史安公丙函其首與僞服、宮號來。【略】袍僭黄，領儗赭；袍僭赭，領儗黄。宮號用黄絹折角爲四，文曰：「出入殿門。」金授以印，鑄用今文，曰「蜀王之印」。僅如今文思院給降式。曦自鑄塗金印，文云「蜀國制敕之印」。

葉紹翁《四朝聞見録》戊集《逆曦歸蜀》 逆曦既用，賂蘇師旦，遂舉全蜀以授之。其在殿巖也，嘗命工圖畫上乘輿、鹵簿卷軸甚詳。人問曰：「太尉何用此？」曦紿之曰：「把歸去，教孩兒男女看了消災滅罪。」及出北關，遂焚香拜天于鵠首，云：「且得脱身歸去。」其反狀已萌於此矣。惟吳公琚嘗目曦以必反。何公澹既因韓致政府，亦以爲不可遣，忤韓，出知福州。

彭大翼《山堂肆考》卷七八《抗節不撓》 宋李道傳爲蓬州教授，金人窺散關急，而吳曦復叛。道傳痛憤見于形色，密遺書安撫楊輔，論曦必敗，宜舉義討之。曦黨來脅道傳，道傳折之以義，抗節不撓，棄官而歸。

藝文

劉壎《水雲村稿》卷七《跋安子文丙楊子淵巨源誅吳曦矯詔》 詔曰：敕門下：惟干戈省厥躬，朕既昧聖賢之戒；雖犬馬識其主，爾乃甘仇敵之臣。邦有常刑，罪在弗赦。太尉、昭信軍節度使、利州西路安撫使、興州駐劄御前諸軍都統制、四川宣撫使，兼陝西河東路招撫使吳曦，早馮世禄，久綴朝班，以其爲三朝忠孝之家，必無反側，故授以四川宣招之柄，俾究設施。乃陰結於敵人，遂竊窺於神器，將士成功而吝賞，搢紳獻議而弗從，委棄四州，焚燒積聚，迫脅多士，列置官僚，僭名號以自居，裂衣冠而不恥，既挾干戈而背君父，且盜疆土以予寇讐。静言思之，孰可忍也！彼敢效敬瑭、劉豫之作，朕寧無絳侯、曲逆之臣。自奏報之忽來，即寢食之俱廢，痛心疾首，拊髀噬臍，不圖家賊之難防，遂使蕭牆之遺患。尚賴祖宗德澤之未泯，與夫軍民心志之未離，況今江南諸軍已著平淮之勳業，眷茲坤維列郡，寧無思漢之謳吟，想皆左袒以爲劉，咸思舉笏而擊泚。隨軍轉運安丙，可特權四川宣撫使、陝西河東路招撫使，招集義士，誅戮叛臣，有能仗義以奮呼，即與旌忠而顯擢，王封節鉞，次第褒嘉，庫藏金貲，盡皆錫予。於戲！趙奢之有趙括，猶止殺身；霍光之有霍雲，豈期滅族；慨歎勳庸之後尚存涵愛之仁。吳曦一門，凡附於逆黨者，並皆誅戮，其餘脅從，置之不問。除已命帥分兵西討外，故茲密詔，想宜知悉。

右安丙、楊巨源誅逆曦矯詔也。建紹中興，二吳有大功於蜀，蜀賴以存者百餘年。曦以世將墜厥勳名，是時朝廷無事，邊隅解兵，遽聞警報，俱失措。巨源益昌人，以右選爲忠州管下合江之倉官，密與丙謀舉義。此詔蓋彭子申所草，（或曰白某）竟用合江倉印誅翦逆僞，再造四蜀。廟堂方議西討，而捷書至矣。朝野動色，夸頌雋功，丙由是擅勳名，極富貴，以終其身。此舉實自巨源發之，乃遄爲讒疾所殺。然區區一倉官，能作如許事，信奇特哉！細讀此詔，至今凜凜有生氣。

魏了翁《重校鶴山先生大全文集》卷六三《跋家季文守富順日拒吳曦僞檄事》 予平生爲人記述多矣，觀書太史氏，閲人益廣。姑據予所身歷者言之，孽韓柄國，逆吳臣虜，士大夫不曰拒則曰去，使誠有之，亦爲臣之常分。況不必皆然，方事變之殷，雖能言者已鮮，及事已變息，則敢爲者常多，此可盡據邪？家侯季文富順文檄與趙、薛二守報書，則信而有證。嗚呼！是非之心，其孰無之，而奪於利害以謬迷其所固有，甘於禍家凶國而不知顧者多矣。此非素講豫定，安能斷斷若此！予嘗爲侯記積善堂，今江浙閩湘間家有是記，大略謂吾惟循理盡分而爲之，他人何與焉，幾若爲此事發者，故又識于此，以申侯善善惡惡之初志云。

陸遊《渭南文集》卷一《逆曦授首稱賀表》 天無私覆，實均父母之仁；邦有大刑，爰下風雷之令。英斷若神明之速，成功無晷刻之淹，氛祲澄清，頌聲洋溢。臣伏以高皇有作，王室中興，方犬戎窺蜀以憑陵，賴驍將奮身而守衛。念功無已，分閫相承，仰累朝寵數之非常，雖舉族糜捐而曷報。豈圖小醜，自取參夷，僭服自如，改元無憚。受封割地，已北通獯鬻之庭；置戍奪符，欲東扼瞿唐之險。罪不勝于擢髮，誅寧貸于闔門。肆推曠蕩之恩，實自聖神之造。恭惟皇帝陛下德配天地，功光祖宗。覽圖籍而動容，每念兩京之未復；奉廟祧而霣涕，不忘九世之深仇。蠢茲雛卵之微，自投鼎鑊之地。人情共憤，天討遂加。菹醢以賜諸侯，雖特寬于漢法；頭顱之行萬里，已大震于戎心。遥知群醜宵遁之餘，無復並塞秋防之警。臣身歸南陌，名寓西清。馳驛四傳，徒快鯨鯢之戮；造朝旅賀，莫趨鵷鷺之班。

佚名《翰苑新書》後集上卷二〇黄竹坡《賀蜀道誅馘吳曦》 邊臣負固，敢萌僭叛之心，聖筭伐謀，亟正誅夷之典。方檄書於巴蜀，已函首於京師。天理昭明，人心闓豫。中賀竊以乾坤設位，定尊卑而不易，《春秋》立法，馭臣子以至嚴，倘懷梟獍之凶，難逭鯨鯢之戮。蓋神人之共憤，抑覆載之不容。蠢爾逆曦，敢萌亂畧，惟爵賞之異數，既封殖于爾家，載於旂常，具紀前人之烈，畀之節鉞。爰及不肖之孤，金帛子女充牣其庭，山川土田畈章爾宇，曾無寸效少答殊恩，乃包藏其禍心，欲跳梁於井幹，舉關內喉襟之地，剪爲盜區，强漢中冠帶之民，悉令胡服。犯天下之大戒，此人情之必誅，剖貪啉之家心，聊快三軍之怒。獻突梯之鼠首，各陳一體之功，復見官儀，來告宗廟。恭惟皇帝陛下修攘御宇，勤儉守邦，臨民忠嘉。所謂父生而師教，流澤汪濊，是誠春育而海涵。惟茲昏迷，自冒典憲，既正藁街之罪，坐令棧道之安，外攝蠻夷，内懲姦慝。臣等叨居邇列，莫替明謨，第忻僭亂之平，行見規恢之復。隗囂既敗，知建武之中興，劉闢成禽，頌元和之聖德。

佚名《翰苑新書》後集上卷二〇危巽齋《賀誅吳曦》 河山有誓，敢爾負恩，天地不容，竟茲授首，人神憤雪，海宇歡同。恭惟皇帝紹開中興，布宣聖武，三軍協力，事方急於規恢。一夫當關，志乃謀於竊據，公連遠域，欲悖太陽以所守。匪親而化爲豺狼，謂無天道，見無禮於君，而誅如鳥雀。寧變人心不勞尺兵，遂膏齋斧，平劉闢於蜀，本元和聖德之明；除子璋於綿，豈成都猛將之力。臣叨聯近屬，假守神皐，自謂露布之馳，不知屐齒之折，大開明堂之朝賀，深慰清廟之宣揚。

程敏政《新安文獻志》卷四一程秘《代賀平吳曦表》 殘寇浸平，方講内修之政，狂童忽横，輙干自殄之誅，宗社叶休，人神共快。臣仰思列聖積累之盛，實基萬世延洪之休，率土承有截之風，含生知向内之義。疇謂元惡，敢包禍心，忘公朝亭育之恩，隕私門忠孝之緒，三靈憤怒，九牧囂騰，果在須臾悉就摧剪。茲蓋恭遇皇帝陛下，聖武不殺，至仁好生，雖神戈不至於坤維，而皇靈如赫於天際，仍俾脅從之類，咸染蕩滌之恩，灑然污染之區，熙若清寧之地。臣肅將明指，幸會熙辰，此日藁街已正，鯨鯢之戮，他年渭上更來氈毳之朝。

魏了翁《重校鶴山先生大全文集》卷三二《上韓太師論逆曦事書》 某聞有逆曦之變，始而駭，中而疑，終而信。其駭也，事出意表，罔然以失，蓋亦人心之所同。其疑也，則以謂曦本乳臭子，特以父祖故，未嘗有横草尺寸功，而位極武階，身兼將相。今又以西垂被兵，俾之盡護諸將。主上之所禮貌，大臣之所剸屬，久總戎昭，任之不疑。寵異若此，而不以此時報國，顧萌二心，則非人類也。其信也，又謂曦之輕蔑王室，包藏禍心，本非一日，有識之士類能言之。乃敢上誤廟算，張空北征，而蓄縮自守，乘時爲姦，自通醜虜，以欺脅君父。其狀蓋自去秋以來，則又近於可信。於是踉蹡返棹，自巫山近境亟回江、陸，覘知反狀甚悉，不覺泫然殞涕，恨不身先士卒，膏劍外之草，俘此狂逆也。而襄、安之圍未退，又進迫荆門，目前殷遽如此，則似未容虚此以應彼。爲宣司計，只得量緩急而爲之應，且速營襄、安之援。其如討叛，則旋爲布置，以俟朝廷處分。度二郡之圍解，則正興兵討叛之機也。今二圍既解，而朝廷處分猶未聞有赫然振厲，可以大慰人心者。其説不過曰事當重遲，欲速則激事；當周密，張皇則駭衆。區區愚贅，

竊不謂然。常人之情，驟變則憤激，久之則因循。况曦之不道，本起於易我。環六十州，豈無捐軀徇國者？而包羞含垢，遲遲至今，未有能即事刃於曦，以報天子者，則亦未必非疑我之力，方弊於北事，而未暇拯己也。故且苟延歲月，以需王師耳。然聞之道路，則曦之爲謀日深，又非曩比。分遣偏裨，以守州郡之要劇者矣；漸易諸將之不附己者矣；增置百司，士之受僞命者日以多矣；輕繇薄賦，人之沾小惠者日以廣矣。小人無知，不識利害，因循日久，或將安焉。則今日討叛之舉，可斯須緩乎？可以易心臨之乎？下哀痛之詔，洗濯弊事，以作人心；别逆順之理，明其爲賊，以厲士氣，亟肆赦宥，原脅從之罪，而開其自新；分遣辯士，諭關外諸將以大義，而重爲之爵賞；傳檄蜀郡，乘人心之厭亂，而許之以和戎罷兵。此等舉措，在今日皆當汲汲施置，而不可忽。其次則莫若乘人心之憤激方新，而曦之規模未立，揚虚聲於均、房之境而亟以重賞誘致禄禧，發大軍萬人奪瞿唐，循夔子而上，號召瀘、益、綿、劍諸郡，約田氏兵以爲内應，自萬出陸，自渝、合泝流，皆可進兵北去，奪劍關以扼衿喉，奪益昌以據金穀。大勢既定，人知逆順禍福之較然，則三都統之兵，亦將倒戈以爲我用。雖嘗受僞命者，亦將自擇利害。若是，而曦安所逃乎？使曦幸而不授首於我，則不過逃而歸虜耳。縱在虜，亦不足爲深憂。曦死而虜爲寇我，亦固有之患，皆可以漸爲之圖，而吾已可拔四蜀於被髮左衽之幾不免矣。若掩匿覆蓋，悠悠歲月，養禍而觖民望，則祇見其害，未睹其利也。吴宣威威望著，恩信行，人樂爲使。彭都統雖非素望，然近以拔身汙僞，鋭然遠來，士譽始歸。留之在此，亦可使血脉通貫。見已部分諸將，結約内應，止候朝廷明降處分，如前所陳者。昨又見移秦世輔，遣王大才，此皆甚愜人意，去留得宜。惟未頒赦令，未專責任，未正討賊之名，中外顒顒，日月以幾。太師身佩安危，伏惟力贊睿斷，蚤決大計，以投機會，以解西南倒垂之急，實宗社生靈之幸。某生長於蜀，粗知蜀人之心，必不俯首下氣，以臣於賊。其日徯王師之來，非若曩時諸公妄揣虜情，以誤大舉之比也。惟太師亟圖制之。

宋理宗部

綜述

《宋史》卷四一《理宗本紀一》　理宗建道備德大功復興烈文仁武聖明安孝皇帝，諱昀，太祖十世孫。父希瓐，追封榮王，家于紹興府山陰縣，母全氏。以開禧元年正月癸亥生于邑中虹橋里第。前一夕，榮王夢一紫衣金帽人來謁，比寤，夜漏未盡十刻，室中五采爛然，赤光屬天，如日正中。既誕三日，家人聞户外車馬聲，亟出，無所睹。幼嘗晝寢，人忽見身隱隱如龍鱗。是時，寧宗弟沂靖惠王薨，無嗣，以宗室希瞿子賜名均爲沂王後，尋改賜名貴和。嘉定十三年八月，景獻太子薨，寧宗以國本未立，選太祖十世孫年十五以上者教育，如高宗擇普安、恩平故事，遂以十四年六月丙寅立貴和爲皇子，改賜名竑，而以帝嗣沂王。六月乙亥，補秉義郎。八月甲子，授右監門衛大將軍，賜名貴誠。十五年五月丁巳，以竑爲檢校少保，進封濟國公。己未，以帝爲邵州防禦使。帝性凝重寡言，潔修好學，每朝參待漏，或多笑語，帝獨儼然。出入殿庭，矩度有常，見者斂容。會濟國公竑與丞相史彌遠有違言，彌遠日謀媒蘖其失於寧宗，屬意於帝而未遂。十七年八月丙戌，寧宗違豫，自是不視朝。壬辰，疾篤，彌遠稱詔以貴誠爲皇子，改賜名昀，授武泰軍節度使，封成國公。

閏月丙申，寧宗疾甚，丁酉，崩于福寧殿。彌遠使楊谷、楊石入白楊皇后，稱遺旨以皇子竑開府儀同三司，進封濟陽郡王，判寧國府，命子昀嗣皇帝位。大赦。尊楊皇后曰皇太后，同聽政。封竑爲濟王，賜第湖州，以醴泉觀使就第。癸亥，詔宫中自服三年喪。

九月乙亥，詔褒表老儒，以傅伯成爲顯謨閣學士，楊簡寶謨閣直學士，並提舉南京鴻慶宫；柴中行敘復元職，授右文殿修撰，主管南京鴻慶宫。戊寅，詔兄濟王妻衛國夫人吴氏封許國夫人。己卯，皇太后、皇帝御便殿垂簾。詔以先聖四十九代孫行可爲迪功郎，授判、司、簿、尉；以禮部侍郎程珌、吏部侍郎朱著、中書舍人真德秀兼侍讀；工部侍郎葛洪、起居郎喬行簡、宗正少卿陳貴誼、軍器監王塈兼侍講。壬午，葛洪權工部尚書，升兼侍讀。辛卯，祀明堂，大赦。

冬十月戊戌，詔諸路提點刑獄以十一月按理囚徒。己亥，嗣秀王師嵒薨。壬子，詔百官奉按月給。

十一月甲子，右正言虞溗請承順東朝，繼志述事，壹以孝宗爲法，而新政之切者，曰畏天、悦親、講學、仁民。上嘉納焉。癸未，以五月十六日爲皇太后壽慶節。丁亥，詔改明年爲寶慶元年。戊子，以葛洪爲端明殿學士、同簽書樞密院事。己丑，詔以生日爲天基節。

十二月甲午，雪寒，免京城官私房賃地、門税等錢。自是祥慶、災異、寒暑皆免。癸丑，開經筵，詔輔臣觀講。詔太后所居殿號曰慈明。辛酉，請大行皇帝謚號于南郊，謚曰仁文哲武恭孝皇帝，廟號曰寧宗。

寶慶元年春正月壬戌朔，詔舉賢良。庚午，湖州盜潘壬、潘丙、潘甫謀立濟王竑，竑聞變，匿水竇中，盜得之，擁至州治，以黄袍加其身，守臣謝周卿率官屬入賀。初，壬等僞稱李全以精兵二十萬助討史彌遠擅廢立之罪，比明視之，皆太湖漁人及巡尉兵卒，竑乃遣王元春告于朝而率州兵誅賊。彌遠奏遣殿司將彭任討之，至則盜平。又遣其客秦天錫託宣醫治竑疾，諭旨逼竑死，尋詔貶爲巴陵郡公。辛未，詔保寧軍節度使師彌爲檢校少保。詔以皇太后弟奉國軍節度使楊谷、保寧節度楊石並開府儀同三司。丙戌，濟王竑訃聞，特輟視朝。己丑，上寧宗謚册、寶。

二月甲午，詔故太師、武勝定國軍節度使、鄂王岳飛謚忠武。丙申，詔師彌檢校少師、嗣秀王。丙辰，楚州火。戊午，發廪振在京細民，給犒馬步軍、皇城司守衛軍有差。

三月癸酉，葬寧宗于會稽永茂陵。

夏四月辛卯朔，寧宗祔廟。壬辰，詔皇兄竑贈少師、保静鎮潼軍節度使，直舍人院王塈等繳奏命，遂寢。丁酉，皇太后手書：「多病，自今免垂簾聽政。」壬寅，帝兩請皇太后垂簾，不允。辛亥，發廪振在京細民。

五月甲子，詔：「内外文武大小之臣，於國政有所見聞，封章來上，毋或有隱。」丙寅，詔不熄爲保康軍承宣使、嗣濮王。

六月丁未，詔史彌遠爲太師，依前右丞相兼樞密使，進封魏國公。彌遠辭免太師。

秋七月丁丑，滁州大水，詔振恤之。乙酉，詔行大宋元寶錢。

八月壬寅，以司農丞姚子才封事切直，詔進一秩，授祕書郎。癸卯，詔知袁州趙筊夫直祕閣，福建提點刑獄，以旌廉吏。丙午，詔侍從、給諫、卿監、郎官，并在外前執政、侍從、帥臣、監司，各舉廉吏三人。戊申，詔侍從、兩省、臺諫、三衙、知閤、御帶、環衛官，在外前執政、侍從、帥臣、監司、都副都統制及屯戍主將，其各舉堪充將帥三人。己酉，地震。壬子，張九成贈太師，追封崇國公，謚文忠。甲寅，以程頤四世孫源爲籍田令。乙卯，莫澤言真德秀舛論綱常，簡節上語，曲爲濟王地。詔德秀煥章閣待制，提舉玉隆萬壽宮。丁巳，詔戒貪吏。

九月丙寅，著作佐郎陶崇上保業、慎獨、謹微、持久四事，帝嘉納之。

冬十月甲寅，詔：會稽欑宮所在，稅賦盡免折科，山陰縣權免三年。

十一月癸亥，宣繒兼同知樞密院事，薛極參知政事，葛洪簽書樞密院事。詔：「邵州潛藩可升爲寶慶府。筠州與御名音相近，改爲瑞州。」壬午，雪寒，在京諸軍給緡錢有差，出戍之家倍之。自是祥慶、災異、霪雨、雪寒咸給。甲申，朱端常言魏了翁封章謗訕，真德秀奏劄誣詆。詔魏了翁落職，奪三秩，靖州居住；真德秀落職罷祠。

十二月甲辰，詔删修敕令。

是歲，兩浙路户一百九十七萬五千九百九十六，口二百八十二萬二千三十二。福建路户一百七十萬四千一百八十六，口三百五十五萬三千七十九。

二年春正月癸亥，詔贈沈煥、陸九齡官，煥謚端憲，九齡謚文達。録張九成、吕祖謙、張栻、陸九淵子孫官各有差。癸酉，召布衣李心傳赴闕。

二月辛卯，監察御史梁成大言真德秀有大惡五，僅褫職罷祠，罰輕。詔削二秩。

三月癸酉，以久雨詔大理寺、三衙、兩浙運司、臨安府諸屬縣榷酒所，凡贓賞等錢，罪已決者，一切勿徵，毋錮留妻子。自是霖潦、寒暑皆免。戊寅，詔太常寺建功臣閣，以「昭勳崇德」爲名。己卯，蘄州火。

夏四月己丑，詔輔臣奉薄，其以《隆興格》爲制。

六月丙申，御後殿，賜進士王會龍以下九百八十九人及第、出身有差。壬寅，詔以孔子五十二代孫萬春襲封衍聖公。

秋七月戊辰，雷雹雨，晝晦，大風。遂安、休寧兩縣界山裂，洪水壞公宇、民居、田疇。

八月乙巳，濟王竑追降巴陵縣公。辛亥，衛涇薨。

九月庚申，雷。

冬十月甲申，詔《寧宗御集》閣以「寶章」爲名，仍置學士、待制員。辛丑，又雷。辛亥，改湖州爲安吉州。

十一月甲寅，修祚德廟，以嚴程嬰、公孫杵臼之祀。丙辰，始御紫宸殿。丙子，日南至，上詣慈明殿。

十二月癸卯，親享太廟。

三年春正月辛亥朔，上壽明皇太后尊號册、寶于慈明殿。壬子，史彌遠進二秩。辛酉，以楊谷、楊石並爲少傅。知楚州姚翀朝辭，奏淮楚忠義軍事，上曰：「南北皆吾赤子，何分彼此，卿其爲朕撫定之。」己巳，詔：「朕觀朱熹集注《大學》、《論語》、《孟子》、《中庸》，發揮聖賢蘊奥，有補治道。朕勵志講學，緬懷典刑，可特贈熹太師，追封信國公。」

三月庚戌朔，詔郡縣長吏勸農桑，抑末作，戒苛擾。工部侍郎朱在進對，奏人主學問之要，上曰：「先卿《中庸序》言之甚詳，朕讀之不釋手，恨不與同時。」辛亥，以皇太后尊號册、寶禮成，姪孫楊鳳孫以下推恩有差。

夏四月戊戌，宣引前丞相謝深甫孫女謝氏詣慈明殿進見。

五月壬子，詔岳珂户部侍郎，依前淮東總領兼制置使。

閏月己卯朔，詔：郡縣繫囚不實書曆，未經結録，守臣輒行特判，憲司其詳覆所部獄案，歲月淹延者重置于憲。

六月戊申朔，日有食之。

秋七月丁酉，詔振贍被水郡縣，其竹木等稅勿徵。丙午，史彌遠乞歸田里，詔不允。

八月庚戌，詔謝氏特封通義郡夫人。癸亥，詔：凡試邑兩經罷黜，更勿授知縣、縣令。丙子，城太平州，詔知州綦奎進中奉大夫，餘推恩有差。

九月癸未，故觀文殿大學士、魏國公、贈太師留正謚忠宣。丙午，追上寧宗徽號曰法天備道純德茂功仁文哲武聖睿恭孝皇帝。

冬十月甲子，右監門衛大將軍與爽改賜名貴謙，授宜州觀察使，繼沂王後。右千牛衛將軍孟杓改賜名乃裕，授和州防禦使，繼景獻太子後。甲戌，趙范江東提刑兼知池州，節制防江水步軍、池州都統司軍馬。

十一月戊寅，奉上寧宗徽號册、寶于太廟。辛巳，日南至，郊，大赦。改明年爲紹定元年。

十二月壬申，發廩振贍京城細民。大元兵破關外諸隘，四川制置鄭損棄三關。

紹定元年春正月丙子朔，上壽明慈睿皇太后尊號册、寶于慈明殿。楊谷、楊石並升少師。

十一月庚辰，雷。丁酉，詔申嚴皇城司給符之制，照闌入法。

十二月辛亥，以薛極知樞密院事兼參知政事，葛洪參知政事，袁韶同知樞密院事，鄭清之端明殿學士、簽書樞密院事。

二年春正月庚辰，大理司直張衍上檢驗、推鞫四事。詔：刑獄人命所關，其令有司究行之。

二月庚戌，詔：歲舉廉吏或犯姦贓，保任同坐，監司守臣其申嚴覺察。

三月辛卯，詔：郡縣繫囚多瘐死獄中，憲司其具獄官姓名以聞，黜罷之。

夏四月庚申，詔：郡縣官闕，毋令藝術人、豪民、罷吏借補權攝。

五月，詔：成都、潼川路歲旱民歉，制司、監司其亟振恤，仍察郡縣奉令勤惰以聞。辛巳，賜進士黄朴以下五百五十七人及第、出身有差。詔：户絶者許立嗣，毋妄籍没。

六月丁巳，詔通義郡夫人謝氏進封美人。

九月丁卯，台州大水。

冬十月壬戌，詔：台州水災，除民田租及茶、鹽、酒酤諸雜税，郡縣抑納者監司察之。

三年春正月甲申，詔故皇子緝贈保信、奉國軍節度使，開府儀同三司，追封永王，謚冲安。壬辰，知棗陽軍史嵩之創置屯田，以勞賞官兩轉。

二月戊戌，詔：汀、贛、吉、建昌蠻獠竊發，經擾郡縣復賦税一年。庚戌，詔趙范起復，依前知鎮江府，節制防江水步并本州在砦軍馬；趙葵起復，依前知滁州，節制本州屯戍軍馬。壬子，詔：故皇子繹賜忠正、保寧軍節度使，開府儀同三司，追封昭王，謚冲純。

閏月癸酉，逃卒穆椿夜竊入皇城，燒毁甲仗，衛士捕得之，詔磔于市。

三月丁酉，雨土。戊申，奉國軍節度使不佟薨，贈少傅，追封樂平郡王。

夏四月己卯，漳州、連城盗起，知龍巖縣莊夢説、尉鍾自强不能效死守土，詔各削二秩罷。

五月甲寅，檢校少保李全授彰化保康軍節度使，開府儀同三司、京東鎮撫使，依舊京東忠義諸軍都統制。戊午，李全左右金吾衛上將軍，職任仍舊。

秋七月丁酉，汀州寧化縣曾氏寡婦晏給軍糧禦漳寇有功，又全活鄉民數萬人，詔封恭人，賜冠帔，官其子承信郎。

九月辛丑，祀明堂，大赦。丙午，美人謝氏進封貴妃。

十二月庚申，詔録用孔子四十九代孫燦補官。李全叛。壬戌，淮東官兵王青力戰，死之，贈右武大夫、蘄州防禦使。甲子，詔：「逆賊李全，反形日著，今乃肆爲不道，已敕江、淮制臣率兵進討，有能擒斬全以降者，加以不次之賞。」乙丑，詔免明年元會禮。以鄭清之參知政事兼簽書樞密院事，喬行簡端明殿學士、同簽書樞密院事。詔：「史彌遠敷奏精敏，氣體向安，朕未欲勞以朝謁，可十日一赴都堂治事。」丁卯，册命貴妃謝氏爲皇后。己卯，慈明殿出緡錢百五十萬犒諸軍，振贍在京細民。癸未，上壽明仁福慈睿皇太后尊號册、寶。

四年春正月戊子，皇太后年七十有五，上詣慈明殿行慶壽禮，大赦，史彌遠以下進秩有差。賜李心傳同進士出身。壬寅，趙范、趙葵等誅李全於新塘，詔各進兩秩，餘推恩有差。

二月戊午朔，詔：雄邊軍統制、總轄范勝谷汝礪等誅逆著勞，各官五轉，將士立功者，趣具等第、姓名來上。丙子，詔起復孟珙從義郎、京西路分，棗陽軍駐劄。

夏四月戊辰，趙范、趙葵並進中大夫、右文殿修撰，賜紫章服、金帶。丁丑，以鄭清之兼同知樞密院事；喬行簡簽書樞密院事；趙善湘兵部尚書、江淮制置大使、知建康府，依舊安撫使；趙范權兵部侍郎、淮東安撫副使、知揚州兼江淮制司參謀官；趙葵換福州觀察使、右驍衛大將軍、淮東提刑、知滁州兼大使司參議官。

五月丙午，宗室司正檢校少傅、安德軍節度使、天水郡公，加食邑五百户；貴謙承宣使；乃裕觀察使。

六月己未，詔魏了翁、真德秀、尤焴、尤爚並敍復元官職祠禄。

七月丁酉，賈涉女侍後宮，詔封文安郡夫人。庚戌，葛洪資政殿學士、知紹興府。

八月己未，大元兵破武休，入興元，攻仙人關。辛酉，洪咨夔敍復元官祠禄。辛未，文安郡夫人賈氏封才人。

九月丙戌夜，臨安火，延及太廟，統制徐儀、統領馬振遠坐救焚不力，貶削有

差。上素服視朝，減膳徹樂。庚子，建昌軍火。

冬十月戊午，太常少卿度正、國史院編修官李心傳各疏言：宗廟之制，未合於古，兹緣災異，宜舉行之。詔兩省、侍從、臺諫集議以聞。甲子，以余天錫爲户部侍郎兼知臨安府、浙西安撫使。癸酉，大元兵破蜀口諸郡，御前中軍統制張宣戰青野原有功，詔授沔州都統。戊寅，以李𡌴爲焕章閣直學士、四川制置使、知成都府，趙彦呐直龍圖閣、四川安撫制置副使、知興元府、利路安撫使，安癸仲户部郎中、總領四川財賦。

十一月乙酉，詔：忠義總管田遂力戰而殁，贈武節大夫、忠州刺史，加封立廟。

十二月乙亥，以史嵩之爲大理少卿兼京湖制置副使。

五年春正月己丑，以孟珙爲京西路兵馬鈐轄，棗陽軍駐劄。庚寅，詔：「李全之叛，淮東提刑司檢法吴澄等出泰州城謁賊，各追官勒停。其不出見賊者高夢月、劉賓雲循升二資。駡賊而死者海陵簿吕嘉，特贈朝奉郎，官其一子將仕郎。」壬辰，史嵩之進大理卿、權刑部侍郎、京湖安撫制置使、知襄陽府。壬寅，新作太廟成。

二月癸丑，帝謁太廟。

三月乙酉，詔京城内外免征商三月。

夏四月癸亥，以寶章閣直學士桂如淵頃帥蜀日，北兵攻城，不能合謀死守而遁，致軍民罹殃，反以捷聞，詔褫職罷祠。丁卯，起魏了翁，以集英殿修撰知遂寧府。

五月己丑，詔：「昨鬱攸爲災，延及太室，罪在朕躬，而二三執政，引咎去職。今宗廟崇成，神御妥安，薛極、鄭清之、喬行簡並復元官。」辛卯，臣僚言：「積陰霖霪，歷夏徂秋，疑必有致咎之徵。比聞蘄州進士馮杰，本儒家，都大坑冶司抑爲鑪户，誅求日增，杰妻以憂死，其女繼之，弟大聲因赴愬死于道路，杰知不免，毒其二子一妾，舉火自經而死。民寃至此，豈不上干陰陽之和？」詔都大坑冶魏峴罷職。戊戌，詔：「今後齊民有罪，監司、守臣毋輒籍没其家，必具聞俟命。」

六月丙子，詔諸獄官不理他務。

秋七月甲申，詔：「近歲北兵再入利、閬，迫近順慶，承奉郎胡元琰攝郡事，能收散卒，定居民，諭叛將，以全闔郡，以功特轉官三資。」丙戌，監楚州大軍倉富起宗軍變死難，詔贈宣教郎，官一子文林郎。張愡同時被創，害及其家，詔轉官一資。丁酉，以吴潛爲太府少卿、總領淮西財賦，陳貴誼端明殿學士、同簽書樞密院事。

八月乙卯，起真德秀爲徽猷閣待制、知泉州。丁巳，泗州路分劉虎、副都統董琳焚斷盱眙橋遏金兵。己未，魏了翁以寶章閣待制、潼川安撫使知瀘州。乙丑，賜進士徐元杰等四百九十三人及第、出身有差。甲戌，新作玉牒殿，奉安累朝玉牒。

九月乙巳，雨雹，雷。

閏月戊辰，史彌遠乞歸田里，詔不允。

冬十月戊子，以星變大赦。金將以盱眙軍來降，赦盱眙，改爲招信軍。

十一月己巳，喬行簡累疏乞歸田，詔不允。

十二月丙子朔，進封才人賈氏爲貴妃。辛巳，皇太后不豫。壬午，大赦。皇太后崩。癸卯，羣臣凡七表請聽政，從之。詔：外朝大典，不敢輕改，宫中自服三年喪。時宋與大元兵合圍汴京，金主奔歸德府，尋奔蔡州，大元再遣使議攻金，史嵩之以鄒伸之報謝。

六年春正月己酉，以少傅、保寧軍節度使、嗣秀王師彌判大宗正事，趙善湘光禄大夫、江淮制置大使兼知建康府、行宫留守，加食邑四百户。戊辰，史彌遠加食邑千户。

二月丁丑，上大行皇太后謚曰恭聖仁烈皇后。以趙范爲工部侍郎兼中書門下省檢正公事，趙葵祕書監兼侍講，余天錫禮部侍郎兼侍讀。

三月丙辰，大雨雹。

夏四月壬寅，葬恭聖仁烈皇后于永茂陵。

五月鄧州移剌以城來降。

六月丁酉，史嵩之刑部侍郎、兼京湖安撫制置使兼知襄陽府。

秋七月，敗武仙于浙江。

八月，拔唐州。

九月壬寅朔，日有食之。辛亥，祀明堂，大赦。辛酉，經筵官請以御制敬天、法祖、事親、齊家四十八條及緝熙殿榜、《殿記》宣付史館。

冬十月，江海領襄軍從大元兵合圍金主於蔡州。甲申，史宅之太府少卿，史宇之將作少監，並賜同進士出身。丙戌，史彌遠進太師、左丞相兼樞密使、魯國公，加食邑一千户；鄭清之光禄大夫、右丞相兼樞密使，加食邑一千户。丁亥，

史彌遠保寧、昭信軍節度使，充醴泉觀使，進封會稽郡王，仍奉朝請，加食邑封。以薛極爲樞密使，喬行簡參知政事兼同知樞密院事，陳貴誼參知政事兼簽書樞密院事。詔：「史彌遠有定策大功，勤勞王室，今以疾解政，宜加優禮。長子宅之權户部侍郎兼崇政殿説書，次子宇之直華文閣、樞密院副都承旨，長孫同卿直寶章閣，次孫紹卿、良卿、會卿、晉卿並承事郎，女夫趙汝禖軍器少監，孫女夫趙崇梓官一轉。」己丑，詔崔與之、李𡌴、鄭性之赴闕。庚寅，以顯謨閣待制、知福州真德秀兼福建安撫使。乙未，史彌遠薨，贈中書令，追封衛王，謚忠獻。詔戒貪吏。

十一月乙巳，給事中莫澤等言，差提舉千秋鴻禧觀梁成大暴狠貪婪，苟賤無恥，詔奪成大祠禄。丙午，詔改明年爲端平元年。己未，以魏了翁爲華文閣待制、知瀘州、潼川安撫使，賜金帶。癸亥，進趙葵兵部侍郎、淮東制置使兼知揚州。甲子，臺臣劾刑部尚書莫澤貪淫忮害，罷之。丙寅，權工部尚書趙范言：「宣和海上之盟，厥初甚堅，迄以取禍，其事不可不鑑。」帝嘉納之。丁卯，詔趙葵任責防禦。戊辰，禮部郎中洪咨夔進對：「今日急務，進君子，退小人，如真德秀、魏了翁當聚之于朝。」帝是其言，命咨夔洎王遂同爲監察御史。己巳，趙葵入見，帝問以金事，對曰：「今國家兵力未贍，姑從和議，俟根本既壯，雪二帝之恥，以復中原。」

十二月戊寅，史宅之繳納賜第，詔給賜本家，仍奉家廟。庚辰，以薛極爲觀文殿大學士、知紹興府兼浙東安撫使。甲申，吴潛太府卿，仍淮西總領財賦，暫兼沿江制置、知建康府。戊申，洪咨夔言：「資政殿學士、提舉洞霄宫袁韶，仇視善類，諂附彌遠，險忮傾危。」詔袁韶奪職罷祠禄。壬辰，臺臣言：「趙善湘、陳晐、鄭損納賂彌遠，怙勢肆姦，失江淮、荆襄、蜀漢人心，罪狀顯著。」詔趙善湘有討李全功，特寢免。陳晐與祠，鄭損落職與祠。

端平元年春正月庚子朔，詔求直言：侍從、卿監、郎官，在外執政、從官，舉堪爲監司、守令者各二人；三衙、統帥、知閤、御帶、環衛官，在外總管、軍帥，舉堪爲將帥者各二人。鍾震、陳公益、李性傳、張慮並兼侍讀。徐清叟、黄朴、李大同、葉味道並兼崇政殿説書。辛丑，趙范依前沿江制置副使，權移司知黄州，史嵩之權京湖安撫制置使兼知襄陽府，陳韡華文閣待制，仍知隆興府、江西安撫使。詔：德安三關使彭哲，去年十月北兵至，棄關遁，削二秩勒停。乙巳，賜故少傅、權參知政事任希夷謚宣憲。丙午，詔趙范兼淮西制置副使，任責防禦。戊申，金主完顔守緒傳位于宗室承麟。己酉，城破，守緒自經死，承麟爲亂兵所殺，執其參知政事張天綱。丙寅，詔：「太師、中書令榮王已進王爵，宜封三代，曾祖子奭贈太師、吴國公，祖伯旿贈太師、益國公，父師意贈太師、越國公。」戊辰，以樞密院言，詔：「京西忠順統制江海、棗陽同統制郭勝，向因所部兵行劫，坐不發覺除名，廣州拘管。遇赦還軍前自效有功，並叙復元受軍職。」史嵩之露布告金亡，謹遣郭春按循故壤，詣奉先縣汎掃祖宗諸陵。還師屯信陽。命王旻守隨州，王安國守棗陽，蔣成守光化，楊恢守均，並益兵飭備，經理唐、鄧屯田。

二月辛未，監察御史洪咨夔言：「上親政之始，斥逐李知孝、梁成大，其諂事權姦，黨私罔上，倡淫黷貨，罪大罰輕。」詔李知孝削一秩，罷祠；梁成大削兩秩。壬申，以趙彦呐爲四川安撫制置使兼知興元府。丁亥，詔：端平元年正月以前諸命官貶竄物故者，許令歸葬。

三月己酉，以賈涉子似道爲籍田令。辛酉，詔遣太常寺主簿朱揚祖、閤門祗候林拓詣洛陽省謁八陵。

四月辛未，詔遣朱復之詣八陵，相度修奉。丁丑，詔：「比年宗親貧窶，或致失所，甚非國家睦族之意。大宗正司、南外西外宗正司，其申嚴州郡，以時贍給，違者有刑。」監察御史王遂言：「史嵩之本不知兵，矜功自侈，謀身詭秘，欺君誤國，留之襄陽一日，則有一日之憂。」不報。壬午，監察御史洪咨夔言：「今殘金雖滅，鄰國方彊，益嚴守備猶恐不逮，豈可動色相賀，涣然解體，以重方來之憂？」上嘉納。丙戌，以滅金獲其主完顔守緒遺骨告太廟，其玉寶、法物并俘囚張天綱、完顔好海等命有司審實以聞。庚寅，詔授孟珙帶御器械，京、襄部押官屬陳一薦、江海官兩轉，餘論功行賞。金降人夾谷奴婢改姓同名鼎，王聞顯、呼延實、來伯友、石天瑞、白華各授官有差。丁酉，臣僚言：「江淮、荆襄諸路都大提點坑冶吴淵，恃才貪虐，籍人家貲以數百萬計，掩爲己有，其弟潛違道干譽，任用非類。」詔吴淵落右文殿修撰，吴潛落祕閣修撰，並放罷。

五月庚子，薛極卒，贈少師。戊申，太平州螟。乙卯，詔李知孝瑞州居住，梁成大潮州居住，莫澤南康軍居住，並再降授官，尋盡追爵秩。詔魏了翁赴闕。丙辰，以趙范爲兩淮制置使、節制軍馬兼沿江制置副使。壬戌，以崔與之爲端明殿學士、提舉西京嵩山崇福宫，陳韡權工部尚書、知隆興府、江西安撫使。丙寅，詔：「黄幹、李燔、李道傳、陳宓、樓昉、徐宣、胡夢昱皆阨於權姦，而各行其志，没齒無怨，其賜謚、復官、優贈、存恤，仍各録用其子，以旌忠義。戴埜，其復元資，

以勵士風。」建陽縣盜發，衆數千人，煽劫邵武、麻沙、長平。

六月戊辰朔，鄭清之等進奏選德殿柱有金書六字曰：「毋不敬，思無邪。」上曰：「此坐右銘也。」壬申，詔蠲漳、泉、興化三州丁米錢。丙子，以李鳴復爲侍御史兼侍講。戊寅，以喬行簡知樞密院事，曾從龍參知政事，鄭性之簽書樞密院事，陳貴誼兼同知樞密院事。己卯，詔：「故巴陵縣公竑可盡復本身官爵，有司其檢視墓域，以時致祭。妻吴，昨自請爲尼，特賜慧净法空大師，紹興府月給衣資緡錢。」詔殿司選精鋭千人，命統制婁拱，統領楊辛討捕建陽縣盜。辛巳，詔故端明殿學士、開府儀同三司史彌遠贈貴政殿大學士，謚忠宣。癸巳，史嵩之進兵部尚書。禁毁銅錢作器用并貿易下海。

秋七月乙巳，詔嘉興縣王臨年百二歲，補迪功郎致仕。

八月癸酉，詔：「河南新復郡縣，久廢播種，民甚艱食，江、淮制司其發米麥百萬石往濟歸附軍民，仍榜諭開封、應天、河南三京。」甲戌，朱揚祖、林拓朝謁八陵回，以圖進，上問諸陵相去幾何及陵前澗水新復，揚祖悉以對，上忍涕太息。乙亥，以趙范爲京河關陝宣撫使、知開封府、東京留守，趙葵京河制置使、知應天府、南京留守，全子才關陝制置使、知河南府、西京留守。甲午，權邵武軍王埜以平建陽寇有功，官兩轉，餘推賞有差。

九月庚子，趙范依舊京西、湖北安撫制置大使、知襄陽府。【略】壬寅，趙范言：「趙葵、全子才輕遣偏師復西京，趙楷、劉子澄參贊失計，師退無律，致後陣敗覆。」詔：趙葵削一秩，措置河南、京東營田邊備；全子才削一秩，措置唐、鄧、息營田邊備；劉子澄、趙楷並削三秩放罷。又言：「楊義一軍之敗，皆由徐敏子、范用吉怠於赴援，致不能支。」詔范用吉降武翼郎，徐敏子削三秩放罷，楊義削四秩，勒停自效。己酉，真德秀言：權臣罔上，講筵官亦傅會其言，今承其弊，有當慮者五事，并及泉漳寇盜、鹽法之弊。帝嘉納之。詔：進士何霆編類朱熹解注文字，有補經筵，授上文學。

冬十月己卯，真德秀進《大學衍義》。辛卯，陳貴誼薨，贈少保。

十一月壬子，京、湖制司創鎮北軍，詔以襄陽府駐劄御前忠衛軍爲名。

十二月己卯，大元遣王檝來。戊子，王檝辭于後殿。辛卯，遣鄒伸之、李復禮、喬仕安、劉溥報謝，各進二秩。

《宋史》卷四二《理宗本紀二》 端平二年正月甲寅，詔議胡瑗、孫明復、邵雍、歐陽脩、周敦頤、司馬光、蘇軾、張載、程顥、程頤等十人從祀孔子廟庭，升孔伋十哲。丙辰，詔主管侍衛馬軍孟珙黄州駐劄，措置邊防。丁巳，孟珙入見。辛酉，以御前寧淮軍統制、借和州防禦使程芾爲大元通好使，從義郎王全副之，尋以武功郎杜顯爲添差通好副使。

三月乙未，詔：太學生陳均編《宋長編綱目》，進士陳文蔚著《尚書解》，並補迪功郎。丁酉，楊谷、楊石並升太師，尋辭免。乙巳，曾從龍兼同知樞密院事，真德秀參知政事，兼給事中、兼侍讀陳卓同簽書樞密院事。

夏四月甲子，詔：「前四川制置鄭損，城池失守，且盜陝西五路府庫財鉅萬，削官二秩，謫居温州，簿録其家。」丁卯，都城火。戊子，大閲。

五月乙未，雨雹。軍民交鬨，御前諸軍都統制趙勝削三秩，罷，命韓昱代之。丙申，大雨雹。甲辰，真德秀薨，贈銀青光禄大夫，謚文忠。庚戌，以喬行簡兼參知政事。

六月戊寅，以鄭清之爲特進、左丞相兼樞密使，喬行簡金紫光禄大夫、右丞相兼樞密使。己卯，葛洪資政殿大學士，予祠禄。庚辰，祈雨。壬午，以曾從龍知樞密院事兼參知政事，崔與之參知政事，鄭性之同知樞密院事，陳卓簽書樞密院事。賜進士吴叔告以下四百五十四人及第、出身有差。庚寅，詔鄭損更削兩秩，竄南劍州。

秋七月庚申，禮部尚書魏了翁上十事，不報。

閏七月戊寅，詔録開禧蜀難死事之臣，大安知軍楊震仲孫忠孫補下州文學；利州路常平幹官劉當可母王氏義不降曦，投江而死，追贈和義郡夫人，當可與升官差除。乙酉，賜少師、特進、銀青光禄大夫趙方謚忠肅。丙戌，故保寧軍節度使魯國公安丙謚忠定。丁亥，全子才、劉子澄坐唐州之役棄兵宵遁，子才削二秩，謫居衡州，子澄削二秩，謫居瑞州。

八月乙卯，以太師趙汝愚配享寧宗廟庭，仍圖像于昭勳崇德之閣。

九月癸未，崇國公主薨。

十一月乙丑，以曾從龍爲樞密使、督視江淮軍馬，魏了翁同簽書樞密院事、督視京湖軍馬，鄭性之兼權參知政事。戊辰，詔兩督府各給金千兩、銀五萬兩、度牒千、緡錢五百萬，爲隨軍資。臺臣李鳴復論曾從龍、魏了翁督府事，不允。戊子，安南國貢方物。

十二月庚寅，曾從龍六疏乞寢樞密使命，依舊知樞密院事、督視江淮軍馬。詔許辭樞密使。以魏了翁兼督視江淮軍馬。癸巳，四川制置司遣將斬叛軍首賊

蒲世興於萬州。庚子，詔官告院製修武郎以下告身給督視府。壬寅，魏了翁陛辭，詔事干機速，許便宜行之。吳潛樞密都承旨、督府參謀官，趙善瀚、馬光祖督府參議官。甲辰，曾從龍薨，贈少師。余嶸同簽書樞密院事。庚戌，故參知政事李壁謚文懿。辛亥，雷。

三年春正月己未朔，以星行失度，雷發非時，罷天基節宴。詔勸農桑。賜安南國王封爵，襲衣、金帶。壬申，大元兵連攻洪山，張順、翁大成等以兵捍禦之。

二月甲午，詔以大元兵攻江陵，統制李復明奮勇戰没，其贈三秩，仍官其二子。死傷士卒，趣具姓名來上。壬寅，詔侍從、臺諫、給舍條具邊防事宜。甲辰，起居郎吳泳上疏論淮、蜀、京、襄捍禦十事，不報。詔魏了翁依舊端明殿學士、簽書樞密院事，其速赴闕。詔史嵩之淮西制置使兼副使。甲寅，左曹郎官趙以夫上備邊十策。

三月乙亥，吳潛赴闕。是月，襄陽北軍主將王旻、李伯淵焚城郭倉庫，相繼降北。時城中官民兵四萬七千有奇，其財粟三十萬，軍器二十四庫皆亡，金銀鹽鈔不與焉。南軍主將李虎乘火縱掠，襄陽爲空。制置使趙范坐失撫御，致南北軍交爭造亂，詔削官三秩，落龍圖閣學士，姑仍制置職任。階、岷、疊、宕十八族降。有諜者以檄招曹友聞軍降，友聞斬之以聞。

夏四月己酉，魏了翁乞歸田里，詔不允，以資政殿學士知潭州。癸丑，詔悔開邊，責己，其京湖、興沔州軍縣鎮見繫囚情理輕者釋之。

五月戊寅，提舉萬壽觀洪咨夔依舊兼侍讀。甲申，趙葵華文閣直學士、淮東安撫制置使兼知揚州。

六月己亥，洪咨夔卒，詔與執政恩例，贈二秩，謚忠文。丙午，熒惑犯填星。庚戌，大雨雹。

秋七月丁巳，祈晴。詔：「權徐州國安用力戰而殁，已贈順昌軍節度使，仍官其子國興承節郎。庚申，以趙范失襄城，罪重罰輕，詔罷職奉祠。丁卯，以鄭性之參知政事，李鳴復簽書樞密院事。戊辰，監察御史杜範、吳昌裔以言事不報，上疏乞罷官，詔改授範太常少卿，昌裔太常卿。

八月丙戌，詔趙范更削兩秩，謫居建寧府，李虎削三秩，落刺史，罷御器械，各令任責捍禦自效。癸卯，詔前龍圖閣學士、光禄大夫、贈開府儀同三司傅伯成謚忠簡。

九月庚午，雷。辛未，祀明堂，大赦。雷雨。乙亥，左丞相兼樞密使鄭清之罷爲觀文殿大學士、醴泉觀使兼侍讀，右丞相兼樞密使喬行簡罷爲觀文殿大學士、醴泉觀使兼侍讀。以崔與之爲右丞相兼樞密使。壬午，驍衛大將軍、利州駐劄御前諸軍統制曹友聞與大元兵大戰于大安軍陽平關，兵敗，死之，詔贈龍圖閣學士、大中大夫，謚毅節，立廟曰褒忠，官其二子承務郎。

冬十月乙酉，詔：「殿前司將胡斌，曩死邵武之寇，贈武節大夫，有司爲立後授官，因舊廟賜額。宗室師櫝死尤溪之戰，贈武節郎，官其一子進義校尉，立廟林嶺。」甲午，詔：「沿江制置使陳韡應援淮東，授淮西制置使兼沿江制置副使史嵩之應援江陵、峽州江面上流。」壬寅，大元兵破固始縣，淮西將呂文信、杜林率潰兵數萬叛，六安、霍丘皆爲羣盜所據。丙午，安南國貢方物，詔授金紫光禄大夫、静海軍節度、觀察等使，賜襲衣、金銀帶。大元太子闊端兵離成都，大元兵破文州，守臣劉鋭、通判趙汝曏死之。

十一月戊午，詔嗣秀王師彌授少師。丙寅，以喬行簡爲特進、左丞相兼樞密使，封肅國公。大元兵圍光州，詔史嵩之援光，趙葵援合肥，陳韡遏和州，爲淮西聲援。戊辰，魏了翁依舊資政殿學士，知紹興府、浙東安撫使，吳潛、袁甫、徐清叟赴闕。壬申，詔侍從、兩省、臺諫、卿監、宰掾、樞屬、郎官、鈐轄，各陳防邊方略。戊寅，復成都府。

十二月戊戌，以吳淵户部侍郎、淮東總領財賦兼知鎮江府。壬寅，詔改明年爲嘉熙元年。癸卯，鄭清之辭免觀文殿大學士、醴泉觀使兼侍讀，詔仍舊觀文殿大學士，提舉洞霄宫。丁未，宣繒薨，以定策功，贈太師，謚忠靖。甲寅，池州都統趙邦永以援滁州功，詔邦永轉左武大夫，其餘立功將士，具等第、姓名推賞。

嘉熙元年春正月乙卯，以魏了翁知福州兼福建安撫使。丁巳，詔京西兵馬都監、隨州駐劄程再暹官三轉，帶行閤門宣贊舍人、京西鈐轄兼知隨州，賞其洪山戰功，餘有功將士趣以名上。辛酉，以李𡌴同知樞密院事、四川宣撫使。甲子，詔：「兩淮、荆襄之民，避地江南，沿江州縣，間有招集振恤，尚慮恩惠不周，流離失所。江陰、鎮江、建寧、太平、池、江、興國、鄂、岳、江陵境内流民，其計口給米，期十日竣事以聞。」

二月癸未朔，以鄭性之知樞密院事兼參知政事，鄒應龍端明殿學士、簽書樞密院事，李宗勉同簽書樞密院事。李鳴復罷，以資政殿學士知紹興府。乙酉，葛洪薨。壬寅，雨雹。丙申，詔：「忠義選鋒張順、屈伸等，以舟師戰公安縣之巴芒有功，各官一轉，餘推恩有差。」癸卯，詔以朱熹《通鑑綱目》下國子監，并進經筵。

三月己巳，詔陳韡、史嵩之、趙葵各官兩轉。乙亥，魏了翁薨，贈少師，賜謚文靖。以孟珙爲忠州團練使、知江陵府、京西湖北安撫副使，別之傑寶章閣待制、知太平州。

夏四月壬午朔，以李𡌴同知樞密院事、四川宣撫使、知成都府。壬辰，弟貴謙保康軍節度使，仍奉朝請，進封天水郡開國侯，加食邑；與芮武康軍節度使、提舉萬壽觀，仍奉朝請，進封開國子。丙申，詔：「兩淮策應軍戰宣化，兩軍殺傷相當，陣亡將校李仙、王海、李雄、廖雷各贈武翼大夫，餘贈官有差。」丙午，詔：「泗州諸鎮將帥，昨以大元兵壓境，皆棄官遁。夔路鈐轄、知恩州田興隆，獨自大安德勝堡至潼川，逆戰數合，雖兵寡不敵，而忠節可尚，特與官一轉。」

五月丙辰，袁韶薨。壬申，京城大火。

六月壬辰，詔賞蘄州都統制萬文勝、知州徐㮚守城之功，將士在行間者，論功補官有差。癸巳，以鄒應龍爲資政殿學士、知慶元府、沿海制置使。甲辰，祈雨。丙午，以吴潛爲工部侍郎、知慶元府兼沿海制置使。知黄州兼淮西安撫使、本路提刑李壽朋，被命三月，不即便道之官，遂還私舍，詔削三秩，送建昌軍居住。詔建内小學，擇宗子十歲以下資質美者二三人，置師教之。

秋七月壬子，湖北提舉董槐朝辭，奏楮幣物價重輕之弊。己未，樞密院言：「大元兵自光州、信陽抵合肥，制司參議官李曾伯、廬州守臣趙勝、都統王福戰守，俱有勞效。」詔曾伯等十一人各官一轉。

八月甲申，太師、秦國公汝愚追封福王。癸巳，以李鳴復參知政事，李宗勉簽書樞密院事。甲辰，詔：蜀雞冠隘都統王宣戰殁，其總管吴桂棄所守走，又縱部伍剽劫，削三官勒停。

九月丁巳，雷。

十一月戊辰，詔陳韡、史嵩之、趙葵於沿江、淮、漢州軍，備舟師戰具，防遏衝要堡隘。辛未，太史言十二月朔日食將既，日與金、木、水、火四星俱纏于斗。詔損膳避朝，庶圖消弭，其令有司檢會故實以聞。

十二月戊寅朔，日有食之。

二年春正月戊申朔，詔令侍從、臺諫、卿監、郎官、帥臣、監司、前宰執侍從舉曉暢兵財各二人，三衙、諸軍統制舉將材二人。己未，詔史嵩之、趙葵應援黄州、安豐，其立功將士等第，亟具名以聞；光州、信陽二城，共圖克復。辛酉，詔：史嵩之進端明殿學士，視執政恩數；趙葵刑部尚書，制置並如舊；余玠知招信軍兼淮東制置司參議官，進三秩；孟珙寧遠軍承宣使，依舊帶御器械。史嵩之端明殿學士，依舊京湖安撫制置使兼沿江制置副使、兼知鄂州，召赴闕。甲子，兩浙轉運判官王埜察訪江面還，進對，劾吴潛知平江府不法厲民數事。詔埜直華文閣、知建寧府。

二月甲申，大理少卿朱揚祖充押伴使，借章服、金魚。庚寅，詔史嵩之以參知政事督視京西、荆湖南北路、江西軍馬，置司鄂州。癸巳，大宗正丞賈似道奏言：「北使將至，地界、名稱、歲例，宜有成説。」又奏：「裕財之道，莫急於去贓吏，藝祖治贓吏，杖殺朝堂，孝宗真決刺面，今日行之，則財自裕。」戊戌，詔：「近覽李𡌴奏，知蜀漸次收復，然創殘之餘，綏撫爲急，宜施蕩宥之澤。淮西被兵，恩澤亦如之。其降德音，諭朕軫恤之意。」大元再遣王檝來。辛丑，檝還，以朱揚祖充送伴使。癸卯，以孟珙爲京湖安撫制置副使，置司松滋縣。

三月己丑，命將作監周次説爲大元通好使。壬子，以李心傳爲祕書少監、史館修撰，修高宗、孝宗、光宗、寧宗四朝《國史》、《實録》。癸丑，以高定子爲中書舍人、京湖江西督視參贊軍事。庚申，詔史嵩之兼督視光、蘄、黄、夔、施州軍馬。戊辰，發行都會子二百萬，并湖廣九百萬，下都督參政行府犒師。乙亥，詔四川被兵州、軍、府、縣、鎮并轉輸勞役之所，見禁囚人情理輕者釋之。詔四川帥臣招集流民復業，給種與牛，優與振贍。

夏四月癸未，以李𡌴同簽書樞密院事，督視江淮、京湖軍馬。己酉，雨土。

閏月壬申，賜禮部進士周坦以下四百二十二人及第、出身有差。

五月癸未，以李鳴復知樞密院事，李宗勉參知政事，余天錫簽書樞密院事。甲申，喬行簡請「以兵事委李鳴復，財用委李宗勉，楮幣委余天錫，當會議者，臣則參酌行之」。詔允所請。詔：嚴州布衣錢時、成忠郎吴如愚以隱居著書，並選爲祕閣校勘。丙戌詔崔與之提舉洞霄宮，任便居住，李鳴復復參知政事。

六月戊申，吴淵知太平州，措置采石江防。以吴潛爲淮東總領財賦、知鎮江府。丙寅，李𡌴薨，特贈資政殿大學士。

秋七月壬午，以霖雨不止，烈風大作，詔避殿、減膳、徹樂，令中外之臣極言闕失。

九月壬午，子維生。甲申，封宫人謝氏爲永寧郡夫人。

冬十月庚戌，雷。丁卯，吴潛言：「宗子趙時㬿集真、滁、豐、濠四郡流民十餘萬，團結十七砦。其强壯二萬可籍爲兵，近調五百援合肥，宜補時㬿官。」又沙

上蘆場田可得二十餘萬畝，賣之以贍流民，以佐砦兵。」從之。辛未，復光州。

十一月甲申，子維堯，追封祁王，謚冲昭。

十二月丙午，光州守臣董堯臣伏誅，司户柳臣舉配雷州。乙卯，詔：四川諸州縣鹽酒榷額，自明年始更減免三年，其四路合發總所綱運者亦免。戊辰，詔：諸路和糴給時直，平概量，毋科抑，申嚴收租苛取之禁。己巳，出祠牒、會子共七百萬紙，給四川制司爲三年生券。

三年春正月癸酉，以喬行簡爲少傅，平章軍國重事，封益國公；李宗勉爲左丞相兼樞密使；史嵩之右丞相兼樞密使，督視兩淮、四川、京湖軍馬；余天錫參知政事；游侶同簽書樞密院事。

二月丙午，詔史嵩之依舊兼都督江西、湖南軍馬。丁卯，又命嵩之都督江淮、京湖、四川軍馬。己巳，竄趙邦永，坐救滁不進兵。

三月辛未朔，以吴潛爲敷文閣直學士、沿海制置使兼知慶元府。甲戌，以別之傑權兵部尚書，依舊沿江制置安撫使兼都督行府參贊軍事，李曾伯兼都督行府參議官，孟珙兼都督行府參謀官。辛卯，雨土。

夏四月壬寅，祈雨。癸卯，以吴淵權工部尚書、沿江制置副使、知江州。

五月戊寅，以吴潛爲兵部尚書、浙西制置使、知鎮江府。辛卯，喬行簡五疏乞罷機政，詔不允。

秋七月庚午，以董槐知江州兼都督行府參議官。甲申，以吴淵兼都督行府參贊軍事。

八月戊戌朔，以浙江潮患，告天地、宗廟、社稷。以游侶參知政事，許應龍簽書樞密院事，林略同簽書樞密院事。

九月辛巳，祀明堂，大赦。壬午，淮西敢勇將官陸旺、李威特與官三轉，同出戰二百人官兩轉，以賞廬州磨店北之功，其陣没者優與撫恤。

冬十月丁未，故太師魯王謝深甫賜謚惠正。己未，出祠牒百給濟處州。秉義郎李良守鄂州長壽縣，没於戰陣，詔贈官三轉。

十一月丙子，以范鍾簽書樞密院事。

十二月己未，觀文殿大學士崔與之薨，贈少師，謚清獻。甲子，復夔州，録荆鄂都統張順、孟璋等將士戰功。

四年春正月辛未，彗星出營室。庚辰，以星變下詔罪己。

二月丙申朔，日生背氣。戊戌，大赦。癸丑，以孟珙爲四川宣撫使兼知夔州，節制歸、峽、鼎、澧州軍馬。

三月辛未，詔四川安撫制置副使彭大雅削三秩。

夏四月壬寅，前潼川運判吴申進對，因論蜀事，爲上言：「鄭損棄邊郡不守，桂如淵啓潰卒爲亂，趙彦呐忌忠勇不救，彭大雅險譎變詐，殊費關防。宜進孟珙於夔門。夔事力固乏，東南能助之，則夔足以自立。」又言：「張祥有保全趙彦呐、楊恢兩制置之功，敵人憚其果毅，宜見録用。」上嘉納之。乙巳，詔史嵩之進三秩，依前右丞相兼樞密使，即日徹都督局。

五月乙亥，子壽國公薨。戊子，命吴潛兼侍讀，李性傳兼侍講。

六月甲午朔，江、浙、福建大旱，蝗。乙未，祈雨。辛丑，追封閬州簽廳陳承己妻彭氏爲恭人，賜廟閬州，以强寇入奉國縣市，承己爲賊所創，彭駡賊死之。辛亥，追贈儒林郎王鞏爲通直郎，官其一子爲文學，以丙申蜀破，鞏闔門死於兵。

秋七月乙丑，詔：「今夏六月恒陽，飛蝗爲孽，朕德未修，民瘼尤甚，中外臣僚其直言闕失毋隱。」又詔有司振災恤刑。

九月乙丑，詔余玠進三秩，直華文閣、淮東提刑、節制招信軍屯戍軍馬。以玠昨帥舟師泝淮入河抵汴，所向有功，全師而還。至是，論功定賞，是役將士趣以名上所司議推恩。

冬十月癸巳，詔改明年爲淳祐元年。丁巳，命余玠兼節制應天府、泗、宿、永、海、邳、徐、漣水屯戍軍馬。

十一月癸酉詔：武功大夫、荆鄂都統制張順，以私錢招襄、漢潰卒，創忠義、虎翼兩軍及援安慶、池州有功，特與官兩轉。丙子，與芮妻錢氏封安康郡夫人。

十二月甲辰，奉國軍節度使、提舉萬壽觀多謨薨。丙辰，地震。己未，詔求直言。

閏十二月丙寅，李宗勉薨，贈少師，賜謚文清。以游侶知樞密院事兼參知政事，范鍾參知政事，徐榮叟簽書樞密院事。庚午，詔繫囚情理輕者釋之。乙亥，詔民間賦輸仍用錢會中半，其會半以十八界直納，半以十七界紐納。戊寅，以吴潛爲福建安撫使，史宅之爲浙東安撫使。

淳祐元年春正月庚寅朔，詔舉文武才。庚子，雷。甲辰，詔：「朕惟孔子之道，自孟軻後不得其傳，至我朝周惇頤、張載、程顥、程頤，真見實踐，深探聖域，千載絶學，始有指歸。中興以來，又得朱熹精思明辨，表裏混融，使《大學》、

《論》、《孟》、《中庸》之書，本末洞徹，孔子之道，益以大明于世。朕每觀五臣論著，啓沃良多，今視學有日，其令學官列諸從祀，以示崇奬之意。」尋以王安石謂「天命不足畏，祖宗不足法，人言不足恤」，爲萬世罪人，豈宜從祀孔子廟庭，黜之。丙午，封周惇頤爲汝南伯，張載郿伯，程顥河南伯，程頤伊陽伯。戊申，幸太學謁孔子，遂御崇化堂，命祭酒曹觱講《禮記·大學》篇，監學官各進一秩，諸生推恩錫帛有差。製《道統十三贊》，就賜國子監宣示諸生。

二月戊寅，日生暈。壬午，喬行簡薨，謚文惠。

夏四月丁丑，詔以與芮爲開府儀同三司、萬壽觀使，嗣榮王，貴謙開府儀同三司，嗣沂王。辛巳，以賈似道爲太府少卿、湖廣總領財賦。

五月庚寅，以少師、保寧軍節度使、判大宗正事、嗣秀王師彌爲太子少保，奉國軍節度使、充萬壽觀使師貢爲少師。己亥，詔沿江淮西制置使別之傑任責邊防。戊申，賜禮部進士徐儼夫以下三百六十七人及第、出身有差。

六月庚申，螟。

秋七月壬辰，祈雨。

八月辛巳，楊石薨，贈太師。

十一月戊戌，太白晝見。己亥，淮東提刑余玠以舟師解安豐之圍。

十二月丁卯，余天錫薨，贈太師，賜謚忠惠。丁丑，侍御史金淵言：彭大雅貪黷殘忍，蜀人銜怨，罪重罰輕，乞更竄責。詔除名，贛州居住。

二年春正月甲申朔，詔作新吏治。戊戌，右丞相史嵩之等進《玉牒》及《中興四朝國史》、《孝宗經武要略》、《寧宗玉牒》、《日曆》、《會要》、《實録》。

二月甲戌，以游侶知紹興府、浙東安撫使，請祠禄，詔提舉洞霄宫。范鍾知樞密院事兼參知政事，徐榮叟參知政事，趙葵賜進士出身、同知樞密院事，別之傑簽書樞密院事。

三月戊子，詔和州、無爲軍、安慶府，並聽沿江制置司節制。詔今後州縣官有罪，諸帥司毋輒加杖責。

夏四月壬申，雨雹。

五月己亥，淮東制置副使余玠進對。戊申，臺臣言知建寧府吳潛有三罪，詔奪職，罷新任。己酉，以趙葵爲湖南安撫使、知潭州。

六月壬子朔，徐榮叟乞歸田里，從之。丁巳，詔以余玠爲四川宣諭使，事干機速，許同制臣共議措置，先行後奏，仍給金字符、黄榜各十，以備招撫。丙寅，以別之傑同知樞密院事兼權參知政事，高定子簽書樞密院事，杜範同簽書樞密院事。是月盛夏積雨，浙右大水。

秋七月辛巳朔，常、潤、建康大水，兩淮尤甚。

八月丁卯，詔：淮東先鋒馬軍鄧淳、李海等揚州撻扒店之戰，宣勞居多，各官兩轉，餘推恩有差。

九月庚辰朔，日有食之。己丑，雷。辛卯，祀明堂，大赦。癸巳，詔：「淮東忠勇軍統領王温等二十四人戰天長縣東，衆寡不敵，皆没於陣。贈温武翼大夫、吉州刺史，其子興國補保義郎，更官其一子承信郎，厚賜其家。餘人恤典有差。」

冬十月甲寅，史嵩之進封永國公。乙丑，大元兵大入通州。

十一月辛卯，詔諭兩淮節制李曾伯，毋以通州被兵之故，不安厥職，其督勵諸將，勉圖後功。己亥，日南至，雷電交作，詔避殿減膳，求直言。癸卯，詔决中外繫囚。

十二月己未，詔：「通州守臣杜霆，兵至棄城弗守，載其私帑渡江以遁，遂致民被屠戮，雖已奪三秩，厥罰猶輕。其追毁出身以來文字，竄南雄州。」癸亥，大元兵連攻敘州，帳前都統楊大全等水陸並進，自卯至午戰十數合，歿于行伍。詔贈武節大夫、眉州防禦使，官其二子承節郎。丙寅，以孟珙爲檢校少保，依舊寧武軍節度使、京湖安撫制置大使、夔路策應大使，余玠權資政殿學士、湖南安撫大使兼知潭州，趙葵資政殿大學士、福建安撫使、知福州。

三年春正月戊寅朔，以高定子兼參知政事。乙未，以李曾伯爲華文閣待制，依舊淮東西制置使、知揚州；杜杲敷文閣學士，依舊沿江制置使、知建康府；董槐祕閣修撰，依舊沿江制置副使、知江州、主管江西安撫司事。辛丑，詔安南國王陳日煚元賜功臣號，特增「守義」二字。

二月乙丑，以吕文德爲福州觀察使、侍衛馬軍副都指揮使，總統兩淮出戰軍馬，捍禦邊陲。庚午，以郢州推官黄從龍死節，詔贈通直郎，一子補下州文學。

三月丁丑朔，日有食之。

夏四月癸丑，左武衛中郎將、濠州措置捍禦王烈，閤門宣贊、淮西路鈐王杰，閤門祇候、江東路鈐李季實，往馬帥王鑑軍前議事，遇大元兵戰死，贈官，仍各官其二子。乙卯，嘉定守臣程立之固守，詔官一轉。丙辰，安豐軍統領陳友直以王家堈戰功，與官兩轉。壬申，布衣王與之進所著《周禮訂議》，補下州文學。

五月庚子，詔施州創築郡城及關隘六十餘所，本州將士及忠州戍卒執役三

年者，各補轉一官。

秋七月丁亥，詔海州屯駐借補保義郎申政，密州之役先登陷陣，後以戰没，特贈保義郎，官其子進勇副尉。壬辰，四川制司言：大元兵破大安軍，忠義副總管楊世威堅守魚孔隘，孤壘不降，有特立之操，可任責邊防。詔以世威就知大安軍。

八月癸亥，詔福州延祥、荻蘆兩砦，併置武濟水軍，摘本州厢禁習水者充，千五百人爲額。

閏月丁丑，四川總領余玠言，知巴州向佺、鈐轄譚淵白土坪等戰有功。詔佺等十八人各官三轉，餘轉官有差；其中創人各給緡錢百，陣没者趣上姓名，贈恤其家。

九月壬申，詔蠲高郵民耕荒田租。

十二月己丑，史嵩之五請祠，不允。

《宋史》卷四三《理宗本紀三》 四年春正月壬寅朔，詔邊將毋擅興暴掠，虐殺無辜，以慰中原遺黎之望。帝製《訓廉》、《謹刑》二銘，戒飭中外。以李鳴復參知政事；杜範同知樞密院事；劉伯正簽書樞密院事；余玠華文閣待制，依舊四川安撫制置使、知重慶府兼四川總領財賦；李曾伯寶章閣直學士，依舊淮東安撫制置使、知揚州兼淮西制置使。戊午，樞密院言：「四川帥臣余玠，大小三十六戰，多有勞效，宜第功行賞。」詔玠趣上立功將士姓名等第，即與推恩。庚申，以余玠兼四川屯田使。

二月癸酉，出封樁庫緡錢各十萬，命兩淮、京湖、四川制司收瘞頻年交兵遺骸，立爲義塚。

夏四月乙未，祈雨。

五月庚戌，余玠言：「利閬城大獲山、蓬州城營山、渠州城大良平、嘉定城舊治，瀘州城神臂山，諸城工役，次第就緒。神臂山城成，知瀘州曹致大厥功可嘉，乞推賞以勵其餘。」詔致大帶行遙郡刺史。丁巳，武功大夫、雄威軍都統制楊价世守南邊，連年調戍播州，捍禦勤瘁，詔价轉右武大夫、文州刺史。戊午，大元兵圍壽春府，吕文德節制水陸諸軍解圍有功，詔赴樞密院稟議，發緡錢百萬，詣兩淮制司犒師。庚申，守闕進勇副尉桂虎、進義副尉楚富、吐渾將虞候鄭蔡，捍禦壽春，俱有勞效，詔各官兩轉，給緡錢千。乙丑，前簽書樞密院事鄒應龍薨，贈少保、監察御史。胡清獻劾淮西提刑徐敏子三罪，詔削兩秩，送江州居住。

六月庚午朔，吕文德依舊侍衛馬軍副都指揮使兼淮西招撫使、知濠州。乙亥，賜禮部進士留夢炎以下四百二十四人及第、出身有差。壬午，詔：安豐軍策應解壽春圍將士補轉官資有差。詔：壽春一軍先涉大海，擣山東膠、密諸州有功，今大元兵圍城，能守城不隳，其立功將士皆補轉有差。丙申，吴潛提舉隆興府玉隆萬壽宫，任便居住。

秋七月己亥朔，祈雨。乙卯，招收沿淮失業壯丁爲武勝軍，以五千人爲額。辛酉，盜發永州東安縣，飛虎軍正將吴龍、統制鄭存等討捕有功，詔補轉官資有差。甲子，詔：「故直龍圖閣項安世正學直節，先朝名儒，可特贈集英殿修撰。」

九月癸卯，右丞相史嵩之以父病謁告，許之，詔范鍾、劉伯正暫領相事。甲辰，史彌忠卒，贈少師，封鄭國公，賜謚文靖。詔史嵩之起復右丞相兼樞密使。癸丑，熒惑、填星合于軫。甲寅，京湖制司言，諸將李福等破申州、蔡州西平縣城壁及馬家等砦，詔將士各補官推賞有差。己未，將作監徐元杰上疏論史嵩之起復，宜許其舉執政自代。帝不允，遂求去。帝曰：「經筵賴卿規益，何事引去耶？」乙丑，雷。丁卯，雷。臺臣言嚴州及紹興、蕭山等縣，征商煩苛，詔亟罷之。

冬十月甲戌，詔慶元府守臣敦諭史嵩之赴闕，嵩之控辭，不允。壬辰，杜範、游佀提舉萬壽觀兼侍讀。

十一月辛丑，詔趣游佀、杜範赴闕。戊申，雷。庚戌，詔陳韡、李性傳赴闕。

十二月庚午，以范鍾爲左丞相兼樞密使，杜範爲右丞相兼樞密使，游佀知樞密院事，劉伯正參知政事兼簽書樞密院事。詔戒飭百官。許右丞相史嵩之終喪。甲戌，以趙葵同知樞密院事。乙亥，鄭清之授少保，依舊觀文殿大學士、醴泉觀使兼侍讀，仍奉朝請，進封衛國公。

五年春正月丁酉朔，詔更新庶政，綏撫中原遺民。丙午，杜範辭免右丞相，不允。己酉，雷。乙卯，以李性傳簽書樞密院事兼權參知政事。

二月丙寅朔，雨土。甲戌，復五河，詔：吕文德進三秩，羊洪進二秩，餘有戰功者推賞，其陣没人，具姓名贈恤。丁丑，范鍾等上《玉牒》、《日曆》及《孝宗光宗御集》、《經武要略》、《寧宗實録》。

三月庚子，詔嚴贓吏法，仍命有司舉行彭大雅、程以升、吴淇、徐敏子納賄之罪。準淳熙故事，戒吏貪虐，預借、抑配、重催、取贏。以緡錢百萬犒淮東師。

夏四月丙戌，杜範薨，贈少傅，謚清獻。戊子，余玠言權巴州何震之守城死於兵，詔進贈官三秩，一子與下州文學。京湖制司言：「鈐轄王雲等襲鄧州鎮平

縣靈山，戰順陽鐵撅峪，皆有勞效，野戰數十合，雲等六人被重創死，路鈐于江一軍力戰。」詔：「王雲贈三秩，仍官其二子爲承信郎，王寬、王立、田秀、董亮、董玉各加贈恤，于江等各轉一官資。」詔李曾伯、余玠、董槐、孟珙、王鑑職事修舉，曾伯、玠升閣職，槐、珙、鑑轉官，並因其任。

五月丁酉，吕文福、夏貴上戰功，詔貴官兩轉，文福帶行閣職。丁未，詔：「沿江、湖南、江西、湖廣、兩浙制帥漕司及許浦水軍司，共造輕捷戰船千艘，置遊擊軍壯士三萬人，分備捍禦。」辛亥，詔董槐赴闕。丁巳，淮東制置使李曾伯辭免焕章閣學士，從之。

六月甲申，祈雨。丙戌，工部侍郎徐元杰暴卒，贈四秩。置詔獄。

秋七月癸巳朔，日有食之。旱。辛丑，鎮江、常州亢旱，詔監司、守臣及沿江諸郡安集流民。甲辰，祈雨。乙卯，詔給徐元杰、劉漢弼官田五百畝，緡錢五千，恤其家。丁巳，京湖制司言總制亢國用師衆戰裕州拐河，戰黑山，戰大神山，皆有勞效。詔國用官兩轉，李山等四十七人官一轉。吕文德言與大元兵戰五河隘口，又戰于濠州，大元兵還。詔文德：屯駐諸軍戰守將士，推恩有差。

八月庚辰，范鍾再乞歸田，不允。

九月甲辰，京湖制置司言：「劉整等率精鋭以雲梯四面登鎮平縣城，入城巷戰，焚城中倉庫、糗糧、器甲，路將武勝等四人死之；略廣陽，焚列屯、砦柵、廬舍凡二十餘所；還抵靈山，又力戰有功。」詔整官兩轉，同行蔡貴等二百二十人各官一轉。辛亥，祀明堂，奉太祖、太宗、寧宗並侑，大赦。

冬十一月乙未，鄭清之乞歸田，不允。丙申，詔：師彌典司屬籍，職事修舉，授太傅，加食邑，依前判大宗正事，嗣秀王。壬子，詔：大元兵入蜀，權成都府馮有碩、權漢州王驤、權成都縣楊兑、權資州劉永、權潼川府魏霙死于官守，其各贈官三轉，仍官其一子。癸丑，詔：將領闕貴，統制白傅才率衆復洋州，還遇大元兵交戰，將士百五十三人皆陣没，已祔饗閔忠廟，贍恤其家。闕貴、白傅才各贈承節郎，官其一子進勇副尉。

十二月甲戌，詔壽春守臣劉雄飛等以大元兵圍城捍禦有功，雄飛及吕文福、林子密等十一人各官三轉，劉用等補轉官資有差。己卯，以游侣爲右丞相兼樞密使；鄭清之爲少師、奉國軍節度使，依前醴泉觀使兼侍讀，仍奉朝請，賜玉帶及賜第行在。兄與懽換授安德軍節度使、開府儀同三司、萬壽觀使，仍奉朝請；弟嗣沂王貴謙、嗣榮王與芮並加授少保。以趙葵知樞密院事兼參知政事，李性傳同知樞密院事，陳韡兼參知政事。壬午，太史奏來歲正旦日當食，詔以是月二十一日避殿減膳，命百司講行闕政，凡可以消弭災變者，直言毋隱。

六年春正月辛卯朔，日有食之。置國用所，命趙與憲爲提領官。

二月戊辰，范鍾再乞歸田里，詔官三轉，觀文殿大學士、醴泉觀使兼侍讀。己巳，范鍾再辭，詔提舉洞霄宮，任便居住。庚午，以劉雄飛知壽春府，節制屯田軍馬。

夏四月甲戌，以丘岳兼兩淮屯田副使，賈似道兼蘄、黄屯田副使。戊寅，詔：「朱熹門人胡安之、吕燾、蔡模並迪功郎，本州州學教授。給札録其著述，并條具所欲言者以聞。」

閏四月辛卯，李曾伯以臺諫論，詔落職予祠，尋罷祠禄。戊戌，吕文德言：「今春北兵攻兩淮，統制汪懷忠等逆戰趙家園，拔還俘獲人民；路鈐夏貴，知州王成、倪政等，帥舟師援安豐軍，所至數戰，將士陣亡者衆。」詔：「倪政贈官三轉，官一子承信郎；許通、夏珪、孫才、江德仙各贈官兩轉，官其一子下班祗應，給緡錢恤其家；餘立功將士恩賞有差。」癸卯，余玠言：北兵分四道入蜀，將士捍禦有功者，輒以便宜推賞，具立功等第補轉官資以聞。詔從之。

五月庚申，詔賈似道措置淮西山砦城築。己卯，詔諸鎮募兵、造舟、置馬，帥臣其務獎激將士，以嚴邊防。

六月甲午，保信軍節度使希丞薨。丙午，祈雨。壬子，以陳韡參知政事兼同知樞密院事。乙卯，臺臣言李鳴復、劉伯正進則害善類，退則蠹州里。詔鳴復落職罷宮觀，伯正削一秩。

秋七月壬戌，泉州歲饑，其民謝應瑞非因有司勸分，自出私錢四十餘萬糴米以振鄉井，所全活甚衆，詔補進義校尉。己巳，吕文德言：「北兵圍壽春城，州師至黄家穴，總管孫琦、吕文信、夏貴等戰龍堽，有功。」詔文德官一轉，餘依等第轉補；其陣没董先等二十二人，傷者四百三十七人，贈恤恩賞有差。

八月己酉，賜文士劉克莊進士出身，以爲祕書少監兼國史院編修官、實録院檢討官。癸丑，以劉克莊兼崇政殿説書。樞密院言：「前知普州何叔丁、簽書判官楊仁舉，淳祐元年冬北兵攻城，兩家二十餘人死于難，叔丁孫嗣祖、仁舉幼子肖翁被俘逃歸。」詔叔丁等贈官恤後有差。

九月戊辰，以賈似道爲敷文閣直學士、京湖制置使、知江陵府兼夔路策應使。癸酉，孟珙薨，贈少師。

冬十月己丑，少保、嗣榮王與芮之子賜名孟啓，授貴州刺史。

十一月甲戌，右丞相游佀五請歸田里，詔不允。辛巳，詔：「北兵入蜀，前四川制置使陳隆之闔家數百口罹害，死不易節，其特賜徽猷閣待制，官其二子，賜謚立廟。死事史季儉、楊戡子各賜官兩轉，官一子。」

十二月乙未，詔史嵩之依所乞守金紫光祿大夫、觀文殿大學士、永國公致仕。臺諫論史嵩之無父無君，醜聲穢行，律以無將之法，罪有餘誅，乞寢宫祠，削官遠竄。

七年春正月乙卯朔，詔：「間者紬逐非才，收召衆正，史嵩之已令致事，示不復用。咨爾二三大臣，其一乃心，務舉實政，以輯寧我邦家。若辭浮于實，玩愒歲月，朕何賴焉。」建資善堂，授孟啓宜州觀察使，就内小學。

二月庚寅，詔：「淮安主簿周子鎔，久俘于北，數遣蠟書諜報邊事，今遂生還，可改朝奉郎，優與升擢。」己亥，貴妃賈氏薨。壬子，詔改潛邸爲龍翔宫。

三月庚午，祈雨。

夏四月庚子，以王伯大簽書樞密院事，吴潛同簽書樞密院事。辛丑，以鄭清之爲太傅，右丞相兼樞密使，封越國公；游佀罷爲觀文殿大學士、醴泉觀使兼侍讀；趙葵爲樞密使兼參知政事，督視江淮、京西、湖北軍馬；陳韡知樞密院事、湖南安撫大使、知潭州。甲辰，趙葵兼知建康府、行宫留守、江東安撫使，應軍行調度並聽便宜行事；趙希塈禮部尚書、督視行府參贊軍事。庚戌，出緡錢千萬、銀十五萬兩、祠牒千、絹萬，并户部銀五千萬兩，付督視行府趙葵調用。

五月甲寅，寧淮軍統制張忠戊浮山，手搏北將，俱溺水死，贈武略大夫，官一子承信郎，緡錢五千給其家。祈雨。壬申，以吴潛兼權參知政事。乙亥，御集英殿策士，詔求直言弭旱。

六月癸巳，賜禮部進士張淵微以下五百二十七人及第、出身有差。丙申，以旱避殿減膳。詔中外臣僚士民直陳過失，毋有所諱。戊申，詔：「旱勢未釋，兩淮、襄、蜀及江、閩内地，曾經兵州縣，遺骼暴露，感傷和氣，所屬有司收瘞之。」

秋七月乙丑，吴潛罷。丁卯，以別之傑參知政事，鄭寀同簽書樞密院事。己卯，吴潛依舊端明殿學士、知福州、福建安撫使。

八月甲申，鄭寀罷。辛卯，雨。辛丑，前彭州守臣宇文景訥死事，詔贈官、進三秩，官一子下州文學。壬寅，詔監司、守臣議荒政以振乏絶，租税合蠲減者具實來上。甲辰，高定子薨，贈少保。丙午，蔡抗進其父《沈尚書解》。

冬十月己酉，臺臣言添差、抽差、攝局、須入、奏辟、改任、薦舉、借補、曠職、匿過十弊。

十一月丁巳，詔：「茶陵知縣事黄端卿爲郴寇所害，進官三秩，官一子將仕郎，立廟衡州。」

十二月辛巳，李鳴復卒。壬辰，詔：「太學生程九萬自北脱身來歸，且條上邊事，賜迪功郎。」

八年春二月丁亥，趙葵言吕文德洎諸將解泗州之圍有功，詔補轉推賞有差。癸巳，雨雹。乙未，福州福安縣民羅母年過百歲，特封孺人，復其家，敕有司歲時存問，以厚風化。辛丑，趙葵表：「招、泗斷橋，將士用命，兵退。陳奕、譚涓玉、王成等戰渦河，龜山有勞。聞其步兵多山東人，遂調史用政等襲膠州，復襲高密縣，以牽制侵淮之師。」詔趣上立功將士等第、姓名推賞。乙丑，雨雹。甲戌，詔：「先鋒軍統制田智潤泗州潮河壩之戰，父子俱死於兵，贈智潤修武郎，子承節郎，更官其一子承信郎，給緡錢五千恤其家。」

夏四月庚辰，詔淮東制置司於泗州立廟，祠夏皋及張忠、田智潤父子，賜額以旌忠節。丁亥，贈朝奉郎程克己妻王氏同没王事，進贈安人。

五月癸亥，趙葵進三秩。

六月戊戌，以徐鹿卿爲樞密使兼參知政事兼侍講。

秋七月辛亥，以王伯大參知政事，應䌛同知樞密院事，謝方叔簽書樞密院事，史宅之同簽書樞密院事，趙與簠資政殿學士，依舊知臨安府、浙西安撫使。癸酉，王伯大罷爲資政殿學士、知建寧府。

九月辛酉，祀明堂，大赦。雷。

冬十月甲戌朔，別之傑三疏乞歸田里，詔以資政殿大學士知紹興府。乙亥，應䌛、謝方叔並兼參知政事。己卯，余玠言：「都統制張實等以戰功，承制便宜與官三轉，給刺史象笏、金銀器二百兩，銀三百兩，緡錢一萬，餘將士依等第轉官，給金銀符，錢帛有差。」詔命詞、給告身付之。

九年春正月乙巳，孟啓授慶遠軍節度使，進封益國公。庚申，詔周世宗八世孫柴彦穎補承務郎，襲封崇義公。辛酉，詔：「兩淮、京湖沿江曠土，軍民從便耕種，秋成日官不分收，制帥嚴勸諭覺察。」癸亥，詔給官田五百畝，命臨安府創慈幼局，收養道路遺棄初生嬰兒，仍置藥局療貧民疾病。乙丑，雨雹。丁卯，許應龍薨。己巳，范鍾薨，贈少保，謚文肅。辛未，詔以官田三百畝給表忠觀，旌錢氏

功德，仍禁樵採。

閏二月甲辰，以鄭清之爲太師、左丞相兼樞密使，進封魏國公；趙葵爲右丞相兼樞密使；應𦳝、謝方叔並參知政事；史宅之同知樞密院事。乙卯，鄭清之五辭免太師，許之。

三月癸未，以賈似道爲寶文閣學士、京湖安撫制置大使。乙酉，程元鳳江、淮等路都大提點坑冶鑄錢公事兼知饒州。丁亥，詔以四月朔日食，自二十一日避殿減膳徹樂。

夏四月壬寅朔，日有食之。庚戌，趙葵四辭免右丞相兼樞密使，詔不允。

五月己丑，趙葵乞歸田里，又不允。甲午，鄭寀薨。

六月丙寅，詔邊郡各立廟一，賜額曰「褒忠」，凡没于王事忠節顯著者，並祠焉，守臣春秋致祀。

秋七月壬辰，詔知吉州李義山更削三秩，監藏錢銀納安邊所。

八月己酉，以吴潛爲資政殿學士、知紹興府、浙東安撫使。辛亥，詔趣趙葵治事，命吴淵宣諭赴闕。

九月丙子，詔趙與簒提領户部財用，置新倉，積貯百二十萬，名淳祐倉，許辟官四人。乙未，册命婉容閻氏爲貴妃。

冬十月丁卯，諫臣周坦言：知建寧府楊棟任成都制幕時，盡載激賞庫珍寶先遁，陷丁黼于死，致全蜀生靈塗炭。詔褫棟閣職，罷新任。

十一月丙子，趙與簒資政殿學士、提領國用、浙西安撫使。癸未，應𦳝乞歸田里，詔以資政殿學士知平江府。

十二月己亥，以董槐兼侍讀。乙巳，以吴潛同知樞密院事兼參知政事，徐清叟簽書樞密院事。戊午，史宅之薨，贈少師。

十年春正月甲午，應𦳝三乞歸田里，與祠禄。

二月乙卯，雨土。

三月癸未，趙葵辭，以爲觀文殿大學士、醴泉觀使兼侍讀，奉朝請。庚寅，以賈似道爲端明殿學士、兩淮制置大使、淮東安撫使、知揚州；余玠龍圖閣學士，職任依舊；李曾伯徽猷閣學士、京湖安撫制置使、知江陵府。

夏四月己酉，幸龍翔宫。

五月丙寅朔，以福州觀察使、提舉佑神觀善䄄爲保康軍節度使、提舉萬壽觀、嗣濮王；吴淵資政殿學士，依舊職任，與執政恩數。癸未，賈似道言王登浚築江陵城濠有勞，詔登初官選人，減舉主三員。

八月甲寅，台州大水。

九月甲子朔，賈似道兼淮西安撫使。己巳，賜禮部進士方夢魁以下五百一十三人及第、出身有差。甲戌，進士第一名方夢魁改賜名逢辰。戊寅，以嚴州水，復民田租。

冬十月丁酉，詔郡邑間有水患，其被災細民，隨處發義倉振之。辛酉，詔諸主兵官，今後行罰，毋杖脊以傷人命。

十一月壬申，趙葵授特進，依舊觀文殿大學士、判潭州、湖南安撫大使。壬午，雷。癸未，以雷震非時，自二十四日避殿減膳。詔：「公卿大夫百執事各揚乃職，裨朕不逮。」參知政事謝方叔吴潛、簽書樞密院事徐清叟並乞解機政，詔不允。

十二月壬辰朔，鄭清之乞歸田里，詔不允。

十一年春正月丁卯，詔孟啓改賜名孜，依前慶遠軍節度使，進封建安郡王。己丑，詔沿海沿江州郡，申嚴水軍之制。監察御史程元鳳言，資善堂宜選用重厚篤實之士，上嘉納之。

二月乙未，左丞相鄭清之等上《玉牒》、《日曆》、《會要》及《光宗寧宗寶訓》、《寧宗經武要略》。丁酉，詔清之等各進秩有差。庚子，游佀乞致仕，詔依舊觀文殿大學士，進二秩。

三月丁卯，少保、保寧軍節度使、嗣濮王不擅薨，贈少師，追封新興郡王。乙亥，雨土。戊寅，以謝方叔知樞密院、參知政事，吴潛參知政事，徐清叟同知樞密院事。辛巳，城寶應，詔移一軍戍守，李庭芝進一秩，將士推恩有差。俞興升成都安撫副使、知嘉定府，任責威、茂、黎、雅邊防。

夏四月戊戌，潭州民林符三世孝行，一門義居，福州陳氏，笄年守志，壽逾九袠，詔皆旌表其門。丁未，進《淳祐條法事類》凡四百三十篇，鄭清之等各進二秩。

六月甲午，四川余玠奏進北馬五百，詔立功將士趣上姓名推恩。丙申，高達帶行遥郡刺史、權知襄陽府、管内安撫，節制屯戍軍馬。乙巳，詔求遺書并山林之士有著述者，許上進。

秋七月庚辰，前簽書樞密院事陳卓薨，贈少師。

八月丁未，命吕文福廬州駐劄御前諸軍都統制。庚戌，詔以故直龍圖閣樓

昉所著《中興小傳》百篇、《宋十朝綱目》并《撮要》二書，付史館謄寫，昉追贈龍圖閣待制。辛亥，詔：「比覽林光世《易範》，明《易》推星配象演義，有司其以禮津遣赴闕。」

九月辛未，祀明堂，大赦。

閏十月癸酉，吳潛五疏乞罷機政，不允。

十一月丙申，京湖制司表都統高達等復襄、樊，詔立功將士三萬二千七百有二人各官一轉，以緡錢三百五十萬犒師。甲辰，鄭清之乞解機政，詔依前太傅、保寧軍節度使充醴泉觀使，封齊國公，仍奉朝請。己酉，詔：承信郎陳思獻書籍，賜官一轉。庚戌，太師鄭清之薨，贈尚書令，追封魏郡王，謚忠定。甲寅，以謝方叔爲左丞相，吳潛爲右丞相。乙卯，以徐清叟參知政事兼同知樞密院事，董槐端明殿學士、簽書樞密院事。

十二月戊辰，詔以八事訓飭在廷，曰肅紀綱、用正人、救楮幣、固邊陲、清吏道、淑士氣、定軍制、結人心。己卯，游侶薨，贈少師，謚清獻。

十二年春正月癸巳，武功大夫王堅以復興元功，轉遥郡團練使。辛丑，太學録楊懋卿以孝行卓異，詔表其門，以其事宣付史館。癸丑，詔宰執議立方田，開溝澮，自近圻始。創置遊擊軍，水步各半。

二月乙卯朔，日有食之。己未，詔陳顯伯資善堂翊善，蔡抗資善堂贊讀，翁甫資善堂直講。壬午，詔襄、郢新復州縣，賦税復三年。大元兵數萬攻隨、郢、安、復，京西馬步軍副總管馬榮率將士戰嚴竇山。癸未，再戰銅冶坪。

三月丁亥，又戰子陵大脊山。詔：榮兵不滿千，能禦大難，賞官兩轉，進州鈐，帶行閤門祗候，賜金帶。諸將王成、楊進各官兩轉升遷，餘推恩有差。丁未，守三汊口諸將焚北屯積蓄，斷其浮梁。

夏四月戊辰，詔襄、郢新復州郡，耕屯爲急，以緡錢百萬，命京閫措置，給種與牛。乙亥，蔡抗兼侍立修注官。丙子，置池州遊擊水軍。

五月甲申朔，祈雨。壬辰，詔申儆江防，每歲以葺戰艦、練舟師勤惰爲殿最賞罰。乙巳，盗起信州玉山縣。罷諸郡經界。

六月癸亥，發米三萬石振衢、信飢。玉山寇平。丙寅，嚴、衢、婺、台、處、上饒、建寧、南劍、邵武大水，遣使分行振恤存問，除今年田租。

八月己未，詔來年省試仍舊用二月一日，殿試用四月十五日以前，庶免滯留遠方士子。己巳，詔以緡錢四十萬振恤在京軍民。丁丑，詔行《會天曆》。辛巳，詔改明年爲寶祐元年。

九月丁亥，少師、保康軍節度使、嗣沂王貴謙薨，贈太傅，追封申王。

冬十月癸丑，以徐清叟參知政事，董槐同知樞密院事。嗣濮王善琦薨，贈少師，追封咸寧郡王。戊午，濮安懿王長孫善奐授福州觀察使、提舉佑神觀，嗣濮王。壬申，詔襄、樊已復，其務措置屯田，修渠堰。

十一月庚寅，吳潛罷。丙申夜，臨安火；丁酉夜，火乃熄。戊戌，詔避殿減膳。壬寅，詔求直言。

十二月乙卯，以吳潛爲觀文殿大學士、提舉江州太平興國宫。己未，詔追録彭大雅創城渝州功，復承議郎，官其子。癸亥，詔海神爲大祀，春秋遣從臣奉命往祠，奉常其條具典禮來上。壬申，太陰入氐。丁丑，立春，雷。

寶祐元年春正月庚寅朔，詔以藝祖嫡系十一世孫嗣榮王與芮之子建安郡王孜爲皇子，改賜名禥，授崇慶軍節度使，進封永嘉郡王。製《資善堂記》賜皇子。癸卯，大元兵渡漢江，屯萬州，入西柳關。高達調將士扼河關，上山大戰，至鼈坑、石碑港而還。詔高達、程大元、李和各官兩轉，餘恩賞有差。

二月己酉朔，日有食之。戊辰，陳垓貪贓不法，竄潮州。辛未，罷尚書省，創置呈白房。

三月戊子，與芮授少師，加食邑七百户；希𤪌檢校少傅，加食邑五百户；與懽授少保，加食邑七百户；乃裕保康軍節度使，加食邑五百户。丙申，别之傑薨，贈少師。

五月甲午，詔余玠赴闕。乙未，詔侍從、臺諫、給舍、制司各舉帥才二人。己亥，賜禮部進士姚勉以下及第、出身有差。

六月戊申朔，江、湖、閩、廣旱。庚戌，四川制司言余玠疾革，詔玠資政殿學士，與執政恩數。辛亥，以賈似道爲資政殿大學士，李曾伯端明殿學士，職任依舊。庚申，以余晦爲司農卿、四川宣諭使。祈雨。

秋七月壬午，王伯大薨。丙戌，蔡抗兼資善堂翊善，施退翁兼資善堂直講。庚寅，温、台、處三郡大水，詔發豐儲倉米并各州義廪振之。癸巳，詔余玠以興元歸附之兵，分隸本路諸州都統，務撫存之，仍各給良田，制司濟以錢粟。甲午，余玠卒，贈官五轉。庚子，以董槐兼參知政事。癸卯，詔撫諭四川官吏軍民。

八月丁未朔，以馬光祖爲司農卿、淮西總領財賦。甲寅，起居郎蕭泰來出知隆興府。先是，起居舍人牟子才與泰來並除，子才四疏辭，極陳泰來姦險汙穢，

恥與爲伍，泰來不得已請祠，遂予郡。丙辰，以余晦權刑部侍郎、四川安撫制置使、知重慶府兼四川總領財賦。乙丑，行皇宋元寶錢。

九月壬午，程元鳳升兼侍讀，牟子才升兼侍講。壬辰，城夔門。

冬十月丙午朔，詔出緡錢二百萬，振恤京城軍民。

十一月丙子朔，詔獎諭襄陽守臣高達。己丑，賈似道獻所獲良馬，賜詔褒嘉，其將士增秩賞賚有差。

十二月乙卯，册瑞國公主。庚申，劉伯正薨，贈五秩。

《宋史》卷四四《理宗本紀》四　二年春正月乙亥朔，大元城利州、閬州。詔湘潭縣民陳克良孝行，表其門。

二月甲辰朔，詔太常釐正秦檜謚，因諭輔臣曰：「謚『繆狠』可也。」乙巳，詔：利州統制呂達戰没，贈官四轉，官一子承信郎，一子下班祗應。己酉，余晦兼四川屯田使。庚申，詔：饒州布衣饒魯，不事科舉，一意經學，補迪功郎、饒州教授。戊辰，故直華文閣李燔，先儒朱熹門人，賜謚文定。

三月壬午，王元善使大元，留七年來歸。戊子，雪。詔蠲江、淮今年二税。己丑，詔録襄城功，高達帶行環衛官、遥郡團練使，職任依舊；王登行軍器監丞、制司參議官，程大元、李和以下將士六千六百一十三人補轉官資有差。甲午，城東海，賈似道以圖來上。

夏四月辛亥，詔：邊兵貧困可閔，閒田甚多，擇其近便者分給耕種，制司守臣治之。乙丑，以徐清叟知樞密院兼參知政事，董槐參知政事。

六月壬寅朔，罷臨安府臨平鎮税場。甲辰，四川制司言：合州、廣安軍北兵入境，王堅、曹世雄等戰禦有功。詔堅官兩轉，餘各補轉官資。甲寅，侍御史吴燧等論故蜀帥余玠聚斂罔利七罪，玠死，其子如孫盡竊帑庾之積以歸。詔簿録玠家財。以李曾伯爲資政殿學士，依舊節制四川。丙辰，利州王佐堅守孤壘，降將南永忠以兵薄城下，佐罵之，永忠流涕而退。初，隆慶教授鄭炳孫不從南永忠降，先縊殺其妻女，亦朝服自縊。詔獎諭：佐進官一秩；炳孫贈朝奉郎、直祕閣，仍訪其子官以文資。王伯大乞致仕，詔進一秩，允所請。丁巳，以賈似道同知樞密院事，職任依舊。庚午，詔余晦赴闕。

閏六月壬申，董槐疏：蜀事孔棘，願假臣宣撫之名，置司夔門，以通荆、蜀。上優詔答曰：「士大夫以事功自勉者鮮，卿請帥蜀，足見忠壯；然經理西事，當在廟堂，宜竭謀猷，以副委任。」詔蒲擇之暫權四川制置司事。甲戌，録嘉定戰功。先是，大元兵圍城五旬，帥守俞興、元用等夜開關力戰而圍解。詔俞興等十六人各官五轉，將士補轉有差。以包恢提點浙西刑獄，招捕荻浦鹽寇。乙亥，台州海寇積年，民罹其害，路分董耛洎進士周自中等擒獲，詔耛官一轉，餘推賞有差。壬午，以李曾伯爲四川宣撫使兼京湖制置大使，進司夔路，詔賜曾伯同進士出身。罷江灣浮鹽局。戊戌，大元使離揚州北歸。

秋七月己酉，詔：「前蜀帥余玠，鎮撫無狀，兵苦於征戍，民困於徵求，兹俾其家輸所取蜀財，犒師振民，並邊諸郡田租，其復三年。」詔：思、播兩州，連年扞禦，其守臣田應庚、楊文各官一轉，餘推恩。詔賈似道開閫，以樞密行府爲名。甲寅，故光禄大夫賈涉謚忠肅。壬戌，復安西堡。己巳，荻浦海寇平，包恢進直龍圖閣，劉達授横行帶遥郡。李性傳赴闕，以王堅爲興元都統兼知合州。

八月乙亥，詔以前知閬州兼利西安撫王惟忠付大理獄，尋命臺臣監鞫。辛巳，徐清叟乞罷機務，詔不允。癸巳，謝方叔等上《玉牒》、《日曆》、《會要》及《七朝經武要略》、《中興四朝志傳》，詔方叔、徐清叟、董槐等各進秩。戊戌，籍王惟忠家財。

九月辛亥，祀明堂，大赦。辛酉，詔葺西太一宫，爲國祈祥，起居郎牟子才再疏諫而止。丙寅，詔戒外戚毋干請。詔：山陰、蕭山、諸暨、會稽四縣水，其除今年田租。

冬十月庚午朔，謝方叔等進寶祐編《吏部七司續降條令》。癸酉，皇子禥進封忠王。甲午，斬王惟忠于都市。丁酉，追削余玠資政殿學士，奪余晦刑部侍郎告身。戊戌，段元鑑上隆慶堡戰功。

十一月壬寅，日南至。忠王冠。丁未，大元城光化舊治。

十二月庚午，排保甲，行自實法。癸未，雷。四川苦竹隘捷至。甲午，隆慶部兵周榮被獲歸北，密約段元鑑入隘解圍，事覺就禽，不屈而死，馬徽、白端戰殁。詔四川宣撫司爲之立廟。安西堡受攻五月，將士力戰解圍，居民以資糧助軍實。詔四川宣撫司具名推恩，在城人並賞一資，復租賦五年。余玠男如孫徼所認錢三千萬將足，詔如孫削三秩，勒停。

三年春正月己未，迅雷。巴州捷至。庚申，城均州龍山。起居郎牟子才上疏言：「元夜張燈侈靡，倡優下賤，奇技獻笑，媟汙清禁，上累聖德。今因震霆示威，臣願聖明覺悟，天意可回。」帝納其言。壬戌，詔宗正寺所擬宗子名，以用、宜、季、次、紹五字，續大、由、友、嗣、甫之下。

二月乙亥，詔右千牛衛上將軍乃猷授蘄州防禦使，奉沂靖惠王祠事。兼給事中王埜言：「國家與大元本無深仇，而兵連禍結，皆原於入洛之師輕啓兵端。二三狂妄如趙楷、全子才、劉子澄輩，輕而無謀，遂致隻輪不返。全子才誕妄慘毒，今乃援劉子澄例，自陳改正，乞寢二人之命，罷其祠禄，以爲喪師誤國之戒。」從之。己卯，復廣陵堡城，賈似道以圖來上。壬午，詔發緡錢二百萬，給四川調度。乙酉，詔以告身、祠牒、新會、香、鹽，命臨安府守臣馬光祖收换兩界舊敝會子。

三月己酉，詔：沿邊耕屯，課入登羨，管屯田官推賞，荆襄、兩淮及山砦如之。庚戌，邵武寇平。癸丑，詔自實法宜寬期限，監司守臣其嚴戢吏姦，毋煩擾民。以吴淵爲觀文殿學士、京湖制置使、知江陵府。己未，雨土。

夏四月乙酉，以江萬里知福州、福建安撫使。

五月，久雨。丁未，以監司、州郡辟書冗濫，詔申嚴禁止。己酉，李性傳薨。辛酉，嘉定大雨雹，與敘同日地震；浙西大水。

六月辛未，大風。丙戌，李全子松壽葺舊海城，窺海道，賈似道調兵敗之，敕書獎諭，趣上立功等第、姓名推賞。戊子，洪天錫劾内官盧允叔、董宋臣，疏不報，竟去，詔還太常少卿。辛卯，王埜以御史胡大昌言罷給事中，依舊端明殿學士、提舉洞霄宫。

秋七月癸丑，以吕文德知鄂州，節制鼎、澧、辰、沅、靖五州。丙辰，謝方叔、徐清叟以御史朱應元言罷。辛酉，詔三省樞府機政，令董槐、程元鳳輪日判事取旨。壬戌，以謝方叔爲觀文殿大學士、提舉臨安府洞霄宫。

八月乙丑朔，以董槐爲右丞相兼樞密使，程元鳳簽書樞密院事，權參知政事，蔡抗爲端明殿學士、同簽書樞密院事，徐清叟資政殿學士、提舉玉隆萬壽宫、任便居住。馬光祖兼節制和州、無爲、安慶三郡屯田使。丙子，鄭性之薨。庚寅，福建安撫江萬里，以臺臣李衢言罷新命，提舉武夷山冲佑觀。辛卯，應繇薨。

九月甲午朔，雷。丙午，以徐清叟爲資政殿學士，提舉洞霄宫。丙辰，陳顯伯兼資善堂翊善，皮龍榮兼資善堂贊讀。壬戌，權中書舍人陳大方言：「劉子澄端平入洛之師，賈勇贊決，北兵方入唐州界，子澄已率先遁逃，一敗塗地，二十年來，爲國家患者，皆原於此，宜投之四裔。」詔罷子澄祠禄。

十二月乙丑，嗣濮王善奂薨。丙子，少傅、節度使與懽薨，贈少師，追封奉化郡王。

四年春正月乙未，詔謝方叔奪職罷祠，謝脩削三秩勒停。辛亥，以吴淵爲京湖制置使兼夔路策應使，軍馬急切，便宜行事。庚申，蜀閫奏捷。辛酉，詔史嵩之觀文殿大學士，依前金紫光禄大夫、永國公致仕。

二月戊辰，雨雹。丙子，詔襲封衍聖公孫孔洙添差通判吉州，不釐務。

三月壬寅，以少師、嗣榮王與芮爲太傅。丙辰，帝製《字民訓》賜改秩親民官。

夏四月癸未，以程元鳳參知政事；蔡抗同知樞密院事；賈似道參知政事，職任依舊；李曾伯資政殿大學士、福建安撫使；吴淵進二秩，職任依舊；吴潛沿海制置使、判慶元府；馬光祖焕章閣直學士，職任依舊。

五月甲午，孫夢觀兼資善堂贊讀，章鑑兼資善堂直講。先聖五十代孫孔元龍賜迪功郎，授初品官。甲辰，羅氏鬼國遣報思、播言：大元兵屯大理國，取道西南，將大入邊。詔以銀萬兩，使思、播結約羅鬼爲援。徐清叟奪資政殿大學士罷祠禄，王埜奪端明殿學士罷祠，仍褫執政恩數。丁未，詔申嚴老鼠隘防戍。襄、樊閫臣奏捷。甲寅，賜禮部進士文天祥以下六百一人及第、出身有差。

六月甲戌，朱禩孫太府寺簿、知瀘州兼潼川路安撫，任責瀘、敘、長寧邊防。浙江堤成。癸未，董槐罷。臺臣丁大全既累疏擊之，辭極詆毀，且以臺牒役隅兵夜半迫槐出關，物論殊駭；三學生屢上書以爲言，詔以槐爲觀文殿大學士、提舉臨安府洞霄宫。

秋七月甲寅，知敘州史俊調舟師與大元兵戰，凡十三合，詔俊官三轉，仍帶閤門行宣贊舍人。乙卯，以程元鳳爲右丞相兼樞密使，蔡抗參知政事，張磻端明殿學士、簽書樞密院事。

八月甲子，程元鳳上疏言正心、待臣、進賢、愛民、備邊、守法、謹微、審令八事。

九月壬辰，西南蕃吕告蠻目寧名天兄弟慕義與烏蘇蠻合力爲國禦難，詔各補承信郎。丙申，知邕州程芾，以貪暴詔削二秩，罷之。甲寅，監察御史朱熠言：「境土蹙而賦斂日繁，官吏增而調度日廣，景德、慶曆時以三百二十餘郡之財賦，供一萬餘員之奉禄；今日以一百餘郡之事力，贍二萬四千餘員之冗官，邊郡則有科降支移，内地則欠經常納解。欲寬民力，必汰冗員。」帝納焉。

十一月戊子朔，荆、襄閫臣以功狀來上，詔推賞將士。戊戌，京湖繼上戰功。詔：「蜀罹兵革，吾民重困，所當勞來撫摩，使之樂業。比聞官吏乃肆誅求，殊失

培植邦本之意。自今四川制司戒飭屬郡，違者罪無赦，御史臺其嚴覺察。」乙巳，以監察御史吴衍、翁應弼劾太學武學生劉黻等八人不率，詔拘管江西、湖南州軍，宗學生與㑦等七人並削籍，拘管外宗正司。癸丑，以張磻同知樞密院事，丁大全端明殿學士、簽書樞密院事，馬天驥端明殿學士、同簽書樞密院事。詔戒羣臣洗心飭行，毋縱于貨賄，其或不悛，舉行淳熙成法。又開國以來勳臣之裔，有能世濟其美而不世其禄者，所在州郡以聞。參知政事蔡抗輒擅去國，勉留不返，詔授職予祠，尋以林存言，寢其命。

十二月庚申，大元城棗陽。乙丑，以張磻兼參知政事。甲戌，獎諭荆閫吴淵，其有功將士，趣上姓名，等第推賞。

五年春正月丁亥朔，以趙葵爲少保、寧遠軍節度使、京湖宣撫使、判江陵府兼夔路策應大使，進封衛國公；賈似道進知樞密院事、職任依舊；吴淵參知政事；李曾伯荆湖南路安撫使兼知潭州；呂潛、趙與𥲅各官一轉。乙巳，雷。丙午，禁姦民作白衣會，監司、郡縣官等失覺察者坐罪。辛亥，吴淵薨，贈少師，謚莊敏。

二月戊午，四川嘉定上戰功。以賈似道爲兩淮安撫使。辛酉，命趙葵兼湖廣總領財賦，余晦淮西總領財賦。壬戌，築思州三隘。丁丑，布衣余一飛、高杞陳襄陽備禦策，詔命趙葵行之。

夏四月丁卯，詔襄陽安撫高達以白河戰功，轉行右武大夫帶遥郡防禦使；王登以沮河督戰官一轉，升直祕閣，並職任依舊。己卯，大元兵攻苦竹隘，詔京湖調兵應援。

閏四月己丑，程元鳳等進《玉牒》、《日曆》、《會要》、《經武要略》及《中興四朝志傳》。甲午，詔徐敏子嚴防邕、宜。己酉，以呂文德知靖州，職任依舊。祈雨。

五月庚申，雨。丁卯，城荆山，置懷遠軍荆山縣。詔賈似道官兩轉。戊寅，詔京湖、沿江、海道，嚴備舟師防遏。辛巳，復劍門壘，賞蒲擇之官兩轉，朱禩孫、蒲黼、楊大淵、韓勇各官四轉。壬午，夏貴正仕吉州刺史、帶御器械、鎮江駐劄都統制，知懷遠軍。

六月丁酉，祈雨。馬天驥以臺臣言罷，詔依舊端明殿學士、提舉臨安洞霄宫。

秋七月丙辰，祈雨。戊午，雨。

八月丙戌，光化軍奏捷。台州火。癸巳，詔謝方叔仍舊職，蔡抗以資政殿學士並領祠在京。甲午，給事中邵澤等言謝方叔罪狀，詔寢祠命。丙申，京城火。庚子，以張磻參知政事，丁大全同知樞密院事兼權參知政事。己酉，史嵩之薨，贈少師，謚莊肅。

九月壬子朔，詔今後臺臣遷他職，輒出關，以違制論，仍著爲令。辛酉，祀明堂，大赦。

冬十月庚寅，張磻薨，贈少師。癸巳，雷。甲午，虹見。丁酉，以林存簽書樞密院事。庚子，詔皇子忠王禥授鎮南、遂安軍節度使，皇女進封昇國公主。

十一月丙辰，李曾伯兼節制廣南，任責邊防。乙丑，獎諭安南國，賜金器幣、香茗。乙亥，詔京湖帥臣，黄平、清浪、平溪分置屯戍。庚辰，詔三邊郡縣官毋擅離職守，諸制帥臣其嚴糾察。

十二月壬午，李曾伯依舊資政殿學士、湖南安撫使兼廣南制置使，移司静江府。

六年春正月辛亥朔，以丁大全參知政事兼同知樞密院事，林存兼權參知政事。癸亥，詔出封樁庫銀萬兩付蜀閫。辛未，詔授成穆皇后弟太師郭師禹孫善庸承務郎，仍免銓注差。癸酉，罷李曾伯廣西經略，以廣南制置大使兼知静江府。其經略司官屬，改充制司官屬。甲戌，詔樞密院編修官呂逢年詣蜀閫，趣辦關隘、屯柵、糧餉，相度黄平、思、播諸處險要緩急事宜，具工役以聞。戊寅，雷。

二月辛巳朔，以馬光祖爲端明殿學士、京湖制置使、知江陵府，兼夔路策應、湖廣總領財賦并屯田事。壬辰，雨土。

三月辛亥朔，祈雨。丙辰，馬光祖請以呂文德、王鑑、王登、汪立信等充制司參議官及辟制司準備差使等官，詔光祖開閫之初，姑從所請。戊辰，以馬光祖兼荆湖北路安撫使。甲戌，詔湖北提點刑獄文復之移司江陵，兼京湖制司參議官。

夏四月庚辰朔，詔：「自冬徂春，天久不雨，民失東作，自四月一日始，避殿減膳，仰答譴告。」癸未，程元鳳等以久旱乞解機務，詔不允。甲申，大雨。丙申，羣臣三表請御正殿，從之。丁酉，詔田應己思州駐劄御前忠勝軍副都統制，往播州共築關隘防禦。己亥，臺臣朱熠劾沿江制置副使呂好問，黄州之役貪酷誤事，詔褫職。乙巳，程元鳳罷，以觀文殿學士判福州，尋提舉洞霄宫。丙午，趙葵三辭免福建安撫使，詔授醴泉觀使兼侍讀。丁未，以丁大全爲右丞相兼樞密使，林存同知樞密院事兼權參知政事，朱熠端明殿學士、簽書樞密院事。

五月庚戌朔，詔：「襄、樊解圍，高達、程大元應援，李和城守，皆有勞績，將

士用命，深可嘉尚，其亟議行賞激。」癸丑，詔懷遠、漣水相繼奏功，夏貴官兩轉，兼河南招撫使。毛興轉右武大夫，並依舊任。丁巳，李曾伯言：「廣西多荒田，民懼增賦不耕，乞許耕者復三年租，後兩年減其租之半，守令勸墾闢多者賞之。」奏可。丙寅，命嗣榮王與芮判大宗正事。丁卯，嗣秀王師彌薨。

六月癸巳，臺臣戴慶炣劾淮東總領趙與旹，奪職鐫秩。

秋七月庚戌，城淩霄山，詔朱禩孫進一秩，易士英帶行閤門宣贊，餘轉官有差。戊午，趙葵四辭免醴泉觀使兼侍讀，乞外祠，從之。戊辰，蜀郡劉整上捷，詔推恩賞。癸酉，知平江府余晦，以臺臣戴慶炣言，曩敗績于蜀，誤國欺君，詔奪寶章閣待制，罷任，追冒支官錢。甲戌，詔前福建漕臣高斯得已奪職鐫官，其贓百餘萬嚴限徵償，以懲貪吏。乙亥，吕文德入播州，詔京湖給銀萬兩。

八月戊戌，詔上流鎮江防禦。癸卯，詔申嚴倭船入界之禁。

九月壬子，詔蜀、廣、海道申嚴防遏。甲寅，詔安南情狀叵測，申飭邊防。戊辰，安豐上戰功。

冬十月丙子朔，詔：「蜀中將帥雖未克復成都，而暴露日久，戰功亦多，宜與序升，其亟條具以聞。」丁丑，以俞興爲四川制置副使、知嘉定府兼成都安撫副使。乙酉，詔知隆慶府楊禮守安西堡有功，官兩轉。戊子，大元兵攻通、泰州。庚寅，廣南劉雄飛奏横山之功，詔雄飛官三轉，部兵將校官兩轉。辛卯，詔常州、江陰、鎮江發米振贍淮民。

十一月己酉，林存罷，以資政殿學士知建寧府。癸丑，潁州上戰功，詔亟推賞，以示激厲。詔追復余玠官職。甲寅，築黄平，賜名鎮遠州，吕逢年進一秩。詔撫諭沿邊將士。丙辰，給事中張鎮言：徐敏子曩帥廣右，嗜殺黷貨，流毒桂府。詔仍舊羈管隆興府。丁巳，葉夢鼎依舊職知隆興府。壬戌，以朱熠同知樞密院事兼權參知政事，饒虎臣端明殿學士、同簽書樞密院事，賈似道樞密使、兩淮宣撫使。丁卯，東海失守，賈似道抗章引咎，詔令以功自贖，特與放罪。甲戌，淮東帥臣奏大元兵退。

十二月戊寅，詔改來年爲開慶元年。庚辰，大元兵渡馬湖入蜀，詔馬光祖時暫移司峽州，六郡鎮撫向士璧移司紹慶府，以便策應。癸未，房州上戰功。丙戌，詔置横山屯。丁亥，向士璧不俟朝命進師歸州，捐貲百萬以供軍費；馬光祖不待奏請招兵萬人，捐奉銀萬兩以募壯士，遂有房州之功。詔士璧、光祖各進一秩。辛丑，詔李曾伯城築關隘，訓練民兵峒丁，申嚴防遏。

開慶元年春正月乙巳朔，詔飭中外奉公法，圖實政。馬光祖與執政恩數。李曾伯進觀文殿學士。己酉，大元兵攻忠、涪，漸薄夔境，詔蒲擇之、馬光祖，戰守調遣，便宜行事。辛亥，詔：「戍蜀將士，頻年戰禦，暴露可閔。今申命蒲擇之從優犒師，春防畢日即與更戍，其輒逃歸者從軍令。」癸丑，詔：吕文德城黄平，深入蠻地，撫輯有方，與官三轉。庚申，詔：「知賓州吕振龍，知象州奚必勝，兵至聞風先遁，兵退乃返，並追毁出身文字，竄遠郡。横州守臣劉清卿設隘堅守，與官一轉。」壬戌，監察御史章士元言謝方叔帥蜀誤國，詔方叔更與鐫秩，其子脩竄廣南。癸亥，左司諫沈炎言余晦壞蜀，幕屬李卓、王克己濟惡斂怨，詔晦、卓、克己各奪兩官。丙寅，印應飛依舊職知鄂州兼湖北轉運使。丁卯，賈似道以樞密使爲京西湖南北四川宣撫大使、都大提舉兩淮兵甲、湖廣總領、知江陵府。蜀帥蒲擇之以重兵攻成都，不克。大元兵破利州、隆慶、順慶諸郡，閬、蓬、廣安守將相繼納降，又造浮梁于涪州之藺市。戊辰，以李庭芝權知揚州。

二月乙亥朔，詔：「京西提刑王登提兵援蜀，功未及成，齎志以殁，贈官五轉，致仕恩外，仍官一子。」庚辰，以趙與簒爲觀文殿學士、兩淮安撫制置使兼知揚州。乙酉，出内庫緡錢三千萬助邊用。丙戌，以馬光祖爲資政殿學士、沿江制置使、江東安撫、知建康府、行宫留守。己丑，詔蠲建康、太平、寧國、池州、廣德等處沙田租。壬辰，詔蠲漣水軍制司所收屯田租。乙未，發平糴倉米三萬，減直振在京民。辛丑，涪州報大元兵退。

辛酉，雨土。

三月庚戌，詔印應雷、黄夢桂赴都堂禀議。命有司縣重賞募將士，毁藺市浮梁。癸丑，詔：蜀死節臣、雲頂山諸處將士，咸褒録其後。丁巳，以吕文德爲保康軍節度使、四川制置副使兼知重慶府。庚申，馬光祖奏大元兵自烏江還北。

夏四月甲戌朔，以段元鑑、楊禮堅守城壁，殁于王事，詔各贈奉國軍節度使，封「二字」侯，立廟賜額，致仕恩外，更官一子成忠郎。丁丑，以向士璧爲湖北安撫副使、知峽州，兼歸、峽、施、珍、南平軍、紹慶府鎮撫使。甲申，詔：守合州王堅嬰城固守，百戰彌厲，節義爲蜀列城之冠，詔賞典加厚。乙酉，知施州謝昌元自備緡錢百萬，米麥千石，築郡城有功，詔官一轉。乙未，詔賜夏貴溧陽田三十頃。丙申，以吕文德兼四川總領財賦。

五月甲辰朔，城金州、開州。辛亥，雨雹。乙卯，達州上吕文德等戰功，詔遷補有功將士。丁巳，詔：湖北諸郡，去年旱潦飢疫，令江陵、常、澧、岳、壽諸州，

發義倉米振糶，仍嚴戢吏弊，務令惠及細民。乙丑，行開慶通寶錢。辛未，賜禮部進士周震炎以下四百四十二人及第、出身有差。婺州大水，發義倉米振之。

六月甲戌，呂文德兵入重慶。詔諭四川軍民共奮忠勇，效死勿去，有功行賞，靡間邇遐。有能效順來歸，悉當宥過加卹。仍獎呂文德斷橋通道之功，命兼領馬軍行司。辛巳，以朱熠參知政事，饒虎臣同知樞密院事。丙戌，南平來報戰功。戊戌，詔申嚴海道防禦。己亥，詔獎諭賈似道。壬寅，以李庭芝直寶謨閣、湖北安撫副使兼知峽州。

秋七月癸亥，蔡抗薨，贈少保，謚文肅。以知播州楊文、知思州田應庚守禦勤勞，詔各官一轉。

八月甲申，以濠州統制張斌柘塘之戰，殁于王事，贈官三轉，仍與一子下班祗應。乙酉，降人來言：大元憲宗皇帝崩于軍中。戊子，詔吴潛開閫海道，勤勞三年，屢疏求退，依舊觀文殿大學士、判寧國府，特進、崇國公。辛卯，命呂文德兼湖北安撫使。

九月壬子，賈似道表言大元兵自黄州沙武口渡江，中外震動。己未，嗣濮王善騰薨。庚申，以吴潛兼侍讀、奉朝請，戴慶炣端明殿學士、簽書樞密院事。下詔責己，勉諭諸閫進兵。壬戌，詔出内府緡錢千萬、銀五萬兩、帛五萬匹給宣司，緡錢五百萬、銀三萬兩、帛三萬匹給沿江制司犒師。詔：已命御史陳寅趣淮東調兵五萬，應援上流。癸亥，趙葵特進、觀文殿大學士，封衛國公，判慶元府，沿海制置使。命侍御史沈炎往沿江制置副司趣兵援鄂渚。再出内庫緡錢五百萬、銀二萬兩、帛二萬匹給兩淮制司，緡錢三百萬、銀萬兩、帛萬匹給沿江制司，以備軍賞。己巳，詔賈似道兼節制江西、二廣人馬，通融應援上流。庚午，合州解圍，詔王堅寧遠軍節度使，依前左領軍衛上將軍、興元府駐劄御前諸軍都統制兼知合州，節制軍馬，進封清水縣開國伯。

冬十月辛未朔，丁大全罷，以觀文殿大學士判鎮江府。壬申，以吴潛爲左丞相兼樞密使，進封相國公；賈似道爲右丞相兼樞密使，進封茂國公，宣撫大使等如舊。癸酉，命趙葵爲江東宣撫使，馬光祖移司江州應援鄂州，史巖之沿江制置副使移司壽昌軍應援鄂州。丙子，改封吴潛爲慶國公。丁丑，詔給還浙西提舉常平司歲收上亭户沙地租二百萬，永勿復徵。庚辰，詔：合州圍解，宣閫制臣及二三大將之功，宜加優賞。呂文德授檢校少師，李遇龍進三秩、權刑部侍郎，各賜金幣；將佐以下，進秩、賜金有差。詔自今月十一日始，避殿減膳徹樂。又詔：「比者蜀道稍寧，然干戈之餘，瘡痍未復，流離蕩析，生聚何資。咨爾旬宣之寄，牧守之臣，輕徭薄賦，一意撫摩，恤軍勞民，庶底興復。其被兵百姓，遷入城郭，無以自存者，三省下各郡以財粟振之。」壬午，御史陳寅言：知江州袁玠貪贓不悛，殘賊州邑。詔削玠五秩，竄南雄州。癸未，丁大全落職，罷新任。乙酉，雷。丙戌，以趙葵爲沿江、江東宣撫使，置司建康，任責捍禦。癸巳，向士璧權兵部侍郎、湖南安撫使兼知潭州，任責廣西邊防。

十一月壬寅，以朱熠權知樞密院事，饒虎臣、戴慶炣並權參知政事。癸卯，呂文福帶遥郡防禦使、河南招撫使、知淮安軍。詔追毁袁玠出身以來文字，除名不敍，移萬安軍。戊申，詔求直言。辛亥，舟師戰滸黄洲。乙卯，詔趙葵授少保、觀文殿大學士、江東西宣撫使，進封益國公，其饒、信、袁、臨、撫、吉、隆興官軍民兵，並聽節制調遣，諮訪、罷行、黜陟皆得便宜行事。以緡錢五百萬、銀五萬兩給其用。丙辰，詔選精鋭招信、泗州千人，揚州拱衛軍千人，安豐、濠州各千五百人，赴京聽調遣。庚申，夏貴入見，帝撫勞甚至。

閏十一月甲戌，詔出内帑緡錢五千萬犒内外諸軍。丁丑，以向士璧爲湖南制置副使，餘職仍舊，賜金帶。癸未，諸將陶林、文通進兵有功，詔林帶行遥郡刺史，文通轉武功大夫，賜銀有差。甲申，以印應雷爲軍器監、淮西總領財賦兼江東轉運判官，呂文德檢校少傅，京西湖北安撫使兼制置使、知鄂州兼侍衛馬軍都指揮使。己丑，皮龍榮兼資善堂翊善。庚寅，陶林奏沼山寺戰功。癸巳，向士璧連以功狀來上。乙未，詔降周震炎第四甲出身。丙申，賈似道表：大戰數合皆有功。

十二月己亥朔，賈似道言鄂州圍解，詔論功行賞。辛亥，詔改來年爲景定元年。壬子，改封吴潛爲許國公，賈似道爲肅國公。

《宋史》卷四五《理宗本紀五》 景定元年春正月丙子，詔獎賈似道功。壬辰，詔：「知涪州趙珷，聚糧不運餉兵士，遂爲北有，已削一秩，罰輕，再削兩秩。」乙未，潼川城仙侶山。賈似道言：「高達守鄂州城，凡三月，大元師北還。」

二月丙午，詔賈似道以緡錢三千萬犒師，并示賞功之典。己酉，以高達爲寧江軍承宣使、右金吾衛上將軍，賜緡錢五十萬；呂文德賜緡錢百萬，浙西良田百頃；鄂州戰守將士，賜緡錢三千萬；王鑑、孫虎臣、蘇劉義等各官十轉。高達遷湖北安撫副使、知江陵府兼夔路策應使，陳奕、阮思聰並正任防禦使。江西、湖南帥司言：大元兵破瑞州、臨江軍城，興國壽昌、洪撫全永衡諸郡民皆被兵，存

者奔竄它所。甲寅，詔：「臨江守臣陳元桂死節，官五轉，贈寶章閣待制；與一子京官，一子選人恩澤；給緡錢十萬治葬，立廟死所，謚曰正節。瑞州守臣陳昌世治郡雖有善政，兵至民擁之以逃，以棄城失守，削三秩勒停。」乙卯，詔孫虎臣和州防禦使，張世傑以下十三人各官五轉；立功將士並補兩官資，賜銀絹。庚申，雨雹。辛酉，大元遣偏師自大理由廣南抵衡州，向士璧會合劉雄飛逆戰于道，俘民獲還者甚衆。詔雄飛升保康軍承宣使，餘轉官，賜銀錢。賈似道賜金器千兩，幣千匹，命國子監主簿劉錫趣召赴闕。向士璧遷兵部侍郎，職任依舊。吕文德、高達、陳奕等各賜金、幣有差。丙寅，大元軍過分寧、武寧二縣，河湖砦都監權巡檢張興宗死之，詔贈武翼郎，官一子承信郎，以緡錢三萬給其家。湖南諸將温和轉左武大夫，帶行遥郡刺史，李虎官三轉，帶行閤門宣贊，鄧進帶行復州團練使，各賜銀絹，旌其守禦之功。

三月戊辰朔，日有食之。庚午，命夏貴兼黄、蘄策應使，總舟師。癸酉，以横山之戰將士效節，多死行陣，總管張世雄、沈彦雄、陳喜、秦安、李孝信、鄭俊、李安國各贈十官資，賜緡錢萬恤其家。甲戌，賞夏貴鴻宿州、白鹿磯戰功，遷福州觀察使，職任仍舊。將士推賞。乙亥，詔：全、岳、永、衡、柳、象、瑞、興國、南康、隆興、江州、臨江、潭州諸縣經兵，農民失業，應開慶元年以前二税盡除之。癸未，賈似道奏蕪草坪大戰，進至黄州。乙酉，詔范文虎轉左武大夫，環衛官、黄州武定諸軍都統制，張世傑環衛官，職任依舊。鄂州統制張勝，死于漢陽戰陣，贈官五轉，官其子焕進武校尉。丙戌，賈似道言，自鄂趨黄，與北朝回軍相遇，諸將用命捍禦。詔孫虎臣、范文虎、張世傑以下各賜金帛。

夏四月戊戌朔，侍御史沈炎疏吴潛過失，以「忠王之立，人心所屬，潛獨不然。章汝鈞對館職策，乞爲濟邸立後，潛樂聞其論，授汝鈞正字，奸謀叵測。請速詔賈似道正位鼎軸。」詔朱熠、戴慶炣輪日判事，大政則共議以聞。己亥，賈似道表言夏貴等戰新生洲，進至白鹿磯，皆身自督戰有功。詔赴闕。庚子，以王堅爲侍衛步軍司都指揮使。戊申，以劉整知瀘州兼潼川安撫副使。己酉，揚州大火。吴潛以觀文殿大學士提舉臨安府洞霄宫。癸丑，進賈似道少師，依前右丞相兼樞密使，進封衛國公；朱熠知樞密院事兼參知政事；饒虎臣參知政事；戴慶炣同知樞密院事兼參知政事；皮龍榮端明殿學士簽書樞密院事。己未，以夏貴爲保康軍承宣使、左金吾衛上將軍、知淮安州兼淮東安撫副使、京東招撫使，賜金器幣，溧陽田三十頃。壬戌，進馬光祖資政殿大學士，職任依舊。癸亥，以吕文德兼夔路策應使。丙寅，命馬光祖兼淮西總領財賦。

五月戊辰朔，詔趙葵依舊少保、兩淮宣撫使、判揚州，進封魯國公；徐清叟觀文殿大學士、知建寧府。饒虎臣罷。壬申，李曾伯、史岩之並落職解官：曾伯坐嶺南閉城自守，不能備禦；岩之坐鄂州圍解，大元兵已渡江北還，然後出兵，又命程芾任事，以致敗績。甲戌，詔贈吕文信寧遠軍承宣使，立廟賜額，子師憲帶行閤職，更與兩子承信郎；輔周和州防禦使，録其白鹿磯死事。乙亥，詔李虎馭軍無律，貸命追奪，竄鬱林州。丁丑，賜賈似道玉帶。庚辰，戴慶炣卒，贈資政殿大學士。癸未，以皮龍榮兼權參知政事；沈炎端明殿學士、同簽書樞密院事；馬堃鄂州都統制，駐箚江陵府。甲申，祈雨。戊子，詔饒虎臣以資政殿學士提舉臨安府洞霄宫，任便居住。楊棟，召赴闕。壬辰，以姚希得爲敷文閣待制、知慶元府兼沿海制置使。乙未，詔李庭芝起復祕閣修撰、主管兩淮安撫制置司公事兼知揚州。

六月丁酉朔，夏貴奏淮安戰功。庚子，竄丁大全于南康軍。壬寅，詔立皇子忠王禥爲皇太子，賜字長源。戊申，王埜卒。壬子，賜李遇龍金帶。陳奕帶御器械，依舊鎮江駐箚御前諸軍都統制，賜田三十頃。詔升巢縣爲鎮巢軍。甲寅，楊棟、葉夢鼎並太子詹事。乙卯，陳韡進一秩，福建安撫使知福州；徐清叟觀文殿學士、知泉州。

秋七月丁卯朔，皇太子入東宫，行册禮，大赦。壬申，貴妃閻氏薨，賜謚惠昭。丁亥，命皇太子昕朝侍立。戊子，上謂宰執曰：「北朝使來，事體當議。」賈似道奏：「和出彼謀，豈容一切輕徇？倘以交鄰國之道來，當令入見。」己丑，侍御史何夢然劾丁大全、吴潛欺君無君之罪。庚寅，賈似道兼太子少師，朱熠、皮龍榮、沈炎並兼賓客。辛卯，詔丁大全削三秩，謫居南安軍；吴潛奪觀文殿大學士，罷祠，削二秩，謫居建昌軍。癸巳，詔舉孝廉。

八月壬寅，以程元鳳爲淮、浙發運使，判平江府。己酉，詔：皇太子受册畢，賈似道、朱熠、皮龍榮、沈炎各進一秩，東宫官吏諸軍兵等官一轉，餘皆推恩。壬子，與蕙薨，贈少師，謚忠憲。壬戌，李曾伯、史岩之各削二秩。甲子，饒虎臣削二秩，奪資政殿學士，罷祠。

九月癸酉，守瀘州劉整以功來上。丁丑，知漳州節制屯戍軍馬洪天錫言，援例創辟幹官一員，報行軍機密文字，奏可。辛巳，祀明堂，大赦。戊子，李松壽犯淮安。

冬十月乙未朔，詔申嚴邊防。甲辰，詔：「黨丁大全、吴潛者，臺諫其嚴覺察

舉劾以聞，當置于罪，以爲同惡相濟者之戒。」時似道專政，臺諫何夢然、孫附鳳、桂錫孫、劉應龍承順風指，凡爲似道所惡者無賢否皆斥，帝弗悟其奸，爲下是詔。戊申，李松壽修南城，詔趣淮閫調兵毀之。壬子，破李松壽兵于漣水城下，夷南城舊址。壬戌，竄吳潛于潮州。

十一月丙寅，詔内侍何時修削二秩，永罷不叙。洪燾知臨安府兼浙西安撫使。壬午，以中軍統制、知簡州馬千權興州都統兼知合州。

十二月甲午朔，詔：華亭奉宸莊，其隸外廷助軍餉。包恢敍復元官職，知常州。辛丑，建陽縣嘉禾生，一本十五穗，詔改建陽爲嘉禾縣。甲寅，吕文德上夔路戰功。乙卯，少師、廬陵郡王思正薨，謚簡惠。印應雷直徽猷閣、知江州、主管江西安撫司公事，節制蘄、黄、興國三郡。庚申，以監察御史桂錫孫言，追寢全子才敍復之命。

二年春正月癸亥朔，詔：「監司率半歲具劾去贓吏之數來上，視多寡爲殿最，行賞罰。守臣助監司所不及，以一歲爲殿最，定賞罰。本路、州無所劾，而臺諫論列，則監司守臣皆以殿定罰。有治狀廉聲者，摭實以聞。」乙丑，城安慶。詔馬光祖進二秩。丁丑，命皇太子謁拜孔子于太學。己卯，福建安撫使陳韡累疏請老，詔進一秩，守觀文殿學士致仕。以董槐判福州、福建安撫使。乙酉，詔封張栻爲華陽伯，吕祖謙開封伯，從祀孔子廟庭。

二月丙申，孫虎臣戰邳州，全師而歸。癸卯，詔諸路監司申嚴僞會賞罰之令。甲寅，進封周國公主。

三月壬戌朔，日有食之。乙亥，故寧遠軍承宣使張祥、都統制閻忠進，以援蜀之功，祥贈節度使，忠進贈復州團練，除恩澤外，各更官一子承信郎，賜緡錢二萬。戊寅，賈似道等上《玉牒》、《日曆》、《會要》、《經武要略》及《孝宗》、《光宗》、《寧宗實録》，詔似道、皮龍榮、朱熠、沈炎各進二秩。

夏四月癸巳朔，余思忠追毀出身文字，除名勒停，竄新州。乙未，以皮龍榮參知政事，沈炎同知樞密院事兼權參知政事，何夢然簽書樞密院事，俞興保康軍承宣使、四川安撫制置使。丙申，吕文德超授太尉、京湖安撫制置屯田使、夔路策應使兼知鄂州，李庭芝右文殿修撰、樞密都承旨、兩淮安撫制置副使、知揚州。己亥，詔申嚴江防。壬寅，吕文德兼湖廣總領財賦。乙巳，馬天驥資政殿學士、知福州、福建安撫使，吕文福帶御器械、淮西安撫副使兼知廬川，官一轉。戊申，馬光祖進觀文殿學士，職任依舊。乙卯，竄吳潛于循州。丙辰，竄丁大全于貴州，追削二秩。丁巳，楊鎮授左領軍衛將軍、駙馬都尉，高達知廬州、淮西安撫副使。

五月癸亥，賈似道請祠禄，詔不允。庚午，謝方叔敍復觀文殿大學士致仕。戊寅，以劉雄飛知夔州、夔路安撫使。乙酉，王堅遷左金吾衛上將軍、湖北安撫使兼知江陵府。

六月乙未，詔霖雨爲沴，避殿減膳徹樂。乙巳，詔近畿水災，安吉爲甚，亟講行荒政。辛亥，以范文虎爲左領軍衛大將軍、主管侍衛步軍司兼馬軍司。

秋七月甲子，蜀帥俞興奏守瀘州劉整率所部兵北降，由興構隙致變也。至是，興移檄討整。辛未，制置使蒲擇之坐密通蠟書叛賊羅顯，詔竄萬安軍。乙亥，以厲文翁爲資政殿學士、沿海制置使、知慶元府。戊寅，王惟忠家訟冤，詔奪謝方叔合得恩數。丁大全責授新州團練使，貴州安置。臺臣吳燧奪職罷祠，陳大方、胡大昌皆鐫官。壬午，陳韡卒，贈少師，謚忠肅。丙戌，吳潛責授化州團練使，循州安置。

八月壬辰，命韓宣兼常德、辰、沅、澧、靖五郡鎮撫使，吕文德兼四川宣撫使，范文虎以白鹿磯之功賞七官，以五官轉行遥郡防禦使，餘官給憑。丁酉，詔奪向士璧從官恩數，窮竟侵盗掩匿之罪。時以兵退，遣官會計邊費，似道忌功，欲以汙衊一時閫臣，士璧及趙葵、史岩之、杜庶皆責徵償。信州謝枋得，以趙葵檄給錢粟募民兵守禦，至是，自償萬緡。壬寅，築周國公主館于安濟橋。乙巳，以江萬里爲端明殿學士、同簽書樞密院事，依執政恩數。

九月辛酉，詔湖、秀二郡水災，守令其亟勸分監司申嚴荒政。乙亥，李庭芝言李松壽已遁。大元使郝經久留真州，帝趣與錫賚。經之留，謀出賈似道，帝惑其言不悟。蓋似道在鄂時，值我世祖皇帝歸正大位撤兵，似道自詭有再造之功，諱言歲幣及講和之事，故不使經入見。

冬十月癸巳，吕文德言已復瀘州外堡，擬即對江壘石爲城，以示持久之計，從之。戊戌，雷電。甲申，詔申獎賈似道鄂州之功。丙午，以何夢然同知樞密院事兼參知政事。癸丑，程元鳳授特進、觀文殿大學士、醴泉觀使兼侍讀。甲寅，皇太子擇配，帝詔其母族全昭孫之女擇日入見。寶祐中，昭孫没于王事，全氏見上，上曰：「爾父死可念。」對曰：「臣妾父固可念，淮、湖百姓尤可念。」上曰：「即此語可母天下。」追開慶丁大全用事，以京尹顧嵒女爲議，大全敗，故有是命。丙辰，沈炎資政殿學士，提舉臨安府洞霄宫，任便居住。

十一月己未朔，劉雄飛和州防禦使、樞密副都承旨、四川安撫制置副使兼知

重慶府，四川總領、夔路轉運使。庚申，周國公主館成，詔董宋臣、李忠輔各官一轉。甲戌，資政殿學士致仕汝騰卒，贈官四轉，謚忠清。安南國貢象二。丁丑，馬光祖提領户部財用兼知臨安府、浙西安撫使。下嫁周國公主于楊鎮。己卯，以鎮爲宜州觀察使，賜玉帶，尋升慶遠軍承宣使。詔：「駙馬都尉楊鎮家合有賞典，楊蕃孫官兩轉，楊鐸、楊鑑官一轉，並直祕閣，餘轉官進封有差。」癸未，封全氏永嘉郡夫人。

十二月庚寅，改竄蒲擇之于南康軍。辛卯，宰臣奏：「太子語臣等言：『近奉聖訓，夫婦之道，王化之基，男女正位，天地大義。平日所講修身齊家之道，當真履實踐，勿爲口耳之學。』請宣付史館，永爲世程法。」從之。甲午，以皮龍榮兼權知樞密院事，何夢然參知政事兼太子賓客，馬光祖同知樞密院事兼太子賓客、知臨安府。壬寅，江萬里依舊端明殿學士、提舉臨安府洞霄宫，任便居住。癸卯，册永嘉郡夫人全氏爲皇太子妃。

三年春正月戊子朔，詔申飭百官盡言。詔量移丁大全、吴潛黨人，並永不録用。壬戌，詔：「陳塏等耆年奉祠，宜示崇獎：陳塏端明殿學士，林彬之寶章閣待制，史季温直華文閣，丁仁直寶謨閣，仍並予祠禄。」甲子，福建路安撫使馬天驥進資政殿大學士，職任依舊。乙丑，詔諭西蜀郡縣等官，已授遇闕，毋遥受虚批月日，違期不赴。丁卯，以善諮嗣濮王。戊辰，周國公主進封周、漢國公主。庚午，賜賈似道第宅于集芳園，給緡錢百萬，就建家廟。甲戌，詔權知梁山軍李鑑守城有功，帶行閤門宣贊舍人，就知梁山軍。復瀘州，改爲江安軍。吕文德進開府儀同三司。

二月丁亥朔，臨安、安吉、嘉興屬邑水，民溺死者衆，詔守臣給櫝瘞之。詔獎諭制置司，其立功參贊將士進秩、升職，犒給有差。乃裕授檢校少保。以皮龍榮爲資政殿大學士、知潭州、湖南安撫使。戊申，詔省試中選士人覆試于御史臺，爲定制。庚戌，李璮以漣、海三城叛大元來歸，獻山東郡縣。詔改漣水爲安東州，授璮保信寧武軍節度使、督視京東河北等路軍馬、齊郡王，復其父李全官爵。璮即松壽。

三月乙丑，以孫附鳳爲端明殿學士、簽書樞密院事兼太子賓客。辛未，詔升海州東海縣爲東海軍。丁丑，汪立信升直華文閣、知江州、主管江西安撫司公事，節制蘄、黄、興國三郡軍馬。庚辰，吕文福依舊職差知濠州兼淮西招撫使。

五月丙寅，雨雹。己巳，詔：「廣西静江屯田，小試有效，其邕、欽、宜、融、柳、象、潯諸州守臣任責措置，經略、安撫以課殿最，仍條具來上。」辛未，馬光祖以病請祠，詔知福州兼福建安撫使。丁丑，賜禮部進士方山京以下六百三十七人及第、出身。庚辰，夏貴上蘄縣戰功。

六月戊子，詔：李璮受圍，給銀五萬兩，下益都府犒師，遣青陽夢炎率師援之。庚寅，以孫附鳳兼權參知政事，楊棟端明殿學士、同簽書樞密院事兼太子賓客。壬辰，吴潛没于循州，詔許歸葬。己亥，董槐乞致仕，詔授特進。戊申，詔：青陽夢炎援李璮，不俟解圍，輒提援兵南歸，諭制置司劾之。庚戌，安南國王日煚上表乞世襲，詔授檢校太師、安南國王，加食邑，男威晃授静海軍節度觀察處置使、檢校太尉兼御史大夫、上柱國、安南國王、效忠順化功臣，仍賜金帶、器幣、鞍馬。癸丑，詔應謫臣僚終於貶所者，許令歸葬。

秋七月丙辰，詔州縣官廪禄不時給者，御史臺覺察，或以他物折支，計贓論罪。壬戌，董槐薨，贈少師，謚文清。庚午，周、漢國公主薨，賜謚端孝。壬申，江州都統聶世興調遣入蜀，託疾憚行，詔奪二秩，押往京湖制司自效。戊寅，侍御史范純父言：「前四川制置使俞興，妬功啓戎，罷任鐫秩，罰輕，乞更褫奪，以紓衆怒。」奏可。辛巳，詔重修《吏部七司條法》。癸未，詔申嚴諸路郡縣苛取苗米之禁。

八月甲午，海州石湫堰成，詔知州張漢英帶行遥郡刺史、馬步軍副總管、帶行環衛官。丁酉，築蘄州城。知州王益落階官，正任高州刺史；制置使汪立信上《新城圖》，詔獎諭。戊戌，李璮兵敗爲大元所誅，事聞，詔沿邊諸郡嚴邊防。汪立信升直敷文閣、主管沿江制置司公事、知江州、主管江西安撫司公事。乙巳，沿江制置使姚希得進寶章閣學士，職任依舊。

九月壬申，召陳奕赴樞密院稟議。丁丑，温州布衣李元老，讀書安貧，不事科舉，今已百四歲，詔補迪功郎致仕，本郡給奉。

閏九月戊戌，詔刑部長貳、大理卿、少卿，歲終無評事可舉，即舉在京三獄官。丙午，詔應知縣罪罷，雖經赦，毋注緊、望闕，著爲令。戊申，詔：「紹興府火，給貸居民錢，今及二載，民貧可憫，悉除勿徵。」

冬十月乙卯，詔蠲四川制總、州縣鹽酒榷額。甲子，以楊棟簽書樞密院事、兼權參知政事兼太子賓客，葉夢鼎端明殿學士、同簽書樞密院事兼太子賓客。丁卯，吕文德言遣將校禦敵，多逗遛不進，且奏功失實，具姓名上聞。詔：吕文煥、王達、趙真削兩秩，馬堃、王甫削一秩，餘貶降有差。甲戌，歸化州岑從毅納土輸賦，獻丁壯爲王臣。詔改歸化爲來安州，從毅進秩修武郎、知州事，令世襲。丙子，詔安豐六安縣升軍使。

十一月壬辰，丁大全竄貴州，招游手，立將校，置弓矢舟楫，縱僕隸淫虐軍民，詔奪大全貴州團練使，移置新州。癸巳，馬光祖乞祠禄，詔提舉臨安府洞霄宫，任便居住。丙申，徐清叟薨，贈少師，謚忠簡。丁酉，資陽砦主萬户小哥及其子衆家奴叛來降，詔小哥賜姓王，名永堅，補武翼大夫、夔路副總管，重慶府駐劄。戊戌，以夏貴知廬州、淮西安撫副使。丁未，皇孫容州觀察使封資國公焯薨，贈保静軍節度使、廣國公。

十二月辛巳，吕文德累疏辭兼四川宣撫，詔仍兼四川策應使。

四年春正月壬午朔，詔侍從、臺諫、給舍、卿監、郎官以上及制總、監司各舉所知，不拘員限，不如所舉，行連坐法。戊子，林希逸言莆陽布衣林亦之、陳藻有道之士，林公遇幼承父澤，奉親不仕。詔林亦之、陳藻贈迪功郎，林公遇元官上進贈一官。詔董宋臣同提舉奉安符寶所，仍奉祠禄。己亥，嚴州火。丙午，詔革詞訴改送之弊。

二月癸丑，詔：吴潛、丁大全黨人遷謫已久，遠者量移，近者還本貫，並不復用。丁大全溺死藤州，詔許歸葬。詔俞興往歲失陷瀘城，更削一秩。丁巳，置官田所，以劉良貴爲提領，陳訔爲檢閲。乙亥，吕文德浚築鄂州、常、澧城池訖事，詔獎之，守臣韓宣轉遥郡承宣使，蘇劉義吉州刺史。

三月丁亥，以吕文德爲寧武、保康軍節度使，職任依舊；劉雄飛樞密都承旨、四川安撫制置使兼知重慶府、四川總領財賦、夔路轉運使。加授姚希得刑部尚書，李庭芝兵部侍郎，朱禩孫太府卿，汪立信太府少卿，並依舊任。丁酉，以王堅知和州兼管内安撫使，吕思望知濠州兼淮西招撫使。庚子，以何夢然兼權知樞密院事。丁未，詔知寧國府趙汝楳推行經界，不擾而辦，職事修舉，升直華文閣，依舊任。戊申，忠州防禦使貴傑授福州觀察使。

夏四月丙寅，官田所言，知嘉興縣段浚、知宜興縣葉哲佐買公田不遵元制，詔罷之。

五月丁酉，婺州布衣何基，建寧府布衣徐幾，皆得理學之傳。詔各補迪功郎，何基婺州教授兼麗澤書院山長，徐幾建寧府教授兼建安書院山長。戊戌，四川制司言：二月甲寅，大元兵攻嘉定城，馬堃出戰禦之。詔馬堃援夔遷延削一秩，令以所轉四官理作敍復。

六月壬子，祈雨。乙卯，京城火。丙辰，詔饒虎臣敍復元官，依舊提舉太平興國宫。庚申，詔：平江、江陰、安吉、嘉興、常州、鎮江六郡已買公田三百五十餘萬畝，今秋成在邇，其荆湖、江西諸道，仍舊和糴。丙寅，詔公田竣事，劉良貴官兩轉，陳訔、廖邦傑洎六郡官進秩有差。庚午，宰執進《玉牒》、《日曆》、《會要》、《經武要略》及《徽宗長編》、《寧宗實録》，詔賈似道以下官兩轉。

秋七月壬辰，敕令所進《寧宗以來寬恤詔令》。戊戌，以董宋臣爲入内内侍省押班。

八月甲寅，董宋臣以病乞收回恩命，請祠，詔賜告五月。

九月甲申，詔趙汝楳爲太府少卿、淮東總領財賦。辛卯，祀明堂，大赦。甲午，以何夢然知樞密院事兼參知政事，楊棟同知樞密院事兼權參知政事，葉夢鼎簽書樞密院事。

冬十月己未，詔發緡錢百四十萬，命浙西六郡置公田莊。甲子，命張珏興元府駐劄御前諸軍都統制兼知合州。

十一月己亥，福州火。

十二月丁未朔，詔皇太子宫講官詹事以下，日輪一員，辰入酉出，專講讀，備咨問，以稱輔導之實。己未，詔：在京置寨柵、私繫囚并非法獄具，臺憲其嚴禁戢，違者有刑。

五年春正月丁丑朔，詔崇經術，考德行。癸巳，出奉宸庫珠、香、象、犀等貨下務場貨易，助收幣楮。庚子，太子右諭德湯漢三乞休致，授祕閣修撰、知福州、福建安撫使。

三月辛巳，王堅卒，賜謚忠壯。馬光祖依舊觀文殿學士、沿江制置使、知建康府、江東安撫使、行宫留守。

夏四月丙午，詔：管景模妻孥陷没，效忠愈堅，平時所得奉入，率以撫恤將士，遂至空乏，特賜緡錢三十萬。尋賜金帶。丁未，以夏貴爲樞密都承旨、四川安撫制置使，兼知重慶府、四川總領、夔路轉運使。辛亥，詔郡邑行鄉飲酒禮。乙卯，信陽軍將領余元友等提兵防護春耕有功，補轉兩官資。乙丑，何夢然、馬天驥以臺臣劾罷。己巳，江萬里以資政殿學士知建寧府，李曾伯以觀文殿學士知慶元府、沿海制置使。

五月庚辰，何夢然以資政殿大學士知建寧府。辛卯，以楊棟參知政事，葉夢鼎同知樞密院事兼權參知政事，姚希得端明殿學士、同簽書樞密院事，馬天驥提舉洞霄宫。乙未，安南國奉表謝恩，進方物，詔却之，仍賜金帛，以獎恭順。

六月甲辰朔，知衢州謝堅，因寇焚掠常山縣，棄城遁，詔削三秩，褫職不敍。

臺臣言衢州詹沔之變，乃謝塈任都吏徐信苛取激之，塈罪重罰輕。詔斬信，籍其家，塈再削兩秩勒停。丁未，詔饒虎臣叙復資政殿學士，依前通奉大夫，差遣如故。甲寅，加授李庭芝寶章閣直學士，依舊任，朱禩孫右文殿修撰、知静江府、廣西經略使，汪立信祕閣修撰、樞密副都承旨、沿江制置副使兼知江州、江西安撫使。詔吕文德職事修舉，與官一轉。戊午，祈雨。乙丑，命董宋臣兼主管御前馬院、御前酒庫。

秋七月甲戌，彗星出柳。丁丑，詔避殿減膳，應中外臣僚許直言朝政闕失。甲戌，京城大火。癸巳，謝奕昌卒，贈少保，追封臨海郡王，謚莊憲。乙未，馬天驥以臺臣劾其貪贓，奪職罷祠，其子時楙削一秩，罷新任。丙申，知嘉定府洪濤言：「新繁縣御容殿前枯木再榮，殿有畫太祖像，又順化人楊嗣光等奉太宗、真宗、仁宗、英宗、神宗像來歸，令櫝藏府中天慶觀。」詔本府選差武臣迎奉赴行在所，嗣光補武階兩資。祈雨。臺臣言太子賓客楊棟指彗爲蚩尤旗，欺天罔君，詔棟罷職予祠。

八月丙午，以楊棟知建寧府。

九月癸巳，內侍李忠輔以臺臣劾其貪肆欺罔，削兩秩放罷。乙未，建寧府教授謝枋得校文宣城及建康漕闈，發策十餘問，言權奸誤國，趙氏必亡。左司諫舒有開劾其怨望騰謗，大不敬，竄興國軍。

冬十月辛亥，詔十七界會浸輕，並以十八界會易之，限一月止。乙丑，詔行關子銅錢法，每百作七十七文足，以一準十八界會之三。帝有疾不視朝。丙寅，大赦。丁卯，帝崩。遺詔皇太子禥即皇帝位。咸淳元年三月甲申，葬于會稽之永穆陵。二年十二月丙戌，謚曰建道備德大功復興烈文仁武聖明安孝皇帝，廟號理宗。

雜録

備録

周密《癸辛雜識》後集《理宗初潛》　穆陵之誕聖前一夕，全夫人欲歸東浦母家，榮文恭王時待次。閩縣尉遣僕平某者，即平幘使之父也，賫黑神散與之同往。時天尚未曉，啓門則見甲士盈門，意謂過軍，亟驚入報。尉曰：「軍行自應由上塘，何緣至此？」遂出觀之，了無所覩。方艤小舟，欲登，忽有大黑蛇有兩小角，壓船舷而卧，船爲之側，疑其有異，遂不復往。未幾誕男，即理宗也，小字烏孫，以蛇異也。其初被選也，史衛王當國，先命趙宗丞希言與權之，併選宗室子「與」字號十歲已下者，各與課算五行，於是就其中選到十人。與膺、與爽、與休、與葳、與應、理宗、福王。時侍郎王宗與權善五星，指理宗、福王二命謂衛王曰：「二者皆帝王之命也。」於是理宗改訓與莒，福王改訓與芮，蓋取二國以爲名也。始下大宗正司盡召十人，時入和尚師禹領宗司皆伺于王府土地祠，久之皆餒，遂就市肆呼麪。方及門而拌覆地，衆方餒甚，交責之，獨穆陵凝然略不變色，反以言慰藉之。史相聞其事，遂大異之。既而私引入書院中試，令寫字，即大書「朕聞上古」，衛王慄而起曰：「此天命也。」於是立儲之意已定云。

周密《癸辛雜識》續集下《慈憲生吉兆》　慈憲全夫人之生也，其父全翁大節忽門外有大虵蟠繞一大樹間，細而視之，則其虵有兩小角。方以爲異，將入呼兒姪輩逐之，則報以得女，而虵不復見矣。福王妻柔懿李夫人之生也，忽大雷雨，有龍入其室，而夫人生焉。

周密《齊東野語》卷一六《理度議謚》　理宗未祔，議謚，朝堂或擬曰景，曰淳，曰成，曰允，最後曰禮。議既定矣，或謂與亡金僞謚同，且古有婦人號禮宗者，遂擬曰理。蓋以聖性崇尚理學，而天下道理最大，於是人無間言。而不知理字析文取義，乃四十一年王者之象，可謂請謚於天矣。

度宗初議謚，或擬純字，則謂有屯之象；或擬實字，則宗實乃英宗舊名；或擬正字，則有一止之嫌，後遂定爲端文明武景孝皇帝。先是皇姊周漢國長公主在先朝已謚端孝，今與廟號上下字暗合，豈偶然哉。

理宗生母全夫人謚慈憲，殊不知僞齊劉豫母亦謚慈憲，當時考不及此，何耶？

佚名《三朝野史》　理宗祀明堂，徐清叟爲執綏官，玉音問曰：「貓兒捕鼠如何？」清叟急機答曰：「愛之欲其生，惡之欲其死。」應對雖捷，然理宗本命屬鼠，一時答問，不覺觸突天聽。理宗度量恢宏，亦不之咎。

佚名《湖海新聞夷堅續志》前集卷一《符讖門胡僧取殿》　宋理宗一夜夢二胡僧曰：「二十年後，當以此殿還小僧。」夢覺，宣問丞相馬廷鸞，馬回奏云：「胡

僧，乃夷狄之類，二十年後必主夷狄於殿下稱藩。」上云：「卿志之。」馬遂立碑，以紀其事。至元年間歸附大元，有僧官楊總攝以宋殿基元係佛寺，因高宗南渡都杭，遂以爲殿，至是復以殿爲寺。屈指理皇之夢恰二十年，異哉！

佚名《宋季三朝政要》卷一 理宗飲宴過度，史彌遠卧病中。時人譏之曰：「陰陽眠燮理，天地醉經綸。」

〔端平元年〕鄭清之除左相，喬行簡除右相，收召人才，如真德秀、魏了翁諸賢，時論以端平比之元祐。

佚名《宋季三朝政要》卷三 冬十月，上崩。在位四十一年，壽六十一。上初名與莒，福州古田縣宗室。父爲山陰尉，縣人全氏以女妻之，遂爲越人。生理宗，資貌龐厚，號爲「烏太保」。寧宗先以濟王爲皇太子，嘗謂史彌遠出入禁闥，專權弗善。彌遠聞之懼，陰謀代之。囑其客余天錫，余以二宗子告，即理宗及福王也。史請以來，自牖間密視之。自旦至暮，福王不能堪，理宗凝然無忤容。史出，延以飯。理宗不顧，食之盡。史以爲有德量，立爲沂靖惠王。後寧宗崩，史矯詔廢濟王，立理宗。端平初，厲精爲治，信向真、魏，號端平爲元祐。在位久，嬖寵浸盛，宫中排當頻數。倡伎傀儡，得入應奉，端平之政衰矣。上自臨御，以終始崇奬周、程、張、朱義理之學，故得廟號曰理，陵曰穆陵，御書閣曰顯文，殿曰章熙。

白珽《湛淵静語》卷一 理宗聖德天縱，問學日新。潛龍越邸日，嘗從多士賓興較藝文場，及即位，中外稱爲文章天子。林希逸兼崇政殿説書，首進養性、存心二説，即日降御批云：「心者，神明之舍，欲養其性，必存其心。觀卿進説，姑以七言寓意云。方寸中涵一太虚，操存須用養工夫，瑩然鏡浄無纖翳，一性融明萬理俱。」

田汝成《西湖游覽志餘》卷二《帝王都會》 理宗，榮王子，太祖十世孫也。寧宗無子，育以爲子，改元寶慶、紹定、端平、嘉熙、淳祐、寶祐、開慶、景定，在位四十一年崩，陵曰「永穆」。

理宗微時，鞠于母黨全氏，一日秋暑，偕弟與芮浴于河。鄞人余天錫，自杭還淛東，舟抵河滸，忽雷雨，帝與與芮趨避舷側，天錫臥舟中，夢見龍負舟，驚起視之，則兩兒也。問之，爲全保正家子，乃登岸詣全氏。主人具雞黍，命二子出侍，因謂天錫曰：「此吾外甥趙與莒、與芮也，日者嘗言，二子後當極貴。」初，天錫爲史彌遠門客，彌遠有更立意，囑訪淛東宗子之賢厚者，天錫適感此異，還白彌遠。彌遠召二子至臨安，立帝爲沂王，後卒代濟王。帝王之祥，自有異也。

理宗興于側微，崇儒納諫，以史彌遠有擁立功，百務推遜，無所專與。及彌遠卒，始親政，召真德秀、魏了翁于朝，時號小元祐。然自即位以來，失襄、失淮、失全蜀，三邊流血；庚子大旱，壬子建寧大水，内郡之民，死者相枕；開慶己未，北兵南侵，社稷削弱，猶幸不身親見其亡耳。但其臨御已來，始終崇重周、程、張、朱義理之學，得謚理宗，陵曰「永穆」，御書閣曰「顯文」，曰「章熙」也。

理宗隆準龍顔，臨朝坐輦，端嚴若神。端平初，厲精爲治，信向、真、魏諸賢，廷紳奏疏，三學扣閽，悉經御覽，所言訐直，無不容受，間以罪斥，旋復收用，此其盛德也。在位日久，嬖寵浸盛。中貴盧允升、董宋臣，女冠吴知古等，薦引奔競之人，驟至通顯，賄賂公行，外戚子弟，任畿輔監司、郡守，贓穢狼籍，臺臣論奏，則宣諭節貼而已。又置倴内司、御前莊，開獻納之門，没入兩争田土，名曰獻助，實則白取。禁中排當頻數，倡優傀儡，皆入供應；宫嬪廪給，泛濫無節，有職掌名位之外，其充朝者艾六字號夫人者，嘉定六百員，淳祐增至千員。内藏告乏，則移之封樁左藏庫，其不節如此。

淳祐改元，正月十九日，理宗幸太學，御筆云：「王安石謂天命不足畏，祖宗不足法，人言不足恤，此三語爲萬世罪人，豈宜崇祀孔子廟廷？合應削去，以正人心，息邪説。令國子監即日施行。」

理宗時，宫中繫前後掩裙，名曰上馬裙。又以粉點眼角，名曰淚妝，一時皆效之。其掩泣、上馬，北行之讖。民間賤珠翠而尚琉璃，亦流離之兆也。

當理宗時，禁苑漸頹，賞荷池宴，但張蓋設屏扆于烈日中，上意爲不然。宋臣默會意，不日而成一亭于池傍。再宴，上大喜。未幾，冬月賞梅，園又有一亭，上意不樂，諭宋臣曰：「前所造荷亭，朕不以爲較，今復有此亭，半年之間，勞民動衆如此。」宋臣奏曰：「此梅亭，即前之荷亭也。」上問其故，宋臣奏曰：「此乃拆卸摺叠之亭。」上愈稱賞之。

癸丑元夕，上呼妓入禁中，有唐安安者，歌色絶倫，帝愛幸之。侍郎牟子才奏曰：「此皆董宋臣輩引誘，壞陛下三十年自脩之操。」上令丁大全諭旨曰：「納忠不妨，但勿散副本可也。」子才又作高力士脱靴圖，有與宋臣善者，拓本以遺之，宋臣大怒曰：「口説尚可，乃畫此死模活樣乎？」持入，謂上曰：「牟某在當塗罵官家。」上視其圖，笑曰：「乃罵汝，非罵我也。」宋臣曰：「彼謂陛下爲明皇，

閻妃爲太真，臣爲力士，而以太白自居。」自此上不悦。

吴萊《淵穎集》卷一一　理宗在宫中，嘗被酒上芙蓉閣，見淮上有黑祲，十餘年不散，南逼江，淒然淚下。

康熙《江西通志》卷七六　龍震翁，泰和人。性孝，母没未葬，山寇焚掠，火其居。震翁倉皇無計，夫妻俱抱柩死。死處有枯梅，明年六月作花。事聞，理宗旌其門曰「孝梅里」，又御製詩云：「南風六月吐梅花，奇絶西昌孝子家。一點落英千古月，夜來嘑殺後棲鴉。」

備論

《宋史》卷四五《理宗本紀五》　贊曰：理宗享國久長，與仁宗同。然仁宗之世，賢相相繼，理宗四十年之間，若李宗勉、崔與之、吴潛之賢，皆弗究于用；而史彌遠、丁大全、賈似道竊弄威福，與相始終。治效之不及慶曆、嘉祐，宜也。

蔡州之役，幸依大朝以定夾攻之策，及函守緒遺骨，俘宰臣天綱，歸獻廟社，亦可以刷會稽之恥，復齊襄之讐矣；顧乃貪地棄盟，入洛之師，事釁隨起，兵連禍結，境土日蹙。郝經來使，似道諱言其納幣請和，蒙蔽抑塞，拘留不報，自速滅亡，吁，可惜哉！由其中年嗜慾既多，怠於政事，權移奸臣，經筵性命之講，徒資虚談，固無益也。

雖然，宋嘉定以來，正邪貿亂，國是靡定，自帝繼統，首黜王安石孔廟從祀，升濂、洛九儒，表章朱熹《四書》，丕變士習，視前朝奸黨之碑、僞學之禁，豈不大有徑庭也哉！身當季運，弗獲大效，後世有以理學復古帝王之治者，考論匡直輔翼之功，實自帝始焉。廟號曰「理」，其殆庶乎！

藝文

《劉克莊集》卷一《恭跋穆陵宸翰》　臣克莊與臣希逸俱事先帝，相先後爲詞臣。然再同朝皆不甚久，一出一入，若燕鴻相避者。臣既告老，希逸亦奉祠，乃示臣以先帝與故相忠定鄭公商榷希逸除目宸翰一幅，凡五十八字。首曰：「本欲召用，而大臣有抑之者。」大臣謂范左相。初，鄭公屢薦希逸，玉音諭令上封，希逸恥自鬻，固辭。鄭公以聞，帝曰：「觀此一節，志趣可嘉。爲之喜而不寐。」又曰：「翌早當頒召試之命。」世徒羨希逸以文采動人主，而不知其以恬退簡聖知，雖臣亦不知之。及詔開資善，擢希逸内講，臣在後省，已書黄矣，俄格不下。薄聞希逸自以閩音未改固辭，其視榮利每如此。臣扣希逸：「此宸翰何以在君家？」曰：「鄭公以遺我。今以公回奏俱勒於石。」臣捧讀而感慨曰：「聖哉先帝之觀人也！士有志趣，則曰『爲之喜而不寐』；賢哉鄭公之愛材也！士辭寵利，則曰『其陳誼甚高，臣不敢强』。」他人得主相片語，鮮不夸示得意於人，希逸深藏二十年，垂老始以示友。「頒試」之上，漏一「召」字。希逸晚侍緝熙袖進，帝補足之，遂刊爲二本。

烏虖，瑶池之駿，鼎湖之龍遠矣，臣與臣希逸今皆白首，攀髯無路，惟抱疇昔所賜羲畫堯章，相對慟絶爾。昔人以郭隗不殉昭王爲負心，噫，受人千金而世責望之如此，先帝於二詞臣，長養成就，豈不大於千金之賜哉？《詩》不云乎：「欲報之德，昊天罔極。」

咸淳乙丑九月日，具位臣劉克莊恭跋。

《劉克莊集》卷一〇一《御製二銘跋》　臣恭惟皇帝陛下躬聖德，膺駿命，新治化，飭法度，乃正元日涣發王言，奎壁之光爛然下燭，薄海内外有目咸睹。謂我祖宗以仁立國，以禮義廉耻待士大夫，而有位者或淫于刑，或冒于賄，爰作二銘，以儆以訓，聖謨洋洋，萬喙傳誦，與章聖御製之七條、熙陵戒石之十六字，馬圖龜畫，相爲表裏，傳千萬世，永爲臣軌。臣既以宸翰刻石，置之廳事，朝夕覽觀，如對威嚴。因念待罪臯事甫一歲，奉行赦宥者一，疏决者二，减降者三，皆謹刑也。戒之以建隆、乾道舊法，禄之以新楮，命臺臣、監司糾其不悛者，皆訓廉也。陛下之于吏民，可謂仁至而義盡矣。有君如此，其忍負之！臣雖愚劣，願以身率。孟子曰：「無惻隱之心非人也，無羞惡之心非人也。」自今以始，有一于此，違君父之明詔，犯聖賢之格言，亡其四端者也，人而異類者也，窮奇饕餮之流不可訓誨話言者也。臣職在澄察，請以詔書從事。

袁甫《蒙齋集》卷一五《跋丙戌御書》　洪惟聖天子光臨大寶，崇尚儒學，堯章炳炳，士習振起。臣拜手稽首，伏而讀之，至「矯偏適正，崇雅黜浮」之訓，不勝

興敬而言曰：雅者，正也，崇雅即所以適正也。厥初生人，本無不正，因習有遷，乃流于邪。誕者習妄，輕者習浮，庸者習汙，懦者習媮，由是澆漓卑茶之風成，純厚典實之意泯。本心之正，存者寡矣，挽而回之，其必由學乎？學也者，所以反其不正而歸于正也。善無小，一得其正，何用不臧；惡無大，一失其正，他美莫贖。戒之哉！謹爾話言，詳爾視聽。居必廣居，行不由徑，邪思倐起，改之即止。正途坦然，奚所擬議？他時涖官臨民，一出于正，始足稱聖天子迪爾黌士之意。雖然，師道不尊，學者安仰？端渠矱，揭範模，師以正率之，弟子有弗正乎？蕞爾守臣，敷述訓言。勒諸金石，於千萬年。

劉因《靜修先生文集》卷七《宋理宗書宮扇并序》 杭州宮扇二，好事者得之燕市。一畫雪夜泛舟，一畫二色菊，理宗題其背，曰「興盡爲期」及「晚節寒香」之句，諸公賦詩，予亦同作。

天津月明啼杜鵑，梁園春色凝寒煙。傷心草說靖康前，吳山又到繁華年。繁華幾時春已換，千秋萬古合歡扇。銅雀香銷見墨痕，秋去秋來幾恩怨。一聲白鴈更西風，冠蓋散爲煙霧空。百錢韈錦天留在，禍胎要鑒驪山宮。當時夢裏金銀闕，百子樓前無六月。瓊枝秀發後庭春，珠簾晴捲天門雪。棹歌一曲白雲秋，不覺金人淚暗流。乾坤幾度青城月，扇影無情也解愁。五雲回首燕山北，燕山雪花大如席。雪花漫漫冰峨峨，大風起兮奈爾何。

劉因《靜修先生文集》卷一一《題宋理宗詩卷後》 己未天王自出師，眼前興廢想當時。臨江釃酒男兒事，誰向深宮正賦詩。

童冀《尚絅齋集》卷二《跋宋理宗御書後》 有宋理宗賜其臣劉瀞詩，令其繕寫唐人詩以進，且有志貞觀、開元之治，其欲治之心可謂勤矣。然帝王之學不在是也。二典三謨說命之書，帝王之學備矣，若詩之爲用，蓋以示美刺、垂勸戒，誠有志於是，周宣車攻六月之詩，非當時急務乎？舍而弗論，顧屑屑乎貞觀、開元抑末矣。雖然，誠有房、杜、姚、宋之臣爲之佐，則貞觀、開元之治亦未易少也，等而上之，唐虞三代帝王之盛，詎非時君所願欲哉！惜乎！當時之臣不聞爲是言。展對遺墨，爲之慨然。

李東陽《懷麓堂集》卷七四文後稿一四《題宋理宗御筆後》 宋理宗御筆七言律詩一首，後有「賜吳潛」三字，又有「庚戌」二字印，蓋淳熙十年履齋公爲參政時所賜也。明年，公入相，又明年，遂罷。開慶元年再相，明年復罷。方其嚮用之時，恩禮優渥，至以文事相與，以治效相願，不旋踵而疎斥廢棄，若未始有者。君子之難合而易退固如此，故苟非道交義合，乃徒以言辭禮貌爲輕重，其可恃也哉！吾鄉先達學士劉先生題是卷，慨君子小人之並用。蓋公紹定間爲郎官時，上疏有云「毋並用君子小人以爲包荒，毋兼容衰說正論以爲皇極。」其於理宗固窺之深矣！今閱世累代，跡其故實，猶以爲朝廷之盛事，不亦重可慨哉！先生之題，爲公裔孫學正、原熙，原熙之孫爲今行人宗周持卷視予，紙墨圖印完好如故，自其家觀之，其文與獻亦足徵矣！因贅於末簡而歸之。

孫承恩《文簡集》卷四一古像贊《宋理宗》 允矣賢德，儼然儒紳，表章正學，崇重闕閫。虛名獨存，實踐未有，儒效不白，匪道之咎。

史彌遠部

綜述

《宋史》卷四一四《史彌遠傳》 史彌遠字同叔，浩之子也。淳熙六年，補承事郎。八年，轉宣義郎，銓試第一，調建康府糧料院，改沿海制置司幹辦公事。十四年，舉進士。

紹熙元年，授大理司直。二年，遷太社令。三年，遷太常寺主簿，以親老請祠，主管冲佑觀。丁父憂。慶元二年，復爲大理司直，尋改諸王宫大小學教授。輪對，乞旌廉潔之士，推舉薦之賞；濬溝洫，固隄防，實倉廩，均賦役，課農桑，禁末作，爲水旱之備；葺城郭，修器械，選將帥，練士卒，儲粟穀，明烽燧，爲邊鄙之防。丞相京鏜屏左右曰：「君他日功名事業過鏜遠甚，願以子孫爲託。」四年，授樞密院編修官，遷太常丞，尋兼工部郎官，改刑部。六年，改宗正丞。匄外，知池州。嘉泰四年，提舉浙西常平。開禧元年，授司封郎官兼國史編修、實録檢討，遷祕書少監，遷起居郎。二年，兼資善堂直講。

韓侂胄建開邊之議，以堅寵固位，已而邊兵大衄，詔在位者言事，彌遠上疏曰：「今之議者，以爲先發者制人，後發者制於人，此爲將之事，施於一勝一負之間，則可以争雄而捷出。若夫事關國體，宗廟社稷，所係甚重，詎可舉數千萬人之命輕於一擲乎？京師根本之地，今出戍既多，留衛者寡，萬一盜賊竊發，誰其禦之？若夫沿江屯駐之兵，各當一面，皆所以拱護行都，尤當整備，繼今勿輕調發，則内外表裏俱有足恃，而無可伺之隙矣。所遣撫諭之臣，止令按歷邊陲，招集逋寇，戒飭將士，固守封圻。毋惑浮言以撓吾之規，毋貪小利以滋敵之釁，使民力愈寬，國勢愈壯，遲之歲月，以俟大舉，實宗社無疆之福。」

奏方具，客曰：「侂胄必以奏議占人情，太夫人年高，能無貽親憂乎？」彌遠曰：「時事如此，言入而益於國，利於人，吾得罪甘心焉。」封鄞縣男兼權刑部侍郎。三年，改禮部兼同修國史、實録院同修撰，仍兼刑部。

兵端既開，敗衄相屬，累使求和，金人不聽。都城震摇，宫闈疑懼，常若禍在朝暮，然皆畏侂胄莫敢言。彌遠力陳危迫之勢，皇子詢聞之，亟具奏，乃罷侂胄并陳自强右丞相。既而臺諫、給舍交章論駁，侂胄乃就誅。召彌遠對延和殿，帝欲命爲簽書樞密院事，力辭，乃遷禮部尚書兼國史實録院修撰。

詢立爲太子，兼詹事，遣使詣金求和，金人以大散隔牙二關、濠州來歸，疏奏：「今兩淮、襄、漢沿邊之地，瘡痍未瘳，軍實未充。當勉厲將帥，盡吾委寄之誠；簡閲士卒，覈其尺籍之闕。繕城堡，葺器械，儲糗糧。當聘使既通之後，常如干戈未定之日，推擇帥守以壯藩屏之勢，奬拔智勇以備緩急之求。」拜同知樞密院事兼太子賓客，進封伯。

嘉定元年，遷知樞密院事，進奉化郡侯兼參知政事，拜右丞相兼樞密使兼太子少傅，進開國公。丁母憂，歸治葬，太子請賜第行在，令就第持服，以便咨訪。二年，以使者趣行急，乃就道，起復右丞相兼樞密使兼太子少師。四年，落起復。雪趙汝愚之冤，乞褒贈賜謚，釐正誣史，一時僞學黨人朱熹、彭龜年、楊萬里、吕祖儉雖已殁，或褒贈易名，或録用其後，召還正人故老于外。十四年，賜家廟祭器。

寧宗崩，擁立理宗，於是拜太師，依前右丞相兼樞密使，進封魏國公，六辭不拜，因乞解機政，歸田里，亟出關，帝從之。寶慶二年，拜少師，賜玉帶。勸上傾心順承以事太后，力學修德以答皇天眷祐，以副四海歸戴。紹定元年，上太后尊號，拜太傅，八辭不拜。夏，得疾，累疏匄歸，不許。都城災，五疏乞罷斥，乃降封奉化郡公。五年春，復爵。六年，將拜太師，三具奏辭，乞免出命，不許。乃拜太師，依前右丞相兼樞密使，魯國公，又三具奏辭。紹定五年，上疏乞謝事，拜太傅。未幾，拜太師、左丞相兼樞密使。上疏乞解機政，依前太師特授保寧、昭信軍節度使，充醴泉觀使，進封會稽郡王。卒，遺表聞，帝震悼，輟朝三日，特贈中書令，追封衛王，謚忠獻。户部支賻贈銀絹以千計，内帑特頒五千匹兩，遣使祭奠。及其喪還，遣禮官致路祭于都門外，賜纛、佩玉、黝纁。

初，誅李全，復淮安，克盱眙，第功行賞，諸將皆望不次拔擢。或言於彌遠，彌遠曰：「御將之道，譬如養鷹，飢則依入，飽則颺去。曹彬下江南，太祖未肯以使相與之。況今邊戍未撤，警報時聞，若諸將一一遂其所求，志得意滿，猝有緩急，孰肯效死？」趙善湘以從官開閫，指授之功居多，日夜望執政。彌遠曰：「天族於國有嫌，高宗有詔止許任從官，不許爲執政。紹熙末，慶元初，因汝愚、彦逾有定策功，是以權宜行之。某與善湘姻家，則又豈敢。」彌遠親密友周鑄、兄彌

茂、甥夏周篆皆寄以腹心，人皆謂三人者必顯貴，然鑄老於布衣，彌茂以執政恩入流，周篆以捧香恩補官，俱止訓武郎而已。

初，彌遠既誅韓侂胄，相寧宗十有七年。迨寧宗崩，廢濟王，非寧宗意。立理宗，又獨相九年，擅權用事，專任憸壬。理宗德其立己之功，不思社稷大計，雖臺諫言其姦惡，弗恤也。彌遠死，寵渥猶優其子孫，厥後爲製碑銘，以「公忠翊運，定策元勳」題其首。濟王不得其死，識者羣起而論之，而彌遠反用李知孝、梁成大等以爲鷹犬，於是一時之君子貶竄斥逐，不遺餘力云。

雜録

備録

張端義《貴耳集》卷下　史同叔爲相日，府中開宴，用雜劇人作一士人，念詩曰：「滿朝朱紫貴，盡是讀書人。」旁一士人曰：「非也！滿朝朱紫貴，盡是四明人。」自後相府有宴，二十年不用雜劇。

葉紹翁《四朝聞見録》丙集　米南宫五世孫巨秀，亦善醫，嘗診史相脈，語未發。史謂之曰：「可服紅丸子否？」米對以「正欲用此」，亦即愈。史病手足不能舉，朝謁遂廢，中書要務運之帷榻，米謂必得大地丹而後可。丹頭偶失去，歷年莫可訪尋。史病甚，召米於常州。至北關，登舟買飯，偶見有售拳石於肆者，頗異，米即而玩之，即天地丹頭也。問售者：「爾何自至此？」曰：「去年有人家一妳子持以售。」米因問厥值，售者謾索錢萬。米以三千酬直持歸，調劑以供史。史疑而未敢嘗。適有閽者亦病痿，試服即能坐起。又以起步司田帥之疾，史始信而餌，身即輕，遂內引。及史疾再殆，天地丹已盡，遂薨於賜第。

葉紹翁《四朝聞見録》丙集《史彌遠玉帶》　嘉定間，寧皇賜史彌遠、趙師揆、楊次山等以玉帶，惟彌遠上所解賜，他皆取於內府。朝之仕者與四方之門生故吏，汎然啓賀。其賜帶，與趙、楊等混然無別。雖彌遠未嘗留意儷語，因覽衆啓畢，獨取一啓內「解賜」二字，曰：「此卻知彌遠是上解賜。」此啓紹翁爲人代作。

周密《癸辛雜識》別集下　史衛王挾擁立之功，專持國柄，然愛惜名器，不妄與人，亦其所長。嗣秀王師彌既爲嗣王，遂賜玉帶。其弟師貢亦已建節開府矣，亦覬望橫玉圍腰之寵，屢有營求，皆不許。其後婿竈於史親幸之姬，必欲得之。史知其意，命取所有玉帶於內擇其最佳者與之。姬喜，亟報之，殊不知非出君賜，又無閤門許令服繫劄子，安可自擅服繫。其吝惜名器皆此類，亦可尚也。

周密《齊東野語》卷九《富春子》　寶慶間，有孫氏子名守榮，善風角鳥占，其術多驗，號富春子。【略】

後登史衛王之門，頗爲信用。一日，聞鵲噪，史令占之，云：「來日晡時，當有寶物至，然非丞相所可用者。今已抵關，必有所礙，而未入耳。」翌日，果李全以玉柱斧爲貢，爲閽者遲留，質之於府而後納。

史嘗得李全書，置之袖間，未啟也。因扣云：「吾袖中書，所言何事？」對曰：「假破囊二十萬耳。」剥封，果然，史以此深忌之。後以他故，黥至遠郡死焉。

周密《齊東野語》卷一三《優語》　當史丞相彌遠用事，選人改官，多出其門。制閫大宴，有優爲衣冠者數輩，皆稱爲孔門弟子。相與言，吾儕皆選人，遂各言其姓曰：吾爲常從事，吾爲於從政，吾爲吾將仕，吾爲路文學。別有二人出曰：「吾宰予也。夫子曰：『於予與改。』可謂僥倖。」其一曰：「吾顔回也。夫子曰：『回也不改。』吾爲四科之首而不改，汝何爲獨改？」曰：「吾鑽故改，汝何不鑽？」回曰：「吾非不鑽，而鑽彌堅耳？」曰：「汝之不改宜也，何不鑽彌遠乎？」

周密《齊東野語》卷一八《前輩知人》　忠獻當國日，待族黨加嚴。猶子嵩之子申，初官棗陽户曹，方需遠次，適鄉里有佃客邂逅致死者，官府連逮急甚，欲求援於忠獻，而莫能自通，遂夤緣轉聞，因得一見。留飯終席，不敢發一語。忽問，何不赴棗陽闕？以尚需次對，忠獻曰：「可亟行，當作書與退翁矣。」子申拜謝，因及前事，公曰：「吾已知之，第之官勿慮也。」公平昔嚴毅少言，遂謝而退。少間，公元姬林夫人因招之，公曰：「勿輕此子，異日當據我榻也。」其後信然。

趙葵南仲通判廬州日，翟朝宗方守郡，公素不樂之，遂干堂易合入闕。俟呼召於賓廡候見者數十人，皆謝去，獨召兩都司及趙延入小閤會食。且出兩金盒，貯龍涎、冰腦，俾坐客隨意爇之。次至趙，即舉二合盡投熾炭中，香霧如雲，左右皆失色。公亟索飲送客，命大程官俾趙聽命客次，人皆危之。既而出劄知滁州，填見闕命之任。

岳珂《桯史》卷一三　嘉定初，吴畏齋帥成都，從行者多選人，類以京削繫念，伶知其然。一日，爲古冠服數人游於庭，自稱孔門弟子，交質以姓氏，或曰

「常」，或曰「於」，或曰「吾」，問其所涖官，則合而應曰：「皆選人也。」固請析之，居首者率然對曰：「子乃不我知，《論語》所謂『常從事於斯矣』，即某其人也。」官爲從事而繫以姓，固理之然。」問其次，曰：「亦出《論語》，『於從政乎何有？』蓋即某官氏之稱。」又問其次，曰：「某又《論語》十七篇所謂『吾將仕者』。」遂相與歎咤，以選調爲淹抑。有慫慂其旁曰：「子之名不見於七十子，固聖門下第，盍扣十哲而受教焉？」如其言，見顔閔方在堂，羣而請益，子騫蹙頞曰：「如之何？何必改。」兖公應之曰：「然，回也不改。」衆憮然不怡，曰：「無已，質諸夫子。」如之，夫子不答，久而曰：「鑽遂改火，急可已矣。」坐客皆愧而笑。

羅大經《鶴林玉露》丙編卷二《辛卯火》　紹定辛卯臨安之火，比辛酉之火加五分之三，雖太廟亦不免，而史丞相府獨全。洪舜俞詩云：「殿前將軍猛如虎，救得汾陽令公府，祖宗神靈飛上天，可憐九廟成焦土。」時殿帥乃馮榯也，人言籍籍，迄今不免責。

田汝成《西湖遊覽志餘》卷五　〔史彌遠〕相兩朝二十六年，權震海內。時有人作詩規之曰：「前身元是覺闍黎，業障紛華總不迷。到此更須睜隻眼，好將慧力運金鎚。」

史彌遠初反韓侂胄所爲，時頗稱治。及濟王不得其死，論者紛起，遂專任憸壬以居臺諫，李知孝、梁成大等爲之鷹犬，搏擊善類。士流無恥者多以鑽刺進秩。宫宴時，有伶人執拳石，以大鑽鑽之，久而不入，歎曰：「鑽之彌堅。」一伶遽扑其首曰：「汝不去鑽彌遠，卻來鑽彌堅，可知道鑽不入也。」舉座齊栗。翌日，彌遠杖伶人而出之境。

〔史〕彌遠死已久，一夕，其家聞叩門聲，曰：「丞相歸。」舉家駭匿。比入門，燈轎紛紜，升堂即席，子婦皆出羅拜，訊慰平生，歷歷囑家事，索紙筆題詩云：「冥路茫茫萬里雲，妻孥無復舊爲群。早知泡影須臾事，悔把恩仇抵死分。」

〔史〕彌遠出入宫禁，外議譁然，有詩曰：「往來與月爲儔侣，舒卷和天也蔽蒙。」蓋以雲譏彌遠也。彌遠爲相十七年，如真德秀、魏了翁者，皆遭斥逐。楊后之事，濟王嫉之，一日，書于几上曰：「彌遠當決配八千里。」左右以告彌遠，彌遠銜之。及寧宗疾革，廢濟王而立理宗。

備論

《宋史》卷四一四《史彌遠傳》　論曰：史彌遠廢親立疏，諱聞直言。鄭清之墮名於再相之日。彌遠之罪既著，故當時不樂嵩之之繼也，因喪起復，羣起攻之，然固將才也。董槐毋得而議之矣。葉夢鼎、馬廷鸞之所遭逢，其不幸也夫。

史嵩之部

綜述

《宋史》卷四一四《史嵩之傳》 史嵩之字子由，慶元府鄞人。嘉定十三年進士，調光化軍司户參軍。十六年，差充京西、湖北路制置司準備差遣。十七年，升幹辦公事。寶慶三年，主管機宜文字，通判襄陽府。紹定元年，以經理屯田，襄陽積穀六十八萬，加其官，權知棗陽軍。二年，遷軍器監丞兼權知棗陽軍，尋兼制置司參議官。三年，棗陽屯田成，轉兩官。以明堂恩，封鄞縣男，賜食邑。以直秘閣、京西轉運判官兼提舉常平兼安撫制置司參議官。四年，遷大理少卿兼京西、湖北制置副使。五年，加大理卿兼權刑部侍郎，升制置使兼知襄陽府，賜便宜指揮。六年，遷刑部侍郎，仍舊職。

端平元年，破蔡滅金，獻俘上露布，降詔獎諭，進封子，加食邑。移書廟堂，乞經理三邊，不合，匄祠歸侍，手詔勉留之。會出師，與淮閫協謀掎角，嵩之力陳非計，疏爲六條上之。詔令嵩之籌畫糧餉，嵩之奏言：

臣熟慮根本，周思利害，甘受遲鈍之譏，思出萬全之計。荆襄連年水潦螟蝗之災，饑饉流亡之患，極力振救，尚不聊生，征調既繁，夫豈堪命？其勢必至於主户棄業以逃亡，役夫中道而竄逸，無歸之民，聚而爲盜，饑饉之卒，未戰先潰。當此之際，正恐重貽宵旰之慮矣。兵民，陛下之兵民也，片紙調發，東西惟命。然事關根本，願計其成，必計其敗，既慮其始，必慮其終，謹而審之，與二三大臣深計而熟圖之。

若夫和好之與進取，決不兩立。臣受任守邊，適當事會交至之衝，議論紛紜之際。雷同和附，以致誤國，其罪當誅；確守不移之愚，上迕丁寧之旨，罪亦當誅。迕旨則止於一身，誤國則及天下。

丞相鄭清之亦以書言勿爲異同，嵩之力求去。

朝陵之使未還，而諸軍數道並進，復上疏乞黜罷，權兵部尚書，不拜。乞祠，進寶章閣直學士，提舉太平宫，歸養田里。尋以華文閣直學士知隆興府兼江西安撫使。帝自師潰，始悔不用嵩之言，召見，力辭，權刑部尚書。引見，疏言結人心、作士氣、覈實理財等事。且言：「今日之事，當先自治，不可專恃和議。」乞祠，以前職知平江府，以母病乞侍醫藥，不俟報可而歸。進寶章閣學士、淮西制置使兼沿江制置副使兼知鄂州。既内引，賜便宜指揮，兼湖、廣總領兼淮西安撫使。嘉熙元年，進華文閣學士、京西荆湖安撫制置使，依舊沿江制置副使兼節制光、黄、蘄、舒。乞免兼總領，從之。

廬州圍解，詔獎諭之。以明堂恩，進封伯，加食邑。條奏江、淮各三事，又陳十難，又言江陵非孟珙不可守，乞勉諭之。漢陽受攻，嵩之帥師發江陵，奏誅張可大，竄盧普、李士達，以其棄城也。二年，黄州圍解，降詔獎諭，拜端明殿學士，職任依舊，恩數視執政，進封奉化郡侯，加食邑。詔入覲，拜參知政事，督視京西、荆湖南北、江西路軍馬，鄂州置司，兼督視淮南西路軍馬兼督視光、蘄、黄、夔、施州軍馬，加食邑。城黄州。十一月，復光州。十二月，復滁州。三年，授宣奉大夫、右丞相兼樞密，都督兩淮四川京西湖北軍馬，進封公，加食邑，兼督江西、湖南軍馬，改都督江、淮、京、湖、四川軍馬。薦士三十有二人，其後董槐、吴潛皆號賢相。

復信陽，以督府米拯淮民之饑。六月，復襄陽，嵩之言：「襄陽雖復，未易守。」自是邊境多以捷聞，降詔獎諭。四年，乞祠，趣召奏事，轉三官，依前右丞相兼樞密使，眷顧特隆，賜賚無虚日。久旱，乞解機政。地震，屢疏乞罷免，皆不許。淳祐元年，進《玉斧箴》。安南入貢，不用正朔，嵩之議用范仲淹卻西夏書例，以不敢聞于朝還之。二年，進《高》、《孝》、《光》、《寧帝紀》、《孝宗經武要略》、《寧宗實録》、《日曆》、《會要》、《玉牒》，進金紫光禄大夫，加食邑。是冬，封永國公，加食邑。四年，遭父喪，起復右丞相兼樞密使。累賜手詔，遣中使趣行。於是太學生黄愷伯、金九萬、孫翼鳳等百四十四人，武學生翁日善等六十七人，京學生劉時舉、王元野、黄道等九十四人，宗學生與寰等三十四人，建昌軍學教授盧鉞，皆上書論嵩之不當起復，不報。將作監徐元杰奏對及劉鎮上封事，帝意頗悟。

初，嵩之從子璟卿嘗以書諫曰：

伯父秉天下之大政，必辦天下之大事；膺天下之大任，必能成天下之大功。比所行寖不克終，用人之法，不待舉削而改官者有之，譴責未幾而旋蒙敘理者有之，丁難未幾而遽被起復者有之。借曰有非常之才，有不次之除，醲恩異賞，所以收拾人才，而不知斯人者果能運籌帷幄、獻六奇之策而得之乎？抑亦獻賂幕賓而得之乎？果能馳身鞍馬，效一戰之勇而得之乎？抑亦效顰奴僕而得之乎？徒聞包苴公行，政出多門，便嬖私昵，狼狽萬狀，祖宗格法，壞於今日也。

督視荊、襄，就拜右揆。既而二公皆去位，嵩之獨運化權。癸卯，長至雷，三學生上書攻之。明年，徐霖伏闕上書，疏其罪。是歲仲冬，嵩之父彌忠殂于家，不即奔喪，公論沸騰。未幾，御筆嵩之復起右丞相，於是三學士復上書，將作監徐元杰、少監史季溫、右史韓祥皆有疏，言其不可。於是范鍾拜左，杜範拜右，盡逐嵩之之黨全淵、濮斗南、劉晉之、鄭起潛等。當時又爲詩誚之者曰：「嵩之乃父病將殂，多少憸人盡獻諛。元晉甘心持溺器，良臣無耻扇風爐。起潛秉燭封行李，一薦隨司出帝都。天下好人皆史黨，不知趙鼎有誰扶。」嵩之之從弟宅之，衛王之長子也，與之素不咸。遂入劄聲其惡，且云：「先臣彌遠晚年有愛妾顧氏，爲嵩之强取以去。乞令慶元府押顧氏還本宅，以禮遣嫁，仍乞置嵩之於晉朱挺之典。」及丙午冬，終喪，御筆史嵩之候服闋日，除職，與宮觀。於是臺臣章琰、李昂英及學校皆有書疏交攻之。御筆始有史嵩之特除觀文殿大學士，許令休致。

周密《齊東野語》卷一三《優語》 近者己亥歲，史之爲京尹，其弟以參政督兵於淮。一日内宴，伶人衣金紫，而幞頭忽脱，乃紅巾也。或驚問曰：「賊裹紅巾，何爲官亦如此？」傍一人答云：「如今做官底，都是如此。」於是褫其衣冠，則有萬回佛自懷中墜地。其旁者云：「他雖做賊，且看他哥哥面。」

佚名《湖海新聞夷堅續志》前集卷一 丞相史嵩之當國，正懷持禄顧位之心，而適憂去。欲以起復要君，遲遲吾行，有所待耳。昨馬光祖爲淮總，許堪爲許浦都統，時方多事，兵財重寄，不欲驟更數易，遂有起復之命。往往史欲援例，而三學叩閽，有民謡十七字詩曰：「光祖爲總領，許堪爲統制，丞相要起復，援例。」縷縷萬言，莫不切至。玉音有曰：「朕决不用史嵩之矣！」

褚人獲《堅瓠集》癸集卷三 淳祐間，史嵩之入相，以二親年耄，慮有不測，預爲起復之計。時馬光祖未卒哭，起爲淮東總領。許堪未終喪制，起爲鎮江守臣。里巷爲十七字謡曰：「光祖做總領，許堪爲節制，丞相要起復，援例。」

自開督府，東南民力，困於供需，州縣倉卒，匱於應辦。輦金帛，輓芻粟，絡繹道路，曰一則督府，二則督府，不知所幹者何事，所成者何功！近聞蜀川不守，議者多歸退師於鄂之失。何者？分戍列屯，備邊禦戎，首尾相援，如常山之蛇。維揚則有趙葵，廬江則有杜伯虎，金陵則有別之傑。爲督府者，宜據鄂渚形勢之地，西可以援蜀，東可以援淮，北可以鎮荆湖。不此之圖，盡損藩籬，深入堂奥，伯父謀身自固之計則安，其如天下蒼生何！

是以饑民叛將，乘虛擣危，侵軼於沅、湘，摇蕩於鼎、澧。爲江陵之勢苟孤，則武昌之勢未易守；荆湖之路稍警，則江、浙之諸郡焉得高枕而卧？况殺降失信，則前日徹疆之計不可復用矣；内地失護，則前日清野之策不可復施矣。此隙一開，東南生靈特几上之肉耳。則宋室南渡之疆土，惡能保其金甌之無闕也。盍早爲之圖，上以寬九重宵旰之憂，下以慰雙親朝夕之望。不然，師老財殫，績用不成，主憂臣辱，公論不容。萬一不畏强禦之士，繩以《春秋》之法，聲其討罪不效之咎，當此之時，雖優游菽水之養，其可得乎？異日國史載之，不得齒於趙普開國勳臣之列，而乃厠於蔡京誤國亂臣之後，遺臭萬年，果何面目見我祖於地下乎？人謂禍起蕭牆，危如朝露，此愚所痛心疾首爲伯父苦口極言。

爲今之計，莫若盡去在幕之羣小，悉召在野之君子，相與改弦易轍，戮力王事，庶幾失之東隅，收之桑榆矣。如其視失而不知救，視非而不知革，薰蕕同器，駑驥同櫪，天下大勢，駸駸日趨於危亡之域矣。伯父與璟卿，親猶父子也，伯父無以少年而忽之，則吾族幸甚！天下生靈幸甚！我祖宗社稷幸甚！

居無何，璟卿暴卒，相傳嵩之致毒云。嵩之爲公論所不容，居閒十有三年。寶祐四年春，授觀文殿大學士，加食邑。八月癸巳卒，遺表上，帝輟朝，贈少師、安德軍節度使，進封魯國公，謚忠簡，以家諱改謚莊肅。德祐初，以右正言徐直方言奪謚。

雜録

備録

周密《癸辛雜識》別集下 淳祐初年，喬行簡拜辨章，李宗勉爲左相，史嵩之

鄭清之部

綜述

《宋史》卷四一四《鄭清之傳》 鄭清之字德源，慶元之鄞人。初名燮，字文叔。少從樓昉學，能文，樓鑰亟加稱賞。嘉泰二年，入太學。十年，登進士第，調峽州教授。帥趙方嚴重，斬許可，清之往白事，爲置酒，命其子范、葵出拜，方掖清之無答拜，且曰：「他日願以二子相累。」湖北茶商羣聚暴横，清之白總領何炳曰：「此輩精悍，宜籍爲兵，緩急可用。」炳亟下召募之令，趨者雲集，號曰「茶商軍」，後多賴其用。調湖、廣總所準備差遣，國子監書庫官。十六年，遷國子學録。丞相史彌遠與清之謀廢濟國公，事見《皇子竑傳》。俄以清之兼魏惠憲王府教授，遷宗學諭，遷太學博士，皆仍兼教授。寧宗崩，丞相入定策，詔旨皆清之所定。

理宗即帝位，授諸王宫大小學教授，遷宗學博士、宗正寺丞兼權工部郎、兼崇政殿説書。帝問外人因閤子庫進絲履有謗議，清之言：「禁中服用頗事新潔者。」帝曰：「故事，月進鞵數兩，朕非敝不易，何由致謗？」清之奏：「孝宗繼高宗，故儉德易章，陛下繼寧考，故儉德難著。寧考自奉如寒士，衣領重澣，革舄屢補，今欲儉德著聞，須過於寧考方可。」帝嘉納。

寶慶元年，改兼兵部兼國史院編修官、實録院檢討官，遷起居郎，仍兼史官、説書、樞密院編修官。二年，權工部侍郎，暫權給事中，進給事中，升兼同修國史、實録院同修撰。紹定元年，遷翰林學士、知制誥兼侍讀，升兼修國史實録院修撰，端明殿學士、簽書樞密院事。三年，授參知政事兼簽書樞密院事。四年，兼同知樞密院事。六年，彌遠卒，命清之爲右丞相兼樞密使。

端平元年，上既親總庶政，赫然獨斷，而清之亦慨然以天下爲己任，召還真德秀、魏了翁、崔與之、李𡌴、徐僑、趙汝談、尤焴、游似、洪咨夔、王遂、李宗勉、杜範、徐清叟、袁甫、李韶，時號「小元祐」。大者相繼爲宰輔，惟與之終始辭不至，遺逸如劉宰、趙蕃皆見旌異。是時金雖亡而入洛之師大潰。二年，上疏乞罷，不可，拜特進、左丞相兼樞密使。三年八月，霖雨大風，四疏乞去。九月，禋祀雷變，請益力。乃授觀文殿大學士、醴泉觀使兼侍讀，四疏控辭，依舊大學士、提舉洞霄宫。及聞邊警，密疏：「恐陛下憂悔太過，以汩清明之躬，累剛大之志。」嘉熙三年，封申國公。四年，遣中使賜御書「輔德明謨之閣」，賜楮十萬緡爲築室，乃日與賓客門生相羊山水間。

淳祐四年，依前觀文殿大學士、醴泉觀使兼侍讀，屢辭不允，拜少保、觀文殿大學士、醴泉觀使兼侍讀，進封衛國公。趣入見，有旨賜第。五年正月，上壽畢，亦疏乞歸，不允。拜少傅，依前觀文殿大學士、醴泉觀使兼侍讀，進封越國公。居無何，喪其子士昌，決意東還，又不許。拜少師、奉國軍節度使，依前醴泉觀使兼侍讀，越國公，賜玉帶，更賜第于西湖之漁莊。進讀《仁皇訓典》，謂：「仁祖之仁厚，發爲英明，故能修明紀綱，而無寬弛不振之患；孝宗之英明，本於仁厚，故能涵養士氣，而無矯勵峭刻之習。蓋仁厚、英明二者相須，此仁祖、孝宗所以爲盛也。」帝褒諭之。

六年，拜太保，力辭。故事，許回授子孫，清之請追封高祖治，帝從之，蓋異恩也。七年，拜太傅、右丞相兼樞密使、越國公。中使及門，清之方放浪湖山，寓僧剎，竟夕不歸。詰旦內引，叩頭辭免，帝勉諭有外間所不及知者。甫退，則中使接踵而至。或請更化改元，清之曰：「改元，天子之始事，更化，朝廷之大端，漢事已非古，然不因易相而爲之。」

帝以邊事爲憂，詔趙葵以樞使視師，陳韡以知樞密院事帥湖、廣，二人方辭遜，會清之再相，力主之，科降辟置無所留難，葵、韡遂往。於是戰于泗水、渦口、木庫，皆以捷聞。九年，拜太師、左丞相兼樞密使，辭太師不拜，依前太傅。每謂天下之財困於養兵，兵費困於生券，思所以變通之，遇調戍防邊，命樞屬量遠近以便其道塗，時緩急以次其遣發。又議移歲調兵屯以戍淮面，併軍分頭目以節廩稍，先移鎮江策勝一軍屯泗水，公私便之。

諸路虧鹽，執其事者破家以償，清之覈其犯科者追理，罣誤者悉蠲之，全活甚衆。沿江算舟之賦素重，清之次第停罷，如池之鴈汊有大法場之目，其錢分隸諸司，清之奏罷其並緣漁取者，蓋數倍公家之入，合分隸者從朝廷償之。報下，清之方與客飲，舉杯曰：「今日飲此酒殊快！」四上謝事之章。

十年，進《十龜元吉箴》，一持敬，二典學，三崇儉，四力行，五能定，六明善，七謹微，八察言，九惜時，十務實。疏奏：「敬天之怒易，敬天之休難，天怒可憂

而以爲易，天休可喜而以爲難，何哉？蓋憂則懼心生，懼則怒可轉而爲休；喜則玩心生，玩則休或轉而爲怒。」帝大喜，命史官書之，賜詔奬諭。十一年，十疏乞罷政，皆不許。拜太師，力辭。有事于明堂，有旨閤門給扶掖二人，再賜玉帶，令服以朝。十一月丁酉，退朝感寒疾，危甚，猶以未得雪爲憂。俄大雪，起曰：「百官賀雪，上必甚喜。」命掬雪床前觀之。累奏乞罷政，不允，奏不已，拜太傅、保寧軍節度使充醴泉觀使，進封齊國公致仕。卒，遺表聞，帝震悼，輟朝三日，特贈尚書令，追封魏郡王，賜謚忠定。

清之不好立異，湯巾嘗論事侵清之，及清之再相，巾求去，清之曰：「已欲作君子，使誰爲小人。」力挽留之。徐清叟嘗論列清之，乃引之共政。趙葵視師年餘，乞罷，上未有以處之，清之曰：「非使作相不足以酬勞，陛下豈以臣故耶？臣必不因葵來遽引退，臣願爲左，使葵居右。」上訖從之，然葵竟不果來。

清之代言奏對，多不存稿，有《安晚集》六十卷。清之自與彌遠議廢濟王竑，立理宗，駸駸至宰輔，然端平之間召用正人，清之之力也。至再相，則年齒衰暮，政歸妻子，而閒廢之人或因緣以賄進，爲世所少云。

《劉克莊集》卷一七〇《丞相忠定鄭公行狀》 公諱清之，字德源，世爲慶元府之鄞人，居邑治之東。齊公未葬，鄰焚，秦公與兄通議繞柩慟哭，火爲退飛。門有大槐，鄉評稱孝悌，必曰「槐木鄭氏」。秦公建炎己酉貢于鄉，會兀朮犯東浙，與董夫人皆臨難不屈，罵賊而死。嘗詔有司定謚立傳，公方當國，謙巽未皇，事見史定公所作通議公石章及先儒史公涓壙銘。魯公始居邑之嘉慶橋。慶國方娠，甑鳴三日不止，已而生公。時冢婦邊令人亦免乳，承舅姑意，拊育公同己子。公貴，令人尚亡恙，事之如母。其殁也，爲服期。公少以文爲宣獻樓公稱賞，初名燮，而字文叔，以字行。年十九薦于鄉，嘉泰二年入太學，嘉定八年升上舍，十年進士及第，如《豐芑數世之仁》、《大明生於東》等賦，識者以方《金在鎔有物混成》之作。後隨群從改今名。教授峽州，總領何公炳羅致之幕。一日軍將將領衣，疑絹紕惡，離立誶語，總領委公諭之。公語軍士曰：「坐者得好絹。」衆皆坐。以次分授，無敢譁者。制帥趙公方嚴重靳許可，公往白事，爲置醴，命二子出拜，掖公無答拜。公不敢當，趙公曰：「公它日未易量，願以二子相累。」蓋尚書范、丞相葵也。湖北茶商群聚暴横，公白總曰：「此輩皆精悍，宜藉爲兵，可彌變，亦可禦敵。」總行其策，招刺令下，趍者雲集，號曰茶商軍，至今賴其用。十四年，差湖廣總所準備差遣，除國子監書庫官。十六年，除國子録。史丞相彌遠以私忌飯僧浄普，鄞人畢至，獨與公登慧日閣，屏人語曰：「上與中殿爲社稷計，雖有濟國公，然五六年未正儲號。聞沂邸皇姪事兩國恭順，容止端重，朝謁上常目送。今欲擇一講官，君忠實，可任此責。」公遜避不敢當，史公曰：「此先公事業。」先公，謂太師浩也。俄兼魏惠憲王府教授。癸未進士唱名，上御集英，中殿御看閣，使内侍引皇姪對簾正立，兩宫意有所屬矣。除宗學諭。十七年，除太學博士，皆仍兼。每講堂退，相必邀至東閣，訪上舉動言語甚悉。公對事事皆好，蔽以一言曰「不凡」。相大喜。寧宗升遐，遺詔上承大統。是夜惟召丞相入定策，時政府、翰苑未及知，詔旨皆定公手。太后趣上入宫，公命子士昌易衣，道緑蓋車至沂邸進發，公留相府之眉壽堂處分諸事。明旦，丞相退朝，輦下纖塵不驚，六軍兆民仰瞻日出咸池矣。上龍飛，除諸王宫大小學教授，除宗正丞，兼權工部郎官，兼崇政殿説書。公自横經朱邸，至開卷丹地，每以二帝三王之行事、六經四書之格言反覆開陳，上必敬聽。一日上問外人因閤子庫進絲鞋有謗議，公奏：「有言禁中服用頗事新潔者。」上曰：「舊例月進鞋數兩，朕非弊不易，何由致謗？」公奏：「孝宗繼高宗，故儉德易彰；陛下繼寧考，故儉德難著。寧考受用如寒士，衣領重澣，革舄屢補，今欲儉德著聞，須過於寧考方可。」上欣受。其防微如此。寶慶元年，改兼兵部，兼國史院編修官、實録院檢討官，除起居郎，仍兼史官，説書，兼樞密院編修官。二年，除權工部侍郎，暫權給事中。除給事中，陞兼同修國史、實録院同修撰。紹定元年，除翰林院學士、知制誥，兼侍讀，陞兼修國史、實録院修撰，授端明殿學士、僉書樞密院事。三年，除參知政事，兼僉書樞密院事。四年，兼同知樞密院事。公在樞筦，李全以山陽畔，陷泰圍揚，國論猶爲擠覆，又欲易置江上制總全所不樂者以慰其心。公手書白相：「因全一申，去岳逐趙，是朝廷之主人、國家之帥守悉聽命於全矣。全以盗賊藍縷奔竄之餘，陸梁跋扈如此，曾無一人正色以議其罪，國無人矣。」初，海陵失守，公早朝見薛、葛、袁三人，皆愕然未知所出。公曰：「平時與全爲敵者不過三趙，若以趙沿江爲江淮制使，以二趙分帥兩路，必能合力捐身以當之。須即日處分，稍遲賊入維揚，大事去矣。」三人者唯唯，同至上前奏之。上深以爲然，云當即批與丞相。公奏：「御批須是以『社稷存亡在此一舉，苟不用此三人，或有疏失，過不在朕。』」上頷之。既退，知御批已至相府，然至晚無所施行，公轉扣相子宅之慫恿，憂懼待旦，四鼓後知繳入，黎明出命，朝野歡呼，知賊不足平矣。既而三趙受命，善湘移司金山，與范、葵聲勢聯屬，全果授首。當是時，此賊挾精卒十萬，氣吞江

表，相老於謀國，工於應變，無如之何。公以一書生，獨謂全反形已露，當聲罪致討，爲誓不與賊俱生以諷。及討叛詔下，出公之筆，讀者咸奮。六年，史丞相薨。十月，制授公右丞相，兼樞密使，提舉玉牒、國史、實録院、會要、勅令。端平元年，提舉《經武要略》。上始踐祚，東朝垂箔，一相總職，垂拱仰成而已，天下事皆上尚書裁決而後奏御畫旨，謂之尚先行，習以爲常。久之，上益明習國家事而宰府終未稽首還政。既相，舉太阿倒持之柄歸之於上，一二大黜陟、大因革，獨斷赫然，咸曰英主出矣。上方欲洗濯三十年積弊，公亦慨然以天下爲己任，推忱布公，知無不爲，贊上召老成，拔滯淹，真公德秀、魏公了翁、崔公與之、李公𡌴、徐公僑、趙公汝談、尤公焴、游公侶、洪公咨夔、王公遂、李公宗勉、杜公範、徐公清叟、袁公甫、李公韶，或奮閑散，或起遷謫，或由常調，莫不比肩接踵於朝。衆芳翕集，時號小元祐。大者相繼爲宰輔，餘亦爲名公卿，惟崔公終始辭不至，遺逸如劉公宰、趙公蕃亦見旌異。用一人，行一事，朝野忻忭，以爲快活條貫。先是言者率觀望廟堂風旨，公首革副封，由是臺簡始有攻時政闕失者。時金亡韃興，襄閫首圖上八陵，上下其議，廷紳多主王㦤之、孫綽之論，然邊臣鋒鋭不可遏，偏師出境，捷書系道，而三京已返旆矣。舊法，三衙禁旅歲一揀汰，癸巳以史相薨失舉行，甲午併兩歲一揀，被汰稍衆。又承旨司拘等仗法太嚴，卒有失伍者，隨已帖息，而不樂端平者有開邊激變之謗。二年五月，六疏乞罷機政，御札勉留。六月，制授特進、左丞相，兼樞密院使，提舉《國史》、《日曆》、《玉牒》、《勅令》、《經武要略》。三年八月，以霖雨四疏丐去。九月，以禋祀雷變請益力，授觀文殿大學士、醴泉觀使，兼侍讀。四疏控辭，依舊大學士提舉洞霄宫。公自初爰立，首以清苦變貪濁，痛却魄遺，雖族戚杯羹壺酒不許入。薦廉吏徐澄、趙筑夫于朝，聞者興起。諸郡多於節序餽朝士酒，公奏遇節序視品秩高下賜酒有差，至今行之。閩及江浙多士之郡，各增解額，由是上安里選。創新進士覆試之法，真才有以自見，售僞者時斥一二以風勵其餘。中間欲廢不行，後卒如舊。大節細行有陸贄、楊綰之風，卷懷而去，未嘗一語辨誣。退居聞邊聲復動，恐上顧憂，密疏上曰：「辛巳金陷蘄、黄，寧宗非啓敵之主；辛卯韃犯襄、蜀，彌遠豈開邊之相。不制患於方來，但尤追於既往，則蘄、黄、襄、蜀之擾，開之者誰乎？爲此者蓋疑閑冷或簡眷懷，每因事以提撕，蓋迎前而沮抑，以羅織使令、廢錮子姪、貶斥賓友爲未快，必加以誤國之罪。臣非敢以此自辨，恐陛下憂悔太過，以汨清明之躬，累剛大之志爾。」嘉熙三年，封申國公。四年，遣中使賜御書「輔德明謨之閣」，賜楮十萬緡爲經始費。槐木舊居，兵燼蕪廢，公捐賜金貿故趾，加葺治。於里第北營小圃，曰「安晚」，取「安步當車，晚食當肉」之義，上書其扁。蒔花移竹，叠石引泉，與朋友嘯咏其中者九年。尤愛山行，輕車小艇，名山古刹如雪竇、如太白、如翠山，雖在萬山中亦至焉，率留信宿。上遇群臣，於公特厚，每初度必親御翰墨，或聖製，或古作真草，間出精金重錦，奇薰佳茗，間以老人星、大士像爲壽，歲以爲常，雖在外亦遣黄門就賜。淳祐四年御筆，依前觀文殿大學士、醴泉觀使，兼侍讀，屢辭不允。拜少保、觀文殿大學士、醴泉觀使，兼侍讀，進封衛國公，令赴天基聖節上壽班，命守臣以禮趣赴闕。帥守趙綸致君命，乃就道。抵江滸，有旨宣問，庖廩酒菓，使蕃雜遝。内引，玉音委曲，不啻家人唯諾。奏乞慧傳法寺以待稱觴，先已得旨賜第，退至傳法拜御筆，曰：「卿去國許時，精神氣宇勝前，奏對詳明，良用忻懌，政賴啓沃，以助緝熙。」中使押入賜第。五年正月上壽畢，六丐歸不允。以《春秋》徹章拜少傅，依前觀文殿大學士、醴泉觀使，兼侍讀，進封越國公。居無何，哭子士昌，出館江滸，決意東歸，上不允。十二月，拜少師、奉國軍節度使，依前醴泉觀使，兼侍讀、越國公，特賜玉帶及更賜第於西湖之魚莊。公雖勉爲上留，然歸夢栩栩，見於篇詠。進讀仁皇訓典，謂：「仁祖之仁厚發爲英明，故能修明紀綱而無寬弛不振之患；孝宗之英明本於仁厚，故能涵養士氣而無矯厲峭刻之習。蓋仁厚英明，二者相須，此仁祖、孝宗所以爲盛也。」御札褒諭。六年，四疏丐歸，不允。八月，進讀畢，賜晏内苑，上御黄繖，命公御青繖，同行苑中。謂公曰：「忠孝嘗晏史浩於此，然浩未嘗侍天步游覽。」故事，上酹玉龍杯，賜大臣則易杯，上命毋易杯，其尊寵如此。是日御前有金瓶貯丹桂，上以公老夫婦失冢子，慰勞甚至，賜瓶花以解憂。公進感恩詩八十韻，上俯用其韻。七年三月，以《禮記》徹章，拜太保，力辭。舊比許回授，上從公請，追封高祖詒太保，異恩也。四月，拜太傅、右丞相，兼樞密使、越國公，提舉《國史》、《實録》、《會要》、《玉牒》、《敕令》、《經武要略》。公方與賓客放浪湖山，寓僧刹，竟夕不歸，貂璫及門，家人莫能以所之告。詰旦内引，叩頭辭曰：「端平初，陛下親政，臣齒未衰，尚堪努力仰贊聖謨，然猶有智慮所不及者，仰費保全。今迫桑榆，久在田里，於人物國事皆不諳悉，若冒昧承命，必誤委寄。」玉音勉諭，蓋有外間所不及知者。甫退則中使已接踵矣。嘆曰：「上眷如此，將何所逃！」乃入治事。或謂更化改元爲再相第一義，公曰：「改元天子之始事，政化朝廷之大端。漢事已非古，然亦不因易相而爲之。」其老成定慮如此。上以邊遽憂形玉色，詔趙公葵以

樞密使視師，陳公韡以元樞帥湖廣，二公謙巽未敢當。會公再相，力主其事，科降辟置，答敏于響，二公欣然勇往，泗水之捷、渦口之捷、木庫之捷，皆處置得宜之效。諸閫申請，劃時奏啓，時謂張仲孝友惟公足以繼之。公九年於外，納污藏垢，人意其有磊隗不平之氣見之施爲。公殊不然，不立異，不私己，除授進擬必咨同列，必參公論，朝士有累遷而未見面者。或曰恐非吐握之義，公曰：「某人同列所敬，某人同列所譽，豈欺我哉，吾惟得人以布周行足矣，何必攬爲己恩。先正問東廳，問西廳，吾所師也。」篤太學燈窗之舊，分賜金□齋金。以前相侍經幄，還齋亦束帶序齒。學厨曰給□錢及楮折□，有司固執元數，齏鹽不給，公命增□□監學歲久頹圮，□□成請修廢，舊取辨尹漕，公爲請給錢於朝，命尹漕董其役，丹雘一新。九年□□，拜太師、左丞相，兼樞密使，提舉《國史》、《日曆》、《玉牒》、《敕令》、《經武要略》，辭太師不拜，仍前太傅。每謂天下之患在於養兵，兵費困於生券，思所以變通之。遇調戍防邊，命樞屬量遠近以便其道涂，時緩急以次其遣發，□□□費省三分之一。又議移歲調兵屯以戍淮面，併軍分頭目以節廩稍，先移鎮江策勝一軍屯泗水，□□□于彼，公私便之，惜乎去位而未盡行也。諸□□□壓兩浙尤多丁稍，吏卒往往破家以償。公惟於作姦犯科者追理，稍罣誤者一筆勾去之，全活甚衆。沿江算舟之賦素重，空無一物，猶以力勝計，公次第停罷。如池之雁汊有大法場之目，其錢分隸諸司，公奏罷其並緣魚取者，蓋數倍公家之入，合分隸者從朝庭償之。報下，公方與客飲，舉杯曰：「今日飲此，自覺快活。」其軫求民瘼，如己疾痛。督府先取江東西、湖南北利源不在官者以佐軍費，及結局，詔歸之大農。公擇才使之提領於外，歲入不啻鉅萬，住印會子者三年，京尹焚毁舊會七千萬，版曹亦豐衍，二數年間，邊閫科降未嘗匱乏。四疏乞謝事。十年，進《十龜元吉箴》：一持敬，二典學，三崇儉，四力行，五能定，六明善，七謹微，八察言，九惜時，十務實。蓋取《益卦》六五爻「十朋之龜弗克違，元吉」。釋者謂以柔居尊而不自任，故可以收衆材之助，所以爲元吉也。奏札略曰：「《詩》曰『敬天之怒』，《書》曰『敬天之休』，臣謂敬天之怒易，敬天之休難。木飢火旱，天之怒也；時和歲豐，天之休也。天怒可憂而以爲易，天休可喜而以爲難，何哉？蓋憂則懼心生，懼則天之怒可轉而爲休；喜則玩心生，玩則天之休可轉而爲怒。」既奏，甚稱上旨，宣付史館，又賜詔奬諭。十一年，十疏乞罷政，皆不許。進讀光、寧兩朝《寶訓》，今上《日曆》、《會要》、《玉牒》、《淳祐條法事類》，俱拜太師，皆力辭。九月，明禋相禮，有旨閤門給扶掖二人。是夕三上奏辭，不允。禮成，御筆褒諭，再賜玉帶，令服以朝。十一月丁酉，公奏事退，感寒疾，前一日尚賦梅花詩與同列倡和，及是絶食屏藥，猶以未得雪爲憂。俄大雪，公作而曰：「百官賀雪，上必甚喜。」命掬雪牀前觀之。累奏乞罷，不允，奏不已，拜太傅、保寧軍節度使，充醴泉觀使，進封齊國公，提舉史館。疾革，乞致仕，拜太師、保寧軍昭慶軍節度使，依前齊國公致仕。□□甲辰，薨於丞相府。公生於淳熙三年九月辛未，享年七十有六。遺表聞，上震悼，輟朝三日，御筆贈尚書令，追封魏郡王，賜謚「忠定」。娶謝氏，特封魏衛國夫人。男子一人，士昌，朝散大夫、寶謨閣待制，先公六年卒。女一人，特封碩人，適故朝散郎、大理少卿史望之。孫男三人：大有，某官；大節，某官；大節某官。大有等以寶祐元年十一月壬寅，奉公柩窆於鄞之豐樂鄉東山之原。公四登宰席，先後八年，啓沃帝心、謨畫國事關於安危理亂大計者不可勝書，然奏藁無片紙存者。每曰：「陛下神聖，羣臣莫及，事有當言，轉移於造膝附耳之際足矣。陸敬輿奏議雖膾炙人口，吾不忍爲也。」昔藝祖有「宰相須用讀書人」之訓，及公宅揆，朝野皆曰上用真儒矣。自場屋之作至宗廟朝廷典册之文莫不精妙，傳者紙貴，然散落未嘗收拾，雖玉堂制草，家無副墨，所存惟録潛邸聖語及表奏、啓劄、詩賦、箴銘、贊偈、記、序跋、策問、疏、致語、醮詞、謚册、墓碑、祭文等共六十卷，藏于家。公之初相也，真、趙掌制也，世以爲真學士；洪、王入臺，世以爲真御史。天下所謂端人正士，不在經筵則在從橐，不在西掖則在東省。上語公：「嘗上書者比卿司馬光。」公曰：「毀譽何常之有？今日聖意嚮臣故譽臣，他日聖意厭臣則必毀臣矣。」上爲一笑。其再相也，端平遺老凋謝，十無一二，新貴各立門庭，分黨與，公雖素有主眷，尚操化權，然人情固已陰懷向背，無同舟共濟之意矣。公拔士滿朝，施惠於人無德色，士或先從後畔，亦待之如故。然天下至廣，豈無偶遺之賢，未烝之髦？自昔人物會通之盛莫如元祐，而鄭俠老死田里，陳師道晚方入館，未聞二賢觖望於馬、吕也。彼以躁心而致宰物者之憾，可以觀世道矣，公何慊焉！湯中仲能論事侵公，不自安，求去，公曰已欲作君子，使誰爲小人，力勉留之。徐公清叟嘗論公，引之共政。趙公葵視師年餘乞結局，上欲允之而未有以處，公曰：「非使作相不足以酬勞，陛下豈以臣故耶？臣必不因葵來便引退，臣願爲左，使葵居右。」上迄從之。其茹納如此，然趙公竟不果來。又奏：「今内外之臣俱天下之選，前後昆命皆聖斷之公。非成則璜，不疑何卜；有丙與魏，請擇於斯。惟能共起於治功，奚必皆從于己出。」其不吝權寵如此。公雖貴，自奉蕭然，非以位爲樂

者。直以事上潛邸，君臣義重，上既苛留，不忍决去耳。對客每歎甘盤遯野、疏傳還鄉之不可及，其意深矣。蓋丙申代公者喬也，辛亥代公者吴、謝也。公去矣，薨矣，喬與吴、謝行乎國政，宜有以愈於端平者，而皆不然，何哉？世之愛公者往往惜公再出，然公庚戌乙身之疏固嘗云：「稟性拙直，無委曲籠罩之術；事力儉薄，無納交要譽之資。施恩而不市恩，故背之者以爲常；任怨而不報怨，故仇之者無所忌。」又曰：「召謗納悔，一己之利害輕；梗事敗謀，國家之關係大。昔謝安矯情，姚崇權譎，吕夷簡操術，居是職者可專任拙直哉！」凡數十疏皆然，寫心事之精微，拯筆力之高妙，不辨流言於一時而付公議於千載，後之攬者必有感於斯文矣。公奮身儒素，族多隱約，公爲侍從，月分俸均給，或值乏絶，稱貸以繼。覺際庵舊約諸位輪祀，至公身任其責，即庵別創大堂，可容百人，几席器皿悉具，率於禁煙行之，酒肴蔬菓必精潔。居官或疾病，則飭子姪主祭。初，魯公規壽藏于塔嶺，夢嶺對岸百堂，扁以金書「常充達」三字，擁以蟠龍，作《紀夢》長句，筆之于册。既卜穴，宛然夢境。時公猶未生，及稍長，魯公語公曰：「蟠龍金字，豈非御書之兆，勉之。」越三十年，上訪家世，公以夢告，果賜奎墨，輝映山谷，與手澤所書如合左契。公久秉鈞軸，高下在手，然不以名器私親昵。莫愛於子，而士昌生前止通直奉佑神祠，非但公不私其子，□恩亦恥爲恩澤侯。莫親於婿，而史倩生前止倅貳需次徽守，公不欲使倩領郡，以奉祠奮。公少學於迂齋樓公昉，以端平初褒崇爲未至，再相，奏：「國史浩繁難披閱，臣之師臣昉嘗纂《十朝撮要》，頗精覈。」上令寫送官。又奏：「房、魏遇主，無一語及河汾，殊爲忘本。」及《撮要》進御，樓公追贈龍圖閣待制。其於在三之義如此。公葬十年，魏衛國謝夫人年八十八，貽書莆田劉克莊曰：「先忠定宰木已拱而未有狀其行者，今以此筆屬子。」克莊仲弟克遜、從弟希道少肄業持志，侍公筆研，克莊宰建陽，烏臺方吹洗詩案，懼不免禍，公在瑣闥，獨於史丞相爲解紛。克莊獲爲聖世全人，公之賜也。既嘗□□□張洽、陳振孫、范炎、陳祐，俱召審，一再遷爲樞掾、省郎，皆公進擬。公策免，克莊亦流落於外。丙午入爲小蓬兼西掖，不久坐留□免去。公以孤卿國老之重，小車訪別逆旅，慨然曰：「子爲道鄉，吾爲承君矣。」公再相數歲，克莊銜恤三年，白首再召，覺國論愈矛盾，胸味殊酸鹹，公决去雖勇，上勉留愈堅。因對爲上言：「紛紛之議，不過責難於吾君，責備於吾相，非有他意，政當容之爾。」自知其論闊於事情，然區區之心，上欲將順明主之尊師重傅，下欲解周召之不説，勉夔龍之相遜而已。而或者怪其不能隨聲接響，訶佛罵祖，群起而攻曰：「是黨相者。」克莊謂惟去可以自湔，六乞祠，兩納禄，皆不報。公由是不復敢相親，猶摯維不使去。不數月而斥，斥未幾而公薨，然天下謂知我者必曰安晚，公與人書疏亦以鐵漢見擬。嗟夫！宰相必拔士，士必不畔知己，情意之常也。若一旦去子宣而戀元度之恩波，迎子厚而詆微仲之相業，乃風俗之變，豈情義之常哉！公門生故吏滿天下，而兩國不遠數千里，番番於一衰癃之叟，托之以發潛闡幽之任，豈非以其最久故，知舊事，已退老，無諛筆乎！乃摭實書之以告太史氏。謹狀。《後村先生大全集》卷一七〇。

雜録

備録

周密《齊東野語》卷八　鄭丞相清之，在太學十五年，殊困滯無聊。乙亥歲，甫升舍選，而以無名闕，未及奏名，遂仍赴丁丑省試。臨期，又避知舉袁和叔親試別頭，愈覺不意。及試《青紫明主恩》詩押明字。短晷逼暮，思索良艱。漫檢韻中，有頳字可用，遂用爲末句云：「他年蒙渥澤，方玉帶圍頳。」

歸爲同舍道之，皆大笑曰：「緑衫尚未能得着，乃思量繫玉帶乎？」已而中選，攀附驟貴，官至極品，竟此賜，遂成吉讖。以此知世之叨竊富貴，皆非偶然也。

周密《癸辛雜識》別集下　鄭清之字德源，號青山，又號安晚，爲穆陵之舊學。端平初相，聲譽翕然。及淳祐再相，已耄及之，政事多出其姪孫太原之手，公論不與。況所汲引如周垣、陳垓、蔡榮輩，皆小人，黄自然嘗入疏論之。既而豐儲倉門趙崇傳上書歷陳其昏繆貪污之過，亦解綬而去。未幾，察官潘凱遂劾之，吴燧亦劾其黨，朝廷遂奪二察言職。夕堂董槐亦入疏求去，蓋潘、吴二豸，皆董所薦也。潘疏有云：「馬天驥竭浙東鹽本百萬而得遷。」天驥遂申省辨白，清之欲差官覈實，程元鳳以爲不可，以外官鈐制臺諫，其議遂寢。時牟子才家居，亦疏攻鄭而留二察，不報。辛亥冬，祈雪，得雷雹大作，而清之薨於位，恩數極厚。明年，傅端林彬之按太原公受賄賂竊取相權，凡所以誤故相者，皆太原之

罪，乞罷其閤職，勒守故相之墓，上從之。初，清之之重來也，有作詩譏之云：「一劄未離丹禁地，扁舟已自到江干。先生自號爲安晚，晚節胡爲不自安。」及其薨也，又有詩云：「光範門前雪尺圍，火雲燒盡曉風吹。堪嗟淳祐重來日，不似端平初相時。里巷誰爲司馬哭，番夷肯爲孔明悲。青山化作黃金塢，可惜角巾歸去遲。」

陳世崇《隨隱漫録》卷五　安晚鄭公私居青田府，鹿食民稻，犬噬殺之。府囑守黥犬主。幕官擬云：「鹿雖帶牌，犬不識字。殺某氏之犬，償鄭府之鹿，足矣。」守從之。

韋居安《梅磵詩話》卷中　鄭安晚丞相未貴時，賦《冬瓜》詩云：「翦翦黃花秋後春，霜皮露葉護長生。生來籠統君休笑，腹内能容數百人。」宰相器寬，已於此詩見之。

安晚當國時，一日退朝後，諸公造見，延之。時適秋晚，見一葉墜於金魚池中，風吹不定，因命諸公賦詩。其間律絶古體皆有之，多不愜其意。獨華谷嚴粲坦叔止得一句云：「風池行落葉」，安晚再三稱賞。次日，有中舍之除。余得之盱江吴浚允文。

備論

《宋史》卷四一四《鄭清之傳》　論曰：鄭清之墮名於再相之日。

藝文

袁燮《絜齋集》卷七《鄭德源字説》　友人鄭君名清之，求字于余，敬字之曰德源。夫水至清也，而所以清者源也。源之始發，莫或汨之，何嘗有不清哉。惟人亦然，純粹不雜，天之所與也。萬善皆由是出，故謂之源。源微而難明，一毫有差，非其源矣。惟至精者能察之，蚤夜以思，不得弗措，所以求其源也。幸而得之，兢兢業業，無敢放逸，所以養其源也。三才同源，養而無害，則與天地相似。苟爲無源，雖以善爲之，其違道遠矣。鄉原似忠信，似廉潔，而不可入堯舜之道；楊、墨似仁似義，而卒蹈于無父無君之域。源哉源哉，可不精講而實得之哉？乍見孺子將入于井，而人皆有怵惕惻隱之心。簞食豆羹，弗得則死，而不屑于蹴爾之與，非有所計慮于其間也。由中而發，不期而應，此天機之自然也。立身之源，于是乎在。流而不息，孰能禦之。德源可不篤志于此哉？

《劉克莊集》卷一三八《祭鄭丞相文》　曩遭詩禍，幾置臺獄。公在瑣闥，力解當軸。端平爰立，擢太尉掾。思堂密詢，翹館燕見。嗟我於公，合非勢利。相賞文字，相勉道義。丙申之斥，流落稍久。書來慰藉，期我無垢。丙午之斥，冒雪祖道。自方田書，期我鄒浩。再相五年，我卧空谷。初辭弓旌，繼罹風木。晚迫而起，公愈貴重。豈無愚莞，猶冀采用。我欲白事，公罕揖客。光範之門，累月掃迹。乞骸掛冠，疏至八九。匪曰潔身，實懼濡首。他人受知，一身而止。我銜公恩，昆弟父子。百口託公，隻手卵翼。一日無公，群臂彈弋。衆方迫切，訶罵佛祖，我獨迂緩，援引馬、吕。勸容直言，勸收善類，爲鼓邪説，爲懷私意。及條故事，及進密疏，爲徼後福，爲沽虚譽。或云范公，稍怪守道，亦曰涑水，欲逐坡老。匪公厭倦，實我窮薄。白簡誅心，青雲失脚。尚意汾陽，考二十四，且謂潞國，壽九十二。萬一他日，訪公於鄮，午橋酒邊，半山驢後。憶初出晝，飛塹惜別，寧料此行，遂與公訣。舊學之尊，上宰之貴，黼扆輟朝，玉鉞卓地。而況諸生，視公猶父，山川脩阻，不克奔赴。公來現身，公去振臂，公無生滅，我有榮悴。舉世攻詆，獨公嗟惜。嚴光狂態，劉蕡風疾。邪説私意，則己順受，虚譽安在，後福奚有。惟今之人，尤工論議，先以爲合，後以爲貳。烏乎！剖胸出心，枯皆見血。公昔富國，容有未察。捨之則藏，死而後已。公今在天，其知之矣。

林希逸《鬳齋續集》卷一二《安晚先生丞相鄭公文集序》　隆古盛時，明良並世，其都俞廊廟之上，大抵皆有道有文之士也。觀之《書》焉，舜之禹、皋、伯益，商之伊、傅、仲虺，周之周公、召公，盛德大業，格於皇天，而曰歌，曰謨，曰訓，曰誥，凡子雲所謂渾渾灝灝噩噩者，皆數君子爲之也。吁，何其盛哉！歐公嘗曰「文章事業，士不兩能」，蓋非爲斯時發也。漢唐輔相，豈無其人，然蕭、曹、丙、魏，房、杜、姚、宋，功名著而不以文稱；韋、平、康、薛，常、楊、燕、許，詞藝勝而事無足録。論人物者每每遺恨於斯，蓋三光五嶽之氣分矣。獨我朝諸大老，前乎韓、富、馬、吕，後乎張、李、二趙，其人如泰山喬嶽，其文如黃鍾大吕，紀諸旂常者駿閎，垂之簡帙者炳燿。吾宋之懿，所以上並帝王，而諸公亦鍾天地之全美也。求之近世，則有如安晚先生丞相鄭公者焉。公早游太學，即有異聲。越從經邸，

以至大用，高文大册，流布人間。黼黻兩朝，既極文章之用；敷陳九陛，無非仁義之言。諫稾多焚，僅存其略。乃若淵躍龍潛，初繼大統，兩宫同異，監在治平，公竭忠忱，以裨聖孝，時則有甲申尊親之書。逆全驍張，聲震江南，廷議不齊，類唐淮蔡，公贊其決，卒成聖功，時則有紹定當國之書。親事法宫，乾綱甫正，公憂旁落，力折機牙，時則有政柄之疏。和使往來，國是未一，公條間甚，迄如蓍龜，時則有邊備之疏。他如《敬思》二銘、《元吉》十箴，與夫《祖訓》四言，發揮帝夢，又宗社之大計也。功言共立，不既偉乎！而況端平改紀，登良去凶，宇宙耀明，媲美元祐。中遭讒妬，公身雖退，而當時諸賢，迄無王吕之禍；雖嘉、淳而下，局面屢移，賢否豈不迭進，而丁、史之去，如棄弁髦。豈非聖學高明，黑白終定，講明輔導，要有其先，是非甘盤之力乎！方公之再相也，嘗以輔政無狀爲謝，穆陵自指聖心曰：「丞相之功在此。」然則大人格君之業，公實有之，天下有所不知，而先皇獨知之也，文章又其餘事爾。余嘗因是思之，元豐末年，燕詒置傅，使酬神祖之言，鼎湖龍御，爲世少延，俾温國輔贊其間，得殫忠益，異時紹述一語，必無所投其姦，則邪正紛紛，亦不如是其酷也。公之所學所遭，頗與文正相類。追傷往事，益歎穆陵之聖，而有感於公。今公薨十有七年，諸孫粹公遺文而出之，以余受公異知，俾爲之引。余思疇曩初登朝，公留經幄，時得從容侍筆研，知公學窮古今，出入經史，胸中所有浩如也。鎔煉而出，俄頃千言，形之聲歌，興味尤遠，豈常流所可及。然且樂取諸人叩擊不已，一語中肯，擊節賞味，如自己出。集思之益，容人之度，蓋於是概見焉，因以併識於此。《膚齋續集》卷一二。又見《四明文獻録》第三一六頁。

真德秀部

綜述

《宋史》卷四三七《真德秀傳》　真德秀字景元，後更爲希元，建之浦城人。四歲受書，過目成誦。十五而孤，母吴氏力貧教之。同郡楊圭見而異之，使歸共諸子學，卒妻以女。

登慶元五年進士第，授南劍州判官。繼試中博學宏詞科，入閩帥幕，召爲太學正，嘉定元年遷博士。時韓侂胄已誅，入對，首言：「權臣開邊，南北塗炭，今茲繼好，豈非天下之福。然日者以行人之遣，金人欲多歲幣之數，而吾亦曰可增；金人欲得姦臣之首，而吾亦曰可與；往來之稱謂，犒軍之金帛，根括歸明流徙之民，皆承之唯謹，得無滋嫚我乎？抑善謀國者不觀敵情，觀吾政事。今號爲更化，而無以使敵情之畏服，正恐彼資吾歲賂以厚其力，乘吾不備以長其謀，一旦挑争端而吾無以應，此有識所爲寒心。」又言：「侂胄自知不爲清議所貸，至誠憂國之士則名以好異，於是忠良之士斥，而正論不聞；正心誠意之學則誣以好名，於是僞學之論興，而正道不行。今日改弦更張，正當褒崇名節，明示好尚。」

召試學士院，改祕書省正字兼檢討玉牒。二年，遷校書郎。又對，言暴風、雨雹、熒惑、蝻蝗之變，皆臟吏所致。尋兼沂王府教授、學士院權直。三年，遷祕書郎。入對，乞開公道，窒旁蹊，以抑小人道長之漸；選良牧，勵戰士，以扼羣盜方張之鋭。四年，選著作佐郎。同列相甚讒之，德秀恬不與較。宰相將用德秀，會言官觝之，德秀力辭。兼禮部郎官，上疏言：「金有必亡之勢，亦可爲中國憂。蓋金亡則上恬下嬉，憂不在敵而在我，多事之端恐自此始。」五年，遷軍器少監，升權直。

六年，遷起居舍人，奏：「權姦擅政十有四年，朱熹、彭龜年以抗論逐，吕祖儉、周端朝以上書斥，當時近臣猶有争之者。其後吕祖泰之貶，非惟近臣莫敢言，而臺諫且出力以擠之，則嘉泰之失已深於慶元矣。更化之初，羣賢皆得自奮。未幾，傅伯成以諫官論事去，蔡幼學以詞臣論事去，鄒應龍、許奕又繼以封駁論事去。是數人者，非能大有所矯拂，已皆不容於朝。故人務自全，一辭不措。設有大安危、大利害，羣臣喑嘿如此，豈不殆哉！今欲與陛下言，勤訪問、廣謀議、明黜陟三者而已。」時鈔法楮令行，告訐繁興，抵罪者衆，莫敢以上聞。德秀奏：「或一夫坐罪，而併籍昆弟之財；或虧陌四錢，而没入百萬之貲；至於科富室之錢，拘鹽商之舟，視産高下，配民藏楮，鬻田宅以收券者，雖大家不能免，尚得名便民之策？」自此籍没之産以漸給還。

兼太常少卿。又言金人必亡，君臣上下皆當以祈天永命爲心。充金國賀登位使，及盱眙，聞金人内變而返。言于上曰：「臣自揚之楚，自楚之盱眙，沃壤無際，陂湖相連，民皆堅悍强忍，此天賜吾國以屏障大江，使强兵足食爲進取資。顧田疇不闢，溝洫不治，險要不扼，丁壯不練，豪傑武勇不收拾，一旦有警，則徒以長江爲恃，豈如及今大修墾田之政，專爲一司以領之，數年之後，積儲充實，邊民父子争欲自保，因其什伍，勒以兵法，不待糧饟，皆爲精兵。」又言邊防要事。

時史彌遠方以爵禄縻天下士，德秀慨然謂劉爚曰：「吾徒須急引去，使廟堂知世亦有不肯爲從官之人。」遂力請去，出爲祕閣修撰、江東轉運副使。山東盜起，朝廷猶與金通聘，德秀朝辭，奏：「國耻不可忘，鄰盜不可輕，幸安之謀不可恃，導諛之言不可聽，至公之論不可忽。」寧宗曰：「卿力有餘，到江東日爲朕撙節財計，以助邊用。」

江東旱蝗，廣德、太平爲甚，德秀遂與留守、憲司分所部九郡大講荒政，而自領廣德、太平。親至廣德，與太守魏峴同以便宜發廩，使教授林庠振給，竣事而還。百姓數千人送之郊外，指道傍叢塚泣曰：「此皆往歲餓死者。微公，我輩已相隨入此矣。」索毁太平州私創之大斛。新徽州守林琰無廉聲，寧國守張忠恕規匿振濟米，皆劾之，而以李道傳攝徽。先是，都司胡榘、薛拯每誚德秀迂儒，試以事必敗，至是政譽日聞，因倡言旱傷本輕，監司好名，振贍太過，使峴劾庠以撼德秀。德秀上章自明，朝廷悟，與峴祠，授庠幹官，而道傳尋亦召還。

德秀以右文殿修撰知泉州。番舶畏苛征，至者歲不三四，德秀首寬之，至者驟增至三十六艘。輸租令民自槩，聽訟惟揭示姓名，人自詣州。泉多大家，爲閭里患，痛繩之。有訟田者，至焚其券不敢争。海賊作亂，將逼城，官軍敗衄，德秀祭兵死者，乃親授方略，禽之。復徧行海濱，審視形勢，增屯要害處，以備不虞。

十二年，以集英殿修撰知隆興府。承寬弛之後，乃稍濟以嚴。尤留意軍政，欲分鄂州軍屯武昌，及通廣鹽於贛與南安，以弭汀、贛鹽寇。未及行，以母喪歸。

明年，蘄、黄失守，盜起南安，討之數載始平，人服德秀先見。

十五年，以寶謨閣待制、湖南安撫使知潭州。以「廉仁公勤」四字勵僚屬，以周惇頤、胡安國、朱熹、張栻學術源流勉其士。罷榷酤，除斛面米，申免和糴，以甦其民。民艱食，既極力振贍之，復立惠民倉五萬石，使歲出糶。又易穀九萬五千石，分十二縣置社倉，以徧及鄉落。别立慈幼倉，立義阡。惠政畢舉。月試諸軍射，捐其回易之利及官田租。凡營中病者、死未葬者、孕者、嫁娶者，贍給有差。朝廷從壽昌朱臯請，以飛虎軍戍壽昌，併致其家口，力爭止之。江華縣賊蘇師入境殺劫，檄廣西共討平之。司馬遵守武岡，激軍變，劾遵而誅其亂者。

理宗即位，召爲中書舍人，尋擢禮部侍郎、直學士院。入見，奏：「三綱五常，扶持宇宙之棟幹，奠安生民之柱石。晉廢三綱而劉、石之變興，唐廢三綱而安禄山之難作。我朝立國，先正名分。陛下不幸處人倫之變，流聞四方，所損非淺。霅川之變，非濟王本志，前有避匿之跡，後聞討捕之謀，情狀本末，灼然可考。願討論雍熙追封秦王舍罪恤孤故事，濟王未有子息，亦惟陛下興滅繼絶。」上曰：「朝廷待濟王亦至矣。」德秀曰：「若謂此事處置盡善，臣未敢以爲然。觀舜所以處象，則陛下不及舜明甚。人主但當以二帝、三王爲師。」上曰：「一時倉猝耳。」德秀曰：「此已往之咎，惟願陛下知有此失而益講學進德。」次言：「霅川之獄未聞參聽於公朝，淮、蜀二閫乃出於僉論所期之外。天下之事非一家之私，何惜不與衆共之。」且言：「乾道、淳熙間，有位於朝者以饋及門爲恥，受任于外者以包苴入都爲羞。今餽賂公行，薰染成風，恬不知怪。」

又疏言：「朝廷之上，敏鋭之士多於老成，雖嘗以耆艾褒傅伯成、楊簡，以儒學褒柴中行，以恬退用趙蕃、劉宰；至忠亮敢言如陳宓、徐僑，皆未蒙録用。」上問廉吏，德秀以知袁州趙篪夫對，親擢篪夫直秘閣爲監司。具手劄入謝，因言崔與之帥蜀，楊長孺帥閩，皆有廉聲，乞廣加咨訪。

上初御清暑殿，德秀因經筵侍上，進曰：「此高、孝二祖儲神燕閒之地，仰瞻楹桷，當如二祖實臨其上。陛下所居處密邇東朝，未敢遽當人主之奉。今宫閣之義浸備，以一心而受衆攻，未有不浸淫而蠹蝕者，惟學可以明此心，惟敬可以存此心，惟親君子可以維持此心。」因極陳古者居喪之法，與先帝視朝之勤。

寧宗小祥，詔羣臣服純吉，德秀爭之曰：「自漢文帝率情變古，惟我孝宗方衰服三年，朝衣朝冠皆以大布，惜當時不併定臣下執喪之禮，此千載無窮之憾。孝宗崩，從臣羅點等議，令羣臣易月之後，未釋衰服，惟朝會治事權用黑帶公服，時序仍臨慰，至大祥始除。侂胄枋政，始以小祥從吉。且帶不以金，鞓不以紅，佩不以魚，鞍韉不以文繡。此於羣臣何損？朝儀何傷？」議遂格。

德秀屢進鯁言，上皆虚心開納，而彌遠益嚴憚之，乃謀所以相撼，畏公議未敢發。給事中王塈、盛章始駁德秀所主濟王贈典，繼而殿中侍御史莫澤劾之，遂以焕章閣待制提舉玉隆宫。諫議大夫朱端常又劾之，落職罷祠。監察御史梁成大又劾之，請加竄殛。上曰：「仲尼不爲已甚。」乃止。

既歸，修《讀書記》，語門人曰：「此人君爲治之門，如有用我者，執此以往。」汀寇起，德秀薦陳韡有文武才于常平使者史彌忠，言于朝，遂起韡討平之。紹定四年，改職與祠。

五年，進徽猷閣知泉州。迎者塞路，深村百歲老人亦扶杖而出，城中歡聲動地。諸邑二稅嘗預借至六七年，德秀入境，首禁預借。諸邑有累月不解一錢者，郡計赤立不可爲。或咎寬恤太驟，德秀謂民困如此，寧身代其苦。決訟自卯至申未已，或勸嗇養精神，德秀謂郡弊無力惠民，僅有政平、訟理事當勉。建炎初置南外宗政司于泉，公族僅三百人，漕司與本州給之，而朝廷歲助度牒。已而不復給，而增至二千三百餘人，郡坐是愈不可爲。德秀請于朝，詔給度牒百道。

彌遠薨，上親政，以顯謨閣待制知福州。戒所部無濫刑横斂，無徇私黷貨，罷市令司，曰：「物同則價同，寧有公私之異？」閩縣里正苦督賦，革之。屬縣苦貴糴，便宜發常平振之。海寇縱横，次第禽殄之。未幾，聞金滅，京、湖帥奉露布圖上八陵，而江、淮有進取潼關、黄河之議，德秀以爲憂。上封事曰：「移江、淮甲兵以守無用之空城，運江、淮金穀以治不耕之廢壤，富庶之效未期，根本之弊立見。惟陛下審之重之。」

召爲户部尚書，入見，上迎謂曰：「卿去國十年，每切思賢。」乃以《大學衍義》進，復陳祈天永命之説，謂「敬者德之聚。儀狄之酒，南威之色，盤遊弋射之娱，禽獸狗馬之玩，有一于兹，皆足害敬」。上欣然嘉納，改翰林學士、知制誥，時政多所論建。踰年，知貢舉，已得疾，拜參知政事，同編修敕令、《經武要略》。三乞祠禄，上不得已，進資政殿學士、提舉萬壽觀兼侍讀，辭。疾亟，冠帶起坐，迄謝事，猶神爽不亂。遺表聞，上震悼，輟視朝，贈銀青光禄大夫。

德秀長身廣額，容貌如玉，望之者無不以公輔期之。立朝不滿十年，奏疏無慮數十萬言，皆切當世要務，直聲震朝廷。四方人士誦其文，想見其風采。及宦遊所至，惠政深洽，不愧其言，由是中外交頌。都城人時驚傳傾洞，奔擁出關

曰：「真直院至矣！」果至，則又填塞聚觀不置。時相益以此忌之，輒擯不用，而聲愈彰。及歸朝，適鄭清之挑敵，兵民死者數十萬，中外大耗，尤世道升降治亂之機，而德秀則既衰矣。杜範方攻清之誤國，且謂其貪黷更甚於前，而德秀乃奏言：「此皆前權臣玩愒之罪，今日措置之失，譬如和、扁繼庸醫之後，一藥之誤，代爲庸醫受責。」其議論與範不同如此。然自侂胄立僞學之名以錮善類，凡近世大儒之書，皆顯禁以絶之。德秀晚出，獨慨然以斯文自任，講習而服行之。黨禁既開，而正學遂明于天下後世，多其力也。

所著《西山甲乙藁》、《對越甲乙集》、《經筵講義》、《端平廟議》、《翰林詞草四六》、《獻忠集》、《江東救荒録》、《清源雜志》、《星沙集志》。既薨，上思之不置，謚曰文忠。

《劉克莊集》卷一六八《西山真文忠公行狀上》 曾祖□，贈太子太保；妣陳氏，贈咸寧郡夫人。祖京，贈太子少傅；妣周氏，贈始興郡夫人。父嵩，贈太子少師；妣吴氏，贈縉雲郡夫人。

公諱德秀，字希元，浦城縣遷陽鎮人。四歲受書，立成誦。入小學，夜歸嘗寘書枕旁，燈膏所薰，帳皆墨色。羣兒休浴聚戲，公并取其書卷兼熟之矣。宫師薨，吴夫人力貧躬織紝持家，公得壹意於學。弱冠再貢於鄉，擢慶元己未乙科，調南劍州判官，孜孜職業，不以高弟勝流自居。中開禧乙丑博學宏詞科，閩帥蕭尚書逵羅致幕下。陳相自强家盛暑訟人索僦金，公判其牘曰：「丞相方憂邊思職，顧屑屑及此乎！」時金華李公誠之、莆田陳公宓皆仕於福唐，公與游甚權。踰歲，以太學正召。嘉定改元，遷博士，爲禮部點檢試卷官。樓公鑰、倪公思方典舉，獨異待公。樓公盡告以文獻之傳，且許其致遠；倪公爲言立朝行己本末甚詳，公終身佩服焉。輪對，言：「爲國者當示人以難犯，不可示人以易窺。增幣函首，虜將闚我。」又言：「慶元以來，柄臣顓制，立爲名字以沮天下之善者有二：曰好異，曰好名。士大夫志於利禄，靡然從之，以慷慨敢言爲賣直，以清修自好爲不情。流弊之極，至於北伐舉朝趨和而争之者不數人。今既更化，當先破尚同之習。」召試學士院，奏篇言：「古今之變非兵財之足慮，而國勢人心之可憂，宜防近習用事，杜小人復進，以維持國勢，拯淮民流徙以係屬人心。」除秘書省正字，爲御試編排官，兼玉牒檢討官。遷校書郎，輪對言暴風、雨雹、熒惑、蝗蝻之異，因條上四説：「漢初元、延光間暴風，翼奉以爲左右邪臣、史臣以爲親讒曲直不分之驗。今名雖好忠，實則喜佞，災異所緣而起也。陰氣之精，凝而爲雹，劉向以爲陰脅陽，孔季彦以爲陰乘陽之應。今一二詔旨或從中出，致異之原，其或在是。熒惑南方，爲禮爲視，禮虧視失則罰見，意者事幾未盡察、邪正未盡知乎！春秋威公五年螽，漢光和元年蝗，説者以爲貪虐取民，蔡邕以爲貪苛所致，意者贓吏尚多、苞苴未戢乎！」兼沂王府教授，每因誦説，迪以正理。兼學士院權直，遷秘書郎。輪對言：「近畿州縣水災，以類求之，内而女謁近習，外而夷狄盜賊，陰盛陽微之證。更化未幾，俊賢耆艾引去相踵，善良之士寢不自安。寇燄未張，不早撲滅，及其披猖，乃草薙而禽獮之，世豈有斃千萬人於干戈而天不爲之變者？惟開公道，窒旁蹊，以抑小人道長之漸；選良牧，勵戰士，以挫群盜方張之鋭。」又言：「天下有不可泯没之理，萬世猶一日者，公議是也。自昔雖甚無道之世，能使公議不行於天下，不能使公議不存於人心。侂胄用事，能顛倒是非於一時，終不免爲世大僇，何者？公議天道也，侂胄犯之則違天矣。故善爲國者畏公議如畏天，則人佐之，天助之。」遷著作佐郎。始公登朝，同進有相惎者，每讒公以諂時相，獲驟遷，公恬然無競。其人後爲時相所厭，將除公言職，使逐去之，公力辭不就。劉尚書爚聞而歎伏曰：「不過遲作從官十年爾。」兼禮部郎官，輪對言：「星變，修德行政者本也，禬禳祈請者末也。間者内廷屢蕆醮事，舉末遺本，未足以格天。」又言：「金虜有必亡之勢三，可爲中國憂者二。萬一此虜遂亡，莫或余毒，上恬下嬉，則憂不在敵而在我。設或外夷得志，邀我夾攻，豪傑四起，奉我爲主，從之則有宣和結約之當戒，張覺内附之可懲。如將保固江淮，閉境自守，彼方雲擾，我欲堵安，以此爲謀，尤非易事。議者多謂夷狄之衰乃中國之利，抑不思五單于之争。漢嘗獲其利矣，拓拔氏河南之警，反爲蕭梁之害，何耶？」時余公嶸奉使至涿州，以燕城被圍約回，始知金人有韃靼之擾。除軍器少監，陞擢直學士院。輪對言：「雷雨損動太廟鴟吻，而避朝損膳，僅舉故事，然猶歷旬浹而後行，通信宿而遽已。以此動人，猶且不可，況於天乎？」除起居舍人。戚畹封王爵，公適當制，廟堂諭意，令及去凶之事。公不從，而以「建儲爲中宫功，故均慶后族」，且有「亶爲異渥，敻掩前聞」之語。既告廷，復草奏曰：「漢世賢戚無出樊宏、陰興右者。宏之言曰：『富貴盈溢，未有能終。』興亦曰：『富貴有極，人當知止。』二人之言，外族所當監也。」許侍郎奕時兼瑣闥，遂援「敻掩前聞」一語，以爲詞臣之筆如此，是本朝前此所無也。許公竟以此去。戚畹以公名重，屢對客願一識面，公正色拒之。直前奏事，言：「自頃傅伯成以諫官論事去，蔡幼學以詞臣論事去，鄒應龍、許奕又繼以封駁論事去。人之常情，易媮難

勉，彼見數人者非能大有矯拂，已皆不容，故寧默默以自全，不肯譊譊以賈禍。侍從之臣未聞有以己見求對者，集議則閣筆相視，不措一詞。喑嘿如此，豈國之福？」又言：「陛下延納羣臣有禮，然咨詢罕聞玉音，記注所書，寂寥無幾，臣願昕朝賜對，時出聖訓。」又言：「古者大事謀及庶人，而楮幣鹽鈔，更張獨決於廟謨。」又言：「唐憲宗以忠直用李藩，以循默去鄭絪，明主所當法也。當時宰臣裴垍尤獎盡言拾遺。獨孤郁等因遷致謝，垍獨責嚴休復曰：『君異夫二人孜孜獻納者。』休復大慙。大臣所當法也。」又言：「新楮初行，雖有違令估籍之文，然當籍者必聞于朝，以俟報可，毋得專行。今州縣奉行過當，有一夫坐罪而併籍昆弟之財，有虧陌四錢而没入百萬之貲，至於科富室之錢，拘鹽商之舟，以產高下配民藏楮，皆出於朝廷約束之外。臣閩人也，所謂家產滿千錢，藏券五十，閩中之新令也。夫產滿千錢，田僅百畝，安有餘貲可以市券，往往鬻田宅以應令。凡若此類，宜悉蠲罷。」兼太常少卿，直前奏事，言：「北虜垂亡，此天命離合之機。國家多事之始，必也君臣上下皆以祈天永命爲心。劉向有言：『祥多者其國安，異衆者其國危。』臣謂不然。祥多而恃，未必不危；異衆而戒，未必不安。今歲以來，二月飛雪，六月積陰，地震水涌，妖星隕流，而況重以震霆之異！昔景祐五年，雷發孟春，下詔求言。陛下自視何如仁宗，冬雪之警，甚於孟春，而求言之詔未頒，宜思所以通下情，召和氣者，此祈天永命之一事也。三代而下，治體純粹莫如我朝，立國不以力勝仁，理財不以利傷義，御民不以權易信，用人不以才勝德，社稷長遠，賴此而已。陛下聖德謙冲，未嘗輕改成憲，竊慮或者患國勢未强而欲振以刑威，患財用未豐而欲益以聚歛，謂誠信不如權譎，謂忠厚不如刻深，有一于兹，皆伐國之斧斤，蠹民之螟螣也。惟陛下察截截之諞言，守悶悶之家法，此祈天永命之二事也。唐制非叛逆不籍其家，今閭巷細民小有詿誤輒没其貲，羣情囂囂，不自聊賴，弱者至父子相隨赴井而斃，强者至欲剚刃守臣以自快，宜思所以收人心、解天意者。此祈天永命之三事也。安富卹貧，王者之政，而郡縣往往疾視富民，多方破壞，不盡不止。有餘之家窘於科歛，摧於告訐，皆蒿然有不自存之態。賒貸路窮，貧民益困，願霈然下詔，戒飭有司。此祈天永命之四事也。藝祖立奏案之法，以革藩侯之專殺。范祖禹謂國家以仁繼仁，哀矜於民，率用中典，爲百三十年太平之本。陛下仁恕同符祖宗，臣所欲將順者三。一、自今非重辟毋輕下大理。二、寺官宜參用儒者。三、酌情處斷，所以重帥權，非列城所得用；便宜斬戮，軍興一切之政，非平世所可行。宜制其萌，以杜藩鎮之禍。此祈天永命之五事也。追命居住，視古流放之刑，其在聖朝，未嘗輕用。比緣官吏玩令，間或舉行，舉刺之官或乖審諦，接劾來上，未盡至公，願詔有司，博參物論，湔滌其可貸者。此祈天永命之六事也。」又言：「蜀居上流，爲東南之首，宜預蓄人材以備緩急。」時相當國既久，言路偏置私人，耆舊盡去。都司胡、薛之徒始用事，鈔法楮令既行，告訐繁興，吏民坐新書抵罪者衆。公首上是奏，直聲動朝野。立螭數月，數犯顏造膝，天下想聞其風采，故老袁公燮、柴公中行及庶僚之敢言者數人稍稍和之。時相始不樂，都司又切齒，然籍没之產以漸給還，士大夫停廢遷徙者亦稍稍牽復，公發之也。時相患公與左史李公𡌴數論事，於是二公俱出疆。公爲金國賀登位使，從臣中有以公親老留行者，不聽。至盱眙，留兩月，凡兩淮山川險易、士卒勇怯、守將賢否、邊民疾苦，皆覽觀諏詢，識之于册，慨然有爲國經理之志。嘗謂苟得自見，平地可使爲至險，曠土可使爲良田，弱卒可使爲精兵，惜不及用也。虜移文止賀使，還朝入對，言邊事有深可慮者三，亟當爲者二，欲移沿江列屯於兩淮，而增募舟師以扼江面，繕城池樓櫓，大修墾田之政。又言：「金韃相持，戰鬭離合不知其幾，而吾俱罔聞知，宜飭邊臣捐金募間。」時朝論方事苟安，謂公張望，乞補外，不允。直前奏時事，言：「女真徙汴，我憂方深，自立之策無出於用忠賢、修政事、屈群策、收衆心而已。今濟濟周行，號爲多士，然意見小異，已成枘鑿，議論小激，目以譸張。夫平居工文墨，便刀筆，文儒宿望或所不能；至於正色折姦萌，立談斷大事，則又非小有才者所能辦。惟陛下以尊君重朝爲心，合天下正人以自助。南渡駐蹕，何異越棲會稽，而秦檜乃以議和粉飾太平，士大夫豢於錢塘湖山歌舞之娱，無復故都黍離麥秀之歎，此檜之罪所以上通於天而不可贖也。今危機交急，不同常時，宜罷不急之營繕，略常程之細務，惟大計是圖，則勾踐之功可尋。漢有邊鄙大疑，必使群臣雜議。熙寧議地界、建炎議防秋，或訪舊弼，或令侍從臺諫各上利害。今虜徙而南，宜詔有位皆得盡言，然後博采衆長，按爲定論。國之元氣在於人心，宜選循吏革虐政以收百姓之心，拔用荆淮嘗立功之人以收豪傑之心，已募復散之卒，擇其健者分配戎行，以收忠義之心，蠲科調以收邊甿之心，推恩信以收中原遺黎之心，所謂自立之本也。昔李綱建議，欲保江南，當葺理淮、襄爲家計。孔明駐漢中，陸遜守荆渚，皆付以事權，不從中御。願於近臣中擇二人於荆、淮建立幕府，如吳、蜀任二臣故事，所謂自立之具也。」又言：「虜必邀歲幣，臣竊以爲不可與。」上曰：「不當與。」未幾，對境果來索，從臣劉爚、李珏皆主不與，上曰：「真

某之論亦然。」時相方以爵禄籠天下士，至有聲望舊人折節營進，反爲所薄。公慨然謂劉公爚曰：「吾徒須汲汲引去，使廟堂知世有不肯爲從官之人。」遂力請郡。時相曰：「禁涂在爾，胡爲去也？」公答曰：「老親生長田間，但知太守之樂，不知從官之榮。」除秘閣脩撰、江東轉運副使。時山東亂離，朝廷猶與女真通聘，而士大夫多言五福在吳。公朝辭，論國耻不可忘，群盗不可輕，幸安之謀不可恃，導諛之言不可聽，至公之論不可忽。金陵旱蝗，留守適卧病，公乞蠲閣二税，大講荒政，約常平使者李公道傳共議。李公至自池陽，合詞乞分所部九郡委三司，公自領太平、廣德，李公宣、池、徽，譙提刑令憲南康、饒、信，而建康以屬帥。會留守殁，總餉攝事，公力從臾之，于是建康奉行如列城。分畫既定，通選一路僚屬，籍人户爲五等，甲乙出米，丙自食，丁糶而戊濟之。朝廷捐米數十萬石，守令以使者切於爲民，躬履阡陌，家至户到，父老歎息，以爲劉樞密荒政之後所未見也。公素與李公志同道合，謂譙卿可與爲善，雖南康三郡區畫精密不逮，然所及亦不少。惟金陵甫講行，新留守至，竟不發粟，而總餉自賑城中户口焉。時廣德旱最甚，公再至其郡，請以撥到百萬倉米萬石救一郡之民，且易糴爲濟，未報。公與守臣魏峴議，以便宜發廩，委教官林庠賑給，而别疏待罪。竣事而還，百姓數千人送公，指道傍叢塚泣謝曰：「此皆嘉定辛未年餓死者，微公我輩相隨入此矣。」黄、池民旅訟鎮官史彌忠倚勢不法，公令尋醫而去。當涂郡更創大斛，廢司農斛斗不用，公素而毁之。新徽守林琰爲臺諫無廉聲，寧國守張忠恕規匿賑濟米，公兩劾之。忠恕罷，代以陳廣壽，公言宣民遭前守之虐，自李道傳承攝，方有生意，今忠恕甫去，廣壽實來，所謂逐虎逢狼也。廣壽之命遂寢。公雖不容於朝，猶以忠實懇惻爲時相所重，雖積忤未至疏斥，惟都司數人目爲迂儒，試以事必敗。及至江東，益有民譽，小人無所售其喙，遂有「旱傷本輕，監司好名，賑贍太優」之語，時相不能無惑，自此申請遂落落矣。魏峴始與公共發廩，俄爲都司所嗾，劾罷林庠以撼公。公上章自明，朝廷悟，與峴宫觀，庠幹官。都司怒無所洩，徑從省中奏罷徽守詹阜民，以撼李公道傳，而李召還矣。江東二年，凡下車例册及臺閫戎司之餽，以至太夫人誕日諸司所奉壽禮，皆不入私橐，專儲之以助賑施。公雖在外，援歐陽公修自禁林出漕河北上疏論兵故事，附奏言：「女真叛遼在政和之四年，其滅遼也，在宣和之七年。今天下之勢無以異於政、宣之時。臣嘗論政、宣致禍，其失有十：京、黼蠱上心，一也；貫、俅壞軍政，二也；簡忽天變，三也；以言爲諱，論水災者貶謫，諫花石者屏斥，四也；老成鴻碩不以姦黨廢則以邪説斥，五也；臺省館殿非奴事奄尹即翼附權臣之人，六也；邊臣掩覆，寇至不知，七也；改鹽鈔法，科免夫鈔，八也；閹腐董師，九也；狗女真之欲，召侮取輕，十也。陛下憂勤恭儉，無愧仁祖之風；而群臣盤樂怠傲，乃有宣、政之習。臣恐後之視今，猶今視昔。又三數年來，謀國者不惟長筭，遂有三誤。虜既播越，猶使吾宋臣子拜犬羊於祖宗殿廷之下，一也；歲幣不遣是矣，然不正其詞而諉曰漕渠乾涸，二也；上流制閫榜拒流民，來者勦殺，西川總戎戕程彦暉一家於黑谷山，三也。積此三誤，而吾國之威靈氣燄索然矣。誤於前者不可悔，應於後者猶可爲，願朝廷無再誤而已。昔孫氏、典午氏皆能以江表自立，國家帶甲百萬，江漢爲池，豈下吳、晉？而中外有司忠誠憤激者少，委靡怠惰者多，一聞赤白囊至，相顧失色，不知所爲，少定則又恬然矣。國家平時尊寵士大夫，一旦有急，未見有毅然以戮力王室自任者，此臣之所大懼也。」時議以西掖召還，都司尤忌公者密洩其語，以相鉤致。公曰：「某雖不肖，決不由匪人以進。」乃上此奏。除右文殿脩撰知泉州。郡以番舶爲命，然商人畏重征，苦官吏和買，至者絶少。公鐫税額，戒官吏毋得買一物，雖諸臺委倅屬市物，必申州始得奉行。是年舶至者十有八，明年二十有四，又明年三十有六，征税之入遂及紹熙舊額。秋苗令民執槩，兩造示姓名，使自詣，然惟王公十朋與公能行之。海賊王子清、趙郎以十八艘横行巨浸，劫晉江縣圍頭灣，距州僅百餘里。公調左翼軍捕逐，撥發官王大壽力戰無援，與隊將秦淮等六人死之。公爲文以祭，且請贈典于朝，出宿中和堂，討賊彌厲。或言沿江諸港澳民兵可用，而同安管下烈嶼其尤也，公議選官勸論。寓客寶謨儲公用自請行，得民兵四百、舟三十二，與官軍犄角，併授之簿侯處厚曰：「官民一體，有功並論。」逆賊至漳浦境内沙淘洋，敗之，獲大舟四、賊首六，趙郎者在焉，子清逸去。誅群賊于教場，設王大壽位，令其子剖心以祭。磔者三人，誅死者二十餘人，脅從者破械縱去。趙郎自稱直徽猷閣子游孫希卻也，斃於獄，子清尋爲台州杜門巡檢所擒。詔以獲賊功增一秩。公委僚屬徧行海濱，審視形勢，創修沿海諸砦，增屯諸砦水軍，復教定巡邏地分，後皆可行。左翼軍受守臣節制，公所請也。時相生日，四方争獻珍異，公大書「開誠心、布公道、集衆思、廣忠益」十二字以餉，且將以書曰：「丞相勤身輔政而中外之心未孚，屈己受言而士大夫之情猶不能以自竭，願因某之言，考武侯之爲，勉其未至，則功業日盛，福禄日臻。」不報。泉多大家，或席貴勢患苦閭里，公嚴繩其僕而雅責其主，皆媿之而不敢怒。始至，郡之先達有田訟，聞公語自慊，

焚其契不復争。曾從龍貽書寓里曰：「此人視宰執如小兒，宜謹避之。」傅公伯成方退居，公每詣之必移日，虚心問政，受其規戒。傅公亦以世道期之。除集英殿脩撰知隆興府、江西安撫。前政積寬，稍矯以嚴，尤留意軍政。常謂夷狄外患，盜賊内憂，皆不可忽，遂條五事，可爲十二郡長久之利。一、令屬城各倣豫章，於禁軍内團結其强壯者别爲營，且乞推行之於八路。二、抽江州水軍人船十之三分屯興國之富、池等處，抽鄂州水軍十之三分屯武昌縣。三、繕豫章城。四、總管、鈐轄闕，於統制中選差；州鈐將副則取諸統領以下之知兵者。五、通廣鹽於贛、南安以弭汀、贛鹽子之害。屬稿未上，以吴夫人憂去官。明年，蘄、黄失守，陞武昌縣爲壽昌軍。其後盜起南安，延蔓又三道，竭國力討之數載始平，人乃伏公先見。公嘗言所歷諸鎮惟江西惠利未有大及吾民，若有遺恨，蓋開府僅數月云。公性篤孝，吴夫人嘗疾病，公祈天而愈，醮謝之詞有曰：「願損臣算，以延母齡。爐熏之燼未銷，囊藥之功已應。」其除泉守也，告詞以蔡忠惠公襄便親爲比。公至郡，刻蔡公《上壽儀》於石，歲時率家人奉觴爲壽如其儀。州民有母壽百者，爲立壽母坊。及執喪，毁瘠柴立，侍衣盡遣去，給事左右惟老兵蒼頭。飲量舊無算，自此終身飲不過濡口。服闋，除寶謨閣待制知潭州、湖南安撫使。再辭不允，辭次對又不允。赴鎮，詔賜金帶。以廉仁公勤四事勵其僚，以周元公、胡文定公父子、朱張二先生學術源流勉其士。長沙自南渡初，民自醖酒而税於官，其法簡便，至劉公珙討郴寇，增親兵，始量從官賣，稍分醞户之利。辛帥棄疾創飛虎一軍，博求利源，奏改爲搉酤。給事中芮公煇持不可而寢，至趙帥善恭又搉焉。曹公彦約修復舊法，至安樞密丙又搉焉。公奏：「自彦約行税法，每歲净息率不下八萬餘緡，視昔之搉無大相過，而不和糴，不抑配，不搜捕，薪水之費，官吏之給，皆十去其七，而一定之息踵門而至，何憚不爲？」詔可其奏。潭人歡呼。舊例，秋苗斛面外有所謂捧撮米者，日增月益，前帥定增爲一斗，既增而捧撮如故，每三捧取七升，公併革去之。朝廷歲降度牒和糴，州配之縣，縣配之民，率三四户受一牒，昂其價以市，米每斛比市直僅四之三。公乞免降度牒，不許，則遣人貨於都城而自任其折閲，所糴纔十一。會米貴遽止，以他米補其數。明年，奏請罷糴。歲春夏，郡民艱食，竭公家之力振贍。既而曰：「此淺惠耳！」郡有折粳錢，本正苗也，後折錢佐郡用，闕米則輸本色。合正耗五萬餘石，公别貯之，名惠民倉，歲歲出糴，倣張公詠成都之法，什伍其民，以相保受。有麗於罪，毁券住糴，保受同之，因養寓教。魏公了翁記焉。又以撙節錢易穀於總所，得八萬石，益以他穀爲九萬伍千石，散于十二縣。置社倉百所，其斂散息耗之法一依朱文公所立條約，且上其事，朝廷皆從之，著爲令。又創慈幼倉，立兩義阡，教諸軍習射，日再按試。前帥以官錢付親兵回易，又撥東西兩莊令軍中自佃。公捐其租息，凡營中病者、死未葬者、孕者、嫁者、娶者，給散有差。定王臺據一郡最高處，向時元夕帥漕張飲其上，諸營家給一燈竿杪，燦若萬星，數夕乃止。公榜罷之。置贍軍典庫。知壽昌軍朱㚃建請飛虎軍永戍壽昌，且欲并致其家口，公力争之，朝廷不能奪。江華縣賊蘇師軍去州十里殺人，巢穴接賀州，公檄廣西共討平之。武岡守司馬遵不得軍情，卒蔣宗籌倡亂，公劾去遵，使僉判葉莫攝郡事，授以方略，亂卒伏誅。今上登極，召赴行在。未至，除中書舍人，兼侍讀，改禮部侍郎，兼直學士院，兼修國史、實録院修撰，辭免不允。以寶慶初元正旦發長沙，過家，乞郡不允，給告一月。六月辛丑入對，上迎勞曰：「久聞卿名。」公奏三劄，一脩子道、正家道、立君道，略曰：「三綱五常者，扶持宇宙之棟幹，奠安生民之柱石。人而無此，冠裳而禽犢矣；國而無此，中夏而裔夷矣。晉廢三綱而劉、石之變興，唐廢三綱而羯胡之難作。我朝立國，根本仁義，先正名臣或以爲家法最善，或以爲大綱甚正。陛下初膺大寶，不幸處天倫之變，有所未盡，流聞四方，所損非淺。霅川之變，非濟邸本志，前有避匿之迹，後聞討捕之謀，情狀灼然，本末可考，願詔有司討論雍熙追封秦邸、舍罪恤孤故事，斟酌而行之。雖濟王未有子息，然興滅繼絶，在陛下耳。」上曰：「朝廷待濟王可謂至矣。」公奏：「陛下友愛之心可謂無所不至，但謂此事處置盡善，臣未敢仰承聖訓。觀舜所以處象，則陛下之不及舜明甚。大抵人主當以二帝三王爲師，秦、漢以下人君舉動不皆合理，難以爲法。」上曰：「是亦一時倉猝。」公奏：「此已往之咎，臣所以言者，欲陛下益進德修業以掩前失。」二乞收人心，略曰：「太平興國中，秦邸事作，太子太師王溥等議於朝堂者七十有四人，然後有詔裁决，以大事不可輕也。康定、慶曆簡求西帥，必取當世第一流，宰相吕夷簡至忘讐薦進，以重任不可輕也。往者霅川之獄，未聞有參聽于槐棘之間者。又如淮蜀二閫之除，皆出僉論所期之外，天下之事非一家之私，何惜不與衆共？此收人心之一事也。賞罰適平則人莫得而議，今有功罪同而賞罰異者。朝廷之於天下當如天地之於萬物，栽培傾覆，付之無心，可使一毫私意介其間哉？此收人心之二事也。當乾、淳間，有位於朝，以饋遺及門爲耻；受任於外，以苞苴入都爲羞。今薰染成風，恬不之怪，果欲息天下之謗，莫若反其物，罪其人，則心迹暴白。此收人心之三

事也。治世氣象，欲其寬裕，不欲其迫蹙。曩者以訕言之籍籍，有譏訶之令焉。呵則已過矣，甚至於流竄焉，殺僇焉，都城之民摇手相戒。宜解密網，達下情，此收人心之四事也。」三言：「朝廷之上，敏鋭之士多於老成，政事之才富於經術。雖嘗以耆艾褒傅伯成、楊簡，以儒學褒柴中行，以恬退用趙蕃、劉宰，然前之三臣止加異數，未聞聘召，至於亮直敢言如陳宓、徐僑，皆未蒙記録。願處伯成、簡於内祠，置中行於經幄，擢宓、僑於言地。」又奏：「華髮舊德之臣，不獨人主賴其益，朝列新進之士亦有所矜式。伯成、簡皆年逾八十，縱使召之不至，必能因囊封進忠言。」又奏：「長人之官，拊字不聞，叨懫日甚。」上曰：「如何無一廉者？」又問：「何以革之？」奏：「此在朝廷用舍黜陟之間，示人以意。」上又問：「卿曾見有何廉吏？」以袁守趙箢夫對。御筆擢箢夫直秘閣，與監司差遣。公手劄謝上，因言：「崔與之帥蜀，楊長孺帥閩，皆有廉聲，臣一時不能悉數以對，乞廣加咨詢。」

《劉克莊集》卷一六八《西山真文忠公行狀下》 始，公在道，猶未聞濟邸之訃，以書達時相，謂必有寡聞淺見之人托納忠除患之説以誤朝廷者，不可不致察。時相既惡聞其言，至范村，使左史楊邁來見，問所欲言，又遣所親諭以勿及甲申之事，公但唯唯。洎入國門，都人聚觀，皆以手加額，益見忌矣。辭内制者四，從之。上移御清燕，公因進讀，奏：「此高、孝二祖儲神燕閑之地也，仰瞻楹桷，俯視軒墀，當若二祖實臨其上。」又言：「陛下前所居處密邇東朝，未敢遽當人主之奉也。今宫閣之儀浸備，以一心而受衆攻，未有不浸淫而蠹蝕者。」上曰：「當察於微芒。」公奏：「惟學敬可存養此心，惟親近君子可維持此心。蓋理欲相爲消長，篤志於學則聖賢雖遠，常若與之從容游處，天下之樂何以過此！」上曰：「朕在宫中無他嗜好，止是觀書。」又奏：「古者居喪不處於内，宜防微謹獨，見先帝於羹墻。向者日侍慈明，今其見有時，宜益隆孝養。」又奏：「先帝視朝常在卯、辰之間，臣侍螭陛二年，實所親見，陛下視朝差晚。」上皆嘉納。讀《寶訓·睦親門》至涪陵公廷美卒，具陳其所以然。因奏：「太宗於秦王矜憐惻惻，曲盡其至，陛下所當法。」又誦太宗聖訓曰：「同氣之親，不忍致於法。」又曰：「以廷美之惡，豈當如此？但骨肉之情有所不忍。」觀此則親親之恩不可以有罪廢。」上頷之。寧考小祥，詔羣臣服純吉，公争於朝曰：「自漢文短喪，至我朝阜陵獨出宸斷，衰服三年，朝衣朝冠皆以大布，三代而下蓋未之有。惜當時輔臣禮官不能併定臣下執喪之禮，此千載無窮之憾也。追紹熙甲寅，阜陵上賓，從臣羅點等建議，乞令群臣於易月之後，朝會治事權用公服黑帶，朔望時節朝臨奉慰皆衰服行事，大祥始除。」有詔從之。侂胄務反慶元初政，光宗之喪復以小祥從吉。以《會要》諸書考之，群臣禫除從吉，舊制也，後易以升祔，紹興易以小祥，甲寅易以大祥。二百餘年之間，其制四變，皆由近而之遠，非自遠而之近也。侂胄變甲寅之制，是自遠而之近，自厚而之薄也，可乎哉？先帝臨御三十年，恩同天地，臣子號慟泣血未足洩哀，帶不以金，鞓不以紅，佩不以魚，鞍韉不以文繡，此於群臣何所損，朝儀何所妨？」即詔行在職事官俟大祥從吉，諸路依已降行。公既屢進鯁言，上虚心開納。時相以其負人望，有主眷，屢誘怵以禍福，使附己，公不爲動，乃與其黨謀逐公。給舍王塈、盛章繳駁濟邸贈典，且請追議其罪，公始杜門求去。殿中侍御史莫澤疏語稍見侵，公自請絀責，章三上，不允。竟以澤疏除焕章閣待制提舉玉隆宫，辭，不允。以諫議大夫朱端常疏落職罷祠，監察御史梁成大疏降三官。先是，右正言李知孝論公首倡邪説，以其章鏤榜播告天下。迨成大請加竄責，上曰：「仲尼不爲已甚。」時相雖怒不測，公竟獲里居，上保全之也。初，從臣惟魏公了翁、庶僚惟洪考功咨夔、胡評事夢昱與公議論略同，時相折簡言路曰：「禮侍强辨不已，洪、魏和之，胡尤無狀。」故論列交上，胡貶象臺，公與洪公皆逐，而魏公亦有靖州之行矣。公歸，脩《西山讀書記》，以六經、《語》、《孟》之言爲主，荀、楊諸子附焉，諸老先生爲解經而發者附本經之注。《甲記》曰性命道德之理、學問知行之要，凡二十有七卷；《乙記》曰人君爲治之本、人臣輔治之法，凡二十有二卷；《丙記》曰經邦立國之制、臨政治人之方，其書惟兵政一門先成；《丁記》曰出處語默之道、辭受取舍之宜，凡二卷。公自退居，究心此書，博覽精思，手抄日數千言，叢藁如山。嘗謂門人曰：「人君爲治一門，告君之書也，以范《唐鑑》爲法。如有用我，執此以往。」又曰：「他日得達乙覽，死無恨矣。」又曰：「吾兵政一門，古無此書，天下方多事，所以汲汲緝成之。」又取周、程以來諸老先生之文，摘其關于大體、切于日用者，彙次成編，名《諸老先生集略》，凡七十有八卷。又以後世文辭多變，欲學者識其源流之正，集録《春秋》内外傳，止唐元和、長慶之文，以明義理、切世用爲主，否則辭雖工亦不録。其目有四：曰辭命，曰議論，曰叙事，曰詩賦。名《文章正宗》，凡二十餘卷。盗起汀、邵，勢蔓延數郡，公雖閑居，爲倉、漕二使者言：「陳倉部韡有文武材，必辦此賊。」二使者言於朝，其後蕩平閩寇，本公謀起陳公之力也。紹定辛卯慶壽恩，復寶謨閣待制、玉隆祠。明年，除徽猷閣待制知泉州，再辭不允。迎者塞洛陽橋，深村百歲之老亦

扶杖而出，城中歡聲動地。公曉士民曰：「太守去此十四五年矣，雖泉山一草一木亦時入思。再叨郡寄，衰病本不能出，念泉人相愛之深，黽勉此來，欲爲此邦興利除害，復還樂土之舊而已。」謂官僚曰：「某前帥長沙，嘗以廉慎公勤勉同官，今所當勉無出於此。」令屬邑各以崇風教、清獄犴、平賦税、禁苛擾四條揭之坐右。海寇犯境，遣右翼軍將官貝旺破走之。先是，諸邑二税或預借至六七年，永春、德化二邑又燬於寇。公入境，首禁預借，諸邑有累月不解一錢者，郡計遂赤立不可爲。或咎寬恤太驟，公謂：「民困如此，救之當如解倒懸，吾寧以一身代其苦，不以此爲悔也。」僚屬又鮮能任事，無大小必躬親之，每據按決訟，自卯至申未已。或勸嗇養精神以當大任，公謂：「郡計凋弊，無力惠此民，僅有政平、訟理二事可勉，苟又不加意，即爲不治之州矣。」建炎初置南外宗正司，宗子僅三百餘人，令漕司與本州均任其責，朝廷歲給祠牒五十助焉，乾道間又益三十焉。後屬籍日增，漕司止按舊額，餘不復問，祠牒亦不復給。紹定末，宗子至二千三百餘人，每歲錢米本州自備十四萬餘緡，而一司官屬與宗學養士尚不與焉。公奏：「郡不可爲矣，雖有材健之守，智力無所施，不過預借重催，或抑都保代輸，或估籍無罪。泉民憔悴，爲日已久，惟朝廷哀憐。」詔歲給祠牒六十。會故相死，上始親政，除顯謨閣待制知福州、福建安撫使。明日，詔歲賜泉州祠牒增四十焉。七宮宗子爲佛事以祝聖壽，公喜曰：「温陵庶幾可爲矣。」以端平初元正月赴鎮，戒屬部無濫刑横斂，毋狗私黷貨，毋通關節，慎仕胥吏。州倉受輸，斛取縻費錢三百，公減去六之五。罷市令司，毋得以官價市物，革閩縣里正督賦之害。建、福、興、泉四郡貴糴，乞回糴百萬倉米十五萬賑糴。不俟報，先發福州常平米均糴下三州，劍州常平米糴建州，民未及饑，食已沛然。及上可其奏，運吴粟補之。海偷比歲從横，島嶼之民凛不自保，公預於險要增兵船，給糧械，勵隅總，厥後黠首相踵擒殄。襄閫方與韃將攻滅蔡城，遣吏奉露布，圖上八陵，而江、淮有進取潼關、黄河之議。公憂之，封上曰：「自有載籍以來，與夷狄共事者未嘗無禍，而況移江、淮甲兵以守無用之空城，運江、淮金穀以治不耕之廢壤，富庶之效未期，根本之弊立見，臣之所甚懼也。新元以來，進退用捨多叶物情，正涂方開，善類吐氣，倘能持以堅忍，守以兢畏，姦聲亂色不汨清明，倖臣懿戚不竊威福，廟堂常公而無私，臺諫有直而無枉，則慶曆、元祐之治指日可致。若乃釋樂成之業而冀難必之功，聽可喜之言而忘立至之患，此又臣之所甚惜也。願陛下審之重之，毋使臣竊知言之名。」四月，除權户部尚書，與廟堂書曰：「比者一二言事官之除，識者以爲四十年來所未有，然正直之士不無矯拂太甚，人情將有所不堪。乘不堪之情以激其不平之忿，則剛勁不如軟熟，忤旨不如承順，其意將有時而移矣，可不懼哉！昔趙中令有顯權之毀，韓忠獻有跋扈之劾，文潞公有交結之謗，三相勳德巍然，曾不以是而少損。若蔡若秦柄國之時，則無此矣。今天下孰不知丞相用心，其何訾議之有？萬一草茅山野語言之發或失揀擇，適所以增光德美，又何傷焉？」時諸賢已盡收召，公尚留外服。上見羣臣，屢問公安否，而廟堂寄聲尤密。公謝曰：「前帥半年而去，郡計已費支吾；若某又忽忽而去，此州益瘡痍矣。士大夫行志無分中外，願假歲月，俾得展盡。」力辭，不允。丞相復書曰：「聞公素發私誓濟物，願亟就道，以副中外之望。」六月發三山，邦人競爲綵旗以送，自醮門至舟次，彌望數里不絶。公歷一節四麾，治以教化爲先，闢貢闈，增學畬。江東祠范忠宣公，長沙新賈傅廟，晉譙王祠，温陵祠朱文公及林公攢，蘇公緘于學，而絀其不當祠者；三山迎聘耆儒，月臨講席。所至必搜訪人物，天下士鮮不及門，其所薦拔後爲名公卿者不可勝數。再辭新命，不允。九月乙酉入對，上曰：「卿去國十年，每切思賢。」時襄閫代去，江淮出師取三京，王師果潰于洛陽，退守泗州。公奏三劄，一言：「今中原無主，政是上天監觀四方、爲民擇主之時，若能修德格天，天必命陛下爲中原之主，不然則天命將歸之他人。臣向爲先帝陳祈天永命之戒，其説出於召公。然反覆《召誥》一篇綱目，曰敬德、曰小民而已。傳曰：敬者德之聚。儀狄之酒、南威之色、盤游戈射之娱、禽獸狗馬之玩，有一于此，皆足害敬，其可不戒？此祈天永命之一也。天之視聽因民之視聽，民心之向背即天心之向背。權臣之末，貨賂公行，誅求既廣，民不堪命，大盗相挺而起，賴陛下布端平之詔，一洗而新之。然窒賄道而賄進者尚有，懲臟吏而臟多者漏網。江淮軍興，調度騷然，宜戒郡邑掊刻，停邊閫科調。此祈天永命之二也。《易》曰『天之所助者順，人之所助者信』。天厭夷德久矣，陛下倘能敬德以迓續休命，中原終爲吾有。若徒以力求之而不反其本，天意難測，臣實憂之。」二言：「進取有二難。用兵莫急於人才，今舉世所屬曾不數人，一難也。臣嘉定中嘗乞理治兩淮，墾田積穀，而權臣視爲迂闊，塞下之備枵然。一旦舉兵，乃漕浙米，由江入淮。汴既久堙，又須陸運，勞費甚於登天。二難也。夫此二難皆權臣玩愒之罪，非今日措置之失。然承三十年之弊，欲整治之，非十年不能。此正諸葛亮閉關息民之時也，願以收斂靠實爲主。」又言曰：「今日事勢猶以和扁繼庸醫作壞之後，一藥之誤，代爲庸醫受責矣。兢業戒謹，尤當百倍。」三言：

「戰守之論不同，同於爲國。元祐中，廩廩向治，惟群賢自相矛盾，小人得以乘之。願平心商榷，以前事爲戒。」每奏，上必稱善。公言士大夫狃於舊習，上曰：「往往革面而未革心。」公乞選監司郡守，上曰：「聞卿所至視民如子。」公巽謝，又言「恢復名義甚正，但故相不曾做得工夫。」上曰：「昨讀卿所上封事，可見忠誠。」別疏進《大學衍義》曰：「近世大儒朱熹所爲《章句》、《或問》備矣，臣不佞，思所以羽翼是書。首之以帝王爲治之序者，見堯、舜、禹、湯、文、武之爲治，莫不自身心始也；次之以帝王爲學之本者，見堯、舜、禹、湯、文、武之爲學，亦莫不自身心始也。此所謂綱也。首之以明道術、辨人材、審治體、察人情者，致知格物之要也；次之以崇敬畏、戒逸欲者，誠意正心之要也；又次之以謹言動、正威儀者，修身之要也；又次之以重妃匹、嚴内治、定國本、教戚屬者，齊家之要也。每條之中，首之以聖賢之典訓，次之以古今之事迹，諸儒有發明之論者録之，臣愚一得之見亦竊附焉。輒因召對以獻。」因奏：「權臣之時，欺罔成習，講筵官亦然。臣記一日講官講《易》，輒爲姦言。臣深不平，欲闢之，又恐紛争傷事體。退而自咎，若使程頤、朱熹當此，必與之辯。」上愕然。公奏：「陛下須做致知格物工夫，於天下義理無不通曉，則奸罔之言自不敢進。臣於是時便欲纂集是書，上裨聖學，緣去國不果。閑居八年，方克成書。」上喜甚，曰：「此書便可進入。」《衍義》即《乙記》中人君爲治一門以《唐鑑》爲法者。上又問福建鹽法，公奏：「此致寇之本也。福鹽遡流至劍、邵，又自邵遡流至汀，既雜且貴，所以汀人每私販廣鹽，以其自潮、梅來者頗近，且潔白而廉故也。販者千百爲群，皆挾兵械，官不能禁，名曰鹽子，實與盜無異。臣叨閩帥，深欲更張，緣事屬漕司，方與漕臣袁甫商榷，而臣與甫皆召還，遂不及爲。」公自三山過家，醮于仙遊山，青詞云：「既不敢矯激而近名，亦不敢低徊而徇利。惟厚集精誠，庶幾於感悟；而密陳忠益，冀見之施行。」奏篇既出，或疑其激烈不及前時，公笑曰：「吾老矣，豈更效後生求聲名，直須純意國事，期於有濟耳。」然至于啓沃經帷，彌縫廟論，則外廷固有不及知者。乙卯，除翰林學士、知制誥兼侍讀，再辭不允。鞑人遣王檝來通問，公言不可恃此緩於脩備。十月乙亥，進讀《大學章句》，從公請也。上曰：「自此望卿啓迪，毋或有隱。」且問：「鞑使來，聞外議頗紛紛。」公奏：「兵交，使在其間。今或欲却絶，或欲拘留，皆不可行，但當以禮遣之。萬一露遂和之意，却不可信。」己卯，進讀「知至而後意誠」章，公奏：「非待知至方誠其意。《大學》必以知爲首者，了然見天下之理此爲善，此爲惡，此爲正，此爲邪，則私意邪念自不敢發。願陛下自今對儒臣論經史，與大臣議政事，若省閲章奏之際，聖意有所未安，不妨反覆論難考究，須見得義理分曉可否，利害明白，方是格物，方能致知。」上悦曰：「卿所進《衍義》便就今日進讀。」公念進本已入禁中而經筵無別本，即以未辨爲對。俄有内侍捧進本第一、第二帙而前，上曰：「已在此矣。」公再拜謝。時以比司馬公自讀《通鑑》云。既展卷讀畢，上問：「楮價日低，皆是監司郡守不留意。」公奏：「物少則貴，多則賤，少減印造可也。恐有以嚴刑峻法爲言者，切不可用。」上欣然聽納。王檝言其國欲和，公謂：「和之一字易於溺人，遠則宣和，近則金虜，皆殷鑑也。檝離穹廬已久，所得鞑酋之語在吾國未進兵之前，我既進兵在彼，豈復更守前説？自古未有受人之兵而不報者。檝與劉溥、鄒伸之諸人之語不無涅合，惟其間有云鞑相移刺楚材曾上平南之策，與王檝議不合；又云李宴獻策鞑酋，勸其先謀犯蜀，順流下窺江南，凡此却似實語。願朝廷於其語之涉虚者勿遽輕信，於其語之近實者深念而亟圖之。」時邊臣尚欲深入，公言是以前日之敗爲未足而又求敗也。又欲羈縻泗、宿、漣、海、亳、蔡、息、唐、鄧諸郡，公言：「新復之疆如的然可守，尚恐虜由他道擣吾腹心，雖能塊守數城，無救於敗，況未必可守乎？」又言：「淮西退師，喪失最多，蒙蔽不言，宜早覈實填補。」甲申，進讀明德、新民二條，因及「『顧諟』二字，古注謂『常目在之』」，朱熹深取其説。陛下若知天無時不鑑觀人君，雖欲一事不敬、一念之邪，自不可得。」又言：「陛下初懲贓吏，戒苞苴，一時悚動，未幾又復玩弛。未能作新士大夫，何以新民？」鞑使久留，公進吴越故事以諷，略曰：「言辭之甘，藏鋒刃於飴蜜也；禮貌之卑，設機穽於康莊也；斂兵遠去，鷙鳥將擊之形也；委地不争，芳餌致魚之術也。」上曰：「此説極是。」十一月癸卯，進讀「格物致知」章，言：「前日輕舉，止見得理之一偏，此物未格、知未至之故也。今若一向退沮自安，又墮一偏，須知前日不合輕敵，今亦不可畏敵。」論「誠意」章，引詩人稱文王之德曰：「『不顯亦臨，無射亦保。』漢成帝臨朝若神，其在宫中則湛於酒色，委政外家，惟陛下法文王而鑑成帝焉。」辛亥，進讀「忿懥」章，引朱氏語。上曰：「如此須如槁木死灰可也。」公曰：「不然。聖人不能無喜怒哀樂，但要因事而發，不可先有此横在胸中。若都無此四者，則此心遂爲無用之物，釋、老之學也。」論衛莊公、唐明皇曰：「莊公疏賢妃而昵嬖人，明皇遠正后而昵艷妃，卒召禍亂，願以二君爲鑑。」上亦動色。癸丑，進讀「脩身在正其心」章，曰：「前玉音有『槁木死灰』之問，臣退思之，心當如明鏡止水，不當如槁木死灰。鏡明水止，其體静，可以鑑物，是静中涵動，體中藏

用。人心之妙正如此，若槁木不可生，死灰不可然，是乃無用之物矣。心者所以具衆理，應萬事，委之無用可乎？」論繼絶世，公條陳古今甚悉，末引漢宣帝《封昌邑王賀詔》曰：「『骨肉之恩，析而不殊』，言雖有離析而無可絶之道，臣恐同姓近親豈無絶世而不祀者，惟陛下訪問，爲置後焉。」己未，兼修國史、實録院脩撰。壬戌進讀，因言：「兵興之後，三陲戍守方嚴，當此大冬隆烈之時，窮閻委巷有饑凍切膚之慘，極邊絶塞有風眇眯目之悲，願擇良吏賢將以拊綏之。」癸亥，以己見求對，言：「韃人讎我之深，其思報也必力，舉兵愈緩則其爲計愈工。我方創艾前事，幸其真有愛我之情，豈不誤哉？願自强以立國，毋自沮以畏敵。」又言：「王檝挾金使例册自隨，小使敢爾，他日使介果至，何以待之？又聞檝求金翠以媚其妻妾，若從所請，何異故相以侈服遺逆全之妻而冀其不叛也？」上笑曰：「此語極是。」末又奏乞用藝祖、孝宗閲武故事以作士氣，及遴柬朝士通明詳練者數人分治邊事，凡三邊山川險要、將帥能否、士卒衆寡、糧草虚實，各令討論，廟堂擇而行焉。因言：「先朝内帑專佐軍費，近辜臣李鳴復、郎官鄭寅各論此事，乞行其言，置局考覈，爲犒師之備。」十一月丁丑進讀畢，乞御宸翰諭邊臣飭備，因言神宗留意邊事，夜御燈火作書賜邊臣。上曰：「高宗、孝宗亦如此。」公奏：「孝宗於民事亦然。臣歷數郡，皆有孝宗親筆石刻，或問麥禾，或問曾無雨雪，或問街市有無遺棄嬰兒。孝宗一念止在生靈，故勤勤訪問，願陛下以爲法。」辛卯進讀《大學》末章，引董仲舒之言曰：「『皇皇求仁義，大夫之意也；皇皇求財利，庶人之意也。』《易》曰：『負且乘，致寇至。』乘車，君子之事也；負擔，小人之事也。居君子之位而爲小人之行，故相彌遠是也。位冠百司而鬻賣朝廷之官爵，貴極人臣而攘奪平民之貲産，貪風扇於上，汙俗成於下，舉世之人皆就於利。平居則欺君以自售，張禹、孔光之於漢是也；有難則賣國以自全，華歆、陳群之附魏，張文蔚、楊涉輩之從梁是也。甚者不奪不饜，如莽、操之所爲。故《大學》於末章明義利之分，《孟子》於首篇嚴義利之辨。惟明主在上，亟思有以返之。」又奏己見，論致壽之道五：一，無逸則壽；二，親賢則壽；三，以孝奉先則壽；四，仁則壽；五，有德則壽。末言：「仙經萬卷不若誦《無逸》之一篇，道家千言豈如玩『静壽』之兩語。」時近天基節，故公有此疏。二年元日，太史占風有兵起之兆，公言：「襄、黄、昇、揚，制閫釁隙浸萌，此大可慮，宜勉以廉、藺、李、郭之事。」又言：「河北州郡非北兵北將不可守，宜抽回南兵。」厥後邳、徐諸郡失守，唐、鄧亦繼叛，卒如公言。丙辰進讀，奏己見言：「風起乾位，月犯太白，皆爲兵象。王嘉有言：『應天以實不以文。』夫無不敬、思無邪，陛下筆之宥坐者也，若敬焉而有以害之，正焉而有以汩之，雖玉音時發於口，金書日接於目，非實也。用人聽言，陛下嘗詔之百辟者也，若禮之而所縕不及究，容之而所陳不盡施，雖夔、龍之武日接於庭，鳳凰之鳴日聞於耳，非實也。惟陛下本之心，脩之身，推之於事，無一非實，而去其所謂文具觀美者。」又乞命兩制近臣或兩省都司官二三人看詳端平以來奏議，掇其要語，各從其類，凡關於君德、帝學者進入禁中，關於朝政、邊防者送三省、密院，繼今臣下章奏悉用此法，陛下與大臣擇焉。」上嘉獎之，又曰：「近觀卿所上致壽劄子，可見愛君與張九齡同意。」又曰：「士大夫少任責者。」公曰：「亦是不曾分委之以事。」又問：「有稱職者否？」奏曰：「詞臣中惟臣衰退，如趙汝談、洪咨夔、吴泳皆稱職。」上曰：「卿真心體國，朕所嘉歎。」又曰：「煩卿典領文閫，清宿弊，收實才。」公巽謝。又曰：「科舉之弊極矣，如傅義挾書，不可不革。」又曰：「致君澤民，卿之素志，俟典舉畢當大用卿。」欲退，上留者三。既歸，得旨宣諭：「卿所論張九齡事甚契朕心，今以御書九齡進金鏡事一軸賜卿。」公奉表謝。己未，差知禮部貢舉。公先有劄子論文弊，乞專以醇正質直取士，其涉詭怪者黜之。是歲場屋始嚴，空疏不學者多望風而去，挾書絶少。公旦起必焚香禱天，願得忠良平實之士、豪傑俊異之材。考校必合論策以觀器識。其間有風切時賢者，公批其卷云：「諸賢當爲法受責。」向時知舉皆先立己見定高下去取，惟公使參詳、點檢各自伸其見，然後徐徐蔽以議論之公，所取多老成實學、困於場屋者。拆號，同洪侍郎咨夔、王殿院遂奏事，乞於科舉之外訪求遺逸。三月戊戌感疾，謁告。乙巳，除參知政事，同提舉編修《勅令》、《經武要略》。再辭免不允，詔云：「漢御史大夫吉當封，病，上憂之，夏侯勝謂必痛，果然，後遂至相。朕之賢卿甚于宣帝之德吉也，卿其親醫藥自厚，且先即舍拜命，少間可就車，朕遣黄門召見卿矣。」乞祠，御筆再給一月。己丑三乞祠，辛卯除資政殿學士提舉萬壽觀，兼侍讀。辭，不允。五月甲午疾亟，乞謝事，自中大夫轉一官，守資政殿學士致仕。是夕薨，年五十八。公氣體素强，然平日勤勞不能自逸，非窮理著書即憂念世事。晚守泉、福，劬悴滋甚，觸暑趨召，道中刊修《衍義》，雖閉户服藥，舉筆流汗，不以爲疲。禮闈考閲，數覺頭旋，初不經意，出院賓客雲集，新進士來謁，人人與爲禮。得疾之日，猶對客至暮。三鼓後風眩忽作，病中猶夢與鄭左司寅論楮弊。既而小愈，延講官徐君清叟至卧内，令於上前求去，上固留之，且屢對大臣、講讀官問公疾今何如，憂見玉色。丞相數遣人諭

上旨，公感上眷遇，故不敢决去。每指心言曰：「天知此心無一點富貴之念。」屬疾兩月日，常冠帶起坐，易簀猶神爽不亂。遺表聞，贈銀青光禄大夫。上震悼輟朝，士大夫無親疏遠近，莫不相弔，都人往往失聲痛惜，如元祐之喪涑水公也。喪歸，八月壬寅葬於縣南十五里珠林。配建安郡夫人楊氏，太中大夫圭之女。公方丱角，太中公奇其風骨，許以夫人歸焉。翁婿恩義甚篤，後同擢第。夫人尤賢，先公二十四年卒。子志道，承事郎、新監南劍州稅務。孫某。公内行卓至，於倫紀最隆，奏薦先弟後子。弟德林，猶子似道、履道，皆公所任也。自豫章歸，未有居室，先築精舍以奉先塋。作睦亭，自記之曰：「凡人所爲，薄於宗族者，以其不知所出之本一也。誠知其所出之本一，則雖由衰焉而功，由功焉而緦，由緦焉而至於無服之親，譬之巨木百圍，枝葉雖疏而根幹則一，豈容以異觀哉？」事嫠姊，廩孤甥，里中老病乏絶待公舉爨者常數十人。律己清苦，雖貴無餘貲。自長沙歸，始有粤山新居，又越數年廳廊乃具。建學易齋、共極堂，俱卑樸無華飾。負郭薄産皆出玉堂俸賜，後出藩入從，無所增益。常以廉儉誨子，作《楮衾銘》焉。公少以文詞獨行中朝，所草大詔令温厚爾雅，尤爲樓公鑰賞重。立螭以後，言議出處動關世道，諫書傳四夷，名節暴當世。三十年間，天下莫不以爲社稷之藎臣、道德之宿老。故於其爲學士也，惟恐其不秉政；既得政，惟恐其不久於位。皆曰道之將行，斯世之欲平治矣，而天遽奪之，嗚呼，悲夫！公博極羣書而積勤不已，望臨一代而執謙愈甚。聞人之善，忻悦獎譽，自以爲不及也；聞人不善，顰蹙歎息，猶冀其能改也。故君子宗之，小人亦信服焉。常以「窮理致用」四字勉學者。有新第者請益，公曰：「讀好書，做好人而已。」每謂其徒曰：「一生短，千載長，不欠名位，只欠德業。」公之學本於誠敬，因孟子夜氣之説而知旦晝所爲其本在夜，故操存之功于夜尤嚴，必齋必肅，如臨君師，作《夜氣箴》焉。中年猶謂戒謹恐懼之意多而優游泮奐之意少，乙酉退閑，探道專一，始覺清通和樂，八牕玲瓏。嘗曰：「天壤之間，横陳錯布，無非至理。雖有道不待窺牖而燦然畢睹，然自學者言之，則見山而悟静壽，觀水而知有本，風雨霜露接乎吾前，則天道至教亦昭昭焉可睹也。」晚集聖賢之語爲心而發者曰《心經》，作贊焉，略曰：「意必之萌，雲捲席徹，子諒之生，春噓物茁。」蓋公之所造至是深遠矣。其記矩堂之言曰：「始吾患隸於己者之不忠也，故立朝不敢不以父事吾君；患長人者之不仁也，故居官不敢不以子視吾民。嘗以掾屬事臺府矣，其情不吾察，吾患焉，故爲長吏必思有以通下情；嘗以監司臨所部矣，其令不吾行，吾病焉，故雖帥一道而于使者之命未嘗忽。私居而撓公府，吾嘗不平之，故于其所寓不敢以毫髮干焉；大家而侵細民，吾嘗不直之，故于鄉黨鄰里雖無以厚之，而亦不敢傷之也。」公之以直内方外如此。自出身事主，忠國愛民，纏綿固結，不以進退易慮。每謂近代名卿如了翁、梁溪，皆以得喪榮辱爲虚幻，而以齊時及物爲真實。自泉而福，則恨不得盡力以謝泉人；自福造朝，又恨未有以及一路。天子將舉國以聽之矣，而公則曰：諫行言聽，雖爲從臣可也。忘身殉國，終始如一，非至誠而能若是乎？公生後於朱文公，而自謂受先生罔極之賜，資深守固，異説不能入。晚歲論文尤尚義理，本教化，於古今之作視其格言名論多者取焉，若徒華藻而於義爲無所當者不録也。所著書外有《西山甲集》若干卷，《對越集》若干卷，《翰林詞草》二卷，其政事則有《江東救荒録》若干卷，《清源雜志》若干卷，《星沙雜志》若干卷。公既薨，上思之不置，御筆令有司議謚以聞。於是志道次年譜來曰：「治命也，子必毋辭。」乃剟其關繫於當世安危治亂之大者著之篇，上之太常。若夫公之嘉言懿行、善政遺愛，蓋有不勝書者，門人高弟散在四方，各有記載云。謹狀。端平二年十月日，門人朝散郎、樞密院編修官兼侍右郎官劉某狀。

魏了翁《重校鶴山先生大全文集》卷六九《參知政事資政殿學士致仕真公神道碑》　真公德秀，建寧浦城人也，字景元，後更希元。紹定六年十月，上始親萬機，凡在外服者不旬月間召用無遺。公時以徽猷閣待制知泉州，於是進顯謨閣知福州，兼福建路安撫使。端平元年春正月至郡，時朝廷多故，中外臣民章交公車，咸以召公爲晚。上亦思公不置，厥四月内出手書，除權户部尚書，人始知上意夙定，特牽於外廷耳。九月丙午入見，上謂公曰：「卿去國十年，久切思賢之念。」反覆問對良久。越十日乙卯，除翰林學士、知制誥，兼侍讀。二年正月己未，差知禮部貢舉。二月癸巳，以竣事復命。三月戊戌，忽以風淫感疾，中外皇皇問疾者皆在。越八日乙巳，除參知政事，詔使宣召入堂，公不能起，累疏辭謝，詔再予告。四月辛卯，除資政殿學士提舉萬壽觀，兼侍讀。五月甲午致仕，其夕公薨，年五十有八。遺表聞，上震悼，輟視朝，詔贈銀青光禄大夫。其孤志道護其輀以歸，厥八月壬寅，葬于縣南之珠村。上聞公葬，詔奉常以「忠文」易名，志道乃狀其行而求誌了翁。嘗觀先正司馬文正謂范忠文公曰：「吾與子生同志，死當同傳。」而天下之人亦無敢優劣之者，後死則誌其墓。了翁何敢以是自擬，重惟與公同生於淳熙，同舉于慶元，自寶慶訖端平出處又相似，然而志同氣合則

海内寡二，然則公之誌非後死者之責與！竊嘗嘆天之生賢也不數，幸而得之，則又以黨論債興靡常。熙豐變法之臣前後二十年，逮元祐更化則韓、富諸老已不及見，而文、吕、馬、范或疾或老矣。紹興主和之臣操持二十年，逮高皇親政則李、趙諸賢已不及見，而張、胡歸自謫所，又以扼於檜黨，遲遲累年而用之，則餘齡無幾矣。以公之年固不當止是，然自柱史後凡補外十餘年而後召，立朝未三月又坐言事屏廢七年而後起，幸遇聖上親政，由郡移郡，公之精力已不逮前。脱使招延於衆正之先，枋用於始至之日，則猶及温公爲政之歲月，天下事尚有可爲者矣。懷人感事，可爲千古一嘆，乃爲叙而銘之。公生四年，少師授之書，已能一過成誦，長游黨庠，群兒聚嬉，則併其書而讀之。年十五而孤，吴夫人劬躬教育，不以家事累其志。同郡楊國瑞圭一見曰：「三犀貫頂，此異人也！」以女女之。公自年十八舉于鄉，再舉登進士乙科，授南劍州軍事判官。或勉令應博學宏詞科，公慨然從之，開禧元年遂中其選。二年，除太學正。嘉定元年，遷博士，首言：「權臣開邊，南北塗炭。今聞小行人之遣，凡虜所欲如增歲幣之數、函姦巨之首與稱謂、犒軍及歸附流徙之民，一惟其意，獨不滋嫚我之意乎！況使未越境而動色相慶，臣恐盟好既成，志氣愈惰，願君臣之間朝夕儆戒于此也。」次論：「比年以好異好名疑士大夫，今改弦之初，當先鑑此。」是月召試學士院，越四日除祕書省正字，差充御試編排官，尋兼玉牒所檢討官。二年，除校書郎，尋兼沂王府教授，兼學士院權直。三年夏，除祕書郎。六月輪對，引先正劉安世之論曰：「公議即天道也，王安石、秦檜、韓侂胄違之，天可違乎？臣願朝廷用人立政，一以公議爲主。」四年春三月，除著作佐郎。秋八月，兼禮部郎官。其冬上疏曰：「臣竊惟今日北虜有必亡之勢三，而可爲中國憂者二，多事之端，正自此始。」是時本朝賀金國生辰使余嶸至涿州良鄉縣，以燕城方被圍約回，始知金人有韃靼之擾。五年夏，除軍器少監陞權直學士院。六年春二月，除起居舍人。夏五月，直前奏事，略曰：「自權姦擅政，十有四年。始也朱熹、彭龜年以抗論逐，吕祖儉、周端朝之徒以上書斥，其後吕祖泰之貶，則近臣已莫敢言。又其後也，盗平章之名，起邊陲之釁，求如一祖泰者不可得矣。更化之初，群賢皆得自奮，未幾而傅伯成以諫官論事去，蔡幼學以詞臣論事去，鄒應龍、許奕又繼以封駁論事去。是數人者，非能大有所矯拂，已皆不容於朝。今欲爲陛下言者三：一曰勤訪問，二曰廣謀議，三曰明黜陟。」秋八月，兼太常少卿。冬十月直前，申言北虜必亡，君臣上下皆以祈天永命爲心，然後可以安元元、固社稷。是月，差充金國賀登位國信使。十一月至盱眙，北方亂，不克成禮而返。明年二月入對曰：「臣等日聆邊報，或云韃靼已陷燕山，或謂西夏方窺秦隴，或稱兵陸梁有鐵槍之號，或志復父仇興縞素之師，臣等間自揚而之楚，自楚之盱眙，沃壤亡際，陂湖相連，民皆堅悍彊忍，此天賜吾國以屏障大江，使强兵足食爲進取資。而田疇不闢，溝洫不治，險要不扼，丁壯不練，豪傑武勇不知收拾，一旦有警則以長江爲恃。豈如及今大修墾田之政，倣漢搜粟故事，顓爲一司以領之，力本務農，如周秦之用西土。數年之後，積貯充實，邊民父子争欲自保，因其什伍，勒以軍法，不待糧饟，皆爲精兵，退足以守，進足以攻。女真與韃靼相持蓋非一日，而吾邊臣迄未有得其要領者。至如烏林答忠之歸，紇石烈執中之死，並邊諸郡言人人殊，他可槩見。此亦當申飭將帥，明賞罰以嚴間諜。」秋七月，又直前略曰：「臣竊聞韃靼之圖女真，猶獵師之志在得鹿，鹿之所至，獵亦從之。使韃靼遂能如劉聰、石勒之盗有中原，則疆場相望，便爲鄰國，固非我之利。或如邪律德光之不能即安中土，則姦雄必將投隙而取之，此尤非我之福。昔李綱建議，以爲欲保江南，當經理淮襄以爲家計。今淮有鬻海之饒，有沃野之利，其齊民健鬭，易視虜兵，豪民氣槩相先，能鳩壯勇，使范蠡、諸葛亮輩得而用之，雖方行天下可也，其肯委之於不足守哉！中興之初，未暇及此，講和之後，則又束於要盟。今淮東要害在清河口，敵之糧道所出，而淮陰無城無兵，徒以山陽可恃。然山陽雖大，前無淮陰之蔽，後無寶應之援，若敵以重兵遮前，奇兵斷後，則高郵、維揚之路絶而山陽之形孤，山陽不守則通、泰危而江浙震矣。淮西要害在渦、潁口，亦敵之糧道所出，而濠、梁、安豐城庳池狹，兵備單虚，徒以盧、和可恃。然有安豐則敵始不得以犯合肥，有濠、梁則敵始不得以走歷陽，藉有他徑可由，而吾以盧、和當前，濠、壽斷後，則彼有腹背之虞，其能長驅深入乎？故欲固兩淮，先防三口。此非臣之臆説也。昔孫氏之保江左，邾城雖小，猶屯三萬人。今揚、盧兩淮之根本，而兵數單弱，不及孫氏一邾城，故綱又謂大將擁重兵於江南，官吏守空城於江北，以爲非策。臣謂今日當議徙江上之屯，以壯淮甸之勢。雖然，又當重閫外之寄。今江陵、建鄴雖名制閫，事無小必稟命于朝，又有請而弗獲。宜於近臣中擇二人以鎮之而假之權。汴都者，我祖宗立郊社宗廟、正南面朝群臣之地也，而虜竊居之。夫列聖所以得，宣、靖所以失，莫不由乎用君子小人之間，願陛下赫然發憤而深思之。臣又惟虜既以遷徙來告，顯絶貨幣，移以犒軍修備，此上策也。削比年增數，還隆興裁減之舊，此中策也。彼求我與則無策矣。今遠夷群盗覘吾舉

措，女真深仇亡在旦暮，而奉之唯謹，此召侮之端。」冬十一月，除秘閣修撰、江南東路計度轉運副使。陛辭，首言待敵之策三，次論韃靼與山東群盜皆不可忽，末又言：「議者以虜存亡爲戚欣，願陛下勵自强之志。」公數年之間，論奏懇懇無慮數千萬言，權相爲之側目，而海内人士抄傳誦詠，於是藹然公輔之望，中外無異詞矣。八年春，始領漕事，其冬又言政，宣致禍之由有十，而終之曰：「臣觀韃靼無異女真，萬一與吾爲鄰，亦必祖述女真故智。女真嘗以燕城歸我矣，今獨不能還我河南，以觀我之辭受；女真嘗與我通好矣，今獨不能卑詞遣使，以觀我之從違。」除右文殿修撰知泉州，凡和買蕃舶官司市物不讎，縣豫斂民賦，皆憲禁以儆之。削秋苗斛面，令民自行槩量。修居養、安濟之政，常平舉子之法。十一年春，上時相書，言：「生日之禮，前代所無，而昉於開元，盍不以古人之相業自勉！」因反覆論諸葛武侯開誠布公，時相方託生日爲斂財之資，不能用也。夏，温、明海賊犯境，親授方略討捕。五月平，尋以功轉朝散大夫。十二年秋，除集英殿修撰知隆興府，安撫江西。明年太夫人卒，十五年服闋，除寶謨閣待制知潭州，湖南安撫使。修郡學，新漢賈太傅、晉譙閔王、司馬丞祠，人士翕然鄉風。平道州賊，免飛虎軍永戍壽昌，創惠民倉、社倉、慈幼倉。上即位，召公赴行在，尋除中書舍人兼侍讀，改禮部侍郎直學士院。寶慶元年正月上印過家，六月辛丑對垂拱殿，極論：「三綱五常，所以扶持天地。陛下不幸居人倫之變，扶綱常於幾墜，全恩義於已虧，當考雍熙秦邸之事，始雖降遷，終議恩卹，故有追封之典、賜謚之榮，下至諸子，俱蒙甄擢。當時宰臣稱頌太宗皇帝之德，以爲睦族推慈，舍罪卹孤，足以感動天地，此陛下之家鑑也。」又口陳：「自古聖人無不盡倫，而舜獨爲人倫之至者，象至爲不道也，舜親愛之心不爲少衰。惜陛下之處濟王不如舜。大抵人主當以堯舜三代爲師，秦、漢而下人君舉動皆不合理，難以爲法。此既往之咎而臣猶有言者，欲陛下知此一大欠闕，自此益進聖學，益修聖德。」次又言收人心四事。如霅川之議不詢於衆與賞罰徇私、餽賂公行、規摹褊小，皆人所難言。末又請召用傅伯成、楊簡、柴中行、陳宓、徐僑。上爲斂容，而權臣益娼忌矣。公未去長沙日，已移書時相，謂：「昔者王季能推因心之愛以友泰伯，顯宗能始終亡間以遇東海王彊，明皇能起居飲食與俱以安宋王成器。今將爲久長安治之計，亦惟於友愛天倫，加之意而已。」然書至已無及於事。公以論建不合，卒辭内制。初，上至自邸，宫室未備，其秋始御清燕殿，公因經筵侍上曰：「高宗受命中興，再造區夏；孝宗嗣守丕緒，志清中原。今所御之宫庭，二祖實臨其上，惟學可以養此心，惟敬可以存此心，惟親近君子可以維持此心。」遂極陳古者居喪之法，先帝視朝之度。洎寧宗小祥，朝議欲並服純吉，公又論：「漢文帝率情變古，晉武欲復之，其臣不足以知此。惟我阜陵獨出英斷，易月之外，衰服如初，朝衣朝冠皆以大布。迨紹熙末年，阜陵上賓，從臣羅點等建議，乞令群臣於易月之後，未釋衰服，朝會治事權用公服，黑帶。每遇七日及朔望時節朝臨奉慰，凡涉喪禮皆以衰服行事。山陵之後，期與再期，則又服之，至大祥而後除。至於燕服，亦當稍爲之制。」時相格其議，然公已闔門求去，遂不果争，識者以爲千載之恨云。先是，時相數風臺諫擊公，皆慑於公論，殿中侍御史莫澤微詞陰詆，而公求去之章引澤爲辭。澤慮已不得安，八月丙辰遂上疏劾公，明日詔除職與宫觀。九月，除焕章閣待制提舉隆興府玉隆萬壽宫。十一月，諫議大夫朱端常論了翁，追三官落職，靖州居住，公亦坐落職。明年二月，監察御史梁成大又請以罪了翁者罪公，賴上保全，公僅降三官。紹定四年春，上壽慈明宫，厥六月，公以恩復元官職，宫祠。五年秋八月，進徽猷閣待制守泉。自泉移福，聞京湖帥臣以陵圖來上，上命邇臣集議，將遣使朝謁，或謂韃以河南歸我，而朝廷因有經略中原之謀。公慮蹈宣和之轍，乃上封言之。未幾召入。公在先朝嘗陳祈天求命之説，至是又首以爲言，大略謂權臣違天拂人，黜賢進貪，欺天罔民之事皆當速革。次言規恢之名雖正，而吾進取之難有二，所當慮有五。其三論廟謨之和戰無定説，而將帥耻於無功，務開拓而不務收斂。所言皆宗社大計，上忻然嘉納。在翰苑，又移書時宰，論：「韃使之來，未知其酋主或軍前所遣與所齎者何書，宜於朝紳選誠實通練者即鎮江察之，因留彼以待報。大抵和有難易，有遲速，彼侵軼我，得少喪多則其和易而速，木然則難而遲。况犬羊多詐，安可弛備？」辛未再移書，論：「汴洛之敗，死者數萬，資仗一空。」甲申進讀，又爲上言，不當空江淮之備以進取，小有不利，虜即飲江矣。因經筵進讀畢，奏云：「骨肉之恩，析而不殊，乃漢宣帝封昌邑王賀爲侯之詔也。臣之此言，蓋恐同姓近親絶世不祀者，當爲立後也。二帝三王率以興滅繼絶爲心，是以享子孫千億之報。戰國之君滅人社稷，絶人祭祀，秦爲尤甚，報亦如之。」癸亥，後殿奏事，論和議决不可恃，韃使之來，待之過優，祇以取侮。大抵公前後論奏誠積而氣和，辭平而理暢，其於是非邪正之辨，言人所難而聞者不敢怨。至於敵情之真僞，疆場之虚實，蓋出於素講夙定，非剽襲流聞之比，故自嘉定以來，凡所論建，至端平後炳如著蔡之先幾。故一言之出，天下望

而信之，乃僅以掌書制、侍經幄、典貢舉，少試文墨議論，而疾已不可支矣。娶楊氏，前公二十四年卒，今累贈至建安郡夫人。子男一人，志道，承奉郎、南劍州在城稅務。嗚呼，自慶元權臣立僞學之名以錮善類，憸人棄之以紿爵位，俗士假之以漁科名。自周、程子至于朱、張氏凡以發天人之藴，闡聖賢之秘者，皆憲禁以絶其書。雖以《中庸》《大學》孔門之遺言，亦科舉之所忌，學士解散，甚至有不敢名其師者。公晚出獨立，慨然以世道自任，即口誦心惟驗己之實踐，行世接物體心之所安，造次理道，于仕于處，無貴賤少長愛而敬之。自長沙後，國人以公出處爲廟社安危，公身愈退，道愈尊，名愈盛而責愈衆。積憂成疾，亦自是始矣。公之詔誥制策在朝廷，碑銘記序下至片言隻字，流落人間者不可勝計。將以晚歲著書詒後，僅有《大學衍義》一書既上送官，留之經幄，平實明粹，真格心輔治之良藥也。其次僅有《文章正宗》號爲成書。悲夫！銘曰：

南渡草創，諸賢有存。封之植之，迓續貞元。人物彬彬，盛於乾淳。流風所漸，孔曼且蕃。誰藴崇之，欲薙其根。天固有定，隮我斯文。著乎人心，寓乎師傳。公出雖後，攷尋遺言。精探力踐，旁索細論。以淑同志，以儆羣昏。散在寓内，如衢寘尊。最後一書，細大畢陳。上自帝王，繼天牧人。次及聖賢，明德新民。而孜孜者，正家明倫。至公血誠，貫徹乾坤。在昔先儒，如物得春。清明之會，氣合而渾。逮公之出，奮由艱屯。或播而絶，俄握而信。信不一二，齎忠九原。蹙蹙四方，悠悠蒼天。

《黄震全集·戊辰修史傳》之《參知政事真德秀》 德秀字希元，建寧浦城人。四歲受書，過目成誦。年十五而孤，同郡楊圭一見奇之，使歸共諸子學，尋妻以女。弱冠再貢於鄉，擢慶元五年進士第，繼試中博學宏詞科。入閩帥幕，時相陳自强家盛暑訢人，德秀書其牘曰：「丞相方憂湧思職，顧屑屑及此乎？」召爲太學正，遷博士。時韓侂胄已誅，史彌遠相，德秀首言：

權臣開邊，南北塗炭，今兹繼好，休息有期，豈非天下之福。然日者以行人之遣，虜人欲多歲幣之數，而吾亦曰可增；虜人欲得奸臣之首，而吾亦曰可與。往來之稱謂，犒軍之金帛，根括歸明流徙之民，皆承之唯謹，得無滋嫚我乎？抑善謀國者，不觀敵情，觀吾政事，今號爲「更化」，而無以使敵情之畏服，正恐彼資吾歲賂以厚其力，乘吾不備以長其謀。一旦挑争端，而吾無以應此，有識所爲寒心。

又言：

侂胄自知爲清議所不貸，至誠憂國之士則名以好異，於是忠良之士斥而正論不聞；正心誠意之學則誣以好名，於是僞學之論興而正道不行。今日改弦更張，正當褒崇名節，明示好尚。

嘉定三年夏，大水，因論對言：

更化以來，導諛之風未除。旱暵酷矣，則謂其幸不傷農；螟蝗熾矣，則謂其幸不食稼。元元愁苦，有閭巷知之而士大夫不知者，士大夫知之而廟堂不知者，況陛下深居九重，安得盡知之？下情不通，民隱莫訴，此積陰之沴。

又言：

公議即天也，自昔無道之世，使公議不行於天下，不能使公議不存于人心。王安石、秦檜、侂胄既拂天以取敗，則爲國者當畏公議如畏天。願陛下立政用人，一以天下公議爲主。

秋八月，大雷，損太廟鴟吻，奏言：「損膳避朝，僅舉故事，況遇災旬有四日，而行行甫兩日而遽已。以此動人猶不可，況天乎！」

六年奏：

曩權奸擅政十四年，朱熹、彭龜年以抗論逐，吕祖儉、周端朝以上書斥，當時近臣猶有争之者。其後吕祖泰之貶，非惟近臣莫敢言，而臺諫且出力以擠之，則嘉泰之失已深於慶元矣。及其起干戈之釁，非獨舉朝莫敢言，雖布衣之士求一如祖泰者亦不可得，是開禧之失又深於嘉泰矣。更化之初，羣賢皆得自奮，曾未兼旬，而補遺之官以言罷職。既而傅伯成以諫官論事去，蔡幼學以詞臣論事去，鄒應龍、許奕以封駁論事去，是數人者非能大有所矯拂，已皆不容於朝。故人務自全，一辭不措，設有大安危、大利害，羣臣喑默加此，豈不殆者！

時鈔法、楮令行，告訐繁興，抵罪者衆，莫敢以上聞。德秀奏：「或一夫坐罪而並籍昆弟之財，或虧陌四錢而没入百萬之貲。至於科富室之錢，拘鹽商之舟，視産高下配民藏楮，鬻田宅以收券者，雖大家不能免，尚得名便民之策。」自此籍没之産以漸給還。未幾復言：「金虜有必亡之勢，乞君臣上下皆以祈天永命爲心。」充金國賀登位使及盱眙，聞虜内變而返，言於上曰：「臣自揚之楚，自楚之盱眙，沃壤無際，陂湖相連，民皆堅悍强忍，此天賜吾國以屏障大江，使强兵足食爲進取資。顧田疇不闢，溝洫不治，險要不扼，丁壯不練，豪傑武勇不收拾，一旦有警，則徒以長江爲恃，豈如及今大修墾田之政，專爲一司以領之，數年之後，積儲充實，邊民父子争欲自保，因其什伍，勒以兵法，不待糧饟，皆爲精兵。」又

言：「韃若果有中原，則疆埸相鄰，非我之利，尤當經理兩淮。今淮東要害在清河口，敵之糧道所出，而淮陰無城、無兵，徒以山陽可恃。然山陽雖大，前無淮陰之蔽，後無寶應之援，若敵以重兵遮前，奇兵斷後，則高郵、維揚之路絶，而山陽之形孤；山陽不守，則通、泰危而江浙震矣。淮西要害在渦潁口，亦敵之糧道所出。而濠梁、安豐城庳池狹，兵備單虚，徒以廬、和可恃。然有安豐則敵始不得以犯合肥，有濠梁則敵始不得以走歷陽。藉有他徑可由，而吾以廬、和當前，濠梁斷後，則彼有腹背之虞，其能長驅深入乎？故欲固兩淮，先防三口。」及其它所陳，皆邊防要事。

時廟堂方以爵禄縻天下士，德秀已屢遷至起居舍人兼太常少卿，慨然曰：「吾當急去，使廟堂知世亦有不肯爲從官之人。」力請郡，得轉漕江東。適江東旱蝗，廣德、太平爲甚，德秀遂與留守、憲司分所部九郡大講荒政，而自領廣德、太平。親至廣德，與太守魏峴同以便宜發廩，使教授林庠賑給，竣事而還。百姓數千人送之郊外，指道旁叢冢泣曰：「此皆嘉定辛未餓死者，微公，我輩已相隨入此矣。」索毀太平州私創之大斛。劾新徽州守林琰，謂其無廉聲，不容上，而以李道傳攝守徽。先是，都司胡槻，薛極每誚德秀迂儒，試以事必敗，至是民譽日聞，因倡言旱傷本輕，監司好名，振贍太過，使魏峴劾林庠，而李道傳尋亦召還。

八年，知泉州。番船畏苛征，至者歲不過三四，德秀首寬之，至者驟增至三十六。納秋苗，令民自概，聽訟惟揭示姓名，人自詣州。泉多大家，爲閭里患，痛繩之。有訟田者，至焚其契不敢争。海賊劫鎮縣，將迫城，官軍敗衄，德秀祭兵死者，乃親授方略，擒之。復遍行海濱，審視形勢，增屯要害處以備不虞。

十二年，易帥江西，適承寬弛者後，乃稍濟以嚴。尤留意軍政，欲分鄂州軍屯武昌，及通廣鹽於贛與南安，以弭汀、贛鹽寇。未及行，以母喪歸。明年，蘄、黄失守，升武昌縣爲軍，其後盜起南安，延蔓三道，討之數載始平，人服德秀先見。服除，知潭州，安撫湖南。以「廉仁公勤」四字勵其僚，以周、胡、朱、張學術源流勉其士。罷榷酤，除斛面，申免和糴，以蘇其民。民艱食，既極力賑贍之，復立惠民倉五萬石，使歲出糶。又易穀九萬五千石，分十二縣置社倉，以遍及鄉落。他若立慈幼倉，立義阡，惠政畢舉。月試諸軍射，捐其回易之利及官田租。凡營中病者、死未葬者、孕者、嫁娶者，贍給有差。朝廷從壽昌朱橐請，以飛虎軍戍壽昌，並致其家口，力争止之。江華縣賊蘇師入境殺劫，檄廣西共討平之。司馬遵守武岡，激軍變，劾遵而擒亂者誅之。

理宗即位，召除中書舍人，尋爲禮部侍郎、直學士院。入見，奏：「三綱五常，扶持宇宙之棟幹，奠安生民之柱石，晉廢三綱而劉、石之變興，唐廢三綱而羯胡之難作。我朝立國，先正名分，故先朝名臣以爲家法最善，大綱甚正。陛下初膺大寶，不幸處人倫之變，流聞四方，所損非淺。霅川之變，非濟邸本志，前有避匿之跡，後聞討捕之謀，情狀灼然，本末可考。願討論雍熙追封秦邸舍罪恤孤故事，斟酌行之。濟王未有子息，亦惟陛下興滅繼絶。」上曰：「朝廷待濟王亦至矣。」德秀曰：「若謂此事處置盡善，臣未敢以爲然。觀舜所以處象，則陛下不及舜明甚。人主但當以二帝、三王爲師。」上曰：「亦是一時倉猝。」德秀曰：「此已往之咎，惟願知有此失而益講學進德。」次疏言：「霅川之獄未聞參聽於槐棘之下，淮、蜀二閫乃皆出於僉論所期之外，天下之事非一家之私，何惜不與衆共之？」且言乾、淳間，有位於朝者以饋遺及門爲恥，受任於外者以苞苴入都爲羞。今餽賂公行，薰染成風，恬不知怪。又疏言：「朝廷之上，敏鋭之士多於老成，雖嘗以耆艾褒傅伯成、楊簡，以儒學褒柴中行，以恬退用趙蕃、劉宰，至忠亮敢言如陳宓、徐僑，皆未蒙録用。」上因歎無一廉吏。德秀以知袁州四明趙汝夫對，上即擢汝夫爲監司。德秀入謝，因又言崔與之帥蜀、楊長孺帥閩，亦有廉聲。上初御清暑殿，德秀因經筵侍上，進曰：「此高、孝二祖儲神燕間之地，仰瞻楹桷，當如二祖實臨其上。陛下前所居處密邇東朝，未敢遽當人主之奉，今宫闈之儀浸備，以一心而受衆攻，未有不浸淫而蠹蝕者，惟學可以明此心，惟敬可以存此心，惟親君子可以維持此心。」因極陳古者居喪之法與先帝視朝之勤。寧宗小祥，詔羣臣服純吉，德秀争之，曰：「自漢文帝率情變古，惟我阜陵方衰服三年，朝衣朝冠皆以大布，惜當時不並定臣下執喪之禮，此千載無窮之憾。近阜陵上賓，從臣羅點等議，令羣臣易月之後，未釋衰服，惟朝會治事權用黑帶公服，時序仍臨慰，至大祥始除。惟侂胄反慶元之政，始以小祥從吉，且帶不以金，鞓不以紅，佩不以魚，鞍轎不以文繡。此於羣臣何損？於朝儀何傷？」遂議格。德秀屢進鯁言，上皆虚心開納，而時相益嚴憚之，其黨乃謀所以相撼，畏公議未敢發。給舍王塈、盛章始駁德秀所主濟邸贈典，繼而殿中侍御史莫澤遂劾之，與祠職。諫議大夫朱端常又劾之，落職罷祠。監察御史梁成大又劾之，請加竄殛。上曰：「仲尼不爲已甚。」乃止。

紹定五年起，再知泉州，迎者塞路，深村百歲之老亦扶杖而出，城中歡聲動地。諸邑二税嘗預借至六七年，德秀入境，首禁預借。諸邑有累月不解一錢者，郡計赤立不可爲。或咎寬恤太驟，德秀謂「民困如此，寧身代其苦」。決訟自卯至申未已，或勸嗇養精神，德秀謂「郡凋無力惠民，僅有政平訟理事當勉」。建炎初，置南外宗正司於泉，宗子僅三百人，漕司與本州給之，而朝廷歲助度牒，已而不復給，而宗子至二千三百餘人，郡坐是愈不可爲。德秀請於朝，給度牒百道。

上親政，移帥福州，嚴戒所部無濫刑横斂、無徇私黷貨，罷市令司，曰：「物同則價同，寧有公私之異？」閩縣里正苦督賦，革之。建、福、興、泉四郡苦貴糴，便宜發常平賑之。海寇縱横，次第擒殄之。未幾，聞襄闖與韃合兵滅金，奉露布圖上八陵，而江淮有進取潼關、黄河之議，德秀以爲憂，上封事曰：「自有載籍以來，凡與夷狄共事者，未嘗無禍，而況移江淮甲兵以守無用之空城，運江淮金穀以治不耕之廢壤，富庶之效未期，根本之弊立見，惟陛下審之重之。」除户部尚書。時諸賢已盡收召，丞相鄭清之因書促其來，以副中外之望。德秀自開禧丙寅登朝，至嘉定甲戌請外，居中九年，奏疏懇懇，無慮數十萬言，皆切當世要務，直聲振朝廷。四方人士傳頌其文，想望風采。及出而麾節，遍歷江東西、湖南、福建，仁民愛物之政，所至深洽，休譽流暢京師，又與疇昔之議論符，由是中外交頌，日相望其登宰輔，致太平。都城百姓時驚傳傾洞奔擁出關曰：「真直院至矣。」果至，則又填塞聚觀不置。孟珙與韃大酋倴盞會兵攻蔡，倴盞當矢石間，亦屢拱而起曰：「南朝好真侍郎。」蓋近世之繫屬人望、聲滿夷夏者莫加焉。時相憚且忌之，愈抑不用，聲愈彰。及是歸朝，方將大用之，適鄭清之非才挑釁，兵民死者數十萬，中外大耗，尤世道升降理亂之幾，而德秀則既衰矣。杜範是時方力攻清之誤國，且謂其貪黷更甚於前，而德秀乃奏言：「此皆前此權臣玩愒之罪，非今日措置之失，譬如和、扁繼庸醫之後，一藥之誤，代爲庸醫受責。」吁！果和、扁也，安有爲庸醫受責者哉？其議論與範嚴恕不同乃如此。明年知貢舉，已病，除參知政事，薨，年五十八，天下惜之。然自慶元權臣立僞學之名以錮善類，凡周、程、朱、張諸儒，皆顯禁以絶其書，斯文幾至墜地。德秀晚出，獨慨然以斯文自任，講而續之，行於身，誦於朝，發施於政事。僞學之禁開，而正道遂彰明於天下，多其力也。端平初入朝，首進《大學衍義》。

雜録

備録

葉紹翁《四朝聞見録》甲集《三文忠》　歐陽子謚文忠，京丞相鏜以善事韓，亦謚文忠。後以公論，謂不宜以謚歐陽者謚鏜，改謚文穆。無名子作詩曰：「一在廬陵一豫章，文忠、文穆兩相望。大家飛上梧桐樹，自有旁人説短長。」真文忠初謚也，謚議未上，有疑其太過者，欲以王梅溪之謚謚公。公之子志道以「政府祭公文，皆謂公無愧于歐陽，未嘗比予父以梅溪也」，政府無復辨，竟用初謚云。鏜後以論者併文穆去之。

葉紹翁《四朝聞見録》甲集《文忠答趙履常》　文忠真公嘗與趙公汝談相晤，趙公啓文忠曰：「當思所以謀當路者，毋徒議之而已。」文忠答以「公爲宗臣，固當思所以謀。如某不過朝廷一議事之臣爾」。趙公自失。予以謂此亦文忠本心。嘉定初，文忠語余曰：「他年某極力只做得田君既人物，若范文正公，則非所敢望矣。至中年而後，則又以文正自任。」先是，嘉定初與予論理學，則曰：「某與兄言，只是論得个皮膚，如劉静春却論到骨髓。俟某得山林静坐十年，然後却與公論骨髓。」其後，公閒居僅十年，而朝夕反覆議論者，獨有静春乃大不合。豈公之學力，已異于嘉定之初耶？

葉紹翁《四朝聞見録》甲集《宏而不博博而不宏》　真文忠公、留公元剛字茂潛，俱以宏博應選。時李公大異校其卷，於文忠卷首批云「宏而不博」，于留卷首批云「博而不宏」，申都臺取旨。時陳自强居廟堂，因文忠妻父善相，識文忠爲遠器，力贊韓氏二人俱寘異等。是歲，毛君自知爲進士第一人，對策中及「朝廷設宏博以取士，今謂之『宏而不博』『博而不宏』，非所以示天下，然猶寘異等，何耶」？至文忠立朝時，御史發其廷對日力從臾恢復事，且其父閲卷，遂駁寘五甲，勒授監當，後廟堂授以江東幹幕。終文忠之立朝，言者論之不已，後終不得起。南岳劉君克莊潛夫，以詩悼其亡云：「至尊殿上主文衡，豈料臺中有異評。後二十年纔入幕，隔三四榜盡登瀛。白頭親痛終天訣，丹穴雛方隔歲生。策比諸儒

無愧色，只緣命不到公卿。」毛策力主恢復，故劉寓微詞云。劉詩「登瀛」之句，謂袁蒙齋也。毛流泊以死，真公卒爲名卿。留以使酒任氣，爲言者屢以聞。然該敏貫洽，近代相門子弟未有也。文忠初甚與之契，中年對客語留，則愀然不悦。先是，永嘉劉錫祖父掩據羲之墨池且百年，後爲世僕所發，公斷其廬，得池于劉臥内，劉氏遂衰。其臨政操斷皆類是，故謗者亦不恕。嘗得方巖王公簡復士人周儀甫書云：「納去茂潛書，雖儀甫不待老夫之囑。茂潛永嘉之政，若干將、莫邪新發于硎，切不可干之以私。」又云：「近來墨池事最偉。」

葉紹翁《四朝聞見録》乙集《真文忠居玉堂》 慈明太后兄次山，除少保、永寧郡王。文忠與許公奕給事甚明好，共謂恩典太重，欲予其一則一作「而」。捐其一，許遂封還制書。文忠以官卑，且攝職玉堂，但具劄白之廟堂。時相不以文忠劄繳進，而許之奏已入。慈明震怒，遂斥許，而文忠獨留。或惜文忠不用富文忠居玉堂故事。

又

公當制，除吴環少師致仕，贈永安郡王。公以孟忠厚，乃隆祐親弟，又號勳舊，吴爲憲聖猶子，恐難用孟例，亦用劄申廟堂。時相嫌其由中旨以出，遂亟以劄繳入。從之。衹命草致仕制。末篇二句云：「今其往矣，寧不盡然。」先以制示攻媿樓公，公稱善，但以筆易「往」字爲「歸」，「盡」字爲「惓」。文忠親出示予云：「吴蓋致仕也，不應用『往』與『盡』字，前輩一字不苟如此。」攻媿嘗問文忠：「近看誰四六以益？」公對攻媿曰：「渠只會説大話，如『奄有萬方，君臨兆姓』爾。」蓋王言只當作「多方庶姓」，與臣下表語不同。

葉紹翁《四朝聞見録》丙集《真文忠公謚議》 紹翁甲集載真文忠謚事，後以呈示紫微程公許。公惠紹翁以尺牘，曰：「《聞見録》二帙併沐示教，記載詳博，事得實而詞旨微婉，他日足以備史官補放失，非細故也。靖逸抱才，蓄學含章，退處著書，以待來世，當於古人中求之。《聞見録》所記西山謚議一段，是時公許待罪奉常，爲博士，所訂『文忠』二字，實參考公論，與長官同僚商訂累日，而後敢落筆。間有一二公以爲太過，然予此謚者，上下無異詞，故議下考功覆議，亦以爲當。當時却不聞其家子弟與政府辨論一節，架閣公原注：即西山嗣，名志道。後入朝亦未嘗一訪。但建安諸賢及嘗登西山之門者，頗相稱尚。當候稍間，搜索副墨，録以求教。」紹翁適感奇疾，不及從公求副墨，公已去守袁州。

葉紹翁《四朝聞見録》丁集《考異》 甲集載吴琚贊策事，文忠真公德秀爲跋其密奏遺稿矣，其奏蓋擬進於太上，乞太上宣布於外云：「予與皇帝之情，初無疑間，比以過宫稍希，臣僚勸請，反涉形跡。殊不知三宫聲問絡繹，豈在一月四朝方爲盡禮？今天氣向暑，過宫常禮宜免。如欲相見，當自招皇帝矣。乞謄降付留正等。」此紹翁親目於琚之子鋼，後又再索之於鋼之子。近閲水心先生葉公適題王大受《拙齋詩稿》則曰：「紹熙四年，光宗疾不能朝重華，諫者傾朝，謗者盈市。憲聖后兄子琚最賢，大受因琚奏孝宗：『陛下惟一子，不審處利害，恣國人騰口，取名於家，計大不便。且羣臣以父子禮故諍不敢止，陛下何不出手詔，云皇帝體不安，朕所深知，卿且勿言，須秋涼自當擇日與皇帝相見也。』孝宗喜其策，會晏駕，不果用。」適以爲「余實親見」，不知二稿何爲略不相似。大受往來諸公間，自以爲預誅韓功。至是，鋼白其先志於朝，大受必以鋼如適所載其父稿，實大受所封，鋼猶豫未上，會攻媿樓公鑰憤其前與族兄鏞有間，且毀其文，力言之於史相，期以必竄大受。又嗣秀王師揆言於朝：「王大受一布衣，凡國之大議，須要討分。」史遂命京兆去大受袍笏，編置邵武。鋼遂以其稿上，而削大受姓名。原注：事有已見甲、乙集者，今復詳具。

葉紹翁《四朝聞見録》丁集《慶元黨》 嘉定改元，真文忠公以太學博士輪對，奏劄曰：「慶元以來，柄臣顓制，立爲名字以沮天下之善者有二：曰好異，曰好名。士大夫志於爵禄，靡然從之，以慷慨敢言爲賣直，以清修自好爲不情。流弊之極，至於北伐舉朝趨和，而争之者不數人。今既更化，當先破尚同之習。」三年春二月，除起居舍人。夏五月，直前奏事，略曰：「自權姦擅政，十有四年。始也朱熹、彭龜年以抗論逐，吕祖儉、周端朝以上書斥。其後吕祖泰之貶，則近臣已不敢言。又其後也，盗平章之名，起邊陲之釁，求如一祖泰者不可得矣。」文忠此疏，不特爲韓也。先是，紹熙五年六月庚寅，朱文公熹除寳文閣待制，與州郡差遣。己亥，除知江陵府。初，寧皇之立，趙忠定不用吴琚，乃召韓侂胄而囑之。韓本不得通慈福宫籍，乃介内侍關禮入白慈福，至涕泣固請。慈福召韓入，遣諭忠定，其議始定。韓自以爲有定册之功，欲去忠定而未果。文公自長沙召入，聞之即愓然以爲憂，因奏牘示微意。及進對，指陳再三，又約吏部侍郎彭龜年白發其姦。彭護金使以出，韓益得志。時忠定方議召知名之士，海内引領，以觀新政，而事已多出於韓氏。文公既言於上，又數以手書遺其徒白忠定，欲處韓以節鉞，賜第於北關之外，以謝其勤，漸以禮疎之，忠定不能用。文公自長沙行至衢

州，以書招其門人聘君蔡元定。元定不至，復書無他語，但勸其早歸。文公居頃，韓諷伶優以木刻公像，爲峩冠大袖，於上前戲笑，以熒惑上聽。公猶留身講筵，乞再施行前奏，則予郡之批，已徑從中出。然韓猶以公當世重望，美其職名，而優以大藩。公既去國，彭公方護使歸，因奏：「陛下近日逐得朱熹太暴，臣亦欲陛下亟去侂胄。」未幾，彭亦以直批予郡。慶元元年，韓欲併逐忠定，誣以不軌，因以盡除天下之不附己者，名以僞學。而太府寺丞吕祖儉以争論忠定，貶韶州，而弟祖泰至黜而竄。初，詞臣傅伯壽嘗從公於武夷，當公懇辭待制，草制詞云云，「逮兹累歲，始復有陳前受之是，今受之非，誰能無惑？大遜如慢，小遜如僞，夫豈其然？顧而務徇於名高，在我詎輕於爵馭。俾解禁嚴之直，復居論著之聯」云云。「噫，厭承明，勞侍從，既違持橐之班；歸鄉里，授生徒，往究專門之學。」遂授修撰之命。公嘗用郊恩奏其子京官，故傅有「累歲始陳」之誚。二年冬十二月癸丑，褫職罷祠。臺臣擊僞學，至榜朝堂。未幾，張貴謨指論《太極圖説》之非，而沈繼祖以追論伊川程正公爲察官。而胡紘草公疏未上，會以遷去職，遂轉授繼祖，故有是命。慶元三年丁巳春二月癸丑省劄：「臣竊見朝奉大夫、祕閣修撰，提舉鴻慶宫朱熹，資本回邪，加以忮忍，初事豪俠，務爲武斷。自知聖世此術難售，尋變所習，剽張載、程頤之餘論，寓以喫菜事魔之妖術，以簧鼓後進，張浮駕誕。私立品題，收召四方無行義之徒以益其黨伍，相與餐麤食淡，衣褒帶博。或會徒於廣信鵞湖之寺，或呈身於長沙敬簡之堂，潛形匿影，如鬼如魅。士大夫之沽名嗜利、覬其爲助者，又從而譽之薦之。根株既固，肘腋既成，遂以匹夫竊人主之柄，而用之於私室。飛書走疏，所至響答，小者得利，大者得名。不惟其徒咸遂所欲，而熹亦富貴矣。臣竊謂熹有大罪者六，而他惡又不與焉？人子之於親，當極甘旨之奉，熹也不天，惟母存焉。建寧米白，甲於閩中，而熹不以此供其母，乃日糴倉米以食之。其母不堪食，每以語人。嘗赴鄉鄰之招，歸謂熹曰：『彼亦人家也，有此好飯。』聞者憐之。昔茅容殺雞食母而與客蔬飯，今熹欲餐麤釣名而不恤其母之不堪，無乃太戾乎？熹之不孝其親，大罪一也。熹於孝宗之朝屢被召命，偃蹇不行，及監司郡守或有招致，則趣駕以往。説者謂召命不至，蓋將辭小而要大；命駕趣行，蓋圖朝至而夕饋。其鄉有士人連其姓者，貽書痛責之，熹無以對。其後除郎，則又不肯入部供職，託足疾以要君，此見於侍郎林栗之章。熹之不敬於君，大罪二也。孝宗大行，舉國之論，禮合從葬於會稽。熹乃以私意倡爲異論，首入奏劄，乞召江西、福建草澤，别圖改卜。其意蓋欲藉此以官其素所厚善之妖人蔡元定，附會趙汝愚改卜他處之説，不顧祖宗之典禮，不恤國家之利害。向非陛下聖明，朝論堅決，幾誤大事。熹之不忠於國，大罪三也。昨者汝愚秉政，謀爲不軌，欲藉熹虚名以招致奸黨，倚腹心羽翼驟升經筵，躐取次對。熹既用法從恩例封贈其父母，奏薦其子弟，换易其章服矣，乃忽上章佯爲辭免，豈有以職名而受恩數而卻辭職名？玩侮朝廷，莫此爲甚。此而可忍，孰不可忍？熹之大罪四也。汝愚既死，朝野交慶，熹乃率其徒百餘人哭之于野。熹雖懷卵翼之私恩，盍顧朝廷之大義？而乃猶爲死黨，不畏人言。至和儲用之詩，有『除是人間别有天』之句，人間豈容别有天耶？其言意何止怨望而已！熹之大罪五也。熹既信妖人蔡元定之邪説，謂建陽縣學風水有侯王之地，熹欲得之。儲用逢迎其意，以縣學不可爲私家之有，於是以護國寺爲縣學，以爲熹異日可得之地。遂于農月伐山鑿石，曹牽伍拽，取捷爲路，所過騷動，破壞田畝，運而致之于縣下。方且移夫子于釋迦之殿，設機造械，用大木巨纜絞縛聖像，撼摇通衢闤市之内，而手足墮壞，觀者驚歎。邑人以夫子爲萬世仁義禮樂之宗主，忽遭對移之罰，而又重以折肱傷股之患，其爲害于風教大矣。熹之大罪六也。以至欲報汝愚援引之恩，則爲其子崇憲執柯娶劉珙之女，而奄有其身後巨萬之財。又誘引尼姑二人以爲寵妾，每之官，則與之偕行，謂其能修身，可乎？冢婦不夫而自孕，諸子盗牛而宰殺，謂其能齊家，可乎？知南康軍，則妄配數人而復與之改正。帥長沙，則匿藏赦書而斷徒刑者甚多。守漳州，則搜古書而妄行經界，千里騷動，莫不被害。爲浙東提舉，則多發朝廷賑濟錢糧，盡與其徒而不及百姓，謂其能治民，可乎？又如據范染祖業之山以廣其居，而反加罪于其身；發掘崇安弓手父母之墳以葬其母，而不恤其暴露，謂之恕以及人，可乎？男女婚嫁，必擇富民，以利其奩聘之多；開門授徒，必引富室子弟，以責其束脩之厚；四方餽賂，鼎來踵至，一歲之間動以萬計，謂之廉以律己，可乎？夫廉也，恕也，修身也，齊家也，治民也，皆熹平日竊取《中庸》、《大學》之説，以欺惑斯世者也。今其言如彼，其行乃如此，豈不爲大姦大憝也耶！昔少正卯言僞而辯，行僻而堅，夫子相魯七日而誅之。夫子，聖人之不得位者也，猶能亟去之如是，而況陛下居德政之位，操可殺之勢，而熹有浮于少正卯之罪，其可不亟誅之乎？臣愚欲望聖慈特賜睿斷，將朱熹褫職罷祠，以爲欺君罔世之徒、污行盗名者之戒。仍將儲用鐫官，永不得與親民差遣。其蔡元定，乞行下建寧府追送别州編管。庶幾姦人知懼，王道復明。天下學者，自此以孔、孟爲師，而憸人小夫不敢假托憑藉，横行于

清明之時，誠非小補。」公遂拜表稱謝曰：「罪多擢髮，分甘兩觀之誅；量極包荒，姑示片言之貶。迨復尋于白簡，始知麗于丹書。鐫延閣論撰之名，輟真祠香火之奉。兹爲輕典，永賴洪庥，捧戴奚勝，感藏曷喻！伏念臣草茅賤品，江海孤生，蚤值明時，已誤三朝之眷獎；晚逢興運，復叨上聖之深知。召自藩維，擢參經幄，略無可紀，足稱所蒙。既遠去于朝行，即永歸于農畝。然猶畀之秩禄，使庇身於卜祝之間；寘在清流，容厠跡于圖書之府。所宜恭恪，或逭悔尤。乃弗謹于彝章，遂自投于憲網。果煩臺劾，盡發陰私，上瀆宸嚴，下駭聞聽。凡厥大譴大呵之目，已皆不忠不孝之科。至于衆惡之交歸，亦乃羣情之共棄。而臣瞶眊，初罔聞知，及此省循，甫深疑懼。豈謂乾坤之造，特回日月之光。略首從之常規既俾，但書于薄罰；稽眚終之明訓倘許，卒遂于餘生。是宜哀涕之易零，惟覺大恩之難報。此蓋伏遇皇帝陛下堯仁廣覆，舜哲周知。謂表正于萬邦，已極忠邪之判；則曲全于一物，未傷黜陟之公。遂使頑蒙獲逃竄殛，臣敢不涵濡聖澤，刻厲愚衷？雖補過修身，無及桑榆之暮景；然在家憂國，未忘葵藿之初心。」初，臺臣劾公，僅見省劄，而掖垣見不敢草謫詞云。以蔡、李所著二《年譜》考之，二年十月中書舍人闕官，三年丁巳春則高文虎實權中書舍人，三月真除，繼是則范公仲藝、陳公宗召當制。以《年譜》之所載二年三年不同，續當有考。初，元定前以錫山尤公袤、誠齋楊公萬里所薦，杜門著書，隱居不仕。臺臣以元定與公遊最久，謂公欲薦草澤易阜陵之卜，誣以爲公易置建陽鄉校基規爲葬地，故疏云云。元定謫道州羈管時，建陽令儲公用字行之，亦以劾罷，爲其從公命也。公復鄭公景實栗書云：「儲宰一日與邑中定議，而某亦預焉，其人則初不及知，而其地亦不堪以葬。他時經由，當自知之。」又答儲書云：「閒中讀書奉親，足以自樂。外物之來，聖賢所不能必，況吾人乎？但新學一旦措手而委之庸兒，數日前已遷像設，令人憤歎不已。」慶元六年，公終于正寢。郡守傅伯壽以黨禁不以聞于朝，猶遣人以賻至，其家辭焉。時故舊莫敢致哀，陸公游僅以文祭云：「某有捐百身起九原之心，傾長河注東海之淚，路脩齒耄，神往形留。公殁不忘，庶其歆饗。」僅此六句，詞有所避而意亦至矣。元定先公三年殁，以柩歸葬。公以文慟之，其詞曰：「竊聞亡友西山先生羈旅之櫬，遠自春陵來歸故里，謹以家饌隻雞斗酒酹于靈前。嗚呼，哀哉！」略無他辭。及其葬也，以病不能會，遣其子以文祭之，曰：「季通而至此耶，精詣之識，卓絶之才，不可屈之志，不可窮之辯，不復可得而見矣！天之生是人也，果何爲耶？西山之顛，君擇而居；西山之足，又卜而藏。而我于君之生，未及造其廬以遂半山之約。及其葬也，又不能扶曳病軀，以視君之反此真宅，而永訣以終天也。並游之好，同志之樂，已矣！」陸公之祭文公，文公之祭蔡君，俱不敢以一字誦其屈。蓋當時權勢熏灼，諸賢至不敢出聲吐氣，惟以目相視而已。官薦書與士子家狀，俱以不係僞學爲保任。公《與田子真帖》云：「聞某頗居前列。」又公《與饒廷老書》云：「中間道學二字，標榜不親切，又不曾經官審驗，多容僞濫。近蒙易以僞學，又責保任虚實，于是真贋始判矣。」嘉泰二年壬戌，除華文閣待制，與一子恩澤。郡不以公殁聞于朝，故有生前之命。于是黨禍稍平，而不知其所自。蓋吳公琚與儲公行之、項平甫游甚密，王大受又爲水心先生門人，而吳又嘗見止齋陳公執弟子禮。初，徐誼以忠被遣，徙南安，勢洶洶未已，大受謀爲薄誼罪者。一日，侂胄女歸寧，忽致誼書。侂胄發函黯然，即移袁州。方議再移，會使臣蔡璉妄言牽引誼，衆爲懼，大受調護從容，竟得移袁州，尋歸故郡矣。于是，胡紘、劉德秀等多架造險語，且欲株陷良人，人人皇恐不自保。大受又請琚白太后，請外廷毋更論往事，大受力居六七。然事關宫闈，聯畹戚至祕，雖韓氏亦不知。吳公琚與大受所發，固非當時外廷與武夷弟子之所知。微水心先生發明之，則後之作史者安考？韓已漸疑琚陰援道學，至語其兄有「二哥只管引許多秀才上門」，吳由次對，遂乞郡以出。韓一日因賞花之會，戲謂琚曰：「二哥肯爲侂胄入蜀，爲萬里之行否？」琚對以「更萬里，琚亦不辭」。韓笑謂曰：「慈福豈容二哥遠去？前言固戲耳。」琚亦以他郡去。琚謚議云：「待制西清，陳義慷慨，無少回隱。至于誠心樂善，惓惓于當世之君子，而深識遠慮，疾私忿之害公，惡偏論之失平，有關于天下國家之大者，士大夫往往愧之。」嗚呼，若此者，世豈能盡知公哉！琚薨時，韓猶未敗，故謚議微及其事云。此太常之云耳，考功張嗣古是之，云：「深識遠慮，惓惓于當世之故，有非學士大夫之所及者。」嗣古爲韓甥，略不趨附。其使金一節，已載前録。又有譙公令憲者，偶閲朱文公《論語》，以韓邀會，介者促迫之登車，偶不省《論語》在袖中。至韓所，欲揖而《論語》落地，韓爲一笑。當文公之嚮用也，其門人附之者衆。及黨議之興，士之清修者深入山木以避禍，而貪榮畏罪者至易衣巾、攜妓女于湖山都市之間以自别。雖文公之門人故交嘗過其門，凜不敢入。乙卯歲，麗水吳君棣獨躡蹻入武夷授《四書》，每日爲課，文公多所與可。公大書「思齊」二字以厲之，吳因以自名其齋云。文公之去國，寓西湖靈芝寺，送者漸少，惟平江木川李君杞，獨從容叩請，得窮理之學，有《紫陽傳授》行于世。嘉泰之間，爲公

之類者已幡然而起。至嘉定間，偶出于一時之游從，或未嘗爲公之所知者，其跡相望于朝，俗謂「當路賣藥綿」。臨安售綿率非真，每用藥屑以重之，故云。夫誦師説而失其本真，雖孔氏之門不能免，而其不出而仕者，僅顔、曾二三子。利祿之移人，雖賢者不能忘。當文公武夷、精溪之時，與其師友門弟子析義理之精微，窮性命之隱奥，視風乎舞雩之樂，殆將過之。出而齟齬，于仕坎壈，其身幾陷入于深文。雖禍福決非公之所計，而士君子之出處，斯亦難矣。惟聖人備道全美，信夫！文忠猶及文公之時，時黨禁，莫之敢見。文忠已中乙科，以婦翁楊公圭勉之同謁鄉守傅伯壽，盡傳公之業。未幾中選，故不及門云，惜哉！

羅大經《鶴林玉露》乙編卷四《西山生祠》 真西山帥長沙，郡人爲立生祠。一夕，有大書一詩于壁間者，其辭云：「舉世知公不愛名，湘人苦欲置丹青。西天又出一活佛，南極添成兩壽星。幾百年方鍾間氣，八千春願祝脩齡。不須更作生祠記，四海蒼生口是銘。」

周密《齊東野語》卷一《真西山》 真文忠公，建寧府浦城縣人，起自白屋。先是，有道人於山間結菴，煉丹將成。忽一日入定，語童子曰：「我去後，或十日、五日即還，謹勿輕動我屋子。」後數日，忽有扣門者，童子語以師出未還。其人曰：「我知汝師死久矣！今已爲冥司所録，不可歸。留之無益，徒臭腐耳。」童子村樸，不悟爲魔，遂舉而焚之。道者旋歸，已無及。繞菴呼號云：「我在何處？」如此月餘不絶聲，鄉落爲之不安。適有老僧聞其説，厲聲答之曰：「你説尋『我』，你却是誰？」於是其聲乃絶。

時真母方娠，忽見道者入室，遂産西山。幼，穎悟絶人。家貧，無從得書，往往假之他人及剽學里儒，爲舉子業。未幾登第，初任爲延平郡掾。

時倪文節喜奬借後進，且知其才，意欲以詞科衣鉢傳之。每假以私淑之文，輒一二日即歸，若手未觸者。文節殊不平曰：「老夫固不學，然賢者亦何所見，遽不觀耶？」西山悚然對曰：「先生善誘後學，何敢自棄。其書皆嘗竊觀，特不敢久留耳。」文節謾扣一二，皆能成誦，文節始大驚喜。於是與之延譽於朝，而繼中詞科，遂爲世儒宗焉。

周密《癸辛雜識》前集《真西山入朝詩》 真文忠負一時重望，端平更化，人徯其來，若元祐之涑水翁也。是時楮輕物貴，民生頗艱，意謂真儒一用，必有建明，轉移之間，立可致治。於是民間爲之語曰：「若欲百物賤，直待真直院。」及童馬入朝，敷陳之際，首以尊崇道學，正心誠意爲一義，繼而復以《大學衍義》進。愚民無知，乃以其所言爲不切於時務，復以俚語足前句云：「喫了西湖水，打作一鍋麵。」市井小兒，囂然誦之。士有投公詩云：「先生紹道統，輔翼聖經，爲天地立心，爲生民立命。愚民無知，乃欲以瑣瑣俗吏之事望公，雖然，負天下之名者，必負天下之責。楮幣極壞之際，豈一儒者所可挽回哉？責望者不亦過乎！」公居文昌幾一歲，洎除政府，不及拜而薨。

備論

《黄震全集·戊辰修史傳》 史臣震擬贊曰：德秀當嘉定、寶、紹間，入則盡言於朝，出則施澤於民，天下浩然歸重，所望致太平者，而獨不知端平貪妄之爲非，何哉？然德秀講正學，有實行，至今學者師尊之，所以傳世者有在矣。

《黄震全集·古今紀要逸編》 真德秀言論，丰采，文行聲績，獨重嘉定，寶、紹間，僉謂用則即日可太平。端平親政，趣召至朝，正當時道升降安危之機，略無一語及之，乃阿時相鄭清之，飾其輕舉敗事，謂爲和、扁代庸醫受責。又以清之開邊地，建議御闕，卒以府庫不足犒賞，事不可行。殿前諸軍質貸備衣裝，無以償，故閧，延及州郡兵皆閧，自是軍政不復立。公知貢舉事，復喧罵出院，除政府，未及拜，以疾終。

藝文

劉宰《漫塘集》卷二五《真西山贊》 中國相司馬，和氣滿華夏。惜哉民始蘇，身已要人扶。

《劉克莊集》卷一〇〇《跋〈文章正宗〉》 西山先生真文忠公遺書，曰《西山讀書記》，曰《諸老集略》者綱目詳，篇帙多，其間或未脱藁。曰《文章正宗》者，最爲全書。既成，以授湯巾仲能、漢伯紀，某與焉。晚使嶺外，與常平使者李鑑汝明協力鋟梓，以淑後學。是書行，《選》《粹》而下皆可束之高閣，猶恨南中無監書，而二湯在遠，不及精校也。

《劉克莊集》卷一三七《祭真西山文》 烏乎！四科九德，自昔難并，人得一

偏，公集大成。穿鑿之學，畔師離經，公獨純正，南軒、考亭。纂組之文，練薄縑輕，公獨雄渾，眉山、廬陵。蚤歲來儀，朝陽屢鳴，元城、了翁，公之直聲。中年袖手，俟時之清，君實、晦叔，公之重名。白首還朝，化瑟初更。吾君前席，久不見生；吾相開閣，虚左起迎。執筆玉堂，開卷邇英。三月初吉，始畢文衡，將授以政，撰日告庭。乃於此時，諗疾予寧。一身安否，一國笑顰。帝有恩言，寬慮耆神。衆願有瘳，起而經綸。奈何蒼天，奪此偉人。下孤輿望，上惻聖情。國有議論，誰爲將明？民有利害，誰爲罷行？吾黨之士，誰爲統盟？後來之俊，誰爲作興？意者世道，消長相乘，復疑天意，未欲治平。烏乎！萬世之標，千載之英，今其已矣，行路嗟驚。況侍班聯，久親典刑，相率一哀，心折涕零。烏乎哀哉！

《劉克莊集》卷一三七《路祭西山先生文》　烏乎！先生屬疾，聞者齎嗟。上對近臣，玉色不怡。丞相移書，千里迎醫。下至閭巷，婦女童兒，皆曰哲人，必介壽祺。云何一夕，去而騎箕！在昔范公，方古禹、夔。晚登政府，不至冢司。學者至今，致恨於斯。然其謨畫，略已設施。先生視彼，則尤可悲。平生修爲，未試刀圭。謂天無意，斯文在兹。謂天有意，一老不遺。太平之望，竟復何時！禮樂之興，百年誰待！烏乎！昔者之來，大帶深衣，都人聚觀，公歸何遲。今者之還，丹旐素帷，都人相弔，公去安之。矧二三子，久從吾師，要絰執紼，於禮則宜。屬畏簡書，僅至江涯，酒覆一觴，慟哭以辭。嗚呼哀哉！

《劉克莊集》卷一三七《墓祭西山先生文》　嗚呼！先生寢疾，蕭然賓廡，户外之屨，歷歷可數。雪深至腰，愚不敢去。爾後學者，散無宗主。北面他師，尊禰忘祖。愚抱《太玄》，獨立寡與。及對便朝，頗進狂瞽。力量雖微，肝肺畢吐。皆昔坐隅，教詔之語。豈惟先生，上帝臨汝。奏篇有藁，對語有記。死者復生，可以不愧。謂之背師，天乎無罪。夢奠以來，局面日異。引去不勇，强留無味。有愧先生，獨以一事。豈無同時，及門之士，夫何綿薄，獨任清議！將待之厚，故責之備，是耶非耶，莫詰所自。烏乎！幼爲先生門生弟子，晚爲先生司馬長史。古人重誼，均於倫紀，築室三年，素車千里。昨者祖祭，及郊而止，墓陵會窆，有縶其趾，謂之背師，敬知罪矣。釋氏有懺，聖門貴悔，稽首新阡，自訟如此，誅之赦之，先生不死。烏乎哀哉！

袁甫《蒙齋集》卷一六《真西山贊》　謂爲和耶？剛正之節，光明不磨。謂爲介耶？慈惠之政，載諸咏歌。謂爲虚耶？萬卷蟠胸，武庫之多。謂爲實耶？靈襟洞然，古井無波。匪實匪虚，匪介匪和。高卧西山，如蒼生何！

王邁《臞軒集》卷五《真西山集後序》　先生壯年游蓬山，直鰲嶺，立螭坳，每上一諫疏，草一制誥，朝大夫與都人士争相傳寫。出而駕使軺，暨開大藩府，凡囊封驛奏之達於上，若庭諭壁戒之布於下者，鋟梓一出，深山長谷窮閻委巷之氓，烏蠻象郡風帆浪舶之賈，競售之如獲至寶。中間勇退閑居，執經問難於「共極」之堂，徵銘乞誌於「學易」之齋，有來自岷蜀萬里者，於是先生之文流布人間，知味者皆得而染指矣。某壯歲從游，今髮種種，得所爲文最多，嘗口誦心惟，而躍然有得曰：窮理以致用者先生之學也，修辭以立誠者先生之文也。其陳仁義以告君也，直而婉，正大而不迂，一片赤誠，對越無愧，其所謂「上帝臨女，無貳爾心」者歟？其代王言以戒百官也，戒休董威，意在言外，或舉一以勵衆，或嘉始以責終，其所謂「無有師保，如臨父母」者歟？其頒教條於所治也，本其風俗，諭以理道，歷歷皆肺腑中語，其所謂「心誠求之，若保赤子」者歟？至於訓教子弟，私淑其徒，辨析理義之精微，條列學問知行之次第，參之周、程先儒之書，又幾於集儒先之大成者也。先生言語文字，足以感發人心，皆其誠之不可掩者。某分教睢邸，乃哀所蓄數巨帙，與寓客莊君元戍編類而是正之，刊二十餘卷惠同志。或難之曰：「昔人有削稿之義，流俗有近名之嫌，子之表章斯文，得無以名爲先生累乎？」某曰：「不然，昔涑水司馬公自叙其文，以爲中藏之志、造膝之言不自叙之，他人安得知之？不以近名爲諱也。先生脚踏實地如涑水公，而斯集又出於門人弟子之編次，四方人士之所願得，於先生乎何累？」難者辭塞，乃綴其語爲甲集後序。端平之元夏五月，門人仙游王某書。

王邁《臞軒集》卷一一《諸門生祭真大參西山先生文》一　時朝士之爲門人者十有七人。天生先生，爲宗社計，進退存亡，關係斯世。海内一詞，期以經濟，道之將行，命有所制。窮理致用，講學有宗，時雨之教，春風之容，僞者獻誠，慢者致恭，人謂先生爲程淳公。方寸不欺，守道自信，曰思無邪，曰無不敬，口無過言，身無玷行，人謂先生爲馬文正。淳公位卑，道立於獨，人惜其亡，天下無福。文正登庸，遠夷心服，未久而薨，都人巷哭。先生之道，遠紹於程，立朝補外，俊偉光明。先生之位，雖不及馬，兒童走卒，無不知者。權姦見忌，退處八年，著書西山，其樂怡然。天日清明，甫及聞政，筋力未衰，乃嬰病疢。丐歸者屢，僅畀丙祠，丙吉病愈，上日望之。中外門人，孰不致禱，夫何彼蒼，遽奪此老？述作萬卷，珍重璠璵，最留意者，《衍義》一書。謂此書成，死可無憾，自今觀之，殆成語讖。風濤汹涌，思濟洪流，巨楫一折，淪胥是憂。自有都堂，凡幾輔弼，如先生

者，不一秉筆。易簀之際，神氣溶溶，曰予此心，秋月當空。騎鯨而仙，先生何欠，國病民瘼，孰鍼孰砭？諸生疇昔，樂在摳趍，忍於此日，而奠生芻！薄奠陳情，有淚盈掬，已矣先生，百身莫贖。

王邁《臞軒集》卷一一《諸門生祭真大參西山先生文》二　先生受清和之異禀，集理義之大醇。氣之塞乎天地者志爲之帥，行之通乎神明者敬爲之源。凡出處之大節，爲搢紳之所尊。維先皇帝賞其忠勤，將大用而未竟，留以遺於後昆。維明天子潛躍有聞，亟召還於長沙，趨入覲於紫宸。陳綱常以扶世教之墜，辯忠邪以燭時人之昏。使其言之果行，可再造乎乾坤。其如月偃林甫之堂，風起元規之塵。虎守關而耽耽，犬吠雪而狺狺。先生乃傲視乎軒冕，高蹈乎邱園，謂不見之行事，即斯文而策勳。登堂而受業者訥訥之學子，趨庭而問禮者繩繩之子孫。窮百聖位育之道，探千古理亂之原，著《大學》之《衍義》，可肩孟而跨荀，曰如有用我者，吾將獻之吾君。天佑我宋，端平改元，權姦不誅而自斃，羣憸鼠伏而兔奔。先生乃辭粤山之泉石，整造闕之車輗。温公起於洛，人謂之游龍行雨；范公起於蜀，人謂之鳴鳳出羣。去二公百餘載，人於先生亦云。至則抱所著之一書，侍翠幄而討論，動重瞳之注視，啓玉齒之咨詢。位文昌之清華，司貢闈之選掄，疲神考校，廢寢忘飧。夜得一士，旦告蒼旻，暨撤棘而造榜，愆調理於寒温。下天使之拊問，示睿眷之頻蕃，就登延於政府，欲旋界之國均。奈大數之有盡，莫竟展乎經綸。上咨惜以輟朝，痛元老之不存。敕季弟以護窆，加賻禮而異倫。錫以易名之典，慰其如在之魂。曰委質立朝，無如公之忠；曰垂世立教，無如公之文。合二者以爲謚，播青史之遺芬。嗚呼哀哉！惟先生之用舍，係吾道之泰屯；惟先生之存亡，關吾民之戚欣。嗟弊壞之已極，當汙俗之胥淪。進賢而莫行其志，去惡而不拔其根。橘或化而爲枳，蕕終得而揜薰。神龍去而群蚖肆，威鳳逝而衆鳥喧。顧巨楫之已折，傷波流之沄沄。嗚呼哀哉！先生所居，化熏甌閩。頃羣盗之爲梗，悉去晉而奔秦。悵輀車之東歸，哭道周之縞巾，君蒿悽愴之戚，家如喪於所親。先生所治，易地同仁，泉民愛之尤深，如河內之愛恂。聞郵傳之訃告，慟於祠者兼旬。秋菊寒泉之薦，歲彌久而彌新。昔傳仙峰之絶頂，有士修道而煉真。丹甫成而倐化，爲先生之前身。僕嘗於暇日以有問，先生荅以不語怪神。但言其使江東之日，夢班於紫微之垣。又言天上之爲神仙，皆人間之孝子忠臣。今即斯言而深省，當去而爲上界官府之星辰。某也猥以狂斐，久遊師門，受知獲愛，誨語諄諄。鑄我以轉砂之爐，斲我以運風之斤，爲訂頑而砭愚，爲祛蔽而通堙。曰英氣多和氣少者，憤啓之訓；曰一生短千載長者，有味之言。自師資之既往，悵莫報乎大恩，追遺教以佩服，誓九殞而弗諼。獨比閏秋之奏對，吐肝膽之輪囷，內言欺君罔上之百辟，外言飛揚跋扈之統軍，近言宦寺有捷出之徑，遠言濟邸有未雪之寃。荷聖度之容納，初不怒其逆鱗。獨驕帥之肆辯，結讒夫之搖唇，至班行之諂子，亦助之而瀾翻。果白簡之見及，曾余舌之莫捫。幸鶴山之夫子，獨愛直而賞珍。空船載乎明月，滿袖惹乎香芸。入南浦之迤邐，睠西山之嶙峋。思立門之夜雪，念侍坐之陽春。恍昨遊其如夢，灑涕泗之繽紛。嗚呼哀哉！共極堂高兮夜不晨，招鶴亭深兮愁暮雲。六經無師兮，宇宙無人，惟有珠林之麓兮，長餘春木之芚。生芻一束，心香三熏，先生如生，歆此一樽。其必曰是爲吾學而不吾叛者，宜登拜於斯墳。

徐鹿卿《清正存稿》卷五《祠真文公祝文》　嗚呼先生，百世之師。偉然泰山喬岳之氣象，灑然光風霽月之襟期。即微言奧理而深索，處暗室屋漏而不欺。以同胞同體視民物之衆，以至公至誠結旒冕之知。其操履如金石，其議論如蓍龜。善類所倚以爲宗主，權門所不得而招麾。清明見信于奴隸，姓名至誦於童兒。蓋親接乎考亭之緒，又將沿伊洛而泝洙泗。使天假之年，則必措世於唐虞之雍熙。惟昔駕周原之駱，適值江左之饑。非特蠲逋已責以爲惠，而又捐金貸粟而繼之；非特殫寸心之懇惻以挈其綱領，而又羅九州之俊以效其驅馳。慮於已者無一毫之弗盡，切於民者無一事之不爲。請於朝廷者爲五十餘萬之廪粟，脱乎溝壑者不知幾千萬户之黔黎。視后稷之由己，真可以對越；若汲直之開倉，又特其細微。某偶以弱質，承乏計司，仰先生之高躅兮，匪門生之敢企。矧嘉熙之歉，尤甚乎嘉定之時。官無可發之廪，國無可捐之貲。人倫天理，且至此而幾熄；菜色雷腹，徒坐視其顛隮。亦嘗叫乎閶闔，迄何補於毫釐。於此而後知仁人之盛德，浩乎浹髓而淪肌。至今父老尚言之而感泣，名筆紀載偶於是而獨遺。昔有不言使虜之績，獨自喜乎活青州之饑。先生蓋嘗仗漢庭之節，諒此心與前哲而同歸。謹倣祀忠宣之遺意，用敢揭遺蹤而並祠。某適有共二之役，行解授代之龜。命屬妥靈，矢心致詞。庶幾秉史筆者之有采，抑以慰甘棠無窮之思。

魏了翁部

綜述

《宋史》卷四三七《魏了翁傳》　魏了翁字華父，邛州蒲江人。年數歲從諸兄入學，儼如成人。少長，英悟絶出，日誦千餘言，過目不再覽，鄉里稱爲神童。年十五，著《韓愈論》，抑揚頓挫，有作者風。

慶元五年，登進士第。時方諱言道學，了翁策及之。授僉書劍南西川節度判官廳公事，盡心職業。嘉泰二年，召爲國子正。明年，改武學博士。開禧元年，召試學士院。韓侂胄用事，謀開邊以自固，徧國中憂駭而不敢言。了翁乃言：「國家紀綱不立，國是不定，風俗苟偷，邊備廢弛，財用凋耗，人才衰弱，而道路籍籍，皆謂將有北伐之舉，人情恟恟，憂疑錯出。金地廣勢强，未可卒圖，求其在我，未見可以勝人之實。盍亦急於内修，姑逭外攘。不然，舉天下而試於一擲，宗社存亡係焉，不可忽也。」策出，衆大驚。改祕書省正字。御史徐柟即劾了翁對策狂妄，獨侂胄持不可而止。

明年，遷校書郎，以親老乞補外，乃知嘉定府。行次江陵，蜀大將吴曦以四川叛，了翁策其必敗。又明年曦誅，蜀平，了翁奉親還里。侂胄亦以誤國誅。朝廷收召諸賢，了翁預焉。會史彌遠入相專國事，了翁察其所爲，力辭召命。丁生父憂，解官心喪，築室白鶴山下，以所聞於輔廣、李燔者開門授徒，士争負笈從之。由是蜀人盡知義理之學。

差知漢州。漢號爲繁劇，了翁以化善俗爲治。首蠲積逋二十餘萬，除科抑賣酒之弊，嚴户婚交訐之禁；復爲文諭以厚倫止訟，其民敬奉條教不敢犯。會境内橋壞，民有壓死者，部使者以聞，詔降官一秩，主管建寧府武夷山冲佑觀。未數月，復元官知眉州。眉雖爲文物之邦，然其俗習法令，持吏短長，故號難治。聞了翁至，争試以事。乃尊禮耆耇，簡拔俊秀，朔望詣學宫，親爲講説，誘掖指授，行鄉飲酒禮以示教化，增貢士員以振文風。復蟇頤堰，築江鄉館，利民之事，知無不爲。士論大服，俗爲之變，治行彰聞。

嘉定四年，擢潼川路提點刑獄公事。八年，兼提舉常平等事，遷轉運判官。戢吏姦，詢民瘼，舉刺不避權右，風采肅然。上疏乞與周惇頤、張載、程顥、程頤錫爵定謚，示學者趣向，朝論韙之，如其請。遂寧闕守，了翁行郡事。即具奏乞修城郭備不虞，廷議靳其費，了翁增埤浚隍，如待敵至者。後一年，潰卒攻掠郡縣，知其有備不敢逞，人始服豫防之意。十年，遷直祕閣、知瀘州，主管潼川路安撫司公事。丁母憂，免喪，差知潼川府。約己裕民，厥績大著。若游佀、吴泳、牟子才，皆蜀名士，造門受業。

十五年，被召入對，疏二千餘言。首論人與天地一本，必與天地相似而後可以無曠天位，并及人才、風俗五事，明白切暢。又論郡邑强榦弱枝之弊，所宜變通。蓋自了翁去國十有七年矣，至是上迎勞優渥，嘉納其言。進兵部郎中，俄改司封郎中兼國史院編修官。轉對，論江、淮、襄、蜀當分爲四重鎮，擇人以任，虚心以聽，假以事權，資以才用，爲聯絡守御之計。次論蜀邊墾田及實録闕文等事，皆下其章中書。十六年，爲省試參詳官，遷太常少卿兼侍立修注官。

十七年，遷祕書監，尋以起居舍人，再辭而後就列。入奏，極言事變倚伏、人心向背、疆埸安危、鄰寇動静，其幾有五，謂：「宜察時幾而共天命，尊道揆而嚴法守，集思廣益，汲汲圖之，不猶愈於坐觀事會，而聽其勢之所趨乎？」又論士大夫風俗之弊，謂：「君臣上下同心一德，而後平居有所補益，緩急有所倚仗。如人自爲謀，則天下之患有不可終窮者。今則面從而腹誹，習諛而踵陋，臣實懼焉。盍亦察人心之邪正，推世變之倚伏，開拓規模，收拾人物，庶幾臨事無乏人之歎。」其言剴切，無所忌避，而時相始不樂矣。

寧宗崩，理宗自宗室入即位，時事忽異，了翁積憂成疾，三疏求閑不得請，遷起居郎。明年，改元寶慶，雷發非時，上有「朕心終夕不安」之語。了翁入對，即論：「人主之心義理所安，是之謂天，非此心之外别有所謂天地神明也。陛下盍即不安而求之，對天地，事太母，見群臣，親講讀，皆隨事反求，則大本立而無事不可爲矣。」又論：「講學不明，風俗浮淺，立朝無犯顔敢諫之忠，臨難無仗節死義之勇。願敷求碩儒，丕闡正學，圖爲久安長治之計。」又請申命大臣，於除授之際，公聽並觀，然後實意所孚，善類皆出矣。

屬濟王竑削以死，有司顧望，治葬弗虔。了翁每見上，請厚倫紀，以弭人言。應詔言事者十餘人，朝士惟了翁與洪咨夔、胡夢昱、張忠恕所言能引義劘上，最爲切至。而了翁亦以疾求去。右正言李知孝劾夢昱竄嶺南，了翁出關餞别，遂

指了翁首倡異論，將擊之，彌遠猶外示優容。俄權尚書工部侍郎，了翁力以疾辭，乃以集英殿修撰知常德府。越二日，諫議大夫朱端常遂劾了翁欺世盗名，朋邪謗國，詔降三官，靖州居住。初，了翁再入朝，彌遠欲引以自助，了翁正色不撓，未嘗私謁。故三年之間，循格序遷，未嘗處以要地。了翁至靖，湖、湘、江、浙之士，不遠千里負書從學。乃著《九經要義》百卷，訂定精密，先儒所未有。

紹定四年復職，主管建寧府武夷山冲佑觀。五年，改差提舉江州太平興國宫，尋知遂寧府，辭不拜。進寶章閣待制、潼川路安撫使、知瀘州。瀘大藩，控制邊面二千里，而武備不修，城郭不治。了翁乃奏葺其城樓櫓雉堞，增置器械，教習牌手，申嚴軍律，興學校，蠲宿負，復社倉，創義塚，建養濟院。居數月，百廢具舉。彌遠薨，上親庶政，進華文閣待制，賜金帶，因其任。

了翁念國家權臣相繼，内擅國柄，外變風俗，綱常淪斁，法度墮弛，貪濁在位，舉事弊蠹，不可滌濯。遂應詔上章論十弊，乞復舊典以彰新化：一曰復三省之典以重六卿，二曰復二府之典以集衆議，三曰復都堂之典以重省府，四曰復侍從之典以來忠告，五曰復經筵之典以熙聖學，六曰復臺諫之典以公黜陟，七曰復制誥之典以謹命令，八曰復聽言之典以通下情，九曰復三衙之典以彊主威，十曰復制閫之典以黜私意。疏列萬言，先引故實，次陳時弊，分别利害，粲若白黑。上讀之感動，即於經筵舉之成誦。其後，舊典皆復其初。

臣庶封章多乞召還了翁及真德秀，上因民望而並招之，用了翁權禮部尚書兼直學士院。入對，首乞明君子小人之辨，以爲進退人物之本，以杜姦邪窺伺之端。次論故相十失猶存，又及修身、齊家、選宗賢、建内小學等，皆切於上躬者。他如和議不可信，北軍不可保，軍實財用不可恃，凡十餘端。復口奏利害，晝漏下四十刻而退。兼同修國史兼侍讀，俄兼吏部尚書。經幃進讀，上必改容以聽，詢察政事，訪問人才。復條十事以獻，皆苦心空臆，直述事情，言人所難。上悉嘉納，且手詔獎諭。又奏乞收還保全彌遠家御筆，乞定趙汝愚配享寧廟，乞趣崔與之參預政事，乞定履畝之令以寬民力，乞詔從臣集議以救楮弊，乞儲閫才以備緩急。又因進故事：如儲人才、凝國論，如力圖自治之策，如下罪己之詔，如分别襄、黄二帥是非，如究見黄陂叛卒利害，如分任諸帥區處降附。

還朝六閲月，前後二十餘奏，皆當時急務。上將引以共政，而忌者相與合謀排擯，而不能安於朝矣。執政遂謂近臣惟了翁知兵體國，乃以端明殿學士、同僉書樞密院事督視京湖軍馬。會江、淮督府曾從龍以憂畏卒，併以江、淮付了翁。朝論大駭，以爲不可，三學亦上書争之。適邊警沓至，上心焦勞，了翁嫌於避事，既五辭弗獲，遂受命開府，宣押同二府奏事，上勉勞尤至。尋兼提舉編修《武經要略》，恩數同執政，進封臨邛郡開國侯，又賜便宜詔書如張浚故事。朝辭，面賜御書唐人嚴武詩及鶴山書院四大字，仍賜金帶鞍馬，詔宰臣飲餞于關外。乃酌上下流之中，開幕府江州，申儆將帥，調遣援師，褒死事之臣，黜退懦之將，奏邊防十事。甫二旬，召爲僉書樞密院事，赴闕奏事，時以疾力辭不拜。蓋在朝諸人始謀假此命以出了翁，既出則復以建督爲非，雖恩禮赫奕，而督府奏陳動相牽制，故遽召還，前後皆非上意也。

尋改資政殿學士、湖南安撫使、知潭州，復力辭，詔提舉臨安府洞霄宫。未幾，改知紹興府、浙東安撫使。嘉熙元年，改知福州、福建安撫使。累章乞骸骨，詔不允。疾革，復上疏。門人問疾者，猶衣冠相與酬答，且曰：「吾平生處己，澹然無營。」復語蜀兵亂事，蹙額久之，口授遺奏，少焉拱手而逝。後十日，詔以資政殿大學士、通奉大夫致仕。

遺表聞，上震悼，輟視朝，歎惜有用才不盡之恨。詔贈太師，謚文靖，賜第宅蘇州，累贈秦國公。

所著有《鶴山集》、《九經要義》、《周易集義》、《易舉隅》、《周禮井田圖説》、《古今考》、《經史雜抄》、《師友雅言》。

雜録

備録

羅大經《鶴林玉露》甲編卷二《達賢録》 魏鶴山云：「某嘗以吕文穆《夾袋册》，韓忠獻《甲乙丙丁集》，吕正獻《掌記》，曾宣靖《雌黄公議》，司馬公《薦士編》，陳密《學章藁》，范文獻《手記》，近世虞忠肅《翹材館録》之類，粹爲一編，名《達賢録》，亦使士大夫識得行己用世規模，須是推誠心，布公道，集謀慮，廣忠益，不惟資人輔己，濟一旦之用。往往居德養才，流風所被，薰習演迤，逮乎數世，乃是先知先覺職分當然。」鶴山此論可謂任重道遠。然薦士非難，識士爲難。

卞和之識玉，九方皋之識馬，此豈有法之可傳哉！若識鑒未至，徒以偏駁錮滯之意見，稱量摸索，其不爲王荆公者幾希！荆公嘗曰：「當今可望者，惟吕惠卿一人。」又曰：「章子厚才極高，但爲流俗所毀耳。」嗚呼！《翹材》之所延，《夾袋》之所載，使盡如荆公之選掄，則是蛇虺之淵，虎狼之藪也，其流毒可勝道哉！故量足以容君子，識足以辨小人，可以爲大臣矣。

備論

周密《癸辛雜識》別集卷上《劉朔齋再娶》 魏鶴山之女，初適安子文家，既寡，謀再適人。鄉人以其兼二氏之撰，争欲得之，而卒歸於朔齋。以故不得者嫉之，朔齋以是多嘖言。晚喪偶於建寧。王茂悦構自臺歸霅，繼而朔齋亦以口語歸，王輅之近郊。既而，皆有伉儷之慽，語相泣也。王告別歸舟，得疾，竟至不起。王，劉所愛也。劉歸吴中，未幾，亦逝。二人皆蜀之雋人，識者無不惜之，時戊辰、己巳之間也。

黄宗羲等《宋元學案》卷八〇《鶴山學案》 祖望謹案：嘉定而後，私淑朱、張之學者，曰鶴山魏文靖公。兼有永嘉經制之粹，而去其駁。世之稱之者，以並之西山，有如温公、蜀公，不敢軒輊。梨洲則曰：「鶴山之卓犖，非西山之依門傍户所能及。」

藝文

釋居簡《北磵集》卷一〇《祭魏鶴山》 天之降才，生民所繫。以其所餘，爲用于世。公生人間，鳳凰匪瑞。況復芝草，明月火齊。品有定價，不足酬貴。峨岷之秀，河嶽之氣。蚤蜚華問，震天下士。聞輒意消，見輒心死。校書天禄，咸問奇字。西蜀旌旄，令負弩矢。逮于更化，表表愈偉。簪不小低，望益峻峙。絳灌斗筲，交口譏詆。不獨不用，抑又棄置。清流之簸，潸涕交泚。諸老日零，溪東山起。如魯靈光，屹若不倚。騎箕而上，天弗憖遺。官隨身殞，不殞名氏。青史芬芳，終古不墜。

吴淵《退菴遺稿》卷下《鶴山集序》 藝祖救百王之弊，以道理爲最上一語開國，以用讀書人一念厚蒼生，文治郴郁，垂三百年，海内興起未艾也。而文章亦無慮三變，始也厭五季之萎苶而崑體出，漸歸雅醇，猶事織組，則楊、晏爲之倡；已而迴瀾障川，黜雕返樸，崇議論，勵風節，要以關世教、達國體爲急，則歐、蘇擅其宗；已而濂溪周子出焉，其言重道德，而謂文之能藝焉耳，於是作《通書》，著《極圖》，大本立矣。餘有所及，雖不多見，味其言藹如也。由是先哲輩出，《易傳》探天根，《西銘》見仁體，《通鑑》精纂述，《擊壤》豪詩歌，論奏王、朱而講説吕、范，可謂和順積中而英華發外矣。後生接響，謂性外無餘學，其弊至於志道忘藝，知有語録而無古今，始欲由精達粗，終焉本末俱舛，然則言之無文，行之不遠，亦豈周子之所尚哉！此予於鶴山公之文而重有感也。南渡後惟朱文公學貫理融，訓經之外，文膏史馥，騷情雅思，體法畢備。又未幾而公與西山真公出焉。予生晚，不及見考亭之典刑，獨幸接二公之緒論。歲在丙申，公假督鉞道吳門，予時兼制置之事，故讀公詩文爲尤熟。公没十二年，而近思、近愚公之二子也，萃遺稿刻梓，用傳屬予序之。竊惟公天分穎拔，早從諸老游，書無不讀，而見道卓，守道約，故作爲文率深衍閎暢，微一物不推二氣五行之所以運，微一事不述三綱九法之所以尊，言已必致知力行，言人必均氣同體，神怪必不語，老佛必斥攘，以至一紀述，一詠歌，必勸少諷多，必情發禮止，千態萬變，卒歸於正。及究其所以作，則皆尚體要而循法度，浩乎如雲浮空而莫可狀，凛乎如星寒芒而莫可干，蔚乎如風激波而皆自然也。其理到之言與！其有德之言與！程、張之問學而發以歐、蘇之體法與！公文視西山而理致同，醇麗有體同，而豪贍雅健則所自得。故近世言文者曰真、魏，要皆見道君子與！公早掇峻第，晚踐政途，然身未嘗安於朝廷之上。使得行其言以措諸用，如藝祖之訓而用之，詎止如今所存者！而天不假以年，故所可見者文而已，惜哉！淳祐己酉夏，宛陵吴淵序。

吴潛《履齋遺稿》卷三《魏鶴山文集後序》 端平二年冬，潛以右文殿修撰知太平州。時文靖魏公繇樞筦督視江淮京湖軍馬，其始辟幕府領袖之士，每極天下選，然率以時好向背違不就。潛于公非交遊知舊，亦驟辱拔引爲上客。或謂潛曰：盍審諸！潛曰：公善類之宗也，可無從乎！乃疋馬追公于溢浦之上。雖玉帳贊籌，專務戎事，而暇日尊俎笑談，獲見公高文大册及聞公崇論宏議，曰充然有所得也。嘗曰學必本六經之謂正學，道必本堯舜禹湯文武周公孔孟之謂正道。彼邪説詖行是乃荆榛，闢而通之則理到文醇矣。至於天文地理，禮樂律

曆，官制兵法，典章文物，莫不極纚纚，如辨白黑而數一二。潛益信公根柢學問，枝葉文章，落陳啓新，翼華抵實，天出神入，不可羈控，此豈偶然之故哉！後二年公殁，潛哭之流涕，曰天喪斯文矣。又十有五年，公之子近思、克愚相與蒐遺罔軼，有正集、外集、奏議一百卷，將鋟梓行于世。既屬叔氏序其首，又俾潛曰：子爲申言之。潛竊謂渡江以來，文脉與國脉同其壽。蓋高宗於司馬文正公《資治通鑑》，謂有益治道，可爲諫書。自孝宗爲《蘇文忠公文集》御製一贊，謂忠言讜論，不顧一身利害。洋洋聖謨，風動四方，于是人文大興，上足以接慶曆、元祐之盛。至乾、淳間，大儒輩出，朱文公倡于建，張宣公倡于潭，吕成公倡於婺，皆著書立言，自爲一家。凡仁義之要，道德之奥，性理之老，聖經賢傳之務息邪説，有君臣有父子而不蝕其綱常之正者，功用弘矣。永嘉諸老如陳心齋、葉水心之徒，則又創爲制度器數之學，名曰實用，以博洽相夸。雖未足以頡頏二三大儒，然亦有足稽者。寥寥然四五十載，我公嗣之，識照古今而不自以爲高，忠貫日月而不自以爲異，德望在生民，名望在四夷，文章之望在天下，後世蓋所謂兼精粗、一本末、集乾淳之大成者也。惜其位不稱德，命不待時，不及相明天子以興禮樂，致太平，而斯文之澤所見僅止于此，悲夫！公諱了翁，字華父，邛之鶴山人，天下士師尊之曰「鶴山先生」云。

王邁《臞軒集》卷一一《祭魏鶴山先生文》 惟國家盛時之人才，稟山川清淑之間氣。文章則眉山之父子，道學則伊川之昆季。更南渡之百年，邈徽稱而誰嗣？鶴山先生以英偉之姿，抱遠大之器。文追正始之音，學探聖賢之秘。權史當朝，以儒爲戲，先生輩人，不得行志。當寶慶之初元，抗綱常之宏議。虎守關而怒號，犬見日而羣吠，斥忠質於渠陽，快女嬃之怨詈。誼也當此，賦鵩以悲鳴；原也當此，沉湘而憔悴。先生處之泰然，曰吾有命有義，履畏境如康莊，茹苦荼如甘薺。獨盡力於斯文，將垂光於來世。於《易》則探賾鈎深，於《禮》則訂訛證僞，於詩則陶寫襟靈，於字則平章篆隸。凡筆端之遊嬉，指理窟而超詣。積八年之深功，續程蘇之位置，使一朝之大用，當盡抒於經濟。迨夫天奪權姦，朝登儒撰。初年而西山自閩來，次年而先生自蜀至。洪、蔣諸賢，後先征彙。遂使端平之初，及見元祐之懿。奈西山之一頹，如杲日之西墜。先生哭之盡哀，人士聞之興喟。未幾而蔣終於家，又未幾而洪薨於位。立東門者一人，凛靈光之標致。以政地之重臣，爲督府之元帥，何異乎嫉真卿而使之爲説李之行，惡彦國而使之爲出疆之使。未視師而賊膽寒，將策勳而同列忌。俄異論之横生，悵初心之莫遂，蜀無家之可歸，奉叢祠之若寄。及帥閩之命頒，猶物情之少慰。司封駁者何人，犯清議而不愧！使此身之猶存，尚行道之可冀，何殞星之告妖，乃倏然而蟬蜕。嗚呼哀哉！天生偉人，關繫匪細，出處則關民生之戚休，存亡則係吾道之興廢。宜錫之期頤之年，留以爲宗社之衛。至於姦臣弄權，貪夫敗類，宜凶於而身而家，毋得以爲鬼爲魅。彼蒼者天，胡然不惠？惡者永年，善者降厲。望之、周堪殁，而孔光賜杖於建平之間；元城、瑩中卒，而蔡京白首於靖康之際。鐘鳴漏盡者冥行不休，而元夫巨人乃淪亡而相繼。嗚呼哀哉！國步間關，民生彫弊，京襄邱墟，江淮鼎沸。外有側目伺隙之憸壬，内有摇舌肆讒之婦寺。此何時而梁木摧，此何景而蛟龍逝。是殆晉人所謂秋高摇落之時，使人眩然而出涕。某晚登門墻，辱窺小異，雖名位之不侔，偶襟期之胥契。讀奏篇之謦言，曰差强乎人意。屬霜簡之見排，紛羣目之疾視。先生白之榻前，至色莊而言毅。謂去一微臣不足憐，恐天下自此以爲諱。旋開悟於上心，得免投之荒裔。贈之以朝陽鳴鳳之繡圖。申之以彩筆飛鸞之大字。至今序引之珍藏，燁然有光於巾笥。先生於僕非納交，僕於先生非借勢。或者下石之未休，猶謂托名流而附麗。自漳濱而斥還，擬墓前而自誓，抱直道以不渝，鞭古心而愈勵。聞訃告於郵傳，集百憂於肝肺，蓋爲世道之隱憂，非特一身之私計。假精廬以招魂，陳生芻而設祭。諒英爽之周遊，如源泉之在地。隨感召而必通，儻下歆乎一酹。人之云亡，邦國殄瘁，悠悠我思，明發不寐。

方岳《秋崖集》卷三九《祭魏參政文》 嗚呼，蜀自三蘇公不作，于今幾何年兮，予嘗意其水惡而山羞。天地之秘寶韜光剷彩，鬱屈而不平兮，故其發也勃焉，而有斐君子特立于西州。學探邃古之奥，文洗時俗之陋，而浩然于胸中者自一宇宙兮，蓋蹴訓詁之圃而姬孔之與游。以其精微者治身，以其粗淺者治世，是心固將堯舜吾君民兮，而不知一葦杭之，何以障百川于横流。彼誰其秉國之均，如重陰且霾，日月爲之晦冥兮，而矯然獨鶴之嘹唳，乃欲空百鳥之喧啾。抱遺經于荒遐之裔，樂斯道于寂寞之濱者，與歲月而相忘兮，亦既築山房于白鶴之麓，而眠雲卧雪，吟風醉月，侃侃乎其無物外之憂。但遨嬉于翰墨之林，而秦篆漢籀流落人間者，太山一毫芒兮，至其妙于心，則伏羲以前之《大易》，而筆于書，則獲麟以後之《春秋》。忽雲翳之劃開，豁中天之大夜，下尺一趣諸老以來歸兮，人固以爲適當太平之期，願觀德化之成，而衆君子之聚在本朝者，殆將人稷契而身伊周。歷觀近歲諸賢之志，各欲出其力以救斯世之淪胥兮，而彼蒼者天，豈其不欲

平治耶，胡駕言中道而摧輈！西山其頹，而天目之老、晉陵之魁亦相繼而凋落兮，獨吾白鶴山人在，而且猶旁睨如棋之局、孤閒横水之舟。然庶幾其可以繫中外之望，以待天人之定兮，而復乘雲氣，騎箕尾，渺松江以上征，而不爲蒼生其小留。疇昔之夜，謁公南徐，曰衆歎之不可息而予亦信以爲然兮，及今見之，則既歎其爲李西平之子，而嘉獎其爲異于臧宫、馬武之儔。人生傾意氣耳，故今聞公之喪，晝喟而夜吁兮，而况朝失元老，士失宗儒，其將付斯世于悠悠。乃作白鶴之些曰：白鶴飛兮山之幽，梳雪羽兮風颼颼。時不與兮吾誰尤，白鶴歸兮河之洲。蘇臺杳兮雲正愁，唳華表兮天知否。

李全部

綜述

《宋史》卷四七六《李全傳上》 李全者，濰州北海農家子，同産兄弟三人。全鋭頭蠭目，權譎善下人，以弓馬趫捷，能運鐵槍，時號「李鐵槍」。

初，大元兵破中都，金主竄汴，賦斂益横，遺民保巖阻思亂。於是劉二祖起泰安，掠淄、沂。二祖死，霍儀繼之，彭義斌、石珪、夏全、時青、裴淵、葛平、楊德廣、王顯忠等附之。楊安兒起，掠莒、密，展徽、王敏爲謀主，母舅劉全爲帥，汲君立、王琳、閻通、董友、張正忠、孫武正等附之，餘寇蠭起。大元兵至山東，全母及其兄死焉。全與仲兄福聚衆數千，劉慶福、國安用、鄭衍德、田四、于洋、洋弟潭等咸附之。

大元兵退，金乃遣完顔霆爲山東行省，黄摑爲經歷官，將花帽軍三千討之，敗安兒于闌頭滴水，斷其南路。安兒輕舸走即墨，金人募其頭千金，舟人斬以獻。安兒無子，從子友僞稱「九大王」，不閑軍務。安兒妹四娘子狡悍善騎射，劉全收潰卒奉而統之，稱曰「姑姑」，衆尚萬餘，掠食至磨旗山，全以其衆附，楊氏通焉，遂嫁之。全合軍與霆戰，又敗。霆驍將張惠望見全，躍馬赴之，槍及全，若有縶其馬足而止者。全得收餘衆保東海，劉全分軍駐崓上。霍儀攻沂州不下，霆自清河出徐州，斬儀，潰其衆。彭義斌歸李全。黄摑者，即阿魯達。霆即李二措，賜姓完顔。惠號「賽張飛」，燕俠士也。此數人者，出没島崓，寶貨山委而不得食，相率食人。

有沈鐸者，鎮江武鋒卒也，亡命盜販山陽，誘致米商，斗米輒售數十倍，知楚州應純之償以玉貨，北人至者輒舍之。又説純之以歸銅錢爲名，弛度淮之禁，來者莫可遏。安兒之未敗也，有意歸宋，招禮宋人。定遠民季先者，嘗爲大俠劉佑家厮養，隨佑部綱客山陽，安兒見而説之，處以軍職。安兒死，先至山陽，寅緣鐸得見純之，道豪傑願附之意。時江、淮制置李珏、淮東安撫崔與之皆令純之沿江增戍，恐不能禦，乃命先爲機察，諭意羣豪；敍復鐸爲武鋒軍副將，辟楚州都監，與高忠皎各集忠義民兵，分二道攻金。先遂以李全五千人附忠皎，合兵攻尅海州，糧援不繼，退屯東海。全分兵襲破莒州，禽金守蒲察李家，别將于洋克密州，兄福克青州，始授全武翼大夫、京東副總管。純之見北軍屢捷，密聞于朝，謂中原可復。時頻歲小稔，朝野無事，丞相史彌遠鑒開禧之事，不明招納，密敕珏及純之慰接之，號「忠義軍」，就聽節制。於是有旨依武定軍生券例，放錢糧萬五千人，名「忠義糧」。於是東海馬良、高林、宋德珍等萬人輻湊漣水，鐸納之，全與劉全俱起羨心焉。

嘉定十一年五月己丑，全軍至漣水，邀先白事楚城，取器甲金穀，議再攻海州，純之厚勞全金玉器用及其下有差。六月，全圍海城，金經略阿不罕、納不剌等固守不下。七月，合鄆、單、邳、徐兵來援，全與戰于高橋，不勝，退守石秋，分兵襲密州，禽黄摑，械至楚城。是冬，徙屯淮陰之龜山。

十二年，山東來歸者不止，權楚州梁丙無以贍。先懇丙請預借兩月，然後帥所部五千并良等萬人往密州就食，不許；請速遣全代領其衆，又不許。丙以石珪權軍務，珪乃奪運糧之舟，二月庚辰，率軍二萬度淮大掠。丙調王顯臣、高友、趙邦永以兵逆之，至南度門，顯臣敗，友、邦永遇珪，下馬與作山東語，皆不復戰。丙窘，乃遣全出諭之。時金人圍淮西急，馬司都統李慶宗戍濠，出戰，喪騎三千，珪及張春皆有亡失。帥司調全與先、珪軍援盱眙。全亦欲自試，親往東海點軍赴之。癸亥，遇金人于嘉山，戰小捷。三月，先軍進駐天長，全進駐盱眙，鼎立以待金人。乙酉，全至渦口，值金將乞石烈牙吾答名「盧鼓槌」者將濟，全與其將鹿仙掩之，金兵溺淮者數千，俘獲甚衆。壬辰，與阿海戰于化陂湖，大捷，殺金數將，得其金牌，追至曹家莊而還。三圍俱解，全喪失亦衆。阿海者，金所謂四駙馬也。全進達州刺史，妻楊氏封令人。

六月，金元帥張林以青、莒、密、登、萊、濰、淄、濱、棣、寧海、濟南十二州來歸。始，林心存宋，及摑敗，意決而未能達。會全還濰州上冢，揣知林意，乃薄兵青州城下，陳説國家威德，勸林早附。林恐全誘己，猶豫未納。全約挺身入城，惟數人從，林乃開門納之，相見甚歡，謂得所托，置酒結爲兄弟。全既得林要領，附表奉十二州版籍以歸。表辭有云：「舉諸七十城之全齊，歸我三百年之舊主。」表，馮垍所作也。秋，授林武翼大夫、京東安撫兼總管，其餘授官有差。進全廣州觀察使、京東總管，劉慶福、彭義斌皆爲統制，增放二萬人錢糧，徙屯楚州。先是，制置使賈涉以朝命督戰，許殺金太子者，賞節度使；殺親王，承宣

使；殺駙馬，觀察使。全致所得金牌于涉，云殺四駙馬所獲者。涉上于朝，乞如約賞之，故全有是受，而四駙馬實不死也。

十一月，大雨雪，淮冰合。全請于制府曰：「每恨泗州阻水，今如平地矣，請取東西城自效。」制府遣就盱眙劉琸議，琸集諸將燕全，時青、夏全咸願以長槍三千人從。夜半度淮，潛向泗之東城，將踏濠冰傅城下，掩金人不備。俄城上荻炬數百齊舉，遥謂曰：「賊李三！汝欲偷城耶？」天黑，故以火燭之。全知有備，引去。

十三年，趙拱以朝命諭京東，過青厓峒，嚴實求内附。拱與定約，奉實款至山陽，舉魏、博、恩、德、懷、衛、開、相九州來歸。涉再遣拱往諭，配兵二千，全亦請往，涉不能止，乃帥楚州及盱眙忠義萬餘人以行。拱説全曰：「將軍提兵度河，不用而歸，非示武也，今乘勢取東平，可乎？」於是全合林軍得數萬，襲東平之城南。金參政蒙古剛帥衆守東平，全以三千人金銀甲、赤幟，逵濠躍馬索戰。時大暑，全見城阻水，矢石不能及，乃與林夾汶水而砦，中通浮梁來往。一夕，汶水溢，漂大木，斷浮梁，全首尾幾絶，蓋金人堰汶水而決之也。詰旦，金騎兵三百奄至，全欣然上馬，帥帳前所有騎赴之，殺數人，奪其馬，逐北抵山谷。上有龍虎上將軍者，貫銀甲，揮長槊，盛兵以出，旁有繡旗女將馳槍突鬥。會諸將至，拔全以出，乃退保長清縣，精鋭喪失太半，統制陳孝忠死焉。林兵還青州。全所携鎮江軍五百人多怨憤，全乃分隸拱，使先歸，而以餘衆道滄州，假鹽利以慰贍之。龍虎上將軍者，東平副帥幹不搭；女將者，劉節使女也。

全至楚州，屬召先赴行在。全自渦口之捷，有輕諸將心，獨先嘗策戰勛，威望不下已，患之。乃陰結制帥所任吏莫凱，使譖先，先卒，全喜而心益貳。涉乘先死，欲收其軍，輟統制陳選往漣水以總之。先黨裴淵、宋德珍、孫武正及王義深、張山、張友拒而不受，潛迎石珪于盱眙，奉爲統帥。珪道楚城，涉不知覺，及選還，涉恥之，乃謀分珪軍爲六，請于朝，出脩武、京東路鈐轄印告各六授淵等，使之分統，謂可散其縱。淵等陽受命，涉即聞于朝，謂六人已順從，珪無能爲矣。其後有教令皆不納，然後知淵等猶主珪，涉恐甚。全結府吏伺知之，乃見涉，請討珪，涉未有處。議者請以全軍布南度門，移淮陰戰艦陳于淮岸，以示珪有備，然後命一將招珪軍，來者增錢糧，不至罷支，衆心一散，珪黨自離。涉用其策，珪技果窮。珪素通好於大元，至是殺淵而挾武正、德珍與其謀主孟導歸大元。漣水軍未有所屬，全求併將之。客有請以附淮將者，曰：「使南將主北軍，則淮、楚爲一。」涉然之，且曰：「先在時有三千虚籍，今當遣明亮覈實，因可省費。」全聞之即獻計曰：「全若朝將此軍，夕與覈除虚籍。」因卑辭獻珍具以自結，涉不能卻，遂以付全。翼日，復命曰：「初謂有虚額，昨夕細點，萬五千人之外尚溢十數名。」涉始悟全見紿，他日議更遣幕屬點之。吏亟報全，全忽狀白涉：「昨夕三鼓，漣水告警，云金人萬餘在邳州。全思漣水去邳咫尺，既無險阻，城壁復弊，一被攻劫，則直臨淮面，罪在全矣。深夜不敢驚制使，已調七千人迎敵矣。」涉知全詐，因寢點軍之議。全又白制府請于朝，以劉全爲總管駐揚州，分數千兵從之，而將其衆。十一月丁未，全遊金山，作佛事，以薦國殤。知鎮江府喬行簡方舟逆之，大合樂以饗之。總領程覃迭爲主禮，務誇北人以繁盛。全請所狎娼，覃不與，全歸語其徒曰：「江南佳麗無比，須與若等一到。」始造舭艖舟，謀争舟楫之利焉。

十四年正月，金人將南來，全請於涉，欲與劉琸共圖泗州，以伐其謀，涉許之。全兵至盱眙度淮，攻尅泗州之西城，入城布守。琸徙盱眙芻粟以實之，防城之具俱撤以往，爲必守之計。未幾，盧鼓槌來取西城，全盛兵出戰，大敗，統制賴興死，全閉城自守。明日復戰不勝，全遁歸，資糧器械悉以委敵。金人既陷蘄州，扈再興、趙范及其弟葵邀擊于天長。全隨行襲金人後，謁而賀曰：「二監軍已立大功，乞以餘寇付全追之。」然全追之不甚力，亦以是進承宣使。

十五年二月，琸再取西城，盧鼓槌背城力戰，戒惠必獲全，不獲則斬。惠數嘗敗全于山東，而不能獲，每歎曰：「天假此賊，事未可量。」及聞盧鼓槌言，自度進未必獲，退復受戮，即陳躍馬奔全壁，棄所執兵請降。全掖而起之，相與歡甚。不數日，惠戲下數千人皆潛至，全與惠歸，請于制置司官之，令自總一軍。

膠西當登、寧海之衝，百貨輻湊，全使其兄福守之，爲窟宅計。時互市始通，北人尤重南貨，價增十倍。全誘商人至山陽，以舟浮其貨而中分之，自淮轉海，達于膠西。福又具車輦之，而税其半，然后從聽往諸郡貿易，車、夫皆督辦於林，林不能堪。林財計仰六鹽場，福恃其弟有大造于林，又欲分其半，林許福恣取鹽，而不分場。福怒曰：「若背恩耶？待與都統提兵取若頭爾！」林懼，愬于制置司。涉密召林戲下問之，福伏兵于途以伺，林覺不追。於是李馬兒説林歸大元，福狼狽走楚州。冬，加全招信軍節度。林猶遣涉書詆全，明已非叛。涉以咎全，全請爲朝廷取之，乃提師駐海州以迫林。涉間道遣黠胥王翊、閻瓊勞林，林泣涕道其故。翊歸，全使人殺諸塗。全攻林急，林走，全遂入青州。

十六年二月，涉勸農出郊，暮歸入門，忠義軍遮道，涉使人語楊氏，楊氏馳出門，佯怒忠義而揮之，道開，涉乃入城。自是以疾求去甚力。五月被召，卒。秋，全新置忠義軍籍。初，涉屯鎮江副司八千人于城中，翟朝宗統之；分帳前忠義萬人，屯五千城西，趙邦永、高友統之；屯五千淮陰，王暉及于潭統之，所以制北軍也。全輕鎮江兵，且以利啗其統制陳選及趙興，使不爲己患；唯忌帳前忠義，乃數稱高友等勇，遇出軍必請以自隨，涉不許。全每燕戲下，并召涉帳前將校，帳前亦願隸焉，然未能合也。及丘壽邁攝帥事，全忽請曰：「忠義烏合，尺籍鹵莽。莫若別置新籍，一納諸朝，一申制閫，一留全所，庶功過有考，請給無弊。」壽邁善而諾之。全乃合帳前忠義悉籍之，盡統其軍，時人莫悟。

十一月，許國自武階換朝議大夫、淮東安撫制置使，命下，聞者驚異。先是，國奉祠家食，數言全必反，欲傾涉而代之。會召國奏事，國疏全姦謀甚深，反狀已著，非有豪傑不能消弭，蓋自鬻也。至是，乖行簡爲吏部侍郎，上疏論國望輕，不宜帥淮，不報。山陽參幕徐晞稷雅意開閫，及聞國用，晞稷闕望，乃謄國奏注釋以寄全，全得報不樂。是冬，金將李二措及邳州守致書海州，欲附宋，全戲下周岊得之，即以報全。全喜，遣王喜兒以兵二千應接，而已繼之。二措納喜兒而因之。全兵欲攻邳，四面阻水，二措積勁弩備之，全不得進，合兵索戰。全敗，欲還楚州，會濱、棣有亂，乃引兵趨山東。

十七年正月，國之鎮，楊氏郊迓，國辭不見，楊氏慚以歸。國既視事，痛抑北軍，有與南軍競者，無曲直偏坐之，犒賚十裁十八。全自山東致書于國，國詫於衆曰：「全仰我養育，我略示威，即奔走不暇矣。」全固留青州，國不能致。四月，全遣小吏致再書，國喜，曲加勞接，即日真補承信郎，冀結其心。小吏曰：「小吏奉書而遽得命，諸將校謂何？」不受，歸語其徒以爲笑。國見全無來期，數致厚餽，邀全議事。會劉慶福亦使人覘國意向，國左右知之，語覘者曰：「制置無害汝等意。」慶福以報全，全集將校曰：「我不參制閫，則曲在我。今不計生死必往見。」八月，全上謁，賓贊戒全曰：「節使當庭趨，制使必免禮。」及庭趨，國端坐納全拜，不爲止。全退，怒曰：「庭參亦常禮，全歸本朝，拜人多矣，但恨汝非文臣，本與我等。汝向以淮西都統謁賈制帥，亦免汝拜。汝有何勛業，一旦位我上，便不相假借耶？全赤心報朝廷，不反也。」國繼設宴會全，遺勞加厚，全終不樂。國之客章夢先主幕議，慶福謁見，夢先責客將，令隔簾窺喏，慶福不能堪。國以名馬十餘噉遺全，不受。國固遣，全俟其充斥階庭，伺候移時，而復卻之。如是者半月，卒不受。

全欲往青州，懼國苛留，自計曰：「彼所争者拜也，拜而得志，吾何愛焉！」更折節爲禮。因會，席間出劄白事，國見其細故，判從之，全即席再拜謝。自是動息必請，得請必拜，國大喜，語家人曰：「吾折伏此虜矣。」義斌求趙邦永來山東，全爲白之，國諾。邦永乘間告國曰：「邦永若去，制使誰與處？」國曰：「我自能兵，爾毋過慮。」邦永泣而辭之。全遂往青州。十一月，國集兩淮馬步軍十三萬，大閱楚城之外，以挫北人之心。楊氏及軍校留者恐其圖己，内自爲備。

寶慶元年，湖州人潘甫與其從弟丙、壬起兵，密告全黨于山陽，全黨欲坐致成敗，然其謀而不助之力。甫歸，陰勒部曲及聚販鹽盜至千餘，結束如北軍，率衆揚言自山陽來擁立濟王，事見《竑傳》。時，全圖國之意已決，遣慶福還楚城，使爲亂。或教楊氏畜一妄男子，間指謂人曰：「此宗室也。」至語郡僚曰：「會令汝爲朝士。」潛約盱眙四軍相應。忠義統領王文信有衆八百，涉徙刺揚州强勇軍。國之聚兵大閱，文信在焉，慶福與謀，令歸襲揚州，别遣將劫寶應，事濟即揮衆度江。盱眙四將不從，於是慶福等謀中輟，止欲快意於許國焉。計議官苟夢玉知之，以告國，國曰：「但使反，反即殺，我豈文儒不知兵耶？」夢玉懼禍及己，求檄往盱眙，復告慶福曰：「制帥欲圖汝。」兩爲自結之計。乙卯，國晨起莅事，忽露刃充庭，客駭走，國厲聲曰：「不得無禮！」矢已及顙，流血蔽面，國走。亂兵悉害其家，大縱火，焚官寺，兩司積蓄盡入賊。親兵數十人翼國登城樓，縋城走，伏道堂中宿焉。時四明人姚翀通判青州，全豫令還山陽，及漣水而復止之。至是，擁翀入城，與通判宋恭喝犒南北軍，使歸營。是日，慶福首殺夢先以報窺喏之辱，戒諸軍毋害苟夢玉家，護以五十兵。初，國倚揚州强勇軍統制彭興及淮西親兵將趙社、朱虎等爲腹心，至是首降賊，且助爲亂。惟丁勝、張世雄、沈興、杜靖毗、富道不屈，或與賊巷戰，興手殺賊將馬良。賊黨得志，更相賀，獨張正忠歎曰：「若曹不識事體，朝廷豈置汝耶？」王文信復獻計慶福曰：「我僞作重傷提本部軍歸揚州，揚守必不疑，我生縛守，以其城獻。」慶福喜，夜飲而遣之。丙辰，許國縊于途。

丁巳，文信將至揚州，其徒有亡入城告變者。時揚之兵皆在楚，知州兼提點刑獄汪統會同官議，鈐轄趙拱曰：「若不納，則文信必曰：『我歸營，何故見拒？』將借是以魚肉城外之民。拱素善文信，請説止其兵，而以單騎入，俟入城而殺之，然後撫其兵，領往盱眙，分隸張、范戲下。」統喜，遣之。遇文信于十里

頭，置酒相勞苦，文信僞爲裹創狀。拱曰：「忠義反楚州，揚州人見忠義暮歸，豈不相疑？不若暫駐兵城外，然後同見提刑，提刑急欲知楚州事也。」文信不疑，聯騎入城，坐客次。拱先入，勸統收戮之，統躊躇不敢發。劉全知其謀，帥甲士突入郡堂，厲聲曰：「王統領好人，提刑不必疑，請出受參。」統不得已，出而犒之。劉全以兵翼之出，館其家。詰旦，統未有處。拱又請引文信出城，與議回屯楚州。文信知事泄，拱就出，劉全亦請從。至平山堂，文信責拱賣己，欲殺之，拱曰：「爾謀如此，三城人命何辜！我已存三城人，身死無憾。然我死，汝八百家老幼在城，豈得生耶？」文信及其衆動色，文信、劉全遂還楚州。

時盱眙總管夏全聞山陽得志，亦懷異圖，劉琸厚賂之，乃止。及文信亂，琸懼夏全復動，乃使卞整將兵三千視之，使不敢動。整以邀文信爲辭，引兵還揚州，因僞言盱眙失守，卞整爲亂，於是揚州復震，城門晝閉。

彌遠懼激他變，欲姑事涵忍而後圖之。謀帥莫可，以徐晞稷嘗倅楚州、守海州，得全歡心，晞稷亦勇往，乃授淮東制置使，令屈意撫全。時慶福以事濟報全，全又牒義斌等曰：「許國謀反，已伏誅矣，爾軍並聽我節制。」義斌得牒大罵曰：「逆賊背國厚恩，擅殺制使。此事皆因我起，我必報此讎。」呼趙邦永曰：「趙二，汝南人，正須爾明此事。」乃斬齎牒人，南向告天誓衆，見者憤激。全自青州至楚城，佯責慶福不能彈壓，致忠義之鬨，斬數人，請待罪，朝廷未之詰。趙范時知揚州兼提點刑獄，得制置印于潰卒中，以授晞稷。全遣騎逆晞稷。己卯，晞稷入楚城。劉全躍馬登郡廳，晞稷迎之，全及門下馬，拜庭下，晞稷降等止之，賊衆乃悅。

四月，潘壬變姓名至楚州，將度淮而北，小校明亮獲之，械送行在伏誅。

甲午，時青使人僞爲金兵，道邳州，出漣水，奪全田租而伏騎八百。翼旦，全引二百騎度淮與鬥，伏發，全敗，圍之，慶福以兵往拔全出。全與慶福俱重傷，歸楚州。丁勝、張世雄欲乘全敗舉兵追北軍，晞稷止之。全後知其謀，對晞稷詰之，二人不爲屈。然懼禍及己，晞稷乃潛授世雄雄勝軍統制，教使逃而陽索之。北軍追世雄，世雄且戰且走，得達揚州。晞稷初至楚，緩急相濟，如囚趙社，逐朱虎，賊尚知畏。屢令全還戰馬、軍器于制司，全唯唯。退招姚翀及將校飲，酒酣，全曰：「制司追我戰馬、軍器，若何？」忽有將校曰：「當時忠義只百十人，其他軍皆南軍乘勢將帶，若潰將何以還？」一人曰：「制司必欲追之，不若有官者棄官，無官者歸山東爲百姓。」一人抵掌憤然，使全反，全陽罵之。翀以告晞稷。翼日，全見晞稷求納官，晞稷撫之而去。自是不復誰何，其後至以「恩府」稱全，「恩堂」稱楊氏，而手足倒置矣。軍器庫止餘槍干數千，全復取去。全欲戰艦，晞稷使擇二艘。全移出淮河，使軍習之。

初，楚城之將亂也，有吏竊許國書篋二以獻慶福，皆機事。慶福賞盜篋者五百千，未之閱。全始發緘，使家僮讀之，有廟堂遺國書令圖全者，全大怒；又有苟夢玉書，即以慶福謀告國者，全始惡夢玉反覆。夢玉知之，時已被堂召，亟辭全如京。己卯，全餽餞夢玉如平時，潛殪諸十里之郊，復出榜捕害夢玉者。全往青州。

五月丁卯，全取東平，不克。戊寅，劉全以券易制司錢，不如欲，復謀亂，楊氏出二千緡解之，乃止。全引兵攻恩州。明日，義斌出兵與全鬥，全敗。義斌以千五百騎追之，獲馬二千匹，皆揚州强勇軍馬也。慶福往救，又敗。全退保山崮，抽山陽忠義以北。楊氏及劉全皆欲親赴之，會全遣人求晞稷書與義斌連和，乃止。義斌納全降兵，兵勢大振，進攻真定，降金將武仙，衆至數十萬，致書沿江制置使趙善湘曰：「不誅逆全，恢復不成。但能遣兵扼淮，進據漣、海以蹙之，斷其南路，如此賊者，或生禽，或斬首，惟朝廷所命。賊平之後，收復一京三府，然後義斌戰河北，盱眙諸將、襄陽騎士戰河南，神州可復也。」時四總管亦各遣計議官致書，乞助討賊，范亦以爲言，不報。全貽書制置司，誣義斌叛，晞稷繳達之。時朝廷知義斌之功，憚全，未欲行賞。未幾，義斌俟命不至，拓地而北，與大元兵戰于內黄之五馬山。大元兵說之降，義斌厲聲曰：「我大宋臣，且河北、山東皆宋民，義豈爲他臣屬耶！」遂死之。戲下王義深等復歸全。

全使人說時青附己，餽金五百兩。青見義斌死，乃附全，自移屯淮陰。全招青入城飲，折俎銅券二千，他餽稱是，恩徧麾下，人人喜悅。晞稷宴青，全餽折俎如前。全將往山東，以南軍七百從，官犒鐵錢券人五千，全犒銅錢三倍，許携南貨免稅。於是請行者不已，得千人以俱，晞稷又以千八百人繼之。

二年春，趙范奉祠，林珙知揚州、權提點刑獄。全北剽山東，南假宋以疑大元，且仰食。會金與大元争大名，全得往來經理。三月丙辰朔，大元兵攻青州，全大小百戰，終不利，嬰城自守。大元築長圍，夜布狗砦，糧援路絶。全遣小校周興祖縋城，雜樵采者走楚州發援兵，終不能支。全與福謀，福曰：「二人俱死無益也，汝身係南北輕重，我當死守孤城，汝間道南歸，提兵赴援，可尋生路。」全曰：「數十萬勍敵，未易支也。全朝出則城夕陷，不如兄歸。」於是全止而福行。

朝廷初以力未能討，故用晞稷調護，及傳全被圍，稍欲圖賊。晞稷畏懦，幸全未歸以苟歲月。朝廷方謀易帥，劉琸久在盱眙，雅意建閫；又見賊勢稍孤，意功名可立，使鎮江副都統彭忬延譽京師，自謂：「素撫鎮江，三萬人足用，且得四總管歡心，討賊有餘力。」朝廷信之，忬亦垂涎代琸，從臾尤力。九月，以琸知楚州兼淮東制置使，忬代知盱眙，晞稷不知也。乙亥，晞稷以户部侍郎召，未幾，出知袁州。

十一月壬子朔，琸至楚州，心知不能制馭四總管，惟以鎮江兵自隨。時青在淮陰，琸怨其移屯叛己，不召也。夏全請從，琸素畏全狡，亦俾留盱眙。忬自揣資望視琸更淺，曰：「琸之止夏全，是欲遺患盱眙也。琸猶憚夏全，我何能用？」乃激夏全曰：「楚城賊黨不滿三千，健將又在山東，劉制使圖之，收功在旦夕。太尉曷不往赴事會，何端坐爲？」夏全欣然領兵徑入楚城，青亦自淮陰復移屯城内。琸且駭且恐，勢不容卻，復就二人謀焉。時傳全已死，福欲分兵赴援，兵少，卒不往。甲子，琸令夏全盛陳兵楚城，賊黨震恐，楊氏遣人賂夏全求緩師，乃止。

《宋史》卷四七七《李全傳下》 寶慶三年一月，楊氏使人行成于夏全曰：「將軍非山東歸附耶？狐死兔泣，李氏滅，夏氏寧獨存？願將軍垂盼。」全諾。楊氏盛飾出迎，與按行營壘，曰：「人傳三哥死，吾一婦人安能自立？便當事太尉爲夫，子女玉帛、干戈倉廩，皆太尉有，望即領此，誠無多言也。」夏全心動，乃置酒歡甚，飲酣，就寢如歸，轉仇爲好，更與福謀逐琸矣。

辛卯，夏全令賊黨圍州治。焚官民舍，殺守藏吏，取貨物。時琸精兵尚萬餘，窘束不能發一令，太息而已，夜半縋城，僅以身免。鎮江軍與賊戰死者太半，將校多死，器甲錢粟悉爲賊有。琸步至揚州，借州兵自衛，猶劄揚州造旗幟。林拱繳奏于朝，聞者大笑。夏全既逐琸，首歸，楊氏拒之，意楊氏反目圖己，明日大掠，趨盱眙欲爲亂，張惠、范成進閉門，不得入，翺翔淮上。惠、成進出兵欲勦之，夏全狼狽歸金，金人納之。是舉也，張正忠不從亂，經妻女于庭，并己自焚。報至，中外大恐，劉琸自劾，未幾，死。

初，姚翀從賈涉辟楚州推官，全喜其附己，爲引重當路，得改秩，全請以通判青州。國之死，全借翀撫定以誑衆，以功入朝。三月，以翀爲軍器少監、知楚州兼制置。翀辟鄭子恭、杜耒等爲幕客，留母及其子于京，買二妾以行。至城東，艤舟以治事。間入城見楊氏，用晞稷故事而禮過之。楊許翀入城，乃入，寄治僧寺，極意娱之。

時全在圍一年，食牛馬及人且盡，將自食其軍。初軍民數十萬，至是餘數千矣。四月辛亥，全欲歸于大元，懼衆異議，乃焚香南向再拜，欲自經，而使鄭衍德、田四救之，曰：「譬如爲衣，有身，愁無袖耶？今北歸蒙古，未必非福。」全從之，乃約降大元。大元兵入青州，承制授全山東行省。

慶福在山陽，自知己爲厲階，懷不自安，欲圖福以自贖。福知之，亦謀去慶福。二人互相猜貳，不相見。福僞病旬餘，諸將問疾，慶福不往。張甫者，素厚慶福，懼福疑己，乃勸慶福往。後慶福約甫同往，及寢，遥見福卧不解衣，心恐，不得已至床前，見床頭鞘刀，慶福口問疾而手按鞘，懼福先發。福疑慶福就刀見害，乃躍起拔刀傷慶福，慶福徒手不支，甫救之。左右羣起殺慶福及甫。

甫本金元帥，封高陽公，最善馭衆。金亡河北，甫據雄、霸、清、莫、河間、信安不下。信安出白溝，距燕二百里而阻巨濼，大元兵不能涉，甫每潛師窺伺。大元將俚呰奴屢欲滅甫以取雄、霸。驍將窩羅虎者，歸甫，甫納之。其後窩羅虎遁去，且竊甫千里馬以獻俚呰奴。俚呰奴喜，待遇益厚。嘗會飲燕京之大悲閣，窩羅虎醉俚呰奴而推使投閣，幾斃焉。窩羅虎乃佯醉下樓，復乘所獻馬以歸甫，追者莫及，人始服甫之用間焉。其後歸全。

福以慶福頭納翀，翀大喜，耒曰：「慶福首禍，一世姦雄，今頭落措大手耶！」飛報于朝，遣子恭繼奏捷。琸之敗，儲積掃地，綱運不續，賊黨籍籍，謂福所致。福數見翀及僉幕促之，皆謝以朝廷撥降未下，福曰：「朝廷若不養忠義，則不必建閫開幕；今建閫開幕如故，獨不支忠義錢糧，是欲立制閫以困忠義也。」六月，福乘衆怒，與楊氏謀，召翀飲。翀至而楊氏不出，就坐賓次，左右散去。福與翀命召諸幕客，以楊氏命召翀二妾。諸幕客知有變，不得已往。耒朝服至八字橋，福兵腰斲之，耒南望再拜就斃。二妾之入，翀及見之。福兵欲害翀，鄭衍德救之得免，去須鬢，縋城西夜走，徒步歸明州，未幾，死。

朝廷以淮亂相仍，遣帥必斃，莫肯往來。始欲輕淮而重江，楚州不復建閫，就以帥楊紹雲兼制置，改楚州名淮安軍，命通判張國明權守，視之若羈縻州然。賊徒黨塞南門，開北門，支邑民田皆以少價抑買之，自收賦以贍軍，錢糧不繼如故。賊將國安用、閻通歎曰：「我曹米外日受銅錢二百，楚州物賤可以樂生，而劉慶福爲不善。怨仇相尋，使我曹無所衣食。」張林、邢德亦謂：「嘗受宋恩，中遭全間隙，今歸于此，豈可不與朝廷立事？」王義深亦嘗遭全屈辱，且謂：「我本賈帥帳前人，與彭安撫舉義不成而歸。」五人相謂曰：「朝廷不降錢糧，爲有反者

未除耳！」乃共議殺福及楊氏以獻，於是衆帥兵趨楊氏家。福出，德手刃之，相屠者數百人。有郭統制者，殺全次子。通殺一婦人，以爲楊氏，函其首并福首馳獻于紹雲。紹雲驛送京師，傾朝甚喜。檄彭忔、張惠、范成進、時青併兵往楚州，便宜盡戮餘黨。未幾，傳楊氏故無恙，婦人頭乃全次妻劉氏也。

忔輕儇，每供四總管弄戲，得檄不敢自決，力遜。惠、成進二人即提兵入楚城，與林等五人歡宴，議分北軍爲五，使五人分掌之，每軍無過千人，一屯南渡門，一屯平河橋，一屯北神鎮，城中城西各一；在山東人老幼並絶錢糧，出淮陰戰艦，陳淮岸以斷全歸路，請制府及朝廷處之。廟議謂青望重，惟聽青區畫。省檄之下，不及惠、成進。青亦恐禍及，密遣人報全于青州，遷延不決。惠等歸盱眙，賊黨復振。紹雲赴樞密稟議，淮東總領岳珂攝制府事。

惠、成進既歸，錢糧缺乏，密約降金，盧鼓槌許之。時鎮江軍及滁州虎兒軍在盱眙者尚衆，二人紿忔曰：「南北軍易致激變，宜令軍人出入無得帶刃。」又勸早發虎兒軍折洗，忔從之。二人每宴忔，必徧迨皂隸，忔皆不悟，方感其拒夏全之功，轉兩軍官資。二人同戲下合辭曰：「不願得官，欲得錢糧。」八月辛酉，惠、成進燕忔，忔左右知有謀，多不往，忔往如平時。酒半，縛忔，忔從者無寸鐵，且醉，皆就縛。即日渡淮輸款，以盱眙附盧鼓槌于泗州。金兵至，開門接之，諸軍不戰皆降。於是塞南門，開北門，導淮水以通泗之東西城焉。盧鼓槌與惠釋憾連姻，金官惠有加，俾專制河南，以拒大元。自是金人窺淮東益急，朝廷調京湖制置司兵萬人屯青平山以備全。

全得青報慟哭，力告大元大將，求南歸，不許；斷一指示歸南必畔，許之。承制授山東、淮南行省，得專制山東，而歲獻金幣。十月丙辰，全與大元張宣差并通事數人至楚州，服大元衣冠，文移紀甲子而無號。義深走金，安用殺林、德自贖。丁巳，全邀青及張國明于淮陰，國明辭疾，青父子同至。全推殺其子者郭統制斬之，又收田成瑤、田之昂、李英等八人下獄，云：「非朝廷殺我妻子，吾惟問汝。」李英，全腹心，狡而密，與李平皆山東胥吏。全之乍逆乍順，二人所教也。平又數致全書至廟堂，以覘朝廷。青繳所授檄於全曰：「我素推尊相公，豈肯爲此！」全亦惡青反覆。辛酉，與登城南樓飲，殺青，馳騎往紿青妻，言青病，見與禱禳。青妻至，盡殺之。遂併青軍，擢小校胡義爲將，徙其半于漣、海。

紹定元年春，全厚募人爲兵，不限南北，宋軍多亡應之。天長民保聚爲十六砦，比歲失業，官振之，不能繼，壯者皆就募。射陽湖浮居數萬家，家有兵仗，侵掠不可制，其豪周安民、谷汝礪、王十五長之，亦籠結水砦，以觀成敗。翟朝宗知揚州，權制置。全厚賞捕趙邦永，邦永乃變名必勝。全知東南利舟師，謀習水戰，米商至，悉併舟糴之，留其柁工，一以教十。又遣人泛江湖市桐油茹筏，厚募南匠，大治舼艖船，自淮及海相望。於是善湘禁桐油茹筏下江，嚴甚。朝宗市茹木往揚州，善湘亦聞于朝，請以松木易留之。全不得已，代以榆板，舟成多重滯。六月，試舟射陽湖，善湘恐其乘便擣通、泰，亟牒池州求通、泰入湖之路。七月壬辰，全使衍德提兵三萬如海州。乙未，全及楊氏大閱戰艦于海洋。八月，全趨青州，爲嚴實及石小哥邀擊，敗走。小哥，珪子也，遂奪青厓崮，據之。九月，全歸海州，治舟益急，驅諸崮人習水。十一月，全至楚州。全山東經理未定，而歲貢于大元者不缺，故外恭順于宋以就錢糧，往往貿貨輸大元。宋得少寬北顧之憂，遺餉不輟。全縱遊説于朝，不若復建山陽制置司。全又與金合縱，約以盱眙與之，金亦遣靳經歷者聘全，皆不遂。

二年四月，全以糧少爲詞，遣海舟自蘇州洋入平江、嘉興告糴，實欲習海道，覘畿甸也。六月，全資淮安牛馬驢趙五嘯合亡命，雜北軍分往盱眙略牛馬。九月，全往漣、海視戰艦，陽言歸東平葬方士許先生。未幾，還。嘗燕張國明等，忽曰：「我乃不忠不孝之人。」衆曰：「節使何爲有是言也？」全曰：「縻費朝廷錢糧至多，乃殺許制置，不忠；我兄被人殺，不能報復，不孝。二月二十五日事，吾之罪也。十一月十三日事，誰之罪耶？」蓋指琸與夏全也。全密遣軍掠高郵、寶應、天長之間，知高郵軍葉秀發遣宗雄武領民兵捍禦，爲賊所敗。

三年二月壬寅，御前軍器庫火。得縱火者，楚州軍穆椿也。全欲銷宋兵備，故使椿行，且伏姦于外，謀入爲亂，以不得入而止。於是先朝兵甲盡喪。椿臨刑笑曰：「事濟矣。」全欲先據揚州以渡江，分兵徇通、泰以趨海。諸將皆曰：「通、泰，鹽場在焉，莫若先取爲家計，且使朝廷失鹽利。」全欲朝廷不爲備，且雖反而難遽絶錢糧，乃挾大元李、宋二宣差恫疑虚喝，而使國明達諸朝，而大元實未嘗資全兵。有識李宣差者，曰：「此青州賣藥人也。」七月，召國明稟議，全以寶玉資其行，賓從所過，揚言：「李相公英略絶倫，其射五百步，朝廷莫若裂地王之，與增錢糧，使當邊境。」徧餽要津，求主其説。既見廟堂，以百口保全不叛。

八月，全將閱舟師，風不順，焚香禱曰：「使全有天命，當反風。」語畢風反。大閱數日。會全糴麥舟過鹽城縣，朝宗睞尉兵奪之。全怒，以捕盜爲名，庚午，水陸數萬徑擣鹽城，戍將陳益、樓強皆遁，全入城據之。知縣陳遇踰城走，公私

鹽貨皆没於全。朝宗倉皇遣幹官王節入鹽城，懇全退師；又遣吏曾玠、李易入山陽，求楊氏裏言之助，皆不答。朝宗乃遣下幕領兵扼境。全留鄭祥、董友守鹽城，提兵往楚。整與遇庵軍道左，擊柝聲諾。全言于朝，稱遣兵捕盗過鹽城，令自棄城遁去，慮軍民驚擾，未免入城安衆。乃加全兩鎮節，令釋兵，命制置司幹官耶律均往諭之。全曰：「朝廷待我如小兒，啼則與果。」不受。朝廷爲罷朝宗，謀再用紹雲，紹雲辭以官卑不能制；命鄭損，損辭。通判揚州趙璥夫暫攝事。

全造舟益急，至發冢取秥板，鍊鐵錢爲釘鞠，熬人脂擣油灰，列炬繼晷，招沿海亡命爲水手。又給璥夫以大元爲詞，邀增五千人錢糧，求誓書鐵券。朝廷猶遣餉不絶。全得米，即自轉輸淮海入鹽城以贍其衆。他軍士見者曰：「朝廷惟恐賊不飽，我曹何力殺賊！」射陽湖人至有「養北賊戕淮民」之語，聞者太息。

王十五附全，全又遣人以金牌誘脅周安民等，造浮梁于諭口，以便鹽城來往；又開馬邏港、壽河，引淮船入湖，爲攻撓水砦計。復言於制置司云：「全復歸三年，淮甸寧息，雖荷大丞相力主安靖之説，深有覆護之恩，奈何趙制置、岳總管、二趙兄弟人自爲政，使全難處！全欲決定去就，親往鹽城存劄。若有疾全者，疑全者，如趙知府之輩，便可提兵決戰。如能滅全，高官重禄任彼取之；倘不能滅，方表全心。」善湘見之甚憤，范亦請調兵。

時彌遠多在告，執政無可否，舉朝率謂：「大丞相老於經綸，豈不善處？」獨參知政事鄭清之深憂之，密與樞密袁韶、尚書范楷議，二人所見合。清之乃約韶見帝，韶歷言全狀，帝有憂色。清之即力贊討全，帝意決。清之退，以帝意告彌遠，彌遠意亦決。乙巳，金字牌進善湘焕章閣學士、江淮制置大使，范直徽猷閣、知揚州、淮東安撫副使，葵直寶章閣、淮東提點刑獄兼知滁州，俱節制軍馬，全子才軍器監簿、制置司參議官。下詔曰：

君臣，天地之常經；刑賞，軍國之大柄。順斯柔撫，逆則誅夷。惟我朝廷兼愛南北，念山東之歸附，即淮甸以綏來。視爾遺黎，本吾赤子，故給資糧而脱之餓殍，賜爵秩而示以寵榮，坐而食者踰十年，惠而養之如一日，此更生之恩也，何負汝而反耶？蠢兹李全，儕於異類，蜂屯蟻聚，初無横草之功；人面獸心，曷勝擢髮之罪！繆爲恭順，公肆陸梁。因餽餉之富，以嘯集儔徒；挾品位之崇，以脅制官吏。凌蔑帥閫，殺逐邊臣，虔劉我民，輸掠其粟。狐假威以爲畏己，犬吠主旁若無人。姑務包含，愈滋猖獗，遽奪攘於鹽邑，繼掩襲於海陵，用怨酬恩，稔惡恣暴。爲封豕以洊食，貪婪無厭；怒螳螂而當車，滅亡可待。故神人之共憤，豈覆載之所容！舍是弗圖，孰不可忍！李全可削奪官爵，停給錢糧。敕江、淮制臣，整諸軍而討伐；因朝野僉議，堅一意以勦除。蔽自朕心，誕行天罰。

肆予衆士，久銜激憤之懷；暨爾邊氓，期洗沈冤之痛。益勉思於奮厲，以共赴於功名。凡曰脅從，舉宜效順，當察情而宥過，庸加惠以褒忠。爰飭邦條，式孚羣聽：應擒斬到全者，賞節度使，錢二十萬，銀絹二萬匹；同謀人次第擢賞。能取奪見占城壁者，州，除防禦使；縣，除團練使；將佐官民以次推賞。逆全頭目兵卒皆我遺黎，豈甘從叛？諒由刼制，必非本心。所宜去逆來降，并與原罪；若能立功效者，更加異賞。鄭衍德、國安用雖與逆全管兵，然屢效忠款，乃心本朝；馮垍、于世珍雖爲逆全信用，然俱通古今，宜曉逆順，如率衆來降，當加擢用。四方士人流落淮甸，一時陷賊，實非本心，如能相率來歸，當與赦罪。海州、漣水軍、東海縣等處有爲逆全守城壁者，舉城來降，當各推恩。時青以忠守境，屢立駿功；彭義斌以忠拓境，大展皇略，亦爲逆全謀害，俱加贈典，追封立廟。

噫，以威報虐，既有辭於苗民；惟斷乃成，斯克平於淮、蔡。布告中外，咸使聞知。詔詞，清之所代也。促荆襄、淮西諸軍赴援。

壬子，全兵突至灣頭，璥夫恐，欲走，副都統丁勝刼閤者止之。全攻城南門，都統趙勝自堡砦提勁弩赴大城注射，全稍退。全遣劉全奄至堡砦西城下，欲奪之以瞰大城。先是，趙勝屯西城，見濠淺，每曰：「設有寇至，未圍大城，先襲堡砦，何可不備？」盛暑中督軍浚濠，人皆苦之，翟朝宗亦以爲笑。既浚，勝決新塘水注焉。及是，劉全不能進。勝又浚市河，人尤謂不急。全至，勝開水門納賈舟千餘艘，活者數千人，糧貨不與焉。

時朝廷雖下詔討全，而猶有内圖戰守、外用調停之説。是日，璥夫得彌遠書，許增萬五千人糧，勸全歸楚州。璥夫亟遣劉易即全壘授全。全笑曰：「丞相勸我歸，丁都統與我戰，非相紿耶？」擲書不受，惟留省劄。璥夫始知全紿己，亟發牌印迓范。癸丑，全塞泰州城濠。于邦傑、宗雄武通全，戒守者無得發矢，俟薄城而蹙之，全得距堙。宋濟恐，令縣尉某如全壘，全以增糧省檄示之，尉復出，獻錢二百萬以降。乙卯，邦傑、雄武開門導全，濟帥僚吏出迎。全入坐郡治，濟發帑出所獻錢，全曰：「獻者，獻汝私藏耶？若泰州府庫，則我固有，何假汝獻爲！」乃舍濟僉判廳，入郡堂，盡收子女貨幣。

庚申，全聞范、葵既入，鞭衍德曰：「我計先取揚州渡江，爾曹勸我先取通、泰，今二趙入揚州矣，江其可渡耶？」莫敢對。既而曰：「今惟有徑擣揚州耳。」

甲子，全配兵守泰州，悉出衆宜陵。丙寅，至灣頭立砦，據運河之衝。使胡義將先鋒騎駐平山堂，伺三城機便。丁卯，全攻城東門不利，賊將張友呼城東請見葵，全隔濠立馬相勞苦，葵切責之，全彎弓抽矢向葵而去。戊辰，張璡、戴友龍、王銓、張青以天長制勇三軍至，阻全不得前，遣人請援。范、葵親出堡塞西門，趙勝出陳待之，全不敢動，璡等乃入城。庚午，全晨率步騎五千餘攻堡塞西門，列兵，戰不利，范、葵以兵益之。全兵亦增，葵擊却之。辛未，賊引兵三萬沿州城東向西門，李虎、趙必勝、張璡、崔福力戰，自巳至申，全乃沿東門以歸，丁勝、王鑑、于俊擊走之。襄兵萬人至真州上坝，統制張達、監軍張大連不設備，魚貫而行。全哨馬帥田四擊之爲數截，殲者五千，達、大連死之；淮西援兵至，亦遇全統領桑青力戰，城中俱不知也。襄兵敗，全凶焰益振，每曰：「我不要淮上州縣，渡江浮海，徑至蘇、杭，孰能當我！」甲戌，復引輕騎犯州城南門，且欲破堰泄濠水，統制陳達率勁弩射之，范、葵出軍迎擊，乃去。是日，金玠等距淮安十里，焚全砦柵，全將劉全出戰，玠軍不利，退屯寶應。

全志吞三城，而兵每不得傅城下，宗雄武獻全計曰：「城中素無薪，且儲蓄爲總所支借殆盡，若築長圍，三城自困。」乙亥，全悉衆及驅鄉農合數十萬列砦圍三城，制司總所糧援俱絶。范、葵命三城諸門各出兵劫砦，舉火爲期，夜半縱兵衝擊，殲賊甚衆。自是賊一意長圍，以持久困官軍，不復薄城。戊寅，全張蓋奏樂平山堂，布置築圍，指揮閒暇。范、葵令諸門以輕兵牽制，親帥將士出堡砦西，全分路鏖戰，自辰至未，殺傷相當。庚辰，范出師大戰，玠等破全將張友于都倉，獲糧船數十艘。甲申，葵出戰，賊大敗。

四年正月辛卯，全兵浚圍城塹，范、葵遣諸將出城東門掩擊，全走土城，官軍躡之，蹂溺甚衆。是日，玠破全將鄭祥，獲糧百艘。甲午，全兵千餘犯州城東門，城中出兵應之，全即引去。乙未，李虎出南門，楊義出東門，王鑑出西門，崔福出北門，各徑扼賊圍，開土城數處，范、葵提兵策應，全步騎數千出戰，諸軍奮擊，俘馘甚衆。夜，賊復合所開城。丁酉，趙勝遣統制陸昌、孫舉立橋堡砦于北門，賊步騎分道來戰，勝擊退之。范陳于西門，賊閉壘不出。葵曰：「賊俟我收兵而出爾。」乃伏騎破垣門，收步卒誘之。賊兵數千果趨濠側，虎力戰，城上矢石雨注，賊退。有頃，賊別隊自東北馳至，范、葵揮步騎夾浮橋，吊橋並出，爲三迭陳以待之，自巳至未，賊與大戰；別遣虎、顯廣、必勝、義以馬步五百出賊背，而葵帥輕兵横衝之，三道夾擊，用范所制長槍，果大利，賊敗走。翼日，全遣步卒三百餘向城西門，乍進乍退，以誘揚州兵，復驅壯丁增濠面，培鹿角。范、葵遣騎將出，夾城東西牽制之，親出州城西門，分三道以進，賊望風潰，乃募勇力齎薪砲，焚其樓櫓十餘。賊自平山堂麾騎下救，道遇于俊軍而歸。

始，全反計雖成，然多顧忌，且懼其黨不皆從逆。邊陲好進喜事者，欲挾賊爲重，或陰贊之，謂激作愈甚，朝廷愈畏，則錢糧愈增，又許身任調停之責。故全兵將舉而張國明先召，全之託詞陳遇棄城，及歸過三趙圖己，蓋成謀也。及三趙用，宋師集，諸閫易，國明沮，削全官爵，罷支錢糧，攻城不得，欲戰不利，全始自悔，忽忽不樂。或令左右抱其臂曰：「是我手否？」人皆怪之。

時正月望，城中放燈張樂，姑示整暇。全見之，亦往海陵載妓女，張燈平山堂，矯情自肆。是晚，燕大元宣差，宣差激全曰：「相公服飾器用多南方物，乃心終在南耳！」全乃取誥敕，朝服南向，歷述平生梗概，再拜褫服，焚之，歎曰：「國明誤我。」淚下如雨，抆淚就坐彊歡。有朐山于道士者，老矣，全迎致之，初見全即歎曰：「我業債合在此償耶？」占事多驗，尊爲軍師。及見全焚誥命，謂人曰：「相公死明日，我死今日矣！」人問之，曰：「朝廷以安撫、提刑討逆，然爲逆者，節度使也。豈有安撫、提刑能擒節度使哉？誥敕既焚，則一賊爾。盜固安撫、提刑所得捕，不死何爲！」入見全曰：「相公明日出帳門必死。」全怒以爲厭己，斬之。

范、葵夜議詰朝所向，葵曰：「東向利，不如出東門。」范曰：「西出嘗不利，賊必見易，因其所易而圖之，必勝。不如出堡塞西門。」壬寅，全置酒高會平山堂，有堡塞候卒識其槍垂雙拂爲號，以報，范喜謂葵曰：「此賊勇而輕，若果出，必成擒矣。」乃悉精鋭數千而西，取官軍素爲賊所易者，張其旗幟以易之。全望見，喜謂宣差曰：「看我掃南軍。」官軍見賊突門而前，亦不知其爲全也。范麾軍並進，葵親搏戰，諸軍爭奮。賊始疑非前日軍，欲走入土城，李虎軍已塞其甕門。全窘，從數十騎北走，葵率諸將以制勇、寧淮軍蹙之，賊趨新塘。新塘自決水後，淖深數尺，會久晴，浮戰塵如燥壤，全騎陷淖不能拔。制勇軍奮長槍三十餘亂刺之，全曰：「無殺我，我乃頭目。」先是，令諸陣上，衆獲頭目無得爭以爲獻，故羣卒碎其尸，而分其鞍馬器甲，并殺三十餘人，類非卒伍，俱不暇問。

甲辰，賊軍全椒人周海請降，報全已殺，餘黨議潰去。未幾，聞安用歎恨飲泣，初議推一人爲首，以竟其逆，莫肯相下，欲還淮安奉楊氏主之。范夜上捷書制置司，議翼日追賊。乙巳早，安用引五百騎徑南門趨灣頭，范伏弩射之，賊呼曰：「爾襄陽援兵已敗走，汝知之乎？」城中應曰：「汝李全已爲戮，汝何不

降？」賊不應，諸將欲追賊，范懼有伏兵，先分兵燒圍城樓櫓，夜半火光燭天，命東南諸門皆出兵，范、葵繼提精兵進。四鼓，賊大潰。丙午黎明，葵追及賊于灣頭，一戰又破之，俘斬及奪回糧畜蔽野。别將追至大儀，不及。葵使人瘞新塘骸骨，得左掌無一指，蓋全支解也。先是，全乞靈茅司徒廟無應，全怒，斷神像左臂。或夢神告曰：「全傷我，全死亦當如我。」至是果然。

揚州平，善湘以露布上，帝驚喜，太后舉手加額。國明輩懼禍及己，唱論云全未死，至有資遊士吳大理等助煽之。及泰州凱奏繼上，浮言始定。朝中皆擬隨表入賀，彌遠以小寇就平，謝止之。甲寅，善湘來犒師。二月，命胡穎部所獲賊酋二十人獻俘于朝，且定奇功二十有九人及其餘，促行賞；又遣趙楷往禀廟算。

三月庚寅，禡祭，有梟鳴于牙，占之吉，别遣全子才率王旻等將萬五千人，與于玠掎角取鹽城。癸巳，步騎十萬發揚州，留勝權守。庚子，鹽城賊董友、王海以兵圍卞整砦，玠擊却之。癸卯，遣總轄韓亮、戚永昇率多槳船及民船四百入射陽湖，擊賊于諭口。丁未，亮破賊于崔溝。己酉，范、葵分兵進至平河橋，剿賊甚多。壬子，玠、整敗賊將王國興于岡門，斬首千級。四月丁巳，敗賊于十里亭，賊兵爭門，墜濠如蟻。庚申，别將范勝、趙興破賊砦于壽河，拔農民脅從者萬家。

壬戌，范、葵遣諸軍薄淮安城下，賊大敗，死者萬餘，焚二千家，城中哭聲振天。甲子，子才自他道進攻，賊將董友拒之，大戰于港口，敗之。庚辰，舟師過漣水，戰勝，達淮安。五月丙戌朔，天大霧，官兵攻上城，賊守者尚卧，倉皇起鬥。官軍互踏肩爲梯，前者或墜，後者繼至，自丑至未，五城俱破，斬首數千級，生擒數百人。兵士有故隸楚州左右軍者，家屬數爲賊虐，至是洩憤，無老幼皆殺之，燒砦柵萬餘家，腥焰蔽天。餘寇争橋入大城，重濠皆滿。淮北賊歸赴援，舟師又剿擊，焚其水柵，夷五城餘址，賊始懼。己亥，子才率趙必勝、王旻軍移砦西門，道遇賊大戰，至夜不解。子才爲鋭陣左右救，乃勝。

楊氏諭鄭衍德等曰：「二十年梨花槍，天下無敵手，今事勢已去，撑拄不行。汝等未降者，以我在故爾。殺我而降，汝必不忍。若不圖我，人誰納降？今我欲歸老漣水，汝等宜告朝廷，本欲圖我來降，爲我所覺，已驅之過淮矣。以此請降可乎？」衆曰：「諾。」翼日，楊氏絶淮而去。賊黨即遣僞計議馮垍、潘于款于軍門，范等密聞于朝，朝論不可，范曰：「若明諭朝旨，是堅賊志，不如陽許以誤之，我自爲必討之計。」乃遣范用吉入城諭賊曰：「朝廷已許納降，但令安撫交過北軍。」衍德等遣潘于隨用吉報謝，許獻玉帶，犒軍黄金四千兩。范曰：「我欲款賊，賊更來款我。」于歸，鄭衍德等自知降亦不免，始送款于金。至是，金遣其副統軍許奕、萬户兀林答以其京東元帥牒來言曰：「此賊不降，能爲兩國患，請與大國夾攻之，各勿受降。」范怪其來無故，而難於陰絶，遣王貴報之，不從其請。

六月己未，大戰于河西三砦，賊大敗，楊氏歸漣水。壬戌，賊先遣妻孥過淮，軍爭欲往，斬之不能禁，反有起殺頭目者。甲子，復大戰，淮安遂平。議乘勝復淮陰，兵未行，淮陰降金。繼得探報云：宋師遲一宿攻城，淮安亦爲金有矣。於是全所據州悉平。楊氏竄歸山東，又數年而後斃。

全之寇泰州，官屬十有九人皆迎降，獨教授高夢月不汙，詔贈三官。

全子壇。

雜録

備録

宇文懋昭《大金國志》卷二五 〔李〕全身長八尺，手執鐵槍。其妻亦勇而有力，少爲群盗，在山東聚衆萬人，能飛馬植槍，深入一尺，令全飛馬而拔之。全不能拔，下馬屈服，遂爲夫婦。

周密《齊東野語》卷九《李全》 李全，淄州人，第三，以販牛馬來青州。有北永州牛客張介引至漣水。時金國多盗，道梗難行，財本寖耗，遂投充漣水尉司弓卒。因結羣不逞爲義兄弟，任俠狂暴，剽掠民財，黨與日盛，莫敢誰何，號爲李三統轄。後復還淄業屠，嘗就河洗刷牛馬，於游土中蹴得鐵鎗桿，長七八尺。於是就上打成鎗頭，重可四十五斤。日習擊刺，技日以精，爲衆推服，因呼爲李鐵鎗。遂挾其徒横行淄、青間，出没抄掠。

淄、青界内有楊家堡，居民皆楊氏，以穿甲製韉爲業。堡主曰楊安兒，有力强勇，一堡所服。亦嘗爲盗於山東，聚衆至數萬。有妹曰小姐姐，年可二十，膂力過人，能馬上運雙刀，所向披靡。全軍所過，諸堡皆載牛酒以迎，獨楊堡不以爲意。全知其事，故攻刼之。安兒亦出民兵對壘，謂全曰：「你是好漢，可與我妹挑打一番。若贏時，我妹與你爲妻。」全遂與酣戰終日無勝負，全忿且慙。適

其處有叢篠，全令二壯士執鈎刀，夜伏篠中。翌日再戰，全佯北，楊逐之，伏者出，以刀鈎止，大呼，全回馬挾之以去。安兒乃領衆備牛酒，迎歸成姻，遂還青州，自是名聞南北。

時金人方困於敵，張介又從而招之，授以兵馬，衣以紅袍，號紅襖軍。嘉定十一年間，金人愈窮蹙。全因南附。乃與石珪、沈鐸輩結黨以來，知楚州應之純遂納之，累戰功至副總管。明年，金主珣下詔招之，全復書有云：「寧作江淮之鬼，不爲金國之臣。」遂以輕兵往濰州，遷其父母兄嫂之骨葬於淮南，以誓不復北向。時山東已爲韃所破，金不能有，全遂下益都，張林出降，遂併獻濟、莒、滄、濱、淄、密等凡二府九州四十縣，降頭目千人，戰馬千五百匹，中勇軍十五萬人。聞於朝，遂以全爲左武衛大將軍、廣州觀察使、京東忠義軍都統制、馬步軍副總管，特賜銀、絹、緡錢等。

先是，賈涉知鹽城縣，以事忤淮漕，方信孺劾之，未報。涉廉知信孺陰遣梁昭祖航海致餽，以結李全，遂遣人捕得之，亟申於朝，方由是罷，涉召入爲大理司直，未幾，知楚州。時忠義軍頭目李先拳勇有膽氣，且併領石珪、沈鐸之軍，李全深忌之。至是，極力擠先，涉遂以李先反側聞於朝。於是召先赴密院審查，甫至都門，殿帥馮樹宴之三茅觀後小寨，命勇士扑殺之，於是全愈無忌憚矣。先既誅，漣水人情不安，頭目裴淵等遂請石珪爲帥於盱眙。制司大恐，遂令李全率萬人以往，全憚珪，不敢動。制司無策，遂分其軍爲六。乃呼裴淵赴山陽稟議，責以專擅招珪，令密圖之，以功贖罪。會韃兵至漣水，珪亦自疑，遂殺淵以歸韃。

先是，權尚書胡榘，嘗言全狼子野心不可倚仗。及全獲捷於曹家莊，擒金人僞駙馬，乃作《濠梁凱歌》以諛之云。春殘天氣何佳哉，捷書夜自濠梁來，將軍生擒僞駙馬，虜兵十萬氷山摧。何物輕猥挑胡羯，萬里烟塵暗邊徼，邊臣玩寇不却攘，三月淮堧驚蹀血。廟謨密遣山東兵，李將軍者推忠精，鐵鎗匹馬首破陣，喑嗚叱咤風雲生。摧殺羣妖天與力，虜醜成擒不容逸，失聲走透虜鼓搥，猶截騰驤三百匹。防圍健使催賜金，曹家莊畔殺胡林，遊魂欲反定懸膽，將軍豈知關塞深。君不見，往日蘄王邀兀朮，圍合狐跳追不得，夫人明日拜函封，乞罪將軍縱狂逸。豈知李侯心膽麁，捕縛獅子纔須臾。金牛走敵猛將有，泗州斬賊儒生無。宗社威靈人制勝，養鋭圖全無輕進，會須入汴縛酆王，笳鼓歸來取金印。既而涉以病歸，遂以鄭損繼之。損與涉素不相成，幕中諸客懼損修怨，乃嗾李全申請，乞差真德秀、陳韡、梁丙知楚州。於是朝廷遂改損爲四川制置，乃以知閤門事許國用徐本中例換授朝議大夫，再轉爲太府少卿知楚州。

國自是歉然，懼儕輩輕己。開閫之初，命管軍以下皆執朝參之禮。時全已爲保寧軍節度使，前閫皆與抗禮。至是，幕府宋恭、苟夢玉等懼變，遂調停，約全拜於庭下，國答拜於堂上。議已定，及庭參，國乃傲然坐而受之，全大慙憤，竟還青州。

至冬，國大閱兩淮軍馬，全妻李姑姑者，欲下教場犒軍，實求釁耳，幕府復調停力止。及淮西軍回，人僅得交子五貫，乃盡以弓刀售之李軍，而淮西軍亦怨矣。未幾，全將劉慶福自青來，謀以丁祭之夕作亂，以謀泄而止。既而制府出榜，以高顯爲詞，指摘北軍。慶福亦大書一榜，揭於其右，語殊不遜。次日，慶福開宴於萬柳亭，游幕諸客及青州倅姚翀在焉。酒行方酣，忽報全至海州，促慶福北還。時國方納謁，北軍徑自南門入，直趍制府。强勇軍方解甲，望見北軍，皆棄去，遂排大門而入。帳前親兵欲禦之，國乃大呼曰：「此輩不過欲多得錢絹耳。」方行喝犒，聞北軍大喊登城，張旗幟，火已四起，飛矢如雨。國額中一箭，徑趍避於楚臺。北軍刼掠府庫，焚燬殆盡。國在楚臺久之，使令姚翀求和。翀遂縋城而出，以直繫書「青州姚通判」，以長竿揭之馬前，往見李姑姑。李遜謝不能統轄諸軍以致生變。姚遂請收軍，李云：「只請制置到此商量，便可定也。」姚亟回報，則國已遁矣。次日，北軍得國於三茅道堂，以小竹輿輿至李軍。國不能發一語，復送還楚臺，以兵環守，國遂死焉。文武官遇害者凡數十人。未幾，全乃入弔，行慰奠禮，且上章自劾，朝廷不敢問也。遂進全爲少保，而以大理卿徐希稷知楚州。

軍變之先一日，苟夢玉已知其謀，亟告於國，國不以爲然。至是，全得其告變之書，欲殺之，而夢玉已歸滁。乃命數十騎邀於路而殺之。制府捐三千緡捕賊，而全亦捐五千緡，無狀大率如此。希稷至楚，一意逢迎，全益以驕。

既而還青州，或傳爲金人所擒，或以爲已死。劉琸乘時自詭以驅除餘黨。史丞相入其言，遂召希稷，而以琸爲代，琸即以盱眙軍馬自隨。中途所乘馬無故而踣，琸怒，遂斬二濠寨官，人疑其非吉徵也。琸初至，軍聲頗振，不數日，措置乖方。南、北軍已相疑，適忠義軍總管夏全自盱眙領五千人來。先是，全欲殺夏，琸爲解免之，至是，琸留以自衛，且資其軍以制全。然夏軍素驕，時有過刼掠居民，琸乃捕爲首數人斬之，猶未戢。乃劄忠義都統權司張忠政權副都統，忠政辭不就。楊姑姑知之，遂呼忠政謀所以拒制司之策。忠政曰：「朝廷無負北軍，夫人若欲忠政反，惟有死耳。」遂歸家，令妻子自經，次焚告勑寶貨於庭，然後自盡。

制司聞變，遂戒嚴。命夏全封閉李全、劉全、張林等府庫，且出榜令北軍限

三日出城。是日，諸營搬移自東北門出。夏軍小門首搜檢，凡金銀婦女多攘取之。餘皆疑懼不敢出，制司又從而驅逐之。有黑旗一對僅百人，乃北軍之精鋭者，堅不肯出。潛易衣裝，與夏軍混雜。南軍欲注矢揮刃，則呼曰：「我夏太尉軍也。」南軍遂不疑之。至晡，大西門上火忽起，至夜，遂四面縱火，殺害軍民。琸遂命守子城，護府軍。凡兩日夜，軍皆無火飯，飢困不復用命。夏全知事急，遂挺身入北軍。李姑姑遂與夏劇飲，酒酣，泣曰：「少保今不知存亡，妾願以身事太尉，府庫人馬，皆太尉物也。本一家人，何爲自相戕？若今日勦除李氏，太尉能自保富貴乎？」夏全惑其説，乃陰與李軍合，反戈以攻南軍。琸屢遣人招夏議事，竟不至，乃以十萬貫犒軍求和。夏全乃令門一路，以馬軍二百衛送琸出大西門。星夜南奔，至寶應，已四鼓矣。從行官屬惟余元廙、沈宣子，餘悉死焉。夏軍回至淮陰，乃爲時青、令暉夾擊，盡得所擄財物七巨艘。既至盱眙，范成、張惠閉門拒之，且就軍中殺其母妻，於是夏全乃輕身北竄。劉琸遂移司於揚之堡寨，朝廷遂改楚爲淮安州，命將作少監姚翀知州事。

時李全猶未還，王義深、國安用爲權司。劉慶福與張甫謀就楚之淮河縛大浮橋。或告李姑姑以二人欲以州獻金人，姑姑即遣人請姚翀議事，翀不獲已而往，則大廳已設四果卓，餘二客則慶福及甫也。慶福先至，姑姑云：「哥哥不快，可去問則箇。」謂李福也。時福臥於密室，凡迂曲數四乃至。慶福至榻前云：「哥哥没甚事？」福云：「煩惱得恁地。」劉覘福榻有劍出稍，心動，亟出，福急揮劍中其腦。既而甫至，於外呼云：「總管没甚事否？」福隱身門左，俟其入，即揮劍，又仆之，福遂携二首以出，乃大張樂劇飲。姚遂揭榜，以劉、張欲謀作過，密奉朝旨已行誅戮，乃聞於朝。李福增秩，姑姑賜金，進封楚國夫人。未幾，福復以預借糧券求釁，遂召北軍入城，官民死者甚衆，姚翀賴國安用匿之而免。於是朝廷諸閫各主勦除分屯之説，久之不決。既而盱眙守彭忱乃遣張惠、范成入淮安，説國安令殺李福及李姑姑。未幾，李福就戮，而姑姑則易服往海州矣。

其後分屯之説已定，而江閫所遣趙瀯夫勦殺之兵適至。北軍怒爲張、范所賣，欲殺之，二人遂遁去。國安用追至盱眙，彭忱宴之，方大合樂，忽報軍變，始知張、範已獻盱眙於北矣，彭忱遂爲所擒。

既而李全至楚，揭榜自稱山東、淮南行省，於是盡據淮安、海州、漣水等處。先是，全遣張國明入朝稟議，嫚書至，朝廷未有以處之。會時青亦遣人至，國明遂遣人報全，全遂殺青。國明極言李全無它意，朝廷遂遣趙拱奉兩鎮節鉞印綬以往。而江閫乃遣申生結全帳下謀殺之，事覺，全囚申生，以其事上於朝。蓋全時已有叛志矣。會鹽城陳遇謀於東海截奪全青州運糧之船，全由是愈怒，遂興問罪之師。首攻海陵，守臣宋濟迎降，遂進圍揚州。朝廷始降詔削奪全官爵，住結錢糧，會諸路兵誅討，然戰多不利，内外爲之震動。是時全合諸項軍馬，併驅鄉民二十餘萬，一夕築長圍數十里，圍合揚之三城，爲必取之計。會元夕，欲示閑暇，於城中張燈大宴，全亦張燈於平山堂中。夜，全乘醉引馬步極力薄城，趙範命其弟葵領兵出城迎戰，至三鼓，勝負未決。葵先命李虎、丁勝同持兵塞其甕門。至是，全欲還，而門已塞，進退失據，且戰且退，遂陷於新塘，由是各散去。次日於沮洳亂屍中得一紅袍而無一手指者，乃全也先是全投北。時紹定四年正月。後三日，北軍悉遁，制府露布聞於朝，遂乘勝復泰之鹽城。後三月，淮南諸州北軍皆空城而去矣。

其雛松壽者，乃徐希稷之子。賈涉開閫維揚日，嘗使與諸子同學。其後全無子，屢託涉祝之。涉以希稷向與之念，遂命與之，後更名壇云。

盛如梓《庶齋老學叢談》 趙南仲兄弟平李全日，參議官則全子才，有蔣山僧見全喜甚，曰：「逆全誅矣。」問其故，曰：「公之姓，賊名也；公之名，賊姓而少一乀。合姓名而觀，是倒懸李全而無左臂也。」其説果驗。

藝文

《劉克莊集》卷五四《李全特追復彰化康軍節度使開府儀同三司京東鎮撫使依舊京東忠義諸軍都統封制》 門下：君記人之功，不瑕疵於往事；子揚父之美，蓋倫紀之至情。家庭有特起之豪，泉壤稟如生之氣。差辰出綍，疏渥還氈。故具官某海岱奇才，風雲壯槩。率齊地陷蕃之衆，歸于本朝；立堂門勤虜之勛，書之盟府。加卿子冠軍之號，極使相元戎之榮。雄心方鶩於白檀，異夢奄罹於黑轆。豹留皮之志，非不踐言；狼跋胡而然，豈其獲已？是生英嗣，雅慕華風，自拔衽髮之中，來獻版圖之舊。昔周封蔡仲，忘郭鄰之愆；漢爵□□，原馬邑之責。既獎肯堂而裂土，乃令告第而復官。□改汗青，用昭宗赤，以尉霜露君蒿之感，以堅關河□附之心。嗚呼！剖符分功臣之封，不及親於子貴；結草亢輔氏之役，必能報於國恩。可。

余玠部

綜述

《宋史》卷四一六《余玠傳》　余玠字義夫，蘄州人。家貧落魄無行，喜功名，好大言。少爲白鹿洞諸生，嘗攜客入茶肆，毆賣茶翁死，脱身走襄淮。時趙葵爲淮東制置使，玠作長短句上謁，葵壯之，留之幕中。未幾，以功補進義副尉，擢將作監主簿，權發遣招進軍，充制置司參議官，進工部郎官。

嘉熙三年，與大元兵戰于汴城、河陰有功，授直華文閣、淮東提點刑獄兼知淮安州兼淮東制置司參謀官。淳祐元年，玠提兵應援安豐，拜大理少卿，升制置副使。進對：「必使國人上下事無不確實，然後華夏率孚，天人感格。」又言：「今世胄之彦，場屋之士，田里之豪，一或即戎，即指之爲麤人，斥之爲噲伍。願陛下視文武之士爲一，勿令偏有所重，偏必至於激，文武交激，非國之福。」帝曰：「卿人物議論皆不常，可獨當一面，卿宜少留，當有擢用。」乃授權兵部侍郎、四川宣諭使，帝從容慰遣之。玠亦自許當手挈全蜀還本朝，其功日月可冀。

尋授兵部侍郎、四川安撫制置使兼知重慶府兼四川總領兼夔路轉運使。自寶慶三年至淳祐二年，十六年間，凡授宣撫三人，制置使九人，副四人，或老或暫，或庸或貪，或慘或繆，或遥領而不至，或開隙而各謀，終無成績。於是東、西川無復統律，遺民咸不聊生，監司、戎帥各專號令，擅辟守宰，蕩無紀綱，蜀日益壞。及聞玠入蜀，人心粗定，始有安土之志。

玠大更敝政，遴選守宰，築招賢之館于府之左，供張一如帥所居，下令曰：「集衆思，廣忠益，諸葛孔明所以用蜀也。欲有謀以告我者，近則徑詣公府，遠則自言于郡，所在以禮遣之，高爵重賞，朝廷不吝以報功，豪傑之士趨期立事，今其時矣。」士之至者，玠不厭禮接，咸得其歡心，言有可用，隨其才而任之；苟不可用，亦厚遺謝之。

播州冉氏兄弟璡、璞，有文武才，隱居蠻中，前後閫帥辟召，堅不肯起，聞玠賢，相謂曰：「是可與語矣。」遂詣府上謁，玠素聞冉氏兄弟，刺入即出見之，與分廷抗禮，賓館之奉，冉安之若素有，居數月，無所言。玠將謝之，乃爲設宴，玠親主之。酒酣，坐客方紛紛競言所長，璡兄弟飲食而已。玠以微言挑之，卒默然。玠曰：「是觀我待士之禮何如耳。」明日更闢別館以處之，且日使人窺其所爲。兄弟終日不言，惟對踞，以堊畫地爲山川城池之形，起則漫去，如是又旬日，請見玠，屏人曰：「某兄弟辱明公禮遇，思有以少裨益，非敢同衆人也。爲今日西蜀之計，其在徙合州城乎？」玠不覺躍起，執其手曰：「此玠志也，但未得其所耳。」曰：「蜀口形勝之地莫若釣魚山，請徙諸此，若任得其人，積粟以守之，賢於十萬師遠矣，巴蜀不足守也。」玠大喜曰：「玠固疑先生非淺士，先生之謀，玠不敢掠以歸己。」遂不謀於衆，密以其謀聞於朝，請不次官之。詔以璡爲承事郎、權發遣合州，璞爲承務郎、權通判州事。徙城之事，悉以任之。命下，一府皆諠然同辭以爲不可。玠怒曰：「城成則蜀賴以安，不成，玠獨坐之，諸君無預也。」卒築青居、大獲、釣魚、雲頂、天生凡十餘城，皆因山爲壘，碁布星分，爲諸郡治所，屯兵聚糧爲必守計。且誅潰將以肅軍令。又移金戎於大獲，以護蜀口。移沔戎於青居，興戎先駐合州舊城，移守釣魚，共備内水。移利戎於雲頂，以備外水。於是如臂使指，氣勢聯絡。又屬嘉定俞興開屯田於成都，蜀以富實。

十年冬，玠率諸將巡邊，直擣興元，大元兵與之大戰。十二年，又大戰于嘉定。初，利司都統王夔素殘悍，號「王夜叉」，恃功驕恣，桀驁不受節度，所至劫掠，每得富家，穴箕加頸，四面然箕，謂之「蓋蝕月」，以弓弦繫鼻下，高懸於格，謂之「錯繫喉」，縛人兩股，以木交壓，謂之「乾榨油」，以至用醋灌鼻、惡水灌耳口等，毒虐非一，以脅取金帛，稍不遂意，即死其手，蜀人患苦之。且悉斂部將倅馬以自入，將戰，迺高其估賣與之。朝廷雖知其不法，在遠不能詰也。大帥處分少不嗛其意，則百計撓之，使不得有所爲。玠至嘉定，夔帥所部兵迎謁，才羸弱二百人。玠曰：「久聞都統兵精，今疲敝若此，殊不稱所望。」夔對曰：「夔兵非不精，所以不敢即見者，恐驚從人耳。」頃之，班聲如雷，江水如沸，聲止，圓陣即合，旗幟精明，器械森然，沙上之人彌望若林立，無一人敢亂行者。舟中皆戰掉失色，而玠自若也。徐命吏班賞有差。夔退謂人曰：「儒者中迺有此人！」

玠久欲誅夔，獨患其握重兵居外，恐輕動危蜀，謀於親將楊成，成曰：「夔在蜀久，所部兵精，前時大帥，夔皆勢出其右，意不止此也。視侍郎爲文臣，必不肯甘心從令，今縱弗誅，養成其勢，後一舉足，西蜀危矣。」玠曰：「我欲誅之久矣，獨患其黨與衆，未發耳。」成曰：「侍郎以夔在蜀久，有威名，孰與吴氏？夔固弗若也。夫吴氏

當中興危難之時，能百戰以保蜀，傳之四世，恩威益張，根本益固，蜀人知有吴氏而不知有朝廷。一旦曦爲畔逆，諸將誅之如取孤豚。況夔無吴氏之功，而有曦之逆心，恃豨突之勇，敢慢法度，縱兵殘民，奴視同列，非有吴氏得人之固也。今誅之，一夫力耳，待其發而取之，難矣。」玠意遂決，夜召夔計事，潛以成代領其衆，夔才離營，而新將已單騎入矣，將士皆愕眙相顧，不知所爲。成以帥指譬曉之，遂相率拜賀，夔至，斬之。成因察其所與爲惡者數人，稍稍以法誅之。乃薦成爲文州刺史。

戎帥欲舉統制姚世安爲代，玠素欲革軍中舉代之敝，以三千騎至雲頂山下，遣都統金某往代世安，世安閉關不納。且有危言，然常疑玠圖己。屬丞相謝方叔家子姪自永康避地雲頂，世安厚結之，求方叔爲援。方叔因倡言玠失利戎之心，非我調停，且旦夕有變，又陰嗾世安密求玠之短，陳於帝前。於是世安與玠抗，玠鬱鬱不樂。寶祐元年，聞有召命，愈不自安，一夕暴下卒，或謂仰藥死。蜀之人莫不悲慕如失父母。

玠自入蜀，進華文閣待制，賜金帶，權兵部尚書，進徽猷閣學士，升大使，又進龍圖閣學士、端明殿學士，及召，拜資政殿學士，恩例視執政。其卒也，帝輟朝，特贈五官。以監察御史陳大方言奪職。六年，復之。

玠之治蜀也，任都統張實治軍旅，安撫王惟忠治財賦，監簿朱文炳接賓客，皆有常度。至於修學養士，輕傜以寬民力，薄征以通商賈。蜀既富實，乃罷京湖之餉；邊關無警，又撤東南之戍。自寶慶以來，蜀閫未有能及之者。惜其遽以太平自詑，進蜀錦蜀箋，過於文飾。久假便宜之權，不顧嫌疑，昧於勇退，遂來讒賊之口；而又置機捕官，雖足以廉得事情，然寄耳目於羣小，虚實相半，故人多懷疑懼。至於世安拒命，玠威名頓挫，齎志以没。有子曰如孫，取「當如孫仲謀」之義，遭論改師忠，歷大理寺丞，爲賈似道所殺。

雜録

備録

方岳《秋崖集》卷三六《野堂記》 可使食無肉，不可使居無竹，蘇長公語也。秋崖人衍之曰，可無肉不可無竹，可無帷不可無書，可無餐不可無山，可無口不可無酒，鑿空作此想有年數矣。先廬燼于鄰火之明年，予歸自維揚，至則無所於居，乃僑寄于別屋，里人所謂相公牌下者。屋敗甚疲，吾力苴補之，然後向之上雨旁風，謹可床几，而予心鬱焉。祈雖在萬山間，不過數十家聚耳，邑屋庳矣，然能礙山，市聲少矣，然能聒書，則亦且將奈何哉！予友余義夫知予食貧，寄錢萬，予歸諸婦，曰：「謹司之，是可買秫田釀矣。」無何而鄰有售其居而遷焉者，則又謀諸婦曰：「酒亦可無，而彼三者真不可無也，盍以秫貲易之？吾將撤老屋以放山，井方池以舍水，而剷汙萊以行竹，吾貧無聚書，能讀見書其中亦堪老矣，彼麴生來不來無足計也。」婦始猶靳之曰：「某氏屋以居貨，某氏屋以居孥子，何爲者汲汲然落窘貲，事閒屋，得無左乎？」予曰：「恬者所娱，夸者所迂，廉者謂得，貪者謂失，天下事皆然，不獨此也。予不能畫計然半策以餬予口，向營十一，必喪十九。又不能識仕塗捷徑，邪出旁行，三入承明，四至九卿，吾其委耶順耶？自浮自沉，人生行樂耳，須富貴何心？」婦既無奈予何，則取而貿之，因其舊而葺以宇者堂丈方而庋，堂之上者閣，蓬以屬步于堂者航，而皆謚之曰野，蓋予野人也，於野宜。既成，山吾門焉，何其比鄰也；竹吾閨焉，何其友朋也。堵環不能畝而野意略具，則指謂婦曰：「斗酒安在？今欲令封德彝見之，何如？」乃相與笑而書之壁。

周密《癸辛雜識》別集下《余玠》 淳祐辛丑，余玠毅夫卒於渝州，權司程逢辰不能任其事，朝廷加意擇帥。久之，乃以余晦除司農少卿，爲四川宣諭使。七月入蜀，八月除權刑部侍郎、四川安撫制置使兼知重慶府，又兼四川總領。十二月方入夔、峽交印，明年正月始開藩於重慶。既而又兼夔路轉運屯田。然晦才望既薄，局面又生，蜀士軍民皆不安之。未幾，築紫金城，激叛苦行。隘南永忠以隆慶降，王惟忠失閬州，甘閏以沔州叛，敗政日甚。未幾，虜兵又入，議者紛然。宗正簿趙宗璠首上封事言之，副端吴燧、蜀人趙至皆有疏。六月，御筆李曾伯以資政殿學士節制四川邊面，召回程逢辰。既而余晦召赴行在，蒲澤之除軍器監，暫充四川制置，權司護印。黄應鳳太常丞成都運判，叶助權司，候蒲澤之自大獲山回日，仍舊。公議以爲不可使荆、湖、渝制西蜀，於是胡大昌、牟子才、潘凱、鄭發、程元鳳各有論列，參政董槐則請行以任蜀事，蔡杭亦請以沿邊任使，人雖壯其志，而哂其無能爲也。三學各有伏闕書攻丞相謝方叔。未幾，李曾伯除四川宣撫使兼荆、湖制置大使，進司夔路，又賜曾伯同進士出身。牟子才、吴

燧、胡大昌、陳大方、丁大全皆有疏，疏王惟忠罪狀，乞正典刑。而廟堂亦欲以此掩誤用余晦之失，遂攝惟忠赴大理獄，伏鑕東市。併籍余玠家資三千萬以犒師，治其子如孫之罪，皆陳大方輩作成之也。八月，除蒲澤之四川制置副使兼宣撫判官，以呂文德權知江陵，總統邊事，於是蜀事略定矣。

劉一清《錢塘遺事》卷三《余樵隱》 余玠，字義夫。淳祐三年帥蜀，慷慨自許，創建城壁，修築關隘，增屯堡柵，數年之間，邊塵不驚，浸以驕恣。初，玠之臨遣也，有「挈宇内還天子」之語。十年，天子降詔褒諭玠八年守蜀之功。鄭青山再相，因慫恿其用兵，且以私書與玠云：「老夫只候此着爲退身計。」於是一意出師，至興元無功而還。玠帥蜀，北兵知其所爲，入掠成都，薄嘉定，無禦之者。玠帥蜀，因功每交結權要及中外用事者，奏牘詞氣悖慢，示敢專制之狀，上意不平之。徐清叟奏云：「余玠不知事君之禮，帥蜀無功，陛下何不出其不意召之？」上不答。一日，御筆余玠以本職奏事，庚牌到蜀，而玠以漢中敗績歸，羞愧飲藥而死。

備論

《宋史》卷四一六《余玠傳》 論曰：余玠意氣豪雄，而志不克信。

藝文

洪咨夔《平齋文集》卷二三《余玠起復宣教郎襄陽府通判兼京西制置司機宜文字制》 敕具官某：奪情非令典也，惟從戎則許其墨。爾以明敏練達，受知于制閫，秋防孔邇，辟置自助。起之堊室，貳政要藩，且參莫府之畫，不以家事辭王事，其禮之變乎！移孝爲忠，勉圖協濟。可。

方岳《秋崖集》卷六《夢余義夫以劍請銘》 黑水梁州百二關，青天蜀道古云難。貔貅夜柝身何在？麋鹿秋風骨未寒。寵辱可驚漚起滅，荒涼只有月悲酸。蒯緱忽隨空山夢，不道幽人意轉闌。

方岳《秋崖集》卷一六《喜遷鶯・和余義夫行邊聞捷》 淮山秋曉，問西風幾度。鴈雲蛩草，鐵色驄驕，金花袍窄，未覺寒垣寒早。笳鼓聲中晴色，一羽不飛邊報。君莫道，怎乾坤許大，英雄能少。談笑鳴鏑處，坐擁貔貅，烽火傳音耗。漠漠寒沙，荒荒殘照，正恐不勞深討。但喜歡迎馬首，猶是中原遺老。關河事，待歸來細話，一尊傾倒。

方岳《秋崖集》卷二六《回余義夫》 某與義夫別之明日，孤篷泊枯葦中，夜半微風過之，聲策策如雨，明發不寐，凄其懷人。以爲從軍三年，乃不能執鞭弭於戲下，以效尺寸，使有志之士唶曰：國家養兵三十年，今日之功乃成於一儒者。顧不韙歟！徒手而來，鄧禹笑人寂寂至此，則見中朝士大夫道義夫不去口。蓋曹、呂兩豸其尤也，合肥之圍已解，浮光之失已復，義夫豈不能爲端明老子出氣，使吾曹幕下士面目增光，惟義夫勉之！某前者見昭文，具言淮東兵數，矍然而駭。竊意吾言爲不然，此何事也，廟堂乃不知底蘊如此，可發横槊賦詩之一慨也。霜寒，惟萬萬自愛，以爲吾國之鎮公子。

陽枋《字溪集》卷八《余大使祠堂記》 粤昔功扶社稷、澤被生民之士，上則紀常圖形，下則家祠里祀，皆所以褒崇大勳，尊顯盛德，瞻望儀容，而不忍一日少忘者也。嘉熙丁酉，蜀罹邊禍，飄蕩凌忽，幾絶坤維。制置尚書余公簡自宸衷，來撫西土，震耀皇靈，宣布德意，務以撥亂反正、安内禦外爲己任。於是爰方振旅以起積懦，轉戰逆擊以去積畏，戢饕屏黷以洗積貪，鋤强翦凶以除積横，安流定離以弭積驚，登鴻用碩以變積浮。凡地險勢勝，盡起而築之，大獲、大梁、運山、梁山、釣魚峙莫踰之勢於前，古渝、凌雲、神臂、天生、白帝隆不拔之基於後，雪雉摩雲，銀甍矗日，軍得守而戰，民安業而耕，士有處而學。兔葵燕麥，春風動摇，宫藻泮芹，曉水芬馥。無智名，敵畏蜀而技窮；無勇功，國資蜀而勢重。公之勳業，萬全取勝，不戰屈人，非扶社稷而被生靈者乎？環蜀六十州，華藻繪之筆以侈公之德容者，前擬仲華，後比孔明，不爲少矣。梁山甘侯佩誦知予爲公建立生祠而與民瞻仰焉，因記保蜀顛末，以著公之盛心，欲使觀者觀不動聲色之儀形，而得措天下於泰山之事業，可謂善畫者也。某泓穎鋪張，瑣瑣萬分，不至阿其所好。若曰盡善盡美，則有雲臺麟閣云。公名玠，字義夫，蘄州蘄春人。

何喬新《椒邱文集》卷七《資政殿學士余玠卒》 宋自奎騰入蜀，雄據上流，國勢岌岌乎不可爲矣。幸而得一余玠，招英賢之士而用之，擇要害之地而城之，撫凋瘵，訓兵戎，興學以養士，薄斂以通商，財賦既充，守禦益固，京湖省轉餉之勞，東南免更戍之役。使敵人逡巡却避，而宋祚得以少延者，繄誰之力耶？雖

其專制西蜀，要亦不過如韋皋之在唐耳，非若劉闢、吴曦有不軌之謀也。謝方叔爲相，乃聽偏裨之譖，罷玠而用余晦，使之抱憤以死。是何謀國之不臧耶！夫世安敢以偏裨抗主帥，蓋以方叔爲内主也。玠固有不平者矣，況玠披荆棘，立城郭，而以輕儇浮薄如晦者，雍容來代之，玠安能不怏怏耶。嗚呼！隣敵方張，而遽黜折衝之臣，是猶疾勢已亟，而逐巫咸、戮和扁，欲延晷刻之命，得乎？方叔謀國如此，他日扼於賈似道，未爲不幸也。

何喬新《椒邱文集》卷二三《讀余玠遺愛碑》 蒙古入蜀，殺戮幾無噍類。余玠以龍圖學士帥蜀，據險築城，蒐兵養士，通商勸農，蜀人始有生意。時宰信偏裨之譖，嗾臺諫論其罪，召還，竟以憂憤卒。其卒也，蜀人哀之，如悲親戚。玠死未幾，而蒙古長驅取宋矣。眉山黄大有作玠遺愛碑，具載蜀受禍之慘，與玠再造之功，視《宋史》尤詳。予讀而悲之，賦短歌以識其事。嗟夫！士君子懷忠死節，而困於讒口者多矣，豈獨玠哉！

賈似道部

綜述

《宋史》卷四七四《賈似道傳》　賈似道字師憲，台州人，制置使涉之子也。少落魄，爲游博，不事操行。以父蔭補嘉興司倉。會其姊入宮，有寵於理宗，爲貴妃，遂詔赴廷對，妃於內中奉湯藥以給之。擢太常丞、軍器監。益恃寵不檢，日縱游諸妓家，至夜即燕游湖上不反。理宗嘗夜憑高，望西湖中燈火異常時，語左右曰：「此必似道也。」明日詢之果然，使京尹史巖之戒敕之。巖之曰：「似道雖有少年氣習，然其材可大用也。」尋出知澧州。

淳祐元年，改湖廣總領。三年，加户部侍郎。五年，以寶章閣直學士爲沿江制置副使、知江州兼江西路安撫使。一歲中，再遷京湖制置使兼知江陵府，調度賞罰，得以便宜施行。九年，加寶文閣學士、京湖安撫制置大使。十年，以端明殿學士移鎮兩淮，年始三十餘。寶祐二年，加同知樞密院事、臨海郡開國公，威權日盛。臺諫嘗論其二部將，即毅然求去。孫子秀新除淮東總領，外人忽傳似道已密奏不可矣，丞相董槐懼，留身請之，帝以爲無有，槐終不敢遣子秀，以似道所善陸壑代之，其見憚已如此。四年，加參知政事。五年，加知樞密院事。六年，改兩淮宣撫大使。

自端平初，孟珙帥師會大元兵共滅金，約以陳、蔡爲界。師未還而用趙范謀，發兵據殽、函，絶河津，取中原地，大元兵擊敗之，范僅以數千人遁歸。追兵至，問曰：「何爲而敗盟也？」遂縱攻淮、漢，自是兵端大啓。

開慶初，憲宗皇帝自將征蜀，世祖皇帝時以皇弟攻鄂州，元帥兀良哈解由雲南入交阯，自邕州蹂廣西，破湖南，傳檄數宋背盟之罪。理宗大懼，乃以趙葵軍信州，禦廣兵；以似道軍漢陽，援鄂，即軍中拜右丞相。十月，鄂東南陬破，宋人再築，再破之，賴高達率諸將力戰。似道時自漢陽入督師。十一月，攻城急，城中死傷者至萬三千人。似道乃密遣宋京詣軍中請稱臣，輸歲幣，不從。會憲宗皇帝晏駕于釣魚山，合州守王堅使阮思聰踔急流走報鄂，似道再遣京議歲幣，遂許之。大元兵拔砦而北，留張傑、閻旺以偏師候湖南兵。明年正月，兵至，傑作浮梁新生磯，濟師北歸。似道用劉整計，攻斷浮梁，殺殿兵百七十，遂上表以肅清聞。帝以其有再造功，以少傅、右丞相召入朝，百官郊勞如文彦博故事。

初，似道在漢陽，時丞相吴潛用監察御史饒應子言，移之黄州，而分曹世雄等兵以屬江閫。黄雖下流，實兵衝。似道以爲潛欲殺己，銜之。且聞潛事急時，每事先發後奏，帝欲立榮王子孟啓爲太子，潛又不可。帝已積怒潛，似道遂陳建儲之策，令沈炎劾潛措置無方，致全、衡、永、桂皆破，大稱旨。乃議立孟啓，貶潛循州，盡逐其黨人。高達在圍中，恃其武勇，殊易似道，每見其督戰，即戲之曰：「巍巾者何能爲哉！」每戰，必須勞始出，否即使兵士譁於其門。呂文德諂似道，即使人呵曰：「宣撫在，何敢爾邪！」曹世雄、向士璧在軍中，事皆不關白似道，故似道皆恨之。以覈諸兵費，世雄、士璧皆坐侵盜官錢貶遠州。每言於帝欲誅達，帝知其有功，不從。尋論功，以文德爲第一，而達居其次。

明年，大元世祖皇帝登極，遣翰林侍讀學士、國信使郝經等持書申好息兵，且徵歲幣。似道方使廖瑩中輩撰《福華編》稱頌鄂功，通國皆不知所謂和也。似道乃密令淮東制置司拘經等於真州忠勇軍營。

時理宗在位久，内侍董宋臣、盧允昇爲之聚斂以媚之。引薦奔競之士，交通賄賂，置諸通顯。又用外戚子弟爲監司、郡守。作芙蓉閣、香蘭亭宮中，進倡優傀儡，以奉帝爲遊燕。竊弄權柄。臺臣有言之者，帝宣諭去之，謂之「節貼」。

似道入，逐盧、董所薦林光世等，悉罷之，勒外戚不得爲監司、郡守，子弟門客斂跡，不敢干朝政。由是權傾中外，進用羣小。取先朝舊法，率意紛更，增吏部七司法。買公田以罷和糴，浙西田畝有直千緡者，似道均以四十緡買之。數稍多，予銀絹；又多，予度牒告身。吏又恣爲操切，浙中大擾。有奉行不至者，提領劉良貴劾之。有司爭相迎合，務以買田多爲功，皆繆以七八斗爲石。其後，田少與磽瘠、虧租與佃人負租而逃者，率取償田主。六郡之民，破家者多。包恢知平江，督買田，至以肉刑從事。復以楮賤作銀關，以一準十八界會之三，自製其印文如「賈」字狀行之，十七界廢不用。銀關行，物價益踊，楮益賤。秋七月，彗出柳，光燭天，長數十丈，自四更見東方，日高始滅。臺諫、布韋皆上書，言此公田不便，民間愁怨所致。似道上書力辯之，且乞罷政。帝勉留之曰：「公田不可行，卿建議之始，朕已沮之矣。今公私兼裕，一歲軍餉，皆仰於此。使因人言而罷之，雖足以快一時之議，如國計何！」有太學生蕭規、葉李等上書，言似道專

政。命京尹劉良貴捃摭以罪，悉黥配之。後又行推排法。江南之地，尺寸皆有稅，而民力弊矣。

理宗崩，度宗又其所立，每朝必答拜，稱之曰「師臣」而不名，朝臣皆稱爲「周公」。甫葬理宗，即棄官去，使呂文德報北兵攻下沱急，朝中大駭，帝與太后手爲詔起之。似道至，欲以經筵拜太師，以典故須建節，授鎮東軍節度使，似道怒曰：「節度使粗人之極致爾！」遂命出節，都人聚觀。節已出，復曰：「時日不利。」亟命返之。宋制：節出，有撤關壞屋，無倒節理，以示不屈。至是，人皆駭歎。然下沱之報實無兵也。三年，又乞歸養。大臣、侍從傳旨留之者日四五至，中使加賜賚者日十數至，夜即交臥第外以守之。除太師、平章軍國重事，一月三赴經筵，三日一朝，赴中書堂治事。賜第葛嶺，使迎養其中。吏抱文書就第署，大小朝政，一切決於館客廖瑩中、堂吏翁應龍，宰執充位署紙尾而已。

似道雖深居，凡臺諫彈劾、諸司薦辟及京尹、畿漕一切事，不關白不敢行。李芾、文天祥、陳文龍、陸達、杜淵、張仲微、謝章輩，小忤意輒斥，重則屏棄之，終身不録。一時正人端士，爲似道破壞殆盡。吏爭納賂求美職，其求爲帥閫、監司、郡守者，貢獻不可勝計。趙溍輩爭獻寶玉，陳奕至以兄事似道之玉工陳振民以求進，一時貪風大肆。五年，復稱疾求去。帝泣涕留之，不從，令六日一朝，一月兩赴經筵。六年，命入朝不拜。朝退，帝必起避席，目送之出殿廷始坐。繼又令十日一入朝。

時襄陽圍已急，似道日坐葛嶺，起樓閣亭榭，取宫人娼尼有美色者爲妾，日淫樂其中。惟故博徒日至縱博，人無敢窺其第者。其妾有兄來，立府門，若將入者，似道見之，縛投火中。嘗與羣妾踞地鬥蟋蟀，所狎客入，戲之曰：「此軍國重事邪？」酷嗜寶玩，建多寶閣，日一登玩。聞余玠有玉帶，求之，已徇葬矣，發其冢取之。人有物，求不予，輒得罪。自是，或累月不朝，帝如景靈宫亦不從駕。八年，明堂禮成，祀景靈宫。天大雨，似道期帝雨止升輅。胡貴嬪之父顯祖爲帶御器械，請如開禧故事，卻輅，乘逍遥輦還宫，帝曰平章云云，顯祖紿曰：「平章已允乘逍遥輦矣。」帝遂歸。似道大怒曰：「臣爲大禮使，陛下舉動不得預聞，乞罷政。」即日出嘉會門，帝留之不得，乃罷顯祖，涕泣出貴嬪爲尼，始還。

似道既專恣日甚，畏人議己，務以權術駕馭，不愛官爵，牢籠一時名士，又加太學餐錢，寬科場恩例，以小利啗之。由是言路斷絶，威福肆行。

自圍襄陽以來，每上書請行邊，而陰使臺諫上章留己。呂文焕以急告，似道復申請之，事下公卿雜議。監察御史陳堅等以爲師臣出，顧襄未必能及淮，顧淮未必能及襄，不若居中以運天下爲得。乃就中書置機速房以調邊事。時物議多言高達可援襄陽者，監察御史李旺率朝士入言於似道。似道曰：「吾用達，如呂氏何？」旺等出，歎曰：「呂氏安則趙氏危矣。」文焕在襄，聞達且入援，亦不樂，以語其客。客曰：「易耳，今朝廷以襄陽急，故遣達援之，吾以捷聞，則達必不成遣矣。」文焕大以爲然。時襄兵出，獲哨騎數人，即繆以大捷奏，然不知朝中實無援襄事也。襄陽降，似道曰：「臣始屢請行邊，先帝皆不之許，向使早聽臣出，當不至此爾。」

十月，其母胡氏薨，詔以天子鹵簿葬之，起墳擬山陵，百官奉襄事，立大雨中，終日無敢易位。尋起復入朝。

度宗崩。大兵破鄂，太學諸生亦羣言非師臣親出不可。似道不得已，始開都督府臨安，然憚劉整，不行。明年正月，整死，似道欣然曰：「吾得天助也。」乃上表出師，抽諸路精兵以行，金帛輜重之舟，舳艫相銜百餘里。至安吉，似道所乘舟膠堰中，劉師勇以千人入水曳之不能動，乃易他舟而去。至蕪湖，遣還軍中所俘曾安撫，以荔子、黄甘遺丞相伯顔，俾宋京如軍中，請輸歲幣稱臣如開慶約，不從。夏貴自合肥以師來會，袖中出編書示似道曰：「宋曆三百二十年。」似道俛首而已。時一軍七萬餘人，盡屬孫虎臣，軍丁家洲。似道與夏貴以少軍軍魯港。二月庚申夜，虎臣以失利報，似道倉皇出，呼曰：「虎臣敗矣！」命召貴與計事。頃之，虎臣至，撫膺而泣曰：「吾兵無一人用命也。」貴微笑曰：「吾嘗血戰當之矣。」似道曰：「計將安出？」貴曰：「諸軍已膽落，吾何以戰？公惟入揚州，招潰兵，迎駕海上，吾特以死守淮西爾。」遂解舟去。似道亦與虎臣以單舸奔揚州。明日，敗兵蔽江而下，似道使人登岸揚旗招之，皆不至，有爲惡語慢罵之者。乃檄列郡如海上迎駕，上書請遷都，列郡守於是皆遁，遂入揚州。

陳宜中請誅似道，謝太后曰：「似道勤勞三朝，安忍以一朝之罪，失待大臣之禮。」止罷平章、都督，予祠官。三月，除似道諸不恤民之政，放還諸竄謫人，復吴潛、向士璧等官，誅其幕官翁應龍，廖瑩中、王庭皆自殺。潘文卿、季可、陳堅、徐卿孫皆似道鷹犬，至是交章劾之。四月，高斯得乞誅似道，不從。而似道亦自上表乞保全，乃命削三官，然尚居揚不歸。五月，王爚論似道既不死忠，又不死孝，太皇太后乃詔似道歸終喪。七月，黄鏞、王應麟請移似道鄰州，不從。王爚入見太后曰：「本朝權臣稔禍，未有如似道之烈者。縉紳草茅不知幾疏，陛下皆

抑而不行，非惟付人言於不恤，何以謝天下！」始徙似道婺州。婺人聞似道將至，率衆爲露布逐之。監察御史孫嶸叟等皆以爲罰輕，言之不已。又徙建寧府。翁合奏言：「建寧乃名儒朱熹故里，雖三尺童子粗知向方，聞似道來嘔惡，況見其人！」時國子司業方應發權直舍人院，封還録黄，乞竄似道廣南；中書舍人王應麟、給事中黄鏞亦言之，皆不從。侍御史陳文龍乞俯從衆言，陳景行、徐直方、孫嶸叟及監察御史俞浙併上疏，於是始謫似道爲高州團練使，循州安置，籍其家。

福王與芮素恨似道，募有能殺似道者使送之貶所，有縣尉鄭虎臣欣然請行。似道行時，侍妾尚數十人，虎臣悉屏去，奪其寶玉，徹轎蓋，暴行秋日中，令舁轎夫唱杭州歌謔之，每名斥似道，辱之備至。似道至古寺中，壁有吴潛南行所題字，虎臣呼似道曰：「賈團練，吴丞相何以至此？」似道慚不能對。嶸叟、應麟奏似道家畜乘輿服御物，有反狀，乞斬之。詔遣鞫問，未至。八月，似道至漳州木綿菴，虎臣屢諷之自殺，不聽，曰：「太皇許我不死，有詔即死。」虎臣曰：「吾爲天下殺似道，雖死何憾？」拉殺之。

雜録

備録

黄震《黄震全集·古今紀要逸編》 賈似道始生之日，錢塘宰郭應酉以詞賀之，序語云：「峻極於天，誕彌厥月。綵衣廊廟，昔無一品之曾參；兖繡山林，今有半閑之姬旦。」蓋賈有所生母，朝命封兩國，賜號「壽賢」。而築新亭于葛嶺私第，扁曰「半閑」故也。其結聯云：「日長門館，坐對南北峰之高；時游廟堂，盡付東西廳之閒。」賈甚稱賞，遂除官告院。既而語客曰：「此詞固佳，安得有著綵衣周公乎？」識者謂：「晉、楚之富，不可及也。曾子猶曰：『我以吾仁，我以吾義。』是豈較一品者？周公思兼三王，坐以待旦，又豈志半閑者哉？」東西廳見《韓魏公傳》，若南北峰，殆俗語耳，豈一時偶阿其所好耶？詞云：「捷書連晝，甘灑通宵，新來喜沁堯眉。許大擔當，人間佛力須彌。年年八月八日，長記他、三月三時。平生事，想天和天語，不遣人知。一片閑心鶴外，被乾坤繫定，虹玉腰圍。閶闔雲邊，西風萬籟吹齊。歸舟更歸何處？是天教家在蘇堤。千千歲，比周公、多箇綵衣。」三月三，蓋頌庚申歲草坪之捷。歸舟，乃舫齋名也。

周密《癸辛雜識》前集《賈母飾終》 甲戌咸淳十年三月二十日丁酉，賈似道母秦、齊兩國賢壽夫人胡氏薨。特輟視朝五日，賜水銀、龍腦各五百兩，聲鐘五百杵，特贈秦、齊國賢壽休淑莊穆夫人。擇日車駕幸臨奠，差内侍鄧惟善主管敕葬，特賜謚柔正。遂特起復，仍舊職，任仰執政侍從詣府勸勉，就圖葬於湖山。且令帥、漕、州、司相視，展拓集芳園、仁壽寺基，營建治葬，於内藏庫支賜賻贈銀絹四千疋兩，又令户部特賜賻贈銀絹二千疋兩，皇太后殿又支賜賻銀絹四千疋兩，又令帥、漕兩司應辦葬，仍存胡夫人在日請給人從，又賜功德寺額爲「賢壽慈慶」，以雍熙寺改賜，永免科役。似道皆辭之。執政侍從兩省臺，皆乞勉留元臣。遂降詔賈似道起復太傅，平章軍國重事。似道八疏控辭，皆不允。又令兩司建造賜第於城中。初擇六月初九日安厝，以急於入覲，遂令趲前於五月九日安厝。又令有司於出殯日，特依一品例給鹵簿、鼓吹，仍屢差都司劉黻、李珏、梅應發致祭，併趣赴闕。於出殯日，特輟視朝一日，又差樞密章鑑、察官陳過前往勉諭回朝。合郊又命浙漕及紹興府守臣辦集船隻，祗備師相回闕。又命有司照禮例候師相回朝日，百官合郊迎。又依所奏，將紹興府公使庫徑行撥賜。又令内臣梁大原賜銀合香藥。又令兩司踏逐建造賜第，凡九處：楊府清隱園，李府家廟，夏府，中酒庫，十官宅，大王宫，舊秀王府，舊景獻帝府，御厨營。又命福王諭旨趣之。至五月二十二日，始過江還湖曲私第，至六月盡百日之制，復以疾作，給朝參等假十日，展轉遲回。至七月初八日，度宗違和，求草澤赦死罪，初九日宣遺詔。十一月除王鑰左丞相，章鑑右丞相。太史選用來年正月二十三日起攢，二月初三日發引，三月十三日掩攢。至十二月十四日北軍透渡，遂改十二月二十四日起攢，二十八日發引，總護使改差章右相。降制賈似道都督諸路軍馬，依舊起復太傅，平章軍國重事。凡自三月二十日至七月，度宗升遐，賈相持喪、起復、辭免，虛文汩汩，殆無虛日。如此三閱月，内外不安，而國事邊事皆置不問。至十二月十四日透渡，自此喪亂相尋，無復可爲矣，悲哉！

周密《癸辛雜識》前集《施行韓震》 德祐元年乙亥正月，賈平章似道督府出師時，平昔愛將已有叛去者，賈聞之，氣大餒。臨行，與殿帥韓震、京尹曾淵子約曰：「或江上之師設有蹉跌，即邀車駕航海至慶元，吾當帥師至海上迎駕，庶異

時可以入闕，以圖興復。」且留其二子於震家，使倉卒可以隨駕。時省史翁應龍實知其謀。至二月二十日，督府潰師於魯港，翁應龍得罪下獄，翁謂曾尹曰：「平章出師時，分付安撫道甚麽來？如今却來罪應龍，何也？」於是淵子語塞，而震亦不自安。會似道以蠟書至韓，趣爲遷避，其間有云：「但得趙家一點血，即有興復之望。」震得之，即具申狀，親擕蠟書白堂白臺，陳丞相宜中遂奏之太后，宮中爲之震動。時都民、戚里、官寺往往皆欲山安，疑惑撼摇，目之爲賊。宜中本爲似道所引，至是與編修官潘希聖謀，一反賈政，專以圖守爲説。震不察其意，乃堅持遷避之策。三月朔日，宜中召震會議於第五府，先已差天府增級顧信等數人以擬之，及震至，門闔，即以鐵撾擊其首。韓曰：「相公不當如此。」陳答曰：「此奉聖旨。」韓猶以坐椅格之，遂折其足肕而斃之。遂自後門舁出，揭其首於朝天門。省史劉應韶即以黄榜自牕楹中遞出張掛，慰諭一行將士，謂罪止誅其首。亟命彭之才統其軍馬，其隨行親兵，賜銀三萬兩，十八官會三十萬貫，各補兩官。殿步馬司制領將官等并諸軍官兵，共特賜十八官會一百萬貫，兵各補兩官。其日坐中惟文及翁僉書及曾淵子在焉。淵子固嘗領遷避之謀，聞變，面無人色。繼而得免而出，自慶再生，行至通衢，復有呼召，倉忙而入，自分必死，口噤幾不能言。及至，乃處分他事耳。劉應韶以衛倅賞，顧信補承信郎，繼而潘希聖入察行，且登用。未幾，疽發於足，日見韓在左右，不數日而殂。身後以從官賞之。潘字養蒙，永嘉人。及北軍既入，宜中乃挾二王航海而去，然則賈、韓之謀，是非果何如耶？後之秉筆削者，當有以任其責乎？

周密《癸辛雜識》後集《賈相制外戚抑北司戢學校》 似道誤國之罪，上通於天，不可悉數。然其制外戚、抑北司、戢學校等事，亦是所不可及者，固不可以人而廢也。外戚諸謝，惟堂最深嶮，其才最頡頏難制。似道乃與之日親狎而使之不疑，未幾不動聲色，悉皆换班，堂雖知墮其術中，然亦未如之何矣。北司之最無狀者董宋臣、李臣輔，前是當國者，雖欲除之，往往反受其禍。似道談笑之頃，出之於外，餘黨慴伏，惴惴無敢爲矣。學舍在當時最爲横議，而啖其厚餌，方且訟盛德，贊元功之不暇，前廡一得罪，則黥決不少，莫敢少非之。福邸，帝父也，畧不敢以邪封墨勑以丐恩澤，内庭無用事之人，外閫無怙勢之將，宮中、府中俱爲一體。凡此數事，世以爲極難，而似道乃優爲之，謂之無才，可乎？其所短者，專功而怙勢，忌才而好名，假崇尚道學、旌别高科之名，而專用一等委靡迂緩不才之徒，高者談理學，卑者矜時文，畧不知兵財政刑爲何物。垢面弊衣，冬烘昏憒，以致靡爛漸盡而不可救藥。此皆不學而任術，獨運而諱言之罪也。嗚呼！古人以集衆思、廣忠益爲相業，真萬世之名言也歟！

周密《癸辛雜識》續集卷下《演福新碑》 家之巽志行爲演福寺作觀音殿碑，所得幾何，乃大罵賈相以示高。殊不知其寺常住贍僧田一萬三千畝，乃賈相所捨也。其碑具銜云：「前朝奉大夫祕書省校書郎兼國史編修官實録院檢討官。」殊不知此二兼職，非卿監不可也，意者欲愚庸髡，眩俗眼，以爲榮耳。碑成，打造遍送當路。其後官司打勘，没官田土，則賈相所捨寺中萬三千畝，正在數中。省官呼釋髡問之，云：「賈似道既捨許多田與寺中，不知寺中呼之爲何稱？」曰：「大檀越也。」曰：「寺中亦感激他否？」曰：「大衆仰食於此田，安得不感激？」曰：「既是如此，何乃刻碑毁罵邪？」髡無以應之。以此知公論在人心，無間於南北也。

周密《癸辛雜識》續集卷下《魯港風禍》 或謂賈平章魯港之師，嘗與北軍議定歲幣，講解約於來日各退師一舍，以示信。既而，西風大作，北軍之退西者旗幟皆東指。南軍都撥發孫虎臣意以爲北軍順風進師，遂倉忙告急於賈，賈以爲北軍失信而相紿，遂鳴鑼退師。及知其悞，則軍潰已不可止矣。是南軍既退之後，越一宿而北軍始進，蓋以此也。嗚呼，天乎！

周密《齊東野語》卷一九《賈氏園池》 景定三年正月，詔以魏國公賈似道有再造功，命有司建第宅家廟，賈固辭，遂以集芳園及緡錢百萬賜之。園故思陵舊物，古木壽藤，多南渡以前所植者。積翠回抱，仰不見日，架廊疊磴，幽眇逶迤，極其營度之巧。猶以爲未也，則隧地通道，抗以石梁。旁透湖濱，架百餘楹。飛樓層臺，涼亭燠館，華邃精妙。前揖孤山，後據葛嶺，兩橋映帶，一水横穿，各隨地勢以構築焉。堂榭有名者曰蟠翠古松、雪香古梅、翠岩奇石、倚繡雜花、挹露海棠、玉蘂瓊花荼蘼、清勝假山，已上集芳舊物。高宗御扁「西湖一曲」、「奇勳」。理宗御書「秋壑」、「遂初容堂」。度宗御書「初陽精舍」、「熙然臺」、「砌臺」。山之椒曰「無邊風月」、「見天地心」。水之濱曰：「琳琅步」、「歸舟」、「早船」。通名之曰後樂園。四世家廟，則居第之左焉。廟有記，一時名士擬作者數十，獨取平舟楊公棟者刊之石。又以爲未足，則於第之左數百步瞰湖作别墅，曰光禄閣、春雨觀、養樂堂、嘉生堂。千頭木奴，生意瀟然，生物之府，通名之曰養樂園。其旁則廖羣玉之香月鄰在焉。又於西陵之外，樹竹千挺，架樓臨之，曰秋水觀、第一春、梅思、剡船亭，則通謂之水竹院落焉。後復葺南山水樂洞，賜園有聲在堂、介堂、

愛此、留照、獨喜、玉淵、漱石、宜晚，上下四方之宇諸亭，據勝專奇，殆無遺策矣。

其後，志之郡乘，從而爲之辭曰：「園囿一也，有藏歌貯舞，流連光景者；有曠志怡神，蜉蝣塵外者；有澄想遐觀，運量宇宙，而游特其寄焉者。嘻！使園囿常興而無廢，天下常治而無亂，非後天下之樂而樂者其誰能？」嗚呼！當時爲此語者，亦安知俯仰之間，遽有荒田野草之悲哉！昔陸務觀作《南園記》於中原極盛之時，當時勉之以仰畏退休。今賈氏當國十有六年，諛之者，惟恐不極其至，况敢幾微及此意乎？近世以詩弔之者甚衆，吴人湯益一詩，頗爲人所稱云：「檀板歌殘陌上花，過牆荆棘刺檐牙。指揮已失鐵如意，賜予寧存玉辟邪。敗屋春歸無主燕，廢池雨産在官蛙。木綿菴外尤愁絶，月黑夜深聞鬼車。」李彭老一絶云：「瑶房錦榭曲相通，能幾番春事已空。惆悵舊時吹笛處，隔窗風雨剥青紅。」

備論

黄震《黄震全集·古今紀要逸編》 賈似道由督視入相，怨潛嘗欲置諸危地，潛亦以貶死，然天下冤之。似道既殺潛，威福益張，自是專國柄，歷三朝，稱元老，自拜平章，而輪宰相爲之掌印。聚流俗工爲四六者，日夜歌功頌德，比之周公，以至亡身危國而不知，則又理宗後事矣。

馬廷鸞部

綜述

《宋史》卷四一四《馬廷鸞傳》 馬廷鸞字翔仲，饒州樂平人。本灼之子，繼灼兄光後。甘貧力學，既冠，里人聘爲童子師，遇有酒食饌，則念母藜藿不給，爲之食不下咽。登淳祐七年進士第，調池州教授，需次六年。

寶祐元年，召赴都堂審察，辭。至池，以禮帥諸生。二年，調主管户部架閣。三年，遷太學録，召試館職。時外戚謝堂、厲文翁、内侍盧允升、董宋臣用事，廷鸞試策言彊君德，重相權，收直臣，防近習。大與時迕，遷祕書省正字。四年，尤焴提舉史事，辟爲史館校勘。

初，丁大全令浮梁，雅慕廷鸞，彌欲鈎致之，廷鸞不爲動。試策稍及大全，及廷鸞當輪對，大全私謂王持扆往瞷焉。廷鸞素厚持扆，且同館，不虞其諜也，密露大意。持扆紿曰：「君猶未改秩，姑託疾爲後圖乎？」廷鸞曰：「此微臣千一之遭，其何敢不力。」持扆以告大全，及候對殿門，格不得見。翼日，以監察御史朱熠劾罷。宋臣遣八廂貌士索奏稿，稿雖焚，聞者浸廣，忌者愈深，而廷鸞之名重天下。開慶元年，吴潛入相，召爲校書郎。

景定元年，兼沂靖惠王府教授。時大全黨多斥，宋臣尚居中，言路無肯言者，諸學官抗疏，疏上即行。會日食，與祕書省同守局，因相與草疏。潛以書告廷鸞曰：「諸公言事紛紛，皆疑潛所嗾，聞館中又將論列，校書宜無與，以重吾過。」廷鸞對曰：「公論也，不敢避私嫌。」越數日，宋臣竟坐謫，徙安吉州。兼權樞密院編修官。時賈似道自江上還，位望赫奕，廷鸞未嘗親之。輪對，言：「國於東南者，楚、越霸而有餘，東晉王而不足。乞遏惡揚善以順天，舉直錯枉以服民。」遷樞密院編修官兼權倉部郎官。

二年，進著作佐郎兼右司，遷將作少監。三年，一再乞外補，不許。廷鸞論貢舉三事：嚴鄉里之舉，重臺省之覆試，訪山林之遺逸。又言荒政，宜蠲除被災州縣租賦之不可得者。擢軍器監兼左司，兼太子右諭德，升左諭德，行國子司業，乞免兼左司。輪對，言：「集和平之福者自陛下之身始，養和平之德者自陛下之心始。」兼翰林權直，擢秘書少監，升權直學士院。四年，擢起居舍人兼太子右庶子兼國史院編修官、實録院檢討官。入奏言：「太史必當謹書災異。願陛下翕受敷施，以壯人才之精神；虚心容納，以植人言之骨幹。念邦本而以公滅私，嚴邊備而思患豫防。」時再召用宋臣，廷鸞引何郯之説進，極言宋臣不可用，帝從之。薦士二十人，進中書舍人。程奎污穢詭秘，不當補將仕郎；王之淵爲大全黨，不當通判江州；朱熠不當知慶元府及爲制置使；林爽、趙必逌、張稱孫不當與郡：皆繳還詞頭。兼國史實録院。五年，彗出，上疏極言天人之際。遷禮部侍郎。理宗遺詔、度宗登極詔，皆廷鸞所草。兼侍讀，辭，不許。疏列孝宗之政以告。升直學士院。

咸淳元年，進端明殿學士、簽書樞密院事兼同提舉編修《經武要略》。丁母憂。三年，同知樞密院事兼同提舉編修《經武要略》。入奏言培命脉，植根本，崇寬大，行仁厚。又言：「恢大度以優容，虚聖心而延佇，推内恕以假借，忍難行而聽納，則情無不達，理無不盡，姦人破膽，直士吐氣，天下事尚可爲也。」兼權參知政事。五年，進參知政事兼同知樞密院事，進右丞相兼樞密使。八年，九疏乞罷政。九年，依舊觀文殿大學士、知紹興府、浙東安撫大使。上疏辭免，依舊職提舉臨安府洞霄宫。

度宗初年，詔詢故老，專以修攘大計叩之趙葵。葵極意指陳曰：「老臣出入兵間，備諳此事，願朝廷謹之重之。」似道作色曰：「此三京敗事者，詞臣失言。」廷鸞每見文法密，功賞稽遲，將校不出死力，於邊閫升辟，稍越拘攣。似道頗疑異己，黥堂吏以泄其憤。及辭相位，帝惻怛久之曰：「丞相勉爲朕留。」廷鸞言：「臣死亡無日，恐不得再見君父。然國事方殷，疆圉孔棘。天下安危，人主不知；國家利害，羣臣不知；軍前勝負，列閫不知。陛下與元老大臣惟懷永圖，臣死且瞑目。」頓首涕泣而退。

瀛國公即位，召不至。自罷相歸，又十七年而薨。所著《六經集傳》、《語孟會編》、《楚辭補記》、《洙泗裔編》、《讀莊筆記》、《張氏祝氏皇極觀物外篇》諸書。

雜録

備録

周密《癸辛雜識》後集《馬相去國》 咸淳甲戌之夏，丞相番陽馬公廷鸞字翔仲，以翻胃之疾，乞去甚苦，凡十餘疏，始得請，則疾已棘矣。以暑甚病危，不可即途，遂出寓於六和塔。余受公知，間日必出問之。時公偃仰小榻，素無姬妾，止一村僕煮藥其傍。嘗凄然謂余曰：「吾家素貧，少年應南宫之試止，草履襆被而已。一日道間餒甚，就村居買螺螄羹，泡蒲囊中冷飯食之，遂得此疾。既無力治藥，朋友憐之者以二陳湯服之，良愈。是歲竊冒省魁。後爲兩制日，疾復作，醫者復以丁香草果飲，亦三兩服即愈。因念前疾之所以不死者，蓋有後來之功名故也。今承乏廟堂，分量極矣，過矣。今疾復作而衆藥不效，勢無生理必矣。所恨者時事日異，無以報國爲不滿耳。」因泣下數行。然賈師憲終疑其托疾引去，欲相避者，因奏知自出關訪問之，其實覘之也。及見其骨立羸然，乃始驚曰：「碧梧乃真病也！」次日奏聞，以大觀文知鄉郡，以榮其歸，且特賜東園祕器，以爲沿途緩急之備。公即日輿疾以歸，及還番陽，疾乃安，閲月而全愈。未幾，以吴堅爲相。是冬北軍渡江，督府軍潰，而國隨以亡矣。使公不病，病不亟，則位不可釋，位不可釋，則奉璽狩北之責，公實居之。今乃以疾而歸，歸而疾愈。安處山林，著書教子者，凡十四年而後薨。此非天相吉德，曲爲之庇，安能若是哉！公嘗自著《番陽遺老傳》，及門人所述年譜，備載出處之詳，兹不贅云。

周密《癸辛雜識》續集卷下《姦僧僞夢》 安吉縣朱實夫，馬相碧梧之壻也。有温生者，因朱而登馬相之門，近復無聊，遂依白雲宗賢僧録者，無以媚之，乃創爲一説，云：「曩聞碧梧與之言云：『向在相位日，蒙度宗宣諭云：朕嘗夢一聖僧來謁，從朕借大内之地爲卓錫之所，朕嘗許之，是何祥也？』馬雖知爲不祥，而不敢對。今白雲寺所造般若寺，即昔之寢殿也。則知事皆前定。」於是其徒遂以此説載之於寺碑，以神其事。嗚呼！使當時果有此夢，方賈平章當國，安得獨語馬公？使馬公果聞此語，安得不使子姪親友知之，且獨語門吏耶？可見小人之無忌憚如此。余恐後人不知而輕信，故不得不爲之辯。

備論

《宋史》卷四一四《馬廷鸞傳》 論曰：史彌遠廢親立疏，諱聞直言。鄭清之墮名於再相之日。彌遠之罪既著，故當時不樂嵩之之繼也，因喪起復，羣起攻之，然固將才也。董槐毋得而議之矣。葉夢鼎、馬廷鸞之所遭逢，其不幸也夫。

劉克莊部

綜述

《劉克莊集》卷一九四林希逸《宋修史侍讀尚書龍圖閣學士正議大夫致仕莆田縣開國伯食邑九百户贈銀青光禄大夫後村先生劉公行狀》 曾祖炳，贈宣教郎；妣鄭氏，贈孺人；游氏，恭人。祖夙，承議郎著作佐郎，累贈中奉大夫。妣林氏，贈令人；林氏，贈令人。父彌正，朝議大夫吏部侍郎，累贈少師。妣方氏，贈魯國夫人；林氏，魏國夫人。

咸淳五年正月二十九日，龍圖閣學士、正議大夫、莆田縣開國伯食邑九百户後村先生劉公卒，年八十三。前數夕，有大星隕公寢室後，俄而公逝。莆之士大夫皆揮淚以相弔，有方斂而往枕屍以哭者，有既殯而往拊棺以哭者，莫不盡哀。又數日，則泉南之南，閩北之北，弔唁往來，交馳於道。又數月，則四方交舊，與凡得銘得序得跋得詩之友，不遠千百里而來。力不能來，亦以書至，蓋不知其幾。皆曰：「斯文無所宗主矣，吾儕無所質正矣，後進無所定價矣。」茫茫宇宙，人物何限？其能擅一世盛名，自少至老，使言詩者宗焉，言文者宗焉，言四六者宗焉，雖前乎者老，後乎秀傑之士，亦莫不退遜而推先，卒至見知於人主者，古今能幾人哉？公雖得名得壽得禄，而愛公者猶以用公未盡爲恨，是豈私所好耶？吁，若公者，可謂千載之士矣！

公諱克莊，字潛夫，世爲莆田人。自大著、正字峥嶸艾軒之門，聲振乾、淳間，已蔚然爲文章家矣。公生有異質，少小日誦萬言，爲文不屬稿，援筆立就。初名灼，以聲律冠胄子。入上庠，埸士至今誦之。嘉定己巳，以郊恩奏補將仕郎，更今名。

初調靖安簿，帥漕争檄置幕下。潔齋袁公，時以倉兼府，尤以文字見重。俄丁少師憂。終制，注福州右理曹，改差真州録參。菊坡崔公帥維揚，因公白事，喜曰：「吾於閩得二士，君與子華也。」鋭欲致公，會李公玨建閫金陵，辟沿江制司準遣。一時幕府諸賢，自勉齋黄公而下，皆相敬愛。因謀進取，公有異議，主謀者忌之，公求南嶽廟去。薦員及格，猶欠一考。八桂胡公槻以經司準遣辟公，辭不就，魏國力勉之。八桂佳山水，胡與公倡酬幾成集。外帥權重，不輕餞客。公入京進卷，胡公飲别榕臺，人以爲前此未有也。

甲申，改宣教郎知建陽縣。新考亭之祠，祀朱、范、劉、魏四君子於學宫。庭無留訟，邑因有餘。增糴賑糶倉二千斛，大書其門曰：「聊爲爾民留飯椀，豈無來者續心燈？」西山真公記之。更創西齋，北山陳公篆其扁，爲賦《于蔿于》之什。西山在朝，以公學貫古今，文追《騷雅》薦。西山還里，公以師事，自此學問益新矣。言官李知孝、梁成大箋公《落梅》詩，與「朱三鄭五」之句激怒當國，幾得譴。安晚鄭公時在瑣闥，力爲辨釋以免。終更，綵旗蔽路，送者踰數十里。比聞公喪，猶有重趼來哭者。

得倅潮陽，趙至道猶以嘲詠謗訕彈之，毒由梁、李也。刑寺下所屬究實，公若不聞。邑丞虞德恙素貪昧，以士民公論上府，漕使陳公汶壯之。畀以京削，主管仙都觀。俄通判吉州。端平改紀，安晚當國，甲午春，有旨都堂審察。西山帥閩，以機幕辟，除將作簿兼帥司參議官。公迎魏國之官，魏國自喪少師，不出户者二紀矣。西山知公吏材高，府事一委之。平齋洪公遷西掖，奏公自代。安晚曰：「中書眼高。」西山以户書召，公援例求退，詔以匠簿供職。公奉魏國還里，踰月獨入京。九月，除宗正簿。西山喜曰：「方是本色。」公在麟寺，南塘爲卿，遊二公間，以文字相得懽甚。西山夢奠，乞假會葬，不許。

乙未六月，除樞密院編修官兼權侍右郎官。未幾，鄭、喬並相，公輪對言：「服天下莫若公，今失之私；鎮天下莫若重，今失之輕。陛下因私天位，遂德柄臣；因德柄臣，遂失君道，非公也。大臣憂讒畏譏，而有狼跋之嗟；厭事避權，而動魚羹之興，非輕歟？」次篇言：「柄臣壞朝綱，開邊釁，兵驕楮賤，殘賊貪饕僥倖之俗不可回，諸賢起而當之，天人未應，陛下遂疑君子而思小人。曾肇有言：『待上意漸變。』臣思此語，可謂寒心。願陛下堅凝初意，無使宵小輩動摇正論，則天下幸甚。」貼黄言：「苕川之事，出於迫脅，向止議其罪，不原其情，近雖復其爵，未雪其寃。」皆人所難言也。公於上前奏讀，玉音所問，隨事奏對。或言：「陛下向待柄臣太重，今待大臣太輕。端平更化之初，奄孌屏息。近因軍卒小警，此曹頗得進言。陛下若聽用之，天下事去矣。」或言：「陛下聖心待濟王本不如此，只是臺諫給舍一等小人，遂致有此一段施行。

當治其罪，以滌此謗。繼絶一事，他日國本既定，決不容已。」或言：「向也權柄下移，陛下欲除一吏不可得，今從官宰相，皆自聖擢。向者近臣惟真德秀、魏了翁，小臣惟蔣重珍、陳塤敢與故相異論，今人人得攻大臣，議朝政，此誠更化美事。」又言：「弓旌所招，近稍稍引去。蔣重珍既去，洪咨夔又引疾，如此則諸賢漸去，别一副黨人來矣。」上曰：「無人任事。」公言：「今日如人久病，沉痼已深，用君子如服參苓，雖無近效，猶有生全之理。用小人如服烏喙，一劑喪生矣。」合殿上下之人，皆謂公小官，初奏對，音吐琅琅，從容如許，廊廟器也。疏出，鶴山魏公、果山游公、實齋王公、南塘、平齋時皆在朝，擊節不已。實齋因奏疏，有曰：「兼旬之間，嘉謀迭進，有益聖學。」蓋爲公與杜立齋、王臞軒發也。

狂韃入寇，朝議以元樞曾公建督，曾辟竹湖李公與公參議，不果行。丙申，左府語泄，有錫第表郎之傳，鶴林舍人疑其過已，遂以吴昌裔疏罷。御史，舍人弟也。主管玉局觀。尋除漳州，毅齋鄭公言於朝，謂去非其罪。丁酉，改知袁州。有旨趣行，公在郡一以崇風化、肅紀綱、訪故家、禮名賢爲先務，因寬得衆，郡以最聞。殿中蔣御史，公同舍郎也，因火災倡邪説，爲學舍所詆，知鐵庵方公前在諫垣，言濟邸事太切，天意不怡，遂以公與鐵庵、臞軒同疏，皆嘗言故王者。三公居同里，既歸，相與賦咏無虚日，自以同傳爲榮。俄主雲臺觀。

文清李相當國，擢公江西提舉，改廣東提舉。公不以入嶺爲難，道出潮、惠，謁昌黎祠，訪坡公舊迹。庚子元日始至，以嬰孺視嶺民，以冰玉帥寮屬，歲計羨而商征寬，民夷安之。八月，陞漕。文清薨，史獨相，經理兩淮屯田，敷耕牛於廣右。公以事關邊儲，急爲區畫，既應令而民不知異。時謝表有曰：「每於吏民相告語之間，具言朝廷不得已之意。」指此以諷也，識者誦味之。留粤兩年，更攝帥、舶，俸給例卷，皆却不受。買田二百畝，以贍仕於南而以喪歸者，南人刻石紀之。

辛丑，令赴行在奏事。侍御史金淵謂公以清望自擬，寢其召命，主管崇禧觀。癸卯元日，除侍右郎官，又以濮斗南疏罷，仍舊崇禧。甲辰秋，杜與范同相，除江東提刑。一意訪求民瘼，澤物洗冤。劾廣信貪守，黥南康黠胥皆有奥援者，公論稱快。十一月，除將作監，未幾，改直華文閣。范實忌公，因託言歲旱民饑，艱於擇代，沮其入也。范去，游獨當國，與參與抑齋屢以公薦。丙午四月，令赴行在奏事。時方禱雨，公雖治任，而拯饑雪枉，備極焦勞。留至七月，乞謁告省親，不許。道除太府少卿。八月望，入修門。二十三日，面對三策，首言委任之失二，其一曰：「嵩之以借助滅殘金爲戰，以厚幣奉倴盞爲和，以清野蹙國爲守，三者非長，徒尚智術，豈堪倚仗？若非天去其疾，他日必貽朝廷之憂。」其二曰：「昔者不擇其人，而任之太專。今也雖擇其人，而不授以柄，但見調護使之勿言，宣諭使之奉詔。」又言謨謀之誤二，其一曰：「大臣有翕受之量，而無主宰之功；同列有不説之漸，而無醲假之和。易一邊閫，淹久而後決；遣一儒帥，迫趣而始行。桑維翰一日易十節度，郭子儀朝聞命夕就道，視今何如也？」其二曰：「廟謨睽異，邪黨揶揄，殆幾反戈以自攻，不憂探穴之覆出。劉摰主調停而幾覆族，曾韓爭大柄而卒相京，追思可畏也。今陛下雖有退小人之功，而虚受思小人之謗。臣聞元温嗤誚王衍諸人，自許豪傑，苻堅笑之；語及謝安，則以爲江左偉人。秦檜嘗言：『諸人但當啖飯，觀吾致太平。』而兀朮將死，乃以張浚尚存爲憂。安之握兵，初不如温；浚之挾虜，初不如檜，而二酋皆慢彼畏此。今陛下託國，將求如温如檜者乎？仰求如安如浚者乎？」次言：「善類之合，莫盛於本朝；言路之通，莫盛於本朝。祖宗以來，甘其苦言，養其直氣，有立行其説者，有久而思之者，有始忤而終合者，有自常調而處以清要者。今陛下上法祖宗，待羣臣至厚，記憶所及，收採不遺。恐其間尚有迹遠而孤，位卑而賤者，其人昔尚盛年，今已暮景，願收之於霜降水涸之餘，使善類常合，言路常通。」其意蓋以言故王者收召未盡也。讀至「迹遠位卑」處，上問爲誰，公曰：「從臣如王遂、徐清叟、方大琮，庶僚如湯巾、潘牥，不幸已歿，存者如黄自然、王邁，自然近已向用，餘人皆年齒已高，願陛下收録之。」三言江東使事，以恤貧民處流民爲最急。貼黄以親老求歸養。玉音曰：「朕知卿文名，有史學。」即頒錫第之命，仍責修纂。公退見果山，坐未定，宸翰已至：「劉某文名久著，史學尤精，可特賜同進士出身，除秘書少監，令與尤焴同任史事。庶累朝鉅典，早獲成書。」次日，兼國史院編修官、實録院檢討官，又三日，御筆：「兼崇政殿説書。」公四辭錫第，再辭史事、晚講，皆不許。

十月朔，轉對言今日之深憂，莫如國本未建。援引甚詳，且曰：「臣謂此事在唐宣宗、後唐明宗則甚難，在我朝仁宗、高宗則甚易。其毓英宗、孝宗於禁中也，皆擇於未入之前，定於既入之後。異其封爵，别其名稱。自幼至長，自侄爲子，不待建儲而人望已有所繫矣。若朝取一人焉，暮取一人焉，一出焉，一入焉，舉棋之勢未定，當壁之冀浸廣，非所以重宗廟尊本統也。」於時有自內學退歸者，故公及之。孟祀，時御筆：「暫兼中書舍人。」同院庸齋趙公時行下三房，公以趙

已除法從，乞以上三房易之，奏上不許。同學友朋喜曰：「此真舍人也。」時山相未終喪，以草土疏乞掛冠。上批：「服闋除職予祠。」臺諫稾從交章詆之，皆不付出。十二月初九日，御筆：「嵩之今已從吉，守本官職致仕。」公奏：「嵩之有無父之罪四，無君之罪七。舊相致仕，合有誥詞。今臣行嵩之之詞，未知爲褒爲貶，若從其自乞，則合行杜衍、歐陽修之例，何以示天下後世？若爲貶辭，則不坐下罪名，秉筆何所依據？此綦崇禮所以必請高宗御筆，然後草秦檜罷制也。」上令丞相宣諭：「可作自陳行詞，付下御前所録嵩之奏狀，令體此降制。」公又奏：「御筆有『守本官職』之文，未知所守何職。本官見封永國公，合以階官帶永國公致仕。」十四日御筆：「史嵩之除觀文殿大學士致仕。」公又奏：「昨日進講，側聆玉音，已降除職旨揮。臣清旦待班東華門，未知所除何職，講退方聞之。臣竊見高宗朝左相沈該落大觀文致仕，孝宗朝左相葉顒以雷變罷，不除職，只守本官奉祠。左相葉衡、魏杞去位，皆終身資政。今嵩之忠孝有虧，所除職名，乃與元勳重德無異。竊聞外廷之言，皆咎臣不合奏審，公議實可畏也。乞詳臣元奏，寢嵩之職名，只守永國公致仕，容臣行詞。」十六日，中使宣諭：「史嵩之除職致仕，卿已遵承，又復入奏，可依已降批諭行詞。」公又奏：「詞臣命詞，須合典故。嵩之若以階官永國公致仕，則職在掖垣。今除大觀文，則合宣敕降麻，此乃學士院職事。竊見紹興二十五年秦熺特授少師、觀文殿大學士、嘉國公致仕，正與嵩之一同，係學士院降麻。臣若侵官内制，豈不貽笑天下？」是日，王倫復宣諭：「嵩之除職，既係學士院降麻，卿可一面書行。」公云：「連日紊瀆聖聰，未敢重陳，容臣於經筵審取聖旨。」十七日，與給事趙與懽、舍人趙庸齋同上繳奏。十八日，上又命謝瀆山諭旨，公遂丐祠，不允。二十二日，御筆：「嵩之依所奏乞，守金紫光禄大夫永國公致仕，除職旨揮更不施行。」游相東公云：「諸賢盡力回天，聖主舍已從人，書之簡册，有光多矣，便可書行命詞。」公爲此制，有曰：「我聞在昔，求忠臣於孝子之門；人謂斯何，豈天下有無父之國？」未上，二十四日，侍御史章琰疏罷，猶以奏審爲罪。安晚時在湖濱，冒雪祖餞，以鄉道鄉事相勉。公在省八十日，草七十制，學士大夫爭相傳誦，以爲前無古人。

丁未二月，除直寶文閣知漳州。時有仲氏工部之戚，公以太夫人年高力辭。安晚再相，除直龍圖閣，主明道宮。戊申元日，除宗正少卿，公又苦辭。余時備數編修官，袖公手書以白。五日，依舊職知漳州，公以戍期遠，方待命。是月，又除秘閣修撰福建提刑，欲公便養也。公又辭，不允。九月朔，即家建臺。公方申嚴使事，訪疾苦，扶善良，以哀矜讞獄，以孤遠拔士。甫及月，丁魏國憂，哀慕毀瘠，三年如一日。庚戌十二月，除秘書監，公以禫制未終辭。辛亥春，有旨趣行。四月到闕，兼太常少卿、直學士院。對札二，首言：「端平變局，倂於元祐。今陛下登庸舊弼，垂意至寧，而人謂端平之政改矣，端平之心亦改矣。」次言：「朝廷之士議君上者，或以掖庭，或以戚畹，或以聚斂。議大臣者，或指除授，或指賓客，或指子弟。道路之傳皆曰：『君相厭之。』臣以爲不然。惟聖主可以責善，惟賢相可以責備。」其意甚忠，其辭甚婉。五議之諫，諷居其一，不知公者，或以爲訐。貼黄以建儲爲請，曰：「臣於端平乙未，以樞掾對，嘗言之。端平丙午孟冬，以少蓬對，又嘗言之。越三日孟祀，時有貴州刺史之命，臣既去國，今五六年，節旄雖建，王爵雖疏，名號未正，聖意未白，臣願陛下早圖之。」上皆嘉納。公退見丞相，乞召潘凱、吴燧二人，皆忤相國者，大咈相意，語諸客曰：「千辛萬苦唤得來，又向那邊去。」然公本無心，外廷之訐，相國之忤，皆誤矣。五月，兼崇政殿説書。六月，兼史館同修撰。

時事多内出，公言：「祖宗盛時，内降絶少。間有一二，有論列者，有繳駁者，有執奏者，誨、純仁寧謫，而不以濮議爲是；必大、茂良寧去，而不與兩知閤並立；衍寧罷，而不肯求容權貴之門。今中外除授，間有不由大臣啓擬者。求者予者奉行者，習以爲常，但曰依應，臣竊爲陛下君臣惜之。」又言：「衍之所以能却内降者，當國僅三數月而已。蓋小臣能以去就爲輕，雖大事可論；大臣能以去就爲輕，則内降可執，横恩可寢。」其語頗諷當國，於是愈落落矣。公已決意賦歸，而上眷甚隆，相亦勉諭。凡六上祠請，再乞掛冠，皆不許。公亦以禮官逼近禋祀，未敢數瀆。十月，除起居舍人。閏月，兼侍講。公雖遷延數月，未能決去，而前後進言愈切。史宇之除工侍，公不草制。答詔曰：「宇之一未更事少年，頃命之從上雍，非籲俊尊上帝之誼。臣前攝詞垣，未行嵩之之詞，不樂臣者已横加誣衊。今若秉筆褒宇之之美，人謂臣何？」京尹規謀小利，京民苦之。公言：「昔之理財者，摧仰富商之盜利權者，逐什一養口體者不問也；削弱豪家之侵細民者，嘗升斗育妻子者不問也。漢算緡錢，下逮末作。唐爲宫市，白奪樵夫，今何以異此？」時江浙名藩，多付戚畹。公言：「擇守不過兩途，一曰才望，二曰資格。今穉齒登鵷序，弱冠佩虎符。昔人以四十專城爲榮，今不待四十矣。凡向者近臣均佚名流補外之地，今皆以處若人，百姓何賴焉？」山相經營復出，事有萌芽。公直前奏曰：「陛下曩語羣臣，以爲某人決不復用。今都人競相傳

曰：『落致仕矣，建督府矣。』又曰：『某人嘗以御槧示人矣。』又曰：『陛下戒其勿修怨矣。』臣知陛下萬無此事，設或有之，此誤不少。向使疇昔在朝，終始不廢偃月之禍，不過及士大夫。今以埒國之富、震主之威，謬爲恭順，陰懷怨毒，外豈可付以寸鐵？内豈可假以寸權？秦檜再相，未嘗不牢籠李光、胡寅，久則當世名臣舉族貶竄，闔門廢錮，而至尊亦有靴中匕首之防，此陛下商監也。」韃主新亡，或傳胡運已衰，荆狃一勝，蜀謀再舉。公言：「趙范欲圖唐、鄧，唐、鄧不可得而棗陽先失，安、隨、郢、均、房皆爲丘墟。趙彦呐欲圖秦、鞏，秦、鞏不可得而劍關不守，五十四州遂成蕩覆。豈非外重而不能禦，内虛而無以守？臣謂江陵固然後可以援襄、樊，重慶實然後可以圖漢中，范與彦呐前事可鏡也。」言雖峻切，上獨優容。察官鄭發苦不相樂，是月十九日疏入，公方進講，玉音曰：「卿與鄭發無他否？」既退，疏不下。御筆：「除職予郡。」道聞安晚薨，旅哭甚哀，曰：「吾不敢忘知己之舊。」

謝、吴並相，壬子正月，除右文殿修撰知建寧府。二月，兼福建運副。鄭慣前疏不行，再論，褫職寢新命。六月，依舊職提舉明道宫。公優遊里閈，作爲新居，揭宸翰所賜樗庵、後村二扁，日與賓客觴詠其間，曰：「吾得此足矣。」寶祐丙辰，矩堂董相欲以治使處公，丁大全短於上前曰：「劉某恃才傲物。」遂有正言邵澤之疏，實丁意也。仍奉明道祠。

景定庚申，師相魏公還朝，公方奏疏引年，六月，除秘書監，令守臣以禮津遣。八月，除起居郎，再辭不許。九月，兼權中書舍人，公猶在道。十一月朔面對，首札言：「凶相弄權，以富强自詭。輔聖君而行霸政，爲天下宰而設騙局，人曰，相非相，駔也；政事堂非政事堂，壟斷也。」傳者歎其形容之工。末言：「國以危懼存，以佚樂亡。」其警告者甚切，曰：「陛下必持勝，必慮危，已竄者毋至量移，已斥者無復親近。大臣必弼違，必格非，士大夫毋以清談廢務，毋以浮文妨要。」人以爲藥石之言。次言：「貪吏可懲，奚問名勝？贓罪狼籍，而曰爲賢者諱，《春秋》書法，八議舊典，恐不如是。」其意有所指也，聞者是之。讀畢，以老蒙收召謝。玉音曰：「知卿愛君憂國，至老不衰，所以欲得相見。」除兵部侍郎，兼中書舍人兼直學士院，立螭纔三日爾。十二月，兼史館同修撰。初，上過東宫，見公書肆所傳文集，喜之。未除兵侍前一日，中使傳宣諭曰：「卿居間日久，著述必多，可録本進呈。」公辭以：「容臣繕寫。」俄有旨再索，公辭以史事猥冗，未及點對。越數月，以古賦古律詩記序題跋詩話共二十六卷奏進，皆辛亥以後所作也。翌日，中使以宸翰御製賜公曰：「卿風姿沉邃，天韻崇谹。今觀所進近作，賦典麗而詩清新，記腴贍而序簡古，片言隻字，據經按史，謂非有裨於緝熙顧問，可乎？先儒有言：『學富醇儒雅，辭華哲匠能。』非卿不足以語此。」真儒臣希闊之遇也。

辛酉正月，將降科舉詔，公以非科第辭。同院進稿不稱旨，命廟堂改屬，曰：「非劉某不可。」三月兼侍讀，四月以病辭西掖，詔從之。俄除兵部侍郎。八月，再兼中書。是歲，乞引年者再。九月，厲文翁除沿江制閫，公不待黄至，與給事徐公繳奏。酉時黄至，又奏。是夕一更，御筆至，逼趣書行。公又繳奏，其言甚苦，命遂寢。壬戌三月，除權工部尚書，陞兼侍讀。李桂除臺察，公力排之。李桂已入臺，次日疏出，全臺待罪。朝紳皆謂與艾軒疇昔繳奏謝某同。今上在東宫，亦語宫端徐公曰：「劉中書此舉甚高。」公雖身兼兩制，詞命填委，寒暑無間，坐至四鼓，而一念之忠，言無不盡。故淫雨有疏，大水有疏，和糴之害有疏，拯饑之弊有疏，猶有五管見焉，其言剴切，允當帝心。至如大全既死，則曰：「李石責北司，有言李訓固可罪，因何人以進，乞斥其内爲奥主者。」指當時貴璫也。漣、海歸順，邊患浸紓，公言：「禁中排擋太密，湖山丹艭太盛，願毋忘偷渡時。」江桂二閫，密圖起廢，公言：「史以柔愞邀功，李以開城縱寇，罰未當罪，其可牽復乎？」或言：「簿録姦贓之財，圩田御莊之入，合以助糴本補和糴，此陸贄散小儲成大儲，捐小寶因大寶之説。」或言：「右選敕牒，冗濫補授，多稽考難。戰士捐軀得賞，而補授帖牒，死歸他人，蠹國無端，何以示勸？」每奏多至萬言，少亦數千言，人皆美公之忠純，而服公之整暇。

八月，再乞納禄。御批曰：「覽卿來奏，求退甚勇。詞垣經幄，方資文儒，輸情甚真，難奪雅志。特除寶章閣學士知建寧府。」權文昌得真學士，異恩也。御賜玉柄寶箑，宸製五言書其上，以金縝香茶侑之，竹湖以後未有也。師相亦賦詩贈行，從橐飲别道山堂，分賦御製詩韻，時人比之二疏。公既還里，優遊觴詠。甲子秋，以目眚謝事，除焕章閣學士，守本官致仕。其年先帝棄羣臣，公哭臨哀慟。丁卯，右目亦苦赤障，遺身自樂，處之裕如也。四年五月，今上念先朝遺老，御筆：「劉某謝事先朝，年德俱高，特除龍圖閣學士仍舊致仕。」人謂嗣聖將起公矣。公早受知忠肅賈公，辨章尤相親敬。古心、碧梧二揆，皆公文字友，而天不憖遺，國嗟殄瘁，烏乎惜哉！

公娶玉融林氏，贈淑人，寶章國博之女，先公卒四十二年。子三人，强甫，朝

奉郎，三省架閣，添差福州通判。明甫，奉議郎，邵武軍通判。山甫，承奉郎，監嶺口鹽倉。女一人，適正獻福公之孫，故通直郎惠安知縣陳琰。孫男八人，沂，登仕郎。涣、洙，將京選二澤分奏。澈、履、瀵、錦、絢，尚幼。孫女五人，其二嫁承奉郎監嶺口鹽倉方廣翁，修職郎浦城主簿方公權，餘未笄。是年十二月十九日，諸孤奉公之柩，葬於城北徐潭之原。

公負間世之才，問學所積，源流三世。公探索涵泳，又深造而自得之。無書不讀，發爲詩文。持論尚氣節，下筆關倫教。一篇一詠，脱稿争傳。初年，即見知於諸老，温陵竹隱傅公，知《晦翁謚議》乃公所草，寄聲願納交。趣召道莆，造公之廬，覽公近作，曰：「亹亹逼人。」屢以疏薦。潔齋在豫章，得公代郡家賀正表，喜曰：「酷似李雲龕。」勉公加意。南塘爲西宗，得公諸作於北山，甚奇之。或問北山：「潛夫諸作如何？」北山曰：「不患不好，只患忒好。」公歸自桂林，迂道見南唐於三山。讀公《南嶽稿》，稱賞不已，自此遂爲文字交。水心評公詩曰：「是當建大將旗鼓者。」西山知公尤至，端平初貽書廟堂曰：「當今詞人，惟趙某、劉某。」謂南塘與公也。迨夢奠於京，門人諸賢俱在，獨以遺表屬公。果山得公《雜咏》二百首，手之不置，曰：「一章雖二十字，皆史斷也。」辨章師相尤奇公之文，每得公所作，必令吏録之。自西山諸老既殁，公獨巋然爲大宗工。四方大紀述必歸之後村氏，銘敍先世勳德，以不得公文爲恥。公嘗笑曰：「吾賣文以資老者也。」

公見地既高，而學有定力，窮達得喪，是非毁譽，寄之歌咏，一付嬉笑。《梅花》數篇，以詩得謗也，而略不以爲悔。巴陵一疏，以言獲譴也，而不自以爲高。前後四立朝，共不盈五考，非無蚍蜉之撼，含沙之射，而未嘗恨其人。既有丘明、子夏之疾，黑白如故，往來交際，歓笑自如。每曰：「某親某友，年皆後我，木已拱矣。我於今以往，皆剩底歲月。」自營窀藏，乃徐先輩故居，結廬其間，佳客過從，時與同宿。有以青囊術見者，豈無異議，但笑以視之，非達乎？公吏事素長，自領邑建陽，最聲已著。爲肥爲節，剖決如神，事事件件有方略。在藩司臬，獄案千紙，一覽盡得其情，而行之以恕。息庵湯公嘗語余，甚歎服之。安晚嘗曰：「潛夫真才吏。」爲文名所勝，故人不盡知之。雖中與安晚少忤，而追思痛悼，時見吟篇。暮年狀其行事幾萬餘言，每語人曰：「安晚實知我。」

公嘗以成集屬余序之，諸作皆高，律詩尤精，爲李唐諸子所不及。至於駢語，雖祖半山、曲阜，而隱顯融化，鍵奥機沉。表制之外，誥啓尤妙，自成一家。他人或相仿傚，神氣索然矣。甲子以來，又爲渾深簡到之語。嘗語余曰：「吾四六又一變矣。」有前後續新四集，已行於世。其在新集者，半出於目眚之後，口誦成篇，子侄筆受。鎔煅諸書，字字嚴密，無一篇不可垂訓，非徒詩也。其於當世交遊，先後輩皆名流傑士，姓字班班見集中，不可悉數。余屢擯於時，去公所居差近。每一篇成，即以見寄。時有商榷，以余爲知言。疾革既默，諸子問以遺奏屬僕如何，公瞠目頷之。奏上，君相嗟惜，贈銀青光禄大夫，予致仕遺表恩澤。將謀請謚，諸孤俾余狀其事，欲上之太史。碑銘墓表，則屬之東澗湯公、陽巖洪公、擇齋徐公，皆生平密友，亦遺命也。謹狀。

咸淳五年十一月□日，同舍生、中大夫新除秘書監林希逸狀。

《劉克莊集》卷一九五洪天錫《墓志銘》 後村先生劉公，諱克莊，字潛夫，莆田人也。莆有二劉先生，著作諱夙，正字諱朔，以言論風節聞天下，憸士畏其鋩鍔。同時名勝，俱位下風，號隆、乾第一流人。著作生吏部侍郎贈少師諱彌正，以民庸國功爲嘉定名法從。公以侍郎爲父，著作爲王父。母方氏、林氏魯、魏國夫人。

幼穎異，出語驚人。書過目輒成誦，爲文未嘗起草。弱冠以詞賦魁胄監，用門功補將仕郎，主靖安簿，録事真州。諸公争欲令出我門下，白事維揚，清獻崔公喜曰：「吾晚得二士，子華與君也。」鋭欲羅致，李公夢聞制置江淮，辟書先上，遂爲昇閫所得。軍書徵筆，一時傳誦。會幕府謀進取，公持論不合，自請嶽祠。桂閫以準遣足其考。時《南嶽稿》、《油幕牋奏》初出，家有其書。葉公正則評公詩，許以大將旗鼓。趙公履常稱公散語與水心不相上下。侍郎定謚朱子曰文，天下稱當。忠簡傅公聞議狀出公手，寄聲願交。諸老多折輩行。方是時，公自視長吉、牧之，未知夢得、義山何如耳。

既改秩，宰建陽，益鏟崛奇，就平實。文忠真公里居，公以師事。講學問政，一變至道。崇風教，表儒先，如古循吏。補賑糶倉五千斛，真公記之。陳公膚仲爲之賦《于蔦于》。及去之四十年，父老迎送如一日。聞公訃，有越境來哭者，桐鄉民也。通判潮州，羣憸組織詩案，牽連及公，食仙都祠。起倅廬陵，未赴，端平改紀，召赴堂審。真公帥閩，以機幕辟除將作監簿兼參議官，府事一委重焉。真公以版書召，公奉魏國還里，乞解隨司。有旨，以匠簿造朝，進宗正簿。真公薨於位，公乞朝假會葬，不許。除樞密院編修官，兼權侍右郎官。時鄭、喬並相，上

意浸移。公輪對言：「服天下莫若公，今失之私；鎮天下莫若重，今失之輕。陛下受命於天，柄臣掠功於己，因私天位，遂德柄臣；因德柄臣，遂疏同氣。楊、謝貴胄，聯翩華途；沂、榮魚軒，融洩廣内。南陽近親，侵奪貧細，郡國不敢問；北司貴臣，憑恃恩寵，風憲不敢劾，非私與？大臣憂讒畏譏，有狼跋之嗟。厭事避權，動魚羹之興。依違肺腑之間，道有所屈；浮沉官寺之際，志不得行。以匹夫横議而變政，以走卒偶語而易令，非輕與？」又曰：「孝宗之於秀邸，待本生之法也。宣仁之於高氏，待外家之法也。高宗之於張去爲，劉婕妤，待奄嬖之法也。趙普諫幽燕之役，寇準決澶淵之策，重臣處邊事之法也。韓琦之逐任守忠，陳俊卿之去曾覿，大臣處近習之法也。」貼黄言：「雪川之事，出於迫脅。向者止議其罪，不原其情。近者雖復其爵，未雪其枉。陛下何不下尺紙之詔，曰：『故王有東海王彊、寧王憲之志，不幸遭變。朕於同氣友愛素隆，前日繳駁論列之人，宜伏江充、蘇文之誅。』德音辨誣，則四海之心悦矣；厚禮改葬，則九原之憾釋矣。」次言：「柄臣濁亂天下久矣，暨李知孝反易綱常，變邪正而元氣壞，國脈損。善湘裂棄險要，削薄本根，而弱勢成。柄臣與其徒攫取陛下之富貴而去，獨留大敝極壞之朝綱，已開難合之邊釁，驕冗不可簡稽之兵，窮極不可變通之楮，陷溺不可挽回之風俗，以遺陛下。陛下不幸而當之，諸賢不量力而就之，遂使陛下疑君子之無效，意小人之有才。宣、靖之禍，蔡京爲之也。虜騎長驅，京已竄責，乃自言有禦敵之策。猶幸當時不惑其言，使京復用，則國亡久矣，此陛下商監也。」疏出，物論浩然歸重。文靖魏公、清獻游公相與擊節。王公去非讀而歎曰：「不意二劉之後，有此佳作。」知公不專以文名也。

時有錫第表郎之傳，吴舍人泳忌公軋己，遂以其弟昌裔疏罷，主玉局觀。知漳州，改宜春。到郡僅數月，御史蔣峴首倡邪説，劾公及忠惠方公、實之王公，皆言故王者。人以三賢同傳爲榮。文清李公相，辟提舉廣東常平，陞漕。公寬荷箬，嚴筐苞，節漕計。市牛千頭助邊屯，捐例卷，置田二百畝，賙南官之不幸者。召赴行在，御史金淵誣公自擬清望，寢召命。明年，除侍右郎官，又以濮斗南疏寢。

范、杜同相，起江東提刑。劾貪守，籍黠胥，補信州預借一年。獄案千紙，一閲盡得其情，號才吏者自以爲不及。除將作監，范内忌公，進華文閣因任。游公獨相，以太府少卿召。入對三札，其一曰：「嵩之以借助滅殘金爲戰，以厚幣奉倴盍爲和，以清野蹙國爲守，實未嘗戰，實未嘗和，實不能守，而自負和戰守之功，迭執和戰守之權，若非天去其疾，它日必貽宗社之憂。」又言：「陛下實有退小人之功，而虚受思小人之謗。今廟謨睽異，邪黨揶揄，洛蜀分朋而贊逐，韓曾争柄而京相，臣實未知所終。」次言：「陛下待羣臣至厚，記善忘過，收採不遺。其間尚有迹遠而孤，昔壯今老，願收之於霜降水涸之餘。」蓋指前言故王同傳者。三言使事以恤貧民處流民爲最急。貼黄以母老乞歸養。上曰：「知卿文名，有史學。」即頒錫第之命，兼任修纂。公未退，宸翰已至：「劉某可特賜同進士出身，除秘書少監，令與尤焴同任史事。」尋兼崇政殿説書。公累辭不許，轉對言：「國本未建，中外寒心。獻議者曰宜早定，沮議者曰宜少待，陛下嘗求其情乎？建威立順，黄門常侍之謀也；埋璧於庭，以羣公子卜巴姬之意也；誘曰人主家事，李勣、林甫之言也。國家大事而與左右邪諂之人謀之，鮮不爲所摇者。宜仿嘉祐、紹興故事，别其名稱，自侄爲子，以繫人望。」上爲感動。嵩之既免喪，御筆：「守本官職致仕。」公奏嵩之有無父之罪四，無君之罪七，前朝宰臣沈該落大觀文致仕，葉顒守本官奉祠，嵩之忠孝有虧，乞寢罷職名，只守就國公致仕。且援綦崇禮草秦檜罷制，乞坐下罪名，著之訓詞，以昭國法。上遣中使宣諭，公執愈堅。又與給舍同上繳奏，且力丐祠，竟奪嵩之除職之命。殿中御史章琰，猶以奏審咎公，改直寶文閣知漳州，辭。

鄭相再當國，陞龍圖閣，除宗正少卿，辭。改秘閣修撰福建提刑。建臺甫及月，丁魏國憂，禫制未終，除秘書監。服闋造朝，兼太常少卿、直學士院。對疏首言：「端平之失，在於施行鋭，周防疏，除擢驟然。端平之政，或可改也；端平之心，不可改也。今之議君相者，或以戚畹，或以掖庭，或以賓客，或以子弟，道路皆曰君相厭之。臣以爲不然，惟聖主可以責難，惟賢相可以責備。」貼黄以建儲爲請。退見丞相，乞起復潘凱、吴燧，以獎直言。大咈相意。進故事，言本朝名相惟杜衍，能却内降。衍在相位三閲月耳，小臣能以去就爲輕，雖大事可論；大臣能以去就爲輕，雖内降可却。相愈不樂。又言：「京尹征利已甚。漢算緡錢，下逮末作；唐爲宫市，害及樵夫。麟趾之澤息，蠆尾之謗興。」與箎訴於上，公六上祠請，再乞掛冠，皆不允。遷起居舍人兼侍講。

嵩之經營復出，事有萌芽，公直前言：「陛下曩語羣臣，以爲其人決不復用。天地祖宗，實聞斯言。今都人訛傳，曰落致仕矣，建督府矣，又曰嵩之以御槧示人矣，又曰陛下戒其勿修怨矣。臣知陛下萬無此事，設或有之，此誤不少。彼以埒國之富，震主之威，繆飾不情之恭順，陰懷非常之忿毒，外豈可付之寸鐵？内

豈可假之寸權乎？」又言：「趙范欲圖唐、鄧，唐、鄧不可得，而棗陽先失，安、隨、郢、復、均、房之境皆爲丘墟。趙彥吶欲圖秦、鞏，秦、鞏不可得，而劍關不守，五十四城盡成塗炭。外重而無以御，內輕而無以守。」上皆優答。察官鄭發觀望論公，疏不付外。除右文殿修撰知建寧府，兼副漕。鄭懨前疏不行，再論寢新命。復職，提舉明道宫。

景定庚申，魏公入相。公方拜疏引年，除秘書監，又除起居郎兼中書舍人。面對言：「國以危懼存，以佚樂亡。臣願陛下毋忘胡馬飲江時，大臣毋忘入峽時，毋忘漢陽舟中與白鹿磯時。」因言：「永樂失而趙禼、吕公著之言見思，澶淵歸而陳彭年、王欽若之諛獲售，寇準能贊親征而不能不傳會天書，王旦能致太平而不能諫東封西祀。」次言：「贓吏可懲，奚問名勝？」玉音勞問：「卿愛君憂國，至老不衰，所以欲得相見。」除權兵部侍郎，兼中書舍人兼直學士院，又兼史館同修撰。前一日，中使傳宣，索公近作。公録辛亥以後詩賦記序題跋詩話二十六卷以進。翌日，宸翰賜公曰：「卿風姿沉邃，天韻崇瀧。今觀所進近作，賦典麗而詩清新，記贍而序簡古。片言隻字，據經按史，謂非有裨緝熙顧問，可乎？先儒有言：『學富醇儒雅，辭華哲匠能。』非卿不足以語此。」真儒臣希闊之遇也。俄除兵部侍郎，兼職仍舊。踰年，權工部尚書兼侍讀。厲文翁移金陵，李桂臺察，公皆奏寢其命。史巖之、李曾伯密圖起廢，公言罪大罰輕。丁大全貶死，公乞斥其奥主內援者，指巨璫也。身兼兩制，詞頭填委而論事不休，淫雨有疏，大水有疏，拯饑有疏，捐御莊以助和糴，覈冗牒以恤死事，各有疏，又有五管見焉。每奏動數千言，懇切至到，異乎以文字發身者。

屢乞納禄，御筆：「覽卿來奏，求退甚勇。詞垣經幄，方資文儒。輸情甚真，難奪雅志。特除寶章閣學士知建寧府。」賜玉柄寶箑，御製五言詩書其上，侑以金幣香茗，異禮也。師相賦詩贈行，從官餞別道山堂，分御製詩韻以送，人比之二疏。歸里之明年，遂致其事，進焕章閣學士。今上即位之四年，慨念先朝遺老，特陞龍圖閣學士，仍舊致仕。結褁全人，君相實賜之也。

公前後四立朝，惟景定及二年，端平 年有半，餘僅數月。游相最篤舊，不能久其留。鄭相最憐才，竟不合而去。退之所謂謗與名隨，公殆似之。初，鄭相在端平，號能收拾善類。淳祐再相，有患失心，遂厭人言。公去國久，猶以端平望之，不知者曰：「君子亦黨乎？」二豸相之仇也，宗尹相之私也，祁公居位三月，相所諱聞也。公陰諷顯規，連拄盛怒，豈阿其所好哉？「無人細考後尊堯」，此公自詠，皆實語也。彼才名相軋者，方攬一世虚譽，公獨恃九重爲知己。炫才者忌之，媒名者爭之，的其不理於口也固宜。水心有言：「結知流俗者多得譽，結知人主者易見毁。」何獨公哉？蓋棺事定，毁與譽俱泯矣。而寢郎一疏，掖垣累奏，至今讀之，足以增倫紀之重，折姦雄之萌，凛凛猶有生氣也。

公早負盛名，晚掌書命。每一制下，人人傳寫，號真舍人。穆陵尤重公文，凡大詔令，必曰非劉某不可。達官顯人，欲銘先世勳德，必託公文以傳。江湖士友爲四六及五七言，往往祖後村氏。於是前後續新四集二百卷，流布海內，巋然爲一代宗工。文豈能自傳哉？要必有爲之本者。過江號大家數，無慮六七公，求其文章氣節，上壽全名，指不多屈。惟周文忠、楊文節與公而三，皆納禄於顯榮，乞身於彊健。公晚不幸目眚，已在告老數年之後，賢於漏盡不休，拖紳方請遠矣。

咸淳五年正月二十九日，以疾薨於里第。前數夕，有大星隕公寢後。斯文所關，不偶然也。年八十有三，階正議大夫，爵莆田縣開國伯，食邑九百户。娶石塘林氏，嘉定清白吏直寶章閣瑑之女，婦德女儀，爲九族式，先公歿四十二年，贈淑人。子男三人，强甫，朝奉郎三省架閣，添差通判福州。明甫，奉議郎通判邵武軍。山甫，承奉郎監福州嶺口鹽倉。女一人，適故通直郎知惠安縣陳琰。孫男八人，沂，修職郎閩縣主簿。涣、洙，將以京選澤奏。汶、履、瀵、錦、絢，尚幼。女五人，其二嫁承奉郎監嶺口鹽倉方廣翁、修職郎浦城主簿方公權，餘未笄。穆陵嘗賜宸奎四大字，公以後村扁所居之堂，以樗庵扁徐潭精舍。其年十二月十九日，諸孤奉柩葬於徐潭之原，公自卜也。遺奏上，君相嗟悼，贈銀青光禄大夫。賜謚將頒，强甫以書來曰：「先公易名，子所請也，銘不可以他屬。」天錫衰病荒落，何敢辱我先生？昔皇甫湜銘昌黎之墓曰：「死能令我躬不隨世磨滅者，惟子。」噫，斯言過矣。退之豈以皇甫湜不磨滅耶？今諸老凋零，及門之士尚不少，竟使湜以銘公也夫？嗚呼！銘曰：

北亭三世雲錦機，有虹連卷飲墨池。吐爲金鳳尤瑰奇，清朝有道蹌來儀。玉堂之盛青瑣扉，被服寶璐佩明璣。五色繅繪重瞳衣，直爲骨幹忠肝脾。世所賞好推琚詞，穆陵在天公騎箕。巫陽下招我西悲，帝成玉樓屬筆誰？天上不獨人間希，千年有人誰待之。豈無過者酌芳菲？下馬來讀墓陵碑。

雜録

備録

羅大經《鶴林玉露》乙編卷四　渡江以來，詩禍殆絶。唯寶、紹間，《中興江湖集》出，劉潛夫詩云：「不是朱三能跋扈，只緣鄭五欠經綸。」又云：「東風謬掌花權柄，却忌孤高不主張。」敖器之詩云：「梧桐秋雨何王府，楊柳春風彼相橋。」曾景建詩云：「九十日春晴景少，一千年事亂時多。」當國者見而惡之，並行貶斥。景建，布衣也，臨川人，竟謫春陵，死焉。

羅大經《鶴林玉露》乙編卷五《鸞祠廟》　近時豫章嘗於孺子亭賣酒，劉潛夫題詩云：「孺子亭前插酒旗，遊人那解薦江蘺。白鷗欲下還飛起，曾見當年解榻時。」帥聞之，亟令住賣。

周密《齊東野語》卷八《作邑啓事》　劉潛夫宰建陽，亦有一聯云：「每嗟民力，至叔世而張弓；欲竭吏能，恐聖門之鳴鼓。」語意尤勝，信乎治邑之難也。

周密《齊東野語》卷一六《詩道否泰》　寶慶間，李知孝爲言官，與曾極景建有隙，每欲尋釁以報之。適極有春詩云：「九十日春晴景少，百千年事亂時多。」刊之《江湖集》中，因復改劉子翬《汴京紀事》一聯爲極詩云：「秋雨梧桐皇子宅，春風楊柳相公橋。」初，劉詩云：「夜月池臺王傅宅，春風楊柳太師橋。」今所改句，以爲指巴陵及史丞相。及劉潛夫《黄巢戰場》詩云：「未必朱三能跋扈，都緣鄭五欠經綸。」遂皆指爲謗訕，押歸聽讀。同時被累者，如敖陶孫、周文璞、趙師秀，及刊詩陳起，皆不得免焉。於是江湖以詩爲諱者兩年。其後史衛王之子宅之，壻趙汝楳，頗喜談詩，引致黄簡、黄中、吴仲孚諸人。洎趙崇龢進《明堂禮成》詩二十韻，於是詩道復昌矣。

周密《齊東野語》卷一七《姓名相戲》　近楊平舟棟以樞掾出守莆田，劉克莊潛夫，弟希仁，俱以史官里居。郡集，寓公王曜軒邁戲之云：「大編修，小編修，同赴編修之會。」後村云：「欲屬對不難，不可見怒。」王願聞之，乃云：「前通判，後通判，但聞通判之名。」蓋王凡五得倅而不上云。王又嘗調後村云：「十兄，二十年前何其壯，二十年後何其不壯。」劉應之曰「二畫，二十年前何其遇，二十年後何其不遇。」此善謔也。

周密《癸辛雜識》續集下　劉後村嘗爲吴恕齋作文集序云：「近世貴理學而賤詩賦，間有篇詠，率是語録、講義之押韻者耳。」

周密《浩然齋雅談》卷中　劉克莊潛夫嘗賦《梅花百詠》，其間有云：「春風謬掌花權柄，却忌孤高不主張。」當國者以爲譏己，遂以煩言去國。其後又作《訪梅》詩云：「夢得因桃數左遷，長源爲柳忤當權。幸然不識桃并柳，却被梅花累十年。」

方回《瀛奎律髓》卷二〇　寶慶初，史彌遠廢立之際，錢唐書肆陳起宗之能詩，凡江湖詩人皆與之善。宗之刻《江湖集》以售，劉潛夫《南岳稿》與焉。宗之詩有云：「秋雨梧桐王子府，春風楊柳相公橋。」哀濟邸而誚彌遠，本改劉屏山句也。或嫁爲敖臞庵器之作。言者併潛夫《梅詩》論列，劈《江湖集》板。二人皆坐罪，而宗之流配。於是詔禁士夫作詩。如孫花翁季蕃之徒改業爲長短句。彌遠死，詩禁始開。潛夫爲《病後訪梅》詩云：「夢得因桃卻左遷，長源爲柳忤當權。幸然不識桃并柳，也被梅花累十年。」此可備梅花大公案也。

藝文

《劉克莊集》附録三林希逸《後村居士集序》　作者不祈人知，知之者常在。數十年之後，從上諸名人皆云然。蓋未有其人也好惡未齊，而其文之聲價已定者。貶充小疵，笑愈大怪。悠悠穹壤，俗喙一談。昔之人固有憤恨於時而棄擲其平生所作者，或瘞以冢，或泛以瓢，豈非痛識真之難耶？獨我祖宗盛時，儒學明而士具眼，文章家之品目未嘗以窮達爲高下。若歐曾蘇之名以文，梅黄陳之名以詩，雖其身困躓寂寥，譖者詈者附和同聲，而片文隻字，人以賞重其傳則自若也。

中興百年，以文字行於今者，其最大亦十數家，太半手自編次，一時或遇或否，互爲升沉，於文何加損焉？此我朝人物議論之公有，非前代所可及也。後村先生劉公，得文名最早，排觝於時亦最甚。僕纔少公七歲，而疇昔受學樂軒時，已嘗誦公《南嶽稿》，蓋吾師一日得之，喜甚，呼而語僕曰：「子於詩喜義山禹錫

二氏，是編猶有劉李所未到者。」余受而味之，曰：「此世所稱二劉諸孫者耶？此章泉澗泉諸老之所畏者耶？此水心所謂可建大將旗鼓者耶？」兩鄉相望，雖未能數舍，而其人則未之識也。既而僕走江淮，後村以讒廢十年，身雖詘而文日傳。時從數千里外有能道其名而誦其詩者。語以爲今人，率不信，益知公之詩名久而傳者遠矣。端平初，余留太學，偶謁計幕湯公巾，後村時以西府掾對。晦静語余曰：「子得潛夫對疏乎？言所難言，非特詞章爲妙。西山之門，此爲巨擘。」余於是知公於詩之外，尤有過人者，然猶未及登門也。

余成進士南歸，後村旋亦去國，始克謁見於其居，挾策過從，凡一再歲，頗嘗聞所未聞。中間睽携，時蒙寄以新稿，聞者必争求之。丙午，余待罪校讎府，公自江左召，甫見上，即錫第長蓬山，專史事。未幾日，又入經幄直綸省。僕於公爲列屬，遂得時見講卷詞草，諸篇每每精妙絶出。無何，乃以留黄不奉詔去，而掖垣諸稿膾炙於人，好事者至傳寫以相詒遺。是公之連蹇不得志，雖甚於諸賢，而文字之傳，亦非意見不同、嗜好相背者所可得而抑遏也。昔李定之於東坡，且以奇才見予，況他人乎？

然世猶以全集不盡見爲恨。去秋，余補外此來，間得語從容，屢以此請，而公謙避再三，不之許。余曰：「莆名郡也，前輩聞人文字散落不少，夾漈著書最多，可名者七百種，今之存，無一二。艾軒没五十年，遺文始哀集，僅得二十卷，放失知幾何？他如次雲之詩，西軒之賦，與先正一劉所作，則世無復見者矣。前之守於斯者，能無愧乎？僕將逃此愧於後，公獨何所靳於今，此非爲僕賜，爲國人賜也。」公於是不得已而出之。余既盡得公所藏，刊之郡齋，且連月諷詠不去手，乃斂衽而歎曰：夫文章非一體，能者互短長。士粲他文不逮賦，子美無韻者難讀，温公不習四六，南豐文過其詩，此皆前輩評論也。以余觀於後村，自非天稟迥殊，力學深到，何其多能哉？詩雖會衆作而自爲一宗，文不主一家而兼備衆體，模寫之筆工妙，援據之論精詳，其錯綜也嚴，其興寄也遠，或舂容而多態，或峭拔以爲奇，融貫古今，自入爐鞴。有《穀梁》之潔，而寓《離騷》之幽；有相如之麗，而得退之之正。霜明玉瑩，虎躍龍驤，闔肆瑰奇，超邁特立，千載而下，必與歐梅六子並行，當爲中興一大家數也。至如倫紀奏篇，塗歸諫疏，與夫某人謝事之詞，此又公立朝大節，來者宜焚香誦之。不然，文豈能徒傳哉？

公名克莊，字潛夫，莆陽人。後村者，因其居以自號也。

淳祐九年龍集己酉中春既望，竹溪林希逸書。

《劉克莊集》附録三林希逸《後村先生大全集序》 後村先生以文名世甚早。初集本未刊時，四方之士隨其所得而争傳録之，而見者恨未廣也。余戊申備數守莆，方得前集刊之郡庠。於時紙價幾倍常日，及後村兩自京還石塘，小孤山二友始求公近稿，鋟於其家。積二十年，共成後續新三集，今此書流傳遍江左矣。後村夢奠，諸郎分任送終之責，各盡其心。季子季高既成負士之役，又取先生四集合爲一部而彙聚之，名以《大全》，共二百本。其本差小，將以便士友之傳誦也。將成，先以寄余。余曰：「太白没，伯禽尚幼，遂以文稿托之當塗令陽冰。樂天因佳兒早夭，自以文集録爲三本，分寄聖善、南禪、香山三寺。二公珍愛其文如此，而不能有子以傳之。死生之際，遺憾蓋可知也。今先生之文既行於世，而季高又拳拳及此，先生之無遺憾，謫仙醉吟所不及多矣。」季高名山甫，先生第三子也。咸淳六年歲庚午秋九月菊日，竹溪林希逸書。

《劉克莊集》附録三劉希仁《後村先生大全集序》 六一翁嘗言，讀班固《藝文志》、唐《四庫書目》，見著書之士不可勝數，而百不一二存，毋異草木榮華之飄風，鳥獸好音之過耳，瞬息銷磨，古今同恨。韓退之有言：「莫爲之後，雖美不傳。」其故實在於斯。至若以文名世者，家有賢子孫，能紹祖父書香，昭箕裘於墜，則其文久而彌彰，流傳不朽矣。吾家季高自少時即妙言語，人以小東坡目之。暨長，學益進，文益工，聲名益盛，幾與坡並稱。

季高父後村公以文章名天下，有前集刊於莆，既而後續新三集復刊於玉融。四方□□□□板，爲書坊翻刻，而卷帙訛繁，非巾箱之便。季高侄乃以□□□□，人便於收覽。會閩闔有受後村之知者，或告以所刊略□□□□，公移令郡縣，索板而毁。予聞而語鄉牧石硐陳侯，宜且□□□□□，學職審訂，果略則益之，訛則改正之，脱毁之，則恐流傳稍□□，類毁坡集之公案，人未易家曉也。陳侯曰然，於是不果毁，而上其板於闔，以故中輟。或謂季高曰：「近代《省齋》、《誠齋集》皆其子曰綸曰長孺與士友編定，鋟木於家，故迄今皆善本。而陸務觀《渭南集》亦其幼子遹刊於溧陽學宫，爲父刊文集，非不應爲者，宜不在併案之科，子何疑焉？」至是始成部帙，遂志所云於竹溪序引之後，以解識者之惑。若夫典麗清新、腴贍簡古之褒，則有先朝之宸奎在，屋下人何容贊一辭？季高名山甫。

咸淳壬申中春，姚衕劉希仁書。

葉適《水心文集》卷二九《題劉潛夫南嶽詩稿》 往歲徐道暉諸人，擺落近世

詩律，斂情約性，因狹出奇，合於唐人，夸所未有，皆自號四靈云。於時劉潛夫年甚少，刻琢精麗，語特驚俗，不甘爲雁行比也。今四靈喪其三矣，冢鉅淪没，紛唱迭吟，無復第敍。而潛夫思益新，句愈工，涉歷老練，布置闊遠，建大將旗鼓，非子孰當！昔謝顯道謂「陶冶塵思，模寫物態，曾不如顔、謝、徐、庾留連光景之詩」。此論既行，而詩因以廢矣。悲夫！潛夫以謝公所薄者自鑑，而進於古人不已，參《雅》、《頌》，軼《風》、《騷》可也，何必四靈哉！

方回《桐江集》卷二《跋劉後村晚年詩》　劉克莊字潛夫，興化軍人，號後村，以任子賜第，始受知真西山，最爲鄭清之所擢用，亦屢坐斥，晚爲賈似道牢籠，至從官。既歸老，有「三生不可忘容堂」之句，豈欲以諛免禍耶，抑爲孫兒地也。晚年詩予已句抄評之。年八十餘卒。此皆近世詩人老壽者，因選放翁詩，故牽聯書于其後云。

《劉克莊集》附録三毛晉《後村别調跋》　考淳祐辛丑八月，御批云：「劉克莊文名久著，史學尤精，可特賜同進士出身。」由是負一代盛名。偶有題跋，後人輒以爲定衡。所撰《别調》一卷，大率與辛稼軒相類。楊升庵謂其壯語足以立懦，予竊謂其雄力足以排奡云。

《劉克莊集》附録三盧文弨《後村居士集跋》　《後村集》有百九十六卷，今此祇五十卷，僅居四之一。毛氏《津逮秘書》中載《後村題跋》凡四卷，此集無其前二卷。黄氏《千頃堂書目》所載後村諸集，班班尚多，距今未久，宜尚在世間。然余求之數年，卒不見也。此集舊寫本，字迹粗殺，閲之頗不爽目，故别加校正，重録如右，而以毛氏前二卷之題跋并入焉。倘得前集，自當各還其舊，若不可得，則毋寧匯置一處，不復有放失之患。後村劉克莊號也，字潛夫，莆田人，學於真西山，以蔭入仕，屢廢屢起，宋理宗時賜同進士出身，官直龍圖閣直學士，謚文定。後村詩詞及各體文皆法度卓然，爲南宋一大作手。七言古風，初喜摹長爪生，《詩人玉屑》所載三篇酷與之肖，而皆不見此集。集中此體亦不多見，惟有《築城》、《開壕》、《運糧》、《朝陵》六七篇而已，風格老蒼，頗近老杜《留花門》、《塞蘆子》諸章。其本意欲息唐律，專尚古體，以趙南塘言而止。今集則律詩居多，石門吴氏《詩鈔》亦無出此集之外者，豈其全者非獨余不及見，即前輩亦未之見耶？余因考其言，考其人，亦庶幾無愧真氏之門者，乃《宋史》無傳，柯氏《宋史新編》亦不爲之補，《文獻通考》亦他人之集，則嘗采用後村之言，而其集亦未著録，幾疑於名之晦矣。雖然，《唐書》不爲韋應物傳，而蘇州之名常在天壤間，文章自可傳，不仗史筆垂。後村亦復何憾哉？東里盧文弨。

《劉克莊集》附録三王士禎《跋劉後村集》　劉克莊《後村大全集》六十卷，自四十六卷以後，皆詩話詩餘。有晉安謝氏家藏圖書印，謝在杭鈔本也。首有林希逸二序。後村在宋末號文章大家，其詩予别有論説。此集中題跋詩話最佳。詩話新集多摭中晚唐人詩，無所取裁，可删也。後村論揚雄《劇秦美新》及作《元后誄》，言「天之所廢，人不敢支。歷世運移，屬在新聖」云云，蔡邕代作羣臣上表，言卓「黜廢頑凶，援立哲聖」云云。又論阮籍跌宕棄禮法，晚爲《勸進表》，志行掃地，皆詞嚴義正。然其《賀賈相啓》略云：「手扶日轂，措天下泰山之安。昔茂弘歎丘墟百年，孔明欲宫府一體。彼徒懷乎此志，公克踐於斯言。」再《賀平章》云：「屏羣陰於散地，聚衆芳於本朝。無官可酬，爰峻久虚之位；有謀則就，所謂不召之臣。」右諛詞諂語，連章累牘，豈真以似道爲伊周武鄉之比哉？抑蹈雄邕之覆轍而不自覺耶？按後村作此時，年已八十，惜哉。

後村云：「張易之、昌宗目不識丁，手不知書，謝表及和御製，皆依附者爲之。所進《三教珠英》，乃崔融、張説輩爲之，而易之竊名爲首(見《詩話》)。」適觀李日華《紫桃軒雜綴》云：「張昌宗粉面膏唇，以媚女主。其人疑優伶不齒，然亦擅文翰之譽，著《三教珠英》一千三百餘卷，恐亦未可以人廢也。」是以編著果出昌宗手矣，何不考之甚耶？亦愚矣。

劉後村序《王隱君六學九書》，引所見丹家四人，鄒子益、曾景建、黄天谷、白玉蟾，鄒不登七十，曾、黄僅六十，玉蟾夭死。

後村《序宋慶之希仁詩》，摘句有云：「多年翁仲在，寒食子孫稀。」又跋徐寶之詩，摘句云：「盡日飛花急，隔溪芳草深。」皆唐人佳句，不知二集猶傳否，記訪之。

坡公之有斜川，人豔稱之。谷之甥徐師川、洪駒父輩皆著名，而不知其後人之盛。後村云：「思陵尤重谷詞翰，擢其甥至執政，至茂陵而其後益蕃。子邁、子畊皆顯榮，伯庸尤貴重，克昌最後出，爲名公所稱。示予《甲稿》、《丙稿》、《春風雜詠》、《過秦詩》，字其名曰紹谷。《甲稿》已有鼻祖熙豐氣骨，《丙稿》而後，則漸入元祐、建中境界，使加以年，駸駸黔宜晚筆矣。」坡谷之後，南渡皆昌大，又能以文章世其家，豈非天哉？

《劉克莊集》附録三張月霄《後村先生大全集跋》　《後村先生大全集》一百九十六卷，宋劉克莊撰，假天一閣藏影宋抄本傳録。後有開慶改元《續稿》自跋。

克莊有前後續新四集二百卷見《墓志銘》，此蓋其合編之本也。案《隱居通議》曰：「後村卒，其家盡薈萃其平生所著別刊少本爲《大全集》」，則是書即出後村之家。」宋時曾有刊板，天一閣本蓋從之傳録者。凡詩、文、詩話、内外制、長短句合一百九十三卷，其一百九十四卷至一百九十六則《行狀》洪天錫撰、《墓銘》林希逸撰，《謚議》各一卷也。諸家書目止有林秀發編五十卷本，此本則絶無著録者，惟《文淵閣書目》有《劉後村詩》二部俱五十册殘闕，卷帙繁重，或即是書。盧氏抱經文弨先生林本《後村集跋》云：「《後村集》有百九十六卷，求之數年，不見。」即又云：「石門吴氏《後村詩鈔》，亦無出此集外者。」豈其全者，非獨予不及見，即前輩亦未之見耶？則是書之罕覯久矣，非嘗城之鉅觀，藝林之鴻寶哉？歲在道光二年，琴川張月霄跋於愛日精廬。

《劉克莊集》卷一九六洪天錫《顯文閣直學士朝議大夫提舉江州太平興國宫洪天錫爲先師龍圖閣學士工部尚書贈銀青光禄大夫臣劉克莊請謚奏狀》　臣竊惟登斯文之籙者，代不數人；結明主之知者，世不多見。故武帝讀相如之賦，恨不同時；明皇聞太白之名，召對甚寵。然而生不過文園之散秩，歿僅存供奉之虚稱。以能文之臣，值好文之主，豈不難甚！況乎九牧知名，九重知己。生前殊常之眷，既幸邀於先皇身後；節惠之榮，不無望於嗣聖。蓋援易名之曠典，非專牆屏之私恩。敢瀝愚衷，冒塵淵聽。

伏惟臣先師龍圖閣學士、工部尚書贈銀青光禄大夫劉克莊，學問淵源之邃，詞章體裁之工。大册高文，直推作手，片言隻字，皆足名家。先皇錫之殊科，寘之近職。非但潤色討論之善，益推論思獻納之忠。寢郎一疏，白故王之心；詞垣幾奏，數姦相之罪。益孚時望，允協衆心。奎畫之所稱揚，玉音之所宣索。品之以沉邃崇巃、醇雅詞華之目，加之以典麗清新、腴贍簡古之評。追丐歸而不可留也，又寵以金幣，華以詩章。□□□□，尤沓晚節。皇帝陛下，特□□□□□□□□□於暮年，遽永違於昭代。

臣□□□□□□□□□遺一之嗟，敢昧在三之誼？寧退老西河，而遂掩其學；豈從游汾曲，而不稱其師？況某歷事三朝。晞□□□，若稽著令；盍應易名，輒昧萬死。繳前史臣林希逸所撰《行狀》一帙，用黄羅復匣投進，欲望聖慈下□□臺，訂以美謚，於以重聖世旌儒之典，於以彰先帝知人之明。發既往之幽潛，垂將來之勸奬。須至聞者。

三省同奉聖旨，送禮寺議謚。

奉議郎太常博士夏錫初謚，議□□□□□子雲曰：「言心聲也，不得於心有言焉者，否也。」蓋心者，言之本根，言者心之枝葉。玉佩瓊琚，必有瓏璁之聲；金鐘大鏞，必有鏗鍧之韻。吉者寡，躁者多，疑者誕誣者遊。文詞得失，率此心爲之。故龍圖閣學士、工部尚書贈銀青光禄大夫劉公某，生有顯質，蚤負盛名，以二劉諸孫之淵源，承西山水心二先生之□□，不以爲邃學問工詞章也？然公雅好吟詠，□□□□曰：一念繞萌，帝已臨，豈容纖芥自□□□□□□矣，高丈大册成一家。

林希逸《鬳齋續集》卷二〇《後村劉尚書祭文》　嗚呼先生，胡忍遺世。梁傾嶽摧，龍亡虎逝。嗚呼，天其喪斯文乎！國不遺一老乎！四方之士何所就正乎？吾黨之友何所問業乎？光爭日月之文，僅止三百卷乎？幽泣鬼神之詩，不許足萬首乎？斗南文星，其隕而爲石乎？壺公玉色，其愴如岷峨乎？公於先皇，受知殊特。錫第以寶跗，序文以奎畫。其感恩而從於地下乎？嗣聖於公，眷亦深厚。進班於老龍，待公以黄耈。不待乞言，而棄人間乎？西山、南塘公知己，鐵菴、臞軒公端友，其將往而同游乎？騎箕者傅，爲奎者蘇，抑公雖去而不死乎？僕從公久，近四十年。書藏幾篋，詩和幾編。平生相與，似有宿緣。論文縷入，析理機玄。公才之大，我時攻堅。我學之癖，公議近禪。有瑕必摘，靡精不研。公嘗謂我，休戚同焉。公子吾子，如一家然。歲在乙丑，訪公留連。登辟支之頂，宿壽溪之邊。同吟即事，獨妙數聯。續聞目眚，致藥萬錢。奈何書月，至死弗痊。邇者問訊，於燈夕前。小阮惠報，知公沉綿。走僕數四，夙夜縣縣。俄而得訃，淚灑如泉。義當往哭，春猶未暄。馳此一酹，始爲之先。二品之貴，八秩之延。謂公何憾，未爲知言。公來瑞世，公去飛仙。斯文何抑，後學稱冤。我爲此誄，悲懷曷宣。邦之殄瘁，奈何乎天！

林希逸《鬳齋續集》卷二〇《後村墓祭文》　此山之藏，公所自築。有崒其封，夾以華屋。有檜有松，有梅有竹。公常自來，客亦同宿。生而身游，殁而魄復。此公所安，誰議改卜。諸孤能賢，不惑流俗。吉日時良，於焉埋玉。下馬之陵，今在城北。來者按圖，問此宰木。惟我於公，情同骨肉。原頭送車，義當追逐。叨恩誤除，有旨詔趣。小草自慚，行裝已束。區區數言，薄露心曲。猶子厚余，託爲宣讀。傷哉奈何，有淚盈掬。公其亮之，歆此魚菽。

真德秀《西山文集》卷二六《建陽縣學四君子祠記》　寶慶三年，知建陽縣事莆田劉侯修晦菴祠，以其高弟勉齋黄公配食，既又謂朱、范二太史，劉、

魏二聘君皆法當得祠，遂命奉祠於學。八月上丁工告備，妥侑如禮，則揖其學之士而語之曰：諸君亦知予置祠之意乎？古之君子稱人之善必求其父兄師友，厚之至也。維我文公先生高明光大之學得之於天，然遡其淵源所自，則吏部府君首以河洛緒論淑之於家庭。比其長也，出從諸儒先游，則有若草堂劉公者實告之以聖賢講學門户，雖其德業之大成猶待後日，而闔端正始之功有不可誣者。至若秘閣范公則吏部之友，而先生嘗從之考疑質義焉。艮齋魏公則又草堂之門人，而先生之所友也。今也新先生之祠而遂及於四君子，是亦古人推本之義也。雖然，豈獨是哉！當紹興間，秦丞相始顓國，實倡邪議，屈君父而事寇讎，朱、范二公以史官連名入奏，顯斥其非，至擯絀流落而弗悔。劉公用從臣薦給札後省，屬檜方深讐正論，亦浩然引疾以歸。艮齋起布衣，遭明天子，一見合指，徑官儒宫。垂用矣，顧拜疏閤門亡虚日，竟以是弗容於朝。是四君子者，其學同，其道同，其出處大致又同，合而祠之，使爲士者有所觀法，豈不休哉！繼自今學於斯者，苟能潛心文公諸書，以致其濬源培本之功，而又考於四君子之風流，以警其婾，作其懦，則静而體，動而用，窮所養，達所施，具於此矣。此余所以並祠之意也。西山真某聞而嘆曰：偉哉，劉侯之斯舉乎！方侯年盛志壯時，天材逸發，詞筆凌厲，蓋自眡如李謫仙之流，意其不屑州縣間事也。一旦爲令，卹民隱，重教道，懇懇焉有兩漢循吏風。至其飭考亭祠，表四君子，尤世俗指目以爲迂者。吁！使侯病迂之名而循世吏之所急，則其俗之同者迺道之所棄也，然則侯之於趨舍豈不甚明矣哉！侯名克莊，字潛夫，世以正學傳其家云。

陸秀夫部

綜述

《宋史》卷四五一《陸秀夫傳》 陸秀夫字君實，楚州鹽城人。生三歲，其父徙家鎮江。稍長，從其鄉二孟先生學，孟之徒恒百餘，獨指秀夫曰：「此非凡兒也。」景定元年，登進士第。李庭芝鎮淮南，聞其名，辟置幕中。時天下稱得士多者，以淮南爲第一，號「小朝廷」。

秀夫才思清麗，一時文人少能及之。性沉靜，不苟求人知，每僚吏至閤，賓主交驩，秀夫獨斂焉無一語。或時宴集府中，坐尊俎間，矜莊終日，未嘗少有希合。至察其事，皆治，庭芝益器之，雖改官不使去己，就幕三遷至主管機宜文字。咸淳十年，庭芝制置淮東，擢參議官。德祐元年，邊事急，諸僚屬多亡者，惟秀夫數人不去。庭芝上其名，除司農寺丞，累擢至宗正少卿兼權起居舍人。

二年正月，以禮部侍郎使軍前請和，不就而反。二王走温州，秀夫與蘇劉義追從之，使人召陳宜中、張世傑等皆至，遂相與立益王于福州。進端明殿學士、簽書樞密院事。宜中以秀夫久在兵間，知軍務，每事咨訪始行，秀夫亦悉心贊之，無不自盡。旋與議宜中不合，宜中使言者劾罷之。張世傑讓宜中曰：「此何如時，動以臺諫論人？」宜中皇恐，亟召秀夫還。

時君臣播越海濱，庶事疏略，楊太妃垂簾，與羣臣語猶自稱奴。每時節朝會，秀夫儼然正笏立，如治朝，或時在行中，淒然泣下，以朝衣拭淚，衣盡浥，左右無不悲動者。屬井澳風，王以驚疾殂，羣臣皆欲散去。秀夫曰：「度宗皇帝一子尚在，將焉置之？古人有以一旅一成中興者，今百官有司皆具，士卒數萬，天若未欲絶宋，此豈不可爲國邪？」乃與衆共立衛王。時陳宜中往占城，以與世傑不協，屢召不至。乃以秀夫爲左丞相，與世傑共秉政。時世傑駐兵厓山，秀夫外籌軍旅，內調工役，凡有所述作，又盡出其手。雖匆遽流離中，猶日書《大學章句》以勸講。

至元十六年二月，厓山破，秀夫走衛王舟，而世傑、劉義各斷維去，秀夫度不可脱，乃杖劍驅妻子入海，即負王赴海死，年四十四。

翰林學士劉鼎孫亦驅家屬并輜重沉海，不死被執，搒掠無完膚，一夕得脱，卒蹈海。鼎孫字伯鎮，江陵人，進士也。

方秀夫海上時，記二王事爲一書甚悉，以授禮部侍郎鄧光薦曰：「君後死，幸傳之。」其後厓山平，光薦以其書還廬陵。大德初，光薦卒，其書存亡無從知，故海上之事，世莫得其詳云。

藝文

黄溍《金華黄先生文集》卷三《陸君實傳後敘》 僕爲此敘時，固已不敢悉以客語爲信。及來京師，將取正於太史氏，而《新史》所紀二王事，乃與皇朝《經世大典》自有不盡合者。史既成，而鄧氏光薦家始以其《填海録》等書上進，又不能無所見所聞之異辭。謹摭其一二，附注於舊文之下，以訂其訛舛，補其闕逸。

陸公秀夫之死，楚人龔先生開既爲立傳，且曰君實死事得之里人尹應許，尹得之翟招討國秀，翟得之辛侍郎來莘。而君實在海上，乃有手書日記。日記藏鄧禮部光薦家，數從鄧取之，不得。故傳所登載，殊弗能詳。至公之官位，爲丞相，爲樞密使，亦且貳其傳而莫能定。因字稱之曰君實，而不爵，蓋闕疑也。僕往在金陵，客有來自番禺者，頗能道崖山事。云宋益王之踐帝位也，不踰年而改稱景炎。歲丙子五月乙未朔，宋丞相陳宜中等立益王於福州，以爲宋主，改元景炎。升福州爲福安府。《新史》所書，無非其實，而《大典》據傳聞之辭，誤以「景炎」爲「咸熙」云。明年，南遷化之硇州。景炎改元之十一月，御舟入海，自泉而潮。十二月，次甲子門。明年正月，次梅蔚。四月，移廣州境，次官富場。六月，次古墐。九月，次淺灣。十二月，駐秀山，一名武山，一名虎頭山。入海，至井澳，一名仙女澳。風大作，舟敗，幾溺。復入海，至七州洋，欲往占城，不果，遂駐硇洲鎮。硇洲屹立海中，當南北道，隸化州。見《新史》及《填海録》。又明年四月戊辰，殂於舟中。自井澳遇風，驚悸成疾，以至大漸。遇風之日，《新史》以爲丙子，《填海録》以爲丙寅。越三日庚午，衛王襲位。是日黄龍見海上，羣臣皆賀，乃升其地爲翔龍縣。庚午龍見海中書於《新史》，而《填海録》以爲是日午登壇禮畢還宮，御輦所向，有龍拏空而上，身首角目俱全。暨入宮，雲陰不見，非見於海中也。翔龍縣，《填海録》以爲祥龍，又以爲龍興。拜張世傑少傳、樞密使，蘇劉義開府儀同三司、殿前都指揮

使，陸秀夫端明殿學士、簽書樞密院事。餘進官有差。景炎新造之初，世傑爲檢校、少傅、兩鎮節度使、樞密副使，兼福建廣南宣撫大使；劉義爲檢校少保、節度使，主管殿前司公事，兼諸路經制鎮撫大使、廣東西策應大使；秀夫爲中書舍人，兼直學士院，累遷權尚書，加端明殿學士，尋謫潮州。明年七月，劉義罷經制等使，免兼殿司。十月，秀夫還行朝，除同簽書樞密院事。祥興嗣立，世傑以樞副秉國政，秀夫以簽樞裨助之，皆未嘗進拜，惟劉義以閒官累加開府儀同三司。《填海録》所載視《新史》爲詳，而秀夫之官位與《新史》異。會雷州失守，而六軍所泊，居雷化犬牙處，乃稍北徙廣州之境。五月，寓梓宮於香山縣，尋葬其地，上廟號曰端宗。陳宜中以宰相爲山陵使，事畢，宜中一夕浮海去，莫知所之。上廟號以四月辛巳，梓宮發引以八月乙亥，永福陵攢宮復土以九月壬午朔，皆非五月，亦非先寓於香山。先是，宜中辭相位，而以樞密使都督諸路軍馬。御舟次碙洲，泉舟皆來會，惟宜中自南蕃洋轉拖往古城，累召竟不至。山陵使乃觀文殿學士曾淵於，非宜中也。見《填海録》，而《新史》不書。六月，世傑等遂奉御舟抵崖山。崖山者，在新會縣南八十里鉅海中，與奇石山相對立，如兩扉，潮汐之所出入也。山故有鎮戍。世傑以爲此天險，可扼以自固，始不復事轉徙矣。六月己未，御舟發碙洲。乙亥，至新會縣潮居里之崖山，起行殿。庚辰，升廣州爲祥興府，見《填海録》。而《新史》謂升廣州爲翔龍府。宜中之去，劉義追之不能及，夜泊仙女灣。俄有天火飛集其舟，延燒衆舟幾盡。劉義追宜中，事無可考。八月庚申，月貫南斗。己巳夜，復有星大如缶，衆小星千百隨之，自西北流墮東南海水中，聲隆隆如雷，蓋天狗云。己巳星墜海中書於《新史》，而《填海録》以爲癸亥夜一鼓後墮廣州南。初隕，紅大如箕，中爆裂爲五。既墮地，殷如鳴鼓，一時頃止。非墜於海中也。其年十月，蒙古漢軍數路并進，江東宣慰使張弘範以舟師由海道出漳潮，江西行省參知政事季恒以步騎出梅嶺。弘範拜蒙古漢軍都元帥，恒爲副元帥，《大典》所書可考。而恒廟碑謂恒爲都元帥，江淮省亦遣弘範至自漳潮。明年正月乙酉朔，宋改年祥興，行元會禮。丁巳，登海舟。世傑就崖山港，碁結巨艦千餘艘，爲方陳，中艫外舳，貫以大索，四圍起樓櫓如城堞以待敵。見《大典》、《新史》及《填海録》。己未，弘範兵至崖山。庚午，恒亦以兵來會。乃先遣斷其汲道，舟人茹乾糗餘十日。渴甚，則下掬海水飲之。海鹹不可飲，飲者亦輒病嘔洩，軍中大困。事見《大典》及《填海録》，《新史》不書。二月戊寅朔，世傑部將陳寶降。陳寶以二月戊寅朔降，見《新史》。而《填海録》及其所撰《祥興本紀》於正月乙丑書統制陳寶與撥發張達忿争而降，又書統制陳忠與撥發張成不協而降。其實一事，而月日亦與《新史》不同。癸未，大戰。恒南向隨潮下，弘範北向隨潮上，夾攻之。恒乘早潮退，攻其北。至午潮上，弘範攻其南。見《新史》。恒廟碑不書，而弘範廟碑詳書之，但誤以癸未爲癸未之明日云。自朝至日中，戰未決。會日莫，雨暴作，昏霧四塞，宋師部伍大亂，秀夫朝服抱宋主赴水死。世傑命小舟取幼主入己舟，秀夫懼世傑舟或不免，或反爲人所賣，被執辱，於是擁之負璽綬自沈。後宫及百吏士從死者以萬數，國秀等文武班行之降者猶百餘人。是歲實至元之十六年也。國秀官承宣使，見《大典》。其父貴以復州迎降，而國秀在海上爲神龍衛四廂都指揮使、沿江招撫使，時貴已死。《填海録》所載已詳。至敍國秀事，乃多誤書其名曰貴云。世傑知人事已去，乃挾鬬艦十八，潰圍奔南恩州。五月庚戌，還至海陵港，遇颶風，舟敗死焉，餘衆盡没。自是嶺海間無復宋軍幟旗矣。世傑、劉義等三十餘艘，斬纜乘潮而遁。世傑出仙女澳，得風入洋，追兵不及而還。舟至山東，欲向占城。土豪强之回廣東，乃回舟，艤南恩之海陵山。散潰稍集，謀入廣，擇宗室子立之。六月庚辰，颶風大作。將士勸世傑登岸，世傑慮爲人所圖，即登柂樓，露香以祝，風濤愈甚，隨水溺死。諸將焚其尸，函骨葬潮居里赤坎村。劉義出海洋，後爲其下所殺，見《填海録》。其事往往傳所不書。竊嘗有志論録，附傳而行，以備本事。然恨其不能記陸公終何官，秀夫終於端明殿學士、同簽書樞密院事，見《填海録》。《新史》書秀夫景炎之初爲簽書樞密院事，祥興之初爲左丞相。而《大典》於秀夫之死，第稱之曰端明殿學士，蓋《丞相文天祥家傳》謂秀夫以樞密兼宰相者，言其以簽樞行相事耳。恒廟碑又誤以端明爲資政云。又慮所談三十年前事，道里時日不容無小失謬，故久未敢稱述。後遊宣城，有蘇寶章者，縣小吏也，僕邂逅見之，戲謂曰：「前朝貼職，乃有寶章。誰以是字汝？縣吏亦帶職耶？」其人無所對。旁一人曰：「是人乃蘇劉義之子，以恩補官。嘗直寶章閣，人習呼之而莫能變，非字也。」劉義次子景由直寶章閣，見《填海録》。僕爲之矍然起，將以向所記客語質之。其人故爲不聞者，徑去。僕嗟惋久之，因念曰：祀宋，大國也，其不足徵久矣，它何譏焉？姑敍客語傳末，庶幾傳疑之義云爾。至大二年春二月，東陽布衣黄溍謹敍。

張世傑部

綜述

《宋史》卷四五一《張世傑傳》 張世傑，范陽人。少從張柔戍杞，有罪，遂奔宋，隸淮兵中，無所知名。阮思聰見而奇之，言之吕文德，文德召爲小校。累功至黄州武定諸軍都統制。攻安東州，戰疾力，與高達援鄂州有功，轉十官。尋從賈似道入黄州，戰藾草坪，奪還所俘，加環衛官，歷知高郵軍、安東州。

咸淳四年，大軍築鹿門堡，吕文德請益兵于朝，調世傑與夏貴赴之。及吕文焕以襄陽降，命世傑將五千人守鄂州。世傑以鐵絙鎖兩城，夾以砲弩，其要津皆施杙，設攻具。大軍破新城，長驅而下，世傑力戰，不得前，遣人招之，不聽。丞相伯顔陽攻嚴山隘，潛自唐港盪舟入漢，東攻鄂，鄂降。

世傑提所部兵入衛，道復饒州，乃入朝。時方危急，徵諸將勤王多不至，獨世傑來，上下歎異。自和州防禦使不數月累加至保康軍承宣使，總都督府兵。遣將四出，取浙西諸郡，復平江、安吉、廣德、溧陽諸城，兵勢頗振。七月，與劉師勇諸將大出師焦山，令以十舟爲方，碇江中，非有號令毋發碇，示以必死。元帥阿朮載彀士以火矢攻之，世傑兵亂，無敢發碇，赴江死者萬餘人。大敗，奔圌山。上疏請濟師，不報。尋擢龍、神衛四廂都指揮使。十月，進沿江招討使，改制置副使、兼知江陰軍。已而大軍至獨松關，召文天祥入衛，以世傑爲保康軍節度使、知平江。尋亦召入衛，加檢校少保。

二年正月，大軍迫臨安，世傑請移三宫入海，而與天祥合兵背城一戰，丞相陳宜中方遣人請和，不可，白太皇太后止之。未幾，和議亦沮。兵至皐亭山，世傑乃提兵入定海。石國英遣都統卞彪説之使降，世傑以爲彪來從已俱南也，椎牛享之，酒半，彪從容爲言，世傑大怒，斷其舌，磔之巾子山。

四月，從二王入福州。五月，與宜中奉昰爲主，拜簽書樞密院事。王世强導大軍攻之，世傑乃奉益王入海，而自將陳弔眼、許夫人諸畲兵攻蒲壽庚，不下。十月，元帥唆都將兵來援泉，遂解去。既而唆都遣人招益王，又遣經歷孫安甫説世傑，世傑拘安甫軍中不遣。招討劉深攻淺灣，世傑兵敗，移王居井澳，深復來攻井澳，世傑戰卻之，因徙碙洲。

至元十五年正月，遣將王用攻雷州，用敗績。四月，益王殂，衛王昺立，拜世傑少傅、樞密副使。五月，遣瓊州安撫張應科攻雷州，三戰皆不利。六月，再決戰雷城下，應科死之。世傑以碙洲不可居，徙王新會之厓山。八月，封越國公。發瓊州粟以給軍。十月，遣淩震、王道夫襲廣州，震敗績。

明年，元帥張弘範等兵至厓山，或謂世傑曰："北兵以舟師塞海口，則我不能進退，曷先據海口。幸而勝，國之福也；不勝，猶可西走。"世傑恐久在海上有離心，動則必散，乃曰："頻年航海，何時已乎？今須與決勝負。"悉焚行朝草市，結大舶千餘作水砦，爲死守計，人皆危之。已而弘範兵至，據海口，樵汲道絶，兵茹乾糧十餘日，渴甚，下掬海水飲之，海鹹，飲即嘔泄，兵大困。世傑率蘇劉義、方興日大戰。弘範得世傑甥韓，命以官，使三至招之，世傑歷數古忠臣曰："吾知降，生且富貴，但爲主死不移耳。"二月癸未，弘範等攻厓山，世傑敗，走衛王舟。大軍薄中軍，世傑乃斷維，以十餘艦奪港去。後還收兵厓山，劉自立擊敗之，降其將方遇龍、葉秀榮、章文秀等四十餘人。世傑復欲奉楊太妃求趙氏後而立之，俄颶風壞舟，溺死平章山下。

劉師勇者，廬州人。以戰功歷環衛官。魯港師潰，賈似道欲東入海，師勇贊之入揚州圖再舉，似道然之。時姚訔復常州，似道命師勇以淮兵取吕城。朝廷加師勇和州防禦使，助訔守常，而以張彦守吕城，合兵拒大軍。戰失利，彦馬弱，陷淖中見執，吕城失守，常州勢益孤。大軍置彦城下招降，師勇以大義斥彦，彦慚而退。又遣范文虎來諭，師勇伏弩射走之。常受圍數月，援兵絶，有羣鴟飛鳴繞城，衆惡爲不祥，俄而城陷。師勇拔柵，戰且行，其弟馬墮塹，躍不能出，師勇舉手與訣而去。淮軍數千人皆鬥死。有婦人伏積屍下，闖淮兵六人反背相拄，殺敵十百人乃殪。師勇從二王至海上，見時事不可爲，憂憤縱酒卒，葬于鼓山。

雜録

備録

周密《癸辛雜識》續集卷下《張世傑忠死》　張世傑之戰海上也，嘗與祥興之主約曰：「萬一事不可爲，則老臣必死於戰，有沉香一株，重千餘兩，是時當焚此香爲驗，或香烟及御舟，可即遣援兵。或不然，宜速爲之所，無墮其計中也。」及厓山之敗，張儼然立船首，焚香拜天曰：「臣死罪，無以報國，不能翊運輔主，惟天鑒之。」尚有將佐三十餘人，亦立其後，如此者凡一晝夜，從者亦聳立不少動。既而，北軍擁至，篙師亦皆以小舟逃去，風起浪湧，舟遂沉，溺者甚衆。其部曲有張霸都統者，遂收其遺貲，放舟回至永嘉海洋中，與之招魂作佛事。時周文英者一舟正泊對港，遠見旗船，遣人覘之，則知爲將軍也。遂輕舟往見之，甚懽，因謂張曰：「二王既死，吾儕無主，若放浪海中，與盜賊何異？」意欲與之投拜也。張素知其人中險，漫爾應之。次日，張欲置酒招周，將乘間圖之。適有人往報於周，周亟殺一人，拂明，亟遣以半體送之曰：「昨見相公，回馬適踠足，今已烹之，敢屈相公一醉。」張不虞其機已露，乃曰：「今日本欲相招，乃爲君所先，當即往就邀以歸也。」至則周殺張於坐中，因撫其部曲。張軍頭目競獻子女玉帛，周盡却之，令各自收拾，同往廣中梁相公處投拜。止留張世傑所愛二內人，皆絶色也，二人常持家事，盡知世傑所有寶玩及供軍金帛類。既約日進發，則凡張軍諸舟，各差守把，不許一人登岸，凡數十船金寶，悉捲而有之。既約日進，復以世傑節度使印以爲根脚，授廣州宣慰使。及其還江南也，異世隨二王官屬、貴璫、幕士，競往投之，附其舟以歸，周皆爲料理舟楫。及舟發至海中，乃盡殺之，掩有數家之財焉。時毛文豹爲士人，處梁相公之館，備知其事，故告發焉。

佚名《昭忠録》　厓山在廣州新會，蓋廣之海門也，東通廣州，僅容輕舫，南入于海猶二百里，水勢如牛角，然殊非地利。而張世傑乃奉御舟自碙州駐此，識者惑之。祥興戊寅冬十一月，制置凌震小捷于廣州城下，世傑喜曰：「北人無能爲，入夏且復走矣。」乃不嚴備，而於厓山東崖立草屋曰行宫，月朔則行朝會之禮，從官亦各結草屋以便起居。及周文英自漳州來，乃知別有北舟水陸並進。世傑驚，議守禦，有告者曰：「北舟旦夕至，若塞海口，我不能進退矣，請乘其未至，移我舟以塞之。戰而勝，固幸；不勝，猶可西走也。」世傑以士卒航海久，多有離心，恐一動則星散，乃曰：「頻年航海，何時是了？今須與一決勝負爾。」乃悉焚草市，以巨艦千艘結爲水寨，船尾皆外向，上設戰棚，爲死守計，衆皆危之，無敢諫者。明年己卯正月二日，浙東帥張弘範舟師發潮陽，直趨厓山。二十日，江西帥李恒發廣州，牽哨船會師。世傑不塞山門，護水寨，乃縱北舟入逼寨。十六日，北師大集，蔽塞江面，世傑乃調輕舟出戰，猶能牽取數舟。弘範所部俱海艘。無哨船可以趨利，故世傑以輕舟往來，樵汲自如。衆議恐恒以廣州舟至，則樵汲絶矣。世傑乃遣文英將步兵、王道夫將蜑船迎擊，又促凌震入衛。已而文英遁入新州；道夫與恒遇，不戰而遁；震亦不至。二十三日，恒至厓山，以哨船阻輕舟，樵汲路絶，每日止候潮平，唯有淡水至，汲以供日用，舟中糧猶可支半年。二帥屢遣使諭降，世傑輒以厚禮其使，唯請退屯廣東一道，以奉趙氏宗廟，軍中聞者歔欷。二帥令盡取舳艫與南船對壘，即北岸立砲，且縛船載火，南舟張布幭以當砲石，縛長竿於船尾以當火船。二月初二日夜，都統張達領快船出攻北之哨船，敗，亡失甚衆。初四日，定議進攻。初五日，三面進逼水寨。初六日，晨炊蓐食，恒乘早潮退，帥北面海船進攻，酣戰至午，殺傷相當。恒以船深入，千户林茂躍登南船，千户曾勝、百户解清繼之攻西北角上，衆大潰。俄而晚潮至，恒舟不能駐，僅奪數舟而還。弘範乘潮生，帥南面海船進攻，世傑摘北面守兵策應，士衆傷殘，俱無鬭志。恒復麾北面海船夾攻，呼聲動天地，水寨表裏受敵。會有仆其檣竿之旗者，諸船風靡，檣旗俱仆，世傑知事去，即抽精鋭入中軍自衛。諸船奔潰，招撫翟國秀、團練使劉浚解甲降，貴官士女多腰金赴水自沉，死者數萬人。北舟進擊中軍，戰至晡，海霧四昏，咫尺不辨，風雨大作，海勢退，世傑與殿帥少保蘇劉義、都統張達、尚書蘇景瞻等十九舟斫斷矴石，乘風水之勢決圍東走。帝舟重大駐内水，爲外舟壅隔不得動，丞相陸秀夫先沈妻子于水，乃奏幼主死社稷，以金璽繫主腰，秀夫抱赴水死之，宫人牽衣胥溺者十數輩。二帥止謂世傑必奉幼主南奔，恒率海舟追逐，弘範留部分降附，訊降人，始知祥興君相俱赴水。遂大搜金帛，拘括將士，所掠皆歸弘範。尋于軍中得金璽，訊之，卒云于小兒浮屍上得之，不識爲璽也，懼爲人所知，棄其屍矣。與降人言合。恒追世傑至

高州界，不及，世傑後二舟來降，恒班師於厓山，刻石紀功而還。世傑等南奔不能達占城，于是回船，沿海收散卒，承宣使周文英等皆會。四月八日，至海陵港，遇颶風，舟遂覆，世傑溺焉。蘇劉義本吕氏之客，諸吕降，招之不從。至是與張達、蘇景瞻等皆死于海。明日，文英收世傑屍，火于海濱，文英以世傑樞密印及餘兵赴廣州降，宋亡。

文天祥部

綜述

《宋史》卷四一八《文天祥傳》 文天祥字宋瑞，又字履善，吉之吉水人也。體貌豐偉，美晳如玉，秀眉而長目，顧盼燁然。自爲童子時，見學宫所祠鄉先生歐陽修、楊邦乂、胡銓像，皆謚「忠」，即欣然慕之。曰：「没不俎豆其間，非夫也。」年二十舉進士，對策集英殿。時理宗在位久，政理浸怠，天祥以法天不息爲對，其言萬餘，不爲稿，一揮而成。帝親拔爲第一。考官王應麟奏曰：「是卷古誼若龜鑑，忠肝如鐵石，臣敢爲得人賀。」尋丁父憂，歸。

開慶初，大元兵伐宋，宦官董宋臣説上遷都，人莫敢議其非者。天祥時入爲寧海軍節度判官，上書「乞斬宋臣，以一人心」。不報，即自免歸。後稍遷至刑部郎官。宋臣復入爲都知，天祥又上書極言其罪，亦不報。出守瑞州，改江西提刑，遷尚書左司郎官，累爲臺臣論罷。除軍器監兼權直學士院。賈似道稱病，乞致仕，以要君，有詔不允。天祥當制，語皆諷似道。時内制相承皆呈稿，天祥不呈稿，似道不樂，使臺臣張志立劾罷之。天祥既數斥，援錢若水例致仕，時年三十七。

咸淳九年，起爲湖南提刑，因見故相江萬里。萬里素奇天祥志節，語及國事，愀然曰：「吾老矣，觀天時人事當有變，吾閲人多矣，世道之責，其在君乎？君其勉之。」十年，改知贛州。

德祐初，江上報急，詔天下勤王。天祥捧詔涕泣，使陳繼周發郡中豪傑，并結溪峒蠻，使方興召吉州兵，諸豪傑皆應，有衆萬人。事聞，以江西提刑安撫使召入衛。其友止之，曰：「今大兵三道鼓行，破郊畿，薄内地，君以烏合萬餘赴之，是何異驅羣羊而搏猛虎。」天祥曰：「吾亦知其然也。第國家養育臣庶三百餘年，一旦有急，徵天下兵，無一人一騎入關者，吾深恨於此，故不自量力，而以身徇之，庶天下忠臣義士將有聞風而起者。義勝者謀立，人衆者功濟，如此則社稷猶可保也。」

天祥性豪華，平生自奉甚厚，聲伎滿前。至是，痛自貶損，盡以家貲爲軍費。每與賓佐語及時事，輒流涕，撫几言曰：「樂人之樂者憂人之憂，食人之食者死人之事。」八月，天祥提兵至臨安，除知平江府。時以丞相宜中未還朝，不遣。十月，宜中至，始遣之。朝議方擢吕師孟爲兵部尚書，封吕文德和義郡王，欲賴以求好。師孟益偃蹇自肆。

天祥陛辭，上疏言：「朝廷姑息牽制之意多，奮發剛斷之義少，乞斬師孟釁鼓，以作將士之氣。」且言：「宋懲五季之亂，削藩鎮，建郡邑，一時雖足以矯尾大之弊，然國亦以寖弱。故敵至一州則破一州，至一縣則破一縣，中原陸沈，痛悔何及。今宜分天下爲四鎮，建都督統御於其中。以廣西益湖南而建閫於長沙；以廣東益江西而建閫於隆興；以福建益江東而建閫於番陽；以淮西益淮東而建閫於揚州。責長沙取鄂，隆興取蘄、黄，番陽取江東，揚州取兩淮，使其地大力衆，足以抗敵。約日齊奮，有進無退，日夜以圖之，彼備多力分，疲於奔命，而吾民之豪傑者又伺間出於其中，如此則敵不難却也。」時議以天祥論闊遠，書奏不報。

十月，天祥入平江，大元兵已發金陵入常州矣。天祥遣其將朱華、尹玉、麻士龍與張全援常，至虞橋，士龍戰死，朱華以廣軍戰五牧，敗績，玉軍亦敗，争渡水，挽全軍舟，全軍斷其指，皆溺死，玉以殘兵五百人夜戰，比旦皆没。全不發一矢，走歸。大元兵破常州，入獨松關。宜中、夢炎召天祥，棄平江，守餘杭。

明年正月，除知臨安府。未幾，宋降，宜中、世傑皆去。仍除天祥樞密使。尋除右丞相兼樞密使，使如軍中請和，與大元丞相伯顔抗論皋亭山。丞相怒拘之，偕左丞相吴堅、右丞相賈餘慶、知樞密院事謝堂、簽書樞密院事家鉉翁、同簽書樞密院事劉岊，北至鎮江。天祥與其客杜滸十二人，夜亡入真州。苗再成出迎，喜且泣曰：「兩淮兵足以興復，特二閫小隙，不能合從耳。」天祥問：「計將安出？」再成曰：「今先約淮西兵趨建康，彼必悉力以扞吾西兵。指揮東諸將，以通、泰兵攻灣頭，以高郵、寶應、淮安兵攻楊子橋，以揚兵攻瓜步，吾以舟師直擣鎮江，同日大舉。灣頭、楊子橋皆沿江脆兵，且日夜望我師之至，攻之即下。合攻瓜步之三面，吾自江中一面薄之，雖有智者不能爲之謀矣。瓜步既舉，以東兵入京口，西兵入金陵，要浙歸路，其大帥可坐致也。」天祥大稱善，即以書遺二制置，遣使四出約結。

天祥未至時，揚有脱歸兵言：「密遣一丞相入真州説降矣。」庭芝信之，以爲天祥來説降也。使再成亟殺之。再成不忍，紿天祥出相城壘，以制司文示之，閉之門外。久之，復遣二路分覘天祥，果説降者即殺之。二路分與天祥語，見其忠

義，亦不忍殺，以兵二十人道之揚，四鼓抵城下，聞候門者談，制置司下令備文丞相甚急，衆相顧吐舌，乃東入海道，遇兵，伏環堵中得免。然亦飢莫能起，從樵者乞得餘糝羹。行入板橋，兵又至，衆走伏叢篠中，兵入索之，執杜滸、金應而去。虞候張慶矢中目，身被二創，天祥偶不見獲。滸、應解所懷金與卒，獲免，募二樵者以蕢荷天祥至高郵，汎海至溫州。

聞益王未立，乃上表勸進，以觀文殿學士、侍讀召至福，拜右丞相。尋與宜中等議不合。七月，乃以同都督出江西，遂行，收兵入汀州。十月，遣參謀趙時賞、諮議趙孟瀠將一軍取寧都，參贊吳浚將一軍取雩都，劉洙、蕭明哲、陳子敬皆自江西起兵來會。鄒渢以招諭副使聚兵寧都，大元兵攻之，渢兵敗，同起事者劉欽、鞠華叔、顏斯立、顏起巖皆死。武岡教授羅開禮，起兵復永豐縣，已而兵敗被執，死於獄。天祥聞開禮死，制服哭之哀。

至元十四年正月，大元兵入汀州，天祥遂移漳州，乞入衛。時賞、孟瀠亦提兵歸，獨浚兵不至。未幾，浚降，來説天祥。天祥縛浚，縊殺之。四月，入梅州，都統王福、錢漢英跋扈，斬以徇。五月，出江西，入會昌。六月，入興國縣。七月，遣參謀張汴、監軍趙時賞、趙孟瀠等盛兵薄贛城，鄒渢以贛諸縣兵擣永豐，其副黎貴達以吉諸縣兵攻泰和。吉八縣復其半，惟贛不下。臨洪、諸郡，皆送款。潭趙璠、張虎、張唐，熊桂、劉斗元、吳希奭、陳子全、王夢應起兵邵、永間，復數縣，撫州何時等皆起兵應天祥。分寧、武寧、建昌三縣豪傑，皆遣人如軍中受約束。

江西宣慰使李恒遣兵援贛州，而自將兵攻天祥于興國。天祥不意恒兵猝至，乃引兵走，即鄒渢于永豐。渢兵先潰，恒窮追天祥方石嶺。鞏信拒戰，箭被體，死之。至空坑，軍士皆潰，天祥妻妾子女皆見執。時賞坐肩輿，後兵問謂誰，時賞曰「我姓文」，衆以爲天祥，禽之而歸，天祥以此得逸去。

孫㮚、彭震龍、張汴死於兵，繆朝宗自縊死。吳文炳、林棟、劉洙皆被執歸隆興。時賞奮罵不屈，有係累至者，輒麾去，云：「小小簽廳官耳，執此何爲？」由是得脱者甚衆。臨刑，洙頗自辯，時賞叱曰：「死耳，何必然？」於是棟、文炳、蕭敬夫、蕭燾夫皆不免。

天祥收殘兵奔循州，駐南嶺。黎貴達潛謀降，執而殺之。至元十五年三月，進屯麗江浦。六月，入船澳。益王殂，衛王繼立。天祥上表自劾，乞入朝，不許。八月，加天祥少保、信國公。軍中疫且起，兵士死者數百人。天祥惟一子，與其母皆死。十一月，進屯潮陽縣。潮州盜陳懿、劉興數叛附，爲潮人害。天祥攻走懿，執興誅之。十二月，趨南嶺，鄒渢、劉子俊又自江西起兵來，再攻懿黨，懿乃潛道元帥張弘範兵濟潮陽。天祥方飯五坡嶺，張弘範兵突至，衆不及戰，皆頓首伏草莽。天祥倉皇出走，千户王惟義前執之。天祥吞腦子，不死。鄒渢自頸，衆扶入南嶺死。官屬士卒得脱空坑者，至是劉子俊、陳龍復、蕭明哲、蕭資皆死，杜滸被執，以憂死。惟趙孟溁遁，張唐、熊桂、吳希奭、陳子全兵敗被獲，俱死焉。唐，廣漢張栻後也。

天祥至潮陽，見弘範，左右命之拜，不拜，弘範遂以客禮見之，與俱入厓山，使爲書招張世傑。天祥曰：「吾不能扞父母，乃教人叛父母，可乎？」索之固，乃書所過《零丁洋詩》與之。其末有云：「人生自古誰無死，留取丹心照汗青。」弘範笑而置之。厓山破，軍中置酒大會，弘範曰：「國亡，丞相忠孝盡矣，能改心以事宋者事皇上，將不失爲宰相也。」天祥泫然出涕，曰：「國亡不能捄，爲人臣者死有餘罪，況敢逃其死而二其心乎。」弘範義之，遣使護送天祥至京師。

天祥在道，不食八日，不死，即復食。至燕，館人供張甚盛，天祥不寢處，坐達旦。遂移兵馬司，設卒以守之。時世祖皇帝多求才南官，王積翁言：「南人無如天祥者。」遂遣積翁諭旨，天祥曰：「國亡，吾分一死矣。儻緣寬假，得以黄冠歸故鄉，他日以方外備顧問，可也。若遽官之，非直亡國之大夫不可與圖存，舉其平生而盡棄之，將焉用我？」積翁欲合宋官謝昌元等十人請釋天祥爲道士，留夢炎不可，曰「天祥出，復號召江南，置吾十人於何地！」事遂已。天祥在燕凡三年，上知天祥終不屈也，與宰相議釋之，有以天祥起兵江西事爲言者，不果釋。

至元十九年，有閩僧言土星犯帝坐，疑有變。未幾，中山有狂人自稱「宋主」，有兵千人，欲取文丞相。京城亦有匿名書，言某日燒蓑城葦，率兩翼兵爲亂，丞相可無憂者。時盜新殺左丞相阿合馬，命撤城葦，遷瀛國公及宋宗室開平，疑丞相者天祥也。召入諭之曰：「汝何願？」天祥對曰：「天祥受宋恩，爲宰相，安事二姓？願賜之一死足矣。」然猶不忍，遽麾之退。言者力贊從天祥之請，從之。俄有詔使止之，天祥死矣。天祥臨刑殊從容，謂吏卒曰：「吾事畢矣。」南鄉拜而死。數日，其妻歐陽氏收其屍，面如生，年四十七。其衣帶中有贊曰：「孔曰成仁，孟曰取義，惟其義盡，所以仁至。讀聖賢書，所學何事，而今而後，庶幾無愧。」

劉岳申《申齋劉先生文集》卷一三《文丞相傳》 文丞相天祥，字履善，吉州廬陵人。父儀，鄉稱長者。大父時用，夢兒乘紫雲下，已復上，而丞相生，故名雲

孫，字天祥。英姿雋爽，目光如電。稍長，遊鄉校，見歐陽文忠公、楊忠襄公、胡忠簡公、周文忠公、楊文節公祠像，慨然曰：「没不俎豆其間，非夫也。」寶祐乙卯，年二十，以字貢，庭對寘第五，理宗親擢第一。尋丁父憂。服除，授承事郎僉書寧海軍節度判官廳公事。時江上有警，吴潛再相内都，知董宋臣主遷，幸議，天祥上書，乞斬董宋臣，以一人心，安社稷，請效方鎮建守，就團結抽兵，破資格用人。書奏不報，自免歸。以前職改鎮南軍，不拜，乞祠，得主管建昌軍仙都觀。除秘書省正字，兼景獻府教授。進校書郎、著作郎，兼權刑部郎官。董宋臣復爲都知，上疏極論，不報。出守瑞州，召爲禮部郎官。尋除江西提刑，伯祖母梁夫人卒，夫人其父本生母也，即日解官。終喪，除尚左郎官，兼學士院，權直兼國史院編修官、實録院檢討官。臺臣奏免。尋除福建提刑，臺臣復奏，寢。改知寧國府，民歌舞之，爲立生祠。除軍器監，兼有司。尋兼崇政殿説書，兼學士院權直兼玉牒所檢討官。平章賈似道乞致仕，有要君意。學士院降詔裁責以義，賈意不滿。除秘書監，臺臣迎合賈意，奏免。除湖南運判，臺臣復奏，寢。始闢文山於其鄉，窮山水之樂。除湖南提刑，平邵永巨寇，道路肅清。見故相江公萬里於長沙，公曰：「吾老矣！觀天時人事，必當有變，世道之責，其在君乎？君必勉之。」是冬，乞便郡養親，移知贛州。明年，爲德祐元年乙亥，至元十二年也。正月朔，牒報元師渡江，詔諸路勤王，奉詔起兵。二月，似道路港師潰，除右文殿修撰，樞密副都承旨、江西安撫副使，兼知贛州。尋兼江西提刑，進集英殿修撰、江西安撫使，加權兵部侍郎，丁祖母劉氏夫人憂。葬夫人而起復命下，累奏乞終制，不許，仍趣兵移洪。初，左相王爚主天祥遷擢，屢趣天祥入衛，與右相陳宜中不合，爚引嫌去。國京學生上書訟宜中沮天祥事，宜中出關，留夢炎代相。夢炎累厚宜中，又黨江西制置黄萬石。至是，夢炎奏萬石入衛，以天祥移屯於洪，經略九江。萬石陰與吕師夔通，自洪退屯置司撫州。有旨趣天祥入衛，天祥以兵二萬至衢州。除權工部尚書兼都督府參讃軍事，至臨安兩月，累奏乞終喪，又奏古有墨衰從戎，無墨衰登要津者，乞仍樞密副都承旨江西安撫副使領兵國門，皆不許。除浙西江東制置使，兼江西安撫大使，兼知平江府，留不遣。天祥請分東南爲四鎮，而以都督統御其中。時朝廷方遣吕師孟奉使，師孟偃蹇傲朝廷，天祥乞斬師孟釁鼓，不報。常州已急，始遣天祥就戍，尋除端明殿學士。宜中遣張全將淮兵二千援常州，天祥遣朱華將廣贛兵三千從之。全自提兵設伏于虞橋，麻士龍死之而全不援。元師薄朱華軍，廣軍多死于水，又薄贛軍，尹玉獨當其鋒，曾全等皆遁。張全擁軍隔河不發一矢，華軍渡水者争挽全軍船，全令諸軍盡斷其指，軍多病死。全宵遁，尹玉孤軍五百人皆殊死戰，玉死之。及明，得脱者四人，無一人降者。天祥欲斬張全，督府竟宥之，斬曾全以遁。奏贈尹玉團練使，立廟死所，官其二子。常州破，攻獨松關急。夢炎、宜中、陳文龍議棄平江，趣天祥移守餘杭。天祥未決，兩府劄再至，遣環衛王邦傑留平江，天祥去平江三日，通判王舉之與邦傑開門迎降。天祥進資政殿學士浙西江東制置大使，兼江西安撫大使，置屯餘杭，守獨松關。未幾，夢炎遁。明年正月，除知臨安府，不拜。以輕兵赴闕，始從天祥初議，送吉王、信王閩廣。大臣日請三宫渡江，太皇太后不允。天祥請以福王或沂王判臨安以繫人望，身爲少府以輔之，有急密移三宫，當以死衛宗廟，議不合。少保張世傑宿重兵於六和塔，又請自將京師義士二十萬與城内外車數萬人背城借一以戰爲守，世傑不許。十八日，巴延丞相至高亭山，距臨安二十里。宜中遣使絡繹講解，巴延邀宜中相見，宜中許之而遁。明日，世傑亦遁。除天祥樞密使，又除右丞相兼樞密使，不拜。使者至，上下震恐，莫知所爲。有旨令天祥詣軍前，遂以資政殿學士行。因説巴延曰：「宋承帝王正統，非遼金比，輈將欲爲與國乎？將欲毁其宗社乎？若以爲與國，則宜退兵平江或嘉興，然後議歲幣與金帛犒師，天祥躬督所議，悉輸軍前。北朝完師以還，此爲不戰而全勝，策之上也。若欲毁其宗社，則兩淮、兩浙、閩廣尚多未下，窮兵取之，利鈍未可知。假能盡取豪傑並起，兵連禍結，必自此始。」巴延初以危語折之，天祥謂：「宋狀元宰相所欠一死報宋耳。宋存，與存；宋亡，與亡；刀鋸在前，鼎鑊在後，非所懼也。何怖我爲？」巴延改容，因謝曰：「前日已遣程鵬飛詣宋太皇太后簾前，親聽處分，候鵬飛至，即與丞相定議。」明日，左丞相吴堅、右丞相賈餘慶、同知樞密院事謝堂、簽書樞密院事家鉉翁、同簽書樞密院事劉岊，與吕師孟奉降表至。巴延與天祥同坐，堅等各就車歸，獨留天祥不遣。天祥大罵賈餘慶賣國，且責巴延失信。吕文煥從旁慰解之，天祥斥言：「叛逆遺孽，當用春秋誅亂賊法。」文煥謂：「丞相何故以逆賊見罵？」天祥曰：「國家不幸至今日，汝爲罪魁，非逆賊而何？三尺童子猶斥罵汝，獨我乎？」文煥曰：「守襄陽七年不救，是以至此。」天祥曰：「吕氏一門父子兄弟受國厚恩，不幸勢窮援絶，以死報國可也，豈有降理？汝自愛身惜妻子，壞家聲，今汝合族爲逆矣！尚何言？」文焕慚恚，師孟忿怒，云：「丞相今日何不殺師孟？」天祥謂：「汝叔侄賣降，恨朝廷失刑不族滅汝，汝今日能殺我，我得爲大宋忠臣足矣！豈懼死哉？」

師孟語塞。巴延聞之，吐舌云：「男子，男子！」然自是益留之，不復遣還矣。賈餘慶歸，令學士院詔天下州郡歸附，放還天祥所部勤王義士西歸。其渡浙歸閩者，惟方興、朱華、鄒鳳、張抃數人耳。二月八日，巴延趣天祥隨祈請使吳堅、賈餘慶北行，天臺杜滸從至京口，留十日。杜滸與余元慶定計，謀趍真州。不可得舟，元慶遇故舊，許白金千兩求之。其人云：「吾爲大宋脱一丞相，事成，豈止白金千兩哉？」竟得舟。二月二十九日也，是午促過瓜洲，賈餘慶等已渡，天祥辭以明日同吳丞相渡，以是夕逃，幸得至真州城下，三月朔日也。守將苗再成迎宿，時真州不知京城消息已數月，聞天祥至，無不感憤流涕者，諸將皆謂：「兩淮兵力足以興復，恨李制置與淮西夏老不能合從，得丞相通兩閫脉絡，不出一月，連兵大舉，江南可傳檄定也。」天祥問再成計將安出，再成爲言：灣頭揚子橋守者皆沿江脆兵，今以通泰軍攻灣頭，以高郵寶應淮安軍攻揚子橋，以揚州軍向瓜洲，再成與刺史趙孟錦以舟師直擣鎮江，同日大舉，彼軍勢不能相救。復以灣頭揚子橋兵合而攻瓜州之三面，再成自江中一面薄之，雖有智者，不能爲之謀。然後以淮東軍入京口，淮西軍入金陵，兩浙無出路，其師可生致也。天祥喜甚，即爲書李庭芝、夏貴。庭芝得書，反疑丞相無得還理，罪真州不當納之，遣官諭再成亟殺天祥以自白。再成不忍殺，三日，給天祥出視城濠，使王、陸兩都統導之，出示以制司文書，謂丞相爲説客。天祥方驚嘆，而都統鞭馬入城，門已閉矣。杜滸赴城濠欲死，有張徐二路分，自言苗安撫遣送丞相所，向天祥云：「今惟往揚州，夏老不相識，淮西又無歸路，委命于大，惟往揚州。」久之，有弓刀五十人至，張徐各就騎，以二騎從天祥。天祥與杜滸連騎數里，張徐請下馬，天祥既下，云：「且行。」既行，云：「且坐。」坐久立談，張徐云：「制使欲殺丞相，安撫不忍，故遣某二人送行。今丞相安往？」天祥云：「只往揚州。」張徐云：「揚州欲殺丞相，不可往。」天祥云：「無可奈何，今只欲見李制使自白此心，庶幾見信，共圖恢復，否則從通州遵海歸行朝。」張徐云：「安撫已具船，令從丞相江行，歸南歸北皆可。」天祥曰：「如此，則安撫亦疑我矣！」張徐方吐實，云：「安撫猶在疑信之間，令某二人便宜從事。某見丞相忠義如此，何敢加害。」既決，欲往揚州，當相送。是日暮，張徐先辭去，留二十人送行。頃之，二十人亦去。明日，至揚州。杜滸謂：「制使既不相容，必且死于城門之下，不如且避哨以夜趍高郵，至通州渡海歸江南，見二王，與徒死城下萬萬不侔。」金應又謂：「出門即有哨，此去通州尚五百里，何由而達？與其死于彼，不如死揚州，且猶冀未必死。」天祥計未決，而從行者四人已負腰金逃矣。不得已，去揚州城下，避哨土圍糞穢中。忽數千騎過其後，至賈家莊已兩日不得食，又迫巡徼者，夜迷失道，得幸至高郵。而制司命下，關防説客愈急，遂不敢入。過城子河，至海陵，過海安、如皋。舟與追騎常相距，危不免者數矣。至通州，適牒報到鎮江，大索文丞相十日，且以三千騎追亡於許浦，始識制司前疑。得海舟渡揚子江，入蘇州洋，展轉四明天臺，以四月八日至溫州。益王建大元帥府於福州，天祥奉書勸進，始以五月朔即位福安，改元景炎。以觀文殿學士召天祥，二十六日至行都門，除右丞相。時樞密使陳宜中、副使張世傑用事，丞相具員。天祥辭不拜，以樞密使同都督諸路軍馬，發行都，出南劍，號召天下。十月，趍汀洲，遣督參趙時賞、督諮趙孟瀠復寧都，督贊吳浚攻雩都，天祥移屯漳州龍巖縣。未幾，浚銜索多命來招降，遂殺浚以定衆志。時索多與左丞阿嚕罕、參政董某既入閩，李班、王積翁以福建宣慰招撫使各致書天祥，天祥復書，候見老母即從先帝地下，無可言者。明年三月，入梅州，始與母、弟、妻、子相見。進階銀青光禄大夫。四月，斬都統制錢漢英。王福引兵自梅州出江西入會昌，戰雩都，大捷，因開府興國縣。督謀張抃監軍，趙時賞、趙孟瀠等盛兵薄贛城下，招諭使鄒渢率贛諸縣兵擣永豐，吉水招撫副使黎貴達率吉諸縣兵復太和、臨洪諸郡，豪傑皆納款。淮西義士劉源以兵復黄州，復壽昌，軍潭州。趙璠、張虎、撫州何時皆起義兵，分寧、武寧皆遣使詣軍門，受約束。福建斬僞天子黄從，傳首至督府，軍勢大振。貴達以正軍千人、民兵數千次太和，鍾步、張抃、趙時賞、趙孟瀠以民兵數萬逼贛，遇騎卒先後衝之，皆潰，自相蹂籍死，孟瀠收殘兵保雩都。督府聞鄒渢聚兵數萬于永豐，乃引兵就之。會渢兵亦潰，元帥李恒以大軍乘其弊，追及於盧陵東固之方石嶺。都統制鞏信駐軍嶺上，力戰，箭被體不動，猶手殺十百人，乃自投崖谷死。大軍追至空坑同，督府兵潰，天祥幾被執，值山徑險隘，有大石忽墜，塞其路，乃得脱去。既而妻妾子女皆陷，惟母曾夫人、子道生從天祥奔汀州。趙時賞、吳文炳、林棟、劉洙皆就執，張抃、劉欽爲亂兵所殺。天祥趍循州。其冬達春，吕師夔、李恒以步卒入嶺，索多、蒲壽庚、劉深以舟師下海，皆會廣州。天祥駐循之南嶺，黎貴達有異志，伏誅。明年二月，出海豐縣。三月，屯麗江浦，命弟璧攻惠州。五月，端宗凶問至，衛王改元祥興。天祥奉表起居，自劾罔功，有詔奬諭。陸秀夫當筆，其略曰：「方敵氛之正惡，鞠旅勤王。及皇路之已傾，捐軀狥國。脱危機于虎口，涉遠道于鯨波。雖成敗利鈍逆睹之未敢，而險阻艱難備嘗之已熟。如金百鍊而益勁，如水

萬折而必東。」天祥乞移軍入朝，不許。又欲入廣州，時廣州新復，憚天祥威重，陽遣舟來迎，而中道去之，遂不果入。六月，祥興舟自碙州回駐崖山督府，累請入覲，世傑日以迎候宜中還朝爲辭，諸大將多忌天祥，又位樞密使，出己上，皆不便其入。加天祥少保信國公，母曾封齊魏國夫人，同督府官屬各轉五官，以金三百兩犒其軍。天祥移書秀夫，云：「天子幼沖，宰相遁荒，制詔敕令出諸公口，奈何不恤國事，以遊詞相距耶？」秀夫太息而已。督府全軍疾疫，齊魏國夫人、子道生相繼卒。遣使宣祭，起復。初陳懿兄弟皆爲劇盜，世傑招之，叛附不常，潮人苦之。潮士民請移行府于潮，十一月，進潮陽縣，戮懿黨劉興時。張弘範爲都元帥，以大軍自明秀下海，以步騎自全漳入潮，天祥已聞行朝。十二月十五日移屯，趍海洲，入南嶺，鄒渢、劉子俊以民兵數千至自江西。弘範步騎尚隔海港，陳懿爲迎導，具海舟以濟弘範。既濟，使其弟弘正以輕兵直指督帳。二十日午，天祥方飦客五坡嶺，步騎奄至，天祥度不得脱，即取懷中腦子盡服之。衆擁天祥上馬，天祥急索水飲，冀速得死，已乃暴下，竟不死。諸軍皆潰，天祥見弘範於和平，大罵求死。越七日至潮陽，踴躍請劍就死，弘範必欲以禮見。議相見禮，天祥曰：「吾不能跪，吾嘗見巴延、阿珠長揖爾。」或曰：「奈何不拜？」天祥曰：「吾能死不能拜。」弘範度不能强，遂以長揖相見。明年正月二日，弘範驅天祥登海艘。十日，至崖山。弘範索天祥爲書招世傑，天祥曰：「已不能救父母，又教人叛父母，可乎？」愈益急索，則書《過零丁洋》一詩示之。詩末云：「人生自古誰無死，留取丹心照汗青。」弘範笑而置之。自此守護益謹，然禮貌益隆。二月六日，崖山破。先是，陸秀夫在行朝以樞密兼宰相，至是，請於太妃，曰：「臨安母子已被辱，殿下不宜再辱。」言訖即沉其妻孥冠裳，抱祥興赴海。太妃從之，宮人已下皆從太妃，官屬將士爭蹈海死者數萬人。十四日，弘範置酒大會諸將，因舉酒從容謂天祥曰：「國亡矣！忠孝之事盡矣！丞相改心易慮，以事大宋者事大元，大元賢相非丞相而誰？」天祥流涕曰：「國亡不能救，爲人臣者死有餘罪，況敢逃其死而貳其心乎？」弘範又謂：「國亡矣！即死誰復書之？」天祥謂：「商亡而夷、齊不食周粟，亦自盡其心耳，豈論書與不書？」弘範爲改容。副元帥龐綽爾齊起行酒，天祥不爲禮，龐怒罵之，天祥亦大罵，請速死。弘範遣使具奏天祥不屈與所以不殺狀，世祖皇帝命護送天祥京師。弘範遣都鎮撫石嵩護行，且以崖山所得宋禮部郎官鄧光薦與俱。二十二日，發廣州，至南安，始繫頸縶足以防江西之奪者。明日，天祥即絶粒不食，計日可首丘廬陵，乃爲文祭墓，爲詩別諸友，遣人持歸，約日復命廬陵城下，即瞑目長逝。乃水盛風駛，前一日過廬陵，至豐城始知所遣人竟不得往。於是不食已八日，念不得死廬陵而委命荒江，志節不白，始欲從容就義，强復飲食。十二日，至建康囚驛中，鄧光薦遇天慶觀。八月二十四日，天祥北行。十月，至燕館，所供帳如上賓。館人云：「博囉丞相命也。」天祥義不寢處，坐達旦。四日，張弘範至，具言不屈狀。五日，送兵馬司，械繫空宅中。十餘日，解手縛，又十餘日，得疾。十一月二日，去械，猶繫頸。五日，赴樞密院。九日，見博囉丞相、張平章，命之跪，天祥曰：「南人不能跪。」左右强之，終不可。問有何言，天祥曰：「自古有興有廢，帝王將相滅亡誅戮，何代無之。盡忠於宋，所以至此。今日不過死耳，有何言？」又問，天祥曰：「爲宋丞相，宋亡義當死。爲北朝所獲，法當死。何言？」博囉問：「自古嘗有宰相以宗廟城郭與人又遁逃去者否？」天祥曰：「爲宰相而奉國以與人者，賣國之臣也。賣國者必不去，去者必非賣國之人也。前除宰相不拜，奉使巴延軍前，尋被拘留，不幸有賊人賣國，國亡當死，但以度宗皇帝二子在浙東，老母在廣，故去之耳。」問：「德祐非君乎？」曰：「吾君也。」曰：「棄嗣君而立二王，果忠臣乎？」曰：「德祐不幸失國，當此之時，社稷爲重，君爲輕。立君者，所以爲宗廟社稷耳。故爲忠臣。從懷愍而北者非忠，從元帝爲忠；從徽欽而北者非忠，從高宗爲忠。」博囉不能詰。有問：「晉元帝、宋高宗有所受命，二王何所受命？且不正是篡也？」曰：「景炎乃度宗皇帝長子，德祐親兄，不可謂不正；即位於德祐去位之後，不可謂篡。陳丞相以太皇后命奉二王出宮，不可謂無所受命。」博囉謂：「汝爲相，能挾三宮以往，可以爲忠；不能，則與巴延丞相一戰決勝負，可以爲忠。」天祥曰：「此可以責陳丞相，不可以責我，我此時未當國故也。」又曰：「汝立二王竟成何事？」曰：「立君以存宗社，臣子之責。若夫成功，則天也。」又曰：「既知其不可，何必爲？」曰：「父母有疾，雖不可爲，無不用醫藥之理。不用醫藥者，非人子也。文天祥今日至此，惟有死，不在多言，汝所言都不是。」博囉怒曰：「汝欲死，可得快死耶？死汝必不可得快。」天祥云：「得死即快，何不快爲？」博囉呼引去。自是囚兵馬司，四年。其爲詩有《指南録》、《前録》三卷，《後録》五卷，集杜二百首，皆有自序，天下誦之。其翰墨滿燕市。又時時爲吏士講前史忠義傳，聞者傾動。嘗裹所脱爪齒須髮寄弟璧，始終未嘗一食官飦。上自開平還大興，問南北宰相孰賢，群臣皆曰：「北人無如耶律某，南人無如文天祥。」上將付以大任，王積翁、謝昌元相率以書諭上意，天祥復書云：「諸君義同

鮑叔，而天祥事異管仲。管仲不死而功名顯於天下，天祥不死而盡棄於平生，遺臭于萬年，將焉用之？」積翁知不能屈，猶奏請釋天祥而禮之，以爲事君者勸。上語積翁，命兵馬司好與飲食。天祥使人語積翁：「吾義不食官飯數年矣，今一旦飾爲官，吾且不食。」積翁始不敢言。會受述丁參知政事。受述丁者，嘗開省江西，親見天祥出師震動，每昌言不如殺之便。自是，上與宰相每欲釋之，輒不果。至元壬辰十二月八日，召天祥至殿中。天祥長揖不拜，極言宋無不道之君，無可弔之民，不幸母老子弱，權臣誤國，用舍失宜。北朝用其叛將、叛臣，入其國都，毀其宗社。天祥相宋於再造之時，宋亡，天祥當速死，不當久生。上使諭之曰：「汝以事宋者事我，即以汝爲中書宰相。」天祥對曰：「天祥爲宋狀元宰相，宋亡，惟可死不可生。」又使諭之曰：「汝不爲宰相，則爲樞密。」天祥對曰：「一死之外無可爲者。」遂命之退。明日，有奏天祥不願歸附，當如其請，賜之死。受述丁力贊其決，遂可其奏。天祥將出獄，即爲絶筆自贊，繫之衣帶間，其詞云：「孔曰成仁，孟云取義，惟其義盡，所以仁至。讀聖賢書，所學何事？而今而後，庶幾無愧。」過市揚揚，顔色不變，觀者如堵。問市人孰爲南北，南面再拜而就死。見者、聞者無不流涕，是日大風揚沙石，晝晦咫尺不見人，城門晝閉。籍兵馬司得天祥所爲詩文上之。天祥死時年四十有七矣。南人留燕者悲歌慷慨，相和應爲歌，更置酒酬丞相，相慰藉，更相自賀，至有十二士者收葬於都城外。初，天祥既第，誓不倚勢近利，自禄賜所入，盡以散族姻鄉友之貧者。至是，官籍其家蕭然。方過南安時，遣人告墓，以弟壁之子陞爲嗣，又寄弟書曰：「親喪君自盡，猶子是吾兒。」大德中，陞奉母歐陽夫人歸自豐川云。

贊曰：文丞相以廬陵年少，穆陵親擢進士第一，即上書乞斬董宋臣者至再。宋垂亡，猶乞斬呂師孟釁鼓。此豈希合苟生者？賈似道沮之，留夢炎疾之，宜也。陳宜中、張世傑亦忌之，何也？黄萬石疾之，可也。李庭芝疑之，至欲殺之，又何也？或謂使庭芝不疑，夏貴可合，事未可知。豈所謂天之所廢，不可興者乎？至其脱京口走真揚，脱真揚走三山，出萬死，與潮陽仰藥不死，南安絶粒不死，燕獄不死何異？若將以有爲者，及得死所，卒以光明俊偉暴之天下後世。殆天以丞相報宋三百年待士之厚，且以昌世教也。而或者訾其疏闊，論其無成，謬矣夫！非諸葛公所謂鞠躬盡瘁死而後已者乎？死之日，宋亡七年，崖山亡又五年矣。

鄭思肖《心史・雜文・文丞相敍》 國之所與立者，非力也，人心也。故善觀人之國家者，惟觀人心何如爾。此固儒者尋常迂闊之論，然萬萬不踰此理。今天下崩裂，忠臣義士死於國者，極慷慨激烈，何啻百數，曾謂漢唐末年有是夫？於是可以覘國家氣數矣。藝祖曰：「宰相須用讀書人。」大哉王言，直驗於三百年後。丞相文公天祥，才略奇偉，臨大事無懼色，不敢易節。德祐一年乙亥夏，遭韃深迫内地，公時居鄉，挺然作檄書，盡傾家貲，糾募吉、贛鄉兵三萬人勤王，除浙西制置使。九月，至平江開閫。十一月，朝廷召公以浙西制置使勤王，入行在。二年丙子正月，韃兵犯行在皋亭山，丞相陳宜中奏請三宫，不肯遷駕，即潛挾二王奔浙東。韃僞丞相伯顔聞而心變，意欲直入屠弑京城。在朝公卿咸驚懼，衆慫恿文公使韃軍前與虜語，朝廷假公以丞相名。及出，一見逆臣呂文焕，即痛數其罪，又見逆臣范文虎，亦痛數其罪，文焕、文虎意俱怒。導見虜酋伯顔，公竟據中坐胡床，仰面瞠目，撚鬚翹足，倨傲談笑。虜酋伯顔問其爲誰。公曰：「大宋丞相文天祥。」伯顔責不行胡跪之禮，公曰：「我南朝丞相，汝北朝丞相，丞相見丞相，不跪。」遂終不屈。其他公卿朝士見虜酋，或跪或拜，賣國乞命，獨公再三與韃酋伯顔慷慨辯論，尚以理折其罪，辯析夷夏之分，語意皆不失國體。深反覆論文焕之逆，伯顔竟解文焕兵權。又沮遏伯顔直入屠弑虜掠京城百姓之凶。伯顔始怒終敬，爲其所留，不復縱入京城，竟挾北行。至京口，賊酋阿术勒丞相諸使親札諭維揚降韃，獨文公不肯署名，虜酋暫留公京口虜館。時維揚堅守城壁，與賊酋阿术據京口對壘。虜賊禁江禁夜，把路把巷，甚嚴密。公間關百計，擲金買監絆者之心，寓意同監絆虜酋往來妓館，褻狎買笑，意甚相得相忘，又得架閣杜滸相與爲謀。二月晦，夜遁出城，偷渡江，登真州岸，偷歷賊寨，勞苦跋涉難譬。時全太后、幼帝北狩，將道經維揚，公欲借揚州兵與賊戰，邀奪二宫還行内。公叫揚州城，揚州疑公，不納。復西行叫真州城，即差軍送東往泰州，由海而南，南北之人悉以公爲神。朝廷重拜爲右丞相。又於汀漳間募士卒萬餘人，勦叛臣，易正大，驅馳二三年。景炎三年，歲在戊寅，十一月，潮陽縣值賊，服腦子不死，爲賊所擒，終不屈節，談笑自若。賊以刀脅之，笑曰：「死，末事也，此豈可嚇大丈夫耶！」嘗伸頸受之。賊逼公作書説張少保世傑叛南歸北，公曰：「我既大不孝，又教人不孝父母耶？」不從其説。賊擒公至幽州，見僞丞相博羅等，不跪。衆虜控持，搦腰捺足，必欲其跪，則據坐地上，叱罵曰：「此刑法耳，豈禮也！」賊命通事譯其語，謂公曰：「不肯投拜，有何言説？」公曰：「天下事有興有廢，自古帝王及將相，滅亡誅戮，何代無之？我今日忠於大宋社稷，至

此何說！汝賊輩蚤殺我，則畢矣！」賤曰：「語止此？汝道『有興有廢』，古時曾有人臣將宗廟城郭土地付與別國了，又逃去，有此人否？」公曰：「汝謂我前日爲宰相，奉國與人，而後去之耶？奉國與人，是賣國之臣，賣國者有所利而爲之；去之者，非賣國者也！我前日奉旨使汝伯顔軍前，被伯顔執我去，我本當死；所以不死者，以度宗之二太子在浙東，老母在廣，故爲去之之圖爾！」賊曰：「德祐嗣君非爾君耶？」公曰：「吾君也。」賊曰：「棄嗣君，別去立二王，如何是忠臣？」公曰：「德祐嗣君，吾君也，不幸失國。當此之時，社稷爲重，君爲輕，我立二王，爲宗廟社稷計，所以爲忠臣也。從懷帝、愍帝而北者，非忠臣；從元帝爲忠臣，從徽宗、欽宗而北者，非忠臣；從高宗爲忠臣。」賊曰：「二王立得不正，是篡也。」公曰：「景炎皇帝，度宗長子，德祐嗣君之親兄，如何是不正？登極於德祐已去之後，如何是篡？陳丞相奉二王出宮，具有太皇太后聖旨，如何是無所授命？天與之，人與之，雖無傳受之命，推戴而立，亦何不可？」賊曰：「你既爲丞相，若奉三宮走去，方是忠臣。不然，則引兵與伯顔決勝負，方是忠臣。」公曰：「此語可責陳丞相，不可責我，我不當國故也。」賊曰：「汝立二王，曾爲何功勞？」公曰：「國家不幸喪亡，我立君以存宗廟，存一日則一日盡臣子之責，何功勞之有！」賊曰：「既知不可爲，何必爲？」公曰：「人臣事君，如子事父。父不幸有疾，雖明知不可爲，豈有不下藥之理？盡吾心爾，若不可救，則命也。今日我有死而已，何必多言！」賊曰：「汝要死，我不教汝死，必欲汝降而後已。」公曰：「任汝萬死萬生煅煉，試觀我變耶不變耶！我，大宋之精金也，焉懼汝賊輩之粦火耶！汝至死我而止，而我之不變者初不死也。叨叨語十萬劫，汝只是夷狄，我只是大宋丞相。殺我即殺我，遲殺我，我之罵愈烈。昔人云：『薑桂之性，到死愈辣。』我亦曰：『金石之性，要終愈硬！』」公後又云：「自古中興之君，如少康以遺腹子興於一旅一成；宣王承厲王之難，匿於召公之家，召、周二相立以爲王，幽王廢宜臼，立伯服爲太子，犬戎之亂，諸侯迎之，宜臼是爲平王；漢光武興於南陽，蜀先主帝巴蜀，皆是出於推戴。如唐肅宗即位靈武，不稟命於明皇，似類於篡，然功在社稷，天下後世無貶焉。禹傳益，不傳啓，天下之人皆曰『啓，吾君之子也』，謳歌，訟獄者歸之。漢文帝即是平、勃諸臣所立，豈有高祖、惠帝、吕后之命？春秋亡公子入爲國君者何限，齊桓、晉文是也，誰謂奔去者不當立？前日汝賊來犯大紀，理不容不避，二王南奔，勢也。得程嬰、公孫杵臼輩出，存趙氏，爲天下立綱常主，揆諸理而不謬，又寧復問『有無授命』耶？惜乎先時不曾以此數事歷歷詳説與賊酋一聽！」此皆公首陷幽州之語。公始被賊擒，欲一見忽必烈，大罵就死；機洩，竟不令見忽必烈。因叛臣青陽留夢炎教忽必烈曰：「若殺之，則全彼爲萬世忠臣；不若活之，徐以術誘其降，庶幾郎主可爲盛德之主。」忽必烈深善其説，故公數數大肆罵詈，忽必烈知而容忍之，必欲以術陷之於叛而後已。數使人以術劫刺耳語，公始終一辭，曰：「我決不變也，但求早殺我爲上。」賊屢遣舊與公同朝之士，密誘化其心。公曰：「我惟欲得五事：曰剮，曰斬，曰鋸，曰烹，曰投於大水中，惟不自殺耳！」賊又勒太皇傳諭説公降韃，公亦不聽。諸叛臣在北妬其忠烈，與賊通謀，密設機穽奪其志，公卒不陷彼計，反明以語韃，衆酋盡伏其智。且俾南人羣然問六經、子史、奇書、釋老等疑難之事，令墮於窘鄉，衆謀折其短誤；公朗然辨析，議論了無不通，强辨者皆屈。北人有敬公忠烈，求詩求字者俱至，迅筆書與，悉不吝。公妻妾子女先爲賊所虜，後賊俾公妻妾子女來，哀哭勸公叛，公曰：「汝非我妻妾子女也；果曰真我妻妾子女，寧肯叛而從賊耶！」弟璧來，亦如是辭之。璧已受僞爵，嘗以韃鈔四百貫遺兄，公曰：「此逆物也，我不受！」璧慚而卷歸。後公竟如風狂狀，言語更烈。一見韃之酋長，必大叱曰：「去！」有南人往謁，公問：「汝來何以？」曰：「來求北地勾當。」公即大叱之曰：「去！」是人數日復來謁，已忘其人曾來，復問曰：「汝來何以？」是人曉公意惡韃賊，給對曰：「特來見公，餘無他焉。」公意則喜笑垂問，如舊親識。他日是人復來，公又忘之矣。叛臣留夢炎等皆罵曰「風漢」，北人指曰「鐵漢」。千百人曲説其降，公但曰：「我不曉降之事。」虜酋曰：「足跪於地則曰降。」公曰：「我素不能跪，但能坐也。」賊曰：「跪後受爵禄富貴之榮，豈不爲樂，何必自取憂苦？」公曰：「既爲大宋丞相，寧復效汝賊輩帶牌而爲犬耶！」或强以虜笠覆公頂上，則取而溺之，曰：「此濁器也。」德祐八年冬，忽有南人謀刺忽必烈，戰栗不果，被賊殺。或謂久留公，終必生變，非利於韃。忽必烈數遣叛臣留夢炎等堅逼公歸逆，謂忽必烈曰「韃靼不足爲我相，惟文公可以爲之，得其降則以相與之」，公曰：「汝輩從逆謀生，我獨謀盡節而死。生死殊塗，復何説！大宋氣數尚在，汝輩大逆至此，亦何面目見我？」遂唾夢炎等去之。會有中山府薛姓者，告於忽必烈曰：「漢人等欲挾文丞相擁德祐嗣君爲主，倡義討汝。」忽必烈取文公至，問之，公慨然受其事，曰：「是我之謀也。」請全太后、德祐嗣君至，則實無其事。公見德祐嗣君，即大慟而拜，且曰：「臣望陛下甚深，陛下亦如是耶？」謂嗣君亦從事於胡服也。忽必烈始甚怒公，然忽必烈意尚愍公忠烈，猶望

公降彼，再三説諭，公數忽必烈五罪，罵詈甚峻。忽必烈問公欲何如，公曰：「惟要死耳！」又問：「欲如何死？」公曰：「刀下死。」忽必烈意欲釋之，俾公爲僧，尊之曰「國師」；或爲道士，尊之曰「天師」；又欲縱之歸鄉。公曰：「三宫蒙塵，未還京師，我忍歸忍生耶？但求死而已。」日痛罵不止，諸酋咸勸殺之，毋致日後生事，忽必烈始令殺之。公聞受刑，歡喜踴躍，就死行步如飛。臨下刃之際，忽必烈又遣人諭公曰：「降我則令汝爲頭丞相，不降則殺汝。」公曰：「不降！」且繼之以罵。及再俟忽必烈報至，始殺公，公之神爽已先飛越矣。及斬，頸間微湧白膏，剖腹而視，但黄水，剖心而視，心純乎赤。忽必烈取其心肺，與衆酋食之。昔公天庭擢第，唱名第一，出而拜親，革齋先生留京師，病已亟，命之曰：「朝廷策士，擢汝爲狀頭，天下人物可知矣。我死，汝惟盡心報國家。」母夫人遭德祐變故，逃避入廣，又嘗教公盡忠。故公始終不違父母之訓，盡死於國家，無二心焉。公自號「三了道人」，謂儒而大魁，仕而宰相，事君盡忠也。忠臣、孝子、大魁，丞相，古今惟公一人。南人慕公忠烈者，已摭公之《哭母詩》「母嘗教我忠，我不違母志。及泉會相見，鬼神共歡喜」之語，作《鬼神歡喜圖》，私相傳翫。公在患難中，嘗終日不語，冥然默坐，若無縈心者。五載陷虜，千磨萬折，難殫述其苦。事事合道，言言皆經。一以相去遠，二以人畏禍不肯傳，百僅聞其一二。累歲摧挫之餘，老氣峥嶸，視初時愈勁。時作歌詩自遣，皆許身徇國之辭。間見數篇，雖有才學，然怪其筆力不能操予奪之權，氣索意沮，深疑其語，後乃知叛臣在彼，諛虜嫉公，或僞其歌詩，揚北軍氣燄，眇我朝孤殘，憐餘喘不得復生之語，雜播四方，損公壯節。公自德祐二年陷虜北行，作《指南集》。景炎三年陷虜，作《指南後集》。公筆以授戴俊卿，文公自敘本末。有稱賊曰「大國」、曰「丞相」，又自稱曰「天祥」，皆非公本語，舊本皆直斥虜酋名，不書其僭僞語。觀者不可不辨，必蔽於賊者畏禍易爲平語耳。詩之劇口罵賊者，亦以是不傳。禮部郎中鄧光薦蹈海，爲賊鈎取，文公與之同患難，頗多唱和。杜滸嘗除侍郎，海中殺賊頗夥，後以戰死。公之家人皆落賊手，獨妹氏更不改嫁賊曹，謂：「我兄如此，我寧忍耶！」惟流落無依，欲歸廬陵，賊未縱其還鄉。公名天祥，字宋瑞，號文山，廬陵人。父名儀，號革齋。公被擒後，己卯歲往北，道間作祭文，遣孫禮詣廬陵革齋先生墓下爲祭，仍俾姪升立爲嗣。公寶祐四年年二十一歲廷對，擢爲大魁，四十一歲拜丞相，亂後出處大略如此。平生有事業文章，未悉其實，未敢書。思肖不獲識公面，今見公之精忠大義，是亦不識之識也。人而皆公也，天下何慮哉？意甚欲持權衡筆，詳著《忠臣傳》，苦耳目短，不敢下筆。然聞爲公作傳者，甚有其人，今諒書所聞一二，助他日太史氏采摭，當嚴直筆，使千載後逆者彌穢，忠者彌芳，爲後世臣子龜鑑與。

雜録

備録

周密《癸辛雜識》續集卷下《文山書爲北人所重》 平江趙昇卿之姪總管號中山者云：「近有親朋過河間府，因憩道傍，燒餅主人延入其家，内有小低閣，壁貼四詩，乃文宋瑞筆也。漫云：『此字寫得也好，以兩貫鈔换兩幅與我如何？』主人笑曰：『此吾家傳寶也。雖一錠鈔一幅，亦不可博。咱們祖上亦是宋氏，流落在此。趙家三百年天下，只有這一箇官人，豈可輕易把與人邪？文丞相前年過此與我寫的，真是寶物也。』斯人朴直可敬如此，所謂公論在野人也。」

佚名《昭忠録》 文天祥字履善，一字宋瑞，吉州人。寶祐丙辰進士第一，時年二十一。累仕至湖南提刑，遷知贛州。元兵渡江，天祥首張榜檄暴揚諸吕罪狀，糾合義勇，期入衛君父，卓爲四方勤王之倡，除江西安撫兼提刑，乙亥春也。天祥召募，應者雲合。夏四月，有祖母喪，解官治葬。起復，趨入衛，提其兵以行，戈甲精明，號令嚴肅，未出境，遽留屯隆興。天祥抗章言軍士踴躍，願赴國難爲勤王也。奉詔留屯，大沮士氣，乞如前詔赴闕。久乃許之。八月至行在所，駐兵西湖。九月，除淛西江東制置使、江西安撫使、知平江府，陛辭，乞斬賈似道釁鼓。冬十月九日，領兵赴鎮，元兵已圍劉師勇於常州，亟遣兵五千救之。二十七日，戰於五木，敗績，贛將尹玉死之，師勇單騎突圍走常州。下廣德軍，繼下安吉，危獨松、千秋，二關俱震，京畿危急，趣天祥入衛。十一月二十二日，發平江。既至，拜疏自劾，以所部州降陷也，請誅斥，詔不允。令疾速赴督府議軍事，進資政殿學士，陞制置安撫大使，令制司餘杭，守獨松關。明年丙子正月三日，兼知臨安府，辭不拜，詣闕陳大計，不得見，所部聚富陽以俟。十八日，丞相巴延營于皇亭山。十九日早，以天祥爲樞密使，都督諸路軍馬。會使轍交馳，北師約當國

大臣相見，報政侍從聚左相吳堅府，交贊天祥一行。天祥見奉使無留者，欲往覘虛實，歸而謀焉，乃辭相不拜。二十日，以資政殿學士出使，見丞相巴延、元帥唆都。天祥曰：「講解一事，前丞相首尾非予所知。今太皇太后以予爲相，予不敢拜，故來軍前商量。」巴延曰：「丞相來勾當大事，言甚善。」天祥曰：「本朝承帝王正統，衣冠禮樂所在，北朝欲以爲與國乎？抑欲毀其宗廟社稷乎？」二帥以詔旨爲辭，謂社稷必不動，百姓必不殺。天祥曰：「爾前後約吾使多失信，今兩國丞相親定盟好，宜退兵平江、嘉興，俟講解之說聞奏，北兵待區處何如？」辯難甚至。天祥曰：「能如予說，兩國成好，幸甚！不然，南北兵禍未已也。」巴延憤，語侵天祥，天祥曰：「予爲南朝狀元宰相，止欠一死報國，刀鋸鼎鑊非所懼也。」乃羈縻天祥，不使復還。明日，宰執吳堅、賈餘慶、謝堂、家鉉翁、劉岊等以國降，天祥遂前責巴延失信留使，又詬斥吕文焕引敵陷國，并斥其姪師夔負國。所募兵在富陽者，潰而西歸。二月八日，堅等以祈請使赴北，併驅天祥登舟。二十日，至鎮江，用其客杜滸計得逸，與從者鞏信、尹玉、趙時賞、張汴、劉洙、繆朝宗、孫㮚、陳龍復、蕭明哲、彭震龍、蕭燾夫十二人，以晦日登舟，夜走淮東。三月朔，入真州，與守將苗再成協謀興復，天祥喜甚，爲移書兩淮帥將等。初二日，李庭芝遣使至，出文書述脱回人李七二供有丞相往真州賺城，謂天祥爲北用使，諭再成決無宰相得脱理。縱脱，亦無十二人得同來之理，何不以矢石攻之，乃開門放入邪？意使再成殺天祥也。再成憐之，不忍害，然亦不敢留，出之西城門外。天祥與滸彷徨無所歸，從者皆無人色。再成俄遣二校將數十卒，擕行李還天祥，衛送出境，且覘其去就決處置。行野中，露刃甚惱，固叩其所向，天祥曰：「揚州。」二校勸令往淮西。天祥曰：「淮西與建康、太平、池州、江州對境，北兵布滿，無路可歸，止欲見李制使或能信我，尚欲連兵以圖興復。」二校曰：「揚州殺丞相，奈何？」天祥曰：「信命。」二校知無他志，乃辭天祥，贈以金而別。夜徑北戍，銜枚疾行，三更抵揚州城下，門守森嚴，既前復却，風露淒清，鼓角悲慘。四更，滸曰：「李公必不見信，徒爲矢石所陷，不如趨高郵，從通州渡海歸江南，或遇二王伸報國志，徒死此無益也。」將曉，聞北哨至，乃變姓名，易服詭行，間關險阻。閏二月，至通州，航海至浙東，至台州。夏四月，至瑞安。五月，益王登極于福州，召天祥。六月六日，至，授通議大夫、右丞相兼樞密院使，都督諸路軍馬，與陳宜中並相。首責宜中當奉三宮與二王同奔，奈何棄其所重，宜中慚嘿。又數誚其怯懦，紀綱不立，權威用事，且曰檀公上策，不意公能得之。宜中不樂。見大將張世傑，問兵數多少，世傑以所部對。天祥嘆曰：「公軍在此矣，朝廷大軍何在？」世傑亦不樂。天祥乃議宜規恢江西。七月四日，發行在所。十三日，至南劍募兵。冬十一月，入汀瞰贛。十二月初，命招討趙時賞以兵三千復贛之寧都縣，千户趙湣以兵自建昌至，時賞走，寧都復陷。千户闞某、鎮撫孔遵以二十九日率師至。明年丁丑春正月，元兵向汀，天祥命江西提刑趙孟濚領兵收復。屯寧都城外，不戰而退，天祥退屯漳州龍巖縣。三月，屯梅州。夏五月，復贛之雩都縣。六月，進據興國縣，遣兵攻贛，不利。七月，元江西宣慰李恒統師至，乃分將援贛，走孟濚于贛城下，恒以兵擣興國，襲天祥，窮追四百餘里。八月十七日，至空坑。天祥敗，執其夫人歐陽氏及一子二女及趙時賞、孫㮚等，天祥竄榛莽中，追將囊家歹貪收金帛，因得逸。復收散卒。冬十月，入汀，復出會昌，入安遠，趨循。戊寅春二月，屯惠州海豐縣。三月，屯麗江浦，遣使訪問御舟所在。夏六月，御舟泊厓山，天祥移軍船澳。八月，至，加少保，進爵信國公。冬十月，屯潮州潮陽。十二月，東省元帥張弘範舟師至，移屯海豐。是時止備水道，不虞陸路也。趙孟濚爲前鋒，鄒渢殿，北騎二百兼程追襲。二十日午，至五坡嶺，望見山上步卒四集，叩之左右，咸謂鄉人捕鹿也。奄至中軍，天祥被擒，官屬士卒昔得脱于空坑者，至是俱遭執戮。唯孟濚以先行十里得遁。明年二月六日，厓山師潰，國亡，送天祥如燕。十月朔，至燕，械繫千户所。十一月二日，以疾脱械。初九日，召詣樞密院，長揖不跪。丞相博羅命譯者問有何言，天祥曰：「我爲宋宰相，國亡，職當死，今日被擒，法當死，復何言。」博羅曰：「有人臣將宗廟社稷、城郭土地付與別國，復有逃者否？」天祥曰：「謂我曾爲宰相，奉國與人而復去之邪？我前除宰相，不拜，奉使伯顔軍前，即被拘執，別有賊臣獻國，國亡，我本當死。所以不死者，以度宗皇帝二子在浙東，老母在廣，故圖去耳。」博羅曰：「德祐幼主非爾君耶？棄嗣君，別立二王，豈是忠臣？」天祥曰：「德祐不幸失國，當此時，社稷爲重，君爲輕，吾別立君，爲社稷計，何謂不忠？從懷、愍而北者非忠，從元帝爲忠；從徽、欽而北者非忠，從高宗者爲忠。」博羅曰：「晉元帝、宋高宗俱有來歷，二王從何受命？」張平章曰：「二王逃從，其立不正，是篡也。」天祥曰：「景炎皇帝是度宗皇帝之長子，德祐皇帝之親兄，何謂不正？登位于德祐已去，何謂篡？陳丞相奉二王出宮時，具有太皇太后分付言語，何謂無所受命？」博羅曰：「汝爲丞相，若將二王同走，方是忠臣。」天祥曰：「此説可以責陳丞相，不可責我，我不曾當國也。」博羅曰：「汝立二王有何功勞？」天祥曰：「家

國不幸喪亡，立君以存宗廟，宗廟存一日，則臣子盡一日之責，何功勞之有？」曰：「既知不可爲，何必爲？」天祥曰：「人臣事君，如子事父，父不幸有疾，雖明知不可爲，豈有不用藥之理？盡吾心焉，不可救則天命爾，今日天祥至此，有死而已，何必多言。」堂上怒，令吏引去，復入獄，獄中集杜句爲詩，備載所歷，皆忠憤淒激意。壬午春，自獄中寄書所親曰：「吾終之時，惟書一贊於衣帶間，云吾位居將相，不能救社稷，正天下，軍敗國亡，至爲囚擄，其當死久矣。頃被執以來，欲引決而無間，今天與之機，謹南向再拜。」其贊曰：「孔曰成仁，孟云取義，惟其義盡，所以仁至。讀聖賢書，所學何事，而今而後，庶幾無愧。宋丞相文天祥絕筆。」冬，因狂人薛寶住妄書告變，指天祥爲內應。十二月初八日，元世祖召天祥于殿中，天祥長揖不拜，左右强之拜跪，不可。或以金撾搥其膝，膝傷，天祥堅立不動。乃降旨曰：「汝在此久，如能改心易慮，以事亡宋者事我，當令汝中書省之任坐者。」對曰：「天祥受宋朝三帝厚恩，號稱狀元宰相，今事二姓，實負此心，非所願也。」世祖云：「然，則汝何所願？」對曰：「願與之死足矣。」世祖猶不忍，遽麾之退。初九日，宰相奏曰：「天祥既不歸附，不若如其請，賜之死。」可其奏。是日，宣使以金鼓迎之詣市，天祥聞之，欣然曰：「吾事了矣。」左右去其巾，戴黄冠，荷械出，顔色揚揚不少變。時燕市觀者如堵，宣使遍諭曰：「文丞相南朝忠臣，皇帝使爲宰相，不可，故隨其願，賜之一死，非他人比也。」宣使問天祥曰：「丞相今有甚言語回奏，尚可免死。」天祥曰：「死則死爾，尚何言。」天祥問市人孰爲東南西北，趨而南向，再拜就死，燕人凡有聞者，莫不嘆息流涕。天祥死後，大風忽起，揚沙石，晝晦，咫尺不見人，守衛者皆驚。吉州士人張弘道，字毅夫，號千載心，與天祥善，隨至燕，負其顱骨歸葬廬陵。天祥少有大志，明鋭忠壯，當世鮮儷。其自贛勤王也，繡其戰袍曰「拚命文天祥」。崎嶇萬里，歸翊行朝，赤心益堅，卒死臣節，芳名壯概，與宇宙同不朽云。

備論

《文山先生全集》卷一九胡廣《丞相傳》 史臣論曰：自古志士，欲信大義於天下者，不以成敗利鈍動其心，君子命之曰「仁」，以其合天理之正，即人心之安爾。商之衰，周有代德，盟津之師不期而會者八百國。伯夷、叔齊以兩男子欲扣馬而止之，三尺童子知其不可。他日，孔子賢之，則曰：「求仁而得仁。」宋至德祐亡矣，文天祥往來兵間，初欲以口舌存之，事既無成，奉兩孱王崎嶇嶺海，以圖興復，兵敗身執。我世祖皇帝以天地有容之量，既壯其節，又惜其才，留之數年，如虎兕在柙，百計馴之，終不可得。觀其從容伏質，就死如歸，是其所欲有甚於生者，可不謂之「仁」哉。宋三百餘年，取士之科，莫盛於進士，進士莫盛於倫魁。自天祥死，世之好爲高論者，謂科目不足以得偉人，豈其然乎！

藝文

牟巘《牟氏陵陽集》卷一六《跋葉一山所藏文山相國書後》 宋丞相文公魁壘英傑，以盛年負重名，居高位，其視一世爲如何？所答括蒼葉君書，乃不惜餘論，期獎備至，而詞氣又過自謙屈如此，胸中所存，可概見矣。書中又云：「思永與陵名義有犯，請更之。」蓋爲永思陵也。公於嫌疑之際，造次之頃，猶不忘恭謹。他日臨大難，守大節，死而不變，亦此一念所克耳。葉君首江西漕解，椎輪於公，一飯之報，不以存亡間。藏其遺墨，於患難奔走之餘，如護拱璧。賦詩追祀，有「主死妾猶未」之句，讀之使人酸鼻。朋友之義，與君臣父子、夫婦兄弟並。世道日薄，頃刻變態，葉之如遺，況一生一死乎！況又有大者乎！「一女不事二夫，忠臣不事二姓」，楚龔語也，文公似之。「思著主衣裳，爲人作春妍。有聲當徹天，有淚當徹泉。」陳後山語也，葉君似之。然則葉君，固可書也。

許有壬《至正集》卷三〇《文丞相傳序》 宋養士三百年，得人之盛，軼唐而過之遠矣。盛時忠賢雜遝，人有餘力，及天命已去，人心已離，有挺然獨出於百萬億生靈之上，而欲舉其已墜，續其已絕，使一時天下之人，後乎百世之下，洞知君臣大義之不可廢，人心天理之未嘗泯，其有功於名教爲何如哉！丞相文山公，少年卓厲，有經濟之志，中爲賈沮，徊翔外僚。其以兵入援也，大事去矣；其付以鈞軸也，降表具矣；其往而議和也，冀萬一有濟爾。平生定力，萬變不渝。「父母有疾，雖然不可爲，無不用藥之理」，公之語，公之心也。是以當死不死，可爲即爲。逸於淮，振於海，真不可爲矣，則惟有死爾。可死矣而又不死，非有他也，等一死爾，昔則在己，今則在天，一旦就義，視如歸焉。光明俊偉，俯視一切，顧膚敏裸將之士，不知爲何物也。推此志也，雖與嵩、華爭高可也。宋之亡，守

節不屈者有之，而未有有爲若公者，事固不可以成敗論也，然則收宋三百年養士之功者，公一人爾。孫富爲湖廣省檢校官，始出遼陽儒學副提舉劉岳申所爲傳，將刻之梓，俾有壬序之。有壬早讀《吟嘯集》、《指南録》，見公自述甚明。三十年前游京師，故老能言公者尚多，而訝其傳之未見於世也。伏讀感慨，惜京師故老之不及見也。公之事業在天地間，炳如日星，自不容泯，而史之取信，世之取法，則有待於是焉。若富也，可謂能後者矣。

文天祥《文山先生全集》卷二〇蘇伯衡《跋文山先生遺墨》 天下宗周矣，而伯夷、叔齊終不食其粟，遂餓而死。韓趙魏共分晉地矣，而豫讓必爲智伯報仇，竟殺其身。仁者之志，存亡不易。義者之節，盛衰不改。固如是乎。三宫北上矣，益王殂于井澳矣，衛王赴海死矣，而丞相文公志節益堅。困辱之，摧折之，甘言以嘗之，重祿以啖之，迄莫能奪之，而竟死之。噫！蓋與三子者同諒矣！公此數詩，意其在燕獄時所書，其歲當別攷也。今去宋一百四十年，忠義之氣，感激之詞，筆勢勁拔，猶燁燁楮素間，如龍跳虎躍，不可褻玩狎視。二心之臣，見之而不褫魄，則吾弗信。

韓雍《襄毅文集》卷一一《文山先生文集序》 古今論文者，僉曰觀文可以知人。夫文者言之精華，而言則心之聲也。心之所存有邪正，則發言爲文有純駁，而人之忠否見焉。故讀出師二表，而知諸葛孔明之忠。讀天門掉臂一詩，而知丁謂之不忠。卒之皆如其言。信乎！人可以言而觀。然《校獵》、《長楊》等作，雖工且美，而其爲人終不能無可議。又若難觀以言，蓋必心有定志，則言有定論，而後見諸行事有定守，觀於宋丞相文山先生可徵矣。先生負豪傑之才，蓄剛大之氣，而充之以正心之學。自其少時，游學宫，見鄉先生忠節祠，慨然曰：「没不俎豆其間，非夫也。」及舉進士，奉廷對。識者論其所對：「古誼若龜鑑，忠肝如鐵石。」已而值時多艱，詔諸路勤王。先生捧詔涕泣，且曰：「樂人之樂者，憂人之憂。食人之食者，死人之事。」其心蓋已有定志矣。志發於言而爲文，其詩辭序記等作或論理敍事、或寫懷詠物，或弔古而傷今。大篇短章，宏衍鉅麗，嚴峻剴切，皆惓惓焉愛君憂國之誠，匡濟恢復之計。至其自誓盡忠死節之言，未嘗輟諸口。讀之使人流涕感奮，可以想見其爲人，其言可謂有定論矣。惟其志定論定，故以一身任天下之重，盡心力而爲之。艱難險阻，千態萬狀，不憚其勞，不易其心。既而國事已去，被執久縶，挾之以刀鋸而不屈，誘之以大用而不從。卒之南向再拜，從容就義，以成光明俊偉之事業。非其守之一定不移，能若是乎！傳曰：「有志者，事竟成。」又曰：「言顧行，行顧言。」先生有之，而視世之静言庸違者異矣，宜其文之足徵而傳世也。雖然，文章傳世，以其關世教也。使無補於世教，雖工何益。今斯集也，傳之天下後世之人，争先快覩，皆知事君之大義、守身之大節。不宜以成敗利鈍而少變，以扶天常，以植人紀，以沮亂臣賊子之心，而增志士仁人之氣。其於世教，重有補焉。故予因按察副使陳價維藩請，序其編次之由，不辭譾陋而書之，蓋將以爲同志勸，且爲天下後世之爲臣子者厲也。

《文山先生全集》卷二〇汪元量《浮丘道人招魂歌》 有客有客浮丘翁，一生能事今日終。囓氈雪窖身不容，寸心耿耿摩蒼空。睢陽臨難氣塞充，大呼南八男兒忠。我公就義何從容，名垂竹帛生英雄。嗚呼一歌兮歌無窮，魂招不來何所從。

有母有母死南國，天氣黯淡殺氣黑。忍埋玉骨崖山側，蓼莪劬勞淚沾臆。孤兒以忠報罔極，拔舌剖心命何惜。地結葚弘血成碧，九泉見母無言責。嗚呼二歌兮歌復憶，魂招不來長嘆息。

有弟有弟隔風雪，音息不通鴈飛絶。獨處空廬坐縲絏，短衣凍指不能結。天生男兒硬如鐵，白刃飛空肢體裂。此時與汝成永訣，汝於何地收兄骨。嗚呼三歌兮歌聲咽，魂招不來淚流血。

有妹有妹天一方，良人去後逢此殃。黄塵暗天道路長，男呻女吟不得將。汝母已死埋炎荒，汝兄跣足行雪霜。萬里相逢淚滂滂，驚定拭淚還悲傷。嗚呼四歌兮歌欲狂，魂招不來歸故鄉。

有妻有妻不得顧，饑走荒山汗如雨。一朝中道逢狼虎，不肯偷生作人婦。左挾虞姬右陵母，一劍捐身剛自許。天上地下吾與汝，夫爲忠臣妻烈女。嗚呼五歌兮歌聲苦，魂招不來在何所。

有子有子衣裳單，皮肉凍死傷其寒。蓬空煨燼不得安，叫怒索飯饑無餐。亂離走竄千里山，荆棘蹲坐膚不完。失身被繫淚不乾，父聞此語摧肺肝。嗚呼六歌兮歌欲殘，魂招不來心鼻酸。

有女有女清且淑，學母曉粧顔如玉。憶昔狼狽走空谷，不得還家收骨肉。關河喪亂多殺戮，白日驅人夜燒屋。一雙白璧委溝瀆，日暮潛行向天哭。嗚呼七歌兮歌不足，魂招不來淚盈掬。

有詩有詩吟嘯集，紙上飛蛇噴香汁。杜陵寶唾手親拾，滄海月明老珠泣。天地長留國風什，鬼神呵護六丁立。我公筆勢人莫及，每一呻吟淚痕濕。嗚呼

八歌兮歌轉急，魂招不來風習習。

有官有位卿相，一代儒宗一敬讓。家亡國破身漂蕩，鐵漢生擒今北向。忠肝義膽不可狀，要與人間留好樣。惜哉斯文天已喪，我作哀章淚悽愴。嗚呼九歌兮歌始放，魂招不來默惆悵。

謝翱《晞髮集》卷六《登西臺慟哭記》 始，故人唐宰相魯公開府南服，余以布衣從戎。明年，別公章水湄。後明年，公以事過張睢陽及顏杲卿所嘗往來處，悲歌慷慨，卒不負其言而從之遊。今其詩具在，可考也。余恨死無以藉手見公，而獨記別時語，每一動念，即於夢中尋之。或山水池榭，雲嵐草木，與所別之處及其時適相類，則徘徊顧盼，悲不敢泣。又後三年，過姑蘇，姑蘇公初開府舊治也，望夫差之臺而始哭公焉。又後四年而哭之於越臺，又後五年及今而哭於子陵之臺。先是一日，與友人甲乙若丙約越宿而集，午雨未止，買榜江涘，登岸謁子陵祠，憩祠傍僧舍。毀垣枯甃，如入墟墓。還，與榜人治祭具。須臾雨止，登西臺，設主於荒亭隅，再拜跪伏，祝畢，號而慟者三，復再拜起。又念余弱冠時往來必謁拜祠下，其始至也，侍先君焉，今余且老，江山人物睠焉若失，復東望泣拜不已。有雲從南來，淹浥浡鬱，氣薄林木，若相助以悲者。乃以竹如意擊石作楚歌招之曰：「魂朝往兮何極，暮歸來兮關水黑，化爲朱鳥兮，有咮焉食。」歌闋，竹石俱碎，於是相向感唶。復登東臺，撫蒼石，還憩於榜中。榜人始驚余哭，云適有邏舟之過也，盍移諸？遂移榜中流，舉酒相屬，各爲詩以寄所思。薄暮雪作，風凛不可留，登岸宿乙家，夜復賦詩懷古。明日益風雪，別甲於江，余與丙獨歸，行三十里，又越宿乃至。其後甲以書及別詩來言：「是日風帆怒駛，逾久而後濟。既濟，疑有神陰相以著茲遊之偉。」余曰：「嗚呼，阮步兵死，空山無哭聲且千年矣，若神之助固不可知，然茲遊亦良偉，其爲文詞，因以達意，亦誠可悲已。」余嘗欲倣太史公著《季漢月表》，如《秦楚之際》。今人不有知余心，後之人必有知余者，於此宜得書，故紀之以附季漢事後。時先君登臺後二十六年也。先君諱某，字某，登臺之歲在乙丑云。

王炎午《吾汶稿》卷四《生祭文丞相》 丞相見執就義，未聞豪傑之見，固難測識。因與劉堯舉對牀感愴，共賦嗟惜之。堯舉先賦曰：「天留中子繼孤竹，誰向西山飯伯夷？」予問其下句義，則謂伯夷久而不死，必有飯之者矣。予謂「向」字尚有憂其飢而顧人餉之之意，請改「在」字如何。堯舉然之。予以寂寥短章，不足以寄吾情，遂不復賦。蓋丞相初起兵，僕嘗赴公召，進狂言，有曰：「願明公復毀家產，供給軍餉，以倡士民助義之心；請購淮卒，參錯戎行，以訓江廣烏合之衆。」他所議論，狂斐尤多，慷慨戇愚。丞相嘉納，委帥機，何見山進之幕府，授職從戎。僕以身在太學，父殁未葬，母病危殆，屬以時艱，恐進難盡忠，退復虧孝，悾傯感泣，以母老控辭，丞相憐而從之。獎拔之公，許養之私，丞相兩盡矣。僕于國恩爲已負，于丞相之德則未報，遂作生祭丞相文，以速丞相之死。堯舉讀之流涕，相與謄録數十本，自贛至洪，于驛途水鋪、山墻店壁貼之，冀丞相經從一見。雖不自揣量，亦求不負此心耳。堯舉名應鳳，黄甲科第，授建康軍判簽，與其兄堯咨文章超卓，爲安成名士。

維某年某月某日，里學生舊太學觀化齋生王鼎翁謹採西山之薇，酌汨羅之水，哭祭于丞相文山先生未死之靈而言曰：嗚呼！大丞相可死矣。文章鄒魯，科甲郊祁，斯文不朽，可死。喪父受公卿祖奠之榮，奉母極東南迎養之樂，爲子孝，可死。二十而巍科，四十而將相，功名事業，可死。仗義勤王，使命不辱，不負所學，可死。華元踉蹡，子胥脱走，丞相自敍，幾死者數矣，誠有不幸，則國事未定，臣節未明。今鞠躬盡瘁，則諸葛矣。保捍閩廣，則田單即墨矣。倡義勇出，則顏平原、申包胥矣。雖舉事卒無所成，而大節已無所愧，所欠惟一死耳。奈何再執，涉月踰時，就義寂寥，論者驚惜。豈丞相尚欲脱去耶？尚欲有爲耶？或以不屈爲心，而以不死爲事耶？抑舊主尚在，未忍棄捐耶？果欲脱去耶？夫伏橋于廁舍之後，投筑于目矐之餘，于是希再縱，求再生，則二子爲不智矣。尚欲有所爲耶？識時務者在俊傑，昔以東南全勢，不能解襄樊之圍，今以亡國一夫，而欲抗天下。況趙孤蹈海，楚懷入關，商非前日之頑，周無未獻之地，南北之勢既合，天人之際可知。彼齊廢齊興，楚亡楚復，皆兩國相當之勢，而國君大臣固無恙耳。今事勢無可爲，而國君皆爲執矣。臣子之於君父，臨大節，決大難，事不可爲，則屈意忍死以就義，必不幸，則仗義以明分。故身執則勇于就義，當以杲卿、張巡諸子爲正。李陵降矣，而曰欲有所爲，且思刎頸以見志。其言誠僞，既不可知，況形拘勢禁，不及爲者十常八九，惟不刎，刎豈足以見志？向使李陵降後死他故，則頸且不及刎，志何自明哉？丞相之不爲李陵，不待知者而信，奈何慷慨遲回，日久月積，志消氣餒，不陵亦陵，豈不惜哉！欲不屈而不死焉，惟蘇子卿可。漢室方隆，子卿使耳，非有興復事也，非有抗師讎也。丞相事何事，降與死當有分矣。李光弼討史思明，方戰，納刃于靴曰：「夫戰，危事也，吾位三公，不可辱于賊，萬一不利，當自刎。」李存勗伐梁，梁帝朱友貞謂近臣皇甫麟

曰：「晉，吾世讎也，不可俟彼刀鋸，卿可盡吾命。」麟于是哀泣進刃于帝，而亦自刎。今丞相以三公之位，兼睚眦之讎，投機明辨，豈堪在李光弼、朱友貞之下乎？屈且不保，況不屈乎？丞相不死，當有死丞相者矣。自死者，義也。死于勢，死于人，以怒罵爲烈。死于怒罵，則肝腦腎腸有不忍言者矣。雖湯鑊刀鋸，烈士不辭，苟可就義以歸全，豈不因忠而成孝。事在目睫，丞相何所俟乎？以舊主尚在，未忍棄捐耶？李昪篡楊行密之業，遷其子孫于海陵，嚴兵守之，至男女自爲匹偶，然猶得不死。周世宗征淮南，下詔撫安楊氏子孫，李昪驚疑，盡殺其族。夫撫安本以爲德，而反速禍。幾微一失，可不懼哉！蜀王衍既歸唐莊宗，發三辰之誓，全其宗族，未幾，信伶人景進之計，衍族盡誅。幾微之倚伏，可不畏哉！夫以趙祖之遇降主，天固巧於報德，然建共暫處，倨坐苟安，舊主正坐于危疑，羈臣尤事于骯髒，聲氣所逼，猜嫌必生，豈無李昪之謀？或有景進之計，則丞相于舊主不足爲情而反爲害矣。鼎翁，丞相鄉之晚進士也，前成均之弟子員也。進而父没，退而國亡。生既愧陳東報汴之忠，死不效陸機入洛之恥。丞相起兵次鄉國時，有少年狂子持緋牘叫軍門，丞相察其憂憤而進之，憐其親老而退之，非僕也耶？痛惟千載之事，既負于前；一得之愚，敢默于後，啓手啓足，非曾參乎？得正而斃，乃取童子之一言；血指慷慨，非南八乎？抗義遲回，終待張巡之一呼。進薄昭之素服，先元亮之挽歌，願與丞相商之。廬陵非丞相之父母邦乎？趙太祖憐孟昶曰：「勿戚戚，行遣汝歸蜀。」昶母曰：「妾太原人，願歸太原，不願歸蜀。」契丹遷晉出帝及李太后、安太妃于建州，太后疾急，謂帝曰：「我死，焚骨送范陽佛寺，毋使我爲虜地鬼也。」安太妃臨卒，亦謂帝曰：「當焚我灰，向南颺之，庶幾遺魂得返中國也。」彼婦人，彼國后，一死一生，尚眷眷故鄉，不忍飄棄仇讎外國，況忠臣義士乎？人七日不穀則斃，自梅嶺以出，縱不得留漢廐而從田横，亦當吐周粟而友孤竹，至父母邦而首丘焉。廬陵盛矣，科目尊矣，丞相忠烈，合爲一傳矣。舊主得老死于降邸，宋亡而趙不絶矣。不然，或拘囚不死，或秋暑冬寒，五日不汗，瓜蒂噴鼻死、溺死，畏死，排牆死，盜賊死，毒蛇猛虎死，較一死于鴻毛，虧一簣于泰山，而或遺舊主憂，縱不斷趙盾之弒君，亦將悔伯仁之由我。則鑄錯已無鐵，噬臍寧有口乎？嗚呼！一節四忠，待公而六，爲位其間，聞訃則哭。

王炎午《吾汶稿》卷四《望祭文丞相》 相國文公再被執時，予嘗爲文生祭之，已而吉水張千載弘毅自燕山持丞相髮與齒歸。嗚呼！丞相既得死矣。謹痛哭望奠，再致一言：

嗚呼！扶顛持危，文山諸葛，相國雖同，而公死節；倡義舉勇，文山張巡，殺身不異，而公秉鈞。名相烈士，合爲一傳，三千年間，人不再見。事謬身執，義當勇決，祭公速公，童子易簣。何知天意，佑忠憐才，留公一死，易水金臺。乘氣輕命，壯士其或，久而不易，雪松霜柏。嗟哉文山，山高水深，難回者天，不負者心。常山之舌，侍中之血，日月韜光，山河改色。生爲名臣，没爲列星，不然勁氣，爲風爲霆。干將莫邪，或寄良冶，出世則神，入工不化。今夕何夕，斗轉河斜，中有光芒，非公也耶？

虞集《道園學古録·道園遺稿》卷三《挽文文山丞相》 徒把金戈挽落暉，南冠無奈北風吹。子房本爲韓仇出，諸葛寧知漢祚移。雲暗鼎湖龍去遠，月明華表鶴歸遲。不須更上新亭望，大不如前灑淚時。

周密《癸辛雜識》續集卷上《文山像贊》 有傳鄧光薦贊文山像云：「目煌煌兮，疎星曉寒；氣英英兮，晴雷殷山。頭碎柱而璧完，血化碧而心丹。嗚呼！誰謂斯人不在世間。」

劉岳申《申齋劉先生文集》卷一四題贊 死忘其元，生愛其膝。宋亡誰謚，宋史誰筆。當日穆陵，不可第七。萬古廬陵，進士第一。

鄭思肖《心史·雜文·文丞相贊》并序 人生而靈，本然之天也。唯聖賢以理養心，虚明瑩徹，湛然無私，不以生爲樂，不以死爲憂，此靈之所以得爲靈也。小人不由理而行，或陷於逆，或流於邪，播盪慾風，自穢其天，雖不靈其靈，而卒莫污其靈也。是物也，行乎萬化之中，而皆具其則；出乎萬化之表，而莫覩其跡。若無爲，實可畏；若無物，實有神。能盡其道者，其唯聖賢乎！不入聖賢之域，則見道不明，自信不篤，又豈能爲忠臣孝子也與？文山先生，大宋之忠臣孝子也，其優入聖賢之域者乎！淵源乎詩書之效，溥博乎國家之澤，歷萬苦而獨立，窮於窮而不窮，盡於忠，盡於孝，爲天下開君臣父子之天，立萬世人道之極，卓乎哉斯人也！卓乎哉斯人也！凡人遇事於難處之際，始別人心，始見人才；澄波平陸，誰不能舟車也？人能暫之，不能久之；或能久之，不能天之。先生天之矣！鄰於死也數，曾不毫髮動心，卒死於正大光明之天。大宋中興有日矣！先生大名，與天地國家日月無終窮，史之其次也，豈言語能述其德。今敬作贊，寓我之誠焉爾。贊曰：

忠烈之氣，上屬於天，日月晶明，天地無愆。忠烈之氣，下福於地，草木光

潤，地道咸利。人道差忒，天亂地惑，通之爲攸，一氣悽惻。公之大名，與國一德，乾坤或毁，大宋無極！

許有壬《至正集》卷六七《文文山畫像贊》 有壬早慕文山公風節，與其孫富游，嘗序公傳，而未拜公像。意其雄傑峭異，若太史公疑張子房爲魁梧奇偉也。富弟容奉圖求贊，始遂瞻拜，乃温其如玉焉，然其栗而廉者不可掩也。仁者必有勇，公之謂也。贊曰：

精金不蝕，貞玉不磷。昆岡火炎，乃流乃焚。不流不焚，孰爲乎真！摧折百至，而力不衂。閶闔萬狀，而氣益振。走淮之心，有如此水。我人我民，我疆我理。獨有入海，萬一振起。天實厭宋，臣力竭矣。慨慷就俘，氣言愈厲。談笑燕市，取義得義。一言一動，足爲人師。若曰「父母有疾，不可以難愈而不藥」，則百世之訓彝。厚顔鄙夫，偷生一時。死何所遺？壤腐冰澌。公乃不死，孰得失之可疑！見諸圖繪，固秋霜烈日之梗概，而景星鳳凰，足以慰後世快覩之思也。

文天祥《文天祥全集・文山先生全集》卷一〇孫燧《文丞相像贊》 偉哉文公！千古之士。方國脈尚存也，流離顛沛，惟恐不得其生。及國脈既絶也，慷慨從容，惟恐不得其死。求生匪生，求死匪死。生死惟求，成就一是。丈夫事業，固每如此。百世聞風，孰不興起。

羅倫《一峰文集》卷四《宋文丞相祠堂記》 爲臣死忠，爲子死孝。死一也，可以動天地，可以感鬼神，可以貫日月，可以孚木石，可以正萬世之人心，可以位萬世之天常。孟子曰：「我善養吾浩然之氣，以塞乎天地之間。」夫殺身成仁，舍生取義，非浩然塞于天地之間者，能與於斯乎？若宋丞相信國文公是已。公名天祥，甫弱冠，奉廷對，陳君道之大本，經世之急務，文思神發，萬言立就，可謂天下之大材也。董宋臣主議遷幸，公上章乞斬之。賈似道誤國要君，公嘗以義裁之。呂師孟偃蹇傲命，公又上章乞斬之。勤王詔下，重臣宿將縮頸駭汗，公提孤兵獨往當之。虜次皋亭，三軍震動，宰相遁荒，公挺身獨往説之，可謂天下之大勇也。夫慷慨就義，決死生於一旦，中人猶或能也。若歷履萬死，其執彌堅，其志彌勵，非仁者其能然乎？方公之使虜，詆大酋，罵逆賊，當死。脱京口，走真州，如揚州，趨高郵，抵通州，苗再成逐之，李庭芝疑之，外迫於虜寇，内煎於饑餓，無日而不當死。然後遵海道，涉鯨波，歸立二王，開督南劍，敗績於空坑，當死。仰藥於潮陽，當死。絶粒於南安，當死。卒至就囚燕獄，從容南向，再拜而死，震動天地，照耀萬世，可謂天下之大忠也。夫公之誠，能墜空山之石，能通七里之神，能作廣陵之風雨，能起夷狄豺狼之敬悚，而不能免賈似道之沮、黄萬石之嫉、李庭芝之疑、張世傑陳宜中之忌，何也？蘇子曰：「其所能者，天也；其不能者，人也。」其斯之謂歟？宋之亡也，死國事者多矣，陸秀夫、張世傑死於海，李芾死於潭，趙昂發死於池，江萬里死於饒，姚嵩死於常，趙時賞死於洪，先君武岡公死於吉，督府行朝死者不可勝數。雖然死矣，未有如公之出萬死而後死。微子之去，箕子之囚，龍逢、比干之諫，伯夷、叔齊之餓，諸葛武侯之鞠躬盡瘁，備于公之一身矣。自古亡國之臣，未有如公之烈也。收宋三百年養士之功，立千萬載爲臣之極，不在於公乎！公非仁者之勇，浩然塞于天地之間者乎！公去今二百年，順天府祠公于學宫，鄉郡祠公于城南，公之子孫祠公于富田。富田之祠，元季兵燹，爲横民所奪。龍鳳間，僉事李公歛氷復之。正統間，知府陳公本深繼之。景泰間，都憲韓公雍奏加謚號録用子孫。今成化二年，僉憲李公齡來掌學事，以公九世孫繼宗入學，俾公鄉人周丕憲割田贍之，是皆有功於名教，可書。故書之，以詔後世之爲人臣者。

謝枋得部

綜述

《宋史》卷四二五《謝枋得傳》 謝枋得字君直，信州弋陽人也。爲人豪爽。每觀書，五行俱下，一覽終身不忘。性好直言，一與人論古今治亂國家事，必掀髯抵几，跳躍自奮，以忠義自任。徐霖稱其「如驚鶴摩霄，不可籠縶。」

寶祐中，舉進士，對策極攻丞相董槐與宦官董宋臣，意擢高第矣，及奏名，中乙科。除撫州司户參軍，即棄去。明年復出，試教官，中兼經科，除教授建寧府。未上，吴潛宣撫江東、西，辟差幹辦公事。團結民兵，以扞饒、信、撫，科降錢米以給之。枋得說鄧、傳二社諸大家，得民兵萬餘人，守信州，暨兵退，朝廷覈諸軍費，幾至不免。

五年，彗星出東方，枋得考試建康，摘似道政事爲問目，言：「兵必至，國必亡。」漕使陸景思銜之，上其稿於似道，坐居鄉不法，起兵時冒破科降錢，且訕謗，追兩官，謫居興國軍。咸淳三年，赦，放歸。德祐元年，吕文煥導大元兵東下鄂、黄、蘄、安慶、九江，凡其親友部曲皆誘下之，遂屯建康。枋得與吕師夔善，乃應詔上書，以一族保師夔可信，乞分沿江諸屯兵，以之爲鎮撫使，使之行成，且願身至江州見文煥與議。從之，使以沿江察訪使行，會文煥北歸，不及而反。

以江東提刑、江西招諭使知信州。明年正月，師夔與武萬户分定江東地，枋得以兵逆之，使前鋒呼曰：「謝提刑來。」吕軍馳至，射之，矢及馬前。枋得走入安仁，調淮士張孝忠逆戰團湖坪，矢盡，孝忠揮雙刀擊殺百餘人。前軍稍卻，後軍繞出孝忠後，衆驚潰，孝忠中流矢死。馬奔歸，枋得坐敵樓見之，曰：「馬歸，孝忠敗矣。」遂奔信州。師夔下安仁，進攻信州，不守。枋得乃變姓名，入建寧唐石山，轉茶坂，寓逆旅中，日麻衣躡屨，東鄉而哭，人不識之，以爲被病也。已而去，賣卜建陽市中，有來卜者，惟取米屨而已，委以錢，率謝不取。其後人稍稍識之，多延至其家，使爲弟子論學。天下既定，遂居閩中。

至元二十三年，集賢學士程文海薦宋臣二十二人，以枋得爲首，辭不起。又明年，行省丞相忙兀台將旨詔之，執手相勉勞。枋得曰：「上有堯、舜，下有巢、由，枋得名姓不祥，不敢赴詔。」丞相義之，不强也。二十五年，福建行省參政管如德將旨如江南求人材，尚書留夢炎以枋得薦，枋得遺書夢炎曰：「江南無人材，求一瑕吕飴甥、程嬰、杵臼廝養卒，不可得也。紂之亡也，以八百國之精兵，而不敢抗二子之正論，武王、太公凛凛無所容，急以興滅繼絕謝天下。殷之後遂與周並立。使三監、淮夷不叛，武庚必不死，殷命必不黜。夫女真之待二帝亦慘矣。而我宋今年遣使祈請，明年遣使問安。王倫一市井無賴、狎邪小人，謂梓宫可還，太后可歸。終則二事皆符其言。今一王倫且無之，則江南無人材可見也。今吾年六十餘矣，所欠一死耳，豈復有它志哉！」終不行。郭少師從瀛國公入朝，既而南歸，與枋得道時事，曰：「大元本無意江南，屢遣使頓兵，令毋深入，待還歲幣即議和，無枉害生靈也。張宴然上書乞斂兵從和，上即可之。兵交二年，無一介行李之事，乃挐數百年宗社而降。」因相與痛哭。

福建行省參政魏天祐見時方以求材爲急，欲薦枋得爲功，使其友趙孟迦來言，枋得罵曰：「天祐仕閩，無毫髮推廣德意，反起銀冶病民，顧以我輩飾好邪？」及見天祐，又傲岸不爲禮，與之言，坐而不對。天祐怒，强之而北。枋得即日食菜果。

二十六年四月，至京師，問謝太后欑所及瀛國所在，再拜慟哭。已而病，遷憫忠寺，見壁間《曹娥碑》，泣曰：「小女子猶爾，吾豈不汝若哉！」留夢炎使醫持藥雜米飲進之，枋得怒曰：「吾欲死，汝乃欲生我邪？」棄之於地，終不食而死。伯父徽明以特奏恩爲當陽尉，攝縣事，時天基節上壽，大元兵奄至，徽明出兵戰死，二子趨進抱父屍，亦死。

謝枋得《疊山集》卷五佚名《疊山先生行實》 謝枋得，字君直，號疊山，信州弋陽人。登宋寶祐丙辰第。甲子，校文江東，發策十問，詆時政，安置興國軍。乙亥，除江東提刑，累遷至江東制置使。吐軍攻饒，拒戰安仁，敗。宋德祐元年冬十一月，任江西招諭使，知信州，又敗。棄家入閩。

丙子二年春正月，元兵入信，鏤銀榜根捕，執枋得之妻李氏、二子一女，送江淮行省，拘于建康獄。母夫人以老疾得免，李氏不屈死于獄中。惟二子熙之、定之得還。

元至元戊子二十五年夏四月，召宋故臣謝枋得，力辭不至。時帝訪求南人有才者甚急。御史程文海承旨，留夢炎交章薦之，尋有書上程雪樓，留忠齋。秋

九月，參政魏天祐執枋得北去。先是枋得由建陽唐石山轉入蒼山等處，朝遷暮徙崎嶇山谷間，竟得脱。

至元甲申，黄華平，大赦，枋得乃出，得還自寓于茶坂，設卜肆于建陽驛橋，榜曰：「依齋易卦」，小兒賤卒亦知其爲謝侍郎也。至是天祐朝京，將載后軍，遣建寧總管撒的迷失，佯召枋得入城卜易，逼以北行，以死自誓。知不可免，即不食，有《與魏容齋書》。己丑二十六年夏四月，宋故臣江西招諭使知信州謝枋得至燕，死之。

初，參政魏天祐逼枋得之北行也，與之言，坐而不對，或嫚言無禮。天祐初甚容忍，久不能堪。乃讓曰：「封疆之臣，當死封疆。安仁之敗，何不死？」枋得曰：「程嬰、公孫杵臼二人，皆忠于趙，一存孤，一死節；一死于十五年之前，一死于十五年之後。萬世之下，皆不失爲忠臣。王莽篡漢十四年，龔勝乃餓死，亦不失爲忠臣。司馬子長云：『死有重於泰山，輕於鴻毛。』韓退之云：『蓋棺事始定。』參政豈足知此。」天祐曰：「强辭！」枋得曰：「昔張儀語蘇秦舍人云：『當蘇君時，儀何敢言？』今日乃參政之時，枋得百口不能自辯，復何言！」枋得不食二十餘日，不死，乃復食。將行，士友餞詩盈几。張子惠詩云：「此去好憑三寸舌，再來不值一文錢。」枋得會其意，甚稱之。遂卧眠轎中而去。渡采石，復不食，自是只茹少疏果積數月困殆。四月初一日至燕京，初五日死於憫忠寺。子定之護骸骨歸，葬於信州。枋得平生無書不讀，爲文章高邁奇絶，汪洋演迤，自成一家，學者師尊之。所著有：《詩傳注疏》、《易説十三卦取象》，易、書、詩、三傳及《注解四書》，雜著，詩文六十四卷，批評《陸宣公奏議》，編次秘笈新書，選定《文章軌範》，並《唐詩解》行於世。

謝枋得《疊山集》卷五李源道《文節先生謝公神道碑》 天訖宋命，皇元一四海而統之。至元二十三年，行御使台、侍御使程鉅夫，以宋遺士三十人薦於朝。於是江東謝枋得在舉中被徵，丁内艱辭。亡何，連詔江浙行省左丞管如德召，皆不起。二十六年春正月，福建行省參政魏天祐復被旨集守令戍將，迫促上道，迺行。夏四月至京，不食死，春秋六十有四。八月，子定之奉柩還廣信。明年九月，葬其鄉之玉亭龔源，門人誄而題之曰：「文節先生謝公墓。」

先生曾祖彦安，祖一鶚，考應琇，潯州僉判。妣桂氏，封碩人。先生諱枋得，字君直，信州弋陽人。宋寶祐乙卯薦於鄉，丙辰試中禮部高等。比對、力詆時宰閹宦，奮不顧前，後抑至二甲第一人。初，潯州君以事忤使者董槐，被劾以死。先生既第，董槐執政，竟不堂參以歸。丁巳，召試教官，調建寧府教授。

己未，趙葵宣撫江東西，辟爲屬，尋除禮兵部架閣。令募兵援江上，出楮幣十萬貫，得信撫義士數千人，以應。宣撫司罷，賈似道當國，會軍興，出入簿責任事者，公毁家以償不足，坐廢。憤賈竊政柄，害忠良。誤國毒民，發策十問，摘其姦，極言天心怒，地氣變，民心離，人才壞，國有亡證，辭甚剴切，大拂賈意。臺評竟上其謗訕，鐫兩秩，興國軍安置。因謫所山自號疊山，守令皆及門，執弟子禮。丁卯，以史館召，先生曰：「似道餌我也。」不赴。閉户講道，聞之者翕如，若周岳、熊朝、余安裕、楊應桂、余炎、謝禹謨，若輩皆知名士，介然自持，足跡不及權門。里中人行事或不循於理者，輒曰：「謝架閣聞乎？」有持兩争，必來質平。遣以理，無秋毫假與人意，人亦高其風，必自審乃進。非義者未嘗敢至其前也。乙亥，連以史館校勘秘書省著作郎召，牢辭，授江東提刑，總其兵以守饒、信、撫，與王師戰，輒敗不能軍，遂易服走閩中，隱於卜。

信守將悉捕公妻子弟姪送建康獄。夫人李氏有容德，有廉帥者欲妻之，一夕，自經死。弟君烈、君澤，三姪、一女、二婢俱死於獄中。惟二子熙之、定之移獄廣陵得釋。又有兄君禹在九江亦不屈，斬於市。

先生性資嚴厲，雅負奇氣，風岸孤峭，不能與世軒輊，而以天時人事，推宋必亡於二十年後。抗論儉宰，老竭蹶不售，終不取合於時，其爲人蓋如此。及程公之薦報書，乃曰：「弓旌招賢，輪帛迎士，有志經世者，孰不興起，及非其人，非大元夢卜求賢之初意也。觀其言，非徒決於剛憤者。少力學六經，百氏悉淹貫，爲文章偉麗，卓然天成，不踐襲陳言宿説。論古今成敗得失，上下數千年，較然如指掌。尤善論樂毅、申包胥、張良、諸葛亮事，常若有千古之憤者。而以植世教、立民彝爲任。富貴貧賤，一不動其中。其言曰：「清明正大之心，不可以利回；英華果鋭之氣，不可以威奪。」其自信悉類此。先生之北也，貧苦甚，衣結履穿行雪中。人有嘗德之者，賙以兼金重裘，不受。平日所著易、書、詩、三傳行於世。雜著詩文六十四卷，翰林學士盧公摯爲之序引，深所推激。夫人李氏，男三、義勇早卒。熙之歸自廣陵，亦卒。定之賢而善文，累薦不起。孫男二，信孫、仁孫。先生死之二十有四年，門人虞舜臣率其徒，築室買田，祠公弋陽之東。江浙行省請於朝爲疊山書院。又五年，予任集賢侍制，鄱陽周應極狀其事，致定之之語求銘墓。道嘗謂先生天下事。源道仰其文章風節，蓋四十年，而不一識，是區區

者，尚可辭哉！銘曰：

嗚呼先生，生也何時，生也後時。日薄崦嵫，維南有孽，龜玉毀折，我朝天明，乃完其節，雞鳴風雨，歲寒松柏。伊其板蕩，古有盡忠。道統既閎，人文斯崇。有美翔鸞，載集載鳴。曷迪匪庭，曷課匪京。萬里冰天，介石自貞。奚卒不施，閟於佳城。嗚呼先生！

雜録

備録

《昭忠録·謝枋得》謝枋得字君直，信州弋陽人。左目重瞳，腦若伏犀，口可容拳，髯踈而長，身不滿五尺。幼覽羣書，五行俱下，終身記憶。及長，雋偉有大志，好直言，以名節自任，洞究治體，爲文章有奇氣，單詞片語，識者傳誦。嘉熙戊午，年十三，領鄉薦。寶祐乙卯，再薦。丙辰，廷對以治道策士，枋得直以丞相丁大全爲答，考官佳之，欲俾魁天下，頗忤上意，臚傳出文天祥榜下第二甲第二人。以言不用，遂掛冠，賦詩曰：「玉皇殿下卸恩袍，羞見冥鴻惜羽毛。天地有心扶社稷，朝廷無意得英豪。早知骨鯁嬰時恙，何似山林遁跡高。次第秋風到蘭菊，歸家痛飲讀《離騷》。」扁讀書堂曰「疊山」，取重艮時止之義，學者尊稱曰「疊山先生」。明年丁巳，試中教官科，除建寧府學教授，以大全柄國，不赴。開慶己未，除禮、兵部架閣文字，又不赴。景定辛酉，以選爲寧國府考試官，發策尤精愜，有《江東十問》行于世。似道怒，諷言者劾之，貶興國軍。咸淳丁卯放還，除史館，不赴。元兵渡江，似道仍改合入官，差主管官誥院，不拜。江州降，枋得與呂師夔有舊，乃上封事，大略謂：「文煥守襄六年，古無有也，勢窮援絶，遂失臣節，議者遽加以叛逆之名。今沿江諸郡有能守六日者乎？設遇文煥，以前語責之，不知其何辭以對。師夔非有異志，似道以爲刑部尚書，參贊軍事，欲召赴軍前殺之，不得已爲偷生保家計爾。師夔心欲歸朝不能，而以告之謝章，章不敢言而以告臣，臣請下詔赦師夔之罪，分沿邊諸路之屯，命之爲鎮撫使，而遣使赴北通和，庶可紓難乎？」曰者劾其狂妄，罷其官。未幾，除江東提刑，捍禦饒、信，即安仁縣置司，招集潰軍張忠孝隸麾下。俄兼江西招諭使。是年冬十二月也，師夔檄信州取衣糧，枋得榜云：「信州米留供太皇太后、皇帝御膳，信州絹留供太皇太后、皇帝御衣，平生朋友，遂爾睽離，一旦相逢，惟有廝殺。」師夔怒。明年，兩浙下，枋得寓弋陽，北使王世英、蕭郁誘降，信州知州鄭嶹降，遣人爲枋得索提刑司印，枋得避于信之雲磜嶺。景炎帝立，以枋得爲江東制置使，即弋陽起義兵。七月二十二日，攻鉛山縣，破其隘，俄而前軍潰，枋得以兵付江東招諭使傅卓，隱于江、閩之境。王世英、蕭郁以枋得不降，遣兵襲之，執其妻李氏、子熙之、定之，二弟三姪及一女二婢。枋得竄入閩，隱建陽，自以國亡痛苦，麻衣草履終身。弟械至州，二使庭辱之，不屈，詰兄所在，不答，唯請死。殺之。囚其妻、子至建康，係宣慰司獄。李氏丰姿冲麗，以善詞翰聞，宣慰使廉下默實海雅欲昏之，李氏佯許諾，始緩其獄。將昏之前夕，獄吏不戒，李氏同女洎婢俱縊。主者懼，上其二子于行省，猶文以不降，將盡殺之。適左丞崔某自北還，獄具，崔見二子皆荷校，曰：「若非謝提刑子耶？」命賦詩，立就。崔曰：「其父以忠遯，孺子何罪？」釋之，授省都鎮撫陳某，陳命諸子從熙之學凡六年，資其歸，遂偕弟往閩省父，枋得命熙之歸養祖母，定之留侍，日以賣屨爲生。久之，碩人訃至，夜間道歸治喪。葬畢，復隱閩。丙子歲，行臺侍御史程文海薦江南賢才三十二人，喻言爲：以枋得爲首，特旨喚至誠無爲，以公滅私，明達治體，可勝大任謝枋得。故相留夢炎爲吏部尚書，貽書促行。枋得復書云：「吾母年九十五，死殯淺土，妻女爨婢以僕連累，死囹圄者四人，弟姪死國者五人，遊魂難招，往痛莫贖。伏太母在此上仙久矣，惟北嚮長號，不能寄一帛書如任元受故事，或不能匍匐一灑麥飯，孤臣何面目應聘耶？且亡國之大夫不可以圖存，忠臣不事二君，烈女不更二夫，南八男兒死即死爾，不可爲不義屈，豈敢曰將以有爲也。」辭嚴氣直，累千百言，夢炎讀之汗下。復以書，辭程曰：「大元制世，民物一新，宋室孤臣，止欠一死。先妣以今年二月考終，自今無意人間事矣。三十而入仕，五十而休官，平生實歷不滿八月，俸禄無一毫歸家養親，已不可言孝，惟黽勉送死，或可以贖過。執事將隆旨以禮聘召，孰不興起。稽古之禮，子有父母之喪，君命三年不至其門，所以教天下之孝也，未有昌喪匿服而可以應聘召者。」遂不赴。明年，近臣同法師林樵谷奉旨江淮搜賢，仍以枋得稱首，枋得抗顔謝之。又明年，行省丞忙古臺奉旨驛召，親臨訪問，執手相勉。枋得曰：「上有堯、舜，下有巢、由；上有成湯，下有隨、光；上有周武，下有夷、齊。今存一謝枋得，聽其食西

山之薇，又何損于國家？枋得母喪未葬，姓名不祥，不敢赴召。」丞相義之。未幾，江西省管左丞奉旨宣召，復謝之，迺深隱于建陽之后山堂。至元二十五年九月，福建省參政魏天祐齋特旨，宣唤不覷面皮止當底人謝枋得，就交魏天祐上大都，來的時分就省裏索氣力，一同將帶來者。行省委官洎建寧路官、建陽縣官至馬鋪，遣縣尉張某馳至后山堂物色枋得，告以故。復以母喪，辭弗獲。翌日，强登舟，至路遇崇真道院，賦詩別友云：「雪中松柏愈青青，扶植綱常在此行。天下久無龔勝潔，人間豈獨伯夷清。義高便覺生堪舍，禮重方知死甚輕。南八男兒終不屈，皇天上帝眼分明。」遂却粒不食七日，館伴者强進膳。九月二十日，又不食而神氣清爽，時絶粒九日矣。十一月十二日，賦詩云：「西漢有臣龔勝卒，閉口不食十四日。我今半月忍饑渴，求死不死更無術。精神時與天往來，不知飲食爲何物。若非功行積未成，便是業債償未畢。太清羣仙宴會多，鳳簫龍笛鳴瑶瑟。安得神靈羽翼生，騎雲直上寥天一。」長子熙之自信來省，枋得曰：「大丈夫無兒女情。」拒弗見。門人忠寒衣，弗受。十八日啓行，十二月十日抵龍興，左丞吕師夔夙相厚，遺寒衣一襲，力却之，有「身不絲綿二十年，后山凍殺分宜然」之句。二月十四日至采石，賦詩絶粒，日啖五棗。至元二十六年己丑四月五日至京，問太后殯所洎德祐主所在，各嚮其方慟哭再拜，館伴者曰：「此是文丞相斫頭處。」以脇之。枋得曰：「當年集英殿下賜進士第，幸同榜，今復得從吾同年遊地下，豈非幸耶？」越四日，遷憫忠寺，壁間見《曹娥碑》，灑淚讀之曰：「汝小女子且能死，吾豈不汝若哉！」是夕卒。吕師夔適在京，爲具衣衾棺槨殯之文明門外。九月，門人李思衍使交趾回，與尚書謝昌元捐助，俾定之負其骨歸葬。

備論

《宋史》卷四二五《謝枋得傳》 論曰：劉應龍不附賈似道，馮去非不附丁大全，潘枋論皇子竑事，坎壈以終。洪芹訟吴潛，偉哉。趙景緯，醇儒也，而無躁競之心。徐霖進則直言于朝，退則講道于里。徐宗仁國亡與亡，異乎懷二心以事其君者也。危昭德經筵進對之言，悉載諸故史。陳塏能以意氣感人，楊文仲當搶攘之時，猶能薦士，謝枋得嶔崎以全臣節，皆宋末之卓然者也。

藝文

謝枋得《疊山集》卷五洪光基《挽疊山先生》 千古精忠日月光，恨無麟筆寫堂堂。還家恥作梁江總，辟穀誰如韓子房。後死十年應有待，輕生萬里故非狂。有兒可拾江邊骨，須信人亡道不亡。

謝枋得《疊山集》卷五趙簡邊《挽疊山先生》 西山東海莫容身，芒履蕭蕭萬里塵。去往更無寬歲月，死生惟有一君親。丹心故國江雲冷，白骨他鄉塞草清。不是回頭春已暮，至今猶説似痴人。

謝枋得《疊山集》卷五李養吾《讀疊山北行詩跋》 此詩與《西山》、《易水》之歌當並行，予無暇詳焉爾矣。顧公闔門死節，皆甚偉，公絶口不一言。予不表而出之，何以示天下與後世。

公季弟君澤，游太學，早有聲詩文，推本邑彗星應詔書尤絶出。九江潰後，惠予書曰：「署爲立禮生宋仁。」悲哉！其爲志也。公内儒家女，諸父嘗科甲登朝，若夫慷慨就義，則甲科視之劣矣。澤因伯氏過康廬，與謝章謀和議，落入疑忌中，械繫良久。明朝事將決，一旦暴卒。二子從母遊金陵，聞洶洶有異，殷勤撫二子不忍釋。子既熟寐，解衣帶自經。其長弟君烈，伯侄同禍彌慘。烈婦及子婦懼傷太夫人心，不敢以凶服見。太夫人見二婦不膏沐，不言不笑，曰：「將無大故乎？」又曰：「名義至此，將何逃？」

信興羅織之獄，所親如薛如詹，捐重貲得無恙。閩人居亭曰虞氏，爲信所蹤，竟殞深囹，虞嘗注易，没齒無怨言，獨行傳中人也。凡稱公能死者，非知公，公不捐一死，豈惟無以謝軍興將卒，九原見家人復何顔。獨怪江左多將相，富連郡國，澤及嬰孺，雖肝腦塗地，亦不足報所天。居無何，觀光上國，虞人繼粟，大官扛酒，飲食醉飽如平時，公何闔門自苦若此。公二子亂離間力學自立，能詞章。仲既裹父骨以歸，藁葬昇東濠，徒跣奉迎，俾復其土，皆人所難者。因憶太史公素疎宕，至所謂得其當而報漢，談何易哉！公不免輕以三百口許人，國危如綴旒，命討俱盡，誰得執司馬法而罪之！或謂真宰者，責公言之不酬，而酬之以其言，是則猶未易解者。予不敢没其實，併附見，以俟知者評焉。

謝枋得《疊山集》卷五周岳《祭疊山先生》 自商夷齊，漢龔勝，至先生不食

異姓之粟而死者，僅四人。夫有宇宙以來，君臣大義，亘萬古而常存。然畏死而貪禄者，遷就附會，自謂枉道而信身。豈知死重於生，禮重於食，出於人心羞惡之真。況不義之富貴，特太虚之浮雲。惟忠臣義士一點烈烈之氣，與日月而常新。人但知先生之文章渾浩，學問之深醇。嗟呼！楊雄非無學問，班蔡非無文章，既大節之一失，又何他美之足云。當天地大變之始，法已斁而綱淪。先生奮不顧身，欲扶人道之倫。力雖不能救世，而心則常在乎君親。以孔明、子房自期兮，奈時無可托者，以遂志之伸。尋深山以隱兮，方嘯詠乎落花啼鳥之春。彼何爲者？謂麒麟之可羈，使同犬羊之馴。駕赤虬以北征兮，渺六合於一塵。厭下土之腥兮，呼吸月露以盪胸中之輪囷。絶粒不食兮，寧舍生以成仁。一死得其所兮，將以愧天下後世二心之臣。夷齊龔勝不得專美於前兮，藹百世之遺芬。函骨歸自燕臺兮，旅寓吴溪之濱。凛然如生兮，其在天之神。識與不識，皆爲流涕，而況某受罔極之恩，第質弱才薄，安知如房、杜、王、魏輩，異時無負於河汾之門。隻雞斗酒致奠兮，一以哭宗社，一以哭斯文。尚饗！

謝枋得《疊山集》卷五李仲栗《祭疊山先生文》 嗚呼疊山！峭崒巑岏，直不可撓，邪不可干。洋洋晁董，文亞孟韓。發策危切，指斥權奸。運去物改，忠憤裂肝。十年逋播，閩嶠閒關。瀹瀹訿訿，疾我謂頑。執拘北往，挫辱萬端。絶粒自殞，愧夫厚顔。黄河爲之嗚咽，泰山爲之悲酸。魂黯黯兮莫返，旐翩翩兮來還。嗚呼哀哉！文山之没也，千載心爲之斂屍而撫棺。疊山予莫逆也，予莫能行千載心之所難。相去遼隔，惟呼寃而永嘆。予將北遊，誓當收兄骨於烟雲之間。歸葬首陽，狀公之行，乞銘於當世大手筆，俾得與夷齊同傳。庶千載之下，可考者班班。兹遺兒稚，一觴代奠，西風老淚，若不堪潸。嗚呼哀哉，尚享！

謝翱《晞髮集》卷七《哭廣信謝公》 自爾逃名姓，終喪哭水濱。海僧疑見貌，山鬼舊爲鄰。客死留衣物，囊空出告身。他年越鄉值，賣卜有斯人。

陳普《石堂先生遺集》卷一三《謝疊山文集序》 天地間正氣，千古萬古不滅，而間以英氣發之。治世三綱正，九疇敍，民生於禮義，如魚在水，草木在雨露中。及其衰下，則理爲欲充，義爲利塞，五教四維散亡蕪滅莫知其鄉，使有耳目者無所加，有手足者無所指。當是時，乾父坤母惻然於斯類之將盡也，則以英氣發之，其大勢之趨有不可抹，而其固執死守之節，挺然於狂瀾烈焰之中，足以繩既往而開方來，若三仁之於殷，萇弘之於周，朱雲、劉輔、李膺、范滂、孔融輩之於漢，二顔、張許之於唐，是謂天地生生不息之易與治世爲日用而利澤周四海者，其功未始不同也，不然，亦無以至今矣。百年來，南俗大壞於時文之纖鄙，紀綱框紐之地以嬰孩居之，其於立人立國之當然無或以爲念者。亦有一二醉夢稍醒，知有是非而薄以爲言，亦不能充而盡之。疊山謝公幼少有天下慮，入仕途不爲富貴謀，動與有位者忤，雖困之下僚，加之非罪，放逐播遷終不悔。平居暇日，深思遠慮，撫江河，入風雲，隨飛翼而形之紙筆者，槩其憂人憂國之心。詞場大筆，傷時抵諱，同列掩耳而獨以身任之。其他一句一章，一詠一揮，大率在此。三十年一剛，不撓一日，繼之以死，以誠之實之，是固其良心至性獨無蔽奪，亦天地實使之立於中流，以不隊萬古之天，常使有耳目手足者終有所加所措也。斯人賴之，乾父坤母亦得以慰安焉。掊集刊行，豈惟嗣子定之、門生劉棠之當然哉。其有裨於世教不小矣，民之興起在心而先得之耳目。是集也，《易》之山下有風之卦所謂振民者也。

遼太祖部

綜述

《遼史》卷一《太祖紀上》 太祖大聖大明神烈天皇帝，姓耶律氏，諱億，字阿保機，小字啜里只，契丹迭剌部霞瀨益石烈鄉耶律彌里人。德祖皇帝長子，母曰宣簡皇后蕭氏。唐咸通十三年生。初，母夢日墮懷中，有娠。及生，室有神光異香，體如三歲兒，即能匍匐。祖母簡獻皇后異之，鞠爲己子。常匿於別幕，塗其面，不令他人見。三月能行；晬而能言，知未然事。自謂左右若有神人翼衛。雖齠齔，言必及世務。時伯父當國，疑輒咨焉。既長，身長九尺，豐上鋭下，目光射人，關弓三百斤。爲撻馬狘沙里。時小黄室韋不附，太祖以計降之。伐越兀及烏古、六奚、比沙狘諸部，克之。國人號阿主沙里。

唐天復元年，歲辛酉，痕德菫可汗立，以太祖爲本部夷離菫，專征討，連破室韋、于厥及奚帥轄剌哥，俘獲甚衆。冬十月，授大迭烈府夷離菫。

明年秋七月，以兵四十萬伐河東代北，攻下九郡，獲生口九萬五千，駝、馬、牛、羊不可勝紀。九月，城龍化州于潢河之南，始建開教寺。

明年春，伐女直，下之，獲其户三百。九月，復攻下河東懷遠等軍。冬十月，引軍略至薊北，俘獲以還。先是德祖俘奚七千户，徙饒樂之清河，至是創爲奚迭剌部，分十三縣。遂拜太祖于越、總知軍國事。

明年歲甲子，三月，廣龍化州之東城。九月，討黑車子室韋，唐盧龍軍節度使劉仁恭發兵數萬，遣養子趙霸來拒。霸至武州，太祖諜知之，伏勁兵桃山下。遣室韋人牟里詐稱其酋長所遣，約霸兵會平原。既至，四面伏發，擒霸，殲其衆，乘勝大破室韋。

明年七月，復討黑車子室韋。唐河東節度使李克用遣通事康令德乞盟。冬十月，太祖以騎兵七萬會克用于雲州，宴酣，克用借兵以報劉仁恭木瓜澗之役，太祖許之。易袍馬，約爲兄弟。及進兵擊仁恭，拔數州，盡徙其民以歸。

明年二月，復擊劉仁恭。還，襲山北奚，破之。汴州朱全忠遣人浮海奉書幣、衣帶、珍玩來聘。十一月，遣偏師討奚、霫諸部及東北女直之未附者，悉破降之。十二月，痕德菫可汗殂，羣臣奉遺命請立太祖。曷魯等勸進。太祖三讓，從之。

元年春正月庚寅，命有司設壇于如迂王集會堝，燔柴告天，即皇帝位。尊母蕭氏爲皇太后，立皇后蕭氏。北宰相蕭轄剌、南宰相耶律歐里思率羣臣上尊號曰天皇帝，后曰地皇后。庚子，詔皇族承遥輦氏九帳爲第十帳。

二月戊午，以從弟迭栗底爲迭烈府夷離菫。是月，征黑車子室韋，降其八部。

夏四月丁未朔，唐梁王朱全忠廢其主，尋弑之，自立爲帝，國號梁，遣使來告。劉仁恭子守光囚其父，自稱幽州盧龍軍節度使。

秋七月乙酉，其兄平州刺史守奇率其衆數千人來降，命置之平盧城。

冬十月乙巳，討黑車子室韋，破之。

二年春正月癸酉朔，御正殿受百官及諸國使朝。辛巳，始置惕隱，典族屬，以皇弟撒剌爲之。河東李克用卒，子存勗襲，遣使弔慰。

夏五月癸酉，詔撒剌討烏丸、黑車子室韋。

秋八月壬子，幽州進合歡瓜。

冬十月己亥朔，建明王樓。築長城於鎮東海口。遣輕兵取吐渾叛入室韋者。

三年春正月，幸遼東。

二月丁酉朔，梁遣郎公遠來聘。

三月，滄州節度使劉守文爲弟守光所攻，遣人來乞兵討之。命皇弟舍利素、夷離菫蕭敵魯以兵會守文於北淖口。進至横海軍近淀，一鼓破之，守光潰去。因名北淖口爲會盟口。

夏四月乙卯，詔左僕射韓知古建碑龍化州大廣寺以紀功德。

五月甲申，置羊城于炭山之北以通市易。

冬十月己巳，遣鷹軍討黑車子室韋，破之。西北嗢娘改部族進輓車人。

四年秋七月戊子朔，以后兄蕭敵魯爲北府宰相。后族爲相自此始。

冬十月，烏馬山奚庫支及查剌底、鋤勃德等叛，討平之。

五年春正月丙戌朔，日有食之。丙申，上親征西部奚。奚阻險，叛服不常，數招諭弗聽。是役所向輒下，遂分兵討東部奚，亦平之。於是盡有奚、霫之地。

東際海，南暨白檀，西踰松漠，北抵潢水，凡五部，咸入版籍。

三月，次灤河，刻石紀功。復略地薊州。

夏四月壬申，遣人使梁。

五月，皇弟剌葛、迭剌、寅底石、安端謀反。安端妻粘睦姑知之，以告，得實。上不忍加誅，乃與諸弟登山刑牲，告天地爲誓而赦其罪。出剌葛爲迭剌部夷離堇，封粘睦姑爲晉國夫人。

秋七月壬午朔，斜離底及諸蕃使來貢。

八月甲子，劉守光僭號幽州，稱燕。

冬十月戊午，置鐵冶。

十一月壬午，遣人使梁。

六年春正月，以化葛爲惕隱。

二月戊午，親征劉守光。

三月，至自幽州。

夏四月，梁郢王友珪弒父自立。

秋七月丙午，親征朮不姑，降之，俘獲以數萬計。命弟剌葛分兵攻平州。

八月壬辰，上次恩德山。皇子李胡生。

冬十月戊寅，剌葛破平州，還，復與迭剌、寅底石、安端等反。甲申，遣人使梁致祭。壬辰，還次北阿魯山，聞諸弟以兵阻道，引軍南趨十七濼。是日燔柴。翼日，次七渡河，諸弟各遣人謝罪。上猶矜憐，許以自新。

是歲，以兵討兩冶，以所獲僧崇文等五十人歸西樓，建天雄寺以居之，以示天助雄武。

七年春正月甲辰朔，以用兵免朝。晉王李存勗拔幽州，擒劉守光。甲寅，王師次赤水城，弟剌葛等乞降。上素服，乘赭白馬，以將軍耶律樂姑、轄剌僅阿鉢爲御，解兵器，肅侍衛以受之，因加慰諭。剌葛等引退，上復數遣使撫慰。

二月甲戌朔，梁均王友貞討殺其兄友珪，嗣立。

三月癸丑，次蘆水，弟迭剌哥圖爲奚王，與安端擁千餘騎而至，紿稱入覲。上怒曰：「爾曹始謀逆亂，朕特恕之，使改過自新，尚爾反覆，將不利於朕！」遂拘之。以所部分隸諸軍。而剌葛引其衆至乙室堇淀，具天子旗鼓，將自立，皇太后陰遣人諭令避去。會弭姑乃、懷里陽言車駕且至，其衆驚潰，掠居民北走，上以兵追之。剌葛遣其黨寅底石引兵徑趨行宮，焚其輜重、廬帳，縱兵大殺。皇后急遣蜀古魯救之，僅得天子旗鼓而已。其黨神速姑復劫西樓，焚明王樓。上至土河，秣馬休兵，若不爲意。諸將請急追之，上曰：「俟其遠遁，人各懷土。懷土既切，其心必離，我軍乘之，破之必矣！」盡以先所獲資畜分賜將士，留夷離畢直里姑總政務。

夏四月戊寅，北追剌葛。己卯，次彌里，問諸弟面木葉山射鬼箭厭禳，乃執叛人解里向彼，亦以其法厭之。至達里淀，選輕騎追及培只河，盡獲其黨輜重、生口。先遣室韋及吐渾酋長拔剌、迪里姑等五人分兵伏其前路，命北宰相迪里古爲先鋒進擊之。剌葛率兵逆戰，迪里古以輕兵薄之。其弟遏古只臨陣，射數十人斃，衆莫敢前。相拒至晡，衆乃潰。追至柴河，遂自焚其車乘廬帳而去。前遇拔剌、迪里姑等伏發，合擊，遂大敗之。剌葛奔潰，遺其所奪神帳於路，上見而拜奠之。所獲生口盡縱歸本土。其黨庫古只、磨朵皆面縛請罪。師次札堵河，大雨暴漲。

五月癸丑，遣北宰相迪輦率驍騎先渡。甲寅，奏擒剌葛、涅里衮阿鉢於榆河，前北宰相蕭實魯、寅底石自剄不殊。遂以黑白羊祭天地。壬戌，剌葛、涅里衮阿鉢詣行在，以稾索自縛，牽羊望拜。上還至大嶺。時大軍久出，輜重不相屬，士卒煮馬駒、採野菜以爲食，孳畜道斃者十七八，物價十倍，器服資貨委棄於楚里河，狼藉數百里，因更剌葛名暴里。丙寅，至庫里，以青牛白馬祭天地。以生口六百、馬二千三百分賜大、小鶻軍。

六月辛巳，至榆嶺，以轄賴縣人掃古非法殘民，磔之。甲申，上登都庵山，撫其先奇首可汗遺跡，徘徊顧瞻而興歎焉。聞獄官涅離擅造大校，人不堪其苦，有至死者，命誅之。壬辰，次狼河，獲逆黨雅里、彌里，生埋之銅河南軌下。放所俘還，多爲于骨里所掠。上怒，引輕騎馳擊。復遣驍將分道追襲，盡獲其衆并掠者。庚子，次阿敦濼，以養子涅里思附諸弟叛，以鬼箭射殺之。其餘黨六千，各以輕重論刑。于厥掠生口者三十餘人，亦俾贖其罪，放歸本部。至石嶺西，詔收回軍乏食所棄兵仗，召北府兵驗而還之。以夷離堇涅里衮附諸弟爲叛，不忍顯戮，命自投崖而死。

秋八月己卯，幸龍眉宮，轘逆黨二十九人，以其妻女賜有功將校，所掠珍寶、孳畜還主；亡其本物者，命責償其家；不能償者，賜以其部曲。

九月壬戌，上發自西樓。

冬十月庚午，駐赤崖。戊寅，和州回鶻來貢。癸未，乙室府人迪里古、迷骨

離部人特里以從逆誅。詔羣臣分決滯訟，以韓知古録其事，只里姑掌捕亡。

十一月，祠木葉山。還次昭烏山，省風俗，見高年，議朝政，定吉凶儀。

十二月戊子，燔柴于蓮花濼。

八年春正月甲辰，以曷魯爲迭剌部夷離堇，忽烈爲惕隱。于骨里部人特離敏執逆黨怖胡、亞里只等十七人來獻，上親鞫之。辭多連宗室及有脅從者，乃杖殺首惡怖胡，餘並原釋。于越率懶之子化哥屢蓄姦謀，上每優容之，而反覆不悛，召父老羣臣正其罪，并其子戮之，分其財以給衛士。有司所鞫逆黨三百餘人，獄既具，上以人命至重，死不復生，賜宴一日，隨其平生之好，使爲之。酒酣，或歌、或舞、或戲射、角觝，各極其意。明日，乃以輕重論刑。首惡剌葛，其次迭剌哥，上猶弟之，不忍置法，杖而釋之。以寅底石、安端性本庸弱，爲剌葛所使，皆釋其罪。前于越赫底里子解里、剌葛妻轄剌已實預逆謀，命皆絞殺之。寅底石妻涅離脅從，安端妻粘睦姑嘗有忠告，並免。因謂左右曰：「諸弟性雖敏黠，而蓄姦稔惡。嘗自矜有出人之智，安忍兇狠，谿壑可塞而貪黷無厭。求人之失，雖小而可恕，謂重如泰山；身行不義，雖入大惡，謂輕於鴻毛。昵比羣小，謀及婦人，同惡相濟，以危國祚。雖欲不敗，其可得乎？北宰相實魯妻餘盧覩姑於國至親，一旦負朕，從于叛逆，未置之法而病死，此天誅也。解里自幼與朕常同寢食，眷遇之厚，冠於宗屬，亦與其父背大恩而從不軌，兹可恕乎！」

秋七月丙申朔，有司上諸帳族與謀逆者三百餘人罪狀，皆棄市。上嘆曰：「致人于死，豈朕所欲。若止負朕躬，尚可容貸。此曹恣行不道，殘害忠良，塗炭生民，剽掠財產。民間昔有萬馬，今皆徒步，有國以來所未嘗有。實不得已而誅之。」

冬十月甲子朔，建開皇殿於明王樓基。

九年春正月，烏古部叛，討平之。

夏六月，幽州軍校齊行本舉其族及其部曲男女三千人請降，詔授檢校尚書、左僕射，賜名兀欲，給其廩食。數日亡去，幽帥周德威納之。及詔索之，德威語不遜，乃議南征。

冬十月戊申，鈎魚于鴨渌江。新羅遣使貢方物，高麗遣使進寶劍，吴越王錢鏐遣滕彦休來貢。

是歲，君基太一神數見，詔圖其像。

神册元年春二月丙戌朔，上在龍化州，迭烈部夷離堇耶律曷魯等率百僚請上尊號，三表乃允。丙申，羣臣及諸屬國築壇州東，上尊號曰大聖大明天皇帝，后曰應天大明地皇后。大赦，建元神册。初，闕地爲壇，得金鈴，因名其地曰金鈴岡。壇側滿林曰册聖林。

三月丙辰，以迭烈部夷離堇曷魯爲阿廬朵里于越，百僚進秩、頒賚有差，賜酺三日。立子倍爲皇太子。

夏四月乙酉朔，晋幽州節度使盧國用來降，以爲幽州兵馬留後。甲辰，梁遣郎公遠來賀。

六月庚寅，吴越王遣滕彦休來貢。

秋七月壬申，親征突厥、吐渾、党項、小蕃、沙陀諸部，皆平之。俘其酋長及其户萬五千六百，鎧甲、兵仗、器服九十餘萬，寶貨、駝馬、牛羊不可勝算。

八月，拔朔州，擒節度使李嗣本。勒石紀功於青塚南。

冬十月癸未朔，乘勝而東。

十一月，攻蔚、新、武、嬀、儒五州，斬首萬四千七百餘級。自代北至河曲踰陰山，盡有其地。遂改武州爲歸化州，嬀州爲可汗州，置西南面招討司，選有功者領之。其圍蔚州，敵樓無故自壞，衆軍大譟乘之，不踰時而破。時梁及吴越二使皆在焉，詔引環城觀之，因賜滕彦休名曰述吕。

十二月，收山北八軍。

二年春二月，晋新州裨將盧文進殺節度使李存矩來降。進攻其城，刺史安金全遁，以文進部將劉殷爲刺史。

三月辛亥，攻幽州，節度使周德威以幽、并、鎮、定、魏五州之兵拒于居庸關之西，合戰於新州東，大破之，斬首三萬餘級，殺李嗣恩之子武八。以后弟阿骨只爲統軍，實魯爲先鋒，東出關略燕、趙，不遇敵而還。己未，于骨里叛，命室魯以兵討之。

夏四月壬午，圍幽州，不克。

六月乙巳，望城中有氣如煙火狀，上曰：「未可攻也。」以大暑霖潦，班師。留曷魯、盧國用守之。剌葛與其子賽保里叛入幽州。

秋八月，李存勗遣李嗣源等救幽州，曷魯等以兵少而還。

三年春正月丙申，以皇弟安端爲大内惕隱，命攻雲州及西南諸部。

二月，達旦國來聘。癸亥，城皇都，以禮部尚書康默記充版築使。梁遣使來聘。

晋、吴越、渤海、高麗、回鶻、阻卜、党項及幽、鎮、定、魏、潞等州各遣使來貢。

夏四月乙巳，皇弟迭烈哥謀叛，事覺，知有罪當誅，預爲營壙，而諸戚請免。上素惡其弟寅底石妻涅里衮，乃曰：「涅里衮能代其死，則從。」涅里衮自縊壙中，并以奴女古、叛人曷魯只生瘞其中。遂赦迭烈哥。

五月乙亥，詔建孔子廟、佛寺、道觀。

秋七月乙酉，于越曷魯薨，上震悼久之，輟朝三日，贈賻有加。

冬十二月庚子朔，幸遼陽故城。辛丑，北府宰相蕭敵魯薨。戊午，以于越曷魯弟汙里軫爲迭烈部夷離堇，蕭阿古只爲北府宰相。甲子，皇孫隈欲生。

《遼史》卷二《太祖紀下》 四年春正月丙申，射虎東山。

二月丙寅，修遼陽故城，以漢民、渤海户實之，改爲東平郡，置防禦使。

夏五月庚辰，至自東平郡。

秋八月丁酉，謁孔子廟，命皇后、皇太子分謁寺觀。

九月，征烏古部，道聞皇太后不豫，一日馳六百里還，侍太后，病間，復還軍中。

冬十月丙午，次烏古部，天大風雪，兵不能進，上禱于天，俄頃而霽。命皇太子將先鋒軍進擊，破之，俘獲生口萬四千二百，牛馬、車乘、廬帳、器物二十餘萬。自是舉部來附。

五年春正月乙丑，始製契丹大字。

夏五月丙寅，吴越王復遣滕彦休貢犀角、珊瑚，授官以遣。庚辰，有龍見于拽剌山陽水上，上射獲之，藏其骨内府。

閏六月丁卯，以皇弟蘇爲惕隱，康默記爲夷離畢。

秋八月己未朔，党項諸部叛。辛未，上親征。

九月己丑朔，梁遣郎公遠來聘。壬寅，大字成，詔頒行之。皇太子率迭刺部夷離堇汙里軫等略地雲内、天德。

冬十月辛未，攻天德。癸酉，節度使宋瑶降，賜弓矢、鞍馬、旗鼓，更其軍曰應天。甲戌，班師。宋瑶復叛。丙子，拔其城，擒宋瑶，俘其家屬，徙其民於陰山南。

十二月己未，師還。

六年春正月丙午，以皇弟蘇爲南府宰相，迭里爲惕隱。南府宰相，自諸弟搆亂，府之名族多罹其禍，故其位久虚，以鋤得部轄得里、只里古攝之。府中數請擇任宗室，上以舊制不可輒變，；請不已，乃告于宗廟而後授之。宗室爲南府宰相自此始。

夏五月丙戌朔，詔定法律，正班爵。丙申，詔畫前代直臣像爲《招諫圖》，及詔長吏四孟月詢民利病。

冬十月癸丑朔，晉新州防禦使王郁以所部山北兵馬内附。丙子，上率大軍入居庸關。

十一月癸卯，下古北口。丁未，分兵略檀、順、安遠、三河、良鄉、望都、潞、滿城、遂城等十餘城，俘其民徙内地。

十二月癸丑，王郁率其衆來朝，上呼郁爲子，賞賚甚厚，而徙其衆于潢水之南。庚申，皇太子率王郁略地定州，康默記攻長蘆。唐義武軍節度使王處直養子都囚其父，自稱留後。癸亥，圍涿州，有白兔緣壘而上，是日破其郛。癸酉，刺史李嗣弼以城降。乙亥，存勗至定州，王都迎謁馬前。存勗引兵趨望都，遇我軍秃餒五千騎，圍之，存勗力戰數四，不解。李嗣昭領三百騎來救，我軍少却，存勗乃得出，大戰，我軍不利，引歸。存勗至幽州，遣二百騎躡我軍後，我軍反擊，悉擒之。己卯，還次檀州，幽入來襲，擊走之，擒其裨將。詔徙檀、順民于東平、瀋州。

天贊元年春二月庚申，復徇幽、薊地。癸酉，詔改元，赦軍前殊死以下。

夏四月甲寅，攻薊州。戊午，拔之，擒刺史胡瓊，以盧國用、涅魯古典軍民事。壬戌，大饗軍士。癸亥，李存勗圍鎮州，張文禮求援，命郎君迭烈、將軍康末怛往擊，敗之，殺其將李嗣昭。辛未，攻石城縣，拔之。

五月丁未，張文禮卒，其子處瑾遣人奉表來謝。

六月，遣鷹軍擊西南諸部，以所獲賜貧民。

冬十月甲子，以蕭霞的爲北府宰相。分迭剌部爲二院：斜涅赤爲北院夷離堇，綰思爲南院夷離堇。詔分北大濃兀爲二部，立兩節度使以統之。

十一月壬寅，命皇子堯骨爲天下兵馬大元帥，略地薊北。

二年春正月丙申，大元帥堯骨克平州，獲刺史趙思温、裨將張崇。

二月，如平州。甲子，以平州爲盧龍軍，置節度使。

三月戊寅，軍于箭笴山，討叛奚胡損，獲之，射以鬼箭。誅其黨三百人，沉之狗河。置奚墮瑰部，以勃魯恩權總其事。

夏四月己酉，梁遣使來聘，吴越王遣使來貢。癸丑，命堯骨攻幽州，迭剌部夷離堇覿烈徇山西地。庚申，堯骨軍幽州東，節度使符存審遣人出戰，敗之，擒

其將裴信父子。

閏月庚辰，堯骨抵鎮州。壬午，拔曲陽。丙戌，下北平。是月，晉王李存勗即皇帝位，國號唐。

五月戊午，堯骨師還。癸亥，大饗軍士，賞賚有差。

六月辛丑，波斯國來貢。

秋七月，前北府宰相蕭阿古只及王郁略地燕、趙。

己卯，唐兵滅梁。

三年春正月，遣兵略地燕南。

夏五月丙午，以惕隱迭里爲南院夷離堇。是月，徙薊州民實遼州地。渤海殺其刺史張秀實而掠其民。

六月乙酉，召皇后、皇太子、大元帥及二宰相、諸部頭等詔曰：「上天降監，惠及烝民。聖主明王，萬載一遇。朕既上承天命，下統羣生，每有征行，皆奉天意。是以機謀在己，取舍如神，國令既行，人情大附。舛訛歸正，遐邇無愆。可謂大含溟海，安納泰山矣！自我國之經營，爲羣方之父母。憲章斯在，胤嗣何憂？升降有期，去來在我。良籌聖會，自有契於天人；衆國羣王，豈可化其凡骨？三年之後，歲在丙戌，時值初秋，必有歸處。然未終兩事，豈負親誠？日月非遥，戒嚴是速。」聞詔者皆驚懼，莫識其意。是日，大舉征吐渾、党項、阻卜等部。詔皇太子監國，大元帥堯骨從行。

秋七月辛亥，曷剌等擊素昆那山東部族，破之。

八月乙酉，至烏孤山，以鵝祭天。甲午，次古單于國，登阿里典壓得斯山，以麃鹿祭。

九月丙申朔，次古回鶻城，勒石紀功。庚子，拜日于蹛林。丙午，遣騎攻阻卜。南府宰相蘇、南院夷離堇迭里略地西南。乙卯，蘇等獻俘。丁巳，鑿金河水，取烏山石，輦致潢河、木葉山，以示山川朝海宗嶽之意。癸亥，大食國來貢。甲子，詔礱闢遏可汗故碑，以契丹、突厥、漢字紀其功。是月，破胡母思山諸蕃部，次業得思山，以赤牛青馬祭天地。回鶻霸里遣使來貢。

冬十月丙寅朔，獵寓樂山，獲野獸數千，以充軍食。丁卯，軍于霸離思山。遣兵踰流沙，拔浮圖城，盡取西鄙諸部。

十一月乙未朔，獲甘州回鶻都督畢離遏，因遣使諭其主烏母主可汗。射虎于烏剌邪里山，抵霸室山。六百餘里且行且獵，日有鮮食，軍士皆給。

四年春正月壬寅，以捷報皇后、皇太子。

二月丙寅，大元帥堯骨略党項。丁卯，皇后遣康末怛問起居，進御服、酒膳。乙亥，蕭阿古只略燕、趙還，進牙旗兵仗。辛卯，堯骨獻党項俘。

三月丙申，饗軍于水精山。

夏四月甲子，南攻小蕃，下之。皇后、皇太子迎謁於札里河。癸酉，回鶻烏母主可汗遣使貢謝。

五月甲寅，清暑室韋北陘。

秋九月癸巳，至自西征。

冬十月丁卯，唐以滅梁來告，即遣使報聘。庚辰，日本國來貢。辛巳，高麗國來貢。

十一月丁酉，幸安國寺，飯僧，赦京師囚，縱五坊鷹鶻。己酉，新羅國來貢。

十二月乙亥，詔曰：「所謂兩事，一事已畢，惟渤海世讎未雪，豈宜安駐！」乃舉兵親征渤海大諲譔。皇后、皇太子、大元帥堯骨皆從。

閏月壬辰，祠木葉山。壬寅，以青牛白馬祭天地于烏山。己酉，次撒葛山，射鬼箭。丁巳，次商嶺，夜圍扶餘府。

天顯元年春正月己未，白氣貫日。庚申，拔扶餘城，誅其守將。丙寅，命惕隱安端、前北府宰相蕭阿古只等將萬騎爲先鋒，遇諲譔老相兵，破之。皇太子、大元帥堯骨、南府宰相蘇、北院夷離堇斜涅赤、南院夷離堇迭里是夜圍忽汗城。己巳，諲譔請降。庚午，駐軍于忽汗城南。辛未，諲譔素服，槀索牽羊，率僚屬三百餘人出降。上優禮而釋之。甲戌，詔諭渤海郡縣。丙子，遣近侍康末怛等十三人入城索兵器，爲邏卒所害。丁丑，諲譔復叛，攻其城，破之。駕幸城中，諲譔請罪馬前。詔以兵衛諲譔及族屬以出。祭告天地，復還軍中。

二月庚寅，安邊、鄚頡、南海、定理等府及諸道節度、刺史來朝，慰勞遣之。以所獲器幣諸物賜將士。壬辰，以青牛白馬祭天地。大赦，改元天顯。以平渤海遣使報唐。甲午，復幸忽汗城，閱府庫物，賜從臣有差。以奚部長勃魯恩、王郁自回鶻、新羅、吐蕃、党項、室韋、沙陀、烏古等從征有功，優加賞賚。丙午，改渤海國爲東丹，忽汗城爲天福。册皇太子倍爲人皇王以主之。以皇弟迭剌爲左大相，渤海老相爲右大相，渤海司徒大素賢爲左次相，耶律羽之爲右次相。赦其國内殊死以下。丁未，高麗、濊貊、鐵驪、靺鞨來貢。

三月戊午，遣夷離畢康默記、左僕射韓延徽攻長嶺府。甲子，祭天。丁卯，

幸人皇王宮。己巳，安邊、鄚頡、安理三府叛，遣安端討之。丁丑，三府平。壬午，安端獻俘，誅安邊府叛帥二人。癸未，宴東丹國僚佐，頒賜有差。甲申，幸天福城。乙酉，班師，以大諲譔舉族行。

夏四月丁亥朔，次伞子山。辛卯，人皇王率東丹國僚屬辭。是月，唐養子李嗣源反，郭存謙弑其主存勗，嗣源遂即位。

五月辛酉，南海、定理二府復叛，大元帥堯骨討之。

六月丁酉，二府平。丙午，次慎州，唐遣姚坤以國哀來告。

秋七月丙辰，鐵州刺史衛鈞反。乙丑，堯骨攻拔鐵州。庚午，東丹國左大相迭刺卒。辛未，衛送大諲譔于皇都西，築城以居之。賜諲譔名曰烏魯古，妻曰阿里只。盧龍行軍司馬張崇叛，奔唐。甲戌，次扶餘府，上不豫。辛巳平旦，子城上見黃龍繚繞，可長一里，光耀奪目，入于行宮。有紫黑氣蔽天，踰日乃散。是日，上崩，年五十五。天贊三年上所謂「丙戌秋初，必有歸處」，至是乃驗。壬午，皇后稱制，權決軍國事。

八月辛卯，康默記等攻下長嶺府。甲午，皇后奉梓宮西還。壬寅，堯骨討平諸州，奔赴行在。乙巳，人皇王倍繼至。

九月壬戌，南府宰相蘇堯。丁卯，梓宮至皇都，權殯于子城西北。己巳，上謚昇天皇帝，廟號太祖。

冬十月，盧龍軍節度使盧國用叛，奔于唐。

十一月丙寅，殺南院夷離堇耶律迭里、郎君耶律匹魯等。

二年八月丁酉，葬太祖皇帝于祖陵，置祖州天城軍節度使以奉陵寢。統和二十六年七月，進謚大聖大明天皇帝。重熙二十一年九月，加謚大聖大明神烈天皇帝。太祖所崩行宮在扶餘城西南兩河之間，後建昇天殿于此，而以扶餘爲黃龍府云。

葉隆禮《契丹國志》卷一《太祖大聖皇帝》 太祖皇帝諱億，番名阿保機，乃斡里小子也。父斡里，爲夷離巾，猶中國刺史。帝生而拓落多智，與衆不羣。及壯，雄健勇武，有膽略。好騎射，鐵厚一寸，射而洞之。所寢至夜曾有光，左右莫不驚怪。部落憚其雄勇，莫不畏而服之。

先是契丹部落分而爲八，以次相代。唐咸通末，有習爾者爲王，土宇始大。其後欽德爲王，乘中原多故，時入侵邊。及阿保機稱王，崩，謚太祖。尤雄勇，五姓奚及七姓室韋咸服屬之。太祖擊黃頭室韋還，七部刼之於境上，求如約。太祖不得已，傳旗鼓，且曰：「我爲王九年，得漢人多，請帥種落居古漢城，與漢人守之，自爲一部。」七部許之。其後，太祖擊滅七部，復併爲一。又北伐室韋、女真，西取突厥故地。擊奚，滅之，復立奚王，使契丹監其兵。東北諸夷皆畏服之。梁太祖開平元年，契丹遣其臣袍笏梅老之梁通好，梁遣太府少卿高頎、軍將郎公遠報聘。太祖嘗入攻雲州，衆共三十萬。晉王李存勗唐太祖李克用長子也。與之連和，面會東城，約爲兄弟，延之帳中，縱酒握手盡歡，約以今冬共擊梁。留旬日而去，晉王贈以金繒數萬。太祖留馬三千匹、雜畜萬計以酬之。太祖既歸國，更通好于梁。

丙子神册元年。梁均王貞明二年。是年，阿保機始自稱皇帝，國人謂之「天皇王」，以妻述律氏爲皇后，置百官，建元曰神册，國號契丹。

初，唐末藩鎮驕横，互相併吞鄰藩，燕人軍士多亡歸契丹，契丹日益强大。又得燕人韓延徽，有智略，頗知屬文。與語悦之，遂以爲謀主，舉動訪焉。延徽始教契丹建牙開府，築城郭，立市里以處漢人，使各有配偶，墾藝荒田。由是漢人各安生業，逃亡者益少。契丹威服諸國，於延徽有力焉。頃之，延徽逃奔於晉，晉王欲置之於幕府，而掌書記王緘疾之。延徽不自安，求歸省母，遂復入契丹，太祖待之益厚。至是以爲相，累官遷中書令、平章事。

丁丑神册二年梁貞明三年。春二月，晉王之弟威塞軍節度使李存矩在新州，驕惰不治，邊人嗟怨，爲小校宫彦璋謀殺。其裨將盧文進，帥其衆奔契丹。

三月，盧文進引契丹兵馬攻晉新州，刺史安金全棄城走。文進以其部將劉殷爲刺史守之。晉王使周德威合河東、鎮、定之兵攻之，旬日不克。太祖帥三十萬衆救之，德威大敗奔歸。太祖乘勢進圍幽州，揚言有衆百萬，氈車毳幕彌漫山澤。盧文進教之攻城，爲地道，晝夜四面俱進，城中穴地燃膏以邀之。又爲土山以臨城，城中鎔鐵汁以灑之，日死千計而攻城不止。周德威遣使告急于晉王。

四月，晉王命李嗣源、李存審、閻寶來援德威。契丹圍幽州且二百日，城中危困。晉李嗣源等步騎七萬，會于易州。自易州北行，踰大房嶺，循澗而東。距幽州六十里，與太祖遇。太祖行山上，晉師行澗下，每至谷口，太祖以萬餘騎遮其前，晉師失色。嗣源以百餘騎先進，免胄揚鞭，胡語謂曰：「汝無故犯我疆埸，晉王命我將百萬衆直抵西樓，滅汝族類。」因躍馬奮檛，三入陣中，斬酋長一人，後軍齊進，太祖兵卻，晉師始得出。李存審命步兵伐木爲鹿角，人持一枝，止則

成寨。太祖騎環寨而過，寨中發萬弩射之，流矢蔽日，人馬死傷塞路。將至幽州，太祖兵列陣待之。存審命步兵陣於後，先令羸兵曳柴燃草而進，煙塵漲天，鼓譟合戰，乃趣後陣起乘之。太祖大敗，席卷其衆自北山歸，委棄車帳、鎧仗、羊馬滿野。晉師入于幽州。太祖以盧文進爲盧龍節度使，居平州，歲入北邊，殺掠吏民，盧龍巡屬，爲之殘弊。

先是，幽州北七百里有渝關，下有渝水通海。自關東北循海有道，道狹處纔數尺，旁皆亂山，高峻不可越。北至進牛口，中國嘗置八防禦軍，募土兵守之，田租皆供軍食，歲致繒纊以供衣。每歲早穫，清野以待，契丹兵至，則堅壁不戰，俟其去，則選驍勇據隘邀之，契丹常失利，不能輕入。及周德威鎮盧龍，恃勇不修邊備，遂失渝關之險，契丹始芻牧於營、平之閒。盧文進來歸，常居平州，帥奚騎歲入北邊，殺掠吏民，盧龍巡屬，爲之殘弊。

戊寅神册三年。梁貞明四年。太祖弟撒剌阿潑，號北大王，謀亂。事覺，太祖數之曰：「汝爲吾手足，而汝興此心，我若殺汝，則與汝何異？」乃囚之，期年而釋之。撒剌阿潑帥其衆奔晉，晉王厚遇之，養爲假子，任爲刺史。

己卯神册四年。梁貞明五年。

庚辰神册五年。梁貞明六年。

辛巳天贊元年。神册六年改元，時梁均王龍德元年也。

十二月，晉王圍鎮州，討張文禮。時義武節度使王處直在定州，以鎮、定爲脣齒，恐鎮亡而定孤，乃潛遣人語其子王郁，使賂契丹，令犯塞以解鎮州之圍。乃說太祖曰：「鎮州美女如雲，金帛如山，天皇王速往，則皆爲己物也，不然，爲晉王所有矣！」太祖以爲然，悉衆而南。述律后曰：「吾有西樓羊馬之富，其樂不可勝窮也，何必勞師遠出，以乘危徼利乎？吾聞晉王用兵，天下莫敵，設有危敗，悔之何及！」太祖不聽。遂長驅而南，圍涿州，旬日拔之，擒刺史李嗣弼，進攻定州。王處直之子王都告急于晉王。

壬午天贊二年。梁龍德二年。春正月，晉王親率鐵騎五千來攻，先進新城北，半出桑林，太祖見之稍卻。晉王之軍來，遂獲太祖之子。契丹兵遂退保望都。晉王至定州，王都迎謁馬前，請以愛女妻王之子繼岌。晉王趨望都，遇奚酋禿餒契丹將名。五千騎，爲其所困，力戰，出入數四，不解。李嗣昭引三百騎横擊之，乃退，晉王始得出。因縱兵奮擊，太祖兵敗，遂北至易州。會大雪彌旬，平地數尺，人馬死者相屬，太祖乃歸。晉王引兵躡之，隨其行止，見其野宿之所，布藁於地，回環方正，皆如編翦，雖去，無一枝亂者，歎曰：「契丹法嚴，乃能如是，中國所不及也。」晉王至幽州，使二百騎躡契丹之後，曰：「如出境即還。」晉騎恃勇追擊之，悉爲所擒。太祖責王郁，繫之以歸，自是不聽其謀。

癸未天贊三年。梁龍德三年，唐莊宗李存勗同光元年。夏四月己巳，晉王李存勗稱皇帝於魏州牙城之南，國號大唐。是爲莊宗。以魏州爲興唐府，建東京，又於太原府建西京，又以鎮州爲真定府，建北都。時唐國所有，凡十三節度、五十州。

冬十月朔，日食。彗星見，出輿鬼，長丈餘。

是月，梁主均王自殺死。

契丹日益强盛，遣使就唐求幽州以處盧文進。時東北諸夷皆服屬，惟渤海未服。太祖謀南征，恐渤海掎其後，乃先舉兵擊渤海之遼東，遣其將禿餒及盧文進據平、營等州，以擾燕地。師攻渤海，無功而退。

甲申天贊四年。後唐同光二年。春正月，契丹攻幽州。

十二月，攻蔚州，唐遣李嗣源禦之。

乙酉天贊五年。後唐同光三年。

丙戌天贊六年。後唐同光四年四月，明宗立，改元天成。夏四月朔，唐莊宗如汜水，嚴辦將發，從馬直指揮使郭從謙叛，帥所部兵攻興教門，緣城而入，近臣宿將皆釋甲潛遁，莊宗爲流矢所中而崩，年四十三。左右皆散，善友斂樂器覆尸而焚之。是月，李嗣源自罌子谷而入洛陽，拾莊宗骨於灰燼而葬之河南新縣。百官勸請嗣源監國，嗣源，乃太祖李克用之養子也。既而即位，是爲明宗。

七月，唐遣姚坤如契丹告哀。太祖聞之慟哭曰：「我朝定兒也。朝定猶華言朋友也。吾方欲救之，以渤海未下，不果往，致吾兒及此。」哭不已。又曰：「今天子聞洛陽有急，何不救？」坤對曰：「地遠不能及。」曰：「何故自立？」坤曰：「新天子將兵二十年，所領精兵三十萬，天時人事，其可得違？」其子突欲在側，曰：「使者毋多言。蹊田奪牛，豈不爲過？」坤曰：「應天順人，豈比匹夫之事。」太祖即慰勞坤曰：「理正當如是。」又曰：「聞吾兒專好聲色遊畋，不恤軍民，宜其及此。我自聞之，舉家不飲酒，散遣伶人，解縱鷹犬。若亦效吾兒所爲，行自亡矣！」又曰：「我於今天子無怨，足以修好。若與我大河之北，吾不復南侵矣！」坤曰：「此非使臣所得專也。」太祖怒，囚之。旬餘復召之，曰：「河北恐難得，得鎮、定、幽州亦可也。」給紙札筆趣爲狀，坤不可，欲殺之，用韓延徽之諫，乃復囚之。

太祖攻渤海，拔其夫餘城，更命曰東丹國，命長子突欲鎮之，號人皇王。一曰東丹王。以其次子德光元名耀屈之。守西樓自隨，號「元帥太子」。

先是，渤海國王大諲譔本與奚、契丹爲唇齒國。太祖初興，併吞八部，繼而用師，併吞奚國。大諲譔深憚之，陰與新羅諸國結援，太祖知之，集議未決。後因遊獵，彌旬不止，有黄龍在其氈屋上，連發二矢，殪之，龍墜其前。後太子德光於其地建州，黄龍府即其地也。太祖曰：「吾欲伐渤海國，衆計未定而龍見吾前，吾能殺之，是滅渤海之勝兆也。」遂平其國，擄其主。

《紀異録》曰：阿保機居西樓氈帳中，晨起，見黑龍長十餘丈，蜿蜒其上，引弓射之，即騰空夭矯而逝，墜于黄龍府之西，相去已千五百里，纔長數尺。其後女真滅遼，尚藏其骸於内庫，金酋悟室長子源嘗見之，尾鬣肢體皆全，雙角已爲人所截，與水龍畫絶相似。蓋其背上鬣不作魚鬣也。正文謂「射黄龍」，此謂「射黑龍」。黄黑色雖不可知，而符兆所先，抑何彰彰若是歟！

渤海既平，乃製契丹文字三千餘言。因於所居大部落置寺，名曰天雄寺。今寺内有契丹太祖遺像。又於木葉山置樓，謂之南樓；大部落東一千里，謂之東樓；大部落北三百里置樓，謂之北樓，後立唐州，今廢爲村；大部落之内置樓，謂之西樓，今上京是。其城與宫殿之正門，皆向東闢之。四季遊獵，往來四樓之間。

是月，太祖於夫餘城崩。

述律后召諸酋長妻，謂曰：「我今寡居，汝不可不傚我。」又集其夫泣問曰：「汝思先帝乎？」對曰：「受先帝恩，豈得不思？」后曰：「果思之，宜往見之。」遂殺之。

九月，葬太祖於木葉山。置州壙側，名曰祖州。今有廟，其靴尚在，長四五尺許。謚曰大聖皇帝，廟號太祖。

述律后左右有桀黠者，后輒謂曰：「爲我達語於先帝。」至墓所，則殺之。前後所殺者以百數。最後，平州人趙思温當往，不肯行，后曰：「汝事先帝常親近，何故不行？」對曰：「親近莫如后，后行，臣則繼之。」后曰：「吾非不欲從先帝於地下，顧嗣子幼弱，國家無主，不得往耳。」乃斷其一腕，令置墓中。思温亦得免。

是月，述律后中子德光立。

雜録

備論

《遼史》卷二《太祖紀下》 贊曰：遼之先，出自炎帝，世爲審吉國，其可知者蓋自奇首云。奇首生都菴山，徙潢河之濱。傳至雅里，始立制度，置官屬，刻木爲契，穴地爲牢。讓阻午而不肯自立。雅里生毗牒。毗牒生頦領。頦領生耨里思，大度寡欲，令不嚴而人化，是爲肅祖。肅祖生薩剌德，嘗與黄室韋挑戰，矢貫數札，是爲懿祖。懿祖生勻德實，始教民稼穡，善畜牧，國以殷富，是爲玄祖。玄祖生撒剌的，仁民愛物，始置鐵冶，教民鼓鑄，是爲德祖，即太祖之父也。世爲契丹遥輦氏之夷離堇，執其政柄。德祖之弟述瀾，北征于厥、室韋，南略易、定、奚、霫，始興板築，置城邑，教民種桑麻，習織組，已有廣土衆民之志。而太祖受可汗之禪，遂建國。東征西討，如折枯拉朽。東自海，西至于流沙，北絶大漠，信威萬里，歷年二百，豈一日之故哉！周公誅管、蔡，人未有能非之者。剌葛、安端之亂，太祖既貸其死而復用之，非人君之度乎？舊史扶餘之變，亦異矣夫！

葉隆禮《契丹國志》卷一《太祖大聖皇帝》 論曰：契丹之興，本自東胡。然人外而獸内，窺釁中原，未若有太祖其盛者也。唐末諸藩霧暗，五嶽塵雰，赤縣成墟，紫宸遷宅。太祖奮自荒陬，馳驅中夏，漲幽、燕而胡塵，吞八部以高嘯，雄亦盛矣。豈天未厭亂，而淫名越號，亦可帖服諸人歟？不然，何以若斯其鋒也。五胡雲擾，聖鼎終移；拓拔鯨吞，南宇分割。雖曰人事，亦有運數存焉。

述律皇后部

綜述

《遼史》卷七一《后妃傳》 太祖淳欽皇后述律氏，諱平，小字月理朵。其先回鶻人糯思，生魏寧舍利，魏寧生慎思梅里，慎思生婆姑梅里，婆姑娶匀德恝王女，生后于契丹右大部。婆姑名月椀，仕遥輦氏爲阿扎割只。

后簡重果斷，有雄略。嘗至遼、土二河之會，有女子乘青牛車，倉卒避路，忽不見。未幾，童謡曰：「青牛嫗，曾避路。」蓋諺謂地祇爲青牛嫗云。

太祖即位，羣臣上尊號曰地皇后。神册元年，大册，加號應天大明地皇后。行兵御衆，后嘗與謀。太祖嘗渡磧擊党項，黄頭、臭泊二室韋乘虛襲之；后知，勒兵以待，奮擊，大破之，名震諸夷。

時晉王李存勗欲結援，以叔母事后。幽州劉守光遣韓延徽求援，不拜，太祖怒，留之，使牧馬。后曰：「守節不屈，賢者也，宜禮用之。」太祖乃召延徽與語，大悦，以爲謀主。吴主李昪獻猛火油，以水沃之愈熾。太祖選三萬騎以攻幽州。后曰：「豈有試油而攻人國者？」指帳前樹曰：「無皮可以生乎？」太祖曰：「不可。」后曰：「幽州之有土有民，亦猶是耳。吾以三千騎掠其四野，不過數年，困而歸我矣，何必爲此？萬一不勝，爲中國笑，吾部落不亦解體乎！」其平渤海，后與有謀。

太祖崩，后稱制，攝軍國事。及葬，欲以身殉，親戚百官力諫，因斷右腕納于柩。太宗即位，尊爲皇太后。會同初，上尊號曰廣德至仁昭烈崇簡應天皇太后。

初，太祖嘗謂太宗必興我家，后欲令皇太子倍避之，太祖册倍爲東丹王。太祖崩，太宗立，東丹王避之唐。太后常屬意於少子李胡。太宗崩，世宗即位于鎮陽，太后怒，遣李胡以兵逆擊。李胡敗，太后親率師遇于潢河之横渡。賴耶律屋質諫，罷兵。遷太后于祖州。

應曆三年崩，年七十五，祔祖陵，謚曰貞烈。重熙二十一年，更今謚。

葉隆禮《契丹國志》卷一三《太祖述律皇后傳》 太祖皇帝后述律氏，本國契丹人也。勇決多權變，太祖行兵御衆，后嘗預其謀。太祖嘗度磧擊党項，留后守其帳。黄頭、臭泊二室韋乘虛合兵掠之，后知之，勒兵以待其至，奮擊，大破之。由是名震諸夷。

后有母有姑，皆踞榻受其拜，曰：「吾惟拜天，不拜人也。」

晉王方經營河北，欲結契丹爲援，常以叔父事太祖，以叔母事后。

劉守光末年衰困，遣參軍韓延徽求援，太祖怒其不拜，留之，使牧馬于野。后言于太祖曰：「延徽能守節不屈，此今之賢者，奈何辱以牧圉？宜禮用之。」太祖召延徽語，悦之，用爲謀主，後爲名相。

吴王遣使遺太祖以猛火油，曰：「攻城以油然火，焚樓櫓，敵以水沃之，火愈熾。」太祖大喜，即選騎三萬，欲攻幽州。后哂之曰：「豈有試油而攻一國乎？」因指帳前樹，謂太祖曰：「此樹無皮可以生乎？」太祖曰：「不可」。后曰：「幽州城亦猶是耳。吾但以三千騎伏其傍，掠其四野，使城中無食，不過數年，城自困矣，何必如此躁動輕舉？萬一不勝，爲中國笑，吾部落亦解體矣。」太祖乃止。

太祖之崩也，后屢欲以身爲殉，諸子泣告，惟截其右腕，置太祖柩中，朝野因號爲「斷腕太后」，上京置義節寺，立斷腕樓，且爲樹碑。

先是，后任智用權，立中子德光，在其國稱太后。左右有桀黠者，后輒謂曰：「爲我達語於先帝。」至墓所，即殺之。前後所殺以百數。最後，平州人趙思温當往，思温不行，太后曰：「汝事先帝親近，何爲不行？」對曰：「親近莫如后，臣則繼之。」太后曰：「吾非不欲從先帝於地下，顧諸子幼弱，國家無主，不得往耳。」乃斷一腕，置墓中，思温亦得免。

太宗與晉帝搆怨，帝用兵連年，中國疲弊，契丹人畜亦多死，國人厭苦之。太后謂太宗曰：「使漢人爲胡主，可乎？」曰：「不可。」太后曰：「然則何故欲爲漢主？」曰：「石氏負恩不可容。」太后曰：「汝今雖得漢地，不能居也，萬一蹉跌，悔何所及？」又曰：「漢兒何得一餉眠？自古但聞漢和番，不聞番和漢，漢兒果能回意，我亦何惜與和？」其後晉復來請和，卑辭謝過，疑其語忿，謂無和意，乃止。

太宗自大梁回師，崩於欒城，諸將奉東丹王突欲之子兀欲爲帝。太宗喪至國，太后不哭，曰：「待諸部寧一如故，則葬汝矣。」

先是，太祖崩於渤海，太后殺諸將數百人。太宗崩，諸將懼死，乃謀奉兀欲勒兵北歸，太后聞之大怒，發兵拒之，兀欲以偉王爲先鋒，相遇於石橋。李彦韜

本從晉主北遷，是時隸太后麾下，爲排陣使，迎降於偉王，太后兵由是大敗。兀欲幽述律太后於太祖墓側，居之没打河。

雜録

備論

《遼史》卷七一《后妃傳》 論曰：遼以鞍馬爲家，后妃往往長於射御，軍旅田獵，未嘗不從。如應天之奮擊室韋，【略】古所未有，亦其俗也。

葉隆禮《契丹國志》卷一三《太祖述律皇后傳》 論曰：孽吕專朝，則人彘喪妖媚之質；蠱武稱制，則羅網碎王侯之軀。天下有猜忍陰毒之性，武夫悍卒所無，而於婦人女子乎見之，初興之述律，繼軌之二蕭是已。

韓延徽部

綜述

《遼史》卷七四《韓延徽傳》 韓延徽，字藏明，幽州安次人。父夢殷，累官薊、儒、順三州刺史。延徽少英，燕帥劉仁恭奇之，召爲幽都府文學、平州録事參軍，同馮道祗候院，授幽州觀察度支使。

後守光爲帥，延徽來聘，太祖怒其不屈，留之。述律后諫曰：「彼秉節弗撓，賢者也，奈何困辱之？」太祖召與語，合上意，立命參軍事。攻党項、室韋，服諸部落，延徽之籌居多。乃請樹城郭，分市里，以居漢人之降者。又爲定配偶，教墾藝，以生養之。以故逃亡者少。

居久之，慨然懷其鄉里，賦詩見意，遂亡歸唐。已而與他將王緘有隙，懼及難，乃省親幽州，匿故人王德明舍。德明問所適，延徽曰：「吾將復走契丹。」德明不以爲然。延徽笑曰：「彼失我，如失左右手，其見我必喜。」既至，太祖問故。延徽曰：「忘親非孝，棄君非忠。臣雖挺身逃，臣心在陛下。臣是以復來。」上大悦，賜名曰匣列。「匣列」，遼言復來也。即命爲守政事令、崇文館大學士，中外事悉令參決。

天贊四年，從征渤海，大諲譔乞降。既而復叛，與諸將破其城，以功拜左僕射。又與康默記攻長嶺府，拔之。師還，太祖崩，哀動左右。

太宗朝，封魯國公，仍爲政事令。使晉還，改南京三司使。

世宗朝，遷南府宰相，建政事省，設張理具，稱盡力吏。天禄五年六月，河東使請行册禮，帝詔延徽定其制，延徽奏一遵太宗册晉帝禮，從之。

應曆中，致仕。子德樞鎮東平，詔許每歲東歸省。九年卒，年七十八。上聞震悼，贈尚書令，葬幽州之魯郭，世爲崇文令公。

初，延徽南奔，太祖夢白鶴自帳中出；比還，復入帳中。詰旦，謂侍臣曰：「延徽至矣。」已而果然。太祖初元，庶事草創，凡營都邑，建宮殿，正君臣，定名分，法度井井，延徽力也。爲佐命功臣之一。子德樞。

葉隆禮《契丹國志》卷一六《韓延徽傳》 韓延徽，幽州人也。仕劉守光爲幕府參軍，守光與六鎮構怨，自稱燕帝，延徽諫之不從，守光置斧質於庭，曰：「敢諫者斬。」孫鶴力諫，守光殺之。延徽以幕府之舊，且素重之，得全。

守光末年衰困，盧龍巡屬皆入于晉，遣延徽求援於契丹。太祖怒其不拜，留之，使牧馬於野。延徽有智略，頗知屬文，述律太后言於太祖，曰：「延徽能守節不屈，此今之賢者，奈何辱以牧圉，宜禮用之」。太祖召延徽語，悦之，遂以爲謀主，舉動訪焉。

延徽始教太祖建牙開府，築城郭，立市里，以處漢人，使各有配偶，墾藝荒田。由是漢人各安生業，逃亡者益少。契丹威服諸國，延徽有助焉。

頃之，延徽逃奔晉王，晉王欲置之幕府，掌書記王緘疾之，延徽不自安，求東歸省母。過真定，止於鄉人王德明家。德明問所之，延徽曰：「今河北皆爲晉有，當復詣契丹耳」。德明曰：「叛而復往，得無取死乎？」延徽曰：「彼自吾歸如喪手目。今往詣之，彼手目復完，安肯害我？」既省母，遂復入契丹。太祖聞其至，大喜，如自天而下，拊其背曰：「曏者何往？」延徽曰：「思母，欲告歸，恐不聽，故私歸耳。」太祖待之益厚。及稱帝，以延徽爲相，累遷至中書令。

晉王遣使至契丹，延徽寓書於晉王，敍所以北去之意，且曰：「非不戀英主，非不思故鄉，所以不留，正懼王緘之讒耳。因以老母爲託。」且曰：「延徽在此，契丹必不南牧。」故終同光之世，契丹不深入南牧，延徽之力也。

後，太宗援石晉，得幽、燕，會同稱制，以延徽兼樞密使、同平章事。後數年，延徽卒於契丹。

雜録

備論

葉隆禮《契丹國志》卷一六《韓延徽傳》 論曰：契丹之興，當朝柄國，率其種人，名曰番漢雜用，然漢人無幾矣，而名之彰彰尤著者，莫如延徽諸人。方延徽屈身牧圉，微述律后一言，終其身夕陽牛背間耳。城郭宮室，誰其畫之？威服諸番，誰其翼之？太祖之興，延徽有力焉。

遼太宗部

綜述

《遼史》卷三《太宗紀上》 太宗孝武惠文皇帝，諱德光，字德謹，小字堯骨。太祖第二子，母淳欽皇后蕭氏。唐天復二年生，神光異常，獵者獲白鹿、白鷹，人以爲瑞。及長，貌嚴重而性寬仁，軍國之務多所取決。

天贊元年，授天下兵馬大元帥，尋詔統六軍南徇地。明年，下平州，獲趙思温、張崇。回破箭笴山胡遜奚，諸部悉降。復以兵掠鎮、定，所至皆堅壁不敢戰。師次幽州，符存審拒于州南，縱兵邀擊，大破之，擒裨將裴信等數十人。及從太祖破于厥里諸部，定河壖党項，下山西諸鎮，取回鶻單于城，東平渤海，破達盧古部，東西萬里，所向皆有功。

天顯元年七月，太祖崩，皇后攝軍國事。

明年秋，治祖陵畢。冬十一月壬戌，人皇王倍率羣臣請于后曰：「皇子大元帥勳望，中外攸屬，宜承大統。」后從之。是日即皇帝位。癸亥，謁太祖廟。丙寅，行柴册禮。戊辰，還都。壬申，御宣政殿，羣臣上尊號曰嗣聖皇帝。大赦。有司請改元，不許。十二月庚辰，尊皇太后爲太皇太后，皇后爲應天皇太后，立妃蕭氏爲皇后。禮畢，閲近侍班局。辛巳，諸道將帥辭歸鎮。己丑，祀天地。庚寅，遣使諭諸國。辛卯，閲羣牧于近郊。戊戌，女直遣使來貢。壬寅，謁太祖廟。甲辰，閲旗鼓、客省諸局官屬。丁未，詔選遥輦氏九帳子弟可任官者。

三年春正月己酉，閲北剋兵籍。庚戌，閲南剋兵籍。丁巳，閲皮室、拽剌、墨離三軍。己未，黄龍府羅涅河女直、達盧古來貢。庚午，以王郁爲興國軍節度使，守中書令。

二月，辛長濼。己亥，惕隱涅里衮進白狼。辛丑，達盧古來貢。

三月乙卯，東蒐。癸亥，獵羖羊歷山。乙丑，獵松山。唐義武軍節度使王都遣人以定州來歸。唐主出師討之，使來乞援，命奚禿里鐵剌往救之。

四月戊寅，東巡。己卯，祭麃鹿神。丁亥，於獵所縱公私取羽毛革木之材。甲午，取箭材赤山。丙申，獵三山。鐵剌敗唐將王晏球于定州。唐兵大集，鐵剌請益師。辛丑，命惕隱涅里衮、都統查剌赴之。

五月丙午，建天膳堂。獵索剌山。戊申，至自獵。丁卯，命林牙突吕不討烏古部。己巳，女直來貢。

六月己卯，行瑟瑟禮。

秋七月丁未，突吕不獻討烏古捷。壬子，王都奏唐兵破定州，鐵剌死之，涅里衮、查剌等數十人被執。上以出師非時，甚悔之，厚賜戰歿將校之家。庚午，有事于太祖廟。

八月丙子，突厥來貢。庚辰，詔建《應天皇太后誕聖碑》於儀坤州。

九月己卯，突吕不遣人獻討烏古俘。癸未，詔分賜羣臣。己丑，幸人皇王倍第。庚寅，遣人使唐。辛卯，再幸人皇王第。癸巳，有司請以上生日爲天授節，皇太后生日爲永寧節。

冬十月癸卯朔，以永寧節，上率羣臣上壽於延和宫。己酉，謁太祖廟。唐遣使遺玉笛。甲子，天授節，上御五鸞殿受羣臣及諸國使賀。

十一月丙子，鼻骨德來貢。辛丑，自將伐唐。

十二月癸卯，祭天地。庚戌，聞唐主復遣使來聘，上問左右，皆曰：「唐數遣使來，實畏威也。未可輕舉，觀釁而動可也。」上然之。甲寅，次杏堝，唐使至，遂班師。時人皇王在皇都，詔遣耶律羽之遷東丹民以實東平。其民或亡入新羅、女直，因詔困乏不能遷者，許上國富民給贍而隸屬之。升東平郡爲南京。

四年春正月壬申朔，宴羣臣及諸國使，觀俳優角觝戲。己卯，如瓜堝。

二月庚戌，閲遥輦氏户籍。

三月甲午，望祀羣神。

夏四月辛亥，至自瓜堝。壬子，謁太祖廟。癸丑，謁太祖行宫。甲寅，幸天城軍，謁祖陵。辛酉，人皇王倍來朝。癸亥，録囚。

五月癸酉，謁二儀殿，宴羣臣。女直來貢。戊子，射柳于太祖行宫。癸巳，行瑟瑟禮。

六月丙午，突吕不獻烏古俘。戊申，分賜將士。己酉，西巡。己未，選輕騎數千獵近山。癸亥，駐蹕涼陘。

秋七月庚辰，觀市，曲赦繫囚。甲午，祠太祖而東。

八月辛丑，至自涼陘，謁太祖廟。癸卯，幸人皇王第。己酉，謁太祖廟。

九月庚午，如南京。戊寅，祠木葉山。己卯，行再生禮。癸巳，至南京。

冬十月壬寅，幸人皇王第，宴羣臣。甲辰，幸諸營，閱軍籍。庚戌，以雲中郡縣未下，大閱六軍。甲子，詔皇弟李胡帥師趣雲中討郡縣之未附者。

十一月丙寅朔，以出師告天地。丁卯，餞皇弟李胡于西郊。壬申，命大内惕隱告出師于太祖行宫。甲申，觀漁三叉口。

十二月戊申，女直來貢。戊午，至自南京。

五年春正月庚午，皇弟李胡拔寰州捷至。甲午，朝皇太后。

二月己亥，詔修南京。癸卯，李胡還自雲中，朝于行在。丙午，以先所俘渤海户賜李胡。丙辰，上與人皇王朝皇太后。太后以皆工書，命書于前以觀之。辛酉，召羣臣議軍國事。

三月丙寅，朝皇太后。丁卯，皇弟李胡請赦宗室舍利郎君以罪繫獄者，詔從之。己巳，幸皇叔安端第。辛未，人皇王獻白紵。乙亥，册皇弟李胡爲壽昌皇太弟，兼天下兵馬大元帥。壬午，以龍化州節度使劉居言同中書門下平章事。乙酉，宴人皇王僚屬便殿。庚寅，駕發南京。

夏四月乙未，詔人皇王先赴祖陵謁太祖廟。丙辰，會祖陵。人皇王歸國。

五月戊辰，詔修褭潭離宫。乙酉，謁太祖廟。

六月己亥，射柳于行在。乙卯，如沿柳湖。丁巳，拜太祖御容于明殿。己未，敵烈德來貢。

秋七月壬申，烏古來貢。戊子，薦時果于太祖廟。

八月丁酉，以大聖皇帝、皇后宴寢之所號日月宫，因建《日月碑》。丙午，如九層臺。

九月己卯，詔舍利普寧撫慰人皇王。庚辰，詔置人皇王儀衛。丁亥，至自九層臺，謁太祖廟。

冬十月戊戌，遣使賜人皇王胙。癸卯，建《太祖聖功碑》于如迂正集會堝。甲辰，人皇王進玉笛。

十一月戊寅，東丹奏人皇王浮海適唐。

六年春正月甲子，西南邊將以慕化轄戛斯國人來。乙丑，敵烈德來貢。丁卯，如南京。

三月辛未，召大臣議軍國事。丁亥，人皇王倍妃蕭氏率其國僚屬來見。

夏四月己酉，唐遣使來聘。是月置中臺省于南京。

五月乙丑，祠木葉山。乙亥，至自南京。壬午，謁太祖陵。

閏月庚寅，射柳于近郊。

六月壬申，如涼陘。壬午，烏古來貢。

秋七月丁亥，女直來貢。己酉，命將校以兵南略。壬子，薦時果于太祖廟。東幸。

八月庚申，皇子述律生，告太祖廟。辛巳，鼻骨德來貢。

九月甲午，詔修京城。

冬十月丁丑，鐵驪來貢。

十一月乙酉，唐遣使來聘。

十二月甲寅朔，祭太祖廟。丙辰，遣人以詔賜唐盧龍軍節度使趙德鈞。

七年春正月壬辰，征西將軍課里遣拽剌鐸括奏軍事。己亥，唐遣使來聘。

二月壬申，拽剌迪德使吴越還，吴越王遣使從，獻寶器。復遣使持幣往報之。癸卯，遣人使唐。戊申，祠木葉山。

三月己丑，林牙迪離畢指斥乘輿，囚之。丁未，遣使諸國。戊申，上率羣臣朝于皇太后。

夏四月甲戌，唐遣使來聘，致人皇王倍書。己卯，女直來貢。

五月壬午朔，幸祖州，謁太祖陵。

六月戊辰，御製《太祖建國碑》。戊寅，烏古、敵烈德來貢。庚辰，觀角觝戲。

秋七月辛巳朔，賜中外官吏物有差。癸未，賜高年布帛。丙戌，召羣臣耆老議政。壬辰，唐遣使遺紅牙笙。癸巳，使復至，懼報定州之役也。壬寅，唐盧龍軍節度使趙德鈞遣人進時果。丁未，薦新于太祖廟。

八月壬戌，捕鵝于沿柳湖，風雨暴至，舟覆，溺死者六十餘人，命存恤其家，識以爲戒。戊辰，林牙迪離畢逸囚，復獲而鞫之，知其事本誣構，釋之。

九月庚子，阻卜來貢。

冬十月乙卯，唐遣使來聘。己巳，遣使雲中。

十一月丁亥，遣使存問獲里國。丁未，阻卜貢海東青鶻三十連。

十二月辛亥，以叛人泥離衮家口分賜羣臣。丁巳，西狩，駐蹕平地松林。

八年春正月戊子，女直來貢。庚子，命皇太弟李胡、左威衛上將軍撒割率兵伐党項。癸卯，上親餞之。

二月辛亥，吐谷渾、阻卜來貢。乙卯，剋實魯使唐還，以附獻物分賜羣臣。

三月辛卯，皇太弟討党項勝還，宴勞之。丙申，唐遣使請罷征党項兵，上以戰捷及党項已聽命報之。

夏四月戊午，党項來貢。

五月己丑，獵獨牛山，愓隱迪輦所乘内廐騮馬斃，因賜名其山曰騮山。戊戌，如沿柳湖。

六月甲寅，阻卜來貢。甲子，回鶻阿薩蘭來貢。

秋七月戊寅，行納后禮。癸未，皇子提離古生。丁亥，鐵驪、女直、阻卜來貢。

冬十月乙巳，阻卜來貢。丙午，至自沿柳湖。辛亥，唐遣使來聘。己未，遣拔剌使唐。辛未，烏古吐魯没來貢。

十一月辛丑，太皇太后崩，遣使告哀于唐及人皇王倍。是月，唐主嗣源殂，子從厚立。

十二月丁卯，党項來貢。

九年春正月癸酉，漁于土河。丙申，党項貢駝、鹿。己亥，南京進白麞。

閏月戊午，唐遣使告哀，即日遣使弔祭。壬戌，東幸。女直來貢。

二月壬申，祠木葉山。戊寅，葬太皇太后於德陵。前二日，發喪于菆塗殿，上具衰服以送。後追謚宣簡皇后，詔建碑于陵。

三月癸卯，女直來貢。

夏四月，唐李從珂弒其主自立。人皇王倍自唐上書請討。

五月甲辰，如沿柳湖。癸丑，女直來貢。

六月己巳朔，鼻骨德來貢。辛未，唐李從厚謝弔祭所遣使初至闕。

秋八月壬午，自將南伐。乙酉，拽剌解里手接飛雁，上異之，因以祭天地。

九月，乙卯，次雲州。丁巳，拔河陰。

冬十月丁亥，略地靈丘，父老進牛酒犒師。

十一月辛丑，圍武州之陽城。壬寅，陽城降。癸卯，洼只城降，括所俘丁壯籍于軍。

十二月壬辰，皇子阿鉢撒葛里生，皇后不豫。是月駐蹕百湖之西南。

十年春正月戊申，皇后崩于行在。

二月戊寅，百僚請加追謚，不許。辛巳，宰相涅里衮謀南奔，事覺，執之。

三月戊午，党項來貢。

夏四月，吐谷渾酋長退欲德率衆内附。丙戌，皇太后父族及母前夫之族二帳並爲國舅，以蕭緬思爲尚父領之。己丑，録囚。

五月甲午朔，始製服行后喪。丙午，葬于奉陵。上自製文，謚曰彰德皇后。癸丑，以舍利王庭鶚爲龍化州節度使。

六月乙丑，吐渾來貢。辛未，幸品不里淀。

秋七月乙卯，獵南赤山。

冬十一月丙午，幸弘福寺爲皇后飯僧，見觀音畫像，乃大聖皇帝、應天皇后及人皇王所施，顧左右曰：「昔與父母兄弟聚觀于此，歲時未幾，今我獨來！」悲嘆不已。乃自製文題于壁，以極追感之意。讀者悲之。

十二月庚辰，如金瓶濼，遣拽刺化哥、窟魯里、阿魯掃姑等捉生敵境。

十一年春正月，鈎魚于土河。庚申，如潢河。

三月庚寅朔，女直來貢。

夏四月庚申，謁祖陵。戊辰，還都，謁太祖廟。辛未，燕民之復業者陳汴州事宜。癸酉，女直諸部來貢。癸未，賜回鶻使衣有差。

五月戊戌，清暑沿柳湖。

六月戊午朔，鼻骨德來貢。乙酉，吐谷渾來貢。

秋七月辛卯，烏古來貢。壬辰，蒲割𩨒公主率三河烏古來朝。丙申，唐河東節度使石敬瑭爲其主所討，遣趙瑩因西南路招討盧不姑求救，上白太后曰：「李從珂弒君自立，神人共怒，宜行天討。」時趙德鈞亦遣使至，河東復遣桑維翰來告急，遂許興師。

八月己未，遣蕭轄里報河東師期。丙寅，吐谷渾來貢。庚午，自將以援敬瑭。

九月癸巳，有飛鴍自墜而死，南府夷離堇曷魯恩得之以獻。卜之，吉。上曰：「此從珂自滅之兆也！」丁酉，入雁門。戊戌，次忻州，祀天地。己亥，次太原。庚子，遣使諭敬瑭曰：「朕興師遠來，當即與卿破賊。」會唐將高行周、符彦卿以兵來拒，遂勒兵陣于太原。及戰，佯爲之却。唐將張敬達、楊光遠又陣于西，未成列，以兵薄之。而行周、彦卿爲伏兵所斷，首尾不相救。敬達、光遠大敗，棄仗如山，斬首數萬級。敬達走保晉安寨，夷離堇的魯與戰，死之。敬瑭率官屬來見，上執手撫慰之。癸卯，圍晉安。甲辰，以的魯子徒離骨嗣爲夷離堇，

仍以父字爲名，以旌其忠。南宰相鶻離底、奚監軍寅你已、將軍陪阿臨陣退懦，上召切責之。

冬十月甲子，封敬瑭爲晉王，幸其府。敬瑭與妻李率其親屬捧觴上壽。初圍晉安，分遣精兵守其要害，以絶援兵之路。而李從珂遣趙延壽以兵二萬屯團柏谷，范延廣以兵二萬屯遼州，幽州趙德鈞以所部兵萬餘由上黨趨延壽軍，合勢進擊。知此有備，皆逗留不進。從珂遂將精騎三萬出次河陽，親督諸軍。然知其不救，但日酣飲悲歌而已。丁卯，召敬瑭至行在所，賜坐。上從容語之曰：「吾三千里舉兵而來，一戰而勝，殆天意也。觀汝雄偉弘大，宜受兹南土，世爲我藩輔。」遂命有司設壇晉陽，備禮册命。

十一月丁酉，册敬瑭爲大晉皇帝。自戊戌至戊申，候騎兩奏南有兵至，復奏西有兵至。命惕隱迪輦洼拒之。唐將張敬達在圍八十餘日，内外隔絶，軍儲殆盡，至濯馬糞、屑木以飼馬，馬饑至自相啖其騣尾，死則以充食。光遠等勸敬達出降，敬達曰：「吾有死而已。爾欲降，寧斬吾首以降。」

閏月甲子，楊光遠、安審琦殺敬達以降。上聞敬達至死不變，謂左右曰：「凡爲人臣，當如此也！」命以禮葬。所降軍十及馬五千匹以賜晉帝。丙寅，祀天地以告成功。庚午，僕射蕭酷古只奏趙德鈞等諸援兵將遁，詔夜發兵追擊。德鈞等軍皆投戈棄甲，自相蹂踐，擠于川谷者不可勝紀。仍命皇太子馳輕騎據險要，追及步兵萬餘，悉降之。辛未，兵度團柏谷，以酒肴祀天地。俄追及德鈞父子，乃率衆降。次潞州，召諸將議，皆請班師，從之。命南宰相解領、鶻離底、奚監軍寅你已、將軍陪阿先還。壬申，惕隱洼、林牙迪離畢來獻俘。晉帝辭歸，上與宴飲。酒酣，執手約爲父子。以白貂裘一、廄馬二十、戰馬千二百餞之。命迪離畢將五千騎送入洛。臨别，謂之曰：「朕留此，候亂定乃還耳。」辛巳，晉帝至河陽，李從珂窮蹙，召人皇王倍同死，不從，遣人殺之，乃舉族自焚。詔收其士卒戰殁者瘞之汾水上，以爲京觀。晉命桑維翰爲文，紀上功德。

十二月乙酉朔，遣近侍撻魯存問晉帝。丙戌，以晉安所獲分賜將校。戊子，遣使馳奏皇太后，及報諸道師還。庚寅，發太原。辛卯，聞晉帝入洛，遣郎君解里德撫問。壬辰，次細河，閲降將趙德鈞父子兵馬。戊戌，次雁門，以沙太保所部兵分隸諸將。庚戌，幸應州。癸丑，唐大同、彰國、振武三節度使迎見，留之不遣。

十二年春正月丙辰，次堆子口。唐大同軍節度判官吴巒閉城拒命，遣崔廷勳圍其城。庚申，上親征，至城下諭之，巒降。辛酉，射鬼箭于雲州北。壬戌，祀天地。癸亥，遣國舅安端發奚西部民各還本土。丙寅，皇太后遣侍衛實魯趣行，是夕，率輕騎先進。丁丑，皇子述律迎謁于濼河，告功太祖行宫。戊寅，朝于皇太后，進珍玩爲壽。

二月丁亥，以軍前所獲俘叛入幽州者皆斬之。壬寅，詔諸部休養士卒。癸卯，晉遣唐所掠郎君剌哥、文班吏蕭觧里還朝。

三月庚申，晉遣使來貢。丁卯，晉天雄軍節度使范延廣潛遣人請内附，不納。己巳，遣郎君的烈古、梅里迭烈使晉。壬午，晉使及諸國使來見。

夏四月甲申，地震。幸平地松林，觀潢水源。

五月甲寅，幸頻蹕淀。壬申，震開皇殿。

六月甲申，晉遣户部尚書聶延祚等請上尊號，及歸雁門以北與幽、薊之地，仍歲貢帛三十萬疋，詔不許。庚戌，侍中列率言，范延廣叛晉，引兵南向。

秋七月辛亥朔，詔諸部治兵甲。癸丑，幸懷州，謁奉陵。甲子，晉遣使來告范延廣反。庚午，遣耶律裹古里使晉議軍事。

八月癸未，晉遣使復請上尊號，不許。庚寅，晉及太原劉知遠、南唐李昪各遣使來貢。庚子，晉遣使以都汴及范延廣降來告。

九月壬子，鼻骨德來貢。庚申，遣直里古使晉及南唐。癸亥，朮不姑、女直來貢。辛未，遣使高麗、鐵驪。癸酉，回鶻來貢。

冬十月庚辰朔，皇太后永寧節，晉及回鶻、燉煌諸國皆遣使來賀。壬午，詔回鶻使胡離只、阿剌保，問其風俗。丁亥，諸國使還，就遣蒲里骨皮室胡末里使其國。

十一月己未，遣使求醫于晉。丁卯，鐵驪來貢。

十二月甲申，東幸，祀木葉山。己丑，醫來。

《遼史》卷四《太宗紀下》 會同元年春正月戊申朔，晉及諸國遣使來賀。晉使且言已命和凝撰《聖德神功碑》。戊辰，遣人使晉。

二月壬午，室韋進白鹿。戊子，鐵驪來貢。丁酉，獵松山。戊戌，幸遼河東。丙申，上思人皇王，遣惕隱率宗室以下祭其行宫。丁未，詔增晉使所經供億户。

三月壬戌，將東幸，三剋言農務方興，請減輜重，促還朝，從之。丙寅，女直來貢。癸酉，東幸。

夏四月戊寅朔，如南京。甲申，女直來貢。乙酉，幸温泉。己丑，還宫，朝于

皇太后。丁酉，女直貢弓矢。己亥，西南邊大詳穩耶律魯不古奏党項捷。

五月甲寅，晉復遣使請上尊號，從之。

六月丙子朔，吐谷渾及女直來貢。辛卯，南唐來貢。癸巳，詔建日月四時堂，圖寫古帝王事于兩廡。

秋七月癸亥，遣使賜晉馬。丁卯，遣鶻離底使晉，梅里了古使南唐。戊辰，遣中臺省右相耶律述蘭迭烈哥使晉，臨海軍節度使趙思温副之，册晉帝爲英武明義皇帝。

八月戊子，女直來貢。庚子，吐谷渾、烏孫、靺鞨皆來貢。

九月庚戌，黑車子室韋貢名馬。邊臣奏晉遣守司空馮道、左散騎常侍韋勳來上皇太后尊號，左僕射劉昫、右諫議大夫盧重上皇帝尊號，遂遣監軍寅你已充接伴。壬子，詔羣臣及高年，凡授大臣爵秩，皆賜錦袍、金帶、白馬、金飾鞍勒，著于令。

冬十月甲戌朔，遣郎君迪里姑等撫問晉使。壬寅，晉遣使來謝册禮。是日，復有使進獨峯駝及名馬。

十一月甲辰朔，命南北宰相及夷離菫就館賜晉使馮道以下宴。丙午，上御開皇殿，召見晉使。壬子，皇太后御開皇殿，馮道、韋勳册上尊號曰廣德至仁昭烈崇簡應天皇太后。甲子，行再生柴册禮。丙寅，皇帝御宣政殿，劉昫、盧重册上尊號曰睿文神武法天啓運明德章信至道廣敬昭孝嗣聖皇帝。大赦，改元會同。是月，晉復遣趙瑩奉表來賀，以幽、薊、瀛、莫、涿、檀、順、嬀、儒、新、武、雲、應、朔、寰、蔚十六州并圖籍來獻。於是詔以皇都爲上京，府曰臨潢。升幽州爲南京，南京爲東京。改新州爲奉聖州，武州爲歸化州。升北、南二院及乙室夷離菫爲王，以主簿爲令，令爲刺史，刺史爲節度使，二部梯里已爲司徒，達剌干爲副使，麻都不爲縣令，縣達剌干爲馬步。置宣徽、閤門使，控鶴、客省、御史大夫、中丞、侍御、判官、文班牙署、諸宫院世燭，馬羣、遥輦世燭，南北府、國舅帳郎君官爲敞史，諸部宰相、節度使帳爲司空，二室韋闥林爲僕射，鷹坊、監冶等局官長爲詳穩。

十二月戊戌，遣同括、阿鉢等使晉，制加晉馮道守太傅，劉昫守太保，餘官各有差。

二年春正月乙巳，以受晉册，遣使報南唐、高麗。丁未，御開皇殿，宴晉使馮道以下，賜物有差。戊申，晉遣金吾衛大將軍馬從斌、考功郎中劉知新來貢珍幣，命分賜羣臣。丙辰，晉遣使謝免沿邊四州錢幣。

二月戊寅，宴諸王及節度使來賀受册禮者，仍命皇太子、惕隱迪輦餞之。癸巳，謁太祖廟，賜在京吏民物，及内外羣臣官賞有差。丁酉，加兼侍中、左金吾衛上將軍王郁檢校太尉。

三月，畋于褭潭之側。戊申，女直來貢。丁巳，封皇子述律爲壽安王，罨撒葛爲太平王。己巳，大賚百姓。

夏四月乙亥，幸木葉山。癸巳，東京路奏狼食人。

五月乙巳，禁南京鬻牝羊出境。思奴古多里等坐盜官物，籍其家。南唐遣使來貢。丁未，以所貢物賜羣臣。戊申，回鶻單于使人乞授官，詔第加刺史、縣令。

六月丁丑，雨雪。是夏，駐蹕頻蹕淀。

秋七月戊申，晉遣使進犀帶。庚戌，吐谷渾來貢。乙卯，敞史阿鉢坐奉使失職，命笞之。

閏月癸未，乙室大王坐賦調不均，以木劍背撻而釋之；并罷南、北府民上供，及宰相、節度諸賦役非舊制者。乙酉，遣的烈賜晉烏古良馬。己丑，以南王府二刺史貪蠹，各杖一百，仍繫虞候帳，備射鬼箭；選羣臣爲民所愛者代之。

八月乙丑，晉遣使貢歲幣，奏輸戌、亥二歲金幣于燕京。

九月甲戌，阻卜阿離底來貢。己卯，遣使使晉。

冬十月丁未，上以烏古部水草肥美，詔北、南院徙三石烈户居之。

十一月丁亥，鐵驪、燉煌並遣使來貢。

十二月庚子，鈎魚于土河。甲子，回鶻使者傔人有以刃相擊者，詔付其使處之。

三年春正月戊子，吴越王遣使來貢。庚寅，人皇王妃來朝。回鶻使乞觀諸國使朝見禮，從之。壬辰，遣陪謁、阿鉢使晉致生辰禮。晉以并、鎮、忻、代之吐谷渾來歸。

二月己亥，奚王勞骨寧率六節度使朝貢。庚子，烏古遣使獻伏鹿國俘，賜其部夷離菫旗鼓以旌其功。壬寅，女直來貢。辛亥，墨離鶻末里使回鶻阿薩蘭還，賜對衣勞之。乙卯，鴨渌江女直遣使來覲。

三月戊辰，遣使使晉，報幸南京。己巳，如南京。辛未，命惕隱耶律涅離骨德率萬騎先驅。壬申，次石嶺，以奚王勞骨寧監軍寅你已朝謁不時，切責之。丙

子，魯不姑上党項俘獲數。癸未，獵水門，獲白鹿。庚寅，詔扈從擾民者從軍律。甲午，幸薊州。乙未，晉及南唐各遣使來覲。

夏四月庚子，至燕，備法駕，入自拱辰門，御元和殿，行入閤禮。壬寅，遣人使晉。乙巳，幸留守趙延壽別墅。丙午，晉遣宣徽使楊端、王眺等來問起居。壬子，御便殿，宴晉及諸國使。丙辰，晉遣使進茶藥。壬戌，御昭慶殿，宴南京羣臣。癸亥，晉遣使賀端午，以所進節物賜羣臣。乙丑，南唐進白龜。

五月庚午，以端午宴羣臣及諸國使，命回鶻、燉煌二使作本俗舞，俾諸使觀之。庚辰，晉遣使進弓矢。甲申，遣皇子天德及檢校司徒邸用和使晉。戊子，閱騎兵于南郊。

六月乙未朔，東京宰相耶律羽之言渤海相大素賢不法，詔僚佐部民舉有才德者代之。丙申，閱步卒于南郊。庚子，晉及轄剌骨只遣使來見。壬寅，駕發燕京，命中書令蕭僧隱部諸道軍于長坐營。癸丑，次奉聖州。甲寅，勞軍士。

秋七月己巳，獵猾底烈山。癸酉，朝于皇太后。丙子，從皇太后視人皇王妃疾。戊寅，人皇王妃蕭氏薨。己卯，以安重榮據鎮州叛晉，詔征南將軍柳嚴邊備。丙戌，徙人皇王行宫于其妃薨所。辛卯，晉遣使請行南郊禮，許之。

八月己亥，詔東丹吏民爲王倍妃蕭氏服。庚子，阻卜來貢。壬寅，遣使南唐。乙巳，阻卜、黑車子室韋、賃烈等國來貢。南唐遣使求青氊帳，賜之。戊申，以安端私城爲白川州。辛亥，鼻骨德使乞賜爵，以其國相授之。甲寅，阻卜來貢。乙卯，置白川州官屬。丙辰，詔以于諧里河、臚朐河之近地，給賜南院歐堇突呂、乙斯勃、北院温納何剌三石烈人爲農田。

九月庚午，侍中崔窮古言：「晉主聞陛下數游獵，意請節之。」上曰：「朕之畋獵，非徒從樂，所以練習武事也。」乃詔諭之。壬午，邊將奏破吐谷渾，擒其長；詔止誅其首惡及其丁壯，餘並釋之。丙戌，晉遣使貢名馬。戊子，女直及吴越王遣使來貢。

冬十月辛丑，遣剋郎使吴越，略姑使南唐。庚申，晉遣使貢布，及請親祠南嶽，從之。

十一月己巳，南唐遣使奉蠟丸書言晉密事。丁丑，詔有司教民播種紡績。除姊亡妹續之法。

十二月壬辰朔，率百僚謁太祖行宫。甲午，燔柴，禮畢，祠于神帳。丙申，遣使使晉。丙辰，詔契丹人授漢官者從漢儀，聽與漢人婚姻。丁巳，詔燕京皇城西南堞建涼殿。

是冬，駐蹕于傘淀。

四年春正月壬戌，以乙室、品卑、突軌三部鰥寡不能自存者，官爲之配。丙子，南唐遣使來貢。庚辰，涅剌、烏隗部獻党項俘獲數。己丑，詔定征党項功。

二月丙申，皇太子獲白麞。甲辰，晉遣使進香藥。丙子，鐵驪來貢。丁巳，詔有司編《始祖奇首可汗事迹》。己未，晉遣楊彦詢來貢，且言鎮州安重榮跋扈狀，遂留不遣。是月，晉鎮州安重榮執遼使者拽剌。

三月，特授回鶻使闊里于越，并賜旌旗、弓劍、衣馬，餘賜有差。癸酉，晉以許祀南郊，遣使來謝，進黄金十鎰。

夏四月己卯，晉遣使進櫻桃。

五月庚辰，吐谷渾夷離堇蘇等叛入晉。遣牒蠟往諭晉及太原守臣。

六月辛卯，振武軍節度副使趙崇逐其節度使耶律畫里，以朔州叛，附晉。丙午，命宣徽使褭古只赴朔州，以兵圍其城，有晉使至，請開壁，即勿聽，驛送闕下。

秋七月癸亥，南唐遣使奉蠟丸書。丙寅，褭古只奏請遣使至朔令降，守者猶堅壁弗納。且言晉有貢物，命即以所貢物賜攻城將校。己巳，有司奏神纛車有蜂巢成蜜，史占之，吉。壬申，晉遣使進水晶硯。

八月癸巳，南唐奉蠟丸書。庚子，晉遣使進犀弓、竹矢。吴越王遣使奉蠟丸書。

九月壬申，有星孛于晉分。丁丑，幸歸化州。

冬十月辛丑，有司奏燕、薊大熟。癸卯，吴越王遣使來貢。

十一月丙寅，晉以討安重榮來告。庚午，吐谷渾請降，遣使撫諭。阻卜來貢，以其物賜左右。丙子，鴨渌江女直來貢。壬午，以永寧、天授二節及正旦、重午、冬至、臘並受賀，著令。

十二月戊子，晉遣使來告山南節度使安從進反。詔以便宜討之。庚寅，南唐遣使奉蠟丸書。戊戌，晉遣王升鸞來貢。戊申，晉以敗安重榮來告，遂遣楊彦詢歸。辛亥，晉遣使乞罷戍兵，詔惕隱朔古班師。甲寅，攻拔朔州，遣控鶴指揮使諧里勞軍。時褭古只戰殁城下，上怒，命誅城中丁壯，仍以叛民上户三十爲褭古只部曲。

五年春正月丙辰朔，上在歸化州，御行殿受羣臣朝。以諸道貢物進太后及賜宗室百僚。戊午，詔求直言，北王府郎君耶律海思應詔，召對稱旨，特授宣徽

使。詔政事令僧隱等以契丹户分屯南邊。戊辰，晉函安重榮首來獻。上數欲親討重榮，至是乃止。癸酉，遣使使晉。是月，晉以朔州平，遣使來賀，遂遣客省使耶律化哥使晉并致生辰禮。

二月壬辰，上將南幸，以諸路有未平者，召太子及羣臣議，皆曰：「今襄、鎮、朔三州雖已平，然吐谷渾爲安重榮所誘，猶未歸命，宜發兵討之，以警諸部。」上曰：「正與朕合。」遂詔以明王隈恩代于越信恩爲西南路招討使以討之，且諭明王宜先練習邊事，而後之官。甲午，如南京。遣使晉索吐谷渾叛者。乙未，鼻骨德來貢。

三月乙卯朔，晉遣齊州防禦使宋暉業、翰林茶酒使張言來問起居。

閏月，駐蹕陽門。

夏四月甲寅朔，鐵驪來貢，以其物分賜羣臣。丙子，晉遣使進射柳鞍馬。

五月五日戊子，禁屠宰。

六月癸丑朔，晉齊王重貴遣使來貢。丁巳，徒覩古、素撒來貢。乙丑，晉主敬瑭殂，子重貴立。戊辰，晉遣使告哀，輟朝七日。庚午，遣使往晉弔祭。丁丑，聞皇太后不豫，上馳入侍，湯藥必親嘗。仍告太祖廟，幸菩薩堂，飯僧五萬人。七月乃愈。

秋七月庚寅，晉遣金吾衛大將軍梁言、判四方館事朱崇節來謝，書稱「孫」，不稱「臣」，遣客省使喬榮讓之。景延廣答曰：「先帝則聖朝所立，今主則我國自册。爲鄰爲孫則可，奉表稱臣則不可。」榮還，具奏之，上始有南伐之意。辛卯，阻卜、鼻骨德、烏古來貢。將軍闒德里、蒲骨等率降將轄德至闕，并獻所獲。丁未，晉遣使以祖母哀來告。

八月辛酉，女直、阻卜、烏古各貢方物。甲子，晉復襄州。戊辰，詔河東節度使劉知遠送叛臣烏古指揮使由燕京赴闕。癸酉，遣天城軍節度使蕭拜石弔祭于晉。

九月壬辰，遣使賀晉帝嗣位。

冬十月己巳，徵諸道兵。遣將軍密骨德伐党項。

十一月乙未，武定軍奏松生棗。

十二月癸亥，晉遣使來謝。

是冬，駐蹕赤城。

六年春二月乙卯，晉遣使進先帝遺物。辛酉，晉遣使請居汴，從之。

三月己卯朔，吴越王遣使來貢。甲申，梅里喘引來歸。戊子，南唐遣使奉蠟丸書。丁未，晉至汴，遣使來謝。

五月己亥，遣使如晉致生辰禮。

六月丁未朔，鐵驪來貢。己未，奚鋤骨里部進白麛。辛酉，莫州進白鵲。晉遣使貢金。

秋八月丁未朔，晉復貢金。己未，如奉聖州。晉遣其子延煦來朝。

冬十一月辛卯，上京留守耶律迪輦得晉諜，知有二心。甲辰，鐵驪來貢。

十二月丁未，如南京，議伐晉。命趙延壽、趙延昭、安端、解里等由滄、恒、易、定分道而進，大軍繼之。

是歲，楊彦昭請移鎮奈灤及新鎮，從之。

七年春正月甲戌朔，趙延壽、延昭率前鋒五萬騎次任丘。丙子，安端入雁門，圍忻、代。己卯，趙延壽圍貝州，其軍校邵珂開南門納遼兵，太守吴巒投井死。己丑，次元城，授延壽魏、博等州節度使，封魏王，率所部屯南樂。丙申，遣兵攻黎陽，晉張彦澤來拒。辛丑，晉遣使來修舊好，詔割河北諸州，及遣桑維翰、景延廣來議。

二月甲辰朔，攻博州，刺史周儒以城降。晉平盧軍節度使楊光遠密道遼師自馬家口濟河。晉將景延廣命石斌守麻家口，白再榮守馬家口。未幾，周儒引遼軍麻答營于河東，攻鄆州北津，以應光遠。晉遣李守貞、皇甫遇、梁漢璋、薛懷讓將兵萬人，緣河水陸俱進。遼軍圍晉別將于戚城，晉主自將救之，遼師解去。守貞等至馬家口，麻答遣步卒萬人築營壘，騎兵萬人守於外，餘兵屯河西。渡未已，晉兵薄之，遼軍不利。

三月癸酉朔，趙延壽言：「晉諸軍沿河置柵，皆畏怯不敢戰。若率大兵直抵澶淵，據其橋梁，晉必可取。」是日，晉兵駐澶淵，其前軍高行周在戚城。乃命延壽、延昭以數萬騎出行周右，上以精兵出其左。戰至暮，上復以勁騎突其中軍，晉軍不能戰。會有諜者言晉軍東面數少，沿河城柵不固，乃急擊其東偏，衆皆奔潰。縱兵追及，遂大敗之。壬午，留趙延昭守貝州，徙所俘户于内地。

夏四月癸丑，還次南京，辛未，如涼陘。

五月癸酉，耶律拔里得奏破德州，擒刺史尹居璠及將吏二十七人。

六月甲辰，黑車子室韋來貢。乙巳，紙没里、要里等國來貢。

秋七月己卯，晉楊光遠遣人奉蠟丸書。辛卯，晉遣張暉奉表乞和，留暉

不遺。

八月辛酉，回鶻遣使請婚，不許。是月，晉鎮州兵來襲飛狐，大同軍節度使耶律孔阿戰敗之。

九月庚午朔，北幸。

冬十月丁未，鼻骨德來貢。壬戌，天授節，諸國進賀，惟晉不至。

十一月壬申，詔徵諸道兵，以閏月朔會温榆河北。

十二月癸卯，南伐。甲子，次古北口。

閏月己巳朔，閱諸道兵於温榆河。己卯，圍恒州，下其九縣。

八年春正月庚子，分兵攻邢、洺、磁三州，殺掠殆盡。入鄴都境。張從恩、馬全節、安審琦兵悉陳于相州安陽水之南。皇甫遇與濮州刺史慕容彦超將兵千騎來覘遼軍。至鄴都，遇遼軍數萬，且戰且却，至榆林店。遼軍繼至，遇與彦超力戰百餘合，遇馬斃，步戰，審琦引騎兵踰水以救，遼軍乃還。

二月，圍魏，晉將杜重威率兵來救。戊子，晉將折從阮陷勝州。

三月戊戌，師拔祁州，殺其刺史沈斌。庚戌，杜重威、李守貞攻泰州。戊子，趙延壽率前鋒薄泰城。己未，重威、守貞引兵南遁，追至陽城，大敗之。復以步卒爲方陣來拒，與戰二十餘合。壬戌，復搏戰十餘里。癸亥，圍晉兵于白團衛村。晉兵下鹿角爲營。是夕大風。至曙，命鐵鷂軍下馬，拔其鹿角，奮短兵入擊。順風縱火揚塵，以助其勢。晉軍大呼曰：「都招討何不用兵，令士卒徒死！」諸將皆奮出戰。張彦澤、藥元福、皇甫遇出兵大戰，諸將繼至，遼軍却數百步。風益甚，晝晦如夜。符彦卿以萬騎橫擊遼軍，率步卒並進，遼軍不利。上乘奚車退十餘里，晉追兵急，獲一橐駝乘之乃歸。晉兵退保定州。

夏四月甲申，還次南京，杖戰不力者各數百。庚寅，宴將士於元和殿。癸巳，如涼陘。

六月戊辰，回鶻來貢。辛未，吐谷渾、鼻骨德皆來貢。辛巳，黑車子室韋來貢。丁亥，趙延壽奏晉兵襲高陽，戍將擊走之。

秋七月乙卯，獵平地松林。晉遣孟守中奉表請和，仍以前事答之。

八月己巳，詔侍衛蕭素撒閱羣牧于北陘。

九月壬寅，次赤山，宴從臣，問軍國要務，對曰：「軍國之務，愛民爲本。民富則兵足，兵足則國强。」上以爲然。辛酉，還上京。

冬十月辛未，祠木葉山。

十一月戊戌，女直、鐵驪來貢。

十二月癸亥朔，朝謁太祖行宫。乙丑，雲州節度使耶律孔阿獲晉諜者。戊辰，臘，賜諸國貢使衣馬。

九年春正月庚子，回鶻來貢。丁未，女直來貢。

二月戊辰，鼻骨德奏軍籍。

三月己亥，吐谷渾遣軍校恤烈獻生口千户，授恤烈檢校司空。

夏四月辛酉朔，吐谷渾白可久來附。是月，如涼陘。

五月庚戌，晉易州戍將孫方簡請内附。

六月戊子，謁祖陵，更閟神殿爲長思。

秋七月辛亥，詔徵諸道兵，敢傷禾稼者，以軍法論。癸丑，女直來貢。乙卯，以阻卜酋長曷刺爲本部夷離堇。

八月丙寅，烏古來貢。是月，自將南伐。

九月壬辰，閱諸道兵于漁陽西棗林淀。是月，趙延壽與晉張彦澤戰于定州，敗之。

冬十一月戊子朔，進圍鎮州。丙申，先遣候騎報晉兵至，遣精兵斷河橋，晉兵退保武强。南院大王迪輦、將軍高模翰分兵由瀛州間道以進，杜重威遣貝州節度使梁漢璋率衆來拒。與戰，大敗之，殺梁漢璋。杜重威、張彦澤引兵據中渡橋，趙延壽以步卒前擊，高彦温以騎兵乘之，追奔逐北，殭屍數萬，斬其將王清、宋彦筠墮水死。重威等退保中渡寨。義武軍節度使李殷以城降，遂進兵，夾滹沱而營。去中渡寨三里，分兵圍之。夜則列騎環守，晝則出兵抄掠，復命大内惕隱耶律朔骨里及趙延壽分兵圍守。自將騎卒夜渡河出其後，攻下欒城，降騎卒數千。分遣將士據其要害。下令軍中預備軍食，三日不得舉煙火，但獲晉人，即黥而縱之。諸餽運見者皆棄而走。於是晉兵内外隔絶，食盡勢窮。

十二月丙寅，杜重威、李守貞、張彦澤等率所部二十萬衆來降。上擁數萬騎，臨大阜，立馬以受之。授重威守太傅、鄴都留守，守貞天平軍節度使，餘各領舊職。分降卒之半付重威，半以隸趙延壽。命御史大夫解里、監軍傅桂兒、張彦澤持詔入汴，諭晉帝母李氏，以安其意，且召桑維翰、景延廣先來。留騎兵千人守魏，自率大軍而南。壬申，解里等至汴，晉帝重貴素服拜命，與母李氏奉表請罪。初，重貴絶和好，維翰數諫止之，不從，至是彦澤殺維翰，紿言自經死。詔收葬之，復其田園第宅，仍厚恤其家。甲戌，彦澤遷重貴及其母若妻於開封府署，

以控鶴指揮使李榮督兵衛之。壬午，次赤風。重貴舉族出封丘門，稾索牽羊以待。上不忍臨視，命改館封禪寺。晉百官縞衣紗帽，俯伏待罪。上曰：「其主負恩，其臣何罪。」命領職如故，即授安叔千金吾衛上將軍。叔千出班獨立，上曰：「汝邢州之請，朕所不忘。」乃加鎮國軍節度使，蓋在邢嘗密請内附也。將軍康祥執景延廣來獻，詔以牙籌數其罪，凡八，縶送都，道自殺。

大同元年春正月丁亥朔，備法駕入汴，御崇元殿受百官賀。戊子，以樞密副使劉敏權知開封府，殺秦繼旻、李彦紳及鄭州防禦使楊承勳，以其弟承信爲平盧軍節度使，襲父爵。初，楊光遠在青州求内附，其子承勳不聽，殺其判官丘濤及弟承祚等自歸于晉，故誅之。己丑，以張彦澤擅徙重貴開封，殺桑維翰，縱兵大掠，不道，斬於市。晉人臠食之。辛卯，降重貴爲崇禄大夫、檢校太尉，封負義侯。癸巳，以張礪爲平章事，晉李崧爲樞密使，馮道爲太傅，和凝爲翰林學士，趙瑩爲太子太保，劉昫守太保，馮玉爲太子少保。癸卯，遣趙瑩、馮玉、李彦韜將三百騎送負義侯及其母李氏、太妃安氏、妻馮氏、弟重睿、子延煦、延寶等于黄龍府安置。仍以其宫女五十人、内宦三人、東西班五十人、醫官一人、控鶴四人、庖丁七人、茶酒司三人、儀鸞三人、健卒十人從之。

二月丁巳朔，建國號大遼，大赦，改元大同。升鎮州爲中京。以趙延壽爲大丞相兼政事令、樞密使、中京留守，中外官僚將士爵賞有差。辛未，河東節度使北平王劉知遠自立爲帝，國號漢。詔以耿崇美爲昭義軍節度使，高唐英爲昭德軍節度使，崔廷勳爲河陽軍節度使，分據要地。

三月丙戌朔，以蕭翰爲宣武軍節度使，賜將吏爵賞有差。壬寅，晉諸司僚吏、嬪御、宦寺、方技、百工、圖籍、曆象、石經、銅人、明堂刻漏、太常樂譜、諸宫縣、鹵簿、法物及鎧仗，悉送上京。磁州帥梁暉以相州降漢，己酉，命高唐英討之。

夏四月丙辰朔，發自汴州，以馮道、李崧、和凝、李澣、徐台符、張礪等從行。次赤岡，夜有聲如雷，起於御幄，大星復隕於旗鼓前。乙丑，濟黎陽渡，顧謂侍臣曰：「朕此行有三失：縱兵掠芻粟，一也；括民私財，二也；不遽遣諸節度還鎮，三也。」皇太弟遣使問軍前事，上報曰：「初以兵二十萬降杜重威、張彦澤，下鎮州。及入汴，視其官屬具員者省之，當其才者任之。司屬雖存，官吏廢墮，猶雛飛之後，徒有空巢。久經離亂，一至於此。所在盜賊屯結，土功不息，餽餉非時，民不堪命。河東尚未歸命，西路酋帥亦相黨附，夙夜以思，制之之術，惟推心庶僚、和協軍情，撫綏百姓三者而已。今所歸順凡七十六處，得户一百九萬百一十八。非汴州炎熱，水土難居，止得一年，太平可指掌而致。且改鎮州爲中京，以備巡幸。欲伐河東，姑俟别圖。其概如此。」戊辰，次高邑，不豫。丁丑，崩于欒城，年四十六。是歲九月壬子朔，葬于鳳山，陵曰懷陵，廟號太宗。統和二十六年七月，上尊謚孝武皇帝。重熙二十一年九月，增謚孝武惠文皇帝。

葉隆禮《契丹國志》卷二《太宗嗣聖皇帝上》 太宗諱德光，太祖第二子也。母曰述律氏。帝誕於大部落東一千里之牙帳。生時黑雲覆帳，火光照耀，有聲如雷。及長，美姿貌，雄傑有大志，精於騎射。平奚、渤海二國，太祖愛之，立爲元帥太子。嘗從太祖至西樓，有赤光紫氣蓋其上，左右異之。述律后尤所鍾愛。太祖崩於夫餘，后欲立之，至西樓，命帝與突欲太祖長子。俱乘馬立帳前，謂諸酋長曰：「二子吾皆愛之，莫知所立，汝曹擇可立者執其轡。」酋長知其意，争執帝轡。后曰：「衆之所欲，吾安敢違？」遂立爲天皇王，稱帝，即位。明年，改元天顯。突欲愠，欲奔于唐，后乃遣歸東丹。帝立，尊后爲太后，國事皆決焉。太后復納其姪爲帝后。帝性孝謹，母病不食亦不食，嘗侍於母前，應對或不稱旨，母揚眉而視之，輒懼而趨避，非復召不敢見也。以韓延徽爲政事令。聽唐告哀使姚坤歸國復命，阿思、没骨餒往唐告哀，時唐明宗之初年也。

丙戌天贊六年。後唐明宗天成元年。九月，帝即位，猶稱天贊六年。

冬十月，盧龍節度使盧文進守平州，唐遣人説之，以易代之後，無復嫌怨，而文進所部華人皆思歸，乃帥其衆十萬歸唐。

丁亥天顯元年。後唐天成二年。春正月，唐主嗣源更名亶。

八月朔，日食。契丹遣使如唐修好。

戊子天顯二年。後唐天成三年。

夏四月，唐義武節度使王都在鎮州謀反，詔招討使王晏球等，發諸道兵會討定州。晏球攻拔其北關城，王都以重賂求救於奚酋禿餒。將名。

五月，禿餒以萬騎突入定州，晏球退保曲陽，王都與禿餒就攻之。晏球與戰，破之。契丹亦發兵救定州，王都悉衆與契丹五千騎合萬餘人邀戰。晏球集諸將校，誓以報國：「悉去弓矢，以短兵擊之，回顧者斬！」於是騎兵先進，奮檛揮劍，直衝其陣，大破之，僵尸蔽野。契丹兵死者過半，餘衆北走。王都與禿餒得數騎，僅免。契丹退師，又爲盧龍節度使趙德鈞邀擊，殆無孑遺。

七月，契丹復遣其酋長惕隱救定州，爲王晏球逆戰，破之；追至易州，俘斬

溺死者，不可勝數。趙德鈞遣牙將武從諫邀擊，擒惕隱等數百人，餘衆散投村落，村人以白挺擊之，其得脱者不過數十人。自是契丹爲之沮氣，更不犯塞。

八月，契丹遣使如唐。

己丑天顯三年。後唐天成四年。春二月，唐王晏球克定州。王都、秃餒欲突圍走，不能出。定州都指揮使馬讓能開門納官軍，王都舉族自焚，擒秃餒，送大梁斬之。

庚寅天顯四年。後唐明宗長興改元。

十一月，契丹東丹王突欲失職怨望，帥其部曲四十人越海奔唐。唐賜姓東丹，名慕華，明年，改賜姓李，名贊華。以爲懷化節度使。

辛卯天顯五年。後唐長興二年。

壬辰天顯六年。後唐長興三年。春三月，契丹遣使如唐，請歸擒去舍利荝刺與惕隱。唐乃遣荝骨舍利與契丹使者俱歸。契丹以不得荝刺，自是數攻雲州及振武。

冬十一月，唐以石敬瑭敬瑭娶明宗女永寧公主。爲河東節度使。蔚州刺史張彦超與敬瑭有隙，聞其爲節度使，遂叛降契丹。

癸巳天顯七年。後唐長興四年。冬十一月，唐主明宗崩，年六十七。明宗性不猜忌，與物無競，登極以來，每夕於宫中焚香祝天曰：「某胡人，因亂爲衆所推；願天早生聖人，爲生民主。」在位年穀屢豐，兵革罕用，較之五代，粗爲小康。

胡文定公曰：明宗美善，頗多過舉，亦不至甚求于漢、唐之間，蓋亦賢主也。其尤足稱者，内無聲色，外無遊畋；不任宦者，廢内藏庫，賞廉吏，治贓蠹。若輔相得賢，則其過舉當又損矣。其焚香祝天之言，發于誠心。天既厭亂，遂生聖人。由是觀之，天人交感之理，不可誣矣。

十二月，唐主從厚立。是爲愍帝。葬明帝于河南洛陽縣。

甲午天顯八年。後唐愍帝從厚應順元年四月，以後唐主潞王從珂立，改清泰元年。春正月，唐潞王從珂叛，至長安。唐遣康義誠爲招討使，將兵拒之。潞王所至，唐諸將及康義誠等皆降。愍帝憂駭不知所爲，領五十騎自隨，出奔。至衛州東數里，遇石敬瑭，問以大計。敬瑭聞康義誠等叛降，俛首長嘆。未幾，敬瑭命牙内指揮使劉知遠引兵，盡殺愍帝從兵，獨置愍帝于驛，遂趣洛陽。

夏四月，唐潞王從珂入洛陽，至蔣橋，馮道率百官班迎，傳教以未拜梓宫，未可相見。入謁太后、太妃，詣西宫，伏梓宫慟哭，自陳詣闕之由。馮道帥百官班見，拜，潞王答拜。道等上牋勸進，潞王曰：「予之此行，事非獲已。俟皇帝歸闕，園寢禮終，當還守藩服。」明日，太后下令廢少帝爲鄂王，以潞王知軍國事。又明日，太后令潞王即位於柩前。遣王弘贄遷愍帝於衛州廨内，隨遣弘贄之子王巒往鴆之。愍帝不飲，巒縊殺之。帝之在衛州，惟磁州刺史宋令詢遣使問起居，聞其遇害，慟哭半日，自縊死。

胡文定公曰：歐陽公《五代史》取死節者三人，死事者十人，而不及宋令詢，豈以其君微，其事略，故遺之歟？夫潞王非明宗之子也，愍帝真其國矣。所以不終者，身乏股肱，朝無禎幹，非其罪也。令詢不以其微而廢君臣之義，雖王彦章、裴約何以加焉，是以表而出之。

十一月，唐葬鄂王于徽陵城南，徽陵，明宗墓也。封纔數尺，觀者悲之。

乙未天顯九年。後唐清泰二年。夏六月，契丹屢攻北邊。時石敬瑭將大兵屯忻州，潞王遣使賜軍士夏衣，傳詔撫諭，軍士呼萬歲者數四。敬瑭懼，幕僚段希堯請誅其倡者，敬瑭命劉知遠斬三十六人以徇。潞王聞，益疑之。

丙申天顯十年。後唐清泰三年。十一月以後晉高祖石敬瑭天福元年。夏五月，唐以石敬瑭爲天平節度使。敬瑭拒命謀叛，唐發兵討之。

秋七月，唐殺石敬瑭子弟四人。敬瑭令掌書記桑維翰草表稱臣於契丹帝，且請以父禮事之，約事捷之日，割盧龍一道及雁門關以北諸州爲獻。表至，契丹大喜。復書許俟仲秋，傾國赴援。

九月，契丹帝將兵五萬騎，自揚武谷而南。至晉陽，陣於汾北之虎北口。先遣人謂石敬瑭曰：「吾欲今日即戰，可乎？」敬瑭遣人馳告曰：「南軍甚厚，請俟明日。」使者未至，契丹已與唐騎將高行周、符彦卿合戰，敬瑭遣劉知遠將兵助之。唐張敬達、楊光遠、安審琦以步兵陣于城西北山下，契丹遣輕騎三千，不被甲，直犯其陣。唐兵逐之，至汾曲，契丹伏兵起，衝唐兵斷而爲二，縱兵乘之，唐兵大敗，死者數萬人。敬達等收餘衆保晉安，契丹亦引兵歸虎北口。敬瑭得唐降兵千餘人，劉知遠勸敬瑭盡殺之。是夕，敬瑭出見契丹帝，問曰：「皇帝遠來，士馬疲倦，遽與唐戰而大勝，何也？」帝曰：「始吾謂唐必斷雁門諸路，伏兵險要，不可得進。使人偵視，皆無之，是以長驅而深入。我氣方鋭，乘此擊之，是以勝也。」敬瑭歎伏。引兵會圍晉安寨，置營於晉安之南，長百餘里，厚五十里，多設鈴索吠犬，人跬步不能過。敬達等士卒猶五萬人，馬萬匹，四顧無所之，遣使告敗。唐潞王大懼，下詔親征。潞王至懷州，以晉安爲憂，問策於羣臣。吏部侍

郎龍敏請立李贊華爲契丹主，令天雄、盧龍二鎮分兵送之，自幽州趣西樓，朝廷露檄言之，契丹必有内顧之憂，然後選募精鋭以擊之，此亦解圍之一策也。潞王深以爲然，而執政恐其無成，議竟不決。潞王憂沮，日夕酣飲悲歌。羣臣或勸其北行，則曰：「卿勿言，石郎使我心膽墮地。」

胡文定公曰：龍敏之策必可解晉安之圍，而唐之君臣不能用，豈天固亡之，先褫其魄乎？

冬十月，唐詔大括天下將吏及民間馬，又發民爲兵，每七户出征夫一人，自備鎧仗，謂之「義軍」。凡得馬二千餘匹，征夫五千人，民間大擾。

十一月，契丹帝謂石敬瑭曰：「吾三千里來赴難，必有成功。觀汝器貌識量，真中原之主，吾欲立汝爲天子。」敬瑭辭讓數四，將吏復勸進，乃許之。契丹帝作策書，命敬瑭爲大晉皇帝，是爲高祖。自解衣冠授之，築壇即位。割幽、薊、瀛、莫、涿、檀、順、新、嬀、儒、武、雲、應、寰、朔、蔚十六州以獻契丹，仍許歲輸帛三十萬匹。制改長興七年爲天福元年。勅命法制，皆遵明宗之舊。以趙瑩爲翰林學士承旨，桑維翰爲翰林學士、權知樞密使事，劉知遠爲侍衛馬軍都指揮使，客將景延廣爲步軍都指揮使。立晉國長公主爲皇后。

胡文定公曰：石敬瑭之罪在不助愍帝。苟以愍帝失國，則當尊奉許王，不爲衛州之事，而歸奪國弑君之惡於從珂，兵以義舉，名實皆正，則其德美矣。乃急於近利，稱臣契丹，割棄土壤，以父事之，其利不能以再世，其害乃及於無窮。故以功利謀國而不本於禮義，未有不旋中其禍也。

契丹圍晉安數月，糧竭馬死，援兵不至。

唐將楊光遠、安審琦勸招討使張敬達降，敬達曰：「吾受明宗及今上厚恩，爲元帥而敗軍，其罪已大，況降敵乎？今援兵早晚至，且當候之。若力盡勢窮，諸軍斬我，出降未晚也。」後諸將畢集，光遠殺敬達，以其首帥諸將出降。契丹主嘉敬達之忠，命收葬而祭之，謂其下及晉諸將曰：「汝曹爲人臣，當傚敬達也。」契丹帝與晉高祖將引兵而南，高祖以齊王重貴重貴，乃高祖兄敬儒之子，以爲養子。爲北京留守，以契丹將高謨翰爲先鋒，與降卒偕進。至團柏，與唐兵戰，唐兵大潰，死者萬計。

晉高祖將發潞州，契丹帝舉酒相屬之，曰：「我若南向，河南之人必大驚駭。汝宜自引漢兵南下，我令大相温將五千騎衛送汝至河梁。余且留此，俟汝音問，有急，則下山救汝。若洛陽既定，吾即北返矣。」因執手而泣別，解白貂裘以衣晉高祖，并贈良馬二十匹，戰馬一千二百匹，曰：「世世子孫勿相忘。」又曰：「劉知遠、桑維翰、趙瑩皆創業功臣，無大故，勿相棄也。」

晉高祖自太原入洛陽，帝親送至潞州。唐樞密使趙德鈞及子趙延壽延壽尚明宗女。出降。先是德鈞陰遣人聘契丹，求立爲帝，帝乃指穹廬前巨石謂德鈞使者曰：「吾已許石郎矣，石爛，可改也。」帝至潞州，鎖德鈞父子而去。述律太后見之，問曰：「汝父子自求爲天子，何耶？」德鈞慙不能對，悉以田宅之籍爲獻，后問何在？曰：「幽州。」后笑曰：「幽州屬我也，何獻之爲？」德鈞益慙。自是鬱鬱不多食，踰年而死。德鈞既卒，國主釋延壽而用之。

《紀異録》曰：契丹主德光嘗晝寢，夢一神人，花冠，美姿容，輜軿甚盛，忽自天而下，衣白衣，佩金帶，執鍇鍒，有異獸十二隨其後，内一黑色兔入德光懷而失之。神人語德光曰：「石郎使人喚汝，汝須去。」覺，告其母，忽之不以爲異。後復夢，即前神人也，衣冠儀貌，宛然如故。曰：「石郎已使人來喚汝。」既覺而驚，復以告母。母曰：「可命筮之。」乃召胡巫筮，言：「太祖從西樓來，言中國將立天王，要你爲助，你須去。」未浹旬，唐石敬瑭反於河東，爲後唐張敬達所敗，亟遣趙瑩持表重賂，許割燕、雲，求兵爲援。契丹帝曰：「我非爲石郎興師，乃奉天帝勅使也。」率兵十萬，直抵太原，唐師遂衄，立石敬瑭爲晉帝。後至綱州城中，見大悲菩薩佛相，驚告其母曰：「此即向來夢中神人。冠冕如故，但服色不同耳。」因立祠木葉山，名菩薩堂。德光生於癸卯年，黑兔入懷，此其兆也。中原喪亂，視淵、勒過之。豈陰山之北，天亦固兆冥符而啓嘉瑞歟？

唐主潞王命河陽節度使萇從簡與趙州刺史劉在明守河陽南城，遂斷浮梁，歸洛陽。殺東丹王李贊華。

晉高祖至河陽，萇從簡迎降，舟楫已具。

潞王議復向河陽，將校皆已飛狀迎晉高祖。高祖慮潞王西奔，遣契丹千騎扼澠池。潞王與曹太后、劉皇后并子雍王重美及宋審虔等攜傳國寶登玄武樓。潞王自焚死，年五十一。劉皇后欲燒宫室，重美諫曰：「新天子至，必不露居，他日重勞民力，死而遺怨。」乃止。后與重美俱死。是日晚，晉高祖入洛陽，唐兵皆解甲待罪。高祖命知遠部署京城，知遠分漢軍使還營，館契丹軍於天宫寺，城中肅然，無敢犯令。

十二月，晉追廢潞王爲庶人。以馮道同平章事。

丁酉會同元年。晉天福二年。

是年，改元會同，國號大遼。公卿百官皆倣中國，參用中國人，以趙延壽爲樞密使，尋兼政事令。後封燕王。遼帝遣使如洛陽，取延壽妻唐燕國長公主以歸。

二月，遼帝歸，北過雲州，節度使沙彦珣出迎降，遼帝留之。判官吴巒在城中，謂其衆曰：「吾屬禮義之俗，安可臣事夷狄乎？」衆推巒領州事，閉城不受命，攻之不克。應州郭崇威亦恥臣契丹，挺身南歸。張礪逃歸，爲追騎所獲，遼帝責之，對曰：「臣華人，飲食衣服皆不與此同，生不如死，願蚤就戮。」遼帝顧通事高彦英曰：「吾常戒汝善遇此人，何故使之失所而亡？若失之，安可復得耶？」笞彦英而謝之。礪甚忠直，遇事輒言無隱，遼帝甚重之。

三月，晉得潞王膂及髀骨，詔以王禮葬於徽陵南。即明宗陵寢處。

夏四月，晉遷都汴州。

五月，吴徐誥欲結遼取中國，遣使以美女、珍玩泛海修好，遼帝亦遣使報之。

秋七月，吴徐誥稱帝，國號南唐。後復姓名李昪。

遼以幽州爲南京，大都爲上京，渤海夫餘城爲東京。

戊戌會同二年。晉天福三年。

秋七月，晉作受命寶，以「受天明命，惟德允昌」爲文。

八月，晉上尊號於遼帝及太后。以同平章事馮道、左僕射劉昫爲册禮使，遼帝大悦。晉帝事遼甚謹，奉表稱臣，謂遼帝爲「父皇帝」；每遼使至，即於別殿拜受詔勅。每歲輸金帛三十萬之外，吉凶慶弔，歲時贈遺，相繼於道。乃至太后、元帥太子、諸王、大臣皆有賂遺。然所輸金帛，不過數縣租賦。其後，遼帝屢止晉帝上表稱臣，但令爲書稱「兒皇帝」，如家人禮。

冬十月，遼帝遣使奉寶册，加高祖尊號曰英武明義皇帝。

己亥會同三年。晉天福四年。

八月，晉以故唐明宗子許王從益爲郇國公，以奉唐祀。

庚子會同四年。晉天福五年。初，晉割雁門之北賂遼，由是吐谷渾皆屬于遼，苦其貪虐，思歸中國，晉成德節度使安重榮復誘之，春正月，吐谷渾使其部落千餘帳奔晉。遼帝大怒，遣使讓晉高祖。遣兵逐之，使還故土。

辛丑會同五年晉天福六年。夏六月，晉安重榮恥臣事遼，見其使者至，必箕踞慢罵，或潛遣人殺之；遼以爲讓，晉高祖爲之遜謝。後重榮執遼使拽刺，遣輕騎掠幽州南境，上表稱：「吐谷渾、兩突厥、渾、契苾、沙陁各帥部衆歸附。党項國名。等亦納遼告牒，言爲遼所陵暴，願自備十萬衆，與晉共擊遼。」高祖不許。

壬寅會同六年晉天福七年。夏六月，遼以晉招納吐谷渾，遣使來責讓。晉高祖憂悒成疾。一日，馮道獨對。高祖命幼子重睿出拜之，又令宦者抱置道懷中，蓋欲馮道輔立之。是月，高祖崩，年五十一。馮道與侍衛馬步都虞候景延廣議，以國家多難，宜立長君，乃奉齊王重貴爲嗣，是日即位。是爲出帝。

胡文定公曰：晉高祖以幼子委馮道，道不可，盍明言之，乃含糊不對。死肉未寒，乃背顧命，其視荀息爲如何？

晉高祖崩，大臣議奉表稱臣，告哀於遼，景延廣請致書稱孫而不稱臣。時李崧曰：「陛下如此，他日必躬擐甲胄與遼戰，於時悔無益矣。」延廣固争，馮道依違其間，晉出帝卒從延廣議。遼帝大怒，遣使來責讓，延廣復以不遜語答之。

盧龍節度使趙延壽欲代晉帝中國，屢説遼擊晉，遼帝頗然之。

癸卯會同七年。晉天福八年。春二月，晉聞遼將入攻，遂還東京。然問遺相往來，無虚月。

胡文定公曰：即事而論，景延廣亡晉之罪無可贖者；即情而論，則以晉父事虜，中外人心皆不能平。胡慨然欲一洒之而不思輕背信好，自生釁端。公卿不同謀，將帥有異志，君德荒穢，民力困竭，乃與虜鬭，何能善終？狹不淺謀，一朝之忿，忘其身以及其君。嗟夫，使景延廣知「慮善以動，動惟厥時」之義，姑守前約而内修政事，不越三、四年，可以得志于北狄矣！

是月，南唐主昪殂，齊王璟立。

秋九月，先是河陽牙將喬榮從趙延壽入遼，遼帝以爲回圖使，往來販易於晉，置邸大梁。至是景延廣説晉帝囚榮於獄，凡遼國販易在晉境者，皆殺之，奪其貨。大臣皆言遼國不可負。乃釋榮，慰賜而歸之。榮辭延廣，延廣大言曰：「歸語而主，先帝爲北朝所立，故稱臣奉表；今上乃中國所立，所以降志於北朝者，正以不敢忘先帝盟約故耳。爲鄰稱孫，足矣，無稱臣之理。翁怒則來戰，孫有十萬横磨劍，足以相待。他日爲孫所敗，取笑天下，毋悔也。」榮乃曰：「公所言頗多，恐有遺忘，願記之紙墨。」延廣命吏書其語以授之，榮具以白遼帝。遼帝大怒，入攻之志始決。晉使如遼者，皆縶之。桑維翰屢請遜辭謝遼，每爲延廣所沮。晉帝以延廣爲有定策功，又總宿衛兵，故大臣莫能與之争。河東節度使劉知遠知延廣必致遼來攻，而不敢言，但益募兵，增置十餘軍以備。

十二月，晉平盧節度使楊光遠遣騎密告遼，以晉境大饑，乘此攻之，一舉可

取；趙延壽亦勸之。遼帝乃集兵五萬，使延壽將之，經略中國，曰：「若得之，當立汝爲帝。」延壽信之。爲盡力。晉帝頗聞其謀，遣使徵近道兵以備之。

甲辰會同八年。晉出帝開運改元。春正月，遼用趙延壽、趙延照爲前鋒，將兵入攻，逼晉貝州。先是，晉朝以貝州水陸要衝，多聚芻粟，爲大軍數年之儲。軍校邵珂性兇悖，節度使王令溫黜之。珂怨望，密遣人亡入遼，言貝州易取。會令溫入朝，執政以吴巒權知州事。遼帝親攻貝州，巒悉力拒之，燒其攻具殆盡。珂引遼兵自南門入，巒赴井死。遂陷貝州，所殺且萬人。晉以高行周爲都部署，與符彦卿、皇甫遇等將兵禦之。

晉帝遣使齎書遺遼帝，時遼帝已屯鄴都，不得通而返。晉帝至澶州。遼帝屯元城，别將攻太原，晉詔劉知遠、杜威、馬全節、張彦澤等將兵拒之於黎陽。復遣譯者孟守忠致書於遼帝，求修舊好。遼帝復書曰：「已成之勢，不可改也。」會遼偉王在秀容失利，遼帝兵自鴉鳴谷歸。博州刺史周儒叛降。

二月，周儒引麻荅太宗從弟。自馬家口濟河，營於東岸，攻鄆州北津。晉帝自將兵，及遣李守貞等分道擊之，遼師敗績。

三月，遼帝僞棄元城去，伏精騎於古頓丘城，以俟晉軍與恒、定之兵合而來擊。大軍欲進追之，會霖雨而止。遼兵人馬饑疲。趙延壽曰：「晉軍悉在河上，畏我鋒鋭，必不敢前，不如即其城下，四合攻之，奪其浮梁，則天下定矣。」遼帝從之，親將兵十餘萬，陣於澶州城北，與晉高行周合戰，自午至晡，互有勝負。遼帝以精兵當中軍而來，晉帝亦出陣待之。遼帝望見晉軍之盛，謂左右曰：「楊光遠言晉兵半已餒死，今何其多也？」以精騎左右掠陣，晉軍不動，萬弩齊發，飛矢蔽地，遼帝稍卻，兩軍死者不可勝數。昏後，各引去。遼帝自澶州北分爲兩軍，一出滄、德，一出深、冀而歸。時遼帝帳中有小校亡來，云遼帝已傳木書，收軍北去。景延廣疑有詐，閉壁不敢追。遼帝北歸，所過焚掠，民物殆盡。

夏四月，晉因遼國入侵，國用逾竭，遣使三十六人，分道括率民財，各封劍以授之。使者多從吏卒，攜鎖械、刀杖入民家，小大驚懼，求死無地。州縣吏復因緣爲姦。先是，晉楊光遠叛，命兗州修守備。節度使安審信亦以治樓堞爲名，率民財以實私藏，民力大困。

晉遣李守貞討楊光遠於青州，遼救之，不克。

遼師攻遂城、樂壽。代州刺史白文珂戰于七里烽，遼師敗績。

十二月，晉師圍青州，經時，城中食盡，餓死者大半。遼援兵不至，楊光遠遥稽首於遼曰：「皇帝，皇帝，誤光遠矣！」其子承勳勸光遠降，冀全其族，光遠不許。承勳乃斬勸其父反者判官丘濤，送其首於守貞，縱火大譟，刦其父出居私第，上表待罪，開城納官軍。

閏月，晉以楊光遠罪大，而諸子歸命，難於顯誅，命守貞便宜從事。守貞遣人拉殺光遠，以病死聞。起復其子承勳，除汝州防禦使。

胡文定公曰：光遠不肯臣事于契丹是也，既而舉兵與遼合，則其情實歹矣。承勳以義迫其父開門納官軍，變而不失正，亦可矣。父既被殺，而已乃受賞，于心何安？無乃被圍之時，自虞及禍，故爲刦降之計歟！

是月，遼復大舉攻晉，趙延壽引兵先進，至邢州。

葉隆禮《契丹國志》卷三《太宗嗣聖皇帝下》 乙巳會同九年。晉開運二年。春正月，遼師至邢、洺、磁三州，至於安陽河。千里之内，焚剽迫盡。遼主見大桑木，罵曰：「吾知紫披襖出自汝身，吾豈容汝活耶？」束薪於木而焚之。

時晉出帝病不能征，遣張從恩、馬全節、安審琦、皇甫遇，悉兵陣于相州安陽水之南。皇甫遇與濮州刺史慕容彦超將數千騎前覘，至鄴都，遇遼師數萬，遇等且戰且卻，至榆林店，遼師大至，二將死戰，自午至未，百餘合，殺傷甚衆。日暮，安陽諸將怪覘兵不還，安審琦即引騎兵出。遼師自相驚曰：「晉軍悉至矣。」遂引兵退。時遼帝在邯鄲，聞之即時北去。

二月，遼發羸兵驅牛羊，過祁州城下，晉刺史沈斌出兵擊之，遼以精兵奪其門，州兵不得還。趙延壽引兵急攻之。斌在城上，延壽語之曰：「使君何不早降？」斌曰：「侍中父子失計，陷身虜廷，忍帥犬羊以殘父母之邦，不自愧恥，更有驕色，何哉？沈斌弓折矢盡，寧爲國家死耳，終不傚公所爲！」明日城陷，斌自殺。

三月，遼師還軍，南下晉都，排陣使符彦卿等來擊，遼師敗走。

夏四月，晉杜威等諸軍會于定州。攻遼泰州，降之。取滿城，獲遼二千人。取遂城。趙延壽部曲有降者言：「遼帝還至虎北口，聞晉取泰州，復擁八萬餘騎南向，計來夕當至。」威等懼，退至陽城。遼師大至，晉師與戰，逐北十餘里，遼師踰白溝而去。晉師結陣而南，胡騎四合如山，諸軍力戰拒之，人馬饑渴。至白團村，埋鹿角爲行寨。遼師圍之數重，奇兵出寨後，斷糧道。是夕，東北風大起。營中人馬俱渴，掘井輒崩。至曙，風甚。遼帝坐奚車中，命鐵鷂四面下馬，拔鹿角而入，奮短兵以擊晉兵，又順風縱火揚塵以助其勢。諸將憤怒，皆願出一戰。

符彦卿等引精兵出西門，諸將繼至。遼師卻數百步。風勢益甚，昏晦如夜。彦卿等擁萬餘騎橫擊遼師，號呼聲動天地，大敗而走，勢如崩山。至幽州，散兵稍集。帝以軍失利，杖其酋長各數百。諸軍引歸。出帝亦還大梁。

六月，晉遣使如遼。

遼連歲入侵，中國疲於奔命，邊民塗地，人畜多死，國人厭苦之。述律太后謂帝曰：「使漢人爲胡主，可乎？」曰：「不可。」太后曰：「然則汝何故欲爲漢帝？」曰：「石氏負恩，不可容。」后曰：「汝今雖得漢地，不能居也；萬一蹉跌，悔所不及。」又謂羣下曰：「漢兒何得一餉眠？自古但聞漢和番，不聞番和漢。漢兒果能回意，我亦何惜與和。」

晉桑維翰屢勸出帝復請和，以紓國患。遣供奉官張暉奉表稱臣，詣遼謝過。帝曰：「使景延廣、桑維翰自來，仍割鎮、定兩道隸我，則可和。」出帝以遼語忿，謂其無和意，乃止。及帝入大梁，謂李崧等曰：「向使晉使再來，則南北不戰矣。」

丙午會同十年。晉開運三年。

夏四月，晉定州指揮使孫方簡叛降。

六月，遼攻定州，晉遣李守貞爲都部署，將兵禦之。

八月，晉張彦澤敗遼師於定州北。

冬十月，晉遣杜威、李守貞將兵攻遼。

十一月，晉帥杜威、李守貞會兵至嬴州，城門洞啓，寂若無人，威等不敢進。聞遼將高謨翰先已引兵潛出，威遣梁漢璋將二千騎追之，漢璋敗死，威等遂引兵而南。

十二月，遼師大舉入攻，趨恒州。杜威等聞之，將自冀、貝而南。張彦澤時在恒州，引兵會之，言遼兵可破之狀，威等乃復趨恒州，以彦澤爲前鋒，與遼兵夾滹沱而軍。遼兵恐晉軍渡河與恒州合勢，議引兵還；及聞晉軍築壘爲持久計，遂不去。

磁州刺史李穀説杜威及李守貞曰：「今大軍去恒州咫尺，煙火相望。若多以三股木置水中，積薪布土其上，橋可立成；密約城中舉火相應，夜募壯士斫虜營而入，表裏合勢，逃遁必矣。」諸將皆以爲然，獨杜威以爲不可，遣李穀出督懷、孟軍糧。遼以大兵當晉軍之前，潛遣蕭翰將百騎出晉軍之後，斷晉糧道及歸路。樵採者遇之，悉爲所掠，有逸歸者，皆稱遼師之盛。又獲晉民，皆黥其面，曰「奉勑不殺」，縱之南走，運夫在道遇之，皆棄車驚潰。

李穀密奏出帝，具言遼兵危急之勢，請幸滑州及發兵守澶州、河陽，以備奔衝。杜威亦奏請益兵，晉詔悉發守宫禁者數百人赴之。威又遣使告急，還爲遼兵所獲，自是出帝與軍前聲問兩不相通。開封府尹桑維翰以國家危在旦夕，求見言事，出帝方在苑中調鷹，辭不見；又詣執政言之，執政不以爲然，退謂所親曰：「晉氏不血食矣。」

胡文定公曰：史載維翰請見言事而不知其所欲言，讀之者皆有遺恨。以愚度之，維翰非有他策，不過勸帝稱臣謝過，割關南以增賂耳。此可以救目前之危，終不足以彌異日之禍。蓋與夷狄共事，勢均力敵，猶且見圖。況爲之下乎？

晉出帝欲自將北征，李彦韜諫而止。

晉奉國都指揮使王清戰死。

杜威與李守貞、宋彦筠等謀降，威潛遣腹心詣遼，邀求重賞。遼帝紿云：「許以中國，與之爲帝。」威喜，遂定降計。召諸將，出降表使署名。乃命軍士出陣於外，軍士皆踊躍，決爲一戰，及告以出降，令其釋甲，軍士大哭，聲振原野。遼帝遣趙延壽衣赭袍至晉營，慰撫士卒；亦以赭袍衣杜威，其實皆戲之耳。

威引遼帝至恒州城下，順國節度使王周降。

帝引兵南向，自易、定趣恒州，威將降兵以從。遣張彦澤將二千騎先取大梁，以通事傅住兒爲都監。杜威之降也，皇甫遇初不預謀，帝欲遣遇先入大梁，遇辭，退謂所親曰：「吾位爲將相，敗不能死，何面目復南行。」至平棘，遂扼吭而死。

胡文定公曰：《五代史》稱杜重威召諸將示以降表，皇甫遇等愕然不能對，遂以次署名，麾其下解甲，與張彦澤先入京師。遇行至平棘，絶吭而死。歐陽子譏之曰：「使遇奮然攘袂而起，殺杜威於坐上，雖不幸而不免，猶爲得其死矣，其義烈豈不凜然哉！既俛首聽命，相與亡人之國，雖死不能贖也，豈足貴哉？」遇一人爾，如晉史則鄙夫也，如《通鑑》則節士也，其相去遠矣，尚論取予，可不慎哉！

是月，張彦澤倍道疾驅，夜渡白馬津。晉出帝召李崧、馮玉、李彦韜入禁計事，欲詔劉知遠發兵入援。明日，彦澤自封丘門斬關而入，城中大擾。出帝於宫中起火，自攜劍驅後宫十餘人將赴火，爲嬖臣薛超所持。俄而彦澤自寬仁門傳遼帝與太后書慰撫之，乃命滅火，與后妃聚泣，召范質草降表，自稱「孫男臣重貴禍至神惑，運盡天亡。今與太后及妻馮氏，舉族面縛待罪。遣男延煦、延寶奉國寶出迎」。太

后亦上表稱「晉室皇太后李氏妾」。傳住兒入宣遼帝遺解里命，出帝脱黄袍，衣素袍，再拜受宣，曰：「孫無憂，管取一喫飯處。」又詰以所獻傳國寶非真。出帝奏：「頃唐潞王從珂自焚，舊傳國寶不知所在。此先帝所爲，羣臣備知。」乃止。有司欲使御璧牽羊，大臣輿櫬，迎於郊外。遼帝曰：「吾遣奇兵取大梁，非受降也。」不許。又詔晉文武羣僚，一切如故，朝廷制度，竝用漢禮。出帝使人召彦澤，彦澤笑而不答。且召桑維翰、景延廣。或勸維翰逃去，維翰曰：「吾大臣，逃將安之？」坐而俟命。彦澤以出帝命召之，維翰至天街遇李崧，駐馬語未畢，有軍吏於馬前揖維翰赴侍衛司。維翰知不免，顧謂李崧曰：「侍中當國，今日國亡，反令維翰死之，何也？」崧有愧色。彦澤倨坐見維翰，維翰切責之曰：「去年拔公於罪人之中，復領大鎮，授以兵權，何乃負恩至此？」彦澤無以應，遣兵守之。

彦澤縱兵大掠二日，都城爲之一空。彦澤自謂有功於遼，旗幟皆題「赤心爲主」，見者笑之。彦澤迫遷出帝於開封府，頃刻不得留，見者流涕。帝與太后、皇后肩輿，宫嬪、宦者十餘人皆步從，以内庫金珠自隨。彦澤曰：「此物不可匿也。」帝悉歸之，彦澤悉輦以歸私第。彦澤遣控鶴指揮使李筠以兵守出帝，内外不通。所上遼表章，皆先示彦澤乃敢上。遣使取内庫帛，主者不與，曰：「非帝之物也。」求酒於李崧，崧曰：「臣家有酒，非敢惜，慮陛下憂躁，飲之有不測之虞，所以不敢進。」欲見李彦韜，彦韜亦不往。出帝姑烏氏公主私賂守門者，得入與帝訣，歸第，自經死。

帝初渡河，出帝欲郊迎，彦澤不聽，遣白遼帝，報曰：「天無二日，豈有兩天子相見於道路耶？」乃止。

晉皇子延煦母楚國夫人丁氏，有美色，彦澤使人刼取之。

彦澤殺桑維翰，以帶加頸，白帝，云其自經。帝命厚撫其家。

高行周、符彦卿皆詣降，帝以陽城之敗責之。彦卿曰：「臣當時惟知爲晉主竭力，今日死生惟命。」帝笑而釋之。

帝又遣兵趣河陽捕景延廣。延廣見帝於封丘。帝責之曰：「致兩主失歡，皆汝所爲也，十萬横磨劍安在？」召喬榮，使相辯證，榮出衣襟所藏書，乃以十事責延廣，每服一事，授一牙籌，授至八籌，帝叱鎖之。後命押送歸本國。宿陳橋，夜分扼吭而死。

丁未會同十一年。晉開運四年。是歲晉亡。二月，劉知遠立，六月，改號漢，稱高祖。

春正月朔，晉文武百官遥辭出帝於都城北，素服紗帽迎降，俯伏路側請罪。帝命起，改服，撫諭之。出帝、太后迎於封丘門外，帝辭不見，館于封禪寺，遣其將崔廷勳以兵守之。是時雨雪連旬，外無供億，上下凍餒，太后使人謂寺僧曰：「吾嘗於此飯僧數萬，今日豈不相憫邪？」僧辭以遼帝之意難測，不敢獻食。出帝陰祈守者，乃稍得食。

帝初入門，民皆驚走，遣通事諭之曰：「我亦人也，汝曹勿懼，會當使汝曹蘇息。我無心南來，漢兵引我至此耳。」至明德門，下馬拜而後入晉宫中，嬪妃迎謁，皆不顧。日暮，復出，屯於赤崗。執楊承勳，責其刼父楊光遠叛，臠而食之。

先是，張彦澤與閤門使高勳有隙，乘醉入其家，殺其叔父及弟而去。後帝而至京師，聞彦澤刼掠，怒而鎖之。高勳與百姓亦争投牒疏其惡，乃命高勳監刑。彦澤前所殺士大夫子孫，皆絰杖哭隨詬駡，以杖撲之，彦澤俛首無一言。行至北市，斷腕出鎖，然後用刑。勳命剖其心祭死者，市人争破其腦取髓，臠其肉而食之。

胡文定公曰：興晉者桑維翰也，亡晉者景延廣也，二人用心異而受禍同，何也？歐陽子曰：「本末不順而與夷狄共事者，常見其禍，未見其福也。」

帝初入宫，諸門皆用兵守衛。磔犬於門，以竿懸羊皮於庭，爲厭勝法。謂晉羣臣曰：「自今不修甲兵，不市戰馬，輕賦省役，天下太平矣。」改服中國，百官皆如舊制。以李崧爲太子太師，充樞密使；馮道守太傅，於樞密院祗候。及分遣使，詔賜晉之藩鎮，藩鎮大臣争上表稱臣，惟彰義節度使史匡威據涇州拒遼，而雄武節度使何重建以秦、階、成州降蜀。

帝悉收晉降卒鎧仗貯恒州，驅馬歸北國。以胡騎擁降卒而納之河流，趙延壽勸分以戍邊，由是得免，散遣還營。

遼降出帝爲光禄大夫、檢校太尉，封負義侯，遷於黄龍府。即慕容氏和龍城也。帝使人謂太后曰：「吾聞爾子重貴不從母教而至于此，可求自便，勿與俱行。」太后答曰：「重貴事妾甚謹。所失者，違先君之志，絶兩國之歡，然重貴此去，幸蒙大惠，全生保家，母不隨子，欲何所歸？」於是太后與馮后、皇弟重睿，子延煦、延寶舉族從晉侯而北。以宫女五十，宦者三十，東西班五十，醫官一，控鶴官四，御廚七，茶酒司三，儀鸞司三，六軍士二十人從，衛以騎兵三百。又遣趙瑩、馮玉、李彦韜與之俱。所經州縣，皆故晉將吏，有所供饋，不得通。路傍父老争持羊酒爲獻，衛兵擁隔，不使得見，皆涕泣而去。舊臣亦無敢進謁者，獨磁州刺史李穀迎謁於路，傾貲以獻。晉侯至中度橋見杜威寨，歎曰：「天乎！我家何負於汝，爲此賊所破。」慟哭而去。

帝廣受四方貢獻，大縱酒作樂。趙延壽請給上國兵食。帝曰：「吾國無此法。」乃縱胡騎四出剽掠，謂之「打草穀」。丁壯斃於鋒刃，老弱委於溝壑，自東、西兩畿及鄭、滑、曹、濮數百里間，財畜殆盡。

晉北面行營都統劉知遠遣客將王峻奉表稱臣。帝賜詔褒美，親加「兒」字於知遠姓名之上，仍賜以木拐。胡法以優禮大臣，如漢賜几杖之比。

荆南節度使高從誨遣使入貢。

唐主遣使賀帝滅晉，且請詣長安修復諸陵，帝不從。

二月朔，帝冠通天冠，絳紗袍，執大圭視朝。華人皆法服，北人仍胡服，立於文武班，百官朝賀。帝問百官曰：「中國之俗異於吾國，吾欲擇一人君之，何如？」皆曰：「夷夏之心，皆願推戴皇帝。」於是下制，以晉國稱大遼，大赦天下。

燕王趙延壽以遼帝負約，心常怏怏，乞爲皇太子。帝曰：「吾於燕王無所愛惜，雖我皮肉可爲燕王用者，吾亦割也。吾聞皇太子當以天子兒爲之，燕王豈得爲之？」因令延壽遷官。張礪奏擬爲中京留守、大丞相、録尚書事、都督中外諸軍事。帝塗去「録尚書事都督中外諸軍事」而行之。

晉劉知遠稱帝於晉陽，自言未忍改晉國，又惡開運之名，乃更稱天福十二年。詔諸道爲遼國括率錢帛者，皆罷之。

劉知遠自將東迎晉侯，至壽陽，聞已經數日，乃留兵戍承天軍而還。

晉侯自幽州十餘里，過平州，沿途無供給，飢不得食，遣宫女、從官採木實、野蔬而食。又行七八日，至錦州，衛兵迫拜太祖畫像，不勝屈辱而呼曰：「薛超悮我，不令我死。」馮后求毒藥，欲與晉侯俱自死不果。又行五六日，過海北州，至東丹王墓，遣延昫拜之。又行十餘日，渡遼水，至渤海國鐵州。又行七八日，過南海府，遂至黄龍府。

帝聞劉知遠即位，遣耿崇美守澤、潞，高唐英守相州，崔廷勳守河陽，以控扼要害。

滏陽賊帥梁暉夜遣壯士踰相州城，啓關納衆，殺遼兵數百，據州自稱留後。

鎮寧節度使耶律郎五性殘虐，澶州人苦之。賊帥王瓊率其徒千餘人，圍郎五於牙城。帝聞之懼，遣兵救之，瓊敗死。帝自是無久留河南之意矣。

述律太后遣使，以其國中酒饌脯菓賜帝，賀平晉國。帝與羣臣宴於永福殿，每舉酒，立而飲之，曰：「太后所賜，不敢坐飲。」

三月朔，帝服赭袍，坐崇元殿，百官行入閤禮。

胡文定公曰：衛宣公淫亂，遂爲狄所滅。晉室三綱絶，遂召五胡之亂。唐世家法不正，又好結戎狄，非獨當其世數，因於猾夏，流及五代，更其傳甚，則至此而天下之亂極矣。堯、舜修德而建士師，三王自治而立司寇，謹華、夷之辨，禁侵亂之階，所以深抉人理，慮末流之若此，使斯人與禽獸雜處而懼其凶害也。

帝謂晉百官曰：「天時向暑，吾難久留，欲暫至上國省太后。」乃以汴州爲宣武軍，以蕭翰爲節度使。翰，述律太后之兄子，其妹復爲帝后。始以蕭爲姓，自是遼之后族，皆稱蕭氏。

帝發大梁，晉文武諸司、諸軍吏卒從者皆數千人，宫女、宦官數百人，盡載府庫之實以行。謂宣徽使高勳曰：「吾在上國，以射獵爲樂，至此令人悒悒。今得歸，死無恨矣。」

夏四月，遼帝攻相州，克之，悉殺城中男子，驅其婦人而北，留高唐英守，城中遺民僅七百人，而髑髏十餘萬。

帝自大梁北歸，行至欒城，得疾，崩于殺狐林。國人剖其腹，實以鹽數斗，載之北去，晉人謂之「帝羓」。喪車至國，述律太后不哭，曰：「待諸部寧一如故，則葬汝矣。」明年八月，葬於木葉山。

遼帝在位凡二十餘年，謚曰嗣聖皇帝，廟號太宗。

《紀異録》曰：遼帝太宗在欒城病時，上京西八十里山，有獵人見太宗容貌如故，乘白馬追奔一白狐，因射殺之。獵人驚國主南征未回，何忽至此？因獲其死狐並箭，失國主所在。不浹旬而凶問至，驗其日，乃得疾之日；驗其箭，則國主南征所帶之箭失其一矣。國人於其地置堂，塑白狐形，并箭在焉，名曰白狐堂。今其陵之側，創置懷州是也。茫茫中原，紅塵暗之。殺狐讖應，白狐祟之。斯豈天道好還，而運數亦爲之冥合歟？

五月，永康王兀欲立。

雜録

備論

《遼史》卷四《太宗紀下》 贊曰：太宗甫定多方，遠近向化。建國號，備典

章，至於釐庶政，閲名實，録囚徒，教耕織，配鰥寡。求直言之士，得郎君海思即擢宣徽。嘉唐張敬達忠於其君，卒以禮葬。輟遊豫而納三剋之請。憫士卒而下休養之令。親征晉國，重責面縛。斯可謂威德兼弘，英略間見者矣。入汴之後，無幾微之驕，有「三失」之訓。《傳》稱鄭伯之善處勝，《書》進《秦誓》之能悔過，太宗蓋兼有之，其卓矣乎！

葉隆禮《契丹國志》卷三《太宗嗣聖皇帝下》 論曰：太祖之興，燎灰灼原矣！太宗繼之，承祖父遺基，擅遐陬英氣，遂登大寶，誕受鴻名。然石郎之消息，乃中原之大禍。幽、燕諸州，蓋天造地設以分番、漢之限，誠一夫當關，萬夫莫前也。石晉輕以畀之，則關内之地，彼扼其吭，是猶飽虎狼之吻，而欲其不搏且噬，難矣。遂乃控弦鳴鏑，徑入中原，斬馘華人，肆其窮黷。卷京、洛而無敵，空四海以成墟。謀夫虓將，卒莫敢睨，而神州分裂，强諸侯代起爲帝，亦莫之究矣。

遼聖宗部

綜述

《遼史》卷一〇《聖宗紀一》　聖宗文武大孝宣皇帝，諱隆緒，小字文殊奴。景宗皇帝長子，母曰睿智皇后蕭氏。帝幼喜書翰，十歲能詩。既長，精射法，曉音律，好繪畫。

乾亨二年，封梁王。

四年秋九月壬子，景宗崩。癸丑，即皇帝位於柩前，時年十二。皇后奉遺詔攝政，詔諭諸道。

冬十月己未朔，帝始臨朝。辛酉，羣臣上尊號曰昭聖皇帝，尊皇后爲皇太后，大赦。以南院大王勃古哲總領山西諸州事，北院大王、于越休哥爲南面行軍都統，奚王和朔奴副之，同政事門下平章事蕭道寧領本部軍駐南京。乙丑，如顯州。

十一月甲午，置乾州。

十二月戊午朔，耶律速撒討阻卜。辛酉，南京留守荆王道隱奏宋遣使獻犀帶請和，詔以無書却之。甲子，撻剌干乃万十醉言宫掖事，法當死，杖而釋之。辛未，西南面招討使秦王韓匡嗣薨。癸酉，奉大行皇帝梓宫于菆塗殿。庚辰，省置中臺省官。

統和元年春正月戊午朔，以大行在殯，不受朝。乙丑，奉遺詔，召先帝庶兄質睦于菆塗殿前，復封寧王。加宰相室昉、宣徽使普領等恩。丙寅，荆王道隱有疾，詔遣使存問。是日，皇太后幸其邸視疾。戊辰，以烏隈烏骨里部節度使耶律章瓦同政事門下平章事。甲戌，荆王道隱薨，輟朝三日，追封晉王，遣使撫慰其家。丙子，以于越休哥爲南京留守，仍賜南面行營總管印綬，總邊事。渤海撻馬解里以受先帝厚恩，乞殉葬，詔不許，賜物以旌之。戊寅，遣使賜于越休哥及奚王籌寧、統軍使頗德等湯藥。命懇篤持送休哥下車牓，以諭燕民。辛巳，速撒獻阻卜俘。午，涿州刺史安吉奏宋築城河北，詔留守于越休哥撓之，勿令就功。趙妃及公主胡骨典、奚王籌寧、宰相安寧、北大王普奴寧、惕隱屈烈、吴王稍、寧王只没與横帳、國舅、契丹、漢官等並進助山陵費。癸未，齊國公主率内外命婦進物如之。甲申，西南面招討使韓德威奏党項十五部侵邊，以兵擊破之。乙酉，以速撒破阻卜，下詔褒美；仍諭與大漢討党項諸部。丁亥，樞密使兼政事令室昉以年老請解兼職，詔不允。

二月戊子朔，禁所在官吏軍民不得無故聚衆私語及冒禁夜行，違者坐之。己丑，南京奏，聞宋多聚糧邊境及宋主將如臺山，詔休哥嚴爲之備。甲午，葬景宗皇帝於乾陵，以近幸朗、掌飲伶人撻魯爲殉。上與皇太后因爲書附上大行。丙申，皇太后詣陵置奠，命繪近臣於御容殿，賜山陵工人物有差。庚子，以先帝遺物賜皇族及近臣。辛丑，南京統軍使耶律善補奏宋邊七十餘村來附，詔撫存之。乙巳，以御容殿爲玉殿，酒谷爲聖谷。速撒奏討党項捷，遣使慰勞。戊申，以惕隱化哥爲北院大王，解領爲南府宰相。辛亥，幸聖山，遂謁三陵。甲寅，以皇女長壽公主下嫁國舅宰相蕭婆項之子吴留。

三月戊午，天德軍節度使頹剌父子戰殁，以其弟涅離襲爵。己未，次獨山。遣使賞西南面有功將士。辛酉，以大父帳太尉耶律曷魯寧爲惕隱。甲子，駐蹕遼河之平淀。辛巳，以國舅、同平章事蕭道寧爲遼興軍節度使，仍賜號忠亮佐理功臣。壬午，以青牛白馬祭天地。

夏四月丙戌朔，幸東京。以樞密副使耶律末只兼侍中，爲東京留守。庚寅，謁太祖廟。癸巳，詔賜物命婦寡居者。丙申，南幸。辛丑，謁三陵，以東京所進物分賜陵寢官吏。復詔賜西南路招討使大漢劍，不用命者得專殺。壬寅，致享于凝神殿。癸卯，謁乾陵。乙巳，遣人以酒脯祭平章耶律河陽墓。庚戌，幸夫人烏骨里第，謁太祖御容，禮畢，幸公主胡古典第飲，賜與甚厚。壬子，大臣以太后預政，宜有尊號，請下有司詳定册禮。詔樞密院諭沿邊節將，至行禮日，止遣子弟奉表稱賀，恐失邊備。樞密請詔北府司徒頗德譯南京所進律文，從之。遂如徽州。以耶律慶朗爲信州節度使。

五月丙辰朔，國舅、政事門下平章事蕭道寧以皇太后慶壽，請歸父母家行禮，而齊國公主及命婦、羣臣各進物。設宴，賜國舅帳耆年物有差。壬戌，西南路招討請益兵討西突厥諸部，詔北王府耶律蒲奴寧以敵畢、迭烈二部兵赴之。癸亥，以于越休哥在南院過用吏人，詔南大王毋相循襲。庚午，耶律善補招亡入宋者，得千餘户歸國，詔令撫慰。辛未，次永州，祭王子藥師奴墓。乙亥，詔近臣

議皇太后上尊號册禮，樞密使韓德度以後漢太后臨朝故事草定上之。丙子，以青牛白馬祭天地。戊寅，幸木葉山。西南路招討使大漢奏，近遣拽剌跋剌哥諭党項諸部，來者甚衆，下詔褒美。

六月乙酉朔，詔有司，册皇太后日，給三品以上法服，三品以下用大射柳之服。西南路招討使奏党項酋長執夷離菫子隈引等乞内附，詔撫納之，仍察其誠僞，謹邊備。丙戌，還上京。己丑，有司奏，同政事門下平章事、駙馬都尉盧俊與公主不協，詔離之，遂出俊爲興國軍節度使。辛卯，有事于太廟。甲午，上率羣臣上皇太后尊號曰承天皇太后，羣臣上皇帝尊號曰天輔皇帝，大赦，改元統和。丁未，覃恩中外，文武官各進爵一級。以樞密副使耶律斜軫守司徒。

秋七月甲寅朔，皇太后聽政。乙卯，上親録囚。壬子司徒妻國坐稱疾不赴山陵，笞二十。辛酉，行再生禮。癸酉，臨潢尹褭衮進飲饌。上與諸王分朋擊鞠。丙子，韓德威遣詳穩轄馬上破党項俘獲數，并送夷離菫之子來獻。辛巳，賞西南面有功將士。

八月戊子，上西巡。己丑，謁祖陵。辛卯，皇太后祭楚國王蕭思温墓。癸巳，上與皇太后謁懷陵，遂幸懷州。甲午，上與斜軫於太后前易弓矢鞍馬，約以爲友。己亥，獵赤山，遣使薦熊肪、鹿脯于乾陵之凝神殿。以政事令孫楨無子，詔國舅小翁帳郎君桃隈爲之後。乙巳，詔于越休哥提點元城。壬子，韓德威表請伐党項之復叛者，詔許之；仍發别部兵數千以助之。

九月癸丑朔，以東京、平州旱、蝗，詔振之。乙卯，謁永興、長寧、敦睦三宫。丙辰，南京留守奏，秋霖害稼，請權停關征，以通山西糴易，從之。庚申，謁宣簡皇帝廟。辛酉，幸祖州，謁祖陵。壬戌，還上京。辛未，有司請以帝生日爲千齡節，從之。皇太后言故于越屋只有傳導功，宜録其子孫；遂命其子泮泱爲林牙。丙子，如老翁川。

冬十月癸未朔，司天奏老人星見。戊子，以公主淑哥下嫁國舅詳穩照姑。癸巳，速撒奏敵烈部及叛蕃來降，悉復故地。乙未，以燕京留守于越休哥言，每歲諸節度使貢獻，如契丹官例，止進鞍馬，從之。丁酉，以吴王稍爲上京留守，行臨潢尹事。上將征高麗，親閱東京留守耶律末只所總兵馬。丙午，命宣徽使兼侍中蒲領、林牙肯德等將兵東討，賜旗鼓及銀符。

十一月壬子朔，觀漁撻馬濼。癸丑，應州奏，獲宋諜者，言宋除道五臺山，將入靈丘界。詔諜者及居停人並磔于市。庚辰，上與皇太后祭乾陵，下詔諭三京左右相、左右平章事，副留守判官、諸道節度使判官、諸軍事判官、録事參軍等，當執公方，毋得阿順。諸縣令佐如遇州官及朝使非理徵求，毋或畏徇。恒加采聽，以爲殿最。民間有父母在，别籍異居者，聽鄰里覺察，坐之。有孝于父母，三世同居者，旌其門閭。

十二月壬午朔，謁凝神殿，遣使分祭諸陵，賜守殿官屬酒。是日，幸顯州。丁亥，以顯州歲貢綾錦分賜左右。甲午，東幸。己亥，皇太后觀漁于玉盆灣。辛丑，觀漁于濬淵。甲辰，敕諸刑辟已結正決遣而有寃者，聽詣臺訴。是夕，然萬魚燈于雙溪。戊申，千齡節，祭日月，禮畢，百僚稱賀。

二年春正月甲子，如長濼。

二月癸巳，國舅帳彰德軍節度使蕭闥覽來朝。甲午，賜將軍耶律敵不春衣、束帶。丙申，東路行軍、宣徽使耶律蒲寧奏討女直捷，遣使執手獎諭。庚子，朝皇太后，太后因從觀獵于饒樂川。乙巳，五國烏隈于厥節度使耶律隗洼以所轄諸部難治，乞賜詔給劍，便宜行事，從之。丙午，上與諸王大臣較射。丁未，韓德威以征党項回，遂襲河東，獻所俘，賜詔褒美。

三月乙卯，劃離部請今後詳穩止從本部選授爲宜，上曰：「諸部官惟在得人，豈得定以所部爲限。」不允。贈故同平章事趙延煦兼侍中。

夏四月丁亥，宣徽使、同平章事耶律普寧、都監蕭勤德獻征女直捷，授普寧兼政事令，勤德神武衛大將軍，各賜金器諸物。庚寅，皇太后臨決滯獄。辛卯，祭風伯。壬辰，以宣徽南院使劉承規爲承德軍節度使，崇德宫都部署、保義軍節度使張德筠爲宣徽北院使。

五月乙卯，祠木葉山。丁丑，駐蹕沿柳湖。

六月己卯朔，皇太后決獄，至月終。

秋七月癸丑，皇太后行再生禮。

八月辛卯，東京留守兼侍中耶律末只奏，女直朮不直、賽里等八族乞舉衆内附，詔納之。

九月戊申朔，駐蹕土河。辛未，以景宗忌日，詔諸道京鎮遣官行香飯僧。

冬十月丁丑朔，以歸化州刺史耶律普寧爲彰德軍節度使，右武衛大將軍韓倬爲彰國軍節度使兼侍衛親軍兵馬都指揮使。

十一月壬子，以樞密直學士、給事中鄭嘏爲儒州刺史。是月，速撒等討阻卜，殺其酋長撻剌干。

十二月辛丑，以翰林學士承旨馬得臣爲宣政殿學士，耶律頗德南京統軍使，耶律瑤昇大內惕隱，大仁靖東京中臺省右平章事。

三年春正月丙午朔，如長濼。丁巳，以翰林學士邢抱朴爲尚書、禮部侍郎、知制誥，左拾遺知制誥劉景、吏部郎中知制誥牛藏用並政事舍人。

二月丙子朔，以牛藏用知樞密直學士。

三月乙巳朔，樞密奏契丹諸役户多困乏，請以富户代之。上因閲諸部籍，涅剌、烏隈二部户少而役重，并量免之。

夏四月乙亥朔，祠木葉山。壬午，以鳳州刺史趙匡符爲保静軍節度使。癸未，以左監門衛大將軍王庭勗爲奉先軍節度使，彰武軍節度使韓德凝爲崇義軍節度使。

五月壬子，還上京。癸酉，以國舅蕭道寧同平章事、知瀋州軍州事。

六月甲戌朔，如栢坡。皇太后親決滯獄。乙亥，以歸義軍節度使王希嚴爲興國軍節度使。

秋七月甲辰朔，詔諸道繕甲兵，以備東征高麗。甲寅，東幸。甲子，遣郎君班褭賜秦王韓匡嗣葬物。丙寅，駐蹕土河。以暴漲，命造船橋，明日乘步輦出聽政。丁卯，遣使閲東京諸軍兵器及東征道路。以平章事蕭道寧爲昭德軍節度使，武定軍節度使、守司空兼政事令郭襲爲天平軍節度使，大同軍節度使、守太子太師兼政事令劉延構爲義成軍節度使，贈尚父秦王韓匡嗣尚書令。

八月癸酉朔，以遼澤沮洳，罷征高麗。命樞密使耶律斜軫爲都統，駙馬都尉蕭懇德爲監軍，以兵討女直。丁丑，次臯城。庚辰，至顯州，謁凝神殿。辛巳，幸乾州，觀新宫。癸未，謁乾陵。甲申，命南、北面臣僚分巡山陵林木，及令乾、顯二州上所部里社之數。丙戌，北皮室詳穩進勇敢士七人。戊子，故南院大王諧領已里婉妻蕭氏奏夫死不能葬，詔有司助之。庚寅，東征都統所奏路尚陷濘，未可進討，詔俟澤涸深入。癸巳，皇太后謁顯陵。庚子，謁乾陵。辛丑，西幸。

閏九月癸酉，命邢抱朴勾檢顯陵。丙子，行次海上。庚辰，重九，駱駝山登高，賜羣臣菊花酒。辛巳，詔諭東征將帥，乘水涸進討。丙申，女直宰相朮不里來貢。戊戌，駐蹕東古山。己亥，速撒奏朮不姑諸部至近淀，夷離菫易魯姑請行俘掠，上曰：「諸部於國無惡，何故俘掠，徒生事耳。」不允。

冬十一月甲戌，詔吴王稍領秦王韓匡嗣葬祭事。丁丑，詔以東北路兵馬監軍妻婆底里存撫邊民。戊寅，賜公主胡骨典葬夫金帛、工匠。辛卯，以韓德讓兼政事令。癸巳，禁行在市易布帛不中尺度者。丙申，東征女直，都統蕭闥覽、菩薩奴以行軍所經地里、物産來上。

《遼史》卷一一《聖宗紀二》 四年春正月甲戌，觀漁土河。林牙耶律謀魯姑、彰德軍節度使蕭闥覽上東征俘獲，賜詔奬諭。丙子，樞密使耶律斜軫、林牙勤德等上討女直所獲生口十餘萬、馬二十餘萬及諸物。己卯，朝皇太后。決滯訟。壬午，樞密使斜軫、林牙勤德、謀魯姑、節度使闥覽、統軍使室羅、侍中抹只、奚王府監軍迪烈與安吉等克女直還軍，遣近侍泥里吉詔旌其功，仍執手撫諭，賜酒果勞之。甲午，幸長濼。

二月壬寅，以四番都統軍李繼忠爲檢校司徒、上柱國。癸卯，西夏李繼遷叛宋來降，以爲定難軍節度使、銀夏綏宥等州觀察處置等使、特進檢校太師、都督夏州諸軍事。西番酋帥瓦泥乞移爲保大軍節度使、鄜坊等州觀察處置等使。甲寅，耶律斜軫、蕭闥覽、謀魯姑等族帥來朝，行飲至之禮，賞賚有差。丙寅，行次臯里井。

三月甲戌，于越休哥奏宋遣曹彬、崔彦進、米信由雄州道，田重進飛狐道，潘美、楊繼業雁門道來侵，岐溝、涿州、固安、新城皆陷。詔宣徽使蒲領馳赴燕南，與休哥議軍事；分遣使者徵諸部兵益休哥以擊之；復遣東京留守耶律抹只以大軍繼進，賜劍專殺。乙亥，以親征告陵廟、山川。丙子，統軍使耶律頗德敗宋軍于固安，休哥絶其糧餉，擒將吏，獲馬牛、器仗甚衆。庚辰，寰州刺史趙彦章以城叛，附于宋。辛巳，宋兵入涿州。順義軍節度副使趙希贊以朔州叛，附于宋。時上與皇太后駐兵駝羅口，詔趣東征兵馬以爲應援。壬午，詔林牙勤德以兵守平州之海岸以備宋。仍報平州節度使迪里姑，若勤德未至，遣人趣行；馬乏則括民馬；鎧甲闕，則取於顯州之甲坊。癸未，遼軍與宋田重進戰于飛狐，不利，冀州防禦使大鵬翼、康州刺史馬贇、馬軍指揮使何萬通陷焉。丁亥，以北院樞密使耶律斜軫爲山西兵馬都統，以北院宣徽使蒲領爲南征都統，以副于越休哥。彰國軍節度使艾正、觀察判官宋雄以應州叛，附于宋。庚寅，遣飛龍使亞剌、文班吏亞達哥閲馬以給先發諸軍，詔駙馬都尉蕭繼遠領之。辛卯，武定軍馬步軍都指揮使、鄧州防禦使吕行德，副都指揮使張繼從，馬軍都指揮使劉知進等以飛狐叛，附于宋。癸巳，賜林牙謀魯姑旗鼓四、劍一，率禁軍之驍鋭者南助休哥。丙申，步軍都指揮使穆超以靈丘叛，附于宋。詔遣使賜樞密使斜軫密旨及彰國軍節度使杓窊印以趣征討。

夏四月己亥朔，次南京北郊。庚子，惕隱瑶昇、西南面招討使韓德威以捷報。辛丑，宋潘美陷雲州。壬寅，遣抹只、謀魯姑、勤德等領偏師以助休哥，仍賜旗鼓、杓窊印撫諭將校。癸卯，休哥復以捷報，上以酒脯祭天地，率羣臣賀于皇太后。詔勤德還軍。丙午，頗德上所獲鎧仗數。戊申，監軍、宣徽使蒲領奏敵軍引退，而奚王籌寧、北大王蒲奴寧、統軍使頗德等以兵追躡，旨勝之。遣敞史勤德持詔褒美，及詔侍中抹只統諸軍赴行在所。頻不部節度使和盧覩、黄皮室詳穩解里等各上所獲兵甲。又詔兩部突騎赴蔚州，以助闥覽。横帳郎君老君奴率諸郎君巡徼居庸之北。將軍化哥統平州兵馬，横帳郎君奴哥爲黄皮室都監，郎君謁里爲北府都監，各以步兵赴蔚州以助斜軫。庚戌，以斜軫爲諸路兵馬都統，闥覽兵馬副部署，迪子都監，以代善補、韓德威。癸丑，以艾正、趙希贊及應州、朔州節度副使，奚軍小校隘離轄，渤海小校貫海等叛入于宋，籍其家屬，分賜有功將校。宋將曹彬、米信北渡拒馬河，與于越休哥對壘，挑戰，南北列營長六七里。時上次涿州東五十里。甲寅，詔于越休哥、奚王籌寧、宣徽使蒲領，南、北二王等嚴備水道，無使敵兵得潛至涿州。乙卯，休哥等敗宋軍，獻所獲器甲、貨財，賜詔褒美。蔚州左右都押衛李存璋、許彦欽等殺節度使蕭啜里，執監城使、銅州節度使耿紹忠，以城叛，附于宋。丙辰，復涿州，告天地。戊午，上次沙姑河之北淀，召林牙勤德議軍事。諸將校各以所俘獲來上。奚王籌寧、南、北二王率所部將校來朝。以近侍粘米里所進自落鵶祭天地。己未，休哥、蒲領來朝，詔三司給軍前夏衣布。庚申，上朝皇太后。辛酉，大軍次固安。壬戌，圍固安城，統軍使頗德先登，城遂破，大縱俘獲。居民先被俘者，命以官物贖之。甲子，賞攻城將士有差。

五月庚午，遼師與曹彬、米信戰于岐溝關，大敗之，追至拒馬河，溺死者不可勝紀；餘衆奔高陽，又爲遼師衝擊，死者數萬，棄戈甲若丘陵。晚漕數萬人匿岐溝空城中，圍之。壬申，以皇太后生辰，縱還。癸酉，班師，還次新城。休哥、蒲領奏宋兵奔逃者皆殺之。甲戌，以軍捷，遣使分諭諸路京鎮。丁丑，詔諸將校，論功行賞，無有不實。己卯，次固安南，以青牛白馬祭天地。庚辰，以所俘宋人射鬼箭。詔遣詳穩排亞率弘義宫兵及南、北皮室，郎君、拽剌四軍赴應、朔二州界，與惕隱瑶昇、招討韓德威等同禦宋兵在山西之未退者。辛巳，以瑶昇軍赴山西。壬午，還次南京。癸未，休哥、籌寧、蒲奴寧進俘獲。斜軫遣判官蒲姑奏復蔚州，斬首二萬餘級，乘勝攻下靈丘、飛狐，賜蒲姑酒及銀器。丙戌，御元和殿，大宴從軍將校，封休哥爲宋國王，加蒲領、籌寧、蒲奴寧及諸有功將校爵賞有差。丁亥，發南京，詔休哥備器甲，儲粟，待秋大舉南征。戊子，斜軫奏宋軍復圍蔚州，擊破之。詔以兵授瑶昇、韓德威等。壬辰，以宋兵至平州，瑶昇、韓德威不盡追殺，降詔詰責。仍諭，據城未降者，必盡掩殺，無使遁逃。癸巳，以軍前降卒分賜扈從。乙未，賞頗德諸將校士卒。

六月戊戌朔，詔韓德威赴闕，加統軍使頗德檢校太師。甲辰，詔南京留守休哥遣礮手西助斜軫。乙巳，以夷離畢姪里古部送輜重行宫，暑行日五十里，人馬疲乏，遣使讓之。丁未，度居庸關。壬子，南京留守奏百姓歲輸三司鹽鐵錢，折絹不如直，詔增之。甲寅，斜軫奏復寰州。乙卯，皇太妃、諸王、公主迎上嶺表，設御幄道傍，置景宗御容，率從臣進酒，陳俘獲于前，遂大宴。戊午，幸涼陘。以所俘分賜皇族及乳母。己未，聞所遣宣諭回鶻、覈列哿國度里、亞里等爲术不姑邀留，詔速撒賜术不姑貨幣，諭以朝廷來遠之意，使者由是乃得行。癸亥，以節度使韓毗哥、翰林學士邢抱朴等充雲州宣諭招撫使。丙寅，以太尉王八所俘生口分賜趙妃及于越迪輦乙里婉。

秋七月丙子，樞密使斜軫遣侍御涅里底、幹勤哥奏復朔州，擒宋將楊繼業，及上所獲將校印綬、誥敕，賜涅里底等酒及銀器。辛巳，以捷告天地。以宋歸命者二百四十人分賜從臣。又以殺敵多，詔上京開龍寺建佛事一月，飯僧萬人。辛卯，斜軫奏：大軍至蔚州，營于州左。得諜報，敵兵且至，乃設伏以待。敵至，縱兵逆擊，追奔逐北，至飛狐口。遂乘勝鼓行而西，入寰州，殺守城吏卒千餘人。宋將楊繼業初以驍勇自負，號楊無敵，北據雲、朔數州。至是，引兵南出朔州三十里，至狼牙村，惡其名，不進；左右固請，乃行。遇斜軫，伏四起，中流矢，墮馬被擒。瘡發不食，三日死。遂函其首以獻。詔詳穩轄麥室傳其首于越休哥，以示諸軍，仍以朔州之捷宣諭南京、平州將吏。自是宋守雲、應諸州者，聞繼業死，皆棄城遁。

八月丁酉朔，置先離闥覽官六員，領于骨里、女直、迪烈于等諸部人之隸宫籍者。以北大王蒲奴寧爲山後五州都管。乙巳，韓德讓奏宋兵所掠州郡，其逃民禾稼，宜募人收穫，以其半給收者，從之。乙卯，斜軫還自軍，獻俘。己未，用室昉、韓德讓言，復山西今年租賦。詔第山西諸將校功過而賞罰之。乙室帳宰相安寧以功過相當，追告身一通；諦居部節度使佛奴笞五十。惕隱瑶昇、拽剌歘烈，朔州節度使慎思、應州節度使骨只、雲州節度使化哥、軍校李元迪、蔚州節

度使佛留、都監崔其、劉繼琛，皆以聞敵逃遁奪官；欸烈仍配隸本貫；領國舅軍王六笞五十。壬戌，以斜軫所部將校前破女古，後有宋捷，第功加賞。癸亥，加斜軫守太保。

九月丙寅朔，皇太妃以上納后，進衣物、駝馬，以助會親頒賜。甲戌，次黑河，以重九登高于高水南阜，祭天。賜從臣命婦菊花酒。丁丑，次河陽北。戊寅，内外命婦進會親禮物。辛巳，納皇后蕭氏。丙戌，次儒州，以大軍將南征，詔遣皮室詳穩乙的、郎君拽剌先赴本軍繕甲兵。己丑，召北大王蒲奴寧赴行在所。甲午，皇太后行再生禮。

冬十月丙申朔，党項、阻卜遣使來貢。丁酉，皇太后復行再生禮，爲帝祭神祈福。己亥，以乙室王帳郎君吴留爲御史大夫，政事令室昉奏山西四州自宋兵後，人民轉徙，盜賊充斥，乞下有司禁止。命新州節度使蒲打里選人分道巡檢。北大王帳郎君曷葛只里言本府王蒲奴寧十七罪，詔横帳太保覈國底鞫之。蒲奴寧伏其罪十一，笞二十釋之。曷葛只里亦伏誣告六事，命詳酌罪之。知事勤德連坐，杖一百，免官。甲辰，出居庸關。乙巳，詔諸京鎮相次軍行，諸細務權停理問。庚戌，分遣拽剌沿邊偵候。辛亥，命皇族廬帳駐東京延芳淀。壬子，詔以敕牓付于越休哥，以南征諭拒馬河南六州。乙卯，幸南京。戊午，以南院大王留寧言，復南院部民今年租賦。壬戌，以銀鼠、青鼠及諸物賜京官、僧道、耆老。甲子，上與大臣分朋擊鞠。

十一月丙寅朔，党項來貢。庚午，以政事令韓德讓守司徒。壬申，以古北、松亭、榆關征税不法，致阻商旅，遣使鞫之。女直請以兵從征，許之。癸酉，御正殿，大勞南征將校。丙子，南伐，次狹底堝，皇太后親閱輜重兵甲。丁丑，以休哥爲先鋒都統。戊寅，日南至，上率從臣祭酒景宗御容。辛巳，詔以北大王蒲奴寧居奉聖州，山西五州公事，並聽與節度使蒲打里共裁決之。癸未，祭日月，爲駙馬都尉勤德祈福。乙酉，置諸部監，勒所部各守營伍，毋相錯雜。丙戌，遣謀魯姑、蕭繼遠沿邊巡徼。以所獲宋卒射鬼箭。丁亥，以青牛白馬祭天地。辛卯，次白佛塔川，獲自落馴狐，以爲吉徵，祭天地。詔駙馬都尉蕭繼遠、林牙謀魯姑、太尉林八等固守封疆，毋漏間諜。軍中無故不得馳馬，及縱諸軍殘南境桑果。壬辰，至唐興縣。時宋軍屯滹沱橋北，選將亂射之，橋不能守，進焚其橋。癸巳，涉沙河，休哥來議事。北皮室詳穩排亞獻所獲宋諜二人，上賜衣物，令還招諭泰州。楮特部節度使盧補古、都監耶律盼與宋戰于泰州，不利。甲午，祭麃鹿神。以盧補古臨陣遁逃，奪告身一通；其判官、都監各杖之。郎君拽剌雙骨里遇宋先鋒於望都，擒其士卒九人，獲甲馬十一，賜酒及銀器。乙未，以盧補古等罪詔諭諸軍。以御盞郎君化哥權楮特部節度使，横帳郎君佛留爲都監，代盧補古。權領國舅軍桃畏請置二校領散卒，詔以郎君世音、頗德等充。命彰德軍節度使蕭闥覽，將軍迪子略地東路。詔休哥、排亞等議軍事。

十二月己亥，休哥敗宋軍於望都，遣人獻俘。壬寅，營于滹沱北，詔休哥以騎兵絶宋兵，毋令入邢州；命太師王六謹偵候。癸卯，小校曷主遇宋輜重，引兵殺獲甚衆，并焚其芻粟。甲辰，詔南大王與休哥合勢進討，宰相安寧領迪離部及三剋軍殿。上率大軍與宋將劉廷讓、李敬源戰于莫州，敗之。乙巳，擒宋將賀令圖、楊重進等；國舅詳穩撻烈哥、宫使蕭打里死之。丙午，詔休哥以下入内殿賜酒勞之。丁未，築京觀。復以南京禁軍擊楊團城，守將以城降。詔禁侵掠。己酉，營神榆村，詔上楊團城粟麥、兵甲之數。辛亥，以黑白二牲祭天地。癸丑，拔馮母鎮，大縱俘掠。丙辰，邢州降。丁巳，拔深州，以不即降，誅守將以下，縱兵大掠。李繼遷引五百騎欵塞，願婚大國，永作藩輔。詔以王子帳節度使耶律襄之女汀封義成公主下嫁，賜馬三千疋。

《遼史》卷一二《聖宗紀三》 五年春正月乙丑，破束城縣，縱兵大掠。丁卯，次文安，遣人諭降，不聽，遂擊破之。盡殺其丁壯，俘其老幼。戊寅，上還南京。己卯，御元和殿，大賚將士。壬辰，如華林、天柱。

二月甲午朔，至自天柱。

三月癸亥朔，幸長春宫，賞花釣魚，以牡丹徧賜近臣，歡宴累日。丁丑，以諦居部下拽剌解里偵候有功，命入御盞郎君班祗候。

夏四月癸巳朔，幸南京。丁酉，上率百僚册上皇太后尊號曰睿德神略應運啓化承天皇太后；禮畢，羣臣上皇帝尊號曰至德廣孝昭聖天輔皇帝。戊戌，詔有司條上勳舊，等第加恩。癸丑，清暑冰井。

六月壬辰朔，召大臣決庶政。丙申，以耶律蘇爲遥郡刺史。

秋七月戊辰，涅剌部節度使撒葛里有惠政，民請留，從之。是月，獵平地松林。

九月丙戌，幸南京。是冬止焉。

六年春正月庚申，如華林、天柱。

二月丁未，奚王籌寧殺無罪人李浩，所司議貴，請貸其罪，令出錢贍浩家，從

之。甲寅，大同軍節度使、同平章政事劉京致仕。

三月己未，休哥奏宋事宜，上親覽之。丙寅，以司天趙宗德、齊泰、王守平、邵祺、閻梅從征四載，言天象數有徵，賜物有差。癸未，李繼遷遣使來貢。

夏四月乙未，幸南京。丁酉，胡里室橫突韓德讓墮馬，皇太后怒，殺之。戊戌，幸宋國王休哥第。

五月癸亥，南府宰相耶律沙薨。

閏月丙戌朔，奉聖州言太祖所建金鈴閣壞，乞加修繕。詔以南征，恐重勞百姓，待軍還治之。壬寅，阿薩蘭回鶻來貢。甲寅，烏隈于厥部以歲貢貂鼠、青鼠皮非土産，皆於他處貿易以獻，乞改貢。詔自今止進牛馬。

六月癸亥，党項太保阿剌恍來朝，貢方物。乙丑，諭諸道兵馬備南征攻城器具。乙酉，夷離堇阿魯勃送沙州節度使曹恭順還，授于越。

秋七月丙戌，觀市。己亥，遣南面招討使韓德威討河、湟諸蕃違命者。賜休哥、排亞部諸軍戰馬。己酉，駐蹕于洛河。壬子，加韓德威開府儀同三司兼政事令、門下平章事，東京留守兼侍中、漆水郡王耶律抹只爲大同軍節度使。癸丑，排亞請增置涿州驛傳。

八月丙辰，以青牛白馬祭天地。戊午，休哥與排亞、裊里曷捉生，將至易州，遇宋兵，殺其指揮使而還。庚申，幸黎園温湯。癸亥，以將伐宋，遣使祭木葉山。丁丑，瀕海女直遣使速魯里來朝。西北路管押詳穩速撒哥以伐折立、助里二部，上所俘獲。東路林牙蕭勤德及統軍石老以擊敗女直兵，獻俘。大同軍節度使耶律抹只奏今歲霜旱乏食，乞增價折粟，以利貧民。詔從之。濱海女直遣厮魯里來修土貢。

九月丙申，化哥與术不姑春古里來貢。休哥遣詳穩意德里獻所獲宋諜者。丁酉，皇太后幸韓德讓帳，厚加賞賚，命從臣分朋雙陸以盡歡。戊戌，幸南京。己亥，有事于太宗皇帝廟。以唐元德爲奉陵軍節度使。癸卯，祭旗鼓南伐。庚戌，次涿州，射帛書諭城中降，不聽。

冬十月乙卯，縱兵四面攻之，城破乃降，因撫諭其衆。駙馬蕭勤德、太師闔覽皆中流矢。勤德載帝車中以歸。聞宋軍退，遣斜軫、排亞等追擊，大敗之。戊午，攻沙堆驛，破之。己巳，以黑白羊祭天地。庚午，以宋降軍分置七指揮，號歸聖軍。壬申，行軍參謀、宣政殿學士馬得臣言諭降宋軍，恐終不爲用，請並放還。詔不允。丙子，籌寧奏破狼山捷。辛巳，復奏敗宋兵于益津關。癸未，進軍長城口，宋定州守將李興以兵來拒，休哥擊敗之，追奔五六里。

十一月甲申朔，上以將攻長城口，詔諸軍備攻具。庚寅，駐長城口，督大軍四面進攻。士潰圍，委城遁，斜軫招之，不降；上與韓德讓邀擊之，殺獲殆盡，獲者分隸燕軍。辛卯，攻滿城，圍之。甲午，拔其城，軍士開北門遁，上使諭其將領，乃率衆降。戊戌，攻下祁州，縱兵大掠。己亥，拔新樂。庚子，破小狼山砦。丁未，宋軍千人出益津關，國舅郎君桃委、詳穩十哥擊走之，殺副將一人。己酉，休哥獻黄皮室詳穩徇地莫州所獲馬二十匹，士卒二十人。命賜降者衣帶，使隸燕京。辛亥，西路又送降卒二百餘人，給寒者裘衣。以馬得臣權宣徽院事。

十二月甲寅朔，賜皮室詳穩乞得、禿骨里戰馬。横帳郎君達打里劫掠，命杖之。丙辰，畋于沙河。休哥獻奚詳穩耶魯所獲宋諜。丁巳，遣北宰相蕭繼遠等往覘安平。侍衛馬軍司奏攻祁州、新樂，都頭劉贇等三十人有功，乞加恩賞。是月，大軍駐宋境。

是歲，詔開貢舉，放高舉一人及第。

七年春正月癸未朔，班師。戊子，宋雞壁砦守將郭榮率衆來降，詔屯南京。庚寅，次長城口。三卒出營劫掠，笞以徇衆，以所獲物分賜左右。壬辰，李繼遷與兄繼捧有怨，乞與通好，上知其非誠，不許。癸巳，諭諸軍趣易州。己亥，禁部從伐民桑梓。癸卯，攻易州，宋兵出遂城來援，遣鐵林軍擊之，擒其指揮使五人。甲辰，大軍齊進，破易州，降刺史劉墀，守陴士卒南遁，上帥師邀之，無敢出者。即以馬質爲刺史，趙質爲兵馬都監。遷易州軍民于燕京。以東京騎將夏貞顯之子仙壽先登，授高州刺史。乙巳，幸易州，御五花樓，撫諭士庶。丙午，以青牛白馬祭天地。詔諭三京諸道。戊申，次淶水，謁景宗皇帝廟。詔遣涿州刺史耶律守雄護送易州降人八百，還隸本貫。己酉，次岐溝，射鬼箭。辛亥，還次南京，六軍解嚴。

二月壬子朔，上御元和殿受百官賀。詔雞壁砦民二百户徙居檀、順、薊三州。甲寅，回鶻、于闐、師子等國來貢。乙卯，大饗軍士，爵賞有差。樞密使韓德讓封楚國王，駙馬都尉蕭寧遠同政事門下平章事。是日，幸長春宫。甲子，詔南征所俘有親屬分隸諸帳者，給官錢贖之，使相從。乙丑，賞南征女直軍，使東還。丙寅，禁舉人匿名飛書，謗訕朝廷。癸酉，吐蕃、党項來貢。甲戌，雲州租賦請止輸本道，從之。丙子，以女直活骨德爲本部相。分遣巫覡祭名山大川。丁丑，皇子佛寶奴生。戊寅，阿薩蘭、于闐、轄烈並遣使來貢。

三月壬午朔，遣使祭木葉山。禁芻牧傷禾稼。宋進士十七人挈家來歸，命有司考其中第者，補國學官，餘授縣主簿、尉。李繼遷遣使來貢。丁亥，詔知易州趙質收戰亡士卒骸骨，築京觀。戊子，賜于越宋國王紅珠筋線，命入內神帳行再生禮，皇太后賜物甚厚。以雞壁砦民成廷朗等八户隸飛狐。己丑，詔免雲州逋賦。乙室王貫寧擊鞠，爲所部郎君高四縱馬突死，詔訊高四罪。丙申，詔開奇峰路通易州市。戊戌，以王子帳耶律襄之女封義成公主，下嫁李繼遷。

是春，駐蹕延芳淀。

夏四月甲寅，還京。乙卯，國舅太師蕭闥覽爲子排亞請尚皇女延壽公主，許之。丙辰，謁太宗皇帝廟。以御史大夫烏骨領乙室大王。己未，幸延壽寺飯僧。甲子，諫議大夫馬得臣以上好擊毬，上疏切諫：「臣伏見陛下聽朝之暇，以擊毬爲樂。臣思此事有三不宜：上下分朋，君臣争勝，君得臣奪，君輸臣喜，一不宜也；往來交錯，前後遮約，争心競起，禮容全廢，若貪月杖，誤拂天衣，臣既失儀，君又難責，二不宜也；輕萬乘之貴，逐廣場之娛，地雖平，至爲堅确，馬雖良，亦有驚蹶，或因奔擊，失其控御，聖體寧無虧損？太后豈不驚懼？三不宜也。臣望陛下念繼承之重，止危險之戲。」疏奏，大嘉納之。丁卯，吐渾還金、回鶻安進、吐蕃獨朵等自宋來歸，皆賜衣帶。皇太后謁奇首可汗廟。丙子，以舍利軍耶律杏爲常袞。己卯，駐蹕儒州龍泉。

五月庚辰朔，遣宣徽使蒲領等率兵分道備宋。以遥輦副使控骨離爲舍利拽剌詳穩。辛巳，祭風伯于儒州白馬村。休哥引軍至滿城，招降卒七百餘人，遣使來獻，詔隸東京。辛卯，獵桑乾河。壬辰，燕京奏宋兵至邊，時暑未敢與戰，且駐易州，俟彼動則進擊，退則班師。從之。

六月庚戌朔，以太師柘母迎合，撾之二十。辛酉，詔燕樂、密雲二縣荒地許民耕種，免賦役十年。甲戌，宣政殿學士馬得臣卒，詔贈太子少保，賜錢十萬，粟百石。乙亥，詔出諸畜賜邊部貧民。是月，休哥、排亞破宋兵于泰州。

秋七月乙酉，御含涼殿視朝。丙戌，以中丞耶律覈麥哥權夷離畢，横帳郎君耶律延壽爲御史大夫。癸巳，遣兵南征。甲午，以迪離畢、涅剌、烏濊三部各四人益東北路夫人婆里德，仍給印綬。丁酉，勞南征將士。是日，帝與皇太后謁景宗皇帝廟。

八月庚午，放進士高正等二人及第。

冬十月，禁罝網捕兔。

十一月甲申，于闐張文寶進內丹書。

十二月甲寅，鈎魚于沈子濼。癸亥，獵于好草嶺。

《遼史》卷一三《聖宗紀四》 八年春正月辛巳，如臺湖。庚寅，詔決滯獄。庚子，如沈子濼。

二月丁未朔，于闐、回鶻各遣使來貢。壬申，女直遣使來貢。

三月丁丑，李繼遷遣使來貢。乙酉，城杏堝，以宋俘實之。辛丑，置宜州。

夏四月丙午朔，嚴州刺史李壽英有惠政，民請留，從之。庚戌，女直遣使來貢。庚午，以歲旱，諸部艱食，振之。

五月戊子，以宋降卒分隸諸軍。庚寅，女直宰相阿海來貢，封順化王。丙申，清暑胡土白山。詔括民田。

六月丙午，以北面林牙磨魯古爲北院大王。阿薩蘭回鶻于越、達剌干各遣使來貢。丙辰，女直遣使來貢。

秋七月庚辰，改南京熊軍爲神軍。詔東京路諸宫分提轄司，分置定霸、保和、宣化三縣，白川州置洪理，儀坤州置廣義，遼西州置長慶，乾州置安德各一縣。省遂、嬀、松、饒、寧、海、瑞、玉、鐵里、奉德等十州，及玉田、遂豐、松山、弘遠、懷清、雲龍、平澤、平山等八縣，以其民分隸他郡。

八月乙卯，以黑白羊祭天地。

九月乙亥，北女直四部請内附。壬辰，李繼遷獻宋俘。

冬十月丙午，以大敗宋軍，復遣使來告。己酉，阻卜等遣使來貢。是月，駐蹕大王川。

十一月庚寅，以吐谷渾民饑，振之。

十二月癸卯，李繼遷下宋麟、鄜等州，遣使來告。女直遣使來貢。庚戌，遣使封李繼遷爲夏國王。癸丑，回鶻來貢。

是歲，放鄭雲從等二人及第。

九年春正月甲戌，女直遣使來貢。丙子，詔禁私度僧尼。庚辰，如臺湖。乙酉，樞密使、監修國史室昉等進《實録》，賜物有差。戊子，選宋降卒五百置爲宣力軍。辛卯，詔免三京諸道租賦，仍罷括田。

二月丙午，夏國遣使告伐宋捷。丁未，以涿州刺史耶律王六爲惕隱。甲子，建威寇、振化、來遠三城，屯戍卒。

閏月，壬申，遣翰林承旨邢抱朴、三司使李嗣、給事中劉京、政事舍人張幹、

南京副留守吴浩分決諸道滯獄。

三月庚子朔，振室韋、烏古諸部。戊申，復遣庫部員外郎馬守琪、倉部員外郎祁正、虞部員外郎崔祐，薊北縣令崔簡等分決諸道滯獄。甲子，幸南京。

夏四月甲戌，回鶻來貢。乙亥，夏國王李繼遷遣杜白來謝封册。丙戌，清暑炭山。

五月己未，以秦王韓匡嗣私城爲全州。

六月丁亥，突厥來貢。是月，南京霖雨傷稼。

秋七月癸卯，通括户口。乙巳，詔諸道舉才行、察貪酷、撫高年、禁奢僭，有殁於王事者官其子孫。己未，夏國以復綏、銀二州，遣使來告。

八月癸酉，銅州嘉禾生，東京甘露降。戊寅，女直進唤鹿人。壬午，東京進三足烏。

九月庚子，鼻骨德來貢。己酉，駐蹕廟城。南京地震。

冬十月丁卯，阿薩蘭回鶻來貢。壬申，夏國王李繼遷遣使來上宋所授敕命。丁丑，定難軍節度使李繼捧來附，授推忠効順啓聖定難功臣、開府儀同三司、檢校太師兼侍中，封西平王。

十一月己亥，以青牛白馬祭天地。

十二月，夏國王李繼遷潛附于宋，遣招討使韓德威持詔諭之。

是歲，放進士石用中一人及第。

十年春正月丁酉，禁喪葬禮殺馬，及藏甲冑、金銀、器玩。丙午，如臺湖。

二月乙丑朔，韓德威奏李繼遷稱故不出，至靈州俘掠以還。壬申，兀惹來貢。壬午，免雲州租賦。庚寅，夏國以韓德威俘掠，遣使來奏，賜詔安慰。辛卯，給復雲州流民。

三月甲辰，鐵驪來貢。丙辰，如炭山。

夏四月乙丑，以臺湖爲望幸里。庚寅，命羣臣較射。

五月癸巳，朔州流民給復三年。

七月辛酉，鐵驪來貢。

八月癸亥，觀稼，仍遣使分閲苗稼。

九月癸卯，幸五臺山金河寺飯僧。

冬十月壬申，夏國王遣使來貢。戊寅，鐵驪來貢。

十一月壬辰，回鶻來貢。

十二月庚辰，獵儒州東川。拜天。是月，以東京留守蕭恒德等伐高麗。

十一年春正月壬寅，回鶻來貢。丙午，出内帑錢賜南京統軍司軍。高麗王治遣朴良柔奉表請罪，詔取女直鴨渌江東數百里地賜之。

二月癸亥，霸州民妻王氏以妖惑衆，伏誅。

夏四月，幸炭山清暑。

六月，大雨。

秋七月己丑，桑乾、羊河溢居庸關西，害禾稼殆盡，奉聖、南京居民廬舍多墊溺者。

八月，如秋山。

冬十月甲申朔，駐蹕蒲瑰坂。

是年，放進士王熙載等二人及第。

十二年春正月癸丑朔，漷陰鎮水，漂溺三十餘村，詔疏舊渠。甲寅，以同政事門下平章事耶律碩老爲惕隱。詔復行在五十里内租。乙卯，幸延芳淀。戊午，蠲宜州賦調。庚申，郎君耶律鼻舍等謀叛，伏誅。壬戌，以南院大王耶律景爲上京留守，封漆水郡王。霸州民李在宥年百三十有三，賜束帛、錦袍、銀帶，月給羊酒，仍復其家。

二月甲申，免南京被水户租賦。己丑，高麗來貢。甲午，免諸部歲輸羊及關征。庚子，回鶻來貢。

三月丁巳，高麗遣使請所俘人畜，詔贖還。戊午，幸南京。丙寅，遣使撫諭高麗。己巳，涿州木連理。壬申，如長春宮觀牡丹。是月，復置南京統軍都監。

夏四月辛卯，幸南京。壬辰，樞密直學士劉恕爲南院樞密副使。戊戌，以景宗石像成，幸延壽寺飯僧。

五月甲寅，詔北皮室軍老不任事者免役。戊午，如炭山清暑。庚辰，武定軍節度使韓德冲秩滿，其民請留，從之。

六月辛巳朔，詔州縣長吏有才能無過者，減一資考任之。癸未，可汗州刺史賈俊進新曆。庚子，録囚。甲辰，詔龍、鳳兩軍老疾者代之。

秋七月，甲寅，遣使視諸道禾稼。辛酉，南院樞密使室昉爲中京留守，加尚父。丙寅，女直遣使來貢。戊辰，觀穫。庚午，詔契丹人犯十惡者依漢律。己卯，以翰林承旨邢抱朴參知政事。

八月庚辰朔，詔皇太妃領西北路烏古等部兵及永興宮分軍，撫定西邊；以

蕭撻凜督其軍事。乙酉，宋遣使求和，不許。戊子，以國舅帳剋蕭徒骨爲夷離畢。乙未，下詔戒諭中外官吏。丁酉，録囚，雜犯死罪以下釋之。

九月壬子，室韋、党項、吐谷渾等來貢。辛酉，宋復遣使求和，不許。壬戌，行拜奥禮。癸酉，阻卜等來貢。

冬十月乙酉，獵可汗州之西山。乙巳，詔定均税法。丁未，大理寺置少卿及正。

十一月戊申朔，行再生禮。鐵驪來貢。詔諸部所俘宋人有官吏儒生抱器能者，諸道軍有勇健者，具以名聞。庚戌，詔郡邑貢明經、茂材異等。甲寅，詔南京決滯獄。己未，官宋俘衛德升等六人。

十二月戊寅朔，詔并奚王府奥理、墮隗、梅只三部爲一，其二剋各分爲部，以足六部之數。甲申，賜南京統軍司貧户耕牛。戊子，高麗進妓樂，却之。庚寅，禁游食民。癸巳，女直以宋人浮海賂本國及兀惹叛來告。丁未，幸南京。

是年，放進士吕德懋等二人及第。

十三年春正月壬子，幸延芳淀。甲寅，置廣靈縣。丁巳，增泰州、遂城等縣賦。庚申，詔諸道勸農。癸亥，長寧軍節度使蕭解里秩滿，民請留，從之。庚午，如長春宫。

二月丁丑朔，女直遣使來貢。甲辰，高麗遣李周楨來貢。

三月癸丑，夏國遣使來貢。戊辰，武清縣百餘人入宋境剽掠，命誅之，還其所獲人畜財物。

夏四月己卯，參知政事邢抱朴以母憂去官，起復。丙戌，詔諸道民户應曆以來脅從爲部曲者，仍籍州縣。甲午，如炭山清暑。

五月壬子，高麗進鷹。乙亥，北、南、乙室三府請括富民馬以備軍需，不許，給以官馬。

六月丙子朔，啓聖軍節度使劉繼琛秩滿，民請留，從之。丁丑，詔減前歲括田租賦。甲申，以宣徽使阿没里私城爲豐州。丙戌，詔許昌平、懷柔等縣諸人請業荒地。

秋七月乙巳朔，女直遣使來貢。丁巳，兀惹烏昭度、渤海燕頗等侵鐵驪，遣奚王和朔奴等討之。壬戌，詔蔚、朔等州龍衛、威勝軍更戍。

八月丙子，夏國遣使進馬。壬辰，詔修山澤祠宇、先哲廟貌，以時祀之。

九月戊午，以南京太學生員浸多，特賜水磑莊一區。丁卯，奉安景宗及皇太后石像于延芳淀。

冬十月乙亥，置義倉。辛巳，回鶻來貢。甲申，高麗遣李知白來貢。戊子，兀惹歸欵，詔諭之。庚子，鼻骨德來貢。

十一月乙巳，阿薩蘭回鶻遣使來貢。辛酉，遣使册王治爲高麗國王。戊辰，高麗遣童子十人來學本國語。

十二月己卯，鐵驪遣使來貢鷹、馬。辛巳，夏國以敗宋人遣使來告。

是年，放進士王用極等二人。

十四年春正月己酉，漁于潞河。丁巳，蠲三京及諸州税賦。丙寅，夏國遣使來貢。庚午，以宣徽使阿没里家奴閻貴爲豐州刺史。

二月庚寅，回鶻遣使來貢。

三月壬寅，高麗王治表乞爲婚，許以東京留守、駙馬蕭恒德女嫁之。庚戌，高麗復遣童子十人來學本國語。甲寅，韓德威奏討党項捷。甲子，詔安集朔州流民。

夏四月甲戌，東邊諸糺各置都監。庚寅，如炭山清暑。己亥，鑿大安山，取劉守光所藏錢。是月，奚王和朔奴、東京留守蕭恒德等五人以討兀惹不克，削官。改諸部令穩爲節度使。

五月癸卯，詔參知政事邢抱朴決南京滯獄。庚戌，朔州威勝軍一百七人叛入宋。

六月辛未，如炭山清暑，鐵驪來貢。乙酉，回鶻來貢。己丑，高麗遣使來問起居。後至無時。

秋七月戊午，回鶻等來貢。

閏月丁丑，五院部進穴地所得金馬。

冬十月丙辰，命劉遂教南京神武軍士劍法，賜袍帶錦幣。戊午，烏昭度乞内附。

十一月甲戌，詔諸軍官毋非時畋獵妨農。乙酉，奉安景宗及太后石像于乾州。是月，回鶻阿薩蘭遣使爲子求婚，不許。

十二月甲寅，以南京道新定税法太重，減之。甲子，撻凜誘叛酋阿魯敦等六十人斬之，封蘭陵郡王。幸南京。

是年，放進士張儉等三人。

十五年春正月庚午，幸延芳淀。丙子，以河西党項叛，詔韓德威討之。庚

辰，詔諸道勸民種樹。癸未，兀惹長武周來降。戊子，女直遣使來貢。己丑，詔南京決滯囚。乙未，免流民税。

二月丙申朔，如長春宫。戊戌，勸品部富民出錢以贍貧民。庚子，徙梁門、遂城、泰州、北平民於内地。丙午，夏國遣使來貢。甲寅，問安皇太后。丙辰，韓德威奏破党項捷。丁巳，詔品部曠地令民耕種。

三月，乙丑朔，党項來貢。戊辰，募民耕灤州荒地，免其租賦十年。己巳，夏國破宋兵，遣使來告。己卯，封夏國王李繼遷爲西平王。壬午，通括宫分人户，免南京逋税及義倉粟。甲申，河西党項乞内附。庚寅，兀惹烏昭度以地遠，乞歲時免進鷹、馬、貂皮，詔以生辰、正旦貢如舊，餘免。癸巳，宋主炅殂，子恒嗣位。甲午，皇太妃獻西邊捷。

夏四月乙未朔，罷奚五部歲貢麕。戊戌，録囚。壬寅，發義倉粟振南京諸縣民。丙午，廣德軍節度使韓德凝有善政，秩滿，其民請留，從之。己酉，幸南京。丁巳，致奠于太宗皇帝廟。己未，如炭山清暑。

五月，己巳，詔平州決滯獄。是月，敵烈八部殺詳穩以叛，蕭撻凜追擊，獲部族之半。

六月丙申，鐵驪來貢。壬子，夏國遣使來謝封册。

秋七月戊辰，党項來貢。辛未，禁吐谷渾別部鬻馬於宋。丙子，高麗遣韓彦敬奉幣弔越國公主之喪。辛卯，詔南京疾決獄訟。

八月丁酉，獵于平地松林，皇太后誡曰：「前聖有言：欲不可縱。吾兒爲天下主，馳騁田獵，萬一有銜橛之變，適遺予憂。其深戒之！」

九月丙寅，罷東邊戍卒。庚午，幸饒州，致奠太祖廟。戊子，蕭撻凜奏討阻卜捷。

冬十月壬辰朔，駐蹕駝山，罷奚王諸部貢物。乙未，賜宿衛時服。丁酉，禁諸山寺毋濫度僧尼。戊戌，弛東京道魚濼之禁。戊申，以上京獄訟繁冗，詰其主者。辛酉，録囚。

十一月壬戌朔，録囚。丙戌，幸顯州。戊子，謁顯陵。庚寅，謁乾陵。是月，高麗王治薨，姪誦遣王同穎來告。

十二月乙巳，鈎魚土河。己酉，駐蹕駝山。壬子，夏國遣使來貢。甲寅，遣使祭高麗王治，詔其姪權知國事。丙辰，録囚。

是年，放進士陳鼎等二人。

《遼史》卷一四《聖宗紀五》 十六年春正月乙丑，如長濼。

二月庚子，夏國遣使來貢。丙午，以監門衛上將軍耶律喜羅爲中臺省左相。

三月甲子，女直遣使來貢。乙亥，鼻骨德酋長來貢。

夏四月癸卯，振崇德宫所隸州縣民之被水者。丁未，罷民輸官俸，給自内帑。己酉，祈雨。乙卯，如木葉山。

五月甲子，祭白馬神。丁卯，祠木葉山，告來歲南伐。庚辰，鐵驪來貢。乙酉，還上京。婦人年踰九十者賜物。

六月戊子朔，致奠於祖、懷二陵。是月，清暑炭山。

秋七月丁巳朔，録囚，聽政。

八月丁亥朔，東幸。

九月丁巳朔，駐蹕得勝口。

冬十一月，遣使册高麗國王誦。

十二月丙戌朔，宋國王休哥薨，輟朝五日。進封皇弟恒王隆慶爲梁國王、南京留守，鄭王隆祐爲吴國王。

是年，放進士楊又玄等二人。

十七年春正月乙卯朔，如長春宫。

夏四月，如炭山清暑。

六月，兀惹烏昭慶來。

秋七月，以伐宋詔諭諸道。

九月庚辰朔，幸南京。己亥，南伐。癸卯，射鬼箭。北院樞密使魏王耶律斜軫薨，以韓德讓兼知北院樞密使事。

冬十月癸酉，攻遂城，不克。遣蕭繼遠攻狼山鎮石砦，破之。次瀛州。與宋軍戰，擒其將康昭裔、宋順，獲兵仗、器甲無算。進攻樂壽縣，拔之。次遂城，敵衆臨水以拒，縱騎兵突之，殺戮殆盡。

是年，放進士初錫等四人及第。

十八年春正月，還次南京，賞有功將士，罰不用命者。詔諸軍各還本道。

二月，幸延芳淀。

夏四月己未，駐蹕于清泉淀。

五月丁酉，清暑炭山。

六月，阻卜叛酋鶻碾之弟鐵剌不率部衆來附，鶻碾無所歸，遂降，詔誅之。

秋七月，駐蹕于湯泉。
九月乙亥朔，駐蹕黑河。
冬十一月甲戌朔，授西平王李繼遷子德昭朔方軍節度使。
十二月，回鶻來貢。
是年，放進士南承保等三人及第。
十九年春正月辛巳，以祇候郎君班詳穩覿音爲奚六部大王。甲申，回鶻進梵僧名醫。
三月乙亥，夏國遣李文貴來貢。乙酉，西南面招討司奏党項捷。壬辰，皇后蕭氏以罪降爲貴妃。賜大丞相韓德讓名德昌。
夏四月乙巳，幸吴國王隆祐第視疾。丙午，問安皇太后。
五月癸酉，清暑炭山。丙戌，册蕭氏爲齊天皇后。庚寅，以千拽剌詳穩耶律王奴爲乙室大王。辛卯，以青牛白馬祭天地。
六月乙巳，以所俘宋將康昭裔爲昭順軍節度使。戊午，夏國奏下宋恒、環、慶等三州，賜詔褒之。
秋七月丙戌，以東京統軍使耶律奴瓜爲南府宰相。
八月庚戌，達盧骨部來貢。
九月己巳朔，問安皇太后。戊子，駐蹕昌平。庚寅，西南面招討司奏討吐谷渾捷。辛卯，幸南京。
冬十月己亥，南伐。壬寅，次鹽溝。徙封吴國王隆祐爲楚國王，留守京師。丁未，梁國王隆慶統先鋒軍以進。辛亥，射鬼箭。壬子，以青牛白馬祭天地。甲寅，遼軍與宋兵戰于遂城，敗之。庚申，以黑白羊祭天地。丙寅，次滿城，以泥淖班師。
十一月庚午，射鬼箭。丙子，宋兵出淤口、益津關來侵，偵候謀洼、虞人招古擊敗之。己卯，觀漁儒門濼。
閏月己酉，鼻骨德來貢。己未，減關市税。
十二月庚辰，免南京、平州租税。
二十年春正月庚子，如延芳淀。癸丑，東方五色虹見。詔安撫西南面向化諸部。甲寅，夏國遣使貢馬、駝。辛酉，女直宰相夷離底來貢。
二月丁丑，女直遣其子來朝。高麗遣使賀伐宋捷。
三月甲寅，遣北府宰相蕭繼遠等南伐。壬戌，駐蹕鴛鴦濼。
夏四月丙寅朔，文班太保達里底敗宋兵于梁門。甲戌，南京統軍使蕭撻凜破宋軍於泰州。乙酉，南征將校獻俘，賜爵賞有差。戊子，鐵驪遣使來貢。
五月乙卯，幸炭山清暑。
六月，夏國遣劉仁勗來告下靈州。
秋七月丁酉，以邢抱朴爲南院樞密使。辛丑，高麗遣使來貢本國《地里圖》。
九月癸巳朔，謁顯陵，告南伐捷。
冬十月癸亥朔，至自顯陵。
十二月，奚王府五帳六節度獻七金山土河川地，賜金幣。
是歲，南京、平州麥秀兩岐。放進士邢祥等六人及第。
二十一年春正月，如鴛鴦濼。
三月壬辰，詔修《日曆》官毋書細事。甲午，朝皇太后。戊午，鐵驪來貢。
夏四月乙丑，女直遣使來貢。戊辰，兀惹、渤海、奥里米、越里篤、越里吉等五部遣使來貢。是月，耶律奴瓜、蕭撻凜獲宋將王繼忠于望都。
五月庚寅朔，清暑炭山。丁巳，西平王李繼遷薨，其子德昭遣使來告。
六月己卯，贈繼遷尚書令，遣西上閤門使丁振弔慰。辛巳，党項來貢。乙酉，阻卜鐵剌里率諸部來降。是月，修可敦城。
秋七月庚戌，阻卜、烏古來貢。甲寅，以奚王府監軍耶律室魯爲南院大王。
八月乙酉，阻卜鐵剌里來朝。丙戌，朝皇太后。
九月己亥，夏國李德昭遣使來謝弔贈。癸丑，幸女河湯泉，改其名曰松林。
冬十月丁巳朔，駐蹕七渡河。戊辰，以楚國王隆祐爲西南面招討使。
十一月壬辰，故于越耶律休哥之子道士奴、高九等謀叛，伏誅。丙申，通括南院部民。
十二月癸未，罷三京諸道貢。
二十二年春正月丁亥，如鴛鴦濼。
二月乙卯朔，女直遣使來貢。丙寅，南院樞密使邢抱朴薨，輟朝三日。
三月己丑，罷番部賀千齡節及冬至、重五貢。乙未，西夏李德昭遣使上繼遷遺物。
夏四月丁卯，朝皇太后。
五月，清暑炭山。

六月戊午，以可敦城爲鎮州，軍曰建安。

秋七月甲申，遣使封夏國李德昭爲西平王。丁亥，兀惹、蒲奴里、剖阿里、越里篤、奥里米等部來貢。

八月丙辰，党項來貢。庚申，阻卜酋鐵剌里來朝。戊辰，鐵剌里求婚，不許。丙子，駐蹕犬牙山。

九月己丑，以南伐諭高麗。丙午，幸南京。女直遣使獻所獲烏昭慶妻子。丁未，致祭于太宗皇帝廟。以北院大王磨魯古、太尉老君奴監北、南王府兵。庚戌，命楚國王隆祐留守京師。

閏月己未，南伐。癸亥，次固安。以所獲諜者射鬼箭。甲子，以青牛白馬祭天地。丙寅，遼師與宋兵戰于唐興，大破之。丁卯，蕭撻凜與宋軍戰于遂城，敗之。庚午，軍于望都。

冬十月乙酉，以黑白羊祭天地。己酉，西平王李德昭遣使謝封册。丙戌，攻瀛州，不克。甲午，下祁州，賚降兵。以酒脯祭天地。

十一月癸亥，馬軍都指揮使耶律課里遇宋兵于洺州，擊退之。甲子，東京留守蕭排押獲宋魏府官吏田逢吉、郭守榮、常顯、劉綽等以獻。丁卯，南院大王善補奏宋遣人遺王繼忠弓矢，密請求和。詔繼忠與使會，許和。庚午，攻破德清軍。壬申，次澶淵。蕭撻凜中伏弩死。乙亥，攻破通利軍。丁丑，宋遣崇儀副使曹利用請和，即遣飛龍使韓杞持書報聘。

十二月，癸未，宋復遣曹利用來，以無還地之意，遣監門衛大將軍姚柬之持書往報。戊子，宋遣李繼昌請和，以太后爲叔母，願歲輸銀十萬兩，絹二十萬匹。許之，即遣閤門使丁振持書報聘。己丑，詔諸軍解嚴。是月，班師。皇太后賜大丞相齊王韓德昌姓耶律，徙王晉。

是年，放進士李可封等三人。

二十三年春正月戊午，還次南京。庚申，大饗將卒，爵賞有差。

二月丙戌，復置榷場於振武軍。丁巳，夏國遣使告下宋青城。辛酉，朝皇太后。以愓隱化哥爲南院大王，行軍都監老君奴爲愓隱。乙丑，振党項部。丁卯，回鶻來貢。丁丑，改易州飛狐招安使爲安撫使。

夏四月丙戌，女直及阿薩蘭回鶻各遣使來貢。乙未，鐵驪來貢。己亥，党項來侵。

五月戊申朔，宋遣孫僅等來賀皇太后生辰。乙卯，以金帛賜陣亡將士家。丙寅，高麗以與宋和，遣使來賀。

六月壬辰，清暑炭山。甲午，阻卜酋鐵剌里遣使賀與宋和。己亥，達旦國九部遣使來聘。

秋七月癸丑，問安皇太后。戊午，党項來貢。辛酉，以青牛白馬祭天地。壬戌，烏古來貢。丁卯，女直遣使來貢。阿薩蘭回鶻遣使來請先留使者，皆遣之。

九月甲戌，遣太尉阿里、太傅楊六賀宋主生辰。

冬十月丙子朔，鼻骨德來貢。戊子，朝皇太后。甲午，駐蹕七渡河。癸卯，宋歲幣始至，後爲常。

十一月戊申，上遣太保合住、頒給使韓椅，太后遣太師盆奴、政事舍人高正使宋賀正旦。辛亥，觀漁桑乾河。丁巳，詔大丞相耶律德昌出宫籍，屬于横帳。

十二月丙申，宋遣周漸等來賀千齡節。丁酉，復遣張若谷等來賀正旦。

二十四年春正月，如鴛鴦濼。

夏五月壬寅朔，幸炭山清暑。幽皇太妃胡輦于懷州，囚夫人夷懶于南京，餘黨皆生瘞之。

秋七月辛丑朔，南幸。

八月丙戌，改南京宫宣教門爲元和，外三門爲南端，左掖門爲萬春，右掖門爲千秋。是月，沙州燉煌王曹壽遣使進大食國馬及美玉，以對衣、銀器等物賜之。

九月，幸南京。

冬十月庚午朔，帝率羣臣上皇太后尊號曰睿德神略應運啓化承天皇太后，羣臣上皇帝尊號曰至德廣孝昭聖天輔皇帝。大赦。

是年，放進士楊佶等二十三人及第。

二十五年春正月，建中京。

二月，如鴛鴦濼。

夏四月，清暑炭山。

六月，賜皇太妃胡輦死于幽所。

秋七月壬申，西平王李德昭母薨，遣使弔祭。甲戌，遣使起復。

九月，西北路招討使蕭圖玉討阻卜，破之。

冬十月丙申，駐蹕中京。

十二月己酉，振饒州饑民。

二十六年春二月，如長濼。

夏四月辛卯朔，祠木葉山。

五月庚申朔，還上京。丙寅，高麗進龍鬚草席。己巳，遣使賀中京成。庚午，致祭祖、懷二陵。辛未，駐蹕懷州。

秋七月，增太祖、太宗、讓國皇帝、世宗謚，仍謚皇太弟李胡曰欽順皇帝。

冬十月戊子朔，幸中京。

十二月，蕭圖玉奏討甘州回鶻，降其王耶剌里，撫慰而還。

是年，放進士史克忠等一十三人。

二十七年春正月，鈎魚土河。獵于瑞鹿原。

夏四月丙戌朔，駐蹕中京，營建宫室。庚戌，廢霸州處置司。

秋七月甲寅朔，霖雨，潢、土、斡剌、陰涼四河皆溢，漂没民舍。

八月甲申，北幸。

冬十一月壬子朔，行柴册禮。

十二月乙酉，南幸。皇太后不豫。戊子，肆赦。辛卯，皇太后崩于行宫。壬辰，遣使報哀于宋、夏、高麗。戊申，如中京。己酉，詔免賀千齡節。

是歲，御前引試劉二宜等三人。

《遼史》卷一五《聖宗紀六》 二十八年春正月辛亥朔，不受賀。甲寅，如乾陵。癸酉，奉安大行皇太后梓宫于乾州菆塗殿。

二月丙戌，宋遣王隨、王儒等來弔祭。己亥，高麗遣魏守愚等來祭。是月，遣左龍虎衛上將軍蕭合卓饋大行皇太后遺物于宋，仍遣臨海軍節度使蕭虚列、左領軍衛上將軍張崇濟謝宋弔祭。

三月癸卯，上大行皇太后謚爲聖神宣獻皇后。是月，宋、高麗遣使來會葬。

夏四月甲子，葬太后於乾陵。賜大丞相耶律德昌名曰隆運。庚午，賜宅及陪葬地。

五月己卯朔，如中京。辛卯，清暑七金山。乙巳，西北路招討使蕭圖玉奏伐甘州回鶻，破肅州，盡俘其民。詔修土隗口故城以實之。丙午，高麗西京留守康肇弑其主誦，擅立誦從兄詢，詔諸道繕甲兵，以備東征。

秋八月戊申，振平州饑民。辛亥，幸中京。丙寅，謁顯、乾二陵。丁卯，自將伐高麗，遣使報宋。以皇弟楚國王隆祐留守京師，北府宰相、駙馬都尉蕭排押爲都統，北面林牙僧奴爲都監。

九月乙酉，遣使册西平王李德昭爲夏國王。辛卯，遣樞密直學士高正、引進使韓杞宣問高麗王詢。

冬十月丙午朔，女直進良馬萬匹，乞從征高麗，許之。王詢遣使奉表乞罷師，不許。

十一月乙酉，大軍渡鴨渌江，康肇拒戰，敗之，退保銅州。丙戌，肇復出，右皮室詳穩耶律敵魯擒肇及副將李立，追殺數十里，獲所棄糧餉、鎧仗。戊子，銅、霍、貴、寧等州皆降。排押至奴古達嶺，遇敵兵，戰敗之。辛卯，王詢遣使上表請朝，許之。禁軍士俘掠。以政事舍人馬保佑爲開京留守，安州團練使王八爲副留守。遣太子太師乙凛將騎兵一千，送保佑等赴京。壬辰，守將卓思正殺遼使者韓喜孫等十人，領兵出拒，保佑等還。遣乙凛領兵擊之，思正遂奔西京。圍之五日不克，駐蹕城西。高麗禮部郎中渤海陀失來降。庚子，遣排押、盆奴等攻開京，遇高麗兵，敗之。王詢棄城遁去。遂焚開京，至清江，還。

二十九年春正月乙亥朔，班師，所降諸城復叛。至貴州南峻嶺谷，大雨連日，馬駝皆疲，甲仗多遺棄，霽乃得渡。己丑，次鴨渌江。庚寅，皇后及皇弟楚國王隆祐迎于來遠城。壬辰，詔罷諸軍。己亥，次東京。

二月己酉，謁乾、顯二陵。戊午，所俘高麗人分置諸陵廟，餘賜内戚、大臣。

三月己卯，大丞相晉國王耶律隆運薨。庚辰，皇弟楚國王隆祐權知北院樞密使事，樞密直學士高正爲北院樞密副使。庚寅，南京、平州水，振之。己亥，以北院大王耶律室魯爲北院樞密使，封韓王，北院郎君耶律世良爲北院大王，前三司使劉慎行參知政事兼知南院樞密使事。

夏四月，清暑老古堝。

五月甲戌朔，詔已奏之事送所司附《日曆》。又詔帳族有罪，黥墨依諸部人例。乙未，以劉慎行爲南院樞密使，南府宰相邢抱質知南院樞密使事。

六月庚戌，升蔚州、利州爲觀察使。乙卯，韓王耶律室魯薨。丙辰，以南院大王化哥爲北院樞密使。丁巳，詔西北路招討使、駙馬都尉蕭圖玉安撫西鄙。置阻卜諸部節度使。

是秋，獵于平地松林。

冬十月庚子朔，駐蹕廣平淀。甲寅，贈大丞相晉國王耶律隆運尚書令，謚文忠。

十一月庚午朔，幸顯州。

十二月庚子朔，復如廣平淀。癸丑，以知南院樞密使事邢抱質年老，詔乘小

車入朝。是月，置歸、寧二州。

是年，御試，放高承顔等二人及第。

開泰元年春正月己巳朔，宋遣趙湘、符成翰來賀。癸未，長白山三十部女直酋長來貢，乞授爵秩。甲申，駐蹕王子院。丙戌，望祠木葉山。丁亥，女直太保蒲撚等來朝。戊子，獵于買曷魯林。庚寅，祠木葉山。辛卯，曷蘇館大王曷里喜來朝。

二月壬子，駐蹕瑞鹿原。

三月甲戌，以蔚州爲觀察，不隸武定軍。乙亥，如葦濼。丁丑，詔封皇女八人爲郡主。乙酉，詔卜日行拜山、大射柳之禮，命北宰相、駙馬、蘭陵郡王蕭寧，樞密使、司空邢抱質督有司具儀物。丁亥，皇弟楚國王隆祐徙封齊國王，留守東京。

夏四月庚子，高麗遣蔡忠順來，乞稱臣如舊，詔王詢親朝。壬寅，夏國遣使進良馬。己酉，祀風伯。辛酉，以前孟父房敞穩蕭佛奴爲左夷離畢。

五月戊辰朔，還上京。詔裴玄感、邢祥知禮部貢舉，放進士史簡等十九人及第。以駙馬蕭紹宗爲鄭州防禦使。乙亥，以邢抱質爲大同軍節度使。

六月，駐蹕上京。

秋七月丙子，以耶律遂貞爲遼興軍節度使，遂正北院宣徽使，張昭瑩南院宣徽使，耶律受益上京副留守，寇卿彰德軍節度使。命耶律釋身奴、李操充賀宋生辰國信使副，蕭涅袞、齊泰賀宋正旦使副。進士康文昭、張素臣、郎玄達坐論知貢舉裴玄感、邢祥私曲，祕書省正字李萬上書，辭涉怨訕，皆杖而徒之，萬役陷河冶。

八月丙申朔，鐵驪那沙等送兀惹百餘户至賓州，賜絲絹。是日，那沙乞賜佛像、儒書，詔賜《護國仁王佛像》一，《易》、《詩》、《書》、《春秋》、《禮記》各一部。己未，高麗王詢遣田拱之奉表稱病不能朝，詔復取六州地。是月，齊國王隆祐薨，輟朝五日。

冬十月辛亥，如中京。

閏月丁卯，贈隆祐守太師，謚仁孝。

十一月甲午朔，文武百官加上尊號曰弘文宣武尊道至德崇仁廣孝聰睿昭聖神贊天輔皇帝。大赦，改元開泰。改幽都府爲析津府，薊北縣爲析津縣，幽都縣爲宛平縣，覃恩中外。己亥，賜夏國使、東頭供奉官曹文斌、吕文貴、竇珪祐、守榮、武元正等爵有差。癸卯，前遼州録事張庭美六世同居，儀坤州劉興胤四世同居，各給復三年。甲辰，西北招討使蕭圖玉奏七部太師阿里底因其部民之怨，殺本部節度使霸暗并屠其家以叛，阻卜執阿里底以獻，而沿邊諸部皆叛。

十二月丙寅，奉遷南京諸帝石像于中京觀德殿，景宗及宣獻皇后于上京五鸞殿。壬申，振奉聖州饑民。庚辰，賜皇弟秦晉國王隆慶鐵券。癸未，劉晨言殿中高可垣、中京留守推官李可舉治獄明允，詔超遷之。甲申，詔諸道水災饑民質男女者，起來年正月，日計傭錢十文，價折傭盡，遣還其家。歸州言其居民本新羅所遷，未習文字，請設學以教之，詔允所請。貴德、龍化、儀坤、雙、遼、同、祖七州，至是有詔始征商。己丑，詔諸鎮建宣敕樓。

二年春正月癸巳朔，以裴玄感爲翰林承旨，邢祥給事中，石用中翰林學士，吕德推樞密直學士，張儉政事舍人，邢抱質加開府儀同三司、守司空兼侍中，王繼忠中京留守、檢校太師，户部侍郎劉涇加工部尚書，駙馬蕭紹宗加檢校太師，耶律控温加政事令，封幽王。丁未，如瑞鹿原。北院樞密使耶律化哥封豳王。以馬氏爲麗儀，耿氏淑儀，尚寢白氏昭儀，尚服李氏順儀，尚功艾氏芳儀，尚儀孫氏和儀。己未，録囚。烏古、敵烈叛，右皮室詳穩延壽率兵討之。是月，達旦國兵圍鎮州，州軍堅守，尋引去。

二月丙子，詔以麥務川爲象雷縣，女河川爲神水縣，羅家軍爲閭山縣，山子川爲富庶縣，習家砦爲龍山縣，阿覽峪爲勸農縣，松山川爲松山縣，金甸子爲金原縣。壬午，遣北院樞密副使高正按察諸道獄。

三月壬辰朔，化哥以西北路略平，留兵戍鎮州，赴行在。

夏四月甲子，拜日。詔從上京請，以韓斌所括贍國、撻魯河、奉、豪等州户二萬五千四百有奇，置長霸、興仁、保和等十縣。丙子，如緬山。

五月辛卯朔，復命化哥等西討。

六月辛酉朔，遣中丞耶律資忠使高麗，取六州舊地。

秋七月壬辰，烏古、敵烈皆復故疆。乙未，西南招討使、政事令斜軫奏，党項諸部叛者皆遁黄河北模赧山，其不叛者曷黨、烏迷兩部因據其地，今復西遷，詰之則曰逐水草。不早圖之，後恐爲患。又聞前後叛者多投西夏，西夏不納。詔遣使再問西遷之意，若歸故地，則可就加撫諭。使不報，上怒，欲伐之。遂詔李德昭：「今党項叛，我欲西伐，爾當東擊，毋失犄角之勢。」仍命諸軍各市肥馬。丁酉，以惕隱耶律滌冽爲南府宰相，太尉五哥爲惕隱。癸卯，鈎魚曲溝。戊申，

詔以敦睦宫子錢振貧民。己酉，化哥等破阻卜酋長烏八之衆。丁卯，封皇子宗訓大内惕隱。

八月壬戌，遣引進使李延弘賜夏國王李德昭及義成公主車馬。己丑，耶律資忠使高麗遠。

冬十月己未朔，畋鹿井之北。命耶律阿營等使宋賀生辰。辛酉，駐蹕長濼。丙寅，詳穩張馬留獻女直人知高麗事者。上問之，曰：「臣三年前爲高麗所虜，爲郎官，故知之。自開京東馬行七日，有大砦，廣如開京，旁州所貢珍異，皆積于此。勝、羅等州之南，亦有二大砦，所積如之。若大軍行由前路，取曷蘇館女直北，直渡鴨渌江，並大河而上，至郭州與大路會，高麗可取而有也。」上納之。

十一月甲午，録囚。癸丑，樞密使齣王化哥以西征有罪，削其官封，出爲大同軍節度使。

十二月甲子，以北院大王耶律世良爲北院樞密使，封岐王。以宰臣劉晟監修國史，牛璘爲彰國軍節度使，蕭孝穆爲西北路招討使。

放進士鮮于茂昭等六人及第。

三年春正月己丑，録囚。阻卜酋長烏八來朝，封爲王。乙未，如渾河。丁酉，女直及鐵驪各遣使來貢。是夕，彗星見西方。丙午，畋潢河濱。壬子，帝及皇后獵瑞鹿原。

二月戊午，詔增樞密使以下月俸。甲子，遣上京副留守耶律資忠復使高麗取六州舊地。

三月庚子，遣耶律世良城招州。戊申，南京、奉聖、平、蔚、雲、應、朔等州置轉運使。

夏四月戊午，詔南京管内毋淹刑獄，以妨農務。癸亥，烏古叛。乙亥，沙州回鶻曹順遣使來貢。丙子，以西北路招討都監蕭孝穆爲北府宰相。

五月乙酉朔，清暑緬山。

六月乙亥，合拔里、乙室二國舅爲一帳，以乙室夷離畢蕭敵烈爲詳穩以總之。甲申，封皇姪胡都古爲廣平郡王。

是夏，詔國舅詳穩蕭敵烈、東京留守耶律團石等討高麗，造浮梁于鴨渌江，城保、宣義、定遠等州。

秋七月乙酉朔，如平地松林。壬辰，詔政事省、樞密院，酒間授官釋罪，毋即奉行，明日覆奏。

八月甲寅朔，幸沙嶺。

九月丁酉，八部敵烈殺其詳穩稍瓦，皆叛，詔南府宰相耶律吾剌葛招撫之。辛亥，釋敵烈數人，令招諭其衆。壬子，耶律世良遣使獻敵烈俘。

冬十月甲寅朔，幸中京。丙子，以旗鼓拽剌詳穩題里姑爲奚六部大王。

放進士張用行等三十一人及第出身。

四年春正月乙酉，如瑞鹿原。丙戌，詔耶律世良再伐迪烈得。戊子，命詳穩拔姑瀦水瑞鹿原，以備春蒐。丁酉，獵馬蘭淀。壬寅，東征。東京留守善寧、平章涅里衮奏，已總大軍及女直諸部兵分道進討，遂遣使齎密詔軍前。

二月壬子朔，如薩堤濼。于闐國來貢。

夏四月癸丑，以林牙建福爲北院大王。甲寅，蕭敵烈等伐高麗還。丙辰，曷蘇館部請括女直王殊只你户舊無籍者，會其丁入賦役，從之。樞密使貫寧奏大破八部迪烈得，詔侍御撒剌奬諭，代行執手之禮。丙寅，耶律世良等上破阻卜俘獲數。戊辰，駐蹕沿柳湖。己巳，女直遣使來貢。壬申，耶律世良討烏古，破之。甲戌，遣使賞有功將校。世良討迪烈得至清泥堝。時于厥既平，朝廷議内徙其衆，于厥安土重遷，遂叛。世良懲創，既破迪烈得，輒殲其丁壯。勒兵渡曷刺河，進擊餘黨，斥候不謹，其將勃括聚兵稠林中，擊遼軍不備。遼軍小却，結陣河曲。勃括是夜來襲。翌日，遼後軍至，勃括誘于厥之衆皆遁，世良追之，軍至險阨。勃括方阻險少休，遼軍偵知其所，世良不亟掩之，勃括輕騎遁去。獲其輜重及所誘于厥之衆，併遷迪烈得所獲轄麥里部民，城臚朐河上以居之。是月，蕭楊哥尚南平郡主。

五月辛巳，命北府宰相劉晟爲都統，樞密使耶律世良爲副，殿前都點檢蕭屈烈爲都監以伐高麗。晟先携家置邊郡，致緩師期，追還之。以世良、屈烈總兵進討。以耶律德政爲遼興軍節度使，蕭年骨烈天城軍節度使。李仲舉卒，詔賻恤其家。

六月庚戌，上拜日如禮。以麻都骨世勳，易衣馬爲好。以上京留守耶律八哥爲北院樞密副使。

秋七月，上又拜日，遂幸秋山。

自八月射鹿至于九月，復自癸丑至于辛酉，連獵于有柏、碎石、太保、響應、松山諸山。丁卯，與夷離畢、兵部尚書蕭榮寧定爲交契，以重君臣之好。丙子，以旗鼓拽剌詳穩題里姑爲六部奚王。

冬十月，駐蹕撻剌割濼。

十一月庚申，詔汰東京僧，及命上京、中京泊諸宮選精兵五萬五千人以備東征。

十二月，南巡海徼。還，幸顯州。

五年春正月丁未，北幸。庚戌，耶律世良、蕭屈烈與高麗戰于郭州西，破之，斬首數萬級，盡獲其輜重。乙卯，師次南海軍，耶律世良薨于軍。癸酉，駐蹕雪林。

二月己卯，阻卜長來朝。辛巳，如薩堤濼。庚寅，以前東京統軍使耶律韓留爲右夷離畢。戊戌，皇子宗真生。

三月乙卯，鼻骨德長撒保特、賽剌等來貢。辛酉，諸道獄空，詔進階賜物。丙寅，以前北院大王耶律敬温爲阿扎割只。辛未，党項魁可來降。

夏四月乙亥，振招州民。戊寅，以左夷離畢蕭合卓爲北院樞密使，曷魯寧爲副使。庚辰，清暑孤樹淀。

五月甲子，尚書蕭姬隱坐出使後期，削其官。丁卯，以耿元吉爲户部使。

六月，以政事舍人吴克昌按察霸州刑獄。丁丑，回鶻獻孔雀。

秋七月甲辰，獵于赤山。

八月丙子，幸懷州，有事于諸陵。戊寅，還上京。

九月癸卯，皇弟南京留守秦晉國王隆慶來朝，上親出迎勞至實德山，因同獵于松山。乙丑，駐蹕杏堝。

冬十月甲午，封秦晉國王隆慶長子查割中山郡王，次子遂哥樂安郡王。

十一月辛丑朔，以參知政事馬保忠同知樞密院事、監修國史。丁巳，以北面林牙蕭隈洼爲國舅詳穩。

十二月乙酉，秦晉國王隆慶還，至北安薨，訃聞，上爲哀慟，輟朝七日。丁酉，宋遣張遜、王承德來賀千齡節。

是歲，放進士孫傑等四十八人及第。

六年春正月癸卯，如錐子河。

二月甲戌，以公主賽哥殺無罪婢，駙馬蕭圖玉不能齊家，降公主爲縣主，削圖玉同平章事。丁丑，詔國舅帳詳穩蕭隗洼將本部兵東征高麗，其國舅司事以都監攝之。庚辰，以南面林牙涅合爲南院大王。

三月乙巳，如顯州，葬秦晉國王隆慶。有事于顯、乾二陵。追册隆慶爲太弟。

夏四月辛卯，封隆慶少子謝家奴爲長沙郡王，以樞密使漆水郡王耶律制心權知諸行宫都部署事。壬辰，禁命婦再醮。丙申，如凉陘。

五月戊戌朔，命樞密使蕭合卓爲都統，漢人行宫都部署王繼忠爲副，殿前都點檢蕭屈烈爲都監以伐高麗。翌日，賜合卓劍，俾得專殺。丙午，録囚。己酉，設四帳都詳穩。甲寅，以南京統軍使蕭惠爲右夷離畢。乙卯，祠木葉山、潢河。乙丑，駐蹕九層臺。

六月戊辰朔，德妃蕭氏賜死，葬兔兒山西。後數日，大風起塚上，晝暝，大雷電而雨不止者踰月。是月，南京諸縣蝗。

秋七月辛亥，如秋山。遣禮部尚書劉京、翰林學士吴叔達、知制誥仇正己、起居舍人程翥、吏部員外郎南承顔、禮部員外郎王景運分路按察刑獄。辛酉，以西南路招討請，置寧仁縣于勝州。

九月庚子，還上京，以皇子屬思生，大赦。丁未，以駙馬蕭璉、節度使化哥、知制誥仇正己、楊佶充賀宋生辰正旦使副。乙卯，蕭合卓等攻高麗興化軍不克，還師。

冬十月丁卯，南京路饑，輓雲、應、朔、弘等州粟振之。辛未，獵鏵子河。庚寅，駐蹕達離山。

十一月乙卯，建州節度使石匡弼卒。

十二月丁卯，上輕騎還上京。戊子，宋遣李行簡、張信來賀千齡節。翌日，宋馮元、張綸來賀正旦。

《遼史》卷一六《聖宗紀七》 七年春正月甲辰，如達離山。

二月乙丑朔，拜日，如渾河。

三月辛丑，命東北越里篤、剖阿里、奥里米、蒲奴里、鐵驪等五部歲貢貂皮六萬五千，馬三百。丙午，烏古部節度使蕭普達討叛命敵烈，滅之。

夏四月，拜日。丙寅，振川、饒二州饑。辛未，振中京貧乏。癸酉，禁匿名書。壬辰，以三司使吕德懋爲樞密副使。

閏月壬子，以蕭進忠爲彰武軍節度使兼五州制置。戊午，吐蕃王并里尊奏，凡朝貢，乞假道夏國，從之。

五月丙寅，皇子宗真封梁王，宗元永清軍節度使，宗簡右衛大將軍，宗愿左驍衛大將軍，宗偉右衛大將軍，皇姪宗範昭義軍節度使，宗熙鎮國軍節度使，宗

亮絳州節度使，宗弼濮州觀察使，宗奕曹州防禦使，宗顯、宗肅皆防禦使。以張儉守司徒兼政事令。

六月丙申，品打魯瑰部節度使勃魯里至鼻洒河，遇微雨，忽天地晦冥，大風飄四十三人飛旋空中，良久乃墮數里外。勃魯里幸獲免。一酒壺在地乃不移。

八月丙午，行大射柳之禮。庚申，以耶律留寧、吳守達使宋賀生辰，蕭高九、馬貽謀使宋賀正旦。加平章蕭弘義開府儀同三司、尚父兼政事令。

秋七月甲子，詔翰林待詔陳升寫《南征得勝圖》於上京五鸞殿。丁卯，蒲奴里部來貢。

九月庚申朔，蒲昵國使奏本國與烏里國封壤相接，數侵掠不寧，賜詔諭之。戊辰，詔內外官，因事受賕，事覺而稱子孫僕從者，禁之。庚午，録囚。括馬給東征軍。是月，駐蹕土河川。

冬十月，名中京新建二殿曰延慶，曰永安。壬寅，以順義軍節度使石用中爲漢人行宮都部署。丙辰，詔以東平郡王蕭排押爲都統，殿前都點檢蕭虛列爲副統，東京留守耶律八哥爲都監伐高麗。仍諭高麗守吏，能率衆自歸者，厚賞；堅壁相拒者，追悔無及。

十一月壬戌，以吕德懋知吏部尚書，楊又玄知詳覆院，劉晟爲霸州節度使，北府宰相劉慎行爲彰武軍節度使。庚辰，禁服用明金、縷金、貼金。戊子，幸中京。

十二月丁酉，宋遣吕夷簡、曹瑋來賀千齡節。是月，蕭排押等與高麗戰于茶、陀二河，遼軍失利，天雲、右皮室二軍没溺者衆，遥輦帳詳穩阿果達、客省使酌古、渤海詳穩高清明、天雲軍詳穩海里等皆死之。

放進士張克恭等三十七人及第。

八年春正月，宋遣陳堯佐、張羣來賀。壬戌，鐵驪來貢。建景宗廟于中京。

二月丁未，以前南院樞密使韓制心爲中京留守，漢人行宮都部署王繼忠南院樞密使。丙辰，祭風伯。

三月己未，以契丹弘義宮使赫石爲興聖宮都部署，前遥恩拈部節度使控骨里積慶宮都部署，左祗候郎君耶律罕四捷軍都監。乙亥，東平王蕭韓寧、東京留守耶律八哥、國舅平章事蕭排押、林牙要只等討高麗還，坐失律，數其罪而釋之。己卯，詔加征高麗有功渤海將校官。壬午，閱飛龍院馬。癸未，回跋部太師踏剌葛來貢。丙戌，置東京渤海承奉官都知押班。

夏四月戊子朔，如緬山。

五月壬申，以駙馬蕭克忠爲長寧軍節度使。乙亥，遷寧州渤海户于遼、土二河之間。己卯，曷蘇館惕隱阿不葛、宰相賽剌來貢。

六月戊子，録征高麗戰殁將校子弟。己丑，以左夷離畢蕭解里爲西南面招討使，御史大夫蕭要只爲夷離畢。己亥，惕隱耶律合葛爲南府宰相，南面林牙耶律韓留爲惕隱。癸卯，弛大擺山猿嶺採木之禁。乙巳，以南皮室軍校等討高麗有功，賜金帛有差。

秋七月己未，征高麗戰殁諸將，詔益封其妻。庚申，以東北路詳穩耶律獨迭爲北院大王。辛酉，肴里、涅哥二奚軍征高麗有功，皆賜金帛。癸亥，詔阻卜依舊歲貢馬千七百，駝四百四十，貂鼠皮萬，青鼠皮二萬五千。戊辰，觀稼。己巳，回跋部太保麻門來貢。庚午，觀市，曲赦市中繫囚。命解寧、馬翼充賀宋生辰使副。

八月庚寅，遣郎君曷不吕等率諸部兵會大軍討高麗。

九月己巳，以石用中參知政事。宋遣崔遵度、王應昌來賀千齡節。壬申，録囚。甲戌，復録囚。庚辰，曷蘇館惕隱阿不割來貢。壬午，駐蹕土河川。

冬十月乙酉，詔諸道，事無巨細，已斷者，每三月一次條奏。戊子，遣耶律繼崇、鄭玄瑕賀宋正旦。癸巳，詔橫帳三房不得與卑小帳族爲婚；凡嫁娶，必奏而後行。癸卯，以前北院大王建福爲阿扎割只。甲辰，改東路耗里太保城爲咸州，建節以領之。

十一月甲寅，置雲州宣德縣。

十二月辛卯，駐蹕中京。乙巳，以廣平郡王宗業爲中京留守、大定尹，韓制心爲惕隱。辛亥，高麗王詢遣使乞貢方物，詔納之。

九年春正月，宋遣劉平、張元普來賀。

二月，如鴛鴦濼。

五月庚午，耶律資忠使高麗還，王詢表請稱藩納貢，歸所留王人只剌里。只剌里在高麗六年，忠節不屈，以爲林牙。辛未，遣使釋王詢罪，並允其請。癸酉，以耶律宗教檢校太傅，宗誨啓聖軍節度使，劉晟太子太傅，仍賜保節功臣。

秋七月庚戌朔，日有食之，詔以近臣代拜救日。甲寅，遣使賜沙州回鶻燉煌郡王曹順衣物。以查剌、耿元吉、韓九、宋璋爲來年賀宋生辰正旦使副。

九月戊午，以駙馬蕭紹宗平章事。丁卯，文武百僚奉表上尊號，不許；表三上，乃從之。乙亥，沙州回鶻燉煌郡王曹順遣使來貢。括諸道漢民馬賜東征軍。以夷離畢延寧爲兵馬副都部署，總兵東征。是月，駐蹕金缾濼。宋遣宋綬、駱繼倫賀千齡節。

冬十月戊寅朔，以涅里爲奚王都監，突迭里爲北王府舍利軍詳穩。郎君老使沙州還，詔釋宿累。國家舊使遠國，多用犯徒罪而有才略者，使還，即除其罪。戊子，西南招討奏党項部有宋犀族輸貢不時，常有他意，宜以時遣使督之。詔曰：「邊鄙小族，歲有常貢。邊臣驕縱，徵斂無度，彼懷懼不能自達耳。第遣清慎官將，示以恩信，無或侵漁，自然效順。」復奏諦居、迭烈德部言節度使韓留有惠政，今當代，請留。上命進其治狀。辛丑，如中京。壬寅，大食國遣使進象及方物，爲子册割請婚。

十一月丁巳，以漆水郡王韓制心爲南京留守、析津尹、兵馬都總管。己未，以夷離畢蕭孝順爲南面諸行宫都部署，加左僕射。

十二月丁亥，禁僧燃身煉指。戊子，詔中京建太祖廟，制度、祭器皆從古制。乙巳，詔來年冬行大册禮。

放進士張仲舉等四十五人。

太平元年春正月丁丑朔，宋使魯宗道、成吉來賀。如渾河。

二月乙卯，幸鈹河。壬戌，獵高柳林。

三月戊戌，皇子勃已只生。庚子，駙馬都尉蕭紹業建私城，賜名睦州，軍曰長慶。是月，大食國王復遣使請婚，封王子班郎君胡思里女可老爲公主，嫁之。

夏四月戊申，東京留守奏，女直三十部酋長請各以其子詣闕祗候。詔與其父俱來受約。乙卯，録囚。丁卯，置來州。是月，清暑緬山。

秋七月甲戌朔，賜從獵女直人秋衣。乙亥，遣骨里取石晉所上玉璽于中京。阻卜來貢。辛巳，如沙嶺。是月，獵潢河。

九月，幸中京。

冬十月丁未，敵烈酋長頗白來貢馬、駝。戊申，録囚。壬子，宋使李懿、王仲賓來賀千齡節，及蘇惟甫、周鼎賀來歲元正，即遣蕭善、程翥報聘。党項長曷魯來貢。己未，以薩敏解里爲都點檢，高六副點檢，耶律羅漢奴左皮室詳穩，嗓姑右皮室詳穩，聊了西北路金吾，耶律僧隱御史大夫，求哥駙馬都尉，蕭春、骨里並大將軍。庚申，幸通天觀，觀魚龍曼衍之戲。翌日，再幸。還，升玉輅，自內三門入萬壽殿，奠酒七廟御容，因宴宗室。

十一月癸未，上御昭慶殿，文武百僚奉册上尊號曰睿文英武遵道至德崇仁廣孝功成治定昭聖神贊天輔皇帝，大赦，改元太平，中外官進級有差。宋遣使來聘，夏、高麗遣使來貢。甲申，册皇子粱王宗真爲皇太子。

二年春正月，如納水鈎魚。

二月辛丑朔，駐蹕魚兒濼。

三月甲戌，如長春州。丁丑，宋使薛貽廓來告宋主恒殂，子禎嗣位。遣都點檢耶律僧隱等充宋祭奠使副，林牙蕭日新、觀察馮延休充宋后弔慰使副。戊寅，遣金吾耶律諧領，引進姚居信充宋主弔慰使副。戊子，爲宋主飯三京僧。是月，地震，雲、應二州屋摧地陷，嵬白山裂數百步，泉湧成流。

夏四月，如緬山清暑。

五月乙亥，參知政事石用中薨。庚辰，鐵驪遣使獻兀惹十六户。

六月己未，宋遣使薛由等來饋其先帝遺物。

秋七月己卯，以耶律信寧爲奉陵軍節度使，高麗國參知政事王同顥静海軍節度使，耶律遂忠長寧軍節度使，耿延毅昭德軍節度使，高守貞河西軍節度使。

九月癸巳，遣尚書僧隱、韓格賀宋主即位。

冬十月壬寅，遣堂後官張克恭充賀夏國王李德昭生日使，耶律掃古、韓王充賀宋太后生日使副，耶律仙寧、史克忠充賀宋正旦使副。是月，駐蹕胡魯古思淀。癸卯，賜宰臣吕德懋、參知政事吴叔達、樞密副使楊又玄、右丞相馬保忠錢物有差。辛亥，至上京，曲赦畿内囚。

十一月丙戌，宋遣使來謝。

十二月辛丑，高麗王詢薨，其子欽遣使來報，即命使册欽爲高麗國王。甲寅，宋遣劉燁、郭志言來賀千齡節。

是年，放進士張漸等四十七人。

三年春正月丙寅朔，如納水鈎魚。以僧隱爲平章事。乙亥，以蕭臺德爲南王府都監，林牙耶律信寧西北路招討都監。辛巳，賜越國公主私城之名曰懿州，軍曰慶懿。

二月丙申，以丁振爲武信軍節度使，改封蘭陵郡王。戊申，以東平郡王蕭排押爲西南面都招討，進封豳王。

夏四月，以耶律守寧爲都點檢。

五月，清暑緬山。

六月戊申，以南院宣徽使劉涇參知政事，蕭孝惠爲副點檢，蕭孝恭東京統軍兼沿邊巡檢使。戊午，以蕭璉爲左夷離畢，蕭琳爲詳穩。

秋七月戊寅，以南府宰相耶律合葛爲上京留守，封漆水郡王。丙戌，以皇后生辰爲順天節。丁亥，賜緬山名曰永安。是月，獵赤山。

閏九月壬辰朔，以蕭伯達、韓紹雍充賀宋正旦使副，唐骨德、程昭文賀宋生辰使副。

冬十月庚辰，宋遣薛奎、郭盛來賀順天節，王臻、慕容惟素賀千齡節。東征軍奏：「統帥諧領、常袞課奴率師自毛母國嶺入林牙高九、裨將大匡逸等率師鼓山嶺入。閏月未至撻離河，不遇敵而還。以是月會於弘怕只嶺，駝、馬死者甚衆。」駐蹕遼河。

十一月辛卯朔，以皇姪宗範爲歸德軍節度使，北府宰相蕭孝穆南京留守，封燕王，南京留守韓制心南院大王，兵馬都總管，仇正燕京轉運使。

十二月壬戌，以宗範爲平章事，封三韓郡王，仇道衡中京副留守，馮延休順州刺史，郎玄化西山轉運使，趙其樞密直學士。丁卯，以蕭永爲太子太師。己卯，封皇子重元秦國王。

四年春正月庚寅朔，宋遣張傳、張士禹、程琳、丁保衡來賀。如鴨子河。

二月己未朔，獵撻魯河。詔改鴨子河曰混同江，撻魯河曰長春河。

三月戊子朔，千齡節，詔賜諸宫分耆老食。

夏四月癸酉，以右丞相馬保忠之子世弘使嶺表，至平地松林爲盜所殺，特贈昭信軍節度使。

五月，清暑永安山。

六月己未，南院大王韓制心薨。戊辰，以鄭弘節爲兵部郎中，劉慎行順義軍節度使。辛未，以燕王蕭孝穆子順爲千牛衛將軍。甲戌，以中山郡王查哥爲保静軍節度使，樂安郡王遂哥廣德軍節度使，蕭解里彰德軍節度使。庚辰，以遼興軍節度使周王胡都古爲臨海軍節度使，漆水郡王敵烈南院大王。

秋七月，如秋山。

八月丙辰朔，以韓紹芳爲樞密直學士，駙馬蕭匹敵都點檢。

九月，以駙馬蕭紹宗爲武定軍節度使，耶律宗福安國軍節度使。

冬十月，駐蹕遼河。宋遣蔡齊、李用和來賀千齡節。

十一月，追封南院大王韓制心爲陳王。

十二月，以蕭從政爲歸義軍節度使，康均監門衛，充賀宋正旦使副。

是年，放進士李烱等四十七人。

《遼史》卷一七《聖宗紀八》 五年春正月乙酉，如混同江。

二月戊午，禁天下服用明金及金線綺；國親當服者，奏而後用。是月，如魚兒濼。

三月壬辰，以左丞相張儉爲武定軍節度使、同政事門下平章事，鄭弘節臨潢少尹，劉慎行遼興軍節度使，武定軍節度使蕭匹敵契丹行宫都部署，樞密副使楊又玄吏部尚書、參知政事兼樞密使。是月，如長春河魚兒濼，其水一夕有聲如雷，越沙岡四十里，別爲一陂。

夏五月，清暑永安山。以蕭從順爲太子太師，吴叔達翰林學士，道士馮若谷加太子中允，耶律晨武定軍節度使，張儉彰信軍節度使，吕士宗禮部員外郎，李可舉順義軍節度使。

秋七月，獵平地松林。

九月，駐蹕南京。己亥，以蕭迪烈、李紹琪充賀宋太后生辰使副，耶律守寧、劉四端充賀宋主生辰使副。

冬十月辛未，宋太后遣馮元宗、史方來賀順天節。

十一月庚子，幸内果園宴，京民聚觀。求進士得七十二人，命賦詩，第其工拙，以張昱等一十四人爲太子校書郎，韓欒等五十八人爲崇文館校書郎。辛丑，以左祗候郎君詳穩蕭羅羅爲右夷離畢。

十二月丁巳，以漢人行宫都部署蕭孝先爲上京留守，皇姪長沙郡王謝家奴匡義軍節度使，耶律仁舉興國軍節度使。甲子，蕭守寧爲點檢侍衛親軍馬步軍。乙丑，北院樞密使蕭合卓薨。戊辰，以北府宰相蕭普古爲北院樞密使。己巳，遣蕭諧、李琪充賀宋正旦使副。庚午，以參知政事劉京爲順義軍節度使。乙亥，宋使李維、張綸來賀千齡節。

是歲，燕民以年穀豐熟，車駕臨幸，争以土物來獻。上禮高年，惠鰥寡，賜酺飲。至夕，六街燈火如晝，士庶嬉遊，上亦微行觀之。丁丑，禁工匠不得銷毁金銀器。

六年春正月己卯朔，宋遣徐奭、裴繼起、張若谷、崔準來賀。庚辰，如鴛鴦濼。

二月己酉，以迷離己同知樞密院，黄翩爲兵馬都部署，達骨只副之，赫石爲都監，引軍城混同江、疎木河之間。黄龍府請建堡障三、烽臺十，詔以農隙築之。東京留守八哥奏黄翩領兵入女直界徇地，俘獲人、馬、牛、豕，不可勝計，得降户二百七十，詔獎諭之。戊午，以耶律野爲副點檢，以國舅帳蕭柳氏、徒魯骨領西北路十二班軍、奚王府舍利軍。己巳，南京水，遣使振之。庚午，詔黨項別部塌西設契丹節度使治之。

三月戊寅朔，以大同軍節度使張儉入爲南院樞密使、左丞相兼政事令，參知政事吴叔達責授將作少監，出爲東州刺史。是月，阻卜來侵，西北路招討使蕭惠破之。

夏四月丁未朔，以武定軍節度使耶律洪古爲惕隱。戊申，蒲盧毛朵部多兀惹户，詔索之。丙寅，如永安山。

五月辛卯，以東京統軍使蕭慥古爲契丹行宫都部署。癸卯，遣西北路招討使蕭惠將兵伐甘州回鶻。

六月辛丑，詔凡官畜並印其左以識之。

秋七月戊申，獵黑嶺。

八月，蕭惠攻甘州不克，師還。自是阻卜諸部皆叛，遼軍與戰，皆爲所敗，監軍涅里姑、國舅帳太保曷不吕死之。詔遣惕隱耶律洪古、林牙化哥等將兵討之。

九月，駐蹕遼河滸。

冬十月丙子，曷蘇館諸部長來朝。庚辰，遣使問夏國五月與宋交戰之故。辛巳，以前南院大王直魯衮爲烏古敵烈都詳穩。庚寅，以蕭孝順、蕭紹宗兼侍中，駙馬蕭紹業平章政事，前南院大王胡覩菫同知上京留守，安哥通化州節度使。

十一月乙丑，宋遣韓翼、田承説來賀順天節。戊辰，西北路招討司小校掃姑訴招討蕭惠三罪，詔都監奥骨禎按之。

十二月庚辰，曷蘇館部乞建旗鼓，許之。辛巳，詔北南諸部廉察州縣及石烈、彌里之官，不治者罷之。詔大小職官有貪暴殘民者，立罷之，終身不録；其不廉直，雖處重任，即代之；能清勤自持者，在卑位亦當薦拔；其内族受賂，事發，與常人所犯同科。戊戌，遣杜防、蕭蘊充賀宋生辰使副。庚子，駐蹕遼河。

七年春正月壬寅朔，宋遣張保維、孫繼業、孔道輔、馬崇至來賀。如混同江。辛亥，以女直白縷爲惕隱，蒲馬爲巖母部太師。甲寅，蒲盧毛朵部遣使來貢。

夏四月乙未，獵黑嶺。

五月，清暑永安山。西南路招討司奏陰山中産金銀，請置冶，從之。復遣使循遼河源求産金銀之礦。

六月，禁諸屯田不得擅貨官粟。癸巳，詔蕭惠再討阻卜。

秋七月己亥朔，詔更定法令。庚子，詔諭駙馬蕭鉏不、公主粘米衮：「爾於后有父母之尊，后或臨幸，祇謁先祖，祇拜空帳，失致敬之禮，今後可設像拜謁。」乙巳，詔輦路所經，旁三十步内不得耕種者，不在訴訟之限。

九月，駐蹕遼河。

冬十月丁卯朔，詔諸帳院庶孽，並從其母論貴賤。

十一月，宋遣石中立、石貽孫來賀千齡節，王博文、王雙賀順天節。辛亥，以楊又玄、邢祥知貢舉。己未，匡義軍節度使中山郡王查葛、保寧軍節度使長沙郡王謝家奴、廣德軍節度使樂安郡王遂哥奏，各將之官，乞選伴讀書史，從之。癸亥，以三韓王欽爲啓聖軍節度使，楊佶刑部侍郎。甲子，以左千牛衛上將軍耶律古昱爲北院大王。

十二月丁卯朔，遣耶律遂英、王永錫充賀宋太后生辰，蕭速撒、馬保永充賀正旦使副。癸酉，以金吾蕭高六爲奚舍利軍詳穩。

八年春正月己亥，如混同江。庚申，党項侵邊，破之。甲子，詔州縣長吏勸農。

二月戊子，燕京留守蕭孝穆乞于拒馬河接宋境上置戍長巡察，詔從之。

三月，駐蹕長春河。

夏五月，清暑永安山。

六月，以韓寧、劉湘充賀宋太后生辰使副，吴克荷充賀夏國王李德昭生辰使。癸巳，權北院大王耶律鄭留奏，今歲十一月皇太子納妃，諸族備會親之帳。詔以豪盛者三十户給其費。

秋七月丁酉，以遥輦帳郎君陳哥爲西北路巡檢，與蕭諧領同管二招討地。以南院大王耶律敵烈爲上京留守。戊戌，獵平地松林。

九月壬辰朔，以渤海宰相羅漢權東京統軍使。壬子，幸中京。北敵烈部節度使耶律延壽請視諸部，賜旗鼓，詔從之。癸丑，阻卜別部長胡懶來降。乙卯，阻卜長春古來降。

冬十月，宋遣唐肅、葛懷愍來賀順天節。樞密使、魏王耶律斜軫孫婦阿聒指

斥乘輿，其孫骨欲爲之隱，事覺，乃并坐之，仍籍其家。詔燕城將士，若敵至，總管備城之東南，統軍守其西北，馬步軍備其野戰，統軍副使繕壁壘，課士卒，各練其事。

十一月丙申，皇太子納妃蕭氏。以耶律求翰爲北院大王。

十二月辛酉朔，以遥輦太尉謝佛留爲天雲軍詳穩。壬申，以前北院大王耶律留寧爲雙州節度使，康筠崇德宫都部署，謝十永興宫都部署，旅墳宜州節度使，□菴遼州節度使，耶律野同知中京留守，耶律曷魯穴媿爲大將軍。丁丑，詔庶孼雖已爲良，不得預世選。丁亥，宋遣寇瑊、康德來賀千齡節，朱諫、曹英、張逸、劉永釗賀來歲兩宫正旦。詔兩國舅及南、北王府乃國之貴族，賤庶不得任本部官。

是歲，放進士張宥等五十七人。

九年春正月，至自中京。

二月戊辰，遣使賜高麗王欽物。如斡凜河。

夏五月，清暑永安山。

六月戊子朔，以長沙郡王謝家奴爲廣德軍節度使，樂安郡王遂哥匡義軍節度使，中山郡王查葛保定軍節度使，進封潞王，豫章王貼不長寧軍節度使。以耶律思忠、耶律荷、耶律曷、遥輦謝佛留、陳邈、韓紹一、韓知白、張震充賀宋兩宫生辰及來歲正旦使副。

秋七月戊午朔，如黑嶺。

八月己丑，東京舍利軍詳穩大延琳囚留守、駙馬都尉蕭孝先及南陽公主，殺户部使韓紹勳、副使王嘉、四捷軍都指揮使蕭頗得，延琳遂僭位，號其國爲興遼，年爲天慶。初，東遼之地，自神册來附，未有榷酤鹽麯之法，關市之征亦甚寬弛。馮延休、韓紹勳相繼以燕地平山之法繩之，民不堪命。燕又仍歲大饑，户部副使王嘉復獻計造船，使其民諳海事者，漕粟以振燕民，水路艱險，多至覆没。雖言不信，鞭楚搒掠，民怨思亂。故延琳乘之，首殺紹勳、嘉，以快其衆。延琳先事與副留守王道平謀，道平夜棄其家，踰城走，與延琳所遣召黄龍府黄翩者，俱至行在告變。上即徵諸道兵，以時進討。時國舅詳穩蕭匹敵治近延琳，先率本管及家兵據其要害，絶其西渡之計。渤海太保夏行美亦舊主兵，戍保州，延琳密馳書，使圖統帥耶律蒲古。行美乃以實告，蒲古得書，遂殺渤海兵八百人，而斷其東路。延琳知黄龍、保州皆不附，遂分兵西取瀋州，其節度使蕭王六初至，其副張傑聲言欲降，故不急攻。及知其詐而已有備，攻之不克而還。時南、北女直皆從延琳，高麗亦稽其貢。及諸道兵次第皆至，延琳嬰城固守。

冬十月丙戌朔，以南京留守燕王蕭孝穆爲都統，國舅詳穩蕭匹敵爲副統，奚六部大王蕭蒲奴爲都監以討之。

十一月乙卯朔，如顯陵。丙寅，以瀋州節度副使張傑爲節度使，其皇城進士張人紀、趙睦等二十二人入朝，試以詩賦，皆賜第，超授保州戍將夏行美平章事。壬申，以駙馬劉四端權知宣徽南院事。

十二月丁未，宋遣仇永、韓永錫來賀千齡節。命耶律育、吴克荷、蕭可觀、趙利用充賀宋生辰使副，耶律元吉、崔閏、蕭昭古、竇振充來歲賀宋正旦使副。

十年春正月乙卯朔，宋遣王夷簡、竇處約、張易、張士宜來賀。

二月，幸龍化州。

三月甲寅朔，詳穩蕭匹敵至自遼東，言都統蕭孝穆去城四面各五里許，築城堡以圍之。駙馬延寧與其妹穴地遁去，惟公主崔八在後，爲守陴者覺而止。

夏四月，如乾陵。以耶律行平爲廣平軍節度使，夏行美爲忠順軍節度使，李延弘知易州，蕭從順加太子太師。

五月戊申，清暑栢坡。

秋七月壬午，詔來歲行貢舉法。

八月丙午，東京賊將楊詳世密送欵，夜開南門納遼軍。擒延琳，渤海平。

冬十月，駐蹕長寧淀。

十一月辛亥，南京留守燕王蕭孝穆以東征將士凱還，戎服見上，上大加宴勞。翌日，以孝穆爲東平王、東京留守，國舅詳穩、駙馬都尉蕭匹敵封蘭陵郡王，奚王蒲奴加侍中；以權燕京留守兼侍中蕭惠爲燕京統軍使，前統軍委窊大將軍、節度使，宰相兼樞密使馬保忠權知燕京留守，奚王府都監蕭阿古軫東京統軍使。詔渤海舊族有勳勞材力者敍用，餘分居來、隰、遷、潤等州。

十二月乙巳，宋遣梅詢、王令傑來賀千齡節。漆水郡王耶律敵烈加尚父，烏古部節度使蕭普達爲乙室部大王，尚書左僕射蕭琳爲臨海軍節度使。

十一年春正月己酉朔，如混同江。

二月，如長春河。

三月，上不豫。

夏五月，大雨水，諸河横流，皆失故道。

六月丁丑朔，駐蹕大福河之北。己卯，帝崩于行宫，年六十一，在位四十九

年。景福元年閏十月壬申，上尊謚曰文武大孝宣皇帝，廟號聖宗。

葉隆禮《契丹國志》卷七《聖宗天輔皇帝》 聖宗諱隆緒，景宗之長子。年十二即位，改元統和。尊母蕭氏爲承天太后，臨朝稱制凡二十七年，乃歸政于帝。宋楊業之陷，康保裔、王繼忠之敗，與夫澶淵之役，皆統和二十五年前事。是時三、四大戰，帝雖親履行陣，力戰深入，而太后實未歸政也。

癸未統和元年。宋太平興國八年。帝即位，復號大契丹。

甲申統和二年。宋太宗雍熙元年。

乙酉統和三年。宋雍熙二年。

丙戌統和四年。宋雍熙三年。春正月，宋曹彬等分三道攻契丹。曹彬克涿州；田重進克飛狐、靈邱二縣及蔚州；潘美克雲、寰、朔、應四州。宋尋命潘美、楊業遷雲、寰、朔、應四州之民于許、汝間。時西南面招安使大鵬翼、監軍馬頵、副將何萬通爲其所擒。曹彬等亦連收新城、固安，取涿州。以糧食不繼，退師至岐溝關北。契丹兵大至，追及，宋師大敗。

秋八月，蕭太后與大臣耶律漢寧、南北皮室、五押惕隱領衆十餘萬，復取寰州，擒宋楊業。

先是，宋克雲、朔、寰、應四州，命潘美、楊業遷四州之民于許、汝，以所部護送，契丹邀擊之。楊業力戰，自日中至暮，手刃數百人，馬重傷不能進，遂爲契丹所擒。業太息曰：「主上遇我甚厚，何面目求活於虜中？」乃不食，三日而死。其麾下尚百餘人，業慰遣之，皆感泣不肯去。遂俱死，無生還者。

十二月，契丹因獲楊業之勝，乃遣耶律遜寧號于越者，以數萬騎取瀛州。宋部署劉廷讓來禦，戰于君子館，會天大寒，宋師不能彀弓弩，契丹兵圍廷讓數重。無救，全軍敗没，廷讓以身免。平州團練使賀令圖、高陽關部署楊重進俱陷。契丹勢益振，長驅深入深、祁，陷易州，魏、博之北，咸被其禍。

契丹攻代州，爲守臣張齊賢伏兵掩擊，敗走。

丁亥統和五年。宋雍熙四年。春正月，契丹攻陷深、祁、德、易四州。

戊子統和六年。宋太宗端拱改元。冬十一月，契丹騎大至唐河北，將攻于宋，爲定州都部署李繼隆與監軍袁繼忠拒戰，敗績。

己丑統和七年。宋端拱二年。

契丹攻威虜軍，爲宋尹繼倫、李繼隆敗于唐、徐河間，殺契丹相皮室，其大將于越被傷遁走，俘獲甚衆。自是契丹不復大入。契丹之人以繼倫面黑，相戒曰：「當回避黑面大王。」

庚寅統和八年。宋太宗淳化改元。

辛卯統和九年。宋淳化二年。

冬十二月，女真以契丹兵隔其貢宋之路，請宋攻之，不許。自是遂屬契丹。

壬辰統和十年。宋淳化三年。

癸巳統和十一年。宋淳化四年。

甲午統和十二年。宋淳化五年。

乙未統和十三年。宋太宗至道改元。春正月，契丹自振武入攻，爲府州折御卿敗于子河汊。契丹兵死亡甚衆。

夏四月，契丹攻雄州，爲守臣何承矩所敗。

丙申統和十四年。宋至道二年。

丁酉統和十五年。宋至道三年。春三月，宋太宗崩。

戊戌統和十六年。宋真宗即位。咸平改元。

己亥統和十七年。宋咸平二年。

冬十二月，契丹入攻宋，宋真宗親征，次于澶州。爲知冀州張旻敗於城南；次大名府，爲知府州折惟昌敗于五合川。

庚子統和十八年。宋咸平三年。春正月，宋真宗次大名府。

是年，宋定州都部署范廷召自中山來侵，求援於高陽關都部署、彰國節度使康保裔，保裔即領兵赴之。至瀛州西南裴村，而廷召後陣已與契丹師遇，保裔選精鋭與廷召。會日暮，廷召潛師以遁。保裔不之覺，遲明，契丹師圍之數重，保裔凡戰數十合，兵盡矢窮而死。契丹遂自德、棣濟河，掠淄、齊而歸。

辛丑統和十九年。宋咸平四年。冬十月，契丹攻宋，爲張斌敗于長城口，尋又爲李繼宣敗于牟山谷。

壬寅統和二十年。宋咸平五年。

癸卯統和二十一年。宋咸平六年。春三月，契丹攻宋，宋定州行營都部署王超、鎮州桑贊、高陽關周瑩逆戰于望都縣。翌日，至縣南六里，副部署王繼忠率麾下死戰。繼忠素衒儀服，契丹識之，圍數十重，且戰且行，旁西山而北，至白城，繼忠爲契丹擒。

甲辰統和二十二年。宋真宗景德元年。春三月，契丹侵宋，爲魏能敗于長城口。

秋閏九月，帝同母蕭太后大舉攻邊，遣統軍順國王撻覽引兵掠威虜軍、安順

軍，前鋒爲魏能敗。又攻北平寨，爲田敏等擊走。遂東趨保州，攻城不克。帝與蕭太后合兵攻定州，宋將王超按兵不出，陣于唐河拒之，契丹兵東駐陽城淀。又分兵圍岢嵐軍，爲守臣賈宗擊走。

冬十月，攻瀛州，爲守臣李延渥敗，死者三萬餘人，傷者倍之，乃解去。

契丹往宋議和，宋遣崇儀副使曹利用使軍前定約。先是望都戰時，契丹獲去王繼忠，後稍親用，授之以官。繼忠乘間言和好之利。時太后年老，頗有厭兵意，雖大舉深入，亦納其説，復遣小校李興等四人持信箭以繼忠書詣宋，莫州部署石普奏諸宋朝，真宗遂手詔諭繼忠。繼忠欲朝廷先遣使命，至是，始遣曹利用來。

契丹自瀛州率衆三十萬，復欲乘虚抵貝、冀、天雄。宋之天雄軍聞契丹師將至，闔城遑遽。伏發，天雄兵不能進退，得還者十三四。契丹師遂陷德清，知軍、尚食使張旦及胡福等死者十四人。

契丹既陷德清，率衆抵澶州北，直犯大陣，圍合三面。宋李繼隆等整軍成列出禦，統軍順國王撻覽爲床子弩所傷，中額而殞。契丹師大挫，退却不敢動。

十一月，宋真宗親駕澶淵。是時曹利用之書已通契丹，尋遣左飛龍使韓杞持國書偕至南朝，跪授書函，復以關南爲請。宋帝曰：「所言歸地事極無名，若必邀求，朕當決戰耳！實念河北居人重有勞擾，歲以金帛濟其不足，朝廷之體固亦無傷。誓書不必具言，但令曹利用與韓杞口述兹事可也。」利用一再往返，乃許歲遺絹二十萬疋，銀一十萬兩，兩議遂定。契丹且請以兄禮事之。乃命李繼昌賫國書與姚東之俱往。契丹遣丁振奉誓書之來。遂退師。自是不復侵邊矣。

宋真宗車駕至澶州，將止，寇準固請渡河，高瓊遂麾衛士進輦，至浮橋，瓊執檛築輦夫背，令亟行。既至，登北城門樓，張黄龍旗，諸軍皆呼萬歲，聲聞數十里，契丹相視怖駭。初，曹利用議和，面請宋帝歲賂金帛之數。宋帝曰：「必不得已，雖百萬亦可。」寇準召語之曰：「雖有勅旨，汝所許不得過三十萬。過三十萬，將斬汝矣！」利用至契丹，果亦如數成約而還。兩議既定，尋即退師。

宋真宗至自澶州。

乙巳統和二十三年。宋景德二年。春二月，宋遣孫僅使契丹，賀國母生辰。

丙午統和二十四年。宋景德三年。

丁未統和二十五年。宋景德四年。

戊申統和二十六年。宋真宗大中祥符改元。

己酉統和二十七年。宋大中祥符二年。

庚戌統和二十八年。宋大中祥符三年。夏六月，契丹遣使往宋告糴。宋詔雄州出粟二萬石，賤價賑之。

冬十一月，契丹伐高麗國。高麗與女真合兵拒之，契丹兵敗。

辛亥統和二十九年。宋大中祥符四年。

壬子統和三十年。宋大中祥符五年。

癸丑開泰元年。統和三十一年，改元開泰，宋大中祥符六年。是年，契丹以幽州爲析津府。

甲寅開泰二年。宋大中祥符七年。

乙卯開泰三年。宋大中祥符八年。

丙辰開泰四年。宋大中祥符九年。

丁巳開泰五年。宋真宗天禧改元。

戊午開泰六年。宋天禧二年。

己未開泰七年。宋天禧三年。

庚申開泰八年。宋天禧四年。

辛酉開泰九年。宋天禧五年。

壬戌太平元年。開泰盡九年，改元太平。宋乾興元年。春二月，宋真宗崩，子仁宗立。

癸亥太平二年。宋仁宗天聖改元。

甲子太平三年。宋天聖二年。

乙丑太平四年。宋天聖三年。

丙寅太平五年。宋天聖四年。

丁卯太平六年。宋天聖五年。冬十二月，宋龍圖待制孔道輔使契丹，有優人以文宣爲戲，道輔艴然徑出，契丹主使主客者邀道輔還坐，且令謝。道輔曰：「中國與北朝通好，以禮文相接。今俳優之徒侮慢先聖而不之禁，北朝之過也。道輔何謝？」契丹君臣嘿然。又酌大卮謂曰：「方天寒，飲此可以致和氣。」道輔曰：「不和，固無害。」自是中國使至，不敢侮之。道輔，孔子四十五代孫也。

戊辰太平七年。宋天聖六年。

己巳太平八年。宋天聖七年。春三月，契丹饑，流民之宋境上。宋仁宗曰：「皆吾赤子也，可不賑救之！」詔給以唐、鄧州間田，仍令所過州縣給食。

庚午太平九年。宋天聖八年。

辛未太平十年。宋天聖九年。先是，后未歸政前，帝已長立，每事拱手。或府庫中需一物，必詰其所用，賜及文武僚庶者，允之，不然不與。

帝既不預朝政，縱心弋獵，左右狎邪與帝爲笑謔者，太后知之，重行杖責，帝亦不免詬問。御服、御馬皆太后檢校焉。或宫嬪譖帝，太后信之，必庭辱帝。每承順，略無怨辭。好讀唐《貞觀事要》，至太宗、明皇《實録》則欽伏，故御名連明皇諱上一字；又親以契丹字譯白居易《諷諫集》，召番臣等讀之。嘗云：「五百年來中國之英主，遠則唐太宗，次則後唐明宗，近則今宋太祖、太宗也。」或諸道貢進珍奇，一無所取，皆讓其弟。親政後方一月，太后暴崩，帝哀毁骨立，哭必嘔血。番漢羣臣上言山陵已畢，宜改元。帝曰：「改元吉禮也。居喪行吉禮，乃不孝子也。」羣臣曰：「古之帝王，以日易月，宜法古制。」帝曰：「吾契丹主也，寧違古制，不爲不孝之人。」終制三年。

丞相耶律隆運，本漢人，姓韓，名德讓，太后有辟陽侯之幸，賜姓耶律，改名隆運。尋拜大丞相，封晉王。景宗崩，太后臨朝，隆運私事之。是時，太后年方三十，諸子尚幼，外無親援，雄傑角立，帝登大寶，皆隆運力也。帝念其功，父事之。隆運薨，帝爲制，服其終始，眷遇如此。帝性英辨多謀，神武冠絶。遊獵時，曾遇二虎方逸，帝策馬馳之，發矢，連殪其二虎。又曾一箭貫三鹿。時幽州試舉人，以一箭貫三鹿爲賦題，駙馬劉三嘏獻《射二虎頌》。至於道釋二教，皆洞其旨。律呂音聲，特所精徹。承平日久，羣方無事，縱酒作樂，無有虚日。與番漢臣下飲會，皆連晝夕，復盡去巾幘，促席造膝而坐。或自歌舞，或命后妃已下彈琵琶送酒。又喜吟詩，出題詔宰相已下賦詩，詩成進御，一一讀之，優者賜金帶。又御製曲百餘首。幸諸臣私第爲會，時謂之「迎駕」，盡懽而罷。刑賞信心，無有僭差。撫柔諸番，咸有恩信。修睦宋朝，人使饋送，躬親檢校。時黄河暴漲，溺會同驛。帝親擇夷坦地，復創一驛。每年信使入境，先取宋朝《登科記》，驗其等甲高低、及第年月，其賜賚物，則密令人體探。

宋真宗上仙，薛貽廓報哀入境，幽州急遞先聞。帝不俟貽廓至闕，集番漢大臣舉哀，后妃已下皆爲沾涕，因謂宰臣呂德懋曰：「吾與兄皇未結好前，征伐各有勝負，洎約兄弟二十餘年，兄皇昇遐，況與吾同月生，年大兩歲，吾又得幾多時也？」因又泣。復曰：「吾聞姪帝即仁宗皇帝。聖年尚幼，必不知兄皇分義，恐爲臣下所間，與吾違約矣。」後貽廓至闕，達宋帝聖意，喜謂后曰：「吾觀姪帝來意，必不失兄皇之誓。」復謂呂德懋曰：「晉高祖承嗣聖爺爺嗣聖，太宗也。爺爺，翁呼也。之力深矣！少主登位，便背盟約，皆臣下所惑。今姪帝必敦篤悠久矣。」又謂后曰：「汝可先貽書與南朝太后，備述妯娌之媛，人使往來，名傳南朝。」

又詔燕京憫忠寺特置真宗御靈，建資福道場，百日而罷。復詔沿邊州軍不得作樂。後因御宴，有教坊都知格守樂名格子眼，轉充色長，因取新譜宣讀，帝欲更遷一官，見本名正犯真宗諱，因怒曰：「汝充教坊首領，豈不知我兄皇諱字？」遂以筆抹其宣而止。燕京僧録亦犯真宗諱，勑更名圓融。尋下令國中應内外文武百僚、僧道、軍人、百姓等犯真宗諱者，悉令改之。

詔漢兒公事皆須體問南朝法度行事，不得造次舉止，其欽重宋朝百餘事，皆此類也。末年染消渴病，多忌諱稱説死亡之人，雖帝之父母尊號，亦不得言之。病亟，乃驛召東平王蕭孝穆、上京留守蕭孝先赴闕，始以輔立之事而委之；次以不得失宋朝之信誓而屬之。又屬子宗真曰：「皇后事我四十年，以其無子，故命汝爲嗣，我死，汝子母切毋殺之。」

六月三日，崩於上京東北三百里大斧河之行帳，年六十一，在位通太后臨朝凡四十九年。葬上京西北二百里赤山。謚曰天輔皇帝，廟號聖宗。

曾鞏《隆平集》卷二〇 契丹耶律隆緒年十二，嗣其父明記位。明記僞號景宗，初名述律，德光之子也。唐初，契丹八十餘年未常寇邊。通天時，李盡忠始陷營州。明年，總管楊元基以奚軍攻潰其衆。至開元十一年，可突于奉盡忠之弟邵固統衆，詔許襲王。方是之時，猶稟命中國如此。梁正明間，耶律阿保機始建元神策，遂以五十萬衆從晉叛將盧文進寇幽州。龍德初復入，爲鎮州張文禮之援。明年，晉王大破之於新城，而獲阿保機之子。自是，繼爲邊患。及阿保機死，子德光繼立。晉祖因其兵勢而得天下，故兼臣禮而父事之，割地以爲壽，輸帛以爲貢。未更一紀之久，已貽開運之禍。其後劉崇崛彊於太原，爲計亦出於此，有以益其驕僭也。德光滅晉，而歸死於鎮陽之殺狐林。其兄之子永康王兀欲自立爲天授皇帝，因其祖母述律氏於木葉仙。述律氏，阿保機之妻也。兀欲五年爲其族述軋所殺，述律討其亂，因自立爲天順皇帝，更名謂之明記。太平興國末，明記死，其妻專國事。雍熙間，曹彬北伐失利於岐溝，隆緒數内寇者，謀皆出於母氏也。咸平二年舉國而來，范廷召大破其衆，斬首萬餘級。雖遁而未懲，故景德初復大舉戎馬，及於澶魏之郊。真宗大駕，再莅河朔，甫次衛南，而虜之謀將撻覽已斃於我師之强弩。謀窮勢蹙，始因王繼忠之表請，修好息兵。天聖

末，隆緒死，宗真立。宗真，隆緒之第八子也。

雜録

備論

《遼史》卷一七《聖宗紀八》 贊曰：聖宗幼冲嗣位，政出慈闈。及宋人二道來攻，親御甲胄，一舉而復燕、雲，破信、彬，再舉而躪河、朔，不亦偉歟！既而侈心一啓，佳兵不祥，東有茶、陀之敗，西有甘州之喪，此狃於常勝之過也。然其踐阼四十九年，理寃滯，舉才行，察貪殘，抑奢僭，録死事之子孫，振諸部之貧乏，責迎合不忠之罪，却高麗女樂之歸。遼之諸帝，在位長久，令名無窮，共唯聖宗乎！

葉隆禮《契丹國志》卷七《聖宗天輔皇帝》 論曰：聖宗挺寬仁之姿，表夙成之質。年方幼冲，母后侵政。事歸當璧，元輔專功。澶淵之深入，蓋其母后與權臣之謀，非聖宗本意也。眷遇功臣，終始如一；慈孝之性，本自天然，亦守成之令主云。

承天皇后部

綜述

《遼史》卷七一《后妃傳》 景宗睿智皇后蕭氏，諱綽，小字燕燕，北府宰相思温女。早慧。思温嘗觀諸女掃地，惟后潔除，喜曰：「此女必能成家！」帝即位，選爲貴妃。尋册爲皇后，生聖宗。

景宗崩，尊爲皇太后，攝國政。后泣曰：「母寡子弱，族屬雄强，邊防未靖，奈何？」耶律斜軫、韓德讓進曰：「信任臣等，何慮之有！」於是，后與斜軫、德讓參決大政，委于越休哥以南邊事。統和元年，上尊號曰承天皇太后。二十四年，加上尊號曰睿德神略應運啓化承天皇太后。二十七年崩，謚曰聖神宣獻皇后。重熙二十一年，更今謚。

后明達治道，聞善必從，故羣臣咸竭其忠。習知軍政，澶淵之役，親御戎車，指麾三軍，賞罰信明，將士用命。聖宗稱遼盛主，后教訓爲多。

葉隆禮《契丹國志》卷一三《景宗蕭皇后傳》 景宗皇后蕭氏，名燕燕，侍中、守尚書令蕭守興之女也。或以燕燕爲北宰相蕭思温女。景宗自幼年遭火神淀之亂，世宗與后同時遇害，帝藏積薪中，因此嬰疾；及即位，國事皆燕燕決之。蕭守興以后父超封魏王，共決大政。景宗崩，后領國事，自稱太后。凡四子，長名隆緒，即聖宗；次名隆慶，番名菩薩奴，封秦晉王；次名隆裕，番名高七，封齊國王；次名鄭哥，八月而夭。女三人，長曰燕哥，適后弟北宰相留住哥，署駙馬都尉；次曰長壽奴，適后姪東京留守悖野；次曰延壽奴，適悖野母弟肯頭。延壽奴出獵，爲鹿所觸死，后即縊殺肯頭以殉葬。后有姊二人，長適齊王，王死，自稱齊妃，領兵三萬屯西鄙驢駒兒河，嘗閲馬，見番奴撻覽阿鉢姿貌甚美，因召侍宮中，后聞之，縶撻覽阿鉢，抶以沙囊四百而離之。踰年，齊妃請於后，願以爲夫，后許之，使西捍韃靼，盡降之。因謀帥其衆奔骨歷札國，結兵以纂后，后知之，遂奪其兵，命領幽州。次適趙王，王死，趙妃因會飲毒后，爲婢所發，后酖殺之。后天性忮忍，陰毒嗜殺，神機智略，善馭左右，大臣多得其死力。

統和年間，舉國南征，后親跨馬行陣，與幼帝提兵初趣威虜軍、順安軍，東趣保州。又與幼帝及統軍順國王撻覽合勢以攻定州，餘衆直抵深、祁以東。又從陽城淀緣胡盧河踰關，南抵瀛州城下，兵勢甚盛，后與幼帝親鼓衆急擊，矢集城上如雨。復自瀛州抵貝、冀、天雄，南宋惶遽，駕親幸澶淵，然后爲謀主；至遣王繼忠通好，及所得歲幣，亦后之謀也。國中所管幽州漢兵，謂之神武、控鶴、羽林、驍武等，皆后自統之；其將有南北皮室、當直舍利等。是時，聖宗年少，宋使臣曹利用、張皓之議和，皆后與幼帝引至帳前，問勞設館。左飛龍使韓杞至宋朝，先授幼帝書，再升殿跪奏云：「太后令臣上問皇帝起居。」此可以知太后專其政，人不畏其幼帝也。是年，帝上后尊號曰睿德神略應運啓化法道洪仁聖武開統承天皇太后。

自南北通和後，契丹多在中京。武功殿，聖宗居之；文化殿，太后居之。好華儀而性無檢束，每宴集有不拜不拱手者。惟后顧固盟好而年齒漸衰，宰相耶律隆運專權，有辟陽侯之幸，寵榮終始，朝臣莫及焉。其後歸政于帝，未踰月而崩。臨朝二十七年，年五十七，謚曰宣獻。

雜録

備論

《遼史》卷七一《后妃傳》 論曰：遼以鞍馬爲家，后妃往往長於射御，軍旅田獵，未嘗不從。如應天之奮擊室韋，承天之御戎澶淵，仁懿之親破重元，古所未有，亦其俗也。

耶律休哥部

綜述

《遼史》卷八三《耶律休哥傳》 耶律休哥，字遜寧。祖釋魯，隋國王，父綰思，南院夷離菫。休哥少有公輔器。初烏古、室韋二部叛，休哥從北府宰相蕭幹討之。應曆末，爲惕隱。

乾亨元年，宋侵燕，北院大王奚底、統軍使蕭討古等敗績，南京被圍。帝命休哥代奚底，將五院軍往救。遇大敵于高梁河，與耶律斜軫分左右翼，擊敗之。追殺三十餘里，斬首萬餘級，休哥被三創。明旦，宋主遁去，休哥以創不能騎，輕車追至涿州，不及而還。

是年冬，上命韓匡嗣、耶律沙伐宋，以報圍城之役。休哥率本部兵從匡嗣等戰于滿城。翌日將復戰，宋人請降，匡嗣信之。休哥曰：「彼衆整而鋭，必不肯屈，乃誘我耳。宜嚴兵以待。」匡嗣不聽。休哥引兵憑高而視，須臾南兵大至，鼓譟疾馳。匡嗣倉卒不知所爲，士卒棄旗鼓而走，遂敗績。休哥整兵進擊，敵乃却。詔總南面戍兵，爲北院大王。

明年，車駕親征，圍瓦橋關。宋兵來救，守將張師突圍出。帝親督戰，休哥斬師，餘衆退走入城。宋陣于水南。將戰，帝以休哥馬介獨黄，慮爲敵所識，乃賜玄甲、白馬易之。休哥率精騎渡水，擊敗之，追至莫州。横尸滿道，箙矢俱罄，生獲數將以獻。帝悦，賜御馬、金盂，勞之曰：「爾勇過于名，若人人如卿，何憂不克？」師還，拜于越。

聖宗即位，太后稱制，令休哥總南面軍務，以便宜從事。休哥均戍兵，立更休法，勸農桑，修武備，邊境大治。統和四年，宋復來侵，其將范密、楊繼業出雲州；曹彬、米信出雄、易，取岐溝、涿州，陷固安，置屯。時北南院、奚部兵未至，休哥力寡，不敢出戰。夜以輕騎出兩軍間，殺其單弱以脅餘衆；晝則以精鋭張其勢，使彼勞於防禦，以疲其力。又設伏林莽，絶其糧道。曹彬等以糧運不繼，退保白溝。月餘，復至。休哥以輕兵薄之，伺彼蓐食，擊其離伍單出者，且戰且却。由是南軍自救不暇，結方陣，塹地兩邊而行。軍渴乏井，漉淖而飲，凡四日始達于涿。聞太后軍至，彬等冒雨而遁。太后益以鋭卒，追及之。彼力窮，環糧車自衛，休哥圍之。至夜，彬、信以數騎亡去，餘衆悉潰。追至易州東，聞宋師尚有數萬，瀕沙河而爨，促兵往擊之。宋師望塵奔竄，墮岸相蹂死者過半，沙河爲之不流。太后旋旆，休哥收宋屍爲京觀。封宋國王。

又上言，可乘宋弱，略地至河爲界。書奏，不納。及太后南征，休哥爲先鋒，敗宋兵於望都。時宋將劉廷讓以數萬騎並海而出，約與李敬源合兵，聲言取燕。休哥聞之，先以兵扼其要地。會太后軍至，接戰，殺敬源，廷讓走瀛州。七年，宋遣劉廷讓等乘暑潦來攻易州，諸將憚之，獨休哥率鋭卒逆擊于沙河之北，殺傷數萬，獲輜重不可計，獻于朝。太后嘉其功，詔免拜、不名。自是宋不敢北向。時宋人欲止兒啼，乃曰：「于越至矣！」

休哥以燕民疲弊，省賦役，恤孤寡，戒戍兵無犯宋境，雖馬牛逸于北者悉還之。遠近向化，邊鄙以安。十六年，薨。是夕，雨木冰。聖宗詔立祠南京。

休哥智略宏遠，料敵如神。每戰勝，讓功諸將，故士卒樂爲之用。身更百戰，未嘗殺一無辜。二子：高八，官至節度使；高十，終于越。孫馬哥。

雜録

備論

《遼史》卷八三《耶律休哥傳》 論曰：宋乘下太原之鋭，以師圍燕，繼遣曹彬、楊繼業等分道來伐。是兩役也，遼亦岌岌乎殆哉！休哥奮擊于高梁，敵兵奔潰；斜軫擒繼業于朔州，旋復故地。宋自是不復深入，社稷固而邊境寧，雖配古名將，無愧矣。然非學古之在南京安其反側，則二將之功，蓋亦難致。故曰，國以人重，信哉。

耶律斜軫部

綜述

《遼史》卷八三《耶律斜軫傳》 耶律斜軫，字韓隱，于越曷魯之孫。性明敏，不事生産。

保寧元年，樞密使蕭思温薦斜軫有經國才，上曰：「朕知之，第佚蕩，豈可羈屈？」對曰：「外雖佚蕩，中未可量。」乃召問以時政，占對剴切，帝器重之。妻以皇后之姪，命節制西南面諸軍，仍援河東。改南院大王。

乾亨初，宋再攻河東，從耶律沙至白馬嶺遇敵，沙等戰不利；斜軫赴之，令麾下萬矢齊發，敵氣褫而退。是年秋，宋下河東，乘勝襲燕，北院大王耶律奚底與蕭討古逆戰，敗績，退屯清河北。斜軫取奚底等青幟軍于得勝口以誘敵，敵果争赴。斜軫出其後，奮擊敗之。及高梁之戰，與耶律休哥分左右翼夾擊，大敗宋軍。

統和初，皇太后稱制，益見委任，爲北院樞密使。會宋將曹彬、米信出雄、易，楊繼業出代州。太后親帥師救燕，以斜軫爲山西路兵馬都統。繼業陷山西諸郡，各以兵守，自屯代州。斜軫至定安，遇賀令圖軍，擊破之，追至五臺，斬首數萬級。明日，至蔚州，敵不敢出，斜軫書帛射城上，諭以招慰意。陰聞宋軍來救，令都監耶律題子夜伏兵險阨，俟敵至而發。城守者見救至，突出。斜軫擊其背，二軍俱潰，追至飛狐，斬首二萬餘級，遂取蔚州。賀令圖、潘美復以兵來，斜軫逆于飛狐，擊敗之。宋軍在渾源、應州者，皆棄城走。斜軫聞繼業出兵，令蕭撻凜伏兵于路。明旦，繼業兵至，斜軫擁衆爲戰勢。繼業麾幟而前，斜軫佯退。伏兵發，斜軫進攻，繼業敗走，至狼牙村，衆軍皆潰，繼業爲流矢所中，被擒。斜軫責曰：「汝與我國角勝三十餘年，今日何面目相見！」繼業但稱死罪而已。初，繼業在宋以驍勇聞，人號楊無敵，首建梗邊之策。至狼牙村，心惡之，欲避不可得。既擒，三日死。

斜軫歸闕，以功加守太保。從太后南伐，卒于軍。太后親爲哀臨，仍給葬具。庶子狗兒，官至小將軍。

雜録

備論

《遼史》卷八三《耶律斜軫傳》 論曰：宋乘下太原之鋭，以師圍燕，繼遣曹彬、楊繼業等分道來伐。是兩役也，遼亦岌岌乎殆哉！休哥奮擊于高梁，敵兵奔潰；斜軫擒繼業于朔州，旋復故地。宋自是不復深入，社稷固而邊境寧，雖配古名將，無愧矣。然非學古之在南京安其反側，則二將之功，蓋亦難致。故曰，國以人重，信哉。

耶律隆運部

綜述

《遼史》卷八二《耶律隆運傳》 耶律隆運，本姓韓，名德讓，西南面招討使匡嗣之子也。統和十九年，賜名德昌；二十二年，賜姓耶律；二十八年，復賜名隆運。重厚有智略，明治體，喜建功立事。

侍景宗，以謹飭聞，加東頭承奉官，補樞密院通事，轉上京皇城使，遥授彰德軍節度使，代其父匡嗣爲上京留守，權知京事，甚有聲。尋復代父守南京，時人榮之。宋兵取河東，侵燕，五院糺詳穩奚底、統軍蕭討古等敗歸，宋兵圍城，招脅甚急，人懷二心。隆運登城，日夜守禦。援軍至，圍解。及戰高梁河，宋兵敗走，隆運邀擊，又破之。以功拜遼興軍節度使，徵爲南院樞密使。

景宗疾大漸，與耶律斜軫俱受顧命，立梁王爲帝，皇后爲皇太后，稱制，隆運總宿衛事，太后益寵任之。統和元年，加開府儀同三司，兼政事令。四年，宋遣曹彬、米信將十萬衆來侵，隆運從太后出師敗之，加守司空，封楚國公。師還，與北府宰相室昉共執國政。上言山西四州數被兵，加以歲饑，宜輕稅賦以來流民，從之。六年，太后觀擊鞠，胡里室突隆運墜馬，命立斬之。詔率師伐宋，圍沙堆，敵乘夜來襲，隆運嚴軍以待，敗走之，封楚王。九年，復言燕人挾姦，苟免賦役，貴族因爲囊橐，可遣北院宣徽使趙智戒諭，從之。

十一年，丁母憂，詔强起之。明年，室昉致政，以隆運代爲北府宰相，仍領樞密使，監修國史，賜興化功臣。十二年六月，奏三京諸鞫獄官吏，多因請託，曲加寬貸，或妄行搒掠，乞行禁止。上可其奏。又表請任賢去邪，太后喜曰：「進賢輔政，真大臣之職。」優加賜賚，服闋，加守太保、兼政事令。會北院樞密使耶律斜軫薨，詔隆運兼之。久之，拜大丞相，進王齊，總二樞府事。以南京、平州歲不登，奏免百姓農器錢，及請平諸郡商賈價，並從之。

二十二年，從太后南征，及河，許宋成而還。徙王晉，賜姓，出宫籍，隸横帳季父房後，乃改賜今名，位親王上，賜田宅及陪葬地。從伐高麗還，得末疾，帝與后臨視醫藥。薨，年七十一。贈尚書令，謚文忠，官給葬具，建廟乾陵側。無子。清寧三年，以魏王貼不子耶魯爲嗣。天祚立，以皇子敖盧斡繼之。弟德威，姪制心。

葉隆禮《契丹國志》卷一八《耶律隆運傳》 耶律隆運，本漢人，姓韓名德讓。祖知古，加右僕射、中書令。父匡嗣，追封秦王。隆運性忠愿謹慤，智略過人。景宗嬰疾，后燕燕與決國事，雅重隆運，擢授東頭供奉官，充密院通事，尋轉上京皇城使，超授遼州節度使，改授同知燕京留守，又遷平州節度使，改樞密使，兼行營都部署。

隆運自在景宗朝翼決庶政，帝后少年，有辟陽之幸。

景宗疾亟，隆運不俟詔，密召其親屬等十餘人並赴行帳。時諸王宗室二百餘人擁兵握政，盈布朝廷。后當朝雖久，然少姻媛助，諸皇子幼穉，內外震恐。隆運請于后，易置大臣，敕諸王各歸第，不得私相燕會，隨機應變，奪其兵權。時趙王等俱在上京，隆運奏召其妻子赴闕。景宗崩，事出倉卒，布置已定，乃集番漢臣僚，立梁王隆緒爲皇帝，時年十二，後爲聖宗，仍尊后曰仁慈翊聖應天皇太后。尋以輔立功守司徒，同政事，進封楚王，賜姓耶律氏及改賜今名。未幾，拜大丞相，充契丹、漢兒樞密使，南北面諸行宫都部署，改封齊王。

隆運孜孜奉國，知無不爲，忠孝至誠，出於天性。帝以隆運輔翼功前後少比，乃賜鐵券誓文，躬自親書，齋戒焚香，於北斗星下讀之，宣示番漢諸臣。又以隆運一族附籍横帳，列於景宗廟位。契丹横帳，猶宋朝玉牒所也。

隆運自爲相以來，結懽宋朝，歲時修睦，無少間隙，帖服中外，靡有邪謀。未幾，改封晉王，授尚書令，賜以几杖，入朝不拜，上殿不趨，左右護衛特置百人。北法，護衛惟國主有之。帝以隆運勳大，恩數優渥，見則盡敬，至父事之，秦國王每日一問起居，至隆運所居帳二里外，已去蓋下車，徒步而進；暨其回也，列揖於帳外，隆運坐而受之。帝或至其帳，亦五十餘步下車，隆運出迎盡禮，帝亦先爲之揖；及入，内同家人禮，飲膳服食，盡一時水陸珍品。諸國爭爲奇怪入貢，動駭耳目。隆運疾，帝與太后禱告山川，召番漢名醫胗視，朝夕不離左右。

及薨，帝與后、諸王、公主已下并内外臣僚制服行喪，葬禮一依承天太后故事。靈柩將發，帝自挽轜車哭送，羣臣泣諫，百餘步乃止。葬乾陵側，詔影堂制度一同乾陵。又詔諸處應有景宗御容殿，皆以隆運真容置之殿内。其眷遇始終，無與比倫有如此者。

隆運兄弟九人，緣翼戴恩，超授官爵，皆封王。諸姪三十餘人，封王者五人，餘皆任節度使、部署等官。隆運薨，無子，帝特以皇姪周王宗業紹其後。宗業，本齊國王隆裕之子。始封廣王，未幾徙封周王，歷中京留守，平州、錦州節度使。宗業薨，葬乾陵側。宗業無子，帝復以周王同母弟宗範繼隆運後，歷龍化州節度使、燕京留守，封韓王。

雜録

備論

《遼史》卷八二《耶律隆運傳》 論曰：德讓在統和間，位兼將相，其克敵制勝，進賢輔國，功業茂矣。至賜姓名，王齊、晉，抑有寵於太后而致然歟？

葉隆禮《契丹國志》卷一八《耶律隆運傳》 論曰：古今天下有權臣，有重臣。權臣之權，其君危如綴旒；重臣之重，其國安如泰山。耶律隆運因緣中宫，策立明睿，鎮服内外，無有邪謀，不可謂之非權臣，亦不可謂之非重臣也。遂乃釋肺腑之戚，玉譜聯名；席茅土之封，金枝入繼。斯不謂之千載之逢而非常之遇歟！

蕭韓家奴部

綜述

《遼史》卷一〇三《蕭韓家奴傳》　蕭韓家奴,字休堅,涅剌部人,中書令安摶之孫。少好學,弱冠入南山讀書,博覽經史,通遼、漢文字。統和十四年始仕。家有一牛,不任驅策,其奴得善價鬻之。韓家奴曰:「利己誤人,非吾所欲。」乃歸直取牛。二十八年,爲右通進,典南京栗園。

重熙初,同知三司使事。四年,遷天成軍節度使,徙彰愍宮使。帝與語,才之,命爲詩友。嘗從容問曰:「卿居外有異聞乎?」韓家奴對曰:「臣惟知炒栗:小者熟,則大者必生;大者熟,則小者必焦。使大小均熟,始爲盡美。不知其他。」蓋嘗掌栗園,故託栗以諷諫。帝大笑。詔作《四時逸樂賦》,帝稱善。

時詔天下言治道之要,制問:「徭役不加于舊,征伐亦不常有,年穀既登,帑廪既實,而民重困,豈爲吏者慢,爲民者惰歟?今之徭役何者最重?何者尤苦?何所蠲省則爲便益?補役之法何可以復?盜賊之害何可以止?」韓家奴對曰:

臣伏見比年以來,高麗未賓,阻卜猶强,戰守之備,誠不容已。乃者,選富民防邊,自備糧糗。道路脩阻,動淹歲月;比至屯所,費已過半;隻牛單轂,鮮有還者。其無丁之家,倍直傭僦,人憚其勞,半途亡竄,故戍卒之食多不能給。求假于人,則十倍其息,至有鬻子割田,不能償者。或逋役不歸,在軍物故,則復補以少壯。其鴨渌江之東,戍役大率如此。況渤海、女直、高麗合從連衡,不時征討。富者從軍,貧者偵候。加之水旱,菽粟不登,民以日困。蓋勢使之然也。

方今最重之役,無過西戍。如無西戍,雖遇凶年,困弊不至於此。若能徙西戍稍近,則往來不勞,民無深患。議者謂徙之非便:一則損威名,二則召侵侮,三則棄耕牧之地。臣謂不然。阻卜諸部,自來有之。曩時北至臚朐河,南至邊境,人多散居,無所統壹,惟往來抄掠。及太祖西征,至於流沙,阻卜望風悉降,西域諸國皆願入貢。因遷種落,內置三部,以益吾國,不營城邑,不置戍兵,阻卜累世不敢爲寇。統和間,皇太妃出師西域,拓土既遠,降附亦衆。自後一部或叛,鄰部討之,使同力相制,正得馭遠人之道。及城可敦,開境數千里,西北之民,徭役日增,生業日殫。警急既不能救,叛服亦復不恒。空有廣地之名,而無得地之實。若貪土不已,漸至虛耗,其患有不勝言者。況邊情不可深信,亦不可頓絶。得不爲益,捨不爲損。國家大敵,惟在南方。今雖連和,難保他日。若南方有變,屯戍遼邈,卒難赴援。我進則敵退,我還則敵來,不可不慮也。方今太平已久,正可恩結諸部,釋罪而歸地,內徙戍兵以增堡障,外明約束以正疆界。每部各置酋長,歲修職貢。叛則討之,服則撫之。諸部既安,必不生釁。如是,則臣雖不能保其久而無變,知其必不深入侵掠也。或云,棄地則損威。殊不知殫費竭財,以貪無用之地,使彼小部抗衡大國,萬一有敗,損威豈淺?或又云,沃壤不可遽棄。臣以爲土雖沃,民不能久居,一旦敵來,則不免內徙,豈可指爲吾土而惜之?

夫帑廪雖隨部而有,此特周急部民一偏之惠,不能均濟天下。如欲均濟天下,則當知民困之由,而窒其隙。節盤遊,簡驛傳,薄賦斂,戒奢侈。期以數年,則困者可蘇,貧者可富矣。蓋民者國之本,兵者國之衛。兵不調則曠軍役,調之則損國本。且諸部皆有補役之法。昔補役始行,居者、行者類皆富實,故累世從戍,易爲更代。近歲邊虞數起,民多匱乏,既不任役事,隨補隨缺。苟無上户,則中户當之。曠日彌年,其窮益甚,所以取代爲艱也。非惟補役如此,在邊戍兵亦然。譬如一抔之土,豈能填尋丈之壑!欲爲長久之便,莫若使遠戍疲兵還於故鄉,薄其徭役,使人人給足,則補役之道可以復故也。

臣又聞,自昔有國家者,不能無盜。比年以來,羣黎凋弊,利於剽竊,良民往往化爲凶暴。甚者殺人無忌,至有亡命山澤,基亂首禍。所謂民以困窮,皆爲盜賊者,誠如聖慮。今欲芟夷本根,願陛下輕徭省役,使民務農。衣食既足,安習教化,而重犯法,則民趨禮義,刑罰罕用矣。臣聞唐太宗問羣臣治盜之方,皆曰:「嚴刑峻法。」太宗笑曰:「寇盜所以滋者,由賦斂無度,民不聊生。今朕內省嗜欲,外罷游幸,使海內安靜,則寇盜自止。」由此觀之,寇盜多寡,皆由衣食豐儉,徭役重輕耳。

今宜徙可敦城於近地，與西南副都部署烏古敵烈、隗烏古等部聲援相接。罷黑嶺二軍，并開、保州，皆隸東京；益東北戍軍及南京總管兵。增修壁壘，候尉相望，繕完樓櫓，浚治城隍，以爲邊防。此方今之急務也，願陛下裁之。

擢翰林都林牙，兼修國史。仍詔諭之曰：「文章之職，國之光華，非才不用。以卿文學，爲時大儒，是用授卿以翰林之職。朕之起居，悉以實録。」自是日見親信，每入侍，賜坐。遇勝日，帝與飲酒賦詩，以相醻酢，君臣相得無比。韓家奴知無不言，雖諧謔不忘規諷。

十三年春，上疏曰：「臣聞先世遥輦可汗洼之後，國祚中絶；自夷離堇雅里立阻午，大位始定。然上世俗朴，未有尊稱。臣以爲三皇禮文未備，正與遥輦氏同。後世之君以禮樂治天下，而崇本追遠之義興焉。近者唐高祖創立先廟，尊四世爲帝。昔我太祖代遥輦即位，乃製文字，修禮法，建天皇帝名號，制宫室以示威服，興利除害，混一海内。厥後累聖相承，自夷離堇湖烈以下，大號未加，天皇帝之考夷離堇的魯猶以名呼。臣以爲宜依唐典，追崇四祖爲皇帝，則陛下弘業有光，墜典復舉矣。」疏奏，帝納之，始行追册玄、德二祖之禮。

韓家奴每見帝獵，未嘗不諫。會有司奏獵秋山，熊虎傷死數十人，韓家奴書于册。帝見，命去之。韓家奴既出，復書。他日，帝見之曰：「史筆當如是。」帝問韓家奴：「我國家創業以來，孰爲賢主？」韓家奴以穆宗對。帝怪之曰：「穆宗嗜酒，喜怒不常，視人猶草芥，卿何謂賢？」韓家奴對曰：「穆宗雖暴虐，省徭輕賦，人樂其生。終穆之世，無罪被戮，未有過今日秋山傷死者。臣故以穆宗爲賢。」帝默然。

詔與耶律庶成録遥輦可汗至重熙以來事迹，集爲二十卷，進之。十五年，復詔曰：「古之治天下者，明禮義，正法度。我朝之興，世有明德，雖中外嚮外，然禮書未作，無以示後世。卿可與庶成酌古準今，制爲禮典。事或有疑，與北、南院同議。」韓家奴既被詔，博考經籍，自天子達于庶人，情文制度可行於世，不繆于古者，譔成三卷，進之。又詔譯諸書，韓家奴欲帝知古今成敗，譯《通曆》、《貞觀政要》、《五代史》。

時帝以其老，不任朝謁，拜歸德軍節度使。以善治聞。帝遣使問勞，韓家奴表謝。召修國史，卒，年七十二。有《六義集》十二卷行于世。

雜録

備論

《遼史》卷一〇三《蕭韓家奴傳》 論曰：統和、重熙之間，務修文治，而韓家奴對策，落落累數百言，概可施諸行事，亦遼之晁、賈哉。

耶律仁先部

綜述

《遼史》卷九六《耶律仁先傳》 耶律仁先，字紏鄰，小字查剌，孟父房之後。父瑰引，南府宰相，封燕王。

仁先魁偉爽秀，有智略。重熙三年，補護衛。帝與論政，才之。仁先以不世遇，言無所隱。授宿直將軍，累遷殿前副點檢，改鶻剌唐古部節度使，俄召爲北面林牙。

十一年，陞北院樞密副使。時宋請增歲幣銀絹以償十縣地産，仁先與劉六符使宋，仍議書「貢」。宋難之。仁先曰：「曩者石晉報德本朝，割地以獻，周人攘而取之，是非利害，灼然可見。」宋無辭以對。乃定議增銀、絹十萬兩、匹，仍稱「貢」。既還，同知南京留守事。

十三年，伐夏，留仁先鎮邊。未幾，召爲契丹行宫都部署，奏復王子班郎君及諸宫雜役。十六年，遷北院大王，奏今兩院户口殷庶，乞免他部助役，從之。十八年，再舉伐夏，仁先與皇太弟重元爲前鋒。蕭惠失利于河南，帝猶欲進兵，仁先力諫，乃止。後知北院樞密使，還東京留守。女直恃險，侵掠不止，仁先乞開山通道以控制之，邊民安業。封吴王。

清寧初，爲南院樞密使。以耶律化哥譖，出爲南京兵馬副元帥，守太尉，更王隋。六年，復爲北院大王，民歡迎數百里，如見父兄。時北、南院樞密官涅魯古、蕭胡覩等忌之，請以仁先爲西北路招討使。耶律乙辛奏曰：「仁先舊臣，德冠一時，不宜補外。」復拜南院樞密使，更王許。

九年七月，上獵太子山，耶律良奏重元謀逆，帝召仁先語之。仁先曰：「此曹兇狠，臣固疑之久矣。」帝趣仁先捕之。仁先出，且曰：「陛下宜謹爲之備！」未及介馬，重元犯帷宫。帝欲幸北、南院，仁先曰：「陛下若舍扈從而行，賊必躡其後；且南、北大王心未可知。」仁先子撻不也曰：「聖意豈可違乎？」仁先怒，擊其首。帝悟，悉委仁先以討賊事。乃環車爲營，拆行馬，作兵仗，率官屬近侍三十餘騎陣柢枑外。及交戰，賊衆多降。涅魯古中矢墮馬，擒之，重元被傷而退。仁先以五院部蕭塔剌所居最近，亟召之，分遣人集諸軍。黎明，重元率奚人二千犯行宫，蕭塔剌兵適至。仁先料賊勢不能久，俟其氣沮攻之。乃背營而陣，乘便奮擊，賊衆奔潰，追殺二十餘里，重元與數騎遁去。帝執仁先手曰：「平亂皆卿之功也。」加尚父，進封宋王，爲北院樞密使，親製文以褒之，詔畫《灤河戰圖》以旌其功。

咸雍元年，加于越，改封遼王，與耶律乙辛共知北院樞密事。乙辛恃寵不法，仁先抑之，由是見忌，出爲南京留守，改王晉。恤孤惸，禁姦慝，宋聞風震服。議者以爲自于越休哥之後，惟仁先一人而已。

阻卜塔里干叛命，仁先爲西北路招討使，賜鷹紐印及劍。上諭曰：「卿去朝廷遠，每俟奏行，恐失機會，可便宜從事。」仁先嚴斥候，扼敵衝，懷柔服從，庶事整飭。塔里干復來寇，仁先逆擊，追殺八十餘里。大軍繼至，又敗之。别部把里斯、秃没等來救，見其屢挫，不敢戰而降。北邊遂安。

八年卒，年六十，遺命家人薄葬。弟義先、信先，俱有傳。子撻不也。

《全遼金文・耶律仁先墓誌銘》 差戲！天炳五星而高明，地載五岳而博□□厚，人稟五行而□有。故國王漢，其鐘昂，阿衛在殿。蓋出莘野，逢展則綮，何代無人？有遼宋王，兼富精緼。王諱仁先，字一得，□□□□，我其□□□。遠祖曰仲父述剌實魯于越，即第二横帳，太祖皇帝之龍父也。王父諱思忠，聖宗皇帝朝品南宰相。朝而其敏，落落有體貌。興宗皇帝始在儲邸，一見如舊。暨登龍位，詔從鑾輿。升授左千牛衛將軍，出入禁闈，給事左右。再授崇德宫使，總轄圖般，兼領禁衛。又遷殿前副點檢。上曰：「唐有大亮，我有仁先。古今二人，彼此一時。」假授北面林牙，又遷副樞密使。時朝廷以高麗、女真等五國入寇聞。上曰：「仁先可往。」命馳驛安定之。因奏保定二帥聯於北鄙，宜置開鏑，以爲備守。有詔報，自是五國絶不敢窺擾。上嘉之，賜予甚厚。重熙十一年大兵南舉，宋國遣奏乞舊好，命王使之，故太尉劉宋公爲之副，是日臨遣，上曰：「彼自統和之後，歲貢金帛。通未國情不誠，汝可往，庶畢聯命。」王至宋廷，甚承禮敬。宋帝與大臣議，著信誓書納每，歲添納金帛二十萬，永願鳴好。報命，上悦之。授□□□功臣、中書門下平章事。詔曰：「王師方舉，鄰國乞盟，奉貢交歡，卿之力也。」因授燕京留守同知兼權析津府尹事。下車之後，都邑肅清。又馳奏沿邊添置産堡，詔允之。時武清李宜兒以左道惑衆，僞稱帝及立僞相，潛構

千餘人，劫掠居民。王偵捕獲之，驛送闕下。遷契丹諸行宮都部署，又拜尚王。興宗皇帝親宣制曰：「唐室之玄齡、如晦，忠節僅同。我朝之信你、室寧，壯猷宜此。」又賜詩曰：「自古賢臣耳所聞，今來良佐眼親見。」十八年，大兵西舉討夏國，命王爲都統軍。李元昊舉國大去，不遇敵而還。授東京留守，判遼陽府事，論如燕。今皇帝嗣位之初歲，詔王赴闕。授同知燕京留守事，旋拜樞密使。凡命□六，封王五，制詞皆曰「御製」。王又與相國姚秦公相善，軍國大事，上多召二人議定。時帝叔宗元與子涅里骨恃寵跋扈。秦公謂王曰：「觀此人父子，內懷逆節，外示謹色，萬一竊弄，是昧早圖。」意者親王陰檢其事，以聞於上也。未幾，副部署耶律良奏得宗元父子、詩知章等反狀。上召王謂曰：「□輩承朕大恩，豈有是耶？」王具言其事。宗元已偵知之，涅里骨授軍領數騎來襲御幄，王呼蒙舍拔抜木以禦之。徐得弓矢，涅里骨中流鏑，殆於地，刃其首以進。君曰與宗元合戰，大敗之。宗元遁去，縊死於林莽中。上遣使撫諭諸道。姚秦公等馳至行在，既抃且泣。上曰：「爾等無畏此者，平定內亂，宋王忠力第一。」秦公奏曰：「疾風知勁草，世亂見忠臣。」帝嘉嘆久之。授北面樞密、加尚父、守太傅、安邦衛社盡忠平亂同德功臣。清寧九年七月十九日，皇上以北鄙達打、術不姑等部族寇邊，命王爲西北路招討使往討之。斬首萬餘級，俘其酋長圖沒里同瓦等，馳送闕下。無何，八年四月二十日八年以上應有脱文。以疾薨于位，享年六十。皇上聞訃震悼，輟朝三日。是歲二月二十四日夜，太白犯昴。識者□太白犯昴，大將死期，惟宋王乎？詔崇義軍節度使、左散騎常侍李翰充敕葬使，長寧軍節度使、檢校太傅楊庶績充敕祭發引使。以其年九月丙午朔十九日某甲子歸葬於葛蔓母山之膴原，從先塋，禮也。嗚呼！王之於國忠也，於家孝也，於民惠也，於官廉也，於人信也，而五德兼備；貴處人臣之極，天之報施不爲薄也。惜夫壽靡及耆，而國棟壞也，蒼生何望之哉！王之弟曰義先，大內惕隱、富春郡王；曰禮先，盒州團練使；曰智先，果州防禦使；曰信先，南面林牙，果州居閑養素。餘三弟先於王逝。王之曰慶詞。見任北面林牙。女並適於名家。悲慕，若不勝處。神柩特定前一日，果州林牙使馳驛有請於秦公，因託學嚴爲其志。既健讓靡遑，遂倚馬揮翰，不暫停綴。詞曰：

天炳五星，大圖以清。地峙五岳，大方以貞。國産元佐，鴻業以成。堂堂宋王，萬人之英。夾輔兩朝，茂疑丕績。周虎壯猷，舜龍忠力。臣魚壑琉，高鴻鳳翼。塵掃叛亂，岳安社稷。帝曰尚父，天遣奇才。命討北鄙，廓清氛霾。勛隆太常，位拯元臺。胡不眉壽，泰山其頹。皇上聞訃，震悼茲久。如斯忠良，萬代曷有。送終之禮，寵貴逾厚。刊於貞珉，流懿不朽。咸雍八年九月九日。抄本文前原題「大遼國尚父于越宋王墓誌銘」十二字。又「殿試進士李光書前崇義軍節度副使銀青崇禄大夫散騎常□□□騎尉趙學嚴撰」三十三字。

雜録

備論

《遼史》卷九六《耶律仁先傳》 論曰：灤河之變，重元擁兵行幄，微仁先等，道宗其危乎！當其止幸北、南院，召塔剌兵以靖大難，功宜居首。【略】仁先齊名休哥，勳德兼備，此其一節歟。

劉六符部

綜述

《遼史》卷八六《劉六符傳》 劉六符，父慎行，由膳部員外郎累遷至北府宰相、監修國史。時上多即宴飲行誅賞，慎行諫曰：「以喜怒加威福，恐未當。」帝悟，諭政府「自今宴飲有刑賞事，翌日稟行」。爲都統，伐高麗，以失軍期下吏，議貴乃免，出爲彰武軍節度使。賜保節功臣。子六人：一德、二玄、三嘏、四端、五常、六符。德早世。玄終上京留守。常歷三司使、武定軍節度使。嘏、端、符皆第進士。嘏、端俱尚主，爲駙馬都尉。三嘏獻聖宗《一矢斃雙鹿賦》，上嘉其贍麗。與公主不諧，奔宋；歸，殺之。四端以衛尉少卿使宋賀生辰，方宴，大張女樂，竟席不顧，人憚其嚴。還，拜樞密直學士。

六符有志操，能文。重熙初，遷政事舍人，擢翰林學士。十一年，與宣徽使蕭特末使宋索十縣地；還，爲漢人行宫副部署。會宋遣使增歲幣以易十縣，復與耶律仁先使宋，定「進貢」名，宋難之。六符曰：「本朝兵强將勇，海内共知，人人願從事于宋。若恣其俘獲以飽所欲，與『進貢』字孰多？況大兵駐燕，萬一南進，何以禦之！顧小節，忘大患，悔將何及！」宋乃從之，歲幣稱「貢」。六符還，加同中書門下平章事。及宋幣至，命六符爲三司使以受之。

六符與參知政事杜防有隙，防以六符嘗受宋賂，白其事，出爲長寧軍節度使，俄召爲三司使。

道宗即位，將行大册禮，北院樞密使蕭革曰：「行大禮備儀物，必擇廣地，莫若黄川。」六符曰：「不然。禮儀國之大體，帝王之樂不奏于野。今中京四方之極，朝覲各得其所，宜中京行之。」上從其議。尋以疾卒。

葉隆禮《契丹國志》卷一八《劉六符傳》 劉六符，平州人也。年十五，究通經史，兼綜百家之言。長而喜功名，慷慨有大志。歷事聖宗朝，爲著作郎、中允，又爲詹事、國子祭酒。興宗時，爲翰林學士、右諫議大夫、知制誥，同修國史。

契丹聚兵幽、薊，來求關南，時宋慶曆二年也。先是，西兵久不決，六符以宋朝爲怯。又李士彬、劉平之兵屢敗，宋朝旰食，積苦兵間。因説其主聚兵幽、涿，聲言南征，而六符及蕭英先以書來求關南十縣。其書，皆六符所撰也。書至宋朝，富弼爲回謝使。弼至没打河，六符館之，謂弼曰：「北朝皇帝堅欲割地，如何？」弼曰：「北朝若欲割地，必志在敗盟，南朝決不從，有横戈相待耳。」六符曰：「南朝若堅執，則事安得濟？」弼曰：「南朝不發兵，而遣使好辭，更議嫁女益幣，豈堅執乎？」六符引弼入見，往復辨議，興宗大感悟，乃從弼所請。

是年八月，宋朝再遣富弼賫國書、誓書至契丹清泉淀金氈館，許增以歲幣二十萬。時契丹固惜盟好，惟六符畫策揚聲聚兵幽、涿，以動宋朝。宋方困西夏之擾，名臣猛將，相繼敗衄，吕夷簡畏之。

契丹既得歲幣五十萬，勒碑紀功，擢六符樞密使、禮部侍郎，同修國史。後遷至中書政事令。子孫顯貴不絶，爲節度、觀察者十數人。

雜録

備録

陸游《老學庵筆記》卷七 遼人劉六符所謂劉燕公者，建議於其國，謂：「燕、薊、雲、朔本皆中國地，不樂屬我，非有以大收其心，必不能久。」虜主宗真問曰：「如何收其心？」曰：「斂於民者，十減其四五，則民惟恐不爲北朝人矣。」虜主曰：「如國用何？」曰：「臣願使南朝，求割關南地，而增戍閲兵以脅之。南朝重於割地，必求增歲幣。我説不得已受之。俟得幣，則以其數對減民賦可也。」宗真大以爲然，卒用其策得增幣。而它大臣背約，纔以幣之十二減賦，民固已喜。及洪基嗣立，六符爲相，復請用元議。洪基亦仁厚，遂盡用銀絹二十萬之數減燕、雲租賦。故其後虜政雖亂，而人心不離。豈可謂虜無人哉？

仁宗皇帝慶曆中，嘗賜遼使劉六符飛白書八字，曰：「南北兩朝，永通和好」。會六符知貢舉，乃以「兩朝永通和好」爲賦題，而以「南北兩朝永通和好」爲韻，云出南朝皇帝御飛白書。六符蓋爲虜畫策增歲賂者，然其尊戴中國尚如此。

則盟好中絕，誠可惜也。

蘇轍《龍川別志》卷下　慶曆中，契丹使劉六符求和親，賈昌朝館伴，未有以拒之。先是，宗真之弟號大弟者用事，横於虜中，因信使嘗通書幣。仁宗使昌朝謂六符，欲因今使答之。六符辭曰：「此於太后甚善，然於本朝不便。」昌朝因曰：「即如此欲以太子宗真之子。求和親，皇帝豈安心乎。」六符不能答，自是和親之議頗息。

備論

《遼史》卷八六《劉六符傳》　論曰：【略】六符啓釁邀功，豈國家之利哉？

葉隆禮《契丹國志》卷一八《劉六符傳》　論曰：臣於慶曆年間劉六符求關南一事，每爲之三嘆焉。契丹之禍，始於石晉割幽、燕，而石晉卒有少帝之辱；蔓延於我朝，而我朝澶淵之好、慶曆之盟，極而至於宣和之戰，禍猶未歇也。何則？天下視燕爲北門，失幽、薊則天下常不安。幽、燕視五關爲喉襟，無五關則幽、薊不可守。晉割幽、薊，併五關而棄之，此石晉不得不敗，澶淵不得不盟，慶曆之邀脅亦不得不爲慶曆也，至於宣和則極矣。六符之來，世以智計歸之，而孰知産禍之由，已有所自來哉！

耶律大石部

綜述

《遼史》卷三〇《耶律大石傳》 耶律大石者，世號爲西遼。大石字重德，太祖八代孫也。通遼、漢字，善騎射，登天慶五年進士第，擢翰林應奉，尋陞承旨。遼以翰林爲林牙，故稱大石林牙。歷泰、祥二州刺史，遼興軍節度使。

保大二年，金兵日逼，天祚播越，與諸大臣立秦晉王淳爲帝。淳死，立其妻蕭德妃爲太后，以守燕。及金兵至，蕭德妃歸天祚。天祚怒誅德妃而責大石曰：「我在，汝何敢立淳？」對曰：「陛下以全國之勢，不能一拒敵，棄國遠遁，使黎民塗炭。即立十淳，皆太祖子孫，豈不勝乞命於他人耶？」上無以答，賜酒食，赦其罪。

大石不自安，遂殺蕭乙薛、坡里括，自立爲王，率鐵騎二百宵遁。北行三日，過黑水，見白達達詳穩牀古兒。牀古兒獻馬四百，駝二十，羊若干。西至可敦城，駐北庭都護府，會威武、崇德、會蕃、新、大林、紫河、駝等七州及大黄室韋、敵刺、王紀刺、茶赤刺、也喜、鼻古德、尼刺、達刺乖、達密里、密兒紀、合主、烏古里、阻卜、普速完、唐古、忽母思、奚的、糺而畢十八部王衆，諭曰：「我祖宗艱難創業，歷世九主，歷年二百。金以臣屬，逼我國家，殘我黎庶，屠翦我州邑，使我天祚皇帝蒙塵于外，日夜痛心疾首。我今仗義而西，欲借力諸蕃，翦我仇敵，復我疆宇。惟爾衆亦有軫我國家，憂我社稷，思共救君父，濟生民於難者乎？」遂得精兵萬餘，置官吏，立排甲，具器仗。

明年二月甲午，以青牛白馬祭天地、祖宗，整旅而西。先遺書回鶻王畢勒哥曰：「昔我太祖皇帝北征，過卜古罕城，即遣使至甘州，詔爾祖烏母主曰：『汝思故國耶，朕即爲汝復之；汝不能返耶，朕則有之。在朕，猶在爾也。』爾祖即表謝，以爲遷國于此，十有餘世，軍民皆安土重遷，不能復返矣。是與爾國非一日之好也。今我將西至大食，假道爾國，其勿致疑。」畢勒哥得書，即迎至邸，大宴三日。臨行，獻馬六百，駝百，羊三千，願質子孫爲附庸，送至境外。所過，敵者勝之，降者安之。兵行萬里，歸者數國，獲駝、馬、牛、羊、財物，不可勝計。軍勢日盛，鋭氣日倍。

至尋思干，西域諸國舉兵十萬，號忽兒珊，來拒戰。兩軍相望二里許。諭將士曰：「彼軍雖多而無謀，攻之，則首尾不救，我師必勝。」遣六院司大王蕭斡里刺、招討副使耶律松山等將兵二千五百攻其右；樞密副使蕭刺阿不、招討使耶律朮薛等兵二千五百攻其左；自以衆攻其中。三軍俱進，忽兒珊大敗，僵屍數十里。駐軍尋思干凡九十日，回回國王來降，貢方物。

又西至起兒漫，文武百官册立大石爲帝，以甲辰歲二月五日即位，年三十八，號葛兒罕。復上漢尊號曰天祐皇帝，改元延慶。追謚祖父爲嗣元皇帝，祖母爲宣義皇后，册元妃蕭氏爲昭德皇后。因謂百官曰：「朕與卿等行三萬里，跋涉沙漠，夙夜艱勤。賴祖宗之福，卿等之力，冒登大位。爾祖爾父宜加卹典，共享尊榮。」自蕭斡里刺等四十九人祖父，封爵有差。

延慶三年，班師東歸，馬行二十日，得善地，遂建都城，號虎思斡耳朵，改延慶爲康國元年。三月，以六院司大王蕭斡里刺爲兵馬都元帥，敵刺部前同知樞密院事蕭查刺阿不副之，茶赤刺部秃魯耶律燕山爲都部署，護衛耶律鐵哥爲都監，率七萬騎東征。以青牛白馬祭天，樹旗以誓于衆曰：「我大遼自太祖、太宗艱難而成帝業，其後嗣君耽樂無厭，不恤國政，盜賊蠭起，天下土崩。朕率爾衆遠至朔漠，期復大業，以光中興。此非朕與爾世居之地。」申命元帥斡里刺曰：「今汝其往，信賞必罰，與士卒同甘苦，擇善水草以立營，量敵而進，毋自取禍敗也。」行萬餘里無所得，牛馬多死，勒兵而還。大石曰：「皇天弗順，數也！」康國十年殁，在位二十年，廟號德宗。

葉隆禮《契丹國志》卷一九《大實傳》 大實林牙，林牙者，乃其官名，猶中國翰林學士；大實則小名也，北地間無姓者。

大實既降女真，與大酋粘罕爲雙陸戲，争道相忿，粘罕心欲殺之而口不言，大實懼。及既歸帳，即棄其妻，攜五子宵遁。詰旦，粘罕怪其日高不來，使召之，其妻曰：「昨夕以酒忤大人，大音柁。畏罪而竄。」詢其所之，不以告。粘罕大怒，以配部落之最賤者。妻不肯屈，强之，極口嫚罵，遂射殺之。

大實深入沙子，立天祚之子梁王爲帝而相之。女真遣故遼將余覩帥兵經略，屯田于合董城。城去上京三千里。大實游騎數十，出入軍前。余覩遣使打話，遂退。沙子者，蓋不毛之地，皆平沙廣漠，風起揚塵，至不能辨色；或平地頃刻高

數丈，絶無水泉，人多渴死。大實之走，凡三晝夜始得度，故女真不敢窮追。遼御馬數十萬，牧於磧外，女真以絶遠未之取，皆爲大實所得。今梁王、大實皆亡，餘黨猶居其地。

雜録

備論

《遼史》卷三〇《耶律大石傳》 贊曰：遼起朔野，兵甲之盛，鼓行寰外，席卷河朔，樹晉植漢，何其壯歟？太祖、太宗乘百戰之勢，輯新造之邦，英謀叡略，可謂遠矣。雖以世宗中才，穆宗殘暴，連遘弑逆，而神器不摇。蓋由祖宗威令猶足以震疊其國人也。聖宗以來，内修政治，外拓疆宇。既而申固鄰好，四境乂安。維持二百餘年之基，有自來矣。降臻天祚，既丁末運，又觖人望，崇信姦回，自椓國本，羣下離心。金兵一集，内難先作，廢立之謀，叛亡之迹，相繼蠭起。馴致土崩瓦解，不可復支，良可哀也！耶律與蕭，世爲甥舅，義同休戚。奉先挾私滅公，首禍搆難，一至於斯。天祚窮蹙，始悟奉先誤己，不幾晚乎！淳、雅里所謂名不正，言不順，事不成者也。大石苟延，彼善於此，亦幾何哉？

李繼遷部

綜述

《宋史》卷四八五《夏國傳上》 繼遷，繼捧族弟也。高祖思忠，嘗從兄思恭討黄巢，拒賊於渭橋，表有鐵鶴，射之没羽，賊駭之，遂先士卒，戰没，僖宗贈宥州刺史，祠于渭陽。曾祖仁顔，仕唐，銀州防禦使。祖彝景嗣于晉。父光儼嗣于周。

建隆四年，繼遷生于銀州無定河，生而有齒。

開寳七年，授定難軍管内都知蕃落使。

繼捧之歸宋，時年二十，留居銀州，及使至，召緦麻親赴闕，乃詐言乳母死，出葬于郊，遂與其黨數十人奔入地斤澤，澤距夏州東北三百里。

太平興國八年，知夏州尹憲與都巡檢曹光實偵知，夜襲破之，斬首五百級，焚四百餘帳。繼遷與其弟遁免，獲其母與妻。

繼遷復連娶豪族，轉遷無常，漸以彊大，而西人以李氏世著恩德，往往多歸之。繼遷因語其豪右曰：「李氏世有西土，今一旦絶之，爾等不忘李氏，能從我興復乎？」衆曰：「諾。」遂與弟繼冲、破丑重遇貴、張浦、李大信等起夏州，乃詐降，誘殺曹光實于葭蘆川，遂襲銀州據之，時雍熙二年二月也。三月，破會州，焚毁城郭而去。

三年，遼以義成公主嫁繼遷，册爲夏國王。

四年，知夏州安守忠以三萬衆戰于王亭鎮，敗績，繼遷追至城門而返。

端拱元年，繼捧之節制夏臺，言能歸款，即授洛苑使、銀州刺史。

淳化初，復與繼捧戰于安慶澤，不利。轉攻夏州，繼捧乞師，及翟守素來，又奉表歸款，授銀州觀察，賜名保吉，子德明管内蕃落使、行軍司馬。

淳化四年，轉運副使鄭文寳議禁鹽池，用困繼遷。數月，邊人四十二族萬餘騎寇環州，屠小康堡，太宗乃遣錢若水弛其禁，因撫慰之。

五年正月，繼遷徙綏州民于平夏，部將高文岯等因衆不樂反，攻敗之。繼遷復圍堡砦，掠居民，焚積聚，遂攻靈州，詔遣李繼隆等進討。繼遷夜襲保忠，走之，獲其輜重以歸。七月，乃獻馬以謝。又遣弟廷信獻馬、槖駝，太宗撫賚甚厚，遣内侍張崇貴詔諭，賜茶藥、器幣、衣物。

至道初，遣左都押衙張浦以槖駝、良馬來獻，太宗令衛士翹關、超乘、引彊、奪槊於後園，俾浦等觀，且令兵士皆拓兩石弓。帝笑問浦曰：「羌人敢敵否？」浦曰：「羌部弓弱矢短，但見此長大人則已遁矣，況敢敵乎！」繼遷乞禁邊盜掠，詔令謹守疆埸，還所盜物。遣閤門副使馮訥、中使賈繼隆持詔拜繼遷鄜州節度使，不受。乃以浦爲鄭州團練，留京師。繼遷表鄭文寳誘其部長嵬囉、嵬悉，遂貶文寳藍山令。繼遷以千騎攻清遠軍，守臣張延擊退之。

二年春，命洛苑使白守榮等護送芻粟四十萬于靈州，且令車重先後作三隊，丁夫持弓矢自衛，士卒布方陣以護之，遇敵則戰，可以無失。復令會州觀察使田紹斌率兵應援。而守榮乃併爲一運，繼遷邀擊于浦洛河，紹斌不救，衆潰，運餽盡爲繼遷所得。太宗聞之怒。四月，復命李繼隆爲環、慶等州都部署。會四方館使曹璨自河西至，言繼遷衆萬餘圍靈武，城中上表告急，爲繼遷所得，遂頓兵不去。時朝議或云率輕騎三道擣平夏，或云暑涉旱海無水泉，糧運艱辛，不如静以待之，帝不聽。九月，親部分諸將，繼隆出環州，丁罕出慶州，范廷召出延州，王超出夏州，張守恩出麟州，五路進討，直抵平夏。繼隆以環州路迂，乃自青岡峽遶靈武徑趨平夏，兵行數日，與丁罕合，又行十餘日無所見，乃引還。張守恩遇之，不戰而遁。王超、范廷召遇之于烏白池，大小數十戰，不利，諸將失期，士卒困乏。繼遷復令軍主史不乩駐屯槖駝口以阻歸宋人，繼隆遣田敏等擊之。

咸平春，繼遷復表歸順。真宗乃授夏州刺史、定難軍節度、夏銀綏宥静等州觀察處置押蕃落等使，加邑千户，實封二百户，益功臣號，乃放張浦還。復遣押衙劉仁謙表讓恩命，詔不允，賜仁謙錦袍、銀帶。尋遣弟繼瑗來謝恩，授繼瑗亳州防禦使，封繼遷母衛慕氏衛國太夫人，子德明爲定難軍節度行軍司馬。未幾，復抄邊。

四年，麟府副部署曹璨率熟户兵邀繼遷輜重于柳撥川，殺獲甚衆。九月，來攻破定州、懷遠縣及堡静、永州，清遠軍監軍段義叛，城遂陷。

五年三月，繼遷大集蕃部，攻陷靈州，以爲西平府。

六年春，遂都于靈州，詔遣張崇貴、王涉議和，割河西銀、夏等五州與之。六月，復以二萬騎圍麟州，詔金明巡檢李繼周擊之。圍未解，麟州部署請濟師，真

宗閲地圖曰：「麟州依險，三面孤絶，戮力可守，但城中乏水可憂耳。」乃遣兵走援。繼遷果據水砦，薄城已五日。知州衛居實出奇兵突戰，縋勇士城下，城上鼓噪，矢石如注，殺傷萬餘人，繼遷乃拔去。遂率衆攻西蕃，取西涼府，都首領潘羅支僞降，繼遷受之不疑。羅支遽集六谷蕃部及者龍族合擊之，繼遷大敗，中流矢。八月，復聚兵浦洛河，聲言攻環州，詔張凝等分兵以待之。

景德元年正月二日卒，年四十二，子德明立。祥符五年，德明追上繼遷尊號曰應運法天神智仁聖至道廣德孝光皇帝。元昊追謚曰神武，廟號太祖，墓號裕陵。

曾鞏《隆平集》卷二〇　夏國趙保吉，姓拓拔，其遠祖仁福者，思恭之族也。唐僖宗始以思恭爲夏州節度使，賜國姓。思恭族亂，仁福繼之，故亦稱李氏。仁福死，子彝超、興相繼爲定難軍節度使。彝超而上，《五代史》有傳。彝興死，子光叡繼。光叡死，子繼筠襲。繼筠死，弟繼捧襲位。其從父綏州刺史克文言繼捧不當襲，請遣使與偕至夏州，諭令入覲。繼捧乃舉族歸朝。其弟繼遷在銀州，太宗賜以國姓，俾隸屬籍。又賜繼捧名曰保忠，繼遷名曰保吉，爲夏州節度使歸鎮。初，保忠之來覲也，保吉言乳母死，出葬郊外，匿兵器葬車中，遁入蕃族，收部曲散亡者，劫西羌種落爲邊患，雖賜姓名而侵擾夷落不已。保忠歸，又潛與表裏，遂往依之。保吉不納，復還夏州，牙校已據其城，保忠不得入。及王師進討，俘保忠以歸，故保吉因并夏州之地。真宗即位，始遣使修貢。朝廷遂以保吉爲夏州節度使。未幾，乃攻陷清遠軍及靈州。景德元年，劫西蕃至西涼府。潘羅支詐降，保吉受之。羅支合六谷蕃部擊之，保吉中流矢死。

西夏景宗部

綜述

《宋史》卷四八五《夏國傳上》 曩霄本名元昊，小字嵬理，國語謂惜爲「嵬」，
富貴爲「理」。母曰惠慈敦愛皇后衛慕氏。性雄毅，多大略，善繪畫，能創製物
始。圓面高準，身長五尺餘。少時好衣長袖緋衣，冠黑冠，佩弓矢，從衛步卒張
青蓋。出乘馬，以二旗引，百餘騎自從。曉浮圖學，通蕃漢文字，案上置法律，常
攜《野戰歌》《太乙金鑑訣》。弱冠，獨引兵襲破回鶻夜洛隔可汗王，奪甘州，遂
立爲皇太子。數諫其父毋臣宋，父輒戒之曰：「吾久用兵，疲矣。吾族三十年衣
錦綺，此宋恩也，不可負。」元昊曰：「衣皮毛，事畜牧，蕃性所便。英雄之生，當
王霸耳，何錦綺爲？」德明卒，即授特進、檢校太師兼侍中、定難軍節度、夏銀綏
宥静等州觀察處置押蕃落使、西平王，以工部郎中楊告爲旌節官告使，禮賓副使
朱允中副之。

既襲封，明號令，以兵法勒諸部。始衣白窄衫，氈冠紅裏，冠頂後垂紅結綬，
自號嵬名吾祖。凡六日、九日則見官屬。其官分文武班，曰中書，曰樞密，曰三
司，曰御史臺，曰開封府，曰翊衛司，曰官計司，曰受納司，曰農田司，曰群牧司，
曰飛龍院，曰磨勘司，曰文思院，曰蕃學，曰漢學。自中書令、宰相、樞使、大夫、
侍中、太尉已下，皆分命蕃漢人爲之。文資則幞頭、鞾笏、紫衣、緋衣；武職則冠
金帖起雲鏤冠、銀帖間金鏤冠、黑漆冠，衣紫旋襴，金塗銀束帶，垂蹀躞，佩解結
錐、短刀、弓矢韣，馬乘鯢皮鞍，垂紅纓，打跨鈸拂。便服則紫皁地繡盤毬子花旋
襴，束帶。民庶青綠，以別貴賤。每舉兵，必率部長與獵，有獲，則下馬環坐飲，
割鮮而食，各問所見，擇取其長。初，宋改元明道，元昊避父諱，稱顯道於國中。

景祐元年，遂攻環慶路，殺掠居人，下詔約束之。是歲，改元開運，踰月，或
告以石晉敗亡年號也，乃改廣運。元年，母衛慕氏死，遣使來告哀，起復鎮軍大
將軍、左金吾衛上將軍，員外置同正員。以内殿崇班、閤門祗候王中庸爲致祭
使，起居舍人郭勸爲弔贈兼起復官告使。慶州柔遠砦蕃部巡檢嵬通攻破後橋諸
堡，於是元昊稱兵報仇，緣邊都巡檢楊遵、柔遠砦監押盧訓以兵七百與戰于龍馬
嶺，敗績。環慶路都監齊宗矩、走馬承受趙德宣、寧州都監王文援之，次節義峯，
伏兵發，執宗矩，久之始放歸。

二年，加兼中書令。遣其令公蘇奴兒將兵二萬五千攻唃廝囉，敗死略盡，蘇
奴兒被執。元昊自率衆攻猫牛城，一月不下。既而詐約和，城開，乃大縱殺戮。
又攻青唐、安二、宗哥、帶星嶺諸城，唃廝囉部將安子羅以兵絶歸路，元昊晝夜角
戰二百餘日，子羅敗，遂取瓜、沙、肅三州。元昊既還，欲南侵，恐唃廝囉制其後，
復舉兵攻蘭州諸羌，侵至馬銜山，築城凡川。

元昊既悉有夏、銀、綏、宥、静、靈、鹽、會、勝、甘、涼、瓜、沙、肅，而洪、定、威、
龍皆即堡鎮號州，仍居興州，阻河依賀蘭山爲固。始大建官，以嵬名守全、張陟、
張絳、楊廓、徐敏宗、張文顯輩主謀議，以鍾鼎臣典文書，以成逋、克成賞、都卧、
移如定、多多馬竇、惟吉主兵馬，野利仁榮主蕃學。置十二監軍司，委豪右分統
其衆。自河北至午臘蒻山七萬人，以備契丹；河南洪州、白豹、安鹽州、羅落、天
都、惟精山等五萬人，以備環、慶、鎮戎、原州；左廂宥州路五萬人，以備鄜、延、
麟、府；右廂甘州路三萬人，以備西蕃、回紇；賀蘭駐兵五萬、靈州五萬人、興州
興慶府七萬人爲鎮守，總五十餘萬。而苦戰倚山訛，山訛者，横山羌，平夏兵不
及也。選豪族善弓馬五千人迭直，號六班直，月給米二石。鐵騎三千，分十部。
發兵以銀牌召部長面受約束。設十六司于興州，以總庶務。元昊自製蕃書，命
野利仁榮演繹之，成十二卷，字形體方整類八分，而畫頗重複。教國人紀事用蕃
書，而譯《孝經》《爾雅》《四言雜字》爲蕃語。復改元大慶。

宋寶元元年，表遣使詣五臺山供佛寶，欲窺河東道路。與諸豪歃血約先攻
鄜延，欲自德靖、塞門砦、赤城路三道並入，遂築壇受册，即皇帝位，時年三十。
遣潘七布、昌里馬乞點兵集蓬子山，自詣西涼府祠神。

明年，遣使上表曰：

臣祖宗本出帝胄，當東晉之末運，創後魏之初基。遠祖思恭，當唐季率兵拯
難，受封賜姓。祖繼遷，心知兵要，手握乾符，大舉義旗，悉降諸部。臨河五郡，
不旋踵而歸；沿邊七州，悉差肩而克。父德明，嗣奉世基，勉從朝命。真王之
號，夙感于頒宣；尺土之封，顯蒙於割裂。臣偶以狂斐，制小蕃文字，改大漢衣
冠。衣冠既就，文字既行，禮樂既張，器用既備，吐蕃、塔塔、張掖、交河，莫不從
伏。稱王則不喜，朝帝則是從，輻輳屢期，山呼齊舉，伏願一垓之土地，建爲萬乘

之邦家。于時再讓靡遑，群集又迫，事不得已，顯而行之。遂以十月十一日郊壇備禮，爲世祖始文本武興法建禮仁孝皇帝，國稱大夏，年號天授禮法延祚。伏望皇帝陛下，睿哲成人，寬慈及物，許以西郊之地，册爲南面之君。敢竭愚庸，常敦歡好。魚來雁往，任傳鄰國之音；地久天長，永鎮邊方之患。至誠瀝懇，仰俟帝俞。謹遣弩涉俄疾、你斯悶、卧普令濟、嵬崖妳奉表以聞。

詔削奪官爵、互市，揭榜于邊，募人能擒元昊若斬首獻者，即爲定難軍節度使。又遣賀永年齎嫚書，納旌節及所授敕告置神明匣，留歸孃族而去。

康定元年，環慶路鈐轄高繼隆、知慶州張崇俊攻後橋，而柔遠砦主武英入自北門，拔之。未幾，夏人攻金明砦，執都監李士彬父子。破安遠、塞門、永平諸砦，圍延州，設伏三川口，執劉平、石元孫，傅偃、劉發、石遜等。又攻鎮戎軍，敗劉繼宗、李緯兵五千。環慶部署任福入白豹城，焚其積聚，破四十一族。

慶曆元年二月，攻渭州，逼懷遠城。韓琦徼巡邊至高平，盡發鎮戎兵及募勇士得萬人，命行營總管任福等併擊之，都監桑懌爲前鋒，鈐轄朱觀、都監武英繼之。福申令持重，其夕宿三川，夏人已過懷遠東南。翌日，諸軍躡其後。西路巡檢常鼎、劉肅與夏人對壘于張家堡，懌以騎兵趣之。福分兵，夕與懌爲一軍，屯好水川，川與能家川隔在隴山外，觀、英爲一軍，屯籠洛川，相離五里。期以明日會兵，不使夏人一騎遁，然已陷其伏中矣。元昊自將精兵十萬，營于川口，候者言夏人有砦，數不多，兵益進。詰旦，福與懌循好水川西去，未至羊牧隆城五里，與夏軍遇。懌爲先鋒，見道傍置數銀泥合，封襲謹密，中有動躍聲，疑莫敢發，福至發之，乃懸哨家鴿百餘，自合中起，盤飛軍上。於是夏兵四合，懌先犯，中軍繼之，自辰至午酣戰。陣中忽樹鮑老旗，長二丈餘，懌等莫測。既而鮑老揮右則右伏出，揮左則左伏出，翼而襲之，宋師大敗。懌、劉肅及福子懷亮皆戰没。小校劉進勸福自拔，福不聽，力戰死。初，渭州都監趙津將瓦亭塞騎兵三千餘爲諸將後繼。是日，朱觀、武英兵會能家川與夏人遇，陣合，王珪自羊牧隆城以屯兵四千五百人助觀略陣，陣堅不可動，英重傷，不能出軍戰。自午至申，夏軍益至，東陣步兵大潰，衆遂奔。珪、英、津及參軍耿傅，隊將李簡、都監李禹亨、劉均皆死於陣。觀以千餘人保民垣，發矢四射，會暮，夏軍引去。將校士卒死者萬三百人，關右震動，軍須日廣，三司告不足，仁宗爲之旰食，宋庠請修潼關以備衝突。秋，夏人轉攻河東，及麟、府，不能下，乃引兵攻豐州，城孤無援，遂據之；又破寧遠砦，屯要害，絶麟、府餉道。楊偕始請棄河外，保合河津，帝不許。會張亢管勾麟府軍馬事，破之于柏子，又破之于兔毛川，亢築十餘栅，河外始固。元昊雖數勝，然死亡創痍者相半，人困於點集，財力不給，國中爲「十不如」之謡以怨之。元昊乃歸塞門砦主高延德，因乞和，知延州范仲淹爲書陳禍福以喻之。元昊使其親信野利旺榮復書，語猶嫚。知延州龐籍言，夏境鼠食稼，且旱，元昊思納款，遂令知保安軍劉拯諭旺榮言：「公方持靈、夏兵，倘内附，當以西平茅土分册之。」知青澗城种世衡又遣王嵩以棗及畫龜爲書置蠟丸中遺旺榮，諭以早歸之意，欲元昊得之，疑旺榮。旺榮得之笑曰：「种使君亦長矣，何爲此兒戲耶！」因嵩窖中歲餘。知渭州王沿、總管葛懷敏使僧法淳持書往，而旺榮乃出嵩與教練使李文貴至青澗城，自言用兵以來，資用困乏，人情便於和。籍疑其款吾軍，留之數月。

二年，復大入，戰于定川，宋師大敗，葛懷敏死之。直抵渭州，大焚掠而去。詔籍招納，籍遣文貴還。月餘，元昊使文貴與王嵩以其臣旺榮、其弟旺令、嵬名環、卧譽諍三人書議和，然屈彊不肯削僭號，且云「如日方中，止可順天西行，安可逆天東下」。籍以其言未服，乃令自請，而詔籍復書許之。

明年，遣六宅使伊州刺史賀從勖與文貴俱來，猶稱男邦泥定國兀卒上書父大宋皇帝，更名曩霄而不稱臣。兀卒，即吾祖也，如可汗號。議者以爲改吾祖爲兀卒，特以侮玩朝廷，不可許。詔遣邵良佐、張士元、張子奭、王正倫更往議，且許封册爲夏國主，而元昊亦遣如定、聿捨、張延壽、楊守素繼來。

四年，始上誓表言：「兩失和好，遂歷七年，立誓自今，願藏盟府。其前日所掠將校民户，各不復還。自此有邊人逃亡，亦毋得襲逐。臣近以本國城砦進納朝廷，其栲栳、鎌刀、南安、承平故地及他邊境蕃漢所居，乞畫中爲界，於内聽築城堡。凡歲賜銀、綺、絹、茶二十五萬五千，乞如常數，臣不復以他相干。乞頒誓詔，蓋欲世世遵守，永以爲好。倘君親之義不存，或臣子之心渝變，使宗祀不永，子孫罹殃。」詔答曰：「朕臨制四海，廓地萬里，西夏之土，世以爲胙。今乃納忠悔咎，表於信誓，質之日月，要之鬼神，及諸子孫，無有渝變。申復懇至，朕甚嘉之。俯閲來誓，一皆如約。」十二月，遣尚書祠部員外郎張子奭充册禮使，東頭供奉官、閤門祇候張士元副之。仍賜對衣、黄金帶、銀鞍勒馬、銀二萬兩、絹二萬匹、茶三萬斤。册以漆書竹簡，籍以天下樂錦。金塗銀印，方二寸一分，文曰「夏國主印」，錦綬，塗金銀牌。緣册法物，皆銀裝金塗，覆以紫繡。約稱臣，奉正朔，改所賜敕書爲詔而不名，許自置官屬。使至京，就驛貿賣，宴坐朵殿。使至其

國，相見用賓客禮。置榷場于保安軍及高平砦，第不通青鹽。然宋每遣使往，館于宥州，終不復至興、靈，而元昊帝其國中自若也。

是歲，遼夾山部落呆兒族八百户歸元昊，興宗責還，元昊不遣。遂親將騎兵十萬出金肅城，弟天齊王馬步軍大元帥將騎七千出南路，韓國王將兵六萬出北路，三路濟河長驅。興宗入夏境四百里，不見敵，據得勝寺南壁以待。八月五日，韓國王自賀蘭北與元昊接戰，數勝之，遼兵至者日益，夏乃請和，退十里，韓國王不從。如是退者三，凡百餘里矣，每退必赭其地，遼馬無所食，因許和。夏乃遷延，以老其師，而遼之馬益病，因急攻之，遂敗，復攻南壁，興宗大敗。入南樞王蕭孝友砦，擒其鶻突姑駙馬，興宗從數騎走，元昊縱其去。

元昊五月五日生，國人以其日相慶賀，又以四孟朔爲節。凡五娶，一曰大遼興平公主，二曰宣穆惠文皇后没藏氏，生諒祚，三曰憲成皇后野力氏，四曰妃没哆氏，五曰索氏。元昊以慶曆八年正月殂，年四十六。在位十七年，改元開運一年，廣運二年，大慶二年，天授禮法延祚十一年。謚曰武烈皇帝，廟號景宗，墓號泰陵。宋遣開封府判官、尚書祠部員外郎曹穎叔爲祭奠使，六宅使、達州刺史邳保信爲弔慰使，賜絹一千匹、布五百端、羊百口、麪米各百石、酒百瓶。及葬，仍賜絹一千五百匹，餘如初賻。子諒祚立。

曾鞏《隆平集》卷二〇 天聖中德明卒，子元昊立。元昊既長，德明數語之曰：「國中三十年不披皮毛而衣錦綺之衣，汝無負天子也。吾常從事於兵，雖苦勞萬狀，第自困耳。」及死，贈太師、尚書令。德明娶米母氏，生元昊，咩朱氏生魂成。元昊以五月五日生，小名崖塊。羌謂惜爲「崖」，謂富貴爲「塊」。性凶悍，多猜忌，曉浮圖法，通漢文字。凡案閒常致律法書。自爲蕃書十二卷，文類符篆。建蕃學，使蕃官子弟習之。襲德明官爲定難軍節度使、檢校太師兼侍中，封西平王。天聖十年，改元明道。元昊避其父名，止稱「顯道」。景祐元年遂僭，改元開運，入寇環慶，殺掠居民。詔約束之。米冈氏族人山喜謀殺元昊，事覺，酖殺其母，沈山喜之族於河。自是攻略諸羌，屢爲邊患。其從父山遇知元昊有反計，勸止不從，山遇懼，挈族來歸。知延州郭勸乃執以還元昊，至則殺之。是歲僭帝號，國稱大夏，改元天授，明年遣使來告。詔削奪官爵，除屬籍。既而爲慢書，留旌節敕告於歸孃族而去。康定元年寇金明，執監押李士彬，而劉平、石元孫陷於三川口。慶曆元年，任福戰殁於好水川。明年復戰定川寨，葛懷敏死焉。未至定川，常遣李文貴欲納款，知延州龐籍意其詐，留未遣。復數月，果入寇。籍召責其使，而釋遣之。文貴去月餘復來，籍視其書，未去僭號，卻之，俾自請。明年上書，更名曩霄，稱男不稱臣。籍又拒焉。詔遣卻良佐、張士元等更往議之。而曩霄之使繼至。四年册爲夏國主，令稱臣，稟正朔，改所賜敕書詔而不名，聽自置官屬。遣使至京，許就驛貨易，宴坐朵殿。朝廷使至，其國用賓客禮，歲賜銀絹綵共二十五萬五千，於是始歲修貢。曩霄用兵多詭計，左右用事之臣，有疑必誅。先世居室衣冠文字，莫不改革。其文人服靴笏、幞頭；武臣金帖鏤冠，衣緋衣，金塗銀黑束帶，佩蹀躞，穿靴。餘皆禿髮，耳重環，衣紫，旋襴六垂束帶，佩解錐刀、弓矢，垂鮫皮鞍馬帶纓。議事即率諸酋適野，藉草而坐。其俗舊止重冬至，自曩霄僭竊，乃更以四孟朔及其生辰相慶賀。曩霄七娶，其五曰野利氏，身頎長，有智謀，曩霄畏之。戴金起雲冠，使它無得冠者。生三子，獨寧令哥存，僭稱太子。又納没哆女，營天都山居之。野利氏之叔遇乞有言，而曩霄殺遇乞，得遇乞之妻，生諒祚。慶曆七年，寧令哥弑曩霄不死，傷其鼻而去。匿黄蘆，爲訛厖所殺。曩霄因鼻傷卒，年四十六。子諒祚襲。

雜録

備録

司馬光《涑水記聞》卷一一 先是，趙元昊每遣使奉表入貢，不過稱教練使，衣服禮容皆如牙吏。寶元元年十二月丙寅，鄜延路奏：元昊遣使戴金冠，衣緋，佩蹀躞，奉表納旌節告勅，其表畧曰：「臣本自祖宗出於帝胄，當東晉之末運，創後魏之初基。曩者，臣祖繼遷，心知兵要，手握乾符，大舉義旗，悉降諸部。臨河五郡，不旋踵而歸；沿境七州，並差肩而克。」又曰：「臣父德明，幸嗣先扃，勉從朝命。真王之號，夙感於頒宣；尺土之封，顯蒙於剖裂。」又曰：「稱王則不喜，朝帝乃是從。輻輳屢期，山呼齊舉。伏願以一垓之土地，建爲萬乘之邦家。於時再讓靡違，羣情又迫，事不得已，順而行之。遂於十月十一日郊壇，備禮爲祖世始文本武興法建禮仁孝皇帝，國稱大夏，年號天授禮法延祚。伏望皇帝陛下，睿哲成人，寬慈及物，許以西郊之地，册爲南面之君。敢竭愚庸，常敦歡好。魚

來雁往，任傳鄰國之音；地久天長，永鎮西邊之患。至誠瀝懇，仰俟帝俞。」

趙元昊娶於野利氏，立以爲后，生子寧令，當爲嗣。以野利氏兄弟旺榮爲謨寧令，號拽利王，剛浪唛爲寧令，號天都王，分典左右廂兵馬，貴寵用事。青澗城使種世衡欲離間其君臣，遣僧王嵩齎龜及書遺之，曰：「汝歸欲歸附，何不速決？」旺榮見之，笑曰：「种使年亦長矣，乃爲此兒戲乎？」因嵩於窖中，凡歲餘。元昊雖屢入寇，常以勝歸，然人畜死傷亦衆，部落甚苦之。又歲失賜遺及緣邊交市，頗貧乏，思歸朝廷，而耻先發。慶曆二年，使旺榮出嵩而問之，曰：「我不曉种使之意，欲復與我通和邪？」即贈之衣服，遣教練使李文貴與之偕詣世衡。時龍圖閣直學士龐籍爲鄜延經畧招討使，以元昊新寇涇原，止之於邊，不使前。朝廷亦厭兵，欲赦元昊之罪，密詔籍懷之。籍上言：「虜驟勝方驕，若中國自遣人説之，彼益偃蹇，不可與言。」乃召文貴詣延州問狀，文貴言求請和，籍謂之曰：「汝先王及今王嚮事朝廷甚謹，由汝輩羣下妄加之名號，遂使得罪於朝廷，致彼此之民血塗原野。汝民習於戰鬬，吾民習於太平，故王師數不利，然汝能保其常勝邪？吾敗不害，汝敗社稷可憂。今若能悔過從善，出於款誠，名體俱正，當相爲奏之，庶幾朝廷或開允耳。」因贈遣歸。文貴尋以旺榮、曹偶四人書來，用敵國修好之禮。籍以其不遜，未敢復書，請於朝廷。朝廷急於息民，命籍復書，納而勿拒，稱旺榮等爲太尉，且曰：「元昊果肯稱臣，雖仍其僭名可也。」籍上言：「僭名理不可容，臣不敢奉詔。太尉天子上公，非陪臣所得稱。今方抑止其僭，而稱其臣爲上公，恐虜滋驕，不可得臣。旺榮等書自稱寧令、謨寧令，此虜中之官，中國不能知其義，可以無嫌，臣輒從而稱之。」旺榮等又請欲用小國事大之禮，籍曰：「此非邊帥所敢知也，汝主若遣使者奉表以來，當爲導致於朝廷耳。」三年正月，元昊遣其伊州刺史賀從勖上書，稱男邦面令國兀卒曩霄(或云郎霄)上書父大宋皇帝。籍使謂之曰：「天子至尊，荆王叔父也，猶奉表稱臣，今名體未正，不敢以聞。」從勖曰：「子事父，猶臣事君也。使得至京師，而天子不許，請更歸議之。」籍上言：「請聽從勖詣闕，更選使者往至其國，以詔旨抑之，彼必稱臣。凡名稱、禮數及求匄之物，當力加裁損，必不得已，乃少許之。若所求不違，恐豺狼之心，未易盈厭也。」朝廷乃遣著作佐郎邵良佐與從勖俱至其國更議之。四年五月，元昊自號夏國主，始遣使稱臣。八月，朝廷聽元昊稱夏國主，歲賜絹茶銀綵合二十五萬五千，元昊乃獻誓表。十月，賜詔答之。十二月，册命元昊爲夏國主，更名曩霄。趙元昊晚年嬖一尼，拽利氏寵寖衰，剛浪唛、嵬名山皆怨之。寧令納剛浪唛女爲婦，剛浪唛兄弟謀因成婚，邀元昊宴於帳中，伏兵弑之。事泄，剛浪唛兄弟皆族誅，寧令懼不自安。慶曆八年正月辛未，寧令弑元昊，國人討誅之，立其少子諒祚。

魏泰《東軒筆録》卷八 元昊分山界戰士爲二箱，命兩將統之，剛朗凌統明堂左箱，野利遇乞統天都右箱。二將能用兵，山界人户善戰，中間劉平、石元孫及任福、葛懷敏之敗，皆二將之謀也。慶曆中，种世衡守青澗城，謀用間以離之。有悟空寺僧光信者，落魄耽酒，邊人謂之「王和尚」，多往來蕃部中。世衡嘗厚給酒肉，善遇之，一日語信曰：「我有書答野利相公，若爲我賫之。」即以書授信。臨發，復召飲之酒而謂曰：「塞外苦寒，吾爲若納一襖，可衣之以行，回日當復以歸我。」信始及山界，即爲邏兵所擒，及得賞書以見元昊。元昊發其書，即尋常寒暄之問，元昊疑之，遂縛信拷掠千餘，至脇以兵刃，信終言無他。元昊益疑，顧見信所衣之襖甚新潔，立命剺拆，即中得與遇乞之書，其言：前承書有歸投之約，尋聞朝廷，及云只候信回得報，當如期舉兵入界，惟盡以一箱人馬爲內應，儻獲元昊，朝廷當以靖難軍節度使、西平王奉賞。元昊大怒，自此奪遇乞兵，既又殺之。遇乞死，山界無良將統領，不復有侵掠之患，而邊陲亦少安矣。洎西戎入貢，信得歸，改名嵩，仕終左藏庫副使。

魏泰《東軒筆録》卷一五 元昊未叛時，先以兵破回鶻，擊吐蕃，修築邊障。諒祚亦連年攻㸗氏，又破連珠城，然後以兵犯邊。世人每見夷狄自相攻討，以爲中國之利，不知其先絶後顧之患，然後悉力犯我，此知兵者所宜察也。諸葛亮豈樂爲渡瀘之役，而矜能於孟獲輩哉？亦欲先絶後患，而專意於中原也。

康定中，元昊入延州東路，犯安南、承平兩寨，又以兵犯西路，聲言將襲保安軍，故延州發兵八萬，支東西二隅。而元昊乃乘虚由北路擊破金明寨，擒李士彬，直犯五龍川，破劉平、石元孫，遂圍延州。嘉祐中麟州之役，諒祚二年間連以兵屯窟野河，進逼邊界，聚而復散，故武戡、郭思習以爲常，輕兵而出，至忽里堆，覆發而兵敗。然則敵人出没聚散，蓋將有謀，知兵機者宜深察也。

沈括《夢溪筆談》卷二五 景祐中，党項首領趙德明卒，其子元昊嗣立，朝廷遣郎官楊告入蕃弔祭。告至其國中，元昊遷延遥立，屢促之，然後至前受詔。及拜起，顧其左右曰：「先王大錯，有國如此，而乃臣屬於人。」既而饗告于廳，其東屋後若千百人鍛聲。告陰知其有異志，還朝，祕不敢言。未幾元昊果叛，其徒遇乞先創造蕃書，獨居一樓上，累年方成，至是獻之。元昊乃改元，制衣冠禮樂，下

令國中悉用蕃書、胡禮，自稱大夏。朝廷興師問罪，彌歲，虜之戰士益少，而舊臣宿將，如剛浪唛遇、野利輩，多以事誅，元昊力孤，復奉表稱蕃，朝廷因赦之，許其自新，元昊乃更稱兀卒曩宵。慶曆中，契丹舉兵討元昊，元昊與之戰，屢勝，而契丹至者日益加衆，元昊望之大駭曰：「何如此之衆也？」乃使人行成，退數十里以避之。契丹不許，引兵壓西師陣，元昊又爲之退舍，如是者三，凡退百餘里，每退必盡焚其草萊，契丹之馬無所食，因其退乃許平。元昊遷延數日，以老北師，契丹馬益病，亟發軍攻之，大敗契丹于金肅城，獲其僞乘輿、器服、子婿、近臣數十人而還。先是，元昊後房生一子，曰寧令受。寧令者，華言大王也。其後又納没藏訛哤之妹，生諒祚而愛之。寧令受之母恚忌，欲除没藏氏，授戈于寧令受，使圖之。寧令受間入元昊之室，卒與元昊遇，遂刺之不殊而走，諸大佐没藏訛哤輩仆寧令梟之。明日元昊死，立諒祚，而舅訛哤相之。有梁氏者，其先中國人，爲訛哤子婦，諒祚私焉，日視事于國，夜則從諸没藏氏。訛哤懟甚，謀伏甲梁氏之宫，須其入以殺之。梁氏私以告諒祚，乃使召訛哤，執於內室。没藏，强宗也，子弟族人在外者八十餘人悉誅之，夷其宗。以梁氏爲妻，又命其弟乞埋爲家相，許其世襲。諒祚凶忍好爲亂，治平中，遂舉兵犯慶州大順城。諒祚乘駱馬，張黄屋，自出督戰，陴者彍弩射之中，乃解圍去，創甚，馳入一佛祠，有牧牛兒不得出，懼伏佛座下，見其脱韡，血涴于踝，使人裹創舁載而去，至其國死。子秉常立，而梁氏自主國事。梁乞埋死，其子移逋繼之，謂之没寧令。没寧令者，華言天大王也。秉常之世，執國政者有嵬名浪遇，元昊之弟也，最老於軍事，以不附諸梁，遷下治而死，存者三人。移逋以世襲居長契，次曰都羅馬尾，又次曰闕萌訛，略知書，私侍梁氏。移逋、萌訛皆以昵倖進，唯馬尾粗有戰功，然皆庸才。秉常荒孱，梁氏自主兵，不以屬其子。秉常不得志，素慕中國。有李青者，本秦人，亡虜中，秉常昵之，因説秉常以河南歸朝廷，其謀洩。青爲梁氏所誅，而秉常廢。

田況《儒林公議》 拓跋元昊少好兵，父德明時，將兵破甘涼，其可汗自焚，乃俘其妻孥以歸，自是益喜戰，勢亦漸盛。德明死，繼拔氂牛京哥城，唃廝囉雖遇敵力戰，元昊所部亦傷殁者衆，然大勢已衂，遂南徙歷精城，文法寖弱矣。又其子瞎氊、摩氊角皆叛其父自立。摩氊角素依首領鄂成俞龍爲謀主，俞龍復納女於元昊子寧令，僞號梁王者，由是唃廝囉常憂禍發肘腋，意益衰怯矣。拓跋德明承繼遷土宇，志在自守，然其下部族時亦寇鈔邊境，乃公移究詰，則陽言不知。朝廷惟務含貸，以存大體。其號令部署、宫室旌旗一擬王者。每朝廷使至，則撤宫殿題榜置於廡下，使軺始出餞館已，更赭袍，鳴鞘鼓吹導還，殊無畏避。一旦貢表求封册，廟論乃責以藩臣之禮，欲必行天誅，何不思之甚也。

元昊既志在恢拓，數侵諸蕃境土，鄰敵怨之。常選部下驍勇自衛，分爲十隊，隊各有長：一妹勒，二浪訛遇移，三細賞香埋，四里里奴，五雜熟屈得鳩，六限才浪羅，七細母屈勿，八李訛移巖名，九細母嵬名，十没羅埋布。每出入，前後環擁，設備甚嚴。又分兵爲左右廂，諸酋各選精騎，目爲生剛捉生。其廂左距契丹，右抵甘州，有野利、剛浪崖、遇乞三將，號爲謀勇者。人或告其有異志，元昊並誅之，而勢亦不衰。朝廷東自麟府，西極秦隴，開五路帥府，儲重兵以守之。元昊入寇，常併兵一路而來，諸路兵勢隔遠，不能救援，故敗者數焉。加之儲偫供億，中外殫耗，是以議者欲亟與之和，苟紓一時之弊。

夏寇叛擾累年，官軍頻敗，關中物價翔踴，天下爲之騷動。朝廷欲與之約和，而未有以徠之。范仲淹帥延安，乃使人遺書元昊，稱朝廷仁貸惜民之意，許歲與金繒，勸其納欵。書已行，始聞於朝，執政皆不喜。時宋庠參知政事，言仲淹專擅可斬，辭甚堅忮。遂貶仲淹官，知耀州，以龐籍代之。籍亦屢致和意於賊，朝廷又密許籍以柄用，俟和議成然後召。賊乃遣其腹心楊守素入朝講約，易其名爲曩霄，朝廷亦遣使答之，然終不見元昊。久之議乃定，歲賜銀絹各二十萬疋兩，茶六萬餘斤。遣張子奭等册元昊爲夏國王，復厚賜之。元昊遣人約子奭留於宥州，亦不相見，封册、重幣如委之榛莽。子奭由此遷秩，籍入爲樞密副使，皆自以爲功焉。

夏國元昊取契丹女，僞號爲興平公主，乃宗真之姊也。元昊待之甚薄，因晚被病，元昊亦不往視之，以至於殁。宗真雖忿恨，然亦無如之何，但遣使慰問之而已。朝廷不知其故，以爲元昊畏耶律之彊，諷宗真使促元昊歸欵，失之甚矣。

蘇轍《龍川别志》卷下 寶元初，元昊創立文法，故名吾祖，慢書始聞，朝廷爲之忿然。張鄧公爲相，即議絶和問罪，時西邊弛備已久，人不知兵，識者以爲憂。吴春卿時爲諫官，上言夷狄不識禮義，宜且勿與較，許其所求，彼將無詞舉動，然後陰勑邊臣密修戰備，使年歲間戰守之計立，則元昊雖欲妄作，不能爲深害矣。奏入，鄧公笑曰：「人言吴舍人心風，果然。」既而和事一絶，元昊入寇，所至如入無人之境。後數年，力盡求和，歲增賂遺，仍改名「兀卒」，朝廷竟不問。世乃以春卿之言爲然。

備論

《宋史》卷四八五《夏國傳上》 論曰：拓跋氏考諸前史可見也。自赤辭納款於貞觀，立功於天寶，思恭以宥州著節於咸通，夏雖未稱國，而王其土久矣。子孫歷王五代。宋興，太祖即西平王加彝興太尉，德明在祥符間已追帝其父於國中，逮元昊始顯稱帝，厥後因之，與金同亡。

概其歷世二百五十八年，雖嘗受封册于宋，宋亦稱有歲幣之賜、誓詔之答，要皆出於一時之言，其心未嘗有臣順之實也。元昊結髮用兵，凡二十年，無能折其强者。

西夏崇宗部

綜述

《宋史》卷四八六《夏國傳下》　乾順，惠宗之長子也。母曰昭簡文穆皇后梁氏，生三歲即位。元祐元年十月，以父殂，遣使旦則罔聿謨等來告哀。詔自元豐四年用兵所得城砦，待歸我陷執民，當盡以給還。乃遣金部員外郎穆衍充祭奠使，供備庫使張楙充弔慰使。夏遣使進馬、駝來賀興龍節。

二年正月，遣權樞密院都承旨公事劉奉世爲册禮使，崇儀副使崔象先副之，册乾順爲夏國主，仍節度、西平王。三月，夏遣大使映吳嵬名諭密、副使廣樂毛示聿等詣太皇太后進駝、馬以謝奠慰。七月，夏人攻鎮戎軍諸堡，劉昌祚等禦之而退。

三年三月，攻德靖砦，諸將米贇、郝普戰死。詔劉昌祚以涇原萬人駐德順軍，熙河五千人駐通遠軍，據秦鳳要害，以爲掎角。夏人遂攻龕谷砦，砦兵及東關堡巡檢等戰不利，死者幾百人。

四年二月，始遣使謝封册。六月，稍歸永樂所獲人，遂以葭蘆、米脂、浮圖、安疆四砦與之，而畫界未定。遣崇儀使董正叟、如京使李玩押賜夏國生日禮物及冬服。七月坤成節、十二月興龍節皆遣使來賀。

五年六月，夏人來言，畫疆界者不依綏州内十里築堡鋪供耕牧、外十里立封堠作空地例，以辨兩國界。詔曰：「已諭邊臣如約，夏之封界當亦體此。」冬，攻蘭州之質孤、勝如堡，既而遣使來賀正旦。

六年七月，遣使來賀坤成節。九月，圍麟、府三日，殺掠不計，鄜延都監李儀等盡没。

七年，屢攻綏德城，以重兵壓涇原境，留五旬，大掠，築壘于没烟峽口以自固。游師雄請自蘭州李諸平東抵通遠定西、通渭之間，建汝遮、納迷、結珠龍三砦及置護耕七堡，以固藩籬；穆衍請於質孤、勝如二堡之間，城李諸平以控要害。議未決，秦鳳都監康謂以爲：「夏之所以未臣附而屢肆兵者，以我勢分於隄備，兵未練而賞罰失當耳。若擇鋭結伍，伺彼之動，聚則先擊，散則復襲，則彼分而我聚，以衆擊寡，可得志也。」詔謂詣闕，而下其事於諸道。

八年四月，復遣使以蘭州一境易塞門二砦，詔數其違順不常而却其請。

紹聖元年二月，夏進馬助太皇太后山陵。復遣使再議易地，詔不允。

三年九月，大入鄜延，西自順寧、招安砦，東自黑水、安定，中自塞門、龍安、金明以南，二百里間相繼不絶，至延州北五里。十月，忽自長城一日馳至金明，列營環城，國主子母親督桴鼓，縱騎四掠。知麟州有備，復還金明，而後騎之精鋭者留龍安。邊將悉兵掩擊不退，金明乃破。守兵二千八百人惟五人得脱，城中糧五萬石、草千萬束皆盡，將官皇城使張俞死之。既還，留一書置漢人頸上，曰：「貸汝命，爲我投於經略使處。」其言曰：「夏國昨與朝廷議疆場，惟有小不同，方行理究，不意朝廷改悔，却於坐團鋪處立界。本國以恭順之故，亦黽勉聽從，遂於境内立數堡以護耕，而鄜延出兵，悉行平蕩，又數數入界殺掠。國人共憤，欲取延州，終以恭順，止取金明一砦，以示兵鋒，亦不失臣子之節也。」延帥吕惠卿上於樞密院而不以聞。初，哲宗聞夏人來寇，泰然笑曰：「五十萬衆深入吾境，不過十日，勝不過一二砦須去。」已而果破金明引退。

四年正月，涇原都鈐轄王文振率諸將破没煙峽新砦，斬獲三千餘級。二月，夏復以七萬衆攻綏德，鄜延將兵戰退之。

元符元年十二月，涇原折可適掩夏西壽統軍嵬名阿埋、監軍妹勒都逋，獲之。彗星見，乾順赦國中。

二年正月，國母梁氏薨，遼遣使蕭德崇來爲夏人議和。乃復書謂：若果出至誠，深悔謝罪，當徐度所宜，開以自新之路。五月，夏蘭會正鈐轄革瓦孃以部落來降，授内殿崇班，賜銀、絹、緡錢各三百。七月，環州種朴徼赤羊川，獲賞囉訛乞家屬百五十餘口，孳畜五千。夏人千餘騎來追，戰却之，擒監軍訛勃囉及首領浿丁訛遇。詔令赴闕，存恤訛乞家屬，又遣人持其家信號往招之。九月，夏人來告國母哀，因上表謝過。詔夏主：「省所上表，能抗章引慝，已諭邊臣，我疆彼界，毋相侵犯。」已而夏以二千騎出浮圖岔來戰，供奉官陳告、差使李戭死之。閏九月，古遜川部族叛，熙河將王愍率兵掩擊，翌日，夏人馬數萬圍愍等，力戰敗之，擒其鈐轄嵬名乞遇；統制苗履又戰於青唐峗，夏人敗績。十二月，遂遣令能、嵬名濟等進誓表曰：「臣國久不幸，時多遇凶，兩經母黨之擅權，累爲奸臣之竊命。頻生邊患，增怒上心，釁端既深，理訴難達。幸凶黨伏誅，稚躬反正。遐

馳懇奏，陳前咎之所歸；乞紹先盟，果淵衷之俯納。故班詔而申諭，獲貢誓以輸誠，謹當飭疆吏而永絶爭端，戒國人而常遵聖化，違約則凶咎再降，背盟則基緒非延。約束事條，恭依處分。」詔報曰：「爾以凶黨造謀，數干邊吏，而能悔過請命，祈紹先盟。念彼種人，均吾赤子，措之安静，乃副朕心。嘉爾自新，俯從厥志，爾無爽約，朕不食言。自今已往，歲賜仍舊。」

三年正月，哲宗崩，徽宗即位。九月，夏遣使來奠慰及賀即位。十月，復遣使來賀天寧節。

建中靖國元年，乾順始建國學，設弟子員三百，立養賢務以廩食之。

崇寧三年，蔡京秉政，使熙河王厚招夏國卓羅右廂監軍仁多保忠，厚云：「保忠雖有歸意，而下無附者。」章數上，不聽。京愈責厚急，乃遣弟詣保忠許，還爲夏之邏者所獲，遂追保忠赴牙帳。厚以保忠縱不爲所殺，亦不能復領軍政，使得之，一匹夫耳，何益於事。京怒，必令金帛招致之。夏乃點兵，延、渭、慶三路各數千騎出没，聲言假兵于遼矣。三年，遼以成安公主嫁乾順。

四年，詔西邊能招致者，毋問首從，賞同斬級令，用京計也。陶節夫在延州，大加招誘，乾順遣使巽請，皆拒之，又令殺其牧放者。夏人遂入鎮戎，略數萬口，執知鄜州高永年而去，又攻湟州，自是兵連者三年。大觀元年，始遣人修貢。

政和四年冬，環州定遠大首領夏人李訛哆以書遺其國統軍梁哆唛曰：「我居漢二十年，每見春廪既虚，秋庾未積，糧草轉輸，例給空券，方春未秋，士有饑色。若捲甲而趨，徑擣定遠，唾手可取，定遠既得，則旁十餘城不攻而下矣。我儲穀累歲，闕地而藏之，所在如是，大兵之來，斗糧無齎，可坐而飽也。」哆唛遂以萬人來迎。轉運使任諒先知其謀，募民盡發窖穀，哆唛圍定邊，失所藏。越七日，訛哆遂以其部萬餘歸夏。乾順築臧底河城，遂詔河東節度使童貫爲陝西經略以討之。

五年春，遣熙河經略劉法將步騎十五萬出湟州，秦鳳經略劉仲武將兵五萬出會州，貫以中軍駐蘭州，爲兩路聲援。仲武至清水河，築城屯守而還。法與夏人右廂軍戰於古骨龍，大敗之，斬首三千級。貫奏凱，皆遷秩。秋，仲武、王厚復合涇原、鄜延、環慶、秦鳳之師攻夏臧底河城，敗績，死者十四五，秦鳳第三將全軍萬人皆没。厚懼，厚賂貫而匿之。冬，夏人以數萬騎略蕭關而去。

六年春，劉法、劉仲武合熙、秦之師十萬攻夏仁多泉城，三日不克，援後期不至，城中請降，法受其降而屠之，獲首三千級。种師道以十萬衆復攻臧底河城，克之。十一月，夏人大舉攻涇原靖夏城。時久無雪，夏先使數萬騎繞城，踐塵漲天，兵對不覩，乃潛穿壕爲地道入城中，城遂陷，復屠之而去。

宣和元年，童貫復逼劉法使取朔方。法不得已，引兵二萬出，至統安城，遇夏國主弟察哥郎君率步騎爲三陣，以當法前軍，而别遣精騎登山出其後，大戰移七時，前軍楊惟忠敗入中軍，後軍焦安節敗入左軍，朱定國力戰，自朝及暮，兵不食而馬亦渴死多。法乘夜遁，比明，走七十里，至盍朱峗，守兵見，追之，墜崖折足，爲一别瞻軍斬首而去。是役死者十萬，貫隱其敗而以捷聞。察哥見法首，惻然語其下曰：「劉將軍前敗我於古骨龍、仁多泉，吾常避其鋒，謂天生神將，豈料今爲一小卒梟首哉！其失在恃勝輕出，不可不戒。」遂乘勝圍震武，劉仲武、何灌等赴之，乃解去。震武在山峽中，熙、秦兩路不能餉，自築三歲間，知軍李明、孟清皆爲夏人所殺。初，夏人陷法軍，圍震武，欲拔之。察哥曰：「勿破此城，留作南朝病塊。」乃自引去。而宣撫司受解圍之賞者數百人，實自去之也。諸路所築城砦皆不毛，夏所不爭之地，而關輔爲之蕭條，果如察哥之言。十月，夏遣使來賀天寧節，投以誓詔，不取，貫不能屈，但迫館伴强之，使持還，及邊，遂棄之而去。賈炎得而上之，貫始大沮。

欽宗即位，遣使來賀正旦。先是，金人滅遼，黏罕遣撒拇使夏國，許割天德、雲内、金肅、河清四軍及武州等八館之地，約攻麟州，以牽河東之勢。靖康元年三月，夏人遂由金肅、河清渡河取天德、雲内、武州、河東八館之地。四月，陷震威城，兵馬監押朱昭死之。繼而金貴人兀室以數萬騎陽爲出獵，掩至天德，逼逐夏人，悉奪有其地。夏人請和，金人執其使。

歲丁未，乾順改元正德，時建炎元年也。是歲九月，金帥兀朮回雲中，遣保静軍節度使楊天吉約侵宋，乾順許之。十月，通問使傅雱見金左監軍希尹于雲中，希尹以國書授雱，爲夏國請熙寧以來侵地。蓋彼既奪其地，乃責償于宋以報之。

二年正月，以主客員外郎謝亮爲陝西撫諭使兼宣諭使，從事郎何洋爲太學博士，持詔書賜乾順。亮西入關，鄜延經略使王庶遺亮書曰：「大夫出疆，有可以安社稷、利國家者，專之可也。夏國爲患小而緩，金人爲患大而急。方其挫鋭熙河，奔北鄜延，秋稼未登，兵士困餓。閣下苟能仗節督諸路協同義舉，雖未足盡雪舊恥，亦可驅逐渡河，全秦奠枕，徐圖恢復矣。」亮不能用，遂由環慶入西夏。慶曆後，夏國主嘗以賓禮見使者，亮至，乾順乃倨然見之，留居幾月，始與約和罷

兵。亮歸，而夏之兵已躡其後，襲取定邊軍。

明年，亮還行在。二月，金帥婁宿連陷長安、鳳翔，隴右大震。夏人諜知關陝無備，遂檄延安府言：「大金割鄜延以隸本國，須當理索，敢違拒者，發兵誅討之。」帥臣王庶檄報曰：「金人初犯本朝，嘗以金肅、河清界爾，今誰與守？國家以奸臣貪得，不恤鄰好，遂至于此。貪利之臣，何國無之，豈意夏國躬蹈覆轍！比聞金人欲自涇原徑擣興、靈，方切寒心，不圖尚欲乘人之急。幕府雖士卒單寡，然類皆節制之師，左支右吾，尚堪一戰。果能辨此，何用多言。」因遣諜間其用事臣李遇，夏人竟不出。是歲，開封尹宗澤奏疏請北伐，且言乞遣辯士西説夏國，東説高麗，俾出助兵。

三年，知樞密院事張浚使川、陝，謀北伐，欲通夏國爲援，奏請國書，詔從之。七月，浚西行，復以主客員外郎謝亮假太常卿，權宣撫處置司參議官，再使夏國。

四年正月，浚遣亮往，迄不得其要領而還。十月，環慶路統制慕洧叛，降于夏國。

紹興元年二月，同州觀察副使劉惟輔棄德順軍輸款於夏，夏人拒不受。八月，詔以夏本敵國，毋復班曆日。十一月，川、陝宣撫副使吴玠始遣人通夏國書。

二年九月，吕頤浩言：「聞金、夏交惡，夏國屢遣人來吴玠、關師古軍中，宜令張浚通問，以撢其情。」是歲，餘覩謀結燕雲之人圖女直，黏罕覺，欲誅之，餘覩父子遁入夏國，夏人以其兵少不納。

四年十二月，吴玠奏夏國數通書，有不忘本朝意。

五年，乾順改元大德。

七年正月，吴璘奏西蕃三十八族首領趙繼忠來歸，用可扼西夏右臂。十月，僞齊知同州李世輔謀執金帥撒里曷歸宋，不克，遂奔夏。世輔父母親族在延安者，金人殺之無遺類。

九年，夏人陷府州。靈芝生於後堂高守忠家，乾順作《靈芝歌》，俾中書相王仁宗和之。乾順以世輔爲静難軍承宣使、鄜延岐雍等路經略安撫使。世輔請兵，將報延安之役，夏主俾先討别種酋豪號「青面夜叉」者，世輔擒之以報。乾順乃爲出兵，遣文臣王樞、武臣㗚訛等隨之。世輔軍至延安，撒里曷走耀州，世輔購得害其父母者，殺之東城，聞金人降赦，歸宋河南地，乃説王樞等降宋。㗚訛不從，世輔抽刀斫之，不中；遂縛樞，命王晞韓護送行在。五月丙午，世輔以其衆三千人歸宋，授世輔護國承宣使、樞密行府前軍都統制，賜名顯忠。

六月四日，乾順殂，年五十七。在位五十四年，改元天儀治平四年，天祐民安八年，永安三年，貞觀十三年，雍寧五年，元德八年，正德八年，大德五年。謚曰聖文皇帝，廟號崇宗，墓號顯陵。子仁孝嗣。

金太祖部

綜述

《金史》卷二《太祖紀》 太祖應乾興運昭德定功仁明莊孝大聖武元皇帝，諱旻，本諱阿骨打，世祖第二子也。母曰翼簡皇后拏懶氏。遼道宗時有五色雲氣屢出東方，大若二千斛囷倉之狀，司天孔致和竊謂人曰：「其下當生異人，建非常之事。天以象告，非人力所能爲也。」咸雍四年戊申，七月一日，太祖生。幼時與羣兒戲，力兼數輩，舉止端重，世祖尤愛之。世祖與臘醅、麻産戰於野鵲水，世祖被四創，疾困，坐太祖于膝，循其髮而撫之，曰：「此兒長大，吾復何憂。」十歲，好弓矢。甫成童，即善射。一日，遼使坐府中，顧見太祖手持弓矢，使射羣鳥，連三發皆中。遼使矍然曰：「奇男子也。」太祖嘗宴紇石烈部活离罕家，散步門外，南望高阜，使衆射之，皆不能至。太祖一發過之，度所至踰三百二十步。宗室謾都訶最善射遠，其不及者猶百步也。天德三年，立射碑以識焉。

世祖伐卜灰，太祖因辭不失請從行。世祖不許而心異之。烏春既死，窩謀罕請和。既請和，復來攻，遂圍其城。太祖年二十三，被短甲，免胄，不介馬，行圍號令諸軍。城中望而識之。壯士太峪乘駿馬持槍出城，馳刺太祖。太祖不及備，舅氏活臘胡馳出其間，擊太峪，槍折，刺中其馬。太峪僅得免。嘗與沙忽帶出營殺略，不令世祖知之。且還，敵以重兵追之。獨行隘巷中，失道，追者益急。值高岸與人等，馬一躍而過，追者乃還。

世祖寢疾。太祖以事如遼統軍司。將行，世祖戒之曰：「汝速了此事，五月未半而歸，則我猶及見汝也。」太祖往見曷魯騷古統軍，既畢事，前世祖没一日還至家。世祖見太祖來，所請事皆如志，喜甚，執太祖手，抱其頸而撫之，謂穆宗曰：「烏雅束柔善，惟此子足了契丹事。」穆宗亦雅重太祖，出入必俱。太祖遠出而歸，穆宗必親迓之。

世祖已擒臘醅，麻産尚據直屋鎧水。肅宗使太祖先取麻産家屬，康宗至直屋鎧水圍之。太祖會軍，親獲麻産，獻馘於遼。遼命太祖爲詳穩，仍命穆宗、辭不失、歡都皆爲詳穩。久之，以偏師伐泥厖古部跋黑、播立開等，乃以達塗阿爲鄉導，沿帥水夜行襲之，鹵其妻子。

初，温都部跋忒殺唐括部跋葛，穆宗命太祖伐之。太祖入辭，謂穆宗曰：「昨夕見赤祥，此行必克敵。」遂行。是歲大雪，寒甚。與烏古論部兵沿土温水過末鄰鄉，追及跋忒於阿斯温山北濼之間，殺之。軍還，穆宗親迓太祖于靄建村。

撒改以都統伐留可，謾都訶合石土門伐敵庫德。撒改與將佐議，或欲先平邊地部落城堡，或欲徑攻留可城，議不能決，願得太祖至軍中。穆宗使太祖往，曰：「事必有可疑。軍之未發者止有甲士七十，盡以畀汝。」謾都訶在米里迷石罕城下，石土門未到，土人欲執謾都訶以與敵，使來告急，遇太祖於斜堆甸。太祖曰：「國兵盡在此矣。使敵先得志於謾都訶，後雖種誅之，何益也。」乃分甲士四十與之。太祖以三十人詣撒改軍。道遇人曰：「敵已據盆搦嶺南路矣。」衆欲由沙偏嶺往，太祖曰：「汝等畏敵邪？」既度盆搦嶺，不見敵，已而聞敵乃守沙偏嶺以拒我。及至撒改軍，夜急攻之，遲明破其衆。是時留可、塢塔皆在遼。既破留可，還攻塢塔城，城中人以城降。初，太祖過盆搦嶺，經塢塔城下，從騎有後者，塢塔城人攻而奪之釜。太祖駐馬呼謂之曰：「毋取我炊食器。」其人謾言曰：「公能來此，何憂不得食。」太祖以鞭指之曰：「吾破留可，即於汝乎取之。」至是，其人持釜而前曰：「奴輩誰敢毀詳穩之器也。」遣蒲家奴招詐都，詐都乃降，釋之。

穆宗將伐蕭海里，募兵得千餘人。女直兵未嘗滿千，至是，太祖勇氣自倍，曰：「有此甲兵，何事不可圖也。」海里來戰，與遼兵合，因止遼人，自爲戰。勃海留守以甲贈太祖，太祖亦不受。穆宗問何爲不受。曰：「被彼甲而戰，戰勝則是因彼成功也。」穆宗末年，令諸部不得擅置信牌馳驛訊事，號令自此始一，皆自太祖啓之。

康宗七年，歲不登，民多流莩，强者轉而爲盜。歡都等欲重其法，爲盜者皆殺之。太祖曰：「以財殺人，不可。財者，人所致也。」遂減盜賊徵償法爲徵三倍。民間多逋負，賣妻子不能償，康宗與官屬會議，太祖在外庭以帛繫杖端，麾其衆，令曰：「今貧者不能自活，賣妻子以償債。骨肉之愛，人心所同。自今三年勿徵，過三年徐圖之。」衆皆聽令，聞者感泣，自是遠近歸心焉。

歲癸巳十月，康宗夢逐狼，屢發不能中，太祖前射中之。旦日，以所夢問僚佐，衆皆曰：「吉。兄不能得而弟得之之兆也。」是月，康宗即世，太祖襲位爲都

勃極烈。

遼使阿息保來，曰：「何以不告喪？」太祖曰：「有喪不能弔，而乃以爲罪乎？」他日，阿息保復來，徑騎至康宗殯所，閱賵馬，欲取之。太祖怒，將殺之，宗雄諫而止。既而遼命久不至。遼主好畋獵，淫酗怠于政事，四方奏事往往不見省。紇石烈阿疎既奔遼，穆宗取其城及其部衆。不能歸，遂與族弟銀术可、辭里罕陰結南江居人渾都僕速欲與俱亡入高麗。事覺，太祖使夾古撒喝捕之，而銀术可、辭里罕先爲遼戍所獲，渾都僕速已亡去，撒喝取其妻子而還。

二年甲午，六月，太祖至江西，遼使使來致襲節度之命。初，遼每歲遣使市名鷹「海東青」于海上，道出境內，使者貪縱，徵索無藝，公私厭苦之。康宗嘗以不遣阿疎爲言，稍拒其使者。太祖嗣節度，亦遣蒲家奴往索阿疎，故常以此二者爲言，終至于滅遼然後已。至是，復遣宗室習古迺、完顏銀术可往索阿疎。習古迺等還，具言遼主驕肆廢弛之狀。於是召官僚耆舊，以伐遼告之，使備衝要，建城堡，修戎器，以聽後命。遼統軍司聞之，使節度使捏哥來問狀，曰：「汝等有異志乎？修戰具，飭守備，將以誰禦？」太祖答之曰：「設險自守，又何問哉。」遼復遣阿息保來詰之。太祖謂之曰：「我小國也，事大國不敢廢禮。大國德澤不施，而逋逃是主，以此字小，能無望乎？若以阿疎與我，請事朝貢。苟不獲已，豈能束手受制也。」阿息保還，遼人始爲備，命統軍蕭撻不野調諸軍於寧江州。

太祖聞之，使僕聒剌復索阿疎，實觀其形勢。僕聒剌還言：「遼兵多，不知其數。」太祖曰：「彼初調兵，豈能遽集如此。」復遣胡沙保往，還言：「惟四院統軍司與寧江州軍及渤海八百人耳。」太祖曰：「果如吾言。」謂諸將佐曰：「遼人知我將舉兵，集諸路軍備我，我必先發制之，無爲人制。」衆皆曰：「善。」乃入見宣靖皇后，告以伐遼事。后曰：「汝嗣父兄立邦家，見可則行。吾老矣，無貽我憂，汝必不至是也。」太祖感泣，奉觴爲壽。即奉后率諸將出門，舉觴東向，以遼人荒肆，不歸阿疎，并已用兵之意，禱于皇天后土。酹畢，后命太祖正坐，與僚屬會酒，號令諸部。使婆盧火徵移懶路迪古乃兵，斡魯古、阿魯撫諭斡忽、急賽兩路係遼籍女直，實不迭往完睹路執遼障鷹官達魯古部副使辭列、寧江州渤海大家奴。於是達魯古部實里館來告曰：「聞舉兵伐遼，我部誰從？」太祖曰：「吾兵雖少，舊國也，與汝隣境，固當從我。若畏遼人，自往就之。」

九月，太祖進軍寧江州，次寥晦城。婆盧火徵兵後期，杖之，復遣督軍。諸路兵皆會于來流水，得二千五百人。致遼之罪，申告于天地曰：「世事遼國，恪修職貢，定烏春、窩謀罕之亂，破蕭海里之衆，有功不省，而侵侮是加。罪人阿疎，屢請不遣。今將問罪於遼，天地其鑒佑之。」遂命諸將傳梃而誓曰：「汝等同心盡力，有功者，奴婢部曲爲良，庶人官之，先有官者敍進，輕重視功。苟違誓言，身死梃下，家屬無赦。」師次唐括帶斡甲之地，諸軍禳射，介而立，有光如烈火，起於人足及戈矛之上，人以爲兵祥。明日，次扎只水，光見如初。

將至遼界，先使宗幹督士卒夷塹。既度，遇渤海軍攻我左翼七謀克，衆少却，敵兵直犯中軍。斜也出戰，哲垤先驅。太祖曰：「戰不可易也。」遣宗幹止之。宗幹馳出斜也前，控止哲垤馬，斜也遂與俱還。敵人從之，耶律謝十墜馬，遼人前救。太祖射救者斃，併射謝十中之。有騎突前，又射之，徹扎洞胸。謝十拔箭走，追射之，中其背，飲矢之半，僨而死。獲所乘馬。宗幹與數騎陷遼軍中，太祖救之，免胄戰。或自傍射之，矢拂于頟。太祖顧見射者，一矢而斃。謂將士曰：「盡敵而止。」衆從之，勇氣自倍。敵大奔，相蹂踐死者十七八。撒改在別路，不及會戰，使人以戰勝告之，而以謝十馬賜之。撒改使其子宗翰、完顏希尹來賀，且稱帝，因勸進。太祖曰：「一戰而勝，遂稱大號，何示人淺也。」

進軍寧江州，諸軍填塹攻城。寧江人自東門出，温迪痕、阿徒罕邀擊，盡殪之。十月朔，克其城，獲防禦使大藥師奴，陰縱之，使招諭遼人。鐵驪部來送款。次來流城，以俘獲賜將士。召渤海梁福、斡荅剌使之僞亡去，招諭其鄉人曰：「女直、渤海本同一家，我興師伐罪，不濫及無辜也。」使完顏婁室招諭係遼籍女直。

師還，謁宣靖皇后，以所獲頒宗室耆老，以實里館貲産給將士。初命諸路以三百户爲謀克，十謀克爲猛安。酬斡等撫定讒謀水女直。鼈古酋長胡蘇魯以城降。

十一月，遼都統蕭糺里、副都統撻不野將步騎十萬會于鴨子河北。太祖自將擊之。未至鴨子河，既夜，太祖方就枕，若有扶其首者三，寤而起，曰：「神明警我也。」即鳴鼓舉燧而行。黎明及河，遼兵方壞凌道，選壯士十輩擊走之。大軍繼進，遂登岸。甲士三千七百，至者纔三之一。俄與敵遇于出河店，會大風起，塵埃蔽天，乘風勢擊之，遼兵潰。逐至斡論濼，殺獲首虜及車馬甲兵珍玩不可勝計，徧賜官屬將士，燕犒彌日。遼人嘗言女直兵若滿萬則不可敵，至是始滿萬云。

斡魯古敗遼兵，斬其節度使撻不野。僕虺等攻賓州，拔之。兀惹雛鶻室來

降。遼將赤狗兒戰于賓州，僕虺、渾黜敗之。鐵驪王回离保以所部降。吾睹補、蒲察復敗赤狗兒、蕭乙薛軍于祥州東。斡忽、急塞兩路降。斡魯古敗遼軍于咸州西，斬統軍實婁于陣。完顏婁室克咸州。

是月，吳乞買、撒改、辭不失率官屬諸將勸進，願以新歲元日恭上尊號。太祖不許。阿离合懣、蒲家奴、宗翰等進曰：「今大功已建，若不稱號，無以繫天下心。」太祖曰：「吾將思之。」

收國元年正月壬申朔，羣臣奉上尊號。是日，即皇帝位。上曰：「遼以賓鐵爲號，取其堅也。賓鐵雖堅，終亦變壞，惟金不變不壞。金之色白，完顏部色尚白。」於是國號大金，改元收國。

丙子，上自將攻黃龍府，進臨益州。州人走保黃龍，取其餘民以歸。遼遣都統耶律訛里朵、左副統蕭乙薛、右副統耶律張奴、都監蕭謝佛留，騎二十萬、步卒七萬戍邊。留婁室、銀术可守黃龍，上率兵趨達魯古城，次寧江州西。遼使僧家奴來議和，國書斥上名，且使爲屬國。庚子，進師，有火光正圓，自空而墜。上曰：「此祥徵，殆天助也。」酹白水而拜，將士莫不喜躍。進逼達魯古城。上登高望遼兵若連雲灌木狀，顧謂左右曰：「遼兵心貳而情怯，雖多不足畏。」遂趨高阜爲陣。宗雄以右翼先馳遼左軍，左軍却。左翼出其陣後，遼右軍皆力戰。婁室、銀术可衝其中堅，凡九陷陣，皆力戰而出。宗翰請以中軍助之。上使宗幹往爲疑兵。宗雄已得利，擊遼右軍，遼兵遂敗。乘勝追躡，至其營，會日已暮，圍之。黎明，遼軍潰圍出，逐北至阿婁岡。遼步卒盡殪，得其耕具數千以給諸軍。是役也，遼人本欲屯田，且戰且守，故併其耕具獲之。

二月，師還。

三月辛未朔，獵于寥晦城。

四月，遼耶律張奴以國書來。上以書辭慢侮，留其五人，獨遣張奴回報，書亦如之。

五月庚午朔，避暑于近郊。甲戌，拜天射柳。故事，五月五日、七月十五日、九月九日拜天射柳，歲以爲常。

六月己亥朔，遼耶律張奴復以國書來，猶斥上名。上亦斥遼主名以復之，且諭之使降。

七月戊辰，以弟吳乞買爲諳班勃極烈，國相撒改爲國論勃極烈，辭不失爲阿買勃極烈，弟斜也爲國論吳勃極烈。甲戌，遼使辭剌以書來，留之不遣。九百奚營來降。

八月戊戌，上親征黃龍府。次混同江，無舟，上使一人道前，乘赭白馬逕涉，曰：「視吾鞭所指而行。」諸軍隨之，水及馬腹。後使舟人測其渡處，深不得其底。熙宗天眷二年，以黃龍府爲濟州，軍曰利涉，蓋以太祖涉濟故也。

九月，克黃龍府，遣辭剌還，遂班師。至江，徑渡如前。丁丑，至自黃龍府。己卯，黃龍見空中。癸巳，以國論勃極烈撒改爲國論忽魯勃極烈，阿离合懣爲國論乙室勃極烈。

十一月，遼主聞取黃龍府，大懼，自將七十萬至駝門。駙馬蕭特末、林牙蕭查剌等將騎五萬、步四十萬至斡鄰濼。上自將禦之。

十二月己亥，行次爻剌，會諸將議。皆曰：「遼兵號七十萬，其鋒未易當。吾軍遠來，人馬疲乏，宜駐于此，深溝高壘以待。」上從之。遣迪古乃、銀术可鎮達魯古。丁未，上以騎兵親候遼軍，獲督餉者，知遼主以張奴叛，西還二日矣。是日，上還至熟結濼，有光見于矛端。戊申，諸將曰：「今遼主既還，可乘怠追擊之。」上曰：「敵來不迎戰，去而追之，欲以此爲勇邪？」衆皆愧，願自効。上復曰：「誠欲追敵，約齎以往，無事餫饋。若破敵，何求不得。」衆皆奮躍，追及遼主于護步荅岡。是役也，兵止二萬。上曰：「彼衆我寡，兵不可分。視其中軍最堅，遼主必在焉。敗其中軍，可以得志。」使右翼先戰。兵數交，左翼合而攻之。遼兵大潰。我師馳之，橫出其中。遼師敗績，死者相屬百餘里。獲輿輦帟幄兵械軍資，他寶物馬牛不可勝計。是戰，斜也援矛殺數十人，阿离本被圍，温迪罕、迪忽迭以四謀克兵出之，完顏蒙刮身被數創，力戰不已，功皆論最。蕭特末等焚營遁去。遂班師。夾谷撒喝取開州。婆盧火下特鄰城，辭里罕降。

二年正月戊子，詔曰：「自破遼兵，四方來降者衆，宜加優恤。自今契丹、奚、漢、渤海、係遼籍女直、室韋、達魯古、兀惹、鐵驪諸部官民，已降或爲軍所俘獲，逃遁而還者，勿以爲罪，其酋長仍官之，且使從宜居處。」

閏月，高永昌據東京，使撻不野來求援。高麗遣使來賀捷，且求保州。詔許自取之。

二月己巳，詔曰：「比以歲凶，庶民艱食，多依附豪族，因爲奴隸，及有犯法，徵償莫辦，折身爲奴者，或私約立限，以人對贖，過期則爲奴者，並聽以兩人贖一爲良。若元約以一人贖者，即從元約。」

四月乙丑，以斡魯統內外諸軍，與蒲察、迪古乃會咸州路都統斡魯古討高永

昌。胡沙補等被害。

五月，斡魯等敗永昌，撻不野擒永昌以獻，戮之于軍。東京州縣及南路係遼女直皆降。詔除遼法，省稅賦，置猛安謀克一如本朝之制。以斡魯爲南路都統。迭勃極烈阿徒罕破遼兵六萬于照散城。

九月己亥，上獵近郊。乙巳，南路都統斡魯來見于婆盧買水。始製金牌。

十二月庚申朔，諳班勃極烈吳乞買及羣臣上尊號曰大聖皇帝，改明年爲天輔元年。

天輔元年正月，開州叛，加古撒喝等討平之。國論吳勃極烈斜也以兵一萬取泰州。

四月，遼秦晉國王耶律捏里來伐，迪古乃、婁室、婆盧火將兵二萬，會咸州路都統斡魯古擊之。

五月丁巳，詔自收寧江州已後同姓爲婚者，杖而離之。

七月戊申，以完顏斡論知東京事。

八月癸亥，高麗遣使來請保州。

十二月甲子，斡魯古等敗耶律捏里兵于蒺藜山，拔顯州，乾、懿、豪、徽、成、川、惠等州皆降。是月，宋使登州防禦使馬政以國書來，其略曰：「日出之分，實生聖人。竊聞征遼，屢破勍敵。若克遼之後，五代時陷入契丹漢地，願畀下邑。」

二年正月庚寅，遼雙州節度使張崇降。使散覩如宋報聘，書曰：「所請之地，今當與宋夾攻，得者有之。」

二月癸丑朔，遼使耶律奴哥等來議和。辛酉，孛堇迪古乃、婁室來見。上以遼主近在中京，而敢輒來，皆杖之。劾里保、雙古等言，咸州都統斡魯古知遼主在中京而不進討，芻糧豐足而不以實聞，攻顯州時所獲生口財畜多自取。

三月癸未朔，命闍哥代爲都統而鞫治之，斡魯古坐降謀克。壬辰，遼使耶律奴哥以國書來。庚子，以婁室言黄龍府地僻且遠，宜重戍守，乃命合諸路謀克，以婁室爲萬户鎮之。

四月辛巳，遼使以國書來。

五月丙申，命胡突衮如遼。

六月甲寅，詔有司禁民凌虐典雇良人，及倍取贖直者。甲戌，遼通、祺、雙、遼等州八百餘户來歸，命分置諸部，擇膏腴之地處之。

七月癸未，詔曰：「匹里水路完顏术里古、渤海大家奴等六謀克貧乏之民，昔嘗給以官糧，置之漁獵之地。今歷日已久，不知登耗，可具其數以聞。」胡突衮還自遼。耶律奴哥復以國書來。丙申，胡突衮如遼。遼户二百來歸，處之泰州。詔遣阿里骨、李家奴、特里底招諭未降者。仍詔達魯古部勃堇辭列：「凡降附新民，善爲存撫。來者各令從便安居，給以官糧，毋輒動擾。」

八月，胡突衮還自遼。耶律奴哥、突迭復以國書來。

九月戊子，詔曰：「國書詔令，宜選善屬文者爲之。其令所在訪求博學雄才之士，敦遣赴闕。」

閏月庚戌朔，以降將霍石、韓慶和爲千户。九百奚部蕭寶、乙辛，北部訛里野，漢人王六兒、王伯龍，契丹特末、高從祐等，各率衆來降。遼耶律奴哥以國書來。

十月癸未，以龍化州降者張應古、劉仲良爲千户。乙未，咸州都統司言，漢人李孝功、渤海二哥率衆來降。命各以所部爲千户。

十二月甲辰，遣孛堇术孛以定遼地諭高麗。耶律奴哥以國書來。遼懿州節度使劉宏以户三千并執遼候人來降，以爲千户。川州寇二萬已降復叛，紇石烈照里擊破之。

三年正月甲寅，東京人爲質者永吉等五人結衆叛。事覺，誅其首惡，餘皆杖百，没入在行家屬資產之半。詔知東京事斡論，繼有犯者並如之。丙辰，詔鼈古孛堇酬斡曰：「胡魯古、迭八合二部來送款，若等先時不無交惡，自今毋相侵擾。」

三月，耶律奴哥以國書來。

五月壬戌，詔咸州路都統司曰：「兵興以前，曷蘇館、回怕里與係遼籍、不係遼籍女直户民，有犯罪流竄邊境或亡入于遼者，本皆吾民，遠在異境，朕甚憫之。今既議和，當行理索。可明諭諸路千户、謀克，徧與詢訪其官稱、名氏、地里，具録以上。」

六月辛卯，遼遣太傅習泥烈等奉册璽來，上擿册文不合者數事復之。散覩還自宋。宋使馬政及其子宏來聘。散覩受宋團練使，上怒，杖而奪之。宋使還，復遣孛堇辭列、曷魯等如宋。

七月辛亥，遼人楊詢卿、羅子韋各率衆來降，命各以所部爲謀克。

八月己丑，頒女直字。

九月，以遼册禮使失期，詔諸路軍過江屯駐。

十一月，習泥烈等復以國書來。曷懶甸長城，高麗增築三尺。詔胡剌古、習顯慎固營壘。

四年二月，辭列、曷魯還自宋。宋使趙良嗣、王暉來議燕京、西京地。

三月甲辰，上謂羣臣曰：「遼人屢敗，遣使求成，惟飾虛辭，以爲緩師之計，當議進討。其令咸州路統軍司治軍旅、修器械，具數以聞。」辛酉，詔咸州路都統司曰：「朕以遼國和議無成，將以四月二十五日進師。」令斜葛留兵一千鎮守，闍母以餘兵來會于渾河。遼習泥烈以國書來。

四月乙未，上自將伐遼。以遼使習泥烈、宋使趙良嗣等從行。

五月甲辰，次渾河西，使宗雄先趨上京，遣降者馬乙持詔諭城中。壬子，至上京，詔官民曰：「遼主失道，上下同怨。朕興兵以來，所過城邑負固不服者即攻拔之，降者撫恤之，汝等必聞之矣。今爾國和好之事，反覆見欺，朕不欲天下生靈久罹塗炭，遂決策進討。比遣宗雄等相繼招諭，尚不聽從。今若攻之，則城破矣。重以弔伐之義，不欲殘民，故開示明詔，諭以禍福，其審圖之。」上京人恃禦備儲蓄爲固守計。甲寅，亟命進攻。上謂習泥烈、趙良嗣等曰：「汝可觀吾用兵，以卜去就。」上親臨城，督將士諸軍鼓譟而進。自旦及巳，闍母以麾下先登，克其外城，留守撻不野以城降。趙良嗣等奉觴爲壽，皆稱萬歲。是日，赦上京官民。詔諭遼副統余覩。壬戌，次沃黑河。宗幹率羣臣諫曰：「地遠時暑，軍馬罷乏，若深入敵境，糧餽乏絶，恐有後艱。」上從之，乃班師，命分兵攻慶州。余覩襲闍母於遼河，完顔背荅、烏塔等戰却之，完顔特虎死焉。

七月癸卯，上至自伐遼。

九月，燭限水部實里古達等殺孛堇酬斡、僕忽得以叛。

十月，戊寅，命斡魯分胡剌古、烏春之兵以討實里古達。

十一月，東京留守司乞本京官民質子增數番代，上不許，曰：「諸質子已各受田廬，若復番代，則往來動摇，可並仍舊。」

十二月，宋復使馬政來請西京之地。

五年春正月，斡魯敗實里古達於合撻剌山，誅首惡四人，餘悉撫定。

二月，遣昱及宗雄分諸路猛安謀克之民萬户屯泰州，以婆盧火統之，賜耕牛五十。

四月乙丑朔，宗翰請伐遼。詔諸路預戒軍事。

五月，遼都統耶律余覩等詣咸州降。

閏月辛巳，國論胡魯勃極烈撒改薨。

六月癸巳，余覩與其將吏來見。丙申，千户胡离荅坐擅署部人爲蒲里衍，杖一百，罷之。庚子，詔諳版勃極烈吴乞買貳國政。以吴勃極烈斜也爲忽魯勃極烈，蒲家奴爲吴勃極烈，宗翰爲移賚勃極烈。

七月庚辰，詔咸州都統司曰：「自余覩來，灼見遼國事宜，已決議親征，其治軍以俟師期。」尋以連雨罷親征。命吴勃極烈昱爲都統，移賚勃極烈宗翰副之，帥師而西。

十二月辛丑，以忽魯勃極烈杲爲内外諸軍都統，以昱、宗翰、宗幹、宗望、宗磐等副之。甲辰，詔曰：「遼政不綱，人神共棄。今欲中外一統，故命汝率大軍以行討伐。爾其慎重兵事，擇用善謀，賞罰必行，糧餉必繼，勿擾降服，勿縱俘掠，見可而進，無淹師期。事有從權，毋須申稟。」戊申，詔曰：「若克中京，所得禮樂儀仗圖書文籍，並先次津發赴闕。」

六年正月癸酉，都統杲克高、恩、回紇三城。乙亥，取中京，遂下澤州。

二月，己亥，宗翰等敗遼奚王霞末于北安州，降。奚部西節度使訛里剌以本部降。壬寅，都統杲遣使來奏捷，并獻所獲貨寶。詔曰：「汝等提兵于外，克副所任，攻下城邑，撫安人民，朕甚嘉之。所言分遣將士招降山前諸部，計悉已撫定，續遣來報。山後若未可往，即營田牧馬，俟及秋成，乃圖大舉。更當熟議，見可則行。如欲益兵，具數來上，不可恃一戰之勝，輒有弛慢。新降附者當善撫存。宣諭將士，使知朕意。」宗翰駐北安，遣希尹等略地，獲遼護衛耶律習泥烈，知遼主獵鴛鴦濼，以其子晉王賢而有人望，惡而殺之，衆益離心。雖有西北、西南兩路兵馬，皆羸弱。遂遣耨盌温都等報都統杲進兵襲之。

三月，都統杲出青嶺，宗翰出瓢嶺，追遼主于鴛鴦濼。遼主奔西京。宗翰復追至白水濼，不及，獲其貨寶。己巳，至西京。壬申，西京降。希尹追遼主于乙室部，不及。乙亥，西京復叛。是月，遼秦晉國王耶律捏里即位于燕。

四月辛卯，復取西京。壬辰，遣徒單吴甲、高慶裔如宋。戊戌，都統杲自西京趨白水濼，吴勃極烈昱襲毗室部于鐵呂川，爲敵所敗。還會察剌兵，追至黄水北，大破之。耶律坦招徠西南諸部，西至夏，其招討使耶律佛頂降。金肅、西平二郡漢軍四千餘人叛去，耶律坦等襲取之。闍母、婁室招降天德、雲内、寧邊、東勝等州，獲阿疎而還。是時，山西城邑諸部雖降，人心未固，遼主保陰山，耶律捏里在燕京，都統杲遣宗望入奏，請上臨軍。

五月辛酉，宗望來奏捷，百官入賀，賜宴歡甚。先是，獲遼樞密使得里底，節度使和尚、雅里斯、余里野等，都統杲使阿隣護送赴闕。得里底道亡，阿隣坐誅。耶律捏里遣使請罷兵。戊寅，使楊勉以書諭捏里，使之降。謀葛失遣其子菹泥刮失貢方物。

六月戊子朔，上親征遼，發自上京。詔諳班勃極烈吳乞買監國。辛亥，詔諭上京官民曰：「朕順天弔伐，已定三京，但以遼主未獲，兵不能已。今者親征，欲由上京路進，恐撫定新民，驚疑失業，已出自篤密吕。其先降後叛逃入險阻者，詔後出首，悉免其罪。若猶拒命，孥戮無赦。」是月，耶律捏里卒。斡魯、婁室敗夏人於野谷。

七月甲子，詔諸將無得遠迎，以廢軍務。乙丑，上京漢人毛八十率二千餘户降，因命領之。丙寅，以斡荅剌招降者衆，命領八千户，以忽薛副之。壬午，希尹以阿踈見，杖而釋之。

八月己丑，次鴛鴦濼。都統杲率官屬來見。癸巳，上追遼主于大魚濼。昱、宗望追及遼主于石輦鐸，與戰，敗之，遼主遁。己亥，次居延北。辛丑，中京將完顔渾黜敗契丹、奚、漢六萬于高州，孛堇麻吉死之。得里得滿部降。昱、宗望追遼主于烏里質鐸，不及。

九月庚申，次草濼。闍母平中京部族之先叛者，及招撫沿海郡縣。節度使耶律慎思領諸部入内地。乙丑，詔六部奚曰：「汝等既降復叛，扇誘衆心，罪在不赦。尚以歸附日淺，恐綏懷之道有所未孚，故復令招諭。若能速降，當釋其罪，官皆仍舊。」歸化州降。戊辰，次歸化州。甲戌，宗雄薨。丁丑，奉聖州降。

十月丙戌朔，次奉聖州。詔曰：「朕屢勅將臣，安輯懷附，無或侵擾。然愚民無知，尚多逃匿山林，即欲加兵，深所不忍。今其逃散人民，罪無輕重，咸與矜免。有能率衆歸附者，授之世官。或奴婢先其主降，並釋爲良。其布告之，使諭朕意。」蔚州降。庚寅，余覩等遣蔚州降臣翟昭彦、徐興、田慶來見。命昭彦、慶皆爲刺史，興爲團練使。詔曰：「比以幽、薊一方招之不服，今欲帥師以往，故先安撫山西諸部。汝等既已懷服，宜加撫存。官民未附已前，罪無輕重及係官逋負，皆與釋免，諸官各遷敍之。」丁酉，蔚州翟昭彦、田慶殺知州事蕭觀寧等以叛。丙午，復降。

十一月，詔諭燕京官民，王師所至，降者赦其罪，官皆仍舊。

十二月，上伐燕京。宗望率兵七千先之，迪古乃出得勝口，銀术哥出居庸關，婁室爲左翼，婆盧火爲右翼，取居庸關。丁亥，次嬀州。戊子，次居庸關。庚寅，遼統軍都監高六等來送款。上至燕京，入自南門，使銀术哥、婁室陣于城上，乃次于城南。遼知樞密院左企弓、虞仲文，樞密使曹勇義，副使張彦忠，參知政事康公弼，僉書劉彦宗奉表降。辛卯，遼百官詣軍門叩頭請罪。詔一切釋之。壬辰，上御德勝殿，羣臣稱賀。甲午，命左企弓等撫定燕京諸州縣。詔西京官吏曰：「乃者師至燕都，已皆撫定。唯蕭妃與官屬數人遁去，已發兵追襲，或至彼路，可執以來。」黃龍府叛，宗輔討平之。

七年正月丁巳，遼奚王回离保僭稱帝。甲子，遼平州節度使時立愛降。詔曲赦平州。又詔諳班勃極烈曰：「比遣昂徙諸部民人于嶺東，而昂悖戾，騷動煩擾，致多怨叛。其違命失衆，當置重典。若或有疑，禁錮以待。」庚午，詔中京都統斡論曰：「聞卿撫定人民，各安其業，朕甚嘉之。回离保聚徒逆命，汝宜計畫，無使滋蔓。」壬申，詔招諭回离保。癸酉，以時立愛言招撫諸部。己卯，宋使來議燕京、西京地。庚辰，宜、錦、乾、顯、成、川、豪、懿等州皆降。甲申，詔曰：「諸州部族歸附日淺，民心未寧。今農事將興，可遣分諭典兵之官，無縱軍士動擾人民，以廢農業。」

二月乙酉朔，命撒八詔諭興中府，降之。遼來州節度使田顥、隰州刺史杜師回，遷州刺史高永福，潤州刺史張成皆降。壬辰，詔諳版勃極烈曰：「郡縣今皆撫定，有逃散未降者，已釋其罪，更宜招諭之。前後起遷户民，去鄉未久，豈無懷土之心？可令所在有司，深加存恤，毋輒有騷動。衣食不足者，官賑貸之。」癸巳，詔曰：「頃因兵事未息，諸路關津絶其往來。今天下一家，若仍禁之，非所以便民也。自今顯、咸、東京等路往來，聽從其便。其間被虜及鬻身者，並許自贖爲良。」仍令馳驛布告。興中、宜州復叛。宋使趙良嗣來，請加歲幣以代燕税，及議畫疆與遣使賀正旦生辰、置榷場交易，并計議西京等事。癸卯，銀术哥、鐸剌如宋。乙巳，詔都統杲曰：「新附之民有材能者，可録用之。」戊申，詔平州官與宋使同分割所與燕京六州之地。癸丑，大赦。是月，改平州爲南京，以張覺爲留守。

三月甲寅朔，將誅昂，以習不失諫，杖之七十，仍拘泰州。戊午，都統杲等言耶律麻哲告余覩、吳十、鐸剌等謀叛，宜早圖之。上召余覩等，從容謂之曰：「朕得天下，皆我君臣同心同德以成大功，固非汝等之力。今聞汝等謀叛，若誠然耶，必須鞍馬甲冑器械之屬，當悉付汝，朕不食言。若再爲我擒，無望免死。欲

留事朕，無懷異志，吾不汝疑。」余覩等皆戰慄不能對。命杖鐸剌七十，餘並釋之。宋使盧益、趙良嗣、馬宏以國書來。

四月丁亥，遣斡魯、宗望襲遼主于陰山。壬辰，復書于宋。師初入燕，遼兵復犯奉聖州，林牙大石壁龍門東二十五里。都統斡魯聞之，遣照立、婁室、馬和尚等率兵討之，生獲大石，悉降其衆。癸巳，詔曰：「自今軍事若皆中覆，不無留滯。應此路事務申都統司，餘皆取決樞密院。」契丹九斤聚黨興中府作亂，擒之，九斤自殺。命習古乃、婆盧火監護長勝軍，及燕京豪族工匠，由松亭關徙之内地。己亥，次儒州。斡魯、宗望等襲遼權六院司喝离質于白水濼，獲之。其宗屬秦王、許王等十五人降。聞遼主留輜重青塚，以兵萬人往應州，遣照里、背荅、宗望、婁室、銀术哥等追襲之。宗望追及遼主，決戰，大敗之，獲其子趙王習泥烈及傳國璽。

五月甲寅，南京留守張覺據城叛。丙寅，次野狐嶺。己巳，次落藜濼。斡魯等以趙王習泥烈、林牙大石、駙馬乳奴等來獻，并上所獲國璽。宗雋以所俘遼主子秦王、許王，女奥野等來見。奚路都統撻懶攻速古、啜里、鐵尼所部十三巖，皆平之。又遣奚馬和尚攻下達魯古并五院司諸部，執其節度乙列。回离保爲其下所殺。辛巳，詔諭南京官民。

六月壬午朔，次鴛鴦濼。是日，闍母敗張覺于營州。丙申，上不豫，將還上京，命移賚勃極烈宗翰爲都統，昊勃極烈昱、迭勃極烈斡魯副之，駐兵雲中，以備邊。己酉，次斡獨山驛，召諳班勃極烈吳乞買。

七月辛酉，次牛山。宗翰還軍中。

八月，乙未，次渾河北。諳班勃極烈吳乞買率宗室百官上謁。戊申，上崩于部堵濼西行宫，年五十六。

九月癸丑，梓宫至上京。乙卯，葬宫城西南，建寧神殿。丙辰，諳班勃極烈即皇帝位。天會三年三月，上尊謚曰武元皇帝，廟號太祖，立原廟于西京。天會十三年二月辛酉，改葬和陵，立《開天啓祚睿德神功之碑》于燕京城南嘗所駐蹕之地。皇統四年，改和陵曰睿陵。五年十月，增謚應乾興運昭德定功睿神莊孝仁明大聖武元皇帝。貞元三年十一月，改葬于大房山，仍號睿陵。

宇文懋昭《大金國志》卷一《太祖武元皇帝上》 太祖武元皇帝(初)〔番〕名阿骨打，後改名旻，楊割太師之長子也。其先龕福，五世至胡來，世爲酋長，襲節度使。胡來生三子：長曰核里頗，次曰蒲剌束，季曰楊割。楊割生三子：長曰阿骨打，次曰吳乞買，又次曰思改，即粘罕父也。金人至楊割太師始雄諸部。

初，契丹國舅帳蕭解里聚衆爲盜，潛奔女真，因命楊割圖之。楊割遷延數月，獨斬解里，遣阿骨打獻首級，餘悉留不遣。契丹不得已，反進其父子官，自是遂懷大志。力農積粟，練兵牧馬，多市金玉以賂契丹權貴。如此十餘年，未有以發也。遼主延禧初立之年，楊割死，阿骨打立。

阿骨打生于遼咸雍四年戊申。初在妊娠時，骨重異常見。將生，(何)〔河〕水爲沸，野獸盡嗥。及生，若有光照其室，部落咸異之。既長，臂垂過膝，身長八尺，狀貌雄偉，沈毅寡言笑，而有大志。弓力過絶于人。嘗至其部落，有意欲謀害之者，阿骨打覺之，奮劍殺數人而去，追者不敢當。既立，承楊割富庶之餘，兵强馬壯，加以遼主天祚掊剋是嗜，上下荒淫，其相李儼、蕭奉先輩庸瑣貪婪，阿骨打益有異志。

阿骨打之十三年，時宋徽宗政和四年、遼海濱王天慶四年也。是春，蘇源奚室蒲古率其部落内附，共七千餘户。是年，始破遼國寧江州。先是，五國之東接大海，出名鷹來自海東者，謂之「海東青」，小而俊健，能擒鵞鶩，遼人酷愛之，求之女真，女真苦之。又沿邊諸帥，邀求賂遺無虚日。遼主天祚如混同江鈎魚，時疑阿骨打，欲殺之，蕭奉先諫止。阿骨打知其意，始謀叛。于是用粘罕、胡捨等爲謀主，銀术割、移烈、婁宿、闍母爲將帥，侵混同江之東，名寧江州。天祚射鹿慶州秋山，遣海州刺史高仙壽討之，爲女真所敗，失寧江州。天祚再以蕭嗣先帥奚、契丹五千人屯出河店，臨白江，與寧江州女真對壘。女真潛渡混同江，掩擊之，嗣先兵潰，又獲甲馬四千。天祚兩敗後，謂奉先不知兵，召宰相張琳，付兵十萬使討之。計人家户貫備一軍，富人有出一二百軍者。琳等非經濟才，統御無法，器甲聽從人便，往往以槍刀氈甲充數，弓弩鐵甲百無一二。于是分四路竝進，獨涞流河路一軍深入，遇女真，交鋒稍却，走還其壁。都統(幹)〔斡〕离朵者以爲漢軍遁，即領契丹兵棄營而奔。漢兵尚三萬餘，推武朝彦爲都統，再與女真戰，遂大敗。餘三路聞之，各退保其城，悉爲女真攻克。

阿骨打之十四年時宋政和五年，遼天慶五年也。夏五月，北方有光燭地，火星出，殷殷(有)〔如〕雷聲。

六月，括寧江州一路金銀粟帛，盡數以往，民間有隱者斬。丁夫强壯集得萬餘人，勒歸軍前。

是年，生紅芍藥花，北方以爲瑞。女真多白芍藥花，皆野生，絶無紅者。好

事之家採其芽爲菜，以麵煎之，凡待賓齋素則用之。其味脆美，可以久留。金人珍甚，不肯妄設，遇大賓至，縷切數絲寘楪中，以爲異品。

十一月，敗遼師于混同江。先是天祚征女真，率番漢兵十餘萬出長春路，命蕭奉先爲都統，耶律章奴副之。以精兵二萬爲先鋒，餘分五部北出駱駝口，車騎亘百里。步卒三萬人，命蕭胡都姑、柴誼將之，南出寧江州，齎數月糧，期必滅女真。阿骨打以刀剺面，仰天大哭，謂其部落曰：「不若殺我以降。」諸將皆拜曰：「事以至此，當誓死一戰。」乃與天祚遇，乘其未陣，三面擊之，天祚大敗，退保長春。女真乘勝，遂并渤海遼陽等五十四州。

阿骨打之十五年時宋政和六年、遼天慶六年也。春正月，升骨捨爲正都統，粘罕爲左副都統，阿忽爲右副都統。

是年，北方寒甚，裂膚墮指，多有死者。

北方苦寒，故多衣皮，雖得一鼠衣褫皮藏去。婦人以羔皮帽爲飾，至直十數千，敵三大羊之價。不貴貂鼠，以其見日及火則剥落無色也。

是歲，女真克遼渤海軍。先是渤海人高永昌殺其東京留守蕭保先，自稱大渤海國皇帝，據遼東五十餘州。遼主遣其宰相張琳討之，至瀋州，女真遣兵來援渤海，琳敗績，乃以燕王淳爲都元帥，仍募遼東人號「怨軍」者二萬以行。淳至乾州，武朝彦等謀殺淳，不克，復召淳還，遣蕭德恭、耶律余覩等屯田爲備。既而女真破渤海軍，斬高永昌，其衆散爲盜，所至擄掠，而遼不能制。

阿骨打之十六年，時宋政和七年、遼天慶七年也。次年之冬始稱帝。

金天輔元年，時宋徽宗重和改元、遼天慶八年也。是春，宋遣其使馬政來約夾攻遼。先是宋建隆以來，女真自其國之蘇州泛海至登州賣馬，故道猶存。去夏，有漢兒郭藥師者泛海來，具言女真攻遼事，宋遣馬政同藥師講買馬舊好，由海道入蘇州，至其國阿骨打所居阿芝(州)〔川〕淶流河，問遣使之由。政對以「貴朝在建隆時講好已久，今聞貴朝攻破遼國五十餘城，欲〔與貴朝〕復〔通〕前好，共行弔伐」。阿骨打與粘罕共議數日，遂質登州小校六人，遣渤海人李善慶、生熟女真二人，齎國書并北珠、生金、貂革、人參、松子爲贄。

是時，遼燕王淳將討「怨軍」，而金人適至，淳遇于徽州，未陣而潰，退保長泊魚務。于是金人大掠，經新(城)〔成〕、懿、濠、衛五州，皆降之。

有楊朴者，遼東鐵州人也。本渤海大族，少第進士，累官校書郎。高永昌叛時，降女真，頗用事。是冬，阿骨打用楊朴策，始稱皇帝，建元天輔，以王爲姓，以旻爲名，國號大金。楊朴又勸國主遣人詣天祚求封册，天祚付(東)〔南〕北面大臣議，遂遣使備衮冕之服，册爲東懷皇帝。國主召朴等觀驗，以儀物不純用天子之制，大怒，欲斬其使，諸將爲謝，乃解，尚人笞百餘。尋遣還，邀令稱大金皇帝兄，不然則提兵取上京。天祚惡聞女真事，蕭奉先揣其意，不以聞。明年上京破，和議遂格。

《契丹志》云：楊朴陳説阿骨打曰：「自古英雄開國受禪，先求大國封册。」八月，阿骨打遣人詣天祚求封册，其事有十：徽號大聖大明皇帝一也；國號大金二也；玉輅三也；衮冕四也；玉刻御前之寶五也；以弟兄通問六也；生辰、正旦遣使七也；歲輸銀絹二十五萬疋兩，分南宋歲賜之半八也；割遼東、長春兩路九也；送還女真趙三、阿鶻産大王十也。天祚付羣臣等議，蕭奉先大喜，以爲自此無患。差静江軍節度使蕭習烈等備天子衮冕、玉册、金印、車(駱)〔輅〕、法駕之屬，册立阿骨打爲東懷國至聖至明皇帝。十二月至金國，楊朴以儀物不全用天子之制，又東懷國乃小邦懷其德之義，仍無册爲兄之文，阿骨打大怒，叱出來使，欲腰斬之，粘罕諸人爲謝乃解，人笞百餘。次年三月，遣蕭習烈等回，云册文罵我，我都不曉。徽號、國號、玉輅、御寶我都有之，須稱我大金皇帝兄。能從我，今秋可至軍前。不然，則提兵取上京矣。天祚惡聞女真事，蕭奉先揣其意，皆不以聞。遷延久之，聞上京已破，和議遂寢。後天祚雖復請和，皆不報。

十二月，七代祖龕福追謚景元皇帝，號始祖；六代祖名訛魯，追謚德皇帝；五代祖名洋海，追謚安皇帝；高祖名隨闊，追謚定昭皇帝，號獻祖；曾祖名實魯，追謚成襄皇帝，號昭祖；祖太師名胡來，追謚惠(桓)皇帝，號景祖；父太師名楊割，追謚孝平皇帝，號穆宗。妃后皆追加謚號。

天輔二年，時宋徽宗宣和改元、遼天慶九年也。是年春北方有赤色，大三四圍，長二三丈，索索如樹。西方有火五團，下行十餘丈，皆不至(城)〔地〕滅。

二月，遣李善慶通使于宋。善慶至宋國門，宋相蔡京、童貫見之，諭以夾攻取燕之意，善慶等唯唯。居十餘日，遣趙有開、馬政齎詔及禮物與善慶等渡海聘之，止用詔書。有開行至登州而死，會諜者言金已受東懷皇帝之封，乃詔政勿行，止差平海軍校呼慶持登州牒送善慶等歸。呼慶至軍前，國主及粘罕等責以中輟，且云登州不當行牒，留半年始遣之。臨行，語之曰：「跨海求好，非吾家事，吾已獲大遼數路，其他可以俯拾。汝歸見皇帝，果欲結好，請早示國書。若仍用詔決難從也。」

是年，知樞密院内相楊朴建議以爲陛下肇登大寶，混一封疆，應天順人，奄宅天命，而六宫未備，殊失四方觀覩，欲乞備日，册命正后妃之位，國主從之。詔册蒲察氏爲皇后，番漢羣臣稱慶。先是女真驟興之初，未具六宫之典，僅有賢妃、淑妃，自餘姬侍並稱娘子而已。平遼所得中原士女，艷裝麗色，盡掠而北。后性儉素，不好華飾，躬御縵繒而已。

是年，攻破遼上京。

天輔三年時宋宣和二年、遼天慶十年也。春正月，肇州之始興、隆州之利涉地震，陷死數千人。

知樞密院楊朴建言：「惟我國家興自遐荒，朝儀、典章猶所未備，以中朝言之，威儀、侍衛尊無二上，諸親從、諸王部族尊貴者馳驅戎行，雖不可盡責，其自番漢羣臣以下宜致敬盡禮，所合定朝儀、建典章，上下尊卑粗有定序。」國主從之。

是月宋遣其使趙良嗣來。先是金使同呼慶持國書來宋，因遣良嗣來通好，猶以買馬爲名，其實約夾攻遼，取燕雲舊地也。第面約不賫國書。

時金人出師三路攻遼之上京。是夏，良嗣等在青牛山追及國主，遂從至上京，觀其攻城，不旋踵而破。

良嗣之來使也，大概議夾攻遼，使金人取中京，宋朝取燕京，許之歲幣。初許三十萬，而卒與契丹舊數。良嗣曰：「燕京一帶，則并西京是也。」國主亦許之，遂以手劄付良嗣，約以本國兵自平地、松林趍古〔北〕口，南朝兵自白溝夾攻，不然則難依已許之約。仍遣使偕來，止作新羅人來朝見。其國書署曰：「大金皇帝謹致書于大宋皇帝闕下：蓋緣素昧，未致禮容，酌以權宜，交馳使傳。趙良嗣言，燕京本是漢地，若許復舊，將自來與契丹銀絹轉交。雖無國信，諒不妄言。若將來貴朝不爲夾攻，即不依得已許爲定。具形敝幅，冀諒鄙悰。」

馬政回使于金，國書署曰：「大宋皇帝謹致書于大金皇帝：遠承信介，特示函書，致(伐)〔罰〕契丹，逖聞爲慰，確示同心之好，共圖問罪之師。誠意不渝，義當如約。已差童貫勒兵相應，彼此兵不得過關，歲幣依與契丹舊數，仍約毋聽契丹講和。」

時春正月，趙良嗣來使，國主令從軍。每行數十里，(輟)〔輒〕鳴角吹笛，鞭馬疾馳。比明，行二百五十里。所攻城不旋踵而破。七月，回至女真所居，留飲數日，令契丹吴王妃歌舞飲讌。妃配吴王，天祚私納之，復以他過囚于上京。女真破上京，得之，謂良嗣曰：「此契丹兒婦，令作奴婢。」遂使人懽。時國中議論不決，以宋朝欲還山前、山後地，意皆狐疑。且以山前、山後北朝得之而雄，若我滅契丹，彼自以幣帛奉我，粘罕云：「宋朝四面皆被邊，若無兵力，安能立國？强大如此，亦未可輕之。當且爲良圖，少留使人。」國主遂將宋使馬擴遠行射獵。每晨，國主坐一虎皮椅上，縱騎打圍。嘗曰：「此吾國中最樂事也。」既還，令諸將具飲食，迎邀南使。夾攻之(謀)始〔謀〕如此。

宇文懋昭《大金國志》卷二《太祖武元皇帝下》 天輔四年時宋宣和三年、遼海濱王保大改元。春三月，始于渤海遼陽等州〔置〕榷筦庫，歲課稍重，商人疑惑，金人但一切取辦于所在官場，他不恤也。

四月，韓州千户皮兀室帥其衆謀入漠北以畔，伏誅。

五月，遣使烏曷魯等如宋，宋詔司業權邦彦、内侍童師禮館之。未幾，師禮傳旨邦彦曰：「大遼已知金人海上(左)〔往〕還，難以復如前議。諭金使令歸。」邦彦驚曰：「如此，則失其懽心，曲在朝廷矣。」師禮入奏，復傳旨俟童貫回議之，二使留宋國凡三月餘，方遣人送歸國書，只付其使回，不復遣使。後曷魯等自海上歸至其國，國主得書，意宋朝絶之，乃命其弟國相孛極烈吴乞買并粘罕、兀室等悉師度遼而西，用遼降人余覩爲先鋒，以趨中京。

天輔五年時宋宣和四年、遼保大二年也。春正月，知樞密院内相楊朴權知行營留守事。先是國主出征，骨捨留守。既而有中京之行，召骨捨共謀。蓋骨捨〔在〕諸將中最有智而黠猾者也。朴爲人慷慨有大志，多智善謀。建國之初，諸事草創，朝儀制度皆出其手。

三月，金兵攻破中京。中京，奚國也，遂引兵至松亭關。已與宋朝有各不過關之約，止引兵由其西而過。遼主天祚震驚，率騎兵五千犇雲中，留宰相張琳、李處温與燕王耶律淳守燕。天祚至雲中，遂取馬三千匹犇入夾山。淳守燕二十年，得人心。天祚既犇夾山，李處温與其弟處能及子奭、都統蕭幹挾「怨軍」謀立淳，乃率燕京數萬人勸進，淳即位，改「怨軍」爲「常勝軍」，自號天錫皇帝，改元建福，降天祚爲湘陰王。淳主燕雲，平上中京、遼西六路，而沙漠以北諸番部天祚主之，猶稱保大二年，遼國自此分矣。金兵追至雲中，蕭查剌降。進追天祚，幾及，凡行帳、輜重、寶貨及其幼女盡俘獲之。

五月，國主用楊朴議，始合祭天地于南北郊及禘享太廟，頒賜番漢羣臣以下有差。

宋師與遼人遇，戰失利。六月，退保雄州。未幾，耶律淳死，蕭(幹)〔幹〕與大石林牙立其妻蕭氏爲太后，改元德興。

時宋童貫爲宣徽使，蔡攸副之，同復燕雲。趙良嗣遺書開諭燕王淳，使納土。大畧云：「吴越錢俶、西蜀孟昶等歸朝，世世子孫不失富貴，況遼之與宋懽好百年，誠能舉國內附，恩數有加。苟執迷失機，恐有彭(龐)〔寵〕之禍。」淳得書，斬其使，又令董寵兒遣人説易州土豪史成獻城，復執送燕京斬之。宋种師道、辛慶宗總東西路軍至白溝，意謂燕人有(簟)〔簞〕食之迎。初至蘭溝甸，爲遼大石林牙所襲而敗。既而淳益師二萬人渡白溝挑宋師，宋師遇之，又北。燕王死于六月間，國人立蕭太后。

八月，國主追襲天祚于國崖，禽其都統蕭規，天祚脱身去。及夏國引兵數萬襲天德軍，國主遣偏師七千擊破之。于是乘勝，遂因秋成竝邊牧馬休兵，屯奉聖州之東。

九月，遣孛堇烏歇、高慶裔等使于宋。初，宋朝回書附其使還，不遣報使，國中疑宋有謀。兼又未嘗先報師期，輟進兵取中京，移軍泉泊，襲破天祚行帳。既占雲中府山後州縣，忽聞宋童貫舉兵。國主與羣臣議，恐爽約自我。或南朝徑取燕，則歲賂不可得，遂專遣使來。烏歇等奏：「聞知貴朝遣童貫舉大兵，不報本國，故遣臣來聘。」館伴趙良嗣答曰：「聞貴朝取西京，雖不得報，已令童貫舉兵，以應夾攻之約。彼此不報不必較也。」宋徽宗待烏歇等甚厚，賜予不貲，至輟御茗調膏賜之。引登明堂，入龍德宫、蕃衍宅、籞别館、離宫，無所不至，禮過契丹數倍。而慶裔渤海人，桀黠知書，雖外爲恭順，稱藩頌德，而屑屑求故例不已。烏歇等又詣王黼第計事，面授回書。畧曰：「所有漢地及夾攻竝如昔議。」慶裔曰：「夾攻一段且莫是，候本國兵來否？」良嗣曰：「縱本朝乘勝下燕，亦與已許歲幣，初不必計先後也。」趙良嗣報使，馬擴副之。

冬十月，宋師再舉伐遼，高鳳、郭藥師以易、涿二州降。

時蕭后管「常勝軍」，郭藥師聞宋師忽自燕來迫涿州，藥師以爲圖己，召所部曰：「天祚失國，女政不綱，宋天子重兵壓境，此男兒取金印之時。」于是萬口響應，因監軍蕭餘(度)〔慶〕，遣使奉表來降。時高鳳亦以易州來歸。

宗師劉延慶、郭藥師等自雄州趍新城，劉光世、楊可世自安肅軍出易州，遂會于涿州。時兵衆五十萬，駐盧溝河，攻燕京。蕭后密遣人招盧溝河四軍馳騎自南門入，殊死戰，宋師連戰敗績。

十一月，金國遣使于宋，議割燕山地。初，宋朝與金人約，但求石晉故地，初不思平、營、灤三州乃劉仁恭以遺契丹，故不肯割。至是，趙良嗣、馬擴見國主于奉聖州，主令其弟國相蒲結與計事。蒲結以往歲不遣報使，今歲遣兵失期爲言云：「今更不論元約，特與燕京六州二十四縣。」六州謂(冀)〔薊〕、景、檀、順、涿、易也。良嗣答以「兩朝皆以信義爲主，元約山後、山前十七州，今乃如此，信義安在」？辨論數四，卒不從。于是以國書付良嗣等，使與其使偕來，仍留馬擴于軍前。未幾，趙良嗣送金使還，且求營、平、灤三州。

十二月，童貫密使其客王瓌禱國主，具言貫兵已壓燕境，乞如約夾攻。國主遣瓌先歸，遂分三道進兵：粘罕趍南暗口；撻懶騎馬趍北牛口；國主親趍居庸關。分三路入燕。蕭后既敗，延慶獻捷于金，奉表稱藩請和，〔國主〕不許。自嬀、儒二州進兵，抵居庸關，遼人棄關走。時馬擴隨軍行，國主謂擴曰：「契丹疆土我得十九矣，止燕京數州之地，留與汝家。我以大軍三面掩之，令汝家俯拾亦不能取。初聞南軍到燕，我心亦喜。縱令汝家取之，我亦將斂兵歸國。近却聞劉延慶一夜燒營而遁，乃至此邪？似此喪師，有何誅賞？」擴答云：「兵折將死，將折兵死。劉延慶果敗，雖(賞)〔貴〕亦誅。」國主云：「若不行法，何以使人？一兩日到關，汝觀我家用兵有走者否。」

是月初六，入居庸關，晡時到燕。蕭后聞居庸失守，夜率蕭幹等出奔。未行五十里，國兵遊騎已至城，遼相左企弓、虞仲文等迎降。出丹鳳門，毬場內投拜。國主戎服坐萬歲殿，皆拜伏，待辜于下。譯者曰：「我見城頭炮繩(席)〔席〕角〔都不曾解動〕，是無拒我意也。」竝放辜。纔撫定燕山，即遣馬擴歸獻捷。國兵之入燕也，大石林牙以蕭后歸遼主于夾山。天祚殺蕭后，蕭幹以奚渤海人入奚。

良嗣至軍前，時諸帥列館燕京郊外，獨置南使一廢寺中，以氊帳爲館。是時國主營已立，閤門官吏皆服袍帶如漢儀，贊引拜舞悉用遼人規式。每日入氊帳門，謂之上殿。

天輔六年時宋宣和五年、遼保大三年也。春，陞「皇帝寨」曰會寧府，建爲上京，其遼之上京改作北京。先是女真之初無城郭，止呼曰「皇帝寨」、「國相寨」、「太子莊」，至是改焉。置三省六部，尹貳曹屬，仍命左丞相陳王兀室撰女真字以行。大宴番、漢羣臣于乾元殿。大合樂擊皷百戲爲樂，至夕有沾(酒)〔醉〕匍匐于殿之側者。詔諸州積粟峙芻，備軍前支給，不許雜以糠土。

正月，遣李靖、寧朮割、王度剌、撤(母盧)〔盧母〕使于宋。宋趙良嗣報使。先

是趙良嗣至軍前，國主曰：「平、灤等州若必欲取，并燕京不與汝家矣。」以國書副本示良嗣，讀至「燕京自我得之則當歸我，大國其熟計之。若不早見與，請速退涿、易之師，無留我疆」。于是遣李靖、王度剌、撒(母盧)〔盧母〕與良嗣偕來。靖既對，遂見王黼。黼謂靖曰：「租税非約也。上意以交好之故，欲以銀絹充之。」靖復請去年歲幣，上亦時許，遂命良嗣與靖再使。良嗣偕靖抵燕京，見國主曰：「本朝徇大國多矣，豈平、灤一事不能相從邪？」國主曰：「平、灤欲作邊鎮，不可得也。」遂議租税。國主曰：「燕租(三)〔六〕百萬，止取一百萬。不然，還我涿、易舊疆，「常勝軍」亦當還我。吾且提兵按邊。」良嗣曰：「本朝自以兵下涿、易，今乃云爾，豈無曲直邪？且言本朝許十萬至二十萬，不敢擅增。」乃令良嗣歸報，過半月不至，吾提兵往矣。時左企弓爲國主謀，嘗以詩獻之曰：「君王莫信捐燕議，一寸山河一寸金。」故索南朝不已。然國中自以分軍護送擄獲東歸，又山後告急，以天祚謀復故地，而張瑴據平州，不能無懼。自南使過盧溝，悉斷橋梁，焚次舍，亦恐宋不從而自防也。良嗣等留雄州，以國書遞奏。其略云：「貴朝兵不克夾攻，特因己力下燕，所以拘税。今據燕管内每年租六百萬貫，良嗣等稱御筆許二十萬，以上不敢自專。其平、灤等州不在許限。倘務侵求，難終信義，仍速追過界之兵。」宋復遣良嗣自雄州再使。國書略曰：「本朝與貴朝通和，每曲從(貴朝)所欲以成交契。今代税之物悉如來諭。」國主大喜，遂議雲中地。兀室曰：「皇帝言趙皇大度，我增百萬，一言不辭，今求西京，何辭以拒？然其民却待遷去。」良嗣曰：「若止空城，安用之？」兀室笑曰：「此無他，皇帝意欲南朝犒賞諸軍耳。」

三月，郊，合祭天地，依天輔年間例施行。車騎填咽，諸大臣骨捨之屬躑躅其前，仗衛不肅，無復中朝儀制矣。寧朮割、王度剌、撒(母盧)〔盧母〕持誓書再同良嗣等至宋，求西京犒賞金帛。引對，徽宗許以二十萬。乃遣兵部侍郎盧益等持國書及誓書議交割燕京日子。良嗣與寧朮割皆言國主許還西京，且求犒軍物二十萬，而國書并誓書乃無一語及西京者，蓋良嗣與寧朮割共爲欺罔，卒啓兵端。

夏四月，以燕京六州歸于宋。先是盧益與國使寧朮割至燕山，金人止之，以候犒師金帛。已，乃得見。兀室等先索誓書觀之，斥字畫不敬，屢却回，令至京師易之。益等諭以南朝皇帝親御翰墨，示尊崇大國之意，猶不聽。凡改更三四，宋朝皆曲意從之。且言近有燕人趙温訊、李處能等逃去，南朝須先見還，方可議交燕地。趙良嗣諭宣撫司，縛温訊等與之。既至，粘罕釋其縛，以爲用。遂遣楊朴以誓書及燕京、涿、易、檀、順、景、薊六州歸于宋，且索米二十萬石。自是，童貫、蔡攸入燕。先曰交割，後曰撫定。凡燕之金帛、子女、職官、民户，爲金人席卷而東，宋朝捐歲幣數百萬，所得者空城而已。粘罕猶欲止割涿、易，國主曰：「海上之盟不可忘也。我死，汝則爲之。」蓋海上初約燕人歸南朝，奚、契丹、渤海人皆屬金國也。

燕雲之地，易州西北乃金坡關；昌平之西乃居庸關；順州之北乃古北口；景州東北乃松亭關；平州之東乃(喻)〔榆〕關；(喻)〔榆〕關之東乃金人之來路也。凡此數關，乃天造地設以分番漢之限，一夫守之，可以當百。當時南宋之割地也，若得諸關，則燕山之地可保。然關内之地，平、灤、營三州自後唐爲契丹阿保機陷之，後改平州，爲遼興府，以營、灤二州隸之，號平州路。至石晉之初，耶律德光又得燕山檀、順、景、薊、涿、易諸州，建燕山爲燕京，以控六郡，號燕京路，與平州自成兩路。昔宋朝海上密議割地，但云燕雲兩路而已。蓋初謂燕山之路盡得關内之地，殊不知關内之地平州與燕山異路也。由是破遼之後，金人復得平州路。既據平州，則關内之地番、漢雜處，故斡离不後自平州入攻，此當時議割燕、雲不明地理之誤也。

國主以徽宗建中初元立，歷崇寧、大觀至政和凡十二載，疑遼主天祚知其意志，始謀叛。逮政和四年初，屠寧江州，再敗蕭嗣先于出河店。繼而張琳四路之師敗，又繼而天祚親征，敗。高永昌據渤海，而女真屠之。遼東(燕)〔怨〕軍畔燕王，而女真殪之。遼東、長春兩路以次克捷，而國主始稱帝矣。

當盧益奉使時，國主賜益等花宴。是日，國主坐行帳，前列契丹伶人作樂。每舉酒(輟)〔輒〕謝漢兒。左企弓已下悉搢笏捧觴稱壽，一如契丹之儀。時國主自入燕以後，所擄中原士大夫之家姝姬、麗色、光美、娟秀凡二三千人北歸其國，酣歌宴樂，惟知聲色之娱。至此，形神已病。中觴，令盧益便辭，全不及交燕事。

國主有子八人：一曰阿母；二曰室曷，即亶之父；三曰設梁虎，與室曷同母，乃正室所生；四曰斡离不，昔誤呼「二太子」；五曰窩里嗢，昔誤呼「三太子」，宋紹興四年冬曾至江上者；六曰兀朮，昔誤呼「四太子」；七曰窩里混，昔誤呼「五太子」，今號「自在郎君」；八曰阿骨保，邢王是也，與兀朮同母。蓋國主稱兵之初，長子阿母在世，呼作「大太子」，而第二、第三子已亡，所以斡离不人誤呼爲「二太子」，如兀朮亦誤呼爲「四太子」也。

國主立其弟吴乞買爲之後，除諳版孛極烈，爲都元帥。是年五月，國主旻殂，上謚曰大聖武元皇帝，廟號太祖。建國登皇帝位，首末凡六年。

雜録

備論

《金史》卷二《太祖紀》 贊曰：太祖英謨睿略，豁達大度，知人善任，人樂爲用。世祖陰有取遼之志，是以兄弟相授，傳及康宗，遂及太祖。臨終以太祖屬穆宗，其素志蓋如是也。初定東京，即除去遼法，減省租税，用本國制度。遼主播越，宋納歲幣，以幽、蘇、武、朔等州與宋，而置南京于平州。宋人終不能守燕、代，卒之遼主見獲，宋主被執。雖功成于天會間，而規摹運爲實自此始。金有天下百十有九年，太祖數年之間算無遺策，兵無留行，底定大業，傳之子孫。嗚呼，雄哉。

完顏希尹部

綜述

《金史》卷七三《完顏希尹傳》　完顏希尹本名谷神，歡都之子也。自太祖舉兵，常在行陣，或從太祖，或從撒改，或與諸將征伐，比有功。

金人初無文字，國勢日强，與鄰國交好，迺用契丹字。太祖命希尹撰本國字，備制度。希尹乃依倣漢人楷字，因契丹字制度，合本國語，製女直字。天輔三年八月，字書成，太祖大悦，命頒行之。賜希尹馬一匹、衣一襲。其後熙宗亦製女直字，與希尹所製字俱行用。希尹所撰謂之女直大字，熙宗所撰謂之小字。

遼人迪六、和尚、雅里斯棄中京走，希尹與迪古乃、婁室、余睹襲之。迪六等聞希尹兵，復走。遂降其旁近人民而還。奚人落虎來降，希尹使落虎招其父西節度使訛里剌。訛里剌以本部降。

宗翰駐軍北安，使希尹經略近地，獲遼護衛耶律習泥烈，知遼主獵于鴛鴦濼。宗翰遂請進兵。宗翰將會都統杲于奚王嶺。遼兵屯古北口。使婆盧火將兵二百擊之，渾黜亦將二百人爲後援。渾黜聞遼兵衆，請益兵。宗翰欲親往，希尹、婁室曰：「此小寇，請以千兵爲公破之。」渾黜至古北口，遇遼遊兵，逐之入谷中。遼步騎萬餘迫戰，死者數人。渾黜據關口，希尹等至，大破遼兵，斬馘甚衆，盡獲甲冑輜重。復敗其伏兵，殺千餘人，獲馬百餘匹。遂與宗翰至奚王嶺，期會於羊城濼。

宗翰襲遼帝于五院司，希尹爲前驅，所將纔八騎，與遼主戰，一日三敗之。明日，希尹得降人麻哲，言遼主在漠，委輜重，將奔西京。幾及遼主于白水濼南。遼主以輕騎遁去。盡獲其内庫寶物，遂至西京。西京降，使蒲察守之。希尹至乙室部，不及遼主而還。及宗翰入朝，希尹權西南、西北兩路都統。

是時，夏人已受盟，遼主已獲，耶律大石自立，而夏國與婁室書責諸帥棄盟，軍入其境，多掠取者。希尹上其書，且奏曰：「聞夏使人約大石取山西諸郡，以臣觀之，夏盟不可信也。」上曰：「夏事酌宜行之。軍入其境，不知信與否也。大石合謀，不可不察，其嚴備之。」

及大舉伐宋，希尹爲元帥右監軍。再伐宋，執二主以歸。師還，賜希尹鐵券，除常赦不原之罪，餘釋不問。宗翰伐康王，希尹追之于揚州，康王遁去。後與宗翰俱朝京師，請立熙宗爲儲嗣，太宗遂以熙宗爲諳班勃極烈。

熙宗即位，希尹爲尚書左丞相兼侍中，加開府儀同三司。希尹爲相，有大政皆身先執咎。天眷元年，乞致仕，不許，罷爲興中尹。二年，復爲左丞相兼侍中，俄封陳王。與宗幹共誅宗磐、宗雋。三年，賜希尹詔曰：「帥臣密奏，姦狀已萌，心在無君，言宣不道。逮燕居而竊議，謂神器以何歸，稔於聽聞，遂致章敗。」遂賜死，并殺右丞蕭慶并希尹子同修國史把荅、符寶郎漫帶。是時，熙宗未有皇子，故嫉希尹者以此言譖之。

皇統三年，上知希尹實無他心，而死非其罪，贈希尹儀同三司、邢國公，改葬之，蕭慶銀青光禄大夫。天德三年，追封豫王。正隆二年，例降金源郡王。大定十五年，謚貞憲。孫守道、守貞、守能。守道自有傳。

宇文懋昭《大金國志》卷二七《兀室傳》　兀室一名悟室，一名希尹，武元帝踈族，于屬爲子也。武元起兵時，兀室同爲謀主。爲人深密多智，目睛黄而夜有光，顧視如虎。滅遼國，爲先鋒，徑進入新川州，節度使王從輔詣降。又從破東京、上京，屢戰有功。武元割燕六州與南宋，時索百萬租賦，方交割城子，宋使趙良嗣請以十萬之數，兀室笑而不答。復云：「二十萬。」兀室曰：「此一小縣之數也。皇帝已與兩府議，不須論租賦，止于歲幣外增一百萬緡。倘有難色，不如且畫契丹故疆。」良嗣力争不勝，自此國中有背盟意。

天會二年，遼主天祚率諸軍出夾山，南下武州，遇兀室軍，戰于奄遏下水。兀室率山西漢兒鄉兵爲前驅，以國兵千餘騎伏山間，遼兵驚潰，天祚奔山金司。與小胡魯謀南歸，精兵五千人，兀室遣婁室勃堇領五百騎擊之，殲焉，遂禽天祚。其後余覩謀反，兀室自雲中聞其事，見二人交馬議事，余覩事覺，伏誅。

兀室嘗副粘罕用事，雖爲諸將所忌，而嘗以智得免，故粘罕以下皆不能及。吴矢之反，諸王連坐，兀室時爲右丞相，建謀伏兵宫内，因其朝會悉禽殺之，撻懶亦誅死，兀室遂遷左丞相，蕭慶右丞遷左丞。然熙宗畏其智數，深切忌之。

初，客星守魯，兀室占之，太史曰：「不在我分野，外方小災，無傷。」未幾，七月，宋兗、魯、虞、滕諸王同日誅死。至九月，客星守陳，太史以告宇文，宇文語之，兀室不以爲怪。是月，果同蕭慶誅，其應天道如此。詔略曰：「希尹心在無

君，言不近道。逮燕居而竊議，謂神器以何歸。」誅慶曰：「迷國罔悛，欺天相濟。既致于理，咸伏厥辜。賴天之靈，誅于兩觀。」

兀室第三子撻撻，勁勇有智，力兼百人。兀室嘗與之謀國。蒲路虎之死，撻撻承詔召入，後執其手而殺之。爲明威將軍，會元夕挾奴僕十餘輩入寡婿家，烝焉。兀室在闕下，其長子以告，命械繫于家。撻撻懼法而驚，遂失心，歸室不能坐。呼曰：「我將死。」人問之，曰：「適蒲路虎來。」後旬日死，兀室哭之慟，曰：「折我左手。」是年兀室亦被誅。

雜録

備論

《金史》卷七三《完顔希尹傳》 贊曰：阿离合懣之善頌，宗雄之强識，希尹之敏學，益之以征伐之功，豈不偉哉。

完顏宗翰部

綜述

《金史》卷七四《完顏宗翰傳》 宗翰本名粘没喝，漢語訛爲粘罕，國相撒改之長子也。年十七，軍中服其勇。及議伐遼，宗翰與太祖意合。太祖敗遼師于境上，獲耶律謝十。撒改使宗翰及完顏希尹來賀捷，即稱帝爲賀。及太宗以下宗室羣臣皆勸進，太祖猶謙讓。宗翰與阿离合懣、蒲家奴等進曰：「若不以時建號，無以繫天下心。」太祖意乃決。遼都統耶律訛里朵以二十餘萬戍邊，太祖逆擊之，宗翰爲右軍，大敗遼人于達魯古城。

天輔五年四月，宗翰奏曰：「遼主失德，中外離心。我朝興師，大業既定，而根本弗除，後必爲患。今乘其釁，可襲取之。天時人事，不可失也。」太祖然之，即命諸路戒備軍事。五月戊戌，射柳，宴羣臣。上顧謂宗翰曰：「今議西征，汝前後計議多合朕意。宗室中雖有長於汝者，若謀元帥，無以易汝。汝當治兵，以俟師期。」上親酌酒飲之，且命之釂，解御衣以衣之。羣臣言時方暑月，乃止。無何，爲移賚勃極烈，副蒲家奴西襲遼帝，不果行。

十一月，宗翰復請曰：「諸軍久駐，人思自奮，馬亦壯健，宜乘此時進取中京。」羣臣言時方寒，太祖不聽，竟用宗翰策。於是，忽魯勃極烈杲都統内外諸軍，蒲家奴、宗翰、宗幹、宗磐副之，宗峻領合扎猛安，皆受金牌，余睹爲鄉導，取中京實北京。既克中京，宗翰率偏師趨北安州，與婁室、徒單綽里合兵，大敗奚王霞末，北安遂降。

宗翰駐軍北安，遣希尹經略近地，獲遼護衛耶律習泥烈，迺知遼主獵于鴛鴦濼，殺其子晋王敖魯斡，衆益離心，西北、西南兩路兵馬皆羸弱，不可用。宗翰使耨盌温都、移剌保報都統杲曰：「遼主窮迫於山西，猶事畋獵，不恤危亡，自殺其子，臣民失望。攻取之策，幸速見諭。若有異議，此當以偏師討之。」杲使奔睹與移剌保同來報曰：「頃奉詔旨，不令便趨山西，當審詳徐議。」當時，宗翰使人報杲，即整衆俟兵期。及奔睹至，知杲無意進取，守翰恐待杲約或失機會，即決策進兵。使移剌保復往報都統曰：「初受命雖未令便取山西，亦許便宜從事。遼人可取，其勢已見，一失機會，後難圖矣。今已進兵，當與大軍會于何地，幸以見報。」宗幹勸杲當如宗翰策，杲意乃決，約以奚王嶺會議。

宗翰至奚王嶺，與都統杲會。杲軍出青嶺，宗翰軍出瓢嶺，期于羊城濼會軍。宗翰以精兵六千襲遼主，聞遼主自五院司來拒戰，宗翰倍道兼行，一宿而至，遼主遁去。乃使希尹等追之。西京復叛，耿守忠以兵五千來救，至城東四十里，蒲察烏烈、谷赧先擊之，斬首千餘。宗翰、宗雄、宗幹、宗峻繼至，宗翰率麾下自其中衝擊之，使餘兵去馬從旁射之。守忠敗走，其衆殲焉。宗翰弟扎保迪没于陣。天眷中，贈扎保迪特進云。

宗翰已撫定西路州縣部族，謁上于行在所，遂從上取燕京。燕京平，賜宗翰、希尹、撻懶、耶律余睹金器有差。太祖既以燕京與宋人，還軍次鴛鴦濼，不豫，將歸京師。以宗翰爲都統，昃勃極烈昱、迭勃極烈斡魯副之，駐軍雲中。

太宗即位，詔宗翰曰：「寄爾以方面，當遷官資者，以便宜除授。」因以空名宣頭百道給之。宋人來請割諸城，宗翰報以武、朔二州。宗翰請曰：「宋人不歸我叛亡，阻絶燕山往來道路，後必敗盟，請勿割山西郡縣。」太宗曰：「先皇帝嘗許之矣，當與之。」

諸將獲耶律馬哥，宗翰歸之京師。詔以馬七百匹給宗翰軍，以田種千石、米七千石賑新附之民。詔曰：「新附之民，比及農時，度地以居之。」宗翰請分宗望、撻懶、石古乃精兵討諸部。詔曰：「宗望軍不可分，别以精鋭五千給之。」宗翰朝太祖陵，入見上，奏曰：「先皇帝時，山西、南京諸部漢官，軍帥皆得承制除授。今南京皆循舊制，惟山西優以朝命。」詔曰：「一用先皇帝燕京所降詔勑從事，卿等度其勤力而遷授之。」

宗翰復奏曰：「先皇帝征遼之初，圖宋協力夾攻，故許以燕地。宋人既盟之後，請加幣以求山西諸鎮，先皇帝辭其加幣。盟書曰：『無容匿逋逃，誘擾邊民。』今宋數路招納叛亡，厚以恩賞。累疏叛人姓名，索之童貫，嘗期以月日，約以誓書，一無所致。盟未朞年，今已如此，萬世守約，其可望乎。且西鄙未寧，割付山西諸郡，則諸軍失屯據之所，將有經略，或難持久，請姑置勿割。」上悉如所請。

上以宗翰破遼，經略夏國奉表稱藩，深嘉其功，以馬十匹，使宗翰自擇二匹，餘賜羣帥。

及斡魯奏宋不遺歲幣户口事，且將渝盟，不可不備。太宗命宗翰取諸路户籍按籍索之。而闍母再奏宋敗盟有狀，宗翰、宗望俱請伐宋。於是，諳班勃極烈杲領都元帥，居京師，宗翰爲左副元帥，自太原路伐宋。

宗翰發自河陰，遂降朔州，克代州，圍太原府。宋河東、陝西軍四萬救太原，敗于汾河之北，殺萬餘人。宗望自河北趨汴，入不聞問，遂留銀术可等圍太原，宗翰率師而南。天會四年降定諸縣及威勝軍，下隆德府實潞州。軍至澤州，宋使至軍中，始知割三鎮講和事。路允迪以宋割太原詔書來，太原人不受詔。宗翰取文水及盂縣，復留銀术可圍太原。宗翰乃還山西。

宋少帝誘蕭仲恭貽書余睹，以興復遼社稷以動之。蕭仲恭獻其書，詔復伐宋。八月，宗翰發自西京。九月丙寅，宗翰克太原，執宋經略使張孝純等。鶻沙虎取平遥，降靈石、介休、孝義諸縣。十一月甲子，宗翰自太原趨汴，降威勝軍，克隆德府，遂取澤州。撒剌荅等先已破天井關，進逼河陽，破宋兵萬人，降其城。宗翰攻懷州，克之。丁亥，渡河。閏月，宗翰至汴，與宗望會兵。宋約畫河爲界，復請修好。不克和。丙辰，銀术可等克汴州。辛酉，宋少帝詣軍前，舍青城。十二月癸亥，少帝奏表降。詔元帥府曰：「將帥士卒立功者，第其功之高下遷賞之。其殞身行陣，没於王事者，厚卹其家，賜贈官爵務從優厚。」使勗就軍中勞賜宗翰、宗望，使皆執其手以勞之。五年四月，以宋二主及其宗族四百七十餘人及珪璋、寶印、袞冕、車輅、祭器、大樂、靈臺、圖書，與大軍北還。七月，賜宗翰鐵券，除反逆外，餘皆不問，賜與甚厚。

宗翰奏河北、河東府鎮州縣請擇前資官良能者任之，以安新民。上遣耶律暉等從宗翰行。詔黄龍府路、南路、東京路於所部各選如耶律暉者遣之。宗翰遂趨洛陽。宋董植以兵至鄭州，鄭州人復叛。宗翰使諸將擊董植軍，復取鄭州。遂還洛陽、襄陽、潁昌、汝、鄭、均、房、唐、鄧、陳、蔡之民於河北，而遣婁室平陝西州郡。是時河東寇盜尚多，宗翰乃分留將士，夾河屯守，而還師山西。昏德公致書「請立趙氏，奉職修貢，民心必喜，萬世利也。」宗翰受其書而不答。

康王遣王師正奉表，密以書招誘契丹、漢人。獲其書奏之。太宗下詔伐康王。河北諸將欲罷陝西兵，併力南伐。河東諸將不可，曰：「陝西與西夏爲鄰，事重體大，兵不可罷。」宗翰曰：「初與夏約夾攻宋人，而夏人弗應。而耶律大石在西北，交通西夏。吾舍陝西而會師河北，彼必謂我有急難。河北不足虞，宜先事陝西，略定五路，既弱西夏，然後取宋。」宗翰蓋有意于夏人也。議久不決，奏請于上，上曰：「康王構當窮其所往而追之。俟平宋，當立藩輔如張邦昌者。陝右之地，亦未可置而不取。」於是婁室、蒲察帥師，繩果、婆盧火監戰，平陝西。銀术可守太原，耶律余睹留西京。

宗翰會東軍于黎陽津，遂會睿宗于濮。進兵至東平，宋知府權邦彦棄家宵遁，降其城，駐軍東平東南五十里。復取徐州。先是，宋人運江、淮金幣皆在徐州官庫，盡得之，分給諸軍。襲慶府來降。宋知濟南府劉豫以城降于撻懶。乃遣拔離速、烏林荅泰欲、馬五襲康王于揚州，未至百五十里，馬五以五百騎先馳至揚州城下。康王聞兵來，已於前一夕渡江矣。於是，康王以書請存趙氏社稷。先是，康王嘗致書元帥府，稱「大宋皇帝構致書大金元帥帳前」，至是乃貶去大號，自稱「宋康王趙構謹致書元帥閤下」。其四月、七月兩書皆然。元帥府答其書，招之使降。於是，撻懶、宗弼、拔離速、馬五等分道南伐。宗弼之軍渡江取建康，入于杭州。康王入海，阿里、蒲盧渾等自明州行海三百里，追之弗及。宗弼乃還。其後宗翰欲用徐文策伐江南，睿宗、宗弼議不合，乃止。語在《劉豫傳》。歸德叛，都統大𢃄里平之。

初，太宗以斜也爲諳班勃極烈，天會八年，斜也薨，久虚此位。而熙宗宗峻子，太祖嫡孫，宗幹等不以言太宗，而太宗亦無立熙宗意。宗翰朝京師，謂宗幹曰：「儲嗣虚位頗久，合剌先帝嫡孫，當立，不早定之，恐授非其人。宗翰日夜未嘗忘此。」遂與宗幹、希尹定議，入言於太宗，請之再三。太宗以宗翰等皆大臣，義不可奪，乃從之，遂立熙宗爲諳班勃極烈。於是，宗翰爲國論右勃極烈，兼都元帥。

熙宗即位，拜太保，尚書令，領三省事，封晉國王。乞致仕，詔不許。天會十四年薨，年五十八。追封周宋國王。正隆二年，例封金源郡王。大定間，改贈秦王，謚桓忠，配享太祖廟廷。

孫秉德、斜哥。秉德別有傳。

宇文懋昭《大金國志》卷二七《粘罕傳》 粘罕小名鳥家奴，一名粘漢，言其貌類漢兒，後改名宗維，武元皇帝從兄之子。其祖曰劾閭，乃武元伯父也。父(師)[即]阿盧里移賚孛極烈，後雖貴襲其官，加於見授官銜上。〔罕〕姿貌雄傑，能被甲周貫馬腹，驍捷如風。輪劍入敵，人莫敢當。幼時嬉戲，爲部伍擊刺之法，有居後者，擊之以鞭。性特嚴酷殘忍，沈鷙多謀。遇戰時，號令其下，騎者騎，步者步，回顧者斬，所以每戰必勝也。

武元初起時，纔有千騎，破遼寧江州後，遼人益兵至二十萬，女真以衆寡不

敵，謀降，獨粘罕、兀室、婁宿曰：「我殺遼人已多，降必見勦，不若以死拒之。」粘罕奮鐵撾而前，諸將隨之，遼人大敗，自是乘勝入黄龍府五十餘州，浸逼中京。古白霫城也。其後遼祚竟亡，多其力也。

武元與南宋通和，已議還燕京六州地，粘罕不從，指地圖曰：「欲作夏國往來次舍，勿復言。」其後，粘罕欲止割涿、易兩州，武元不許。是年，以罕爲都統。太宗初改都統府爲元帥府，仍用罕爲左副元帥。斡離不之南下也，取和而還，及再征宋京，諸將猶以爲難，猶罕鋭意請行，其後破(京師)〔宋京〕，遷徙二帝而去，罕功居最。

初，金師渡河至城下，見城上守禦以爲難破，先欲講和。數日，罕曰：「城不難破，城上人多，多則易亂。」及破城日，遣八壯士先登，城上果亂散走。

靖康初元七月，彗星(其)〔見〕，其芒亘數尺，自北拂帝座，并掃文昌。或謂罕乃妖星之精。時國事大小罕皆總之，雖卿相拜其前，而罕不爲禮。太宗朝，罕之專權，主不能令，至于命相亦取決焉。後握兵不數年，淫刑毒政，皆高慶裔教成之。兵權既離掌握，慶裔不免于誅，而罕亦憤恚以死。後謚曰忠獻，詔立廟大興府，祀以天子禮樂。

雜録

備論

《金史》卷七四《完顏宗翰傳》 贊曰：宗翰内能謀國，外能謀敵，決策制勝，有古名將之風。臨潢既捷，諸將皆有怠忽之心，而請伐不已。越千里以襲遼主，諸將皆有畏顧之心，而請期不已。觀其欲置江、淮，專事陝服，當時無有能識其意者。甫釋干戈，斂衽歸朝，以定熙宗之位，精誠之發，孰可掩哉。

完顏宗望部

綜述

《金史》卷七四《完顏宗望傳》　宗望本名斡魯補，又作斡离不，太祖第二子也。每從太祖征伐，常在左右。

都統杲已克中京，宗翰在北安州，獲遼護衛習泥烈，知遼主在鴛鴦濼，宗翰請襲之。杲出青嶺，遼兵三百餘掠降人家貲。宗望曰：「若生致此輩，可審得遼主所在虛實。」遂與宗弼率百騎進。騎多罷乏，獨與馬和尚逐越盧孛古、野里斯等，留一騎趣後軍，即馳擊敗之，生擒五人。因審遼主尚在鴛鴦濼未去無疑也，於是進兵。宗翰倍道兼行，追遼主于五院司，不及。婁室等追之至白水濼，遼主走陰山。遼秦晉國王捏里自立于燕京。新降州部，人心不固，杲使宗望請太祖臨軍。

宗望至京師，百官入賀。上曰：「宗望與十餘騎經涉兵寇數千里，可嘉也。」上宴羣臣，歡甚。宗望奏曰：「今雲中新定，諸路遼兵尚數萬，遼主尚在陰山、天德之間，而捏里自立于燕京，新降之民，其心未固，是以諸將望陛下幸軍中也。」上曰：「懸軍遠伐，授以成算，豈能盡合機事。朕以六月朔啓行。」既次大濼西南，杲使希尹奏請徙西南招討司諸部于內地。上顧謂羣臣曰：「徙諸部人當出何路？」宗望對曰：「中京殘弊，芻糧不給，由上京爲宜。然新降之人，遽爾騷動，未降者必皆疑懼。勞師害人，所失多矣。」上京謂臨潢府也。上廼下其議，命軍帥度宜行之。

上聞遼主在大魚濼，自將精兵萬人襲之。蒲家奴、宗望率兵四千爲前鋒，晝夜兼行，馬多乏，追及遼主于石輦驛，軍士至者才千人，遼軍餘二萬五千。方治營壘，蒲家奴與諸將議。余睹曰：「我軍未集，人馬疲劇，未可戰。」宗望曰：「今追及遼主而不亟戰，日入而遁，則無及。」遂戰，短兵接，遼兵圍之數重，士皆殊死戰。遼主謂宗望兵少必敗，遂與嬪御皆自高阜下平地觀戰。余睹示諸將曰：「此遼主麾蓋也。若萃而薄之，可以得志。」騎兵馳赴之，遼主望見大驚，即遁去，遼兵遂潰。宗望等還。上曰：「遼主去不遠，亟追之。」宗望以騎兵千餘追之，蒲家奴爲後繼。

太祖已定燕京，斡魯爲都統，宗望副之，襲遼主于陰山、青塚之間。宗望、婁室、銀术可以三千軍分路襲之。將至青塚，遇泥濘，衆不能進。宗望與當海四騎以繩繫遼都統林牙大石，使爲鄉導，直至遼主營。時遼主往應州，其嬪御諸女見敵兵奄至驚駭欲奔，命騎下執之。有頃，後軍至。遼太叔胡盧瓦妃，國王捏里次妃，遼漢夫人，并其子秦王、許王，女骨欲、餘里衍、斡里衍、大奧野、次奧野，趙王妃斡里衍，招討迪六，詳穩六斤，節度使孛迭、赤狗兒皆降。得車萬餘乘，惟梁王雅里及其長女乘軍亂亡去。婁室、銀术可獲其左右輿帳。進至掃里門，爲書以招遼主。

遼主自金城來，知其族屬皆見俘，率兵五千餘決戰。宗望以千兵擊敗之。遼主相去百步，遁去。獲其子趙王習泥烈及傳國璽。追二十餘里，盡得其從馬，而照里、特末、胡巴魯、背荅別獲牧馬萬四千匹、車八千乘。及獻傳國璽于行在，太祖曰：「此羣臣之功也。」遂置璽于懷中，東面恭謝天地，乃大録諸帥功，加賞焉。

遼主乃使謀盧瓦持兔鈕金印請降。宗望受之，視其文，乃「元帥燕國王之印」也。宗望復以書招之，諭以石晉北遷事。遂使使諭夏國，示以和好，所以沮疑其救遼之心也。宗望趨天德，遼耶律慎思降。及候人吴十回，皆言夏國迎護遼主度大河矣。宗望乃傳檄夏國曰：「果欲附我，當如前諭，執送遼主。若猶疑貳，恐有後悔。」及遼秦王等以俘見太祖，太祖嘉宗望功，以遼蜀國公主餘里衍賜之。

闍母與張覺戰，大敗於兔耳山。上使宗望問狀，就以闍母軍討張覺，降瀕海郡縣。遂與覺戰于南京城東。覺敗，宵遁奔宋，語在《覺傳》。城中人執覺父及其二子來獻，宗望殺之。使以詔書宣諭城中張敦固等出降。使使與敦固俱入城收兵仗。城中人殺使者，立敦固爲都統，刼府庫，掠居民，乘城拒守。太宗賞破張覺功及有功將士各有差。

初，張覺奔宋，入于燕京，宗望責宋人納叛人，且徵軍糧。久不聞問，宗望欲移書督之，請空名宣頭千道，增信牌，安撫新降之民。詔以「新附長吏職員仍舊。已命諸路轉輸軍糧，勿督於宋。給銀牌十、空名宣頭五十道。及還、潤、來、隰四州人徙于瀋州者，俟畢農各復其業」。乃詔咸州輸粟宗望軍。

張敦固以兵八千分四隊出戰，大敗。宗望再三開諭，敦固等曰：「屢嘗拒戰，不敢遽降。」宗望許其望闕遥拜。敦固乃開其一門。宗望使闍母奏其事，乃下詔赦南京官民，大小罪皆釋之，官職如舊。別勅有司輕徭賦、勸稼穡，疆埸之事，一決於宗望。又曰：「議索張覺及逋亡户口於宋。聞比歲不登，若如舊徵斂，恐民匱乏，度其糧數賦之。射糧軍願爲民者，使復田里。小大之事關白軍帥，無得專達朝廷。」詔宗望曰：「選勳賢及有民望者爲南京留守，及諸闕員，仍具姓名官階以聞。」是時，遷、潤、來、隰四州之民保山砦者甚衆，宗望乞選良吏招撫。上從之。

上召宗望赴闕，而闍母克南京，兵執僞都統張敦固殺之，南京平。赴京師。於是，宗翰請無割山西地與宋，斡魯亦言之。闍母論奏宋渝盟有驗，不可不備。及宗望還軍，上曰：「徵歲幣於宋，以銀二十萬兩、絹三十萬匹分賜爾軍及六部東京諸軍。」宗望至軍，宋兵三千自海道來，破九寨，殺馬城縣戍將節度使度盧斡，取其銀牌兵仗及馬而去。宗望索户口，宋人弗遣，且聞童貫、郭藥師治軍燕山。宗望奏請伐宋曰：「苟不先之，恐爲後患。」宗翰亦以爲言。故伐宋之策，宗望實啓之。

宗望爲南京路都統，闍母副之，自燕山路伐宋。宗望奏曰：「闍母於臣爲叔父，請以闍母爲都統，臣監戰事。」上從之。以宗望監闍母、劉彦宗兩軍戰事。宗望至三河，破郭藥師兵四萬五千于白河，蒲莧敗宋兵三千于古北口，郭藥師降。宗望遂取燕山府，盡收其軍實，馬萬匹，甲冑五萬，兵七萬，州縣悉平。宋中山戍將王彦、劉璧率兵二千來降。蒲察、繩果以三百騎遇中山三萬人於阨隘之地，力戰，死之。术烈速、活里改軍繼至，殺二萬餘人。宗望破宋真定兵五千人，遂克信德府，次邯鄲。宋李鄴請修舊好。宗望留軍中不遣。

自郭藥師降，益知宋之虚實。宗望請以爲燕京留守。及董才降，益知宋之地里。宗望請任以軍事。太宗俱賜姓完顔氏，皆給以金牌。

四年正月己巳，諸軍渡河，取滑州。使吴孝民入汴，以詔書問納平州張覺事，令執送童貫、譚稹、詹度，以黄河爲界，納質奉貢。癸酉，諸軍圍汴。宋少帝請爲伯姪國，効質納地，增歲幣請和。遂割太原、中山、河間三鎮，書用伯姪禮，以康王構、太宰張邦昌爲質。沈晦以誓書、三鎮地圖至軍中，歲幣割地一依定約，語在宋事中。

二月丁酉朔，與宋平，退軍孟陽。是夜，姚平仲兵四十萬來襲。候騎覺之，分遣諸將迎擊，大破平仲軍，復進攻汴城，問舉兵之狀。少帝大恐，使宇文虚中來辨曰：「初不知其事，且將加罪其人。」宗望輟弗攻，改肅王樞爲質，康王構遣歸。師還，河北兩鎮不下，遂分兵討之。

宗望罷常勝軍，給還燕人田業，命將士分屯安肅、雄、霸、廣信之境。宗望還山西。未幾，爲右副元帥，有功將士遷賞有差。

頃之，宋少帝以書誘余睹，蕭仲恭獻其書，詔復伐宋。八月，宗望會諸將，發自保州。耶律鐸破敵兵三萬于雄州，殺萬餘人。那野敗宋軍七千於中山。高六、董才破宋兵三千於廣信。宋种師閔軍四萬人駐井陘，宗望大破之，遂取天威軍。東還，遂克真定，殺知府李邈，得户三萬，降五縣。遂自真定趨汴。

十一月戊辰，宗望至河上，降魏縣。諸軍渡河，留諸將分出大名之境。降臨河縣，至大名縣，德清軍、開德府，皆克之。阿里刮以騎兵三千先趨汴，破宋軍六千于路。取胙城，抵汴城下，覆宋兵千人，擒數將。宗望至汴，分遣諸將遏宋援兵，奔睹、那野、賽剌、臺實連破宋援兵。閏月壬辰朔，宋兵一萬出自汴城來戰。宗望選勁勇五千，使當海、忽魯、雛鶻失擊敗之。癸巳，宗翰自太原會軍于汴。丙辰，克汴州。辛酉，宋少帝詣軍前。十二月癸亥，宋帝奉表降。上使勗就軍中勞賜宗翰、宗望，使皆執其手以勞之。五年四月，以宋二主及其宗族四百七十餘人，及珪璋、寶印、袞冕、車輅、祭器、大樂、靈臺、圖書，與大軍北還。

宗望乃分諸將鎮守河北。董才降廣信軍及旁近縣鎮。宗望乃西上凉陘。詔宗望曰：「自河之北，今既分畫，重念其民見城邑有被殘者，遂阻命堅守，其申諭招輯安全之。儻堅執不移，自當致討。若諸軍敢利於俘掠，輒肆毀蕩者，當底於罰。」

是月，宗望薨。天會十三年，封魏王。皇統三年，進許國王，又徙封晉國王。天德二年，贈太師，加遼燕國王，配享太宗廟廷。正隆二年，例降封。大定三年，改封宋王，謚桓肅。子齊、京、文。

初，遼帝之奔陰山也，遼節度使和尚與林牙馬哥、男慎思俱被擒，都統杲使阿鄰護送得里底、和尚、雅里斯等入京師。得里底道亡，太祖誅阿鄰。和尚弟道温爲興中尹，太祖使謾都本以兵千人與和尚往招之。和尚欲亡去，不克，至興中城下，以矢繫書射城中，教道温毋降。事泄，謾都本責之曰：「汝何反覆如此？」對曰：「以忠報國，何反覆之有，雖死不恨。」乃殺之。既而宗望軍遇遼都統李迭等，道温在其中，相與隔水而語。宗望承制招之，李迭唯諾，無降意。宗望謂道温曰：「汝兄和尚因戰而獲，未嘗加罪，後以叛誅，能無痛悼。」道温曰：「吾兄辱於見獲，榮於死國。」宗望顧馬和尚曰：「能爲我取此乎？」對曰：「能。」遂以所

部渡水擊敗其衆，直趨道温，射中其臂，獲而殺之。

宇文懋昭《大金國志》卷二七《斡離不傳》 斡離不一名宗傑，乃武元第四子，江南誤呼作「二太子」。爲人眇小，性慈仁，喜談佛道，武元常奇其爲人。累更戰陣，在軍中號爲「菩薩太子」。

天會三年，斡離不率衆南征，破檀、薊等州至玉田縣，時宋郭藥師兵戈甲鮮明，方渡河，國兵亦懼，斡離不乃東向，望日而拜，號令諸部而進。未幾，藥師降，遂進圍京師。後講和，需金五百萬兩，銀五千萬兩，絹綵各一百萬疋，及割中山、太原、河間三鎮而退師。

天會(三)[四]年，誅「常勝軍」三千人。「常勝軍」乃遼人，叛歸宋，至是又叛歸金。斡離不乃遣各人還歸本土居住爲名，問「常勝軍」曰：「天祚待汝如何？」曰：「天祚待我甚厚。」「趙皇如何？」曰：「趙皇待我尤厚。」斡離不曰：「天祚待汝厚，汝反；趙皇待汝厚，汝又反，我今以金帛與汝等，汝定是亦反。我無用爾等。」于是皆惶恐而退。既行，遂遣四千騎以搜檢器械爲名，于松亭關皆殺之。又遣人于令徽家搜檢器甲，又賜郭藥師姓完顏，拘之泊(定)[淀]中。或云，太子本仁慈，此受粘罕教使也。

天會四年九月，復南征，再圍京城，斡離不先擁兵抵劉家寺，粘罕繼至，環城列柵，分地，爲攻拔之計。破城時，軍中屢欲血洗，數次登門，望城中有黃旗兵將在空中，不可洗，遂止。然主洗城者，粘罕與劉監軍，太子不與焉，蓋其性善耳。

閏十一月二十五日，城破，其後與粘罕共以太宗之命逼張邦昌即位。是時歸至燕山，乃天會五年也。

山後議事，太子欲以徽宗歸南，粘罕未許。因打毬中暑而死，後謚曰忠武。

雜録

備論

《金史》卷七四《完顏宗望傳》 贊曰：宗望啓行平州，戰勝白河，席卷而南，風行電舉，兵無留難，再閱月而汴京圍矣。所謂敵不能與校者耶。既取信德，留兵守之，以爲後距，此豈輕者耶。《管子》曰：「徑於絶地，攻於恃固，獨出獨入，而莫之能止。」其宗望之謂乎。

金太宗部

綜述

《金史》卷三《太宗紀》 太宗體元應運世德昭功哲惠仁聖文烈皇帝，諱晟，本諱吳乞買，世祖第四子，母曰翼簡皇后拏懶氏，太祖母弟也。遼太康元年乙卯歲生。初爲穆宗養子。收國元年七月，命爲諳班勃極烈。太祖征伐，常居守。天輔五年，賜詔曰：「汝惟朕之母弟，義均一體，是用汝貳我國政。凡軍事違者，閱實其罪，從宜處之。其餘事無大小，一依本朝舊制。」

天輔七年六月，太祖次鴛鴦濼，有疾。至斡獨山驛，召赴行在。詔曰：「今遼主盡喪其師，奔于夏國。遼官特列、遥設等劫其子雅里而立之，已留宗翰等措畫。朕親巡已久，功亦大就，所獲州部，政須綏撫，是用還都。八月中旬，可至春州，汝率内戚迎我，若至豹子崖尤善。」

八月乙未，會于渾河北。戊申，太祖崩。

九月乙卯，葬太祖于宫城西。國論勃極烈杲、鄆王昂、宗峻、宗幹率宗親百官請正帝位，不許，固請，亦不許。宗幹率諸弟以赭袍被體，置璽懷中。丙辰，即皇帝位。己未，告祀天地。丙寅，大赦中外。改天輔七年爲天會元年。癸酉，發春州粟，賑降人之徙于上京者。戊寅，詔諸猛安賦米，給户口在内地匱乏者。南路軍帥闍母，敗張覺于樓峯口。

十月壬辰，詔以空名宣頭百道給西南、西北兩路都統宗翰，曰：「今寄爾以方面，如當遷授必待奏請，恐致稽滯，其以便宜從事。」己亥，上京慶元寺僧獻佛骨，却之。闍母及張覺戰于兔耳山，闍母敗績。

十一月壬子，命宗望問闍母罪，以其兵討張覺。壬戌，復以空名宣頭及銀牌給上京路軍帥實古迺、婆盧火等。癸亥，宗望以闍母軍發廣寧，下瀕海諸郡縣。詔諭南京，割武、朔二州入于宋。婁室破朔州西山，擒其帥趙公直。勃堇斡魯别及勃剌速破走乙室白答於歸化。己巳，徙遷、潤、來、隰四州之民于瀋州。庚午，宗望及張覺戰于南京東，大敗之。張覺奔宋，城中人執其父及二子以獻，戮之軍中。壬申，張忠嗣、張敦固以南京降，遣使與張敦固入諭城中，復殺其使者以叛。己卯，詔女直人，先有附於遼，今復虜獲者，悉從其所欲居而復之。其奴婢部曲，昔雖逃背，今能復歸者，並聽爲民。

十二月辛巳，蠲民間貸息。詔以咸州以南，蘇、復州以北，年穀不登，其應輸南京軍糧免之。甲午，詔曰：「比聞民間乏食，至有鬻其子者，其聽以丁力等者贖之。」是日，以國論勃極烈杲爲諳班勃極烈，宗幹爲國論勃極烈。遣勃堇李靖如宋告哀。

二年春正月庚戌朔，以諰都訶爲阿捨勃極烈，參議國政。壬子，命賞宗望及將士克南京之功，赦闍母罪。甲寅，以空名宣頭五十、銀牌十給宗望。戊午，詔孛堇完顔阿實賚曰：「先帝以同姓之人有自鬻及典質其身者，命官爲贖。今聞尚有未復者，其悉閱贖之。」癸亥，以東京比歲不登，詔減田租、市租之半。甲戌，西南、西北兩路都統宗翰、宗望請勿割山西郡縣與宋，上曰：「是違先帝之命也，其速與之。」夏國奉表稱藩，以下寨以北、陰山以南、乙室耶剌部吐禄濼西之地與之。丙子，貽宋書，索俘虜叛亡。丁丑，始自京師至南京每五十里置驛。

二月，詔有盜發遼諸陵者，罪死。庚寅，詔命給宗翰馬七百疋、田種千石、米七千石，以賑新附之民。丁酉，命徙移懶路都勃堇完顔忠于蘇瀕水。乙巳，詔諭南京官僚，小大之事，必關白軍帥，無得專達朝廷。丙午，宗翰乞濟師，詔有司選精兵五千給之。丁未，命宗望，凡南京留守及諸闕員，可選勳賢有人望者就注擬之，具姓名官階以聞。

三月己酉朔，命宗望以宋歲幣銀絹分賜將士之有功者。庚戌，叛人活孛帶降，詔釋之。宗望請選良吏招撫遷、潤、來、隰之民保山砦者，從之。己未，宗望以南京反覆，凡攻取之計，乞與知樞密院事劉彦宗裁決之。劉公胄、王永福棄家踰城來降，以公胄爲廣寧尹，永福爲奉先軍節度使。辛未，夏國王李乾順遣使上誓表。

閏月戊寅朔，賜夏國誓詔。辛巳，命置驛上京、春、泰之間。己丑，烏虎里、迪烈底兩部來降。丙午，既許割山西諸鎮與宋，以宗翰言罷之。是月，斜野襲遥輦昭古牙，走之，獲其妻孥羣從及豪族。勃堇渾啜等破奚七巖而撫其民人。

四月己酉，以宗翰經略西夏及破遼功，賜以十馬，使自擇其二，餘以分諸帥。賑上京路、西北路降者及新徙嶺東之人。戊午，以實古迺所築上京新城名會平州。乙亥，詔贖上京路新遷寧江州户口賣身者六百餘人。宋遣使來弔喪。以高

朮僕古等充遺留國信使，高興輔、劉興嗣等充告即位國信使，如宋。
五月丁丑朔，上京軍帥實古迺以所獲印綬二十二及銀牌來上。癸未，詔
曰：「新降之民，訴訟者衆，今方農時，或失田業，可俟農隙聽決。」丁亥，婆速路
猛安僕盧古以贓罷，以謀克習泥烈代之。乙巳，曷懶路軍帥完顔忽剌古等言：
「往者歲捕海狗、海東青、鴉、鶻於高麗之境，近以二舟往，彼乃以戰艦十四要而
擊之，盡殺二舟之人，奪其兵仗。」上曰：「以小故起戰爭，甚非所宜。今後非奉
命，毋輒往。」闍母克南京，殺都統張敦固。
七月壬午，皇子宗峻薨。丙戌，禁外方使介冗從多者。壬辰，鶻實答言：
「高麗納吾叛亡，增其邊備，必有異圖。」詔曰：「納我叛亡而弗歸，其曲在彼。凡
有通問，毋違常式。或來侵略，整爾行列，與之從事。敢先犯彼，雖捷必罰。」乙
未，以烏虎部及諸營叛，以吳勃極烈昱等討平之。
八月乙巳朔，以孛菫烏爪乃等爲賀宋生辰使。丁巳，撒离改部猛安雛思以
贓罷，以奚金家奴代之。六部都統撻懶擊走昭古牙，殺其隊將曷魯燥、白撒曷
等。又破降駱駝山、金源、興中諸軍，詔增給銀牌十。
十月甲辰朔，夏國遣使謝誓詔。戊午，天清節，宋、夏遣使來賀。甲子，詔發
寧江州粟，賑泰州民被秋潦者。遥輦昭古牙率衆來降。興中府降。丙寅，詔有
司運米五萬石于廣寧，以給南京、潤州戍卒。命南路軍帥闍母，以甲士千人益合
蘇館路孛菫完顔阿實賚，以備高麗。戊辰，西南、西北兩路權都統斡魯言：「遼
詳穩撻不野來奔，言耶律大石自稱爲王，置南北官屬，有戰馬萬疋。遼主從者不
過四千户，有步騎萬餘，欲趨天德，駐余都谷。」詔曰：「追襲遼主，必酌事宜。其
討大石，則俟報下。」
十一月癸未，闍母下宜州，拔杈枒山，殺節度使韓慶民。癸卯，詔以米五萬
石給撻懶、實古迺。
十二月戊申，以孛菫高居慶等爲賀宋正旦使。
三年正月癸酉朔，宋、夏遣使來賀。戊子，同知宣徽院事韓資正加尚書左僕
射，爲諸宫都部署。乙未，夏國遣使奠幣及賀即位。宋遣使賀即位。
二月壬戌，婁室獲遼主于余睹谷。丁卯，以所獲城地分授所徙烏虎里、迪烈
底二部及契丹民。
三月乙亥，阿捨勃極烈謾都訶薨。丙子，賑奚、契丹新附之民。辛巳，建乾
元殿。斡魯獻傳國寶，以謀葛失來附，請授印授。是日，賜完顔婁室鐵券。

四月壬寅朔，詔以遼主赴京師。丁巳，南路軍帥察剌以罪罷。
五月己丑，蕭八斤獲遼玉寶來獻。
六月庚申，以獲遼主，遣李用和等充告慶使如宋。
七月壬申，禁内外官、宗室毋私役百姓。己卯，南京帥以錦州野蠶成繭，奉
其絲綿來獻，命賞其長吏。詔權勢之家毋買貧民爲奴。其脅買者一人償十五
人，詐買者一人償二人，皆杖一百。甲申，詔南京括官豪牧馬，以等第取之，分
給諸軍。以耶律固等爲宋報謝使。
八月癸卯，斡魯以遼主至京師。甲辰，告于太祖廟。丙午，遼主延禧入見，
降封海濱王。壬子，詔有司揀閲善射勇健之士以備宋。
九月壬午，廣寧府獻嘉禾。癸巳，保州路都孛菫加古撒曷有罪伏誅，以孛菫
徒單烏烈代之。
十月甲辰，詔諸將伐宋。以諳班勃極烈杲兼領都元帥，移賚勃極烈宗翰兼
左副元帥先鋒，經略使完顔希尹爲元帥右監軍，左金吾上將軍耶律余睹爲元帥
右都監，自西京入太原。六部路軍帥撻懶爲六部路都統，斜也副之，宗望爲南京
路都統，闍母副之，知樞密院事劉彦宗兼領漢軍都統，自南京入燕山。詔建太祖
廟于西京。召耶魯赴京師教授女直字。戊申，有司言權南路軍帥鶻實荅官吏貪
縱，詔鞫之。壬子，天清節，宋、夏遣使來賀。丁巳，以闍母爲南京路都統，埽喝
副之，宗望爲闍母、劉彦宗兩軍監戰。壬戌，詔曰：「今大有年，無儲蓄則何以備
饑饉，其令牛一具賦粟一石，每謀克爲一廩貯之。」宋易州戍將韓民毅以軍降，處
之蔚州。
十一月庚辰，以降封遼主爲海濱王詔中外。辛卯，南路軍帥司請禁契丹、
奚、漢人挾兵器，詔勿禁。以張忠嗣權簽南京中書樞密院事。
十二月庚子，宗翰下朔州。甲辰，宗望諸軍及宋郭藥師、張企徽、劉舜仁戰
於白河，大破之。蒲莧敗宋兵于古北口。丙午，郭藥師降，燕山州縣悉平。戊
申，宗翰克代州。乙卯，中山降。丙辰，宗望破宋兵五千于真定。戊午，宗翰圍
太原。耶律余睹破宋河東、陝西援兵于汾河北。甲子，宗望克信德府。
四年春正月丁卯朔，始朝日。降臣郭藥師、董才皆賜姓完顔氏。戊辰，宗弼
取湯陰，大臭攻下濬州，迪古補取黎陽。己巳，諸軍渡河。庚午，取滑州。宗望
使吳孝民等入汴，問宋取首謀平山者童貫、譚稹、詹度及張覺等。宋太上皇帝出
奔。癸酉，諸軍圍汴。甲戌，宋使李棁來謝罪，且請修好。宗望許宋修好，約質，

割三鎮地，增歲幣，載書稱伯姪。戊寅，宋以康王構、少宰張邦昌爲質。辛巳，宋上誓書，地圖，稱姪大宋皇帝，伯大金皇帝。癸未，諸軍解圍。

二月丁酉朔，夜，宋將姚平仲兵四十萬來襲宗望營，敗之。己亥，復進師圍汴。宋使宇文虛中以書來，改以肅王樞爲質，遣康王構歸。師還。壬子，以滑、濬二州與宋。宗翰定威勝軍，攻下隆德府。丁巳，次澤州。海濱王家奴誣其主欲亡去，詔誅其首惡，餘並杖之。

三月癸未，銀术可圍太原，宗翰還西京。

四月癸卯，宗望使宗弼來奏捷。乙丑，耿守忠等大敗宋兵于西都谷。

五月辛未，宋种師中以兵出井陘。癸酉，完顏活女敗之于殺熊嶺，斬師中於陣。是日，拔离速敗宋姚古軍於隆州谷。

六月丙申朔，高麗國王王楷奉表稱藩。庚戌，宗望獻所獲三象。庚申，以宗望爲右副元帥。

七月丙寅，遣高伯淑等宣諭高麗。壬申，出金牌，命孛堇大臬以所領渤海軍八猛安爲萬户。戊子，以鐵勒部長奪离剌不從其兄夔里本叛，賜馬十一、豕百、錢五百萬。蕭仲恭使宋還，以所持宋帝與耶律余睹蠟書自陳。

八月庚子，詔左副元帥宗翰、右副元帥宗望伐宋。宋張灝率兵出汾州，拔离速擊走之。劉臻以兵出壽陽，婁室破之。庚戌，宗翰發西京。辛亥，婁室等破宋張灝軍于文水。癸丑，宗望發保州。是日，耶律鐸破宋兵于雄州，那野等敗宋兵于中山。甲寅，新城縣進白烏。庚申，突撚取新樂。

九月丙寅，宗翰克太原，執經略使張孝純。鶻沙虎取平遥、靈石、孝義、介休諸縣。己巳，復以南京爲平州。辛未，宗望破宋种師閔軍於井陘，取天威軍，克真定，殺其守李邈。

十月，婁室克汾州，石州降。蒲察克平定軍，遼州降。丁未，天清節，高麗、夏遣使來賀。中京進嘉禾。

十一月甲子，宗翰自太原趨汴。丙寅，宗望自真定趨汴。戊辰，宗翰下威勝軍。癸酉，撒剌荅破天井關。乙亥，宗翰克隆德府。活女渡盟津。西京、永安軍、鄭州皆降。庚辰，宗翰克澤州。宗望諸軍渡河，臨河、大名二縣，德清軍、開德府皆下。丙戌，克懷州。是日，宗望至汴。

閏月壬辰朔，宋出兵拒戰，宗望等擊敗之。癸巳，宗翰至汴。丙辰，克汴城。庚申，以高隨充高麗生日使。辛酉，宋主桓出居青城。

十二月癸亥，宋主桓降，是日，歸于汴城。庚辰，詔曰：「朕惟國家，四境雖遠而兵革未息，田野雖廣而畎畝未闢，百工略備而禄秩未均，方貢僅修而賓館未贍。是皆出乎民力，苟不務本業而抑游手，欲上下皆足，其可得乎。其令所在長吏，敦勸農功。」

五年正月辛卯朔，高麗、夏遣使來賀。癸巳，宗翰、宗望使以宋降表來上。乙未，知樞密院事劉彦宗上表，請復立趙氏，不聽。丁巳，回鶻喝里可汗遣使入貢。

二月丙寅，詔降宋二帝爲庶人。

三月丁酉，立宋太宰張邦昌爲大楚皇帝。割地賜夏國。

四月乙酉，克陝府，取虢州。丙戌，以六部路都統撻懶爲元帥左監軍，南京路都統闍母爲元帥左都監。宗翰、宗望以宋二帝歸。己丑，詔曰：「合蘇館諸部與新附人民，其在降附之後同姓爲婚者，離之。」

五月庚寅朔，宋康王構即位於歸德。宋殺張邦昌。婁室降解、絳、慈、隰、石，河中、岢嵐、寧化、保德、火山諸城。撻懶徇地山東，下密州。迪虎下單州。廣信軍降。

六月庚申，詔曰：「自河之北，今既分畫，重念其民或見城邑有被殘者，不無疑懼，遂命堅守。若即討伐，生靈可愍。其申諭以理，招輯安全之。儻執不移，自當致討。若諸軍敢利於俘掠輒肆蕩毀者，底于罰。」庚辰，右副元帥宗望薨。漢國王宗傑薨。

七月甲午，賜宗翰券書，除反逆外，咸貰勿論。以石州戍將烏虎棄城喪師，杖之，削其官。

八月戊寅，以宋捷，遣耶律居謹等充宣慶使使高麗。丙戌，以宗輔爲右副元帥。詔曰：「河北、河東郡縣職員多闕，宜開貢舉取士，以安新民。其南北進士，各以所業試之。」

九月丁未，詔曰：「内地諸路，每耕牛一具賦粟五斗，以備歉歲。」辛亥，賜元帥右監軍完顏希尹、萬户銀术可券書，除赦所不原，餘並勿論。闍母取河間，大敗宋兵于莫州，雄州降。撻懶克祁州，永寧軍、保州、順安軍皆降。

冬十月丁卯，沙州回鶻活剌散可汗遣使入貢。辛未，天清節，高麗、夏遣使來賀。宋二帝自燕徙居于中京。

十二月丙寅，右副元帥宗輔伐宋，徇地淄、青。烏林荅泰欲敗宋將李成于淄

州。趙州降。阿里刮徇地濬州，敗敵兵，遂取滑州。乙亥，西南路都統斡魯薨。己卯，賽里下汝州。

六年正月丙戌朔，高麗、夏遣使來賀。宗弼破宋鄭宗孟軍于青州。銀术可取鄧州。薩謀魯入襄陽。拔离速入均州。馬五取房州。癸巳，克青州。癸卯，闍母克濰州。丁未，迪古補敗宋將趙子昉兵。撒离喝敗宋兵于河上。甲寅，宋將馬括兵次樂安，宗輔擊敗之，聞宋主在維揚，以農時還師。宗弼敗宋兵于河上。

二月乙卯朔，拔离速取唐州，癸亥，取蔡州。己巳，移剌古敗宋將臺宗雋等兵于大名。庚午，再破其軍，獲臺宗雋及宋忠。甲戌，拔离速取陳州。癸未，克潁昌府。鄭州叛入于宋，復取鄭州。遷洛陽、襄陽、潁昌、汝、鄭、均、房、唐、鄧、陳、蔡之民于河北。宗翰復遣婁室攻下同、華、京兆、鳳翔，擒宋經制使傅亮。阿鄰破河中。斡魯入馮翊。

三月壬辰，命南路軍帥實古迺，籍節度使完顔慎思所領諸部及未置猛安謀克户來上。己酉，撻懶下恩州。

五月戊戌，移沙土古思以本部來附。

六月己未，詔求祖宗遺事。撻懶遣兵徇下磁州、信德府。真定賊自稱元帥，秦王撒离喝討平之。

七月乙巳，宋主遣使奉表請和，詔進兵伐之。以宋二庶人赴上京。

八月乙卯，婁室敗宋兵于華州，訛特剌破敵于渭水，遂取下邽。丁丑，以宋二庶人素服見太祖廟，遂入見于乾元殿。封其父昏德公、子重昏侯。是日，告于太祖廟。以州郡職員名稱及俸給因革詔中外。

九月辛丑，繩果等敗宋兵于蒲城。甲申，又破敵於同州。乙丑，取丹州。

十月丙寅，天清節，高麗、夏遣使來賀。癸酉，知樞密院事劉彦宗薨。丁丑，蒲察婁室敗宋兵于臨真。戊寅，徙昏德公、重昏侯于韓州。庚辰，宗翰、宗輔會于濮，伐宋。

十一月庚寅，蒲察婁室取延安府。壬辰，賑移懶路。乙未，取濮州。綏德軍降。婁室再攻晉寧軍，其守徐徽言固守，不能克。

十二月丙辰，宗弼取開德府。丁卯，宗輔克大名府。鶻沙虎敗宋兵于鞏。

七年正月庚辰朔，高麗、夏遣使來賀。辛巳，吴國王闍母薨。甲午，以西京留守韓企先同中書門下平章事、知樞密院事。

二月戊辰，宋麟府路安撫使折可求以麟、府、豐三州降。己巳，婁室、塞里、鶻沙虎等破晉寧軍，其守徐徽言據子城拒戰。庚午，率衆潰圍走，擒之。使之拜，不拜。臨之以兵，不動。命降將折可求諭之降，指可求大罵，出不遜語，遂殺之。其統制孫昂及士卒皆不屈，盡殺之。甲戌，詔禁醫巫閭山遼代山陵樵採。

三月，壬寅，詔軍興以來，良人被略爲驅者，聽其父母夫妻子贖之。尚書左僕射高楨罷。

四月，蒲察婁室取鄜、坊二州。

五月乙卯，拔离速等襲宋主于揚州。

九月，庚午，宗弼敗宋兵于睢陽。辛未，降其城。是月，曹州降。

十月丙子朔，京兆府降。丁丑，鞏州降。庚寅，天清節，高麗、夏遣使來賀。丁酉，阿里、當海、大臭破敵于壽春。己亥，安撫使馬世元以城降。甲辰，廬州降。

十一月庚戌，徙曷蘇館都統司治寧州。乙卯，高麗遣使來貢。丙辰，宗弼取和州。壬戌，宗弼渡江，敗宋副元帥杜充軍于江寧。丁卯，守臣陳邦光以城降。

十二月丙戌，宗弼取湖州。丁亥，克杭州。阿里、蒲盧渾追宋主于明州。越州降。大臭敗宋樞密使周望于秀州，又敗宋兵于杭州東北。戊戌，阿里、蒲盧渾敗宋兵于東關，遂濟曹娥江。壬寅，敗宋兵于高橋。宋主入于海。

八年正月甲辰朔，高麗、夏遣使來賀。丁巳，以同中書門下平章事韓企先爲尚書左僕射兼侍中。己未，阿里、蒲盧渾克明州，執其守臣趙伯諤。庚申，詔曰：「避役之民，以微直鬻身權貴之家者，悉出還本貫。」阿魯補、斜里也下太平、順昌及濠州。是月，宋副元帥杜充以其衆降。

二月乙亥，宗弼還自杭州。庚寅，取秀州。戊戌，取平江。

汴京亂，三月丁卯，大迪里復取之。宗弼及宋韓世忠戰于鎮江，不利。

四月丙申，復戰于江寧，敗之。諸軍渡江。是日，阿魯補戰于拓皋，己亥，周企戰于壽春，辛丑，婁室戰于淳化，皆勝之。醴州降，遂克邠州。

五月癸卯，禁私度僧尼及繼父繼母之男女無相嫁娶。戊申，詔曰：「河北、河東簽軍，其家屬流寓河南被俘掠爲奴婢者，官爲贖之，俾復其業。」

六月壬申，詔遣遼統軍使耶律曷禮質、節度使蕭别离剌等十人，分治新附州鎮。癸酉，詔以昏德公六女爲宗婦。

七月辛亥，詔給泰州都統婆盧火所部諸謀克甲冑各五十。先遣婁室經略陝

西，所下城邑叛服不常，其監戰阿盧補請益兵。帥府會諸將議曰：「兵威非不足，綏懷之道有所未盡。誠得位望隆重、恩威兼濟者以往，可指日而定。若以皇子右副元帥宗輔往，爲宜。」以聞。詔曰：「婁室往者所向輒克，今使專征陝西，淹延未定，豈倦于兵而自愛耶？關、陝重地，卿等其戮力焉。」丁卯，上如東京温湯。徙昏德公、重昏侯于鶻里改路。

九月戊申，立劉豫爲大齊皇帝，世修子禮，都大名府。辛酉，諳班勃極烈、都元帥杲薨。癸亥，宗輔等敗宋張浚軍于富平。耀州降。乙丑，鳳翔府降。

十月乙亥，上至自東京。齊帝劉豫遣使謝封册。甲申，天清節，齊、高麗、夏遣使來賀。以鐵驪突离剌同中書門下平章事。詔遼、宋官上本國誥命，等第換授。

十一月甲辰，宗輔下涇州。丁未，渭州降。敗宋劉倪軍于瓦亭。戊申，原州降。宋涇原路統制張中孚、知鎮戎軍李彦琦以衆降。馬五等擊宋吴玠軍于隴州。庚戌，以遥鎮節度使烏克壽等爲齊劉豫生日使。癸亥，宗輔以陝西事狀聞，詔獎諭之。

十二月丁丑，完顔婁室薨。乙酉，宗輔敗宋劉維輔軍。壬辰，熙州降。

九年正月己亥朔，齊、高麗、夏遣使來賀。戊申，命以徒門水以西，渾瞳、星顯、僝蠢三水以北閑田，給曷懶路諸謀克。辛亥，蒲察鶻拔魯、完顔忒里討張萬敵于白馬湖，陷于敵。癸丑，以同中書門下平章事時立愛爲侍中、知樞密院張忠嗣爲宣政殿大學士、知三司使事。宗弼、阿盧補撫定鞏、洮、河、樂、西寧、蘭、廓、積石等州。涇原、熙河兩路皆平。

四月己卯，詔「新徙戍邊户，匱于衣食，有典質其親屬奴婢者，官爲贖之。户計其口而有二三者，以官奴婢益之，使户爲四口。又乏耕牛者，給以官牛，別委官勸督田作。戍户及邊軍資糧不繼，糴粟于民而與賑卹。其續遷戍户在中路者，姑止之，即其地種藝，俟畢穫而行，及來春農時，以至戍所」。

五月丙午，分遣使者諸路勸農。

六月壬辰，賜昏德公、重昏侯時服各兩襲。

八月辛巳，回鶻隈欲遣使來貢。

九月己酉，和州回鶻執耶律大石之黨撒八、迪里、突迭來獻。

十月戊寅，天清節，齊、高麗、夏遣使來賀。撒离喝攻下慶陽。慕洧以環州降。宗弼與宋吴玠戰于和尚原，敗績。

十一月己未，遷趙氏疎屬于上京。以陝西地賜齊。

十年正月癸巳朔，齊、高麗、夏遣使來賀。己酉，齊表謝賜地。壬子，詔曰：「昔遼人分士庶之族，賦役皆有等差，其悉均之。」

二月庚午，賑上京路戍邊猛安民。

四月丁卯，詔「諸良人知情嫁奴者，聽如故爲妻；其不知而嫁者，去住悉從所欲」。移賚勃極烈、左副元帥宗翰朝京師。庚午，以太祖孫亶爲諳班勃極烈，皇子宗磐爲國論忽魯勃極烈，國論勃極烈宗幹爲國論左勃極烈，移賚勃極烈、左副元帥宗翰爲國論右勃極烈兼都元帥，右副元帥宗輔爲左副元帥。庚寅，聞鴨渌、混同江暴漲，命賑徙戍邊户在混同江者。

閏月辛卯，詔分遣鶻沙虎等十三人閱諸路丁壯，調赴軍。

七月甲午，賑泰州路戍邊户。上如中京。

九月，元帥右都監耶律余睹謀反，出奔。其黨燕京統軍使蕭高六伏誅，蔚州節度使蕭特謀葛自殺。

十月壬寅，天清節，大赦。齊、高麗、夏遣使來賀。上如興中府。齊使使來告母喪。

十一月癸亥，以武良謨爲齊弔祭使。癸未，撒离喝請取劍外十三州，從之。

十二月庚子，撒离喝克金州。上至自興中府。

十一年正月丁巳朔，齊、高麗、夏遣使來賀。丁卯，撒离喝敗吴玠于饒峰關。部族節度使土古厮捕斬余睹及其諸子，函其首來獻。戊辰，取洋州。甲戌，入興元府。

二月己亥，元帥府言：「承詔賑軍士，臣恐有司錢幣將不繼，請自元帥以下有禄者出錢助給之。」詔曰：「官有府庫而取於臣下，此何理耶。其悉從官給。」

八月甲申，黄龍府置錢帛司。戊子，趙愣誣告其父昏德公謀反，愣及其壻劉文彦伏誅。戊戌，詔曰：「比以軍旅未定，嘗命帥府自擇人授官，今並從朝廷選注。」

十月丙申，天清節，齊、高麗、夏遣使來賀。

十一月丙寅，賑移懶路。宗弼克和尚原。

十二月癸未，賑曷懶路。

十二年正月辛亥朔，齊、高麗、夏遣使來賀。甲子，初改定制度，詔中外。丙寅，如東京。

二月丁酉，撒离喝敗宋吴玠軍于固鎮。

四月，至自東京。

六月甲午，以阿盧補爲元帥右都監。

十月庚寅，天清節，齊、高麗、夏遣使來賀。

十三年正月，己巳，上崩于明德宫，年六十一。庚午，詔班勃極烈即皇帝位于柩前。三月庚辰，上尊謚曰文烈皇帝，廟號太宗。乙酉，葬和陵。皇統四年，改號恭陵。五年，增上尊謚曰體元應運世德昭功哲惠仁聖文烈皇帝。貞元三年十一月戊申，改葬于大房山，仍號恭陵。

宇文懋昭《大金國志》卷三《太宗文烈皇帝一》　太宗文烈皇帝初名吴乞買，又云吴乞馬，後改名晟，楊割太師第二子也。生時有白雉之祥。既長，方頤隆準，身長八尺，立髮垂地。爲兒童時，不喜嬉戲，落落有大度。曾有道人以所佩劍授之，光彩殊常，曰：「佩此可辟惡兵，除不祥。」受訖，道人不見，遂寶祕之。凡太祖用兵，時密謀祕計皆其所與。性特（果決）〔殘忍〕，抑服旁近部族，説以甘言，不服，則以兵加之。攻遼時，三數大戰皆親犯矢石爲部衆先。

金國自胡來以諳版孛極烈爲儲副，太祖之時，以弟吴乞買爲之。後太祖歸燕山，北追天祚，以疾死于軍中。時天輔六年五月。宋宣和五年也。

太祖有八子，不立其子而立其弟吴乞買。吴乞買立，就是年改元天會。賜文武官爵秩有差，親從兄弟各加一等。其諳版孛極烈又以弟斜也馬爲之，務欲兄弟相傳，其都帥之權歸儲副耳，不論年也。是時大功臣如粘罕、斡离不、兀朮、蒲路虎、兀室、撻懶之徒，國人謂之「郎君」，皆有大功。既滅遼，駸駸氣燄，虎視中原。自張瑴平州之叛，而南北（之）釁啓矣。

天會元年天輔六年改元，宋宣和五年，遼保大三年也。夏，燕人張瑴畔。瑴仕遼，知契丹必亡，盡籍丁壯，潛練兵爲備。國兵下燕，粘罕謂康公弼曰：「我欲擒張瑴何如？」公弼曰：「是趨之畔也。」親見瑴，諭金國之意。瑴曰：「契丹八路，今特平州存耳，敢有異志？所以未釋甲者，防蕭幹耳。」公弼達其語于粘罕，粘罕信之，改平州爲南京，加瑴同平章事。至是，國主新立，遂遣左企弓等歸。時燕人患遠徙，私訴于瑴曰：「企弓不謀守燕，而使吾（立）〔民〕流離至此。近聞天祚復振，若明公仗義興復，先責企弓罪而殺之，縱燕人歸南朝，宜無不納。如金國復來，内用平州之兵，外借宋朝之援，何懼乎？」瑴以其事問李石，石以爲然。遂拘企弓，數其罪殺之，遂以平州附宋。

是時，宋已得燕山之地。先是金人克燕京時，蕭幹名夔離不者。據奚王府，自立爲神聖皇帝，國號大奚，改元天嗣，寇掠燕城，其鋒甚鋭，有涉河犯京師之意，人情洶洶，頗有謀棄燕者。宋童貫移文王安中、郭藥師，切責之。已而，安中命藥師大破其衆，斡遁去，尋爲其下所殺，傳首京師，皆藥師之功也。藥師在燕山，凡有請宋朝，無不從。

十一月，國兵破平州，得宋朝所賜瑴詔。瑴挺身走燕山，其弟懷宋詔書走，又爲國兵所獲。自是歸曲宋朝，未幾入侵。

張瑴遣其弟來通款宋朝，宋朝授瑴節度，世襲平州。令李安弼賫詔，仍以金花箋御筆付其弟。授瑴。惟燕山路轉運趙良嗣力争，以爲不可，恐必招金人之兵，宋朝不從。瑴聞安弼至，率官吏郊迎。金人知之，以千騎襲破平州，得宋詔書，乃歸曲宋朝。累檄宣撫司取瑴，朝廷不得已，命王安中縊殺，函首送至。未幾，金太子窩里孛由平州入侵矣。

十二月，國使初往宋賀正旦。

天會二年時宋宣和六年、遼保大四年也。春正月，慶陽府環、涇州大水，漂居民三千餘家，詔于大定府置廣積倉。上京府之宜春有狗生角。

三月，國主之豹子河避暑。

是月，遣使往宋丐糧。先是良嗣使金時，許金人（糗）〔借〕糧二十萬斛。至是諳宣撫司來索所許。譚稹曰：「二十萬斛豈易致邪？兼宣撫司未嘗有片紙隻字許糧之文。」金使曰：「去年四月間，趙良嗣已許矣。」稹曰：「口許豈足憑邪？」終不之與。由是怒及舉兵，亦以此爲辭云。

五月，國使往宋告嗣位，宋以著作郎許（元）〔亢〕宗爲賀登位使。（元）〔亢〕宗至涞流河。金國素無城郭、宫室，就以所居館燕，悉用契丹舊禮。如結綵山、作倡樂，尋幢角觝之伎，鬥雞擊鞠之戲，與中國同。但于衆樂後飾舞女數人，兩手持鏡上下，類神祠中電母所爲者，莫知其説。

其國初無城郭，四顧茫然，皆茅舍以居。至是方營大屋數千間。日役萬人，規模亦宏侈矣。

七月，國兵破應、蔚等州。

天會三年，時宋宣和七年，滅遼之歲也。先是遼主天祚竄入陰、夾山，國兵以力不能入，恨其不出，謂出必得之。天祚亦畏粘罕兵在雲中，故不敢出。至是，聞粘罕歸其國，以兀室代戍雲中，乃率韃靼諸軍五萬并擕其后妃二子秦王、趙王及

宗屬南來。大石林牙諫之，不聽。遂越漁陽嶺，而粘罕已回雲中，故爲國兵所敗。又畏中國不可仗，乃謀犇西夏。未至，國兵擒之，削封海濱王，送長白山東，築城居之。逾年而卒，遼國遂亡。

十二月，斡离不、粘罕分道入侵南宋。東路之軍斡离不主之，建樞密院于燕山，以劉彦宗主院事；西路之軍粘罕主之，建樞密院于雲中，以時立愛主院事。國人呼爲「東朝廷」、「西朝廷」。于是斡离不之軍自燕山侵河北，粘罕之軍侵河東，克朔、武、代、忻等州，直趨太原。

先是，金人既獲天祚，連遣三使聘宋：初曰報謝通好也；次曰告慶得天祚也；又次曰賀天寧節也。使傳繼來，河朔至京供億疲敝。其實窺覘道路，使之不疑。及三使北歸，宋禮部郎中陳桷爲送伴使至境上，〔虜人〕已宣言大舉，公爲掠奪無常儀，桷懼馳還。時粘罕已蓄南侵之謀，會議勝軍三千畔犇之，具言中國虛實；又易州常勝軍五百人亦畔歸粘罕，由是劉彦宗、余覩、蕭慶力勸粘罕言南朝可圖，仍不必衆，因糧就兵可也。粘罕遂決意入侵，然尚未顯然渝盟。宋朝以故事命吏部員外郎傅察爲接伴賀正旦使，行至境上，值斡离不入侵，遂執察等，責使投拜。自副使蔣噩以下皆羅拜臣服，察獨不屈。金人以兵脅之，察亦不顧。金人曰：「我以南朝天子失德，故來弔伐。」察曰：「(故)〔胡〕欲敗盟，以此爲兵端，有死而已，膝不可屈也。」金人怒執而殺之。

宋朝聞其南侵，詔童貫再行。貫又遣馬擴往使，且交蔚、應州及飛狐、靈邱縣。至境，嚴兵以待，止許吏卒三人從。乃趣庭參，擴等力争不可，皆拜之如見國主禮。首議山後事，粘罕曰：「大聖皇帝初與趙皇跨海交好，各立誓書，萬世無斁。不謂貴朝陰納張瑴，收燕京逃去官民。本朝累牒追還，第以虛文見紿，今當畧辨是非。」擴曰：「本朝緣譚積昧大計，輕從張瑴之請，上每悔之，顧相國存舊好，不以前事置懷。乞且交蔚、應州，飛狐、靈邱兩縣。」粘罕〔笑〕云：「爾尚欲兩州兩縣邪？山前、山後我家地，尚復(乘)〔奚〕論！汝家别割數城來可贖罪也。」擴自雲中回至太原，具以粘罕所言告貫，貫驚。未幾，金使撒盧拇、王介儒來，同日進軍，直薄馬邑而營。撒盧拇至太原，貫曰：「如此大事，何不預告我？」答曰：「兵已興，何告爲？」擴微言以撼之。撒盧拇曰：「國相若以貴朝可憚，不長驅也。莫若勸童太師速割大河以北。」貫聞之，憂懣不知所爲。即與其屬宇文虛中等赴闕稟議。至太原，諭帥臣張孝純以赴闕之意。孝純愕然曰：「金人渝盟，大王當會諸路將士極力支吾。今大王去，人心摇，是將河東與敵，河北亦豈能保？」貫怒目曰：「貫受命宣撫，非守土臣。必欲留貫，置帥臣何爲？」孝純撫掌歎曰：「平時童太師作多少威重，臨軍乃畏怯如此！身爲大臣，不能以死排難，止欲奉頭鼠竄，何面目見天下士乎？」貫翊日遂行，用九日止京師。

冬十一月，斡离不軍至燕山府鹽場。

十二月初，破檀、薊州。時郭藥師已屯東郊，蔡靖出金帛犒軍，行至三河，藥師〔之兵〕戈甲鮮明，步伍整肅，金人初見亦懼。斡离不乃東向望日而拜，號令諸部而進。藥師鏖戰三十餘里，金人已北，張令徽等先自遁，金人力追之。是役也，令徽與刺史皇賁陰約開門内應。初八日，靖見藥師，共議死守。晡時，藥師招靖等計事，會藥師家，藥師迎謂靖曰：「令徽初無戰意，已遁矣。太學不得已，姑降如何？」靖曰：「誓死報國，此何言哉！」引佩刀欲自刎，衆共抱持之，軍官方驅運使吕頤浩等出。藥師曰：「不必，爾聚而鏁之，并其家。」斡离不至，藥師率衆降。金人曰：「太子有令，南官不殺，令悉降。」靖曰：「既就執矣，尚何降？」十一日，斡离不遣蕭室奴、王芮、張愿恭來謂靖等曰：「太子語諸軍勿恐，此坐南朝渝盟耳。」曰：「太學南朝賢臣，將大用。」靖曰：「靖一書生，身位宰執而不能守一路，何足用？」次日，斡离不遣人議相見之禮，靖曰：「兩朝兄弟之國，望闕之拜，靖不敢辭。拜見太子，不可。」藥師曰：「太學與部使者拜堂上，衆官拜堂下可也。」靖乃曰：「太子能議和，靖一屈膝何所惜？」遂如藥師議。既退，斡离不使王芮來取和議之書，中山府連三奏至京師，宋朝失色。

金人初于漠北，爲契丹苦虐幾二百年，一旦乘忿而起，重以遼主失馭，國人怨離，無事之(久)〔日〕不親兵革，往往〔遇賊〕聞風而潰。武元稱兵之始，成敗未保，推心用人，苦樂同之。有得其勝計者，恣所剽掠，故貪婪輕生之徒聞風四起，多殺守將，據郡邑，脅軍伍以應之。以至渤海酋長大撻不也、高永昌、契丹副都統耶律章奴、耶律余覩亦率衆而歸之。于是金人之勢遂莫禦。先是遼主天祚數起燕雲之人入遼東、長春等路討賊，自累戰累敗，多爲所虜，不得西歸鄉里。及金人于天輔六年驅燕山士庶，多有歸中京、遼水者，云我與中國約，同取燕，中國得其地，我得其人，故被驅，失業人皆歸怨于朝廷。及金人已立劉彦宗、時立愛爲金國相，二人皆燕人也，以墳壠、田園、親戚之故，愈勸金人南侵。兼契丹舊臣降金人者，如余覩、締里、稿里、特离不、王芮、鐸剌、乙信、特可、九哥、馬五、耶律暉、毛曷魯、(王)〔三〕寶奴、(蕭)〔楊〕天吉、蕭庭珪之徒，已得用事，又〔二〕太子之妻金輦公主乃遼主天祚之女，粘罕之妻蕭氏乃遼主天祚元妃，各因間可入，内外

勸之南侵，陰報宋朝助兵攻遼之隙。(仍)〔乃〕四來番漢烏合之衆，蟻聚蠭起，燕雲陷北之人，皆欲西歸，故金人驅率其衆，假以平州張瑴爲名，渝盟入侵。時藥師所統「常勝軍」復乃遼水之人，亦欲乘勢東歸，故金人南侵也，驅(力)〔久〕勝貪忿之徒，乘契丹報怨之勢，率陷北燕雲之人，燕山之失，其理必矣。

粘罕自雲中遣女真萬户温敦郎君蒲魯虎、賽里，契丹都統馬五東侵居庸關，以應斡离不同取燕山。

遼主天祚自天慶親征敗績之後，退保長春州，又退保廣平甸，又退保中京，繼走燕山，既而西走雲中，至于夾山，以保四部族衙。武元及粘罕、兀室以契丹畔臣余覩爲鄉導，自中京由平地松林徑趨雲中路以追之，後于山金司獲天祚，于是嬀州、儒州、歸化、奉聖、弘州、雲中、寧州、德州、東勝、天德、雲内，皆爲金人之有。後武元帝死，粘罕專制軍事，遂據雲中，(已)違元議，不肯歸雲中地。至是，以斡离不來征燕山之境，粘罕遣兵攻居庸關以應之。慮居庸難取，遂分兵由紫荆口、金坡關攻易州，及出奇取鳳山，沿皇太妃嶺道以入昌平縣。既至昌平，則反顧居庸矣，于是居庸亦潰，金人遂入居庸。

初，藥師之備金人也，嚴于東北而弛于西何哉？蓋東北乃金人來路也。燕山之東，以韓城鎮爲界，東北以符家口爲界，韓城、符家口去燕山皆四百餘里。斡离不既侵東北。探騎、潰軍絡繹而來，燕山得預聞之，故藥師出「常勝軍」屯于燕山之東白河以待敵，西則居庸爲絶邊，去燕山無百里之遠，但閉關而已，更無他備。不意粘罕間道取居庸，一夕攻城，故預無警備焉。設若白河之戰藥師果能全勝，追敵而東，則西亦爲粘罕乘虚矣，況戰復不利，何以禦之？

斡离不留蔡靖守燕，引兵向闕。以藥師爲先驅，攻保州安肅軍，不克，圍中山府，宋詹度禦之。

藥師既畔，金使詣宋國具言擁兵來因，辭煩不順。徽宗引咎歸己，連下哀痛之詔，國人讀之，有流涕者。沈琯是時留守在營，聞斡离不初告靖議講和事，請將文字來。至慶源府，太史局占帝星復明，怪之，已而徽宗内禪，大驚欲回。藥師曰：「南朝未必有備，不如姑行。」至信德府，不移時遂克，執守臣楊信功。斡离不登城，撫諭居民。

金人以斡离不據燕山，以圖入攻河北，以粘罕守雲中，以圖入攻河東。然粘罕不敢由太原深入，而斡离不越三鎮，直至輦轂者何哉？蓋是時河東邊外，宋朝雖得朔、武、蔚、應四州，而未盡得雲中之地，故舊邊尚不失備。粘罕所以不敢輕至雁門石嶺之險，越太原之重地也，河北邊外，宋朝便以燕地爲新邊，竭舊邊之力以禦之，故新邊一失，舊邊亦莫之禦也。由是斡离不乘隙可入焉。然亦有説斡离不所以易中國之太甚，在藥師不得無謀，何以見之？觀夫斡离不與粘罕始則分路以圖入攻河東、河北而已，非有直造京闕之志。以粘罕之雄，尚且遠遣撒母使夏國，許割地以爲牽制，猶不敢輕舉，是時粘罕遣撒母使夏國，許割天德、雲内、武州及河東兒答斯剌、曷董、野鵲神崖、榆林、保大、裕民八館，河西金肅、河清二軍，約入侵麟府，以牽河東之勢。況斡离不者，才居粘罕之下，豈敢直越大河以至宋闕邪？此蓋燕山之陷，藥師(部)族隸斡离不之軍，藥師欲自結知，必告以方今童貫在并州以圖雲中，貫之所在，重兵係焉。粘罕既由雲中入侵，貫必與之相持。今京畿内虚，河朔無備，可因粘罕以爲牽制也。斡离不信而行之，故是歲入侵中原，功居粘罕上，其爲藥師之謀明矣。

粘罕進兵取朔、武、忻、代四州，進距石嶺關，遂圍太原。代州安撫史抗父子迎戰，死之。

初，宋宣撫司招燕雲之民，置之内地，如義勝等軍，皆山後漢兒，勇悍可用。其在河東者十餘萬，官爲贍給。久之，倉廩不足，因飢而怨出不遜語。〔時〕官軍所請皆陳腐，亦怨。每語漢軍曰：「汝番人也，而食新，我官軍也，而食陳。吾不如番人乎？吾誅汝矣！」漢兒聞之懼。至是，金人至朔、武之境，朔州守將孫翊者，勇而忠，出戰，勝負未決，漢兒開門，進至武州，漢兒亦爲内應，遂失朔、武。長驅至代州，守將李嗣本率兵拒守，漢兒又擒嗣本以降，時十二月初九日也。忻州守賀權度勢不敵，開門張樂以迓之，粘罕大喜，下令兵不得入城，遂距石嶺關，關(猶)〔尤〕險隘，太原帥張孝純謀守關之人，命冀景，景辭，孝純不許。復命耿守忠以本部八千助之，景復辭，孝純曰：「第如我語！」景不得已而往，使守忠當其前。及至關，守忠果啓而獻之，景單騎犇還。

金人至太原。太原既受圍，提舉保甲鄭誼自城中出，傳檄諸郡，使爲備。義勇將劉嗣初領衆四千先屯平陽，有欲降心，會金人已圍太原，其餘黨謀襲京師，嗣初聞之，密遣人間道獻平陽于大金，于是僞爲入城貿易者，既入，則殺守關者，啓關以納其軍，其徒大譟而入，取器甲，分隊而出，士民股栗，馳而呼曰：「奸臣置漢兒内地，今果墮其計中。」其徒輩宿憤，縱兵屠城，城中人悉出避之。嗣初入城，(哀)〔裒〕金銀，掠婦女，然後投金。于是金人益熾，留數萬人圍守太原，而去半趍宋闕。粘罕遇城必攻，故比斡离不其行稍緩。

粘罕自雲中由懷仁河陰將侵代州之境，嚴戒部伍，整肅器甲，慮家計寨難取，代州絕邊控扼之所。遂分兵由胡谷寨入焉。謂其徒兀室、余覩曰：「今日至代州與南軍必有數戰，初戰不無勢力，其餘可乘勝破矣。」既行，越家計寨直至代州，並無一戰。無何，代州三日失守，守臣李嗣本率吏民請命，忻州石嶺關聞風皆降，于是金人如入無人之境，直趨太原，粘罕始有輕中國之心。

是年冬，宋徽宗(傳)〔禪〕位于皇太子，是爲欽宗，改明年曰靖康，仍令李鄴來使，告内禪，且求和。

宇文懋昭《大金國志》卷四《太宗文烈皇帝二》 天會四年時宋欽宗靖康元年也。春，斡离不克宋相、濬二州。先是，内侍梁方平領軍在河北岸，鐵騎奄至，倉卒犇潰。時南面守橋者望見金人旗幟，燒斷橋纜，陷没凡數千人，金人因不得濟。方平既潰，何灌軍亦望風犇散。宋師在河南者無一人，金人遂取小舟以濟，凡五日騎兵方絕，步兵猶未渡也。

初，金人至邯鄲，遣郭藥師爲前驅，付以千騎，藥師求益，復以千騎與之。藥師疾馳三百里，質明遂至濬州。癸酉，斡离不圍宋京師。先是，藥師嘗打毬于牟駝岡，知天駟監有馬二萬匹，芻豆山積，至是導斡离不使奄而取之。斡离不曰：「南朝若以二千人守河，我豈得渡哉？」尋攻通天、景陽門甚急，宋李綱督將士拒之。又攻陳橋、封邱、衛州門，綱登城督戰，殺數千人乃退。何灌出戰，敗績，死之。未幾，馬忠以京西兵敗金人于順天門外，宋師稍振，游騎不敢旁出。

宋遣鄭望之使金議和，許割河東、河北三鎮，康王構質軍前。斡离不憚之，更請肅王樞代之，遣康王還。

初，命望之爲使，高世則副之。後遣同知李棁爲使，而改望之等爲副。以金一萬兩賜斡离不，斡离不盛兵南向坐，棁、望之北面再拜，膝行而前，恐怖喪膽，失其所言。良久，遣王汭譯云：「京城破在頃刻，所以斂兵者，徒以上故，所以存趙氏宗社，恩莫大也。今議和，需犒(賞)〔師〕之物，金五百萬兩，〔銀五千萬兩〕，牛馬萬頭，表段百萬匹；須尊其主爲伯父；歸燕雲之人在漢者；割中山、太原、河間三鎮之地；且欲親王宰相爲質，乃退師。」出事目一紙付棁達宋朝。欽宗以皇弟康王爲軍前計謀使，張邦昌副之。時肅王、康王居京師，康王毅然請行。在金營幾月，斡离不憚之，不肯留，更請肅王樞代之。李綱力爭，以爲尊稱及歸朝官固無害，犒師金帛太多，當量與之。三鎮不可割。至于遣使，即宰相當往，親王不當往。綱獨留三鎮，詔不遣。

遣王汭、素韻頑入使宋朝，會种師道等勤王兵至。

宋京畿北路制置使种師道及統制官姚平仲以涇原、秦鳳路兵至。未幾，熙河經畧姚古，秦鳳經畧种師中，及折彥質、折可求等勤王兵並至，號二十萬，京師人心少安。种師道曰：「女真不知兵，豈有孤軍深入人境，而能善其歸乎？」

先是李鄴使于斡离不軍求和，斡离不以兵攻京師不克，乃遣王汭偕來。鄴盛談金强我弱，以濟和議：人如虎，馬如龍，上山如猿，下水如獺，其勢如(太)〔泰〕山，中國如累卵。大臣皆有懼意，李邦彥等專主和，范宗尹俯伏流涕，乞割三鎮以安社稷。惟李綱言擊之便，欽宗不從，乃用邦彥計。

二月，姚平仲夜劫營，金人覺而敗之。

宋倚种師道以謀國，而种氏、姚氏素爲山西巨室，平仲恐功名之會獨歸种氏，乃欲夜叩金營，生擒斡离不，奉康王以歸。平仲謀泄，金人先事設備，至是平仲率步騎萬人劫寨，爲所敗而還。李綱率行營左右軍又與金戰，于是宰相、臺諫交言西兵及行營兵馬爲金人所殲，欽宗大驚，有詔不得進兵，廢行營，罷李綱，以謝金人。

圍宋京城，凡三十三日，既得三鎮，詔書及肅王至，不俟金幣數足，退師。

斡离不師退，抵中山、河間，兵民固守，不肯下，即以矢石擊之而退。种師道請臨河邀擊之，李綱亦謂金人兵不過六萬，吾勤王之師二十餘萬，今莫若扼關津，絕糧道，且禁其抄掠。吾堅壁勿戰，俟其疲乏，然後以將帥檄取誓書，復三鎮，縱其歸，半渡而後擊之，此必勝之計也。並不從。

三月，宋詔三鎮堅守，又以李綱爲兩河宣撫，至太原，克平陽，始議棄守三鎮。

粘罕克隆德府。先是太原堅守，攻之不克。會平陽府威勝軍相繼而降，粘罕遂留兵攻太原，分兵而南。既逾南北關，仰而歎曰：「關險如此，而使我過之，南朝可謂無人矣。」遂至隆德，城中素無備，二日而破，守臣張確死之。

宋李綱建議盡遣城下兵追斡离不之師。及于邢、趙間，相去二十餘里，金人懼，其行甚速。至是，澤州奏粘罕兵次高平，執政懼，密啓欽宗，以御前金字牌追兵速還。綱力爭于宋欽宗，得旨復遣，而諸將還已數程。夜再進，猶及金人于滹沱河，然將士知朝論二三，悉解體，不復邀擊，第遥護之而已。

粘罕之圍太原也，悉破諸縣，爲「鎖城法」以困太原。「鎖城法」者，于城外矢石不及之地築城環繞，分人防守。雖姚古進師復隆德府威勝軍，阨南北關，累出

兵，互有勝負，而不能解太原之圍。未幾，金人迎古，遇于盤陀，宋師皆潰。

粘罕敗朔州守臣孫翊于太原城下，翊没于陣。繼敗府州守臣折可求于交城。

翊河東名將也，守朔有聲，金人亦憚之。粘罕既侵太原，反據雁門。翊自朔不得而入，遂由寧化、〔岢嵐〕、寧州出天門關以援太原，營于城下，粘罕憚之。翊之離朔也，旬餘之間，朔以無守，已降于金，而翊麾下多朔人，至是，粘罕驅朔之父老以示翊軍，于是軍畔。翊方戰，爲畔徒害之。

可求統〔麟〕府(州)之師二萬衆，自府州涉大河，由岢嵐、憲州將出天門關，以援太原，爲敵據關，不克，復越山取松子嶺道出焉。至于交城，遇粘罕之衆，大戰移時，折可求〔遠來〕新至，勞逸有間，故敗績。

蓋金人初攻太原，翊與可求隨而援之，可謂勤矣。然雖有援太原之心，而無援太原之術，何哉？當粘罕自雲中悉衆侵太原之初，翊在朔州，由馬邑、懷仁東去雲中，無數舍之遠；可求在府州，由武、朔東去雲中，路近于交城。皆是坦(徒)〔途〕，更無關阻。若翊與可求會府州武、朔之師，并力以擣雲中，時粘罕之徒，骨肉財寶盡在雲中，敵必倉皇歸救根本，太原之軍自可從後襲之。孫臏走大梁而救韓，皆此道也。粘罕失意，則斡离不亦喪氣矣。由是歎翊與可求救太原之無術也。

國兵克宋朔州，夏人亦應粘罕之約，遂由金肅、河清軍渡河，取宋天德、雲內、河東八館及武州。于是武州爲西夏所陷。

夏，斡离不自東京歸至燕山，宋師送之至境上而回。

國主始改都統府爲元帥府，用國相劉彦宗之議也。設置官屬：都元帥，左右副元帥，左右監軍，左右都監，凡七人。始以其弟諳版孛極烈斜也馬爲都元帥，弟骨盧你移賚孛極烈(粘罕)爲左〔副元帥，〕斡离不爲右副元帥，弟撻懶爲左監軍，兀室爲右監軍，闍目爲左都監，耶律余覩爲右都監。

初，二帥征南，但稱都統府。是夏，金人用其臣劉彦宗議，始改爲元帥府。

粘罕復奪夏國所割天德、雲內、河東八館、武州，于是絶好。惟金肅、河清二軍在大河西，不能取之。

斡离不奪郭藥師「常勝軍」器甲、鞍馬，散歸遼東、遼西。

時京城未破，兩河未失，燕雲人心未安，戰争勝負未保，而藥師反覆之徒，存之或爲後患，故遽奪器甲、鞍馬而散之，此金人之所以得志也。

粘罕、兀室、余覩自太原，斡离不、撻懶、闍目自燕山，會于山後避暑議事，及秋而還。

時三大帥避暑，而宋朝援兵四合，不能解太原之圍，失計甚矣。女真萬户婁室敗种師中軍于榆次，師中死之。

金人圍太原，多于潞汾兩路以拒宋師，不謂師中由平定出土門，一旦去太原無一舍遠，敵衆驚惶，謂自天而下。師中所失者，既不能乘其不意，攻其無備以破之，則當急趨太原，薄城而壘，與張孝純、王稟之軍以爲表裏，則敵必不敢越太原，重兵往拒汾潞，由是汾潞之師亦可前進，太原之圍必解矣。而師中方以孤軍爲憂，回趍榆次就糧，宜乎爲敵人所襲，以至敗也。

粘罕大起雲中路民兵，之太原。

秋，粘罕、兀室、余覩自草地歸至太原，斡离不、撻懶、闍目自草地歸至燕山。

九月，粘罕破太原。始粘罕攻太原，久不下，乃于城外築舊城居之，號元帥行府。已而歸雲中，留銀朱大王攻城。至是，粘罕自雲中復至，乘勝急攻。丙寅，城破，金師盡殺勝(犍)〔捷〕軍，帥臣張孝純被禽，繼又釋而用之。副總管王稟負原廟太宗御容赴汾水而死，轉運韓總以下，死者三十六人。圍城凡二百六十日，城中軍民餓死者十八九，固守不下。至是始破，宋下哀痛詔，命兩河互相救援。

王稟係宣撫司統制。自童貫棄太原入覲，留稟守太原。太原守禦，稟功居多。及至城破，稟引疲乏之兵，欲出西門，無何，西門插板索斷，不能出，軍已入城。倉皇之間，士卒勸稟降，稟歎曰：「城破，士無鬭志，又且門阻，天亡稟也，稟豈惜死，違天命而負朝廷哉！」遂赴汾水死。後粘罕得其屍，令孝純驗之。既實，粘罕向屍大罵，率諸將執兵同踐之，而暴于野。

宋遣使吴革至軍前。

革以閤門舍人充使，見粘罕，庭參不拜，責其貪利敗約，氣勁詞直，金人相顧動色愧服。爲追回威勝軍等處人馬，(受)〔授〕書以歸，備得其情狀，報宣撫折彦質請于朝，急備河南。及對，欽宗問割地事，革曰：「金人有吞箭之誓，渝盟必矣，乞措置邊地，起陝西兵馬爲京城援，不復議和。」欽宗乃遣革陝西勾兵，委〔同〕諸帥臣講武備，仍置四道總管府。

冬十月，斡离不破真定府，帥臣李邈、鈐轄劉翊死之。先是，斡离不以三鎮未得，遂越中山攻真定。邈措置乖謬，翊率衆晝夜搏城上。金人初攻北壁，翊力

拒之。至是，僞攻東城，還薄北城。黎明，鼓衆憑堞而上，城破，邈被禽，翊猶率衆巷戰，知不免，縊而死。

真定之破也，邈已抗節，故斡离不執歸燕山。後國相劉彦宗逼邈出仕，邈不從，復逼邈剃頭頂髮，邈亦不從，彦宗逼之，遂削髮爲僧，終不從彼之俗，又且示以不仕。彦宗憾之，聞于粘罕，粘罕命殺之。邈談笑赴市，至死不屈。邈之忠義，于斯著矣。

先是，宋真定帥劉鞈守禦備具，人恃以安。總管王淵、鈐轄李質，訓練士卒數千人，皆可用。是時，真定在河朔最爲堅壘，朝廷以太原危急，恐東軼征河朔，命鞈爲宣撫副使，領兵五萬，守遼州以據其險。鞈又辟淵、質自隨，乃以李邈代守真定。邈新至，拙于應變，人心未附，金人卒至圍城，不旬日而破。

劉彦宗勸斡离不試真定儒士，取七十二人，授以勅命。

斡离不、粘罕以書遣使宋朝，責問契丹梁王及余覩蠟書，并元割三鎮。

書略曰：「乃者差蕭仲恭、趙倫等賫書報復，回日輒受間諜之(諜)〔語〕，陰傳搆結之文。今〔差〕楊天吉、王汭爲問罪使，請速令皇叔越王、皇弟(郓)〔鄆〕王，并太宰一員，同詣行府，賫書陳謝過咎。仍據元割三鎮，即行誡，竝令開門以待〔撫定〕。」

先是，斡离不軍既還，粘罕尚留隆德，遣簽書路允迪等以和議之書(止)〔上〕之。粘罕既聞斡离不獲金帛不貲，而己無所得，于是遣使求賂。時宋勤王之師踵至，大臣有輕敵意，猥曰：「吾兵盛如此，當與金抗，且彼既領蕭王過河，吾盍留其使，與之相當。」于是館其使，逾月不遣。有都管趙倫者，燕人，狡獪，懼不得歸，乃詐以情，告伴使邢倞曰：「金國有余覩者，領契丹精鋭甚衆，貳于金人，願歸大國，可結之以圖粘罕、斡离不。」倞遂以聞，宋大臣信之，即以詔書授倫，納衣領中，仍賜倫等絹各千疋，白金千(金)〔兩〕。倫至粘罕所，首以其書獻之。粘罕大怒，以倫書奏聞其主，其主報云：「深入攻討，委元帥從長措置。」粘罕復提兵南下。

又，麟府折可求來獻言，夏國之北，有大遼，天祚〔子〕梁王與林牙蕭太師出榜，稱金人不道，與南朝奸臣結約，毁我宗廟。今聞南朝天子遜位，嗣君明聖，如能合擊金人，立我宗社，則當修好如初。吴敏以爲然，乃奏上，令致書梁王。由河東入麟府，爲粘罕遊兵所得，故金人以爲辭。金使之來也，禮貌甚倨，持其書于欽宗前曰：「陛下既不割三鎮之地，又安忍欲復立契丹之後？」欽宗曰：「此乃奸人所爲也。」金使請必割三鎮，要金帛、車輅、儀物，及加其主徽號。欽宗乃卑辭，深明其非朝廷之罪，更命王時雍特館之。雍議盡以三鎮所入，總增歲幣，并祖宗内府珍玩，悉歸二帥，且厚犒河東之師，金使頗領其説，先取犒師絹十萬疋以行。

粘罕克汾、澤等州。

初，粘罕既克太原，乃縱兵汾、晉之間，攻下縣鎮寨壘十數。汾雖糧乏兵疲，獨不降。并力攻，逾月又克之，知州張克戬死，于難者八人。乃東攻太原之(青)〔壽〕陽，(青)〔壽〕陽城小，而百姓死守，凡三受攻，而金衆萬人竟不能拔。欲據井陘，其始攻也，喪士三千。復與斡离不合兵攻平定，斡离不自真定西之平定軍，亦喪萬人，拔之。

粘罕、斡离不會議平定軍，再(往)〔征〕宋京城。

時二帥會議，再征宋闕。兀室曰：「今河東已得太原，河北已得真定，二者乃兩河領袖也。乘此之勢，可先取兩河，俟兩河既定，徐取東京未晚。今若棄兩河先取東京，倘有不利，則兩河非我所有。兼太子向到東京，不能取之。」斡离不未有語。粘罕怫然以手去貂帽擲之于地，謂諸將曰：「東京國之根本，我謂不得東京，兩河雖得而莫守。苟得東京，兩河不取可自下。向東京不能得者，以我不在彼也。今若我行，得之必矣。」又舒右手，作取物之狀曰：「我今若取東京，如運臂取物，回首得之矣。」斡离不忻然稱善，諸將不敢沮之，南征之計遂決。于是二帥分歸本路，約會于東京。是歲百雉失守，適應其言，諸將愈伏其能也。

粘罕留銀朱守太原，斡离不留韶合、韓慶和守真定，各率其衆南征。斡离不侵慶源府，都統王淵遣將韓世忠拒扼。又宣撫范訥軍五萬守滑濬，斡离不知有備，乃由恩州王榆渡趍大名，由李固渡濟河。

十一月，斡离不侵宋京師，屯劉家寺。

京師危急，四方勤王之師至近甸者，皆以有詔「毋得逼城，有妨和議」，皆粘罕、斡离不以和議之説，而誤攻守之計也。

粘罕克平陽府，又克西京及河陽府。

粘罕自澤潞至河陽，宋宣撫副使折彦質領兵十二萬，與之夾河，又簽書李回以萬騎行視黄河，時亦至河上。金人曰：「南兵亦衆，與之戰，勝負未可知，不若加以虚聲。」遂取戰鼓，擊之達旦，宋師潰散。京西提刑許高，河北提刑許亢，各提兵防路口，亦望風而潰。金兵悉渡自河東，澤潞官吏多棄城走。西道都總管

王襄，與河陽守臣燕瑾皆棄城去，粘罕乘勝克河陽及西京。

閏十一月，克鄭州，克懷州，守臣霍安國、林淵、張彭年、趙士(諤)〔詝〕、張(詝)〔諶〕、(丁)〔于〕潛、沈敦、張行中，及部隊將五百人皆死之。粘罕圍宋京師，屯青城。

金師已抵城，而國事危矣。惟何㮚欲率都民巷戰，聞者爭奮。金人由此斂兵不下，惟以割地、賫金幣、議和爲説。

丙辰，宋京師破。

自十一月二十五日圍城，凡四十日，是日午時破。時宋京城中不過七萬餘人，有砲五百餘座在郊外，皆棄不收，金師得之以爲用。張叔夜提兵入衛，凡三萬人，轉戰而前。勤王之師無一至者。貸糧之請，會盟之説，粘罕不過假「和」之一字以誤之，而攻城日急矣。

先是有卒郭京者，都人盛傳其能用六甲法，可以生禽粘罕、斡离不。何㮚、孫傅與内侍輩尤尊信，傾心待之。又有劉孝竭等，各募衆，或稱「六丁力士」，或稱「北斗神兵」，或稱「天(關)〔官〕大將」，大率效京，有識者危之。

是日，大啓宣化門出，去敵不百步，時天叩，京盡令守禦人下城，獨與張叔夜坐宣化門甕城樓上。宋欽宗以親兵數萬自衛。俄頃金兵分四路，鼓譟而進，前軍殲焉，後者悉墜河。城門急閉，京白叔夜云：「須自(百年)〔下作〕法。」因下城引餘兵南遁，國兵登城者纔數人，衆皆披靡，城遂破。王宗濋引殿班下城，急呼救駕，四壁兵大潰，國兵因而上城，京師里巷亞梁，乘此作亂。

粘罕遣使入城，請二帝至軍前議和及割地事。城中子女、玉帛、寶玩、車服、器用、圖書、百物，括索公私，上下俱空。

辛酉，宋欽宗往青城，二宿而返。

宋何㮚、陳過庭，與粘罕、斡离不相見，粘罕應答琅然，斡离不唯唯而已。

初，何㮚率都民欲巷戰，聞者爭奮，由是斂兵不下，乃僞唱和議，人心稍安。時，李若水以出使留軍中，粘罕、斡离不令若水、何㮚來議事。若水入見欽宗曰：「粘罕止欲得兩河地，别無他事。乃遣㮚爲請命使。」粘罕曰：「自古有南即有北，不可無也。今建議期在割地而已。」㮚拜回言：「元帥請與上皇相見。」上曰：「朕當自往耳。」金人自攻太原以來，即以講和割地爲言，宋之君臣往往惑于和議，而戰守不固也。

十二月癸亥，欽宗往青城，與粘罕議和。宋金一千萬錠、銀二千萬鋌，縑帛如銀之數。自御馬而下，在京共七千匹，皆歸于我。

宋朝大括金銀，户部尚書梅執禮提舉根括，而監察御史胡舜陟、胡唐老、姚舜明、王俁副之。

宇文懋昭《大金國志》卷五《太宗文烈皇帝三》 天會五年，時宋靖康二年、高宗中興，改建炎元年也。宋親王二人來軍前賀正。粘罕遣使入朝賀正，頗不爲禮。

庚子，欽宗復如青城，太上帝后及皇后、皇太子、親王、妃嬪皆挈而北。

正月十一日，粘罕遣人入城，請車駕軍前議事。二十九日，又遣使請車駕出城，且賫金國之書曰：「今已破汴，二主不可復(居)〔君〕，宜〔於〕族中别立一人，以爲宋國主，仍去帝號，但稱宋王。」

二月十一日，欽宗車駕出幸金營，百姓數萬人阻扼車駕曰：「陛下不可出，既出，事在不測。」號泣不與行，帝亦泣下。范瓊按劍怒曰：「皇帝本爲兩國生靈，屈己求和，今幸金營，且去暮即返矣。若不使車駕出城，汝等亦無生理。」百姓大怒，急投瓦礫以擊之。瓊以劍殺死數輩，蓋攀輅之人也。至軍營，粘罕坐帝西向，使左右以詔書示之，諭以别立賢君之意。

十八日，車駕入城。

三月初一日，粘罕遣二人持書，一詣太上皇，一詣欽宗前曰：「今日北國皇帝已有施行事件，請車駕詣軍前聽候〔指揮〕。」初三日，欽宗至金營，粘罕坐而言曰：「今北國皇帝不從汝請，别立異姓爲主。」使人擁帝降自北道，至一室，以兵刃守之。天明，有人呼帝出曰：「太上至矣。」帝視之，見戎衣數十人，引太上由旁門小道而去。自初四至十五日間，皇族、后妃、諸王，纍纍至軍中，日夜不止。太上與帝各居一室，后妃、諸王皆不得相見。十六日，粘罕坐帳中，使人擁二帝至堦下，宣詔曰：「宜擇立異姓以代宋後，仍令趙某父子前來燕京，令元帥府差人津遣前來。」是日，以青袍易二帝衣服，以常婦之服易二后之服。時惟李若水抱持大呼曰：「帝號不可去，龍章不可褫，若水惟有死而已。」吳革結衆欲劫還二帝，爲范瓊誘殺之。十七日，粘罕使騎吏持書示欽宗及太上皇曰：「元帥今遣汝趍燕京朝皇帝，已(詔)〔召〕康王至軍前同去。南朝以張邦昌爲帝，國號大楚矣。」十八日，軍駕北行。

六月二十三日，安肅軍傳詔，令往雲中聽侯旨揮。

李若水、王履死之。

吏部侍郎李若水之出使也，修武郎王履副之。若水至軍前，罵聲不絶，粘罕

擊之，面目爲傷，若水氣悶仆地，良久乃甦。粘罕使人監視，日三飯之，若水絶不食。粘罕怒囚之。若水母張氏聞變，哭且言曰：「吾子死難必矣。」至是，粘罕再召若水，若水歷數失信五事，肆罵不絶。粘罕大怒，即圜邱下敲殺之。若水將死，奪罵愈切。軍中相謂曰：「大遼之破，死義者十數。今南朝惟李侍郎一人而已。」履臨被害，略無懼色，且歌詩，末章云：「矯首問天兮，天卒無言。忠臣效死兮，死亦何愆。」人聞而悲之。

劉韐、徐揆死于金營。

劉韐守真定，有威名，金人欲用之，韐不可。手書片紙，遣人遺其子曰：「忠臣不事二君，此予之所以死也。」乃以衣絛自經。徐揆本太學生，爲書以獻粘罕，厲聲抗論，殺之。

粘罕責金銀不足，殺宋從人梅執禮等四人。

户部侍郎梅執禮，禮部侍郎陳知質，刑部侍郎程振，給事中安扶，並坐根括金銀不足，乃敲殺之。御史胡舜陟、胡唐老、姚舜明、王俣，各杖數百，唐老死。于是再括。留守司差官百員，分坊巷遍括，左諫議大夫洪芻分詣懿親(藩)〔蕃〕衍宅遍括。

宋吴革謀起兵，范瓊誘殺之。

革初募兵，後遷居同文館，附者至數萬，以圖迎二帝，事泄，爲范瓊所害。革至死顔色不變，人爲泣下。

粘罕又以國主之命逼張邦昌僭位，國號大楚。

邦昌僭位之日，風霾，日色薄而有暈，百官皆慘怛，邦昌亦變色。然邦昌不御正殿，不受常朝，不山呼及稱聖旨。與執政侍從坐議，必自稱名。遇金人至，則遽易服。禁中諸門悉緘鎖，題以「臣邦昌謹封」。易〔手〕詔曰手書。

宋宗澤大軍至東京。

春三月，斡离不退。

夏四月，粘罕退。

宋建炎元年，宗澤留守東京。

邦昌降手書，迎元祐太后復居延福宫。其策語有曰：「尚念宋氏之初，首崇西宫之禮。」蓋用宋太祖即位，迎周太后西宫故事。庚午，垂簾聽政，邦昌以太宰，退處資善堂。邦昌僭位，至是凡三十三日。甲戌，降手書迎康王，其語畧曰：「乃眷賢王，越居近服，已循羣臣之議，俾膺神器之歸，由康邸之舊藩，嗣宋朝之大統。漢家之厄十世，宜光武之中興。獻公之子九人，惟重耳之尚在。兹惟天意，夫豈人謀？尚期中外之協心，同定安危之至計。庶臻小愒，漸底丕平。用敷告于多方，其深明于吾意。」邦昌又率百官上表勸進康王。其表畧曰：「使生靈惟顧以無歸，雖溝瀆自經而何益？輒學周勃安劉之計，庶幾程嬰存趙之心。」邦昌繼至伏地請死，康王待以客禮，且慰撫之。是年五月，康王即帝位于南京，改元建炎。建炎元年，張邦昌安置潭州，尋賜死。

夏，粘罕由河東歸至雲中，斡离不由河北歸至燕山，約會于山後草地避暑議事。斡离不以病死。

斡离不知康王即位，張邦昌入覲，故會粘罕于草地，議還徽宗。粘罕未之許，會斡离不打毬冒熱，以水沃胸背，致傷寒而死，遂中輟。時六月二十一日也。

秋，粘罕自草地歸至雲中，遣楊天吉約夏國同取陝西，夏人從之。

粘罕已嘗渝盟于夏國，而夏人又從之，何哉？蓋夏人非不知和好不可久也，是時金國方盛，脅而從之，亦欲因而擄掠耳。

七月，宋二帝自雲中如燕山府。

起燕山、雲中、上京、東京、遼東、遼西、平州、長春八路，隸于諸萬户，入侵兩河，取諸州郡。惟左監軍撻懶親圍中山。

兩河州郡，自金人初入，以指揮得便宜行事，故各據人馬，以圖自固，逐路帥司不能調發，致無連衡相援。故一州既破，復攻一州。至是，以京城失守，河北州郡〔官〕盡爲官軍作亂害之。河東官軍多棄城南走，兩河州郡外無救援，内復自亂，于是爲金師乘而取之，如俯拾遺物。惟中山、慶源、保、莫、祁、洺、冀、磁、相、絳，久而後克。撻懶親圍中山，中山巨鎮，守禦尤堅于他郡故也。

諳版孛極烈斜也馬都元帥以病死，除曷剌馬代之。曷剌馬乃亶小名也。是時，亶方童稚，國主擬爲儲嗣，故有是除。

是年冬，除窩里嗢武元弟五子也。爲右副元帥，代斡离不，遂自本國至于燕山。粘罕約諸將分征河南，窩里嗢自燕山率衆由清、滄渡河，以征山東。

粘罕知張邦昌之廢，故約諸將分征河南。攻山東者窩里嗢，攻西京者粘罕。又除萬户婁室爲陝西路先鋒都統，以萬户撒离曷孛堇副之，以攻陝西。宋賀師範以陝西兵與金人戰于八公原，死之。

粘罕自雲中率衆下太行，渡河陽，再破西京，及遣銀朱、拔束、茶曷馬等以攻漢上。

先是，去年冬，粘罕已破西京，以高世由守。其後翟進殺世由，據其城。粘罕至此再破。

時鄭建雄守河陽，翟進扼河清白磊，金師不得渡。粘罕乃以重兵屯河陽北城，以疑建雄與進，陰遣銀朱領輕騎取九鼎渡河，還攻河陽南城，建雄之軍遂潰。粘罕得渡，首敗姚慶軍于偃師，慶死之。西京官吏棄城南走，殘民開門以降，粘罕遂入西京，屯于大内。以代州降守李嗣本知河南府事，且遣銀朱前攻漢上。粘罕不自行者，時以宗澤守東京，恐邀其後，故親自據西京，與澤相持，使漢上之師無後顧之憂也。

婁室自河中由同州韓城縣界越河，以攻長安。

時婁室屯河中蘇村，宋軍扼蒲津西岸，金師不得渡，遂潛從韓城上流一夕履冰而渡，直攻長安。于是長安之衆不戰而潰。

天會六年時宋建炎二年也。春，粘罕屯西京，窩里嗢破青、濰二州而還。

婁室既破長安，繼攻鳳翔、秦鳳等路，後爲張嚴所敗。粘罕聞之，將自西京提兵，西援婁室。行次陜府，會聞嚴已敗績，婁室北渡蒲津，故粘罕復取平陸渡河，由解、(梁)〔汾〕、晉、絳以歸雲中。

婁室攻鳳翔，守臣劉清臣遁。熙河帥張深遣裨將劉惟輔禦之，惟輔舞槊刺殺其將號黑風大王者，婁室勢窮，退走。深更，檄張嚴以兵繼進，時粘罕知婁室爲張嚴所襲，又聞韓世忠兵至，故棄西京，分兵親援婁室，且留兀室、余覩之衆以待世忠之至。既而嚴至鳳翔，戰五馬山下，婁室伏兵于五里坡，嚴至，伏發，不利，嚴死之。金人謀趍涇州，又爲曲端、吴玠所敗。粘罕焚掠西京，取平陸渡河，由解、絳、晉、汾以歸雲中，婁室遂自馮翊渡河，破潼關，及同、華、陝以歸。于是知延安王庶遣將斷河橋，又遣將屯龍水峽，斷其歸路，金人遂還。

二月，破中山府。

中山自靖康末受圍，至是(二)〔三〕年乃破。初，撻懶圍中山，陳亨伯冒圍入城固守，逾半年，金人不能下。至是，呼總管，欲盡使城中兵擊敵，以衆寡不敵辭，斬以狥。復呼部將沙振使往，振固辭，亨伯再遣之，振懼，潛裹刃入府，害亨伯并其家十七人。城破，金人見其屍曰：「南朝忠臣也。」

(二)〔三〕月，宋翟興復西京。

(危)〔范〕致虚既敗，統制翟興提兵數百入洛陽，禽守臣世由斬之。

(三)〔是〕月，宋李彦仙復陜州，金人復渡河，先攻虢，後圍陜，彦仙極力禦之，金人敗于城下而去。復攻虢州，破之。

夏四月，銀朱與其弟拔束兵二十萬下宋鄧州，帥臣(危)〔范〕致虚走，劉汲死之。南陽儲峙甚多，至是悉爲金有。需民間金帛，根括無遺。及刷汝、金、房，凡四州之民以歸。

兀室、余覩敗翟進于西京，復下其城。後又敗進于文家寺，繼敗韓世忠于永安後澗而去。

宋建炎元年冬，粘罕再攻西京，官吏棄城南走，統兵官翟進率軍〔民〕上山保險。至是春，粘罕盡焚其廬舍，刷居民北去，故進始得其城。然兀室、余覩之衆尚屯河南白馬寺、白馬坡、河清、長泉等處，雖去〔西京〕不遠，而金國視爲棄物，不復顧之。無何，進于四月十二日出兵，夜攻其營，金以間探預知，反爲所襲。進敗出城，據文家寨，復爲金乘勢追擊世忠，又敗世忠于永安後澗。時當盛夏，北騎非利之時，又以連敗宋師(可)〔少〕得休息，且知粘罕北歸，故復棄西京，相率而回雲中。因留萬户茶曷馬以戍河陽。

五月，宋遣使宇文虚中來，楊可(嗣)〔輔〕副之。尋又遣劉誨、王貺爲通問使副，祈請二帝，堅不許之。

虚中時安置韶州，應詔願使絶域，遂詔赴行在，復資政殿大學士，爲祈請使，楊可(嗣)〔輔〕副之。尋又遣劉誨、王貺爲通問使副。明年春，金人並遣歸，虚中曰：「奉命北來，祈請二帝，二帝未還，虚中不可歸。」于是獨留金國。

冬，窩里嗢、撻懶之衆敗馬擴于北京清平，因之以攻河南。粘罕自雲中率衆下太行，南渡黎陽，以攻澶、濮。圍濮州，爲本州將官姚端乘夜攻而敗之。

粘罕圍濮之初，甚有輕敵之意。端乘其不意，夜鏖其營，直犯中軍，粘罕跣足而走。至城破，端引死士突陣而出，粘罕以端之故，盡屠其城。

破相州，守臣趙不試同家屬赴井死。

破德州，都監趙叔(醇)〔皎〕死之。

破濟南府，守臣趙德降之。

破大名府，守臣張益謙、轉運裴億率衆迎降。金人曰：「城破乃降，何也？」皆以提刑郭永不從爲辭。金人遣騎召之，永正衣冠，南面再拜訖，易幅巾而入。粘罕問：「沮降者誰？」永熟視之曰：「不降者我。」粘罕見永狀貌魁傑，且夙聞其賢，欲以富貴啗之。永罵曰：「無知(之人)〔犬豕〕，恨不醢爾以報國，何説我降乎？」粘罕怒，并其家害之。

破東平府，守臣權邦彦棄母而遁。

破冀州，權州事單某死之。

先是將官李政守備有方，紀律嚴明，金人屢攻城，皆擊退之。或夜劫金人寨，所得盡散士卒，不以自私。一日，金人已登城火其門樓，政以重賞募死士撲之，俄(以)〔有〕數十人，皆以濕氈裹身，躍火而進，大呼力戰，金人驚駭，有失杖者，遂敗走，城賴以全。後政死，而城失守。

破延安府，守臣劉選遁，通判魏彦明死之。

金人破府之東城，而西城猶堅守。金人諜知曲端與王庶不叶，遂併兵寇鄜延。庶在(防)〔坊〕州，乃自當鄜州來路，遣龐世才當延安來路。初，庶用端爲都統制，庶御下嚴，多殺將士，嘗曰：「設曲端誤我，亦當斬之。」端頗銜其語。及是，端盡統涇原精兵駐邠州之淳化，庶屢趨其進兵，端不動。庶退屯龍坊，金人遂乘虛破延安府。

八月，宋二帝自(中)〔上〕京如韓州。

韓州在中京東北千五百里。秦檜不與徙，依撻辣以居，撻辣亦厚待之。

粘罕既破澶、濮，會窩里嗢之衆同攻北京，繼攻兖、鄆。十二月，破擊慶府，有欲伐孔子墓者，誅之。

時漢兒將啓孔子墓，粘罕問曰：「孔子何人？」通事高慶裔曰：「古之大聖人。」曰：「大聖人墓焉可伐？」盡殺之。故闕里得全。

天會七年時宋建炎三年也。春，破徐州，守臣王復死之。

粘罕破徐州，守臣王復肆罵不屈，闔門百口皆遇害。初，韓世忠在淮陽，將會山東諸寇以拒之，會粘罕兵至滕縣，聞世忠扼淮陽，乃分兵萬人趍揚州，以議事爲名，使上不得出，而粘罕以大軍迎世忠，世忠不能當，夜引歸。

破淮陽、泗、楚等州。

破淮陽，執守臣李寬。

破泗州，守將吕元、閻瑾已焚淮橋(道)〔遁〕。金人由招信(路)〔縣〕將渡淮，縣尉孫暉將射士、民兵禦之，沈其數舟。會大霧蔽日，金不測其多寡，相持逾半日，以疑兵縻暉，自上流渡兵。暉且戰且却，及城破(寬)〔竟〕死于敕書樓。

破楚州，守臣朱琳降。以數百騎奄至天長軍，守將瞿重、成喜將萬人俱遁。

破泰州，守臣曾(明)〔班〕降。

破高郵軍，守臣趙士瑗遁，判官齊志行降。

攻滄州，守臣劉錫遁。

粘罕自東平、襲慶、徐、泗，以攻揚州。

自去年秋，窩里嗢既破五馬山寨，探知馬擴軍來，使人馳會粘罕，共備之。故粘罕留兀室、余覩守雲中，率衆南征也。粘罕初下太行，由懷、衛將東應窩里嗢，聞擴已敗于清平，窩里嗢從而入侵，由是粘罕亦渡黎陽，以攻澶、濮。澶、濮既下，時杜充守東京，盧敵西來，決大河阻之。金不能西，乃東會窩里嗢，同下北京，繼攻兖、鄆。故至是，由徐、泗以攻揚州。

破揚州。

二月，宋高宗如杭州。

高宗時在揚州，得天長報，聞金人已至，乃如杭州，以州治爲行宫。

窩里嗢、撻懶、闍目分下山東諸路州郡，惟濟、單、興仁、廣濟以水阻而存。時山東之民正當兵火之際，復有河決之患，高宗既渡大江，青、鄆兩鎮又先破没，州郡互不相救。至是歲復大荒，人民相食，嘯聚蠭起，巨盜王江、宫儀每車載乾屍以充糧，爲金國所乘，而盡破之。

破晉〔寧〕軍，守臣徐徽言死之。

夏，窩里嗢、撻懶、闍目屯濱州。

四月，粘罕自揚州歸至東平，元帥府差宋畔臣劉豫知東平府，兼節制河南路諸州郡。先是豫元爲宋濟南守，其后畔宋歸金，金仍用之，至此然後除知東平也。

六月，破磁、單等州。

磁州守將蘇珪降。尋破單州。尋破南京，執守臣〔凌〕唐(國)佐而用之。破沂州。

秋，粘罕自東平歸至雲中，窩里嗢、闍目自濱州北歸燕山，留撻懶于山東，後撻懶移屯濰州。

試舉人于蔚州，遼人應詞賦，兩河人應經義。忻州進士孫九鼎爲魁。

九月，(破永興軍)婁室破長安，帥臣郭〔琰〕遁。

粘罕禁隱藏被虜亡人，犯者罪死。

國主行下樞密院，分河間府爲河北東路，真定府爲河北西路，平陽府爲河東南路，太原府爲河東北路。去宋朝新改諸州郡名，復舊州縣名。

是年六月，行下禁民漢服及削髮，不如式者死。

時金國所命官劉陶守代州，執一軍人于市，驗之頂髮稍長，大小且不如式，斬之。後韓常守慶源，耿守忠知解梁，見小民有衣犢鼻者，亦責以漢服斬之。生民無辜〔被害〕不可勝紀。時復布帛大貴，細民無力，坐困于家，莫敢出焉。

領燕京樞密院事劉彦宗以病死，并樞密院于雲中。除雲中韓企先爲相，同時立愛主之。粘罕以彦宗之故，命其子（筈）〔筈〕僉書院事，又以通事高慶裔知雲中，兼西京留守。

冬十月，圍蔡州，宋守臣（陳）〔程〕昌寓敗之。兀朮請于粘罕及窩里嗢，乞提兵侵淮，從之。以女真萬户聶耳、銀朱、拔（束）〔朿〕，渤海萬户大撻不也，漢軍萬户王伯隆，大起燕雲、河朔民兵附之。

冬，兀朮率衆渡江，分路入攻。攻萊州，張成以城降。攻密州，李逵、吴順以城降。遂分兩道：一自滁和攻江東，一自蘄黄攻江西。

破滁州。破壽春府，官吏以城降。破廬州，帥臣李會降。以檄抵濠州，權守張宗望降。破和州，守臣李（鑄）〔儔〕降。破無爲軍，守臣李知幾遁，遺民固守山寨。破黄州。破臨江軍，守臣吴將之遁。破吉州，守臣楊淵遁。破撫州，守臣王仲山降。破袁州，守臣王仲（嶷）〔嶷〕降。尋屠洪州，分寧令聚衆拒守，金人引去。又攻采石渡，下建康府，杜充、李棁畔降。又攻建昌軍，爲宋蔡延世所敗。

兀朮之取江南，本非其所長也，望風泛海，自爲金師所乘耳。南朝若其主親征，豈至縱師如入無人之境乎？

十二月，破杭、越等州。

攻明州，宋高宗自明州航海，將渡自越州，領兵來，我師大敗。餘杭守臣退保山寨。兀朮自安吉進兵，過獨松嶺，曰：「南朝可謂無人，若以羸賓數百守此，吾豈能遽渡哉？」

破越州？帥臣李鄴降。

宇文懋昭《大金國志》卷六《太宗文烈皇帝四》 天會八年時宋建炎四年也。春，粘罕、兀室、余覩居雲中，窩里嗢居燕山。撻懶屯濰州，遣太乙孛堇、玷者天使、鐵黑孛堇提兵南援兀朮，因圍楚州。左都監闍目以病死。破明州。

兀朮再至明州，張俊率衆拒之高橋，戰數合，慮其益兵復來，與守臣劉洪道俱避去，兀朮遂破明州，屠其城。高宗御舟次台州，金人以船侵昌國縣，追襲御舟，提領海舟張公（佑）〔裕〕引大船擊散之，金人遂退。

（二）〔正〕月，婁室攻陝州，李彦仙守禦甚備，婁室益生兵攻之愈急，城破，彦仙巷戰而死。民間雖婦女亦升屋以瓦擲之，哭李觀察不輟。金人殺其家，陝民無噍類，金人始西，而全陝没矣。彦仙守陝再逾年，大小戰二百，及城破，其屬官陳思道等五十一人皆與同死，無屈降者。破潭州，守臣向士諲遁，王（暕）〔暕〕、劉玠、趙聿之死之。

時軍民請以死守，金人登城，士諲突圍出，城遂破。軍民猶極口罵敵，與巷戰，金人怒，屠其城而去。

破荆南府，守臣唐慤遁。破（灃）〔澧〕州，守臣王淑遁。撒离曷及黑峯等攻邠州，宋張（俊）〔浚〕遣曲端拒之，兩戰皆捷。至（白店原）〔彭原店〕，撒离曷乘高望之，懼而號哭，金人因目之曰「啼泣郎君」。金師復破東京，上官悟爲所害。自是，宋四京皆殘破矣。

時東京雖城守而勢愈危，金人更遣河北首領聶淵來攻，上官悟力不能拒，城破，爲金所害。

兀朮破秀州，守臣趙士醫死之。

兀朮自越州執李鄴復還杭州，縱火屠掠。以輜重不可遵陸，遂由秀州、平江取塘岸路而還。

又下平江府常州，過吴縣，幾爲陳思恭舟師所獲。

金人過吴縣，統制陳思恭以舟師邀于太湖，擊敗之，幾獲兀朮。

回至鎮江，韓世忠屯焦山寺以邀之，兀朮不得濟，遣使致詞，願還所掠，益以名馬。世忠不從。

世忠遣兵屯焦山寺以邀金師之歸，兀朮遣人約日會戰，世忠謂諸將曰：「是間形勢無如金山龍王廟者，金人必登此覘我虚實。」乃遣偏將三百卒伏廟中，又遣二百卒伏江岸，戒之曰：「聞江中鼓聲，岸兵先入，廟兵繼出。」金師果有五騎趍龍王廟，廟中之伏喜，先鼓而出，五騎（招）〔振〕策以馳，僅得其二。有一人紅袍玉帶，既墮，復跳馳而脱。詰二人，即兀朮也。既而戰數十合，俘獲甚衆。又獲兀朮之壻封龍虎大王者舟千餘艘。兀朮懼不得濟，復遣使致詞，願還所掠假道，世忠不從。益以名馬，又不從。時撻懶在濰州，乃遣孛堇太乙趍淮以爲援。

兀朮欲自建康謀北歸，又不可。或教于蘆場地開渠二十餘里，上接江口，在世忠之上，遂傍治城西南隅鑿渠，一夜渠成，次早出舟，世忠尾擊，敗之，終不得濟。乃揭榜募人，獻所以破海舟之策。有教其于舟中載土，以平版鋪之，穴船板以櫂槳，俟風息則出江，有風則勿出，海舟無風不可動也，以火箭射其蒻蓬，則不

攻自破矣。一夜造(大)〔火〕箭成，是日引舟出江，其疾如飛。天霽無風，海舟皆不動，以火箭射海舟蒻蓬，世忠軍焚溺而死者不可勝數。世忠與餘軍至瓜步，棄舟而陸奔。兀朮輜重自瓜步口(軸)〔舳〕艫相啣，至六合不絕，爲宋岳飛所敗。既而自六合歸屯楚州九里徑，又爲趙立所敗。未幾，破揚州、承州，趙立中砲死。又破楚州，會聞宋師出陜右，託言應之，因而西去。

兀朮自江南回，初至江北，每遇親識，必相持泣下，訴以過江艱危，幾不免。又撻懶時在濰州，遣人誚兀朮南征無功，可(至)〔止〕于淮東，俟秋高相會，再征江南。兀朮皇恐，推避不肯從之。方躊躇江上，未有進退之計，會聞宋人出陜右，兀朮因而應之，于是留達不也、聶耳、王伯隆軍于淮東，以待撻懶，約拔東等西去。

雲中留守高慶裔獻議于粘罕曰：「吾君舉兵止欲取兩河，故汴京既得，而復立張邦昌。後以邦昌廢逐，故再有河南之役。方今兩河州郡既下之後，而官制不易，風俗不改者，可見吾君意非貪大，亦欲循邦昌之故事也。元帥可首建此議，無以恩歸它人。」粘罕從之，于是令右監軍兀室馳請于朝，國主從之。

金師自破山東，撻懶久居濱、濰，劉豫以相近，奉之尤善。撻懶嘗有許豫僭逆之意。慶裔，粘罕心腹也，恐爲撻懶所先，遽建此議，務欲功歸粘罕，而又使豫知恩出于己，望其後報也。或謂本鄧州畔臣張剛中獻策于慶裔，慶裔以三班奉職酧之，復以其説爲己策，獻于粘罕，非也。金師取山東，止以邦昌爲名，不易官制，不易風俗者，其議素已定矣。不然，撻懶豈敢擅許(乎大都)〔于人耶〕？劉豫揣意，求于金，慶裔懷私，屬于豫，其所由來漸矣。

粘罕遣高慶裔詢訪河南州郡，求賢人建國，州郡迎合上意，共推劉豫。

慶裔自雲中由燕京、河間，越舊河之南，首至豫所隸景州，會吏民于州治，諭以求賢建國之意，郡人莫敢言，皆曰：「願聽所舉，某等不知賢者。」慶裔徐露意以屬劉豫，郡人迎合。敵情懼豫權勢，又豫適景人也，故共戴之。慶裔喜曰：「爾與朝廷、帥府之意正相合耳。」遂令列狀舉之。慶裔至德、博、東平，一依景州之例。既至東平，則分遞諸郡，以取願狀而已。故豫得僭位，酧慶裔，賄賂不可勝計。麟、猊輩後于慶裔，有恩府門生之稱，良以此也。

高慶裔自河南歸至雲中，具陳諸州郡共戴劉豫之意，及持諸吏民願狀于粘罕，復令慶裔馳問劉豫可否？豫佯辭之，又且推前知太原張孝純。慶裔歸報粘罕，後粘罕又遣慶裔諭豫曰：「戴爾者，河南(百)〔萬〕姓，推孝純者，獨爾一人。難以一人之情而阻萬姓之願，爾可就位，我當遣孝純輔爾。」豫于是諾，後孝純由此得還宋。

遼東漢軍萬户韓常，與太行義士原明戰于真定西山胭脂嶺，爲原明所敗，千户劉慶餘被砲折其脛，由是解軍職，換授静江軍節度使，知慈州。

金國以萬户比都總管之職，千户比節度使，百人長比刺史，若解軍職，出官對格換授，此特武元初起兵所差之人也。至換授，憑武元差扎押字則爲御書。慶餘隨常父慶和降阿羌，爲千户，故換授静江軍之節度，繼以守土之任。今燕雲諸路民兵千户、百人長，乃以家業或丁數定之。一時隨軍所差也，在軍則權爲千户、百人長，散則還爲庶人。或就軍中受代，則復爲一散軍而已，非可比御書者也。今民兵充者極多，御書補者極少。

蔚州百姓劉里龍造妖起兵，既而獲之。國兵因破劉里龍，害及數縣。河北簽軍首領聶淵再破東京。

時山東、河朔已爲金師所取，京西、京南盜賊大起，四方路阻，米㪷二百千，人民相食，聶淵乘而破之。

夏，兀室見國主，回至雲中，與粘罕、余覩同往白水泊避暑。白水泊在雲中之上，乃昔遼主避暑之地也。窩里嗢之望國崖避暑。望國崖在儒州望雲縣北也。

秋，粘罕、兀室、余覩自白水泊歸至雲中，窩里嗢自望國崖歸至燕山，撻懶自濰州親攻江東。七月，宋師復郢昌府，又復鄜州。宋二帝自韓州如五國城。

五國城者，在金國所都西樓之東北千里，金人將立劉豫，乃請二帝徙居之。

八月，宋師復永興軍。

宋吴玠復永興軍，金人大懼，遂調兀朮自京西，令星馳至陜西，與婁室等合。而張浚亦劄諸路，合兵四十萬，約日會于耀州大戰。

九月，國主以輔國大將軍西京留守、大同府尹高慶裔，禮部侍郎、知制誥韓昉爲册禮使副，于九月九日立劉豫于大名府，國號大齊。

北京既破，南軍聞豫至，遂閉門殺金兵，後復降豫。至是，誅爲首者數十人于莘縣，豫由此不居北京，復還東平。以張孝純爲尚書左丞相，李孝揚、張柬權爲左右丞，弟益爲北京留守，子麟(爲)〔知〕濟南府。時大金又以兀朮南征所降李鄴、李儔、鄭億年臣豫。豫降南京爲歸德府，改東京爲汴京，升東平府爲東京，去淮寧、穎昌、順昌、興仁、壽春府名，復舊州名。

豫自以生景州，守濟南，節制東平，僭位大名，遂起四郡强壯，爲「雲從子弟」，應募者數千人。豫置三衛官：曰翊衛，曰親衛，曰勳衛，以士大夫之子爲之。二年升一等，滿六歲則試以弓馬，合格人出官。

豫之僭立也，止用天會之號。是冬，本國主之命，改元阜昌。

馮長寧以淮寧府降豫，請行「什一法」，除户部郎中、權侍郎。後罷「什一之法」，將山東百姓六十以下、二十以上皆簽發爲兵，每畝田科錢五百。又建「歸受館」于宿州，招延南方士大夫、軍民。置榷場，通南北之貨。

粘罕歸張孝純，以相劉豫。

孝純守太原幾年，而被執至粘罕前，逼令下拜，孝純曰：「未審帳上是何人？」衆曰：「元帥。」孝純曰：「元帥是大金國大臣，某乃大宋國大臣，豈有一國大臣拜一國大臣之禮？事今至此，惟有死耳，何相窘拜邪？」竟不拜，粘罕不能强之。因囚歸雲中。此與哥舒翰之敗，屈節于禄山遠矣。

孝純之得還也，蓋亦有由。是年五月八日，粘罕將避暑之白水泊，謂孝純曰：「公于此無治生事，俟某秋歸當還公于鄉里。」又顧雲中留守高慶裔曰：「如有人欠孝純錢物，可督還之，非晚，孝純歸鄉矣。」孝純初聞是語，不知其故，蓋是時粘罕與劉豫之議密定，外人莫之知也。至是，粘罕遣孝純南歸，止云歸鄉而已，奉使宇文虚中送孝純詩有「里閈共驚新赤髮，兒孫將整舊斑衣」之句，則衆不知其相豫也明矣。孝純既至河朔，欲由濟南歸徐，徐乃其鄉里也。主者曰：「當與公共至東平節制司，某得回檄，公方可歸徐矣。」既行，則孝純之兄孝忠、孝立及諸姪鄉人競遠迓之，孝純方喜慰之際，無何，至汶上，豫已僭立，遽拜僞相。當是之時，孝純昵于親黨，懼于還北，因而遂喪晚節，惜也。

十一月，歸秦檜于宋，用粘罕計也。檜之入北，從二帝之上京，逮二帝東徙韓州，檜依撻辣，爲其任用。撻辣南征，以檜爲參謀，以催錢糧爲名，挈家泛小舟抵漣水軍，自言殺北軍之監己者，奪舟來歸。然全家同舟，婢僕亦如故，人皆知其非逃歸也。

檜之來也，宋之朝士多疑之，惟范宗尹、李回與檜善，力薦其忠。及引對，檜言：「如欲天下無事，須是南自南北自北。」遂建議講和。

兀朮、婁室敗劉錫軍于耀州富平原。先是，大金萃兵淮上，宋張浚欲出兵，分道由同州、鄜延以擣(我)〔其〕虚，乃檄召熙河經略劉錫、孫渥、劉錡等會，兵甚衆，皆言(我)〔敵〕鋒方鋭，浚不從。時曲端已死，乃詐立其旗。婁室曰：「彼給我也。」擁兵驟至，輿柴囊土，藉淖平行，進薄其營。錫等與之戰，頗有殺傷，勝負未分。鐵騎出其不意，直擊環慶軍，他路軍無與援者，會趙哲離所部，哲軍見塵起，驚遁，宋諸軍亦退，我師遂乘勝而前。

金兵自攻陝西，大戰有三：(危)〔范〕致虚戰于陝府，曲端戰于邠州(白店原)〔彭原店〕，劉錫戰于耀州富平原，宋師皆敗。至是戰之後，宋師退保兩川，于是州郡盡爲金所破。

冬，宋叛臣杜充至雲中，粘罕鄙之，久而命知相州。

嘗聞粘罕初圍太原，有保正石竧起寨于西山，保聚村民，金兵攻之，往往爲竧敗去，及多邀金兵出掠者。由是粘罕遣大軍破而擒之。時竧已保守八月矣。粘罕既得竧，命釘之于軍，刺刃于股，將欲支解之。竧終不屈，粘罕異之，徐謂竧曰：「爾若降我，當命爾以官。」竧罵曰：「爺是(宋)〔漢〕人，(能)〔寧〕死不降。爺姓石，石上釘橛，更不移改。」竟爲所害。噫，充聞竧之風，豈不愧與！

粘罕密諭諸路，令同日大索兩河之民，一日，北境州縣皆閉門，及拘行旅，丁道，凡三日而罷。應客户並籍入官，刺其耳爲「官」字，鎖之雲中，及散養民間，立價鬻之，或驅之于回鶻諸國以易馬，及有賣于萌骨子、迪烈子、室韋、高麗之域者。蓋既立劉豫，以舊河爲界，恐在北者逃歸故耳。樂壽縣得客户六十八人，誤作六百八人以報，粘罕必責其數，縣官執窮民以足之。被掠歸雲中者，不令出城，無以自活，士大夫往往乞食于途。粘罕患貧民之多，恐致生事，遂以散米賑濟爲名，誘三千人出城，令甲兵坑之。

宇文懋昭《大金國志》卷七《太宗文烈皇帝五》 天會九年(時宋高宗紹興元年)也。春，粘罕、兀室、余睹居雲中，窩里嗢居燕山，撻懶攻淮東。

時宋張榮據通州，糧且盡，殺人爲糧。又以地勢不利，率舟船入縮頭湖，作水寨以守。撻懶在泰州，謀再渡江，欲先破水寨，以舟師直犯之。榮亦出數十舟，載兵與之遇，倉皇欲退不可，覘金兵只有戰艦數舟在前，餘皆小舟，水退阻隔，不得前，乃捨舟而陸，大呼而攻之。金師不得騁，舟中自亂，溺水〔陷淖者不可勝計〕，獲其壻盆輦，撻懶率餘兵奔還楚州，遂退師。蓋金本無全勝之理，但南軍多自望風而潰，如陳思恭勝兀朮于姑蘇，張榮勝撻懶于泰州，此(方)〔乃〕全勝之時，夫何難勝之有？

粘罕自雲中以燕雲漢軍、女真軍一萬人付右都監耶律余覩，北攻耶律大石林牙，耶律佛頂林牙于漠北曷董城。既行，拘余覩妻子于女真城。

大石、佛頂，天祚之族也。「林牙」者，契丹之官也。曷董城者，契丹之北土也。使余覩北行，以覩乃契丹族類，知其巢穴，止付以女真、漢軍，又質其妻子，宜乎余覩之蓄憾也。

起燕雲民兵北攻曷董城，仍起燕雲、河東夫運糧，隨余覩行。

曷董城自雲中由猫兒莊、銀甕口北去地約三千餘里，盡沙漠無人之境。是行也，二路之夫死不勝計，車牛十無一二得還。

夏，撻懶之衆自淮東歸淮北，休兵于宿遷縣樂馬湖。

撻懶自天會八年攻淮南，至是方渡淮，休兵于宿遷。是行也，攻戰之久，人馬疲弊。既至宿遷，復值馬災，死亡殆盡，金兵食之不盡，往往棄擲道路。時新爲張敵萬所敗，銳氣沮喪，又南兵已復淮東，去金兵不遠，且多傳南兵襲之，軍中每夜無故而驚，加之寇盜乘時蠭起，東北大恐。撻懶不敢遽回，故自是歲四月屯宿遷，至七月率衆北歸。以劉豫請兵戍邊，因留太乙孛堇屯劉伶莊，訛里也屯淮陽而去。

完顔没立與烏魯折合以數萬騎分爲兩道南征，一自鳳翔，一自階成出散關，約日會和尚原。

宋吴玠、吴璘歃血誓衆，爲備甚力。已而，烏魯折合先期而至，陣于原北，玠率諸將列陣待之，更戰迭休，烏魯折合大敗，由他道遁去。没立方攻箭筈關，玠復別選將擊退之，二軍卒不得合。

渤海萬户大撻不也過淮陽，知軍張涣置酒于舟中，涣因語及劉豫即位，撻不也撫掌嘆曰：「某大遼之大姓氏也，大金初招某，許開國遼東，其後被堅執銳，從軍爭戰，積有年矣，雖一郡安閒未可得也。豫山東一郡守耳，勢孤援寡，出降而已，今當是任，豈不負某也？」

大金用兵，惟以和議佐攻戰，以僭逆誘叛黨，如許撻不也開國遼東，而役于軍旅；高永昌誓爲鄰壤，而殺于海島；余覩嗣守大遼，而罪及夷族；折可求列土西秦，而害以酖毒；杜充許之中原，而囚諸囹圄是也。

粘罕禁竊，盜及一錢者罪死。

此高慶裔勸以重刑止盜也。爲盜者知劫竊均于一死，故竊盜息而劫盜盛。高慶裔請于粘罕，令諸州郡置地牢，深三太，分〔三〕隔，死囚居其下，徒流居其中，笞杖居其上。外起夾城，重塹以圍之。粘罕行其說。

河東南路都總管蕭慶招降太行紅巾首領齊實、武淵、賈敢等送于粘罕，罕盡殺之于獄。然殺降不祥，自齊實之徒被害，無復降者也。

初，婁室死，兀朮遂會諸道及女真兵合數萬人南征，宋張浚命吴玠先據鳳翔之和尚原以待之，兀朮造浮梁于寶雞縣，渡渭攻原，與吴玠連三日，戰三十餘陣，大敗，兀朮中流矢，僅以身免。于是，兀朮始自河東還燕山。

兀朮自天會七年秋離燕山率衆南征，既而回攻陝右以侵劍外，至是歲冬由河東歸燕山。是行也，宋陳思恭戰于姑蘇，韓世忠戰于大江，劉錫戰于富平，吴玠戰于劍外，凡四戰，(皆敗雖)〔惟〕世忠與錫失利。然南軍亦大戰久之，軍不無損，加之往返萬里，首尾二年，其徒銷折十存三四，往往扶舁呻吟而歸。至于兀朮，尚以箭瘡帛攀其臂。兀朮始行，有從馬數百，至是(宿)〔僅〕六馬而還，平陽守蕭慶以三馬奉之，兀朮之衆自是不振。

粘罕以撒离曷爲陝西路經略使，屯軍于鳳翔。

黑鋒既死，兀朮且回，故粘罕除撒离曷是職也。是時，劉豫已立逾年矣，陝西之地割屬劉豫，而大金于陝西尚設官屯衆何哉？時以翟興之軍守伊陽，東西路阻；吴玠之軍，又保和尚原，陝西强敵之地，人心未安，豫雖有得之之名，未暇保之，故金師未能去也。

天會十年時宋紹興二年也。春，粘罕、兀室、余覩居雲中，窩里嗢、兀朮居燕山，撻懶居祁州。除兀朮爲元帥府左都監。

粘罕諭樞密院：磨勘文武官出身、轉官、冒濫，以雲中留守高慶裔參主之，奪官爵者甚衆。劉豫遣人之元帥府，議遷東京及會大金兵共破西京翟興山寨，興没于陣。

自去年冬，劉豫弟益守東京，益迎合豫意，遣在京官屬併父老史平、僧録德真、道録王從問之東平，邀豫遷居東京。豫以翟興大軍見屯西京伊陽山寨，相去不遠，又陝西道久爲興所斷，豫深惡之，時陝西五路，盡爲大金所破，割屬劉豫。豫居東平，以翟興屯西京，東西路阻。豫每遣人之陝西，則假道于金，由懷衛越太行，取蒲解渡河以往。故力請于粘罕，期必破興。會興將楊偉降，具陳破興之計，于是發女真萬户茶曷馬渡河陽，張聲勢，揚言將欲攻興，興盡發〔兵〕以應之。楊偉潛引大軍由間道以襲興營，興兵既出，衆寡不敵，遂力戰而死，興之餘軍無復能振。時三月也。至四月，豫乘勢遷居東(居)〔京〕。是日，大風飛瓦拔木，都人震恐，豫因曲(解)〔赦〕之。

夏，粘罕試舉人于白水泊，磁州胡礪爲魁。

是舉也，粘罕密諴試官，不取中原人，故是歲止試詞賦，不試經義。礪係被

擄，以知制誥韓昉燕人也，用昉鄉貫，故誤取之。初開試日，粘罕立馬場中，呼舉人年老者，意謂免試，爭走馬前跪之。粘罕以鞭指揮，令譯者報：「爾無力老奴，何來應試？爾等若有文章，何不及第少年？爾等今苟得官，自知年老死近，向去不遠，必取贓以爲身後計，行樂以少酧晚景，安有補于國？又聞爾等之來，往往非爲己計，多有圖財假手後進者，如此，則我所取老者、少者皆非其人也！我欲殺爾等，又以罪未著白，復欲逐爾等，亦念爾等遠來，故權令爾等終場，當小心以報國，不然苟有所犯，必殺無赦！」于是諸生伏地叩頭，愧恐而去。是歲，胡礪之餘，中原人一例黜之，故少年有作賦譏者，其畧云：「草地就試，舉場不公，(北)〔比〕榜既出于外，南人不預其中。」由是士子之心失矣。

秋，國主如中京。時諸將邀上觀遼土及兩河地，故有是行。諸將會于燕山，將欲迎上于中京。兀室獵居庸關，遇馳遞者，得余覩反狀。

余覩之降大金，以爲西軍大監軍，久不還，常怏怏。其軍合董也，失其金牌，大金疑其與林牙暗合，遂質其妻子。余覩有叛心，明年九月，約燕京統軍反。統軍之兵皆契丹人，余覩謀誅西軍之在雲中者，盡約雲中、河東、河北、燕京(守)郡〔守〕之契丹、漢兒，令誅女真之在官、在軍者。天德知軍僞許之，遣其妻來告。時兀室爲西監軍，自雲中來燕，微聞其事而未信。與通事漢兒那也回(行)數百里，因獵居庸之東，憩于山上，遥見二騎馳遞交，相遇于道，立馬交談，久而不去。兀室疑之，命數騎追一人至，詰曰：「爾何人也？」曰：「余覩使者，以軍事詣燕山稿里統軍司。」稿里亦契丹。兀室曰：「爾適相遇者何人？」曰：「此乃稿里統軍使之余覩者。」兀室曰：「爾等適立馬，話及何事？」曰：「問候。」兀室曰：「非也，問候之語無許久。」又曰：「話別。」兀室曰：「亦非也，話別之語無許久。」又曰：「敘家事。」兀室曰：「家事故非立馬敘。」又曰：「敘往事。」兀室曰：「往事亦非立馬敘。」馳者詞窮面顫，又且戰慄不已。兀室察其言色，兼素疑余覩、稿里皆契丹反覆之徒，因以詐折之曰：「我知你二人爲余覩議反者，近有人密告余覩、稿里反期，于今日各有使至，我故來此伺之，果得爾輩，夫何隱焉？」其人謂兀室果知，不敢隱。余覩之叛由是敗。兀室多計，皆此類，粘罕之下，諸將皆莫及之。

族誅契丹統軍稿里，元帥府諸將分捕余覩叛黨，仍令諸路盡殺契丹，諸路大亂，月餘方止。

河東八館五百户、山金司乙室王府、南北王府、四部族衙，諸契丹相温酋首率衆蠭起，亡入夏國，及北犇沙漠。契丹附大金者，由此一亂，幾成灰燼。兀室至雲中，余覩微覺，父子以遊獵爲名，遁入夏國。夏人問以「兵幾何」？云「親兵三二百」。遂不納。投韃靼，韃靼先受兀室之命，其首領詐出迎，具食帳中，密以兵圍之。韃靼善射，余覩出敵不勝，父子皆死。兀室馳至雲中，盡誅其殘黨，仍擅殺粘罕次室蕭氏而還。

粘罕自燕山令兀室西捕余覩，及至雲中，余覩已走，兀室盡誅其殘黨，及擅殺粘罕次室蕭氏。回至燕山，請罪于粘罕曰：「蕭氏本契丹天祚元妃也，與兄實乃仇讎，不得已而從，彼素忍死以(待)〔事〕兄者，將有待于今日也。今既見事無成，恐或不利于兄。且兄橫行天下，萬夫莫當，而此人帷幄之間，可以寸刃害兄于不測矣。事當預防，某以愛兄之故，已擅殺之。」粘罕起謝，既而泣下。噫，兄弟同心若是，宜乎其能成功也。蔚州守蕭特毛可殺粘罕使者，既叛而獲之。平州守郭藥師、河東南路兵馬都總管蕭慶下元帥府獄，既而獲免，皆困女真之域。粘罕謂「財可聚衆」，以藥師家富，盡奪之。

郭藥師，南北反覆人也。藥師以契丹降將，被南宋寵遇，錫賚之厚，不可殫言。或引之出入宫禁，驕恣浸生。是時，宋中山帥臣謂其狃功怙寵，放縱士卒，居處服用率僭遼儀，至僭舊帥之禮，如置差遣司、禮樂司，用龍鳳旗鼓之類，皆非人臣之分。既而藥師外叛，導之圍京，大金雖以權宜用之，其心豈不疑之哉？始奪其「常勝軍」并器甲鞍馬散之，繼奪其家財没入之，藥師得不死幸矣。

冬，雲中副留守李處能乃宣和間歸朝官，賜姓名趙敏修者。以預余覩之叛，族誅。主以余覩逆謀，乃元帥府不能撫之，粘罕以下各決柳條有差。既獲余覩，降赦。主欲自中京而之燕雲，以余覩之亂，復還闕。

宋叛臣杜充知相州，以其孫自江南逃相，充不聞官而擅納之，爲節度副使胡景山告于粘罕，誣充陰通南宋，粘罕遣人馳詣相州，以鐵鍱鎖充，付元帥府獄(鞠)〔鞫〕之。

充知相州，尚肆作威福，篾視同僚，人多憾之，故爲景山乘余覩之亂發之。充之付獄，鞭箠炮烙，備履重刑，凡幾年而後脱。初，粘罕問充曰：「爾欲復歸南朝邪？」充曰：「元帥敢歸南朝，監軍敢歸南朝，惟充不敢歸也。」粘罕顧諸將笑之，無恥之言一至于此，背君負國，宜乎大金所不容。

元帥府諸將以上已回，分歸本所。

内樞密院國相楊朴以病死。

宇文懋昭《大金國志》卷八《太宗文烈皇帝六》 天會十一年時宋紹興三年也。春，西京留守孟邦雄爲宋翟琮所敗。琮即翟興子，時爲河南鎮撫。憤大金發掘陵寢，琮及董震以山寨餘衆入潼關，遂入西京。邦雄醉方卧，俘其族以去。

大軍下金州，又下興元府。

先是，撒离曷等十萬自鳳翔、長安揚言東去，其實由商於出漢陰，直趍金商，至是入洵陽界。宋王彦倉卒迎敵，敗走，遂入金州。未幾，又趍興元，撒离曷募死士由饒風之左間道援崖而上，經祖溪關，遂下興元府，又至金牛鎮，距宋軍百十里而退。會野無所掠，食且盡，又聞南軍邀我歸路，乃還興元。

未幾，宋王彦復金州，又敗我師于洵陽，我師棄均、房回。

大金以和尚原天險，吴玠備禦嚴密，屢攻不勝，潛兵由金州路以謀入川。吴玠聞之，自和尚原提輕兵馳扼饒風嶺。金兵既至，南軍數戰皆勝，死者甚衆，金兵積屍而焚，將有退意。一夕，縱所擄婦人以歸南軍郭仲山寨，未幾，乘夜攻而克之。金師既得郭仲山寨，乃能乘高下視饒風矣。吴玠不能存跡，遂焚糧草，退保興州。金得入漢中，首攻米倉山，以圖入蜀，王彦守之，不克。兼是時吴玠屯興州，劉子羽屯三泉，金不無後顧之憂，乃退守漢川，又洋州、興元，先自焚而去。無以因糧，且野無所取，殺馬而食之，由虢州回。

劉豫陷鄧、隨等州，李成本羣盜，降。僞齊既得鄧州，知襄陽李橫、知隨州李道聞之，皆棄城而去。于是宋郢、唐、信陽軍相繼陷没。

慈州守劉慶餘破丹州義士孫韓山寨，降其士卒三千人，盡殺于平陽府獄。

秋，起女真國土人散居漢地。

女真，一部族耳。後既廣漢地，恐人見其虚實，遂盡起本國之土人棊布星列，散居四方。令下之日，比屋連村，屯結而起。

冬，粘罕遣李永壽等使南宋，取回齊國之俘及西北士民之在南者，且欲畫江以益劉豫。是冬，金兵下和尚原，兀朮屯鳳翔，以謀攻西蜀。

天會十二年時宋紹興四年也。春，宋遣章誼來軍前，充奉表通問使。時國中所議事，南宋皆不從，乃遣誼等請還兩宫及河南地，命王倫作書于粘罕所親耶律紹文、高慶裔，且以《資治通鑑》、木綿虔布、龍鳳茶等物遺之。逮秋，章誼還宋，論李永壽所需三事，本國互有可否，獨畫疆一事未定，而粘罕答書又約以淮南毋得屯駐軍馬，蓋欲畫江以益劉豫也。誼等還至睢陽，爲豫所留，以計得免。

兀朮攻仙人關，與吴玠戰于殺金平，爲玠所敗。先是，大金得和尚原，玠度金軍必深入，至是，兀朮果與撒离曷、劉夔率十萬南征，進攻鐵山，鑿崖開道，攻仙人關。既至，金軍據高嶺爲壁，循嶺東下，直攻宋軍，玠、璘兄弟轉戰凡七日，晝夜不息。統制官郭震爲兀朮所襲，破其寨。宋軍屢敗，玠斬震以徇。與金軍力戰，萬户韓常爲南軍所射，損左目，衆不能支，引兵宵遁。玠設伏河（地）〔池〕，扼其歸路，又敗。是舉也，大金決意入蜀，自撒离曷已下，盡室而來。既不得志，遂還鳳翔，授甲士田，爲久留計，自是不復輕動矣。

兀朮于天會十一年再攻仙人關，幾爲吴玠所殺，賴韓常援而出之，常被南軍射損左目，自此見知于兀朮。常爲遼東漢軍萬户慶和之子也，小名快兒。慶和死，襲父爵，以總遼東漢兒。兀朮喜其有功，故國中稍推之。

兀朮征蜀回，至燕山，由望國崖約窩里嗢入見國主。

劉豫得隨、郢、襄陽等州，宋岳飛復取之。先是，飛遣張憲攻隨州，月餘不下。牛皋裹三日糧往，糧未盡〔而〕城拔，飛進復郢州。李成聞郢失守，乃棄襄陽遁去，與豫（合）兵屯鄧之西北，飛又克其城。

秋，宋遣其使魏良臣來，爲奉表通問使。時國中已定議出兵，而南宋未之知也。

劉豫遣人請于國主乞師，主命諸將議之，粘罕、兀室以爲難，窩里嗢以爲可，于是窩里嗢、撻懶權左右副元帥，調渤海漢兒軍五萬人以應豫。

大金無愈盛之道，劉豫有將亡之理，于斯定矣。蓋主崩時，以窩里嗢輩提兵在外，粘罕莫得而專，故亶得立也。不然，粘罕内操兵權，必得其位，則駕羣豪、服諸番，其憂大矣。

粘罕自來止居雲中，未嘗入見上。而是歲遽自白水泊入覲，適值豫有侵江之請，立爲異議，竟不自行，故窩里嗢輩得攝職總兵也。

窩里嗢請于國主，以兀朮先嘗過江，知地理險易，乞使將前軍。主從之。

豫之〔請〕侵江也，當粘罕、窩里嗢紛争行止之際，兀朮竝無一言，非有往年獨請侵江之鋭。至是，爲窩里嗢所舉方行。蓋此將嘗困于江南，又屢危于劍外，其鉛刀之鋒，蒿矢之鋭，固已判矣。

窩里嗢、撻懶下令禁燕雲等路漢軍不得雇人代名，須以正身。

諸將患傭身之人易致叛亡，其正者類多富家子弟，不任勞苦，故是歲侵江以霖雨乏糧，死不勝計。其自來傭身之人率皆失圖，無以爲生，往往聚而爲盜，諸將一舉遂成兩失。

劉豫遣其子麟、姪猊將兵，與窩里嗢等俱入征南宋。于是騎兵自泗攻滁，步兵自楚攻承。楚州守臣樊序遁，韓世忠自承州退保鎮江，南宋震恐。

是時，世忠進屯揚州，魏良臣將命過揚，世忠置酒，僞爲流星，更牌沓至，紿以移軍守江。良臣既去，進至大儀鎮，勒精兵爲五陣，設伏二十餘處，戒聞鼓聲則起而擊之。良臣至諸帥軍前，以所見對，諸帥大喜，勒兵趍江口。距大儀五里，其將孛菫撻也擁鐵騎馳過五陣之東，初交戰，南軍不利。既而世忠傳小麾鳴鼓，伏者四起，五軍旗雜出，金兵亂，弓刀無所施。南軍上揕人胷，下(稍)〔捎〕馬足，金兵全裝陷泥淖中，人馬俱斃，遂擒撻也。

冬，窩里嗢、兀朮同劉麟、劉猊侵江，屯于竹塹鎮。會大雨雪，糧道不通，軍皆憤怨。且聞宋主親征，又知國主病篤，諸將宵遁，麟、猊相繼而走。

是時，雨雪乏糧，殺馬而食，死亡日多，兵皆嗟怨。日久，虛驚軍中，每夜有人大字書于紙及去皮柳枝擲于帳前云，我等被苦(雪)〔虐〕之至，若或過江，必擒爾諸將以獻南宋。無何，又聞宋主親征，國主病篤，韓常勸兀朮曰：「士卒勞苦，俱無鬭志，强驅過江，恐自常之餘，無不叛者。況今吾君病篤，內或有變，唯速歸爲善。」兀朮然之，夜引還。大軍既去，乃遣人諭麟、猊。于是麟、猊等棄輜重亦遁，晝夜兼行三百餘里至宿州，方小憩，西北大恐。

河東南路平陽府。都總管蒲路虎捕太行義士，以絳州翼城村民多有輸其糧者，于是屠近山四十村。

(各)〔冬〕，國主崩，上謚曰文烈皇帝，廟號太宗。太宗以武元之弟陞居儲位，繼登大寶。然一時將相如粘罕、兀朮、兀室，皆開國大功臣，桀黠難制，太宗居位，拱默而已。太宗病時，大兵相距江上。既崩，不敢發喪。至軍回，于次年春方告諸路。

雜録

方武元之立太宗也，元約互傳于子孫。太宗既立，即捨己之子宋王宗盤，而以武元之長孫梁王亶爲諳版孛極烈，仍領都元帥之職。太宗既崩，宋王宗盤與武元之子涼王〔固〕碖及左副元帥粘罕皆爭立，而亶爲嫡，遂立之。蓋粘罕爲窩里嗢所代，已失兵柄，故不得立。時窩里嗢、撻辣諸帥自江上回至燕山，悉赴太宗之喪。甲寅，亶即皇帝位。

備論

《金史》卷三《太宗紀》 贊曰：天輔草創，未遑禮樂之事。太宗以斜也、宗幹知國政，以宗翰、宗望總戎事。既滅遼舉宋，即議禮制度，治曆明時，纘以武功，述以文事，經國規摹，至是始定。在位十三年，宮室苑籞無所增益。末，聽大臣計，傳位熙宗，使太祖世嗣不失正緒，可謂行其所甚難矣。

完顔宗弼部

綜述

《金史》卷七七《完顔宗弼傳》 宗弼，本名斡啜，又作兀朮，亦作斡出，或作晃斡出，太祖第四子也。

希尹獲遼護衛習泥烈，問知遼帝獵鴛鴦濼。都統杲出青嶺，宗望、宗弼率百騎與馬和尚逐越盧孛古、野里斯等，馳擊敗之。宗弼矢盡，遂奪遼兵士槍，獨殺八人，生獲五人，遂審得遼主在鴛鴦濼畋獵，尚未去，可襲取者。

及宗望伐宋，宗弼從軍，取湯陰縣，降其卒三千人。至御河，宋人已焚橋，不得渡，合魯索以七十騎涉之，殺宋焚橋軍五百人。宗望遣吴孝民先入汴諭宋人，宗弼以三千騎薄汴城，宋上皇出奔，選百騎追之，弗及，獲馬三千而還。

宗望薨，宗輔爲右副元帥，徇地淄、青。宗弼敗宋鄭宗孟數萬衆，遂克青州。復破賊將趙成于臨朐，大破黄瓊軍，遂取臨朐。宗輔軍還，遇敵三萬衆于河上，宗弼擊敗之，殺萬餘人。

詔伐宋康王，宗輔發河北，宗弼攻開德府，糧乏，轉攻濮州。前鋒烏林荅泰欲破王善二十萬衆，遂克濮州，降旁近五縣。攻開德府，宗弼以其軍先登，奮擊破之。攻大名府，宗弼軍復先登，破其城。河北平。

宋主自揚州奔于江南，宗弼等分道伐之。進兵歸德，城中有自西門北門出者，當海復敗之。乃絶隍築道，列礮隍上，將攻之，城中人懼，遂降。先遣阿里、蒲盧渾至壽春，宗弼軍繼之。宋安撫使馬世元率官屬出降。進降盧州，再降巢縣王善軍。當海等破酈瓊萬餘衆于和州，遂自和州渡江。將至江寧西二十里，宋杜充率步騎六萬來拒戰，鶻盧補、當海、迪虎、大臭合擊破之。宋陳邦光以江寧府降。留長安奴、斡里也守江寧。使阿魯補、斡里也别將兵徇地，下太平州、濠州及句容、溧陽等縣，泝江而西，屢敗張永等兵，杜充遂降。

宗弼自江寧取廣德軍路，追襲宋主于越州。至湖州，取之。先使阿里、蒲盧渾趨杭州，具舟于錢塘江。宗弼至杭州，官守巨室皆逃去，遂攻杭州，取之。宋主聞杭州不守，遂自越奔明州。宗弼留杭州，使阿里、蒲盧渾以精兵四千襲之。訛魯補、朮列速降越州。大臭破宋周汪軍，阿里、蒲魯渾破宋兵三千，遂渡曹娥江，去明州二十五里，大破宋兵，追至其城下。城中出兵，戰失利，宋主走入于海。宗弼中分麾下兵，會攻明州，克之。阿里、蒲盧渾泛海至昌國縣，執宋明州守趙伯諤，伯諤言「宋主奔温州，將自温州趨福州矣」。遂行海追三百餘里，不及，阿里、蒲盧渾乃還。

宗弼還自杭州，遂取秀州。赤盞暉敗宋軍于平江，遂取平江。阿里率兵先趨鎮江，宋韓世忠以舟師扼江口，宗弼舟小，契丹、漢軍没者二百餘人，遂自鎮江泝流西上。世忠襲之，奪世忠大舟十艘，於是宗弼循南岸，世忠循北岸，且戰且行。世忠艨艟大艦數倍宗弼軍，出宗弼軍前後數里，擊柝之聲，自夜達旦。世忠以輕舟來挑戰，一日數接。將至黄天蕩，宗弼乃因老鸛河故道開三十里通秦淮，一日一夜而成，宗弼乃得至江寧。撻懶使移剌古自天長趨江寧援宗弼，烏林荅泰欲亦以兵來會，連敗宋兵。

宗弼發江寧，將渡江而北。宗弼軍渡自東，移剌古渡自西，與世忠戰于江渡。世忠分舟師絶江流上下，將左右掩擊之。世忠舟皆張五緉，宗弼選善射者，乘輕舟，以火箭射世忠舟上五緉，五緉著火箭，皆自焚，煙焰滿江，世忠不能軍，追北七十里，舟軍殲焉，世忠僅能自免。

宗弼渡江北還，遂從宗輔定陝西。與張浚戰于富平，宗弼陷重圍中，韓常流矢中目，怒拔去其矢，血淋漓，以土塞創，躍馬奮呼搏戰，遂解圍，與宗弼俱出。既敗張浚軍于富平，遂與阿盧補招降熙河、涇原兩路。及攻吴玠于和尚原，抵險不可進，乃退軍，伏兵起，且戰且走，行三十里，將至平地，宋軍陣于山口，宗弼大敗，將士多戰没。明年，復攻和尚原，克之。天會十五年，爲右副元帥，封瀋王。

天眷元年，撻懶、宗磐執議以河南之地割賜宋，詔遣張通古等奉使江南。明年，宋主遣端明殿學士韓肖胄奉表謝，遣王倫等乞歸父喪及母韋氏兄弟。宗弼自軍中入朝，進拜都元帥。宗弼察撻懶與宋人交通賂遺，遂以河南、陝西與宋，奏請誅撻懶，復舊疆。是時，宗磐已誅，撻懶在行臺，復與鶻懶謀反。會置行臺於燕京，詔宗弼爲太保，領行臺尚書省，都元帥如故，往燕京誅撻懶。撻懶自燕京南走，將亡入于宋，追至祁州，殺之。

詔「諸州郡軍旅之事，決于帥府。民訟錢穀，行臺尚書省治之」。宗弼兼總其事，遂議南伐。太師宗幹以下皆曰：「構蒙再造之恩，不思報德，妄自鴟張，祈

求無厭，今若不取，後恐難圖。」上曰：「彼將謂我不能奄有河南之地。且都元帥久在方面，深究利害，宜即舉兵討之。」遂命元帥府復河南疆土，詔中外。

宗弼由黎陽趨汴，右監軍撒离喝出河中趨陝西。宋岳飛、韓世忠分據河南州郡要害，復出兵涉河東，駐嵐、石、保德之境，以相牽制。宗弼遣孔彦舟下汴、鄭兩州，王伯龍取陳州，李成取洛陽，自率衆取亳州及順昌府，嵩、汝等州相次皆下。時暑，宗弼還軍于汴，岳飛等軍皆退去，河南平，時天眷三年也。上使使勞問宗弼以下將士，凡有功軍士三千，並加忠勇校尉。攻嵐、石、保德皆克之。

宗弼入朝，是時，上幸燕京，宗弼見於行在所。居再旬，宗弼還軍，上起立酌酒飲之，賜以甲冑弓矢及馬二匹。宗弼已啓行四日，召還。至日，希尹誅。越五日，宗弼還軍，進伐淮南，克廬州。

上幸燕京。宗弼朝燕京，乞取江南，上從之。制詔都元帥宗弼比還軍與宰臣同入奏事。俄爲尚書左丞相兼侍中、太保、都元帥，領行臺如故。詔以燕京路隸尚書省，西京及山後諸部族隸元帥府。乃還軍，遂伐江南。既渡淮，以書責讓宋人，宋人答書乞加寛宥。宗弼令宋主遣信臣來稟議，宋主乞「先斂兵，許弊邑拜表闕下」，宗弼以便宜約以畫淮水爲界。上遣護衛將軍撒改往軍中勞之。

皇統二年二月，宗弼朝京師，兼監修國史。宋主遣端明殿學士何鑄等進誓表，其表曰：「臣構言，今來畫疆，合以淮水中流爲界，西有唐、鄧州割屬上國。自鄧州西四十里并南四十里爲界，屬鄧州。其四十里外並西南盡屬光化軍，爲弊邑。沿邊州城，既蒙恩造，許備藩方，世世子孫，謹守臣節。每年皇帝生辰并正旦，遣使稱賀不絶。歲貢銀、絹二十五萬兩、匹，自壬戌年爲首，每春季差人般送至泗州交納。有渝此盟，明神是殛，墜命亡氏，踣其國家。臣今既進誓表，伏望上國蚤降誓詔，庶使弊邑永有憑焉。」

宗弼進拜太傅。廼遣左宣徽使劉筈使宋，以袞冕圭寶珮璲玉册册康王爲宋帝。其册文曰：「皇帝若曰：咨爾宋康王趙構。不弔，天降喪于爾邦，亟瀆齊盟，自貽顛覆，俾爾越在江表。用勤我師旅，蓋十有八年于兹。朕用震悼，斯民其何罪。今天其悔禍，誕誘爾衷，封奏狎至，願身列于藩輔。今遣光禄大夫、左宣徽使劉筈等持節册命爾爲帝，國號宋，世服臣職，永爲屏翰。嗚呼欽哉，其恭聽朕命。」仍詔天下。賜宗弼人口牛馬各千、駝百、羊萬，仍每歲宋國進貢内給銀、絹二千兩、匹。

宗弼表乞致仕，不許，優詔答之，賜以金券。皇統七年，爲太師，領三省事，都元帥，領行臺尚書省事如故。皇統八年，薨。大定十五年，謚忠烈，十八年，配享太宗廟廷。子亨迭。

宇文懋昭《大金國志》卷二七《兀朮傳》 兀朮一名宗弼，封梁國王，武元第六子，江南誤呼作「四太子」也。與其弟邢王阿骨保同母。兀朮生時，穹廬中鬱鬱有氣，甚異之。爲人豪蕩，膽勇過人。猿臂善射，遇戰酣，出入陣中，部衆憚之。

天會五年，兀朮與兄窩里嗢率衆南征，粘罕欲先圍汴京，兀朮遣人告粘罕，謂獨力難功。既而粘罕知未可圖，果如兀朮所言，遂已。

七年，爲右監軍，請于粘罕，乞提兵侵江南，從之。乃提兵自登州入海道，破南宋三十餘州，直至兩浙，江東、湖南州郡皆破，宋帝航海。兀朮回至鎮江，宋將韓世忠提海舟駐揚子江以邀之，兀朮不得渡，刑白馬、殺婦人，自刃其額以祭天，後得破海舟之策，大戰勝之，以輕騎絶江而回(北)江〔北〕，屯于六合。時左監軍譖其無功，欲再侵江南，兀朮辭之。

熙宗天眷年間，廢劉豫，以河南地歸于宋，兀朮時爲尚書左丞相，兼侍中、都元帥，鋭意敗盟，舉兵南征。後敗于順昌，敗于郾城，敗于柘皐，乃始講和，而南北無事矣。

兀朮臨終，以堅守和好之説，後賜謚曰忠烈。

雜録

備論

《金史》卷七七《完顏宗弼傳》 贊曰：宗弼蹙宋主于海島，卒定畫淮之約。熙宗舉河南、陝西以與宋人，矯而正之者，宗弼也。宗翰死，宗磐、宗雋、撻懶湛溺富貴，人人有自爲之心，宗幹獨立，不能如之何，時無宗弼，金之國勢亦曰殆哉。世宗嘗有言曰：「宗翰之後，惟宗弼一人。」非虚言也。

完顏昌部

綜述

《金史》卷七七《完顏昌傳》 昌本名撻懶，穆宗子。宗翰襲遼主于鴛鴦濼，遼都統馬哥奔擣里，撻懶收其羣牧。宗翰使撻懶追擊之，不及，獲遼樞密使得里底及其子磨哥、那野以還。

太祖自將襲遼主于大魚濼，留輜重于草濼，使撻懶、牙卯守之。奚路兵官渾黜不能安輯其衆，遂以撻懶爲奚六路軍帥鎮之。習古迺、婆盧火護送常勝軍及燕京豪族工匠自松亭關入內地，上戒之曰：「若遇險阨，則分兵以往。」習古迺、婆盧火迺合於撻懶。

久之，討劾山速古部奚人，奚人據險戰，殺且盡，速古、啜里、鐵尼十三巖皆平之。詔曰：「朕以奚路險阻，經略爲難，命汝往任其事，而克副所託，良用嘉歎。今回离保部族來附，餘衆奔潰，無能爲已。比命習古迺、婆盧火獲送降人，若遇險阻，即分兵以行，餘衆悉與汝合。降詔二十，招諭未降，汝當審度其事，從宜處之。」其後撫定奚部及分南路邊界，表請設官鎮守。上曰：「依東京渤海列置千户、謀克。」

遼外戚遥輦昭古牙部族在建州，斜野襲走之，獲其妻孥及官豪之族。撻懶復擊之，擒其隊將曷魯燥、白撒曷，殺之，降民户千餘，進降金源縣。詔增賜銀牌十。又降遥輦二部，再破興中兵，降建州官屬，得山砦二十，村堡五百八十。阿忽復敗昭古牙，降其官民尤多。昭古牙勢蹙亦降，興中、建州皆平。詔第將士功賞，撫安新民。

撻懶請以遥輦九營爲九猛安。上以奪鄰有功，使領四猛安，昭古牙仍爲親管猛安。五猛安之都帥，命撻懶擇人授之。撻懶與劉彦宗舉蕭公翊爲興中尹，郡府各以契丹、漢官攝治，上皆從之。及宗翰、宗望伐宋，撻懶爲六部路都統。宗望已受宋盟，軍還，撻懶乃歸中京。

天會四年八月，復伐宋。閏月，宗翰、宗望軍皆至汴州。撻懶、阿里刮破宋兵二萬於杞，覆其三營，獲京東路都總管胡直孺及其二子與南路都統制隨師元及其三將，遂克拱州，降寧陵，破睢陽，下亳州。宋兵來復睢陽，又擊走之，擒其將石填。

宋二帝已降，大軍北還，撻懶爲元帥左監軍，徇地山東，取密州。迪虎取單州，撻懶取鉅鹿，阿里刮取宗城，迪古不取清平、臨清，蒙刮取趙州，阿里刮徇下濬、滑、恩及高唐，分遣諸將趣磁、信德，皆降之。劉豫以濟南府降，詔以豫爲安撫使，治東平，撻懶以左監軍鎮撫之，大事專決焉。後爲右副元帥。天會十五年爲左副元帥，封魯國王。

初，宋人既誅張邦昌，太宗詔諸將復求如邦昌者立之，或舉折可求，撻懶力舉劉豫。豫立爲帝，號大齊。豫爲帝數年，無尺寸功，遂廢豫爲蜀王。撻懶與右副元帥宗弼俱在河南，宋使王倫求河南、陝西地于撻懶。明年，撻懶朝京師，倡議以廢齊舊地與宋，熙宗命羣臣議，會東京留守宗雋來朝，與撻懶合力，宗幹等爭之不能得。宗雋曰：「我以地與宋，宋必德我。」宗憲折之曰：「我俘宋人父兄，怨非一日。若復資以土地，是助讎也，何德之有。勿與便。」撻懶弟勗亦以爲不可。既退，撻懶責勗曰：「他人尚有從我者，汝乃異議乎。」勗曰：「苟利國家，豈敢私邪。」是時，太宗長子宗磐爲宰相，位在宗幹上，撻懶、宗雋附之，竟執議以河南、陝西地與宋。張通古爲詔諭江南使。

久之，宗磐跋扈尤甚，宗雋亦爲丞相，撻懶持兵柄，謀反有狀。宗磐、宗雋皆伏誅，詔以撻懶屬尊，有大功，因釋不問，出爲行臺尚書左丞相，手詔慰遣。撻懶至燕京，愈驕肆不法，復與翼王鶻懶謀反，而朝議漸知其初與宋交通而倡議割河南、陝西之地。宗弼請復取河南、陝西。會有上變告撻懶者，熙宗乃下詔誅之。撻懶自燕京南走，追而殺之于祁州，并殺翼王及宗人活离胡土、撻懶二子斡帶、烏達補，而赦其黨與。

宗弼爲都元帥，再定河南、陝西。伐宋渡淮，宋康王乞和，遂稱臣，畫淮爲界，乃罷兵。

宇文懋昭《大金國志》卷二七《撻懶傳》 撻懶一名撻辣，一名昌，武元從弟也。爲人驍勇無賴，少時暴横，部落苦之。從破燕山，武元愛其雋爽，太子兩園宋京，懶皆以兵從。天會五年，遷左監軍。馬擴屯軍北京，懶攻敗之。

七年，兀朮侵江南，懶屯濱州以守山東。

八年，自濰州引衆侵淮東，援兀朮，宋將張俊以懶善兵，其鋒不可當，徒手搏

虎，并亡無益。懶急攻楚州，克之。又引衆攻泰州水寨張敵萬，爲敵萬所敗，其壻萬不剌被禽。

九年，居祁州，請于粘罕，乞割齊國滄州鹽場，不從。

十二年，齊國乞兵，懶權右副元帥，提兵以應之。

天眷二年，爲都元帥，割河南歸于宋。懶主議欲以廢齊也。齊既廢，謀再征宋。既而郎君吳矢謀反，事連懶，伏誅。

其子大抴馬亦被囚，因赦得出。庶子烏抴馬名勗，字勉道，後爲平章。

雜録

備論

《金史》卷七七《完顔昌傳》 贊曰：君臣之位，如冠屨定分，不可頃刻易也。五季亂極，綱常斁壞。遼之太宗，慢褻神器，倒置冠屨，援立石晉，以臣易君，宇宙以來之一大變也。金人效尤，而張邦昌、劉豫之事出焉。邦昌雖非本心，以死辭之，孰曰不可。豫乘時徼利，金人欲倚以爲功，豈有是理哉。撻懶初薦劉豫，後以陝西、河南歸宋，視猶儻來，初無固志以處此也。積其輕躁，終陷逆圖，事敗南奔，適足以實通宋之事爾。哀哉。

完顏杲部

綜述

《金史》卷八四《完顏杲傳》　杲本名撒离喝，安帝六代孫，泰州婆盧火之族，胡魯補山之子。雄偉有才略，太祖愛之，常在軍中。及婆盧火爲泰州都統，宗族皆隨遷泰州。撒离喝嘗爲世祖養子，獨得不遷，仍居安出虎水。

宗翰、宗望已再克汴，執宋二主北還。宗望分遣諸將定河北。左都監闍母攻下河間。雄州李成棄城走，撒离喝邀擊，大破之，雄州遂降。睿宗經略山東，留撒离喝于河上，而真定境內有賊衆，自稱元帥秦王。撒离喝擊破其衆，執而戮之。從平陝西，撒离喝徇地自渭以西，降德順軍，又降涇原路鎮戎軍，進平熙河，降甘泉等三堡，遂取保川城。明年，同奔睹討平河外，降寧洮、安隴二寨，并降下河及樂州。至西寧，盡降其都護官屬，於是木波族長等皆迎降。攻慶陽，敗其拒者，遂降其城。慕洧以環州來降，得城寨十三，步騎一萬。於是，宗弼軍敗于和尚原，上褒美撒离喝而戒勵宗弼。

睿宗已定陝西，留兵屯衝要，使撒离喝總之。居無何，請收劍外十三州。與宋王彥之軍七千人遇于沙會濼，敗之，遂克金州。連破吳玠諸軍于饒峰關，遂取真符縣，取洋州入興元府。敗吳玠兵于固鎮，擒其兩將。撒葛梲等破宋兵，盡下諸砦及仙人關。天會十四年，爲元帥右監軍。

天眷三年，宗弼復取河南。撒离喝自河中出陝西。既至鳳翔，擊走宋軍。是時，宋軍在京兆西者甚衆。諸將以暑雨，欲駐軍。且聞宋兵九萬會于涇州，都元帥遣河南步卒來會軍。撒离喝留諸將屯環慶，獨以輕騎取涇州。六月，敗宋兵于涇州。宋兵走渭州，拔离速追擊，大敗之。未幾，爲右副元帥。皇統三年，封應國公，錫賚甚厚。熙宗出獵，賜具裝馬二，命射于圍中。加開府儀同三司。將還軍，命宰臣餞之。

海陵升蒲州爲河中府，撒离喝爲河中尹，左副元帥如故。自陝西入朝，因從容言曰：「唐建成不道，太宗以義除之，即位之後，力行善政，後世稱賢。陛下以前主失德，大義廢絕，力行善政，則如唐太宗矣。」海陵聞其言，色變，撒离喝亦悔其言。既而進封國王，從行官吏皆官賞之。海陵念撒离喝久握兵在外，頗得士心，忌之，以爲行臺左丞相兼左副元帥。又恐不奉命，陽尊以殊禮，使係屬籍，以玉帶璽書賜之。撒离喝至汴，詔諭行臺右丞相、右副元帥撻不野無使撒离喝預軍事。撒离喝不知，每事輒爭之。撻不野詭曰：「太師梁王以陝西事屬公，以河南事屬撻不野，今未嘗別奉詔命。陝西之事，撻不野固不敢干涉。」撻不野久在河南，將帥畏而附之。撒离喝始至勢孤，爭之不得，自於朝。大臣知上旨，報曰：「如梁王教。」及詔使至汴，諭旨於撻不野。使還，撻不野獨有附奏，撒离喝不得與聞，人皆知海陵使撻不野圖之矣。

會海陵欲除遼王斜也子孫及平章政事宗義等，元帥府令史遥設希海陵旨，誣撒离喝父子謀反，并平章宗義、尚書謀里野等。遥設學撒离喝手署及印文，詐爲契丹小字家書與其子宗安，從左都監奔睹上變。封題作已經開拆者，書紙隱約有白字，作曾經水浸，致字畫分明者，稱御史大夫宗安於宮門外遺下此書，遥設拾得之。其書略曰：「撻不野自來於我不好，凡事常有隄防，應是知得上意。移剌補丞相於我不好，若遲緩分毫，猜疑必落他手也。」又曰：「阿渾每見此書，約定月日，教掃胡令史却寫白字書來。」有司鞫問，宗安不服曰：「使真有此書，我剖肌肉藏之，猶恐漏泄，安得於朝門下遺之？」有司掠笞楚毒，宗安神色不變。乃置掃胡爐炭上，掃胡不能堪，自誣服。宗安謂掃胡曰：「爾苦矣。」宗義被掠笞，不能當，亦自誣服，曰：「我輩知不免矣，不早決，徒自苦。」宗安曰：「今雖無以自明，九泉之下當有寃對，吾終不能引屈。」竟不服而死。使斯魯渾殺撒离喝于汴，族其家，而無寫書及傳書者主名。

有折哥者，能契丹小字，舊嘗從撒离喝。特末者，陝西舊將，嘗以左副元帥事馳驛赴闕。兩人者皆族誅。撒离喝親屬坐是死者二十餘人。魯王斡者孫耶魯候撒离喝于汴，斯魯渾執之，耶魯曰：「願付有司，若法當同坐，雖死不恨。」斯魯渾亦殺之。其家訟于朝，海陵不問，但賜錢二百萬。

奔睹還元帥左監軍，加開府儀同三司。遥設爲同知博州事，賜錢三百萬，謂之曰：「爾無自比老人。老人親告朕，爾以告有司，設有撒离喝黨人在其間，敗吾事矣。」老人指蕭玉也。蕭玉名老人，故云然。遥設在博州數歲，後與蕭裕謀反，伏誅。

大定初，詔復撒离喝官爵。三年，追封金源郡王，謚莊襄，以郡王品秩官爲

營葬。十七年，配享太宗廟廷。

宇文懋昭《大金國志》卷二七《撒離曷傳》 撒離曷女真人，不知其族屬遠近。女真起兵時，以宗族近親爲將相，離曷晚進，特以驍勇見知于粘罕。再圍宋京，時離曷爲萬户，婁室征陝西，離曷副之，屢戰有功。

天會八年，攻邠州，宋將曲端拒之。至(白店原)〔彭原店〕，據高原而陣，望黑峯之敗，懼而泣。

十年，與齊國合兵，屯于鳳翔。

十一年，提兵直趨金商，入洵陽界，宋將邵龍敗走，遂入金州，進趨饒風嶺，扼宋吴玠，不能前，乃斬其千户孛堇數人，募死士由饒風之左道援崖而上升，遂攻祖溪關，破興元，糧盡而反。

十二年，復領兵攻宋仙人關，爲吴玠所敗，乃退師。

天眷元年，遷左監軍。二年，遷左副元帥，提兵自河中府渡河入同州界，破永興軍及鳳翔府，陝右大恐。既而折合孛堇戰敗中傷，退屯武功，和議再成，南北不復戰矣。

吴矢反，諸王以次誅死，離曷亦誅死。

雜録

備論

《金史》卷八四《完顔杲傳》 贊曰：撒离喝、温敦思忠、奔睹皆有功舊臣，當天會、皇統之際，戰勝攻取，可謂壯哉。及海陵之世，崎嶇嫌忌，撒离喝既自以言致疑，猶與大臭辨争軍事，何見幾之不早也。

李通部

綜述

《金史》卷一二九《李通傳》　李通，以便辟側媚得幸於海陵。累官右司郎中，遷吏部尚書。請謁賄賂輻湊其門。正隆二年正月乙酉，詔左右司御史中丞以下奏事便殿，海陵曰：「知子莫若父，知臣莫若君，朕嘗試之矣。朕詢及人材，汝等若不舉同類，必舉其相善者。朕聞女直、契丹之仕進者，必賴刑部尚書烏帶、簽書樞密遥設爲之先容，左司員外郎阿里骨列任其事。渤海、漢人仕進者，必賴吏部尚書李通、户部尚書許霖爲之先容，左司郎中王蔚任其事。凡在仕版，朕識者寡，不識者衆，莫非人臣，豈有遠近親疏之異哉。苟奉職無愆，尚書侍郎節度使便可得，萬一獲罪，必罰無赦。」頃之，拜參知政事。

海陵恃累世强盛，欲大肆征伐，以一天下，嘗曰：「天下一家，然後可以爲正統。」通揣知其意，遂與張仲軻、馬欽、宦者梁珫近習羣小輩，盛談江南富庶，子女玉帛之多，逢其意而先道之。海陵信其言，以通爲謀主，遂議興兵伐江南。四年二月，海陵諭宰相曰：「宋國雖臣服，有誓約而無誠實，比聞沿邊買馬及招納叛亡，不可不備。」遣使籍諸路猛安部族，及州縣渤海丁壯充軍，仍括諸道民馬。於是，遣使分往上京、速頻路、胡里改路、曷懶路、蒲與路、泰州、咸平府、東京、婆速路、曷蘇館、臨潢府、西南招討司、西北招討司、北京、河間府、真定府、益都府、東平府、大名府、西京路，凡年二十以上、五十以下者皆籍之，雖親老丁多，求一子留侍，亦不聽。五年十一月，使益都尹京等三十一人押諸路軍器於軍行要會處安置，俟軍至分給之。其分給之餘與繕完不及者，皆聚而焚之。

六年正月，海陵使通諭旨宋使徐度等曰：「朕昔從梁王嘗居南京，樂其風土。帝王巡狩，自古有之。淮右多隙地，欲校獵其間，從兵不踰萬人。汝等歸告汝主，令有司宣諭朕意，使淮南之民無懷疑懼。」二月，通進拜右丞，詔曰：「卿典領繕完兵械，今已畢功，朕嘉卿忠謹，故有是命，俟江南事畢，別當旌賞。」

四月，簽書樞密院事高景山爲賜宋帝生日使，右司員外郎王全副之，海陵謂全曰：「汝見宋主，即面數其焚南京宮室、沿邊買馬、招致叛亡之罪，當令大臣某人某人來此，朕將親詰問之，且索漢、淮之地，如不從，即厲聲詆責之，彼必不敢害汝。」海陵蓋使王全激怒宋主，將以爲南伐之名也。謂景山曰：「回日，以全所言奏聞。」全至宋，一如海陵之言詆責宋主，宋主謂全曰：「聞公北方名家，何乃如是？」全復曰：「趙桓今已死矣。」宋主遽起發哀而罷。海陵至南京，宋遣使賀遷都，海陵使韓汝嘉就境上止之曰：「朕始至此，比聞北方小警，欲復歸中都，無庸來賀。」宋使乃還。

於是，大括天下贏馬，官至七品聽留一馬，等而上之。并舊籍民馬，其在東者給西軍，在西者給東軍，東西交相往來，晝夜絡繹不絶，死者狼籍于道。其亡失多者，官吏懼罪或自殺。所過蹂踐民田，調發牽馬夫役。詔河南州縣所貯糧米以備大軍，不得他用，而贏馬所至當給芻粟，無可給，有司以爲請，海陵曰：「此方比歲民間儲畜尚多，今禾稼滿野，贏馬可就牧田中，借令再歲不獲，亦何傷乎。」及徵發諸道工匠至京師，疫死者不可勝數，天下始騷然矣。調諸路馬以户口爲率，富室有至六十匹者。凡調馬五十六萬餘匹，仍令本家養飼，以俟師期。

海陵因出獵，遂至通州觀造戰船，籍諸路水手得三萬餘人。及東海縣人張旺、徐元反，遣都水監徐文等率師浮海討之，海陵曰：「朕意不在一邑，將試舟師耳。」

於是，民不堪命，盜賊蠭起，大者連城邑，小者保山澤，遣護衛普連二十四人，各授甲士五十人，分往山東、河北、河東、中都等路節鎮州郡屯駐，捕捉盜賊。以護衛頑犀爲定武軍節度副使，尚賢爲安武軍節度副使，蒲甲爲昭義軍節度副使，皆給銀牌，使督責之。是時，山東賊犯沂州，臨沂令胡撒力戰而死。大名府賊王九等據城叛，衆至數萬。契丹邊六斤、王三輩皆以十數騎張旗幟，白晝公行，官軍不敢誰何，所過州縣開劫府庫物置于市，令人攘取之，小人皆喜賊至，而良民不勝其害。太府監高彦福、大理正耶律道、翰林待制大潁出使還朝，皆言盜賊事，海陵惡聞，怒而杖之，潁仍除名，自是人人不復敢言。

海陵自將，分諸道兵爲神策、神威、神捷、神鋭、神毅、神翼、神勇、神果、神略、神鋒、武勝、武定、武威、武安、武捷、武平、武成、武毅、武鋭、武揚、武翼、武震、威定、威信、威勝、威捷、威烈、威毅、威震、威略、威果、威勇三十二軍，置都總管、副總管各一員，分隸左右領軍大都督及三道都統制府。置諸軍巡察使、副各一員。以太保奔睹爲左領軍大都督，通爲副大都督。海陵以奔睹舊將，使帥諸

軍以從人望，實使通專其事。

海陵召諸將授方略，賜宴于尚書省。海陵曰：「太師梁王連年南伐，淹延歲月。今舉兵必不如彼，遠則百日，近止旬月。惟爾將士無以征行爲勞，戮力一心，以成大功，當厚加旌賞，其或弛慢，刑茲無赦。」海陵恐糧運不繼，命諸軍渡江無以僮僕從行，聞者莫不怨咨。徒單后與太子光英居守，尚書令張浩、左丞相蕭玉、參知政事敬嗣暉留治省事。

九月甲午，海陵戎服乘馬，具裝啓行。明日，妃嬪皆行，宮中慟哭久之。十月乙巳，陰晦失路，是夜二更始至蒙城。丁未，大軍渡淮，至中流，海陵拜而酹之。至宿次，見築繚垣者，殺四方館使張永鈐。將至廬州，見白兔，馳射不中。既而，後軍獲之以進，海陵大喜，以金帛賜之，顧謂李通曰：「昔武王伐紂，白魚躍於舟中。今朕獲此，亦吉兆也。」癸亥，海陵至和州，百官表奉起居，海陵謂其使「汝等欲伺我動静邪。自今勿復來，俟平江南始進賀表」。

是時，梁山濼水涸，先造戰船不得進，乃命通更造戰船，督責苛急，將士七八日夜不得休息，壞城中民居以爲材木，煮死人膏爲油用之。遂築臺於江上，海陵被金甲登臺，殺黑馬以祭天，以一羊一豕投於江中。召都督昂、副都督蒲盧渾謂之曰：「舟楫已具，可以濟江矣。」蒲盧渾曰：「臣觀宋舟甚大，我舟小而行遲，恐不可濟。」海陵怒曰：「爾昔從梁王追趙構入海島，豈皆大舟邪。明日汝與昂先濟。」昂聞令己渡江，悲懼欲亡去。至暮，海陵使謂昂曰：「前言一時之怒耳，不須先渡江也。」明日，遣武平軍都總管阿隣、武捷軍副總管阿撒率舟師先濟。宿直將軍温都奥剌、國子司業馬欽、武庫直長習失皆從戰。海陵置黄旗紅旗於岸上，以號令進止，紅旗立則進，黄旗仆則退。既渡江，兩舟先逼南岸，水淺不得進，與宋兵相對射者良久，兩舟中矢盡，遂爲所獲亡一猛安、軍士百餘人。海陵遂還和州。

於是尚書省使右司郎中吾補可、員外郎王全奏報：世宗即位於東京，改元大定。海陵前此已遣護衛謀良虎、特离補往東京，欲害世宗，行至遼水，遇世宗詔使撒八，執而殺之，遂還軍中。海陵拊髀嘆曰：「朕本欲平江南改元大定，此豈非天乎。」乃出素所書取一戎衣天下大定改元事，以示羣臣。遂召諸將帥謀北歸，且分兵渡江。

議定，通復入奏曰：「陛下親師深入異境，無功而還，若衆散於前，敵乘於後，非萬全計。若留兵渡江，車駕北還，諸將亦將解體。今燕北諸軍近遼陽者恐有異志，宜先發兵渡江，斂舟焚之，絶其歸望。然後陛下北還，南北皆指日而定矣。」海陵然之，明日遂趨揚州。過烏江縣，觀項羽祠，嘆曰：「如此英雄不得天下，誠可惜也。」

海陵至揚州，使符寶耶律没荅護神果軍扼淮渡，凡自軍中還至淮上，無都督府文字皆殺之。乃出内箭飾以金龍，題曰御箭，繫帛書其上，使人乘舟射之南岸，其書言「宋國遣人焚毁南京宫室，及沿邊買馬，招誘軍民，今興師問罪，義在弔伐，大軍所至，必無秋毫之犯」。以此招諭宋人。於是，宋將王權亦縱所獲金軍士三人，齎書數海陵罪，通奏其書，即命焚之。

海陵怒，亟欲渡江。驍騎高僧欲誘其黨以亡，事覺，命衆刃剉之。乃下令，軍士亡者殺其蒲里衍，蒲里衍亡者殺其謀克，謀克亡者殺其猛安，猛安亡者殺其總管，由是軍士益危懼。甲午，令軍中運鴉鶻船及糧船於瓜洲渡，期以明日渡江，敢後者死。

乙未，完顔元宜等以兵犯御營，海陵遇弒。都督府以南伐之計皆通等贊成之，徒單永年乃其姻戚，郭安國衆所共惡，皆殺之。大定二年，詔削通官爵，人心始快。

金世宗部

綜述

《金史》卷六《世宗紀上》　世宗光天興運文德武功聖明仁孝皇帝，諱雍，本諱烏祿，太祖孫，睿宗子也。母曰貞懿皇后李氏。天輔七年癸卯歲，生于上京。體貌奇偉。美鬚髯，長過其腹。胸間有七子如北斗形。性仁孝，沉静明達。善騎射，國人推爲第一，每出獵，耆老皆隨而觀之。

皇統間，以宗室子例授光禄大夫，封葛王，爲兵部尚書。天德初，判會寧牧。明年，判大宗正事，改中京留守，俄改燕京，未幾，爲濟南尹。貞元初，爲西京留守，三年，改東京，進封趙王。正隆二年，例降封鄭國公，進封衛國。三年，再任留守，徙封曹國。六年五月，居貞懿皇后喪。一日方寢，有紅光照室，及黄龍見寢室上。又嘗夜有大星流入留守第中。是歲，東梁水張溢，暴至城下，水與城等，決女牆石罅中流入城，湍激如涌，城中人惶駭，上親登城，舉酒酹之，水退。

海陵南伐，天下騷動。是時，籍契丹部人丁壯爲兵，部人不願行，以告使者，使者燥合畏海陵不以告，部人遂反。至是，咸平府謀克括里攻陷韓州，據咸平，將犯東京。

八月，起復東京留守。婆速路兵四百來會討括里，復得城中子弟願爲兵者數百人。帝舅興中少尹李石以病免，家居遼陽。戊午，發東京，以石主留務。賊胡者聞鼙鼓聲震天，見旌旗蔽野，傳言國公兵十萬且至，賊衆至瀋州，遁去。會烏延查剌等敗賊兵，還至常安縣，海陵使婆速路總管完顔謀衍來討賊，以兵屬之。

九月，至東京。副留守高存福，其女在海陵後宫，海陵使存福伺起居。適以造兵器餘材造甲數十，存福宣言，留守何爲造甲，密使人以白海陵，遂與推官李彦隆託爲擊毬，謀不利。存福家人以其謀來告，平定知軍李蒲速越亦言其事。海陵嘗聞上有疾，即使近習來觀動静，至是，又使謀良虎圖淮北諸王，上知之，心常隱憂。及討括里還至清河，遇故吏六斤乘傳自南來，具言海陵殺其母，殺兄子檀奴、阿里白及樞密使僕散忽土等，又曰「且遣人來害宗室兄弟矣」。上聞之，益懼。及聞存福圖己，事且有迹，李石勸上早圖之。於是，以議備賊事，召官屬會清安寺，彦隆先到，存福累召始來，並於座上執之。是月，復有雲來自西，黄龍見雲中。

十月辛丑，南征萬户完顔福壽、高忠建、盧萬家奴等自山東率所領兵二萬，完顔謀衍自常安率兵五千皆來附。謀衍即以臣禮上謁。乙巳，諸軍入城，共擊殺存福等。是夜，諸軍被甲環衛皇城。丙午，慶雲見，官屬諸軍勸進，固讓良久，於是親告于太祖廟，還御宣政殿，即皇帝位。以完顔謀衍爲右副元帥，高忠建元帥左監軍，完顔福壽右監軍，盧萬家奴顯德軍節度使。丁未，大赦，改元大定。下詔暴揚海陵罪惡數十事。己酉，饗將士，賜官賞各有差，仍給復三年。會寧、胡里改、速頻等路南伐諸軍，會尚書省，奏請以從軍來者補諸局司承應人及官吏闕員。上曰：「舊人南征者即還，何以處之。必不可闕者，量用新人可也。」辛亥，以利涉軍節度使獨吉義爲參知政事。中都留守、西北面行營都統完顔彀英將兵三萬駐歸化，以爲左副元帥。丁巳，出内府金銀器物贍軍，吏民出財物佐官用者甚衆。壬戌，以前臨潢尹晏爲左丞相。癸亥，詔諭南京太傅、尚書令張浩。甲子，興平軍節度使張玄素上謁。尚書省奏，正隆軍興之餘，進錢粟者宜量授以官，從之。詔遣移剌札八招契丹諸部爲亂者。以前肇州防禦使神土懣爲元帥右都監。

十一月己巳朔，以左丞相晏兼都元帥。辛未，以户部尚書李石爲參知政事。己卯，詔調民間馬充軍用，事畢還主，死者給價。阿瑣、璋殺同知中都留守事沙離只，阿瑣自稱中都留守，璋自稱同知留守事，使石家奴等來上表賀。辛巳，以如中都期日詔羣臣。壬午，詔中都都轉運使左淵曰：「凡宫殿張設毋得增置，無役一夫以擾百姓，但謹圍禁、嚴出入而已。」以尚書右司員外郎完顔兀古出爲詔諭高麗使。癸未，遣權元帥左都監吾札忽、右都監神土懣、廣寧尹僕散渾坦討契丹諸部。甲申，追尊皇考豳王爲皇帝，謚簡肅，廟號睿宗，皇妣蒲察氏曰欽慈皇后，李氏曰貞懿皇后。羣臣上尊號曰仁明聖孝皇帝。乙酉，追復東昏王帝號，謚武靈，廟號閔宗，詔中外。封子實魯剌爲許王，胡土瓦爲楚王。戊子，辭謁太祖廟及貞懿皇后園陵。己丑，如中都。次小遼口。使中都留守宗憲先往。壬辰，次梁魚務。樞密副使、北面行營都統白彦敬、南京留守北面行營副統紇石烈志寧以所統軍數來上。安武軍節度使爽來歸。乙未，完顔元宜等弒海陵於揚州。

丙申，次義州。丁酉，宋人破陝州，防禦使折可直降，同知防禦使事李柔立死之。

十二月乙卯，次三河縣，左副元帥完顔彀英來朝。丙辰，次通州，延安尹唐括德温來朝。丁巳，至中都。戊午，謁太祖廟。己未，御貞元殿，受羣臣朝。庚申，以元帥左監軍高忠建等爲報諭宋國使。壬戌，詔軍士自東京扈從至京師者復三年。同知河間尹高昌福上書陳便宜，上覽之再三。詔内外大小職官陳便宜。丙寅，詔左副元帥完顔彀英規措南邊及陝西等路事。

二年正月戊辰朔，伐鼓用幣。上徹樂減膳，不視朝。庚午，上謂宰相曰：「進賢退不肖，宰相之職也。有才能高於己者，或憚其分權，往往不肖引置同列，朕甚不取。卿等毋以此爲心。」以前翰林學士承旨致仕翟永固爲尚書左丞，濟南尹僕散忠義爲右丞。都統斜哥、副統完顔布輝坐擅易置中都官吏，斜哥除名，布輝削兩階，罷之。辛未，御太和殿，宴百官，宗戚命婦賜賚有差。壬申，勅御史臺檢察六部文移，稽而不行，行而失當，皆舉劾之。甲戌，除迎賽神佛禁令。乙亥，如大房山。丙子，獻享山陵，禮畢，欲獵而還，左丞相晏等諫曰：「邊事未寧，不宜游幸。」戊寅，還宫。因諭晏等曰：「朕常慕古之帝王，虚心受諫。卿等有言即言，毋緘默以自便。」辛巳，以兵部尚書可喜等謀反，伏誅，詔中外。是日，賜扈從猛安謀克甲士下至阿里喜有差。遣左副點檢蒲察阿孛罕等賞賚河南將士。以前勸農使移剌元宜爲御史大夫。詔前工部尚書蘇保衡、太子少保高思廉振賜山東百姓粟帛，無妻者具姓名以聞。庚寅，行納粟補官法。遣右副元帥完顔謀衍率師討蕭窩斡。壬辰，上謂宰執曰：「朕即位未半年，可行之事甚多，近日全無敷奏。朕深居九重，正賴卿等贊襄，各思所長以聞，朕豈有倦怠。」甲午，上謂宰執曰：「卿等當參民間利害，及時事之可否，以時敷奏。不可公餘輒從自便，優游而已。」命河北、山東、陝西等路征南步軍並放還家。咸平、濟州軍二萬入屯京師。丙申，以西南路招討使完顔思敬、兵部尚書阿鄰督北邊將士。

二月己亥，前翰林待制大穎以言盜賊忤海陵，杖而除名，起爲秘書丞。補闕馬欽以諂事海陵得幸，除名。庚子，詔前户部尚書梁銶、户部郎中耶律道安撫山東百姓。招諭盜賊或避賊及避徭役在他所者，並令歸業，及時農種，無問罪名輕重，並與原免。壬寅，太傅、尚書令張浩來見。癸卯，以上初即位，遣遼陽主簿石抹移迭、東京麴院都監移剌葛補招契丹叛人，爲白彦敬、紇石烈志寧所害，並贈鎮國上將軍，令其家各食五品俸，仍收録其子。甲辰，以張浩爲太師，尚書令如故，御史大夫移剌元宜爲平章政事。辛亥，定世襲猛安謀克遷授格。壬子，以太保、左領軍大都督奔睹爲都元帥，太保如故。癸丑，詔降蕭玉、敬嗣暉、許霖等官，放歸田里。甲寅，復用進士爲尚書省令史。丙辰，嵩州刺史石抹术突刺等敗宋兵於壽安縣。丁巳，鄭州防禦使蒲察世傑取陝州。甲子，詔都元帥奔睹開府山東，經略邊事。澤州刺史特末哥及其妻高福娘伏誅。

閏月甲戌，上謂宰臣曰：「比聞外議言，奏事甚難。朕於可行者未嘗不從。自今敷奏勿有所隱，朕固樂聞之。」戊子，上謂宰臣曰：「臣民上書者，多勅尚書省詳閲，而不即具奏，天下將謂朕徒受其言而不行也。其亟條具以聞。」庚寅，詔平章政事移剌元宜泰州路規措邊事。辛卯，太和、厚德殿火。乙未，尚書兵部侍郎温敦术突刺等與窩斡戰，敗于勝州。

三月癸卯，參知政事獨吉義罷。元帥左都監徒單合喜敗宋將吴璘于德順州。甲辰，追削李通官職。乙巳，免南京正隆丁夫貸役錢。辛亥，以廉平誠諭中外官吏。癸亥，詔河南、陝西、山東，昨因捕賊，良民被虜爲賊者，釐正之。

四月己巳，右副元帥完顔謀衍等敗窩斡于長濼。辛未，降廢帝亮爲海陵郡王。乙亥，詔減御膳及宫中食物之半。夏國遣使來賀即位，及進方物，及賀萬春節。右副元帥完顔謀衍復敗窩斡於霧淞河。辛巳，宴夏使貞元殿。故事，外國使三節人從皆坐廡下賜食。上察其食不精腆，曰：「何以服遠人之心。」掌食官皆杖六十。癸未，夏使朝辭，乞互市，從之。己丑，以左丞相晏爲太尉。壬辰，詔征契丹部將士曰：「應契丹與大軍未戰而降者，不得殺傷，仍安撫之。後招誘來降者，除奴婢以已虜爲定，其親屬使各還其家，仍官爲贖之。」

五月丁酉朔，以曷速館節度使白彦敬爲御史大夫。戊戌，遣元帥左監軍高忠建會北征將帥討契丹。己亥，以臨海軍節度使紇石烈志寧爲元帥右監軍。右副元帥完顔謀衍、元帥右監軍完顔福壽坐逗遛，召還京師，皆罷之。壬寅，立楚王允迪爲皇太子，詔中外。丁巳，押軍萬户裴滿按剌、猛安移剌沙里剌敗宋兵于華州。

六月戊辰，命御史大夫白彦敬西北路市馬。庚午，以尚書右丞僕散忠義爲平章政事兼右副元帥，經略契丹。詔出内府金銀給征契丹軍用。戊寅，詔居庸關、古北口譏察契丹姦細，捕獲者加官賞。己卯，詔守禦古北口及石門關。庚辰，宋遣使賀即位。壬午，右副元帥僕散忠義與窩斡戰于花道。戊子，以南京留守紇石烈良弼爲尚書右丞。庚寅，右副元帥僕散忠義大敗窩斡于裊嶺西陷泉，獲其弟裊。壬辰，以西南路招討使完顔思敬爲元帥右都監。

七月丁酉，復取原州。丙午，宋主傳位于子昚。甲寅，詔諭契丹。丁巳，速頻軍士朮里古等誣完顏謀衍子斜哥寄書其父謀反，并以其書上之。上覽書曰：「此誣也，止訊告者。」訊之，果誣也。朮里古伏誅。庚申，太尉、尚書左丞相晏致仕。壬戌，詔發濟州會寧府軍在京師者，以五千人赴北京都統府。陝西都統璋敗宋將吴璘于張義堡。

八月乙丑朔，奚抹白謀克徐列等降。左監軍高忠建破奚于栲栳山，及招降旁近奚六營，有不降者，攻破之，盡殺其男子，以其婦女童孺分給諸軍。丁卯，永興縣進嘉禾。壬申，萬户温迪罕阿魯帶與奚戰于古北口，敗焉，詔同判大宗正事完顏謀衍等禦之。癸酉，上謂宰臣曰：「百姓上書陳時政，其言猶有所補。卿等位居機要，略無獻替，可乎。夫聽斷獄訟，簿書期會，何人不能。唐、虞之聖，猶務兼覽博照，乃能成治。正隆專任獨見，故取敗亡。朕早夜孜孜，冀聞讜論，卿等宜體朕意。」詔「百司官吏，凡上書言事或爲有司所抑，許進表以聞，朕將親覽，以觀人材優劣」。夏國遣使賀尊號。丁丑，免齊國妃、韓王亨、樞密忽土、留守賾等家親屬在宫籍者。詔元帥右都監完顏思敬以所部軍與大軍會討窩斡。乙酉，詔左諫議大夫石琚、監察御史馮仲尹廉察河北東路。丁亥，詔御史臺曰：「卿等所劾，惟諸局行移稽緩，及緩於赴局者耳，此細事也。自三公以下，官僚善惡邪正，當審察之。若止理細務而略其大者，將治卿等罪矣。」契丹老和尚降。辛卯，罷諸關征税。

九月甲午朔，完顏謀衍擒奚猛安合住。元帥左都監徒單合喜大敗宋將吴璘于德順州。乙未，詔尚書右丞紇石烈良弼以便宜招撫奚、契丹之叛者。庚子，元帥右都監完顏思敬獲契丹窩斡，餘衆悉平。以尚書左司員外郎完顏正臣爲夏國生日使。壬寅，獵于近郊。乙巳，以移剌窩斡平，詔中外。庚戌，改葬睿宗皇帝。壬子，以元帥右都監完顏思敬爲右副元帥。戊午，詔思敬經略南邊。辛酉，奉遷睿宗皇帝梓宫于磐寧宫。癸亥，元帥左監軍徒單合喜等敗宋兵于德順州。河南統軍使宗尹復取汝州。

十月丁卯，以左副元帥完顏㪉英爲平章政事。戊辰，如山陵，謁睿宗皇帝梓宫，哭盡哀。平章政事、右副元帥僕散忠義等還自軍，上謁。丙戌，以僕散忠義爲尚書右丞相，元帥左監軍紇石烈志寧爲左副元帥。戊子，葬睿宗皇帝于景陵，大赦。己丑，詔左副元帥紇石烈志寧經略南邊。壬辰，華州防禦使蒲察世傑、丹州刺史赤盞胡速魯改敗宋兵于德順州。

十一月癸巳朔，詔右丞相僕散忠義伐宋。丁酉，第職官，廉能、污濫、不職各爲三等而黜陟之。

十二月乙酉，遣尚書刑部侍郎劉仲淵等廉察東京、北京等路。

三年正月壬辰朔，高麗、夏遣使來賀。壬子，遣客省使烏居仁賞勞河南軍士。癸丑，復取德順州。

二月甲子，詔太子少詹事楊伯雄等廉問山西路。庚午，上謂宰相曰：「灤州饑民，流散逐食，甚可矜恤。移於山西，富民贍濟，仍于道路計口給食。」壬申，詔撫諭陝西。庚辰，太保、都元帥奔睹薨。丙戌，趙景元等以亂言伏誅。庚寅，高麗、夏遣使來賀萬春節。高麗遣使賀即位。東京僧法通以妖術亂衆，都統府討平之。

三月丙申，中都以南八路蝗，詔尚書省遣官捕之。壬寅，詔户部侍郎魏子平等九人，分詣諸路猛安謀克，勸農及廉問。詔臨潢漢民逐食於會寧府、濟、信等州。庚戌，詔免去年租税。

四月辛酉朔，右副元帥完顏思敬罷。丁卯，平章政事完顏㪉英、御史大夫白彦敬罷。以參知政事李石爲御史大夫。丁丑，詔吏犯贓罪，雖會赦不叙。己卯，以引進使韓綱爲横賜高麗使。乙酉，賑山西路猛安謀克貧民，給六十日糧。是月，取商、虢、環州，宋所侵一十六州至是皆復。

五月辛卯朔，右丞相僕散忠義朝京師。乙未，以重五，幸廣樂園射柳，命皇太子、親王、百官皆射，勝者賜物有差。上復御常武殿，賜宴擊毬。自是歲以爲常。丙申，宋人攻破靈璧、虹縣。己亥，罷河南、山東、陝西統軍司，置都統、副統。以太子詹事完顏守道從皇太子，上召諭守道曰：「卿任執政，所責非輕，自今毋從行。」辛丑，以右丞相僕散忠義兼都元帥。癸卯，僕散忠義還軍。河南路都統奚撻不也叛入于宋。丙午，宋人攻破宿州。辛亥，更定出征軍逃亡法。尚書省請籍天德間被誅大臣諸奴隸及從窩斡亂者爲軍，上以四方甫定，民意稍蘇，而復簽軍，非長策，不聽。癸丑，詔諭契丹餘黨蒲速越等，如能自新，並釋其罪。若執蒲速越父子以來者，仍官賞之。左副元帥紇石烈志寧復取宿州，河南副統李朮魯定方死于陣。乙卯，以北京留守完顏思敬復爲右副元帥。中都蝗。詔參知政事完顏守道按問大興府捕蝗官。

六月庚申朔，以刑部尚書蘇保衡爲參知政事。丙子，詔曰：「正隆之末，濟州路逃回軍士爲中都官軍所邀殺者，官爲收葬。」己卯，觀稼于近郊。甲申，太

師，尚書令張浩罷。以宿直將軍阿勒根和衍爲横賜夏國使。

七月庚戌，以太子太師宗憲爲平章政事。以孔總爲襲封衍聖公。

八月，庚午，詔曰：「祖宗時有勞効未曾遷賞者，五品以上聞奏，六品以下及無職事者尚書省約量升除。」甲戌，詔參知政事完顔守道招撫契丹餘黨。戊寅，詔罷契丹猛安謀克，其户分隸女直猛安謀克。命諸官員年老者，許存馬一二疋，餘並括買入官。勅殿前都點檢唐括德温：「重九出獵，國朝舊俗。今扈從軍二千，能無擾民，可嚴爲約束，仍以錢萬貫分賜之」。乙酉，如大房山。丁亥，薦享于睿陵。戊子，還宫。

九月癸巳，以宿直將軍僕散習尼列爲夏國生日使。丁酉，秋獵。以重九，拜天于北郊。丙午，詔翰林待制劉仲誨等廉問車駕所經州縣。乙卯，還宫。

十月甲子，大享于太廟。丙寅，以許王府長史移剌天佛留爲高麗生日使。癸酉，冬獵。

十一月，壬辰，還都。戊申，詔「求仕官輒入權要之門，追一官，仍降除。以請求有所饋獻及受之者，具狀奏裁」。庚戌，百官請上尊號，不允。詔「中都、平州及饑荒地并經契丹剽掠，有質賣妻子者，官爲收贖」。壬子，尚書左丞翟永固罷。癸丑，罷貢金線段疋。甲寅，以尚書右丞紇石烈良弼爲左丞，吏部尚書石琚爲參知政事。

十二月丁丑，臘，獵于近郊，以所獲薦山陵，自是歲以爲常。詔流民未復業，增限招誘。己卯，參知政事蘇保衡至自軍，辛巳，以爲尚書右丞。

四年正月丁亥朔，高麗、夏遣使來賀。戊子，罷路府州元日及萬春節貢獻。上謂侍臣曰：「秦王宗翰有功於國，何乃無嗣？」皆未知所對。上曰：「朕嘗聞宗翰在西京坑殺匄者千人，得非其報耶。」癸巳，百官復請上尊號，不允。丁酉，如安州春水。壬寅，至安州。大雪。詔扈從人舍民家者，人日支錢一百與其主。甲辰，元帥府言「宋遣審議官胡昉致尚書右僕射書，來議和好。以其言失信，拘昉軍中，以書答之」。及以書進，上覽之曰：「宋之失信，行人何罪，當即遣還。邊事令元帥府從宜措畫。」乙巳，尚書省奏「徐州民曹珪討賊江志，而子弼亦在賊中，并殺之。法當補二官，敘雜班」。上以所奏未當，進一官，正班用之。辛亥，獲頭鵝，遣使薦山陵，自是歲以爲常。

二月丁巳，免安州今年賦役，及保塞縣御城邊吴二村凡扈從人嘗止其家者，亦復一年。辛酉，獵于高陽之北。庚午，還都。庚辰，以北京粟價踴貴，詔免今年課甲。

三月丙戌朔，萬春節，高麗、夏遣使來賀。詔免北京歲課段匹一年。庚子，京師地震。壬寅，百官復請上尊號，不允。

四月丁巳，平章政事完顔元宜罷。甲戌，出宫女二十一人。

五月，旱。癸卯，勅有司審寃獄，禁宫中音樂，放毬場役夫。乙巳，詔禮部尚書王競禱雨于北岳。己酉，命參知政事石琚等於北郊望祭禱雨。壬子，雨。窩斡餘黨蒲速越伏誅。

六月，壬戌，尚書左丞紇石烈良弼至自征南元帥府。甲子，以雨足，命有司祭謝嶽鎮海瀆于北郊。己巳，幸東宫，視皇太子疾。庚午，初定祭五嶽四瀆禮。辛未，觀稼于近郊。庚辰，詔諭元帥府曰：「所請伐宋軍萬五千，今以騎三千、步四千赴之。」詔陜西元帥府議入蜀利害以聞。

七月壬辰，故衛王襄妃及其子和尚以妖妄伏誅。庚子，以尚書左丞紇石烈良弼爲平章政事。辛丑，大風雷雨，拔木。

八月甲寅朔，詔征南元帥府曰：「前所請收復舊疆，乞候秋涼進發，今已秋涼，復俟何時。」戊午，以參知政事完顔守道爲尚書左丞，大興尹唐括安禮爲參知政事。壬申，上謂宰臣曰：「卿每奏皆常事，凡治國安民及朝政不便於民者，未嘗及也。如此，則宰相之任誰不能之。」己卯，如大房山。辛巳，致祭于山陵。

九月癸未朔，還都。乙酉，上謂宰臣曰：「形勢之家，親識訴訟，請屬道達，官吏往往屈法徇情，宜一切禁止。」己丑，上謂宰臣曰：「北京、懿州、臨潢等路嘗經契丹寇掠，平、薊二州近復蝗旱，百姓艱食，父母兄弟不能相保，多冒鬻爲奴，朕甚閔之。可速遣使閱實其數，出内庫物贖之。」乙未，幸鷹房，主者以鷹隼置内省堂上，上怒曰：「此宰相聽事，豈置鷹隼處耶。」痛責其人，俾置他所。己亥，以宿直將軍烏里雅爲夏國生日使。辛亥，以太子少詹事烏古論三合爲高麗生日使。

十月癸丑朔，獵于密雲縣。丙寅，還都。己卯，命泰寧軍節度使張弘信等二十四人分路通檢諸路物力。

十一月乙酉，征南都統徒單克寧敗宋兵，取楚州。己丑，封子永功爲鄭王。辛卯，冬獵。乙未，詔進師伐宋。戊戌，次河間府。辛丑，尚書省火。甲辰，次清州。

閏月壬子朔，還都。

十二月丁亥，尚書省奏都統高景山取商州。己丑，臘，獵于近郊。是歲，大有年。斷死罪十有七人。

五年正月辛亥朔，高麗、夏遣使來賀。乙卯，詔泰州、臨潢接境設邊堡七十，駐兵萬三千。己未，宋通問使魏杞等以國書來。書不稱「大」，稱「姪宋皇帝」，稱名，「再拜奉書于叔大金皇帝」。歲幣二十萬。辛未，詔中外。復命有司，旱、蝗、水溢之處，與免租賦。癸酉，命元帥府諸新舊軍以六萬人留戍，餘並放還。以宋國歲幣悉賞諸軍。

二月壬午，以左副都點檢完顏仲等爲宋報問使。壬寅，罷納粟補官令。戊申，萬春節，宋、高麗、夏遣使來賀。

三月壬申，羣臣奉上尊號曰應天興祚仁德聖孝皇帝，詔中外。

四月癸卯，西京留守壽王京謀反，獄成，特免死，杖之，除名，嵐州安置。乙巳，右副元帥完顏思敬罷。丁未，右丞相、都元帥僕散忠義還自軍。

五月壬子，左副元帥紇石烈志寧以召入見。丁巳，以僕散忠義爲尚書左丞相，紇石烈志寧爲平章政事，還軍。乙丑，以平章政事宗憲爲尚書右丞相。癸酉，罷山東路都統府，以其軍各隸總管府。

六月甲辰，芝產大安殿柱。丙午，京師地震，雨毛。

七月戊申朔，京師地復震。罷陝西都統府，復置統軍司京兆，徙陝西元帥府河中。

八月己卯，前宿州防禦使烏林荅剌撒以與宋李世輔交通，伏誅。癸巳，宋、夏遣使賀尊號。

九月丁未朔，以吏部尚書高衎等爲賀宋生日使。戊申，秋獵。庚戌，以宿直將軍朮虎蒲查爲夏國生日使。甲戌，還都。

十月丁丑朔，地震。辛巳，以大宗正丞璋爲高麗生日使。乙未，冬獵。辛丑，還都。

十一月丙午朔，上謂宰臣曰：「朕在位日淺，未能徧識臣下賢否，全賴卿等盡公舉薦。今六品以下殊乏人材，何以副朕求賢之意。」癸丑，幸東宮。戊午，以右副都點檢烏古論粘沒曷爲賀宋正旦使。癸亥，立諸路通檢地土等第稅法。癸酉，大霧，晝晦。

十二月己丑，獵于近郊。高麗遣使賀尊號。

六年正月丙午朔，宋、高麗、夏遣使來賀。庚午，勑有司，宮中張設毋以塗金爲飾。

二月丁亥，尚書左丞相兼都元帥沂國公僕散忠義薨。壬寅，萬春節，宋、高麗、夏遣使來賀。

三月甲寅，上如西京。庚申，次歸化州，西京留守唐括德溫上謁。戊辰，至西京。庚午，朝謁太祖廟。壬申，擊毬，百姓縱觀。

四月甲戌朔，詔月朔禁屠宰。戊戌，以尚書右司郎中移剌道爲橫賜高麗使，宿直將軍斜卯攧剌爲橫賜夏國使。

五月戊申，幸華嚴寺，觀故遼諸帝銅像，詔主僧謹視之。壬子，詔雲中大同縣及警巡院給復一年。壬戌，詔將幸銀山，諸扈從軍士賜錢五萬貫，有敢損苗稼者，並償之。

六月，丙戌，發自西京。庚子，獵于銀山。

七月辛酉，次三叉口。

八月辛未朔，次涼陘。庚辰，獵于望雲之南山。

九月辛丑朔，至自西京。丁未，以户部尚書魏子平爲賀宋生日使。辛亥，以翰林待制移剌熙載爲夏國生日使。澤州刺史劉德裕等以盜用官錢伏誅。壬子，太白晝見。癸丑，尚書右丞相宗憲薨。

十月己卯，以尚書兵部侍郎移剌按荅爲高麗生日使。甲申，朝享于太廟。詔免雄、莫等州今年租。丁酉，如安肅州。冬獵。

十一月丙午，還都。癸丑，以右副都點檢烏古論元忠爲賀宋正旦使。上謂宰臣曰：「朝官當慎選其人，庶可激勵其餘，若不當，則啓覬覦之心。卿等必知人才優劣，舉實才用之。」丁卯，參知政事石琚以母憂罷。

十二月甲戌，詔有司，每月朔望及上七日毋奏刑名。甲午，泰州民合住謀反，伏誅。丙申，以平章政事紇石烈良弼爲尚書右丞相，紇石烈志寧爲樞密使。

七年正月庚子朔，宋、高麗、夏遣使來賀。辛亥，石琚起復參知政事。壬子，上服衮冕，御大安殿，受尊號册寶禮。癸丑，大赦。庚申，以元帥左監軍徒單合喜爲樞密副使。

二月庚寅，尚書右丞蘇保衡薨。丙申，以參知政事石琚爲尚書右丞。

三月己亥朔，萬春節，宋、高麗、夏遣使來賀。

四月，壬辰，以御史大夫李石爲司徒，大夫如故。

五月丙午，大興府獄空，詔賜錢三百貫爲宴樂之用，以勞之。甲寅，以北京

留守㩁盤温敦兀帶爲參知政事。

六月癸酉，命地衣用龍文者罷之。

七月戊申，禁服用金線，其織賣者，皆抵罪。丙辰，幸東宫。己未，幸東宫視皇太子疾。

閏月丁卯，觀稼于近郊。戊辰，許王永中進封越王，鄭王永功封隨王，永成封瀋王。甲戌，詔遣秘書監移剌子敬經略北邊。戊寅，幸東宫。己卯，慶雲環日。壬午，觀稼于近郊。戊子，觀稼于北郊。

八月，癸丑，尚書右丞相監修國史紇石烈良弼進《太宗實録》，上立受之。己未，如大房山。壬戌，致祭睿陵。

九月乙丑朔，還宫。己巳，右三部檢法官韓贊以捕蝗受賂，除名。詔吏人但犯贓罪，雖會赦，非特旨不敘。以勸農使蒲察莎魯窩等爲賀宋生日使。辛未，參知政事唐括安禮罷。乙亥，以宿直將軍唐括鶻魯爲夏國生日使。庚辰，地震。辛巳，以都水監李衛國爲高麗生日使。乙酉，秋獵。庚寅，次保州。詔修起居注王天祺察訪所經過州縣官。

十月乙未朔，上謂侍臣曰：「近聞朕所幸郡邑，曾宴寢堂宇，後皆避之，此甚無謂，可宣諭，令仍舊居止。」戊申，還都。丁巳，上謂宰臣曰：「海陵不辨人才優劣，惟徇己欲，多所升擢。朕即位以來，以此爲戒，止取實才用之。近聞蠡州同知移剌延壽在官污濫，詢其出身，乃正隆時鷹房子。如鷹房，厨人之類，可典城牧民耶？自今如此局分，不得授以臨民職任。」以御史中丞孟浩爲參知政事。是日，參知政事㩁盤温敦兀帶罷。辛酉，勑有司於東宫涼樓前增建殿位，孟浩諫曰：「皇太子雖爲儲貳，宜示以儉德，不當與至尊宫室相侔。」乃罷之。

十一月乙丑朔，上謂宰臣曰：「聞縣令多非其人，其令吏部察其善惡，明加黜陟。」辛未，以河間尹徒單克寧等爲賀宋正旦使。丁亥，樞密副使徒單合喜罷。

十二月戊戌，東京留守徒單合喜、北京留守完顔謀衍、肇州防禦使蒲察通朝辭，賜通金帶，諭之曰：「卿雖有才，然用心多詐，朕左右須忠實人，故命卿補外。賜卿金帶者，答卿服勞之久也。」又顧謂左宣徽使敬嗣輝曰：「如卿不可謂無才，所欠者純實耳。」甲辰，以北京留守完顔思敬爲平章政事。是歲，斷死囚二十人。

八年正月甲子朔，宋、高麗、夏遣使來賀。乙丑，上謂宰臣曰：「朕治天下，方與卿等共之，事有不可，各當面陳，以輔朕之不逮，慎毋阿順取容。卿等致位公相，正行道揚名之時，苟或偷安自便，雖爲今日之幸，後世以爲何如。」羣臣皆稱萬歲。辛未，謂秘書監移剌子敬等曰：「昔唐、虞之時，未有華飾，漢惟孝文務爲純儉。朕於宫室惟恐過度，其或興修，即損宫人歲費以充之，今亦不復營建矣。如宴飲之事，近惟太子生日及歲元嘗飲酒，往者亦止上元、中秋飲之，亦未嘗至醉。至於佛法，尤所未信。梁武帝爲同泰寺奴，遼道宗以民户賜寺僧，復加以三公之官，其惑深矣。」庚辰，行皇太子册禮。

二月甲午朔，制子爲改嫁母服喪三年。上諭左宣徽使敬嗣輝曰：「凡爲人臣，上欲要君之恩，下欲干民之譽，必虧忠節，卿宜戒之。」

三月癸亥朔，萬春節，宋、高麗、夏遣使來賀。己巳，命以職官子補令史。丁丑，命護衛親軍百户、五十户，非直日不得帶刀入宫。

四月丙午，詔曰：「馬者軍旅所用，牛者農耕之資，殺牛有禁，馬亦何殊，其令禁之。」戊申，擊毬常武殿，司天馬貴中諫曰：「陛下爲天下主，繫社稷之重，又春秋高，圍獵擊毬危事也，宜悉罷之。」上曰：「朕以示習武耳。」

五月甲子，北望淀大震、風、雨雹，廣十里，長六十里。詔户、工兩部，自今宫中之飾，並勿用黄金。乙丑，上如涼陘。丁卯，歲星晝見。庚寅，改旺國崖曰静寧山，曷里滸東川曰金蓮川。

六月，河決李固渡，水入曹州。

七月甲子，制盜羣牧馬者死，告者給錢三百貫。戊辰，上謂平章政事完顔思敬等曰：「朕思得賢士，寤寐不忘。自今朝臣出外，即令體訪外任職官廉能者，及草萊之士可以助治者，具姓名以聞。」甲戌，秋獵。己卯，次三叉口。上諭點檢司曰：「沿路禾稼甚佳，其扈從人少有蹂踐，則當汝罪。」

八月乙卯，至自涼陘。

九月辛酉，上諭尚書右丞石琚、參政孟浩曰：「聞蔚州採地蕈，役夫數百千人，朕所用幾何，而擾動如此。自今差役凡稱御前者，皆須稟奏，仍令附册。」癸亥，以右宣徽使移剌神獨斡等爲賀宋生日使。己巳，以引進使高希甫爲夏國生日使。庚午，上幸東宫。癸酉，上諭宰臣曰：「卿等舉用人材，凡己所知識，必使他人舉奏，朕甚不喜。如其果賢，何必以親疏爲避忌也。」以户部尚書魏子平爲參知政事。辛巳，上謂御史大夫李石曰：「臺憲固在分別邪正，然内外百司豈謂無人。惟見卿等劾人之罪，不聞舉善。自今宜令監察御史分路刺舉善惡以聞。」上嘗命左衛將軍大磐訪求良弓，而磐多自取，護衛婁室以告，上命點檢司鞫磐。磐妹爲寶林，磐屬内侍僧兒言之寶林，寶林以聞，命杖僧兒百，出磐爲隴州防

禦使。

十月己丑朔，以戒諭官吏貪墨，詔中外。乙未，命涿州刺史兼提點山陵，每以朔望致祭，朔則用素，望則用肉，仍以明年正月爲首。及命圖畫功臣於太祖廟，其未立碑者立之。以翰林待制靖爲高麗生日使。上謂宰臣曰：「海陵時，修起居注不任直臣，故所書多不實。可訪求得實，詳而録之。」參政孟浩進曰：「良史直筆，君舉必書，自古帝王不自觀史，意正在此。」辛亥，詔罷復州歲貢鹿筋。

十一月乙丑，幸東宫。以同簽大宗正事闢合士等爲賀宋正旦使。

十二月戊子朔，遣武定軍節度使移剌按等招諭阻䪁。

九年正月戊午朔，宋、高麗、夏遣使來賀。辛酉，上與宣徽使敬嗣暉、秘書監移剌子敬論古今事，因曰：「亡遼日屠食羊三百，亦豈能盡用，徒傷生耳。朕雖處至尊，每當食，常思貧民飢餒，猶在己也。彼身爲惡而口祈福，何益之有。如海陵以張仲軻爲諫議大夫，何以得聞忠言。朕與大臣論議一事，非正不言，卿等不以正對，豈人臣之道也。」庚午，詔諸州縣和糴，毋得抑配百姓。戊寅，契丹外失剌等謀叛，伏誅。丙戌，制漢人、渤海兄弟之妻，服闋歸宗，以禮續婚者，聽。

二月庚寅，制妄言邊關兵馬者，徒二年。丙申，詔改葬漢二燕王於城東。庚子，以中都等路水，免税，詔中外。又以曹、單二州被水尤甚，給復一年。甲寅，詔女直人與諸色人公事相關，只就女直理問。

三月丁巳朔，萬春節，宋、高麗、夏遣使來賀。丁卯，以尚書省定網捕走獸法，或至徒，上曰：「以禽獸之故而抵民以徒，是重禽獸而輕民命也，豈朕意哉。自今有犯，可杖而釋之。」詔御史中丞移剌道廉問山東、河南。辛未，禁民間稱言「銷金」，條理内舊有者，改作「明金」字。辛巳，以大名路諸猛安民户艱食，遣使發倉廩減價出之。

四月己丑，謂宰臣曰：「朕觀在位之臣，初入仕時，競求聲譽以取爵位，亦既顯達，即徇默苟容爲自安計，朕甚不取。宜宣諭百官，使知朕意。」癸巳，遣翰林修撰蒲察兀虎、監察御史完顔鶻沙分詣河北西路、大名、河南、山東等路勸猛安謀克農。

五月丙辰朔，以符寶郎徒單懷貞爲横賜高麗使，宿直將軍完顔賽也爲横賜夏國使。戊辰，尚書省奏越王永中、隋王永功二府有所興造，發役夫。上曰：「朕見宫中竹有枯瘁者，欲令更植，恐勞人而止。二王府各有引從人力，又奴婢甚多，何得更役百姓。爾等但以例爲請，海陵横役無度，可盡爲例耶。自今在都浮役，久爲例者仍舊，餘並官給傭直，重者奏聞。」

六月庚寅，冀州張和等反，伏誅。戊戌，以久旱，命宫中毋用扇。庚子，雨。

七月乙卯朔，罷東北路採珠。壬申，觀稼于近郊。

八月甲申朔，有司奏日食，以雨不見，伐鼓用幣如常禮。

九月甲寅朔，以刑部尚書高德基等爲賀宋生日使，宿直將軍僕散守中爲夏國生日使，提點司天臺馬貴中爲高麗生日使。罷皇太子月料，歲給錢五萬貫。上謂臺臣曰：「比聞朝官内有攬中官物以規貨利者，汝何不言？」皆對曰：「不知。」上曰：「朕尚知之，汝有不知者乎。朕若舉行，汝將安用。」壬戌，秋獵。

十月丁亥，還都。辛丑，以尚書右丞相紇石烈良弼爲左丞相，樞密使紇石烈志寧爲右丞相。詔宗廟之祭，以鹿代牛，著爲令。丙午，大享于太廟。辛亥，以平章政事完顔思敬爲樞密使。

十一月己未，以尚書左丞完顔守道爲平章政事，右丞石琚爲左丞，參知政事孟浩爲右丞。庚申，上幸東宫。辛酉，以京兆尹毅等爲賀宋正旦使。壬戌，冬獵。丙子，還都。

十二月丙戌，詔賑臨潢、泰州、山東東路、河北東路諸猛安民。以東京留守徒單合喜爲平章政事。辛丑，獵于近郊。丙午，制職官犯公罪，在官已承伏者，雖去官猶論。

十年正月壬子朔，宋、高麗、夏遣使來賀。甲子，命宫中元宵無得張燈。甲戌，以司徒、御史大夫李石爲太尉、尚書令。

二月甲午，安化軍節度使徒單子温、副使老君奴以贓罪，伏誅。戊申，上謂近臣曰：「護衛以後皆是治民之官，其令教以讀書。」

三月壬子朔，萬春節，宋、高麗、夏遣使來賀。丙辰，上因命護衛中善射者押賜宋使射弓宴，宋使中五十，押宴者纔中其七，謂左右將軍曰：「護衛十年出爲五品職官，每三日上直，役亦輕矣，豈徒令飽食安卧而已。弓矢不習，將焉用之。」戊午，以河南統軍使宗敍爲參知政事。庚午，上謂參政宗敍曰：「卿昨爲河南統軍時，言黄河堤埽利害，甚合朕意。朕每念百姓差調，官吏互爲姦弊，不早計料，臨期星火率斂，所費倍蓰，爲害非細。卿既參朝政，皆當革弊，擇利行之。」又諭左丞石琚曰：「女直人徑居達要，不知閭閻疾苦。汝等自丞簿至是，民間何事不知，凡有利害，宜悉敷陳。」

四月丁酉，制命婦犯姦，不用夫廕以子封者，不拘此法。

五月乙卯，如柳河川。

閏月庚辰，夏國任得敬脅其主李仁孝，使上表，請中分其國。上問宰臣李石，石等以爲事繫彼國，不如許之。上曰：「彼劫於權臣耳。」詔不許，并却其貢物。

七月壬午，秋獵。戊戌，放圍場役夫。詔扈從糧食並從官給。乙巳，勅扈從人縱畜牧蹂踐禾稼者，杖之，仍償其直。

八月己未，至自柳河川。壬申，遣參知政事宗敍北巡。

九月庚辰，尚書左丞相紇石烈良弼丁憂，起復如故。壬午，以簽書樞密院事移剌子敬爲賀宋生日使。庚寅，以户部郎中夾谷阿里補爲夏國生日使。

十月己酉，以大宗正丞紇爲高麗生日使。甲寅，如霸州，冬獵。乙丑，上謂大臣曰：「比因巡獵，聞固安縣令高昌裔不職，已令罷之。霸州司候成奉先奉職謹恪，可進一階，除固安令。」辛未，上謂宰臣曰：「朕凡論事有未能深究其利害者，卿等宜悉心論列，無爲面從而退有後言。」

十一月辛巳，制盜太廟物者與盜宮中物論同。甲申，上幸東宮。丁亥，以太子詹事蒲察蒲速越等爲賀宋正旦使。癸巳，夏國以誅任得敬遣使來謝，詔慰諭之。

十二月丙寅，上謂宰臣曰：「比體中不佳，有妨朝事。今觀所奏事，皆依條格，殊無一利國之事。若一朝行一事，歲計有餘，則其利博矣。朕居深宮，豈能悉知外事，卿等尤當注意。」

十一年正月丙子朔，宋、夏遣使來賀。丁丑，封子永升爲徐王，永蹈爲滕王，永濟爲薛王。壬午，詔職官年七十以上致仕者，不拘官品，并給俸禄之半。丙申，命賑南京屯田猛安被水災者。戊戌，尚書省奏汾陽軍節度副使牛信昌生日受饋獻，法當奪官。上曰：「朝廷行事苟不自正，何以正天下。尚書省、樞密院生日節辰饋獻不少，此而不問，小官饋獻即加按劾，豈正天下之道。自今宰執樞密饋獻亦宜罷去。」上謂宰臣曰：「往歲清暑山西，近路禾稼甚廣，殆無畜牧之地，因命五里外乃得耕墾。今聞民皆去之他所，甚可矜憫，其令依舊耕種。事有類此，卿等宜即告朕。」

三月乙亥朔，萬春節，宋、夏遣使來賀。辛巳，命有司以天水郡公旅櫬依一品禮葬於鞏洛之原。

四月丁未，歸德府民臧安兒謀反，伏誅。大理卿李昌圖以廉問真定尹徒單貞、咸平尹石抹阿没剌受賕不法，既得罪狀，不即黜罷，杖之四十。癸亥，參知政事魏子平罷。高麗國王晛弟晧，廢其主自立，詐稱讓國，遣使以表來上。

五月辛卯，詔遣吏部侍郎靖使高麗問故。癸巳，以南京留守移剌成爲樞密副使。

六月己酉，詔曰：「諸路常貢數内，同州沙苑羊非急用，徒勞民爾，自今罷之。朕居深宮，勞民之事豈能盡知，似此當具以聞。」戊午，觀稼于近郊。甲子，平章政事徒單合喜薨。

七月甲申，參知政事宗敍薨。

八月癸卯朔，詔朝臣曰：「朕嘗諭汝等，國家利便，治體遺闕，皆可直言。外路官民亦嘗言事，汝等終無一語。凡政事所行，豈能皆當。自今直言得失，毋有所隱。」乙巳，上謂宰臣曰：「隨朝之官，自謂歷一考則當得某職，兩考則當得某職。第務因循，碌碌而已。自今以外路官與内除者，察其公勤則升用之，但苟簡於事，不須任滿，便以本品出之。賞罰不明，豈能勸勉。」庚戌，詔曰：「應因窩斡被掠女直及諸色人未經刷放者，官爲贖放。隱匿者，以違制論。其年幼不能稱説住貫者，從便住坐。」上謂宰臣曰：「五品以下闕員甚多，而難於得人。三品以上朕則知之，五品以下不能知也。卿等曾無一言見舉者。欲畫久安之計，興百姓之利，而無良輔佐，所行皆尋常事耳，雖日日視朝，何益之有。卿等宜勉思之。」己巳，以尚書刑部侍郎烏林荅天錫等爲賀宋生日使，近侍局使劉珫爲夏國生日使。

九月癸未，獵于横山。庚寅，還都。

十月壬寅朔，以左宣徽使敬嗣暉爲參知政事。甲寅，上謂宰臣曰：「朕已行之事，卿等以爲成命不可復更，但承順而已，一無執奏。且卿等凡有奏，何嘗不從。自今朕旨雖出，宜審而行，有未便者，即奏改之。或在下位有言尚書省所行未便，亦當從而改之，毋拒而不從。」丙寅，尚書左丞相紇石烈良弼進《睿宗實録》。戊辰，上謂宰臣曰：「衍慶宫圖畫功臣，已命增爲二十人。如丞相韓企先，自本朝興國以來，憲章法度，多出其手。至於關決大政，但與大臣謀議，終不使外人知覺。漢人宰相，前後無比，若褒顯之，亦足示勸，慎無遺之。」

十一月丁丑，以西南路招討使宗寧等爲賀宋正旦使。戊寅，幸東宮。上謂皇太子曰：「吾兒在儲貳之位，朕爲汝措天下，當無復有經營之事。汝惟無忘祖宗純厚之風，以勤修道德爲孝，明信賞罰爲治而已。昔唐太宗謂其子高宗曰：

『吾伐高麗不克終，汝可繼之。』如此之事，朕不以遺汝。如遼之海濱王，以國人愛其子，嫉而殺之，此何理也。子爲衆愛，愈爲美事，所爲若此，安有不亡。唐太宗有道之君，而謂其子高宗曰：『爾於李勣無恩。今以事出之，我死，宜即授以僕射，彼必致死力矣。』君人者，焉用僞爲。受恩於父，安有忘報於子者乎。朕御臣下，惟以誠實耳。」羣臣皆稱萬歲。丙戌，朝享于太廟。丁亥，有事于圓丘，大赦。癸巳，羣臣奉上尊號曰應天興祚欽文廣武仁德聖孝皇帝，乙未，詔中外。

十二月癸卯，冬獵。乙卯，還宮。丙辰，參知政事敬嗣暉薨。辛酉，進封越王永中趙王，隨王永功曹王，瀋王永成豳王，徐王永升虞王，滕王永蹈徐王，薛王永濟滕王。乙丑，趙王永中、曹王永功俱授猛安，仍命永功親治事，以習爲政。

《金史》卷七《世宗紀中》 十二年正月庚午朔，宋、高麗、夏遣使來賀。戊寅，詔有司「凡陳言文字，皆國政利害，自今言有可行，以其本封送祕書監，當行者録副付所司」。丙申，以水旱，免中都、西京、南京、河北、河東、山東、陝西去年租税。

二月壬寅，上召諸王府長史諭之曰：「朕選汝等，正欲勸導諸王，使之爲善。如諸王所爲有所未善，當力陳之，尚或不從，則具某日行某事以奏。若阿意不言，朕惟汝罪。」丙午，尚書省奏，廉察到同知城陽軍事山和尚等清强官，上曰：「此輩暗察明訪皆著政聲，可第其政績，各進官旌賞。其速議升除。」庚戌，上如順州春水。癸丑，還都。丙辰，詔「自今官長不法，其僚佐不能糾正又不言上者，並坐之」。户部尚書高德基濫支朝官俸錢四十萬貫，杖八十。

三月己巳朔，萬春節，宋、高麗、夏遣使來賀。乙亥，詔尚書省「贓汙之官，已被廉問，若仍舊職，必復害民。其遣使諸道，即日罷之」。丁丑，詔遣宿直將軍烏古論思列，册封王晧爲高麗國王。庚寅，雨土。癸巳，以前西北路招討使移剌道爲參知政事。回紇遣使來貢。丁酉，北京曹貴等謀反，伏誅。

四月，旱。癸卯，尚書右丞孟浩罷。丁巳，西北路納合七斤等謀反，伏誅。癸亥，以久旱，命禱祠山川。詔宰臣曰：「諸府少尹多闕員，當選進士雖資敍未至而有政聲者，擢用之。」以宿直將軍唐括阿忽里爲横賜夏國使。乙丑，大名尹荆王文以贓罪奪王爵，降授德州防禦使。回紇使使來貢。丙寅，尚書右丞相紇石烈志寧薨。丁卯，宋、高麗遣使賀尊號。阻轐來貢。

五月癸酉，上如百花川。甲戌，命賑山東東路胡剌温猛安民饑。丁丑，次阻居。久旱而雨。戊寅，觀稼。禁扈從蹂踐民田。禁百官及承應人不得服純黄油衣。癸未，諭宰臣曰：「朕每次舍，凡秣馬之具皆假於民間，多亡失不還其主。此彈壓官不職，可擇人代之。所過即令詢問，但亡失民間什物，並償其直。」乙酉，詔給西北路人户牛。

六月甲寅，如金蓮川。

九月丙子，至自金蓮川。辛巳，以右副都點檢夾谷清臣等爲賀宋生日使，右衛將軍粘割斡特剌爲夏國生日使。丁亥，鄜州李方等謀反，伏誅。

十月，高麗國王王晧遣使謝封册。乙未，臨奠故右丞相紇石烈志寧喪，志寧妻永安縣主進鎧甲、弓矢、鷹鶻、重綵。壬子，召皇太子及趙王永中上殿，上顧謂宰臣曰：「京嘗圖逆，今不除之，恐爲後患。」又曰：「天下大器歸於有德。海陵失道，朕乃得之。但務修德，餘何足慮。」皇太子及永中皆曰：「誠如聖訓。」遂釋之。丙辰，以德州防禦使文貲産賜其兄之子咬住，且諭其母：「文之罪，汝等皆當連坐。念宋王有大功於國，故置不問，仍以家産賜汝子。」

十一月甲戌，上謂宰臣曰：「宗室中有不任官事者，若不加恩澤，於親親之道，有所未弘。朕欲授以散官，量予廩禄，未知前代何如？」左丞石琚曰：「陶唐之親九族，周家之内睦九族，見於《詩》、《書》，皆帝王美事也。」丙子，上以曹國公主家奴犯事，宛平令劉彦弼杖之，主乃折辱令，既深責公主，又以臺臣徇勢偷安，畏忌不敢言，奪俸一月。以陝西統軍使璋爲御史大夫。以户部尚書曹望之爲賀宋正旦使。壬午，同州民屈立等謀反，伏誅。戊子，上屏侍臣，與宰臣議事，記注官亦退，上曰：「史官記人君善惡，朕之言動及與卿等所議，皆當與知，其於記録無或有隱。可以朕意諭之。」

十二月乙未朔，以濟南尹劉蕚在定武軍貪墨不道，命大理少卿張九思鞫之。丁酉，詔遣官及護衛二十人，分路選年二十以上四十以下有門地才行及善射者，充護衛，不得過百人。冀州王瓊等謀反，伏誅。德州防禦使文以謀反，伏誅。辛丑，出宫女二十餘人。己酉，樞密副使移剌成罷。辛亥，禁審録官以宴飲廢公務。詔金、銀坑冶聽民開採，毋得收税。癸丑，獵于近郊。以殿前都點檢徒單克寧爲樞密副使。己未，詔自今除名人子孫有在仕者並取奏裁。

十三年正月乙丑朔，宋、高麗、夏遣使來賀。癸酉，尚書省奏，南客車俊等因榷場貿易，誤犯邊界，罪當死。上曰：「本非故意，可免罪發還，毋令彼國知之，恐復治其罪。」詔有司嚴禁州縣坊里爲民害者。

閏月壬子，詔太子詹事曰：「東宫官屬尤當選用正人，如行檢不修及不稱職

者，具以名聞。」辛酉，洛陽縣賊聚衆攻盧氏縣，殺縣令李庭才，亡入于宋。

三月癸巳朔，萬春節，宋、高麗、夏遣使來賀。乙卯，上謂宰臣曰：「會寧乃國家興王之地，自海陵遷都永安，女直人寖忘舊風。朕時嘗見女直風俗，迄今不忘。今之燕飲音樂，皆習漢風，蓋以備禮也，非朕心所好。東宫不知女直風俗，第以朕故，猶尚存之。恐異時一變此風，非長久之計。甚欲一至會寧，使子孫得見舊俗，庶幾習效之。」太子詹事劉仲誨請增東宫牧人及張設，上曰：「東宫諸司局人自有常數，張設已具，尚何增益。太子生於富貴，易入於侈，惟當導以淳儉。朕自即位以來，服御器物，往往仍舊，卿以此意諭之。」

四月己巳，定出繼子所繼財産不及本家者，以所繼與本家財産通數均分制。以有司言，特授洺州孝子劉政太子掌飲丞。乙亥，上御睿思殿，命歌者歌女直詞。顧謂皇太子及諸王曰：「朕思先朝所行之事，未嘗暫忘，故時聽此詞，亦欲令汝輩知之。汝輩自幼惟習漢人風俗，不知女直純實之風，至於文字語言，或不通曉，是忘本也。汝輩當體朕意，至於子孫，亦當遵朕教誡也。」辛巳，更定盜宗廟祭物法。

五月，戊戌，禁女直人毋得譯爲漢姓。壬寅，真定尹孟浩薨。甲辰，尚書省奏，鄧州民范三毆殺人，當死，而親老無侍。上曰：「在醜不争謂之孝，孝然後能養。斯人以一朝之忿忘其身，而有事親之心乎。可論如法。其親，官與養濟。」

六月，樞密使完顏思敬薨。

七月庚子，復以會寧府爲上京。庚戌，罷歲課雉尾。

八月丁卯，以判大興尹趙王永中爲樞密使。詔賜諸猛安謀克廉能三等官賞。己卯，御史大夫璋罷。丙戌，以左副都點檢襄等爲賀宋生日使。丁亥，秋獵。

九月辛卯朔，以宿直將軍胡什賚爲夏國生日使。辛亥，還都。大名府僧李智究等謀反，伏誅。

十月，丙子，以前南京留守唐括安禮爲尚書右丞。

十一月，以大興尹璋爲賀宋正旦使，引進使大洞爲高麗生日使。上謂宰臣曰：「外路正五品職事多闕員，何也？」太尉李石對曰：「資考少有及者。」上曰：「苟有賢能，當不次用之。」壬子，吏部尚書梁肅請禁奴婢服羅綺。上曰：「近已禁其服明金。行之以漸可也。且教化之行，當自貴近始。朕宫中服御，常自節約，舊服明金者，已減太半矣。近民間風俗，比正隆時聞稍淳儉，卿等當更務從儉素，使民知所效也。」

十四年正月己丑朔，宋、高麗、夏遣使來賀。

二月壬戌，以大興尹璋使宋有罪，杖百五十，除名，仍以所受禮物入官。丙寅，以刑部尚書梁肅等爲宋詳問使。庚午，以太尉、尚書令李石爲太保，致仕。戊寅，詔免去年被水旱百姓租税。

三月戊子朔，萬春節，宋、高麗、夏遣使來賀。甲午，上謂大臣曰：「海陵純尚吏事，當時宰執止以案牘爲功。卿等當思經濟之術，不可狃于故常也。」又詔，「猛安謀克之民，今後不許殺生祈祭。若遇節辰及祭天日，許得飲會。自二月一日至八月終，並禁絶飲燕，亦不許赴會他所，恐妨農功。雖閒月亦不許痛飲，犯者抵罪。可徧諭之」。又命「應衛士有不閑女直語者，並勒習學，仍自後不得漢語」。甲辰，上更名雍，詔中外。

四月乙丑，上諭宰臣曰：「聞愚民祈福，多建佛寺，雖已條禁，尚多犯者，宜申約束，無令徒費財用。」戊辰，有事于太廟，以皇太子攝行事。乙亥，以勸農副使完顏蒲涅爲横賜高麗使。上御垂拱殿，顧謂皇太子及親王曰：「人之行，莫大於孝弟。孝弟無不蒙天日之祐。汝等宜盡孝于父母，友于兄弟。自古兄弟之際，多因妻妾離間，以至相違。且妻者乃外屬耳，可比兄弟之親乎。若妻言是聽，而兄弟相違，甚非理也。汝等當以朕言常銘于心。」戊子，以樞密副使徒單克寧兼大興尹。

五月丙戌朔，詳問使梁肅等還自宋。甲午，如金蓮川。

八月丁巳，次糺里舌。癸亥，獵于彌離補。

九月丁亥，還都。乙未，以兵部尚書完顏讓等爲賀宋生日使，宿直將軍崇肅爲夏國生日使。癸卯，上退朝，謂侍臣曰：「朕自在潛邸及踐阼以至于今，於親屬舊知未嘗欺心有徇。近御史臺奏，樞密使永中嘗致書河南統軍使完顏仲，託以賣馬。朕知而不問。朕之欺心，此一事耳，夙夜思之，其如有疾。」己酉，宋遣使報聘。

十月乙卯朔，詔圖畫功臣二十人衍慶宫聖武殿之左右廡。

十一月，丙申，御史中丞劉仲誨等爲賀宋正旦使。戊戌，召尚食局使，諭之曰：「太官之食，皆民脂膏。日者品味太多，不可徧舉，徒爲虚費。自今止進可口者數品而已。」戊申，以儀鸞局使曹士元爲高麗國生日使。

十二月戊寅，以平章政事完顏守道爲右丞相，樞密副使徒單克寧爲平章政事。

十五年正月。此下闕。

七月丙午，粘拔恩與所部康里孛古等內附。

九月戊子，至自金蓮川。辛卯，高麗西京留守趙位寵叛其君，請以慈悲嶺以西，鴨淥江以東四十餘城內附，不納。丙申，幸新宮。

閏月己酉朔，定應禁弓箭槍刀路分品官家奴客旅等許帶弓箭制。上謂左丞相良弼曰：「今之在官者，須職位稱愜所望，然後始加勉力。其或稍不如意，則止以度日爲務，是豈忠臣之道耶。」丁巳，又謂良弼曰：「海陵時，領省秉德、左丞相言皆有能名，然爲政不務遠圖，止以苛刻爲事。言及可喜等在會寧時，一月之間，杖而殺之者二十人，罪皆不至於死，於理可乎。海陵爲人如虎，此輩尚欲以術數要之，以至賣直取死，得爲能乎。」己未，以歸德尹完顏王祥等爲賀宋生日使，符寶郎斜卯和尚爲夏國生日使。辛酉，高麗國王奏告趙位寵伏誅，詔慰答之。詔親王、百官傔人所服紅紫改爲黑紫。甲戌，詔年老之人毋注縣令。年老而任從政，其佐亦擇壯者參用。

十月乙未，冬獵。丁未，還都。

十一月乙卯，上幸東宮。初，唐古部族節度使移剌毛得之子殺其妻而逃，上命捕之。至是，皇姑梁國公主請赦之。上謂宰臣曰：「公主婦人，不識典法，罪尚可恕。毛得請託至此，豈可貸宥。」不許。戊午，以右宣徽使靖等爲賀宋正旦使。戊辰，以宿直將軍阿典蒲魯虎爲高麗生日使。

十六年正月戊申朔，宋、高麗、夏遣使來賀。甲寅，詔免去年被水、旱路分租稅。甲子，詔宗屬未附玉牒者並與編次。丙寅，上與親王、宰執、從官從容論古今興廢事，曰：「經籍之興，其來久矣，垂教後世，無不盡善。今之學者，既能誦之，必須行之。然知而不能行者多矣，苟不能行，誦之何益。女直舊風最爲純直，雖不知書，然其祭天地，敬親戚，尊耆老，接賓客，信朋友，禮意款曲，皆出自然，其善與古書所載無異。汝輩當習學之，舊風不可忘也。」戊辰，宮中火。庚午，上按鷹高橋，見道側醉人墮驢而卧，命左右扶而乘之，送至其家。辛未，皇姑邀上至私第，諸妃皆從，宴飲甚歡。公主每進酒，上立飲之。

二月庚寅，皇子豳王妃徒單氏以姦，伏誅。己亥，平章政事徒單克寧罷，以女故。

三月丙午朔，是日，萬春節，改用明日，宋、高麗、夏遣使來賀。戊午，上御廣仁殿，皇太子、親王皆侍膳，上從容訓之曰：「大凡資用當務節省，如其有餘，可周親戚，勿妄費也。」因舉所御服曰：「此服已三年未嘗更換，尚爾完好，汝等宜識之。」壬申，復置吾都椀部禿里。

四月丙戌，詔京府設學養士，及定宗室、宰相子程試等第。戊子，制商賈舟車不得用馬。以東京留守崇尹爲樞密副使。壬寅，如金蓮川。

五月戊申，南京宮殿火。庚申，遣使禱雨靜寧山神，有頃而雨。

六月，山東兩路蝗。

七月壬子，夏津縣令移剌山住坐贓，伏誅。

八月辛巳，次霹靂濼。

九月乙巳，至自金蓮川。己酉，諭左丞相紇石烈良弼曰：「西邊自來不備儲蓄，其令所在和糴，以爲緩急之備。」癸丑，以殿前都點檢蒲察通等爲賀宋生日使，宿直將軍完顏覿古速爲夏國生日使。諭左丞相良弼曰：「海陵非理殺戮臣下，甚可哀憫。其孛論出等遺骸，仰逐處訪求，官爲收葬。」辛酉，以南京宮殿火，留守、轉運兩司官皆抵罪。

十月丙申，詔諭宰執曰：「諸王小字未嘗以女直語命之，今皆當更易，卿等擇名以上。」

十一月壬寅朔，參知政事王蔚罷。尚書省奏，河北東路胡剌溫猛安所轄謀克孛术魯舍厮，以謀克讓其兄子蒲速列。上賢而從之，仍令議加舍厮恩賞。戊午，以同知宣徽院事劉琓等爲賀宋正旦使。庚申，以吏部尚書張汝弼爲參知政事。甲子，以粘割韓奴之子詳古爲尚輦局直長，妻室爲武器直長。初，韓奴被旨招契丹大石，後不知所終，至是因粘拔恩部長撒里雅寅特斯等來，詢知其死節之詳，故錄其後。遣兵部郎中移剌子元爲高麗國生日使。

十二月壬申朔，詔諸科人出身四十年方注縣令，年歲太遠，今後仕及三十二年，別無負犯贓染追奪，便與縣令。丙子，詔諸流移人老病者，官與養濟。上諭宰臣曰：「凡已經奏斷事有未當，卿等勿謂已行，不爲奏聞改正。朕以萬幾之繁，豈無一失，卿等但言之，朕當更改，必無吝也。」庚寅，定榷場香、茶罪賞法。

十七年正月壬寅朔，宋、高麗、夏遣使來賀。高麗并表謝不納趙位寵。丙午，有司奏，高麗所進玉帶乃石似玉者，上曰：「小國無能辨識者，誤以爲玉耳。且人不易物，惟德其物，若復却之，豈禮體耶。」戊申，詔於衍慶宮聖武殿西建世祖神御殿，東建太宗、睿宗神御殿。詔西北路招討司契丹民户，其嘗叛亂者已行措置，其不與叛亂及放良奴隸可徙烏古里石壘部，令及春耕作。尚書省奏，吾都

椀部體士胡魯雅里密斯請入獻，許之。庚戌，詔諸大臣家應請功臣號者，既不許其子孫自陳，吏部考功郎其詳考其勞績，當賜號者，即以聞。壬子，上謂宰臣曰：「宗室中年高者，往往未有官稱。其先皆有功於國，朕欲稍加以官，使有名位可稱，如何？」對曰：「親親報功，先王之令則。」丁巳，詔朝官嫁娶給假三日，不須申告。壬戌，詔宰臣：「海陵時，大臣無辜被戮家屬籍没者，並釋爲良。遼豫王、宋天水郡王被害子孫，各葬於廣寧、河南舊塋。」其後復詔「天水郡王親屬於都北安葬外，咸平所寄骨殖，官爲葬於本處。遼豫王親屬未入本塋者，亦遷祔之」。

三月辛丑朔，宋、高麗、夏遣使來賀。辛亥，詔免河北、山東、陝西、河東、西京、遼東等十路去年被旱、蝗租税。賑東京、婆速、曷速館三路。乙丑，尚書省奏，三路之粟，不能周給。上曰：「朕嘗語卿等，遇豐年即廣糴以備凶歉。卿等皆言天下倉廩盈溢。今欲賑濟，乃云不給。自古帝王皆以蓄積爲國家長計，朕之積粟，豈欲獨用之耶。今既不給，可於鄰道取之以濟。自今預備，當以爲常。」

四月甲戌，制世襲猛安謀克若出仕者，雖年未及六十，欲令子孫襲者，聽。戊寅，諭宰臣曰：「郡縣之官雖以罪解，一二歲後，亦須再用。猛安謀克皆太祖創業之際於國勤勞有功之人，其世襲之官，不宜以小罪奪免。」戊子，以滕王府長史徒單烏者爲橫賜高麗使。

五月，尚書省奏，定皇家袒免以上親燕饗班次，並從唐制。癸卯，幸姚村淀，閲七品以下官及宗室子、諸局承應人射柳，賞有差。

六月己卯，謂宰臣曰：「朕年老矣。恐因一時喜怒，處置有所不當，卿等即當執奏，毋爲面從，成朕之失。」乙未，以英王爽之子思列爲忠順軍節度副使。爽入謝，上曰：「朕以卿疾故，特任卿子，所冀卿因喜而愈也。欲即加峻授，恐思列年幼，未閑政事。汝當訓之，使有善可觀，更當升擢。」

七月壬子，尚書省奏，歲以羊三萬賜西北路戍兵，上問如何運致，宰臣不能對。上曰：「朕雖退朝，留心政務，不遑安寧。卿等勿謂細事非帝王所宜問，以卿等於國家之事未嘗用心，故問之耳。」是月，大雨，河決。

八月己巳，觀稼于近郊。壬申，以監察御史體察東北路官吏，輒受訟牒，爲不稱職，笞之五十。庚辰，上謂宰臣曰：「今之在官者，同僚所見，事雖當理，必以爲非，意謂從之則恐人謂政非己出。如此者多，朕甚不取。今觀大理寺所斷，雖制有正條，理不能行者別具情見，朕惟取其所長。夫爲人之理，他人之善者從之，則可謂善矣。」壬午，上謂宰臣曰：「今在下僚豈無人材，但在上者不爲汲引，惡其材勝己故耳。」丙戌，上謂御史中丞紇石烈邈曰：「臺臣糾察吏治之能否，務去其擾民，且冀其得賢也。今所至輒受訟牒，聽其妄告，使爲政者如何則可也。」

九月，辛丑，封子永德爲薛王。以右副都點檢完顔習尼烈等爲賀宋生日使。癸卯，以兵部郎中石抹忽土爲夏國生日使。戊申，秋獵。甲子，還都。

十月己巳，夏國進百頭帳，詔却之境上。癸酉，有司奏：「衍慶宮所畫功臣二十人，惟五人有謚，今考檢餘十五人功狀，擬定謚號以進」。詔可。詔以羊十萬付烏古里石壘部畜牧，其滋息以予貧民。丁丑，制諸猛安，父任別職，子須年二十五以上方許承襲。辛巳，上謂宰臣曰：「今在位不聞薦賢何也。昔狄仁傑起自下僚，力扶唐祚，使既危而安，延數百年之永。仁傑雖賢，非婁師德何以自薦乎。」癸未，更護送罪人逃亡制。上謂宰臣曰：「近觀上封章者，殊無大利害。且古之諫者既忠於國，亦以求名，今之諫者爲利而已。如户部尚書曹望之、濟南尹梁肅皆上書言事，蓋覬覦執政耳，其於國政竟何所補。達官如此，況餘人乎。昔海陵南伐，太醫使祁宰極諫，至戮於市，此本朝以來一人而已。」丁亥，上命宰臣曰：「監察御史田忠孺嘗上書言事，今當升擢，以勵其餘。」

十一月戊戌，以南京留守徒單克寧爲平章政事。庚戌，上謂宰臣曰：「朕常恐重斂以困吾民，自今諸路差科之煩細者，亦具以聞。」有司奏，夏國進御帳使因邊臣懇求進入，乃許之。以尚書左丞石琚爲平章政事。丙辰，以延安尹完顔蒲刺睹等爲賀宋正旦使。

十二月戊辰，以渤海舊俗男女婚娶多不以禮，必先攘竊以奔，詔禁絶之，犯者以姦論。以宿直將軍僕散懷忠爲高麗生日使。壬申，以尚書右丞唐括安禮爲左丞，殿前都點檢蒲察通爲右丞。上謂宰執曰：「朕今年已五十有五，若年踰六十，雖欲有爲，而莫之能矣。宜及朕之康强，其女直人猛安謀克及國家政事之未完，與夫法令之未一者，宜皆修舉之。凡所施行，朕不爲怠。」

十八年正月丙申朔，宋、高麗、夏遣使來賀。壬寅，定殺異居周親奴婢、同居卑幼，輒殺奴婢及妻無罪而輒毆殺者罪。庚戌，修起居注移剌傑上書言：「每屏人議事，雖史官亦不與聞，無由紀録。」上以問平章政事石琚、左丞唐括安禮，對曰：「古者，天子置史官於左右，言動必書，所以儆戒人君，庶幾有所畏也。」庚申，免中都、河北、河東、山東、河南、陝西等路前年被災租税。壬戌，如春水。

二月丙寅朔，次管莊。丙子，次華港。己丑，還宫。

三月乙未朔，萬春節，宋、高麗、夏遣使來賀。乙巳，命戍邊女直人遇祭祀、婚嫁、節辰許自造酒。丁未，上謂宰執曰：「縣令之職最爲親民，當得賢材用之。邇來犯法者衆，殊不聞有能者。比在春水，見石城、玉田兩縣令，皆年老，苟禄而已。畿甸尚爾，遠縣可知。」平章政事石琚對曰：「良鄉令焦旭、慶都令李伯達皆能吏，可任。」上曰：「審如卿言，可擢用之。」己酉，禁民間無得創興寺觀。獻州人殷小二等謀反，伏誅。

四月己巳，上謂宰臣曰：「朕巡幸所至，必令體訪官吏臧否。向玉田知主簿石抹沓乃能吏也，可授本縣令。」己丑，以太子左贊善阿不罕德甫爲橫賜夏國使。

五月丙午，上如金蓮川。

六月庚午，尚書左丞相紇石烈良弼薨。

閏月辛丑，命賑西南、西北兩招討司民，及烏古里石壘部轉户饑。

七月丙子，上謂宰臣曰：「職官始犯贓罪，容有過誤，至於再犯，是無改過之心。自今再犯不以贓數多寡，並除名。」

八月乙巳，至自金蓮川。丙辰，以尚書右丞相完顏守道爲左丞相，平章政事石琚爲右丞相。

九月辛未，以大理卿張九思等爲賀宋生日使，侍御史完顏蒲魯虎爲夏國生日使。癸酉，以尚書左丞唐括安禮爲平章政事。乙亥，以右丞蒲察通爲左丞，參知政事移剌道爲右丞，刑部尚書粘割斡特剌爲參知政事。

十月庚寅朔，陝州防禦使石抹靳家奴以罪除名。甲午，御史中丞劉仲誨、侍御史李瑜坐失糾察大長公主事，各削官一階。

十一月庚申朔，尚書省奏，擬同知永寧軍節度使事阿可爲刺史，上曰：「阿可年幼，於事未練，授佐貳官可也。」平章政事唐括安禮奏曰：「臣等以阿可宗室，故擬是職。」上曰：「郡守係千里休戚，安可不擇人而私其親耶。若以親親之恩，賜與雖厚，無害於政。使之治郡而非其才，一境何賴焉。」壬申，以靜難軍節度使烏延查剌等爲賀宋正旦使。丙子，尚書省奏，崇信縣令石安節買車材於部民，三日不償其直，當削官一階，解職。上因言：「凡在官者，但當取其貪污與清白之尤者數人黜陟之，則人自知懲勸矣。夫朝廷之政，太寬則人不知懼，太猛則小玷亦將不免於罪，惟當用中典耳。」戊寅，上責宰臣曰：「近問趙承元何故再任，卿等言，曹王嘗遣人言其才能幹敏，故再任之。官爵擬注，雖由卿輩，予奪之權，當出于朕。曹王之言尚從之，假皇太子有所論，則其從可知矣。此事因卿言始知，其不知者知復幾何。且卿等公受請屬，可乎？」蓋承元前爲曹王府文學，與王邸婢姦，杖百五十除名，而復用也。丙戌，以吏部尚書烏古論元忠爲御史大夫，以東上閤門使左光慶爲高麗生日使。

十二月庚戌，封孫吾都補温國公，麻達葛金源郡王，承慶道國公。壬子，羣臣奉上「大金受命萬世之寶」。

十九年正月庚申朔，宋、高麗、夏遣使來賀。丁卯，如春水。

二月己酉，還宫。乙卯，免去年被水旱民田租税。

三月己未朔，萬春節，宋、高麗、夏遣使來賀。乙丑，尚書省奏，虧課院務官顏葵等六十八人，各合削官一階。上曰：「以承廕人主榷沽，此遼法也。法弊則當更張，唐、宋法有可行者則行之。」己巳，上與宰臣論史事，且曰：「朕觀前史多溢美。大抵史書載事貴實，不必浮辭諂諛也。」辛未，上謂宰臣曰：「姦邪之臣，欲有規求，往往私其黨與，不肯明言，託以他事，陽不與而陰爲之力。朕觀古之姦人，當國家建儲之時，恐其聰明不利於己，往往風以陰事，破壞其議，惟擇昏懦者立之，冀他日可弄權爲功利也。如晉武欲立其弟，而姦臣沮之，竟立惠帝，以致喪亂，此明驗也。」丁丑，上謂宰臣曰：「朕觀前代人臣將諫於朝，與父母妻子訣，示以必死。同列目覩其死，亦不顧身，又爲之諫。此盡忠於國者，人所難能也。」己卯，制糾彈之官知有犯法而不舉者，減犯人罪一等科之，關親者許回避。上謂宰臣曰：「人多奉釋老，意欲徼福。朕蚤年亦頗惑之，旋悟其非。且上天立君，使之治民，若盤樂怠忽，欲以僥倖祈福，難矣。果能愛養下民，上當天心，福必報之。」

四月己丑朔，詔賑西南路招討司所部民。己酉，以升祔閔宗，詔中外。

五月戊寅，幸太寧宫。

六月戊子朔，詔更定制條。

七月辛未，有司奏擬趙王子石古乃人從，上不從，謂宰相曰：「兒輩尚幼，若奉承太過，使侈心滋大，卒難節抑，此不可長。諸兒每入侍，當其語笑娛樂之際，朕必淵默，涖之以嚴，庶其知朕教戒之意，使常畏慎而寡過也。」癸酉，密州民許通等謀反，伏誅。庚辰，至自太寧宫。

八月壬辰，尚書右丞相石琚致仕。戊戌，以宋大觀錢當五用。丙午，濟南民劉溪忠謀反，伏誅。

九月戊午，以左宣徽使蒲察鼎壽等爲賀宋生日使，太子左衛率府率裴滿胡

剌爲夏國生日使。癸亥，秋獵。癸未，還都。

十月辛卯，西南路招討使哲典以贓罪，伏誅。辛亥，制知情服内成親者，雖自首仍依律坐之。

十一月壬戌，改葬昭德皇后，大赦。以御史中丞移剌慥等爲賀宋正旦使。戊辰，以西上閤門使盧拱爲高麗生日使。壬申，上如河間冬獵。癸未，至自河間。

二十年正月甲寅朔，宋、高麗、夏遣使來賀。戊午，定試令史格。壬戌，命歲以錢五千貫造隨朝百官節酒及冰、燭、藥、炭，視品秩給之。己巳，如春水。丙子，幸石城縣行宫。丁丑，以玉田縣行宫之地偏林爲御林，大淀濼爲長春淀。

二月丁未，還都。

三月癸丑朔，萬春節，宋、高麗、夏遣使來賀。己未，詔凡犯罪被問之官，雖遇赦，不得復職。乙丑，以新定猛安謀克，詔免中都、西京、河北、山東、河東、陝西路去年租税。辛巳，以平章政事徒單克寧爲尚書右丞相，御史大夫烏古論元忠爲平章政事。

四月丁亥，定冒廕罪賞。己亥，制宗室及外戚并一品命婦，衣服聽用明金。以西上閤門使郭喜國爲橫賜高麗使。太寧宫火。乙巳，上謂宰臣曰：「女直官多謂朕食用太儉，朕謂不然。夫一食多費，豈爲美事。況朕年高，不欲屠宰物命。貴爲天子，能自節約，亦不惡也。朕服御或舊，常使澣濯，至于破碎，方始更易。向時帳幕常用塗金爲飾，今則不爾，但令足用，何必事紛華也。」庚戌，如金蓮川。

五月丙寅，京師地震。

七月，旱。

八月壬午，秋獵。

九月壬戌，至自金蓮川。以太府監李佾等爲賀宋生日使，少府少監賽補爲夏國生日使。丙子，蒲速椀羣牧老忽謀叛，伏誅。

十月庚辰朔，更定銓注縣令丞簿格。詔西北路招討司每進馬駝鷹鶻等，輒率斂部内，自今並罷之。壬午，上謂宰臣曰：「察問細微，非人君之體，朕亦知之。然以卿等殊不用心，故時或察問。如山後之地，皆爲親王、公主、權勢之家所占，轉租於民，皆由卿等之不察。卿等當盡心勤事，毋令朕之煩勞也。」詔徙遥落河、移馬河兩猛安於大名、東平等路安置。戊戌，上謂宰臣曰：「凡人在下位，欲冀升進，勉爲公廉，賢不肖何以知之。及其通顯，觀其施爲，方見本心。如招討哲典，初任定州同知，繼爲都司，未嘗少有私徇，所至皆有清名，及爲招討，不固守。人心險于山川，誠難知也。」壬寅，上謂宰臣曰：「近覽《資治通鑑》，編次累代廢興，甚有鑒戒，司馬光用心如此，古之良史無以加也。校書郎毛麾，朕屢問以事，善於應對，真該博老儒，可除太常職事，以備討論。」甲辰，以殿前都點檢襄爲御史大夫。

十一月丁巳，尚書右丞移剌道罷。乙丑，以真定尹徒單守素等爲賀宋正旦使。癸酉，以御史大夫襄爲尚書右丞。乙亥，上諭宰臣曰：「郡守選人，資考雖未及，廉能者則升用之，以勵其餘。」以太常少卿任倜爲高麗生日使。

十二月辛巳，上謂宰臣曰：「岐國用人，但一言合意便升用之，一言之失便責罰之。凡人言辭，一得一失，賢者不免。自古用人咸試以事，若止以奏對之間，安能知人賢否。朕之取人，衆所與者用之，不以獨見爲是也。」己亥，河決衛州。辛丑，獵于近郊。癸卯，特授襲封衍聖公孔總兖州曲阜令，封爵如故。

《金史》卷八《世宗紀下》 二十一年正月戊申朔，宋、高麗、夏遣使來賀。壬子，以夏國請，詔復綏德軍榷場，仍許就館市易。上聞山東、大名等路猛安謀克之民，驕縱奢侈，不事耕稼。詔遣閲實，計口授地，必令自耕，地有餘而力不贍者，方許招人租佃，仍禁農時飲酒。丙辰，追貶海陵煬王亮爲庶人，詔中外。甲子，如春水。丙子，次永清縣。有移剌余里也者，契丹人也，隸虞王猛安，有一妻一妾。妻之子六，妾之子四。妻死，其六子廬墓下，更宿守之。妾之子皆曰「是嫡母也，我輩獨不當守墳墓乎」。於是，亦更宿焉，三歲如一。上因獵，過而聞之，賜錢五百貫，仍令縣官積錢於市，以示縣民，然後給之，以爲孝子之勸。

二月庚子，還都。壬寅，以河南尹張景仁爲御史大夫。乙巳，以元妃李氏之喪，致祭興德宫，過市肆不聞樂聲，謂宰臣曰：「豈以妃故禁之耶。細民日作而食，若禁之是廢其生計也，其勿禁。朕前將詣興德宫，有司請由薊門，朕恐妨市民生業，特從他道。顧見街衢門肆，或有毁撤，障以簾箔，何必爾也。自今勿復毁撤。」

三月丁未朔，萬春節，宋、高麗、夏遣使來賀。上初聞薊、平、灤等州民乏食，命有司發粟糶之，貧不能糴或貸之。有司以貸貧民恐不能償，止貸有户籍者。上至長春宫，聞之，更遣人閲實，賑貸。以監察御史石抹元禮、鄭達卿不糾舉，各答四十，前所遺官皆論罪。乙丑，詔山後冒占官地十頃以上者皆籍入官，均給貧

民。遼州民朱忠等亂言，伏誅。上謂宰臣曰：「近聞宗州節度使阿思懣行事多
不法，通州刺史完顏守能既與招討職事，猶不守廉。達官貴要多行非理，監察未
嘗舉劾。斡覩只羣牧副使僕散那也取部人二毬杖，至細事也，乃便劾奏。謂之
稱職，可乎。今監察職事修舉者與遷擢，不稱者，大則降罰，小則決責，仍不許
去官。」
閏月己卯，恩州民鄒明等亂言，伏誅。辛卯，漁陽令夾谷移里罕、司候判官
劉居漸以被命賑貸，止給富户，各削三官，通州刺史郭邦傑總其事，奪俸三月。
乙未，上謂宰臣曰：「朕觀自古人君多進用讒諂，其間蒙蔽，爲害非細，若漢明帝
尚爲此輩惑之。朕雖不及古之明君，然近習讒言，未嘗入耳。至於宰輔之臣，亦
未嘗偏用一人私議也。」癸卯，以尚書左丞相完顏守道爲太尉、尚書令，尚書左丞
蒲察通爲平章政事，右丞襄爲左丞，參知政事張汝弼爲右丞，彰德軍節度使粱肅
爲參知政事。
四月戊申，以右丞相徒單克寧爲左丞相，平章政事唐括安禮爲右丞相。增
築泰州、臨潢府等路邊堡及屋宇。庚戌，奉安昭祖以下三祖三宗御容於衍慶宫，
行親祀禮。上諭宰臣曰：「朕之言行豈能無過，常欲人直諫而無肯言者。使其
言果善，朕從而行之，又何難也。」戊辰，以滕王府長史把德固爲横賜夏國使。壬
申，幸壽安宫。
五月戊子，西北路招討使完顏守能以贓罪，杖二百，除名。
七月丙戌，還都。丁酉，樞密使趙王永中罷。己亥，以左丞相徒單克寧爲樞
密使。辛丑，以太尉、尚書令完顏守道復爲左丞相，太尉如故。
八月乙丑，以右副都點檢胡什賚等爲賀宋生日使，吏部郎中奚胡失海爲夏
國生日使。
二十二年三月辛未朔，萬春節，宋、高麗、夏遣使來賀。丁丑，命尚書省申勅
西北路招討司勒猛安謀克官督部人習武備。甲申，諭户部，今歲行幸山後，所須
並不得取之民間，雖所用人夫，並以官錢和雇，違者杖八十，罷職。癸巳，詔頒重
修制條。以吏部尚書張汝霖爲御史大夫。
四月乙卯，行監臨院務官食直法。以削明肅尊號，詔中外，從皇太子請也。
甲子，上如金蓮川。
六月庚子朔，制立限放良之奴，限内娶良人爲妻，所生男女即爲良。丁巳，
右丞相致仕石琚薨。
七月辛巳，宰臣奏事，上頗違豫，宰臣請退，上曰：「豈以朕之微爽於和，而
倦臨朝之大政耶。」使終其奏。甲午，秋獵。
九月戊寅，至自金蓮川。以左衛將軍禪赤等爲賀宋生日使，尚輦局使僕散
曷速罕爲夏國生日使。己丑，以同知東京留守司事裔在任專恣，失上下之分，謫
授復州刺史。乙未，壽州刺史訛里也、同知查剌、軍事判官孫紹先、榷場副使韓
仲英等以受商賂縱禁物出界，皆處死。
十月辛丑，徙河間宗室于平州。庚戌，祫享于太廟。
十一月丙子，以吏部尚書孛术魯阿魯罕等爲賀宋正旦使。東京留守徒單貞
以與海陵逆謀，伏誅。妻永平縣主，子慎思並賜死。甲申，以宿直將軍僕散忠佐
爲高麗生日使。玉田縣令移剌查坐贓，伏誅。戊子，冬獵。
十二月庚子，還都。癸丑，獵近郊。辛酉，立强取諸部羊馬法。
二十三年正月丁卯朔，宋、高麗、夏遣使來賀。庚午，詔有司但獲强盜，迹狀
既明，賞隨給之，勿得更待。丁丑，參知政事粱肅致仕。辛巳，廣樂園燈山火。
壬午，如春水，詔夾道三十里内被役之民與免今年租税，仍給傭直。甲午，大邦
基伏誅。
二月乙巳，還都。戊申，以尚書右丞張汝弼攝太尉，致祭于至聖文宣王廟。
庚戌，以户部尚書張仲愈爲參知政事。御史臺進所察州縣官罪，上覽之曰：「卿
等所廉皆細碎事，又止録其惡而不舉其善，審如是，其爲官者不亦難乎。其併察
善惡以聞。」
三月丙寅朔，萬春節，宋、高麗、夏遣使來賀。丙子，初製「宣命之寶」，金、玉
各一。尚書右丞相烏古論元忠罷。潞州涉縣人陳圓亂言，伏誅。乙酉，雨土。
丙戌，詔戒諭中外百官。
四月辛丑，更定奉使三國人從差遣格。祁州刺史大磐坐無罪掠死染工，妄
認良人二十五口爲奴，削官四階，罷之。癸丑，地生白毛。以大理正紇石烈术列
速爲横賜高麗使。壬戌，幸壽安宫。勅有司爲民禱雨。是夕，雨。
五月庚午，縣令大雛訛只等十人以不任職罷歸。六十以上者進官兩階，六
十以下者進官一階，並給半俸。甲戌，命應部除官嘗以罪罷而再敘者，遣使按其
治迹，如有善狀，方許授以縣令，無治狀者，不以任數多少，並不得授。丁亥，雷，
雨雹。
六月壬子，有司奏右司郎中段珪卒，上曰：「是人甚明正，可用者也。如知

登聞檢院巨構，每事但委順而已。燕人自古忠直者鮮，遼兵至則從遼，宋人至則從宋，本朝至則從本朝，其俗詭隨，有自來矣。雖屢經遷變而未嘗殘破者，凡以此也。南人勁挺，敢言直諫者多，前有一人見殺，後復一人諫之，甚可尚也。」又曰：「昨夕苦暑，朕通宵不寐，因念小民比屋卑隘，何以安處。」

七月乙酉，平章政事移剌道，參知政事張仲愈皆罷。御史大夫張汝霖坐失糾舉，降授棣州防禦使。

八月乙未，觀稼于東郊。以女直字《孝經》千部付點檢司分賜護衛親軍。癸卯，還都。乙巳，大名府猛安人馬和尚謀叛，伏誅。括定猛安謀克户口田土牛具。以户部尚書程輝爲參知政事。

九月己巳，以同僉大宗正事方等爲賀宋生日使，宿直將軍完顔斜里虎爲夏國生日使。譯經所進所譯《易》、《書》、《論語》、《孟子》、《老子》、《揚子》、《文中子》、《劉子》及《新唐書》。上謂宰臣曰：「朕所以令譯《五經》者，正欲女直人知仁義道德所在耳。」命頒行之。辛未，秋獵。

十月癸巳，還都。庚戌，幸東宫，賜皇孫吾都補洗兒禮。

十一月，丙寅，平章政事蒲察通罷。壬申，以樞密副使崇尹爲平章政事。

閏月甲午，上謂宰臣曰：「帝王之政，固以寬慈爲德，然如梁武帝專務寬慈，以至綱紀大壞。朕嘗思之，賞罰不濫，即是寬政也，餘復何爲。」以尚書左丞襄爲平章政事，右丞張汝弼爲左丞，參知政事粘割斡特剌爲右丞，禮部尚書張汝霖爲參知政事。以西京留守婆盧火等爲賀宋正旦使。制外任官嘗爲宰執者，凡吏牘上省部，依親王例，免書名。戊午，上謂宰臣曰：「女直進士可依漢兒進士補省令史。夫儒者操行清潔，非禮不行。以吏出身者，自幼爲吏，習其貪墨，至於爲官，習性不能遷改。政道興廢，實由於此。」庚申，尚書省左司員外郎徐偉奏事，上謂宰臣曰：「斯人純而幹，右司郎中郭邦傑直而頗躁。」

十二月癸酉，上謂宰臣曰：「海陵自以失道，恐上京宗室起而圖之，故不問疏近，並徙之南。豈非以漢光武、宋康王之疎庶得繼大統，故有是心。過慮若此，何其謬也。」乙酉，高麗以母喪來告。丁亥，以真定尹烏古論元忠復爲尚書右丞相。

二十四年正月辛卯朔，宋、夏遣使來賀。徐州進芝草十有八莖，真定進嘉禾二本，六莖，異畝同穎。戊戌，如長春宫春水。

二月壬申，還都。癸酉，上曰：「朕將往上京。念本朝風俗重端午節，比及端午到上京，則燕勞鄉閭宗室父老。」甲戌，制一品職事官庶孽子承廕，更不引見。丙戌，以東上閤門使完顔進兒等爲高麗勅祭使，西上閤門使大仲尹爲慰問使，虞王府長史永明爲起復使，以器物局使亩爲横賜夏國使。

三月庚寅朔，萬春節，宋、夏遣使來賀。甲午，以上將如上京，尚書省奏定「皇太子守國諸儀」。丙申，尚書省進「皇太子守國寶」，上召皇太子授之，且諭之曰：「上京祖宗興王之地，欲與諸王一到，或留二三年，以汝守國。譬之農家種田，商人營財，但能不墜父業，即爲克家子，況社稷任重，尤宜畏慎。常時觀汝甚謹，今日能紓朕憂，乃見中心孝也。」皇太子再三辭讓，以不諳政務，乞備扈從。上曰：「政事無甚難，但用心公正，毋納讒邪，久之自熟。」皇太子流涕，左右皆爲之感動。皇太子乃受寶。丁酉，如山陵。己亥，還都。壬寅，如上京。皇太子允恭守國。癸卯，宰執以下奉辭于通州。上謂宰執曰：「卿輩皆故老，皇太子守國，宜悉心輔之，以副朕意。」又謂樞密使徒單克寧曰：「朕巡省之後，脱或有事，卿必親之。毋忽細微，大難圖也。」又顧六部官曰：「朕聞省部文字多以小不合而駁之，苟求自便，致累歲不能結絶，朕甚惡之。自今可行則行，可罷則罷，毋使在下有滯留之歎。」時諸王皆從，以趙王永中留輔太子。

四月己未朔，咸平尹移剌道薨。庚申，次廣寧府。丙寅，次東京。丁卯，朝謁孝寧宫。給復東京百里内夏秋税租一年。在城隨關年七十者補一官。曲赦百里内犯徒二年以下罪。乙酉，觀漁于混同江。

五月己丑，至上京，居于光興宫。庚寅，朝謁于慶元宫。戊戌，宴于皇武殿。上謂宗戚曰：「朕思故鄉，積有日矣，今既至此，可極歡飲，君臣同之。」賜諸王妃、主，宰執百官命婦各有差。宗戚皆霑醉起舞，竟日乃罷。

六月辛酉，幸按出虎水臨漪亭。壬戌，閲馬于緑野淀。

七月乙未，上謂宰臣曰：「天子巡狩當舉善罰惡，凡士民之孝弟姻睦者舉而用之，其不顧廉恥無行之人則教戒之，不悛者則加懲罰。」丙午，獵于勃野淀。乙卯，上謂宰臣曰：「今時之人，有罪不問，既過之後則謂不知。有罪必責，則謂每事尋罪。風俗之薄如此。不以文德感化，不能復于古也。卿等以德輔佐，當使復還古風。」

八月癸亥，以太府監張大節等爲賀宋生日使，侍御史遥里特末哥爲夏國生日使。乙亥，詔免上京今年市税。

十月丁卯，獵于近郊。

十一月辛卯，還宮。甲午，詔以上京天寒地遠，宋正旦、生日，高麗、夏國生日，並不須遣使，令有司報諭。丙午，尚書省奏徙速頻、胡里改三猛安二十四謀克以實上京。

十二月丙辰，獵于近郊。己卯，還宮。

二十五年正月乙酉朔。丁亥，宴妃嬪、親王、公主、文武從官于光德殿，宗室、宗婦及五品以上命婦，與坐者千七百餘人，賞賚有差。

二月癸酉，以東平尹烏古論思列怨望，殺之。丁丑，如春水。

四月己未，至自春水。癸亥，幸皇武殿擊毬，許士民縱觀。甲子，詔於速頻、胡里改兩路猛安下選三十謀克爲三猛安，移置于率督畔窟之地，以實上京。壬申，曲赦會寧府，仍放免今年租稅，百姓年七十以上者補一官。甲戌，以會寧府官一人兼大宗正丞，以治宗室之政。上謂羣臣曰：「上京風物朕自樂之，每奏還都，輒用感愴。祖宗舊邦，不忍捨去，萬歲之後，當置朕于太祖之側，卿等無忘朕言。」丁丑，宴宗室、宗婦于皇武殿，大功親賜官三階，小功二階，緦麻一階，年高屬近者加宣武將軍，及封宗女，賜銀、絹各有差。曰：「朕尋常不飲酒，今日甚欲成醉，此樂亦不易得也。」宗室婦女及羣臣故老以次起舞，進酒。上曰：「吾來數月，未有一人歌本曲者，吾爲汝等歌之。」命宗室子弟敘坐殿下者皆坐殿上，聽上自歌。其詞道王業之艱難，及繼述之不易，至「慨想祖宗，宛然如睹」，慷慨悲激，不能成聲，歌畢泣下。右丞相元忠率羣臣、宗戚捧觴上壽，皆稱萬歲。於是，諸夫人更歌本曲，如私家之會。既醉，上復續調，至一鼓乃罷。己卯，發上京。庚辰，宗室戚屬奉辭。上曰：「朕久思故鄉，甚欲留一二歲，京師天下根本，不能久於此也。太平歲久，國無征徭，汝等皆奢縱，往往貧乏，朕甚憐之。當務儉約，無忘祖先艱難。」因泣數行下，宗室戚屬皆感泣而退。

五月庚寅，平章政事襄、奉御平山等射懷孕兔。上怒杖平山三十，召襄誡飭之，遂下詔禁射兔。壬寅，次天平山好水川。癸卯，遣使臨潢、泰州勸農。丙午，命尚書省奏事衣窄紫。

六月甲寅，獵近山，見田壠不治，命笞田者。庚申，皇太子允恭薨。丙寅，尚書右丞相烏古論元忠罷。庚午，遣左宣徽使唐括鼎詣京師，致祭皇太子。戊寅，命皇太子妃及諸皇孫執喪，并用漢儀。

七月戊申，發好水川。

九月辛巳朔，次轄沙河，賜百歲老嫗帛。甲申，次遼水，召見百二十歲女直老人，能道太祖開創事，上嘉歎，賜食，并賜帛。己酉，至自上京。是日，上臨奠宣孝皇太子于熙春園。

十月丙辰，尚書省奏親軍數多，宜稍減損，詔定額爲三千。宰臣退，上謂左右曰：「宰相年老艱于久立，可置小榻廊下，使少休息。」甲子，禁上京等路大雪及含胎時採捕。上謂宰臣曰：「護衛年老出職而授臨民，手字尚不能畫，何以治民。人胸中明暗外不能知，精神昏耄已見於外，是强其所不能也。天子以兆民爲子，不能家家而撫，在用人而已。知其不能而强授之，百姓其謂我何。」丁丑，命學士院、諫院、秘書監、司天臺、著作局、閤門、通進、拱衛、直武器署等官，凡直宮中，午前許退。

十一月庚辰朔，詔曰：「豺未祭獸，不許採捕。冬月，雪尺以上，不許用網及速撒海，恐盡獸類。」甲午，以臨潢尹僕散守中等爲賀宋正旦使。丙申，夏國遣使問起居。戊戌，以曹王永功爲御史大夫。壬寅，以禮部員外郎移剌履爲高麗生日使。

十二月戊午，以皇孫金源郡王麻達葛判大興尹，進封原王。丙寅，左丞相完顔守道、左丞張汝弼、右丞粘割斡特剌、參知政事張汝霖坐擅增東宮諸皇孫食料，各削官一階。甲戌，制增留守、統軍、總管、招討、都轉運、府尹、轉運、節度使月俸。上謂宰臣曰：「太尉守道論事止務從寬，犯罪罷職者多欲復用。若懲其首惡，後來知畏，罪而復用，何以示戒。」是日，命範銅爲「禮信之寶」，凡賜外方禮物，給信袋則用之。丙子，上問宰臣曰：「原王大興行事如何？」右丞斡特剌對曰：「聞都人皆稱之。」上曰：「朕令察于民間，咸言見事甚明，予奪皆不失當，曹、豳二王弗能及也。又聞有女直人訴事，以女直語問之，漢人訴事，漢語問之。大抵習本朝語爲善，不習，則淳風將棄。」汝弼對曰：「不忘本者，聖人之道也。」斡特剌曰：「以西夏小邦，崇尚舊俗，猶能保國數百年。」上曰：「事當任實，一事有僞則喪百真，故凡事莫如真實也。」

二十六年正月庚辰朔，宋、高麗、夏遣使來賀。甲辰，如長春宮春水。

二月癸酉，還都。乙亥，詔曰：「每季求仕人，問以疑難，令剖決之。其才識可取者，仍訪察政迹，如其言行相副，即加陞用。」

三月己卯朔，萬春節，宋、高麗、夏遣使來賀。丁亥，以大理卿闕，上問誰可，右丞粘割斡特剌言，前吏部尚書唐括貢可，乃授以是職。己丑，尚書省擬奏除授，上曰：「卿等在省未嘗薦士，止限資級，安能得人。古有布衣入相者，聞宋亦

多用山東、河南流寓疏遠之人，皆不拘於貴近也。以本朝境土之大，豈無其人，朕難偏知，卿又不舉。自古豈有終身爲相者。外官三品以上，必有可用之人，但無故得進耳。」左丞張汝弼曰：「下位雖有才能，必試之乃見。」參政程輝曰：「外官雖有聲，一旦入朝，却不稱任，亦在沙汰而已。」癸巳，香山寺成，幸其寺，賜名大永安，給田二千畝，粟七千株，錢二萬貫。丁酉，以親軍完顏乞奴言，制猛安謀克皆先讀女直字經史然後承襲。因曰：「但令稍通古今，則不肯爲非。爾一親軍粗人，乃能言此，審其有益，何憚而不從。」

四月壬子，尚書省奏定院務監官虧兑陪納法及横班格。因曰：「朕常日御膳亦從減省，嘗有一公主至，至無餘膳可與，當直官皆目睹之。若欲豐腆，雖日用五十羊亦不難矣，然皆民之脂膏，不忍爲也。監臨官惟知利己，不知其利自何而來。朕嘗歷外任，稔知民間之事，想前代之君，雖享富貴，不知稼穡艱難者甚多，其失天下，皆由此也。遼主聞民間乏食，謂何不食乾腊，蓋幼失師保之訓，及其即位，故不知民間疾苦也。隋煬帝時，楊素專權行事，乃不慎委任之過也。與正人同處，所知必正道，所聞必正言，不可不慎也。今原王府官屬，當選純謹秉性正直者充，勿用有權術之人。」戊午，尚書左丞張汝弼罷。己未，幸壽安宫。壬戌，太尉、左丞相完顏守道致仕。以客省使李磐爲横賜高麗使。尚書省奏「北京轉運使以贓除名」。尚書省奏事，上曰：「比有上書言，職官犯除名不可復用，朕謂此言極當。如軍期急速，權可使用。今天下無事，復用此輩，何以戒將來。」又奏「年前以諸路水旱，於軍民地土二十一萬餘頃内，擬免税四十九萬餘石」，從之。詔曰：「今之税，考古行之，但遇災傷，常加蠲免。」

五月甲申，以司徒、樞密使徒單克寧爲太尉，尚書左丞相，判大宗正事趙王永中復爲樞密使，大興尹原王麻達葛爲尚書右丞相，賜名璟。參知政事程輝致仕。戊子，盧溝決於上陽村，湍流成河，遂因之。庚寅，御史大夫曹王永功罷，以豳王永成爲御史大夫。戊戌，以尚書右丞粘割斡特剌爲左丞，參知政事張汝霖爲右丞。

六月癸亥，尚書省奏速頻、胡里改世襲謀克事，上曰：「其人皆勇悍，昔世祖與之隣，苦戰累年，僅能克復。其後乍服乍叛，至穆、康時，始服聲教。近世亦嘗分徙。朕欲稍遷其民上京，實國家長久之計。」己巳，上謂宰執曰：「齊桓中庸主也，得一管仲，遂成霸業。朕夙夜以思，惟恐失人。朕既不知，卿等又不薦，必俟全才而後舉，蓋亦難矣。如舉某人長於某事，朕亦量材用之。朕與卿等俱老矣。天下至大，豈得無人，薦舉人材，當今急務也。」又言：「人之有幹能，固不易得，然不若德行之士最優也。」上謂右丞相原王曰：「爾嘗讀《太祖實録》乎？太祖征麻産，襲之，至泥淖馬不能進，太祖捨馬而步，歡都射中麻産，遂擒之。創業之難如此，可不思乎。」甲戌，詔曰：「凡陳言文字詣登聞檢院送學士院聞奏，毋經省廷。」

七月壬午，詔給内外職事官兼職俸錢。丙申，御史中丞馬惠迪爲參知政事。庚子，上聞同知中都路都轉運使事趙曦瑞，其在職應錢穀利害文字多不題署，但思安身，降授積石州刺史。

閏月己未，還都。

八月丁丑，上謂宰臣曰：「親軍雖不識字，亦令依例出職，若涉贓賄，必痛繩之。」太尉左丞相克寧曰：「依法則可。」上曰：「朕於女直人未嘗不知優恤。然涉於贓罪，雖朕子弟亦不能恕。太尉之意，欲姑息女直人耳。」戊寅，尚書省奏，河決，衛州壞。命户部侍郎王寂、都水少監王汝嘉徙衛州胙城縣。丁亥，尚書省奏，遣吏部侍郎李晏等二十六人分路推排諸路物力，從之。己丑，以宿直將軍李達可爲夏國生日使。辛卯，以益都尹宗浩等爲賀宋生日使。甲午，秋獵。庚子，次薊州。辛丑，幸仙洞寺。壬寅，幸香林、浄名二寺。

九月甲辰朔，幸盤山上方寺，因徧歷中盤、天香、感化諸寺。庚申，還都。丙寅，上謂宰臣曰：「烏底改叛亡，已遣人討之，可益以甲士，毁其船栰。」參知政事馬惠迪曰：「得其人不可用，有其地不可居，恐不足勞聖慮。」上曰：「朕亦知此類無用，所以毁其船栰，欲不使再窺邊境耳。」

十月戊寅，定職官犯贓同職相糾察法。庚寅，上謂宰臣曰：「西南、西北兩路招討司地隘，猛安人户無處圍獵，不能閑習騎射。委各猛安謀克官依時教練，其弛慢過期及不親監視，並決罰之。」甲午，詔增河防軍數。戊戌，寧昌軍節度使崇肅、行軍都統忠道以討烏底改不待克敵而還，崇肅杖七十，削官一階，忠道杖八十，削官三階。

十一月甲辰朔，定閔宗陵廟薦享禮。上謂宰臣曰：「女直人中材傑之士，朕少有識者，蓋亦難得也。新進士如徒單鎰、夾古阿里補、尼厖古鑑輩皆可用之材也。起身刀筆者，雖才力可用，其廉介之節，終不及進士。今五品以上闕員甚多，必資級相當，至老有不能得者，況欲至卿相乎。古來宰相率不過三五年而退，罕有三二十年者，卿等特不舉人，甚非朕意。」上顧修起居注崇璧曰：「斯人

孱弱，付之以事，未必能辨，以其謹厚長者，故置諸左右，欲諸官効其爲人也。」辛亥，以刑部尚書移剌子元等爲賀宋正旦使。戊午，以左警巡副使鶻沙通敏善斷，擢殿中侍御史兼右三部司正。庚申，立右丞相原王璟爲皇太孫。甲子，上謂宰臣曰：「朕聞宋軍自來教習不輟，今我軍專務游惰，卿等勿謂天下既安而無豫防之心，一旦有警，軍不可用，顧不敗事耶。其令以時訓練。」丙寅，上謂侍臣曰：「唐太子承乾所爲多非度，太宗縱而弗檢，遂至於廢，如早爲禁止，當不至是。朕於聖經不能深解，至於史傳，開卷輒有所益。每見善人不忘忠孝，檢身廉潔，皆出天性。至於常人多喜爲非，有天下者苟無以懲之，何由致治。孔子爲政七日而誅少正卯，聖人尚爾，況餘人乎。」戊辰，上謂宰臣曰：「朕雖年老，聞善不厭。孔子云『見善如不及，見不善如探湯』，大哉言乎。」右丞張汝弼對曰：「知之非艱，行之惟艱。」以拱衛直副都指揮使韓景懋爲高麗生日使。以近侍局直長尼厖古鑑純直通敏，擢皇太孫侍丞。己巳，獵近郊。庚午，上謂宰臣曰：「朕方前古明君，固不可及。至於不納近臣讒言，不受戚里私謁，亦無愧矣。朕嘗自思，豈能無過，所患過而不改，過而能改，庶幾無咎。省朕之過，頗喜興土木之工，自今不復作矣。」

十二月甲申，上退朝，御香閣，左諫議大夫黄久約言遞送荔支非是，上諭之曰：「朕不知也，今令罷之。」丙戌，上謂宰臣曰：「有司奉上，惟沽辦事之名，不問利害如何。朕嘗欲得新荔支，兵部遂於道路特設鋪遞。比因諫官黄久約言，以朕方知之。夫爲人無識，一旦臨事，便至顛沛。宫中事無大小，朕常親覽者，以不得人故也，如使得人，寧復他慮。」丁亥，上謂宰臣曰：「朕年來惟以省約爲務，常膳止四五味，已厭飫之，比初即位十減七八。」宰臣曰：「天子自有制，不同餘人。」上曰：「天子亦人耳，枉費安用。」丙申，上謂宰臣曰：「比聞河水泛溢，民罹其害者貲産皆空。今復遣官於彼推排，何耶？」右丞張汝霖曰：「今推排皆非被災之處。」上曰：「必隣道也。既隣水而居，豈無驚擾遷避者乎。計其貲産，豈有餘哉，尚何推排爲。」又曰：「平時用人，宜尚平直。至於軍職，當用權謀，使人不易測，可以集事。唐太宗自少年能用兵，其後雖居帝位，猶不能改，吮瘡剪鬚，皆權謀也。」

二十七年正月癸卯朔，宋、高麗、夏遣使來賀。己酉，以襄城令趙渢爲應奉翰林文字。渢入謝，上問宰臣曰：「此党懷英所薦耶？」對曰：「諫議黄久約亦嘗薦之。」上曰：「學士院比舊殊無人材，何也？」右丞張汝霖曰：「人材須作養，若令久任練習，自可得人。」庚戌，如長春宫春水。

二月乙亥，還都。己卯，改閔宗廟號曰熙宗。癸未，命曲陽縣置錢監，賜名「利通」。乙酉，上謂宰執曰：「朕自即位以來，言事者雖有狂妄，未嘗罪之。卿等未嘗肯盡言，何也。當言而不言，是相疑也。君臣無疑，則謂之嘉會。事有利害，可竭誠言之。朕見緘默不言之人，不欲觀之矣。」丁亥，命沿河京、府、州、縣長貳官，並帶管勾河防事。己丑，諭宰執曰：「近侍局官須選忠直練達之人用之。朕雖不聽讒言，使佞人在側，將恐漸漬聽從之矣。」上謂宰執曰：「朕聞寶坻尉蒙括特末也清廉，其爲政何如？」左丞斡特剌對曰：「其部民亦稱譽之，然不知所稱何事。」上曰：「凡爲官但得清廉亦可矣，安得全才之人。可進官一階，升爲令。」又言：「朕時或體中不佳，未嘗不視朝。諸王、百官但有微疾，便不治事，自今宜戒之。」丙申，命罪人在禁有疾，聽親屬入視。

三月癸卯朔，萬春節，宋、高麗、夏遣使來賀。辛亥，皇太孫受册，赦。乙卯，尚書省言「孟家山金口閘下視都城百四十餘尺，恐暴水爲害，請閉之」。從之。上謂大臣曰：「十室之邑，必有忠信。今天下之廣，人民之衆，豈得無人。唐之顔真卿、段秀實皆節義之臣也，終不升用，亦當時大臣固蔽而不舉也。卿等當不私親故，而特舉忠正之人，朕將用之。」又言：「國初風俗淳儉，居家惟衣布衣，非大會賓客，未嘗輒烹羊豕。朕嘗念當時節儉之風，不欲妄費，凡宫中之官與賜之食者，皆有常數。」

四月丙戌，以刑部尚書宗浩爲參知政事。丙申，上如金蓮川。辛丑，京師地震。

五月壬子，詔罷曷懶路所進海葱及太府監日進時果。曰：「葱、果應用幾何，徒勞人耳。惟上林諸果，三日一進。」庚午，以所進御膳味不調適，有旨問之。尚食局直長言：「臣聞老母病劇，私心憒亂，如喪魂魄，以此有失嘗視，臣罪萬死。」上嘉其孝，即令還家侍疾，俟平愈乃來。

六月戊寅，免中都、河北等路嘗被河決水災軍民租税。

七月壬子，秋獵。

八月丙戌，次雙山子。

九月己亥朔，還都。己酉，上謂宰臣曰：「朕今歲春水所過州縣，其小官多幹事，蓋朕前嘗有賞擢，故皆勉力。以此見專任責罰，不如用賞之有激勸也。」以河中尹田彦皐等爲賀宋生日使，武器署令斜卯阿土爲夏國生日使。

十月乙亥，宋前主構殂。庚辰，祫享于太廟。庚寅，上謂宰臣曰：「朕觀唐史，惟魏徵善諫，所言皆國家大事，甚得諫臣之體。近時臺諫惟指摘一二細碎事，姑以塞責，未嘗有及國家大利害者，豈知而不言歟，無乃亦不知也。」宰臣無以對。

十一月庚戌，以左副都點檢崇安爲賀宋正旦使。甲寅，詔「河水泛溢，農夫被災者，與免差税一年。衛、懷、孟、鄭四州塞河勞役，并免今年差税」。庚申，平章政事崇尹致仕。甲子，上謂宰臣曰：「卿等老矣，殊無可以自代者乎，必待朕知而後進乎？」顧右丞張汝霖曰：「若右丞者亦石丞相所言也。」平章政事襄及汝霖對曰：「臣等苟有所知，豈敢不言，但無人耳。」上曰：「春秋諸國分裂，土地褊小，皆稱有賢。卿等不舉而已。今朕自勉，庶幾致治，他日子孫，誰與共治者乎。」宰臣皆有慚色。

十二月庚午，以翰林待制趙可爲高麗生日使。丁丑，獵于近郊。壬午，宋遣使告哀。甲申，上諭宰臣曰：「人皆以奉道崇佛設齋讀經爲福，朕使百姓無冤，天下安樂，不勝於彼乎。爾等居輔相之任，誠能匡益國家，使百姓蒙利，不惟身享其報，亦將施及子孫矣。」左丞斡特剌曰：「臣等敢不盡心，第才不逮，不能稱職耳。」上曰：「人亦安能每事盡善，但加勉勵可也。」戊子，禁女直人不得改稱漢姓，學南人衣裝，犯者抵罪。

二十八年正月丁酉朔，宋、高麗、夏遣使來賀。癸卯，遣宣徽使蒲察克忠爲宋弔祭使。甲辰，如春水。

二月乙亥，還都。己丑，宋遣使獻先帝遺留物。癸巳，宋使朝辭，以所獻禮物中玉器五，玻璃器二十，及弓劍之屬使還遺宋，曰：「此皆爾國前主珍玩之物，所宜寶藏，以無忘追慕。今受之，義有不忍，歸告爾主，使知朕意也。」

三月丁酉朔，萬春節，宋、高麗、夏遣使來賀。御慶和殿受羣臣朝，復宴于神龍殿，諸王、公主以次捧觴上壽。上歡甚，以本國音自度曲。蓋言臨御久，春秋高，渺然思國家基緒之重，萬世無窮之託。以戒皇太孫，當修身養德，善于持守，及命太尉、左丞相克寧盡忠輔導之意。於是，上自歌之，皇太孫及克寧和之，極歡而罷。戊申，命隨朝六品、外路五品以上職事官，舉進士已在仕，才可居翰苑者，試制詔等文字三道，取文理優贍者補充學士院職任。應赴部求仕人，老病昏昧者，勒令致仕，止給半俸，更不遷官。甲寅，幸壽安宫。

四月癸酉，命增外任小官及繁難局分承應人俸。丁丑，以陝西路統軍使孛术魯阿魯罕爲參知政事。癸未，命建女直大學。

五月丙午，制諸教授必以宿儒高才者充，給俸與丞簿等。戊申，宋使來謝弔祭。

七月辛亥，尚書左丞粘割斡特剌罷。

八月，辛未，還都。庚辰，上謂宰臣曰：「近聞烏底改有不順服之意，若遣使責問，彼或抵捍不遜，則邊境之事有不可已者。朕嘗思之，招徠遠人，於國家殊無所益。彼來則聽之，不來則勿强其來，此前世羈縻之長策也。」參知政事孛术魯阿魯罕罷。壬午，以山東路統軍使完顏婆盧火爲參知政事。甲申，上謂宰臣曰：「用人之道，當自其壯年心力精强時用之，若拘以資格，則往往至於耄老，此不思之甚也。阿魯罕使其早用，朝廷必得補助之力，惜其已衰老矣。凡有可用之材，汝等宜早思之。」

九月甲午朔，以鷹坊使崇夔爲夏國生日使。丙申，以安武軍節度使王克温等爲賀宋生日使。己亥，秋獵。乙卯，還都。

十月乙丑，京、府及節度州增置流泉務，凡二十八所。禁糠禪、瓢禪，其停止之家抵罪。乙酉，尚書省奏擬除授而拘以資格，上曰：「日月資考所以待庸常之人，若才行過人，豈可拘以常例。國家事務皆須得人，汝等不能隨才委使，所以事多不治。朕固不知用人之術，汝等但務循資守格，不思進用才能，豈以才能見用，將奪己之禄位乎。不然，是無知人之明也。」羣臣皆曰：「臣等豈敢蔽賢，才識不逮耳。」上顧謂右丞張汝霖曰：「前世忠言之臣何多，今日何少也？」汝霖對曰：「世亂則忠言進，承平則忠言無所施。」上曰：「何代無可言之事，但古人知無不言，今人不肯言耳。」汝霖不能對。

十一月戊戌，以改葬熙陵，詔中外。上謂侍臣曰：「凡修身者喜怒不可太極，怒極則心勞，喜極則氣散，得中甚難，是故節其喜怒，以思安身。今宫中一歲未嘗責罰人也。」庚子，詔南京、大名府等處避水逃移不能復業者，官與津濟錢，仍量地頃畝給以耕牛。甲辰，以河中尹田彦皐等爲賀宋正旦使。戊申，上謂宰臣曰：「制條以拘於舊律，間有難解之辭。夫法律歷代損益而爲之，彼智慮不及而有乖違本意者，若行删正，令衆易曉，有何不可。宜修之，務令明白。」有司奏重修上京御容殿，上謂宰臣曰：「宫殿制度，苟務華飾，必不堅固。今仁政殿遼時所建，全無華飾，但見它處歲歲修完，惟此殿如舊，以此見虚華無實者，不能經久也。今土木之工，滅裂尤甚，下則吏與工匠相結爲姦，侵剋工物，上則户工部

官支錢度材，惟務苟辦，至有工役纔畢，隨即敧漏者，姦弊苟且，勞民費財，莫甚於此。自今體究，重抵以罪。」庚戌，上謂宰臣曰：「朕近讀《漢書》，見光武所爲，人有所難能者。更始既害其兄伯升，當亂離之際，不思報怨，事更始如平日，人不見戚容，豈非人所難能乎。此其度量蓋將大有爲者也，其他庸主豈可及哉。」右丞張汝霖曰：「湖陽公主奴殺人，匿主車中，洛陽令董宣從車中曳奴下，殺之。主入奏，光武欲殺宣，及聞宣言，意遂解，使宣謝主，宣不奉詔。主以言激怒光武，光武但笑而已，更賜宣錢三十萬。」上曰：「光武聞直言而怒解，可謂賢主矣，令宣謝主，則非也。高祖英雄大度，駕馭豪傑，起自布衣，數年而成帝業，非光武所及，然及即帝位，猶有布衣粗豪之氣，光武所不爲也。」癸丑，幸太尉克寧第。

十二月丙寅，以大理正移剌彥拱爲高麗生日使。乙亥，上不豫。庚辰，赦天下。乙酉，詔皇太孫璟攝政，居慶和殿東廡。丙戌，以太尉、左丞相徒單克寧爲太尉兼尚書令，平章政事襄爲尚書右丞相，右丞張汝霖爲平章政事。參知政事完顔婆盧火罷，以户部尚書劉暐爲參知政事。戊子，詔尚書令徒單克寧、右丞相襄、平章政事張汝霖宿於內殿。

二十九年正月壬辰朔，上大漸，不能視朝。詔遣宋、高麗、夏賀正旦使還。癸巳，上崩于福安殿，壽六十七。皇太孫即皇帝位。己亥，殯于大安殿。三月辛卯朔，上尊謚曰光天興運文德武功聖明仁孝皇帝，廟號世宗。四月乙酉，葬興陵。

宇文懋昭《大金國志》卷一六《世宗聖明皇帝上》　世宗聖明皇帝初名裦，後改名雍，武元皇帝孫，晉王宗輔之子也。母曰秃丹氏，生于雲中。其夜有光明體，重倍于常兒。性極仁厚，在熙宗朝，嘗侍立，見有桎梏重囚而問者，裦曰：「何不赦之？」熙宗嘉其意，爲降其罪。既長，統兵爲將，撻懶、兀朮諸父南征，裦未嘗不在兵間，特以仁厚，爲士卒所推，敵人所愛。東京之役，路元中承檄風靡入城，之後不戮一人。海陵晚年，肆虐日甚，宗室大臣悉被誅，而舊臣如張通古、孔彥舟輩亦皆坐死，國人莫有固志。及將用兵，又借民間稅錢五年，民益怨憤。是時，中原豪傑竝起，大名王友直、濟南耿京、太行陳俊，倡集義衆，而契丹之後耶律窩斡亦興于沙漠，于是渤海一軍萬人叛之，歸會寧府，立裦爲帝。十月庚子朔，裦即皇帝位，改元大定，大赦天下，黄河以北皆下之。

大定元年，時海陵王正隆六年、宋紹興三十一年也。是月，左丞相張浩自汴京録國主赦馳以報海陵，海陵嘆曰：「朕欲俟江南平後，取『一戎大定』之義以紀元，是子乃先我乎？」命取書一帙示其下，果預識改元之事。即遣先鋒將郭安國回衆攻之，令盡誅黄河以北之叛己者。

宋虞允文敗海陵之師于西采石楊林渡，衆軍殺海陵王于揚州元帥府。

紫茸軍克宋(秦)〔泰〕州，又侵茨湖，爲守將所敗。茨湖在大江之南，至是，國兵以舟渡，欲攻光化，趍襄陽，又爲宋兵校史俊所敗。

時海陵雖殞，國兵未退，宋楊欽敗之于洪澤鎮，吴超敗之于楊林渡，翌日乃退。

十二月，國主知海陵被殺，乃與皇子允升、允迪擁甲騎一萬趍燕京。

大定二年時宋紹興三十二年也。正月，入都于燕，告祠天地社稷，且告祖廟。以父故名宗輔，非帝王所稱，改曰宗堯，追謚懿宗。故主亶謚閔宗，未幾，改熙宗。謚亮爲海陵煬王。封皇子允升爲齊王，充西京留守。

二月，遣使高忠建往宋告嗣位，宋以中書舍人洪邁來賀登位使，知閤門事張(淪)〔掄〕副之。

紹興之和也，近例屈節者凡十四事。是時，宋以徐(喆)〔嘉〕館伴，始更改之。凡十四事，其大略：更定朝謁與進書，受書儀範，及伴使與北使抗禮而已，于是略如汴京故事。

國書曰：「審膺駿命，光宅丕圖，德合天人，慶均遐邇。比因還使，當露悃悰，爰從海上之盟，護講鄰封之信。中更多故，頗紊始圖，事有權宜，始爲父兄而貶損，釁無端隙，靡逖天地之鑒臨。」又曰：「願畫舊疆，寵還敝國，結兄弟無窮之好，垂子孫可久之謀，庶令南北之民，(長)〔永〕息干戈之苦。」邁至燕京，鎖之館中，抑令于表中改换「陪臣」二字。

報書有曰：「名分既一言而定，貢輸亦兩紀于兹。」又曰：「蔑夫致慶之詞，要以難行之事，實爲大鑒，再作禍端。」

是時，金師攻虢州者敗于王彥，攻汝州者敗于吴(拱)〔珙〕，關陝一路喪秦、隴、環、原、熙、河、蘭、會、洮州、積石、鎮戎、德順軍凡十二郡，金州一路喪商、虢、陝、華州凡四郡，獨恃重兵堅守大散關，可以扼宋師。吴璘遣楊從儀等攻下大散關，遂分兵據和尚原。未幾，金師又破河州，驅老弱數萬屠之，選强壯數千充軍，焚蕩其城而去。又破懷寧府，宋守臣陳亨祖登城督戰，中流矢死。

是時，京東義士耿京率衆據東平府，遣掌書記辛棄疾南附于宋，授天平節度，節制京東河北忠義軍馬。既而遣使往南宋通和，遂不復通，京遂爲國中

所殺。

正隆之渝盟也，宋復取海、泗、唐、鄧、陳、蔡、許、汝、嵩、壽等十州，至是宋但得四州而已。

時北兵猶圍海州，宋張子蓋率兵往援，仍聽張浚節制，相遇于石湫堰，率精鋭先入，王友直以所部力戰，北兵大敗，引去。

六月，宋高宗皇帝禪位于皇太子，是爲孝宗，遣使劉珙來報登位。行至境，責舊禮，不納而還。

大定三年時宋孝宗隆興元年也。正月，窩斡餘黨蕭鶻巴、耶律适里皆驍將也，自海道犇宋。

是時，國中聚兵積糧于宿州之靈壁及虹縣，宋淮西招撫使李顯忠、建康都統制邵宏淵議欲襲其二邑，會元帥《答南宋書》謂「境土當以正隆以前爲界」，宋張浚聞于朝，且上出師計。至揚州，合殿前江淮兵八萬，分隸二將濟淮，顯忠取靈壁，宏淵至虹，北兵拒之，顯忠東趍虹縣，蒲察徒穆、大周仁及右翼軍都統蕭琦亦降。會副元帥紇石烈志寧自睢陽引兵至城下，次夕雨，南軍兵大潰而歸，士卒死亡甚衆，資糧器械委棄皆盡。

時副元帥紇石烈志寧遺書南宋，宋令盧仲賢持報書以往，大略謂：「泗、海、唐、鄧等州乃正隆渝盟之後，本朝未遣使之前得之。至于(常)[歲]幣，固非所較，第以兩淮凋殘之後，恐未能充其數。」仲賢辭行時，宋帝戒勿許四郡，而執政命許之無傷。仲賢至宿州，僕散忠義懼之以威，乃言歸當命許四郡，遂以忠義遺三省樞密院書來，凡畫定四事：一，叔姪通書之式；二，唐、鄧、海、泗之地；三，歲幣銀絹之數；四，叛亡俘虜之人。且約令十一月二十以前持誓書來。宋湯思退爲相，遽奏，以户部侍郎王之望爲通問使，知閤門事龍大淵副之。

五月，立皇子越王允升爲皇太子，時國主以仁厚爲上國部衆推立，長子允升、次子允猷皆有勳勞，至是允升登儲副，諸子皆封王。允升嗜酒，喜遊獵，膽勇，能用兵。每勸主南伐，混一天下，主不聽。

大定四年時宋隆興二年也。正月，詔造《總計録》，大略云：「正隆失德，土木、征伐相繼而起，有司出納動千萬計，浩瀚連年，莫會其數。臨急空乏，惟有取之于民。自今除每歲收支外，竝將見管實在之數開具成册，使朝廷通知有餘、不足之數，且以革去吏姦，候儲積果多，然後議寬名之重輕，攷撥定[之]數目，寬減州縣，優(輕)[恤]疲民。

八月，宋遣宗正少卿魏杞來充通問使。國書之來，已許割四郡，但求減歲幣之(卷)[半]。杞及疆，國中以書不如式，不受。又求割商、秦地及歸正人，且求歲幣二十萬，杞以聞諸朝，宋帝命盡依初式，再易書，歲幣亦如其數。

是時，宋丞相湯思退力主和議，陰諭國中，以重兵脅和。

十一月，元帥僕散忠義遂自清河口渡淮，宋守將魏勝戰死，劉寶自楚州、王彦自昭關南遁，國兵蓋以未得所欲爲辭也，復自濠州繫橋渡淮，又分兵破滁州至六合縣，爲宋步軍統制崔臯所敗。宋使至潁河口，見僕散忠義、紇石烈志寧，國書略曰：「脩好齊盟，出于初議，中因曲見，或爲矛盾之言，致此數年未講衣裳之會。玆聆嘉報，不替舊歡，仰衛社之大忠，(謹)[感]睦鄰之高誼。已遵要束，無復異圖。」二將令與其介康諝同詣燕山，國師亦罷。

宋遣洪适爲賀生辰使，龍大淵副之。其後，國主所遣報問使、副殿前左副都點檢完顔(中)[仲]、翰林直學士楊伯雄至南宋，持國書入見，始謂江南爲宋皇帝云。

大定五年時宋孝宗乾道元年也。正月，大雷。

二月，賜高年孝悌力田人粟帛各有差。赦河南諸州，以被兵去處干戈塗炭故也。

夏，宋改隆興爲乾道。

四月，報問使至南宋，宋遣李若川來賀上尊號。

元帥僕散忠義、副元帥紇石烈志寧來朝，國主宴之于正隆殿，賜金帛有差。

大定六年時宋乾道二年也。正月(己酉)[丙午]朔，大會羣臣于紫極殿，始用百戲，酒三行則樂作，鳴鉦擊鼓，百戲出場，有大旗，獅豹蹺索上竿之類。

七月，嘔熱國率户内附，以其地爲資、霖等州。

十月，宋遣使方滋來賀明年正旦，主亦遣使往宋賀會慶節，尋又遣使往宋賀明年正旦。自後不書。

十一月，行幸東京行宫。

十二月庚寅，還宫。

大定七年時宋乾道三年也。正月，賜酺一日，命羣臣賦詩，京邑耆老亦會焉，頒賜各有差。

十月，免諸伎作、屯牧、雜色役隸之徒爲白户。

十一月，詔以往年兵士從征身殞陣場者，蠲其家租賦。是月，國中與南宋各

遣使往來，賀明年正旦。

金國之待宋使也，使副日給〔細〕酒二十量罐，羊肉八斤，果子錢五百，雜使錢五百，白麵三斤，油半斤，醋二升，鹽半斤，粉一斤，細白米三升，〔麵〕醬半斤，大柴三束。

上節：細酒六量罐，羊肉五斤，麵三斤，雜使錢二百，白米二升。

中節：常供酒五量罐，羊肉三斤，麵二斤，雜使錢一百，白米一升半。

下節：與中節同。

宇文懋昭《大金國志》卷一七《世宗聖明皇帝中》 大定八年時宋乾道四年也。正月，詔增榷場。自南北通和〔後〕，始置榷場。凡榷場之法，商人貨百千以下者，十人爲保，留其貨之半在場，以其半赴南邊榷場博易。竢得南貨回，復易其半以往。大商悉拘之，以竢南賈之來。蔡、泗、唐、鄧、秦、鞏、洮州，鳳翔府置場，宋亦于光州棗陽、安豐軍花靨鎮，盱眙軍皆置場。海陵興兵，諸榷場皆罷，至此復舊，仍令湊集去處，增置其間。

七月，以水潦，遣使巡撫流亡人户。

詔以疎決繫囚例爲文具諸路，淹獄動二三年在京者，朕當親決，不以暑月爲拘。其諸路獄案經久者，取其尤而罰之。

大定九年時宋乾道五年也。二月，命禮部侍郎完顏孛烈思往遼東、渤海一帶詢訪官吏治狀，按舉黜陟，所至問民疾苦。

詔以完顏建忠爲左丞相，紇石烈烏古爲丞相，翰林直學士楊伯雄爲參知政事。

十月，廢北京府行臺省。

大定十年時宋乾道六年也。正月，祀南郊。望日，大射于燕山之北，大閱兵師，五日而罷。

詔以去年臨洮府路蘭、秦、河、會州旱，人民大饑，命所在官司存恤。

五月，宋遣范成大來，爲祈請使，爲陵寢、受書二事也。國書報復大略云：「和約再成，界山河而如舊，緘音遽至，指鞏、雒以爲言。援昔時無用之文，瀆今日既盟之好。既云廢祀，欲伸追遠之懷，止可奉遷，即俟刻期之報。至若未歸之旅柩，亦當並發于行塗。抑聞附請之詞，欲（廢）〔變〕受書之禮，出于率易，要以必從，于尊卑之分何如？顧信誓之誠安在？事當審處，邦可孚休。」

自熙宗講和後，所定受書之禮：北使捧書陞殿，北面立榻前，跪進，南帝降榻受書，以授內侍。世宗初立，遣使往宋報登位，伴使取書以進。及後來再和，循舊例，降榻受書，畢，復御座。至是，宋帝悔之，因其報問使還，及其年遣李若川賀國主尊號，悉命口陳，祈削此禮，不報。

燕羣臣于同樂園之瑶池，主因語及古今帝王成敗之跡，大率以不嗜殺人爲本。數年休兵，民力少蘇，唯獨貪殘之吏，去行朝稍遠，恐爲百姓之蠹，宜時加稽察，以革其弊。知中書省孛詰烈稽首曰：「陛下言及此，社稷之福也。」

大定十一年時宋乾道七年也。正月，祀太廟，制諸州歲貢三人。

三月己丑，朝日于東郊。

五月，宋遣趙雄來賀國主生辰，復附國書曰：「比致祈懇，旋勤誨緘，欲重遣于軺車，恐復煩于館舍。惟列聖久安〔之〕陵寢，既難一旦而驟遷，則靖康未返之衣冠，豈敢先期而獨請。再披諒諭之旨，詳及受書之儀，蓋今叔姪之情親，與昔尊卑之體異，敢因慶禮，薦布忱誠，尚冀允從，式符企望。」蓋去年范成大所得本國報書，以欽宗梓宫爲詞也。至是雄入辭，國主使臣宣諭云，跪聽旨，歸日傳語宋皇帝：「向來初講和日，陳朝來祈請徽宗靈柩，已送還了。〔今〕再講和，宋國自當來祈請欽宗靈柩，父子同葬，以時奉祀。去年使來，却妄請鞏雒山陵。上國止許奉遷，并許一就發還欽宗靈柩。上國已令搬取在此，俟〔來〕報聞。（令）〔今〕因聘使來，輒附書稱『久安陵寢，難以輒遷，及靖康靈柩亦難獨請』。向來已許遷送，今返辭以爲難，于義安在？朕念欽宗嘗在宋國作帝，尚爾權葬，深可矜憫。今宋國既不欲請，上國却當就鞏雒山陵奉葬。」無一語及受書事。

冬，宋遣莫濛來充賀正使。

大定十二年時宋乾道八年也。春，宋使莫濛入見，時正月三日，本國錫宴，前後循例無違者，濛獨毅然以宋朝國忌，不敢簪花、聽樂爲辭，争辯久之，主從其請，就館賜食。

時河東、河北大飢，流人相枕死于道，詔所在開倉賑恤。

冀、莫、澤、潞、絳、解州賊盗大起，詔元帥僕散忠義等討之。嘯聚山谷，散而復合，有連十數村。屠之，戮及無辜，而强壯迸逸，竟不能制。

〔八月，皇太子允恭薨〕。

大定十三年時宋乾道九年也。春二月，畋于南山。

詔以頻年水旱，百姓飢斃，分遣使者開倉賑恤，仍斷食粟之畜。

夏四月，詔諸路有粟之家，供年之外，悉貸飢人。

西夏遣使來貢。

是年，宋下詔改明年曰淳熙。乾道盡九年。

大定十四年。時宋孝宗淳熙元年也。

大定十五年。時宋淳熙二年也。

大定十六年時宋淳熙三年也。春正月，國主御正隆殿受印寶，一曰「承天休、延萬億、永無極」，二曰「受命于天，既壽永昌」，三曰「天子之寶」，四曰「天子行寶」，五曰「天子信寶」，六曰「皇帝之寶」，七曰「天子神寶」，八曰「御書之寶」，九曰「皇帝恭膺天命之寶」，十曰「天下同文之寶」。置符寶郎，隸門下省，大朝會則陳之。

初，粘罕南征，破宋京師，宋朝(所)有玉璽、寶印盡爲金國取去，此恐是南宋之物。八月，宋遣左司諫湯邦彦來，充申議使，請河南陵寢之地也。邦彦至燕，國中拒不納。既旬餘，乃命引見，夾道皆控弦露刃之士，邦彦大怖，不能措一辭而出，國中遺賜，邦彦受之，如宋朝禮物，則國中不受也。宋帝大怒，流邦彦新州。自是，河南之議始息，不復遣泛使矣。

大定十七年時宋淳熙四年也。正月，賑大名府路飢，恩、濮、滑三州民特甚，流亡莩死不勝計。

詔天下勸民力田，視每歲所入，以爲官吏殿最。

以吏部尚書完顔世奕參知政事，以權直學士院竇耆年同知中書省事。

四月三日，國主與太子、諸王在東苑賞牡丹，晉王允猷賦詩以陳，和者十五人。完顔(偉)兀朮子偉探知其意，直前頓首言曰：「國家起自漠北，君臣將帥皆以勇力，戰爭雄畧，故能滅遼、滅宋，混一南北，諸番畏懼。自近年，多用遼、宋亡國遺臣，以富貴文字壞我土俗。先臣昔在順昌，爲劉錡所敗，便嘆用兵不如天會時，皆是年來貪安，漸爲人(悔)〔侮〕。今皇帝既一向不説著兵，使説文字人朝夕在側，遺宋所傳之主，于是有志報復。今膚骨不受調役，夏人亦復侵邊，陛下舍戰(門)〔鬬〕之士謂其不足與語，不知三邊有急，把作詩人去當得否？」主默然，左右皆駭目相顧。知内省事余萬福向前扶之曰：「皇帝方懽飲，郎君却作苦惱人語邪？」扶起去之。自是文武分黨，如水炭矣。

大定十八年時宋淳熙五年也。正月，翰林侍讀學士張酢、吴興權等入對于便殿，因言及邊防事，上言曰：「軍政不修幾三十年，闕額不補者過半，其見存者皆疲老之餘，不堪戰陣。大定初已萬萬不如天會時，今沉溺宴安，消靡殆盡矣，願與(諸)大臣講明軍政，以爲自立之計。」主從之。

九月，西夏遣將蒲魯合野來攻麟州，至宕遵源，有邛都部之酋名禄東賀者，密與之通，番僧諦剌者約日爲應。(國)兵與戰，禄東賀從中而叛，與西夏兵首尾夾擊之，師燔。戊子，麟州城陷，夏人擄金帛子女數萬，毀城而去。

宇文懋昭《大金國志》卷一八《世宗聖明皇帝下》 大定十九年時宋淳熙六年也。正月，晉王宫僚張克己，延晉王允猷宴于南涼觀，三鼓方散，晉王因寢。及晨，觀門微啓，有(衣)血(衣)擲(地)〔池〕側，衛直余何都亟往視之，晉王已殞，胸口(背)〔皆〕傷，侍女四人亦死。詔大興府捕賊甚急。會(前)〔薊〕門失官錢，有張覩，遂寧等在市嬉遊花酒，損費金帛殆不可勝算，衆疑其盜官錢，因擒之。閲其篋，有金五百兩，皆太子允升所賜。下獄鞫問，乃知殺晉王者此輩，實太子使之也。縣密以聞，大興尹完顔珪密奏，(主)召二府議之，且疑其不然。太子允升覺之，詰曉，微服，佩三衛符出門，晨夜奔馳，凡三日至和龍。上遣明威將軍完顔宇馳騎追之，宇年老，不能馳逐。允升至會同，宣言：「南宫子孫弑逆，我今在此發兵救國難。」國人聞太子至，皆信。自會同以北，和龍以西，皆受調發。會宇至，人心始疑。宇至東謨，與太子遇，宇宣詔，且約日合戰。至晡，太子衆散。詰朝，宇進兵，懸榜購募，射龍淵人以允升首至有司，請誅其妻孥凡八十餘人。謚允猷爲元悼太子。

大定二十年。時宋淳熙七年也。是年，有亡遼遺族耶律斡罕爲羣牧使，聚兵十萬，自號後遼皇帝，結北地諸部爲援，主遣宣徽使紇石烈撒合輦爲元帥，將兵八千以討之，生擒斡罕，割耳鼻五十車，主封撒合輦爲金源郡王、右丞相。越明年，撒合輦病篤，主問以國事，對曰：「諸部强盛，宜早圖之，使彼無壯士方得。」主首肯之，其心終仁厚，不忍用兵也。

七月，立皇子昇王允恭爲皇太子。時主有子七人：長曰太子允升，次曰昇王允恭，次曰晉王允猷，第四第五失其名，次曰鄭王允蹈，次曰衛王允濟。太子既死，允恭以次長立。

大定二十一年時宋淳熙八年也。二月，河東南路地震，平陽、河中府隰、懷、晉等州地震彌旬，晝夜不止。壞城壁屋宇，人畜死者甚衆。詔官給錢瘞葬，優恤死傷之家。

三月，詔兖州之曲阜修宣聖墓，賜其家子孫粟帛，仍給守視十人。

金國之初，大軍至曲阜，方發宣聖陵，粘罕聞之，問高慶裔曰：「孔子何

人？」對曰：「古之大聖人。」曰：「大聖人墓豈可發邪？」皆殺之。故闕里得全。世宗時，南北無事之久，其崇文興化宜矣。

大定二十二年時宋淳熙九年也。三月，詔恤民，畧曰：「皇祖有訓，非繼體敢忘，聖人無心，惟百姓是念。朕丕承洪緒，二紀于兹，祇遹先猷，百爲不遠。永言治理，務在恤民。萬方有罪，罪在朕躬，所以當饋，興憂夕惕載懷者也。今天下粗安，海内無事，可使人分巡風俗，申達寃枉，孝悌力田，給以優復，鰥寡孤獨，時加賑濟。其有蠹民害政之事，一切罷行。

七月，集諸軍講武于宛平，第賞有差。

大定二十三年。時宋淳熙十年也。

大定二十四年。時宋淳熙十一年也。

大定二十五年時宋淳熙十二年也。

長白山在冷山東南千餘里，蓋白衣觀音所居。其山禽獸皆白。黑水發源于此，舊名粟末河，契丹太宗破晉，改名混同江。

是月，雨土。

三月，鄭、蔡、潁等州大水，命賑恤之。

七月，以隆暑，詔州縣決繫囚。

大定二十六年時宋淳熙十三年也。二月，詔曰：「曩者邊埸多事，南方未賓，致令孔廟頹落，禮典陵遲，女巫雜(類)〔覡〕淫進非禮。自今有祭孔廟制，用酒脯而已，犯者以違制論。」

夏，河東大水，蝦蟇鳴于樹上。

是歲，東夷十一國朝貢。

大定二十七年時宋淳熙十四年也。正月，元夕張燈，琉璃珠瓔，翠羽飛仙之類不一，至有一燈金珠爲飾者。都人男女盛飾觀玩，至十八日而罷。

大金之初，皆不曉元夕張燈。己酉歲，有南僧被掠至其闕，遇上元，以長竿引燈毬，表而出之，以爲戲。太宗見之，大駭，問左右曰：「得非星邪？」左右以實對。時有南人謀變，事泄而誅，故太宗疑之曰：「是人欲嘯聚爲亂，(刻)〔尅〕日時立(以)此〔以〕爲信耳。」命殺之。後數年至燕，頗識之，至今遂盛。

四月，皇太子允恭薨，詔立原王璟爲太孫。允恭二子：長曰豐王珣，次曰原王璟，璟嫡孫也。

大定二十八年時宋淳熙十五年也。七月，京兆府路總管术木石魯達以卧沙羊入獻。

關西羊出同州沙苑，大角虬上盤至耳，最佳者爲卧沙細(筋)〔肋〕，石魯達所貢即此羊也。

十月，宋太上皇帝崩，廟號高宗，遣司農少卿(邢)〔韋〕璞來，爲告哀使。至汴京，國中錫宴，欲用樂，璞持不可。自朝至夜漏下三十刻，璞持議益堅，國中不能奪，竟撤樂，〔即坐〕，忽遽而罷。至燕京，其閤門又令南使服吉帶入見，璞又持不可。日將(出)〔中〕，見殿上皆淺黄帷幄，乃知帝本無他意也。

大定二十九年，時宋淳熙十六年也。是冬，宋以中書舍人鄭僑充賀正旦使，閤門張時修副之。以歲暮抵燕，時帝病已篤，傳旨：「使人免朝見，令就東(土)〔上〕閤門進書」。僑與時修力争，以爲東上閤門者乃臣寮進獻表章之地，本朝皇帝國書豈當于此投進？往復争辯，至漏下十數刻，乃令且就館相待。至元日晚，忽傳帝命：「以使人欲面進書，今已過期，可遣還。」明日，帝崩，實大定二十九年餘二日也。

太子允恭早卒，立皇太孫璟，追謚雍爲世宗，允恭爲顯宗。

世宗寬仁愛人，雅有大度。歷(視)〔事〕兩朝，親見干戈之荼毒，崎嶇日久，心頗厭之。中原百姓不堪海陵之虐，而大名王友直之徒相繼並起，以興宋爲辭。遼東、渤海之衆，服其賢厚，而正隆渡江之鋭，竟挫于謳歌之化。適南北未定，猶有交争，和好既成，迄三十年無寸兵尺鐵之用。嘗遇饑年，每命所在官司，開倉賑恤。諸國來朝，有見其强盛而致疑者，終不肯加曖昧之誅，是致户口殷繁充實，北人謂〔之〕「小堯舜」云。

是年二月，宋孝宗禪位于皇太子，是爲光宗，自稱太上皇，移居重華宫。

雜録

備論

《金史》卷八《世宗紀下》 贊曰：世宗之立，雖由勸進，然天命人心之所歸，雖古聖賢之君，亦不能辭也。蓋自太祖以來，海内用兵，寧歲無幾。重以海陵無

道，賦役繁興，盜賊滿野，兵甲並起，萬姓盻盻，國内騷然，老無留養之丁，幼無顧復之愛，顛危愁困，待盡朝夕。世宗久典外郡，明禍亂之故，知吏治之得失。即位五載，而南北講好，與民休息。於是躬節儉，崇孝弟，信賞罰，重農桑，慎守令之選，嚴廉察之責，却任得敬分國之請，拒趙位寵郡縣之獻，孳孳爲治，夜以繼日，可謂得爲君之道矣。當此之時，羣臣守職，上下相安，家給人足，倉廩有餘，刑部歲斷死罪，或十七人，或二十人，號稱「小堯舜」，此其效驗也。然舉賢之急，求言之切，不絶于訓辭，而羣臣偷安苟禄，不能將順其美，以底大順，惜哉。

紇石烈志寧部

綜述

《金史》卷八七《紇石烈志寧傳》　紇石烈志寧本名撒易輦，上京胡塔安人。自五代祖太尉韓赤以來，與國家世爲甥舅。父撒八，海陵時賜名懷忠，爲泰州路顔河世襲謀克，轉猛安，嘗爲東平尹、開遠軍節度使。

志寧沉毅有大略，娶梁王宗弼女永安縣主，宗弼於諸壻中，最愛之。皇統間，爲護衛。海陵以爲右宣徽使，出爲汾陽軍節度使，入爲兵部尚書，改左宣徽使、都點檢，遷樞密副使，開封尹。

契丹撒八反，樞密使僕散忽土、北京留守蕭賾、西京留守蕭懷忠皆以征討無功，坐誅。於是，志寧爲北面副統，與都統白彦敬，以北京、臨潢、泰州三路軍討之。志寧至北京，而海陵伐宋已渡淮。彦敬、志寧聞世宗有異志，乃陰結會寧尹完顔蒲速賚、利涉軍節度使獨吉義，將攻之。而世宗已即位，使石抹移迭、移剌曷補來招，彦敬、志寧殺其使者九人。世宗使完顔謀衍來伐，衆不肯戰，乃與彦敬俱降。世宗問曰：「正隆暴虐，人望既絶，朕以太祖之孫即大位。汝殺我使者，又不能爲正隆死節，恐爲人所圖，然後來降。朕今殺汝等，將何辭？」彦敬未有以對，志寧前奏曰：「臣等受正隆厚恩，所以不降，罪當萬死。」上曰：「汝輩初心亦可謂忠於所事，自今事朕，宜勉忠節。」

世宗使扎八招窩斡，扎八乃勸之，遂稱帝。世宗使右副元帥完顔謀衍征之，志寧以臨海節度使，都統右翼軍。窩斡敗于長濼，西走，志寧追及于霿𩅾河。賊已先渡，依岸爲陣，毁橋岸以爲阻。志寧與賊夾河，爲疑兵，與萬户夾谷清臣、徒單海羅於下流涉渡。已渡，前有支港岸斗絶，其中泥濘，乃束柳填藉，士卒畢濟。行數里，得平地，將士方食，賊奄至。賊據南岡，三馳下志寧陣。陣堅，力戰，流矢中左臂，戰自若。賊據上風縱火，乘煙勢馳擊。志寧步軍繼至，轉戰十餘合，火益熾，風煙突人不可當。會雨作，風煙乃熄，遂奮擊，大破之。於是，元帥謀衍、右監軍福壽不急擊賊，久無功，右丞僕散忠義請自討賊，而志寧擊賊有功，上以忠義代謀衍，志寧代福壽，封定國公，使蒲察通至軍中宣諭之。賊略懿州界，陷靈山、同昌、惠和三縣，睥睨北京。會土河水漲，賊不得渡，乃西趨三韓縣。志寧方追躡之，元帥忠義與賊遇于花道，軍頗失利，賊見志寧踵其後，不敢乘勝，遂西走。是時，大軍馬瘦弱，不堪追襲，諸將欲止軍勿追。志寧獲賊候人，知賊自選精鋭，與老小輜重分道，期山後會集，可擊其輜重。忠義以爲然，遂過移馬嶺，進及裊嶺西陷泉。賊見左翼據南岡爲陣，不敢犯。右翼萬户烏延查剌擊賊少却，志寧與夾谷清臣等擊之，賊衆大敗，涉水走。窩斡母徐輦舉營由落括岡西去，志寧追及之，盡獲其輜重，俘五萬餘人，雜畜不可勝計。僞節度使六，及其部族皆降。窩斡走奚中，至七渡河，志寧復敗之。賊過渾嶺，入于奚中。志寧獲賊將稍合住，釋弗殺，許以官賞，縱之歸，約以捕窩斡自効。稍合住既去，見窩斡祕不言見獲事，乃反間奚人于窩斡曰：「陷泉失利，奚人有貳志，不可不察。」當是時，窩斡屢敗，其下亦各有心，稍合住乃與賊帥神獨斡執窩斡，詣右都監完顔思敬降。志寧與萬户清臣、宗寧、速哥等，追捕餘黨至燕子城，盡得所畜善馬，因至抹拔里達之地，悉獲之。逆黨既平，入朝爲左副元帥，賜以玉帶。

經略宋事，駐軍睢陽，都元帥忠義居南京，節制諸軍。宋將黄觀察據蔡州，楊思據潁昌。志寧使完顔王祥復取蔡州，黄觀察遁去。完顔襄攻潁州，拔之，獲楊思。乃移牒宋樞密使張浚，使依皇統以來舊式，浚復書曰：「謹遣使者至麾下議之。」是時，宋得窩斡黨人括里、扎八，用其謀攻靈璧、虹縣，都統奚撻不也叛入于宋，遂陷宿州。括里等謀曰：「北人恃騎射，戰勝攻取。今夏月久雨，膠解，弓不可用。」故李世輔與之來攻宿州。歸德尹术甲撒速、宿州防禦使烏林荅剌撒、萬户温迪罕速可、裴滿婁室，不守約束，不肯堅壁俟大軍，輒出與戰，由是軍敗，城陷。剌撒嘗遣人入宋界貿易，交通李世輔，受其賂遺，久之，事覺，伏誅。謀克賽一坐故知不舉，除名。撻不也母斡里懶，緣坐當死，上曰：「撻不也背國棄母，殺之何益？朕閔其老」，遂原其死。詔撒速、剌撒、速可、婁室各杖有差，撒速、剌撒仍解職。世輔自以爲得志，日與括里、扎八置酒高會。志寧以精兵萬人，發自睢陽，趨宿州，中使來督軍，志寧附奏曰：「此役不煩聖慮，臣但恐世輔遁去耳。」世輔聞志寧軍止萬人，甚易之，曰：「當令十人執一人也。」括里等問候人所見上將旗幟，知是志寧，謂世輔曰：「此撒合輦監軍也，軍至萬人，慎毋輕之。」大定三年五月二十日，志寧將至宿州，乃令從軍盡執旗幟，駐州西爲疑兵，三猛安兵駐州南。志寧自以大軍，駐州東南，阨其歸路。世輔望見州西兵旌旗蔽野，果謂大

軍在州西，而謂東南兵少不足慮，先擊之。以十騎數萬，皆執盾，背城爲陣，外以行馬捍之。使別將將兵三千，出自東門，欲自陣後攻志寧軍，萬户蒲查擊敗之。右翼萬户夾谷清臣爲前行，撤毀行馬，短兵接戰，世輔軍亂，諸將乘之，追殺至城下。是夕，世輔盡按敗將，將斬之，其統制常吉懼而來奔，盡得城中虛實。明日，世輔悉兵出戰，騎兵居前，志寧使夾谷清臣當之。世輔別將以五六千騎爲一隊，與清臣遇，清臣踵擊之，宋將不能反旆。志寧麾諸軍力戰，世輔復大敗，走者自相蹈藉，僵尸相枕，争城門而入，門填塞，人人自阻，遂緣城而上，我軍自濠外射之，往往墮死於隍間，殺騎士萬五千，步卒三萬餘人。世輔乘夜脱走。明日，夾谷清臣、張師忠追及世輔，斬首四千餘，赴水死者不可勝計，獲甲三萬，他兵仗甚衆。上以御服金線袍、玉吐鶻賓鐵佩刀，使移剌道就軍中賜之。凡有功將士，猛安、謀克並如陝西遷賞，蒲輦進官三階，重綵三端，絹六匹，旗鼓笛手、吏人各賜錢十貫。詔志寧曰：「卿雖年少，前征契丹戰功居最，今復破大敵，朕甚嘉之。」

宋人議和不能決，都元帥僕散忠義移軍泰和，志寧移軍臨涣，遂渡淮，徒單克寧取盱眙，濠、廬、和、滁等州。宋人懼，乃決意請和，使者六七往反，議遂定，宋世爲姪國，約歲幣二十萬兩、匹，魏杞奉誓書入見，復通好。志寧還軍睢陽，上以御服、玉佩刀、通犀御帶賜之。詔曰：「靈璧、虹縣、宿州兵士死者，朕實閔焉。宜歸葬鄉里，官爲齋送，人賻錢三十貫。」鳳翔尹孛术魯定方以下猛安謀克，官爲致祭。定方賻銀五百兩、重綵二十端，猛安三百貫，謀克二百貫，蒲里衍一百貫，權猛安二百貫，權謀克一百五十貫，權蒲里衍七十貫。

五年三月，忠義朝京師，志寧駐軍南京。五月，志寧召至京師，拜平章政事，左副元帥如故。志寧復還軍，賜玉束帶，上曰：「卿壯年能立功如此，朕甚嘉之。南服雖定，日月尚淺，須卿一往規畫。」六年二月，志寧還京師，拜樞密使。七年十一月八日，皇太子生日，宴羣臣於東宫，志寧奉觴上壽，上悦，顧謂太子曰：「天下無事，吾父子今日相樂，皆此人力也。」使太子取御前玉大杓酌酒，上手飲志寧，即以玉杓及黄金五百兩賜之。以第十四女卜嫁志寧子諸神奴，八年十月，進幣，宴百官于慶和殿。皇女以婦禮謁見，志寧夫婦坐而受之，歡飲終日，夜久乃罷。九年，拜右丞相。十一年，代宗敍北征。既還，遣使者迎勞，賜以弓矢、玉吐鶻。入見，上慰勞良久。是日，封廣平郡王，復遣使就第慰勞之。皇太子生日，宴羣臣於東宫，以玉帶賜志寧，上曰：「此梁王宗弼所服者，故以賜卿。」郊祀覃恩，從征護衛，皆有賜，進封金源郡王。

十二年，志寧有疾，中使看問，日三四輩，疾亟，賜金丹三十粒，詔曰：「此丹未嘗以賜人也。」使者至，志寧已不能言，但稽首而已。是歲，薨。上輟朝，臨其喪，行哭而入，哀動左右。將葬，上致祭，見陳甲柩前，復慟哭之。賻銀千五百兩、重綵五十端，絹五百匹，葬事祠堂，皆從官給，謚武定。十五年，圖像衍慶宮。

志寧妻永安縣主妬甚，嘗殺孕妾，及志寧薨後，諸神奴兄弟皆病亡，世宗甚惜之，遣使諭永安縣主曰：「丞相有大功三，先朝舊臣，惟秦、宋二王功大，餘不及也。今養其孽子，當如親子視之。」二十二年，上問宰臣：「僕散忠義、紇石烈志寧孰愈？」尚書左丞襄奏曰：「忠義兵權精緻，此其所長也。」上曰：「不然。志寧臨敵，身先士卒，勇敢之氣自太師梁王未有如此人者也。」明昌五年，配享世宗廟廷。

雜録

備論

《金史》卷八七《紇石烈志寧傳》 贊曰：大定之初，兵連於江、淮，難作於契丹，謀衍挾功，窩斡横噬，有弗戢之畏焉。【略】紇石烈志寧有言，「受詔征伐，則不敢辭，爲宰相則誠不能」。如知爲相之難，固所謂賢也。

僕散忠義部

綜述

《金史》卷八七《僕散忠義傳》 僕散忠義本名烏者，上京拔盧古河人，宣獻皇后姪，元妃之兄也。高祖斡魯補。曾祖班覩。祖胡闌。父背魯，國初世襲謀克，婆速路統軍使，致仕。

忠義魁偉，長髯，喜談兵，有大略。年十六，領本謀克兵，從宗輔定陝西，行間射中宋大將，宋兵遂潰，由是知名。帥府録其功，承制署爲謀克。宗弼再取河南，表薦忠義爲猛安。攻冀州先登，攻大名府以本部兵力戰，破其軍十餘萬，賞以奴婢、馬牛、金銀、重綵。從宗弼渡淮攻壽、盧等州，宗弼稱之曰：「此子勇略過人，將帥之器也。」賞馬五匹、牛一百五十頭、羊五百口，領親軍萬户，超寧遠大將軍，承其父世襲謀克。

皇統四年，除博州防禦使，公餘學女直字，及古算法，閲月，盡能通之。在郡不事田獵、燕游，以職業爲務，郡中翕然稱治。忽一夕陰晦，囚徒謀爲反獄，倉猝間，將校皆惶駭失措，忠義從容，但使守更吏撾鼓鳴角，囚徒以爲天且曉，不敢出，自就桎梏。及考，郡民詣闕願留，詔從之。八年，改同知真定尹，兼河北西路兵馬都總管，遷西北路招討使，入爲兵部尚書。

僕散忽土嘗與海陵篡立，恃勢陵傲同列，忠義因會飲衆辱之，海陵不悦，出爲震武軍節度使。火山賊李鐵槍乘暑來攻，忠義單衣從一騎迎擊之，射殺數人，賊乃退。改臨洮尹，兼熙秦路兵馬都總管。海陵召至京師謂之曰：「洮河地接吐蕃、木波，異時剽害良民，州縣不能制。汝宿將，故以命汝。」賜條服、玉具、佩刀。閲再考，徙平陽尹，再徙濟南尹。以本官爲漢南路行營副統制，伐宋，克通化軍。

世宗立，海陵死揚州，罷兵入朝京師，拜尚書右丞。移剌窩斡僭號，兵久不決。右副元帥完顔謀衍既敗之于霧霿河，乃擁衆，貪鹵掠，不追討，而縱其子斜哥暴横軍中，士卒不用命。賊得水草善地，官軍踵其遺餘，水草乏，馬益弱，賊軼出山西，久無功。忠義請曰：「契丹小寇，不時殄滅，致煩聖慮。臣聞主憂臣辱，願効死力除之。」世宗大悦。即召還謀衍，勒歸斜哥本貫。拜忠義平章政事，兼右副元帥，封榮國公，賜以御府貂裘、賓鐵吐鶻弓矢大刀、具裝對馬及安山鐵甲、金牌，詔曰：「軍中將士有犯，連職之外並以軍法從事，有功者依格遷賞。」詔諸將士曰：「兵久駐邊陲，蠹費財用，百姓不得休息。今以右丞忠義爲平章政事、右副元帥，宜同心戮力，無或弛慢。」

忠義至軍，賊陷靈山、同昌、惠和等縣，陣而西行。忠義追之，及于花道，宗亨爲左翼，宗敍爲右翼，與賊夾河而陣。賊渡河，先攻左翼，偏敗，右翼救之，賊引去。窩斡乃以精鋭自隨，以羸兵護其母妻輜重由別道西走，期於山後會集。追復及于裊嶺西陷泉。與賊遇，時昏霧四塞，跬步莫覩物色，忠義禱曰：「狂寇肆暴，殺戮無辜，天不助惡，當爲開霽。」奠已，昏霧廓然。及戰，忠義左據南岡，爲偃月陣，右迤而北，大敗之，獲其弟裊，俘生口三十萬，獲雜畜十餘萬，車帳金珍以鉅萬計，悉分諸軍。賊走趨奚地，遣將追躡，至七渡河，又敗之。既踰渾嶺，復進軍襲之，望風奔潰，遁入奚中，降者相屬於路。詔忠義曰：「卿材能素著，果能大破賊衆，朕甚嘉之。今遣勞卿，如朕親往。賜卿御衣、及骨睹犀具佩刀、通犀帶等。就以俘獲，均散軍士。」窩斡既敗，遂入于奚中。高忠建敗奚于栲栳山，移剌道取抹白諸奚之家，抹白奚乃降，窩斡勢益弱。紇石烈志寧獲賊將稍合住，縱之使歸，約以捕窩斡自贖，仍許以官賞。稍合住與其黨，執窩斡詣完顔思敬降。契丹平。忠義朝京師，拜尚書右丞相，改封沂國公，以玉帶賜之。

自海陵遇弑，大軍北還，而窩斡鴟張，命將徂征。及窩斡敗，其黨括里、扎八奔入于宋，宋人用其謀，侵掠邊鄙，攻取泗、壽、唐、海州。於是，宋主傳位于宗室子昚，是爲宋孝宗，雖嘗遣使來，而欲用敵國禮。世宗以紇石烈志寧經略宋事，制詔忠義以丞相總戎事，居南京節制諸將，時大定二年也。

忠義將行，陛辭，上諭之曰：「彼若歸侵疆，貢禮如故，則可罷兵。」既至南京，簡閲士卒，分屯要害，戒諸將嚴守備。使左副元帥志寧移牒宋樞密使張浚，其略曰：「可還所侵本朝内地，各守自來畫定疆界，凡事一依皇統以來舊約，帥府亦當解嚴。如必欲抗衡，請會兵相見。」宋宣撫使張浚復書志寧曰：「疆埸之一彼一此，兵家之或勝或負，何常之有，當置勿道。謹遣官僚，敬造麾下議之。」是時，已復泗、壽、鄧州，請褒其城，遷其民于宿、亳、蔡州，上曰：「三州本吾土

也，得之則已。」忠義使將士擇善水草休息，且牧馬，俟來歲取淮南。初，世宗詔諸將由泗、壽、唐鄧三道進發，宋人聞之，即自方城、葉縣以來田野皆燒夷之，使無所芻牧。忠義命唐、鄧道軍芻牧許、汝間。

三年，忠義入奏事，遂以丞相兼都元帥。無何，還軍中。忠義與宋相持日久，慮夏久雨，弓力易減，宋或乘時見攻，擇選勁弓萬張於別庫。及自汴赴闕議事，次滑州，宋將李世輔果掩取靈璧、虹縣，遂陷宿州。忠義使人還汴，發所貯勁弓給志寧軍，與宋人戰，遂大捷，竟復宿州。忠義還，以書責宋。宋同知樞密院事洪遵、計議官盧仲賢，遣使二輩持與志寧書及手狀，歸海、泗、唐、鄧州所侵地，約爲叔姪國。報書期十一月使入境，宋又使人來言，禮物未備，請俟十二月行成。忠義以其事馳奏，請定書式，且言宋書如式，則許其入界，如其不然，勢須遣還本國，復禀其主，若是往復，動經七八十日，恐誤軍馬進取。世宗以詔諭之曰：「若宋人歸疆，歲幣如昔，可免奉表稱臣，許世爲姪國。」忠義乃貽書宋人，前後凡七，宋人他託未從。忠義移大軍壓淮境，遣志寧率偏師渡淮，取盱眙、濠、廬、和、滁等州，宋人懼。而世宗意天下厭苦兵革，思與百姓休息，詔忠義度宜以行。

四年正月，忠義使右監軍宗敍入奏，將近暑月，乞俟秋涼進發。詔從之。宋使胡昉以右僕射湯思退書來，宋稱姪國，不肯加世字。忠義執昉留軍中，答其書，使使以聞。詔曰：「行人何罪，遣胡昉還國。邊事從宜措畫。」八月，詔忠義曰：「前請俟秋涼進發，今已八月，復俟何時？」先是，忠義乞增金、銀牌，上曰：「太師梁王兼數職，未嘗增也。」至是增都元帥金牌　、銀牌二十，左右副元帥金牌各一、銀牌各十，左右監軍金牌各一、銀牌各六，左右都監金牌各一、銀牌各四，三路都統府銀牌各二。乃定南界官員、百姓歸附遷賞格。

元帥府獲宋諜人符忠。忠前嘗至中都，大興府官詰問，忠執文據，及與泗州防禦判官張德亨知識，由是獲免，厚謝德亨，德亨受之。忠具款服，乃奏其事于朝，於是，大興少尹王全解職，德亨除名。和議始于張浚，中更洪遵、湯忠退，及徒單克寧敗宋魏勝于十八里莊，取楚州，世宗下詔進師，於是宋知樞密院周葵、同知樞密院事王之望書一一如約，和議始定。宋遣試禮部尚書魏杞，崇信軍、承宣使康湑，充通問國信使，取到宋主國書式，并國書副本，宋世爲姪國，約歲幣爲二十萬兩、匹，國書仍書名再拜，不稱「大」字。大定五年正月，魏杞、康湑入見，其書曰：「姪宋皇帝眘，謹再拜致書于叔大金聖明仁孝皇帝闕下。」魏杞還，復書「叔大金皇帝」不名，不書「謹再拜」，但曰「致書于姪宋皇帝」，不用尊號，不稱闕下。和好已定，罷兵，詔天下。以左副都點檢完顏仲爲報問國信使，太子詹事楊伯雄副之。

忠義奏官軍一十七萬三千三百餘人，留馬步軍一十一萬六千二百屯戍。上曰：「今已許宋講好，而屯戍尚多，可除舊軍外，選馬一萬二千，阿里喜稱是，步軍虞候司軍共選一萬五千，及簽軍一萬，與舊軍通留六萬。富强丁多者摘留，貧難者阿里喜官給，富者就用其奴。其存留馬步軍於河北東西、大名府、速頻、胡里改、會寧、咸平府、濟州、東京、曷速館等路軍內，約量揀取。其西南、西北招討司，臨潢府、泰州、北京、婆速、曷懶、山東東西路，並行放還。」詔近侍局使裴滿子寧佩金牌，護衛醜底、符寶祇候馳滿回海佩銀牌，諭諸路將帥，以宋國進到歲幣銀絹二十萬兩、匹，盡數給與見存留及放散軍充賞。曾過界者，人給絹二匹、銀二兩，不曾過界者銀二兩、絹一匹。阿里喜絹一匹。謀克倍軍人，猛安倍謀克。押軍猛安謀克年老有勞績者，量與除授。又詔曰：「其令一路全罷者，先發遣之。」賜忠義玉束帶。三月，詔曰：「如大軍已放還，丞相忠義宜先還，左副元帥志寧、右監軍宗敍留駐南京，餘官非急用者並勒還任。」

忠義朝京師，上勞之曰：「宋國請和，偃兵息民，皆卿力也。」拜左丞相，兼都元帥。大定初，事多權制，詔有司刪定，上謂宰臣曰：「凡已奏之事，朕嘗再閱，卿等毋懷懼。朕於大臣，豈有不相信者？但軍國事，不敢輕易，恐或有誤也。」忠義對曰：「臣等豈敢竊意陛下，但智力不及耳。陛下留神萬幾，天下之福也。」

大定六年正月，忠義有疾，上遣太醫診視，賜以御用藥物，中使撫問，相繼於道。二月，薨。上親臨哭之慟，輟朝奠祭，賻銀千五百兩、重綵五十端、絹五百匹。世宗將幸西京，復臨奠焉。命參知政事唐括安禮護喪事，凡葬祭從優厚，官爲給之。大宗正丞竟充勅祭使，中都轉運副使王震充勅葬使，百官送葬，具一品儀物，建大將旗鼓，送至墳域。謚武莊。

忠義動由禮義，謙以接下，敬儒士，與人極和易，侃侃如也。善御將士，能得其死力。及爲宰輔，知無不言。自漢、唐以來，外家多緣恩戚以致富貴，又多不克其終，未有兼任將相，功名始終如忠義者。十一年，詔曰：「故左丞相忠義族人，及昭德皇后親族，人材可用者，左副點檢烏古論元忠體察以聞。」二十一年，上思忠義功，勒銘墓碑。泰和元年，圖像衍慶宮，配享世宗廟廷。子揆，別有傳。

雜録

備論

《金史》卷八七《僕散忠義傳》 贊曰：大定之初，兵連於江、淮，難作於契丹，謀衍挾功，窩斡横噬，有弗戢之畏焉。世宗獨斷，召還謀衍，僕散忠義受任責成矣。故曰，「兵主於將，將賢則士勇」，其此之謂邪。

金章宗部

綜述

《金史》卷九《章宗紀一》 章宗憲天光運仁文義武神聖英孝皇帝，諱璟，小字麻達葛，顯宗嫡子也。母曰孝懿皇后徒單氏。大定八年，世宗幸金蓮川，秋七月丙戌，次冰井，上生。翌日，世宗幸東宮，宴飲歡甚，語顯宗曰：「祖宗積慶而有今日，社稷之福也。」又謂司徒李石、樞密使紇石烈志寧等曰：「朕子雖多，皇后止有太子一人。幸見嫡孫又生於麻達葛山，朕嘗喜其地衍而氣清，其以山名之。」羣臣皆稱萬歲。

十八年，封金源郡王。始習本朝語言小字，及漢字經書，以進士完顔匡、司經徐孝美等侍讀。

二十四年，世宗東巡，顯宗守國，上奉表詣上京問安，仍請車駕還都，世宗嘉其意，賜勅書答諭。

二十五年三月，萬春節，復奉表朝賀。六月，顯宗崩，世宗遣滕王府長史臺、御院通進睿來護視。十二月，進封原王，判大興府事。入以國語謝，世宗喜，且爲之感動，謂宰臣曰：「朕嘗命諸王習本朝語，惟原王語甚習，朕甚嘉之。」諭旨曰：「朕固知汝年幼，服制中未可付以職，然政事亦須學，京輦之任，姑試爾才，其勉之。」

二十六年四月，詔賜名璟。五月，拜尚書右丞相。世宗謂曰：「宮中有《輿地圖》，觀之可以具知天下遠近阨塞。」又謂宰臣曰：「朕所以置原王於近輔者，欲令親見朝廷議論，習知政事之體故也。」十一月，詔立爲皇太孫，稱謝於慶和殿。世宗諭之曰：「爾年尚幼，以明德皇后嫡孫惟汝一人，試之以事，甚有可學之資。朕從正立汝爲皇太孫，建立在朕，保守在汝，宜行正養德，勿近邪佞，事朕必盡忠孝，無失衆望，則惟汝嘉。」

二十七年三月，世宗御大安殿，授皇太孫册，赦中外。丁巳，謁謝太廟及山陵。始受百官牋賀。

二十八年十二月乙亥，世宗不豫，詔攝政，聽授五品以下官。丁亥，受「攝政之寶」。

二十九年春正月癸巳，世宗崩，即皇帝位于柩前。丙申，詔中外。賜內外官覃恩兩重，三品已上者一重，免今歲租稅，并自來懸欠係官等錢，鰥寡孤獨人絹一匹、米兩石。己亥，遷大行皇帝梓宮于大安殿。癸卯，以皇太后命爲令旨。甲辰，以大理卿王元德等報哀于宋、高麗、夏。丁巳，參知政事宗浩罷。山東統軍裔以私過都城不赴哭臨，笞五十，降授彰化軍節度使。戊午，名皇太后宮曰仁壽，設衛尉等官。

二月，癸亥，始聽政。追尊皇考爲皇帝，尊母爲皇太后。甲子，命學士院進呈漢、唐便民事，及當今急務。勅登聞鼓院所以達寃枉，舊嘗鎖户，其令開之。戊辰，更仁壽宮名隆慶。詔宮籍監户舊係睿宗及大行皇帝、皇考之奴婢者，悉放爲良。己巳，勅御史臺，自今監察令本臺辟舉，任内不稱職亦從奏罷。丁丑，增定百官俸。乙酉，詔有司稽考典故，許引用宋事。是月，宋主內禪，子惇嗣立。

三月壬辰，朝于隆慶宮，是月凡五朝。己酉，詔以生辰爲天壽節。癸丑，夏國遣使來弔。

夏四月己巳，夏國遣使來祭。辛未，宋遣使來弔祭。乙酉，葬世宗光天興運文德武功聖明仁孝皇帝於興陵。戊子，朝于隆慶宮。

五月壬寅，宋主遣使來報嗣位。夏國遣使來賀即位。丙午，以祔廟禮成，大赦。庚戌，詔罷送宣錢，今後諸護衛考滿賜官錢二千貫。壬子，勅收録功臣子孫，量材於局分承應。戊午，朝于隆慶宮。以東北路招討使溫迪罕速可等爲賀宋主即位使。河溢曹州。

閏月庚申朔，封兄珣爲豐王，琮鄆王，瓌瀛王，從彝沂王，弟從憲壽王，玠溫王。辛酉，制諸飢民賣身已贖放爲良，復與奴生男女，並聽爲良。丙寅，觀稼于近郊。庚午，以樞密副使唐括貢爲御史大夫。壬申，封乳母孫氏蕭國夫人，姚氏莘國夫人。丙子，進封趙王永中漢王，曹王永功冀王，豳王永成吳王，虞王永升隨王，徐王永蹈衛王，滕王永濟潞王，薛王永德瀋王。庚辰，宋遣使來賀即位。癸未，朝于隆慶宮。詔學士院，自今誥詞並用四六。乙酉，詔諸有出身承應人，係將來受親民之職，可命所屬諭使爲學。其護衛、符寶、奉御、奉職，侍直近密，當選有德行學問之人爲之教授。

六月己丑朔，有司言：「律科舉人止知讀律，不知教化之原，必使通治《論

語》、《孟子》，涵養器度。遇府、會試，委經義試官出題別試，與本科通定去留爲宜。」從之。詔有司，請親王到任各給錢二十萬。辛卯，修起居注完顏烏者、同知登聞檢院孫鐸皆上書諫罷圍獵，上納其言。拾遺馬升上《儉德箴》。乙未，初置提刑司，分按九路，並兼勸農採訪事，屯田、鎮防諸軍皆屬焉。丁酉，幸慶壽寺。作瀘溝石橋。己亥，朝于隆慶宮。甲辰，罷送赦禮物錢。朝于隆慶宮。乙卯，高麗國王晧遣使來弔祭及會葬。勑有司移報宋、高麗、夏，天壽節於九月一日來賀。丁巳，命提刑官除後於便殿聽旨，每十月使副內一員入見議事，如止一員則令判官入見，其判官所掌煩劇可升同隨朝職任。

秋七月辛酉，減民地稅十之一，河東南、北路十之二，下田十之三。甲子，朝于隆慶宮。乙丑，勑近侍官授外任三品、四品，賜金帶一，重幣有差。丁卯，以太尉、尚書令東平郡王徒單克寧爲太傅，改封金源郡王。辛未，高麗遣使來賀即位。甲戌，奉皇太后幸壽安宮。辛巳，詔京、府、節鎮、防禦州設學養士。初設經童科。御史大夫唐括貢罷。禮部尚書移剌履爲參知政事。以刑部尚書完顏守貞等爲賀宋生日使。

八月戊子朔，奉皇太后幸壽安宮。辛卯，勑有司，京、府、州、鎮設學校處，其長貳幕職內各以進士官提控其事，仍具入銜。壬辰，初定品官子孫試補令史格，及提刑司所掌三十二條。左司諫郭安民上疏論三事：曰崇節儉，去嗜欲，廣學問。丁酉，如大房山。戊戌，謁奠諸陵。己亥，還都。庚子，朝于隆慶宮，是月凡三朝。壬寅，制提刑司設女直、契丹、漢兒知法各一人。甲辰，參知政事劉瑋罷。丙辰，宋、高麗、夏遣使來賀天壽節。

九月戊午朔，天壽節，以世宗喪，不受朝。庚申，詔增守山陵爲二十丁，給地十頃。壬戌，詔罷告捕亂言人賞。甲子，制諸盜賊聚集至十人，或騎五人以上，所屬移捕盜官捕之，仍遞言省部，三十人以上聞奏，違者杖百。是日，朝于隆慶宮，是月凡四朝。丁卯，制强族大姓不得與所屬官吏交往，違者有罪。戊辰，以隆慶宮衛尉把思忠爲夏國生日使。庚午，以尚輦局使崇德爲橫賜高麗使。丙子，獵于近郊。戊寅，監察御史焦旭劾奏太傅克寧、右丞相襄不應請車駕田獵，上曰：「此小事，不須治之。」乙酉，如大房山。

冬十月丁亥朔，謁奠諸陵。己丑，還都。庚寅，朝于隆慶宮，是月凡四朝。辛卯，上顧謂宰臣曰「翰林闕人」，平章政事汝霖對曰：「鳳翔治中郝俣可。」汝霖諫止田獵，詔答曰：「卿能每事如此，朕復何憂。然時異事殊，得中爲當。」丙申，冬獵。己亥，次羅山。庚子，次玉田。辛丑，沁州、丹州進嘉禾。丁未，次寶坻。庚戌，中侍石抹阿古誤帶刀入禁門，罪應死，詔杖八十。癸丑，至自寶坻。

十一月己未，朝于隆慶宮。辛酉，以右宣徽院使裴滿餘慶等爲賀宋正旦使。癸亥，上謂宰臣曰：「今之用人，太拘資歷。循資之法，起於唐代，如此何以得人？」平章政事汝霖對曰：「不拘資格，所以待非常之材。」上曰：「崔祐甫爲相，未踰年薦八百人，豈皆非常之材歟？」甲子，諭尚書省曰：「太傅年高，每趨朝而又赴省，恐不易。自今旬休外，四日一居休，庶得調攝。常事他相理問，惟大事白之可也。」戊辰，諭尚書省，自今五品以上官各舉所知，歲限所舉之數，如不舉者坐以蔽賢之罪。仍依唐制，內五品以上官到任即舉自代，並從提刑司採訪之。己巳，初制轉遞文字法。壬申，朝于隆慶宮。乙亥，命參知政事移剌履提控刊修《遼史》。丁丑，以西上閤門使移剌郕爲高麗生日使。御史臺奏：「故事，臺官不得與人相見。蓋爲親王、宰執、形勢之家，恐有私徇。然無以訪知民間利病、官吏善惡。」詔自今許與四品以下官相見，三品以上如故。辛巳，詔有司，今後諸處或有饑饉，令總管、節度使或提刑司先行賑貸或賑濟，然後言上。

十二月丙戌朔，朝于隆慶宮，是月凡五朝。詔罷鑄錢。丁亥，密州進白雉。壬辰，諭有司，女直人及百姓不得用網捕野物，及不得放鶻鷹枉害物命，亦恐女直人廢射也。戊戌，復置北京、遼東鹽使司，仍罷西京、解鹽巡捕使。以河東南、北路提刑司言，賑寧化、保德、嵐州饑，其流移復業，給復一年。是日，禁宮中上直官及承應人毋得飲酒。乙巳，祭奠興陵。壬子，諭臺臣曰：「提刑司所舉劾多小過，行則失大體，不行則恐有所沮，其以此意諭之。」甲寅，宋、高麗、夏遣使來賀正旦。是冬，無雪。

明昌元年春正月丙辰朔，改元。以世宗喪，不受朝賀。上朝于隆慶宮，是月凡四朝。丁巳，制諸王任外路者許游獵五日，過此禁之，仍令戒約人從，毋擾民。辛酉，諭尚書省，宰執所以總持國家，不得受人餽遺。或遇生辰，受所獻毋過萬錢。若總大功以上親，及二品以上官，不禁。壬戌，以知河中府事王蔚爲尚書右丞，刑部尚書完顏守貞爲參知政事。甲子，如大房山。乙丑，奠謁興陵、裕陵。丙寅，還都。戊辰，制禁自披剃爲僧道者。勑外路求世宗御書。辛未，如近畿春水。己卯，如春水。

二月丙申，遣諭諸王，凡出獵毋越本境。壬寅，諭有司，寒食給假五日，著于令。甲辰，至自春水。朝于隆慶宮，是月凡四朝。甲寅，如大房山。

三月乙卯朔，謁奠興陵。丙辰，還都。朝于隆慶宫，是月凡六朝。己未，勅點檢司，諸試護衛人須身形及格，若功臣子孫善射出衆，雖不及格，亦令入見。癸亥，禮官言：「民或一産三男，内有才行可用者可令察舉，量材敍用。其驅婢所生，舊制官給錢百貫，以資乳哺，尚書省請更給錢四十貫，贖以爲良。」制可。丙寅，有司言：「舊制，朝官六品以下從人輸庸者聽，五品以上不許輸庸，恐傷禮體。其有官職俱至三品、年六十以上致仕者，人力給半，乞不分内外，願令輸庸者聽。」從之。己巳，擊毬於西苑，百僚會觀。癸酉，詔内外五品以上，歲舉廉能官一員，不舉者坐蔽賢罪。乙亥，初設應制及宏詞科。丁丑，制内外官并諸局承應人，遇祖父母、父母忌日並給假一日。辛巳，詔修曲阜孔子廟學。壬午，如壽安宫。

夏四月甲申朔，朝于隆慶宫，是月凡四朝。戊戌，如壽安宫。

五月，不雨。乙卯，祈于北郊及太廟。朝于隆慶宫，是月凡三朝。丙辰，以鷹坊使移剌寧爲横賜夏國使。戊午，拜天于西苑。射柳、擊毬，縱百姓觀。壬戌，祈雨于社稷。甲子，制省元及四舉終場人許試恩。己巳，復祈雨于太廟。庚午，置知登聞鼓院事一人。丙子，以祈雨，望祭嶽鎮海瀆于北郊。戊寅，命内外官五品以上，任内舉所知才能官一員以自代。壬午，以參知政事移剌履爲尚書右丞，御史中丞徒單鎰爲參知政事，尚書右丞相襄罷。

六月己丑，制定親王家人有犯，其長史府掾失覺察，故縱罪。壬辰，奉皇太后幸慶壽寺。甲辰，勅僧、道三年一試。

秋七月己巳，以禮部尚書王翛等爲賀宋生日使。庚午，朝于隆慶宫。丁丑，詔罷西北路蝦蟆山市場。

八月癸未朔，禁指託親王、公主奴隸占綱船，侵商旅及妄徵錢債。乙酉，詔設常平倉。丁亥，至自壽安宫。戊子，朝于隆慶宫，是月凡三朝。己丑，以判大睦親府事宗寧爲平章政事。壬辰，幸玉泉山，即日還宫。癸巳，罷諸府鎮流泉務。選才幹之官爲諸州刺史，皆召見諭戒之。戊戌，上諭宰臣曰：「何以使民棄末而務本，以廣儲蓄？」令集百官議。户部尚書鄧儼等曰：「今風俗侈靡，宜定制度，辨上下，使服用居室，各有差等。抑昏喪過度之禮，禁追逐無名之費。用度有節，蓄積自廣矣。」右丞履、參知政事守貞、鎰曰：「凡人之情，見美則願，若不節以制度，將見奢侈無極，費用過多，民之貧乏，殆由此致。方今承平之際，正宜講究此事，爲經久法。」上是履議。壬寅，勅麻吉以皇家袒免之親，特收充尚書省祗候郎君，仍爲永制。丁未，獵于近郊。己酉，宋、高麗、夏遣使來賀天壽節。

九月壬子朔，天壽節，以世宗喪，不受朝。丙辰，以廉能進擢北海縣令張翱等十八人官。己未，以武衛軍副都指揮使烏林荅謀甲爲夏國生日使。庚申，朝于隆慶宫。壬戌，如秋山。

冬十月丁亥，至自秋山。戊子，朝于隆慶宫。丙申，詔賜貴德州孝子翟異、遂州節婦張氏各絹十匹、粟二十石。戊戌，以有司言，登聞鼓院同記注院，勿有所隸。制民庶聘財爲三等，上百貫，次五十貫，次二十貫。丁未，獵于近郊。

十一月乙卯，朝于隆慶宫，是月凡五朝。以惑衆亂民，禁罷全真及五行毗盧。以僉書樞密院事把德固等爲賀宋正旦使。丁巳，制諸職官讓廕兄弟子姪者，從其所請。戊辰，召禮部尚書王翛、諫議大夫張暐詣殿門，諭之曰：「朝廷可行之事，汝諫官、禮官即當辯析。小民之言，有可採者朕尚從之，況卿等乎。自今所議毋但附合於尚書省。」辛未，以西上閤門使移剌撻不也爲高麗生日使。丙子，冬獵。己卯，次雄州。判真定府事吴王永成、判定武軍節度使隋王永升來朝。

十二月壬午，免獵地今年税。丁亥，次饒陽。己丑，平章政事張汝霖薨。丁酉，至自饒陽。甲辰，幸太傅徒單克寧第視疾。以克寧爲太師、尚書令，封淄王，賜銀千五百兩，絹二千匹。乙巳，朝于隆慶宫。丙午，詔有司，正旦可先賀隆慶宫，然後進酒。丁未，宋、高麗、夏遣使來賀正旦。

二年春正月庚戌朔，以世宗喪，不受朝。癸丑，諭有司，夏國使可令館内貿易一日。尚書省言，故事許貿易三日，從之。甲寅，始許宫中稱聖主。乙卯，皇太后不豫，自是日往侍疾，丙夜乃還。辛酉，皇太后崩。丙寅，以左副都點檢等報哀于宋、高麗、夏。庚午，太師、尚書令淄王徒單克寧薨。甲戌，百官表請聽政，不許。戊寅，詔賜陁括里部羊三萬口、重幣五百端、絹二千匹，以振其乏。吴王永成、隋王永升以聞國喪奔赴失期，罰其俸一月，其長史笞五十。己卯，有司言，漢王永中以疾失期，上諭使回。

二月壬午，百官復請聽政，不許。壬辰，上始視朝。勅親王及三品官之家，毋許僧尼道士出入。諭有司，進士程文但合格者即取之，毋限人數。丙申，以樞密副使夾谷清臣爲尚書左丞。戊戌，更定奴誘良人法。丙午，初設王傅府尉官。

三月丁巳，夏國遣使來弔。癸亥，勅有司，國號犯漢、遼、唐、宋等名不得封臣下。有司議，以遼爲恒，宋爲汴，秦爲鎬，晉爲并，漢爲益，梁爲邵，齊爲彭，殷

爲譙，唐爲絳，吴爲鄂，蜀爲夔，陳爲宛，隋爲涇，虞爲澤。制可。丁卯，夏國遣使來祭。乙亥，高麗遣使來弔祭。丁丑，宋遣使來弔祭。

四月戊寅朔，尚書省言：「齊民與屯田户往往不睦，若令遞相婚姻，實國家長久安寧之計。」從之。乙酉，葬孝懿皇太后于裕陵。戊子，制諸部内災傷，主司應言而不言及妄言者杖七十，檢視不以實者罪如之，因而有傷人命者以違制論，致枉有徵免者坐贓論，妄告者户長坐詐不以實罪，計贓重從詐匿不輸法。庚寅，禁民庶不得服純黄銀褐色，婦人勿禁，著爲永制。辛卯，上幸壽安宫，諫議大夫張暐等上疏請止其行，不允。癸巳，諭有司，自今女直字直譯爲漢字，國史院專寫契丹字者罷之。甲午，改封永中爲并王，永功爲魯王，永成兖王，永升曹王，永蹈鄭王，永濟韓王，永德豳王。戊戌，增太學博士助教員。己亥，學士院新進唐杜甫、韓愈、劉禹錫、杜牧、賈島、王建、宋王禹偁、歐陽修、王安石、蘇軾、張耒、秦觀等集二十六部。庚子，改壽安宫名萬寧。壬寅，如萬寧宫。詔襲封衍聖公孔元措視四品秩。

五月庚戌，勅自今四日一奏事，仍免朝。戊辰，詔諸郡邑文宣王廟、風雨師、社稷神壇隳廢者，復之。詔御史臺令史並以終場舉人充。

六月戊子，平章政事宗寧薨。癸巳，禁稱本朝人及本朝言語爲「蕃」，違者杖之。丙午，尚書右丞移剌履薨。

秋七月丁巳，以參知政事徒單鎰爲尚書右丞，御史中丞夾谷衡爲參知政事。己未，觀稼于近郊。己巳，禁職官元日、生辰受所屬獻遺，仍爲永制。以同僉大睦親府事兖等爲賀宋生日使。庚午，諭有司，自今外路公主應赴闕，其駙馬都尉非奉旨，毋擅離職。

八月癸未，至自萬寧宫。己亥，勅山東、河北闕食等處，許納粟補官。諭有司，自今親王所領，如有軍處，令佐貳總押軍事。乙巳，宋、高麗、夏遣使來賀天壽節。

九月丁未朔，天壽節，以皇太后喪，不受朝。甲寅，如大房山。乙卯，謁奠裕陵。丙辰，還都。丁巳，以西上閤門使白琬爲夏國生日使。己未，定詐爲制書未施行制。以尚書左丞夾谷清臣爲平章政事，封芮國公，參知政事完顔守貞爲尚書左丞，知大興府事張萬公爲參知政事。庚申，如秋山。

冬十月己丑，至自秋山。甲午，勅司獄毋得與府州司縣官筵宴還往，違者罪之。禁以太一混元受籙私建庵室者。壬寅，以河北、山東旱，應雜犯及强盗已未發覺減死一等，釋徒以下。

十一月丙午朔，制諸女直人不得以姓氏譯爲漢字。甲寅，禁伶人不得以歷代帝王爲戲，及稱萬歲，犯者以不應爲事重法科。丁巳，以豳王傅宗璧等爲賀宋正旦使。戊午，夏人殺我邊將阿魯帶。甲子，制投匿名書者，徒四年。丙寅，以近侍局副使完顔匡爲高麗生日使。壬申，勅提刑司官自今每十五日一朝。

十二月乙亥朔，勅三品致仕官所得傔從毋令輸庸。己卯，定鎮邊守將致盜賊罪。甲申，獵于近郊。乙酉，詔罷契丹字。己丑，尚書右丞徒單鎰罷。癸卯，宋、高麗、夏遣使來賀正旦。

三年春正月乙巳朔，以皇太后喪，不受朝。丙辰，以孝懿皇后小祥，尚書省請依明昌元年世宗忌辰例，諸王陪位，服慘紫，去金玉之飾，百官不視事，禁音樂屠宰，從之。壬戌，如春水。

二月甲戌朔，勅猛安謀克許於冬月率所屬户畋獵二次，每出不得過十日。壬辰，至自春水。丁酉，獵于近郊。辛丑，詔追復田瑴等官爵。

閏月甲子，以山東路統軍使烏林荅愿爲御史大夫。

三月乙亥，更定强盗徵贓、品官及諸人親獲强盗官賞制。辛巳，初設左右衛副將軍。癸未，瀘溝石橋成。幸熙春園。丁亥，如萬寧宫。辛卯，詔賜棣州孝子劉瑜、錦州孝子劉慶祐絹、粟，旌其門閭，復其身。上因問宰臣曰：「從來孝義之人曾官使者幾何？」左丞守貞對曰：「世宗時有劉政者嘗官之，然若輩多淳質不及事。」上曰：「豈必盡然。孝義之人素行已備，稍可用即當用之，後雖有希覬作僞者，然僞爲孝義，猶不失爲善。可檢勘前後所申孝義之人，如有可用者，可具以聞。」癸巳，尚書省奏：「言事者謂，釋道之流不拜父母親屬，敗壞風俗，莫此爲甚。禮官言唐開元二年勅云：『聞道士、女冠、僧、尼不拜二親，是爲子而忘其生，傲親而徇於末。自今以後並聽拜父母，其有喪紀輕重及尊屬禮數，一准常儀。』臣等以爲宜依典故行之。」制可。左丞守貞言：「上嘗命臣問忻州陳穀上書所言事，其一極論守令之弊，臣面問所以救之之道，竟不能言。」上曰：「方今政欲知其弊也。彼雖無救弊之術，但能言其弊，亦足嘉矣。如穀言及隨處有司不能奉行條制，爲人傭雇尚須出力，況食國家禄而乃如是，得無虧臣子之行乎？其令檢會前後所降條理舉行之。」是日，温王玠薨。丁酉，命有司祈雨，望祀嶽鎮海瀆于北郊。

四月壬寅朔，定宣聖廟春秋釋奠，三獻官以祭酒、司業、博士充，祝詞稱「皇

帝謹遣」,及登歌改用太常樂工。其獻官并執事與享者並法服,陪位學官公服,學生儒服。尚書省奏:「提刑司察舉涿州進士劉器博、博州進士張安行、河中府胡光謙,光謙年雖八十三,尚可任用。」勅劉器博、張安行特賜同進士出身,胡光謙召赴闕。甲辰,祈雨于社稷。丙午,罷天山北界外採銅。戊申,瀛王瓌薨。戊午,詔集百官議北邊開壕事。詔賜雲内孝子孟興絹十四、粟二十石,賜同州貞婦師氏謚曰「節」。丙寅,以旱災,下詔責躬。丁卯,復以祈雨,望祀嶽鎮海瀆山川于北郊。戊辰,勅親王衣領用銀褐紫緣。遣御史中丞吴鼎樞等審決中都冤獄,外路委提刑司處決。左丞守貞以旱,上表乞解職,不允。參知政事衡、萬公皆入謝。上曰:「前詔所謂罷不急之役,省無名之費,議冗官,決滯獄四事,其速行之。」

五月壬申朔,以尚書禮部員外郎孛术魯子元爲橫賜高麗使。癸酉,罷北邊開壕之役。甲戌,祈雨于社稷。是日,雨。戊寅,出宫女百八十三人。尚書省奏,近以山東、河北之饑,已委宣差所至安撫賑濟,復遣右三部司正范文淵往視之。乙酉,以雨足,致祭于社稷。戊子,百官賀雨足。尚書左丞完顔守貞罷。己丑,以雨足,望祀嶽鎮海瀆。

六月癸卯,宰臣請罷提刑司,上曰:「諸路提刑司官止三十餘員,猶患不得其人,州郡三百餘處,其能盡得人乎?」弗許。甲寅,以久雨,命有司祈晴。丁巳,定提刑司條制。辛酉,詔定内外所司公事故作疑申呈罪罰格。乙丑,以知大名府事劉瑋爲尚書右丞。有司言,河州災傷,民乏食,而租税有未輸。詔免之。諭户部,可預給百官冬季俸,令就倉以時直糴與貧民,秋成各以其貲糴之,其所得必多矣,而上下便之。其承應人不願者,聽。

秋七月戊寅,勅尚書省曰:「饑民如至遼東,恐難遽得食,必有饑死者。其令散糧官問其所欲居止,給以文書,命隨處官長計口分散,令富者出粟養之,限以兩月,其粟充秋税之數。」己卯,祁州刺史頓長壽、安武軍節度副使胡刺坐賑濟不及四縣,各杖五十。癸未,詔增北邊軍千二百人,分置諸堡。丁亥,胡光謙至闕,命學士院以雜文試之,稱旨。上曰:「朕欲親問之。」辛卯,以殿前都點檢僕散端等爲賀宋生日使。己亥,上謂宰臣曰:「聞諸王傅尉多苛細,舉動拘防,亦非朕意。是職之設,本欲輔導諸王,使歸之正,得其大體而已。」平章政事清臣曰:「請以聖意徧行之。」曰:「已諭之矣。」

八月癸卯,勅諸職官老病不肯辭避,有司諭使休閑者,不在給俸之列,格前勿論。上以軍民不和、吏員姦弊,詔四品以下、六品以上集議于尚書省,各述所見以聞。甲辰,集三品以下、六品以上官,問以朝政得失及民間利害,令各書所對。丁未,以有司奏寧海州文登縣王震孝行,以嘗業進士,并試其文,特賜同進士出身,仍注教授一等職任。辛亥,至自萬寧宫。特賜胡光謙明昌二年進士第三甲及第,授將仕郎、太常寺奉禮郎。官制舊設是職,未嘗除人,以光謙德行才能,故特授之。己未,以烏林荅愿爲尚書左丞。辛酉,獵于近郊。乙丑,上謂宰臣曰:「朕欲任官,令久於其事。若今日作禮官,明日司錢穀,雖間有異材,然事能悉辨者鮮矣。」對曰:「使中材之人久於其職,事既熟,終亦得力。」上問太常卿張暐:「古有三恪,今何無之?」暐具典故以聞。丁卯,宋、高麗、夏遣使來賀天壽節。

九月庚午朔,天壽節,以皇太后喪,不受朝。諭尚書省,去歲山東、河北被災傷處所閣租税及借貸錢粟,若便徵之,恐貧民未蘇,俟豐收日以分數帶徵可也。又諭宰臣曰:「隨路提刑司舊止察老病不任職及不堪親民者,如得其實,即改除他路。若他路提刑司覆察得實,勿復注親民之職。卿等其議行之。」甲戌,以郊社署令唐括合達爲夏國生日使。己卯,如秋山。免圍場經過人户今歲夏秋租税之半,曾當差役者復一年。

冬十月壬寅,至自秋山。丙午,勅御史臺,提刑司自今保申廉能官,勿復有乞升品語。壬子,有司奏增修曲阜宣聖廟畢,勅「党懷英撰碑文,朕將親行釋奠之禮,其檢討典故以聞」。甲寅,勅置常平倉處,並令州、府官以本職提舉,縣官兼管勾其事,以所糴多寡約量升降,以爲永制。賜河南路提刑司所舉逸民游總同進士出身,以年老不樂仕進,授登仕郎,給正八品半俸終身。戊午,諭尚書省訪求博物多知之士。癸亥,遣諭諸王府傅尉曰:「朕分命諸王出鎮,蓋欲政事之暇,安便優逸,有以自適耳。然慮其舉措之間或違於理,所以分置傅尉,使勸導彌縫,不入於過失而已。若公餘遊宴不至過度,亦復何害。今聞爾等或用意太過,凡王門細碎之事無妨公道者,一一干與,贊助之道,豈當如是。宜各思職分,事舉其中,無失禮體。」仍就諭諸王,使知朕意。丙寅,勅應保舉官及試中書判者委官覆察,言行相副者量與陞除,隨朝及六品以上各隨所長用之。己巳,獵于近郊。

十一月庚午朔,尚書省奏:「翰林侍講學士党懷英舉孔子四十八代孫端甫,年德俱高,該通古學。濟南府舉魏汝翼有文章德誼,苦學三十餘年,已四舉終

場。蔚州舉劉震亨學行俱優，嘗充舉首。益都府舉王樞博學善書，事親至孝。」勅魏汝翼特賜進士及第，劉震亨等同進士出身，並附王澤榜。孔端甫俟春暖召之。丙子，詔臣庶名犯古帝王而姓復同者禁之，周公、孔子之名亦令回避。戊寅，升相州爲彰德府。以前右副都點檢温敦忠等爲賀宋正旦使。壬午，尚書省奏，知河南府事程嶧乞進封父祖。權尚書禮部郎中党懷英言：「凡宰執改除外任長官，其佐官以下相見禮儀皆與他長官不同，其子亦得試補省令史。其子且爾，父祖封贈理當不同，合與宰執一例封贈。」從之。甲申，改提刑司令史爲書史。丙申，以有司言，「河州定羌民張顯孝友力田，焚劵已責，又獻粟千石以賑饑。棣州民榮楫賑米七百石、錢三百貫，冬月散柴薪三千束。皆別無希覬。」特各補兩官，仍正班敘。

十二月癸卯，以東上閤門使張汝猷爲高麗生日使。辛亥，諭有司祈雪。癸丑，獵于近郊。丁巳，勅華州下邽縣置武定鎮倉，京兆櫟陽縣置粟邑鎮倉，許州舞陽縣置北舞渡倉，各設倉草都監一人，縣官兼領之。乙丑，定到任告致仕格。丁卯，宋、高麗、夏遣使來賀正旦。

《金史》卷一〇《章宗紀二》　四年春正月己巳朔，以皇太后喪，不受朝。辛未，以平章政事夾谷清臣爲尚書右丞相，監修國史。丁丑，遣户部侍郎李獻可等分路勸農事。癸未，尚書省奏大興府推官蘇德秀爲禮部主事，上曰：「朕既嘗語卿，百官當使久於其職。彼方任理官，復改户曹，尋又除禮部，人才豈能兼之。若久於其職，但中材勝於新人，事既經練，亦必有濟，後不可輕易改除。」上又言：「凡稱政有異迹者，謂其斷事有軼才也。若止清廉，此乃本分，以貪汙者多，故顯其異耳。」宰臣又言：「『近言事者謂，方今孝弟廉恥道缺，乞正風俗』。此蓋官吏不能奉宣教化使然。今之察舉官吏者，多責近效，以幹辦爲上，其有秉心寬厚，欲行德化者，輒謂之迂闊。故人人皆以教化爲餘事，此孝弟所以廢也。若諭所司，官吏有能務行德化者，擢而用之，則教化可行，孝弟可興矣。今之所察舉，皆先才而後德。巧猾之徒，雖有贓污，一旦見用，猶爲能吏，此廉恥所以喪也。若諭所司，察舉官吏，必審真僞，使有才無行者不能覬覦，非道求進者加之糾劾，則奔競之俗息，而廉恥可興矣。」辛卯，賑河北諸路被水災者。癸巳，諭點檢司，行宫外地及圍獵之處悉與民耕，雖禁地，聽民持農器出入。丙申，東京路副使三勝進鷹，遣諭之曰：「汝職非輕。民間利害，官吏邪正，略不具聞，而乃以鷹進，此豈汝所職也！後毋復爾。」

二月戊戌朔，如春水。始以春、秋二仲月上戊日祭社稷。癸丑，獵于姚村淀。癸亥，至自春水。丙寅，參知政事張萬公罷。

三月戊辰朔，諸路提刑司入見，各問以職事，仍誡諭曰：「朕特設提刑司，本欲安民，于今五年，效猶未著。蓋多不識本職之體，而徒事細碎，以致州縣例皆畏縮而不敢行事。廼者山東民艱于食，嘗遣使賑濟，蓋卿等不職，故至於此。既往之失，其思悛改。」庚午，上將幸景明宫，御史中丞董師中等上書切諫，不報。壬申，章再上，補闕許安仁、拾遺路鐸皆諫，廼止。制定民習角觝、槍棒罪。以工部尚書胥持國爲參知政事。丙子，特賜有司孔端甫及第，授小學教授，尋以年老，命食主簿半俸致仕。甲申，幸香山永安寺及玉泉山。甲午，定配享功臣。勅自今御史臺奏事，修起居注並令回避。

夏四月丁酉朔，幸興陵崇妃第。是日，始舉樂。自己亥至癸卯，百官三表請上尊號，上曰：「祖宗古先有受尊號者，蓋有其德，故有其名。比年五穀不登，百姓流離，正當戒懼修身之日，豈得虚受榮名耶。」不許，仍斷來章。戊申，親禘于太廟。庚戌，如萬寧宫。辛亥，右丞相清臣率百官及耆艾等復請上尊號，學官劉璣亦率六學諸生趙楷等七百九十五人詣紫宸門請上尊號，如唐元和故事，不許。丁巳，賑河州饑。勅女直進士及第後，仍試以騎射，中選者升擢之。乙丑，減尚廐食穀馬。

五月丙寅朔，曹王永升及諸王請上尊號，不許。以尚廐局使石抹貞爲橫賜夏國使。己巳，上以羣臣累上尊號不受，詔諭中外，徒罪以下遞降一等，杖以下原之。甲戌，觀稼于近郊。辛巳，諭左司，徧諭諸路，令月具雨澤田禾分數以聞。癸未，以久雨，禜。

六月癸丑，賜有司所舉德行才能之士安州崔秉仁、兗州翟駒、錦州齊文乙、大名孫可久、陳信仁、應州董戣並同進士出身。丙辰，以晴，致祭嶽鎮海瀆。壬戌，尚書右丞相夾谷清臣進封戴國公，西京留守完顏守貞爲平章政事，封蕭國公。尚書右丞劉瑋薨。

秋七月辛巳，南京路提刑司自許州遷治南京。己丑，制三品以上官有故者，若親、賢、勳、舊，尚書省即與聞奏，議加追贈。命以銀改鑄「禮信之寶」，仍塗以金。以同判大睦親府事襄爲樞密使。以御史中丞董師中等爲賀宋生日使。

八月己亥，樞密使襄帥百僚再請上尊號，不許。庚子，大赦。甲辰，至自萬寧宫。丁未，釋奠孔子廟，北面再拜。辛亥，國史院進《世宗實録》，上服袍帶，御

仁政殿，降座，立受之。

九月甲子朔，天壽節，御大安殿，受親王百官及宋、高麗、夏使朝賀。戊辰，以參知政事夾谷衡爲尚書右丞，户部尚書馬琪爲參知政事。勑尚書省，大定二十九年以後士庶言事，或係國家或邊關大利害已嘗施行者，可特補一官；有益於官民，量給以賞。以西上閤門使大磐爲夏國生日使。庚午，如山陵，次奉先縣。辛未，拜天于縣西。壬申，致奠諸陵。癸酉，如秋山。

十一月庚午，右丞相清臣、參知政事持國上表丐閑，優詔不許。戊寅，以翰林直學士完顏匡等爲賀宋正旦使，命匡權易名弼，以避宋諱。壬午，木冰。丙戌，詔諸職官以贓汚不職被罪、以廉能獲升者，令隨路、京、府、州、縣列其姓名，揭之公署，以示勸懲。庚寅，夏國嗣子李純佑遣使來訃告。

十二月甲午朔，夏國李純佑遣使奉故王仁孝遺表以進。諭大興府於暖湯院日給米五石，以贍貧者。戊戌，定武軍節度使鄭王永蹈以謀反，伏誅。己亥，諭有司，以鄭王財産分賜諸王，澤國公主財物分賜諸公主。甲辰，諸王府增置司馬一人。以紇石烈理爲高麗生日使，西上閤門使人磐等爲夏國勑祭慰問使。庚戌，尚書省以科目近多得人，乞是舉增取進士。上然之，詔有司，會試毋限人數。甲寅，册長白山之神爲開天弘聖帝。丙辰，獵于近郊。

是歲，大有年。邢、洺、深、冀及河北西路十六謀克之地，野蠶成繭。

五年春正月癸亥朔，宋、高麗、夏遣使來賀。乙丑，昭容李氏進位淑妃。己巳，初用唐、宋典禮，皇后忌辰皆廢務。尚書省進區田法，詔相其地宜，務從民便。又言遣官劭農之擾，命提刑司禁止之。乙亥，以葉魯、谷神始製女直字，詔加封贈，依倉頡立廟盩厔例，祠於上京納里渾莊。歲時致祭，令其子孫拜奠，本路官一人及本千户春秋二祭。辛巳，前中都路都轉運使王寂薦三舉終場人蔡州文商經明行修，足備顧問。前河北西路轉運使李揚言慶陽府進士李獎純德博學，鄉曲譽之。絳州李天祺、應州康晉侯屢赴廷試，皆有才德。上曰：「文商可令召之。李獎給主簿半俸終身，餘賜同進士出身。」遣國子祭酒劉璣册李純佑爲夏國王。丁亥，幸城南別宫。

二月丁酉，初定長吏勸課能否賞罰格。尚書省奏：「禮官言孝懿皇后祥除已久，宜易隆慶宫爲東宫，慈訓殿爲承華殿。」從之。詔購求《崇文總目》内所闕書籍。戊戌，祭社稷，以宣獻皇后忌辰，用熙寧祀儀，樂縣而不作。甲辰，鄆王琮薨。己酉，宰臣請罷北邊屯駐軍馬，不允。癸丑，以齊河縣民張涓、濟陽縣王琛、河州李錡急義好施，詔復之終身，仍著于令。命宣徽使移剌敏、户部主事赤盞實理哥相視北邊營屯，經畫長久之計。

三月壬申，初定限錢禁。庚辰，初定日月風雨雷師常祀。戊子，置弘文院，譯寫經書。

夏四月壬辰朔，幸北苑。庚子，詔各路所舉德行才能之士，涿州時琦、雲中劉摯、鄭州李升、恩州傅礪、濟南趙摯、興中田扈方六人，並特賜同進士出身。以文商爲國子教授，特遷登仕郎。己酉，詔自今筐櫝床榻之飾毋以金玉。壬子，特賜翰林待制温迪罕迪翰林學士承旨、中奉大夫。乙卯，幸景明宫，董師中、賈守謙、路鐸先後凡兩上封事切諫，不報。

五月庚午，次烏十撒八。戊子，桓、撫二州旱，遣使禱于縉山。

六月壬辰，如氷井。己亥，出獵。登胡土白山，酹酒再拜。曹王永升以下進酒。丙午，拜天，曲赦西北路。己未，如查沙秋山。是月，宋前主昚殂。

七月戊辰，獵于豁赤火，一發貫雙鹿。是日，獲鹿二百二十二，賜扈從官有差。辛巳，次鲁温合失不。是日，上親射，獲黄羊四百七十一。乙酉，次氷井。丙戌，以天壽節，宴樞光殿，凡從官及承應人遇覃恩遷秩者，並受宣勑於殿前。時久雨初霽，有龍曳尾于殿前雲間。戊子，御膳羹中有髮，上舉視而棄之，戒左右毋宣言。

八月辛亥，至自景明宫。壬子，河決陽武故堤，灌封丘而東。丁巳，賜從幸山後親軍銀、絹有差。

九月戊午朔，天壽節，宋、高麗、夏遣使來賀。壬戌，命增定捕盜官被殺賻錢及官賞格。甲子，都水監官王汝嘉等坐河決，各削官兩階，杖七十，罷之。乙丑，上御睿思殿，諸路提刑使入見。戊辰，初令民買撲隨處金、銀、銅冶。命參知政事馬琪往視河決，仍許便宜從事。壬申，宋主遣使來告哀。戊寅，以知大興府事尼厖古鑑等爲宋國弔祭使。勑尚書省，集百官議備邊事。壬午，特推恩東宫舊人司經王伯温等八人官有差。甲申，命上京等九路并諸抹及乣等處選軍三萬，俟來春調發，仍命諸路并北阻轐以六年夏會兵臨潢。

冬十月庚寅，右丞相夾谷清臣等表請上尊號，不允。宋遣使獻遺留物。壬寅，右丞相清臣復請上尊號，國子祭酒劉璣亦率六學諸生上表陳請，不允。遣户部員外郎何格賑河決被災人户。庚戌，張汝弼妻高陀斡以謀逆，伏誅。壬子，尚書省奏，升提刑司所察廉官南皮縣令史肅以下十有二人，而大興主簿蒙括蠻都

亦在選中，上知其人，曰：「鑾都澆浮人也，升之可乎？與其任澆浮，孰若用淳厚。況鑾都常才，才智過人猶不當用，恐敗風俗，況常才耶！其再察之。」

閏月戊午朔，宋主遣使來報即位。甲子，親王、百官各奉表請上尊號，不允。丙寅，以代國公歡都等五人配享世祖廟廷。甲戌，以河東南、北提刑使王啓等爲賀宋主即位使。乙亥，獵于近郊。戊寅，上問輔臣：「孔子廟諸處何如？」平章政事守貞曰：「諸縣見議建立。」上因曰：「僧徒修飾宇像甚嚴，道流次之，惟儒者於孔子廟最爲滅裂。」守貞曰：「儒者不能長居學校，非若僧道久處寺觀。」上曰：「僧道以佛、老營利，故務在莊嚴閎侈，起人施利自多，所以爲觀美也。」庚辰，參知政事馬琪自行省回，具奏河防利害，語載《琪傳》中。丙戌，以翰林待制奧屯忠孝權户部侍郎，太府少監温昉權工部侍郎，行户、工部事，修治河防。以引進使完顔衷爲夏國生日使。

十一月癸巳，詔罷紫荆嶺所護圍場。庚子，以右宣徽使移剌敏等爲賀宋正旦使。

十二月辛酉，平章政事完顔守貞罷。以知大興府事尼厖古鑑爲參知政事，以户部郎中李敬義爲賜高麗生日使。丁卯，免被黄河水災今年秋税。辛巳，勅減修内司備營造軍千人，都城所五百人。癸未，勅尚書省，自今獻靈芝嘉禾者賞。

六年春正月丁亥朔，受宋、高麗、夏使朝賀。辛卯，勅有司給天水郡公家屬田宅。壬辰，如春水。庚戌，罷陝西括地。辛亥，諭胥持國，河上役夫聚居，恐生疾疫，可廪醫護視之。乙卯，次御林。

二月丁巳朔，勅有司，行宫側及獵所有農者勿禁。己未，始祭高禖。庚午，至自春水。丁丑，京師地震。大雨雹，晝晦，震應天門右鴟尾。癸未，宋遣使來報謝。

三月，甲午，以翰林直學士孛术魯子元兼右司諫，監察御史田仲禮爲左拾遺，翰林修撰僕散訛可兼右拾遺，諭之曰：「國家設置諫官，非取虚名，蓋責實效，庶幾有所裨益。卿等皆朝廷選擢，置之諫職，如國家利害、官吏邪正，極言無隱。近路鐸左遷，本以他罪，卿等勿以被責，遂畏縮不言，其悉心戮力，毋得緘默。」丙申，如萬寧宫。戊戌，以北邊糧運，括羣牧所、三招討司猛安謀克、隨乣及迭剌、唐古部諸抹、西京、太原官民駝五千充之，惟民以駝載爲業者勿括。以銀五十萬兩、錢二十三萬六千九百貫以備支給。銀五萬兩、金盃二千八百兩、金牌百兩、銀盃八千兩、絹五萬匹、雜綵千端、衣四百四十六襲以備賞勞。庚子，以郡舉才行之士翟介然以下三人特賜進士及第，李貞固以下十五人同進士出身。

夏四月癸亥，勅有司，以增修曲阜宣聖廟工畢，賜衍聖公以下三獻法服及登歌樂一部，仍遣太常舊工往教孔氏子弟，以備祭禮。甲子，以尚書左丞烏林荅愿爲平章政事，右丞夾谷衡爲尚書左丞。丙子，幸玉泉山。戊寅，以修河防工畢，參知政事胥持國進官二階，翰林待制奧屯忠孝以下三十六人各一階，獲嘉令王維翰以下五十六人各賜銀幣有差。庚辰，以尚書右丞相夾谷清臣爲左丞相，監修國史，封密國公。樞密使襄爲尚書右丞相，封任國公。參知政事胥持國爲尚書右丞。壬午，賜宰臣手詔，以風俗不淳，官吏苟且，責之。

五月丙戌，命減萬寧宫陳設九十四所。辛卯，以出師，遣禮部尚書張暐告于廟社。乙未，判平陽府事鎬王永中以罪賜死，并及二子，丁酉，詔中外。乙巳，詔諸路猛安謀克農隙講武，本路提刑司察其惰者罰之。庚戌，命左丞相夾谷清臣行省于臨潢府。

六月丙辰，右諫議大夫賈守謙、右拾遺僕散訛可坐鎬王永中事奏對不實，削官二階，罷之。御史中丞孫即康、右補闕蒙括胡剌、右拾遺田仲禮各罰金二十斤。丙寅，以樞密副使唐括貢爲樞密使。以久雨，禜。辛巳，左丞相清臣遣使來獻捷。

七月丙申，幸曹王永升第。甲辰，始定文武官六貫石以上、承應人并及蔭者、若在籍儒生章服制。

八月己未，命兖州長官以曲阜新修廟告成于宣聖。癸亥，至自萬寧宫。己巳，以温敦伯英言，命禮部令學官講經。辛未，以吏部尚書吴鼎樞等爲賀宋生日使。壬申，行省都事獨吉永中來報捷。乙亥，勅宫中承應人出職後三年内犯贓罪者，元舉官連坐，不在去官之限，著爲令。辛巳，木波進馬。

九月壬午朔，天壽節，宋、高麗、夏遣使來賀。甲申，册静寧山神爲鎮安公，忽土白山神爲瑞聖公。丙戌，知河間府事移剌仲方爲御史大夫。辛卯，如秋山。

冬十月丙辰，至自秋山。丁巳，以歲幸春水、秋山，五日一進起居表，自今可十日一進。乙亥，命尚書左丞夾谷衡行省于撫州，命選親軍、武衛軍各五百人以從，仍給錢五千萬。

十一月戊子，左丞相夾谷清臣罷，右丞相襄代領行省事。丙申，以刑部尚書

紇石烈貞等爲賀宋正旦使。壬寅，初定猛安謀克鎮邊後放免者授官格。禁射糧軍，應役但成隊伍，不得持兵器及凡可以傷人者。甲辰，報敗敵於望雲。乙巳，以樞密使唐括貢、御史大夫移剌仲方、禮部尚書張暐等二十三人充計議官，凡軍事則議之。戊申，初定縣官增水田陞除制。

十二月乙卯，詔招撫北邊軍民。以知登聞檢院賈益爲高麗生日使，户部員外郎納蘭昉爲横賜使。戊午，禮部尚書張暐等進《大金儀禮》。丁卯，應奉翰林文字趙秉文上書論姦欺。乙亥，詔加五鎮四瀆王爵。庚辰，上幸後園閲軍器。是月，右丞相襄率駙馬都尉僕散揆等進軍大鹽濼，分兵攻取諸營。

承安元年春正月辛巳朔，受宋、高麗、夏使朝賀。甲申，大鹽濼羣牧使移剌覩等爲廣吉剌部兵所敗，死之。丁亥，國子學齋長張守愚上《平邊議》三篇，特授本學教授，仍以其議付史館。

二月甲子，命有司祀高禖如新儀。丁卯，右丞相襄、左丞衡至自軍前。己巳，復命還軍。幸都南行宫春水。甲戌，至自行宫。是月，初造虎符發兵。

三月丁酉，如萬寧宫。不雨，遣官望祭嶽鎮海瀆于北郊。癸卯，勑尚書省，刑獄雖已奏行，其間恐有疑枉，其再議以聞。人命至重，不可不慎也。甲辰，遣參知政事尼厖古鑑祈雨于社稷。丁未，復遣使就祈于東嶽。

夏四月辛亥，命尚書右丞胥持國祈雨于太廟。壬子，遣使審決寃獄。京城禁傘扇。戊午，初行區種法，民十五以上、六十以下有土田者，丁種一畝。乙丑，命御史大夫移剌仲方祈雨于社稷。壬申，命參知政事馬琪祈雨于太廟。甲戌，尚書省以趙承元言，請追上孝懿皇太后册寶，然後行謚册禮。禮官執奏尊皇太后已詔示中外，無追册禮，從之。戊寅，上以久不雨，命禮部尚書張暐祈于北嶽。己卯，遣官望祭嶽鎮海瀆于北郊。

五月庚辰朔，觀稼于近郊，因閲區田。乙酉，以久旱，徙市。庚寅，詔復市如常。壬辰，以尚藥局副使粘割忠爲横賜夏國使。乙未，參知政事尼厖古鑑薨。庚子，雨足。

六月甲寅，上以百姓艱食，詔出倉粟十萬石減價以糶之。乙丑，平晉縣民利通家蠶自成綿段，長七尺一寸五分，闊四尺九寸，詔賜絹十疋。丁卯，勑自今長老、大師、大德不限年甲，長老、大師許度弟子三人，大德二人，戒僧年四十以上者度一人。其大定十五年附籍沙彌年六十以上並令受戒，仍不許度弟子。尼、道士、女冠亦如之。御史大夫移剌仲方罷。庚午，幸環秀亭觀稼。癸酉，詔應禁軍器路分，步弓手擬於射糧軍内選之，馬弓手擬於猛安謀克軍户餘丁内選之。其有爲百姓害，從本州縣斷遣。無猛安户，於二百里内屯駐軍餘丁内取之，依步弓手月給二貫石。

七月庚辰，御紫宸殿，受諸王、百官賀，賜諸王、宰執酒。勑有司，以酒萬尊置通衢，賜民縱飲。乙酉，勑今後高麗、夏使入見敷奏，令新設各國通事具公服與閤門使上殿監聽。命有司收瘞西北路陣亡骸骨。

八月己酉，獵于近郊。癸丑，幸玉泉山。甲子，以郊祀日期詔中外。戊辰，至自萬寧宫。以陝西西路轉運使董師中爲御史大夫。癸酉，左丞衡丁父憂。

九月丁丑朔，天壽節，宋、高麗、夏遣使來賀。幸天長觀。辛巳，以右丞相襄爲左丞相，監修國史，封常山郡王。壬午，賜襄酒百尊。癸未，都人進酒三千一百瓶，詔以賜北邊軍吏。以吏部尚書張嗣等爲賀宋生日使。癸巳，左丞衡起復。丁酉，知大興府卞、同知郭鑄以擅逮問宰臣，各笞四十。辛丑，西南路招討使僕散揆至自軍。乙巳，以國子監丞烏古論達吉不爲夏國生日使。

冬十月丙午朔，詔選親軍八百人戍撫州。庚戌，命左丞相襄行省于北京，簽書樞密院事完顔匡行院於撫州。丙辰，袷享于太廟。

十一月戊子，參知政事馬琪罷。庚寅，特滿羣牧契丹陁鎖、德壽反，泰州軍擊敗之。御史大夫董師中、北京留守裔並爲參知政事。甲午，以陝西路統軍使崇道等爲賀宋正旦使。丁酉，朝享于太廟。戊戌，有事于南郊，大赦，改元。己亥，曹王永升率親王、百官賀。癸卯，命有司祈雪，仍遣官祈于東嶽。

十二月丙午，樞密使唐括貢率百官請上尊號，不允。己酉，遣提點太醫近侍局使李仁惠勞賜北邊將士，授官者萬一千人，授賞者幾二萬人，凡用銀二十萬兩，絹五萬疋，錢三十二萬貫。庚戌，以同知登聞檢院阿不罕德剛爲高麗國生日使。壬子，樞密使唐括貢復率百官請上尊號，不允。

二年春正月乙亥朔，宋、高麗、夏遣使來賀。乙酉，勑職官犯贓私不得訴于同官。丁亥，如安州春水。丁酉，至自春水。辛丑，宋主以母后喪，遣使告哀。

二月丁巳，勑自今職官犯贓，每削一官殿一年。是月，特命襲封衍聖公孔元措世襲兼曲阜令。

三月己卯，親王、百官復請上尊號，不允。壬午，命尚書户部侍郎温昉佩金符，行六部尚書於撫州。庚寅，幸西園閲軍器。辛卯，始定保舉德行才能格。癸巳，平章政事烏林荅愿罷。丁酉，樞密使唐括貢率百官請上尊號，不允。以參知

政事裔代左丞相襄行省于北京。

夏四月甲寅，如萬寧宮。丙辰，命有司祈雨，望祭嶽鎮海瀆于北郊。甲子，祈雨于社稷。尚書省奏，比歲北邊調度頗多，請降僧道空名度牒紫褐師德號以助軍儲，從之。癸酉，親王宣勑始用女直字。

五月甲戌朔，諭宰臣曰：「比以軍須，隨路賦調。司縣不度緩急，促期徵斂，使民費及數倍，胥吏又乘之以侵暴。其令提刑司究察之。」丙子，集官吏于尚書省，詔諭之曰：「今紀綱不立，官吏弛慢，遷延苟簡，習以成弊。職官多以吉善求名，計得自安，國家何賴焉。至於徇情賣法，省部令史尤甚。尚書省其戒諭之。」丁丑，北京行省參知政事裔移駐臨潢府。庚辰，升撫州爲鎮寧軍。以雨足，報祭于社稷。甲申，望祭嶽鎮海瀆于北郊。丁亥，左丞相襄詣臨潢府。己丑，皇子生，庚寅，詔中外，降死罪，釋徒以下。

六月乙巳，命禮部尚書張暐報祀高禖。丙午，雨雹。戊申，以澄州刺史王遵古爲翰林直學士，仍勑無與撰述，入直則奏聞，或霖雨，免入直，以遵古年老，且嘗侍講讀也。庚戌，詔罷瑶光殿工作。甲寅，置全州盤安軍節度使，治安豐縣。乙卯，封皇子爲壽王。

閏月甲午，出西横門觀稼。

秋七月壬寅朔，幸天長觀，建普天大醮，禁屠宰七日，無奏刑，百司權停決罰。己未，命西上閤門使劉頍賜參知政事裔宴于行省。戊辰，天壽節，御紫宸殿受朝。

八月庚辰，勑計議官所進奏帖，可直言利害，勿用浮辭。辛巳，以邊事未寧，詔集六品以上官於尚書省，問攻守之計。應中外臣僚不以職位高下，或有方略材武，或長於調度，各舉三五人以備選用，無有顧望不盡所懷，期五日封章以進。議者凡八十四人，言攻者五，守者四十六，且攻且守者三十三，召對睿思殿，論難久之。癸未，至自萬寧宮。丙戌，以左丞相襄爲左副元帥，參知政事董師中尚書左丞，左宣徽使賫尚書右丞，户部尚書楊伯通參知政事。尚書左丞夾谷衡罷。右丞胥持國致仕。庚寅，參知政事裔罷。樞密使唐括貢致仕。壬辰，以左副元帥襄爲樞密使兼平章政事。

九月辛丑朔，天壽節，宋、高麗、夏遣使來賀。壬寅，遣官分詣上京、東京、北京、咸平、臨潢、西京等路招募漢軍，不足則簽補之。乙巳，以夏使朝辭，詔答許復保安、蘭州榷場。丁未，以知歸德府事完顔愈爲賀宋生日使。癸丑，以上京留守粘割斡特剌爲平章政事。辛酉，以樞密使兼平章政事襄，知大興府事胥持國爲樞密副使，權參知政事，行省于北京。乙丑，始置軍器監，掌治戎器，班少府監下，設甲坊、利器二署隸焉。丁卯，分遣官於東、西、北京，河北等路，中都二節鎮，買牛五萬頭。

冬十月庚午朔，初設講議所官十員，共議錢穀，以中都路轉運使孫鐸、户部侍郎高汝礪等爲之。庚辰，尚書省奏，高麗國牒報，其王以老疾，令母弟晫權國事。壬午，尚書省行推排。丁亥，皇子壽王薨。壬辰，詔奬諭西南路招討使僕散揆等有功將士。甲午，大雪，以米千石賜普濟院，令爲粥以食貧民。丙申，以禮部員外郎蒙括仁本爲夏國生日使。

十一月甲辰，冬至，有事于南郊。乙巳，以薪貴，勑圍場地内無禁樵採。壬子，諭尚書省，猛安謀克既不隸提刑司，宜令監察御史察其臧否。庚申，北京留守裔以行省失職，杖一百，除名。右諫議大夫納蘭昉杖九十，削官二階，罷之。甲子，諭宰臣曰：「朕居九重，民間難以徧知，宰相不見賓客，何以得知民間利害。」

十二月己巳朔，勑御史臺糾察諂佞趨走有實跡者。己卯，始鑄「承安寶貨」。癸未，遣户部侍郎上官瑜體究西京逃亡，勸率沿邊軍民耕種，户部郎中李敬義規措臨潢等路農務。乙酉，諭宰臣，今後水潦旱蝗、盜賊竊發，命提刑司預爲規畫。戊子，諭西南路將士。庚寅，豫王永成進馬八十疋，賜詔奬諭，稱皇叔豫王而不名。

《金史》卷一一《章宗紀三》 三年春正月，辛丑，宋、夏遣使來賀。癸卯，諭有司，凡館接伴并奉使者，毋以語言相勝，務存大體。奉使者亦必得其人乃可。乙卯，詔罷講議所。丙辰，如城南春水。丁巳，併上京、東京兩路提刑司爲一，提刑使、副兼安撫使、副，安撫專掌教習武事，毋令改其本俗。己未，以都南行宮名建春。甲子，至自春水。乙丑，宋主以祖母喪，遣使告哀。

二月己巳朔，幸建春宮。辛巳，諭宰臣曰：「自今内外官有闕，有才能可任者，雖資歷未及，亦具以聞。雖親故，毋有所避。」以武衛軍都指揮使烏林荅天益等爲宋弔祭使。甲申，至自建春宮。丙戌，斜出内附。辛卯，平章政事粘割斡特剌薨。

三月戊戌，以禮部尚書張暐爲御史大夫。壬寅，復榷醋。甲寅，如萬寧宮。丁巳，勑隨處盜賊，毋以强爲竊，以多爲少，以有爲無。嘯聚三十人以上奏聞。

違者杖百。丙寅，高麗王王皓以弟晫權國事，遣使奉表來告。

夏四月戊辰朔，諭有司，宰相遇雨，可循殿廡出入。丙申，諭御史臺曰：「隨朝大小官雖有才能，率多苟簡，朕甚惡之，其察舉以聞。提刑司所察廉能汙濫官，皆當殿奏，餘事可轉以聞。」以侍御史孫俣爲宣問高麗王王皓使。

五月庚子，右宣徽使張汝方以漏泄廷議，削官兩階。壬寅，射柳、擊毬，縱百姓觀。戊申，以客省使移剌郁爲夏國生日使。甲子，參知政事楊伯通表乞致仕，不許。

秋七月丙午，幸香山。己酉，如萬寧宫。甲寅，還宫。

八月辛未，獵于近郊。癸酉，獵于香山。戊寅，如萬寧宫。庚辰，以護衛石和尚爲押軍萬户，率親軍八百人、武衛軍千六百人戍西北路。癸未，還宫。宋遣使來報謝。

九月丙申朔，天壽節，宋、夏遣使來賀。以中都路都轉運使孫鐸等爲賀宋生日使，乙巳，獵于近郊。庚戌，參知政事楊伯通再表乞致政，不許。戊午，木波進馬。

冬十月庚午，獵于近郊。癸未，行樞密院言斜出等請開榷場於轄里裊，從之。丁亥，定官民存留見錢之數，設回易務，更立行用鈔法。

十一月丁酉，樞密使兼平章政事襄至臼軍，癸卯，以爲尚書左丞相，監修國史。丁未，以太常卿楊庭筠等爲賀宋正旦使。戊申，詔獎諭樞密副使夾谷衡以下將士。辛亥，定屬託法。定軍前官吏遷賞格。以邊事定，詔中外，減死罪，徒已下釋之。賜左丞相襄以下將士金幣有差。甲寅，冬獵。

十二月甲子朔，獵于酸棗林。大風寒，罷獵，凍死者五百餘人。己巳，還都。丙戌，尚書右丞膏罷。高麗權國事王晫遣使奉表來告。

四年春正月癸巳朔，宋、夏遣使來賀。乙巳，尚書左丞董師中致仕。辛酉，監察御史姬端修以妄言下吏。尚書左丞相襄爲司空，職如故。樞密副使夾谷衡爲平章政事，封英國公。前知濟南府事張萬公起復爲平章政事，封壽國公。楊伯通爲尚書左丞。簽樞密院事完顏匡爲尚書右丞。

二月乙丑，如建春宫春水。己巳，還宫。庚午，御宣華門，觀迎佛。辛未，如建春宫。赦姬端修罪，令居家俟命。司空襄言，西南路招討使僕散揆治邊有功，召赴闕，以知興中府事紇石烈子仁代之。壬申，諭有司，自三月一日爲始，每旬三品至五品官各一人轉對，六品亦以次對。臺諫勿與，有應奏事，與轉對官相見，無面對者上章亦聽。乙亥，還宫。戊寅，如建春宫。庚辰，上諭點檢司曰：「自蒲河至長河及細河以東，朕常所經行，官爲和買其地，令百姓耕之，仍免其租税。」甲申，還宫。乙酉，以西南路招討使僕散揆爲參知政事。起姬端修爲太學博士。如建春宫。戊子，還宫。

三月丁酉，同判大睦親府事宗浩爲樞密使，封崇國公。己亥，如建春宫。遣使册王晫爲高麗國王。户部尚書孫鐸、郎中李仲略、國子祭酒趙忱始轉對香閣。丁未，勅尚書，官員必須改除者議之，其月日淺者毋數改易。乙卯，尚書省奏減親軍武衛軍額及太學女直、漢兒生員，罷小學官及外路教授。詔學校仍舊，武衛軍額再議，餘報可。司空襄、右丞匡、參知政事揆請罷諸路提點刑獄，從之。戊午，雨雹。

夏四月癸亥，改提刑司爲按察使司。戊辰，如萬寧宫。壬申，左丞楊伯通致仕。御史大夫張暐以奏事不實，追一官，侍御史路鐸追兩官，俱罷之。姬端修杖七十，贖。壬午，英王從憲進封瀛王。詔同州、許州節度使罷兼陝西、河南副統軍。

五月壬辰朔，以旱，下詔責躬，求直言，避正殿，減膳，審理寃獄，命奏事於泰和殿。戊戌，命有司望祭嶽瀆禱雨。己亥，應奉翰林文字陳載言四事：其一，邊民苦于寇掠；其二，農民困于軍須；其三，審決寃滯，一切從寬，苟縱有罪；其四，行省官員，例獲厚賞，而沿邊司縣，曾不霑及，此亦干和氣，致旱災之所由也。上是之。壬寅，以兵部郎中完顏撒里合爲夏國生日使。戊申，宰臣以京畿雨，率百官請御正殿，復常膳。不從。尚書省奏上更定給發虎符制，著于令。庚戌，諭宰臣曰：「諸路旱，或關執政。今惟大興、宛平兩縣不雨，得非其守令之過歟？」司空襄、平章政事萬公、參知政事揆上表待罪。上以罪己答之，令各還職。詔頒銅杖式。壬子，祈雨于太廟。乙卯，更定軍功賞格。戊午，司空襄以下再請御正殿，復常膳。不從。庚申，平章政事夾谷衡薨。以宿直將軍徒單仲華爲橫賜夏國使。

六月丁卯，雨。司空襄以下復表請御正殿，復常膳。從之。甲戌，以雨足，命有司報謝于太廟。丁丑，右補闕楊庭秀言：「自轉對官外，復令隨朝八品以上、外路五品以上及出使外路有可言者，並許移檢院以聞。則時政得失，民間利病，可周知矣。」從之。己卯，以雨足，報祭社稷。辛巳，遣官報祀嶽瀆。癸未，奉職醜和尚進《浮漏水稱影儀簡儀圖》，命有司依式造之。丁亥，定宫中親戚非公

事傳達語言、轉遞諸物及書簡出入者罪。

七月甲辰，更定尚藥、儀鸞局學者格。辛亥，勅宣徽院官，天壽節凡致仕宰執悉召與宴。丙辰，以久雨，令大興府祈晴。

八月己巳，獵于近郊。壬申，獵于香山。甲戌，以皇嗣未立，命有司祈于太廟。丁丑，獵于近郊。庚辰，還宮。

九月庚寅朔，天壽節，宋、高麗、夏遣使來賀。己亥，如薊州秋山。己未，以知東平府事僕散琦等爲賀宋生日使。

冬十月丙寅，至自秋山。壬午，初定百官休假。甲申，初置審官院。

十一月乙未，勅京、府、州、縣設普濟院，每歲十月至明年四月設粥，以食貧民。丙申，平章政事張萬公表乞致政，不許。庚戌，命有司祈雪。甲寅，定護衛改充奉御格。以知濟南府事范楫等爲賀宋正旦使。

十二月己未，除授文字初送審官院。辛酉，更定考試隨朝檢、知法條格。右補闕楊庭秀請類集太祖、太宗、世宗三朝聖訓，以時觀覽。從之，仍詔增熙宗爲四朝。癸未，更定科舉法。增設國史院女直、漢人同修史各一人。定親軍及承應人退閑遷賞格。是月，淑妃李氏進封元妃。

五年春正月戊子朔，宋、高麗、夏遣使來賀。乙未，以尚書省言，會試取策論，詞賦、經義不得過六百人，合格者不及其數則闕之。丙申，如春水。庚子，命左右司五日一轉奏事。辛丑，諭點檢司，車駕所至，仍令百姓市易。庚戌，定猛安謀克軍前怠慢罷世襲制。

二月辛未，至自春水。辛巳，有司奏：「應奉翰林文字温迪罕天興與其兄直學士思齊同僚學士院，定撰制誥文字，合無迴避？」詔不須避，仍爲定制。

閏月癸卯，定進納粟補官之家存留弓箭制。丁未，上與宰臣論置相曰：「徒單鎰，朕志先定。賈鉉如何？」皆曰：「知延安府事孫即康可。」平章政事萬公亦曰：「即康及第，先鉉一榜。」上曰：「至此安問榜次，特以賈才可用耳。」尚書省奏：「右補闕楊庭秀言，乞令尚書省及第左右官一人，應入史事者編次日曆，或一月，或一季，封送史院。」上是其言，仍令送著作局潤色，付之。

三月庚申，大睦親府進重修《玉牒》。平章政事張萬公乞致政，不許。壬戌，命有司禱雨。癸亥，雨。户部尚書孫鐸、大理卿完顏撒剌、國子司業蒙括仁本召對便殿。丙寅，如萬寧宮。戊辰，定妻亡服内婚娶聽離制。親王、宰執、百官再請上尊號。不許。庚午，以知大興府事卞爲御史大夫。丙子，尚書省奏，擬同知商州事蒲察西京爲濟南府判官。上曰：「宰相豈可止徇人情，要當重惜名爵。此人不堪，朕常記之，止與七品足矣。」庚辰，以上京留守徒單鎰爲平章政事，封濟國公。辛巳，定本國婚聘禮制。改山東東路舊皇城猛安名曰合里哥阿隣。

四月丙戌朔，文武百官再請上尊號。不許。丙午，尚書省進《律義》。

五月乙卯朔，定猛安謀克鬭毆殺人遇赦免死罷世襲制。以雨足，遣使報祭社稷。丁巳，定策論進士及承廕人試弓箭格。戊午，勅來日重五拜天，服公裳者拜禮仍舊，諸便服者並用女直拜。己□，勅諸路按察司，糾察親民官以大杖箠人者。乙亥，親王、文武百官、六學各上表請上尊號。不許。庚辰，地震。詔定進納官有犯決斷法。

六月乙巳，遣有司祈晴，望祭嶽瀆。

七月乙卯朔，以晴，遣官望祭嶽鎮海瀆。癸亥，定居祖父母喪婚娶聽離法。初置蒲思衍羣牧。辛未，平章政事萬公特賜告兩月。甲戌，獵于近郊。

八月壬辰，幸香山。乙未，至自香山。丁未，勅審官院奏事，其院官皆許升殿。戊申，更定鎮防軍犯徒配役法。

九月甲寅朔，天壽節，宋、高麗遣使來賀。戊午，命樞密使宗浩、禮部尚書賈鉉佩金符行省山東等路括地。己未，尚書省奏：「西北路招討使獨吉思忠言，各路邊堡牆隍，西自坦舌，東至胡烈公，幾六百里，向以起築忽遽，並無女牆副隄。近令修完，計工七十五萬，止役戍軍，未嘗動民，今已畢功。」上賜詔獎諭。修《玉牒》成。定皇族收養異姓男爲子者徒三年，姓同者減二等，立嫡違法者徒一年。癸亥，如薊州秋山。

冬十月庚寅，至自秋山。庚子，風霾。宋遣使來告哀。辛丑，集百官于尚書省，問：「間者亢旱，近則久陰，豈政有錯謬而致然歟？」各以所見對。以禮部郎中劉公憲爲高麗生日使。丁未，獵于近郊。以宿直將軍完顏觀音奴爲夏國生日使。

十一月，乙卯，以國史院編修官呂卿雲爲左補闕兼應奉翰林文字。審官院以資淺駁奏，上諭之曰：「明昌間，卿雲嘗上書言宮掖事，辭甚切直，皆他人不能言者，卿輩蓋不知也。臣下言事不令外人知，乃是謹密，正當顯用，卿宜悉之。」以工部尚書烏古論誼等爲宋弔祭使。初定品官過闕則下制。己巳，宋復遣使來告哀。辛未，以殿前右副點檢紇石烈忠定爲賀宋正旦使。

十二月癸未朔，詔改明年爲泰和元年。以河南路統軍使充等爲宋弔祭使。

乙未，定管軍官受所部財物輒放離役及令人代役法。辛丑，詔宮籍監户，百姓自願以女爲婚者聽。癸卯，定造作不如法，三年內有損壞者罪有差。

泰和元年正月壬子朔，宋、高麗、夏遣使來賀。壬戌，宋遣使獻先帝遺留物。己巳，以太府監孫復言：「方今在仕者三萬七千餘員，而門廕補敘居三之二，諸司待闕，動至累年。蓋以補廕猥多，流品混淆，本末相舛，至於進納之人，既無勞績，又非科第，而亦廕及子孫，無所分別，欲流之清，必澄其源。」乃更定廕敘法而頒行之。尚書省奏：「今杖式輕細，民不知畏，請用大杖。」詔不許過五分。庚午，如長春宮春水。辛未，上以方春，禁殺含胎兔，犯者罪之，告者賞之。甲戌，初命文武官官職俱至三品者許贈其祖。

二月壬辰，去造士茶律。丁未，至自春水。

三月乙丑，夏國遣使來謝。壬申，幸天長觀。癸酉，如萬寧宮。乙亥，宋遣使來報謝。丁丑，更定鎮防千户謀克放老入除格。辛巳，勅官司、私文字避始祖以下廟諱小字，犯者論如律。

夏四月甲辰，詔諭契丹人户，累經簽軍立功者，官賞恩例與女直人同，仍許養馬，爲吏。

五月甲寅，擊毬于臨武殿，令都民縱觀。丙辰，樞密使宗浩罷。壬戌，幸玉泉山。戊寅，削尊長有罪卑幼追捕律。以直東上閤門劉頍爲横賜高麗使。

六月己卯，幸香山。乙酉，平章政事張萬公乞致仕。不許。辛卯，祈雨于北郊。己亥，用尚書省言，申明舊制，猛安謀克户每田四十畝樹桑一畝，毀樹木者有禁，鬻地土者有刑。其田多汙萊，人户闕乏，并坐所臨長吏。按察司以時勸督，有故慢者量決罰之，仍減牛頭税三之一。勅尚書省舉行風俗奢僭之禁。乙巳，初許諸科徵鋪馬、黄河夫、軍須等錢，折納銀一半，願納錢鈔者聽。丁未，詔有司修蓮花漏。

七月辛酉，禁放良人不得應諸科舉，子孫不在禁限。甲子，諭刑部官，凡上書人言及宰相者不得申省。乙丑，更定右選注縣令丞簿格。己巳，初禁廟諱同音字。

八月庚辰，初命户絶者田宅以三分之一付其女及女孫。戊子，特改授司空襄河間府路算注海世襲猛安。乙未，至自萬寧宮。丙申，宋遣使來報謝。壬寅，制猛安謀克並隸按察司，監察御史止按部糾舉，有罪則併坐監臨之官。詔推排西、北京、遼東三路人户物力。

九月戊申朔，天壽節，宋、高麗、夏遣使來賀。更定贍學養士法：生員，給民佃官田人六十畝，歲支粟三十石；國子生，人百八畝，歲給以所入，官爲掌其數。以右宣徽使徒單懷忠等爲賀宋生日使。甲寅，如秋山。丙子，至自秋山。

冬十月乙酉，祫享于太廟。戊子，平章政事張萬公乞致仕，不許。壬辰，御史臺奏：「在制，按察司官比任終遣官考覈，然後尚書省命官覆察之。今監察御史添設員多，宜分路巡行，每路女直、漢人各一人同往。」從之，仍勅分四路。丙申，御史大夫卞乞致仕，不許。戊戌，以武衛軍都指揮使司判官納合鉉爲高麗生日使。壬寅，勅有司，購遺書宜尚其價，以廣搜訪。藏書之家有珍惜不願送官者，官爲謄寫，畢復還之，仍量給其直之半。甲辰，以刑部員外郎完顏綱爲夏國生日使。

十一月庚戌，司空襄以下文武百官復請上尊號。不許。辛亥，勅尚書省，凡役衆勞民之事，勿輕行之。丁巳，諭工部曰：「比聞懷州有橙結實，官吏檢視，已嘗擾民，今復進柑，得無重擾民乎。其誡所司，遇有則進，無則已。」庚申，以殿前右衛將軍紇石烈七斤等爲賀宋正旦使。

十二月辛巳，勅改原廟春秋祭祀稱朝獻。司空襄以下復請上尊號。詔不允，仍斷來章。丁酉，司空襄等進《新定律令勅條格式》五十二卷，辛丑，詔頒行之。壬寅，獵于近郊。乙巳，初定廉能官升注格。

二年春正月丁未朔，宋、高麗、夏遣使來賀。乙卯，始朝獻于衍慶宮。庚申，幸芳苑觀燈。癸酉，歸德軍節度副使韓琛以强市民布帛，削一官，罷之。甲戌，如建春宮。

二月戊戌，初置內侍寄禄官。乙巳，還宮。

三月甲寅，初置宮苑司都、同監各一人。甲子，蔡王從彝母充等大師卒，詔有司定喪禮葬儀，事載《從彝傳》。

四月庚辰，幸昇國長公主第問疾。己亥，定遷三品官格。復撲買河濼法。辛丑，諭御史臺，諸訴事于臺，當以實上聞，不得輒稱察知。癸卯，如萬寧宮。命有司祈雨。

五月，戊申，如泰和宮。辛亥，初薦新于太廟。壬戌，諭有司曰：「金井捺鉢不過二三日留，朕之所止，一涼廈足矣。若加修治，徒費人力。其藩籬不急之處，用圍幕可也。」甲子，更泰和宮曰慶寧，長樂川曰雲龍。己巳，勅御史臺，京師拜廟及巡幸所過州縣，止令洒掃，不得以黄土覆道，違者糾之。

六月辛卯，諭尚書省，諸路禾稼及雨多寡，令州郡以聞。

七月辛亥，有司奏還宫日請用黄麾仗。不許。乙卯，朝獻于衍慶宫。

八月丙申，鳳凰見于磁州武安縣鼓山石聖臺。丁酉，還宫。皇子生。

九月壬寅朔，天壽節，宋、高麗、夏遣使來賀。甲寅，以拱衛直都指揮使完顔瑭等爲賀宋生日使，且戒之曰：「兩國和好久矣，不宜爭細故，傷大體。」癸亥，以皇子生，親謝南北郊。庚午，封皇子爲葛王。

冬十月戊寅，報謝于太廟及山陵。甲申，以鳳凰見，詔中外。丙戌，獵近郊。壬辰，遣尚輦局副使李仲元爲高麗國生日使。以宿直將軍紇石烈毅爲夏國生日使，瀛王府司馬獨吉温爲横賜使。

十一月甲辰，更定德運爲土，臘用辰。以西京留守宗浩爲樞密使。戊申，以更定德運，詔中外。庚申，初命外官三品到任進表稱謝。甲子，幸玉虚觀，遣使報謝于太清宫。

十二月癸酉，以皇子晬日，放僧道戒牒三千。以武安軍節度使徒單公弼等爲賀宋正旦使。戊寅，冬獵。庚辰，報謝于高禖。丁酉，還都。

閏月庚戌，司空襄薨。癸丑，初命監察御史非特旨不許舉官。辛酉，遣使報謝于北嶽。定人户物力隨時推收法。丁卯，遣使報謝于長白山。冬，無雪。

三年春正月辛未朔，宋、高麗、夏遣使來賀。癸酉，遣官祈雪于北嶽。丁丑，朝獻于衍慶宫。己卯，以樞密使宗浩爲尚書右丞相，右丞完顔匡爲左丞，參知政事僕散揆爲右丞，御史中丞孫即康、刑部尚書賈鉉並爲參知政事。庚辰，如建春宫。

二月癸丑，還宫。甲子，定諸職官省親拜墓給假例。

三月壬申，平章政事張萬公致仕。庚辰，如萬寧宫。丁亥，定從人銅牌賣毁罪賞制。庚寅，定職官應遷三品格，刺史以上及隨朝資歷在刺史以上身故者，每半年一次敷奏。甲午，如玉泉山。丙申，以殿前都點檢僕散端爲御史大夫。

四月乙巳，禘于太廟。勅點檢司，致仕官入宫，年高艱于步履者，並聽策杖，仍令舍人護衛扶之。丁巳，勅有司祈雨，仍頒土龍法。己未，命吏部侍郎李炳、國子司業蒙括仁本、知登聞檢院喬宇等再詳定《儀禮》。庚申，諭省司，宫中所用物，如民間難得，勿强市之。癸亥，尚書省奏，遣官分路覆實御史所察事。

五月壬申，以重五，拜天，射柳，上三發三中。四品以上官侍宴魚藻殿。以天氣方暑，命兵士甲者釋之。丙戌，以定律令、正土德、鳳凰來、皇嗣建，大赦。辛卯，皇子葛王薨。壬辰，定擅增減宫門鎖鑰罪。丙申，作太極宫。

六月，壬寅，詔選聰明方正之士爲修起居注。又詰點檢司，諸親軍所設教授及授業人若干，其爲教何法，通大義者幾人，各具以聞。戊申，定職官追贈法，惟嘗犯贓罪者不在追贈之列。

七月壬申，朝獻于衍慶宫。乙亥，定大臣薨百官奉慰禮。庚辰，獵于近郊。丁亥，上諭宰臣：「凡奏事，朕欲徐思或如己者，若除授事，可俟三五日再奏，餘並二十日奏之。」

八月丙辰，還宫。庚申，命編修官左容充宫教，賜銀、幣。

九月丙寅朔，天壽節，宋、高麗、夏遣使來賀。壬申，以刑部尚書承暉等爲賀宋生日使。戊子，以萬寧宫提舉司隸工部。壬辰，詔定千户謀克受隨處捕盜官公移，盜急，不即以衆應之者罪有差。召右丞相宗浩還朝。

冬十月壬子，右丞僕散揆至自北邊，丙辰，召至香閣慰勞之。以尚食局使師孝爲高麗生日使。庚申，尚書左丞完顔匡等進《世宗實録》。上降座，立受之。壬戌，以薊州刺史完顔太平爲夏國生日使。奉御完顔阿魯帶以使宋還，言宋權臣韓侂胄市馬厲兵，將謀北侵。上怒，以爲生事，笞之五十，出爲彰德府判官。及淮平陷，乃擢爲安國軍節度副使。丁卯，諭尚書省，士庶陳言皆從所司以聞，自今可悉令詣闕，量與食直，仍給官舍居之。其言切直及繫利害重者，並三日内奏聞。

十一月辛未，以簽樞密院事獨吉思忠等爲賀宋正旦使。丁丑，冬獵，以獲兔，薦山陵。甲午，詔監察等察事可二年一出。

十二月庚子，諭宰臣曰：「賀正宋使且至，可令監察隨之，以爲常。」壬寅，還都。己酉，賜天長觀額爲太極宫。辛亥，詔諸親王、公主每歲寒食、十月朔聽朝謁興、裕二陵，忌辰亦如之。癸丑，詔遣監察御史分按諸路，所遣者女直人，即以漢人朝臣偕，所遣者漢人，即以女直朝臣偕。戊午，勅行宫名曰光春，其朝殿曰蘭皋，寢殿曰輝寧。

《金史》卷一二《章宗紀四》 四年春正月乙丑朔，宋、高麗、夏遣使來賀。丁卯，諭外方使人不得佩刀入宫。庚午，幸豫王永成第視疾。辛未，如光春宫春水。壬申，陰霧，木冰。丁丑，行尚書省奏，宋賀正使還至慶都卒。詔遣防禦使女奚烈元往祭，致賻絹布各二百二十疋，仍命送伴使張雲護喪以歸。豫王永成薨。辛卯，高麗國王王晫没，嗣子祦遣使來告哀。

二月乙未朔，還宫。丁酉，以山東、河北旱，詔祈雨東、北二嶽。己亥，命購豫王永成遺文。庚戌，始祭三皇、五帝、四王。癸丑，詔刺史、州郡無宣聖廟學者並增修之。

三月丁卯，日昏無光，大風毁宣陽門鴟尾。癸酉，命大興府祈雨。戊寅，幸太極宫。詔定前代帝王合致祭者。尚書省奏：「三皇、五帝、四王，已行三年一祭之禮。若夏太康、殷太甲、太戊、武丁，周成王、康王、宣王，漢高祖、文、景、武、宣、光武、明帝、章帝，唐高祖、文皇一十七君致祭爲宜。」從之。乙酉，祈雨于北郊。丁亥，如萬寧宫。壬辰，祈雨于社稷。遼陽府判官斜卯劉家以上書論列朝臣，削官一階，罷之。

夏四月丙申，詔定縣令以下考課法。己亥，祈雨于太廟。庚子，增定關防姦細格。丙午，定衣服制。以祈雨，望祀嶽鎮海瀆于北郊。癸丑，祈雨于社稷。甲寅，以久旱，下詔責躬，求直言，避正殿，減膳撤樂，省御廄馬，免旱災州縣徭役及今年夏税。遣使審繫囚，理冤獄。乙卯，宰臣上表待罪。詔答曰：「朕德有愆，上天示異。卿等各趨乃職，思副朕懷。」戊午，以西上閤門使張偁等爲故高麗國王王晫勅祭使，東上閤門使石慤等爲高麗國王王韺慰問起復横賜使。庚申，祈雨于太廟。壬戌，萬寧宫端門災。

五月乙丑，祈雨于北郊。有司請雩，詔三禱嶽瀆社稷宗廟，不雨，乃行之。癸酉，平章政事徒單鎰、尚書左丞完顔匡罷。甲戌，雨。乙亥，百官上表請御正殿，復常儀。乙酉，謝雨于宗廟。丁亥，報祀社稷。汰隨朝冗官。定省令史闕決公務，詭稱已禀，擅退六部、大理寺法狀及妄有所更易者罪。辛卯，報謝嶽鎮海瀆。

六月壬辰朔，罷兼官俸給。壬寅，復行吏目移轉法。乙巳，始祭中霤。戊申，罷惠、川、高三州，秀巖、灤陽、徽川、咸寧、金安、利民六縣，及北京宫苑使，諸羣牧提舉，居庸、紫荆、通會三關使，西北路鎮防一十三千户，諸路醫學博士。壬子，司天臺長行張翼進《天象傳》。

秋七月丁卯，定申報盜賊制。戊辰，朝獻于衍慶宫。庚午，幸望京甸。壬申，如萬寧宫。甲戌，罷限錢法。甲申，改葬鎬王永中于威州。

八月，大理丞姬端修、司直温敦按帶論奏知大興府事紇石烈執中，坐所言不當，各削一官，罷職。丁酉，以尚書右丞相宗浩爲左丞相，右丞僕散揆爲平章政事，參知政事孫即康爲尚書右丞，御史大夫僕散端爲左丞，吏部尚書獨吉思忠爲參知政事。庚子，詔完顔綱、喬宇、宋元吉等編類陳言文字，其言涉宫庭，若大臣、省臺、六部，各以類從，凡二千卷。辛丑，以西京留守崇肅爲御史大夫。癸卯，更定閤門祗候出職格。先是以天旱詔求直言。至是尚書省奏：「河南府盧顯達、汝州王大材所陳，言涉不遜，請以情理切害論其罪。」從之，仍徧諭中外。命諸路學校生徒少者罷教授，止以本州、府文資官提控之。丁未，以安州軍事判官劉常言，諸按察司體訪不實，輒加糾劾者，從故出入人罪論，仍勒停。若事涉私曲，各從本法。辛亥，還宫。乙卯，以知真定府事完顔昌等爲賀宋生日使。丁巳，幸太極宫。弛圍場遠地禁，縱民耕捕樵採。減教坊長行五十人，渤海教坊長行三十人，文繡署女工五十人。出宫女百六十人。

九月庚申朔，天壽節，宋、高麗、夏遣使來賀。丙寅，如薊州秋山。壬申，定屯田户自種及租佃法。

冬十月甲午，定私鹻法。丙申，詔親軍三十五以下令習《孝經》、《論語》。癸卯，至自秋山。甲寅，以提點尚衣局完顔夔爲夏國生日使。

十一月丁卯，以殿前右副都點檢烏林荅毅等爲賀宋正旦使。癸酉，木冰，凡三日。丁丑，定收補承應人格。

十二月己丑朔，新平等縣虸蚄蟲生。己亥，左丞相宗浩等請上尊號。不許。辛丑，勅陝西、河南饑民所鬻男女，官爲贖之。乙卯，百官再表乞受尊號。不許。

五年春正月己未朔，大雪。宋、高麗、夏遣使來賀。庚申，謁衍慶宫。乙丑，幸太極宫。丁卯，如光春宫春水。壬申，朝獻于衍慶宫。乙亥，詔有司，自泰和三年郡縣三經行幸、民嘗供億者，賜今年租税之半。丁丑，次霸州。調山東、河北軍夫改治漕渠。

二月己丑朔，諭按察司：「近制以鎮静而知大體爲稱職，苛細而闇於大體爲不稱。由是各路按察以因循爲事，莫思舉刺，郡縣以貪黷相尚，莫能畏戢。自今若糾察得實，民無冤滯，能使一路鎮静者爲稱職。其或煩紊使民不得伸愬者，是爲曠廢。」癸巳，定鞫勘官受飲宴者罪。己亥，如建春宫。甲寅，制盜用及僞造都門契者罪，視宫城門減一等。

三月庚申，還宫。癸亥，更定兩税輸限。乙丑，宋兵入秦川界。庚午，親王、百官請上尊號，不許。甲戌，諭有司，進士名有犯孔子諱者避之，仍著爲令。命給米諸寺，自十月十五日至次年正月十五日作糜以食貧民。戊寅，罷獄空錢。辛巳，宋兵入鞏州來遠鎮。唐州得宋諜者，言韓侂胄屯兵鄂、岳，將謀北侵。

四月戊子朔，如萬寧宮。癸巳，命樞密院移文宋人，依誓約撤新兵，毋縱入境。壬子，定隨路轉運司及府官每季檢視庫物法。

五月甲子，以平章政事僕散揆爲河南宣撫使，籍諸道兵以備宋。癸酉，詔定遼東邑社人數。戊寅，更定檢、知法勒留格。己卯，如慶寧宮。制司屬丞凡遭父母喪止給卒哭假，爲永制。甲申，宋人入漣水縣。

六月戊子，復漣水縣。丁酉，制定本朝婚禮。更定鬻米麪入外界法。己酉，制鎮防軍逃亡致邊事失錯、陷敗户口者罪。甲寅，詔拜禮不依本朝者罰。召諸大臣問備宋之策，皆以設備養惡爲言。上以南北和好四十餘載，民不知兵，不忍先發。

七月戊辰，如錦屏山。壬申，朝獻于衍慶宮。乙亥，宣撫使揆奏定姦細罪賞法。丙子，定圍場誤射中人罪。壬午，詔諸縣盜賊多所選注巡尉。

八月辛卯，詔罷宣撫司。時宋殿帥郭倪、濠州守將田俊邁誘虹縣民蘇貴等爲間，河南將臣亦屢縱諜，往往利俊邁之賂，反爲遊說。皆言宋之增戍，本虞他盜，及聞行臺之建，益畏讋不敢去備，且兵皆白丁，自裹糧糒，窮蹙飢疫，死者十二三，由是中外信之。宣撫司以宋三省、樞密院及盱眙軍牒來上，又皆鐫黜邊臣爲辭。宣撫使揆因請罷司，從之。揆又奏罷臨洮、德順、秦、鞏新置弓箭手。

閏月乙卯朔，罷典衛司。丙子，還宮。

九月甲申朔，天壽節，宋、高麗、夏遣使來賀。以河南路統軍使紇石烈子仁等爲賀宋生日使。戊戌，宋兵三百攻比陽寺莊，副巡檢阿里根寺家奴死之。甲辰，宋人焚黄澗，虜巡檢高顥。

冬十月庚申，以刑部員外郎李元忠爲高麗生日使。丁丑，宋人襲比陽，唐州軍事判官撒覩死之。

十一月乙酉，宋人入内鄉，攻洛南之固縣，商州司獄壽祖追至丹河，擊敗之。己丑，以太常卿趙之傑等爲賀宋正旦使。癸巳，山東闕食，賜錢三萬貫以賑之。乙未，初定武舉格。丁酉，詔山東、陝西帥臣訓練士卒，以備非常。仍以銀十五萬兩分給邊帥，募民偵伺。復遣武衛軍副都指揮使完顏太平、殿前右衛副將軍蒲察阿里赴邊，伺其入，伏兵掩之。戊戌，大雪，免朝參。己亥，更定宫中局、署承應收補格。宋吴曦擁衆興元，欲窺關、隴，皇甫斌益募兵擾淮北，所掠即以與之，使自爲戰。

六年春正月癸未朔，宋、高麗、夏遣使來賀。丁亥，宋使陳克俊等朝辭。遣御史大夫孟鑄就館諭克俊等曰：「大定初，世宗皇帝許宋世爲姪國，朕遵守遺法，和好至今。豈意爾國屢有盜賊犯我邊境，以此遣大臣宣撫河南軍民。及得爾國有司公移，稱已罷黜邊臣，抽去兵卒，朕方以天下爲度，不介小嫌，遂罷宣撫司。未幾，盜賊甚于前日。比來羣臣屢以爾國渝盟爲言，朕惟和好歲久，委曲涵容。恐姪宋皇帝或未詳知。若依前不息，臣下或復有云，朕雖兼愛生靈，事亦豈能終已。卿等歸國，當以朕意具言之汝主。」辛卯，朝享于衍慶宮。丙申，宋興元守將吴曦遣兵圍抹熟龍堡，部將蒲鮮長安擊走之，斬其將。辛丑，更定保伍法。癸卯，始以沿河縣官兼管勾漕河事，州、府官兼提控。丁未，如春水。庚戌，宋人入撒牟谷。陝西統軍判官完顏摑剌、鞏州兵馬鈐轄完顏七斤約宋西和州守將會境上。俄伏發，爲所襲，木波部長趙彦雄等七人死焉。摑剌馬陷淖中，中流矢，七斤僅以身免。

二月甲戌，御史中丞孟鑄言：「提刑改爲按察司，又差官覆察，權削而望輕，非便。」參知政事賈鉉曰：「按察司既差監察體訪，復遣官覆察之，誠爲繁冗。請自今差監察時即遣官與俱，更不覆察。」從之。

三月甲午，尚書省奏，商州刺史烏古論兖州請賻押軍官與南兵戰没者，又奏遷右振肅蒲察五斤官，皆從之。明昌初，五斤嘗爲奉御，出使山東，至河間，以百姓飢，輒移提刑司開倉賑之，還具以聞。上初甚悦。太傅徒單克寧言：「陛下始親大政，不宜假近侍人權，乞正專擅之罪。」詔杖之二十。克寧又以爲言，乃罷之。後上思之，由泰州都軍召爲振肅。己亥，如萬寧宮。甲辰，勅尚書省：「祖父母、父母無人侍養，而子孫遠遊至經歲者，甚傷風化，雖舊有徒二年之罪，似涉太輕。其考前律，再議以聞。」己酉，宋人攻靈璧，南京按察使行部至縣，匿民舍得免。

四月丙辰，宋人圍壽春。壽春告急于亳，同知防禦使賢聖奴將步騎六百赴之，乃退。癸亥，尚書省奏：「河南統軍司言，統軍使紇石烈子仁等遣嚴整、閻忠、周秀輩入襄陽，覘敵陰事。還言皇甫斌遣兵四萬規取鄧，以我叛人田元爲鄉導，三萬人規取唐，以張真、張勝爲鄉導，俱授統領官，故不敢無備。乃聚鄭、汝、陽翟之兵于昌武，以南京副留守兼兵馬副都總管紇石烈毅統之，聚亳、陳、襄邑之兵于歸德，以河南路副統軍徒單鐸統之，而自以所部兵駐汴。及擬山東東、西路軍七千付統軍紇石烈執中駐大名，河北東、西路軍萬七千屯河南，皆給以馬，有老弱者易其人。」皆從之。甲子，宋人攻天水界，乙丑，入東柯谷，部將劉鐸戰敗之。丙寅，詔平章政事僕散揆領行省于汴，許以便宜從事。升諸道統軍司爲

兵馬都統府，以山東東、西路統軍使紇石烈執中爲山東西路兵馬都統使，定海軍節度使、副都統軍使完顏撒剌副之，陝西統軍使充爲陝西五路兵馬都統使，通遠軍節度使胡沙、知臨洮府事石抹仲溫副之。河南皆聽揆節制如故。盡徵諸道籍兵。辛未，宋吳曦攻來遠鎮之蘭家嶺。丙子，詔内外職官納馬各有數。丁丑，宋人入新息、内鄉，又入泗州。戊寅，入褒信。己卯，入虹縣。庚辰，入潁上。

五月壬午，宋李爽圍壽州，田俊邁入蘄縣，秦詵攻蔡州。防禦使完顏佛住敗之。又入金城海口，殺長山尉，執二巡檢以去。丙戌，以宋畔盟出師，告于天地太廟社稷。丁亥，親告于衍慶宫。戊子，平章政事僕散揆兼左副元帥，陝西兵馬都統使充爲元帥右監軍，知真定府事烏古論誼爲元帥左都監。辛卯，以征南詔中外。賜唐州刺史吾古孫兀屯、總押鄧州軍馬事完顏江山爵各二級，蔡州防禦使完顏佛住爵一級，餘賞賚有差。又以非嚴畫上變，必爲所誤，授整嵩州巡檢使，賜爵八級，錢二百萬。上以宋兵方熾，東北新調之兵未集，河南之衆不足支，命河北、大名、北京、天山之兵萬五千屯真定，河間、清、獻等以爲應。壬辰，諭尚書省：「今國家多故，凡言軍國利害，五品以上官以次奏陳，朕將親問之。六品以下則具帖子以進。」癸巳，山東路災，赦死罪已下。以樞密副使完顏匡爲右副元帥。宋田俊邁攻宿州，安國軍節度副使納蘭邦烈等出兵擊之。邦烈中流矢，宋郭倬、李汝翼以衆繼至，遂圍宿州。壬寅，納蘭邦烈等擊敗之，俊邁退保于蘄。癸卯，執俊邁于蘄。甲辰，皇甫斌攻唐州，刺史吾古孫兀屯拒之，行省遣泌陽副巡檢納合軍勝來援，遂擊敗之。

六月辛亥朔，左丞僕散端以母憂罷。平章政事揆報蘄之捷，并送所獲宋將田俊邁至闕。上降詔褒諭，賜紇石烈貞、納蘭邦烈、史扢搭等爵賞有差。宋將李爽以兵圍壽州，刺史徒單羲拒守，踰月不能下。壬子，河南統軍判官乞住及買哥等以兵來援，羲出兵應之，爽大敗，同知軍州事蒲烈古中流矢死。乙卯，初置急遞鋪，腰鈴轉遞，日行三百里，非軍期、河防不許起馬。定軍前差發受贓罪。除飛蝗入境雖不損苗稼亦坐罪法。丁巳，詔彰德府，宋韓侂胄祖琦墳毋得損壞，仍禁樵採。庚申，右翼都統完顏賽不敗宋曹統制于溱水。辛酉，詔有司，有宋宗族所居，各具以聞。長官常加提控。壬戌，平章政事揆報壽州之捷。戊辰，詔升壽州爲防禦，免今年租税諸科名錢，釋死罪以下。以徒單羲爲防禦使。贈蒲烈古昭勇大將軍，賜錢三百貫，官其子圖剌。擢乞住同知昌武軍節度使事，買哥河南路統軍判官。都統賽不、副統蒲鮮萬奴各進爵一級，賜金幣有差。乙亥，宋吳曦攻鹽川，戍將完顏王喜敗之。

秋七月癸未，宋商榮復攻東海，縣令完顏卞僧復敗之。還，中伏矢死，贈海州刺史，以銀五百兩，絹百疋給其家，仍官其一子。甲申，朝獻于衍慶宫。丁亥，勑翰林直學士陳大任妨本職專修《遼史》。甲午，宋統制戚春以舟師攻邳州，刺史完顏從正敗之，春赴水死，斬其副夏統制。吳曦兵五萬入秦州，陝西路都統副使承裕等敗之。丙申，夏國王李純佑廢，姪安全立，遣使奉表來告。詔禁賣馬入外境，但至界欲賣而爲所捕即論死。

八月庚戌，山東帥來報邳州之捷。乙卯，以羌酋青宜可爲疊州副都總管。丙寅，左丞僕散端起復前職。詔設平南諸將軍。辛未，宋程松襲取方山原，蒲察貞破走之。甲戌，至自萬寧宫。乙亥，赦唐、鄧、潁、蔡、宿、泗六州，免來年租税三分之一。

九月己卯朔，天壽節，高麗遣使來賀。辛巳，元帥右都監蒲察貞取和尚原，臨洮蕃部遵寧獻芻粟、戰馬以助軍。丙戌，幸香山。庚寅，勑行尚書省，有方略出衆、武藝絶倫、才幹辦事、工巧過人者，其招選之。甲午，參知政事賈鉉乞致政，不許。戊戌，尚書左丞僕散端行省于汴。己亥，尚書户部侍郎梁鏜行六部尚書事於山東。辛丑，遣尚書左司郎中溫迪罕思敬册李安全爲夏國王。甲辰，宋吳曦將馮興、楊雄、李珪等入秦州，陝西都統副使承裕等擊破之，斬楊雄、李珪。

冬十月戊申朔，平章政事僕散揆督諸道兵伐宋。庚戌，揆以行省兵三萬出潁、壽，河南路統軍使紇石烈子仁以兵三萬出渦口，元帥匡以兵二萬五千出唐、鄧，左監軍紇石烈執中以山東兵二萬出清口，右監軍充以關中兵一萬出陳倉，右都監蒲察貞以岐、隴兵一萬出成紀，蜀漢路安撫使完顏綱以漢、蕃步騎一萬出臨潭，臨洮路兵馬都總管石抹仲溫以隴右步騎五千出鹽川，隴州防禦使完顏璘以本部兵五千出來遠。甲子，獵于近郊。

十一月戊寅朔，詔定諸州府物力差役式。壬午，完顏匡攻下棗陽。乙酉，詔屯田軍户與所居民爲婚姻者聽。丁亥，僕散揆克安豐軍，取霍丘縣。紇石烈執中克淮陰，遂圍楚州。己丑，尚書省奏，減朝官及承應人月俸折支錢。庚寅，完顏匡克光化軍及神馬坡。壬辰，僕散揆次廬江。宋督視江淮兵馬事丘崈遣劉祐來乞和。紇石烈子仁克定遠縣。乙未，完顏匡取隨州。丙申，紇石烈子仁克滁州。戊戌，詔諸路行用小鈔。完顏匡圍德安，別以兵徇下安陸、應城、雲夢、孝感、漢川、荆山等縣。庚子，初定茶禁。完顏綱圍祐州，降之。宋丘崈遣林拱持

書乞和。辛丑，完顔匡攻襄陽，破其外城。僕散揆克含山，蒲察貞克天水，紇石烈子仁徇下來安、全椒二縣。壬寅，完顔綱徇下荔川、閭川等城。癸卯，丘崈復遣宋顯等以書幣乞和。乙巳，完顔綱克宕昌。丙午，蒲察貞克西和州。

十二月丁未朔，完顔匡克宜城，僕散揆攻和州，史扢搭中流矢死。壬子，完顔綱次大潭縣，降之。蒲察貞克成州。癸丑，宋太尉、昭信軍節度使、四川宣撫副使吴曦納款于完顔綱。戊午，右監軍充攻下大散關。己未，紇石烈子仁克真州，丘崈復遣陳壁等奉書乞和。辛酉，右監軍充遣兀顔抄合以兵趣鳳州，城潰入焉。完顔綱遣京兆録事張仔會吴曦于興州之置口。曦具言所以歸朝之意，仔請以告身爲報，盡出以付之，仍獻階州。乙丑，初設都提控急遞鋪官。平章政事僕散揆班師。完顔綱以朝命，假太倉使馬良顯齎詔書、金印立吴曦爲蜀王。戊辰，蒲察貞以西和、天水等捷來報。完顔匡進所掠女子百人。己巳，曦遣其果州團練使郭澄、提舉仙人關使任辛奉表及蜀地圖志、吴氏譜牒來上。壬申，詔完顔匡權尚書右丞，行省事，右副元帥如故。以紇石烈執中縱下虜掠，遣近臣杖其經歷阿里不孫等，仍詔放還所掠。

七年春正月丁丑朔，高麗、夏遣使來賀。完顔匡進攻襄陽。戊寅，勅宰臣舉材幹官同議南征事。辛巳，詔御史大夫崇肅、同判大睦親府事徒單懷忠、吏部尚書范楫、户部尚書高汝礪、禮部尚書張行簡、知大興府事温迪罕思齊等十有四人同對于慶和殿。壬午，詔百官及前十四人同對于廣仁殿。甲申，朝獻于衍慶宫。乙酉，贈故壽州死節軍士魏全宣武將軍、蒙城令，封其妻鄉君，子俟年至十五收充八貫石正班局分承應，仍賜錢百萬。初，李爽圍壽州，刺史義募人往斫敵營，全在選中，而爲敵所執。敵令罵義則免，全陽許，及至城下，反罵敵，遂殺之。至死罵不絶聲，故有是恩。戊子，召完顔綱赴闕。庚寅，僕散揆還駐下蔡而病。丙申，以左丞相宗浩兼都元帥，行省于南京以代揆。己亥，有司奏更定茶禁。辛丑，完顔匡取穀城。

二月丙辰，赦鳳、成、西和、階、山五州。丁巳，詔追復永中、永蹈王爵。宋知樞密院張巖遣方信孺以書詣平章政事揆、左丞端乞和。己未，獵于近郊。完顔匡克荆門軍。癸亥，如建春宫。吴曦遣使奉三表來：謝封爵，陳誓言，賀全蜀内附。丙寅，還宫。戊辰，平章政事兼左副元帥僕散揆薨于軍。癸酉，遣同知府事术虎高琪等册吴曦爲蜀國王。判平陽府事衛王永濟改武定軍節度使，兼奉聖州管内觀察使。是月，蜀國王吴曦爲宋臣安丙所殺。

三月戊子，幸太極宫。庚寅，詔撫諭陝西軍士。壬辰，初定蟲蝻生發地主及鄰主首不申之罪。宋復攻破階州。癸巳，復攻破西和州。乙未，宣撫副使完顔綱至鳳翔，詔撤五州之兵，分保要害，綱召諸軍還。庚子，以完顔匡爲左副元帥。壬寅，如萬寧宫。甲辰，幸西園。

夏四月壬子，遣宫籍副監楊序爲横賜高麗王使。癸丑，宋人攻破散關，鞏州鈐轄兀顔阿失死之。丙辰，以紇石烈子仁爲右副元帥。戊辰，詔元帥府分遣諸將遊奕淮南諸州。癸酉，復下散關。

五月己卯，幸東園射柳。己丑，幸玉泉山。丙申，宋知樞密院事張巖復遣方信孺以書至都元帥府，增歲幣乞和。四川安撫使安丙遣西和州安撫使李孝義率步騎三萬攻秦州，圍皂角堡。术虎高琪以兵赴之，七戰而解其圍。是月，放宫女二十人。

六月乙巳朔，詔朝官六品、外官五品以上，及親王舉通錢穀官一人。不舉者罰，舉不當者論如律。己酉，以山東盜，制同黨能自殺捕出首官賞法。戊午，烏古論誼爲元帥左監軍，完顔撒剌爲元帥左都監。乙丑，遣使捕蝗。

秋七月庚辰，朝獻于衍慶宫。壬午，詔民間交易、典質，一貫以上並用交鈔，毋用錢。乙酉，勅尚書省，自今初受監察者令進利害帖子，以待召見。甲午，左副元帥匡至自許州。乙未，詔覈西夏人口，盡贖放還，敢有藏匿者以違制論。

八月戊申，宋張巖復遣方信孺齎其主誓書藁來乞和。庚戌，割汝州襄城縣于許州。戊辰，至自萬寧宫。

九月甲戌朔，天壽節，高麗、夏遣使來賀。左丞相兼都元帥宗浩薨于軍。甲申，定西、北京、遼東鹽司判官諸場管勾增虧升降格。以尚書左丞僕散端爲平章政事，封申國公；左副元帥完顔匡爲平章政事兼左副元帥，封定國公。丙戌，獵于近郊。壬辰，還宫。戊戌，更定受制忘誤及誤寫制書事重加等罪。壬寅，勅女直人不得改爲漢姓及學南人裝束。

冬十月甲辰，詔應廕之家，旁正廕足，其正廕者未出官而亡，許補廕一人。辛亥，以武庫令术甲法心爲高麗生日使。丙辰，獵于近郊。己巳，詔定隨軍遷賞格。辛未，陝西宣撫使徒單鎰分遣副統把回海攻下蘇嶺關。是月，定南征將士功賞格。

十一月癸酉，詔新定學令内削去薛居正《五代史》，止用歐陽修所撰。是日，都統押剌拔鶻嶺關、新道口，副統回海取小湖關、敖倉，進至營口鎮，遂取其城。

丙子，宋韓侂冑遣左司郎中王柟以書來乞和，請稱伯，復增歲幣，犒軍錢，誅蘇師旦函首以獻。丙戌，上聞陝州防禦使紇石烈子孫禁民糴，命尚書省罪之。壬辰，宋參知政事錢象祖以誅韓侂冑移書行省。甲午，獵于近郊。戊戌，參知政事賈鉉罷。詔完顏匡檄宋，函侂冑首以贖淮南故地。

十二月壬寅朔，《遼史》成。丙午，以符寶郎烏古論福齡爲夏國生日使。戊午，詔策論進士免試弓箭、擊毬。庚申，以尚書右丞孫即康爲左丞，參知政事獨吉思忠爲右丞，中都路都轉運使孫鐸爲參知政事。

八年春正月辛未朔，高麗、夏遣使來賀。壬申，朝謁于衍慶宮。癸酉，收毁大鈔，行小鈔。以元帥左都監完顏撒剌爲參知政事。乙亥，宋安丙遣兵襲鶻嶺關，副統把回海、完顏撾剌擊走之，斬其將景統領。丙子，左司郎中劉昂、通州刺史史肅、監察御史王宇、吏部主事曹元、吏部員外郎徒單永康、太倉使馬良顯、順州刺史唐括直思白坐與蒲陰令大中私議朝政，皆杖之。癸未，如春水。丙戌，如光春宮。

二月乙巳，宋參知政事錢象祖遣王柟來，以書上行省，復請川、陝關隘。甲寅，如建春宮。庚申，諭有司曰：「方農作時，雖在禁地亦令耕種。」己巳，還宮。

三月丁亥，幸瀛王第視疾。庚寅，以與宋和，諭尚書省。壬辰，宰臣上表謝罪。甲午，瀛王從憲薨。乙未，上親臨祭。

夏四月，戊申，禘于太廟。庚戌，如萬寧宮。甲寅，以北邊無事，勅尚書省，命東北路招討司還治泰州，就兼節度使，其副招討仍置于邊。詔諭有司，以苗稼方興，宜速遣官分道巡行農事，以備蟲蝻。詔更定猛安謀克承襲程試格。宋錢象祖復遣王柟以書上行省。庚申，詔諸路按察司歲賜公用錢。

閏月辛未，諭尚書省曰：「翰林侍講學士蒲察畏也言，使宋官當選人，其言甚當。彼通謝使雖未到闕，其報聘人當先議擇。此乃更始，凡有禮數，皆在奉使。今既行之，遂爲永例，不可不慎也。」甲戌，制諸州府司縣造作，不得役諸色人匠。違者準私役之律，計傭以受所監臨財物論。甲申，定承應人收補年甲格。甲午，雨雹。定保甲軍殺獲南軍官賞。乙未，宋獻韓侂冑等首于元帥府。

五月丁未，御應天門，備黄麾立仗，親王文武合班起居。中路兵馬提控、平南撫軍上將軍紇石烈貞以宋賊臣韓侂冑、蘇師旦首獻，并奉元帥府露布以聞。懸其首并畫像于市，以露布頒中外。丙辰，平章政事匡至自軍。己未，更元帥府爲樞密院。癸亥，詔移天壽節於十月十五日。丁卯，遣使分路捕蝗。

六月癸酉，宋通謝使朝議大夫、試禮部尚書許奕，福州觀察使、右武衛上將軍吴衡等奉其主書入見。甲戌，謁謝于衍慶宮。癸未，以許宋平，詔中外。免河南、山東、陝西等六路今年夏税，河東、河北、大名等五路半之。丁亥，以元帥左都監烏古論誼爲御史大夫。戊子，飛蝗入京畿。乙未，定服飾明金象金制。丁酉，以左副都點檢完顏侃爲宋諭成使，禮部侍郎喬宇副之。

秋七月，庚子，詔更定蝗蟲生發坐罪法。乙巳，朝獻于衍慶宮。詔頒《捕蝗圖》于中外。戊申，宋使朝辭，致答通謝書及誓書于宋主。

八月壬申，更定遼東行使鈔法。癸酉，如建春宮。己丑，以户部尚書高汝礪等爲宋生日使。庚寅，如秋山。

九月甲子，遣吏部尚書賈守謙等一十三人與各路按察司官推排民户物力。乙丑，至自秋山。

冬十月辛未，以吏部郎中郭郛爲高麗生日使。辛巳，宋、高麗、夏遣使來賀。夏國有兵，遣使來告。癸未，更定安泊强竊盜罪格。辛卯，以軍民共譽爲廉能官條附善最法。

十一月丁酉朔，詔諸路按察使並兼轉運使。初設三司使，掌判鹽鐵、度支、勸農事。以樞密使紇石烈子仁兼三司使。癸卯，詔戒諭尚書省曰：「國家之治，在於紀綱。紀綱所先，賞罰必信。今迺上自省部之重，下逮司縣之間，律度弗循，私懷自便。遷延曠歲，苟且成風，習此爲恒，從何致理。朝廷者百官之本，京師者諸夏之儀。其勗自今，各懲已往，遵繩奉法，竭力赴功。無枉撓以循情，無依違而避勢，壹歸于正，用範乃民。」是日，御臨武殿試護衛。丁未，勅諭臨潢泰州路兵馬都總管承裔等修邊備。

乙卯，上不豫。丙辰，崩于福安殿，年四十一。大安元年春正月，謚曰憲天光運仁文義武神聖英孝皇帝，廟號章宗。二月甲申，葬道陵。

宇文懋昭《大金國志》卷一九《章宗皇帝上》 章宗皇帝名璟，世宗皇帝孫，顯宗允恭之子也。幼好學，善屬文，寬裕温和，朝野屬望。母趙氏，即故降授千牛衛將軍鄆王楷之幼女。世宗時封原王，爲正嫡孫，遂得立爲嗣。居春宮未及二年，而世宗崩，正月甲午，即皇帝位，大赦天下，改元。

明昌元年時宋光宗紹熙元年也。二月，文武百官各增二級。甲辰，祀上帝于南郊。乙巳，享大社。丙午，享太廟。

三月，賜高年孝悌力田者粟帛有差，鰥寡孤獨優加賑恤。遣大臣巡視天下風俗。

四月，翰林學士兼樞密院張克己參知政事，以有建儲之勳也。

左僕射知中書省孛詰烈加太保，同知中書省王昌禹爲右僕射，直學士吴與權兼侍中。

夏國入寇嵐州，又寇石州。

明昌二年時宋紹熙二年也。正月，加上太后趙氏尊號曰壽福，御宣華殿，集百官及宫人、内外命婦，大列妓樂，又縱諸伶人百端以爲戲樂。

三月，拜經童爲相。經童者，僧童也。

五月，封監女爲(貴)妃。監女者，大金有宫監，凡用兵所擄婦女，良者皆入此監，以爲奴婢所不齒者。是時，内庭之事惟貴妃之言，外庭之事惟乙兒李點檢之説。于是朝綱不正，軍民胥怨。

回鶻國遣使來貢。

西夏陷鄜、坊州，又攻保安軍。

明昌三年時宋紹熙三年也。二月，内侍江淵除内都知省，淵益恃恩用事。主之登極也，尊禮大臣，事不自決。召朝臣文學者及禮學官于宫宴會，令以經義相質，手筆(措)〔指〕問。酒酣，各賦詩，盡懽。淵出入宫掖，大受四方饋遺，國體始弱矣。

明昌四年時宋紹熙四年也。十月，誅鄭王允蹈，世宗第六子，于屬爲叔。先是允恭太子既薨，允蹈次長當立，樞密院張克己以宫僚私意，贊立太孫。然允蹈性寬厚，母亦趙氏，遠避恩寵，中外無黨，世家稱其局量，諸武將謂其有外家風，不甚附之。太孫既立，每見之有愧色。是時，主日久酣飲，外間章奏不許通，京師謡言云：「東欲行，西欲飛，中間一路赤垂垂，我醉不醉，知不知。」完顔高、完顔志同見人心危疑，且聞主嘗憾之密謀立鄭王，而鄭王實不知也。其妹夫唐适蒲刺兄察爲統軍，與高等相〔得〕，會于菩提寺，高泣謂察曰：「皇帝昏惑，不能君道，公可與弟同達意于鄭王。」王亦許之。由是謀議漸廣，高從兄爲中山守，志同弟志寧爲從中起。内侍俞三德素惡江淵，高密結之，伺主動静爲應。會唐适家二奴以資易馬與張衛，爲适所逐，具送大興府鞭之。适婢春英先與張通，适不知也。一日，婢立于看位，見張從外來，隔窗呼之與語，告以駙馬與衆謀立鄭王，二奴詣大興告變，大興尹蕭宗裔送二奴各囚一所，責狀言之皆同，遂密奏。主時與鄭宸妃、張婕妤皆醉卧未興，申漏〔下〕六刻，江淵以水沃面，徐告其故，夜遣東(墜)〔隊〕主李白曜、西(墜)〔隊〕主張飛龍、御前將軍完顔黑鐵分兵擒捕，置獄會同館。獄成，鄭王允蹈及駙馬都尉唐适蒲刺、同母妹新興公主、滎安公主並賜死，餘同逆者夷三族。

其誅鄭王詔書曰：「天下一家，詎可窺于神器？公族三宥，卒莫逭于常刑。非忘本根骨肉之情，蓋爲宗社安危之計。亦由涼德，有失睦親，乃于間歲之中連致逆謀之起，恩以義掩，至于重典之亟行，天高聽卑，殆非此心之得已。興言及此，惋嘆奚窮。」

是時，主淫佚自用，聽讒多疑，既誅允蹈，又黜其伯允中于平陽。

明昌五年時宋紹熙五年也。正月，大通節度使愛王大辨據五國城以叛。

初，大辨鄭王允蹈之子也。允蹈二子，大辨居長，年十六，明斷果決，封遂寧郡王。明昌初，遷愛王。大辨居閒，常説其父曰：「太孫既立，大人處嫌疑之地，宜思避禍，不如乞外鎮可以自安。」允蹈不從。然東宫〔僚〕黨以其性寬〔大〕，不疑。太妃與允蹈母爲姊妹，每相慈愛，張克己等獨以大辨爲疑。方大辨之生也，其母蕭氏夢一人乘馬持刀自南至，稱云，南紹興主遣來。覺而與其姑言之，及生，趙(王)〔氏〕捧之而泣曰：「汝自南來邪？」尤鍾愛撫育。世宗以其母死，俾在趙貴人處，年十二始遣出。會蒙人累寇邊，大臣議遣親王統兵鎮撫，大辨乃請行，世宗以其年弱，不許。完顔赤曰：「愛王雖年少，然志氣明決，度必可任。」遂遣之。至鎮，大得諸夷之心。及允蹈之誅也，其奴樵夫者急遣人往報愛王，使爲備。越三日，以密詔令五國副都統耶律康孫圖之。康孫既至，與其心腹完顔天應謀之。天應得密詔，許諾，徑以攜入示愛王，垂涙言曰：「四大王已死，郎君當如何？」愛王曰：「公欲見殺，我無(可)奈何。」天應曰：「天應受大王父子大恩，今日主上所爲非人理，不可坐受戮辱，盍思爲救國雪恥計？」愛王起拜曰：「惟公命。」翌日，嚴備，延康孫入，徐謂曰：「有詔見殺？」耶律康孫知事泄，哀泣祈出，都典客骨孛興曰：「無此事，大王且勸中大使酒。」康孫垂涙飲之，急上馬，至驛而死。次日，愛王爲父發哀，内外諸門悉皆嚴備，調發上國兵七萬人爲城守計。三路提點万俟兀馳驛奏愛王叛，國主遣皇弟東安王瑜將河北兵五萬、武定王瑶將燕兵五萬往攻之。至桑乾川，遇愛王將骨孛興，與戰，河北兵大敗，瑜僅以身免。

三月，大起河東、陝西路簽軍一十五萬，上京路簽軍五萬，命東安王瑜、完顔進等分路攻討，約會于五國城。愛王聞大兵至，憂懼不知所出。掌書記何大雅説愛王曰：「主以君討臣，今茲之來頭势甚重，萬一戰而不捷，後將誰繼？不若求援于大朝爲討之。」愛王許諾，遣大雅往聘，約以其子雄爲質，破國〔兵〕之後，

軍儲金帛惟其所取，許之。

五月，完顏進等兵至東堙津，骨字興戰敗，退保五(國)(樓)城，進追至城下，因圍守。愛王遣親將禾寶奴當(狐)北(狐)口兩山之間築城堡，堅守不動，糧車至，輒爲所奪。進軍乏食，天時方暑，率皆飢困。二十七日，國主遣完顏宗慶往攻寶奴壘，以通運路，内樞密王漸固争，謂宗慶輕鋭無謀，用之必敗事。宗慶亦不欲行，乃遣蕭三奴、李用辰往。三奴將至北狐口，天漸明，大霧四起，遣上國兵四千人藏伏北山之下，以糧車自東上，鳴鼓張旗，運夫呼嘯。寶奴出兵襲之，勝負未決，伏兵倏起，奪其城，植旗其上。寶奴(出兵)顧見之，皆驚潰，寶奴自殺，運路遂通。愛王見孰急，留其妻兒兀律卿與子雄守城，自往北(路)(地求援)。至平天漠，而大朝將兵已至，愛王大喜，以手指天下馬，與大朝首將稽首相見，奉獻金寶十車。首將喜曰：「大王無慮，待郎與戰。」北人言我爲郎也。兵將至五(國)(樓)，進等與戰，北人禿體大撾以入，以一當百，進兵大敗，乘勝襲逐至和龍東津。

是年六月，宋孝宗崩，嗣帝光宗卧疾，猶未能出，就内中成服。

秋七月，光宗禪位于皇太子，是爲寧宗，遣使鄭湜來告登位，范仲壬副之，改明年曰慶元。

明昌六年，時宋寧宗慶元元年也。自愛王之叛，師旅大喪，頗憂之。太后亦勸主勤國事，江淵等每以懽言解之，曰：「兵師雖衄，死亡無多。」鄭宸妃執盃勸主，遂歌《解愁曲》，且曰：「用兵(勝)(小)敗，亦是常事。外間人喜禍，欲皇帝成疾。」主喜，復縱飲達旦，以是爲常。

宸妃者，故南宫華原郡(王)居中之曾孫女也。在世宗晚年，甚嬖之。江淵及内侍江從一、季璉侍上宴，因言昭儀善舞，主見而喜，令淵納之集慶宫，晨夕往焉。主時或酣醉，日昃不果視朝，三省黄案委令裁決，昭儀或坐膝上批詔内降。慧黠便媚，善能詼諧。淵時獻珍寶服玩，以相固結，太后以爲言，主令改姓(鄭)(鄧)號宸妃。明昌盡六年。

承安元年，時宋慶元二年也。是年，内侍御江淵用事，太后與主皆信之。淵公受賂遺，除拜生殺皆出其口，或以事故不入，則機務填塞，不即報下。張克己等朝夕候其門下。夏人入寇河東、陝西，喪師連年，淵皆不即以聞。完顏偉上疏諫，在都堂，慨慷謂右諫議鄭遂良等曰：「(太祖)太宗皇帝與忠獻、忠烈王百戰以有天下，忠烈王臨終，以夏人、蒙人爲憂，遺奏極切。今乃内外偷安，惡聞敵患，獨不聞耶律、趙氏將亡之時乎？」淵聞而惡之，諷東臺御史劾其短，除名爲民，徙居代州。偉乃忠烈王兀朮之次子也，年已六十，性耿介，習兵事。偉既貶，中外惕息。

承安二年，時宋慶元三年也。是年，天下大旱，山東(及澤)、潞間寇盗屯結至萬餘人，樞密院奏遣右統軍完顏高、副統軍完顏志同討之，凡七萬人，給錢五千，軍裝悉令自制。高見樞密謝世虚言：「軍怨詈，恐不堪用。」翌日奏事，主曰：「高等欲以此相恐懾邪？」二人皆罷，别遣龍虎將軍張天翼(往)，江淵仍奏遣其弟副知都省事江源監其軍。祕監田邁奏：「宦者監軍，唐之弊政，趙氏常用之。河東之戰，忠獻王粘罕椎鼓大呼，童貫以走。太祖起自龍朔，太宗討定兩河，皆用功(臣)親總軍。今忽變更舊制，士心亦離。」不聽。詰旦早朝，邁坐于待漏院，淵揚馬(鞭)過，罵之曰：「癡南虜，敢言我家兄弟邪？」邁遂求出知鄭州，淵怒其抵抗，改移潞州，兼督軍糧，欲以乏軍興之罪，令其弟害之。邁哀祈于左僕射完顏真，真言于淵，遂寢新命。

十二月丙寅，天翼、源辭行，至會同館前，源聞所調之兵怨語藉藉，懼爲己害，歸白其兄，乞免行。天翼因其懼，令奏諸朝，求添賜庶，以結軍心。有旨從之。然有司視爲(具)文(具)，支給滅裂。至安肅軍，天翼懼變，連奏乞厚加資給，有旨令河東運司支辦。及潞州，與賊連戰皆敗，天翼戰死，寇執(遂)(逾)張。潰兵皆聚天井關，潞守張清臣不知爲計，急奏求援。

承安三年時宋慶元三年也。春，國主幸蓬萊院内宴，内侍都知江淵與焉。時所陳玉器及諸玩好盈前，視其篆識，多南宋宣和物，惻然動色。宸妃解之曰：「作者未必用，用者未必作。南帝但作，以爲陛下用耳。」宸妃嘗與主同輦過御龍橋，見石白如雪，歸而愛之，自國主，于蘇山輦至，築巖洞于芳華閣，凡用工二萬人，牛馬七百乘，道路相望。會是冬賞菊于東明園，主登其閣，見屏間畫宣和艮嶽，問内侍余琬曰：「此底甚處？」琬曰：「趙家宣和帝運東南花石築艮嶽，致亡國敗家，先帝命圖之以爲戒。」宸妃怒曰：「宣和之亡不緣此事，乃是用童貫、梁師成耳。」蓋譏琬也。顧見江淵，又謂曰：「我嫌余琬來破壞我事，却又忘了都知，勿怪！勿罪！」淵合手謝。時朝政多秕，名器混濫，吏部尚書余淵時奏言：「旬日之間，斜封補官凡二百人，乞行追汰。」奏入，不省。起居郎兼諫院木良器上疏諫，貶濮州同知。

宇文懋昭《大金國志》卷二〇《章宗皇帝中》 承安四年時宋慶元五年也。二

月，詔建太學于京城之南，總爲屋七十有五區，西序置古今文籍、秘省新所賜書，東序置三〔代〕鼎彝、俎豆、敦盤、尊罍，及春秋釋奠合用祭器。于是行禮于辟雍，祀先師孔子，召郡國學生通一經以上者居之。公卿以下子孫竝入學受業，每季臨觀，課其優劣，學徒甚盛，諸生獻詩頌及賦者四百人。國主博學工詩，曾于雲龍川、泰和殿賞牡丹詠詩，時五月初也。詩云：「洛陽穀雨紅千葉，嶺外朱明玉一枝，地力發生雖有異，天工造物本無私。」

先皇顯宗亦嗜詩，曾于世宗朝右相石琚生日賜以一詩云：「黄閣今姚宋，青宮舊綺園。繡綈歸里社，冠蓋盡都門。善訓懷師席，深仁寄壽尊。所期河潤溥，餘福被元元。」又《次高駢風箏韻》云：「心與寥寥太古通，手隨輕籟入天風，山長水闊尋無處，聲在亂雲空碧中。」皆得詩人風騷之旨也。

九月，太后趙氏薨。太后寢疾時，主入(白)〔問〕起居，宸妃亦至，后曰：「我有一心願未遂，宸妃能成我意乎？我家三四百口爲煬王所殺，叢冢在和龍。我欲創一寺在彼，以追薦冥福，歲時奠享。我不敢費公錢，我自有錢七萬，可以辦。汝但説與皇帝，要時時省得，我死瞑目矣。」越旬，太后薨，宸妃以其遺留分與中外姻親及諸趙女之在京遠近者，以手詔下和龍府，起大明寺，建九級浮屠。遣太后殿内侍侯衍往監造，務極壯麗，且度僧三萬人，施以度牒。時征行調發，民方厭苦，聞有度僧之命，遠近犇就，遂及五萬人。于寺旁建八寺以處之，右諫議胡列璧諫，不省。

時國兵屢敗，愛王處和龍〔以〕北，凡國家始興之地皆失之。主見兵革未已，心亦憂之，宸妃及諸御女多勸以酒。嘗乘小馬，命宮人攜酒殽、鼓樂，徧(趨)〔遊〕池館，意之所悦，必留飲至夜。嘗一日謂魯王琚曰：「蹈叔父子如此，傚者必衆，人多勸我莫與汝等語。」琚泣曰：「兄弟不信，尚誰信邪？周公誅管蔡，封康叔，豈可以一概疑之？」由是諸王皆緘默，如痴風焉。

承安五年，時宋慶元六年也。自愛王叛後，北兵連年深入，加以荒旱，所在盜發。嘗遣秘書監虞世弈説愛王以世襲王封，竟不得要約而還。

是年，大軍大舉深入至斯波川，驅兵十日，以俟河冰合。和龍帥完顏太康集兵禦之于東津，大軍長驅而前，愛王之兵在後，太康令人椎冰、伐柴薪燒川，燎于岸，刳木爲舟，中積熾炭，冰不能合。大軍在對岸，愛王兵與之合，自君子津濟。

十二月丁酉，陷大都城，圍和龍，太康之兵皆潰。其子根在城中，與同知章去疾極力城禦，大軍攻之，(凡)十七日陷大城，去疾退守子城。大軍拆民屋爲層樓，用牛車挽橋梁石裝砲，當之者糜碎。二十九日，和龍陷，遂取東灤平三州，余崇義〔建言〕遣樞密官屬同(立)〔丘〕好古，載金玉美女自山後出居蹬嶺，逾大漠，涉東韓白龍城使蒙國。蒙人聞使至，甚喜，好古因説之襲草地，可以大獲，蒙人從之。

次年三月，蒙兵犯北部，敗其衆于骨(立)〔丘〕，追襲餘兵，徑至楊割城。〔北國〕聞之始懼，亟回師。大興以北千里蕭條，耕桑俱廢，加以旱暵，民不聊生。

是年，宋遣户部郎中趙善義來賀生辰。未幾，又遣都官郎中吴旴爲孝宗太上后崩告哀使。善義還至雍邱，因與本國人争下車子處，忽謂之曰：「爾方爲北國所擾，何暇與我交争？莫待要南朝起兵夾攻邪？」其下共調護之，伴使乃不争。翌日，伴使謂趙曰：「昨日國信尚書所言，某等歸上頭莫須奏過否？」趙皇恐，以醉爲辭，(具)〔且〕謝之。事聞，趙遂坐奉使生事免官。

旴之使也，善(慶)〔義〕未還，國中以奉使驟來，疑偵其國中事。旴之盱眙，未即納，陰遣人至臨安伺之，得其實而歸，乃遣使來迓。旴入境，與趙遇于途，兩使分道而過，各不相聞，但私以片紙往來而已。

秋，宋光宗崩。

泰和元年，時宋寧宗嘉泰元年也。是年有羣牧使耶律得壽叛，聚兵數萬，以毛尾爲大帥，主拜十一騎爲元帥馬，紇石烈善樂爲招討使，將兵三十萬以擊之，誅得壽、毛尾，遂追其餘衆至草地，凡六十日而歸。

冬，浚界壕，深廣各三丈，東接高麗，西達夏境，列屯戍兵數千里，防其復至。

泰和二年時宋嘉泰二年也。五月，國主大宴于西涼觀，鄂王資起白主曰：「天時人事不順如此，日已晡，恐勞聖躬，請駕興。」主曰：「方與諸王公樂飲，何勞邪？」資泣曰：「國兵屢敗，邊地蕭條，兩河盜起，北兵雖退，差涼復來，豈是樂飲時也？」主曰：「我嘗(謂)〔畏〕與公等相見，偏説撓人心懷事。」資遂請退，不許。且曰：「王欲飲酖邪？」侍郎李西華前曰：「資是憂國，然言之非時，不足加罪。」主曰：「卿等常自爲一黨，以非我也。」自是，多以暑熱不視朝，日夕與宸妃及諸内侍爲長夜飲。詔大興府：擇民間女子十三以上三百人，有姿色黠慧者進入禁中，教爲酒令，及効市肆歌勸。大興尹完顏天穆奏稱：「天旱正屬禱祈，索女恐招怨讟，且非敬天修德之事。」翌日，有旨降秩，罷知耀州。

泰和三年，時宋嘉泰三年也。是時，宸妃嬖幸用事，軍中奏報悉令裁決，妃見

有急切，多屏不奏。間有(少)〔小〕捷，即以示主，且喜且笑。會寧陷失，平灤破壞，主皆不知也。一日，謝世雲、完顔世卿奏言之，主始駭然，顧問内侍直李汝回曰：「汝輩更不説邪？」汝回曰：「章疏在宸妃處，臣等無由得見。」世卿曰：「太宗討趙氏之罪，凡攜其三千口來，今日亂國家皆是其女孽，此天也。」世雲曰：「亂匪降自天，生自婦人，婦有長舌，維厲之階，信哉！」

泰和四年時宋嘉泰四年也。三月，中天以北其色殷紅如血，司天官奏曰：「十年後，主天下大亂。」主怒曰：「如此全盛，豈十年能亂之乎？」

六月，愛王發疾卒，其子雄三大王立。大將共戍其國，且約以進兵，雄以持父喪辭。大將怒，遣其掌文官顔飛責讓之。初，愛王定約，以國家初起之地及故遼封疆，自溝内以北歸之于北，溝南則爲己有。累歲結謀用兵，愛王無分毫得也。至是，使來責之，雄畏懼而從。

十二月，葬父愛王于冷山，遂進兵。

宇文懋昭《大金國志》卷二一《章宗皇帝下》 泰和五年時宋寧宗開禧元年也。正月，完顔天穆將兵五萬人，與大軍戰于北陝口，自辰至酉，國兵疲，敵益添生兵，國兵不敵，天穆率麾下在前殊死戰，及暮，勝負未決。收兵退時，天寒甚，大軍舉火，彌漫山谷。詰朝，萬衆壓〔吾境，人如〕壘〔山〕，矢石如雨，天穆命以刀車衝之，隨開隨合。日晚皆飢渴，兵遂潰。天穆傷甚，左右欲載以馬輿先奔，天穆曰：「不可，吾曾大父爲開國功臣，吾爲子孫，不能救國之敗，何面目見宗廟乎？」奮劍大呼，(瘡)〔創〕裂而死。大軍進至桑乾，完顔大興聞其兄死，憤甚，持兵禦之于舊坪。望見有虎皮(象)〔蒙〕馬居中者，直前以槊刺之，不勝而死。蒲伏虎，烏倫大漠收衆天都山，兵不甚敗。

至二月，大軍退。既出境三日，平州有警報。蒲伏虎自平朔引兵晝夜行，至平州，而大隊已去。

三月，陷末波城，出白道，敗統軍兵，殺三戍將及千户賀拔禾。

四月，自飛狐道回，河東、嵐、代州皆震。

五月，祕書監起居舍人韓伯憲上言：「上國之兵以生啗〔人畜之肉〕爲糧，戰陣之間不患飢渴，則戰有餘力，我兵與角力不暇，則飢渴交迫，易至疲憊。以此較之，野戰非〔我〕所長，臣乞于幽燕以北及敵人經由之地，控扼險要，不必與戰，則其埶自沮。兼牛馬(槖駞)〔駱駝〕之類竝皆收牧，置之城内，彼無所掠，則將自食其所有。」崇義亦然之，遣使者督兵築城。時歲饑，耕獵皆廢，河北、河南、山東之民貧悴飢疲，無力以耕。寇盜蜂起，沿邊及遼西爲大軍攻陷，至此又築城，遣調役及老弱婦人。京畿之民素不習勞，大興府及上京路帥守皆榜諭，敵若深入，民皆不保，與其死于干戈之慘，曷若勞苦于城郭之間，民始遣就伍。

至八月末，築古北口東陘二城，樓櫓未備，而遊騎駸駸來矣。

十一月，大軍分兩道入，一自白檀，一自靡陂。奏至，主集羣臣議之，祕省及諸省官皆請遷都以避難，聶希古正色言曰：「此策之下者，未可議。」徐王律明、兗王天驥曰：「兵已遠來，此間徒聚議何益？獨不見南宋宣和、靖康之事乎？請自前往(議)〔禦〕之。」翌日，以律明爲(河)東道統兵監軍，〔天驥爲西道〕，律明至軍，率衆鑿溝，引白溝〔及白檀〕河以自固，大軍至水傍睥睨，越三日，風緊雪飛，及曉，冰厚五尺餘，兵悉渡，乃以炬火鎔冰，撤屋壘，竹木茅等盡燒于冰上，其衆騰躍，國兵大敗，律明等以身免。夜入長(秦)〔泰〕城，會國中遣齎永固來援，律明、天驥遣報，令依山入城，且報慶州令堅守。大軍聞西夏之(驚)〔警〕，乃回師。

泰和六年時宋開禧二年也。正月，詔求直言，權參政蒲察兀魯條陳備大軍六事，詔付省院詳酌施行。

四月，南宋遣鎮江都統制陳孝(廣)〔慶〕取泗州，又取虹縣，統領許進取新息縣，孫成取褒信縣，王大節爲江州都統，引兵取蔡州，不克而潰。主得汴京留守完顔童奏，晨起，謂大臣曰：「南兵敢來，可謂我國無人。」知樞密院余崇義曰：「陛下有天下之全，豈偏方可比？但近年不務勤儉，天災流行，民窮國困，南宋亦且來，向此不足慮，但恐秋冬之間，大軍必將復動，西夏窺陜，四國皆驚，此可憂耳。」主曰：「君勿他言，我問南方事，宜急圖之。」

自隆興甲申，宋朝與金人再和，逮開禧丙寅，凡四十三年。是年五月丙戌，宋寧宗内批，北金世讎，久稽報復，爰遵先志，決策討除，宜頒詔旨，明示海内。翌日，下北伐之詔。

五月，遣平章事僕散揆爲宣撫使，駐開封，宋鎮江都統戚拱遣人結漣水縣弓手李(成)〔全〕焚我漣水，皇甫斌引兵攻我唐州，敗焉。池州副都統郭倬、馬軍行司李汝翼會兵攻我宿州，亦敗績。倬等還至蘄縣，國兵圍之，倬執馬軍司統制以與國兵，乃得免。

六月，宋〔李〕爽以建康都統侵壽州，敗績。田(林)〔琳〕以建康副都統取壽春府。

宋叛臣吴曦遣其客姚(維)〔淮〕源來獻關外四州之地，求封爲蜀王，主賜以金

印，詔封爲蜀王。

十一月，起民兵于河南，十七萬入淮，十萬入荆襄。又起河北十萬戍居庸關及韓水大雞川，以防北邊，內外騷動，民聚爲寇始益衆矣。國兵自清河口渡淮，宋守將郭超失利，遂進圍楚州。偏師趨棗陽軍，又圍廬州，守將田(林)〔琳〕拒我師，八日圍解。又圍和州，克信陽軍，圍襄陽府。又克隨州，宋守將逋，州人具香花〔迎〕拜，斂兵不殺，遂之德安，攻真州，于是濠、梁、安豐及竝邊(儲)〔諸〕戍，皆爲國兵所破。又破西和州。

十二月，圍德安府，爲守將李師尹所敗。成州守臣辛槱之(道)〔遁〕。攻六合縣，遇宋師于胥浦橋，宋兵大敗，守將郭倪棄揚州走瓜洲渡。

遣使吴端持詔印，授宋吴曦于置口。曦自置口歸興州，以本國之命，稱蜀王。

國兵自淮南退師。

泰和七年時宋開禧三年也。春，宋遣盱眙小吏王文持書幣來，行省完顔弼、右副元帥紇石烈志寧皆有和意。

五月，宋遣使方信孺來，以通謝國信，參議和好。

六月，宋再遣林拱辰來使，林仲虎副之。先是，信孺往河南行省求和，元帥僕散揆許納南使，且禮遣之。信孺既行，揆復諭之曰：「(乞)〔已〕奏朝廷，更得安宣撫一書與西元帥乃善。」宋朝諭旨安丙作書如所云，且餉以藥物、縑帛。西帥啓緘，却餽，而令鳳翔路都統使完顔昱作書以遺宋，大畧云：「當聽命于行省而已。」是時，吴曦來附，南宋誅之。所獻四州，旋爲宋人所取。

南宋遣三使來，一通謝，一告哀，一賀生辰。通謝使者，林拱辰是也。國中遣迓使宣諭曰：「皇帝聖旨，南使中惟李璧、吴(琚)〔琯〕、朱致(和)〔知〕、李大性四人言語可信，當遣來議事，今所遣小使且還。」

時國所索于宋者五事：一割兩淮，二增歲幣，三犒軍金帛，四取陷没及歸正人，五取韓侂胄首級。侂胄聞之大怒，復有用兵意。

十二月，宋遣許奕、吴衡來使，時已誅侂胄矣。

是年十一月乙亥，殛殺侂胄于玉津園側。

泰和八年時宋寧宗嘉定元年也。春，宋梟韓侂胄首于兩淮，仍遣使(謝)〔許〕奕來充通謝使，并言開禧權臣授首故也。上遣諭成使完顔侃、喬宇使于宋，和議始成，以大散關及濠州歸于宋。

西夏遣使求援于我。先是泰和六年，帝大發兵，侵西北諸乣生蕃也，鄰接(比)〔北邊〕，號曰驍騎，有衆三萬，盡數起發侵江南。次年罷兵，和好如初。諸乣還歸，因賞不均，皆叛北歸。太學生李藻上書言宫中事，主大怒，勑斷一百。午逢辰、白綸、田廣明者亦上書勸北伐，主以爲擅欲興師，窺圖進用，皆杖一百。四人挈其家，亡之北地，相與獻謀，又有諸乣輸其力，于是大軍益鋭。恐西夏議其後，乃大舉兵攻之，至是西夏遣使求援，主不應。其臣僚諫曰：「西夏既亡，必來加我，不如與西夏首尾夾攻，可以進取而退守。」主曰：「敵人相攻，中國之福，吾何患焉？」不聽。

十一月，上崩。在位一十九年。

章宗性好儒術，即位數年後，興建太學，儒風盛行。學士院選五六人充院官，談經論道，吟哦自適。羣臣中有詩文稍工者，必籍姓名，擢居要地，庶幾文物彬彬矣。惜其十年以後，極意聲色之娱，內外嗷嗷，機事俱廢。間出視朝，不過頃暫回宫。與鄭宸妃、李才人、穆昭儀竝馬遊後苑，因留宴，侯月上，奏鼓吹而歸，以是爲常。張天貴、江淵等用事，聾瞽昏荒，朝中陳奏便宜，多不經主省覽。愛王叛于內，邊釁開于外，盜賊公行，充斥道路，邊疆多事，兵連禍結矣。

雜録

備論

《金史》卷一二《章宗紀四》 贊曰：章宗在位二十年，承世宗治平日久，宇內小康，乃正禮樂，修刑法，定官制，典章文物粲然成一代治規。又數問羣臣漢宣綜核名實、唐代考課之法，蓋欲跨遼、宋而比跡於漢、唐，亦可謂有志於治者矣。然婢寵擅朝，冢嗣未立，疏忌宗室而傳授非人。向之所謂維持鞏固於久遠者，徒爲文具，而不得爲後世子孫一日之用，金源氏從此衰矣。昔揚雄氏有云：「秦之有司負秦之法度，秦之法度負聖人之法度。」蓋有以夫。

紇石烈執中部

綜述

《金史》卷一三二《紇石烈執中傳》　紇石烈執中，本名胡沙虎，阿踈裔孫也。徙東平路猛安。大定八年，充皇太子護衛，出職太子僕丞，改鷹坊直長，再遷鷹坊使、拱衛直指揮使。明昌四年，使過阻居，監酒官移剌保迎謁後時，飲以酒，酒味薄，執中怒，毆傷移剌保，詔的決五十。未幾，遷右副點檢，肆傲不奉職，降肇州防禦使。踰年，遷興平軍節度使。丁母憂，起復歸德軍節度使，改開遠軍兼西南路招討副使。俄知大名府事。承安二年，召爲簽樞密院事。詔佐丞相襄征伐，執中不欲行，奏曰：「臣與襄有隙，且殺臣矣。」上怒其言不遜，事下有司，既而赦之，出爲永定軍節度使。改西北路招討使，復爲永定軍，坐奪部軍馬解職。

泰和元年，起知大興府事。詔契丹人立功官賞恩同女直人，許存養馬匹，得充司吏譯人，著爲令。執中格詔不下，上責之曰：「汝雖意在防閑，而不知朝廷自有定格，自今勿復如此煩碎生事也。」乃下詔行之。

淶水人魏廷實祖任兒，舊爲靳文昭家放良，大德三年，編籍正户，已三世矣。文昭孫勍詆廷實爲奴，及妄訴毆詈，警巡院鞫對無狀，法當訴本貫。勍訴于府，執中使廷實納錢五百貫與勍。廷實不從，還淶水，執中徑遣鎖致廷實。御史臺請移問，執中轉奏御史臺不依制，府未結斷，令移推。詔吏部侍郎李炳、户部侍郎粘割合荅推問。炳、合荅奏御史臺理直，詔乃切責執中。

御史中丞孟鑄奏彈執中「貪殘專恣，不奉法令。釋罪之後，累過不悛。既蒙恩貸，轉生跋扈。如雄州詐認馬，平州冒支俸，破魏廷實家，發其冢墓，拜表不赴，祈雨聚妓，毆詈同僚擅令停職，失師帥之體，不稱京尹之任」。上曰：「執中粗人，似有跋扈爾。」鑄對曰：「明天子在上，豈容有跋扈之臣。」上意寤，取閱奏章，詔尚書省問之。由是改武衛軍都指揮使。

平章政事僕散揆宣撫河南，執中除山東東西路統軍使。揆行省汴京伐宋，升諸道統軍司爲兵馬都統府，執中爲山東兩路兵馬都統，定海軍節度使完顏撒剌副之。執中分兵駐金城、朐山，請益發東平路兵屯密、沂、寧海、登、萊以遏兵衝，詔從之，時泰和六年四月也。

五月，宋兵犯金城，執中遣巡檢使周奴以騎兵三百禦之。會宋益兵轉趨沭陽，謀克三合伏卒五十人篁竹中，伺宋兵過突出擊之，殺十數人，追至縣城，宋兵不敢出。會周奴以兵入城，宋兵踰城走，三合已焚其舟，合擊大破之，斬首五百餘級，殺宋統領李藻，擒忠義軍將呂璋。

十月，執中率兵二萬出清口，宋以步騎萬餘列南岸，戰艦百艘拒上流，相持累日。執中以舟兵二千搏戰，遏宋舟兵，遣副統移剌古與涅宰精騎四千自下流徑渡。宋兵望騎兵登南岸，水陸俱潰。追斬及溺死者甚衆，盡獲其戰艦及戰馬三百，遂克淮陰，進兵圍楚州。遷元帥左監軍。執中縱兵虜掠，上聞之，杖其經歷官阿里不孫，放還所掠。未幾，宋人請和，詔罷兵。除西南路招討使，改西京留守。

大安元年，授世襲謀克，復知大興府事，出知太原府，復爲西京留守，行樞密院，兼安撫使。以勁兵七千遇大兵，戰于定安之北，薄暮，先以麾下遁去，衆遂潰。行次蔚州，擅取官庫銀五千兩及衣幣諸物，奪官民馬，與從行私人入紫荆關，杖殺淶水令。至中都，朝廷皆不問。乃遷右副元帥，權尚書左丞。執中益無所忌憚，自請步騎二萬屯宣德州，與之三千，令駐嬀川。

崇慶元年正月，執中乞移屯南口或屯新莊，移文尚書省曰：「大兵來必不能支，一身不足惜，三千兵爲可憂，十二關、建春、萬寧宫且不保。」朝廷惡其言，下有司按問，詔數其十五罪，罷歸田里。

明年，復召至中都，預議軍事。左諫議大夫張行信上書曰：「胡沙虎專逞私意，不循公道，蔑省部以示强梁，媚近臣以求稱譽，骫法行事，枉害平民。行院山西，出師無律，不戰先退，擅取官物，杖殺縣令。屯駐嬀川，乞移内地，其謀略概可見矣。欲使改易前非，以收後效，不亦難乎。才誠可取，雖在微賤皆當擢用，何必老舊始能立功。一將之用，安危所係，惟朝廷加察，天下幸甚。」丞相徒單鎰以爲不可用，參知政事瑝跪奏其姦惡，乃止。執中善結近倖，交口稱譽。五月，詔給留守半俸，預議軍事。張行信復諫曰：「伏聞以胡沙虎老臣，欲起而用。人之能否，不在新舊。彼向之敗，朝廷既知之矣，乃復用之，無乃不可乎。」遂止。

上終以執中爲可用，賜金牌，權右副元帥，將武衛軍五千人屯中都城北。執中乃與其黨經歷官文繡局直長完顏醜奴、提控宿直將軍蒲察六斤、武衛軍鈐轄

烏古論奪刺謀作亂。是時，大元大兵在近，上使奉職即軍中責執中止務馳獵，不恤軍事。執中方飼鷂，怒擲殺之，遂妄稱知大興府徒單南平及其子刑部侍郎駙馬都尉没烈謀反，奉詔討之。南平姻家福海，別將兵屯於城北，遣人以好語招之，福海不知，既至乃執之。

八月二十五日未五更，分其軍爲三軍，由章義門入，自將一軍由通玄門入。執中恐城中出兵來拒，乃遣一騎先馳抵東華門大呼曰：「大軍至北關，已接戰矣。」既而再遣一騎亦如之。使徒單金壽召知大興府徒單南平，南平不知，行至廣陽門西富義坊，馬上與執中相見，執中手槍刺之墮馬下，金壽斫殺之。使烏古論奪刺召没烈，殺之。符寶祗候鄯陽、護衛十人長完顏石古乃聞亂，遽召大漢軍五百人赴難，與執中戰不勝，皆死之。執中至東華門，使呼門者親軍百户冬兒、五十户蒲察六斤，皆不應，許以世襲猛安、三品職事官，亦不應。呼都點檢徒單渭河，渭河即徒單鎬也。渭河縋城出見執中，執中命聚薪焚東華門，立梯登城。護衛斜烈乞兒、親軍春山共掊鎖開門納執中。執中入宮，盡以其黨易宿衛，自稱監國都元帥，居大興府，陳兵自衛。急召都轉運使孫椿年取銀幣賞金壽、奪刺及軍官軍士、大興府輿隸。是夜，召聲妓與親黨會飲。明日，以兵逼上出居衛邸，誘左丞完顏綱至軍中，即殺之。執中意不可測，丞相徒單鎰勸執中立宣宗，執中然之。

是時，莊獻太子在中都，執中以皇太子儀仗迎莊獻入居東宮。召符寶郎徒單福壽取符寶，陳於大興府露階上。盜用御寶出制，除完顏醜奴德州防禦使，烏古論奪刺順天軍節度使，蒲察六斤橫海軍節度使，徒單金壽永定軍節度使，雖除外官，皆留之左右。其餘除拜猶數十人。同時有兩蒲察六斤，其一守東華門不肯從亂者。召禮部令史張好禮欲鑄監國元帥印，好禮曰：「自古無異姓監國者。」乃止。遣奉御完顏忽失來等三人，護衛蒲鮮班底、完顏醜奴等十人，迎宣宗於彰德。使宦者李思忠弑上於衛邸。盡徹沿邊諸軍赴中都平州、騎兵屯薊州以自重，邊戍皆不守矣。

九月甲辰，宣宗即位，拜執中太師、尚書令、都元帥、監修國史，封澤王，授中都路和魯忽土世襲猛安。以其弟同知河南府特末也爲都點檢，兼侍衛親軍都指揮使，子猪糞除濮王傅、兵部侍郎，都點檢徒單渭河爲御史中丞，烏古論奪刺遥授知真定府事，徒單金壽遥授知東平府事，蒲察六斤遥授知平陽府事，完顏醜奴同知河中府事，權宿直將軍。詔以烏古論誼居第賜執中，儀鸞局給供張，妻王賜紫結銀鐸車。

戊申，執中侍朝，宣宗賜之坐，執中就坐不辭。無何，執中奏請降衛紹王爲庶人，奏再上，詔百官議于朝堂。太子少傅奥屯忠孝、侍讀學士蒲察思忠附執中議，衆相視莫敢言，獨文學田廷芳奮然曰：「先朝素無失德，尊號在禮不當削。」於是從之者禮部張敬甫、諫議張信甫、户部武文伯、龐才卿、石抹晉卿等二十四人。宣宗曰：「譬諸問途，百人曰東行是，十人曰西行是，行道之人果適東乎、適西乎。豈以百人、十人爲是非哉？」既而曰：「朕徐思之。」數日，詔降爲東海郡侯。

大元遊騎至高橋，宰臣以聞。宣宗使人問執中，執中曰：「計畫已定矣。」既而讓宰執曰：「吾爲尚書令，豈得不先與議而遽奏耶？」宰執遜謝而已。

提點近侍局慶山奴、副使惟弼、奉御惟康請除執中，宣宗念援立功，隱忍不許。

元帥右監軍术虎高琪屢戰不利，執中戒之曰：「今日出兵果無功，當以軍法從事矣。」高琪出戰復敗，自度不免，頗聞慶山奴諸人有謀，十月辛亥，高琪遂率所將糺軍入中都，圍執中第。執中聞變，彎弓注矢外射，不勝，登後垣欲走，衣絓墮而傷股，軍士就斬之。高琪持執中首詣闕待罪，宣宗赦之，以爲左副元帥。

執中之黨呼於衢路曰：「糺軍反矣，殺之者有賞。」市人從之，糺軍死者甚衆，一軍皆恟恟，宣宗遣近侍撫諭之，詔有司量加賻贈，衆乃稍安。明日，除特末也泰寧軍節度使，烏古論奪刺真授知濟南府事，徒單金壽真授知歸德府事，蒲察六斤真授知平陽府事。

甲寅，左諫議大夫張行信上封事曰：「《春秋》之法，國君立不以道，若嘗與諸侯盟會，即列爲諸侯。東海在位已六年矣，爲其臣者誰敢干之。胡沙虎握兵入城，躬行弑逆，當是時惟鄯陽、石古乃率衆赴援，至于戰死，論其忠烈，在朝食禄者皆當愧之。陛下始親萬機，海内望化，襃顯二人，延及子孫，庶幾少慰貞魂，激天下之義氣。宋徐羨之、傅亮、謝晦弑營陽王立文帝，文帝誅之，以江陵奉迎之誠，免其妻子。胡沙虎國之大賊，世所共惡，雖已死而罪名未正，合暴其過惡，宣布中外，除名削爵，緣坐其家，然後爲快。陛下若不忍援立之勞，則依倣元嘉故事，亦足以示懲戒。」宣宗乃下詔暴執中過惡，削其官爵。贈鄯陽、石古乃，加恩其子。慶山奴、惟弼、惟康皆遷賞，近侍局自此用事矣。

雜録

備論

《金史》卷一三二《紇石烈執中傳》 論曰：金九主，遇弑者三，其逆謀者十人。熙宗之弑，惟大興國一人世宗聲其罪而磔之思陵之側。徒單貞雖誅，未聞暴其罪狀，後以戚畹又復贈官追封。餘秉德、唐括辯等六人，皆以他罪誅。海陵之弑，其首惡爲完顔元宜，則令終焉。衛紹王之弑曰胡沙虎，不死於司敗之誅，而死於高琪之手。古所謂弑君之賊人得而討之者，謂請于公上而致討焉，如孔子之請討陳恒是也。豈有如琪之擅殺而以爲功者乎。金之政刑，其亂若此，國欲不亡，其可得乎。

术虎高琪部

綜述

《金史》卷一〇六《术虎高琪傳》 术虎高琪或作高乞，西北路猛安人。大定二十七年充護衛，轉十人長，出職河間都總管判官，召爲武衛軍鈐轄，遷宿直將軍，除建州刺史，改同知臨洮府事。

泰和六年，伐宋，與彰化軍節度副使把回海備鞏州諸鎮，宋兵萬餘自鞏州轆轤嶺入，高琪奮擊破之，賜銀百兩、重綵十端。青宜可内附，詔知府事石抹仲温與高琪俱出界，與青宜可合兵進取。詔高琪曰：「汝年尚少，近聞與宋人力戰奮勇，朕甚嘉之。今與仲温同行出界，如其成功，高爵厚禄，朕不吝也。」

詔封吳曦爲蜀國王，高琪爲封册使。詔戒諭曰：「卿讀書解事，蜀人亦識威名，勿以財賄動心，失大國體。如或隨去奉職有違禮生事，卿與喬宇體察以聞。」使還，加都統，號平南虎威將軍。

宋安丙遣李孝義率步騎三萬攻秦州，先以萬人圍皂角堡，高琪赴之。宋兵列陣山谷，以武車爲左右翼，伏弩其下來逆戰。既合，宋兵陽却。高琪軍見宋兵伏不得前，退整陣，宋兵復來。凡五戰，宋兵益堅，不可以得志。高琪分騎爲二，出者戰則止者俟，止者出則戰者還，還者復出以更。久之，遣蒲察桃思刺潛兵上山，自山馳下合擊，大破宋兵，斬首四千級，生擒數百人，李孝義乃解圍去。宋兵三千致馬連寨以窺湫池，遣夾谷福壽擊走之，斬七百餘級。

大安三年，累官泰州刺史，以乣軍三千屯通玄門外。未幾，升縉山縣爲鎮州，以高琪爲防禦使，權元帥右都監，所部乣軍賞賚有差。至寧元年八月，尚書左丞完顔綱將兵十萬行省於縉山，敗績。貞祐初，遷元帥右監軍。閏月，詔高琪曰：「聞軍事皆中覆，得無失機會乎？自今當即行之，朕但責成功耳。」

是月，被詔自鎮州移軍守禦中都迤南，次良鄉不得前，乃還中都。每出戰輒敗，紇石烈執中戒之曰：「汝連敗矣，若再不勝，當以軍法從事。」及出果敗，高琪懼誅。十月辛亥，高琪自軍中入，遂以兵圍執中第，殺執中，持其首詣闕待罪。宣宗赦之，以爲左副元帥，一行將士遷賞有差。丙寅，詔曰：「胡沙虎畜無君之心，形迹露見，不可盡言。武衛副使提點近侍局慶山奴、近侍局使斜烈、直長撒合輦累曾陳奏，方慎圖之。斜烈漏此意於按察判官胡魯，胡魯以告翰林待制訛出，訛出達於高琪，今月十五日將胡沙虎戮訖。惟茲臣庶將恐有疑，肆降札書，不匿厥旨。」論者謂高琪專殺，故降此詔。頃之，拜平章政事。

宣宗論馬政，顧高琪曰：「往歲市馬西夏，今肯市否？」對曰：「木波畜馬甚多，市之可得，括緣邊部落馬，亦不少矣。」宣宗曰：「盡括邊馬，緩急如之何？」閱三日，復奏曰：「河南鎮防二十餘軍，計可得精騎二萬，緩急亦足用。」宣宗曰：「馬雖多，養之有法，習之有時，詳論所司令加意也。」貞祐二年十一月，宣宗問高琪曰：「所造軍器往往不可用，此誰之罪也？」對曰：「軍器美惡在兵部，材物則户部，工匠則工部。」宣宗曰：「治之！且將敗事。」宣宗問楊安兒事，高琪對曰：「賊方據險，臣令主將以石牆圍之，勢不得出，擒在旦夕矣。」宣宗曰：「可以急攻，或力戰突圍，我師必有傷者。」

應奉翰林文字完顔素蘭自中都議軍事還，上書求見，乞屏左右。故事，有奏密事輒屏左右。先是，太府監丞游茂以高琪威權太重，中外畏之，常以爲憂，因入見，屏人密奏，請裁抑之。宣宗曰：「既委任之，權安得不重？」茂退不自安，復欲結高琪，詣其第上書曰：「宰相自有體，豈可以此生人主之疑，招天下之議。」恐高琪不相信，復曰：「茂嘗間見主上，實惡相公權重。相公若能用茂，當使上不疑，而下無所議。」高琪聞茂嘗請間屏人奏事，疑之，乃具以聞。游茂論死，詔免死，杖一百，除名。自是凡屏人奏事，必令近臣一人侍立。及素蘭請密，召至近侍局，給筆札，使書所欲言。少頃，宣宗御便殿見之，惟留近侍局直長趙和和侍立。素蘭奏曰：「日者，元帥府議削伯德文哥兵權，朝廷乃詔領義軍。改除之命拒而不受，元帥府方欲討捕，朝廷復赦之，且不令隸元帥府。不知誰爲陛下畫此計者，臣自外風聞皆出平章高琪。」宣宗曰：「汝何以知此事出於高琪？」素蘭曰：「臣見文哥與永清副提控劉温牒云，差人張希韓至自南京，道副樞平章處分，已奏令文哥隸大名行省，毋遵中都帥府約束。温即具言於帥府。然則，文哥與高琪計結，明矣。」上頷之。素蘭復奏曰：「高琪本無勳望，嚮以畏死擅殺胡沙虎，計出於無聊耳。妬賢能，樹黨與，竊弄威權，自作威福。去歲，都下書生樊知一詣高琪，言乣軍不可信，恐生亂。高琪以刀杖決殺之，自是無復敢言軍國利害者。使其黨移剌塔不也爲武寧軍節度使，招乣軍，已而無功，復以爲武衛軍

使。以臣觀之，此賊滅亂紀綱，戕害忠良，實有不欲國家平治之意。惟陛下斷然行之，社稷之福也。」宣宗曰：「朕徐思之。」素蘭出，復戒曰：「慎無泄也。」

四年十月，大元大兵取潼關，次嵩、汝間，待闕臺院令史高嶷上書曰：「向者河朔敗績，朝廷不時出應，此失機會一也。及深入吾境，都城精兵無慮數十萬，若效命一戰，必無今日之憂，此失機會二也。既退之後，不議追襲，此失機會三也。今已度關，不亟進禦，患益深矣。乞命平章政事高琪爲帥，以厭衆心。」不報。御史臺言：「兵踰潼關、崤、澠，深入重地，近抵西郊。彼知京師屯宿重兵，不復叩城索戰，但以遊騎遮絶道路，而別兵攻擊州縣，是亦困京師之漸也。若專以城守爲事，中都之危又將見於今日，況公私蓄積視中都百不及一，此臣等所爲寒心也。不攻京城而縱其別攻州縣，是猶火在腹心，撥置于手足之上，均一身也，願陛下察之。請以陝西兵扼拒潼關，與右副元帥蒲察阿里不孫爲掎角之勢，選在京勇敢之將十數人，各付精兵數千，隨宜伺察，且戰且守，復諭河北，亦以此待之。」詔付尚書省，高琪奏曰：「臺官素不習兵，備禦方略，非所知也。」遂寢。高琪止欲以重兵屯駐南京以自固，州郡殘破不復恤也。宣宗惑之，計行言聽，終以自斃。

未幾，進拜尚書右丞相，奏曰：「凡監察有失糾彈者從本法。若人使入國，私通言語，説知本國事情，宿衛、近侍官、承應人出入親王、公主、宰執之家，災傷闕食，體究不實，致傷人命，轉運軍儲，而有私載，及考試舉人關防不嚴者，並的杖。在京犯至兩次者，臺官減監察一等論贖，餘止坐專差者。任滿日議定升降。若任內有漏察之事應的決者，依格雖爲稱職，止從平常，平常者從降罰。」制可。高琪請修南京裏城，宣宗曰：「此役一興，民滋病矣。城雖完固，能獨安乎？」

初，陳言人王世安獻攻取盱眙、楚州策，樞密院奏乞以世安爲招撫使，選謀勇二三人同往淮南，招紅襖賊及淮南宋官。宣宗可其奏，詔泗州元帥府遣人同往。興定元年正月癸未，宋賀正旦使朝辭，宣宗曰：「聞息州透漏宋人，此乃彼界饑民沿淮爲亂，宋人何敢犯我？」高琪請伐之以廣疆土。上曰：「朕但能守祖宗所付足矣，安事外討。」高琪謝曰：「今雨雪應期，皆聖德所致。而能包容小國，天下幸甚，臣言過矣。」四月，遣元帥左都監烏古論慶壽、簽樞密院事完顏賽不經略南邊，尋復下詔罷兵，然自是與宋絶矣。

興定元年十月，右司諫許古勸宣宗與宋議和，宣宗命古草牒，以示宰臣，高琪曰：「辭有哀祈之意，自示微弱不足取。」遂寢。集賢院諮議官呂鑑言：「南邊屯兵數十萬，自唐、鄧至壽、泗沿邊居民逃亡殆盡，兵士亦多亡者，亦以人煙絶少故也。臣嘗比監息州榷場，每場所獲布帛數千匹、銀數百兩，大計布帛數萬匹、銀數千兩，兵興以來俱失之矣。夫軍民有逃亡之病，而國家失日獲之利，非計也。今隆冬沍寒，吾騎得騁，當重兵屯境上，馳書諭之，誠爲大便。若俟春和，則利在於彼，難與議矣。昔燕人獲趙王，趙遣辯士説之，不許，一牧豎請行，趙王乃還。孔子失馬，馭卒得之。人無貴賤，苟中事機，皆可以成功。臣雖不肖，願效牧豎馭卒之智，伏望宸斷。」詔問尚書省。高琪曰：「鑑狂妄無稽，但其氣岸可尚，宜付陝西行省備任使。」制可。十二月，胥鼎諫伐宋，語在《鼎傳》。高琪曰：「大軍已進，無復可議。」遂寢。

二年，胥鼎上書諫曰：「錢穀之冗，非九重所能兼，天子總大綱，責成功而已。」高琪曰：「陛下法上天行健之義，憂勤庶務，夙夜不遑，乃太平之階也。鼎言非是。」宣宗以南北用兵，深以爲憂，右司諫呂造上章：「乞詔内外百官各上封事，直言無諱。或時召見，親爲訪問。陛下博采兼聽，以盡羣下之情，天下幸甚。」宣宗嘉納，詔集百官議河北、陝西守禦之策。高琪心忌之，不用一言。是時，築汴京城裏城，宣宗問高琪曰：「人言此役恐不能就，如何？」高琪曰：「終當告成，但其濠未及浚耳。」宣宗曰：「無濠可乎？」高琪曰：「苟防城有法，正使兵來，臣等愈得效力。」宣宗曰：「與其臨城，易若不令至此爲善。」高琪無以對。

高琪自爲宰相，專固權寵，擅作威福，與高汝礪相唱和。高琪主機務，高汝礪掌利權，附己者用，不附己者斥。凡言事忤意，及負材力或與己頡頏者，對宣宗陽稱其才，使幹當於河北，陰置之死地。自不兼樞密元帥之後，常欲得兵權，遂力勸宣宗伐宋。置河北不復爲意，凡精兵皆置河南，苟且歲月，不肯輒出一卒，以應方面之急。

平章政事英王守純欲發其罪，密召右司員外郎王阿里、知案蒲鮮石魯剌、令史蒲察胡魯謀之。石魯剌、胡魯以告尚書省都事僕散奴失不，僕散奴失不以告高琪。英王懼高琪黨與，遂不敢發。頃之，高琪使奴賽不殺其妻，乃歸罪於賽不，送開封府殺之以滅口。開封府畏高琪，不敢發其實，賽不論死。事覺，宣宗久聞高琪姦惡，遂因此事誅之，時興定三年十二月也。尚書省都事僕散奴失不以英王謀告高琪，論死。蒲鮮石魯剌、蒲察胡魯各杖七十，勒停。

初，宣宗將遷南，欲置乣軍于平州，高琪難之。及遷汴，戒彖多厚撫此軍，彖多輒殺乣軍數人，以至于敗。宣宗末年嘗曰：「壞天下者，高琪、彖多也。」終身

以爲恨云。

雜録

備論

《金史》卷一〇六《术虎高琪傳》 論曰：高琪擅殺執中，宣宗不能正其罪，又曲爲之説，以詔臣下。就其事論之，人君欲誅大臣，而與近侍密謀于宫中，已非其道。謀之不密，又爲外臣所知，以告敗軍之將，因殺之以爲説，此可欺後世邪。金至南渡，譬之尫羸病人，元氣無幾。琪喜吏而惡儒，好兵而厭静，沮遷糺之議，破和宋之謀，正猶繆醫，投以烏喙、附子，祇速其亡耳。使宣宗於擅殺之日，即能伸大義而誅之，何至誤國如是邪。

侯摯部

綜述

《金史》卷一〇八《侯摯傳》 侯摯初名師尹，避諱改今名，字莘卿，東阿人。明昌二年進士，入官慷慨有爲。承安間，積遷山東路鹽使司判官。泰和元年，以課增四分，特命遷官二階。八年七月，追官一階，降授長武縣令。初，摯爲户部主事，與王謙規措西北路軍儲以代張煒，摯上章論本路財用不實，至是降除焉。貞祐初，大兵圍燕都，時摯爲中都麴使，請出募軍，已而嬰城有功，擢爲右補闕。二年正月，詔摯與少府監丞李迥秀分詣西山招撫。宣宗南渡，轉勸農副使，提控紫荆等關。俄遷行六部侍郎。三年四月，同簽樞密院阿勒根訛論等以謂「今車駕駐南京，河南兵不可易動，且兵不在多，以將爲本。侯摯有過人之才，儻假以便宜之權，使募兵轉糧，事無不克，可升爲尚書，以總制永錫、慶壽兩軍」。於是以摯爲太常卿，行尚書六部事，往來應給之。

摯遂上章言九事，其一曰：「省部所以總天下之紀綱，今隨路宣差便宜、從宜，往往不遵條格，輒劄付六部及三品以下官，其於紀綱豈不紊亂，宜革其弊。」其二曰：「近置四帥府，所統兵校不爲不衆，然而弗克取勝者，蓋一處受敵，餘徒傍觀，未嘗發一卒以爲援，稍見小却，則棄戈遁去，此師老將怯故也。將將之道，惟陛下察之。」其三曰：「率兵禦寇，督民運糧，各有所職，本不可以兼行，而帥府每令雜進，累遇寇至，軍未戰而丁夫已遁，行伍錯亂，敗之由也。夫前陣雖勝，而後必更者，恐爲敵所料耳，況不勝哉。用兵尚變，本無定形，今乃因循不改覆轍，臣雖素不知兵，妄謂率由此失。」其四曰：「雄、保、安肅諸郡據白溝、易水、西山之固，今多闕員，又所任者皆柔懦不武，宜亟選勇猛才幹者分典之。」其五曰：「漳水自衛至海，宜沿流設備，以固山東，使力穡之民安服田畝。」其六曰：「近都州縣官吏往往逋逃，蓋以往來敵中失身者多，兼轉輸頻併，民力困弊，應給不前復遭責罰，秩滿乃與他處一體計資考，實負其人。乞詔有司優定等級，以別異之。」其七曰：「兵威不振，罪在將帥輕敵妄舉，如近日李英爲帥，臨陣之際酒猶未醒，是以取敗。臣謂英既無功，其濫注官爵並宜削奪。」其八曰：「大河之北，民失稼穡，官無俸給，上下不安，皆欲逃竄。加以潰散軍卒還相剽掠，以致平民愈不聊生。宜優加矜恤，亟招撫之。」其九曰：「從來掌兵者多用世襲之官，此屬自幼驕惰不任勞苦，且心膽懦怯何足倚辦。宜選驍勇過人、衆所推服者，不考其素用之。」上略施行焉。

時元帥蒲察七斤以通州叛，累遣諜者間摯，摯恐爲所陷，上章自辯。詔諭之曰：「卿朕素知，豈容間耶。其一意於職，無以猜嫌自沮也。」八月，權參知政事。俄拜參知政事，行尚書省于河北。先是，摯言：「河北東、西兩路最爲要地，而真定守帥胡論出輒棄城南奔，州縣危懼。今防秋在邇，甚爲可憂，臣願募兵與舊部西山忠義軍往安撫之。」制可，故有是命。十一月，入見。壬申，遣祭河神于宜村。十二月，復行省于河北。

四年正月，進拜尚書右丞。嘗上言，宜開沁水以便饋運，至是，詔有司開之。是時，河北大飢，摯上言曰：「今河朔饑甚，人至相食，觀、滄等州斗米銀十餘兩，殍殣相屬。伏見沿河上下許販粟北渡，然每石官糴其八，彼商人非有濟物之心也，所以涉河往來者特利其厚息而已，利既無有，誰復爲之。是雖有濟物之名，而實無所渡之物，其與不渡何異。昔春秋列國各列疆界，然晉饑則秦輸之粟，及秦饑，晉閉之糴，千古譏之。況今天下一家，河朔之民皆陛下赤子，而遭罹兵革，尤爲可哀，其忍坐視其死而不救歟。人心惟危，臣恐弄兵之徒，得以藉口而起也。願止其糴，縱民輸販爲便。」詔尚書省行之。

時紅襖賊數萬人入臨沂、費縣之境，官軍敗之，生擒僞宣徽使李壽甫。訊之，則云其衆皆楊安兒、劉二祖散亡之餘，今復聚及六萬，賊首郝定者兗州泗水人，署置百官，僭稱大漢皇帝，已攻泰安、滕、兗、單諸州，及萊蕪、新泰等十餘縣，又破邳州碙子堌，得船數百艘，近遣人北構南連皆成約，行將跨河爲亂。摯以其言聞于上，且曰：「今邳、滕之路不通，恐實有此謀。」遂詔摯行省事于東平，權本路兵馬都總管，以招誘之，若不從即率兵捕討。興定元年四月，濟南、泰安、滕、兗等州土賊並起，肆行剽掠，摯遣提控遥授棣州防禦使完顔霆率兵討之，前後斬首千餘，招降僞元帥石花五、夏全餘黨壯士二萬人，老幼五萬口。

是年冬，陞資德大夫，兼三司使。二年二月，摯上言：「山東、河北數罹兵

亂，遺民嗷嗷，實可哀卹，近朝廷遺官分往撫輯，其惠大矣。然臣忝預執政，敢請繼行，以宣布國家德信，使疲瘵者得以少蘇，是亦圖報之一也。」宰臣難之，無何，詔遣摯行省于河北，兼行三司安撫事。既行，又上言曰：「臣近歷黄陵崗南岸，多有貧乏老幼自陳本河北農民，因敵驚擾故南遷以避，今欲復歸本土及春耕種，而河禁邀阻。臣謂河禁本以防閑自北來者耳，此乃由南而往，安所容姦，乞令有司驗實放渡。」詔付尚書省，宰臣奏「宜令樞府講究」，上曰：「民饑且死，而尚爲次第何耶。其令速放之。」

四月，招撫副使黄摑阿魯荅破李全於密州。初，賊首李全據密州及膠西、高密諸縣，摯督兵討之。會高密賊陳全等四人默白招撫副使黄摑阿魯荅，願爲内應，阿魯荅乃遣提控朱琛率兵五百赴之。時李全暨其黨于忙兒者皆在城中，聞官軍且西來，全潛逸去，忙兒不知所爲。阿魯荅馳抵城下，鼓譟逼之，賊守陴者八百人皆下乞降，餘賊四千出走，進軍邀擊之，斬首千級，俘百餘人，所獲軍實甚衆，遂復其城。是夜，琛又用陳全計，拔高密焉。六月，上遣諭摯曰：「卿勤勞王家，不避患難，身居相職而往來山堌水寨之間，保庇農民收穫二麥，忠恪之意朕所具知。雖然，大臣也，防秋之際亦須擇安地而處，不可墮其計中。」摯對曰：「臣蒙大恩，死莫能報，然承聖訓敢不奉行。擬駐兵于長清縣之靈巖寺，有屋三百餘間，且連接泰安之天勝寨，介於東平、益都之間，萬一兵來，足相應援。」上恐分其兵糧，乃詔權移邳州行省。

九月，摯上言：「東平以東累經殘毀，至于邳、海尤甚，海之民户曾不滿百而屯軍五千，邳户僅及八百，軍以萬計。夫古之取兵以八家爲率，一家充軍七家給之，猶有傷生廢業，疲於道路之歎。今兵多而民不足，使蕭何、劉晏復生亦無所施其術，況於臣者何能爲哉。伏見邳、海之間，貧民失業者甚衆，日食野菜，無所依倚，恐因而嘯聚以益敵勢。乞募選爲兵，自十月給糧，使充戍役，至二月罷之，人授地三十畝，貸之種粒而驗所收穫，量數取之，逮秋復隸兵伍。且戰且耕，公私俱利，亦望被俘之民易于招集也。」詔施行之。

是時，樞密院以海州軍食不足，艱于轉輸，奏乞遷于内地。詔問摯，摯奏曰：「海州連山阻海，與沂、莒、邳、密皆邊隅衝要之地，比年以來爲賊淵藪者，宋人資給之故。若棄而他徙，則直抵東平無非敵境，地大氣增，後難圖矣，臣未見其可。且朝廷所以欲遷者，止慮糧儲不給耳。臣請盡力規畫，勸喻農民趨時耕種，且令鬻鹽易糧，或置場宿遷，以通商旅，可不勞民力而辦。仍擇沭陽之地可以爲營屯者，分兵護邏，雖不遷無患也。」上是其言，乃止。

十月，先是，邳州副提控王汝霖以州廩將乏，扇其軍爲□。山東東路轉運副使兼同知沂州防禦使程戩懼禍及己，遂與同謀，因結宋兵以爲外應。摯聞，即遣兵捕之，訊竟具伏，汝霖及戩并其黨彈壓崔榮、副統韓松、萬户戚誼等皆就誅，至是以聞。三年七月，設汴京東、西、南三路行三司，詔摯居中總其事焉。十月，以裏城畢工，遷官一階。四年七月，遷榮禄大夫，致仕。

天興元年正月，起復爲大司農。四月，歸大司農印，復致仕。八月，復起爲平章政事，封蕭國公，行京東路尚書省事。以軍三千護送就舟張家渡，行至封丘，敵兵覺，不能進。諸將卒謀倒戈南奔，留數騎衛摯。摯知其謀，遂下馬，坐語諸將曰：「敵兵環視，進退在我。汝曹不思持重，吾寧死於汝曹之手，不忍爲亂兵所蹂，以辱君父之命。」諸將諾而止，得全師以還，聞者壯之。十一月，復致仕。居汴中，有園亭蔡水濱，日與耆舊讌飲，及崔立以汴城降，爲大兵所殺。

摯爲人威嚴，御兵人莫敢犯。在朝遇事敢言，又喜薦士，如張文舉、雷淵、麻九疇輩皆由摯進用。南渡後宰執中，人望最重。

雜録

備録

劉祁《歸潛志》卷六　侯平章摯，字莘卿，東阿人。少擢第，慷慨有爲。貞祐初，北兵圍燕都，公由中都麴使請出募軍，已而嬰城有功，自行户部侍郎，遷河平軍節度使。宣宗南渡，爲參知政事，出鎮東平，移鎮下邳，所至吏民安愛。後入朝，遷左丞。正大初，進平章政事，封蕭國公。居相位，憒無所施，請守大名，詔出行尚書省。未幾，還朝。致仕，居南京，有園亭蔡水濱，公日在間與耆老讌飲。後南京降，以前宰執，爲北兵所殺。爲人有威嚴，御兵人莫敢犯。在朝遇事亦敢言，頗喜薦士，如張文舉、雷希顔、麻知幾，皆由公進用。南渡後宰執中人望最重。

備論

《金史》卷一〇八《侯摯傳》 贊曰：宣宗南遷，天命去矣，當是時雖有忠良之佐、謀勇之將，亦難爲也。然而汝礪、行信拯救于内，胥鼎、侯摯守禦于外，訖使宣宗得免亡國，而哀宗復有十年之久，人才有益于人國也若是哉。

元好問部

綜述

《金史》卷一二六《元好問傳》 好問字裕之。七歲能詩。年十有四，從陵川郝晉卿學，不事舉業，淹貫經傳百家，六年而業成。下太行，渡大河，爲《箕山》、《琴臺》等詩，禮部趙秉文見之，以爲近代無此作也。於是名震京師。

中興定五年第，歷内鄉令。正大中，爲南陽令。天興初，擢尚書省掾，頃之，除左司都事，轉行尚書省左司員外郎。金亡，不仕。

爲文有繩尺，備衆體。其詩奇崛而絶雕劌，巧縟而謝綺麗。五言高古沈鬱。七言樂府不用古題，特出新意。歌謡慷慨挾幽、并之氣。其長短句，揄揚新聲，以寫恩怨者又數百篇。兵後，故老皆盡，好問蔚爲一代宗工，四方碑板銘志盡趨其門。其所著文章詩若干卷、《杜詩學》一卷、《東坡詩雅》三卷、《錦機》一卷、《詩文自警》十卷。

晚年尤以著作自任，以金源氏有天下，典章法度幾及漢、唐，國亡史作，已所當任。時金國實録在順天張萬户家，乃言於張，願爲撰述，既而爲樂夔所沮而止。好問曰：「不可令一代之跡泯而不傳。」乃搆亭於家，著述其上，因名曰「野史」。凡金源君臣遺言往行，采摭所聞，有所得輒以寸紙細字爲記録，至百餘萬言。今所傳者有《中州集》及《壬辰雜編》若干卷。年六十八卒。纂修《金史》，多本其所著云。

郝經《陵川集》卷三五《遺山先生墓銘》 歲丁巳秋九月四日，遺山先生卒於獲鹿寓舍。十日，訃至，經走常山三百里，以馬舁歸葬，爇文酹酒，哭于畫像之前而已。先生與家君同受業于先大父，經復逮事先生者有年，義當敘而銘之。詩自三百篇以來，極于李、杜。其後纖靡淫艷，怪誕癖澁，寖以弛弱，遂失其正。二百餘年而至蘇、黄，振起衰踣，益爲瑰奇，復于李、杜氏。金源有國，士務決科干禄，置詩文不爲，其或爲之，則羣聚訕笑，大以爲異。委墜廢絶，百有餘年，而先生出焉。當德陵之末，獨以詩鳴，上薄風、雅，中規李、杜，粹然一出于正，直配蘇、黄氏。天才清贍，邃婉高古，沉鬱大和，力出意外，巧縟而不見斧鑿，新麗而絶去浮靡，造微而神采粲發，雜弄金壁，糅飾丹素，奇芬異秀，洞蕩心魄，看花把酒，歌謡跌宕，挾幽、并之氣，高視一世。以五言雅爲正，出奇于長句、雜言，至五千五百餘篇。爲古樂府不用古題，特出新意以寫怨恩者，又百餘篇。用今題爲樂府，揄揚新聲者，又數十百篇。皆近古所未有也。汴梁亡，故老皆盡，先生遂爲一代宗匠，以文章伯獨步幾三十年。銘天下功德者盡趨其門，有例有法，有宗有趣，又至百餘首。爲《杜詩學》、《東坡詩雅》、《錦機》、《詩文自警》等集，指授學者。方吾道壞爛，文曜噎昧，先生獨能振而鼓之，揭光于天，俾學者歸仰，識詩文之正而傳其命脉，繫而不絶，其有功于世又大也。每以著作自任，以金源氏有天下，典章法度，幾及漢、唐，國亡史興，已所當爲。而國史、實録在順天道萬户張公府，乃言于張公，使之聞奏，願爲撰述。奏可，方闢館，爲人所沮而止。先生曰：「不可遂令一代之美泯而不聞。」乃爲《中州集》百餘卷，又爲《金源君臣言行録》。往來四方，采摭遺逸，有所得，輒以寸紙細字親爲記録，雖甚醉不忘。於是雜録近世事至百餘萬言，捆束委積，塞屋數楹，名之曰「野史亭」。書未就而卒。嗚呼！先生可謂忠矣。先生諱好問，字裕之，太原定襄人。係出拓拔魏，故姓元氏。曾大父某，大父某，父某，妣某氏。先生七歲能詩，太原王湯臣稱爲神童。年十一，從其叔父官于冀州，學士路宣叔賞其俊爽，教之爲文。年十有四，其叔父爲陵川令，遂從先大父學，先大父即與屬和。或者譏其不事舉業，先大父言：「吾正不欲渠爲舉子爾。區區第一，不足道也。」遂肆意經傳，貫穿百家，六年而業成。下太行，渡大河，爲《箕山》、《琴臺》等詩。趙禮部見之，以爲少陵以來無此作也，以書招之，於是名震京師，目爲元才子。登興定三年進士第，不就選。往來箕、潁者數年，而大放厥辭，於是家累其什，人嚼其句，洋溢于里巷，吟諷于道塗，巍然坡、谷復出也。正大中，辟鄧州南陽令。南陽大縣，兵民十餘萬，帥府令兼鎮府，甚有威惠。以大夫人哀疾，辭劇致養，轉内鄉令。丁艱憂，終喪，詔爲尚書都省掾。天興初，入翰林知制誥。金亡，不仕而卒。春秋六十有八。卒之某月日，葬于定襄之先塋。前配太原張氏，再配臨清毛氏。子男三人，曰某某。女三人，長適進士程端甫，次爲女冠，次適張某。銘曰：士子賈技争綴緝，僥倖寸禄奔走急。以爲詩文作無益，糞壤擲棄明月壁。先生卓犖有異識，振筆便入蘇黄室。開闢文源翦荆棘，大聲復完金玉擊。爛漫長醉思盈溢，瑞錦秋花亂堆積。險姤護前喘肝臆，羣犬狵狵共讒嫉。塵埃野馬爲鬼蜮，遺山岩岩倚天壁。

國史興喪是吾職，義烈不負董狐筆。定襄高寒拓拔國，馬鬃歸來反玄宅。有書有傳俱未卒。嗚呼先生端可惜，嗚呼先生不可得。

雜録

備論

《金史》卷一二六《元好問傳》 贊曰：韓昉、吴激，楚材而晉用之，亦足爲一代之文矣。蔡珪、馬定國之該博，胡礪、楊伯仁之敏贍，鄭子聃、麻九疇之英儁，王鬱、宋九嘉之邁往。三李卓犖，純甫知道，汾任氣，獻能尤以純孝見稱。王庭筠、党懷英、元好問自足知名異代。王競、劉從益、王若虚之吏治，文不掩其所長。蔡松年在文藝中，爵位之最重者，道金人言利，興黨獄，殺田瑴，文不能掩其所短者歟？事繼母有至行，其死家無餘貲，有足取云。

藝文

元好問《遺山集》附録《題中州詩集後》 世之治也，三光五嶽之氣，鍾而爲一代人物。其生乎中原，奮乎齊魯汴洛之間者，固中州人物也。亦有生於四方，奮於遐外，而道學文章爲世所宗，功化德業被於海内，雖謂之中州人物可也。蓋天爲斯世而生斯人，氣化之全，光岳之英，實萃於是，一方豈得而私其有哉？迨夫宇縣中分，南北異壤，而論道統之所自來，必曰宗於某；言文脉之所從出，必曰派於某。又莫非盛時人物範模憲度之所流衍。故壤地有南北，而人物無南北，道統文脉無南北。雖在萬里外，皆中州也，況於在中州者乎？余嘗有見於此。自燕徙而河間，稍得與儒冠縉紳遊。暇日獲觀遺山元子所哀《中州集》者，百年而上，南北名人節士、鉅儒達官所爲詩，與其平生出處，大致皆采録不遺。而宋建炎以後，銜命見留，與留而得歸者，其所爲詩，與其人節始終，亦復見紀。凡十卷，總而名之曰《中州集》。盛矣哉！元子之爲此名也，廣矣哉！元子之用心也。夫生於中原，而視九州四海之人物，猶吾同國之人；生於數十百年後，而視數十百年前人物，猶吾生並世之人。片言一善，殘編佚詩，搜訪惟恐其不能盡，余於是知元子胷懷卓犖，過人遠甚。彼小智自私者，同室藩籬，一家爾汝，視元子之宏度偉識，溟涬下風矣。嗚呼！若元子者，可謂天下士矣。數百載之下，必有謂子言爲然者。

元好問《遺山集》附録《遺山集後序》 自有書契以來，以文字名世得其全者幾人耳。六經諸子，在所勿論。姑以兩漢而下。至六朝，及隋唐、前宋諸人論之，上下數千載間，何物不品題過，何事不論量了。大都幾許不重複？字凡經幾手，左搨右扯，横安竪置，搓揉亦熟爛盡矣。惟其不相蹈襲，自成一家者爲得耳。噫！後之秉筆者，亦訒乎其爲言哉。今觀遺山文集，又別是一副天生爐鞴，比古人轉身處更覺省力。不使奇字，新之又新；不用晦事，深之又深。但見其巧，不見其拙，但見其易，不見其難。如梓匠輪輿，各輪技能，可謂極天下之工；如肥濃甘脆，疊爲飣餖，可謂併天下之味。從此家跳出，便知籍、湜之汗流者多矣。必欲努力追配，當復積學數世，然後再議。曩在河南時，辛敬之先生嘗爲予言：「吾讀元子詩，正如佛説法云：『吾言如蜜，中邊皆甜。』」此論頗近之矣。雖倡優、駔儈、牛童、馬走聞之，莫不以爲此皆吾心上言也。若夫文之所以爲文，亦安用艱辛奇澀爲哉？敢以東坡之後，請元子繼，其可乎？不識今之作者，以爲如何？或者曰：「五百年後，當有揚子雲復出，子何必喋喋乃爾？」濟南杜仁傑直序。

元好問《遺山集》附録《遺山先生挽詩》 蕭寺秋風捲玉荷，月明人影共婆娑。誰知別後《驪駒曲》，便是先生《薤露歌》。《野史》夜寒蟲蠹簡，《錦機》春暖鳳停梭。秪應前日西川路，常使羊曇忍淚過。

郝經《陵川集》卷二《原古上元學士》 麟死九鼎淪，萬世無孔、孟。文字糠粃餘，扶藉不絶聖。伊昔大觀季，天王始失政。中聲入哇淫，吾道孰不競。金源東北來，一洗河海浄。斯文甚濫觴，幾墜土梗横。吴、楚割半天，瘡痍僅續命。伊、洛遽騫騰，朱、張立朝廷。天門黄金榜，赫耀動萬姓。君臣此爲得，父師此爲令。弘肆六藝學，俾與日月並。中原有奇才，詞賦方餖飣。孰意元化精，不遂入昏暝。浚發自蔡、党，高步出遼曼。或者語詩文，環視驚盻矃。絲綸帝載熙，訓誥王言瑩。諸公繼踵作，互執造化柄。墨浸天壤深，筆掃風雷勁。清風玉樹鳴，千古一輝映。有若閑閑公，光彩璧月恒。黄山與黄華，雙鳳高蹭蹬。雲烟恣揮灑，乾坤快歌詠。亹亹金聲鏗，矯矯銀鈎硬。楊、馮、李、雷、麻，嶷岑胥倡應。五

行連麗天，四海望而敬。偉哉遺山老，青雲動高興。文林劉荆棘，翰府開蹊徑。秋空玉琴張，搏拊分《雅》《鄭》。三閭一曲歌，忽喚劉伶醒。哀哀汴、蔡亡，六合爲懸磬。此老獨巍然，聲價駭羣聽。振袂凌孤霞，珠璧飛欬謦。人宗一代文，天賦百年盛。紛紛夸毗子，攟摭爲訾評。自謂人勝天，詎知天已定。行行野史成，共爲天下慶。作噩建子月，投我以照乘。蔀屋驚見斗，寒焰忽蟠亘。經也生已晚，弗及拜先正。窮閻一束書，十載成墮甑。學問苟有歸，貧窶安足病！今乃得溟渤，問津有龜鏡。挈我登龍門，綆我出虎穽。摇摇風中旌，兹始見依凭。緬思先世澤，于今果無竟。嗚呼世道喪，欲語寒淚迸。何時倒銀漢，與世開黤艷。昂頭冠三山，俯瞰旭日晟。陸海闢文源，生民共涵泳。

郝經《陵川集》卷二一《祭遺山先生文》 維年月日，陵川郝經，謹以清酌之奠，致祭於遺山先生之靈。嗚呼！氣數之窮，靡物不壞。或者不淪胥，乃造物者之所在。造物之所在，宜莫不生，而奪于成，是理其可明邪。嗚呼！先生，萃靈蜚英，羈丱宦學，嶽嶽稜稜，碩士鴻儒，莫不震驚，以爲間世生。閒閒初見公文，曰：「是間世生者。」渡南河而爲名公，入京師而爲名卿，張洞庭之天音，引岐山之鳳鳴。方雷厲以風飛，揆鴻章而振纓。挫萬象於筆端，倒河漢而一傾。攄塵言與滯思，淪錮濁以爲清。闢斯文之洪源，俾灝汗而淵澄。而乃汴、蔡淪亡，蜚血凌城，氣數俱盡，萬化崩騰。時惟先生，獨矯首而行，挽崦嵫之日，慧欲曙之星，收有金百年之元氣，著衣冠一代之典刑。辭林義藪，文模道程，獨步于河朔者，幾三十年。豈非造物者之所在，而斯文殆將興邪！去魯西來，聿峻有聲，天奎不芒，遂入杳冥。筆未獲麟，年未中壽，而奪去之遽，彼造物者果可明耶？嗚呼！先生雅言之高古，雜言之豪宕，足以繼坡谷；古文之有體，金石之有例，足以肩蔡党；樂章之雄麗，情致之幽婉，足以追稼軒。其籠罩宇宙之氣，撼摇天地之筆，囚鎖造化之才，穴洞古今之學，則又不可勝言。人得其偏，先生得其全，天不假之年，嗚呼哀哉！先生雖死，文或不死，是謂亡而不死。先生雖可哀，吾徒無所仰，尤爲可哀也。嗚呼哀哉！尚饗。

郝經《陵川集》卷二二《元遺山真贊》 其才清以新，其氣夷以春，其中和以仁，其志忠以勤，不啻蔡、辛與坡、谷爲鄰。歌謡慷慨，喜氣津津，唾玉噴珠，看花飲醇。而乃爇香讀《易》，坐席凝塵，假邪真邪？嗚呼！復幾千年，更有兹人也邪？

王惲《秋澗集》卷一七《追挽元遺山先生》 文奎騰彩憶光臨，孺子何知喜嗣音。余年廿許，以時文贄于先生，公喜甚，親爲删誨。且有「文章重于相權」、「泰山微塵」之說。即欲挈之西行，以所傳畀余。以事不克，至今有遺恨。 党趙正傳公固在，《陽秋》當筆我奚任。天機翻錦餘官樣，月户量工更苦心。野史亭空遺事墜，荒烟埋恨九原深。

趙秉文部

綜述

《金史》卷一一〇《趙秉文傳》 趙秉文字周臣，磁州滏陽人也。幼穎悟，讀書若夙習。登大定二十五年進士第，調安塞簿，以課最遷邯鄲令，再遷唐山。丁父憂，用薦者起復南京路轉運司都勾判官。

明昌六年，入爲應奉翰林文字，同知制誥。上書論宰相胥持國當罷，宗室守貞可大用。章宗召問，言頗差異，於是命知大興府事内族膏等鞫之。秉文初不肯言，詰其僕，歷數交游者，秉文乃曰：「初欲上言，嘗與修撰王庭筠、御史周昂、省令史潘豹、鄭贊道、高坦等私議。」庭筠等皆下獄，決罰有差。有司論秉文上書狂妄，法當追解，上不欲以言罪人，遂特免焉。當時爲之語曰：「古有朱雲，今有秉文，朱雲攀檻，秉文攀人。」士大夫莫不恥之。坐是久廢，後起爲同知岢嵐軍州事，轉北京路轉運司支度判官。承安五年冬十月，陰晦連日，宰相張萬公入對，上顧謂萬公曰：「卿言天日晦冥，亦猶人君用人邪正不分，極有理。若趙秉文曩以言事降授，聞其人有才藻，工書翰，又且敢言，朕非棄不用，以北邊軍事方興，姑試之耳。」泰和二年，召爲户部主事，遷翰林修撰。十月，出爲寧邊州刺史。三年，改平定州。前政苛於用刑，每聞赦將至，先掊賊死乃拜赦，而盜愈繁。秉文爲政一從寬簡，旬月盜悉屏跡。歲飢，出禄粟倡豪民以賑，全活者甚衆。

大安初，北兵南嚮，召秉文與待制趙資道論備邊策，秉文言：「今我軍聚於宣德，城小，列營其外，涉暑雨器械弛敗，人且病，俟秋敵至將不利矣。可遣臨潢一軍擣其虛，則山西之圍可解，兵法所謂『出其不意、攻其必救』者也。」衛王不能用，其秋宣德果以敗聞。尋爲兵部郎中，兼翰林修撰，俄轉翰林直學士。

貞祐初，建言時事可行者三：一遷都，二導河，三封建。朝廷略施行之。明年，上書願爲國家守殘破一州，以宣布朝廷恤民之意，且曰：「陛下勿謂書生不知兵，顔真卿、張巡、許遠輩以身許國，亦書生也。」又曰：「使臣死而有益於國，猶勝坐糜廪禄爲無用之人。」上曰：「秉文志固可尚，然方今翰苑尤難其人，卿宿儒當在左右。」不許。

四年，拜翰林侍講學士，言：「寶券滯塞，蓋朝廷初議更張，市肆已妄傳其不用，因之抑遏，漸至廢絶。臣愚以爲宜立回易務，令近上職官通市道者掌之，給以銀鈔粟麥縑帛之類，權其低昂而出納。」詔有司議行之。

興定元年，轉侍讀學士。拜禮部尚書，兼侍讀學士，同修國史，知集賢院事。又明年，知貢舉，坐取進士盧亞重用韻，削兩階，因請致仕。金自泰和、大安以來，科舉之文其弊益甚。蓋有司惟守格法，所取之文卑陋陳腐，苟合程度而已，稍涉奇峭，即遭絀落，於是文風大衰。貞祐初，秉文爲省試，得李獻能賦，雖格律稍疏而詞藻頗麗，擢爲第一。舉人遂大喧噪，愬於臺省，以爲趙公大壞文格，且作詩謗之，久之方息。俄而獻能復中宏詞，入翰林，而秉文竟以是得罪。

五年，復爲禮部尚書，入謝，上曰：「卿春秋高，以文章故須復用卿。」秉文以身受厚恩，無以自效，願開忠言、廣聖慮，每進見從容爲上言，人主當儉勤、慎兵刑，所以祈天永命者，上嘉納焉。哀宗即位，再乞致仕，不許。改翰林學士，同修國史，兼益政院説書官。以上嗣德在初，當日親經史以自裨益，進《無逸直解》、《貞觀政要》、《申鑒》各一通。

正大九年正月，汴京戒嚴，上命秉文爲赦文，以布宣悔悟哀痛之意。秉文指事陳義，辭情俱盡。及兵退，大臣欲稱賀，且命爲表，秉文曰：「《春秋》『新宫火，三日哭』。今園陵如此，酌之以禮，當慰不當賀。」遂已。時年已老，日以時事爲憂，雖食息頃不能忘。每聞一事可便民，一士可擢用，大則拜章，小則爲當路者言，殷勤鄭重，不能自已。三月，草《開興改元詔》，閭巷閒皆能傳誦，洛陽人拜詔畢，舉城痛哭，其感人如此。是年五月壬辰，卒，年七十四，積官至資善大夫、上護軍、天水郡侯。

正大閒，同楊雲翼作《龜鑑萬年録》上之。又因進講，與雲翼共集自古治術，號《君臣政要》爲一編以進焉。秉文自幼至老未嘗一日廢書，著《易叢説》十卷，《中庸説》一卷，《揚子發微》一卷，《太玄箋贊》六卷，《文中子類説》一卷，《南華略釋》一卷，《列子補注》一卷，删集《論語》、《孟子解》各一十卷，《資暇録》一十五卷，所著文章號《滏水集》者三十卷。

秉文之文長於辨析，極所欲言而止，不以繩墨自拘。七言長詩筆勢縱放不拘一律，律詩壯麗，小詩精絶多以近體爲之，至五言古詩則沉鬱頓挫。字畫則草書尤遒勁。朝使至自河、湟者，多言夏人問秉文及王庭筠起居狀，其爲四方所重

如此。

爲人至誠樂易，與人交不立崖岸，未嘗以大名自居。仕五朝，官六卿，自奉養如寒士。楊雲翼嘗與秉文代掌文柄，時人號楊趙。然晚年頗以禪語自污，人亦以爲秉文之恨云。

元好問《遺山集》卷一七《閑閑公墓銘》 唐文三變，至五季，衰陋極矣。由五季而爲遼、宋，由遼、宋而爲國朝，文之廢興可考也。宋有古文，有詞賦，有明經。柳、穆、歐、蘇諸人，斬伐俗學，力百而功倍，起天聖，迄元祐，而後唐文振。然似是而非，空虛而無用者，又復見於宣、政之季矣。遼則以科舉爲儒學之極致，假貸剽竊，牽合補綴，視五季又下衰。唐文奄奄，如敗北之氣，没世不復，亦無以議爲也。國初因遼、宋之舊，以詞賦、經義取士，預此選者，選曹以爲貴科，榮路所在，人争走之。傳注則金陵之餘波，聲律則劉、鄭之末光，固已占高爵而釣厚禄。至於經爲通儒，文爲名家，良未暇也。及翰林蔡公正甫，出於大學大丞相之世業，接見宇文濟陽、吴深州之風流，唐、宋文派乃得正傳，然後諸儒得而和之。蓋自宋以後百年，遼以來三百年，若党承旨世傑、王内翰子端、周三司德卿、楊禮部之美、王延州從之、李右司之純、雷御史希顔，不可不謂之豪傑之士。若夫不溺於時俗，不汩於利禄，慨然以道德、仁義、性命、禍福之學自任，沉潛乎六經，從容乎百家，幼而壯，壯而老，怡然涣然，之死而後已者，惟我閑閑公一人。公諱秉文，字周臣，姓趙氏，閑閑，其自號也。世爲磁州滏陽人。祖諱某，用公貴，贈正議大夫、上輕車都尉、天水郡伯。考諱某，贈中奉大夫、上護軍、天水郡侯。李右司誌其墓，述先世以來詳矣。公幼穎悟，讀書若夙習。弱冠，登大定二十五年進士第。調安塞簿，以課最，遷邯鄲令，再遷唐山。丁郡侯憂。用薦者及提刑廉舉，起復，充南京路轉運司都勾判官。丁太夫人某氏憂。又用薦者，起復，應奉翰林文字、同知制誥。上書論宰相胥持國當罷，宗室守貞可大用。又言：「刑獄、征伐，國之大政，自古未有君以爲可、大臣以爲不可而可行者。」坐譏訕免官。未幾，起爲同知岢嵐軍州事，轉北京轉運司度支判官。承安五年冬十月，陰晦連日，宰相萬公入對，上顧謂萬公言：「卿昨言天日晦冥，亦猶人君用人邪正不分者，極有理。趙秉文曩以言事降授，聞其人有才具，又且敢言，朕非棄不用，直以北邊軍興，姑試之耳。」泰和二年，改户部主事，遷翰林修撰。考滿，留再任。衛紹王大安初，北兵入邊，召公與待制趙資道論邊備。公言：「今大軍聚宣德，宣德城小，列營其外，夏暑雨，器械弛敗，人且病。迨秋敵至，我不利矣。可遣臨潢一軍擣其虚，則山西之圍可解。兵法所謂『出其不意，攻其所必救』者也。」王不能用。其秋，宣德以敗聞。十月，出爲寧邊州刺史。二年，改平定州。前政苛於用刑，盗賊無大小，皆棓殺之。聞赦將至，先棓賊死，乃拜赦，而盗愈繁。公爲政，每從寬厚，不旬月，盗賊屏跡，終任無犯者。歲飢，出俸粟爲豪民倡，以賑貧乏，賴以全活者甚衆。及受代，老幼攀送，戀戀不忍訣。已出郭，復遮留之再三，乃得去。入爲兵部郎中兼翰林修撰。俄提點司天臺。崇慶二年春，太白經天，公上奏：「歲八月，當有人更王之變。」當國者以爲妖言，置章不通。及期，王出居衛邸，如公言。俄轉翰林直學士。貞祐初，公言時事三：一遷都，二導河，三封建。大略謂：中國無古北之險，則燕爲近邊，車駕幸山東爲便。山東，天下富强處也，且有海道可通遼東，接上京。宋有國時，河水常由曹、濮、開、滑、大名、東平、滄、景，會獨流入于海。今改而南由徐、邳。水行處，下視堤北二三丈，有建瓴之便。可使行視故堤，稍脩築之，河復故道，則山東、河南合。敵兵雖入，可阻以爲固矣。三代封建，外裔不能得中國之利。秦罷諸侯而郡縣之，無虜禍而有不及備之禍，喻如秦銷鋒鏑，今民間不得藏弓矢是也，隳名城，令腹内州軍不置樓櫓是也。在承平日若無患，及其弊，則天下有土崩之勢。秦之勝、廣，漢之張、魯，唐之安、史，皆是也。房琯因禄山之亂，請出諸王，分置諸道。禄山聞之，曰：「天下不可得矣！」今就不能復三代之故，亦宜分王子弟，置諸道節度，則是山東有大河之險，有維城之固，而無燕近塞之憂，一舉而三者得矣。明年，上書請爲朝廷守殘破一州。上以公宿儒，當在左右，不宜補外，不許。四年，除翰林侍講學士。明年，轉侍讀。興定中，拜禮部尚書，兼前職同脩國史、知集賢院事。又明年，知貢舉，坐爲同官所累，奪一官。致仕，有旨：「以卿嘗告老，今遂之也。」公家居，上所以禮遇公者不少衰。時遣中使問：「卿精神何如往年？」不數日，復起爲禮部尚書，兼官如故。入謝，上曰：「卿春秋雖高，以文章故，須復用卿。」公亦以身受厚恩，無以自効，願爲天子開忠言，廣聖慮。每進見，從容爲上言：「人主當儉勤，慎兵刑，所以祈天永命者。」上嘉納焉。今天子即位，公再以年乞身，改翰林學士，脩國史。公以上嗣德在初，當日親經史，以自裨益；進「無逸」，直解「貞觀政要」「申鑒」各一通。開興改元，北兵由漢中道襲荆、襄，京師戒嚴。上命公爲赦文，以布宣悔悟、哀痛之意；公指事陳義，辭情俱盡城下之役，國家所以感人心、作士氣者，公與有力焉。時公已，老日以時事爲憂，雖食息頃不能忘。每聞一事可便民，一士可擢用，大則奏章，小則爲當路者言，

殷勤鄭重，不能自已。竟用是得疾，以夏五月十有二日，春秋七十有四，終於私第之正寢。時軍國多故，賻祭不及，大夫士相弔，閭閻細民亦知有邦國殄瘁之歎。越二日，權殯開陽門外二百步，有待也。積官至資善大夫，勳上護軍，爵天水郡侯，食邑一千户，實封一百户。先娶劉氏，再娶郭氏，並封天水郡侯夫人，前公卒。子，男一人，名似，待闕御史臺掾。女三人，長，劉出也，嫁汝州推官高可約；次嫁衛州行部郎中石玠；季嫁省知管差陳令史張履。三婿皆名進士也。所著《易叢説》十卷、《中庸説》一卷、《揚子發微》一卷、《太玄箋贊》六卷、《文中子類説》一卷、《南華略釋》一卷、《列子補注》一卷，删集《論語》《孟子解》各一十卷。生平文章，號《滏水集》者，前後三十卷，《資暇録》十五卷。公究觀佛、老之説而皆極其指歸，嘗著論，以爲害於世者，其教耳。又其徒樂從公游，公亦嘗爲之作文章，若碑誌詩頌甚多。晚年録生平詩文，凡涉於二家者，不存也。大概公之文出於義理之學，故長於辨析，極所欲言而止，不以繩墨自拘。七言長詩，筆勢縱放，不拘一律；律詩壯麗，小詩精絶，多以近體爲之；至五言，則沉鬱頓挫似阮嗣宗，真淳古淡似陶淵明，以它文較之，或不近也。字畫則有魏晉以來風調，而草書尤驚絶，殆天機所到，非學能至。今宣徽舜卿使河、湟，夏人多問公及王子端起居狀，朝廷因以公報聘。已而輟不行。其爲當時所重如此。公之葬也，孤子似以好問公門下士，來速銘。因考公平生，而竊有所嘆焉。道之傳，可一人而足；所以弘之，則非一人之功也。唐昌黎公、宋歐陽公身爲大儒，繫道之廢興；亦有皇甫、張、曾、蘇諸人輔翼之，而後挾小辨者無異談。公至誠樂易，與人交不立崖岸，主盟吾道，將四十年，未嘗以大名自居。仕五朝，官六卿，自奉如寒士，而不知富貴爲何物。生河朔鞍馬間，不本於教育，不階於講習，紹聖學之絶業，行世俗所背馳之域，乃無一人推尊之；此文章字畫，在公爲餘事，自以徒費日力者，人知貴之，而不知貴其道歟？桓譚有言：「凡人賤近貴遠，親見揚子雲，故輕其書。若使更閲賢善，爲所稱善，其傳世無疑。」譚之言，今信矣。然則，若公者其亦有所待乎？銘曰：

　　道統中絶，力任權御，一判藩籬，倒置冠屨。公起河朔，天以經付。挺身頹波，爲世砥柱。優柔而求，饜飫而趨。春風舞雩，如望趨步。心與理叶，默以言寓。發道大全，初莫我助。大夜而旦，大夢而寤，乾端坤倪，軒豁呈露。致知力行，開物成務，在德爲柄，在治爲具。吾道非耶？而以文遇。足已無待，恃義不懼。憂國愛君，華首彌固。藏書名山，京師其副。後禮樂興，當表公墓。

宇文懋昭《大金國志》卷二九《趙秉文傳》　秉文字周臣，滏陽人。少穎悟，讀書如夙成。大定中進士。應奉翰林文字，上書論宰相胥持國當罷，宗室完顏守貞可大用。又言：「獄訟征伐，國之大政，自古未有君以爲可，大臣以爲不可而可行者。」坐謗訕免官，起爲同知岢嵐〔軍〕州〔事〕，轉北京路轉運〔司〕〔度〕支〔度〕判官。章宗嘉其敢言，泰和二年，改户部主事，翰林修撰，兼侍講學士，轉侍讀。興定中，拜禮部尚書，同修國史，知集賢院。開興中薨。

雜録

備録

劉祁《歸潛志》卷一　趙學士秉文，字周臣，磁州滏陽人。少擢第，作詩及字畫有名。王庭筠子端薦入翰林。因言事忤旨，外補。後再入館，爲修撰，待制，轉禮部郎中。出典岢嵐、平定、寧邊三郡。南渡，爲直學士，遷侍讀，拜禮部尚書，致仕。再起爲禮部，改翰林學士。天興改元夏五月卒，年七十三。公幼年詩與書皆法子端，後更學太白、東坡，字兼古今諸家學。及晚年，書大進。詩專法唐人，魁然一時文士領袖，壽考康寧爵位，士大夫罕及焉。性疎曠，無機鑿。治民鎮靜，不生事。在朝循循無異言。家居未嘗有聲色之娱，夫人卒，不再娶。斷葷肉，纍衣糲食不卹也。酷好學，至老不衰。後兩目頗昏，猶孜孜執卷鈔録。上至六經解，外至浮屠、莊老、醫(學)〔藥〕丹訣，無不究心。其所著有《太玄解》、《老子解》、《南華指要》、《滏水集》、《外集》，無慮數十萬言。自號閑閑居士云。

元好問《中州集》卷三《禮部閑閑趙公秉文》　秉文字周臣，滏陽人，「閒閒」其自號也。幼穎悟，讀書若夙習。大定二十五年進士，應奉翰林文字。上書論宰相胥持國當罷，宗室守貞可大用。又言獄訟征伐，國之大政，自古未有君以爲可、大臣以爲不可而可行者。坐譏訕免官。未幾，起爲同知岢嵐軍州事，轉北京路轉運司度支判官。承安五年冬十月，陰晦連日，宰相萬公入對，上顧謂萬公曰：「卿昨言天日晦冥，亦猶人君用人邪正不分者，極有理。趙秉文曩以言事降授，聞其人有才藻，工書翰，又且敢言。朕非棄不用，以北邊軍興，姑試之耳。」泰

和二年，改户部主事，翰林修撰。出爲寧邊州刺史二年，改平定州。治化清浄，所去人思之。貞祐初，中國仍歲被兵，公建言時事可行者三：一遷都，二導河，三封建。朝廷略施行之。四年，除翰林侍講學士。明年轉侍讀。興定中拜禮部尚書兼侍讀，同修國史，知集賢院。開興正月，京師戒嚴。時公已老，日以時事爲憂，雖食息頃不能忘。每聞一事可便民，一士可擢用，大則拜章，小則爲當路者言。殷勤鄭重，不能自已。竟用是得疾。薨，年七十四。自幼至老，未嘗一日廢書不觀。著《易叢説》十卷、《中庸説》一卷、《揚子發微》一卷、《太玄箋贊》六卷、《文中子類説》一卷、《南華略釋》一卷、《列子補注》一卷。删集《論語》、《孟子解》各一十卷、《資暇録》一十五卷。所著文章號《滏水集》者前後三十卷。大概公之文出於義理之學，故長於辨析，極所欲言而止，不以繩墨自拘。七言長詩筆勢縱放，不拘一律。律詩壯麗，小詩精絶，多以近體爲之。至五言大詩，則沈鬱頓挫學阮嗣宗，真淳簡澹學陶淵明。以他文較之，或不近也。字畫則有魏晋以來風調，而草書尤警絶。殆天機所到，非學能至。宣徽舜卿使河湟，夏人多問公及王子端内翰起居狀，朝廷因以公報聘。其爲四方所重如此。論者謂公至誠樂易，與人交不立崖岸，主盟吾道將三十年，未嘗以大名自居。仕五朝，官六卿，自奉養如寒士，不知富貴爲何物。蓋學道所得云。

備論

《金史》卷一一〇《趙秉文傳》 贊曰：楊雲翼、趙秉文，金士巨擘，其文墨論議以及政事皆有足傳。雲翼《諫伐宋》一疏，宣宗雖不見聽，此心何愧景略。庭筠之累，秉文所爲，兹事大愧高允。

藝文

趙秉文《滏水集・滏水集原序》 學以儒爲正，不純乎儒非學也，文以理爲正，不根於理非文也。自魏晋而下，爲學者不究孔孟之旨，而溺異端，不本於仁義之説，而尚夸辭，君子病諸？今禮部趙公實爲斯文主盟，近自擇其所爲文章，釐爲二十卷，過以見示。予披而讀之，粹然皆仁義之言也。蓋其學，一歸諸孔孟，而異端不雜焉，故能至到如此，所謂儒之正、理之主，盡在是矣。天下學者，景附風靡，知所適從，雖有狂瀾横流，障而東之，其有功吾道也大矣。余生多幸，得從公游，然聾瞽無與乎視聽，故不足知公。後生可畏，當有如李之尊韓、蘇之景歐者出焉。余雖老矣，猶幸及見之。元光二年歲次癸未冬十一月庚戌日。前翰林學士中奉大夫知制誥皐落楊雲翼序。

元好問《遺山集》卷三八《趙閑閑真贊》 周旋於正廣、道宗、平叔之間，而獨能紹聖學之絶業；歛避於蔡無可、党竹溪之後，而竟推爲斯文之主盟。不立崖岸之謂和，不置町畦之謂誠，不變燥濕之謂定，不污泥滓之謂清。藹然粹温，見于丹青。雖無老成，人尚有典刑。鳳衰無周，龍移啓魏。殄瘁攸屬，古爲悲欷。人知爲五朝之老臣，不知其爲中國百年之元氣。

興定初，某始以詩文見故禮部閑閑公。公若以爲可教，爲延譽諸公間。又五年，乃得以科第出公之門。公又謂當有所成就也，力爲挽之。奬借過稱，旁有不平者。宰相師仲安班列中倡言，謂公與楊禮部之美、雷御史希顔、李内翰欽叔爲元氏黨人，公不之恤也。正大甲申，諸公貢某詞科。公爲監試官，以例不赴院宿。一日，坐禮曹。欽叔從外至，誦某《秦王破竇建德降王世充露布》。公頗爲聳動，顧座客陳司諫正叔言：「人言我黨元子，誠黨之耶？」公之篤于自信，蓋如此。壬辰冬，某以東曹掾知雜權都司，取行止卷觀之，見公獨銜及楊、雷猥相薦引者十七章。竊自念言：公起布衣，仕五朝，官六卿，自奉養如寒士，不知富貴爲何物。其自待如此。顧雖愛我，寧欲爲利禄計，欲使之亟進，得以斗升活妻子耶？惟是愚陋，不足以當大賢特達之遇，兀兀近五十而迄無所成，用是爲愧負耳！北渡後，求汴人趙濟甫爲公寫真，因題贊其上。嗚呼！公道德文章，師表一世，如我乃得而事之。公初不以利禄期我，然則今所以事公者，雖出于門弟子之私，亦豈獨以門弟子之私也哉！

公無恙時，辱公陶甄，携之提之，且挽且前。萬馬之所馳，不足以北公之轅；萬折之所礙，不足以迴公之川。將私其私耶？抑以爲文字之傳？匠石斵斤，子牙絶絃。千載一人，猶以旦暮；萬里一士，且謂比肩。念公生平，使我涕漣。顔如渥丹，雙瞳炯焉。彼粹而温，既與不可傳者死矣，覩乎此，則猶可以髣髴其足音之跫然。

引用書目

書名	作者	時代	版本
小畜集	王禹偁	宋	四庫本
楊文公談苑	楊億	宋	上海古籍出版社一九九三年宋庠點校本
王文正筆録	王曾	宋	大象出版社《全宋筆記》二〇〇三年張劍光、孫勵點校本
文莊集	夏竦	宋	四庫本
丁晉公談録	傳爲丁謂	宋	大象出版社《全宋筆記》二〇〇三年虞雲國、吴愛芬點校本
范文正公文集	范仲淹	宋	《范文正忠宣二公全集》清宣統三年歲寒堂刻本
景文集	宋祁	宋	四庫本
儒林公議	田況	宋	大象出版社《全宋筆記》二〇〇三年儲玲玲點校本
江鄰幾雜志	江休復	宋	大象出版社《全宋筆記》二〇〇三年儲玲玲點校本
文正王公遺事	王素	宋	大象出版社《全宋筆記》二〇〇三年儲玲玲點校本
包拯集	包拯	宋	黄山書社一九九九年楊國宜校注本
潞公文集	文彦博	宋	四庫本
安陽集	韓琦	宋	四庫本
歸田録	歐陽修	宋	大象出版社《全宋筆記》二〇〇三年儲玲玲點校本
居士集	歐陽修	宋	中華書局《歐陽修全集》二〇〇一年點校本
河南集	尹洙	宋	四部叢刊本
端明集	蔡襄	宋	四庫本
張方平集	張方平	宋	中州古籍出版社一九九二年鄭涵點校本
東原録	龔鼎臣	宋	清光緒三年陸氏十萬卷樓本

書名	作者	朝代	版本
南陽集	韓維	宋	四庫本
東齋記事	范鎮	宋	大象出版社《全宋筆記》二〇〇三年汝沛、永成點校本
春明退朝録	宋敏求	宋	大象出版社《全宋筆記》二〇〇三年鄭世剛點校本
涑水記聞	司馬光	宋	大象出版社《全宋筆記》二〇〇三年鄧廣銘、張希清點校本
温公瑣語	司馬光	宋	大象出版社《全宋筆記》二〇〇三年張希清點校本
傳家集	司馬光	宋	四庫本
蘇魏公文集	蘇頌	宋	中華書局一九八八年王同策、管成學、顏中其等點校本
王文公文集	王安石	宋	上海人民出版社一九七四年唐武點校本
韓忠獻公遺事	强至	宋	大象出版社《全宋筆記》二〇〇三年黄純艷點校本
公是集	劉敞	宋	四庫本
彭城集	劉攽	宋	四庫本
范忠宣公集	范純仁	宋	《范文正忠宣二公全集》清宣統三年歲寒堂刻本
邵雍集	邵雍	宋	中華書局二〇一〇年郭彧點校本
碧雲騢	梅堯臣	宋	大象出版社《全宋筆記》二〇〇三年儲玲玲點校本
東坡志林	蘇軾	宋	大象出版社《全宋筆記》二〇〇三年孔凡禮點校本
仇池筆記	蘇軾	宋	大象出版社《全宋筆記》二〇〇三年孔凡禮點校本
蘇軾文集	蘇軾	宋	中華書局二〇〇四年孔凡禮校注本
蘇軾詩集	蘇軾	宋	上海古籍出版社二〇〇一年黄任軻、朱懷春點校本
欒城集	蘇轍	宋	上海古籍出版社一九八七年曾棗莊、馬德富點校本
龍川别志	蘇轍	宋	大象出版社《全宋筆記》二〇〇三年孔凡禮點校本
隆平集	曾鞏	宋	中華書局二〇一二年王瑞來校證本
元豐類稿	曾鞏	宋	中華書局《曾鞏集》一九八四年陳杏珍點校本
張載集	張載	宋	中華書局一九七八年張錫深點校本
二程集	程顥、程頤	宋	中華書局一九八一年王孝魚點校本

書名	作者	朝代	版本
范太史集	范祖禹	宋	四庫本
塵史	王得臣	宋	大象出版社《全宋筆記》二〇〇三年黄純艷點校本
忠肅集	劉摯	宋	中華書局二〇〇二年裴汝誠、陳曉平點校本
湘山野録	釋文瑩	宋	大象出版社《全宋筆記》二〇〇三年鄭世剛點校本
續湘山野録	釋文瑩	宋	大象出版社《全宋筆記》二〇〇三年鄭世剛點校本
玉壺清話	釋文瑩	宋	大象出版社《全宋筆記》二〇〇三年鄭世剛點校本
沈括全集	沈括	宋	浙江大學出版社二〇一一年楊渭生點校本
夢溪筆談	沈括	宋	大象出版社《全宋筆記》二〇〇六年胡静宜點校本
倦遊雜録	張師正	宋	上海古籍出版社一九九三年李裕民點校本
曲阜集	曾肇	宋	四庫本
節孝集	徐積	宋	四庫本
黄庭堅全集	黄庭堅	宋	四川大學出版社二〇〇一年劉琳、李勇先、王蓉貴點校本
清江三孔集	孔文仲等	宋	四庫本
忠獻韓魏王别録	王巖叟	宋	線裝書局二〇〇四年《宋集珍本叢刊》影印本
西臺集	畢仲游	宋	四庫本
陶山集	陸佃	宋	四庫本
姑溪居士前集	李之儀	宋	四庫本
雞肋集	晁補之	宋	四部叢刊本
龜山集	楊時	宋	四庫本
明道雜志	張耒	宋	大象出版社《全宋筆記》二〇〇六年查清華、潘超然點校本
張耒集	張耒	宋	中華書局一九九〇年李逸安點校本
龍雲集	劉弇	宋	四庫本
學易集	劉跂	宋	四庫本
景迂生集	晁説之	宋	四庫本

書名	作者	朝代	版本
晁氏客語	晁説之	宋	大象出版社《全宋筆記》二〇〇三年黄純艷點校本
道鄉集	鄒浩	宋	四庫本
蔣氏日録	蔣穎叔	宋	四庫本
淮海集	秦觀	宋	上海古籍出版社一九九四年徐培均校注本
詩話總龜	阮閲	宋	四庫本
青箱雜記	吴處厚	宋	大象出版社《全宋筆記》二〇〇三年夏廣興點校本
吕氏雜記	吕希哲	宋	大象出版社《全宋筆記》二〇〇三年夏廣興點校本
月河所聞集	莫君陳	宋	大象出版社《全宋筆記》二〇〇三年夏廣興點校本
道山清話	佚名	宋	大象出版社《全宋筆記》二〇〇六年趙維國點校本
寇萊公遺事	佚名	宋	大象出版社《全宋筆記》二〇〇六年趙維國點校本
孫公談圃	孫升	宋	大象出版社《全宋筆記》二〇〇六年趙維國點校本
國老談苑	夷門君玉	宋	大象出版社《全宋筆記》二〇〇六年趙維國點校本
默堂集	陳淵	宋	四庫本
畫墁録	張舜民	宋	大象出版社《全宋筆記》二〇〇六年湯勤福點校本
青瑣高議	劉斧	宋	大象出版社《全宋筆記》二〇〇六年李國强點校本
宗澤集	宗澤	宋	浙江古籍出版社一九八四年點校本
梁溪先生文集	李綱	宋	鳳凰出版社二〇一一年影印本
建炎時政記	李綱	宋	大象出版社《全宋筆記》二〇〇八年鄭明寶點校本
横塘集	許景衡	宋	清武昌一八七六年刻本
吕頤浩集	吕頤浩	宋	浙江古籍出版社二〇一二年徐三見等點校本
斜川集	蘇過	宋	四庫本
澠水燕談録	王闢之	宋	大象出版社《全宋筆記》二〇〇六年金圓點校本
文昌雜録	龐元英	宋	大象出版社《全宋筆記》二〇〇六年金圓點校本
談藪	龐元英	宋	大象出版社《全宋筆記》二〇〇六年金圓點校本

給事集	劉安上	宋	四庫本
談苑	孔平仲	宋	大象出版社《全宋筆記》二〇〇六年池潔點校本
初寮集	王安中	宋	四庫本
聞見近録	王鞏	宋	大象出版社《全宋筆記》二〇〇六年戴建國點校本
甲申雜記	王鞏	宋	大象出版社《全宋筆記》二〇〇六年戴建國、陳雷點校本
隨手雜録	王鞏	宋	大象出版社《全宋筆記》二〇〇六年戴建國、陳雷點校本
珍席放談	高晦叟	宋	大象出版社《全宋筆記》二〇〇八年孔凡禮點校本
後山談叢	陳師道	宋	大象出版社《全宋筆記》二〇〇六年李偉國點校本
萍洲可談	朱彧	宋	大象出版社《全宋筆記》二〇〇六年李偉國點校本
浮溪集	汪藻	宋	四庫本
洛陽名園記	李格非	宋	大象出版社《全宋筆記》二〇〇八年孔凡禮點校本
高峰文集	廖剛	宋	四庫本
師友談記	李廌	宋	大象出版社《全宋筆記》二〇〇六年查清華、潘超然點校本
錢氏私志	錢世昭	宋	大象出版社《全宋筆記》二〇〇六年查清華、潘超然點校本
鴻慶居士文集	孫覿	宋	四庫本
筠溪集	李彌遜	宋	四庫本
絜齋集	袁燮	宋	四庫本
侯鯖録	趙令畤	宋	大象出版社《全宋筆記》二〇〇六年孔凡禮點校本
邵氏聞見録	邵伯溫	宋	大象出版社《全宋筆記》二〇〇六年查清華、潘超然點校本
東軒筆録	魏泰	宋	大象出版社《全宋筆記》二〇〇六年燕永成點校本
少陽集	陳東	宋	四庫本
宋陳少陽先生盡忠録	陳東	宋	國家圖書館出版社《原國立北平圖書館甲庫善本叢書》本
泊宅編	方勺	宋	大象出版社《全宋筆記》二〇〇六年許沛藻、燕永成點校本
冷齋夜話	惠洪	宋	大象出版社《全宋筆記》二〇〇六年黃寶華點校本

書名	作者	朝代	版本
尊堯録	羅從彦	宋	大象出版社《全宋筆記》二〇〇六年黄寶華點校本
巖下放言	葉夢得	宋	大象出版社《全宋筆記》二〇〇六年徐時儀點校本
石林燕語	葉夢得	宋	大象出版社《全宋筆記》二〇〇六年徐時儀點校本
石林詩話	葉夢得	宋	四庫本
避暑録話	葉夢得	宋	大象出版社《全宋筆記》二〇〇六年徐時儀點校本
建康集	葉夢得	宋	四庫本
墨客揮犀	彭乘	宋	大象出版社《全宋筆記》二〇〇八年孔凡禮點校本
續墨客揮犀	彭乘	宋	大象出版社《全宋筆記》二〇〇八年孔凡禮點校本
丞相魏公譚訓	蘇象先	宋	大象出版社《全宋筆記》二〇〇八年儲玲玲點校本
春渚紀聞	何薳	宋	大象出版社《全宋筆記》二〇〇八年儲玲玲點校本
韋齋集	朱松	宋	四庫本
西畬瑣録	孫宗鑑	宋	大象出版社《全宋筆記》二〇〇八年黄寶華點校本
苕溪集	劉一止	宋	清宣統三年刻本
紫微集	張嵲	宋	四庫本
雙溪集	蘇籀	宋	四庫本
欒城先生遺言	蘇籀	宋	大象出版社《全宋筆記》二〇〇八年張劍光、李相正點校本
松隱文集	曹勛	宋	劉氏嘉業堂一九二〇年本
和靖集	尹焞	宋	四庫本
栟櫚集	鄧肅	宋	四庫本
斐然集	胡寅	宋	岳麓書社二〇〇九年尹文漢校注本
三餘集	黄彦平	宋	四庫本
五峰集	胡宏	宋	四庫本
莊簡集	李光	宋	四庫本
風月堂詩話	朱弁	宋	四庫本

書名	朝代	作者	版本
曲洧舊聞	宋	朱弁	大象出版社《全宋筆記》二〇〇八年張劍光點校本
澹庵文集	宋	胡銓	廬陵四忠集本
建炎筆録	宋	趙鼎	大象出版社《全宋筆記》二〇〇八年來可泓、劉强點校本
閒燕常談	宋	董弅	叢書集成本
童蒙訓	宋	吕本中	四庫本
宋朝事實類苑	宋	江少虞	上海古籍出版社一九八一年點校本
折獄龜鑒	宋	鄭克	四庫本
文定集	宋	汪應辰	四庫本
懶真子	宋	馬永卿	大象出版社《全宋筆記》二〇〇八年查清華、顧曉雯點校本
東窗集	宋	張擴	四庫本
苕溪漁隱叢話	宋	胡仔	人民文學出版社一九八一年點校本
唯室集	宋	陳長方	四庫本
灊山集	宋	朱翌	四庫本
忠肅集	宋	鄭興裔	清康熙三十二年刊鄭氏六名家集本
太倉稊米集	宋	周紫芝	四庫本
海陵集	宋	周麟之	四庫本
澹齋集	宋	李流謙	四庫本
晦庵先生朱文公文集	宋	朱熹	上海古籍出版社、安徽教育出版社《朱子全書》二〇一〇年本
五朝名臣言行録	宋	朱熹	上海古籍出版社、安徽教育出版社《朱子全書》二〇一〇年本
三朝名臣言行録	宋	朱熹	上海古籍出版社、安徽教育出版社《朱子全書》二〇一〇年本
伊洛淵源録	宋	朱熹	上海古籍出版社、安徽教育出版社《朱子全書》二〇一〇年本
步里客談	宋	陳長方	大象出版社《全宋筆記》二〇〇八年許沛藻點校本
中吴紀聞	宋	龔明之	大象出版社《全宋筆記》二〇〇八年張劍光點校本
皇朝中興紀事本末	宋	熊克	北京圖書館二〇〇五年影印本

書名	作者	朝代	版本
北窗炙輠録	施德操	宋	大象出版社《全宋筆記》二〇〇八年虞雲國、孫旭點校本
墨莊漫録	張邦基	宋	大象出版社《全宋筆記》二〇〇八年金圓點校本
鐵圍山叢談	蔡絛	宋	大象出版社《全宋筆記》二〇〇八年李國强點校本
退齋筆録	侯延慶	宋	大象出版社《全宋筆記》二〇〇八年朱凱、姜漢椿點校本
卻掃編	徐度	宋	大象出版社《全宋筆記》二〇〇八年朱凱、姜漢椿點校本
三朝北盟會編	徐夢莘	宋	上海古籍出版社一九八七年影印本
西溪叢語	姚寬	宋	大象出版社《全宋筆記》二〇〇八年湯勤福、宋斐非點校本
清尊録	廉布	宋	大象出版社《全宋筆記》二〇〇八年湯勤福、張麗點校本
吴船録	范成大	宋	大象出版社《全宋筆記》二〇一二年方健點校本
范石湖集	范成大	宋	上海古籍出版社二〇〇六年富壽蓀點校本
吴郡志	范成大	宋	江蘇古籍出版社一九九九年點校本
誠齋集	楊萬里	宋	中華書局《楊萬里集箋校》二〇〇七年辛更儒點校本
誠齋詩話	楊萬里	宋	中華書局《楊萬里集箋校》二〇〇七年辛更儒點校本
默記	王銍	宋	大象出版社《全宋筆記》二〇〇八年湯勤福、白雪松點校本
可書	張知甫	宋	大象出版社《全宋筆記》二〇〇八年孔凡禮點校本
寓簡	沈作喆	宋	大象出版社《全宋筆記》二〇〇八年俞鋼、蕭光偉點校本
類説	曾慥	宋	四庫本
高齋漫録	曾慥	宋	大象出版社《全宋筆記》二〇〇八年俞鋼、王燕華點校本
羅湖野録	釋曉瑩	宋	大象出版社《全宋筆記》二〇一二年夏廣興點校本
雲卧紀譚	釋曉瑩	宋	大象出版社《全宋筆記》二〇一二年夏廣興點校本
獨醒雜志	曾敏行	宋	大象出版社《全宋筆記》二〇〇八年朱傑人點校本
楓窗小牘	袁褧	宋	大象出版社《全宋筆記》二〇〇八年俞鋼、王彩燕點校本
邵氏聞見後録	邵博	宋	大象出版社《全宋筆記》二〇〇八年夏廣興點校本
雞肋編	莊綽	宋	大象出版社《全宋筆記》二〇〇八年夏廣興點校本

書名	作者	朝代	版本
甕牖閒評	袁文	宋	大象出版社《全宋筆記》二〇〇八年李偉國點校本
梅溪集	王十朋	宋	四庫本
竹洲集	吴儆	宋	四庫本
南澗甲乙稿	韓元吉	宋	四庫本
五總志	吴坰	宋	大象出版社《全宋筆記》二〇一二年黄寶華點校本
雪山集	王質	宋	四庫本
稼軒詞	辛棄疾	宋	上海古籍出版社《辛稼軒詩文箋注》一九九五年鄧廣銘、辛更儒校注本
能改齋漫録	吴曾	宋	大象出版社《全宋筆記》二〇一二年劉宇點校本
頤菴居士集	劉應時	宋	四庫本
艾軒先生文集	林光朝	宋	四庫本
攻媿集	樓鑰	宋	四部叢刊本
吕祖謙全集	吕祖謙	宋	浙江古籍出版社二〇〇八年黄靈庚等點校本
宋文鑑	吕祖謙	宋	中華書局一九九二年齊治平點校本
東塘集	袁説友	宋	四庫本
睽車志	郭象	宋	四庫本
容齋隨筆	洪邁	宋	大象出版社《全宋筆記》二〇一二年孔凡禮點校本
夷堅志	洪邁	宋	中華書局二〇〇六年何卓點校本
蠹齋鉛刀編	周孚	宋	四庫本
芸菴類稿	李洪	宋	四庫本
慈湖先生遺書	楊簡	宋	四庫本
止堂集	彭龜年	宋	四庫本
緣督集	曾豐	宋	四庫本
老學庵筆記	陸游	宋	大象出版社《全宋筆記》二〇一二年李昌憲點校本
避暑漫鈔	陸游	宋	大象出版社《全宋筆記》二〇一二年李昌憲點校本

書名	作者	朝代	版本
家世舊聞	陸游	宋	大象出版社《全宋筆記》二〇一二年李昌憲點校本
渭南文集	陸游	宋	中華書局《陸游集》一九七六年本
陸九淵集	陸九淵	宋	中華書局二〇〇八年鐘哲點校本
育德堂外則	蔡幼學	宋	敬鄉樓叢書本
宮教集	崔敦禮	宋	四庫本
水心文集	葉適	宋	中華書局《葉適集》二〇一〇年劉公純、王孝魚、李哲夫點校本
止齋先生文集	陳傅良	宋	四庫本
性善堂稿	度正	宋	四庫本
二老堂雜志	周必大	宋	大象出版社《全宋筆記》二〇一二年李昌憲點校本
益公題跋	周必大	宋	四庫本《文忠集》
省齋文稿	周必大	宋	四庫本《文忠集》
平園續稿	周必大	宋	四庫本《文忠集》
文忠集	周必大	宋	四庫本
江湖長翁集	陳造	宋	四庫本
燭湖集	孫應時	宋	四庫本
清波雜志	周煇	宋	大象出版社《全宋筆記》二〇一二年劉永翔、許丹點校本
清波別志	周煇	宋	大象出版社《全宋筆記》二〇一二年劉永翔、許丹點校本
方壺先生集	汪莘	宋	清雍正所刻《方壺先生集》
捫蝨新話	陳善	宋	大象出版社《全宋筆記》二〇一二年查清華點校本
雲谿稿	吕皓	宋	《續金華叢書》本
山房集	周南	宋	四庫本
南軒集	張栻	宋	四庫本
揮麈録	王明清	宋	大象出版社《全宋筆記》二〇一三年燕永成點校本
投轄録	王明清	宋	大象出版社《全宋筆記》二〇一三年燕永成點校本

玉照新志	王明清	宋	大象出版社《全宋筆記》二〇一三年戴建國、趙龍點校本
厚德録	李元綱	宋	大象出版社《全宋筆記》二〇一三年朱旭强點校本
采石戰勝録	員興宗	宋	大象出版社《全宋筆記》二〇一三年趙維國點校本
采石瓜洲斃亮記	蹇駒	宋	大象出版社《全宋筆記》二〇一三年趙維國點校本
錦繡萬花谷	佚名	宋	書目文獻出版社《北京圖書館古籍珍本叢刊》本
翰苑新書	佚名	宋	四庫本
梁溪漫志	費衮	宋	大象出版社《全宋筆記》二〇一二年金圓點校本
漫塘集	劉宰	宋	四庫本
陳亮集	陳亮	宋	中華書局一九八七年點校本
北溪大全集	陳淳	宋	四庫本
勉齋先生黄文肅公文集	黄幹	宋	四庫本
袁正獻公遺文鈔	袁燮	宋	四明叢書本
洺水集	程珌	宋	四庫本
名臣碑傳琬琰集	杜大珪	宋	《宋史資料萃編》臺灣文海出版社一九六九年影印本
北磵集	釋居簡	宋	四庫本
東都事略	王稱	宋	《宋史資料粹編》台灣文海出版社一九七九年影印本
雲麓漫鈔	趙彦衛	宋	大象出版社《全宋筆記》二〇一三年朱旭强點校本
成都文類	扈仲榮等	宋	四庫本
石屏詩集	戴復古	宋	四庫本
重校鶴山先生大全文集	魏了翁	宋	四部叢刊本
西山文集	真德秀	宋	四庫本
友林乙稿	史彌寧	宋	四庫本
平齋集	洪咨夔	宋	四部叢刊本

鐵庵集	方大琮	宋	國家圖書館藏明正德八年方良節刻《宋寶章閣直學士忠惠鐵庵方公文集》四十五卷本
經鉏堂雜誌	倪思	宋	大象出版社《全宋筆記》二〇一三年朱旭强點校本
劉克莊集	劉克莊	宋	中華書局二〇一一年辛更儒箋校本
退庵遺稿	方岳	宋	四庫本
鶴林集	吴泳	宋	四庫本
過庭録	范公偁	宋	大象出版社《全宋筆記》二〇一三年儲玲玲點校本
耆舊續聞	陳鵠	宋	大象出版社《全宋筆記》二〇一三年儲玲玲點校本
野客叢書	王楙	宋	大象出版社《全宋筆記》二〇一三年儲玲玲點校本
建炎以來朝野雜記	李心傳	宋	大象出版社《全宋筆記》二〇一三年徐規點校本
舊聞證誤	李心傳	宋	大象出版社《全宋筆記》二〇一三年金圓點校本
道命録	李心傳	宋	叢書集成本
復齋集	陳宓	宋	續修四庫全書影印清鈔本《复齋先生龍圖陳公文集》
蒙齋集	袁甫	宋	四庫本
雲谷雜記	張淏	宋	中華書局一九八五年張宗祥點校本
雲莊集	劉爚	宋	四庫本
鄂國金佗粹編續編	岳珂	宋	中華書局一九八九年王曾瑜校注本
桯史	岳珂	宋	中華書局一九八一年吴企明點校本
履齋遺稿	吴潛	宋	四庫本
臞軒集	王邁	宋	四庫本
敝帚稿略	包恢	宋	四庫本
中興戰功録	李壁	宋	大象出版社《全宋筆記》二〇一三年張劍光點校本
清正存稿	徐鹿卿	宋	民國《豫章叢書》胡思敬校勘本
澗泉日記	韓淲	宋	大象出版社《全宋筆記》二〇一三年張劍光點校本

游宦紀聞	張世南	宋	中華書局一九八一年張茂鵬點校本
四朝聞見録	葉紹翁	宋	大象出版社《全宋筆記》二〇一三年張劍光、周紹華點校本
矩山存稿	徐經孫	宋	四庫本
文溪集	李昂英	宋	四庫本
賓退録	趙與時	宋	大象出版社《全宋筆記》二〇一三年姜漢椿點校本
兩宋名賢小集	陳思	宋	四庫本
耻堂存稿	高斯得	宋	四庫本
楳埜集	徐元傑	宋	四庫本
魯齋集	王柏	宋	《續金華叢書》本
秋崖集	方岳	宋	四庫本
大金國志	宇文懋昭	宋	中華書局一九八六年崔文印校證本
貴耳集	張端義	宋	大象出版社《全宋筆記》二〇一三年許沛藻、劉宇點校本
鬳齋續集	林希逸	宋	四庫本
自警編	趙善璙	宋	大象出版社《全宋筆記》二〇一六年程郁點校本
野老紀聞	王大成	宋	四庫本
密齋筆記	謝采伯	宋	大象出版社《全宋筆記》二〇一六年李偉國點校本
吹劍録全編	俞文豹	宋	古典文學出版社一九五八年張宗祥點校本
困學紀聞	王應麟	宋	上海古籍出版社二〇〇八年欒保群、田青、吕宗力點校本
四明文獻集	王應麟	宋	四明叢書本《四明文獻集》五卷、清葉熊輯《深寧先生文鈔摭餘編》三卷
字溪集	陽枋	宋	四庫本
詩人玉屑	魏慶之	宋	上海古籍出版社一九七八年點校本
類編皇朝大事記講義	吕中	宋	上海人民出版社二〇一四年張其凡、白曉霞點校本
巽齋文集	歐陽守道	宋	四庫本
靈巖集	唐士耻	宋	四庫本

契丹國志	葉隆禮	宋	上海古籍出版社一九八五年賈敬顔、林榮貴點校本
景定建康志	周應合	宋	南京出版社二〇〇九年點校本
蒙川遺稿	劉黻	宋	四庫本
鶴林玉露	羅大經	宋	中華書局一九八三年王瑞來點校本
雪坡集	姚勉	宋	四庫本
黄震全集	黄震	宋	浙江大學出版社二〇一三年張偉、何忠禮點校本
疊山集	謝枋得	宋	四庫本
文天祥全集	文天祥	宋	中國書店一九八五年影印本
荊溪林下偶談	吴子良	宋	四庫本
古今合璧事類備要	謝維新	宋	上海古籍出版社一九九二年影印本
癸辛雜識	周密	宋	中華書局一九九七年吴企明點校本
武林舊事	周密	宋	叢書集成本
齊東野語	周密	宋	中華書局一九八三年張茂鵬點校本
浩然齋雅談	周密	宋	中華書局二〇一〇年孔凡禮點校本
澄懷録	周密	宋	遼寧教育出版社二〇〇〇年鄧子勉點校本
宋名臣言行録	李幼武	宋	《宋史資料粹編》台灣文海出版社一九六七年影印本
心史	鄭思肖	宋	四部叢刊續編本
須溪集	劉辰翁	宋	四庫本
朱子語類	黎靖德	宋	上海古籍出版社、安徽教育出版社《朱子全書》二〇一〇年本
隨隱漫録	陳世崇	宋	中華書局一九八三年孔凡禮點校本
仕學規範	張鎡	宋	四庫本
晞髪集	謝翱	宋	明萬曆四十六年刻本
則堂集	家鉉翁	宋	四庫本
佩韋齋文集	俞德鄰	宋	四庫本

藏一話腴	陳郁	宋	四庫本
白獺髓	張仲文	宋	叢書集成本
江行雜録	廖瑩中	宋	叢書集成本
腳氣集	車若水	宋	上海書店一九九〇年影印本
談淵	王陶	宋	叢書集成本
牟氏陵陽集	牟巘	宋	四庫本
燕翼詒謀録	王林	宋	中華書局一九八一年誠剛點校本
愛日齋叢鈔	葉寘	宋	中華書局二〇一〇年孔凡禮點校本
朝野遺記	佚名	宋	叢書集成本
三朝野史	佚名	宋	叢書集成本
昭忠録	佚名	宋	四庫本
滏水集	趙秉文	金	四庫本
續夷堅志	元好問	金	中華書局一九八六年常振國點校本
中州集	元好問	金	中華書局一九五九年中華書局上海編輯所點校本
遺山集	元好問	金	四庫本
宋季三朝政要	佚名	元	中華書局二〇一〇年王瑞來箋證本
宋詩拾遺	陳士隆	元	清鈔本
陵川集	郝經	元	四庫本
歸潛志	劉祁	元	中華書局一九八三年崔文印校注本
桐江集	方回	元	宛委別藏本
瀛奎律髓	方回	元	上海古籍出版社二〇〇五年李慶甲點校本
桐江續集	方回	元	四庫本
至正集	許有壬	元	四庫本
胡祗遹集	胡祗遹	元	吉林文史出版社二〇〇八年魏崇武、周思成點校本

書名	作者	朝代	版本
梅磵詩話	韋居安	元	叢書集成本
霽山文集	林景熙	元	四庫本
石堂先生遺集	陳普	元	明萬曆三年薛孔洵注刻本
吾汶稿	王炎午	元	四庫本
静修先生文集	劉因	元	叢書集成本
雪樓文集	程鉅夫	元	四庫本
延祐四明志	袁桷	元	北京圖書館出版社《宋元方志人物傳記資料叢刊》本
清容居士集	袁桷	元	四庫本
貞一詩稿	朱思本	元	清嘉慶宛委別藏清鈔本
言行龜鑑	張光祖	元	四庫本
道園學古録	虞集	元	四部叢刊本
玉堂嘉話	王惲	元	中華書局二〇〇六年楊曉春點校本
秋澗集	王惲	元	四庫本
剡源集	戴表元	元	清道光二十年郁松年刊《宜稼堂叢書》本
純白齋類稿	胡助	元	金華叢書本
水雲村稿	劉壎	元	四庫本
僑吴集	鄭元祐	元	四庫本
歷代通略	陳櫟	元	四庫本
金華黄先生文集	黄溍	元	四庫本
艮齋詩集	侯克中	元	四庫本
圭齋文集	歐陽玄	元	四部叢刊本
中庵先生劉文簡公文集	劉敏中	元	國家圖書館出版社二〇一三年影印本
牆東類稿	陸文圭	元	清光緒常州先哲遺書本
敬鄉録	吴師道	元	四庫本

書名	作者	朝代	版本
吴文正公文集	吴澄	元	明成化二十年撫州府同知陳輝克四十九卷本
申齋劉先生文集	劉岳申	元	國家圖書館出版社二〇一三年影印本
湛淵静語	白珽	元	叢書集成本
淵穎集	吴萊	元	叢書集成本
宋史	脱脱等	元	中華書局一九七七年上海師範大學古籍所點校本
遼史	脱脱等	元	中華書局一九七四年馮家昇、陳述點校本
金史	脱脱等	元	中華書局一九七五年年張政烺、傅樂焕點校本
錢塘遺事	劉一清	元	上海古籍出版社一九八五年影印本
湖海新聞夷堅續志	佚名	元	中華書局一九八六年金心點校本
庶齋老學叢談	盛如梓	元	四庫本
南村輟耕録	陶宗儀	元	中華書局一九八〇年點校本
書史會要	陶宗儀	元	浙江人民美術出版社二〇一二年徐美潔點校本
東南紀聞	佚名	元	四庫本
梧溪集	王逢	元	叢書集成本
禮部集	吴師道	元	叢書集成本
王忠文公集	王禕	明	叢書集成本
宋學士全集	宋濂	明	叢書集成本
胡仲子集	胡翰	明	叢書集成本
蘇平仲集	蘇伯衡	明	叢書集成本
尚絅堂集	童冀	明	四庫本
方孝孺集	方孝孺	明	浙江古籍出版社二〇一三年徐光大點校本
東里文集	楊士奇	明	叢書集成本
類博稿	岳正	明	四庫本
椒邱文集	何喬新	明	四庫本

新安文獻志	程敏政	明	明萬曆三十七年刻本
襄毅文集	韓雍	明	四庫本
皇明文衡	程敏政	明	四部叢刊本
一峰文集	羅倫	明	四庫本
七修類稿	郎瑛	明	國家圖書館出版社《原國立北平圖書館甲庫善本叢書》本
東洲初稿	夏良胜	明	四庫本
文簡集	孫承恩	明	國家圖書館出版社二〇一三年影印本
宋史新編	柯維騏	明	台灣新文丰出版公司一九七四年影印本
懷麓堂集	李東陽	明	四庫本
西湖遊覽志餘	田汝成	明	上海古籍出版社一九九八年點校本
吴都文粹續集	錢谷	明	四庫本
讀史漫録	于慎行	明	齊魯書社一九九六年李念孔等點校本
山堂肆考	彭大翼	明	四庫本
湧幢小品	朱國楨	明	中華書局一九五九年中華書局上海編輯所點校本
南昌府志	章潢	明	明萬曆十六年刻本
六研齋筆記	李日華	明	鳳凰出版社二〇一〇年郁震宏、李保陽點校本
堯山堂外紀	蔣一葵	明	續修四庫影印明萬曆刻本
宋史紀事本末	陳邦瞻	明	中華書局一九七七年點校本
萬曆野獲編	沈德符	明	中華書局一九八九年點校本
珊瑚網	汪砢玉	明	叢書集成本
牧齋初學集	錢謙益	清	四部叢刊本
宋元學案	黄宗羲等	清	中華書局一九八六年陳金生、梁運華點校本
滄浪小志	宋犖	清	清康熙刻本
式古堂書畫考	卞永譽	清	鑒古書社一九二一年

堅瓠集	褚人獲	清	上海古籍出版社二〇一二年李夢生校注本
范文正公文集	范能濬	清	鳳凰出版社二〇〇四年薛正興《范仲淹全集》點校本
康熙江西通志	高其倬等(編)	清	四庫本
南宋雜事詩	沈嘉轍等	清	文海出版社一九八七年影印本
湖海詩傳	王昶	清	清嘉慶刻本
南宋文範	莊仲方	清	江蘇書局一八八八年本
織簾書屋詩鈔	沈兆澐	清	清咸豐二年刻本
宋元學案補遺	王梓材、馮雲濠	清	中華書局二〇一二年沈芝盈、梁運華點校本
八瓊室金石補正	陸增祥	清	文物出版社一九八五年影印本
宋史翼	陸心源	清	《宋史資料粹編》台灣文海出版社一九八〇年影印本
退補齋文存	胡鳳丹	清	上海古籍出版社《清代詩文集彙編》本
歸愚詩鈔	沈德潛	清	清刻本
余干縣志	區作霖(修) 曾福善等(纂)	清	東山書院發行清同治十一年刻本
可園文存	陳作霖	清	清宣統元年刻增修本
琬琰集刪存附引得	洪業、聶崇歧等(編著)	近代	上海古籍出版社影印本
宋人年譜叢刊	吴洪澤　尹波(主編)	現代	四川大學出版社二〇〇三年本
全遼金文	閻鳳梧(編)	現代	山西古籍出版社二〇〇二年本